T0194821

METZLER LEXIKON ENGLISCHSPRACHIGER AUTORINNEN UND AUTOREN

Herausgegeben von
Eberhard Kreutzer und Ansgar Nünning

631 Porträts
Von den Anfängen bis in die Gegenwart

Verlag J. B. Metzler
Stuttgart · Weimar

Inhaltsverzeichnis

Die Herausgeber
Eberhard Kreutzer ist freier Autor; bis 2004 Professor für Englische Philologie an der Universität Bonn.
Ansgar Nünning ist Professor für Englische und Amerikanische Literatur- und Kulturwissenschaft an der Universität Gießen und Gründungsdirektor des »Gießener Graduiertenzentrum Kulturwissenschaften«.

Bibliografische Information Der Deutschen Bibliothek
Die Deutsche Bibliothek verzeichnet diese Publikation in der Deutschen Nationalbibliografie;
detaillierte bibliografische Daten sind im Internet über <http://dnb.ddb.de> abrufbar.

ISBN-13: 978-3-476-02125-0
ISBN 978-3-476-05213-1 (eBook)
DOI 10.1007/978-3-476-05213-1

© 2006 Springer-Verlag GmbH Deutschland
Ursprünglich erschienen bei J. B. Metzlersche Verlagsbuchhandlung
und Carl Ernst Poeschel Verlag GmbH in Stuttgart 2006
www.metzlerverlag.de
info@metzlerverlag.de

Vorwort

Die englischsprachigen Literaturen erfreuen sich auch hierzulande seit langem besonders großer Beliebtheit. Dies liegt nicht allein an den Jahrhunderte zurückreichenden, intensiven deutsch-englischen Literaturbeziehungen, die dazu beigetragen haben, daß eine Vielzahl bedeutender englischer Autorinnen und Autoren auch in Deutschland zu den Klassikern zählt, sondern auch an der intensiven Rezeption vieler Autor/inn/en der Moderne und Postmoderne. Zu den auch bei uns vielgelesenen Klassikern zählen daher sowohl Shakespeare, Milton und die Dichter der Romantik, die großen Erzähler vom 18. Jahrhundert bis zur Vormoderne wie Daniel Defoe, Henry Fielding, Samuel Richardson, Laurence Sterne, Jane Austen, Sir Walter Scott, die Bront -Schwestern, Charles Dickens, William Makepeace Thackeray, George Eliot, Thomas Hardy und Joseph Conrad, Ikonen des 20. Jahrhunderts wie James Joyce, D. H. Lawrence, Virginia Woolf, T. S. Eliot und Samuel Beckett als auch Autor/inn/en der populären Genres wie Barbara Cartland, Agatha Christie, Ian Fleming, John le Carr& und die Verfasserin der Harry Potter-Romane, J. K. Rowling, um nur einige wenige zu nennen. Außerdem haben gerade auch die Welterfolge vieler zeitgenössischer englischsprachiger Autor/inn/en – z. B. Alan Ayckbourn, Julian Barnes, Antonia S. Byatt, John Fowles, William Golding, Nick Hornby, Kazuo Ishiguro, Doris Lessing, Ian McEwan, Harold Pinter, Peter Shaffer, Graham Swift, Barry Unsworth und Jeanette Winterson – dafür gesorgt, daß die »britische Literaturszene [ ] derzeit als aufregendste in Europa« gilt, wie vor einigen Jahren *Der Spiegel* bemerkte: »Dieser Boom der britischen Literatur ist vor allem in ihrer Vielfalt begründet, im Nebeneinander von Stilrichtungen und Themen, von Experimentellem und nahezu Klassischem, dem Nebeneinander auch von Generationen und Kulturen.« (23. Juni 1997, S. 160–162).

Die große internationale Popularität der englischsprachigen Literatur ist v. a. auch darauf zurückzuführen, daß Autor/inn/en aus den ehemaligen Kolonien inzwischen einen festen Platz in der britischen Literaturszene haben und daß die anglophonen Literaturen außerhalb Großbritanniens weltweite Beachtung gefunden haben. Es sind gerade diese postkolonialen ›Neuen Englischspra-chigen Literaturen‹ (*New English Literatures* bzw. genauer *New Literatures in English*), denen die ›englische‹ Literatur in den letzten Jahrzehnten viele wichtige Impulse und ihre große internationale Resonanz verdankt. Diese Sammelbezeichnungen beziehen sich auf die anglophonen Literaturen, die im Bereich des ehemaligen britischen Kolonialreichs von Kanada und der Karibik über Afrika und Südasien bis Australien und Neuseeland geschrieben werden und die vielfach auch in Großbritannien und Deutschland großen Anklang finden. Daß seit 1980 mit Salman Rushdie, Thomas Keneally, Keri Hulme, Peter Carey, Ben Okri, Michael Ondaatje, Roddy Doyle, Patrick McCabe, James Kelman, Arundhati Roy und Margaret Atwood über ein Dutzend nicht-englische Autor/inn/en mit dem renommierten *Booker Prize* ausgezeichnet wurden, macht deutlich, wie international die ›englische‹ Literatur geworden ist. Stellvertretend für eine Vielzahl anderer Autor/inn/en seien außerdem Chinua Achebe, Janet Frame, Athol Fugard, Amitav Ghosh, David Malouf, Rohinton Mistry, Alice Munro, Ngugi wa Thiong'o, Caryl Phillips und Zadie Smith sowie die Nobelpreisträger/innen Nadine Gordimer, Wole Soyinka, Derek Walcott, Patrick White und zuletzt V. S. Naipaul und J. M. Coetzee genannt, die der englischsprachigen Literatur eine Bedeutung verliehen haben, die manche Kritiker vom Beginn einer neuen ›Weltliteratur‹ sprechen lassen. Nicht zu vergessen ist in diesem Zusammenhang aber auch der mit Jonathan Swift einsetzende, seit dem ausgehenden 19. Jahrhundert sich verstärkende und insgesamt bemerkenswerte Beitrag irischer Autor/inn/en – von W. B. Yeats und George Bernard Shaw über Joyce und Beckett bis zu Seamus Heaney – zur englischsprachigen Literatur, die enorme literarische Produktivität der lange im repressiven Schatten Großbritanniens stehenden Nachbarinsel, die nicht von ungefähr anderen postkolonialen Literaturen Modelle geliefert hat.

Dieses Lexikon präsentiert in rund 630 Porträts englischsprachige Autorinnen und Autoren vom frühen Mittelalter bis zur unmittelbaren Gegenwart. Es versteht sich als wesentliche Ergänzung zu dem bereits erschienenen *Metzler Lexikon Amerikanischer Autoren* (Stuttgart: J. B. Metzler Verlag 2000), das ausschließlich Autor/inn/en der USA

gewidmet ist. Die von ausgewiesenen Literaturwissenschaftlerinnen und -wissenschaftlern verfaßten Porträts konzentrieren sich auf das Leben
und Werk der Autor/inn/en, berücksichtigen aber
auch den literaturgeschichtlichen Kontext und außerliterarische Aspekte. Ausgehend von den biographischen Daten informieren die Artikel über
die bevorzugten Gattungen sowie über die Hauptwerke und deren Rezeption. Aufschlüsse über die
Nachwirkung geben auch die nach den Originalti-
teln vermerkten deutschen Übersetzungen. Biblio-
graphische Hinweise auf größere Werkausgaben
und weiterführende Sekundärliteratur schließen
die Beiträge ab.

Die Autorenporträts zielen besonders auch darauf ab, einen Eindruck von der Individualität der
jeweiligen Lebensumstände und Werke der einzelnen Autor/inn/en zu vermitteln. Innerhalb des
skizzierten Rahmens haben wir es daher den Beiträgerinnen und Beiträgern überlassen, eigene Akzente zu setzen und sich auf charakteristische,
exemplarisch für das Ganze stehende Aspekte aus
Leben und Werk zu konzentrieren, und bewußt
darauf verzichtet, alle Artikel in ein einheitliches
Leben-Werk-Wirkung-Schema zu pressen oder
enzyklopädische Vollständigkeit von Lebens- und
Werkdaten anzustreben. Über seine Funktion als
biographische, literaturgeschichtliche und biblio-
graphische Informationsquelle hinaus möchte dieses Lexikon auf diese Weise auch ›Lust‹ an der
weiterführenden Lektüre vermitteln, Interesse an –
gerade auch zeitgenössischen – Autor/inn/en und
ihren Werken wecken sowie zur vertiefenden Beschäftigung und zu bibliophilen Entdeckungsrei-
sen anregen.

Ein weiteres Anliegen dieses Lexikons besteht
darin, nicht nur die Klassiker der englischen Literatur vorzustellen, sondern zugleich einen möglichst breit angelegten und facettenreichen, wenngleich notgedrungen selektiven Überblick über die
Vielfalt der englischsprachigen Literaturen zu ermöglichen. Die Auswahl der Autorenporträts orientiert sich daher zum einen am traditionellen
Kanon der englischen Literaturgeschichte und berücksichtigt alle ›Klassiker‹ von Chaucer und
Shakespeare über Byron, Coleridge, Wordsworth,
Keats, Shelley und Tennyson bis zu Joyce und
Virginia Woolf, denen entsprechend längere Artikel gewidmet sind. Zum anderen ging es uns
jedoch darum, diesen Kanon zu aktualisieren und
in mehrfacher Hinsicht zu erweitern:
– erstens durch die Einbeziehung einer großen

Zahl von zu Unrecht vergessenen oder vernachlässigten Autorinnen, die vielfach erst in den
letzten Jahrzehnten von der feministischen Literaturgeschichtsschreibung wiederentdeckt wurden und die oftmals selbst in neuen Literaturgeschichten, in denen sich meist nur eine ver-
schwindend kleine Anzahl von Schriftstellerinnen findet, noch nicht angemessen repräsentiert
sind;
– zweitens durch die Aufnahme möglichst vieler
Autor/inn/en aus dem globalen Einzugsbereich
der *New English Literatures* bzw. ›postkolonialen
Literaturen‹ von Kanada bis Neuseeland, zu
dem in gewisser Hinsicht auch Irland zu zählen
ist;
– und drittens durch die großzügige Berücksichtigung auch jüngerer zeitgenössischer Autor/inn/
en, die bislang noch kaum in vergleichbaren
Nachschlagewerken zu finden sind.

Der skizzierten Zielsetzung entsprechend, legt
das Lexikon einen relativ weitgefaßten Literaturbe-
griff zugrunde, der u. a. auch die Genres der Essayistik, Reiseliteratur, Philosophie, Autobiographie und Geschichtsschreibung sowie der Kinder-
buchliteratur, des Kriminalromans, des Spionageromans und des ›Trivialromans‹ umfaßt. Neben
den Klassikern des englischen Dramas, Romans
und der Lyrik finden sich daher zum einen auch
Schriftsteller/innen wie George Berkeley, Edward
Gibbon, Thomas Hobbes, David Hume, John
Maynard Keynes, John Locke, Thomas Babington
Macaulay, John Stuart Mill, John Henry Newman,
Adam Smith und Mary Wollstonecraft, zum anderen aber auch Autor/inn/en wie Enid Blyton,
Lewis Carroll, Bruce Chatwin, G. K. Chesterton,
Agatha Christie, Roald Dahl, Len Deighton, Ar-
thur Conan Doyle, Ken Follett, Jerome K. Jerome,
Edward Lear, Alan Alexander Milne, Ruth Rendell
und J.R.R. Tolkien.

Es liegt auf der Hand, daß diese Auswahl –
ebenso wie jede andere – angreifbar ist. Bei der
Auswahl der 631 aus einer zunächst über 2500
Namen umfassenden Liste von Autor/inn/en haben wir uns freilich weniger von persönlichen
Vorlieben leiten lassen als von einigen Kriterien,
die als Gradmesser der Kanonisierung und Rezeption von Autor/inn/en und ihrer Werke gelten
können und die die getroffene Auswahl zumindest
bis zu einem gewissen Grade nachvollziehbar machen sollen. Aufgenommen wurden v. a. solche
Autor/inn/en, die zum einen in den meisten Literaturgeschichten und Nachschlagewerken sowie

der heutigen Forschung figurieren und die zum anderen auch im deutschsprachigen Raum rezipiert worden sind, was sich u. a. an Übersetzungen und deutschen Werkausgaben ablesen läßt. Bei der selbst für Fachleute kaum noch überschaubaren Vielfalt der zeitgenössischen Literatur – gerade auch im Bereich der ›Neuen Englischsprachigen Literaturen‹ – haben wir uns um eine repräsentative Auswahl von Autor/inn/en aus den verschiedenen Kulturkreisen bemüht und insbesondere solche aufgenommen, die auch hierzulande schon rezipiert worden sind (was beispielsweise in der zeitgenössischen Literatur weit mehr für Erzähler/innen als für Lyriker/innen gilt). Auch haben wir uns von dem pragmatischen Gedanken leiten lassen, daß ein Lexikon – im Unterschied zu Überblicksdarstellungen – nicht der Ort für die Vorstellung weithin unbekannter Autor/inn/en ist: Wer im deutschsprachigen Raum noch ›keinen Namen hat‹, wird von den Benutzer/inne/n eines Lexikons auch nicht nachgeschlagen. Auf diese Weise waren wir bestrebt, uns maßgeblich an den Interessen und Informationsbedürfnissen des (nicht nur auf Fachleute beschränkten) Zielpublikums zu orientieren. Daß dennoch manch eine Leserin und manch ein Leser die eine Autorin oder den anderen Autor vermissen werden, ist freilich unvermeidlich. Am liebsten hätten auch wir die doppelte oder dreifache Anzahl von Porträts aufgenommen, was aber den begrenzten Umfang eines solchen Nachschlagewerkes gesprengt hätte. Daß eine Handvoll Autor/inn/en nicht in diesem Lexikon repräsentiert ist, entzieht sich zudem insofern unserer Verantwortung, als uns ein paar Beiträger/innen trotz zahlloser Zusicherungen (und Ermahnungen unsererseits) doch im letzten Moment im Stich gelassen haben und wir trotz der großen Kooperationsbereitschaft einiger kurzfristig eingesprungener Beiträger/innen nicht alle Lücken schließen konnten.

Der großen Mehrzahl der 220 Beiträgerinnen und Beiträger, die die Artikel für dieses Lexikon geschrieben haben, sind wir freilich für die ebenso ertragreiche wie zuverlässige Zusammenarbeit zu größtem Dank verpflichtet. Ohne deren Fachkompetenz, Belesenheit, Disziplin und geduldige Bereitschaft, umgehend auf Rückfragen, Vorschläge und Kürzungswünsche zu reagieren, wäre das termingerechte Erscheinen dieses Lexikons nicht möglich gewesen. Ebenso herzlich danken möchten wir den Herausgebern des ›Parallelbandes‹ *Metzler Lexikon Amerikanischer Autoren*, unseren äußerst hilfsbereiten Kollegen Bernd Engler (Tübingen) und Kurt Müller (Jena), die uns insbesondere in der Anfangsphase mit Rat und Tat zur Seite gestanden haben, sowie Ute Hechtfischer, Bernd Lutz und Oliver Schütze vom Metzler Verlag, die uns in allen Phasen unterstützt haben. Ganz besonderer Dank gebührt schließlich Wibke Bindemann, Hanne Birk, Britta Freitag, Stefanie Hoth, Evelyn Kreutzer, Stephan Kreutzer, Rosemary Lawson, Julijana Nadj, Dagmar Sims und Katja Zinn sowie v. a. Gaby Allrath, Klaudia Seibel und Carola Surkamp, die für ihre Akribie, gewissenhafte Hilfe und unübertroffene Zuverlässigkeit und nicht zuletzt ihre Mühe bei der Erstellung eines druckreifen Manuskripts allergrößtes Lob verdient haben. Auch die termingerechte Fertigstellung dieses Bandes ist nicht nur der engagierten Mitarbeit der Beiträgerinnen und Beiträger zu verdanken, sondern auch dem unermüdlichen Einsatz der namentlich Genannten. Gewidmet sei der Band in Dankbarkeit dem Andenken des großen Freiburger Anglisten Willi Erzgräber, der die letzten Artikel seines so produktiven und erfüllten Lebens für dieses Lexikon geschrieben hat.

Bonn und Gießen, im April 2002
Eberhard Kreutzer und Ansgar Nünning

Achebe, Chinua

Geb. 16. 11. 1930 in Ogidi, Nigeria

Mehr als fünf Millionen Exemplare sind von Chinua Achebes Erstlingsroman *Things Fall Apart* (1957; *Okonkwo oder Das Alte stürzt*, 1983) verkauft worden. Er steht vielerorts in Lehrplänen afrikanischer Schulen und Universitäten, und über keinen afrikanischen Autor sind so viele wissenschaftliche Publikationen erschienen. Der Roman handelt vom ersten Kontakt der Igbo mit der Kolonialmacht Großbritannien, vom Beginn des Kolonialismus. Geschrieben hat A. das Werk kurz vor der Unabhängigkeit Nigerias, am Ende der Kolonialzeit. Er hat einen historisch verbürgten Fall des Widerstands gegen das britische Vordringen aufgegriffen. In seiner Fiktionalisierung rückt er das Igbo-Dorf Umuofia in den Mittelpunkt, um die Spannungen zwischen kulturellem Wandel, verkörpert durch Obierika, und konservativem Beharren, verkörpert durch Okonkwo, Inbegriff aller Igbo-Tugenden, zu illustrieren. Okonkwo hat sich als Krieger ausgezeichnet, ist aber durch zwei Tötungsdelikte in einen Konflikt mit seiner Gesellschaft geraten und endet ehrlos durch Selbstmord. Er hat einen Kolonialpolizisten getötet, um sein Dorf zum Aufstand gegen die Briten anzustacheln. An den Anfang des Romans stellt A. den Gründungsmythos Umuofias, der mit dem Sieg über den Geist der Wüstenei die Überwindung des Chaos durch gesellschaftliche Ordnung verdeutlicht. A. zeigt Umuofia als Gemeinwesen, das auf einer klaren Rechtsordnung aufgebaut ist: Erst die Kolonialmacht verwirft diese Ordnung. Unter dem Vorwand, den »Wilden« Zivilisation zu bringen, öffnet sie der Korruption und Willkür die Tür. Okonkwos Selbstmord – ein Verstoß gegen die Erdgöttin – symbolisiert den Zerfall der alten Ordnung. In der Schlußpassage gibt A. dem Distriktverwalter das Wort: Als Beleg seiner zivilisatorischen Mission wird er in seinem Buch über »Die Befriedung der Wilden am Niger« der Geschichte Okonkwos ein kleines Kapitel widmen. In diesem scheinbar belanglosen Wechsel der Erzählperspektive faßt A. die Grundkonstellation postkolonialer Literatur zusammen: Der Diskurs über Afrika wird von den Kolonialisten beherrscht, das Afrikabild ist aus Ignoranz und rassistischer Arroganz verzerrt worden. Bis zu dieser Passage belegt der Roman, daß die Geschichte Afrikas vor Ankunft der Weißen eben nicht »eine endlose Nacht der Barbarei« war, daß die Afrikaner selbst das Wort ergreifen müssen, um das Bild vom »dunklen Kontinent« zu korrigieren. In der Figur des Distriktverwalters stellt A. einen Hauptvertreter des afrikanischen Kolonialromans bloß: Joyce Cary, der ebenfalls Distriktverwalter in Nigeria war. In A.s Augen repräsentiert er die Arroganz und Ignoranz des Autors im Kolonialdienst, der im Gegensatz zum einfühlsamen Künstler der literarischen Tradition des Westens steht.

Things Fall Apart hat die realistische »Achebe School« begründet. Die folgenden Romane *Arrow of God* (1964; *Der Pfeil Gottes*, 1965), *No Longer at Ease* (1960; *Heimkehr in ein fremdes Land*, 1963), *A Man of the People* (1966; *Ein Mann des Volkes*, 1966) und die Kurzgeschichtensammlung *Girls at War* (1972) führen A.s Projekt der Wortergreifung für eine afrikanische Geschichtsperspektive fort, von der Kolonialzeit in den 1920er Jahren über die Unabhängigkeitsbewegung bis zum ersten Militärputsch und dem Biafra-Krieg. Heute betrachtet die Kritik A.s Erzählwerk differenzierter. Über die rein reaktive Intention des Gegendiskurses (»writing back«) werden A.s Romane als Illustration dessen gelesen, was Theoretiker der Postkolonialität wie Edward Said oder Kwame Anthony Appiah propagieren. Auch A. hat in seinen Essays die literarischen Repräsentationen der Postkolonialität durch theoretische Erwägungen ergänzt. In »The African Writer and the English Language« (1965) stellt er klar, daß die Nationalstaaten Afrikas eine historische Konsequenz des Kolonialismus sind, also die Autoren, die in den Kolonialsprachen schreiben, nur diesem Faktum Rechnung tragen. Aber A. beansprucht für sich, die englische Sprache so zu modifizieren, daß sie seinen Vorstellungen von afrikanischer Expressivität genügt. Damit hat A., der seine Erzähltexte in Englisch, seine Lyrik aber in Igbo schreibt, in dem Streit, in welcher Sprache afrikanische Autoren schreiben sollten, eine pragmatische Position markiert und eine Lanze für sprachliche Experimente mit Varietäten des Englischen gebrochen. A. hat sich zudem mit der Imagologie und den hegemonialen Strukturen des Afrika-Diskurses auseinandergesetzt, wie er über den Kanon der »Great Tradition« perpetuiert wird. Nachdem er Kolonialautoren wie Joyce Cary, Graham Greene und John Buchan auf ihren Platz verwiesen hatte, nahm er sich in »African Literature as Restoration of Celebration« (1991) einen Schlüsseltext dieser Tradition vor, Joseph Conrads *Heart of Darkness* (1899): Er habe lange gebraucht, bis ihm klar wurde, daß er nicht an Bord von Marlows Boot den Kongo aufwärts fahre, sondern einer der Wilden sei, die grimmassierend am Ufer tanzen; Conrad entwerfe ein Bild von Afrika als dem fundamental Anderen, der Antithese zu Europa und zur Zivilisation, als Ort, an dem statt der Intelligenz, Bildung und des Anstands die Bestialität des Menschen vorherrscht. Auch mit seinen Essays hat A. eine neue Tradition begründet, die des Afrika-zentrierten kritischen Diskurses. Nach 20jährigem Schweigen hat A. mit dem Roman *Anthills of the Savannah* (1987; *Termitenhügel in der Savanne*, 1989) nochmals eine Neuorientierung in der afrikanischen Literatur eingeführt: die multiperspektivische Erzählweise. A. beschreibt die Militärregime nach dem Bürgerkrieg von vier verschiedenen Standpunkten. Drei Schüler des Lugard-Gymnasiums repräsentieren drei Entwicklungsmöglichkeiten des unabhängigen Nigerias. Sam, Chef der Militärjunta, steht für die autoritäre Macht. Chris, Sams Informationsminister, vertritt die korrumpierte Privilegentia, die überall mitspielt, solange sie persönlich profitieren kann. Ikem, Journalist und Dichter, träumt von einer ›Graswurzel‹-Demokratie, die allein den afrikanischen Humanismus politisch umsetzen könne. Durch ihren Lebensweg und die persönliche Freundschaft miteinander verbunden, werden die drei zu tödlichen Kontrahenten. Ikem wird von Sams Geheimdienst ermordet, Sam fällt einem Putsch zum Opfer, Chris wird auf der Flucht von einem Polizisten erschossen. Die vierte Perspektive ist die von Beatrice, die zwar mit allen drei Männern liiert ist, aber ihre Unabhängigkeit bewahrt und als einzige überlebt. Sie repräsentiert das (Über-)Lebensprinzip in einer von Männern korrumpierten, außer Kontrolle geratenen Gesellschaft. Die feministische Kritik hatte A. wegen seines Frauenbildes in den früheren Romanen heftig kritisiert. *Anthills of the Savannah* zeigt auch darin einen Neuansatz, daß Männerdominanz als destruktiv gekennzeichnet wird und die maßgebliche Bedeutung der Feminität für die Aufrechterhaltung der Humanität betont wird.

Literatur: Ezenwa-Ohaeto. *Chinua Achebe.* Oxford 1997. – S. Gikandi. *Reading Achebe.* London 1991. – D. Carroll. *Chinua Achebe: Novelist, Poet, Critic.* London 1990 [1970]. – C. L. Innes. *Chinua Achebe.* Cambridge 1990. – D. G. Killam. *The Writings of Chinua Achebe.* London 1977 [1969].

Eckhard Breitinger

Ackroyd, Peter

Geb. 5. 10. 1949 in London

Peter Ackroyd, der als experimenteller Lyriker, Essayist, Kulturkritiker, Rezensent, Herausgeber, Biograph und Romanschriftsteller tätig ist, bewältigt in seinen fiktionalen und kritischen Werken die Gratwanderung zwischen publikumswirksamen Bestsellern und mehrfach preisgekrönter Literatur mit Bravour, obwohl die Texte als hermetisch verschriene postmodern-dekonstruktivistische Thesen auf hohem intellektuellem Niveau reflektieren. Nach A.s Aussage finden sich die Themen und theoretisch-philosophischen Vorannahmen seiner Biographien, Romane und lyrischen Werke bereits in dem Essay *Notes for a New Culture* (1976), dessen Titel auf T. S. Eliots *Notes Towards the Definition of Culture* (1948) anspielt. Dieses literarphilosophische Manifest faßt in polemisch zugespitzter Form die Erkenntnisse des nach dem Abschluß des Clare College in Cambridge (1968–71) durch ein Stipendium ermöglichten Studiums an der Yale University 1971–73 zusammen, wo A. mit den Thesen der sogenannten *Yale Critics* konfrontiert wurde. Der Text deutet die englische Geistesgeschichte als Verfallsgeschichte, da England seit der Restauration den Anschluß an außerinsulare Modernisierungsschübe verpaßt habe und sich bis in das 20. Jahrhundert an einem essentialistisch konzipierten *aesthetic humanism* festklammere. Dieser negativ konnotierte ›Humanismus‹ manifestiert sich laut A. vornehmlich in den Konzeptionen von Selbst, Welt und Sprache und ignoriert als modernistisch charakterisierte, sprachzentriert-konstruktivistische Entwürfe von Subjektivität, Realität und Kunst, die A. im Rückgriff auf Theoretiker wie Roland Barthes, Jacques Derrida und Jacques Lacan entwickelt. – Analog zu den Thesen des Essays verwischen sowohl A.s Biographien über Ezra Pound (1980), T. S. Eliot (1984; *T. S. Eliot*, 1988), Charles Dickens (1991), William Blake (1995; *William Blake: Dichter, Maler, Visionär*, 2001) und Thomas More (1998) wie auch seine Romane die ontologische Differenz zwischen Fiktion und Wirklichkeit. In *The Life of Thomas More* z. B. evozieren Anekdoten und Briefe, Dialoge, juristische Dokumente und mittelalterliche Kirchentexte ein in der betonten Selektivität von Daten und Textsorten lebhaftes Bild Londons im Umbruch vom Katholizismus zum Anglikanismus.

Auch A.s Romane stellen häufig das von der (Literatur-)Geschichtsschreibung konstruierte Bild historischer Personen in Frage, wenn z. B. *The Last Testament of Oscar Wilde* (1983; *Das Tagebuch des Oscar Wilde*, 1999) in Tagebuchform die Perspektive des homosexuellen Ästhetizisten Wilde (1854–1900) auf seinen skandalumwitterten gesellschaftlichen Abstieg imaginativ (re-)konstruiert. Besonders ausgeprägt in den magisch-esoterischen Romanen *Hawksmoor* (1985; *Der Fall des Baumeisters*, 1988), *First Light* (1989; *Die Uhr in Gottes Händen*, 1992), *The House of Doctor Dee* (1993) und *Dan Leno and the Limehouse Golem* (1994; *Der Golem von Limehouse*, 1998) wirkt die transhistorisch-mythische Magie von London, dem bevorzugten Handlungsort von A.s Fiktionen, aktiv an der Auflösung fester Identitätsgrenzen mit, indem das seit Urzeiten an diesem Platz konzentrierte Wissen ›Englands‹ zeitübergreifend Charaktere beeinflußt. Bereits A.s erster Roman, *The Great Fire of London* (1982), überlagert historische und fiktionale Wirklichkeiten des 19. und 20. Jahrhunderts, die sich um den viktorianischen Autor Charles Dickens (1812–70) drehen. In *Hawksmoor* unterminiert das okkulte Weltbild des Kirchenarchitekten Nicholas Dyer im 18. Jahrhundert, einer fiktionalen *alter ego*-Figur des historischen Nicholas Hawksmoor (1661–1736), die dem Denken der Aufklärung verpflichteten, rationalistisch-fortschrittsgläubigen Überlegungen des Detektivs Nicholas Hawksmoor im London des 20. Jahrhunderts bei seiner Suche nach dem Mörder von in Dyers Kirchen aufgefundenen Leichen so radikal, daß die Bewußtseinsinhalte von Dyer aus dem 18. Jahrhundert und diejenigen Hawksmoors im 20. Jahrhundert zu verschmelzen scheinen.

Strukturell setzt ein Großteil der Texte in unterschiedlichen Epochen angesiedelte Wirklichkeitsentwürfe relativierend zueinander in Beziehung, um sowohl den Konstruktcharakter der historisch spezifischen Denkformationen als auch die interessengeleitete Nachträglichkeit der historiographischen oder biographischen Deutung aufzudecken. Im Zentrum dieser fiktionalen Dekonstruktion stehen die in *Notes for a New Culture* erwähnten Schlüsselkonzepte des Selbst oder der Identität und der Sprache bzw. der Kunst. Die historiographische Metafiktion *Chatterton* (1987; *Chatterton*, 1990) z. B. verknüpft exemplarische Identitäts- und Kunstkonzepte von historischen und fiktionalen Künstlerfiguren des 18., 19. und 20. Jahrhunderts, um dem Verhältnis von indivi-

dueller Originalität und intertextuell geprägter Kopie bei der Schöpfung einer personalen Identität wie auch eines Kunstwerkes nachzugehen. *Milton in America* (1996) schreibt das Leben des englischen Dichters John Milton (1608–74) nach dem Sturz Oliver Cromwells fiktional in einer puritanischen Siedlung in Amerika fort und stellt dem exzessiv schriftgläubigen John Milton mit seinem Diener Goosequill einen zwar des Lesens und Schreibens kundigen, jedoch dominant von mündlichen Traditionen geprägten Charakter gegenüber, um die kognitiven Codierungen eines mündlich und eines schriftlich geprägten Bewußtseins hinsichtlich des Selbstbildes, der Kommunikationsformen und der politischen Ethik zu veranschaulichen. Gleichzeitig illustriert der Roman die Besonderheiten der oralen und literalen Kommunikation, indem er Miltons von Goosequill niedergeschriebene – und respektlos kommentierte – Tagebucheinträge, Predigten und (innere) Monologe, aber auch seitenlange, wie Dramentexte notierte Dialogpassagen zwischen Goosequill und seiner Frau wiedergibt. *The Plato Papers* (1999) schließlich befaßt sich mit den Bedingungen eines Denkens von Transzendenz und begreift die transzendentale Obdachlosigkeit der (Post-) Moderne als Chance, eine nicht absolut gesetzte Transzendenz zu entdecken – oder zu konstruieren –, die sich an Derridas *différance* orientiert. Das Konzept wird herausgearbeitet über den Protagonisten Plato, der in diesem historiographisch-metafiktionalen Science-fiction-Roman 3705 n. Chr. aus Fragmenten eine Mentalitätsgeschichte der Menschheit zu konstruieren sucht. Platos ›Fehldeutungen‹ verschiedener Quellentexte aus der *Era of Mouldwarp* ca. 1500–2300 n.Chr., die der Leser als Bruchstücke der für das 19. und 20. Jahrhundert bedeutenden antimetaphysischen Wirklichkeitsmodelle von Charles Darwin (1809–82), Karl Marx (1818–83) und Sigmund Freud (1856–1939) erkennt, parodieren einerseits diese Meisterdiskurse selbst, andererseits den Objektivitätsanspruch historiographischer Rekonstruktion. So wird Darwins *On the Origin of Species* als »comic masterpiece« eines Autors namens Dickens kategorisiert, Marx' Werk dem absurden Humor der Marx Brothers zugeordnet und Freud aufgrund seines aus Platos Sicht satirisch reduzierten Menschenbildes als »a great comic genius of his age« namens Fraud gedeutet.

Literatur: J. Gibson/J. Wolfreys. *Peter Ackroyd: The Ludic and Labyrinthine Text*. Basingstoke 2000. – S. Onega. *Metafiction and Myth in the Novels of Peter Ackroyd*. Columbia, SC 1999. – dies. *Peter Ackroyd*. Plymouth 1998.

Anna-M. Horatschek

Adams, Douglas [Noel]

Geb. 11. 3. 1952 in Cambridge;
gest. 11. 5. 2001 in Santa Barbara, Kalifornien

Ein riesiger Computer rechnet 7.500.000 Jahre, um die Frage nach dem Leben, dem Universum und dem ganzen Rest zu lösen, nur um als Lösung 42 zu nennen und zu bemerken, daß niemand zu wissen scheint, wie eigentlich die Frage lautet. Der Herrscher des Universums ist ein leicht verwirrter Herr in einer Hütte, der von heftigen erkenntnistheoretischen Zweifeln geplagt wird. Solch aberwitzige Entdeckungen muß Arthur Dent, überlebender Bewohner der Erde, die einer Hyperraumumgehungsstraße hat weichen müssen, auf seinen Reisen durch die Galaxis machen. Douglas Adams' zunächst als BBC-Hörspiele, später als Romane erschienenen Science-Fiction-Parodien *The Hitchhiker's Guide to the Galaxy* (1979; *Per Anhalter durch die Galaxis*, 1981), *The Restaurant at the End of the Universe* (1980; *Das Restaurant am Ende des Universums*, 1982), *Life, the Universe and Everything* (1982; *Das Leben, das Universum und der ganze Rest*, 1983), *So Long, and Thanks for all the Fish* (1985; *Macht's gut und danke für den Fisch*, 1985) und *Mostly Harmless* (1992; *Einmal Rupert und zurück*, 1993) machten ihn zu einem der meistgelesenen englischen Autoren seiner Zeit. A.' witziger und intelligenter Umgang mit Problemen aus ganz disparaten Bereichen – von Philosophie über Physik und Informatik bis zu Cricket –, der für seine Texte charakteristisch ist, hat ihm eine enthusiastische Fangemeinde eingebracht, die ihm auch die etwas geringere Qualität der letzten zwei Anhalter-Bände und anderer späterer Romane kaum verübelt hat. Der bemerkenswerteste Text aus der Zeit nach 1982 ist wohl *Last Chance to See* (1990; *Die Letzten ihrer Art*, 1991), ein zusammen mit dem Zoologen Mark Carwardine verfaßter Reisebericht, der ebenso unterhaltsam wie engagiert Expeditionen zu vom Aussterben bedrohten Tierarten schildert. – Wie häufig bei sogenannten Kultautoren ist der Erfolg A.' kulturgeschichtlich fast interessanter denn als literarisches Phänomen.

In den 1980er Jahren war es in einer bestimmten gesellschaftlichen Gruppe (jüngere, eher kritische, intellektuelle Männer) fast unverzichtbar, A.' Romane als Anspielungshorizont präsent zu haben. Die spielerische Art, in der A. Fragen wie die nach dem Sinn des Lebens oder der Legitimität von Macht behandelt, entsprach dem damals weitverbreiteten Bedürfnis, sich mit grundsätzlichen Problemen zu befassen, ohne in die ideologische Verbissenheit der vorhergehenden Dekade zu verfallen. Diese Zeit- und Milieugebundenheit hat wohl dafür gesorgt, daß es in den letzten Jahren vor seinem Tod ruhiger um A. geworden ist. Andererseits sind Zaphod Beeblebrox, der Pangalaktische Donnergurgler und viele andere von A.' Einfällen schon lange Teil der Populärkultur, und für seine z. T. einfach umwerfend komischen Unterhaltungsromane werden sich stets Leser finden, auch wenn das Publikum nicht mehr so groß sein wird wie zwischen 1980 und 1990.

Literatur: F. Kilian/H. Idensen. *Die Ordnung der Dinge bei Douglas Adams: Die Medien in der Literatur von Douglas Adams im Kontext der medientheoretischen Ansätze von McLuhan, Baudrillard, Flusser, Kittler*. Hildesheim 2000. – J. Göhring/H.-O. Hügel. *Automatisiertes und Wunderbares: Zum parodistischen Umgang mit der Gattung Science Fiction in Erzählungen von Douglas Adams*. Hildesheim 1993.

Sven Strasen

Addison, Joseph

Geb. 1. 5. 1672 in Milston, Wiltshire;
gest. 17. 6. 1719 in Holland House bei Kensington

Joseph Addison gilt als eine der wichtigsten Repräsentationsfiguren des Hannoveranischen Englands. In seiner politischen Karriere brachte er es bis zur Position eines Staatssekretärs in den Jahren 1717–18. Parteipolitisch gehörte A. zu den renommiertesten Whigs seiner Zeit. – Zu A.s ersten Veröffentlichungen zählt *Remarks on Several Parts of Italy* (1701; *Anmerkungen über verschiedene Theile von Italien*, 1752), in denen er in Form eines Reiseberichts die Verfassung Italiens mit derjenigen Englands vergleicht, aber erst mit »The Campaign« (1705) wurde er einer größeren Öffentlichkeit bekannt. Das Gedicht verehrt den Sieg des Herzogs von Marlborough bei Blenheim im Jahre 1704. In seiner Tragödie *Cato* (1713; *Cato*,

1753) setzt A. in typisch klassizistischer Manier die englische Nation mit der römischen gleich und feiert in der Person Catos Freiheitsethos, christlich modifizierten Stoizismus und Vaterlandsliebe. Das Drama war ein Publikumserfolg, weil sowohl Whigs als auch Tories es als Identifikationsobjekt für eigene politische Ziele und Werte vereinnahmten. Verglichen mit *Cato* haben A.s weitere dramatische Werke, *Rosamond, an Opera* (1707) und *The Drummer, or, the Haunted House* (1716; *Das Gespenst mit der Trummel, oder der wahrsagende Ehemann*, 1741), eher marginalen Charakter.

A. verdankte seinen literarischen Ruhm seiner periodischen Essayistik. Zusammen mit Richard Steele verfaßte A. zahlreiche Essays zunächst für *The Tatler* (1709–11; *Der Schwätzer, oder, die Lucubrationen Isaak Bickerstaffs*, 1772), schließlich für *The Spectator* (1711–12; 1714; *Der Zuschauer*, 1749–51). Als glänzender Essayist in der Tradition Bacons und Montaignes gelang es A., schwierige Themen der Zeit didaktisch für ein breites Publikum aufzubereiten. Die beiden Essayblätter wurden zum Spiegel des augusteischen Zeitalters. Zentrale Themen von *Tatler* und *Spectator* waren: Alltagsleben in London, Sozialverhalten, Frauen, Politik, Religion sowie Literaturkritik und -theorie. A.s Untersuchungen zum Begriff des ›wit‹ in »The Pleasures of the Imagination« (1712) zählen noch heute zu den bedeutenden Stationen der Imaginationslehre. Die unvergeßlichen Porträts des »Spectator Clubs« repräsentieren typische Stände der zeitgenössischen Gesellschaft: Sir Roger de Coverley vertritt einen veraltet wirkenden Toryismus, Will Honeycomb die Welt der Modetorheiten, Sir Andrew Freeport das vom Whiggismus favorisierte Unternehmertum und Will Sentry schließlich das Militär. A. versuchte vergeblich, mit den Essayblättern *The Guardian* (1713; *Der Aufseher oder Vormund*, 1745) und dem whiggistisch ausgerichteten *The Free-Holder* (1715/16) an die Erfolgsgeschichte von *Tatler* und *Spectator* anzuknüpfen. A.s literarhistorische Bedeutung besteht in der Funktion eines (allerdings angepaßten) Aufklärers, der späteren Kritikern als »erster Viktorianer« galt.

Werkausgaben: *The Miscellaneous Works*. Hg. A.C. Guthkelch. 2 Bde. London 1978 [1914]. – *The Spectator*. Hg. D. F. Bond. 5 Bde. Oxford 1970 [1965]. – *The Tatler*. Hg. D. F. Bond. 3 Bde. Oxford/Cambridge, MA 1987 [1971]. Literatur: Ch. A. Knight. *Joseph Addison and Richard Steele: A Reference Guide 1730–1991*. New York/London 1994. – R. M. Otten. *Joseph Addison*. Boston 1982.

Rudolf Freiburg

Aidoo, Ama Ata

Geb. 23. 3. 1940 in Abeadzi Kyiakor, Ghana

Ama Ata Aidoo, die sich in ihren Werken mündlicher Traditionen sowie gelegentlicher Einsprengsel aus dem Fanti bedient, war 1982/83 Ghanas Bildungsministerin und hat in Ghana, Simbabwe und den USA gelebt und gelehrt. A. ist eine international geschätzte Vortragsrednerin, Essayistin und Interviewpartnerin. Ihre belletristischen Arbeiten umfassen Theaterstücke, Kurzgeschichtensammlungen für Kinder und Erwachsene, Gedichtbände und Romane. A.s Vielseitigkeit spiegelt sich nicht nur in den verschiedenen Genres, sondern auch in den Themen wider, die sie in ihren Werken verarbeitet. A.s Texte geben der feministischen Tradition Afrikas Ausdruck, die sich weder gegen Männer richtet noch ausschließlich mit Frauen befaßt, sondern immer die Gesamtsituation beider Geschlechter und die Auswirkungen jeglicher Diskriminierung im privaten wie politischen Bereich im Auge behält. So erfährt das Mädchen Adjoa in der Geschichte »The Girl Who Can« (in *The Girl Who Can and Other Stories*, 1997), das nicht dem geltenden Schönheitsideal entspricht, aber mit seinen sportlichen Leistungen Großmutter und Mutter beeindruckt, eine Ermutigung, sich nicht festlegen zu lassen, und lernt, die autochthonen Geschlechterrollenzwänge zu hinterfragen. Die Auseinandersetzung mit der Kolonialgeschichte Afrikas, der Beziehung Ghanas zur britischen Kolonialmacht, den internen prä-, post- und neokolonialen Verhältnissen des Kontinents sowie der Beziehung zwischen AfrikanerInnen und AmerikanerInnen afrikanischer Herkunft wird kritisch beleuchtet. Auch afrikanischer Nationalismus und der damit manchmal zusammenhängende männliche Chauvinismus, die Problematik der Diaspora sowie die westafrikanische Eingebundenheit in verschiedene Religionen und Traditionen werden behandelt. Mit ihrem Roman *Changes: A Love Story* (1991; irreführend übersetzt als *Die Zweitfrau: Eine Liebesgeschichte*, 1998) rückt sie Veränderungen im Leben der Protagonistin Esi und eine im Übergang befindliche Gesellschaft ins Blickfeld, die das (Innen-)Leben von Frauen und Männern beeinflußt, und präsentiert eine Liebesgeschichte, die auch als Liebeserklärung an ihr Land verstanden werden kann. Dies ist insofern der Fall, als die Geschichte weit über den Horizont von Esi und Ali und anderen Paaren hinausweist und deren Umgang mit Gefühlen, den Mitmenschen und der Umwelt sowie den stereotypen LeserInnenerwartungen vom afrikanischen Chauvinisten und von der unterdrückten Afrikanerin ein lebendiges, sensibles Bild entgegensetzt, das die komplizierten Liebesbeziehungen der Hauptpersonen in einen gesellschaftlichen Rahmen setzt.

Literatur: A. U. Azodo/G. Wilentz, Hg. *Emerging Perspectives on Ama Ata Aidoo*. Trenton, NJ 1999. – V. O. Odamtten. *The Art of Ama Ata Aidoo: Polylectics and Reading Against Neocolonialism*. Gainesville, FL 1994.

Pia Thielmann

Alfred [the Great, King of Wessex]

Geb. 849 in Wantage, Berkshire;
gest. 26. 10. 899

Obgleich Alfred den Beinamen ›der Große‹ erst im 16. Jahrhundert erhielt, wird er oft mit seinem kontinentalen Vorbild, Karl dem Großen, verglichen. Um beide Herrscher rankt sich eine Vielzahl von Legenden; beide veranlaßten diverse Reformen, die zu einer kulturellen Blüte ihrer Länder führten. – Als A. 871 als letzter Sohn Æthelwulfs den westsächsischen Thron bestieg, wurde das Land zum wiederholten Male von Däneneinfällen heimgesucht; A. gelang es allerdings, mit ihnen Frieden zu schließen. Nach der Besiedlung Merziens und Nordhumbriens durch die Dänen und der Entstehung des Danelaw fielen die Dänen 878 erneut in Wessex ein. In der Schlacht von Edington konnte A. die Dänen schlagen und deren König Guthrum zum Christentum bekehren. Die anschließende Zeit des Friedens nutzte A. zum Wiederaufbau von Klöstern, Kirchen und Städten, zur Gründung neuer Klöster wie Athelney und Winchester und zur Errichtung von Befestigungsanlagen. A. bemühte sich darum, die Gebiete außerhalb des Danelaw zu einen, und wurde 886 als König aller Angelsachsen angesehen. Als die Dänen 892 vom Kontinent aus einen neuen Eroberungszug unternahmen, stand ihnen eine Allianz von Westsachsen, Merziern und Walisern gegenüber, die als vereinte Christen gegen die heidnischen Gegner kämpften, welche 896 endgültig kapitulieren.

Bis zu seinem Tod setzte A. sein Reformprogramm fort. Er verstand sich nicht lediglich als militärischer Führer und König, sondern auch als Förderer von Kunst und Bildung. Während seiner Regierungszeit gründete er eine Hofschule und holte Gelehrte wie den walisischen Kleriker Asser, der A.s erster Biograph wurde (*Life of King Alfred*, 893), an seinen Hof. Um wichtige Texte zugänglich zu machen, ließ A. verschiedene lateinische Werke ins Altenglische übersetzen und betätigte sich auch selbst als Übersetzer. Zu diesen Übersetzungen zählt diejenige von Papst Gregors *Cura pastoralis* (um 600), einem Handbuch zur Priesterausbildung. A.s Vorwort betont die Notwendigkeit einer Bildungsreform in Wessex und unterstreicht die Bedeutung der Umgangssprache; Übersetzungen sollen Zugang zu den einflußreichsten Werken des Mittelalters gewähren und die Basis aller Bildung sein. Weitaus freier ist die Übersetzung von Boethius' *De consolatione philosophiae* (um 523), in die A. auch andere Quellen einfließen läßt; wobei die Rolle des Schicksals und der göttlichen Vorsehung weitgehend christianisiert wird. Bei der Übersetzung von Paulus Orosius' *Historia adversus paganos* (5. Jahrhundert) gilt A.s Interesse vor allem historischen und geographischen Aspekten. A. geht äußerst selektiv vor, fügt aber eine Geographie Germaniens und eine Beschreibung der Reisen von Ohthere und Wulfstan hinzu. Umstritten ist, ob A. Augustinus' *Soliloquia* (386/87) und Bedas *Historia ecclesiastica* (731) selbst übersetzte. In der Übersetzung von Bedas Kirchengeschichte fehlen einige Episoden, aber sie enthält andererseits auch eine westsächsische Version von *Cædmon's Hymn* (7. Jahrhundert). – In angelsächsischer Zeit zählte A. bereits zu den bedeutendsten und einflußreichsten Herrschern, der Kult um den König entwickelte sich allerdings erst seit dem 12. Jahrhundert. Dabei spielten auch die A. zugeschriebenen Sprichwörter eine maßgebliche Rolle.

Werkausgabe: *The Whole Works of King Alfred the Great*. Hg. J. A. Giles. Oxford/Cambridge 1858.
Literatur: E. S. Duckett. *Alfred the Great and his England*. London 1957. – C. Plummer. *The Life and Times of Alfred the Great*. Oxford 1902.

Nicole Meier

Amis, Kingsley [Sir]

Geb. 16. 4. 1922 in London;
gest. 22. 10. 1995 ebd.

Kingsley Amis kann als einer der einflußreichsten *men of letters* im Großbritannien der Nachkriegszeit gelten: Er war erfolgreich als Lyriker, Romancier, Kritiker und Essayist. Nach einem Studium in Oxford, Militärdienst und Lehrtätigkeiten in Swansea, Cambridge und Princeton (1948–63) konnte A. sich schon früh die Freiheit einer ganz auf das Schreiben ausgerichteten Karriere leisten. Zweimal verheiratet, davon 1965–83 mit der Romanautorin Elizabeth Jane Howard, lebte er ab Mitte der 1950er Jahre in London und wurde zugleich Sprachrohr und Kritiker des literarischen Establishment. Sein Debütroman *Lucky Jim* (1954; *Glück für Jim*, 1957) wurde strukturprägend für den neopikaresken Roman und die *campus novel* (Universitätsroman). Seine Lyrikbände standen vom Erstling *Bright November* (1947) bis zu den *Collected Poems 1944–1979* (1979) fest in der Tradition der klaren, schnörkellosen und ›alltagstauglichen‹ Sprache des *Movement*. Neben über 20 Beiträgen zum Kriminal- (*The Anti-Death League*, 1966) und Schauerroman (*The Green Man*, 1969), zur politischen Dystopie (*The Alteration*, 1976) und zum Genre der Kurzgeschichte ist A. v. a. als Herausgeber von Lyrik- (*The New Oxford Book of Light Verse*, 1978; *The Popular Reciter*, 1978) und Science-fiction-Anthologien (*New Maps of Hell*, 1960; *Spectrum*, 1961; *The Golden Age of Science Fiction*, 1981), als selbsternannter Apologet der Detektivliteratur und, unter dem Pseudonym Robert Markham, als Autor von James Bond-Romanen (*The James Bond Dossier*, 1965, *Geheimakte 007: Die Welt des James Bond*, 1986; *Colonel Sun*, 1968, *007 James Bond: Liebesgrü e aus Athen*, 1991) hervorgetreten. Zahlreiche Glossen, Kulturkolumnen und Buchkritiken sowie kritische Studien bzw. Werkausgaben von Gilbert Keith Chesterton (1972), Alfred Lord Tennyson (1973) und Rudyard Kipling (1975) belegen die Produktivität und öffentliche Prominenz A.' ebenso wie seine kontinuierlichen Einmischungen in die politisch-gesellschaftliche Diskussion, v. a. in den Bänden *Socialism and the Intellectual* (1957), *What Became of Jane Austen and Other Questions* (1970), *On Drink* (1972), *The Folks That Live on the Hill* (1990), *Memoirs* (1990), *The King's English: A Guide to Modern Usage* (postum 1998). – Neben

der frühen Kanonisierung von *Lucky Jim* ist die Wirkung A.' durch den Titel eines *Commander of the British Empire* 1981, den *Booker Prize* für seinen Roman *The Old Devils* (1986) sowie den Adelstitel 1990 dokumentiert. Obwohl die Kritik nicht mit Vorwürfen geizte, welche A.' Weg vom *angry young man* zum *grumpy old man* mit schwankenden politischen Allianzen ebenso betreffen wie die xenophobisch-insularen (*I Like It Here*, 1958; *One Fat Englishman*, 1963) bzw. misogyn-machistischen (*Jake's Thing*, 1978; *Stanley and the Women*, 1984) Untertöne seiner Romane, wird er andererseits mit seiner Verkörperung des beinahe stereotypen englischen Gentleman durch Schrulligkeit, radikale Ablehnung von vorgeblicher Kunsthaftigkeit und »arty posturing« als typisch britischer Autor geschätzt. Die weitgehend fehlende technische Finesse seiner Romane, deren Hang zu Situationskomik, Groteske und bisweilen vulgär-umgangssprachlichem Ton, hat jedenfalls eine große Zahl von Lesern nie abgeschreckt, A.' feines Ohr für Dialogwitz und beißende Ironie zu goutieren, bis hin zu seinem letzten Roman, der Satire *The Biographer's Moustache* (1995). Trotz des Vorwurfs, den nahtlosen Übergang vom Bilderstürmer zum Reaktionär vollzogen zu haben, muß A. durchgängig eine intensive moralistisch-demokratische Gesinnung bescheinigt werden.

Werkausgabe: *The Letters*. Hg. Z. Leader. New York 2001.
Literatur: R. H. Bell, Hg. *Critical Essays on Kingsley Amis*. London 1998. – P. Fussell. *The Anti-Egotist: Kingsley Amis, Man of Letters*. Oxford 1994.

Göran Nieragden

Amis, Martin

Geb. 25. 8. 1949 in Oxford

Der enorme Bekanntheitsgrad von Martin Amis, der zu den einflußreichsten zeitgenössischen Autoren Großbritanniens zählt, beruht zu einem Großteil auf seiner Biographie, die er in seinen zum Bestseller avancierten Memoiren *Experience* (2000) medienwirksam inszeniert hat. Besonders das problematische Verhältnis zu seinem berühmten Vater, dem Schriftsteller Kingsley Amis, und sein umstrittenes öffentliches Auftreten haben A. seit dem Erfolg seiner ersten vier, von sexueller Explizität und Gewalt dominierten Romane – *The Rachel Papers* (1973), *Dead Babies* (1975), *Success*

(1978) und *Other People: A Mystery Story* (1980; *Die Anderen: Eine mysteriöse Geschichte*, 1997) – den zweifelhaften Ruf des stilsicheren Zynikers, dem Talent und Einfluß in die Wiege gelegt wurden, eingetragen. Seine Essays, die in vier Sammelbänden veröffentlicht wurden (*Invasion of the Space Invaders*, 1982; *The Moronic Inferno and Other Visits to America*, 1986; *Visiting Mrs. Nabokov and Other Excursions*, 1993; *The War Against Cliché: Essays and Reviews 1971–2000*, 2001), offenbaren dagegen ein humanistisches Weltbild, das sich dezidiert gegen die Entmenschlichung durch den Spätkapitalismus wendet. Diese ethischen Vorstellungen und eine postmoderne Ästhetik in der Tradition von William Burroughs, J. G. Ballard, Anthony Burgess, Joseph Heller und v. a. Saul Bellow und Vladimir Nabokov sind auch charakteristisch für die von einigen seiner Kritiker als pornographische Effekthascherei mißverstandenen Bestsellerromane, mit denen A. sich nach 1980 endgültig in der literarischen Szene Großbritanniens etablieren konnte.

Im Gegensatz zum geschichtsrevisionistischen Roman *Time's Arrow* (1991; *Pfeil der Zeit*, 1993) wendet sich A. in den satirischen Romanen *Money: A Suicide Note* (1984; *Gierig*, 1991), *London Fields* (1989; *1999*, 1995) und *The Information* (1995; *Information*, 1996) zeitgenössischen Themen zu: Eifersucht, Gewalt und Pornographie, Macht- und Geldstreben, die Fragmentierung des Individuums, der dehumanisierende Einfluß des Kapitalismus und der Medien- und Popkultur sowie nicht zuletzt die Auswirkungen der nuklearen Bedrohung auf den Menschen, um die sich auch die Kurzgeschichten in *Einstein's Monsters* (1987; *Einsteins Ungeheuer: Träume im Schatten der Bombe*, 1987) drehen. Der dystopische Roman *London Fields*, A.' formal anspruchsvollste Inszenierung dieser zeitkritischen Motive, schildert die Suche der suizidalen Nicola Six nach ihrem eigenen Mörder, in deren Verlauf zwei weitere Figuren, der Kleinkriminelle Keith Talent und der kultivierte Guy Clinch, in ein Geflecht von sexuellen und psychischen Intrigen gelockt werden. Der Erzähler Samson Young, der die Geschichte Nicolas mit vielen metafiktionalen Einschüben berichtet, versucht vergebens, die Kontrolle über seine Erzählung zu behalten, und wird letztlich gegen seinen schöpferischen Willen selbst zum Mörder Nicolas. Wie fast alle Werke A.' kontrastiert der Roman groteske Komik mit abgründigem Pessimismus und verbindet zugleich die für den Autor typi-

schen postmodernen Erzählverfahren, allen voran unterschiedliche Formen narrativer Selbstreflexivität, die radikale Unterminierung traditioneller Figurenkonzeptionen, die Kontaminierung ontologischer Ebenen, die experimentelle Transformation von Prätexten und das Doppelgängermotiv. – Seit Mitte der 1990er hat sich die Öffentlichkeit weniger mit den fiktionalen Werken – dem Roman *Night Train* (1997; *Night Train*, 1998) und dem Kurzgeschichtenband *Heavy Water* (1998; *Schweres Wasser und andere Erzählungen*, 2000) – als mit der Person A.' beschäftigt, was sich jedoch nach der Veröffentlichung seines neuesten Romans wieder ändern dürfte. Denn die Ankündigung, daß im Zentrum des nächsten Werks die 14jährige Tochter des fiktiven Königs von England, Henry IX, in ein Netz aus Pädophilie und Pornographie gerät, wodurch die Glaubwürdigkeit der Monarchie zutiefst erschüttert wird, sorgt bereits vor dessen Veröffentlichung in den Medien Großbritanniens für eine Aufmerksamkeit, die nach wie vor nur wenigen Literaten in England zuteil wird.

Literatur: S. Mecklenburg. *Martin Amis und Graham Swift: Erfolg durch bodenlosen Moralismus im zeitgenössischen britischen Roman*. Heidelberg 2000. – J. Diedrick. *Understanding Martin Amis*. Columbia, SC 1995.

Bruno Zerweck

Anand, Mulk Raj

Geb. 12. 5. 1905 in Peschawar,
[heute] Pakistan;
gest. 28. 9. 2004 in Pune (Indien).

Die vernehmbarste Stimme der ersten Generation moderner indischer Schriftsteller englischer Sprache ist zweifellos Mulk Raj Anand, dessen seit Mitte der 1930er Jahre veröffentlichten realistischen Romane über die Situation der unterdrückten Bevölkerungsteile Indiens auf das Interesse liberal-radikaler Kreise Englands stießen (wo seine Romane zunächst erschienen) und nach der Unabhängigkeit 1947 auch auf dasjenige indischer Leser, die ihn jedoch oft des Marxismus bezichtigten und seine Werke als ›unindisch‹ z. T. scharf ablehnten. A.s Kritik an der Haltung der Kastengesellschaft gegenüber Unberührbaren in seinem ersten Roman, *Untouchable* (1935; *Der Unberührbare*, 1954), der seither millionenfach aufgelegt, in viele Sprachen übersetzt und zu einem Klassiker *sui generis* avancierte, weitet sich in den rasch folgenden Romanen *Coolie* (1936; *Kuli*, 1953), *Two Leaves and a Bud* (1937; *Zwei Blätter und eine Knospe*, 1958) sowie der sogenannten Lalu-Trilogie aus. Hier prangert er die Ausbeutung der verarmten Bauern durch Land- und Fabrikbesitzer an, verurteilt aber auch das Kolonialregime (was wegen des angeblich pornographischen Inhalts von *Two Leaves and a Bud* zum vorübergehenden Verbot des Buches führte). A.s radikal-sozialkritische Haltung wurzelt in seiner Sensibilität und im *Thirties Movement*, dem er sich während seines langjährigen Aufenthaltes in England (seit Mitte der 1920er Jahre) verbunden fühlte (s. *Conversations in Bloomsbury*, 1981). Literarisch betonte der Autor u. a. den Einfluß von James Joyce. Die Gestaltung des Schicksals seiner meist jungen Protagonisten schlug sich stilistisch in der Verwendung moderner Techniken der Bewußtseinsdarstellung nieder, ohne daß dies mit einem Verzicht auf herkömmliche Verfahren etwa des Erzählerkommentars einherging, was A. den Vorwurf mangelnder künstlerischer Konsequenz eingetragen hat. Sprachliches Experimentieren mit ›indischem‹ Sprachmaterial und wörtlichen Übertragungen aus dem Pandschabi trug ein übriges dazu bei, ihn des Exotismus zu bezichtigen, mit dem er nicht-indische Leser ansprechen wolle. Dem Vorwurf mangelnder Authentizität muß jedoch mit A.s humanistischem Engagement begegnet werden, das den Unterdrückten seiner Gesellschaft zum ersten Mal eine Stimme verlieh. – Seit den 1960er Jahren wandte er sich der Verknüpfung autobiographischer und fiktionaler Erzählmomente zu und verwandte unterschiedliche Textgattungen (Brief, Tagebuch, Essay) in den vier bislang erschienenen Bänden des Prosazyklus *Seven Ages of Man*, darunter *Confession of a Lover* (1976), *The Bubble* (1984). In ihrem Mittelpunkt steht die Lebensgeschichte Krishans, die sich eng an die A.s anlehnt. Der unvollendete fünfte Band *And So He Plays His Part* enthält dramatische Szenen, vorab als *Little Plays of Mahatma Gandhi* (1991) publiziert. – Neben Romanen und Erzählsammlungen zeichnen zahllose Essays über indische Kunst, Literatur, Politik und Philosophie A. als einen der herausragenden *Indian men of letters* des 20. Jahrhunderts aus, was ihm vielfache nationale und internationale Anerkennung eingetragen hat. Sein humanistisches Weltbild, 1945 in *Apology for Heroism* vorgestellt, prägt nicht nur das literarische und essayistische Werk, sondern auch sein praktisch-sozialengagiertes Wirken.

Literatur: P. K. Rajan. *Mulk Raj Anand: A Revaluation.* Neu-Delhi 1995. – R. K. Dhawan, Hg. *The Novels of Mulk Raj Anand.* Neu-Delhi 1992.

Dieter Riemenschneider

Anthony, Michael

Geb. 10. 2. 1932 in Mayaro, Trinidad

Trotz einer recht umfangreichen Produktion ist Michael Anthony v. a. durch seinen ersten Roman, *A Year in San Fernando* (1965), im Gedächtnis seiner Leserschaft gegenwärtig. Es handelt sich um einen Text, der in die besonders von H. D. DeLisser und George Lamming begründete Tradition des karibischen Bildungsromans gehört. Der zwölfjährige Francis wird von einer armen ländlichen Familie in die Stadt San Fernando geschickt und soll in der wohlhabenden Familie der Chandles ein Jahr als Diener arbeiten. Die Kritik hat sich lange von der scheinbaren Einfachheit der Handlung täuschen lassen. Francis lernt mit Mühe und einer – etwas mulmigen – Faszination, sich in der für ihn riesigen Stadt und den zunächst undurchschaubaren Familienbeziehungen zurechtzufinden. Seine Erkenntnisprozesse sind mit Enttäuschung und Entsetzen verbunden, als er das von Raffgier, Geiz und Unmoral geprägte Verhalten der Erwachsenen verstehen lernt. Kognitive Schlüsselvokabeln wie *know* und *see* (jeweils im umfassenden Sinn) geben sein wachsendes Verständnis der korrupten Welt der Erwachsenen wieder. Mit dem Sterben der alten Mrs. Chandles, die sich für Francis von einer schroffen, geizigen Alten zu einer spröden Verbündeten wandelte, lernt der Junge kurz vor seiner Heimreise auch unumstößliche Fakten der menschlichen Existenz kennen. Der Reifeprozeß des Helden, der weitgehend aus seiner beschränkten Sicht gezeigt wird, ist in präzise Naturbeobachtungen und in überschaubare soziale Zusammenhänge gestellt und wird sprachlich subtil und ökonomisch vermittelt.

A. stammt wie sein Protagonist aus dem dörflichen Mayaro. Er wanderte 1954 nach England aus, wo er in Fabriken, bei der Bahn und bei der Post arbeitete und zu schreiben begann. Als er 1968 England verließ und für zwei Jahre im diplomatischen Dienst Trinidads in Brasilien tätig war, hatte er zwei Romane und eine Reihe von Kurzgeschichten veröffentlicht. Er lebt seit 1970 in Trinidad, wo er für den *National Cultural Council* des Landes arbeitet und auch Schulbücher und historische Werke für ein allgemeines Publikum veröffentlicht. Von seinen späteren Werken sind die Romane *The Games Were Coming* (1963), *Streets of Conflict* (1976) und *All That Glitters* (1981) sowie die Kurzgeschichtensammlung *Cricket in the Road* (1973) zu erwähnen. Wie schon in *The Year in San Fernando* ist A. besonders überzeugend, wenn er jugendliche Helden und ihre durch Familie und Nachbarn begrenzte Welt porträtiert.

Literatur: R. I. Smyer. »Enchantment and Violence in the Fiction of Michael Anthony.« *Literary Half-Yearly* 16 (1975), 95–124. – P. Edwards/K. Ramchand. »The Art of Memory: Michael Anthony's *The Year in San Fernando*.« *Journal of Commonwealth Literature* 6 (1969), 59–72.

Wolfgang Binder

Arden, John

Geb. 26. 10. 1930 in Barnsley, Yorkshire

Die Werke des unbequem-engagierten, historisch-politischen wie anglo-irischen und kirchengeschichtlichen Themen bevorzugenden Dramatikers John Arden sind aus der britischen Bühnengeschichte der Jahre 1956–72 schwerlich wegzudenken, in die Geschichte der Jahrzehnte danach aber schwerlich noch hineinzudenken. Kaum ein englischer Dramatiker hat die dramaturgischen wie politischen *avatars* der Epoche so intensiv nachvollzogen, kaum einer ist ihnen so radikal zum Opfer gefallen. – A., der bereits als Edinburgher Architekturstudent zu schreiben anfing, gehört zu den vom Royal Court Theatre *off-West-End* entdeckten Nachkriegstalenten. Dort wurde 1959 das mit leicht abgewandelten Brechtschen Mitteln operierende *Serjeant Musgrave's Dance* (*Der Tanz des Sergeanten Musgrave*, 1965) uraufgeführt, das zweifelsohne herausragende pazifistische Stück zwischen Willis Halls *The Long and the Short and the Tall* (1958) und Peter Brooks fulminantem *US* (1966). 1963 folgte *The Workhouse Donkey* (*Der Packesel*, 1965), eine bühnenwirksame Farce des kommunalpolitischen Filzes im englischen Nordosten. Der beiden Stücken inhärente Konflikt zwischen Ordnung und Anarchie prägt auch das bemerkenswerte Historiendrama zur Magna Charta, *Left-Handed Liberty* (1965), und wird zum Lebensthema. – Etwa 1960 setzt eine Kooperation mit der irischen Dramatikerin und späteren Ehe-

frau Margaretta D'Arcy ein, die mehrere bereits vorhandene Tendenzen verstärkt: ein tiefes Interesse für das bühnenerweiternde ›*vital theatre*‹, ein Experimentieren mit Workshop-Ansätzen sowie den Versuch, das Theaterpublikum neu zu erfinden. Das selbstreflexive, metatheatralische Hörspiel *The Bagman* (1970) zeigt einen Dramatiker, der mit den Möglichkeiten seines Mediums und seiner sozialen Rolle hadert. In den irischen Themen gewidmeten Werken *The Ballygombeen Bequest* (1972; *Das Erbe von Ballygombeen*, 1976), *The Non-Stop Connolly Show* (1975) und *Vandaleur's Folly* (1980) haben die Kräfte der Ordnung nicht den stärkeren Part. – Für den jung gefeierten, aber nie kassenerfolgsverwöhnten A. wird die ideologische Luft dünner, die jüngeren *poètes engagés* bzw. *enragés* laufen ihm den Rang ab, die neuen finanziellen Sachzwänge sind seiner Dramaturgie nicht förderlich. Es erfolgt eine Verlagerung des Interesses auf das Hörspiel, wo er mit dem das Irland der spannungsreichen 1630er Jahre evozierenden *Pearl* (1980), dem der Frühgeschichte des Christentums nachgehenden *Whose is the Kingdom?* (1988) sowie dem *public-school*-Drama *Woe Alas, the Fatal Cash-Box* (1999) Späterfolge feiern darf. Ein erster Roman, *Silence Among the Weapons*, sowie der historische Roman *Books of Bale* (1988) erweitern zwar A.s Gattungs-, nicht aber seine Themenpalette. – A. ist dezidiert *homme de théâtre*. Seine Stücke sind eher zum Gesehen- als zum Gelesenwerden. Nicht die Sprache steht im Mittelpunkt, sondern ein die vorhandenen Mittel ausschöpfendes Bühnengeschehen. Erstere kommt in A.s – uvre generell etwas kurz, wirkt spröde, kantig, wobei die Stoffe ihm leicht zu Lehrstücken gerinnen. Wer aber *Sergeant Musgrave's Dance* in einer gelungenen Aufführung erlebt hat, hat unvergeßlich erfahren, wie episches Theater über sich hinauszuwachsen und -weisen vermag.

Werkausgabe: *Plays*. 2 Bde. London 1994.
Literatur: F. Gray. *John Arden*. London 1982.

Richard Humphrey

Armah, Ayi Kwei

Geb. 10. 10. 1939 in Sekondi-Takoradi, Ghana

Ayi Kwei Armah gehört zu den kontroversesten Autoren Afrikas. A. hat sich immer geweigert, am Literaturbetrieb teilzunehmen. Interviewgierige Kritiker hat er als »The Lazy School of African

Criticism« (1985) beschimpft. Gerade weil A. seine Lebensführung als Privatsache ansieht, sein Erleben sich aber in seinem – uvre niedergeschlagen hat, ist über die autobiographischen Hintergründe seines ethischen Radikalismus spekuliert worden. A.s Lebensweg drängte zu den Brennpunkten der politischen Bewegungen. Er studierte Soziologie in Harvard während des *Civil Rights Movement*. Über das revolutionäre Algerien kehrte er nach Ghana zurück, fühlte sich als Drehbuchautor durch die Zensur düpiert, arbeitete für *Jeune Afrique* im revolutionären Paris von 1968, ging an die Columbia University während der Black Panther-Zeit und schließlich nach Tansania, wo sich die linken Intellektuellen versammelten. Selber zur Elite Afrikas gehörig, wurde A. zum schärfsten Kritiker der Meinungsführer in den postkolonialen Ländern. In »One Writer's Education« (1985), der einzigen Äußerung zur eigenen Person, begründet er seine Rolle als Schriftsteller mit der Intention, »die am wenigsten parasitäre Option zu leben   Dabei fühle ich mich wie die Spore eines Pilzes, die noch nicht weiß, ob sie jemals Penicillin produzieren werde«. Dieses Bild aus der Medizin beschreibt die Verpflichtung des Künstlers zum Heilen.

Mit dem Roman *The Beautyful Ones Are Not Yet Born* (1968; *Die Schönen sind noch nicht geboren*, 1971) hat sich A. unter dem Einfluß von Frantz Fanon und Albert Camus von der realistischen »Achebe School« abgewandt. Vor dem realen Hintergrund von Kwame Nkrumahs Ghana setzt A. eine fundamentalkritische Allegorie in Szene. Die Hauptfigur, »der Mann«, verweigert sich der Korruption und wird in den Niedergang des Landes gezogen, während seine früheren Freunde aus dem wirtschaftlichen Ruin Profit schlagen, auch wenn sie dazu durch eine Kloake kriechen müssen (das Schlußtableau). A. initiiert das Genre der »novel of disillusionment« in Afrika. *The Beautiful Ones* fand bei der Kritik allerdings ein geteiltes Echo. Im Westen pries man den Stil und die intellektuelle Integrität, in Afrika kritisierte man das Fehlen einer afrikanischen Perspektive und die Kritik am Projekt der Unabhängigkeit, wo doch gerade jetzt positive Visionen erforderlich waren. – Mit den beiden historischen Romanen *The Healers* und *Two Thousand Seasons* (beide 1979) hat A. nochmals Neuland erschlossen. Er setzt die Geschichtsrevision Cheik Anta Diops in eine fiktionale Struktur um und schreibt Geschichte von unten im doppelten Sinne: die Geschichte der

Opfer der großen Politik, aber auch die Geschichte der Opfer des Kolonialismus. Er entwirft eine Langzeitgeschichte, fragmentiert Chronologie und Erzählstruktur und pointiert die afrikanische Perspektive so, daß ihm Rassismus vorgeworfen wurde. A.s Vision ist die eines afrikanischen »Weges«, bei dessen Beschreiten die westlichen Geisteshaltungen therapiert werden müssen. Das Bild vom Autor, der ein literarisches Antibiotikum gegen Geschichts- und Traditionslosigkeit produziert, wird hier realisiert.

Literatur: D. Wright, Hg. *Critical Perspectives on Ayi Kwei Armah*. Washington 1992. – Ders. *Ayi Kwei Armah's Africa: The Sources of His Fiction*. London 1989. – R. Priebe. *Myth, Realism and the West African Writer*. Trenton, NJ 1988. – R. Fraser. *The Novels of Ayi Kwei Armah*. London 1980.

Eckhard Breitinger

Arnold, Matthew

Geb. 24. 12. 1822 in Laleham, Surrey;
gest. 15. 4. 1888 in Liverpool

Die Wirkung Matthew Arnolds, der als ältester Sohn des Bildungsreformers und Direktors von Rugby, Dr. Thomas Arnold, geboren wurde und in Oxford studierte, ist kontrovers. A., der zehn Jahre *Professor of Poetry* in Oxford war, war der einflußreichste Literatur- und Kulturkritiker seiner Zeit. Der *New Criticism* schob den als »educator« (T. S. Eliot) bespöttelten Viktorianer im 20. Jahrhundert ins Abseits. A. hatte bereits 1882 die Diskussion um die ›beiden Kulturen‹ angestoßen, die C. P. Snow 1953 popularisierte (*Leavis-Snow controversy*). Auch der Gegensatz zwischen dem Hebräischen und Hellenischen, den James Joyce zur zentralen Struktur des *Ulysses* machte, ist eine Referenz auf A. – A. war bereits anerkannter Gedankenlyriker (*The Strayed Reveller, and Other Poems*, 1849; *Empedocles on Etna, and Other Poems*, 1852; *Poems, Second Series*, 1855; *New Poems*, 1867), als er das Dichten zugunsten von Literaturkritik aufgab. Sein bekanntestes Gedicht »Dover Beach« (1867) entstand 1851 auf seiner Hochzeitsreise. *New Poems* enthält »Heine's Grave«, in dem sein Tadel an England, aber auch sein kreativer Blick über den Kanal deutlich wird. A.s Kultur- und Literaturkritik ist vor dem Hintergrund des desolaten viktorianischen Schulwesens zu sehen, das er ab 1851 als königlicher Schulinspektor kennenlernte. In der Begegnung mit den Bildungssystemen und -methoden auf dem Kontinent (Frankreich, Schweiz, Deutschland) entsteht seine Forderung nach ›Kultur‹. In A.s Streitschrift *Culture and Anarchy* (1869) bezeichnet er seine eigene Schicht, die *middle class*, in Anlehnung an Heinrich Heine als *Philistine* und *Hebrew*. Der Gegenbegriff hierzu ist *Hellenism*, die Hinwendung zu Kunst und Kultur, die A. in der viktorianischen Gesellschaft vermißt. Für A. war Literaturkritik der Literatur insofern überlegen, als sie den Boden für Literatur zu bereiten und neue Ideen heranzutragen hat. Er argumentiert gegen die englische Romantik und deren Originalitätsgedanken. A. s. expositorische Schriften umfassen viele Einzeldisziplinen wie Literaturkritik (*Essays in Criticism*, First Series 1865, Second Series 1888), Bildungstheorie (*On the Study of Celtic Literature*, 1867) und Religionswissenschaft (*Literature and Dogma*, 1873). A.s Grundforderung ist »disinterestedness«. In der wenig ›nützlichen‹ literarischen Bildung sieht A. eine wichtige Funktion. Als *liberal* macht er selbst vor Kritik an den *liberals* nicht halt. Angesichts des klassen- und interessenspezifisch organisierten englischen Schulwesens fordert er die Einführung von Literatur in die Lehrpläne. Seine literarkritischen Aufsätze »The Function of Criticism at the Present Time« (1864) und »The Study of Poetry« (1880) sind die programmatischen Aufsätze seiner Oxforder Vorlesungen. Darin stellt A. deutsche und französische Autoren, dann auch englische vor. Die zentrale Frage ist die nach der Rolle von Literatur und Literaturkritik. A. rettet die durch die Evolutionstheorie entzauberte Religion, indem er die Bibel als große Literatur deutet. Hauptgegner A.s ist der Utilitarismus und dessen Geist- und Theoriefeindlichkeit. Didaktisches Prinzip ist die Anschauung. Konkrete Beispiele und nicht abstrakte Regeln sind wichtig. Dieses Prinzip wird in »The Study of Poetry« zum lernpsychologischen Gegenstand bei der Gewinnung ästhetischer Standards. Dichtung ist »criticism of life« und Nachfolgerin der Religion als Sinnstifterin. Seine Methode zur Gewinnung eines Qualitätsmaßstabs ist der »touchstone«. Prüfstein der literarischen Qualität sind memorierte Passagen großer Literatur. Bei Schulbesuchen hatte er das ›mechanische‹ Lernen beobachtet, das Auswendiglernen von abstrakten Stil- und Grammatikregeln ohne Anschauung. Über Anthologien sollten Schüler nun an den besten englischen Autoren geschult werden. A.s Verehrung für Preußen aufgrund des überlegenen Bildungswesens, das 100 Jahre vor England die allgemeine Schulpflicht kannte, veranlaßte ihn zur Satire *Friendship's Garland* (1871). Die Berichte über seine Besuche auf dem europäischen Festland 1859 und 1865 füllen mehrere Bände (*Schools and Universities on the Continent*, 1868) und sind Beispiele für seine Methode des Kulturvergleichs, die in der Tradition Madame de Sta ls und Heines steht und aktuell geblieben ist.

Werkausgaben: *The Letters*. Hg. C. Y. Lang. 5 Bde. Charlottesville, VA 1996–2001. – *Poems*. Hg. K. Allott/M. Allott. London 1979. – *The Complete Prose Works*. Hg. R. H. Super. 11 Bde. Ann Arbor 1960–77. Literatur: P. Honan. *Matthew Arnold: A Life*. Cambridge, MA 1981. – D. J. DeLaura, Hg. *Matthew Arnold: A Collection of Critical Essays*. Englewood Cliffs, NJ 1973. – L. Trilling. *Matthew Arnold*. New York 1949.

Therese Fischer-Seidel

Ascham, Roger

Geb. 1515/16? in Kirby Wiske, Yorkshire; gest. 30. 12. 1568 in London

Roger Ascham gehörte der national gesinnten englischen Humanistengeneration nach Thomas More und Erasmus von Rotterdam an. Der Sohn eines Gutsverwalters aus Yorkshire fand in Sir Humphrey Wingfield einen Förderer, studierte in Cambridge, wurde ein bedeutender Gräzist und begann 1538 dort zu unterrichten. Seit 1546 fungierte er als Public Orator und führte in diesem Amt die offizielle lateinische Korrespondenz der Universität. Seine profunden Kenntnisse im lateinischen Briefstil und seine kalligraphischen Talente sicherten ihm ab 1553 auch das Amt des lateinischen Privatsekretärs der Königinnen Mary Tudor und Elizabeth I, nachdem er bereits 1548 zum Tutor der 15jährigen Prinzessin Elizabeth berufen worden war. 1550–53 begleitete er den englischen Botschafter Sir Richard Morison als Sekretär an den Hof Kaiser Karls V. In seinen lebhaften lateinischen und englischen Briefen aus diesen Jahren und in einer historiographischen Analyse der politischen Machtverhältnisse auf dem Kontinent Mitte des 16. Jahrhunderts (in *English Works*, 1904) zeichnete der überzeugte Protestant (der erstaunlicherweise unter der katholischen Queen Mary unbehelligt blieb) ein anschauliches Bild Deutschlands und Italiens. Die Gunst von

Henry VIII (in Form einer königlichen Pension) hatte er bereits 1545 mit seiner Schrift *Toxophilus* errungen, einem englischen Dialog über das nur scheinbar abgelegene Thema des Bogenschießens. Toxophilus und Philologus streiten über den rechten Stellenwert von sportlicher Ertüchtigung und Buchwissen. Nicht nur die Form des dialogischen Lehrbuchs macht die Bedeutung von *Toxophilus* für die englische Literatur aus (vgl. etwa Izaak Waltons *Compleat Angler*, 1653), sondern auch A.s Plädoyer für den Gebrauch der englischen statt der lateinischen Sprache in geistig anspruchsvollen Werken. A.s eigene Verwendung seiner Muttersprache zeichnet sich durch unprätentiöse Klarheit und Eleganz aus: Von übertriebenem rhetorischen Schmuck und artifizieller Syntax (wie in John Lylys *Euphues*, 1578) hielt A. nichts. Auch in seiner unvollendeten pädagogischen Abhandlung *The Schoolmaster* (1570; *Roger Aschams Schulmeister*, 1881), einer zumal dem aristokratischen Privatunterricht dienenden Lateinfibel, schreibt A. ein noch heute gut lesbares Englisch. In Ansatz und Methodik des hier vorgestellten Lateinunterrichts (Stilbildung durch Übersetzung und Rückübersetzung sowie durch Imitation der Klassiker) zeigt sich A.s Geistesverwandtschaft mit dem befreundeten Straßburger Humanisten Johannes Sturm. A.s tolerantes, liebenswertes Wesen findet im Plädoyer gegen Strafe und Einschüchterung als Mittel der Pädagogik Ausdruck: Schüler sollten nicht gedrillt, sondern für die Gegenstände begeistert werden. Gegen die italienisierte Bildung des Adels und gegen entsprechende Studienreisen spricht sich A. aus Gründen der Moral und des Nationalstolzes aus. Zeitlebens gesundheitlich angeschlagen, verarmte A. im Alter. Elisabethaner wie Gabriel Harvey und Sir Philip Sidney priesen die Eleganz seines Prosastils, und Samuel Johnson schrieb in seiner Ascham-Vita (1761), im *Schoolmaster* fänden sich die vielleicht »besten Ratschläge, die jemals für das Studium fremder Sprachen gegeben wurden«.

Werkausgaben: *Whole Works*. Hg. J. A. Giles. 3 Bde. London 1864/65, New York 1970. – *English Works*. Hg. W. A. Wright. Cambridge 1904.
Literatur: J. S. Dees. *Sir Thomas Elyot and Ascham: A Reference Guide*. Boston 1981.– L. V. Ryan. *Roger Ascham*. Stanford, CA 1963.

Henning Thies

Atwood, Margaret [Eleanor]

Geb. 18. 11. 1939 in Ottawa, Kanada

»There was a great advantage to being a Canadian back in 1956, the year I started writing in a manner I then considered serious: there was no heritage of intimidating geniuses looming above you as you wrote [ ]. There were a few Canadian writers then, but with their usual modesty the Canadians hid them from view, and you had to dig for them at the very backs of bookstores, among the maple syrup cookbooks and the autumn scenery. All that has now changed.« Was Margaret Atwood hier anläßlich einer der zahlreichen Preisverleihungen (etwa dem *Booker Prize* 2000) übergeht, ist, daß sie selbst wie niemand sonst zu der bemerkenswerten »Canadian Renaissance« seit den 1960er Jahren, die Kanada auf die literarische Weltkarte setzte, beigetragen hat. Mit ihren äußerst vielseitigen Talenten, die sich in einem umfangreichen Gesamtwerk niederschlagen, ihrer intellektuellen und sprachlichen Brillanz, ihrem kanadischen (literarischen) Nationalismus und zugleich global-politischen Bewußtsein, ihrer Gabe zur humorvoll ansprechenden, komplexen Tiefenschärfe und ihrer medienkompatiblen Persönlichkeit, die ihre zahlreichen öffentlichen Auftritte zu einem Ereignis werden läßt, ist A. die unbestritten bedeutendste und auch öffentlichkeitswirksamste Repräsentantin der kanadischen Literatur und eine der faszinierendsten zeitgenössischen Schriftstellerinnen überhaupt.

Zu A.s – uvre gehören über ein Dutzend Lyriksammlungen, von denen *Eating Fire: Selected Poetry 1965–1995* (1998) eine breit gefächerte Auswahl bietet; diverse Romane, darunter *Surfacing* (1972; *Der lange Traum*, 1979), *Lady Oracle* (1976; *Lady Orakel*, 1984) und *The Blind Assassin* (2000; *Der blinde Mörder*, 2000); mehrere Kurzprosasammlungen, darunter *Wilderness Tips* (1991; *Tips für die Wildnis*, 1991); ferner wichtige literatur- und kulturkritische Werke wie *Survival: A Thematic Guide to Canadian Literature* (1972), *Second Words: Selected Critical Prose* (1982), *Strange Things: The Malevolent North in Canadian Literature* (1995) und *Negotiating with the Dead: A Writer on Writing* (2002). Obwohl A. wiederholt die Gattungsgrenzen weitet – etwa in *Murder in the Dark: Short Fictions and Prose Poems* (1983; *Die Giftmischer*, 1985) oder *Good Bones* (1992; *Gute Knochen*,

1995) – und sowohl in ihrer Kurzprosa als auch in ihren Romanen erzählerisch experimentiert, ist A.s Erzählwerk der Tradition des psychologischen Realismus zuzuordnen, die postmodernistischer Werteindifferenz ablehnend gegenübersteht: A. ist eine politisch (auch geschlechterpolitisch) engagierte Schriftstellerin, die Literatur nicht zuletzt in einem didaktisch-moralischen Sinne als Sozialkritik versteht (»If we cease to judge this world, we may find ourselves, very quickly, in one which is infinitely worse«). Ihr immer wieder auf die Geschlechterdifferenzen verweisendes Werk, das häufig die systembedingte, gleichwohl persönlich charakterisierte Situation weiblicher Figuren in den Mittelpunkt rückt (»to take the capital W off woman«), ist Konsequenz ihres mit großer intellektueller Schärfe betriebenen radikalen Humanismus: ein bis auf die Wurzeln zurück- und durchdenkender engagierter Humanismus, der zwangsläufig die hergebrachte Rolle der Frau als abgeleitet-zweitrangig konstatieren muß, radikalisiert etwa in der patronymischen Namengebung (»Offred«) in The Handmaid's Tale (1985; Der Report der Magd, 1987). Doch A. wendet sich auch gegen Auswüchse der Frauenbewegung (vgl. die Bücherverbrennung in The Handmaid's Tale) und entmystifiziert den Mythos der opferbereiten, friedfertigen Frau besonders in ihrem späteren Erzählwerk: Cat's Eye (1988; Katzenauge, 1989), The Robber Bride (1993; Die Räuberbraut, 1994), Alias Grace (1996; Alias Grace, 1996). A. zeigt die psychologischen und sozialen Gesetze und Ambivalenzen von Vereinnahmung, Diskriminierung, Opfermentalität, Machtausübung, Auflehnung und Neubestimmung auf, wiederholt auch von überlieferten bzw. volksliterarischen Erzählungen ausgehend, die sie aufschlußreich und virtuos um- bzw. neuschreibt, z.B. in »The Little Red Hen Tells All« (Nischik 1994). A.s Gesamtwerk demonstriert, wie höchster ästhetischer Anspruch, eine außergewöhnliche sprachliche und imaginative Kraft und unmittelbar zeitbezogene sozialpolitische Relevanz (etwa in Themen wie Ökologie und Multikulturalismus) aufrüttelnde Werke hervorbringen können, die national wie international große Breitenwirkung erzielt haben und gleichzeitig bereichernde ›Pflichtlektüre‹ für eine (akademische) Beschäftigung mit kanadischer Literatur und Kultur darstellen.

Werkausgabe: Selected Stories. London 1996.
Literatur: R.M. Nischik, Hg. Margaret Atwood: Works and Impact. Rochester, NY 2000. – L.M. York, Hg. Various Atwoods: Essays on the Later Poems, Short Fiction,

and Novels. Concord, Ont. 1995. – R.M. Nischik. »Nachwort.« Polarities: Selected Stories. M. Atwood. Stuttgart 1994, 151–170. – J. McCombs/C.L. Palmer, Hgg. Margaret Atwood: A Reference Guide. Boston 1991.

Reingard M. Nischik

Auden, W[ystan] H[ugh]

Geb. 21. 2. 1907 in York;
gest. 28. 9. 1973 in Wien

W. H. Auden entstammte einem gutbürgerlichen, konservativen und speziell durch die Mutter streng religiös geprägten Elternhaus, entwickelte sich allerdings während seines Studiums in Oxford und besonders infolge seines Berlinaufenthalts (1928/29) zu einem politisch hellwachen Kritiker des politischen Establishments und der kapitalistischen Wirtschaftsweise. Anfang der 1930er Jahre glaubte er vorübergehend, die bürgerlich-kapitalistische Gesellschaft habe endgültig abgewirtschaftet und Dichter sowie Intellektuelle müßten versuchen, auf die politischen und gesellschaftlichen Entwicklungen nachhaltig Einfluß zu nehmen. Die Ausbreitung des Faschismus und der Ausgang des Spanischen Bürgerkriegs, verbunden mit der Einsicht in die Ohnmacht des einzelnen, lehrten ihn indes, daß die gesellschaftliche Verantwortung des Dichters nicht durch das Verfassen propagandistischer Gedichte eingelöst werden kann. Der radikale Verzicht auf jegliche Einflußnahme durch ein Gedicht, der u.a. in dem vielzitierten Satz »poetry makes nothing happen« aus »In Memory of W.B. Yeats« (1939) seinen Niederschlag fand, und die allmähliche Rückkehr zur anglikanischen Kirche bewirkten eine nachhaltige Änderung des Themen- und Formenbestandes seiner Lyrik. Gereimte und strophische Gedichte, die es auch vorher schon gab, bildeten in seinem Werk fortan die Norm. Das heißt freilich nicht, daß A. nunmehr ›traditionell‹ gedichtet habe. Bilder, Rhythmus und andere Stilmittel boten ihm genügend Möglichkeiten, kritisch, proteisch und zeitgemäß zugleich zu bleiben.

Wer sich A.s Werk unvorbereitet nähert, ist zunächst einmal verwirrt ob der schier überbordenden Fülle an Formen und Themen, Stimmen und Stilen. Da ist kaum eine poetische Tradition, die er nicht aufgegriffen und erneuert hätte. Aber da sind auch kaum zeitgenössische Entwicklungen und Experimente, die er nicht sich anzuverwandeln versucht hätte. Sonett und Sestina, Terzine und *rhyme royal* finden sich ebenso wie *light* und *comic, free* und *syllabic verse*. Die unvergleichliche Virtuosität dieses Autors verstellt leicht den Blick dafür, daß sich hinter den vielen gegensätzlichen Eindrücken bei genauerem Zusehen doch eine unverwechselbare poetische Identität verbirgt. A.s besonderer Tonfall verdichtet sich in drei Hauptkomponenten: in virtuoser Formbeherrschung, die sich schon früh in seinen Juvenilia als Imitationsfähigkeit zeigt; in einem antiromantischen Affekt, der sich die traditionelle Selbstaussprache versagt und statt dessen zur Diagnose sowohl der Gesellschaft als auch des einzelnen ansetzt; und in dem spielerischen Einsatz von sehr unterschiedlichen Befunden wissenschaftlicher Theorien. A. war ein unermüdlicher Leser und Rezensent, der sich z. B. erstaunlich gut mit Darwin, Freud, Marx und Kierkegaard auskannte. Deren Theoreme spielen in frühen wie späteren Gedichten eine große Rolle, teils nacheinander, teils nebeneinander, und dienen v. a. als Diagnoseinstrumente. Es ging ihm sowohl darum zu durchschauen, welchen Zwängen eine Gesellschaft als ganze unterliegt, als auch um die Diagnose dessen, worunter der einzelne leidet. Insofern ist A. also zweifelsfrei ein gesellschaftskritischer Dichter. Die Kritik wird allerdings kaum je *expressis verbis* vorgetragen, sondern parabolisch und indirekt aufbereitet, denn: Die wichtigste Erfahrung, mit der A. wie alle modernen Dichter zurechtkommen mußte, ist die, daß Sprache zur Scheidemünze geworden ist. Er leitete daraus eine poetologische Maxime ab, deren Formulierung zwar aus den 1940er Jahren stammt, die aber sein Dichten von Anfang an leitete: »[A] naive rhetoric, one that is not confessedly ›theatrical‹, is now impossible in poetry.« Das weist darauf hin, daß man seine Gedichte nicht wörtlich nehmen darf, sondern Doppelbödigkeit in Rechnung stellen muß. Deshalb läßt sich A.s Eigenart v. a. an seinen poetischen Strategien festmachen, von denen hier zwei kurz erläutert werden sollen. Da ist zum einen (besonders im Frühwerk) die ›Rollenlyrik‹. Viele seiner Sprecher läßt A. sich als Ideologen gerieren, die Sprache absichtsvoll einsetzen, um den Zuhörer in ihrem Sinne zu beeinflussen. »Doom is dark« (1932) z. B., eines der berühmtesten Wanderer-Gedichte, das den Aufbruch verdammt und die Heimkehr propagiert, ist ein wirkungsvoller Appell an archaische Ängste, der sich als Einschüchterungsversuch der Daheimgebliebenen verstehen läßt. Zum anderen entwik-

kelt A. schon in den 1930er Jahren einen Kunstgriff dialektischer Ironie, der später zu einer zentralen Verfahrensweise avanciert und in immer neuen Varianten auftritt. Man könnte von ›ironischer Selbstaufhebung‹ sprechen. A. arbeitet dabei mit Sprechern, die am Ende eine banale oder triviale Einsicht als der Weisheit letzten Schluß präsentieren und dadurch den Leser zu einer Revision veranlassen. Die Schlußzeile des Gedichts »First Things First« (1957) bietet ein treffendes Beispiel: »Thousands have lived without love, not one without water.« Als Summe dessen, was im Leben wichtig ist, kommt diese Maxime nicht in Betracht. Sie lenkt vielmehr den Blick zurück auf das, was im Gedicht scheinbar lächerlich gemacht wird: die Erfahrung der Liebe. Es ist kein Zufall, daß diese poetischen Verfahren den Leser nicht zur Identifikation einladen, sondern sein Mitdenken stimulieren. Denn das geheime Thema, das sich wie ein roter Faden durch A.s sämtliche Aktivitäten hindurchzieht, ist die Frage nach den Überlebenschancen des Individuums in einer immer mehr dem Kollektiven zuneigenden Massengesellschaft. Die Frage mag durch die Wiederherstellung der Demokratien politisch entschärft worden sein, moralisch und ästhetisch blieb sie aber virulent.

Die durchaus gerechtfertigte Unterteilung des Gesamtwerks in zwei Phasen wird häufig mit A.s Übersiedelung in die USA (1939) in Verbindung gebracht. Die Abkehr von politisch engagierter Lyrik und die Hinwendung zu privaten, meditativen und religiösen Themen, untermauert durch eine veränderte Auffassung von der Rolle des Dichters, der nicht mehr zu Entscheidungen aufzurufen beansprucht, sondern sich bescheiden zu einem »game of knowledge« bekennt, darf indessen nicht übersehen lassen, daß die Kontinuitäten größer sind als die Brüche und daß viele der seit den 1940er Jahren geschaffenen Werke den frühen Gedichten nicht nur ebenbürtig sind, sondern sie häufig an sprachlicher Dichte und Komplexität übertreffen. Das gilt v. a. für *The Sea and the Mirror* (1944), das wichtigste der »Longer Poems«, für die Zyklen *Horae Canonicae* (1955) und *Thanksgiving for a Habitat* (1965), aber auch für Einzelgedichte wie »In Praise of Limestone« (1948) oder »The Shield of Achilles« (1952). – Der Stückeschreiber A. ist v. a. als Kollaborateur tätig geworden. Drei Stücke hat er in Zusammenarbeit mit Christopher Isherwood verfaßt. Erstaunlicherweise wirken diese Stücke, obwohl eminent zeitbezogen, keineswegs museal. Das gilt insbesondere für die satirisch vorgetragene Kritik an autoritären Strukturen und Charakteren, für den teils witzig, teils sarkastisch, mal kabarettistisch-obenhin, mal schwermütig-tiefsinnig geführten Nachweis eines die ganze Gesellschaft beherrschenden Konformitätsdrucks. Funktion und Entfaltungsmöglichkeiten des Individuums in einer zum Totalitarismus tendierenden Gesellschaft sind es auch, die alle Stücke thematisch verklammern. Die *quest*-artige Suche nach persönlicher Identität und Integrität, welche die zentralen Figuren motiviert, spannt sich von Alan Norman (*The Dog Beneath the Skin*, 1935), dem wohl infolge seiner großen Naivität die Emanzipation gelingt, bis hin zu Michael Ransom (*The Ascent of F6*, 1936), der sich als zu egozentrisch erweist und folglich scheitert.

A. ist seiner gesellschaftskritischen Einstellung bis zuletzt treu geblieben. Seine programmatische Forderung »To build the Just City« (*Spain*, 1937) war zwar ursprünglich auf eine Überwindung der bürgerlich-kapitalistischen Gesellschaft gemünzt und wurde später nur mehr als Anspruch an den individuellen Leser aufrechterhalten, der in einem Gedicht einen ›Vorschein‹ dessen erfahren soll, was die Menschheit auf der Erde zu verwirklichen versäumt hat: »Every good poem is very nearly a Utopia.« Dennoch hat sich die Schärfe seiner vernichtenden Diagnose eher noch zugespitzt. 1966 schrieb er:»I think a great many of us are haunted by the feeling that our society, and by ours I don't mean just the United States or Europe, but our whole world-wide technological civilization, whether officially labelled capitalist, socialist or communist, is going to go smash, and probably deserves to.«

Werkausgaben: *Collected Shorter Poems 1927–1957*. London 1966. – *Collected Longer Poems*. London 1968. – *Collected Poems*. Hg. E. Mendelson. London 1991 [1976]. – *The Complete Works*. Hg. E. Mendelson. Princeton, NJ 1988ff. – *Anrufung Ariels: Ausgewählte Gedichte*. München 1987.
Literatur: E. Mendelson. *Later Auden*. London 1999. – J. Fuller. *W. H. Auden: A Commentary*. London 1998. – E. Mendelson. *Early Auden*. London 1981. – M. K. Spears. *The Poetry of W. H. Auden: The Disenchanted Island*. New York 1968 [1963].

Günther Jarfe

Austen, Jane

Geb. 16. 12. 1775 in Steventon, Hampshire; gest. 18. 7. 1817 in Winchester, Hampshire

Jane Austen vollbrachte mit ihrer Entwicklung des figurengebundenen Erzählens (*point-of-view narration*) am Beginn des 19. Jahrhunderts eine der bedeutendsten Innovationen in der Geschichte des Romans. Sie wurde früh von Walter Scott wegen ihrer realistischen Darstellung gelobt, aber Charlotte Bront z. B. vermißte Gefühle und Leidenschaften in ihrem Werk. Seit dem späten 19. Jahrhundert gehört sie zu den Klassikern, zur ›great tradition‹ (F. R. Leavis). In neuerer Zeit hat sich die feministische Literaturkritik intensiv mit A. auseinandergesetzt, und auch Vertreter kulturgeschichtlicher Ansätze haben sich ihrem Werk zugewandt. Die A. immer wieder zugesprochene Zugehörigkeit zu einem spezifisch englischen kulturellen Kontext – *her Englishness* – hat ihre weltweite Popularität nicht verhindert. – A. war das jüngste Kind eines Pfarrhauses in Steventon. Sie erhielt ihre Erziehung im wesentlichen durch ihren Vater, George Austen, der sie zum Lesen ermunterte und ihre schriftstellerische Neigung unterstützte. Große äußere Ereignisse fehlen in A.s Leben. Die Familie zog 1801 nach Bath, nach dem Tod des Vaters 1806 nach Southampton und 1809 zurück nach Hampshire (Chawton). Aufschluß über ihr Leben und ihr Literaturverständnis bieten ihre Briefe, die allerdings von ihrer Schwester Cassandra einer Zensur unterworfen wurden.

Schon in ihrer Jugend setzte sich A. in komischen Texten mit Gattungen und Formen des Romans auseinander, z. B. in *Love and Friendship* (1790), einer Parodie auf die Gattung des Briefromans sowie auf die Übertreibungen und stilistischen Affektiertheiten des sentimentalen Genres. Die kreative Auseinandersetzung mit populären Romangattungen, speziell mit den sentimentalen Liebesromanen (*romances*) und den Schauerromanen (*gothic novels*), lebt in A.s Romanwerk fort, besonders deutlich in dem 1797/98 geschriebenen, aber erst 1818 postum veröffentlichten Roman *Northanger Abbey* (*Die Abtei von Northanger*, 1948), dessen Protagonistin Catherine Morland sich auf dem Weg zur Selbst- und Wirklichkeitserkenntnis – ein Ziel aller Heldinnen A.s – von den Denkklischees aus Ann Radcliffes Schauerroman *The Mysteries of Udolpho* (1794) lösen muß. A.s Romanwerk besteht aus fünf vollendeten Texten,

denen ihr einziger Briefroman, *Lady Susan*
(1793–94; *Lady Susan*, 1992), und das Fragment
The Watsons (1804–07; *Die Watsons*, 1978) voraus-
gingen. Ihr letzter Roman, *Sanditon* (1817; *Sanditon*, 1980), der in seiner realistischen Darstellung
neue Wege zu weisen scheint, blieb Fragment. In
allen Romanen A.s ist die Handlung auf das Ziel
der Eheschließung der Protagonistin ausgerichtet
(*marriage plot*). Das glückliche Ende (*happy ending*) ist allerdings vielfach leicht ironisiert, da es zu
den Versatzstücken der von A. kritisierten Liebes-
romane (*romances*) gehört. Das Hauptinteresse gilt
den komplexen moralischen, ökonomischen und
gesellschaftlichen Problemen, die sich auf dem
Weg zur Ehe stellen. Kontrastierende Nebenhandlungen stellen andersartige Liebesbeziehungen
dar.

A.s erster vollständiger Roman ist *Sense and
Sensibility* (1811; *Vernunft und Gefühl*, 1984), der
auf eine in Briefform geschriebene Fassung mit
dem Titel *Elinor and Marianne* aus dem Jahre 1795
zurückgeht. Den beiden gegensätzlichen Begriffen
im Titel des Romans – *sense* (Vernunft) und *sensibility* (Gefühl) – entsprechen in einer Tradition
antinomischer Präsentation des späten 18. Jahrhunderts die beiden Hauptfiguren, Elinor Dashwood, die das vernunftgemäße, auf Schicklichkeit
(*decorum*) ausgerichtet Verhalten repräsentiert,
und ihre Schwester Marianne, die die Position des
Gefühls (*feeling*) und der Phantasie (*fancy, imagination*) vertritt. Diese beiden Standorte werden
am Beispiel der Liebesschicksale der beiden Schwestern expliziert: Elinors zumindest nach außen hin
kontrolliertem Umgang mit den Enttäuschungen
und dem letztendlichen Glück ihrer Liebe zu dem
angehenden Geistlichen Edward Ferrars und Mariannes gesellschaftliche Normen mißachtendem,
exzessiv emotionalem Verhalten in ihrer romantischen Liebe zu Willoughby, der sich als ein charak-
terloser Verführer – in der Tradition von Richardsons Lovelace (*Clarissa*) und Fanny Burneys Willoughby (*Evelina*) – erweist. *Sense and Sensibility*
privilegiert den Standort Elinors, aus deren Sicht
auch das Schicksal Mariannes dargestellt wird.
Komplexität ergibt sich daraus, daß Elinor mehr
an Empfindung für ihre Schwester aufbringt als
für sich selbst. Mariannes die sozialen Normen
durchbrechende Verteidigung ihrer von Mrs. Ferrars beleidigten Schwester ist ein erzählerischer
Höhepunkt. Mariannes Ehe mit Colonel Brandon
erscheint durch die tätige Liebe des Mannes und
die zur Selbsterkenntnis führende Entwicklung in

der jungen Frau als ein glaubwürdiges glückliches
Ende. Charakteristisch für A. ist die Art, wie die
Handlung des Romans aus der durch das Erbrecht
benachteiligten Lage einer Witwe, die nur Töchter
hat, hergeleitet wird. Sozialkritik drückt sich in der
satirischen Darstellung von Nebenfiguren aus, die
Mißgunst (Mrs. John Dashwood), Raffgier (Mr.
John Dashwood), soziale Arroganz (Mrs. Ferrars)
und weibliches Intrigantentum (Lucy Steele)
bloßstellen.

Die Ausgangslage von *Pride and Prejudice*
(1813; *Stolz und Vorurteil*, 1830) ist, der des ersten
Romans vergleichbar, die ungesicherte Existenz
der Familie Bennet mit ihren fünf Töchtern, da
nach dem Erbrecht ihr Landsitz in Hertfordshire
an den nächsten männlichen Verwandten fällt
(Primogenitur). Elizabeth Bennet hat es in der
Hand, ihre Familie zu retten, aber sie lehnt den
Heiratsantrag des Erben, ihres Cousins Mr. Collins, ab. Auch den Antrag Mr. Darcys, Eigentümer
eines großen Herrensitzes in Derbyshire, weist sie
zurück, weil sie ihn des Hochmuts verdächtigt.
Elizabeth läßt sich, anders als ihre Freundin Charlotte Lucas, nicht auf eine Versorgungsehe ein und
geht doch am Ende, von ihren Vorurteilen befreit
und zur Selbsterkenntnis gelangt, durch die Annahme von Darcys zweitem Antrag eine höchst
vorteilhafte Ehe ein. Der Roman präsentiert ein
ganzes Spektrum von Einstellungen zur Liebe, von
der spontanen Liebe der ältesten Bennet-Tochter
Jane bis zur ungezügelten Sinnlichkeit der jüngeren Lydia, die zum willigen Opfer eines Verführers wird. Mit Nebenfiguren wie dem Pfarrer
Mr. Collins wird, anders als in *Sense and Sensibility*, Sozialkritik eher komisch als satirisch artikuliert. Kritik an der Aristokratie drückt sich in
Elizabeths Zurückweisung von Lady Catherine de
Bourghs arrogantem Versuch der Verhinderung
einer Ehe zwischen Elizabeth und ihrem Neffen
Darcy aus. Diese Szene ist ein Beispiel für die
Dialogkunst des Romans.

In *Mansfield Park* (1814; *Mansfield Park*, 1968),
A.s ernstestem Werk, dominiert die Perspektive
der weiblichen Hauptfigur Fanny Price in einer
Weise, die Henry James' Standpunkttechnik vorwegnimmt. Als Außenseiterin beobachtet Fanny
die Geschehnisse auf dem Herrensitz Mansfield
Park rigoros moralisch wertend: die Verirrungen
und moralischen Verfehlungen, in welche die beiden Söhne von Sir Thomas Bertram – Tom und
Edmund – und die beiden Töchter – Maria und
Julia – involviert sind. Diese spitzen sich während

einer Geschäftsreise des Hausherren nach Antigua in Westindien zu, als eine von Fanny mißbilligte Aufführung von Kotzebues *Kind der Liebe* (1791) inszeniert wird. In dem moralischen Chaos beweist nur Fanny Integrität und Stabilität. Das zeigt sich z.B. darin, daß sie, wie es so gut wie alle Heldinnen A.s einmal tun, einen scheinbar vorteilhaften Heiratsantrag ablehnt, hier den des reichen Nachbarssohns Henry Crawford. Das *happy ending*, Fannys Verbindung mit Edmund Bertram, der als zweiter Sohn der Familie Geistlicher geworden ist, stellt A. mit charakteristischer Ironie dar.

A.s erzählerisches Meisterstück ist *Emma* (1816; *Emma*, 1961). Die Heldin Emma Woodhouse ist eine selbsternannte Ehestifterin, die sich bei ihren Eheanbahnungsversuchen moralisch sehr fragwürdig verhält. Zuerst versucht sie mit viel Arroganz, der naiven Harriet Smith ihren Liebhaber, einen einfachen Bauern, mies zu machen und sie mit dem Vikar des Dorfes Highbury, Mr. Elton, zu verkuppeln. Dieses Projekt scheitert kläglich, als nämlich der Pfarrer ihr, Emma, selbst einen Heiratsantrag macht. Immer wieder zerbrechen ihre ehestifterischen Illusionen an der Wirklichkeit, und sie nimmt sich vor, sich zu bessern, wird aber stets rückfällig. Ihr letztes Projekt führt Emma in eine tiefe Krise. Sie versucht, Harriet für den oberflächlichen Frank Churchill, einen reichen Erben, zu interessieren, muß aber erfahren, daß Frank heimlich verlobt ist. Als Harriet gesteht, daß sie in Wahrheit Mr. Knightley, einen langjährigen Freund der Familie Woodhouse, als Ehemann im Auge hat, wird Emma bewußt, daß sie selbst Mr. Knightley liebt. Durch ihre Einbildungskraft steht Emma in der Tradition von Charlotte Lennox' weiblicher Quijote-Figur Arabella in *The Female Quixote* (1752). A. führt den Leser in einer perfektionierten *point-of-view*-Technik durch das Mittel der erlebten Rede (freie indirekte Gedankenwiedergabe) ganz nahe an das Bewußtsein ihrer Heldin heran und hält ihn durch das Mittel der Ironie zugleich in einer Distanz. Eine weitere Innovation liegt in der Handlungsdarstellung. Von Emmas ehestifterischen Unternehmungen erfährt kaum eine andere Figur des Romans. Sie bleiben weitgehend auf das Bewußtsein der Protagonistin beschränkt, eine vor A. nicht bekannte Verinnerlichung der Handlung, die auf den Bewußtseinsroman vorausdeutet. Gleichzeitig kommt es in diesem Werk mit einer Heldin, deren Denken über weite Strecken von sozialem Vorurteil und Snobismus gekennzeichnet ist, zu einer höchst differen-

zierten und nuancierten Wertung moralischer Sachverhalte, z.B. in dem Box-Hill-Kapitel, als Emma sich Miss Bates, einer sozial benachteiligten Frau, gegenüber zu einer verletzenden Bemerkung hinreißen läßt, ein Geschehen, das scheinbar beiläufig präsentiert und von den anderen Romanfiguren nicht kommentiert wird. Um so größer ist Emmas Bestürzung, als ihr Mr. Knightley am Schluß des Kapitels heftige Vorwürfe macht. Hier zeigt sich A.s Kunst der Entwicklung von Sozialkritik aus der Darstellung alltäglicher Situationen. Unter den vielfach komisch und satirisch dargestellten Nebenfiguren, wie etwa Mrs. Elton, hebt sich die bereits genannte Miss Bates heraus, deren Redefluß durch die Assoziationstechnik auf den Bewußtseinsstrom der modernen Erzählkunst verweist.

Persuasion (1817; *Überredung*, 1822), A.s Roman mit den stärksten politischen Implikationen, variiert den für die Autorin charakteristischen *marriage plot* bedeutsam. Nachdem Anne Elliot sieben Jahre zuvor die Verlobung mit dem mittellosen Marineoffizier Wentworth auf Druck ihrer aristokratisch-snobistischen Familie gelöst hatte, kehrt dieser nach dem Krieg als gemachter Mann in die Nähe ihres Landsitzes Kellynch Hall in Somersetshire zurück. Es kommt zu einem allmählichen Wiederaufleben der Liebe der beiden ehemaligen Verlobten. Während dieses Prozesses gelangt die Protagonistin, die sensibelste Frauenfigur, die A. je geschaffen hat, zu einer totalen sozialmoralischen Neuorientierung: Die Wertvorstellungen einer (dekadenten) Aristokratie, verkörpert durch ihren Vater, den eitlen alten Baronet Sir Walter Elliot, werden durch ein neues individualisiertes bürgerliches Lebenskonzept ersetzt, das vertreten ist durch die Angehörigen der Navy, Admiral Croft mit seiner Frau und Captain Harville. Die narrative Standpunkttechnik erhält in diesem Roman eine besonders intensive Ausprägung. Da im Fall einer moralisch untadeligen Protagonistin wie Anne Elliot, anders als bei Emma Woodhouse, Ironie gegenstandslos ist, wird der Leser im Ablauf des Romans immer näher an das Bewußtsein der Hauptfigur geführt, so daß es quasi zu einer Identifikation von Figuren-, Erzähler- und Lesersicht kommt. Eine der künstlerischen Errungenschaften des Romans liegt in der Darstellung nonverbaler Kommunikation. A., die im Gegensatz etwa zu Charles Dickens nicht an der äußeren Erscheinung (und Kleidung) ihrer Figuren interessiert ist, bekundet dennoch eine im

Vergleich zu früheren Autoren gesteigerte Sensibilität für körperliches Verhalten wie Mienenspiel, Blickkontakt, Beobachtung und Bewegung sowie für das Verhältnis von Ferne und Nähe von Figuren im Raum.

Man hat A. gelegentlich mangelndes Interesse an den großen politischen Fragen ihrer Zeit vorgeworfen oder, besonders in den letzten Jahren, das von ihr ausgeblendete oder höchstens angedeutete Politische ins Zentrum der Interpretation gerückt. Aber die Erwähnung der geschäftlichen Reise von Sir Thomas Bertram nach Antigua in Westindien etwa wird bei A. nicht zum Ansatz einer Kolonialismuskritik. Sie bleibt politisch eine blinde Stelle. Die Abwesenheit des Hausherrn dient als Katalysator für die destruktiven moralischen Tendenzen in der Gesellschaft von Mansfield Park. In A.s Beschränkung auf drei oder vier Familien im Bereich der landbesitzenden Gentlemen liegt ihre Stärke. Das Phänomen, daß Ehen in A.s Romanen nicht selten unter (wenn auch nicht blutsmäßig verbundenen) Verwandten geschlossen werden, ist nicht auf ein etwaiges Interesse der Autorin an inzestuösen Beziehungen zurückzuführen, sondern auf ihre Orientierung an dem sozialen Kleinbereich von nur einigen wenigen Familien, den sie unter Berücksichtigung der sozio-ökonomischen Basis von Liebesbeziehungen mit großer Sensibilität und vielfach auch mit Ironie darstellt. Ihr innovativer Beitrag zur Romangeschichte liegt in der Ausbildung der *point-of-view*-Technik, die weibliches Bewußtsein privilegiert und eine subtile psychologische Analyse ermöglicht. Zugleich führt A. die Dialogisierungstendenz der Gattung fort, die sich im 18. Jahrhundert v.a. bei weiblichen Romanciers wie Charlotte Lennox und Fanny Burney zeigt.

Werkausgabe: The Novels. Hg. R.W. Chapman. Oxford/London 1975 [1923].
Literatur: E. Neill. The Politics of Jane Austen. London/New York 1999. – D. Looser, Hg. Jane Austen and Discourses of Feminism. London/New York 1998 [1995]. – R. Jehmlich. Jane Austen. Darmstadt 1995. – C.L. Johnson. Jane Austen: Women, Politics, and the Novel. Chicago 1988. – T. Tanner. Jane Austen. Cambridge, MA/London 1986. – M. Butler. Jane Austen and the War of Ideas. Oxford 1975.

Wolfgang G. Müller

Ayckbourn, Alan [Sir]

Geb. 12. 4. 1939 in London

Alan Ayckbourn ist der erfolgreichste englische Komödienschreiber im gegenwärtigen Großbritannien. Er ist Fellow of the Royal Society of Arts, wurde 1987 zum *Commander of the Order of the British Empire* (CBE) ernannt und als erster Dramatiker nach Terence Rattigan in den Adelsstand erhoben. Seit 1963 hat A. über 60 Stücke geschrieben, die in aller Regel zunächst im Stephen Joseph Theatre in Scarborough, Yorkshire, von ihm selbst inszeniert und danach im Londoner West End oder im Royal National Theatre auf die Bühne gebracht wurden. Der Dramatiker A. hat von Anfang an in Symbiose mit dem Regisseur A. gelebt. Er begann seine Karriere als Stage Manager und Schauspieler in der *touring company* von Sir Donald Wolfit, arbeitete als Drama Producer bei der BBC in Leeds, war Mitbegründer des Victoria Theatre in Stoke-on-Trent, kehrte dann nach Scarborough zurück und übernahm nach dem Tod von Stephen Joseph als dessen Nachfolger das dortige Theater. Dieses ist ein *theatre in the round* und bietet vielfältige Möglichkeiten für Experimente. Als A. gegen Ende der 1990er Jahre ein neues Domizil in Scarborough bezog, wurde zusätzlich zu The Round ein weiterer Handlungsraum, The McCarthy, eingerichtet.

Seinen überaus großen Erfolg als Dramatiker verdankt A. zum einen den praktischen Erfahrungen, die er in langjähriger Arbeit in diesem Theater gesammelt hat, v.a. aber der Vielfalt eigener Ideen und seiner Fähigkeit, bühnenwirksame Mittel geschickt zu nutzen. In *Taking Steps* (1979; *Treppauf-Treppab*, 1980) begreifen die Zuschauer erst nach einer Weile, daß sie sich das sonderbare Durcheinander von Möbeln und Treppenstufen auf drei verschiedenen Etagen vorstellen müssen. In *The Norman Conquests* (1973; *Normans Eroberungen*, 1975) werden dieselben Ereignisse aus drei nebeneinanderliegenden Zimmern und Gärten gesehen. In *Sisterly Feelings* (1979; *Geschwisterliche Gefühle*, 1994) entscheidet zu Beginn jeder Aufführung der Wurf einer Münze, welche der vier für den weiteren Ablauf möglichen Versionen das Publikum am jeweiligen Abend sieht. Bisweilen läßt A. die Figuren sozusagen in den Köpfen anderer entstehen, so aus dem verzerrten Blickwinkel der Frau eines Pfarrers in *Woman In Mind* (1985; *In Gedanken*, 1986) oder im konstruierten Hirn eines

Roboters in *Henceforward* (1987; *Ab jetzt*, 1989). Nicht selten wirken sogenannte *offstage characters*, die niemals auf der Bühne zu sehen sind, als Katalysatoren auf das Geschehen ein, wie in *Absurd Person Singular* (1972; *Frohe Feste*, 1974).

A.s erklärtes Ziel ist es, die Zuschauer so zu unterhalten, daß sie auf ihren Sitzen zwei bis drei Stunden ausharren, ohne sich zu langweilen. Doch unter der Tünche der Unterhaltung kommt zum Vorschein, was die Menschen zutiefst bedrängt und bedrückt. Seine Stücke leben von der Koexistenz komischer und ernster Elemente. Als kritischer Beobachter unserer Zeit will A. die Menschen lachend zum Nachdenken bringen. Komödien sind für ihn zur rechten Zeit unterbrochene Tragödien. Die frühen Stücke, mit betont englisch-klassenspezifischen Nuancen, behandeln das Mit- und Gegeneinander der Menschen in der englischen *middle class*, so *Relatively Speaking* (1967; *Halbe Wahrheiten*, 1967), *How the Other Half Loves* (1969; *Die bessere Hälfte*, 1971) und *Absurd Person Singular*. In den 1980er und 90er Jahren schreibt A. Komödien und Farcen, die auch in zahlreichen anderen Ländern auf großes Interesse stoßen und in 35 Sprachen übersetzt wurden. *Way Upstream* (1981; *Stromaufwärts*, 1984) leitet eine Phase ein, in der A. andere Akzente setzt. Diese von Kritikern als »Stück zur Lage der Nation« apostrophierte politische Allegorie ruft zur Mäßigung und Verantwortung auf. Die Figuren spiegeln verderbliche Einflüsse auf die – nicht nur englische – moderne Gesellschaft, wie Dekadenz und kapitalistische Arroganz. Spätere Stücke, z. B. *A Small Family Business* (1987; *Familiengeschäfte*, 1988) und *Henceforward*, werden häufig von Kritikern in Abgrenzung von den vorherigen ›leichten‹ als ›dunkle‹ Komödien bezeichnet, wiewohl beide Elemente von Beginn an, zwar in unterschiedlicher Verteilung, in A.s Bühnenstücken zu finden sind. Diese Kombination tritt in einer weiteren Phase besonders deutlich zutage, die im Laufe der 1990er Jahre beginnt und für die *Wildest Dreams* (1991; *Unsere kühnsten Träume*, 1995), *Time of My Life* (1992; *Glückliche Zeiten*, 1994) und *Comic Potential* (1998; *Ein komisches Talent*, 2000) eindrucksvolle Beispiele sind. So ist *Comic Potential* eine schwarze Komödie über die mögliche Entwicklung des Lebens im 21. Jahrhundert, in dem die Computer nicht nur die Wissensaneignung und das Gedächtnis der Menschen unterstützen, sondern auch deren Emotionen in Beschlag nehmen. Ort des Geschehens ist ein Fernsehstudio, in dem die Schauspieler durch sogenannte *Actoiden*, roboterartige Puppen, ersetzt werden, die von einem Kontrollzentrum so programmiert sind, daß sie Rollen in den täglich immer wieder neu zu produzierenden Seifenopern spielen können.

Innovative Ansätze im dramatischen Schaffen A.s in den 1990er Jahren sind die zunehmende Bedeutung der Frauenfiguren, die Auseinandersetzung mit den technologischen Errungenschaften der Gegenwart, die Einbeziehung des Todes (lange Zeit ein Tabu für Komödien) sowie das gewachsene Interesse an Musicals, wie *Dreams from a Summerhouse* (1992; *Träumereien um ein Sommerhaus*, 1996), und an Stücken für Kinder. A.s bekannteste Kinderstücke sind *Mr. A's Amazing Maze Plays* (1988; *Das Rätsel der gestohlenen Stimmen*, 1991), *Invisible Friends* (1989; *Unsichtbare Freunde*, 1991) und *The Boy Who Fell into a Book* (1998; *Vom Jungen, der in ein Buch fiel*, 2000). Der Autor wendet sich mit diesen Stücken nicht nur an Jugendliche, sondern auch an Eltern, die mit ihren Kindern die Aufführungen gemeinsam besuchen und aus unterschiedlichen Perspektiven wahrnehmen können. In jüngster Zeit erwies sich *House & Garden* (2000; *Haus & Garten*, 2002) als ein markanter Höhepunkt in A.s dramatischem Schaffen. Hier handelt es sich um zwei eigenständige Stücke, die sich gegenseitig ergänzen. Sie beginnen und enden gleichzeitig auf zwei Bühnen in demselben Theater. Die Akteure (nicht weniger als 20) pendeln zwischen den Bühnen hin und her; sie verlassen die eine rechtzeitig, bevor sie als dieselben Charaktere auf der anderen ihren Auftritt haben. In *House* versucht die graue Eminenz des Premierministers den Hausherrn davon zu überzeugen, bei der nächsten Parlamentswahl zu kandidieren, um dann Vorsitzender des Ausschusses zur Überprüfung des moralischen Lebenswandels der Abgeordneten zu werden. In *Garden* geht es um die Vorbereitung für ein ländliches Fest. Beide Stücke zusammen sind eine Komödie über mangelnde Kommunikation. A. entfaltet eine Welt voller Unaufrichtigkeit, Egoismus und Betrug – doch so, daß die Zuschauer darüber lachen können. Dramaturgisch gesehen ist *House & Garden* sozusagen ein Schmelztiegel von Konzepten, die A. schon in früheren Stücken verwendet hat: Wesentliches geschieht *off-stage*, vieles bleibt der Vorstellungskraft der Zuschauer überlassen, Farce und Komödie gehen ineinander über. Jedes der beiden Stücke kann für sich gesehen werden oder beide in beliebiger Reihenfolge hintereinander.

Werkausgaben: *Three Plays*. London 1977. – *Joking Apart, Ten Times Table, Just Between Ourselves*. London 1979. – *Sisterly Feelings & Taking Steps*. London 1981. Literatur: A.-R. Glaap/N. Quaintmere, Hgg. *A Guided Tour Through Ayckbourn Country*. Trier 1999. – A.-R. Glaap. *Alan Ayckbourn: Denkwürdiges und Merkwürdiges zum fünfzigsten Geburtstag*. Hamburg 1989. – S. H. White. *Alan Ayckbourn*. Boston 1984. – M. Billington. *Alan Ayckbourn*. London 1983. – I. Watson. *Conversations with Ayckbourn*. London 1981.

Albert-Reiner Glaap

Bacon, Francis

Geb. 22. 1. 1561 in London;
gest. 9. 4. 1626 in Highgate bei London

Eigentlich war Francis Bacon Jurist und Politiker. Nach 20 erfolglosen Jahren unter Elizabeth I stieg er unter James I spät, aber schier unaufhaltsam bis zum Lordkanzler (1618) auf; noch heute leidet sein Ruf unter den gelegentlich fragwürdigen Verhaltensweisen, zu denen ihn die Verfolgung seiner Interessen zwang. Zugleich war er als unermüdlicher Schriftsteller und Denker der letzte Polyhistor. Sein philosophisches, besonders sein wissenschafts*politisches* Programm könnte ehrgeiziger nicht sein: Nichts Geringeres strebt er an als eine »vollständige Erneuerung der Wissenschaften und Künste, überhaupt der ganzen menschlichen Gelehrsamkeit«. Mit seiner radikalen Infragestellung des Gewesenen läutet B. den Paradigmenwechsel ein, der bis heute nachwirkt: Dem (materiellen) Wohl der Menschheit hat Philosophie zu dienen, und der Schlüssel dazu ist die Erkenntnis der Naturgesetze; nur insofern der Mensch um sie weiß und ihnen gehorcht, kann er über die Natur gebieten – »Wissen ist Macht«. Anstelle des argumentativ-dialektischen *sic et non* fordert B. praxisorientierte, auf tätiges Handeln ausgerichtete, (säkularisierte) empirische Wissenschaft, Beobachtung und Experiment. Der aristotelisch-scholastischen Denktradition spricht er aufgrund ihrer syllogistischen, deduktiven Logik rundheraus die Fähigkeit ab, verläßliche wissenschaftliche Resultate zu erzielen – seine erkenntniskritische Untersuchung typischer Vorurteile und Irrtümer, die der Erkenntnis im Wege stehen, ist als »Idolenlehre« berühmt geworden – und hält ihr im ersten Teil seiner *Instauratio Magna*, dem *Novum Organum* (1620; *Neues Organon*, 1793), einer Replik auf das *Organon* des Aristoteles, die

neue Methode der Induktion, der »Interpretation der Natur« entgegen. – Als er 60jährig über eine Korruptionsaffäre stürzt, beginnen die produktivsten Jahre seines Lebens. Unter zahlreichen anderen Schriften entstehen die *History of the Reign of King Henry VII* (1622) und die stark überarbeitete dritte und endgültige Fassung der *Essays* (1625, zuerst 1597; *Essays*, 1946), mit deren sentenzenhaftem, nüchternem *plain style* und deren didaktischer Vermittlung privaten und politischen Sozialverhaltens er die Tradition des englischen moralphilosophischen *formal essay* begründet. Die Arbeit an der *Instauratio* setzt er mit *De Dignitate et Augmentis Scientiarum* (1623) fort, einer latinisierten Fassung von *Of the Proficiency and Advancement of Learning* (1605; *Über die Würde und den Fortgang der Wissenschaften*, 1783), seiner Untersuchung der menschlichen Geisteskräfte *memoria*, *imaginatio* und *ratio* und darauf basierenden Klassifikation der Wissenschaften. Seine Rolle sah B. als die eines »Architekten« oder »Wegweisers«, und den Abschluß des Reformwerkes hat er explizit der Nachwelt überantwortet. Hinter seinen wissenschaftlichen Ideen steht eine gesellschaftliche Vision, die er im nachgelassenen utopischen Fragment *New-Atlantis* (1627; *Neu-Atlantis*, 1890) ins Bild gesetzt hat. Darin ist *Salomon's House*, eine unabhängige, nach den Gesetzen der Induktion arbeitende Forschungsakademie, die auch als Vorbild für die *Royal Society* diente, das Zentrum einer Gesellschaft, die durch wissenschaftlich-technologischen Fortschritt den Wohlstand der Menschheit verwirklicht.

Werkausgabe: *The Works of Francis Bacon*. Hg. J. Spedding et al. 14 Bde. London 1857–74, Stuttgart 1961–63. Literatur: M. Peltonen, Hg. *The Cambridge Companion to Francis Bacon*. Cambridge 1996. – F. H. Anderson. *The Philosophy of Francis Bacon*. Chicago 1948.

Jan Schnitker

Bail, Murray

Geb. 22. 9. 1941 in Adelaide, Südaustralien

Murray Bail besuchte die Norwood Technical High School, Adelaide, hielt sich 1968–74 in Indien und Europa (vorwiegend in England) auf und lebt seit Mitte der 1970er Jahre in Sydney. In seinen frühen Kurzgeschichten wird die Realität des Stoffes durch die Autonomie des Wortes ersetzt. Die Erzählung »The Drover's Wife« in der

Sammlung *Contemporary Portraits and Other Stories* (1975; Neuauflage 1986 als *The Drover's Wife*), obgleich satirisch-parodistisch, bringt einen für B. typischen Grundzug der melancholischen Disposition zum Ausdruck, wenn der Erzähler seine Frau, die ihn verlassen hat, auf dem Gemälde »The Drover's Wife« (1945) von Russell Drysdale wiederzuerkennen glaubt, das sich seinerseits auf die gleichnamige Erzählung (1892) von Henry Lawson zurückbezieht, einen nationalen Klassiker. B.s Erzählung gab Anstoß zu noch postmoderner wirkenden, wiederum gleichnamigen Kurzgeschichten von Frank Moorhouse, der akademische Attitüden zu Mythos und Wirklichkeit Australiens drastisch bloßstellt, und Barbara Jeffries, die das Ganze feministisch umdeutet (beide 1980). Lawsons ›Ur-Fassung‹ hatte das Bild Australiens als stoisches Durchhaltevermögen erforderndes Pionierland etabliert. Dadurch, daß er den stilisierten Realismus des Gemäldes quasi dokumentarisch deutet, bringt der Erzähler in B.s Geschichten das problematische Wechselverhältnis von Fiktionalität und Realität ins Spiel. B. unterminiert so die dominante Realismus-Tradition der australischen Literatur. In dem ›Narrenschiff-Roman‹ *Homesickness* (1980) wird diese Demontage weitergeführt. Eine Gruppe australischer Touristen besucht Museen auf vier Kontinenten (als ›Touristenroman‹ begründete das Werk ein australisches Subgenre). Obwohl *Homesickness* durch eine satirisch distanzierte Ironie gekennzeichnet ist (zu der Gruppe gehört z. B. ein Blinder namens Kadok, der Photos von Ausstellungsstücken mit seiner Kodak macht), ist der Roman von einer tristen Grundstimmung, Gefühlen der Leere, des Verlusts und der Verlorenheit geprägt. Die Australier glauben, Zeichen von ›zu Hause‹ zu erkennen, wo immer sie sich aufhalten: Sie versuchen, ihre Persönlichkeit einer Welt aufzuzwingen, die sich ausschließlich in Gestalt ›musealisierter‹ Gegenstände präsentiert. Gleichzeitig verschwindet aus diesem globalisierten Raum jegliches Gefühl der Zugehörigkeit, des ›Zu-Hause-Seins‹. Im Roman *Holden's Performance* (1987) bereist die Titelfigur die endlose Leere Australiens, um dem Land nach seinen persönlichen Vorstellungen Konturen zu verleihen. Holden, an sich ein stilles Naturgenie, das mechanistisch denkt und ein photographisches Gedächtnis hat, wird von den Obsessionen und Hoffnungen der Menschen bewegt, denen er auf den vier Lebensstadien während seiner Reise durch den Kontinent begegnet. Der preisgekrönte Roman *Eu-*calyptus (1998; *Eukalyptus* 1998) verarbeitet Märchenmotive. Ein Mann pflanzt eine Vielzahl unterschiedlicher Eukalyptusbäume auf seiner Farm, welche die Stadien seiner aufwachsenden Tochter markieren (eine Parabel zugleich des wachsenden Nationalbewußtseins, da der *gumtree* das Natursymbol Australiens ist). Derjenige, der jede Baumspezies identifiziert, darf die Tochter heiraten. Die Schar der Kandidaten muß einem jungen Mann weichen, der (nach Art der Scheherazade) der jungen Frau Dutzende Geschichten erzählt, die Städte, Wüsten und ferne Länder beschreiben. Der komplexe Roman reflektiert über die Eigenart der Erzählkunst, das Wesen von Landschaft, Sprache, Schönheit und Kunst allgemein. – Der Kunstkenner B. schrieb auch eine kritische Studie über den australischen Maler Ian Fairweather (1981). Sein Engagement für die Kurzprosa als Kunstform spiegelt sich in seiner Herausgabe des *Faber Book of Contemporary Australian Short Stories* (1988) wider. Seine Ansichten zur Schriftstellerei als Beruf sind in *Longhand: A Writer's Notebook* (1989) formuliert worden.

Literatur: H. Daniel. »The Geometry of the Lie: Murray Bail.« *Liars: Australian New Novelists*. Ringwood 1988, 191–224.

Gordon Collier

Bale, John
Geb. 21. 11. 1495 in Cove, Suffolk;
gest. Nov. 1563 in Canterbury

In Literaturgeschichten taucht John Bale in der Regel als Dramenautor auf, denn er verfaßte in den 1530er Jahren nicht weniger als 22 Stücke (von denen leider nur fünf erhalten sind). Damit wird man seiner Bedeutung jedoch nicht gerecht, denn er hat sich nicht nur als Initiator reformatorischer Lehrstücke ausgezeichnet, sondern auch als Verfasser radikaler antikatholischer Streitschriften und besonders als Kompilator einer der beiden frühesten englischen Schrifttumsgeschichten. Diese Variationsbreite wird erst verständlich im Blick auf seine Biographie, die als Musterbeispiel für den Einfluß umfassenderer historischer Entwicklungen auf eine individuelle Lebensgeschichte dienen kann. Als Kind armer, aber tief religiöser Eltern erhielt er eine Bildungschance, weil er den Karmelitermönchen in Norwich zur Erziehung übergeben wurde. So konnte er auch in Cambridge

Theologie studieren und 1530 Prior werden. Daraus wäre sicher eine erfolgreiche Ordenskarriere geworden, hätte sich nicht zu jener Zeit die Lehre Luthers in England verbreitet. B. konvertierte und betätigte sich in den 1530er Jahren sehr bald als Dramatiker der Reformation, wobei er unter der Patronage von Thomas Cromwell mit einer Theatertruppe im Land herumreisen und seine Lehrstücke aufführen konnte. Die aus dieser Zeit erhaltenen Stücke zeigen, daß B. die überkommenen dramatischen Formen aufgriff und seinen reformatorisch-didaktischen Zwecken nutzbar machte. Das Mysterienspiel *Chief Promises of God Unto Man* soll zeigen, daß allein der Glaube die Menschen rechtfertigt; *John Baptist Preaching in the Wilderness* und *The Temptation of Our Lord and Saviour Jesus Christ*, zwei *miracle plays*, propagieren die alleinige Ausrichtung auf das Wort der Schrift und dessen rechte Deutung; in *Three Laws of Nature, Moses, and Christ*, einem Moralitätendrama, siegt Fides Christiana mit Hilfe von Vindicta Dei endlich über die Infidelitas. In formaler Hinsicht innovativ ist *King John*, eine Mischung aus Moralitätendrama und *chronicle play*, bei der die allegorischen Figuren sich in historischen Persönlichkeiten manifestieren und als Instrumente krasser Polemik dienen. Als Cromwell 1540 in Ungnade fiel, floh B. nach Deutschland und verfaßte dort eine Vielzahl antikatholischer Streitschriften, die ihm wegen ihrer giftigen Rhetorik das Epitheton ›Bilious Bale‹ eintrugen. B. gehörte indes nicht zu den protestantischen Eiferern, die alles aus der katholischen Ära Überkommene zerstören wollten, sondern mühte sich, in der englischen Tradition die Kontinuität des unterdrückten rechten Glaubens aufzuweisen und aus starken patriotischen Motiven den Verlust des Wissens um das nationale Schrifttum zu verhindern. Deshalb hatte er bereits im Exil eine Geschichte des englischen Schrifttums verfaßt, und als er unter Edward VI nach England zurückkehren konnte, stellte er aus diversen Manuskripten seine umfangreiche »Irish Library« zusammen. Sein erneutes Exil unter Queen Mary 1552–59 gab ihm dann Gelegenheit, diese Schrifttumsgeschichte zu dem bio- und bibliographisch eminent wertvollen zweiteiligen *Scriptorum Illustrium Maioris Brytanniae Catalogus* (1557, 1559) mit kurzen Beschreibungen von Leben und Werk von nicht weniger als 1400 Autorinnen und Autoren auszuweiten. Owohl B. oft eine Beurteilung aus reformatorischer Perspektive einfügt, behält sein patriotisches Bemühen um eine möglichst breite Präsentation englischer Gelehrsamkeit die Oberhand.

Werkausgabe: *The Complete Plays of John Bale*. Hg. P. Happ& 2 Bde. Cambridge 1985.
Literatur: L. P. Fairfield. *John Bale: Mythmaker for the English Reformation*. West Lafayette, OH 1976. – K. Sperk. *Mittelalterliche Tradition und reformatorische Polemik in den Spielen John Bales*. Heidelberg 1974. – T. B. Blatt. *The Plays of John Bale*. Kopenhagen 1968.

Herbert Grabes

Ballantyne, R[obert] M[ichael]

Geb. 24. 4. 1825 in Edinburgh;
gest. 8. 2. 1894 in Rom

Es ist eine kuriose Ironie des Schicksals, daß R. M. Ballantyne, einer der erfolgreichsten Abenteuerschriftsteller des 19. Jahrhunderts, heute beinahe vergessen ist und nur deshalb einen Platz in modernen Literaturgeschichten findet, weil eines seiner Bücher dem Nobelpreisträger William Golding für seinen Erfolgsroman *Lord of the Flies* (1954) als Negativfolie diente. – Der Sohn eines schottischen Zeitungsverlegers ging als 16jähriger in den Dienst der Hudson's Bay Company und verbrachte mehrere Jahre als Pelzhändler in der kanadischen Wildnis. In seinem ersten Buch, *Hudson's Bay, Every-day Life in the Wilds of North America*, berichtet er von seinen Erlebnissen in Kanada; es erschien 1848, nachdem er ein Jahr zuvor nach Edinburgh zurückgekehrt war und in einem Verlag zu arbeiten begonnen hatte. Auch für sein erstes Jugendbuch, *Snowflakes and Sunbeams, or, The Young Fur-Traders* (1856), griff er auf seine kanadischen Erfahrungen zurück. Der Erfolg veranlaßte ihn, professioneller Jugendschriftsteller zu werden, was ihm erlaubte, auch weiterhin seiner Abenteuerlust zu frönen, denn für viele seiner Bücher führte er eigene Recherchen durch: Er arbeitete auf einem Leuchtturm und bei der Londoner Feuerwehr, begab sich in einem Taucheranzug auf den Grund der Themse und mischte sich als Araber verkleidet unter das Volk von Algier. Bei anderen Abenteuergeschichten, die in exotischeren Ländern spielen (z. B. in Afrika oder in Brasilien), verließ er sich allerdings auf die Berichte anderer Reisender und verarbeitete ungeniert Klischeevorstellungen von unberührten Landschaften, Großwildjägern und blutdürstigen oder edlen Wilden.

Dies gilt auch für sein erfolgreichstes Abenteuerbuch, *The Coral Island: A Tale of the Pacific Ocean* (1858; *Im Banne der Koralleninsel*, 1961). Innerhalb der Gattung der Robinsonade stellt das Buch insofern einen Sonderfall dar, als hier nicht ein einzelner, sondern eine Gruppe von Jugendlichen auf eine Insel verschlagen wird. Den drei Jungen zwischen 16 und 18 Jahren ist die Insel eher Asyl denn Exil, denn die Natur bietet ihnen alles Lebensnotwendige, und trotz deutlicher Wesensunterschiede herrscht stets Eintracht zwischen ihnen. In der Folge tauchen ›Wilde‹ und Piraten auf; in den entstehenden verwickelten und blutigen Auseinandersetzungen bewähren sich die drei als tapfere Kämpfer für Recht und Ordnung. Als sie eine ›braune Schönheit‹ aus den Händen ihrer eingeborenen Feinde zu befreien versuchen, werden sie allerdings gefangengenommen und erst in letzter Minute von einem umherreisenden Missionar befreit, der die blutdurstigen Wilden kurzerhand zum Christentum bekehrt. – B. bedient das Klischee von der natürlichen Überlegenheit der weißen Rasse und der moralischen Integrität englischer Jungen ebenso wie das des grausamen Kannibalen und des edlen Wilden; doch hat die moderne Forschung gezeigt, daß B.s Fiktionalisierung imperialistischer Abenteuerideologie komplexer ist als es zunächst scheint.

Literatur: F. McCulloch. »›The Broken Telescope‹: Misrepresentation in *The Coral Island*.« *Children's Literature Association Quarterly* 25 (2000), 137-145. – J. Petzold. »Zwischen ›Nigger‹ und ›Noble Savage‹: Das Afrikabild in R. M. Ballantynes *Black Ivory*.« *Afrika in den europäischen Literaturen zwischen 1860 und 1930*. Hg. T. Heydenreich/E. Späth. Erlangen 2000, 171-188.

Dieter Petzold

Ballard, J[ames] G[raham]

Geb. 15. 11. 1930 in Shanghai

Nach seiner Jugend in China und einem Medizinstudium in Cambridge veröffentlicht J. G. Ballard in den 1960er Jahren eine Tetralogie apokalyptischer Visionen sowie eine Vielzahl von Kurzgeschichten. Mit *The Atrocity Exhibition* (1970; *Liebe und Napalm: Export USA*, 1970) bricht B. jedoch konsequent mit seiner erfolgreichen Laufbahn als ›klassischer‹ Science-fiction-Autor. In seiner Suche nach einer Mythologie der

Zukunft durchforstet er die ›dunkle Seite‹ der Medienkultur der 1960er Jahre (Vietnamkrieg, Kennedy-Mord, Charles Manson) nach surrealistischen Bildern und Signifikanten für den »death of affect«. Die Emotionsverarmung durch Reizüberflutung sowie der Zusammenbruch der menschlichen Psyche, der in *The Atrocity Exhibition* formal durch kurze Textblöcke inszeniert wird, die sich – fast hypertextuell anmutend – der kausalen Logik traditioneller Narration entziehen, generieren in ihrer Oszillation zwischen fragmentarischem Bewußtsein und gewalttätigem, medialem Exzeß ein obszönes Begehren, welches zugleich letal und befreiend ist. *Crash* (1973; *Crash*, 1985; 1996 verfilmt), den ein Lektor mit der Warnung »This author is beyond psychiatric help. Do not publish!« kommentierte, beschreibt aus der Perspektive des Protagonisten ›James Ballard‹ in der kühlen Sprache medizinischer Lehrbücher eine Gruppe von Autounfall-Fetischisten. Mit Werken von Thomas Pynchon und William S. Burroughs hat *Crash* die anatomische Sezierung des Zusammenhangs zwischen Technologie und Pornographie gemein: B.s Vaughn ist besessen von der Vision eines inszenierten Autounfalls mit Elizabeth Taylor, der für beide tödlich und orgiastisch zugleich endet, während z. B. Tyron Slothrops sexuelle Erfahrungen in Pynchons Roman *Gravity's Rainbow* (der im gleichen Jahr erschien) untrennbar mit der V2-Rakete verbunden sind. B. zeichnet so ein konzises Bild der Psychopathologie einer Kultur, in der Technologie, Medien, Sexualität und Tod auf beunruhigende (weil beunruhigend stringente) Weise verschmelzen.

Seine Kindheitserlebnisse und den Überlebenskampf im Internierungslager während der japanischen Besetzung Chinas schildert B. in dem Roman *Empire of the Sun* (1984; *Das Reich der Sonne*, 1985; 1987 verfilmt), der – ebenso wie der Folgeroman *The Kindness of Women* (1991; *Das große Herz der Frauen*, 1993) – aufgrund seiner autobiographischen Züge oft als ›realistischer‹ Schlüssel zu B.s verstörenderen Werken apostrophiert wird. Eher deutet auch *Empire of the Sun* in der obsessiven Identifikation des jungen Jim Ballard mit den japanischen Kamikazepiloten auf den Zusammenhang von Technologie, Eros und Tod, so daß sich B.s Erinnerungen gerade nicht als sinnerschließende, authentische Referenz lesen lassen, sondern vielmehr als der katastrophale Punkt des Einbruchs des Phantasma in die Realität. – B.s Romane *Cocaine Nights* (1996) und *Super Cannes*

(2000) entlarven den Terror einer *consumer ideology*, die sich, um weiter zu funktionieren, die
gewalttätige Seite der Konsumenten zunutze machen muß. Somit verweigert sich dieser zu den
radikalsten und kontroversesten Autoren des ausgehenden 20. Jahrhunderts gehörende Schriftsteller konsequent jeder Idee eines gemäßigteren Al-
terswerks.

Literatur: G. Stephenson. *Out of the Night and Into the
Dream: A Thematic Study of the Fiction of J. G. Ballard.*
New York 1991. – V. Vale/A. Juno, Hgg. *J. G. Ballard.* San
Francisco 1984.

Bernd Herzogenrath

Banks, Iain [Menzies]
Geb. 16. 2. 1954 in Dunfermline, Schottland

Nach seinem Abschluß in Englisch, Philosophie und Psychologie an der Universität von Stirling im Jahr 1975 hält sich Iain Banks zunächst mit
verschiedenen Gelegenheitsarbeiten über Wasser.
Trotz seiner bereits früh zutage tretenden literarischen Ambitionen nimmt er 1979 eine Anstellung
in der Buchhaltungsabteilung einer Londoner Anwaltskanzlei an – eine Tätigkeit, die er später als
solide Ausbildung für die Produktion von Fiktionen bezeichnet. B.' umstrittener Debütroman *The
Wasp Factory* (1984; *Die Wespenfabrik*, 1991) erscheint zu einem Zeitpunkt, an dem die Diskussion um Gewaltdarstellung in den Medien und
insbesondere um die sogenannten *video nasties* in
Großbritannien ihren Höhepunkt erreicht. Vor
diesem Hintergrund erregt der Roman v. a. wegen
der Gewaltexzesse des Protagonisten und Ich-Erzählers Frank die Aufmerksamkeit der Öffentlichkeit und der Kritiker, die neben ihrer Abscheu
meist auch Bewunderung für das stilistisch-nar-
rative Geschick des Autors zum Ausdruck bringen.
Im Zuge der erhöhten Beachtung der *regional
literatures* einerseits und des Bedeutungszuwachses
der *Gender Studies* andererseits dominiert mittlerweile die Rezeption des Romans als Teil einer
neuen schottischen Literatur, die traditionelle
Konzeptionen nationaler Identitätsbildung über
die Metaphern von Geschlecht und Alterität subversiv beleuchtet.

Der kommerzielle Erfolg seines ersten veröffentlichten Romans erlaubt es B., seine Anstellung
aufzugeben und fortan mindestens einen Roman
pro Jahr zu veröffentlichen; seit 1987 alternierend

sogenannte *mainstream* und, unter dem ›Pseudonym‹ Iain M. Banks, Science-fiction-Romane.
Diese Zweiteilung ist jedoch zumindest fragwürdig, da auch die vermeintlich herkömmlichen Romane bisweilen durch Einschübe von Elementen
der Science-fiction, des Magischen Realismus und
ähnlichen Strömungen geprägt sind. Gemein ist
allen Romanen dabei das hohe Maß an formaler
Komplexität und literarischer Selbstreflexivität. So
ist z. B. das Leben der Protagonisten der drei miteinander verflochtenen Handlungsstränge in *Walking on Glass* (1985; *Barfu über Glas*, 1991) gleichermaßen von Fiktionen bestimmt, aber lediglich
Quiss, dessen Handlungsstrang am deutlichsten
von den Konventionen des Realismus abweicht,
erkennt dies in vollem Umfang. Das sich ständig
verändernde gigantische Schloß, in dem er inhaftiert ist, ist wortwörtlich ein textuelles Universum:
Die Steinquader, aus denen es besteht, entpuppen
sich als schieferartige Blöcke, deren Tafeln über
und über mit Schriftzeichen bedeckt sind und die
als eine Art *bibliothèque universale* auch den Text
von *Walking on Glass* selbst enthalten.

B.' Science-fiction-Romane werden, beginnend
mit *Consider Phlebas* (1987; *Bedenke Phlebas*,
1989), vom Zyklus um die *Culture*, einer post-
kapitalistisch-anarchistischen galaxieumspannen-
den Gesellschaft, dominiert und greifen, teils konsequent weiterdenkend, teils überspitzend-persi-
flierend, die Zeitdiagnosen der postmodernen Gesellschaft von Denkern wie Jean Baudrillard,
Fredric Jameson und Jean-François Lyotard auf.

Literatur: O. Schoenbeck. *Their Versions of the Facts: Text
und Fiktion in den Romanen von Iain Banks, Kazuo Ishiguro, Martin Amis und Jeanette Winterson.* Trier 2000. –
B. Schoene-Harwood. »Dams Burst: Devolving Gender
in Iain Banks's *The Wasp Factory.*« *ARIEL* 30.1 (1999),
131–148.

Folkert Degenring

Banville, John
Geb. 8. 12. 1945 in Wexford, Irland

John Banville, seit 1988 Literaturredakteur bei
der *Irish Times*, gilt als einer der bedeutendsten
zeitgenössischen irischen Prosaautoren. Sein Erzählwerk zeichnet sich durch außergewöhnliche
thematische und gestalterische Geschlossenheit
aus und knüpft an internationale literarische Tendenzen an, was auch an einer Vielzahl intertex-

tueller Anspielungen (etwa auf Marcel Proust, Henry James, Rainer Maria Rilke, Vladimir Nabokov) zum Ausdruck kommt. B. hat zudem Adaptionen zweier Dramen von Kleist vorgelegt und einige Drehbücher verfaßt, darunter auch das für die Verfilmung seines Kurzromans *The Newton Letter* (1982). Sein Erzählwerk ist in hohem Maße von den Themenkomplexen ›Schuld und Sühne‹ und ›Wirklichkeitsauffassung‹ bzw. dem Thema des künstlerischen Schaffensprozesses durchdrungen.

In seinem Erstlingswerk, *Long Lankin* (1970), einer Sammlung von neun Kurzgeschichten und der Novelle »The Possessed«, finden sich Charaktere, die allesamt in der privaten Hölle eines besonderen Schuldbewußtseins gefangen sind. Ihre zwischenmenschlichen Beziehungen werden dabei von einer intervenierenden ›Long-Lankin‹-*persona* (der alt-schottischen Ballade »Lamkin« entlehnt) aufgebrochen. Die Gliederung der Geschichten nach Kindheit, Jugend, Reife und dem Bereich des öffentlichen Lebens erinnert an James Joyces *Dubliners* (1914). – *Nightspawn* (1971) ist eine der wenigen irischen postmodern anmutenden Metafiktionen. Der Roman parodiert die literarischen Konventionen des Thrillers und reflektiert zugleich das zeitlose Verlangen des Künstlers, die Dinge in ihrem Wesen auszudrücken, Schönheit und Wahrheit festzuhalten. Wie häufig bei Samuel Beckett treibt sich auch B.s Erzähler unentwegt an; doch er versagt, wie letztlich jeder Künstler, weil sich Schönheit und Wahrheit seinem Bemühen entziehen. – *Birchwood* (1973) verfolgt ein vergleichbares thematisches Anliegen. Oberflächlich handelt es sich um einen *big-house*-Roman, die Geschichte einer Herrenhausfamilie. Eigentlich ist aber der Erzähler, Gabriel Godkin, im Gefolge von Prousts Marcel in *A la recherche du temps perdu* darum bemüht, seine Vergangenheit in der Form eines Erzählwerks zu ergründen, und zu diesem Zwecke testet er eine Reihe narrativer Gattungen (pikaresker Roman, gotischer Roman, *big-house*-Roman usw.) auf deren Brauchbarkeit. Am Ende muß er sich sein Scheitern eingestehen. Der »rosy grail« (rosige Gral), Symbol für Schönheit und Wahrheit, entzieht sich seinem Zugriff. Godkin akzeptiert schließlich sein Unvermögen, wissend: »Wovon man nicht sprechen kann, darüber muß man schweigen« (Ludwig Wittgenstein).

Doctor Copernicus (1976; *Doktor Copernicus*, 1999), *Kepler* (1981; *Kepler*, 1997), *The Newton Letter* und *Mefisto* (1986) bilden B.s ›Wissen-

schafts‹-Tetralogie, die sich thematisch der Methode annimmt, mit der das wissenschaftliche Bewußtsein die Welt zu erklären sucht. Den Hauptfiguren der Romane ist gemein, daß sie alle vereinheitlichende gedankliche Systeme aufstellen, die zwar von überwältigender Geschlossenheit und Schönheit sind, aber eigentlich keinen Wahrheitsgehalt beanspruchen dürfen. Jede der Hauptgestalten ist schließlich gezwungen sich einzugestehen, dem Leben zugunsten der wissenschaftlichen Betätigung aus dem Wege gegangen zu sein, kurz: ihre Menschlichkeit verwirkt zu haben. – *The Book of Evidence* (1989; *Das Buch der Beweise*, 1991), *Ghosts* (1993; *Geister*, 2000) und *Athena* (1995; *Athena*, 1996) machen B.s ›Künstler‹-Trilogie aus, indem sie der Frage nachgehen, wie die künstlerische Vorstellungskraft die Wirklichkeit zu bewältigen versteht. Im ersten Roman verfaßt Freddie Montgomery sein »Buch der Beweise« zur Rechtfertigung seines Mordes an einem Dienstmädchen. Er habe die junge Frau töten können, weil sie für ihn nicht wirklich *lebendig* gewesen sei, behauptet er. Freddie transfiguriert sein Leben und das seines Opfers, indem er beide mittels Versatzstücken aus Film, Kunst und Literatur einfängt. Er gewinnt eine Einsicht in die unüberbrückbare Kluft zwischen der Welt der Kunst und der Welt des Alltags und verspürt den »unvermeidlichen Imperativ«, die getötete Frau wieder zum Leben zu erwecken, eine Aufgabe, der er sich in *Ghosts* stellt. Auf einer Insel der Reue (die an Shakespeares *The Tempest* und Defoes *Robinson Crusoe* erinnert) bemüht sich Freddie, eine fiktionale Geschichte um eine Schar schiffbrüchiger Vergnügungsreisender zu spinnen, die ein paar Stunden dort verweilen müssen. Eine kleine Welt entsteht, gekennzeichnet vom Zustand des Nichtwirklich-Daseins, des In-der-Schwebe-Befindlichen, kurz: die ›Geister‹-Welt der Kunst, der italienischen *commedia dell'arte* und der *fêtes-galantes*-Gemälde von Jean-Antoine Watteau, die Welt der Romanze und Pastorale. Freddie verspürt, keine Gegenwart zu besitzen. Ohne Gegenwart gibt es kein Sein, und so muß er sich gleichsam selbst neu erschaffen, ehe er »die Rückgabe eines Lebens« zu bewerkstelligen vermag. Er strebt nach purem Sein, das jedoch nur in der autonomen Welt der Kunst zu erreichen ist. Allerdings beschwört er ein Arkadien herauf, in dem der große Gott Pan tot ist. Das Goldene Zeitalter Watteaus ist an eine Welt des Zufalls und Chaos verlorengegangen. In *Athena* bringt Freddie schließlich eine junge Frau,

»A.«, in einer Kopfgeburt – wie Zeus seine Tochter Athena – zur Welt, wobei sich A. nach einer erotischen Beziehung am Ende von ihm freimacht. Tatsächlich aber geht es in *Athena* um das Wesen von Kunst. Nicht nur die acht Gemälde mit Szenen aus der griechischen Mythologie (die Namen ihrer Maler: Anagramme von ›John Banville‹), die Freddie zu begutachten hat, sind Fälschungen, das Ganze wird aufs Subtilste als Fiktion entlarvt. Kunst ist nichts als Fälschung, der Künstler ein gerissener Schwindler.

The *Untouchable* (1997; *Der Unberührbare*, 1997) vereint erneut manche für B. charakteristische Themen (Verrat, Schuld, Sühne, Doppelleben) und gestalterische Strategien (Spiel mit dem Leser, Ich-Erzählung). Im Format eines Spionagethrillers dienen die Lebenserinnerungen Victor Maskells (auf der Basis biographischer Details des Lyrikers Louis MacNeice und des Doppelagenten Anthony Blunt) dazu, nach einem Leben der Verstellung wie bei der Restaurierung eines Gemäldes die Schmutzschichten abzutragen, um »das Ding an sich« freizulegen und als das zu erkennen, was es ist: »Meine Seele. Mein Selbst.« *Eclipse* (2000) wird thematisch von einem vergleichbaren Bemühen um Selbstfindung getragen. Der Schauspieler Alexander Cleave nimmt nach einem Bühnendebakel in seinem elterlichen Haus Zuflucht und sucht, Vergangenheit und Gegenwart gegeneinander abwägend, nach dem Sinn seines Lebens. Der Roman verrät B.s Beschäftigung mit Kleist anhand diverser Anspielungen auf *Amphitryon* und »Über das Marionettentheater«. B. mag in seinen letzten Werken nicht immer der Gefahr der thematischen Wiederholung entronnen sein, indes hat er sich stets als brillanter Denker und exzellenter Prosastilist erwiesen.

Literatur: J. McMinn. *The Supreme Fiction of John Banville.* Manchester 1999. – R. Imhof. *John Banville: A Critical Introduction.* Dublin 1997.

Rüdiger Imhof

Barbauld, Anna Laetitia

Geb. 20. 6. 1743 in Kibworth, Leicestershire; gest. 9. 3. 1825 in Stoke Newington bei London

Anna Laetitia Barbauld spielte als Dichterin, Essayistin und Herausgeberin in der englischen Kultur um 1800 eine prominente Rolle. Als ältestes Kind des Dissenterpredigers John Aikin erhielt sie eine für ihre Zeit und ihr Geschlecht ungewöhnlich fundierte und umfassende Ausbildung, v. a. in den modernen und klassischen Sprachen. 1773 veröffentlichte B. ihre erste, sehr erfolgreiche Gedichtsammlung *Poems* sowie zusammen mit ihrem Bruder *Miscellaneous Pieces in Prose.* Nach ihrer Heirat 1774 mit dem Geistlichen Reverend Rochemont Barbauld, mit dem sie eine Schule in Palgrave gründete und bis 1785 leitete, schrieb B. für und über Kinder, wie in ihren populären *Lessons for Children* (1778; *Das geöffnete Schreibepult zum Unterrichte und Vergnügen junger Personen,* 1796) und *Hymns in Prose for Children* (1781; *Lobgesänge in Prosa für Kinder,* 1841) sowie den Essays über Kindererziehung. B.s literarische Tätigkeit nahm nach der Schließung der Schule zu. Mit ihren zu Beginn der 1790er Jahre entstandenen Pamphleten (*An Address to the Opposers of the Repeal of the Corporation and Test Acts,* 1790, *Civic Sermons to the People,* 1792 oder *Sins of the Government, Sins of the Nation,* 1793) griff B. in gesellschaftliche Diskussionen um moralische und soziale Belange ein. Ihre liberalen Vorstellungen waren dabei von einem starken Glauben an die individuelle Freiheit des Gewissens geprägt. In ihrem Gedicht »Epistle to William Wilberforce« von 1791 setzt sich B. kritisch mit der damals vielfach diskutierten Frage des Sklavenhandels auseinander. – Neben ihrer literarischen Tätigkeit machte sich B. auch als Herausgeberin der Gedichte von Mark Akenside (1794) und William Collins (1797) sowie der Briefe Samuel Richardsons (1804) einen Namen. 1810 schließlich gab B. eine 50bändige Ausgabe englischer Romane, *The British Novelists,* heraus, die von ihr mit einer biographischen Einführung zu jedem Autor und einem einführenden Essay versehen wurde. Diese Anthologie kann als erster systematischer Versuch betrachtet werden, einen Kanon des englischen Romans des 18. Jahrhunderts zu etablieren. Ihr zeitgenössisch umstrittenstes Werk war das Gedicht »Eighteen Hundred and Eleven« (1812), das sich gegen den Krieg mit Frankreich wandte, in dessen Folge nichts als Verwüstung und letztendlich Selbstzerstörung zu erwarten seien. Das Gedicht löste derart heftige Schmährezensionen aus, daß B. danach nur noch anonym publizierte und sich auf nicht-literarische Gattungen beschränkte. – Trotz ihrer eigenen privilegierten Bildung war B.s Haltung zur Erziehung von Frauen eher konservativ. Sie hielt es nicht für angemessen, für Frauen dieselbe Bildung einzufordern, wie sie

Männern zukam. Statt dessen hob sie z. B. in ihrem Gedicht »Washing-Day« die Andersartigkeit der weiblichen Sphäre hervor, die zwangsläufig andere Anforderungen an Frauen stelle.

Werkausgabe: *The Works.* Hg. L. Aikin. 2 Bde. London 1996 [1825]. Literatur: W. McCarthy.»›We Hoped the Woman Was Going to Appear‹: Repression, Desire, and Gender in Anne Laetitia Barbauld's Early Poems.« *Romantic Women Writers.* Hg. P. R. Feldman/T. M. Kelley. Hanover, NH 1995, 113–137. – C. E. Moore.»›Ladies   Taking the Pen in Hand‹: Mrs. Barbauld's Criticism of Eighteenth-Century Women Novelists.« *Fetter'd or Free? British Women Novelists 1670–1815.* Hg. M. A. Schofield/ C. Macheski. Athens, OH 1986, 383–397.

Sandra Heinen

Barker, George [Granville]

Geb. 26. 2. 1913 in Loughton, Essex; gest. 27. 10. 1991 in Itteringham, Norfolk

George Barker wächst als Sohn einer Irin und eines englischen Polizisten in einem Londoner Arbeiterviertel auf. Mit 17 Jahren publiziert er die ersten Gedichte und gilt bald als einer der führenden Lyriker seiner Generation, wobei William Butler Yeats und T. S. Eliot ihn über seinen Freund Dylan Thomas stellen. Er heiratet 1935, unterhält jedoch zahlreiche außereheliche Beziehungen. Armut zwingt ihn, als Automechaniker zu arbeiten, bevor er seinen Lebensunterhalt als Schriftsteller und Kritiker verdienen kann. Nach Aufenthalten in Japan, den Vereinigten Staaten und Spanien entdeckt er 1960 seine Liebe zu Italien, wo das disziplinierende Vorbild von Horaz und Catull einen Stilwandel bewirkt: Das Pathos seiner Lyrik wird gedämpft, Humor und Selbstironie klingen an. Von längeren Reisen in die europäischen Mittelmeerländer abgesehen, lebt er von 1970 bis zu seinem Tod mit Elspeth Langlands und den jüngsten Kindern in bescheidenen Verhältnissen in einem Dorf in der Nähe von Norwich. – B. wurde von der mittelenglischen Lyrik ebenso beeinflußt wie von François Villon, John Donne, William Blake, Lord Byron, Alfred Tennyson, Gerard Manley Hopkins, Alfred Edward Housman, Yeats, Roy Campbell und W. H. Auden. Sein umfangreiches Werk, das religiöse Lyrik, Balladen, Natur- und Liebesgedichte, Verssatiren, Hochzeits-, Huldi-

gungs- und Kindergedichte umfaßt, hat bis heute nicht die gebührende Anerkennung gefunden. Zwar konnte er mit der offenherzigen Erotik seiner verstechnisch brillanten Autobiographie *The True Confession of George Barker* (1950) einen Skandalerfolg verbuchen, doch es war ein zweischneidiger Triumph: Sein Hausverlag (Faber) verweigerte die Publikation. Auch später wußte der renitente Katholik immer wieder mit einer gewagten Mischung von religiösen und sexuellen Motiven aufzutrumpfen. Sein Hauptthema ist der Mythos vom Sündenfall. Kenneth Allott hat ihn als »hit-or-miss artist« bezeichnet, was B. mit der Bemerkung quittierte, ein perfektes Gedicht sei ebenso unmöglich wie ein perfekter Mensch. Dichter seien Visionäre, die nicht das zu versifizieren hätten, was jedem durchschnittlich Begabten ohnehin klar vor Augen stehe. Mag B.s Lyrik (wie die seines Vorbildes Donne) auch gelegentlich obskur, sensationslüstern und mit einem guten Schuß theatralischer Rhetorik versetzt sein: Yeats hat ihr Intelligenz, eine bezwingende Musikalität und einen im 20. Jahrhundert seltenen Sinn für rhythmische Nuancierung attestiert.

Werkausgabe: *Collected Poems.* Hg. R. Fraser. London 1987. Literatur: J. Heath-Stubbs/M. Green, Hgg. *Homage to George Barker on His Sixtieth Birthday.* London 1973. – M. Fodaski. *George Barker.* New York 1969.

Michael Hanke

Barker, Howard

Geb. 28. 6. 1946 in London

Howard Barker, das *enfant térrible* im englischen Theater der Gegenwart, verfaßte bislang über 60 Dramen, Hörspiele, Lyrikbände und Essays. Während B.s Frühwerk aus den 1970er Jahren satirisch mit dem Versagen des englischen Sozialismus abrechnet, verweigern die Dramen seit den 1980er Jahren planmäßig eine klare Botschaft und brechen zu diesem Zweck bewußt mit herkömmlichen Ordnungsstrukturen des Dramas beim Handlungsaufbau, bei der Kontinuität der Charakterzeichnung und bei der Sprache. So kann eine Figur schockierend widersprüchliche Werte vertreten – in *Seven Lears* (1990) deutet der Titel einen solch fragmentierten Charakter an – und unvermittelt von lyrisch-poetischen Passagen in Obszönitäten und von dort in philosophische Diktion verfallen. 1988 gründet B. die Theatergruppe The Wrestling School, die ausschließlich sein antiaufklärerisches *Theatre of Catastrophe* aufführt, dessen Ästhetik der Essayband *Arguments for a Theatre* (1989) entwickelt. B. sieht die politische Sprengkraft seines Theaters darin, erstarrte Denkkonventionen aufzubrechen und die Auflösung der erschreckenden Szenen in eine harmonisierende ›Bedeutung‹ unmöglich zu machen, um jede Rückbindung an herrschende Ideologien, seien sie ›links‹, ›liberal‹ oder ›feministisch‹ geprägt, zu verhindern. – B.s Stücke inszenieren die Qualen des Widerstandes gegen jede Form ideologischer Vereinnahmung, die einerseits von der Brutalität der Herrschaftssysteme bei der Einschreibung ihrer Normen in die Körper ihrer Untertanen, andererseits von den bis an den Rand des Wahnsinns führenden Lernprozessen herrühren, in denen die Figuren internalisierte Werte als mentale Fesseln durchschauen und neue imaginative Wege der Selbstdefinition entwerfen müssen. In *Victory* (1983) überwindet die Puritanerin Susan auf der Suche nach der Leiche ihres Mannes, an der die aus dem Exil zurückgekehrte Regierung von Charles II ein grausiges Exemplum zur Abschreckung aller Königsmörder statuierte, moralische Skrupel über den Umgang mit ihrem Körper und mit politischen Sympathisanten; in *The Europeans* (1990) entscheidet sich die schwangere Kathrin 1683, ihr bei einer Vergewaltigung während der Türkenbelagerung vor Wien gezeugtes Kind öffentlich zu gebären und dem Kommandanten der feindlichen Armee zu übergeben, anstatt es politisch als Symbol der Versöhnung funktionalisieren zu lassen. Daß auch der Protest gegen Herrschaftsformen Herrschaft erzeugt, erkennt Skinner in *The Castle* (1985; *Das Kastell*, 1986). Nachdem sie eine matriarchalische Ordnung etabliert hat, während die Männer sich auf einem Kreuzzug befinden, wird ihr – von der Folter durch die zurückgekehrten Männer physisch und psychisch nahezu gebrochen – nach dem Tod des Feudalherrn die Schaffung einer neuen Gesellschaft angetragen. Das bislang umfassendste Panorama durch menschliche Unterdrückung produzierten Leidens zeichnet B.s auf 15 Aufführungsstunden angelegtes Millenium-Drama *The Ecstatic Bible* (2000), das ein Ensemble amoralischer Parabeln aus dem Europa des 20. Jahrhunderts präsentiert.

Werkausgabe: *Collected Plays.* 2 Bde. London 1990/93.
Literatur: R. Wilcher. »Honouring the Audience: The Theatre of Howard Barker.« *British and Irish Drama*

since 1960. Hg. J. Acheson. Houndmills 1993, 176–189. – A. Thomas. »Howard Barker: Modern Allegorist.« *Modern Drama* 35.3 (1992), 433–443. – D. I. Rabey. *Howard Barker: Politics and Desire.* Basingstoke 1989.

Anna-M. Horatschek

Barker, Pat[ricia]

Geb. 8. 5. 1943 in Thornaby-on-Tees, Cleveland

Pat Barker wuchs als uneheliches Kind in dem von Frauen dominierten Haushalt ihrer Großmutter im Norden Englands auf, studierte an der London School of Economics und lebt heute mit ihrem Mann im nordenglischen Durham. Viele der Geschichten, die B. als Kind hörte, verarbeitet sie in ihren Romanen, in denen *gender* und Klassenzugehörigkeit wichtige Faktoren sind. In den 1980er Jahren ist B. mit mehreren Romanen bekannt geworden, die in realistischer Manier das Alltagsleben und die historische Situation der Arbeiterklasse – v. a. der von der Geschichtsschreibung in doppelter Weise marginalisierten *working-class women* – im industriell geprägten Nordosten Englands schildern. In ihrem ersten Roman, *Union Street* (1982; *Union Street*, 1995), dessen Thematik für den Film *Stanley and Iris* (1989) adaptiert wurde, entwirft B. ein Kaleidoskop des Lebens von Frauen sehr unterschiedlichen Alters, die in einer heruntergekommenen Gegend einer nordenglischen Stadt wohnen. In diesem Roman, ebenso wie in *Blow Your House Down* (1984; *Die Lockvögel*, 1992), in dem die Geschichte einiger Prostituierter und ihres Kampfs gegen Armut und Elend sowie gegen die vielfältigen Formen männlicher Gewalt erzählt wird, stehen nicht individuelle ProtagonistInnen, sondern eine Gruppe von Frauen im Zentrum der Handlung. Dagegen treten in *The Century's Daughter* (1986; seit 1996 unter dem Titel *Liza's England*) und in *The Man Who Wasn't There* (1989) vermehrt Einzelfiguren in den Vordergrund; das Leben der Protagonistin Liza in *The Century's Daughter* wird schon durch das symbolträchtige Datum ihrer Geburt am ersten Tag des 20. Jahrhunderts eng mit der Geschichte ihres Landes verknüpft. Obwohl B. bereits mit ihren frühen Romanen beachtliche Erfolge erzielte, gründet ihre Bekanntheit v. a. auf den zur *Regeneration*-Trilogie gehörenden Romanen *Regeneration* (1991; *Niemandsland*, 1997), der 1997 verfilmt wurde, *The Eye in the Door* (1993; *Das Auge in der Tür*, 1998) und *The Ghost Road* (1995; *Die Stra e der Geister*, 2000), für den B. 1995 mit dem *Booker Prize* und 2001 mit dem Welt-Literaturpreis ausgezeichnet wurde. Diese Romane zeichnen in multiperspektivischer Erzählweise ein panoramisches Bild der letzten beiden Jahre des Ersten Weltkriegs, wobei das Geschehen aus der subjektiven Perspektive zahlreicher Figuren und Figurengruppen wiedergegeben wird – von historischen Personen wie dem Cambridge-Dozenten und Militärpsychologen W.H.R. Rivers und den *war poets* Siegfried Sassoon und Wilfred Owen über fiktionale Individualfiguren wie dem aus der Arbeiterklasse stammenden Offizier Billy Prior bis hin zu einer Vielzahl von gesellschaftlichen Gruppen wie PazifistInnen oder Munitionsarbeiterinnen. In der *Regeneration*-Trilogie, ebenso wie in B.s 1998 veröffentlichtem Roman *Another World*, wird das Grauen des Ersten Weltkriegs weitgehend aus der Rückschau präsentiert – sei es in den Therapiegesprächen zwischen Rivers und seinen Patienten in der Trilogie, sei es aus großem zeitlichen Abstand in den Erinnerungen des Veterans Geordie in *Another World* –, wobei Kriegserfahrungen und -erinnerungen in Bezug zu gesellschaftlich dominanten Männlichkeitsvorstellungen gesetzt werden. In ihrem neuesten Roman, *Border Crossing* (2001), wendet sich B. erneut den vielfältigen Formen von Gewalt zu, indem sie das komplizierte Verhältnis zwischen einem jungen Mann, der als zehnjähriges Kind einen Mord begangen hat, und seinem Therapeuten in das Zentrum der Handlung stellt. Der Roman macht deutlich, daß die Grenzziehung zwischen Gut und Böse weit weniger klar ist, als es zunächst den Anschein hat. Wie in anderen Romanen zuvor greift B. auch hier aktuell diskutierte Problembereiche auf, gibt jedoch nie vor, klare Antworten auf die aufgeworfenen Fragen anbieten zu können.

Literatur: K. E. Westman. *Pat Barker's Regeneration: A Reader's Guide*. New York 2001. – M. Gymnich. »*Gender* und *class* als Koordinaten figuraler Selbst- und Wirklichkeitserfahrung im englischen Roman nach 1945: Pat Barker und Maureen Duffy.« *Klassiker und Strömungen des englischen Romans im 20. Jahrhundert*. Hg. V. Nünning/A. Nünning. Trier 2000, 155–170. – M. Löschnigg. »› the novelist's responsibility to the past‹: History, Myth, and the Narratives of Crisis in Pat Barker's *Regeneration* Trilogy (1991–1995).« *Zeitschrift für Anglistik und Amerikanistik* 47.3 (1999), 214–228.

Gaby Allrath

Barnes, Julian [Patrick]

Geb. 19. 1. 1946 in Leicester

»Um zu schreiben, muß man davon überzeugt sein, daß dies nicht nur ein Neuaufbruch für einen selbst, sondern für die gesamte Geschichte des Romans ist.« Dieses in einem Interview geäußerte, ambitionierte künstlerische Credo hat Julian Barnes in bisher neun Romanen umzusetzen versucht, die sich sehr unterschiedlicher Sujets und Gestaltungsmittel bedienen. Hinzu kommen, neben zahlreichen Kurzgeschichten und Essays, noch vier Kriminalromane mit der Detektivfigur Duffy, einem bisexuellen, neurotischen Ex-Polizisten, die in den 1980er Jahren unter dem Pseudonym ›Dan Kavanagh‹ erschienen. Das scherzhafte Verwirrspiel des ›Chamäleons‹ B. mit Namen, Identitäten und Publikumserwartungen geht noch auf seine publizistischen Anfangsjahre bei verschiedenen englischen Zeitungen und Magazinen zurück, als der studierte Neuphilologe, Jurist und ehemalige Lexikograph beim *Oxford English Dictionary* sich in Rezensionen und Kolumnen als ›Basil Seal‹, ›Edward Pygge‹ oder ›Fat Jeff‹ ausgab.

Der literarische wie kommerzielle Durchbruch gelang B. mit seinem dritten Roman unter eigenem Namen, *Flaubert's Parrot* (1984; *Flauberts Papagei*, 1987), der, international ausgezeichnet, schon bald zu einem kanonischen Exemplar des postmodernen britischen Romans erhoben wurde. Die experimentelle Mischung aus Romanerzählung, literaturkritischem Essay, Zitatenschatz und biographischem Zettelkasten ist inszeniert als Versuch eines pensionierten Landarztes, durch eine Spurensuche in den Relikten von Leben und Werk des französischen Romanciers Gustave Flaubert seine Trauer um die verstorbene Ehefrau zu verdrängen. Der Arzt Braithwaite, dessen Frau Ellen sich mit Flauberts Romanfigur Emma Bovary nicht nur die Initialen teilt, vermag dabei zu keinem widerspruchsfreien biographischen Bild Flauberts zu gelangen. Zentrales und vielschichtiges Symbol für die sich entziehende Vergangenheit (in Person von Flaubert und Braithwaites Frau) ist ein ausgestopfter Papagei, der Flaubert zur Inspiration gedient haben soll, nun aber angesichts einer Vielzahl in Frage kommender Papageien nicht mehr identifiziert werden kann. *Flaubert's Parrot* präsentiert vieles von dem, was B.' Erzählwerk allgemein ausmacht: vielfältige intertextuelle Bezüge (zu Flaubert, Vladimir Nabokov, Philip Larkin usw.), eine besondere Neigung zur französischen Literatur und Kultur, einen typisch englischen Sinn für Humor und feinsinnige Ironie, stilistisch einen starken Hang zu Essay und Epigramm, zur gleichsam auf Hochglanz polierten Formulierung. B.' wiederkehrende Themen sind das Verhältnis von Kunst und Leben, die Unterscheidung von Schein und Sein sowie eine Obsession mit Vergangenheit (als *historia* und *memoria*), die Ausgangspunkt einer erkenntniskritischen, oft aporetischen Suche nach Wahrheit und Sinn ist.

B.' zweiter großer Romanerfolg, *A History of the World in 10¹₂ Chapters* (1989; *Eine Geschichte der Welt in 10¹₂ Kapiteln*, 1990), thematisiert die Vergangenheit durch eine Kritik universalgeschichtlicher Vorstellungen. Was wie eine Ansammlung von zehn Kurzgeschichten an den Rändern welthistorischer Katastrophen und einem auktorialen Essay über die Liebe (dem ›Halbkapitel‹ des Titels) erscheint, ist ein Romanexperiment, dessen Kohärenz nicht durch ein einheitliches Personeninventar oder raum-zeitliches Setting erzeugt wird, sondern durch Wiederholung aufeinander verweisender Erzählelemente. Mehr noch als bei den leitmotivischen Nennungen von Papageien in *Flaubert's Parrot* ergeben sich in B.' idiosynkratischer *History* aus den zahlreichen Erwähnungen von Holzwürmern und anderen Leitmotiven »strange links, impertinent connections«, wodurch Geschichte insgesamt aus nicht mehr als ›seltsamen Verknüpfungen, unerhörten Verbindungen‹ zu bestehen scheint. Lassen sich B.' *History* und *Flaubert's Parrot* dem hybriden Genre ›historiographischer Metafiktion‹ zuschlagen, so gilt dies im Ansatz auch für die meisten anderen, weniger formal-experimentellen Romane des Autors. *Staring at the Sun* (1986; *In die Sonne sehen*, 1991), *The Porcupine* (1992; *Das Stachelschwein*, 1992) – ein politischer Roman über osteuropäische Vergangenheitsbewältigung nach 1989 – und *England, England* (1998; *England, England*, 1999) beschäftigen sich alle auf verschiedene Weise mit Geschichtskonstrukten und der Sehnsucht nach Wahrheit, Authentizität und Lebenssinn. In *England, England*, einer ›Semi-Farce‹ über das megalomane Projekt eines Großunternehmers zur Miniaturisierung Englands in einem Freizeitpark auf der Isle of Wight, wendet sich B. dabei besonders – wie schon in dem Kurzgeschichtenband *Cross Channel* (1996; *Dover–Calais*, 1996) dem englisch-französischen Verhältnis – dem Zusammenhang zwischen kultureller Erinnerung und nationaler Identität zu.

In B.' Texten können weder Geschichte oder Gedächtnis noch Kunst oder Religion als verbindliche Sinngebungsinstanzen bestehen; einzig in der Privatheit erfüllter Liebe deutet sich für B. ein Ausweg gegenüber Relativismus und Zynismus an. Die Liebe steht hier für persönliche Freiheit – so für den sich vom jugendlichen Rebellen zum Durchschnittsbürger entwickelnden Antihelden in B.' autobiographisch beeinflußtem Romanerstling *Metroland* (1980; *Metroland*, 1989) –, bringt jedoch oft auch die zerstörerischen Schattenseiten von Eifersucht und Betrug mit sich. Letzteres zeigt sich besonders im blutig-makabren Ende von *Before She Met Me* (1982; *Als sie mich noch nicht kannte*, 1988), aber auch in *Talking It Over* (1991; *Darüber reden*, 1992) und dem Folgeroman *Love, Etc* (2000) an dem *ménage à trois* einer Frau und zweier (anfangs) befreundeter Männer. Das an sich triviale Thema dieser beiden Romane dient dem Autor nicht nur zur Beschreibung der ›Feinmechanik‹ von Liebesbeziehungen und ihrer Abgründe, sondern auch zur Darstellung unhintergehbarer Subjektivität, was sich formal in einer quasi-dramatischen Erzählform alternierender Monologe ausdrückt – die kontroversen Perspektiven der sich direkt an den Leser wendenden Figuren bleiben ohne erzählerische wie moralische Vermittlung.

B. ist einer der vielseitigsten zeitgenössischen Schriftsteller Englands, dessen Wandelbarkeit sich auch in seinen journalistischen Zeitsatiren dokumentiert, von denen ein Teil im Sammelband *Letters from London, 1990–1995* (1995; *Briefe aus London*, 1995) veröffentlicht ist. Den hochfliegenden künstlerischen Anspruch, mit jedem Buch sich und den Roman neu zu erfinden, hat B. jedoch spätestens mit *Love, Etc* unterlaufen – auch wenn er ironisch zu seiner Verteidigung anbringt, daß für ihn ein Folgeroman doch etwas Neues sei.

Literatur: C. Henke. *Vergangenheitsobsessionen: Geschichte und Gedächtnis im Erzählwerk von Julian Barnes*. Trier 2001. – R. Freiburg. »*Just Voices Echoing in the Dark*«: Geschichte als literarisches Genre bei Julian Barnes.« *Fiktion und Geschichte in der anglo-amerikanischen Literatur*. Hg. R. Ahrens/F.-W. Neumann. Heidelberg 1998, 431–458. – M. Moseley. *Understanding Julian Barnes*. Columbia, SC 1997.

Christoph Henke

Barrie, [Sir] J[ames] M[atthew]

Geb. 9. 5. 1860 in Kirriemuir, Forfarshire; gest. 21. 6. 1937 in London

Mit Peter Pan schuf J. M. Barrie eine der meistgeliebten Figuren der Kinderliteratur, wobei die Tatsache, daß dieses Stück nur zur Aufführung kam, weil er einer der erfolgreichsten Autoren seiner Zeit war, inzwischen in Vergessenheit geraten ist. Nach dem Studium und der Arbeit als Theaterkritiker in Schottland zog er 1885 nach London und veröffentlichte dort mit großem Erfolg fiktionalisierte Geschichten über seine schottische Heimat in verschiedenen Magazinen. Deren Zusammenstellung in Buchform, *Auld Licht Idylls* (1888) und *A Widow in the Thrums* (1889), sowie ein weiteres Buch über Schottland, *The Little Minister* (1891), machten ihn zum Bestsellerautor; ein erster Bühnenerfolg kam mit der Dramatisierung von *The Little Minister* (1897). B.s Ehe war kinderlos und unglücklich. Seine gequälte Psyche legte er in kaum verhüllter Form im Roman *Sentimental Tommy* (1896) bloß, und in der Fortsetzung *Tommy and Grizel* finden sich die Worte: »Oh is it not cruel to ask a boy to love   he was a boy who could not grow up.« B. begann, sich mit den Kindern anderer Ehepaare anzufreunden, die von seinen Geschichten begeistert waren. Aus solchen Geschichten, die er den Söhnen der Familie Llewelyn Davies erzählte, entsprang auch der Roman, in dem Peter Pan seinen ersten Auftritt hatte, *The Little White Bird* (1902). Für diese Jungen erfand er auch extravagante Abenteuerspiele über Indianer und Piraten auf dem Gelände seines Landhauses, was zunächst ein Stück für Erwachsene, *The Admirable Crichton* (1902; *Zurück zur Natur*, 1956), und schließlich *Peter Pan* (1904; *Peter Pan*, 1948) inspirierte. Der Junge, der nicht erwachsen wird, auf der Suche nach einer Ersatzmutter ist und den bösen Piraten und einzigen Vertreter der Erwachsenengeneration Hook besiegen muß, beschreibt B.s eigenes Dilemma in der vielleicht angemessensten Form: als spannendes, an die traditionellen Weihnachtsspiele, die *pantomimes*, erinnerndes Stück für Kinder, denen es eine wundervolle Welt zeigt und gleichzeitig die unvermeidliche Tatsache, daß sie sie irgendwann verlassen müssen. Nach dem Tod der Eltern der inzwischen fünf Llewelyn Davies-Söhne übernahm B. sofort allein die Verantwortung, obwohl die älteren Söhne zu diesem Zeitpunkt seinen kindlichen Spielen entwachsen waren und ihm sehr kritisch gegenüberstanden. Die Romanversion *Peter and Wendy* (1911; *Peter Pan*, 1988) bereicherte die Geschichte um ein neues Anfangs- und Endkapitel und weitere Episoden. Doch der teilweise ironische Ton, der sich nicht entscheiden kann, ob er die Zauberwelt der Kinder ernst nimmt oder sich doch über sie lustig macht, sorgte dafür, daß der Roman nie so beliebt wurde wie das zugrundeliegende Theaterstück. Der Tod von Michael, seinem Liebling unter den fünf Adoptivsöhnen, im Jahre 1921 löste bei B. größte Verzweiflung aus; er verwand diesen Verlust bis zu seinem eigenen Tod nicht.

Literatur: B. K. Hanson. *The Peter Pan Chronicles: The Nearly 100 Year History of »The Boy Who Wouldn't Grow Up«.* New York 1993. – A. Birkin. *J. M. Barrie and the Lost Boys.* London 1979.

Susanne Rauter

Baxter, James K[eir]

Geb. 29. 6. 1926 in Dunedin, Neuseeland; gest. 22. 10. 1972 in Auckland, Neuseeland

Anläßlich des relativ frühen Todes von James K. Baxter titelte die in Wellington erscheinende Tageszeitung *The Dominion* schlicht: »JKB, 1926–72. Friend.« Für das als recht konservativ geltende Blatt war das eine bedeutsame Geste. Keineswegs entsprach nämlich B. der Vorstellung einer nationalen Vorzeigefigur. Eher hatte er sich als charismatischer Guru mit großer jugendlicher Gefolgschaft im Lande des eingebürgerten scheinheiligen Puritanismus einen unbequemen Namen gemacht. Zu B.s Begräbnis, das als seltene Ehrung für einen *Pakeha* (europäischstämmigen Neuseeländer) nach überliefertem Maori-Ritual (*tangi*) ausgerichtet wurde, pilgerten aus dem ganzen Land Hunderte seiner Jünger nach Jerusalem, den so symbolträchtig genannten Ort am Wanganui River. Hier hatte B. in seinen letzten Jahren aus einer bereits bestehenden religiösen Gemeinschaft der Maori mit angeschlossener katholischer Kirche eine Art Kommune gegründet, in der beide Volksgruppen Neuseelands – Maori wie Pakeha – im Verzicht auf Geld und Bücher sich einem gemeinsamen Leben des Gebets und der Arbeit auf dem Lande widmen sollten. Auch im nichtreligiösen Bereich war B.s Lebensweg alles andere als konventionell verlaufen: Er hatte diverse Jobs (Kranken-

hauspförtner, Briefträger, Aushilfe im Schlacht-
hof), trat den Anonymen Alkoholikern bei, versuchte aber auch eine Organisation »Anonymer
Narkotiker« zu begründen, beherrschte zeitweilig
als barfüßiger »scruffy Messiah« die Hausbesetzer-
szene in Auckland und stand politisch in der
aktiven Pazifismustradition.

Auch seine Lyrik und seine Sprache waren
radikal. Alle Stadien dieses schillernden Lebens
fanden ihren dichterischen Niederschlag. Schon
mit seiner ersten Gedichtsammlung *Beyond the
Palisade* (1944) erregte B., gerade 18 Jahre alt,
Aufsehen. Trotz der unübersehbaren Einflüsse von
William Blake, Gerard Manley Hopkins und W. H.
Auden wurde das Erstlingswerk von der zeitgenössischen Kritik als originelles Werk gelobt, das
die Auswirkung der neuseeländischen Landschaft
auf die Einwohner in eindringlicher Sprache thematisierte. Mit den *Pig Island Letters* (1966) wurden die Sprache und die damit einhergehende
Gesellschaftskritik drastischer, teilweise derb. Un-
bekümmert nennt der Dichter etwa Körperteile
und -funktionen beim Namen, und er setzt alle
sprachlichen und mentalen Register einschließlich
des Unterbewußten ein, um die Schlagkraft seiner
Dichtung zu erhöhen. In den *Jerusalem Sonnets:
Poems for Colin Durning* (1970) stimmt B. allerdings eher nachdenkliche Töne an, um der Weltanschauung und den Wertvorstellungen seines
Kommunekonzepts Ausdruck zu verleihen. – Im
Jahr 2000, fast 30 Jahre nach seinem Tod, wurde B.
eine CD gewidmet. Ein rundes Dutzend namhafter
junger Musiker und Lyriker hat sich von ihm
inspirieren lassen und seine Gedichte in den verschiedensten Stilrichtungen vertont. Die Brisanz
von B., der neben Allen Curnow als Neuseelands
bedeutendster Lyriker gilt, hält unvermindert an.

Werkausgabe: *Collected Poems*. Hg. J. Weir. Auckland
1995 [1980].
Literatur: *Journal of New Zealand Literature* 13 (1995)
[Sondernummer]. – F. McKay. *Life of James K. Baxter*.
Auckland 1990. – V. O'Sullivan. *James K. Baxter*. Wel-
lington 1976.

Peter H. Marsden

Beattie, James

Geb. 25. 10. 1735 in Laurencekirk,
Kincardine; gest. 18. 8. 1803 in Aberdeen

Die Veröffentlichung der Erzählungen und
Heldenlieder Irlands und Schottlands übte in England einen entscheidenden Einfluß auf den Stilwandel von der klassizistischen zur romantischen
Lyrik aus. James Beattie, ein Bauernsohn schottischer Abstammung, der zunächst als Dorflehrer
tätig war und später in Aberdeen Philosophie
lehrte, war einer der ersten, die ihr dichterisches
Schaffen an der mittelalterlichen Bardendichtung
(u. a. dem gälischen Ossian-Epos) orientierten.
Die Sammlung *Original Poems and Translations*
(1761) stieß zunächst jedoch auf ein geringes
Echo. Erst mit dem epischen Gedicht *The Minstrel,
or, The Progress of Genius* (1771–74) gelang es B.,
an den Siegeszug der gälischen Heldendichtung
anzuknüpfen. *The Minstrel* berichtet über Geburt,
Erziehung und Abenteuer eines jener mittelalterlichen Barden; für den nationalbewußten Schotten
B. war es selbstverständlich, die Handlung in der
idyllischen Abgeschiedenheit des schottischen
Hochlands spielen zu lassen. Edwin, den Helden
des Gedichts, zeichnet Naturliebe und eine ungewöhnliche musikalische Begabung aus. Schon als
Knabe sehnt er sich hinaus aus seiner kleinen,
engen Welt, träumt von Rittern und fahrenden
Sängern. Ein Eremit redet ihm schließlich die
Sehnsucht nach der großen Welt aus und unterrichtet ihn in Philosophie und Geschichte. Edwin
beschäftigt sich mit den Werken von Homer und
Vergil und lernt, seine unbändige Phantasie zu
zügeln. *The Minstrel* ist eines der schönsten Zeugnisse englischer frühromantischer Lyrik und hat
nachhaltig Sir Walter Scott und Lord Byron beeinflußt.

Auf dem Gebiet der Philosophie gehört B. zu
den Vertretern der *Schottischen Schule*. Er setzte
sich insbesondere mit den philosophischen Schriften von George Berkeley und David Hume auseinander und vertrat die Ansicht, daß deren Erkenntniskritik Tugend, Religion und auch den gesunden
Menschenverstand (*common sense*) bedrohe (*The
Essay on the Nature and Immutability of Truth, in
Opposition to Sophistry and Scepticism*, 1770; *Versuch über die Natur und Unveränderlichkeit der
Wahrheit im Gegensatze der Klügelei und der Zwei-
felsucht*, 1772). Im religiösen Bereich (*Evidences of
the Christian Religion*, 1786) verteidigte B. die

Lehre vom Dasein Gottes und der Weltschöpfung. Auch in der Ästhetik wendet B. das Prinzip des *common sense* an. In seinen *Essays on Poetry and Music as They Affect the Mind* (1776) folgt B. dem klassizistischen Ideal des formvollendeten Kunstwerks (»unity of design«); in den *Dissertations, Moral and Critical* (1783; *Moralische und Kritische Abhandlungen*, 1789–91) äußert B. eine utilitaristische Kunstauffassung und warnt vor der schädlichen Lektüre der Romanzenliteratur (»On Fable and Romance«). – Ungeachtet seiner artifiziell wirkenden Sprache und der unverkennbar moralisierend-didaktischen Tendenz seiner Werke weisen die stimmungsvollen Naturbeschreibungen in seiner Dichtung auf die Romantik voraus.

Werkausgaben: *Poetical Works*. Hg. R. J. Robinson. London 1996. – *The Philosophical and Critical Works*. Hg. B. Fabian. 4 Bde. Hildesheim 1974/75.
Literatur: N. T. Phillipson. »James Beattie and the Defence of Common Sense.« *Festschrift für Rainer Gruenter*. Hg. B. Fabian. Heidelberg 1978, 145–154. – E. H. King. *James Beattie*. Boston 1977.

Oliver Scheiding

Beaumont, Francis

Geb. 1584 in Grace-Dieu, Leicester;
gest. 6. 3. 1616 in London

Francis Beaumont entstammt einer angesehenen Familie des Landadels, brach nach dem Tode seines Vaters das Studium in Oxford ab, und auch die 1600 begonnene Juristenausbildung am Inner Temple (London) scheint er nicht beendet zu haben. Gerade 18jährig veröffentlichte er – in der Nachfolge Christopher Marlowes, George Chapmans und Shakespeares – ein auf Ovid zurückgehendes erotisches Versepyllion: *Salmacis and Hermaphroditus* (1602). Sein erstes Drama, die Prosakomödie *The Woman Hater* (1605), geschrieben für die Kindertruppe von St. Paul's, ist eine nicht besonders originelle Imitation der *Humour*-Komödien Ben Jonsons, dem er sich als Freund und Vorbild verbunden fühlte, wie u. a. die Empfehlungsgedichte für drei Dramen Jonsons eindrucksvoll dokumentieren.

Eine burlesk-parodistische Revue dramatischer Konventionen und Stile, die Verspottung des schlechten Geschmacks des zeitgenössischen, primär bürgerlichen Publikums, das sich mit den absonderlichsten Ritterabenteuern eines engli-

schen Don Quijote amüsiert, präsentiert B. mit *The Knight of the Burning Pestle* (1607), einer Komödie, die zugleich den Beginn der Zusammenarbeit mit John Fletcher markiert. Gemeinsam mit dem Freund schrieb B. seit etwa 1607 eine Vielzahl von Tragödien, Tragikomödien und Komödien; gemeinsam lösten sie seit etwa 1609 Shakespeare als führenden Dramatiker der King's Men ab, und die Gemeinschaftsproduktionen, insbesondere *Philaster* (ca. 1609; *Philaster*, 1879), *The Maid's Tragedy* (ca. 1610; *Die Braut*, 1908) und *A King and No King* (1611), begründen, bei aller Unsicherheit über die jeweiligen Anteile der beiden Autoren, ihren literarischen Ruhm. Fragen des inviduellen Ehren- und Moralkodex, der Legitimität, Auswirkungen und Grenzen herrscherlicher, oftmals despotisch ausgeübter Macht stehen im Mittelpunkt dieser handlungsreichen pseudohistorischen Dramen. Lotet *A King and No King* eindrucksvoll den Freiraum zwischen sündigem Begehren und sündiger Tat (Inzest) aus, so erweist die Schlußszene, mit der Aufklärung, daß die sich liebenden Arbaces und Panthea nicht Bruder und Schwester sind, das Drama als gelungenen Balanceakt zwischen Tragödie und Komödie. Das auf konventionelle Strukturelemente der Liebes- und Rachetragödie zurückgreifende Stück *The Maid's Tragedy* verdeutlicht exemplarisch die spezifischen, theatralischen Qualitäten der dramatischen Kunst B.s und Fletchers. Amintor, der auf herrscherlichen Befehl sein Aspatia gegebenes Eheversprechen bricht und statt dessen Evadne heiratet, muß in der Hochzeitsnacht erfahren, daß seine Braut die Mätresse des Herrschers ist und er dieser Liaison als Kuppler Vorschub leisten soll. Obwohl er bis an die Grenze des Wahnsinns erschüttert ist, stellt Amintor die Gehorsamspflicht gegenüber seinem zynisch-absolutistischen König über sein Ehrgefühl und spielt die ihm aufgezwungene demütigende Rolle. Einzig Melantius, seinen besten Freund und Bruder Evadnes, vermag er nicht zu täuschen und entdeckt ihm die Wahrheit, was die weitere Rachehandlung auslöst: Melantius fordert seiner Schwester als Sühne für ihre Entehrung die Ermordung des Verführers ab. Evadne fesselt den Tyrannen ans Bett (was dieser zunächst als neue erotische Variante mißversteht) und erdolcht ihn.

Werkausgabe: *Dramatic Works in the Beaumont and Fletcher Canon*. Hg. F. Bowers. 5 Bde. Cambridge 1966–82.
Literatur: Ph. J. Finkelpearl. *Court and Country Politics in the Plays of Beaumont and Fletcher*. Princeton 1990.

Uwe Baumann

Beckett, Samuel [Barclay]

Geb. 13. 4. 1906 in Dublin;
gest. 22. 12. 1989 in Paris

Samuel Beckett kann von seiner Biographie, den Zielsetzungen seines Werks und seinen künstlerischen Verfahren als Modellfall eines Grenzgängers zwischen Kulturen, Sprachen und Disziplinen gelten. Seine Werke schöpfen aus den Traditionen der Literatur, der Philosophie, der Kunst und der Musik vieler europäischer Länder, zumal Italiens, Frankreichs, Irlands, Englands und auch Deutschlands. B.s Werke sind Weltliteratur im doppelten Sinne, insofern sie aus der Literatur der Welt schöpfen und als Literatur für die Welt verfaßt sind. Dies gilt besonders für das Drama, dessen wichtigster Neuerer B. im 20. Jahrhundert wurde. In seinem mittleren und späten Werk wandte sich B. den modernen Medien zu, dem Hörspiel (*All that Fall*, 1957; *Alle, die da fallen*, 1957), dem Film (*Film*, 1965) und dem Fernsehen: *Eh Joe* (1966; *He, Joe*, 1968), *Ghost Trio* (1977; *Geister-Trio*, 1978), › *but the clouds* (1977; › nur noch Gewölk‹, 1978), *Quad* (1982; *Quadrat*, 1986) und *Nacht und Träume* (1983; *Nacht und Träume*, 1986). Nicht nur wurden viele seiner Theaterstücke – auch in Deutschland – von ihm selbst inszeniert, seine Arbeiten für Film und Fernsehen wurden von ihm selbst oder unter seiner Mitwirkung ins Bild gesetzt. B.s Biographie liefert ebenfalls einen Hinweis auf sein Grenzgängertum. Er bereiste Deutschland zwischen 1929 und 1936 mehrfach und entschied sich in jungen Jahren für das Land seiner hugenottischen Vorfahren, Frankreich, wo er zunächst zwei Jahre an der Ecole Normale Sup&rieure in Paris unterrichtete. B.s protestantischer, relativ wohlsituierter Familienhintergrund der *Ascendency* (der anglo-irischen Führungsschicht) bedeutete – im Gegensatz etwa zu James Joyce – eine geringe Vertrautheit mit der katholischen Mehrheit Irlands. Die Erfahrung der Fremdheit und der Entwurzelung gehörte seit Jonathan Swift zu den erkenntnisleitenden Erfahrungen der irischen *Ascendency*. B.s Mehrsprachigkeit und Transkulturalität führen dazu, daß sowohl die englischsprachige als auch die französischsprachige Literaturkritik seine Werke als ihren legitimen Gegenstand beansprucht.

Drei Fakten erlauben eine Strukturierung der über 50jährigen Schaffensgeschichte des öffentlichkeitsscheuen Autors, der 1969 nur widerstrebend den Nobelpreis für Literatur annahm. Die Tatsache, daß B. Literaturdozent war, wie auch sein freiwilliges Exil in Frankreich, erhärtet die These, daß vieles in seinem Werk als parodistische Auseinandersetzung mit der abendländischen Literatur zu verstehen ist: Die Stücke etwa reflektieren nicht zuletzt die Rezeption des aristotelischen Dramas im französischen Klassizismus. Sodann erweist sich Joyce, der bedeutendste Erzähler der Moderne (dessen Nähe B. in Paris suchte), gleichzeitig als Vor- und Gegenbild. Die Welthaltigkeit des Werks von Joyce, etwa der Anspielungsreichtum und die sprachliche Vielschichtigkeit, war der Endpunkt einer Entwicklung, die B. unmöglich fortführen konnte: Bereits seine frühesten, noch ›irischen‹ Werke, seine Sammlung von zehn Kurzgeschichten über den irischen Antihelden Belacqua mit dem enigmatischen Titel *More Pricks Than Kicks* (1934; *Mehr Prügel als Flügel*, 1989) ebenso wie sein erster Roman, *Murphy* (1938; *Murphy*, 1959), sind Antworten auf Joyces noch relativ realistische Frühwerke *Dubliners* (1914) und *A Portrait of the Artist as a Young Man* (1916). Schließlich aktivierte B. in der Hinwendung zum Drama zugleich die gattungsgemäße Modalität des Visuellen. Damit setzt B. die große Wiederentdeckung dieser Dimension des Dramas am Beginn des 20. Jahrhunderts fort.

Die Neigung zum Visuellen in der Kunst gehört zu den ausgeprägten Vorlieben B. s. Als passionierter Museumsbesucher mit einem detailgenauen Gedächtnis galt sein Interesse gleichermaßen den Alten Meistern und der modernen Malerei; mit Malern wie Jack B. Yeats, Bram und Geer van Velde war er persönlich befreundet; und wenn er der Kunstkritik skeptisch gegenüberstand, verfaßte er doch selber vier kunstkritische Aufsätze. Die »Gesetze des Sehens«, wie sie nicht nur die Kunst, sondern auch die Kunstkritik und die Gestaltpsychologie thematisierten, gehören zu den maßgeblichen Einflüssen auf B.s Arbeiten für die Bühne, die Leinwand und den Bildschirm. Während der Psychotherapie, der sich B. ab 1935 in London unterzog, beschäftigte er sich mit der psychologischen Fachliteratur der Zeit.

Die umfangreiche B.-Forschung konzentrierte sich zunächst auf philosophische Konzepte wie Absurdität, Existentialismus und Sinnsuche in seinen Dramen, die seiner theater- und dramenspezifischen Erneuerungsleistung kaum gerecht werden konnte. Diese wird auf der Basis der inzwischen veröffentlichten Regietagebücher stärker berücksichtigt. Schwerpunktuntersuchungen v. a. zum späten Drama thematisieren die Wiederentdeckung der Bildlichkeit und die Parodiestruktur. Auch die Beziehung B.s zu Deutschland und seiner Kultur (von der ein umfangreiches Reisetagebuch zeugt) und sein Verhältnis zum Zeitgeschehen (über das sein zusammen mit seiner Frau Suzanne Deschevaux-Dumesnil aktives Engagement in der R&sistance Aufschluß gibt) bieten sich der Forschung an.

Zu B.s Vorbildern gehören Dramatiker der Irischen Renaissance wie John Millington Synge und Sean O'Casey, deren indigene Thematik er in seinen Stücken abstrahiert. Strukturell gibt es auffällige Affinitäten zum Drama von Eugene O'Neill und Tennessee Williams. Das Grundmuster der nicht erfüllten Heilserwartung verbindet deren Stücke mit B.s *Waiting for Godot*. Charakteristisch für B.s Dramenkonzept sind die Dekonstruktion jeglicher Form aristotelischer Dramatik, die Aufgabe der Handlungsorientierung und die Verlagerung des Schwerpunktes auf Situation und Figurenkonstellation, Tendenzen in der Tradition der *commedia dell'arte*, der *music hall*, des Zirkus usw. Mit der Begründung des situativen Dramas übte B. großen Einfluß auf zeitgenössische Dramatiker wie Harold Pinter, Edward Albee und Tom Stoppard aus. Sein dramatisches Werk begann B. mit *En attendant Godot* (1952) als Entlastung während der Arbeit an seinem erzählerischen Hauptwerk, der »Trilogie«. Die englische Übersetzung seines ersten Stücks – *Waiting for Godot* (1954; *Warten auf Godot*, 1953) wie der Trilogie – *Molloy* (1955; *Molloy*, 1954), *Malone Dies* (1956; *Malone stirbt*, 1958), *The Unnamable* (1958; *Der Namenlose*, 1959) – besorgte der Autor selbst. Sein dramatisches Spätwerk – *Not I* (1972; *Nicht ich*, 1974), *That Time* (1976; *Damals*, 1976), *Footfalls* (1976; *Tritte*, 1976) – ist sehr viel schlichter und kürzer als das Frühwerk – neben *Waiting for Godot* vor allem *Endgame* (1958; *Endspiel*, 1957) – und bevorzugt wieder die Einfachheit und das größere Sprachspielpotential des Englischen. B.s Dramen sind zunehmend gattungs- und medienreflektorisch und lenken mit Witz und Humor den Zuschauer auf seine eigenen Wahrnehmungsgewohnheiten zurück. Sie setzten sich auf philosophischer Basis variationsreich mit der Gattungstradition auseinander.

In *Waiting for Godot* wird das Warten gegen das Handeln gestellt und damit auch der christliche Gegensatz von *vita activa* und *vita contempla-* *tiva* aufgegriffen. Bereits dieses Stück ist deutlich dramen- und theaterreflektorisch und keineswegs pessimistisch; vielmehr gilt die Aussage Vladimirs gegenüber Estragon beim gemeinsamen Warten, daß die Errettung eines der beiden neben Christus gekreuzigten Schächer einen passablen Prozentsatz ausmacht. Nicht umsonst trägt das Stück den Untertitel *A Tragicomedy*: Glück und Unglück, Lachen und Weinen, Optimismus und Pessimismus halten sich wie hier auch sonst in B.s Werk die Waage. Der Name bezieht sich auch auf Godeau, den Adressaten einer Abhandlung über die klassizistischen Regeln der Einheit der Zeit. Das aristotelische Drama, ebenso wie die Sprachen von Wissenschaft und Philosophie, werden hier parodiert. Die stereotypen Verhaltensmuster und die Figurenkonstellation sind wie in den weiteren Dramen B.s kontrastiv und komplementär angelegt. Das dialektische Muster von Herr und Knecht, das in diesem Stück aufscheint, wird in *Endgame* zum strukturierenden Prinzip der Beziehung von Clov und Hamm. Die zentrale Metapher von *Endgame* ist die des Schachspiels (die Bezeichnung für den Springer im Schachspiel, *knight*, hat ursprünglich die Bedeutung ›Knecht‹). Clov, der seinen Herrn Hamm bedient, bewegt sich mit vorgegebenen abgehackten Bewegungen in nur zwei Richtungen auf den Brettern (*board* als Schachbrett und Bühne), die die Welt bedeuten. Seine Bewegungen betonen die Räumlichkeit der Bühne und erfolgen analog zu denen der Schachfigur. Das archetypisch karge Bühnenbild ist vielfach symbolisch gedeutet worden als das Innere des Schädels mit Augen gleich Fenstern; das Stück ein eschatologisches Drama der Endzeit. Im virtuellen System der Gattungen, die B.s Dramen jeweils thematisieren, diskutiert es die Zeit als dramatische Kategorie: *kairos*, der hervorgehobene Moment des Dramas, wird durch die gleichmäßig verlaufende Zeit, *chronos*, ersetzt. Das Stück ist auch historisches Drama, insofern es die (verhinderte) Heilsgeschichte in einer invertierten Weihnachtsgeschichte darstellt. Zugleich thematisiert es in den Eltern, die in Mülltonnen stecken und zu einem Säuglingszustand zurückgekehrt sind, eine Generationengeschichte. Dieses oft als besonders pessimistisch eingeschätzte Drama muß im Zusammenhang mit *Happy Days* (1961; *Glückliche Tage*, 1962) gesehen werden, das als Gegenentwurf zum Pessimismus den unverwüstlichen Optimismus des Menschen darstellt, verkörpert in Winnie, die immer tiefer im Sandhaufen – der Metapher für die verrinnende Zeit – versinkt und dennoch unbeirrt von »another happy day« schwärmt.

Not I thematisiert als dritte dramatische Kategorie die Figurenidentität, die erst im Rezipientenbewußtsein entsteht. Die Modalität des Dramas als Visualität wird im Homophon »I« / »eye« angedeutet. Beides, das *Nacheinander* und das *Nebeneinander* in der Kommunikation zwischen MOUTH und AUDITOR, die sich in allen drei Dimensionen der Bühne vollzieht, sind Bestandteil des Dramas. Wortzwang und Sprachlosigkeit, ebenso wie *chronos* und *kairos*, gehören zu diesem Drama, das den Zuschauer unentrinnbar und schmerzhaft *pity* und *fear* und *catharsis* erleben läßt. Die Rückkehr zu einer existentiellen Erfahrung ist sicherlich eine der stärksten Wirkungen von B.s Drama über die Thematisierung der Kategorien von Raum und Zeit hinaus. *That Time*, ein anderes Stück der fragmentarisierten, extrem reduzierten Körper, ebenso wie *Footfalls*, wurde von B. selbst als »brother to *Not I*« bezeichnet. Die Metapher des Lebens als Band in *Krapp's Last Tape* (1958; *Das letzte Band*, 1960) wird immer wieder, auch in B.s Fernsehstücken, aufgegriffen. Vieles bleibt der Ergänzungstätigkeit des Zuschauers überlassen, dem Räumliches aus dem Nichts entsteht. Extrem abstrakt und doch unmittelbar und konkret ist das späte Drama B.s. Eines der letzten Werke, *Nacht und Träume*, ist von bewegender Unmittelbarkeit in der Frage der Erlösung des Menschen, dem eine Hand im Traum aus dem Nichts Trost und Labung spendet.

B.s Erzählprosa wird am besten über sein in Englisch geschriebenes Frühwerk zugänglich. *Murphy* präsentiert bereits einen komischen Gegenentwurf zur Teleologie in den zen-buddhistischen Neigungen von Professor Neary. *More Pricks Than Kicks*, das sprachlich noch sehr welthaltig ist, verwendet die Dubliner Topographie im Sinne von Joyce nur noch parodistisch, und auch die Sinnsuche Belacquas (»looking for a sign«) endet profan im Anblick des großen Bovril Sign. Nach dem Roman *Watt* (1953; *Watt*, 1970) schreibt B. auf Französisch, um »stillos« zu sein. B.s Roman-Trilogie kann nur noch als totale Reduktion verstanden werden. B. fordert von der modernen Literatur das, was die Malerei und die Musik bereits geleistet haben, die Auflösung der Materialität. Er sieht in Joyces *Finnegans Wake* (1939) die »Apotheose des Worts« und betrachtet es als seine eigene Aufgabe, den »Schleier« der eigenen Sprache zu zerreißen. Die Romane der Trilogie –

Molloy, Malone meurt, L'Innomable (1947-53) – stellen in Verbindung mit *Comment c'est* (1961; *Wie es ist*, 1961) bzw. *How It Is* (1964) darin einen Zusammenhang her, daß sie verschiedene Stadien der Selbstbetrachtung und der Erinnerungs- und Erzählfähigkeit des Ichs aufgreifen. Die Selbstreflexivität und die Unmöglichkeit des Erkennens und des Erzählens wird paradoxerweise im Erzählen selbst zum Gegenstand. Der dritte Teil der Trilogie, *The Unnamable*, ist im Rückblick aus dem Tod erzählt. Der Tod als Bestandteil des Lebens, ebenso wie die Zusammenbindung des Sakrosankten mit dem Profanen, ist bereits in den frühen Kurzgeschichten (»Love and Lethe«) als *Eros* und *Thanatos* gestaltet; ähnlich das säkularisierte Ritual etwa der Mahlzeit als Messeparodie und des Hummers als Christus (»Dante and the Lobster«). Zentrale abendländische Vorstellungsmuster wie die Dreigliedrigkeit und die Klimax von der Hölle über das Fegefeuer zum Himmel (Dantes *Divina Commedia*) klingen früh an und kehren als archetypische Referenzmuster wieder. Diese Formen fungieren als Restrituale einer tiefen, nicht mehr religiös motivierten Humanität. B.s früheste Veröffentlichungen waren Gedichte (*Whoroscope*, 1930), und seine letzten erzählerischen – *Company* (1980; *Gesellschaft*, 1981), *Worstward Ho* (1983; *Aufs Schlimmste zu*, 1989), *Ill Seen, Ill Said* (1982; *Schlecht gesehen, schlecht gesagt*, 1983) – ebenso wie seine letzten dramatischen Werke haben eine Dichte von Lyrik. B.s Spätwerk verlangt von seinem Leser und dem Zuschauer der Stücke die Rezeption der Modalitäten der Schriftlichkeit wie der Mündlichkeit, des Visuellen wie des Auditiven. B.s Werke machen auf immer neue Weise existentiell und ästhetisch betroffen; sich dieser Betroffenheit zu entziehen ist unmöglich.

Werkausgaben: *The Complete Dramatic Works*. London 1986. – *Gesammelte Werke in Einzelbänden*. Hg. E. Tophoven/K. Birkenhauer. 11 Bde. Frankfurt a. M. 1995. Literatur: P. Brockmeier. *Beckett zur Einführung*. Stuttgart 2001. – J. Pilling. *Beckett before Godot*. Cambridge 1997. – J. Knowlson. *Damned to Fame: The Life of Samuel Beckett*. London 1996. – F. Rathjen. *Beckett zur Einführung*. Hamburg 1995. – J. Pilling, Hg. *The Cambridge Companion to Beckett*. Cambridge 1994. – R. Cohn. *Just Play*. Princeton 1980. – V. Mercier. *Beckett/Beckett*. New York 1977.–

Therese Fischer-Seidel

Beckford, William

Geb. 29. 9. 1759 in Fonthill;
gest. 2. 5. 1844 in Bath

William Beckford wird hauptsächlich erinnert als Autor von *Vathek, An Arabian Tale* (1786), eine Erzählung, die das Schicksal des Kalifen Vathek und seine faustische Suche nach Einsicht in die Geheimnisse des Ursprungs der Welt in den unterirdischen Hallen von Eblis in phantastisch orientalisierender Ausstattung entfaltet. Zauberei und Magie, atemberaubend schöne Jungfrauen und unglücklich Liebende bevölkern diese Geschichte, Gut und Böse präsentieren sich in extremer Gestalt. Mehr noch als die Mode des Schauerromans pointiert diese Geschichte und ihre Rezeption das wachsende Bedürfnis des Lesepublikums im späten 18. Jahrhundert nach Überschreitung der Grenzen der Erfahrungswelt und nach Exkursionen ins Phantastische und Exotische. Der Orient wurde auf diese Weise zur Chiffre eines geheimnisumwitterten Raumes, in dem die Phantasie sich ausleben konnte. B. hat nach seiner eigenen Aussage diesen Text in drei Tagen und zwei Nächten im Alter von 22 Jahren im Anschluß an eine mit ausschweifender Phantasie arrangierte Weihnachtsparty mit engen Freunden auf französisch geschrieben und das Manuskript einem befreundeten Pfarrer zur Übersetzung gegeben, der dieses Vertrauen mißbrauchte und seine Übersetzung ohne B.s Einverständnis publizierte. B. hat daraufhin zur Sicherung seiner Autorenschaft den französischen Originaltext publiziert.

B., Sohn eines steinreichen, einflußreichen Ratsherren, Parlamentsabgeordneten und zweimaligen Lord Mayor von London, genoß eine Erziehung durch private Tutoren, die ihm große Spielräume bei der Verfolgung seiner persönlichen Neigungen ließen. Insbesondere sein Tutor und späterer enger Freund Alexander Cozens förderte B.s Interessen am Exotischen. Hochbegabt lernte B. eine Reihe von Fremdsprachen, darunter auch Arabisch, und vertiefte sich in die Geschichte und Literatur der europäischen und außereuropäischen Kulturen. Im Alter von 21 Jahren trat er das väterliche Erbe an, nutzte aber seine Stellung als ›reichster Sohn Englands‹ nicht für eine politische Karriere, sondern zur Erfüllung seiner Träume von einer realitätsfernen Phantasiewelt. Dazu schuf er sich in Fonthill eine Bühne, auf der er und seine gleichgesinnten Freunde dies mit unvorstellbarem Luxus und Aufwand ausagierten. Wohl auch um die zirkulierenden Gerüchte über seine homoerotischen Neigungen und sein überschwengliches Interesse an seinem Cousin William Courtnay Lügen zu strafen, heiratete er 1783. Aus dieser Ehe gingen zwei Töchter hervor; bei der Geburt der zweiten Tochter starb seine Frau. B.s Hoffnung auf eine »Peerage« zerschlug sich, als er in einen Skandal um William Courtnay verwickelt wurde. Er ging daraufhin 1787 nach Portugal, wo er enge Beziehungen zum Hochadel und Hof des Landes aufbaute. Aus seinen Portugalaufenthalten sind zwei Reisebücher hervorgegangen, die 1783 veröffentlichten und 1843 überarbeiteten *Dreams, Waking Thoughts, and Incidents* sowie die *Recollections of an Excursion to the Monasteries of Alcobaça and Batalha* von 1835. Beide Werke gehören zur interessantesten Reiseliteratur ihrer Zeit. 1796 und 1797 demonstrierte B. seine Begabung für das Groteske und die Satire durch die Veröffentlichung zweier Romane – *Modern Novel Writing* und *Azemia* –, in denen nicht nur die rapide um sich greifende Mode sentimentaler Geschichten mit grotesker Überzeichnung ad absurdum geführt wird, sondern auch – radikaler als in Sternes *Tristram Shandy* (1759–67) – mit den Grundlagen des Realismus im aufklärerischen Roman abgerechnet wird. B. starb im Alter von 84 Jahren in Bath, wohin er sich zurückgezogen hatte, nachdem er einen großen Teil seines Vermögens für den Umbau und die Ausstattung von Fonthill und für seinen aufwendigen Lebensstil ausgegeben hatte.

Werkausgaben: *The Travel-Diaries of William Beckford of Fonthill.* Hg. G. Chapman. 2 Bde. Cambridge 1928. – *Modern Novel Writing and Azemia.* Hg. H. M. Levy. Gainesville 1970.
Literatur: M. Jack. *William Beckford: An English Fidalgo.* New York 1996. – B. Fothergill. *Beckford of Fonthill.* London 1979. – B. Alexander. *England's Wealthiest Son.* London 1962.

Jürgen Schlaeger

Beddoes, Thomas Lovell

Geb. 30. 6. 1803 in Clifton, Somerset;
gest. 26. 1. 1849 in Basel

Der Mediziner, Dichter und Dramatiker Thomas Lovell Beddoes kann als Spezialist des Todes gelten. Die Figur des Todes in der Liebe, der Rache oder im Wahnsinn, variiert in Bildern des Schlafs, des Traums und des Wiedergängers, charakterisiert seine literarischen Arbeiten und bestimmt noch die makabre Rhetorik seiner politisch-journalistischen Schriften und privaten Korrespondenz. Beispiellos bleibt sein im Blankvers verfaßtes Hauptwerk *Death's Jest Book, or The Fool's Tragedy* (1850), das eine Vielfalt historisch und kulturell unterschiedlicher Todesvorstellungen ›archiviert‹. Diese zwischen Tragik und Ironie schwankende Genremischung aus Rachedrama und Lyrik gestaltet in den Tropen des Todes die Fragmentarisierung des Selbst, die Instabilität des Körpers und das Scheitern des Begehrens im Kontext einer verfallenden feudalen Ordnung. – Die wissenschaftlichen, literarischen und politischen Diskurse in B.' Werk werden durch seine Lebensdaten erhellt. Aufgewachsen im liberalen Haushalt des Mediziners, Chemikers und Schriftstellers Thomas Beddoes und seiner Frau Anna, ging B. 1825 im Anschluß an sein Studium in Oxford zum Medizinstudium nach Göttingen und später nach Würzburg. Briefe aus dieser Zeit geben Aufschluß über seine Hoffnungen, Medizin und Literatur im Drama verbinden zu können. Zudem dokumentieren sie die Anteilnahme des Shelley-Verehrers am literarischen Geschehen in England wie auch in Deutschland, wo Ludwig Tiecks Kennerschaft der englischen Frühen Neuzeit B.' Interessen entgegenkam. Seine Aktivitäten während des deutschen Vormärz führten zur Verbannung und Flucht nach Zürich, ohne daß sich seine Hoffnung auf einen medizinischen Lehrstuhl dort erfüllte. Mit dem Ende der radikalliberalen Regierung 1839 erneut auf der Flucht, lebte er eine Zeitlang mit einem jungen Mann in Frankfurt. Nach einem Jahrzehnt nomadischen Lebens beendete B. 1849 in Basel sein Leben mit dem Freitod. – Zu Lebzeiten gelangten nach der frühen Gedichtsammlung *The Improvisatore* (1821) und dem Drama *The Brides' Tragedy* (1822) nur vereinzelte Gedichte in englische sowie deutsche politische Texte in bayrische und schweizerische Zeitschriften. Mehrere Dramen und Gedichtsammlungen blieben Fragment, aber auch das 1828/29 in erster Fassung fertiggestellte *Death's Jest Book* wurde fortlaufend überarbeitet und zusammen mit dem größeren Teil von B.' Texten erst 1850 postum veröffentlicht. Ein Mediziner und Dichter wie Keats und Büchner, wurde B. von den einen als romantischer Dramatiker im Stil der Neo-Elisabethaner gelesen. Andere, wie Robert Browning, erkannten seine Bedeutung als frühviktorianischer Lyriker, als der

er mit Poe oder Baudelaire verglichen wurde und, z. B. mit dem Gedicht »Dream Pedlary«, bis heute anthologisiert wird. Im 20. Jahrhundert erweisen die visuelle Prägnanz seiner Bildlichkeit, die Beschreibung zerfallender multipler Subjekte und der absurde Zug seiner Texte ihre Affinität mit den Anliegen des *modernism*.

Werkausgabe: *The Works*. Hg. H. W. Donner. London 1935; New York 1978.
Literatur: M. Bradshaw. *Resurrection Songs: The Poetry of Thomas Lovell Beddoes*. Aldershot 2001. – H. W. Donner. *Thomas Lovell Beddoes: The Making of a Poet*. Oxford 1935.

Ute Berns

Beerbohm, [Sir] Max [Henry Maxwell]

Geb. 24. 8. 1872 in London;
gest. 20. 5. 1956 in Rapallo, Italien

Der Essayist, Parodist, Karikaturist, Erzähler und Theaterkritiker Max Beerbohm ist der kleine Meister des englischen Fin de siècle, dessen Großmeister bekanntlich Oscar Wilde war. Wilde, der über nichts so sehr ins Schwärmen geraten konnte wie über das Jungsein, verdanken wir die prägnanteste Charakterisierung des jungen B.: »Die Götter haben Max mit der Gabe ewigen Greisenalters gesegnet.« Noch während eines eher nebenbei betriebenen Studiums in Oxford betritt er, ein frühreifer Dandy, die literarische Szene der Hauptstadt. Bereits sein erster Beitrag zum *Yellow Book*, dem von Aubrey Beardsley illustrierten Zentralorgan der Londoner Ästheten, trägt ihm schärfsten Tadel der bürgerlichen Presse ein, denn unverfroren feiert »A Defence of Cosmetics« im Gefolge Wildes den Primat der Künstlichkeit vor der Natur, der Oberfläche vor der Seelentiefe. Doch ist dieses typische Beispiel des literarischen Ästhetizismus zugleich dessen perfekte Parodie. Ein Plädoyer für das Make-up, für die Maske, dessen Autor sich selbst hinter einer Maske verbirgt. B. ist ein Virtuose der Vergänglichkeit. Zum Nostalgiker geboren, lebt er schon als junger Mensch retrospektiv. 1896 gibt der 23jährige seine Gesammelten Werke heraus: ein schmales Oktavbändchen, das neben der »Verteidigung der Kosmetik« noch sechs weitere Essays unter dem Titel *The Works of Max Beerbohm* vereint. Im letzten Stück des Bandes – »Diminuendo« – sagt der Autor erschöpft, aber auch zufrieden mit sich und seinem Werk, der hektischen Welt Lebewohl: »Schreiben werde ich nicht mehr. Schon jetzt fühle ich mich eine Spur altmodisch. Ich gehöre zur Beardsley-Periode.«

Die folgenden beiden Jahrzehnte sind seine produktivsten. Den *Works* von 1896 folgen bis 1920 drei »Supplementbände« (*More*; *Yet Again*; *And Even Now*). In diesen Jahren entstehen auch die Parodien, die der Band *A Christmas Garland* (1912) versammelt. B. führt in ihnen vor, wie Henry James, Joseph Conrad, Rudyard Kipling und andere Zeitgenossen über Weihnachten schreiben würden. Nach verbreitetem Urteil sind diese Parodien die besten, die es in englischer Sprache gibt. 1911 erscheint B.s einziger Roman, *Zuleika Dobson*, eine komisch-phantastische Oxford-Romanze, die damit endet, daß sämtliche Studenten der betörenden Titelheldin zuliebe Selbstmord begehen. Ein Jahr zuvor hatte B. geheiratet und war mit seiner Frau an die italienische Riviera übergesiedelt, wo er in bukolischer Beschaulichkeit bis zu seinem Tod im Jahr 1956 lebte. Die Beardsley-Periode aber blieb seine Heimat. Ein unübertroffenes Denkmal hat er ihr in seiner Erzählung über den kümmerlichen Poeten Enoch Soames gesetzt, dem ersten von sechs fiktiven Porträts exzentrischer Versager, die 1919 unter dem Titel *Seven Men* erschienen. Der siebte Mann ist B., der in jeder Geschichte als Ich-Erzähler auftritt. »Enoch Soames« läßt keinen Zweifel daran, daß B. mehr ist als ein *period writer*, also ein Autor, der untrennbar mit den Aktualitäten einer vergangenen Epoche verbunden ist. Zwar hat er keine Gelegenheit ausgelassen, sich als altmodisch darzustellen. Doch gerade diesem beinah kultisch zelebrierten Bewußtsein des eigenen Veraltetseins verdankt sich seine eigentümliche Modernität. »Enoch Soames« trägt die Handschrift nicht nur des Nostalgikers, sondern auch eines listenreichen Experimentators mit Fiktion und Realität.

Werkausgabe: The Works. 10 Bde. London 1922–28.
Literatur: J. G. Riewald, Hg. The Surprise of Excellence: Modern Essays on Max Beerbohm. Hamden, CT 1974.

Andreas Höfele

Behan, Brendan

Geb. 9. 2. 1923 in Dublin;
gest. 20. 3. 1964 ebd.

1956 trat das irische Rauhbein Brendan Behan betrunken in einem Fernsehinterview der BBC auf. Die englische Öffentlichkeit fand darin eine Reinkarnation des *stage Irishman* (Bühneniren). B. sollte der Aufmerksamkeit der Medien nicht mehr entgehen und den Verlockungen des schnellen Ruhms schließlich ganz erliegen. Der Erwartungsdruck der Öffentlichkeit trat in Wechselwirkung mit B.s zunehmender Alkoholabhängigkeit. Für seine Kreativität bedeutete dies, daß er das Schreiben oft zugunsten öffentlicher Selbstinszenierungen vernachlässigte. Die Voraussetzungen hierzu waren in B.s sozialer Herkunft angelegt. Aufgewachsen in einer städtisch-proletarischen Umgebung, die eine *oral culture* besonderer Art pflegte, verfügte er über einen Fundus an Geschichten, Anekdoten, Witzen und Liedern und vertrat er eine radikale republikanische Gesinnung.

B.s große Dramen – The Quare Fellow (1956; *Der Mann von morgen früh*, 1959), The Hostage (1958; *Die Geisel*, 1961) und Richard's Cork Leg (1972; *Richards Korkbein*, 1973) – zeichnen sich durch ihren Revuecharakter aus: Auffällige Merkmale sind die witzig-frechen Dialoge und Song-Einlagen. Gleich, ob es um die letzte Nacht vor der Hinrichtung im Gefängnis, um eine britische Geisel in einem irischen Bordell oder um die bizarren Vorgänge auf einem Friedhof geht, immer ist es B. ein Anliegen, mit der Konstellation der dramatischen Figuren verschiedene ideologische Positionen auf witzige Weise gegeneinander auszuspielen – mit dem Ziel der Entlarvung von Fanatismus und ideologischer Borniertheit. Trotz der Verknüpfung mit Motiven des Sterbens und des Todes überwiegt der Ausdruck einer wenn auch grotesken Feier des Lebens und der Lebensfreude. – In B.s – uvre hinterließ die Konzentration auf *performances* in mehrfacher Hinsicht Spuren. Da er immer mehr die Kontrolle über die Konzeption seiner Texte verlor, blieb einiges Fragment, wurde anderes von Lektoren oder Theaterpraktikern (Rae Jeffs, Joan Littlewood, Alan Simpson) in eine endgültige Form gebracht.

Dem extrovertierten Charakter des öffentlichen Rollenspiels entsprechend umfaßt B.s Prosaschaffen zahlreiche autobiographische Texte. Aus diesen ragt *Borstal Boy* (1958; *Borstal Boy*, 1963) als streng durchkomponierte romanhafte Autobiographie heraus. Das Buch beginnt mit der Verhaftung des 16jährigen B. zu Beginn seiner ›privaten‹ Terrorkampagne als IRA-Kurier. Der Leser begleitet den Ich-Erzähler von der Untersuchungshaft in Liverpool in ein Reformgefängnis für Jugendliche (*borstal*) in Suffolk. Anhand der Sozialisation und Identitätserkundung der autobiographischen Figur im Mikrokosmos der Gefängnisanstalten vollzieht B. hier – ähnlich wie in seinen Stücken – eine philanthropisch-humorvolle Relativierung von Stereotypen und ideologischen Ansprüchen. *Confessions of an Irish Rebel* (1965; *Bekenntnisse eines irischen Rebellen*, 1978) ist – mit deutlich weniger erzählerischer Kohärenz – die Fortsetzung von B.s Lebensgeschichte nach seiner Entlassung aus dem Borstal und seiner Deportation nach Irland.

Werkausgaben: *The Complete Plays*. London 1978. – *Stücke*. Berlin 1977.
Literatur: M. G. Sullivan. *Brendan Behan*. Dublin 1997. – J. Kaestner. *Brendan Behan: Das dramatische Werk*. Frankfurt a. M. 1978. – C. Kearney. *The Writings of Brendan Behan*. Dublin 1977.

Werner Huber

Behn, Aphra

Getauft 14. 12. 1640 in Wye, Kent;
gest. 16. 4. 1689 in London

Obwohl die ›unvergleichliche Astrea‹, wie Aphra Behn von Vita Sackville-West genannt wurde, die erste englische Berufsschriftstellerin war, gibt ihr abenteuerliches Leben ihren Biographen Rätsel auf. Ihr Todesdatum sowie die Tatsache, daß ihre Grabstätte in der Westminster Abbey zu finden ist, gehören zu den wenigen nachprüfbaren Fakten ihrer Lebensgeschichte, die den Stoff eines spannenden Romans abgeben könnte. Als erste Engländerin, die sich für das Recht der Frauen auf freie Meinungsäußerung einsetzte, durchbrach B. die Geschlechtsstereotypen ihrer Zeit. – Während über B.s Herkunft, ihr Geburtsdatum und ihre Kindheit und Jugend nach wie vor gerätselt wird, gilt es als erwiesen, daß sie im Alter von 23 Jahren mit ihrer Familie nach Surinam reiste, wo sie aber nur wenige Monate blieb. Nach ihrer Rückkehr heiratete sie einen Kaufmann namens Behn, der bald danach verstarb. Angesichts der skeptischen Darstellung von

Liebesbeziehungen in ihren Dramen verwundert es nicht, daß B.s Neigung, das Experiment einer weiteren Ehe einzugehen, ebenso gering gewesen zu sein scheint wie ihre Bereitschaft, sich als ›ausgehaltene Frau‹ in die Abhängigkeit eines reichen Liebhabers zu begeben. Als mittellose Witwe dazu gezwungen, selbst für ihren Lebensunterhalt aufzukommen, ging B. zunächst im Auftrag der englischen Krone als Spionin nach Antwerpen. Ab 1670 gelang es ihr, ihren Lebensunterhalt als Schriftstellerin zu verdienen und sich bis zu ihrem Tod von männlichen Gönnern weitgehend unabhängig zu machen.

B.s vielseitiges — uvre umfaßt neben 17 Dramen etwa ein Dutzend Prosaerzählungen, einige Gedichtsammlungen und Übersetzungen. Ihre Komödien gehörten zu den meistgespielten Stücken der Restaurationszeit. Das breite Spektrum von B.s lyrischem Werk reicht von pastoraler Dichtung über Balladen und feierliche Oden bis hin zu freizügiger erotischer Liebeslyrik, die weiblichen Erfahrungen und Sichtweisen Ausdruck verleiht. Mit ihrem umfangreichen Prosawerk, das bis heute im Schatten ihres bekanntesten Romans *Oroonoko: or, The Royal Slave. A True History* (1688; *Oroonoko oder die Geschichte vom königlichen Sklaven*, 1990) steht, und mit ihrer Verwendung von Erzählerinnen gehört B. zu den Wegbereiterinnen für die Entwicklung weiblichen Erzählens und für den Aufstieg des Romans, der lange zu Unrecht allein männlichen Autoren zugeschrieben wurde. *Oroonoko*, eines der frühesten literarischen Dokumente, in denen die Sklaverei in einem kritischen Licht erscheint, weist B. als Verfechterin des Grundrechts auf Freiheit aus. Seine große Popularität verdankte der Roman, in dem das Bild des ›Edlen Wilden‹ erstmals literarisch ausgestaltet wurde, v. a. der Faszination, die von der Idealisierung von Naturvölkern ausging. Aufgrund ihres Fortsetzungsromans *Loveletters Between a Nobleman and His Sister* (1684–87), dem ersten umfangreichen und multiperspektivisch erzählten Briefroman der englischen Literatur, gilt B. auch als Mitbegründerin des Briefromans.

Als erfolgreiche Dramatikerin wurde B. zum Vorbild einer Generation von Autorinnen, die unter der Bezeichnung *female wits* in die Literaturgeschichte eingegangen sind. Gleich mit der Aufführung ihres ersten Theaterstücks, *The Forc'd Marriage; or, the Jealous Bridegroom* (1670), gelang es ihr als erster Frau, sich einen festen Platz im florierenden Theatergeschäft zu erkämpfen und damit eine neue Einkommensquelle zu sichern. Ihre Prologe und Epiloge zeigen, wie sehr sich B. im klaren darüber war, daß sie damit gegen das etablierte Weiblichkeitsideal und das *modesty*-Gebot verstieß, das von einer Frau Bescheidenheit und sittsame Zurückhaltung verlangte. Als erfolgreiche Dramatikerin sah sich B. zunächst Anfeindungen ausgesetzt, gegen die sie sich jedoch zur Wehr zu setzen verstand. Ihre wiederholte Verwendung von Handelsmetaphorik verweist auf B.s Auffassung von Literaturproduktion als gesellschaftlicher Arbeit, die allein nach der Qualität der ›Ware‹ zu beurteilen sei. Daraus leitete sie ihre Forderungen ab, Literatur nach geschlechtsunabhängigen Maßstäben zu bewerten, Autoren und Autorinnen gleiche Rechte zuzugestehen und ihnen dasselbe Maß an Anerkennung zuteil werden zu lassen, wenn sie vergleichbar gute literarische Produkte anzubieten hätten. – In ihren mit farcenhaften Elementen durchsetzten Intrigenkomödien griff B. mit der Darstellung sexueller Libertinage und der Konzentration auf Liebe, Werbung und Ehe jene Themen auf, die dem Geschmack des überwiegend adligen Theaterpublikums entsprachen. Obwohl sie schon aus finanziellen Gründen gezwungen war, sich am damaligen Publikumsgeschmack zu orientieren, scheute sie sich nicht, gesellschaftliche Mißstände aus feministischer Perspektive zu kritisieren. Zielscheibe der Kritik in vielen ihrer Stücke – etwa in zwei ihrer bekanntesten Komödien, *The Rover* (1677; *Der Pirat oder Edle im Exil*, 1991) und *The Lucky Chance* (1686), die beide 1984 mit Erfolg in London wiederaufgeführt wurden – ist die damals weitverbreitete Praxis der arrangierten Konvenienzehe. Indem B. das Geschehen aus der Perspektive weiblicher Figuren schildert und die Konsequenzen zeigt, die eine erzwungene Heirat für die betroffenen Frauen hatte, stellt sie ein beliebtes Thema deutlich kritischer dar als ihre männlichen Autorenkollegen.

Obgleich B.s Arbeitseifer ungebrochen war und sie alles schrieb, wofür ein Markt vorhanden war, lebte sie in den 1680er Jahren am Rande des Existenzminimums. Zudem waren die letzten Jahre ihres wechselvollen Lebens von Krankheit und Schicksalsschlägen überschattet. – Obwohl B. zu den produktivsten und vielseitigsten Autoren der Restaurationszeit gehört, blieb ihr die ihr gebührende Anerkennung lange versagt. Nachdem sie ebenso wie viele andere Autorinnen, deren Werke zu ihrer Zeit weit verbreitet waren, in Vergessenheit geraten war, trug Virginia Woolfs literatur-

kritisches Engagement wesentlich dazu bei, diese Schriftstellerinnen aus der Anonymität herauszuholen. In ihrem Essay *A Room of One's Own* (1929) rief Woolf allen Frauen in Erinnerung, daß B. ihnen Entfaltungsmöglichkeiten in einem Bereich eröffnet hatte, der ihnen bis dahin verschlossen gewesen war: »Alle Frauen zusammen sollten Blumen auf das Grab von Aphra Behn streuen, [ ] denn sie war es, die ihnen das Recht einbrachte, zu sagen, was sie denken.«

Werkausgaben: *The Works of Aphra Behn*. Hg. M. Summers. 6 Bde. London 1915. – *The Works of Aphra Behn*. Hg. J. Todd. 7 Bde. London 1992–96.
Literatur: J. Todd, Hg. *Aphra Behn*. Basingstoke 1999. – C. Brockhaus. *Aphra Behn und ihre Londoner Komödien: Die Dramatikerin und ihr Werk im England des ausgehenden 17. Jahrhunderts*. Heidelberg 1998. – J. Todd. *The Critical Fortunes of Aphra Behn*. Columbia, SC 1998. – J. Todd. *The Secret Life of Aphra Behn*. London 1996. – H. Hutner, Hg. *Rereading Aphra Behn: History, Theory, and Criticism*. Charlottesville, VA 1993. – A. Goreau. *Reconstructing Aphra: A Social Biography of Aphra Behn*. Oxford 1980. – M. Duffy. *The Passionate Shepherdess: Aphra Behn 1640–89*. London 1977.

Vera Nünning/Ansgar Nünning

Bekederemo, John Pepper Clark

Geb. 6. 4. 1935 in Kiagbodo, Nigeria

John Pepper Clark Bekederemo kommt aus einer Ijo/Urhobo-Familie im Niger-Delta. Dort wird alle 25 Jahre in einem einwöchigen Fest die Geschichte Ozidis, des Urvaters der Ijo, gefeiert. B. hat in den 1940er Jahren eine entsprechende Aufführung miterlebt, 1963 die Ijo-Fassung des Barden Okabour Obojolo aufgezeichnet und sie ins Englische übersetzt. Mit Frank Speed hat B. das Ozidi-Festival gefilmt (*Tides of the Delta*, 1977), die Lieder als Schallplatte publiziert und die Bühnenversion *Ozidi* (1966) verfaßt. *Ozidi* ist ein Beispiel dafür, wie orale Literatur als Festivaldrama wissenschaftlich dokumentiert wird, aber auch als Inspiration für eine moderne Bearbeitung traditioneller Mythenstoffe dient. B. hat seine unterschiedlichen Rollen in diesem komplexen Vermittlungsprozeß in dem Essay *The Example of Shakespeare* (1970) reflektiert. Die lockere Episodenstruktur der Erzählung Okabour Obojolos ersetzt B. durch eine straffe Struktur von Ursache und

Wirkung. Mit dem Grundthema Tod und Regeneration als Ausgangs- und Zielpunkt des dramatischen Geschehens folgt er dem Vorbild der griechischen Tragödie, wie schon in seinen Stücken *Song of a Goat* (1961) und *The Raft* (1964). Die Betonung der psychisch-sozialen Entwicklung des Helden verschiebt jedoch die Handlungsbegründung von der Schicksalstragödie zum Psychodrama der persönlichen Verantwortung. In der Hafenstadt Orua hatte eine Pockenepidemie die Königsdynastie weggerafft. Die Herrschaft fällt an die Familie Ozidis, die Honorationen wählen aber den debilen Temugedege statt des soldatischen Ozidi. Dem neuen Herrscher muß als Zeichen der Loyalität ein menschlicher Schädel dargeboten werden. Verschwörer locken Ozidi in einen Hinterhalt, erschlagen ihn und bringen Temugedege den Schädel seines Bruders. Diese Vorgeschichte, in der Saga eher beiläufig erzählt, nimmt den ganzen ersten Akt ein. Kollektiver Tod als Folge von Krankheit, individueller Tod als Folge von Gewalt bestimmen den Ton. Zugleich erfahren wir, daß Ozidis Frau schwanger ist, also der Lebenszyklus fortgesetzt wird. Ozidis Sohn wird von seiner Großmutter Oreame auf seine Rächerrolle vorbereitet. Er besiegt die Mörder seines Vaters im Zweikampf. Im Festival nehmen diese Zweikämpfe wegen ihres spektakulären Aktionismus breiten Raum ein, in B.s Drama werden sie knapp referiert. Die Rache an den Mördern seines Vaters weist Ozidi als Helden aus, der für die Thronfolge qualifiziert ist, als Dynast muß er sich jedoch zum Wohle der Gemeinschaft heroisch bewähren. Auch diese Siege über zahlreiche Ungeheuer folgen dem Gebot der Gewalt, das Ozidi von Oreame vorgegeben wird. Er kann sich nur durch Gewalt aus dieser Brutalisierung lösen, indem er Oreame tötet. Auch Ozidis Sieg über den Hodenkönig und sein Schwimmen durch einen Sperma-See zeigen B.s tiefenpsychologische Deutung. Im Theaterstück wird dies als Traumsequenz präsentiert und damit genau wie die Lösung von Mutter und Großmutter nicht mehr in der Symbolik der Folklore belassen. B. trägt in alledem zur Bewahrung der Traditionen von mythischer Epik und ritueller Performanz bei, liefert zugleich aber mit seinem psychoanalytischen Ansatz eine moderne Deutung des zugrundeliegenden Stoffes.

Literatur: R. M. Wren. *J. P. Clark*. Boston 1984.

Eckhard Breitinger

Bennett, [Enoch] Arnold

Geb. 27. 5. 1867 in Hanley [Stoke-on-Trent]; gest. 27. 3. 1931 in London

Arnold Bennett sah den Rauch seiner Heimatstadt Hanley zum ersten Mal, als er in dem Tuchgeschäft und Pfandleihhaus seines Vaters in der Hope Street zur Welt kam, von der Margaret Drabble sagt, daß man sich nur schwerlich eine hoffnungslosere Gegend vorstellen könne. B.s literarisches Werk wird zumeist mit dieser nordenglischen Industrieheimat, den unter dem heutigen Namen Stoke-on-Trent bekannten Töpfereistädten Staffordshires, assoziiert. Ein Großteil seiner bis 1916 entstandenen Romane ist in dieser Region angesiedelt und hat insbesondere durch die detailgetreue und akribische Darstellung bis heute dazu beigetragen, dem Porträt eines provinziellen Englands am Ausgang des 19. Jahrhunderts in seiner zeit-, gesellschafts- und mentalitätsgeschichtlichen Dimension Aussagekraft zu verleihen. – Eine gleichermaßen untrennbare Verbindung besteht zwischen B. und der britischen Metropole, die er ab 1888 zu seinem dauerhaften Domizil gemacht hatte. Provinzieller Hintergrund und die Erfahrung mit der Großstadt London (später auch Paris) stellen in B.s Romanen zwei Pole dar, die er für sich selbst durchaus zu vereinen wußte.

Die aus der kosmopolitischen Distanz verfaßten Romane über seine Heimatregion, seine sogenannten Provinzromane – darunter *Anna of the Five Towns* (1902), *The Old Wives' Tale* (1908; *Konstanze und Sophie oder Die alten Damen*, 1932), *Clayhanger* (1910; *Die Familie Clayhanger*, 1930) und *These Twain* (1916)–, lassen dabei die B. eigene Ambivalenz erkennen: Das von ihm entworfene Bild der ›Five Towns‹, der fünf Töpfereistädte, ist die detail- und wirklichkeitsgetreue Abbildung einer provinziellen Lebensform, die jedoch in erheblichem Maße beeinflußt scheint von der zumindest geistigen Präsenz Londons mit seinen völlig anderen Wertmaßstäben und Verhaltensmustern. Der Hinweis auf eine nichtprovinzielle, großstädtische Lebenswirklichkeit wird dabei an dem Verhältnis der Protagonisten zu den realen Existenzbedingungen ihres kleinbürgerlichen Milieus veranschaulicht. Im Mittelpunkt steht neben ihrem Streben nach sozialer Mobilität immer auch der Drang nach Selbstverwirklichung außerhalb der moralisch-ethischen Konventionen einer spießbürgerlichen viktorianischen Provinzgesellschaft, wobei sich die Illusion einer moderneren kosmopolitischen Existenz in der Stadt jedoch nicht selten als eine verklärte Fluchtprojektion erweist. Die Geschichte der zwei Schwestern aus *The Old Wives' Tale* ist als paradigmatisch zu sehen für B.s dualistische Darstellung der Provinz als Handlungsraum, die, wie in vielen seiner Werke, über eine Verknüpfung der räumlichen mit der zeitgeschichtlichen Dimension erreicht wird. Immer wieder transzendiert B. die Bedeutung des Raumes insofern, als er ihn je auch als repräsentativen Teil des historisch-evolutionären Prozesses der Menschheitsgeschichte verstanden wissen wollte. So zeichnet er gleich zu Beginn von *The Old Wives' Tale* in der Figur des in seinem viktorianischen Mahagonibett sterbenden Vater Baines das Bild einer gleichfalls ihrem Ende entgegensehenden provinziellen Lebensform. Diese wird im Verlauf der Erzählung dann auch einzig von Constance, der ›Beständigen‹, weitergelebt, während Sophia gegen die restriktiven Strukturen aufbegehrt und die Heimat verläßt. In der unterschiedlichen Lebensbilanz der beiden am Ende des Romans manifestiert sich dann jenes dialektische Kräfteverhältnis zwischen Alt und Neu, das B. für gesellschaftlichen Fortschritt unabdingbar hielt.

B.s mehr als 37 Jahre andauernde Schaffensperiode umfaßt in ihrem breiten Spektrum sowohl Unterhaltungsliteratur, ›Hochliteratur‹ als auch Literaturkritik. Er verfaßte über 70 Prosaschriften, darunter etwa 46 Romane und Kurzgeschichtensammlungen, 25 Essaysammlungen, kleine Ratgeber, Reiseberichte und mehr als 15 Theaterstücke, ungeachtet der Tagebücher und Briefe, die jeweils alleine mehrere Bände füllen. Eine solche Vielgestaltigkeit wie auch der gewaltige Umfang seines Gesamtwerkes haben Kritiker seither vor das Problem gestellt, seine Position in der Literaturgeschichte festzulegen. Im allgemeinen wird B. der *Edwardian Period* zugeschrieben, da mit *Anna of the Five Towns*, *The Old Wives' Tale* und *Clayhanger* seine größten Erfolge in die erste Dekade des 20. Jahrhunderts fielen. Im großen Triumvirat mit H. G. Wells und John Galsworthy zählte er bis in die 1920er Jahre zu den dominanten Persönlichkeiten der literarischen Szene Englands. B.s schriftstellerische Wurzeln aber reichen bis ins ausgehende 19. Jahrhundert zurück. Im Selbststudium der Literatur hatte er, wie auch sein einziges englischsprachiges Vorbild, George Moore, sein Interesse schon früh nach Frankreich ausgerichtet. Zumal die Realisten Balzac und Flau-

bert, wie auch die Naturalisten Maupassant, Zola und die Brüder de Goncourt, weckten seine Begeisterung für eine neue Form der Erzähltechnik. Insbesondere in seinem Debutroman *A Man From the North* (1898) ist dieser Einfluß unverkennbar. Ganz im Sinne seiner Vorbilder strebte B. kontinuierlich eine unverfälschte, wahrheitsgetreue Darstellung von Wirklichkeit an. Den Menschen sah er dabei – wenn auch mit dem freien Willen zu handeln – immer als das Produkt seiner Umwelt und somit durch den jeweiligen sozialen und historischen Kontext bedingt. Mit dem Ziel, die Wirklichkeit menschlicher Existenz in ihrer Gesamtheit zu erfassen, verfuhr B. ganz nach Maßgabe eines Naturalisten: Er beobachtete, ordnete und beschrieb mit beinahe photographischer Exaktheit. Indem er diese Darstellungsform mit dem psychologisch-emotionalen Element seiner russischen Vorbilder Dostojewski, Tolstoi und Turgenjew verknüpfte, setzte er sich in der Tradition des englischen Romans einen wesentlichen neuen Akzent.

Wenngleich er auch zu keinem Zeitpunkt als einer der bedeutendsten Erneuerer des Romans in die Literaturgeschichte eingegangen ist, so hat er sich dennoch als der ›englische Realist‹ einen Namen gemacht, da er als einer der ersten die Erzählliteratur seines Heimatlandes durch neue Impulse des französischen und russischen Romans zu bereichern suchte. Auf diese Weise sollte er zum bekanntesten (wenn auch von jüngeren Schriftstellern wie Virginia Woolf stets angefeindeten) Chronisten seiner Provinzheimat in spätviktorianischer Zeit und im anbrechenden 20. Jahrhundert avancieren, wobei sein soziologisch ausgerichteter Realismus immer auch als Spiegel der geschichtlichen und sozialen Bedingungen seines Zeitalters zu lesen ist. – Trotz des Bestrebens, an diese Erfolge heranzureichen, vermochten weder B.s Versuche im dramatischen Genre noch seine späteren Romane *Riceyman Steps* (1923) oder *Imperial Palace* (1930), den frühen Ruhm wiederherzustellen.

Literatur: M. Drabble. *Arnold Bennett: A Biography*. London 1974. – J. Lucas. *Arnold Bennett: A Study of His Fiction*. London 1974.

Kirsten Hertel

Bentham, Jeremy

Geb. 15. 2. 1748 in London;
gest. 6. 6. 1832 ebd.

Auch wer Jeremy Bentham nie gelesen hat, dürfte die Formel vom »größten Glück der größten Zahl« (»the greatest happiness of the greatest number«) kennen, die freilich ursprünglich nicht von ihm, sondern von Francis Hutcheson stammt. – B., Sohn eines Anwalts, studierte zunächst am Queen's College in Oxford (1760–63) und anschließend am Londoner Lincoln's Inn, entschied sich aber nach der Qualifikation zum Barrister gegen eine juristische Laufbahn, da ihm der Zustand des Rechtswesens zutiefst mißfiel. Seine Leidenschaft galt der Rechtsphilosophie sowie der Reform des Strafrechts und des Strafvollzugs. Aus umfangreichen Materialstudien ab Mitte der 1770er Jahre ging später sein Hauptwerk *Introduction to the Principles of Morals and Legislation* (1789; *Prinzipien der Gesetzgebung*, 1833) hervor. In seiner ersten (anonymen) Veröffentlichung *A Fragment on Government* (1776), Teil seiner unvollendet gebliebenen Kritik von Sir William Blackstones *Commentaries on the Laws of England* (1765–69), attackierte B. die inzwischen weithin akzeptierten und von Blackstone übernommenen Lehren John Lockes. Während eines längeren Besuchs bei seinem in Rußland lebenden Bruder entstand B.s erste wirtschaftspolitische Schrift, *A Defence of Usury* (1787), in der er sich mit der Erörterung des Zinsproblems in Adam Smiths *Wealth of Nations* (1776) auseinandersetzte. B.s Frankreichkontakte zur Zeit der Französischen Revolution waren mehr persönlicher und akademischer Natur, doch brachten ihm seine Vorschläge für eine Reform des Rechtswesens in Frankreich 1792 die französische Ehrenbürgerschaft ein. B.s Überzeugung von der Notwendigkeit rechtlicher und politischer Reformen, das Scheitern seines Modellprojekts einer Gefängnisreform (*Panopticon*) sowie der Einfluß James Mills und anderer führten in den folgenden 20 Jahren eine Wende seines Denkens herbei, die ihn zum Kopf des sogenannten philosophischen Radikalismus machte. In seinem *Plan of Parliamentary Reform* (1817) bekannte er sich erstmals öffentlich zu einer umfassenden Reform des Wahlrechts. Höhepunkt seiner reifen politischen Philosophie ist der *Constitutional Code* (unvollendet, 1. Bd. 1830), der der Verfassungstheorie seiner Zeit eine neue Grundlage und wichtige Impulse gab. B. war maßgeblich an der Begründung der *Westminster Review* (1824) beteiligt, die zum Organ des *philosophical radicalism* gegen die von den Lehren der Whigs dominierte *Edinburgh Review* wurde. – B.s Schriften, von denen etliche von Freunden redigiert, vervollständigt und herausgebracht wurden, umfassen eine enorme Bandbreite von Themen. Seine Reputation und fortwirkende Bedeutung beruhen jedoch v. a. auf seiner Pionierrolle für den Utilitarismus, den er in den *Principles* erstmals systematisch entfaltete. Alle Menschen streben von Natur aus zur Gewinnung von Lust (*pleasure*) und Vermeidung von Schmerz (*pain*). Nicht das Motiv, sondern die sich erst an den Folgen erweisende Nützlichkeit oder Schädlichkeit einer Handlung für das Glücksziel entscheidet somit über Gut und Böse. Recht und Gesetz sind auf den allgemeinen Nutzen, d. h. das größtmögliche Glück aller, verpflichtet. Strafen sind als Zufügung von Schmerz nur zur Verhinderung eines größeren Übels, also zur Abschreckung, zulässig. Fremdes Glück spielt für das Individuum nur insoweit eine Rolle, als die Befriedigung über einen erwiesenen Dienst oder die Erwartung einer Belohnung dem eigenen Glück nützt. – B.s Prämissen werden von den meisten Utilitaristen geteilt, seinen *felicific calculus*, den Versuch einer mathematischen Berechnung von Glücksgrößen, lehnten jedoch selbst seine Freunde und Bewunderer als absurd und undurchführbar ab. Erst John Stuart Mill bahnte durch die Unterscheidung verschiedener Qualitäten von Glück und die Erklärung des Zustandekommens sozialer Gesinnung der Entwicklung des Utilitarismus zu einer normativen Ethik im eigentlichen Sinn den Weg.

Werkausgabe: *The Works of Jeremy Bentham*. Hg. J. Bowring. 11 Bde. New York 1962 [1838–43].
Literatur: R. Harrison. *Bentham*. London 1983. – F. Rosen. *Jeremy Bentham and Representative Democracy*. Oxford 1983.

Heide N. Rohloff

Berger, John [Peter]

Geb. 5. 11. 1926 in Stoke Newington, London

John Berger gehört als Maler, Kunst- und Kulturkritiker, Dramen-, Drehbuch- und Romanautor zu den bedeutendsten Grenzgängern der europäischen Gegenwartskultur. Das vielfältige literarische Schaffen zu den Themen Sexualität, Emigration und alternative Lebensformen, kunsttheoretische Überlegungen zur Photographie und zum Verhältnis von Sehen und Erzählen sowie sozial- und kulturkritische Beiträge zum Arbeitsalltag, zur Urbanität und zur Konsumgesellschaft haben in Europa und den USA breite, wenn auch differenzierte Aufnahme gefunden. – Nach Kunststudien in London in den 1940er Jahren erteilte der aus einer Offiziersfamilie stammende B. privaten Mal- und Zeichenunterricht, da ihm der kommerzielle Erfolg als Maler versagt blieb. Über den Rundfunk fand er Anfang der 1950er Jahre den Weg zur Kunstkritik und profilierte sich mit Artikeln für den *New Statesman* und andere Zeitschriften bald als führender marxistischer Kunstkritiker Großbritanniens, ohne jedoch der KP anzugehören. Vertraut mit anarchistischem und sozialistischem Gedankengut, propagierte B. unter dem theoretischen Einfluß von Frederik Antal, einem Freund Georg Lukács', und Antonio Gramsci den *Sozialistischen Realismus* (*Permanent Red*, 1960). B.s Emanzipation von dessen orthodoxen Elementen beförderte ein stärker sozialhistorisch geprägtes Kunst- und Kulturverständnis und brachte ihn schließlich in Gegensatz zur offiziellen sozialistischen Kulturpolitik. Als erster literarischer Text erschien der autobiographische Roman *A Painter of Our Time* (1958), gefolgt von *The Foot of Clive* (1962) und *Corker's Freedom* (1964) – zwei sozialkritische Querschnitte der englischen Nachkriegsgesellschaft. B.s Kubismusstudien der 1960er Jahre regten ihn zur Hybridisierung von visuellen Künsten und literarischen Texten an. Die Experimente kulminierten im mit dem *Booker Prize* ausgezeichneten Roman *G.* (1972; *G.*, 1990), in dem ein anglo-italienischer Nonkonformist durch seine sexuelle und moralische Selbstverwirklichung bürgerliche Wertvorstellungen am Vorabend des Ersten Weltkriegs herausfordert. Parallel dazu erkundete B. gemeinsam mit dem Photographen Jean Mohr visuelle Ausdrucksmöglichkeiten, woraus sozial engagierte Bild-Text-Studien über einen englischen Landarzt (*A Fortunate Man*, 1967) und Gastarbeiterschicksale in Europa (*A Seventh Man*, 1975) sowie der experimentelle Erzählbildband *Another Way of Telling* (1982) erwachsen sind. In diesem Kontext stehen auch der aus der gleichnamigen populären BBC-Fernsehreihe entstandene Essayband *Ways of Seeing* (1972; *Sehen: Das Bild der Welt in der Bilderwelt*, 1974) über die Visualisierung der modernen Alltagswelt sowie der

in Zusammenarbeit mit dem Cineasten Alain Tanner produzierte Film *Jonah, Who Will Be 25 in the Year 2000* (1976). B., der Ende der 1950er Jahre unter dem Eindruck des Kalten Kriegs England verließ, bereiste in der Folgezeit Europa, bevor er sich in den 1970er Jahren in einem französischen Alpendorf niederließ. Aus der Nähe zur ländlichen Kultur erwuchs das literarische Interesse an der bäuerlichen Lebensweise als Alternative zur Massengesellschaft, was in der Trilogie *Into Their Labours* (1979-90) literarisch gestaltet ist. Experimentierte B. in den 1980-90er Jahren in Zusammenarbeit mit Nella Bielski verstärkt mit dramatischen Formen, so wendet er sich in jüngster Zeit unter Aufgriff spekulativ-mystischer Elemente philosophischen Fragestellungen des modernen Menschen zu.

Literatur: St. Welz. *Ways of Seeing – Limits of Telling: Sehen und Erzählen in den Romanen John Bergers.* Eggingen 1996. – G. Dyer. *Ways of Telling: The Work of John Berger.* London 1986.

Stefan Welz

Berkeley, George [Bishop of Cloyne]

Geb. 12. 3. 1685 in (oder bei) Kilkenny, Irland; gest. 14. 1. 1753 in Oxford

Der irische Philosoph und Theologe George Berkeley wird neben John Locke und David Hume zu den drei großen Erkenntnistheoretikern der britischen Aufklärung gezählt, gilt aber auch als philosophisches Kuriosum, nicht nur weil er ein schon für zeitgenössische Philosophen unglaubwürdiges theozentrisches Weltbild vertrat, sondern vielleicht v. a. weil ihn seine rückwärtsgewandte Argumentation zu äußerst fortschrittlichen, seine Zeit z. T. überfordernden philosophischen Gedanken führte. In seinem Hauptwerk *A Treatise Concerning the Principles of Human Knowledge* (1710; *Abhandlungen über die Prinzipien der menschlichen Erkenntniss*, 1868–70) entwickelt B. auf der Basis von Lockes Sensualismus eine gleichwohl gegen Locke gerichtete Philosophie des Immaterialismus, welche die Existenz einer von der Wahrnehmung unabhängigen materiellen Welt in Frage stellt. Die Realität unbeseelter Objekte bestehe nur in ihrem Wahrgenommenwerden (»Their *esse is percipi*«), selbst Bäume und Häuser gebe es nur als »collections of ideas« oder »sensations«, die nicht auf eine subjekt-äußere Wirklichkeit, sondern auf Gott selbst zurückzuführen seien, der die menschliche Wahrnehmung letztlich bedinge. B.s Zeitgenossen fanden diese These, sofern sie sie überhaupt zur Kenntnis nahmen, wenig überzeugend und neigten zur Haltung Dr. Johnsons, von dem James Boswell berichtet, er habe angesichts B.s »sophistry« mit seinem Fuß gegen einen Stein getreten und damit die angebliche »non-existence of matter« widerlegt. In dieser Anekdote zeigt sich ein weitverbreitetes, B.s Gedanken vereinfachendes Mißverständnis. B.s Ziel war es nicht, die Welt im Sinne eines radikalen Idealismus zur Illusion zu erklären, sondern den empirischen Wissenschaften ihre Grenzen aufzuzeigen. Indem B. die erkenntnistheoretischen Probleme in Lockes Trennung zwischen subjektivem Sinneseindruck und objektivierbarer Außenwelt herausarbeitete, verneinte er nicht die Realität, sondern die Möglichkeit ihrer materialistischen (d. h. auf empirisch nachweisbare Oberflächen reduzierten) Darstellung. – B.s Versuch, gegen den Lockeschen Empirismus, dessen agnostisches Potential er erkannte, anzureden, führte ihn mitunter über diesen hinaus. So schlug sein Nachweis der Unschärfen in Lockes Unterscheidung zwischen primären und sekundären Eigenschaften des Objekts die Brücke zu Humes skeptischem Empirismus. B. s. Schlußfolgerung, Ideen repräsentierten nicht die Wirklichkeit, sondern immer nur andere Ideen (»an idea can be like nothing but an idea«), antizipierte nicht nur Immanuel Kants Absage an den Empirismus und John Stuart Mills Phänomenalismus, sondern auch die für das 20. Jahrhundert wichtige These, es gebe keine vor-interpretatorische (oder vor-theoretische) Sinneswahrnehmung. In seiner Schrift über die Bewegung (De Motu, 1721) nähert sich B. dem pragmatistischen Wahrheitsbegriff moderner Wissenschaftsphilosophie, wenn er wissenschaftliche Theorien nicht als Wahrheitsspiegelungen, sondern als »useful fictions« begreift, die, obwohl sie die Natur verfälschen, gleichwohl zu deren Verständnis beitragen können.

Werkausgabe: *The Works of George Berkeley, Bishop of Cloyne.* Hg. A. A. Luce/T. E. Jessop. London 1948–57. Literatur: K. P. Winkler. *Berkeley: An Interpretation.* Oxford 1989. – I. C. Tipton. *Berkeley: The Philosophy of Immaterialism.* London 1974.

Günter Leypoldt

Betjeman, John

Geb. 28. 8. 1906 in London;
gest. 19. 5. 1984 in Trebetherick, Cornwall

Nahezu bis zu seinem Tod wurde John Betjeman von Literaten und Literaturkritikern als Dichter zweiten Ranges eingestuft: Er sei technisch zu traditionell, stilistisch zu konventionell, politisch zu konservativ und zu beliebt bei seiner *middle-class*-Leserschaft, um wirkliche Größe für seine oft elegischen, manchmal nostalgischen Stadt- und Naturgedichte in Anspruch nehmen zu können. Doch die tiefgreifenden Veränderungen der Thatcher-Jahre, die Privatisierungen und Amerikanisierungen, die England insbesondere der älteren Generation entfremdet haben, lassen B.s Stärken als Dichter und seine kulturkonservativen Ansichten in neuem Licht erscheinen. – In seiner Blankvers-Autobiographie *Summoned by Bells* (1960) erinnert sich B.: »I knew as soon as I could read and write / That I must be a poet« – eine konfliktträchtige Berufung für einen Sohn aus besitzbürgerlichem Hause. Die Enttäuschung des Vaters wurde aufgefangen durch den Zuspruch des Schulfreundes Louis MacNeice und des Oxforder Kommilitonen W. H. Auden, der B.s frühe Werke unter dem vielsagenden Titel *Slick But Not Streamlined* (1947) herausgab; später zählte Philip Larkin zu seinen größten Bewunderern. – B.s Liebe galt nicht nur der Dichtung, sondern auch der Architektur; fast zeitgleich erschienen sein erster Gedichtband (*Mount Zion*, 1931) und seine erste Monographie über Architektur (*Ghastly Good Taste*, 1933). Wie kaum einem anderen Dichter seiner Zeit gelang es ihm, topographische Genauigkeit mit atmosphärischer Lebendigkeit und persönlicher Emotion zu verbinden. So verewigte er das schwindende Lebensgefühl des spätviktorianischen Englands in seinen Gedichten über Sommerurlaube an der See und Sonntagsausflüge in das Londoner Umland, über neo-gotische Kirchen und Bahnhöfe der Großstädte, über kleine und große Sorgen der mittelständischen Pendler, die täglich aus ihren Vororten in die zunehmend automatisierte, bürokratisierte Welt der Metropole eintauchen. Kritiker, die B. als sentimentalen Nostalgiker einer verlorenen Welt abtun, überhören die Note der ironischen und moralsatirischen Distanz, mit der B. diese Welt schildert. Zwischen den gefällig klingenden Zeilen seiner meist jambischen, reimenden Strophen erklingt Mißbilligung von emotionaler Oberflächlichkeit und rücksichtslosem Forschrittsglauben. B. präsentiert sich jedoch weder intellektuell-geschraubt noch politisch-plakativ. Er erlaubt sich den Blick der kindlichen Unschuld und die leisen Töne des religiösen Zweifels, der Ängstlichkeit des Alters und der Enttäuschung der Durchschnittlichen. T. S. Eliot, der B. als Junge unterrichtet und dessen erste dichterische Versuche ignoriert hatte, beschrieb ähnlich feinfühlig die Atmosphäre großstädtischen Lebens. Doch wo der elitäre Modernist widerwillig und abwertend »Men and bits of paper« beobachtet, »Driven on the wind that sweeps the gloomy hills of London, / Hampstead and Clerkenwell, Camden and Putney, / Highgate, Primrose and Ludgate«, sieht B. »a thousand business women poor, unbeloved ones«, begleitet Kaufwütige »in arc-lit Oxford street adrift, / Soared through the sales by safe hydraulic lift« und religiöse Heuchler beim Gebet in Westminster Abbey und fühlt sich mit Londons Gebäuden und Straßen so untrennbar verwoben, daß ihm in einem innerstädtischen Friedhof die Geister seiner Vorfahren erscheinen: »And wait for the spirit of my grandfather / Toddling along from the Barbican«. – In den 1970er Jahren wurde B. zu einer ›kulturellen Institution‹ Englands. Seine *Collected Poems* (1958, letzte erweiterte Ausgabe 2001) haben siebenstellige Verkaufszahlen erreicht; 1969 wurde er geadelt, 1972 zum königlichen Hofdichter ernannt. Er verfaßte Reiseführer über englische Grafschaften, kämpfte öffentlich um den Erhalt bedrohter Gebäude und moderierte Fernsehsendungen zum kulturellen und architektonischen Erbe Englands.

Werkausgaben: *John Betjeman's Collected Poems*. London 2001 [erweiterte Ausgabe]. – *John Betjeman: Coming Home*. Hg. C. L. Green. London 1997.
Literatur: P. Taylor-Martin. *John Betjeman: His Life and Works*. London 1983.

Angela Stock

Bissoondath, Neil

Geb. 19. 4. 1955 in Arima, Trinidad

Wie sein Onkel V. S. Naipaul entstammt Neil Bissoondath einer indischen Familie, die im 19. Jahrhundert im Zuge der Anwerbung von Vertragsarbeitern nach Trinidad eingewandert war, verließ zum Studium seine Heimatinsel, um schließlich dauerhaft im Ausland zu leben und aus der Perspektive einer verdoppelten Diaspora die Karibik in narrativer und essayistischer Prosa mit kritischer Distanz zu betrachten. Nur hat sich in B.s Generation die Emigrationsroute zeittypisch vom Zielland Großritannien nach Nordamerika verschoben: B. gehört zu der wachsenden Zahl der aus der Karibik nach Kanada ausgewanderten Autoren. Nach dem Romanistik-Studium in Toronto war er bis 1985 als Lehrer tätig, bis er sich – nach Montreal umgesiedelt – ganz dem Schreiben widmen konnte. Er gehört inzwischen zu den namhaftesten Autoren aus dem Kreis jener ethnischen Minoritäten, die aufgrund ihrer Herkunft die ›Dritte Welt‹ in Kanada repräsentieren und im Zuge der kanadischen Multikulturalismus-Politik eine entsprechende Prominenz erlangt haben. Er wehrt sich aber nachdrücklich gegen solche Vereinnahmungen und hat die Ideologie und die Praktiken des Multikulturalismus in dem Buch *Selling Illusions: The Cult of Multiculturalism in Canada* (1994) provokant kritisiert, indem er auf die Gefahr einer eher weiter auseinanderbrechenden Nation hinweist.

B. eröffnet mit dem Kurzgeschichtenband *Digging Up the Mountains* (1985) ein Erzählwerk, das sich in einem symbolisch verdichteten Realismus besonders variationsreich mit den Wanderbewegungen zwischen der Karibik und Kanada beschäftigt, um die vertreibenden und verlockenden Faktoren der Migration, die Hoffnungen und Enttäuschungen der Einwanderer im großstädtischen Kanada oder der Rückwanderer in der Wiederbegegnung mit der ursprünglichen Heimatinsel, die Unsicherheiten einer Existenz zwischen den Kulturen sowohl in der Karibik mit dem interethnischen Konfliktpotential der Gruppen indischer oder afrikanischer Herkunft als auch in Kanada mit den multikulturellen Ambivalenzen, die sich im Kreise der ›sichtbaren Minoritäten‹ aus ethnischen Rivalitäten, forcierten Assimilationsbemühungen, alltäglichen Diskriminierungserfahrungen und subkulturellen Abschottungsversuchen ergeben. Während B. in seinem ersten Roman, *A Casual Brutality* (1988; *Casaquemada oder Die Insel der Gewalt*, 1992), sich auf die Desillusionierung eines aus Kanada auf seine karibische Insel Heimgekehrten konzentriert, der eine in der nachkolonialen Entwicklung korrumpierte, beklemmend wirkende Gesellschaft vorfindet, weitet er in seiner zweiten Kurzgeschichtensammlung, *On the Eve of Uncertain Tomorrows* (1990), insofern den Personenkreis, als er die prekäre Situation der Ungerechtigkeit und Ausbeutung erfahrenden Immigranten ins Blickfeld rückt, die aus diversen Regionen in Toronto Zuflucht suchen. In seinem nächsten Roman, *The Innocence of Age* (1992), wählt er einen weißen Kanadier als Hauptfigur, die in der Entfremdung von der materialistischen, brutalen Torontoer Umwelt eher eine Affinität mit den Immigranten zeigt, eine Verschiebung der Perspektive, die sich in seinem neuesten Roman, *Doing the Heart Good* (2001), fortsetzt.

Literatur: P. Van Toorn. »Positioning Neil Bissoondath: Post-Colonial, Multicultural and National Formations.« *New Literatures Review* 27 (1994), 78–90.

Eberhard Kreutzer

Blair, Robert

Geb. 17. 4. 1699 in Edinburgh;
gest. 4. 2. 1746 in Athelstaneford, East Lothian

Robert Blair war Sohn eines schottischen Geistlichen, studierte an der Universität Edinburgh und leitete ab 1731 die presbyterianische Pfarre Athelstaneford, wo er mit seiner Familie bis zu seinem Tod lebte. Ein ererbtes Vermögen ermöglichte ihm die intensive Beschäftigung mit Optik, Botanik und Literatur. *The Grave* (1743; *Das Grab*, 1784) ist – abgesehen von einigen wenigen Kurzgedichten – das einzige literarische Werk B. s. Auf 770 Versen handelt der Text die Topoi *memento mori*, *ubi sunt* und *contemptus mundi* ab und verbindet mittelalterliche Drastik mit einem an den elisabethanischen Blankvers angelehnten, kraftvollen Sprachduktus. In loser Folge werden Grausamkeit und Allmacht des Todes, die Nichtigkeit allen irdischen Strebens, der Todeskampf des Sterbenden und die qualvolle Loslösung der Seele vom Leib des Sünders beschrieben, wobei weniger die predigthafte Erörterung abstrakter moralisch-theologischer Konzepte als eine makabere Detailhaftigkeit in der Schilderung der Grabesparaphernalien den Reiz des Textes ausmachen. B.s *The Grave* hat wenig mit anderen Vertretern der *graveyard poetry* bzw. ›Grabeslyrik‹ des 18. Jahrhunderts gemein, obwohl das Gedicht fast zeitgleich mit dem ersten Teil von Edward Youngs *Night Thoughts* (1742) erschien; Elemente wie Subjektivität der beschriebenen Eindrücke, Naturstimmung und empfindsam-elegische Züge fehlen fast vollständig. Mit seiner fragmenthaft-assoziativen Struktur und dem eigenwilligen, die Gebote des *decorum* mißachtenden Stil vollzieht aber auch *The Grave* eine Abwendung vom klassizistischen Lyrikbegriff. Die Didaxe des Texts ist eindeutig und steht im Dienst der reformprotestantischen Bewegung, die sich in der zweiten Hälfte des 18. Jahrhunderts entwickelte und deren Aufschwung für die enorme Popularität des Gedichts in England wie in Amerika verantwortlich zeichnete. Brachte es das Werk 1798 noch auf 47 Ausgaben, geriet es im 19. Jahrhundert zunehmend in Vergessenheit. – Die Ausgabe des Jahres 1808 wurde von keinem Geringeren als William Blake illustriert.

Werkausgabe: *The Grave*. Hg. J. Means. Los Angeles 1973.
Literatur: R. Essick. *Robert Blair's* The Grave *Illustrated by William Blake: A Study with Facsimile*. London 1982.

Eva Müller-Zettelmann

Blake, William

Geb. 28. 11. 1757 in London;
gest. 12. 8. 1827 ebd.

Der Visionär, Dichter, Maler und Graveur William Blake, eine Generation vor der ›ersten Generation‹ romantischer Dichter (William Wordsworth, Samuel Taylor Coleridge, Robert Southey) geboren, wird in vielen Literaturgeschichten noch zur Vorromantik gezählt. Dieser chronologischen Zuordnung widerspricht jedoch, daß der erklärte Systemfeind schon alle diversen Denkansätze der Vorromantik mit fast paradoxer Logik synthetisierte und in den ›radikalen‹ Kreisen Londons an die jungen ›Radikalen‹ (Anhänger der Ideale der Französischen Revolution) Wordsworth und Coleridge weitergab. So war B. der erste eigentliche englische Hochromantiker.

Die Ereignislosigkeit von B.s Leben sowie seine geringe (und bis zu seinem Tode noch schwindende) Bekanntheit stehen im Gegensatz zu seinem umfassenden Denken und genialen Werk. Der Sohn eines nonkonformistischen Londoner Strumpfwarenhändlers machte ohne formale Schulbildung eine Kupferstecherlehre, wurde Student der Bildenden Künste an der Royal Academy, lernte andere Künstler wie John Flaxman und Johann Heinrich Füßli alias Fuseli kennen und geriet zunehmend in revolutionäre Kreise um den Londoner Buchhändler Joseph Johnson. Dort traf er bekannte politisch systemkritische bis revolutionäre Literaten, u. a. den jungen Wordsworth, William Godwin und Mary Wollstonecraft. Doch während der radikale Rationalist Godwin den Ursprung von Tyrannei und Ungleichheit in der Verwirrung der Köpfe durch Imagination diagnostizierte, erstellte der radikale Idealist B. im Rückgriff auf Thomas Hobbes' und John Lockes Definitionen den entgegengesetzten Befund: *reason* als die trennende Fähigkeit des menschlichen Geistes habe die materielle Abbildwelt aus der alleinheitlichen ideellen Urbildwelt abgespalten und zersplittert, *imagination* als seine konträre, ineinsbildende (›esemplastische‹) Fähigkeit vermöge sie in Antizipation notwendiger Heilsgeschichte wieder zusammenzufügen. Dies erklärt B.s häretisch antinomistische Aphorismensammlung *The Marriage of Heaven and Hell* (1790–93; *Die Hochzeit von Himmel und Hölle*, 1987) wie auch sein Anklagegedicht gegen die rechtliche Absonderung von Frauen und Sklaven, *Visions of the Daughters of Albion* (1793). Besonders der Kreis um Johnson wurde durch die Geheimpolizei von George III überwacht, was B. lebenslangen Ärger bescherte. Die Radikalen ermöglichten B. die Veröffentlichung seiner ersten Gedichtsammlung, *Poetical Sketches* (1783), sowie 1784 die Eröffnung eines eigenen Druck- und Buchladens. Hier entstanden B.s erste illustrierte Gedichtbände, von ihm selbst in Kupferplatten radiert oder gestochen, v. a. die *Songs of Innocence* (1789), später ergänzt durch die *Songs of Experience* (1794; *Lieder der Unschuld und Erfahrung*, 1958). In der einfachen Sprache, die schon der Primitivismus der Vorromantik wider die poetische Diktion der Klassizisten mobilisiert hatte, stellte B. hier Gedichte mit verschiedenen kindlichen und erwachsenen Sprechern als These und Antithese einander gegenüber. So drücken *Songs of Innocence* wie »The Lamb« und »The Chimney Sweeper« kindliche Reminiszenzphantasien des Paradieses aus, welche von den Illustrationen noch mehr als von den Texten selbst als unrealistisch entlarvt werden: Die Lämmer, selbst das Christuslamm, sind Schlachttiere; der Schornsteinfegerknabe ist ein Opfer industrieller Ausbeutung. Die jeweiligen Gegengedichte, hier etwa »The Tyger« und »The Chimney Sweeper«, machen dem Menschen dann den Verlust des Paradieses zur brutalen Gewißheit. Der Tiger, Schutztier des Grenzensetzers und Vernunfttyrannen Urizen (*oúros* + *reason*), schüchtert den menschlichen Geist ein mit der »fearful symmetry« der Reduktion von Natur auf restriktive Gesetze; und der

Schornsteinfegerknabe wird Betrugsopfer einer Religion von Schwindelpriestern, die als Helfershelfer der Tyrannen und Ausbeuter falschen Trost in Gehorsam predigen.

Die *Songs* enthalten schon im Kern B.s später entfaltete gnostische und antinomistische Weltanschauung sowie seinen Neuplatonismus und Swedenborgianismus. Hinzu kommt B.s Kenntnis hinduistischer Philosophie durch die Vermittlung von Sir William Jones. Die ursprüngliche ideelle All-Einheit kannte unsere Vernunftunterscheidungen (Jenseits und Diesseits, Geist und Materie, Himmel und Hölle, Mann und Frau, Herrscher und Untertan, Heiliges und Profanes, Licht und Dunkel, Wärme und Kälte usw.), also John Keats' »schism«, nicht. Der Weltenschöpfer war nach gnostischer Lehre nicht die gütige Urgottheit, sondern ein *spiritus malignus* oder Demiurg, B.s Urizen. B. stellt ihn bildlich wechselnd dar als eisgrauen alten Mann mit starren linearen Zügen, mal als zirkelbewaffneten Weltenplaner, mal getarnt als gütiger Vater, mal als unter seinem eigenen Joch leidender Gefangener, ein abschreckendes *mixtum compositum* aus Jehovah, Zeus, König George III und Sir Isaac Newton. Sein Beiname »ancient of days« markierte ihn doppelt als sterblich, im Unterschied zu den »Eternals«, B.s Bezeichnung der All-Einheit in Wiedereinbildung von Monotheismus und Polytheismus. In einer ersten Fallstufe splitterte der Demiurg aus der Ewigkeit ein räumlich und zeitlich begrenztes *parádeisos* ab (These: Paradies). In einer zweiten Fallstufe splitterte daraus dann unsere Welt, fragmentiert durch Sozialhierarchien und zusätzlich durch die Industrielle Revolution (Antithese: Verlorenes Paradies). Doch selbst dann erinnerten sich die Menschen in kulturell verschieden verbilderten Mythen ihrer Heimat der Ideenwelt, zumal sie (nach Emanuel Swedenborgs Lehre) Fragmente des Göttlichen wie das Feuer und die Liebe mitgebracht hatten, siehe B.s *Song of Innocence* »The Divine Image«. Um ihre Herrschaft zu etablieren und die Lebensdauer ihrer sterblichen Welt zu verlängern, zerstörten die Tyrannen mit Hilfe von Priesterschwindlern diese frei fließende *anámnēsis*, indem sie Heilsmythen zu heilsgeschichtlichen ›Wahrheiten‹ erklärten und in dogmatische Religionen und eherne Gesetzestafeln (Bibel, Koran usw.) hämmerten. So wurde ›wahrer‹ Glauben wider Häresie gepredigt und die verdummte Menschheit in sinnlose Religionskriege gestürzt; dagegen steht *All Religions Are One*. Die Versklavung liegt somit in des Menschen »mind-forg'd manacles« (*Songs of Experience*: »London«). Doch alles Geschaffene drängt mit soteriologischer Notwendigkeit zu seinem Ursprung zurück, und B. wähnte im Einklang mit den anderen ›positiven‹ Romantikern (dem jungen Wordsworth und Coleridge, Percy Bysshe Shelley, Keats, Novalis usw.) ein unmittelbar bevorstehendes Millennium (Synthese: ›Paradise Regained‹) entsprechend dem biblischen Mythos von Offenbarung 20 und dem antiken Mythos der Rückkehr des Goldenen Zeitalters. Schließlich werde auch dieses Paradies zurückkehren müssen in seine ur-all-einheitliche Heimat der Ideenwelt, wie in den Mythen von Offenbarung 21 (Himmlisches Jerusalem) und von der Rückkehr des Odysseus nach Ithaka.

Schon in den *Songs of Innocence and Experience* ist diese idealistisch-dialektische Vision, in typisch B.scher Verachtung der klassizistischen Dekorumsregel, mit brutal realistischer Sozialkritik gepaart, so in der Anklage des Schmutzes und der Prostitution Londons (»London«) oder der Verbiegung kindlicher Seelen durch erzieherische und religiöse Restriktion (»The Garden of Love«, »The Nurse's Song«). Dabei posiert B. selbst als – wie das Kind dem Ursprung nahestehender – romantischer Prophetendichter, berufen, mit seiner Kunst die in Ignoranz verirrten erwachsenen Menschen über ihre mythischen Reminiszenzen an ihre Herkunft und Bestimmung zu gemahnen: »Hear the voice of the bard, Who present, past, and future sees –«.

B. weigerte sich, eine dieser in Dogmen skriptural festgehämmerten Mythologien zu übernehmen. Statt dessen suchte er die fließenden Reminiszenzen in sich selbst und schuf seine eigenen stets wechselnden Mythen: »I must create a system, or be enslaved by another man's« (*Jerusalem*). Dies gilt für alle seine prophetischen Bücher, angefangen von *The First Book of Urizen* (1794, B.s Gegenentwurf zu Genesis), wie auch für seine Gemälde (Öl- und Wasserfarben) und Illustrationen (Stiche und Radierungen), mit denen er auch Texte anderer Dichter (John Milton, Edward Young usw.) im Sinne seines Antinomismus radikal umlas. B.s Texte und Illustrationen sollten wegen ihrer gegenseitigen Erhellung parallel gelesen werden, jedoch ohne Erwartung einer exakten Entsprechung von Textseite und Illustration. In Ablehnung aller Symmetrie hat B. sie asynchron angeordnet, so daß die Illustrationen in den verschiedenen Visionen des Falls und Heilsgeschehens falsche Erwartungen korrigieren, Rückschläge

oder Fortschritte vorwegnehmen. Es lassen sich bei aller Varianz der freiphantastischen Namen und Handlungen einige Konstanten feststellen, da B. in Text wie Bild gezwungen war, urizenisches Diesseits und alleinheitliches Jenseits kontrastiv zu veranschaulichen. So steht ewiges Feuer gegen schmelzendes Eis, wobei die in Ägypten imaginierten ersten Priesterschwindler, die ihre Tyrannis in den symmetrischen Steinformen der Pyramiden sichtbar werden ließen, asketisch urizenisches Eis zu Tugend und ewiges leidenschaftliches Feuer zu Sünde pervertierten. Doch das Restfeuer ist nie auslöschbar, selbst nicht in ehernen Kugeln und platonischen Höhlen und im Fell des urizenischen Schutztigers »burning bright« (»The Tyger«). Weitere Restriktion und Sterilität assoziierenden Zentralbilder B.s sind Steine, Eisen, Netze, Fesseln, enge Kleider und Schuppenpanzer, Dornengestrüpp, Stöcke und Krücken, Räume und Gefäße, Zirkel und andere symmetrische Formgebilde, sämtliche zerstörbar. Zerstörung aber ist Antithese zur Synthese. In *Vala, or, The Four Zoas* (1795–1804) werden Weizenkorn und Traube zerquetscht, um sich zum »bread and wine of ages« zu erhöhen (B.s Variante der Eucharistie), im Zuge der Wiederherstellung des in vier gegnerische Fähigkeiten gespaltenen »Eternal Man«. Anders wieder in B.s sperrigstem visionären Epos, *Jerusalem* (1804–20), wo der Riese Albion (England) fallen und leiden muß, um schließlich wieder mit seiner Emanation (weiblichen Abspaltung) Jerusalem vereint und zu »Eternal Life« erweckt zu werden (B.s Variante der Anglo-Israel-Lehre, siehe das ebenfalls oft mit »Jerusalem« betitelte vielzitierte Einleitungsgedicht zu *Milton*, 1804–08; *Milton*, 1995).

Werkausgaben: *The Complete Poems.* Hg. W.H. Stevenson. London 1989 [Harlow 1971]. – *The Complete Graphic Work.* Hg. D. Bindman. London 1978. – *Werke.* Hg. G. Klotz. Berlin 1958.
Literatur: J. Mee. *Dangerous Enthusiasm: William Blake and the Culture of Radicalism in the 1790s.* Oxford 1992. – D. Tandecki. *Mind-Forg'd Manacles: William Blake und das Moralgesetz.* Frankfurt a.M. 1987. – M.H. Abrams. *Natural Supernaturalism: Tradition and Revolution in Romantic Literature.* New York 1973 [1971]. – J.B. Beer. *Blake's Visionary Universe.* Manchester 1969. – N. Frye. *Fearful Symmetry: A Study of William Blake.* Princeton 1974 [1947].

Rolf Lessenich

Blyton, Enid

Geb. 11. 8. 1897 in London;
gest. 28. 11. 1968 ebd.

Mit einem – uvre von ca. 4000 Kurzgeschichten und über 700 Büchern, die zum Ende des 20. Jahrhunderts eine Gesamtauflage von über 500 Millionen weltweit erreicht haben, ist Enid Blyton vermutlich die produktivste und erfolgreichste Kinderbuchautorin aller Zeiten. Obwohl vorwiegend in den 1940er und 50er Jahren entstanden und von Kritikern immer wieder geschmäht und verdammt, werden ihre Bücher noch immer in aller Welt gelesen. – Nach einer pädagogischen Ausbildung nach den Prinzipien Friedrich Fröbels arbeitete B. mehrere Jahre in der Kindererziehung, bevor ihr Erfolg es ihr ermöglichte, ganz vom Schreiben zu leben. Viele ihrer Bücher entstanden als Serien, mit einem festen Stamm von Protagonisten und nicht weniger fixen Handlungsmustern – was ihre unglaubliche Produktivität (zeitweise 30–50 Bücher pro Jahr) freilich nicht vollständig erklären kann. Besonders populär wurden Serien, in denen Gruppen von Kindern in den Ferien an verschiedenen, meist entlegenen Orten auf dem Lande Abenteuer erleben: so z. B. die »Famous Five«-Serie, die mit *Five on a Treasure Island* (1942; *Fünf Freunde erforschen die Schatzinsel*, o. J. [ca. 1954]) begann und bis 1963 auf 21 Bände angewachsen war. Eine weitere Gruppe bilden Schulgeschichten, z. B. die »St. Clare's«-Serie (1941–45) und die »Malory Towers«-Serie (1946–51). In Deutschland wurden sie in den 1960er Jahren als »Hanni und Nanni«- bzw. »Dolly-Schulabenteuer auf der Burg«-Serie eingeführt. Weniger erfolgreich waren hierzulande die Geschichten für jüngere Kinder um eine Holzpuppe namens Noddy. Der erste Band, *Noddy Goes to Toyland*, erschien 1949 (*Nicki fährt ins Spielzeugland*, 1956); bis 1964 folgten 23 weitere Bände. Mit beträchtlichem Geschäftssinn sicherte B. ihre Popularität durch eigene Zeitschriften, Fanclubs sowie Fernseh- und Bühnenversionen ab. V. a. nach B.s Tod entwickelte der Markt jedoch Eigendynamik: Serien wurden unter ihrem Namen fortgeschrieben und Übersetzungen und Neuauflagen mit z. T. drastischen Veränderungen hergestellt.

Während der Erfolg bei Lesern zwischen acht und zwölf über die letzten 50 Jahre offenbar uneingeschränkt angehalten hat, war die kritische Rezeption bei Erwachsenen zeittypischen Ansichten und Vorurteilen unterworfen. In den 1920er und 30er Jahren schätzte man B. sowohl als Pädagogin wie auch als Autorin; erst in den darauffolgenden Jahrzehnten trat sie als Bestseller-Autorin auf dem Kinderbuchmarkt in Erscheinung und wurde zunehmend wegen ihrer angeblich allzu einfachen und klischeehaften Sprache kritisiert. Hierzu gesellten sich in den 1960er und 70er Jahren Angriffe gegen den ideologischen Gehalt ihrer Bücher: Sie propagierten von einer bürgerlichen Position aus Klassenvorurteile und seien überdies rassistisch und sexistisch. Dieses Negativbild wird zunehmend von neueren Arbeiten relativiert, die darauf hinweisen, daß B.s Geschichten ähnlich wie Märchen grundlegende Bedürfnisse befriedigen sowie das Lesen und zugleich eine kritische Haltung gegenüber ideologischen Klischees fördern – was, wie empirische Untersuchungen nahelegen, vom heutigen jugendlichen Publikum sehr wohl wahrgenommen werde.

Literatur: D. Rudd. *Enid Blyton and the Mystery of Children's Literature*. Basingstoke 2000. – O. Brunken. »Das Rätsel Blyton und die Lust an der Trivialität.« *Klassiker der Kinder- und Jugendliteratur*. Hg. B. Hurrelmann. Frankfurt a. M. 1995, 401–418. – B. Stoney. *Enid Blyton: A Biography*. London 1992 [1974].

Dieter Petzold

Boland, Eavan [Aisling]

Geb. 24. 9. 1944 in Dublin

Eavan Boland, Tochter der Malerin Frances Kelly und des Diplomaten F. H. Boland, ist eine der profiliertesten irischen Dichterinnen der Gegenwart. B. verbrachte ihre Schulzeit in London, New York und Killiney, County Dublin; sie studierte Latein und Englisch am Trinity College Dublin und lehrte dort 1966–68. Neben publizistischen Tätigkeiten in Presse und Rundfunk lehrte B. in Irland und USA, seit 1995 als Professorin an der Stanford University. – Die thematische und formale Vielfalt ihrer Dichtung verdankt sich einer Mischung aus feministischem und soziopolitischem Engagement mit antiken und keltischen Mythologemen. In ihrem ersten Lyrikband, *New Territory* (1967), verwebt sie Elemente der irischen Geschichte und Literatur mit poetologischen Reflexionen, Bearbeitungen der irischen Überlieferung mit Anklängen an jüdisch-christliche und griechisch-römische Traditionen. In den 1970er

Jahren widmet sie sich verstärkt der Thematik einer möglichen Umwertung der Idee der irischen Nation und der Frage nach der Rolle der Frau, zumal als Dichterin, im Rahmen einer solchen Umwertung. Wird der zeitgeschichtliche Hintergrund in *The War Horse* (1975) durch mythische Anspielungen und Bearbeitungen von Horaz, Vladimir Majakovskij und Nelly Sachs noch in höchst unterschiedlichen Stimmlagen gebrochen, so weist hier das Gedicht »Suburban Woman« schon auf den Folgeband *In Her Own Image* (1980) voraus, in dem B. sich solche Verkleidungen und Spiegelungen versagt und statt dessen in Gedichten wie »Anorexic« und »Mastectomy« einen harschen, realistisch-direkten, zum Teil brutalen Ton anschlägt, geschult an amerikanischen Vorbildern wie Sylvia Plath, Adrienne Rich und Anne Sexton: »Make your face naked, / Strip your mind naked, / [ ] / I will wake you from your sluttish sleep. / I will show you true reflections, terrors« (»Tirade for the Mimic Muse«). *Night Feed* (1982) überzeugt besonders durch die detailliert-einfühlsame Schilderung weiblichen Alltagslebens (»Domestic Interior«) sowie psychophysischer Metamorphosen (»Daphne with her Thighs in Bark«, »The Woman Turns Herself into a Fish«). Die Bände *The Journey and Other Poems* (1987) und *Outside History* (1990) stellen in ihrem Zugang zur irischen Geschichte einen weiteren Wendepunkt in B.s Schaffen dar: Verdrängungen und Verschiebungen einer komplexen nationalen Tradition werden von marginalen Positionen her neu ausgeleuchtet (»Mise Eire«, »The Emigrant Irish«), wobei dem dichterischen Vorgang der De- und Rekonstruktion von Traditionen verstärkte Aufmerksamkeit zukommt (»Object Lessons«, »Listen. This is the Noise of Myth«). Diese Tendenz bestätigt sich in den Folgebänden *In a Time of Violence* (1994) und *The Lost Land* (1998). Aufschlußreich für B.s Haltung gegenüber Irland und dem Feminismus ist auch ihr autobiographisch-metapoetischer Prosaband *Object Lessons: The Life of the Woman and the Poet in Our Time* (1995).

Literatur: P. B. Haberstroh. *Women Creating Women: Contemporary Irish Women Poets.* Dublin 1996. – A. O. Weekes. »›An Origin like Water‹: The Poetry of Eavan Boland.« *Bucknell Review* 38.1 (1994), 159–176. – A. Roche/J. Allen-Randolph, Hgg. *Irish University Review.* Eavan Boland Special Issue (Spring/Summer 1993).

Ingo Berensmeyer

Bolt, Robert [Oxton]

Geb. 15. 8. 1924 in Manchester;
gest. 20. 2. 1995 in Petersfield, Hampshire

Robert Bolt, der einer methodistisch-kleinbürgerlichen Familie entstammt, hat nach seinem Schulabschluß in der Versicherungsbranche gearbeitet, wurde dann zum Kriegsdienst eingezogen und kehrte nach Kriegsende nach Manchester zurück, um an der Universität Geschichte zu studieren. Von 1950–59 war er als Lehrer tätig, und in diese Zeit fallen seine ersten schriftstellerischen Aktivitäten, da er sich in Ermangelung guter Weihnachtsspiele gezwungen sah, für seine Schüler ein *Nativity Play* zu schreiben. Diesem Stück folgten 16 Hörspiele, primär für jugendliche Hörer. Später wandte er sich dem Film zu und schrieb Drehbücher u. a. zu *Lawrence of Arabia* (1962), *Doctor Zhivago* (1965) und *The Bounty* (1984). Sein bekanntestes Drama, *A Man for All Seasons* (1960; *Thomas More*, 1960), durchlief verschiedene Medien: 1952 wurde es als Hörspiel gesendet und 1966 unter der Regie von Fred Zinnemann verfilmt. Das Drama gestaltet die historische Auseinandersetzung zwischen Henry VIII und seinem Lordkanzler Thomas More, der sich weigert, nach der Trennung des Königs von Rom den Suprematseid auf den König zu leisten. B. setzt sich bewußt vom Brechtschen und Shawschen Drama ab, wo der Mensch primär als Produkt seiner Gesellschaft gesehen wird. More dagegen ist als *hero of selfhood* (selbstbestimmter Held) konzipiert, der sich allen politischen und gesellschaftlichen Zwängen zum Trotz die Freiheit nimmt, seinem Gewissen zu folgen. Das historische Geschehen wird durch den *Common Man* verfremdet, der dazu dient, den Zuschauer stärker in das Geschehen miteinzubeziehen und die Gegenwart des Vergangenen zu unterstreichen. In zwei weiteren Dramen greift B. historische Stoffe auf. *Vivat! Vivat Regina* (1970) thematisiert die Dichotomie von Selbstbestimmtheit und Fremdbestimmtheit am Beispiel von Maria Stuart und Elizabeth I, während *The State of Revolution* (1977) eine Abrechnung mit dem Kommunismus-Leninismus ist. Hier arbeitet B. ein Stück eigener Geschichte auf, da er in jungen Jahren selbst Mitglied der Kommunistischen Partei war, aus der er nach dem Krieg ausgetreten ist. Schon in früheren Dramen hat er eigene Irrtümer, eigenes Scheitern und eigene Sehnsüchte in Szene gesetzt. *Flowering*

Cherry (1958; *Blühende Kirschen*, 1960) und *Gentle Jack* (1963) gestalten auf je unterschiedliche Weise den Traum vom Landleben als Flucht aus der Monotonie einer modernen Bürowelt. Mit *The Tiger and the Horse* (1960) läßt B. die 1950er Jahre lebendig werden, die Zeit der Anti-Atomwaffen-Demonstrationen, an denen er selbst teilnahm. In diesem Drama ist die Aufrüstungsdiskussion mit einem ehelichen Zerwürfnis und dem Verrat des Ehemannes an der eigenen politischen Überzeugung um der Karriere willen verbunden. Tiger und Pferd (nach einem Zitat aus William Blake) symbolisieren Herz und Verstand. Die Aussage Blakes, daß das Herz ein besserer Führer sei als der Verstand, wird kritisch hinterfragt, um dann letztlich mit Modifizierungen befürwortet zu werden. – B.s Dramenschaffen steht außerhalb der großen Strömungen seiner Zeit. Er distanziert sich vom Brechtschen Theater ebenso wie vom Theater des Absurden und vom Theater der Grausamkeit, auch wenn er in abgemilderter Form da und dort gewisse Elemente des modernen Theaters in seine eher konventionellen Stücke integriert. Er, der einem humanistischen Welt- und Menschenbild verpflichtet ist und engagiert eine Botschaft verkündet, setzt Symbole und Metaphern ein, um den Zuschauer unauffällig, d. h. über das Unterbewußte, zur Erkenntnis zu führen.

Werkausgabe: *Three Plays*. London 1971.
Literatur: A. Turner. *Robert Bolt: Scenes from Two Lives*. London 1998. – R. Hayman. *Robert Bolt*. London 1969.

Ria Blaicher

Bond, Edward

Geb. 18. 7. 1934 in Holloway, London

»In our time only socialism can produce art«, bringt der englische Dramatiker Edward Bond sein Kunstverständnis polemisch auf den Punkt. Theater ist für B. demnach nur als sozialkritisches Medium denkbar, in dem sich selbst ästhetische Überlegungen als politisch determiniert erweisen. Hinter der seit fast 40 Jahren unveränderten marxistischen Ausrichtung seiner Stücke verbirgt sich allerdings eine erstaunliche Dynamik, die sich in einer auffallenden stilistischen und thematischen Vielfältigkeit manifestiert und die eigentliche Faszination der Dramen des unermüdlichen Autodidakten B. ausmacht. B. schlug sich nach einer schon früh abgebrochenen Schullaufbahn mit di-

versen Gelegenheitsarbeiten durch, bis er 1953 zum Militär eingezogen und in Wien stationiert wurde. Seine negativen Erfahrungen in der Armee gaben den Anstoß zu systemkritischer literarischer Aktivität. Eine ernsthafte Auseinandersetzung mit dem Theater erfolgte allerdings erst Jahre später über die Writers' Group des Royal Court Theatre, der B. schon wenige Monate nach ihrer Gründung im Januar 1958 angehörte. Das Royal Court war es schließlich auch, das B.s erste abendfüllende Stücke, *The Pope's Wedding* (1962; *Die Hochzeit des Papstes*, 1971) und *Saved* (1965; *Gerettet*, 1966), auf die Bühne brachte und B.s Etablierung in der englischen Theaterszene maßgeblich förderte.

Durch extreme Szenen in seinen frühen Stücken, wie etwa die Steinigung eines Babys in *Saved* oder kannibalistische Exzesse in *Early Morning* (1968; *Trauer zu früh*, 1969), wurde B. zunächst fast ausschließlich mit der schockierenden Darstellung unmotivierter Gewalt in Verbindung gebracht. »I write about violence as naturally as Jane Austen wrote about manners«, erklärt der Dramatiker im Vorwort zu *Lear* (1971; *Lear*, 1972), wobei er allerdings seine *aggro-effects* – so bezeichnet B. die schockartige Wirkung gewaltgeladener Szenen auf das Publikum – zunehmend in einen ideologisch-sozialkritischen Rahmen stellt. In den auf *Saved* folgenden Stücken geht der Autor verstärkt dazu über, die Ursachen der dargestellten Aggressionsakte dramatisch zu explizieren und für das Publikum nachvollziehbar zu machen. Während sich das Miteinbeziehen sozialpolitischer Hintergründe in den beiden Künstlerdramen *Bingo* (1973; *Bingo*, 1976) – über das Leben Shakespeares – und *The Fool* (1975; *Der Irre*, 1977) – über das Leben John Clares – als eine der Bühnenwirksamkeit der Stücke kaum abträgliche Rezeptionshilfe erweist, gerät die Diskussion dieser Hintergründe in *The Bundle* (1978; *Das Bündel*, 1979) und v. a. in *The Worlds* (1979; *Die Welten*, 1987) zur unverhüllten Didaxe. Das Vorherrschen epischer und auch lyrischer Darstellungsformen mit starker Tendenz zur expliziten Rezeptionslenkung findet sich in den 1980er Jahren nur noch in der Trilogie *The War Plays* (1985; *Kriegsstücke*, 1988). In anderen Dramen der 1980er, allen voran in *Restoration* (1981; *Restauration*, 1987) und *Summer* (1982; *Sommer*, 1983), findet B. dagegen zu einer gelungenen Symbiose von z. T. episch vermittelter sozialkritischer Botschaft, Komik und dramatischer Spannung. Komische Elemente dienen in B.s Dramatik fast ausschließlich dazu, mittels Kontrasten die schockierende Wirkung beklemmender Szenen zu verstärken. Dies gilt selbst für B.s ›Komödien‹ im engeren Sinne, *Restoration* und *The Sea* (1973; *Die See*, 1973), die beide an Konventionen der Gesellschaftskomödie anknüpfen. In *Restoration* experimentiert der von Brecht beeinflußte Dramatiker zusätzlich mit der Integration des Liedes als dialektischer Folie zum dramatischen Geschehen, einer Technik, die auch in einigen anderen Dramen B.s bemüht wird. Der Neuinterpretation klassischer Vorlagen widmet sich B. in *Lear* und *The Woman* (1978; *Die Frau*, 1979), das der archetypischen Geschichte um den Fall Trojas eine neue Deutung gibt.

B.s Produktivität und Kreativität bleiben auch in den 1990er Jahren ungebrochen. Von den in dieser Dekade entstandenen Werken ist v. a. das Stück *Coffee* (1997) zu erwähnen, in dem B. – wie schon in zahlreichen früheren Dramen – intensiv mit Techniken der Groteske und des Theaters des Absurden operiert, um die Irrationalität einer bei B. stets als veränderbar gezeigten Welt zu dramatisieren. B.s Theater ist somit trotz des häufigen Spiels mit Darstellungsweisen des Surrealen und Absurden ein *Rational Theatre*, wie der Autor im Vorwort zu *Plays Two* (1978) deutlich macht, ein Theater, das der modernen Gesellschaft ihr schizophrenes Dasein in heilsamer Weise vor Augen führen soll. *Coffee*, das sich auf das Massaker von Babi Yar (1941) bezieht, zählt zu den schockierendsten Stücken B.s: Wie in *At the Inland Sea* (1995), einem Jugenddrama für Big Brum, eine *theatre-in-education company*, läßt B. in *Coffee* den Holocaust abrupt und direkt über ein friedliches Alltagsszenario des ausgehenden 20. Jahrhunderts hereinbrechen und aktualisiert damit die beklemmende Relevanz historischer Ereignisse für die Gegenwart. *Eleven Vests* (1997), *The Children* (2000) und *Have I None* (2000) bezeugen B.s anhaltendes Interesse am britischen Jugendtheater. Zugleich spiegeln die Aufführungsorte von B.s Stücken in den Jahren 2000/01 (*The Sea* in Wien, *Lear* und *The Crime of the Twenty-First Century* in Paris, *Olly's Prison* in Straßburg, *In the Company of Men* in Mailand, *Summer* in Barcelona und *Saved* in New York) die steigende Internationalität des Dramatikers, der sich vom *mainstream British theatre* aber weitgehend zurückgezogen hat. Zumal die Entwicklungen an den etablierten Londoner Theatern betrachtet der kritische Autor mit großer Skepsis, weshalb 2001 die einzige Londoner ›Aufführung‹ eine Lesung des Stückes *Lear* im neuen

Globe ist. B., der mit *Blow Up!* (1966) und *Olly's Prison* (1993; *Ollys Gefängnis*, 1994) auch als Drehbuchautor hervorgetreten ist, hat immer wieder versucht, das Verständnis seiner Werke durch weit ausholende Vorworte, theoretische Anmerkungen und den Dramen beigefügte Prosatexte zu erhöhen. Erst mit *The Hidden Plot* (2000) allerdings legt B. erstmals eine ausführliche Darstellung seiner theoretischen Überlegungen zum Theater vor und festigt damit einmal mehr seine Bedeutung innerhalb des modernen englischen Dramas.

Werkausgaben: *Plays 1–6*. London 1977–98. – *Gesammelte Stücke*. 2 Bde. Frankfurt a. M. 1987.
Literatur: M. Löschnigg. *Edward Bond: Dialog und Sprachgestus*. Heidelberg 1999. – M. Mangan. *Edward Bond*. Plymouth 1998. – J. Spencer. *Dramatic Strategies in the Plays of Edward Bond*. Cambridge 1992. – M. Hay/P. Roberts. *Bond: A Study of His Plays*. London 1978.

Maria Löschnigg

Boswell, James

Geb. 29. 10. 1740 in Edinburgh;
gest. 19. 5. 1795 in London

Bis Mitte des 20. Jahrhunderts galt James Boswell als ein britischer Eckermann, den Heldenverehrung und Selbstverleugnung befähigt hatten, mit dem *Life of Samuel Johnson* (1791; *Dr. Samuel Johnson: Leben und Meinungen*, 1951) die berühmteste Biographie der englischen Literatur zu verfassen. In den häufig dialogisierten Episoden (bzw. Anekdoten) dieser Lebenschronik schien der große ›Doctor‹ Johnson, der unbestrittene Kulturpapst seiner Epoche, dem Leser direkt entgegenzutreten – mit seiner Schlagfertigkeit, seinen z. T. skurrilen, immer aber apodiktischen Urteilen zu Moral und Dichtung, seinen Schroffheiten und rührenden Schwächen. Für Generationen blieb die Biographie ein Kultbuch, weil Johnsons Mischung von unsentimentaler Weisheit, rüder Exzentrik und Ironie als Inbegriff britischer Identität erschien. – Inzwischen jedoch hat auch die Gestalt des Chronisten ein überraschendes Eigenleben gewonnen. Seit der Veröffentlichung seiner (bis 1925 verschollenen) Tagebücher entdeckt man in B. einen vieldeutigen, zerrissenen und fast modern anmutenden Charakter. Der junge Schotte aus bester Familie hatte, bevor er 1763 Johnson vorgestellt wurde, in Edinburgh und Utrecht Jurisprudenz studiert und auf einer Europareise Begegnungen mit berühmten Männern (Voltaire, Rousseau, dem korsischen Freiheitshelden Pasquale Paoli) gesammelt. Nun zeigte er sich, wie sein *London Journal* (1762–63; *Londoner Tagebuch*, 1953) illustriert, geradezu besessen von der Großstadt London, ihrem kulturellen Leben, aber auch ihrer untergründigen Anarchie und Sinnlichkeit: »Nachdem ich ausgepackt hatte, machte ich mich wie ein brüllender Löwe auf die Jagd nach den Mädchen, um Wollust und Philosophie zu verbinden.« In seinen Tagebüchern entdecken Kritiker den »new modern urban man«, der – fasziniert von der städtischen Anonymität – in immer neue Rollen und Verkleidungen schlüpft, immer neue Spielsituationen für seine erotischen Abenteuer entwirft, zugleich aber verzweifelt eine Identität zwischen schottischer Provinz und kosmopolitischem Zentrum sucht und seine Ausschweifungen mit puritanischer Reue bezahlt. Kein Wunder, daß man nun auch das *Life of Johnson* in neuem Lichte sieht – nicht mehr nur als penibles Protokoll eines bedeutenden Lebens, sondern außerdem als Wunschprojektion eines geborenen Inszenators.

Literatur: G. Clingham, Hg. *New Light on Boswell.* Cambridge 1991.

Gerd Stratmann

Bowen, Elizabeth [Dorothea Cole]

Geb. 7. 6. 1899 in Dublin;
gest. 22. 2. 1973 in London

In Elizabeth Bowens Roman *The Little Girls* (1964; *Die kleinen Mädchen*, 1965) spürt die Figur Dinah zwei ehemalige Schulfreundinnen auf, um mit ihnen einen Koffer mit charakteristischen Dingen zu suchen, den die Mädchen ein halbes Jahrhundert zuvor ›für die Nachwelt‹ vergraben hatten. Der Koffer erweist sich als leer, Lebenslügen werden offenbar, und Dinah erleidet einen Zusammenbruch. Dieses Handlungselement verweist auf ein Leitmotiv in B.s Werken, die einerseits stets die ungeheure Wichtigkeit der Vergangenheit betonen, andererseits von der Unmöglichkeit handeln, das Vergangene kontrolliert zu evozieren oder sich gar korrekt daran zu erinnern. Für B. als letztes Mitglied einer Familie anglo-irischer Landbesitzer wird der Blick zurück oft zum Traum von besseren

Zeiten, wobei das nostalgische Element meist ironisch gebrochen wird.

B. lebte in Kent, Oxford und London sowie auf dem Familiensitz in der Grafschaft Cork, dessen Geschichte sie in der Familienchronik *Bowen's Court* (1942) erzählt. Obwohl nur zwei ihrer Romane in Irland spielen – *The Last September* (1929; *Der letzte September*, 2002) zur Zeit der Kriegswirren um 1920 und *A World of Love* (1955; *Eine Welt der Liebe*, 1958) –, ist ein irischer Subtext allgegenwärtig. In ihrer frühen ›Verpflanzung‹ von Irland nach England sah B. gar den Auslöser für ihre schriftstellerische Tätigkeit und betonte die Bedeutung der Schauplätze in ihrem Werk, die sich zu einem imaginativen ›Bowen terrain‹ zusammenfügen. In vielen ihrer brillanten Kurzgeschichten spielen Orte und Häuser als unheimliche Bewahrer des Vergangenen die Hauptrolle. Bei der Figurenzeichnung bedient sich B. eines psychologischen Realismus, häufig mit weiblichen Fokalisierungsinstanzen. Immer wieder zentral ist auch die Perspektive intelligenter Kinder und Heranwachsender, deren ebenso unschuldige wie schonungslose Wahrnehmung gesellschaftliche Leere und Künstlichkeit entlarvt, etwa in *The House in Paris* (1935; *Das Haus in Paris*, 1947) oder *The Death of the Heart* (1938; *Der Tod des Herzens*, 1949). Während des Zweiten Weltkrieges lieferte B. Berichte über das neutrale Irland an das Informationsministerium. Ein eindrucksvolles Bild Londons zur Kriegszeit, wo sie mit ihrem Mann Alan Cameron lebte, entwarf sie in *The Heat of the Day* (1949), einer Geschichte um Liebe und Verrat. B. sah den Roman als ›nicht-poetische Darstellung einer poetischen Wahrheit‹. Mit ihrer eleganten, durchaus poetischen und imaginativen Prosa und ihrer Beherrschung von Techniken der Bewußtseinsdarstellung wie der erlebten Rede führte sie Traditionslinien des Frauenromans und des (weiblichen) Modernismus weiter, sah sich aber auch der anglo-irischen Literatur verpflichtet. B. arbeitete kontinuierlich an ihrem Stil; das in der letzten Schaffensphase sichtbare, unter anderem durch den Film ausgelöste Interesse an einer neuartigen Darstellung von äußeren Erscheinungen und Oberflächen macht sie zu einer Wegbereiterin der Postmoderne.

Werkausgaben: *The Uniform Edition of the Works of Elizabeth Bowen.* London 1950–60. – *The Collected Stories.* London 1980.
Literatur: A. Bennett/N. Royle. *Elizabeth Bowen and the Dissolution of the Novel: Still Lives.* Basingstoke 1994. –

P. Lassner. *Elizabeth Bowen*. Basingstoke 1990. – H. Lee.
Elizabeth Bowen. London 1999 [1981].

Ina Habermann

Bowering, George

Geb. 1. 12. 1935 in Penticton, British
Columbia, Kanada

George Bowering ist ein immens produktiver –
wenn auch nicht unumstrittener – Dichter, Literaturkritiker und Autor von Romanen (auch Jugendbüchern) und populärhistorischen Werken. Nach
der Schulausbildung und einigen Jahren bei der
kanadischen Luftwaffe studiert er in den späten
1950er und 60er Jahren in Vancouver, wo er Mitglied der avantgardistischen *Tish-Group* wird. Danach unterrichtet er an Universitäten in Calgary,
London (Ontario), Montreal und Vancouver und
zählt auch dort zur künstlerischen Avantgarde.

In seinem literarischen Werk, das ihm zweimal
den höchsten kanadischen Literaturpreis einbringt, greift B. gerne auf intertextuelle und parodistische Experimente zurück. So stößt er auch
mit seinen erfolgreichsten Werken, wie dem Roman *Burning Water* (1980), oft auf das Unverständnis konservativer Kritiker. Der Roman gehört
zu dem in Kanada populären Genre des autore-
flexiven historischen Romans, der besonders den
Prozeß des Niederschreibens von Geschichte problematisiert. Nachdem er schon in seinem Roman
A Short Sad Book (1977) solchen Tendenzen Ausdruck gegeben hat, beschreibt B. in *Burning Water*
den Akt der europäischen »Eroberung« seiner
westkanadisch-pazifischen Heimat auf parodistische Weise. Zum einen gibt er hierbei die historischen Vorgänge aus der Sicht indianischer Ureinwohner wieder, die allerdings selbst zugleich verfremdet und klischeehaft dargestellt werden; zum
anderen zeigt er sich, bzw. den Autor »George
Bowering«, beim Schreiben. Mit einer anderen Art
des literarischen Klischees arbeitet B. in seinen
kanadischen Versionen des Westerns, etwa in dem
Roman *Caprice* (1987), an dessen Ende nicht ein
maskuliner Einzelgänger gen Westen reitet, sondern eine weibliche Hauptfigur in den Sonnenaufgang hinein zurück nach Osten, in ihre Heimat-
provinz Quebec.

B.s lyrisches Werk ist zum einen geprägt von
sprachlichen Experimenten, die ihn in die Nähe
der ursprünglich aus den USA kommenden *language poetry* bringen, und andererseits von seinen
Langgedichten, einem in Kanada beliebten Genre,
dessen historisch-dokumentarischer Charakter
z. B. in *George, Vancouver* (1970) zum Ausdruck
kommt, einer früheren Studie zu dem in *Burning
Water* ausführlicher bearbeiteten Thema. In parodistischer Weise setzt sich B. mit europäischen
Modellen auseinander, so wenn er in *Kerrisdale
Elegies* (1984) auf das Beispiel von Rilkes *Duineser
Elegien* rekurriert. – B.s historisches Interesse hat
ihn in den 1990er Jahren auch zum Schreiben von
populärhistorischen, neue Perspektiven eröffnen-
den Werken inspiriert, so zu einem Band über die
kanadischen Premierminister, *Egotists and Auto-
crats* (1999), und zu einer Geschichte seiner Hei-
matprovinz British Columbia, *Bowering's B. C.: A
Swashbuckling History* (1996), in der er im Gegensatz zu den oft eurozentrisch orientierten traditionellen Werken der Geschichtsschreibung auch die
Rolle der Ureinwohner miteinbezieht.

Literatur: E.-M. Kröller. *George Bowering: Bright Circles
of Colour*. Vancouver 1992.

Martin Kuester

Boyd, Martin

Geb. 10. 6. 1893 in Luzern;
gest. 3. 6. 1972 in Rom

Martin Boyd stammte aus einer wohlhabenden
Künstlerfamilie in Melbourne. Wie die bedeutendsten seiner Protagonisten war auch er ein
Weltbürger mit einem ausgeprägten Sinn für
Kunst, Geschichte und Genealogie. B.s Romanwerk gehört heute zu den australischen Klassikern,
und schon sein erster Erfolgsroman, *The Montforts*
(1928, revidiert 1963), verkündet sein kulturhistorisches Credo, das er in seinem stilistisch und
atmosphärisch schönsten Roman, *Lucinda Brayford* (1946), und besonders ausgeprägt in seinem
Hauptwerk, der sogenannten »Langton Tetralogie«, *The Cardboard Crown* (1952), *A Difficult
Young Man* (1957), *Outbreak of Love* (1957) und
When Blackbirds Sing (1962), in feinen Schattie-
rungen ausgearbeitet hat: das Streben nach kultureller Verwurzelung, zumal die Bemühung von
kulturhistorisch und ästhetisch sensiblen Australiern um eine Anbindung an Europa. Diese Rückbesinnung erfogt gleichsam schrittweise, indem
die Vergangenheit intellektuell und emotional zurückerobert wird, von Australien nach England

zurückschreitend, von da nach Frankreich und schließlich nach Italien und in den mediterranen Raum. Dabei erscheint Europa als Konfliktschauplatz zwischen der grobschlächtigen Gotik und der verfeinerten Kultur des Mittelmeerraums, der klassischen Wiege des Abendlands. Die Familienromane, die sich immer über mehrere Generationen erstrecken, exemplifizieren auf unterschiedliche Weise solche Reisen in die kulturhistorische wie auch die familiengeschichtliche Vergangenheit, und die Konflikte der Handlung sind immer auch Kulturkonflikte, ja oft Kulturschocks. – Aus B.s 17 Romanen und zahlreichen weiteren Schriften ragen *Lucinda Brayford* und die »Langton Tetralogie« als besonders ansprechende, tiefgründige Werke heraus. So verschieden die beiden Handlungsabläufe auch sind, so ähnlich erweist sich bei näherer Betrachtung die stadienspezifische Befindlichkeit der Erzähler und Protagonisten. Diese Befindlichkeit beginnt stets mit dem bewundernd neidischen Blick aus der australischen kulturellen Provinz auf die Errungenschaften des Mutterlandes, führt im weiteren Verlauf zu einer deprimierenden Konfrontation mit den menschenverachtenden, erniedrigenden Aspekten der Kolonialmacht England und findet schließlich im mediterranen Raum ältere und offenbar zuverlässigere Kulturstufen. Lucinda Brayford durchläuft diesen Läuterungsweg ebenso wie Dominic Langton, der England wie eine böse Krankheit mit seinem Blut aus seinem Körper herausgeschwitzt hat. – Russell Lockwood erweist sich in *Outbreak of Love* als deutlichstes Sprachrohr des Autors, wenn er verkündet, daß zwar sein Körper in Australien geboren ist, aber seinem in Europa geborenen Geist nachstrebt: Man kann seinen Platz in der Geschichte nur in Italien finden und anderswo nur glücklich leben, wenn man sich in einer römischen Provinz wähnt, aber schließlich ist Australien auch eine ganz schöne Provinz.

Literatur: R. Bader. *The Visitable Past: Images of Europe in Anglo-Australian Literature.* Bern/Frankfurt a. M. 1992. – B. Niall. *Martin Boyd.* Melbourne 1988. – B. McFarlane. *Martin Boyd's Langton Novels.* Melbourne 1980. – B. Niall. *Martin Boyd.* Melbourne 1974.

Rudolf Bader

Bradbury, [Sir] Malcolm [Stanley]

Geb. 7. 9. 1932 in Sheffield;
gest. 27. 11. 2000 in Norwich

Malcolm Bradbury gehört zu den Schriftstellern, die nicht nur literaturtheoretisch gearbeitet, sondern auch den Rahmen der traditionellen Literatur verlassen und multimedial geschrieben und konzipiert haben. Das gängige und verkaufsträchtige Etikett *campus novelist*, das ihm oft zugesprochen wird, ist zwar teilweise zutreffend, greift aber zu kurz. Zwar war B. von 1965 bis zu seinem Tod Professor für American Studies an der University of East Anglia in Norwich, das Spektrum seiner Arbeiten weist jedoch weit über den engen akademischen Rahmen hinaus. Sein Kurs in *creative writing* gilt heute als Kaderschmiede für den erfolgreichen literarischen Nachwuchs. B.s literaturwissenschaftliche Publikationen umfassen historische Darstellungen des englischen und amerikanischen Romans, *No, Not Bloomsbury* (1987), *From Puritanism to Postmodernism: A History of American Literature* (1991), *The Modern British Novel* (1993) und *Dangerous Pilgrimages* (1995), Abhandlungen über die Moderne wie in dem von ihm betreuten Sammelband *Modernism: 1890–1930* (1976) sowie eine Studie über *The Social Context of Modern English Literature* (1971). Seine Romane parodieren häufig das nationale und internationale Universitätsmilieu, wie z. B. *Eating People is Wrong* (1959), *Stepping Westward* (1965), *Rates of Exchange* (1983; *Wechselkurse: Ein satirischer Roman*, 1993) und *The History Man* (1975; *Der Geschichtsmensch*, 1980). Der letztere wurde 1980 auch als Fernsehproduktion von der BBC übernommen. Er stellt den Beginn von B.s Arbeit für das Fernsehen dar: Der darauffolgende Mehrteiler *Anything More Would Be Greedy* (1989) ist ein weitausholendes Porträt der Thatcher-Gesellschaft und deren Streben nach ökonomischem Erfolg. Eine Ausweitung des englischen Gesellschaftsporträts findet sich in den Mehrteilern *The Gravy Train* (1991) und *The Gravy Train Goes East* (1991). Jetzt sind es die europäischen Verhältnisse, nationalstaatliche Differenzen und die Arbeitsweise der EG, die B. mit ironischer Distanz aufgreift und parodiert. Eines der herausragenden Verdienste B.s ist sicherlich, daß er das Medium Fernsehen und dessen narrative Kompetenzen in seinen Arbeiten ernst nimmt und reflektiert. So ist sein Roman *Cuts* (1987), der die englische Medienszene parodiert, gleichzeitig auch eine literarische Auseinandersetzung mit dem Medium Fernsehen und dessen Arbeitsweisen. Seine Kurse in *creative writing* betonen die Differenzen von ›literarischem‹ und ›televisuellem‹ Schreiben. B. ist einer der ersten Autoren, denen es gelungen ist, literarische Formen erfolgreich in das Medium Fernsehen zu transportieren.

Literatur: A. Krewani. *Hybride Formen: New British Cinema – Television Drama – Hypermedia.* Trier 2001. – R.A. Morace. *The Dialogic Novels of Malcolm Bradbury and David Lodge.* Carbondale 1989.

Angela Krewani

Braddon, Mary Elizabeth

Geb. 4. 10. 1837 in London;
gest. 4. 2. 1915 in Richmond

Mit einem – uvre von etwa 80 Romanen und einigen Dramen sowie als Herausgeberin von Zeitschriften wie *Temple Bar* und *Belgravia* straft Mary Elizabeth Braddon alle Klagen über die Verdrängung von Autorinnen aus dem viktorianischen Literaturbetrieb Lügen. Allerdings galt sie lange als nicht kanonfähig, da ihre überaus erfolgreichen und gewinnbringenden Romane populären Genres zuzuordnen sind. Beraten von ihrem Lebensgefährten und späteren Ehemann, dem Verleger John Maxwell, sowie ihrem literarischen Mentor, dem Autor Edward Bulwer-Lytton, wußte B. den wachsenden Buchmarkt geschickt für sich zu nutzen. Ihre Werke füllten das ganze Spektrum verfügbarer Publikationsformate und erreichten damit Leser aus allen gesellschaftlichen Schichten. – Trotz ihres Erfolges war B. heftiger Kritik der Zeitgenossen ausgesetzt. Daß sie ihr schriftstellerisches Talent und ihren unbändigen Arbeitseifer nicht für anspruchsvollere Literatur nutzte (was sie auch selbst häufig beklagte), war noch der harmloseste Einwand. Angriffe auf ihre Art der literarischen Massenproduktion mischten sich seit den frühen Erfolgsromanen *Lady Audley's Secret* (1862; *Lady Audleys Geheimnis*, 1863) und *Aurora Floyd* (1863) mit moralischer Kritik: Betrug und Täuschung, Habgier und Eifersucht, Bigamie, Brandstiftung, Mord und Selbstmord waren die Themen der als *sensation novel* bezeichneten Subgattung des Romans, die B. zusammen mit Wilkie Collins und Mrs. Henry Wood begründete und zu der sie mit wenigen Ausnahmen (u.a. *Joshua Haggard's Daughter*, 1876; *Under the Red Flag*, 1883; *Ishmael*, 1884; *Gerard*, 1891; *Dead Love Has Chains*, 1907) immer wieder zurückkehrte. Auch an ihrer Person wurde Anstoß genommen, da sie in den späten 1850er Jahren aus Geldnot als Schauspielerin auf Provinzbühnen aufgetreten war und später mit Maxwell als dessen Ehefrau zusammenlebte, ihn aber erst 1874 nach 13jähriger Liaison heiraten konnte, als seine Frau in einer Nervenheilanstalt starb. B. ist heute als literatursoziologisches Phänomen ebenso interessant wie aufgrund der Tatsache, daß ihre Romane und ihr Leben in einer unaufgelösten Spannung zwischen Infragestellung und Bestätigung viktorianischer Moralvorstellungen stehen.

Literatur: M. Tromp/P. K. Gilbert, Hgg. *Beyond Sensation: Mary Elizabeth Braddon in Context.* Albany, NY 2000. – Ch. Briganti. »Gothic Maidens and Sensation Women.« *Victorian Literature and Culture* 19 (1991), 189–211. – E. Miller Casey. »Other People's Prudery: Mary Elizabeth Braddon.« *Tennessee Studies in Literature* 27 (1984), 72–82. – R. L. Wolff. *Sensational Victorian: The Life and Fiction of Mary Elizabeth Braddon.* New York/London 1979.

Ralf Schneider

Braine, John

Geb. 13. 4. 1922 in Bradford, Yorkshire;
gest. 28. 10. 1986 in London

Am Anfang von John Braines erstem und bedeutendstem Roman, *Room at the Top* (1957; *Der Weg nach oben*, 1960; erfolgreich verfilmt 1958), entwirft der Protagonist Joe Lampton vor dem Hintergrund seiner Erfahrungen in der wirtschaftlichen Depression in den 1930er Jahren und des Zweiten Weltkriegs ein doppeltes Wunschbild erfüllten Lebens: Erreicht werden soll der soziale Aufstieg aus der Unterschicht; zu bewahren ist – so das anfangs geäußerte Motto »No more Zombies!« – die dem erlebenden Ich eigene Vitalität. Die fiktionale Autobiographie, die aus einer Distanz von etwa zehn Jahren entsteht und immer wieder den gegenwärtigen Zustand des erzählenden Ich reflektierend einbezieht, dokumentiert nun die Unvereinbarkeit der beiden Vorsätze und eine grundlegende Ambivalenz. Mit jedem Schritt nach oben hat sich auch ein moralischer Niedergang vollzogen; das Ende, ein Pyrrhus-Sieg, ist Höhe-

und Tiefpunkt zugleich. Umgeben von Statussymbolen, den Beweisen seines ›Erfolgs‹, muß sich Lampton sein vollständiges menschliches Versagen und den Verlust seiner Lebendigkeit, kurz: seine Veränderung zum ›erfolgreichen Zombie‹, eingestehen. Daß er dies noch empfindet, unterscheidet ihn vom vollendeten Zombie, der ja entweder eine triviale Erfolgsstory oder gar nichts mehr berichten würde. Der Reichtum des Texts besteht somit aus einer zentralen Paradoxie: der erzählerisch lebendigen Diagnose der toten Existenz. Dies ist nicht nur als persönliches Scheitern, sondern als Verdikt über die bestehende soziale Wirklichkeit zu verstehen, als kritisch-zorniger Spiegel, der den restaurativen und materialistischen Tendenzen der Nachkriegszeit vorgehalten wird. Wie die anderen *Angry Young Men*, so diagnostiziert auch B. erstaunlich früh und klarsichtig den grundlegenden Mangel der sich abzeichnenden Überflußgesellschaft: die Verwechslung von Haben und Sein. Die Fortsetzung *Life at the Top* (1962; *Ein Mann der Gesellschaft*, 1963) ist erzähltechnisch so flach wie der Protagonist müde; der gesellschaftskritische Impuls ist verschwunden. Hier kündigt sich bereits jener Schwenk ins konservative politische Lager an, den B. und andere ehemals »zornige junge Männer« vollzogen haben. B. ist es, wie die Kritik selten einmütig befindet, in seinen späteren Werken – u.a. *Stay With Me Till Morning* (1970) und *The Queen of a Distant Country* (1972) – nicht mehr gelungen, an die Bedeutung seines ersten Romans anzuknüpfen. *Waiting for Sheila* (1976) verwendet noch einmal die Form der Lebensbeichte; im Zentrum steht hier allerdings mit der Impotenz des Protagonisten eine lediglich private Problematik. Die Darstellung der Atrophie des Ich inmitten seiner Besitztümer in *Room* wird jedoch als klassischer Text der *Angry Decade* Geltung behalten. Seine Fortsetzung (unter den veränderten Bedingungen der 1980er Jahre) findet sich in Martin Amis' *Money: A Suicide Note* (1984).

Literatur: St. Laing. »*Room at the Top*: The Morality of Affluence.« *Popular Fiction and Social Change*. Hg. C. Pauling. New York 1984, 157–184. – J.W. Lee. *John Braine*. New York 1968. – K. Schlüter. *Die Kunst des Erzählens in John Braines Roman Room at the Top*. Heidelberg 1965.

Christoph Schöneich

Brand, Dionne

Geb. 7. 1. 1953 in Guayguayare, Trinidad

Schon als Kind, sagt Dionne Brand, habe sie Geschichten und den Klang der Sprache geliebt. Sie erinnert sich, wie sie als Achtjährige ein Buch über die haitianische Revolution fand: Dieser Moment, die Druckerschwärze zu riechen, die Buchseiten zu berühren, sind in ihrem Gedächtnis haften geblieben, ja sogar zum Thema einiger Gedichte geworden. Während ihrer frühen Kindheit lebte B. bei ihrer Großmutter in Guayguayare, einem Dorf im Süden Trinidads, in einem Haus, das so nahe am Meer stand, daß die Wellen beinahe an seine Stützbalken schlugen. B. studierte in Toronto Anglistik, Philosophie und Pädagogik, blieb danach in Kanada und unterrichtet seither englische Literatur bzw. *creative writing* an mehreren Universitäten. Früh engagierte sie sich in der Bürgerrechtsbewegung und schloß sich feministischen Gruppen an. Sie ist nicht nur Mitbegründerin und Herausgeberin von *Our Lives*, dem ersten kanadischen Magazin für schwarze Frauen, sondern schreibt für eine ganze Reihe von alternativen Zeitschriften. Als Pressesekretärin einer karibischen Entwicklungshilfeorganisation auf Grenada erlebte sie dort 1983 die Invasion der US-Armee, ein Ereignis, das sie zutiefst verurteilt und in mehreren Texten aufgegriffen hat, wie in dem Gedichtband *Chronicles of the Hostile Sun* (1984), der Kurzgeschichte »I Used to Like the Dallas Cowboys« (in *Sans Souci and Other Stories*, 1988) und dem Roman *In Another Land, Not Here* (1997). Der Roman erzählt vom Schicksal zweier Frauen, Elizete und Verlia, während der Revolution in Grenada. Mit poetisch dichter Sprache schildert B. die Beziehung der beiden Frauen zueinander, ihr Sich-Kennen- und Liebenlernen, sowie aus der subjektiven Sicht beider das Scheitern der Revolution und die Invasion der US-Truppen auf der Insel. Die Aktivistin Verlia springt am Ende auf der Flucht vor den angreifenden Truppen über die Klippen in den Tod, wie einst die Kariben auf der Flucht vor den Spaniern. Aber sie ist nicht verzweifelt, sondern beendet ihr Leben lachend, im Glücksgefühl und Farbenrausch der Kleider, des Meeres, des Himmels. Elizete lebt weiter, reist nach Kanada, wo sie die Spuren ihrer Freundin aufnimmt und wo – so läßt uns die Autorin hoffen – ihr Leben sich grundlegend zum Positiven verändern wird. B. hat bisher sieben Gedichtbände veröffentlicht, für *Land To Light On* (1997) erhielt sie den höchsten kanadischen Literaturpreis. In einem weiteren Roman, *At the Full Change of the Moon* (1999), geht B. erneut den Spuren der afrikanischen Vergangenheit nach. Daneben hat sie mehrere Essaybände publiziert und seit 1989 bei vier Dokumentarfilmen Regie geführt. Als Autorin sieht B. sich keineswegs am Rande der kanadischen Literatur, sie fühlt sich als schwarze Kanadierin und nennt als Vorbilder ihres Schreibens nicht nur Derek Walcott, sondern auch Toni Morrison und Bessie Head.

Literatur: C. Sturgess. »Dionne Brand: Writing the Margins.« *Caribbean Women Writers: Fiction in English.* Hg. M. Cond&T. Lonsdale. New York 1999, 202–216. – K. J. Renk. »›Her Words Are Like Fire‹: The Storytelling Magic of Dionne Brand.« *ARIEL* 27.4 (1996), 97–111.

Marlies Glaser

Brathwaite, [Lawson Edward] Kamau

Geb. 11. 5. 1930 in Bridgetown, Barbados

Kamau Brathwaite ist nach Derek Walcott der namhafteste Lyriker der anglophonen Karibik, und wie dieser betrachtet er es als eine zentrale Aufgabe des karibischen Dichters, dem kulturhistorisch entleerten, zersplitterten Archipel in der Neuen Welt über eine indigene poetische Sprache eine eigene Identität zu verleihen. Anders als Walcott, der sich schon aufgrund seiner gemischten Herkunft immer zum doppelten Erbe der europäischen und afrikanischen Kultur bekannt hat, betrachtet B. als Primat die Rückbesinnung auf das – noch so rudimentäre – afrikanische Erbe und eine entsprechende Kreolisierung der gesamten Karibik. Gleichwohl ist der dezidierte Repräsentant einer afro-karibischen Lyrik gerade auch in dem bedeutenderen Teil seines Werks, den als Trilogien konzipierten lyrischen Sequenzen, merklich vom europäischen Modernismus eines T. S. Eliot beeinflußt; und trotz des Rückgriffs auf die gesprochene Sprache und Folklore der Karibik oder suggestive Jazzrhythmen sind viele seiner Texte aufgrund der anspielungsreichen Intertextualität, sprachspielerischen Mehrdeutigkeit und fragmentarisch-segmentalen Struktur keineswegs einfach zu lesen.

B. ging zum Geschichtsstudium von Barbados an die Universitäten von Cambridge und Sussex und brachte während seiner Zeit in England (1950–55, 1965) das einflußreiche *Caribbean Artists Movement* mit auf den Weg. Nach dem Studium war er jahrelang als Pädagoge in der neuen Nation Ghana tätig, wo er zugleich seinen Vorfahren nachspüren konnte, bevor er 1962 in die Karibik zurückkehrte, um hauptsächlich einen Posten als Geschichtsdozent an der University of the West Indies in Jamaika wahrzunehmen. Seit 1991 ist er Professor für Komparatistik an der New York University. – Sein Werdegang als Historiker schlägt sich in Schriften nieder, die sich vorwiegend mit der afro-karibischen Sozial- und Kulturgeschichte beschäftigen, so *The Development of Creole Society in Jamaica (1770–1820)* (1971), *Caribbean Man in Space and Time* (1974) und *Contradictory Omens: Cultural Diversity and Integration in the Caribbean* (1974). Aus der historischen Bestandsaufnahme entwickelt er das Programm einer Überwindung des desolaten Zustands einer in der Diaspora enteigneten, zerstreuten Kultur durch die Bewußtmachung übergreifender Traditionen und die Weiterentwicklung der entstandenen kreolischen Mischkultur zu einer »submarin« die Karibik verbindenden Einheit. Dazu gehört maßgeblich die Rekurrenz auf die *oral tradition* der kreolischen Folklore und die Varietät des *West Indian English*, das B. in seiner literaturkritischen Schrift *History of the Voice* (1984) als »nation language« bezeichnet und entsprechend literarisch aufwertet.

Poetisch umgesetzt sind solche Ideen in seinem wohl bekanntesten Werk, *The Arrivants: A New World Trilogy* (1973; *Die Ankömmlinge,* 1988), einer Zusammenführung der zuvor separat erschienenen Sequenzen *Rights of Passage* (1967), *Masks* (1968) und *Islands* (1969). B. beschreibt hier den Weg der Rückgewinnung einer durch die Entwurzelung und Zerstreuung verlorengegangenen afrokaribischen Identität. Im Eröffnungsteil registriert er die kolonialgeschichtlichen Fehlentwicklungen und gegenwärtigen Mißstände in der Karibik, zumal die Entmündigung und Demütigung der Schwarzen und die Verbreitung einer materialistischen Oberflächlichkeit. Im Mittelteil verarbeitet er seine Ghana-Eindrücke und zeigt am persönlichen Beispiel die mit der Rückkehr zu den Wurzeln verbundene spirituelle Bereicherung und ganzheitliche Regeneration. Im Schlußteil wendet er sich mit der neuen Perspektive wieder der karibischen Situation zu, die mit dem gestärkten ethnisch-kulturellen Selbstbewußtsein konstruktiv verändert werden kann. So suggeriert er etwa in der Sub-Sequenz »Limbo« die Überwindung des kollektiven Traumas der »Middle Passage« auf den Sklavenschiffen mithilfe eines Motivkomplexes, der die Folklore von Karneval, Calypso, Limbo-Tanz und Steelband verknüpft und effektvoll klanglich-rhythmisch stilisiert. – Die Trilogie *Ancestors* (2000) besteht aus den Gedichtbänden *Mother Poem* (1977), der die Landesnatur und Geschichte von Barbados evoziert, *Sun Poem* (1982), der die eigene Kindheit und den familiären Hintergrund thematisiert, und *X/Self* (1987), der den eigenen Standort als Kreuzungspunkt (»X«) diverser Identitäten mit ihrem jeweiligen Potential problematisiert. Die zunehmende Skepsis, die trotz autobiographischer Bezüge nie primär um die eigene Person kreist, sondern sich immer im Verbund der Gemeinschaft sieht und darüber hinaus globale Probleme wie den Nord-Süd-Gegensatz einbezieht, sowie die mitunter hermetische Komplexität der Texte haben die späteren seiner mehr als ein Dutzend umfassenden Gedichtbände weniger zugänglich erscheinen lassen.

Literatur: J. D. Bobb. *Beating a Restless Drum: The Poetics of Kamau Brathwaite and Derek Walcott.* Trenton, NJ 1998. – S. Brown, Hg. *The Art of Kamau Brathwaite.* Bridgend 1995. – G. Collier. »Edward Kamau Brathwaite und das Selbstverständnis der Schwarzen in der englischsprachigen Karibik.« *Black Literature.* Hg. E. Breitinger. München 1979, 214–254.

Eberhard Kreutzer

Brenton, Howard

Geb. 13. 12. 1942 in Portsmouth

Howard Brenton hat zahlreiche Bühnenstücke, Film- und Fernsehspiele verfaßt, literarische Vorlagen adaptiert sowie einen Roman (*Diving for Pearls*, 1989), zwei Gedichtbände und einen Essayband (*Hot Irons*, 1995) publiziert. Mit seiner Vorliebe für brisante Themen und schockierende dramaturgische Techniken hat das *enfant terrible* des politischen englischen Theaters immer wieder heftige Kontroversen provoziert. B. begann seine Laufbahn im alternativen Theater mit subversiv-anarchischen, um das Thema der Gewalt kreisenden Stücken im Stil des *poor theatre* (*Revenge*, 1969; *Christie in Love*, 1969), die den Einfluß gegenkultureller Vorstellungen spiegeln. *Magnificence* (1973), das mit der alternativen Kultur abrechnet, markiert den Durchbruch auf die großen Londoner Bühnen, für die er episierende Dramen

über komplexe historische Themen schrieb. *Brassneck* (1973), eine Kooperation mit David Hare, beschäftigt sich mit dem Niedergang der von Machtgier und Korruption geprägten Nachkriegsgesellschaft. Das Versäumnis der Labour Party, einen radikalen sozialen Wandel herbeizuführen, gestaltet auch *The Churchill Play* (1974), in dem B. die historische Figur Winston Churchills entmythologisiert und eine apokalyptische Zukunftsvision entwirft, um vor einer schleichenden Faschisierung der englischen Gesellschaft und Politik zu warnen. *In Weapons of Happiness* (1976) prangert er den Verrat des Stalinismus an den humanistischen und demokratischen Idealen des Kommunismus an und untersucht seine Auswirkungen auf die zeitgenössische Linke. Diese zweite Phase in B.s Werk endete mit dem politischen und moralischen Skandalon *The Romans in Britain* (1980), das in einer weit ausgreifenden historischen Perspektive beispielhaft Geschichte, Strukturen und Mechanismen imperialistischer Herrschaft aufzeigt. Auf die Verschlechterung der sozialen, politischen und kulturellen Rahmenbedingungen, die den künstlerischen und politischen Freiheitsspielraum im Theater in den 1980er Jahren stark einschränkten, reagierte er mit aggressiven Satiren (*A Short Sharp Shock!*, mit Tony Howard, 1980; *Thirteenth Night*, 1981; *Pravda*, mit David Hare, 1985), in denen er die Thatcher-Regierung und ihr nahestehende gesellschaftliche und wirtschaftliche Kräfte, aber auch die Labour Party heftig attackiert. Parallel dazu richtet er in den *Utopian Plays* (*Sore Throats*, 1979; *Bloody Poetry*, 1984; *Greenland*, 1988) sein Interesse verstärkt auf die persönlichen Implikationen revolutionärer Aktivität sowie auf die Rolle alternativer Lebensformen und utopischer Visionen im Prozeß gesellschaftlicher Veränderungen. Von seiner ungebrochenen Fähigkeit, schnell auf politische Tagesereignisse zu reagieren, zeugen Dramen über den Tod von Rudolf Hess (*H.I.D.*, 1989), die Rushdie-Affäre (*Iranian Nights*, mit Tariq Ali, 1989), den Wandel in der Sowjetunion (*Moscow Gold*, mit Tariq Ali, 1990) und den Aufstieg von New Labour (*Ugly Rumours*, mit Tariq Ali, 1998). Künstlerisch sind diese Arbeiten nicht durchweg gelungen; sie argumentieren plakativ und vereinfachen komplexe Sachverhalte und Zusammenhänge.

Werkausgaben: *Plays for Public Places.* London 1972. – *Plays for the Poor Theatre.* London 1980. – *Plays: One*; *Plays: Two.* London 1986–88. – *Three Plays.* London 1989.

Literatur: R. Boon. *Brenton the Playwright*. London 1991.

Raimund Schäffner

Breytenbach, Breyten

Geb. 16. 9. 1939 in Bonnievale, Western Cape, Südafrika

»I am an Afrikaans-speaking whitish male South African temporarily living outside the continent« – dieses Selbstporträt ist typisch für Breyten Breytenbach in seinem ironischen Understatement: Indem er sich als ›weißlich‹ klassifiziert, erteilt er dem rassistischen Reinheitswahn der Apartheidsideologie eine spöttische Absage und erinnert daran, daß in den Adern aller Buren aufgrund der jahrhundertelangen Ausbeutung auch in sexueller Hinsicht – weiße Herren, schwarze Sklavinnen – ein Anteil schwarzes Blut fließt. Seine ›zeitweilige‹ Abwesenheit aus Südafrika war durch den Umstand bedingt, daß er 1962 für Jahrzehnte als Exilant in Paris leben mußte, bevor er zu längeren Aufenthalten in sein Heimatland zurückkehren konnte. B.s ambivalente Einstellung gegenüber Südafrika, die sein ganzes – œuvre durchzieht, hat er etwa in *Dog Heart: A Travel Memoir* (1998) dargestellt – einem Text über die Rückkehr, der trotz starker Sympathie für Land und Leute eine merkwürdige Reserviertheit zum Ausdruck bringt. Nicht minder ambivalent hat sich sein Land ihm gegenüber verhalten: Einerseits war er als Mitglied der *sestigers* (60er), einer avantgardistischen Literaturgruppe, die bewußt gegen die Tabus des afrikaansen Kanons verstieß, dem Establishment extrem suspekt; andererseits wurden seine Gedichte mit den höchsten Literaturpreisen ausgezeichnet. Diese Wertschätzung dauerte selbst noch an, als er 1975–83 wegen umstürzlerischer Umtriebe ins Gefängnis kam. Der Gefängnisaufenthalt war für B. ein Schlüsselerlebnis, das sein Schaffen als Maler und Schriftsteller nachhaltig beeinflußt hat. Ist schon in seiner Malerei und seiner afrikaanssprachigen Lyrik die Anomie des Subjekts als Gewaltopfer das dominante Thema, so rückt vor allem in seinen englischsprachigen autobiographischen Prosatexten die traumatische Gefängniserfahrung vollends ins Zentrum. Die ersten drei Jahre seines Gefängnisaufenthalts verbrachte B. in Einzelhaft in der *death row*, wo er Nacht für Nacht den Gesängen der meist schwarzen Häftlinge für die Todeskandidaten ausgesetzt war. Ohne Lese- und Schreibmaterial, unter der Qual sadistischer Desorientierungsfolter, sagt er rückblickend: »I was going mad.« – Sein erster langer Prosatext, *A Season in Paradise* (1981; *Augenblicke im Paradies*, 1987), legt bereits Zeugnis ab von seinem zerrissenen Haß-Liebe-Verhältnis zu seiner Heimat, und aus dem Garten seines Onkels nimmt er ein Gefäß mit der roten Erde des Boland (Oberland) mit, in der er seine genetischen Wurzeln sieht, um sich am Ende dann von Südafrika loszusagen und der ›zivilisierteren‹ Wahlheimat Frankreich zuzuwenden. Doch schon bei diesem Besuch bekommt er einen Eindruck von der brutalen Allmacht des südafrikanischen Geheimdienstes, als er nach einem Gespräch mit einem schwarzen Widerstandskämpfer von den »dark angels« verhört und mit einer sehr ernsten Verwarnung entlassen wird. B.s eindrucksvollste Texte sind daher wohl seine Gefängnismemoiren. Ein besonders beunruhigendes Dokument dieser Art ist *Mouroir: Mirrornotes of a Novel* (1984; *Mouroir: Spiegelungen eines Romans*, 1990), ein Roman, der die restriktiven Bedingungen im Gefängnis unmittelbar widerspiegelt. So heißt es an einer Stelle, daß der Gefangene B. nach Erlöschen des Lichts im Dunkeln auf kleinen Papierfragmenten, die er erschlichen hat, seine Gedanken niederschreibt, ohne genau unterscheiden zu können, was er bloß gedacht oder tatsächlich geschrieben hat. Das Werk zerfällt so in eine Vielzahl von meist kurzen Episoden, deren Kohärenzprinzip weniger durch die chronologische Verknüpfung als durch die gemeinsame Thematik von Tod, Gewalt und Persönlichkeitszerstörung gebildet wird. In vielfachen *mises en abyme* wird so ein paradigmatisches »writing in circles« von semantisch identischen, immer neu variierten Situationen realisiert. B. konstatiert, daß das Überleben des Ichs in der destruktiven Umgebung des Gefängnisses die Verabschiedung von jeglicher konventionellen, kartesischen Ich-Konzeption voraussetzt: Das »I unsurvived« deutet an, daß nur in der Abwesenheit des zentrierten Ichs eine Art reduziertes Ich sich behaupten kann. »Absence – that was the very presence«, heißt es entsprechend – dekonstruktivistisch formuliert – in *Memory of Snow and of Dust* (1989; *Erinnerungen an Schnee und Staub*, 1997), einem metafiktionalen Roman über einen Gefängnisaufenthalt, der autobiographische und fiktionale Momente ineinanderblendet. Die Leistung von B. besteht darin, daß er es in seinen Interventionen literarischer wie politischer Art stets vermag, eine theoretische Position europäischer Prägung mit den politisch-gesellschaftlichen Erfordernissen Südafrikas zu verbinden.

Literatur: H. G. Golz. »*Staring at Variations*«: *The Concept of Self in Breyten Breytenbach's Mouroir: Mirrornotes of a Novel* . Frankfurt a. M. 1995. – E. Reckwitz. »›The Broken Mirror‹: Die Problematik der Selbstbespiegelung in den autobiographischen Romanen Breyten Breytenbachs.« *Current Themes in Contemporary South African Literature*. Hg. E. Lehmann/E. Reckwitz. Essen 1989, 26–83. – J. Jacobs. »Breyten Breytenbach and the South African Prison Book.« *Theoria* 68 (1986), 64–82.

Erhard Reckwitz

Brink, Andr&[Philippus]

Geb. 29. 5. 1935 in Vrede, Orange Free State, Südafrika

Andr&Brink gehört zu den international bekanntesten Autoren Südafrikas. B.s Behandlung des moralischen Dilemmas weißer Südafrikaner am Beispiel eines mit der Apartheidpolitik in Konflikt geratenden burischen Geschichtslehrers in *A Dry White Season* (1979; *Wei e Zeit der Dürre*, 1992) ist durch die Verfilmung des Romans weltweit bekannt geworden und hat B.s Ruf als kritische Stimme Südafrikas verstärkt. Dies zeigt zugleich, daß B. es versteht, die Problematik seines Landes in einer Weise darzustellen, die referentielle und ästhetische Anliegen mit einer spannend erzählten Geschichte vereinbart. Wo Nadine Gordimer sich der Schreibweise des *liberal realism* bedient, um die Schwierigkeiten ihrer englischsprachigen weißen Protagonisten in einer rassistischen Gesellschaft darzustellen und die Überwindbarkeit der Rassenschranken durch humanes Verhalten gegenüber Schwarzen aufzuzeigen, geht es B. in seinen Romanen um die persönlichen Konsequenzen, die seine afrikaanssprachigen Akteure aus der Einsicht ziehen, in einer zutiefst ungerechten Gesellschaft zu leben. B., während seines Studiums im Frankreich der 1960er Jahre stark vom Existentialismus beeinflußt, unterlegt seinen Texten ein existentialistisches Paradigma: Einerseits ist der Mensch in eine Situation geworfen, der er sich stellen muß; andererseits hat er die Freiheit der Wahl, die Grenzen seiner Situation zu überschreiten. Die Camus'sche Version dieses Denkansatzes teilt die Welt in die Pest und deren Opfer ein;

daraus erwächst die ethische Verpflichtung für das menschliche Subjekt, niemals Teil der Pest zu werden, was stete Wachsamkeit im Umgang mit dem Bösen erfordert. In *The Wall of the Plague* (1984; *Die Pestmauer*, 1993) ist B. explizit in einen intertextuellen Dialog mit Albert Camus' *La Peste* eingetreten. Aber auch die anderen Romane sind von der existentialistischen Selbstfindungsethik durchdrungen: Fast immer stehen Buren im Zentrum, die sich mit der traditionell-rigiden Gesellschaft der Afrikander auseinandersetzen und in einem Individuationsprozeß aus dem Kollektivitäts- wie Konformitätsdruck befreien, den Kirche, Familie und andere Institutionen ausüben. B.s eigene Karriere als Mitglied der *sestigers*, einer afrikaanssprachigen Künstlergruppe, die sich in den 1960er Jahren den Themen und Formen der europäischen Avantgarde zuwandte, parallelisiert den Selbstfindungsprozeß seiner Romanfiguren, weil hier literarisch ein Bruch mit dem Zwang zum thematischen Dekorum und zur politischen Loyalität gegenüber dem Burenstaat vollzogen wurde, die einem Autor der Afrikander gleichsam in die Wiege gelegt waren: »All significant art is offensive.« – diese Erklärung in B.s Essaysammlung *Mapmakers: Writing in a State of Siege* (1983; *Stein des Ansto es: Als Schriftsteller in Südafrika*, 1990) ist programmatisch für sein Engagement, und nicht von ungefähr sind etliche seiner Romane in der Apartheidära mit dem Publikationsverbot (*banning order*) belegt worden. – Innerhalb dieses thematischen Rahmens hat B., Anglistik-Professor an der University of Cape Town, wiederholt mit diversen, jeweils aktuellen Schreibweisen und Theoriemodellen experimentiert: So finden sich in seinen Texten Techniken wie intertextuelle Dialoge mit berühmten Prätexten, die extreme Multiperspektivität des Erzählens und die daraus resultierende Relativierung der Wirklichkeitskonstitution, konkurrierende *multiple endings* und neuerdings besonders der magische Realismus, dessen Koexistenz unterschiedlicher Wirklichkeitsebenen am ehesten einer multiethnischen, postkolonialen Gesellschaft angemessen scheint.

Literatur: J. Cope. *The Adversary Within: Dissident Writers in Afrikaans.* Kapstadt 1982.

Erhard Reckwitz

Brittain, Vera [Mary]

Geb. 29. 12. 1893 in Newcastle-under-Lyme,
Staffordshire; gest. 29. 3. 1970 in London

Vera Brittains lebenslanger Feminismus und
Pazifismus liegen in ihrer Jugend begründet: Aufgewachsen in einem von traditionellen Rollenvorstellungen geprägten Elternhaus erkämpfte sie sich
den Weg nach Oxford, unterbrach das Studium
jedoch schon nach kurzer Zeit, um als Krankenschwester in den Ersten Weltkrieg zu ziehen. Der
Kontakt zu deutschen Kriegsgefangenen sowie der
Tod ihres Bruders, ihres Verlobten und zweier
Freunde legten den Grundstein für B.s Pazifismus.
Nach Kriegsende nahm sie ihr Studium wieder
auf, um nach dessen Abschluß (B. gehörte zur
ersten Generation von Frauen, die in Oxford einen
akademischen Grad erlangten) mit ihrer Freundin
Winifred Holtby nach London zu ziehen, wo sie
sich als Journalistin mit Politik sowie mit den
Themen Feminismus und Pazifismus befaßte und
ihre ersten Romane veröffentlichte. Sie heiratete
1925 und zog mit ihrem Mann in eine amerikanische Kleinstadt, kehrte jedoch nach einem Jahr
frustriert nach London zurück, wo sie zunächst
wieder mit Holtby, später mit Holtby und ihrem
Ehemann wohnte. Ihre Berühmtheit nach der Veröffentlichung von *Testament of Youth* (1933) wurde
von Holtbys Tod 1935 überschattet, eine Erfahrung, die B. in *Testament of Friendship* (1940) verarbeitete. Während des Zweiten Weltkriegs zeigte
sich B.s Pazifismus in der Veröffentlichung von
Antikriegsbüchern und -rundbriefen, in denen sie
nicht zuletzt gegen die Bombardierung deutscher
Städte protestierte. Auch nach dem Krieg dauerte
ihr politisches Engagement an, sie stritt für die
Unabhängigkeit Indiens und wurde Vorsitzende
einer pazifistischen Vereinigung sowie des englischen PEN. 1970 starb B., kurz bevor ihre Tochter
Shirley Williams zur Ministerin berufen wurde.

Insgesamt veröffentlichte B. 29 Bücher, von
denen *Testament of Youth* nach wie vor das bekannteste ist. Ihre weniger berühmten Romane
sind gekennzeichnet vom Zwiespalt ihrer Heldinnen zwischen Unabhängigkeit und traditionellen
Werten: *Dark Tide* (1923) ist das amüsante Porträt
eines Frauencolleges, *Honorable Estate* (1936) u. a.
das ergreifende Bild einer spätviktorianischen Ehe.
Weiterhin zählt B. zu den besten weiblichen *war
poets* (KriegsdichterInnen); ihre Gedichte thematisieren Sinn, Leid und Schuld des Krieges. Obwohl

auch ihre pazifistischen Bücher und Rundbriefe an
Aktualität kaum eingebüßt haben, sind es v. a. ihre
zahlreichen, in dem Band *Testament of a Generation* (1985) gesammelten Zeitungsartikel, die ihre
feministischen Überlegungen am besten zum Ausdruck bringen. – Lange Jahre weitgehend in Vergessenheit geraten begann B.s Renaissance mit der
Wiederauflage ihrer Bücher bei Virago Ende der
1970er Jahre und mit der BBC-Serie *Testament of
Youth* (1979). B.s Eintreten für den Frieden bleibt
in einer Welt voller Kriege erschreckend aktuell,
und ihre Texte stellen auch weiterhin eine Fundgrube für feministisches Gedankengut dar. Ihre
autobiographischen Materialien und ihre Biographien dokumentieren den unermüdlichen und
schwierigen Kampf einer Frau um Unabhängigkeit
in ihrem Privatleben und um pazifistische Ideale
inmitten einer von Kriegen geprägten Welt.

Literatur: D. Gorham. *Vera Brittain: A Feminist Life.*
Oxford 1996. – B. Zangen. *A Life of Her Own: Feminism
in Vera Brittain's Theory, Fiction, and Biography.* Frankfurt a. M. 1996. – P. Berry/M. Bostridge. *Vera Brittain: A
Life.* London 1995.

Gaby Allrath

Brodber, Erna

Geb. 20. 4. 1940 in Woodside, Jamaika

Schon Erna Brodbers erster Roman, *Jane and
Louisa Will Soon Come Home* (1980), erregte großes Aufsehen, nicht nur wegen seines Inhalts –
einer heftigen Anklage gegen die herrschende So-
zialmoral, den Sexismus und Rassismus innerhalb
der jamaikanischen Gesellschaft –, sondern auch
wegen der experimentellen Form, des assoziativen
Stils, der Mischung verschiedener Genres, womit
sich B. als eine der ersten von der bis dahin
vorherrschenden realistischen Schreibweise karibischer Autoren löste. Zuvor war B. als Soziologin
und Historikerin hervorgetreten, deren besonderes
Interesse den Lebensumständen der verarmten
Stadtbevölkerung Jamaikas galt. Ihre Studien zum
Familienleben und den Wohnverhältnissen in den
Armenvierteln von Kingston sowie ihre Forschun-
gen zur oralen Überlieferung und zum Frauenbild
in der Karibik beeinflußten stark ihr literarisches
Werk. Nach langjähriger Lehrtätigkeit an der Universität in Kingston initiierte B. 1983 ihr For-
schungsprojekt *Black Space*, und sie arbeitet seitdem als freiberufliche Autorin und Forscherin.

1976 schloß sich B. den *Twelve Tribes* an, einer Rasta-Organisation vorwiegend von Intellektuellen, die ihren eigenen Platz in der jamaikanischen Gesellschaft zu bestimmen suchen, die Zugehörigkeit gleichsam zu einem »Stamm«. Ähnliche Verhaltensweisen finden sich auch bei B.s Charakteren, die in einer immer noch durch die Folgen von Sklaverei, Kolonialismus, Rassismus und Sexismus fragmentierten Gesellschaft versuchen, ihre Identität zu finden. In ihrem ersten Roman, in dessen Zentrum die Entwicklung des Mädchens Nellie steht, will die Autorin die Leser in eine Zeit zurückführen, die für sie den Beginn der karibischen Gesellschaften darstellt: das Zusammentreffen von Schwarz und Weiß, von Europäern und Afrikanern während der Sklaverei. Nicht um Schuldzuweisungen geht es ihr dabei, sondern um die Sondierung alternativer Entwicklungsmöglichkeiten und einen Beitrag zur internen Heilung der maroden jamaikanischen Gesellschaft. Auch der Titel ihres zweiten Romans, *Myal* (1988; *Alabaster Baby*, 2000), abgeleitet von einer religiösen Bewegung, die während der Sklaverei entstand und noch heute im *Kumina*-Ritual ihren Ausdruck findet, bezieht sich auf eine Heilung. Im ländlichen Jamaika Anfang des 20. Jahrhunderts befreit ein Team von Heilern zusammen mit Geistern der Vergangenheit die Dorfgemeinschaft vom *Obeah*-Zauber eines Mannes, der auf Kosten eines jungen Mädchens seine verlorene Potenz wiedergewinnen will. B.s besonderes Interesse gilt den Beziehungen zwischen den verschiedenen schwarzen Kulturen außerhalb Afrikas, auch in ihrem Roman *Louisiana* (1993), der das Leben einer Ethnologin jamaikanischer Herkunft in den Südstaaten der USA während der 1930er Jahre zum Thema hat. Grundsätzlich ist für B. das Land der Ort, an dem das wahre Leben stattfindet, und doch schildert sie das Leben dort in ihren Romanen sehr kritisch. Sie ruft in ihren Texten zu differenzierten Sichtweisen und positiven Handlungen auf und vermittelt dies in einer komplexen Erzählstruktur und durch die virtuose Handhabung der vielschichtigen jamaikanischen Variante des Englischen.

Literatur: D. de Cairies Narain. »The Body of the Woman in the Body of the Text.« *Caribbean Women Writers: Fiction in English.* Hgg. M. Cond&T. Lonsdale. New York 1999, 97–116. – »Erna Brodber.« *Caribbean Women Writers.* Hg. H. Bloom. Philadelphia 1997, 14–29.

Marlies Glaser

Bront , Anne

Geb. 17. 1. 1820 in Thornton, Yorkshire;
gest. 28. 5. 1849 in Scarborough, Yorkshire

Anne Bront wuchs als Tochter des Pfarrers Patrick Bront und als jüngstes von sechs Kindern im Pfarrhaus von Haworth (Yorkshire) auf. Geprägt war ihre Kindheit durch den frühen Tod der Mutter (1821) und der ältesten Schwestern Maria und Elizabeth (1825), aber auch durch die kreative Zusammenarbeit mit ihren Schwestern Charlotte und Emily sowie ihrem Bruder Branwell. Als Kinder schufen Charlotte und Branwell die Phantasiewelt Angria, Emily und Anne das imaginäre Reich Gondal; gemeinsam verfaßten sie Geschichten über diese Phantasiewelten. Spuren der (nicht erhaltenen) Gondal-Geschichten finden sich in B.s Lyrik. Neben den Gondal-Gedichten schrieb B. v. a. religiöse Lyrik, die oft den Einfluß der englischen Hymnen-Tradition erkennen läßt. – 1839 trat B. eine Stelle als Gouvernante an, die sie aber nach einigen Monaten wieder aufgab; von 1841–45 war sie bei einer anderen Familie tätig. 1846 gaben die Bront -Schwestern eine Auswahl ihrer Gedichte heraus, wobei sie durch die Pseudonyme Acton, Currer und Ellis Bell ihre Identität (und ihr Geschlecht) zu verschleiern suchten.

Bereits ein Jahr später veröffentlichte jede der Schwestern ihren ersten Roman. Im Mittelpunkt von B.s weiblichem Entwicklungsroman *Agnes Grey* (1847; *Agnes Grey*, 1988), der wieder unter dem Pseudonym Acton Bell erschien, stehen die Erfahrungen der auch als Erzählerin fungierenden Titelheldin, einer jungen Gouvernante. Der Roman basiert zwar teilweise auf den Erfahrungen B.s, sein autobiographischer Gehalt wurde aber in der Rezeption oft überschätzt. Mit der eindringlichen Darstellung der Unfreiheit und der fehlenden gesellschaftlichen Anerkennung, unter der Agnes Grey leidet, übt B. Kritik an der schlechten sozialen Stellung zahlloser viktorianischer Frauen der Mittelschicht, für die eine Tätigkeit als Gouvernante eine der wenigen Berufsmöglichkeiten bildete. – Eine sozialkritische Komponente ist auch B.s zweitem Roman, *The Tenant of Wildfell Hall* (1848; *Die Herrin von Wildfell Hall*, 1993), zu eigen. Er schildert den (erfolgreichen) Versuch der Protagonistin Helen Huntingdon, sich aus einer Ehe zu befreien, in der sie dem Alkoholismus und dem unmoralischen und brutalen Verhalten ihres Ehemanns ausgesetzt ist. Nachdem sie zunächst versucht, ihre Ehe zu retten, flüchtet sie schließlich mit ihrem kleinen Sohn vor ihrem zunehmend aggressiven und verrohten Ehemann. Schon aufgrund dieses Schrittes, aber auch wegen ihres Strebens nach finanzieller Unabhängigkeit verkörpert Helen Huntingdon ein relativ progressives Frauenbild. *The Tenant of Wildfell Hall*, in dem B. auf die Darstellungsverfahren des Briefromans zurückgreift, wurde in zeitgenössischen Rezensionen aufgrund seiner angeblich ›abstoßenden Szenen‹ teilweise sehr negativ aufgenommen. – 1849, ein Jahr nach dem Tod Emilys und Branwells, starb B. im Alter von erst 29 Jahren an Tuberkulose. Während die Bronté s als Gruppe ein literarisches Phänomen darstellen, das zur Mythenbildung angeregt hat, stand B. als Autorin und als Person stets im Schatten ihrer Schwestern, was zur Folge hatte, daß ihre Werke wenig gewürdigt wurden.

Literatur: M. H. Frawley. *Anne Bronté* . Boston 1996. – E. Chitham. *A Life of Anne Bronté* . Oxford 1993. – E. Langland. *Anne Bronté : The Other One*. Houndmills 1989.

Marion Gymnich

Bronté , Charlotte

Geb. 21. 4. 1816 in Thornton, Yorkshire;
gest. 31. 3. 1855 in Haworth, Yorkshire

Charlotte Bronté ist, gemeinsam mit ihrer jüngeren Schwester Anne, die Hauptvertreterin des frühviktorianischen weiblichen Entwicklungsromans; gleichzeitig verdeutlicht die kritische Rezeption ihres Werkes, die sich in historischer Perspektive als biographisch, didaktisch, feministisch und narratologisch fokussiert nachzeichnen läßt, geradezu paradigmatisch den allgemeinen Perspektivenwechsel der modernen Literaturwissenschaft. – Als drittes Kind des Reverend Patrick Bronté geboren, verbrachte B. den größten Teil ihrer Kindheit in Haworth, Yorkshire, gemeinsam mit ihren Geschwistern Maria (1813–25), Elizabeth (1815–25), Patrick Branwell (1817–48), Emily Jane (1818–48) und Anne (1820–49), dem Vater und nach dem frühen Tod der Mutter (1821) ihrer Tante Elizabeth Branwell. Alle Mädchen mit Ausnahme Annes besuchten die Clergy Daughters' School in Cowan Bridge, wo sie letztlich aufgrund unzureichender Fürsorge unter selbst für viktorianische Verhältnisse katastrophalen Lebens- und Lernbedingungen zu leiden hatten; todkrank kehrten Maria und Elizabeth 1825 nach Hause zurück

und starben bald darauf; am 1. 6. 1825 kehrten auch Charlotte und Emily nach Haworth zurück. Obwohl B. ab 1831/32 die Schule von Miss Wooler in Roe Head besuchte, wo sie dann in den Jahren 1835–38 auch als Erzieherin arbeitete, fand die eigentliche Erziehung ab Mitte der 1820er Jahre im Pfarrhaus von Haworth statt. Dort führte der Vater die Kinder an die Schätze seiner Bibliothek heran (u. a. die Bibel, Homer, Vergil, Shakespeare, John Milton, Lord Byron, Sir Walter Scott) und eröffnete ihnen mit *Blackwood's Edinburgh Magazine*, *Fraser's Magazine* und *The Edinburgh Review* einen weiteren intellektuell-kulturellen Horizont. Im Juni 1826 hatte Mr. Bronté von einem Besuch in Leeds Branwell ein Set von zwölf Holzsoldaten mitgebracht, ein Geschenk, das sogleich zum Schlüsselerlebnis wurde: Über die Empfindungen, Erlebnisse und Abenteuer dieser Figuren erzählten und schrieben die Kinder Geschichten, und sie erfanden eine imaginäre gläserne Stadt. Charlotte und Branwell schrieben eine Chronik der erstaunlichen Geschichte des Königreichs Angria in kaum briefmarkengroßen Heftchen nieder (*Legends of Angria*, 1933; *Erzählungen aus Angria*, 1987), während Emily und Anne sich über Jahre hinweg der Gondal-Saga widmeten. Dokumentieren bereits diese Jugendschriften die unerschöpfliche, melodramatische, phantastische Imaginationskraft B.s und den Gemeinschaftsgeist der Kinder, so werden sie im Rückblick ebenfalls zu einer konzentrierten Schreibschule für das spätere Werk.

In die 1840er Jahre fällt der für B. biographisch so wichtige (und dann in den Romanen *Villette* und *The Professor* literarisierte) Aufenthalt in Brüssel, wo sie zwischen Februar 1842 und 1844 insgesamt 18 Monate im Pensionat von M. Constantin Heger verbrachte, um ihre Französisch- und Deutschkenntnisse zu verbessern. Im September 1845 entdeckte B., die schon seit ihrer Zeit in Roe Head selbst Gedichte schrieb, ein Heftchen mit Gedichten Emilys, und schnell hatte sie ihre widerstrebenden jüngeren Schwestern überzeugt, gemeinsam eine Gedichtsammlung zu veröffentlichen. Diese erschien Ende Mai 1846 – weitgehend unbemerkt von der Kritik und dem Lesepublikum – als *Poems by Currer, Ellis and Acton Bell*, ein schmales, 165 Textseiten umfassendes, schnell produziertes Bändchen mit 19 Gedichten von Currer (Charlotte) und jeweils 21 von Ellis und Acton (Emily und Anne), auf Kosten der Autoren. Literarisch bedeutsam sind im Grunde nur einige der Gedichte Annes und Emilys, während Charlottes

Themen gesucht und ihre Gestaltungskraft limitiert erscheinen. Dennoch, ihrem Engagement war diese erste Veröffentlichung zu verdanken, und schon bald wandte sie sich wiederum an die Londoner Verleger, denen sie nun drei Romane der »Gebrüder Bell« anbot; ihr eigener Roman, *The Professor* (*Der Professor*, 1990), wurde immer wieder abgelehnt und erschien erst postum im Jahre 1857. Eine mit freundlicher Aufmunterung versüßte Ablehnung des Romans durch das Verlagshaus Smith, Elder and Co. ermutigte B., ihren inzwischen vollendeten zweiten Roman, *Jane Eyre* (*Jane Eyre*, 1848), einzuschicken; dieser wurde sogleich akzeptiert und erschien im Oktober 1847, zwei Monate bevor Emilys *Wuthering Heights* und Annes *Agnes Grey* bei T. C. Newby veröffentlicht wurden. Plötzlich waren die Romane der Gebrüder Bell Gegenstand des öffentlichen Interesses, insbesondere *Jane Eyre* wurde von der Kritik enthusiastisch gefeiert, wobei die männliche Autorenfiktion zusätzliches Interesse provozierte. Wie schon die ambitionierte B. die treibende Kraft hinter der Veröffentlichung der *Poems* und der Romane war, so war sie auch diejenige, die als erste ihre wahre Identität (und die ihrer Schwestern) preisgab. Die Freude über die literarischen Erfolge im Hause Bront sollte nicht lange andauern: Im September 1848 starb Branwell, im Dezember 1848 Emily und im Juli 1849 Anne, womit B. zur Nachlaßverwalterin auch der literarischen Werke ihrer Schwestern wurde, Werke, deren Qualitäten sie verkannte und die sie demzufolge nur widerstrebend für Neuauflagen freigab.

Im Oktober 1849 erschien B.s Roman *Shirley* (*Shirley*, 1849), gefolgt von *Villette* (1853; *Villette*, 1853), jeweils Achtungs- und Publikumerfolge, die zusammen mit *Jane Eyre* zu den bedeutendsten literarischen Entwürfen weiblicher Existenz im Zeitalter des Viktorianismus gehören. *Jane Eyre* ist die fiktionale Autobiographie einer klugen, nicht übermäßig hübschen jungen Frau. Konzentriert auf die für ihre Selbstfindung im Widerstreit von Gefühl (*passion*) und Vernunft (*reason*) zentralen Phasen ihres Lebens, strukturiert die Ich-Erzählerin ihren Bericht, rafft oder berichtet detailliert: Eingehend geschildert werden die Jahre der entbehrungsreichen Kindheit im Hause ihrer Tante und in Lowood – Waisenhaus und Schule zugleich –, die Begegnung mit dem düsteren – an die Helden der *gothic novel* erinnernden – Gutsherrn Edward Rochester von Thornfield Hall, die Liebe zu ihm, ihre Flucht, nachdem sie am Hochzeits-morgen erfahren mußte, daß Rochesters Ehefrau Bertha als Wahnsinnige im obersten Stock des Gutshauses weggeschlossen ist, der Aufenthalt im Hause von St. John Rivers und seinen Schwestern, der moralische und religiöse Druck, den St. John auf sie ausübt, ihn als seine Ehefrau auf eine Missionsreise zu begleiten, der erneute Aufbruch und die Auflösung aller Verwicklungen, die Heirat mit dem inzwischen verkrüppelten und verwitweten Rochester. Das aus einem zeitlichen Abstand von zehn Jahren (nach der Hochzeit mit Rochester) geschilderte Geschehen wird in deutlicher Parallelität zum fortschreitenden Integrationsprozeß der Protagonistin immer häufiger für Reflexionen und direkte Leseranreden unterbrochen, die zum einen der leidenschaftlichen Emotionalität der jungen (erlebenden) Jane die ruhige Ausgewogenheit der gereiften (erzählenden) Jane gegenüberstellen, zum anderen immer wieder prinzipielle Fragen aufwerfen, etwa die Restriktionen, denen Frauen unterworfen sind (Kap. 12). Die ausgefeilte, den ganzen Roman prägende Symbolik (Feuer, Wasser) und Metaphorik, die behutsam angedeutete Parallelität zwischen Jane und Bertha, dies alles verleiht dem zentralen Aspekt der weiblichen Identitätskonstitution im Widerstreit von *passion* und *reason* Tiefe.

Wie die Schilderung von Lowood in autobiographischem Erleben (Cowan Bridge) gründet, so verarbeitet B. ihren Brüsselaufenthalt in *Villette* (*Villette*, 1984), der fiktiven Autobiographie Lucy Snowes, einer – wie Jane Eyre – unscheinbaren, auf sich allein gestellten jungen Frau. Diese bezeichnet am Ende des Romans und nach etlichen Verwicklungen die drei Jahre als selbständige Lehrerin und Leiterin einer kleinen Schule, in denen sie auf die Rückkehr von Paul Emanuel wartete, als die glücklichste Zeit ihres Lebens. Erzählerische Traditionen der *gothic novel* und strukturelle Innovationen, der offene Schluß wie die immer wieder durchscheinende Unzuverlässigkeit der Erzählinstanz, verdichtet B. zu einer präzisen, glaubhaften Darstellung auch in ihrer Liebe durchaus unromantischer Charaktere. Zwei sehr unterschiedliche Frauenfiguren, Caroline Helstone und Shirley Keeldar, stehen im Mittelpunkt von *Shirley*, einem multiperspektivischen historischen Roman, der vor dem fragmentarisch ausgeleuchteten Hintergrund der Ludditen-Unruhen entscheidende Monate im Leben der beiden jungen Frauen schildert. Wie Caroline und Shirley im Rahmen des in den Roman – primär über die Nebenfiguren – integrierten Meinungsspektrums über die Möglichkeiten weiblicher Existenz ihre Zukunftswünsche realisieren, ist vielleicht nicht spektakulär; bedeutsam ist der Roman dennoch, weil er durchgängig strukturell verdeutlicht, daß in einer zunehmend komplexer werdenden Welt keine allgemein akzeptable Repräsentation von Wirklichkeit und Weiblichkeit mehr möglich ist.

Literatur: U. Baumann. *Die Romane der Schwestern Bront* . Darmstadt 2002. – L. Gordon. *Charlotte Bront : A Passionate Life*. London 1994. – F. Gordon. *A Preface to the Bront s*. London/New York 1989. – P. Nestor. *Charlotte Bront* . London 1987. – B. G. Lloyd Evans. *Everyman's Companion to the Bront 's*. London 1982. – J. L. Dessner. *The Homely Web of Truth: A Study of Charlotte Bront 's Novels*. The Hague 1975.

Uwe Baumann

Bront , Emily [Jane]

Geb. 30. 7. 1818 in Thornton, Yorkshire;
gest. 19. 12. 1848 in Haworth, Yorkshire

Wuthering Heights (1847; *Die Sturmhöhe*, 1938), der einzige Roman Emily Bront s, gehört zu den wenigen literarischen Texten, die auch noch über 150 Jahre nach Abfassung ihre Leser in Erstaunen, Begeisterung oder Abscheu zu versetzen vermögen. Die Geschichte der Bewohner zweier Gutshäuser in einer entlegenen Gegend Nordenglands bringt Elementaraffekte wie Liebesleidenschaft, Eifersucht und Rachsucht in einer von moralischen Grundsätzen und zivilisatorischen Umgangsformen ungetrübten Reinform zur Anschauung. Im Zentrum steht die Figur Heathcliffs, eines im Alter von etwa sechs Jahren in die auf Wuthering Heights lebende Familie Earnshaw aufgenommenen Findelkindes. Zwischen Heathcliff und seiner ein Jahr jüngeren Stiefschwester Catherine entwickelt sich eine tiefe Zuneigung; von seinem älteren Stiefbruder Hindley hingegen fühlt sich Heathcliff zurückgesetzt. Als sich die heranwachsende Catherine mit Edgar Linton vom Nachbarhof Thrushcross Grange verlobt, entflieht Heathcliff verbittert, ohne zu wissen, daß Catherine ihn nach wie vor weit mehr liebt als Edgar. Nach seiner Rückkehr einige Jahre später nimmt Heathcliff grausame Rache: Er stört die Ehe von Catherine und Edgar, und Catherine stirbt entkräftet nach der Geburt ihrer Tochter Cathy. Heathcliff gelingt es durch Geschick und Brutali-

tät, sich auch noch des anderen Gutshofes zu bemächtigen. Als er am Ziel ist, wird er jedoch von seiner Sehnsucht zu der verstorbenen Catherine übermannt und führt seinen eigenen Tod herbei. Durch ihre Liebe überwinden Cathy und Hareton, der Sohn Hindleys, die Schatten der Vergangenheit und leiten einen Neuanfang ein. – In einer Rahmenhandlung wird diese Geschichte von der Haushälterin Nelly Dean einem Besucher aus der Großstadt erzählt, der Thrushcross Grange von Heathcliff gemietet hat und gewissermaßen den Leser des Romans vertritt. Der Kontrast zwischen Nellys betont leidenschaftslosem Bericht und dem leidenschaftlichen Geschehen gibt der Erzählung ihren besonderen Reiz. Ein Kontrast besteht auch zwischen den viktorianischen Erzählkonventionen entsprechenden Wirklichkeitsnähe, die etwa in der realistischen Wiedergabe zahlreicher Details zum Ausdruck kommt, und der allegorischen Gesamtanlage des Romans: Die beiden Gutshöfe lassen sich als Veranschaulichung der Gegensätze von Ruhe und Sturm, von Apathie und Leidenschaft, von Zivilisation und Wildnis, aber auch von Himmel und Hölle deuten. Diese Struktur und das offensichtliche Desinteresse der Autorin an sozialen und ökonomischen Fragen haben zahlreiche Kritiker veranlaßt, *Wuthering Heights* als Ausnahmeerscheinung in der Geschichte des englischen Romans anzusehen. Diese Einschätzung wird dem Buch jedoch nicht gerecht: Wie Romane von Charles Dickens und Wilkie Collins greift *Wuthering Heights* auf Themen und Motive der *Gothic novel* zurück und thematisiert die menschliche Sehnsucht nach Liebe und Anerkennung und die Erfahrbarkeit von Himmel und Hölle in den bis zum Wahnsinn reichenden Extremen menschlicher Leidenschaft. Ein vielfach angewandtes erzähltechnisches Verfahren ist hierbei der Einsatz von Naturmotiven (wie Jahreszeiten, Landschaft und Wetter) als Spiegel für psychische Prozesse und Situationen, für oft unausgesprochene Elementaraffekte. Auch in dieser Hinsicht steht *Wuthering Heights* in einer Tradition, die von der *Gothic novel* bis zu Thomas Hardy und D. H. Lawrence reicht.

Von der zeitgenössischen Kritik wurde der zunächst unter dem geschlechtsneutralen Pseudonym »Ellis Bell« erschienene Roman bemerkenswert wohlwollend aufgenommen, wenn auch nicht gleich in seiner vollen Bedeutung erkannt. Erst im 20. Jahrhundert avancierte *Wuthering Heights* zu einem der herausragenden Klassiker der englischen Literatur, dessen Popularität auch in mehreren erfolgreichen Verfilmungen deutlich wird. Die spätere Rezeption ist u. a. durch das romantische Bild der in einem einsamen Pfarrhaus inmitten der Moore Yorkshires lebenden Autorin geprägt, ein Bild, zu dem ihr früher Tod (an Tuberkulose) ebenso beitrug wie die Charakterisierung durch ihre Schwester Charlotte als »stärker als ein Mann, einfacher als ein Kind«. Im Haushalt ihres Vaters, des Pfarrers Patrick Bront , lebte B. allerdings durchaus nicht in Isolation von der Welt; wie ihre Schwestern hatte sie besten Zugang zu Literatur und zu aktuellen Informationen über das politische und literarische Geschehen.

Neben ihrem Roman schrieb B. auch Gedichte, die allerdings zu Lebzeiten lediglich in einem wenig beachteten Privatdruck erschienen. Viele von ihnen stehen in einem Zusammenhang mit den Geschichten von Gondal, einer von Emily und ihrer Schwester Anne in ihrer Kindheit und Jugend ersonnenen und im pazifischen Ozean angesiedelten Phantasiewelt. Andere Gedichte thematisieren das Verhältnis der Autorin zu Umwelt und Imagination und lassen sich als metafiktionale Äußerungen deuten und zur Interpretation von *Wuthering Heights* heranziehen.

Literatur: U. C. Knoepflmacher. *Emily Bront : Wuthering Heights*. Cambridge 1989. – S. Davies. *Emily Bront : The Artist as a Free Woman*. Manchester 1983. – J.-P. Petit. *L'– uvre d'Emily Bront : La vision et les thèmes*. Lyon 1977.

Thomas Kullmann

Brooke, Rupert [Chawner]

Geb. 3. 8. 1887 in Rugby, Warwickshire; gest. 23. 4. 1915 unterwegs nach den Dardanellen

Der Lyriker Rupert Brooke gehört im Naturverliebten wie im kosmisch Unbehausten, im Hedonistischen wie im Zweifelzersetzten, im Hehren wie im Verblendeten zu der *jeunesse dorée* seiner begabten Vorkriegsgeneration. Dem frühverstorbenen Rugby School-Alumnus und Cambridge-Absolventen, zu dessen Mitschülern Wyndham Lewis und Arthur Ransome gehörten und der mit 21 in den elitären, bloomsburynahen Zirkel der *Apostles* gewählt wurde, verdanken wir einige der beliebtesten, souverän ironischsten, aber auch der kriegsverherrlichend-berüchtigtsten Verse der

britischen Dichtung überhaupt. Es gibt zweierlei B.s: Dem angehenden Anglisten und Anthologisten der zeitgenössischen *Georgian Poets*, dem *Fellow* am King's College mit den *classic English good looks* steht ein anderer, unruhig-gejagter Bohemien gegenüber: ein Doktorand, der John Webster zum Thema wählte, ein *neo-Pagan*, der nach Nacktbädern den Fluten mit erigierter Männlichkeit zu entsteigen pflegte (so bei manchem *Bloomsbury*-Adepten eine ähnliche Erregung hervorrufend) und sich mit einer Gruppe frei zeltender, eher platonisch Veranlagter dem bisexuellen ›Hurenhaus‹ *Bloomsburys* zu entziehen versuchte, um 1912 nervlich zusammenzubrechen. – Weltanschaulich ist B.s Lyrik (*Poems*, 1911; *1914 and Other Poems*, 1915) zwischen Matthew Arnolds »Dover Beach« (1867), dessen wehmütige, theodizeeverabschiedende Kadenzen unverkennbar nachklingen, und dem sozialgeschichtlichen Abschiedsgestus von A. E. Housmans *A Shropshire Lad* (1896) angesiedelt. Abkehr, Tristesse, Unheilsahnungen gipfeln in einem Verlangen nach Ruhe. Und wo der Schlaf so herbeigesehnt wird, ist auch Schlafes Bruder nicht fern. B. schrieb zwar ergreifende Liebesbriefe, aber gerade seine Liebeslyrik fällt der Verzagtheit anheim. Auch ekstatische Gedichte wie »The Hill« durchtrennen bewußte Brüche, die Tirade von »Jealousy« läßt Untiefen ahnen. Für Virginia Woolf war B. ein »Erwachsener unter Mumien und Hungerleidern«, aber auch »eifersüchtig, launisch, unausgeglichen«. Unwillkürlich fällt einem der Satz Ödön von Horváths ein: »Wir stolperten über das Weib und schlitterten in den Weltkrieg hinein.« – Im August 1914 ist es soweit. Im Taumel des ersten Kriegsmonats verfaßt B. fünf Sonette, die den Krieg als läuterndes Bad, die Selbstaufopferung als heiligende Ehre und den Tod als Mitaufgenommenwerden in den Weltgeist evozieren. Der Liebe, dieser »little emptiness«, wird erleichtert entsagt. Das Beste, was man von diesen frontunerfahrenen Versen sagen kann (B. starb elend an einer Blutvergiftung auf einem Truppenschiff), ist, daß sie dem Krieg eine unverändert bezaubernde Naturerfahrung entgegenstellen. – Zwischen früher Lyrik und Weltkrieg stellen sich indes Gedichte ein, die man viel lieber als B.s Vermächtnis ansehen möchte. Auf einer Südsee-Reise 1913–14 versöhnt er sich zusehends mit seinem Eros. Vollendete Sonette offenbaren ihn als einen Elgar des neuen Weltbildes, einen Vaughan Williams der Naturwelt. »Grantchester«, sein längstes Gedicht mit maliziös überzeichnetem

Gesellschaftspanorama und ironischen, dem Vorkriegsengland dennoch Reverenz erweisenden Landschaftsbildern, läßt durchblicken, welch komplexes Talent hier verlorenging. Sicher ist, daß wir von B. eines facettenreicheren Bildes bedürfen, als die sich um ihn rankenden Mythen bislang gestattet haben.

Literatur: W. E. Laskowski. *Rupert Brooke.* New York 1994. – Ch. Hassall. *Rupert Brooke: A Biography.* London 1972.

Richard Humphrey

Brooke-Rose, Christine

Geb. 16. 1. 1923 in Genf

Christine Brooke-Rose wuchs in Brüssel auf, studierte Englische Philologie in Oxford und promovierte 1954 am University College in London mit einer Arbeit zu altfranzösischer und mittelenglischer Lyrik. Vielseitige journalistische Arbeiten, Essays, Übersetzungen, weitere literaturwissenschaftliche Studien und insbesondere B.-R.s Lehrtätigkeit an der Universität von Paris seit 1968 bilden die Grundlage für eine produktive Verbindung von akademischem und künstlerischem Schaffen. Dabei avanciert das zentrale Anliegen ihrer (post-)strukturalistischen Text- und Literaturkritik – die Polyfunktionalität der Sprache – auch zum eigentlichen, metafiktionalen Thema ihrer Romane. – B.-R.s frühe Romane *The Languages of Love* (1957), *The Sycamore Tree* (1958), *The Dear Deceit* (1960) und *The Middlemen: A Satire* (1961) sind zunächst traditionellen Romanparadigmen verpflichtet. Der Durchbruch als experimentelle Autorin gelingt B.-R. mit dem Roman *Out* (1964), als dessen intertextuelle Folie Alain Robbe-Grillets *La Jalousie* (1957) erscheint. Während Robbe-Grillet gleichwohl eine Welt entwirft, in der jeder Humanismus tot und menschliche wie literarische Sprache und Metaphorik entwertet erscheinen, geht B.-R. den umgekehrten Weg: Die Reflektorfigur von *Out* bleibt eine Persönlichkeit, die sich den sozialen wie historischen Wandel, der sie umgibt, und ihre Humanität ständig ins Bewußtsein ruft. Die neuen formalen Wege des *nouveau roman* mit durchaus moralischen Fragestellungen zu verbinden ist auch das Ziel von B.-R.s Roman *Such* (1966). In den drei Minuten einer Herzmassage, welche die gesamte Erzählgegenwart

des Romans ausmachen, läuft das Leben des Protagonisten vor seinem inneren Auge noch einmal ab, seine Wahrnehmung bleibt jedoch von der kühlen Distanz des Wissenschaftlers charakterisiert, die mit dem intensiven Moment seines Sterbens kontrastiert wird. B.-R.s nächster Roman, *Between* (1968), radikalisiert die experimentellen Züge der vorherigen Romane. Seine Protagonistin ist eine Dolmetscherin, quasi eine Meisterin der Sprache, deren Suche nach Verständigung und deren Sehnsucht nach Stabilität sich aber im Stimmengewirr sich immer wieder verändernder und zusehends überlappender Sprachen und Handlungsschauplätze verliert. Durch diese Polyphonie der Sprache schimmert Joyces *Finnegans Wake* (1939) als Vorbild hindurch, dessen Potential B.-R. aber erst in *Thru* (1975) vollends realisiert. Der Künstler erscheint hier als Schöpfer eines Sprachspiels, als Wortkünstler, der metafiktional mit der Konstruktion und dem Konstruktcharakter seines Kunstwerks beschäftigt ist. Im Mittelpunkt des Romans, der eine Handlung längst getilgt hat, stehen aktuelle sprach- und literaturtheoretische Diskurse (z. B. Roland Barthes, Julia Kristeva, Algirdas Julien Greimas), mit denen B.-R. durch ihre Professur in Paris bestens vertraut ist. Diagramme, Tabellen, Lebensläufe, Essays, Zitate oder selbst Bibliographien finden sich z. B. unvermittelt neben Niederschriften aus Vorlesungen über Literatur. Effekte wie geometrische Anordnung von Buchstaben oder Spiegelschrift konzentrieren die Rezeption durch den Leser auf die Materialität des Textes, der Roman wird im Sinne konkreter Poesie zum ›konkreten‹ Roman unabschließbarer assoziativer Verbindungen – eine Position, die in *Thru* zu einem der radikalsten und hermetischsten Experimente im Roman überhaupt und zu einer der eindrucksvollsten Reflexionen von Sprach- und Literaturtheorie des 20. Jahrhunderts geführt wird. Dies gilt in gleichem Maße auch für die folgenden Romane *Amalgamemnon* (1984), *Xorandor* (1986), *Verbivore* (1990) und *Textermination* (1991). Obwohl – oder gerade weil – B.-R. damit jene Experimente am Roman auf so konsequente Weise weitergeführt hat, mit denen James Joyce, Viginia Woolf und Samuel Beckett die literarische Postmoderne, zu der auch B.-R.s späte Romane zu zählen sind, vorbereitet haben, ist sie bis heute sowohl beim Publikum als auch bei den Kritikern eine letztlich exotische Außenseiterfigur geblieben.

Werkausgabe: *The Christine Brooke-Rose Omnibus.* Manchester/New York 1986.
Literatur: S. Birch. *Christine Brooke-Rose and Contemporary Fiction.* Oxford 1994. – A. Maack. *Der experimentelle englische Roman der Gegenwart.* Darmstadt 1984.

Martin Middeke

Brookner, Anita

Geb. 16. 7. 1928 in London

Anita Brookner wuchs als Einzelkind in einer aus Polen stammenden jüdischen Familie in London auf. Dem Studium folgte eine wissenschaftliche Karriere als Kunsthistorikerin: B. promovierte zu Jean-Baptiste Greuze, bekleidete als erste Frau die Position des Slade Professor of Art in Cambridge und lehrte und forschte über 20 Jahre zur französischen Kunstgeschichte am Courtauld Institute in London. – Erst 1981 debütierte B. mit ihrem Roman *A Start in Life*, dem sie seither jährlich (ihren Essay »Romanticism and Its Discontents« von 2000 ausgenommen) einen weiteren Roman folgen ließ. Die kurzen und hermetisch anmutenden Romane fügen sich zu einem ›– uvre der Variationen‹, in dem B. die Erfahrungs- und Beziehungswelt einer gebildeten Mittelschicht ausleuchtet und unter Verzicht auf dynamische Plotkonstruktion und emotionale Theatralik realistische Porträts insbesondere von Akademikerinnen entwirft. In Charakterstudien wie *A Misalliance* (1986; *Vergangenheit ist ein anderes Land*, 1990), *Brief Lives* (1990; *Kurzes Leben*, 1991) oder *A Closed Eye* (1991; *Verlorene Wünsche*, 1993) konzentriert sich B. auf die Interaktionen ihrer sensiblen Hauptfiguren mit egoistischen, oberflächlichen oder gedankenlosen Partnern, Familienmitgliedern und Bezugspersonen. Besonnenheit und zwischenmenschliche Integrität, aber auch hohe Ansprüche und literarisch geprägte Vorstellungen von Freundschaft und romantischer Liebe hindern B.s Anti-Heldinnen daran, sich aus bestimmten (leidvollen) Situationen zu befreien oder diese zu ihrer Zufriedenheit zu verändern. Doch ihre moralische wie intellektuelle Stärke garantiert ihnen einen gewissen Grad an Selbstbestimmtheit, wie dies in B.s mit dem *Booker Prize* ausgezeichneten Roman *Hotel du Lac* (1984; *Hotel du Lac*, 1986) der Fall ist: Hier verzichtet die Romanautorin Edith Hope gleich zweimal auf eine statusfördernde Vernunftehe, da sie von der partnerschaftlichen Eignung ihrer Anwärter nicht überzeugt ist. – B.s Romane reichen über die reine Auseinandersetzung mit Partnerschaft, familiären und freundschaftlichen Bindungen hinaus: In *Family and Friends* (1985; *Tugend und Laster*, 1988) und *Latecomers* (1988; *Nachzügler*, 1991) wird das (innere) Exil jüdischer Charaktere offenbar; *Providence* (1982) und *Incidents in the Rue Laugier* (1995) thematisieren Gefühle der Fremdheit von in Frankreich sozialisierten Figuren. Intertextuelle Bezüge und metafiktionale Elemente in *Look at Me* (1983; *Seht mich an*, 1987), *Visitors* (1997), *Undue Influence* (1999) oder *Bay of Angels* (2001) zeugen von B.s Affinität zur europäischen Kunst und Literatur. – Einer feministisch orientierten Literaturwissenschaft bereitet die Einordnung B.s Probleme: Einerseits entwirft sie Protagonistinnen, die weibliche Sozialisations- und Erfahrungsmuster durchschauen und unter den determinierenden Faktoren ihrer Vita leiden, andererseits aber präsentiert sie keine Gegenentwürfe im Sinn eines feministischen Programms. B. selbst lehnt eine feministische Vereinnahmung ab und präsentiert in *Lewis Percy* (1989), *A Private View* (1994) und *Altered States* (1996) männliche Hauptfiguren, die wie ihre weiblichen Pendants zu der Erkenntnis kommen, daß der Einzelne seine Einsamkeit und Gefühle des Mangels akzeptieren muß, um weiterzubestehen.

Literatur: P. Pinger. »*Being in but not quite of a world*«: *Mentalstilistische Strukturen im Romanwerk Anita Brookners 1981–1991.* Frankfurt a.M. 1996. – J. Skinner. *The Fiction of Anita Brookner: Illusions of Romance.* London 1992. – L. Veach Sadler. *Anita Brookner.* Boston 1990.

Claudia Sternberg

Brophy, Brigid [Antonia]

Geb. 12. 6. 1929 in London;
gest. 7. 8. 1995 in Louth, Lincolnshire

In inhaltlicher wie in formaler Hinsicht hebt sich das avantgardistische, von der Literaturwissenschaft jedoch bislang weitgehend vernachlässigte – uvre Brigid Brophys, das sieben Romane, zwei Sammlungen kürzerer Erzähltexte, ein Drama (*The Burglar*, 1968) sowie eine Reihe nicht-fiktionaler Essays und Studien umfaßt, deutlich vom Gros der britischen Literatur der 1950er bis 1970er Jahre ab. Bei der Wahl ihrer Themen zeigt B. eine Vorliebe für die in der Öffentlichkeit kontrovers diskutierte Themen wie sexuelle Befreiung, lesbische

Beziehungen (*The Finishing Touch*, 1963), Frauen-rechte, Rechte für Tiere (*Hackenfeller's Ape*, 1953) und Pornographie. Durch ihre literarischen Werke, aber auch durch Zeitungsartikel, Radio- und Fernsehauftritte ist B. als engagierte Verfech-terin kontroverser Positionen bekannt geworden. So trat sie z. B. vehement für eine Abschaffung des Religionsunterrichts an Schulen ein, rechnete in dem gemeinsam mit ihrem Ehemann Michael Le-vey und Charles Osborne verfaßten Band *Fifty Works of English and American Literature We Could Do Without* (1967) mit kanonisierten literarischen Werken ab und organisierte in den 1970er Jahren zusammen mit der Autorin Maureen Duffy eine Kampagne für das *Public Lending Right*, das Autor-Innen Tantiemen für die Ausleihe ihrer Bücher durch öffentliche Büchereien zusichert.

Eines der Kennzeichen von B.s Werken sind intertextuelle und intermediale Referenzen, insbe-sondere solche zur Musik, die inhaltlich und auch strukturell in einigen Werken eine zentrale Rolle spielen (*In Transit*, 1969; *Hackenfeller's Ape*; *The King of a Rainy Country*, 1956 und *The Snow Ball*, 1964; *Der Schneeball*, 1966). B.s besonderes Inter-esse an der Musik Mozarts schlägt sich auch in der Studie *Mozart the Dramatist* (1964) nieder, die neben ihrer Biographie von Ronald Firbank (*Prancing Novelist*, 1973) zu ihren bekanntesten nicht-fiktionalen Schriften zählt. Ihr – seitens der Literaturkritik sehr unterschiedlich bewerteter – experimentellster Roman *In Transit* vereint nahezu paradigmatisch die Merkmale postmodernen Erzählens: Das Fehlen einer wahrscheinlichen und kohärenten Geschichte sowie psychologisch plau-sibler Figuren, eine Fülle surrealistischer Si-tuationen, alternative Handlungsschlüsse, die durchgängige ontologische Verunsicherung der Hauptfigur, die bei sich ›Geschlechtsamnesie‹ und *linguistic leprosy* feststellt, illusionsstörende meta-fiktionale Kommentare, intertextuelle Referenzen sowie intermediale Bezüge zum Medium Fern-sehen und zur Musik, eine Mischung von Hoch- und Trivialliteratur und eine innovative typogra-phische Gestaltung (z. B. ikonische Zeichen, Text-passagen in Kolumnen) gehen einher mit einer Fülle von Sprachspielen, welche beim Lesen den Versuchen einer Bedeutungsstiftung systematisch entgegenwirken. – In den letzten 15 Jahren ihres Lebens zog sich B. aufgrund ihrer Erkrankung an multipler Sklerose zunehmend aus dem öffentli-chen Leben zurück und gab auch das Schreiben auf.

Literatur: M. Gymnich. *Entwürfe weiblicher Identität im englischen Frauenroman des 20. Jahrhunderts*. Trier 2000. – *The Review of Contemporary Fiction* 15.3 (1995) [Son-derheft zu Brophy, Robert Creeley und Osman Lins].

Marion Gymnich

Brown, George Douglas

Geb. 26. 1. 1869 in Ochiltree, Schottland;
gest. 28. 8. 1902 in London

George Douglas Brown wurde als uneheliches Kind einer Magd irischer Abstammung und eines schottischen Bauern geboren. Er studierte eng-lische Literatur in Glasgow mit einer Unterbre-chung, um seine kranke Mutter bis zu deren Tod zu pflegen. Nach dem Examen (M. A., 1890) er-hielt er 1891 ein Stipendium für das Balliol College in Oxford. – B. arbeitete in London als Journalist und publizierte unter dem Pseudonym Kennedy King u. a. die Abenteuergeschichte *Love and a Sword* (1899), außerdem mehrere Prosastücke für verschiedene Zeitschriften, z. B. für *Blackwood's Magazine*. Für die Werkausgabe von John Galt erstellte er ein Glossar. – B.s bekanntestes Werk ist der Roman *The House With the Green Shutters* (1901). Er bricht mit der Tradition der sogenann-ten *Kailyard literature* und deren verklärtem Bild einer heilen Welt des schottischen Landlebens. B. schildert statt dessen den Haß und die Zwietracht in der schottischen Kleinstadt Barbie, die seiner eigenen Heimatstadt Ochiltree nachempfunden ist. Im Zentrum steht der Niedergang der Familie Gourlay. John Gourlay sen. ist ein erfolgreicher Fuhrunternehmer, der sich als Zeichen seiner Hy-bris ein Haus mit grünen Läden auf dem Hügel in der Stadt baut. Der Sohn, John Gourlay jun., wird von seinem ehrgeizigen Vater auf die Universität geschickt, wo er mit einem phantasievollen Essay einen Preis gewinnt. Die ausgeprägte Imagination des jungen Gourlay ist sein Untergang. Er verliert zunehmend den Kontakt zur Realität, verfällt dem Alkohol und kehrt schließlich als gescheiterte Exi-stenz nach Barbie zurück. Sein Vater hat sich inzwischen aus Stolz, Selbstgerechtigkeit und Dummheit in den wirtschaftlichen Ruin manö-vriert. Die Familie Gourlay verarmt. Im Streit tötet der Sohn seinen Vater. Sohn, Mutter und Tochter begehen danach Selbstmord. – Die naturalistische Schilderung des Lebens in der schottischen Klein-stadt fand in der Kritik weitgehend positive Resonanz, v. a. unter den Autoren der sogenannten *Scottish Renaissance* des frühen 20. Jahrhunderts. Der Roman ist wie eine griechische Tragödie strukturiert, die *bodies* (die alten Männer des Dorfes) wirken als kommentierender Chor, werden aber auch personalisiert und sind am Untergang Gourlays aktiv beteiligt. Der Fall der Familie Gourlay ist symbolisch der Niedergang eines alten Schottlands und der Aufstieg einer neuen englisch dominierten Wettbewerbsgesellschaft. B. variiert seine Sprache in der Tradition von Robert Louis Stevenson oder Sir Walter Scott zwischen Englisch und Schottisch. – Im Nachlaß von B. fanden sich die Manuskripte von zwei weiteren Romanen, *The Incompatibles* und *The Novelist*. B.s früher Tod vernichtete einen der profiliertesten schottischen Schriftsteller. Der Roman ist ein Beweis für den zunehmenden Einfluß der klassischen und europäischen Traditionen auf die schottische Literatur, insbesondere französischer und russischer Autoren des 19. Jahrhunderts, sowie die tiefe Verwurzelung des Romans in der heimischen schottischen Tradition, z. B. John Galt. Diese Tendenz der europäischen Intertextualität macht *The House With the Green Shutters* zu einem zentralen Roman in der Literatur des 20. Jahrhunderts.

Literatur: J. Veitch. *George Douglas Brown: Author of The House With The Green Shutters* . London 1952.

Joachim Schwend

Browne, Sir Thomas

Geb. 19. 10. 1605 in London;
gest. 19. 10. 1682 in Norwich

Der Arzt Sir Thomas Browne machte sich mit seinem Essay *Religio Medici* (1643; *Religio Medici*, 1978) als religiöser Schriftsteller einen Namen, erwarb später jedoch auch als Naturforscher und Altertumskundler großes Ansehen. Schon zu Lebzeiten genoß er den Ruf einer enzyklopädischen Belesenheit und eines stupenden Gedächtnisses. B. gilt als Meister einer kunstvollen, bildreichen, oft rhythmisch strukturierten, geradezu poetischen Prosa. – Nach dem Studium in Oxford und ersten medizinischen Erfahrungen bereiste B. den Kontinent und studierte an den fortschrittlichen Medizinschulen in Montpellier, Padua und Leyden weiter, bevor er sich 1637 als Arzt in Norwich niederließ, wo er ein zurückgezogenes Leben führte. Wenngleich royalistisch gesinnt, blieb er doch fast

unberührt von der politisch und religiös bewegten Zeit des Bürgerkriegs und der Restauration.

In der 1634/35 verfaßten *Religio Medici* versucht B., seinen anglikanischen Glauben in Einklang zu bringen mit den Prinzipien der Vernunft und der empirischen Erfahrung, an denen sich die moderne Naturwissenschaft orientierte. Dabei zielt er nicht auf philosophische Systematik ab. Er schreibt um der Selbstfindung und der Selbstaussprache willen und verleiht damit seinem Werk den Charakter eines privaten Bekenntnisses. Die der Erfahrung zugängliche Welt erlebt er als Offenbarung Gottes, deren Geheimnisse ihn mit ähnlicher gläubiger Bewunderung erfüllen wie die Bücher des Alten und des Neuen Testaments. B.s Haltung ist undogmatisch, tolerant, offen. Sie ist essayistisch im Sinne Montaignes: Er zeichnet den Gedankenprozeß selbst auf, so daß seinen Äußerungen oft etwas Vorläufiges und Paradoxes anhaftet. – Seiner Abhandlung *Pseudodoxia Epidemica* (1646) legt B. – nicht zuletzt in Anlehnung an Francis Bacon – die Methode empirischer Beobachtung zugrunde, wenn er versucht, gelehrte und populäre, häufig seit der Antike tradierte Irrtümer aufzudecken. Er stellt hier die Autorität der alten Naturphilosophen in Frage und wendet sich zugleich gegen die verstaubte scholastisch-spekulative Gelehrsamkeit. – Der Essay *Urne-Burial* (1658) wurde angeregt durch Urnenfunde in Norfolk. B. liefert zunächst eine vorwiegend antiquarische Bestandsaufnahme dessen, was er über Urnen und Bestattungsbräuche weiß, um dann geistliche Betrachtungen über Tod und Unsterblichkeit, Zeit und Ewigkeit anzuschließen. – *The Garden of Cyrus* (1658) ist ein Dokument der spielerischen, dilettierenden Gelehrsamkeit eines Virtuoso. Gegenstand des Essays ist die Rautenform, die B. in allen Bereichen der belebten und unbelebten Materie antrifft. Nichts liegt ihm ferner, als seine schweifende Erfindungskraft durch den Zwang wissenschaftlicher Systematik einzuengen. Das Sujet dient ihm einerseits dazu, seiner Phantasie eine Grenze zu setzen, andererseits aber auch, sein gelehrtes Wissen und seine gedankliche Findigkeit zu aktivieren. Es ist gleichsam das Regal eines literarischen Raritätenkabinetts, in das er naturkundliche Beobachtungen, Lesefrüchte und gelehrte Probleme einordnet.

Werkausgabe: *The Major Works*. Hg. C. A. Patrides. Harmondsworth 1977.
Literatur: G. Hack-Molitor. *On Tiptoe in Heaven. Mystik und Reform im Werk von Sir Thomas Browne*. Heidelberg

2001. – A. C. Patrides, Hg. *Approaches to Sir Thomas Browne.* Columbia 1982.

Arno Löffler

Browning, Elizabeth Barrett

Geb. 6. 3. 1806 in Coxhoe Hall, Durham;
gest. 30. 6. 1861 in Florenz

Elizabeth Barrett, das älteste der 12 Kinder von Edward Moulton Barrett und Mary Graham Clarke, zeigte schon früh ein starkes, vom Vater gefördertes Interesse an der Lektüre moderner und antiker Literatur. Schon im Alter von acht Jahren konnte die privat erzogene B. Homer im Original lesen und begann, selbst Gedichte zu verfassen. Mit 13 Jahren schrieb sie das Versepos »The Battle of Marathon«, das ihr Vater privat drucken ließ. Durch Krankheit lange Phasen ihres Lebens ans Bett gefesselt, führte B. ein sehr zurückgezogenes Leben. Als traumatisch erlebte sie den Unfalltod ihres Bruders 1838, der sie zu einem Kuraufenthalt begleitet hatte. – B.s erste wichtige Veröffentlichung war der Gedichtband *Poems* (1844), in dessen Folge der Dichter Robert Browning Kontakt zu ihr aufnahm. Auf einen intensiven Briefwechsel folgten eine heimliche Hochzeit und die legendäre Flucht nach Italien. Das Paar ließ sich schließlich in Florenz nieder, wo der gemeinsame Sohn 1849 geboren wurde. – B. war lange Zeit primär aufgrund der Sonettfolge »Sonnets from the Portuguese« (*Sonette aus dem Portugiesischen*, 1908) bekannt, die 1850 als Teil einer Gedichtsammlung erschien. In den Gedichten wird die petrarkistische Sonett-Tradition aufgegriffen, in der konventionell ein männliches Ich eine Frau verehrend anredet. Da das lyrische Ich bei B. eine Frau ist, wird das Sonett hier zum Ausdrucksmittel weiblichen Liebeserlebens. Die Sprecherin nimmt jedoch nicht einfach die kulturell überlieferte Subjektposition des Mannes ein, sondern inszeniert sich als Frau wie als Dichterin in Abhängigkeit von der Liebe des Mannes. Durch dieses Unterlaufen der traditionellen Subjekt-Objekt-Ordnung wird die damals oft vertretene Auffassung unterminiert, daß weibliches Dichten weibliches Geliebtwerden ausschließt. Im Gegenteil bedingen sie sich bei B. gegenseitig. Die Sonette wurden trotz des Versuchs, durch eine Übersetzungsfiktion B.s Autorschaft zu verschleiern, meist autobiographisch als Liebesgedichte an Robert Browning gelesen. – Daß B.s Dichtung jedoch nicht primär Persönliches und Individuelles ausdrückt, zeigt sich an ihren zahlreichen Gedichten mit politischen und sozialkritischen Zeitthemen, wie den *Casa Guidi Windows* (1851) oder den *Poems before Congress* (1860), in denen auf die politischen Entwicklungen in Italien im Zuge der Unabhängigkeitsbestrebungen eingegangen wird. Das Versepos *Aurora Leigh* (1857), nach eigener Einschätzung B.s reifstes Werk, thematisiert die Rolle der Frau in der zeitgenössischen Gesellschaft, soziale Mißstände sowie die Möglichkeiten und Bedingungen weiblicher Autorschaft. Es wurde zu einem wichtigen Bezugspunkt für Emily Dickinson und Christina Rosetti und erschien bis 1900 in über 20 Auflagen. Nach 1900 geriet B. fast völlig in Vergessenheit und wurde erst in den 1970er Jahren wiederentdeckt.

Werkausgabe: *The Complete Works.* Hg. Ch. Porter/H. A. Clarke. New York 1973 [1900].
Literatur: S. Donaldson, Hg. *Critical Essays on Elizabeth Barrett Browning.* New York 1999. – D. Mermin. *Elizabeth Barrett Browning.* Chicago 1989. – D. David. *Intellectual Women and Victorian Patriarchy: Harriet Martineau, Elizabeth Barret, Browning, George Eliot.* Basingstoke 1987. – A. Leighton. *Elizabeth Barrett Browning.* Brighton 1986.

Sandra Heinen

Browning, Robert

Geb. 7. 5. 1812 in Camberwell/London;
gest. 12. 12. 1889 in Venedig

Im Unterschied zum Mann auf der Straße, den der Name Robert Browning allenfalls an seine Schulzeit und den Ohrwurm »Oh, to be in England / Now that April's there« erinnern dürfte, ist der Autor des Versepos in zwölf Büchern *The Ring and the Book* und Hauptvertreter der lyrischen Untergattung des *dramatic monologue* (Rollenmonolog) den literarisch Gebildeten in den englischsprachigen Ländern durchaus ein Begriff.

Aufgewachsen in einem begüterten Elternhaus, verdankte B. seine verblüffend frühen Kenntnisse und Fertigkeiten auf vielen Gebieten nicht zuletzt dem pädagogischen Geschick des Vaters und dem Zugang zu dessen mehr als 6000 Bände umfassender Bibliothek. Leicht gefallen ist es dem angehenden Dichter dennoch nicht, mit seinen frühen Gedichten und Dramen in der Manier von Lord

Byron und Percy B. Shelley bei einem breiteren Publikum Gehör zu finden, dem die angebliche Dunkelheit seiner Texte zu schaffen machte. Erst die Sammlungen *Dramatic Lyrics* (1842) und *Dramatic Romances and Lyrics* (1845) mit heute so gefeierten Texten wie »My Last Duchess«, »The Bishop Orders His Tomb« und »Sibrandus Schafnaburgensis« bereiteten dann den Durchbruch vor, der spätestens mit *Men and Women* (1855) erreicht war. Bezeichnend ist jedoch, daß noch 1846, zum Zeitpunkt der Heirat mit Elizabeth Barrett und der Flucht des jungen Paares nach Italien, ihr Renommee das ihres Mannes übertraf. Die Jahre 1847–61 waren glückliche Jahre, doch hielt es B. nach dem frühen Tod seiner Frau nicht länger in der Casa Guidi in Florenz. Wieder in England, erscheinen in rascher Folge der Gedichtband *Dramatis Personae* (1864) und B.s Hauptwerk *The Ring and the Book* (1868–69; *Der Ring und das Buch*, 1927), die ihn beide auf der Höhe seines Schaffens zeigen. Hinfort fehlte es nicht mehr an Anerkennung und Ehrungen. Ein beredtes Zeugnis dafür ist nicht zuletzt die Tatsache, daß B. nach seinem Tod 1889 in der Westminster Abbey beigesetzt wurde. Erstaunlich ist dagegen, daß im Vergleich zur Hochschätzung der Viktorianer sich bereits in der nächsten Generation Vorbehalte gegen B.s Optimismus mehren.

B. gilt heute als Hauptvertreter des *dramatic monologue*, obschon er nicht dessen Erfinder ist. Der Ausdruck ist insofern irreführend, als es sich nicht um einen Monolog in einem Schauspiel, sondern um eine Untergattung der Lyrik handelt, die auf die Rollengedichte früherer Jahrhunderte zurückgeht. In dieser Art Gedicht spricht der Autor nicht in eigener Sache, sondern legt einer Gestalt in einer typischen Situation Gedanken und Empfindungen in der Ich-Form in den Mund, wobei häufig bereits der Titel wie z. B. »The Bishop Orders His Tomb« auf die Besonderheit der Figur und ihr Anliegen verweist. Allerdings treten bei B. stärker als in früheren Rollengedichten Individuen an die Stelle mythologischer und historischer Typen, wie auch die Anlässe durch die Enthüllung von Konflikten und Abgründen in der Person dramatisiert und die poetische Sprache durch umgangssprachliche und lautmalende Elemente eingefärbt werden. Dabei sollen (als Fortentwicklung romantischer Theorien) solche dramatischen Ironien und Zungenschläge die Rede zusätzlich beglaubigen und ihr den Anschein von Spontaneität sichern. So sind die Gesprächspartner des sterbenden Bischofs seine Neffen und Söhne, und über die Lage und Größe seines Grabmals will er sich auch nach dem Tod noch an der Niederlage seines Rivalen weiden. In »My Last Duchess« gesteht der Herzog dem Unterhändler für die neue Heirat, daß er seine Kunstwerke nicht mit jedermann teile; wenn er dann auf die Leutseligkeit seiner vormaligen Herzogin zu sprechen kommt, schwant dem Leser, daß ein ähnlicher Besitzanspruch bei deren frühem Tod im Spiel sein könnte. Für viele Zeitgenossen verwirrend wie diese Techniken war auch B.s Verfahren, zwei oder mehrere Gedichte unter einen Gesamttitel als Leitidee zu bündeln. So erschienen die später unter den Eigentiteln bekannt gewordenen Monologe »My Last Duchess« und »Count Gismond« ursprünglich zusammen unter dem Obertitel »Italy and France«. 1849 erfand B. den beiden Texten den jetzt gebräuchlichen Eigentitel hinzu und ließ 1863 umgekehrt den Obertitel wieder fallen. Der jetzt fehlende Hinweis auf eine engere Beziehung mag in diesem Fall nicht allzu schwer wiegen. Dagegen beeinträchtigt es unser Verstehen empfindlich, wenn heute in fast allen Anthologien das bekannte »Caliban Upon Setebos« ohne sein Pendant »A Death in the Desert« über den Tod des Apostels und Evangelisten Johannes abgedruckt wird. Beide Monologe waren als Stellungnahme zu dem um die Mitte des 19. Jahrhunderts tobenden doppelten Streit über die Gottnatur Christi und Darwins These der Abstammung des Menschen vom Affen gedacht. Auf der Suche nach einer literarischen Vorlage für den Übergang vom Tier zum Menschen wurde B. in Shakespeares *The Tempest* fündig und baute Calibans Gottesbild als Gegenstück zu dem seines Johannes auf.

Mit den eingeschobenen Kommentaren späterer ›Exegeten‹ bedeutet »A Death in the Desert« auch noch einen Schritt in Richtung *The Ring and the Book*, in dem B.s Experimente zur Gattung des dramatischen Monologs gipfeln. Den Beginn der Arbeit an diesem Hauptwerk bildete ein glücklicher Fund. Im Juni 1860 erstand B. bei einem Antiquar in Florenz das *Old Yellow Book*, eine Sammlung von Gerichtsakten und Stellungnahmen zu einem Mordprozeß, der 1698 großes Aufsehen erregt hatte. Hauptangeklagter war ein Graf Guido Franceschini aus Arezzo, der in Rom des Mordes an seiner Frau Pompilia und deren Zieheltern für schuldig befunden und hingerichtet worden war. Nachdem B. schon früh den *dramatic monologue* mit der Formel: ›Bewegung in den

Seelen statt Charaktere in Aktion‹ umschrieben hatte, erkannte er in den Materialien des *Old Yellow Book* die einmalige Chance, die Stärken der Mischgattung zur Großform eines Epos auszubauen. Er teilte die 12 Bücher auf 10 Sprecher auf, von denen zwei, nämlich Guido (Buch 5 und 11) und der fiktive Autor (Buch 1 und 12) zweimal zu Wort kommen. Zu diesen beiden erfand B. in den Büchern 2–4 drei Sprecher als Verkörperungen der öffentlichen Meinung hinzu, von denen der erste für den Angeklagten spricht, der zweite gegen ihn und der dritte sich der Stimme enthält. Es folgen nach einer ersten Verteidigung Guidos in der Mitte des Ganzen zwei Reden, die gleichzeitig einen ersten Höhepunkt bringen: in Buch 6 die bissige Stellungnahme des der Buhlerei verdächtigten Priesters Caponsacchi, welcher der vom Grafen drangsalierten Ehefrau zu ihrer Flucht nach Rom verholfen hatte, und in Buch 7 die Lebensgeschichte der im Sterben liegenden Pompilia, die B. zu einer Verkörperung der Unschuld in einer verderbten Welt idealisiert hat. Im krassen Gegensatz zu Pompilias rührend schlichter Sprache setzen sich die beiden Juristen, der eine für und der andere gegen den Grafen, wortgewaltig und komisch selbst in Szene (Buch 8 und 9), gefolgt von Innozenz XII. in Person (Buch 10), an dessen Gedankengängen der Leser miterlebt, wie es zur Ablehnung der Begnadigung kommt. Nicht nur stellt sich der Papst auf diesem zweiten Höhepunkt als würdiger Reformator vor, seine Ideen zur Rolle des Bösen in der Welt und zur göttlichen Vorsehung verraten auch unverkennbar die Nähe zu B.s eigenen Anschauungen. Nach Guidos zweiter Rede bildet dann die Wiederaufnahme des Rahmens durch den Autor den Schluß des Zeitgemäldes. Als Chronist der Hinrichtung und der Reaktionen darauf läßt er noch direkter als im 1. Buch die Materialien des *Old Yellow Book*, namentlich die Briefe, zu Wort kommen. Sodann bringt er auch die Exegese seines eigenen Vorgehens zu Ende und schlägt damit den Bogen zurück zu dem berühmten Ringvergleich vom Anfang, dem das Werk auch seinen Titel verdankt. Wie reines Gold nur über die Beimischung eines Amalgams zu einem Ring verarbeitet werden kann, so bedürfen auch die Materialien des *Old Yellow Book* des Zutuns der dichterischen Phantasie, wenn sie wiederbelebt und als Kunstwerk überdauern sollen; d. h. wenn die authentischen Niederschriften des *Old Yellow Book* auch die einmalige Chance boten, sie in vielfältiger Brechung in die zwölf Monologe ein-

zubauen und so über dieses Kolorit zu deren Beglaubigung beizutragen, so läßt sich dennoch nicht übersehen, daß B. seine Vorlagen in entscheidenden Punkten verändert und neuen Intentionen dienstbar gemacht hat. Dies läßt sich ebenso an der Idealisierung Pompilias wie an dem finsteren Charakter Guidos beobachten. Daneben wird es in besonderem Maß am Bild des Papstes sichtbar, der sich in seinen Intuitionen keinerlei Illusionen über den ruinösen Zustand seiner Amtskirche und anderer christlicher Institutionen, etwa das Gerichtswesen Roms, macht, gleichzeitig jedoch in dem unorthodoxen, aber tatkräftigen Verhalten Caponsacchis oder den allgemein befehdeten Thesen der Molinisten die Hand der Vorsehung und erste Anzeichen für eine Erneuerung sieht. Diese Abweichungen von der Vorlage und weitere Ergänzungen sind B.s Zutaten und haben den Sinn, über die bloßen Fakten des bejubelten *Old Yellow Book* hinauszuweisen, den Mordprozeß und seine Umstände auch noch für eine heilsgeschichtliche Diagnose zu nutzen. Kein Zweifel, daß dieser weltanschauliche Überbau mit B.s Christentum zusammenhängt, an das freilich zu Beginn des 20. Jahrhunderts manche Zeitgenossen nicht mehr glaubten. Dies blieb dann auch nicht lange ohne Folgen für die Rezeption. Denn obschon B.s christlicher Optimismus wenig Zugeständnisse an die menschliche Natur macht, haben nur seine Experimente zur Perspektive, nicht jedoch seine heilsgeschichtlichen Annahmen, den Beifall von Autoren wie Henry James, T. S. Eliot, Ezra Pound und James Joyce gefunden.

Werkausgaben: *The Works of Robert Browning*. Hg. F. G. Kenyon. 10 Bde. London 1912. – *The Ring and the Book*. Hg. R. D. Altick. Harmondsworth 1971. – *Ausgewählte Gedichte*. Bremen 1894.
Literatur: A. Roberts, Hg. *Robert Browning*. New York 1997. – M. E. Gibson, Hg. *Critical Essays on Robert Browning*. New York 1992. – A. Sinfield. *Dramatic Monologue*. London 1977. – J. Maynard. *Browning's Youth*. Cambridge, MA 1976. – E. Faas. *Poesie als Psychogramm*. München 1974. – R. Langbaum. *The Poetry of Experience: The Dramatic Monologue in Modern Literary Tradition*. Harmondsworth 1974 [1957].

Rainer Lengeler

Brunton, Mary

Geb. 1. 11. 1778 auf Burray, Orkney;
gest. 19. 12. 1818 in Edinburgh

In vieler Hinsicht ist Mary Bruntons Leben charakteristisch für das einer Frau ihrer Zeit: Sie wird daheim erzogen, v. a. in den modernen Fremdsprachen, eine Erziehung, die durch einen kurzen Schulbesuch abgerundet wird; sie heiratet im Alter von 20 Jahren den Pfarrer und Gelehrten Alexander Brunton und zieht mit ihm zuerst in eine kleine Landgemeinde, dann nach Edinburgh, wo er weiterhin als Pfarrer tätig ist, aber auch als Professor für orientalische Sprachen an der Universität lehrt. Er fördert sie intellektuell und unterstützt ihre schriftstellerische Tätigkeit; sie nennt ihn »my companion and instructor«. Als sie mit 40 Jahren im Kindbett stirbt, gibt er ihren unvollendeten dritten Roman, *Emmeline* (1819), heraus und stellt ihm eine biographische Skizze seiner Frau voran. – B.s zwei vollendete Romane, *Self-Control* (1811) und *Discipline* (1814; *Ellen Percy, oder, Erziehung durch Schicksale*, 1822), werden von ihren ZeitgenossInnen positiv aufgenommen; gut dokumentiert ist insbesondere die B.-Rezeption Jane Austens. B. selbst fühlt sich Maria Edgeworth und der Dramatikerin Joanna Baillie verpflichtet; letzterer widmet sie *Self-Control*. In ihrem Widmungsschreiben wie in Briefen betont B. die moraldidaktische Intention ihrer Texte, die auch durch die Romantitel signalisiert wird. Ihre Heldinnen sind durch ihren starken Glauben gegen Anfechtungen gefeit (Laura in *Self-Control*) oder werden durch ein Bekehrungserlebnis zu wahrer Religiosität geführt (Ellen in *Discipline*). Beide Texte enthalten jedoch Elemente, die sie für eine feministische Lesart öffnen. Deutlich wird dies etwa an B.s Umgang mit dem aus dem Schauerroman der Zeit hinlänglich bekannten Entführungsmotiv: Laura nimmt ihrem Entführer buchstäblich die Zügel aus der Hand. Sie übt außerdem einen kreativen Beruf aus (sie ist Malerin) und besteht auf adäquater Entlohnung für ihre Bilder; als vernunftbegabtem Wesen gelingt es ihr zwar, im Unterschied zu den männlichen Figuren, ihre Leidenschaften unter Kontrolle zu halten, doch ihre Schöpferin fordert ein Recht auf körperliche Befriedigung in der Liebe für sie ein. Ellen in *Discipline* durchläuft einen langen Prozeß der Erniedrigung und Marginalisierung, bis sie in einer weiblichen Variante des *Highland*-Mythos (die im übrigen der Walter Scotts in *Waverley* vorgängig ist) durch ihre Integration in einen schottischen Clan in ein neues Zentrum zurückgeführt wird. Das Clanleben wird in *Discipline*, anders als in *Waverley*, nicht als unwiderruflich vergangen, sondern als zeitlich koexistente Alternative zu einer nicht zuletzt ob ihrer Frauenfeindlichkeit als unbefriedigend empfundenen städtischen Welt konstruiert.

Werkausgabe: *The Works of Mary Brunton.* Edinburgh 1820.
Literatur: M. McKerrow. »Joanna Baillie and Mary Brunton: Women of the Manse.« *Living by the Pen: Early British Women Writers.* Hg. D. Spender. New York/London 1992, 160–174. – S.W.R. Smith. »Men, Women, and Money: The Case of Mary Brunton.« *Fetter'd or Free? British Women Novelists, 1670–1815.* Hg. M.A. Schofield/C. Macheski. Athens, OH/London 1987, 40–57.

Silvia Mergenthal

Bulwer-Lytton, Edward [George Earle]

Geb. 25. 5. 1803 in London;
gest. 18. 1. 1873 in Torquay

Edward Bulwer-Lyttons Vielzahl von Werken führte zu seinen Lebzeiten zu einem einträglichen Einkommen, trug ihm aber auch den Vorwurf ein, den Umfang seines Werkes auf Kosten der literarischen Qualität vorangetrieben zu haben. Aus den wohlhabenden und alten Familien der Bulwers und Lyttons stammend, hatte der frühe Tod seines Vaters B.-L. schon als Vierjährigen zum Halbwaisen gemacht. Die Eheschließung mit Rosina Doyle Wheeler führte zum Zerwürfnis mit der Mutter, so daß die Einkünfte aus den Veröffentlichungen lange Zeit die ökonomische Basis für den herrschaftlichen Lebensstil von B.-L. und seiner Familie bilden mußten. Nach dem Studium in Cambridge (1822–25) führte er einige Jahre das Leben eines Dandys der Regency-Zeit in Paris und London. In den 1830er Jahren begann sein politisches Engagement, das ihn zum Abgeordneten des Unterhauses werden ließ und 1858 dazu führte, daß er für ein Jahr das Amt des Kolonialministers innehatte. Im Jahre 1866 wurde er als Baron Lytton of Knebworth in den Hochadel erhoben.

War der erste Roman, *Falkland* (1827; *Falkland*, 1846), noch in einer Protesthaltung gegen

gesellschaftliche und literarische Konventionen geschrieben worden, so siedelte B.-L. seinen nächsten Roman, *Pelham* (1828; *Pelham*, 1833), in der
Welt gesellschaftlicher Eleganz an. Seine Vielzahl
von reißerischen Elementen mag erklären, warum
Pelham kommerzieller Erfolg beschieden war. Mit
Paul Clifford (1830; *Paul Clifford*, 1845) und *Eugene Aram* (1832; *Eugen Aram*, ca. 1878) brachte
B.-L. schließlich den Verbrecherroman, die sogenannte *Newgate novel*, in Mode. Im Vordergrund
seines literarischen Schaffens stand häufig die Beschäftigung mit der Geschichte, wie in seinem
wohl bekanntesten Werk, *The Last Days of Pompeii*
(1834; *Die letzten Tage von Pompeji*, 1834). Die
Wirkungsmächtigkeit des literarischen Werkes von
B.-L. dokumentiert sich auch darin, daß sein Roman *Rienzi* (1835; *Rienzi*, 1836) von Richard Wagner als Vorlage für seine gleichnamige Oper genutzt wurde. – Auch in anderen Genres versuchte
sich B.-L. Er schrieb das Melodrama *The Lady of
Lyons* (1838; *Das Mädchen von Lyon*, 1838) und
die Komödie *Money* (1840; *Geld*, 1841). Das epische Gedicht »King Arthur« (1848–49) stellte eine
Reaktion auf das Interesse seiner Zeit am Ar-
thusmythos dar. Mit *The Caxtons* (1849) lieferte er
sein Porträt einer Familie und entsprach damit
dem literarischen Zeitgeist, der eine realistische
Darstellung forderte. In der Utopie *The Coming
Race* (1871; *Das kommende Geschlecht*, 1980) erkundete er schließlich, ausgehend von darwinisti-
schen Vorstellungen, magisches Denken und mögliche Entwicklungen im Bereich der Technik. – Die
Hochschätzung, die B.-L. in seiner Lebenszeit erfuhr, die literaturgeschichtlich gesehen zwischen
Jane Austen und den großen viktorianischen Erzählern lag, ist nach seinem Tod geschwunden.

Werkausgabe: *The Works*. Knebworth Edition. 37 Bde.
London 1874.
Literatur: W. Göbel. *Edward Bulwer-Lytton: Systemrefe-
renz, Funktion, literarischer Wert in seinem Erzählwerk*.
Heidelberg 1993. – J. L. Campbell. *Edward Bulwer-Lyt-
ton*. Boston 1986.

Jan Hollm

Bunting, Basil
Geb. 1. 3. 1900 in Scotswood-on-Tyne,
Northumberland; gest. 17. 4. 1985 in
Hexham, Northumberland

Basil Buntings Kindheit und frühe Jugend waren geprägt von der Natur Northumberlands und
seiner Erziehung durch Quäker. Mit 18 verbüßte
er eine sechsmonatige Haftstrafe, weil er wegen
seiner Religion den Kriegsdienst verweigerte. 1923
lernte er in Paris Ezra Pound kennen, der ihm zum
lebenslangen Freund und dichterischen Vorbild
wurde. Während der nächsten zwei Jahrzehnte
lebte er u. a. als Seemann abwechselnd in Italien, in
den USA (wo er seine erste Frau heiratete), in
England und auf Teneriffa; und er machte die
Bekanntschaft von Dichtern wie William Butler
Yeats, William Carlos Williams und Louis Zu-
kofsky. Am Ende des Zweiten Weltkriegs wurde er
in Persien eingesetzt, heiratete ein zweites Mal und
arbeitete bis zu seiner Ausweisung 1952 u. a. als
Dolmetscher, Spion, Vizekonsul und Korrespondent der *Times*. Wieder in England, hielt er sich als
Journalist über Wasser, fand aber zunächst kaum
noch Zeit für seine Dichtung.

B.s unstetes Leben fließt nur sehr vermittelt in
die Dichtung ein, ist aber trotzdem eine wichtige
Basis seines Schaffens. Denn wie die Imagisten
und die Objektivisten betont B. die konkrete Hinwendung zu den (alltäglichen) Erfahrungen. Die
handwerkliche Präzision des sprachlichen Ausdrucks erprobt er wie Pound in Nachdichtungen
(»Overdrafts«) aus verschiedenen Sprachen. Mit
T. S. Eliot verbindet ihn überdies seine vorwiegend
im Frühwerk ausgeprägte Neigung zur Montage
von Zitaten und Anspielungen. Noch stärker als
alle genannten Lyriker besteht er auf der variablen
Musikalität lyrischen Sprechens. Schon seine in
den 1930er Jahren veröffentlichten Texte, wie »Villon« oder »Attis«, sind strukturell an den kontrastierenden Sätzen der Sonatenform orientiert,
ebenso sein erstes Langgedicht *The Spoils* (1951),
in dem er seine Persien-Begeisterung verarbeitet.
Aber nicht nur die Makrostruktur von Gedichten
ist für B. von musikalischen Mustern bestimmt:
Seine erste Gedichtsammlung, *Poems: 1950* (1950),
enthält auch ›Oden‹, vorwiegend kurze Texte, deren Gattungsbezeichnung er v. a. auf ihre Sangbarkeit bezogen wissen will. – 1963 wird B. von
Tom Pickard, einem jungen Dichter aus Newcastle,
wiederentdeckt und erneut zum Schreiben an-

geregt. In den nächsten Jahren entstehen weitere ›Oden‹ und die lange ›Sonate‹ *Briggflatts* (1966; *Briggflatts*, 1990), benannt nach einem Quäkerdörfchen in Northumberland. Sie verbindet autobiographische Erinnerungen mit regional-konkreten, zugleich am ewigen Zyklus der Jahreszeiten orientierten Naturbildern, moderne Montage- und Leitmotivtechniken mit einer durch die nordenglische Sprachvarietät und Dichtungstradition geprägten Musikalität. Die Mischung von Tradition und Avantgarde, Regionalität und Universalität macht dieses fünfteilige Langgedicht zu B.s poetischer *summa*. Mit 66 Jahren kommt der ehemalige *poets' poet* damit endlich zu spätem Ruhm. Jüngere Dichter wie Allen Ginsberg und Charles Tomlinson werden zu seinen Bewunderern. Heute gilt er allgemein als bedeutender britischer Vertreter der modernen Lyrik. Nach den 1960er Jahren freilich schwand seine dichterische Produktivität. Die letzten Jahre vor seinem Tod lebte er zunehmend einsam in seiner Heimat Northumberland.

Werkausgabe: *Complete Poems*. Hg. R. Caddel. Oxford 1994.
Literatur: K. Alldritt. *The Poet as Spy: The Life and Wild Times of Basil Bunting*. London 1998. – P. Makin. *Bunting: The Shaping of his Verse*. Oxford 1992. – V. Forde. *The Poetry of Basil Bunting*. Newcastle-upon-Tyne 1991. – C. F. Terrell, Hg. *Basil Bunting: Man and Poet*. Orono, ME 1981.

Franz Meier

Bunyan, John

Geb. 1628 in Elstow, Bedfordshire;
gest. 31. 8. 1688 in London

John Bunyan gehört zu den wenigen Schriftstellern, die, obwohl einfachsten Verhältnissen entstammend, hohes literarisches Ansehen erlangten; er beweist außerdem, daß entschiedener Puritanismus zu einem Stimulus für poetische Kreativität werden konnte. Der Sohn eines Kesselflickers besuchte nur kurze Zeit eine Schule und schloß sich 1644, nach dem Tod seiner Mutter und der Wiederverheiratung seines Vaters, der Bürgerkriegstruppe des Parlaments an, der er bis 1647 angehörte, vermutlich ohne an Kampfhandlungen teilnehmen zu müssen. Während dieser Zeit dürfte die Hinwendung des aus anglikanischem Elternhaus stammenden B. zum Puritanismus begonnen

haben; nach einer Neutaufe wurde er 1655 Vollmitglied der Bedford Separatist Church und später deren Prediger.

Seine Bekehrung beschreibt B. in der Autobiographie *Grace Abounding to the Chief of Sinners* (1666; *Die Gnade Gottes Welche sich erstrecket auf die Grö ten Sünder*, 1698), verfaßt während einer zwölf Jahre dauernden Inhaftierung, die er wegen Mißachtung des nach der Restauration der Stuart-Monarchie erlassenen Predigtverbots für Nonkonformisten erdulden mußte. Diese Haft scheint allerdings in relativ liberaler Weise vollzogen worden zu sein, denn B. konnte im Gefängnis nicht nur theologische Schriften verfassen, sondern auch in geringem Umfang Geld zur Unterstützung seiner Familie verdienen und gelegentlich sogar an Treffen seiner Gemeinde teilnehmen. Daß er seine Frau und vier Kinder, darunter eine blinde Tochter, lange Zeit verlassen mußte, betrachtete er als den schwersten Teil dieser Prüfung, die er um Christi willen auf sich nehmen zu müssen glaubte. Seine vorausgegangene Bekehrung schildert B. als Kampf mit Satan, den er zuweilen in der Form von Gegenständen oder Tieren sieht. Oft fühlt er sich machtlos gegen Versuchungen, wirft sich in den Schmutz, um sich so an gottlosen Äußerungen zu hindern. Zur psychischen Falle wird ihm beinahe das Prädestinationsdogma, da es dem Teufel das Argument liefert, daß B. für seine Erlösung entweder nichts tun könne oder nichts zu tun brauche. Er vermag sich zu retten, da sein Glaube an die Gnade größer ist als die drohende spirituelle Resignation. B. wendet sich mit diesem Bekehrungsbericht formal an seine Familie, praktisch aber an die Gemeindeöffentlichkeit, was zu einer höchst wirksamen Verbindung von persönlichem, bibelsprachlichem und faktenorientiertem Stil führt. Er sieht sich als Zeuge, der dokumentarisch genau zu berichten und auf jedes eitle Spiel mit sprachlichen Ausschmückungen zu verzichten hat.

Das vermutlich zwischen seiner Entlassung aus dem Gefängnis und einer halbjährigen zweiten Inhaftierung entstandene Hauptwerk B.s, *The Pilgrim's Progress From This World to That Which Is to Come* (1678; *Pilgerreise zur seligen Ewigkeit*, erstmals übersetzt 1685), unterscheidet sich von *Grace Abounding* durch ein weit höheres Maß an Poetisierung. Es verbindet den Rahmen des allegorischen Traums mit dem Reisemotiv, was bedeutet, daß der innere und zeitliche Vorgang der Hinwendung des Menschen zu Gott als äußere Bewegung auf ein räumliches Ziel zu erscheint. Kann der Bekehrungsbericht, solange der Protagonist lebt, stets nur bis zu einem Zwischenstand gelangen, so führt *The Pilgrim's Progress* seinen Helden zu einem *happy ending*, das allerdings nur der Tod sein kann. B. wagt es, wofür er sich explizit rechtfertigt, Märchen- und Romanzenmotive zu verwenden. Der in *Grace Abounding* noch als Besen oder Busch wahrgenommene Teufel wird hier zum eindrucksvolleren Drachen, der vom Protagonisten Christian mit Gottes Hilfe in direktem Zweikampf besiegt wird. Auch wenn durch die Darstellung derartiger physischer Konfrontationen der Gedanke der Prädestination in den Hintergrund tritt, so betont B. doch auch in *The Pilgrim's Progress* die durch dieses puritanische Dogma geförderte Gefahr der Verzweiflung. Ein weiteres zentrales Element dieses Werks ist die allegorische Darstellung des Irdischen als Jahrmarkt der Eitelkeiten, der nicht nur die Seele in Gefahr bringt, sondern den treuen Christen auch das Leben kosten kann. Die Fortsetzung, *The Pilgrim's Progress From This World to That Which Is to Come: The Second Part* (1684), leidet darunter, daß die sich aus der Transformation der spirituellen Vorgänge ergebende äußere Handlung etwas ereignisarm bleibt, da der Heldin Christiana offenbar physische Auseinandersetzungen erspart bleiben sollten. – Zu den bekannteren der etwa 60 Werke B.s gehört die fiktive Verbrecherbiographie *The Life and Death of Mr. Badman* (1680; *Mr. Quaats Leben und Sterben oder eines Gottlosen Reise nach dem ewigen Verderben*, 1685), die sich verschiedener Darstellungsebenen bedient: Der Erzähler und sein Zuhörer würzen die in ihren moralisierenden Dialog eingebettete Beschreibung des Lebens eines Gottlosen durch weitere Beispiele verwerflichen Handelns und bieten so dem Leser ein abschreckendes, aber auch unterhaltsames Spektrum von Lastern und Verbrechen. An Kinder wendet sich *A Book for Boys and Girls* (1686), eine aus 74 emblematischen Lehrgedichten bestehende Sammlung, der der Autor eine kurze Anleitung zur Verbesserung der Lesefähigkeit voranstellt.

B., der schon als Prediger die Zuhörer magnetisch anzog, erlangte als Schriftsteller eine bis weit in das 20. Jahrhundert anhaltende Popularität, die nicht zuletzt darin begründet sein dürfte, daß er mit *The Pilgrim's Progress* die wohl repräsentativste literarische Gestaltung des die britische Kultur prägenden puritanischen Weltbilds schuf. Die Vorstellung vom Christen als Soldat, der dem Teufel ein Stück seines Reichs entreißt, die B. auch in seinem das Handlungsschema der mittelalterlichen Moralitätenspiele aufgreifenden Spätwerk *The Holy War* (1682; *Der heilige Krieg um die Stadt Menschen-Seele*, erstmals übersetzt 1685) thematisiert, erwies sich nicht zuletzt in der imperialen Phase Großbritanniens als einflußreich.

Werkausgaben: *The Entire Works*. Hg. H. Stebbing. 4 Bde. London 1859. – *The Miscellaneous Works*. Hg. R. Sharrock. 13 Bde. Oxford 1980–94.
Literatur: C. Hill. *A Turbulent, Seditious, and Factious People: John Bunyan and His Church 1628–1688*. Oxford 1988. – R. Sharrock. *John Bunyan*. London 1968 [1954].

Eberhard Späth

Burgess, Anthony [John Anthony Burgess Wilson]

Geb. 25. 2. 1917 in Manchester;
gest. 22. 11. 1993 in London

Mit über 50 veröffentlichten Büchern gehört Anthony Burgess zum Kreis der produktivsten und erfolgreichsten englischen Schriftsteller des 20. Jahrhunderts. Darüber hinaus machte sich das am Xaverian College und an der Universität von Manchester ausgebildete Multitalent auch als Kritiker und Komponist einen Namen. Neben dem über 30 Titel aufweisenden Romanwerk hinterließ B. diverse musikalische Werke und verfaßte u. a. kritische Studien biographischer Natur, Kinderbücher, literaturwissenschaftliche Handbücher für Studenten, eine auf zwei Bände angelegte Autobiographie sowie eine hohe Zahl von Rezensionen, Artikeln und Aufsätzen. Der bisweilen als Vielschreiber gescholtene Autor begann seine schriftstellerische Karriere erst relativ spät, da seine erste Liebe der Musik galt. Der bereits 1949 niedergeschriebene Romanerstling *A Vision of Battlements* wurde erst im Jahr 1965 publiziert. Nach dem Militärdienst ging B. diversen Lehrtätigkeiten in England, Malakka und auf Borneo nach. Die während der Zeit im Fernen Osten gesammelten Erfahrungen verarbeitete B. in den stark autobiographisch gefärbten Romanen *Time for a Tiger* (1956), *The Enemy in the Blanket* (1958) sowie *Beds in the East* (1959), die im Jahr 1964 gemeinsam unter dem Titel *The Malayan Trilogy* veröffentlicht wurden. Nach einer medizinischen Fehldiagnose, die einem Todesurteil gleichkam, verfaßte B. mit Blick auf die finanzielle Absicherung seiner Frau in rascher Folge zahlreiche Romane. Der literarische Durchbruch gelang ihm mit der Anti-Utopie *A Clockwork Orange* (1962; *Die Uhrwerk-Orange*, 1972), einer dystopischen Vision, die im Spannungsfeld zwischen Individuum und Gesellschaft das Thema der Willensfreiheit des Menschen auslotet. Der 15jährige Protagonist Alex präsentiert sich hier als Figur in einer vom manichäischen Dualismus geprägten Welt, in der das Böse als Wesensmerkmal des Individuums und einzig vitale Kraft erscheint. Die Manipulation und Konditionierung des zu Gewalttaten neigenden Minderjährigen vermittels staatlicher Umerziehung hat das Auslöschen seiner Identität zur Folge. Der von B. ersonnene Teenager-Slang »Nadsat«, eine ingeniöse Mischung von englischem und russischem Wortschatz, zeugt von großer sprachlicher Virtuosität. Einen weiteren Publikumserfolg vermochte B. mit dem 1963 begonnenen populären Romanzyklus um den Dichter Enderby zu erzielen.

Die Verschmelzung von Literatur und Musik war B. ein besonderes Anliegen, konnte er hier doch seine künstlerischen Fähigkeiten zur Geltung bringen. So ist etwa die Handlungsstruktur des Spionageromans *Tremor of Intent* (1966; *Tremor*, 1980) der Sonatenbauform nachempfunden. Ästhetische Strukturierung wie auch die thematische Fragestellung nach der vitalen Notwendigkeit der Entscheidung zwischen Gut und Böse heben den Roman wohltuend von zeitgenössischen Exemplaren der Gattung ab, die bisweilen eine stereotype Figurendarstellung und Handlungsführung aufweisen. Noch deutlicher tritt die Symbiose von Literatur und Musik in *Napoleon Symphony* (1974; *Napoleon-Symphonie: Roman in 4 Sätzen*, 1982) zutage, einer fiktiven Biographie, die – von außermusikalischen Vorstellungen geleitet – den Lebensweg des französischen Herrschers von der Heirat mit Josephine im Jahr 1796 bis zu dessen Tod auf St. Helena 1821 nachzeichnet. Dieser Roman, dem mythologische Strukturen eine überzeitliche Dimension verleihen, korrespondiert sowohl in der äußeren Form als auch thematisch und inhaltlich mit Beethovens Titan unter den Sinfonien, der *Eroica* (1803). In Form einer fiktiven Autobiographie veröffentlichte der stets experimentierfreudige B. mit *Earthly Powers* (1980; *Der Fürst der Phantome*, 1984) sein wohl ambitioniertestes Werk. Zentraler Problembereich dieses farbenprächtigen Porträts der Geschichte des 20. Jahrhunderts ist die Auseinandersetzung des homophilen Katholiken Kenneth Marchal Toomey mit

seiner Neigung und der Sexualmoral seiner Kirche. Kontrastiv zu dem »augustinischen« Schriftsteller Toomey, der seine Homosexualität als Manifestation der Erbsünde begreift, ist der vital gezeichnete, von der Fähigkeit des Menschen zum Guten ausgehende »pelagianische« Priester Carlo Campanati angelegt, der die ethische Entscheidungsfreiheit des Menschen betont. Neben der Erörterung moralphilosophischer Fragestellungen durchziehen dichtungstheoretische Äußerungen den Roman, die auf eine Bewußtmachung der poetologischen Selbstreflexivität des Textes abzielen.

Ungeachtet der formalen und inhaltlichen Vielfalt des von pointierter Sozialsatire geprägten B.schen – uvres, ist den zumeist eine antithetische Struktur aufweisenden Romanen ein tiefschwarzer Humor als charakteristisches Stilmittel gemein. Von der Annahme eines manichäischen Weltbildes ausgehend, entwickelt der Autor ein in drei Phasen unterteiltes zyklisches Geschichtsmodell, welches durch den ständigen Wechsel von autoritären und liberalen Gesellschaftssystemen gekennzeichnet ist. Wiederkehrende Themen in B.' Werk sind der Dualismus von Gut und Böse, die Willensfreiheit des Menschen sowie die Auseinandersetzung mit traditionellen Tabubereichen wie Sexualität und Gewalt. – Der einmal mehr vom verbalen Erfindungsreichtum B.' zeugende Roman *A Dead Man in Deptford* (1993; *Der Teufelspoet*, 1995), in dessen Mittelpunkt Leben und Tod des Dramatikers Christopher Marlowe thematisiert werden, markiert einen weiteren, späten Höhepunkt im literarischen Schaffen dieses ungewöhnlich produktiven Autors.

Literatur: J. J. Stinson. *Anthony Burgess Revisited*. Boston 1991. – M. Beyer. »Anthony Burgess.« *Der englische Roman der Gegenwart*. Hg. R. Imhof/A. Maack. Tübingen 1987, 68–91. – H. Bloom, Hg. *Anthony Burgess*. New York 1987. – M. Ghosh-Schellhorn. *Anthony Burgess: A Study in Character*. Frankfurt a. M. 1986.

Peter Nover

Burke, Edmund
Geb. 12. 1. 1729 in Dublin; gest. 9. 7. 1797 in Beaconsfield, Buckinghamshire

Der irische Publizist und Parlamentarier Edmund Burke gilt als der unbestrittene Begründer des politischen Konservatismus. Den Anstoß zur Abfassung seiner *Reflections on the Revolution in*

France (1790; *Betrachtungen über die Französische Revolution*, 1793) gab v. a. das begeisterte Echo, das die Französische Revolution bei englischen Radikalen und Intellektuellen fand. Dabei hatten Kenner der politischen Szene eine vernichtende Kritik der Ereignisse im revolutionären Frankreich am wenigsten von dem protestantischen Iren erwartet, der sich in den 1770er Jahren den Ruf eines engagierten Reformers erworben hatte. B., der seit 1765 Mitglied des Unterhauses war, trat, nachdem er sich mit seiner Schrift *A Philosophical Enquiry into the Origin of Our Ideas of the Sublime and Beautiful* (1757; *Philosophische Untersuchungen über den Ursprung unserer Begriffe vom Erhabenen und Schönen*, 1773) als Kunsttheoretiker einen Namen gemacht hatte, für zahlreiche liberale Neuerungen ein. Er forderte die Freiheit des Handels vor Adam Smith und verurteilte den Sklavenhandel vor William Wilberforce. Er trat für die Emanzipation der Katholiken ebenso ein wie für die der Nonkonformisten. Er entwarf Konzepte für die Liberalisierung des Strafrechts, und er verteidigte die Pressefreiheit. Mit seinem Pamphlet *Thoughts on the Cause of the Present Discontent* (1770) sprach er sich gegen die Erweiterung der königlichen Prärogative und für die Erweiterung der Kompetenzen des Parlaments aus. In der Auseinandersetzung der Krone mit den amerikanischen Kolonisten kämpfte er mit Beharrlichkeit für eine Verhandlungslösung; auch gegen die Ausbeutung Irlands und Indiens erhob er seine Stimme. Dabei darf man freilich nicht übersehen, daß B.s Reformvorstellungen schon immer auf die Vermeidung revolutionärer Veränderungen abzielten. Die zentrale Kompetenz, derer die Architekten eines Staatswesens bedürfen, ist eine »profunde Kenntnis der menschlichen Natur«, die B. als »intricate«, als schwer einschätzbar und berechenbar, versteht und deren Stärken und Defizite nach einer gesellschaftlichen Ordnung verlangen, die die ersteren zu fördern und zu stärken und die letzteren zu beheben oder doch zu kontrollieren vermag. B.s skeptische Beurteilung der Vernunft und des moralischen Potentials der überwiegenden Mehrzahl der Menschen erklärt dann auch sein Bemühen um die Rehabilitation der von den Aufklärern und Revolutionären vielgeschmähten Institutionen der auf der *Bill of Rights* von 1689 basierenden konstitutionellen britischen Monarchie. Damit liegen B.s Schlußfolgerungen auf der Hand: Die Aufklärungsphilosophie mit der Pauschalkritik an den über Jahrhunderte gewachsenen altehrwürdigen Rechts- und Regierungspraktiken ist ein Desaster, und die Französische Revolution, die die aufklärerischen Maximen in die Praxis umsetzt, ist eine Katastrophe. Denn aus den Trümmern der alten Ordnung, so prophezeit B. in den *Reflections* im Rahmen seines Vergleichs der Errungenschaften der puritanischen und der französischen Revolutionsapostel, erwachsen nicht der verheißene Rechts- und Verfassungsstaat, sondern Barbarei, Terror und Anarchie und zuletzt die totalitäre Diktatur eines militärischen Despoten.

Werkausgabe: *The Writings and Speeches*. Hg. P. Langford. Oxford 1981ff.
Literatur: J. Crowe, Hg. *Edmund Burke: His Life and Legacy*. Dublin 1997. – R. Zimmer. *Edmund Burke zur Einführung*. Hamburg 1995. – D. E. Ritchie, Hg. *Edmund Burke: Appraisals and Applications*. New Brunswick/London 1990. – C. B. Macpherson. *Burke*. Oxford 1980.

Michael Gassenmeier

Burney, Frances [Fanny; Madame D'Ablay]

Geb. 13. 6. 1752 in King's Lynn, Norfolk;
gest. 6. 1. 1840 in Bath

Frances Burney war eine zunächst angesehene und international erfolgreiche Autorin von weiblichen Bildungsromanen, die später in Vergessenheit geriet. Nachruhm erlangte sie durch die postum 1842–54 veröffentlichte erste Ausgabe ihrer Briefe und Tagebücher, die zu den herausragenden Beispielen ihrer Gattungen zählen. Erst die moderne feministische Literaturkritik seit Virginia Woolf, die die weithin verschüttete weibliche Romantradition des 18. Jahrhunderts freilegte, sicherte B. den ihr gebührenden Rang, die bedeutendste Vorläuferin von Jane Austen gewesen zu sein – in einer Zeit, als die herrschende restriktive Ideologie der Femininität auch die künstlerische Emanzipation von Frauen behinderte.

B. formulierte die ihrem Erzählwerk zugrundeliegende Intention, Frauen »the path of propriety« unterhaltsam vorzuführen, im programmatischen Vorwort zu *The Wanderer; or, Female Difficulties* (1814), ihrem vierten und letzten Roman. Bezeichnenderweise ist es an ihren Vater, Dr. Charles Burney gerichtet, renommiertester Musikwissenschaftler seiner Zeit, und betont patriarchalisch in seiner Vorstellung von Frauen als familienzentrierten Wesen. Von B.s emotionaler Abhängigkeit zeugt das ihm dargebrachte Brandopfer ihrer Juvenilia im Jahre 1767 und der noch lange nach seinem Tode (1814) unternommene Versuch, sich in ihrem Alterswerk *Memoirs of Dr. Burney* (1832) als sein Lieblingskind darzustellen.

Der ständige Trubel im gastlichen Londoner Vaterhaus bot B. reichlich Gelegenheit, in ihren geduldeten privaten Aufzeichnungen die Darstellung menschlichen Verhaltens und angeblich mitgehörter Gespräche zu üben. Angesichts dieser Erprobung und unter dem Einfluß von Erziehungsbüchern sowie von den ihnen verwandten Romanen ihres literarischen Übervaters Samuel Richardson verfaßte sie, als sie ihre Kreativität nicht mehr unterdrücken konnte, heimlich einen weiblichen Bildungsroman in Form eines ausgeprägt dialogischen polyphonen Briefromans. *Evelina; or, a Young Lady's Entrance into the World* (1778; *Evelina oder eines jungen Frauenzimmers Eintritt in die Welt*, 1779) fußt, augenfälliger als B.s folgende Romane, auf dem dreiteiligen archetypischen Monomythos der Heldengeschichte (Paradiesvertreibung, Initiationsreise, Heimkehr). Die Protagonistin, eine vom Vater verstoßene Halbwaise, intelligent, tugendsam, aber unerfahren, lernt in der Kampfarena des modernen Heiratsmarkts das weibliche Rollenspektrum kennen, realisiert im Laufe ihrer Reifung weibliche Identität im normativen Sinne und gewinnt so die Liebe eines untadeligen Aristokraten sowie die Anerkennung ihres adeligen Vaters. Bestechend an diesem noch immer sehr lesbaren Werk ist die differenzierte Stimmenvielfalt, die anschauliche Darstellung unterschiedlicher Sozialmilieus, die von selbstbestimmten Frauen demonstrativ ausgelebte Rollendiskordanz und die Komplexität der Protagonistin. Erstaunlich schlagfertig, gewitzt und leidenschaftlich wehrt sie sich gegen die Fesseln weiblicher Existenz und offenbart, entgegen B.s bewußter Intention, subversives Potential für das aristokratische Arkadien. – Da Charles Burney seiner Tochter sogar die heimliche Veröffentlichung von *Evelina* verzieh und ihren Ruhm sichtlich genoß, unternahm sie auf sein Geheiß sofort die Arbeit an *Cecilia; or, Memoirs of an Heiress* (1782), die zur Qual geriet. Sie erlag ihrem bereits in *Evelina* spürbaren Hang, der sich zunehmend verstärken sollte, zur hochepisodischen, von melodramatischen Peripetien und wundersamen Zufällen durchsetzten Endloshandlung. Leser der späteren Romane werden allerdings für die ihnen abverlangte Geduld belohnt. B. problematisiert

dort die Widersprüchlichkeit der herrschenden Weiblichkeitsideologie und das ihr immanente Gefahrenpotential für die Frau. Durch die stärkere Einbettung dieser nach wie vor zentralen Thematik in die breit gefächerte Gesellschaftsanalyse, wie sie erst wieder Charles Dickens und William Makepeace Thackeray bieten, entstehen detaillierte panoramahafte Sittengemälde einer Gesellschaft auf dem konfliktreichen Wege des Elitenwechsels. Scharfsichtig registriert B. deren unausweichliche Verbürgerlichung, die sie als Dame von Stand nicht guthieß. Die Protagonistin von *Cecilia*, eine mit drei untauglichen Vormündern geschlagene Vollwaise, erfährt, wie machtlos eine Frau mit unsicherem Sozialstatus trotz und wegen ihres Reichtums in einer patriarchalischen Gesellschaft ist. Zermürbt willigt sie in eine heimliche Heirat ein, die am Altar vereitelt wird, und wird für diesen Fehltritt von Heimsuchungen gepeinigt, bis die Ehe, nunmehr gesellschaftlich sanktioniert, endlich zustande kommt. – B.s ruhmbedingter Dienst als Hofdame (1786–91), für sie geisttötender Frondienst, bescherte ihr eine Pension, die die von ihrem Vater mißbilligte Ehe mit dem mittellosen französischen Emigranten Alexandre d'Arblay möglich machte. Bevor sie ihrem Mann 1802 nach Frankreich folgte, vermochte sie noch einmal ihr Publikum zu begeistern. *Camilla; or, a Picture of Youth* (1796; *Kamilla oder ein Gemälde der Jugend*, 1798) beschreibt die Umbruchphase der Partnersuche als eine Zeit heftiger Turbulenzen und problematisiert durch die retardierte Reifung der zunächst allzu gefühlsseligen Protagonistin das Zeitgeistthema des rechten Verhältnisses von Herz und Verstand.

Der Mißerfolg von *The Wanderer*, erschienen ein Jahr vor der Rückkehr der d'Ablays aus Frankreich, ist nicht nur darauf zurückzuführen, daß dieser Roman die antifranzösische Stimmung in England wider Erwarten nicht bediente. Abgesehen von krassen Konstruktionsschwächen stieß das damals schon heikle Thema der Berufstätigkeit für gebildete Frauen auf Ablehnung, zumal B. das Scheitern ihrer Protagonistin, einer alleinstehenden Fremden, nicht nur dem männlichen Ausbeuterinstinkt, sondern v. a. den Frauen anlastet. Die Angst der geborenen Lady vor sozialer Ausgrenzung im Falle des Verstoßens gegen die konventionelle Moral und, mehr noch, vor privilegierten Geschlechtsgenossinnen, die ihre ihnen vom Patriarchat zugebilligte Macht als Hüterinnen jener Moral über weibliche Solidarität stellen, lassen nur den Ausweg der Ehe zu. Gepaart mit Liebe bildet sie im privaten Bereich die Voraussetzung für die Aufrechterhaltung der gesellschaftlichen Ordnung, die, wie der Fall der weiblichen Kontrastfigur zeigt, durch Frauenrechtlerinnen in der Nachfolge von Mary Wollstonecraft gefährdet wird. – Trotz ihrer wachsenden Einsicht in die Notwendigkeit gesellschaftlicher Veränderungen blieb B. infolge ihrer Sozialisation traditionellem Ordnungsdenken verhaftet. Sie bleibt somit eine Autorin, die vor dem Wagnis der künstlerischen Integrität zurückschreckte und deswegen auch ihr komisches Talent, von dem die Briefe und Tagebücher zeugen, in ihren Romanen weitgehend unterdrückte.

Literatur: K. M. Rogers. *Frances Burney: The World of Female Difficulties*. New York 1990. – K. Straub. *Divided Fictions: Frances Burney and Feminine Strategy.* Lexington 1987.

Astrid Swift

Burns, Robert

Geb. 25. 1. 1759 in Alloway, Ayrshire;
gest. 21. 7. 1796 in Dumfries

Robert Burns war Sohn eines Kleinbauern (*cotter*). Für seine Verhältnisse hatte er eine gute Schulbildung; darüber hinaus war er Autodidakt. Nachdem er längere Zeit vergeblich versucht hatte, ein Auskommen in der Landwirtschaft zu finden, machte ihn die Veröffentlichung seines Gedichtbuches *Poems, chiefly in the Scottish Dialect* (1786) – die sogenannte Kilmarnock Edition – mit einem Mal zum berühmten Mann. Er wurde zum bedeutendsten Vertreter der Renaissance der schottischen Dichtung im 18. Jahrhundert und ist einer der wenigen Dialektdichter – er schrieb in der nördlichsten englischen Mundart, dem Lowland Scots –, die weltliterarische Bedeutung erreichten. Er wurde in den Salons der Gebildeten und Vornehmen in Edinburgh als Naturgenie und Volksdichter bewundert, als »Heaven-taught ploughman«, wie es Henry Mackenzie ausdrückte. B. hat zu diesem Mythos des Bauern, der, vom Pflügen heimgekehrt, seine Gefühle unmittelbar in lyrischen Versen ausströmen läßt, selbst beigetragen. In dem poetologischen Gedicht »Epistle to John Lapraik, An Old Scotch Bard« stellt er sich als das Gegenbild des *poeta doctus*, des gelehrten Dichters, hin: er beanspruche keine Bildung (»Learning«), er brauche nur die Inspiration durch die Natur (»ae

spark o' Nature's fire«), um das Herz anzurühren. Der mit seinem Namen verbundene Mythos wird noch heute touristisch und kommerziell ausgenützt.

B.' Ruhm beruht auf seinen Liedern, die, aus der mündlichen und schriftlichen Tradition schöpfend, die Merkmale der Sangbarkeit und der Gefühlsunmittelbarkeit aufweisen. Berühmt ist das Liebeslied »A red red Rose« (»O my Luve's like a red, red rose«), in dem B. Bilder, Motive, ja ganze Strophen aus zersungenen, d. h. fragmentarischen und entstellten Texten der Tradition übernahm und zu einer Einheit verschmolz. B. leistete für das Volkslied, was Sir Walter Scott einige Jahre später für die Volksballade tun sollte. Er steuerte nahezu 200 Lieder zu James Johnsons *The Scots Musical Museum* (1787–1803) bei, der wichtigsten schottischen Volksliedersammlung der Zeit. Seine Liedkunst besteht darin, elementare Gefühle und Themen wie Liebe, Freundschaft, Abschied, Trauer, Heimatgefühl und Trinkfreude in schlichten, von volkstümlichen Wendungen und Bildern geprägten Versen auszudrücken, in denen sich die melodische Fülle der Sprache in Übereinstimmung mit der Emotionalität des Tons befindet. Solche Lieder sind z. B. »John Anderson my Jo« und »Auld Lang Syne«. B. stellt den anspruchsvollen Gattungen der Ode, der Ekloge und der Pastoraldichtung des Klassizismus das Lied als eine einfache, ursprüngliche Form gegenüber, in der sich die Einheit von Wort und Melodie wie von selbst ergibt.

In der Bettlerkantate *Love and Liberty*, meist als *The Jolly Beggars* (1802) zitiert, legt B. in einen narrativ-rezitativen Rahmen Lieder von in einer Kneipe zechenden Landstreichern und ihren Gefährtinnen ein und wechselt wirkungsvoll zwischen dem Scots English (der schottischen Variante der englischen Hochsprache) und dem umgangssprachlichen Braid Scots (der Mundart von Ayrshire). Einem prahlerischen Soldatenlied folgt das Lied eines Mädchens, das in unbekümmerter Sinnenlust und trunkenem Frohsinn von ihrer Liebe zu diversen »soger laddies« (›Soldatenburschen‹) singt. Nach weiteren Liedern klingt das Gedicht mit einem anarchischen Trinklied aus, dessen Refrain eine übermütige Zurückweisung gesellschaftlicher Institutionen darstellt: »A fig for those by law protected! / LIBERTY's a glorious feast! / Courts for Cowards were erected, / Churches built to please the Priest.« Diese vitalen bacchantischen Verse atmen den Geist der einige Jahre nach ihrer Entstehung ausbrechenden Französischen Revolution, die B. zuerst begrüßte, um sich später von ihr abzuwenden.

Eine berühmte, patriotisch gefärbte Darstellung des schottischen Milieus liefert »The Cotter's Saturday Night« (1786), ein Genre-Bild in Spenser-Strophen, das den Abend in einer ärmlichen Hütte von der Rückkehr des Landmannes über das gemeinsame Essen bis zur Andachtstunde und dem Rückzug zur Nachtruhe in genauer Detailschilderung, aber auch in zunehmend verklärender Weise darstellt. Die Schlußstrophen polarisieren das sinnentleerte Zeremoniell der kirchlichen Institution (»poor Religion's pride«, »The pomp of method and of arts«) und die Frömmigkeit der häuslichen Andacht, wo die Sprache der Seele noch ertönt, und des weiteren die Leerheit und Verlogenheit der fürstlichen und vornehmen Welt sowie die Ehrlichkeit und den natürlichen Adel des einfachen Bauern: »The Cottage leaves the Palace far behind.«

Eine Gattung, in der neuerdings B.' eigentliche Leistung gesehen wird, ist die Verssatire. Die wichtigste Technik seiner Satiren ist die Verwendung einer *persona*, eines fiktiven Sprechers, der die von B. kritisierte und attackierte Position in übersteigerter, deren Unhaltbarkeit und Verlogenheit offenbarender Form artikuliert. In den *kirk satires*, die die etablierte presbyterianische Kirche Schottlands kritisieren, ist der Sprecher meist ein Vertreter oder Anhänger der orthodoxen Glaubenspraxis der Presbyterialkirche. In den politischen Stücken läßt B. ironisch die (in Wahrheit angegriffenen) Whigs oder hartherzigen Landbesitzer zu Wort kommen. Genial gewährt uns B. z. B. in »Holy Willie's Prayer« Einblick in das Innere eines Pharisäers und macht dessen Erwähltheitsdünkel und Entrüstungsmoral sowie die Selbstgerechtigkeit, Verlogenheit, Scheinheiligkeit und Gehässigkeit seiner Argumentation eindringlich deutlich. – Anders als die klassizistische Satire, die sich der hohen Politik und den generalisierten Schwächen der Menschen zuwendet, bezieht sich B. in seinen *kirk satires* auf den eng lokalisierten Bezirk der Gemeinde, in der Heuchelei, Perfidie und Hartherzigkeit herrschen. – Einen vergleichbaren Wandel markiert seine Naturlyrik, in der an die Stelle der arkadischen Requisiten der klassizistischen Pastoraldichtung die kleine, niedere Kreatur tritt, etwa die Feldmaus in »To a Mouse, On Turning Her Up in her Nest, with the Plough, November, 1785«. Der Philanthropismus des 18. Jahrhunderts ist hier auf das kleine Tier bezogen, dem ein

Höchstmaß von liebevoller Zuwendung zuteil wird. Als glänzender Humorist zeigt sich B. dagegen in dem narrativen Gedicht »Tam o'Shanter« (1791; *Tam vom Shanter: Ein Märchen*, 1980), das von Tams Begegnung mit einer Hexenschar nach einem durchzechten Abend am Markttag in Ayr und der sich anschließenden wilden Verfolgungsjagd erzählt, in der sich Tam gerade noch vor den Hexen über den Fluß Doon retten kann. Einen besonderen Reiz dieses Gedichts macht die ironische Unterminierung des didaktischen Erzählerkommentars aus, v. a. des moralisierenden Schlusses. In dieser liebevoll-verschmitzten, ironischen Komposition bleibt der antikalvinistische Satiriker B. spürbar. Die Didaxe ist ironisch, von Sympathie für den Helden getragen.

Werkausgabe: *The Poems and Songs*. Hg. J. Kinsley. 3 Bde. Oxford 1968.
Literatur: A. Bold. *A Burns Companion*. New York 1991. – Th. Crawford. *Burns: A Study of the Poems and Songs*. Edinburgh 1960. – D. Daiches. *Robert Burns*. London 1952.

Wolfgang G. Müller

Burton, Robert

Geb. 8. 2. 1577 in Lindley Hall, Leicestershire; gest. 25. 1. 1640 in Oxford

Als *neminis nihil*, Niemandsnichts, charakterisiert Robert Burton sich und sein Werk, und auf den ersten Blick liefert seine Biographie denn auch das exakte Negativ zu umtriebigen Heldenleben von Zeitgenossen wie Francis Drake oder Walter Raleigh. Aus einem Provinznest stammend, bezieht B. 1593 die Universität, bringt – immer leicht verspätet – die notwendigen theologischen Examina hinter sich und bleibt bis an sein Lebensende, wo er ist, in Oxford und auf den unteren Sprossen der kirchlichen Karriereleiter. Literarisch hat der gut 40jährige neben einem Dutzend mäßiger lateinischer Gelegenheitsgedichte lediglich das kaum beachtete Lustspiel *Philosophaster* (1618) und die Mitarbeit an der pastoralen Komödie *Alba* (1605) vorzuweisen. Bei ihrer Aufführung können James I und seine Gemahlin, wie eine zeitgenössische Quelle berichtet, nur durch flehentliche Intervention der Universitätsrektoren von Oxford und Cambridge zum Aussitzen des Stückes veranlaßt werden.

Der Unstern magerer Durchschnittlichkeit und

einer an Leistungsverweigerung grenzenden Unproduktivität weicht erst 1621, als der Bücherwurm B., den seine akademischen Kollegen als »devourer of authors« in Erinnerung behalten, die Phase des Sicheinverleibens abgeschlossen hat und eine grandiose Assemblage, ein kunstvolles Patchwork aus mehr als tausend Quellentexten vorlegt. Das Buch trägt den Titel *The Anatomy of Melancholy* (*Anatomie der Melancholie*, 1988) und unternimmt nichts Geringeres als eine Weltbesichtigung: die globale Inspektion im Licht und Zeichen des Saturn, jenes Planeten der Schwarzgalligkeit und schwermütigen Desillusionierung, in dessen Dienst B. seine gesamte Schaffenskraft gestellt hat. Am Ende der schier endlosen Inkubationszeit steht so ein Meisterwerk, das für heutige Leser die Spätscholastik mit einer metafiktionalen Postmoderne kurzzuschließen scheint. Der ›hoffnungslose Fall‹ B. entpuppt sich darin als virtuoser Erzähler, Zitatenequilibrist und Naturtalent in Sachen Seelenkunde. Im Handumdrehen lockt er den Leser in seinen faszinierenden Tintenkosmos, eine literarische Welt ganz eigener Prägung. In ihr wird der nie über England hinausgelangte Autor zum Bildungskosmopoliten, zum überall herumgekommenen, weitgereisten Entdecker, der auf ungemein abwechslungsreiche und unterhaltsame Art von seinen Streifzügen durch gelehrte Köpfe, von Expeditionen in den Gedankendschungel der literarischen Überlieferung und Irrfahrten über die Büchermeere zu berichten weiß. Und das Publikum ist von dieser Enzyklopädie gefesselt, die mit der Verwechslung von Trübsinn und Melancholie aufräumt und statt dessen die schöne Kunst der Kopfhängerei vorführt. In schneller Folge erscheinen die jeweils überarbeiteten und unermüdlich erweiterten Neuauflagen von 1624, 1628, 1632, 1638 sowie postum die Ausgabe letzter Hand von 1651. Der Verleger verdient ein Vermögen; der Autor aber – und das ist nicht minder erstaunlich als die Metamorphose vom Versager zur Berühmtheit – verweigert sich dem Triumphgefühl und Erfolgsrausch.

Warum nur? Ein mehr als tausendseitiger Wälzer kann doch das Panorama unserer Vergeblichkeiten kaum eindrücklicher vor Augen führen, als B. das tut: »In a word, the world itself is a maze, a labyrinth of errors, a desert, a wilderness, a den of thieves, cheaters, full of filthy puddles, horrid rocks, precipitiums, an ocean of adversity, a heavy yoke.« Aber eben deshalb muß der Verfasser sich eingestehen, daß auch die Literatur den Verwir-

rungen, Verwüstungen, Verschlammungen, der entropischen Platt- und Gleichmacherei nicht entkommt, die sie protokolliert und ins Bewußtsein hebt. Das Große Umsonst und die Heillosigkeit, diese unverrückbaren Rahmenbedingungen irdischen Daseins, sind nicht verhandelbar. Die Schwindsucht der Welt verschont nichts und niemanden. Und es ist das Privileg des melancholischen Künstlers, der Ruhmestitel B.s, auch davor nicht die Augen zu verschließen, sondern die eigene Zukunft in der Vergangenheit wiederzuentdecken und es mit dem Futur II des Es-wird-ausgelöscht-sein auszuhalten: »Of so many myriads of Poets, Rhetoricians, Philosophers, Sophisters [   ] scarce one of thousand's work remains, *nomina et libri simul cum corporibus interierunt,* their books and bodies are perished together. [   ] What braggadocians are they and we then!«

Literatur: M. M. Schmelzer. *Tis All One : The Anatomy of Melancholy as Belated Copious Discourse.* New York 1999. – M. O'Connell. *Robert Burton.* Boston 1986. – L. Babb. *Sanity in Bedlam: A Study of Robert Burton's Anatomy of Melancholy .* Westport, CT 1959.

Ulrich Horstmann

Butler, Samuel [der Ältere]

Geb. 12?. 2. 1613 in Strensham, Worcestershire; gest. 25. 9. 1680 in London

Die lückenhaft überlieferten Lebensdaten Samuel Butlers lassen immerhin erkennen, daß er eine gute Schulbildung genoß, ferner, daß er während der Cromwell-Ära als Sekretär eines puritanischen Friedensrichters tätig war. Dabei hatte er Gelegenheit, Material für seine Puritanersatire *Hudibras* zu sammeln, die in drei Teilen 1663, 1664 und 1678 erschien und unvollendet blieb. Mit ihren fast 10 000 Versen behandelt sie das tragische Thema des Bürgerkriegs in niederburlesker Manier, indem sie es auf die Ebene von Raufereien, Schimpftiraden und Knittelversen (*hudibrastics*) herabzieht. B. rückt dem zeitgenössischen Mythos des ›heiligen‹ und ›heroischen‹ Glaubenskampfes dadurch zu Leibe, daß er ihn als (satirisch verstandene) Donquijoterie verkleidet. Dabei überträgt er Miguel de Cervantes' Charakterkontrast zwischen dem verstiegenen Idealismus Don Quijotes und dem gewitzten Materialismus Sancho Panzas auf die beiden Grundtypen des Puritaners: Der haarspalterisch gelehrte Hudibras steht für den konservativeren Presbyterianer, sein Knappe Ralpho für den von Wahnideen ›erleuchteten‹ Independenten. Epische Motive verwandeln sich auf parodistischer Ebene in donquijoteske Episoden, an denen die Gemeinplätze der Puritanersatire entwickelt werden: gesellschaftliche Maskerade, Verteufelung von Lustbarkeiten, Habgier, Sexualheuchelei, Suche nach der Märtyrerrolle und Aberglauben. Letztlich ist die Handlung nur Vorwand, Metapher und Repertorium für Situationen, in denen sich die Sach- und Sprachverdreher selbst entlarven. Dank der Deutungswillkür der selbsternannten Heiligen können sich Einbildung und Verrücktheit als heldische Größe ausgeben. Weil die Methode dieses Wahnsinns im Sprachmißbrauch faßbar wird, ist die Epenparodie ein angemessenes Verfahren seiner Deflation. Hier liegt letztlich die Einheit der so oft ihrer Episodik wegen getadelten Handlung. – Thema und sarkastischer Stil des *Hudibras* stoßen bei Hof und bei weiten Teilen der Bürgerschaft auf offene Ohren. In seiner Abrechnung mit Fanatismus und Dunkelmännertum atmet das Werk den Geist der Aufklärung. Es blieb bis zur Romantik in ganz Europa berühmt und wurde mehrfach ins Deutsche übersetzt (u. a. von Johann Jakob Bodmer 1765 und von Dietrich Wilhelm Soltau 1787), von William Hogarth illustriert und von Zachary Grey 1744 in einer reich kommentierten Ausgabe gewürdigt. – Unter B.s (erst 1759 teilweise veröffentlichtem) Nachlaß ragt eine Verssatire auf die ›absurden‹ Experimente der Royal Society (*The Elephant in the Moon*) hervor sowie eine pointiert satirische Prosa-Typologie der zeitgenössischen Gesellschaft (*Characters*). B.s tiefe Skepsis machte vor den Anschauungen der Restauration keineswegs halt, deren aufgeklärtes Publikum ihn für kurze Zeit in den Himmel hob, um ihn danach in Armut und Vergessen sinken zu lassen. Auf seinem Gedenkstein in Westminster Abbey steht mit einem Witz, der dem seinen verwandt ist, zu lesen: »The poet's fate is here in emblem shown; / He asked for bread, and he received a stone.«

Werkausgabe: *Complete Works*. Hg. A. R. Waller/R. Lamar. 3 Bde. Cambridge 1905-28.
Literatur: I. Jack. *Augustan Satire: Intention and Idiom in English Poetry 1660–1750*. Oxford 1952. – E. A. Richards. *Hudibras in the Burlesque Tradition*. New York 1937.

Werner von Koppenfels

Butler, Samuel [der Jüngere]

Geb. 4. 12. 1835 in Langar, Nottinghamshire;
gest. 18. 6. 1902 in London

Samuel Butlers Schriften sind so breit gefächert wie seine Interessen, neben Romanen verfaßte er Reiseberichte, Abhandlungen über Evolutionstheorie (in Auseinandersetzung mit Charles Darwin) und Religion, eine Biographie seines Großvaters Dr. Samuel Butler und legte Übersetzungen vor; er komponierte Musik im Stile seines Idols Händel und malte. – Als B. nach dem Studium am St. John's College in Cambridge den Wunsch seines Vaters zurückwies, es ihm gleichzutun und Priester zu werden, stattete dieser, weil er die Neigung seines Sohnes zu den Künsten mißbilligte, B. mit einer Summe Geld aus und schickte ihn auf seinen eigenen Weg, der nach Neuseeland führte. 1859–64 betrieb B. dort erfolgreich eine Schafzucht und kehrte nach fünf Jahren nach London zurück. *A First Year in Canterbury Settlement* (1863) legt ein Zeugnis über diese Zeit ab. Im Anschluß daran folgten Jahre der Beschäftigung mit Malerei, wobei es manche seiner doch eher konventionellen Gemälde bis zu Ausstellungen in der Royal Academy brachten.

Sein erster Roman, *Erewhon, or Over The Range* (1872; *Ergindwon oder Jenseits der Berge*, 1879), ist B.s Abrechnung mit seinem verhaßten repressiven Elternhaus und zugleich eine beißende Satire auf das viktorianische England. Erewhon (ein Anagramm von ›nowhere‹) ist ein fiktiver Staat, in dem die viktorianischen Verhältnisse umgekehrt sind: Verbrecher werden wie Kranke behandelt, die Kirche gleicht einer Bank, die Geburtenregelung legt nahe, daß Kinder besser ungeboren blieben. Die Gesellschaftskritik B.s artikuliert sich im Modus der Anti-Utopie, deren groteske Zukunftsphantasie B. als einen der originellsten spätviktorianischen Schriftsteller ausweist. B. war sich der Brisanz seiner Gesellschaftsanalyse freilich so sehr bewußt, daß er erst die fünfte Auflage des Romans im Jahre 1873 mit seinem Namen versah. Die Fortsetzung des Romans, *Erewhon Revisited Twenty Years Later* (1901), erreichte den Ruhm und die literarische Qualität seines Vorgängers nicht mehr. 1873 erschien *The Fair Haven*, eine auf Zuspruch seiner Freundin und Ratgeberin Eliza Mary Ann Savage geschriebene Fiktionalisierung seines religiösen Pamphlets

The Evidence for the Resurrection of Jesus Christ (1865), in der B. die diskrepanten Darstellungen von Tod und Auferstehung Jesu Christi in den Evangelien untersucht. Zunächst für eine ernstgemeinte Verteidigung des christlichen Glaubens gehalten, macht B.s Vorwort zur zweiten Auflage die satirische Aussageabsicht des Textes deutlich, die ihm die Ächtung durch die viktorianische Leserschaft eintrug. B. ließ sich gleichwohl nicht beirren und begann die Arbeit an seinem erst postum erschienenen Meisterwerk *The Way of All Flesh* (1903; *Der Weg des Fleisches*, 1929). Dieser autobiographische Roman zentriert sich um die Geschichte von vier Generationen der Familie Pontifex und solche Lieblingsthemen B.s wie Familienleben und Unterdrückung, katastrophale Vater-Sohn-Beziehungen und den Prozeß der Evolution, welche für den Protagonisten in der vierten Generation, Ernest Pontifex, nur darin bestehen kann, sich gegen die bedrohliche Erbmasse seiner Familiengeschichte zur Wehr zu setzen. Viele der Charakterkonfigurationen scheinen allegorische Gegenüberstellungen von typisierten Gegensätzen zu sein; entscheidend ist, daß B.s Sympathie mit dem Darwinismus gängigen Klischees wie der heilen Welt rigider, patriarchalischer Familienstrukturen rücksichtslos den Garaus macht. B.s Sprache und Figurenzeichnung sind brillant-ironisch, unvergeßlich witzig, lebendig und geistreich, der Roman stellt im Ganzen eines der eindrucksvollsten Zeitbilder der im Übergang zur Moderne begriffenen spätviktorianischen Gesellschaft dar. Die persönliche ›Evolution‹ seines Protagonisten beschreibt dabei längst keinen im traditionellen Sinne erfolgreichen Prozeß der Selbstfindung mehr, sondern offenbart trotz aller Erkenntnisse, die Ernest Pontifex hat, einen Zustand umfassender Entwirklichung. Dieser macht *The Way of All Flesh* zu einem der exponiertesten Beispiele des ›negativen Bildungsromans‹ im ausgehenden 19. Jahrhundert, die Bewußtseinsdarstellung rückt B. nicht nur in die Nähe von Henry James, sondern verweist auch auf James Joyce, der B. schätzte, und dessen *A Portrait of the Artist as a Young Man* (1916).

Viele der in den Romanen verhandelten Ideen tauchen in den nicht-fiktionalen Arbeiten B.s wieder auf: In *Life and Habit: An Essay After a Complete View of Evolution* (1878) verhandelt B. die Beziehung von Vererbung und Gedächtnis. Menschliches Handeln und menschliche Verhaltensweisen wie Atmen, Verdauen, Hören und Sehen werden als Resultate quasi-automatisierter, unbewußt ablaufender Gedächtnisleistungen aufgefaßt. B. geht dieser Theorie in Büchern wie *Evolution, Old and New* (1879) und *Unconscious Memory* (1880) weiter nach, zusehends argwöhnisch gegenüber Darwin und T. H. Huxley, von denen er sich, wie von der viktorianischen Leserschaft allgemein, mißverstanden und ignoriert fühlte. B. hatte zeitlebens eine große Begeisterung für Reisen und fremde Länder, eine Äußerlichkeit vielleicht, die B.s Glaube an eine auf Veränderung und Evolution abzielende Kraft in der Natur des Lebens jedoch treffend reflektiert. Auf einer Reise nach Sizilien im Jahre 1902 erkrankte B. und mußte nach London zurückkehren, wo er starb. Schon rasch nach seinem Tod fand B. die Anerkennung, die ihm zu Lebzeiten verwehrt blieb. Autoren wie George Bernard Shaw, Arnold Bennett oder E. M. Forster würdigten B. als einen der bedeutendsten spätviktorianischen Autoren und Gelehrten – ein Urteil, das bis heute Gültigkeit hat, das aber durch die Forschung noch längst nicht sorgfältig genug bestätigt ist.

Werkausgabe: *The Shrewsbury Edition of the Works*. Hg. H. Festing Jones/A. T. Bartholomew. 20 Bde. London/New York 1923–26.
Literatur: U. Broich. »Der ›negative Bildungsroman‹ der Neunziger Jahre.« *Die Nineties*. Hg. M. Pfister/B. Schulte-Middelich. München 1983, 22–37. – K. Simonsen. *Erzähltechnik und Weltanschauung in Samuel Butlers literarischen Werken Erewhon, Erewhon Revisited und The Way of All Flesh*. Frankfurt a. M. 1974. – U. C. Knoepflmacher. *Religious Humanism and the Victorian Novel: George Eliot, Walter Pater and Samuel Butler*. Princeton 1965.

Martin Middeke

Byatt, A[ntonia] S[usan]
Geb. 24. 8. 1936 in Sheffield

Die in London lebende Autorin und Kritikerin A. S. Byatt erhielt ihre akademische Ausbildung am Newnham College, Cambridge, wo sie 1954–57 Englisch studierte, sowie als Postgraduate-Studentin 1957–59 am Bryn Mawr College, Pennsylvania, und Somerville College, Oxford. Nach ihrer ersten Heirat und der Geburt zweier Kinder arbeitete B. von 1962–71 in der Erwachsenenbildung an der Universität London und unterrichtete von 1965–69 zusätzlich an der Londoner Central School of Art and Design. Trotz des Todes ihres Sohnes, ihrer zweiten Heirat und der Geburt zweier Töchter arbeitete B. seit 1972 als Dozentin für Englische und Amerikanische Literatur am University College London und publizierte neben wissenschaftlichen auch literarische Texte. 1983 gibt sie ihr Senior Lectureship am UCL auf und zieht sich aus dem akademischen Leben zurück, um sich ganz der Schriftstellerei zu widmen. B., die heute eine der erfolgreichsten Schriftstellerinnen Großbritanniens ist, wurden zahlreiche Ehrungen durch Universitäten (unter anderem von London und Cambridge) zuteil; seit 1983 ist sie Mitglied der Royal Society of Literature, seit 1990 CBE (Commander of the Order of the British Empire), seit 1999 DBE (Dame Commander of the Order of the British Empire).

1964 erschien B.s erster Roman, *Shadow of a Sun*, dessen Charaktere und Schreibstil in den späteren Werken wiederkehren. Die Protagonistin Anne Severell ist die Tochter eines berühmten Autors, die ihren Weg finden muß. Es zeigt sich bereits B.s exakte Beschreibungskunst, die sie mit (Farb-)Symbolik und Anspielungen auf literarische Traditionen verknüpft. Ihr zweiter Roman, *The Game* (1967), handelt von einem intellektuellen Kampf, diesmal zwischen zwei Schwestern, von denen die eine Dozentin in Oxford, die andere Schriftstellerin ist, was Kritiker dazu veranlaßte, *The Game* als autobiographischen Roman über B.s Verhältnis zu ihrer jüngeren Schwester, der Autorin Margaret Drabble, zu lesen. Auch in ihrer geplanten Tetralogie, von der 1978 der erste Band *The Virgin in the Garden* (*Die Jungfrau im Garten*, 1998), 1985 der zweite Teil *Still Life* (*Stilleben*, 2000) und 1996 der dritte Teil *Babel Tower* erschienen, verfolgt B. Themen und Techniken, die bereits in den frühen Romanen angelegt waren. Erzählt wird die intellektuelle und emotionale Entwicklung der beiden Schwestern Frederica und Stephanie Potter, zunächst in Yorkshire, dann in Cambridge und London von den 1950er bis in die 1980er Jahre. Durch B.s detailorientierten Blick auf das Alltagsleben und ihre Diskussion philosophischer, kunst- und literaturtheoretischer Ideen und des Zusammenhangs von Kunst und Leben wird ein präzises kulturelles Spektrum der jeweiligen Dekaden entworfen. B. selbst hat ihre früheren Romane, die als Entwicklungs- und Bildungsromane gelesen werden können, in die Tradition eines psychologisch-moralischen Realismus gestellt und in Essays und Interviews die Wichtigkeit einer einfachen, genauen Schreibweise betont. Eine neue Wendung nimmt B.s Werk mit dem Bestseller *Possession* (1990; *Besessen*, 1994), der verschiedene Preise, unter anderem den renommierten *Booker Prize*, gewann. Dieser hochgradig selbstreflexive Roman mit dem Untertitel *A Romance*, der parallel die Liebesgeschichten zwischen dem viktorianischen Autor und Gelehrten Randolph Henry Ash und Christabel LaMotte und zwischen den LiteraturwissenschaftlerInnen Roland und Maud im 20. Jahrhundert erzählt, spielt mit verschiedenen Geschichts- und Literaturtheorien und Gattungen wie dem realistischen Roman, der Romanze, Lyrik und Märchen, was B. das Etikett einer postmodernen Autorin eintrug. Auch ihr bislang letzter Roman, *The Biographer's Tale* (2000; *Geheimnis des Biographen*, 2001), spielt in postmoderner Manier mit der Gattung Biographie und lotet ihre Grenzen aus. In die mit *Possession* aufgegriffene nicht-realistische Erzähltradition gehören auch die erste Novelle »The Conjugial Angel« in *Angels and Insects* (1992; *Geisterbeschwörung*, 1995) sowie die 1994 erschienene Märchensammlung *The Djinn in the Nightingale's Eye* (*Der verliebte Dschinn*, 1995). An den weiteren Geschichtensammlungen, *Sugar and Other Stories* (1987; *Zucker*, 1995), *The Matisse Stories* (1993; *Erzählungen um Matisse*, 1996) und *Elementals: Stories of Fire and Ice* (1998), läßt sich B.s Interesse an visuellen Details und Farben und der Frage, wie diese in Texten wiedergegeben werden können, ablesen. Wie schon in *The Virgin in the Garden* und *Still Life* setzt sich B. darin mit Malerei und den Mediendifferenzen zwischen Text und Bild auseinander – ein Aspekt, den die Forschung bislang vernachlässigt hat.

In B.s literaturkritischen Studien lassen sich neben ihrer Auseinandersetzung mit den Romanen Iris Murdochs (*Degrees of Freedom: The Novels of Iris Murdoch*, 1965) die Romantik und der Realismus des 19. Jahrhunderts als Schwerpunkte ausmachen: 1970 erschien *Wordsworth and Coleridge in Their Time* und 1991 die Essay-Sammlung *Passions of the Mind: Selected Writings*. B.s Interesse am 19. Jahrhundert läßt sich auch an ihrer Herausgabe von George Eliots *The Mill on the Floss* für Penguin Classics (1979) und *George Eliot: Selected Essays, Poems and Other Writings* (1990, gemeinsam mit Nicholas Warren) ablesen. An den 1995 erschienenen (mit Ignês Sodr& verfaßten) *Imagining Characters*, das weibliche Romanfiguren diskutiert, zeigt sich ein weiterer Aspekt B.s: ihre Auseinandersetzung mit der Rolle der Frau, auch wenn sie es ablehnt, als feministische Autorin zu gelten. Ihr neuster Essayband, *On Histories and Stories* (2000), setzt sich mit britischen Geschichtsromanen und der Frage nach der Grenze zwischen Fakten und Fiktion in biographischen und historiographischen Diskursen und der Rolle von Mythos und Märchen in ihren eigenen Werken auseinander.

Literatur: A. Alfer/M. Noble, Hgg. *Essays on the Fiction of A. S. Byatt*. Westport, CT 2001. – C. Franken. *Multiple Mythologies: A. S. Byatt and the British Artist-Novel*. Enschede 1997. – K. C. Kelly. *A. S. Byatt*. New York 1996.

Gabriele Rippl

Byron, [George Gordon No 1] Lord

Geb. 22. 1. 1788 in London; gest. 19. 4. 1824 in Mesolongion, Griechenland

Lord Byron, der skandalöse, maskeradierende Lord, der mit einem hehren Heldentod im griechischen Unabhängigkeitskrieg wider die Türken ein ausschweifend promiskuitives Leben wiedergutgemacht habe, spukt seit seinem Tod in Griechenland unverändert in den Köpfen vieler Leser. Doch war weder das Leben des Adligen, traditionell der Bürgermoral enthoben, angesichts seiner Fürsorge für seine (ehelichen und unehelichen) Töchter sowie seine jungen Epheben rücksichtslos, noch war sein Sterben am banalen Sumpffieber ein sühnehafter Heldentod. – B. war ein Vertreter der »negativen Romantik«, auch »romantischer Desillusionismus« genannt, vergleichbar zu derselben Zeit in Italien Giacomo Graf Leopardi und in Deutschland Heinrich Heine sowie den E.A.F. Klingemann zugeschriebenen *Nachtwachen von Bonaventura* (1804). In der *spoiler's art* (»Kunst des Verderbers«, Paul West) dieser negativen Romantiker ist er ein Vorläufer der Literatur des Absurden.

Typisch für die (»positive«) Romantik war das dialektische Geschichtsdenken, wie schon bei William Blake ausgeprägt. Die Geschichte des einzelnen Menschen wie der Völker und der gesamten Menschheit entwickle sich mit teleologischer Notwendigkeit vom Paradies (These) über das verlorene Paradies (Antithese) zum wiedergewonnenen Paradies oder Millennium (Synthese). Dieses Geschichtsbild fand verschiedene Ausprägungen in der nächsten Generation romantischer Dichter

(William Wordsworth, Samuel Taylor Coleridge, Robert Southey) und dann auch in der letzten Generation (Leigh Hunt, Percy Bysshe Shelley, John Keats). Gleich ob diese Dichter und Philosophen der Vision eines bevorstehenden irdischen Millennium (im Sinne des Mythos von *Offenbarung* 20) treu blieben wie Blake, Hunt, Shelley und Keats oder sie aufgaben und ins Jenseits (*Offenbarung* 21) verschoben wie Wordsworth, Coleridge und Southey – ihrer »positiven« Romantik gemein war der Glaube an dialektische Vollendung. Mythopoetisch wurde dieses Geschichtsbild gerne veranschaulicht durch die Odyssee (»the circuitous journey of Ulysses«): Odysseus mußte seine Heimat Ithaka (These) verlassen und umherirren in Gefahren und Kriegen (Antithese), um weiser und besser nach Ithaka zurückzukehren (Synthese).

Charakteristisch für die »negative« Romantik B.s, wie auch Heines und Leopardis, war die Leugnung dieser Synthese und ihrer traditionellen Mythen, Bilder und Symbole auf allen Ebenen. Illusionen und Visionen werden nur aufgebaut, um antiklimaktisch zerstört zu werden: *fatae morganae* von bleibender Schönheit, bleibendem Ruhm, bleibenden Reichen wie sinnvollen Lebens- und Geschichtszielen. Das erklärt auch die hohe Popularität B.s zu seiner Zeit, als auf dem Wiener Kongreß 1815 die alte Ordnung wiederhergestellt und die Hoffnung auf ein *millennium ante portas* begraben wurde, und als die Industrielle Revolution mit ihrer Versklavung der Menschen und Verschandelung der Landschaft immer schneller voranschritt. Zu den alten Tyrannen (Fürsten und Priestern) kamen statt ihres vielfach prophezeiten Untergangs noch neue (Fabrikbesitzer und Produktionsplaner) hinzu. Die Hochromantik in Europa ging zu Ende, hauptursächlich bedingt durch eben dieses Zeitklima. Daneben liegen biographische und psychoanalytische Erklärungsversuche vor, welche B.s Werk allein aus seiner Persönlichkeit zu begründen suchen. Eine polykausale Erklärung überzeugt wohl am meisten, wobei die Annahme einer durchgehenden literarischen Maskerade angesichts B.s enormer Wirkung durch fast zwei Jahrhunderte Literaturgeschichte am fragwürdigsten sein dürfte.

B.s Vater war ein hochstapelnder, verarmter schottischer Offizier aus adliger Familie, der seinen Geliebten und Ehefrauen davonlief, sobald er ihr Vermögen verspielt hatte. Nach erster Ehe, aus der B.s Halbschwester Augusta hervorgegangen war, lernte er B.s Mutter, Catherine Gordon of

Gight, in Bath kennen. Die temperamentvolle Catherine war geblendet von den Uniformen und Posen des gutaussehenden Hauptmanns und wurde seine zweite Ehefrau. Noch bevor ihr Sohn George 1788 geboren wurde, hatte Vater John Mutter Catherines Vermögen durchgebracht und war verschwunden. Der Junge wurde mit einem Klumpfuß geboren, eine Verkrüppelung, die seine kalvinistische Mutter ihm von frühester Kindheit an als Zeichen seiner Verworfenheit deutete. So wurde der ansonsten ungewöhnlich hübsche Junge stets mit dem ihm unbekannten Vater identifiziert. Und die Wechselbäder von Liebe und Haß, mit denen ihn seine Mutter während seiner ersten zehn Lebensjahre in Aberdeen zu überschütten pflegte, mögen sein zentrales dichterisches Bild einer immer wieder erfolgenden Vertreibung aus dem Paradies als antithetischen Endzustand mitgeprägt haben. Die Identifikation mit dem unbekannten Vater erklärt B.s lebenslanges martialisches Posieren und Maskeradieren in verschiedenen Uniformen, in denen er sich mit Vorliebe porträtieren ließ, ohne daß man daraus auch auf die literarische Maske eines zeitmodischen Weltschmerzposeurs schließen sollte. Die von B. immer wieder thematisierte zunehmende Desillusion des Menschen erscheint in diesem Lichte eher als echtes romantisches Bekenntnis denn als zeitmodisches Sprecherkonstrukt. – Im Alter von zehn Jahren erbte B. Titel und Vermögen des verstorbenen fünften Baron Byron. Mutter und Sohn bezogen, nach ihrem armen Leben in Aberdeen, das geerbte große, aber halbverfallene Familienschloß, Newstead Abbey bei Nottingham, heute ein vielbesuchtes B.-Museum. Nun stand Geld zur Verfügung für eine standesgemäße Erziehung, zuerst in der Privatschule Harrow und dann, 1805–08, am Trinity College in Cambridge. In Harrow prägte sich B.s schwärmerische Verehrung für junge Epheben (u. a. Robert Rushton, John Edleston), und in Cambridge zeigten sich dann auch schon B.s programmierte Ähnlichkeiten mit dem gesuchten Vater, sein Lebenshunger und seine Verschwendungssucht. Als B. 1824 im Alter von nur 36 Jahren starb, war Newstead Abbey samt großer Ländereien verkauft und das gesamte Vermögen ausgegeben.

In die Studienzeit in Cambridge fiel die Publikation von B.s erstem Gedichtband, *Hours of Idleness* (1807). Es ist eine Sammlung kürzerer lyrischer und erzählender Gedichte in verschiedenen Situationen und Stimmungen, größtenteils bekenntnishafte Versuche in romantischen Schreibweisen. Hier sind romantischer Weltschmerz und Todessehnsucht allerdings schon Leiden an der irreparablen Ungerechtigkeit und Willkür der Weltkonstitution. In dieser Manier hat B. kontinuierlich weitergedichtet, so in *Hebrew Melodies* (1815; *Hebräische Melodien*, 1865). Auf eine böswillige Besprechung der ansonsten wohlwollend aufgenommenen *Hours of Idleness* reagierte B. mit einer formalen klassizistisch-augusteischen Verssatire: *English Bards and Scotch Reviewers* (1809). Auch in dieser Gattung schuf B. noch vielgelesene Werke, über *The Vision of Judgment* (1822; *Die Vision des Gerichtes*, 1865) bis hin zu *Don Juan* (1819–24; *Don Juan*, 1837). Die Unvereinbarkeit von romantischer Sensibilität und klassizistischer Satire sowie die Tatsache, daß B. schon in seiner ersten Satire augusteische Dichter (John Dryden und Alexander Pope) lobend wider romantische Dichter (Wordsworth und Coleridge) stellte, scheint das Bild des Poseurs zu stützen. Nur waren für B. elegisch-romantische Klage und rational-satirische Schelte zwei komplementäre Möglichkeiten der Reaktion auf die »false nature« der Schöpfung. Die Romantik als Bezeichnung einer Schaffensperiode kannte, wenn man Romantik als Programm begreift, sehr wohl eine stark ausgeprägte klassizistische Gegenströmung (George Canning, Jane Austen, Thomas Love Peacock), zumal in einem Land, dessen Krieg mit dem revolutionären Frankreich die Romantiker als Hochverräter erscheinen ließ.

1809 war auch das Jahr des Antritts von B.s erster langer, gefährlicher Reise (bis 1811) nach Spanien, Portugal, Malta, Griechenland und in die Levante. Auf der Iberischen Halbinsel kam es zu Aufständen gegen die französische Besatzung unter Napoleon, in Griechenland gegen die seit 1461 andauernde türkische Herrschaft. B. wollte diese romantischen Freiheitskriege trotz seines Zweifels am Endsieg der Freiheit erleben. Der Zweifel wird deutlich in seinem gewaltigen Versepos *Childe Harold's Pilgrimage* (1812–18; *Ritter Harolds Pilgerfahrt*, 1836), in dessen beiden ersten Cantos er diese Reise schildert. Sie erschienen 1812 und machten B. berühmt. Es ist ein Ritterepos in neunzeiligen Spenserstrophen und mit Anklängen an Spensers antiquierende Sprache (»Spenserisms«), das die *quest* des fahrenden Ritterschafts-Anwärters Harold als Pilgerreise schildert. Doch konterkariert es das mittelalterliche Motiv der (Lebens-)Pilgerreise insofern, als jedes feste Ziel geleugnet wird. Alle Irrungen und Wirrungen sind zirkulär, alle Mühen und Leiden letztendlich vergeblich. Sie enden im Untergang, im Meer (vgl. die letzten acht Strophen von Canto IV). Harold ist eine leicht durchschaubare Persona B.s, ein melancholischer, noch im Untergang stolzer, Unrecht und Sinnlosigkeit der Welt vergeblich trotzender Charakter und somit der erste der *Byronic Heroes*. Dies ist um so deutlicher, als B. in Canto IV (Italien) die Persona fallenläßt und in der ersten Person weiterspricht. Cantos III (1816) und IV (1818) reflektieren B.s weitere Reisen wie auch seine unglücklichen Erfahrungen. 1816 heiratete B. Annabella Milbanke, Nichte seiner Geliebten Caroline Lamb, Lady Melbourne, Gattin des Staatssekretärs (und späteren Premierministers). Im selben Jahr veröffentlichte die rachsüchtige Caroline ihren erfolgreichen Schauerroman *Glenarvon*, der B.-Glenarvon als dämonischen Verderber und Ahasverus schildert. Gerüchte über solche Ehebruchsaffären, über Inzest mit der Halbschwester Augusta sowie über Ephenliebschaften führten bald zur Ehescheidung. Dieser Skandal um B., der als aktives Mitglied des Oberhauses und »Radical Whig« doppelt im Licht der Öffentlichkeit stand, führte dazu, daß B. 1816 England für immer verließ. Seine Reise den Rhein herauf zur Villa Diodati am Genfer See bildete den Hintergrund für Canto III von *Childe Harold*. Auch die Rheinstrophen (46–60) mit dem eingefügten Drachenfels-Lied drücken B.s Zweifel an einer besseren Welt aus. In der Villa Diodati, wo B. mit Leibarzt John Polidori und Geliebter Claire Clairmont standesgemäß residierte, besuchte ihn Shelley mit seiner Geliebten Mary Godwin (später Shelley). Die Gruppe veranstaltete in der Atmosphäre tosender Alpengewitter einen Schauerroman-Wettbewerb. B. verfaßte ein Romanfragment, Polidori den ersten Vampirroman (*The Vampyre*, 1819) und Mary *Frankenstein, or, The Modern Prometheus* (1818). Am Mythos des Prometheus schieden sich die Geister. In B.s ›Prometheus‹-Hymne (1816) erscheint Prometheus als *Byronic Hero*, der dem Tyrannen trotzend stolz zugrundegeht. Shelleys späteres Lesedrama *Prometheus Unbound* (1820) war der positiv-romantische Gegenentwurf, die Vision des notwendigen Endsiegs des Prometheus über alle Tyrannei. Die häufigen Kontroversen zwischen den beiden Dichtern fanden auch ihren Niederschlag in Shelleys Dialoggedicht *Julian and Maddalo* (Manuskript 1818, publiziert 1824), wo Julian (Persona des Apostaten Shelley)

der skeptischen Geschichtssicht Maddalos (Persona des von vielen für wahnsinnig gehaltenen B.) die Gewißheit dialektischer Geschichtsvollendung entgegenhält. – B.s acht Versdramen, darunter die Lesedramen *Manfred* (1817; *Manfred*, 1837) und *Cain* (1821; *Cain*, 1831), zeigen den *Byronic Hero* in Konfrontation mit dem empörenden Unrecht der Welt. Durch die Unbeherrschbarkeit der menschlichen Leidenschaften verdammt zu handeln, wird er von einem zynischen Gott oder Vater bestraft für das, was diese ihm unentrinnbar auferlegt haben. Hier findet B.s (kalvinistisch vorgeprägter) pessimistischer Deismus seinen deutlichsten Ausdruck.

Vom Genfer See aus reiste B. ruhelos weiter durch Italien (z.T. noch von Österreich besetzt), wo er in Venedig Liebhaber der verheirateten Teresa Guiccioli wurde und in Pisa im Kreis der geflohenen englischen *Radicals* (u. a. die Shelleys, Leigh Hunt) verkehrte. 1823 setzte er von dort nach Griechenland über und wurde Galionsfigur der mächtigen philhellenischen Bewegung. 1819–24 entstand B.s unvollendetes Meisterwerk, das Versepos *Don Juan*. Als komplementäres Pendant zu *Childe Harold* war es die satirische Darstellung der »false nature« der Welt, mit einem ironisch spottenden statt lyrisch klagenden *Byronic Hero* (wiederum B. selbst) als Sprecher. Es schildert in komisch-unheroischen Stanzen die fortschreitende Desillusionierung des jungen Don Juan von seiner Verbannung aus Sevilla aufgrund eines inszenierten Moralskandals über seine kurzlebige Liebe in einem scheinbaren Paradies, seine Abenteuer als Sklave und Liebhaber der türkischen Sultana, seine Erfahrungen als Liebhaber der Zarin Katharina und als russischer Soldat bis hin zu seinen Englandabenteuern als schon desillusionierter Schicksalsspötter. Dies geschieht in burlesker Nachahmung des heroischen Stils (»mockheroic«) des überkommenen komischen Epos. Heroische Themen und Stile finden sich nur anzitiert, um dann parodistisch verkehrt zu werden. So ist in Umkehrung des Stoffmusters Don Juan Opfer statt Verderber der Frauen. »Das Ewig-Weibliche« zieht ihn anders als bei Goethe nicht »hinan«, sondern hinab. *Don Juan* zeigt, auch im Licht von B.s Tagebüchern und Gesprächen mit Lady Blessington, daß der Gelbfiebertod in Mesolongion das *letting go* eines Lebensmüden war. Im Krieg sterben, wenn nicht mehr in der Liebe erfolgreich, war B.s skeptische Variante der adligen Rittertugenden – so das Gedicht »On this Day I Complete My

Thirty-Sixth Year« (Manuskript 1824). Die Nachrufe und Totenfeiern in ganz Europa und den USA, wie auch die inszenierte Überführung der Leiche nach England mit Begräbnis in der Familiengruft der Kirche von Hucknall bei Newstead Abbey (statt in der verweigerten Westminster Cathedral), verfestigten einen politisch gewollten Heldenmythos.

Werkausgaben: *The Complete Poetical Works*. Hg. J. J. McGann. 7 Bde. Oxford 1980–93. – *Byron's Letters and Journals*. Hg. L. A. Marchand. 13 Bde. London 1973–94. – *The Complete Miscellaneous Prose*. Hg. A. Nicholson. Oxford 1991. – *Sämtliche Werke*. Hg. S. Schmitz. 3 Bde. München 1977–78. Literatur: N. Lennartz. *Absurdität vor dem Theater des Absurden: Absurde Tendenzen und Paradigmata untersucht an ausgewählten Beispielen von Lord Byron bis T. S. Eliot*. Trier 1998. – G. Hoffmeister. *Byron und der europäische Byronismus*. Darmstadt 1983. – R. Lessenich. *Lord Byron and the Nature of Man*. Köln/Wien 1978. – R. F. Gleckner. *Byron and the Ruins of Paradise*. Baltimore 1967. – L. A. Marchand. *Byron: A Biography*. 3 Bde. New York 1957.

Rolf Lessenich

Campbell, [Ignatius] Roy[ston Dunnachie]

Geb. 2. 10. 1901 in Durban, Südafrika; gest. 23. 4. 1957 bei Setúbal, Portugal

Roy Campbell verbringt seine Kindheit und Jugend in Südafrika und Rhodesien (heute Simbabwe). Als 17jähriger geht er nach Oxford, um englische Literatur zu studieren, und freundet sich mit William Walton an, der ihn in die *high society* der modernen englischen Literatur einführt (Edith Sitwell, T. S. Eliot, Wyndham Lewis). Er bricht sein Studium ab und reist nach Frankreich, wo er sich für die Symbolisten begeistert. 1922 heiratet er und kehrt nach dem sensationellen Erfolg seines Gedichts *The Flaming Terrapin* (1924), dem vitalen Gegenstück zu Eliots kulturpessimistischem *The Waste Land* (1922), nach Südafrika zurück. Mit William Plomer und Laurens van der Post gründet er die Zeitschrift *Voorslag* (1926), deren heftige Kritik an der Kultur- und Rassenpolitik der Kapprovinz zu einem solchen Skandal führt, daß er mit seiner Frau und den beiden Töchtern die Heimat endgültig verläßt. Er arbeitet als Literaturkritiker in Kent (1927), als Fischer in der Provence (1928–33) und als Pferdehändler in

Toledo (1935–36), wo er zum Katholizismus konvertiert. Der Ausbruch des Spanischen Bürgerkriegs, bei dem mehrere seiner Freunde von regierungstreuen Milizen ermordet werden, ist das traumatische Schlüsselerlebnis der späteren Lyrik. Er flieht nach England und attackiert in seinem Propagandagedicht *Flowering Rifle* (1939) die kommunistisch infiltrierte spanische Republik. 1939 kehrt die Familie nach Toledo zurück. Bei Ausbruch des Zweiten Weltkriegs meldet er sich als Freiwilliger bei der britischen Armee und dient in Ostafrika (1943–44). Nach seiner Entlassung wirkt er in London, zunächst als Leiter der Literaturabteilung der BBC (1946–49), dann – mit Rob Lyle – als Herausgeber der Zeitschrift *The Catacomb* (1949–51). 1952 läßt er sich in Portugal nieder und unternimmt von dort aus zahlreiche Vortragsreisen nach Spanien, Kanada, Südafrika und in die Vereinigten Staaten. 1957 kommt C. bei einem Autounfall ums Leben.

Das Ansehen seiner langen Verssatiren *The Wayzgoose* (1928) und *The Georgiad* (1931) ist heute weitgehend verblaßt, nicht aber das seiner lyrischen Gedichte, in denen technische Raffinesse, rhetorisches Pathos und sinnliche Musikalität bruchlos miteinander verbunden sind. Zu den *anthology hits* zählen Naturgedichte (»The Zebras«, »The Golden Shower«, »Autumn«, »Horses on the Camargue«), sozialkritische Gedichte (»The Serf«, »The Zulu Girl«, »To a Pet Cobra«), Pastoralgedichte (»Choosing a Mast«, »After the Horse-fair«), Liebesgedichte (»The Sisters«, »The Road to Arles«), Gedichte über Dichtung (»Tristan da Cunha«, »The Palm«, »The Secret Muse«), mythologisch-religiöse Sonette (»Mithraic Frieze«, »Toledo, July 1936«), Huldigungssonette (»San Juan de la Cruz«, »Luis de Camões«), Versimitationen (»The Gum Trees«, »The Fight«) und ein Dutzend Epigramme. Dagegen ist der selbstironischen Lyrik aus der Zeit des Zweiten Weltkriegs (»The Skull in the Desert«, »Dreaming Spires«, »Heartbreak Camp«) die verdiente Anerkennung bislang versagt geblieben. Beachtung verdienen auch seine zahlreichen Versübersetzungen aus den romanischen Sprachen (Lyrik von Luís Vaz de Camões, San Juan de la Cruz, Charles Baudelaire, Arthur Rimbaud und Federico García Lorca, Dramen von Miguel de Cervantes, Lope de Vega, Tirso de Molina und Pedro Calderón de la Barca), seine zweite Autobiographie, *Light on a Dark Horse* (1951; *Ritter ohne Furcht und Tadel*, 1953), und die kritische Studie *Lorca* (1952).

C. war nicht nur einer der bedeutendsten Lyriker seiner Generation, er war auch ein – wie man in England sagt – *controversial poet*. Als Verssatiriker ließ er kaum eine Gelegenheit aus, einflußreiche Dichter und Kritiker gegen sich aufzubringen. Doch selbst sein Intimfeind Stephen Spender räumt ein, daß er »courageous, generous, warm and open« gewesen sei und glänzende Gedichte (»resplendent poems«) verfaßt habe. Dylan Thomas nennt ihn »a poet of genius«, und Charles Causley konstatiert: »At his best he produced a body of lyric poems among the finest of those written in English.«

Werkausgabe: *The Collected Poems*. 3 Bde. London 1949–60.
Literatur: M. Hanke. *Roy Campbell: Zur Interpretation und Kritik seiner Dichtung.* Heidelberg 2003. – P. Alexander. *Roy Campbell: A Critical Biography.* Kapstadt/Oxford 1982. – R. Smith. *Lyric and Polemic: The Literary Personality of Roy Campbell.* Montreal 1972.

Michael Hanke

Campion, Thomas

Geb. in London, getauft 12. 2. 1567;
gest. 1. 3. 1620 ebd.

Für W. H. Auden war Thomas Campion »the only man in English cultural history who was both a poet and a composer«. Während C. seine lateinische Dichtung und höfischen Auftragswerke seinen englischen Lautenliedern (*airs*) vorzog, sind es doch letztere, für die er bis heute geschätzt wird. Seit Ende des 16. Jahrhunderts verdrängten diese Lieder für Solostimme zunehmend die aus Italien importierten mehrstimmigen Madrigale. In einer überwiegend privaten Manuskriptkultur publizierten allein C., John Dowland und Robert Jones ihre Arbeiten in Druckform – rund die Hälfte der etwa 600 erhaltenen Lautenlieder der englischen Renaissance. C.s Themen sind religiös bis humorvoll-obszön, die Form ist kurz und prägnant: »What epigrams are in poetry, the same are airs in music.« C. ist einzigartig darin, Text und Melodie durch gezielte Abstimmung von Satzbau und Bildlichkeit in Strophe und Refrain zu einer perfekten Einheit zu verschmelzen.

Aus einer wohlhabenden Londoner Familie stammend, geht C. lange keinem festen Gelderwerb nach. 1584 verläßt er Cambridge ohne

Abschluß. 1591 erscheinen C.s erste Gedichte im Appendix einer Raubkopie von Philip Sidneys *Astrophil and Stella*; gefolgt von den lateinischen *Poemata* (1595). Neben erotischen Gedichten finden sich hier satirische Epigramme auf Londoner Bürger, auf Tabak, Taschenuhren und Glatzköpfe, zudem Loblieder auf Bekannte wie Edmund Spenser, Francis Bacon, Thomas Nashe und George Chapman. Zur Poetik äußert sich C. in den *Observations in the Art of English Poesy* (1602) als verspäteter Neoklassizist und kritisiert, im Widerspruch zur eigenen Praxis, »the vulgar and unartificial custom of rhyming«. 1601 bringt er mit seinem Freund Philip Rosseter das *Book of Airs* heraus; Rosseter entschuldigt im Vorwort C.s Lieder, in höfischer Dichtertradition, als »the superfluous blossoms of his deeper studies«. Ab 1606 arbeitet C. in London als Arzt; durch seinen Gönner Sir Thomas Monson erhält er Schreibaufträge in Aristokratenkreisen, und er arbeitet u. a. mit Inigo Jones zusammen. Im produktiven Jahr 1613 entstehen neben einem musiktheoretischen Beitrag und *Two Books of Airs* ein *Entertainment* für die Queen, die *Lord's Masque* für Prinzessin Elizabeths Hochzeit sowie die *Masque of Squires*, mit der C. zur Feier der Vermählung Robert Carrs mit der geschiedenen Frances Howard beiträgt. Wenig später werden C. und Monson als Komplizen des Howardschen Mordes an Thomas Overbury verdächtigt; erst 1617, im *Third and Fourth Book of Airs*, feiert C. Monsons Rehabilitierung. Ein Jahr vor seinem Tod publiziert er lateinische *Epigrammata* sowie das Langgedicht *Umbra*.

C.s Nachruhm setzt zögernd ein: Erst seit dem späten 19. Jahrhundert wird er als Dichter und seit dem frühen 20. Jahrhundert als Komponist wiederentdeckt. Seine bekanntesten Lieder sind »There is a garden in her face«, »My sweetest Lesbia« (nach Catull) und »Break now my heart and die«. Die richtige Aufführungspraxis wurde zu C.s Lebzeiten – wie heute – heftig diskutiert. Lakonisch meint dazu C. selbst im *Fourth Book of Airs*: »all these songs are mine if you express them well, otherwise they are your own. Farewell.«

Werkausgabe: *The Works of Thomas Campion.* Hg. W. R. Davis. London 1967.
Literatur: C. Wilson. *Words and Notes Coupled Lovingly Together: Thomas Campion.* New York 1989. – W. R. Davis. *Thomas Campion.* Boston 1987. – D. Lindley. *Thomas Campion.* Leiden 1986.

Anne-Julia Zwierlein

Carew, Thomas

Geb. 1595 in West Wickham?, Kent;
gest. 21. 3. 1640 in London

Über Thomas Carew gibt es nur wenige gesicherte Fakten: Der häufig mit dem Höfling Thomas Carey verwechselte Dichter stammt wahrscheinlich aus der Grafschaft Kent und tritt nach seinem Studium in Oxford in die Dienste des Diplomaten Sir Dudley Carleton. Als Sekretär des Botschafters begleitet C. Carleton zunächst bei diversen Gesandtschaften, bis er sich mit seinem Gönner aufgrund literarischer Schmähschriften überwirft. Seiner gesellschaftlich geachteten Position enthoben, mit seinem patriarchalischen Vater, Sir Matthew Carew, zerstritten, sucht er als Protégé so namhafter Persönlichkeiten wie Kit Villiers, dem Bruder des notorischen Duke of Buckingham, seiner entwurzelten Existenz neuen Halt zu geben. Nach der Thronbesteigung von Charles I gelingt es ihm schließlich, sich bei Hofe zu etablieren – dies beweist nicht zuletzt sein opulentes Maskenspiel *Coelum Britannicum*, das 1633 im Palast von Whitehall aufgeführt wird – und als einer der geistreichsten *cavalier poets* sich der Gunst des um seine Macht ringenden Königs zu versichern. Eine Sammlung seiner Gedichte erschien in *Poems* (1640).

Beeinflußt durch Alexander Pope, der C. zu jenem »mob of gentlemen who wrote with ease« zählt und somit die spätbarocke *sprezzatura* seiner Dichtung beanstandet, hat sich das – bis heute tradierte – (Zerr-)Bild von C. als einem virtuosen und libertinistischen Höflingsdichter etabliert. Im Gegensatz jedoch zu seinen literarischen Konkurrenten, Richard Lovelace und Sir John Suckling, muß C. als ein vielseitiger Chamäleon-Dichter betrachtet werden, der unter dem Einfluß sowohl Ben Jonsons als auch John Donnes verschiedene poetische Idiome verwendet. Obgleich C. aufgrund seines frühen Todes das puritanische Interregnum (1642–60) und die Exekution des Königs nicht miterlebt, spricht aus seinen heterogenen Gedichten das Bewußtsein, in einer Übergangs- oder Endzeit zu leben. Vor dem Hintergrund des Umbruchs jener Zeit transportieren seine vordergründig galanten, unverfänglichen Gedichte oft eine tiefschichtige, politisch brisante Bedeutung: So muß die vom Sprecher an seine Geliebte gerichtete Aufforderung, sich gleich einem Strudel dem Sog des reißenden Stroms zu entziehen und

im Refugium bzw. der Bucht seiner Arme der drohenden Auslöschung des Ozeans zu trotzen, auf einer politischen Metatextebene als ein Aufruf an die Royalisten verstanden werden, den egalisierenden Bildersturm der Puritaner in einer Art innerer Emigration zu überdauern.

Wenn auch die Topographie dieser poetisch gestalteten Refugien variiert – bald ist es das erotische Paradies des weiblichen Körpers, bald ist es der *locus amoenus* eines Landsitzes –, in nahezu allen Gedichten läßt sich die eskapistische Sehnsucht des Dichters nach Abgeschiedenheit und nach einem paradiesischen Urzustand erkennen. C.s berühmtestes Gedicht, das Epicedium auf John Donne, ist somit nicht nur ein kongenialer Nachruf auf den verehrten Dichter des *private mode*, es ist auch die elegische Klage einer Dekadenzepoche, die wehmütig zurückschaut auf eine Zeit, als Dichter wie Donne mit ihrer vitalen, maskulinen Sprache die Traditionen der Antike außer Kraft setzten und als poetische Absolutisten über das Reich des *esprit* unumschränkt verfügten.

Werkausgabe: *The Poems of Thomas Carew*. Hg. R. Dunlap. Oxford 1949.
Literatur: L. Sadler. *Thomas Carew*. Boston 1979. – L. Martz. *The Wit of Love*. Indiana 1969.

Norbert Lennartz

Carey, Peter

Geb. 7. 5. 1943 in Bacchus Marsh, Victoria, Australien

Peter Carey wird als Anwärter auf die Nachfolge der zentralen Position Patrick Whites in der australischen Literaturgeschichte gewertet, nicht nur weil seine Romane kontinuierlich renommierte Preise erhalten und Gegenstand zahlreicher literaturwissenschaftlicher Untersuchungen sind, sondern gerade auch weil C. wie White ein exakter Analytiker der kulturellen Befindlichkeit und Mythen des Kontinents ist. Anders jedoch als die Werke Whites mit ihrer metaphysischen Ausrichtung beeindrucken die von Werk zu Werk neue Wege einschlagenden Romane C.s durch ihre Kunst des *story-telling*. In wenigen, vom Visuellen bestimmten Sätzen mit sicher gesetzten Details entstehen in klarer Sprache Situation und Spannungsbogen, wie beispielsweise im Rückblick des Ich-Erzählers in C.s bekanntestem Roman *Oscar and Lucinda* (1988; *Oscar und Lucinda*, 1991): »In order that I exist, two gamblers, one Obsessive, the other Compulsive, must meet. A door must open at a certain time. Opposite the door, a red plush settee is necessary. The Obsessive, the one with sixteen bound volumes of eight hundred and eighty pages, ten columns per page, must sit on this red settee, the Book of Common Prayer open on his rumpled lap. The Compulsive gambler must feel herself propelled forward from the open doorway. She must travel towards the Obsessive and say an untruth.« Diese Meisterschaft im Erzählen oszilliert in C.s Werk zwischen einer skurrilen, von schwarzem Humor gefärbten Dimension und einer ausgeprägt menschlichen und moralischen Perspektive.

In den ersten publizierten Werken, den beiden vielbeachteten Kurzgeschichtenbänden *The Fat Man in History* (1974; *Traumflug*, 1982) und *War Crimes* (1979), dominiert das Surreale und Fantastische. In den Geschichten, in denen Menschen sich wegen fehlender Liebe langsam auflösen oder Schatten in Fabriken produziert und in Paketen verkauft werden, entlarven die fantastischen Elemente und die narrative Unbestimmtheit als kafkaeske Verfremdungseffekte die soziale Realität und die sie durchziehenden Macht- und Kontrollmechanismen. Auch die surrealen Elemente in C.s erstem Roman *Bliss* (1981; *Bliss: Das Paradies umsonst*, 1987), dem Porträt eines Werbemanagers, der sich nach einer Nahtoderfahrung in der ›Hölle‹ des zeitgenössischen Sydney wiederfindet, stehen in kritisch kommentierender Verbindung zu der Einsicht des Protagonisten in die zerstörerische Kraft von amerikanischem Vorbild folgenden Werbekampagnen. Die Darstellung der Werbebranche läßt dabei autobiographische Momente vermuten. C. wuchs in einer Autohändlerfamilie in einer Kleinstadt bei Melbourne auf und besuchte das ›Eton Australiens‹, die Geelong Grammar School. Nach einem abgebrochenen Studium der Zoologie und Chemie arbeitete er bis in die 1980er Jahre als Werbetexter (später auch als Miteigentümer einer Agentur), um sein Schreiben zu finanzieren. Seit 1989 lebt er – nach längeren Aufenthalten in Europa und einer in einer alternativen Kommune in Queensland verbrachten Zeit während der 1960er-70er Jahre – mit seiner Familie in New York und unterrichtet gelegentlich *creative writing*-Kurse an renommierten Universitäten.

C.s zweiter Roman *Illywhacker* (1985; *Illywhacker*, 1990) macht die Geschichte und Kultur Australiens zum – von nun an vorherrschenden –

Thema. Der Roman hinterfragt das von der ›offiziellen‹ Geschichte geprägte Bild Australiens vom frühen 20. Jahrhundert mit seinem nachwirkenden britischen Imperialismus bis zu den späteren neokolonialen Einflüssen der amerikanischen Kultur und der japanischen Wirtschaft in den pikaresken Erinnerungen eines *unreliable narrator*, des 139jährigen Herbert Badgery. Als historiographische Metafiktion zweifelt der Roman an der Möglichkeit der Erkenntnis von (historischer) ›Wahrheit‹, einer für C.s Schreiben zentralen Fragestellung. Sie bestimmt auch sein wichtigstes Werk, den Roman *Oscar and Lucinda*, der C. endgültig als international angesehenen Autor etablierte. *Oscar and Lucinda* wendet sich in realistischer Erzählweise der Besiedlungsgeschichte Australiens im 19. Jahrhundert zu und kritisiert in der Schilderung des Transports einer Glaskirche ins unerforschte Landesinnere den unbedingten Fortschrittsglauben der Industrialisierung und das religiöse Sendungsbewußtsein als zentrale Elemente des Kolonialismus.

Nach der Opulenz der beiden mit Geschichte befaßten Romane zeigte sich die Kritik verblüfft von der nüchternen Erzählweise und der düsteren Sozialkritik des im Sydney der Gegenwart spielenden Romans *The Tax Inspector* (1991; *Die Steuerfahnderin*, 1993). Eine ähnlich drastische und an die Kurzgeschichten erinnernde Perspektive, die gleichzeitig großes menschliches Verständnis auszeichnet, bestimmt auch die sich mit dem amerikanischen Neokolonialismus auseinandersetzende Dystopie *The Unusual Life of Tristan Smith* (1994; *Das ungewöhnliche Leben des Tristan Smith*, 1996). Das folgende *re-writing* von Dickens' *Great Expectations*, der Roman *Jack Maggs* (1997; *Die geheimen Machenschaften des Jack Maggs*, 1999), untersucht in Anlehnung an die von Edward Said in *Culture and Imperialism* (1993) analysierte Rolle der Literatur im Kolonisierungsprozeß die Wirkung eines literarischen Texts auf die Kultur Australiens. Die Sträflingsfigur in Dickens' Prätext wird als negatives australisches Identifikationsmuster durch den energischen Protagonisten Jack Maggs, der sogar den Entstehungsprozeß des über ihn zu schreibenden Romans beeinflußt, destruiert. C.s bisher letzter Roman, *True History of the Kelly Gang* (2000), gibt einer weiteren Figur der australischen Vorstellungswelt in einem eigenwilligen, von Temperament und Gesellschaftsschicht gefärbten Erzählstil in der ersten Person eine eigene Perspektive: Ned Kelly, dem berühmtesten *outlaw* des 19. Jahrhunderts. Seine menschlichen Schwächen machen, wie durchweg in C.s Werk, eine einfache moralische Deutung unmöglich, obwohl die Verzerrungen der Geschichte der Kelly Gang durch Justiz und Journalismus entlarvt werden. Dieses Sensorium für das Menschliche mit seinen paradoxen Ausprägungen, das auch in C.s Kinderbuch *The Big Bazoohley* (1995; *Der Gro e Bingobang*, 1997) spürbar wird, bleibt der Faktor in C.s Romanen, von dem sich die Kritiker neben der Lust am Fabulieren und der Auslotung von Australiens kultureller Positionierung am meisten beeindruckt zeigen. C. selbst betont in einem Interview: »it is a writer's responsibility to imagine what it is to be others. It is an act of empathy.«

Literatur: A. Hassall. *Dancing on Hot Macadam: Peter Carey's Fiction.* St Lucia, *Queensland* 1998. – G. Huggan. *Peter Carey.* Melbourne 1996.

Sigrun Meinig

Carleton, William

Geb. 20. 2. 1794 in Prillisk bei Clogher, County Tyrone; gest. 30. 1. 1869 in Sandford, County Dublin

Unter günstigeren sozialen Bedingungen hätte William Carleton zu einer der großen Vermittlergestalten Nordwest-Europas werden können; unter den Verhältnissen, die er vorfand, wurde er zu einer tragischen Figur. C. wurde als jüngstes von 14 Kindern in eine gälisch-katholische Pachtbauern-Familie hineingeboren. Er kannte damit die erbärmliche Lebenssituation des irischen Landproletariats, hatte aber auch Zugang zu der – überwiegend mündlich überlieferten – gälischen Kulturtradition, deren Existenz der englisch-protestantischen Führungsschicht und Bildungselite kaum bewußt war. Nach wirren Wanderjahren in der irischen Provinz suchte er sich in Dublin eine Existenz als Lehrer und Journalist aufzubauen. Sein später viel kritisierter Übertritt zur protestantischen Kirche verschaffte ihm Zugang zu den führenden Zeitschriften der Zeit, in denen seine frühen Erzählungen aus dem irischen Landleben (gesammelt als *Traits and Stories of the Irish Peasantry*, 1830 und 1833, revidiert 1843–44) zu erscheinen begannen, die vielfach nachgedruckt wurden und heute als seine größte Leistung gelten. Sein erster Roman, *Fardorougha the Miser,* erschien 1837–38 in Fortsetzungen im *Dublin Uni-*versity Magazine* und 1839 in Buchform; zahlreiche weitere Romane folgten, darunter *Valentine M'Clutchy* (1845) und *The Tithe Proctor* (1849). Sie alle reflektieren die – vom Leser oft als schmerzlich oder gar peinlich empfundenen – persönlichen Konflikte des Autors: zwischen Dorf und Großstadt, Landproletariat und Kleinbürgertum, Katholizismus und Protestantismus, gälischer und englischer Sprache, irischer und englischer Literaturtradition. Gerade C.s mit großem Nachdruck verfochtenen didaktischen Positionen machen die Widersprüchlichkeit seiner persönlichen Standpunkte deutlich. C. selbst beanspruchte unmittelbare Authentizität für seine Werke, und diese wird ihm auch für die Sprachform seiner Dialoge, das *Hiberno English* der Landbevölkerung, generell zugestanden, während die Konzessionen im Handlungsverlauf an einen vom englischen Roman geprägten Publikumsgeschmack seinen Werken eher schadeten. Sein wichtigster Roman, *The Black Prophet* (1847), benutzt, in der Hoffnung auf Zugang zum englischen Lesepublikum, Strukturelemente der *gothic novel,* doch geht es C. um die Warnung vor einer realen Hungerkatastrophe, wie er sie in seiner Jugend mehrfach erlebt hatte. Der Roman, der dem damaligen britischen Premierminister gewidmet ist, sollte das Gewissen der Verantwortlichen aufrütteln, ein vielleicht naiver Versuch, der erfolglos blieb; es gehört zu C.s tragischer Situation, daß seine Schreckensvisionen von der Wirklichkeit weit überholt wurden, als die Kartoffelseuche drei Jahre lang die Ernte vernichtete und mit dem Verhungern oder Auswandern der Landbevölkerung auch die Lebenswelt zerstörte, der C. sich zeit seines Lebens verpflichtet fühlte.

Literatur: D. Krause. *William Carleton, the Novelist.* Lanham et al. 2000. – B. Hayley. *Carleton's Traits and Stories and the 19th Century Anglo-Irish Tradition.* Gerrards Cross, Bucks. 1983. – T. Flanagan. *The Irish Novelists, 1800–1850.* New York 1959. – B. Kiely. *Poor Scholar: A Study of the Works and Days of William Carleton.* Dublin 1947.

Heinz Kosok

Carlyle, Thomas

Geb. 4. 12. 1795 in Ecclefechan, Dumfriesshire; gest. 5. 2. 1881 in London

Thomas Carlyle wuchs als ältester Sohn einer kinderreichen Familie im ländlichen Südwesten

Schottlands auf. Sein Vater, ein Steinmetz, und seine Mutter wollten, daß C. Priester wird; C.s vielseitige Interessen an Sprachen, Naturwissenschaften und Mathematik zuerst in der Schule und später an der Universität von Edinburgh ließen ihn jedoch den für ihn vorgesehenen Weg bald verlassen. Er las Edward Gibbon und David Hume, beides Lektüren, die seinen christlichen Glauben nachhaltig erschütterten. Die calvinistische Prägung durch seinen Vater, welche Strenge zu sich selbst, Disziplin und Selbstverleugnung impliziert, verlor C. gleichwohl nie, weshalb er die neugewonnene Freiheit an der Universität zugleich auch als zutiefst belastend empfand. Er verließ die Universität im Jahre 1814 ohne einen Abschluß und begann statt dessen sein literarisches Schaffen, erlernte zunächst die deutsche Sprache und verfaßte Übersetzungen, Rezensionen und Beiträge zu Enzyklopädien. Im Jahre 1821 lernte C. die Arzttochter Jane Baillie Welsh kennen, die er 1826 noch in Schottland heiratete. Die beiden stellten ein schwieriges, gleichwohl kongeniales Paar dar, dessen Haus in Chelsea später zu einem beliebten Treffpunkt des intellektuellen Londons wurde. Zu Anfang der 1820er Jahre fand C. in der Lektüre von Schiller und Goethe eine Möglichkeit, die in ihm streitenden Kräfte von calvinistischer Entsagung und individueller Freiheit zu befrieden. Im Jahre 1823 fragte das *London Magazine* bei C. an, ob er eine Kurzbiographie Schillers verfassen könne, ein Unterfangen, das in C.s erster großer literarischer Biographie, *The Life of Friedrich Schiller* (1825), resultierte. In dieser ersten größeren englischen Studie Schillers trifft C. einige fundamentale Feststellungen zu den Aufgaben und Fragestellungen eines Biographen, dessen Ziel es nach C. sein müsse, den Leser praktisch in das Sehen und Fühlen seines Gegenstandes hineinzuversetzen. Der Wert der literarischen Biographie besteht nach C. darin, daß sie überprüfbar machen müsse, ob das Leben eines Dichters die Gedanken und Gefühle, die in dessen Literatur zum Vorschein kommen, bestätige – eine Auffassung, die im Verlauf des 19. Jahrhunderts noch Matthew Arnold und Walter Pater beeinflussen sollte. In den 1820er Jahren stellte C. unter dem Titel *German Romance* (1827) verschiedene Übersetzungen, biographische Skizzen und kritische Kommentare zu den großen deutschen Dichtern der Zeit zusammen, übersetzte Goethes *Wilhelm Meisters Lehrjahre* (1795/96) im Jahre 1824, in dem er viele seiner eigenen Lebensfragen wiederfand: die Suche nach

Glauben, nach Orientierung in einem scheinbar sinnlosen Universum, den Konflikt zwischen der Verpflichtung gegenüber Moral und (Selbst-)Erkenntnis. Das Studium deutscher Dichtung führte C. vor Augen, daß diese Probleme – im Sinne des klassischen Bildungs- und Entwicklungsromans Goethescher Prägung – durchaus lösbar sind durch Handeln und Verstehen sowie durch ein pragmatisches Sich-Öffnen gegenüber den Problemen der gesellschaftlichen Wirklichkeit. C.s programmatischer Essay »Signs of the Times« (1829) kann in diesem Zusammenhang als eine der einflußreichsten und bedeutendsten Studien der Industriellen Revolution in England, vielleicht geradezu als Beginn des Viktorianischen Zeitalters noch acht Jahre vor der Thronbesteigung Victorias betrachtet werden. In diesem Essay zeigt C. ironisch die Kehrseite des ›mechanischen‹ Zeitalters von Fortschrittswahn und Industrieoptimismus auf, für welche, wie er meint, der Preis eines gleichfalls mechanisch abgestumpften, utilitaristischen Denkens bezahlt werden müsse – eine Sicht, die in fiktionalisierter Form im Industrieroman des 19. Jahrhunderts Schule machte und z.B. Dickens' *Hard Times* (1854) oder Elizabeth Gaskells *North and South* (1855) nachhaltig prägte. Die menschenunwürdigen Lebensbedingungen der Arbeiterklasse und das unerträgliche Laisser-faire-Denken des Industriekapitalismus attackierte C. nochmals in seinem späteren Essay »Chartism« (1840; »Der Chartismus«, 1895). Während eines London-Aufenthalts zwischen den Jahren 1831 und 1832 freundete sich C. mit John Stuart Mill an, und es entstanden weitere Essays wie »Biography« (1832) und »Boswell's *Life of Johnson*« (1832), in denen C. weiterhin die moralische Funktion der Biographie behauptet. James Boswells Biographie ist dabei Ansatzpunkt der von C. vertretenen Poetik der ›Heldenverehrung‹: Das Leben einer großen Persönlichkeit und die Anerkennung dieser Größe in der Biographie durch den Biographen (und den Leser) werden als pädagogische Eckpfeiler von Inspiration und moralischer Bildung aufgefaßt. Für C. verkörpert Samuel Johnson einen Helden in einer rundum unheroischen Welt, der seiner Vision gerade in Zeiten des spirituellen Verfalls, von dem sich C. allerorten umgeben sah, treu bleibt.

Hier mag deutlich werden, daß die Einfühlung in den Gegenstand der Biographie für C. zu nicht unbeträchtlichem Maße immer auch Selbst-Auseinandersetzung impliziert, ein Bezug, der noch in viel stärkerem Maße für den bis heute bekanntesten Text C.s, die fiktionale Biographie *Sartor Resartus: The Life and Opinions of Herr Teufelsdröckh* (1833/34; *Sartor Resartus oder Leben und Meinungen des Herrn Teufelsdröckh*, 1855/56), gilt. Jener ›neu geschneiderte Schneider‹, dessen Leben C. der englischen Leserschaft vorzustellen vorgibt, ist der deutsche Professor Diogenes Teufelsdröckh, dessen Biographie v. a. in der Darstellung einer desillusionierten Kindheit und in der von mancherlei privaten und gesellschaftlichen Enttäuschung hervorgebrachten Lebenskrise an C.s eigenen Lebensweg erinnert. Wiederum an der Struktur des deutschen Bildungsromans geschult, löst C.s Protagonist seinen nihilistisch-krisenhaften Eindruck eines tragischen ›ewigen Neins‹ in ein optimistisches, affirmatives ›ewiges Ja‹ auf, wobei der Erkenntnisakt in der Akzeptanz eines über dem Weltgeschick liegenden Gotteswillens besteht. Und wenn schon Abhilfe von einer als riesige Dampfmaschine aufgefaßten Wirklichkeit aus Menschenhand geschafft werden muß, dann, C.s Doktrin der Heldenverehrung folgend, von quasi feudalen Führerpersönlichkeiten. So befremdlich, wie dieser Appell an Führerpersönlichkeiten heute auch anmuten mag, so interessant bleibt *Sartor Resartus* als zeitgeschichtliches Dokument und wegen seiner komplizierten Erzählstruktur, in der C. gekonnt mit Erzählkonventionen wie der Herausgeberfiktion und mit diversen sprachlichen Registern auf verschiedenen Erzählebenen operiert, die ein anspruchsvolles, bisweilen selbstreflexives Spiel mit der Lesererwartung in Gang setzen. Zudem weisen die Reflexionen des ›Herausgebers‹ auf die von C. zuvor schon konstatierte Schwierigkeit des Biographen hin, jemals vollständiges Wissen und eine komplette Wahrnehmung des Anderen mittels Sprache vorlegen zu können. Nach einem Treffen mit Ralph Waldo Emerson erschien *Sartor Resartus* auf dessen Fürsprache hin im Jahre 1836 auch in den Vereinigten Staaten. – In den folgenden Jahren arbeitete C. an *The French Revolution: A History* (1837; *Die französische Revolution: Eine Historie*, 1844), bis heute eines der Standardwerke des 19. Jahrhunderts. C. diskutiert die Entstehungsgeschichte der Revolution weniger im Stile eines Historikers, sondern vielmehr entlang des Entwurfs großer Porträts, wie z. B. Jean-Paul Marat, Georges Danton oder Maximilien Robespierre, deren Zeichnung freilich so glanzvoll ausfällt, daß C.s Text wie ein Roman anmutet. C.s Haltung gegenüber der Revolution ist letztlich ambivalent:

Einerseits meint er radikal, daß soziale Mißstände nur gewaltsam, unter der Führung einer großen Persönlichkeit und keineswegs auf parlamentarischem Wege erreicht werden könnten, andererseits will er England vor der Revolution nicht zuletzt warnen. C.s geschichtsphilosophische Schrift *On Heroes, Hero-Worship, and the Heroic in History: Six Lectures Reported with Emendations and Additions* (1841; *Über Helden, Heldenverehrung und das Heldenthümliche in der Geschichte: Sechs revidierte und erweiterte Vorlesungen*, 1853) verstärkt diesen Eindruck noch einmal insofern, als C. das Heil der Gesellschaft statt in Freiheit, Gleichheit und Demokratie im Nacheifern von hypostasierten Superaristokraten sieht – Führer (»Capitains«) wie z. B. der mythische Odin, Mohammed, Dante, Shakespeare, Luther oder Napoleon. Diese Geschichtsbetrachtung ist, obwohl sie gänzlich un-marxistisch ökonomische Faktoren der Gesellschaftsentwicklung ausspart, einflußreich im 19. Jahrhundert und läßt entfernt auch an Friedrich Nietzsche denken. Führer vom Schlage Hitlers würde sich C.s calvinistische Moral vermutlich verbitten, dennoch sieht Ernst Bloch in C. einen, freilich unfreiwilligen, Zuarbeiter faschistischer Elitevorstellungen. Aus deutscher Sicht kann dieser Eindruck von C.s *The History of Frederick II of Prussia, Called Frederick the Great* (1858–65; *Geschichte Friedrichs II. von Preußen, genannt Friedrich der Große*, 1858–69), die in sechs Bänden erschien, nur nochmals verstärkt werden. Nach jahrelangen Vorarbeiten griff C. hier sämtliche seiner Überzeugungen auf, wobei C.s lebendiges Friedrich-Bild der historischen Persönlichkeit Friedrichs des Großen zuletzt mehr und mehr verlustig geht – eine historiographische Differenz, der sich C. schon beim Schreiben bewußt wird. Im Jahre 1865 wurde C. zum Rektor der Universität von Edinburgh gewählt; Gegenstände und ›Helden‹ weiterer Biographien bis zu C.s Tod im Jahre 1881 sind norwegische Könige und der schottische Reformer und Presbyterianer John Knox.

C. muß ohne Zweifel als einer der bedeutendsten Viktorianer gelten. Seine eindrucksvolle und von humanem Geist getragene Geißelung des Maschinenmenschen der Industriellen Revolution ist von ebenso bleibender Bedeutung wie seine theoretischen und praktischen Beiträge zur literarischen Biographie, welche von C. nicht als Anhäufung von Fakten, sondern als empathische Auseinandersetzung mit ihrem Gegenstand verstanden wird. Diese Verdienste C.s bleiben bestehen, selbst wenn seine gänzlich undialektische Vorstellung von Geschichte als Aneinanderreihung von Leben und Wirken ›großer‹ Persönlichkeiten heute überholt oder kurios erscheinen mag.

Werkausgabe: *The Works of Thomas Carlyle. Centenary Edition.* Hg. H. D. Traill. 30 Bde. London 1896–99. Literatur: E. L. Gilbert. »Rescuing Reality: Carlyle, Froude, and Biographical Truth-Telling.« *Victorian Studies* 34 (1991), 295-314. – A. Buckett. »History as Verbal Construct: Strategies of Composition and Rhetoric in the Histories of the French Revolution by Carlyle, Scott, and Mignet.« *Revista Canaria de Estudios Ingleses* 9 (1984), 55-69. – W. Drescher, Hg. *Thomas Carlyle.* Frankfurt a. M./Bern 1983. – A. Fleishman. »The Open Secret: Carlyle as Prophetic Hero.« *Perspectives on Nineteenth-Century Heroism.* Hg. S. M. Putzell/D. C. Leonard. Madrid 1982, 30-46. – K. M. Harris. »Transcendental Biography: Carlyle and Emerson.« *Studies in Biography.* Hg. D. Aaron. Cambridge, MA 1978, 95-112. – K. J. Fielding/R. L. Tarr, Hg. *Carlyle Past and Present: A Collection of New Essays.* London 1976. – A. O. J. Cockshut. *Truth to Life: The Art of Biography in the Nineteenth Century.* London 1974. – J. P. Seigel, Hg. *Thomas Carlyle: The Critical Heritage.* London 1971.

Martin Middeke

Carroll, Lewis [Charles Lutwidge Dodgson]

Geb. 27. 1. 1832 in Daresbury, Cheshire; gest. 14. 1. 1898 in Guildford, Surrey

Die Selbststilisierung Lewis Carrolls als bürgerlicher Diakon und Mathematikdozent in Oxford einerseits und exzentrischer Kindernarr und Autor von Nonsens- und Traummärchen andererseits entsprach einer Persönlichkeit, die zwischen rationaler Akribie und intuitiver Sensibilität, pflichtbewußter Ernsthaftigkeit und einfallsreichem Witz, konformistischen Absicherungszwängen und subversiver Phantasie schwankte. C.s Kinderbuchklassiker *Alice's Adventures in Wonderland* (1865; *Alice im Wunderland*, 1963) und *Through the Looking-Glass*, 1871; *Alice hinter den Spiegeln*, 1963) markieren den Beginn des ›goldenen Zeitalters‹ der englischen Kinderliteratur, sind weltweit in Übersetzungen verbreitet, haben als viktorianische Besonderheit moderne Schriftsteller und Künstler angeregt und gehören in der angelsächsischen Welt zum Repertoire der Alltagskultur. – Wenn C. seine Titelheldin in eine Unterwelt schickt, in der sie mit bizarren Wunderlandwesen konfrontiert wird,

oder sie durch einen Spiegel in eine Schachspielwelt führt, in der sie ins regelwidrige Spiel mit eigenwilligen Figuren verwickelt wird, inszeniert er die Unterlegenheitsgefühle und Entgrenzungsbedürfnisse, die Selbsterprobung und Rollenübernahme des heranwachsenden Kindes, das sich in der Auseinandersetzung mit einer unzugänglichen Erwachsenenwelt beherzt bewährt. Mit Common Sense begegnet Alice dem dort herrschenden Nonsens, einer durch Inkongruenzen und Inversionen verrätselten Welt voller widersinniger Verstöße gegen Empirie und Logik, einer Welt, in der die Hierarchie von Mensch, Tier und Materie metamorph durcheinandergerät. Ein besonderer Reiz auch für erwachsene Leser liegt in dem spielerischen Umgang mit der Sprache: Die Unberechenbarkeit der Kreaturen und die Verunsicherung der Heldin hängen mit der Unzuverlässigkeit einer Sprache zusammen, in der die Grammatik außer Kraft gesetzt ist. Das dialogische Aneinandervorbeireden, die Neigung zur kalauernden Wortklauberei, das ganze Repertoire spielerischer Sprachmanipulation findet seinen Höhepunkt in der Kinderreim-Figur Humpty Dumpty, die alle linguistischen und literarischen Konventionen unterläuft: Wörter nehmen die Bedeutung an, die ihnen der Sprecher gibt; Gedichte kann man interpretieren, bevor sie überhaupt verfaßt sind; und Texte wie die von Mischwortprägungen strotzende Balladenparodie »Jabberwocky« lassen sich mit assoziativer Interpretationslust entschlüsseln. – C. hat auch Abhandlungen zur Mathematik und Logik sowie Pamphlete zum Zeitgeschehen verfaßt, aber seine Bedeutung liegt in der Erneuerung der Kinderliteratur nach Merkmalskriterien, die ›Kinder jeglichen Alters‹ Vergnügen bereiten. Neben den Alice-Büchern, zu deren Erfolg auch die Illustrationen von John Tenniel maßgeblich beitrugen, sind hier das Nonsens-Erzählgedicht *The Hunting of the Snark* (1876; *Die Jagd nach dem Schnark*, 1988) und der zweiteilige Roman *Sylvie and Bruno* (1889/93; *Sylvie und Bruno*, 1986) zu nennen. C.s Kinderbücher reflektieren und konterkarieren zugleich die Zwänge der viktorianischen Gesellschaft auf eine durch ihre fabulöse Komik eingängige Weise.

Werkausgaben: *The Complete Works.* Hg. A. Woollcott. London 1939 [unvollständig].
Literatur: M. N. Cohen. *Lewis Carroll.* New York 1995. – H. Bloom, Hg. *Lewis Carroll.* New York 1987. – E. Kreutzer. *Alice in Wonderland und Through the Looking-Glass .* München 1984. – R. Kelly. *Lewis Carroll.*

Boston 1990 [1977]. – R. Phillips, Hg. *Aspects of Alice: Lewis Carroll's Dream Child as Seen Through the Critics' Looking-Glasses 1865–1971*. New York 1977. – K. Reichert. *Lewis Carroll: Studien zum literarischen Unsinn*. München 1974.

Eberhard Kreutzer

Carter, Angela [Olive]

Geb. 7. 5. 1940 in Eastbourne, Sussex;
gest. 16. 2. 1992 in London

Angela Carters Romane, Kurzgeschichten und Märchenadaptionen werden oft mit dem Begriff des Magischen Realismus belegt; sie stellen eine exakte Analyse zeitgenössischer Gesellschaften mit ihren Wertesystemen und Ritualen dar. C., die den Begriff der *bricolage* demjenigen des Magischen Realismus vorzog, interessiert die intertextuelle Referenz auf andere Texte in Form von Zitat, Parodie oder Travestie. Eigenen Aussagen zufolge liegt ihr Interesse in der Dekonstruktion von Mythen, die sie als Strategien kultureller Desinformation und gesellschaftlicher Unterdrückung auffaßt und denen sie mit ihren Texten einen ironischen und parodistischen Kommentar gegenüberstellen möchte. In ihrem Verständnis von Mythos folgt sie Roland Barthes' Konzept von Mythos als sekundärem Zeichensystem, das im Sinne ideologischer Verklärung die repressive Funktion gesellschaftlicher Bedingungen verschleiern will. Schreiben wird demnach bei C. zur Aufklärungsarbeit. – Das Interesse an politischer Analyse, das sich in ihren Essays sehr deutlich dokumentiert, mag aus ihrer anfänglichen journalistischen Tätigkeit bei einem Londoner Wochenblatt herrühren. Im Anschluß daran studiert sie englische Literatur an der University of Bristol und verfaßt kulturkritische Betrachtungen u. a. für *New Society* und *The New Statesman*. 1969–72 reist C. mehrfach für längere Zeit nach Japan. 1980–81 ist sie Visiting Professor for the Writing Programme an der Brown University, Rhode Island, 1984 *Writer in Residence* an der University of Adelaide in Südaustralien, 1984–87 unterrichtet sie *creative writing* an der University of East Anglia in Norwich.

C. verfaßte neun Romane, die allesamt den Gestus naturalistischer Darstellung verweigern. Ihr zweiter Roman, *The Magic Toyshop* (1967; *Das Haus des Puppenmachers*, 1988), erhält den *John Llewellyn Rhys Prize*, in direkter Folge schließt sich der *Somerset Maugham Award* für ihren dritten

Roman, *Several Perceptions* (1968), an. Ihre Romane stellen häufig literarische Reflexionen gesellschaftlicher Konstruktionen dar: So spielt *Heroes and Villains* (1969; *Helden und Schurken*, 1989) phantasievoll mit gegensätzlichen Paradigmen kultureller Organisation in einer postapokalyptischen Welt, dargestellt aus der Perspektive einer jungen Frau, die ihre gebildete Enklave rationaler Existenz verläßt, um sich einer Horde ›primitiver Wilder‹ anzuschließen. Auffallend an diesem Text ist die Betonung der semiotischen Aspekte von Kultur: Hier wird deutlich, daß sich Identität und Bedeutung nicht als ontologische Faktoren ergeben, sondern aus den jeweiligen kulturellen Semantiken erschlossen werden müssen. Die Reflexion von Identität v. a. im interkulturellen Kontext findet sich auch in C.s Romanen *The Infernal Desire Machines of Dr. Hoffman* (1972; *Die infernalischen Traummaschinen des Dr. Hoffmann*, 1984) und *The Passion of New Eve* (1977; *Das Buch Eva*, 1996). Erstgenannter Text parodiert das Vertrauen in rationale Ordnung und objektive Organisation von Wissen in der Figur eines rationalistischen Staatsmannes, der sich von einem verrückten Wissenschaftler durch die Aktivierung menschlicher Träume bedroht sieht. Ganz in der Tradition des pikaresken Romans setzt sich Desiderio, der junge Sekretär des Ministers, zum Ziel, den verrückten Wissenschaftler zu entlarven und dadurch Staat und rationale Ordnung vor den Attacken sich materialisierender destruktiver Phantasie zu retten. Auf seiner Suche nach Dr. Hoffmann gerät Desiderio in eine Reihe abenteuerlicher Situationen, die C. mit viel Phantasie und v. a. mit reichhaltigen intertextuellen Referenzen ausstattet: Desiderio trifft auf einen de Sadeschen Libertin mit syphilitischem Diener und auf Swiftsche Zentauren. Obwohl der Text durchaus kontrovers interpretiert wurde, bietet sich jedoch eine Lesart an, die auf die psychoanalytischen Theorien Lacans zurückgreift. Der bezeichnenderweise Desiderio genannte junge Mann folgt seinem Begehren und dessen Manifestationen, die sich von den jeweiligen kulturellen Semantiken nicht loslösen lassen. Den Themenkomplex von Identität und kultureller Semantik behandelt auch *The Passion of New Eve*, allerdings gesellt sich hier noch die Perspektive geschlechtlicher Konstruktion und die Konstruktion von Identität und Weiblichkeit als Medienikonen hinzu: *The Passion of New Eve* berichtet von einem jungen Mann, der auf seinem Weg in den amerikanischen Westen von feministischen

Amazonen gekidnappt und in eine Frau umoperiert wird, deren Äußeres eine Manifestation westlicher Männerphantasien darstellt. Diese narrative Wendung ermöglicht C., die Konstruktion von Geschlechtlichkeit anhand einer Figur vorzuführen, bei der Bewußtsein und Körperlichkeit divergieren. C. beläßt es jedoch nicht bei dieser Feststellung geschlechtlicher Differenz, sondern hinterfragt das Zustandekommen der jeweiligen Ikonographien. In diesem Zusammenhang spielt der Verweis auf Hollywood und dessen Filmproduktionen eine herausragende Rolle, denn hier werden die zeitgenössischen Ikonographien von Geschlechtszugehörigkeit produziert.

Den Zusammenhang von Medienbildern und Geschlechterikonographien stellt C. ebenfalls in ihrer theoretischen Abhandlung über die Schriften des Marquis de Sade, *The Sadeian Woman: An Exercise in Cultural History* (1979; *Sexualität ist Macht*, 1981) unter Rückgriff v. a. auf die Filme Billy Wilders dar. C. versteht die Schriften de Sades im Gegensatz zur konventionellen feministischen Rezeption als Analyse zeitgenössischer Stereotypen von Weiblichkeit, die weitgehend abhängig von den materiellen Strukturen einer Gesellschaft sind. C.s letzte Romane, *Nights at the Circus* (1984; *Nächte im Zirkus*, 1986) und *Wise Children* (1991; *Wie's uns gefällt*, 1992), bieten zwar wieder eine Vielzahl intertextueller Referenzen, jedoch sind sie insgesamt versöhnlicher, da hier v. a. die beunruhigende Gewalt der vorangegangenen Texte fehlt. Statt dessen bieten sie ein Repertoire der karnevalesken Welt des Zirkus und des Varietés an. Fevvers, der geflügelte Star eines viktorianischen Zirkus, ist gleichzeitig Symbol für die neue Frau, der es gelungen ist, sich aus den Fesseln des Alltags und der Konventionen zu befreien. In *Wise Children* ist es eine fiktive Autobiographie, die Anlaß zur Überprüfung der Zeitgeschichte liefert. – Ein weiterer bedeutender Aspekt von C.s Textproduktion ist das große Interesse an Folklore und Mythen. Neben Anthologien diverser Volksmärchen legt C. mit *The Bloody Chamber and Other Stories* (1979; *Blaubarts Zimmer*, 1982) ihre Version europäischer Märchen vor. Der Schwerpunkt dieser Texte liegt in erster Linie auf der Subversion simpler moralischer Lektionen zugunsten einer differenzierten Verschiebung von Bewertungen: So wird das Märchen von Blaubarts achter Frau zu einer pornographische Phantasien zitierenden Studie sexueller Abhängigkeit, und Rotkäppchen befreit sich aus den moralinsauren Fängen der Groß-

mutter, indem es mit den Wölfen davonläuft. Der irische Filmemacher und Autor Neil Jordan hat diese Sammlung unter dem Titel *The Company of Wolves* (1984; *Zeit der Wölfe*, 1984) verfilmt.

Literatur: A. Day. *Angela Carter: The Rational Glass.* Manchester 1998. – L. Peach. *Angela Carter.* Basingstoke 1998. – S. Gamble. *Angela Carter: Writing from the Front Line.* Edinburgh 1997.

Angela Krewani

Cartland, [Dame] Barbara

Geb. 9. 7. 1901 in Edgbaston, Birmingham;
gest. 21. 5. 2000 in Hatfield, Hertfordshire

»Wenn die Aktionen zur Befreiung der Frau überhaupt etwas erreichen wollen, müssen sie mit Phänomenen wie der Millionen-Industrie Cartland fertig werden« – so Germaine Greers gnadenloses Urteil über die gefeierte *Queen of Romance*. C. jedoch nur vom feministischen Standpunkt aus zu betrachten, würde zu kurz greifen. In ihren Medieninszenierungen (Talkshows, Internet) überschreitet die stets unglaublich rosa gekleidete C. die Grenze zum artifiziellen Exzeß, wird zu einem Exponat des »camp« (Rosalind Brunt), halb Barbie, halb phantastisch gealterte Märchenprinzessin à la Diana (ihre Stief-Enkelin), die sie jungen Frauen als Vorbild empfiehlt. – Einige Highlights ihrer Vita: C., Angehörige der englischen Oberschicht, lehnt als junges Mädchen 49 Heiratsanträge ab, ehe sie den 50. annimmt. Einige Jahre später Scheidung, erneute Heirat, drei Kinder, Arbeit als Klatschkolumnistin sowie diverse ehrenamtliche Tätigkeiten. Und dazu 723 Bücher, Trivialliteratur par excellence, überwiegend historische Romane, die in 36 Sprachen übersetzt werden, in einer Gesamtauflage von ca. einer Milliarde. Den Höhepunkt ihres Erfolgs erreicht die Propagandistin eines ausgesprochen traditionellen Frauen- und Familienbilds in den von der Frauenbewegung und sexuellen Befreiung geprägten 1970ern, zu denen sie einen aus ihrer Sicht frauenfreundlicheren Gegenentwurf liefern möchte. Bis ins hohe Alter tritt C., die selbstschaffene Ikone ihrer eigenen Traumfabrik, öffentlich auf und erteilt Frauen weltweit Ratschläge.

Literarhistorisch steht sie in der Tradition der *romance*, deren Grundkonstellation sie immer wieder variiert. Besondere Beachtung verdient C.s Produktionsweise: Nach einem genau festgelegten

Schema diktiert sie täglich eine bestimmte Anzahl von Wörtern und läßt die Texte im Team redigieren. Vom (männlichen) Originalgenie und seiner einzigartigen Inspiration bleibt da nicht viel übrig. Die Texte mit ihrer meist einsträngigen Handlung ähneln einander: Nach einer Reihe von Hindernissen und Mißverständnissen finden die asexuelle, unschuldige und schöne Heldin und der sozial höherstehende, manchmal zynisch verhärtete Held, die beide meist Angehörige des Adels sind, zueinander. Die Romane enden fast immer mit der Eheschließung. Sprachlich sehr einfach und inhaltlich wenig komplex bieten die Texte ihren Leserinnen v. a. die Möglichkeit, dem Alltag für einige Stunden den Rücken zu kehren. Befreiung findet durch ein Abtauchen in zeitlich entfernte Welten statt, nicht aber etwa durch ein Abstreifen von Konventionen – ganz im Gegenteil. Trotz intensiver Kritik an der politischen ›Botschaft‹ ihrer Texte befaßt sich die Forschung zunehmend mit der berechtigten Frage nach den Ursachen dieser Faszination, nach intertextuellen Bezügen und der Konstitution des romantischen Subjekts.

Literatur: R. Sales. »The Loathsome Lord and the Disdainful Dame: Byron, Cartland and the Regency Romance.« Byromania: Portraits of the Artist in Nineteenth- and Twentieth-Century Culture. Hg. F. Wilson. Basingstoke 1999, 166–183. – R. Brunt. »A Career in Love: The Romantic World of Barbara Cartland.« Popular Fiction and Social Change. Hg. C. Pawling. New York 1984, 127–156. – G. Greer. The Female Eunuch. London 1970.

Susanne Schmid

Cary, Elizabeth, [Viscountess Falkland]

Geb. 1585? in Burford, Oxfordshire; gest. Oktober 1639 in London

»Be and seem« ließ Elizabeth Cary ihrer Tochter in den Ehering gravieren, eine Maxime, die sie selbst gründlich beherzigte. Die einzige Tochter des wohlhabenden Rechtsanwalts Lawrence Tanfield las trotz Verbots Tag und Nacht und zögerte nicht, ihren intellektuellen Wagemut auch auf das praktische Leben zu übertragen. Sie wurde mit Henry Cary, später Viscount Falkland, verheiratet und ging mit ihm 1622 nach Irland, wo er als Lord Chief Deputy eingesetzt war. Bald schickte Falkland seine in der Förderung der katholischen Bevölkerung allzu aktive Frau zurück nach London, wo sie 1626 zum Katholizismus konvertierte. Vom Vater enterbt und vom Ehemann verbannt, gelang es C. gleichwohl, einige ihrer elf Kinder zu entführen und zum katholischen Glauben zu bekehren. Eine der vier Töchter, die ins Kloster von Cambrai eintraten (vermutlich Anne), verfaßte in den 1640er Jahren eine Biographie ihrer eigenwilligen Mutter, The Lady Falkland: Her Life. Diesem Werk ist zu entnehmen, daß C. unermüdlich schrieb, dichtete und übersetzte. – Verschollen sind u. a. Versbiographien von Tamburlaine und einigen weiblichen Heiligen, moralische und theologische Abhandlungen, religiöse Dichtung und eine ›sizilianische Tragödie‹; wiederentdeckt wurden Übersetzungen von Seneca und Blosius. Nur wenige Exemplare der Übersetzung einer theologischen Abhandlung von Jacques Davy du Perron, The Reply of the Most Illustrious Cardinal of Perron (1630), aus Frankreich nach England geschmuggelt, entgingen den Flammen. The History of Edward II, 1627 verfaßt, doch erst 1680 gedruckt, stammt wahrscheinlich ebenfalls von C. Diese Überarbeitung eines früheren Textes, der möglicherweise von Henry Falkland geschrieben wurde, ist nicht nur politisch aufschlußreich, sondern auch kennzeichnend für C.s Stil und ihr kritisches Potential. C.s schriftliche Reflexionen über das Leben spiegeln die eigene Praxis und antizipieren diese sogar gelegentlich in eigentümlicher Weise – Leben und Schreiben gehen eine enge Verbindung ein. – C.s meistbeachtetes Werk ist ein Lesedrama in der Tradition Senecas, The Tragedy of Mariam, The Fair Queen of Jewry. Um 1603 geschrieben und 1613 gedruckt, ist dies das erste englische Originaldrama einer Autorin. Mariam stellt ihre Ehre und Integrität über die Erfordernisse traditioneller Weiblichkeit und stirbt im Konflikt mit ihrem tyrannischen Ehemann Herodes einen Märtyrertod. Die Darstellung weiblicher Introspektion und eine komplexe Konstellation von Frauenfiguren machen das Stück besonders interessant. Wenn dieses gelungene Drama Rückschlüsse auf die Qualität der verlorenen Texte zuläßt, so darf man sich auf künftige literarhistorische Funde freuen.

Literatur: D. W. Foster. »Resurrecting the Author: Elizabeth Tanfield Cary.« Privileging Gender in Early Modern England. Hg. J. R. Brink. Kirksville, MO 1993, 141–173.

– B. K. Lewalski. *Writing Women in Jacobean England.* Cambridge, MA 1993.

Ina Habermann

Cary, [Arthur] Joyce [Lunel]

Geb. 7. 12. 1888 in Londonderry, Nordirland; gest. 29. 3. 1957 in Oxford

Kunst bietet eine Brücke, die Menschen ganz verschiedener Provenienz verbinden und über alle Unterschiede von Geschichte und Kultur hinweg in Dialog und Austausch bringen kann. So formuliert Joyce Cary in *Art and Reality* (1958) auf dem Höhepunkt internationaler Anerkennung sein Programm, bei dem sich eine liberalistische Grundhaltung mit moralischem Universalismus und der bemerkenswerten Gewißheit trifft, den Bedingtheiten des eigenen Standpunkts durch Wertverpflichtung sowie allseitige Verständigung letztlich zu entgehen. Allerdings muß diese Sicherheit, wie sie auch viele seiner literarischen Künstlerfiguren anstreben, einer vorliegenden Unordnung der Welt und ständigen persönlichen Gefährdung abgerungen werden, die solche Selbstentwürfe immer wieder in die Krise stürzen. In 16 Romanen, über 50 Kurzgeschichten und mehr als 80 Essays über zeitgeschichtliche und weltanschauliche Belange hat C. dieses Grundthema gestaltet. Daraus spricht wohl die Erfahrung existentieller Ungesichertheit, die seine eigene Laufbahn lange prägte. Als Sohn einer vormals begüterten Familie anglo-irischer Herkunft, von deren Lebensgefühl *A House of Children* (1941) feinsinnig erzählt, durchlief C. zunächst den Bildungsweg der *public schools* bis Oxford, suchte dann jedoch in Kriegsabenteuern auf dem Balkan, in der Künstler-Boheme von Paris wie auch im afrikanischen Kolonialdienst Bewährung und Erfüllung, bevor er sich als Autor niederließ. Die Konfrontation mit kultureller Fremdheit und sozialer Isolation, die ihn als District Officer in Nordnigeria nachhaltig erschütterte, verarbeiten seine ersten vier Romane, die in den 1930er Jahren erschienen, erste Publikumserfolge brachten und mit *Mister Johnson* (1939) einen Klassiker im aufgeklärten Kolonialgeist schufen. Europäische Leser konnten in der Titelfigur das komische Porträt eines dienstfertigen Afrikaners sehen, dessen liebevoller Eifer für die große Zivilisierungsarbeit sich mit Witz und Hochstapelei über alle Hindernisse im Busch hinwegsetzt. Erst später hat der Einspruch nigerianischer Autoren wie Chinua Achebe klargestellt, daß hier zugleich das überkommene Klischee vom Afrikaner als unmündigem Kind und Afrika als geschichtslosem Kontinent in eine neue Zeit gerettet wird. C.s ambitionierteste Erzählwerke dagegen folgen Traditionsverlusten und Wertverschiebungen in der englischen Gesellschaft zwischen Viktorianismus und dem sozialen Aufbruch nach dem Zweiten Weltkrieg. In zwei großangelegten Romantrilogien – *Herself Surprised* (1941; *Frau Mondays Verwandlung*, 1949), *To Be a Pilgrim* (1942; *Im Schatten des Lebens*, 1948), *The Horse's Mouth* (1944; *Des Pudels Kern*, 1949) sowie *A Prisoner of Grace* (1952; *Auf Gnade und Ungnade*, 1954), *Except the Lord* (1953; *Chester Nimmo*, 1956), *Not Honour More* (1955; *Spiel ohne Ehre*, 1957) – erkundet er die verschlungenen Wege von jeweils drei sehr einprägsamen, pikaresken Helden, deren Lebens-, Glaubens- und Bewährungskrisen die Konturen tiefgreifender Weltveränderungen sichtbar machen. Jeder Teil der beiden Trilogien zeigt dies – in meisterhafter Nutzung erzähltechnischer Möglichkeiten – aus der beschränkten und oftmals fragwürdigen Perspektive einer einzelnen Figur, wobei die jeweils anderen als Randfiguren in Erscheinung treten. Erst die überlegene Zusammenschau ihrer ungesicherten Geschichten überbrückt die Unterschiede und übersteigt den drohenden Relativismus. Daß C. seinen Zeitgenossen solche Zuversichten bieten mochte, weist heute sein erzählerisches Werk als Brücke in eine längst vergangene Epoche aus.

Literatur: T. Döring. *Chinua Achebe und Joyce Cary.* Pfaffenweiler 1996. – B. Fisher. *Joyce Cary: The Writer and His Theme.* Gerrards Cross 1980. – M. Foster. *Joyce Cary: A Biography.* Boston 1968. – M. M. Mahood. *Joyce Cary's Africa.* London 1964.

Tobias Döring

Causley, Charles

Geb. 24. 8. 1917 in Launceston, Cornwall; gest. 4. 11. 2003

Stellte man die Frage nach dem englischsten der englischen Dichter des 20. Jahrhunderts, so fiele manchem am ehesten Sir John Betjeman ein, Edward Thomas, John Masefield oder Philip Larkin. Eingeweihte würden vielleicht A.S.J. Tessimond nennen, Laurence Binyon – oder eben auch Charles Causley. Das Leben des im Südwesten des Landes aufgewachsenen und ihm treu gebliebenen C., der kurz als Bauhandwerker, dann im Zeitalter des Swing als Pianist einer Tanzkapelle arbeitete, bevor er im Zweiten Weltkrieg in der Kriegsmarine – z. T. auf den Atlantikkonvois – diente, um dann ein Leben lang in Launceston als Lehrer zu wirken, enthält mehrere Momente, die seinem lyrischen Werk ein stark englisches Gepräge verleihen. Erste Erkennungsmerkmale des C.schen – uvres sind die fast ausschließlich westenglischen Schauplätze, die oft meeresverbundenen, historischen oder der Volkssage entliehenen Stoffe und Motive, eine starke Rhythmisierung des Materials sowie ein unverkennbar didaktischer Zug. Fügt man hinzu, daß sich C. gerne der Underdogs der Gesellschaft annimmt, daß sein Werk ein Ringen mit christlichen Vorgaben darstellt, daß er dabei einen undogmatischen, gegenpuritanischen Zug hat, den er vorzugsweise in einer – formell wie stofflich – souverän erneuerten Ballade sowie in bewußt volksnaher Sprache, gelegentlich mit *Cornish*-Einschlag, zum Ausdruck bringt, so entsteht das Bild eines Lyrikers, der nicht von ungefähr zu den beliebtesten Großbritanniens gehört. Daß dieses Urteil auch unter Kollegen der Zunft gilt, unterstreicht indes ein letztes Merkmal: So schlicht, wie diese Gedichte tun, sind sie nicht. – C., der 1940 zu dichten anfing, fand kurz darauf in der pazifistischen »Ballad for Katharine of Aragon« wortwörtlich zu seiner dichterischen Form. In den 1950er und 1960er Jahren folgten das meisterhafte, die Kinder der vaterlosen Nachkriegsgesellschaft meinende »Timothy Winters«, »Johnny Alleluia«, das bitter-böse Abschiednehmen vom Zigeunerleben der Kirmesjungs, sowie »What Has Happened to Lulu?«, das aus den Aufbruchsjahren genauso wenig wegzudenken ist wie das Beatles-Lied »She's Leaving Home«. In all diesen Werken ist C. der Opponent des zunehmend Genormten, des Vergesellschaftet-Verkrüppelten, des Allzu-Englischen. Ob in der frühen Kriegsballade »Death of an Aircraft«, im geschwungenen Weltanschauungssonett »I Am the Great Sun« oder in dem von ökologischem Gedankengut getragenen »I Saw a Jolly Hunter«, C.s Gedichte sind überzeugende Beweise seiner erfrischenden Lyrikauffassung: Die Lyrik sei unter allen Dichtungsformen diejenige, welche »die meisten von uns dank der unschätzbaren Mnemotechnik von Reim, Rhythmus und

Musikalität von Kindesbeinen an im Handgepäck herumtragen – eine Bejahung der Freude, ein Zauberspruch gegen die Finsternis«. Finstere Töne befinden sich allerdings in den Sinn-Rätseln, die C.s nur anscheinend leichte Muse aufgibt. – Das Urenglische an C. bedeutet den Fluch der Unübersetzbarkeit. Der weitgehenden Unbekanntheit im Ausland steht aber sein fester Status in England gegenüber. 1999 belegte »Timothy Winters« Platz drei unter den beliebtesten Kindheitsgedichten in englischer Sprache; es befindet sich auch in der *Everyman*-Anthologie der 100 populärsten britischen Gedichte überhaupt – ein passendes Denkmal für einen englischen Lyriker, der den Anstand hat, auch vom englischen Anstand Abstand zu nehmen.

Werkausgabe: *Collected Poems 1951–2000*. London 2000.

Richard Humphrey

Cavendish, Margaret, [Duchess of Newcastle]

Geb. 1624? in Colchester, Essex; gest. 1673 in London

Margaret Cavendish entstammt einer Landadelsfamilie, die unter dem Bürgerkrieg zu leiden hatte. Sie selbst begleitete als Hofdame Königin Henrietta-Maria 1645 nach Paris, wo sie William Cavendish, den wesentlich älteren Herzog von Newcastle, heiratete. Nach 15 Exiljahren in Paris, Rotterdam und Antwerpen im Zeichen von Geldnöten kehrte das Ehepaar zum Zeitpunkt der Restauration auf seine englischen Güter in Nottinghamshire zurück. C. war eine der berüchtigtsten englischen Frauen des 17. Jahrhunderts. Ihre Vorliebe für theatralische Auftritte mit riesigem Gefolge, ihre exzentrische Kleidung, ihr affektiertes Verhalten und ihre Schriftstellerei veranlaßten Samuel Pepys, sie in seinem Tagebuch als »Mad Madge of Newcastle« zu bezeichnen. Ihre Selbststilisierung zur geniehaften Autorin in ihrer Autobiographie *A True Relation of My Birth, Breeding, and Life* (1656) folgt den männlich-höfischen Renaissance-Traditionen der Selbstkultur (*uomo universale, vir illustris*) und ist deshalb skandalös, weil sie als Frau Ruhm und Unsterblichkeit anstrebt und damit den *gender*-Code ihrer Zeit verletzt. – C. war eine äußerst produktive, vielseitige Autorin, die besonders literarische Texte wie Dramen, Gedichte, Prosaerzählungen, eine Biographie ihres

Mannes, ihre Autobiographie, Essays, Fabeln, eine
Utopie und eine fiktive Briefsammlung, aber auch
naturwissenschaftliche Werke verfaßte. Sie war neben Anne Finch die erste Frau in England, die vor
dem Hintergrund neuer skeptizistischer Strömungen die aristotelische Physik und Metaphysik verabschiedete und zu ›wissenschaftlichen‹ Themen
wie der atomistischen Naturtheorie publizierte.
Die in Versform verfaßten *Poems and Fancies*
(1653) beschreiben ein märchenhaftes Königreich
und entwerfen zugleich ihre Atomtheorie der Materie; auch ihre *Philosophical Fancies* (1653; 1655
überarbeitet als *Philosophical and Physical Opinions*) sind naturphilosophische Spekulationen in
Versform. Faktizität und Fiktion, poetisches und
wissenschaftliches Schreiben lassen sich bei C.
nicht voneinander trennen. Das zeigt sich erneut
in den *Philosophical Letters* (1664), die Theorien
von Hobbes, Descartes, Henry More und Ren&van
Helmont diskutieren, und in den *Observations
upon Experimental Philosophy* (1666), einer Auseinandersetzung mit Robert Hookes *Micrographia*.
Den *Observations* ist ihr heute bekanntester Text,
Description of a New Blazing World, angehängt, die
erste englischsprachige Science-fiction-Erzählung.
– Alle Texte C.s weisen sich durch proliferierende
Sätze und einen langatmig-euphuistischen, zen-
trifugalen Schreibstil aus, der von ihrer manisch-
hypertrophen Einbildungskraft zeugt. Im Schrei-
ben ermutigt und bei der Veröffentlichung ihrer
Werke unterstützt wurde C. maßgeblich von ihrem
Ehemann, selber nicht nur Mäzen, sondern auch
Autor. C. hat ihre Schriftstellerei in zahlreichen
Vorworten zu erklären und verteidigen versucht
und dabei diverse Legitimationsstrategien (z.B. die
Schüchternheits- und Bescheidenheitstopik, die
Verharmlosung weiblichen Schreibens als Zeitvertreib) benutzt, die ihrer Selbststilisierung zum originellen, einzigartigen Genie diametral entgegen-
stehen. In solchen Brüchen treten die Probleme
frühneuzeitlicher weiblicher Individualität und öffentlicher Selbstdarstellung zutage.

Literatur: E. W. Strauß. *Die Arithmetik der Leidenschaften.* Stuttgart/Weimar 1999. – V. O. Lobsien. *Skeptische
Phantasie.* München 1999, 255–287. – G. Rippl. *Lebens-
texte: Literarische Selbststilisierungen englischer Frauen in
der frühen Neuzeit.* München 1998, 68–129. – S. H. Mendelson. *The Mental World of Stuart Women.* Brighton
1987, 12–61.

Gabriele Rippl

Centlivre, Susanna
Geb. 1667?; gest. 1. 12. 1723 in London

Über die ersten drei Jahrzehnte von Susanna
Centlivres Leben ist wenig Gesichertes bekannt.
Eine romanzenhafte Überlieferung berichtet, daß
sie als Junge verkleidet eine Weile mit einem Studenten in Cambridge lebte. Sie war zweimal liiert,
vielleicht auch verheiratet, bevor sie 1707 Joseph
Centlivre ehelichte, den Koch der Königin Anne,
der C. bei einem Auftritt als Wanderschauspielerin
in Windsor erlebt hatte. Von 1700 bis zu ihrem
Tod im Jahre 1723 schrieb sie 19 Dramen, fast
ausschließlich Komödien, von denen sich einige
als überaus populär erwiesen. *The Busy Body*
(1709; *Er mengt sich in Alles; oder: Der Wichtigtuer,*
1793) und *A Bold Stroke for A Wife* (1718; *Die vier
Vormünder; oder: Handstreich eines Heiratswilligen,*
1788) eroberten einen festen Platz im Repertoire
des 18. und des 19. Jahrhunderts. – C.s erster
Publikumserfolg war die Komödie *The Gamester*
(1705), in der zwei Charaktere von ihrer Leidenschaft für das Glücksspiel kuriert werden. Diese
Besserung und Bekehrung ist ein Beispiel für die
moralisierende Tendenz, die dem Genre der Komödie zu Beginn des 18. Jahrhunderts eine neue
Richtung gab. Gegen die parallele Tendenz der
Empfindsamkeit blieb C. weitgehend immun. Trä-
nenreiche Szenen des Mitleids, der Reue oder der
Wiedervereinigung lange getrennter Familienmitglieder, wie man sie bei ihrem Zeitgenossen Richard Steele findet, sucht man bei C. vergeblich. –
Die Literaturwissenschaft hat C. wenig Beachtung
geschenkt. Daran hat auch der Feminismus, der
ihrer Vorgängerin Aphra Behn eine Renaissance
beschert hat, nichts geändert. Der Grund für diese
Vernachlässigung liegt vielleicht in C.s Bühnen-
orientierung. Wer tiefschürfende thematische Analysen anstellen oder komplexe Charaktere ergründen möchte, ist bei dieser Autorin an der falschen
Adresse. C. liefert handlungsbetonte Stücke mit
publikumswirksamen Situationen und Effekten.
Ein charakteristisches Beispiel ist die Komödie *The
Busy Body*, in der zwei Liebespaare gegen ihre
Väter bzw. Vormunde intrigieren, um sich ihre
Erbschaften und die Partner ihrer Wahl zu sichern.
Dabei ist jede Menge Einfallsreichtum und Impro-
visationsvermögen gefragt, denn der Tölpel Mar-
plot, der eigentlich auf der Seite der Liebespaare
steht, vereitelt mit schöner Regelmäßigkeit ihre
Pläne und zwingt sie zu immer neuen Ausweich-

manövern und Intrigen. Kein Zweifel, daß diese turbulente und temporeiche Handlung auf der Bühne von Drury Lane mehr Eindruck gemacht hat, als es der dazugehörige Text heute auf Papier tut.

Werkausgabe: *The Plays.* Hg. R. Frushell. 3 Bde. New York 1981.
Literatur: F. Lock. *Susanna Centlivre.* Boston, MA 1979.

Burkhard Niederhoff

Chandra, Vikram

Geb. 1961 in Delhi

Vikram Chandra gehört zu einer Generation indo-englischer Autoren, deren Werke sowohl rezeptions- als auch produktionsgeschichtlich als Weltliteratur zu bezeichnen sind. Sein erster Roman, *Red Earth and Pouring Rain* (1995; *Tanz der Götter*, 2000), erschien zeitgleich in Indien und England, wurde innerhalb kürzester Zeit in zwölf Sprachen übersetzt und erhielt zahlreiche Auszeichnungen in Ost und West. Das Werk ist als fiktionale Autobiographie angelegt. Die Rahmenhandlung zeigt den Ich-Erzähler Sanjay, einen in Affengestalt im zeitgenössischen Indien reinkarnierten Dichter des 19. Jahrhunderts, wie er (um) sein Leben erzählt, um so Yama, die Gottheit des Todes, davon abzubringen, ihn wieder in die Bewußtlosigkeit der Reinkarnation in Tiergestalt zurückzustoßen. Der so konzipierten Handlung gelingt die opulente Verflechtung des Öffentlichen mit dem Privaten, dem Leben Sanjays und seiner Wegbegleiter mit der indischen und britischen Geschichte des 18. und 19. Jahrhunderts sowie der amerikanischen und indischen Zeitgeschichte. Dabei ist der Roman reich an intertextuellen Anspielungen und Zitaten: Die einbezogenen Texte reichen von Sanskrit-Epen wie dem *Mahabharata* und den Erzählungen aus *Tausendundeiner Nacht* bis zu Rudyard Kiplings *Kim* und Jorge Luis Borges' *El Immortal.* Ch. gelingt in dem Roman, dessen Titel auf ein Gedicht aus dem klassischen Tamil zurückgeht, die Integration westlicher und indischer Elemente, was sowohl Motivik, Sprache, Mythologie und Geschichte betrifft, und führt damit eine in den 1980er Jahren begonnene und von Salman Rushdie maßgeblich beeinflußte Entwicklung der Internationalisierung der indischen Literatur in englischer Sprache fort. Produktionsästhetisch steht Ch. im Kontext des magischen Realismus. Dieser hinterfragt, wie auch für die Postmoderne charakteristisch, die Verläßlichkeit epistemologischer Prozesse und als deren Produkte zentral die Kategorien Identität und Geschichte, artikuliert jedoch gleichzeitig ein neues Vertrauen in das geschriebene Wort und in die versöhnende Kraft des Geschichtenerzählens – wofür das auch in *Red Earth and Pouring Rain* zitierte Scheherazade-Motiv paradigmatisch geworden ist.

Auch in *Love and Longing in Bombay* (1997; *Die fünf Seiten des Lebens*, 1999), einer Sequenz von Erzählungen, deren Spektrum von der detektivischen Kurzgeschichte bis zur Geistererzählung reicht und die als Hauptanliegen die Sehnsüchte und Beziehungen des urbanen Individuums verhandeln, kommt der Rahmenhandlung die Aufgabe zu, die in der indischen Kultur noch heute fest verwurzelte Tradition des (mündlichen) Geschichtenerzählens zu zitieren. Die Titel der Geschichten, »Dharma«, »Shakti«, »Kama«, »Artha« und »Shanti«, repräsentieren in dieser durchaus deutungsfähigen Reihenfolge charakteristisch für Ch.s Texte, bedeutungsschwere Konzepte aus der hinduistischen Philosophie, wobei ihnen durch ihre spezifische Verwendung – auch noch in der postmodernen Welt – die Aufgabe der Sinnstiftung zukommt.

Ursula Dora Kienzle

Chapman, George

Geb. 1559? in Hitchin, Hertfordshire;
gest. 12. 5. 1634 in London

Eine zeitgenössische dramatische Karikatur George Chapmans ist die Figur des Bellamont in Thomas Dekkers und John Websters Komödie *Northward Ho!* (1605), eines »poor unpreferred scholar«, der vergeblich um gesellschaftliche Anerkennung ringt. Tatsächlich beschäftigte die Suche nach einem geeigneten Mäzen Ch. zeit seines Lebens. Dabei war er jedoch nicht von blinder Ambition getrieben, wie die in seinem Werk oft verrissenen höfischen »upstarts«, sondern v. a. von intellektuell-moralischen Idealen. In den Elitezirkeln der elisabethanischen und jakobäischen Gesellschaft suchte Ch. nach Seelenverwandten, die sich wie er der »Mistress Philosophy« verschrieben und deshalb intuitiven Zugang zu seinem göttlich inspirierten *furor poeticus* hatten – ganz im Gegensatz zu den »mere-learn'd men«, den braven akademischen Wissensverwaltern, mit denen Ch., der wahrscheinlich niemals eine Universität besucht hatte, sich nicht identifizieren konnte und wollte. – Der mystisch-esoterische Ton und die melancholische Thematik des zweiteiligen *The Shadow of Night* (1594), eines höchst obskuren, vom Neo-Platonismus geprägten Gedichts, das die Kritik oft als Verweis auf die »School of Night« um Sir Walter Raleigh gelesen hat, illustrieren Ch.s elitäre Haltung. Doch erwies sich Ch. bei der Wahl seiner aristokratischen Mäzene als wenig geschickt. Für die Vervollständigung seines Lebenswerks, der Übersetzung von Homers *Ilias*, bemühte er sich zunächst um den berüchtigten Earl of Essex, später um Prince Henry, den ältesten Sohn von James I, der früh verstarb. Auch Robert Carr, Earl of Somerset, für dessen umstrittene Heirat mit Frances Howard Ch. das Epithalamium *Andromeda Liberata* (1614) schrieb, war eine skandalumwitterte Figur. – Ch.s Arbeit als Dramatiker steht nur bedingt im Widerspruch zu seinen ästhetischen und philosophischen Idealen: Für ihn war das Theater ein didaktisches Medium. Schon zu Lebzeiten war Ch. als Komödienautor bekannt, und er schrieb mit *A Humourous Day's Mirth* 1597 die wohl erste *comedy of humours* und verfaßte 1605 gemeinsam mit Ben Jonson und John Marston die berüchtigte *city comedy Eastward Ho!* In seinen historischen Tragödien stellte er wiederholt die Konfrontation des tugend- und ehrenhaften *Senecal man* mit weltlicher Korruption dar. Während Bussy D'Ambois, der Titelheld seiner bekanntesten Tragödie (1607), noch die ganze Ambivalenz dieses Ideals verkörpert, weisen Ch.s späte Tragödien – *The Conspiracy and Tragedy of Charles Duke of Byron* (1608), *The Revenge of Bussy D'Ambois* (1613) und *The Tragedy of Chabot* (veröffentlicht 1639) - eine Tendenz zu stoischen Absoluta auf.

Werkausgaben: *The Poems of George Chapman*. Hg. P. B. Bartlett. New York 1941. – *The Plays of George Chapman*. Hg. M. Parrott. 2 Bde. London 1910–14, New York 1961.
Literatur: A. R. Braunmuller. *Natural Fictions: George Chapman's Major Tragedies*. Newark 1992. – R. B. Waddington. *The Mind's Empire: Myth and Form in George Chapman's Narrative Poems*. Baltimore 1974. – M. McLure. *George Chapman: A Critical Study*. Toronto 1966.

Anja Müller-Wood

Chatterjee, Upamanyu

Geb. 1956 in Delhi

Upamanyu Chatterjee betritt erstmals mit der preisgekrönten Kurzgeschichte »The Assassination of Indira Gandhi« 1986 die literarische Landschaft Indiens. 1988 erscheint Ch.s erster Roman, *English, August: An Indian Story* (1988), für den der Indian Administrative Service, bei dem Ch. seit 1983 (u. a. als leitender Angestellter des Bombay Slum Improvement Board) tätig ist, das Sujet liefert. Ch. schildert hier die rastlose Identitätssuche Agastya Sens, eines jungen Beamtenanwärters, der seine Ausbildung in Madna, einem fiktiven Ort in der tiefsten indischen Provinz, antritt. Er beschreibt drastisch in authentisch vulgärer Sprache das Ringen des Protagonisten um Erfüllung und seine Versuche, seiner Existenz Bedeutung abzutrotzen, um damit dem Gefühl der Leere und Isolation als Resultat der Entfremdung von Traditionen und Werten zu entkommen. Es ist die verzweifelte Sinn- und Selbstsuche eines jungen Menschen, der paradigmatisch für eine ganze Generation steht. Indem Ch. den Leser wiederholt mit der Innenschau seiner Charaktere konfrontiert, gelingt es ihm, nicht nur die Sinnsuche seines Helden glaubhaft zu machen, sondern darüber hinaus ein differenziertes Bild der indischen ›Generation-X‹ zu zeichnen. – In *The Last Burden* (1993), Ch.s zweitem Roman, steht erneut das Thema der Isolation des einzelnen und der Entfremdung von traditionellen Werten im Mittelpunkt. Hierbei analysiert der Roman eingehend das Beziehungsgeflecht innerhalb einer modernen, indischen Mittelstandsfamilie. Er behandelt jedoch keine existentielle Sinnsuche mehr, sondern dokumentiert nur noch die Vereinsamung des Protagonisten Jamun, der anläßlich des Todes seiner Mutter – vorherrschender Modus des Erzählens ist die Retrospektive – sein bisheriges Leben Revue passieren läßt. Die lyrische Qualität der Sprache und die konsequent eingehaltene Perspektive des Protagonisten verleihen dem Geschehen emotionale Glaubwürdigkeit.

Bereits Ch.s erster Roman wie auch dessen Verfilmung (2000) waren in Indien ein großer Erfolg. Hierbei fand besonders das feinsinnige satirische Porträt des provinziellen indischen Verwaltungssystems, ausgehöhlt durch die Korruption, Eitelkeit und Dekadenz seiner Beamten, große Anerkennung. Ch.s Romane sind vorwiegend an ein indisches Publikum gerichtet. Um die tiefsinnige Kritik des Verwaltungssystems in *English, August* erfassen zu können, ist jedenfalls eine genaue Kenntnis des provinziellen Indiens notwendig. Dies mag auch ein Grund sein, warum Ch.s Werk im Ausland bislang nur wenig Beachtung gefunden hat. Ch.s jüngster Roman, *The Mammaries of the Welfare State* (2000), knüpft in Sprache, Sujet und Erzählstil an seinen ersten Roman an. Diese wortgewandte Satire auf die Politik und Gesellschaft des heutigen Indiens wurde bislang nur in Indien veröffentlicht.

Ursula Dora Kienzle

Chatterton, Thomas

Geb. 20. 11. 1752 in Bristol;
gest. 24. 8. 1770 in London

Thomas Chatterton wuchs vaterlos und in bescheidenen Verhältnissen in Bristol auf, im Bannkreis der spätmittelalterlichen Stadt und in Rebellion gegen ihren modernen Krämergeist. In der Kirche St. Mary Redcliffe verbrachte der phantasiebegabte Junge lesend und heroischen Träumen nachhängend viele Stunden; ein pragmatisch orientierter Schulunterricht und die anschließende Lehre als Anwaltsschreiber weckten dagegen seinen tiefen Widerwillen gegen einen glanzlosen Alltag. Hier liegen die gegensätzlichen Impulse seiner Autorschaft, der anachronistische und der satirische, die ihn in wenigen Jahren eine erstaunliche Fülle vielfältiger und z. T. höchst origineller Werke schreiben ließen. Angeregt durch die Architektur und die Ortsnamen der Stadt, durch Bücher und Wörterbücher, erfand der 15jährige Ch. in epischen und lyrischen Gedichten, in Dramen und Chroniken, die um einen angeblichen Dichter des 15. Jahrhunderts, Thomas Rowley, seine Freunde und seinen großherzigen Gönner kreisen, die Geschichte seiner Vaterstadt neu; dazu ein archaisches Englisch eigener Machart und für sich selbst eine alternative Dichterexistenz in kongenialerem Milieu, gekrönt von gesellschaftlicher Anerkennung, wie sie ihm selbst versagt blieb. Zu den eindrucksvollsten Rowley-Dichtungen gehört die »Excelente Balade of Charitie«, das Versepos *Bristowe Tragedie* und die mit lyrischen Liedeinlagen wie »The Minstrel's Song« angereicherte Eifersuchtstragödie aus altenglischer Zeit *Aella*. Die (selbstverfertigten) Handschriften, so ließ Ch. ver-

breiten, habe sein Vater in einer alten Kirchentruhe gefunden. Wie James Macphersons *Ossian*-Gesänge, die zweite große ›mittelalterliche‹ Fälschung der englischen Vorromantik, kamen die Rowley-Dichtungen dem neuerwachten Interesse der Epoche für ein dichterisch romantisiertes Mittelalter und generell für eine zugleich volksnahe und heroische Vergangenheit entgegen. Obgleich ihre Unechtheit schon bald nach dem Tod des Autors nachgewiesen wurde, verdient seine imaginative und linguistische Erfindungsgabe hohe Bewunderung, und sein Einfluß auf die Dichter der Romantik war erheblich. Dagegen sind die stärker im Zeichen Alexander Popes stehenden Verssatiren v. a. aus Ch.s letztem Lebensjahr in ihrer politischen und freidenkerischen Radikalität von der Nachwelt zu Unrecht vernachlässigt worden. – Ermutigt durch den Erfolg seines Rowley-Abenteuers brach Ch. im April 1770 nach London auf, um eine Literatenlaufbahn zu verfolgen. Trotz fieberhafter Schreibtätigkeit versank er bald im Elend einer Grubstreet-Existenz. Vier Monate nach seiner Ankunft starb er an den Folgen einer Arsenvergiftung, entweder als Selbstmörder oder bei dem untauglichen Versuch, eine syphilitische Infektion zu behandeln. »The marvellous boy«, wie ihn William Wordsworth nannte, wurde zu einem Mythos der Romantik, zum Symbol des von einer materialistischen Gesellschaft verstoßenen und in den Untergang getriebenen poetischen Originalgenies.

Werkausgabe: *The Complete Works of Thomas Chatterton*. Hg. D. S. Taylor/B. B. Hoover. 2 Bde. Oxford 1971. Literatur: D. S. Taylor. *Thomas Chatterton's Art*. Princeton 1978. – L. Kelly. *The Marvellous Boy: The Life and Myth of Thomas Chatterton*. London 1971.

Werner von Koppenfels

Chatwin, [Charles] Bruce

Geb. 13. 5. 1940 in Sheffield;
gest. 18. 1. 1989 in Nizza

Bruce Chatwin hat in seinem kurzen Leben der britischen Tradition der Reiseliteratur eine Dimension hinzugefügt, die man die anthropologische nennen könnte. Sein Werk kann als Auseinandersetzung mit dem Wandertrieb, der ›nomadischen Alternative‹ des Menschen gedeutet werden, selbst dort, wo er sich, wie oft in seinen Romanen, mit der Unbeweglichkeit beschäftigt. – Ch. war der

Sohn eines Rechtsanwalts. Nach dem Besuch von Marlborough College war er 1958–66 Angestellter bei Sotheby's, wo er durch sein sachkundiges Auge auffiel. Ein verspätetes Studium der Archäologie und des Sanskrit in Edinburgh brach er ab. 1965 heiratete er die Amerikanerin Elizabeth Chandler und wohnte in Gloucestershire und Oxfordshire. Als Rezept gegen vorübergehende Blindheit verschrieb ihm ein Arzt ›Afrika‹ als Heilmittel. Auf langen Reisen durch Afrika, Asien, Südamerika und Australien, von denen er für die *Sunday Times* berichtete, sammelte er das Material für seine künftigen Bücher. Zu seinen Reisegefährten gehörten u. a. Salman Rushdie, Peter Levi und Paul Theroux. Eine Kindheitserinnerung an das Hautstück eines Riesenfaultiers führte ihn nach Feuerland. Aus dieser Reise entstand *In Patagonia* (1977; *In Patagonien*, 1981), »denn die älteste Form des Reiseberichts ist die, in der der Erzähler seine Heimat verläßt und sich auf der Suche nach einem legendären wilden Tier in ein fernes Land begibt«. In dieser Landschaft am Ende der Welt begegnet er exzentrischen Einwanderern und Sektierern. In *Patagonia Revisited* (1985; *Wiedersehen mit Patagonien*, 1992), das er gemeinsam mit Paul Theroux verfaßte, werden literarische Bezüge zu Shakespeare, Edgar Allan Poe, Herman Melville und William H. Hudson sichtbar. Der Roman *The Viceroy of Ouidah* (1980; *Der Vizekönig von Ouidah*, 1982) erinnert in seiner Beschwörung des ›dunklen‹ Afrika an Joseph Conrads *Heart of Darkness* und diente als Vorlage zu Werner Herzogs Film *Cobra Verde* (1988). Der nächste Roman, *On the Black Hill* (1982; *Auf dem schwarzen Berg*, 1983), schildert das eng verbundene Leben zweier Zwillingsbrüder vor dem Hintergrund des ländlichen Wales. Mit dem Reisebuch *The Songlines* (1987; *Traumpfade*, 1990) errang Ch. Weltruhm. In Skizzen und Porträts erkundet er das mythische Universum der australischen Aborigines und ihrer Vorstellung einer durch Lieder erschaffenen und zu erhaltenden Welt. Die Berichte und Begegnungen reichert er mit spekulativen Notizen zur Evolution an. In dem Roman *Utz* (1988; *Utz*, 1989) wendet er sich dem Schicksal eines besessenen Porzellansammlers in Prag zu und zeigt die Wechselbeziehungen zwischen Sammeltrieb und der Geschichte des 20. Jahrhunderts. Postum erschien die Essaysammlung *What Am I Doing Here* (1989; *Was mache ich hier*, 1991), in der er Nadeshda Mandelstam, Andr& Malraux, Werner Herzog oder Ernst Jünger porträtiert, über China,

Afghanistan und die Wolga oder über die Welt des Kunsthandels schreibt. Weitere Artikel erschienen in *Anatomy of Restlessness* (1996; *Der Traum des Ruhelosen*, 1997). Seine photographische Arbeit belegt der Bildband *Far Journeys: Photographs and Notebooks* (1993; *Bruce Chatwin auf Reisen: Photographien und Notizen*, 1993). – Früh bildeten sich Legenden um den Reisenden, zu denen er gerne beitrug. Nach eigenen Angaben erkrankte er tödlich nach dem Genuß eines seltenen chinesischen Pilzes; nach anderen starb er an AIDS. An die Verwandtschaft mit Arthur Rimbaud erinnert Kevin Volans' Oper *The Man Who Strides the Wind* (1993). Zuletzt plante Ch. einen Roman über Rußland. Ch. gehört in die Reihe großer britischer Reisender wie Sir Richard Burton oder Robert Byron, die ihm auch literarische Vorbilder waren. Mehr als die Kunst und die Archäologie interessierten ihn die Menschen.

Literatur: N. Shakespeare. *Bruce Chatwin*. London 2000. – S. Clapp. *With Chatwin: Portrait of a Writer*. London 1997. – M. Ulrich. *Patagonien-Passage: Auf Bruce Chatwins Spuren*. Stuttgart 1995.

Elmar Schenkel

Chaucer, Geoffrey

Geb. um 1340–45 in London;
gest. 25. 10. 1400 ebd.

Geoffrey Chaucer, der bedeutendste Dichter des englischen Mittelalters, war bürgerlicher Abstammung. Sein Vater war Weinhändler und hatte Beziehungen zum Hof. Dies eröffnete dem jungen Ch. die Möglichkeit, in den Dienst des Adels zu treten. 1357 war er Page bei der Gräfin von Ulster, danach studierte er (mutmaßlich) an einer Londoner Juristenschule. 1366 trat er in den Dienst des Hofes und nahm 1368–73 an mehreren diplomatischen Missionen (nach Frankreich, Flandern, Italien) teil. Von 1374 an hatte er eine Reihe von Ämtern inne; er war u. a. Zollaufseher im Londoner Hafen, Friedensrichter von Kent, Intendant der Königlichen Schloßbauten. Auf diese Weise lernte er alle Schichten des englischen Volkes, aber auch das Leben und die kulturellen Strömungen auf dem Kontinent kennen, was ihm eine Fülle von Themen und Darstellungsmöglichkeiten für seine Erzählkunst erschloß und zugleich eine ausgereifte kritische Weltsicht mit sich brachte.

Die Jugenddichtungen des mittelenglischen

Dichters sind von französischen und italienischen Vorbildern beeinflußt (Guillaume de Machaut, Eustache Deschamps, Jean Froissart, Rosenroman; Dante, Boccaccio, Petrarca). Ein strukturelles Grundschema ist zu erkennen: Die Dichtung beginnt im Alltag des Ich-Erzählers, der häufig dem Autor nahesteht, aber stets ironisch gezeichnet wird. Es folgt eine Episode aus der antiken Dichtungstradition, die indirekt auf die Thematik des Werkes aufmerksam macht. Dann folgt – stets in einer Traumvision – ein Mittelteil, der den Weg des Träumers zu seinem Ziel beschreibt; erst danach entfaltet der Dichter die Hauptthematik seines Werkes. Sodann wird die Dichtung schnell zu Ende geführt. Jede der Jugenddichtungen hat einen thematischen Schwerpunkt: (1) *The Book of the Duchess*: Fortuna (und der Tod); (2) *The House of Fame*: Fama (und das Haus der Neuigkeiten); (3) *The Parliament of Fowls*: Liebe und Natur.

Der Anlaß für *The Book of the Duchess* war der Tod der Herzogin Blanche, der Gattin von Ch.s Freund John of Gaunt, die 1369 an der Pest starb. Die Jagdszene im Mittelpunkt der Dichtung lenkt den Blick auf die höfische Gesellschaft und führt den Schwarzen Ritter ein, der zunächst in einem Monolog den Tod der geliebten Frau beklagt. Im Dialog läßt der Ritter sich dazu bewegen, ein Porträt der Frau zu entwerfen, die hier ganz nach dem Vorbild einer höfischen Geliebten beschrieben wird. Der Tod wird nicht als ein religiöses Problem verstanden, sondern als Teil des Schachspiels, das der Ritter mit Fortuna spielt.

The House of Fame (um 1372–80; *Das Haus der Fama*, 1883) rückt von Anfang an die Ambivalenz der Fama ins Bewußtsein des Lesers. Aeneas und Dido sind dafür die besten Beispiele aus der antiken Literatur. Ein Weltraumflug mit einem Adler bringt den Träumer zum Haus der Fama, die Nachruhm und Vergessenheit willkürlich verteilt. Auch die Werke der Dichter (von Homer bis Claudian), die zwischen Wahrheit und Illusion stehen, sind von der Ambivalenz der Fama geprägt. Im benachbarten Haus der Neuigkeiten (House of Tydynges) beobachtet der Träumer, wie Informationen über alle Wechselfälle des Lebens eintreffen, eine bestimmte Nachricht (man dachte lange an eine Hofneuigkeit) kommt jedoch nicht an. Am Ende der Dichtung, die Fragment bleibt, heißt es lediglich: »y saugh a man ... a man of gret auctorite«. Wer diese Autorität ist (Boethius oder Christus), bleibt offen.

The Book of the Duchess und *The House of Fame* sind in vierhebigen Paarreimversen geschrieben; für *The Parliament of Fowls* (um 1382; *Das Parlament der Vögel*, 1883) schuf Ch. den »rhyme royal« (auch Chaucerstrophe genannt); die Strophe weist das Reimschema ababbcc auf, die Verse sind fünfhebig. Die Wendung »blisful place« weist in der antiken Episode (im Anschluß an das *Somnium Scipionis*) auf das jenseitige Leben hin, für das ein tugendhaftes Leben im Diesseits die Voraussetzung ist. Für das irdische Leben ist kennzeichnend, daß es bei Ch. antithetisch dargestellt wird. Bereits das Eingangstor zum Liebesgarten weist mit seinen Inschriften auf irdisches Glück und Leid hin. Diese Antithese zeichnet sich auch in der Beschreibung von Venus und Cupido und ihrer Umgebung ab. Stärker noch ist der Kontrast zwischen Venus und der Göttin Natura, die nach Alanus ab Insulis ›Statthalterin Gottes‹ genannt wird. Während bei Alanus die Vögel nur beschrieben werden, sind sie bei Ch. sprechende Figuren: Drei Adler umwerben ein Adlerweibchen; dieses kann sich nicht entschließen, was eine Debatte der Vögel auslöst, wobei die höfische und nichthöfische Sicht der Liebe in dramatischen Dialogen und differenzierter Sprache, von der derben Diktion der niederen Vögel bis zum höfisch-verfeinerten Stil der höheren Vögel, lebendig werden. Schließlich gewährt Natura dem Adlerweibchen ein Jahr Bedenkzeit, während alle anderen Vögel ihren Partner erhalten und mit dem fröhlichen Rondel »Now welcome, somer« davonfliegen.

Bei seinem umfassendsten abgeschlossenen Werk, *Troilus and Criseyde* (um 1385) ließ sich Ch. besonders von Boccaccios *Il Filostrato* inspirieren. Das Material, das Boccaccio in acht Büchern präsentiert, wurde zu fünf Büchern umgeformt, wobei das Werk aber an Umfang gewann, weil Ch. die Charaktere differenzierter zeichnete, die Situationen ausbaute, Dialoge, Monologe und philosophische Kommentare einfügte. Ch. nennt sein Werk gegen Ende »lytel myn tragedye«; streng genommen müßte man von einer ›Tragikomödie‹ sprechen, denn die Bücher I–III gleichen einer Liebeskomödie, in der Troilus, ursprünglich ein Verächter der höfischen Liebe, mit Hilfe von Pandarus, seinem Freund und Criseydes Onkel, die Gunst der Dame gewinnt. Ch. verbindet den lyrischen Stil der Liebesszenen mit dem realistischen Stil, der insbesondere in den Auftritten von Pandarus vorherrscht. Criseyde ist eine lebenskluge Witwe, die zugleich den ständigen Wandel aller irdischen Dinge fürchtet. Ihre Befürchtungen werden bestätigt, als (mit dem Beginn des IV. Buches) sich das Rad der Fortuna dreht und die Liebeskomödie zunehmend tragische Züge annimmt. Criseyde wird an die Griechen ausgeliefert und wendet sich schließlich Diomedes zu. Sie weiß, daß sie damit einen der edelsten Menschen verrät. Der Erzähler stimmt diesem Urteil zu, plädiert aber zugleich für sie, weil sie Reue zeigt. Troilus ergibt sich in sein Los und kommentiert seine Situation in einem großen, an Boethius angelehnten Schicksalsmonolog. Ohne Trost fällt er im Kampf gegen Achill. Erst als er aus der achten Sphäre auf die Erde schauen darf, gewinnt er. Ch. ordnet die mittelalterlich-christliche Perspektive über die antik-philosophische und schließt sein Werk mit einem Gebet an die Trinität, ohne damit das irdische Glück, wie er es zuvor beschrieb, völlig zu entwerten.

Die Rahmenerzählung *The Canterbury Tales* (um 1385–92) war auf 100 Erzählungen geplant, 24 wurden nur ausgeführt. In diesem Zyklus kommen Erzähler der verschiedensten Stände zu Wort: Ritter, Geistliche, Vertreter der akademischen Berufe, aber auch des niederen Volkes. Zieht man thematische und stilistische Kriterien heran, dann lassen sich vier Bereiche unterscheiden: der ritterliche, der religiöse, der ethisch-philosophische und derjenige der Fabliaux. An der Spitze der Erzähler steht der Ritter, dessen Erzählung von der Rivalität zweier Freunde berichtet, von denen der eine von Venus, der andere von Mars unterstützt wird. Der Junker bevorzugt eine verfeinerte Stilart, die schon auf die Dekadenz des Rittertums schließen läßt. Ch. selbst trägt die Erzählung von Sir Thopas, eine (in Schweifreimstrophen geschriebene) Parodie der populären Ritterdichtung vor. Die Frau von Bath und der Gutsherr (Franklin) wählen Stoffe aus dem ritterlich-bretonischen Bereich, stimmen aber jede Geschichte auf ihren Lebensstil ab. Während die Frau von Bath die Herrschaft der Frau hervorhebt, bietet der Gutsherr eine idealisierende Synthese von christlicher Ehe und ritterlicher Liebesauffassung. – Die Erzählungen aus dem religiösen Bereich nehmen Motive und Formen auf, die bereits in altenglischer Zeit üblich waren: Die Priorin berichtet vom Märtyrerschicksal eines Christenjungen, die zweite Nonne hebt das Moment der freien Entscheidung Cäcilias hervor, die ihren heidnischen Widersachern trotzt. Die Erzählung des Mönchs besteht aus einer Gruppe von Kurzberichten, in denen im Stil der mittelalterlichen Tragödie vom Sturz hochgestellter Persönlichkei-

ten (bewirkt durch die Fortuna) berichtet wird. Rein religiöse Didaxis ist der Prosatraktat des Pfarrers, der von der Pilgerfahrt nach Canterbury den Blick auf die sündhaften Verfehlungen im Diesseits und auf Buße und Vergebung richtet. Als religiöses Exemplum läßt sich die Erzählung des Ablaßkrämers verstehen, der von drei Schurken berichtet, die den Tod erschlagen wollen. – Die Erzählungen des Rechtsgelehrten (über Konstanze) und des Scholaren (über Griseldis) bezeichnen den Übergang von der religiösen zur philosophisch-ethischen Gattung. Rein philosophischen Charakter hat die Erzählung von Melibeus, der angesichts des Todes seiner Tochter Sophia von seiner Frau Prudentia Trost empfängt. Die Erzählung des Arztes behandelt den Virginia-Stoff. Der Konviktschaffner rückt das Schicksal einer geschwätzigen Krähe in den Mittelpunkt, während der Dienstherr des Kanonikus von einem Priester berichtet, der in die Geheimnisse der Alchemie eingeweiht werden wollte. – Zu den Fabliaux, die stets in komischem Ton und brillanter Erzähltechnik die unverwüstliche Vitalität verliebter Menschen preisen, gehören die Erzählungen des Müllers, des Verwalters, des Kochs, des Bettelmönchs, des Büttels, des Kaufmanns und des Matrosen. – Den Höhepunkt der *Canterbury Tales* bildet die Geschichte des Nonnenpriesters. Mit seiner Tiererzählung vom Hahn und vom Fuchs verbindet er philosophische und religiöse Themen; höfisches Gebaren wird vor dem Hintergrund einer bäuerlichen Umgebung geschildert. – Mit den Erzählungen und den Charakterporträts im »General Prologue« ließ Ch. seine Fähigkeit erkennen, typische Figuren zugleich mit individuellen Zügen auszustatten und den Klang und das Idiom gesprochener Sprache mit den Feinheiten der höfischen Diktion zu verbinden. Ch. wollte zugleich unterhalten und belehren, und er hat mit seiner Fähigkeit, lebendige Menschen zu zeichnen, seine Leser bis in die Gegenwart fasziniert.

Werkausgaben: *Werke*. 3 Bde. 1883–86. – *The Works of Geoffrey Chaucer*. Hg. F. N. Robinson. Boston 1957 [1933]. – *The Riverside Chaucer*. Hg. L. D. Benson. Boston 1987.
Literatur: W. Riehle. *Geoffrey Chaucer*. Hamburg 1994. – D. Mehl. *Geoffrey Chaucer: An Introduction to his Narrative Poetry*. Cambridge 1986. – N. Coghill. *The Poet Chaucer*. London 1967 [1949]. – W. Clemen. *Chaucers frühe Dichtung*. Göttingen 1963. – C. Muscatine. *Chaucer and the French Tradition: A Study in Style and Meaning*. Berkeley 1957.

Willi Erzgräber

Chaudhuri, Amit

Geb. 15. 5. 1962 in Kalkutta

Amit Chaudhuris Werk wirft bei Kritikern und Lesern gleichermaßen immer wieder die Frage nach dem Wesen von Romanliteratur auf: Muß ein Roman eine Geschichte erzählen? Ch.s vier Romane scheinen sich gegen diese traditionellen Erwartungen zu wehren: In seiner ersten Erzählung, *A Strange and Sublime Address* (1991), wird diese Problematik thematisiert: »the writer...would be too caught up in jotting down the irrelevances and digressions that make up lives, and the life of a city, rather than a good story – till the reader would shout ›Come to the point!‹...The ›real‹ story, with its beginning, middle and conclusion, would never be told, because it did not exist«. Es sind diese irrelevanten Momente des Alltags, die Ch. interessieren: Die Protagonisten wie die Handlung seiner Werke sind diesen Beobachtungen unterworfen und werden durch sie marginalisiert. Auch die Struktur in Ch.s Werken ist von profanen Dingen und Vorgängen bestimmt: das Erschlagen lästiger Moskitos, das Kehren eines staubigen Bodens, all das wird in Rhythmen, Tanz, Musik umgesetzt; Wäscheleinen und Taubenkot sind gleichermaßen ästhetisiert und werden durch Ch.s bildhafte Sprache zu Kunstwerken des Alltags. Ch. gilt, und in diesem Kontext wird er mit Proust verglichen, als Meister der Vignette, der die Unterschiede zwischen Vorder- und Hintergrund verschwimmen läßt, der quasi erzähldemokratisch gerade den sonst unbeachteten Augenblicken Bedeutung zukommen läßt. Ch.s Porträt Kalkuttas, das die oberen Mittelschichten und ihr Personal ins Blickfeld rückt, wird von einigen Kritikern als erfrischend ›anders‹ gesehen, von manchen allerdings auch als elitär beschränkt. Ist die Erzählperspektive in Ch.s Erstlingswerk die eines kleinen Großstadtjungen aus Bombay, der zwei Sommer bei seinen Verwandten in Kalkutta verbringt, so ist der Protagonist und Erzähler von *Afternoon Raag* (1993) – wie Ch. selbst in den 1980er Jahren – ein indischer Student in Oxford, der sich in Rückblicken an seinen Musiklehrer in Kalkutta erinnert und an das Üben des *raags*, eines nordindischen Volksliedes, das mit seiner Nostalgie das im Roman vorherrschende Gefühl von Isolation verstärkt. Gemeinsam mit *Freedom Song* (1998), und unter diesem Titel, wurden Ch.s erste Romane 1999 neu verlegt (*Die Melodie der Freiheit*, 2001). Die Charaktere in *Freedom Song* selbst sind zahlreicher als bisher: Zwei Hindu-Familien in den 1990er Jahren werden vor dem Hintergrund Kalkuttas skizziert, wobei Ch. durch die Stadt die Widersprüchlichkeit des modernen Indiens zwischen Tradition und Innovation, Kontinuität und Wandel herausarbeitet. *A New World* (2000), Ch.s vierter Roman, scheint sich jeder Dramatik zu widersetzen: Trotz einiger potentieller Wendepunkte werden Entwicklungsansätze im Keim erstickt. Jayojit, ein frisch geschiedener bengalischer Ökonom an einer amerikanischen Universität, verbringt zwei Sommermonate mit seinem siebenjährigen Sohn bei den Eltern in Kalkutta. Auch in dieser Erzählung richtet sich Ch.s Blick auf das Alltägliche, das er mit einer bildhaften und poetischen Sprache in ein Miniaturkunstwerk verwandelt.

Literatur: G. Ganapathy-Dore. »A Dawnlight Raag: Amit Chaudhuri's *Freedom Song.*« *Commonwealth Essays and Studies* 22 (1999), 73–77.

Susanne Reichl

Cheney-Coker, Syl

Geb. 28. 6. 1945 in Freetown, Sierra Leone

Syl Cheney-Coker ist zunächst als Lyriker bekannt geworden. Mit *The Last Harmattan of Alusine Dunbar* (1990; *Der Nubier*, 1996) hat er einen historischen Roman vorgelegt, der sich grundlegend von den linear erzählten historischen Romanen der 1960er Jahre unterscheidet. Das Geschichtspanorama, in postmoderner Pluralität der Perspektiven dargeboten, wurde zum erfolgreichen postkolonialen Genre bei Ayi Kwei Armah, Nuruddin Farah, Salman Rushdie und Ben Okri. Ch.s Roman unterscheidet sich durch die Besonderheiten der Geschichte von Sierra Leone, ein Land, das als Siedlerkolonie für befreite Sklaven gegründet wurde. Die Spannungen zwischen der Krio-Bevölkerung und den Einheimischen führten über eine Spirale der Gewalt bis zum Zusammenbruch der gesellschaftlichen Ordnung in den 1990er Jahren. Ch.s Roman beginnt und endet 1980 in der Gefängniszelle eines Putsch-Generals in einem ehemaligen Sklaven-Fort. Von der Gegenwart des kollabierenden Staates springt die Erzählung zurück zum Beginn der Siedlerkolonie: 1786 bricht eine Gruppe befreiter Sklaven von den Plantagen Georgias und Virginias voller Optimismus auf, um in Afrika einen eigenen mustergültigen Staat zu begründen. Zu den Heimkehrern gehört die alte Fatmatta, die kurz vor der Ankunft im gelobten Land stirbt. Sie ist die außereheliche Tochter von Mariamu und Sulaiman, der in den Zentren islamischer Gelehrsamkeit von Timbuktu bis nach Sansibar zu Hause ist. Mariamus Mann pflegt als Kaufmann Handelsbeziehungen bis ins ferne Goldland Orphir. Ch. entfaltet anhand dieser Figuren ein geographisch breites Panorama, gibt seiner Erzählung 400 Jahre historischer Tiefe und verknüpft die kulturellen Traditionen aus Orient und Okzident. Die Lokalgeschichte von Malagueta (Freetown) wird in einen weltgeschichtlichen Rahmen gebettet. Daß der britische Admiral Hammerstone die Afrikaner-Republik mit Waffengewalt dem Empire einverleibt, zeigt die Schattenseite einer eurozentrischen Weltgeschichte. Sulaiman alias Alusine Dunbar tritt in Krisensituationen mit Prophezeiungen auf und strukturiert die Historie durch magische Visionen aus einem die Welt spiegelnden Kristall. Ch.s Roman gewinnt durch intertextuelle Bezüge besondere Bedeutung. Die Siedler, die von Plymouth in ihre neue Welt reisen, repräsentieren das afrikanische Gegenstück zur Reise der Pilgerväter auf der Mayflower. Der Siedler Thomas Bookerman entspricht als Chronist von Malagueta Cotton Mather, dem Vater der amerikanischen Geschichtsschreibung. Wie die amerikanischen Pilgerväter sind auch die schwarzen Siedler von einem hohen Ethos geprägt und wollen mit dem Aufbau ihres Gemeinwesens einen »afrikanischen Traum« verwirklichen. Zugleich stellt *The Last Harmattan* eine Absage an die afroamerikanische Sehnsucht nach einer heroischen Vergangenheit in Afrika mit glorreichen Königen und Kriegern dar. Anders als der Afroamerikaner Alex Haley in *Roots* (1974) findet der Afrikaner Ch. seine Wurzeln auf den Sklavenplantagen des amerikanischen Südens und nicht an den Fürstenhöfen von Shongay oder Mali. Das Romanende in der Todeszelle des Putsch-Generals desillusioniert endgültig: Der 200 Jahre während Traum von der afrikanischen Republik entpuppt sich als Albtraum.

Literatur: D. Wright, Hg. *Contemporary African Fiction*. Bayreuth 1997. – Ders. *New Directions in African Fiction*. New York 1997.

Eckhard Breitinger

Chesterfield, [Philip Dormer Stanhope, Fourth Earl of], Lord

Geb. 22. 9. 1694 in London; gest. 24. 3. 1773 ebd.

Das 18. Jahrhundert war das Zeitalter des Briefes, und Lord Chesterfield, der gebildete, weltläufige Adlige, Diplomat und Politiker, zählte (wie Horace Walpole, Voltaire und andere vergleichbare Größen) zu den bedeutenden Briefschreibern seiner Zeit. Dienten Privatbriefe im bürgerlichen Kontext des 18. Jahrhunderts oft der Schilderung und Analyse eigener seelischer Regungen und Befindlichkeiten – darin und in der zukunftsungewissen Gegenwartsperspektive des Erzählens liegen die Wurzeln des Briefromans à la Richardson –, so galten im Milieu der Salons und kultivierten Adelskreise Briefe v. a. als eine Form der gepflegten Konversation: als vertrauter, geistreicher Austausch zwischen Gleichrangigen, unter Wahrung kultivierter Distanz zum eigenen Innenleben. In zahlreichen Briefen zeigt sich Ch. somit als eleganter, charmanter Plauderer mit Esprit und Geschmack. Inhalts- oder bedeutungslos waren solche Briefe darum durchaus nicht. Erhalten (und in B. Dobr&es Ausgabe gesammelt) sind mehr als 2600 Briefe. Viele von ihnen, z. B. an die Gräfin von Suffolk, mit der Ch. mehr als 50 Jahre korrespondierte, sind, auch wenn sie nicht zur Veröffentlichung geschrieben wurden, brillante Prosastücke. Sie ähneln oft Essays, Bagatellen und phantasievollen Rollenspielen. – Gegenüber seinem unehelichen Sohn Philip (1732–68), mit dessen Mutter, einer Französin, Ch. als englischer Botschafter in Den Haag (1728–32) liiert gewesen war, benutzte Ch. Briefe allerdings überwiegend als Erziehungsmedium. 1737 begann jener endlose Strom von Briefen (erhalten sind 430, geschrieben wurde sicher die doppelte Anzahl), teils in französischer und lateinischer Sprache, die Ch. berühmt machten. Sie brachten ihm aber auch heftige Kritik ein (u. a. von William Cowper, Charles Dickens [in *Barnaby Rudge*] und Virginia Woolf). Diese nach Ch.s Tod von seiner Schwiegertochter veröffentlichten Briefe, die noch im 18. Jahrhundert mehr als 20 Auflagen erreichten, sind in ihrer Summe eine Art Bildungskompendium und ein Leitfaden erfolgsorientierten gesellschaftlichen und politischen Verhaltens: *Letters Written by the Late Right*

Honourable Philip Dormer Stanhope, Earl of Chesterfield, to His Son, Philip Stanhope (2 Bde. 1774;
Briefe des Herrn Philipp Dormer Stanhope, Grafen
von Chesterfield an seinen Sohn, 6 Bde. 1774–77).
Sie betonen die Rolle der Vernunft und sehen
Gefühle als zweitrangig an. Vater Ch. ging es v. a.
darum, seinem Sohn das Rüstzeug für eine erfolgreiche Diplomatenkarriere zu vermitteln.
Schon vor dem Tod seines Sohnes begann Ch. eine
gleichartige Serie von – deutlich weniger strengen
und fordernden – Briefen an seinen Patensohn
und Erben, der ebenfalls den Namen Philip Stanhope trug (Ch.s Ehe mit einer reichen Adligen
blieb kinderlos). Ch., der als Freund Alexander
Popes und Henry Bolingbrokes zeitweilig eine
wichtige Rolle in der gegen Walpole gerichteten
Politik der Whigs spielte, der als brillanter Parla-
mentsredner (mit Sitz im Oberhaus) galt, 1745/46
als Lord Lieutenant Irland hervorragend verwal-
tete und unter George II wichtige Hofämter bekleidete, war bei aller vollendeten Beherrschung
des Hofkomments für das politische Intrigenspiel
zu illusions- und kompromißlos. 1748 zog er sich
aus der Politik zurück und widmete sich dem
Briefschreiben, der Architektur, der Kunst und
Gartenkunst. Auch Enttäuschung über den Sohn
und zunehmende Taubheit machten Ch. nicht zu
jenem kalten Zyniker, als den ihn viele Kritiker
sehen. Er war in der französischen Kultur genauso
zu Hause wie in der englischen, mit Montesquieu
und Voltaire befreundet, und man könnte ihn mit
La Rochefoucauld vergleichen, dem großen Stilisten, Moralisten und Autor der Réflexions (1665).
Auch Ch.s Briefe münden oft in moralische Maximen. Bis heute leidet sein Ruf jedoch unter seinen
aufreizend pointierten, negativen Äußerungen
über das weibliche Geschlecht und unter Aussagen
wie denen Dr. Samuel Johnsons, den Ch. als Patron des Dictionary-Projekts enttäuscht hatte: Ch.
habe »die Moral einer Hure und die Manieren
eines Tanzmeisters«.

Werkausgabe: The Letters of Philip Dormer Stanhope, 4th
Earl of Chesterfield. Hg. B. Dobrée. 6 Bde. London 1932
[mit Biographie].
Literatur: R. A. Barrell. Chesterfield et la France. Paris
1968. – S. M. Brewer. Design for a Gentleman. London
1963. – W. Connely. The True Chesterfield: Manners –
Women – Education. London 1939. – R. Coxon. Chesterfield and His Critics. London 1925.

                                            Henning Thies

Chesterton, G[ilbert] K[eith]

Geb. 29. 5. 1874 in London;
gest. 14. 6. 1936 in Beaconsfield,
Buckinghamshire

G. K. Chesterton ist als Autor der Detektivge-
schichten um Father Brown (4 Bde., 1911–35; Alle
Geschichten um Father Brown, 1991) bekannt geworden, die für ihn nur Nebenwerke darstellten. In
den letzten Jahrzehnten wuchs das Interesse an
Ch.s übrigem Werk, nicht zuletzt durch Bewunderer wie Jorge Luis Borges, Marshall McLuhan und
Terry Pratchett. Auch die Heavy-Metal-Gruppe
Iron Maiden hat Texte von ihm verarbeitet. – Ch.
wuchs in London auf, studierte Kunst und begann
früh zu schreiben. 1901 heiratete er Frances Blogg.
Von Anfang an nahm er den Zeitgeist aufs Korn,
ob in Gestalt von Imperialismus, Nietzsche-Kult
oder Fortschrittsglauben. Heretics (1905; Ketzer,
1998) ist eine scharfsinnige Abrechnung mit H. G.
Wells, Rudyard Kipling, George Bernard Shaw und
anderen Vertretern der Moderne. In Orthodoxy
(1908; Orthodoxie, 2000) legte er systematisch
seine anti-materialistische, religiöse Grundhaltung
dar. Nach seiner Konversion zum Katholizismus
im Jahre 1922 – mit Hilfe von Father O'Connor,
dem Vorbild für den Priester-Detektiv Father
Brown – gewann seine Polemik an Schärfe, verlor
aber auch an imaginativer Weite. Diese Entwicklung zeigt sich in seinen Essays, die zunächst ein
Spiel mit philosophischen Gedanken vorführen, in
deren Zentrum das Paradox steht. In The Defen-
dant (1901; Verteidigung des Unsinns, 1989) wird
Mißachtetes wie Skelette, Planeten und Schund-
hefte ins rechte Licht gerückt. Die Grenzen zwischen Erzählung und Essay sind fließend; der philosophische Gehalt wird poetisch formuliert (All
Things Considered, 1908; Ballspiel mit Ideen, 1963).
Zunehmende Einmischung ins politische Tages-
geschehen und katholisches Dogma führten zu
ideologischen Verengungen (Fancies versus Fads,
1923), wie zu antisemitischen und anti-feministi-
schen Äußerungen. In What's Wrong with the
World (1910; Was unrecht ist an der Welt, 1924)
unterzog Ch. die moderne Welt einer grundlegenden Kritik, die etwa Robert Musil beeinflußte.
Zusammen mit Hilaire Belloc stritt er für einen
dritten Weg zwischen Kapitalismus und Sozialismus, den er Distributismus (Neuverteilung des
Eigentums) nannte und der Mahatma Gandhi an-

regte. Ch.s Katholizismus fand Ausdruck in *The Everlasting Man* (1925; *Der unsterbliche Mensch*, 1930) wie in Werken über Franz von Assisi oder Thomas von Aquin. Als Literaturkritiker und Biograph machte Ch. sich einen Namen mit Studien zu Robert Browning, Robert Louis Stevenson oder William Blake. Ch.s *Chaucer* (1932) gehört nach Harold Bloom zum besten, was über den mittelenglischen Autor geschrieben wurde. Vielgerühmt sind auch seine Arbeiten zu Charles Dickens (1903 und 1911).

Ch.s Romane und Erzählungen sind von Witz, Intelligenz und Phantasie geprägt, die oft ins Alptraumhafte umschlägt, ein Kennzeichen auch seiner Lyrik. In *The Man Who Was Thursday: A Nightmare* (1908; *Der Mann der Donnerstag war*, 1910), einem von Franz Kafka bewunderten Roman, erweist sich eine Gesellschaft von Anarchisten als Schar verkleideter Polizisten. Nur der unter dem Namen Sunday operierende Chef entzieht sich jeder Kategorisierung wie eine göttlich-dämonische Instanz, die Natur oder das Unbewußte. *The Ball and the Cross* (1909) und *Manalive* (1912; *Menschenskind*, 1926) thematisieren weltanschauliche Probleme auf paradox-witzige Weise. Wie in all seinen religiösen und essayistischen Werken geht es um die Überraschung, die im Selbstverständlichen liegt. *The Napoleon of Nottinghill* (1904; *Der Held von Notting Hill*, 1985) zeigt London im Jahre 1984 in einem Konflikt zwischen globalisierenden und regionalistischen Kräften. Als Denker und phantasiebegabter Erzähler ist Ch. unser Zeitgenosse geblieben.

Werkausgabe: *Collected Works*. Hg. G.J. Marlin. 28 Bde. San Francisco 1986ff.
Literatur: J. Pearce. *Wisdom and Innocence: A Life of Gilbert Keith Chesterton*. London 1996. – *Inklings Symposium on Gilbert Keith Chesterton*. Moers 1996. – D.J. Conlon, Hg. *Gilbert Keith Chesterton: A Half Century of Views*. Oxford 1987.

Elmar Schenkel

Christie, [Dame] Agatha

Geb. 15. 9. 1890 in Torquay, Devon;
gest. 12. 1. 1976 in Wallingford, Oxfordshire

In einem Interview beschrieb Agatha Christie die Detektiverzählung einmal als »direkten Nachfahren des alten Moralstückes. Es ist der Triumph des Guten über das Böse – die Befreiung des

Unschuldigen vom Aggressor«. In ihren 66 Kriminalromanen, 144 Kurzgeschichten und 15 Theaterstücken hält Ch., deren Erzählungen zurecht als Prototypen der sogenannten ›Klassischen Kriminalliteratur‹ gelten, diesen moralischen Anspruch denn auch stets durch. In der Grundstruktur sind ihre Romane eng an die Kurzgeschichten Arthur Conan Doyles angelehnt: Einem scheinbar perfekten Mord (oder – in wenigen Ausnahmen – einem anderen Verbrechen), dessen entscheidende Begleitumstände (Täter, Tatmodus, Motiv) unbekannt sind, folgt ein Ermittlungteil, in dem alle wesentlichen Elemente der Lösung bereits erscheinen, jedoch durch zahlreiche weitere Rätsel und falsche Kontextualisierung dem Leser in ihrer Bedeutung verborgen bleiben. Im Lösungsteil werden alle im Zuge der Ermittlung aufgetretenen Teilrätsel und die Hauptfrage nach dem Täter gelöst. Ihren eigenen Reiz entfalten Ch.s Werke, weil die Autorin wie kaum eine andere »das Enträtselungsspiel mit ungeheurer Geschäftigkeit auf allen drei Ebenen betreibt, als Täterrätsel, Hergangsrätsel und Enthüllungsspiel« (Ulrich Suerbaum). – Erste literarische Gehversuche machte Ch. bereits als Teenager, als sie – Mitglied der ›upper class‹ und mit viel Freizeit ausgestattet – v. a. kleinere Gedichte schrieb, die, wie sie selbst berichtete, sogar vereinzelt in regionalen Publikationen abgedruckt wurden. 1920 veröffentlichte sie ihren ersten Kriminalroman, *The Mysterious Affair at Styles* (*Das geheimnisvolle Verbrechen in Styles*, 1929, später unter dem Titel *Das fehlende Glied in der Kette*), für den sie lange keinen Verleger gefunden hatte. In ihm stellt sie mit Hercule Poirot einen ganz neuen Ermittlertyp vor: Poirot, ein pensionierter hoher belgischer Polizeibeamter, in Aussehen und Verhalten reichlich unenglisch, führt seine Untersuchungen in der Regel in der britischen Oberschicht durch. Die auffällige Detektivfigur ist geradezu prädestiniert dafür, dem Leser entscheidende Hinweise zu geben, sie aber zugleich falsch einzuordnen. Je feiner Ch.s Techniken im Laufe ihrer über 50jährigen Karriere als Krimischriftstellerin wurden, desto geringer wurde Poirots Anteil am Verwirrspiel. Bereits 1930 entwickelte sie in *The Murder at the Vicarage* (*Mord im Pfarrhaus*, 1952) mit der 74jährigen Miss Jane Marple sogar eine ungleich dezentere Hauptfigur, deren wesentliche Waffe zur Enttarnung des Verbrechers der scheinbar unbedeutende *small talk* ist. Ihre Spannung beziehen Ch.s Kriminalgeschichten jeweils aus dem Bruch einer einzigen der sogenannten ›Limitierungsregeln‹, die die Suche nach dem Täter im Rätselspiel begrenzen: Besonders *The Murder of Roger Ackroyd* (1926; *Roger Ackroyd und sein Mörder*, 1928, später unter dem Titel *Alibi*) gilt in dieser Hinsicht als ein äußerst gelungenes Werk, das freilich unter Ch.s zahlreichen Fans auch eine heftige Kontroverse auslöste: Am Ende entpuppt sich nämlich der Ich-Erzähler des Romans als Mörder. – Im Erscheinungsjahr dieses Krimis wurde Ch., die bereits über eine große Popularität verfügte, auch zum Mittelpunkt eines landesweiten Skandals: Für elf Tage verschwand die Schriftstellerin spurlos; ihren Wagen hatte man verlassen in einer einsamen Gegend gefunden. Tagelang glaubten Polizei und die durch eine bis dahin unbekannte Form der Pressekampagne besorgte Öffentlichkeit, daß die Autorin einem Verbrechen zum Opfer gefallen sei. Hintergrund für das plötzliche Verschwinden war aber offenbar das Zerwürfnis mit ihrem Ehemann Archibald Christie, der sich wegen einer anderen Frau von ihr scheiden lassen wollte. Die Trennung folgte dann tatsächlich nach 14 Jahren Ehe 1928. Ch. heiratete 1930 erneut; mit ihrem zweiten Ehemann, dem berühmten Archäologen Sir Max Mallowan, bereiste sie ausgiebig den Orient und wurde auch als Mäzenin und Mitarbeiterin von bedeutenden Ausgrabungen bekannt. Nicht selten bildet der Nahe Osten in den folgenden Romanen die Kulisse für die Krimihandlung. – Unter ihren Theaterstücken ragt *The Mousetrap* (1952; *Die Mausefalle*, 1953) besonders heraus, das seit 1952 ununterbrochen in London gespielt wird und damit das am längsten durchgehend aufgeführte Drama in der Literaturgeschichte ist. *Witness for the Prosecution* (1953; *Zeugin der Anklage*, 1959) erlangte durch die Verfilmung Billy Wilders mit Marlene Dietrich in der Hauptrolle (1957) ebenso Berühmtheit. – 1971 wurde Ch., die unter dem Pseudonym Mary Westmacott auch sechs erfolgreiche Romane veröffentlichte, die kein Verbrechen als Mittelpunkt haben, in den Adelsstand erhoben. Ihre Autobiographie erschien 1977 postum.

Werkausgabe: *The Greenway Edition*. London 1978ff.
Literatur: C. Trümpler, Hg. *Agatha Christie und der Orient: Kriminalistik und Archäologie*. Bern 1999. – J. Cade. *Agatha Christie and the Eleven Missing Days*. London 1998. – J. Morgan. *Agatha Christie: A Biography*. London 1997. – U. Suerbaum. *Krimi: Eine Analyse der Gattung*. Stuttgart 1984, v.a. 21–26, 74–101. – C. Osborne. *The Life and Crimes of Agatha Christie*. London 1982.
Sascha Feuchert

Churchill, Caryl

Geb. 3. 9. 1938 in London

Caryl Churchill hat sich nicht nur im *New English Drama*, dem auffallend wenige Frauen zugezählt werden, ihren Platz gesichert, sondern gilt überhaupt als erfolgreichste britische Dramatikerin im europäischen Theater des 20. Jahrhunderts. Im Jahr 1956, das den Anfang des ›NED‹ markiert, begann Ch. ihr Literaturstudium in Oxford, wo auch ihre ersten Dramen aufgeführt wurden. Dennoch erfolgte kein nahtloser Übergang von der renommierten Universität zum etablierten Theaterbetrieb, denn an die ersten Erfolge als Jungdramatikerin schloß ab ca. 1960 eine Zeit spezifisch weiblicher Lebenserfahrung an, die Ch.s künstlerische Möglichkeiten einschränkte. Gerade diese von Mutterschaft und Familie geprägte Phase, in der Ch. ihre schriftstellerische Tätigkeit hauptsächlich in Form regelmäßiger Hörspielbeiträge für die BBC fortsetzte, schärfte jedoch ihren Blick für gesellschaftspolitische Fragen, insbesondere für die Rollen(bilder) der Frau. Schon ab Mitte der 1970er Jahre ist ihre Auseinandersetzung mit gesellschaftlichen Normen und ästhetischen Konventionen in ihrem Bühnenwerk wesentlich deutlicher als bei anderen VertreterInnen des ›NED‹. Ch. stellt sich radikal gegen die affirmativen Strukturen des *well-made play*, indem sie konventionelle Dramentechniken auf kritische und experimentelle Weise neubelebt. Mit ihrem thematisch wie strukturell sehr heterogenen – uvre ist es ihr als einer der weltweit meistgespielten TheaterautorInnen der 1980er Jahre gelungen, die das englische Gegenwartstheater kennzeichnende Dialektik von kontrovers-alternativem (Frauen-)Theater vs. kommerziellem Drama in einer einzigartigen Synthese zu überwinden. Keine britische Dramenautorin konnte bislang auf nationalen wie internationalen Bühnen ähnlich reüssieren. Das Spektrum ihres umfangreichen und mit etlichen Auszeichnungen gewürdigten Werks reicht von den frühen Hörspielen über Fernsehstücke bis hin zu rund 30 Bühnendramen, die sowohl Mißstände im Bereich geschlechterspezifischer Chancenungleichheit ungeschminkt darstellen als auch allgemeine gesellschaftliche Mißstände pointiert offenlegen. Die Einbeziehung epischer Techniken und die offene Handhabung von Zeit, Raum und geschichtlicher Dimension charakterisieren eine Reihe ihrer Dramen. Der häufige Einsatz des *cross-*

gender casting bezeichnet die prinzipielle Egalität der Geschlechter und zielt darauf ab, Gender-Stereotypen als kulturell bedingte Konstrukte zu entlarven. Ähnlich dienen Mehrfachbesetzungen dazu, soziale und politische Funktionen einzelner Figuren als – einander zuweilen sogar widersprechende – ›Rollen‹ im gesellschaftlichen Zusammenspiel herauszustellen.

Die Uraufführung von *Owners* (1972; *Besitzer*, 1973) am Royal Court Theatre markiert den Beginn von Ch.s führender Rolle als Gegenwartsdramatikerin, hatte sie doch als erste Frau dort für mehrere Jahre die Position des *Resident Dramatist* inne. *Owners* präsentiert im Konflikt zwischen Hausbewohnern und einer Immobilienmaklerin die Problematik von Grundbesitz und prangert die Degradierung des menschlichen Lebens zum rein kapitalistischen Faktor an. Einen weiteren entscheidenden Schritt bildete Ch.s bis heute fortgeführte Zusammenarbeit mit (Frauen-)Theatergruppen. In *Light Shining in Buckinghamshire* (1976), einer gemeinsamen Produktion mit der Joint Stock Theatre Company, widmet sie sich der Darstellung der Unterdrückung von Frauen im englischen Bürgerkrieg. Obwohl die ›Geschichte machenden‹ männlichen Figuren in der Überzahl sind, etablieren die fünf Frauenfiguren die zentrale Perspektive ›von unten‹. Eine prononciert feministische Stoßrichtung kennzeichnet auch das in Kollaboration mit dem Theaterkollektiv Monstrous Regiment entstandene *Vinegar Tom* (1976), das wiederum auf das 17. Jahrhundert zurückgreift und in der episodischen Darstellung einer Hexenverfolgung den Vorwurf der ›Hexerei‹ in den Zusammenhang von Armut, Unterdrückung und Dämonisierung von (homoerotischer) Sexualität stellt. Im äußerst erfolgreichen Zweiakter *Cloud Nine* (1979; *Siebter Himmel*, 1980) werden sexuelle Konformität und Kolonialismus parallelisiert, wobei das Vertauschungs- als dramatisches Veranschauungsprinzip die Dichotomien von Rassen- und Geschlechtszugehörigkeit sowie sexueller Orientierung durchbricht. Der Zweiakter *Top Girls* (1982; *Top Girls*, 1983) rückt in modifizierter Form erneut die Problematik weiblicher Rollen(identifikation) in den Mittelpunkt. Er kontrastiert eine moderne Karrierefrau mit fünf berühmten historischen bzw. bekannten fiktionalen Frauenfiguren, die unterschiedliche Epochen und Kulturen repräsentieren. In den nur partiell dialogisch verknüpften und einander überlagernden Berichten dieser ›Top Girls‹ fällt die grundsätzliche Affir-

mation bestimmter Frauenrollen auf. Zum Widerspruch provoziert auch und gerade das Modell der ›emanzipierten‹ Gegenwartsfigur Marlene. Diese sichert ihre Karriere nämlich dadurch, daß sie die Mutterrolle für ihr einziges Kind ihrer Schwester überträgt. Die widersprüchlichen Rollenanforderungen innerhalb eines von Profitstreben beherrschten Systems kulminieren schließlich in der Begegnung der erfolgreichen Mutter mit der zur Verliererin prädestinierten Tochter. *Serious Money* (1987; *Serious Money*, 1988), ironischerweise einer der auch finanziell größten Erfolge, setzt diese Kritik am Kapitalismus des Thatcherismus am Beispiel der Börsenspekulation fort.

Durchgehend charakteristisch für Ch.s Dramatik ist, daß sie die jeweils zentrale Problematik keiner eindeutigen Lösung zuführt, sondern als Fragestellung dem Publikum zur aktiven gedanklichen Bearbeitung überantwortet und simple Polarisierungen vermeidet. So rückt etwa *A Mouthful of Birds* (1986; *Io!*, 1987) auch weibliche Gewaltbereitschaft ins Blickfeld; die Verbindung von Aggression mit nationalen Stereotypen veranschaulicht in *Icecream* (1989) den zunehmenden zwischenmenschlichen Realitäts- und Werteverlust einer postmodernen Gesellschaft. Archaische Formen wie Tanz und Musik, z. B. in *Lives of the Great Poisoners* (1991), oder auch der Rückgriff auf die mittelalterliche Moralität in *The Skriker* (1994; *Skriker*, 1997) signalisieren die Kontinuität selbstdestruktiver Tendenzen als Teil der gesamten Menschheitsgeschichte. Neben der ökologischen Zerstörung thematisiert Ch. zuletzt – etwa in *Far Away* (2000; *In weiter Ferne*, 2001) – auch verstärkt den fortschreitenden politischen Radikalismus. Insgesamt läßt sich Ch. zwar als feministisch und sozialistisch orientierte Autorin begreifen; über diese Perspektiven hinaus widmet sie ihr experimentelles Potential jedoch immer deutlicher globalen dystopisch-anthropologischen Entwicklungen.

Werkausgabe: *Plays 1–3*. London 1985–98.
Literatur: E. Aston. *Caryl Churchill*. Plymouth 1997. – A. Bartels. *Judiths erfolgreiche Schwester: Die Stücke Caryl Churchills im theater- und sozialgeschichtlichen Kontext*. Frankfurt a. M. 1996. – A. H. Kritzer. *The Plays of Caryl Churchill: Theatre of Empowerment*. Basingstoke 1991.

Doris Mader

Cibber, Colley

Geb. 6. 11. 1671 in London;
gest. 11. 12. 1757 ebd.

Colley Cibber war – wie einige Jahrzehnte nach ihm David Garrick – Schauspieler, Theaterleiter und Autor in einer Person. Die Anfänge seiner überaus erfolgreichen Karriere waren allerdings bescheiden. Sechs Jahre lang mußte er sich mit Statisten- und Nebenrollen begnügen, bis er sich selbst den Part auf den Leib schrieb, der ihm als Schauspieler und als Autor den Durchbruch brachte. In *Love's Last Shift* (1696) spielte er Sir Novelty Fashion, einen affektierten und selbstgefälligen Gecken. Dieser Figurentyp, der durch viele Komödien des 17. und 18. Jahrhunderts stolziert, wurde zur Spezialität des Schauspielers C. – weil er bei dieser Rolle nur sich selbst darzustellen brauche, wie seine Gegner bissig bemerkten. – Die empfindsamen Züge, die das Drama des frühen 18. Jahrhunderts von dem der Restaurationszeit abheben, finden sich auch in einigen von C.s Stücken. *Love's Last Shift* endet damit, daß ein Libertin, der seine Frau verlassen hat, unter Tränen in ihre Arme zurückkehrt. Auch in der Komödie *The Careless Husband* (1704; *Der sorglose Ehemann*, 1750), neben *Love's Last Shift* C.s bestes Stück, wird ein treuloser Ehemann durch die Großmut seiner Frau zur moralischen Besinnung gebracht. – 1730 wurde C. aufgrund seiner Beziehungen zur Whig-Regierung zum *Poet Laureate* ernannt; sein dichterisches Talent für dieses Amt war ähnlich minimal wie das vieler Hofpoeten vor und nach ihm. Drei Jahre später zog er sich von der Bühne zurück, unterbrach seinen Ruhestand aber durch sporadische Sonderauftritte. 1740 erschien C.s Autobiographie, *An Apology for the Life of Mr Colley Cibber, Comedian*, die aufschlußreiche Einblicke in das Londoner Theater des frühen 18. Jahrhunderts und in die Persönlichkeit des Verfassers gibt. C. versucht nicht, das Image des törichten Gecken zu widerlegen, sondern kokettiert auf eine nicht unwitzige Weise mit dieser Rolle. Die Autobiographie enthält auch Seitenhiebe auf Alexander Pope, der C. in dem ein oder anderen Vers verspottet hatte. Aus diesen beiläufigen Animositäten entwickelte sich nun eine lebhafte Kontroverse. C. verunglimpfte Pope mit einer (erfundenen?) Bordellgeschichte, die Pope zum Gespött von ganz London machte, und dieser revanchierte sich, indem er C. die Hauptrolle in der letzten Fassung seines burlesken Epos *The Dunciad* (1743) zuwies. – Die C.-Forschung steht bis heute im Banne Popes und ist v. a. auf den Charakter C.s fixiert. Kaum eine Studie, die nicht früher oder später darauf verfällt, die Eigenarten von C.s Dramen durch seine opportunistische Anbiederung an das Publikum zu erklären (oder diese Anbiederung als gesunden Pragmatismus zu entschuldigen). Daß C. ein volles Haus lieber war als ein leeres, ist unbestritten, doch das unterscheidet ihn nicht von anderen Dramatikern, guten wie schlechten. Die C.-Forschung sollte die wohlfeile Opportunismus-These eine Weile ad acta legen und die Dramen C.s unter literatur- und theaterwissenschaftlichen Gesichtspunkten analysieren, nicht als Beweisstücke der Anklage oder Verteidigung des Menschen C.

Werkausgabe: *The Dramatic Works*. 5 Bde. London 1777.
Literatur: H. Koon. *Colley Cibber: A Biography*. Lexington, KY 1986. – L. Ashley. *Colley Cibber*. New York 1965.

Burkhard Niederhoff

Clare, John

Geb. 13. 7. 1793 in Helpston, Northamptonshire;
gest. 20. 5. 1864 in Northampton

Seit seiner höchst erfolgreichen Gedichtsammlung *Poems Descriptive of Rural Life and Scenery* (1820) ist John Clare als ›Northamptonshire Peasant‹, der in seinem eigenen, wenn auch vom Verleger geglätteten Soziolekt dichtet, bekannt. Seine Gedichte wurden lange als sozialgeschichtliche Dokumente gelesen, wobei das Kindheitserlebnis der *enclosure* (Einzäunung) seiner heimatlichen Gemeinde Helpston (1809), der als zweite Einzäunung empfundene Aufenthalt in zwei Heilanstalten zwischen 1837 und 1864 (*asylum period*) sowie C.s Leistung, sich das Dichten durch Lesen und Studium selbst beizubringen, im Vordergrund stehen. Die weiteren Gedichtbände – *The Village Minstrel* (1821), der von der Literaturkritik des 20. Jahrhunderts aufgrund der Kombination von persönlicher Sicht des einzelnen und Einblicken in das allgemeine Landleben gepriesene *The Shepherd's Calendar, with Village Stories and Other Poems* (1827) und *The Rural Muse* (1835) – waren weit weniger erfolgreich, was häufig als Ursache für C.s Wahnsinn angesehen wird. Durch die Edition zahlreicher unveröffentlichter Gedichte, Lieder, Prosastücke sowie autobiographischer und naturgeschichtlicher Schriften hat sich das Bild C.s inzwischen differenziert. Einerseits wird er als politischer Dichter gelesen, der sich um seine Klassenzugehörigkeit und Identität kämpfend immer auf der Seite der Unterdrückten befindet. Andererseits treten die Spannungen des Werkes zwischen privater Zurückgezogenheit und gewünschtem Dialog sowie zwischen der Spontaneität seiner eigenen, oft gegen die grammatikalischen und orthographischen Regeln verstoßenden Sprache und dem notwendigen hohen Stil des Dichters in den Vordergrund, wodurch eine Vielstimmigkeit in Genres und prosodischen Formen entsteht. – C. schließt an orale und folkloristische Traditionen an und setzt sich insbesondere mit der Pastorale und dem Landschaftsbegriff des 18. Jahrhunderts auseinander, ohne dessen Moralisierung zu übernehmen. Die Gedichte wirken einfach, versachlicht, womit C. auch die Tradition einer im Inneren des Subjekts begründeten romantischen Einbildungskraft zugunsten eines in der Natur begründeten Objektiven überschreitet. Zugleich bewegt er sich in der romantischen Tradition, indem er die Natur musikalisiert, so daß sich – z. B. in »Songs Eternity« – Inhalt und Form überlagern, eine eigene Natursprache entsteht. Im Geschmack (taste) kommt die Gemeinsamkeit aller Kreaturen zum Ausdruck. Die Bilder der Natur denotieren jedoch im Gegensatz zu Carl von Linné Naturgeschichte aus dem 18. Jahrhundert nicht, sondern entfalten sich in ihrer Dynamik und Bewegung. C. kann damit durch seine detailgenaue Naturbeobachtung als Vorläufer moderner Naturwissenschaft und Ökologie angesehen werden, der zugleich an die Bildersprache der Romantik anschließt. In dieser Spannung zeigt sich, warum sich C. trotz fehlender ästhetischer und poetologischer Reflexionen zunehmend als eigenständiger Dichter neben den kanonisierten Romantikern etabliert, was sich u. a. in semiotischen, intertextuellen und psychoanalytischen Interpretationen niederschlägt. Ein Gedicht wie »The Badger« läßt gar erste Anzeichen moderner Lyrik erkennen, die die Zersetzung einer einheitlichen Natur als eine Art expressionistische Reihenprosa zumindest andeutet.

Werkausgabe: *Oxford English Texts of Clare's Poems.* Hg. E. Robinson/D. Powell. 8 Bde. Oxford 1984–98. Literatur: E. Miller. »Enclosure and Taxonomy in John Clare.« *Studies in English Literature* 40 (2000), 635–657. – H. Haughton/A. Phillips/G. Summerfield, Hgg. *John*

Clare in Context. Cambridge 1994. – *John-Clare-Society-Journal* 1ff. (1982ff.) [erscheint jährlich].

Stephan Jaeger

Clark, John Pepper
→ Bekederemo, John Pepper Clark

Clarke, Austin [Chesterfield]
Geb. 26. 7. 1934 in Barbados

Austin Clarke studierte in Barbados und Toronto, arbeitete im kanadischen Rundfunk und Fernsehen und war Intendant der Caribbean Broadcasting Corporation (Barbados). Er war Mitglied kanadischer Zensur- und Einwanderungsbehörden. C. erhielt diverse Literaturpreise und Ehrungen und nahm Gastprofessuren an einer Reihe amerikanischer Universitäten wahr. – Die Romane *Survivors of the Crossing* (1964) und *Amongst Thistles and Thorns* (1965) sowie die Autobiographien *Growing Up Stupid Under the Union Jack: A Memoir* (1980) und *Pig Tails 'n Breadfruit: Rituals of Slave Food. A Barbadian Memoir* (1999) behandeln die Kolonialgeschichte von Barbados und die Kindheitserinnerungen des Autors. Während der Roman *The Prime Minister* (1977) das Chaos und die politische Korruption im Gefolge der Unabhängigkeit der Insel schildert, kreist der Großteil von C.s Erzählprosa um die Erfahrungen der karibischen Immigranten in Kanada. Zu diesen kanadischen Werken gehört die ›Toronto-Trilogie‹ der Romane *The Meeting Point* (1967), *Storm of Fortune* (1971) und *The Bigger Light* (1975). Die schwarzen Einwanderer werden mit Rassendiskriminierung, Polizeigewalt und Arbeitslosigkeit konfrontiert. Für die ›Bajans‹ (das ländliche Inselvolk von Barbados, dem ›Klein-England‹ Westindiens, das geschichtlich vom Alptraum der Plantagensklaverei weniger betroffen war als anderswo) bleibt die Großstadt Toronto eine Welt der menschlichen Entfremdung im Zeichen von Selbstsucht und Ausbeutung. Der Inhumanität der Metropole stellt C. die Offenheit, Toleranz und (manchmal illusionäre) Hoffnung der Einwanderer gegenüber, die ihnen in fremder Umgebung das Überleben ermöglichen. C. betrachtet diese Welt vorwiegend mit kritischer Ironie. Die Lebendigkeit des Kreolischen und die handfeste Lebensphilosophie der Figuren bringen einen komischen Zug in C.s Prosa, die sich zugleich aber auch ernsthaft mit den sozialen Problemen der ethnischen Minorität in Kanada und den USA auseinandersetzt. Hauptthemen sind die Orientierungslosigkeit der männlichen Figuren (C. selbst kommt wie viele seiner Charaktere aus einer zersplitterten Familie), die Ausdauer von Frauen und die bis zur Selbstverleugnung reichende Bemühung um kulturelle Assimilierung und materiellen Wohlstand. Abgesehen von der Toronto-Trilogie und den Kurzgeschichtenbänden *When He Was Free and Young and He Used to Wear Silks* (1971), *When Women Rule* (1985) und *Nine Men Who Laughed* (1986) leiden die Werke C.s manchmal daran, daß sie zu hastig geschrieben sind und auf melodramatische Effekte zielen. – C. hat sich – gelegentlich spektakulär und kontrovers – für die Belange der Schwarzen in einer angeblich multikulturellen Gesellschaft auch publizistisch eingesetzt.

Werkausgabe: *The Austin Clarke Reader.* Hg. B. Callaghan. Toronto 1998.
Literatur: F. Birbalsingh. »Austin Clarke: Caribbean-Canadians.« *Frontiers of Caribbean Literatures in English.* New York 1996 [1986], 86–105. – S. Algoo Baksh. *Austin C. Clarke: A Biography.* Toronto 1994. – L. W. Brown. *El Dorado and Paradise: Canada and the Caribbean in Austin Clarke's Fiction.* Parkersburg, IA 1989. – H. L. Goddard. »The Immigrants' Pain: The Socio-Literary Context of Austin Clarke's Trilogy.« *ACLALS Bulletin* 8.1 (1989), 39–57. – K. S. Henry. »An Assessment of Austin Clarke, West Indian-Canadian Novelist.« *College Language Association Journal* 29 (1985), 9–32.

Gordon Collier

Cleland, John

Geb. Sept. 1709; gest. 23. 1. 1789 in London

James Boswell nannte in seinem Tagebuch den Zeitgenossen John Cleland »a curious figure«. C.s Vater, ein Schotte im öffentlichen Dienst, war mit Alexander Pope bekannt und schickte den 13jährigen an die Westminster School. Anschließend war C. britischer Konsul in Smyrna, dem heutigen Izmir, und stand ab 1736 im Dienst der British East India Company in Bombay. Nach langen Wanderjahren kehrte er mittellos in die Heimat zurück und landete etliche Male im Schuldgefängnis. Um 1747 verkaufte C. für nur 20 Guineas das Manuskript eines erotischen Romans an den Verleger Ralph Griffith, der auch die Werke von Oliver Goldsmith publizierte und dem das so günstig erstandene Buch mehr als 10.000 Pfund einbrachte. Die erste Ausgabe der *Memoirs of a Woman of Pleasure* (*Die Memoiren der Fanny Hill*, 1906) wurde 1749 in zwei Bänden veröffentlicht; es folgten weitere Ausgaben, die an ihren entscheidenden Stellen expurgiert waren, aber auch Raubdrucke mit eindeutigen Illustrationen und weiteren Ausschmückungen des als skandalös erachteten Inhalts. Zwar wurde C. vor den Privy Council wegen Verbreitung unzüchtiger Schriften geladen, doch erfolgte keine Verurteilung. Seine weiteren Schriften, darunter die *Memoirs of a Coxcomb* (1751) und *The Surprises of Love* (1764) sind ebenso vergessen wie die Versuche C.s, eine Elementarsprache zu erstellen, in der alle modernen Sprachen ihren Ursprung finden.

The Memoirs of a Woman of Pleasure haben unter dem Kurztitel *Fanny Hill* notorische Berühmtheit erlangt. Nur an wenigen anderen Werken der Weltliteratur entzündete sich bei ihrer Neuauflage im 20. Jahrhundert eine ähnlich leidenschaftliche Kontroverse über das Verhältnis bzw. den Ausschlußcharakter von Pornographie und Kunst. Während ein 1963 in New York angestrengter Prozeß mit der Freigabe des Buches endete, bestätigte 1968 ein Münchner Gericht die Indizierung der ungekürzten deutschen Ausgabe. Argumentierten die Gegner des Romans mit der »unkünstlerischen« und somit aufreizenden Häufung von Schilderungen des Geschlechtsaktes, verwiesen literaturwissenschaftliche Sachverständige auf das authentische Sittenbild, das C. von der englischen Gesellschaft um die Mitte des 18. Jahrhunderts liefere. Zum Vergleich wurden sogar Meisterwerke wie Daniel Defoes *Moll Flanders* (1722) und William Hogarths Bilder-Zyklus *A Harlot's Progress* (1732) herangezogen, wo ebenfalls eine Unschuld vom Lande in die Hände einer Kupplerin fällt. Daß Fanny Hill als Frau durchaus auch Lust an ihrem Tun verspürt, wurde als Emanzipation *avant la lettre* interpretiert. Die Einbindung von Sexualität in eine Geschichte über den Gewinn echter Liebe und die Erfahrung geistiger Werte ließ Kritiker gar von einem erotischen Entwicklungsroman sprechen, wobei über den von Fanny selbst beklagten Wiederholungszwang bei der Schilderung der sexuellen Lehrjahre wohlwollend hinweggesehen wurde. – Fern jeglicher ›harten‹ Pornographie ist in *Fanny Hill* der Sexus in die

Salonkultur des Zeitalters integriert, d. h. es geht auch um Höflichkeit, gute Manieren, ästhetische Gefälligkeit und »true affection« (»Kundgabe echter Gefühle«). Symptomatisch dafür ist die Distanz der Beobachtung, die zwar auch Ausweis von Voyeurismus ist, dem Roman aber ein stark behavioristisches Interesse an Verhaltenskontrolle und Affektregulierung verleiht. Nachdem die Pornographiedebatte beendet ist, ist es nicht mehr der Inhalt der einschlägigen Stellen, der das Besondere des Buches ausmacht, sondern die zwischen Ironie und unschuldigem Staunen schwankende Inszenierung von Lust. Als sich eine von Fannys Kolleginnen von ihrem Liebhaber löst, spendet die um sie stehende Gruppe wie in einer Theateraufführung Beifall. In den vielen filmischen Adaptionen von *Fanny Hill* ist gerade dieser Aspekt des Höfisch-Höflichen zugunsten der Distanzlosigkeit von eindeutigen Szenen aufgegeben.

Literatur: W. Emrich. »John Cleland: Die Memoiren der Fanny Hill.« *Polemik*. Frankfurt a. M./Bonn 1968, 249–262.

Johann N. Schmidt

Clough, Arthur Hugh

Geb. 1. 1. 1819 in Liverpool;
gest. 13. 11. 1861 in Florenz

Popularität und Akzeptanz von Arthur Hugh Cloughs Lyrik bei der Kritik unterlagen Schwankungen, die selbst für einen im besten Sinne zweitrangigen Viktorianer ungewöhnlich sind: War er zu Lebzeiten bereits vielgelesen, so folgte auf seinen Tod zunächst eine noch intensivere Rezeption, dann aber wie etwa auch bei Coventry Patmore eine Phase, in der die Wertschätzung seiner formal ungewöhnlichen Texte stark nachließ; in der Mitte des 20. Jahrhunderts wieder rezipiert, geriet er danach erneut aus dem Blick einer breiteren Leserschaft. Erst in jüngster Zeit finden C.s Epen, allen voran das hexametrische *The Bothie of Tober-na-Vuolich: A Long-Vacation Pastoral* (1848) und das ebenfalls in losen Hexametern verfaßte Briefepos *Amours de Voyage* (1858), wieder ihre Leser und Kritiker. Diese Schwankungen sind Analogon und Ausdruck des Grundcharakteristikums von C.s Dichtung, zu der auch der 1865 postum erschienene Dialog *Dipsychus* zählt: C.s religiöse Zweifel, die ihn 1848 sogar von einem prestigereichen Oxforder *fellowship* zurücktreten ließen, finden sich

in seinen unsicheren, zweifelnden Protagonisten wieder. Ob Liebe, Patriotismus oder Spiritualität – alles wird diesen Figuren zum geistigen Problem, das sie zu Ausweichbewegungen zwingt: zur Emigration, zu pastoralen Phantasien, zur Zuschauerrolle, zur endlosen Debatte, jedenfalls zum Gegenteil aktiven, entschlossenen Handelns. Kein Dichter hat das *Hamlet*-Syndrom psychologisch genauer analysiert als C. – Nach dem Verlust des Zeitbezuges, der etwa die historische Einbettung von *Amours de Voyage* in Details des römischen Freiheitskampfes der Jahrhundertmitte nur noch Spezialisten zugänglich macht, bleibt die Dichtung C.s wegen ihrer ästhetisch-formalen Dimension dennoch von Interesse. Es sind manierierte Texte, die ihre eigene Kunstfertigkeit reflektieren und ironisch brechen. Dazu zählt, daß C.s Hexameter alles andere als klassisch klingen und durch syntaktische Brechungen, Ausrufe und umgangssprachliche Formulierungen einen Konversationston gewinnen, der in seiner witzigen Selbstbewußtheit das auf den ersten Blick ganz anders geformte Werk Oscar Wildes antizipiert und in seiner distanzierten Illusionslosigkeit schon Züge der literarischen Moderne trägt.

Werkausgaben: *The Correspondence*. Hg. F. L. Mulhauser. Oxford 1957. – *The Poems*. Hg. F. L. Mulhauser. Oxford 1974 [1951]. – *Selected Poems*. Hg. J. P. Phelan. London 1995.
Literatur: M. Thorpe, Hg. *Clough: The Critical Heritage*. London 1972.

Peter Paul Schnierer

Cobbett, William

Geb. 9. 3. 1763 in Farnham, Surrey;
gest. 18. 6. 1835 bei Guildford, Surrey

Der streitbare, so ungehobelte wie unbequeme Autodidakt, Publizist und – meist außerparlamentarische – Politiker William Cobbett ist eine der markantesten Stimmen der britischen Sattelzeit zwischen *ancien régime* und Reform. Im Laufe eines bewegten Lebens, das zeitgleich mit der demographischen, landwirtschaftlichen, industriellen und infrastrukturellen Umwälzung des Landes verläuft und dessen wichtigste Stationen Landkindheit, Armeedienst, französisches Exil, Amerikaaufenthalt, Zeitungsherausgeberschaft, Gefängnis, Agitation und schließlich Parlamentsmandat sind, vollzieht er einen Wandel vom patriotischen Konservativen zum gefürchteten Regimegegner und schwingt sich zum Wortführer der Schlechtweggekommenen auf. Für Heinrich Heine, der ihm »viel beredsamen Geist« attestiert, ist C. der kläffende, bißbereite »Kettenhund« seines Landes. – Schmiede von C.s Reputation und Seismograph seines Wandels ist die fast ohne Unterbrechung vom Januar 1802–35 erscheinende *Cobbett's Weekly Political Register*, der in Amerika die *Porcupine's Gazette* (1797–99) vorausging. Das Blatt, das zeitweise eine Auflage von 44.000 und eine weitaus höhere Leserschaft erreicht, ist im Kampf um die Pressefreiheit federführend. Hier erscheint auch zuerst C.s Meisterwerk *Rural Rides*, das eine Vielzahl von Ausritten dokumentiert, die ihn 1822–26 als »eine Art Spion« sowie als einen die Stätten der Kindheit wieder aufsuchenden Rip van Winkle durch die südenglischen Grafschaften von Kent bis Herefordshire führen. Die bei Wind und Wetter durchgeführten, absichtlich die neuen *canals* und mautpflichtigen *turnpike roads* meidenden Reisen gelten der Untersuchung des realen Zustandes des Landes, zumal der Landwirtschaft. In direkter, eigene Vorurteile nicht verschleiernder Prosa beklagt C. die Einhegung von Gemeindeland, die neue Machthierarchie, die Verarmung der Agrarbevölkerung, die Landflucht. C. liest Landschaften wie später ein William George Hoskins. Immer wieder deutet er die Verwahrlosung von Ortschaften als Verlust eines einst intakten Landlebens. Das Werk ist deshalb ein sozialgeschichtlicher Fundus, weil C., mehrfacher Pendler zwischen den Welten, sowohl Städter als auch Landwirt, Realist wie Romantiker ist. – Gleichzeitig sind die Ritte Erkundungen eines ideellen Wahlkreises, den er (noch) nicht vertritt. In Seitenhieben prangert er die faulen Wahlbezirke, die Rentiers, die »feelosofee« der schottischen Ökonomen, die »Zeitsünde« der Heuchelei an. Zu einer Zeit des Strukturwandels der Öffentlichkeit erfindet er dabei eine neue Zuhörerschaft sowie ein neues Lesepublikum. So *Radical* C. auch wird, er bewahrt konservative Züge. Er spricht sich gegen Revolution und *convulsion* aus und verficht eine atavistische Gesellschaftsauffassung, allerdings mit allgemeinem (männlichen) Wahlrecht. – Der so produktive wie robuste C., der etwa zwischen Ulrich Bräker und Ludwig Börne zu orten ist, hinterließ ein stupendes, oft im Eigenverlag publiziertes Werk, das eine parlamentarische Geschichte Englands (36 Bände), eine Sammlung von Gerichtsfällen, die amerikanischen Schriften (12

Bände), eine englische und eine französische Grammatik sowie mehrere Agrar-Schriften, Predigten, Vorträge usw. umfaßt. Seine 1803 angefangenen *Parliamentary Debates* gingen in *Hansard's Parliamentary Debates* über. Gleichwohl geht er deshalb in die Literaturgeschichte ein, weil er die Sattelzeit dadurch prägte, daß er sie buchstäblich im Sattel verbrachte, nicht gegen Windmühlen anreitend, wohl aber gegen einen sozialen Wandel, der nicht mehr aufzuhalten war.

Literatur: R. Williams. *Cobbett*. Oxford 1983. – A. Briggs. *William Cobbett*. Oxford 1967. – J.W. Osborne. *William Cobbett: His Thought and His Times*. New Brunswick 1966.

Richard Humphrey

Coetzee, J[ohn] M[ichael]

Geb. 9. 2. 1940 in Kapstadt

J.M. Coetzee ist einer der international renommiertesten Romanciers Südafrikas, der mit seiner hermetischen Schreibweise im eigenen Lande allerdings nur sehr zögerlich rezipiert worden ist, zumal er sich gegen die zwei dominanten Literaturtraditionen Südafrikas sperrt: den moralisch appellierenden liberalen Realismus überwiegend weißer Autoren und den autobiographisch inspirierten, politisch kämpferischen Realismus überwiegend schwarzer Autoren. C.s Romane setzen sich mit ihrer postmodernen Textualität von solchen Tendenzen einer instrumentalen Ästhetik ab. Dem Vorwurf der formalistischen Indifferenz hat C. wiederholt das Postulat des primär literarischen Diskurses entgegengehalten. *The Master of Petersburg* (1994), ein Künstlerroman über Dostojewski, reflektiert diese Problematik, wenn der Künstler die Rolle des literarischen Propagandisten zurückweist und sein geradezu shandyeskes Verständnis von der absoluten Autonomie der Literatur bekundet (»I follow the dance of the pen«). Gleichwohl sind C.s Romane keine universalistischen Allegorien, keine der »worldliness« (Edward Said) entkleideten ›reinen‹ Kunstwerke. Der Begriff der »situational metafiction« ist am ehesten geeignet, die für C.s Erzählwerk charakteristische Fusion von gesellschaftlicher Abbildungsebene und metafiktionaler Reflektion der Abbildungsmodalitäten zu erfassen. Die soziale Funktion der Metafiktion besteht darin, mit künstlerischen Mitteln ihre eigenen gesellschaftlichen oder literarischen Repräsentationsformen und -modi zu hinterfragen, anstatt sich mit einer hypothetisch wie essentialistisch vorausgesetzten ›Natur‹ des Menschen oder der Gesellschaft zu befassen. Bevor das inhaltliche ›was?‹ in den Blick genommen wird, geht es um deren gesellschaftliches ›wie?‹, ›warum?‹ oder ›wann?‹. Darin liegt die Relevanz der angeblich so realitätsfernen Texte C.s, der als Literaturwissenschaftler, welcher über Samuel Beckett promoviert hat, offenbar nicht umhin kann, seine Romanwelten mit Hilfe der Reflexion über die Fremdbestimmtheit des Subjekts und die Macht der Diskurse zu verfremden. So betrachtet inkorporieren C.s Romane sehr wohl die soziohistorischen Entwicklungen im Südafrika der letzten 30 Jahre als einen Subtext, der aufgrund künstlerischer Formgebung in vielfachen Brechungen und Transformationen textualisiert wird. In verschiedenen seiner theoretischen Schriften hat C. wiederholt auf den mythischen Status der Geschichte hingewiesen: »history is nothing but a story people agree to tell each other«. Wenn aber Geschichte nichts als ein Diskurs unter vielen ist, erwächst dem Roman daraus die Aufgabe der »Entmythologisierung der Geschichte«, und der zentrale Geschichtsmythos, der das südafrikanische Selbstverständnis nachhaltig geprägt hat, ist der koloniale Rechtfertigungsdiskurs von der Überlegenheit der europäischen Kolonisatoren bei gleichzeitiger Abwertung der kolonisierten Anderen. Dieser Diskurs konkretisiert sich literarisch in charakteristischen Textsorten, die in Südafrika entstanden oder dort heimisch geworden sind, wie etwa der die Landeroberung thematisierende Abenteuerroman, die Farmhauspastorale vom idyllischen Leben auf dem Lande oder die *pre-* und *post-desaster story* vom Zusammenbruch der (weißen) Zivilisation – alles Genres, die in C.s Romanen parodiert werden.

In den ersten beiden Romanen C.s, *Dusklands* (1974) und *In the Heart of the Country* (1977; *Im Herzen des Landes*, 1987), wird – erstmalig in der südafrikanischen Literatur und im Gegenentwurf zum liberal-realistischen Verbesserungsvorschlag nach Art Nadine Gordimers – der diskursive Charakter der kolonialen Inbesitznahme exponiert. Wie manipulativ dabei mit der Realität umgegangen werden kann, demonstrieren die beiden Teile des ersten Romans: In »The Vietnam Project« figuriert der Protagonist Eugene Dawn, der als Mythograph in Diensten eines Forschungsinstituts (im Auftrag des Pentagon) eine Rechtfertigung für

die amerikanische Präsenz in Vietnam konstruiert, wobei der Wissenschaftsdiskurs solcher Regierungsdokumente parodiert wird; »The Narrative of Jacobus Coetzee« handelt von den Abenteuern eines Elefantenjägers aus dem 18. Jahrhundert, der in seiner Eroberungsgier vor keinem gewaltsamen Konflikt mit der indigenen Bevölkerung zurückschreckt. Diese Erzählung von der Frühphase der kolonialen Expansion, deren Legitimation sich allein aus einer überlegenen Waffentechnologie herleitet, hat ihr intertextuelles Echo in den zeitgenössischen Dokumenten der Van Riebeeck Society in Südafrika, deren krude Diktion wiederum perfekt parodiert wird. Beiden Texten, die von scheinbar zeitlich wie räumlich weit auseinanderliegenden Phänomenen euro-amerikanischer Gewalt gegenüber der sogenannten Dritten Welt handeln – dem amerikanischen Imperialismus und dem niederländischen Kaufmannskolonialismus –, liegt das gleiche Diskurssubstrat zugrunde, nämlich der Versuch aller kolonialen Selbstrepräsentation, die ursprünglich gewaltsame Beziehung der Kolonisatoren zum eroberten Land und seinen Bewohnern als harmonisch und zeitenthoben zu naturalisieren. – In dem zweiten Roman wird daher das Genre dekonstruiert, in dem die südafrikanische Landnahme und Enteignung der indigenen Bevölkerung am nachhaltigsten gerechtfertigt worden ist – die Farmhauspastorale. Deren zentrales Moment beruht auf der Annahme, daß der Besitz an Grund und Boden über Generationen hinweg durch Arbeit legitimiert und dadurch ›naturgegeben‹ ist. Dieser diskursive Ansatz wird gleichsam utopisch überhöht, indem die Farm als ein Hort der Ruhe, des Friedens und der Harmonie zwischen den Generationen, Klassen und Rassen dargestellt wird, an dem alle gemeinsam nur um das Wohl der Besitzerfamilie besorgt sind. C. macht aus seiner Farm in der Halbwüste der Karoo einen dystopischen Ort, wo Gewalt, Inzest, Vergewaltigung und Rassenkonflikte herrschen und wo die schizophrene Protagonistin vergeblich versucht, ein Gefühl der Behaustheit zu erlangen. Das Verdienst beider Romane liegt darin, daß sie in einer Phase Südafrikas, in der sich der Rassenkonflikt nach den Ereignissen von Soweto verschärft, jeglichem ideologischen Essentialismus entgegenwirken, indem sie die weiße Dominanz in Südafrika, die in ihrer materialen Faktizität so unverrückbar erscheint, als historisch kontingentes Ereignis und als Produkt eines wirkungsmächtigen westlichen Diskurses erscheinen lassen.

Die nächsten zwei Romane, *Waiting for the Barbarians* (1980; *Warten auf die Barbaren*, 2001) und *Life & Times of Michael K* (1983; *Leben und Zeit des Michael K*, 1986), die von dem bevorstehenden Ende bzw. dem bereits erfolgten Ende eines Unterdrückungsregimes handeln, stellen dies in beiden Fällen so situationsabstrakt dar, daß der Bezug zum südafrikanischen Kontext nicht unmittelbar hergestellt werden kann, situieren sich aber im ideologischen Klima des in den 1980er Jahren sich verfestigenden *total onslaught*-Diskurses: Der Stellvertreterkrieg zwischen den USA und der UdSSR, der in Angola von der *South African Defense Force* und der *UNITA* sowie den Kubanern ausgefochten wird, tritt in seine heiße Phase ein, und die Verhängung des *State of Emergency* steht kurz bevor. *Apartheid in Decline* – so betitelt eine historische Darstellung diese Phase, und entsprechend versuchen die weißen Protagonisten beider Romane, mit Repräsentanten der kolonisierten und marginalisierten Mehrheit ins Gespräch zu kommen, die aber – ob unter Folterzwang oder im therapeutischen Dialog – die Kommunikation verweigern: *the Other cannot speak*. Auf diese Situation reagieren die Kolonisatoren jeweils, indem sie ›den Anderen‹ entweder dämonisieren als *ante portas* stehenden Barbaren oder, wie im Falle des kafkaesken Michael K, eine Opferrolle aufoktroyieren. Beide Male wird der Andere zum Rätsel, zum semiotischen Problemfall eines Überschusses an Signifikanten, dem die Signifikate fehlen, und der Ausweg aus diesem Dilemma ist die *colonial invention* des Anderen – eine Fiktion, die als solche entlarvt wird. Ähnliches gilt für den Roman *Foe* (1986; *Mr Cruso, Mrs Barton und Mr Foe*, 1986), in dem *der* koloniale Mythos schlechthin, nämlich Defoes *Robinson Crusoe* (1713), dekonstruiert wird. In C.s Version verweigert Friday den Dialog, indem er, aufgefordert, seine Geschichte zu schreiben, immer nur den Buchstaben O zu Papier bringt und auf des fiktiven Autors Foe Rat, es doch einmal mit dem ersten Buchstaben des Alphabets zu versuchen, nicht reagiert: Die Kolonialgeschichte ist nur resultativ als Geschichte der Kolonisatoren geschrieben worden, wie die völlig einseitige ›Zähmungsgeschichte‹ Freitags in Defoes Roman zeigt. Wie die anfängliche Wirkung des Kolonisationsprozesses von der anderen Seite empfunden wurde – dafür bestand wenig Interesse, weshalb in *Foe* die Großzügigkeit des Autors im Umgang mit der Wahrheit hervorgehoben wird, die der Nachwelt einen angeblich so wirklichkeitsgetreuen Roman beschert hat.

Die Kritiker C.s haben förmlich aufgeatmet, als er mit *Age of Iron* (1990; *Eiserne Zeit*, 1995) und *Disgrace* (1994; *Schande*, 2000) zwei scheinbar realistische und eindeutig auf die südafrikanische Situation bezogene Romane vorlegte. In der Tat gehen beide Texte mehr oder weniger unvermittelt auf das Endzeitsyndrom der weißen Dominanz ein: der erste auf die sogenannte *twilight phase* des allmählichen Machtübergangs, der sich von 1990 bis zu den ersten allgemeinen Wahlen 1994 hinzog; der zweite auf die reduzierte Position der Weißen im mehrheitlich schwarz regierten Südafrika, wo deren Diskurs schlicht nicht mehr relevant ist, wo aber auch ein neuer schwarzer *discourse of empowerment* sichtbar wird, dessen Auswirkungen ähnlich negativ sein können wie der der vorherigen Machthaber. Was häufig übersehen wird, ist die Tatsache, daß C. beide Texte mit Signalen versieht, die deren Textualitätscharakter sichtbar machen und somit ihren Status als *State of South Africa*-Romane mindern, wie etwa ein rätselhafter Todesengel im ersten Roman und eine auffällige narrative Symmetrie im zweiten. C. entzieht sich damit auch hier der erzählerischen Festlegung: Von einer sicheren auktorialen Position aus referentialisierbare Aussagen darüber zu machen, wie die Wirklichkeit aussieht oder aussehen soll – in diese Realismusfalle begibt sich der Nobelpreisträger von 2003 schlechterdings nicht.

Literatur: D. Attwell. *J. M. Coetzee: South Africa and the Politics of Writing*. Berkeley 1993. – D. Attwell, Hg. *J. M. Coetzee: Doubling the Point. Essays and Interviews*. Cambridge, MA 1992. – A. Mennecke. *Koloniales Bewu tsein in den Romanen J. M. Coetzees*. Heidelberg 1991. – T. Dovey. *The Novels of J. M. Coetzee: Lacanian Allegories*. Johannesburg 1988.

Erhard Reckwitz

Coleridge, Samuel Taylor

Geb. 21. 10. 1772 in Ottery St. Mary, Devon;
gest. 25. 7. 1834 in Highgate, London

Samuel Taylor Coleridge ist einer der einflußreichsten englischen Dichter und Denker des frühen 19. Jahrhunderts und bedeutender Repräsentant der literarischen Romantik. Er wurde 1772 als jüngstes von zehn Kindern des Geistlichen John Coleridge geboren. 1791 begann er das Studium der griechischen Sprache, der Philosophie und

Medizin in Cambridge. Aufgrund seiner politischen und religiösen Gedanken und Aktivitäten, v. a. aber wegen seiner demonstrativen Sympathie für die Französische Revolution, verließ er jedoch 1794 die Universität ohne Abschluß. Gemeinsam mit seinem Freund, dem Dichter Robert Southey, faßte er den Plan, in Pennsylvania ein kommunistisches Gemeinwesen (*Pantisocracy*) zu gründen. Nach C.s Hochzeit mit Sara Fricker (1795), der Schwester von Southeys Frau, wurde dieser Plan aufgegeben, und C. wurde unitarischer Prediger, bevor er sich ganz der Dichtung widmete. – Der zweite Lebensabschnitt C.s (1797–1802) war bestimmt von seiner Rezeption deutscher Philosophie und Literatur und v. a. von seiner Bekanntschaft mit den Wordsworths. Dies ist der künstlerisch bedeutsamste Abschnitt seines Lebens. Zusammen mit William Wordsworth gab er 1798 den Gedichtband *Lyrical Ballads* heraus, der auch C.s wichtigstes Gedicht »The Rime of the Ancient Mariner« (1797) enthält und dessen zweiter Ausgabe (1800) ein Vorwort vorangestellt ist, das als Manifest der englischen Romantik angesehen werden kann. Als anregend erwies sich ein zehnmonatiger Deutschlandaufenthalt (September 1798 bis Juli 1799), v. a. in Göttingen. C. erlernte die deutsche Sprache, übersetzte u. a. Schillers Trilogie *Wallenstein* und las die Schriften Kants und Schellings. Die politischen Interessen seiner frühen Phase werden nicht in der Lyrik, sondern in der Prosa (Artikel für die *Morning Post*) behandelt und spiegeln seinen Wandel vom Verfechter zum Feind der Französischen Revolution und ihrer Folgen wider.

Die nächste Lebensphase (1802–16) ist weniger für ihre Dichtung als für C.s Arbeit an seinem kunsttheoretischen Buch *Biographia Literaria* (1817; *Eine Reise von Yarmouth nach Hamburg im Jahre 1798*, 1946) wichtig. Sein rheumatisches Leiden, das er vergeblich mit Opium zu lindern versucht, hoffte er durch einen zweijährigen Mittelmeeraufenthalt zu heilen. Auf Malta arbeitete er als Sekretär des englischen Gouverneurs Sir Alexander Ball. Nach seiner Rückkehr 1806 folgten die Trennung von seiner Frau und zahlreiche Schwierigkeiten beruflicher wie auch gesundheitlicher Art. Trotzdem unternahm er mit Unterstützung von Freunden, v. a. der Wordsworths, immer wieder Versuche, gegen die völlige Abhängigkeit von Narkotika und Stimulanzien anzukämpfen. Dieser Zustand besserte sich erst 1808, als C. seine vielbeachteten Vortragsreihen über Philosophie und

Literatur begann, die besonders die Shakespeare-Rezeption in England beeinflußten. In seiner Hervorhebung der von Jean Paul angeregten Unterscheidung zwischen *imagination* und *fancy* (Einbildungskraft und Phantasie) versucht er v. a. in den Kapiteln 4 und 13 seiner *Biographia Literaria*, das echte Symbol, das die Ordnung einer übersinnlichen Welt in der Empirie wiedererkennt, von der reinen Phantasieschöpfung zu trennen.

In C.s letztem Lebensabschnitt (1816–34) lebte er bei Freunden in Highgate (London) und versuchte in Schriften mit meist theologischem Schwerpunkt, die Hauptinteressen seiner späten Lebensabschnitte – Logik, Metaphysik und Dichtkunst – miteinander zu verknüpfen.

C.s Leistung als Vermittler der deutschen Klassik und Romantik wird häufig überschätzt. So konnte er sich in Göttingen nicht einmal dazu aufraffen, Weimar und Jena zu besuchen. Der 74jährige Friedrich Gottlieb Klopstock und der 70jährige Christian Gottlob Heyne sind die einzigen bedeutenden Deutschen, denen er bei diesem Aufenthalt begegnete. Sein Urteil über die Deutschen (»keine liebenswerte Rasse«) ist reserviert. Im Frühjahr 1806 traf er in Rom mit Wilhelm von Humboldt und Ludwig Tieck zusammen, mit letzterem auch später in London. C.s praktische Bemühungen, zwischen deutscher und englischer Dichtung zu vermitteln, beschränkten sich im wesentlichen auf seine *Wallenstein*-Übertragung (1799–1800). Aber er half, den Weg zu bereiten für eine sehr viel intensivere Rezeption deutscher Literatur und Philosophie im Verlauf des 19. Jahrhunderts.

Literaturgeschichtlich bedeutend ist C. v. a. durch seine Zusammenarbeit mit Wordsworth an den *Lyrical Ballads*. Unter dem Eindruck der Veränderungen durch die Französische Revolution überschritten beide auf ihre Weise die vom Klassizismus gesetzten Grenzen und wandten sich dem Rhythmus und der Diktion der Alltagssprache zu (»language really used by men«). Bewußt stellte jeder von ihnen einen der beiden sich ergänzenden Aspekte des Lebens dar: Wordsworth machte das alltägliche Erlebnis, die fundamentalen zwischenmenschlichen Beziehungen einfacher Menschen seiner Umgebung, zum Gegenstand seiner Dichtung und entdeckte darin Poesie, Romantik und das Wunderbare. C. befaßte sich dagegen mit dem Wunderbaren selbst und zeigt, wie es real in das Leben hineinwirkt und besonders in Träumen deutlich wird. »Kubla Khan: or a Vision in a

Dream« (1798) geht offenbar auf einen tatsächlichen Traum des Dichters zurück, der durch die Wirkung von Opium angeregt wurde. Der Schauplatz ist Xanadu, ein räumlich und zeitlich entrückter Ort, wo auf den Befehl des Herrschers Kubla Khan die Quintessenz der Kunst, ein Palast, errichtet wird, und zwar an der Stelle, an der sich der heilige Fluß Alph ins Meer ergießt. Dem Kunstschönen, dem Palast, werden das Naturschöne und die Quelle des heiligen Flusses als wild, unergründlich und gefährlich gegenübergestellt. Diese Quelle, die aber auch zugleich selbst bedroht ist, könnte für die Kraft der dichterischen Imagination stehen, deren Versiegen in sich selbst C. als ständige Bedrohung empfindet.

Seine drei bekanntesten Gedichte sind mit Dantes *Divina Comedia* verglichen worden, wobei »Christabel« die Hölle, »The Rime of the Ancient Mariner« das Purgatorium und »Kubla Khan« eine Vision des Paradieses darstellt. In »Christabel« (1797), das wie »Kubla Khan« ein Fragment geblieben ist, macht sich das übernatürliche Böse Christabels Mitleid und Unschuld zunutze und schleicht sich bei ihr ein, um ihre behütete Welt zu korrumpieren. Während sein Melusinengedicht »Christabel« das Übernatürliche im Sinne der Schauerballade darstellt, wird es in C.s wichtigstem Gedicht, »The Rime of the Ancient Mariner« zu einer jedermann zugänglichen mythischen Erfahrung. C. erfüllt damit seinen Anteil am Projekt der *Lyrical Ballads*, das Übernatürliche darzustellen, und zwar so, daß beim Lesen »that willing suspension of disbelief for the moment that constitutes poetic faith« entstehen kann (»jenes freiwillige Aufheben von Unglauben, das dem poetischen Glauben zugrunde liegt«). Die Ereignisse um die mutwillige Tötung eines Albatros werden in der Form einer mittelalterlichen Ballade erzählt, die nicht versucht, Ereignisse und Charaktere naturalistisch wiederzugeben, sondern den Realitätsbezug auf eine symbolische Ebene verlegt. Das Gedicht beginnt damit, daß ein Hochzeitsgast von einem Matrosen (dem »ancient mariner«) angehalten wird, der ihm seine Geschichte erzählt, der dieser erst unwillig, dann fasziniert und zum Schluß verstört zuhört. Er verpaßt dadurch die Hochzeit, und das Gedicht schließt mit dem Eindruck, den die Erzählung des Matrosen auf den Hochzeitsgast gemacht hat: »A sadder and a wiser man he rose morrow morn.« Die Erzählung des Seemanns schildert eine Seereise, die – von den Kräften der Natur begünstigt – zunächst einen

glücklichen Verlauf nimmt, die aber schließlich in unwegsame Regionen des Eismeeres führt. Wie durch ein Wunder wird das Schiff durch einen Albatros aus den Regionen von Eis und Nebel herausgeführt. Der Vogel erscheint den Seeleuten wie eine christliche Seele, die ihnen in ihrer Not beisteht, und sie freunden sich mit dem Tier an. Dann aber erschießt einer der Matrosen (der »ancient mariner«) den Vogel ohne erkennbares Motiv aus reiner Mordlust mit seiner Armbrust. Damit ist die Harmonie mit der Natur mutwillig zerstört worden. Zwar verläuft die Reise eine Zeitlang unverändert erfolgreich weiter, doch dann zeigt sich, daß der Segen durch die Natur ausbleibt und die Besatzung des Schiffs von den Wurzeln des Lebens abgeschnitten ist. Angesichts des begrenzten Vergehens eines Einzelnen ist die Strafe der Natur ungeheuer, und die Folgen sind für die Mannschaft katastrophal. Windstille setzt ein, und bis auf den Erzähler, den eigentlichen Missetäter, kommt die gesamte Mannschaft um, und letzterer überlebt nur, um seine Schuld zu erkennen und zu büßen und allen Menschen davon zu berichten. Zu diesem Zweck bringt ihn das Geisterschiff in seinen Heimathafen zurück. Was geschehen ist, ist nichts Geringeres als eine Wiederholung des Sündenfalls. Wieder einmal haben die Menschen das leitende Prinzip ihres Lebens mutwillig zerstört und müssen schrecklich dafür büßen. Der tote Vogel wird dem Seemann um den Hals gehängt, wie ein Bleikreuz, von dem er sich selbst nicht mehr befreien kann. Seine physischen Qualen werden als Durst dargestellt (»water, water everywhere nor any drop to drink«), seine psychischen Qualen als Ekel vor den schleimigen Lebewesen, die auf dem faulig riechenden Ozean herumzukriechen scheinen. In diesem Moment segnet der Matrose ganz unwillkürlich auch diese Lebewesen, vor denen er sich zuvor nur geekelt hatte. Da fällt der Albatros von ihm ab und versinkt im Meer. – Das Gedicht hat eine große Wirkung auf die Dichtung des 19. Jahrhunderts ausgeübt, und seine Symbolik hat u.a. religiöse und ökologische Interpretationen gefunden. Die Erzählung des Matrosen stellt eine mythische Erfahrung der Menschheit dar, die offenbar immer wieder neu gemacht werden muß und die über Schuld und Sühne zur Wiedergeburt führen kann. Auf den Zuhörer, den Hochzeitsgast, verfehlt die Geschichte des Seemanns ihre Wirkung nicht. Als traurigerer, aber auch weiserer Mensch steht er am nächsten Morgen auf.

Werkausgaben: *The Collected Works.* Hg. K. Coburn. London 1969ff. – *Gedichte.* Stuttgart 1973. Literatur: K. E. Sullivan, Hg. *Coleridge: Lyrical Romantic.* London 2002. – H. Bloom, Hg. *Samuel T. Coleridge: Comprehensive Research and Study Guide.* Philadelphia 2001. – N. Roe, Hg. *Samuel Taylor Coleridge and the Sciences of Life.* Oxford 2001.

Viktor Link

Collins, [William] Wilkie

Geb. 8. 1. 1824 in London;
gest. 23. 9. 1889 ebd.

Von Wilkie Collins' umfangreichem Gesamtwerk – 25 Romane, mehr als 50 Kurzgeschichten, etliche Melodramen und über 100 nichtfiktionale Schriften – sind seine frühen Werke heute meist ebenso vergessen wie seine sozialkritisch-reformerischen Versuche (z. B. *Man and Wife,* 1870; *The New Magdalen,* 1873). C.' Ruhm und seine nach wie vor anhaltende Beliebtheit gründen sich v. a. auf zwei Romane, *The Woman in White* (1860; *Die Frau in Wei* , 1862), einem der beliebtesten Romane des 19. Jahrhunderts, und *The Moonstone* (1868; *Der Mondstein,* 1868), einem Vorläufer des modernen Detektivromans. Beide Werke zählen zur Gattung der *sensation novel,* einer Synthese aus romantischem Schauerroman (unheimliche Schauplätze, geheimnisumwitterte Figuren, spannungsgeladene Handlungsabläufe, melodramatische Gefühlsintensität) und realistischer, im *middle class*-Milieu angesiedelter Darstellung des um Glaubwürdigkeit bemühten viktorianischen Romans. C., dessen Leben keineswegs den bürgerlichen Normen seiner Zeit entsprach, wurde durch die seit 1851 währende Freundschaft mit Charles Dickens nachhaltig geprägt. Sie arbeiteten sowohl im Theater als auch bei Dickens' Zeitschriften *Household Words* und *All the Year Round,* in der *The Woman in White* und *The Moonstone* zunächst als Fortsetzungsromane erschienen, intensiv zusammen. An C.' Romanen besonders hervorzuheben sind ihre genial konstruierten, verschlungenen Plots, die moderne multiperspektivische Erzählweise mit mehreren Erzählern, Augenzeugenberichten, Tagebuchauszügen und Briefen sowie faszinierende Figurenporträts: ungewöhnliche, dem viktorianischen Stereotyp sich widersetzende Frauen wie die männlich-kraftvolle Marian Halcombe (*The Woman in White*) oder die bildhübsche, aber kriminell-intrigante Lydia Gwilt (*Arma-*

dale, 1866; *Der rote Schal,* 1967); daneben gibt es aber auch originelle, überzeugend dargestellte Männerfiguren wie den phasenweise als Amateurdetektiv agierenden Zeichenlehrer Walter Hartright oder die melodramatisch gezeichneten Bösewichte Graf Fosco und Sir Percival Glyde (*The Woman in White*). C.' Bestseller garantierten ihm selbst in der Zeit seines physischen Verfalls, als seine Werke nicht mehr die vorherige Qualität erreichten, anhaltenden Erfolg beim Publikum. Neben seiner meisterhaften Erzählkunst beruht C.' Langzeitwirkung v. a. auf seinem – u. a. von T. S. Eliot und Dorothy L. Sayers betonten – Einfluß auf den Detektivroman, obschon *The Woman in White* und *The Moonstone,* wo mit Sergeant Cuff zum ersten Mal ein Polizeidetektiv in Aktion tritt, nur in Ansätzen dem Gattungsmodell des Detektivromans entsprechen und eher eine spannende Mischung aus Liebesgeschichte und Mordfall darstellen.

Werkausgabe: *The Works.* 30 Bde. New York 1900. Literatur: L. Nayder. *Wilkie Collins.* New York 1997. – N. Smith, Hg. *Wilkie Collins to the Forefront: Some Reassessments.* New York 1995. – L. Pykett. *The Sensational Novel: From The Woman in White to The Moonstone‹.* Plymouth 1994. – D. L. Sayers. *Wilkie Collins: A Critical and Biographical Study.* Toledo, OH 1977. – N. Page, Hg. *Wilkie Collins: The Critical Heritage.* London 1974. – W. H. Marshall. *Wilkie Collins.* New York 1970.

Bernd Lenz

Collins, William

Geb. 25. 12. 1721 in Chichester, West Sussex;
gest. 12. 6. 1759 ebd.

William Collins, der zeitlebens unter den Erfahrungen von Erfolglosigkeit und Selbstzweifel litt und mit 30 Jahren an einer unheilbaren Depression erkrankte, ist in vielerlei Hinsicht verwandt mit anderen früh vollendeten englischen Dichtern der Vor- und Frühromantik (z. B. Thomas Chatterton und William Cowper). Er schuf ein kleines, aber originelles lyrisches Werk. Noch während seiner Studienzeit in Oxford veröffentlichte er die *Persian Eclogues* (1742), welche die im Klassizismus beliebte Gattung der Ekloge in die orientalische Welt verlegen. Seine Hauptleistung liegt in der Odendichtung (*Odes on Several Descriptive and Allegoric Subjects,* 1746), mit der er den Weg für die Romantiker bereitete. – C.' Oden sind von formaler Vielfalt und imaginativer Kraft. Sie bewegen sich zwischen einfacheren strophischen Formen und gedanklich und emotional kühneren pindarischen Formen, und in der Verwendung der Apostrophe sind sie variationsreich. Viele der Oden machen die Dichtung selbst und die literarischen Neigungen und Bestrebungen des Dichters zum Gegenstand. Die wichtigsten sind die den für die Poetik des Aristoteles zentralen Emotionen Furcht und Mitleid gewidmeten kontrastierenden Stücke »Ode to Pity« und »Ode on the Poetical Character«, in der C. seine literarische Verpflichtung gegenüber Edmund Spenser und John Milton bekundet, und »The Passions: An Ode for Music«, ein Werk, das in der Tradition von John Drydens und Alexander Popes Oden an die Musik steht. Eine der vollkommensten Kompositionen von C. ist die kurze politisch-patriotische Ode »How Sleep the Brave«, die das Schicksal gefallener britischer Soldaten durch die pastorale Ausgestaltung ihrer Grabstätte verklärt. Die längste der politisch-patriotischen Oden ist »Ode to Liberty«, eines der charakteristischen *progress poems* von C., das im freien Flug der Phantasie riesige geographische und historische Räume durchmißt und den Weg der Freiheitsidee vom antiken Griechenland bis ins England des 18. Jahrhunderts verfolgt. Mit dieser Freiheitsode hat C. den Weg für die romantische Odendichtung bereitet. – C.' berühmtestes Gedicht ist die »Ode to Evening«, eine eindringliche Evokation der Abenddämmerung, in welcher der personifizierte Abend und die ins Dämmerlicht getauchte Natur miteinander verschmelzen. Diese Ode ist poetologisches Gedicht und Naturgedicht in einem. Sie steht an der Schwelle zur Romantik. In der Anrede an den Abend bittet der Sprecher um die Inspiration zu einem dichterischen Sprechen, das sich in gänzlicher Übereinstimmung mit der abendlichen Natur befindet und Subjekt und Objekt zur Einheit bringt. Sein letztes Werk ist die unvollendete *Ode on the Popular Superstitions of the Highlands* (1784), die die alten Sagen, den Aberglauben und die wilde Landschaft Schottlands als Gegenstand der Dichtung empfiehlt. Mit dieser Hinwendung zu dem Land und der Kultur des Nordens erfolgt eine radikale Distanzierung von den Themen und Normen des Klassizismus.

Werkausgabe: *The Works of William Collins.* Hg. R. Wendorf/Ch. Ryskamp. Oxford 1979.
Literatur: P. H. Fry. *The Poet's Calling in the English Ode.*

New Haven, CT 1980. – H. W. Garrod. *Collins.* Oxford 1928.

Wolfgang G. Müller

Compton-Burnett, Ivy
Geb. 5. 6. 1884 in Pinner bei London;
gest. 27. 8. 1969 in London

Ivy Compton-Burnett bleibt bis heute ein einmaliges literarisches Phänomen. Sie war Zeitgenossin der *Bloomsbury Group*, nahm aber stilistisch keinen der Impulse des Modernismus auf. Ihr 20 Romane umfassendes Werk befaßt sich immer wieder mit dem gleichen Themenkreis. Und obwohl sie ihre literarische Produktion – abgesehen von ihrem Frühwerk *Dolores* (1911), welches C.-B. später verleugnete, – erst im Alter von etwa 40 begann, spielen alle Romane zur Zeit ihrer Kindheit, der Jahrhundertwende. Größtenteils in Form scharfzüngiger Dialoge geschrieben, entlarven die Romane die klaustrophobische Atmosphäre in spätviktorianischen Großfamilien und setzen sich mit der korrumpierenden Wirkung von Macht und Geld auseinander. – C.-B. selbst wuchs mit zwölf Geschwistern auf, davon fünf aus der ersten Ehe des Vaters. Ihre Mutter haßte die Stiefkinder und die Tatsache, daß sie durch die große Familie vom öffentlichen Leben fast ausgeschlossen war. Dennoch sperrte sie sich nach dem Tod ihres Mannes mit allen förmlich ein. Zwar entkam C.-B. an die Universität, mußte nach dem Abschluß jedoch in die heimische Enge zurückkehren, um ihre jüngeren Schwestern zu unterrichten. Nach dem Tod der Mutter führte sie sogar ein ähnliches Regiment weiter, was vielleicht ihren ungewöhnlich verständnisvollen Umgang mit den Haustyrannen unter ihren Charakteren erklärt, jenen Despoten, denen sie sich immer wieder widmete. Ungeheure Selbstsucht zeigt sich selbst in Gefühlen von Elternliebe, auch Tabuthemen wie Inzest und Kindesmißhandlung werden behandelt. Dennoch sind die doppelbödigen Dialoge voll pointierter Komik. Selbst Kinder sprechen in geschliffenen, ironischen Epigrammen.

Ihr erster literarischer Erfolg war *Pastors and Masters* (1925), das die Machtstrukturen an einer Jungenschule beleuchtet und die Eifersüchteleien der Lehrer untereinander. *A House and Its Head* (1935) beschreibt die tyrannische Herrschaft, die der selbstsüchtige Herr des Hauses über seine

Familie ausübt, und die tragischen Konsequenzen seiner Lieblosigkeit. Auch in *A Family and a Fortune* (1939; *Eine Familie und ein Vermögen*, 1966) geht es um Geld und Machtmißbrauch. Der in der Familie seines älteren Bruders lebende Dudley erbt ein Vermögen und gewinnt als Familienwohltäter soviel Selbstvertrauen, daß er sogar Heiratspläne schmiedet – für die er allerdings sein Geld ironischerweise zurückfordern muß, was die Familie fast auseinanderbrechen läßt. Ungewöhnlich ist das fast versöhnliche Ende. Besondere Erwähnung verdient auch *Manservant and Maidservant* (1947; *Diener und Bediente*, 1988). Hier steht das Regiment des Hausherrn, der seinen Geiz und seine Schikanen damit begründet, daß er selbstlos die Bürde aller Verantwortung trägt und damit das Leben aller von ihm Abhängigen vergiftet, im Gegensatz zu den freundlichen, einfachen Menschen aus den Dienstbotenräumen.

Literatur: V. Olejniczak. *Subjektivität als Dialog: Philosophische Dimensionen der Fiktion. Zur Modernität Ivy Compton-Burnetts*. München 1994. – H. Spurling. *Ivy: The Life of I. Compton-Burnett*. New York 1984.

Susanne Rauter

Congreve, William

Geb. 24. 1. 1670 in Bardsey, Yorkshire;
gest. 19. 1. 1729 in London

Seine Kindheit und Jugend verbrachte William Congreve in Irland, wo er wie sein Zeitgenosse Jonathan Swift am Trinity College Dublin studierte. Die dort erworbene Kenntnis der klassischen Sprachen trug dazu bei, daß er nach seiner Ankunft in London die Aufmerksamkeit John Drydens auf sich zog. Dryden beteiligte C. an der von ihm herausgegebenen Übersetzung der Satiren Juvenals und Persius', und er half dem jungen Kollegen bei der Überarbeitung seiner ersten Komödie, *The Old Bachelor* (1693; *Hagestolz*, 1770). Zur Druckausgabe der zweiten Komödie, *The Double-Dealer* (1693; *Der Arglistige*, 1771), steuerte Dryden das Gedicht »To My Dear Friend Mr. Congreve« bei, in dem er C. zu seinem Nachfolger erklärte und mit keinem Geringeren als Shakespeare verglich. In den nächsten sieben Jahren bemühte sich C., den hohen Erwartungen, die Dryden und andere in ihn setzten, gerecht zu werden. Er verfaßte eine Tragödie, *The Mourning Bride* (1697), literaturkritische Texte (darunter

eine lesenswerte Replik auf Jeremy Colliers Attacke gegen das Londoner Theater) und zwei weitere Komödien, die zum Besten gehören, was diese Gattung in englischer Sprache zu bieten hat: *Love for Love* (1695; *Liebe für Liebe*, 1766) und *The Way of the World* (1700; *Der Lauf der Welt*, 1787). Dieses zweite Stück ist der Höhepunkt und in gewisser Weise auch der Schlußpunkt von C.s – uvre, denn danach folgten nur noch wenige und vergleichsweise unbedeutende Werke: zwei Opernlibretti, einige Gedichte und Übersetzungen. Der frühe Abgang des Komödienautors C. hatte sicherlich eine Reihe von Ursachen: die Enttäuschung über die lauwarme Reaktion des Publikums auf *The Way of the World*, die Gicht, die C. zunehmend plagte, und ein indolentes, dem kultivierten Genuß zugewandtes Temperament. – Bei C.s erster Veröffentlichung *Incognita* (1692; *Incognita oder die Versöhnung von Liebe und Pflicht*, 1947) handelt es sich um eine Erzählung, doch auch dieser narrative Text läßt die dramatischen Neigungen C.s erkennen. Bereits im Vorwort weist er darauf hin, daß er sich an den Regeln des Dramas, insbesondere der Komödie, orientiert habe (und nimmt damit einen Gedanken der Romantheorie Henry Fieldings vorweg). Die Erzählung selbst bestätigt die Thesen des Vorworts: der ironisch-spielerische Tonfall, die Begrenztheit des Schauplatzes, die dramatisch zugespitzte Handlung, die von szenenartigen Blöcken geprägte Erzählweise – all dies sind Charakteristika, die der Komödie nachempfunden sind. C.s erster Versuch in dieser Gattung, *The Old Bachelor*, unterscheidet sich von seinen späteren Komödien dadurch, daß hier mehrere, nur lose miteinander verbundene Intrigen nebeneinander herlaufen und daß es v. a. um die Bloßstellung dreier alter Toren geht. In den späteren Komödien stehen dagegen zwei Liebende im Zentrum, die sich durch ihr moralisches Niveau und die Ernsthaftigkeit ihrer Zuneigung deutlich von den übrigen, überwiegend affektierten oder korrupten Charakteren unterscheiden, ohne dabei naiv oder weltfremd zu sein. Alle Episoden und Intrigen sind Komponenten der zentralen Liebeshandlung, die mit der Eheschließung der Hauptfiguren endet. – Die kompositorische Sorgfalt, die diesen Handlungsaufbau charakterisiert, zeigt sich auch in der Dichte der motivischen und thematischen Bezüge, die insbesondere den beiden letzten Komödien eigen ist. *Love for Love* beginnt mit einem Dialog, in dem sich der Protagonist Valentine, der gerade Seneca und Epiktet gelesen hat, auf einige Paradoxa der Stoa beruft: Armut ist Reichtum, Verzicht ist Gewinn. Der romanzenhafte Schluß des Stücks, der als Antwort auf die Streitfragen des Eingangsdialogs konzipiert ist, gibt Valentine recht. Er gewinnt seine Geliebte Angelica und das väterliche Erbe genau in dem Moment, in dem er auf beides verzichtet. *The Way of the World* kreist um die Frage, welche Rolle Verträge in der Gestaltung zwischenmenschlicher Beziehungen spielen. Der Philosoph Thomas Hobbes hatte in *Leviathan* (1651) die These aufgestellt, der Gesellschaftsvertrag sei das Mittel, mit dem der Mensch seine Wolfsnatur zähmen, den Naturzustand des Krieges aller gegen alle vermeiden und den Kulturzustand des Friedens herbeiführen könne. C.s Antwort fällt weniger eindeutig aus. Zwar werden Verträge in *The Way of the World* in einigen Fällen dazu benutzt, legitime Interessen gegen fremde Habgier zu sichern. In anderen Fällen werden sie dagegen als Mittel der Ausbeutung und Erpressung mißbraucht. Eine spielerische Variation auf das Vertragsthema ist die berühmte *proviso scene*, in der Mirabell und Millamant sich die Bedingungen stellen, unter denen sie zur Heirat bereit sind. – Lady Mary Wortley Montagu bezeichnete C. als den geistreichsten Menschen, der ihr je begegnet war (kein unbedeutendes Kompliment, da Lady Mary u. a. Alexander Pope zu ihren Freunden zählte). Von C.s Witz haben auch seine Figuren einiges mitbekommen, nach Ansicht mancher Kritiker sogar zuviel. An diesem Vorwurf ist richtig, daß man auch bei den Dummköpfen C.s wunderschöne Einfälle und unnachahmliche Formulierungen findet. Doch im Dramenkontext sind die Unterschiede zwischen den geistreichen und den geistlosen Figuren unverkennbar. Dies betrifft v. a. die sprachliche Form. Jede Figur C.s hat eine unverkennbare stilistische Physiognomie. Ein beeindruckendes Beispiel für die Kunst, mit der C. Sprache zum Zweck der Figurenzeichnung einsetzt, ist die betagte Witwe Lady Wishfort in *The Way of the World*. Gleich ihre Eingangsszene, in der sie voller Ungeduld auf die Dienerin Foible wartet, ist ein kleines Meisterstück: ein assoziatives Zwiegespräch mit dem Spiegelbild, unterbrochen von barschen Kommandos, mit denen Foibles unerfahrene Vertreterin traktiert wird. Im Gespräch mit dem vermeintlichen Verehrer Sir Rowland dagegen befleißigt sich Lady Wishfort einer hochgestochenen Diktion, die sich haarscharf am Rande des Malapropismus entlangbewegt. In anderen Szenen, in denen sie ihrer Rede keinen

Zwang antut, beschimpft sie ihre Gegner mit beeindruckend anschaulicher Phantasie. Allein die sprachliche Gestaltung dieser Rolle sollte genügen, um das immer noch kursierende Vorurteil, die Restaurationskomödie erschöpfe sich im Abspulen stereotyper Zynismen, ein für allemal zu widerlegen.

Werkausgaben: *The Complete Works.* Hg. M. Summers. 4 Bde. London 1923. – *The Complete Plays.* Hg. H. Davis. Chicago 1967.
Literatur: J. Peters. *Congreve, the Drama, and the Printed Word.* Stanford, CA 1990. – M. Novak. *William Congreve.* New York 1971.

Burkhard Niederhoff

Conrad, Joseph [Józef Teodor Konrad Naleçz Korzeniowski]

Geb. 3. 12. 1857 in Berdicev, Ukraine; gest. 3. 8. 1924 in Bishopsbourne, Kent

In einem Brief vom 2. 8. 1901 hat Joseph Conrad die zentrale Idee seines künstlerischen Selbstverständnisses artikuliert, daß Kunstwerke ihre Legitimität einzig in der mutigen Identifizierung all jener unversöhnlichen Widersprüche finden, die unser Leben so rätselhaft, beschwerlich, faszinierend, gefährlich und so voller Hoffnung machen. Alle Texte, die C.s Anerkennung als einen der sensibelsten und hellsichtigsten Schriftsteller der frühen Moderne begründen, sind Darstellungen eben solcher Konflikte (z. B. zwischen Individuum und Umwelt, Treue und Verrat, Entfremdung und Solidarität, Ehre und Korruption). Als künstlerische Resultate einer bedingungslosen Treue gegenüber den eigenen Wahrnehmungen verfolgen sie – wie C. im Vorwort zu *The Nigger of the »Narcissus«* (1897; *Der Nigger vom »Narzissus«*, 1912) schreibt – die zentrale Absicht, die LeserInnen mit Hilfe des geschriebenen Wortes hörend, fühlend, v. a. aber *sehend* zu machen. Wenn ihm das gelinge, würden sie Ermunterung, Trost, Furcht, Charme und vielleicht auch jene Ahnung von Wahrheit finden, um die zu bitten sie vergessen hätten. Allerdings müßten sie sich ebenfalls bedingungslos auf seine Texte einlassen, denn der Autor schriebe nur das halbe Buch – die andere Hälfte sei ihre Aufgabe. Zwar hoffte C. nicht, daß diese gemeinsame Anstrengung die Welt verbessern könnte, aber sein Werk legt nahe, daß ein ebenso beharrlicher wie unverzagter Blick auf die Unzulänglichkeiten der Menschen ihrem Scheitern die nötige Würde verleihen könnte.

Leidvolle Erfahrungen bestimmten C.s frühe Jugend: Józef Teodor Konrad Korzeniowski wurde 1857 als einziger Sohn von Apollo Korzeniowski (1820–69) und Ewa, geb. Bobrowska (1832–65) in Berdicev (in der ukrainischen Provinz Podolia, die seit 1793 unter russischer Oberherrschaft stand) geboren. Seine Eltern gehörten zum polnischen Landadel, kämpften für die politische Unabhängigkeit Polens und bezahlten diesen Einsatz mit Exil, Krankheit und frühem Tod. Nach dem Tod des Vaters nahm sich der ältere Bruder von C.s Mutter, Tadeusz Bobrowski (1829–94), seiner an. K.s Erfahrungen von politischer Verfolgung, Exil, Krankheit, Tod sowie familiärer und nationaler Heimatlosigkeit wurden kaum dadurch gemildert, daß er in einer intellektuell anregenden Umgebung aufwuchs: Durch seinen Vater, der Shakespeare, Dickens und Hugo ins Polnische übersetzte, kam C. früh und intensiv mit Literatur in Berührung. Obwohl er keine regelmäßige Schulbildung genoß, lernte er doch Französisch und war seit seinem fünften Lebensjahr ein begeisterter Leser. Als er 15 Jahre alt war, äußerte er zum ersten Mal den Wunsch, zur See zu fahren – ein Begehren, das auf den ersten Blick dem typischen (durch Leseerlebnisse geförderten) jugendlichen Drang nach Freiheit und Abenteuern geschuldet scheint, aber im Kontext der allgemeinen polnischen Emigration nach Amerika (2.500.000) und Westeuropa (500.000) zwischen 1870 und 1914 und der besonderen Lage C.s, der als Sohn eines politischen Gefangenen mit einer bis zu 20jährigen Wehrpflicht in der russischen Armee rechnen mußte, eine andere Perspektive erhält. 1874 ging C. nach Marseille; nach drei Fahrten auf französischen Schiffen in die Karibik wechselte er zur britischen Handelsmarine und betrat am 10. 6. 1878 zum ersten Mal englischen Boden. Bis 1894 fuhr er zur See (v. a. nach Indien, Südostasien und Australien), arbeitete sich vom einfachen Seemann zum Kapitän empor und lernte die englische Sprache; 1884 bestand er die Prüfung zum ersten Offizier, 1886 die Prüfung zum Kapitän; im selben Jahr wurde er als britischer Staatsbürger naturalisiert. – Während eines Landurlaubs im Herbst 1889, nachdem er zum ersten (und einzigen) Mal als Kapitän zur See gefahren war, begann C. sein ›drittes Leben‹ als Schriftsteller. Zum neuen Leben

gehörte auch ein neuer Name: Joseph Conrad – und als sein erster Roman 1895 erschien, saß C. bereits an seinem zweiten. Selbst das Produkt vielfältiger kultureller Einflüsse, erschrieb er sich in den nächsten 30 Jahren in seiner dritten Sprache eine Welt, wie sie sich vielgestaltiger kaum vorstellen läßt: Sie reicht vom malaiischen Archipel bis ins Innere Afrikas, vom Mittelmeer bis an die Küsten Südamerikas, von Genf nach London und St. Petersburg.

C.s literarisches Schaffen läßt sich in vier Phasen einteilen: (a) Während seiner ›Lehrzeit‹ verfaßte er die beiden im malaiischen Archipel angesiedelten, in ihrem Handlungsablauf miteinander verknüpften Romane *Almayer's Folly* (1895; *Almayers Wahn*, 1935) und *An Outcast of the Islands* (1896; *Der Verdammte der Inseln*, 1934), bei deren Gestaltung er – wie auch in den späteren Werken – eigene Anschauungen und Erfahrungen mit den Ergebnissen extensiver Lektüre (u. a. Alfred Russel Wallace, Fred McNair, Rodney Mundy) verwob. Wenngleich beide Romane strukturell der Abenteuerromanze (wie sie sich z. B. bei Robert Louis Stevenson, Rider Haggard und Rudyard Kipling findet) verpflichtet sind, gehen sie doch deutlich über sie hinaus: Ihre Protagonisten Almayer und Willems sind Antihelden, deren Inkompetenz, Illoyalität und moralischer Verfall den kolonialen Prozeß in Frage stellen und verurteilen; den Kolonisierten dagegen, denen sich C. verbunden fühlt, ohne sie zu idealisieren, gibt er Raum und Stimme(n), so daß seine Romane nicht nur ein weiteres Kolonialgebiet literarisch ›erschließen‹, sondern auch in seiner kulturellen Vielfalt repräsentieren. – (b) In den folgenden 15 Jahren schrieb C. z. T. unter schwierigsten persönlichen Bedingungen (mit finanziellen Problemen, Krankheiten, Depressionen und Schreibhemmungen) seine gelungensten Erzählungen und Romane. Am Anfang dieser Phase stand *The Nigger of the »Narcissus«*, den Stephen Crane für die beste Seegeschichte überhaupt hielt. Aber der Roman ist mehr: Das Meer symbolisiert das Leben in seiner die Menschen herausfordernden Unwägbarkeit, die »Narzissus« einen sozialen Mikrokosmos, in dem sich die Schiffsbesatzung Problemen menschlichen Verhaltens stellen und in ihnen bewähren muß. C. gelingt es, die Aufmerksamkeit auf das Schiff und seine Besatzung zu lenken, weil er einen einheitlichen, seine Perspektive aufdrängenden Erzähler vermeidet, statt dessen mit einem allwissenden Erzähler beginnt, später in die »Wir«-Perspektive eines Mannschaftsmitglieds schlüpft und das Ende der Reise aus der Ich-Perspektive schildert. – Es folgten die Erzählungen »Youth« (1898; »Jugend«, 1926), »Heart of Darkness« (1899; »Das Herz der Finsternis«, 1926) und der Roman *Lord Jim* (1900; *Lord Jim*, 1927), denen bestimmte Merkmale (Rahmenerzählung, die vermittelnde Erzählerfigur Marlow) gemeinsam sind. »Youth« ist eine Initiationsgeschichte, die die ›Entdeckung des Ostens‹ thematisiert. »Heart of Darkness«, C.s wohl berühmtester (wenngleich kontrovers diskutierter) Text, ist auf Grund seiner semantischen und erzählerischen Komplexität auf vielen Ebenen lesbar. Marlows Fahrt den Kongo hinauf ist eine Reise in die Finsternis, die an kolonialistischen Greueln vorbei zu der Figur führt, die sie auf extreme Weise verkörpert: dem Handelsagenten Kurtz, der auf Grund seiner Machtfülle regrediert und den ›Verlockungen‹ dieser Regression erlegen ist. Diese Reise ist aber auch eine Reise ins Innere von Marlow, der sich – fasziniert und entsetzt von Kurtzens ›Grenzenlosigkeit‹ – mit Ambivalenzen in seiner eigenen Persönlichkeit konfrontiert sieht. Schließlich führt die Reise nicht nur in das Innere Afrikas, sondern in das gleichermaßen finstere Herz Europas. *Lord Jim* ist ein Bildungsroman: Ein junger Seemann voller hehrer Ideale will diesen entsprechend leben, seine romantische Idee von sich selbst verwirklichen – und scheitert bereits bei der ersten realen Bewährungsprobe. Er bekommt eine zweite Chance und scheitert abermals: Zusammen mit dem Kapitän und den anderen (weißen) Offizieren bringt er sich in Sicherheit, als sein Schiff voller Mekka-Pilger zu sinken droht. Wieder ist es Marlow, der (vornehmlich, aber nicht allein) diese Geschichte einer Runde von Zuhörern erzählt und versucht, diesem zweifachen Scheitern (dem ein drittes folgen wird) einen möglichen Sinn abzuringen. Dabei ist deutlich, daß sein Wissen nur partiell ist, aus verschiedenen Quellen stammt, die er selektiv nutzt und subjektiv zusammenfügt, wenn er sich auch mit der ihm eigenen Integrität um ›Wahrheit‹ bemüht. Aber selbst wenn es gelänge herauszufinden, ›wie es eigentlich gewesen ist‹, bliebe die Frage nach den Gründen menschlicher Fehlbarkeit unbeantwortet. So müssen die LeserInnen entscheiden, ob sie Jims Ende – er stirbt, um seine Ehre nicht ein drittes Mal zu verlieren – gutheißen oder, da sein Tod die Einsamkeit seiner Frau und den Niedergang von Patusan impliziert, kritisieren. – Die Höhepunkte dieser Schaffensphase werden durch drei Romane

markiert: *Nostromo* (1904; *Nostromo* 1927) – von vielen als C.s größtes Werk eingeschätzt – ist der Versuch, die »materiellen Interessen«, d.h. den Kapitalismus in seiner alle Lebensbereiche durchdringenden Form darzustellen. C. entwirft hier das vielschichtige, -gestaltige und -stimmige Panorama eines fiktiven südamerikanischen Landes, in dem sich alles um ›das Silber‹ dreht; nicht nur die jeweiligen Regierungen sind von ihm abhängig, sondern auch die Möglichkeiten und Grenzen von sozialem Frieden und Glück. *The Secret Agent* (1907; *Der Geheimagent*, 1926) ist C.s ›schwärzestes‹ Buch: Was auf den ersten Blick wie ein Roman über Spionage und Gegenspionage im London des ausgehenden 19. Jahrhunderts aussehen mag (und auch an der Formierung dieses Genres entscheidenden Anteil hatte), ist tatsächlich ein unerbittlicher Blick auf einen repräsentativen Querschnitt der Gesellschaft, in dem der einzige nicht-korrumpierte Mensch das Opfer ist: ein geistig behinderter Jugendlicher. Alle anderen sind – auf je eigene Weise: im politischen wie privaten Leben – Geheimagenten: Sie lügen und betrügen, täuschen und erpressen um des eigenen Vorteils willen. *Under Western Eyes* (1911; *Mit den Augen des Westens*, 1913) hat C. nach eigenen Aussagen größte Probleme bereitet: In diesem Roman, der im sozialrevolutionären Milieu in St. Petersburg und Genf spielt, hat er versucht, sein Bild und seine Erfahrungen des zaristischen Rußland künstlerisch zu bewältigen. Der Roman ist im Grunde eine Geschichte von Treue und Verrat, wobei der Verrat des anderen den Verrat der eigenen Identität bzw. Existenz bedeutet, während die Treue zu dem anderen auch Treue zu sich selbst verbürgt. C. hat die Arbeit an diesem Roman (über den Verrat) kurzfristig unterbrochen, um in »The Secret Sharer« (1910; »Der heimliche Teilhaber«, 1955) das Gegenbild (der Treue) zu entwerfen. – (c) Nach einem physischen und psychischen Zusammenbruch unmittelbar nach dem Abschluß von *Under Western Eyes* im Januar 1910, von dem er sich nur langsam erholte, kehrte C. in seiner dritten Schaffensperiode zu bereits früher bearbeiteten Themen zurück: In *Chance* (1913/14; *Spiel des Zufalls*, 1926) begegnen die LeserInnen einem gealterten, aber keineswegs weiseren Marlow, der eine komplexe Intrige erzählt. *Victory* (1915; *Sieg*, 1927) ist – in der Form der Abenteuerromanze – eine philosophische Meditation über die Entfremdung und Isolation des Individuums sowie die Möglichkeiten und Grenzen ihrer Überwindbarkeit durch Mitgefühl, Liebe und Solidarität. *The Shadow-Line* (1917; *Die Schattenlinie*, 1926) ist eine Initiationsgeschichte, die den Übergang vom Jugend- zum Mannesalter und die Relevanz der Übernahme von Verantwortung thematisiert. – (d) In seinen letzten Werken stellt C. geringere Ansprüche an sich und seine LeserInnen. *The Arrow of Gold* (1919; *Der goldene Pfeil*, 1932) ist eine Romanze, die zur Zeit der Carlisten-Aufstände spielt. *The Rescue* (1920; *Die Rettung*, 1931) hatte C. ursprünglich 1896 als dritten Band seiner ›malaiischen Trilogie‹ begonnen, aber nie beenden können. *The Rover* (1923; *Der Freibeuter*, 1930) spielt nahe Toulon um 1800 und stellt die Heimkehr und den ehrenvollen Tod eines alten Freibeuters dar. Es scheint, als habe C. nicht nur Frankreich und seiner Kultur (die Peyrol symbolisiert), sondern auch sich selbst ein literarisches Denkmal setzen wollen. *Suspense* (1925; *Spannung*, 1936), der lange geplante napoleonische Roman, ist unvollendet geblieben.

C.s Werk ist Produkt und Ausdruck einer komplexen Kreuzung verschiedener Diskurse: Es registriert und reagiert auf den Höhepunkt und Niedergang sowohl der Segelschiffahrt als auch des imperialen Zeitalters und stößt dabei an die Grenzen des in den tradierten Formen der viktorianischen Reise- und Abenteuerliteratur Darstellbaren. Seine Mahnung an Arnold Bennett, daß Realismus in der Kunst niemals die Realität zu fassen bekäme, demonstriert C.s Bestreben, durch eine stärker impressionistische, sensualistische Schreibweise seinen Texten ein Element »der Formbarkeit von Skulpturen, der Farbe von Gemälden und des zauberhaften Anspielungsreichtums der Musik« (*Preface* zu *The Nigger of the »Narcissus«*) zu geben. Aber dies reicht C. nicht; die Weltbilder seiner Romane bezeugen und reagieren auf eine zunehmende metaphysische Verunsicherung: Die Handlungsstrukturen sprengen tradierte Wahrnehmungsformen und verlangen angemessene, diskontinuierliche Chronologien. Die Erzähler können nicht behaupten, die Wahrheit zu sagen, weil sie ihnen nur partiell zugänglich ist; deshalb multipliziert C. sie, um sich ihr – wenn überhaupt – durch eine Polyphonie der Stimmen und Perspektiven zu nähern. Oft scheint auch dies nicht möglich, wenn sich verschiedene Stimmen kreuzen, denen nur ihre beißende Ironie gemeinsam ist. Sein unbeirrbares, unvergleichliches Ausloten des Sagbaren, für das ihn das Schreiben in seiner dritten Sprache sensibilisierte, macht C. zu einem der hervorragendsten Vertreter der frühen Moderne.

Werkausgaben: *Collected Edition of the Works of Joseph Conrad*. London 1946–55. – *Gesammelte Werke in Einzelbänden*. Frankfurt a.M. 1962–84.
Literatur: O. Knowles/G.M. Moore, Hgg. *Oxford Reader's Companion to Conrad*. Oxford 2000. – J.H. Stape, Hg. *The Cambridge Companion to Joseph Conrad*. Cambridge 1996. – Ch. GoGwilt. *The Invention of the West: Joseph Conrad and the Double-Mapping of Europe and Empire*. Stanford 1995. – J. Griem. *Brüchiges Seemannsgarn: Mündlichkeit und Schriftlichkeit im Werk Joseph Conrads*. Tübingen 1995. – A. White. *Joseph Conrad and the Adventure Tradition: Constructing and Deconstructing the Imperial Subject*. Cambridge 1993. – K. Carabine, Hg. *Joseph Conrad: Critical Assessments*. 4 Bde. Mountfield 1992.

Jürgen Kramer

Coward, [Sir] No 1

Geb. 16. 12. 1899 in Teddington-on-Thames, Middlesex;
gest. 26. 3. 1973 in Blue Harbour, Jamaica

In seiner Vielseitigkeit als Dramatiker, Schauspieler, Komponist, Liedtexter, Regisseur, Filmemacher und Nachtklub-Entertainer war No 1 Coward eine singuläre Erscheinung. In einem Zeitraum epochaler Umwälzungen reichte seine Entwicklung von der kulturellen Ikone der 1920er und 1930er Jahre bis zum wertkonservativen ›Master‹ der 1960er Jahre; insgesamt aber zeichnet sich sein – uvre durch stilistische Homogenität aus. Bei aller Breite der verwendeten Genres steht die Auseinandersetzung mit der Komödientradition im Mittelpunkt. Als zentrales Thema etabliert sich das Verhältnis zwischen den Geschlechtern, das sich in Permutationen der klassischen Dreier-/Viererkonstellationen darstellt. Während die Komödien der 1920er Jahre – *The Vortex* (1924) und *Hay Fever* (1925; *Heufieber*, 1926) – diese Grundkonstellation noch in einen invertierten Generationskonflikt integrieren, wird in den Texten der 1930er und 1940er Jahre – *Private Lives* (1930; *Intimitäten*, o.J.), *Design for Living* (1933; *Unter uns Vieren*, 1952) und *Present Laughter* (1942) – ihr komödienhaftes Konfliktpotential als Unvereinbarkeit der Geschlechter realisiert: Mann und Frau sind gleichermaßen unfähig, miteinander wie getrennt voneinander zu leben; der Kampf um Dominanz ist ein potentiell unabschließbarer geometrischer

Reigen, der zunehmend den Bezug zur außertheatralischen Realität verliert. C.s Komödien sind kein ›soziales‹ Genre mehr, das einen gemeinsamen Werte-/Normenkodex voraussetzt, und hierin liegt einer der Gründe für ihre (post-)moderne Attraktivität. – Das Insistieren auf der Unvereinbarkeit heterosexueller Beziehungen spiegelt C.s Homosexualität, die er als ›offenes Geheimnis‹ behandelte, die ihn aber dazu brachte, eine öffentliche Rollenfigur als Schutzschild zu entwickeln. Diese Selbstinszenierung, die mit Klischeevorstellungen kokettierte, führte zu der ironischen Weltkonstruktion eines ›Außenseiters‹, die in der ›flippancy‹ der Bühnenfiguren einen adäquaten Ausdruck findet.

Die Stücke C.s haben einen festen Platz im Repertoire des englischen Theaters gefunden. Seine eigentliche Wiederentdeckung, die fast sein gesamtes – uvre umfaßt, begann Anfang der 1980er Jahre. Inzwischen hat auch die akademische Kritik C. entdeckt. Sie stellt den subversiven und experimentellen C. in den Vordergrund, stellt ihn aufgrund seiner Dialogbehandlung und Figurenkonzeption in die Tradition der Dramatik des Ungesagten (Samuel Beckett, Harold Pinter) und betont seinen postmodernen moralischen Relativismus.

Werkausgaben: *The Collected Plays of No l Coward: Play Parade.* 6 Bde. London 1934–62. - *Plays.* 5 Bde. London 1979–83. – *The Lyrics of No l Coward.* London 1983. – *The Complete Stories.* Hg. M. Tickner. London 1985. – *Collected Revue Sketches and Parodies.* Hg. B. Day. London 1999.
Literatur: J. Kaplan/Sh. Stowell, Hgg. *Look Back in Pleasure: No l Coward Reconsidered.* London 2000. – C. Fisher. *No l Coward.* London 1992. – G. Krieger. »Welt als Theater: No l Cowards Selbstinszenierung und theatralische Weltsicht im Spiegel seiner Komödien.« *Anglistik & Englischunterricht* 45 (1991), 53–80. – F. Gray. *No l Coward.* Basingstoke 1987. – J. Lahr. *Coward the Playwright.* Berkeley 2002 [1982].

Gottfried Krieger

Cowley, Abraham

Geb. 1618 in London;
gest. 28. 7. 1667 in Chertsey, Surrey

Das zentrale Ereignis in der englischen Geschichte des 17. Jahrhunderts, der Bürgerkrieg zwischen König und Parlament, war für das Leben Abraham Cowleys von entscheidender Bedeutung. Nachdem er sich für die Partei des Königs entschieden hatte, verlor er 1643 seine Stellung als Fellow an der Universität von Cambridge und war ein Jahrzehnt als Sekretär der Königin im französischen Exil tätig. Nach England zurückgekehrt, wurde er 1655 festgenommen, von Cromwell verhört und für einige Monate inhaftiert. Ob er danach seine politischen Aktivitäten einstellte oder als royalistischer Spion tätig war, ist ungeklärt. Bei der Verteilung von Ämtern und Privilegien nach der Restauration der Monarchie 1660 ging er leer aus und lebte bis zu seinem Tod zurückgezogen. – C. war ein vielseitiger Dichter, der unterschiedliche Gattungen und Stile souverän beherrschte. Das von Samuel Johnson bewunderte Gedicht »The Chronicle« (1656), dessen Sprecher seine zahlreichen Geliebten wie bunte Perlen aneinanderreiht, ist ein Beispiel schwereloser Anakreontik. Die Liebesgedichte aus *The Mistress* (1647), die um die petrarkistischen Topoi der spröden Geliebten und der unerwiderten Liebe kreisen, schlagen einen anderen Ton an. Wenn der Sprecher hier sein Liebesleid besonders dazu benutzt, um durch absurde Übertreibungen, ausgefallene Vergleiche und paradoxe Schlußfolgerungen seinen Witz unter Beweis zu stellen, dann ist das Vorbild John Donne unverkennbar. Die von Pindar inspirierten Oden C.s, deren unregelmäßige Form Enthusiasmus und Ergriffenheit zum Ausdruck bringt, besingen herausragende Individuen wie Thomas Hobbes oder abstrakte Themen wie das Schicksal oder die Dichtung. C.s ambitioniertestes Werk, die *Davideis* (1656), stellt wie Miltons *Paradise Lost* (1667) mit seiner alttestamentarischen Thematik die klassische Gattung des Epos in den Dienst des Christentums; allerdings vollendete C. nur vier von zwölf geplanten Büchern. Am nächsten kommt man der Persönlichkeit C.s wohl in den Essays, die er in seinen letzten Jahren schrieb. Die Thematik ist autobiographisch, der Tonfall entspannt und persönlich. Auch die zahlreichen Zitate aus der klassischen Literatur sind so sehr in den Gedankengang integriert, daß sie nicht als Demonstration von Gelehrsamkeit, sondern als Ausdruck einer individuellen Gedankenwelt wirken. – C. wurde zu Lebzeiten hochgeschätzt, doch die im späten 17. Jahrhundert einsetzende Reaktion gegen den ›metaphysischen‹ Stil Donnes wurde auch dem Autor von *The Mistress* zum Verhängnis. Es spricht für C., daß Nachfolger wie Dryden und Johnson bei allen Vorbehalten gegen den Stil von C.s Dichtung nicht umhin können, ihre Begeisterung und ihren Respekt für diesen Autor zuzugeben.

Werkausgaben: *The English Writings of Abraham Cowley.* Hg. A. R. Waller. 2 Bde. Cambridge 1905–06. – *The Collected Works of Abraham Cowley.* Hg. T. Calhoun et al. Bd. 1 ff. Newark, NJ 1989 ff. Literatur: D. Trotter. *The Poetry of Abraham Cowley.* London 1979. – U. Suerbaum. *Die Lyrik der Korrespondenzen: Cowleys Bildkunst und die Tradition der englischen Renaissancedichtung.* Bochum 1958.

Burkhard Niederhoff

Cowper, William

Geb. 15. 11. 1731 in Great Berkhamsted, Hertfordshire;
gest. 25. 4. 1800 in East Dereham, Norfolk

Die Lebensspanne von William Cowper liegt genau ein Jahrhundert nach der John Drydens am Ausklang des Klassizismus und an der Schwelle zur Romantik. Der Pfarrerssohn aus Hertfordshire wählte die für sein sensibel-melancholisches Temperament denkbar ungeeignete juristische Laufbahn; sie wurde 1763 durch den Ausbruch einer Geisteskrankheit beendet, deren depressive Symptome, verbunden mit religiösen Wahnvorstellungen und Heilsängsten, ihn in späteren Jahren periodisch heimsuchen sollten. Sein zurückgezogenes Leben an ländlichen Orten wie Olney und Weston hatte, ebenso wie sein Dichten, in dem sich liebevolle Naturbetrachtung mit affektiver Religiosität verbindet, für ihn selbst therapeutische Bedeutung. Zwei Persönlichkeiten aus dem evangelikalen Milieu verhalfen seinem Leben in Krisenzeiten zu einer verzweifelt benötigten Stetigkeit: Mary Unwin, eine Pfarrerswitwe von mütterlichem Naturell, wurde seine lebenslange Seelenfreundin, er ihr Untermieter auf Dauer; und John Newton, ein Erweckungsprediger, nahm den von Selbstmordimpulsen Gepeinigten 1773 ein Jahr lang in sein Haus auf und machte ihn zum Dichter, indem er ihn ermunterte, mit ihm zusammen Kirchenlieder zu schreiben, die unter dem Titel *Olney Hymns* (1779) berühmt wurden. Mrs. Unwin inspirierte den Band *Poems* von 1782 mit seinen milden Gesellschaftssatiren, in denen C., noch unter dem Einfluß Alexander Popes, nach der eigenen poetischen Stimme suchte. Er fand sie mit Hilfe von Lady Austen, einer weiteren Freundin und der Muse seines originellsten Gedichts, das 1785 unter dem Titel *The Task* erschien (*Die Aufgabe,* 1998). Die Dame hatte dem ›Gelegenheitsdichter‹ das Sofa seines Zimmers als dichterisches Sujet verordnet, und er benützte das Möbelstück als Ausgangspunkt eines humoristisch-melancholisch-deskriptiv-reflexiven Blankversgedichts von epischer Länge über das Thema des einfachen Lebens als Weg zum Seelenfrieden. Diese Subjektivierung des Epos im ›göttlichen Plauderton‹ (in der Formel von Samuel T. Coleridge: »divine chit-chat«) war wegweisend für die Romantik. Im gemächlichen, frei schweifenden Assoziationsfluß erschließt sich das meditierende Ich in ländlicher Landschaft die Glücksquellen der eigenen Subjektivität. Freilich sucht der im Schatten seelischer Schrecken lebende Autor in Landschaft und Kunst gleichermaßen das menschliche Maß: Darin erweist sich der Vorromantiker noch als Klassizist, der eine horazische und vergilsche Perspektive des Landlebens im Gesprächston anglisiert. Auch C.s Briefe zeigen ihn als einen höchst anziehenden Meister des familiären Stils. Seine in den letzten, durch physische und seelische Leiden verdunkelten Jahren entstandenen Homerübersetzungen entfernen sich spürbar von der klassizistischen Diktion eines Pope. Das Gedicht »The Castaway« hält das am Ende wieder dominante Lebensgefühl des Ausgestoßenseins in packenden Bildern und Rhythmen fest.

Werkausgaben: *The Letters and Prose Writings of William Cowper.* Hg. J. King/Ch. Ryskamp. 5 Bde. Oxford 1979–86. – *The Poems of William Cowper.* Hg. J. D. Baird/Ch. Ryskamp. 3 Bde. Oxford 1980–95. Literatur: M. Priestman. *Cowper's Task : Structure and Influence.* Cambridge 1983. – V. Newey. *Cowper's Poetry.* Totowa 1982. – Ch. Ryskamp. *William Cowper of the Inner Temple, Esq.: A Study of His Life and Works to the Year 1768.* Cambridge 1959.

Werner von Koppenfels

Crabbe, George

Geb. 24. 12. 1754 in Aldeburgh, Suffolk;
gest. 3. 2. 1832 in Trowbridge, Wiltshire

George Crabbe, Dichter und Dorfpfarrer, war eine Gestalt des Übergangs. Einerseits gehörte er als Nachkömmling des *Augustan Age* dem 18. Jahrhundert an. Dem 1780 aus Aldeburgh nach London gekommenen Möchtegern-Literaten, von Beruf eigentlich Wundarzt und Apotheker, leisteten in prekärer Lage Edmund Burke und Samuel

Johnson Hilfestellung bei der Veröffentlichung erster (an Alexander Pope orientierter) Gedichte, besonders des gegen Oliver Goldsmiths Idylle *The Deserted Village* (1770) gerichteten, antipastoralen Langgedichts *The Village* (1783). Ähnlich antiidealistisch waren indes bei Schilderungen des Dorflebens lange vor C. bereits Jonathan Swift, John Gay und andere zu Werke gegangen. Andererseits weisen C.s Werke weit ins 19. Jahrhundert voraus. In seinen umfangreichen Verserzählungen *The Borough: A Poem in Twenty-Four Letters* (1810), *Tales in Verse* (1812) und *Tales of the Hall* (1819) nahm C. – unter dem Eindruck der Französischen Revolution, der Industriellen Revolution und ihrer sozialen Folgen – den sozialkritischen Realismus und die deterministische Naturauffassung von Romanautoren wie George Eliot, George Gissing und Thomas Hardy vorweg. Obwohl er selbst kein Romantiker war, schätzten ihn Zeitgenossen wie William Wordsworth, Lord Byron und Sir Walter Scott (den C. 1822 in Schottland besuchte). In der Formensprache der Klassizisten (gereimte Verspaare in fünfhebigen Jamben, sogenannte *heroic couplets*; Satire, Brief und Charakterporträt) zeichnete der ›Dichter der Armen‹ ein illusionsloses Bild des Landlebens. Seine Menschen sind zwar auch Opfer der Umstände, aber sie machen sich v. a. selbst gegenseitig unglücklich. Ihr Autor begegnet ihnen mit – formal distanziertem – Mitgefühl. In *The Village*, »The Parish Register« (in *Poems*, 1807) und *The Borough* (so bezeichnete man Kleinstädte, die einen Parlamentsabgeordneten hatten) porträtierte C. mehr oder weniger direkt seinen Heimatort, das Fischerdorf Aldeburgh, das heute v. a. als Geburtsort des Komponisten Benjamin Britten (1913–1976) und als Musikfestspielort bekannt ist. (Teile von *The Borough* dienten als Stoffvorlage für Brittens 1945 uraufgeführte Oper *Peter Grimes*.) – Edmund Burke war es auch, der C. den Weg zu Kirchenämtern ebnete, zunächst 1782 beim Duke of Rutland in Leicestershire. So konnte C. 1783 endlich seine Jugendliebe heiraten; von sieben Kindern aus dieser Ehe überlebten indes nur zwei Söhne das Kindesalter. Nach zahlreichen anderen Pfarrstellen wirkte C., der zwischen 1785 und 1807 keine Gedichte veröffentlichte, ab 1814 bis zu seinem Tode als Dorfpfarrer in Trowbridge, Wiltshire. Bezeichnenderweise ist in »The Parish Register« (»Das Kirchenbuch«), einem von C.s besten Gedichten, ein Dorfpfarrer der Rahmenerzähler der nach »Baptisms«, »Marriages« und »Burials«

geordneten Kurzporträts. Auch in C.s späteren Werken überzeugen v. a. komplexe, einfühlsame Charakterporträts, während die beschreibenden Passagen oft überhand nehmen. Strukturell weisen einige von C.s Verserzählungen auf Kurzgeschichtenzyklen wie Sherwood Andersons *Winesburg, Ohio* (1919) voraus.

Werkausgaben: *The Poetical Works of the Rev. George Crabbe: With His Letters and Journals, and His Life, by His Son.* 8 Bde. London 1834. – *The Complete Poetical Works.* Hg. N. Dalrymple-Champneys/A. Pollard. 3 Bde. Oxford 1988.
Literatur: R. S. Edgecombe. *Theme, Embodiment and Structure in the Poetry of George Crabbe.* Salzburg 1983. – R. B. Hatch. *Crabbe's Arabesque.* Montreal/London 1976. – A. Pollard, Hg. *Crabbe: The Critical Heritage.* London 1972.

Henning Thies

Crashaw, Richard

Geb. 1613? in London;
gest. 21. 8. 1649 in Loreto, Italien

Richard Crashaw gilt gemeinhin als der ›unenglischste‹ und dem modernen Geschmack am schwersten zugängliche unter den *Metaphysical Poets* des 17. Jahrhunderts. Er wuchs als Sohn eines puritanischen Geistlichen in London auf und studierte Theologie in Cambridge, wo er 1634 Fellow von Peterhouse wurde (einem Zentrum der hochkirchlichen Fraktion) und im selben Jahr eine Sammlung lateinischer Epigramme zu geistlichen Themen veröffentlichte. Während dieser prägenden Jahre fühlte er sich stark von der Schönheit und Würde religiöser Rituale angezogen, die er seit 1639 als Pfarrer von Little St. Mary's hochhielt und auch in der befreundeten anglikanischen Gemeinschaft von Little Gidding intensiv pflegte. Nachdem 1643 in der Auftaktphase des Bürgerkriegs eine Parlamentskommission die College-Kapelle und andere Cambridger Kirchen von »abergläubischem Bildschmuck« gereinigt hatte, trat er als *anima naturaliter catholica* (Mario Praz) zum römischen Glauben über und ging nach Paris; dort erhielt er auf Vermittlung der exilierten Königin Henrietta Maria einen Posten in der Umgebung des Kardinals Palotto. Nach einem längeren Aufenthalt in Rom wurde er 1649 Subkanonikus an der Kathedrale des Heiligen Hauses in Loreto, wo er kurze Zeit später starb.
Obgleich C. sich in seiner ersten englischen

Gedichtsammlung, *Steps to the Temple* (1646), schon durch die Titelwahl in die Nachfolge von George Herberts *The Temple* (1633) stellt, ist sein poetischer Stil entscheidend vom flamboyanten Barock der Gegenreformation geprägt. Die Blut- und Wunden-Concetti seiner Passionsepigramme bezeugen diese Wahlverwandtschaft ebenso wie seine berühmten Langgedichte »The Weeper« (auf die Bußtränen der Magdalena) und »The Flaming Heart« (auf die Ekstase der Heiligen Teresa) mit ihren virtuosen Metaphernketten und ihrer Vermischung des Erotischen und Sakralen. Der Einfluß der spanischen Mystik ist hier ebenso unverkennbar wie der des führenden italienischen Barockdichters Giambattista Marino, dessen »La Strage degli Innocenti« (1610) über das von Herodes veranlaßte Kindermartyrium C. teilweise übersetzt hat. Seine ekstatische Religiosität verträgt sich mit intellektueller Brillanz und hoher metrischer Kunst. Im Anhang der *Steps to the Temple* finden sich, mit »The Delights of the Muses« überschrieben, eine Reihe von weltlichen Texten, darunter mehrere Übersetzungen, und so exquisit spielerische Stücke wie »Music's Duel« – ein Wettstreit zwischen Laute und Nachtigall – und »Wishes to His (Supposed) Mistress«. Die endgültige Fassung seiner Gedichte erschien 1652 in Paris unter dem Titel *Carmen Deo Nostro*.

Werkausgaben: *The Poems*. Hg. L. C. Martin. Oxford 1957 [1927]. – *The Complete Poetry*. Hg. G. W. Williams. New York 1970.
Literatur: R. T. Peterson. *The Art of Ecstasy: Teresa, Bernini and Crashaw*. London 1970. – A. Warren. *Richard Crashaw*. Chicago 1957 [1939]. – R. Wallerstein. *Richard Crashaw: A Study in Style and Poetic Development*. Madison 1962 [1935].

Werner von Koppenfels

Crawford, Robert

Geb. 23. 2. 1959 in Bellshill bei Glasgow

Unter diesem Talar ist kein Muff. Vordergründig liest sich zwar die Vita Robert Crawfords, der in Glasgow Anglistik studierte, in Oxford über T. S. Eliot promovierte, dort Research Fellow wurde und 1987 in die heimatlichen Gefilde zurückkehrte, um bald mit jungen Jahren als Professor für neuere schottische Literatur am altehrwürdigen Studienort St. Andrews zu wirken, als die Bilderbuchlaufbahn des talentierten Schotten, gar

des *Scotsman on the make*. Der Lebensweg läßt sich aber anders deuten: Der bei Glasgow geborene, urschottisch getaufte C. war gerade acht, als Winifred Ewing im nahen Hamilton ihren fulminanten Sieg für die *Scottish National Party* errang, durchlebte als Teenager den Aufschwung der separatistischen Partei, nannte seinen ersten Lyrikband mehrdeutig *A Scottish Assembly* (1990) und beschreibt auch nach der Eröffnung des neuen schottischen Parlaments diejenigen, deren Aspirationen damit erfüllt sind, als »auld enemy«. Oder so: Der jung wortverliebte C. wuchs zweisprachig auf, so daß sein zweiter Lyrikband *Sharawaggi* (mit W. N. Herbert, 1990) auf *Scots* geschrieben wurde und viele Gedichte makkaronisch ausfallen. Oder so: Der kleinbürgerlich erzogene C. studierte zur Blütezeit des Feminismus und hadert seitdem, zumal in *Masculinity* (1996), mit überlieferten Rollenbildern. Oder auch so: Der Grenzgänger C. entwickelte – wie auch Tobias Smollett, Robert Fergusson oder Sir Walter Scott, denen er eingehende Analysen widmet – ein Gespür für das Beengende der englischen wie schottischen Verhältnisse sowie nunmehr für die Hybridisierungen und Gleichzeitigkeiten der Postmoderne. Oder gar so: Der angehende Lyriker und Gelehrte C. schrieb seine *Scottish Highers* (Abitur) mit Füller, verfaßte seine Doktorarbeit am Bildschirm, verbreitet seine jüngste Lyrik auf der eigenen Homepage und thematisiert zunehmend – etwa in dem Gedichtband *Spirit Machines* (1999) – die neuen Welten des medialen Zeitalters. Alle fünf Lesarten sind angebracht, denn der agil-sensible Lyriker gehört zu den muntersten Vertretern der von Unabhängigkeitsbestrebungen, von *melancolia hiberniae*, vom Sprung über den kaledonischen Schatten sowie von postkolonialen und entmythologisierenden Tendenzen getragenen schottischen Renaissance der letzten Jahrzehnte. Kennzeichen seiner Lyrik ist der sichere Umgang mit einer Vielfalt an Formen und Themen. Bewegende Elegien auf den verstorbenen Vater, zeitkritischer *blank verse*, taktkräftige Balladen über Militante, auf *Scots* gehaltene Schmähgedichte (auch auf sich selbst) wechseln sich mit kurzen Vignetten und Prosagedichten ab. C. ist ein selbsternannter »*homo silens*«, aber in seiner Lyrik feiert er die Sprache mitunter Bacchanalien. Mit Simon Armitage, Sean O'Brien, Sujata Bhatt und Blake Morrison gehört er zu den begabtesten Lyrikern seiner Generation. Der rührige Anthologist, Herausgeber und Kritiker hat an der Neuerfindung Schottlands bedeutenden Anteil. Sein programmatisches Werk *Devolving English Literature* (1992) ist der Versuch, die »repressive Hommage an den Zentralismus« literaturwissenschaftlich zu überwinden. Es bleibt allerdings abzuwarten, ob in den Mühlen des Akademischen und den Mühsalen des Separatistischen nicht auch dieses Talent Muff ansetzt.

Richard Humphrey

Cumberland, Richard

Geb. 19. 2. 1732 in Cambridge;
gest. 7. 5. 1811 in Tunbridge Wells, Kent

Mit seiner Komödie *The West Indian (Der Westindier*, 1774), die am 19. 1. 1771 im Drury Lane Theatre uraufgeführt wurde, gelang Richard Cumberland ein in seiner Laufbahn einmaliger und durchschlagender Erfolg. Der zeitgenössischen Rezeption entsprechend, ist C. v. a. als Komödienautor in die Literaturgeschichte eingegangen. Kaum beachtet wurden die weniger erfolgreichen Tragödien, die gattungs- und medienüberschreitenden Stücke und die Romane. Als C. 1806 seine theater- und kulturgeschichtlich aufschlußreichen *Memoirs* veröffentlichte, konnte der Sohn eines Bischofs und Enkel des Gelehrten Richard Bentley auf ein vielfältiges schriftstellerisches Schaffen und eine abwechslungsreiche, größtenteils lukrative Laufbahn im öffentlichen Dienst zurückblicken.

C.s publikumswirksame Komödie *The West Indian* gilt als Hauptwerk der im 18. Jahrhundert populären *sentimental comedy*, die von Sir Richard Steele 1722 mit *The Conscious Lovers* begründet wurde. Im Gegensatz zu Steele und entsprechend der seit den 1770er Jahren zunehmenden Tendenz zur Wiederbelebung der *laughing comedy* setzte C. die kulturprägenden Werte der Empfindsamkeit durch die gelungene Verknüpfung mit komischen Elementen komödiengerecht um. Dementsprechend zeichnet sich *The West Indian* neben der Aneinanderreihung von *demonstration scenes*, in denen das Publikum für bislang eher verspottete Figuren wie den Westinder Belcour und den Iren O'Flaherty eingenommen wird, und der Tendenz zur Monologisierung v. a. durch aktionale Momente sowie einen schnelleren Replikenwechsel aus. Nicht der innere Konflikt tugendreicher Figuren und die ausgiebige Zurschaustellung empfindsamer Werte wie *sensibility* (Empfindsamkeit),

sympathy (Mitleid), *benevolence* (Wohlwollen), *humanity* (Humanität), *politeness* (Höflichkeit) und *honesty* (Ehrlichkeit) stehen im Vordergrund, sondern die Verknüpfung dieses Wertekatalogs mit Handel und Gelderwerb. Die Gleichsetzung von prosperierendem Handel und humanitärem Handeln vermag dabei die Illusion zu erzeugen, daß Besitzindividualismus stets mit Großzügigkeit und Hilfsbereitschaft einhergeht und damit zur wirtschaftlichen Stabilität ebenso beiträgt wie zur zwischenmenschlichen Verständigung. Die Sentimentalisierung von *commerce* schlägt sich in den zahlreichen Handelsmetaphern, in der Figurencharakterisierung und der dem Prinzip der poetischen Gerechtigkeit folgenden Schlußgebung nieder. Strukturelles Hauptmerkmal sind die Kontrast- und Korrespondenzrelationen, mittels derer ein festes Wertesystem etabliert wird. Spielraum für individuelles und unkonventionelles Verhalten bietet allein der finanzielle Rückhalt der Figuren: So läßt z. B. der reiche und ungestüme, aber ebenso herzensgute wie großzügige Belcour in der Werbung um die tugendhafte und mittellose Louisa Dudley jegliche Zurückhaltung vermissen. Der glücklichen Verbindung dieses und eines weiteren kontrastiv angelegten Paares steht in *The West Indian* v. a. der unverschuldete Geldmangel und die damit einhergehende, übertrieben feinsinnige Sensitivität, die auf die Ausbildung des Empfindsamkeitskultes seit den 1760er Jahren verweist, und die Zurückhaltung bei der Äußerung von Gefühlen entgegen. – In dem ebenfalls erfolgreichen Stück *The Brothers* (1769; *Die Brüder*, 1786) zeichnet sich durch die verstärkte Vermischung von Gattungsgrenzen zwischen der *sentimental comedy* und der *domestic tragedy* eine Tendenz zum Melodrama ab, das im 19. Jahrhundert zu einer der wichtigsten Dramengattungen avancierte.

Werkausgaben: *The Plays of Richard Cumberland*. Hg. R.F.S. Borkat. 6 Bde. New York 1982. – *The Unpublished Plays of Richard Cumberland*. Hg. R. J. Dircks. 2 Bde. New York 1991–92.
Literatur: R. J. Dircks. *Richard Cumberland*. Boston 1976. – W. Zach. »Richard Cumberland: The West Indian.« *Das englische Drama im 18. und 19. Jahrhundert: Interpretationen*. Hg. H. Kosok. Berlin 1976, 133–146. – S. T. Williams. *Richard Cumberland: His Life And Dramatic Work*. New Haven 1917.

Simone Roggendorf

Curnow, Allen

Geb. 17. 6. 1911 in Timaru, Neuseeland;
gest. 23. 9. 2001 in Auckland, Neuseeland

Auch im hohen Alter blieb Allen Curnow als
unangefochtener »Doyen« neuseeländischer Lyrik
ein produktiver Autor und eine rührige Persönlichkeit. 2001 ist sein letzter Gedichtband, *The
Bells of Saint Babel's: Poems 1997–2001*, erschienen.
Noch 1997 veröffentlichte er unter dem programmatisch munteren Titel *Early Days Yet* einen Band,
der unkonventionell die einzelnen Gedichte in
umgekehrter chronologischer Reihenfolge ab-
druckt. Es ist das Spätwerk eines Dichters, der sich
nicht auf seinen Lorbeeren ausruht. C. hatte vor
gut 70 Jahren die neuseeländische Lyrik praktisch
eigenhändig »erfunden« (C.K. Stead). Spätestens
seit Ende des Zweiten Weltkriegs waren sein Werk
und sein Wirken für mehrere Dichtergenerationen
prägend, auch wenn sie sich eher an ihm gerieben
haben. C.s bemerkenswerte Autorität gründet auf
ästhetischen wie ethischen Prinzipien. Sein Vater
war anglikanischer Pfarrer, er selbst begann eine
entsprechende theologische Ausbildung, die er jedoch aufgrund einer intensiven inneren Krise kurz
vor der Priesterweihe zugunsten einer journalistischen Tätigkeit bei der in Christchurch erscheinenden Tageszeitung *The Press* abbrach. Deutliche
Spuren dieses religiös geprägten Hintergrundes
bleiben allerdings in seinem lyrischen Werk sichtbar, wenn auch eher sprachlich als thematisch.
Generell umgibt C. die Aura einer moralischen
Instanz.

Lange galt er als der W. H. Auden Neuseelands.
Ein Beispiel für C.s Variante der engagierten Lyrik
stellt das lange, in mehrere formal-stilistisch unterschiedliche Abschnitte gegliederte Gedicht
»Moro Assassinato« (1979) dar. Das komplexe,
technisch meisterhafte Werk thematisiert die Ver-
schleppung und Ermordung des prominenten italienischen Politikers durch die terroristischen »Roten Brigaden«. C., der sich zur betreffenden Zeit in
Italien aufhielt, stützt sich bei seiner Darstellung
des tragischen Ereignisses u.a. auf Zeitungsberichte, ergänzt diese Quellen aber mit viel Phantasie und großem Einfühlungsvermögen. Das ermöglicht ihm, die ganze Intensität eines öffentlich-
politischen wie persönlich-privaten Geschehens
mit Akribie, Sensibilität und Glaubwürdigkeit einzufangen. Die Skala reicht von der realistischen
Darstellung unappetitlicher Details bis hin zu

übergreifenden gesellschaftspolitischen, ethischen
und metaphysischen Fragestellungen. Diese bewegende Chronik beeindruckt nicht zuletzt durch die
für C. typische, genaue Beobachtung sowie durch
die Poesie einer äußerst bildhaften Sprache, die
souveräne Beherrschung einer breiten Palette teilweise recht experimenteller Stilmittel im Dienste
des humanitären Impulses, das Unaussprechliche
dennoch zu artikulieren. Die Bandbreite der von
C. behandelten Thematik ist allgemein beträcht-
lich. Seitens der Kritik werden besonders seine
philosophische Tiefe und seine technische Perfektion gewürdigt, eine Geschliffenheit des Ausdrucks, die den Einfluß von Wallace Stevens und
Dylan Thomas erkennen läßt und nicht immer
leicht verständlich ist.

Historische Bedeutung für die Entstehung einer eigenständigen neuseeländischen Lyrik hat C.
v. a. durch die Herausgabe zweier einflußreicher
Anthologien erlangt: *A Book of New Zealand Verse
1923–45* (1945) und dessen revidierte Neuauflage
The Penguin Book of New Zealand Verse (1960).
Schon die erste Sammlung war kontrovers, die
Resonanz auf die zweite war gänzlich polarisiert in
begeisterte Zustimmung oder entschiedene Ablehnung. Auf jeden Fall lösten beide Anthologien
mit den in der Auswahl implizierten und in den
jeweiligen Einleitungen geäußerten Vorstellungen
des Herausgebers eine bislang einmalig bittere
Auseinandersetzung um die Verquickung von Lyrik mit Fragen der nationalen Identität aus. C. sah
nämlich den Zeitpunkt für eine eigenständigere
neuseeländische Literatur gekommen. Weder die
überholten britischen Vorbilder des *Georgianism*
noch die neueren Tendenzen der amerikanischen
Modernisten seien für die Darstellung der neuseeländischen Wirklichkeit adäquat. Statt dessen
plädierte dieser Kartograph der neuseeländischen
Psyche für eine lyrische Besinnung auf den eigentlichen geographischen und existentiellen Standort
des Landes mit seiner abgeschiedenen Insellage
inmitten eines riesigen Ozeans. Nur so könne die
notwendige Authentizität erreicht werden: »Reality
must be local and special at the point where we
pick up the traces.« Damit würde man nicht nur
der speziellen Beschaffenheit der eigenen Lage,
sondern gleichzeitig einem allgemeinen ästhetischen Prinzip gerecht: »Only an art well rooted
will ever spread its branches far.« Dieser Ansatz,
den C. bereits in eigenen Gedichten wie »The
Skeleton of the Great Moa in the Canterbury
Museum, Christchurch« oder dem 1942 anläßlich

des 300. Jahrestags der ›Entdeckung‹ Neuseelands durch Abel Tasman entstandenen »Landfall in Unknown Seas« selbst vorexerziert hatte, wurde von vielen Dichtern der jüngeren Generation, vornehmlich von Autoren der sogenannten »Wellington Group« um Louis Johnson sowie James Baxter als Rezept für eine geistig provinzielle Enge abgelehnt. Dagegen plädierten sie für eine Beschäftigung mit der urbanen Welt im Gegensatz zur insularen Umwelt, für eine internationale Ausrichtung statt nationaler Selbstbesinnung.

Ganz im Gegensatz zu den Erwartungen, die mit der Etikettierung als literarischer Nationalist verbunden sind, hat C. immer wieder für Überraschungen gesorgt. So hat er sich mit der Zeit von der Konzentration auf Fragen der kulturellen Identität gelöst und sich immer mehr einer persönlichen Thematik gewidmet. Der Band *Trees, Effigies, Moving Objects* (1972; *Bäume, Bildnisse, bewegliche Gegenstände*, 1994) evoziert eine ganz spezielle regionale Landschaft der Küste westlich Aucklands vor dem kontrapunktischen Hintergrund von Ereignissen der Kennedy-Ära in Washington.

Es besteht ein breiter Konsens darüber, daß C., unabhängig von der immensen Bedeutung, die er für sein Herkunftsland besitzt, auch einer der großen Dichter des englischsprachigen Raumes überhaupt ist.

Werkausgaben: *Selected Poems 1940–1989.* London 1990. – *Early Days Yet: New and Collected Poems 1941–1997.* Auckland 1997. – *Look Back Harder: Critical Writings 1935–1984.* Hg. P. Simpson. Auckland 1987. Literatur: M. Hulse et al. »Allen Curnow at Eighty: A Celebration.« *Verse* 8 (1991), 5–39. – A. Roddick. *Allen Curnow.* Wellington 1980. – C. K. Stead. »Allen Curnow's Poetry«. *Landfall* 65 (1963), 26–45.

Peter H. Marsden

D'Aguiar, Fred

Geb. 2. 2. 1960 in London

Fred D'Aguiar, aufgewachsen in Guyana, beschäftigt sich in seinem Werk mit der interkulturellen Synthese schriftlicher und oraler Traditionen Europas, Amerikas und Afrikas. Dies zeigt sich in seinen Lyriksammlungen *Mama Dot* (1985) und *Airy Hall* (1989) sowohl in den verwendeten Gedichtformen als auch im Wechsel von britischem und karibischem Englisch. Beide Gedichtbände

gliedern sich in drei Teile, die sich jeweils mit den Titelfiguren, dem Leben in Guyana und autobiographischen Erlebnissen beschäftigen. Während aber im ersten Band die Titelfigur zur Metapher für die Karibik und den spirituellen Charakter der Landschaft wird, beschäftigt sich *Airy Hall* mit den mystischen Aspekten der amerindischen Vergangenheit der Karibik. – In der Lyriksammlung *British Subjects* (1992) wendet D'A. sich alltäglichen Erfahrungen in Großbritannien und den eigenen ambigen Gefühlen gegenüber einem Land zu, das trotz rassistischer Übergriffe zur Heimat geworden ist. Das Gedicht »At the Grave of the Unknown African« gibt den Dialog zwischen lyrischem Ich und dem unbekannten Afrikaner wieder, der die aktive Erinnerung an die koloniale Vergangenheit einfordert. Diesem Programm folgend beschäftigt sich D'A. in seinem ersten Roman, *The Longest Memory* (1994; *Die längste Erinnerung*, 1995), mit dem Leben auf einer amerikanischen Sklavenplantage. Durch die kapitelweise wechselnden Perspektiven der diversen Protagonisten werden die vielschichtigen Beziehungen und Machtstrukturen in diesem Sozialgefüge verdeutlicht. Ausgehend von historischen Zeugnissen schildert D'A. in dem zweiten Roman, *Feeding the Ghosts* (1997; *Futter für die Geister*, 1998), die Fahrt eines Sklavenschiffs, dessen Kapitän 132 kranke Sklaven über Bord werfen läßt, um die Versicherungssumme einklagen zu können. Kennzeichnend für den Roman sind repetitive Strukturen und die poetische Sprache, die sich dem Thema des Sklavenhandels über die Metaphern Wasser und Holz annähern. Der durchgängig in achtzeiligen Stanzen gehaltene Versroman *Bloodlines* (2000) verlagert den Fokus auf die Folgen der Plantagensklaverei für die sozialen Strukturen. Der Erzähler zeichnet aus der Sicht des 20. Jahrhunderts die Geschichten seiner Eltern, eines Weißen und einer Sklavin, der beiden alternden Schwarzen Tom und Stella und der Plantagenbesitzer Mr. und Mrs. Mason nach. Zudem kommentiert er die Form des Textes und schafft damit eine Reflexionsebene nicht nur über historische Inhalte, sondern auch deren Vermittlung. Neben der Sklaverei setzt sich D'A. auch in seinen späteren Werken weiterhin mit der jüngeren Vergangenheit der Karibik auseinander. Während der Roman *Dear Future* (1996) ein eher mißglücktes Experiment mit magisch-realistischen Elementen darstellt, beschreibt der Gedichtband *Bill of Rights* (1998) das Jonestown-Massaker in Guyana aus der Sicht eines überlebenden Rastafari. Die Gedichte,

Briefe an einen Freund, zeichnen den Wandel des charismatischen Führers Jim Jones zum Tyrannen sowie der utopischen Lebensgemeinschaft zum Slum nach. Die Vision einer neuen Gesellschaft findet ihr Ende auf einem Gräberfeld, über das der Erzähler schreitet.

Literatur: R. Sommer. *Fictions of Migration: Ein Beitrag zur Theorie und Gattungstypologie des zeitgenössischen interkulturellen Romans in Gro britannien.* Trier 2001, 136–146.

Alexandra Haas

Dabydeen, David

Geb. 9. 12. 1955 in New Amsterdam,
British Guiana [heute Guyana]

»Go and don't look back [ ] or else Albion ghosts go follow you all the way to England«, heißt es in David Dabydeens erstem Roman, *The Intended* (1991; *Die Zukünftigen,* 1994). Der Ratschlag gilt dem jungen Erzähler, der Albion Village im ländlichen Guyana verläßt, um bei seinem Vater in London zu leben. Doch weil der Junge eben dies nicht lassen kann, wird die Rückblende zu einem Strukturprinzip dieses Bildungsromans. Der Text schreitet nicht chronologisch voran, sondern verknüpft immer wieder die Darstellung der Gegenwart mit dem Blick in die Vergangenheit und in die Zukunft. So folgen dem Erzähler tatsächlich die Gespenster Albions: allerdings nicht nur in seinen Erinnerungen an die zurückgelassene Kindheit; sondern auch in den gleichsam vorweggenommenen Erinnerungen an England (*Albion*). Der Ausgangspunkt seiner Reise, Albion Village, war somit auch schon sein Ziel; und das Ziel, England, markierte zugleich längst seine Herkunft. Diese Denkfigur der Verschränkung und Vermischung, in der die Geschichte Großbritanniens und die der Karibik nicht zu trennen sind und die karibischen Einwanderer immer schon ein Teil von Großbritannien gewesen sind, reflektiert ein Verständnis von kultureller, politischer und historischer Überlagerung der kolonialgeschichtlichen Erfahrung, die D.s Werk auf vielfältige Weise aufzuarbeiten versucht. Auch die beiden folgenden Romane verbinden unterschiedliche zeitliche und geographische Räume: *Disappearance* (1993) handelt von einem Küstendamm bei Hastings, mit dem ein ähnlicher Damm im kolonialen Guiana korrespondiert, und *The Counting House* (1996)

spielt im kolonialen Guiana im Milieu von Kontraktarbeitern, die sich an ihre indische Heimat erinnern und zugleich versuchen, in der Karibik heimisch zu werden.

Es sind nicht nur Erinnerung und kulturelles Gedächtnis, die von Geschichte und besonders von Kolonialgeschichte geprägt sind; es ist der Körper selbst, dem die Geschichte der Vorfahren eingeschrieben scheint, und so sind Körperlichkeit und Sexualität in D.s erzählenden, lyrischen und akademischen Texten von großer Bedeutung. Schon der preisgekrönte Gedichtband *Slave Song* (1984) handelt vom Plantagenleben in der Karibik und stellt in eindrucksvoller Weise die unterschiedlichen, komplexen Beziehungen zwischen Sklaven, Aufsehern und Besitzern, Männern und Frauen, Schwarzen und Weißen dar. Die Gedichte sind in Guyanischem Kreol verfaßt und mit einer Selbstübersetzung ins Britische Englisch versehen. Diese Sprachpolitik zeugt von einer ironischen Distanz zum »Standard« wie zur Varietät, eine Spannung, die in anderen Texten D.s wiederkehrt. Zudem ist sein Werk stark von Intertextualität und Intermedialität gekennzeichnet. So versucht D. in seinem jüngsten Roman, *A Harlot's Progress* (1999), die gleichnamige Bilderserie William Hogarths umzuschreiben, und im Titelgedicht des Bandes *Turner* (1994) versucht er, zu William Turners Gemälde »Slaver Throwing Overboard the Dead and Dying« ein Gegenstück zu präsentieren. Das Bild zeigt am Rande im Ozean treibende Sklaven, die von einem Sklavenschiff über Bord geworfen worden sind. D. gibt diesen Menschen in seinem Gedicht eine zentrale Stellung und dichtet die Lebensgeschichte eines Jungen nach. Den Unterdrückten durch die (Re-)Konstruktion von Lebensgeschichten eine Stimme zu geben, ist ein Gestus, der als ein wichtiges Merkmal von D.s Werk gelten kann.

Literatur: T. Döring. *Caribbean-English Passages: Intertextuality in a Postcolonial Tradition.* London 2002. – R. Sommer. *Fictions of Migration: Ein Beitrag zur Theorie und Gattungstypologie des zeitgenössischen interkulturellen Romans in Gro britannien.* Trier 2001, 136–146. – K. Grant, Hg. *The Art of David Dabydeen.* Leeds 1997.

Mark Stein

Dahl, Roald

Geb. 13. 9. 1916 in Llandaff, Wales;
gest. 23. 11. 1990 in Oxford

Nie gab es in der britischen Kinderliteratur einen markanteren Generationswechsel. Gehörten 1971 noch Werke von Anna Sewell, Lewis Carroll, Robert Louis Stevenson und gar C. S. Lewis zu den zehn Lieblingslektüren britischer Kinder, stand in den 1990er Jahren Roald Dahl auf Platz eins und – auf den Plätzen zwei bis vier, sechs, acht und neun. Selbst 2000 nach dem Siegeszug J. K. Rowlings wurde D. zum populärsten Autor der Nation gewählt. Dem talentierten *short-story*-Autor norwegischer Abstammung aber englischer Erziehung, dessen das Perfide im Gutbürgerlichen aufspürende Erzählungen zweimal im Nachkriegsamerika den Edgar-Allan-Poe-Preis gewonnen hatten, gelang somit ein zweites, wenn auch inhaltlich verwandtes – uvre, das ihm verdientermaßen Weltruhm bescherte. – Glanzstücke unter D.s 19 Kinderbüchern sind: *Charlie and the Chocolate Factory* (1964; *Charlie und die Schokoladenfabrik*, 1969), eine Phantasmagorie aus *chocaholism*, Samuel T. Coleridges Xanadu und Eltern-Schelte; *The Twits* (1980; *Die Zwicks stehen Kopf*, 1981), der Rachezug aufgebrachter Tiere gegen eine gaiaverachtende Erwachsenenwelt; *The BFG* (1982; *Sophiechen und der Riese*, 1984), der Triumph eines nachromantischen, für Fauna, Flora und Träume sensibilisierten Riesen, der eine neuerlich-greuliche, kreamotiv-umspielungsfeine Sprache spricht; *The Witches* (1983; *Hexen hexen*, 1986), ein Hexentrunk aus Verwandlung und Verschwörung mit einer gehörigen Dosis Schaurigkeit; *Matilda* (1988; *Matilda*, 1989), in dem eine süß-schlaue Leseratte der alltäglichen Schul-und-Eltern-Tyrannei den Garaus macht; und die *Revolting Rhymes* (1982), die in peppig-poppigen Knittelversen nicht bloß ein Umschreiben tradierter Märchenstoffe à la *Rotkäppchen für Spontis*, sondern ein Umstülpen der Stoffe an sich darbieten. – Mit D. gelangt die Postmoderne thematisch wie formell ins Kinderbuch. Anders als die illustren Vorfahren schreibt er für eine Welt jenseits von Buddha und Bergpredigt, wo nicht nur die Schokolade, sondern auch die Rache süß ist. Weder wird der heiligen Familie gehuldigt, noch wird die Kleinfamilie kompensatorisch geheiligt. Autoritäten fast jeglicher Art wird mißtraut. Überhaupt seien wir Menschen »notmuchers«, von Tieren hätten wir allerlei zu

lernen. Kein Wunder, daß D. – mit Mark Twain und J. D. Salinger – in den USA der 1990er Jahre auf den Index kam. – So unkonventionell D. wirken mag, seine Werte sind die eines Erich Kästner oder einer Astrid Lindgren. Er schreibt gegen Anmaßung, Gier, Verwöhnung, Tyrannei, aber für das Gewieftsein, das Gripsige, das Genießenkönnen. Nicht zuletzt: Seine – oft jungen, verwaisten, aber redlichen – Heldenfiguren sind Leser *par excellence*. Er perhorresziert das phantasietötende Fernsehen. Auch formal schöpft D. aus bestehenden Traditionen: aus der geheimnisvoll-magischen von Elisabeth Garnett oder C. S. Lewis, der skurrilverfremdenden von Lewis Carroll oder Edward Lear. – Wie D.s Autobiographien *Boy* (1984; *Boy*, 1986) und *Going Solo* (1986; *Im Alleingang*, 1988) pointiert verdeutlichen, ist der Ton seiner Kinderbücher keineswegs zufällig. Hier schreibt ein von der *public school* Beschädigter, vom Empire Irritierter, vom Wahnwitz des Krieges Gezeichneter. Wie radikal die von D. vollzogene Wachablösung auch sein mag, an ihm bewährt sich die Einsicht: Große Kinderliteratur entspringt dem Erschrecken über die tief empfundenen Unarten der Erwachsenenwelt.

Literatur: J. Treglown. *Roald Dahl: A Biography.* London 1994. – M. I. West. *Roald Dahl.* New York 1992.

Richard Humphrey

Dangarembga, Tsitsi

Geb. 14. 2. 1959 in Mutoko, Rhodesien [heute Simbabwe]

Tsitsi Dangarembga ist die erste schwarze, simbabwische Autorin, die einen Roman auf Englisch veröffentlicht hat. Die Frage, was es heißt, als schwarze Frau Literatur zu schreiben, beantwortet sie vielsagend mit der Erklärung: »Frauen schreiben über das, was sie bewegt.« Ihr Bildungsroman *Nervous Conditions* (1988; *Der Preis der Freiheit*, 1991) handelt von den psychischen Auswirkungen des Kolonialismus auf die schwarze Elite Rhodesiens in den 1960er Jahren. Der Titel des preisgekrönten Romans greift Jean-Paul Sartres Diktum »The colonial condition is a nervous condition« aus seiner Einleitung zu Frantz Fanons *Les damnés de la terre* (1961) auf. Für Sartre kommt die koloniale Situation einem ›nervösen Zustand‹ gleich; dieser Position stellt D. ein Bewußtsein vom Zusammenwirken patriarchaler *und* kolonialer

Unterdrückung der rhodesischen Frau gegenüber. Die Erzählerin Tambu wächst in den 1960er Jahren im ländlichen Rhodesien auf; sie leidet psychisch einerseits unter der Kolonialsituation sowie andererseits unter dem Konflikt zwischen traditionellen Rollenerwartungen des Patriarchen Babamukuru und ihrer britischen Schulbildung. Während Tambu lernt, sich ihren eigenen Weg zu bahnen, erliegt ihre Cousine Nyasha dieser Situation; sie erleidet zunächst Eßstörungen (Bulimie) und schließlich einen Nervenzusammenbruch. Auf der letzten Seite kommentiert Tambu, wessen Geschichte sie schreibt: »meine eigene Geschichte, die der vier Frauen, die ich liebte, und die unserer Männer.« Sie macht deutlich, daß es Frauen verschiedener Generationen sind, die im Vordergrund stehen; die Männer werden subsumiert.

D., die ihre ersten Lebensjahre in Großbritannien verbrachte und Medizin in Cambridge, Psychologie in Harare und Film in Berlin studiert hat, behandelt auch in einem ihrer Theaterstücke, *She No Longer Sleeps* (1987), *Gender*-Konflikte. Ihre Kinofilme beschreiben Krisensituationen, die dann entstehen, wenn traditionelle Handlungsmuster und moderne Realität nicht mehr zueinander passen. In dem Film *Neria* (1992), dessen Drehbuch D. schrieb, kümmert sich der Bruder des verstorbenen Patrick nicht um dessen Frau, sondern nutzt sie finanziell aus. Der Film *Everyone's Child* (1996), bei dem D. Regie führte, handelt von Waisenkindern, die ihre Eltern durch AIDS verloren haben und die aufgrund dieses Stigmas nicht, wie es die Tradition in Simbabwe verlangt, zu »jedermanns Kindern« werden, sondern vielmehr auf sich selbst gestellt bleiben.

Literatur: C. Rooney. »Re-Possessions: Inheritance and Independence in Chenjerai Hove's *Bones* and Tsitsi Dangarembga's *Nervous Conditions*.« Essays on African Writing 2: Contemporary Literature. Hg. A. Gurnah. Oxford 1995, 119–143. - K. Kilb et al. »Patriarchal Constraints and Female Resistance in Tsitsi Dangarembga's *Nervous Conditions*.« Fusion of Cultures? Hg. C. Balm/P. O. Stummer. Amsterdam 1996, 247–255.

Mark Stein

Daniel, Samuel

Geb. 1562? bei Taunton, Somerset;
gest. 1619 in Beckington, Somerset

Als Sohn eines Musiklehrers von einfacher Herkunft konnte Samuel Daniel gleichwohl in Oxford studieren. Danach betätigte er sich zunächst als Übersetzer, dann als Mentor von Lady Anne Clifford, der Tochter der Gräfin von Cumberland. Die Unterstützung durch adlige Gönner erlaubte es D., sich ganz seinen literarischen und kulturellen Interessen zu widmen. Obwohl D. hauptsächlich als Lyriker in die Literaturgeschichte eingegangen ist, galt er den Zeitgenossen als äußerst vielseitiger Autor, der sein Talent in den verschiedensten literarischen Gattungen (Lyrik, Drama, Maskenspiel und Epos) souverän unter Beweis stellte. D.s Erfolg beruht v. a. auf einer poetischen Sprache, die durch formale Perfektion und Genauigkeit im Ausdruck besticht, zumal in der Verbindung einer gewählten Diktion und des Stilideals der Schlichtheit und Eleganz. Daneben zeichnet sich D. durch große Gelehrsamkeit und politische Aufgeschlossenheit aus. Daß der Autor für seine stilistische Brillanz, sein Formbewußtsein und seinen verfeinerten Geschmack bekannt war, hat ihm allerdings auch (wohl zu Unrecht) den Ruf eingetragen, kein kreatives Genie gewesen zu sein.

D.s Sonettsammlung *Delia* (1592) hatte einen prägenden Einfluß auf Shakespeares Sonette und gilt heute als sein poetisches Hauptwerk. In den Sonetten an Delia entfaltet der Autor besonders die charakteristische Form des ›englischen Sonetts‹ (drei Quartette und abschließendes *Couplet*). Den Zeitgenossen war D. aber ebenso als Dramatiker bekannt. In seiner *Tragedy of Cleopatra* (1594) folgt er eng der Tradition Senecascher Tragödien, während er mit *The Queen's Arcadia* (1605) und *Hymen's Triumph* (1614) pastorale Dramen entwirft und – wie schon in den Sonetten – dem Vorbild Tassos nacheifert. Seit 1593 zum Master of Revels berufen, konzipiert D. seine Stücke vorwiegend als höfische Unterhaltungskunst. Politisch gesehen tritt er für eine starke Monarchie ein, was die Wahl des Bürgerkriegsthemas für sein großes historisches Werk *Civil Wars* (1595–1604) motiviert haben mag. In epischen Versen schildert D. dort die langwierigen »Rosenkriege« zwischen den Häusern Lancaster und York – ein hochaktueller Stoff, da den Elisabethanern die drohende Gefahr des Bürgerkriegs angesichts der Ehe- und Kinderlosigkeit von Elizabeth I bewußt war. Ben Jonson, der D.s Verse parodierte, bemerkte kritisch, daß der Autor eine Bürgerkriegsgeschichte geschrieben habe, ohne eine einzige Schlacht darzustellen. Doch D. will – nach dem Vorbild lateinischer Historiographen – nicht so sehr eine spannungsvolle Schilderung der kriegerischen Ereignisse präsentieren, als vielmehr eine ausgewogene, zur Reflexion neigende Betrachtung bieten, die zugleich als Ausdruck patriotischer Gesinnung fungieren kann. – D. hat sich auch als Literaturtheoretiker und Kritiker betätigt. In seiner poetologischen Prosaschrift *A Defence of Rhyme* (1603) preist er die Schönheit und Eleganz der englischen Sprache. In der Vers-Abhandlung *Musophilus, or a General Defence of Learning* (1599) betont er die Schlüsselrolle literarischer Bildung und kultureller Verfeinerung für die gesellschaftliche Entwicklung und wiederum die zivilisatorische Kraft der englischen Sprache mit ihrem politischen Potential.

Werkausgabe: *The Complete Works*. Hg. A.B. Grosart. 5 Bde. London 1885, New York 1963.
Literatur: D. Galbraith. *Architectonics of Imitation in Spenser, Daniel and Drayton*. Toronto 2000. – J.L. Harner. *Samuel Daniel and Michael Drayton: A Reference Guide*. Boston 1980. – J. Rees. *Samuel Daniel: A Critical and Biographical Study*. Liverpool 1964.

Annette Simonis

Daniels, Sarah

Geb. 1957 in London

Sarah Daniels zählt neben Timberlake Wertenbaker, Louise Page und April de Angelis zur zweiten Welle von Dramatikerinnen, deren Stücke ab 1980 inszeniert wurden (prominenteste Vertreterinnen der ersten Welle sind Pam Gems und Caryl Churchill). Im Gegensatz zu anderen ist D. jedoch seit Beginn ihrer Karriere Angriffen ausgesetzt gewesen, die ihre Stücke als männerfeindlich und radikal-feministisch herabsetzten. Dies ist auf D.' unbeirrte Darstellung weiblicher Realität aus weiblicher Perspektive zurückzuführen. Es sind Frauenfiguren, die sich im Zentrum von D.' Stücken befinden, Männer erscheinen lediglich am Rand oder als schwache Figuren. D.' Themen stehen in unmittelbarem Zusammenhang mit der Unterdrückung von Frauen in einem patriarchalischen System. So zeigt sie potentielle Konsequenzen des Konsums von Pornographie in *Masterpie-*

ces (1983), ihrem wohl bekanntesten und kontroversesten Stück. Sie thematisiert die auf Frauen erdrückende und lähmende Wirkung der ›klassischen‹ Rollenverteilung in der Ehe in *Ripen Our Darkness* (1981) und in *Neaptide* (1986). Ein immer wiederkehrendes Thema ist die Gewalt gegen Frauen, wobei D. diese in ihren verschiedensten Formen zeigt. Sie stellt nicht nur physische und psychische, sondern auch institutionalisierte Gewalt dar. Dies ist besonders deutlich in *Head-Rot Holiday* (1992), ein Stück, das sie für Clean Break schrieb, eine Frauen-Theatergruppe, die für und mit (ehemaligen) Straftäterinnen arbeitet. Gewalt ist auch zentral in *Beside Herself* (1990), dessen Hauptfigur als Kind sexuell mißbraucht wurde. Auch D.' jüngstes Stück, *Blow Your House Down* (1995), wendet sich gegen Gewalt gegen Frauen. Es thematisiert den Fall des Yorkshire Ripper, der während der 1970er Jahre in Nordengland Frauen umbrachte und verstümmelte. – Solidarität unter Frauen prägt sowohl *The Gut Girls* (1988) und *Byrthrite* (1986) als auch *The Madness of Esme and Shaz* (1994). Die ersten beiden Stücke zeigen einmal mehr Frauen, die versuchen, sich den von einem patriarchalischen System vorgeschriebenen Rollen zu widersetzen und eine eigene, weibliche ›Gegenwelt‹ zu schaffen. Neben den genannten Themen bot auch die Form von D.' Stücken häufig Anlaß zur Kritik. Oft versucht sie, zu viele Dinge innerhalb eines Stückes anzusprechen, was zu einer Verwässerung des Hauptthemas führt. Des weiteren wird ihr Realismus als nicht innovativ angegriffen. – Trotz der harschen Kritik ist D. mehrfach mit Preisen ausgezeichnet worden. *Neaptide*, ein Stück, in dem D. ein Tabu bricht, indem sie lesbische Mutterschaft thematisiert, war das erste Stück einer Frau, das am National Theatre aufgeführt wurde. Der Widerspruch zwischen Kritik auf der einen Seite und Auszeichnungen auf der anderen läßt sich wohl teilweise mit D.' humorvollem Umgang mit ernsten Themen erklären. Sie begründet dies mit der grundlegenden Menschlichkeit von Humor: An die Dinge, über die man lacht, würde man sich länger erinnern, und Lächerlichkeit sei oft die stärkere Waffe.

Werkausgaben: *Plays*. 2 Bde. London 1991/94.
Literatur: E. Aston/J. Reinelt. *The Cambridge Companion to Modern British Women Playwrights*. Cambridge 2000. – M.F. Brewer. *Race, Sex, and Gender in Contemporary Women's Theatre*. Brighton 1999. – H. Stephenson/N. Langridge. *Rage and Reason: Women Playwrights on Playwriting*. London 1997.

Kathleen Starck

Darwin, Charles [Robert]

Geb. 12. 2. 1809 in Shrewsbury;
gest. 19. 4. 1882 in Down House, Kent

Die fünfjährige Weltreise an Bord der *Beagle*, die Charles Darwin 1831 nach einer abgebrochenen Medizinerausbildung in Edinburgh und einem halbherzig beendeten Theologiestudium in Cambridge antrat, sollte nicht nur seinen Ruf als Geologe begründen, sondern auch entscheidende Anstöße zur Evolutionstheorie liefern. So erkannte D., daß viele rätselhafte Naturphänomene, die er in Südamerika und auf den Galapagos-Inseln beobachtet hatte, mit der orthodoxen Lehrmeinung der Artenkonstanz nur schwer in Einklang zu bringen waren. Besser erklären ließen sie sich hingegen als Resultate eines allmählichen Wandels. Voraussetzung dafür waren Zeitdimensionen, wie Charles Lyell sie in seinen *Principles of Geology* (1830-33) für die Entwicklung der Erde veranschlagt hatte. D. scheint sich von Anfang an bewußt gewesen zu sein, daß er mit seiner Abstammungslehre in die dubiose Rolle eines »devil's chaplain« geriet. Daher veröffentlichte er erst nach langem Zögern eine Theorieskizze mit dem programmatischen Titel *On the Origin of Species by Means of Natural Selection, or the Preservation of Favoured Races in the Struggle for Life* (1859; *Über die Entstehung der Arten durch natürliche Zuchtwahl oder die Erhaltung der begünstigten Rassen im Kampfe um's Dasein*, 1867). Den Widerspruch gegen die biblisch fundierte Auffassung einer Unveränderlichkeit der von Gott in separaten Schöpfungsakten erzeugten Arten empfand D. selbst wie das Eingeständnis eines Mordes. Als Provokation wirkte v. a., wie D. die Transmutation erklärte: nicht etwa in der Tradition der *natural theology* mit einer ersten Ursache, sondern als »Newton des Grashalms« (Immanuel Kant) mit einem rein kausalmechanischen Prinzip. Den entscheidenden Impuls hierzu verdankte er der Lektüre von Thomas Robert Malthus' *Essay on the Principle of Population* (1798) und dessen Einsicht in die Wechselwirkung von Daseinskampf und natürlicher Auslese. Der kontinuierliche Umwandlungsprozeß organischen Lebens ist demnach eine Folge des in der Natur allenthalben stattfindenden »struggle for existence«. Dabei haben jene Individuen höhere Reproduktions- und Überlebenschancen, die – begünstigt durch zufallsbedingte Erbänderungen – ihrer Umwelt am besten angepaßt sind. Mit dieser Sicht der Evolution revolutionierte D. nicht nur die Biologie, sondern auch das Verständnis von Mensch, Kultur und Gesellschaft. Populär wurde die Entwicklungslehre im 19. Jahrhundert, da sie den Beweis zu liefern schien für ein Naturgesetz des stetigen Fortschritts. Die heikle Frage nach der Abstammung des Menschen hatte D. im *Origin of Species* lediglich mit dem lakonischen Satz gestreift: »Light will be thrown on the origin of man and his history.« Mit *The Descent of Man, and Selection in Relation to Sex* (1871; *Die Abstammung des Menschen und die geschlechtliche Zuchtwahl*, 1871) sowie *The Expression of the Emotions in Man and Animals* (1872; *Der Ausdruck der Gemütsbewegungen bei dem Menschen und den Tieren*, 1872) griff D. schließlich in eine Debatte ein, bei der die Kontroverse um »Man's Place in Nature« (Thomas Henry Huxley) zum zentralen Problem geworden war. In der Annahme, daß der Mensch wie alle anderen Arten von einer früheren Form abstamme, sollte auch im Bereich von Fähigkeiten und Ausdrucksverhalten der Nachweis eines Tier-Mensch-Kontinuums erbracht werden. – Eine abschließende Bilanz der Wirkungsgeschichte von D.s Selektionstheorie wäre verfrüht. Seit ihrer Verbindung mit der modernen Genetik in der sogenannten »Synthetischen Theorie« ist sie in der Evolutionsbiologie ohne überzeugende Alternative. Für Disziplinen wie z. B. Verhaltensforschung, Soziobiologie und Evolutionäre Erkenntnistheorie hat sie vielfältige Forschungsperspektiven eröffnet. Nach der Diskreditierung des Sozialdarwinismus als Fortschrittsideologie des ungebremsten Existenzkampfes spielt D.s Erklärung des Evolutionsgeschehens auch in den Sozial- und Kulturwissenschaften weiterhin eine produktive Rolle.

Werkausgaben: *Gesammelte Werke.* Hg. J. V. Carus. 19 Bde. Stuttgart 1875 f. – *The Correspondence.* Hg. F. Burkhardt/S. Smith. 7 Bde. Cambridge 1985 f. – *The Works.* Hg. P. H. Barrett. 29 Bde. London 1986 f. Literatur: V. Hösle/Ch. Illies. *Darwin.* Freiburg 1999. – H. J. Schnackertz. *Darwinismus und literarischer Diskurs: Der Dialog mit der Evolutionsbiologie in der englischen und amerikanischen Literatur.* München 1992. – A. Desmond/J. Moore. *Darwin.* London 1991 (*Darwin*, München 1995 [1992]).

Hermann Josef Schnackertz

Davenant, William [Sir]

Geb. Februar 1606 in Oxford;
gest. 7. 4. 1668 in London

Sir William Davenant, wie im 17. Jahrhundert gemutmaßt wurde, unehelicher Sohn William Shakespeares (der zwischen London und Stratford wohl im Gasthof von D.s Vaters einkehrte), steht mit seinem umfangreichen Werk für eine Reihe wichtiger Momente in der Entwicklung des englischen Theaters. An Ben Jonson anknüpfend, produzierte der 1638 zum *Poet Laureate* ernannte D. unter Charles I höfische Maskenspiele; als musikalisches Spektakel markiert sein heroisches Drama den Beginn der Oper in England. Daneben findet sich die große Neuerung des Restaurationstheaters: die bewegliche, weiten Raum suggerierende Kulisse. Das von D. 1663 so bezeichnete *heroic play* mit seinen »ideas of greatness and virtue«, edlen Motiven und unlösbaren Konflikten sollte dem Genre den Namen geben, der Titel seines erfolgreichen Werkes *Love and Honour* (1634) dazu das Programm. Die reich ausgestatteten Maskenspiele, in denen Mitglieder des Hofes und der königlichen Familie auftraten, wurden zumeist in Zusammenarbeit mit dem Architekten Inigo Jones für Whitehall inszeniert, so *The Temple of Love* (1635), *Britannia Triumphans* (1638) oder sein letztes Maskenspiel, *Salmacida Spolia* (1640). Frühe Stücke D.s wie *The Cruel Brother* (1630) oder *Albovine* (1629) lehnten sich noch an die blutrünstige jakobäische Tragödie an. Im Bürgerkrieg vom Parlament verfolgt, konnte D. nach Frankreich fliehen, konvertierte und wurde nach militärischen Verdiensten geadelt (1643). Wohl durch John Milton protegiert, überstand er eine längere Haft im Tower und konnte bereits 1656 eine »slight so-styled opera« aufführen. 1656 entstand auch die erste Fassung von *The Siege of Rhodes*, das in seiner definitiven, rezitativ gesungenen Form von 1663 als die erste englische Oper gilt und zugleich mit der weiblichen Rollenbesetzung einen englischen Theaterbrauch beendet. 1658 fand *The Cruelty of the Spaniards in Peru* offensichtlich die Zustimmung von Oliver Cromwell selbst. Mit der D. und Thomas Killigrew 1660 vom König verliehenen Lizenz zum Betrieb von Schauspielhäusern wurde eine Monopolstellung geschaffen; damit sollte auch die Trennung zwischen dem *patent theatre* als seriöserer Bühne und dem sogenannten *illegitimate theatre* für das Populäre bis ins späte

19. Jahrhundert Geltung haben. In den ersten Jahren der Restauration stieg D. mit seiner Duke's Company (benannt nach dem späteren James II) zum führenden Theaterproduzenten auf. Zu seinen großen Erfolgen gehören *Love and Honour*, die Komödie *The Wits* (1634, 1660), *The Siege of Rhodes*, aber auch Shakespeare-Adaptationen wie *Macbeth* (1674) und *The Tempest, or the Enchanted Island* (1670; mit Dryden) sowie die von Scarron entlehnte farcenhafte Komödie *The Man's the Master* (1669).

Werkausgabe: *Dramatic Works*. Hg. J. Maidment/W. H. Logan. 5 Bde. Edinburgh 1872–74.
Literatur: M. Edmond. *Rare Sir William Davenant: Poet Laureate, Playwright, Civil War General, Restoration Theatre Manager*. Manchester 1987. – M. Brunkhorst. *Drama und Theater der Restaurationszeit*. Heidelberg 1985. – L. Hönnighausen. *Der Stilwandel im dramatischen Werk Sir William Davenants*. Köln/Graz 1965.
Fritz-Wilhelm Neumann

Davidson, John

Geb. 11. 4. 1857 in Barrhead, Renfrewshire;
gest. 23. 3. 1909 in Penzance, Cornwall

Mit 20 galt John Davidson als großes lyrisches Talent; der Gedichtband *Ballads and Songs* (1894) machte ihn kurzzeitig zum bekanntesten Vertreter des Londoner *Rhymers' Club*, und seine die göttliche Kraft der Sexualität preisende »Ballad of a Nun« (1894) wurde zum meistzitierten (und -parodierten) Gedicht des *Yellow Book* (1894–97), eines skandalumwitterten Literaturmagazins des Fin de siècle. Trotz dieser frühen Londoner Erfolge stellte sich D.s Entscheidung, den Lehrberuf aufzugeben und mit seiner Familie aus der schottischen Provinz in die britische Metropole zu ziehen, als fatale Fehleinschätzung heraus. Der Erlös aus seinen literarischen Publikationen war so gering, daß sich D. bald gezwungen sah, einen Großteil seiner Zeit mit dem Abfassen von Feuilletons, Rezensionen, Übersetzungen und Transkriptionen zuzubringen. Fehlende Muße bei Konzeption und Ausgestaltung seiner literarischen Texte und das ökonomisch motivierte Lavieren zwischen artistischer Selbstverwirklichung und Konzessionen an den Publikumsgeschmack wirkten sich ungünstig auf die Ausgewogenheit seiner Werke aus. Nachlassendes Publikumsinteresse, sinkende Verkaufszahlen und der stets drohende finanzielle Ruin führten zu

Selbstzweifeln, Verbitterung und zwei Jahre nach dem Rückzug in ein selbstgewähltes Cornwaller Exil schließlich zum Freitod. – D.s – uvre nimmt eine interessante Zwischenstellung zwischen der konservativen Formenstrenge des Viktorianismus und der programmatischen Heterogenität des Modernismus ein: Bereits T. S. Eliot pries D.s »Thirty Bob a Week« (1894) für seine Schilderung des Überlebenskampfes eines kleinbürgerlichen Antihelden, der sich durch die nüchterne Bestandsaufnahme seiner dürftigen Existenz und die Tiefe seiner Reflexionen den Respekt des Lesers erwirbt. Kleine Angestellte, desillusionierte Journalisten, Variet&darsteller, erfolglose Poeten, soziale Außenseiter und am modernen, profitorientierten Leben Gescheiterte bevölkern D.s Texte (*In a Music-Hall*, 1891; *Fleet Street*, 1909). Mit der ungeschönten Präsentation der Vorstadt, die D. als Symbol für Chaos, Degeneration und Sinnentleertheit einer gefallenen Welt dient, erschließt sich der Autor neue lyrische Inhalte. In einer radikalen Abkehr von den Sinnsystemen seiner Kindheit, die von der Frömmigkeit des Vaters, eines neo-protestantischen Predigers, geprägt war, entlarvt D. sämtliche Ideologismen als interessegelenkte Fiktionen, denen er schließlich einen Materialismus Nietzschescher Prägung (*Testaments*, 1901–02) gegenüberstellt. Während demnach der (biographisch früher anzusiedelnde) Glaube an ein weltimmanentes dualistisches Prinzip und die damit verbundene ironische Distanz bereits auf Pluralität und Fragmentarisierung der Moderne verweisen (*Fleet Street Eclogues*, 1893), schließt der didaktisch-persuasive Impetus der späteren Arbeiten eher an die klaren Wertvorgaben früherer Epochen an. In der Wahl der Vertextungsverfahren favorisiert D. althergebrachte Formen wie den Blankvers, den dramatischen Monolog, die Ballade oder die Ekloge, die er aber häufig mit Hilfe subversiver Metakommentare, unlyrischer Kolloquialismen oder überraschender inhaltlicher Wendungen aktualisiert. D. wird zuweilen als *missing link* zwischen den schottischen Dichtern Robert Burns und Hugh MacDiarmid angesehen; trotzdem sind seine lyrischen Werke mit wenigen Ausnahmen unbekannt und seine Dramen und Prosaarbeiten nur in zeitgenössischen Ausgaben greifbar und heute weitgehend vergessen.

Werkausgabe: *The Poems of John Davidson*. Hg. A. Turnbull. 2 Bde. Edinburgh 1973.
Literatur: M. O'Connor. *John Davidson*. Edinburgh 1987.

Eva Müller-Zettelmann

Davie, Donald [Alfred]

Geb. 17. 7. 1922 in Barnsley, Yorkshire;
gest. 18. 9. 1995 in Exeter, Devon

Nachdem Donald Davie einen fünfjährigen Kriegsdienst, davon 18 Monate im Norden Rußlands, absolviert hatte, sah er sich bald mit einer englischen Nachkriegsgesellschaft konfrontiert, die zunehmend durch horizontale und vertikale Mobilität wie eine Liberalisierung kultureller Lebensstile bestimmt wurde. Für den Sohn aus kleinbürgerlichem Elternhaus (der Vater besaß einen bescheidenen Laden und war Diakon der örtlichen Baptistengemeinde) bedeuteten die wohlfahrtsstaatlichen Prozesse in England eine Auflösung und Fragmentarisierung der homogenen und hierarchischen Moral- und Sozialstruktur, der auch der spätere Weltbürger verbunden blieb. D. begegnet der Tendenz zu Liberalisierung und Pluralität mit einem literaturkritischen und v. a. in seinen beiden ersten Gedichtbänden *Brides of Reason* (1955) und *A Winter Talent* (1957) poetischen Programm, das sich der strengen Syntax und geschlossenen Form wie der semantischen Transparenz verschreibt. Mit dem sogenannten *Movement*, einer losen Assoziation von Lyrikern, darunter auch Philip Larkin und Kingsley Amis, teilte D. die Abneigung gegen die ›Exzesse‹ romantischer Selbstsuche wie die Auflösung von Strophe und Syntax in der zeitgenössischen anglo-amerikanischen Dichtung. Als poetologische Kategorien werden Bewußtheit und Kontrolle viel höher bewertet als Prophetie oder der *furor poeticus*. Dem entspricht der Rekurs auf die Tradition der augusteischen Dichtung von Samuel Johnson und Oliver Goldsmith, wo er ein Kongruenzverhältnis von sprachlicher Disziplin und öffentlicher Moral idealtypisch verwirklicht sieht. Symbolistische und, ungeachtet der Bewunderung für Ezra Pound, imagistische Tendenzen in der Moderne werden abgelehnt, Metaphern zugunsten des diskursiv-didaktischen Anspruches nur spärlich verwendet.

Wenngleich D. – trotz diverser Experimente mit freieren Formen – auch weiterhin auf eine nüchterne, skulpturale Ästhetik mit antithetischen Satzfiguren, einer regelmäßigen Metrik und den Strophenblock setzt, öffnet er sich schon mit *New and Selected Poems* (1961) und den so feinfühligen wie genauen *Events and Wisdoms* (1964) stärker der dichterischen Subjektivität wie der sinnlichen Erfahrung konkreter Landschaften, Orte und

Menschen. In den *Los Angeles Poems 1968–69*, den *Essex Poems* (1969) und *The Shires* (1974) zeigt sich der Wunsch des Entwurzelten nach festen sozialen und geographischen Koordinaten. Das eher atypische Langgedicht »In the Stopping Train« (1977) beeindruckt durch die selbstquälerische Schonungslosigkeit, mit der der Sprecher seine eigenen Unzulänglichkeiten offenbart. Doch lassen auch gerade die Gedichte aus dieser Zeit eine Verbitterung und einen Kulturpessimismus erkennen, der sich nicht zuletzt aus dem Bewußtsein des Verlusts einer homogenen Bildungsschicht gespeist haben dürfte. Insbesondere die Erfahrungen mit der Studentenrevolte als Professor an der Universität von Essex in Wivenhoe, aber auch die Pop-Kultur, veranlaßten D. 1968 – weniger um seine ›Englishness‹ abzustreifen, als um sie zu bewahren – in die USA zu emigrieren, wo er zunächst in Stanford und dann an der Vanderbilt University in Nashville lehrte. In seinem letzten zu seinen Lebzeiten veröffentlichten, religiösen Gedichtband *To Scorch or Freeze* (1988) begründet D. seine Entscheidung für die absolute Form mit seiner Verantwortung vor Gott. Identität und Sprache waren für D. unauflösbar miteinander verwoben.

Werkausgabe: *Collected Poems*. Manchester 1990.
Literatur: St. Christmann. *Ordnung und Konservatismus: Ästhetische und politische Tendenzen in der englischen Lyrik nach 1945.* Frankfurt a. M. 1988. – G. Dekker, Hg. *Donald Davie and the Responsibilities of Literature.* Manchester 1983.

Philipp Wolf

Davies, Robertson

Geb. 28. 8. 1913 in Thamesville, Ontario;
gest. 2. 12. 1995 in Orangeville, Ontario,
Kanada

In seinem Vorwort zu *Question Time* (1975) erläutert Robertson Davies auf prägnante Weise das Thema dieses Stücks und formuliert dabei zugleich, worum es ihm in seinem Werk immer wieder ging: »This play is about the relationship of the Canadian people to their soil, and about the relationship of man to his soul. We neglect both at our peril.« Zeitlebens beschäftigte sich der vielseitig begabte D. – als Schauspieler, Journalist, Akademiker und Schriftsteller – mit Fragen der Selbstverwirklichung des Unbewußten, der Ganz-

heit und Integration auf individueller wie gesellschaftlicher Ebene. Als Student war D. wegen Depressionen in psychiatrischer Behandlung, was mit seinem strengen Elternhaus, zumal seiner Mutter zusammenhing, von der D. glaubte, sie habe ihn schon im Mutterleib gehaßt. Ausgiebig setzte er sich mit Freud auseinander, der ihm jedoch im Vergleich zu C. G. Jung zunehmend reduktiv erschien.

Obwohl heute v. a. aufgrund seiner Romane bekannt, begann D. als Journalist und Dramatiker. Nach der Rückkehr aus England, wo er 1935–38 in Oxford studiert und danach knapp zwei Jahre am Old Vic in London als Schauspieler und Regieassistent gearbeitet hatte, wurde D. Herausgeber des *Examiner* in Peterborough. Neben den scharfzüngigen kulturkritischen Kolumnen, die in dieser Zeit unter dem Pseudonym Samuel Marchbanks erschienen, schrieb und inszenierte D. zahlreiche Dramen, in denen er sich, wie in seinem meistgespielten Stück *Overlaid* (1948), immer wieder mit dem kunst- und kulturfeindlichen Klima und der damit verknüpften Identitätsproblematik seines Landes auseinandersetzte. Der internationale Durchbruch gelang D. freilich erst mit seinem Romanwerk, das zyklisch strukturiert ist. Nach seiner ersten, noch im Stil der *novel of manners* verfaßten Salterton-Trilogie – *Tempest-Tost* (1951), *Leaven of Malice* (1954), *A Mixture of Frailties* (1958; *Glanz und Schwäche*, 1960) – gelangte D.' mythographisches Verfahren in *Fifth Business* (1970; *Der Fünfte im Spiel*, 1984) zur vollen Entfaltung. Als archetypisch angelegte *quest novel* gestaltet dieser Roman, der zusammen mit *The Manticore* (1972; *Das Fabelwesen*, 1985) und *World of Wonders* (1975; *Welt der Wunder*, 1986) die Deptford-Trilogie bildet, den Individuationsprozeß des Protagonisten Dunstan Ramsay, dessen Selbstwerdung erst durch die Integration der Welt der Wunder gelingt, die ein Gegengewicht zu seinem calvinistisch-utilitaristischen Herkunftsmilieu bildet. Die nachfolgende Cornish-Trilogie – *The Rebel Angels* (1981; *Rebellische Engel*, 1987), *What's Bred in the Bone* (1985; *Was Du ererbt von deinen Vätern* , 1990), *The Lyre of Orpheus* (1988) – unterstreicht ebenso wie der letzte vor seinem Tod erschienene Roman *The Cunning Man* (1994; *Engel im Kopf*, 2000) die Bedeutung von Mythos und Magie als Teil der Wirklichkeit. – Als äußerst produktiver und vielseitiger Autor machte D., nicht zuletzt auch aufgrund seiner imposanten äußeren Erscheinung, die ein Journalist einmal als eindrucksvolle Mischung aus Jehovah und Santa

Claus umschrieb, immer wieder auf sich aufmerksam. Sein Rang als Schriftsteller ist indes nicht unumstritten. Von seinen Kritikern als populärer Fabulierer eingestuft, feierte ihn Anthony Burgess als einen der bedeutendsten nordamerikanischen Schriftsteller.

Literatur: L. Diamond-Nigh. *Robertson Davies: Life, Work, and Criticism*. Toronto 1997. – J. S. Grant. *Robertson Davies: Man of Myth*. Toronto 1994. – R. G. Lawrence/S. L. Macey, Hgg. *Studies in Robertson Davies' Deptford Trilogy*. Victoria, BC. 1980.

Christina Kotte

Davis, Jack

Geb. 11. 3. 1917 in Perth, Australien;
gest. 17. 3. 2000 ebd.

Jack Davis, der wohl bedeutsamste englischsprachige Aborigine-Schriftsteller der ersten Generation, gilt nicht nur als Begründer des schwarzaustralischen Dramas, sondern war auch ein vielseitiger Literat. Neben einem halben Dutzend Theaterstücken liegen mehrere Gedichtbände und eine Autobiographie vor. Zudem wirkte er als Herausgeber der Aborigine-Zeitschrift *Identity* (1973–79) und als Mitherausgeber von Literaturanthologien und Essaysammlungen. Wie Oodgeroo Noonuccal kam D. durch persönliche Erfahrungen des Rassismus und infolge aktiver Mitarbeit in der Bürgerrechtsbewegung zum Schreiben. Skizzenhaft gezeichnete Geschichten erschienen in den 1970er Jahren in *Identity*, die frühen Gedichte in *The First-born and Other Poems* (1970). Thematisch kreisen beide um die Entfremdung von der eigenen Kultur, Kindheitserinnerungen und Naturwahrnehmung, besitzen allerdings nicht den politischen Biß, der Oodgeroos Gedichte der gleichen Zeit auszeichnet. Doch D.' Lyrik beeindruckt durchaus, nicht zuletzt wenn sie sich ironisch-verfremdend mitteilt. Mit *Jagardoo: Poems from Aboriginal Australia* (1978) setzt zudem eine stärkere Hinwendung zur eigenen oralen Tradition ein. – Die Stärke des Autors liegt aber zweifellos im Dramatischen. Sein erstes, 1979 aufgeführtes Stück *Kullark* (›Home‹) gestaltet historische und aktuelle Erfahrungen des Rassismus im heimatlichen Westaustralien, die am Beispiel von randständigen Aborigines in dramatische Konflikte mit weißen Institutionen – Militär, Missionare, Polizei, Reservatsverwaltung – umgesetzt werden. *Home* ironisiert nicht nur den Heimatverlust, sondern zeigt auch keinen Ausweg für die unterdrückte Minderheit, dem Dilemma ihrer Marginalisierung zu entkommen – weder in der Vergangenheit, den 1820er und 1830er Jahren, noch 100 Jahre später. Der Naturalismus des Stückes resultiert gleichermaßen aus skizzenhaft-knapp gestalteten Szenen, dichtgedrängtem Szenenwechsel und Dialogen einer lebensnahen Mischung von australischem Umgangsenglisch und *Nyoonga*-Sprachelementen (von Einzelwörtern bis zu Dialogpartien). Metaphorische Überhöhung erfährt die Alltagswirklichkeit durch einen Aborigine-Tänzer, der das Geschehen, begleitet von Aborigine-Musikinstrumenten, in liedhafter Form kommentiert. Hier entspringt D.' Dramaturgie der durchaus gelungenen Intention, die übernommene europäische Bühnenform mit dramatischen Elementen der eigenen Tradition zu verknüpfen. In seinen späteren, fast ausschließlich mit der Gegenwart befaßten Stücken – *The Dreamers* (1982), *No Sugar* (1985), *Smell the Wind* (1988) – treten symbolisierende Elemente dagegen in den Hintergrund, so daß das naturalistisch gestaltete Geschehen der Ausweglosigkeit der Aborigine-Charaktere eine nahezu fatalistische Dimension verleiht. Die dramatische Kraft von D.' Stücken hat in vielen erfolgreichen Aufführungen im In- und Ausland, in denen er u. a. auch selbst agierte, breite Anerkennung gefunden und mit ihrer positiven Rezeption auf das Schaffen jüngerer Autoren des Aborigine-Theaters beigetragen.

Literatur: Ch. B. Balme. »The Aboriginal Theatre of Jack Davis: Prolegomena to a Theory of Syncretic Theatre.« *Crisis and Creativity in the New Literatures in English*. Hg. G. V. Davis/H. Maes-Jelinek. Amsterdam 1990, 401–417. – H. Gilbert. »Historical Re-Presentation: Performance and Counter-Discourse in Jack Davis.« *New Literatures Review* 19 (1990), 91–101.

Dieter Riemenschneider

Defoe, Daniel

Geb. 1660 in London; gest. 24. 4. 1731 ebd.

Außer dem Drama gab es kaum eine literarische Gattung, in der sich der vielschreibende Berufsautor Daniel Defoe, der ›Vater des Romans‹ und ›Vater des Journalismus‹, nicht versucht hätte. Aber nur mit wenigen Schriften hat er Weltruhm erlangt. Es liegt keine Ausgabe seiner gesammelten Werke vor, die mehr als nur einen Bruchteil seines

Gesamtwerks enthält. – Geboren als Sohn nonkonformistischer (›puritanischer‹) Eltern aus einer emigrierten flämischen Protestantenfamilie namens Foe, hatte »De Foe«, wie er sich später mit trotzigem Adelsprädikat nannte, besonders zur Herrschaftszeit der Tories (1660–88, 1710–14) unter vielen Diskriminierungen zu leiden. So waren ihm die nur Anglikanern zugänglichen Universitäten Oxford und Cambridge verwehrt; statt dessen genoß er eine zumindest gleichwertige Erziehung an einer der vielen ›dissenting academies‹, Newington Green. – Der vorwiegend nonkonformistische Mittelstand Englands zeichnete sich durch protestantische Geschäftstüchtigkeit aus, die nach Calvins Lehre äußeres Zeichen innerer Auserwählung war. Doch im Unterschied zum offenbaren Geschäftserfolg seines Vaters (Fleischer und Talgkerzenmacher) ging er aus seinen wenig seriösen Geschäfts- und Handelsunternehmen (Schiffsversicherung, Ziegelherstellung usw.) mit Schulden und Gerichtsverfolgung hervor. Dies legte die Ehe mit einer Dissenterin aus reicher Geschäftsfamilie und Geldverdienen mit der Feder nahe, machte ihn jedoch politisch erpreßbar. So zwangen die Tories, aber auch radikale Whigs, den moderaten Whig D. in ihre Dienste, als Journalist, Pamphletautor und gar Spion. Unter Königin Anne, die mit ihren Tories gegen die Junto Whigs die 1707 erfolgte politische Union von England und Schottland durchsetzte, wurde er wider seine Überzeugung gezwungen, die Stimmung im Norden auszukundschaften. Dieser Aufgabe entledigte er sich wahrscheinlich als Doppelspion (und Doppelverdiener). So kam zu D.s literarischer Vielfalt und Wendigkeit die politische hinzu.

D. fiel der Politik auf, als er mit Pamphleten zugunsten der Whigs die zum Scheitern verurteilte Rebellion des Herzogs von Monmouth gegen seinen Vater, König Charles II, unterstützte. Nach der Thronbesteigung des römisch-katholischen Königs James II 1685 mußte er gar auf den Kontinent fliehen, und in der *Glorious Revolution* 1688 schloß er sich den Soldaten des neuen protestantischen Königs Williams III (of Orange) und seiner englischen Königin Mary an.

1688–1702 war D. der literarische Propagandist und Apologet des Holländers William. Wider die zu den Tories tendierenden Anhänger des im französischen Exil vergeblich auf seine Restauration wartenden Stuarts James (»Jacobites« wie John Dryden), die den ›fremden‹ König aus Holland für ›unnatürlich‹ hielten, schrieb D. seine

klassizistische Verssatire *The True-Born Englishman* (1701). Dem alten Königsmythos der Tories setzte er, mit Common Sense und Ironie, das nüchterne Whig-Konzept des Staatsvertrags entgegen, welches schon die Hinrichtung des Stuartkönigs Charles I 1649 gerechtfertigt hatte: Das Volk schließt einen justiziablen Vertrag mit einem tüchtigen und gottesfürchtigen Staatsoberhaupt gleich welcher Herkunft. Lesenswert und lehrreich ist v. a. D.s rationale Widerlegung der unsinnigen Annahme einer natürlichen, eingeborenen (»trueborn«) Bevölkerung. Durch die Geschichte sei England ein Einwanderungsland für Pikten, Skoten, Kelten, Römer, Germanen, Normannen, französische Hugenotten, Fürsten und Kaufleute aus ganz Europa: »Fate jumbled them together, God knows how; / Whate'er they were, they're true-born English now. / [   ] / A true-born Englishman's a contradiction, / In speech an irony, in fact a fiction.« Als nach Williams Tod 1702 die anglo-katholische Königin Anne den Thron bestieg und sich immer mehr mit hochkirchlichen Tory-Beratern umgab, die ihr Whig-Kabinett bedrohten (und 1710 schließlich stürzten), und Gesetzesentwürfe zur erneuten Diskriminierung der Dissenter einbringen ließ, verfaßte D. seine bitter ironische Prosasatire *The Shortest Way with the Dissenters* (1702). Sprecher ist ein fiktiver High Church Tory, der das totale Verbot und gar die Ausrottung der Dissenter befürwortet. Die Satire, mit ihrer ironischen Logik Vorlage für Jonathan Swifts *Modest Proposal* (1729), trug D. eine Prangerstrafe ein, für die er sich mit seiner ebenfalls ironischen *Hymn to the Pillory* (1703) rächte.

Zwei Jahre nach Begründung der ersten Tageszeitschrift (›journal‹) Englands, *The Daily Courant*, startete D. die erste eigentliche Wochenzeitschrift (›periodical‹) Englands, *The Review* (1704). D. verfaßte sie fast alleine bis 1713, zuerst in einer, schließlich in drei Wochenausgaben. Es war eine nominell unparteiische Zeitschrift, deren Whig-Autorschaft jedoch in ihrer Betonung der kommerziellen Interessen Englands manifest wurde. Ihre Absicht war, D. zufolge, seine Leserschaft mit literarischer Qualität in einschmeichelnder Weise zu informieren und moralisch zu belehren, bittere Medizin in süßem Zuckerguß. So enthielt sie die ersten Leitartikel wie elegante essayistische Kommentare zu Politik, Liebe und Ehe, Glücksspiel, Duell, Wirtschaft und Handel, Mode, Literatur usw. Die jeweilige Lehre wurde gelegentlich in Predigtart mit fiktiven Exempeln veranschaulicht, die in nuce seine Romane vorwegnehmen. So war *The Review* literarische Vorlage für Richard Steeles und John Addisons moralische Wochenzeitschriften *The Tatler* (1709–11) und *The Spectator* (1711–14), die in ganz Europa rezipiert und imitiert wurden.

Die Zeitschrift wäre nicht möglich gewesen ohne die zahlreichen Besuche, auch in Gerichten, Gefängnissen und bei Hinrichtungen, sowie Reisen, die der scharf beobachtende D. unternahm. Ihr weiteres Ergebnis waren u. a. D.s dreibändiger Reiseführer *A Tour through the Whole Island of Great Britain* (1724–26), sein *conduct book* (Erziehungsbuch) *The Compleat English Gentleman* (postum 1890) sowie seine fiktional ausgearbeiteten Justizberichterstattungen in *Applebee's Journal* (1724–26). Hier mischen sich Beobachtung und Quellenstudium zu Erzählungen zwischen Historiographie und Invention. Sie inspirierten die späteren historischen Romane Walter Scotts (1814–32), der D.s Romane zuvor (1810) in zwölf Bänden herausgegeben hatte.

Wenn D. mit *Robinson Crusoe* (1719; *Robinson Crusoe*, 1720) den ersten seiner zahlreichen Romane veröffentlichte, stellte er sich damit mehr in die moralische Tradition des Dissenters John Bunyan als der Anglikanerin Aphra Behn. Henry Fieldings späterer Versuch im Vorwort zu *Joseph Andrews* (1742), den Roman als Prosaepos an die Gattung und Regeln des antiken Versepos anzuschließen, zeugt davon, daß *novel* und *romance* noch lange nicht als literarische Gattung respektiert waren. Man hielt sie, ähnlich den Geschichten in den moralischen Wochenzeitschriften, für Moralexempel. Samuel Johnson bezeichnete sie noch 1750 als weitverbreitete (und darum nützliche) Schriften für Frauen, Kinder, Müßiggänger und Ignoranten. Ihre Stoffe waren aus Leben oder Lektüre geschöpfte, zumeist nicht stoffkreisgebundene (*novel* im Gegensatz zu *romance*), erbauliche oder abschreckende Geschichten. Dabei stand den Dissentern zusätzlich eine Tradition der Selbstkontrolle zur Verfügung, das Seelentagebuch (*spiritual autobiography* oder *spiritual biography*), derer sich schon Bunyan bedient hatte. Die Dissenter pflegten, gemäß ihrer protestantischen Geschäftsmentalität, ihre täglichen guten und schlechten Taten in Bilanzen festzuhalten, Böse und Gut analog Soll und Haben. So entstanden Aufzeichnungen von Ereignissen des Alltagslebens, die, weil häufig publiziert, leicht in *novels* fiktionalisierbar waren. Ein solcher bekannter Seelentagebuchautor

war Timothy Cruso. Auf ihn verweist der Name von D.s Robinson Crusoe, der auf seiner Insel ebenfalls Doppelbilanzen seines Seelen- und Besitzstandes führt. So schöpft der Roman zugleich aus gewöhnlichen Alltagsaufzeichnungen und ungewöhnlichen Reiseberichten (Freibeuterkapitän W. Rogers' Bericht über den ausgesetzten Seemann Alexander Selkirk). Was D.s Roman von Bunyans unterscheidet, ist die Unaufdringlichkeit der moralischen Allegorie. Dennoch sind Ereignisse und ihre Bezeichnungen so gewählt, daß der Roman auf zwei Ebenen zu verstehen ist. Schiffbruch, Verworfenheit, Einsamkeit, Leiden, Krise und Rettung bezeichnen über die metaphorischen Wortbedeutungen neben physischen Abenteuern auch dialektisches seelisches Heilsgeschehen. Der fiktive Ich-Erzähler Robinson Crusoe schildert diese Ereignisse aus der Retrospektive des reuigen und erlösten Sünders in einem nüchtern buchhalterischen Stil, beginnend mit dem Ungehorsam gegenüber seinem Vater als Gottes Stellvertreter, einem mittelständischen Kaufmann, der ihm für seine Zukunft eben diesen (auch biblisch gerechtfertigten) Mittelstand befohlen hatte. Seine Flucht führt zu mehrfachem Schiffbruch (mit Bezug auf Jonas Ungehorsam gegenüber Gottes Gebot) und, nach mißachteten Warnungen, zur ›Verwerfung‹ auf die Insel. Der »castaway« muß über viele Jahre lernen, seine Existenz geschäftsmännisch zu planen, Gott und Bibel zu vertrauen und unchristliche Furcht zu überwinden, bis eine Fieberkrise, aus der er körperlich wie seelisch geläutert hervorgeht, das weitere Heilsgeschehen (»deliverance« im doppelten Sinne) einleitet. Dazu gehört seine Begegnung mit dem Eingeborenen Friday, die ihn zu der Einsicht führt, daß Christus an einem Freitag auch für die Wilden gestorben ist, nicht nur für einige rechtgläubige Auserwählte. Hier zeigt sich der aufgeklärte Puritanismus D.s in rationalistischer Zeit, als Calvins vernunftfeindliche Prädestinationslehre selbst unter den Dissentern unglaubwürdig geworden war. Auch für die sündigen Heldinnen und Helden der folgenden Romane D.s gilt, daß widrige Lebensumstände trotz konsequenten Erbsündenzwangs (*paradise lost*) keine notwendige Verworfenheit beinhalten, sondern sie mit Gottes Hilfe den Weg zurück zum Heil finden können (*paradise regained*). Dieser Ersatz von absolutistischer Prädestination durch gütige Vorsehung brachte D. der Aufklärungstheologie der Anglikaner (*latitudinarianism*) nahe. – Dieser weltbekannte und oft in ›Robinsonaden‹ imitierte

Roman hat viele verkürzte Lesarten erfahren: u. a. als Kinderbuch, marxistisch ökonomische Fallstudie oder Kolonialerzählung. Wenn Robinson am Schluß mit der Insel als seiner mittelständischen Handelskolonie belohnt wird, so ist der koloniale Impetus der dissenterischen Whigs theologisch zu verstehen. In D.s beiden selten gelesenen Fortsetzungen des Romans (1719 und 1720) wird das noch deutlicher. Sie blieben, wie leider alle anderen im Anschluß an diesen Romanerfolg und diese Erzähltechnik verfaßten *novels* D.s, im Schatten von *Robinson Crusoe*.

Es sind fast sämtliche ebenfalls retrospektive Erzählungen reuiger Sünder und als solche moralisch theologische Entwicklungsromane, deren Authentizitätsfiktion (»true history«) u. a. durch die stilistisch nüchterne, formlose, unselektiert additive Ereignisreihung bewirkt wird. Dabei schlüpft, wie später bei Scott, der Autor gerne in die Rolle des Quellenherausgebers. Zumeist betitelt nach ihren Helden, der Prostituierten *Moll Flanders* (1722; *Moll Flanders*, 1723), der Kurtisane *Roxana* (1724; *Roxana*, 1966), den Freibeutern *Captain Avery* (1720), *Captain Singleton* (1720; *Captain Singleton*, 1919) und *Charles Johnson* (1724), den Straßenräubern *John Sheppard* (1724; *John Sheppard*, 1968) und *Jonathan Wild* (1725), dem Taschendieb und Sklavenaufseher *Colonel Jack* (1722, Autorschaft zweifelhaft; *Colonel Jack*, 1740), dem Zauberer *Duncan Campbell* (1720; *Duncan Campbell*, 1984), dem sich für Abenteuer und Kriegsruhm verdingenden *Cavalier* (1720; *Kavalier*, 1785) sowie *Captain Carleton* (1728) usw., variieren sie das Grunderzählmuster in doch erstaunlicher Vielfalt und zukunftsträchtiger Hybridität. So wechseln etwa in *Moll Flanders* mit Erzählzeitpunkt und Handlungszeit auch die moralischen Perspektiven derart, daß man geneigt sein könnte, der Heldin lebhaft realistische Schilderung ihres vergangenen Sündenlebens als Rückfälle (statt erzähltechnisch effektvolles Wiedererleben) zu deuten. So stellt *John Sheppard* eine multiperspektivische Montage dar aus einer Magistratsproklamation, der Er-Erzählung eines mit den Gerichtsakten vertrauten Newgate-Gefängnischronisten, eines Briefes des Titelhelden nach einer Flucht und seinen abschließenden reuigen Aufzeichnungen kurz vor seiner Hinrichtung. So mischt sich in den erzählerischen Realismus von *Colonel Jack* die aufkommende Charakterdarstellung der Empfindsamkeit, und so ist der ›H. F.‹, der rückblickende bürgerlich-dissenterische Ich-Er-

zähler des *Journal of the Plague Year* (1722; *Tagebuch aus dem Pestjahr*, 1925), ein unabhängig analytischer, buchhalterisch detailfreudiger, vernunftbetonter Chronist der Lebensumstände in London unter der Katastrophe von 1665, der die Pest dennoch *nostra culpa* als Gottes Strafe für die Exzesse der Restaurationszeit versteht. Die vielfach gestellte Frage, ob die nüchternen Faktenanalysen der Romane (hygienische und scharlatanische Bedingungen von Seuchen, soziale Bedingungen von Verbrechen und Meutereien, parteipolitische Bedingungen von Kriegen, ausbeuterische Bedingungen von Sklavenmißbrauch usw.) bereits Zweifel am theologischen Überbau implizieren, dürfte kaum zu beantworten sein.

Werkausgabe: *Novels and Miscellaneous Works*. 20 Bde. New York 1973 [1940–41]. Literatur: M. E. Novak. *Daniel Defoe: Master of Fictions*. Oxford 2001. – P. R. Backscheider. *Daniel Defoe: His Life*. Baltimore 1989. – dies. *Daniel Defoe: Ambition and Innovation*. Lexington, KY 1986. – G. A. Starr. *Defoe and Spiritual Autobiography*. Princeton 1965. – M. E. Novak. *Defoe and the Nature of Man*. London 1963. – I. Watt. *The Rise of the Novel: Studies in Defoe, Richardson and Fielding*. London 2000 [1957]. – R. Stamm. *Der aufgeklärte Puritanismus Daniel Defoes*. Leipzig 1936. – H. Schöffler. *Protestantismus und Literatur: Neue Wege zur englischen Literatur des 18. Jahrhunderts*. Göttingen 1922 [1958].

Rolf Lessenich

Deighton, Len [Leonard Cyril]

Geb. 18. 2. 1929 in London

Neben Ian Fleming und John le Carr& hat zweifellos Len Deighton die Entwicklung des Agentenromans nach dem Zweiten Weltkrieg am nachhaltigsten geprägt. Schon mit seinen ersten Romanen – *Ipcress File* (1962; *Ipcress – streng geheim*, 1965), *Horse Under Water* (1963; *Fische reden nicht*, 1968) und *Funeral in Berlin* (1964; *Finale in Berlin*, 1966) – verleiht D. durch einen antiheldischen Ich-Erzähler, raffinierte Plots, einen elliptischen Stil und eine distanziert-ironische Erzählweise der Gattung neue Impulse. In den folgenden Jahrzehnten zeigt D. in seinen nichtfiktionalen und fiktionalen Werken ein starkes Interesse an historischen Zusammenhängen, verbunden mit dem Leitmotiv des politischen wie persönlichen

Verrats. D.s sorgfältig recherchierte historische Analysen wie *Blitzkrieg* (1979; *Blitzkrieg*, 1980) oder *Blood, Tears and Folly* (1993) beschäftigen sich v. a. mit dem Zweiten Weltkrieg und setzen sich kritisch mit dem Mythos der *Battle of Britain* auseinander. Auch in seinen Romanen thematisiert D. Ereignisse des Zweiten Weltkriegs – z. B. *Bomber* (1970; *Bomber*, 1971); *Goodbye Mickey Mouse* (1982; *Goodbye für einen Helden*, 1986) – oder entwirft sogar wie in *SS-GB: Nazi-Occupied Britain* (1978; *SS-GB*, 1980) alternative Geschichtsabläufe. Besonders ambitioniert sind D.s Versuche einer Synthese zwischen Geschichtsanalyse und Agentenroman, wobei er eine Vorliebe für die deutsche Geschichte mit Berlin als Schauplatz hat. So schildert D. in *Berlin Game* (1983; *Brahms vier*, 1984), *Mexico Set* (1984; *Mexico Poker*, 1985) und *London Match* (1985; *London Match*, 1986), der ersten von bislang drei Trilogien, Irrungen und Wirrungen deutscher Geschichte anhand seines Protagonisten Bernard Samson, einer gereiften Version aus dem Deightonschen Kabinett der Ich-Erzähler. Damit verknüpft ist wiederum das Thema des Verrats, denn Samsons ins sowjetische Lager übergelaufene Frau Fiona bestätigt das desillusionierende, menschliche Werte korrumpierende Bild moderner Geheimdienste. Während jedoch die Titelmetaphorik *Game, Set & Match* ein Ende andeutet, enthüllt die zweite Trilogie – *Spy Hook* (1988; *Geködert*, 1990), *Spy Line* (1989; *Gedrillt*, 1990) und *Spy Sinker* (1990; *Gelinkt*, 1991) –, daß Samson und seine Frau nur Schachfiguren in einem großangelegten Spiel des britischen Geheimdienstes sind, das den Niedergang des DDR-Regimes zum Ziel hat. Daß D. offensichtlich ein umfassender Romanzyklus vorschwebt, wird durch die dritte Trilogie bekräftigt (*Faith*, 1995; *Hope*, 1996; *Charity*, 1997), in der sich erneut Geschichte und Geheimdienstwelt, private und politische Schicksale durchdringen. D., von der Kritik als Autor von Rang anerkannt, hat zwar eine vertraute Welt, Deightonland, geschaffen, doch tun sich in ihr immer neue Spannungsfelder auf, die die Vitalität der Gattung nachdrücklich unterstreichen.

Werkausgaben: *Three Complete Novels: Berlin Game, Mexico Set, London Match*. New York 1997. – *Drei Romane: Brahms vier, Mexico Poker, London Match*. Frankfurt a.M./Berlin 1987. – *Geködert: Drei Romane*. München 1994.
Literatur: B. Lenz. »*Game, Set & Match*: Konstanten und Varianten in Len Deightons geheimer Welt.« *Anglistik &*

Englischunterricht 37 (1989), 65–97. – K. Bangert/ J. Kamm. *Die Darstellung des Zweiten Weltkriegs im englischen Roman*. 2 Bde. Frankfurt a.M. 1987. – E. Milward-Oliver. *The Len Deighton Companion*. London 1987. – L.O. Sauerberg. *Secret Agents in Fiction*. London/Basingstoke 1984.

Bernd Lenz

Dekker, Thomas

Geb. 1572? in London; gest. August 1632 ebd.

Wenig ist über Thomas Dekkers Biographie bekannt. Das einzig Herausragende im Leben des wohl aus dem Handwerkermilieu kommenden Vielschreibers waren wiederholte Aufenthalte im Schuldturm, so 1613–19. Das Schuldgefängnis, das er als »that university where men pay more dear for their wit than anywhere« bezeichnete, veränderte offensichtlich seine umgängliche Natur und glückliche Disposition nicht. – Der erste Teil von D.s literarischer Karriere bestand aus dem Umschreiben alter Stücke und der Zusammenarbeit mit anderen Dramatikern seiner Epoche. Zwischen 1598 und 1602 verfaßte D. acht eigene Stücke und ca. 25 weitere als Mitautor. Insgesamt schätzt man das – teilweise verloren gegangene – Gesamtwerk des verdienstabhängig produktiven Schnellschreibers auf mehr als 110 Dramen und Maskenspiele sowie zahlreiche Pamphlete, Gedichte und Erzählungen. Von seinen nicht-dramatischen Werken seien einige exemplarisch genannt: Popularität erlangte D. 1598 mit dem Gedicht *Canaan's Calamity*, welches das bei den Elisabethanern beliebte Sujet des Falls Jerusalems in den Kreuzzügen aufnahm; das Prosawerk *The Wonderful Year* (1603) gilt den Pestverheerungen im gleichen Jahr; *The Seven Deadly Sins of London* (1606) bietet eine *tour d'horizont* zeitgenössischer Untugenden und Vergehungen; *The Bellman of London* (1608) ist eine sehr populäre Verbrecher- und Vagabundenbiographie. Nach wie vor lesenswert und mentalitätsgeschichtlich aufschlußreich ist auch *The Gull's Hornbook* (1609), ein Pamphlet über den Tagesablauf eines Gecken.

Als Dramatiker war D. in einen berüchtigten Streit mit Ben Jonson verwickelt, der ihn einen *knave* nannte und in seinem Drama *Poetaster* (1601) in einem Seitenhieb satirisierte als »one of the most over-flowing rank wits in [London]«. In einer *battle of the dramatists* erwiderte D. den Tort in seinem wahrscheinlich mit John Marston geschriebenen Stück *Satiromastix* (1602). Am bekanntesten bleiben zwei Dramen: *The Honest Whore* (ca.1604–08 mit Thomas Middleton verfaßt) ist die abschreckende Geschichte einer reuigen Sünderin. *The Shoemaker's Holiday, or The Gentle Craft* (1599) ist eine Sittenkomödie, die unter Verarbeitung der im Untertitel zitierten Prosaerzählung von Thomas Deloney die historisch belegte Erfolgsgeschichte eines Schuhmachermeisters aus dem 15. Jahrhundert ausmalt. Der höchst ergötzlichen Figur des etwas ungehobelt auftretenden, aber vor Tugendhaftigkeit strotzenden Simon Eyre gelingt, vom eigenen Fleiß vorangetrieben und vom Glück begünstigt, schließlich der Aufstieg zum Lord Mayor von London, dem sogar der König seine Reverenz erweist.

Für die späte elisabethanische Epoche und die Stuart-Zeit bis in die frühen 1630er Jahre bieten D.s Werke ein sicherlich manchmal beschönigendes, aber dennoch sehr aufschlußreiches Stimmungsbild. Seine Beschreibungen des Londoner Großstadtlebens vermitteln lebendige, bisweilen derbe Einblicke in private und öffentliche Lebenssphären, getragen vom Mitgefühl für die Armen und Unterdrückten der Zeit.

Werkausgaben: *The Non-Dramatic Works of Thomas Dekker.* Hg. A. B. Grosart. 5 Bde. London 1884–86. – *The Dramatic Works of Thomas Dekker.* Hg. F. T. Bowers. 4 Bde. Cambridge 1953–61. Literatur: K. E. McLuskie. *Dekker and Heywood: Professional Dramatists.* New York 1994. – L. S. Champion. *Thomas Dekker and the Traditions of English Drama.* New York 1987. – M. T. Jones-Davies. *Un peintre de la vie Londonienne: Thomas Dekker.* Paris 1958.

Laurenz Volkmann

Deloney, Thomas

Geb. ca. 1543 in Norwich?;
gest. 1600 in London

Thomas Deloneys Herkunft und Bildungshintergrund bleiben im Dunkeln. Von Beruf Seidenweber, zog er wohl in den 1580er Jahren nach London und verdiente sich dort seinen Lebensunterhalt als Pamphletschreiber. Einen Namen machte er sich mit der Balladensammlung *The Garland of Good Will* (1593 registriert). Er blieb weiter tätig in diesem populären Metier als Verfasser aktueller Straßenballaden, etwa zum Sieg über die spanische Armada, die als Einblattdrucke

(wie Extraausgaben von Zeitungen) verkauft wurden. Am bekanntesten wurde D. als Autor von vier Prosawerken, die er zwischen 1597 und 1600 verfaßte: *Jack of Newbery, The Gentle Craft* (in zwei Teilen) und *Thomas of Reading.* In den Traditionen der *jest books* und des oralen Erzählens verwurzelt, schwankhaft und von bisweilen derben Humor, gelten sie als frühe Formen romanhafter Prosa. Trotz ihrer episodischen Struktur können die durch viele Dialoge lebhaft gestalteten Lebensberichte aus der ständischen Gesellschaft auch heute noch teilweise mit Genuß gelesen werden. Sie vermitteln Einblicke in die Mentalität der (spät-)mittelalterlichen Metropole London, fokussiert auf das – allerdings glorifizierte – Handwerk. *Jack of Newbery* erzählt die Geschichte vom sozialen Aufstieg des armen Webergesellen zum angesehenen Meister und zur Stütze seiner Gesellschaft. Sein Wirken ist getragen von Vaterlandsliebe, Königstreue und gemeinnütziger Praxis (indem er Arbeitern eine Existenzgrundlage bietet, dient er zugleich der allgemeinen Sicherheit). An seinem Beispiel wird das gewerbetreibende Bürgertum gegenüber dem Adel aufgewertet, dessen Vertreter voller Neid und Mißgunst sein Tun beäugen. In *The Gentle Craft* erscheint das Ansehen bürgerlicher Gewerbetreibender, hier der Schuhmacher, insofern noch gesteigert, als selbst Aristokraten diesen Berufsstand wählen und damit das Bürgertum dem Adel als gleichberechtigten, unentbehrlichen Partner an die Seite stellen. Insbesondere in den Episoden, die sich um die Aufsteigergeschichte von Simon Eyre ranken, wird die Handwerkserzählung zur Hagiographie. Vom Schuhmachergesellen schwingt dieser sich kraft seiner frühbürgerlichen Tugendhaftigkeit, seines Fleißes und seiner Disziplin sowie einer Portion Glück zum Lord Mayor von London und Gründer von Leadenhall empor. Der Text ist nicht nur eine Apologie des entstehenden Frühbürgertums, sondern auch ein historisches Dokument, welches dessen Selbstverständnis reflektiert, und zudem die Vorlage für Thomas Dekkers Theaterstück *The Shoemaker's Holiday* (1599). Ähnlich liefert *Thomas of Reading* mit seinen wenig organisch ineinandergefügten Einzelepisoden über neun Tuchhändler eine kollektive Mythenerzählung, die auf den Gemeinschaftsgeist des Gewerbes und sein entsprechend solidarisches, karitatives und staatstragendes Handeln abhebt. – D.s Werke sind zwar keine literarischen Meilensteine, aber von höchst aufschlußreicher mentalitätsgeschichtlicher Bedeutung.

Werkausgabe: *The Works of Thomas Deloney.* Hg. F. O. Mann. Oxford 1912.
Literatur: J. Wolter. *Das Prosawerk Thomas Deloneys: Studien zu Erzählkunst, Weltbild und Geschichtlichkeit.* Bonn 1976. – K.-M. Pätzold. *Historischer Roman und Realismus: Das Erzählwerk Thomas Deloneys.* Regensburg 1972. – M. E. Lawlis. *Apology for the Middle Class: The Dramatic Novels of Thomas Deloney.* Bloomington, IN 1960.

Laurenz Volkmann

De Quincey, Thomas

Geb. 15. 8. 1785 in Manchester;
gest. 8. 12. 1859 in Edinburgh

Thomas Quincey (die Selbstadelung zu *De Quincey* geschah später durch seine Mutter) wurde als viertes Kind eines Textilhändlers geboren, genoß eine klassische Bildung und definierte sich zeit seines Lebens als *gentleman scholar*, obwohl er wegen chronischer Geldnot meist zu einer Existenz als Lohnschreiber gezwungen war. Nach dem frühen Tod des Vaters 1793 rebellierte er gegen die streng religiöse Erziehung der Mutter, entdeckte seine Bewunderung für William Wordsworth und verließ mit 17 das Elternhaus, um den Dichter aufzusuchen. Statt dessen landete er freilich zunächst in London, wo er fünf Monate als Obdachloser lebte. Erst 1807 unternahm er die ursprünglich geplante Reise nach Grasmere und wurde Mitglied des Zirkels um die *Lake Poets.* Das Verhältnis zu Wordsworth war zeitlebens von Bewunderung geprägt, aber durch D. Q.s Egozentrik und später durch die Veröffentlichung seiner nicht immer schmeichelhaften Erinnerungen getrübt. 1817 heiratete er eine Bauerstochter aus der Gegend um Grasmere, die ihm bis zu ihrem Tod 1837 acht Kinder schenkte. Nachdem sein Erbe aufgebraucht war, versuchte er bis zum Lebensende, seinen Unterhalt als Herausgeber und Autor verschiedener Magazine (u. a. *Blackwood's, Tait's, London Magazine*) zu sichern.

D. Q.'s berühmtestes Werk, die *Confessions of an English Opium Eater* (1821/56; *Bekenntnisse eines englischen Opiumessers*, 1886), schildert seinen jugendlichen Aufenthalt in London sowie seine Erfahrungen mit Opium vom ersten Konsum der Droge als Schmerzmittel im Jahre 1804 während seines Studiums in Oxford bis zum Selbstentzug. Der nachträgliche Appendix (1822) macht freilich deutlich, daß der Entzug nicht gelungen

ist, und D. Q. konsumierte die Droge bis zu seinem Tod. Die *Confessions* legitimieren sich in der einleitenden Leseransprache durch einen moralischen Anspruch und scheinen in ihrer Entwicklung von den ›Freuden‹ zu den ›Qualen‹ des Opiums auch auf warnende Abschreckung des Lesers angelegt. Der dominierende Eindruck bis in die abschließenden, geradezu surrealen Alptraumsequenzen hinein bleibt aber D. Q.s Faszination durch die Droge. – D. Q.s essayistisches Schaffen ist vielfältig, umfangreich und von unterschiedlicher Qualität. Er äußert sich zu Geschichte, Philosophie, Politik ebenso wie zu Ökonomie und Literaturkritik. Berühmt wurden v. a. die Shakespeare-Kritik *On the Knocking at the Gate in Macbeth* (1823; *Über das Klopfen an die Pforte in Shakespeares Macbeth*, 1986), der Essay »The English Mail-Coach, or the Glory of Motion« (1849) sowie seine makaberkomische Satire *On Murder Considered as One of the Fine Arts* (1827/39/54; *Der Mord als eine schöne Kunst betrachtet*, 1913), die in der provokanten Trennung von Ästhetik und Moral auf den Ästhetizismus Oscar Wildes vorausweist. – Als D. Q. nach einem rastlosen, von Armut und Krankheit überschatteten Leben im Alter von 74 Jahren stirbt, ist das Urteil der Zeitgenossen über sein Werk geteilt. Nach heutiger Ansicht liegen seine größten Leistungen im autobiographischen Schreiben (das er nach den *Confessions* 1845 mit *Suspiria de Profundis* nochmals zu einem Höhepunkt führte) und in seiner Kunst der lyrisch-musikalischen Prosa. Zu seinen Bewunderern zählten u. a. Charles Baudelaire und Virginia Woolf.

Werkausgaben: *The Collected Writings.* Hg. D. Masson. 14 Bde. Edinburgh 1889–90. – *The Works of Thomas De Quincey.* Hg. G. Lindop. 7 Bde. London 2000ff.
Literatur: J. North. *De Quincey Reviewed: Thomas De Quincey's Critical Reception, 1821–1994.* London 1997. – G. Lindop. *The Opium-Eater: A Life of Thomas De Quincey.* London 1981.

Franz Meier

Desai, Anita

Geb. 24. 6. 1937 in Mussoorie, Indien

Anita Desai entstammt einer indisch-deutschen Ehe und gilt als bedeutendste Vertreterin der englischsprachigen Frauenliteratur Indiens, deren Profil sie seit ihrem ersten Roman, *Cry, the Peacock* (1963), entscheidend mitgeprägt hat. Bislang erschienen in regelmäßigen Abständen weitere Romane, mehrere Erzählsammlungen und Jugendbücher, darunter der teilweise in Indien und den USA spielende Roman *Fasting, Feasting* (2000). Aufgewachsen mit Deutsch und Hindi, wandte sich D. mit Beginn ihrer Schulzeit der englischen Sprache zu, der für sie einzig möglichen Ausdrucksform ihrer Erzählungen. Die Kritik hat einhellig positiv auf die außergewöhnlich lyrische Textur ihrer Werke und ihren klaren und visuell anschaulichen Stil verwiesen, ein subtil eingesetztes Instrument der Gestaltung insbesondere des Innenlebens ihrer meist weiblichen, zur urbanen Mittelschicht zählenden Hauptfiguren. – In den bis 1980 erschienenen Romanen steht deren emotionales Spannungsverhältnis zu ihren Familien im Mittelpunkt, das immer wieder zur schmerzhaften Erfahrung führt, sich unter dem Druck sozialer Erwartungen individuell nicht verwirklichen zu können. Teils endet ihr Leben tragisch – wie in *Cry, the Peacock; Voices in the City* (1965) oder *Fire on the Mountain* (1977; *Berg im Feuer*, 1986) –, teils in Resignation (*Where Shall We Go This Summer?*, 1975). Erst mit *Clear Light of Day* (1980; *Im hellen Licht des Tages*, 1992) gelangt die Protagonistin zur Einsicht, daß ein individuelles Leben in die Familiengeschichte, ja in einen historischen Zusammenhang eingebettet ist, in dem Vergangenheit und Gegenwart unauflöslich miteinander verknüpft sind. – In den folgenden Romanen wendet sich D. anderen Aspekten der indischen Gegenwart zu, so der untergehenden Tradition der islamischen Urdukultur und -literatur (*In Custody*, 1984; *Der Hüter der wahren Freundschaft*, 1987); dem Schicksal eines deutsch-jüdischen Emigranten in Indien (*Baumgartner's Bombay*, 1988; *Baumgartners Bombay*, 1989); und der Erfahrung deutscher ›Pilger‹ auf der Suche nach Lebensverwirklichung (*Journey to Ithaca*, 1995; *Reise ins Licht*, 1996). Die wechselnden Großstädte in D.s eigenem Leben – Delhi, Kalkutta, Bombay – liefern den Hintergrund der atmosphärisch dicht gestalteten Erzählungen mit ihren Farben, Geräuschen und Gerüchen, ihrem Verfall und Elend und nicht zuletzt ihrer Gewalt. D.s klar strukturierte Romane lassen sich als literarisch eindrucksvolle soziokulturelle ›Kommentare‹ zum modernen städtischen Leben in Indien lesen, die besonders aus weiblicher Perspektive entwickelt werden. Wie *Fasting, Feasting* belegt, unterscheidet sich Indien allerdings in einigen Aspekten nicht von den USA, die D. durch regelmäßige Aufenthalte als Gastprofessorin seit den 1990er Jahren kennengelernt hat.

Literatur: S. Dash. *The Novels of Anita Desai*. Neu-Delhi 1997. – B. Choudhury. *Women and Society in the Novels of Anita Desai*. Neu-Delhi 1995.

Dieter Riemenschneider

Desani, G[ovindas] V[ishnudas]

Geb. 8. 7. 1909 in Nairobi, Kenia;
gest. 15. 11. 2000 in Austin, Texas

G. V. Desani, indischer Autor aus Ostafrika, schrieb seinen einzigen Roman, *All About H. Hatterr* (1948), in England, wo er 1926–52 lebte. Daneben verfaßte er das in Vergessenheit geratene poetische Drama *Hali* (1950) und eine Reihe von Essays und Erzählungen. Einer der Gründe für D.s schmales literarisches Werk mag darin liegen, daß er 1952–66 in verschiedenen Klöstern Indiens, Burmas und Japans lebte und in den 1970er Jahren als Professor für Philosophie in den USA tätig war. Die nähere Betrachtung des Romans eröffnet nun aber die Möglichkeit, eine Verbindung zwischen seiner Thematik und D.s Aufenthalt in Europa herzustellen, denn den Ausgangspunkt der Lebensgeschichte Hatterrs (und wohl auch D.s) bildet die Erfahrung der Isolation des anglo-indischen Ich-Erzählers in England, der sich vom Rückblick auf sein Leben in Indien eine Antwort auf die Frage nach dessen Sinn erhofft. Der besondere Reiz und die einmalige Stellung dieser fiktiven Autobiographie (von D. als »Geste« bezeichnet) liegt in ihrer erzähltechnisch und sprachlich-stilistischen Gestaltung. Als Beitrag zur indoenglischen Literatur hat sie *All About H. Hatterr* den Rang eines frühen Vorläufers der gebrochenen, diskontinuierlichen und selbstreflexiven Erzählweise eingetragen, die mit Salman Rushdies *Midnight's Children* (1981) einsetzt und seither eine Reihe postkolonialer indo-englischer Werke auszeichnet. D. kombiniert unterschiedliche Textformen und Erzählerperspektiven: Den auktorialen Erläuterungen und Hatterrs »Mutual Introduction« folgen in jeweils in sich geschlossenen Kapiteln parabelhaft gestaltete Begegnungen des Erzählers mit den sieben »Weisen« Indiens; Reflexionen; dramatisch-realistische bis -farcenhafte »life-encounters« (welche die Lehren der Weisen auf den Kopf stellen) und resümierende Dialoge mit Hatterrs literarisch gebildetem *alter ego* Banerrji. Fazit dieser ungewöhnlichen, episodischen Autobiographie: Das Gesetz unaufhebbarer Widersprüchlichkeit bestimmt das Leben als bloßes Spiel, *lila*, das es hinzunehmen gilt. Während sich D. hier traditioneller literarischer Formen (Lehrerzählung, philosophischer Diskurs) bedient, schafft er mit dem ›Hatterresisch‹ ein völlig neuartiges Kommunikationsinstrument, eine einmalig faszinierende Mischung aus Umgangsenglisch, Slang, indischem Englisch, Neuschöpfungen, Wortspielen, Übersetzungen und Wortmaterial indischer Sprachen sowie Shakespearescher Rhetorik. Diese wahrhaft linguistische *tour de force* erzielt komische, witzig-farcenhafte, gelegentlich aber auch poetische Effekte. Von der überwiegend positiven Kritik wurde sie als Beleg jener Hybridität gelesen, die postkolonialen Texten eignet, und hier besonders jener, die der Erfahrung aus der Diaspora erwachsen sind. Hatterrs Geständnis, sein Buch diene der Absicht, ihn vor weiteren Schicksalsschlägen zu bewahren, gibt sich auf dem Hintergrund der 1940er Jahre als subjektiv existentieller Akt. Der postkoloniale Theoriezugriff der 1980er Jahre rückt es in den Zusammenhang der historischen Erfahrung von Migration, Heimatverlust und Suche nach einem neuen Lebensort.

Literatur: M. Ramanujan. *G. V. Desani: Writer and Worldview*. Neu-Delhi 1984. – S. C. Harrex. *The Fire and The Offering*. Bd. 2. Kalkutta 1978, 201–238.

Dieter Riemenschneider

Deshpande, Shashi

Geb. 19. 8. 1938 in Dharwar, Mysore, Indien

In Indien vielfach preisgekrönt, im postkolonialen Kanon marginalisiert, von der Kritik als Feministin vereinnahmt oder als privatistisch abgeschoben: Shashi Deshpande betrachtet dies mit Gelassenheit. Sie studierte Ökonomie und Jura und kam erst spät zum Schreiben. Sie begann wie einige ihrer weiblichen Hauptfiguren mit journalistischen Arbeiten, dann Kurzgeschichten (über 80, in Sammelbänden wie *The Legacy*, 1978, oder *The Intrusion*, 1994) und Erzählungen für Kinder, ehe sie sich, mit fast 40, an ihren ersten Roman wagte. *Roots and Shadows* (erst 1983 veröffentlicht) war als Detektivroman geplant, bis die Hauptfigur sich, wie D. sagt, gegen die Autorin durchsetzte. Der Roman enthält alle Konstellationen, die in der Folge für D.s Schreiben typisch sein werden: Weibliche Figuren der bürgerlichen Mittelschicht, wohl

situiert, gut ausgebildet, verheiratet, z. T. berufstätig, finden sich in einer Lebenskrise, die über die (gelegentlich schreibende) Abarbeitung der Vergangenheit bewältigt wird. Jede dieser Krisen wird ausgelöst durch die problematische Geschlechterbeziehung, die eine Selbst- und Neubestimmung notwendig macht. Das weit zurückreichende, über Epen und Mythen übermittelte kulturelle Erbe formuliert nach wie vor das Geschlechterverhältnis, jedoch verstehen sich die Frauen nicht »zwischen« Tradition und Moderne, sondern sie schaffen sich ihren subjektiven, identitätsstiftenden Handlungsrahmen, indem sie sich mit dieser Tradition auseinandersetzen. Die Romane aus den 1980er Jahren, *The Dark Holds No Terrors* (1980; *Das Dunkel birgt keine Schrecken*, 1986), *That Long Silence* (1988; *Die Last des Schweigens*, 1989), ebenso wie die aus den 1990er Jahren, *The Binding Vine* (1992), *A Matter of Time* (1996) und *Small Remedies* (2000), thematisieren einen Komplex gewaltsamer, erdrückender Machtstrukturen, der nur in einem sehr allgemeinen Sinne als Patriarchat bezeichnet werden kann. Daran haben die Frauen, v. a. die Mütter, ebenso Anteil wie die Ehemänner, während Väter und Großmütter häufig positive Figuren sind. Schweigen als Stummsein, aber auch Verschweigen als Unterdrücken und Tabuisieren gilt es aufzubrechen. Die Gegenwart der Frauen ist quasi ein Palimpsest, das von der Erinnerung – häufig durch eine Ich-Erzählerin – Schicht für Schicht abgetragen wird, damit ein selbstbestimmtes Weiterleben möglich wird. D. bringt dies zu höchster Meisterschaft in *Small Remedies*. Es ist aber auch ein Thema in *A Matter of Time*, dem Roman, in dem eines von D.s Leitmotiven besonders deutlich wird: das Haus der Großfamilie als Symbol der Beziehungen wie als Metapher für das Leben von Generationen. Die Privatheit dieser Häuser und der in ihnen erkämpften Lebensformen täuscht leicht darüber hinweg, daß die Topographien, etwa in *That Long Silence*, von einer gesellschaftspolitischen Detailgenauigkeit sind, die das Private sprengt. So sind auch ethnisch-religiöse Konflikte (in *Small Remedies*) weit mehr als nur Lokalkolorit. Bemerkenswert ist zudem, daß D. keine Zugeständnisse an ein westliches Publikum macht. Ihre Orientierung ist ausschließlich indisch, und dies mag zu ihrer starken Position in Indien beigetragen haben.

Literatur: R. Menon. »Afterword: ›No Longer Silent‹.« *A Matter of Time*. Sh. Deshpande. New York 1998,

247–267. – R. Varma. »UnCivil Lines: Engendering Citizenship in the Postcolonial City.« *National Women's Studies Association Journal* 10.2 (1998), 32–55.

Liselotte Glage

Dickens, Charles

Geb. 7. 2. 1812 in Landport, Portsmouth; gest. 9. 6. 1870 in Gad's Hill, Rochester

Nicht selten kommt heute die Frage auf, wie ein Autor der Vergangenheit auf das Potential der medialen Informationswelt angesprochen hätte, oder, genauer gesprochen, ob er den traditionellen Weg literarischer Kommunikation durch den Buchdruck vorgezogen oder sich durch die elektronischen Medien an ein Massenpublikum gewandt hätte. Nun mögen solch anachronistische Überlegungen wenig sinnhaft erscheinen, bei Charles Dickens haben sie indes ihre Berechtigung. Für das überaus große Lesepublikum – seine Beliebtheit ging durch alle Schichten der Gesellschaft – war D. der »unnachahmliche« Entertainer im besten Sinne, ein Geschichtenerzähler, wie er vor dem Einsetzen der Schriftkultur die Zuhörer in seinen Bann zieht. Dabei kam ihm ein Modus der Buchproduktion zugute, den er selbst allerdings zwiespältig beurteilte: Seine Erzählungen kamen, einer zeitgenössischen Praxis folgend, im Verlauf von ein bis anderthalb Jahren in Fortsetzungsdrucken heraus, um erst dann in Buchform angeboten zu werden. Das gab ihm die Möglichkeit, die Meinung seiner Kritiker und Leser zu jeder Nummer einzuholen und den Fortgang einer Erzählung auf ihre Reaktionen hin abzustimmen. Der Vergleich mit dem *Rating System* drängt sich hier auf, obschon die Struktur der Einzelnummer bei D. wenig mit der manipulierten Folge einer TV-Serie gemein hat. Die Annahme, daß diese Art der Vermittlung Spannung wie Engagement hervorrief, ist nicht von der Hand zu weisen. Gleichwohl wäre es verfehlt, die damit dokumentierte literarische Professionalität gegen D. in die Waage zu werfen. Vielmehr belegt die für ihn charakteristische Umsetzung der Publikationsweise, die auch nachträgliche Korrekturen zuließ, wie sehr er um die endgültige Form seiner Werke bemüht war, die er, ohne einen Handlungsplan ausgefeilt zu haben, gleichsam einer schöpferischen Eingebung gehorchend hervorbrachte.

Damit wäre D.' literarischer Werdegang angeschnitten, der offenkundig auf bescheidenen Voraussetzungen gründete. Gleichwohl wird man die Zurücksetzungen, unter denen er in der Jugend zu leiden hatte, aus heutiger Sicht anders bewerten wollen. Seine Herkunft aus dem Kleinbürgertum verwehrte ihm die klassische Bildung eines Gentleman; doch mag der knappe Schulunterricht, der ihm gewährt wurde, einen Sinn für das Praktische erweckt haben. So schmerzhaft ihn die Verschuldung des Vaters, die den Zwölfjährigen zur erniedrigenden Lohnarbeit zwang, treffen mußte, rief sie doch eine erhöhte Sensibilität für soziale Mißstände bei ihm wach. Die damals noch verbreitete Ausbeutung von Kindern hat ihn immer wieder beschäftigt. Zweifellos waren die Jahre, die er dann als Schreibkraft in einer Anwaltskanzlei verbrachte, von einiger Wichtigkeit für den Schriftsteller, der fast in jedem seiner Romane Rechtsprobleme anspricht. Endlich scheint es offensichtlich, daß die spätere Tätigkeit als Berichterstatter seinen Blick für das politische Geschehen geschärft haben muß. Schon von Kindheit an war D. ein unbändiger Leser gewesen, der sich neben Märchen und Räubergeschichten bald die großen Erzählungen der Weltliteratur und die nun bereits klassischen englischen Romane des 18. Jahrhunderts aneignete. Und so wird es verständlich, wieso er, anstatt eine journalistische Laufbahn einzuschlagen, zum Berufsschriftsteller wurde. Die erstaunliche Reife, mit der er als ein solcher an die Öffentlichkeit trat, ist freilich so nicht zu erklären.

Die ersten literarischen Arbeiten des jungen D. waren Skizzen aus dem Volksleben (*Sketches by Boz*, 1833–36; *Londoner Skizzen*, 1839). Doch dann – er war erst 24 Jahre alt – konnte er eine große Chance wahrnehmen. Ein prominenter Künstler hatte es übernommen, die vergnüglichen Abenteuer einer Philisterrunde in einer Bilderserie darzustellen, für die ein Begleittext benötigt wurde. Das Resultat waren die *Pickwick Papers* (1836/37; *Die Pickwickier*, 1837/38), eine Folge von Begebenheiten, welche der Selbstkritik ihres Verfassers widersprechend bereits Ansätze zur Geschlossenheit aufweist und in dem gütigen Mr. Pickwick und dem pfiffigen Sam Weller ein Herr-Diener-Paar einführt, das auf Cervantes rückverweist. Darüber hinaus hat D. hier zwei jener so profilierten Figuren geschaffen, die von nun an jeden seiner Romane auszeichnen. *Oliver Twist* (1837/38; *Oliver Twist*, 1838), in dem ein Waisenkind sich gegen eine sehr realistisch geschilderte Verbrecherbande behaupten kann, und die pikaresken Abenteuer des ungestümen *Nicholas Nickleby* (1838/39; *Leben und Schicksale Nikolas Nickelbys und der Familie Nickelby*, 1838–1840) folgten rasch aufeinander. Ganz England, so möchte man glauben, empfand den Tod der rührenden Little Nell in *The Old Curiosity Shop* (1840/41; *Der Raritätenladen*, 1852) als persönlichen Verlust. *The Life and Adventures of Martin Chuzzlewit* (1843/44; *Leben und Abenteuer Martin Chuzzlewits*, 1843/44), der nun schon mehrschichtige Roman einer ganzen Sippe, verschlägt seinen Helden in ein satirisch verzerrtes Amerika, von wo er geläutert in ein Glück im Winkel zurückfindet. Doch nicht der bläßliche Held, sondern der heuchlerische Pseudo-Architekt Pecksniff und die vulgäre Mrs. Gamp (deren Namen als Jargonausdruck für den Regenschirm weiterlebt) begeisterten das Lesepublikum. Besonders in der Frühphase des Autors waren es die *Dickensian characters*, jene markanten Figuren, welche stets den Gefallen der Leser wie die Zustimmung der nicht immer wohlwollend gesinnten Kritiker fanden. So unverkennbar diese Gestalten sein mögen, fällt es schwer, die Eigenart der D.schen Charakterkunst aus ihnen auszufällen. Mit ihr erreicht eine der englischen Erzähltradition eigene drastische Charakterzeichnung einen Höhepunkt. Realistisch bis grotesk überzeichnet wie bei Tobias Smollett nehmen die meist als Nebenfiguren eingesetzten Personen durch ihre Komik für sich ein, obschon sich asoziale Elemente und wahre Unholde unter ihnen finden. So vereinigt *Dealings with the Firm of Dombey and Son* (1846/48; *Dombey und Sohn*, 1847/48) die grimmige Mrs. Pipchin, den gutmütig-dämlichen Captain Cuttle und den durchtriebenen Major Bagstock, dessen Selbstinszenierung als biederer Veteran der hochmütige Geschäftsmann Dombey nicht zu durchschauen vermag. Sie alle treten als ins Extreme gesteigerte Individualfiguren auf, die eben dadurch wieder Universalien verkörpern. Wenngleich ihre Funktion im Roman nicht zu bestreiten ist, vermögen sie über den jeweiligen Kontext hinauszutreten, um als kulturelle Ikone weiterzuwirken. Wen darf es da verwundern, daß der heimtückische Uriah Heep aus *David Copperfield* (1849/50; *David Copperfield*, 1849/51) seinen Namen einer Pop-Gruppe unserer Tage leihen mußte? D. selbst hat den autobiographisch bestimmten Bildungsroman *David Copperfield* als seine Lieblingsschöpfung bezeichnet. Und doch ist der liebenswürdige Held und glaubhafte Erzähler nicht mit dem ei-

gentlichen Autor gleichzusetzen, der selbst die dunkelsten Seiten der menschlichen Persönlichkeit als die eigenen empfunden haben muß. Der Jahre später verfaßte zweite Ich-Roman *Great Expectations* (1860/61; *Gro e Erwartungen*, 1862) ist denn auch härter und schärfer angelegt. Wo ein David Copperfield noch seine Zukunfterwartungen zu verwirklichen vermag, muß ein Pip Pirrip erkennen, daß die seinen reine Illusion gewesen sind. Mit welcher Hingabe D. auch an dem Schicksal dieser Romanfigur Anteil nahm, beweisen die alternativen Schlüsse, mit denen er die Handlung abzurunden suchte. Wir vermögen nicht zu entscheiden, ob die so stimmungsvolle, symbolische Schlußszene einen konventionell ›glücklicheren‹ Ausgang anzeigt, als dies die andere, nüchterne, realistischere Schilderung nahelegt.

Doch dieses Werk gehört bereits einer späteren Phase an, die nun nicht mehr die ungeteilte Zustimmung des Lesepublikums fand. Der sich so heimelig gebärdende Erzähler der Weihnachtsgeschichten (*A Christmas Carol*, 1843; *Der Weihnachtsabend*, 1844) schien ein anderer geworden zu sein. Wo die zeitgenössischen Kritiker noch Mangel an Gestaltung, ja Leichtfertigkeit in den frühen Romanen festzustellen meinten, stieß man sich nun an der weit komplexeren düsteren Thematik, der strukturellen Vielschichtigkeit und Vielstimmigkeit seines Schaffens. Auch der moderne Leser vermag die narrative Struktur von *Bleak House* (1852/53; *Bleakhaus*, 1852/53), in der sich ein übergeordneter Erzähler und eine in das unabwendbare Geschehen verwickelte Ich-Erzählerin ergänzen, mitunter jedoch zu widersprechen scheinen, nicht ohne weiteres nachzuvollziehen. *Hard Times* (1854; *Schwere Zeiten*, 1855) greift die Not des Industrieproletariats auf, die in diesem Fall mit der Thematik der unglücklichen Ehe verschränkt wird. *Little Dorrit* (1855/57; *Klein Dorrit*, 1856/57) stellt dem exzessiven Materialismus das krasse soziale Elend der Epoche entgegen. Wo die früheren Romane mit einem Ausblick in eine gedeihliche Zukunft ihren Abschluß finden, drängt sich hier ein Ton von Skepsis und Bitterkeit in den Ausklang ein. Auch in diesen Werken konnte der Leser noch den beliebten D.schen Charakteren begegnen, wie sie uns etwa in *Our Mutual Friend* (1864/65; *Unser gemeinschaftlicher Freund*, 1867) in den so gegensätzlich gearteten Eheleuten Mr und Mrs. Wilfer und ihrem Gegenstück, den harmonisch verbundenen, simplen Boffins entgegentreten. Es muß freilich dahingestellt bleiben, ob ein solcher Zugang die volle Sinnhaftigkeit des komplexen Romans zu erschließen vermag. Es ist wohl eher die Aura der Großstadt London, und hier v. a. die düsteren Szenen, in denen der trübe Fluß Verfall und Verderben zu verheißen scheint, die eine Einsicht in die Bedeutungstiefe des Werks zu eröffnen vermögen. Der durch Komödienelemente aufgehellte Realismus der Frühphase hat sich zu einer vielschichtigen Darstellung gewandelt, die jenseits der faßbaren, gegenständlichen Wirklichkeit eine höhere Seinswelt erahnen läßt.

Neben dem sozialen Kritiker hat D. auch als politischer Denker keineswegs an Aktualität eingebüßt. Seine ambige ideologische Position kommt am nachhaltigsten in den historischen Romanen zur Geltung. Während *Barnaby Rudge* (1841; *Barnaby Rudge*, 1852) die bürgerkriegsartigen Ausschreitungen des auslaufenden 18. Jahrhunderts beschreibt, als ein aufgehetzter Pöbel ganze Teile von London verwüstete, ist *A Tale of Two Cities* (1859; *Zwei Städte*, 1859/60), in dem London und Paris gegenübergestellt werden, dem gewaltigen Ereignis der französischen Revolution gewidmet. Wo das Frühwerk die Unruhen als Folge politischer Aufwiegelung begreift, geht der spätere Roman den Ursachen des Umsturzes nach. Doch auch hier setzt sich der Autor vornehmlich mit der erschreckenden Gewalttätigkeit, dem Zerfall von Sitte und Ordnung auseinander, wie sie im benachbarten England mit Entsetzen registriert wurden. Der mit enormem Eifer zu sozialen Reformen drängende, radikale D. war sich augenscheinlich bewußt, wie dünn die Schicht ist, die Zivilisation von Bestialität trennt.

Auch der reife D. geht nicht davon ab, der moralischen Komponente seiner Erzählungen Nachdruck zu verleihen. Während der didaktisch ausgerichtete Erzählerkommentar zurücktritt, ist die exemplarische Funktion vieler Einzelszenen und ganzer Handlungsketten nicht zu übersehen. So stark sich die dem untersten Milieu entstammende Lizzie Hexam von dem jungen Lebemann Eugene Wrayburn angezogen fühlt, bekennt sie sich erst dann zu ihm, als sie die Pflege des schwer Verletzten antreten kann. Ihre Fürsorge bringt ihn wieder dazu, allem Standesdünkel zu trotzen und einen ehelichen Bund mit ihr einzugehen. Der Ablauf einer der beiden Haupthandlungen von *Our Mutual Friend* mag verdeutlichen, wie sehr D. sich seiner Rolle als Repräsentant bürgerlicher Moral eingedenk war. Der Erfolgsschriftsteller war zu einer Leitfigur geworden, die sich ihrer Mission

nicht mehr entziehen konnte, ohne die Grundsätze der viktorianischen Gesellschaft in Frage zu stellen.

Diese Überlegungen sind angebracht, wenn D.' Scheidungsaffäre und seine langjährige Verbindung mit einer jungen Schauspielerin erörtert werden. Es blieb einer weniger restriktiven Zeit vorbehalten, eine gewisse Aufklärung der geheimgehaltenen Beziehung zu erlangen und aus dieser Perspektive die thematische Struktur seiner Spätwerke zu hinterfragen, allerdings ohne damit wesentlich neue Interpretationsansätze gewinnen zu können. Immerhin heben schon die Jugendwerke den Lebensbund gleichgesinnter Partner von der Misere landläufiger Ehen ab. Nach wie vor werden Selbstsucht und Heuchelei angeprangert, Selbstentsagung und Offenheit als Tugenden herausgestellt. D.' letztes Werk, das Romanfragment *The Mystery of Edwin Drood* (1870; *Edwin Drood: Eine geheimnisvolle Geschichte*, 1870), über dessen vermutlichen Ausgang noch immer spekuliert wird, stellt einen Charakter in den Mittelpunkt, der die Abgründe seiner Persönlichkeit vor der Umwelt zu verbergen weiß; doch gerade dieses Motiv hatte den Autor schon mehrfach beschäftigt. Daß der sensible Dichter sein Doppelleben als Heimsuchung empfand, reflektieren wohl eher die ausgedehnten Vortragstourneen der letzten Jahre, deren enormer Verschleiß seinen frühen Tod herbeigeführt haben mag. Es mag nicht nur seine Neigung zum Performativen gewesen sein, die ihn in diese populären Auftritte trieb. Vielleicht wurzelten sie in einem uneingestandenen Drang, einem verunsicherten Publikum die Stirn zu bieten. Wie dem auch sei, gewiß bleibt, daß D. den weiten Bogen menschlicher Gefühle, Begierden, Sorgen und Beklemmungen, den er so unnachahmlich erfaßte, selbst erlebt hat. Damit ist allerdings wieder nur eine Seite seines Dichtertums erfaßt. Die unendliche Phantasie und unerschöpfliche Gestaltungskraft des genialen Erzählers gestattet keine kategorische Bestimmung.

Werkausgaben: *Sämtliche Werke.* Leipzig 1839–62 [unvollständig]. – *The Clarendon Dickens.* Hg. J. Butt. Oxford 1966ff. [unvollständig].
Literatur: A. Maack. *Charles Dickens: Epoche – Werk – Wirkung.* München 1991. – P. Goetsch. *Dickens: Eine Einführung.* München 1986. – S. Monod. *Dickens, the Novelist.* Norman, OK 1968. – E. Johnson. *Charles Dickens: His Tragedy and Triumph.* 2 Bde. London 1952.

Herbert Foltinek

Disraeli, Benjamin
[1st Earl of Beaconsfield]

Geb. 21. 12. 1804 in London;
gest. 19. 4. 1881 ebd.

Es ist selbst für den an vielseitigen Persönlichkeiten reichen Viktorianismus ungewöhnlich, daß die politische Karriere eines zweimaligen Premierministers und Schatzkanzlers von einer zweiten Identität als Romancier eingerahmt wird. Als Kind eines landlosen, laizistischen, jüdischen Literaten und ohne *public school*- und Universitätsbildung war Benjamin Disraeli nicht dazu prädestiniert, die Spitze politischer Macht zu erklimmen. Der Übertritt zur anglikanischen Kirche 1817 war die Voraussetzung für den Aufstieg des extravaganten *Ex-Radicals* »Dizzy«, der zum konservativen Gegenspieler des Liberalen William Gladstone wurde, zum führenden Imperialisten der 1870er Jahre, der den Suez-Kanal erwarb, und zum engen Vertrauten Queen Victorias, die er zur Kaiserin von Indien machte. – D.s Romanwerk läßt sich in drei Gruppen aufteilen: (a) satirische, dandyeske Zeit- und Gesellschaftsporträts der Oberschicht, nach William Hazlitt *silver fork novels* genannt, vor seinem Parlamentseintritt 1837: das als Schlüsselroman lancierte, aufsehenerregende Debüt *Vivian Grey* (1828) und *The Young Duke* (1831); (b) die herausragende programmatische *Young-England*-Trilogie der 1840er Jahre mit den Prototypen des politischen Romans, *Coningsby* (1844; *Coningsby oder Die neue Generation*, 1845), *Sybil, or the Two Nations* (1845; *Sybil oder Die beiden Nationen*, 1846) und *Tancred* (1847; *Tancred oder Der neue Kreuzzug*, 1936); (c) die distanzierteren politischen Romane des abgetretenen Premiers im Spätwerk – schottische Religiosität in *Lothair* (1870; *Lothair*, 1874), märchenhafter Aufstieg des verarmten Geschwisterpaars Ferrars in *Endymion* (1880; *Endymion*, 1881). Daneben findet sich in D.s maßgeblich von finanziellen Nöten inspiriertem Frühwerk auch eine anti-utilitaristische Utopie (*The Voyage of Captain Popanilla*, 1828), ein autobiographischer Künstlerroman und Reisebericht (*Contarini Fleming*, 1832; *Contarini Fleming*, 1909), eine Koautorschaft mit seiner Schwester Sarah (*A Year at Hartlebury*, 1834), ein populärer Liebesroman (*Henrietta Temple*, 1837) sowie historisch-biographische Romanzen, die auf Percy B. Shelley und Lord Byron (*Venetia, or the Poet's*

Daughter, 1837) bzw. einen jüdischen König des 12. Jahrhunderts (*The Wondrous Tale of Alroy*, 1833) rekurrieren. Hinzu kommen ein Theaterstück, Kurzgeschichten, politische Reden und Essays (*The Vindication of the English Constitution*, 1835).

Die von D. mitgegründete *Young-England*-Bewegung setzte der utilitaristischen *laissez-faire*-Ideologie der frühen Industrialisierung einen interventionistischen Paternalismus entgegen. Mit Rekurs auf die britische Vergangenheit entwarf D. ein organisches, traditionelles Gesellschaftsbild, mit den starken Institutionen von Monarchie und Kirche sowie einer sozial verträglich engagierten Aristokratie an der Spitze. In *Sybil* formuliert D. die soziale Frage der »zwei Nationen, der Armen und Reichen« eindringlich in dem mit national-, kirchen- und feudalgeschichtlicher Bedeutung aufgeladenen mittelalterlichen Einheitssymbol der Ruine Marney Abbey. Gelöst wird sie durch die Verbindung des wohlmeinenden Aristokraten und verdeckten industriellen Reisenden Egremont mit Sybil, der edlen Arbeitertochter des prinzipientreuen Chartisten Walter Gerard, die sich schließlich als verkappte Aristokratin entpuppt. D.s Thesen von der Erfüllung der bei Edmund Burke vorgefundenen Tory-Ideale durch die jüdischchristliche Religionstradition, von einem bei Thomas Carlyle entlehnten Vorrang heldenhafter Individuen sowie von der rassischen Überlegenheit der Angelsachsen förderten seine Rhetorik imperialistischer Außenexpansion zur Lösung sozialer und innenpolitischer Probleme.

Werkausgabe: *The Bradenham Edition of the Novels and Tales of Benjamin Disraeli, 1st Earl of Beaconsfield*. Hg. P. Guedalla. 12 Bde. London 1926–27.
Literatur: E. J. Feuchtwanger. *Disraeli*. London 2000. – J. Ridley. *The Young Disraeli*. London 1996. – I. Machin. *Disraeli*. London 1995. – S. Bradford. *Disraeli*. London 1982. – Th. Braun. *Disraeli the Novelist*. London 1981. – W. F. Monypenny/G. E. Buckle. *The Life of Benjamin Disraeli, 1st Earl of Beaconsfield*. 6 Bde. London 1910–20.

Eckart Voigts-Virchow

Dodgson, Charles Lutwidge

→ Carroll, Lewis

Donne, John

Geb. 22. 1.? 1572 in London;
gest. 31. 3. 1631 ebd.

John Donnes Werk als Lyriker und Prosa-schriftsteller ist geprägt von den Spannungen und Brüchen der Schwellenepoche zwischen der Renaissance und (in kontinentaler Terminologie) dem Barock. In Übereinstimmung damit ist das Paradox die Grundfigur seines Denkens und Stils. Verstärkt wird die bei D. manifeste Sensibilität für Widersprüchlichkeiten durch die Spannung von weltlichem und religiösem Denken und durch den Konflikt zwischen Katholizismus und Protestantismus. D. entstammte einer Familie, die eng mit dem römisch-katholischen Glauben verbunden war, was seine Aussichten auf eine erfolgreiche gesellschaftliche Laufbahn stark beeinträchtigte. In seiner Jugend wurde er mit mittelalterlichen Denk- und Glaubenstraditionen vertraut gemacht, was sich in seinem gesamten Werk bezeugt. Ebenso wichtig ist seine Schulung auf dem Gebiet der Dialektik, die er während seines Studiums in Oxford erhielt, und die Fähigkeit des rhetorischen Arguments und Plädoyers, die er während seines Jura-Studiums in London (Lincoln's Inn) entwickeln konnte. In den 1590er Jahren schrieb er an paradoxem Witz reiche Liebesgedichte, Satiren und Epigramme, deren Manuskripte unter Gleichgesinnten kursierten. Sein Streben nach einer weltlichen Laufbahn führte 1597 mit seiner Anstellung als Sekretär bei Sir Thomas Egerton zu einem verheißungsvollen Erfolg. Er machte seine Karriere aber durch die heimliche Heirat mit Anne More, der 17jährigen Nichte von Egertons verstorbener Frau, zunichte. Er wurde entlassen und kam sogar für kurze Zeit ins Gefängnis. Er soll das Geschehen so kommentiert haben: »John Donne, Anne Donne, Un-done.« 1602–15 folgte ein ungesichertes Leben. Er schrieb, v. a. zwischen 1605 und 1607, einige seiner bedeutenden Liebesgedichte und geistliche Gedichte, aber auch Prosawerke wie *Biathanatos* (1608), eine Verteidigung des Suizids, und *Pseudo-Martyr* (1610), eine Schrift, die sich gegen das von den Jesuiten propagierte Märtyrertum wandte. In Sir Robert Drury fand er schließlich einen neuen Gönner. 1615 trat er in den Staatskirchendienst ein, nachdem er sich zur anglikanischen Kirche bekannt hatte. Seine Laufbahn als Geistlicher gipfelte 1621 in der Berufung zum Dean of St. Paul's, als welcher er eine bedeutende

Predigertätigkeit entfaltete. 160 Predigten erschienen postum in drei Ausgaben der *Sermons* (1640, 1649, 1660) im Druck. Auch ein Großteil von D.s Lyrik erschien nicht zu seinen Lebzeiten. Erste Auswahlsammlungen boten die Ausgaben der *Poems* (1633, 1635).

D. hat – wie *An Anatomy of the World* (1611), seine große lyrisch-philosophische Bestandsaufnahme der Welt, explizit formuliert – ein geschärftes Bewußtsein für die Zeitenwende, in der alles in Frage gestellt wird und jeder Zusammenhang verlorengeht: »And new Philosophy calls all in doubt«; »'Tis all in pieces, all coherence gone«. Wie seine weltliche Dichtung, die Satiren, die Liebeselegien, die Epigramme und speziell die unter dem Titel *Songs and Sonnets* (1635; *Alchimie der Liebe*, 1986) zusammengefaßte Liebeslyrik, veranschaulicht, neigt er dazu, etablierte Denkformen aufzubrechen und gängige Vorstellungen in Frage zu stellen. In seinem frühen Prosawerk *Paradoxes and Problems* (1633) vertritt er unorthodoxe und widersinnige Thesen. Eines der Paradoxe trägt den Titel »A Defence of Women's Inconstancy«. Ihm entspricht in *Songs and Sonnets* das Gedicht »Woman's Constancy«, dessen Sprecher die Untreue seiner Geliebten am nächsten Tag voraussieht und ihr eine sophistische Rechtfertigung ihres Treuebruchs unterstellt. Am Höhepunkt seiner Argumentation bricht er aber abrupt ab, da er einsieht, daß er morgen möglicherweise genauso denken wird wie sie. Hier drückt sich ein geradezu Montaigne vergleichbares Bewußtsein der Wandelbarkeit der Identität aus. Daß sich bei der ständigen Präsenz des Paradoxes bei D. auch ein Gedicht findet, »The Paradox«, welches das Lügner-Paradoxon originell abwandelt, verwundert nicht. Hier äußert sich der Sprecher über seine vergangene Liebe im Wissen, daß er einen unmöglichen Sprechakt vollzieht, weil nämlich der Verlust der Liebe für ihn gleichbedeutend mit dem Tod ist und er somit quasi als Toter spricht.

Die *Songs and Sonnets* sind auch im kolloquialen Stil und in der Abwendung vom petrarkistischen und höfischen Liebesideal innovativ. D. verzichtet entgegen dem Titel der Sammlung auf die Sonettform und nimmt sich Freiheiten im Metrum. Ziel ist nicht Schönheit und Glätte der Form. Er singt nicht, wie es in einem Versbrief heißt, wie Sirenen, um zu betören, er sei schroff: »I sing not, Siren like, to tempt; for I / Am harsh.« Neben dem Paradoxon ist für D.s Lyrik das *conceit* (italienisch *concetto*) kennzeichnend, das ausgeklügelte sprachliche Bild, das heterogene Seinsbereiche zusammenführt. Samuel Johnson hat dieses Verfahren im 18. Jahrhundert kritisiert: »The most heterogeneous ideas are yoked together by violence.« Umgekehrt fand T. S. Eliot darin im 20. Jahrhundert die Essenz des Poetischen, die Fähigkeit, im dichterischen Ausdruck Gefühl und Verstand zu verbinden, die, wie er meinte, seit Milton verlorengegangen sei (*dissociation of sensibility*). Ein bekanntes Beispiel für das *conceit* ist das Zirkelgleichnis am Schluß von »A Valediction: Forbidding Mourning«, mit dem der Sprecher seiner Geliebten über den Abschiedsschmerz hinweghelfen will. Die Analogie der Seelen mit den beiden Schenkeln eines Zirkels soll das Aufeinanderbezogensein der Liebenden auch in der Situation der Trennung verdeutlichen. Der Anfang des *conceit* lautet: »If they be two, they are two so / As stiff twin compasses are two, / Thy soul the fixed foot, makes no show / To move, but doth, if th'other do.«

Die emotionale und intellektuelle Amplitude der *Songs and Sonnets* ist groß. Vertreten sind z. B. ein erotisches Gedicht wie »The Flea« mit seinen überraschenden argumentativen Kehrtwenden und ein scherzhaft misogynes Stück wie »Go, and catch a falling star«, das wie die meisten der *Songs and Sonnets* eine quasi dramatische Unmittelbarkeit der Anrede an ein Gegenüber hat. Daneben stehen aber ernste Gedichte wie »The Ecstasy«, das die paradoxe Einheit zweier Personen in der Liebe in einem »dialogue of one« eindringlich zur Sprache bringt, und das Nachtgedicht »A Nocturnal upon S. Lucie's Day, Being the Shortest Day«, das in einer radikalen Selbst-Anatomie das Ich in der Situation des Verlusts der Geliebten in immer neuen negativen Bestimmungen als »Quintessenz aus dem Nichts« definiert. Hier zeigt sich der Blick ins Innere, das Phänomen der ›Interiorität‹, das D. mit Shakespeare (*Hamlet*) verbindet.

Wie sich der Sprecher in der Liebeslyrik ständig in der Art des rhetorischen Plädoyers an die Geliebte wendet, so spricht der Dichter in seiner religiösen Lyrik Gott leidenschaftlich an und argumentiert mit ihm so, als sei er persönlich gegenwärtig. Diese rhetorische Qualität ist in seiner ersten religiösen Dichtung, dem kunstvollen Sonettkranz *La Corona* (1606), noch nicht sehr ausgeprägt, sie tritt aber in den *Holy Sonnets* (1633; *Geistliche Gesänge*, 1961), einer Folge von 19 Sonetten, markant hervor. So erinnert D. im ersten Sonett Gott an seine Verantwortung für seine

Schöpfung: »Thou hast made me, and shall thy work decay?« Oder er fordert Gott auf, er möge auf sein Herz einschlagen (»Batter my heart«), und begründet dies paradox damit, daß er sich nur erheben könne, wenn er von Gott niedergeworfen werde, und nur frei sein könne, wenn er von Gott gefesselt sei. »Death be not proud« konfrontiert in vehementer Anrede den Tod damit, daß er (beim Übergang der Seele in die Ewigkeit) selbst sterben, tot sein wird: »Death thou shalt die.« D.s theologische Position wird besonders deutlich in *The Litany* (zwischen 1608 und 1610), wo er in Abweichung von den katholischen, aber auch von Thomas Cranmers englischer Version der liturgischen Form der Litanei (1544) die Heiligen, speziell Maria, nicht mehr anredet, wenn er sie auch erwähnt. Er bittet Gott um Befreiung vom Vertrauen in die Gebete der Heiligen, obwohl er deren Inbrunst anerkennt: »O Lord deliver us / From trusting in those prayers, though pour'd out thus.«

Einige von D.s großen religiösen Gedichten wie »Goodfriday, 1613. Riding Westward« und »A Hymn to God the Father« sind an einen biographischen Kontext gebunden, dem sie sich durch ihre künstlerische Verdichtung allerdings zugleich entziehen. »A Hymn to Christ, at the Author's Last Going into Germany« zeigt D.s argumentative Potenz. Er fordert von Gott eine Beziehung ein, an der beide Partner mit gleicher Intensität beteiligt sind: »Thou lov'st not, till from loving more thou free / My soul«. Das späte Gedicht »Hymn to God my God, in my Sickness« bedient sich eines komplexen geographisch-kartographischen *conceit*, das der alten Vorstellung der Erde als einer planen Fläche die neue Vorstellung der Rundheit der Erde entgegensetzt, um die Widersprüchlichkeit des Todes auszudrücken, der nach dem christlichen Glauben zugleich Ende und Anfang, Verlust und Gewinn ist. Mit diesem Paradox hat sich D. auch in seinen Predigten beschäftigt, die – wie die *Devotions Upon Emergent Occasions* (1624) – zu den bedeutendsten Prosawerken der englischen Literatur gehören. Wie D. den Tod in sein Leben hineinnahm, zeigt sich darin, daß er seinem Biographen Izaak Walton zufolge einige Wochen vor seinem Ableben Modell stand für eine Statue von sich als Totem, in ein Leichentuch gehüllt, mit geschlossenen Augen und auf einer Graburne stehend. Er soll sich im Moment des Sterbens auch selbst die Augen geschlossen haben. D.s letzte und berühmteste Predigt, die kurz nach seinem Tod unter dem Titel *Deaths Duell* erschien, enthält auf dem Frontispiz den Anweisungen des Dichters zufolge einen Stich mit dem Totenbild von D. und einem für sich selbst geschrieben lateinischen Epitaph, das Helen Gardner so übersetzt: »May this shroud of the body be (i. e. typify) the shroud of the soul: the shroud of Jesus.« Selbst als Toter wollte der Dichter, dessen gesamtes Werk von der Liebeslyrik über die Vers- und Prosabriefe bis zur religiösen Lyrik eine intensive kommunikative Qualität hat, noch zu den Lebenden sprechen.

Werkausgaben: *The Poems of John Donne*. Hg. H.J.C. Grierson. Oxford 1912. – *Selected Prose*. Hg. E. M. Simpson et al. Oxford 1967.
Literatur: J. Carey. *John Donne: Life, Mind, and Art*. New York 1981. – J. R. Robertson, Hg. *Essential Articles for the Study of John Donne*. Hamden, CT 1975. – A.J. Smith, Hg. *John Donne: Essays in Celebration*. London 1972. – A. Stein. *John Donne's Lyrics*. Minneapolis 1962. – J. B. Leishman. *The Monarch of Wit*. London 1951.

Wolfgang G. Müller

Douglas, Gavin

Geb. 1475? in Schottland;
gest. 1522? in London

Als Mitglied einer mächtigen Familie wurde Gavin Douglas nach einem Studium in St Andrews bereits 1497 Dean von Dunkeld, wo er 1516 zum Bischof erhoben wurde. Nach der verhängnisvollen Niederlage des schottischen Königs von Flodden Field (1513) wurde er immer mehr in politische Auseinandersetzungen verwickelt und starb im Exil in London. Weniger durch sein Jugendgedicht *The Palace of Honour* (1501), einer eindrucksvollen Traumallegorie über die Tugend als sicherstem Weg zur Ehre, ist D. bekannt geworden als durch seine 1513 abgeschlossene Übersetzung von Vergils *Aeneis*, der frühesten Gesamtübertragung des lateinischen Epos in eine der regionalen Formen der britischen Volkssprache. D. übersetzt die ganze *Aeneis* in paarweise gereimte Zehnsilblern, dazu das apokryphe 13. Buch von Mapheus Vegius (1428), dessen Aufnahme im Prolog zu diesem Buch eingehend begründet wird. D. hält sich zwar im wesentlichen an den lateinischen Text, fügt aber immer wieder eigene Kommentare und Wertungen hinzu. Seine kraftvoll differenzierte Sprache unterscheidet sich deutlich von dem

im Vergleich dazu eher steifen und weniger lebendigen Stil der etwa 40 Jahre später entstandenen ersten englischen Übersetzung von Surrey. D. scheint noch wenig vom Geist der europäischen Renaissance geprägt, und doch steht seine Version Vergil näher als viele spätere, bemüht klassizistische Übertragungen. D. hatte weniger Hilfsmittel zur Verfügung als spätere Übersetzer; immerhin benützte er jedoch den etwa 1500 entstandenen Kommentar des holländischen Humanisten Ascensius, mit dessen Hilfe er häufig erklärende Zusätze in den Text einfügte. Sie zeigen auch, daß er sich ernsthaft Gedanken über die Schwierigkeiten und Qualifikationen des Übersetzers macht; er kritisiert Chaucer, der in seiner *Legend of Good Women* die verlassene Dido zu einseitig auf Kosten des Aeneas aufgewertet habe. Andererseits bemüht er sich nicht um eine historisierende Darstellung und Vermeidung von Anachronismen, wie sich deutlich in seiner höfisch-ritterlichen Terminologie manifestiert. Originellste Zutat des Übersetzers sind die ausführlichen Prologe vor den einzelnen Büchern, in denen er sich zu philosophischen, moralischen und poetologischen Themen äußert; bemerkenswert sind neben Reflexionen zum Problem der Übersetzung besonders lebendige Naturbeschreibungen, die in ihrer Verbindung von Jahreszeitenschilderung und Darstellung entsprechender menschlicher Tätigkeiten an die Illustrationen von Stundenbüchern erinnern. Bei aller Konventionalität enthalten sie auch unverwechselbare, für die eigene Region charakteristische Beobachtungen. – Im Gegensatz dazu ist der traditionelle Natureingang im Prolog zum *Palace of Honour* sehr viel weniger eigenständig; doch geht es D. hier, neben der Demonstration seiner brillanten rhetorischen Virtuosität und Gelehrsamkeit, in erster Linie um eine fast enzyklopädische Instruktion in höfischen Tugenden. Sie werden durch zahlreiche positive und negative Exempel aus Geschichte, Bibel und klassischem Mythos erläutert und in einer konventionellen Traumvision vor dem Erzähler wirkungsvoll ausgebreitet.

Werkausgabe: *Selections from Gavin Douglas*. Hg. D. F. C. Coldwell. Oxford 1964. – *The Makars: The Poems of Henryson, Dunbar and Douglas*. Hg. J. A. Tasioulas. Edinburgh 1999.
Literatur: P. Bawcutt. *Gavin Douglas*. Edinburgh 1976.

Dieter Mehl

Dowson, Ernest [Christopher]

Geb. 2. 8. 1867 in Lee, Hampshire;
gest. 23. 2. 1900 in Catford, London

Im Urteil der Literaturgeschichte gehört Ernest Dowson zu den *poetae minores* des englischen Fin de siècle, die, inspiriert durch die Präraffaeliten und die französische *décadence*, eine Ästhetisierung des Effeminierten, Kranken und Endzeitlichen vornehmen. Im Unterschied zu Oscar Wilde, der sich hierzu der elitären Suprakultur der Dandys anschließt, ziehen sich D. und die Dichter des kurzlebigen Rhymers' Club in die Subkultur der Boheme zurück, um hier nach dem Vorbild des französischen *poète maudit*, Paul Verlaine, ihre paradoxe Rolle als Rebellen und katholische Konvertiten zu definieren. – Das Leben des aus wohlhabenden und bürgerlichen Verhältnissen stammenden D. ist geprägt von traumatischen Bildern des Verfalls und des Todes: Den durch die Schwindsucht beschleunigten Zerfall seines Körpers seit 1893 registrierend, muß er überdies erleben, wie seine ebenfalls erkrankten und finanziell ruinierten Eltern im Abstand von nur sechs Monaten Selbstmord begehen. Diese biographischen Konstellationen tragen ebenso zu der Verdüsterung von D.s Weltsicht bei wie seine Vorliebe zum einen für die aus der ›schwarzen Romantik‹ gespeisten Werke Edgar Allan Poes, Charles Baudelaires und Algernon Charles Swinburnes und zum anderen für Emile Zola, dessen Skandalroman *La terre* er 1894 übersetzt.

Wenn auch das von Arthur Symons entworfene Bild von D. als suizidalem Genie einem neoromantischen Mythos entspringt, so verrät die Bildsprache sowohl seiner Gedichte (*Poems*, 1896) als auch seiner Prosawerke (*Decorations*, 1899) D.s obsessive Auseinandersetzung mit dem Tod und der körperlichen Vergänglichkeit. In ihrer semantischen Konzentration auf Endzeitphasen wie Winter, Nacht oder Sonnenuntergang stehen sie nicht nur im Widerspruch zu den aus den vitalistischen Werken von Horaz, Catull oder Properz entlehnten Titeln, sie verweigern sich auch jeder christlichen Hoffnung auf Erneuerung und Prokreation. Besonders das stets wiederkehrende Motiv des toten oder von der Sexualität bedrohten Kindes zeigt, wie entschieden sich der dekadente Dichter von allen romantischen Regenerationskonzepten abgewandt hat. Inspiriert durch seine eigene uner-füllte Liebe zu der zwölfjährigen Adelaide Foltinowicz, rekurriert D. auf einen zweifelhaften spätviktorianischen Kindheits- und Virginitätskult, der die Sehnsucht des erotisch gefallenen Dichters nach Unschuld und asexueller Reinheit auf den unberührten Körper eines (toten) Kindes projiziert. – Dieser in der *décadence* stets thematisierte Widerstreit zwischen Unberührtheit und sexueller Begierde, zwischen erotischer Rebellion und asketischer Anpassung zeigt sich v. a. in D.s bekanntestem und nach einer Horaz-Zeile betiteltem Gedicht »Non sum qualis eram bonae sub regno Cynarae« (»Nicht bin ich mehr, wie ich war unter der lieben Cynara Herrschaft«): Doch anders als der lebens- und körperbejahende Sprecher bei Horaz wird sich der hier nach dionysischem Rausch dürstende Sprecher immer wieder in der zensorischen Erinnerung an Cynara/Adelaide, jener weiblich keuschen Verkörperung seines Schuldempfindens, seiner ebenso verabscheuten wie auch gesuchten Verworfenheit bewußt.

Werkausgabe: *The Poems*. Hg. M. Longaker. Philadelphia 1962.
Literatur: J. Adams. *Madder Music and Stronger Wine: The Life of Ernest Dowson, Poet and Decadent*. London/ New York 2000.

Norbert Lennartz

Doyle, [Sir] Arthur Conan

Geb. 22. 5. 1859 in Edinburgh;
gest. 7. 7. 1930 in Crowborough, Sussex

Als Arthur Conan Doyle 1887 in *A Study in Scarlet* (*Späte Rache*, 1894, später *Studie in Scharlachrot*) erstmals seinen Meisterdetektiv Sherlock Holmes ermitteln ließ, konnte er wohl kaum ahnen, daß dies die Geburtsstunde einer der erfolgreichsten literarischen Gestalten aller Zeiten sein sollte. Dies um so weniger, da die Erzählung zunächst bei Verlegern, aber auch nach ihrer Publikation bei Lesern, eher auf Zurückhaltung gestoßen war. Die Reaktionen änderten sich jedoch schlagartig nach der dritten Geschichte, »A Scandal in Bohemia« (1891; »Eine Skandalgeschichte im Fürstentum O.«, 1894), der ersten, die im Londoner *Strand Magazine* erschien. D. und seine literarische Schöpfung wurden gleichsam über Nacht berühmt und verhalfen der Zeitschrift in der Folge zu einem riesigen Erfolg. Den Lesern hatten es v.a. zwei Elemente in D.s Geschichten angetan: zum einen der schillernde und exzentrische Protagonist, zum anderen die Struktur der Krimis als Rätselspiel, das die Leser zum Mitmachen animierte. Beide Komponenten hatte D. vor dem Hintergrund von Edgar Allan Poes Dupin-Kurzgeschichten entwickelt. So ist sein Detektivgespann, das neben Holmes aus dem etwas naiven Ich-Erzähler Dr. James Watson besteht, eine konsequente Übersetzung der Poeschen Figuren ins spätviktorianische England. Holmes ist ein den Ergebnissen der Naturwissenschaften verpflichteter Detektiv, dessen Ermittlungserfolge auf scharfer Beobachtung und szientistisch verbürgten Analysen von am Tatort zurückgelassenen Spuren basieren. Auf diese Weise spiegeln und verstärken D.s Geschichten den Wissenschaftsoptimismus des ausgehenden 19. Jahrhunderts und den Aufstieg des Positivismus zum Leitparadigma jeglicher Welterkennung. Es ist daher durchaus kein Zufall, daß D. im Hauptberuf Arzt war und daß mit Prof. Joseph Bell einer von D.s akademischen Lehrern zur realen Vorlage für Holmes wurde. Um die Detektivfigur rankt sich denn auch bis heute ein (oft wenig ernsthaftes) Forschungsspiel, das immer wieder seinen Ausgang bei der Vermutung nimmt, Holmes habe tatsächlich existiert. »Vielleicht ist das größte aller Sherlock Holmes-Rätsel jenes: Daß wir, sobald wir von ihm reden, unvermeidbar der Vorstellung anheim fallen, er existiere wirklich«, beschrieb T.S. Eliot dieses Phänomen. Selbst ehrwürdige britische Institutionen beteiligten sich (durchaus in ernsterer Absicht) auf ihre Art an der ›Holmesmania‹: So sendete die BBC 1954 zum angeblichen 100. Geburtstag des Detektivs eine Sondersendung, und die *Encyclopaedia Britannica* widmete ihm als einer der wenigen literarischen Figuren einen eigenen Eintrag, der zudem in der Länge etwa jenem zu seinem Schöpfer D. entspricht. D. selbst war vom Erfolg seiner Erfindung zunehmend abgeschreckt; er fürchtete nicht zu Unrecht, daß die Kriminalgeschichten seine anderen Werke (vornehmlich historische Romane) in den Hintergrund drängten. Daher beging D. 1893 gleichsam selbst einen ›Mord‹: Der Autor ließ Holmes zusammen mit seinem Gegenspieler Prof. Moriaty in »The Adventure of the Final Problem« (»Sein letzter Fall«, 1894) die Reichenbach-Fälle hinabstürzen. Doch massiver Leserprotest (und ein üppiges Honorar) veranlaßten ihn 1903, Holmes wieder auferstehen zu lassen. – D.s erzählerische Meisterleistung besteht darin, im

Text viele richtige Spuren zu legen, die am Ende Bestandteil der Lösung sind, aber aufgrund ihrer Kontextualisierung durch den Erzähler Watson zunächst überzeugend in einen falschen Zusammenhang eingeordnet werden können. Stets hat der Leser das Gefühl, daß er auch selbst hätte auf die Lösung kommen können, obgleich das Sprachspiel durch D. derart komplex gestaltet wird, daß dies fast unmöglich ist. An Dramatik und Dynamik gewinnen D.s Krimis jeweils, indem die Auflösung des ersten Verbrechens mit dem Kampf gegen eine weitere, unmittelbar bevorstehende Straftat gekoppelt ist. Mit seinen insgesamt 56 Holmes-Erzählungen legte D. ein Gattungsmodell vor, das lange Zeit prägend war; v.a. beeinflußte es auch die Gestalt der Detektivromane, die im sogenannten »Goldenen Zeitalter« (1920–40) zur Leitform der Krimiliteratur wurden (v.a. bei Agatha Christie).

1902 wurde D. anläßlich der Krönung von Edward VII geadelt, freilich nicht für seine literarischen Errungenschaften auf dem Gebiet der *crime fiction*, sondern für ein umfangreiches Werk über den Burenkrieg (erschienen 1900) und seine Leistungen als Arzt in einem Feldhospital während dieses Krieges. Eine entscheidende Wandlung erfuhr D.s Schaffen durch persönliche Schicksalsschläge nach dem Ersten Weltkrieg: Nach dem Tod seines Sohnes Kingsley, seines Bruders Innes und seines Schwagers E. William Hornung wandte er sich zunehmend dem Spiritismus zu und publizierte in seinem letzten Lebensjahrzehnt hauptsächlich zu diesem Themengebiet. Seine Beerdigung wurde 1930 auch eher zu einem Fest für Spiritisten als zu einer Trauerveranstaltung. Am 13.7.1930 fanden sich gar Tausende von Besuchern in der Royal Albert Hall ein, um mit D.s Geist während einer Séance Kontakt aufzunehmen. Sein spiritistisches Werk, aber auch seine historischen Romane sind heute weitgehend vergessen; die Holmes-Erzählungen dagegen finden immer noch ein Millionenpublikum.

Werkausgaben: *The Crowborough Edition of the Works.* Garden City/New York 1930. – *The Annotated Sherlock Holmes.* Hg. W.S. Baring-Gould. London 1992. Literatur: D. Stashower. *Teller of Tales: The Life of Arthur Conan Doyle.* London/New York 2000. – J.L. Lellenberg, Hg. *The Quest for Sir Arthur Conan Doyle.* Carbondale 1987. – U. Suerbaum. *Krimi: Eine Analyse der Gattung.* Stuttgart 1984, v.a. 50-73.

Sascha Feuchert

Doyle, Roddy

Geb. 8. 5. 1958 in Dublin

Roddy Doyle ist derzeit Irlands kommerziell erfolgreichster Romanautor, besonders aufgrund seiner »Barrytown Trilogy«: *The Commitments* (1987; *Die Commitments*, 2001), *The Snapper* (1990; *Ein Fest für Jimmy*, 2001) und *The Van* (1991; *Fish & Chips*, 2001). Im Zentrum der ausschließlich in Dialogform gehaltenen (und dafür gelegentlich kritisierten) drei Werke steht die im fiktiven Dubliner Stadtteil Barrytown (nach dem tatsächlichen Arbeiterviertel Kilbarrack, wo D. jahrelang Lehrer war) lebende Familie Rabbitte. Ob nun gezeigt wird, wie Jimmy Rabbitte Junior mit seiner Popgruppe die Soul-Musik in Dublin einführt (*The Commitments*) oder wie die Familie, allen voran Jimmy Senior, mit der überraschenden Schwangerschaft der Tochter Sharon fertig werden muß (*The Snapper*) bzw. der arbeitslose Jimmy Senior mithilfe eines Freundes während der Fußball-Weltmeisterschaft 1990 mit einem fahrbaren ›Fish 'n' Chips‹-Laden viel Geld machen will, stets liefert D. eine von vielen Lesern v. a. wegen der deftigen Figurensprache, eines mit skatologischen Ausdrücken gespickten Idioms der Dubliner Arbeiterklasse, als amüsant empfundene Analyse der sozioökonomischen Lebensumstände seiner Figuren. Dabei läßt sich nicht leugnen, daß die aufgegriffene Thematik häufig seicht ist, das Dargebotene eindimensional wirkt und der komische Zufall vielfach zum dominanten Prinzip wird.

Paddy Clarke Ha Ha Ha (1993; *Paddy Clarke – Ha Ha Ha*, 1994) steht am Anfang einer Reihe reiferer Romane. Der zehnjährige Protagonist macht im Bemühen, sich seine Lebenswirklichkeit mit unbeschwertem Tatendrang zu eigen zu machen, Bekanntschaft mit den Schattenseiten des Lebens, die ihm ein Gefühl des Schmerzes und Verlusts zufügen: Die Eltern trennen sich, die Idylle seiner Jugend macht der rauhen Wirklichkeit Platz. – *The Woman Who Walked Into Doors* (1996; *Die Frau, die gegen Türen rannte*, 1996) ist vielleicht bisher D.s überzeugendstes Werk. Paula Spencers monologisch angelegtes Bekenntnis zeigt auf eindringliche Weise die Widersprüche auf, welche die junge Frau als Folge von ehelicher Gewalt, Schuldgefühlen, Selbstverachtung und gesellschaftlicher Schikanierung zu erdulden hatte. Um dem Elend zu entrinnen, flüchtet sie sich in die Tagträumerei und den Alkohol. Bezeichnender-

weise zeigt der Roman anhand meta-diskursiver Kommentare Paula im Prozeß des Niederschreibens ihrer Erinnerungen, wobei dieser Aspekt als hoffnungsträchtiger Versuch zu deuten ist, ihre Alkoholsucht zu überwinden, ihr Leben in den Griff zu bekommen und nicht mehr gegen Türen zu rennen. – *A Star Called Henry* (1999; *Henry der Held*, 2000) betreibt revisionistische Geschichtsbetrachtung einer weitgehend verherrlichten Epoche Irlands: der Zeit vor und nach dem Dubliner Osteraufstand 1916. Henry läßt als Zeitzeuge in seiner Version der Begebenheiten die Heroen des irischen Unabhängigkeitskampfes als Egoisten und Scharlatane erscheinen. D.s konterkarierendes Schlachten heiliger Kühe wird allerdings in seinem Ernsthaftigkeitsgrad dadurch geschmälert, daß die präsentierte Welt von zu vielen grotesken Figuren bevölkert ist und sich in ihr die unglaublichsten Ereignisse zutragen. – D. ist zudem als Dramatiker (*Brownbread*, 1987; *War*, 1989) und Verfasser des vierteiligen Fernsehstückes *Family* (1994) hervorgetreten.

Literatur: R. Imhof. »The Fiction of Roddy Doyle«. *ABEI* 1(1999), 47–54. – G. Symthe. *The Novel and the Nation*. London/Chicago 1997, 65–112.

Rüdiger Imhof

Drabble, Margaret

Geb. 5. 6. 1939 in Sheffield

Literatur ist für Margaret Drabble nach eigenem Bekunden »one of the ways of mapping out territories and problems«, eine Möglichkeit also, Problemfelder und Mißstände auszuloten und den Weg der gesellschaftlichen Entwicklung zu verfolgen: »I'm trying to find out where we are going« – ein Anliegen, das einen Großteil ihres umfangreichen – uvres charakterisiert. Während ihre frühen, von Simone de Beauvoirs *Le deuxième sexe* (1949) inspirierten Romane primär auf die individuellen Probleme ihrer Protagonistinnen konzentriert sind, greift D. spätestens seit *The Ice Age* (1977) verstärkt auch überindividuelle Themen auf. So findet etwa die Handlung der Romantrilogie *The Radiant Way* (1987; *Die Elite nach dem Fest*, 1988), *A Natural Curiosity* (1989; *Die Begierde nach Wissen*, 1990) und *The Gates of Ivory* (1991; *Die Tore aus Elfenbein*, 1993) vor dem Hintergrund eines historischen Mosaiks statt, das die sozialen und wirtschaftlichen Probleme Englands in den 1980er Jahren illustriert. Indem sie ihre Figuren über tagespolitisch aktuelle Themen wie Streiks, den Verfall des Sozialstaates, AIDS oder den Falklandkrieg diskutieren läßt, wird D. zur Chronistin der englischen Gesellschaft und Gegenwartsgeschichte. Dabei wird Großbritannien als eine Nation beschrieben, die sich an einem historischen Tiefpunkt befindet und deren Identität in Zeiten des Postindustrialismus und Postkolonialismus unsicher geworden ist. Die Frage nach der eigenen Identität stellt sich jedoch auch den Charakteren; als prägnante Handlungsmomente wählt D. meist Krisen und Wendepunkte im Leben der Figuren, durch die deren bisheriges Selbstverständnis in Frage gestellt wird.

Wie in der Familiensaga *The Peppered Moth* (2000), in der D. vor dem Panorama der englischen Geschichte des 20. Jahrhunderts das Leben ihrer Mutter nachzeichnet, sind in ihren meisten Romanen, v. a. in der Darstellung der Protagonistinnen, autobiographische Züge faßbar. D.s weibliche Hauptfiguren sind häufig brillante Absolventinnen einer Eliteuniversität, die sich den Anforderungen von Karriere und Mutterschaft, von Partnerschaftskrisen, Trennungen und innerfamiliären Konflikten gegenübersehen. – Ebenso wie ihre Schwester A. S. Byatt studierte D. englische Literatur in Cambridge. Nach dem Studium war sie zusammen mit ihrem damaligen Ehemann Mitglied der Royal Shakespeare Company; frustriert von der Arbeit als Schauspielerin und durch den Erfolg ihrer ersten beiden Romane *A Summer Bird-Cage* (1963; *Der Sommervogel*, 1988) und *The Garrick Year* (1964; *Das Jahr der Entscheidung*, 1988) ermutigt, verließ D. das Theater, um sich ausschließlich ihrer schriftstellerischen Arbeit und ihren drei Kindern zu widmen. Mit zahlreichen Literaturpreisen ausgezeichnet, wurde sie 1980 zum *Commander of the British Empire* ernannt. Zu D.s – uvre zählen neben Romanen, Kurzgeschichten, Theaterstücken und Drehbüchern auch nichtfiktionale Arbeiten wie etwa *A Writer's Britain* (1979) sowie zwei Biographien (*Arnold Bennett*, 1974, und *Angus Wilson*, 1995). Darüber hinaus ist sie als Herausgeberin, etwa des *Oxford Companion to English Literature* (2000 [1985]), tätig. – Ebenso facettenreich und vielfältig wie D.s Werk sind auch die Reaktionen auf dasselbe. Brachte ihr etwa die zentrale Bedeutung der Mutterrolle insbesondere in *The Millstone* (1965; *Der Mühlstein*, 1987) die Bezeichnung *novelist of maternity* ein, so wird sie wegen ihrer traditionell-realistischen Darstellungs-

weise häufig als künstlerisch zu konservativ kritisiert. Während die einen D. stirnrunzelnd als *women's novelist* bezeichnen, feiern andere ihre Romane als beispielhafte Schilderungen weiblicher Identitätsfindung.

Literatur: G. Soule. *Four British Women Novelists.* Lanham 1998. – J. V. Creighton. *Margaret Drabble.* London 1985.

Jens Zwernemann

Drayton, Michael

Geb. 1563 in Hartshill, Warwickshire;
gest. 23. 12. 1631 in London

Michael Drayton repräsentiert den neuen Typus des für Mäzene und den Markt schreibenden Autors der spätelisabethanischen und jakobäischen Zeit. 1591 verließ D. die Dienste des Landadligen Sir Henry Goodeere, dem er seine klassische Erziehung zu verdanken hatte, und ging nach London, wo er einige Jahre lang mit anderen Autoren Theaterstücke schrieb – *The First Part of Sir John Oldcastle* (1600) ist als einziges erhalten – und sich in nahezu allen gängigen Gattungen der Zeit versuchte. Sein vielfältiges und umfangreiches Werk, das durch D.s beständige Revisionen und Neuveröffentlichungen unter z. T. anderen Titeln zusätzliche Komplexität gewinnt, zeichnet sich einerseits durch kritische Sensibilität gegenüber dem Zeitgeist aus, andererseits wird es – im Rückblick – zu einem beeindruckenden Dokument historisch begründeter nationaler Identitätskonstruktion.

Die erste Veröffentlichung D.s, *The Harmony of the Church* (1591), ist eine trockene, alliterationsreiche Bearbeitung einiger Lieder und Gebete des Alten Testaments und der Apokryphen. In der Tradition Edmund Spensers stehen D.s neun klassische pastorale Eklogen in *Idea: The Shepherds' Garland* (1593, revidiert 1606) und auch sein Sonettzyklus *Idea's Mirror* (1594, elfmal überarbeitet jeweils als *Idea*). Mit *Endimion and Phoebe* (1595, überarbeitet als *The Man in the Moon*, 1606, 1619) beteiligt sich D. an der Mode der Versepyllien; die Anfänge der für D. so zentralen historischen Dichtung markieren bereits in den 1590er Jahren die Legenden von *Piers Gaveston* (1594?) und *Matilda* (1594). Ungleich bedeutender ist jedoch sein – u. a. auf Christopher Marlowes *Edward II* zurückgreifendes – *Mortimeriados* (1596; 1603 ergänzt als *The Barons' Wars* erschienen), das insbesondere in der späteren Überarbeitung Entstehung und Konsequenzen des Bürgerkriegs in den Mittelpunkt rückt. In den auf das Modell Ovids zurückgehenden *England's Heroical Epistles* (1597) präsentiert D. eine poetische Briefsammlung großer Liebender der englischen Geschichte (etwa Henry II und Fair Rosamond, Richard II und Isabel), die auch heute noch mit ihren ungewöhnlichen *conceits* und ihrer rhetorischen Brillanz faszinieren kann. – Die historische Dichtung der 1590er Jahre, welche die ruhmreiche Vergangenheit der Gegenwart als verpflichtendes Vorbild vorstellt, führt konsequent zu D.s *opus magnum*: dem *Poly-Olbion* (1612, Gesänge 1–18; 1622, Gesänge 19–30). Dieses monumentale kontrastreiche Werk, das die Reise der geflügelten Muse durch die Regionen Englands in paarreimenden Alexandrinern schildert, gilt als einer der letzten Versuche, »die auseinanderstrebenden Elemente von Dichtung und Alltag, von Sage und Geschichte, von Geschichte und Gegenwart, noch einmal zusammenzufassen« (P.G. Buchloh).

Werkausgabe: *The Complete Works*. Hg. J.W. Hebel et al. 5 Bde. Oxford 1931–41.
Literatur: J.L. Harner. *Samuel Daniel and Michael Drayton: A Reference Guide*. Boston, MA 1980. – P.G. Buchloh. *Michael Drayton: Barde und Historiker, Politiker und Prophet*. Neumünster 1964.

Uwe Baumann

Dryden, John

Geb. 19. 8. 1631 in Aldwinkle,
Northamptonshire; gest. 1. 5. 1700 in London

Der Versdichter, Dramatiker und Literaturkritiker John Dryden dominierte die erste Phase des Klassizismus, die Restaurationszeit (1660–1700), wie Alexander Pope die zweite (1700–40) und Samuel Johnson die dritte (1740–80). Der Sohn eines Landadligen verlebte seine Jugend unter Oliver Cromwell (Interregnum), dem seine Eltern und er selbst huldigten. An der Westminster School und in Cambridge studierte er Sprachen und Dichtung der klassischen Antike. Literarisch trat er 1659 hervor mit einer Verselegie auf den Tod Cromwells, *Heroic Stanzas*, in der er ganz im Sinne der puritanischen Herrscherdoktrin Cromwells Regierungsanspruch aus dessen Tugenden, Fähigkeiten und Erfolgen rechtfertigte. Im Restaurationsjahr 1660, nach der Rückkehr des Königs

(Charles II), wechselte er mit einem Lobgedicht (»panegyric«) auf dessen »happy restoration and return« wie viele andere die Seite. Auch wenn D. sich von den absolutistischen Tendenzen der Stuarts (»the divine right of kings«) ebenso wie von der reinen Parlamentsherrschaft distanzierte und den König wieder an die Respektierung weltlicher Gesetze und Berater band, empfahl er sich bei Hofe, nicht zuletzt durch die stimmige Bildlichkeit und hohe dichterische Qualität seiner beiden royalistischen Lobgedichte auf des Königs Rückkehr und spätere Krönung (1661). Die Entwicklung des nun 29jährigen D. vom Bewunderer der *Metaphysical Poetry* zum Dichter des Klassizismus hatte sich damals schon vollzogen. Der noch heute gebräuchliche Terminus *metaphysical* war ursprünglich das von D. geprägte Schimpfwort wider diese ›unnatürlichen‹ Dichter von John Donne bis Abraham Cowley.

In seinen literaturkritischen Schriften behauptete D., daß er in seiner ästhetischen Konversion weniger von den französischen Klassizisten der François-de-Malherbe-Nachfolge geleitet war als von den englischen Frühklassizisten der Ben-Jonson-Nachfolge (*Cavalier Poets*), insbesondere John Denham und Edmund Waller. Der Klassizismus in Kunst und Literatur war das ästhetische Pendant zum Rationalismus in der Philosophie, gemäß einer zyklischen Geschichtsauffassung, welche nach einem ersten Aufstieg zum Licht der Vernunft zur Zeit des römischen Kaisers Augustus (und einem Niedergang ins ›finstere Mittelalter‹) einen Wiederaufstieg zum Licht der Vernunft in eigener Zeit annahm (*Enlightenment*), also ein zweites *Augustan Age*. Die Regeln der Poetik von Horaz (und dann von Nicolas Boileau und Pope) galten als Regeln der Vernunft, in der augusteischen Antike entdeckt, in der augusteischen Moderne wiederentdeckt. Ein freier Engländer beuge sich in Ästhetik wie Politik nur der Vernunft, nicht wie ein sklavischer Franzose dem absolutistischen Diktat eines Boileau oder Ludwigs XIV. Diese Konstruktion nationaler Identität erklärt D.s wegweisende Wiederanbindung des (liberalen) englischen Klassizismus an die vorklassizistische Tradition von Chaucer bis Shakespeare. Bezeichnend ist, daß D. nicht nur elegante moderne Nachdichtungen von Poeten der klassischen Antike wie Homer, Vergil, Ovid, Horaz, Juvenal fertigte, sondern auch ›vergilisierte‹ Nachdichtungen Chaucers. Gelegentliche Regelverstöße dienten der Demonstration englischer Freiheit: kühne Bilder bis an die Grenze des barocken *concetto*, Paradoxa und Gedankensprünge, Reimunreinheiten und Dreifachreime (*heroic triplets*) statt Paarreime (*heroic couplets*). Als Meister parteiischer ›epideiktischer‹ Dichtung (hohes Lob im Panegyrikos und harscher Tadel in der Satire) zögerte D. auch nicht, neben Lobpreisung seines gottgesalbten Königs und dessen Mission, England die Herrschaft über die Meere und den Welthandel zu verschaffen (*Annus Mirabilis* 1666), auch Tadel gegen absolutistische Tendenzen der Stuarts sowie die erotischen Exzesse der Restaurationszeit auszusprechen. 1668 zum Hofdichter (*Poet Laureate*) ernannt, sah er sich doppelt als Ratgeber des Königs verpflichtet. In der *Exclusion Crisis* 1679–81 versuchte der Führer der parlamentarischen Partei, der erste Graf von Shaftesbury, mit Hilfe eines unehelichen Sohnes von Charles II, dem Herzog von Monmouth, des Königs jüngeren römisch-katholischen Bruder James von der Thronnachfolge auszuschließen. Es bildeten sich die modernen Parteien, Whigs (die Parlamentspartei der zumeist puritanischen Nachfolger der Cromwellanhänger) und Tories (die Königspartei der zumeist anglikanischen oder katholischen Stuartanhänger). In seiner langen satirisch-allegorischen Verserzählung *Absalom and Achitophel* (1681) schildert der Tory D. die Ereignisse in biblischer Parallele: Des promiskuitiven König Davids (Charles II) unehelicher Sohn Absalom (Monmouth) rebelliert mit Hilfe des falschen Ratgebers Achitophel (Shaftesbury) gegen seinen Vater, gestützt von Höflingen wie Zimri (Buckingham) und dem Pöbel von Jerusalem (London). Bei allem beißenden Spott auf die Whigs, und insbesondere Shaftesbury, sparte D. nicht mit Kritik an des Königs Eigenschuld. Als die Whigs nach Shaftesburys Freispruch eine Medaille mit Shaftesburys Kopf und der Aufschrift »laetamur« prägten (was einer Königskrönung vorbehalten war), veröffentlichte D. seine Satire *The Medal* (1682), in der er ganz im Sinne des alten Königsmythos Shaftesburys »gewöhnliche Eunuchenvisage« gegen das »wahre Antlitz von Majestät« stellte. Hier reichte die Satire, die nach klassizistischer Theorie vernunftbasiert-allgemeinbezüglich sein sollte, an die Grenze ästhetisch wie juristisch verbotener persönlicher Verunglimpfung. Dies gilt auch für D.s Satire auf seinen whiggistischen Dichterrivalen Thomas Shadwell, sein schärfster Konkurrent als Bühnenautor und 1688 sein Nachfolger als *Poet Laureate* (*MacFlecknoe*, 1682). Es ist eine menippeische (burlesk-groteske) Verssatire, in welcher

der irische Poetaster Flecknoe, Kaiser des Reichs des Unsinns und der Langeweile, seinen würdigen Sohn Shadwell zu seinem Thronfolger proklamiert und zum neuen Kaiser krönt. Was bei aller Krudität das Werk als allgemeingültige Satire rettet, ist sein Charakter einer negativen Poetik, wie D.s lobhudelnde Elegie auf den Tod der (unbedeutenden) royalistischen Dichterin Anne Killigrew (1685) eine positive Poetik war. Dies, und die Technik der ironischen Deflation des Heroischen (*bathos* oder *mock-heroic*), machte MacFlecknoe zu einer Vorlage für spätere klassizistische Satiriker, Pope und D.s Cousin Jonathan Swift, beide ebenfalls Tories. Als nach dem Tode von Charles II 1685 dessen jüngerer römisch-katholischer Bruder als James II den Thron bestieg, wurde auch D., der noch 1682 in dem Lehrgedicht *Religio Laici* die anglikanische Kirche verteidigt hatte, römischer Katholik und rechtfertigte nunmehr seine neue Kirche in der allegorischen Tierfabel *The Hind and the Panther* (1687). Doch ausgewogene (*genus deliberativum*) statt epideiktischer Rhetorik (*genus demonstrativum*) war nicht D.s Stärke, obwohl vernunftkontrollierte klassizistische Dichtung nicht persönlich oder gar lyrisch zu sein hatte. Zu seiner Höhe als Versdichter fand D. dann zurück, als 1688 König James II nach der Geburt und katholischen Taufe seines Thronfolgers James (später ›The Old Pretender‹ ›James III‹) in der *Glorious Revolution* entthront wurde. Das ›Söhnchen‹ drohte die Hoffnung der Whigs auf die Thronfolge von James' ältester (protestantischer) Tochter Mary zunichte zu machen, und sie verbreiteten das Gerücht einer unehelichen Geburt. In dem mit anti-whiggistischer Satire durchsetzten Lobgedicht *Britannia Rediviva* (1688) huldigte D. dem zukünftigen legitimen König, dessen Christusähnlichkeit und »wahres Antlitz von Majestät« schon in der Wiege zu erkennen sei. Nach der Revolution und Thronbesteigung von Mary und William of Orange blieb der ›Jacobite‹ D. den Stuarts als Thronprätendenten treu, ja unterstützte sie versteckt in allegorisch lesbaren Werken wie der Oper *King Arthur* (1691, Musik von Henry Purcell). Aus dieser Zeit stammen auch D.s beide meisterhaften Cäcilienoden über die Macht der Musik (22. November 1687 und 1697).

Gleichzeitig mit D.s Hofkarriere als Versdichter begann seine Hofkarriere als Dramenautor. Nach Cromwells puritanischem Theaterverbot 1642–59 wurden Dramenaufführungen 1660 unter striktem Patronat der Krone wieder gefördert, wobei die

Theater bewußt an die höfischen Maskenspiel-Bühnen der frühen Stuart-Zeit anschlossen. Doch die Stücke der Shakespearezeit erwiesen sich als zu ›wild‹, ›regellos‹ und ›unvernünftig‹. Sie bedurften klassizistischer Glättung und Regulierung, ›Shakespeare Improved‹, eine Mode der Restaurationszeit, der D. mit Adaptionen von *The Tempest* (1667) und *Troilus and Cressida* (1679) huldigte. Eigenständige Dramen waren typische Restaurationskomödien wie *The Wild Gallant* (1663), Tragödien wie *All for Love* (1678; *Alles für Liebe*, 1978), Tragikomödien wie *Don Sebastian* (1689), Opern wie *King Arthur* (1691) und heroische Versdramen wie *The Conquest of Granada* (1670–71). Während letztere nur in der italienischen Heroenoper Georg Friedrich Händels und Giovanni Battista Bononcinis überlebten, blieben die vielen anderen Stücke durch das ganze 18. Jahrhundert hindurch Vorbilder klassizistischen Dramenschaffens (Joseph Addison, William Congreve, David Garrick, Oliver Goldsmith, Richard Brinsley Sheridan usw.).

Im dialogischen *Essay of Dramatic Poesy* (1668) rechtfertigte D. seine Modifikation des französischen Theatervorbilds durch das englische Theater der Shakespearezeit mit oben genanntem Argument, daß nicht jede französische Regel dem englischen Test der Vernunft standhalte. So weichte er die Regel der drei dramatischen Einheiten auf und ließ wider die Dekorumsregel die Tragikomödie als Natur und Vernunft entsprechend zu. So rechtfertigte er im Vorwort zu *Albion and Albanius* (1685) die Phantastik der Opernhandlung mit dem Argument, Natur und Vernunft seien in der allegorischen Lehre gewahrt. Überhaupt halfen D.s zahlreiche und einflußreiche literaturkritischen Schriften, z. B. der bahnbrechende *Discourse concerning the Original and Progress of Satire* (1693), einen dynamischen englischen Klassizismus zu etablieren, der den Ansatz zu seiner Überwindung in sich selbst trug. Diesem bedeutenden kulturellen Beitrag wie auch der bleibenden Auseinandersetzung mit seinen Maßstäben verdankt D. die Bezeichnung ›Vater der Literaturkritik‹.

Werkausgabe: *The California Edition of the Works of John Dryden*. 20 Bde. Hg. H. T. Swedenberg et al. Berkeley/Los Angeles 1956–89.
Literatur: D. Hughes. *English Drama 1660–1700*. Oxford 1996. – J. A. Winn, *John Dryden and His World*. New Haven 1987. – E. Miner. *The Restoration Mode from Milton to Dryden* Princeton 1974. – J.W.H. Atkins.

English Literary Criticism: 17th and 18th Centuries. London 1951.

Rolf Lessenich

Duff, Alan

Geb. 26. 10. 1950 in Rotorua, Neuseeland

Alan Duffs erster Roman, *Once Were Warriors* (1990; *Warriors*, 1995), rückte rasch an die Spitze der Langzeit-Bestseller Neuseelands, und internationale Nachdrucke, Übersetzungen und die Verfilmung (1994) machten das Werk weltweit bekannt. Die etwa ein Jahr umfassende Geschichte einer am Rande der Gesellschaft in einer Sozialwohnung lebenden Māorifamilie erschien der Kritik wie der »heftige Ausbruch eines neuen Vulkans«, und tatsächlich veränderte D. die literarische Szene der Māoriliteratur, indem er auf äußerst realistische, sprachlich ungeschminkte Weise den ›gesellschaftlichen Unterleib‹ des Landes auf eine Weise ins Visier nahm, wie dies zuvor nicht geschehen war. Vier weitere Romane und D.s Autobiographie *Out of the Mist and Steam* (1999) folgten, begleitet von Essaybänden (1993, 2000), in denen sich der Autor kritisch-produktiv mit der Māorigesellschaft auseinandersetzt. Der Realismus seiner Schilderungen gründet in D.s genauer Kenntnis der Welt seiner Charaktere, ihrer Verhaltensmuster und Sprache; einer Welt, der er selbst entstammt, wie die Autobiographie und sein letzter Roman, *Both Sides of the Moon* (1998), erkennen lassen. Die harsche Kritik an der Māorigemeinschaft hat auch für negative Reaktionen gesorgt, nicht zuletzt aus den eigenen Reihen, und in der Öffentlichkeit zu einer starken Polarisierung beigetragen, die der Popularität seiner Romane gleichwohl wenig Abbruch getan hat. – Ähnlich wie Witi Ihimaera und Patricia Grace konzentriert sich D. auf die Lebensumstände der Māori, doch im Unterschied zu ihnen gewinnt er dieser Welt wenig Positives ab: Gegenüber dem traditionellen Gemeinschaftsgefühl stehen Familienkonflikte und die Isolation des einzelnen, statt gemeinsamem Handeln herrscht egoistisches Verhalten vor; Friedfertigkeit und Toleranz haben Brutalität und Machtstreben Platz gemacht. Das Bewußtsein einer eigenen kulturellen Überlieferung ist zur Demonstration einer pervertierten Kriegerideologie verkommen oder zur Bandenbildung mit eigenen Ritualen und einem kriminellen Ehrenkodex. Wie das Schicksal eines aufwachsenden Mädchens und ihrer Brüder veranschaulicht, regieren im Milieu arbeitsloser, alkoholisierter Väter und Männer, unterdrückter und nahezu resignierter Mütter und Frauen Gewalt und Indifferenz, aus der ein Ausweg entweder nur in die Kriminalität oder den Selbstmord führt. Erst gegen Ende der Geschichte deutet sich die hoffnungsvolle Einsicht an, daß nur eigene Anstrengungen den Teufelskreis durchbrechen können, ohne daß hieraus bereits grundsätzliche Veränderungen resultieren. Sie liegen in der Wiederbelebung und praktischen Aneignung der eigenen kulturellen Werte. – D.s folgende Romane kreisen um eine ähnliche Thematik, stellen einzelne Figuren der gleichen Māorifamilie in den Mittelpunkt (*State Ward*, 1994; *What Becomes of the Broken Hearted*, 1996) oder schildern die psychologische und kulturelle Problematik eines zwischen »zwei Rassen, zwei Kulturen, vor allem aber zwei verschiedenen Denkweisen« lebenden jungen Mannes, der zur Māorikultur zurückfindet (*Both Sides of the Moon*, 1998).

Literatur: D. Brown. »Pakeha, Maori, and Alan: The Political and Literary Exclusion of Alan Duff.« *Span* 40 (1995), 72–80. – Ch. Thompson. »In Whose Face? An Essay On the Work of Alan Duff.« *Contemporary Pacific* 6.2 (1994), 398–413.

Dieter Riemenschneider

Duffy, Carol Ann
Geb. 23. 12. 1955 in Glasgow

Die populäre Lyrikerin entstammt einer katholischen Arbeiterfamilie; ihr Vater war zudem engagierter sozialistischer Gewerkschafter. Seit Abschluß ihres Philosophiestudiums an der Liverpool University arbeitet Carol Ann Duffy als freie Schriftstellerin. In ihren Londoner Jahren (1981–95) verfaßte sie Gedichte, Dramen und Hörspiele, betätigte sich als Pointenschreiberin für diverse Fernsehshows und wirkte als *Writer in Residence* an Schulen des East End. Nach der Geburt ihrer Tochter Ella 1995 zog D. nach Manchester. Sie lebt dort mit ihrer Lebensgefährtin, der schwarzen Schriftstellerin Jackie Kay, und hält an der Manchester Metropolitan University Kurse für Literatur und *creative writing*.

Von Kritikern wie Bewunderern ihrer Lyrik werden die Eindringlichkeit der Aussagen und der unverblümte, an die Alltagssprache angelehnte Sprachduktus als hervorstechende Kennzeichen genannt. D.s Sujets sind ebenfalls überwiegend der Alltagswelt entnommen, wobei sich Lebenssituation und psychische Befindlichkeit der präsentierten typenhaften Charaktere meist in Form eines dramatischen Monologs entfalten. Thematisch finden sich in den Gedichten neben Archetypisch-Menschlichem (Kindheit, Liebe, Altern, Tod) auch philosophische Fragestellungen (die Rolle der Sprache bei Realitätsperzeption, Erfahrungsvermittlung, Identitätsfindung und Rekonstruktion der eigenen Vergangenheit) sowie Politisches (Rassismus, Sexismus und soziale Gleichgültigkeit im England der Thatcher-Ära). D.s Feminismus zeigt sich weniger in eindeutigen Stellungnahmen als in der konsequenten Erschließung bislang unbeschriebener weiblicher Erfahrungswelten. In *The World's Wife* (1999) etwa werden die Frauen hinter Midas, Sisyphos, Pilatus oder Faust in humorvollsatirischer Umdeutung einflußreicher abendländischer Mythen ins Zentrum des Geschehens gestellt. D. bevorzugt kurze lyrische Formen, die nicht selten regelhafte metrische und lautliche Strukturen aufweisen und besonders in D.s Anfangszeit vom moderaten Surrealismus der britischen *Underground Poets* geprägt sind. Neben ihren erfolgreichen Gedichtbänden *Standing Female Nude* (1985), *Selling Manhattan* (1987), *The Other Country* (1989) und *Mean Time* (1993) trat D. als Herausgeberin von Lyrikanthologien, als Übersetzerin der Grimmschen Märchen und in jüngster Zeit als Verfasserin von Lyrik für junge Leser in Erscheinung. D. ist Gewinnerin zahlreicher Preise und Ehrungen; 1999 rückte sie in den Mittelpunkt des medialen Interesses, als die Wahl des *Poet Laureate* trotz ihrer großen Beliebtheit nicht auf D. fiel und man mutmaßte, die Entscheidung sei aufgrund ihres nonkonformen Lebensstils getroffen worden. Ein Jahr später wurde D. ein aus den Einnahmen der staatlichen Lotterie finanziertes, hochdotiertes Stipendium zugesprochen.

Werkausgabe: *Selected Poems*. Harmondsworth 1994. Literatur: D. Rees-Jones. *Carol Ann Duffy*. Plymouth 1999.

Eva Müller-Zettelmann

Duffy, Maureen [Patricia]

Geb. 21. 10. 1933 in Worthing, Sussex

Maureen Duffy, die als uneheliche Tochter einer Tbc-kranken Näherin in extremer Armut aufwuchs und es mit enormer Energie zu einem glänzenden Schulabschluß und zum erfolgreichen Literaturstudium am Londoner King's College brachte, ist eine der vielseitigsten britischen GegenwartsautorInnen. So machte sie, seit sie 1962 mit dem autobiographischen Text *That's How It Was* bekannt wurde, nicht nur als Lyrikerin, Dramatikerin und Autorin von 15 ebenso unterschiedlichen wie komplexen Romanen (zuletzt *Restitution*, 1998) von sich reden, sondern trat auch als Verfasserin einer freudianischen Studie über *The Erotic World of Fairy* (1972), einer vielgerühmten Biographie über Aphra Behn (1977), einer Geschichte des Methuen-Verlags (1989) sowie einer Biographie des Barockkomponisten Henry Purcell (1994) hervor. – Ihr Romanwerk, das einen imponierenden Beitrag zur (post-)feministischen Literatur Großbritanniens liefert, ist bei aller Verschiedenartigkeit vom besonderen Interesse D.s für Fragen der Geschlechtsidentität sowie ihrer spezifisch neohistorischen Geschichtsauffassung geprägt. Ausgehend von ihrem Coming-Out, das sie in *That's How It Was* vor dem Hintergrund ihrer Kindheit in den südenglischen Slums und der intensiven Beziehung zu ihrer Mutter literarisiert, entwickelt sie in *The Microcosm* (1966) aus den verschiedensten Spielarten weiblicher Homosexualität das mosaikartige Bild einer von geschlechtsneutralen Decknamen und Doppelexistenzen bestimmten lesbischen Londoner Subkultur. In *Love Child* (1971), der Ich-Erzählung eines verwöhnten, frühreifen Kindes, das sich in die außerehelichen Affären seiner Eltern einmischt, wird die sexuelle Unbestimmbarkeit der Protagonistenfigur quasi-mythologisch als Teil einer exzeptionellen Seinsweise gedeutet, während der Science-fiction-Roman *Gor Saga* (1981) mit der Geschichte eines künstlich gezeugten Affenmenschen die Unvereinbarkeit sozialer Identität mit einem biotechnologisch manipulierten Körper durchspielt. – Die ganze Palette postmoderner Schreibkunst wird in D.s pastichegeschmückten Entwürfen einer alternativen Stadthistorie Londons aufgeboten. So schuf sie mit *Capital: A Fiction* (1975) einen mehrschichtig angelegten Text, der aus den gegensätzlichen Perspektiven seiner beiden Protagonisten sowie aus kunstvoll gestalteten Vignetten der Entwicklung Londons von der Steinzeit bis ins 20. Jahrhundert das Bild der Großstadt als ammenhaftem Raum naturgesetzlich vorgegebener Veränderungsprozesse zeichnet. In *Illuminations: A Fable* (1991) hat D. mit der Figur der Geschichtsdozentin Hetty Dearden, die ihre Seelenverwandtschaft mit einer Ordensfrau des frühen Mittelalters bei der Lektüre von deren Briefen entdeckt und sich gleichzeitig in eine Nachfahrin dieser Nonne verliebt, das Paradigma eines intertextuell mit der Vergangenheit verwobenen Subjekts im Sinne des *New Historicism* ausgearbeitet. – Trotz etlicher Literaturpreise wird D. auch heute noch als Autorin unterschätzt; sie hat ihre Außenseiterposition jedoch als Teil der Stärke ihres subversiven Schreibens akzeptiert.

Werkausgabe: *Collected Poems.* London 1985.
Literatur: Ch. Bode. »Maureen Duffy: A Polyphonic Subversion of Realism.« *Anglistik & Englischunterricht* 60 (1997), 41–54. – A. Nünning. *Von historischer Fiktion zu historiographischer Metafiktion.* Bd. 2. Trier 1995, 33–43, 142–147. – Ch. Sizemore. *A Female Vision of the City: London in the Novels of British Women Writers.* Knoxville, TN 1989.

Ursula Wiest-Kellner

du Maurier, Daphne

Geb. 13. 5. 1907 in London;
gest. 19. 4. 1989 in Kilmarth, Cornwall

Falls es richtig ist, daß die Literaturkritik Probleme mit der Bewertung von Erfolgsliteratur hat, könnte dies erklären, warum Daphne du Maurier trotz ihres umfangreichen, in hohen Auflagen verlegten Romanwerks bisher verhältnismäßig wenig Beachtung aus der akademischen Welt erfahren hat. Mit Vorliebe wird immer wieder der von *gothic atmosphere* durchdrungene Roman *Rebecca* (1938; *Rebecca*, 1940) erwähnt, der nicht zuletzt durch die gleichnamige Verfilmung unter der Regie von Alfred Hitchcock 1940 wenigstens im Kanon der populären Literatur zu einem Klassiker geworden ist. Daß auch »The Birds« (1952; »Die Vögel«; Verfilmung von Hitchcock, 1964) und »Don't Look Now« (1972; »Wenn die Gondeln Trauer tragen«; 1973 verfilmt) ursprünglich aus der Feder der 1969 zur *Dame of the British Empire* ernannten Autorin stammen, ist weniger bekannt. Völlig in Vergessenheit geraten sind ihre Biographien und Theaterstücke.

Als mittlere Tochter des Schauspielers Sir Gerald du Maurier und Enkelin des Schriftstellers George du Maurier wuchs D. regelrecht hinein in eine Welt der Geschichten. Schriftsteller (darunter etwa J.M. Barrie) und Schauspieler waren häufige Gäste in der Londoner Wohnung; Ruhe gab es für die Familie erst im Ferien-Zufluchtsort Fowey. Hier begann D. schließlich mit dem Verfassen erster Kurzgeschichten, bis sie sich – beeindruckt von der Lebensgeschichte einer Bewohnerin des kleinen Ortes in Cornwall – daran machte, mit *The Loving Spirit* (1931; *Der Geist von Plyn*, 1947) ihren ersten Roman zu schreiben, der besonders wegen seiner erzählerischen Kraft gelobt wurde. D. band gern reale Figuren in fiktive Wirklichkeiten ein oder machte ihr vertraute Orte zum Schauplatz fiktiven Geschehens. Die bekanntesten Beispiele hierfür sind wohl Menabilly, das in *Rebecca* als Manderley Unsterblichkeit erlangte, und das Gasthaus Jamaica, das seit der Schmugglerromanze *Jamaica Inn* (1936; *Gasthaus Jamaica*, 1941) zum wahren Wallfahrtsort geworden ist. Auf ihren Reisen sog sie Geschichten, Gesichter und Schauplätze regelrecht ein, um sie später v.a. in atmosphärisch dichten Kurzgeschichten zu verarbeiten. Diese haben oft einen bitteren Beigeschmack und sind durch die Darstellung menschlicher Abgründe gleichermaßen abstoßend und faszinierend – so z.B. »The Apple Tree« und »The Little Photographer«, beide veröffentlicht in *The Birds and Other Stories* (1952). Ähnlich undurchdringliche, erschreckende Porträts ihrer Protagonisten entwarf D. in *My Cousin Rachel* (1951; *Meine Cousine Rachel*, 1952), das zweifellos zu den beeindruckendsten Romanen in ihrem Werk zählt, und sechs Jahre später in *The Scapegoat* (1957, *Der Sündenbock*, 1957). Das Böse und das Makabre sind immer wiederkehrende Themen, ebenso das Motiv des Doppelgängers, das in unterschiedlichsten Varianten verarbeitet wird. Ob sich hier eine innere Zerrissenheit der Autorin spiegelt, die stets zwei Seelen in sich zu spüren glaubte, zeitweilig offenbar an paranoiden Wahnvorstellungen litt und sich nach einem halbherzigen Selbstmordversuch 1981 wenige Jahre später regelrecht zu Tode hungerte, bleibt offen.

Literatur: A. Horner/S. Zlosnik. *Daphne du Maurier: Writing, Identity and the Gothic Imagination*. London 1998. – M. Forster. *Daphne du Maurier*. London 1993. – R. Kelly. *Daphne du Maurier*. Boston 1987.

Maren Bonacker

Dunbar, William

Geb. 1456? in Schottland; gest. 1515? ebd.

William Dunbar, einer der schottischen »makars« (Dichter), die sich zwischen 1488 und 1513 um den Hof des Königs James IV sammelten, ist der Autor von etwa 90 Gedichten, deren Bandbreite von persönlichen Bettelreimen, satirischen Zeitbildern bis zu religiösen Betrachtungen und Gebeten reicht. Fast allen ist eine kunstvoll stilisierte Diktion gemeinsam, die sich diverser Versmaße und Stilebenen bedient. Von seiner Biographie sind nur wenige konkrete Fakten bekannt: 1477 erhielt er seinen B.A. von der Universität St Andrews, 1503 wurde er ordiniert, 1501 reiste er nach London. D.s Gedichte sprechen für eine enge Verbindung zum Hof von James IV, wo sie offensichtlich in Abschriften kursierten. Keiner der erhaltenen Texte ist als Autograph überliefert; die Mehrzahl der Kopien sind erst Jahrzehnte nach D.s Tod entstanden. – Den breitesten Raum nehmen kürzere Gedichte und Lieder zu religiösen, moralischen und satirischen Gegenständen ein, die Mehrzahl in unterschiedlichen Strophenformen. Eines der bekanntesten, »Lament for the Makars«, beklagt den Tod einer langen Reihe von Dichtern aus D.s eigener und der vorausgegangenen Generation, von Chaucer bis Robert Henryson, mit dem in jeder der 25 vierzeiligen Strophen wiederholten (liturgischen) Refrain »*Timor mortis conturbat me*«. Andere behandeln Fehden zwischen rivalisierenden Dichtern (»The Flyting [Streit, Beschimpfung] of Dunbar and Kennedy«), diverse höfische und politische Anlässe (»Of a Dance in the Quenis Chalmer«), traditionelle Fragen der Moral (»Meditation in Winter«, »On the Warldis Instabilitie«) und devotionale Themen (»On the Resurrection of Christ«). Unter den längeren Gedichten sind besonders »The Golden Targe« und »The Tretis of the Tua Mariit Wemen and the Wedo« zu nennen. Sie demonstrieren die große Spannweite von D.s Themen und Stilmitteln: Das erste ist eine konventionelle Traumallegorie, in der dem Dichter Venus als unbesiegbare Macht im Kampf gegen »Reason« mit ihrem goldenen Schild erscheint. Das Gedicht endet mit einer Huldigung an Chaucer, John Gower und John Lydgate. Einen völlig anderen Ton schlägt »The Tretis« an, eine ausgelassene Groteske in alliterierenden Langzeilen, die eine vom Dichter belauschte derb-komische Unterhaltung zwischen zwei unglücklichen Ehefrauen und einer erfahrenen Witwe wiedergibt und alle traditionellen Elemente der Frauensatire vorführt.

Werkausgabe: *The Poems of William Dunbar*. Hg. P. Bawcutt. Glasgow 1998. – *The Makars: The Poems of Henryson, Dunbar and Douglas*. Hg. J. A. Tasioulas. Edinburgh 1999.
Literatur: P. Bawcutt. *Dunbar the Makar*. Oxford 1992.

Dieter Mehl

Dunn, Douglas
Geb. 23. 10. 1942 in Inchinnan, Schottland

Douglas Dunn begann als an Seamus Heaney und Iain Crichton Smith geschulter ›poet of the North‹, entwickelte sich jedoch seit den 1970er Jahren kontinuierlich weiter zum heute nachhaltigsten Erinnerer an den Reichtum der schottischen Literatur und – als Autor, Sammler, Kommentator und Herausgeber – zu einer wichtigen Stimme der *Devolution* (Loslösung Schottlands von Großbritannien) kultureller Art. Bereits sein erster Lyrikband *Terry Street* (1969) fand breite Anerkennung und stellt ein noch immer eindringliches Porträt urban-provinzieller Identitätsfindungsprozesse dar, welches für die britische Lyrik die Rückbesinnung auf Regionalitätsbewußtsein einläutete. Auch die nachfolgenden Bände (*The Happier Life*, 1972; *Love or Nothing*, 1974; *The Year's Afternoon*, 2000) zeichnen sich durch klare Diktion bei dennoch hohem Bewußtsein für traditionelle Formgebung (*Elegies*, 1985; *Dante's Drum-Kit*, 1993), präzise Naturdarstellung (*Northlight*, 1988) und übergreifendes historisches Selbstverständnis (*Barbarians*, 1979; *Europa's Lover*, 1982) aus. In seinen besten Gedichten gelingt D. eine Symbiose aus symbolistischer Bildersprache und dem realistischen, gewollt nicht-experimentellen *Movement* der 1950er Jahre. – Nach Studium und Bibliotheksarbeit unter Philip Larkin in Hull wirkt der mit vielen Preisen und Schreibstipendien ausgezeichnete D. seit 1993 als Professor für Kreatives Schreiben und Literaturgeschichte (u. a. Versauswahl von Lord Byron, 1974; Robert Browning, 1992; Übersetzung der *Andromache* von Jean Racine, 1990) sowie als Director of the Scottish Studies Institute an der Universität von St. Andrews. Seine Anthologien *A Rumoured City: New Poets from Hull* (1982), *The Faber Book of Twentieth-Century Scottish Poetry* (1992), *The Oxford Book of Scottish Short Stories* (1995) und *100 Twentieth-Century Scottish Poems* (2000) zeichnen sich durch lebendige Vorworte mit politisch engagierter Positionsbekundung aus. Aus seinem Verständnis einer nicht-elitären *littérature engagée* heraus mischt D. sich auch in die Tagespolitik ein, z. B. mit der Streitschrift *Poll Tax, the Fiscal Fake* (1990). – Seit den 1980er Jahren veröffentlicht D. erzählende Prosa; zwei vom Lokalkolorit Schottlands durchzogenen Kurzgeschichtensammlungen (*Secret Villages*, 1985; *Boyfriends and Girlfriends*, 1995) folgt mit seinem jüngsten Werk *The Donkey's Ears* (2000) eine semi-fiktionale und gattungshybride Variante des *long poem*, das aus Briefen in Versform eines in die Schlacht von Tsushima 1905 involvierten russischen Flaggenoffiziers besteht.

Werkausgabe: *Selected Poems 1964–1983*. London 1986.
Literatur: E. Schenkel. »Douglas Dunn.« *Sense of Place: Regionalität und Raumbewu tsein in der neueren britischen Lyrik*. Tübingen 1993, 139–144. – R. Crawford/D. Kinloch, Hgg. *Reading Douglas Dunn*. Edinburgh 1992. – C. Nicholson. »Dimensions of the Sentient: Douglas Dunn.« *Poem, Purpose and Place: Shaping Identity in Contemporary Scottish Verse*. Edinburgh 1992, 183–202.

Göran Nieragden

Durrell, Lawrence
Geb. 27. 2. 1912 in Jullundur, Indien;
gest. 7. 11. 1990 in Sommières, Frankreich

Lawrence Durrells biographische Eckdaten sind auch für sein – uvre bezeichnend. Es situiert sich inmitten solcher Paradigmen des 20. Jahrhunderts wie Relativität und Psychoanalyse und generiert sich aus der Suche des Heimatlosen nach einer Wahlheimat. Bis zum zwölften Lebensjahr lebte er in der anglo-indischen Kolonialwelt, die sich von Rudyard Kipling repräsentiert sah; wie dessen Kim erwarb er dort eine Tendenz zum *going native*, eine später in Geheimdienstaktivitäten und einem Spionagethriller für Jugendliche nützliche Angleichungsfähigkeit. Auch die spielerische Identifikation mit der irischen Herkunft der Mutter diente ihm lebenslang zur Distanzierung vom britischen Establishment. Mit elf Jahren zur Ausbildung nach England geschickt, blieb ihm eine englische Identität zeitlebens fremd: Der zur Poesie neigende, freilich auch boxende Junge wurde weder im englischen Schulsystem noch in wechselnden Familienresidenzen heimisch. Er verweigerte sich denn auch dem vom Vater vorgesehenen Schritt zur Universität; im Gegenzug kultivierte er ein lebenslanges autodidaktisches Interesse an Theorien und Praktiken aus den verschiedensten Kulturkreisen, das sich massiv in seinen Werken niederschlug. Es sind jedoch keine intellektuellen Texte: Der sinnenfrohe D., nach Jobs als Jazzpianist und erster Heirat bald aus der sterilen Enge Englands entflohen, lebte in verschiedenen Kulturkreisen und studierte ihre Traditionen nicht nur mit dem Kopf. Aufenthalte in Jugoslawien und Argentinien – *British Council* und *Diplomatic Corps* sind aus D.s Leben nicht wegzudenken – waren dabei deutlich weniger fruchtbar als seine Kindheit in Sichtweite des Himalaya und die Gegend, die den Rahmen seiner Suche nach der Wahlheimat liefert: der Mittelmeerraum von Ägypten bis zur Provence.

Die Texte, die sich am direktesten aus seinem Leben am und im Mittelmeer speisen (v. a. auf den griechischen Inseln), sind Klassiker eines inzwischen auch von der Forschung geschätzten Genres. Es sind reise- oder auch ›landschafts‹-literarische Texte, in der Regel einem Landstrich gewidmet und auf längeren Aufenthalten beruhend: So widmet sich *Prospero's Cell* (1945) Korfu, *Reflections on a Marine Venus* (1953) Rhodos und *Bitter Lemons* (1957) Zypern. Charakteristisch ist dabei nicht nur die lyrische Kraft der Prosa (*Prospero's Cell* beginnt mit:»Somewhere between Calabria and Corfu the blue really begins«), sondern auch die eher mythische als theoretische Generalisierung der diesen Büchern zugrundeliegenden Obsession: Das Rhodos-Buch beginnt mit der Definition der *Islomania*, der Passion für Inseln, die den Abkömmling von Atlantis markiere. Diese Bücher kennzeichnen D. als mediterranen ›Atlantier‹ und als Dichter, zeugen aber auch von seiner intimen Kenntnis der Sprachen und politischen Verhältnisse: In der Mischung von Mythologie, Poetizität und ›Welthaltigkeit‹ sind sie für D. charakteristisch. Die Passion für die Mittelmeerinseln ist aber nicht nur Textgenerator, sondern generiert sich ihrerseits aus literarischen Obsessionen. Dies veranschaulicht der Beginn des Gedichts »On Ithaca Standing« (1937): »Tread softly, for here you stand / On miracle ground, boy.« Eher dem Neu- als dem Altgriechischen zugewandt, würdigt D. mit diesem Gefühl doch die ins Mythische reichende Geschichte seiner Schauplätze, indem er die mythische Vorzeit und die Gegenwart zusammen sieht. Als synoptisches Ergebnis wird z. B.

Korfu zum unikalen Meta-Symbol, zu einem unverwechselbaren und zeitlosen Assoziationskomplex, in dem etwa Homers Nausikaa und Shakespeares Prospero koexistieren. Wie das Mittelmeer von diesen Inseln, so ist D.s poetisches Universum von solchermaßen eher ›heraldischen‹ als nur symbolischen Bedeutungskomplexen übersät: *heraldic universe* ist ein Schlüsselbegriff seiner poetologischen Selbstreflexion.

»To live in poetry, but by prose«: Der geborene Dichter war in vielerlei Genres und Künsten (auch in Musik und Malerei) produktiv. Insbesondere außerhalb Englands wurde er weniger durch seine Gedichtsammlungen, Prosagedichte und Versdramen, die literaturkritischen Essays oder die Humoresken über den diplomatischen Dienst bekannt, sondern neben der Reiseprosa v. a. durch sein Romanwerk. Eine Reihe früher Versuche gipfelte in *The Black Book* (1938), das unter dem Einfluß Henry Millers mit England abrechnet; den Erfolg brachte erst *Justine* als erster Band des *Alexandria Quartet* (1957–60; *Das Alexandria Quartett*, 1977). D. hatte während des Zweiten Weltkriegs in Nordägypten gelebt; aber nicht nur die Kenntnis der Lokalität und ihre atmosphärische Darstellung machten diese Tetralogie – die neben *Justine* aus den Bänden *Balthazar, Mountolive* und *Clea* besteht – nobelpreisverdächtig. Berühmt ist sie v. a. dafür, nicht chronologisch aufgebaut zu sein, sondern vierdimensional: Drei räumlich verschobene Erzählperspektiven werden durch eine vierte, chronologisch weiterführende, ergänzt. D. versteht die Relativitätstheorie gut genug, um hier nicht nur physikalische Dimensionen auf sein Romanuniversum zu übertragen, sondern auch die Aufgehobenheit der Zeit im Raum: So fügt sich der Symbolkomplex Alexandria in das überzeitliche *heraldic universe* ein. Die Perspektivenvielfalt dient aber v. a. der Stereoskopierung der Wahrnehmung: Relativiert wird die Wahrheit über das instabile Beziehungsgeflecht eines Kreises von Freunden, Liebenden und Bekannten, das den typischen Gegenstand D.scher Romane bildet. – Weder Individuum noch Paar, Nuklear- oder Großfamilie, sondern wiederum eine solche Figurengruppe steht im Zentrum des hauptsächlich in der Provence um die Zeit des Zweiten Weltkriegs angesiedelten *Avignon Quintet* (1974–85; *Das Avignon-Quintett*, 1977–89). Diesmal dient die Zahl Fünf bzw. die Quinkunx-Figur (die Fünfpunktanordnung des Würfels) als Organisationsprinzip auf mehreren Ebenen von Form (z. B. Pentalogie),

Stoff (z. B. bei der Suche nach dem verlorenen Schatz des Templerordens) und metaphysischer Reflexion (z. B. Gnosis und Yoga). Orientierte sich das *Quartet* an den Paradigmen der Moderne, kommen in D.s letztem Romanwerk auch stärker postmoderne Vorlieben zum Zuge; so verbindet sich D.s Interesse an der Auflösung des Individuums mit einer metafiktionalen Verknüpfung verschiedener Erzählerfiguren und ihrer Realitätsebenen.

Bei allem Spiel mit der Form dürfte jedoch D.s Erzählprosa abgesehen vom Lokalkolorit hauptsächlich durch die Menschenschilderung und die Auslotung anthropologischer Themen interessant bleiben. Neben den Problemen von Psyche und Identität sind dies z. B. die modernen Formen der Liebe und die Randgebiete der Sexualität: Eros und Thanatos werden hier in verschiedenen metaphysischen, aber auch intertextuellen Deutungskontexten durchgespielt (mit *Justine* wird z. B. auf de Sade angespielt). D.s Anthropologie schließt somit die mythopo ische Dimension ein; ein Statement aus dem *Alexandria Quartet* reflektiert Leben, Werk und Credo D.s: »[T]he history of literature is the history of laughter and pain [. . .] laugh till you hurt, and hurt till you laugh.«

Literatur: G. Bowker. *Through the Dark Labyrinth: A Biography of Lawrence Durrell*. London 1996. – R. Pine. *Lawrence Durrell: The Mindscape*. New York 1994. – M. H. Begnal, Hg. *On Miracle Ground: Essays on the Fiction of Lawrence Durrell*. London 1990.

Kay Himberg

Dyer, John

Getauft 13. 8. 1699 in Aberglasney, Wales; gest. Dezember 1758 in Coningsby, Lincolnshire

Das Werk John Dyers, der Pfarrer, Maler und Dichter war, ist durch ein Spannungsfeld gekennzeichnet, das sich aus dem Verhältnis zwischen Malerei und Dichtung ergibt und das bei D. v. a. unter dem Gesichtspunkt des Topos *ut pictura poesis* untersucht worden ist. D.s kritisches Bewußtsein dieser Thematik ist darin reflektiert, daß er die Schriften (v. a. »An Essay on the Theory of Painting«, 1715) seines Lehrers Jonathan Richardson rezipierte. Richardson, u. a. Literaturkritiker, hatte Miltons *Paradise Lost* (1667/1674) herausgegeben und somit entscheidend die Dichtung

Miltons für D. verfügbar gemacht. Für das Schaffen D.s sind der Einfluß der literarischen Szene in London sowie D.s Freundschaft zu Richard Savage und Aaron Hill von großer Bedeutung. Ferner stand D. unter dem Patronat der Countess of Hertford, die auch Dichter wie William Shenstone und James Thomson finanziell wie gesellschaftlich unterstützte.

D.s Frühwerk, zu dessen bedeutendsten Kompositionen »Grongar Hill« (1725f.) und »The Country Walk« (1726) gehören, ist der lyrischen Umarbeitung seiner Landschaftserfahrung der Gegend um Aberglasney gewidmet. Erst in den letzten Jahren hat sich die Literaturkritik den verschiedenen publizierten Versionen von »Grongar Hill« zugewandt. In einer eher naturdeskriptiven späteren Version geht das traditionell-klassische Hymnenschema der odischen Version verloren. Die Landschaftsbeschreibung in »Grongar Hill« und »The Country Walk« ist dem Vorwort verpflichtet, das James Thomson seinem *Winter* in der Fassung von 1726 vorangestellt hat. D. erörtert hier schon poetologische Fragen zum Erhabenen, die von Edmund Burke erst 1757 formuliert werden. Im Ansatz nimmt er auch schon das Erhabene der Ruinendichtung vorweg, das er in »The Ruins of Rome« (1740), dem Ergebnis seiner Romreise (1724), anschaulich in Form eines *progress poems* darstellt. Die Subjektivität des lyrischen Sprechers, die als Charakteristikum der romantischen Dichtung bezeichnet worden ist, hat einige Kritiker dazu veranlaßt, D.s Position in der Genese der englischen Romantik umzudeuten und ihn als Vorromantiker zu bezeichnen. Anstelle von universaler Naturdarstellung wendet sich D. jedoch dem Partikularen zu. Diese Darstellungsweise wird, wenn auch nur hintergründig, in »The Fleece« (1757) verwendet. Abgesehen von der motivgeschichtlichen Relevanz von D.s Ruinendichtung ist »The Ruins of Rome« ein Beispiel von Historiographie, das für den Schauerroman der kommenden Dekaden und dessen Historizität bedeutsam werden sollte. D.s Langgedicht »The Fleece«, das er selbst als sein ehrgeizigstes Projekt angesehen hat, wurde ebenso wie »The Ruins of Rome« in Hinblick auf seine Übereinstimmung mit dem Ideal der universalen Natur gelesen. Diese Lesart ermöglicht, die Werke dann aus der Tradition der didaktischen Dichtung des frühen 18. Jahrhunderts zu erschließen, wobei diese Dichtung beliebter war als die lyrischen Kompositionen, durch die D. für die Entwicklung der englischen

Romantik von Bedeutung ist. Schon D. vermochte klassizistische Sprache so mit Landschaftsbeschreibung und subjektiver Wahrnehmung der Natur zu verbinden, daß seine Worte im Spannungsfeld zwischen Klassizismus und Romantik situiert sind. Außerdem versuchte D., wie auch schon einige Dichter vor ihm, durch »The Fleece« einen Beitrag zur patriotischen Dichtung des frühen 18. Jahrhunderts zu leisten, dessen Form und Struktur sich jedoch an die *Georgica* Vergils anlehnen.

Werkausgabe: *The Poems of John Dyer: A Critical Edition.* Hg. R.W. Kent. Ann Arbor 1971.
Literatur: S. Jung. »*Forming Thought and Feasting Sense*«: *The Great Compositions of John Dyer.* Trier 2000. – B. Humfrey. *John Dyer.* Cardiff 1980. – R.M. Williams. *Poet, Painter, and Parson: The Life of John Dyer.* New York 1956.

Sandro Jung

Edgar, David

Geb. 26. 2. 1948 in Birmingham

David Edgar, der intellektuellste und politisch scharfsinnigste Dramatiker seiner Generation, ist aufgrund seiner schriftstellerischen, journalistischen, politischen und akademischen Tätigkeit eine bekannte Figur des öffentlichen Lebens. In seinen Artikeln (*The Second Time as Farce*, 1988) und stilistisch vielfältigen Dramen behandelt er ein breites Spektrum ökonomischer, politischer, sozialer und kultureller Themen. E. begann seine Karriere in der gegenkulturellen Theaterszene und in enger Zusammenarbeit mit der marxistischen Theatergruppe General Will, für die er zwischen 1971 und 1974 Agitpropstücke zu aktuellen Tagesproblemen verfaßte. Den ersten Bühnenerfolg im etablierten Theater landete er 1976 mit *Destiny*, einem inhaltlich komplexen, dokumentarische, epische und sozialrealistische Formen vereinigenden Drama über den Aufschwung rassistischer und faschistischer Bestrebungen in den 1970er Jahren. Die allgemeine Tendenz zur Privatisierung und Individualisierung gesellschaftlicher Erfahrung und politischen Handelns schlug sich in Adaptationen nieder (*Mary Barnes*, 1978; *The Jail Diary of Albie Sachs*, 1978; *The Life and Adventures of Nicholas Nickleby*, 1980; *The Strange Case of Dr. Jekyll and Mr. Hyde*, 1991), die die subjektive, individualpsychologische Dimension menschli-

cher Erfahrung gegenüber sozialen und politischen Aspekten stärker gewichten, ohne sie zu verabsolutieren. In *Maydays* (1983; *Maifeiertage*, 1984), seinem wichtigsten Stück aus den 1980er Jahren, setzt sich E. differenziert-analytisch, diskursiv-argumentativ mit der Geschichte der britischen, amerikanischen und osteuropäischen Linken nach 1945 auseinander und kommt zu einer Neubewertung des Radikalismus der 1968er und der neuen sozialen Bewegungen. Trotz einer umfassenden Desillusionierung hält er an humanitärsozialistischen Idealen fest und proklamiert die Notwendigkeit des Widerstands gegen die Neue Rechte, deren Ideologie er in ihren menschenverachtenden Auswirkungen bloßstellt. Neue Wege beschritt E. mit *Entertaining Strangers* (1985), einem karnevalesken *community play*. Das Drama ist zwar im 19. Jahrhundert angesiedelt, doch die Kontrastierung eines kollektiv-solidarischen mit einem egoistisch-individualistischen Wertesystem hat direkte zeitgenössische Bezüge zu der von fortschreitender Kommerzialisierung und Konsumorientierung gekennzeichneten Gesellschaft der 1980er Jahre. Wie Howard Brenton und Caryl Churchill reagierte E. unmittelbar auf die Umwälzungen in Osteuropa. In *The Shape of the Table* (1990) geht er mit den Vertretern des kommunistischen Systems ebenso hart ins Gericht wie mit den an die Macht drängenden Oppositionellen, die kapitalistischen, rassistischen und nationalistischen Kräften Vorschub leisten. In Globalisierungstendenzen eingebettete nationale und soziale Fragmentarisierungsprozesse bilden auch das zentrale Thema in dem von postmodernen hybriden Formen geprägten Stück *Pentecost* (1994), das das Verhältnis zwischen Kunst, Politik, Geschichte und kultureller Identität problematisiert.

Werkausgaben: *Plays.* 3 Bde. London 1987–91. – *Shorts: Short Plays.* London 1989.
Literatur: S. Painter. *Edgar the Playwright.* London 1996. – R. Schäffner. *Politik und Drama bei David Edgar.* Essen 1988. – E. Swain. *David Edgar: Playwright and Politician.* New York 1986.

Raimund Schäffner

Edgeworth, Maria

Geb. 1. 1. 1767 in Blackbourton, Oxfordshire;
gest. 22. 5. 1849 in Edgeworthstown, County
Longford, Irland

Maria Edgeworth veröffentlichte seit den
1790er Jahren weit über 20 Erziehungsschriften,
Romane und Kinderbücher. E.s anglo-irische Romane, die diese Erzähltradition begründeten, beeinflußten Sir Walter Scotts Entwicklung des historischen Romans. Neben ihren Pionierleistungen
im Bereich des psychologischen Realismus gewährleisten diese E.s bleibende Bedeutung. Ihre
ungeheure Popularität im 19. Jahrhundert gründete sicherlich darin, daß E. in Leben und Werk
ein Intellektualität und familienzentrierte Häuslichkeit verbindendes Frauenbild vermittelte und
die Lesererwartung an den Roman als Leitfaden
zum Verständnis gesellschaftlicher Entwicklungen
erfüllte. – E.s pädagogischer Impuls und ihr lebenslanges Projekt der Verständigung zwischen
den Geschlechtern und Kulturen ist nur verständlich im Kontext ihrer Situation als Tochter eines
bedeutenden Vaters, der patriarchalisch, aber zugleich progressiv im Sinne der Aufklärung war,
sowie als Mitglied einer Familie, die seit dem
Elisabethanischen Zeitalter zur anglo-irischen
landbesitzenden Herrschaftselite im kolonisierten
Irland gehörte. Nach Jahren des für seine Schicht
typischen Absentismus kehrte der für seine Erfindungen mehrfach ausgezeichnete Richard Lovell Edgeworth 1782 zurück nach Irland, um sein
Landgut Edgeworthstown zu sanieren und sich
seiner Familie sowie der Politik zu widmen. E.,
seine älteste Tochter aus erster Ehe, die nun aus
einem englischen Pensionat heimkehren durfte,
wurde seine Helferin bei der Erziehung von 16
Geschwistern, seine Mitarbeiterin und Vertraute,
die fortan ihm »all of good or happiness« zu
verdanken glaubte.

E.s erstes Publikationsvorhaben scheiterte und
führte zu einem Briefwechsel zwischen ihrem Vater und dem Rousseauisten Thomas Day, der
Frauen auf Haus und Familie beschränkt sehen
wollte. Er bildete den Grundstock von E.s *Letters
for Literary Ladies* (1795), ihrem bezeichnenderweise erst nach Days Tod entstandenen Plädoyer
für das Recht der Frau auf Bildung und schriftstellerische Tätigkeit. Schon *The Parent's Assistant;
or Stories for Children* (1796) hob sich wohltuend
von der üblichen penetranten Lehrhaftigkeit z.B.

der Sonntagsschulliteratur Days ab und erklärt
den Erfolg von E.s Kinderbüchern, der bis ins 20.
Jahrhundert anhielt. Etliche verfaßte sie gemeinsam mit ihrem Vater auf der Grundlage seiner auf
die Entwicklung des individuellen Kindes zugeschnittenen Pädagogik. *Practical Education* (1798),
ihre erste gemeinschaftliche Veröffentlichung,
stellt einen herausragenden Beitrag zur zeitgenössischen Erziehungsbuchliteratur dar. Zwar propagiert das Werk das konservative Femininitätsideal,
besticht aber durch die Einsicht in die soziale
Determination des tradierten weiblichen Lebensplans, dessen unausweichliche Restriktionen es
durch eine intellektuell fordernde sinnstiftende
Bildung in einem zeitgemäßen Fächerspektrum
abzufedern gilt.

Aus Anekdoten über den irischen Gutsverwalter, mit denen E. zunächst die Familie unterhielt, Ereignissen der Lokalgeschichte und anglo-irischen Überlieferungen entwickelte sie, ausnahmsweise ohne Wissen ihres Vaters, *Castle Rackrent* (1800; *Meine hochgeborne Herrschaft*, 1957).
Dieser erste englischsprachige Regionalroman war
damals geradezu aufregend innovativ, weil er die
Chronik des Niedergangs der Rackrents, einer
Gutsbesitzerdynastie, aus der subjektiven Perspektive ihres Bediensteten und in dessen Idiolekt und
Soziolekt erzählt. Möglicherweise argwöhnte E.,
daß ihr primär englisches Zielpublikum, dem sie
rechtzeitig zur Bildung des *United Kingdom of
Britain and Ireland* (1801) die ihnen so fremden
Iren erklären wollte, die unbeabsichtigt komische
(Selbst-)Demontage des Erzählers als Bestätigung
jahrhundertealter anti-irischer Stereotype mißverstehen könnte. So konstruierte E. einen nüchtern-distanzierten englischen Herausgeber, der die Demontage zur Geschichte aus vergangenen Zeiten
verharmlost, dabei aber übersieht, daß das ruinöse
System der *rackrents* (Wucherpachtzinsen) fortlebte und ebenso dem Mutterland zu verdanken
war wie die Bestechung irischer Abgeordneter
zwecks Gewährleistung der Union. Gerade die
heute geschätzte Ambiguität mögen Richard Lovell
Edgeworth und schließlich auch E. gegen das erfolgreiche Romandebüt eingenommen haben. Jedenfalls verzichtete E. fortan nicht mehr auf modellhafte Identifikationsfiguren. *Belinda* (1801),
der andere von modernen Lesern geschätzte Roman, dem die feministische Kritik zu einer Art
Renaissance verhalf, knüpft an die von Frances
Burney etablierte Tradition des weiblichen Bildungsromans an. Die intelligente, tugendhafte,

aber unerfahrene Titelheldin reift während ihrer Initiationsreise durch die Londoner *society* und den dortigen Heiratsmarkt und wird mit dem Mann ihres Herzens belohnt. Die Figur der neurotischen Lady Delacour, die aus Rebellion gegen Häuslichkeit und Mutterschaft eine sexuell ambivalente Beziehung zu einer frauenrechtlerischen Transvestitin pflegt, aber schließlich die Aufrechterhaltung der Differenzkategorie Geschlecht befürwortet, stellt einen frühen Triumph des psychologischen Realismus dar. – Inzwischen zu internationalem Ruhm gelangt, wurde E. auf einer ihrer ausgedehnten Reisen auch in Paris (1801–02) gefeiert und lehnte dort den wohl einzigen Heiratsantrag ihres Lebens, den ihr Vater unterstützte, trotz Zuneigung ab.

Die gelungensten von E.s späteren Romanen sollten die Akzeptanz der Union in England und Irland fördern und *absentees* dazu zu bewegen, sich wie E.s Vater ihrer Verantwortung in Irland zu stellen. In *Ennui* (1809) nutzt sie das Motiv des Babytauschs, um die kulturelle Bedingtheit ethnischer und nationaler Unterschiede zu beweisen. Ein englischer Lord entpuppt sich als Sohn einer irischen Amme und entschließt sich zu einem gesellschaftlich nützlichen Dasein in seiner eigentlichen Heimat, die englische Tugenden braucht, über die der wahre Lord, ein infolge seiner Sozialisation waschechter irischer Dorfschmied, nicht verfügt. In *The Absentee* (1812) entdeckt der Protagonist, dem die aus E.s Sicht anzustrebende Symbiose irischer und englischer positiver Charakterzüge gelungen ist, daß Englands Elite seinesgleichen niemals als ebenbürtig anerkennen wird. Wieder heimgekehrt, inszeniert er ein für Familie und Pächter segensreiches paternalistisches Regime. E.s vom Vater anerzogene meritokratische Orientierung, die ihrem Werk progressive Züge verleiht, zeigt sich nochmals deutlich in *Patronage* (1814), in dem der Aufstieg einer leistungsbereiten Oberschichtfamilie und der gleichzeitige Verfall einer anderen Familie, die anachronistisch handelt, indem sie auf adelige Protektion setzt, dargestellt wird. – 1817 starb Richard Lovell Edgeworth, zwei Jahre nachdem er in E.s Schreibtisch im Wohnzimmer sein Urteil über sie schnitzen ließ, daß ihr gutes Herz besser sei als ihr Verstand. Sie schrieb danach weniger und realisierte bislang unentdeckte Fertigkeiten, erwies sich plötzlich als selbstsichere Gesprächspartnerin und tatkräftige Managerin, die Edgeworthstown vor dem Ruin bewahrte. E. starb, für unzählige

Leser noch immer wie einst für Scott »the great Maria«, in den Armen ihrer dritten Stiefmutter, die ein Jahr jünger war als sie selbst.

Werkausgaben: *Tales and Novels*. 10 Bde. Hildesheim 1969 [1893]. – *The Novels and Selected Works*. Hg. M. Butler/M. Myers. 12 Bde. London 1999.
Literatur: E. Kowaleski-Wallace. *Their Fathers' Daughters: Hannah Moore, Maria Edgeworth, and Patriarchal Complicity*. Oxford 1991. – M. Butler. *Maria Edgeworth: A Literary Biography*. Oxford 1972.

Astrid Swift

Ekwensi, Cyprian

Geb. 26. 9. 1921 in Minna, Nigeria

Cyprian Ekwensi gehört zur ersten Generation nigerianischer Autoren. Mit seinen Romanen *People of the City* (1954), *Jagua Nana* (1961), *Jagua Nana's Daughter* (1982) und *King For Ever!* (1992) hat er sich als Chronist der aufstrebenden städtischen Mittelschicht profiliert. Zugleich ist E. fest in der Tradition der mündlichen Erzählung seiner Igbo-Heimat verwurzelt. Seit 1947 moderierte E. die Radiosendung »Your Favourite Story Teller«, in der er traditionelle Igbo-Literatur nacherzählte. Eine Sammlung dieser Kurzgeschichten erschien 1948 in Onitsha unter dem Titel *When Love Whispers*. Diese Verbindung zur populären *Onitsha Market Literature* (im Heftchenformat) schlägt sich in der Erzählstruktur, den Handlungsmotiven und den Wertvorstellungen von E.s Romanen nieder. E.s Hintergrund als Radioreporter und Journalist erklärt den sozialen Realismus seiner Romane. E.s Hauptwerk *Jagua Nana* ist wegen der Nähe zur Onitsha-Literatur und als billige Imitation Balzacs von der Kritik lange geringgeschätzt worden. Der Roman erzählt die Lebensgeschichte einer alternden Prostituierten, die in einem Nachtclub der boomenden Hauptstadt Lagos ihre Freier trifft, immer in der Hoffnung, wahre Liebe, Geborgenheit und Respektabilität zu gewinnen. Weder die Affäre mit einem jungen Lehrer und modernen Intellektuellen noch die mit dem korrupten Politiker Taiwo oder mit dem traditionellen Herrscher Krinameh führt sie zu dem ersehnten Ziel. Aber sie kann sich mit der von Taiwo unterschlagenen Parteikasse als Händlerin (»Market Queen«) in Onitsha etablieren und schließlich in ihrem Heimatdorf ein angesehenes Leben führen. Die Titelheldin ist meist als eine eindimensionale

Figur der Trivialliteratur verstanden worden. Erst die Beschäftigung mit Frauenbildern in der Literatur hat eine andere Lesart befördert. Jagua gibt sich zwar sexuell verfügbar, aber sie wahrt immer ihre moralische Unabhängigkeit und tritt z. B. dem traditionellen Herrscher mit seiner ganzen Männlichkeit und Machtfülle als gleichwertige Partnerin gegenüber. Sie schwankt zwischen weiblicher Unterwürfigkeit, sexueller Anpassung und einer selbstbewußten Affirmation ihrer Rolle als Frau. E. hat am Schluß des Romans auch eine in der Igbo-Tradition begründete Erklärung für Jaguas Lotterleben geliefert: Sie war in ihrem Dorf verheiratet, aber kinderlos geblieben; d. h. sie hatte in den Augen ihrer Gesellschaft als Frau versagt und ist vor diesem Versagen in die Stadt geflüchtet. Damit gibt E. der ganz episodenhaft erzählten Geschichte einen übergreifenden Zusammenhang und eine ethische wie ethnische Motivation, die das gesellschaftliche Spannungsfeld umschreibt, in dem sich Nigeria in der Zeit vor der Unabhängigkeit befand. E. bringt die Ambivalenz der Wertvorstellungen auch in der Sprache zum Ausdruck. Weite Passagen sind in Pidgin gehalten, dem Sprachmedium der modernen multi-ethnischen Großstadt. E. reflektiert in Sprache, Stoff und Form das, was der südafrikanische Romancier Es'kia Mphahlele das Paradox des modernen Afrikaners genannt hat: enttribalisiert, verwestlicht, aber dennoch ganz Afrikaner.

Literatur: Y. Ogunbiyi, Hg. *Perspectives on Nigerian Literature II*. Lagos 1988. – E. Emenyonu. *The Rise of the Igbo Novel*. London 1978.

Eckhard Breitinger

Eliot, George [Mary Ann, später Marian, Evans]

Geb. 22. 11. 1819 in South Farm, Arbury, Warwickshire; gest. 22. 12. 1880 in London

Keine Frage: Im heutigen England ist George Eliot, Pseudonym für Mary Ann Evans, eine nationale Institution. Die vermutlich intelligenteste und gebildetste Frau des 19. Jahrhunderts genießt eine Wertschätzung, die im respektvollen Ton der Kritik, einer ins Unüberschaubare gewachsenen Flut von substantiellen Veröffentlichungen über sie und einer intensiven Erinnerungspflege im Rahmen der George Eliot Fellowship deutlich wird. E.s

Middlemarch (1871–72; *Middlemarch*, 1872–73), so lautete das treffsichere Urteil von Virginia Woolf (1919), ist einer der wenigen englischen Romane, die für Erwachsene geschrieben worden seien. – Leben und Werk von E. stehen auffällig im Zeichen einer Horizonterweiterung und der Modernisierungserfahrung. Als Tochter eines Gutsverwalters wächst sie in der englischen Provinz (Warwickshire) auf, deren vom Dissentertum, insbesondere von der religiösen Erweckungsbewegung des Methodismus beeinflußte bäuerliche Kultur für sie als prägendes soziales Umfeld und als oft nostalgisch beschworener Erinnerungsraum lebenslang von großer Bedeutung ist. An der Mrs. Wallington's School in Nuneaton gerät sie unter den Einfluß der evangelikal gesinnten Lehrerin Miss Lewis. Kontinuierlich arbeitet sie an ihrer Bildung, lernt unter der Anleitung von Privatlehrern Italienisch, Deutsch, Griechisch und Latein. Noch während sie für ihren verwitweten Vater den Haushalt führt, erleidet sie, wie andere viktorianische Intellektuelle auch, den Verlust ihres Jugendglaubens, was, in Verbindung mit der formal illegitimen Beziehung zu dem verheirateten Wissenschaftler George Henry Lewes, zu einer lebenslangen Entfremdung von ihrer Familie führt. Der Säkularisierungsprozeß greift also in dramatischer Weise in ihr Leben ebenso ein wie die Erfahrung der damaligen rechtlichen und sozialen Benachteiligung der Frau. E. kompensiert diese Erfahrungen in typisch viktorianischer Weise mit dem Konstrukt einer moralischen Weltanschauung, die auf übersinnliche Rechtfertigung verzichtet, und mit zahlreichen Reisen auf den europäischen Kontinent (Deutschland, Frankreich, Italien, Spanien). Die Provinzlerin E. eignet sich einen umfassenden europäischen Horizont an, der u. a. an der Polyphonie ihrer Motti und literarischen Anspielungen ablesbar ist, und sie gewinnt als Schriftstellerin und Denkerin eine wahrhaft europäische Statur.

Man kann in E.s Leben drei Phasen unterscheiden: erstens die evangelikal geprägte Jugend in der Provinz (bis 1842), zweitens eine unruhige Zeit der Suche als Übersetzerin und De-facto-Herausgeberin der progressiven Zeitschrift *Westminster Review* (1851) mit vielen Kontakten zur Intellektuellenszene Londons (John Chapman, Herbert Spencer und andere) und schließlich ab 1854 die glückliche Verbindung mit Lewes, die auch ihre schriftstellerische Tätigkeit auslöst und sie ideologisch zwar nicht zurück zur christlichen Orthodoxie, aber doch in die Nähe eines unorthodoxen, rebellischen Konservatismus bringt. Was gelegentlich als proteische, standpunktlose Wandlungsfähigkeit erscheinen mag, hat indes seine Wurzel und seinen Ort in einer humanistischen Philosophie der Liebe (Sympathie) und der Mitmenschlichkeit, die Weltanschauung, ästhetische Theorie (Realismus) und Lebenspraxis E.s gleichermaßen bestimmt und umgreift. Diese ethische Position entsteht nicht zuletzt unter dem Einfluß der freidenkerisch-humanistischen Interpretation der christlichen Theologie durch David Friedrich Strauss und Ludwig Feuerbach. 1846 erscheint E.s englische Übersetzung von Strauss' *Das Leben Jesu* (1835), 1854 publiziert sie ihre Übertragung von Feuerbachs *Das Wesen des Christentums* (1840). Laut Strauss sind die Berichte der Evangelisten nicht historisch, sondern mythische Konstruktionen, und Feuerbach deutet die biblischen Gottesvorstellungen materialistisch und anthropologisch im Sinne eines emanzipatorischen Humanismus als menschliche Werke, in denen der Mensch seine Selbsterkenntnis reflektiert. Anders als der Hegelsche Idealismus versteht Feuerbach den Menschen als natürliches, bedürftiges, leibliches, auf andere Menschen angewiesenes Sinnenwesen. Höchstes Prinzip der »Philosophie der Zukunft« ist für Feuerbach das Prinzip der liebenden »Mitmenschlichkeit«. Ähnlich wie in Auguste Comtes positivistischer Philosophie, der sich E. ebenfalls verpflichtet fühlte, wird bei Feuerbach ein Pathos der Liebe und der Humanität verkündet. E. stand in den 1840er und frühen 1850er Jahren also im Bannkreis des deutschen Linkshegelianismus. Während aber Feuerbach nach der Marx-Lektüre 1868 zum Marxisten konvertierte, wandte sich E. von freidenkerisch-antichristlichen Haltungen ab und gelangte zu einer überaus komplexen, ja widersprüchlichen Position, die konservative und liberale Strömungen, statisches und evolutionäres Geschichtsdenken, moralischen Idealismus und empirischen Realismus miteinander verband. Wie Comte und Feuerbach verwandelt ihr Humanismus das Christentum in eine moralische, gemeinschaftsstiftende Kraft.

Diese Voraussetzungen bestimmen die Ausrichtung ihrer Romanpoetik. Im Mittelpunkt steht der liebende und verstehende Blick auf die um ihre Existenz ringende Menschheit, seien es nun Landarbeiter, Bauern, Handwerker und Milchmädchen wie in den frühen Erzählungen oder heroische, sozial und intellektuell hochstehende Figuren, die der einfühlenden Sympathie bedürfen. E.s moralischer Imperativ schließt einen bloß ästhetischen oder naturalistischen Blickwinkel aus. Angeregt von dem konservativen Kultursoziologen Wilhelm Riehl, dessen Werk sie eine grundlegende Rezension widmet (»The Natural History of German Life«, 1856), will sie in ihren Romanen das komplexe Netz der vielfältigen Beziehungen der sozialen Klassen und ihre Abhängigkeit von Traditionen und äußeren Bedingungen untersuchen. Wenn ihre quasi-soziologischen Romanfiktionen brauchbare Erkenntnisse liefern sollen, dann ist die realistische Methode unabdingbar, die Bauern nicht in idyllische Operettenfiguren verwandeln darf. Ziel humanistischer, moralisch verantwortlicher Kunst muß die Bildung und Erziehung des Lesers sein – und diese wird am greifbarsten an der erkennbaren Ausweitung seiner Sympathien (»the extension of our sympathies«). Multiperspektivik und auktoriale Erzählstimme spielen in diesem ästhetischen Programm eines moralisch imprägnierten Realismus deshalb eine Schlüsselrolle. Ersterer fällt die Aufgabe zu, ein möglichst vielstimmiges, objektives Bild der Gesellschaft zu erstellen und erzählerischen Egoismus bzw. Narzißmus zu vermeiden. Das erzählerische Medium vermittelt zwischen realer Welt und Fiktionswelt, erklärt und bewertet die Figuren im Medium einer Sprache, die, unendlich variabel, zahlreiche Gefühlsnuancen und Haltungen von der herablassenden oder mitfühlenden Ironie bis zu satirischem Ingrimm oder philosophischer Gelassenheit und nostalgischer Ergriffenheit zuläßt. Das auch für den Hegelianismus charakteristische Erbe von abstraktem Philosophieren und Leben, Theorie und Praxis haucht bei E. der auktorialen Erzähltradition neues Leben ein und führt ihr neue Funktionen zu, die mit der Kommunikation von Einsichten, Moral und Sympathie zu tun haben. Dabei ist E. doktrinäre Rabiatheit fremd. Oft entstammen die deutenden, gelegentlich aphoristischen Verallgemeinerungen der Weltklugheit der Moralistik, oft illusionskritischem *common sense*, gelegentlich aber auch anspruchsvollen Spezialdiskursen wie der Zeichentheorie.

E.s erste Erzählungen und Romane – *Scenes of Clerical Life* (1857; *Bilder aus dem kirchlichen Leben Englands*, 1885), *Adam Bede* (1859; *Adam Bede*, 1860), *The Mill on the Floss* (1860; *Die Mühle am Floss*, 1861), *Silas Marner* (1861; *Silas Marner*, 1861) – wurzeln tief in ihren persönlichen Erfahrungen und der Provinzkultur der Midlands. Durchweg retrospektiv angelegt und etwa ein halbes Jahrhundert zurückversetzt, fangen sie jenen Augenblick des Übergangs von der traditionellen zur modernen Gesellschaft ein, den die Erzählstimme mit einer Mischung aus realistischer sozialkritischer Betrachtung und Nostalgie zur Anschauung bringt und deutet. So gehen Idyllekritik und Idylle, kultursoziologische Analyse nach dem Vorbild Riehls und Romanze in diesen auch sprachlich (Dialektwörter) regional eingefärbten Erzählungen eine komplexe, auch widersprüchliche Verbindung ein, zumal die realistische Faktizität zahlloser konkreter Einzelbeobachtungen über das Buttern, Mähen, Kartoffelernten, Weben und Schreinern zugleich nach dem Muster moralischer Fabeln angeordnet wird. Bei aller Individualisierung und Kontingenz sorgt eine moralische Nemesis dafür, daß eine moralische Fehlhaltung wie z. B. Eitelkeit (Hetty in *Adam Bede*) bestraft und sozial verantwortliches Handeln (Adam Bede, Dinah Morris) belohnt wird. ›Commonplace‹ ist das Stichwort der *Scenes of Clerical Life*, mit denen E., durch den Zuspruch von Lewes ermutigt, ihre Karriere als Künstlerin beginnt. Nicht die romantischen Verlogenheiten der »silly lady novelists« (E.) sind ihr Anliegen, sondern, fern aller Theologie, die menschlichen, alltäglichen Realitäten des Pfarrerstandes. Liebe unter den Bedingungen gesellschaftlicher Realität im 19. Jahrhundert, das große Thema des Romans und der Erzählungen von *Scenes of Clerical Life*, bestimmt auch die Anlage der weiteren Romane von E. Dabei ist streng zwischen erotischer und moralischer Liebe zu trennen. Die Leidenschaft der naiv-narzißtischen eitlen Hetty für den abenteuernden Aristokraten Arthur Donnithorne endet in der Katastrophe des Kindsmords und der Verbannung, während die moralisch integren Figuren, der Schreiner Adam Bede und die methodistische Predigerin Dinah Morris zueinanderfinden. Was den enormen Erfolg von *Adam Bede* ausgelöst hat, dürfte aber weniger dieser Plot sein als der retrospektiv-nostalgische Blick zurück auf das Landleben von Hayslope, der trotz des Bemühens um Idyllekritik etwa in die Darstellung der Poyser-Familie eingeschrieben ist. Erlösung durch liebende Hinwendung zum Mitmenschen ist das Handlungsmuster, dem auch der Plot von *Silas Marner* gehorcht. Der isolierte, von der abergläubischen, vor-modernen Dorfgemeinschaft kritisch beäugte Weber Silas gewinnt sein durch üble Nachrede verlorenes Glück zurück, als er das von Godfrey verleugnete Kind Eppie findet und auf

zieht. Entgegen kulturkonservativen Deutungen (Q. D. Leavis) wird man sagen müssen, daß E. gerade im ›sozialhistorischen‹ Eingangskapitel die Dorfgemeinschaft keineswegs zum Muster heilen organischen Soziallebens stilisiert, sondern eine für sie typische ambivalente Position bezieht. Die Doppelstrategie von realistischer Mimesis und Mythisierung, sozialkritischer Diagnose und Wunschprojektion bestimmt in besonderem Maß ihren vielleicht persönlichsten Roman, *The Mill on the Floss*. Die Ironien und Widersprüche des Modernisierungsprozesses, v. a. seine Kosten, sind am Schicksal der Familie Tulliver ablesbar. Der altmodische, inkompetente Müller Tulliver gerät im hoffnungslosen Prozeß gegen den smarten Rechtsanwalt Wakem zur tragikomischen Figur, der gleichwohl die Liebe der Tochter Maggie gilt. Maggies Schicksal spiegelt die Leiden begabter junger Frauen, denen in einer rückwärtsgewandten provinziellen Gesellschaft der Bruder (Tom) vorgezogen wird. Verstrickt in die Leidenschaft für Stephen Guest, ihre Loyalität zum Jugendfreund Philip Wakem und die Liebe zum selbstgerechten Bruder, ›erlöst‹ sie der Tod im Wasser, der gleichzeitig die ersehnte Vereinigung mit dem Bruder bringt. Auch wenn dieses Schlußmotiv des gemeinsamen Todes in der Flut etwas aufgesetzt wirkt und offensichtlich auch auf persönliche Harmoniebedürfnisse der Autorin (wegen der ablehnenden Haltung ihres eigenen Bruders) antwortet, widerspricht das Schema des tragikomisch-tragischen Untergangs nicht der Ambivalenz der Moderne-Deutung des Romans.

Sieht man von dem 1866 erschienenen politischen Roman *Felix Holt, The Radical* (*Felix Holt, der Radikale*, 1867) ab, der u. a. das korrupte Wahlsystem aufs Korn nimmt, läßt sich bei den jetzt folgenden Romanen und Texten eine deutliche Ausweitung, ja Europäisierung der Perspektive ausmachen. Der im Florenz der Renaissance spielende Roman *Romola* (1862–63; *Romola*, 1863), von der Kritik als Fehlschlag eingestuft, weil er mit ermüdender Akribie im Englischen vergangene italienische Sprache und Kultur fingiert, knüpft gleichwohl in ahistorischer und herausfordernder Weise an die Liebesthematik an. Romola, die Protagonistin, löst sich gleich von drei Vaterfiguren: ihrem eigenen Vater, dem gelehrten Bardo, der ihre weibliche Rolle traditionalistisch deutet; dem treulosen Ehemann Tito, der sich moralisch und politisch kompromittiert, und dem geistlichen Vorbild Savonarola. Romola lebt eman zipatorischen Humanismus, wenn sie am Ende mit der Geliebten ihres toten Mannes und deren Kindern eine Kommune bildet. Etwas resignativ fällt der Schluß in ihrem Meisterwerk *Middlemarch* aus, wenn die idealistische Heldin Dorothea ihre Ambitionen nur im Rahmen einer Ehe und von Privatkontakten verfolgen kann. In diesem Roman schaffen Kontrast und Parallelismus sinnfällige Unterschiede zwischen Egoismus (Rosamond) und Altruismus (Dorothea), moralisch gefestigter (Mary Garth) und erotisch motivierter (Lydgate) Liebe. Die europäische Perspektive ist in die reiche Intertextualität des Romans (z. B. Motti) ebenso eingegangen wie in die anglo-europäische Identität zentraler Figuren und die Ausweitung des Schauplatzes auf Rom. Wenn es ein zentrales Thema gibt, das alle Teile zusammenbindet, dann ist es, entsprechend dem zentralen Ereignis der Reform Bill von 1832, die Reform. Immer noch angetrieben vom Anliegen, die Möglichkeiten der Sympathiestiftung, des moralisch gelungenen und mißlungenen Lebens im Roman sichtbar zu machen, betritt E. in ihrem letzten Roman, *Daniel Deronda* (1874–76; *Daniel Deronda*, 1876), inhaltlich und formal (Rückblenden) noch einmal völlig neues Terrain. Ihre Sozialkritik speist sich hier aus einem moralischen Impuls, der fast utopische Qualitäten erreicht und entsprechend kontrastive Strukturen nach sich zieht. Denn offenkundig ist, trotz mancher Parallelen in der Frauenfrage, das Bild einer kalten, von materiellen Erwägungen bestimmten englischen Oberschicht (Grandcourt-Handlung) analog zur utopischen Sozialkritik kontrastiv auf das idealisierte Bild jüdischer Kultur (Mordecai, Daniel Deronda) bezogen. In bahnbrechender Weise bürdet die Viktorianerin und Intellektuelle E. dem Roman noch einmal die ethische Aufgabe auf, tiefverwurzelte Vorurteile abzubauen und den Horizont des Sympathiewürdigen auszuweiten.

Werkausgabe: *The Clarendon Edition of the Novels.* Hg. G. S. Haight. Oxford 1980ff.
Literatur: J. Rignall, Hg. *Oxford Reader's Companion to George Eliot.* Oxford 2000. – M. Winkgens. *Die kulturelle Symbolik von Rede und Schrift in den Romanen von George Eliot: Untersuchungen zu ihrer Entwicklung, Funktionalisierung und Bewertung.* Tübingen 1997. – J. Rignall, Hg. *George Eliot and Europe.* Aldershot/Brookfield 2000 [1996]. – D. Carroll. *George Eliot and the Conflict of Interpretations: A Reading of the Novels.* Cambridge, MA 1999 [1992]. – A. Nünning. *Grundzüge eines kommunikationstheoretischen Modells der erzählerischen Ver-*

mittlung: Die Funktionen der Erzählinstanz in den Romanen George Eliots. Trier 1989. – K. M. Newton. *George Eliot: Romantic Humanist.* London 1991 [1981]. – B. Hardy. *The Novels of George Eliot: A Study in Form.* London 1985 [1959].

Hans Ulrich Seeber

Eliot, T[homas] S[tearns]

Geb. 26. 9. 1888 in St. Louis, Missouri;
gest. 4. 1. 1965 in London

Mit dem Tod von T. S. Eliot im Jahr 1965 ging in der Literatur- und Kulturgeschichte des 20. Jahrhunderts eine Ära zu Ende, die maßgeblich von seinem Namen bestimmt war. E.s herausragende Position unter den Dichtern seiner Epoche erklärt sich aus dem paradoxen Tatbestand, daß er mit seinem Gedicht *The Waste Land* (1922; *Das wüste Land*, 1957) nicht nur ein genialer Zeitdiagnostiker war, der das Zerbrechen traditioneller Werte auf allen Ebenen der Kultur und des Lebens in der Zeit nach dem Ersten Weltkrieg in einer innovativen sprachkünstlerischen Form mit größter Eindringlichkeit zum Ausdruck brachte, sondern daß er sich – auch schon in diesem Werk – als Sinnsucher und Bewahrer des kulturellen Erbes zeigte. Diese Doppelgesichtigkeit seines Werks machte E. auch nach dem Zweiten Weltkrieg zu einem Autor, dem man sich angesichts eines extremen Ordnungs- und Werteverfalls zuwenden konnte. In der Entwicklung E.s nach *The Waste Land* fand man den paradigmatischen Fall eines Autors, der konsequent von der Diagnose des Sinnverlusts zur Sinnfindung voranschritt.

Bei der intensiven Rezeption E.s spielte auch die Tatsache eine große Rolle, daß der Dichter komplementär zu seinem Werk in Essays und Rezensionen eine Poetik entwickelte, die als Schlüssel zu seinen Dichtungen aufgefaßt werden konnte, die aufgrund ihres universellen Anspruchs aber auch als Poetik des 20. Jahrhunderts gelten konnte. Seine *Selected Essays* (1932; *Ausgewählte Essays*, 1950) – und nicht die Schriften seines wesentlich betriebsameren und avantgardistischeren Freundes Ezra Pound – wurden zum Manifest des Modernismus, das über seine poetologische Relevanz hinaus eine umfassende Neubeurteilung der Literatur und Kultur Europas und speziell des Kanons weltliterarischer Werke darstellte.

Das besondere kulturgeschichtliche Interesse E.s hängt auch damit zusammen, daß er Amerikaner und Brite in einem war. Wenn er 1927 auch die britische Staatsbürgerschaft annahm und zum Anglo-Katholizismus konvertierte, blieb seine amerikanische Vergangenheit in seiner Persönlichkeit und seinem Werk stets präsent. Das betrifft seine Heimatstadt St. Louis, die im Bewußtsein seiner Familie lebendige Herkunft aus Massachusetts und ihr puritanisches Erbe, welches bis nach England zurückreicht, das die Vorfahren E.s im 17. Jahrhundert verlassen hatten. E. studierte naturgemäß in Neuengland, an der Harvard-Universität, wo er in George Santayana und Irving Babbit herausragende Lehrer hatte. Seine philosophischen Studien vertiefte er während eines Studienjahres an der Sorbonne, wo er Vorlesungen von Henri Bergson hörte. In Harvard promovierte er mit einer Arbeit über die subjektbezogene (neuidealistische) Philosophie F. H. Bradleys. Nach seiner Übersiedelung nach England kam E. rasch in den avantgardistischen Kreis um Ezra Pound, der in E.s Gedichten eine außerordentliche Modernität erkannte und ihm den Weg für die Veröffentlichung von »The Love Song of J. Alfred Prufrock« (1915) in Harriet Monroes Zeitschrift *Poetry* bereitete. Zum Lebensunterhalt ging E. nach der Heirat mit Vivien Haigh-Word (einer psychisch instabilen Frau, die später im Wahnsinn endete, wofür E. sich mitverantwortlich fühlte) verschiedenartigen Tätigkeiten nach, z. B. als Bankangestellter und Herausgeber von *The Egoist* und *The Criterion*, bis er 1925 zu dem Verlag Faber and Faber kam, dessen Leiter er schließlich wurde. Anders als bei seinem Dichterkollegen Wallace Stevens, der Jurist war, und William Carlos Williams, der eine Arztpraxis hatte, bestand bei E. eine sehr enge Beziehung zwischen seiner beruflichen Tätigkeit in dem Verlag und seiner Laufbahn als Dichter.

E.s literarhistorische Bedeutung liegt in der Hauptsache in seinem lyrischen Werk, obwohl er seit den 1930er Jahren auch auf dem Gebiete des Dramas in beachtlicher Weise als Neuerer hervortrat. Seine frühe Lyrik bis zu *The Waste Land* ist als Reaktion auf den Werteverfall und die Disharmonie der großstädtisch geprägten modernen Welt zu verstehen. E.s erster Gedichtband – *Prufrock and Other Observations* (1917; *Gelächter zwischen Teetassen*, 1972) – ist mit dem ironisch-sardonischen Ton und der vielfach zynischen Selbstbeobachtung und Selbstkritik seiner Rollensprecher dem französischen Symbolisten Jules Laforgue verpflichtet. Die Skepsis dem Ich gegenüber äußert sich in dem dramatischen Monolog »The Lovesong of J. Alfred

Prufrock« in einer Ich-Spaltung. Die einleitenden Verse – »Let us go then, you and I [...]« – lassen sich eher als Anrede des Ich an ein Alter ego denn als die konventionelle Anrede an die Geliebte (*invitatio*) auffassen. Der Sprecher ist ein desillusionierter Junggeselle, der, angewidert von der Schalheit und Sinnlosigkeit des großstädtischen Lebens und den Prätentionen seiner Kulturträger, sich selbst immer wieder bohrende Fragen stellt, aber doch in Mut- und Antriebslosigkeit verharrt und nicht aus dem Ritual gesellschaftlicher Nichtigkeiten – »I have measured out my life with coffee spoons« – ausbrechen und nicht zu einer entschiedenen existenzbegründenden Handlung finden kann. Vergleichbar ist der von Henry James beeinflußte Monolog »Portrait of a Lady«, dessen Sprecher sich über seine unbefriedigende Beziehung zu einer hypergebildeten, vitalitätsschwachen Frau äußert. Kulturkritisch pointiert ist auch das gelangweilt-geistreiche Aneinandervorbeireden der Gesprächspartner in »Conversation galante«. Gedichte wie »Preludes«, »Rhapsody on a Windy Night« und »Morning at the Window« stellen nicht die sterile, überkultivierte vornehme Welt, sondern Häßlichkeit und Elend des städtischen Milieus und einer entsprechend einsamen, entfremdeten und sinnlosen menschlichen Existenz dar. Ein positiv dargestellter Charakter in E.s erstem Band ist Mr. Apollinax, der Dionysisches und Appollinisches verbindet, vermutlich ein Porträt Bertrand Russells, bei dem E. 1914 in Harvard studiert hatte.

In *Poems* (1920) läßt E. auf Figuren wie den triebschwachen Ästheten Prufrock aus seinem ersten Band den ganz und gar nicht intellektualisierten Erdmenschen Apeneck Sweeney folgen, dessen vulgäre Sinnlichkeit in »Sweeney among the Nightingales« unangefochten bleibt von einer ominösen Stimmung, die auf Verrat und Mord hindeutet, und dem Bezug auf die potentielle Tragik im griechischen Mythos (Agamemnon, Philomela). Die Lösung von dem im ersten Band dominierenden amerikanischen Milieu zeigt sich u. a. in der kosmopolitischen Orientierung eines Gedichts wie »Burbank with a Baedeker: Bleistein with a Cigar«, das eine Liebesaffäre in Venedig in Versen von höchstem Allusionsreichtum darstellt. Das bedeutendste Gedicht dieses Bandes ist »Gerontion«, ein auf Samuel Beckett vorausweisender Monolog eines physisch und emotional reduzierten Greises, der in einem verfallenen Haus, dem Symbol des geistigen, religiösen und kulturellen Ruins, dahinvegetiert und vergeblich auf Regen wartet.

Am Schluß von E.s frühem lyrischen Werk steht *The Waste Land*, das Themen, Motive und Techniken der früheren Gedichte in einer großen innovativen Komposition zusammenführt. Für die vorliegende Gestalt des Werks ist Ezra Pound zu einem großen Teil mitverantwortlich, der den ursprünglich wesentlich längeren Text drastisch kürzte. Wichtige Eigenschaften des Gedichts sind u. a. die Montagetechnik, der Gebrauch frei wechselnder Rhythmen, die hohe Allusionsfrequenz, das Verfahren der Zitat-Collage, die Leitmotiv- und Symbolisierungstechnik und die Kennzeichnung der dargestellten Welt als sinnentleert, orientierungslos, dehumanisiert und dem Tod anheimgefallen. In der Zusammenstellung fragmentarischer und diskontinuierlicher Einzelteile wurde vielfach eine Entsprechung zur Disharmonie und Heterogenität der Nachkriegswelt gesehen. Beispielgebend für die Literatur des Modernismus ist die Verwendung von Mythen (wie dem des blinden Sehers Tiresias und Vegetationsmythen, zu denen die Gralssuche als Fruchtbarkeitsritus gehört) als kohärenzbildende Motive. Die Zitat-Collage am Schluß des Gedichts, wo sich in nur acht Versen acht Zitate aus den unterschiedlichsten Kontexten finden (Gralssage, Kindervers, Dante, lateinischer Cantus, Alfred Lord Tennyson, Nerval, Thomas Kyd, indische Veden), ist nicht als Symptom des Kulturfalls zu sehen, sondern als Versuch, Kulturfragmente zusammenzuführen. Ein Zeichen des Verlangens nach Sinngebung ist im Bezug auf die indische Philosophie im letzten Teil des Gedichts zu sehen, das mit dem indischen Wort für Frieden (»shantih«) schließt.

E.s Werk nach *The Waste Land* ist bestimmt von der Suche nach einer neuen Ordnung, für die Philosophie und Religion maßgeblich werden. Ein Werk des Übergangs ist in diesem Kontext »The Hollow Men« (1925), das zwar eine völlig negative, paralysierte, sinnentleerte, vom Tod bestimmte Existenzform präsentiert, aber Ansätze zu chorischem und liturgischem Sprechen enthält, die allerdings scheitern. »Ash-Wednesday« (1930), E.s erstes größeres Werk nach *The Waste Land*, markiert dagegen einen wenn auch mühsamen Übergang zu einer religiösen Meditationsform, die von der Selbsterforschung bis zum Gebet führt. E. rückt hier von der dominant unpersönlichen Dichtungskonzeption seiner Frühphase und von der Montagetechnik ab. Eine weitgehend konsistente lyrische Stimme wird hörbar. Eine neue Stiltendenz, die zuvor in »The Hollow Men« nur

ansatzweise zu beobachtende Neigung zur abstrakten Diktion und zum Paradoxon, verstärkt sich. Diese Tendenz erlangt in *Four Quartets* (1943; *Vier Quartette*, 1948) Dominanz, E.s letztem großen lyrischen Werk, der bedeutendsten religiösen Dichtung des 20. Jahrhunderts. *Four Quartets* ist eine in Analogie zu musikalischen Strukturierungsmethoden komponierte Meditation, die, zwischen mehr begrifflich-abstrakten und gedanklichen und mehr erlebnishaft-konkreten und symbolisch konzipierten Passagen wechselnd, von verschiedenen Standpunkten her das Problem behandelt, wie der Mensch in der Zeit der Zeitlosigkeit teilhaftig werden kann. In der poetischen Verwendung von Begriff und logischem Urteil ist E. Wallace Stevens verwandt. Kein Lyriker des 20. Jahrhunderts hat das Paradox mit so intensiver Wirkung gebraucht wie E.

E.s erstes Drama, *Murder in the Cathedral* (1935; *Mord im Dom*, 1946), zeigt sein Bemühen, sein religiöses Anliegen einem größeren Publikum zu präsentieren. Das Werk ist weniger als historisches Drama konzipiert, in dem es um den geschichtlich belegten Konflikt zwischen Staatsräson und religiösem Auftrag geht, der in der Ermordung des englischen Bischofs Thomas à Becket gipfelte, sondern als ein Exempel eines Märtyrerschicksals, in dem das Wesen des Märtyrertums und seine Bedeutung für die Gemeinschaft der Gläubigen aufgezeigt werden. Das Werk greift Techniken des antiken Theaters (Chor) und des mittelalterlichen Dramas (Allegorisch-Didaktisches, Psychomachie) auf. Ein besonderer Effekt resultiert aus der Juxtaposition der intensiven poetischen und liturgischen Verssprache mit der Prosa der Mörder, die E. sich in zynischer Argumentation direkt ans Publikum wenden läßt, wodurch dieses unmittelbar zu einer intellektuellen und moralischen Auseinandersetzung mit dem Stück aufgefordert wird. Ein poetisches Drama ist auch *The Family Reunion* (1939; *Der Familientag*, 1949), das, darin Eugene O'Neills *Mourning Becomes Electra* (1931) verwandt, den Orest-Mythos zur Gestaltung einer christlichen Schuldproblematik in einer Familie verwendet. Dramatische Kühnheit liegt darin, daß E. in einem modernen Familienbeziehungsdrama die Erynnien auftreten läßt und den Verwandten die Rolle des Chors zuweist. Auf den Alkestis-Mythos greift die nicht sehr komödienhafte Salon Komödie *The Cocktail Party* (1949; *Die Cocktail Party*, 1950) zurück. Bei der Enthüllung des Zerwürfnisses und der Hinwendung zum christlichen Glauben zweier Ehepaare ist hier ein ominöser Psychotherapeut, Sir Henry Harcourt-Reilly, von entscheidender Bedeutung. Eine der Frauenfiguren, Celia Coplestone, führt die Rolle von Lord Harry in *The Family Reunion* fort, der am Ende des Stücks beschließt, die Familie zu verlassen und Missionar zu werden. Celia findet den Märtyrertod in Afrika. In seiner Entwicklung als Dramatiker bewegt sich E. immer mehr vom poetischen Drama weg. Der Bezug auf antike Mythen bleibt in seinen beiden letzten Dramen, den Gesellschaftsstücken *The Confidential Clerk* (1953; *Der Privatsekretär*, 1954) und *The Elder Statesman* (1958; *Ein verdienter Staatsmann*, 1959) erhalten, verliert aber seine funktionale Notwendigkeit.

E., neben Ezra Pound der bedeutendste *poeta doctus* des 20. Jahrhunderts, machte mehr noch als sein Dichterkollege auch als Kritiker Epoche. Die wichtigsten Bestandteile seiner Dichtungstheorie sind die Forderung der Unpersönlichkeit der Kunst, die er in seinem lebenslangen Leitbild Dante verwirklicht sieht, das intertextualistische Postulat eines Kanons der Weltliteratur, der sich durch jedes neu hinzugekommene Werk verändert (»Tradition and the Individual Talent«, 1919), die von der symbolistischen Ästhetik und der Erkenntnistheorie F. W. Bradleys beeinflußte Auffassung von der gegenständlichen Entsprechung (*objective correlative*), die der Dichter jeweils für seine Emotion finden müsse (»Hamlet«, 1919), und die Forderung der Einheit von Denken und Fühlen, die er bei den englischen Barockdichtern, besonders bei John Donne, exemplarisch realisiert findet und die seit John Milton in einem gravierenden Traditionsbruch (»dissociation of sensibility«) verlorengegangen sei (»The Metaphysical Poets«, 1921).

Werkausgaben: *Collected Poems 1909–1935*. London 1936. – *Collected Plays*. London 1962. – *Selected Essays*. London 1963. – *Werke*. 4 Bde. Frankfurt a. M. 1966–88. Literatur: W. G. Müller. »T. S. Eliots Poetik und seine Barockrezeption.« *Europäische Barockrezeption*. Hg. K. Garber. Wiesbaden 1991, 1027–1046. – J. S. Brooker, Hg. *Approaches to Teaching Eliot's Poetry and Plays*. New York 1988. – G. Smith. *The Waste Land*. London 1983. – A. P. Frank. *Die Sehnsucht nach dem unteilbaren Sein: Motive und Motivation in der Literaturkritik T. S. Eliots*. München 1973. – H. Kenner. *The Invisible Poet: T. S. Eliot*. New York 1959. – G. Smith. *T. S. Eliot's Poetry and Plays: A Study in Sources and Meanings*. Chicago 1956. – H. Gardner. *The Art of T. S. Eliot*. London 1949. –

F. O. Matthiessen. *The Achievement of T. S. Eliot: An Essay on the Nature of Poetry*. New York 1958 [1935].
                                                          Wolfgang G. Müller

Elyot, Sir Thomas

Geb. 1490? in Wiltshire;
gest. 1546 auf Carlton bei Cambridge

Thomas Elyot, an den Inns of Court (London) umfassend gebildet und durch diverse Erbschaften Besitzer umfangreicher Ländereien, gilt als bedeutendes Mitglied des Londoner Humanistenkreises um Sir Thomas More. Ungeachtet der Internationalität dieses Kreises, konzentriert E. sein gesamtes literarisches Werk auf das eine Ziel, die englische Bevölkerung zu »virtue and learning« anzuhalten, was er mehrfach in den Vorworten seiner Werke expliziert und durch die Wahl des Englischen als ausschließlicher Publikationssprache dokumentiert. Obwohl E. die unmittelbare persönliche Anerkennung seiner Mühen durch die erhoffte einträgliche und verantwortungsvolle Position im Dienste des Königs versagt bleibt (abgesehen davon, daß er 1530 zum Ritter geschlagen wurde), wird er in kulturhistorischer Sicht zum zentralen Vermittler des klassisch-antiken und humanistischen Literatur- und Bildungsguts für die englische Öffentlichkeit.

Politische Philosophie und Bildungstheorie konstituieren – sowohl in ihrer jeweiligen Interdependenz als auch mit aus ihnen hergeleiteten praktischen Ratschlägen – den Schwerpunkt von E.s literarischen Werken. In der Tradition mittelalterlicher Fürstenspiegel fordert E. in seinem – argumentativ weitgehend auf Francesco Patrizis *De regno et regis institutione* gegründeten – *The Book Named the Governor* (1531; *Das Buch vom Führer*, 1931) für die Führungsschicht des einzig als absolute Königsherrschaft vorstellbaren Gemeinwesens eine Erziehung, die das Studium der alten Sprachen, der Geschichte und Philosophie der Antike mit körperlich-sportlicher Ertüchtigung und musisch-künstlerischer Praxis verbindet. Noch deutlicher wird der für E. so charakteristische Aspekt des ambitionierten kulturellen Vermittlers in den weiteren Schriften der 1530er Jahre, insbesondere in dem humanistischen Dialog *Of the Knowledge Which Maketh a Wise Man* (1533) und den Übersetzungen bzw. Bearbeitungen und Kompilationen *A Sweet and Devoute Sermon of*

Holy Saint Ciprian of the Mortality of Man (1534), The Doctrinal of Princes (1534), The Castle of Health (1539), The Education or Bringing up of Children (vor 1540), in denen er zentrale Texte – Cyprian, Isokrates, Plutarch – und bedeutsames medizinisches Sachwissen der Antike einer größeren Öffentlichkeit in englischer Sprache zugänglich macht. Als gelehrter Kompilator und Übersetzer präsentiert sich E. ebenfalls in The Defence of Good Women (1545) und in The Image of Governance (1541), wobei dieser zweite Fürstenspiegel nur vorgibt, die Eucolpius-Biographie des Severus Alexander (222–235 n. Chr.) aus dem Griechischen zu übersetzen, in Wirklichkeit jedoch eine ingeniöse Bearbeitung der Vita des Kaisers aus der lateinischen Historia Augusta ist. – Die Werke E.s zeichnen sich allesamt durch ihre elegante, syntaktisch klare Prosa und durch einen hohen Anteil von aus dem Lateinischen, Griechischen und Französischen entlehnten Neologismen aus, die bewußt eingesetzt werden, um lexikalische Defizite des Englischen zu überwinden. E.s lateinisch-englisches Dictionary (1538) wird zu einem bedeutsamen Zeugnis dieser linguistischen Ambitionen, und zugleich sichert es ihm einen Ehrenplatz in der Geschichte der englischen Lexikologie.

Literatur: J. S. Dees. Sir Thomas Elyot and Roger Ascham: A Reference Guide. Boston 1981.

Uwe Baumann

Emecheta, Buchi

Geb. 21. 7. 1944 in Yaba, Nigeria

Buchi Emecheta schreibt direkt und ohne Larmoyanz über den alltäglichen Lebenskampf schwarzer Frauen. Als womanist tritt sie für die Emanzipation der Frau ein, die weder als antiafrikanisch noch pro-westlich mißverstanden werden darf, denn sie fordert die Gleichberechtigung und Unabhängigkeit der Frau als Mutter und Vermittlerin kulturellen Wissens. Sie bedient sich einer einfachen Sprache und eines realistischen Erzählstils, bringt aber dennoch komplexe Perspektiven und Situationen von Frauen zur Anschauung, weil sie Widersprüche innerhalb und zwischen Charakteren aufzeigt. – Ihre ersten Romane, In the Ditch (1972) und Second Class Citizen (1974), vereint als Adah's Story (1983; Die Geschichte der Adah, 1987), speisen sich stark aus ihrer eigenen Erfahrung als moderne Afrikanerin zwischen zwei Kulturen. – Die früh verwaiste E. wurde durch die Erzählungen ihrer Großmutter und von der Missionsschule geprägt. E. wurde jung verheiratet und folgte mit ihren zwei Kindern 1962 ihrem Mann nach London, wo er erfolglos studierte. Er sah sie lediglich als Besitz und Mutter seiner Kinder und verbrannte ihr erstes Manuskript, worauf sie sich 1966 von ihm trennte. In ihrem eigenen Leben wie ihren Büchern beweist sie immer wieder die Kraft afrikanischer Frauen, erfolgreich widrigen Umständen zu trotzen. Die alleinerziehende Mutter war beruflich in der sozialen Jugend- und Gemeindearbeit tätig, absolvierte an der Universität in London ein Soziologiestudium, engagierte sich seit 1979 im Home Secretary's Advisory Council on Race und gründete einen Verlag. Sie verfaßte Jugendbücher, entwarf Fernsehspiele, schrieb ihre Autobiographie Head Above Water (1994) und zahlreiche Romane, für die sie auch in Preisverleihungen Anerkennung fand. Außerdem hat sie seit 1972 Lehrtätigkeiten an Universitäten in Großbritannien, Nigeria und den USA wahrgenommen. – Die Romane The Bride Price (1976), The Slave Girl (1977; Sklavenmädchen, 1997), The Joys of Motherhood (1979; Zwanzig Säcke Muschelgeld, 1983) und Double Yoke (1982) thematisieren eindringlich die Schwierigkeiten schwarzer Frauen, ihre Rollen in der patriarchalen Kultur der Ibo, die in großer Distanz zur Modernisierung Nigerias steht, zu spielen oder hinter sich zu lassen, um persönliche Erfüllung zu finden. Gwendolen (1989) ist ein Gegenpart zu Kehinde (1994): Die junge Jamaikanerin Gwendolen wird vom Onkel und vom Vater sexuell mißbraucht, aber es scheint ihr zu gelingen, in ihrer Rolle als Mutter im abweisenden England Anschluß an die verlorene afrikanische Kultur zu finden. Umgekehrt versucht die in England erfolgreiche Immigrantin Kehinde, in ihrem Urspungsland Nigeria wieder heimisch zu werden, kann sich jedoch nicht mehr der Polygamie unterordnen, weshalb sie nach England zurückkehrt. Einen größeren politischen Rahmen setzen sich die Romane Destination Biafra (1982) mit der realistischen Thematisierung des nigerianischen Bürgerkriegs und The Rape of Shavi (1983) in der modernen allegorischen Version kolonialer Zerstörung einer abgeschlossenen afrikanischen Kultur durch Europäer.

Literatur: K. Fishburn. Reading Buchi Emecheta: Cross-Cultural Conversations. Westport, CT 1995. – M. Umeh, Hg. Emerging Perspectives on Buchi Emecheta. Trenton, NJ 1995.

Michael Meyer

Etherege, Sir George

Geb. 1635? in Maidenhead, Berkshire;
gest. 10?. 5. 1692 in Paris

Als die Londoner Theater 1660 nach 18jähriger
Schließung wieder öffneten, war es v. a. George
Etherege, der einem neuen Komödientyp zum
Durchbruch verhalf. Es ist die comedy of manners
bzw. comedy of wit, die dem frivolen und hedonistischen Lebensstil der höfischen Aristokratie einen moderat satirischen Spiegel vorhält und dabei
Thomas Hobbes' materialistisches Menschenbild
dramatisch umsetzt. Im Zentrum steht die prunkvolle Selbstinszenierung des hochgebildeten Libertins, der sein Hauptvergnügen in der sexuellen
Intrige und im Spiel mit den affektierten Posen der
adeligen Londoner Gesellschaft findet. Modisches
Leitbild ist die französische Kultur, deren überzogene Nachäffung durch den exzentrischen Stutzer (witwould) aber als feminin ridikülisiert und
vom geschliffenen Sprachwitz des truewit ebenso
verlacht wird wie das fehlende Stilbewußtsein des
Landtölpels (country bumpkin). – Obwohl E. nur
drei Komödien schrieb, wurde insbesondere sein
letztes Stück, The Man of Mode; or, Sir Fopling
Flutter (1676), zum Prototyp der neuen Restaurationskomödie. Nicht der frankophile Modegeck
(fop) des Titels, sondern der dem skandalumwitterten Earl of Rochester nachempfundene Dorimant steht im Mittelpunkt. Er ist der amoralisch
und herzlos seinem Vergnügen nachgehende Held
(rake-hero), ein ausschweifender Lebemann, der
dennoch wegen seines formvollendeten Auftretens
und konversationalen Esprits die Sympathien auf
sich zieht. Er übertölpelt mit souveränem Witz die
älteren, nicht weniger lüsternen Autoritätsfiguren,
verliebt sich schließlich ernsthaft in die ihm ebenbürtige Heroine Harriet und zieht mit der reichen
Erbin aufs Land. Bereits E.s erstes Stück, The
Comical Revenge; or, Love in a Tub (1664), nähert
sich im Nebenplot dem neuen Typ der Sittenkomödie an. In She Wou'd if She Cou'd (1668)
kommt er dann thematisch über die Jagd nach
Liebe (love chase) wie auch über das typenhafte
Figurenarsenal zur vollen Entfaltung.

›Gentle(man) George‹, wie E. von seinen Zeitgenossen genannt wurde, inszenierte auch sein
Leben nach den Idealen des libertinen Komödienhelden. Über seine Jugend ist wenig bekannt;
wahrscheinlich studierte er in Cambridge Jura und
hielt sich dann länger in Frankreich auf. Der Erfolg
seines ersten Stücks verschaffte ihm Zugang zum
Hof des ›Merry Monarch‹ Charles II, wo er bald als
court wit Aufsehen erregte. Er wurde in den Adelsstand erhoben und heiratete, angeblich wegen ihres Vermögens, eine reiche Witwe. E. war auch als
Diplomat für England tätig, weilte drei Jahre als
Botschaftssekretär in der Türkei und war 1685–89
englischer Gesandter in Regensburg, wo er die
Bürger durch sein skandalöses Leben provozierte.
Seine Briefe aus jenen Jahren weisen ihn, ebenso
wie einige wenige Gedichte, als glänzenden Stilisten aus. Auch nach der Glorious Revolution von
1688 blieb er den Stuarts treu und folgte James II
ins Pariser Exil, wo er 1692 starb.

Werkausgaben: The Poems. Hg. J. Thorpe. Princeton, NJ
1963. – Letters. Hg. F. Bracher. Berkeley/Los Angeles/
London 1974. – The Plays. Hg. M. Cordner. Cambridge
1982.
Literatur: A. R. Huseboe. Sir George Etherege. Boston
1987. – D. Underwood. Etherege and the Seventeenth-
Century Comedy of Manners. New Haven, CT 1957.
                                                              Dieter A. Berger

Evans, Mary Ann
→ Eliot, George

Evelyn, John

Geb. 31. 10. 1620 auf Wotton, Surrey;
gest. 27. 2. 1706 in London

Als jüngerer Sohn eines wohlhabenden Landedelmanns wurde John Evelyn eine Schulausbildung in Lewes und Oxford zuteil, bevor er sich
dem Studium der Rechte in London widmete. Bei
Ausbruch des Bürgerkriegs zog er sich auf die
Familiengüter zurück und versuchte, durch Vorgabe von Neutralität die schlimmste Zeit zu überstehen. Um aber dem zunehmend erfolgreichen
Cromwell nicht seine politische Unterstützung erklären zu müssen, verließ E. schließlich wie viele
andere Royalisten England und verbrachte nahezu
ein Jahrzehnt auf dem europäischen Kontinent.
Während dieser Zeit bereiste er Holland, Frankreich, Italien und die Schweiz und lernte 1647 in
Paris Mary Browne, die Tochter des königlichen
Botschafters, kennen, die er im gleichen Jahr heiratete und mit der er acht Kinder hatte. 1652
kehrten die Evelyns nach England zurück und
ließen sich in Sayes Court, Deptford, nieder. Bis

zur Restauration der Monarchie im Jahre 1660 vermied der als Royalist und Anglikaner bekannte E. jede Auseinandersetzung mit den Anhängern Cromwells und setzte statt dessen auf Distanz und Kompromißbereitschaft. Seine privilegierte Stellung ermöglichte es ihm, sich den schönen Künsten und den Naturwissenschaften zu widmen.

Während der nächsten Jahre trat er nicht nur als Gründungsmitglied der Royal Society, sondern auch als Autor einer Reihe bedeutender Publikationen hervor. Mit der Abhandlung *Fumifugium, or The Inconvenience of the Air and Smoke of London Dissipated* (1661) machte er sich als früher Umweltschützer einen Namen, während ihm das weit rezipierte *Sylva, or a Discourse of Forest Trees* (1664) den Beinamen ›Sylva‹ einbrachte. Weitere Werke umfassen Übersetzungen aus dem Französischen zu Architektur und Gartenbau sowie Texte zu Gravierkunst, Numismatik, Schiffahrt und Handel. – Bekannt ist E. aber heute v. a. für sein mehr als ein halbes Jahrhundert umfassendes und erst im 19. Jahrhundert erschienenes *Diary* (1818–19), in dem er seine Reisen, seine Stellung und Beraterrolle am Hof von Charles II, seinen großen Bekanntenkreis und seine Mentorenhaltung gegenüber der von ihm verehrten Margaret Blagge, der späteren Mrs. Godolphin (Hauptfigur seiner Hagiographie *Life of Mrs. Godolphin*, 1847), beschreibt, seine religiösen und moralischen Überzeugungen zum Ausdruck bringt und verschiedene, seine Familie betreffende Ereignisse festhält. Das von Historikern als wichtiges Zeitdokument weit beachtete Tagebuch läßt aber E. auch als einen Repräsentanten zeitgenössischer Ideale wie etwa der Zurückhaltung und Kultiviertheit erkennen, eine Person also, die ihre Emotionen hinter der Betonung von Fakten verbirgt und den privaten Teil des Lebens weitgehend auszuklammern sucht. Obwohl ihm sein Freund Samuel Pepys großen Humor bescheinigte, zeigen ihn seine Tagebuchaufzeichnungen als einen ernsten, nachdenklichen Menschen, der seine eigenen Verdienste wie etwa den jahrelangen erfolgreichen Staatsdienst eher in den Hintergrund stellte. Wohl weil er die meisten seiner Familienmitglieder und viele seiner Freunde überleben mußte, führte E. ein zunehmend zurückgezogenes Leben, starb im Alter von 85 Jahren und fand seine letzte Ruhe auf dem 15 Jahre vorher unerwartet ererbten väterlichen Landsitz Wotton.

Werkausgaben: *The Miscellaneous Writings.* Hg. W. Upscott. London 1925. – *The Diary of John Evelyn.* Hg. E. S. de Beer. 6 Bde. Oxford 1955.
Literatur: J. Bowle. *John Evelyn and His World: A Biography.* London 1981. – M. Willy. *English Diarists: Evelyn and Pepys.* London 1963.

Brigitte Glaser

Farah, Nuruddin

Geb. 24. 11. 1945 in Baidoa, Somalia

In der englischsprachigen Welt gelang Nuruddin Farah der Durchbruch mit *A Naked Needle* (1976; *Wie eine nackte Nadel*, 1983), nach dem Erstlingswerk *From a Crooked Rib* (1970; *Aus einer gekrümmten Rippe*, 1994) sein zweiter Roman. Einige Tendenzen der frühen Leserreaktionen sollten für F.s zukünftige Rezeption bestimmend werden. Im Hinblick auf den Erstling rühmte man die einfühlsame Darstellung eines weiblichen Bewußtseins, im Hinblick auf den zweiten Roman die Parallelen zur Joyceschen Erzählweise, außerdem das ausgeprägte transnationale Interesse in der Darstellung der Beziehung zwischen einem Afrikaner und einer Engländerin. – In der persönlichen Begegnung liebt der Autor die Selbststilisierung als Nomade, der nur mit Lederjacke und Schreibmaschine die Welt bereist. Der erklärte Pan-Afrikanist betrachtet sich nicht als Exilanten, wiewohl ihn sein Lebensweg von Gambia über Nord-Nigeria bis nach Südafrika geführt hat. Seine kosmopolitische Ausrichtung geht auf früheste multikulturelle Erfahrungen zurück. Als Jugendlicher sieht er sich neben der somalischen auch der amharischen, der arabischen, der italienischen und der englischen Kultur ausgesetzt – einer vielsprachigen Multikulturalität, die in seine Texte eingeht. Bedingt durch die Geschichte des Ogaden, erlebt der junge F. Italiener, Briten und Äthiopier als Besatzer. Er teilt anfangs die Befreiungseuphorie unter Siyad Barre, erlebt dann aber, wie dieser seine Weltanschauung der Ideologie der am Horn von Afrika jeweils dominanten Schutzmacht im Ost-West-Konflikt anpaßt und um des Machterhalts willen zu Repression, Unterdrückung und Diktatur Zuflucht nimmt. Die Tage seiner Mitarbeit im Bildungsministerium sind gezählt.

Mit dem ersten Band seiner Trilogie *Variations on the Theme of an African Dictatorship – Sweet and Sour Milk* (1979; *Sweet and Sour Milk*, 1996), *Sardines* (1981; *Sardines*, 1980), *Close Sesame*

(1983) – geht F. auf Konfrontationskurs zum Regime in Somalia, nimmt Verfemung und Verfolgung in Kauf und flieht nach Chandigarh (Indien), wo er ein Philosophiestudium absolviert. Damit ist der kulturübergreifende Ansatz seines Schreibens vorprogrammiert. Auch die Nähe zur Universität wird er nie wieder ganz aufgeben, ob es sich um Mogadischou, London, Essex, Bayreuth oder Kapstadt handelt. Mit *Close Sesame* hatte F. – wie mit manchen späteren Werken – dauerhafte Publikationsprobleme, es ist aber nicht von ungefähr ihm selber sein liebstes Buch. Er verbindet darin auf komplexe Weise konkrete historische Bezüge mit religiösen Fragestellungen eines höchst differenzierten Islam, stellt den Freiheitskampf in den widersprüchlichen Kontext von aufkeimendem Nationalgefühl und widerspenstiger Clan-Zugehörigkeit, zeigt ein Generationen umfassendes psychologisches Sensorium und beweist poetische Subtilität, ohne einer vorschnellen Eindeutigkeit der inhaltlichen Analyse Vorschub zu leisten. Märtyrer und Tyrannen-Mörder wetteifern darum, das Bild vom Volkshelden zu bestimmen, und doch bleiben Revolver und Rosenkranz unauflösbar miteinander verbunden. *Maps* (1986; *Maps*, 1992) ist erzählerisch ähnlich verrätselt. Am Beispiel der problematischen Beziehung von Askar und Misra wird der äthiopisch-somalische Ogaden-Konflikt beleuchtet, wobei pikanterweise Äthiopien all jene Vielvölkerstaaten Afrikas repräsentiert, die der Kolonialismus mit seinen künstlichen Grenzziehungen hinterlassen hat, obwohl es selbst nie gänzlich kolonisiert war, Somalia hingegen den Sonderfall der kulturellen Homogenität verkörpert, aber – wie ganz Afrika – politisch zerstückelt wurde. Mythisch anmutende Überhöhung geht einher mit forciertem Perspektivenwechsel und dem gelegentlichen Gebrauch der Erzählweise in der zweiten Person. *Gifts* (1993; *Duniyas Gaben*, 2001) veranschaulicht F.s Schreibweise besonders deutlich. Weibliche Emanzipation vor dem Hintergrund eines wohlmeinenden Triumvirats, indigene mythische Anleihen und eine Befürwortung des Islam, bodenständige Sprichwörter und poetische Metaphorik, lokale Anschaulichkeit und globale Botschaft verbinden sich zu einem leicht überschaubaren Ganzen. Individueller Freigebigkeit in der Haupthandlung wird in einem zweiten Erzählstrang von Zeitungsausschnitten und Artikeln der Widersinn von ›Entwicklungshilfe‹ gegenübergestellt und der Verzicht auf diese eigennützige Einmischung der Geberländer verfochten, die letztlich

nur die Verlängerung von internen Auseinandersetzungen nach sich zieht. In *Secrets* (1998; *Geheimnisse*, 2000) kehrt F. zurück zu einer überwältigenden Stofffülle. Zwischen triebhafter Hexe und weisem Alten hin und her gerissen, will der Computerfachmann Kalaman Licht in das Dunkel seines Ursprungs bringen. Das aufgedeckte Geheimnis des Titels verdeutlicht die Parallele zwischen der gewaltsamen Zeugung des Helden und den Geburtswehen seines Landes. Im Rahmen einer intriganten Großfamilie, die ein weiser Großvater kaum im Zaum halten kann, sucht der Roman vitale Sexualität in all ihren Spielarten zu feiern und sein imaginiertes Somalia in den Spannungsbogen von bewundernswertem weiblichem Stehvermögen und fataler männlicher Mordlust zu stellen.

Literatur: D. Wright. *The Novels of Nuruddin Farah*. Bayreuth 1994.

Peter Stummer

Farquhar, George

Geb. 1678? in Derry, Irland;
gest. 20. 5. 1707 in London

Seine formale Bildung erhielt George Farquhar daheim in einer (möglicherweise anglo-)irischen Pastorenfamilie mit mehr Respektabilität als Vermögen, später am Trinity College in Dublin, wo er als Prot&g&des protestantischen Bischofs von Dromore 1694/95 ein Stipendium innehatte. Doch weder die Reglementierung und Enge institutioneller Lehre noch die folgende Tätigkeit als Korrektor in der Druckerei seines Bruders entsprachen F.s lebhaftem, aktivem Temperament, und er verdingte sich als Schauspieler am Dubliner Smock-Alley-Theater. Dort soll F. u. a. den Othello, Lennox in *Macbeth* und den jungen Bellair in George Etheregs *The Man of Mode* gegeben haben, doch er litt unter Lampenfieber, und seine Schauspielkunst blieb mittelmäßig. Als er in einer Fechtszene unabsichtlich einen Kollegen schwer verletzte, gab er die Schauspielerei auf und zog 1697 nach London. Dort etablierte er sich als *gentleman-about-town* und konnte am Drury Lane Theater mit *Love and a Bottle* (1698) und *The Constant Couple, or A Trip to the Jubilee* (1699) seine ersten Erfolge als Dramatiker feiern. Mit diesen Stücken bewies F., daß er die Stereotypen, Themen und Konventionen der populären Komödien von Aphra Behn, John Vanbrugh und William Congreve mühelos und effektvoll zu verwenden wußte und daß Jeremy Colliers zeitgleich erschienene Tirade gegen das Theater, *A Short View of the Immorality and Profaneness of the English Stage*, ihn nicht beeindruckt hatte. Von den Werken der folgenden Jahre zeugt lediglich der poetologisch-dramaturgische Traktat »A Discourse upon Comedy« (in *Love and Business*, 1702), besonders aufschlußreich zu lesen neben John Drydens *Essay of Dramatic Poesy* (1668), von dem tiefgehenden Witz und der pragmatischen Intelligenz, die F. zweifellos besaß. – Die Ehelichung einer mittellosen Witwe mit zwei Kindern im Jahre 1703 verschlimmerte seine finanziellen Nöte, so daß F. sich gezwungen sah, eine Kommission als Grenadierleutnant zu übernehmen, um seine Familie versorgen zu können. Seine Erlebnisse bei der Rekrutenwerbung in Lichfield und Shrewsbury (1705/06) inspirierten ihn zu seinem beständigsten Erfolg, *The Recruiting Officer* (1706; *Der Werbeoffizier*, 1966; Bearbeitung von Bertolt Brecht als *Pauken und Trompeten*, 1955). Das Stück war so beliebt, daß es im Herbst 1706 zeitgleich von beiden Londoner Theaterensembles geboten wurde; doch F., weiterhin verschuldet und inzwischen ernstlich erkrankt, sank tiefer ins Elend. Es spricht für sein beträchtliches und reifendes Talent, daß er unter so widrigen Umständen sein wohl bestes Werk, *The Beaux' Stratagem* (1707), zustande brachte; er verstarb wenige Wochen nach der Uraufführung. – Die sexuelle Freizügigkeit von *The Recruiting Officer* und *The Beaux' Stratagem*, ihre Belohnung moralisch zweifelhafter Findigkeit und ihr pragmatischer Zynismus in zwischenmenschlichen Belangen machen sie zu den letzten Meisterwerken der Restaurationskomödie; gleichzeitig sind sie bereits geprägt von der Forderung nach Natürlichkeit im Stil, moralischer Vorbildhaftigkeit in der Handlung und dem empfindsameren Geschmack des 18. Jahrhunderts. F. begründete die Reihe erfolgreicher irisch-stämmiger Dramatiker, die durch Oliver Goldsmith, Richard B. Sheridan, Oscar Wilde, George Bernard Shaw und Samuel Beckett fortgesetzt wurde.

Werkausgabe: *The Works of George Farquhar*. Hg. S. S. Kenny. 2 Bde. Oxford 1988.
Literatur: J. Bull. *Vanbrugh and Farquhar*. Basingstoke 1998. – E. N. James. *The Development of George Farquhar as a Comic Dramatist*. Den Haag 1972.

Angela Stock

Farrell, J[ames] G[ordon]

Geb. 23. 1. 1935 in Liverpool;
gest. 12. 8. 1979 an der Bantry Bay, Irland

Als der preisgekrönte J. G. Farrell auf der Höhe seines Schaffens einem Angelunfall zum Opfer fiel, verlor die historische Fiktion der Nachkriegsjahre einen ihrer wegweisenden, charaktervollsten Vertreter. Dabei ist F.s œuvre überhaupt einem früheren Schicksalsschlag zu verdanken. Der Rossall School-Absolvent und Oxforder Jurastudent erkrankte 1956 an Kinderlähmung, wobei er trotz der Behandlung, aus der sich sein zweiter Roman *The Lung* (1965) speist, die Kraft seines Oberkörpers weitgehend verlor. Er sattelte daraufhin auf Romanistik um, verbrachte Zeit im Ausland und kam über drei frühe Romane zu seinem Metier, dem er sich in der British Museum Library sowie in der ›Nobeleremitage‹ seiner Londoner Ein-Zimmer-Wohnung, wo der Hobbykoch, Weinkenner, verstohlene Harrods-Gänger und *raconteur* trotz finanziell und räumlich enger Verhältnisse bemerkenswerte *dinner parties* anbot, akribisch widmete. – F.s Leistung besteht darin, daß er unter Beibehaltung der klassischen Form des historischen Romans thematisch und strukturell neue Wege geht. Als erster britischer Schriftsteller nimmt er sich des brisanten Themas des Zerfalls des *Second Empire* in seiner ganzen Breite an. Seine sogenannte *Empire Trilogy* schildert drei Krisenzeiten und -herde, an denen sich die Widersprüche und Aporien der britischen Herrschaft ablesen lassen. Den Auftaktband *Troubles* (1970) widmet der Anglo-Ire der ›ersten und letzten‹ Kolonie Englands, wobei er das düstere Panorama der Grafschaft Cork in den von *Sinn Féin*-Unabhängigkeitsbestrebungen sowie von *Black-and-Tan*-Repressalien geprägten Jahren 1919–21 entrollt. *The Siege of Krishnapur* (1973; *Die Belagerung von Krishnapur*, 1974) stellt die Nöte einer fiktiven britischen Garnison im Rahmen des indischen Sepoy-Aufstandes von 1857 dar. *The Singapore Grip* (1978) gilt der größten Niederlage, welche die britische Armee je erlitt: der Einnahme der Festung Singapur 1942 durch japanische Kräfte. Vordergründig bedient sich F. der ältesten Methode der historischen Fiktion: Er entsendet in das Krisengebiet einen fiktiven ›Waverley-Helden‹, dessen Unwissenheit und Dazulernenmussen dem Erkenntniszuwachs des Lesers vorarbeiten. Den Handlungsraum schmückt F. aber als symbolträchtige Staffage aus: Das Hotel Majestic in *Troubles*, die Residenz in Krishnapur, die *godowns* der Singapurer Gummihändler sind lauter Embleme eines morsch-debilen Imperiums. Auch F.s Fabeln haben Synekdochecharakter. – F. ist vorgeworfen worden, daß er die Scottsche Vorgabe verkürzt, indem seine Antihelden nicht die Kultur beider Seiten kennenlernen. Just das ist aber sein Thema: die verbohrt-borierte Innenseite des Empire. Gerade *Krishnapur*, dem 1973 der *Booker Prize* verliehen wurde, ist eine Bravourleistung der humorvoll entlarvenden Mentalitätsgeschichte. Der selbst von Krankheit belagerte F., der als erster bei einer *Booker*-Verleihung dem geschenkten Gaul ins unschön-merkantile Maul schaute, ist der Schriftsteller der mentalen wie militärischen Belagerungen, des Haderns mit Einzumottendem. Seinen Epochenbildern steht Thomas Mann, seinen Schlachtbeschreibungen Stendhal, seinen einfühlsamen Charakterdarstellungen Richard Hughes Pate. F. gelingt dabei die Quadratur des postmodernen Zirkels: Obgleich er zunehmend das Tierisch-Verwerfliche, das Vergebliche des menschlichen Tuns bloßlegt, bringt er dennoch der menschlichen Kreatur Wohlwollen entgegen. – Hätte sich F. anderen Empire-Krisen gewidmet? Wäre eine *comédie humaine* des Empire zustande gekommen? Nur der Torso eines weiteren, in den 1870er Jahren angesiedelten Indien-Romans (*The Hill Station* – vielleicht *The Doctor of Confusion* – 1981) gibt unvollständige Auskunft. Was bleibt, ist der kulturwissenschaftlich aufschlußreiche Ausdruck eines tiefen Unbehagens am Empire an der Schwelle zur postkolonialen Wende.

Literatur: L. Greacen. *James Gordon Farrell: The Making of a Writer*. London 1999.

Richard Humphrey

Fergusson, Robert

Geb. 5. 9. 1750 in Edinburgh;
gest. 17. 10. 1774 ebd.

Obwohl Robert Fergusson aus einfachen Verhältnissen stammt, erhält er eine solide Schulbildung und studiert an der Universität von St. Andrews. Dort beschäftigt er sich mit klassischer Literatur und begegnet den Ideen der schottischen Aufklärung, der er sich trotz ideologischer Differenzen im patriotischen Interesse an schottischer Kultur verbunden weiß. Insbesondere gilt F.s Nei-

gung der schottischen Renaissance, in der *Scots* noch eine voll ausgebildete Literatursprache mit eigenständigen literarischen Formen war. Diesen Status hatte es aufgrund der politischen und religiösen Entwicklungen des 16. und 17. Jahrhunderts zu F.s Zeit längst verloren. – F.s Werk läßt sich in zwei Gruppen einteilen: Auf der einen Seite stehen englische Gedichte, die der neoklassizistischen Tradition verpflichtet sind; sie müssen mit wenigen Ausnahmen, etwa der Verssatire »The Sow of Feeling« von 1773 (»Die empfindsame Sau«, eine Anspielung auf den Roman *The Man of Feeling* [1751] von Henry Mackenzie), als derivativ gelten. Daneben stehen F.s rund 30 schottische Gedichte, in denen er, in der Nachfolge Allan Ramsays, versucht, *Scots* als Literatursprache wiederzubeleben; er verschmilzt dabei den städtischen Dialekt Edinburghs mit dem des Nordostens, greift auf ältere Sprachstufen von *Scots* zurück und flicht englische Ausdrücke ein. In diesen Gedichten, beginnend mit »The Daft-Days« (»Die verrückten Tage« zwischen Weihnachten und Neujahr) von 1772, gelingt es F., traditionelle schottische Strophenformen und Genres so zu modifizieren, daß sie neuen thematischen Anforderungen gewachsen sind. So benutzt F. in »The Farmer's Ingle« (»Der bäuerliche Herd«) von 1773 die pastorale Tradition zu einer Abrechnung mit den Agrarreformern seiner Zeit, deren ausschließlich profitorientierten Praktiken er die Idylle vorindustrieller bäuerlicher Lebensformen entgegenstellt. Während also F. ländliche Themen nicht ausspart, sind seine bedeutendsten Texte die, in denen er, wie in »The Auld Reikie« (1773; »Die alte Stinkerin«, eine liebevolle Bezeichnung für die Altstadt von Edinburgh, die für ihre mangelhaften sanitären Verhältnisse berüchtigt war), das Leben dieser Kulturmetropole seines Jahrhunderts schildert. Durch F.s urbane Dichtung wird Edinburgh zu einem mit dem London Jonathan Swifts oder John Gays vergleichbaren imaginativen Raum. Daß F., als Ausgleich zu seiner Brotarbeit als Kopist von Rechtsdokumenten, selbst an den sozialen Aktivitäten seiner Schauspieler- und Malerfreunde partizipiert, wird ihm in den Augen der Nachwelt zum Verhängnis: Seine Geisteskrankheit, deren erste Anzeichen sich Ende 1773 einstellen und die wahrscheinlich durch Syphilis ausgelöst wird, wird von seinen frühen Biographen auf übermäßigen Alkoholgenuß zurückgeführt. Er stirbt kurz nach seinem 24. Geburtstag im Irrenhaus. Sein größter Verehrer, Robert Burns, dessen schottische Dichtung stark von F. beeinflußt ist, läßt ihm wenige Jahre später einen Grabstein setzen.

Werkausgabe: *The Poems.* Hg. M. P. MacDiarmid. 2 Bde. Edinburgh 1954–56.
Literatur: C. Whyte. »Bakhtin at Christ's Kirk: Part II, Carnival and the Vernacular Revival.« *Studies in Scottish Literature* 29 (1996), 133–157. – F. W. Freeman. *Robert Fergusson and the Scots Humanist Compromise.* Edinburgh 1984. – J. MacQueen. »Unenlightened and Early Darkened: Alexander Ross and Robert Fergusson.« *The Enlightenment and Scottish Literature.* Bd. 1: *Progress and Poetry.* Edinburgh 1982, 117–131.

Silvia Mergenthal

Ferrier, Susan [Edmonstone]

Geb. 7. 9. 1782 in Edinburgh;
gest. 5. 11. 1854 ebd.

Einer erlebnisintensiven Zeit muß die literarische Karriere einer Susan Ferrier recht merkwürdig erscheinen. Wie konnte eine zurückgezogen lebende Frau, die während eines ereignislosen Lebens nur wenige Reisen unternahm, die vielfältigen Eindrücke gewinnen, die man für die Abfassung von Gesellschaftsromanen für unverzichtbar hält? Anders als ihre bedeutendere Zeitgenossin Jane Austen lebte sie nicht in einem Familienverband, sondern teilte den Alltag mit ihrem verwitweten Vater. Doch wie es bei Austen heißt: »A mind lively and at ease can do with seeing nothing, and can see nothing that does not answer.« Wie ihre Erzählungen und Briefe erkennen lassen, war F. eine aufmerksame Beobachterin, die alles, was ihr begegnete, bedenkenswert fand. Zudem war die Edinburgher Gesellschaft interaktiv und kulturell aufgeschlossen. Wie eingehend sie sich mit ihrer schottischen Heimat und deren Hauptstadt auseinandersetzte, wird in ihren drei Romanen deutlich, in denen der Bürgerstolz der Patrizier und die Eigenwilligkeit des Landadels mit Ironie geschildert werden. Ihr erstes und bestes Werk, *Marriage* (1818), führt eine Heldin ein, die im Hochland aufwächst und erst in England Reife und Selbstsicherheit gewinnt, um endlich in Schottland ihr Eheglück zu finden. Wo die englische Gesellschaft oberflächlich und blasiert wirkt, steht der harsche Norden für Geradlinigkeit und Festigkeit, wenngleich auch hier Marotten auftreten. Gerade die schottischen Szenen haben F. zu

Charakterporträts inspiriert, in denen sie die Nachfolge von Tobias Smollett und Laurence Sterne antritt. Wer würde nicht vor der bizarren Lady Maclaughlan zurückschrecken, die sich als Naturheilerin geriert, doch hinter ihrer Schroffheit echte Güte verbirgt, während ihre englische Kontrastfigur, der skurril gefräßige Dr. Redgill, nur um sein eigenes Befinden besorgt ist.

Als Erzählerin läßt sich F. einer Übergangsphase zwischen dem englischen Roman des 18. Jahrhunderts und dem Viktorianischen Realismus zuordnen. Die europäische Romantik, die das englische Romanschaffen nur kurzfristig berührt hat, zeigt bei ihr geringe Nachwirkung. Selbst in ihren zwei späteren Bildungsromanen, *The Inheritance* (1824; *Die Erbschaft*, 1826) und *Destiny* (1831), deren stärker strukturierter Plot Romanzenmotive anreißt, bleibt sie dem schottischen *common sense* verhaftet. Es mag paradox anmuten, daß sie als eine Vorläuferin der Moderomane in den Luxus adeliger Kreise eintritt; doch dienen ihr solche Exkurse dazu, die Vorzüge einer verantwortungsvollen Lebensführung aufzuzeigen. Kein Zweifel, daß ihre Erzählungen in der Tradition des Erziehungsromans didaktisch angelegt sind. Doch gerade jene Stellen in F.s Romanen, wo der Erzählerkommentar zurücktritt, vermögen uns zu fesseln. Man meint, dort eine andere F. zu spüren, die sich nicht trockener Moralpredigten befleißigt und viel Gefühl einbringt. Wie immer F. zu ihren Werken stand, in diesen Schilderungen glauben wir, einer sensiblen Natur zu begegnen, die ihre Sentenzen als Schutzschild vorschob, um sich nicht preiszugeben.

Werkausgaben: *Memoir and Correspondence of Susan Ferrier, 1782–1854.* Hg. J. A. Doyle. London 1898. – *The Works.* Hg. J. A. Doyle. London 1929ff.
Literatur: A. Grant. *Susan Ferrier of Edinburgh: A Biography.* Denver, CO 1957.

Herbert Foltinek

Fielding, Henry

Geb. 22. 4. 1707 in Sharpham Park, Somerset;
gest. 8. 10. 1754 in Lissabon

Das Leben Henry Fieldings, der als Dramatiker, Essayist und v. a. als Romanschriftsteller zu den einflußreichsten Autoren des 18. Jahrhunderts zählt, ist zunehmend die Geschichte seines literarischen Erfolgs. Als Sohn eines Leutnants genoß er

in Eton die standesgemäße Erziehung nach aristokratischen Idealen, studierte in Leyden (Holland)
Jura und begeisterte sich für die klassische Literatur. Nachdem er mit 19 Jahren vergeblich versucht hatte, mit einer reichen Witwe durchzu-
brennen, gab er sich in London, mit ruinösen
Folgen für seine Gesundheit, den Vergnügungen
der Hauptstadt hin und widmete ab 1729 sein
ganzes Interesse dem Theater. Er schrieb mehr als
zwei Dutzend Dramen, vorwiegend satirische Farcen und burleske Komödien, übernahm zeitweise
das Management des Londoner Haymarket Theatre und war mit seinen bissigen Anspielungen auf
das Whig-Kabinett Robert Walpoles ein maßgeblicher Anlaß für die Einführung der Bühnenzensur
1737. Dieser radikale Einschnitt in der Geschichte
des englischen Theaters beendete abrupt F.s Karriere als Dramatiker und stürzte ihn zeitweise in
bittere Armut. Der inzwischen mit Charlotte Cra-
dock, dem Vorbild für seine Heldinnen Sophia
und Amelia, verheiratete Autor nahm sein Jura-
studium wieder auf und erhielt 1740 die Zulassung
als Anwalt, übte die Anwaltstätigkeit wegen zunehmender Gichtanfälle aber kaum aus. Er entdeckte sein Talent als Erzähler und erschloß mit
seinen satirischen und komischen Romanen einen
immer größeren Leserkreis. F. machte sich auch als
engagierter gesellschaftskritischer Essayist einen
Namen und war Herausgeber von vier Zeitschriften, The Champion 1739–41, The True Patriot
1745–46, The Jacobite's Journal 1747–48 und The
Covent Garden Journal 1752. Seit 1748 war er
Friedensrichter für Westminster, später auch für
Middlesex, prangerte vehement soziale Mißstände
an und trat für Reformen im Rechts- und Polizei-
wesen ein. Als sich sein Gesundheitszustand ver-
schlechterte, suchte er mit seiner Familie in Portugal Linderung; er starb 1754 in Lissabon.

F.s Karriere als Dramatiker begann bereits
1728, als sein erstes Stück, Love in Several Masques,
erfolgreich am Drury Lane Theatre aufgeführt
wurde. Er adaptierte in der Folge zwei Stücke
Molières für die englische Bühne und setzte in
unterschiedlichen Komödienformen die schäbige
Welt der Buchhändler und Lohnschreiberlinge
(The Author's Farce, 1730) ebenso dem Spott aus
wie Politik und Justizwesen (Rape upon Rape; or,
The Justice Caught in His Own Trap, 1730). Am
bekanntesten ist seine auch heute noch aufgeführte Burleske Tom Thumb: A Tragedy (seit 1731
mit dem Titel The Tragedy of Tragedies; Die Tragödie der Tragödien oder Leben und Tod Tom

Däumlings des Gro en, 1973), die in holprigen
Blankversen den Däumling der Volkserzählung
zum großspurigen Helden erhebt und so die heroische Tragödie persifliert. F.s politische Satiren
auf Walpole, Pasquin (1736), ein metadramatisch
mit der Konvention der fiktiven Theaterprobe
spielendes Stück, und The Historical Register for
1736 (1737) waren seine letzten Stücke vor dem
Licensing Act.

F.s überragende literaturgeschichtliche Leistung liegt freilich auf dem Gebiet des Romans, der
sich damals als realistische Erzählgattung herausbildete. Auslöser war seine kritische Haltung gegenüber der pathetisch moralisierenden Weltsicht
Samuel Richardsons, der 1740–41 mit seinem
Briefroman Pamela, or, Virtue Rewarded einen internationalen Erfolg erzielt hatte. F. antwortete
parodistisch mit der kurzen, aber deftigen Satire
An Apology for the Life of Mrs. Shamela Andrews,
die vorgibt, die »notorischen Falschheiten« des
Prätexts richtigzustellen und die kalkulierende
Heuchelei einer nur scheinbar auf Tugend bedachten Heldin offenzulegen. Bereits diese Prosabur-
leske, die Richardsons puritanische Moral und
seine oft künstlichen Stilmittel der Lächerlichkeit
preisgibt, enthält mit der derb-kolloquialen Umgangssprache der Figuren und der Übernahme
dramatischer Techniken zentrale Merkmale seines
späteren Romanschaffens. Mit seiner zweiten Pa-
mela-Parodie, dem Roman Joseph Andrews (1742;
Die Geschichte von den Abenteuern Joseph Andrews,
1765), untermauerte F. seinen Anspruch, in England einen neuen Fiktionstyp begründet zu haben.
Das anfängliche Konzept, über die lächerliche Verkehrung der Geschlechterrollen einen komischen
Gegenroman zu Richardsons empfindsamer Weltdeutung vorzulegen und Pamelas Bruder Joseph –
analog auch zum biblischen Joseph – immun gegen weibliche Verführungskünste zu machen, wird
nur im ersten und letzten der vier Bücher aufrechterhalten. Die parodistische Intertextualität macht
bald einer autonomen realistischen Fiktion Platz,
die auf die satirische Bloßstellung menschlicher
Sitten zielt. F. nimmt Merkmale des pikaresken
Erzählens auf und stellt dem jugendlichen, erst
allmählich Welterfahrung gewinnenden Diener Joseph eine cervanteske Vaterfigur an die Seite, den
in skurriler Weise weltfremden, naiven, aber durch
und durch liebenswerten Pfarrer Abraham Adams.
Zu den beiden männlichen Protagonisten stößt die
von Joseph geliebte Zofe Fanny, und die drei erleben auf der Reise durch die südenglische Provinz

eine Reihe von Abenteuern, die ihnen z. T. recht schmerzhaft den materialistischen und selbstsüchtigen Habitus von Landadel und Bürgertum vor Augen führt. Der auktoriale Erzähler, F.s nachhaltigster Beitrag zur Struktur der neuen Erzählgattung, entschärft freilich mit seinen ironischen Kommentaren die negativen Erlebnisse und führt die Gesellschaftssatire in einer großen Enthüllungsszene zum glücklichen Ende. – F. hat im Vorwort zu *Joseph Andrews* einen wichtigen Theoriebeitrag zur Struktur des Romans und zur Funktion der Komik geleistet. Darin wertet er die neue, realistische Erzählgattung (*novel*) zum »komischen epischen Prosagedicht« auf, indem er es einerseits am klassischen Epos ausrichtet, andererseits – freilich mit verwirrender Begrifflichkeit – von der phantastischen, damals als trivial geringgeschätzten Prosaromanze (*romance*) abgrenzt. Ebenso bedeutsam ist sein Beitrag zur Theorie des Komischen, dem er wirkungspoetisch die Aufdeckung menschlicher Affektationen, v. a. von Eitelkeit und Heuchelei, zuschreibt. F.s Konzept einer satirischen Dekuvrierkomik verabsolutiert allerdings die gesellschaftskritische Zielsetzung; es läßt die Episoden liebenswerter Lächerlichkeit ebenso unerwähnt wie die humorvolle Vermittlungsleistung des Erzählers. Die Diskrepanz zwischen komischer Theorie und praktischer Umsetzung im Roman manifestiert sich besonders an der Konzeption des Landpfarrers Adams, F.s englischem Don Quijote, dessen benevolenter Humor die Tradition des satirischen Verlachens sprengt und eine neue, empfindsame Charakterkomik begründet.

Im Jahr 1743 veröffentlichte F. zwei längere Prosasatiren, mit denen er den Bezirk des Lächerlichen weiter auslotete. Neben *A Journey from this World to the Next* (*Reise nach der andren Welt*, 1759), einer phantastischen Fabel nach Lukianschem Vorbild, in der die aus dem Körper tretende Seele des Ich-Erzählers eine Reise ins Elysium antritt und dort berühmten Persönlichkeiten der älteren und jüngsten Vergangenheit begegnet, erregte v. a. die Schurkenbiographie *The Life of Jonathan Wild the Great* (*Die Lebensgeschichte Mr. Jonathan Wilds des Gro en*, 1790) Aufsehen. Wie vor ihm John Gay in *The Beggar's Opera* (1728) stellt auch F. das moralische Normen- und Wertesystem ironisch auf den Kopf, wobei er, wie die durchgängige Konfrontation des guten mit dem großen, d. h. dem genialen Menschen zeigt, auf das Exemplarische des Falls abzielt. Der Große bringt skrupellos Unheil über die Gesellschaft und beutet sie

aus, während die Gute, im Gegensatz dazu, Ungemach von ihr fernzuhalten sucht. Auf dieser moralphilosophischen Grundlage insinuiert der Roman eine sarkastische Analogie zwischen zwei Vertretern des Großen aus höchst unterschiedlichen Lebensbereichen, nämlich zwischen dem gefürchteten und schließlich gehängten Verbrecher Jonathan Wild und dem Premierminister Robert Walpole. Damit setzte F. die politische Satire seiner Dramen in narrativer Form fort und zeigte an der *mock*- bzw. anti-heroischen Attitüde seines Erzählers, daß er sich weiterhin den aufklärerischen Idealen Alexander Popes und Jonathan Swifts verpflichtet fühlte. In den beiden folgenden Romanen macht die vorwiegend satirische Zielsetzung freilich einer komischen Platz: F. konzentriert sich auf die Spannung zwischen Individuum und Gesellschaft und reflektiert dabei immer wieder die Darstellungsprozesse des realistischen Romans.

F.s Meisterwerk, der 1749 veröffentlichte Roman *The History of Tom Jones, a Foundling* (*Die Geschichte des Tom Jones, eines Findlings*, 1771), vertieft die in *Joseph Andrews* entwickelten narrativen und komischen Strukturen und wird so zum Paradigma der neuen Erzählgattung. Die oft gepriesene Handlungsstruktur geht vom Geheimnis um die Geburt des Allerweltshelden Tom Jones aus und verknüpft es mit seiner aus Statusgründen unrealisierbaren Liebe zu Sophia, der Tochter des polternden Landjunkers Western. Daraus entwickelt sich stimmig die nach und nach von insgesamt fünf Parteien angetretene, mit pikaresken Abenteuern gespickte und durch Nebenhandlungsstränge komplizierte Reise nach London, wo die Konfusionen nach Komödienmanier erst im letzten Augenblick gelöst werden. Der nach dem Muster des Erziehungsromans geschilderte Reifeprozeß des Helden spielt sich in einem vielschichtigen gesellschaftlichen Panorama ab, das an drei zentralen Schauplätzen, auf dem Land, auf der nach London führenden Landstraße und zuletzt in der Metropole selbst, entwickelt wird. F.s komischer Romanklassiker, 1963 von Tony Richardson erfolgreich verfilmt, weist vielfältige Analogien zum antiken Epos auf und erreicht mit seinen 18 Büchern auch quantitativ epische Breite. Die nach dem Kontrastprinzip angelegte Figurengestaltung will letztlich Aufklärung über die Prinzipien der »menschlichen Natur« vermitteln. Obwohl die heuchlerische Doppelmoral weiter Gesellschaftskreise wiederum mit den Mitteln der Demaskierungskomik offengelegt wird, bleibt F.s Bild einer von der wankelmütigen Fortuna regierten Welt weitgehend optimistisch. Dies erreicht er nicht zuletzt durch den humorvollen Erzähler, der sich über seine Kommentare kontinuierlich in das Geschehen einmischt und es im ironischen Spiel mit klassischer Bildung parodistisch unterminiert. Der derartig dramatisierte Erzähler zeigt darüber hinaus ein selbstreflexives Bewußtsein, wenn er in einen Dialog mit dem Leser eintritt und ihm die Gesetzmäßigkeiten der fiktionalen Vermittlung erläutert.

F.s letzter Roman, *Amelia* (1752), fällt düsterer aus und weist Anzeichen eines Spätwerks auf. Es ist die Geschichte einer Ehe zwischen der schönen und tugendsamen Amelia und Captain Booth, ihrem zwar gutmütigen, aber labilen und leichtsinnigen Gatten. Die narrative Struktur der vom Zufall beherrschten Abenteuerhandlung orientiert sich wiederum am antiken Epos; im Gegensatz zu den *Ilias*-Anklängen des *Tom Jones* dominiert jetzt aber der ironische Kontrast zu *Odyssee* und *Äneis*. Eine korrupte und depravierte Gesellschaft bringt die Liebe der beiden Gatten an den Rand der Katastrophe, doch F.s grundsätzlicher Glaube an das Gute im Menschen stellt auch diesmal sicher, daß Lüge, Hinterlist und Gemeinheit nicht obsiegen. Booth ist am Romananfang unschuldig in Haft, trifft im Gefängnis seine Jugendfreundin Miss Matthews, verfällt ihren Verführungskünsten und wird Opfer ihrer Intrigen, als er sich reumütig von ihr zu lösen sucht. Die treu zu ihm stehende, unter dem Einfluß Richardsons stark idealisierte Amelia muß sich dagegen den Nachstellungen eines lüsternen Lords und eines zwielichtigen Obersts erwehren. Sie erwirkt schließlich über den väterlichen Freund Dr. Harrison, der als weitere moralische Instanz neben dem Erzähler fungiert, Booths Rettung und sichert so die Harmonie ihrer Ehe. Die Handlungsabfolge bestätigt damit die in der Widmung zum Ausdruck gebrachte Darstellungsintention, der Tugend zum Sieg verhelfen und beklagenswerte Übel privater wie öffentlicher Natur exponieren zu wollen. Der heitere Optimismus, den F.s frühere Erzählungen ausstrahlen, wird freilich von einem bisweilen sentimentalen und pathetischen Moralismus zurückgedrängt, und so tritt – womöglich bedingt durch F.s desillusionierende Tätigkeit als Friedensrichter – die Kritik an den sozialen Ungerechtigkeiten schärfer zutage. Dies fällt besonders bei der Schilderung der Gefängnisszenen und des schäbigen Milieus der Londoner Unterschicht auf, wo F. Dickenssche Erzählcharakteristika vorwegnimmt.

Machten sich Defoe und Richardson um die ernsthafte Spielart des realistischen Romans verdient, indem sie die Welt als individuelle Erfahrung bzw. als emotionale Introspektion deuteten, so wurde F. zum Begründer der komischen Erzähltradition. Die seinen Werken zugrunde liegende *Englishness* ist charakteristisch für den Süden Englands und erfaßt die ländliche Region ebenso wie die Metropole London, den Adel ebenso wie das niedere Bürgertum. F. läßt Sein und Schein jener Gesellschaft schockartig aufeinanderprallen und schafft über die Trennung von Zentralfigur und Erzähler die für das Lachen nötige Distanz. Die häufig eingestreuten romantheoretischen Erörterungen zeigen, daß er damit ein anspruchsvolles Ziel verfolgte, nämlich den neuen realistischen Erzählstil zur epischen Kunstform aufzuwerten. F.s in Komik umgesetzter pragmatischer Optimismus fand viele Nachahmer, von Jane Austen, Charles Dickens und William Makepeace Thackeray bis hin zu Kingsley Amis und David Lodge.

Werkausgaben: *The Wesleyan Edition of the Works*. Hg. W. B. Coley/F. Bowers. Oxford 1967ff. – *Sämtliche Romane in vier Bänden*. Hg. N. Miller. München 1965/66. Literatur: G. J. Butler. *Fielding's Unruly Novels*. Lewiston 1995. – M. C. Battestin. *Henry Fielding: A Life*. London 1993 [1989]. – R. D. Hume. *Henry Fielding and the London Theatre, 1728–1737*. Oxford 1988. – W. Iser, Hg. *Henry Fielding und der englische Roman des 18. Jahrhunderts*. Darmstadt 1972.

Dieter A. Berger

Fielding, Sarah
Geb. 8. 11. 1710 in East Stour, Dorset;
gest. 9. 4. 1768 in Bath

›Sarah Fielding, Schwester des berühmten Romanciers Henry Fielding und gute Freundin des nicht minder berühmten Romanciers Samuel Richardson‹ – so wäre F. noch vor wenigen Jahren vorgestellt worden, denn es ist noch nicht allzu lange her, daß F. von der Literaturwissenschaft als ebenso interessante wie ernstzunehmende Autorin entdeckt wurde. Trotz ihrer berühmten Freunde und Freundinnen, zu denen auch die bekannten *bluestockings* Elizabeth Montagu und Sarah Scott zählten, glich F.s Leben dem vieler anderer Schriftstellerinnen aus dem 18. Jahrhundert: Es war bestimmt durch ständige Geldnot, die in F.s Fall auf

den frühen Tod der Mutter und die Verschwendungssucht des Vaters zurückzuführen war, sowie
durch eine dürftige Schulbildung, das lebenslange
Bemühen um Selbstbildung und die Abhängigkeit
von Gönnern, die durch Geldgeschenke zu ihrem
Lebensunterhalt beitrugen. Wie andere Frauen aus
dem verarmten Landadel, die als *gentlewomen* erzogen worden waren, aber nicht über eine entsprechende Mitgift verfügten, heiratete F. nicht; als
sie im Alter von 57 Jahren starb, stand der Plan,
mit einer Reihe von befreundeten Frauen zusam-
menzuziehen, kurz vor der Verwirklichung.

F.s Verknüpfung von Moral und Didaktik in
ihren Romanen läuft heutigen ästhetischen Vorstellungen zuwider; aber in den 1740er Jahren
bildeten ihre Werke schon deshalb Meilensteine
der Geschichte des englischen Romans, weil sie
eine neue, moralische Form weiblicher Fiktion
begründeten. Dadurch trug F. maßgeblich dazu
bei, den Ruf von Schriftstellerinnen von der Aura
der Verruchtheit zu befreien, die frühere Autorinnen wie Aphra Behn und Mary Delarivier Manley noch umgeben hatte. F.s Werke sind jedoch
auch heute noch sehr lesenswert, weil sie sich in
formaler Hinsicht durch Experimentierfreudigkeit
auszeichnen. Ihre Fiktionalisierung des Lebens historischer Persönlichkeiten in *The Lives of Cleopatra and Octavia* (1757) ist z. B. nicht nur aufgrund
der impliziten Bewertung der Weiblichkeitsstereo-
typen der mysteriösen *femme fatale* und der unter-
würfigen Ehefrau interessant, sondern auch weil
sie durch die Art der Erzählung – beide Frauen
sprechen aus dem Grab heraus – mit einer neuen
Form der Darstellung von Geschichte experimentiert. Das zwischen Roman und Drama angesiedelte Werk *The Cry* (1754), das F. gemeinsam mit
Jane Collier verfaßte, durchbricht damals vorherrschende Gattungskonventionen inhaltlich aufgrund der unvoreingenommenen Darstellung einer ›gefallenen‹ Frau und formal durch den innovativen Gebrauch von Personifikationen. – Heute
ist F. v. a. als Autorin des empfindsamen Romans
The Adventures of David Simple (1744; *Der wahr-
haftige Freund, oder Leben des David Simple*, 1746)
und Verfasserin des ersten an Mädchen gerichteten
Erziehungsromans, *The Governess, or Little Female
Academy* (1749), bekannt. Sie selbst war jedoch
besonders stolz auf ihre Übersetzung eines philosophischen Werkes von Xenophon, das als einziges
ihrer Werke nicht anonym veröffentlicht wurde.
Obgleich Zeitgenossen F.s Werke schätzten und
keine Mühe hatten, sie als Autorin zu identifizie-

ren, geriet sie schon kurz nach ihrem Tod in
Vergessenheit. Auf dem Titelblatt der ersten deutschen Übersetzung ihres letzten, relativ konventionellen Romans *The History of Ophelia* (1760;
Die geraubte Einsiedlerin, oder Ophelia, 1767)
prangt der Name Henry Fielding, und das höchste
Lob, das Kritiker ihr bis vor kurzem zollten, war,
daß sie so ähnlich schreibe wie ihr Bruder. Dies
verkennt jedoch die Leistungen dieser Autorin, die
formale Experimente wagte, maßgebliche Weichen
für das positive Ansehen von Schriftstellerinnen
stellte und sich für eine bessere Erziehung und
größere moralische Unabhängigkeit von Frauen
aussprach.

Literatur: L. Bree. *Sarah Fielding*. New York 1996.
Vera Nünning

Figes, Eva
Geb. 15. 4. 1932 in Berlin

Als Tochter jüdischer Eltern, die 1939 vor den
Nazis nach England flohen, erfuhr Eva Figes als
Kind einen radikalen Bruch und Neuanfang, der
bei ihr »a sense of continuing statelessness« (Anna
Maria Stuby) hinterließ. Besonders das Erlebnis,
noch einmal eine neue Sprache erlernen zu müssen, führte zu einem gesteigerten Bewußtsein der
Autorin im Umgang mit Sprache. So experimentiert F., die auch Kinderbücher geschrieben und
Romane übersetzt hat, in ihrem sowohl thematisch
wie auch in bezug auf die verwendeten Erzählformen breitgefächerten erzählerischen – uvre mit
immer neuen Ausdrucksmöglichkeiten.

Während in ihrem Frühwerk mit Ausnahme
des autobiographisch gefärbten Erstlings *Equinox*
(1966) männliche Protagonisten im Zentrum der
Handlung stehen, verlagert sich der Schwerpunkt
des Interesses in den Romanen seit *Days* (1974)
auf die Erfahrungswelt von Frauen. F.' Experimentierfreudigkeit wird in Romanen wie *Ghosts*
(1988) deutlich, in dem sich ihr Schreiben lyrischen Formen annähert. Dagegen rücken in *B.*
(1972) und *Nelly's Version* (1977) die Mehrdeutigkeit und die subjektiven Verzerrungen allen Erlebens in den Vordergrund. In *The Knot* (1996)
steht die stark subjektiv gebrochene und durch
sprachliche Experimente gekennzeichnete Schilderung der Kindheit und des Erwachsenwerdens einer jungen Frau im Mittelpunkt. Somit zeichnet
sich F.' Schaffen trotz rekurrenter Themen wie

zwischengeschlechtliche Beziehungen, Schuld, Einsamkeit, Trennung und fragmentierte Identitäten durch eine große Bandbreite aus. Dies wird auch in ihrer Behandlung historischer Themen deutlich: In dem experimentellen Roman *The Seven Ages* (1986; *Die sieben Zeitalter*, 1988) werden weibliche Erfahrungen mit Geburten, Heilkunde und Krieg aus der Sicht von Frauen aus mehreren Jahrhunderten multiperspektivisch aufgefächert, *The Tree of Knowledge* (1990) schildert das Leben und die Zeit John Miltons aus der Sicht seiner Tochter, während *Light* (1983) ein impressionistisches Bild eines Tages im Leben des Malers Claude Monet zeichnet. Dabei ist F.' Werk insgesamt durch eine große Unkonventionalität und bewußtes Experimentieren mit Erzähltechniken charakterisiert.

Trotz zahlreicher positiver Rezensionen und obwohl F. so renommierte Preise wie den *Guardian Fiction Award* für *Winter Journey* (1967) gewonnen hat, ist ihr literarisches Schaffen von der Öffentlichkeit bisher nur wenig beachtet worden. Mehr Anerkennung haben hingegen F.' nicht-fiktionale Bücher gefunden, zu denen neben ihrer Autobiographie *Little Eden: A Child at War* (1978) auch zwei feministisch ausgerichtete literaturwissenschaftliche Untersuchungen gehören. Insbesondere ihr bekanntestes Werk, *Patriarchal Attitudes: Women in Society* (1970), eine für den anglo-amerikanischen Feminismus zentrale Untersuchung der Situation von Frauen in der westlichen Gesellschaft, machte F. bei seinem Erscheinen schlagartig berühmt und wurde wiederholt mit so einflußreichen Schriften wie Germaine Greers *The Female Eunuch* (1970) und Kate Millets *Sexual Politics* (1969) verglichen.

Literatur: B. Rüter. »Eva Figes in Focus.« *Anglistik* 12.1 (2001), 13–22.- A.M. Stuby: »›A piece of shrapnel lodges in my flesh, and when it moves, I write‹: The Fiction of Eva Figes.« *Anglistik und Englischunterricht* 60 (1997), 113–127. – O. Kenyon. *Women Novelists Today: A Survey of English Writing in the Seventies and Eighties*. Brighton 1988, 129–143.

Gaby Allrath

Findley, Timothy

Geb. 30. 10. 1930 in Toronto;
gest. 21. 6. 2002 in Toulon, Frankreich

Timothy Findley, der zu den bedeutendsten und produktivsten kanadischen Gegenwartsautoren gehört, wollte ursprünglich Tänzer werden, verlegte sich jedoch auf die Schauspielerei. Nach ersten Erfolgen ging er zur weiteren Ausbildung an die Londoner Central School of Speech and Drama. Von Schauspielerkollegin Ruth Gordon zum Schreiben animiert und von Thornton Wilder ermutigt, begann F. seinen charakteristischen Stil zu entwickeln, in dem sich narrative Erfindungslust mit meisterhafter Dialogführung, postmodernes Traditionszitat mit penibler Faktenrecherche, sarkastischer Humor mit dezidiert politischem Engagement verbinden. F.s Romane sind letztlich allegorische Erzählungen. In seiner künstlerischen Autobiographie *Inside Memory: Pages from a Writer's Workbook* (1990) bezeichnet er halb scherzhaft Beatrix Potters *The Tale of Peter Rabbit* (1901) als »einen der größten Romane«, eine Einschätzung, die F.s Titelheld in *Pilgrim* (1991) teilt. Wie Peter Rabbit, dessen abenteuerliche Exkursion in den scheinbar paradiesischen Garten MacGregors an dessen Harke scheitert, befinden sich auch F.s Charaktere immer auf der mehr oder weniger hoffnungslosen Suche nach einer intakten Welt. In Hollywood stieß F. auf Ivan Moffats Aufnahmen von der Befreiung des Konzentrationslagers Dachau – ein Erlebnis, das seine schriftstellerische Laufbahn nachhaltig beeinflußte: »Ich sah die Hölle – und sie war Wirklichkeit.« Aber in einem programmatischen Satz erklärte er auch: »if we can imagine Dachau, we can also imagine harmony.«

F.s erster Roman, *The Last of the Crazy People* (1967), ist die psychologisch differenzierte Porträtstudie eines elfjährigen Jungen, der seine Familie tötet, angeblich um sie vor sich selbst zu retten. *The Butterfly Plague* (1969) demonstriert anhand des Schicksals einer Familie von Hollywood-Künstlern aus den 1930er Jahren das »verdammte Streben« nach physischer Perfektion, um es mit den Zielen des Faschismus gleichzusetzen. Der Durchbruch, zumal in Kanada, gelang F. mit dem preisgekrönten Roman *The Wars* (1977; *Der Krieg und die Kröte*, 1980). Ein unbeteiligter Erzähler versucht auf der Basis von Interviews, Photographien und eigenen Reflexionen zu rekonstruieren, warum der junge kanadische Leutnant Robert

Ross im Gas-Inferno des Ersten Weltkriegs einen Offizier erschießt, um das Leben einiger Dutzend Pferde und Maultiere zu retten. Hier klingt ein Thema an, das F., der in Ontario mehrere Jahrzehnte lang mit seinem Lebenspartner William Whitehead eine Farm bewohnte, nicht mehr losläßt: der Respekt für die Lebensweise von Tieren, deren Anmut und Würde die Menschen lange eingebüßt haben.

F.s erzählerische Verschachtelungskunst erreicht ihren Höhepunkt in dem ambitionierten Roman *Famous Last Words* (1981; *Mauberleys Ende*, 2001), der zugleich vehement F.s Totalitarismuskritik fortsetzt. In rapide wechselnden Kapiteln wird die Perspektive des (an Ezra Pound angelehnten) Schriftstellers und Kollaborateurs Hugh Selwyn Mauberley kontrastiert mit den Beobachtungen von amerikanischen Offizieren, die die Umstände seines gewaltsamen Todes rekonstruieren sollen. Ihre Hauptquelle ist das literarische Testament seiner umfangreichen Erinnerungen, die er, den Tod vor Augen, gegen Ende des Zweiten Weltkriegs auf die Wände eines verlassenen österreichischen Luxushotels gekritzelt hat und in denen der Rechtsdrall der europäischen Polit-Elite eine zentrale Rolle spielt. – F.s bislang bedeutendster und populärster Roman, *Not Wanted on the Voyage* (1984), bietet eine radikale Revision der Sintflut-Mythe: Dr. Noyes (Noah), der wie der Nazi-Doktor Mengele gern mit lebendem Material experimentiert, tyrannisiert seine Umwelt, zumal seine alkoholabhängige Frau, Mrs. Noyes, die sich erst im Verlauf des Romans zur Widerstandsfigur wandelt. Ihre wichtigsten Verbündeten sind die Katze Mottyl, die ihr Augenlicht ebenso wie ihren Nachwuchs an Noah verlor, und Lucy (Lucifer, als Frau verkleidet), der Noahs Sohn Ham ehelicht und sich so an Bord der Arche schmuggeln kann. Die Sintflut selbst entspringt einer Laune des senilen Yaweh. Statt von Rettung und Erlösung handelt F.s Sintflut-Geschichte von willentlicher, unnützer Zerstörung. Lucy, Mrs. Noyes und Mottyl – alle »not wanted on the voyage« – gelingt es, eine Rebellion zu initiieren, die Noahs Autorität einschränkt. Am Ende des Romans jedoch betet Mrs. Noyes (nicht zu Gott, sondern zu den Wolken!) um mehr Regen, denn sie weiß, daß jede neue Welt wieder der Willkür und Destruktivität Noahs ausgesetzt sein wird. F. wechselt virtuos zwischen Perspektiven und kontrastiert die Sprache von Noahs Edikten mit der fast lyrischen Intensität, die die Eindrücke von Mrs. Noyes und v. a. Mottyl kennzeichnet.

In *The Telling of Lies* (1986; *Liegt ein toter Mann am Strand*, 1997; *Im Herzen der Lüge*, 2000) ist wieder eine Frau die zentrale Figur, diesmal als Ich-Erzählerin, und wie so oft beruht F.s Plot auf einem authentischen Fall: In einer für ihn typischen Folge kurzer Erzählsegmente stellt die Amateurdetektivin fest, daß das augenscheinliche Opfer, ein Millionär, in Wahrheit der eigentliche Verbrecher ist; denn mit den von ihm produzierten Drogen hat der CIA in einer Montrealer Klinik mit Wissen der kanadischen Regierung Gehirnwäsche betrieben. Eine psychiatrische Klinik ist auch einer der Schauplätze von F.s apokalyptischem Bestseller *Headhunter* (1993; *Das dunkle Herz*, 2000), in dem die Protagonistin, die neben ihren psychischen Problemen die Fähigkeit besitzt, Romanfiguren zum Leben zu erwecken, versehentlich Mr. Kurtz aus Joseph Conrads *Heart of Darkness* (1902) entwischen läßt, so daß dieser wieder eingefangen werden muß, bevor er in Toronto irreparablen Schaden anrichtet. Im gleichen Jahr kam F.s erfolgreichstes Drama auf die Bühne, *The Stillborn Lover*, ein Stück über einen kanadischen Diplomaten, der seine Homosexualität verbergen mußte. Das Thema sexueller Ambiguität prägt auch F.s neuesten Roman, *Pilgrim* (*Der Gesandte*, 2000), in dem der verstörte Protagonist, dessen Suizidversuche bizarr gescheitert sind, von sich behauptet, alters- und geschlechtslos zu sein. Eine Freundin Pilgrims wendet sich um Hilfe an C. G. Jung in Zürich, der bei seiner Analyse tief in Pilgrims Welt eintaucht und mit seiner Frau Emma, die Pilgrims Tagebücher studiert, Gestalten wie Leonardo da Vinci, Teresa von Avila und Oscar Wilde begegnet. Je tiefer Jung dringt, um so mehr verweben sich seine Träume mit denen des Patienten – was schließlich in Frage steht, ist Jungs eigene problematische Identität. Dieses ernste Spiel mit Geschlechterrollen bestimmt auch F.s Theaterstück, *Elizabeth Rex* (2000), das die Begegnung zwischen der männlich agierenden Elizabeth I mit einem Schauspieler in Frauenrollen dramatisiert, sowie F.s letzten Roman, *Spadework* (2001). – Romane wie *Not Wanted on the Voyage*, *The Telling of Lies* und *Headhunter* belegen, wie sehr sich F. der offenen Kritik an imperialen Herrschaftsstrukturen und kolonialistischer Intoleranz verschrieben hat. Gleichzeitig hat er es mit Romanen wie *Pilgrim* und Theaterstücken wie *Elizabeth Rex* dennoch stets vermieden, sich auf vordergründig kanadische Inhalte festlegen zu lassen: »We are all a collective hiding place for monsters« (*Inside Memory*).

Literatur: C. Roberts. *Timothy Findley: Stories from a Life*. Toronto 1994. – L. M. York. *Front Lines: The Fiction of Timothy Findley*. Toronto 1991.

Christoph Irmscher

Fischer, Tibor

Geb. 15. 11. 1959 in Stockport, Cheshire

Wenn man als Markenzeichen von Tibor Fischers Prosastil die formale Experimentierfreudigkeit, die Vorliebe für Sprachspiele, intertextuelle Bezüge zu literarischen und philosophischen Werken sowie die zunehmende Fragmentarisierung des Plots hervorhebt, so werden damit bereits einige Gründe für die besondere Stellung F.s in der britischen Gegenwartsliteratur deutlich. Andererseits könnte diese Charakterisierung den Eindruck erwecken, F.s Werk, das bislang aus drei Romanen und einer Sammlung von Kurzgeschichten besteht, sei schwer zugänglich und ›schwierig‹. Genau das Gegenteil ist jedoch der Fall, denn F., der als Sohn ungarischer Eltern im Norden Englands aufwuchs, erzählt durchweg spannende, teils groteske Geschichten auf oft sehr witzige Weise.

Schon in F.s erstem Werk, dem von der Kritik hochgelobten, formal noch recht konventionellen historischen Roman *Under the Frog* (1992; *Stalin oder ich*, 1997), wird eine düstere Thematik – Sinnlosigkeit und Leere im Leben von einigen ungarischen Jugendlichen zwischen Dezember 1944 und dem Volksaufstand 1956 – trotz des dokumentarischen Charakters der Geschichtsdarstellung in komischer Manier vermittelt. Sehr viel stärker ausgeprägt ist die komische Komponente in dem Roman *The Thought Gang* (1994; *Ich raube, also bin ich: Die Eddie-Coffin-Story*, 1997). Im Zentrum dieser pikaresken, nach realistischen Maßstäben höchst unwahrscheinlichen und mit Slapstick-Effekten nicht geizenden Geschichte stehen die chaotischen Abenteuer von zwei exzentrischen Gestalten, die unter dem ›Künstlernamen‹ ›The Thought Gang‹ zahlreiche Banken ausrauben. Schon dieses Werk weist mit dem früheren Philosophiedozenten Eddie Coffin, der gerne eigenwillige Deutungen abendländischer Philosophie in seine Darstellung einflicht, einen sehr ungewöhnlichen Ich-Erzähler auf. Gegenüber dem Erzähler von F.s bislang letztem Roman, einer intelligenten, schrulligen und fast allwissenden Keramikschale, die vor sechseinhalbtausend Jahren in

Mesopotamien das Licht der Welt erblickte und im London der 1990er Jahre auf ein bewegtes Leben zurückschaut, wirkt jedoch selbst Eddie wie ein Musterbild an Normalität. In *The Collector Collector* (1997; *Die Voyeurin*, 1998), in dem eine Vielzahl heterogener Geschichten und Elemente unterschiedlicher Gattungen unvermittelt nebeneinandergestellt wird, treibt F. sein postmodernes Spiel mit Sprache und Erzählkonventionen auf die Spitze. Obgleich etablierte Erzählweisen in F.s Romanschaffen in zunehmendem Maße durchbrochen werden, gelingt es ihm immer wieder, gleichermaßen spannende, komische und zum Nachdenken anregende Geschichten zu erzählen, die sowohl beim Lesepublikum als auch bei der Literaturkritik große, wenngleich nicht ungeteilt positive Resonanz gefunden haben.

Literatur: V. Nünning. »Spiele mit Erzählkonventionen: Die Balance zwischen Fabulierkunst und Formexperimenten in den Romanen Tibor Fischers.« *Literatur in Wissenschaft und Unterricht* 33.3 (2000), 227–245.

Vera Nünning

Fitzgerald, Edward

Geb. 31. 3. 1809 in Woodbridge, Suffolk;
gest. 14. 6. 1883 in Merton, Norfolk

Edward FitzGerald zählt zu den vielen Exzentrikern, die die britische Literatur hervorgebracht hat und an denen zumal das 19. Jahrhundert keinen Mangel leidet. Der Alleinerbe eines immensen Vermögens lebte lange in einer Hütte neben seinem leerstehenden Schloß – nicht aus Geiz, sondern weil ihn der Lebensstil seiner Klasse anwiderte. Als er der Hütte überdrüssig wurde, begann er ein unstetes Leben zu Lande und zu Wasser, ohne sich dabei kaum je von der heimatlichen Küste Suffolks zu entfernen. Aber der Eigenbrötler F. war nicht einsam: Er zählte die wichtigsten Literaten der Zeit zu seinen Freunden, und die Briefe an Alfred Lord Tennyson, William Makepeace Thackeray und viele andere gehören zu seinen besten Werken. F. lebte für die Literatur: Er übersetzte aus dem Spanischen, Persischen und Griechischen und publizierte ein umfangreiches, wenn auch heute fast vollständig vergessenes Gesamtwerk. Sein Nachruhm ruht auf einem einzigen schmalen Band, der noch dazu bereits im Titel die Urheberschaft eines anderen Autors anerkennt. *The Rubáiyát of Omar Khayyám* aus dem

Jahr 1859 ist in der Tat die Nachdichtung des persischen Originals aus dem frühen 12. Jahrhundert, aber F. hat diesen Klassiker nicht einfach *rubái* für *rubái*, Vierzeiler für Vierzeiler, übersetzt. Vielmehr hat er die eigentlich separaten Gedichte jahrzehntelang geordnet, überarbeitet, erweitert und gekürzt, so daß die Überlieferungsgeschichte vier z. T. sehr unterschiedliche Versionen kennt. F.s Sprecher, der eponyme Omar Khayyám, preist die Literatur, die Liebe, das Nichtstun und v. a. den Wein, in Versen, die in Großbritannien zu geflügelten Worten geworden sind. Über der gefälligen Form und den durch langes Zitieren verschlissenen Sentenzen darf man allerdings nicht geringschätzen, welche Einblicke F.s Text in das Selbstverständnis der viktorianischen Gesellschaft zur Mitte des 19. Jahrhunderts ermöglicht. Mit seinen Fassungen traf F. den mittel- und noch spätviktorianischen Geschmack: Sein Khayyám praktiziert einen unaufgeregten (und manche würden sagen: unaufregenden) Hedonismus, der so ganz den britischen Normen des 19. Jahrhunderts zu widersprechen scheint und dennoch nur der imperialen *via activa* die pastorale *via contemplativa* entgegenhält:»Here with a Loaf of Bread beneath the Bough, / A Flask of Wine, a Book of Verse – and Thou / Beside me singing in the Wilderness – / And Wilderness is Paradise enow.« F.s Khayyám allerdings singt nicht einfach das Lob des friedlichen Lebens, sondern situiert es – und damit sich selbst und die andauernd durch Imperative einbezogenen viktorianischen Leser – stets in Hörweite eines unausweichlichen Kampfes, der keinen Sieger kennen wird. Dieser transzendentale Pessimismus zieht sich durch den gesamten Text; hier finden sich Überschneidungen mit den Werken Arthur Hugh Cloughs, Coventry Patmores und noch A. E. Housmans.

Werkausgaben: *The Letters.* Hg. A. M. Terhune/A. B. Terhune. Princeton 1980. – *Rubáiyát of Omar Khayyám.* Hg. C. Decker. Charlottesville, VA 1997.
Literatur: D. Schenker. »Fugitive Articulation: An Introduction to *The Rubáiyát of Omar Khayyám.*« *Victorian Poetry* 19.1 (1984), 49–64.

Peter Paul Schnierer

Fitzgerald, Penelope

Geb. 17. 12. 1916 in Lincoln;
gest. 28. 4. 2000 in London

Penelope Fitzgeralds schriftstellerische Karriere begann erst spät: Ihr erstes fiktionales Werk, den Kriminalroman *The Golden Child* (1977), veröffentlichte sie im Alter von 60 Jahren. *The Bookshop* (1978; *Die Buchhandlung*, 2000), der zweite Roman, wurde für den *Booker Prize* nominiert, den sie für *Offshore* (1979) dann tatsächlich erhielt. In steter Folge erschienen bis 1995 weitere sechs Romane, darunter *The Beginning of Spring* (1988; *Frühlingsanfang*, 1991) und *The Gate of Angels* (1990; *Das Engelstor*, 1994). Ähnlich komprimiert wie das literarische Schaffen innerhalb ihrer Biographie sind ihre Romane selbst, von denen wenige mehr als 200 Seiten umfassen. F. gelingt es, dem Leser durch minimalistische, prägnante Beschreibungen eine lebhafte Vorstellung vom Personal ihrer Fiktionen zu vermitteln. Obwohl die Texte ausnahmslos eine Handlung im konventionellen Sinne haben, wird diese oft auffallend elliptisch vermittelt. Bevor sie ihren ersten Roman vorlegte, hatte F. bereits zwei Biographien verfaßt: *Edward Burne-Jones: A Biography* (1975) schildert das Leben des viktorianischen Malers; *The Knox Brothers* (1977) beschäftigt sich mit ihrem Vater Edmund Knox, dem Herausgeber der Zeitschrift *Punch*, und dessen drei Brüdern. – F. kam aus einer intellektuell geprägten Familie und besuchte nach der Schulzeit das renommierte Somerville College, Oxford, wo sie 1939 ihren B. A. in Englischer Literatur mit Auszeichnung erhielt. Zwei Jahre später heiratete sie Desmond Fitzgerald, mit dem sie drei Kinder hatte.

Die frühen Romane sind autobiographisch inspiriert. *Human Voices* (1980) lehnt sich an F.s Arbeit beim BBC während des Zweiten Weltkriegs an; ebenso wie die Heldin von *The Bookshop* hatte auch F. im Buchhandel gearbeitet. *At Freddie's* (1982) greift ihre Tätigkeit als Dozentin an einer Schauspielschule auf. In *Innocence* (1986), wo mit Florenz erstmals ein Schauplatz außerhalb Englands geboten wird, treten die autobiographischen Parallelen zurück. In ihrem letzten Roman, *The Blue Flower* (1995; *Die blaue Blume*, 1999), verbinden sich biographische Darstellung und Fiktion zu einer Erzählung über den romantischen Dichter Novalis und dessen Liebe zu einem zwölfjährigen Mädchen. F.s Figuren sind häufig wohlmeinende,

›unschuldige‹ Menschen, die sich durch ihre Milde und Passivität in Schwierigkeiten verstricken und in dem, was ihnen widerfährt, die Tragikomik des Alltäglichen aufscheinen lassen. Komik und Ironie sind situativ bedingt, aber auch ein Merkmal von F.s eigentümlich reduzierter Sprache, die vieles unausgesprochen läßt. Dieses merkwürdig Unbestimmte in F.s Romanen ist ein formales Pendant der thematisch wiederkehrenden epistemologischen Frage, was Wahrheit ist und wie sie sich sprachlich fassen läßt. Dieses Thema wird zentral in *The Gate of Angels*. Der junge Fred Fairly, der im rationalistischen, fortschrittsgläubigen Cambridge des Jahres 1912 Physik lehrt, hat sich soeben vor seinem Vater, einem Priester, zum Atheismus bekannt, als er sich zum ersten Mal verliebt und dabei offen wird für das Irrationale und Wunderhafte. Glaube und Vernunft werden hier zu zwei Wahrheiten, die nebeneinander bestehen können.

Literatur: J. Sudrann. »›Magic or Miracles‹: The Fallen World of Penelope Fitzgerald's Novels.« *Contemporary British Women Writers: Texts and Strategies.* Hg. R. E. Hosmer, Jr. Basingstoke/London 1993, 105–127. – B. Bawer. »A Still, Small Voice: The Novels of Penelope Fitzgerald.« *The New Criterion* 10.7 (1992), 33–42.

Marie-Luise Egbert

Fleming, Ian [Lancaster]

Geb. 28. 5. 1908 in London;
gest. 12. 8. 1964 in Canterbury

Der Name Ian Fleming ist untrennbar mit dem seiner berühmtesten literarischen Schöpfung verbunden, die er nach dem Verfasser eines ornithologischen Fachbuchs benannte: James Bond. *Aficionados* von Spionageromanen und Agentenfilmen wissen, daß es sich hier um den britischen Geheimagenten 007 handelt, der mit einer »Lizenz zum Töten« ausgestattet ist und seine Wodka Martini ausschließlich geschüttelt und niemals gerührt zu sich zu nehmen pflegt. – In eine begüterte und sozial hochgestellte anglo-schottische Familie hineingeboren, arbeitete F. nach seiner Ausbildung, bei der er die Stationen Eton, Sandhurst, Kitzbühel und Genf streifte, zunächst als Journalist für die Nachrichtenagentur Reuters. Während des Zweiten Weltkriegs leistete der Polyglotte seinen Dienst als hochrangiger Offizier im britischen Marinegeheimdienst. In dieser Funktion war er an einer Reihe von Operationen beteiligt, die ihn die ganze

Welt bereisen ließen. Nach Kriegsende ging F. erneut seiner journalistischen Tätigkeit nach und begann im Jahr 1952 in seinem jamaikanischen Domizil Goldeneye – benannt nach einer Geheimdienstoperation – mit der Niederschrift des ersten Abenteuers von James Bond, *Casino Royale* (1953; *Casino Royale*, 1960), das schon die grundlegenden strukturellen und thematischen Topoi der folgenden Romane aufweist: Bond wird in der Ära des Kalten Krieges von seinem Vorgesetzten M beauftragt, einen skrupellosen Agenten der UdSSR, in diesem Fall Le Chiffre, auszuschalten. Der patriotisch gesinnte Meisteragent trifft auf seinen Gegenspieler und wird von diesem gefangengenommen. Im weiteren Verlauf gewinnt 007 seine Freiheit wieder und erhält die Gelegenheit, seine Virilität unter Beweis zu stellen. Schließlich gelingt es ihm, den Fortbestand der freien westlichen Welt zu garantieren, indem der zur Megalomanie neigende Schurke außer Gefecht gesetzt wird. Die Figur Bond, die ganz in der Tradition fiktionaler Abenteurer wie Leslie Charteris' Simon Templar (the Saint), Sappers [H. C. McNeile] »Bulldog« Drummond und Sir John Buchans Richard Hannay steht, verfügt in F.s Romanerstling weder über Mitleid noch Humor und agiert ebenso kaltblütig wie emotionslos. So verwundert es nicht, daß der Mann, der seine »Lizenz zum Töten« ohne Bedenken einsetzt, das schwache Geschlecht nüchtern beurteilt: »Women were for recreation. On a job they got in the way and fogged things up with sex and hurt feelings and all the emotional baggage they carried around.« (*Casino Royale*) Die in jährlichem Abstand veröffentlichten Romane von *Live and Let Die* (1954; *Leben und sterben lassen*, 1961) bis hin zu *The Man with the Golden Gun* (1965; *007 James Bond und der Mann mit dem goldenen Colt*, 1966) weisen eine stereotype Handlungsführung, explizite Gewaltdarstellung und die vom manichäischen Dualismus geprägte Schwarz-Weiß-Zeichnung der Figuren auf. Der von hohem Tempo und schnellem Wechsel exotischer Schauplätze geprägten – bisweilen phantastisch anmutenden – Handlung steht die Realitätsbezug suggerierende minutiöse Beschreibung alltäglicher Gegenstände entgegen. Die vereinzelt heftigen Vorwürfe, denen sich F.s Romane in der frühen Rezeptionsphase ausgesetzt sahen – von einem Kritiker verkürzt auf die Formel »Sex, snobbery, and sadism« gebracht – sind in späteren Jahren einer wesentlich differenzierteren Beurteilung gewichen. Nach dem Ableben seines Schöpfers, aus dessen Feder auch das Kinderbuch *Chitty Chitty Bang Bang* (1964; *Tschitti-tschitti-bäng-bäng: Die Abenteuer eines Wunderautos*, 1969) stammt, lebt Bond in zahlreichen Pastichen, Romanfortführungen und den immens erfolgreichen Spielfilmen weiter. Dank des Identifikationspotentials des Helden sowie wohldurchdachter globaler Vermarktungsstrategien hat die Figur James Bond auch im neuen Jahrtausend nichts von ihrer Faszination verloren und zählt zu Recht zu den Ikonen der Populärkultur des 20. Jahrhunderts.

Literatur: A. Lycett. *Ian Fleming*. London 1995. – B. A. Rosenberg/A. H. Stewart. *Ian Fleming*. Boston 1989. – J. Pearson. *The Life of Ian Fleming*. London 1966. – K. Amis. *The James Bond Dossier*. London 1965.

Peter Nover

Fletcher, John

geb. 20?. 12. 1579 in Rye, Sussex;
gest. 28. 8. 1625 in London

John Fletcher, Sohn Dr. Richard Fletchers, eines Geistlichen, der später Bischof von Bristol und London werden sollte, ausgebildet in Cambridge, gilt zusammen mit Francis Beaumont als der führende Dramatiker der King's Men seit etwa 1609. Als 1647 F.s und Beaumonts Werke in einer Folio-Ausgabe erschienen, war dieses in England erst die dritte Folio-Edition dramatischer Werke – nach Ben Jonson (1616) und Shakespeare (1623) – und damit ein klarer Hinweis auf die allgemeine Wertschätzung F.s und Beaumonts. Die gemeinsam mit Beaumont geschriebenen Stücke *Philaster* (ca. 1609; *Philaster*, 1879), *The Maid's Tragedy* (ca. 1610; *Die Braut*, 1908) und *A King and No King* (1611) gehören, wie auch die Gemeinschaftsproduktionen mit Shakespeare, *Henry VIII* (ca. 1613; *König Heinrich der Achte*, 1830) und *The Two Noble Kinsmen* (ca. 1603; *Die beiden edlen Vettern*, 1890), noch heute zum Repertoire des englischen Theaters, während die von F. allein verfaßten Dramen seit der Mitte des 17. Jahrhunderts mehr gelesen als aufgeführt wurden.

The Faithful Shepherdess (1608–10), vom Publikum zunächst abgelehnt, von den Dramatikerkollegen Jonson, George Chapman und Beaumont jedoch enthusiastisch gefeiert, bietet nicht nur in der Vorrede F.s Definition der Tragikomödie, sondern ist auch eines der schönsten englischen Schäferdramen, das darüber hinaus eine politisch-alle-gorische Deutung ermöglicht, die Clorin als Repräsentation von Elizabeth I versteht und Pan mit James I verknüpft. – In seinen Komödien rückt F. wiederholt den Kampf der Geschlechter in den Mittelpunkt, in *The Woman's Prize or the Tamer Tamed* (um 1611) als parodistische Fortführung von Shakespeares *The Taming of the Shrew* (1594), ins Farcenhafte transponiert in *The Wild-Goose Chase* (um 1621) und *Monsieur Thomas* (1610–16); fast immer sind es die Frauen (im übrigen auch entgegen der durch den Titel geweckten Erwartung in *Rule a Wife and Have a Wife*, 1624), die nach turbulent-burlesken Verkleidungsszenen, witzigen Intrigen und Gegenintrigen den Sieg davontragen, jeweils als Vorstufe zu einem harmonischen Zusammenleben gleichberechtigter Partner.

Das komplexe Verhältnis von Politik und Moral analysiert F. in seiner *Tragedy of Bonduca* (1613–14), einem Römerdrama, das die römisch-britannischen Auseinandersetzungen zur Zeit des Kaisers Claudius (41–54 n. Chr.) dramatisiert. Im Gegensatz zu dieser wenig spektakulären Tragödie gehört *The Tragedy of Valentinian* (1610–14) zu den großen Römerdramen der Tudor- und Stuartzeit. Das letzte Jahr der Regierungszeit Valentinians III. (424–455 n. Chr.), die Ermordung des Aetius (454 n. Chr.), der Tod Valentinians wie die kurze Regierung seines Nachfolgers, des Flavius Petronius Maximus (455 n. Chr.), bieten den lebendig inszenierten Stoff für eine klassische Rachetragödie, die als multiperspektivische Auseinandersetzung mit dem Problem des Widerstandsrechts gegen die Tyrannenherrschaft Valentinians (und des Maximus) als Teil der politischen Diskurse der Stuartzeit die Bedingungen und Grenzen absoluter Herrschaft auslotet.

Werkausgabe: *Dramatic Works in the Beaumont and Fletcher Canon*. Hg. F. Bowers. 5 Bde. Cambridge 1966–82. Literatur: Ph. J. Finkelpearl. *Court and Country Politics in the Plays of Beaumont and Fletcher*. Princeton 1990. – M. Cone. *Fletcher Without Beaumont: A Study of the Independent Plays of John Fletcher*. Salzburg 1976.

Uwe Baumann

Follett, Ken

Geb. 5. 6. 1949 in Cardiff, Wales

Neben Len Deighton und Frederick Forsyth gehört Ken Follett zu den bekanntesten und erfolgreichsten britischen Autoren von Spionageromanen. – F. war schon früh ein begeisterter Leser, da es in seinem streng religiösen Elternhaus weder Radio noch Fernseher gab. 1959 zog die Familie nach London, wo F. am University College einen Abschluß in Philosophie machte und danach einen Aufbaustudiengang in Journalismus belegte. Er arbeitete für verschiedene Zeitungen und begann ab 1973 Romane zu schreiben, wobei er sich an verschiedenen Genres versuchte. Unter dem Pseudonym Symon Myles wurden drei Krimis um den Detektiv Apple Carstairs veröffentlicht: *The Big Needle* (1974; *Nadeln töten langsam*, 1975), *The Big Black* (1974) und *The Big Hit* (1975; *Hitparade für Erpresser*, 1977). Außerdem benutzte er die Pseudonyme Bernard L. Ross für die beiden Science-fiction-Romane *Amok: King of Legend* (1976; *Amok, der Killer-Gorilla*, 1977) und *Capricorn One* (1978), Martin Martinsen für zwei Kinderbücher und Zachary Stone für zwei weitere Krimis.

Der Durchbruch gelang F. 1978 mit dem Spionageroman *Eye of the Needle* (*Die Nadel*, 1979), der mittlerweile eine Gesamtauflage von über zehn Millionen Exemplaren erreicht hat. Als typische *secret history* in der Tradition von Len Deighton und Jack Higgins beschreibt dieser Roman die Geschichte des deutschen Meisterspions Henry Faber, der die vorgetäuschten Invasionsvorbereitungen in Ostengland als solche durchschaut. Hier tauchen zum ersten Mal die Elemente auf, die F.s spätere Romane kennzeichnen: eine sorgfältige Figurencharakterisierung, besonders des Protagonisten und des Antagonisten, und eine starke Frauenfigur, in diesem Fall die Protagonistin Lucy Rose. F. selbst hebt in seinem Essay »The Spy as Hero and Villain« (1982) Sympathielenkung als wichtigstes spannungserzeugendes Mittel hervor. – Es folgten eine Reihe von Spionageromanen, die in unterschiedlichen Zeiten angesiedelt sind, z. B. in den 1960ern (*Triple*, 1979; *Dreifach*, 1980), kurz vor Ausbruch des Ersten Weltkriegs (*The Man from St. Petersburg*, 1982; *Der Mann aus St. Petersburg*, 1982) oder im sowjetisch besetzten Afghanistan (*Lie Down with Lions*, 1986; *Die Löwen*, 1986). Keiner dieser Romane erreichte wieder die Klasse von *Eye of the Needle*. 1983 erschien *On the Wings of Eagles* (*Auf den Schwingen des Adlers*, 1983), ein in Form eines Thrillers geschriebenes Sachbuch über eine Geiselbefreiung aus dem Iran, an der der spätere Präsidentschaftskandidat Ross Perot maßgeblich beteiligt war. – Im Gefolge von Umberto Ecos *Il nome della rosa* (1980) schrieb F. mit dem internationalen Bestseller *The Pillars of the Earth* (1989; *Die Säulen der Erde*, 1990) einen historischen Roman, der vor dem Hintergrund des Baus der Kathedrale im fiktiven Kingsbridge ein breites Panorama mittelalterlichen Lebens entfaltet. In den folgenden Jahren experimentierte er wieder mit verschiedenen Genres, immer eng orientiert an den Erwartungen seines in erster Linie amerikanischen Lesepublikums. Mit *Code to Zero* (2000; *Das zweite Gedächtnis*, 2001) kehrte er zum Bewährten, und mit *Jackdaws* (2001) sogar zu seinen Anfängen, der *secret history* des Zweiten Weltkriegs, zurück.

Literatur: C. Ramet. »Ken Follett and the ›Mystery‹ of Early Success.« *Clues: A Journal of Detection* 19.2 (1998), 25–33. – ders. »Ken Follett from Start to Finish.« *Studies in Popular Culture* 15.2 (1993), 79–86.

Ralph M. Seibel

Ford, Ford Madox [Ford Hermann Hueffer]

Geb. 17. 12. 1873 in Merton, Surrey;
gest. 26. 6. 1939 in Deauville, Frankreich

Ford Madox Ford, der sich im Alter einmal als »old man mad about writing« bezeichnete, hat im Laufe seiner langen literarischen Karriere allein 80 Bücher veröffentlicht – Biographien, Lyrik, Reiseberichte, Erinnerungen und 34 Romane – und über 400 Essays und Artikel geschrieben. Als Gründer und Herausgeber des *English Review* (1908–09) und später des *Transatlantic Review* (1924–25) förderte er eine ganze Autorengeneration, darunter D. H. Lawrence, James Joyce, Ezra Pound, Ernest Hemingway und Graham Greene. – F. wurde 1873 als Sohn von Dr. Franz Hüffer, einem deutschen Musikkritiker, und Catherine Madox Brown, einer Tochter des Malers Ford Madox Brown, geboren. Er wuchs umgeben von den Dichtern und Malern des präraffaelitischen Kreises auf, die in seinem Elternhaus ein- und ausgingen. 1898 lernte er Joseph Conrad kennen, der zu dieser Zeit schon einige Romane veröffentlicht hatte und als vielversprechender Autor der literarischen Avantgarde gehandelt wurde. Die beiden Schriftsteller entschlossen sich zu einer Zusammenarbeit, während der die Romane *Romance* (1903), *The Inheritors* (1901) und *The Nature of a Crime* (1909) entstanden sind. Wichtiger als diese drei Romane ist jedoch die Entwicklung einer von F. als impressionistisch bezeichneten Romantheorie, in deren Mittelpunkt die Bedeutung der Erzählstimme steht. Während der Dekade der Zusammenarbeit mit Conrad schrieb F. die *Fifth Queen*-Trilogie (*The Fifth Queen, Privy Seal* und *The Fifth Queen Crowned*, 1906–08), drei historische Romane im impressionistischen Stil über das Leben der fünften Frau von Henry VIII, Catherine Howard, die in einer Art Tableau ein Bild dieser Epoche entwerfen. 1908 kam es wegen F.s turbulenter Trennung von seiner ersten Ehefrau Elsie zum Zerwürfnis mit Conrad, und auch die Beziehung zu der Schriftstellerin Violet Hunt, von der er sich 1914 trennte, um mit der australischen Malerin Stella Bowen zusammenzuleben, verlief alles andere als glücklich. Unter dem Eindruck dieser persönlichen Erfahrungen veröffentlichte er 1915 sein Meisterwerk *The Good Soldier* (*Die allertraurigste Geschichte*, 1962). Die Geschichte zweier Ehepaare, die sich in einem Netz aus Leidenschaft, Betrug und Haß verstricken, wird durch die unzuverlässige Erzählstimme des scheinbar leidenschaftslosen Protagonisten John Dowell dargestellt, aus dessen Eindrücken der Leser die Wahrheit erst entschlüsseln muß. Mittels Zeitsprüngen und sorgfältig gesteuerter Verschiebungen in der Erzählhaltung werden die verborgenen Leidenschaften der Protagonisten ausgelotet. Die erzähltechnische Perfektion dieses Romans hat F. danach nie mehr erreicht, obwohl auch die Romantetralogie *Parade's End* (*Some Do Not*, 1924; *No More Parades*, 1925; *A Man Could Stand Up*, 1926 und *The Last Post*, 1928), eine breit angelegte Darstellung des Ersten Weltkriegs und ein Abgesang auf die dort verratenen Werte des christlichen Abendlandes und des edwardianischen Englands, Beachtung verdient. – Erst spät erfolgte eine Neubewertung seines Werkes durch die Literaturkritik, die F.s teilweise maßlose Selbstüberschätzung zwar relativiert, seinen Verdienst um die Literatur des Edwardianismus und der Moderne jedoch nicht länger anzweifelt.

Werkausgabe: *The Bodley Head Ford Madox Ford*. 5 Bde. London 1962–71.

Literatur: M. Saunders. *Ford Madox Ford: A Dual Life*. Oxford 1996. – A. Judd. *Ford Madox Ford*. London 1990. – A. Mizener. *The Saddest Story: A Biography of Ford Madox Ford*. New York 1971.

Constanze Krings

Ford, John

Getauft 17. 4. 1586 in Ilsington, Devon; gest. 1639?

John Ford gilt als einer der bedeutendsten Dramatiker der Stuartzeit. In seinen Rachetragödien, Tragikomödien und einer Historie knüpft er an die traditionellen Strukturmuster der elisabethanisch-jakobäischen Blütezeit des Theaters an und variiert diese – auf der Basis einer vertieften Einsicht in die Triebnatur des Menschen – in sprachlich ausgefeilten, dekadent-morbiden, poetischen und zugleich sehr bühnenwirksamen Stücken. – Als Sohn einer alteingesessenen, begüterten Familie in Devon aufgewachsen, wurde F. – wie auch andere Mitglieder seiner Familie – nach einem kurzen Studienaufenthalt in Oxford 1602 in eine der berühmten Londoner Juristenschulen, Middle Temple, aufgenommen. Vielleicht verdiente er sich in der Folgezeit seinen Lebensunterhalt als Jurist; wie bei so vielen seiner Zeitgenossen fehlen präzise biographische Informationen über F., nicht einmal sein Todesjahr ist sicher bezeugt.

Den Beginn seiner literarischen Aktivitäten markieren traditionelle Gelegenheitsdichtungen (wie eine Elegie über den Tod eines Aristokraten, ein Prosa-Pamphlet über die ritterliche Tugend oder ein *Conduct*-Traktat). Seinen Platz in der Literaturgeschichte verdankt F. jedoch ausschließlich seinen Dramen, die er in den frühen 1620er Jahren, zunächst in Zusammenarbeit mit Thomas Dekker, William Rowley, Thomas Middleton und John Webster zu schreiben begann, u. a. *The Witch of Edmonton* (1621; *Die Hexe von Edmonton*, 1860) und *The Sun's Darling* (1624). Mit seinen seit ca. 1626–28 allein verfaßten Dramen *The Lover's Melancholy* (1628), *The Broken Heart* (1625–33?; *Das gebrochene Herz*, 1890), *Love's Sacrifice* (1632?) *'Tis Pity She's a Whore* (1633; *Schade sie war eine Dirne*, 1946), *Perkin Warbeck* (1629–34; *Perkin Warbeck*, 1904), *The Fancies Chaste and Noble* (1635/36) und *The Lady's Trial* (1638) wird F. zu einem der führenden Dramatiker seiner Zeit, dessen Tragödien *The Broken Heart* und *'Tis Pity She's a Whore* auch heute noch ein begeistertes Publikum finden. *The Broken Heart* expliziert das wesentlich auf Robert Burtons *Anatomy of Melancholy* (1621) zurückgehende zentrale Thema der abgründigen Melancholie unglücklicher Liebe anhand der mit vielen melodramatischen, heroisch-morbiden Details angereicherten düsteren Liebes- und Lebensgeschichte zweier Paare; die sparsamen, schlaglichtartigen Blicke auf ein drittes, glückliches Paar verweisen zwar auf Alternativmodelle, vermitteln jedoch in der von selbstzerstörerischen Leidenschaften und ausweglosen Verstrickungen geprägten Welt der Tragödie keine wirkliche Hoffnung. *'Tis Pity She's a Whore* ist die wohl bekannteste Inzest-Tragödie der englischen Literaturgeschichte; die Liebe des schönen und klugen Geschwisterpaars Giovanni und Annabella wird dabei nicht als primär sexuelle Verstrickung, sondern als allumfassende schicksalhafte Fügung, der sich die beiden erst nach längerem Zögern beugen, präsentiert. Mit dem in deutlicher Parallele zu einer Eheschließung inszenierten Vollzug des Inzests und der Schwangerschaft Annabellas beginnt ein höchst kompliziertes Spiel von Intrigen und Gegenintrigen, das in einer grausig-spektakulären Schlußszene seinen schaurigen Höhepunkt findet, als Giovanni mit dem Herzen der ermordeten Geliebten auf seinen Dolch gespießt die Bühne betritt, Soranzo, den Ehemann seiner Schwester ersticht und dann selbst von beauftragten Mördern getötet wird. Wie F. mit dieser Tragödie an die konventionelle Struktur der spätelisabethanisch-frühjakobäischen Rachetragödie anknüpft, so setzt *Perkin Warbeck* die Tradition der Historien fort, die in den Jahrzehnten zwischen 1590 und 1610 ihren Höhepunkt hatte. Die dramatisierte Geschichte des Thronprätendenten Perkin Warbeck, der sich als Richard, Herzog von York, der jüngere Sohn von Edward IV ausgibt, und die literarische Repräsentation der Herrscher James IV, Henry VII und Perkin machen F.s Historie zur bedeutendsten Historie seiner Zeit, wobei insbesondere die Titelfigur zur heroischen Verkörperung einer nicht realisierten historischen Alternative, zur subversiven gedanklich-experimentellen Dekonstruktion des Selbstverständnisses der Tudor-Monarchie wird.

Werkausgabe: *The Works*. Hg. W. Gifford/A. Dyce. 3 Bde. New York 1965 [1869].
Literatur: Lisa Hopkins, *John Ford's Political Theatre*, Manchester 1994. – D. K. Anderson, Hg. *Concord in*

Discord : The Plays of John Ford, 1586–1986, New York 1986.

Uwe Baumann

Forster, E[dward] M[organ]

Geb. 1. 1. 1879 in London;
gest. 7. 6. 1970 in Cambridge

Mit dem Erscheinen von Lionel Trillings Monographie (1944) begannen E. M. Forsters internationale Aufwertung als Romanschriftsteller und Literaturkritiker und seine Aufnahme in ein universitäres Curriculum. Bis dahin war F.s Bekanntheit auf den englischen Kulturkreis beschränkt. Sein liberaler Humanismus und sein stilistisches *understatement* verkörpern eine positive *Englishness*. Wie F.s demokratischer Individualismus in seinen nicht-fiktionalen literaturkritischen und journalistischen Arbeiten (*Abinger Harvest* 1936; *Two Cheers for Democracy*, 1951) und in seinem letzten und bekanntesten Roman, *A Passage to India* (1924; *Auf der Suche nach Indien*, 1960), zeigt, ist das Private stets auch das Öffentliche. F.s erzählerisches Werk ist nicht ›modern‹ im Sinne der Innovationen der Erzähltechnik anderer Autoren der Zeit. In seinem größten kritischen Erfolg, *Aspects of the Novel* (1927; *Ansichten des Romans*, 1949), einer Gattungspoetik, die aus Vorlesungen in Cambridge hervorging, wird zwar Erzählperspektive nicht zum Thema, aber seine witzige Distinktion von *story* und *plot* sowie seine Unterscheidung zwischen *flat* und *round characters* wurden epochemachend. Mit der intertextuellen Aufnahme von *A Passage to India* in Tom Stoppards *Indian Ink* (1995) wurde die Wende in der Einschätzung F.s endgültig vollzogen. Neuere Ansätze deuten sein Werk als Diskurs über das Verstehen schlechthin. Heute gilt F. durch seine erst postum veröffentlichten Werke zum Thema Homosexualität, den Roman *Maurice* (1971; *Maurice* 1988) und den Erzählband *The Life to Come* (1972), als politisch korrekt. Seine Verbindung zu D. H. Lawrence trägt zu dieser Umdeutung bei. F. ist aber im Gegensatz zu Lawrence kein Primitivist, sondern Anhänger des Hellenismus eines Matthew Arnold. F.s Erzählwerk wird heute in die Nähe des mythenparodistischen Darstellungsverfahrens von James Joyce und T. S. Eliot gerückt. Insbesondere in den Kurzgeschichten, die F. nur in zwei schmalen Bänden publizierte – *The Celestial Omnibus* (1911) und *The Eternal Moment* (1928; *Der ewige Augenblick*, 1953) –, zeigt sich die Bedeutung des mythologischen Bezugsrahmens für F.s Erzählkunst.

Aus F.s Biographie werden drei zentrale Züge seines erzählerischen Werkes einsichtig: (a) seine Vorliebe für die klassische Mythologie, (b) sein interkulturelles Verständnis und (c) seine Wahrnehmung und Darstellung von Bildstrukturen. F. war einziges Kind eines Londoner Architekten walisischer Herkunft und der einer Malerfamilie entstammenden Mutter. Aufgrund des frühen Todes des Vaters wurde er von Mutter und Tanten erzogen. Seine Schulzeit als Tagesschüler in der renommierten Tonbridge School erzeugte bei ihm eine tiefe Skepsis gegenüber dem englischen *public school*-Wesen. Nach F.s Meinung werden die Absolventen dieser Schulen, die Angehörigen der *middle class*, »with well-developed bodies, fairly developed minds and undeveloped hearts« ins Leben entlassen. Die Gefühllosigkeit der englischen Mittelschicht wird in den meisten seiner literarischen Werke zum entscheidenden Kritikpunkt. Während seines Studiums der klassischen Philologie und Geschichte am King's College in Cambridge begegnete er Mitgliedern der späteren *Bloomsbury Group*. Nach dem Studium bereiste er Italien und Griechenland und schrieb für die liberale *Independent Review*. Von den über 90 Jahren seines Lebens widmete er nur die Spanne von 20 Jahren dem Schreiben schöngeistiger Literatur. Innerhalb dieser 20 Jahre findet sich zwischen der Veröffentlichung des Kurzgeschichtenbandes *The Celestial Omnibus* und *A Passage to India* eine elf Jahre dauernde Phase des Schweigens. Seinen literarischen Durchbruch erlebte er mit *Howards End* (1910; *Howards End*, 1949). Wie in seinem ersten Roman, *Where Angels Fear to Tread* (1905; *Engel und Narren*, 1948), wird auch darin der Kontrast zwischen der englischen *middle class* und anderen Lebensweisen thematisiert. Es folgten die Romane *The Longest Journey* (1907) und *A Room with a View* (1908; *Zimmer mit Aussicht*, 1986). Nach 1924 beschäftigte er sich 46 Jahre mit anderem, wie z.B. Vorlesungen in Cambridge und Literaturkritik, und kämpfte als aktives Mitglied des PEN-Clubs gegen die Zensur. 1934 wurde er Präsident des National Council for Civil Liberties. Für Benjamin Brittens Oper *Billy Budd* (nach Melville) schrieb F. 1949 das Libretto. Im gleichen Jahr schlug er als überzeugter radikaler Demokrat seine

Erhebung in den Adelsstand aus. Seine Sammlung von Essays, Rezensionen und Radiomanuskripten erschien 1951 unter dem bezeichnenden Titel *Two Cheers for Democracy*. Ab 1945 lebte er bis zu seinem Tod als Honorary Fellow in King's College.

Prägende biographische Fakten sind sicherlich neben Cambridge die Auslandsaufenthalte, die seinen Blick für Kulturvergleiche schärften. Außer Italien, Griechenland und Deutschland, wo er 1905 einige Monate als Privatlehrer bei der Gräfin von Arnim arbeitete, war es v.a. die Begegnung mit Indien, die ihn prägte. In Cambridge war F. bereits 1905 Tutor und enger Freund eines Inders, Syed Ross Masood, gewesen. Seine anti-imperialistische Grundhaltung entwickelte er bei der Beobachtung der Anglo-Inder bei einem ersten Indienaufenthalt (1912). Seinen zweiten Aufenthalt in Indien (1921–22) verbrachte er als Privatsekretär eines Maharadschas. In dieser Zeit nahm F. die Arbeit an *A Passage to India,* seinem größten Erfolg, wieder auf. Der Zusammenprall verschiedener Kulturen und Lebensweisen sowie die Verachtung der englischen *middle class* für jede andere Kultur sind zentrale Themen seiner Romane und Kurzgeschichten. Ohne optimistisch zu sein, sind seine Werke dennoch selten bitter satirisch, eher versöhnlich und tolerant in der Grundabsicht, auch wenn die Möglichkeit der Versöhnung der Gegensätze und des gegenseitigen Verständnisses durch den Handlungsausgang oft in Zweifel gezogen ist. Die Versöhnung zwischen dem Inder Aziz und dem Engländer Fielding bleibt in *A Passage to India* in weite Ferne gerückt. Das Grundprinzip seiner Werke ist die dichotomische Struktur von Schauplätzen, sozialen Schichten, Geschlechtern und historischen Zuständen. *Howards End* thematisiert in einer topographischen und zugleich historischen Dimension den Gegensatz zwischen der philiströsen englischen Kaufmannsschicht der Wilcoxes und der Bildungsschicht der deutschstämmigen Schlegels unter dem Motto »Only connect«. Wie auch in seinem ersten Roman wird die Unmöglichkeit der Kommunikation zwischen den Gegensätzen zum Thema. Bei F. wird stets die Existenz des Mythischen, Irrationalen, Transzendentalen angenommen, seien es die Marabar Caves in Indien, die irrationale Erotik der jungen englischen Witwe Lilia in Italien oder die mythische Panfigur in »The Story of a Panic«. Der Mythos, das kulturelle Gedächtnis, ist ein Schlüssel zur Struktur seiner Werke. Mythos ist bei F., anders als etwa bei Joyce im *Ulysses* (1922), wo die Beziehung zwischen Text und Prätext implizit bleibt, nicht allein auf das Kommunikationssystem zwischen Autor und Leser begrenzt, sondern wird auch von den Figuren selbst erlebt und thematisiert. Der Mythos ruft die Gegenwelt auf. Griechenland, Indien, Italien stehen für die Figuren und den Leser für eine andere, exotischere, ekstatischere Welt, die der Langeweile und der Banalität des Lebens der englischen *middle class* entgegengestellt wird. F. unterscheidet dabei kaum zwischen der Figuren- und der Erzählerperspektive, wenn er die Welt der Sinnlichkeit und des Gefühls im krassen Gegensatz zur englischen sinnen- und kunstfeindlichen Welt darstellt. Archetypische Symbole wie Baum, Höhle und Berg, Haus, Garten und Wasser sind ambivalent gebraucht und spielen auf Tod und Erlösung an. Mit seinen Archetypen und Symbolen gestaltet F. einen Kontrast zwischen der realen, prosaischen Welt der englischen Moderne und der Realität des ganz anderen, der poetischen und religiösen Imagination. Der Grundtenor seiner Werke mit ihrer tiefempfundenen Kritik an der englischen Mittelschicht ist die Melancholie.

Werkausgabe: *The Abinger Edition.* Hg. O. Stallybrass. London 1972ff.
Literatur: A. Horatschek. *Alterität und Stereotyp: Die Begegnung mit dem Fremden in den International Novels von E.M. Forster und D.H. Lawrence.* Tübingen 1998. – H. Bloom, Hg. *E.M. Forster.* New York 1987. – B. Rosecrance. *Forster's Narrative Vision.* Ithaca, NY/London 1982. – P.N. Furbank. *E.M. Forster: A Life.* 2 Bde. Oxford 1977f. – M. Bradbury, Hg. *Forster: A Collection of Critical Essays.* Englewood Cliffs 1966. – L. Trilling. *E.M. Forster.* London 1944.

Therese Fischer-Seidel

Fowles, John [Robert]

Geb. 31. 3. 1926 in Leigh-on-Sea, Essex;
gest. 5. 11. 2005 in Lyme Regis, Dorset

»I am not to be understood even by myself«, konstatiert die Protagonistin Sarah Woodruff in John Fowles' metafiktionalem historischen Roman *The French Lieutenant's Woman* (1969; *Die Geliebte des französischen Leutnants*, 1974). Mit diesen wenigen Worten faßt sie treffend das fast allen literarischen Texten von F. zugrundeliegende ›Programm‹ zusammen. F.' Romane und Kurzge-

schichten verbinden traditionelles, am Realismus orientiertes Erzählen mit didaktischen Passagen, mythologische Modelle mit *mises en abyme*, eine ausgeprägte Intertextualität mit metafiktionalen Elementen sowie eine an D.H. Lawrence erinnernde Betonung von Natur und Körperlichkeit mit voyeuristischen Aspekten. Nicht selten erscheinen sie als konservative *romans à thèse*, die einem existentialistischen Humanismus das Wort zu reden scheinen, erweisen sich jedoch, z.B. indem dem Leser verschiedene Romanenden vorgeschlagen und er in Analogie zu den Protagonisten durch mehrdeutige (Text-)Labyrinthe geschickt wird, als polyvalente ›negative‹ Bildungsromane mit philosophischen, feministischen, sozial- und medienkritischen Dimensionen. An die Stelle einer fixierten inhaltlichen ›Botschaft‹ setzen F.' literarische Texte den Schaffens-, Befreiungs- und Individuationsprozeß des Protagonisten wie auch des Lesers. Zwischen den antagonistischen Polen von »the few« und »the many«, den »aristoi« und den »hoi polloi« (Heraklit) sowie von Männlichkeit (»stasis«) und Weiblichkeit (»kinesis«) arbeiten die Texte – häufig mit den Mitteln einer Dreieckskonstellation – an der Befreiung des Individuums in einer von positiv gewerteter Rätselhaftigkeit geprägten Welt.

Als Metafiktionen mit texttheoretischen Einsprengseln unterminieren die Romane vermeintliche Sicherheiten, verhalten sich die meist konservativ anmutenden didaktischen Passagen antithetisch zu der von den Texten in ihrer Gesamtheit verkörperten Vieldeutigkeit und läuft die Literarizität nicht selten dem auf der Handlungsebene transportierten ideologischen Implikationen entgegen. Verdeutlichen läßt sich dies anhand von F.' in sich widersprüchlicher Visualitätskritik genauso wie durch seine umstrittene Funktionalisierung weiblicher Charaktere. Zwar erweisen sich F.' männliche Protagonisten in der Regel als limitiert, sieht sich der Autor selbst als »feminist«, doch wird die Identität der Frauenfiguren, deren Rolle häufig darin besteht, die Individuation der männlichen Protagonisten zu ermöglichen, vom Text häufig ausgeblendet. Durch diese gleich auf mehreren Ebenen erfolgenden Revokationen ›verstehen‹ sich F.' Romane trotz ihrer zahlreichen konservativen Elemente und ihres Ziels, dem Leser zu einer allumfassenden Sicht der Dinge (»whole sight«) zu verhelfen, letztlich genauso wenig wie die bereits zitierte Sarah Woodruff. Und dies zum Gewinn des Lesers, den F. mit seinen *heuristic* novels als eigenverantwortlichen, die Gesellschaft verändernden Menschen für ein Leben ›im Jetzt‹ zu befreien sucht.

Aus F.' Biographie sind sein frühes Interesse für die Natur, die Internatsjahre in Bedford (1939–41, 1942–44), der Aufenthalt im ländlichen Devon (1941–42), die Heirat mit Elizabeth Whitton (1954) sowie der 1966/68 erfolgte Umzug nach Lyme Regis von Bedeutung. Auf F.' Militärzeit (1945–47) folgte der Ausbruch aus der Konformität der englischen Mittelklasse, die Beschäftigung mit dem Existentialismus am New College, Oxford (1947–50) sowie Aufenthalte als Dozent in Poitiers (1950–51) und Spetsai (1951–53). Gleichzeitig entstanden die ersten der 1973 in *Poems* publizierten Gedichte. Nachdem F. an mehreren englischen Schulen unterrichtet hatte, gestattete ihm der Erfolg von *The Collector* (1963; *Der Sammler*, 1964), einer häufig als Thriller mißverstandenen »parable«, sich ganz dem Schreiben zu widmen.

In *The Magus* (1977 [1965]; *Der Magus*, 1980 [1969]) präsentiert er nicht nur ein offenes Ende, sondern schickt den Leser auch durch ein literarisches Labyrinth mythologischer Anspielungen und wechselnder Realitäten, das dem auf der Handlungsebene dargestellten Metatheater des »magus« Conchis gleicht. In *The French Lieutenant's Woman* wird die durch geschickte Perspektivierung enigmatisch bleibende Sarah Woodruff zur ›Geburtshelferin‹ des Viktorianers Charles Smithson. In diesem über weite Strecken ›viktorianisch geschriebenen‹, diese Konventionen jedoch gleichzeitig parodierenden und explizit hinterfragenden Bestseller finden sich neben drei Enden metafiktionale Reflexionen sowie das plötzliche Auftauchen einer Erzählerpersona, die starke Ähnlichkeit mit F. aufweist. Dessen Kurzgeschichtensammlung *The Ebony Tower* (1974; *Der Ebenholzturm*, 1984) zeichnet sich u. a. durch ihre kunstgeschichtliche und intertextuelle Dimension aus, während der 700 Seiten starke Roman *Daniel Martin* (1977) medientheoretische und autobiographische Aspekte privilegiert. In dem umstrittenen, stark metafiktionalen und bisweilen komischen *Mantissa* (1982) stehen die Rolle der Muse Erato bzw. die Analogie zwischen künstlerischem Schaffensprozeß und Sexualität (»procreation«) genauso im Vordergrund wie die vermeintlich »onanistic pleasures of writing fiction« (James R. Aubrey). *A Maggot* (1985) kombiniert in einem historischen, den Detektivroman evozierenden Rahmen unter Anleihen bei Daniel Defoe, George Lyttelton,

Henry Fielding und anderen eine Mischung aus traditionellen, metafiktionalen und teilweise phantastischen Elementen. Atmosphärisch dichte Beschreibungen wechseln mit langen Dialog- bzw. Verhörpassagen, Briefen, Faksimile-Abdrucken (*The Gentleman's Magazine*, 1736) und nur scheinbar authentischem Material (*The Western Gazette*). Der unterschiedliche Realitätsauffassungen kontrastierende, nicht aber auflösende und mit einem Aufsatz von F. schließende Roman zeichnet die Transformation und Vision seiner Protagonistin Rebecca Hocknell nach, die ihrerseits die Mutter von Ann Lee (Gründerin der Shakers) ist. Weitere Romanprojekte wie *In Hellugalia* oder *Tesserae* hat F. bis heute nicht zum Abschluß gebracht.

F.' nicht-literarisches Schaffen reicht von philosophischen Betrachtungen, die *The Aristos* (1968 [1964]) als »a self-portrait in ideas« in aphoristischer Form zusammenfaßt, über Rezensionen, Aufsätze zu Kunst und Literatur, Kommentare zu Bildbänden (*Shipwreck*, 1974; *Lyme Regis Camera*, 1990), Herausgeberschaften (*Monumenta Britannica*, 1980/82), Übersetzungen und Adaptionen von Theaterstücken (*Cinderella*, 1974; *Ourika*, 1977; *Dom Juan*, 1981; *Lorenzaccio*, 1981) bis zu Reflexionen über die für sein Werk zentrale Bedeutung der Natur (*The Tree*, 1979). Diese steht für »isolated discovery and experience« sowie metaphorisch für das Schaffen literarischer Welten. Eine Sammlung bereits veröffentlichter nicht-fiktionaler Texte erschien 1998 unter dem Titel *Wormholes*. Die dort eingenommenen Positionen decken sich weitgehend mit den F.' Romanen zugrundeliegenden Überzeugungen und haben im Laufe seines Schaffens nur geringe Modifikationen erfahren. Sie weisen provokative und idiosynkratische Elemente auf und zeugen von F.' Anliegen, auf die Gesellschaft einzuwirken. Dem entspricht, daß F. trotz seiner zurückgezogenen Lebensweise immer wieder Stellung zu sozialen, politischen und ökologischen Problemen bezogen und sich entsprechend engagiert hat.

Literatur: St. Horlacher. *Visualität und Visualitätskritik im Werk von John Fowles*. Tübingen 1998. – M. Salami. *John Fowles's Fiction and the Poetics of Postmodernism*. Cranbury 1992. – J. R. Aubrey. *John Fowles: A Reference Companion*. Westport, CT 1991.

Stefan Horlacher

Frame, Janet

Geb. 28. 8. 1924 in Dunedin, Neuseeland;
gest. 29. 1. 2004 ebd.

Janet Frame lebt mit ihrer Familie in einer
ländlichen Gegend an der Ostküste der neuseeländischen Südinsel, bevor sie das University of Otago
Teachers Training College in Dunedin besucht. Sie
ist nur für kurze Zeit Lehrerin, danach als Gesell-
schafterin tätig. 1947 läßt sie sich ins Seacliff Mental Hospital einweisen, die Diagnose lautet Schizo-
phrenie. Sie verbringt immer wieder längere Zeit
in psychiatrischen Kliniken. Erst bei einem Eng-
landaufenthalt in den 1950er Jahren wird ihr klar,
daß die klinischen Behandlungsmethoden ihre Labilität eher verstärkt haben. ›Krankheit und Gesundheit‹ ist das erste wichtige Thema in ihren
Büchern. Engagiert stellt F. immer wieder die Fragen, ob der einzelne oder die Gesellschaft ›krank‹
ist und wer die Normen für ›Krankheit‹ und ›Gesundheit‹ setzt. F.s literarisches Schaffen eröffnet
der preisgekrönte Kurzgeschichtenband *The La-
goon: Stories* (1951; *Die Lagune: Kleine Geschichten*,
1962). Die beiden Jahre, in denen sie bei Frank
Sargeson lebt (1954–55), sind für ihre schriftstellerische Tätigkeit und ihre psychische Stabilität
von großer Bedeutung. Dort entsteht ihr erster
Roman *Owls Do Cry* (1957; *Wenn Eulen schrein*,
1961). 1956 geht F. als Stipendiatin nach Europa.
In dieser Zeit veröffentlicht sie drei Romane und
zwei Kurzgeschichtenbände. Seit 1965 wieder in
Neuseeland, geht F. wiederholt für längere Zeit in
die USA, dem Schauplatz mehrerer ihrer Romane.
Seit den 1980er Jahren findet sie zunehmend Anerkennung, zunächst beim nationalen, dann beim
internationalen Publikum. Ihre dreiteilige Autobiographie, *To the Is-land* (1982), *An Angel at My
Table* (1984), *The Envoy from Mirror City* (1985),
später unter dem Titel *An Angel at My Table* (*Ein
Engel an meiner Tafel*, 1993) einbändig veröffentlicht, wird 1990 erfolgreich verfilmt. F. ist mit
ihren 11 Romanen, ca. 80 Kurzgeschichten, einem Lyrikband, drei Autobiographien und einem
Kinderbuch nicht nur eine der produktivsten,
sondern auch die prominenteste Autorin Neuseelands.

Lange Zeit haben Literaturkritiker auf F.s Werk
eher zögernd und ratlos reagiert. Ihre Romane
wurden global als feministisch, von Freud oder
Jung beeinflußt, marxistisch oder postmodern gekennzeichnet. Einig war man sich lediglich darin,

daß F.s Bücher schlechterdings unlesbar seien.
Ähnlich äußerte sich die Forschung, wenn sie die
Widersprüche und Zweideutigkeiten in F.s Texten
als Krankheitssymptome deutete. Dies galt in besonderem Maße für F.s Autobiographie, die vielfach als ›Tatsachenbericht‹ gelesen wurde. Übersehen wurde dabei, daß F. wie andere postmoderne Autorinnen die Gattung der traditionellen
(männlichen) Autobiographie, in der eine lineare,
›wahre‹ Lebensgeschichte erzählt wird, dekonstruiert. In F.s Autobiographie vermischen sich Realität
und Traum, Gegenwart und mythische Zeit; das
Leben der Erzählerin wird mit Hilfe von komple-
mentären Motiven interpretiert (u. a. als Schiffbruch und Heimkehr, Orientierungslosigkeit und
Selbstfindung, Wahnsinn und Gesundheit, Kreativität und Konformität); ihr Lebensweg verläuft
nicht logisch-linear, sondern – wie oft in postmodernen feministischen Romanen – kreisförmig,
Ausdruck einer typisch weiblichen Welt- und
Selbsterfahrung.

Das zweite wichtige Thema F.s ist eine Neubewertung des Zentrum-Peripherie-Verhältnisses
zwischen Großbritannien und seinen ehemaligen
Kolonien, das sie v. a. in frühen Romanen wie *The
Edge of the Alphabet* (1962; *Am Rande des Alphabets*, 1963) und in ihrem Lyrikband *The Pocket
Mirror* (1967) erörtert. Ihre Protagonisten sind oft
gesellschaftliche Außenseiter und Reisende zwischen Großbritannien und den Kolonien, die erst
nach einem längeren Lernprozeß erkennen, daß
ihre Heimat schon längst nicht mehr Großbritannien, sondern Neuseeland ist. Dieser »Abschied
von Europa« als Kulturzentrum ist nach dem
Zweiten Weltkrieg ein typischer Topos postkolonialer Literaturen. F. propagiert statt dessen einen
Kanon der Weltliteratur als die Quelle, aus der die
Literatur aller Länder gespeist wird. Eine solche
Sicht ermöglicht es ihr, in ihren Veröffentlichungen wie in einer Collage z. B. südamerikanischen
magischen Realismus, französischen Surrealismus,
Märchen der Brüder Grimm oder Dantes *Divina
Commedia* zu einem harmonischen Ganzen zu
verbinden. Das dritte, wohl wichtigste Thema in
F.s Romanen ist die Bedrohung der Welt. In drei
Dystopien, *Scented Gardens for the Blind* (1963),
Intensive Care (1970) und *The Carpathians* (1988),
beschwört F. Katastrophen von kosmischen Aus-
maßen herauf. Dabei vertritt sie eine feministische
Weltsicht. Besonders in *Scented Gardens* betont sie,
daß männlich-dualistisches Denken die Gesell-
schaft des 20. Jahrhunderts an den Rand eines

Atomkriegs gebracht habe. Die weiblichen Figuren der Romane, allen voran die angeblich autistische Milly Galbraith in *Intensive Care*, entwickeln daher Gegenwelten zur phallozentrisch organisierten sozialen Ordnung. Millys Verhalten und die neue weibliche Sprache, die sie in ihrem Tagebuch erfindet, stehen im Einklang mit dem Postulat einer subversiven *écriture féminine*, wie sie Hélène Cixous vertritt. Das Ziel sowohl von Cixous als auch von F. ist dabei die Entwicklung einer weiblichen Ästhetik jenseits des herrschenden Diskurses und des Logozentrismus. Dieser sprachtheoretische Aspekt bei F. ist bislang nur unzureichend kommentiert worden.

Literatur: M. Spies.»Eine neue Sprache, eine neue Schrift: Janet Frame im Kontext zeitgenössischer feministischer Utopie in Neuseeland«. In: Utopie und Dystopie in den neuen englischsprachigen Literaturen. Hg. R. Pordzig/H. U. Seeber. Heidelberg 2002, 143–161. – *Journal of New Zealand Literature* 11 (1993) [Sonderheft]. – J. D. Panny. *I Have What I Gave: The Fiction of Janet Frame*. Wellington 1992. – J. Delbaere, Hg. *The Ring of Fire: Essays on Janet Frame*. Sydney 1992.

Marion Spies

Frayn, Michael

Geb. 8. 9. 1933 in London

Michael Frayn ist nach eigenen Aussagen von Zaubertricks fasziniert – und so nimmt es nicht wunder, daß sich der Autor in seinen Werken auch immer wieder metafiktional genau den Tricks und Methoden zuwendet, mit denen (Wort-)Welten und ihre Effekte konstruiert werden; u. a. mit Hilfe von Philosophie und Psychologie versucht F., hinter die Fassaden der Erscheinungen zu blicken. – Nach dem Studium der Fächer Russisch, Französisch und Philosophie am Emmanuel College in Cambridge machte sich F. als Journalist beim *Guardian* und beim *Observer* einen Namen, bevor er 1965 den Roman *The Tin Men* und 1966 *The Russian Interpreter* (*Zwei Briten in Moskau*, 1987) veröffentlichte. Bald wurde er auch als Bühnenautor bekannt, etwa mit *Noises Off* (1982; *Der reine Wahnsinn*, 1985), das 1992 verfilmt wurde. Da F. dieses Drama sowohl auf der Vorder- als auch auf der Hinterbühne spielen läßt, verschwimmen – wie so oft in seinen Werken – die Grenzziehungen von Authentizität und Theatralität; Identität wird als heuristisches Konstrukt entlarvt, welches das Funktionieren von Alltag erst ermöglicht. – Neben Übersetzungen und Adaptionen von Anton Tschechow, Tolstoi, Jean Anouilh und anderen umfaßt F.s breites – uvre sowohl Fernseh- und Filmproduktionen wie *Clockwise* (1986) als auch philosophische Werke wie *Constructions* (1974). Seine jüngsten Veröffentlichungen sind das mehrfach ausgezeichnete Drama *Copenhagen* (1998), das sich mit dem historisch belegten Treffen der Physiker Niels Bohr und Werner Heisenberg während des Zweiten Weltkriegs beschäftigt, *Celia's Secret* (2000, mit David Burke; *Celias Geheimnis*, 2001), das in intertextueller Referenz auf *Copenhagen* rekurriert, sowie der Roman *Headlong* (1999; *Das verschollene Bild*, 1999), in dem sich der Protagonist Martin Clay auf die manische Suche nach einem Gemälde des Malers Peter Bruegel d. Ä. begibt. – F.s Protagonisten sind meist tragikomische Helden wie etwa der auf Perfektion und Pünktlichkeit versessene Schulleiter Stimpson in *Clockwise*, der die wichtigste Rede seines Lebens verspätet und völlig derangiert vor seinen Berufskollegen halten muß, oder der verzweifelte Architekt David in *Benefactors* (1984; *Wohltäter*, o. J.), der versucht, im Sinne eines wirklich sozialen Wohnungsbaus ein Projekt zu fördern, das in eine lebenswerte Umwelt integriert ist, und der durch die Dialektik der Umstände als erfolgloser Planer von seelenlosen Wohnsilos endet. – F.s narrative ›Zaubertricks‹ enthüllen stets selbstreflexiv den Mechanismus, der sie funktionieren läßt (besonders *Noises Off*, *Celia's Secret* und *The Trick of It*, 1989; *Wie macht sie's blo ?*, 1992), lassen aber zugleich ausreichend Geheimnis und Faszination zu, um die Eigenaktivität des Rezipienten zu fördern und zu fordern.

Werkausgaben: *Plays: One*. London/New York 1985. – *Listen to this: 21 Short Plays and Sketches*. London 1990. – *The Original Michael Frayn: Satirical Essays*. Hg. J. Fenton. London 1990. – *Plays: Two*. London 1991. – *The Additional Michael Frayn*. London 2000. Literatur: M. Page, Hg. *File on Frayn*. London 1994. – A.-R. Glaap.»Ayckbourn, Frayn and all: Zur Entwicklung der englischen Komödie in den siebziger und achtziger Jahren.« *Englisches Theater der Gegenwart: Geschichten und Strukturen*. Hg. K. P. Müller. Tübingen 1993, 341–363. – Ch. Innes. *Modern British Drama 1890–1990*. Cambridge 1992, 312–324. – A.-R. Glaap. »Order and Disorder on Stage and in Life: Farce Majeure in Frayn's Plays « *Studien zur Ästhetik des Gegenwartstheaters*. Hg. Ch. W. Thomsen. Heidelberg 1985, 195–208.

Susanne Bach

Friel, Brian

Geb. 5. 1. 1929 in Omagh, County Tyrone, Nordirland

Nach einer anfänglichen Einordnung Brian Friels als regionalem Dichter ist die Kritik nunmehr der einhelligen Ansicht, daß er zu den großen Vertretern der gegenwärtigen irischen Literatur zählt, dessen Bedeutung weit über Irland hinausgeht. Herkunft und Ausbildungsgang prägen sein literarisches Schaffen bis in die jüngste Zeit. Als Sohn eines Lehrers im spannungsgeladenen Derry erhielt er schon früh richtungsweisende Bildungsanstöße und durchlief die für einen Angehörigen der katholischen Minorität obligatorischen Stationen, darunter St. Columb's College in Derry und Maynooth College, County Kildare. Die Zweifel an seiner Berufung als Priester führten dazu, daß er seine seelischen Spannungen künstlerisch zu verarbeiten suchte. Die Zeit bis zum freien Schriftsteller überbrückte er 1950–60 als Lehrer in Derry. – F. schreibt aus der Polarität von keltischer und angelsächsischer Kultur heraus unter dem Einfluß des Unterdrückungstraumas der irischen Minorität. Mit seinem katholisch geprägten Kulturverständnis neigt er zur Retrospektive, richtet seinen Blick aber gleichzeitig in die Zukunft. Sein religiöses Verständnis kann sich daher keineswegs in den vorgegebenen kanonischen Bahnen bewegen. Seine Literatur entstand in einem archaisch geprägten Rückzugsraum am atlantischen Saum Europas, dessen verbliebene ursprüngliche Kraft er nutzen will, aber dessen Enge er zugleich überwinden muß.

Die Entwicklung F.s begann mit Hörspielen und Kurzgeschichten (*The Saucer of Larks*, 1962; *The Gold in the Sea*, 1966), die bereits seine außergewöhnliche Begabung erkennen ließen. Thematisch spiegeln sie die Widersprüche seiner eigenen Existenz, an erster Stelle die Unmöglichkeit, Illusion und Wirklichkeit miteinander zu vereinen. Bezeichnenderweise ist sein erster großer Theatererfolg, *The Enemy Within* (1975), die Versinnbildlichung eines Widerspruchs: Dem keltischen Mönch Columbanus, der sich im sechsten Jahrhundert n.Chr. in das freiwillige Exil begeben hat, gelingt es nicht, die Unvereinbarkeit von Isolation und Mission aufzulösen. Das hier hervortretende Strukturprinzip der nicht aufzuhebenden Polarität gilt für fast alle Dramen: In *Philadelphia, Here I Come!* (1965; *Ich komme, Philadelphia*, 1982) der Gegen-

satz zwischen Auswanderungswunsch und Heimatbindung, in *Lovers* (1969; *Liebespaare*, 1981) der zwischen Liebesanspruch und Realität, in *The Freedom of the City* (1974; *Der Ehrenbürger*, 1998?) Ideale und Motivation, in *Translations* (1981; *Sprachstörungen*, 1982) Identitätssuche und Kulturverlust sowie in *Living Quarters* (1978) und *Aristocrats* (1980) Heimat und Entwurzelung. Bei aller regionalen Gebundenheit sind F.s Dramen im eigentlichen Sinne weder historisch noch sozialkritisch, sondern münden stets ein in erkenntnistheoretische und philosophische Fragestellungen.

Auffällig ist, daß F. in den neueren Dramen, so in *Dancing at Lughnasa* (1990; *Leben ein Tanz*, 1999) und *Wonderful Tennessee* (1993), die irische Landschaft nutzt, um einen gewissen Paganismus zu zelebrieren. Offensichtlich fasziniert ihn das Heidnische, weil er in ihm eine Kraft sieht, die die vorherrschende Urbanität ausgleicht. Derartige Kräfte erblickt er auch im vorrevolutionären Rußland. Dies ist der Grund für seine Übertragung von Anton Tschechows *Drei Schwestern* (*Three Sisters*, 1981) und Iwan Turgenjews *Vater und Söhne* (*Father and Sons*, 1987). Alles deutet darauf hin, daß F.s Produktivität noch lange nicht erschöpft ist.

Literatur: N. Jones. *Faber Critical Guides: Brian Friel.* London 2000. – Ch. Murray, Hg. *Brian Friel.* London 1999. – E. Andrews. *The Art of Brian Friel: Neither Reality Nor Dreams.* London 1995. – A. Peacock, Hg. *The Achievement of Brian Friel.* Gerrards Cross 1993. – R. Pine. *Brian Friel and Ireland's Drama.* London 1990. – G. O'Brien. *Brian Friel.* Dublin 1989. – U. Dantanus. *Brian Friel: A Study.* London 1988.

Walter T. Rix

Fry, Christopher [Hammond]

Geb. 18. 12. 1907 in Bristol;
gest. 30. 6. 2005 in Chichester

Unter den drei großen englischen Versdramatikern des 20. Jahrhunderts ist Christopher Fry der einzige mit ausgeprägtem Bühneninstinkt. Anders als William Butler Yeats und T. S. Eliot war er selbst Schauspieler, bevor er unmittelbar nach dem Zweiten Weltkrieg als Dramatiker internationales Ansehen gewann. Den größten Erfolg hatte er mit seinen fünf Komödien: zunächst mit dem Einakter *A Phoenix Too Frequent* (1946; *Ein Phönix zuviel*, 1954), dann mit dem Jahreszeitenquartett *The La-*

dy's Not for Burning (1948; *Die Dame ist nicht fürs Feuer*, 1950), *Venus Observed* (1950; *Venus im Licht*, 1951), *The Dark Is Light Enough* (1954; *Das Dunkel ist Licht genug*, 1955) und *A Yard of Sun* (1970; *Ein Hof voll Sonne*, 1971). Doch waren sich die Kritiker uneins über den Rang seines Werkes. Neben begeisterter Zustimmung stand schroffe Ablehnung: Was dem einen als an Shakespeare gemahnende Sprachgewalt erschien, wurde vom anderen als bloßes Wortgeklingel abgetan. Daß F. seine Freude an prunkvollen Metaphern und Wortspielen zu zügeln weiß, bezeugen die Moses-Tragödie *The Firstborn* (1946; *Der Erstgeborene*, 1952) und die religiösen Festspiele *The Boy with a Cart* (1938; *Der Hirt mit dem Karren*, 1960), *Thor, with Angels* (1948) und *A Sleep of Prisoners* (1951; *Ein Schlaf Gefangener*, 1952). Eliot hat F.s zunehmende sprachliche Zucht am Beispiel der Historie *Curtmantle* (1961; *König Kurzrock*, 1961) gewürdigt: »It is extraordinary what delight I get from a play in which there is real thought and real care for the English language.« Einigendes Band aller Stücke ist das Thema der Liebe, das F. in den Spielarten von Sexus, Eros und Agape in immer neuen Variationen gestaltet. Ausgangspunkt ist die Agape, die auch seinen religiös fundierten Pazifismus erklärt. F.s Vater war Quäker und hatte sich in den Slums von Bristol dem Dienst an den Armen verschrieben. Mit gleicher Konsequenz verweigerte der Sohn während des Krieges aus Gewissensgründen den Wehrdienst: Während der deutschen Luftangriffe auf London zog er tagsüber Leichen aus dem Hafenbecken und arbeitete nachts als Luftschutzwart. Schon vor dem Krieg bekannte er sich zu einem konfessionell ungebundenen Christentum. »Das Aufspüren und Darstellen des Wunders der Existenz Gottes in der Welt ist das zentrale Anliegen der Stücke F.s« (Gottfried Krieger). Im Bemühen um eine zeitgeschichtliche Ortsbestimmung der Komödien fand Armin Geraths das treffende Wort vom ›Wiedergeburtsritual‹. Es charakterisiert Intention und Wirkung eines Versdramatikers, der mit sprachlich brillanten Stücken, die von Liebe und Geburt, von Schuld und Vergebung handeln, Licht in die dunklen Nachkriegstheater Englands und Deutschlands brachte.

Werkausgabe: *Plays*. 3 Bde. London/Oxford 1969–71. Literatur: R. Kofer. *Historische Mehrdimensionalität in den Dramen Christopher Frys: Eine hermeneutische Analyse der Struktur der einzelnen Dramen*. Frankfurt a. M. 1999. – E. Roy. *Christopher Fry*. Carbondale 1968.

Michael Hanke

Fry, Stephen

Geb. 24. 8. 1957 in London

Stephen Fry ist als beliebter und allgegenwärtiger Schauspieler in Film und Fernsehen sowie als Kolumnist für den *Listener* und den *Daily Telegraph* zumindest in Großbritannien prominenter denn als Autor fiktionaler Texte. Man kennt ihn – um nur die bekanntesten Produktionen zu nennen – aus den Fernsehserien »Blackadder« und »A Bit of Fry and Laurie« sowie als kongeniale Besetzung für die Oscar-Wilde-Verfilmung von Brian Gilbert (*Wilde*, 1997). – F. begann seine Arbeit als Schriftsteller mit *The Liar* (1992; *Der Lügner*, 1994). Der ›Geniestreich‹ des jungen Adrian besteht in der Fälschung eines pornographischen Werks von Charles Dickens, das er ›entdeckt‹ (selbst schreibt), nachdem sein Professor ihn ermahnt hat, endlich etwas Eigenes zu verfassen, statt nur zu plagiieren. Lüge und Täuschung sind als *mise-en-abyme* das Strukturprinzip des Romans. In *The Hippopotamus* (1994; *Das Nilpferd*, 1994) hat der misanthrope Trinker Ted Lennox das Geheimnis um einen angeblichen Wunderheiler aufzuklären. Mit der Figur des Ted kreiert F. ein geeignetes Sprachrohr für Kommentare, die verdächtig nach F.s eigenen Überzeugungen klingen – etwa wenn Ted die Marotten der *upper class* anprangert, gegen die Familie als erster moralischer Instanz der Nation und diverse *frauds* wettert, die von der Öffentlichkeit aber enthusiastisch rezipiert werden. Die »Eng. Lit. balls« werden in F.s Werken in Form akademischer Witzfiguren sowie expliziter Abwertungen geradezu leitmotivisch verspottet. Daß F. in *Making History* (1996; *Geschichte machen*, 1997) ausgerechnet den Holocaust als thematischen Hintergrund für eine Mischung aus *time travel*, *campus story* und *social comedy* gewählt hat, wurde scharf kritisiert, da die historischen Fakten in einem unüberbrückbaren Gegensatz zu F.schem Wortwitz und seinen burlesken Plots stehen. In F.s viertem Roman, *The Stars' Tennis Balls* (2000; *Der Sterne Tennisbälle*, 2001), durchleidet ein junger Engländer das Schicksal von Alexandre Dumas' Grafen von Monte Christo. Auch hier sind Lüge und Täuschung der Motor des Plots; uncharakteristisch hingegen sind die grausigen Details, für die vermutlich die starke Anlehnung an den großen literarischen Vorläufer verantwortlich ist. – Zwischen den Romanen erscheint *Paperweight* (1993; *Paperweight*, 1998), dessen Titel treffend den Umfang F.s bis dahin erschienener journalistischer Arbeiten bezeichnet. Mit *Moab Is My Washpot* (1997; *Columbus war ein Engländer: Geschichte einer Jugend*, 1998) liefert F. eine romanhaft-essayistische Autobiographie der ersten 20 Jahre seines Lebens. Amüsant und glaubhaft zugleich schildert F. seine Aufmüpfigkeit während der Schulzeit und nimmt dabei jede sich bietende Gelegenheit wahr, über das Leben im allgemeinen sowie über spezifisch englische Gepflogenheiten zu sinnieren. Die Autobiographie ergänzt F.s Romane in plausibler Weise, da seine Lieblingsthemen Sozialisation, Homosexualität sowie Liebe zur Literatur, die mittels der fiktionalen Figuren zuvor spielerisch angegangen wurden, hier wieder aufgenommen werden. F. macht sich nicht die scheinbare Abgeklärtheit desjenigen, der auf seine Jugend als eine abgeschlossene Phase zurückblickt, zu eigen, sondern inszeniert sich selbst in einer scheinbar immerwährenden Adoleszenz trotzig, narzißtisch und scharfsinnig zugleich mit einem Enthusiasmus, der ansteckend wirkt.

Dagmar Sims

Fugard, Athol

Geb. 11. 6. 1932 in Middelburg, Südafrika

Athol Fugard ist zweifelsohne der wichtigste Dramatiker, den Südafrika hervorgebracht hat. In seiner 40jährigen Karriere hat er als Autor, Regisseur und Schauspieler die Entwicklung des südafrikanischen Dramas entscheidend geprägt und einen Ruf als einer der wichtigsten Theaterautoren der englischsprachigen Welt erlangt. Zu seinem Erfolg haben die Glanzleistungen von Schauspielern wie Yvonne Bryceland, Zakes Mokae, John Kani und Winston Ntshona maßgeblich beigetragen. Mit seinen Stücken hat F. den gesellschaftlichen Wandel seines Landes durch die schwierigen Jahrzehnte der Apartheid kritisch begleitet, aber auch die existentielle Einsamkeit des Menschen eindringlich in Szene gesetzt. Als regionaler Autor, dessen Werk fest in der Kultur des östlichen Kaps um Port Elizabeth, wo er heute noch lebt, verwurzelt ist, hat er zugleich seinen Themen immer wieder eine Aussagekraft verleihen können, die weit über Südafrika hinaus verstanden wurde. – Nach dem Studium in Kapstadt begab sich F. auf Reisen – er trampte in den Sudan und heuerte auf einem Frachter an, der ihn rund um die Welt

brachte (vgl. *The Captain's Tiger*, 1997). Bis auf Anstellungen beim Rundfunk und beim Gericht in Johannesburg (das ihm die Augen für die Lage der Schwarzen öffnete), sollte sein weiteres Leben ganz im Zeichen des Theaters stehen. Er heiratete eine Schauspielerin, gründete eine Theaterwerkstatt und erarbeite 1958 im Getto von Sophiatown sein erstes Stück, *No-Good Friday*, wie etliche seiner frühen Stücke, zusammen mit schwarzen Schauspielern, also gegen die Bestimmungen der Apartheid.

Den Durchbruch schaffte F. 1961 mit *The Blood Knot* (*Mit Haut und Haar*, 1963), einer erschütternden Analyse der psychischen Folgen der Rassentrennung anhand der Erfahrungen zweier »farbiger« Brüder, deren ganzes Leben und deren Persönlichkeit von der Unterschiedlichkeit ihrer Hautfarbe (Morris ist hell-, Zach dunkelhäutig) bestimmt wird. Die außerordentliche Sparsamkeit der theatralischen Mittel nach der Art des »armen Theaters« von Jerzy Grotowski und der Stücke von Samuel Beckett, die Beschränkung auf zwei, drei Schauspieler und die Konzentration auf die Problematik konfliktreicher persönlicher Beziehungen gehörten künftig zu den Merkmalen von F.s Theaterarbeit. Drei weitere Stücke wurden in den 1960er Jahren nach ähnlichen Prinzipien konzipiert; alle drei verdanken ihre Wirkung F.s schonungsloser Analyse zerrütteter Familienverhältnisse, seiner Schilderung regional bedingter Charaktereigenschaften sowie der für ihn typischen Erprobung der südafrikanischen Variante des Englischen. *Hallo and Goodbye* (1965, *Hallo und Adieu*, 1966) schildert den verbitterten Kampf von Bruder und Schwester aus dem Milieu der ›armen Weißen‹ um das vermeintliche Erbe des Vaters, deckt die Gründe für ihr gescheitertes Leben auf und entläßt sie in eine aussichtslose Zukunft. Auch in der düsteren Komödie *People are Living There* (1969; *Da leben Leute*, 1981), die in einer verkommen Johannesburger Pension spielt, geht es um die Familienverhältnisse armer Weißer, ihre Betrügereien und die Trostlosigkeit ihrer Liebschaften. *Boesman and Lena* (1969; *Buschmann und Lena*; 1975) hingegen wendet sich den Farbigen zu. Das Stück bietet eine Analyse des Verhältnisses von Mann und Frau am Beispiel von zwei Obdachlosen, die im Wattenmeer vor Port Elizabeth eine Notunterkunft zusammenbauen und sich während der Nacht mit den erbärmlichen Resten ihres Lebens auseinandersetzen, wobei Boesman als Tyrann erscheint und Lena sich endlich zu einem Selbstwertgefühl durchringt. Trotz seines offensichtlichen Mitleids mit den Opfern des Apartheidsystems, das hier wie auch in anderen Stücken zum Ausdruck kommt, ist F. nicht selten wegen einer Denkhaltung kritisiert worden, die zwar Unrecht beschreibt, aber deren Ursachen weder benennt noch kritisch durchleuchtet.

Die Aufführungen am Londoner Royal Court Theatre (1974) von *Sizwe Bansi Is Dead* (1972; *Sizwe Bansi ist tot*, 1977), *The Island* (1973; *Die Insel*, 1976) – beide Stücke entstanden in Zusammenarbeit mit John Kani und W. Ntshona als improvisierte Werkstattprojekte – und *Statements after an Arrest under the Immorality* Act (1972; *Aussagen nach einer Verhaftung aufgrund des Gesetzes gegen Unsittlichkeit*, 1975) begründeten F.s internationalen Ruhm. Sie zeigten ihn auch vorwiegend als politischen Dramatiker, der es verstand, die Unterdrückung der schwarzen Mehrheit seines Landes in eindrucksvolle Bilder zu fassen. *Sizwe Bansi* demonstriert die Auswirkungen der Paßgesetze auf das Leben eines schwarzen Arbeiters, der nur überleben kann, indem er die Identität eines Toten annimmt (bei Aufführungen in schwarzen *townships* löste das Stück oft lange Diskussionen mit dem Publikum aus); *The Island* thematisiert den Gegensatz von Tyrannei und Freiheit anhand des Schicksals zweier politischer Gefangener, welche die *Antigone* von Sophokles im Gefängnis auf Robben Island aufführen sollen; während *Statements* die wahre Geschichte einer weißen Bibliothekarin und eines farbigen Lehrers erzählt, die aufgrund ihrer gegen die Immoralitätsgesetze verstoßenden Liebesbeziehung verhaftet wurden.

In den 1980er Jahren verfaßte F. zwei seiner größten Erfolge. *Master Harold and the Boys* (1982; *»Master Harold« und die Boys*, 1984) ist ein autobiographisches Werk mit Bekenntnischarakter, das die Beziehung des jungen F. zu den Bediensteten (den »Boys«) im Caf&seiner Mutter beschreibt und seine Initiation in die Gepflogenheiten einer Rassengesellschaft schonungslos aufdeckt. Die Premiere fand, wie häufig bei seinen späteren Stücken, im Yale Repertory Theater (USA) statt; anschließend wurde das Stück in Südafrika verboten. *The Road to Mecca* (1984) nimmt das Leben der Bildhauerin Helen Martins zum Anlaß für ein ergreifendes Bekenntnis zur Kreativität des Künstlers. Zum Spätwerk F.s gehören *My Children! My Africa!* (1989), ein Stück über die politische Gewalt im Spätstadium der

Apartheidgesellschaft; *Playland* (1992), ein Stück über die Problematik von Vergangenheitsbewältigung und Versöhnung zwischen den Rassen anhand der Konfrontation eines weißen Soldaten, der sich an Kriegsgreueln beteiligt hat, und eines schwarzen Nachtwächters, der den Vergewaltiger seiner Braut ermordet hat; und *Valley Song* (1996), ein Stück über die ganz persönlichen Schwierigkeiten der Anpassung an eine veränderte Gesellschaftsordnung. F.s z. T. etwas konfusen Versuche, sich nach dem Ende der Apartheid als Autor zurechtzufinden, sind nicht auf einhellige Zustimmung gestoßen.

Werkausgaben: *Township Plays – Port Elizabeth Plays – Interior Plays*. Hg. D. Walder. 3 Bde. Oxford 2000. Literatur: A. Wertheim. *The Dramatic Art of Athol Fugard: From South Africa to the World*. Bloomington 2000. – D. Walder. *Athol Fugard*. Basingstoke 1984. – S. Gray, Hg. *Athol Fugard*. Johannesburg 1982.

                                                Geoffrey V. Davis

Furphy, Joseph

Geb. 26. 9. 1843 in Yering, Victoria, Australien;
gest. 13. 9. 1912 in Perth, Australien

Joseph Furphy, aus einer protestantischen irischen Familie von Farmern stammend, wuchs im ländlichen Victoria auf und lernte das harte Leben im kolonialen Australien in der Mitte des 19. Jahrhunderts aus eigener Erfahrung kennen: die Viehzucht, die Goldgräberei und die einfache Landarbeit, aber auch die Armut und die widrigen Naturereignisse. Das einzige zu seinen Lebzeiten veröffentlichte Werk ist der vielschichtige, zuweilen enigmatisch schillernde Roman *Such Is Life* (1903 unter dem Pseudonym Tom Collins publiziert). Nach seinem Tode erschienen dann noch zwei Romane, *Rigsby's Romance* (1946) und *The Buln-Buln and the Brolga* (1948), die beide aus den Textkürzungen entstanden, die F. in *Such Is Life* vornehmen mußte. – Der Autor bezeichnete sich selbst als »halb Buschmann und halb Bücherwurm«, und damit ist nicht nur seine eigene Lebenssituation, sondern auch die Anlage seines großen Romans charakterisiert; denn dieser schildert zwar in sehr anschaulicher Weise die verschiedensten Aspekte des harten Lebens auf den Viehtreiber-Routen und den abgelegenen Farmen Südostaustraliens sowie die Alltagsprobleme der wandernden Landarbeiter (*swagmen*) und Viehtreiber (*drovers*), verwirrt aber auch viele Leser durch seinen komplexen Aufbau, seine Anlehnung an eine diskursive Erzählstruktur nach der Manier eines Laurence Sterne sowie seine zahlreichen literarischen Anspielungen insbesondere auf Shakespeare und die Bibel. Bei genauerer Analyse erweist sich der scheinbar formlose Roman über das einfache Leben als höchst anspruchsvolles literarisches Kunstwerk mit einer philosophischen Dimension. Das Werk, vom Autor mit dem inzwischen berühmten Motto »temper, democratic; bias, offensively Australian« charakterisiert, stellt die Kardinalfrage nach der Vorbestimmung bzw. dem freien Willen des Menschen. F. vertieft diese Frage, indem er die unterschiedlichsten Einzelschicksale in scheinbar lose aneinandergereihten Episoden aufrollt und damit die möglichen Varianten vergleichend seziert. Sein literarisches Skalpell stellt dabei egalitär und wertungsfrei alle Individuen auf die gleiche Stufe. Dieser Aspekt verbindet F. mit dem literarischen Nationalismus und dessen Organ, der Zeitschrift *The Bulletin* in den 1890er Jahren. Eben jenes literarische Umfeld hat F.s schriftstellerischen Neigungen zum Durchbruch verholfen: *Such Is Life* konnte nur dank der Bemühungen der *Bulletin*-Redakteure publiziert werden. Ironischerweise bleibt dieses Standardwerk der australischen Literatur, das in der Entmystifizierung und Entromantisierung des Buschlebens eine so wichtige Rolle spielt, einem Großteil der australischen Leserschaft verschlossen, weil es zu anspruchsvoll ist und vielleicht auch etwas zu didaktisch-pompös daherkommt. Wer sich jedoch die Mühe macht, *Such Is Life* aufmerksam zu lesen, wird reich belohnt.

Literatur: J. Croft. *The Life and Opinions of Tom Collins: A Study of the Works of Joseph Furphy*. St. Lucia 1991. – J. Barnes. *The Order of Things: A Life of Joseph Furphy*. Melbourne 1990. – G. A. Wilkes. *Joseph Furphy's Such is Life*. Melbourne 1985. – J. Barnes. *Joseph Furphy*. Melbourne 1979 [1967].

Rudolf Bader

Gallant, Mavis

Geb. 11. 8. 1922 in Montreal

Die bilinguale kanadische Autorin Mavis Gallant lebt seit 1950 in Europa, zumeist in Paris. G. schrieb zwei Romane und ein Drama, besonders aber Kurzgeschichten. Schon in G.s erster Kurz-

geschichtensammlung, *The Other Paris* (1956), zeigen sich in der Wahl der Schauplätze (Quebec, Paris, die französische Riviera, Deutschland, Österreich) sowie des immer wiederkehrenden Themas des Exils Charakteristika, die bis in die 1990er Jahre bestimmend für ihre Kurzprosa bleiben sollten. G.s Geschichten werden von Unbehausten bevölkert, von Menschen, die sich ständig *in transit* befinden, wie der Titel einer 1988 erschienenen Sammlung nahelegt. Die meisterhaft gestalteten, z. T. kryptischen Dialoge lassen immer wieder eine elementare Kommunikationsunfähigkeit der Figuren erkennen. Besondere dramatische Qualität erlangen G.s Texte durch die wirkungsvolle Gegenüberstellung einzelner Szenen. Die Prosa der Autorin, die einige Jahre als Journalistin für den *Montreal Standard* tätig war, ist nüchtern und präzise, ihr Weltbild pessimistisch, wenngleich gelegentlich (etwa in *Overhead in a Balloon*, 1985) auch eine humoristische Note anklingt. Der distanzierte Erzählerstandpunkt, der zum Markenzeichen von G.s *short stories* wurde, zeichnet sich besonders seit der zweiten Kurzgeschichtensammlung, *My Heart is Broken* (1964), ab. G.s Vorliebe für ein komplexes Spiel mit Perspektiven manifestiert sich in extremer Weise in »The Pegnitz Junction« (*The Pegnitz Junction: A Novella and Five Stories*, 1973; *Blockstelle Pegnitz*, 1991), einem Text, in dem das Bewußtsein der Hauptfigur zum Filter für die collageartig eingefügten Gedanken und Dialoge diverser anderer Figuren wird. Der Wechsel zwischen den verschiedenen Erzählebenen erfolgt dabei durch abrupte Schnittstellen, eine filmische Technik, mit der die Autorin durch ihre Tätigkeit beim *National Film Board* vertraut war. Eine weitere Facette von G.s Erzählkunst ist die überzeugende Vermittlung einer kindlichen Perspektive, welche die mitunter absurde Welt der Erwachsenen konterkariert.

Obgleich G. sich bereits in den 1960er und 1970er Jahren in Europa und den USA als Autorin etabliert hatte, gelang ihr der volle Durchbruch in Kanada erst seit den späten 1970er Jahren. Zumal mit der preisgekrönten Sammlung *Home Truths: Selected Canadian Stories* (1981) und deren spezifischer Thematik konnte sie in ihrer Heimat eine breitere Leserschaft erreichen. Die Geschichten des ersten Teils, »At Home«, verbindet ein ausschließlich kanadisches *setting*, während der zweite Teil, »Canadians Abroad«, sich auf Exilkanadier konzentriert. In den sechs Geschichten des dritten Teils (»Linnet Muir«) schließlich verarbeitet die

Autorin autobiographische Erlebnisse, womit diese Geschichten zu einer Besonderheit im – uvre der ansonsten mit persönlichem Material sehr zurückhaltenden Autorin werden. Daß G. wie kaum eine andere Autorin ihrem Erzählstil weitgehend treu geblieben ist, belegt nicht zuletzt die von ihr selbst herausgegebene umfangreiche Sammlung *The Selected Stories of Mavis Gallant* (1996). Der Band enthält 52 der insgesamt über 100 Kurzgeschichten G.s, die bis auf wenige Ausnahmen zuerst im *New Yorker* veröffentlicht wurden. Trotz der Streuung über vier Jahrzehnte weisen die hier versammelten Texte eine beachtliche thematische und stilistische Homogenität auf, ohne je zur Monotonie zu tendieren, und bestätigen G.s Stellung als eine der bedeutendsten Kurzgeschichtenautorinnen des englischsprachigen Raumes.

Literatur: J. Kulyk Keefer. *Reading Mavis Gallant.* Toronto 1989. – N. K. Besner. *The Light of Imagination: Mavis Gallant's Fiction.* Vancouver 1988.

Maria Löschnigg

Galsworthy, John

Geb. 14. 8. 1867 in Coombe, Surrey;
gest. 31. 1. 1933 in Bury, Sussex

Das Genie ist ein Schrecken für seine Zeit. John Galsworthy war indes ein Schrecken für die Genies seiner Zeit. Der erfolgsverwöhnte Dramatiker und Romancier, der 1921 als erster Sekretär des Internationalen P.E.N. wurde und 1932 für seinen zeitsymptomatischen, genreprägenden Generationenroman *The Forsyte Saga* (1906–21; *Die Forsyte Saga*, 1932) den Literaturnobelpreis erhielt, fiel zu Unrecht Attacken von D. H. Lawrence und Virginia Woolf zum Opfer, von denen sich sein Ruf bis heute nicht hat erholen können. Dabei waren Vita und Werk des Anwaltssohns kaum klassen- und zeitkonform. Der Harrow-Absolvent frönte zwar in Oxford eher dem Pferderennen als dem Jurastudium, durchwanderte aber die Londoner Slums, engagierte sich für das Frauenwahlrecht, die Gefängnisreform, den Tierschutz und unterhielt 1884–94 eine uneheliche Beziehung mit der Frau seines Cousins, Ada, die er erst nach dem Tod seines Vaters heiratete. Moral und Sexualität der englischen Oberschicht, das Gefahrbergende des Schönen sowie die Postulate des sozialen Gewissens bildeten die Eckkanten eines – uvres, das sich wiederholt der Zeit widersetzte. – G.s wortkarge,

spannungsgeladene, den britischen Unarten nachspürende Dramatik steht im Zeichen eines abgemilderten Naturalismus. In *Strife* (1909; *Streik,* ca. 1960) geht es um die Verbohrtheiten eines Arbeitskonflikts, in *Justice* (1910) um das Inhumane des Justizwesens, in *The Skin Game* (1920; *Bis aufs Messer,* 1934) um Klassenrituale und -dünkel, in *Loyalties* (1922; *Loyalität,* 1924) um britischen Antisemitismus. Die insgesamt 31 abendfüllenden Stücke und zahlreichen Einakter haben allerdings nicht das antik Tragische eines Henrik Ibsen, das Besessene eines August Strindberg, das Poetische eines Gerhart Hauptmann. – Was manchem Westend-Dramatiker längst ein Lebenswerk bedeutet hätte, wird für G. allmählich zum Nebeninteresse. Nach frühen Ansätzen schreibt er 1904 den vagabundierenden *state-of-the-nation*-Roman *The Island Pharisees* (*Pharisäer,* 1933). 1906 gelingt ihm mit *The Man of Property* (*Der reiche Mann,* 1910) ein Epochenwerk. Aus dieser bitteren Abrechnung mit der vom Besitz besessenen, philiströsen, unkreativ-parasitischen Rentierschicht der Forsytes wird die erste Forsyte-Trilogie, aus der Trilogie eine Trilogie von Trilogien: *A Modern Comedy* (1929; *Moderne Komödie,* 1929), *The End of the Chapter* (postum 1935; *Das Ende vom Lied,* 1951). Die literarische Familienchronik, die in den Geburtsjahren des Realismus bei Maria Edgeworth und John Galt entsteht, um zur Zeit des Naturalismus bei Émile Zola und Giovanni Verga neu erfunden zu werden, wird von G. zu dem ausgeformt, was sie gemeinhin noch ist: zu einem stilechten, wortwörtlich ge-räumigen, den Ritualen der Familie und dem Familiensinn gewidmeten, dem Rhythmus der Familienzeit folgenden Heimspiel, der literarischen Entsprechung des künstlerischen Intimismus. Der Hochblüte der Gattung in den Jahren 1906–38 steht G. Pate, den Begriff ›family saga‹ münzt er 1919. Vergleicht man G.s Opus mit den Generationenromanen der Moderne, die bei Lawrence, Roger Martin du Gard, G. B. Stern, William Faulkner oder Woolf mystische, vorexistentialistische oder (post-)impressionistische Wege gehen, so wird zwar die erzähltechnische Konventionalität G.s augenfällig, noch deutlicher tritt aber seine souveräne Gesellschaftsanalytik hervor. Bei G. ist die Familienchronik Erinnerungskultur, Domestikationspathogenese und Sozialspiegel in einem. Was ist der Unterschied zwischen einem Literaturnobelpreisträger und einem Genie? Die Antwort ist nachzulesen in den so unverzichtbaren wie ungerechten Artikeln von Lawrence (»John Galsworthy«, 1928) und Woolf (»Mr Bennett and Mrs Brown«, 1924).

Werkausgabe: The Works of John Galsworthy. 24 Bde. London 1927–34.
Literatur: D. Holloway. John Galsworthy. London 1968. – R. H. Mottram. John Galsworthy. London 1953.

Richard Humphrey

Galt, John

Geb. 2. 5. 1779 in Irvine, Ayrshire;
gest. 11. 4. 1839 in Greenock, Renfrewshire

In der Romanliteratur des ersten Drittels des 19. Jahrhunderts gehört John Galt neben Sir Walter Scott zu den großen Erneuerern. Beide sind Kinder ihrer änderungstempobedingten Sattelzeit, beide gehen kompensierend historische Wege, beide treten innerhalb kürzester Zeit mit mehreren im heimischen Schottland spielenden Romanen hervor. Während der historische Roman Scotts aber einen Querschnitt durch eine vergangene Epoche anbietet, wobei die Gleichzeitigkeit von Ungleichzeitigem Konfliktpotential entlädt, zeichnet G. konfliktärmere historische Längsschnitte, nicht das gedrängte Nebeneinander, sondern das extensive Nacheinander der sozialen Erfahrung. Widmet sich Scott vorwiegend den Highlands zur jakobitischen Epoche 1689–1746, porträtiert G. eher den kommerziell aufstrebenden, religiös noch aufgewühlten Südwesten der Jahre 1750–1820. Erntet Scott Weltruhm und abbotsfordfähige Auflagen, wird G. nur das kärgere Brot des mäßigen Erfolgs beschieden. – Der Presbyterianer G. hielt ohnehin eher wenig von den Skribenten. Als ältester Sohn eines Handelskapitäns versuchte er sich unstet als Händler, Makler, Kommissionär und Anwalt, ging nach London, reiste lange im Mittelmeerraum, wo er die Bekanntschaft Lord Byrons machte, und war dann wie viele Schotten in der Entwicklung Kanadas involviert, wo er fast auf den grünen Zweig kam, der ihm zeitlebens aber verwehrt blieb. Er gründete 1827 die Stadt Guelph, ein anderer Ort in Ontario trägt sogar seinen Namen. Der kurz darauf nach England Zurückbeorderte kam jedoch 1829 ins Schuldgefängnis. Aber: Der Satz, wonach alles, was geschrieben wird, von Gescheiterten stammt, bewährt sich an G. in hohem Maße. Im glanzlosen Geschäftsmann ohne Fortüne steckt ein für mehrere Glanznoten sorgender, in fast frenetischen Schaffensphasen

produzierender Romancier. – Literarisch stößt G. mehrere Türen auf, wenngleich einige seit Maria Edgeworth nur noch angelehnt waren. Seine augenfälligste Innovation ist die fiktive, von einem unzuverlässigen Erzähler dargebotene Autobiographie. Der bieder-losplappernde Pfarrer Balwhidder in *Annals of the Parish* (1821), der selbstgefällige, in die eigene Tasche wirtschaftende Bürgermeister Pawkie in *The Provost* (1822), der korrupte Tory-Nabob Jobbry in *The Member* (1832) sowie der stur-gefühlslose Umstürzler Nathan Butt in *The Radical* (1832) sind lauter schottische Thady Quirks, die erzählend ihrer Epoche und sich selbst den Boden entziehen. Bereits Samuel T. Coleridge schätzte diese »irony of self-delusion«. Zugleich gehören die beiden erstgenannten, Jahrzehnte umspannenden Werke zu den ersten Chronikromanen der europäischen Literatur, die beiden letztgenannten zu den ersten politischen Romanen in englischer Sprache. V. a. G.s Meisterwerk *The Entail* (1822/23) erwies sich als traditionsstiftend: Wie *Ringan Gilhaize* (1823) ist es als eine frühe Familienchronik anzusehen, es leitet aber auch die eminent wichtige Tradition des *Glasgow novel* ein. Weitere, in der Neuen Welt spielende Romane, eine kontroverse Biographie Byrons sowie eine *Autobiography* (1833) und ein dem desavouierten, aber doch geschätzten – uvre gewidmeter Text, *Literary Life* (1834), runden ein Lebenswerk ab, das G. resignierend der Nachwelt anvertraut. Und in der Tat: Der literarische Landvermesser sozialen Wandels gehört zweifelsohne zu den Nutznießern der noch andauernden Reevaluation schottischer Literatur.

Werkausgabe: The Works of John Galt. Hg. D. S. Meldrum/W. Roughead. 10 Bde. Edinburgh 1936.
Literatur: I. A. Gordon. John Galt: The Life of a Writer. Edinburgh 1972.

Richard Humphrey

Garner, Helen

Geb. 7. 11. 1942 in Geelong, Victoria,
Australien

Helen Garner studierte an der Melbourne University und war anschließend Gymnasiallehrerin in Victoria bis zu ihrer Entlassung 1972 wegen ihres zu offenen Umgangs bei der Diskussion der Sexualität. Seitdem hat sie ihren Lebensunterhalt zunächst als Theaterkritikerin, später als Feuilletonistin verdient. G.s Debütroman, *Monkey Grip* (1977), wirkt auf den ersten Blick wie die unstrukturierte Wiedergabe von Tagebucheinträgen der Autorin, bei näherer Betrachtung zeigt das Werk jedoch seine Komplexität. Der Roman spielt vorwiegend im Milieu der jugendlich-kosmopolitischen *Counter-Culture*, deren Freizügigkeit in sexuellen Praktiken und im Drogenkonsum ihre deterministische Kehrseite hat, wie sich an den Abhängigkeiten und Obsessionen der Erzählerin Nora und des Kokain-Süchtigen Jacko zeigt. Während eines zweijährigen Aufenthalts in Paris schrieb G. die beiden Novellen *Honour, and Other People's Children* (1980), die sich anhand eines aussparend-andeutenden Erzählstils auf die Schilderung von zwischenmenschlichen Alltagsspannungen – die gespaltene Loyalität eines Kindes infolge einer Ehescheidung, die grundsätzlich instabilen Beziehungen zwischen Kindern und Erwachsenen – konzentrieren. Die Kompaktheit der Erzählweise wird in der Novelle *The Children's Bach* (1984) aufrechterhalten. Die Struktur basiert auf dem Prinzip des musikalischen Kontrapunktes, der auch thematisch bedeutsam ist, da Athena, die Mutter-Protagonistin, durch das Spielen von Bachs Musik eine Art Grundordnung sucht. Die sich verändernden Figurenkonstellationen überraschen an sich nicht (Seitensprung der Ehefrau mit einem Rockmusiker, Seitensprung des Ehemannes mit der Schwester seiner Frau), der Hauptreiz geht von G.s subtilem Erzählstil aus. Während das Grundkonzept der Novellen wie des Erstlingsromans noch dem Naturalistischen verhaftet bleibt, schlägt G. in ihren späteren Werken zum Teil eine andere Richtung ein, wenn sie die gleiche Thematik des Familienlebens mit lyrisch suggestiver Dichte, stilisierter Sprache und durchkomponierter Struktur fiktionalisiert. Diese Elemente kommen besonders in der Kurzgeschichtensammlung *Postcards from Surfers* (1985) und dem (aus der Titelnovelle und zwei Geschichten zusammengesetzten) Roman *Cosmo Cosmolino* (1992) zum Vorschein. Aus der scheinbar lockeren Reihung von Handlungen ergibt sich ein innerer Zusammenhang, der von den Motiven Krankheit/Operation über Tod/Begräbnis zum Zerfall von Beziehungen bzw. geistigem Zerfall voranschreitet; und der daraus resultierende Grundton bringt ein die Grenzen zwischen Realität und Traum sprengendes zukunftsträchtiges Befreiungsgefühl hervor. – Als Theaterkritikerin hat G. die Studie *La Mama: The Story of a Theatre* (1988) über die einflußreichste Experimentaltheatergruppe Australiens verfaßt. Außerdem hat sie Rock-Texte geschrieben, war zeitweilig als Bühnen- und Filmschauspielerin tätig und hat das Drehbuch zu dem vielgepriesenen Film *The Last Days of Chez Nous* (1990) sowie mit J. Giles die Romanfassung des Drehbuchs zum Film *Moving Out* (1983) verfaßt. Sie hat als Journalistin das Zeitgeschehen und manche Mißstände in Australien kommentiert; entsprechende Beiträge sind in *The First Stone* (1995), *True Stories: Selected Non-Fiction* (1997) und *The Feel of Steel* (2001) gesammelt.

Werkausgabe: *My Hard Heart: Selected Fiction*. Ringwood 2000.
Literatur: A. Taylor. »Desire and Repetition in the Novels of Helen Garner.« *Aspects of Australian Fiction*. Hg. A. Brissenden. Nedlands 1990, 113–126. – J. Ellison. »Helen Garner.« *Rooms of Their Own*. Ringwood 1986, 132–151. – P. Craven. »On War and Needlework: The Fiction of Helen Garner.« *Meanjin* 44.2 (1985), 209–218.
Gordon Collier

Gaskell, Elizabeth [Cleghorn]

Geb. 29. 9. 1810 in London;
gest. 12. 11. 1865 in Holybourne, Hampshire

In einem Brief von 1850 klagte Elizabeth Gaskell darüber, daß sich ihre verschiedenen Identitäten – Christin, Mutter, Ehefrau und Schriftstellerin – nicht miteinander vereinbaren ließen: »How am I to reconcile all these warring members?« Dieser letztlich unlösbare Konflikt der viktorianischen Autorin prägte nachhaltig ihr Werk, in dem sie die weiblichen Lebensentwürfe und Identitäten, die Konkurrenz von öffentlichen und privaten Rollen, von politischer und sexueller Ökonomie verhandelte. – Nach dem frühen Tod ihrer Mutter wuchs Elizabeth Cleghorn Stevenson bei Verwandten in Knutsford (Cheshire) auf, das ihr später als Vorlage für die Kleinstadt Cranford diente. Sie erfuhr zunächst hier, dann in einem Internat in Warwickshire eine gründliche Schulbildung; anschließende Reisen führten sie u. a. nach Wales, Südengland, Edinburgh und Manchester. Dort lernte sie den Reverend William Gaskell, wie sie Unitarier, kennen, den sie 1832 heiratete. Die Gaskells hatten vier Töchter und einen Sohn, der allerdings bereits 1845 starb. G. begann zu schreiben – ihre erste Veröffentlichung war »Sketches Among the Poor« (1837) –, unterstützte ihren Mann aber auch bei seinen sozialen Aufgaben. Dabei lernte sie die Lebensbedingungen der Armen von Manchester kennen, der *shock city*, die der frühviktorianischen Gesellschaft die Schattenseiten von Urbanisierung und Industrialisierung drastisch vor Augen führte. Die literarische Verarbeitung solcher Eindrücke findet in *Mary Barton: A Tale of Manchester Life* (1848; *Mary Barton: Eine Geschichte aus Manchester*, 1849–50) und *North and South* (1854–55 in *Household Words*, 1855 als Buch) statt.

Mary Barton, ihr anonym publizierter erster Roman, den sie durch die Vermittlung von William und Mary Howitt veröffentlichen konnte, löste unter den Fabrikbesitzern Manchesters empörte Reaktionen aus. Ihre realistische Schilderung von Elend, Arbeitslosigkeit und Prostitution des Proletariats, das von den arroganten Fabrikbesitzern ausgebeutet wird, wurde ihr als einseitige Stellungnahme vorgeworfen, trug ihr aber andererseits das Lob von Thomas Carlyle ein. *Mary Barton* überzeugt nicht zuletzt durch die genaue Wiedergabe des Lancashire Dialekts, ein Interesse, das sie mit ihrem Mann teilte. Seine »Two Lectures on Lancashire Dialect« wurden im Anhang zur 1854er Ausgabe von *Mary Barton* abgedruckt. – G. reiste nach London, wo sie u. a. Charles Dickens kennenlernte, zu dessen *Household Words* sie ab 1850 beitrug. Hier erschien *Cranford* (1851–53; *Die guten Frauen von Cranford*, 1947), eine locker verknüpfte Sammlung von Anekdoten und Geschichten über eine Kleinstadt. *Cranford* ist jedoch keine nostalgische Verklärung des ländlichen Idylls; das weitgehend gynozentrische Städtchen ist vielmehr ein Ort der Vergänglichkeit, wo die durch die männlich dominierte Industriegesellschaft von Drumble repräsentierten sozialen Veränderungen Panik auslösen. Der Abwesenheit von ›Geschichte‹ wird mit weiblich semantisiertem Geschichtenerzählen und Erinnern begegnet; die Erzählerin Mary wandelt sich von einer amateurhaften Sammlerin zu einer aktiveren, ordnenden und gestaltenden Figur.

Der Roman *Ruth* (1853) schildert das Schicksal einer ›gefallenen Frau‹ und Mutter eines unehelichen Kindes in einer selbstgerechten und heuchlerischen Gesellschaft – trotz Melodramatik und Idealisierung ein klarer Tabubruch. Angesichts der empörten Reaktionen fühlte sich G. als »St. Sebastian tied to a tree to be shot at with arrows«. In *Ruth*, *Mary Barton* und *North and South* wird der traditionelle *romance plot* verworfen. Zwar endet *North and South* wie *Mary Barton* mit einer Heirat und wird mit der Verbindung zwischen Margaret Hale, der Pfarrerstochter aus dem agrarischen Süden, und dem Industriellen John Thornton aus den Midlands der Ausgleich der sozialen Gegensätze vorgeführt. Gleichwohl hat die Industrialisierung die bürgerliche Geschlechterordnung brüchig werden lassen, erweisen sich, wie schon in der Verknüpfung der politischen Geschichte des Chartisten John Barton und der Liebesgeschichte seiner Tochter Mary, Politisches und Sexuelles, weibliche und männliche Sphären als untrennbar miteinander verbunden.

G. pflegte Freundschaften und Korrespondenzen mit zahlreichen bedeutenden Frauen des viktorianischen Englands: Jane Carlyle, Florence Nightingale, George Eliot, Mary Howitt, Harriet Martineau, Anna Jameson sowie Charlotte Bront. Nach deren Tod verfaßte sie *The Life of Charlotte Bront* (1857; *Das Leben der Charlotte Bront*, 1995), eine der bemerkenswertesten Biographien des 19. Jahrhunderts, die G. allerdings auch Ärger einbrachte: Lady Scott, die nach G.s Ausführungen ein Verhältnis mit Branwell Bront gehabt haben soll, drohte mit einer Verleumdungsklage, so daß G. die entsprechenden Passagen zurückziehen mußte. *The Life of Charlotte Bront* erlaubt nicht zuletzt auch die Reflexion über die psychischen wie sozialen Konflikte viktorianischer Schriftstellerinnen, für die das Schreiben nie einfach nur ein Beruf unter vielen anderen sein konnte, sondern gleichermaßen Berufung war wie auch mit ihrer ›eigentlichen‹ Aufgabe in der Familie konkurrierte. – Neben ihren Romanen ist G. Autorin zahlreicher Kurzgeschichten, die in verschiedenen Zeitschriften und in Buchform in *Life in Manchester* (1847), *Lizzie Leigh and Other Tales* (1855) und *Round the Sofa* (1859) und weiteren Sammlungen veröffentlicht wurden. – 1863 erschien *Sylvia's Lovers* (*Sylvia's Freier*, 1864), ein historischer Roman, der vor dem Hintergrund der Napoleonischen Kriege die Beziehungen zwischen der Protagonistin Sylvia Robson, ihrem Cousin und späteren Ehemann Philip Hepburn und dem faszinierenden Harpunier Charley Kinraid schildert. Das weibliche Schicksal erweist sich als ein immer schon in die Geschichten der Männer eingeschriebenes, in denen das Begehren der Frau keinen Ort hat. Auf den Kurzroman *Cousin Phillis* (1863–64 im *Cornhill Magazine*) folgte ab 1864, ebenfalls im *Cornhill Magazine*, *Wives and Daughters* (1866; *Frauen und*

Töchter, 1997). Der Schauplatz von G.s letztem Roman, der von vielen als ihr Meisterwerk betrachtet wird und möglicherweise als Anspielung auf Turgenjews *Väter und Söhne* (1862) gelesen werden kann, ist wieder das provinzielle England mit seinen Liebesgeschichten und dem spannungsreichen Verhältnis zwischen den sozialen Klassen sowie insbesondere zwischen Eltern und Kindern. Über die Auseinandersetzung mit sozialen und politischen Konflikten sowie naturwissenschaftlichen Diskursen wird nun jedoch ein größeres Panorama als in ihren früheren Romanen entworfen. *Wives and Daughters*, ein weiblicher Bildungsroman, problematisiert aufs neue die verschiedenen weiblichen Rollen und stellt die Frage nach weiblicher Autonomie gegenüber fremdbestimmten Identitäten, die der Frau – nicht zuletzt durch die Intrigen und den Klatsch der Kleinstadt – zugewiesen werden. Kurz vor der Vollendung des Romans starb G. in dem neuen Landhaus in Hampshire, mit dem sie sich einen lange gehegten Traum erfüllt hatte.

Werkausgaben: *The Works: The Knutsford Edition.* Hg. A. W. Ward. 8 Bde. London 1906. – *The Letters.* Hg. J.A.V. Chapple/A. Pollard. Manchester 1966. Literatur: D. D'Albertis. *Dissembling Fictions: Elizabeth Gaskell and the Victorian Social Text.* London 1997. – H. M. Schor. *Scheherazade in the Marketplace: Elizabeth Gaskell and the Victorian Novel.* Oxford 1992. – P. Stoneman. *Elizabeth Gaskell.* Brighton 1987.

Sabine Schülting

›*Gawain*-Dichter‹

14. Jahrhundert

Der namenlose Autor ist eine der interessantesten, freilich auch am wenigsten greifbaren literarischen Figuren des englischen Mittelalters. Er ist der vermutliche Verfasser von vier in einer Handschrift überlieferten, inhaltlich und formal recht unterschiedlichen Gedichten, die gegen Ende des 14. Jahrhunderts in einem Dialekt des nordwestlichen »Mittellandes« geschrieben wurden. Bemerkenswert für die Sammlung ist, daß sie nur alliterierende Dichtung enthält, zwölf – etwas unbeholfene, aber für das Textverständnis aufschlußreiche – Illustrationen einfügt und sprachlich wie stilistisch mehr Gemeinsamkeiten als Unterschiede aufweist, zumal sich bei genauerer Betrachtung Eigenheiten abzeichnen, die einen durchaus individuellen Autorenstil reflektieren. Dabei wird eine Persönlichkeit erkennbar, die, bei dezidiert religiöser Ausrichtung, einen besonderen Sinn für höfische Sitten und Riten hat, einen etwas sarkastischen Humor, aber wenig Interesse an schwankhafter Komik, subtiler Ironie oder romanzenhafter Liebe. Nach dem bekanntesten der vier Werke, *Sir Gawain and the Green Knight*, hat sich die Bezeichnung ›*Gawain*-Dichter‹ bzw. »*Gawain*-Poet«, gelegentlich auch »*Pearl*-Poet« (nach dem ersten Gedicht der Sammlung) eingebürgert.

Pearl ist formal das kunstvollste der vier Werke, geschrieben in gereimten, aber auch vielfach alliterierenden Strophen und nach einem ausgeklügelten System von Strophengruppen strukturiert. Der Gesamtumfang von 1212 Zeilen entspricht der Bedeutung der Zwölfzahl, die der Dichter durch die zwölf Tore Jerusalems, die zwölf Früchte am Baum des Lebens, die Zahl der Apostel und der Monate des Jahres begründet. Der Sprecher des Gedichts, der den Verlust eines zweijährigen Mädchens betrauert, sieht dieses in einer Vision als Erlöste im himmlischen Paradies. Sie verweist ihm seinen verzweifelten Schmerz und belehrt ihn über Gottes Gerechtigkeit und die Seligkeit der ohne eigenes Verdienst in seine Gemeinschaft Aufgenommenen. Es ist eines der tiefsten und bewegendsten Trostgedichte des englischen Mittelalters. – Das zweite Gedicht, *Cleanness* oder *Purity*, ist weniger streng aufgebaut, folgt aber ebenfalls einem sehr überlegten Plan, der sich an liturgischen Traditionen und den entsprechenden biblischen Lektionen (Perikopen) orientiert. In einer breiten Folge von biblischen Beispielen, verbunden durch homiletische Betrachtungen, werden die Tugend der Reinheit und die ihr entgegengesetzten Laster vorgestellt. Ausgesprochen dramatische Höhepunkte sind die Schilderung der Sintflut, der Zerstörung Sodoms und des Gastmahls von Belsazar. – Kürzer und in sich geschlossener ist *Patience*, ein Gedicht, das, ausgehend von den Seligpreisungen, die Geschichte des Propheten Jonas als negatives Exempel menschlichen Trotzes angesichts von Gott auferlegter Prüfungen eindrucksvoll nacherzählt. Jonas' selbstgerechtes Aufbegehren wird in seiner fast komischen Vergeblichkeit lebendig und zugleich verständnisvoll wiedergegeben.

Sir Gawain and the Green Knight (*Sir Gawain und der grüne Ritter*, 1974) ist das umfangreichste und vielschichtigste der Gedichte, eine geniale Verbindung von höfischer Ritterromanze und moralischer Debatte, und die wohl eindrucksvollste englische Erzählung aus dem Stoffkreis von König Arthur (Artus). Im Mittelpunkt steht die Prüfung und Versuchung Gawains, der als vollkommenster Ritter Arthurs gilt. Stellvertretend für die ganze Tafelrunde nimmt er die Herausforderung eines riesenhaften grünen Ritters an, ihm einen Axthieb zu versetzen und in einem Jahr den Gegenschlag an der grünen Kapelle abzuholen. Die beschwerliche Reise dorthin führt ihn in ein Schloß, wo ihn, unerkannt, der grüne Ritter und, in der Gestalt der Schloßherrin, eine neue Prüfung seiner ritterlichen Loyalität und Vertragstreue erwarten. Der Ritter besteht alle Proben, mit einer Einschränkung: der Annahme eines grünen Gürtels der Dame, der ihn vor dem Gegenschlag schützen soll. Während alle, auch der grüne Ritter, Gawains unfehlbare Verläßlichkeit loben, bedrückt ihn selbst das Wissen um seine Unvollkommenheit. Die überaus subtil konstruierte Erzählung stellt selbst ein Art Probe ritterlich-höfischer Wertvorstellungen dar. Wesentlicher als verfeinertes Zeremoniell (die Kunst des Waidwerks, gesellschaftliche Gesprächskunst, fröhliches Hoffest) sind für den Dichter die Verbindlichkeit des Kirchenjahres und die absolute Treue gegenüber dem gegebenen Wort. Zur differenzierten Kunst der Perspektive und der rhetorischen Beschreibung kommt die formale Meisterschaft der Strophen mit einer jeweils variablen Zahl von Langzeilen und einem Abgesang von fünf gereimten Zeilen (ababa), davon die erste einhebig (»bob«) und vier dreihebig (»wheel«).

Werkausgabe: *The Poems of the Pearl Manuscript*. Hg. M. Andrew/R. Waldron. London 1978, Exeter 1987.
Literatur: D. Brewer/J. Gibson, Hgg. *A Companion to the Gawain-Poet*. Cambridge 1997. – W. A. Davenport. *The Art of the Gawain-Poet*. London 1978. – A. C. Spearing. *The Gawain-Poet*. Cambridge 1970. – J. A. Burrow. *A Reading of Sir Gawain and the Green Knight*. London 1965.

Dieter Mehl

Gay, John

Geb. 30. 6. 1685 in Barnstaple, Devon;
gest. 4. 12. 1732 in London

Vor dem sensationellen Erfolg seiner *Beggar's Opera* (1728; *Die Betteloper*; 1961) hatte sich John Gay in den meisten Sparten der etablierten Literatur versucht. Als Kaufmannslehrling war er 1702

nach London gekommen, mit keiner anderen Empfehlung als einem höheren Schulabschluß und dem unbeirrbaren Willen, es zum Dichter zu bringen. Er drängte sich erfolgreich in den Zirkel um den jungen Alexander Pope, sprach bei potentiellen adligen Mäzenen vor und veröffentlichte, mit Blick auf die Vorbilder Vergil und Pope, zunächst ›ländliche‹ Gedichte, später Satiren, Panegyrik, Farcen und Fabeln. Dabei zeigte er eine dem Erfolg nicht immer förderliche Vorliebe fürs Hybride, für pastorale Parodien (*The Shepherd's Week*, 1714), *city georgics* im Stile Swifts (wie das kulturhistorisch faszinierende und immer noch amüsante *Trivia, or The Art of Walking the Streets of London*, 1716) und *tragi-comi-pastoral plays* (wie seine erfolgreichste Farce *The What d'ye Call It*, 1715). Wenig Glück hatte G. mit der wirtschaftlichen Etablierung, da beide gesellschaftlichen Lager ihn im Stich ließen: Der Hof hatte ihm nicht mehr zu bieten als einen winzigen Posten als Kammerherr der Prinzessin, den er beleidigt ablehnte; die Welt des neuen Geldes hatte ihn (bei dem Börsen-Crash von 1720, der *South Sea Bubble*) sogar seiner Ersparnisse beraubt. *The Beggar's Opera* entstand aus dieser Desillusionierung, die sich gegen Adel und Bürgertum gleichermaßen richtete. Nicht zufällig ist der mittellose Bettler-Poet die Titelfigur der Opernparodie; da er finanziell vom großen Publikum abhängig ist (»Da wir von den Musen leben ...«), wird er ihm geben, was es sich wünscht: abgegriffenes Opernpathos, Melodramatik, Sentimentalität und, so sollte man hinzufügen, Sensationelles (z. B. aus zeitgenössischen Verbrecherbiographien), politische Anspielungen (auf Robert Walpoles korrupte Regierung) und schmissige Melodien. G.s genialer Einfall aber bestand darin, den großen sozialen Konflikt bzw. Umbruch seines Jahrhunderts in einer Unterweltsgeschichte um Räuber, Huren und Spitzel zu spiegeln. Peachum, der mächtige Hehler (und Zuträger der Polizei in einer Person), wird mit allen Requisiten und Diskursen des Großkaufmanns und anständigen Bürgers ausgestattet. Er vergleicht sich (gleich im ersten *song*) mit dem Staatsmann (der korrupter erscheint) und dem Rechtsanwalt (der wie er sowohl für als auch gegen Verbrecher handelt), führt stets solche Werte wie *decency* und *duty* im Munde, sorgt sich um die Zukunft seiner Tochter und unterwirft sich freudig den Zwangsläufigkeiten des Geschäftslebens (»the common course of business«). Frauen liefert er nicht an den Galgen (weil es dafür keine Belohnung gibt), wohl aber seinen Schwiegersohn (weil der ihm gefährlich scheint und es selbst diesem sicherlich lieber sei, als wenn es ein Fremder täte). Dieser Schwiegersohn, der Highway-Räuber Macheath, der elegante Lord der Unterwelt, vertritt mit seinen Kumpanen die ›aristokratischen‹ Gegenideale: elitäre Solidarität, Tapferkeit, Verachtung für das Geld (er ist Verschwender), Hedonismus: »Die Welt ist geizig, und wir hassen Geiz. [Die Geizigen] sind die wahren Räuber der Menschheit; denn das Geld ist gemacht für die Großherzigen und die Freien; und wo liegt das Unrecht, wenn man einem etwas wegnimmt, das der nicht zu genießen wagt?« Aber auch mit diesen Idealen ist es nicht weit her: Macheath wird gegen Geld von einem Bandenmitglied verraten; er ist längst, wie er weiß, finanziell von Peachum abhängig, und am Ende, den Galgen vor Augen, erweist sich auch der Mut als flüchtig (»›Ich zittere! Ich zage! Seht, mein Mut ist zu Ende!‹ – Hält die leere Flasche hoch.«). Erstaunlich bleibt, daß Bertolt Brecht beinahe alles, was er für seine *Dreigroschenoper* brauchte, bei G. vorfand: nicht nur die Handlung (inklusive der Themen der ›sexuellen Hörigkeit‹, der Macht des Geldes, der Koalition zwischen Staat und Kapital), sondern auch einen Text, der nicht sentimental oder moralisch war, sondern Sentimentalität (v. a. in der Figur der Polly) und Moral zeigte. Selbst den reitenden Boten, der laut Brecht »ein ungestörtes Genießen selbst an sich unhaltbarer Zustände« garantiert, gibt es schon. Der Bettler ändert auf Drängen das Ende: »Das Stück in seiner alten Form hätte eine erstklassige Moral enthalten. Es hätte gezeigt, daß die niederen Schichten genau so ihre Laster haben wie die höheren, – daß *sie* aber dafür bestraft werden.« Anders als bei Brecht erschöpfen sich die ›Verfremdungseffekte‹ G.s (so schaffen z. B. seine *songs* Distanz) im Negativen: Im Niemandsland zwischen Bürgertum und Adel relativiert jedes Element das andere: die Verbrechergeschichte die bürgerliche Atmosphäre, Peachums Pragmatismus die hochfliegenden Sprüche Macheaths, die Musik der Straßenballaden und Salonschlager die elaborierten Arien Georg Friedrich Händels, die Komödien-Pointen die sentimentalen oder heroischen Klischees. Daß aber diese scharfsichtige und zynische Dramatisierung des sozialen Umbruchs so vergnüglich ausfiel, erklärt die Begeisterung, mit der das zeitgenössische Publikum sich ohrfeigen ließ.

Werkausgaben: *Poetical Works*. Hg. G. C. Faber. New York 1969 [1926]. – *The Plays*. 2 Bde. London 1923. Literatur: C. Winton. *John Gay and the London Theatre*. Lexington 1993. – J. Wolf. *Political Allegory in the Later Plays of John Gay*. New York 1993.

Gerd Stratmann

Gee, Maurice

Geb. 22. 8. 1931 in Whakatane, Neuseeland

Maurice Gee, nächst Janet Frame vielleicht der bedeutendste Autor Neuseelands, unternimmt es in seinen Romanen, der noch recht kurzen Geschichte der europäischen Besiedlung seines Landes literarischen Ausdruck zu geben und an der Gestaltung einer neuseeländischen kulturellen Identität mitzuwirken. Als G.s bedeutendste Leistung wird vielfach seine Romantrilogie *Plumb* (1978), *Meg* (1981) und *Sole Survivor* (1983) angesehen, welche die Geschicke einer Familie aus dem Blickwinkel von Angehörigen dreier Generationen vom Ende des 19. Jahrhunderts bis in die 1980er Jahre erzählt. Ich-Erzähler sind jeweils der presbyterianische Pfarrer und spätere Rebell und philosophische Autor George Plumb, dessen Tochter Meg, die den Handwerker Fergus Sole heiratet, und deren Sohn, der Journalist Raymond Sole. Alle drei Erzähler blicken in vorgerücktem Alter auf ihr Leben zurück; ihre in einem einfachen, unprätentiösem Stil abgefaßten Berichte ergänzen und korrigieren sich gegenseitig. George Plumb, der Familiengründer, erscheint als intellektueller Sucher, der aus Überzeugung von den Anglikanern zu den Presbyterianern konvertiert und Geistlicher wird, später aber aufgrund seiner freidenkerischen Haltung und seiner sozialistischen Ethik aus diesem Amt gejagt wird und schließlich als »Aufrührer« verurteilt ins Gefängnis kommt. Nach seiner Entlassung kann er aufgrund einer Erbschaft mit seiner Familie ein geruhsames Leben führen. Seine kompromißlose intellektuelle Integrität bringt allerdings die Vernachlässigung seiner Familie mit sich: Als Plumb den Konflikt mit kirchlichen und staatlichen Autoritäten sucht, ist ihm das Wohlergehen seiner Frau und seiner zwölf Kinder gleichgültig. Diese Kinder entwickeln sich in ihren politischen und religiösen Ansichten, ihrem mehr oder weniger ambitionierten Werdegang und ihrem Fernweh bzw. ihrer Heimatverbundenheit sehr unterschiedlich. Ihre Individualität steht exemplarisch für die Vielfalt der neuseeländischen

Gesellschaft. – Ein weiterer bemerkenswerter Roman ist *Live Bodies* (1998), der das Schicksal eines Emigranten zum Inhalt hat: Der als jüdischer Kommunist vor den Nazis nach Neuseeland fliehende Held wird dort während des Kriegs als suspekter Ausländer interniert, ist in der Nachkriegszeit jedoch als Geschäftsmann erfolgreich und gründet eine Familie. Wie die *Plumb*-Trilogie illustriert *Live Bodies* anhand eines Einzelschicksals die neuseeländische Geschichte. – G. hat sich auch als Autor von phantastischen Kinderbüchern einen Namen gemacht, deren Helden sich auf ihren Missionen mit Furchtlosigkeit und Loyalität bewähren und deren Schauplätze Besonderheiten der neuseeländischen Landesnatur hervortreten lassen.

Literatur: S. Prakash. »Fantasy and Flight in the Novels of Maurice Gee.« *New Zealand Literature Today.* Hg. R. K. Dhawan/W. Tonetto. Neu-Delhi 1993, 150–160. – B. Manhire. *Maurice Gee.* Auckland 1986.

Thomas Kullmann

Gems, Pam

Geb. 1. 8. 1925 in Bransgore, Hampshire

Als Vertreterin der ersten Welle des britischen feministischen Theaters der 1970er Jahre wird Pam Gems häufig als Ikone dieses Theaters gefeiert, obwohl sie selbst das Etikett ›feministisch‹ ablehnt. Bereits in jungen Jahren begann sie zu schreiben, zumeist für Radio und Fernsehen. Ihre Arbeit fand jedoch erst in den 1970ern, als sie nach London zog, Anerkennung. In London inspirierten sie der Kontakt mit der Frauenbewegung und dem *Fringe Theatre* zum Schreiben für das Theater. So wurde ihr Stück *The Amiable Courtship of Miz Venus and Wild Bill* beim ersten *Women's Theatre Festival* von 1973 aufgeführt. – G.' Stücke zeichnen sich durch die Darstellung weiblicher Erfahrungen aus, wobei sie diese nicht als Propaganda, sondern als Reflexion der Situation verstanden wissen möchte. Dies brachte ihr für *Dusa, Fish, Stas and Vi* (1976) Kritik von feministischer Seite, da eine der Hauptfiguren in ihrem Kampf gegen das patriarchalische System aufgibt und Selbstmord begeht. Was sich hier andeutet und sich durch G.' weitere Werke zieht, ist die dramatische Verarbeitung meist weiblicher Biographien. Diese findet sich besonders in ihren Stücken *Queen Christina* (1977), *Piaf* (1978), *Camille* (1984), *The Blue Angel* (1991), *Stanley*

(1996, die einzige Verarbeitung einer männlichen Biographie) und *Marlene* (1996; *Marlene*, 2000), die auf realen Personen bzw. auf literarischen und filmischen Vorgaben basieren. G. zeigt von einer männlichen Welt sentimentalisierte ›Stars‹, die sie dann gezielt dekonstruiert. Mit *Queen Christina* sah G. sich mit einem weiteren Mythos konfrontiert: der Greta-Garbo-Verfilmung des Stoffes. Bewußt setzt sie dieser strahlend schönen und romantisch bisexuellen Version der schwedischen Königin eine seelisch und körperlich verkrüppelte Christina entgegen, die an der Zerrissenheit zwischen männlicher anerzogener und weiblicher erlebter Identität zerbricht. Auch in *Piaf* konzentriert sich G. auf die Person und weniger auf den Star, den Widerspruch zwischen der erfolgreichen Sängerin und dem Kampf der Person Piaf gegen Einsamkeit, Alkoholismus und Krankheit. Die Betonung von Piafs proletarischem Hintergrund verhindert das Abgleiten des Stückes ins Sentimentale. So geprägt weigert sich G.' Piaf, sich dem von männlichen Normen geprägten Verhaltenskodex zu unterwerfen. In ähnlicher Art und Weise bricht G. mit der verklärenden Romantik in ihrer Adaptation von Dumas' *La Dame aux Camélias*. Die Halbwelt der Prostitution ist hier von ökonomischen Zwängen geprägt, denen auch die Hauptfigur Camille unterliegt, die nicht wie im Original romantisch wiedervereint in den Armen ihres Liebhabers stirbt, sondern allein in der Gegenwart des ihr Vermögen schätzenden Auktionators. – Ihre häufige Verwendung nicht-naturalistischer Mittel begründet G. mit dem Einfluß des Films, dem ihre Techniken (kurze Szenen, abrupte Szenenwechsel) entstammen. Sie verweist auch darauf, daß das Publikum mit filmischen Techniken vertraut ist und für nicht auf der Bühne dargestellte Handlungen keiner weitschweifigen Erklärungen, sondern lediglich kurzer Hinweise bedarf. – Neben *Camille* adaptierte Gems auch Werke von Anton Tschechow, Henrik Ibsen und Federico García Lorca. Ihr jüngstes Stück ist *The Snow Palace* (1998).

Literatur: E. Aston/J. Reinelt. *The Cambridge Companion to Modern British Women Playwrights.* Cambridge 2000. – H. Stephenson/N. Langridge. *Rage and Reason: Women Playwrights on Playwriting.* London 1997.

Kathleen Starck

Ghosh, Amitav

Geb. 11. 7. 1956 in Kalkutta

Amitav Ghosh ist nach Salman Rushdie der wohl namhafteste Romancier der indischen Diaspora und wie Salman Rushdie verbindet er postmoderne mit einheimisch traditionellen Erzählverfahren, um die Konflikte des (nach)kolonialen Subkontinents zu fiktionalisieren. G., dessen Familienhintergrund im geteilten Bengalen und wissenschaftlicher Werdegang als autobiographisches Substrat in seinem Erzählwerk wiederkehren, wuchs im kosmopolitischen Mittelstandsmilieu von Kalkutta auf, studierte Soziologie in Delhi und Anthropologie in Oxford, war als Journalist und Universitätsdozent in Delhi tätig und ging schließlich nach New York, wo er eine Professur für Komparatistik innehat.

G. ist besonders durch vier (vielfach preisgekrönte) Romane und eine autobiographisch-anthropologische Schrift hervorgetreten. In dem burlesken Bildungsroman *The Circle of Reason* (1986; *Bengalisches Feuer oder Die Macht der Vernunft*, 1989) entwickelt er anhand der verschachtelt fabulierten Abenteuer eines wissenschaftsgläubigen Webers aus dem ländlichen Bengalen, den es bis in die arabische Welt verschlägt, bereits typische Themenkomplexe wie das Verhältnis von Realität und Fiktion, Tradition und Fortschritt, Ordnung und Chaos und die interkulturelle Erfahrung des Migranten in einer stilistisch flexiblen, diskontinuierlichen Erzählweise. In *The Shadow Lines* (1988; *Die Schattenlinien*, 1992) verwendet er das Konzept der Familienchronik im zeitgeschichtlichen Rahmen, um anhand der Schicksale einer bengalischen und einer englischen Familie, die über Generationen miteinander verwickelt sind, die »schattenhaften« spät- und nachkolonialen Grenzlinien im bewegten Leben des Einzelnen wie des Kollektivs zwischen Kalkutta, London und Dakha sichtbar zu machen, aber auch deren Überwindbarkeit durch imaginativen Wissensdrang oder opferbereite Liebe anzudeuten. *In an Antique Land* (1992; *In einem alten Land*, 1995) kombiniert die autobiographische Reiseerzählung G.s während eines Studienaufenthalts in einem ägyptischen Dorf mit der sozialgeschichtlichen Rekonstruktion der Geschichte eines jüdischen Händlers und seines indischen »Sklaven« im 12. Jahrhundert und verdeutlicht Korrespondenzen in der jeweiligen interkulturellen Konstellation. – Mit *The Cal-cutta Chromosome* (1996; *Das Calcutta Chromosom*, 1996) wandte G. sich dem Genre der Sciencefiction zu, was ihm ein internationales Breitenpublikum sicherte. Es geht in dem satirischen Roman über »Fieber, Delirium und Entdeckung« um das Aufspüren eines mysteriösen Chromosoms, das aus der Malaria-Forschung im Labor eines englischen Nobelpreisträgers und seiner eigenmächtigen indischen Gehilfen in Kalkutta hervorgegangen ist, den Transfer psychischer Eigenschaften von Körper zu Körper bewirkt und so eine metempsychotische Reinkarnation bewirkt. In seinem Roman, *The Glass Palace* (2000; *Der Glaspalast*, 2000), entwirft G. anhand einer Großfamilien-Saga und einer Vielzahl weiterer Figuren aus diversen Milieus ein Panorama der Geschichte von Birma, Indien und Malaysia seit dem späten 19. Jahrhundert im Zeichen der (nach-)kolonialen Wanderbewegungen, das in einer wiederum verschachtelten Erzählung epischen Ausmaßes dargeboten wird.

Literatur: R. K. Dhawan. *The Novels of Amitav Ghosh.* Neu-Delhi 2002.

Eberhard Kreutzer

Gibbon, Edward

Geb. 8. 5. 1737 in Putney, Surrey;
gest. 16. 1. 1794 in London

Edward Gibbon schrieb mit seiner monumentalen *History of the Decline and Fall of the Roman Empire* in sechs Bänden (1776–88; *Geschichte des Verfalls und Untergangs des Römischen Reiches*, 1779–1806) das berühmteste Werk der englischen Geschichtsschreibung. Auch wenn mittlerweile einige seiner Darstellungen und Urteile, insbesondere über die Schwäche des oströmischen Reiches, überholt sind, kann die stilistisch kunstvolle Erzählweise heute noch faszinieren. Die schöpferische Aufgabe des Historikers sah G. in der Erkenntnis und Darstellung der Zusammenhänge zwischen einzigartigen und komplexen Ereignissen, die nicht auf Annalen reduziert oder durch allgemeine Gesetze erklärt werden können. G. bemühte sich um eine weitreichende Kulturgeschichte, die politische und militärische Ereignisse mit sozialen, wirtschaftlichen und religiösen Entwicklungen verknüpft. Das Werk umfaßt die römische Geschichte vom Tode Mark Aurels (180 n.Chr.) über den Ansturm der Hunnen und Goten, die Aufgabe der asiatischen und afrikanischen Provinzen sowie des westlichen Reiches bis zum Untergang des Byzantinischen Reiches mit der türkischen Einnahme Konstantinopels (1453). Gläubige Zeitgenossen störten sich an seiner Darstellung der destabilisierenden Funktion des Christentums und an dem Fazit: »I have described the triumph of barbarism and religion«. Allerdings bilanzierte G. durchaus Verluste und Gewinne historischen Wandels, bei dem Fortschritte in manchen Bereichen mit Rückschritten in anderen einhergehen können. – G.s Geschichtswerk und seine Memoiren autorisieren sich wechselseitig: G. rechtfertigte das Abfassen seiner Memoiren durch seine Position als anerkannter Historiograph und begründete dessen Autorität durch seine bemerkenswerte Bildungsgeschichte. Der Historiker war sich bewußt über verschiedene Möglichkeiten, die Vergangenheit seines eigenen Lebens zu gestalten, von der er nicht weniger als eine französische und sechs englische Versionen entwarf; die letzteren wurden erst 1896 unter dem Titel *The Autobiographies of Edward Gibbon* veröffentlicht. Die diversen Fassungen heben unterschiedliche Ursachen und Wirkungen seiner Entwicklung zum Historiker hervor, die zwischen Zufall und Schicksal, angeborenen und erworbenen Eigenschaften, eigener Zielstrebigkeit und Einflüssen anderer variieren. Der von seiner Familie vernachlässigte und von Krankheiten geplagte junge G. stürzte sich in die Lektüre zahlloser Bücher. Sein Vater nahm ihn nach seiner Konversion zum Katholizismus von der Universität Oxford und schickte ihn zu einem kalvinistischen Tutor nach Lausanne (1753), wo er rekonvertierte, Französisch lernte, sein Studium der Philosophie und klassischer Literatur forcierte und eine zweite Heimat gewann. Auf Druck des Vaters gab G. seine Heiratspläne in der Schweiz auf und kehrte nach England zurück. Der rhetorisch geschliffene Schriftsteller wagte es in seiner mehrjährigen Amtszeit als Parlamentsmitglied (1774–1780, 1781–83) nicht, eine Rede zu halten. G. verbrachte die letzten zehn Jahre seines Lebens weitgehend in Lausanne.

Werkausgabe: *The Works of Edward Gibbon*. New York 1906 f.
Literatur: M. Meyer. *Gibbon, Mill und Ruskin: Autobiographie und Intertextualität*. Heidelberg 1998. – D. Womersley. *Edward Gibbon: Bicentenary Essays*. Oxford 1997. – P. B. Craddock. *Edward Gibbon, Luminous Historian*. Baltimore 1989. – D. Womersley. *The Transforma-*

tion of The Decline and Fall of the Roman Empire. Cambridge 1988.

Michael Meyer

Gibbon, Lewis Grassic [James Leslie Mitchell]
Geb. 13. 2. 1901 in Auchterless, Aberdeenshire; gest. 7. 2. 1935 in Welwyn Garden City, Hertfordshire

Mit den unter seinem Pseudonym erschienenen Romanen, Kurzgeschichten und Essays wurde J. Leslie Mitchell zum einflußreichsten Schriftsteller Schottlands im 20. Jahrhundert. Lewis Grassic Gibbon, wie er sich seit der Veröffentlichung seines ersten schottischen Romans *Sunset Song* (1932; *Der lange Weg durchs Ginstermoor*, 1970) nannte, entstammte einer Bauernfamilie aus dem Nordosten Schottlands. Der sozialgeographische Hintergrund nahm Einfluß auf die Thematik, die Motive, die ästhetische Gestaltung und politischen Aussagen seiner schottischen Prosa, hier besonders der Trilogie *A Scots Quair* (1932–34, *Ein schottisches Buch*, 1970): *Sunset Song, Cloud Howe* (1933; *Wolken über der Ebene*, 1972) und *Grey Granite* (1934; *Flamme in grauem Granit*, 1974) unterlegen die aus seiner englischen Prosa bekannten idealistischen Freiheitsentwürfe mit einem materialistischen Geschichtsbewußtsein und bilden in ihrer Gesamtheit eine politische Vision, die einer utopisch-anarchistischen Philosophie verpflichtet ist. G. nimmt folglich eine undogmatische, linke Position ein, die ihn zeitweise in scharfen Gegensatz zu marxistischen Intellektuellen, u. a. Hugh MacDiarmid, brachte. In formalästhetischer Hinsicht folgte G. der Leitlinie der *Scottish Renaissance*, indem er für seine Trilogie ein synthetisches Schottisch verwandte und somit seine Muttersprache in den Rang eines literarischen Idioms erhob. Dabei paßt er das Englische dem Rhythmus und der Satzmelodie des gesprochenen Schottisch an. G.s innerhalb weniger Jahre entstandenes – uvre umfaßt 17 Bücher: Romane, Erzählungen, Kurzgeschichten, Biographien, Essays, anthropologische Studien. Der englische Teil – unter seinem Geburtsnamen Mitchell publiziert – ist der wissenschaftlichen sowie breiten Öffentlichkeit weitgehend entgangen, doch für das Verständnis seines Gesamtwerkes nicht zu unterschätzen. Jedes einzelne Werk ist ein bedeutsamer Beitrag zu G.s zentralem Anliegen, seinem Protest gegen die Entwürdigung des Menschen durch den Menschen vielfältigen Ausdruck zu geben. Dabei reicht die Spannbreite vom Gesellschaftsroman (*Stained Radiance*, 1930; *The Thirteenth Disciple*, 1931) und historischen Roman (*Spartacus*, 1933) bis hin zur Science-fiction (*Three Go Back*, 1932; *Gay Hunter*, 1934) und orientalischen Erzählungen (*The Lost Trumpet*, 1932; *Persian Dawns, Egyptian Nights*, 1932). Sein programmatisches Bekenntnis: »I am a jingo patriot of planet earth: Humanity right or wrong!« hat G. mit jedem seiner Werke in Prosa übersetzt, am kraftvollsten in seiner schottischen Trilogie. Es ist sein bleibendes Verdienst, für die schottische Prosaliteratur des 20. Jahrhunderts die Aufmerksamkeit außerhalb seines Heimatlandes geweckt und damit den Grundstein für ein anhaltendes Interesse an den Werken seiner Nachfolger gelegt zu haben.

Literatur: U. Zagratzki. *Libertäre und utopische Tendenzen im Erzählwerk James Leslie Mitchells (Lewis Grassic Gibbons)*. Frankfurt a. M. 1991. – I. Campbell. *Lewis Grassic Gibbon*. Edinburgh 1985. – W. K. Malcolm. *A Blasphemer & Reformer: A Study of James Leslie Mitchell/Lewis Grassic Gibbon*. Aberdeen 1984. – I. S. Munro. *James Leslie Mitchell: Lewis Grassic Gibbon*. Edinburgh 1966.

Uwe Zagratzki

Gissing, George [Robert]

Geb. 22. 11. 1857 in Wakefield, Yorkshire;
gest. 28. 12. 1903 in St. Jean de Luz,
Frankreich

Als George Gissing 1876 am Owens College, Manchester, des Diebstahls überführt wurde, zerschlugen sich die Hoffnungen des begabten Apothekersohns auf eine akademische Karriere. Das Geld war für die alkoholkranke Prostituierte Nell Harrison bestimmt, mit der G. liiert war und die er – erfolglos – zu ändern versuchte. G. mußte die Schule verlassen und wurde von seiner Familie in die USA geschickt, wo er sich durch Unterrichten, Gelegenheitsjobs und erste Kurzgeschichten über Wasser hielt. 1877 kehrte er nach England zurück. Er schrieb viel und schnell: 1880 erschien mit *Workers in the Dawn* sein erster Roman; ab 1884 folgte wenigstens ein weiterer pro Jahr, dazu über 100 Kurzgeschichten und zahlreiche Essays. Der Erfolg blieb jedoch zunächst aus, und G. konnte kaum vom Schreiben leben, so daß er gezwungen

war, sich zusätzlich als Hauslehrer zu verdingen. Zudem wurde ihm das Zusammenleben mit Nell, die er 1879 geheiratet hatte, allmählich unerträglich. Er trennte sich von ihr, doch die neue Ehe mit der ebenfalls proletarischen Edith Underwood, die kurz nach Nells Tod geschlossen wurde, war nicht glücklicher. Ediths psychotische Gewaltausbrüche führten 1897 zur Trennung; eine Scheidung konnte G. allerdings nicht durchsetzen.

Armut, die Angst vor dem sozialen Abstieg, die Sehnsucht nach bürgerlicher Kultur und Kultiviertheit sowie die aus einer ungleichen Verbindung resultierenden Probleme werden auch in seinen Romanen in verschiedenen Variationen beleuchtet. Dabei impliziert in G.s proletarischen Romanen – neben dem Erstlingswerk sind dies *The Unclassed* (1884), *Demos: A Story of English Socialism* (1886; *Demos*, 1892), *Thyrza* (1887) und *The Nether World* (1889) – die Repräsentation der Lebensbedingungen in den Slums keineswegs politischen Radikalismus. *Demos*, vor dem Hintergrund der *Trafalgar Square Riots* veröffentlicht, ist eine konservative Abrechnung mit dem Sozialismus und der Vulgarität der Arbeiterklasse. Der Roman brachte G. den ersehnten literarischen Durchbruch sowie bescheidene finanzielle Anerkennung, was ihm Reisen nach Italien und Griechenland ermöglichte. *New Grub Street* (1891; *Zeilengeld*, 1986), G.s Meisterwerk, widmet sich der sozialen Verelendung und der prekären künstlerischen Integrität zeitgenössischer Schriftsteller und Schriftstellerinnen in einer schnellebigen, durch Kommerzialisierung und Konkurrenz geprägten literarischen Landschaft. Solche Veränderungen bestimmen auch G.s Werk, der sich in den 1890er Jahren vom dreibändigen Roman abwandte und kürzere Romane (u. a. *Denzil Quarrier*, 1892; *Sleeping Fires*, 1895) sowie Kurzgeschichten verfaßte. G. konzentrierte sich nun auf die *lower middle class*; idealisierende und melodramatische Momente treten hinter psychologischen Realismus, eine distanzierte Bestandsaufnahme der spätviktorianischen Gesellschaft sowie die unsentimentale Analyse von Geschlechterbeziehungen zurück. *Born in Exile* (1892), *In the Year of Jubilee* (1894), *The Whirlpool* (1897) sowie *The Odd Women* (1893; *Die überzähligen Frauen*, 1997) sind wohl die gelungensten Beispiele; letzterer ist v. a. aufgrund seiner Auseinandersetzung mit der ›New Woman‹ und der jungen Frauenbewegung von großem Interesse für die heutigen *Gender Studies*. 1898 erscheint eine vielbeachtete Monographie zu

Dickens (*Charles Dickens: A Critical Study*), 1901 eine Reisebeschreibung (*By the Ionian Sea*) und 1903 *The Private Papers of Henry Ryecroft*, die fiktionalen Memoiren und Aphorismen eines erfolglosen Schriftstellers. G. lebte ab 1899 mit Gabrielle Marie Edith Fleury in Frankreich zusammen, wo er 1903 an einer Lungenkrankheit starb.

Literatur: J. Sloan. *George Gissing: The Cultural Challenge.* Basingstoke 1989. – J. Goode. *George Gissing: Ideology and Fiction.* London 1978. – A. Poole. *Gissing in Context.* London 1975.

Sabine Schülting

Godwin, William

Geb. 3. 3. 1756 in Wisbeach, Cambridgeshire;
gest. 7. 4. 1836 in London

William Godwin war der Wortführer des englischen politischen Radikalismus der 1790er Jahre, Gatte der Frauenrechtlerin Mary Wollstonecraft und Schwiegervater von Percy Bysshe Shelley. G. wuchs in der Tradition der *Dissenters* auf, einer protestantischen Religionsgemeinschaft, die sich der Eingliederung in die Kirche von England widersetzte. G.s religiöser Enthusiasmus war eng verbunden mit der Vorstellung vom Leben im Zeichen der Liebe, die er zu verwirklichen glaubte, wenn nur die Tyrannei, die Grausamkeit und die Erniedrigung, die ein Mensch dem anderen aus Eifersucht oder im Machtrausch zufügt, abgeschafft würden. In London, wo er ab 1782 lebte, eiferte G. den Idealen der französischen Aufklärungsphilosophie nach. G.s von einem revolutionären Pathos getragene Lebensführung fand Ausdruck in der turbulenten Ehe mit Mary Wollstonecraft (*Memoirs of the Author of the Rights of Woman*, 1798; *Denkschrift auf Maria Wollstonecraft Godwin, die Vertheidigerin der Rechte des Weibes*, 1799).

Das einflußreichste und wohl bedeutendste Werk ist G.s Schrift *An Enquiry Concerning Political Justice* (1793; *Eine Untersuchung über politische Gerechtigkeit*, 1803). Der Grundgedanke des Buches kreist um die moralischen Qualitäten des Menschen: Der menschliche Geist ist nicht frei, sondern weitgehend durch die sozialen und rechtlichen Verhältnisse und Institutionen bestimmt. Da G. aufgrund seiner Untersuchung der überlieferten Staatswesen zeigt, daß alle Regierungsformen unvermeidlicherweise die Menschen de-

pravieren, hat man ihn mitunter einen Anarchisten genannt, der das Absterben des Staates heraufbeschwöre. Allerdings kennt G. zur Änderung politischer Zustände ausschließlich den Appell an die Vernunft, da der Mensch gewiß nicht perfekt, aber in steigendem Maß der Vernunft zugänglich, also ›*perfectible*‹, sei. Dementsprechend ist G. gegen jede Gewaltanwendung ebenso wie gegen die Revolution und setzt seine Hoffnung allein auf die allmähliche Überredung der Majorität. Daß der Autor nach der Veröffentlichung des Werkes in einer Zeit politischer Reaktion von der Obrigkeit unbehelligt blieb, mag mehr noch an diesem für die Regierenden beruhigenden Aspekt seiner Ideen gelegen haben als an der von Premierminister William Pitt d. J. zynisch geäußerten Überlegung, daß ein Buch, das drei Guineen koste, kein wirksames Instrument der Volksaufwiegelung sein könne. – G.s individualistischer Anarchismus sowie seine Ideen zur Umgestaltung der bestehenden gesellschaftlichen Verhältnisse wurden mit unterschiedlicher Intensität von fast allen bedeutenden englischen Romantikern aufgegriffen. Samuel Taylor Coleridge, Robert Southey und William Wordsworth waren glühende Anhänger von G. Coleridge zollte G.s Prinzipien Lob und dankte in seinen »Sonnets on Eminent Characters« (1794) für dessen »holy guidance«. G.s sozial-utopische Visionen fanden ihre Nachahmung in einer Reihe von gesellschaftskritischen und sozialreformatorischen Gedichten der Romantik. Shelley versuchte etwa in seinem philosophischen Lehrgedicht »Queen Mab« (1813), G.s Modellentwurf einer repressionsfreien Gesellschaft in Verse zu gießen.

G.s erster und berühmtester Roman, *Things as They Are, or The Adventures of Caleb Williams* (1794, endgültige Fassung 1831; *Caleb William oder die Dinge wie sie sind*, 1931) steht mit seiner sozialkritischen Schrift in engem thematischen Zusammenhang. Das propagandistische Element drängt sich im Roman jedoch nicht störend in den Vordergrund. Das Interesse des Lesers wird mindestens im gleichen Maß durch die abenteuerlichen Ereignisse (Einfluß des Schauerromans), die kriminalistische Grundstruktur und die Selbstanalysen des Ich-Erzählers Caleb Williams wachgehalten. Die zentrale Heldenfigur blickt resigniert auf ein zerstörtes Leben zurück. Von einfacher Herkunft und früh verwaist, war Caleb von dem Landedelmann Falkland, der seinen wachen Verstand und Bildungsdrang erkannt hatte, als Sekretär eingestellt worden. Tief betroffen von der sich oft in wilden Ausbrüchen entladenden Melancholie seines Herrn, den Caleb wegen seiner überragenden Bildung verehrt, gibt er sich zunächst mit den Erklärungen des Verwalters Collins zufrieden. Dieser berichtet ihm von dem Mord an dem Gutsbesitzer Tyrrel, der sich nach Falklands Rückkehr von einem langjährigen Italienaufenthalt abgespielt hat. Im Verlauf der Romanhandlung beginnt Caleb an Collins' Geschichte zu zweifeln. Sein von Neugier angestachelter Drang nach Wahrheit führt dazu, daß er Falkland immer mehr in die Enge treibt, bis dieser ihm schließlich den Mord gesteht. Falkland, der auf die Bewahrung seines guten Rufes bedacht ist, wird nun zu einem Tyrannen, der den Mitwisser verfolgt und ihn ins Gefängnis bringt. Caleb gelingt es jedoch, aus dem Kerker zu entfliehen. Als er schließlich nach vielerlei Mühsal Falkland öffentlich anklagt, findet er Gehör, erringt aber keinen moralischen Sieg. Daß er einen ursprünglich edlen Menschen der Justiz ausgeliefert hat, bleibt dem an Einsamkeit zerbrochenen Caleb eine ständige Quelle der Selbstanklage. Falkland und er hatten zu den größten Hoffnungen berechtigt, »aber was nützen Begabung und Gefühle in der korrupten Wildnis der menschlichen Gesellschaft«. – G.s Roman hat bei den Zeitgenossen, etwa bei John Keats und Lord Byron, einen starken Eindruck hinterlassen, wobei die Psychologie des Verbrechens stärkere Beachtung fand als das gesellschaftliche Moment. Stießen in der viktorianischen Epoche die kriminalistischen und sozialutopischen Elemente in *Caleb Williams* auf ein vielfältiges Echo, so wurden G.s spätere Romane (*St. Leon, a Tale of the Sixteenth Century* 1799; *Fleetwood, or The New Man of Feeling*, 1805; *Mandeville, a Tale of the Times of Cromwell*, 1817) und seine Dramen (u. a. *Antonio, A Tragedy*, 1800; *Faulkner, A Tragedy*, 1807) wegen ihres besonderen Verständnisses für psychologische und soziale Probleme gewürdigt. Heute gilt das Interesse verstärkt G.s Tätigkeit als Historiker (*History of the Commonwealth of England*, 1824–28) und Verfasser erzähltheoretischer Essays (»Of History and Romance«, 1797), die einen zentralen Beitrag zur Theorie des Romans im 18. Jahrhundert darstellen.

Werkausgaben: *Collected Novels and Memoirs*. Hg. M. Philp. 8 Bde. London 1992. – *Political and Philosophical Writings*. Hg. M. Philp. 8 Bde. London 1999.
Literatur: P. Clemit, IIg. *Lives of the Great Romantics III: Godwin*. London 1999. – J. Klancher. »Godwin and the Republican Romance: Genre, Politics, and Contingency

in Cultural History.« *Modern Language Quarterly* 56.2 (1995), 145–165. – P. Clemit. *The Godwinian Novel: The Rational Fictions of Godwin, Charles Brockden Brown, Mary Shelley*. Oxford 1993.

Oliver Scheiding

Golding, [Sir] William [Gerald]

Geb. 19. 9. 1911 in St. Columb Minor, Cornwall; gest. 19. 6. 1993 in Perranarworthal, Cornwall

Scheinbar unberührt von der britischen Literaturentwicklung der 1950er bis 1980er Jahre schuf William Golding sein sich in der einheimischen literarischen Landschaft monolithisch ausnehmendes Erzählwerk. Als 1983, nach drei Jahrzehnten, mit G. erneut ein britischer Autor mit dem Literaturnobelpreis ausgezeichnet wurde, lautete die offizielle Begründung, sein Romanschaffen beleuchte »mit der Klarheit realistischer Erzählkunst und der Mannigfaltigkeit und Universalität des Mythos die *conditio humana* in unserer heutigen Welt«. Tief prägend für G.s Weltsicht waren seine Zweifel an der liberalistischen Fortschrittsgläubigkeit des Elternhauses und, wenige Jahre nach seinem Oxfordstudium, die Teilnahme des Englisch- und Geschichtslehrers als Marineoffizier am Zweiten Weltkrieg. Das eigene Erleben von Zerstörung und Tod habe ihn, sagte er 1963, davon überzeugt, daß die Menschheit von einer »schrecklichen Krankheit« befallen sei, deren Wurzeln er in sich selbst – im Individuum – nachspüre. Schon in seinem ersten Roman wird sie durch den Titel *Lord of the Flies* (1954; *Herr der Fliegen*, 1956) unter Anspielung auf das hebräische *ba'al zebūb* als das Satanische, Böse, Destruktive benannt und im Gang der fiktiven Ereignisse als im Menschen befindlich diagnostiziert. Paradigmatisch für sein weiteres Schaffen entwarf G. eine einfache, jedoch ungewöhnliche Geschichte darüber, wie unter scheinbar idyllischen Umständen unschuldiges Kinderspiel zu grausamem Kinderkrieg pervertiert, eine Geschichte, die er, nachhaltig beeinflußt von der antiken griechischen Tragödie (insbesondere des Euripides), auch als »moralische« bzw. »tragische Lektion« begriff. Ihre oft erhebliche Komplexität erfahren G.s Werke durch gleichnishaft-allegorisierende Verfahren (vom Autor anfänglich als »fable« bezeichnet) und relativierende erzählerische Perspektivierungen – etwa, wenn am Ende von *Lord of the Flies* die Mikrowelt der Kinder mit deren tödlicher Kriegsführung abrupt in die nun als Vordergrundhandlung fungierende Makrowelt der Erwachsenen und des atomaren Weltkriegs ›hinübergerettet‹ wird. Hinzu kommt, daß G.s Romane sich durch eine überaus reiche Intertextualität auszeichnen. Auf solche Weise wird das Erstlingswerk auch zur Anti-Robinsonade und zum ideologieträchtigen Gegenentwurf zu Robert M. Ballantynes viktorianischem Kinder- und Abenteuerroman *The Coral Island* (1858). Bereits in den 1960er Jahren erlangte es wohl auch wegen seiner anti-utopischen und postimperialen Züge den Status eines Kultromans unter der akademischen Jugend, zunächst in den USA. Inzwischen in 26 Sprachen übersetzt und zweimal verfilmt (1963 und 1990), genießt der Roman v. a. als Schullektüre eine anhaltende weltweite Verbreitung.

Nach einer Variation des Themas in Form des ›prähistorischen‹ Romans *The Inheritors* (1955; *Die Erben*, 1964), der als pointierte Absage an H. G. Wells' evolutionären Geschichtsoptimismus in *The Outline of History, Being a Plain History of Life and Mankind* (1920) gilt, wandte sich G. der metaphysisch dimensionierten allegorisierenden Darstellung individueller Schicksale zu. Probleme der moralischen Verantwortung des schuldhaft in der Welt verstrickten Menschen und die Notwendigkeit seiner Selbsterkenntnis, jedoch zugleich deren allzu enge Grenzen, welche sich nur in Momenten von Vision (oder Wahn?) öffnen, stehen hier im Vordergrund. So hat ein Marineleutnant in *Pincher Martin* (1956; *Der Felsen des zweiten Todes*, 1960) im Augenblick des Todes die Illusion eines rettenden Felsens, der ihm ermöglicht, vergangene Konflikte in Visionen zu reflektieren. Die Behandlung des Moralitätenthemas überwiegend aus der Perspektive des Lasters ermöglicht die Sicht auf Splitter einer modernen bürgerlichen Biographie, welche variiert zum Objekt ausführlicher Selbst-Rekonstruktion und untröstlicher Einsichten Samuel Mountjoys, des Ich-Erzählers von *Free Fall* (1959; *Freier Fall*, 1963), in seine menschliche Natur wird. *Free Fall* ist an Albert Camus' *La Chute* (1957) angelehnt, während der hauptsächliche motivische Kontext von *The Spire* (1964; *Der Turm der Kathedrale*, 1966) in der mittelalterlichen englischen Kirchenarchitektur liegt. Das Buch handelt vom Bau des höchsten Kirchturms im Lande als Gleichnis auf den hohen menschlichen Preis, den er als »steinernes Gebet«

und »Steinhammer« zugleich einfordert. Beide vorgenannten Romane entwerfen fiktive Welten von dualistischer Natur. Die hohe Offenheit seiner Erzählwerke hat die Golding-Kritik ihrerseits mit den für sie charakteristischen kontroversen Lesarten bei Dominanz der vom Autor für sich selbst stets geltend gemachten religiös-metaphysischen Deutungen nachhaltig bestätigt.

Nach längerem, nur vom Erscheinen des Kurzromans *The Pyramid* (1967; *Oliver*, 1972) unterbrochenen künstlerischen Schweigen leitete *Darkness Visible* (1979; *Das Feuer der Finsternis*, 1980) G.s Spätwerk ein. Das mit dem Titelbezug auf John Miltons *Paradise Lost* (1667–74) gestiftete Motiv des Absturzes in die Hölle überspannt eine tief pessimistische Diagnose des Woher und Wohin der zeitgenössischen Zivilisation. Zeichen der Finsternis und der Warnung vor Destruktion und Chaos durchwalten den einzigen seiner Romane, welchen G. sich stets weigerte zu kommentieren. Gegenüber seinen mitunter obskur anmutenden Verschlüsselungen weisen die abschließenden, noch zu Lebzeiten des Autors veröffentlichten Romane manche überraschende Züge auf. Versteckt in der farcenhaften Handlung von *The Paper Men* (1984; *Papier-Männer*, 1984) vollzieht sich im Ansatz der Versuch einer ironisch verschlüsselten und satirisch verfremdenden ›Bilanz‹ des Goldingschen Romanschaffens. Im Vordergrund der Handlung steht hier das Thema gegenseitigen Ausgeliefertseins von Schriftsteller und Kritiker in Form einer bissigen Satire auf den modernen Literaturbetrieb. Das Werk kann als fiktionalisiertes Szenario eines öffentlichen Vortrags G.s – veröffentlicht in der Sammlung *A Moving Target* (1982) – verstanden werden, in dem er 1976 bedauerte, mittlerweile zur Verkörperung der Botschaft seines Romans *Lord of the Flies* abgestempelt und mit seinem Schaffen zum »beweglichen Ziel« einer »akademischen Leichtindustrie« geworden zu sein. *The Paper Men* enthält auch eine Anspielung auf den wenige Jahre zuvor erschienenen, mit dem *Booker Prize* ausgezeichneten Roman *Rites of Passage* (1980; *Äquatortaufe*, 1983), der als G.s künstlerisches Meisterwerk gelten kann. Das Buch handelt von einer Schiffsreise, etwa um das Jahr 1813, von England in Richtung der Antipoden und von den fatalen Folgen einer Äquatortaufe, die für den jungen Geistlichen Robert Colley zum auslösenden Akt psychischer Vernichtung und mittelbar seines Todes aus Scham wird. Der Schuld an Colleys Verhängnis wird sich G.s tagebuchführender

Ich-Erzähler Edmund Talbot, ein junger arroganter Adliger, nur langsam und teilweise bewußt. G.s namenloses Schiff steht in der Tradition des Narrenschiffs, wobei die grundlegende Bedeutung von Ritual und Zeremonie für die Strukturierung des Lebenszyklus an Bord schon dem auf Arnold van Genneps *Les Rites des Passages* (1909) anspielenden Titel entnehmbar ist. Talbots Zwangslage und große Herausforderung, das Schreiben und das Leben auf dem Schiff gleichzeitig erlernen zu müssen, verwandeln den Roman in eine Werkstatt (selbst-)reflektierenden Schreibens, welches dem Schiff häufig Züge einer Bühne verleiht, auf der die Tragik des fiktiven Rollenspiels nachhaltig von Satire und Farce überlagert wird und das insgesamt durch komplexe Epochenstil-Imitationen zwischen Aufklärung und Romantik brilliert. Für viele überraschend, entschied sich G. für die Fortsetzung seines Reise- und Seeromans und dessen Ausweitung zur zeitgenössischen Odyssee, die ironisch-motivisch häufig dem Kurs von Samuel Taylor Coleridges »The Rime of the Ancient Mariner« (1798/1800) folgt und hierbei die Bildung und Entwicklung Edmund Talbots in den Mittelpunkt stellt: in *Close Quarters* (1987; *Die Eingepferchten*, 1988) die Erziehung seiner Gefühle, in *Fire Down Below* (1989) seiner politischen Ansichten. Wenn Talbot, im Alter, rückblickend über den relativen lebenspraktischen Gewinn seiner Reiseerfahrungen sinniert, findet sich ein Echo dessen auch im Titel der von G. nachträglich zur Trilogie gefügten Talbot-Romane wieder: *To the Ends of the Earth* (1991). Mit gutem Recht darf man ihn als Fazit der humanistischen Bestrebungen und Hoffnungen verstehen, die G. mit seiner Erzählkunst verband: sein von Erfahrungen des Zweiten Weltkriegs und der Nachkriegsdekaden gespeistes besorgtes, immer aktuelles, doch tief skeptisches Warnen vor dem Destruktiven seit *Lord of the Flies*, zu dem im Spätwerk mit *To the Ends of the Earth* ein etwas nachsichtigeres Einräumen menschlicher Besserungsfähigkeit hinzukommt.

Literatur: K. McCarron. *William Golding.* Plymouth 1994. – J. Gindin. *William Golding.* Basingstoke 1987. – J. Carey, Hg. *William Golding: The Man and His Books: A Tribute on his 75th Birthday.* London 1986. – V. Tiger. *William Golding: The Dark Fields of Discovery.* London 1974. – M. Kinkead-Weekes/I. Gregor. *William Golding: A Critical Study.* London 1984 [1967].

Hans Jochen Sander

Goldsmith, Oliver

Geb. 10. 11. 1730 in Kilkenny West, Irland;
gest. 4. 4. 1774 in London

Der Essayist, Versdichter, Romancier und Dramatiker Oliver Goldsmith ist nur noch durch wenige Titel seines umfangreichen Werks bekannt, das der Berufsautor, der nie wirtschaften konnte, aus ständiger Geldnot verfaßte. – Nach dem B.A. am Trinity College in Dublin studierte G. in Edinburgh und Leyden Medizin, kehrte jedoch ohne Examen zurück. Daß seine Förderer wie Samuel Johnson ihn »Dr.« nannten, war Teil des häufigen Spotts auf seine Lebensuntüchtigkeit. Häßlich, pockennarbig, labil, gesellschaftsscheu, erklärte Johnson »poor Dr. G.« trotz Mitgliedschaft in seinem literarischem Club für »unclubbable«. So fand Johnson G.s einzigen Roman, *The Vicar of Wakefield* (1766; *Der Pfarrer von Wakefield*, 1963), beim Durchsuchen des Zimmers des wieder einmal in Geldnot betrunkenen Autors nach verkaufbaren Manuskripten.

G.s Bekanntheit begann, nach drei Jahren Gelegenheitsschriftstellerei (»hack-writing« oder »Grub Street«) in London, mit *An Enquiry into the Present State of Polite Learning in Europe* (1759). G.s Klage über den europaweiten Niedergang der Belletristik in der Moderne aufgrund der Inkompetenz oder Geldgier von Verlegern, Theaterdirektoren, Mäzenen und Kritikern klang selbstmitleidig und verletzte manchen potentiellen Freund, etwa David Garrick, den G. selbst mit seinem vielgerühmten Charme nicht versöhnen konnte. Die *Enquiry* erwies jedoch G.s Talent, höchste Gelehrsamkeit in elegant essayistischer Prosa vermitteln zu können, was ihm später viele Aufträge verschaffte, etwa für seine *History of England* (1764), seine *Roman History* (1769), seine *Grecian History* (1774), seine achtbändige *History of the Earth and Animated Nature* (1774) sowie für zahlreiche Biographien und Übersetzungen, nicht zu zählen die vielen G. nur zugeschriebenen anonymen Werke. Hinzu kamen eine eigene essayistische Wochenzeitschrift, *The Bee* (1759), und zahllose Beiträge für andere Zeitschriften, in der Nachfolge von Richard Steeles und Joseph Addisons *Spectator* (1711–14). So entstanden auch die ›Chinese Letters‹ (1760–61), später als Buch publiziert unter dem Titel *The Citizen of the World* (1762; *Der Weltbürger*, 1781). Wie Montesquieus *Lettres persanes* (1721) ließen sie einen Orientalen auf Besuch in der Hauptstadt Sitten und Institutionen Englands bzw. Frankreichs aus exotischer Außenperspektive beschreiben und mit eigenen vergleichen. Dies erlaubte, wie auch schon in Jonathan Swifts *Gulliver's Travels* (1726), sowohl satirische Geißelung von gewohnten Mißständen als auch Neureflexion verkrusteter Strukturen, beides im rationalen Interesse gesellschaftlicher Verbesserungen.

Johnson, mit dem ihn seine aufklärerisch klassizistische Grundüberzeugung und seine essayistische Kunstprosa verband, traf G. 1761. In Johnsons 1763 gegründetem Club lernte der scheue Autor dann viele berühmte Literaten, Künstler, Philosophen und Politiker kennen, u. a. Thomas Percy (der sein erster Biograph wurde), Garrick, James Boswell und Edmund Burke. So bestärkt in seinem schütteren Selbstvertrauen veröffentlichte er, mit Johnsons Hilfe, sein erstes Werk unter seinem Namen: *The Traveller, or, A Prospect of Society* (1764). Auch in diesem typischen klassizistischen Lehrgedicht in »heroic couplets« (paarweise gereimten jambischen Fünfhebern), deren augusteische Diktion die regelgerechte Mitte zwischen Prunk und Volkstümlichkeit hält, wird G.s enzyklopädischer mit seinem melioristischen Anspruch verbunden. Der Reisende als Sprecher des Gedichts schildert, kritisch und von hoher Warte (einem Alpengipfel), die sozialen, politischen und ökonomischen Bedingungen der Staaten und Landschaften Europas (Italien, Frankreich, Holland) im Vergleich mit England. Die Einsamkeit des Wanderers (»Remote, unfriended, melancholy, slow«), seine Empfindsamkeit und seine Klage um den fortschreitenden Verlust ländlicher Idyllen sind Anleihen des Klassizisten bei der Vorromantik. Sie antizipieren G.s vielgelesenes Lehrgedicht *The Deserted Village* (1770; *Das verödete Dorf*, 1772), das in seiner Mischung von Satire und Klage ein zwiespältiges Bild der Landflucht zeichnet. Zum einen bedauerte der Tory G., daß die neureichen Whigs viele Ländereien der alten verarmenden Adligen aufkauften und deren alteingesessene Pächter in die Städte vertrieben. (Diese kommerzielle Revolution wurde dann Hauptgrund für das frühe Einsetzen der Industriellen Revolution in England). Zum anderen verspottet das Gedicht in urbaner Weise Primitivität und Bildungsmangel des Landlebens in den Ironien des klagenden Sprechers, der »sweet Auburn« ebenfalls hatte verlassen müssen.

Ein ähnliches Problem stellt *The Vicar of Wakefield* dar. Es ist die naiv sentimentale rückblickende Ich-Erzählung des Hilfsgeistlichen Primrose, der als komisch pathetischer Hiob schildert, wie über ihn und seine große Familie in ihrer idyllischen Landpfarre Unglücke hereinbrachen, wie er vertrieben wurde, wie Junker Thornhill seine Töchter Sophia und Olivia zu verführen trachtete, wie seine Söhne Moses und George auf der Suche nach Geld betrogen wurden, wie Thornhill ihn in den Schuldturm brachte, wie Thornhills (als Burchell getarnter) Onkel die Intrigen des Neffen aufdeckte und die Primroses rettete – bis hin zur glücklichen Doppelhochzeit in der alten idyllischen Landpfarre. Zu seiner Zeit wurde das kleine Werk europaweit als empfindsamer Roman gelesen: Primrose und seine Söhne erschienen, ähnlich wie Henry Mackenzies Harley, als »fools of quality«, deren tugendhafte Einfalt eine schlechte rationale Welt demaskiert. Doch liegt eine konträre Lesart nahe. Aus der Perspektive der klassizistischen Komödie G.s erlebt man einen Toren, der sich mit seiner gefährlichen Weltunklugheit ähnlich lächerlich macht wie seine Gattin mit ihrem gefährlichen Standesstreben. Wenn die Familie aus allen Verwirrungen schadlos hervorgeht, verdankt sie das der Klugheit ihres Retters. Jedoch hat, im Unterschied zu Daniel Defoe, G.s rückblickender Erzähler nichts gelernt. Diese schon damals beanstandete Schwerklassifizierbarkeit, weder komischer Entwicklungsroman noch empfindsamer Roman, legt den Verdacht nahe, daß G. aus der Erfahrung seiner eigenen Weltunklugheit zwei konkurrierende Zeitmoden zugleich bedienen wollte. So wurde das Werk erst später zu einem Klassiker der englischen Romangeschichte.

In seinen Komödien dagegen bezog G. klar Position gegen die Literatur der Empfindsamkeit. Seine Schrift *A Comparison between Sentimental and Laughing Comedy* (1773) verteidigte das klassizistische Konzept der komischen Katharsis, dem zufolge die Zuschauer ihre eigenen Torheiten auf der Bühne der Lächerlichkeit preisgegeben sehen und sich so davon reinigen sollten. Rational satirische Lasterprügel, nicht rührselige Tugendempfehlung, sei Aufgabe des Komödienschriftstellers. Dieses Programm befolgte G. in seinen beiden Komödien, *The Good-Natured Man* (1768) und *She Stoops to Conquer* (1773; *Irrthum auf allen Ecken*, 1784), letztere als brillante Verwechslungskomödie mit skurrilen Typen noch häufig gespielt. Die Torheit des jungen Honeywood, Titelheld der ersten Komödie, ist eben seine Weltunklugheit, von der er durch eine Intrige und folgliche Einsicht in die eigene Lächerlichkeit kuriert wird. Der empfindsame Held (»man of feeling«) erscheint, wie auch in Richard Brinsley Sheridans Komödien, entweder als sentimentaler Betrüger oder dessen törichtes Opfer.

Werkausgabe: *The Collected Works*. Hg. A. Friedman. 5 Bde. Oxford 1966.
Literatur: P. Dixon. *Oliver Goldsmith Revisited*. Boston 1991. – R. Quintana. *Oliver Goldsmith: A Georgian Study*. New York 1967. – R.M. Wardle. *Oliver Goldsmith*. Lawrence 1957.

Rolf Lessenich

Goodison, Lorna [Gaye]

Geb. 14. 8. 1947 in Kingston, Jamaika

Lorna Goodison verwandelte die Lyrikszene Jamaikas mit ihrem ersten, vielbeachteten Band *Tamarind Season* (1980). Heute ist sie unbestritten die herausragende Lyrikerin ihres Landes. Wie die überwiegende Mehrzahl ihrer karibischen Schriftstellerkollegen lebt sie außerhalb ihres Landes; nach über zehn Jahren in Ann Arbor, Michigan, wo sie an der Staatsuniversität *Creative Writing* unterrichtete, lebt sie seit 2000 in Toronto, der kanadischen Metropole, die in den letzten Jahrzehnten zu einem der Zentren der anglophonen karibischen Literatur geworden ist. Dennoch hat G. in ihren acht Lyrikbänden und in ihrer Kurzgeschichtensammlung *Baby Mother and the King of Swords* (1990; *Der Schwertkönig*, 1992) ihr aus wirtschaftlichen Gründen gewähltes Exil kaum literarisch verwertet. Wohl aber greift sie in ihrem Werk auf eine Vielzahl von Erfahrungen zurück, die sie auf ihren Reisen gemacht hat. Ihr bislang letzter Band, *Travelling Mercies* (2001), basiert sogar ganz auf solchen Eindrücken.

G. ist wie kaum eine andere lyrische Stimme in der Karibik zu einer subtilen Verschmelzung des Kreolischen mit der englischen Hochsprache fähig. Louise Bennett hatte in den 1950er Jahren nicht ohne Widerstände das jamaikanische Kreolisch als Literatursprache salonfähig gemacht, benötigte aber noch häufig das Element der Performanz, um es dem literarisch-akademischen Establishment in Kingston schmackhaft zu machen. G. kann auf diesem Fundament aufbauen; sie bezieht wie Derek Walcott die europäische Kulturtradition in ihr Werk ein, karibisiert und kreolisiert sie jedoch häufig. So wird in dem Gedicht »To Mr. William

Wordsworth, Distributor of Stamps for Westmoreland« der englische Romantiker zu einem kleinen Postangestellten in einer ländlichen Gegend Jamaikas, um ein Spiel mit Intertextualität und kulturellen Referenzen zu ermöglichen. Ähnliche Verfahren hat G. in Gedichten wie »Letter to Vincent van Gogh« und »Max Ernst Painting« verwendet. G.s Lyrik ist aber auch nachhaltig geprägt von jamaikanischer Spiritualität, wie in der Titelsequenz ihres Bandes *Heartease* (1989). Während G. bis weit in die 1990er Jahre hinein fast ausschließlich Frauen ins Zentrum rückte (»Guinea Woman« und »After the Green Gown of My Mother Gone Down« gehören zu den bekanntesten), finden mit *Turn Thanks* (1999) vermehrt Männer, zunächst aus ihrer Familiengeschichte, dann weit darüber hinaus, Berücksichtigung. G. versteht sich nicht zuletzt als Anwältin all derer, die sonst keine Stimme besäßen; so weist ihr Werk eine Fülle von ehemals unbeachteten oder unterdrückten Menschen auf, denen sie ihre Reverenz erweist. Daß dabei große Lyrik und keine platten didaktischen Abhandlungen entstehen, gehört zu ihrem Verdienst.

Werkausgabe: *Jungfernbraun*. Hg. W. Binder. Wuppertal 1991[mit Nachwort].
Literatur: J. E. Chamberlin. *Come Back to Me My Language: Poetry in the West Indies*. Urbana 1993. – E. Baugh. »Lorna Goodison in the Context of Feminist Criticism.« *Journal of West Indian Literature* 4.1 (1990), 1–13. – E. Baugh. »Goodison on the Road to Heartease.« *Journal of West Indian Literature* 1 (1986), 13–22.

Wolfgang Binder

Gooneratne, Yasmine

Geb. 22. 12. 1935 in Colombo, Ceylon (heute Sri Lanka)

Yasmine Gooneratne gehört zu den führenden Literaturkritikern, Romanschriftstellern und Essayisten Australiens bzw. des südostasiatischen Raums. Sie entstammt der prominenten Familie Dias Bandaranaike, die über Jahrhunderte hinweg in Verbindung mit den imperialen Mächten auf Ceylon stand. In ihrer fesselnden Autobiographie *Relative Merits: A Personal Memoir of the Bandaranaike Family of Sri Lanka* (1986) hat sie diesen Familienhintergrund dargestellt. Nach dem Englisch-Studium in Colombo und Cambridge und längerer Lehrtätigkeit in Colombo übernahm sie

1972 die Leitung des Zentrums für postkoloniale Literatur- und Sprachforschung an der Macquarie University in Sydney. G. schrieb zahlreiche Monographien, etwa über Alexander Pope, Jane Austen, Ruth Prawer Jhabvala und die anglophone Literatur Ceylons im 19. Jahrhundert. – Ihr kreatives literarisches Interesse äußerte sich seit den 1970er Jahren in der Veröffentlichung von Gedichtbänden und Kurzgeschichten. Aus einer dieser Kurzgeschichten (»How Barry Changed His Image«) ging der preisgekrönte Exilroman *A Change of Skies* (1991) hervor. Im Zentrum dieses multi-perspektivischen Romans steht das Ehepaar Bharat und Baba Navaranjini, das gegen Ende des 20. Jahrhunderts von Sri Lanka nach Australien auswandert. Beide folgen den Spuren des Großvaters Edward, dessen viktorianisch geprägte Erfahrungen kontrastiv durch sein Tagebuch über die Jahre 1882–87 einbezogen werden. Das Ehepaar, nunmehr Barry und Jean, paßt sich in politischer und sozialer Hinsicht den dortigen Umständen an und gewinnt jenseits der Migrationsschwelle eine humanere Identität. In der Entwicklung ihrer Tochter Edwina setzt sich das neue globale Bewußtsein interkultureller Erfahrungen fort. – Die postkoloniale Intentionalität des narrativen Diskurses erhält in G.s zweitem Roman, *The Pleasures of Conquest* (1996), durch die utopisch-dystopische Handlung eine besondere Wendung. Der vierteilige Roman, dessen Titel an Mark Antonys Worte in Shakespeares *Antony and Cleopatra* (»In the East my pleasure lies«) erinnert, wird durch zwei Elemente zusammengehalten: Zum einen spielt die sorgfältig konstruierte Handlung auf der tropischen Insel Amnesia, zum anderen konzentriert sie sich auf die Identität des mysteriösen Kolonialverwalters Sir John D'Esterey, der aus der Vergangenheit heraus unterschiedliche Identitäten in der Gegenwart annimmt. Die utopische Vision, die mit satirischen Seitenhieben auf moderne koloniale Phänomene wie den Tourismus und die Presse aufwartet, findet am Schluß ihre unerwartete Bestätigung in archaischen und legendären Kulturwelten. – G., deren postkoloniales Streben nach geistiger Befreiung von einer allzu ausgeprägten westlichen Hegemonie ungewöhnliche fiktionale Welten in diesen Romanen eröffnet hat, scheint ihr narratives Potential noch längst nicht ausgeschöpft zu haben.

Literatur: L. Volkmann. »Intercultural Competence Through Reading Y. Gooneratne's Novels«. *English Literatures in International Contexts*. Hg. H. Autor/K. Stierstorfer. Heidelberg 2000, 403–416. – R. Ahrens. »Die Herausforderung des Fremden im post-kolonialen Roman: Y. Gooneratne, *A Change of Skies* (1991).« *Fremde Texte Verstehen*. Hg. H. Christ/M. K. Legutke. Tübingen 1996, 246–259.

Rüdiger Ahrens

Gordimer, Nadine

Geb. 20. 11. 1923 in Springs bei Johannesburg

Im europäischen und nordamerikanischen Raum wird Nadine Gordimer nicht erst seit 1991, als sie den Nobelpreis für Literatur erhielt, als ›das Gewissen Südafrikas‹ wahrgenommen. In ihren zahlreichen Romanen und Kurzgeschichtensammlungen zeichnet G. schonungslos das Porträt einer rassistischen und zutiefst zerrissenen Gesellschaft, und wohl selten hat eine Autorin mit ihren Porträts einer selbstzufriedenen pseudoliberalen Mittelschicht ihren weißen Landsleuten deutlicher den Spiegel vorgehalten. Auch als Literaturkritikerin tat G. sich hervor, und ihre Essays sind zu Recht als subtile Auseinandersetzungen mit der rassistischen Apartheidgesellschaft und der Rolle des Autors in einer solchen gerühmt worden. Obwohl viele ihrer Romane in Südafrika der Zensur zum Opfer fielen, weigerte sich G. stets, das Land zu verlassen, da sie es als ihre Aufgabe ansah, von innen heraus den Apartheidstaat zu kritisieren. Innerhalb Südafrikas wird G.s Rolle jedoch kritischer wahrgenommen: Man verweist auf die privilegierte Stellung, die ihr Repressionen, wie sie schwarze Autoren erfahren mußten, ersparte, und bemängelt die manchmal klischeehaften Darstellungen schwarzer Südafrikaner in ihren Romanen. Dennoch finden ihre genaue Beobachtungsgabe und ihr distanzierter, analytischer Stil auch hier ihre Anerkennung.

Aus G.s Kindheit ließ sich die Entwicklung hin zu einer apartheidkritischen Autorin nicht unbedingt ableiten: Als Tochter eines jüdischen Einwanderers aus Litauen und seiner englischen Frau wuchs G. behütet und abgeschirmt mit den für die weiße Mittelschicht typischen Privilegien in einer kleinen Bergbausiedlung bei Johannesburg auf. G.s dominante Mutter, die ihre Tochter länger zu Hause behalten wollte, erfand ein Herzleiden für G., das es ihr unmöglich machte, eine öffentliche Schule zu besuchen, und G. verließ erst spät ihr Elternhaus. In den frühen 1950ern kam sie mit der damals sehr lebendigen multikulturellen Kulturszene Südafrikas in Kontakt und entwickelte enge Freundschaften zu anderen Künstlern und Intellektuellen.

G.s kritischer Realismus läßt sich als »Geschichte von innen« (S. Clingman) beschreiben. G. dokumentiert die Apartheidzeit vorwiegend aus der subjektiven Perspektive ihrer Charaktere heraus, und sie analysiert subtil die Phobien, Vorurteile und Ambivalenzen, die das Leben unter der Apartheid mit sich brachte. Zugleich ist ihr Werk selbst in verschiedener Hinsicht von Widersprüchen durchzogen: G. äußerte in diversen Interviews, daß sie eher unfreiwillig zur politischen Autorin geworden sei und sich nur durch die sozio-politische Situation in Südafrika gezwungen sah, Stellung zu beziehen und Verantwortung zu übernehmen. Dieser Zwiespalt schlägt sich in ihrem Schaffen als ständiger Widerstreit zwischen dem Privaten und dem Politischen nieder und verleiht G.s Werk seine vielfach gerühmte psychologische und ästhetische Komplexität. Auch wenn G. erklärtermaßen keine Feministin ist und dem Kampf gegen Rassismus Priorität beimißt, zeichnen sich ihre Werke durch ein fein entwickeltes Gespür für die Lebenswirklichkeit von Frauen in Südafrika aus, was sie nicht nur für die postkoloniale, sondern auch für die feministische Literaturkritik interessant macht. Die kritische Analyse von institutionalisiertem und unterschwelligem Rassismus, seinen Denkmustern und psychologischen Mechanismen bestimmt einen Großteil von G.s Texten. Trotz dieser Fokussierung weist ihr Gesamtwerk jedoch eine erstaunliche Vielfalt in der Bearbeitung ›ihres‹ Themas auf: Eine ihrer frühesten Kurzgeschichten, »Is There Nowhere Else Where We Can Meet?« (1947), thematisiert die Möglichkeiten einer interkulturellen Begegnung. Ein schwarzer Mann stiehlt einer jungen weißen Frau ihre Handtasche, und eine ›Begegnung‹ scheint allein in den Rollen von Täter und Opfer möglich zu sein. Die Schwierigkeiten, den Anderen kennenzulernen und eine ethisch verantwortungsvolle Beziehung zu ihm aufzubauen, zieht sich als ein Leitthema durch G.s Werk und schlägt sich auch in ihren Essays nieder: *The Essential Gesture* (1988) und *Living in Hope and History* (1999; *Zwischen Hoffnung und Geschichte*, 2000).

G.s erster Roman, *The Lying Days* (1953; *Entzauberung*, 1978), ist ein autobiographisch geprägter Entwicklungsroman, der die Politisierung und Sensibilisierung eines jungen Mädchens beschreibt. Helen Shaw, die Hauptfigur, beginnt in

einem mühsamen, von Rückschlägen durchzogenen Lernprozeß, ihre Position in der Apartheidgesellschaft zu hinterfragen und einen alternativen Ort für sich zu suchen. Auch in *Occasion For Loving* (1963; *Anla zu lieben*, 1983) ist das Entwicklungsthema dominant, wenngleich auf zwei weibliche Figuren verteilt: Jessie Stilwell befragt ihre Vergangenheit, um Hinweise auf Gegenwart und Zukunft zu finden, und ihr Hausgast Ann wird zeitweilig zum Katalysator dieser Selbsterforschung. Über die Figur der Ann verflicht G. die Bildungsgeschichte mit einem brisanten südafrikanischen Thema: dem der Liebe jenseits der Rassengrenze. Die Beziehung zwischen dem Schwarzen Gideon und der Weißen Ann scheitert zwar auch an den persönlichen Unzulänglichkeiten der Figuren, doch wird besonders die rassistische Gesellschaft für ihr Mißlingen verantwortlich gemacht.

G.s frühe Romane sind zwar subtile psychologische Analysen ihrer weißen Hauptfiguren und deren Motivationen, bleiben erzähltechnisch jedoch relativ konventionell. Mit dem an die Tradition des burischen *plaasromans* anknüpfenden *The Conservationist* (1974; *Der Besitzer*, 1983), der den *Booker Prize* erhielt, gelingt G. ein auch in narrativer Hinsicht höchst anspruchsvolles Werk. Mehring, ein erfolgreicher Geschäftsmann, sucht an den Wochenenden in der Betätigung als Teilzeit-Landwirt auf seiner Farm Erholung vom städtischen Alltag und sehnt sich nach einer Verbindung zum Land. Der Roman dokumentiert sein Scheitern: Das Land bleibt unfruchtbar, und die nicht zu beseitigende Leiche eines unbekannten Schwarzen ist Sinnbild der Vergeblichkeit von Mehrings Bemühungen. Durch eine raffinierte Verschränkung von Extrakten aus Zulu-Erzählungen und der Darstellung der Bewußtseinswelt Mehrings schafft G. eine spannungsvolle narrative Struktur, die konkurrierende Mythen gegeneinander ausspielt und den religiös verbrämten burischen Anspruch auf das Land dekonstruiert.

Mit ihren beiden großen Anti-Apartheidromanen, *Burger's Daughter* (1979; *Burgers Tochter*, 1981) und *July's People* (1981; *July's Leute*, 1982) gelingt G. auch international der Durchbruch. Zugleich sind sie fiktionales Zeugnis von G.s Auseinandersetzung mit der sie beständig umtreibenden Frage nach einem Platz für Weiße in Südafrika, die sie z. B. in ihrem Essay »Where Do Whites Fit In?« (1959) zu beantworten sucht. Rosa Burger, die Titelfigur von *Burger's Daughter*, ist die Tochter zweier Antiapartheidaktivisten und versucht, sich nach dem Tode der Eltern von deren Erbe zu lösen. Ihre Identitätssuche wird von G. vor dem Hintergrund des Erstarkens der *black consciousness* in den frühen 1970ern thematisiert, und der Roman verschränkt auf subtile Weise das für den Entwicklungsroman typische Familienszenario mit der Analyse von Apartheiddiskurs und Gegendiskursen. Die ausgefeilte Erzähltechnik des Romans mit verschiedenen Erzählerfiguren und *narratees* (fiktionalen Rezipienten) inszeniert Rosas Identitätssuche in einem dialogischen Prozeß aus wechselnden Perspektiven. *July's People* hingegen kann als apokalyptisches Werk verstanden werden und beleuchtet das Versagen weißer Liberaler angesichts der Revolution. Der Roman schildert eine Ausnahmesituation: Nach einer gewaltsamen Machtübernahme der Schwarzen in Südafrika ist eine weiße Familie gezwungen, die von bürgerkriegsähnlichen Wirren befallene Stadt zu verlassen, und findet im *homeland* ihres ehemaligen Bediensteten July Unterschlupf. Die Familie muß sich mit der Umkehrung der Rollen von *master* und *servant* auseinandersetzen: Werte und Selbstbilder werden hinterfragt, und vermeintlich stabile Oppositionen wie Schwarz und Weiß, wild und zivilisiert, richtig und falsch brechen zusammen. Mit *A Sport of Nature* (1987; *Ein Spiel der Natur*, 1987) stellt G. eine dritte, ironisch-utopische Lösung der Frage nach einem Platz für Weiße in Südafrika vor. Die Protagonistin dieses im pikaresken Stil gehaltenen Romans, Hillela, überwindet – zumal durch Liebesaffären – mühelos die starren Apartheidschranken und endet schließlich als Ehefrau eines afrikanischen Staatsoberhaupts. G. dekonstruiert durch ihre Hauptfigur verschiedene Rassendiskurse und entwickelt eine alternative Subjektkonzeption jenseits psychologisch-realistischer Vorstellungen.

G.s in der Umbruchzeit nach dem Ende der Apartheid entstandener Roman *None to Accompany Me* (1994; *Niemand, der mit mir geht*, 1995) beschäftigt sich mit der Frage nach der gerechten Verteilung des Landes. Zugleich beleuchtet der Roman kenntnisreich die Querelen und Machtkämpfe innerhalb des ANC nach der ›Wende‹ und zeigt verschiedene Figuren, die auf ihre Weise am Aufbau eines neuen demokratischen Südafrikas mitwirken. Das emblematische Ende des Romans versetzt die weiße Protagonistin Vera in den Anbau eines nun von einem Schwarzen bewohnten Herrenhauses und fixiert die Übergangssituation so in einem einprägsamen Bild. Der Roman *The House*

Gun (1998; *Die Hauswaffe*, 1998) zeugt von G.s Vielseitigkeit als Autorin anspruchsvoller moderner Romane. In diesem Gerichts- und Psychodrama thematisiert sie unter anderem die Umverteilung der Rollen im ›neuen‹ Südafrika: Ein schwarzer Rechtsanwalt übernimmt die Verteidigung eines weißen Mörders. Doch gilt in *The House Gun* G.s Interesse nicht mehr allein den psychischen Verletzungen Schwarzer und Weißer aus der Apartheidzeit, sondern auch der durch die Waffe symbolisierten omnipräsenten Gewalt, die von den Medien seit Anfang der 1990er verstärkt thematisiert wird. Auch nach dem Ende der Apartheid begleitet G. so die Entwicklung Südafrikas hin zu einer demokratischen pluralistischen Gesellschaft kritisch und unterstützend zugleich.

Literatur: K. Wagner. *Rereading Nadine Gordimer.* Bloomington 1994. – B. King, Hg. *The Later Fiction of Nadine Gordimer.* New York 1993. – S. Clingman. *The Novels of Nadine Gordimer: History From the Inside.* London 1986.

Nicole Cujai

Gower, John

Geb. 1330? in Kent; gest. 1408 in Southwark

Chaucer, der ihn gut kannte, widmete ihm seinen *Troilus*-Roman und nannte ihn ›moral Gower‹, ein Etikett, das man später spöttisch fand. Die Jünger der »erthely goddes two« (John Lydgate) nahmen es ernst: John Gower wurde nicht nur mit Chaucer auf eine Stufe gestellt, seine Moral wurde mit der eines Aristoteles, seine Beredsamkeit mit der Ciceros, sein Werk mit dem Vergils verglichen. So übertrieben dies war, G.s Schaffen repräsentiert in hohem Maße seine Zeit, z. B. die sprachliche Vielfalt im spätmittelalterlichen London: G. schrieb Werke im Latein der Gelehrten, dem Anglo-Normannisch des Adels und in Englisch, das er auf diese Weise hoffähig machen half.

Am Anfang stehen, wie bei Chaucer, französischsprachige Werke: zunächst Liebesgedichte im höfischen Stil, dann ein langer Sittenspiegel, *Le Mirour de l'Homme* (1376–79), der als Todsündenallegorie beginnt und als Ständeklage endet; er entstand zu Beginn der Regierungszeit von Richard II., als G., ein kentischer Landedelmann, sich im Kloster St. Mary Overie in Southwark zur Ruhe setzte. Das anklägerische Element verstärkt sich in der *Vox Clamantis* (1379–82), die unter dem unmittelbaren Eindruck des Bauernaufstandes von 1381 steht. In elegischem Vers wird der Sturm auf London wie die Erstürmung eines zweiten Troja (»Troynovant«) beschrieben – seltsamerweise ohne Anlehnung an Vergil. Dagegen wirkt das Gedicht streckenweise wie ein Cento aus Hunderten von Ovid-Zitaten, was nicht nur an den Distichen liegt. Überhaupt scheint dieser zweite Vergil den ersten kaum zu kennen, was die eklektische Gelehrsamkeit der Zeit erhellt.

G.s englischsprachiges Hauptwerk, die *Confessio Amantis* (1390–93, gedruckt 1483) erwähnt Vergil nur als Zauberer und *senex amans*, steht im übrigen aber unter dem Patronat des »grete clerk Ovide«. Der Titel läßt einen weiteren Beichtspiegel erwarten, erinnert in der Rahmenhandlung (ein alternder Amans beichtet Genius, einem Venuspriester, seine Verstöße gegen den Liebeskodex) jedoch eher an den *Roman de la Rose*. Genius erläutert die Vergehen anhand der sieben Laster, die er mit weit über hundert Erzählungen illustriert. Ein Großteil dieser Erzählungen ist ovidischen Ursprungs; G. nimmt ihnen jedoch den Witz des Klassikers (den er offenbar fragwürdig findet) und faßt sie in schlichte Verse, die den *plain style* der Klassizisten vorwegzunehmen scheinen. Er entwickelt eine hohe, von Cicero abgeleitete Auffassung von der Sprache; jedes Zuviel an Rhetorik ist ihm suspekt. So reduziert er Ovids frivoles Spiel auf einen moralischen Kern: Seine Figuren werden immer wieder vor Entscheidungen gestellt, die beispielhaft sind nicht nur für das Liebesleben, sondern auch für das menschliche Verhalten allgemein. Im siebten Buch, das aus dem Lasterschema herausfällt, ersetzt G. folgerichtig den Venuspriester durch den Philosophen Aristoteles, der dem jungen Alexander die Leviten liest – so wie der Autor es wohl gerne selbst mit dem König getan hätte, von dessen Regiment er zunehmend enttäuscht war; eine Umwidmung im Prolog belegt, daß er sich in den 1390er Jahren ins Lager des Usurpators Henry IV begab. Aus dem Liebesspiegel, den König Richard selbst in Auftrag gab, wird somit ein Fürstenspiegel, der dem König sein Versagen vorhält. – G. sah sich offenbar in der Rolle eines Mentors hinter dem Thron; sein Werk ist deshalb in einem höheren Maße höfisch und moralisch als das seiner Zeitgenossen und erhebt einen entsprechenden Anspruch, den seine Erben anerkannt haben.

Werkausgabe: *The English Works.* Hg. G. C. Macaulay. 2 Bde. London 1978 [1900–01].
Literatur: A. J. Minnis, Hg. *Gower's Confessio Amantis : Responses and Reassessments.* Woodbridge 1983.

Götz Schmitz

Grace, Patricia

Geb. 17. 8. 1937 in Wellington, Neuseeland

Seit ihrem ersten Erzählband *Waiariki and Other Stories* (1975; *Unter dem Manukabaum*, 1995) verfolgt die Māorischriftstellerin Patricia Grace ihr Ziel, »zu erklären, wer wir sind«, und so der eigenen Identität Ausdruck zu verleihen. Dazu gehört die Auseinandersetzung mit der Wahl der Sprache – zumal der öffentliche Gebrauch von Māori in der Vergangenheit von der mehrheitlich weißen (Pākeha-)Gesellschaft Neuseelands unterdrückt worden war – und mit dem Verhältnis beider Bevölkerungsgruppen zueinander. In *Waiariki* erweist sich das reflektierte Verhältnis G.s zur eigenen Sprache als bedachte Verwendung von Einzelworten, Redewendungen und einem angefügten Glossar, während G.s erster Roman, *Mutuwhenua: The Moon Sleeps* (1978), am Beispiel einer Māori-Pākeha-Ehe aufzeigt, daß die endgültige Trennung beider Ehepartner die unüberbrückbare Kluft der zwei Bevölkerungen widerspiegelt. Die Handlung konzentriert sich auf *whānau* (Familie), ein Sujet, dem G. in den folgenden drei Kurzgeschichtenbänden und vier Romanen treu bleibt. Doch das Geschehen umfaßt nun die erweiterte Familiengemeinschaft, *hapū*, erstreckt sich über längere Zeiträume und bezieht die kulturelle Überlieferung der Māori ebenso ein wie ihren friedlichen Kampf um politische Ziele. So umfaßt *Potiki* (1986; *Potiki*, 1993) die Lebensgeschichte der Hauptfiguren und verknüpft sie mit dem Schicksal einer Dorfgemeinschaft, die sich auf dem Hintergrund des politischen Kampfes um die Landrückgewinnung in den 1970er Jahren erfolgreich gegen weiße Bauunternehmer zur Wehr setzt. Kulturelle Tiefendimension verleiht dem Geschehen Potiki der, als *taniwha* (Wunderkind) die Leidenserfahrung seiner Gemeinschaft teilt und als Lebensspender Züge des mythischen Halbgottes Maui besitzt. Auch sprachlich spiegelt der vielfach preisgekrönte Roman den seit den 1970er Jahren zurückgelegten Weg G.s: Die bevorzugte Ich-Erzähler-Perspektive verleiht den einzelnen Stimmen individuelle Kontur, während sie gemeinsam melodisch-rhythmisch in ein gesprochenes Māori-englisch mit zahlreichen Māoripassagen eingebettet sind, das einen mündlich-traditionellen Erzählcharakter wahrt. – *Cousins* (1992; *Drei Cousinen*, 1997) und *Baby No-Eyes* (1998) widmen sich besonders den Lebensumständen von Frauen und akzentuieren psychologische, kulturelle und politische Aspekte. In *Cousins* hebt G. das gegenwärtig häufig als problematisch erfahrene Verhältnis der älteren ländlichen und der jüngeren städtischen Generation hervor. *Baby No-Eyes* dagegen holt weit aus, umspannt die Begegnung beider Kulturen seit Ankunft der Europäer, schildert Veränderungsprozesse des privaten wie öffentlichen Bewußtseins seit der Annäherung von Māori und Weißen zu Beginn des 19. Jahrhunderts bis in die polarisierende, politisierte Gegenwart hinein und leistet wie die vorangegangenen Romane G.s einen wichtigen Beitrag zum Verständnis ihres Volkes.

Literatur: E. Koster. »Oral and Literary Patterns in the Novels of Patricia Grace.« *Australian and New Zealand Studies in Canada* 10 (1993), 87–105. – J. Bardolph. »A Way of Talking, A Way of Seeing: The Short Stories of Patricia Grace.« *Commonwealth* 12.2 (1990), 29–39.

Dieter Riemenschneider

Grand, Sarah [Frances Elizabeth McFall]

Geb. 10. 6. 1854 in Donaghadee, County Down, Irland;
gest. 12. 5. 1943 in Calne, Wiltshire

Zwar wird Sarah Grand häufig als Erfinderin des Begriffs ›New Woman‹ bezeichnet, doch ist es wahrscheinlicher, daß sie eine in der öffentlichen Diskussion bereits virulente Bezeichnung aufgriff. Gleichwohl steht ihr schriftstellerisches, politisches und privates Leben ganz im Zeichen der ersten englischen Frauenbewegung. G. ist einer eher konservativen Strömung des spätviktorianischen Feminismus zuzurechnen, da sie z. B. die Ehe als Institution nicht grundsätzlich in Frage stellte und in ihren späten Werken eugenische Programme unterstützte. Sie lehnte aber ein dichotomes Geschlechtsrollenmodell ab und forderte – nicht zuletzt aufgrund der leidvollen Erfahrung ihrer eigenen Ehe – mehr Gleichberechtigung und Aufklärung sowie gleiche moralische Standards für beide

Ehepartner. Über die Darstellung von jungen Frauen, die nicht sinnvoll ausgebildet und intellektuell unterfordert sind, die von den Eltern nicht aufgeklärt und von den Ehemännern hintergangen werden, verfolgt G. diese Ziele auch in ihren Romanen, von denen v. a. eine Trilogie größere Bekanntheit erlangte: In dem 1888 anonym im Selbstverlag veröffentlichten Roman *Ideala*, dessen begabte Titelheldin gegen einengende Rollenerwartungen innerhalb wie außerhalb der Ehe ankämpft, treten G.s didaktische Intentionen am deutlichsten hervor. *The Heavenly Twins* (1893) wurde zum Bestseller und zum Tagesgespräch. Den Erfolg verdankte der Roman z. T. der amüsanten Schilderung der eigensinnigen und respektlosen Zwillinge des Titels, Angelica und Diavolo, aber auch der Bezugnahme auf zeitgenössische Diskussionen über sexuelle Doppelmoral. So erhebt G. deutliche Anklage anhand der dritten Protagonistin, Evadne, deren Ehe an der Unehrlichkeit ihres Mannes scheitert, und der kindlich-naiven Edith, die von ihrem untreuen Mann mit Syphilis infiziert wird, diese an ihr Kind weitergibt und selbst daran stirbt. Der stark autobiographische Künstlerinnenroman *The Beth Book* (1897) schildert den Lebensweg der Titelfigur Beth von ihrer Kindheit bis zur gefeierten feministischen Schriftstellerin. – Nach der Veröffentlichung von *Ideala* trennte sich G. von ihrem Mann und konnte nach dem Erfolg von *The Heavenly Twins* von der Schriftstellerei leben. Unter ihrem Pseudonym veröffentlichte sie fünf weitere Romane, zahlreiche Kurzgeschichten sowie sozialkritische Studien und mehr als 40 Essays. Sie begab sich auf Vortragsreisen, häufig auch in die USA, und engagierte sich aktiv in der Frauenrechtsbewegung, u. a. in der National Union of Women's Suffrage Societies. In Bath, wo sie bis kurz vor ihrem Tod lebte, hatte sie zwischen 1922 und 1929 mehrfach die Funktion der Bürgermeisterin inne. – Kritiker haben G.s Romanen eine zu deutliche didaktische Ausrichtung, Brüche in der Figurencharakterisierung und Plotentwicklung sowie stilistische Schwächen attestiert. In jüngerer Zeit jedoch sind solche Abweichungen von Erzählmustern als formale und inhaltliche Umsetzung von Sozialkritik und innovativen Weiblichkeitsentwürfen gedeutet worden. G. hat damit an der Konstruktion des Bildes von der ›neuen Frau‹ ebenso mitgewirkt wie an der spätviktorianischen Erweiterung des Spektrums englischer Erzählliteratur.

Literatur: T. Magnum. *Married, Middlebrow, and Militant: Sarah Grand and the New Woman Novel*. Ann Arbor 1998. – G. Kersley. *Darling Madame: Sarah Grand and Devoted Friend*. London 1983. – S.R. Gorsky. »The Art of Politics: The Feminist Fiction of Sarah Grand.« *Journal of Women's Studies in Literature* 1 (1979), 286–300.

Ralf Schneider

Granville-Barker, Harley

Geb. 25. 11. 1877 in London;
gest. 31. 8. 1946 in Paris

Als Schauspieler, Regisseur, Intendant, Dramatiker und Dramentheoretiker war Harley Granville-Barker einer der einflußreichsten Theaterschaffenden des frühen 20. Jahrhunderts in England. Aufgrund der Unzulänglichkeiten des kommerziellen Theaters schloß er sich 1899 der ›alternativen‹ Stage Society an. Der Durchbruch gelang ihm aus der Zusammenarbeit mit George Bernard Shaw in den sogenannten *Royal Court Seasons* 1904–07; G.-B. praktizierte die revolutionäre Idee des Repertoire-Theaters mit festem Ensemble, löste den *actor-manager* durch den Regisseur ab und befreite mit seiner Stückwahl das Theater aus seiner (insularen) Erstarrtheit. Die daraus entstandene Idee eines subventionierten Nationaltheaters (*Scheme and Estimate for a National Theatre*, 1904) wurde erst 1976 vollends realisiert. Seine Shakespeare-Inszenierungen zwischen 1912 und 1914 (*The Winter's Tale; Twelfth Night; A Midsummer Night's Dream*) waren von weitreichender stilbildender Wirkung. Nach seinem Rückzug aus dem Theater verfaßte G.-B. dramen-/theatertheoretische Schriften, von denen v. a. die *Prefaces to Shakespeare* (1927–47) ihre Gültigkeit erwiesen haben. – G.-B.s dramatisches Werk situiert sich zwischen dem Ibsenschen Problemstück und Shaws Diskussionsstück, zeigt aber auch den symbolistischen Einfluß Maurice Maeterlincks. Der fast dialogische Kontakt zu Stücken Shaws beeinträchtigt den eigenen Ton G.-B.s nicht. Seine zentralen Stücke – *The Marrying of Ann Leete* (1902), *The Voysey Inheritance* (1905; *Die Erbschaft der Voyseys*, 1913), *Waste* (1907) und *The Madras House* (1910) – exemplifizieren die Idee eines »drama of being rather than doing« (*On Dramatic Method*, 1931); die Figuren werden mit psychologischem Realismus einem Prozeß der Selbstentdeckung oder spirituellen Erneuerung unterworfen; dramatische Handlung ist Entfaltung des »secret life« der Figuren, episodisch-symphonische Variation eines Themas (charakteristisches Beispiel ist *The Madras House*). Die offenen Enden der Stücke sind Reflex eines Weltbildes, das das Leben als Reihung ergebnisloser Ereignisse konzipiert. Hierin – wie in der Dialoggestaltung – präfiguriert G.-B. Harold Pinter. Die Stücke G.-B.s behandeln ein breites Spektrum aktueller gesellschaftskritischer Themen (er gehörte seit 1901 der Fabian Society an). Durch ihre Konzentration auf Diskussion und Darstellung von Bewußtseinszuständen jedoch verdeutlichen sie, wie das Private zugleich das Politische ist. Neuinszenierungen der Stücke bescheinigen ihnen daher immer wieder Aktualitätsbezug. Obwohl nie populär, sind die Stücke G.-B.s Bestandteil des Repertoires des subventionierten Theaters in England geworden, für das G.-B. sein ›Theater der Zukunft‹ ursprünglich konzipiert hat.

Werkausgaben: *The Collected Plays*. London 1967. – *Plays*. 2 Bde. London 1994.
Literatur: Ch. Dymkowski. *Harley Granville Barker: A Preface to Modern Shakespeare*. London 1986. – D. Kennedy. *Granville Barker and the Dream of Theatre*. New York 1985. – E. Salmon. *Granville Barker: A Secret Life*. London 1983.

Gottfried Krieger

Graves, Robert

Geb. 24. 7. 1895 in Wimbledon;
gest. 7. 12. 1985 in Deyá, Mallorca

Robert Graves wurde berühmt mit seiner Autobiographie *Goodbye to All That* (1929; *Strich drunter!*, 1930), der schonungslos offenen Darstellung seiner desillusionierenden Erfahrungen auf der *public school* und als Soldat im Krieg, deren großer Erfolg ihm eine Karriere als Schriftsteller ermöglichte. Er verließ England, zog nach Mallorca und lebte dort mit Unterbrechungen bis zu seinem Tode. Seine literarische Produktion ist außerordentlich vielgestaltig. Den Lebensunterhalt verdiente er mit historischen Romanen wie *I, Claudius* und *Claudius the God* (beide 1934; *Ich, Claudius, Kaiser und Gott*, 1934), *Count Belisarius* (1938; *Belisar, der Ruhmreiche*, 1962) und *The Story of Mary Powell, Wife to Mr Milton* (1943). Daneben galt sein besonderes Interesse der Mythologie: G. schrieb Gesamtdarstellungen mit historischer Deutung der griechischen und hebräischen Mythen, *The Greek Myths* (1955; *Griechische Mythologie*, 1960) und *Hebrew Myths* (1964; *Hebräische Mythologie*, 1986), und entwarf einen eigenen matriarchalischen Mythos der Muse und weiblicher Kreativität in *The White Goddess: A Historical Grammar of Poetic Myth* (1948; *Die wei e Göttin: Sprache des Mythos*, 1981), der sich thematisch auch in seiner Dichtung niederschlägt. Die hierin implizierte Kritik an der rationalistisch-technisierten Zivilisation zeigt Affinitäten zu Vertretern der Moderne wie W.B. Yeats und T.S. Eliot.

Primär verstand sich G. aber als Lyriker. Nach romantisierenden Anfängen entwickelte seine Dichtung in den 1920er Jahren – unter Einfluß der amerikanischen Dichterin Laura Riding, mit der er z.B. *A Survey of Modernist Poetry* (1927) verfaßte – einen eigenen modernen Stil, der durch Präzision des Ausdrucks in der illusionslosen Erfahrungswiedergabe gekennzeichnet ist. G. veröffentlichte über 30 Gedichtbände, die er in Abständen zu gesammelten Ausgaben zusammenstellte, zuerst in *Poems, 1914–1926* (1927) und schließlich 1955–75 in mehreren Auflagen unter dem Titel *Collected Poems*. Ein bevorzugtes Thema seiner Dichtung ist die Beziehung von Mann und Frau, in früheren Gedichten häufig mit desillusioniert sarkastischer Akzentuierung von Leid, Mißverstehen und gegenseitiger Zerstörung, später mit Betonung des Beglückenden und Befreienden, der Bereitschaft zu Hingabe und Selbstlosigkeit. Die Gedichte vermitteln Beobachtungen oder Erfahrungen in gestochen klarer, kompakter Formulierung und koppeln rationale Durchstrukturierung und verbale Präzision mit leidenschaftlich emotionaler Intensität, vielfach zur Kontrolle bedrängender Emotionen durch distanzierende Ironie. G.' modernistische Affinität liegt nicht in der Form, sondern in der radikalen Reflexion der Funktion von Sprache für die Konstitution von Welt und Sinn sowie in der distanzierenden Selbstbeobachtung des dichterischen Bewußtseins, z.B. in »The Cool Web«, »My Name and I«, »The Reader over my Shoulder« oder »The Devil's Advice to Story-Tellers«.

Werkausgaben: *Collected Poems*. London 1975. – *Complete Poems*. Hg. B. Graves/D. Ward. 3 Bde. Manchester 1995–99. – *Das kühle Netz: Gedichte*. Frankfurt a.M. 1990.
Literatur: J. Smeds. *Statement and Story: Robert Graves's Myth-Making*. Åbo (Finnland) 1997. – M. Kirkham. *The Poetry of Robert Graves*. London 1969. – D. Day. *Swifter than Reason: The Poetry and Criticism of Robert Graves*. Chapel Hill, NC 1963.

Peter Hühn

Gray, Alasdair [James]

Geb. 28. 12. 1934 in Glasgow

Seit Erscheinen seines ersten Romans, *Lanark* (1981; *Lanark*, 1992), gilt Alasdair Gray als einer der bedeutendsten britischen Gegenwartsautoren und wird heute als der Grand Old Man der literarischen Renaissance Schottlands in den 1980er und 1990er Jahren angesehen. Anerkennung und Erfolg als Autor fand G. somit relativ spät, obwohl er bereits seit frühester Jugend schriftstellerisch tätig war (u.a. als Autor von Theaterstücken, Hör- und Fernsehspielen). Er studierte zunächst Malerei an der Glasgow School of Art und war anschließend als Kunstlehrer und Maler tätig. Bis heute illustriert und gestaltet G. alle seine Werke selbst, was ihm u.a. Vergleiche mit William Blake und William Morris einbrachte. – G.s Hauptwerk *Lanark*, das bereits viele für sein Schaffen typische Elemente aufweist, wurde bei seinem Erscheinen (nach einer Entstehungszeit von nahezu 25 Jahren) als Meilenstein der modernen schottischen Literatur gefeiert und gilt heute bereits als Klassiker. In diesem monumentalen Roman verarbeitet G. autobiographische Elemente, Sozialkritik und apokalyptische Zukunftsvisionen zu einer eigentümlichen Mischung von Realismus und Phantastik, die seither zu seinem Markenzeichen geworden ist und mit der er sich in eine lange schottische Literaturtradition einfügt (James Hogg, Robert Louis Stevenson). Das Werk exemplifiziert aber v.a. auch G.s experimentelle und spielerische Schreibweise, die ihm schnell den Ruf des ›postmodernen Schotten‹ eingetragen hat. Neben der unkonventionellen Struktur (aufgeteilt in vier ›Bücher‹ in der Reihenfolge 3–1–2–4) wird dies v.a. in diversen satirisch-metafiktionalen Elementen deutlich. So begegnet die Hauptfigur vier Kapitel vor dem Ende in einem ›Epilog‹ ihrem Autor und diskutiert mit ihm das Werk, über das dieser die Kontrolle verloren zu haben scheint. Begleitet wird dieses verfrühte Nachwort von einem ›Plagiat-Index‹, der angebliche und wirkliche literarische Einflüsse des Romans auflistet, sowie von ›wissenschaftlichen‹ Fußnoten. Ähnliche Elemente finden sich auch in *1982 Janine* (1984; *Janine, 1982*, 1989), in der pseudoviktorianischen Frankenstein-Parodie *Poor Things* (1992; *Arme Dinger*, 1996) und im ironischen Science-fiction-Roman *A History Maker* (1994; *Einer, der Geschichte macht*, 1996). Allerdings lehnt G. selbst die Einordnung seiner Werke als ›postmodern‹ ab und ist weit entfernt von modischen selbstzweckhaften Spielereien. Vielmehr ist seine experimentelle Schreibweise Ausdruck einer tiefen Abneigung gegen totalitäre und dogmatische Systeme aller Art, seien sie akademischer, kultureller oder politischer Natur. Sie spiegelt häufig (wie z.B. durch die komplexe Struktur in *Lanark*) die Desorientierung der Protagonisten wider, welche den politisch-ökonomischen Machtstrukturen ihrer Welt hilflos ausgeliefert sind oder sich von ihnen instrumentalisieren lassen. Darin wird G.s gesellschaftskritische Haltung deutlich, wie sie z.B. auch in seinen politischen Satiren *The Fall of Kelvin Walker* (1985; *Ein Schotte auf dem Weg nach oben*, 1994) oder *McGrotty and Ludmilla* (1990; *McGrotty und Ludmilla*, 1994) sowie in vielen seiner Kurzgeschichten (z.B. in *Unlikely Stories, Mostly*, 1983) zum Ausdruck kommt. In seinen Werken und in Interviews betont G. immer wieder die Bedeutung seiner schottischen Nationalität, die sich auch in seinem Eintreten für die politische Selbstbestimmung des Landes zeigt (z.B. im Pamphlet *Why Scots Should Rule Scotland*, 1997 [1992]).

Literatur: St. Bernstein. *Alasdair Gray*. Lewisburg, PA/London 1999. – R. Crawford/T. Nairn, Hgg. *The Arts of Alasdair Gray*. Edinburgh 1991.

Dietmar Böhnke

Gray, Simon

Geb. 21. 10. 1936 auf Hayling Island, Hampshire

»I've always accepted that any trade but my own has mysteries .« Diese Selbstunterschätzung, die als rhetorische Geste charakteristisch für Simon Gray ist, stammt aus *Enter a Fox* (2001), der narrativen Nacharbeitung der (Miß-)Erfolge und Begleitumstände der Inszenierungen seiner Stücke *The Late Middle Classes* (1999) und *Japes* (2000), die G., wie schon mit *Unnatural Pursuit* (1985), *How's That for Telling 'Em, Fat Lady?* (1988) und *Fat Chance* (1995), zu seinem ureigensten Mini-Genre entwickelt hat. In diesen Texten entsteht ein

verfremdender Blick auf das englische Theatersystem und eine S.G.-*persona*, deren zunehmend fiktionalisierte Selbstzweifel daraus resultieren, daß die Bedeutung des Autors mit der Annäherung an die Aufführung schwindet. Diese Texte verweisen implizit auf die autobiographische Grundstruktur der Stücke G.s, die immer wieder – ein Stücktitel wie *The Late Middle Classes* hat indizierende Funktion – auf die Welt des Bildungsbürgertums (Akademiker, Verleger, Journalisten) zurückgreifen. Dieser Wirklichkeitsausschnitt wird zwar präzise evoziert, aber nicht szenisch realisiert; charakteristisches *setting* ist vielmehr der archetypische *living room*, der als Kontraktion des privaten Lebensraumes zum zunehmend bedrohten Rückzugsraum für den fokusbildenden Protagonisten wird. Dieser ist zumeist beruflich erfolgreich (gewesen), leidet aber unter dem Verlust von Integrität und dem Verrat von Idealen; seine Ehe ist zur bloßen Fassade geworden, hinter der anscheinendes (Nicht-)Wissen um die Untreue des Partners zu vielschichtiger dramatischer Ironie führt. Der Rückzug in eine geschlossene Innenwelt erweist sich als Verweigerungshaltung gegenüber den Anforderungen der Lebenswirklichkeit, als Bemühen, die Welt auf Distanz zu halten, als eine von negativer Energie geprägte Form des Selbstschutzes. Dieser führt freilich zu emotionaler *stasis*, zu zunehmender Unfähigkeit, Gefühlszustände zu verbalisieren oder Beziehungen aufrechtzuerhalten, zu einer moralischen Atrophie, die die Protagonisten von Stücken wie *Butley* (1971) oder *Otherwise Engaged* (1975; *Leider nicht erreichbar*, 1984) in die Nähe der »hollow men« T.S. Eliots rückt; sie sind gleichsam dem Leben abhanden gekommen. Mit solcher Desintegration geht der Verlust der sprachlichen Beherrschung der Wirklichkeit einher, wie er sich z.B. im allmählichen Verstummen der Titelfigur von *Quartermaine's Terms* (1981) manifestiert.

G.s – œvre weist große thematische und formale Geschlossenheit auf; trotz entwicklungsbedingter Variationen wandert seine Hauptfigur von Stück zu Stück, so daß seine Stücke durch Fernkontakt zu größeren Verbünden zusammenfügen. Daraus ergibt sich eine tonale Gleichförmigkeit, die trotz der Tatsache, daß Harold Pinter zwischen 1971 und 1999 acht Stücke G.s inszeniert hat, ein Grund für G.s ambivalenten Status im Theatersystem sein dürfte. Seine Stücke erzielten nur selten kommerziellen Erfolg und wurden auch nur selten von einem der *National Theatres* aufgeführt. G. ist kein formaler Erneuerer, obwohl seine Aufbereitung der Konventionen des *well-made play* durchaus innovative Aspekte aufweist. G. bleibt ein sperriger ›Solitär‹, der seinen eigenen Darstellungsmodus für seine Version moderner Selbstentfremdung gefunden hat.

Werkausgaben: *Plays: One.* London 1986. – *The Definitive Simon Gray.* 4 Bde. London 1992–93. Literatur: K. H. Burkman, Hg. *Simon Gray: A Casebook.* New York 1992. – R. Imhof. »Simon Gray.« *Essays on Contemporary British Drama.* Hg. H. Bock/A. Wertheim. München 1981, 223–252.

Gottfried Krieger

Gray, Thomas

Geb. 26. 12. 1716 in Cornhill, London;
gest. 30. 7. 1771 in Cambridge

Mit seinem schmalen, aber bedeutenden lyrischen Werk ist Thomas Gray neben William Collins der wichtigste und einflußreichste englische Dichter der Mitte des 18. Jahrhunderts. Er steht noch unter dem Einfluß klassizistischer Form- und Stilkonventionen – weshalb William Wordsworth seine stilisierte Dichtungssprache (›poetic diction‹) im Vorwort zur zweiten Auflage der *Lyrical Ballads* (1800) angreift –, aber in Thematik und Geist weisen seine Dichtungen deutlich auf die Romantik voraus. Wie bei anderen englischen Vor- und Frühromantikern zeigt sich bei ihm die Tendenz zur Pflege intimer Freundschaften. In diesem Zusammenhang sind seine Etoner Jugendgefährten Richard West, auf dessen frühen Tod er das bewegende Sonett »In Vain to Me the Smiling Mornings Shine« schrieb, und Horace Walpole am wichtigsten. Walpole, der eine Privatdruckerei (Strawberry Hill Press) besaß, war nach einem zeitweiligen Zerwürfnis mit G. dafür verantwortlich, daß die Werke des publikumsscheuen Dichters gedruckt erschienen. Nachdem G. durch seine »Elegy Written in a Country Church-Yard« (1750) Berühmtheit gewonnen hatte, wurde ihm die Würde des englischen Hofpoeten (*Poet Laureate*) angeboten, die er ablehnte.

Der Dichter begann sein lyrisches – uvre mit Oden. Die »Ode on the Spring«, die er 1742 an West schickte, ohne zu wissen, daß dieser gestorben war, ist noch keine Ode im strengen Sinn des Wortes. Es handelt sich dabei um ein Früh-

lingsgedicht, in dem der Sprecher von dem Frühlingsleben in der Natur moralisierend zur *conditio humana* übergeht. Am Schluß wird der Moralist als »einsame Fliege« (»solitary fly«) mit unter das Gesetz der Eitelkeit und Vergänglichkeit des menschlichen Lebens gestellt. Eher den Charakter einer Ode hat »Ode on a Distant Prospect of Eton College«. Hier wird beim Anblick von Eton, wo G. seine frühen Jahre verbrachte, der Gegensatz zwischen einer nostalgisch verklärten Kindheit in einer heiteren Landschaft und der trostlosen Realität des Erwachsenendaseins entfaltet. Wie stets generalisiert G. die tragische Isoliertheit des Individuums. Das ganze Menschengeschlecht steht unter dem Gesetz des Scheiterns und Verlusts: »All are men, / Condemn'd alike to groan.« Pessimistischer noch ist die »Ode to Adversity«, an deren Schluß der Sprecher allerdings um die Befreiung von der Verzweiflung und die Fähigkeit zur Liebe und Verzeihung bittet.

G.s größtes Gedicht ist die »Elegy Written in a Country Church-Yard«, die den Höhepunkt in der reichen Tradition der englischen Grabes- und Friedhofslyrik der Vorromantik bildet. Der Dichter feilte fast acht Jahre an der »Elegy«, die trotz ihrer Volkstümlichkeit ein komplex strukturiertes Gedicht ist, in dem sich klassizistische Form- und Ausdruckselemente und romantische Gefühle und Einstellungen verbinden. G. verwendet zwar konventionelle alternierend reimende fünfhebig-jambische Vierzeiler (*heroic stanza*), er bringt aber in der eindringlichen Evokation des ins Dämmerlicht getauchten Landfriedhofs ein neues Naturempfinden, eine neue Gefühlshaftigkeit und eine neue soziale Komponente, das intensive Mitfühlen mit den unbekannten Toten des Friedhofs, zum Ausdruck. G. zeigt sich in dem Gedicht auch als Rhetoriker, indem er auf die intensiv lyrischen Eingangsstrophen rhetorische Verse über den Tod als Gleichmacher folgen läßt, der die Verachtung gegenüber den Armen und allen weltlichen und kirchlichen Pomp Lügen straft. Eindringlich werden auch die nicht verwirklichten Möglichkeiten der toten Dorfbewohner zur Sprache gebracht. Der Reiz dieses Gedichtteils rührt zu einem großen Teil von vielzitierten Sentenzen her wie »The paths of glory lead but to the grave« und »Full many a flower is born to blush unseen«. Der Schlußteil des Gedichts führt vom rhetorischen Plädoyer zurück in die Bereiche des Subjektiv-Innerlichen, wobei sich der Dichter durch ein raffiniertes Projektionsverfahren den Toten auf dem Friedhof zugesellt und ein Epitaph auf sich selbst in die Elegie aufnimmt.

G.s spätere Gedichte stehen im Zusammenhang mit den literarhistorischen Interessen des Dichters, der 1768 zum Professor für Geschichte und moderne Sprachen in Cambridge ernannt wurde. Eines seiner poetischen Ziele war die Wiederbelebung der Pindarischen Ode. Zu dieser Gattung gehört das kraftvolle panegyrische Werk »The Progress of Poesy« (1757), das den Werdegang der Poesie von Griechenland über Rom nach England verfolgt und hymnische Charakterisierungen von William Shakespeare, John Milton und John Dryden enthält. Am Schluß wendet sich der Dichter, der abseits der Menge seinen eigenen Weg geht, in charakteristischer Weise sich selbst zu: »Yet shall he mount, and keep his distant way / Beyond the limits of a vulgar fate.« G.s Beschäftigung mit der keltischen Geschichte und Mythologie spiegelt sich in einer weiteren Pindarischen Ode, »The Bard«, wider, deren Sprecher, ein walisischer Barde, in gewaltigen Worten Edward I und sein nach Wales eingedrungenes englisches Heer verflucht und eine Prophezeiung über den Gang der englischen Geschichte und die Entwicklung der englischen Dichtkunst ausspricht. Diese Ode gelangt durch ihr intensives rhetorisches Pathos und den leidenschaftlich ausgedrückten Zusammenhang von Dichtkunst und politischer Freiheit über die klassizistischen Maßstäbe hinaus. Das Gedicht ist ein Markstein in der Entwicklung des Bardenkults im 18. Jahrhundert. Von G.s Interesse an der skandinavischen Mythologie zeugen »The Fatal Sisters«, das ein altisländisches Gedicht in wuchtigen vierhebigen trochäischen Versen nachgestaltet, und »The Descent of Odin«, das ebenfalls einen skandinavischen Vorwurf hat. G. leistet hier einen Beitrag zur kreativen Rezeption mittelalterlicher Literatur und Kultur, die im 18. Jahrhundert u. a. auch in James Macphersons Ossian-Dichtung, in Thomas Percys Balladensammlung und Thomas Chattertons *Rowley Poems* erfolgte.

G. schuf auch komische Gedichte wie die Balladenimitation »A Long Story« und die »Ode on the Death of a Favourite Cat« sowie satirische Stücke wie »On Lord Holland's Seat near Margate, Kent«. Er war eine eigenwillige Gelehrten- und Dichterpersönlichkeit, schrieb nie mit dem Blick auf eine größere Leserschaft und versuchte auch nie, den Erfolg eines Gedichts durch weitere, in derselben Schreibweise abgefaßte Stücke auszubauen. Seine besondere Leistung liegt in der Kunst der präzisen Formulierung, die er sich durch das intensive Studium klassischer Autoren und durch rigorose Disziplin erwarb und mit deren Hilfe er seine originellen Gedanken und Phantasievorstellungen verdichtet zum Ausdruck brachte. Noch dem Klassizismus verhaftet, war er bereits auf dem Weg zur Romantik.

Werkausgabe: *The Complete Poems of Thomas Gray: English, Latin and Greek.* Hg. H. W. Starr/J. R. Hendrickson. Oxford 1966.
Literatur: R. St. Edgecombe. *Wonted Fires: A Reading of Thomas Gray.* Salzburg 1992. – M. Golden. *Thomas Gray.* New York 1964.

Wolfgang G. Müller

Greene, Graham

Geb. 2. 10. 1904 in Berkhamsted, Hertfordshire;
gest. 3. 4. 1991 in Vevey, Schweiz

Das Motto, das Graham Greene seinem Gesamtwerk vorangestellt hätte, stammt aus einem Gedicht Robert Brownings und lautet: »the dangerous edge of things«. G. interessiert das gefährliche Potential des Uneindeutigen, das alles leichtfertige Urteil widerlegt; seine Leser sehen sich demgemäß nicht nur mit paradoxen Konstellationen wie der destruktiven Unschuld oder der rettenden Sünde konfrontiert, sondern auch mit ihrer eigenen Tendenz, solchen Verstörungen durch Etikettieren des Autors etwa als »katholischer Schriftsteller« zu entgehen. – Vielschichtig ist bereits das ebenso umfang- wie erfolgreiche Gesamtwerk, das G. als einer der meistgelesenen englischen Autoren des 20. Jahrhunderts nach einer gut 60jährigen Schaffensperiode hinterlassen hat. Neben den im Zentrum stehenden Romanen sind hervorzuheben die Kurzgeschichten (besonders »Across the Bridge«, »The Basement Room«, »The Destructors«), der thematisch wichtige Essayband *The Lost Childhood* (1951; *Sämtliche Essays*, 1974) sowie die beiden Autobiographien *A Sort of Life* (1971; *Eine Art Leben*, 1971) und *Ways of Escape* (1980; *Fluchtwege*, 1981). Ergänzend treten Reiseberichte aus Afrika bzw. Südamerika hinzu, die auch für die Romane bedeutsam sind: *Journey Without Maps* (1936) für *The Heart of the Matter* (1948; *Das Herz aller Dinge*, 1949) und *The Lawless Roads: A Mexican Journey* (1939; *Gesetzlose Stra en: Aufzeichnungen aus Mexiko*, 1949) für *The*

Power and the Glory (1940; *Die Kraft und die Herrlichkeit*, 1948).

Bei den längeren fiktionalen Texten unterscheidet G. selbst, der sich nie gescheut hat, Formen mit einer Affinität zum Trivialen zu verwenden, zwischen *entertainments* und *novels*. Seine Abenteuergeschichten, Thriller, Detektivromane à la Sir Henry Rider Haggard oder Marjorie Bowen gehen jedoch über die genretypischen Versatzstücke (wie Verfolgung, *showdown*, melodramatische Zuspitzungen) und die damit in der Regel verbundene konservative Ideologie deutlich hinaus. So schließt *The Confidential Agent* (1939; *Jagd im Nebel*, 1951) anhand der Figur des unheroischen Agenten D., der eigentlich Philologe ist, eine Reflexion über die Parallelen zwischen Spion und Schriftsteller ein. Und die Geschichte des völlig harmlosen Vertreters Wormold in *Our Man in Havanna* (1958; *Unser Mann in Havanna*, 1959), der Konstruktionszeichnungen von Staubsaugern als Pläne für eine Superwaffe ausgibt, parodiert auf verschiedenen Ebenen die ideologisch staatstragenden James-Bond-Romane Ian Flemings. – Die *novels*, bei denen der Einfluß von Joseph Conrad und Henry James nachweisbar ist, kreisen um die Themen des Engagements und der Orientierung. In überraschenden Grenzsituationen werden die Figuren, oft gegen ihren Willen, in die Uneindeutigkeit menschlicher Bindungen verstrickt. Außer den unbeabsichtigten Folgen ihres Handelns belastet sie der Zweifel an ihrem religiösen Glauben (G. konvertierte 1926 zum Katholizismus) oder an ihrer politischen Überzeugung (G. war einige Wochen Mitglied der Kommunistischen Partei). Die Geschichte des jugendlichen Killers Pinke in *Brighton Rock* (1938; *Am Abgrund des Lebens*, 1948) etwa verbindet die Motive des Thrillers mit dem Thema der Unberechenbarkeit göttlicher Gnade, die möglicherweise dem, der blasphemisch die Hölle wählt, eher zuteil wird als dem Ungläubigen. Daß der Sünder die entscheidenden Kategorien von Gut und Böse wenigstens versteht, selbst wenn er ihnen in seinem Leben nicht gerecht wird, ist dem Afrikaroman *The Heart of the Matter* in einem Zitat von Charles Péguy als Motto vorangestellt. Potentiell ›häretisch‹ ist auch der parabelhafte Weltentwurf von G.s immer noch bekanntestem Roman *The Power and the Glory*, der zeitweise auf dem Index stand: Nicht die verkitschte Märtyrerlegende (die man im Roman den Kindern erzählt) ist das Entscheidende, sondern die Demut des stets betrunkenen Priesters, der alle Gebote übertreten und

alle kirchlichen Insignien verloren hat und sich selbst für einen völligen Versager hält. Ebenso an der »dangerous edge« angesiedelt ist die Geschichte des Unheil anrichtenden amerikanischen Idealisten Alden Pyle in *The Quiet American* (1955; *Der stille Amerikaner*, 1956), der den Tod von Menschen für die vermeintlich ›gerechte Sache‹ in Kauf nimmt. Pyles naive Sicht der Indochina-Problematik verändert den Ich-Erzähler Thomas Fowler, einen weiteren Zweifler G.s, vom zynisch-distanzierten ›Reporter‹ zum agierenden ›Korrespondenten‹, der im Engagement Schuld auf sich lädt und dabei seine Humanität gewinnt. Unorthodox ist schließlich der Spionageroman *The Human Factor* (1978; *Der menschliche Faktor*, 1978) über den Doppelagenten Kim Philby (mit dem G. eine nicht unkritische Beziehung verband). Der plakativen Verurteilung des ›Verräters‹ wird die Uneindeutigkeit eines *halfbeliever* entgegengesetzt, dem weder Christentum noch Marxismus verläßliche Orientierungspunkte liefern können. G. mutet dem traumatisierten nationalen Selbstbewußtsein, das John le Carré zunächst deutlich systemkonformer bedient hatte, das empathische Protokoll der Ambivalenz des Doppelagenten, seiner Motive und Loyalitätskonflikte zu. So gibt es in den Romanen G.s keinen Bereich des reinen Ideals, sondern nur den *human factor* von Unzulänglichkeit, Verstrickung und Mißlingen. Eindeutig negativ ist dabei lediglich eines: die Indifferenz gegenüber den Mitmenschen. Am Ende des Haiti-Romans *The Comedians* (1966; *Die Stunde der Komödianten*, 1966) hebt Dr. Magiot vor seiner Ermordung durch das Terror-Regime in einem typischen Gedankengang G.s als Gemeinsamkeit von Katholiken und Kommunisten hervor, sie hätten zwar große Verbrechen begangen, aber nicht beiseite gestanden: »Ich habe lieber Blut an meinen Händen als Wasser wie Pilatus.« Diesen Zusammenhang von Humanität und Engagement greifen auch die Tragikomödien des Spätwerks noch einmal auf: In *Monsignor Quixote* (1982; *Monsignore Quijote*, 1982), einem der letzten Romane, fahren ein Priester und ein ehemaliger kommunistischer Bürgermeister auf den Spuren von Cervantes durch La Mancha.

Werkausgabe: *The Collected Edition*. London 1970ff. Literatur: C.Th. Watts. *A Preface to Greene*. London 1997. – M. Couto. *Graham Greene: On the Frontier – Politics and Religion in the Novels*. London 1988. – U. Böker. *Loyale Illoyalität: Politische Elemente im Werk Graham Greenes*. München 1982.

Christoph Schöneich

Greene, Robert

Geb. 8?. 7. 1558 in Norwich, Norfolk;
gest. 3?. 9. 1592 in London

Im Jahr der Thronbesteigung von Elizabeth I geboren, starb Robert Greene elf Jahre vor der Königin; damit fiel sein Leben vollständig in das »Goldene Zeitalter«, die beispiellose Periode politischer Stabilität in der zweiten Hälfte des 16. Jahrhunderts, die Großbritannien und insbesondere London zu wirtschaftlicher und kultureller Blüte brachte. Das merkt man zumal G.s Spätwerk allenthalben an: Er schreibt großstädtisch, ironisch und facettenreich, aber auch ohne die didaktische Ernsthaftigkeit seiner puritanischen Zeitgenossen, selbst wenn er, wie in *Greene's Groatsworth of Wit, Bought with a Million of Repentance* (postum, 1592, alleinige Autorschaft umstritten) autobiographisch aus dem Leben eines reuigen Sünders berichtet. Dabei tut man ihm kein Unrecht, wenn man ihn nur zu den *silver poets* seiner Zeit zählt. Seine Dramen besitzen nicht die tektonische Geschlossenheit und lyrische Dichte, die schon die frühen Stücke des sechs Jahre jüngeren Shakespeare auszeichnen. So entwickeln sich in G.s bekanntestem Drama, *The Honourable History of Friar Bacon and Friar Bungay* (ca. 1589), zwei gleichberechtigte Handlungsstränge fast unverknüpft nebeneinander: ein Liebesplot um Prince Edward und ein Landmädchen und die Teufelsbeschwörungen des Magiers Roger Bacon. Diese vage historisierenden Vorgänge sind aber wenig mehr als Vehikel für pathetische Auftritte, spektakuläre *special effects*, vier Morde, Akademikersatire und Teufelsklamauk. Das Stück ist nicht ohne Reiz, aber es steht nur am Beginn einer tragikomischen Tradition, die durch die jakobäischen Autoren zu Beginn des 17. Jahrhunderts bald eine dunklere, barockere Färbung annehmen wird. Die Thematik des Teufelspaktes ist bereits im *Doctor Faustus* (1593) seines Zeitgenossen Christopher Marlowe ungleich seriöser umgesetzt. – Vergleichbares gilt für G.s Prosatexte, soweit sie die Londoner Unterwelt zum Gegenstand haben: Dort treiben keine Meuchelmörder ihr Unwesen, sondern Trickdiebe und Glücksspieler, die mit liebevoller Genauigkeit porträtiert sind. G. wußte, wovon er schrieb: Die politisch-gesellschaftliche Solidität seiner Zeit hinderte ihn nicht daran, ein Leben voller privater Turbulenzen zu führen (und mutmaßlich an dessen Ausschweifungen zu sterben). *A Notable Discovery of Cozenage. Now daily practised by sundry lewd persons, called Cony-catchers, and Cross-biters. Plainly laying open those pernicious sleights that hath brought many ignorant men to confusion. Written for the general benefit of all Gentlemen, Citizens, Apprentices, Country Farmers and Yeomen, that may hap to fall into the company of such cozening companions* (1591) und ähnliche Schriften bieten Ratschläge, wie man sich vor Bauernfängern zu schützen habe, und gleichzeitig fungieren sie als Sammlung von Anekdoten und Schwänken. G. liebte zudem literarische Fehden: Als Oxford- *und* Cambridge-Absolvent blickte er auf »upstart crow[s]« wie Shakespeare herab, aber auch akademische Freunde wie Thomas Nashe und v. a. Marlowe waren vor seinen ehrabschneidenden Attacken nicht sicher.

Werkausgabe: *Life and Complete Works in Prose and Verse.* Hg. A. B. Grosart. 15 Bde. London 1881–86, New York 1964.
Literatur: W. Senn. *Studies in the Dramatic Construction of Robert Greene and George Peele.* Bern 1973.

Peter Paul Schnierer

Griffiths, Trevor

Geb. 4. 4. 1935 in Manchester

Trevor Griffiths arbeitete zunächst im etablierten Theater, schrieb aber auch für alternative Theaterstätten und verfaßte zahlreiche Fernseh- und Radiospiele sowie zwei Filmskripte (*Reds*, 1981; *Fatherland*, 1986). In seinen frühen kritisch-realistischen, dialektisch strukturierten Ideendramen behandelt der undogmatische Marxist in enger Verschränkung der politisch-sozialen mit der persönlich-individuellen Ebene bevorzugt Stoffe aus der Geschichte und Gegenwart der britischen und internationalen Linken. *Occupations* (1970; *Roter Sonntag in Turin*, 1973), *The Party* (1973) und *Real Dreams* (1984) thematisieren in verschiedenen historischen Kontexten antagonistische sozialistische Revolutionsauffassungen. In *Comedians* (1975; *Komiker*, 1978) problematisiert G. das Wesen und die gesellschaftliche Funktion von Komik und verleiht dem Geschehen insofern eine politische Tiefendimension, als die Komiker unterschiedliche gesellschaftliche Klassen und Wege einer sozialen Veränderung repräsentieren. Mitte der 1970er Jahre exponierte er sich als entschiedener Fürsprecher einer Infiltration des Massenmediums

Fernsehen. Seine größten Erfolge erlangte er hier mit *All Good Men* (1974; *Solidarität*, 1977) und mit der elfteiligen Fernsehserie *Bill Brand* (1976), in denen er die parlamentarische Reformpolitik der Labour Party kritisch analysiert. – Die mit dem Wahlsieg Margaret Thatchers einhergehenden politischen, kulturellen und ideologischen Veränderungen bedingten eine thematische Akzentverlagerung. *Oi for England* (1982) beleuchtet rassistische und faschistische Tendenzen der Skinheads; *Country* (1981) entlarvt klassenversöhnlerische Ideologien; *Thatcher's Children* (1993) untersucht das politische und soziale Klima der 1980er Jahre; *The Last Place on Earth* (1985) entmythologisiert die konservative Geschichtsschreibung mit ihren chauvinistisch-imperialistischen Tendenzen. Eingeschränkte Arbeitsmöglichkeiten im Fernsehen veranlaßten G. dazu, sich wieder dem Theater zuzuwenden und die ideologischen und dramaturgischen Grundlagen seines Schaffens neu zu konzipieren. Er verzichtete fortan weitgehend auf naturalistische Darstellungsweisen, experimentierte mit imagistischen Formen, verband theatralische mit kinematographischen Techniken, rückte das politisch isolierte Individuum noch stärker in das Zentrum und beurteilte die Möglichkeit einer revolutionären Veränderung skeptischer. *The Gulf Between Us* (1992) handelt von einem historisch-politischen Ereignis, aber auch von kultureller und politischer Fragmentierung und der Entfremdung zwischen den Menschen. Mit *Hope in the Year Two* (1994), einem Stück über die letzten Stunden Dantons, knüpft G. an Fragestellungen der frühen Dramen und die Auseinandersetzung mit der Geschichte revolutionärer Kämpfe an. Unter dem Einfluß postmoderner geschichtsphilosophischer Prämissen reflektiert er allerdings kritisch das Wesen historischer Repräsentation und die sinnstiftende Funktion der Geschichte.

Werkausgaben: *Plays: One*. London 1996. – *Collected Plays for Television*. London 1988.
Literatur: St. B. Garner. *Trevor Griffiths: Politics, Drama, History*. Ann Arbor 1999. – H.-P. Müller-Hartwigsen. *Trevor Griffiths: Politik im Drama – Drama als Politik(um)*. Essen 1989. – M. Poole/J. Wyver. *Powerplays: Trevor Griffiths in Television*. London 1984.
                                                                    Raimund Schäffner

Grove, Frederick Philip [Felix Paul Greve]

Geb. 14. 2. 1879 in Radomno, Westpreußen; gest. 19. 8. 1948 in Simcoe, Ontario, Kanada

Die Aufdeckung der Lebensgeschichte Frederick Philip Groves 1973 durch den kanadischen Literaturwissenschaftler D.O. Spettigue war eine literarische Sensation. In seiner preisgekrönten Autobiographie *In Search of Myself* (1946) hatte G. eine kosmopolitische Vita erfunden, der die gutgläubige kanadische Öffentlichkeit ein Vierteljahrhundert lang aufsaß. Als Felix Paul Greve, Sohn des Gutsverwalters Carl Eduard Greve 1879 in Deutschland geboren, studierte er in Bonn und München Altphilologie und Archäologie. Kontakte zum George-Kreis beflügelten seinen Wunsch nach einer Schriftstellerkarriere. Ein aufwendiger Lebensstil brachte ihn 1903–04 wegen Betrugs ins Bonner Gefängnis. Da G. seine Schulden weder als rastloser Literaturübersetzer noch als Romanautor abtragen konnte, setzte er sich 1909 unter Vortäuschung eines Selbstmords in die USA ab, um sich 1912 unter anglisiertem Namen in Manitoba als Lehrer niederzulassen. Seine dokumentarischen Naturimpressionen *Over Prairie Trails* (1922) und die Hinwendung zur Pioniergeschichte in seinen frühen Prärieromanen *Settlers of the Marsh* (1925) und *Our Daily Bread* (1928) bekunden, wie sehr er Wurzeln zu schlagen versucht. Entsprechend findet der Einwanderer Phil Branden, G.s Alter Ego, in dem halbautobiographischen Roman *A Search for America* (1927) auf der Suche nach Überwindung seiner Entwurzelung eine Heimat in Kanada als dem besseren Amerika.

Alle Romane werfen vor dem Hintergrund des Übergangs vom agrarischen zum kommerziellen Zeitalter moralische Probleme auf. G.s jugendliche Charaktere fallen entweder ihrer sexuellen Naivität (*Settlers of the Marsh*) oder dem Widerspruch zwischen menschlicher Natur und Idealen (*The Yoke of Life*, 1930) zum Opfer, während gottähnlich gezeichnete Patriarchen in *Our Daily Bread*, *Fruits of the Earth* (1933) und *Two Generations* (1939) mit der Erosion ihrer agrarischen Träume und dem Verlust der Kontrolle über die eigenen Kinder konfrontiert werden. Am Ende seiner schriftstellerischen Karriere, in *Master of the Mill* (1944), wendet sich G. in ablehnender Weise der Welt der Industrie zu, um in der allegorisch-utopischen Satire *Consider Her Ways* (1947) die

Destruktivität der modernen Gesellschaft im Zeichen von Urbanisierung, Kommerzialisierung und Technologisierung anzuprangern. – In der Literaturgeschichte gilt G. als maßgeblicher Wegbereiter des kanadischen Realismus. Die Weltwirtschaftskrise und der mangelnde Anschluß an die ästhetische Moderne mögen erklären, warum er mit seinen späteren Romanen wenig erfolgreich war. Öffentliche Ehrungen konnten sein Selbstbild als gescheiterter begnadeter Schriftsteller nicht revidieren. *In Search of Myself* ist daher wie eine Tragödie konzipiert, in der ein geniales Individuum dem Schicksal zum Opfer fällt.

Literatur: P.I. Hjartason, Hg. *A Stranger to My Time: Essays By and About Frederick Philip Grove*. Edmonton 1986. – K. Martens. *Felix Paul Greves Karriere: Frederick Philip Grove in Deutschland*. St.Ingbert 1977. – D.O. Spettigue. *F P G: The European Years*. Toronto 1973.

Konrad Gro

Gunesekera, Romesh

Geb. 1954 in Ceylon [heute Sri Lanka]

Romesh Gunesekera gehört zu der neuen Generation ethnischer Minoritätenschriftsteller in Großbritannien. Geboren in Ceylon nur wenige Jahre nach der Unabhängigkeit des Landes von den Briten, aufgewachsen dort und auf den Philippinen, geht er 1972 nach England, um in Liverpool Englisch und Philosophie zu studieren. Die ersten Gedichte des inzwischen in London lebenden Schriftstellers erscheinen während seiner Studienzeit. – Der nationale und internationale Durchbruch gelingt G. jedoch erst 1992 mit der Kurzgeschichtensammlung *Monkfish Moon*, in der sich bereits die für sein bisheriges Werk zentralen und durch die eigene Migrationserfahrung geprägten Themen abzeichnen. In knapper, aber bildreicher Sprache erzählen die Geschichten vom Leben im nachkolonialen Ceylon/Sri Lanka, von den gravierenden politischen und sozialen Umbrüchen des Landes, die weite Kreise ziehen und selbst für die tamilischen und singhalesischen Exilanten in England zu spüren sind. Die alte Heimat bildet den geographischen Fixpunkt der Sammlung, doch G. evoziert keine nostalgisch verklärte Tropenidylle. Die lyrisch anmutenden Natur- und Landschaftsbeschreibungen täuschen nicht darüber hinweg, daß G. ein Paradies am Rande des Abgrunds zeigt, ein Land im Kriegszustand, das

der landschaftlichen wie moralischen Verwüstung anheimfällt. Bei aller Kritik an der Situation vermeidet G. eindeutige Schuldzuweisungen oder politische Parteinahme; es sind die emotionalen Realitäten seiner Protagonisten, die ihn interessieren, nicht abstrakte Ideologien. Mit Blick für Nuancen und Details leuchtet er persönliche Geschichten aus, zeigt die Auswirkungen historischer Umwälzungen auf das Privatleben und wirft wiederholt die Frage nach dem verantwortlichem Handeln des einzelnen in Krisenzeiten auf. – G.s erster Roman, *Reef* (1994; *Riff*, 1996) knüpft stilistisch wie thematisch an die Kurzgeschichten an. Im Mittelpunkt der Ich-Erzählung des ehemaligen Bediensteten Triton steht dessen Arbeitgeber Mr. Salgado, ein gebildeter aber verträumt-lethargischer singhalesischer Aristokrat und Meeresbiologe, der wie seine bourgeoisen Freunde die politischen Unruhen nicht wahrhaben will und ausschweifenden Privatvergnügungen frönt. Aus der Perspektive des jungen *houseboy* skizziert G. an einem Einzelbeispiel das Psychogramm einer ganzen Gesellschaftsschicht, deren trügerisch-sorglose Harmonie an den äußeren Geschehnissen zerbricht. Im Gegensatz zu *Reef* mit seiner häuslich-abgeschlossenen Welt oszilliert G.s Roman *The Sandglass* (1998; *Sandglas*, 1998) zwischen England und Ceylon/Sri Lanka, zwischen Vergangenheit und Gegenwart. Die Erfahrungen von Exil und Migration, wie sie die Matriarchin Pearl Ducal und der Erzähler Chip in London durchleben, sind verwoben mit der jahrzehntelangen Fehde zweier Familiendynastien in Colombo, den Ducals und den Vatunases, deren intrigante Machtspiele Chip nach Pearls Tod aufzudecken sucht. G. verquickt Chips Spurensuche mit quasi-philosophischen, elegischen Reflexionen über Vergänglichkeit und Verlust, die dem Werk – im Unterschied zu dem humorvolleren Roman *Reef* – stark melancholische Züge verleihen.

Susanne Hilf

Gunn, Thom[son William]

Geb. 29. 8. 1929 in Gravesend, Kent; gest. 25. 4. 2005 in San Francisco

Thom Gunns Schaffensperiode umfaßt bisher fast 50 Jahre, sein Werk ein Dutzend Gedichtbände, zwei Sammlungen autobiographischer und

literarischer Essays und eine Reihe einzeln ver-
öffentlichter Gedichte. Seine Gedichte nehmen
Themen und Stimmungen seiner Schaffenszeit
auf, und zwar sowohl in England als auch in
Amerika, wo G. seit seinem 25. Lebensjahr bevorzugt lebt. Obwohl er beiden Kulturkreisen gleichermaßen angehört und San Francisco als seine
Heimat bezeichnet, ist er bis heute in England
bekannter als in den USA. – Nach zwei Jahren
Militärdienst begann er 1950 in Cambridge sein
Studium der englischen Literatur. Zur bevorzugten
Lektüre seiner Studentenzeit gehörten die Werke
von Christopher Marlowe, William Shakespeare,
John Donne, W. H. Auden, Henri Stendhal, Charles Baudelaire und Jean-Paul Sartre. Daneben
wurde für ihn seine Homosexualität zur existentiellen Erfahrung und bestimmte zunehmend thematische Implikationen seiner Gedichte. Bereits
sein erster Gedichtband (*Fighting Terms*, 1954)
machte ihn in England bekannt. Bestimmend sind
Protagonisten wie Soldaten und Eroberer und Haltungen, die sich durch Aggressivität und Gewalttätigkeit auch in der Sprache auszeichnen. Dies
brachte G. das Image eines *tough guy* ein. Von den
zeitgenössischen Dichtern, die der Gruppe *The
Movement* zugerechnet werden, distanzierte er sich
bewußt. In Cambridge lernte er seinen späteren
Lebenspartner kennen, dem er 1954 nach seinem
Universitätsabschluß (B. A.) nach Amerika folgte.
Er studierte an der University of California in
Stanford, wo er sich mit amerikanischen Lyrikern
befaßte, insbesondere William Carlos Williams
und Wallace Stevens. In seinem zweiten Gedicht-
band, *The Sense of Movement* (1957 in England,
1959 in den USA), nahm G. Einflüsse amerika-
nischer Jugendkultur auf: den Motorradmythos,
James Dean, Elvis Presley. Er kaufte sich selbst ein
Motorrad und nahm bewußt an diesem Aspekt des
American Way of Life teil. 1958 begann G., an der
University of California als Dozent zu arbeiten,
und schrieb (bis 1964) Rezensionen für die *Yale
Review*. Sein drittes Buch, *My Sad Captains* (1961),
zeigt den Einfluß von Williams. Nur noch der erste
Teil hat die traditionelle Metrik seiner englischen
Vorbilder, der zweite Teil ist in silbenzählenden
Versen verfaßt, was mit bestimmten thematischen
Veränderungen verbunden ist. Später erkannte G.
darin eine Lösung von dem existentialistischen
Vokabular von Willen, Wahl, Freiheit, Aktion,
Selbstbestimmung und Individualismus, das sein
Frühwerk beherrscht. Das Produkt eines einjähri-
gen Englandaufenthalts ist der Band *Touch* (1967),

der in freien Rhythmen verfaßt ist, aber Elemente
der britischen Jugendkultur (Beatles, Rock'n'Roll,
Drogen) aufnimmt. Auch *Moly* (1971) ist stim-
mungsmäßig noch den ausgelassenen 1960er Jahren zuzurechnen. Es greift thematisch besonders
die Metamorphose, v. a. die Veränderung der Persönlichkeit (u. a. durch LSD) auf. Zur Bewältigung
der amorphen Thematik griff G. auf Reim und
traditionelle Metrik zurück. Doch die positive
Stimmung ging u. a. angesichts des Vietnam-Krie-
ges verloren. Andererseits ermöglichte eine libe-
ralere Einstellung der amerikanischen Gesellschaft
gegenüber Homosexuellen den freieren Umgang
mit dem Thema der Homosexualität, da inzwischen mehr Verlage bereit waren, homoerotische
Literatur zu publizieren. Beides wird in einigen
Gedichten des Bandes *Jack Straw's Castle* (1976)
deutlich, in dem G. Erfahrungen aus seinen englischen wie seinen amerikanischen Lebensabschnitten beschreibt. Zentral ist die Suche nach
einer Balance zwischen Härte und Flexibilität, die
er in der amerikanischen Kultur verwirklicht, aber
durch den Konservativismus der Nixon-Ära und
den Vietnam-Krieg bedroht sah. Im Band *The
Passages of Joy* (1982) beschreibt er mit bis dahin
nicht gekannter Offenheit homoerotische Erfahrungen, was bei Rezensenten z. T. auf Empörung
stieß. Jäh unterbrochen wurde die Popularisierung
der *gay literature* mit dem Auftreten von Aids
Mitte der 1980er Jahre. Der Aufarbeitung des
neuen schwulen Selbstverständnisses ist sein Band
The Man with Night Sweats (1992) gewidmet. Sein
bisher letzter Gedichtband, *Boss Cupid* (2000),
greift Themen seiner drei vorangehenden Werke
wieder auf.

G. hat selbst versucht, seine Karriere autobiographisch zu beschreiben. Von den englischen
Dichtern des 17. Jahrhunderts, insbesondere von
Donne, versucht er, die Balance zwischen Kon-
kretheit und Abstraktion bei der Konzeption des
poetischen Gedankens zu erlernen. In seiner Wahl
der traditionellen Versmaße sieht er später die
Unfähigkeit, sich mit seiner aktuellen Situation
auseinanderzusetzen. Die Wahl des heroischen
Protagonisten deutet er als Versuch, das Klischee
vom effeminierten Homosexuellen durch ein Bild
des sich durchsetzenden, kämpferischen, kontrol-
liert-kontrollierenden ›starken‹ Mannes zu erset-
zen, was bisweilen an einen *cult of machismo* erinnert. Seine Experimente mit silbenzählenden Versen, so glaubt er, erlauben es ihm, sich von dem
rigiden, heroischen Stil zu lösen, sich stärker Ge-

genwärtigem und Alltäglichem zu widmen und
sehr viel unmittelbarer als zuvor seine persönlichen Erfahrungen einzubringen, zu denen weniger
das Erlebnis der Natur als das der Großstadt gehört, das er oft mit menschlicher Wärme und
Lebensfreude verbindet.

Werkausgabe: *Collected Poems*. New York 1995.
Literatur: A. E. Dyson. *Three Contemporary Poets: Thom
Gunn, Ted Hughes and R. S. Thomas*. Houndmills 1990. –
I. Rückert. *The Touch of Sympathy, Philip Larkin und
Thom Gunn: Zwei Beiträge zur Englischen Gegenwarts-
dichtung*. Heidelberg 1982.

Viktor Link

Gupta, Sunetra

Geb. 15. 3. 1965 in Kalkutta

Sunetra Gupta zählt zur jüngeren Generation
von SchriftstellerInnen indischer Abstammung,
die sich mit ihren in englischer Sprache abgefaßten
Romanen international einen Namen gemacht haben. Die in Kalkutta geborene und zeitweilig in
mehreren afrikanischen Staaten aufgewachsene
Autorin studierte Biologie in Princeton, promovierte in London und ist seither in Oxford Dozentin für Epidemiologie. – Nach einigen Science-
fiction-Kurzgeschichten machte sich G. 1992 mit
dem (auch in Indien preisgekrönten) Roman
Memories of Rain einen Namen. Wie das Erstlingswerk beeindruckten auch die beiden folgenden
Romane *The Glassblower's Breath* (1993) und
Moonlight into Marzipan (1995) durch ihre
sprachliche und erzähltechnische Komplexität. In
diesen drei Romanen wird insbesondere das Milieu und Flair der Großstadt London geschildert,
in der sich als Protagonisten hauptsächlich Entwurzelte, Einwanderer und Amerikaner – alles
hochgebildete Kosmopoliten – tummeln. Die
Texte sind gekennzeichnet von mehrschichtigen
Erzählebenen, die sich auf der Basis von Assoziationen ineinanderschieben und jede lineare Er-
eignisfolge durchbrechen. Die Gedankendarstel-
lung der Hauptcharaktere in langen Passagen, die
der Bewußtseinsstromtechnik der literarischen
Moderne nachempfunden ist, dominiert diese
Texte, wobei auch metaphorische Leitmotive und
Mytheme strukturbildend wiederkehren. G. setzt
zudem die unübliche Form des Erzählens in der
zweiten Person in *The Glassblower's Breath* ein. –
G.s letzter, ebenfalls preisgekrönter Roman *A Sin
of Colour* (1999) zeichnet sich wie seine Vorgänger
durch hohe Sprachqualität und komplexe Metaphorik aus, ist jedoch – trotz der Kontrastierung
und Verschränkung zweier Handlungsstränge und
der Vermengung mehrerer Zeiträume – weniger
elitär als die früheren Texte. Auch durch das romantische Thema zweier Liebesgeschichten dürfte
dieser Roman wohl G.s zugänglichstes Werk sein,
das sich besonders als Einstieg in die Texte dieser
schwierigen Autorin eignet.

G. präsentiert uns Inderinnen und Inder, die
trotz aller Exotik als Menschen erscheinen, deren
tiefste Ängste, geheimste Wünsche und alptraum-
artige Erinnerungen wir so hautnah miterleben,
daß sie einen unauslöschlichen Eindruck hinterlassen. Im Gegensatz zu Salman Rushdie nutzt G.
ihre bravouröse Sprachbeherrschung nicht dazu,
uns mit Humor viele Figuren auf die Leinwand zu
setzen, sondern um uns in die Tiefen der Psyche
einiger weniger, oft auch sehr isolierter Individuen
zu versetzen. Bereits jetzt kann man G. als eine der
herausragenden britischen GegenwartsautorInnen
bezeichnen. Neben Rushdie gehört sie zu den ganz
wenigen, die mit brillanter Fertigkeit alle Facetten
der englischen Sprache zu einer virtuosen Sym-
phonie der Klänge und Bilder zu vereinen wissen.

Literatur: K. R. Lewis. »Returning Home in Sunetra
Gupta's *Memories of Rain*.« *South Asian Review* 18.15
(1994), 44–53.

Monika Fludernik

Haggard, Sir Henry Rider

Geb. 22. 6. 1856 in Bradenham, Norfolk;
gest. 14. 5. 1925 in London

Sir Henry Rider Haggard trat 1875 in den
britischen Kolonialdienst in Südafrika. Dort wollte
er sich als Farmer niederlassen, kehrte aber 1881
wegen Zugeständnissen an die Buren nach England zurück. Hier legte er seine juristischen Examina ab und war weiter für die Regierung tätig,
verdiente seinen Lebensunterhalt jedoch als äußerst produktiver und erfolgreicher Schriftsteller.
Die Afrikaerfahrung sowie sein Interesse an antiken Zivilisationen und am Okkulten haben H.s
œuvre nachhaltig geprägt, insbesondere die 34
Abenteuerromanzen, von denen v. a. zwei, auch
durch Verfilmungen, bekannt geblieben sind. *King
Solomon's Mines* (1885; *König Salomons Schatzkammer*, 1971) entstand aufgrund einer Wette, H.

könne keinen Roman in der Art von Robert Louis Stevensons *Treasure Island* (1883) schreiben. H. verfaßte darauf ein Werk, das ebenso populär wurde wie Stevensons und das er seiner Hauptleserschaft aus »großen und kleinen Jungen« widmete. Drei Engländer, angeführt vom Großwildjäger Quatermain und begleitet von zwei loyalen schwarzen Dienern, machen sich in Afrika auf die Suche nach einem verschollenen Abenteurer, der die sagenhafte Diamantmine Salomons finden wollte. Nach vielen Gefahren stößt die Gruppe auf den Schatz, der aber wegen der Hinterlist einer schwarzen Stammes›hexe‹ gleich wieder verlorengeht. *She* (1886; *Sie*, 1970) schildert die Konfrontation des modernen 19. Jahrhunderts mit archaischen Mächten. Durch eine antike Scherbe erfahren der Gelehrte Horace Holly und sein Ziehsohn Leo Vincey, daß letzterer aus einer uralten Familie stammt. Sein Vorfahr Kallikrates mußte nach der Ehelichung einer altägyptischen Prinzessin nach Zentralafrika fliehen, wo er von der geheimnisvollen Ayesha (›She‹) begehrt wurde, diese aber zurückwies und dafür getötet wurde. An alle Nachfahren ergeht der Auftrag, Ayesha zu suchen und Kallikrates zu rächen. Holly und Leo finden ›Sie‹ tatsächlich, als gefürchtete Herrscherin eines degenerierten Volkes in der makabren Nekropole von Kôr, einer Zivilisation, die schon lange vor der Blüte des Alten Ägypten untergegangen war. Leo und sogar der Frauenfeind Holly geraten in den Bann Ayeshas, die in Leo die lange erwartete Reinkarnation des Kallikrates erkennt und mit ihm das Geheimnis ewiger Jugend teilen will; als sie aber nochmals in die Feuersäule mit der Urkraft des Lebens tritt, altert sie rapide und stirbt. Wegen der Beliebtheit ihrer Hauptfiguren erlebten beide Romane mehrere, zunächst nicht geplante Fortsetzungen, von denen *Allan Quatermain* (1887; *Allan Quatermain*, 1979) und *Ayesha* (1905; *Ayesha – Sie kehrt zurück*, 1984) zu den gelungensten zählen. – H.s Abenteuerromanen sind in der Mentalität des Fin de siècle verankert: Sie entwerfen ›verlorene‹ Zivilisationen und okkulte Gegenwelten zum Fortschritt und demonstrieren das Überleben ›primitiver‹ Züge im modernen Menschen (C. G. Jung führte *She* als Beispiel für sein Anima-Prinzip an). H.s Behandlung des *British Empire* schließt Ängste vor dessen Auflösung ein, und der zeitgenössische Wandel der Geschlechterrollen spiegelt sich in Frauengestalten, die mit ihrer Erotik, ihrem Intellekt und ihrer Macht überkommenen Weiblichkeitsidealen widersprechen. H.s Romanzen werden heute für die misogynen Elemente ihres Frauenbildes ebenso kritisiert wie für die Perpetuierung imperialistischer Ideologie und ethnischer Stereotype. – Weniger erfolgreich versuchte sich H. in anderen Romangenres, z. B. einem fiktionalen Plädoyer für die Pockenschutzimpfung, *Doctor Therne* (1898). H.s zahlreiche nichtfiktionale Schriften umfassen Titel zur Landwirtschaft und seine postum veröffentlichte Autobiographie *The Days of My Life* (1926).

Literatur: L. Stiebel. *Imagining Africa: Landscape in H. Rider Haggard's African Romances*. Westport 2001. – T. Pocock. *Rider Haggard and the Lost Empire*. London 1993. – W. Katz. *Rider Haggard and the Fiction of Empire*. Cambridge 1987.

Barbara Korte

Hakluyt, Richard

Geb. 1551/52? in London;
gest. 23. 11. 1616 ebd.

Richard Hakluyts *Principal Navigations, Voyages and Discoveries of the English Nation* (1589) haben wesentlich beigetragen zur Legitimierung des Anspruchs der »Englischen Nation« auf Teilhabe an der kolonialen Expansion der europäischen Mächte. Im »Epistle Dedicatory« an Sir Francis Walsingham, den Ersten Sekretär der Königin Elizabeth, beklagt H. sowohl die Geringschätzung der englischen Verdienste bei der Entdeckung neuer Welten und der Erschließung neuer Handelsrouten durch andere als auch den Mangel an Eifer beim Ergreifen der sich bietenden Chancen durch seine Landsleute. Beidem will er abhelfen, und er tut dies, indem er aus einer Vielzahl von Quellen – englischen wie ausländischen – Berichte über die Erkundungsreisen englischer Entdecker und Kaufleute sowie eine Fülle von topographischen Beschreibungen von Anker- und Handelsplätzen, von Kartenmaterial und Erlebnisberichten zusammenstellt. Er präsentiert damit ein Kompendium, das geschichtliche Legitimation und nationales Interesse, Sendungsbewußtsein und Profitaussichten in einer entscheidenden Phase des Aufstiegs von England zur Seemacht vereint. Den ersten entscheidenden Anstoß zu dieser monumentalen Arbeit erhält er schon als Schüler anläßlich eines Besuchs bei seinem namensgleichen Cousin, der die eindrucksvolle Sammlung diverser »kosmographischer Bücher mit einer

Weltkarte« besitzt und sein geographisch-ökonomisches Interesse im globalen Maßstab entfacht. Den Plan, solche Kenntnisse und die sie vermittelnde Literatur weiterzuverfolgen, beginnt er beim Studium in Oxford zu verwirklichen. Er läßt sich wie üblich ordinieren und nutzt die Zeit, Sprachen zu lernen und Berichte aus aller Herren Länder für sein Lebenswerk zusammenzutragen. 1582 veröffentlicht H. die erste Frucht seiner Bemühungen, seine *Diverse Voyages Touching the Discovery of America*. Außerdem verfaßt er wenig später eine der Königin im Namen von Walter Raleigh überreichte Denkschrift mit dem Titel *Particular Discourse on the Western Planting* (gedruckt erst 1831). Diese Anstrengungen erweisen sich auch als äußerst förderlich für seine eigene Karriere. Er wird im Laufe der Jahre mit einer Reihe von Pfarrstellen und Sinekuren bedacht, die ihm ein stattliches Einkommen garantieren, ohne daß ihm dafür eine seelsorgerische Gegenleistung abverlangt wird. 1583 verläßt er Oxford und geht als Kaplan mit dem englischen Botschafter am französischen Hof, Sir Edward Stafford, nach Paris. Hier trifft er viele Persönlichkeiten, die für seine Recherchen äußerst nützlich sind. 1589 schließlich läßt er auf eigene Kosten die erste Ausgabe seiner *Principal Navigations* drucken. Mit dem Rückenwind des Siegs über die übermächtige spanische Armada wird dieses Buch zu einer unverzichtbaren Handreichung für alle, die sich von der Verheißung auf schnellen Reichtum im Handel mit den neuentdeckten Territorien und Kolonien anstecken lassen: Hof und Adel, Kaufleute und Schiffseigener, Abenteurer und Politiker. – Auch nach diesem Erfolg läßt H. nicht ab von seinem Lebenswerk; er sammelt weiter und ordnet das Material neu. Er korrespondiert mit den bekanntesten Kartographen seiner Zeit und trägt für sein Projekt relevante Informationen zusammen, wo immer er ihrer habhaft werden kann. In den Jahren 1599–1600 schließlich bringt er eine zweite, sehr viel umfangreichere Auflage seiner *Principal Navigations* in drei Bänden heraus und unterstreicht den Zusammenhang von nationalem Sendungsbewußtsein und Kommerz, indem er dem Titel das Wort *Traffics* hinzufügt. Zu einer weiteren Neuauflage ist es dann nicht mehr gekommen, aber die Materialien, die er danach noch zusammengetragen hat, erbt sein Nachfolger in dieser Sache, Samuel Purchas, Kaplan des Erzbischofs von Canterbury, der in seinem 1625 veröffentlichten *Hakluytus Posthumus, or Purchas his*

Pilgrims (1625), einem außerordentlich populären Kompendium, einen Großteil davon verwendet.

Literatur: K. R. Andrews. *Trade, Plunder and Settlement: Maritime Enterprise and the Genesis of the British Empire, 1480–1630.* Cambridge 1984.

Jürgen Schlaeger

Hall, Joseph

Geb. 1. 7. 1574 in Ashby-de-la-Zouch, Leicestershire; gest. 8. 9. 1656 in Higham, Norfolk

Das literarhistorische Profil von Bischof Hall umfaßt die von Alexander Pope im 18. Jahrhundert geschätzten Satiren, etwa *Virgidemiarium: Six Books* (1597–1602), die erste, lateinische Vorbilder aufgreifende Satire in England (»A Harvest of Blows«), oder *Mundus Alter et Idem* (ca. 1605), und seine im 19. Jahrhundert beliebten und oft nachgedruckten religiösen Schriften, etwa die achtbändigen *Contemplations upon the Principal Passages of the Holy Story* (1612–34), die *Meditations and Vowes Divine and Moral* (1605) oder *The Peace of Rome* (1609). Am bekanntesten sind heute noch seine auf Theophrast zurückgehenden *Characters of Virtues and Vices* (1608; *Kennzeichen der Tugend und Laster*, 1696). Noch im 17. Jahrhundert wurde das Spektrum dieser (satirischen) Kurzporträts von Samuel Butler weiter differenziert und dann, um erzählerische Elemente ergänzt, von Edward Ward zur Darstellung des Londoner Alltags Anfang des 18. Jahrhunderts verwendet. Selbst die moralischen Wochenschriften von Richard Steele und Joseph Addison und ein großer Teil der Romanliteratur sind stark vom *character writing* geprägt. Die Prosasatire *Mundus Alter et Idem* (1605) wurde 1609 von John Healeys als *The Discovery of a New World* übersetzt. Die Reise des Mercurius Brittannicus in die Antarktis dient dazu, die Sitten der Einwohner mit denen Englands zu vergleichen. Das Werk wurde in mehrere europäische Sprachen übersetzt, 1613 auch aus dem Lateinischen ins Deutsche. H. steht hier in der Tradition von Lukian, Herodot, Rabelais, Erasmus, Morus und Francis Bacon, und Jonathan Swift wird ihm in *Gulliver's Travels* (1726), mit der dritten Reise seines Titelhelden in eine ›verkehrte Welt‹, folgen. H.s stilistische Sicherheit und Präzision machten ihn besonders in der Anglikanischen Kirche zu einem der wichtigsten Autoren, der wie

Bacon maßgeblich der Bewegung gegen Ciceronische Normen zuzurechnen ist und damit für die Entwicklung des Englischen als Sprache der Wissenschaft und Philosophie einen wichtigen Beitrag geliefert hat. – Die Karriere des mit John Donne befreundeten Kirchenmannes H. ist ein typisches Stück englischer Geschichte. Im Auftrag von James I sollte er das Episkopat in Schottland stärken helfen; in diesem Punkt zieht er in der sogenannten Smectymnuus-Debatte (1640–42) die Gegnerschaft John Miltons auf sich. Von Erzbischof Laud wurde er, Bischof von Exeter, wiederum des Puritanismus beschuldigt, als Bischof von Norwich (1641–47) geriet er mit dem Parlament in Konflikt und wurde im Tower gefangengehalten. Nach Verlust seiner Pfründe zog sich dieser Zeuge der englischen Revolution und Humanist im Sinne Erasmus' auf einen kleinen Hof in Norfolk zurück und verfaßte noch eine beträchtliche Zahl religiöser Schriften.

Werkausgaben: *The Works*. Hg. P. Wynter. New York 1969 [1863]. – Collected *Poems*. Hg. A. Davenport. Liverpool 1949.
Literatur: R. A. MacCabe. *Joseph Hall: A Study in Satire and Meditation*. Oxford 1982. – D. Tourney. *Joseph Hall*. Boston 1979. – C. Lacassagne. »La conception de la vérit&dans les – uvres de Joseph Hall (1572–1656).« *Recherches Anglaises et Américaines* 3 (1974), 29–37.

Fritz-Wilhelm Neumann

Hall, [Marguerite] Radclyffe

Geb. 12. 8. 1880 in Bournemouth;
gest. 7. 10. 1943 in London

Die Kindheit und Jugend, die Radclyffe Hall mit ihrer amerikanischen Mutter und ihrem italienisch-stämmigen Stiefvater verbringt, verläuft unglücklich. Eine Erbschaft ihres englischen Vaters verschafft der volljährigen H. schließlich finanzielle wie familiäre Unabhängigkeit. Sie intensiviert ihr Interesse am Schreiben und veröffentlicht in den Jahren 1906–15 pastorale Lyrik und Kurzprosa unter ihrem Geburtsnamen Marguerite Radclyffe-Hall. Ihr erster gedruckter Roman, *The Forge* (1924), und alle folgenden tragen den Autorennamen Radclyffe Hall. Für *Adam's Breed* (1926), der von der spirituellen Transformation eines italienischen Kellners in London erzählt, erhält H. zahlreiche Literaturpreise als Zeichen einer literarischen Anerkennung, die ihren späteren Werken (u. a. *The Master in the House*, 1932; *The Sixth Beatitude*, 1936) nicht mehr zuteil wird. – Literaturgeschichtliche Bedeutung erlangt die lesbisch lebende H., die ab den 1920er Jahren Kurzhaarschnitt, Monokel und ›maskuline‹ Kleidung zu ihren Markenzeichen macht, v. a. durch ihren Einfluß auf die Entfaltung lesbischer Identität und Literatur im 20. Jahrhundert. In den meisten ihrer Texte finden sich homosexuelle Figuren; eine lesbische Thematik wird u. a. in *The Unlit Lamp* (1924) und »Miss Ogilvy Finds Herself« (1934) offenbar. Es ist jedoch der Roman *The Well of Loneliness* (1928; *Quell der Einsamkeit*, 1929), der international für Aufsehen sorgt und zum Klassiker der lesbischen Literatur avanciert. Im Zentrum des Romans, dessen literarästhetische Qualitäten umstritten bleiben, steht die ›männliche‹ Lesbe Stephen Gordon. Geschildert werden Stephens Bruch mit ihrer Mutter, ihre erste Liebe, Erfahrungen im Ersten Weltkrieg und in der Pariser Homosexuellenszene. Die Handlung kulminiert in Stephens Verzicht auf ein gemeinsames Leben mit der ›femininen‹ Mary, damit diese ein ›normales‹ Leben an der Seite eines Mannes führen kann. *The Well of Loneliness* plädiert für die gesellschaftliche Akzeptanz lesbischer Frauen. H. nimmt Bezug auf biologistische Erklärungsversuche von Homosexualität und schließt sich Vorstellungen des Psychologen Havelock Ellis an, der die sogenannte Inversion als eine angeborene Anomalie interpretiert. Noch im Erscheinungsjahr kommt es zu einem gerichtlichen Verfahren, bei dem der Roman (ungeachtet der Proteste von Autoren wie E. M. Forster und Virginia Woolf) als obszön eingestuft und verboten wird. In England wird er erst 1949 wieder aufgelegt. – Im Zentrum der späteren (lesbischen) Kritik steht das essentialistisch-heterosexistische Weltbild von *The Well of Loneliness*. Inzwischen gilt die Aufmerksamkeit aber auch den sozialen Außenseitern und Mutter-Tochter-Konstellationen in H.s Gesamtwerk sowie dem Klassenbewußtsein, Konservatismus und Spiritualismus der Autorin, den sie mit ihrem 1912 angenommenen katholischen Glauben vereint. – Das Privatleben von ›John‹, wie H. von ihren Partnerinnen genannt wird, ist von drei langjährigen Beziehungen geprägt. Der Verbindung mit der Sängerin Mabel ›Ladye‹ Batten folgt nach deren Tod 1915 eine lebenslange Partnerschaft mit Una Troubridge, die auch dann nicht zerbricht, als sich H. 1934 in die russische Krankenschwester Evguenia Souline verliebt. Die wechselhafte und belastende Dreierkonstellation besteht fort, bis H. 1943 an Krebs stirbt.

Literatur: S. Cline. *Radclyffe Hall: A Woman Called John.* London 1997. – M. Baker. *Our Three Selves.* London 1985. – L. Dickson. *Radclyffe Hall at the Well of Loneliness.* London 1975.

Claudia Sternberg

Hall, Rodney

Geb. 18. 11. 1935 in Solihull, Warwickshire

Die Werke des äußerst produktiven Rodney Hall beeindrucken durch ihr Variationsspektrum und ihren virtuosen sprachlichen Ausdruck. Beides liegt in H.s vielfältigen künstlerischen Begabungen begründet, mit denen er, u. a. als Schauspieler, Filmkritiker und Dozent für Musik, sein Schreiben finanzierte, nachdem er 1948 nach Australien gekommen war und Schule und Studium beendet hatte. Er konzentrierte sich zunächst auf Lyrik, auch als Herausgeber einflußreicher Anthologien, und veröffentlichte von den frühen 1960er Jahren an Gedichtbände, die sich durch tiefgreifende Kenntnis europäischer Kunst und einen Reichtum an Klangfärbungen und Bildvernetzungen in oft freien Versen auszeichnen. H. setzt zudem eigenständige Formen ein, insbesondere eine von ihm als *progression* bezeichnete Form der Gedichtsammlung, bei der die einzelnen Gedichte in inhaltlichem Zusammenhang stehen – *Black Bagatelles* (1978) beispielsweise umkreist das Thema Tod –, aber nicht die Dichte eines Zyklus aufweisen.

H. hat seit 1981 keine Lyrik mehr veröffentlicht, sieht aber die Verschiebung zum Roman lediglich als Interessenverlagerung hin zu gesellschaftlichen Themen. Tatsächlich bestechen seine komplexen Romane besonders durch ihre sprachliche Brillanz und ihr Vermögen, die sinnlichen und emotionalen Nuancen menschlicher Wahrnehmung evokativ darzustellen. Dabei setzt der politisch aktive H., auch Verfasser von Sachbüchern zu Australiens Geschichte und Kultur, seine poetische Sprache ein, um in den frühen Romanen das Zusammenspiel sozialer Gruppen und später das Selbstverständnis Australiens zu beleuchten. In seinem dritten Roman, *Just Relations* (1982), preisgekrönt wie auch der zweite Teil der *Yandilli Trilogy* (1994), der Roman *The Grisly Wife* (1993; *Das*

schaurige Weib, 1995), wendet sich H. mit dem am magischen Realismus orientierten Porträt einer vergreisten Dorfgemeinschaft am Fuße eines aus purem Gold bestehenden Berges seinem Hauptthema zu, der Kritik der Besiedlungsgeschichte Australiens. So unterminiert H. in der vielgelobten *Yandilli Trilogy* die ›große Erzählung‹ der Kolonialgeschichte im Blick dreier Ich-Erzähler auf die australische Geschichte vom Sträflingsleben bis zum Ersten Weltkrieg. Der folgende, aus drei ebenfalls von Ich-Erzählern vermittelten Teilen bestehende Roman *The Island in the Mind* (1996) ergänzt diesen Geschichtsausschnitt durch sein bestimmendes Moment, die Sehnsucht der europäischen Kolonialmächte des 17. Jahrhunderts nach der sagenhaften *Terra Australis Incognita.* H.s bisher letzter Roman, *The Day We Had Hitler Home* (2000), ordnet sich den beiden Studien der herrschenden Vorstellungen der australischen Geschichte als abschließender Band einer Heptalogie bei. Elemente der vorigen Werke werden hier zu einer Kritik der Unterdrückung der Ureinwohner und der Sicht Europas als der alleinigen geistigen Heimat Australiens verwoben, wobei das Deutschland des Dritten Reichs zur eindringlichen Folie wird. Den von Kritikern oft angeführten Vergleich mit William Faulkners Werk hat der in der Forschung unterrepräsentierte H. mit dieser *history of the imagination* beeindruckend illustriert und inhaltlich das visionäre Gegenstück zur Kunst seiner poetischen Sprache geschaffen.

Sigrun Meinig

Hampton, Christopher

Geb. 26. 1. 1946 in Fayal, Azoren

Der Lebensweg Christopher Hamptons verlief zunächst ähnlich wie der mancher anderer englischer Dramatiker, die auch heute noch für die Bühne schreiben. Nach einem Studium der Geisteswissenschaften – er studierte Französisch und Deutsch in Oxford – wurden seine ersten Stücke in den für das zeitgenössische englische Theater so wichtigen späten 1960er Jahren aufgeführt, die meisten am Royal Court Theatre in London, das sich die Förderung junger Dramatiker zum Ziel gesetzt hatte und das ihn von 1968–70 zum *Resident Dramatist* machte. Mit seinen ersten Stücken folgte er durchaus der damals herrschenden Tendenz, von der Norm abweichende sexuelle Beziehungen mit provozierender Offenheit darzustellen und an der politischen und gesellschaftlichen Situation der Zeit Kritik zu üben. So geht es in seinem ersten Stück, *When Did You Last See Your Mother?* (1966), um eine homosexuelle Beziehung zwischen Jugendlichen und in *Total Eclipse* (1968) um die problematische Liebe zwischen den französischen Dichtern Arthur Rimbaud und Paul Verlaine, die letztlich zum Verlöschen der Kreativität und zum Tod beider Dichter – zur »total eclipse« – führt. Weniger schockierend ist dagegen *Treats* (1976), in dem sich eine junge Frau von ihrem sadistischen Ehemann abwendet und eine Beziehung mit einem einfühlsameren Partner beginnt, um dann aber am Schluß doch wieder zu ihrem Ehemann zurückzukehren. Während diese Stücke sich auf persönliche Beziehungen konzentrieren, stellt *Savages* (1973; *Die Wilden*, 1974) ein politisches Thema in den Mittelpunkt: die Ausrottung der Indianer im brasilianischen Urwald. Auch bei diesem Stück wird deutlich, daß sich H., anders als viele Dramatiker der 1968er-Generation, einer eindeutig sozialistischen Tendenz verweigert, denn *Savages* zeigt nicht nur, daß die Indianer den Profitinteressen einer kapitalistischen Welt zum Opfer fallen, sondern auch, daß die sozialistischen Guerillas an ihrem Schicksal nicht interessiert sind. – In seinem halbautobiographischen Drama *White Chameleon* (1991) will der junge Christopher schon als Kind Dramatiker werden und plant eine Bearbeitung von Edgar Allan Poes »The Tell-Tale Heart« für die Bühne. In den ersten Jahren seiner Tätigkeit für das Theater verfaßte H. neben eigenständigen Stücken mehrere Bearbeitungen und Übersetzungen, und zwar von Dramen von Isaak Babel, Anton Tschechow, Henrik Ibsen und Molière. Auch sein eigenständiges Stück *The Philanthropist* (1970; *Der Menschenfreund*, 1971) wurde von einem anderen Drama – von Molières *Le misanthrope* – angeregt. Seit dem Ende der 1970er Jahre haben dann aber Bearbeitungen den größten Teil der dramatischen Produktion von H. gebildet. So bearbeitete er in *The Portage to San Cristobal of A.H.* (1982) einen Roman von George Steiner, in dem der 90jährige Adolf Hitler von einem jüdischen Suchkommando im brasilianischen Urwald aufgespürt wird. Sein wohl erfolgreichstes Stück, *Les Liaisons Dangereuses* (1986; *Gefährliche Liebschaften*, 1989), dessen Verfilmung ihn auch außerhalb Englands bekannt gemacht hat, ist eine Bearbeitung von Choderlos de Laclos' gleichnamigem Roman. Die wenigen eigenstän-

digen Dramen, die H. in dieser Zeit schrieb, konnten demgegenüber nicht so sehr überzeugen. Dies gilt sogar für *Tales from Hollywood* (1982; *Geschichten aus Hollywood*, 1982), die auf der Fiktion basieren, Ödön von Horváth sei nicht 1938 durch einen Unfall gestorben, sondern mit Bertolt Brecht und den Brüdern Mann nach Hollywood emigriert, und bei denen es sich um eine Folge von Episoden im Stile Brechts handelt.

H. hat die Erwartungen, die seine ersten Dramen erweckten, nicht ganz erfüllen können. Vielleicht hat er sich deshalb überwiegend dem Bearbeiten von Texten anderer Autoren zugewandt. Es ist ihm auch nicht ganz gelungen, einen unverwechselbaren eigenen Stil zu entwickeln; vielmehr stellt jedes seiner Stücke einen neuen und andersartigen Anlauf dar, diesen Stil zu finden. Dennoch hat er auf den englischen Bühnen stets einen gewissen Erfolg gehabt, und zwar wohl auch deshalb, weil seine Stücke handwerklich exzellent gearbeitet und leicht verständlich sind, ohne Boulevardtheater zu sein, und weil sie auf Experimente sowie auf eine eindeutige ideologische Zielsetzung verzichten.

Werkausgabe: *Plays 1*. London 1977.
Literatur: C. Innes. »Popularizing Politics: The Theatre of Christopher Hampton and Peter Shaffer.« *Englisches Theater der Gegenwart*. Hg. K. P. Müller. Tübingen 1993, 433–452. – R. Gross, Hg. *Christopher Hampton: A Casebook*. New York 1990.

Ulrich Broich

Hardy, Thomas
Geb. 2. 6. 1840 in Upper Bockhampton, Dorset;
gest. 11. 1. 1928 in Max Gate, Dorchester

Thomas Hardys Werke markieren ebenso wie die Werke Joseph Conrads den Übergang von der spätviktorianischen Zeit zur Moderne. Ein tiefer Pessimismus kennzeichnet das Schaffen beider. H. wurde in einem ländlichen Milieu groß, besuchte die Schule in Dorchester und wurde danach bei den Architekten John Hicks (1856–62) und Arthur Blomfield (1862–67) in London ausgebildet. In den Jahren, in denen er als Architekt arbeitete, eignete er sich – von Freunden unterstützt – eine breite literarische und philosophische Bildung an. Er studierte die griechischen Tragödiendichter, die später seine Erzählkunst zutiefst beeinflußten, und er las die Philosophen und Wissenschaftler, insbesondere des 19. Jahrhunderts, die das Weltbild seiner Zeitgenossen bestimmten. Er selbst nannte Charles Darwin, Thomas Henry Huxley, Herbert Spencer, Auguste Comte und John Stuart Mill. Darwins *The Origin of Species* (1859) ließ ihn wie zahlreiche seiner Zeitgenossen in eine religiöse Krise geraten. Mit Darwins Abstammungslehre verloren die überlieferten Vorstellungen vom Ursprung der Schöpfung ihre Gültigkeit. Im Gegensatz zu vielen Viktorianern schloß sich H. nicht einem deterministischen Fortschrittsglauben an, sondern betonte die Spannungen, die den Entwicklungen im Universum und den Bestrebungen des Menschen nach einer ethisch würdigen Existenz inhärent sind. Spencer bestärkte ihn in der Überzeugung, daß eine unbewußte Kraft – *immanent will* genannt –, die den Gang der Ereignisse steuert, sich entwickelt und auf ein Bewußtsein hinstrebt. Mills Essay *On Liberty* (1859) beeindruckte H. wegen der Begründung der Gedankenfreiheit. Enge Freundschaft verband H. mit Leslie Stephen, der mit seinen *Essays on Free Thinking and Plain Speaking* (1873) und *An Agnostic's Apology* (1876) zu einem der führenden Vertreter des englischen Agnostizismus wurde und damit auf H.s Entwicklung einen tiefgreifenden Einfluß ausübte. Daß es auch Wechselbeziehungen zwischen Dichtungen und den philosophischen Ideen von Arthur Schopenhauer und Eduard von Hartmann gibt, wurde mehrfach hervorgehoben. Grundsätzlich ist zu betonen, daß H. niemals versuchte, ein systematisches Weltbild zu entwickeln. Seine Verarbeitung zeitgenössischen Denkens blieb ›impressionistisch‹.

Mit seinem ersten Roman stieß H. bei dem Verlag Chapman and Hall auf Ablehnung; George Meredith, der Lektor, empfahl ihm, sich zunächst mit einem spannungsreichen Sensationsroman dem Publikum vorzustellen. Dies gelang mit *Desperate Remedies* (1871). H. hat sein gesamtes Romanschaffen in drei Gruppen eingeteilt: (a) *Novels of Ingenuity*, Sensations- und Intrigenromane, die vieles dem Vorbild von Wilkie Collins verdanken. Dazu zählen – neben *Desperate Remedies* – *The Hand of Ethelberta* (1876) und *A Laodicean* (1881). (b) *Romances and Phantasies*; dazu gehören *A Pair of Blue Eyes* (1873), *The Trumpet-Major* (1880), *Two on a Tower* (1882) sowie *The Well-Beloved* (1897). Diese Romane sind locker konstruiert und arbeiten mit phantasievollen Einfällen. (c) *Novels of Character and Environment* bilden die gewich-

tige dritte Gruppe: *Under the Greenwood Tree* (1872), *Far from the Madding Crowd* (1874; *Am grünen Rand der Welt*, 1984), *The Return of the Native* (1878; *Die Heimkehr*, 1949), *The Mayor of Casterbridge* (1886; *Der Bürgermeister von Casterbridge*, 1985), *The Woodlanders* (1887), *Tess of the D'Urbervilles* (1891; *Tess von den D'Urbervilles*, 1895) und *Jude the Obscure* (1895; *Juda, der Unberühmte*, 1901). *Under the Greenwood Tree* – der Titel stammt aus einem Lied in *As You Like It* (II.5) – hat einen weitgehend idyllisch-pastoralen Charakter und ist ein Vorspiel zu den Wessex-Romanen. Künstlerisch am wirkungsvollsten sind die Szenen, in denen das Leben der ländlichen Bevölkerung, insbesondere des aus Handwerkern bestehenden Kirchenchors, dargestellt wird. Diese Menschen verstehen sich als »fellow-creatures« oder »God's creatures« und begegnen allen Schwächen ihrer Mitmenschen mit versöhnlichem Humor. Als mit der Einführung einer Orgel das Ende des Chors gekommen ist, fügen sie sich in diese Entwicklung in fatalistisch-heiterer Weise. H.s erster großer Wessex-Roman, *Far from the Madding Crowd*, ist nach einer Zeile aus Thomas Grays *Elegy Written in a Country Churchyard* (1750) betitelt (Wessex ist ein poetisch-realistisches Bild der Gegend in Südengland, in der H. seine Jugend verbrachte). H. setzte mit diesem Roman die idyllisch-pastorale Tradition in der englischen Literatur fort und baute die Darstellung des bäuerlichen Lebens bei der Ernte, der Schafschur sowie den Festen breit aus. Er charakterisiert eine Skala dörflicher Typen, wobei er sich des Dialekts bedient, den er geschickt zu variieren verstand. Inbegriff der ländlichen Mentalität ist Gabriel Oak, ein opferbereiter, selbstloser Mann, der am Schluß in Bathsheba die Partnerin findet, die sich zunächst dem verführerischen Troy zuwendet (und den sie heiratet) und die in dem puritanisch aufrecht gesinnten Farmer Boldwood in spielerischer Eitelkeit Erwartungen weckt, die sie nicht zu erfüllen vermag. Den Kontrast zu den bukolischen Szenen bilden die Teile der Handlung, die durch Troy ausgelöst werden. Als Boldwood sich in seinen Hoffnungen, Bathsheba zu gewinnen, endgültig betrogen sieht, erschießt er Troy in einer Aufwallung leidenschaftlichen Zorns. Dies ist das Modell einer Tragödie des Handelns, einer *tragedy of passion*. Troy hat zuvor das Dienstmädchen Fanny Robin betrogen und verlassen; sie erwartet ein Kind von ihm, schleppt sich in höchster Not ins Armenhaus, wo sie mit ihrem Kind stirbt. Es ist dies eine Tragödie des

Leidens, wie sie sich im 19. Jahrhundert herausbildete. In seinem nächsten Wessex-Roman
wandte H. die dramatische Form am entschieden-
sten an: In der ursprünglichen Fassung von *The
Return of the Native* entsprechen die Bücher I bis V
der Form eines Dramas, das die Einheit des Ortes
(die Heide Egdon Heath) und der Zeit (ein Jahr)
wahrt. Das VI. Buch wurde erst nachträglich als
Kompromiß mit dem viktorianischen Lesepublikum eingefügt. Im Vordergrund stehen die Beziehungen und Konflikte zwischen Eustacia Vye, Wildeve und Clym Yeobright. Zunächst (in Buch I)
bietet Wildeve Eustacia an, mit ihm nach Amerika
zu fliehen, da Egdon Heath für sie ein Gefängnis
ist. Doch dann weckt Clym ihre Aufmerksamkeit
und Zuneigung, er ist aus Paris zurückgekehrt, um
wieder in der Heimat zu leben (dies erklärt den
Romantitel). Clym heiratet Eustacia (Buch III)
und löst sich gleichzeitig von seiner Mutter. Mit
seinem Augenleiden setzt ein Wandel ein: Eustacia
wendet sich wieder Wildeve zu, und Clym kehrt
(im Buch IV) zu seiner Mutter zurück, allerdings
zu spät. Im V. Buch wollen Wildeve und Eustacia
Egdon Heath erneut verlassen, kommen aber in
einer herbstlichen Naturkatastrophe um. Egdon
Heath ist ähnlich wie die Heide in Emily Bront s
Wuthering Heights (1847) und in *King Lear* ein
Symbol: Egdon Heath ist die Schicksalsmacht, die
über dem Geschehen herrscht. Während in der
griechischen Tragödie das Schicksal aus der Höhe
des göttlichen Willens stammt, kann H.s Heide ein
Schicksal aus der Tiefe einer dämonischen Natur
genannt werden. Figuren wie Thomasin, die
Schwester Clyms, und der Rötelmann Diggory
Venn lassen sich in ihrem Leben ganz von der
Natur bestimmen und vermögen der Katastrophe
zu entgehen. – *The Mayor of Casterbridge* ist nach
dem Vorbild von Sophokles' *König Ödipus* gestaltet. Wie bei Ödipus wirkt auch bei Henchard
eine weit zurückliegende Schuld in die Gegenwart
hinein: Henchard verkaufte im Rausch seine Frau
Susan und seine Tochter Elizabeth-Jane einem Matrosen namens Newson. 18 Jahre später ist derselbe
Henchard ein wohlhabender Kornkaufmann und
Bürgermeister von Casterbridge. Seine Frau, die
annimmt, Newson sei ums Leben gekommen,
kehrt mit ihrer Tochter zurück. In dem intelligenten Farfrae hat Henchard einen sympathischen Geschäftspartner gewonnen. Vom 15. Kapitel an wendet sich das Schicksal: Er überwirft sich
mit Farfrae, Susan stirbt, und er erfährt, daß
Elizabeth-Jane nicht seine Tochter ist. Die Vergangenheit holt ihn ein, als er über eine alte Frau
richten soll, die seinen ›Frauenverkauf‹ miterlebte.
Lucetta, die er heiraten wollte, gibt ihr Jawort
Farfrae. Henchard macht bankrott, und als der
totgeglaubte Newson zurückkehrt und Elizabeth-
Jane die Wahrheit berichtet, zieht sich Henchard
verbittert in eine Hütte am Rande von Egdon
Heath zurück und stirbt. Henchards Schicksal ist
eine Charaktertragödie, in seinem leidenschaftlichen Zorn gleicht er King Lear. Er kennt jedoch
auch Reue, Gewissensbisse und gelegentlich auch
Güte und Wärme. Er ist letztlich ein gemischter
Charakter, der an der angeborenen Natur wie an
äußeren Umständen zugrunde geht, in denen sich
ein unbarmherziges Gerechtigkeitsprinzip spiegelt.
– Mit *The Woodlanders* nahm H. noch einmal die
Form der Pastorale auf, aber es ist nicht zu ver-
kennen, daß er inzwischen zwei tragische Romane
geschrieben hatte. Giles Winterborne erinnert an
Gabriel Oak, Grace Melbury an Bathsheba, Dr.
Fitzpiers und Mrs. Charmond sind die (aristokratischen) Außenseiter, die in die ländliche Ordnung eindringen. Land und Stadt, die niedere und
die höhere Gesellschaftsschicht, geraten in Konflikt. Hier ist es letztlich die unpersönliche Macht
der Rechtsordnung, die das Schicksal der Menschen bestimmt. Giles, der zugleich mythische
Züge trägt und »Autumn's very brother« genannt
wird, scheitert in seinen Beziehungen zu Grace,
erkrankt und stirbt, von der einfachen Waldar-
beiterin Marty South betrauert, die ihn wirklich
liebte. Grace und Fitzpiers bleiben in einer Ehe
voller Kompromisse miteinander verbunden.

Mit *Tess of the D'Urbervilles* lieferte H. die
umfassendste Darstellung eines tragischen Konflikts. Tess ist für ihn »a pure woman«, schuldlos
und schuldig zugleich. Sie ist das Opfer ambivalenter (kreativer und destruktiver) Spannungen in
der Natur. Sie ist zugleich das Opfer einer Gesellschaft, die mit ihren engen Konventionen die freie
Entfaltung einer Frau wie Tess verhindert. In ihrem Schicksal spiegelt sich auch eine universale
Macht, die – wie die Götter, von denen Gloucester
in *King Lear* spricht – den Menschen zu ihrem
Vergnügen leiden läßt. Tess' Schicksal läßt sich als
Versuch begreifen, ein Leben nach selbstgesetzten
Normen der Wahrheit, Liebe und Gerechtigkeit in
einer sich auflösenden Gesellschaft zu führen. Sie
scheitert an dem Libertin und Verführer Alec, der
aus einer neureichen Familie stammt, sie jagt wie
ein Tier und schließlich verführt. Und sie scheitert
an Angel Clare, dem Sohn eines Pfarrers, der sich

zu einer autonomen Ethik bekennt, aber zu schwach ist, bei Tess zu bleiben, als er von ihrer Vergangenheit erfährt. Nachdem er sich gewandelt hat, ist es zu spät: Tess hat Alec aus Rache getötet, und sie stirbt für ihre Schuld. Sie weiß, daß sie gegen die Gerechtigkeitsordnung verstoßen hat, in höherem Sinn aber schuldlos ist. Mit ihrem Bekenntnis zur Wahrheit erreicht sie den Rang einer klassischen Tragödienheldin.

Jude the Obscure spielt an einer Reihe von Schauplätzen in Wessex; das Waisenkind Jude fühlt sich nirgendwo zu Hause. Jude arbeitet zunächst als Steinmetz, widmet sich aber gleichzeitig, angeregt durch den Schulmeister Phillotson, dem Studium der griechischen und römischen Literatur. Sein Ziel ist ein Studium in Christminster (Oxford), und er sieht sich im Traum als Bischof. Diese Träume lassen sich jedoch niemals verwirklichen. Er erhält die ablehnende Antwort, er möge in seinem bisherigen Lebenskreis verbleiben. Vorübergehend denkt Jude daran, einfacher Geistlicher zu werden, aber auch diesen Plan muß er aufgeben, und er vernichtet seine Bücher. Am Ende ist er wiederum der Steinmetz, der er ursprünglich war. Jude kritisiert die gesellschaftlichen Verhältnisse, die Universität, die Kirche und die bürgerliche Gesellschaft mit Bitterkeit; diese Haltung wird oft durch den Autor gedeckt, ist aber an zahlreichen Stellen durch die ganz persönlichen Erlebnisse von Jude bedingt. Im Mittelpunkt des Romans stehen vier Hauptgestalten: Jude, Arabella Donne, Sue Bridehead und Phillotson. Die Wechselbeziehungen sind geradezu *more geometrico* gestaltet: Es heiraten zunächst Jude und Arabella, die ihn jedoch verläßt und der Bigamie schuldig wird, als sie in Australien eine zweite Ehe eingeht. Sue Bridehead, Judes Cousine, heiratet Phillotson, obwohl sie sich Jude zutiefst verbunden fühlt. In einer späteren Phase dieser zwischenmenschlichen Beziehungen werden beide Ehen geschieden (und der australische Ehepartner Arabellas stirbt). Jetzt sind Jude und Sue frei, und sie könnten eine Ehe eingehen. Sie schrecken jedoch (jeweils im letzten Augenblick) vor einer standesamtlichen wie kirchlichen Trauung zurück. Nicht bedacht haben sie dabei, wie ihr freier Lebensbund auf die Gesellschaft wirkt, welche Schwierigkeiten sich ergeben, als sie mit zwei unehelichen Kindern und Father Time, einem Sohn, der nach Arabellas Aussage das gemeinsame Kind mit Jude gewesen sein soll, keine rechte Unterkunft finden. In Abwesenheit der Eltern beschließt Father Time sich und seine Ge-

schwister zu erhängen: »Done because we are too menny«. Dieser Schock führt dazu, daß Sue einen Zusammenbruch erleidet, wiederum zu Phillotson zurückkehrt, derweilen Arabella erneut mit List versteht, mit Jude eine zweite Ehe zu schließen. Der 30jährige Jude ist physisch geschwächt; er hat sich ein Lungenleiden zugezogen und stirbt in Christminster. Als er im Sterben liegt, zitiert er eine Stelle aus Hiob 3, 3: »Let the day perish wherein I was born…«. *Jude the Obscure* ist ein Desillusionsroman, der bei der zeitgenössischen Kritik auf schärfsten Widerspruch stieß. Die Äußerungen über Ehe und Moral, Religion und Kirche widersprachen den Grundüberzeugungen der Viktorianer; es bedurfte eines D. H. Lawrence, mit den Mitteln seiner Erzählkunst und seinen weltanschaulichen Überzeugungen die Hardysche Kritik fortzusetzen.

Nach der Publikation von *Jude the Obscure* widmete sich H. nur noch der Form des Dramas, der Kurzgeschichte und des lyrischen Gedichts. In *The Dynasts* (1904, 1906, 1908), einem dreiteiligen Großdrama, das 19 Akte umfaßt, stellt H. die napoleonische Epoche von 1805 bis 1815 dar, die ihn schon in den 1880er Jahren beschäftigt hatte. Er wollte eine moderne *Ilias* schreiben, ist aber inhaltlich wie formal eigene Wege gegangen. Zum einen liefert er eine Fülle von Einzelszenen, die das große politische Geschehen darstellen, zum anderen fügt er Genre-Bilder ein (z. B. aus seiner südenglischen Heimat), die das Leben und Schicksal einfacher Menschen zeigen. Das gesamte Historienspiel ist insofern ein Spiel im Spiel, als es Geisterchören vorgeführt wird, die das Geschehen aus geschichtsphilosophischer Sicht kommentieren. Die Ereignisse sind keine Heldentaten heroischer Größen wie Napoleon, sondern Ausdruck des *immanent will*, der die Figuren wie Marionetten zu führen scheint. Das deterministische Weltbild wird aber auch durch Szenen unterbrochen, in denen die Menschen aus eigener Initiative handeln (oder zu handeln scheinen); dazu kommt der hoffnungsvolle Schluß, in dem die Geisterchöre auf einen Wandel des *immanent will* zum Bewußtsein hinweisen. Damit scheint eine ›melioristische‹ Sicht zu dominieren.

Bei der Interpretation der Erzählbände *Wessex Tales* (1888), *A Group of Noble Dames* (1891) und *Life's Little Ironies* (1894) entstand die Frage, ob der Begriff ›Short Story‹ überhaupt angemessen sei. Irving Howe hob den Unterschied zu Tschechow, Hemingway und Joyce hervor und plädierte für den Begriff ›tales‹, weil H. hier in einer locker angenehmen, entspannten Weise erzählt und sich damit in die Tradition der Erzähler einordnet, die der ländlich-mündlichen Darbietungsweise verpflichtet sind. Kirstin Brady hat dieser Deutung widersprochen und zwischen der ›pastoralen Perspektive‹ (*Wessex Tales*), der ›subjektiven Perspektive‹ (*A Group of Noble Dames*) und der ›ironischen Perspektive‹ (*Life's Little Ironies*) unterschieden. Dazu hat Brady das Zusammenspiel von mündlicher und schriftlicher Short-Story-Technik bei H. in treffender Weise mit den Begriffen *raconteur* und *écrivain* gekennzeichnet.

Bereits in seinen Anfängen hat H. Lyrik verfaßt; »Hap«, eines seiner bemerkenswerten frühen Gedichte, ist in den Band *Wessex Poems* (1898) eingegliedert. Es folgten die Bände *Poems of the Past and the Present* (1901), *Time's Laughingstocks* (1909), *Satires of Circumstance* (1914), *Moments of Vision* (1917), *Late Lyrics and Earlier* (1922), *Human Shows: Far Phantasies, Songs and Trifles* (1925) und *Winter Words in Various Moods and Metres* (postum 1928). Ähnlich wie die Erzählungen H.s weisen auch die Gedichte traditionelle und moderne Züge auf: Balladen und Kirchenlieder, aber auch die Lyrik Percy Bysshe Shelleys und Algernon Charles Swinburnes haben den Rhythmus, den Klang und die Diktion etlicher seiner Gedichte geprägt, wenngleich er niemals Vorbilder nachahmte, sondern immer transformierte. An die Grenzen seiner Ausdrucksfähigkeit stieß H., wenn er seine weltanschaulichen Themen in didaktisch gefärbte Dichtung umzusetzen versuchte. Am eindrucksvollsten sind die Gedichte, in denen Bild und Reflexion eine Einheit eingehen wie z.B. in »The Darkling Thrush«, einem Gedicht, das als Abgesang auf das 19. Jahrhundert gilt. H. hat fast für jedes Gedicht eine eigene Form gefunden und Rhythmus und Metrik auf die zentrale Thematik abgestimmt. Selbst wenn er ganz persönliche Anlässe verarbeitete wie das Erlebnis des Todes seiner ersten Frau (Emma Lavinia Gifford) und die Erinnerung an die frühe Liebe und die fortschreitende jahrzehntelange Entfremdung schilderte, gelang es ihm, die privaten Erlebnisse zu objektivieren und dabei die traditionelle Form der Elegie zu modifizieren. Liebe, Leid und ein unsentimentales Mitleiden blieben die Grundthemen seiner Lyrik. – Kritiker wie T.S. Eliot und F.R. Leavis standen in Distanz zu ihm; W.H. Auden und Cecil Day Lewis trugen zu einer gerechteren Bewertung seiner Lyrik bei; die schrittweise Neubewertung findet sich bei Philip Larkin, Ted Hughes und Donald Davie.

Werkausgaben: *The Wessex Edition*. 24 Bde. London 1912–31. – *The Complete Poetical Works*. Hg. S. Hynes. 5 Bde. Oxford 1982–95.
Literatur: D. Kramer, Hg. *The Cambridge Companion to Thomas Hardy*. Cambridge 1999. – R.P. Draper, Hg. *Thomas Hardy: The Tragic Novels*. Basingstoke 1991 [überarbeitete Auflage]. – I. Gregor. *The Great Web: The Form of Hardy's Major Fiction*. London 1974. – J. Brooks. *Thomas Hardy: The Poetic Structure*. London 1971. – S. Hynes. *The Pattern of Hardy's Poetry*. Chapel Hill/London 1966.

Willi Erzgräber

Hare, [Sir] David

Geb. 5. 6. 1947 in St. Leonards, Sussex

David Hare gehört zu der zweiten Welle der politisch engagierten britischen Dramatiker, die in den 1960er Jahren zu schreiben begannen und die in ihren dramatischen Formen und Inhalten noch radikaler als die Dramatiker der ersten Welle waren. Neue Ausdrucksweisen suchte H. direkt nach dem Studium der englischen Literatur in Cambridge, als er mit anderen 1968 das Portable Theatre und 1975 das Joint Stock Theatre gründete, sowie als Dramaturg und *resident dramatist* am Royal Court Theatre von 1969–70. Sein erstes Stück, *Slag* (1970), brachte ihm den *Evening Standard Award* als vielversprechendstem neuen Dramatiker ein. Ab 1976 begann seine bis heute andauernde Zusammenarbeit mit dem National Theatre, das die meisten seiner Stücke produziert hat und bei dem er seit 1984 als *associate director* tätig ist. Für H. ist das Drama das beste Medium, um Menschen und Situationen zu verstehen und zu beurteilen. Dafür müsse individuelles Erleben in den relevanten historischen Kontexten gesehen werden. Seit 1973 schreibe er historische Dramen dieser Art, die von Zuschauern kritische Urteile über das Gesehene wie auch über die eigene Realität fordern und diesen dafür zeigen, wer sie sind und warum sie so geworden sind. Theater besteht für H. v.a. aus diesem Austausch zwischen Bühne und Publikum. Als politischer Autor glaubt er an die Möglichkeit der Veränderung von Gesellschaft und deren Verbesserung durch Erkenntnis und Erziehung. Er vermeidet aber krude Didaktik, Simplifizierungen und einfache Lösungen für komplexe Probleme; vielmehr verdeutlicht er die Kompliziertheit individuellen Agierens, stellt Fragen, zeigt Probleme auf und betont, gerade in seinen letzten Werken, *Skylight* (1995; *Skylight*, 1999), *Amy's View* (1997; *Amys Welt*, 1999), *Via Dolorosa* (1998), *The Judas Kiss* (1998) und *My Zinc Bed* (2000), aber auch schon in dem Film *Wetherby* (1985), daß vernünftiges Handeln eine starke emotionale Vertrauensbasis und fundamentalen Glauben braucht. Zu seinen erfolgreichsten Dramen gehören *Plenty* (1978; *In Hülle und Fülle*, 1979) über den Verlust aller Ideale in der Überflußgesellschaft, *A Map of the World* (1982; *Eine Weltkarte*, 1986), das die verschiedenen Sehweisen und Weltkarten thematisiert, die sich aufgrund unterschiedlicher wirtschaftlicher, sozialer, politischer und persönlicher Umstände ergeben, und *Pravda* (1985, mit Howard Brenton) über Machtpolitik in den Medien. Anfang der 1990er Jahre setzte H. seine historisch aufklärerische Dramaturgie in einer Trilogie über die Lage der Nation fort, indem er drei der wichtigsten Institutionen Englands untersucht, die Kirche, die Justiz und die Parteien (*Racing Demon*, 1990; *Murmuring Judges*, 1991; *The Absence of War*, 1993). H. sieht keine Notwendigkeit, die Institutionen abzuschaffen, will sie aber dringend erneuert und belebt sehen, da sie sich alle in einer Krise befinden. – H. schreibt auch erfolgreiche Drehbücher für Film und Fernsehen, z.B. *Licking Hitler* (1978), *Saigon, Year of the Cat* (1983), *Plenty* (1985), *Paris By Night* (1988), und arbeitet als Regisseur im Theater, bei seinen Film- und Fernsehstücken wie auch bei seiner bisher einzigen Oper (*The Knife*, 1987). Schließlich führte er sein Einpersonenstück *Via Dolorosa* (1998) über die schwierige Lage in Nahost mit Erfolg in London und New York selbst auf und reflektierte seine (politische) Rolle als Schauspieler in *Acting Up: A Diary* (1999).

Werkausgabe: *Plays*. 2 Bde. London 1996f.
Literatur: K.P. Müller. *Wertstrukturen und Wertewandel im englischen Drama der Gegenwart*. Trier 2000. – F. Scott. *A Politic Theatre: The Drama of David Hare*. Amsterdam 1996. – C. Homden. *The Plays of David Hare*. Cambridge 1995.

Klaus Peter Müller

Harris, Wilson

Geb. 24. 3. 1921 in New Amsterdam,
British Guiana [heute Guyana]

Sprache gewinnt ihre Ressourcen von den Orten, aus denen sie sich speist, von Konturen ihrer Landschaft, den Flüssen, Wäldern wie auch von den Menschen, die dort leben und ihre Spuren hinterlassen. In dieser Standortbestimmung aus einem Interview verbindet der Erzähler und Kulturphilosoph Wilson Harris seine Arbeit mit der Raumgestalt Guyanas, des ebenso vielgestaltigen wie vielsprachigen karibischen Landes auf dem südamerikanischen Kontinent, aus dem er stammt und dessen konkrete wie kulturelle Topographie er in seinem Werk ausmißt und zur Weltenbühne weitet. Dabei erkunden viele seiner 20 Romane, seiner Geschichten, Gedichte und zahlreichen Essays besonders eindringlich das unwegsame Hinterland, ein verschüttetes Archiv von Mythen, in dem die Geschichte entlaufener Sklaven und amerindischer Kulturen andere archetypische Figuren überlagert und das somit einen Symbol- wie Projektionsraum für Eroberungsbegehren und Erlösungsphantasien darstellt. Im kolonialen Zentrum Georgetown an der Küste ausgebildet war H. in den 1940er Jahren selbst im Landesinnern als Kartograph im Auftrag der Regierung tätig, bevor er 1959 nach England zog und sogleich mit *Palace of the Peacock* (1960; *Der Palast der Pfauen*, 1988) hohe Anerkennung fand. 1985 mit *The Far Journey of Oudin* (1961), *The Whole Armour* (1962) und *The Secret Ladder* (1963) zum Zyklus *The Guyana Quartet* zusammengefaßt sind im Debütroman bereits die wesentlichen Charakteristika seines gesamten Werks angelegt: eine klare Zurückweisung der realistischen Romantradition und des mimetischen Erzählens; statt dessen ein oftmals visionärer Gestus und komplexes Ineinanderwirken verschiedener Wirklichkeitsentwürfe; ein dichtes Netz literarischer Bezüge und mythologischer Verweise; eine Vorliebe für allegorische Figurierung und symbolische Durchformung; eine entschiedene Einlassung mit metaphysischen und tiefenpsychologischen Konzepten. Im Mittelpunkt steht der Gedanke, daß auch katastrophische Entwicklungen der Geschichte regenerative Kräfte freisetzen, in denen eine transkulturelle Imagination gestaltend wirksam werden kann. In seinem Erzählwerk variiert, erweitert und befragt H. vielfach dieses Grundthema in wiederkehrenden Motiven (z.B. der amerindischen Knochenflöte), die er auch in wichtige programmatischen Texten wie *The Womb of Space: The Cross-Cultural Imagination* (1983) formuliert. Damit wurde seine Arbeit wegweisend und international prägend für postkoloniale Diskussionen. Die Romantrilogie aus *Carnival* (1985), *The Infinite Rehearsal* (1987) und *The*

Four Banks of the River of Space (1990) erkundet die Bedingungen kreativer Möglichkeiten angesichts historischer Konflikte, indem sie die Protagonisten zentraler europäischer Selbstverständigungstexte wie Homers *Odyssee*, Dantes *Göttliche Komödie* und Goethes *Faust* in ein bewegliches Figurenspektrum auflöst und mit präkolumbianischen Traditionen aus der Neuen Welt erzählerisch durchkreuzt. Wenngleich nicht viele Leser den verschlungenen Pfaden des schwer zugänglichen Werks seiner meist kurzen, aber poetisch verdichteten Romane folgen mögen und sich Wege durch dessen voraussetzungsreichen Erzählkosmos bahnen, ist H. zweifellos eine der wirkungsmächtigsten Vaterfiguren der karibischen Literatur, weil er vielen Autoren der jüngeren Generation eine entscheidende Landkarte erstellt hat.

Literatur: *The Journal of Caribbean Literatures* 2 (2000) [Sondernummer über Harris]. – S. E. Drake. *Wilson Harris and the Modern Tradition: A New Architecture of the World.* Westport 1986. – H. Maes-Jelinek. *Wilson Harris.* Boston 1982. – M. Gilkes. *Wilson Harris and the Caribbean Novel.* London 1975.

Tobias Döring

Harrison, Tony

Geb. 30. 4. 1937 in Leeds

Tony Harrison ist primär Lyriker, auch in seinen zahlreichen Arbeiten für Theater, Oper und Fernsehen. Von zentraler Bedeutung für H.s lyrisches Werk ist die Spannung zwischen seiner Herkunft aus dem nordenglischen Arbeitermilieu und der bürgerlichen Bildung als Intellektueller und Akademiker (Studium der Altphilologie). Thematisch setzen sich viele Gedichte mit der sozialen, kulturellen und politischen Unterdrückung in der englischen Klassengesellschaft sowie in anderen Ländern auseinander, meist anhand eigener Sozialerfahrungen (Lebensumstände der Eltern, Jugend- und Schulzeit, Arbeit als Lehrer im Ausland) – ein Interesse, das sich ferner im polemischen Einsatz der regionalen Umgangssprache äußert. Literarisch orientiert sich H. jedoch an der klassischen Rhetorik und an traditionellen Formen, wie dem Sonett, die er mit großer Virtuosität in Metrik und Reimtechnik handhabt. Trotz des Bemühens um authentische Vermittlung sozialer und psychischer Erfahrungen durchzieht viele Gedichte ein geschärftes Bewußtsein von der Diskrepanz zwischen diesem proletarischen Gesellschaftskontext und dem ›bürgerlichen‹ Ausdrucksmedium der Dichtung. Das Ich erlebt seine literarische und intellektuelle Sozialisation an Schule und Universität einerseits als individualistische Emanzipation, andererseits als Entfremdung von den eigenen Wurzeln in der Solidarität seiner Klasse wie seiner Familie und gewinnt in diesem Konflikt einen hohen Grad an Selbst-Reflexivität.

H.s erste Sammlung *The Loiners* (die Dialektbezeichnung für die Bewohner von Leeds) von 1970 konfrontiert eigene Jugenderfahrungen mit der repressiven Situation in Afrika und im Ostblock. Die nächsten beiden Bände, *From »The School of Eloquence« and Other Poems* (1978) und *Continuous: 50 Sonnets from the School of Eloquence* (1981), die zusammen als H.s Hauptwerk gelten können, setzen sich politisch engagiert mit der Klassenstruktur Englands in Geschichte und Gegenwart auseinander und zeichnen vor diesem Hintergrund seine persönliche Entwicklung nach. Soziale Konflikte sind auch Thema von *v.* (d. h. ›versus‹) von 1985 (mit Anspielungen auf Thomas Grays »Elegy Written in a Country-Churchyard«). Unter den folgenden Bänden – z. B. *The Fire Gap* (1985); »The Blasphemers' Banquet« (1989), einer Verteidigung Salman Rushdies; *A Cold Coming* (1991), über den Golfkrieg; *The Gaze of the Gorgon* (1992), über Kunst und Gewalt; *The Shadow of Hiroshima and Other Film/Poems* (1995); *Laureate's Block and Other Occasional Poems* (2000) – finden sich zunehmend längere Einzeltexte, die für die Präsentation im Fernsehen geschrieben wurden. – Neben seiner Lyrik hat H. schon früh Texte für das Theater und die Oper verfaßt, überwiegend Übersetzungen und Versbearbeitungen von klassischen griechischen und französischen Dramen (z. B. von Racine, Molière, Aischylos und Euripides), die durch die Brillanz und Präzision seiner Formulierungskunst, besonders in der Annäherung der Diktion an die kraftvolle regionale Umgangssprache, bestechen und darin pronociert lyrische Qualitäten aufweisen.

Werkausgaben: *Dramatic Verse 1973–1985.* Newcastle 1985. – *Selected Poems.* London 1987.
Literatur: S. Byrne. *»H«, »v.« & »O«: The Poetry of Tony Harrison.* Manchester 1998. – J. Kelleher. *Tony Harrison.* Plymouth 1996. – L. Spencer. *The Poetry of Tony Harrison.* Hemel Hempstead 1994.

Peter Hühn

Haywood, Eliza

Geb. 1693 in London; gest. 25. 2. 1756 ebd.

Eliza Haywood ist v. a. als Fußnote in die englische Literaturgeschichte eingegangen, denn ein großer Teil ihrer Bekanntheit rührt daher, daß sie als eine von wenigen Frauen namentlich in Alexander Popes satirischem Spottepos *The Dunciad* (1728) angeführt und der Schamlosigkeit und Freizügigkeit bezichtigt wird. Pope nimmt (ebenso wie Richard Savage und Jonathan Swift in ähnlichen Anklagen) nicht nur Anstoß an der sexuellen Offenheit der Romanzen H.s, sondern sieht ihre Schriften und ihr Schreiben v. a. als unnatürliche Verkehrung weiblichen Verhaltens und Akt unverhohlener Prostitution. Tatsächlich wird H. neben Aphra Behn und Delarivier Manley zu jenem produktiven ›Triumvirat‹ in ihrer Zeit sehr erfolgreicher Autorinnen gezählt, deren Texte in ihrer Verquickung von erotischen Erzählungen mit zeitkritischen Bezügen durch Regelverstoß und inhaltlichen wie quantitativen Exzeß gekennzeichnet sind. H. schrieb über 60 Prosatexte und vier Theaterstücke, fertigte daneben aber auch Übersetzungen an und leistete mit dem Magazin *The Female Spectator* (1744–46; *Die Zuschauerin*, 1748) einen wichtigen Beitrag zur Tradition der Frauenzeitschrift. – Wenig ist über H.s Biographie bekannt, da sie im Gegensatz zu Behn oder Manley kein literarisches Zeugnis ihres Lebens anfertigte: 1710 heiratete sie den Pfarrer Valentine Haywood, den sie 1721 verließ. Von da an war sie gezwungen, sich ihren Lebensunterhalt mit Schreiben zu verdienen. So orientieren sich ihre an Frauen gerichteten Texte weitgehend am Zeitgeschmack, dessen Wandel in der ersten Hälfte des 18. Jahrhunderts ihre Romane paradigmatisch widerspiegeln. Die in den 1720er und 1730er Jahren entstandenen Arbeiten, wie die an Manley anknüpfenden Skandalchroniken *Memoirs of a Certain Island Adjacent to the Kingdom of Utopia* (1725), *The Court of Caramania* (1727) und die *Adventures of Eovaai, Princess of Ijaveo* (1736), thematisieren die Struktur männlichen und weiblichen Begehrens. Eine vielsträngige, unübersichtliche Plotstruktur führt zu einer relativen Bedeutungsoffenheit. Seit den 1740er Jahren ist in H.s Texten eine Wendung zum sentimentalen und moralisierenden Schreiben festzustellen. Nicht nur verfaßte sie zwei *conduct books* (Erziehungsbücher), die der Ehefrau (*The Wife*, 1756) und dem Ehemann (*The Husband in Answer to the Wife*, 1756) tugendhaftes Verhalten nahelegen. Auch ihr bekanntester Roman, *The History of Miss Betsy Thoughtless* (1751; *Geschichte des Fräuleins Thoughtless*, 1754), gehört der für die zweite Hälfte des 18. Jahrhunderts charakteristischen Erbauungsliteratur an: Beschrieben wird das Schicksal der anständigen, aber naiven und gedankenlosen Betsy, deren Tugendhaftigkeit und Lernprozeß mit einer glücklichen Ehe belohnt werden. Allerdings wird die erbauliche Tendenz durch eingebettete Erzählungen unterminiert, in welchen z. B. die Problematik der sexuellen Doppelmoral illustriert wird oder Tugendhaftigkeit keine Belohnung findet.

Werkausgaben: *The Plays*. Hg. V. C. Rudolph. New York/London 1983. – *Selected Fiction and Drama*. Hg. P. R. Backscheider. Oxford 1998. – *Selected Works*. Hg. A. Pettit. London 2000.
Literatur: K. T. Saxton. *Passionate Fictions of Eliza Haywood: Essays on Her Life and Work*. Lexington 2000. – M. A. Schofield. *Eliza Haywood*. Boston 1985.

Sandra Heinen

Hazlitt, William

Geb. 10. 4. 1778 in Maidstone, Kent;
gest. 18. 9. 1830 in London

Sohn eines unitarischen Geistlichen, war William Hazlitt in seiner frühen Entwicklung durch religiöse, aber auch liberale politische Vorstellungen geprägt. Von 1793–96 besuchte er das berühmte nonkonformistische New College in Hackney (London), wo er sich, auf Wunsch der Familie, auf den Priesterberuf vorbereiten sollte. Doch H.s eigene künstlerische Neigungen ließen ihn sich nach Abschluß seiner Collegejahre gegen die Priesterlaufbahn entscheiden – ein Entschluß, der durch die berühmte Begegnung mit Samuel T. Coleridge (1798) bekräftigt und in Richtung der Literatur gelenkt wurde. H.s Erstlingsschrift *Essay on the Principles of Human Action* (1805) zeigt indes eine mehr philosophische Ausrichtung, die an sensualistische Positionen des 18. Jahrhunderts anschließt. 1812 zog H. nach London, wo er sich zunächst als Theaterkritiker betätigte, dann (seit 1813) als Parlamentsreporter für die Zeitung *The Morning Chronicle* arbeitete. – Die meisten von H.s Schriften sind so zunächst in publizistischer Form in Zeitungen und Zeitschriften erschienen; der Autor veröffentlichte sie jedoch danach nochmals in Buchform, als Essaysammlungen und Anthologien. H.s Stil zeichnet sich v. a. durch sprachliche Prägnanz und gedankliche Klarheit aus – ein Grundzug, der seine Nähe zu den französischen Moralisten Montaigne und La Rochefoucauld verrät. H. scheute dabei auch vor einseitigen Urteilen nicht zurück und gab so seinen Texten immer auch eine persönliche, ja bisweilen idiosynkratische Note. Obgleich er keine formale philologische Ausbildung hatte, konnte er aufgrund seiner weiten Belesenheit gerade auf dem Gebiet der Literatur seine essayistischen Fähigkeiten am überzeugendsten entfalten. Bemerkenswert sind v. a. seine literarischen Vorlesungsreihen, wie etwa seine *Characters of Shakespeare's Plays* (1817; *Die Haupt-Charaktere der Shakespeare'schen Dramen*, 1839). Die Shakespearevorträge überzeugen insbesondere durch ihre informelle, ungezwungene Zugehensweise, die mit intuitiver Sicherheit Probleme aufwirft und aperçuhaft Lösungen formuliert, die von der späteren Shakespeareforschung wiederaufgenommen und bestätigt wurden. Ein Grundmotiv der H.schen Literatur- und Kunstkritik, wie sie etwa in der Sammlung *The Round Table* (1817) oder den *Lectures on the English Poets* (1818) vorgeführt wird, ist die Konzeption des *gusto*, die Vorstellung einer gesteigerten Ausdruckskraft, die nach H.s Ansicht die gelungenen Werke in Literatur und Kunst inspiriert. – In gebündelter Form erscheinen H.s zeit- und kulturkritische Verfahren in der späten Sammlung *The Spirit of the Age* (1825), die als eine Art Summe von H.s essayistischem Projekt gelten kann. H. entwirft hier nicht nur eine eindrucksvolle Serie intellektueller Porträts der prominentesten Zeitgenossen (Jeremy Bentham, William Godwin, Sir Walter Scott, Coleridge, John Keats, Charles Lamb, Lord Byron), sondern versucht auch, in der Darstellung des je besonderen Individuums Züge einer allgemeineren, epochentypischen Mentalität aufscheinen zu lassen. Insgesamt vermitteln die Charakterbilder zwischen einer grundlegenden philosophischen und zeitkritischen Skepsis und einer optimistischeren aufklärerischen Geschichtsphilosophie (Godwin), die letztlich auf die Entwicklungs- und Verbesserungsfähigkeit der menschlichen Natur vertraut.

Werkausgaben: *Complete Works*. Hg. P. P. Howe. 21 Bde. London/Toronto 1930–34. – *The Letters*. Hg. H. M. Sikes et al. London 1978.
Literatur: D. Bromwich. *Hazlitt: The Mind of a Critic*. London/New York 1983. – J. L. Mahoney. *The Logic of*

Passion: The Literary Criticism of William Hazlitt. London 1981.

Linda Simonis

Head, Bessie

Geb. 6. 7. 1937 in Pietermaritzburg, Südafrika;
gest. 17. 4. 1986 in Serowe, Botswana

Ein heiles Stück des uralten Afrika, das nie von Fremden erobert worden sei, eine jahrhundertealte Gesellschaftsordnung, die eine in sich ruhende und unaufdringliche Größe ausstrahle, ein Land, wo man sich sicher fühlen könne, wo Schwarze die Macht ausüben und wo es folglich möglich sei, die eigene Persönlichkeit zu entwickeln – mit solchen Worten pflegte Bessie Head ihre Wahlheimat Botswana zu preisen. Dort, so hoffte sie, könne man endlich Wurzeln schlagen. 1964 ging sie nach Botswana, um eine Stelle als Lehrerin anzutreten. Das Land befand sich damals an der Schwelle zur Unabhängigkeit, aber noch unter britischem Protektorat. Die Aufbruchsstimmung dieser Übergangszeit sollte etliche Texte, die H. später schrieb, prägen. – H. wurde als Mischling in Südafrika unehelich geboren und litt lange unter der Bürde ihrer unbekannten Herkunft. Die Jahre in einer anglikanischen Missionsschule ohne enge Familienbindung, ihr Kampf gegen Diskriminierung und der gescheiterte Versuch, als Journalistin und Autorin Fuß zu fassen, hatten die Entscheidung nahegelegt, ins Ausland zu gehen, um dort ein neues Leben anzufangen. Die Ängste und Hoffnungen dieser Jahre gestaltete sie in ihrem ersten, 1960–62 geschriebenen, postum veröffentlichten Roman *The Cardinals* (1993; *Sternenwende*, 1997). Südafrika, das sie endgültig hinter sich ließ, kommt in ihrem Erzählwerk (wie etwa in der Geschichte »Life«) nur noch als das Land vor, das Prozesse der Entfremdung und des sittlichen Verfalls auslöst. – Die eigene Identitätssuche und das Bekenntnis zu ihrer neuen Heimat gehen eine Symbiose ein, die sich in dem Bestreben ausdrückt, die Lebensformen und zunehmend auch die politische und soziale Geschichte Botswanas zu dokumentieren. So werden H.s Werke zu einem umfassenden Porträt afrikanischen Lebens. In *When Rain Clouds Gather* (1969) beschreibt sie ausgiebig, wie landwirtschaftliche Produktionsgenossenschaften unter der besonderen Beteiligung von Frauen organisiert werden können. In *Maru* (1971) prangert sie anhand der Beziehungen zwischen der Mehrheit der Batswana und der Minderheit der San – auf kontroverse Weise – die Praxis rassistischer, sexistischer Unterdrückung an. Die Erzählungen in *The Collector of Treasures and Other Botswana Village Tales* (1977) – halb fiktional, halb faktisch – gehen zum Teil aus der in ihrer soziologischen Studie *Serowe, Village of the Rain Wind* (1981) gesammelten mündlichen Überlieferung hervor. Sie zeigen das Alltagsleben, beleuchten Glaubens- und Kulturkonflikte zwischen Stammestradition und Christentum, belegen die Einwirkung südafrikanischer Verhältnisse durch wirtschaftliche Abhängigkeit, analysieren Geschlechterbeziehungen und preisen die Solidarität von Frauen. H.s Bemühen, sich Botswana auch fiktional zu nähern, kommt am deutlichsten in dem historischen Roman *A Bewitched Crossroad: An African Saga* (1984) zum Ausdruck, einem eher mißlungenen Versuch, die Geschichte des Landes im 19. Jahrhundert zu erfassen. H.s Bestreben um Selbstfindung in einer intakt gebliebenen afrikanischen Umgebung, das ihrem Werk eine besondere Glaubwürdigkeit verleiht, findet nicht zuletzt in der fiktionalisierten Dokumentation des eigenen psychischen Zusammenbruchs und ihrer Genesung, dem erschütternden Roman *A Question of Power* (1973; *Die Farbe der Macht*, 1987), seinen vielbeachteten Niederschlag.

Literatur: G. St. Eilersen. *Bessie Head: Thunder Behind Her Ears.* London 1995.

Geoffrey V. Davis

Heaney, Seamus

Geb. 13. 4. 1939 in Mossbawn, County Derry, Nordirland

Bevor Seamus Heaney 1995 als zweiter irischer Dichter – nach W. B. Yeats – den Nobelpreis für Literatur erhielt, hatte er sich schon als gewichtige Stimme im Konzert der zeitgenössischen englischsprachigen Dichtung etabliert und für seine verschiedenen Gedichtsammlungen eine Vielzahl von Auszeichnungen im In- und Ausland erhalten. – H. wurde als jüngstes von neun Kindern auf der Farm seines Vaters geboren. Als Stipendiat studierte er Anglistik an der Queen's University in Belfast und begann, an den regelmäßigen Treffen Belfaster Dichter unter der Leitung Philip Hobsbaums teilzunehmen und selbst Gedichte zu schreiben. Nach verschiedenen Stellen als Lehrer übernahm er 1966 eine Englisch-Dozentur an seiner alten Universität in Belfast. 1972 übersiedelte er nach Dublin. Seit 1970 nahm er diverse Gastprofessuren in den USA wahr, seit Mitte der 1990er Jahre ist er Professor of Poetry an der Universität Harvard

Mit der Veröffentlichung seiner ersten Gedichtsammlungen, von denen *Death of a Naturalist* (1966) ihm nationales Ansehen und eine Reihe von Preisen einbrachte, wurde er über die Grenzen Irlands hinaus bekannt, und inzwischen ist sein Werk in viele Sprachen übersetzt worden. H.s Dichtung war anfangs inspiriert von der Einsicht, daß irische Traditionen, bäuerliche Lebensweisen und Bodenständigkeit mit dem Verschwinden einer eigenen Sprache ihr besonderes Idiom verloren haben und nun in einer diesen besonderen Erfahrungen fremden Sprache wieder zum Sprechen gebracht werden müssen. H.s übergeordnetes Ziel ist deshalb, »to found or refound a native tradition«. Diese Absicht konfrontiert aber H. als katholischen Iren mit einem grundsätzlichen Problem, das sein Landsmann Thomas Kinsella so formuliert hat: »An Irish poet has access to all of this (Yeats, Eliot, Arnold, Wordsworth, Pope) through his use of the English language, but he is unlikely to feel at home in it.« Das Bewußtsein, daß die eigene Kultur durch eine fremde Sprache und Tradition überformt und verdeckt ist, hat auch H. besonders geprägt. 1974 schreibt er: »The literary language, the civilised utterance from the classic canon of English poetry, was a kind of force-feeding. It did not delight us by reflecting our experience; it did not re-echo our own speech in formal and surprising arrangements.« Kultur und Sprache Irlands »vertragen sich nicht mit den Ausdrucksweisen und Einstellungen des Englischen«. Aus dieser Situation ergibt sich folgerichtig ein klar umrissenes poetologisches Programm. Es gilt, die Überfremdung durch diese andere Tradition zu beseitigen, das eigene Sensorium und das eigene Bewußtsein von den Überlagerungen zu befreien, den Wurzeln der eigenen Existenz nachzuspüren und ein Medium zu entwickeln, das, wenn es denn schon kein anderes als das Englische sein kann, dennoch den Eigenheiten der »native tradition« entspricht. H. entwickelt konsequent sich selbst und seine poetische Sprache zum Organ der Transformation eines englischen in ein neues, genuin irisches poetisches Idiom. H. schärft Auge und Ohr sowohl für das, was noch sichtbar Irland ist, wie auch für das Abwesende, Verschüttete, in dem die einheimischen Traditionen Spuren hinterlassen haben, die aber erst wieder lesbar gemacht werden müssen. Das Ich und sein Erleben wird dabei zur entscheidenden Vermittlungsinstanz: »Ich reime, / um mich selbst zu sehen, um die Dunkelheit zum Klingen zu bringen«, schreibt er in dem Gedicht »Personal Helicon«. Mit diesen programmatischen Zeilen am Ende von *Death of a Naturalist* faßt er die Problematik zusammen, der er sich stellt. Das Ich als Quelle der Inspiration, als *Door into the Dark* – so der Titel der 1969 veröffentlichten Gedichtsammlung – findet im elterlichen Bauernhof Mossbawn im County Derry, in der Natur und Landschaft Irlands, in den Gegenständen und Verrichtungen des bäuerlichen Alltags sein objektives Korrelat. Mit dieser Beschränkung auf einen regional eingegrenzten, der eigenen Erfahrung zugänglichen Bereich eröffnet sich H. die Möglichkeit, den irischen Teil der Geschichte seines Erlebens und Empfindens auszusondern. Er koppelt sich damit gewissermaßen auch vom Gegenstandsbereich her aus der englische Tradition der Natur- und Landschaftsbeschreibung aus.

Die Definition des dichterischen Schaffens als Akt der Exhumierung einer versunkenen Tradition, als Ans-Licht-holen umdunkelter Bedeutung weist der »digging«-Metapher einen zentralen Stellenwert in seinem Selbstverständnis als Dichter zu. »Zwischen meinem Finger und meinem Daumen/ Ruht das gedrungene Schreibwerkzeug. /Ich grabe mit ihm« schreibt er im programmatischen »Digging«-Gedicht. Es ist daher verständlich, daß H. nach einem integrierenden Bild sucht, das alle Aspekte dieser kulturellen Identität – Natur, Landschaft, Menschen, ihre Geschichte und Gegenwart in der subjektiven Erfahrung des Dichters – zu umfassen und sinnfällig zu machen vermag. Er findet dieses Bild im »Bog«, einem charakteristischen Aspekt der irischen Landschaft: »So entwickelte sich bei mir die Vorstellung vom Moor als Gedächtnis der Landschaft, oder als eine Landschaft, die alles erinnert, was ihr und in ihr geschah.« Der »Bog« verbürgt und verbirgt, konserviert die Spuren der irischen Geschichte, öffnet sie aber auch dem, der danach gräbt, der wie Antaeus in Bodenkontakt bleibt, der die Fundstücke imaginativ aufbereitet und dem gegenwärtigen Bewußtsein verfügbar macht. Im »Bog« findet H. auch »Bilder, die die eigene schwierige Lage angemessen vermitteln können«, eine Lage, die in den Brüchen der eigenen Geschichte ihren Ur-

sprung hat und im Unverständnis der Außenwelt für die irrationalen Antriebe, die hinter dem Geschehen in Nordirland stehen, mündet. Indem das Bewußtsein des Dichters sich in dieses Gedächtnis hineingräbt, stößt es auf Schicht um Schicht sedimentierte und konservierte Vorgeschichte, findet es ein immer dichteres Netz an Bedeutungen, die den Zusammenhang zwischen Gegenwart und Vergangenheit festigen. Wie bei der Aneignung der Landschaft und der Auseinandersetzung mit der Kindheitserfahrung kommt die Einsicht und Gewißheit auch gegenüber dem »Bog« nicht schlagartig, sondern wird langsam und gründlich vorbereitet und erarbeitet.

In *Wintering Out* (1972) weitet sich dann die Perspektive H.s zu einer Gegenwart, Stammesgeschichte und Dichtungsproblematik umfassenden Sicht. Die Überzeugung, ans Ziel gekommen zu sein, artikuliert sich deutlich in der Sammlung *Field Work* (1979), und hier besonders in den »Glanmore Sonnets«. Diese Sonettfolge ist eine poetische Kurzautobiographie, in der er vom sicheren Standpunkt des Erreichten noch einmal Rückschau hält über den Weg, den er zurückgelegt, und die Mühen, die es gekostet hat. H.s Leistung als Lyriker beruht zum wesentlichen Teil nicht auf den Inhalten eines restituierten nationalen Bewußtseins, sondern auf seiner Entschlossenheit, jeden Schritt, jeden Aspekt imaginativ und visuell prägnant zu gestalten. Seine Imagination bewegt sich stets als »Otter of memory in the pool of the moment«, so in dem Otter-Gedicht der Sammlung *Field Work*. Mit der wiederum preisgekrönten Sammlung *The Haw Lantern* (1987; *Die Hagebuttenlaterne*, 1995), mit *Seeing Things* (1991) und mit *The Spirit Level* (1996; *Die Wasserwaage*, 1998) hat H. seine ungebrochene poetische Produktivität unter Beweis gestellt und sein Repertoire an Themen, Bildern und Idiomen noch einmal entscheidend erweitert.

H.s schriftstellerische Tätigkeit beschränkt sich nicht auf Gedichte allein. Als Literaturwissenschaftler hat er auch in poetologischen Reflexionen immer wieder deutlich gemacht, worum es ihm geht. Seine Vortragssammlungen *Preoccupations* (1980), *The Government of the Tongue* (1988) und *The Redress of Poetry* (1995; *Verteidigung der Poesie*, 1996) legen davon beredt Zeugnis ab. Sein vielfältiges Engagement als Herausgeber von Gedichtsammlungen und als Förderer junger Dichter spricht für seine Überzeugung, daß der dichterische Umgang mit Sprache lebenswichtige Sensibilitäten erhält und erzeugt. Erst jüngst hat er die literarische Welt mit einer wunderbar einfühlsamen Übersetzung des altenglischen Epos *Beowulf* (2000) überrascht.

Werkausgaben: *Opened Ground: Poems 1966–1996.* London 1998. – *Ausgewählte Gedichte.* München 1995. Literatur: N. Corcoran. *The Poetry of Seamus Heaney.* London 1998. – B. O'Donoghue. *Seamus Heaney and the Language of Poetry.* London 1994. – T. Curtis, Hg. *The Art of Seamus Heaney.* Bridgend 1982. – B. Morrison. *Seamus Heaney.* London 1982. – R. Buttel. *Seamus Heaney.* London 1975.

Jürgen Schlaeger

Henryson, Robert

Geb. 1430? in Schottland; gest. 1505? ebd.

Von den »Scottish Chaucerians« ist Robert Henryson der originellste und bis heute bekannteste. Nur wenig greifbare Daten seines Lebens sind überliefert. 1462 wurde er als Master of Arts an der neu gegründeten Universität Glasgow zugelassen; später war er als Lehrer und vermutlich Schulleiter in Dunfermline tätig. Seine literarische Nachwirkung verdankt er in erster Linie zwei Werken: der Sammlung von *Morall Fabillis* und der tragischen Verserzählung *The Testament of Cresseid.* Die Fabelsammlung besteht aus einem Prolog und elf in Strophen abgefaßten und jeweils durch eine »Moralitas« abgeschlossenen Erzählungen unterschiedlicher Länge. Es handelt sich um höchst originell abgewandelte Versionen traditioneller Tierfabeln, inspiriert von verbreiteten, meist lateinischen Anthologien, die sich regelmäßig auf Aesop berufen, oder auch von den Geschichten um den Konflikt zwischen Wolf und Fuchs im Gefolge des *Roman de Renard.* Ein Prolog betont den moralischen Nutzen der Fabeln und ihren Unterhaltungswert. Die sprechenden Tiere sollen dem Menschen als Spiegelbild dienen, um ihm sein eigenes Verhalten vorzuführen, das sich oft in das eines »brutal beast« verkehrt. Obwohl die Fabeln vermutlich als geschlossene Sammlung konzipiert sind, unterscheiden sie sich in der formalen Gestaltung, in der Art der Moralisierung und der Verknüpfung untereinander. Einige schließen ausdrücklich aneinander an; andere sind eigenständige kurze Erzählungen, wie die im Zentrum stehende Fabel vom Löwen und der Maus: Sie ist eingerahmt durch eine Traumvision, in der

Aesop dem Dichter erscheint und ihm eine Probe seiner Kunst vorträgt. Anders ist der Rahmen in der besonders eindrucksvoll ausgestalteten Fabel »The Preaching of the Swallow«, wo der Dichter selbst Zeuge der Fabelhandlung wird und seine Lehre daraus zieht. Die Fabeln enthalten lebensnahe, humorvolle, aber oft massiv satirische Zeitbilder von Standesdünkel, brutaler Unterdrückung und sozialer Ungerechtigkeit. Sie verbinden präzise Beobachtung mit konzentrierter Formulierung und kunstvoller rhetorischer Knappheit. – *The Testament of Cresseid* erklärt sich selbst als Fortsetzung und Korrektur zu Chaucers *Troilus and Criseyde.* Der explizite Bezug auf ein spezifisches literarisches Werk und seinen Dichter ist neu in der englischen Literatur: »Wer weiß, ob alles wahr ist, was Chaucer schrieb?«, fragt der Sprecher und verfolgt das Schicksal der treulosen Criseyde bis zu ihrem Abstieg als Hure und von den zornigen Göttern mit Aussatz Geschlagene, die zuletzt ihre Verfehlung beklagt. Das Gedicht wurde in frühen Chaucer-Ausgaben als seine eigene Fortsetzung übernommen. Spätere Leser verstanden es als Antwort eines kompromißlosen Moralisten auf Chaucers mitfühlende Charakterisierung seiner Protagonistin. Neuere Kritiker sehen in H.s Gedicht auch ein Plädoyer für die ungerecht behandelte Heldin. Ihre Reue und der Schmerz des Troilus, der sich, ohne sie zu erkennen, an seine Liebe erinnert, sind stärker als bloße moralische Verurteilung. H.s Erfindung eines Tribunals der Götter (Planeten), das durch den kalten Saturn Cresseids Urteil spricht, erzeugt den Eindruck erbarmungsloser Gerechtigkeit, zumal diese Götter weniger durch Cresseids Untreue aufgebracht werden als durch ihre blasphemische Auflehnung. Selbsterkenntnis und Schuldbewußtsein werden aber gerade nicht durch die harte Bestrafung, sondern durch den Anblick des Troilus wachgerufen, der nach ihrem Tod ohne Vorwürfe ihr Schicksal beklagt und ein Denkmal auf das Grab setzt. Es ist wahrscheinlich, daß Shakespeare das Werk und die Tradition der zur Bettlerin reduzierten Cressida kannte.

Werkausgaben: *The Poems of Robert Henryson.* Hg. D. Fox. Oxford 1981. – *The Makars: The Poems of Henryson, Dunbar and Douglas.* Hg. J. A. Tasioulas. Edinburgh 1999. Literatur: D. Gray. *Robert Henryson.* Leiden 1979.

Dieter Mehl

Herbert, George

Geb. 3. 4. 1593 in Montgomery, Wales;
gest. 1. 3. 1633 in Bemerton, Wiltshire

George Herbert ist neben John Donne der bedeutendste Vertreter der »metaphysischen Dichtung« (*Metaphysical Poetry*), einer spezifisch englischen Variante der Barocklyrik. Von Donne unterscheidet sich H. dadurch, daß er sich, obwohl durch Begabung und Familienherkunft für eine weltliche Karriere prädestiniert, schon früh (1626) für ein Leben als Geistlicher entschied. Seine Vorstellung vom idealen Leben eines Pfarrers formulierte er in dem Prosatext *A Priest to the Temple: Or, the Country Parson* (1652). Sein Ruhm als Dichter gründet sich auf die Gedichte in »The Church«, das den Hauptteil seines Werks *The Temple* ausmacht. Nach H.s Tod gab sein Freund Nicholas Ferrar 1633 die in dieser Sammlung vereinigten Gedichte heraus, eine Ausgabe, die im 17. Jahrhundert oft nachgedruckt und von den Puritanern als Ausdruck exemplarischer Frömmigkeit bewundert wurde. Im frühen 20. Jahrhundert wurde H. wie andere der *Metaphysical Poets* wiederentdeckt. In den letzten Jahrzehnten ist man weggekommen von dem Stereotyp der schlichten Frömmigkeit H.s und hat die innere Zerrissenheit, die dialektische Potenz und die theologische Brisanz seiner Lyrik sowie deren außerordentliche Wirkung auf den Leser erkannt. Die Versuche einer Gesamtdeutung von *The Temple*, etwa in Analogie zum Gang des Gläubigen durch die Kirche mit ihren einzelnen Orten und Gegenständen oder zum Ablauf des Kirchenjahres, sind problematisch. H. selbst hat sein Buch als »a picture of the many spiritual conflicts that have past betwixt God and my Soul« bezeichnet. Seine Gedichte sind immer neuer Ausdruck des Ringens um den Glauben, des Konflikts und der Versöhnung mit Gott. Vielfach sind die Gedichte an den Tempel als Raum und Institution gebunden, an einzelne Gegenstände, an Elemente des Gottesdienstes, Feste, Riten und bestimmte Teile der Bibel und Theologie. Konkret drückt sich die Ortsbezogenheit von H.s Lyrik im Figurengedicht (*carmen figuratum*) aus. »The Altar« etwa bildet aufgrund seiner metrischen Form und des Druckbilds einen Altar ikonisch nach, wobei sich die Form auch als großes »I« (Ich) deuten läßt. Entsprechend doppeldeutig changiert die ikonische Form von »Easter-Wings« je nach Betrachtungsweise zwischen den Flügeln eines Engels und einem Stundenglas.

Ein grundsätzliches Paradox in H.s Lyrik, die vielfach poetologisch, d. h. Dichtung über Dichtung ist, besteht darin, daß wahres poetisches Sprechen H.s christlicher Auffassung zufolge nur im Einklang mit Gott möglich ist. Es stellt sich in dieser Lyrik somit die Frage, wer Schöpfer des Gedichts ist, der Autor oder Gott, ein Problem, welches das Gedicht »Providence« durch das ›metaphysische‹ Bild (*conceit*) von den Fingern des Dichters ausdrückt, die »sich durch Gott biegen«, um die Feder halten zu können. Diese Paradoxie zeigt sich auch in H.s berühmtesten Gedicht, »The Collar«, das eine leidenschaftliche Auseinandersetzung zwischen zwei antagonistischen Stimmen im Ich darstellt, der Stimme des Zweifels und Protests des Herzens und der Stimme der gottergebenen Vernunft. Zu einer Lösung des Konflikts kommt es am Schluß durch die Intervention Gottes, wobei der Übergang zum inneren Frieden im Einklang mit Gott durch den Wechsel zu metrischem Gleichmaß und zum einfachen alternierenden Reim besiegelt wird. Entsprechend reimt in der Schlußstrophe von »Denial« der letzte Vers mit dem vorletzten, während der Schlußvers in den vorausgehenden Strophen jeweils reimlos war. Die spezifische poetische Form des Gedichts vermittelt auf diese Weise sinnfällig die Aussage, daß durch Gottes Gnade die in der Gottferne durcheinandergeratenen Verse wieder in Ordnung kommen. In Ansehung dieser ›harmonischen‹ Schlüsse sind die in der Zweifelshaltung artikulierten vorausgehenden Hauptteile der Gedichte nach H.s Dichtungsverständnis nicht poetisch im strengen Sinne des Wortes. Der Schluß macht nämlich alles, was in dem Gedicht vorausgeht, zunichte. Die Forschung spricht hier von »self-consuming artifacts« (Stanley Fish) oder »collapsing poems« (Barbara Harman). Zum Gesamttext gehört allerdings auch die Artikulation von Gottferne, Zweifel und innerem Unfrieden. Es gibt bei H. auch Gedichte ohne versöhnlichen Ausklang (»Affliction I«, »Bitter-Sweet«, »Sin«). Auch die durchgängige Selbstanrede findet sich, wie in »Conscience«, wo der Sprecher seine innere Stimme zum Schweigen bringen will (»Peace, pratler«). Mit völliger Befriedung endet der Dialog mit der göttlichen Liebe in »Love III«, dem letzten Gedicht von *The Temple*. Das Echogedicht »Heaven« drückt die Harmonie von Ich und Gott in kunstvollen Echowirkungen von Fragen und Antworten aus.

Als Puritaner wendet sich H. entschieden vom rhetorischen Schmuck (*ornatus*) ab. Er wendet die gewöhnlichsten und vertrautesten Vorstellungen auf das Heiligste an. »The Church-Floor« bezieht die unterschiedlichen Steine des Kirchenbodens auf christliche Tugenden und »The Pulley« die Vorstellung eines Flaschenzugs auf das Verhältnis von Gott und Mensch. Trotz des Plädoyers für den schlichten Stil in den »Jordan«-Gedichten stellt H. große Form- und Argumentationskunst unter Beweis. Ein Beispiel ist das Sonett »Redemption«, dessen Schlußpointe den Sprecher nach langer Suche in der großen Welt Gott endlich ausgerechnet bei Dieben und Mördern finden läßt: »there I him espied, / Who straight, *Your suit is granted*, said, & died.« Der letzte Vers bringt in sprachlicher Kühnheit Christi Tod und die Erlösung des Gläubigen auf engstem Raum zusammen. Als Beispiel für die paradoxale argumentative Kraft von H.s Gedichten läßt sich »Bitter-Sweet« nennen, das auf Gott und den Sprecher bezogene Einzelwortantithesen (Oxymora) polarisiert. Eine besondere Qualität H.s liegt in der Fähigkeit, das gesamte lautliche und semantische Potential von Wörtern zu aktivieren. Der Titel »The Collar« z. B. bringt als Bedeutungen u. a. ›Halskragen des Pfarrers‹, ›Halsband‹, ›Zornanfall‹ (*choler*) und ›rhetorische Figur‹ (lateinisch *color*) sinngebend für das Gedicht ins Spiel. H.s Leistung besteht darin, daß er – stets in seiner Rolle als Dichter – intimste religiöse Erfahrungen ausdrückt und sich zugleich in undogmatischer und komplexer Argumentation mit zentralen Fragen der protestantischen Glaubenslehre wie der Sündhaftigkeit des Menschen und der Gnaden- und Erlösungsproblematik auseinandersetzt.

Werkausgabe: *The Works of George Herbert*. Hg. F. E. Hutchinson. Oxford 1941.
Literatur: R. H. Ray. *A George Herbert Companion*. New York 1995. – B. L. Harman. *Costly Monuments: Representations of the Self in George Herbert's Poetry*. Cambridge 1982. – St. E. Fish. *The Living Temple: George Herbert and Catechizing*. Berkeley 1978. – J. H. Summers. *George Herbert: His Religion and Art*. Cambridge 1954.
Wolfgang G. Müller

Herrick, Robert

Geb. 24?. 8. 1591 in London;
gest. 15. 10. 1674 in Dean Prior, Devon

Nach einer Lehre bei seinem Onkel, einem angesehenen Goldschmied der City of London, studierte Robert Herrick 1613-17 in Cambridge, um danach in London als Dichter des *Tribe of Ben* (aus der Gefolgschaft von Ben Jonson) mit Literaten zu verkehren und Tavernen zu frequentieren sowie seine sinnenfrohen, stilistisch ausgefeilten Gedichte im Manuskript unter Gleichgesinnten zirkulieren zu lassen. Dessen ungeachtet erhielt er 1623 die kirchlichen Weihen und begleitete 1627 als Schiffsgeistlicher den Herzog von Buckingham auf seiner wenig erfolgreichen Mission, den Hugenotten bei der Belagerung von La Rochelle Schützenhilfe zu leisten. Mit fast 40 Jahren erhielt H. eine Landpfarre in Devonshire, eine Pfründe, die er als Royalist unter der Puritanerherrschaft wieder verlor und erst mit der Restauration 1660 zurückerhielt. Danach lebte er bis zu seinem Tod ungestört in jener fernen Ecke Englands, die er gelegentlich als »öde« und »abstoßend« charakterisierte, deren natürlichem Reiz er jedoch einiges abzugewinnen wußte.

Bei seiner unfreiwilligen Rückkehr nach London hatte H. seine wenigen geistlichen Verse (»Noble Numbers«) und seine zahlreichen weltlichen Gedichte 1648 unter dem Titel *Hesperides* erscheinen lassen; benannt nach den Inseln der Seligen im Westen, die der christliche Epikuräer schon zu Lebzeiten zu seinem Terrain des weisen Lebensgenusses erklärte und deren ›goldene Früchte‹ seine poetische Ernte darstellen. In diesen etwa 1300 meist kürzeren Gedichten verträgt sich der Einfluß der erotischen Elegie, Horazscher Odenkunst, klassischer Epigrammatik und Anakreontik in bunter Formenvielfalt mit sehr englischen Szenen städtischer wie ländlicher Verliebtheit und Geselligkeit. Der Jünger Ben Jonsons schreibt zum Preis einer aristokratischen Gesellschaftsordnung, die in jenem historischen Moment vom Untergang bedroht ist; der Freund der Hofkomponisten William und Henry Lawes dichtet in der großen englischen Tradition liedhafter *lyrics*, und der ehemalige Goldschmied läßt sich mit allen fünf Sinnen auf Glanz und Lockung des Irdischen ein. Doch der Epikuräer ist zugleich Moralist, und sein *carpe diem*-Thema (»To Daffodils«, »Corinna's Going A-Maying«) gewinnt seinen Reiz vor der dunklen Folie eines geschärften Vergänglichkeitsbewußtseins. So entwirft dieser anziehende Poet aus dem Pfarrhaus (dem in dieser Eigenschaft Laurence Sterne nähersteht als George Herbert) zur tragischen Epoche des Bürgerkriegs eine melancholisch getönte Gegenwelt heiterer Kunst, die ihren Glanz bis heute bewahrt hat.

Werkausgaben: *The Poetical Works.* Hg. L.C. Martin. Oxford 1956. – *The Complete Poetry.* Hg. J.M. Patrick. New York 1963.
Literatur: R.H. Deming. *Ceremony and Art: Robert Herrick's Poetry.* Den Haag 1974. – J. Press. *Robert Herrick.* London 1961.

Werner von Koppenfels

Heywood, Thomas

Geb. 1573? in Lincolnshire;
gest. 16. 8. 1641 in London

Kaum wahrgenommen im übermächtigen Schatten Shakespeares, gehört Thomas Heywood zu den produktivsten und populärsten Dramatikern seiner Zeit. An über 220 Stücken, so H. selbst, habe er als Autor, Ko-Autor oder Bearbeiter mitgewirkt; allerdings ist nur ein Bruchteil überliefert und nur ca. 16 Stücke sind eindeutig seiner ausschließlichen Autorschaft zuzuordnen. Die Kritik späterer Zeiten verkannte H. lange als einen von der hohen Nachfrage nach immer neuen Stücken gehetzten Schreiberling, dem lediglich ein einziges gutes Stück gelungen sei: *A Woman Killed With Kindness* (1603; *Sie starb an ihres Gatten Güte,* 1964). Seine lange Karriere erstreckte sich über die Blütezeit des elisabethanischen und jakobäischen Dramas bis hin zur Schließung der Theater 1642 – Jahrzehnte, in denen er zu den populärsten Gestalten des zeitgenössischen Theaterlebens gehörte.

H. studierte vermutlich in Cambridge und erwarb dort eine klassische Bildung, die seiner um 1594 einsetzenden Karriere als Schauspieler und Dramatiker in London zugute kam. Zunächst im Umfeld von Philipp Henslowe und für die Admiral's Men tätig, bediente er in diversen Theatern den Bühnengeschmack eines eher weniger gebildeten Publikums, machte sich aber ebenfalls bei Hofe, u.a. mit Maskenspielen in Kooperation mit Inigo Jones, einen Namen. Zwischen 1631 und 1637 war er maßgeblich an der Gestaltung der spektakulären Inszenierungen anläßlich der *Lord Mayor's Shows* in London beteiligt. Sein Werk umfaßt Historien wie *Edward IV* (1600) und *If You Know Not Me, You Know Nobody* (1605?), romantisch-exotische Abenteuerkomödien wie *The Fair Maid of the West* (gedruckt 1631), lange didaktische Gedichte, eine panoramische Dramatisierung der klassischen Mythologie aller vier Weltzeitalter sowie eine Sir Philip Sidney kaum nach-

stehende *Apology for Actors* (1612) – H.s Reaktion auf theaterfeindliche puritanische Pamphletattacken. Wie Sidney legt auch H. in seiner *Apology* seinen Glauben an die reformierende und verändernde Kraft der Dichtung dar, die – anders als bei Sidney – insbesondere dem Drama innewohne und sich nur entfalten könne, wenn die Bühne wirkliches Leben und die Wahrheit abbilde. Genau hier liegt die große Errungenschaft H.s, der sein Ehebruchdrama *A Woman Killed With Kindness* nicht als blutrünstige aristokratische Rachetragödie inszenierte, sondern Vergebung, Mitleid, Schuld und Reue in den Mittelpunkt stellte und die Bühne mit Charakteren bevölkerte, die der Zeit und dem privaten, bürgerlichen Umfeld seines Publikums entsprachen. Damit wurde das Stück wegweisend für die Entwicklung des bürgerlichen Trauerspiels. – Geprägt von eindrucksvollem Spektakel, Pathos, Abenteuer, derber Komik, realer Tragik, Exotik und moralischen Lektionen, fehlt H.s Werk gelegentlich der sprachliche Glanz seiner großen Zeitgenossen. Ohne Zweifel aber ist es eine unschätzbare Quelle für die Theaterpraxis und den Geschmack seiner Zeit, und es gibt wohl kaum einen anderen Dramatiker, dessen Lebenswerk ein solch lebendiger Spiegel der enormen Fülle und Vielfalt des Renaissancedramas ist.

Werkausgabe: *The Dramatic Works of Thomas Heywood.* 6 Bde. New York 1964 [1874].
Literatur: B. Baines. *Thomas Heywood.* Boston 1984. – F.S. Boas. *Thomas Heywood.* London 1950.

Renate Schruff

Higgins, Aidan [Charles]

Geb. 3. 3. 1927 in Celbridge,
County
Kildare, Irland

In den 1950er Jahren bereiste Aidan Higgins mit John Wrights Marionettentheater Europa, das damalige Rhodesien und Südafrika, wo er dann 1958–60 lebte. Seine Eindrücke und Erfahrungen schrieb er in *Images of Africa: Diary 1956–60* (1971) nieder. Autobiographisches Material spielt in seiner gesamten Prosa eine maßgebliche Rolle, und darin liegt insofern der Hauptangriffspunkt seines Schaffens, als er es meist nur unzulänglich verstanden hat, die Ereignisse seines Lebens kraft seiner künstlerischen Imagination in fiktionale Begebenheiten zu transformieren, bei denen der autobiograpische Aspekt an Bedeutung verliert. H. verrät zudem Schwächen in der kompositorischen Gestaltung: Die meisten Romane wirken planlos und erschöpfen sich in der Anhäufung disparater Details, ohne daß eine klare künstlerische Vision erkennbar würde. – Dabei begann H. vielversprechend mit dem Band *Felo de Se* (1960; *Gegenströmung*, 1962), der z.T stilistisch virtuos Erzählungen über Formen von Selbstzerstörung als Folge frustrierter und pervertierter Sexualität vereint. *Langrishe, Go Down* (1966; *Ein später Sommer*, 1967) zählt trotz kleinerer struktureller Unsicherheiten zu den überzeugendsten irischen Romanen der zweiten Hälfte des 20. Jahrhunderts. In der langen Tradition des irischen Herrenhaus-Romans (*big house novel*) erzählt das Werk die Liebesaffäre von Imogen Langrishe mit dem ausbeuterischen deutschen Studenten Otto Beck. H. kontrastiert die dem Untergang geweihte, nutzlose gentile Welt der Langrishes mit dem Intellektualismus, der Brutalität und der Egozentrik der neuen Herrscher Europas, indem er Ottos Eroberung von Imogen zeitlich in Hitlers Machtergreifung und Eroberung Europas einbettet. – *Balcony of Europe* (1972; *Ein Ire an der Sonnenküste*, 1979) hat, in Andalusien spielend, die heimliche Affäre eines irischen Malers mit einer jungen jüdisch-amerikanischen Ehefrau zum eigentlichen Gegenstand, ohne daß bei einer stupenden Akkumulation von Impressionen das Ganze eine stimmige Summe seiner Teile ausmachte. Die Eigenwilligkeit des Romans zeigt sich auch daran, daß er – paradox – mit vier Seiten »abgelehnter Epigraphe« endet. *Scenes from a Receding Past* (1977; *Augenblicke einer Kindheit*, 1983), der Versuch, eine irische Kindheit auf nahezu Proustsche Weise zu rekonstruieren, und *Bornholm Night-Ferry* (1983), ein wildwuchernder Briefroman über die leidenschaftliche Affäre eines irischen Schriftstellers mit einer dänischen Lyrikerin, mögen H. bei der Bewältigung seiner eigenen Vergangenheit gedient haben, können jedoch bei den meisten Lesern wohl nur auf geteiltes Interesse stoßen. Dasselbe gilt für die priapischen Abenteuer des irischen Schriftstellers Weaver in *Lions of the Grunewald* (1993). *Helsingor Station & Other Departures* (1989) und *Ronda Gorge & Other Precipices* (1989) mischen noch stärker als zuvor Fiktion mit Autobiographischem und signalisieren H.' Entscheidung, drei Bände von z.T. repetitiven Memoiren folgen zu lassen: *Donkey's Years* (1995), *Dog Days* (1998) und *The Whole Hog* (2000).

Literatur: R. Imhof. *The Modern Irish Novel*. Dublin 2002.

Rüdiger Imhof

Hill, Geoffrey

Geb. 18. 6. 1932 in Bromsgrove, Worcestershire

Geoffrey Hill gilt unter den bedeutenden britischen Dichtern der Gegenwart als besonders anspielungsreicher, schwieriger und elitärer Lyriker, als Grübler und Feiler, der, hartnäckig alten Traditionen des Metiers verhaftet, die Worte auf die Goldwaage legt. Seine Themen und Formen wirken oft abweisend und fremd in ihrer angestrengten Ferne von allem Modischen. Sein Werk versteht sich als ein einziger dringlicher Dialog mit der Geschichte, und d.h. v.a. mit der Katastrophengeschichte Europas. Der Sohn eines Polizeibeamten aus Worcestershire – das er als die alte Grenzregion ›Mercien‹ in seinen *Mercian Hymns* von 1971 (*Hymnen auf Mercia*, 1983) prosaisch besingt – studierte in Oxford Literatur und trat gleichzeitig mit ersten Gedichten hervor. Als *poeta doctus* angelsächsischer Prägung lehrte er zunächst an englischen Universitäten und seit 1988 als Professor für Literatur und Religion an der Universität Boston.

Die religiöse Suche begleitet seine Erkundungen exemplarischer Momente der europäischen wie der insularen Geschichte und Kultur. Diese Erkundungen haben eher den Charakter schmerzhafter Sondierung in einem kranken Gewebe als den nostalgischer Verklärung: Sie bleiben stets gegenwartsbezogen, erinnernde Präsentation dessen, was unvergessen bleiben soll. So beschwört der dissonante und reimlose Sonettkranz »Funeral Music« (aus H.s wohl gehaltvollster Sammlung *King Log*, 1968) die namenlosen, in den feudalen Machtkämpfen des Spätmittelalters verbluteten englischen Soldaten und zugleich die Hekatomben der Weltkriege. Das Verhältnis H.s zur historischen und literarischen Tradition ist schmerzhaft gebrochen. In den komplexen Sprachfügungen einer modernen *Metaphysical Poetry* umkreist er das dämonische Verhältnis von Hochkultur und Barbarei, Bekennertum und Versagen. Seine Paradoxien sind grimmig, seine Bilder gewaltsam und seine Elegien, unter denen diejenigen auf die Märtyrer des Totalitarismus herausragen, häufig sarka-

stisch. Seine nie triviale Dichtung verschreibt sich
dem Ausloten des Verhältnisses von Wort und
Handlung in einer gefallenen Welt, der längst der
Glaube an sich selbst abhanden kam. Der Dichter
teilt diesen Glaubensverlust, aber er kann ihn nicht
hinnehmen. Immer wieder bedient er sich der
alten religiösen Symbolsprache, der er selbst genauso mißtrauen muß wie seine Leser. Seine Kirche des Gefallenen Wortes bedarf ihrer Glaubens-
zeugen; Panegyrik ist der Fluchtpunkt seiner Satiren. – Die hier umrissene Thematik wird mit
großer Konsequenz und expressiver Vielfalt über
Jahrzehnte entwickelt, von H.s erster Sammlung
mit dem mehrdeutigen Titel *For the Unfallen*
(1959) bis zu den späten Zyklen *Canaan* (1996)
und *The Triumph of Love* (1998), die eine Dekade
des Schweigens beendeten und Merkmale eines
gelösteren, ironisch gebrochenen Altersstils aufweisen. Die eher skeptische Rezeption des Spätwerks ändert nichts an der Tatsache, daß H.s
Collected Poems (1985), die fünf gewichtige Sammlungen in einem Band von exemplarischer
Schlankheit vereinen, allgemein als eine der ge-
haltvollsten poetischen Publikationen der Gegenwart gelten.

Werkausgabe: *Collected Poems*. Harmondsworth 1985.
Literatur: W. v. Koppenfels. »Eine Tröstung aus Trauer
und Zorn.« *Akzente* 47 (2000), 351–368. – H. Bloom,
Hg. *Geoffrey Hill*. New York 1986. – H. Hart. *The Poetry
of Geoffrey Hill*. Carbondale 1986.

Werner von Koppenfels

Hobbes, Thomas

Geb. 5. 4. 1588 in Westport, Wiltshire;
gest. 4. 12. 1679 in Hardwick Hall, Derbyshire

Thomas Hobbes, Sohn eines Dorfgeistlichen,
war nach dem Studium der klassischen Philosophie in Oxford ab 1608 Erzieher im Dienste
diverser Adelsfamilien und kam in dieser Tätigkeit
mehrmals zwischen 1610 und 1636 nach Frankreich und Italien, wo er führende Wissenschaftler
wie Descartes und Galileo kennenlernte und mit
dem neuen Denken vertraut wurde. Tief beeindruckt von den naturwissenschaftlichen Erkennt-
nissen der Zeit, verfaßte H. die *Elementa philosophiae* (1642–58; *Grundzüge der Philosophie*,
1915–18), deren drei Teile vom »Körper«, »Menschen« und »Bürger« eine systematische Neube-
gründung der Philosophie als Lehre von der Bewe-

gung natürlicher und politischer Körper, die überall auf mechanische Weise geschieht, entwerfen. In
der innenpolitischen Krise Englands engagierte er
sich um 1640 für die Sache des Königs und mußte
für ein Jahrzehnt ins französische Exil. 1651 erschien H.s berühmtestes Werk, *Leviathan, or The
Matter, Form and Power of a Commonwealth Eccles-
iastical and Civil* (*Leviathan oder Stoff, Form und
Gewalt eines bürgerlichen und kirchlichen Staates*,
1966).

Obwohl nach Methode und Definition des
Gegenstands dem Stand der Wissenschaft und den
politischen Verhältnissen seiner Zeit verpflichtet,
erweist sich H.' Denken in vieler Hinsicht als
bemerkenswert aktuell. Alle Individuen streben
ausschließlich nach Selbsterhaltung und Lustge-
winn. Da alle ein Recht auf alles haben, herrscht
im Naturzustand der »Krieg aller gegen alle«, ist
»der Mensch des Menschen Wolf«. Der Wunsch
nach Überwindung des Naturzustands entsteht
aus der Furcht vor gewaltsamem Tod und der
Begierde nach angenehmen Dingen, den beiden
stärksten menschlichen Affekten, in deren Dienst
die Vernunft tritt, indem sie als die beiden obersten »Naturgesetze« die Bemühung um Frieden
und die Bereitschaft aller zur Aufgabe des Rechts
auf alles formuliert. Zweck der Staatsgründung ist
die Sicherung des Friedens, das Mittel ein der
Form des römischen Begünstigungsvertrages entlehnter Kontrakt, den jeder mit jedem schließt und
durch den alle Gewalt auf eine durch den gleichen
Akt gestiftete Zentralgewalt, den Souverän, übertragen wird, der selber vertraglich nicht gebunden
ist. So entsteht als »zur Person vereinigte Menge«
der Staat, ein gewissermaßen künstlicher Mensch,
»that great Leviathan«, der sterbliche Gott. Gewaltenteilung und Widerstandsrecht sind bei dieser Form von Herrschaftsvertrag ausgeschlossen.
Die Staatsform kann monarchisch oder nicht-
monarchisch sein. Erst mit der Staatsgründung
wird die Unterscheidung von Gut und Böse, Recht
und Unrecht möglich, indem der Staat die Verpflichtungen der Bürger durch Gesetze bestimmt
und deren Verletzung mit Strafen belegt. Bei
Nichterfüllung seines Zwecks löst sich der Staat
von selber auf, die Gehorsamspflicht erlischt, und
das Gemeinwesen fällt in den Naturzustand zurück. – H. ragt aus der Tradition der europäischen
– zumal der englischen – Philosophie heraus.
Während er auf dem Kontinent schon zu Lebzeiten hohes Ansehen genoß, wurde er in England als
zweiter Macchiavelli, Atheist, Materialist und Ver-

teidiger des Absolutismus gescholten, bis man im 19. Jahrhundert seine Pionierrolle für den Utilitarismus erkannte. Die Kontroverse um H. dauert auch in der aktuellen Forschung an.

Werkausgaben: *The English Works of Thomas Hobbes.* Hg. W. Molesworth. 11 Bde. London 1839–45, Aalen 1962 [1839–45]. Literatur: T. Sorell, Hg. *The Cambridge Companion to Hobbes.* Cambridge 1996. – W. Kersting. *Thomas Hobbes zur Einführung.* Hamburg 1992. – U. Weiß. *Das philosophische System Thomas Hobbes.* Stuttgart 1980.

Heide N. Rohloff

Hoccleve [auch Occleve], Thomas

Geb. 1368? in England; gest. 1426 ebd.

Thomas Hoccleve ist – wie sein Zeitgenosse John Lydgate – besonders als ›English Chaucerian‹ bekannt. In einer Handschrift, die H.s *De Regimine Principum* enthält, befindet sich auch das einzige kontemporäre Chaucer-Porträt. Bemerkenswert ist, daß nahezu alle Gedichte H.s als Autograph vorliegen. Dennoch bestritt H. seinen Lebensunterhalt nicht mit seinem literarischen Schaffen, sondern seiner Tätigkeit für das Privy Seal Office (seit 1387). H. führte in London ein ausschweifendes Leben, und bis 1410 entstanden entsprechend vornehmlich gesellige Gelegenheitsgedichte für seinen Freundeskreis, wie z. B. der *Letter of Cupid* (1402), eine oft Chaucer zugeschriebene freie Übersetzung von Christine de Pisans *L'epistre au dieu d'amours.* In *La Male Regle* (1406) bekennt sich H. zu Ausschweifungen wie Völlerei und Trinkgelagen und verdeutlicht seine Finanznöte infolge der oft säumigen Lohnzahlungen. – 1411 heiratete H. und verfaßte kurz darauf sein Hauptwerk, *De Regimine Principum* (*The Regiment of Princes*). Dieses längere, nahezu 5500 Zeilen umfassende Werk besteht aus zwei Teilen. In einem langen Prolog spricht der Erzähler mit einem alten Mann, der als Beichtvater und Ratgeber fungiert. Das Gespräch liefert verschiedenste Details aus H.s Leben und Zeit. Der zweite Teil ist an Prince Henry (den späteren Henry V) adressiert und wirbt um die königliche Gunst; er geht zugleich auf eine Reihe von Herrschertugenden wie Gerechtigkeit, Würde, Rechtstreue, Frömmigkeit usw. ein, ohne die Exempla sonderlich auszuschmücken. Nach der schwierigen Regierungszeit von Richard II ist H.s Abhandlung von großer Aktualität. So rät er Henry zu einem englischfranzösischen Bündnis durch Heirat, und genau dies setzte Henry nach dem Sieg von Agincourt in die Tat um. *De Regimine* speist sich aus drei Quellen, mit denen H. äußerst eklektisch verfährt: Ägidius de Columnas *De regimine principum*, Jacobus de Cessolis *De Ludo Schachorum* und dem pseudoaristotelischen Brief an Alexander *Secreta Secretorum.* 1413–15 verfaßte H. *balades* über Henrys Thronbesteigung und ein Gedicht gegen den Lollarden Oldcastle. 1416 erlitt er einen Nervenzusammenbruch und konnte erst 1421 das Schreiben wieder aufnehmen. Die aus dieser Zeit stammenden Gedichte *Complaint* und *Dialogue* sind autobiographisch: Sie beschäftigen sich zumal mit seiner überwundenen Geisteskrankheit und der Reaktion seiner Freunde. Bei den darauf folgenden Werken *Jonathas* und *The Emperor Jerelaus's Wife* handelt es sich um Verserzählungen, die H. aus den *Gesta Romanorum* übersetzte. *Ars Sciendi Mori* (1422) ist eine Übersetzung aus Henry de Susos *Horologium Sapientiae.* 1424 erhielt H. das Kloster von Southwick als Pfründe, die ihm gegen Ende seines Lebens einträgliche Verhältnisse bescherte.

In H.s gesamtem Werk – auch seiner frühen religiösen Dichtung (vor 1402) – zeigt sich deutlich der Einfluß seines Mentors Chaucer. Die meisten Gedichte sind im Versmaß des *rhyme royal* verfaßt; die achtzeilige *balade*-Strophe verwendet er vor allem in *La Male Regle* und *To John Oldcastle.* In Strophenform, Metrum und Wortgebrauch lehnt sich H. eng an Chaucer an, verbleibt aber stets im Schatten seines Vorbilds. Obgleich sich *De Regimine* im 16. Jahrhundert großer Beliebtheit erfreute, existieren bis ins späte 19. Jahrhundert keine Drucke von H.s Werk.

Werkausgaben: *Hoccleve's Minor Poems.* Hg. F. J. Furnivall. London 1892. – *Hoccleve's Minor Poems II.* Hg. I. Gollancz. London 1925. Literatur: J. Mitchell. *Thomas Hoccleve: A Study in Early Fifteenth-Century English Poetic.* Urbana, IL 1968.

Nicole Meier

Hodgins, Jack

Geb. 3. 10. 1938 in Merville, Vancouver
Island, British Columbia, Kanada

Seit dem Erscheinen seines ersten Bandes von
Erzählungen, *Spit Delaney's Island* (1976), zählt
Jack Hodgins zu den wichtigsten Erzählern aus
dem kanadischen Westen. Der Autor von sechs
Romanen und vielen Erzählungen hat darin seine
zuvor literarisch unbeachtete Heimat anschaulich
vermittelt und inzwischen sogar zur Komposition
einer auf Erzählungen basierenden Oper inspiriert
(*Eyes on the Mountain*, 2001). Zunächst im Banne
William Faulkners hat H., der als Sohn von Pionieren an der *frontier* aufwuchs, dann sein vitales
Fabuliertalent rasch entfaltet. Seine Gestaltung eines Spektrums idiosynkratischer Stimmen und die
synkretistische Verbindung von Mythen in seinem
bis heute erfolgreichsten Roman *The Invention of
the World* (1977) gab der Darstellung des Ringens
zeitgenössischer Charaktere mit dem Erbe des
skrupellosen Gründers einer Utopie am *Pacific
Rim* einen besonderen Reiz, der sich in der lebhaften Debatte der Kritiker über den Stellenwert des
Mythos in diesem Roman widerspiegelt. Durch
Schriftsteller aus Lateinamerika inspiriert, mit deren magischem Realismus H. in Verbindung gebracht wurde, wählte er gerne skurril-groteske
Figuren, an deren Zeichnung sich seine *vis comica*
bewährt, ohne daß die burlesk-farcenhaften Elemente Tiefgründigkeit ausschließen: Dies gilt etwa
für seinen preisgekrönten Roman *The Resurrection
of Joseph Bourne* (1979), in dem ein – mysteriöse
höhere Kräfte einbeziehender – Konflikt ausgetragen wird. Da es H. besonders um die Auslotung
des Lebensgefühls von Charakteren geht, steht er
modernistischen Erzählern näher als postmodernen, auch wenn ihn viele Kritiker zu letzteren
zählen wollen. – Anders als Margaret Laurence
und Alice Munro verzichtete er lange darauf, seine
fiktionalen Welten aus autobiographischen Quellen zu gestalten, was dann in *The Macken Charm*
(1995) und *Broken Ground* (1998) geschieht. Nun
verwendet er sowohl multiple Perspektiven als
auch Ich-Erzähler, die er in seinen früheren Texten
weitgehend mied. In den turbulenten Zusammen-
künften der Sippen in seinen zunehmend miteinander verwobenen Erzählwerken manifestiert sich
eine vitale Fabulierlaune. Sensitive Künstler hat H.
schon früher wiederholt als Zentralfiguren gewählt, v. a. in den Erzählungen in *The Barclay
Family Theatre* (1981), wo der Protagonist von
»The Lepers' Squint« H.' schriftstellerisches Credo
formuliert. Sein Roman *The Honorary Patron*
(1987) gibt der Kunst eine zentrale Rolle bei der
Erfahrung von Schuld und Krisenbewältigung. –
Hatte H. in seinem Romanerstling die Unmöglichkeit einer wahrheitsgetreuen, weil stets subjektiv
bleibenden historischen Darstellung dramatisiert,
so hat er in *Innocent Cities* (1990) und in *Broken
Ground* die viktorianische Welt in der Kronkolonie
am Pazifik bzw. die Erfahrung der Veteranen des
Großen Krieges anschaulich dargestellt und zugleich zeitlose Themen berührend und humorvoll
gestaltet. Daß er dabei anachronistische Elemente
spielerisch einbringt, mutet wie ein Tribut an die
Debatten über *metafiction* und Historiographie an.
So überschreitet H. mit seiner für den Mythos und
das Universell-Menschliche offenen Erzählkunst
weiterhin die engeren Grenzen seiner Region, deren erster Chronist er war.

Literatur: J.R.T. Struthers, Hg. *On Coasts of Eternity: Jack
Hodgins' Fictional Universe*. Lantzville 1996. – D. Jeffrey.
»Jack Hodgins.« *Canadian Writers and their Works*. To-
ronto 1989, 187–239.

Waldemar Zacharasiewicz

Hogg, James

Geb. November 1770? in Ettrick bei Selkirk,
Schottland;
gest. 21. 11. 1835 in Altrive, Schottland

James Hoggs Reputation als höchst origineller
Dichter und Erzähler der schottischen Romantik
ist im 20. Jahrhundert steil angestiegen. Als Sohn
glückloser Schäfer im schottisch-englischen
Grenzland aufgewachsen, besuchte er nur kurso-
risch die Schule, betrieb aber mit großem Ehrgeiz
autodidaktisch seine Weiterbildung und suchte neben seiner Schäfertätigkeit auch als Dichter und
Literat zu reüssieren. Von Walter Scott protegiert,
trat er zuerst mit traditionellen Liedern und Balladen an die Öffentlichkeit und versuchte sich,
freilich wenig erfolgreich, als Magazinherausgeber.
Erst mit seinem dritten Gedichtband, *The Queen's
Wake* (1813), erregte H. als ›Ettrick Shepherd‹ die
Aufmerksamkeit des literarischen Edinburgh. Obwohl er selbst mit der Rolle des kuriosen Provinz-
genies kokettierte, führte sie ihn auch in inneren
Zwiespalt, da er aus dem Erwartungshorizont des
naiven Schäfer-Dichters ausbrechen und durch an-

spruchsvolle Prosawerke Anerkennung finden wollte. – H.s erstaunlich vielfältiges Genie wurde von führenden Autoren seiner Epoche gewürdigt, wenn auch selten als gleichwertig anerkannt. Er war Mitherausgeber des einflußreichen *Blackwood's Edinburgh Magazine* und pflegte freundschaftliche Beziehungen zu William Wordsworth, Lord Byron und Robert Southey, die er in *The Poetic Mirror* (1816) mit einfühlsamen Parodien aufs Korn genommen hatte. In seinen längeren Gedichten, drei Romanen und vielen Kurzgeschichten, die schottische Folklore, Geschichte und Kalvinismus originell vernetzen, verbindet H. phantastischen Schauer mit Satire und schwarzem Humor. Dabei überrascht er durch erzähltechnische Neuerungen, die moderne Themen und Darstellungsweisen vorwegnehmen: Herausragend ist die Dramatisierung der gespaltenen Identität des Menschen über das Doppelgängermotiv und seines Oszillierens zwischen nüchterner Realität und wahnwitzigen Fieberträumen sowie die Vermittlung des Geschehens in verwirrenden multiperspektivischen Spiegelungen, deren Diskrepanzen meist nicht harmonisiert werden. – Unter H.s Romanen ist *The Private Memoirs and Confessions of a Justified Sinner* (1824; *Vertrauliche Aufzeichnungen und Bekenntnisse eines gerechtfertigten Sünders*, 1951) mit seiner faszinierenden Verschmelzung von religiösem Aberglauben und psychologischer Introspektion der eindrucksvollste. Es ist die zunächst heterodiegetisch vermittelte Geschichte eines fanatischen Kalvinisten, der sich bereits zu Lebzeiten für den Himmel auserwählt wähnt und sich mit diesem antinomianischen Irrglauben außerhalb irdischer Moral und Gerechtigkeit stellt. Sein fiktives Tagebuch beschreibt dann aber die Erlebnisse einfühlend aus der Innenperspektive, insbesondere die fatale Bekanntschaft mit einem geheimnisvollen, unschwer als Satan zu identifizierenden Fremden, der ihn zu Mord und schließlich Selbstmord treibt. Die subtile Auseinandersetzung mit den Facetten des Schottischen und die romantische Schilderung individueller Bewußtseinskrisen sind ursächlich für H.s gegenwärtige Hochschätzung als Erzähler, wohingegen er von seinen Zeitgenossen v. a. als Dichter verehrt wurde.

Werkausgabe: *The Collected Works.* Hg. D. S. Mack. Edinburgh 1995ff.
Literatur: N. C. Smith. *James Hogg.* Boston 1980. – D. Gifford. *James Hogg.* Edinburgh 1976.

Dieter A. Berger

Holinshed, Raphael

Gest. 1580? in Bramcote [bei Nuneaton], Warwickshire

Raphael Holinshed ist der Verfasser des monumentalen Geschichtswerks *Chronicles of England, Scotland and Ireland*, das zuerst 1577 erschien und 1587 eine von anderen Autoren stark ergänzte Neuauflage erfuhr. Über das Leben H.s ist lediglich bekannt, daß er vermutlich in Cambridge studierte, Geistlicher war und als Übersetzer für einen Londoner Buchdrucker arbeitete. In den *Chronicles* wird die Geschichte der britischen Inseln – getrennt nach England, Schottland und Irland – von der mythischen Vorzeit bis in die unmittelbare Gegenwart H.s dargestellt. Die maßgebliche historiographische Methode ist – der aus Spätantike und Mittelalter entstammenden Gattung ›Chronik‹ entsprechend – die Kompilation: H. sammelt alle ihm verfügbaren Quellen und historiographischen Darstellungen und gibt diese unter Angabe der Quelle zum Teil wörtlich wieder. In chronologischer Folge wird jeweils die Regierungszeit eines Regenten behandelt. Einen eigenen historischen Quellenwert haben die *Chronicles* nur im Hinblick auf das 16. Jahrhundert (besonders die Regierungszeiten der Königinnen Mary und Elizabeth). – Besonders in zwei Punkten greift H. über das kompilatorische Schema der Chronik hinaus: Zum einen fügt er der Darstellung der Regierungszeit eines Monarchen einen zusammenfassenden und wertenden Abschnitt über Eigenarten, Vorzüge und Schwächen des jeweiligen Königs an und greift hierbei auf antike Vorbilder, etwa Plutarch und Sueton, zurück. Zum anderen benennt und diskutiert H. ausdrücklich Widersprüche zwischen seinen Quellen. Am Ende des Abschnitts über Richard II etwa zitiert er ausführlich die sehr negativen Charakterporträts in der Geschichtsschreibung des 15. Jahrhunderts (zur Rechtfertigung seiner Absetzung), bevor er seine ›eigene‹ Meinung‹ kundtut und (dem ›legitimistischen‹ Geschichtsverständnis der Tudor-Monarchen entsprechend) Richards positive Seiten und das ihm widerfahrene Unrecht hervorhebt. – Die Bedeutung von H.s *Chronicles* für die englische Literaturgeschichte liegt in erster Linie in ihrer Funktion als Quelle von Shakespeares ›Historien‹ sowie von *Macbeth* und (in geringerem Maße) *King Lear* und *Cymbeline*. Bei H. fand Shakespeare nicht nur eine Fülle von historiographischen Details, die er mehr nach dramatischer Verwendbarkeit als nach historischer Wahrscheinlichkeit aussuchte, sondern auch Ansätze für jene Problematisierung der Charaktere von Herrscherfiguren, die seine Dramen kennzeichnen (etwa *Richard II, Henry IV*). Indessen weist der Vergleich mit Shakespeare auch auf Eigenarten des Chronisten hin: Während Shakespeares Dramen vielfach einem frühneuzeitlichen Patriotismus Ausdruck geben, fehlt bei H. jedes Interesse an England als Nation. Im Vergleich zu Shakespeare ist sein Geschichtsverständnis noch recht ›mittelalterlich‹.

Literatur: A. Taufer. *Holinshed's Chronicles.* New York 1999. – A. Patterson. *Reading Holinshed's Chronicles.* Chicago 1994. – Th. Kullmann. »Biographische Geschichtsschreibung und dramatisierte Biographie: Holinsheds *Chronicles* und Shakespeares ›Historien‹.« *Biographie zwischen Renaissance und Barock.* Hg. W. Berschin. Heidelberg 1993, 157–189.

Thomas Kullmann

Hollinghurst, Alan

Geb. 26. 5. 1954 in Stroud, Gloucester

Obwohl jeder der bisherigen Romane Alan Hollinghursts um das zentrale Thema Homosexualität kreist, geht sein literarisches Werk sowohl aufgrund seiner komplex gezeichneten Hauptfiguren als auch durch die Nebenhandlungen, die historische Zusammenhänge aufgreifen und ethische Fragen aufwerfen, weit über die Genregrenzen von *gay fiction* hinaus. H.s Anerkennung als Schriftsteller, der auch von einem breiteren *mainstream*-Publikum gelesen wird, kommt nicht zuletzt darin zum Ausdruck, daß seine Romane wiederholt wichtige literarische Preise gewonnen haben und er 1993 zu einem der besten jungen britischen Romanautoren gewählt wurde. – *The Swimming-Pool Library* (1988; *Die Schwimmbad-Bibliothek*, 1992), H.s erster Roman, bettet die Geschichte der Freundschaft eines promiskuitiven jungen homosexuellen Aristokraten mit einem älteren Lord in eine weiterreichende Schilderung homosexuellen Lebens im Großbritannien des 20. Jahrhunderts ein. Die explizite Darstellung von homosexuellem Geschlechtsverkehr und eine detailgenaue Skizze der Londoner Schwulenszene vor Bekanntwerden der AIDS-Gefahr werden mit Fragen nach moralischer Verantwortung und der Komplizenschaft von Homosexuellen bei der ge-

sellschaftlichen Ausgrenzung von Homosexualität verbunden. Ähnlich verknüpft auch *The Folding Star* (1994) die Besessenheit eines 33jährigen Engländers von seinem 17jährigen belgischen Schüler mit der Lebensgeschichte des Malers Edgard Orst und den schmerzlichen Erinnerungen an die Zeit der deutschen Besatzung Belgiens, wobei im Verlauf der Handlung zunehmend Parallelen zwischen der Obsession des Protagonisten und Orsts Leidenschaft für eine jung verstorbene Schauspielerin offensichtlich werden. H.s in leichterem Ton erzählter Roman *The Spell* (1998; *Die Verzauberten*, 1999) beschränkt sich hingegen weitgehend auf die Schilderung des homosexuellen Verlangens seiner vier Protagonisten und das Scheitern von deren Beziehungen, ohne durch weitere Handlungsstränge der Erzählung eine tiefere Dimension zu geben. Dies mag der Grund dafür sein, daß dieser Roman von der Kritik sehr gemischt aufgenommen wurde. Neben seinen Romanen hat H. auch Gedichte veröffentlicht und war sowohl als Übersetzer als auch, zuletzt mit *A. E. Housman: Poems Selected by Alan Hollinghurst* (2001), als Herausgeber tätig.

Literatur: J. Bristow. *Effeminate England: Homoerotic Writing after 1885.* Buckingham 1995. – R. Chambers. »Messing around: Gayness and Loiterature in Alan Hollinghurst's *The Swimming-Pool Library*.« *Textuality and Sexuality: Reading Theories and Practices.* Hg. J. Still/M. Worton. Manchester/New York 1993, 207–217.

Gaby Allrath

Hope, A[lec] D[erwent]

Geb. 21. 7. 1907 in Cooma, New South Wales, Australien; gest. 15. 7. 2000 in Canberra

A. D. Hope, Sohn eines presbyterianischen Geistlichen, verbrachte den größten Teil seiner Kindheit im ländlichen New South Wales und Tasmanien. Nach dem Abschluß seines Studiums an der Universität Sydney setzte er 1928 seine Ausbildung in Oxford fort, von wo aus er 1931 in ein von wirtschaftlicher Depression geplagtes Australien zurückkehrte. 1932 wurde er Dozent für Erziehungswissenschaft und anschließend (1938–44) für Englische Literatur am Sydney Teachers' College, bevor er 1945 an die Universität Melbourne wechselte. 1951 erhielt er den Gründungslehrstuhl für Anglistik an der späteren Australian National University in Canberra, wo er bis 1968 lehrte. Nach seiner Emeritierung widmete er sich fast ausschließlich seinen literarischen Neigungen.

Obwohl Hope seine Begabung als Lyriker schon früh erkannte, erschienen seine Gedichte bis zu *The Wandering Islands* (1955) nur sporadisch. Mit seinen nachfolgenden Gedichtbänden, *A. D. Hope* (1963), *Collected Poems, 1930–1965* (1966), *New Poems, 1965–1969* (1969), *Collected Poems, 1930–1970* (1972), *A Late Picking: Poems 1965–1974* (1975), *A Book of Answers* (1978), *The Drifting Continent* (1979), *Antechinus: Poems 1975–1980* (1981), *The Age of Reason* (1985), *Selected Poems* (1986, 1992) und *Orpheus* (1991), festigte H. seinen weit über Australien hinausreichenden Ruf als weltoffener und allen literarischen Nationalisierungsbestrebungen wie modernistischen Experimenten gleichermaßen abholder kritischer Geist. Mit *Dunciad Minor* (1970) legte H. eine an Alexander Pope orientierte Verssatire, mit *The Tragical History of Doctor Faustus* (1982) eine ›bereinigte‹ Fassung von Christopher Marlowes Drama und mit *Ladies from the Sea* (1987) eine dramatische Adaption von ausgewählten Büchern der *Odyssee* vor.

Bis zu seinem Tod eine zentrale Figur im australischen Geistesleben, hat sich H. in einer Reihe von Vorträgen und Essaysammlungen zu literaturkritischen, insbesondere poetologischen Fragen, geäußert, so z. B. in *The Cave and the Spring* (1965), *Native Companions: Essays and Comments on Australian Literature 1936–1966* (1974), *The Pack of Autolycus* (1978) und *The New Cratylus: Notes on the Craft of Poetry* (1979). *Chance Encounters* (1992) enthält Erinnerungen an Begegnungen mit herausragenden Persönlichkeiten seiner Zeit. H. ist ferner Verfasser der Monographie *Judith Wright* (1975), zweier literaturgeschichtlicher Abhandlungen, *Australian Literature 1950–1962* (1963) und *Directions in Australian Poetry* (1984), einer Studie über den schottischen Renaissanceautor William Dunbar, *A Midsummer Eve's Dream* (1970), sowie weiterer kleiner Schriften wie z. B. *The Literary Influence of Academies* (1970). Die internationale Anerkennung H.s zeigt sich in der Verleihung einer Reihe von Auszeichnungen wie z. B. des Britannica-Australia Award (1965), des Myer Award (1967), des Levinson Prize for Poetry (Chicago 1968), des Ingram Merrill Award (New York 1969) und des Robert Frost Memorial Award (1976). 1972 wurde H. zum Officer of the Order of The British Empire und 1981 zum Companion of the Order of Australia ernannt.

H.s Lyrik ist hochintertextuell, weshalb er häufig mit Robert Lowell verglichen wird. Sie läßt sich, wie nicht nur *A Book of Answers* demonstriert, als Dialog mit der gesamten europäischen Literatur und infolgedessen als akademisch und intellektuell charakterisieren. Die fast gänzliche Abwesenheit ›australischer‹ Themen sowie die zielsichere Kritik an Fehlentwicklungen des modernen Lebens im Verbund mit einer offenen Darstellung sexueller Erfahrungen haben ihm den Ruf eines Satirikers eingetragen, der sich gegen die Unfähigkeit des modernen Menschen wendet, sich anderen als den Herausforderungen eines geruhsamen und normierten Lebens zu stellen. Wie jedoch *The Wandering Islands* und nachfolgende Gedichtbände zeigen, verbirgt sich hinter der Satire häufig H.s Interesse an poetologischen Fragen, z. B. nach dem Ursprung und dem Wesen von Dichtung und der Rolle des Dichters in der modernen Gesellschaft. »William Butler Yeats« dokumentiert eine Seelenverwandtschaft zwischen H. und dem Iren hinsichtlich der romantisch-heroischen Sicht des Dichters. »Innovation« feiert ihn als herausgehobene Gestalt mit der Fähigkeit, der Welt Ordnung und Harmonie zurückzugeben. Mythologie spielt für H. eine wichtige Rolle, weil sie, wie z. B. »An Epistle from Holofernes« zeigt, die Position des Menschen in einer universellen Ordnung definiert. Diese Funktion hält ihn jedoch nicht davon ab, gelegentlich eigenwillige Abwandlungen mythologischer Vorlagen vorzunehmen. Daß H. den Dichter als quasi-religiöse Gestalt sieht, bedeutet nicht, daß er keinen Gefährdungen ausgesetzt wäre. In vielen Gedichten kontrastiert die Regelmäßigkeit der Form mit emotionalen Konflikten, die aus dem unüberbrückbaren Gegensatz von dichterischer Vision und Realität herrühren. Dieser Konflikt prägt auch H.s Liebeslyrik, die so zentral für sein Werk ist, daß er immer wieder Analogien zwischen dem dichterischen Akt und der Liebeserfahrung zieht. Was H.s Lyrik und kritische Schriften gleichermaßen auszeichnet, ist die geistreiche und intellektuell anspruchsvolle Art des Argumentierens, mit der er allen modernistischen Tendenzen zum Trotz auf Präzision, Klarheit und formaler Regelmäßigkeit der poetischen Diktion bestand. Als unnachsichtiger Kritiker alles Zweitrangigen hat sich H. für eine klassische Qualität von Dichtung und Literaturkritik eingesetzt und damit beide Disziplinen in Australien nachhaltig beeinflußt.

Werkausgaben: *Collected Poems 1930–1970.* Sydney 1972. – *Tre volti dell'amore.* Hg. G. Distefano. Venedig 1982. Literatur: P. Kane. »Romanticism and Displacement.« *Australian Poetry: Romanticism and Negativity.* Cambridge 1996, 119–140. – K. Hart. *A. D. Hope.* Melbourne 1992. – F. Zwicky. »Another Side of Paradise: A. D. Hope and Judith Wright.« *Southerly* 48.1 (1988), 3–11. – J. Wright. »A. D. Hope.« *Preoccupations in Australian Poetry.* Melbourne 1965, 181–192.

Horst Prie nitz

Hopkins, Gerard Manley

Geb. 28. 7. 1844 in Stratford, Essex;
gest. 8. 6. 1889 in Dublin

Der Bildungsweg und die beruflichen Tätigkeiten spiegeln den geistigen Reichtum des Lyrikers Gerard Manley Hopkins. H. wuchs in einer anglikanischen Familie auf und besuchte 1854–63 die Grammar School in Highgate. Dann studierte er klassische Philologie am Balliol College in Oxford. Ein tiefer geistiger Wandel, bedingt durch das *Oxford Movement,* führte dazu, daß er im Jahr 1866 unter dem Einfluß von Kardinal Newman zum katholischen Glauben konvertierte. Einen Schritt weiter ging er noch, als er 1868 beschloß, in den Jesuitenorden einzutreten. Damit änderte sich auch seine Einstellung zu seiner eigenen Kreativität. Er strebte nicht nach Publikation, sondern schrieb zum höheren Lob Gottes. Die folgenden Jahre wurden durch seine Zugehörigkeit zum Jesuitenorden bestimmt: Er studierte zunächst 1870–73 scholastische Philosophie in St. Mary's Hall, Stonyhurst. 1874–77 setzte er seine theologischen Studien in St. Beuno's College in Wales fort, wobei er sich auch eingehend mit der walisischen Poesie befaßte. Dazu kam (seit 1872) eine intensive Beschäftigung mit Duns Scotus, die seine ästhetischen Grundüberzeugungen klären half. Die Schiffskatastrophe der »Deutschland« (1875), in der fünf deutsche Franziskanerinnen den Tod fanden, löste in ihm eine dichterische Phase aus, in der seine besten Werke entstanden. 1884 wechselte H. nach Dublin über, wo er am University College einen Lehrstuhl für Griechisch innehatte. Die Lehrtätigkeit war für H. oft physisch wie psychisch belastend, wovon seine *bitter sonnets* Zeugnis ablegen. In Dublin ist er 1889 an Typhus gestorben. Er ist auf dem Glasnevin Friedhof beigesetzt.

H.' künstlerische Entwicklung und seine einmalige Formkunst lassen sich am besten an seinen Sonetten ablesen. Mit »The Windhover«, »the best thing I ever wrote« (Brief an Robert Bridges, 22. 6. 1879) schloß er sich an die italienische Form des Sonettes an. Mit dem romanischen Prinzip der Euphonie des Endreims verband er das germanische Stabreimprinzip. Die einzelnen Verse weisen zwar fünf Hebungen auf, H. bevorzugt jedoch die freie Senkungsfüllung. Er nennt sein rhythmisches Modell den *sprung rhythm* (die Länge der Versfüße variiert von eins bis vier Silben). Dazu gebraucht er *outrides,* d.h. nicht gezählte Versfüße. Mit dem zweiten Teil des Sonettes, das insgesamt eine Naturbeobachtung, das Widerspiel der Kräfte von Turmfalke und Wind wiedergibt, wird auch die zweite, in der Widmung »To Christ our Lord« angesprochene, metaphysisch theologische Ebene deutlicher: der Turmfalke ist ein Symbol, das auf das göttliche Sein, auf Christus verweist. H. hat die Sonettform Petrarcas in zweifacher Weise variiert: Mit »Pied Beauty« (Sommer 1877; Gegenstand des Gedichts ist der Lobpreis von Schöpfung und Schöpfer) legte er ein Beispiel für die gekürzte Form des Sonettes, *Curtal Sonnet* vor (es umfaßt 10$\frac{1}{2}$ Verse); mit dem Gedicht »That Nature is a Heraclitean Fire and of the Comfort of the Resurrection« folgte er dem Vorbild des *sonetto con la coda,* dem ›Schweifreimsonett‹, das bei italienischen Lyrikern des 15. und 16. Jahrhundert ebenso anzutreffen ist wie bei John Milton im 17. Jahrhundert. In diesem Gedicht verwendet H. eine sechshebige Verszeile, baut Effekte aus der walisischen Metrik ein und verlängert das Sonett um drei Kodas und eine abschließende Kurzzeile mit zwei Haupthebungen. Die Analyse der Bildfelder sowie der thematischen Progression zeigt, daß das Gedicht »That Nature is a Heraclitean Fire« einen dreiteiligen inneren Aufbau aufweist. Die dreigliedrige Gedichtstruktur findet sich wiederholt bei H.; sie ist mitbedingt durch die dreigliedrige Struktur der Meditationsübungen des Ignatius von Loyola, die H.' Leben als Jesuit bestimmten. Das Sonett beginnt mit einer Darstellung des ›pánta rhe‹ (›alles fließt‹), des fortwährenden Wandels und der Regeneration in der Natur (1–9); es folgt (10–16) die Darstellung der Destruktion, die sich für den einzelnen Menschen aus diesem Weltgesetz ergibt. Die Schlußverse (16–24) nehmen das Bild von der Vergänglichkeit des Menschen auf, setzen ihm jedoch eine hymnisch-visionäre Vergegenwärtigung der Errettung und Auferstehung des Menschen zum ewigen Leben entgegen. Der 22. Vers ist der Schlüssel für das gesamte Gedicht: »I am all at once what Christ is, 'since he was what I am« (»Bin ich sogleich was Christus ist, weil er war was ich bin«).

Bei aller gemeinsamen Grundstimmung der späten Gedichte und Schriften H.' sind es die 1888 entstandenen *terrible sonnets*, die den radikalsten Kontrast zu den Gedichten seiner Frühzeit bilden. Hier herrscht Dunkelheit und – wie es scheint – tiefe Verzweiflung. »I wake and feel the fell of dark« (»Ich wache und fühle den Grimm der Nacht«) spricht offenkundig und eindeutig von der Gottesferne. – Daß H. trotz aller bitteren Erfahrungen *nicht* der Verzweiflung verfiel, beweist eine Stelle aus dem Sonett »Carrion Comfort«, das ebenfalls zu den *terrible sonnets* gehört: »I can; / Can something, hope, wish day come, not choose not to be« (»Ich kann; / Kann etwas, hoffen, wünschen Tages Anbruch, nicht wählen, nicht zu sein«). Hier bestechen statt einer sprachlich blendenden Fülle u. a. ein direkter, einfacher Stil und syntaktisch übersichtliche Formen, Formelemente, die sich als Gewinn erweisen. – Kennzeichnend für H.' Kunst ist, daß sie stets von ästhetischer Reflexion begleitet war. Sein zentrales Thema war die *haecceitas*, die Erfahrung der spezifischen Eigenschaft eines jeden Dinges. Die Gestalt, die jedem Ding eigen ist, nennt H. *inscape*, die Kraft, die diesen »inneren individuellen Wesenskern« (Wolfgang Clemen) hervortreibt, heißt bei H. *instress* – ein Wort, das man mit ›Ausdruck‹ und ›Eindruck‹ zugleich übersetzen kann. H.' Gedichte wurden erst 1918 von seinem Dichterfreund Bridges publiziert; seitdem hat H. eine breite Wirkung auf die Sprache und Rhythmik der modernen Literatur ausgeübt.

Werkausgaben: *The Letters of Gerard Manley Hopkins to Robert Bridges.* Hg. C. C. Abbott. London 1955 [1935]. – *The Note-Books and Papers.* Hg. H. House. London 1937. – *The Journals and Papers.* Hg. H. House/G. Storey. London 1959. – *The Sermons and Devotional Writings.* Hg. C. Devlin. London/New York 1959. – *The Poetical Works.* Hg. N. H. MacKenzie. Oxford 1990. – *Selected Letters.* Hg. C. Phillips. Oxford 1990. – *Gedichte, Schriften, Briefe.* Hg. H. Rinn. München 1954. Literatur: N. White. *Hopkins: A Literary Biography.* Oxford 1992. – N. H. MacKenzie. *A Reader's Guide to Gerard Manley Hopkins.* London/Ithaca 1981. – G. Storey. *A Preface to Hopkins.* London/New York 1981. – W. H. Gardner. *Gerard Manley Hopkins (1844–89): A Study of Poetic Idiosyncrasy in Relation to Poetic Tradition.* 2 Bde. 1966 [1944–49].

Willi Erzgräber

Hornby, Nick

Geb. 17. 4. 1957 in Redhill, Surrey

»Es geht um Fußball, Popmusik und Frauen. Wenn Sie sich auch nur für eines dieser Sujets nicht interessieren, werden sie schnell den Eindruck haben, sie seien auf der falschen Veranstaltung.« So pflegt Nick Hornby seine Lesungen einzuführen und gibt damit zu verstehen, daß man schon etwas für diese ›Männerthemen‹ übrig haben sollte, um die Werke des bekennenden Fußballfans und Popliebhabers zu schätzen. Sport und Popkultur spielen in H.s Romanen jedoch nur eine unterstützende Rolle als Ordnungssysteme des urbanen Lebens in den 1990ern. Sie dienen den meist männlichen Protagonisten als adoleszente Fixierungen, die es ihnen erlauben, sich dem Erwachsenwerden innerhalb bürgerlicher Lebensentwürfe zu verweigern. Der ehemalige Lehrer, der in Cambridge Literatur studierte, verarbeitet so auf vielseitige Weise eigene Obsessionen. Dem Thema Fußball widmet er sich in *Fever Pitch* (1992; *Ballfieber: Die Geschichte eines Fans*, 1996), dessen überraschender Erfolg ihn als einen der prominentesten jungen britischen Autoren etablierte. Darüber hinaus ist H. weiterhin Sport- und Musikjournalist und Herausgeber von *My Favourite Year: A Collection of New Football Writing* (1993), dem *Picador Book of Sportwriting* (1997) und der Kurzgeschichtensammlung *Speaking with the Angel* (2000; *Speaking with the Angel*, 2001). *Fever Pitch* ist eine in sachkundige Spielberichte aufgefächerte Autobiographie, in der Trennungen und Depressionen nur als Nebenereignisse der besuchten Fußballbegegnungen einfließen und die die Bedeutung des Sports als Form persönlicher und kollektiver Identitätsstiftung hinterfragt. Der jugendlich gebliebene Mitdreißiger Rob Fleming sucht in *High Fidelity* (1995; *High Fidelity*, 1996) dagegen in der Popmusik nach sinnstiftenden Grundmustern des Lebens. Pop- und Rocksongs, Hitparaden und Top 5-Listen bilden das kulturelle Referenzsystem dieses humorvoll-konfessionellen Ich-Romans, in dem der Protagonist schmerzlich feststellen muß, daß sich seine Beziehungs- und Lebenskrise nicht durch eine Neuordnung der Schallplattensammlung überwinden läßt. In *About a Boy* (1998; *About a Boy*, 1998) erfährt die Initiationsproblematik eine perspektivische Erweiterung, indem H. den bindungsunfähigen Hedonisten Will Freeman mit dem zwölfjährigen Marcus kontrastiert. Es kommt zur wechselseitigen Initiation beider ›Jungen‹: Will legt seinen Charakterpanzer aus modischer *coolness*, TV und Musik ab, während er Marcus in eben diese Mythen der Popkultur einweiht und ihm so die Teilhabe an der Jugendkultur ermöglicht. Eine Abkehr von den vermeintlichen ›Männerbüchern‹ stellt *How to Be Good* (2001; *How to Be Good*, 2001) dar. Hier schreibt H. erstmals aus einer weiblichen Perspektive, bleibt aber seiner Entwicklungs- und Beziehungsthematik treu. Gleichzeitig thematisiert der Roman die Diskrepanz zwischen den liberalen Grundeinstellungen der intellektuellen Mittelschicht und den begrenzten Möglichkeiten der Umsetzung solch' ›guten‹ Handelns im täglichen Leben. H.s Werke basieren vorwiegend auf dem Schema des Bildungsromans und bedienen sich einer realistischen Erzählweise. Die Handlungsführung tritt meist hinter die vielschichtige Figurendarstellung und den Sprach- und Dialogwitz zurück. Daß seine Protagonisten – urbane Jedermänner – hochgradig zur leserseitigen Identifikation einladen, trägt sicherlich zum Erfolg des Autors bei, dessen *Fever Pitch* (1996) und *High Fidelity* (2000) bereits erfolgreich verfilmt wurden.

Literatur: G. Nieragden.»›Cynical Young Men‹ – Ein neues Paradigma für den englischen Roman der 1990er Jahre (?): Christopher Brookmyre, Nick Hornby, Irvine Welsh«. *Klassiker und Strömungen des englischen Romans im 20. Jahrhundert*. Hg. V. Nünning/A. Nünning. Trier 2000, 221–241.

Alexander Weber

Hospital, Janette Turner
Geb. 12. 11. 1942 in Melbourne

»Stepping into a story or constructing a map are much the same thing; and both are like tossing a stone at a window: the cobwebby lines fan out from the point of impact in all directions at once«: Die metafiktionale Betrachtung der Erzählerin in Janette Turner Hospitals letztem Roman, *Oyster* (1996; *Oyster*, 1999), vermittelt das für ihre komplexen Werke charakteristische Interesse an der Variabilität der Wahrnehmung von Realität. H.s literarisches Schaffen wird dabei von einer ausgeprägt politischen Sichtweise bestimmt, welche die Gefährdungen und die Zerrissenheit von Außenseiterfiguren auslotet, die an einander entgegenstehenden Realitätsanschauungen teilhaben. Ihr erster Roman *The Ivory Swing* (1982; *Auf einer*

indischen Schaukel, 1994) setzt stark feministische Akzente mit seiner Schilderung des Forschungsaufenthaltes eines kanadischen Akademikerpaares in Indien, das mit einer im Kasten- und Familiensystem gefangenen indischen Witwe in Berührung kommt. Solche interkulturellen Begegnungen durchziehen H.s Werk und spiegeln ihren von *Dislocations* – so der Titel ihres ersten Kurzgeschichtenbandes (1986) – gekennzeichneten Lebensweg. Nach Universitätsstudium und anschließender Tätigkeit als Lehrerin im australischen Queensland, wo sie aufwuchs, zog H. 1967 in die USA und später nach Kanada, um von da an zwischen Australien, Kanada, den USA und Europa und zwischen Lehrtätigkeiten an verschiedenen Universitäten in ständiger Bewegung zu bleiben. Seit ihrem dritten Roman, *Borderline* (1985), setzt die Autorin die Unmöglichkeit des Stillstands auch narrativ um und verläßt konventionellere Erzählformen zugunsten von postmodernen Formen der Fragmentierung und Multiperspektivität. Als Kristallisationspunkt dient dabei die Suche nach unerklärlich verschwundenen Personen, deren Schicksal mit Fragen von Gewalt und Macht verwoben ist. In *Charades* (1988) bleibt der Vater der australischen Protagonistin in ihren fabulistischen Versionen der Vergangenheit unerreichbar, wobei ihr Zuhörer, ein amerikanischer Physiker mit seinem naturwissenschaftlichen Verständnis der ›Kontingenz‹, sowie die Verbindung mit einem kanadischen Gerichtsverfahren gegen die Leugnung des Holocausts für Brechungen sorgen. Auch der bisher wichtigste Roman, *The Last Magician* (1992), widmet sich in Annäherungsversuchen dem Fall einer von einem australischen Politiker ermordeten Frau und ist durchzogen von Überlegungen zu den Medien Photographie und Film und den für H.s Schreiben charakteristischen intertextuellen Bezügen. Australien und seine Kultur gewinnen hier zentrale Bedeutung, eine Entwicklung, die in der Dystopie *Oyster* eine weitere Pointierung erfährt, da die Darstellung einer Sekte und ihres machtvollen Anführers, die auch das für H. typische Interesse für spirituelle und metaphysische Fragen auf einen Höhepunkt bringt, einen von Hitze, Repression und Opalabbau geprägten Schauplatz im australischen Outback zugrunde legt. Die ›internationale‹ Autorin, die häufig der kanadischen Literatur zugerechnet wird, schreibt sich durch diese Schwerpunktsetzung in ihren letzten Romanen nachhaltig dem australischen Literaturgeschehen ein.

Literatur: S. Samuels, Hg. *Janette Turner Hospital*. London 1998.

Sigrun Meinig

Housman, A[lfred] E[dward]

Geb. 26. 3. 1859 in Fockbury, Worcestershire; gest. 30. 4. 1936 in Cambridge

A. E. Housman entstammte einer Familie der englischen *upper middle class*, und die Eckdaten seiner Karriere fügen sich nahtlos in das damit heraufbeschworene Bild großbürgerlicher Verfeinerung, vom Studium der klassischen Philologie in Oxford über einen Londoner Lehrstuhl im Alter von 33 Jahren bis hin zur Kennedyprofessur für Latein an der Universität Cambridge. Aber bei näherem Hinsehen werden bereits hier erstaunliche Brüche sichtbar: H. fiel nämlich zunächst durch das Abschlußexamen und arbeitete vor seiner ersten Berufung zehn Jahre als Sachbearbeiter im Patentamt. Die Wissenschaft betrieb er, durch seinen peinlichen Ausrutscher unbeirrt, nebenbei; seinen ersten Gedichtband, *A Shropshire Lad*, veröffentlichte er erst 1896. Da war der imperiale Fortschrittsglaube, der die hochviktorianische Gesellschaft und Literatur seiner Jugend charakterisierte, bereits nachdenklicheren, pessimistischeren, auch dekadenteren Tonfällen gewichen, und H.s Werk löst folgerichtig den im Titel implizierten pastoralen Anspruch nicht mehr ein: Es ist weit mehr als die Biographie eines in ländlicher Idylle heranreifenden Knaben, nämlich ein Kaleidoskop von wehmütigen, teils sogar morbiden Momentaufnahmen aus einer zugrundegehenden Welt. In insgesamt 63 Stücken zitiert H. bukolische Motive, um sie sodann in immer neuen Variationen als Illusion zu demaskieren. Dem ›Shropshire lad‹ und seinen Kameraden steht ein schweres Schicksal bevor: »Far and near and low and louder / On the roads of earth go by, / Dear to friends and food for powder, / Soldiers marching, all to die.« Es waren solche zur Jahrhundertwende noch unkonkreten Prophezeiungen und Elegien, die H. zur Zeit des Ersten Weltkrieges zu einem der meistgelesenen englischen Dichter machten und ihn zum (allerdings schnell überwundenen) Vorbild einer ganzen Dichtergeneration werden ließen. H.s lyrisches Gesamtwerk umfaßt nur noch zwei weitere, ebenfalls schmale Bändchen (*Last Poems*, 1922; *More*

Poems, postum 1936); sein Ruhm beruht weitgehend auf dem ersten, dessen formstrengen Gedichten man nicht zuletzt wegen der vielen Vertonungen (u. a. durch George Butterworth) noch heute regelmäßig begegnet.

Werkausgaben: *The Letters*. Hg. H. Maas. London 1971. – *The Poems*. Hg. A. Burnett. Oxford 1997.
Literatur: A. W. Holden/J. R. Birch, Hgg. *A. E. Housman: A Reassessment*. Houndmills 2000.

Peter Paul Schnierer

Hove, Chenjerai

Geb. 9. 2. 1954 in Zvishavane, Rhodesien [heute Simbabwe]

Als 1981, knapp nach Beendigung des Befreiungskrieges in Simbabwe, zur Feier der Unabhängigkeit eine Anthologie mit dem Titel *and now the poets speak* erschien, sprach deren Herausgeber von den vielen talentierten Dichtern, die während der Zeit der weißen Herrschaft nicht gehört werden konnten, und nannte Chenjerai Hove als herausragende neue Stimme, die aus dem Krieg hervorgegangen war. Den Ruf, das Leid seines Volkes im kolonialen Alltag bzw. im Krieg wortgewandt und überzeugend erfassen zu können, konsolidierte H. mit seinem ersten, vielgepriesenen Lyrikband *Up in Arms* (1982), einer Sammlung von Gedichten aus dem Krieg. Obwohl H. mittlerweile eher für seine Prosa bekannt ist, hat er seitdem immer wieder Gedichtsammlungen vorgelegt, etwa *Red Hills of Home* (1985) oder *Rainbow in the Dust* (1998). H. wuchs in Kadoma, westlich von Harare, auf, besuchte katholische Missionsschulen, wurde später selbst Lehrer in einer ländlichen Schule, wechselte dann ins Verlagswesen und war in den 1980er Jahren maßgeblich an der Entwicklung der Literatur des neuen Simbabwe beteiligt. Der vielfach übersetzte Autor, der auch in seiner Muttersprache Shona publiziert, wurde *Writer in Residence* (Gastschriftsteller) an der Universität von Simbabwe. H.s Prosawerk umfaßt drei Romane, den preisgekrönten Erstling *Bones* (1988; *Knochen*, 1991), *Shadows* (1991; *Schattenlicht*, 1996) und *Ancestors* (1996; *Ahnenträume*, 2000), sowie eine Sammlung journalistischer Kurzprosa und Erzählungen, *Shebeen Tales: Messages from Harare* (1994; *Stadtgeflüster: Skizzen aus einer afrikanischen Metropole*, 1995), in sich H. in der Person eines Kneipen(»shebeen«)-Besuchers als teils humoristischer, teils satirischer Beobachter des Großstadt- und Wirtschaftslebens Harares zeigt.

Als afrikanischer Schriftsteller fühlt sich H. zuerst seinen Landsleuten verpflichtet; er ist bestrebt, das »kollektive Gedächtnis« des Volkes in seinem Werk zu artikulieren, will die Aufmerksamkeit des Lesers auf die Lage der Enteigneten und der Machtlosen lenken. Die Geschichten, die er in seinen Romanen erzählt – die Rekonstruktion des leidvollen Lebens einer Farmarbeiterin, die sich auf die Suche nach ihrem im Befreiungskrieg vermißten Sohn begibt (*Bones*); das Schicksal einer Bauernfamilie vor dem Hintergrund des Krieges (*Shadows*); die Chronik einer taubstummen Frau, die einen 100 Jahre später lebenden Mann verfolgt und ihn vor der Mißachtung der Tradition warnt (*Ancestors*) –, dienen diesem Zweck. Alle drei Romane stellen unterdrückte Frauen in den Vordergrund und werden durch H.s Bemühen gekennzeichnet, ihnen eine Stimme in der Gesellschaft zu verleihen. Die Romane verdanken ihren meditativen sprachlichen Duktus, ihren Erzählstil und ihre Metaphorik zum Teil sowohl den grammatikalischen und semantischen Eigenschaften des Shona (der Sprache der ländlichen Bevölkerung) als auch der afrikanischen Tradition der mündlichen Überlieferung. Auch die häufige Verwendung von Sprichwörtern, die an Chinua Achebe erinnert, zeugt von diesen Ursprüngen. Zu H.s Werk gehört auch der mit Ilja Trojanow in Deutschland herausgegebene Sammelband *Guardians of the Soil / Hüter der Sonne: Begegnungen mit Zimbabwes Ältesten – Wurzeln und Visionen afrikanischer Weisheit* (1996).

Geoffrey V. Davis

Hughes, Richard [Arthur Warren]

Geb. 19. 4. 1900 in Weybridge, Surrey;
gest. 28. 4. 1976 in Moredrin bei Halech, Wales

Oft gedeiht ein Werk auf Kosten eines Lebens. Beim Romancier, Dramatiker und begnadeten Sprachmagier Richard Hughes geht das voll ausgekostete Leben zuungunsten des – œuvres. Der walisische Charterhouse- und Oxford-Alumnus erzielte bereits als Student mit *The Sisters' Tragedy* (1922) einen beachtlichen West End-Erfolg,

schrieb mit *Danger* (1924) das erste Hörspiel der Rundfunkgeschichte, verfaßte mit 29 den Welterfolg *A High Wind in Jamaica* (1929; *Ein Sturmwind auf Jamaica*, 1950), einen der einprägsamsten Kindheitsromane der Weltliteratur, schickte ihm mit *In Hazard* (1938; *Hurrikan im Karibischen Meer*, 1956) einen bewegt-allegorischen Seeroman nach, dem nur ein Joseph Conrad gleichkommt, und arbeitete bis zu seinem Tod an der panoramahaften Trilogie *The Human Predicament* (1961–73), die fast alles, was literarisch zum europäischen Faschismus je geschrieben wurde, weit übertrifft. Zwischendrin aber war der seebegeisterte H. ein Habitué der Mittelmeerhäfen, wurde im Zwischenkriegseuropa neunmal verhaftet, verfaßte eine Munitionsgeschichte des Zweiten Weltkriegs, litt lange an *writer's block* und war kreativunkonventioneller Vater von fünf Kindern.

Im Frühwerk klingen Themen an, die H. zeitlebens beschäftigen sollten. Den Drehpunkt der tschechownahen *Sisters' Tragedy*, in dem die jüngste Schwester den behinderten Bruder umbringt, um die älteren von ihren Pflegeaufgaben zu befreien, bilden das schwindende Einfühlungsvermögen des Menschen sowie das verzerrte Realitätsprinzip und Gewaltpotential des Kindes. Das in der Finsternis einer Bergbaukatastrophe spielende *Danger* öffnet ebenfalls Einblicke in die Untiefen der mit Krisensituationen konfrontierten Psyche. Mit *A High Wind in Jamaica* findet H. zu seinem Genre. Die in leichtfüßiger Prosa gehaltene Fabel mit quicklebendigen Figuren erzählt von Kindern einer viktorianischen Familie, die auf dem Seeweg in Piratenhände fallen, dabei aber selbst des Verbrechens schuldig werden. Die Grenzen zwischen Kinder- und Erwachsenenwelt werden porös, ein Jahrhundert (post)romantischer Kindheitsauffassung gerät ins Wanken. Selten ist das Wunderbare, Zeitenträumte, Fabulierende, aber auch Realitäts-, Wahrheits- und Moralferne der Kinderwelt so plastisch vor Augen geführt worden. Der bis in die Tiersymbolik hinein von Sigmund Freud beeinflußte Roman ist ein Umstülpen der britischen Kinderrobinsonade, für das H.' Briefe an die eigenen Kinder eine lohnende Begleitlektüre sind. Ebenfalls auf hoher See, ebenfalls im Auge des Sturms befindet sich im verhängnisvollen Herbst 1929 das schlecht geladene, streng segregierte, nichtversicherte Frachtschiff »Archimedes«. Seine bravourös erzählte Fahrt weitet sich in *In Hazard* zur Parabel der lavierenden, knapp dem Scheitern entkommenen Gesellschaft der Moderne aus. –

Erst als sich die Stürme gelegt hatten, wendete sich H. der Fiktion wieder zu. Zwanzig Jahre lang legte er nur phantasiegefederte Kindergeschichten vor. Von 1956 an schrieb er aber an dem Faschismus-Epos, das zur Summa seines – uvres werden sollte. Daß der Protagonist, ganz ›Waverley-Held‹, in die deutsche Gesellschaft versandt wird, wo er im ersten Band, *The Fox in the Attic* (1961; *Der Fuchs unterm Dach*, 1963) den Hitler- und im zweiten Band, *The Wooden Shepherdess* (1973), den Röhm-Putsch erlebt, deutet Zeitrahmen und Tragweite des anspruchsvollen Werks an; ein ansatzweise vorhandener dritter Band hätte den Zeitraum zwischen Coventry und Hiroshima geschildert. Im Zentrum steht eine Theorie des Faschismus, die ihn als Folge der ungesunden Ich-Grenzen des modernen Menschen, seines Status als ›Solipsist *malgré-lui*‹, deutet. H.' Thesen gehen mit seiner – in *Fiction as Truth* (1983) versammelten – Philosophie der Literatur und des Lesens einher. Der Roman, dessen Geburtskammer die Einsamkeit des verstädterten Menschen sei, biete auch einen Weg aus dieser Isoliertheit heraus: Für die meisten, so H., stelle nunmehr die Fiktion die beste Gelegenheit dar, die Identität anderer zu erfahren. Der archetypische Nichtleser von Fiktion sei der Faschist. Der bleibende Wert H.' liegt darin, daß er diese Philosophie glänzend verkörpert: Hier schreibt einer, der aus dem vollen gelebt hat, aus dem vollen der englischen Sprache, dabei seinen Figuren unvergleichliches Leben verleihend. Das schmale – uvre ist von bestechender Qualität und erfrischender Seriosität. Ihm haftet nur die Melancholie des Unvollendeten an.

Literatur: P. Morgan. The Art of Richard Hughes: A Study of the Novels. Cardiff 1993. – P. Thomas. Richard Hughes. Cardiff 1973.

Richard Humphrey

Hughes, Ted [Edward James]

Geb. 17. 8. 1930 in Mytholmroyd, Yorkshire; gest. 28. 10. 1998 in Devon

Während Ted Hughes postum von der Kritik als eine der markantesten Dichterpersönlichkeiten der zweiten Hälfte des 20. Jahrhunderts auf den Schild gehoben wird, sah er sich zu Lebzeiten nicht selten Anfeindungen ausgesetzt. Primitivismus,

Gewaltverherrlichung (»poetry of violence«), thematische Enge lauteten gängige Vorbehalte. Nach dem Freitod von Sylvia Plath, die er 1956 geheiratet hatte, fungierte er für Feministinnen als »one-man gynocidal movement« (Robin Morgan); Seamus Heaney gratulierte anläßlich der Ernennung H.' zum *Poet Laureate* mit einem kaum verhohlenen Kopfschütteln: »Even though he is immensely popular, he is regarded as slightly beyond«; und ein Jahr später, also 1985, liest man in der Monographie von Thomas West: »Hughes represents the extreme fringe of contemporary antirationalist, mythopoeic poetry.«

Solche Ausgrenzungs- und Abschiebungsversuche konnten schon deshalb nicht dauerhaft von Erfolg gekrönt sein, weil sie etwas für anachronistisch erklären, was der Kunst jahrtausendelang wesentlich war, nämlich das ›mediumistische‹ Selbstverständnis des Produzenten. Der Anti-Modernist H., für den sich unsere technikgläubige Hochzivilisation als »a nightmare of mental disintegration and spiritual emptiness« darstellt, greift ganz bewußt auf diese historischen Bestände zurück und sieht sich als poetischen Geistheiler und Schamanen, der entsprechend Ort und Zeitpunkt seiner ›Berufung‹ genau angeben kann. 1953 studiert er in Cambridge im zweiten Jahr Anglistik und müht sich mit einem der *weekly essays* ab, über dem er nach Mitternacht erschöpft einschläft: Im Traum sucht ihn ein halbtoter Fuchs-Mensch heim und setzt ein Zeichen: »Then it spread its hand – a human hand as I now saw, but burnt and bleeding like the rest of him – flat palm down on the blank space of my page. At the same time it said: ›Stop this – you are destroying us.‹«

H. nimmt sich die Warnung vor der ›Verphilologisierung‹ zu Herzen, wechselt in die Archäologie und Anthropologie, schlägt sich danach ein paar Jahre als Gärtner, Zoowärter, Nachtwächter und Lektor eines Filmstudios durch, bevor sein Totemtier 1957 in dem poetologischen Meisterstück »The Thought-Fox« am Ende einer Phase literarischer Stagnation zum zweiten Mal erscheint. In Cambridge hinterließ der Fuchs ein Menetekel, eine blutige Warnung vor dem verfehlten Leben; das Gedicht dagegen markiert den Beginn literarischen Gelingens. Hier setzt die Spur jener schöpferischen Einfühlsamkeit und energiegeladenen Sensibilität ein, die sich scheinbar mühelos Pferden und Falken, Forellen und Lachsen, Mücken und Mauerseglern, ja selbst Topfblumen und Disteln anverwandeln kann, ohne ihnen ihre ›Unnahbarkeit‹ und kreatürliche Eigenart zu rauben. Schon in »The Thought-Fox« hütet sich H. nämlich davor, den Fuchs allegorisch zu verflüchtigen. Über der letzten Strophe liegt mit »the hot sharp stink of fox« die Ausdünstung der freien Wildbahn, nicht der aseptische Hauch der Abstraktion. »It is a real fox«, ergänzt H. in *Poetry in the Making* (1967), »as I read the poem I see it move [ ]. And I suppose that long after I am gone, as long as a copy of the poem exists, every time anyone reads it the fox will get up somewhere out in the darkness and come walking towards them«.

Das Gedicht läßt also natürlichen Auslauf, weist bevormundende Tierpflege auch über die »super-simple« und »super-crude language« zurück, die H. als Stilideal vorschwebt, will schon gar nicht einhegen wie ein Zoo. Statt dessen versucht uns die Tierlyrik etwa in »The Jaguar« und »The Bull Moses« klarzumachen, daß das Animalische selbst hinter Gittern, selbst hinter Schloß und Riegel ›Freigänger‹ bleibt. Deshalb kommt auch der Fuchs erst im Todesjahr zurück, als H. in seinen *Birthday Letters* (1998) die im Wortsinn fatale Begegnung mit Sylvia Plath noch einmal heraufbeschwört und durchlebt. »Epiphany« beschreibt, wie dem frischgebackenen Vater auf dem Weg zur Londoner U-Bahn ein Fuchsjunges angeboten wird, das er – mit denkbar guten Gründen – seinem Besitzer nicht abkauft. Aber die Logik der Poesie ist nicht die guter Geschäfte, und die Bagatelle entpuppt sich als entscheidende Prüfung und Schauplatz eines jämmerlichen Versagens: »Then I walked on / As if out of my own life. [ ] I failed. Our marriage had failed.«

Diesem Ungenügen und Scheitern des Intelligenzbegabten, das in deutlichem Kontrast steht zum ›erfüllten‹ Untergang instinktgeleiteten Lebens (»October Salmon«), hat H. 1970 in dem Zyklus *Crow* (*Krähe*, 1986) ein tragikomisches Denkmal gesetzt. Wie zur Exemplifizierung der schamanistischen Lust am heiligen Unernst (»shamanizings are also entertainments, full of buffoonery, mimicry, dialogue and magical contortions«) transportiert er uns hier in die Gegenwelt der Trickster-Figur Krähe, eines nicht umzubringenden Unheilstifters, der die Schöpfung aufmischt und Gott keineswegs nur in »Crow's First Lesson« oder »Apple Tragedy« vorführt. Obwohl die entropische Bewegungsrichtung des Weltprozesses feststeht und H. auch dem apokalyptischen Zeitgeist

(»Notes for a Little Play«) Tribut zollt, schließt der Band doch nicht mit der ultimativen Inthronisierung des »King of Carrion«, sondern mit einem beinahe zärtlich anmutenden Lobpreis von »Littleblood«, jenem Fünkchen Leben, das sich in allen und gegen alle Widrigkeiten behauptet und in der letzten Zeile zurücksingt.

»In the end«, hat H. 1980 in einem Interview mit Ekbert Faas wissen lassen, »one's poems are ragged dirty undated letters from remote battles and weddings and one thing or another«. Im Rückblick auf sein Gesamtwerk kann man das allerdings nur als provokante Selbstverkleinerung lesen. In Wirklichkeit hielt sich H. über Jahrzehnte dort auf, wo er in »Hawk Roosting« sprachspielerisch auch den aufgebaumten Falken plaziert: »in the top of the wood [would]«. Von dieser Warte in den Wipfeln der Fiktionen aus war es nicht nur möglich, die Attacken der frühen Kommentatoren mit einem lässigen »perhaps the whole debate is a fieldful of old-fashioned English windmills« zu parieren. H. hatte auch keine Mühe, seine Gedicht-Tiere (»I think of poems as a sort of animal«) weit über das Tiergedicht hinaus ausschwärmen zu lassen. *Wodwo* (1967), *Remains of Elmet* (1979) oder *Moortown* (1979) heißen solche energischen Vorstöße in die menschliche Psyche, die Anwesenheit von (Vor-)Geschichte und den Alltag auf einer Farm in Devonshire, die H. in den 1970ern mitbewirtschaftete. Von Engstirnigkeit kann deshalb bei seinem ausgefuchsten poetischen Spürsinn keine Rede sein, wohl aber tragen diejenigen Scheuklappen, die H. immer noch in Randzonen, die Reservate des Kaltschnäuzigen und Widerborstigen, abzudrängen versuchen.

Werkausgaben: *Poetry in the Making: An Anthology of Poems and Programmes from Listening and Writing*. London 1967. – *Winter Pollen: Occasional Prose*. Hg. W. Scammell. London 1994. – *New Selected Poems 1957–1994*. London 1995. – *Gedichte*. Heidelberg 1995. – *Etwas mu bleiben*. Hg. J. & W. Kaußen. Frankfurt/M. 2002.
Literatur: E. Feinstein. *Ted Hughes: The Life of a Poet*. London 2001. – S. Byrne, Hg. *The Poetry of Ted Hughes*. Duxford 2000. – K. Sagar. *The Laughter of Foxes: A Study of Ted Hughes*. Liverpool 2000. – E. Faas. *Ted Hughes: The Unaccommodated Universe*. Santa Barbara 1980.

Ulrich Horstmann

Hughes, Thomas

Geb. 20. 10. 1822 in Uffington, Oxfordshire;
gest. 22. 3. 1896 in Brighton

Thomas Hughes verdankt seinen Platz in der
englischen Literaturgeschichte einem einzigen
Buch: *Tom Brown's Schooldays* (1857; *Tom Browns
Schulzeit*, 1867). Der als Rechtsanwalt in London
und später als Richter in Chester tätige H. machte
sich zwar auch als Parlamentsabgeordneter einen
Namen sowie als aktives Mitglied der Christian
Socialists, einem von Frederick Denison Maurice
und Charles Kingsley gegründeten Kreis von Sozialreformern; als Autor einiger weiterer Bücher –
Romane und Biographien – war er jedoch wenig
erfolgreich. – H. schrieb *Tom Brown's Schooldays*,
um seinem achtjährigen Sohn die Angst vor dem
Eintritt in ein Internat zu erleichtern. Er selbst
hatte von 1834–42 die *public school* von Rugby
besucht; das Buch ist u. a. ein Loblied auf deren
Direktor, Thomas Arnold, der durch seine Persönlichkeit, seine religiös fundierten moralischen
Grundsätze und durch eine hierarchisch strukturierte Selbstverwaltung Rugby in eine Modell-
schule verwandelte, deren Prinzipien das Inter-
natswesen in England für die nächsten hundert
Jahre prägen sollten. H. allerdings lag weniger
daran, ein getreues Porträt Arnolds zu zeichnen,
als vielmehr seine eigenen Ansichten (nicht nur
über die Erziehung von Knaben) in eine spannende Handlung zu verpacken. Sein Held Tom
Brown ist der Sohn eines Landedelmanns; die
Schilderung seiner Kindheit nutzt H. zu einem
nostalgischen Loblied auf das einfache Landleben.
In Rugby angekommen, bewährt sich Tom v. a. bei
den ausführlich geschilderten sportlichen Aktivitäten, während seine Leistungen im Klassenzimmer
nachlassen und er der Verführung durch schlechte
Mitschüler zu erliegen droht. Sein moralischer
Verfall wird gestoppt, als sich der Schuldirektor
seiner annimmt und ihm die Betreuung eines
neuen, schwächlichen Schülers überträgt. Tom be-
sinnt sich gleichsam auf seinen guten moralischen
Kern und widersteht von nun an dem Konformitätsdruck jener Mitschüler, die die Jüngeren und
Schwächeren ausbeuten und schikanieren. Die
Schule dient bei H. also weniger der Vermittlung
von Wissen, sondern v. a. der moralischen Erziehung und hat damit zugleich eine politische Funktion. Sie reproduziert (und rechtfertigt implizit)
die hierarchische Struktur der Gesellschaft und

bekämpft gleichzeitig deren negative Aspekte, indem sie ein Wir-Gefühl erzeugt und – nicht zuletzt
mit Hilfe des Sports – zu Führungsqualitäten wie
Selbstbewußtsein und Verantwortungsbereitschaft
erzieht. Der breite Konsens, den diese Wertvorstellungen im Bürgertum des 19. Jahrhunderts
fanden, dürfte neben der geschickten Mischung
aus Spannung, Humor und moralischem Ernst der
Grund dafür sein, daß *Tom Brown's Schooldays*
zum Prototypen der literarischen Gattung *school
story* wurde, deren Beliebtheit bis weit ins 20.
Jahrhundert anhielt.

Literatur: G. J. Worth. *Thomas Hughes*. Boston 1984. –
I. Quigley. *The Heirs of Tom Brown: The English School
Story*. London 1982.

Dieter Petzold

Hulme, Keri

Geb. 9. 3. 1947 in Otautahi, Christchurch,
Neuseeland

Keri Hulme entstammt einer gemischt englisch-schottischen und Maori-Familie. Nach der
Schulzeit und einem abgebrochenen Jura-Studium
hielt sie sich mit Gelegenheitsjobs (als Tabak-
pflückerin, Postangestellte usw.) über Wasser und
widmete sich dem Schreiben von Geschichten und
Gedichten. Sie lebt in einem entlegenen Küstenort
auf der Südinsel Neuseelands. Obwohl sie wenig
veröffentlicht hatte, bekam sie in den 1970er-80er
Jahren mehrere Auszeichnungen. – In ihrem 1982
veröffentlichten ersten Gedichtband, *The Silences
Between (Moeraki Conversations)*, schreibt eine Figur gleichsam Traumnotizen (von ›Pausen‹ markierte ›Gespräche‹), die sich locker auf den Küstenort Moeraki beziehen, wo H.s Verwandtschaft
gelebt hat und wo die Maori-Tradition besonders
präsent ist. Es folgten zwei weitere Gedichtsammlungen, *Lost Possessions* (1985) und *Strands* (1991),
sowie der Kurzgeschichtenband *Te Kaihau: The
Windeater* (1986; in England als *The Windeater/Te
Kaihau; Der Windesser* 1989). Außerdem hat H.
einprägsame Landschaftsbeschreibungen und
autobiographische Reflexionen für die Bildbände
*Homeplaces: Three Coasts of the South Island of
New Zealand* (Photos von R. Morrison, 1989) und
Hokitika Handmade (Photos von J. Brooke-White,
1999) verfaßt. H. arbeitet seit einigen Jahren an
zwei Romanen, *Bait* und *On the Shadow Side* – bis
jetzt ergebnislos, vielleicht deswegen, weil der

Welterfolg ihres ersten Romans, *The Bone People* (1983; *Unter dem Tagmond*, 1988), ihr ›Angst vor dem zweiten‹ gemacht hat. Die Idee zu diesem Buch ist in 17 Jahren, in denen H. von der Traumvision eines stummen, unheimlichen Kindes verfolgt wurde, herangereift. Zunächst als Kurzgeschichte konzipiert, dehnte sich der Stoff zum Roman aus. Das Geschehen dreht sich um das Findelkind Simon, seinen verbitterten, gewalttätigen Stiefvater Joe und die gescheiterte Malerin Kerewin, die als Alkoholikerin zurückgezogen in einem Turm am Meer lebt. Joe und Kerewin sind gemischter Abstammung. Die Frau schützt den Jungen zunächst vor den Schlägen seines Stiefvaters, liefert ihn aber schließlich aus. Als Simon halb totgeprügelt wird und die drei mit lebensbedrohenden Krankheiten und Selbstmordgedanken konfrontiert werden, erreicht die Handlung einen Tiefpunkt des Zerfalls, bis im Rückgriff auf übernatürliche Maori-Mittel in einem Heilungsprozeß alle gerettet werden. Neue Aufgaben, die mit der Pflege der Maori-Gemeinschaft und ihrer Traditionen zusammenhängen, machen aus dieser wiedervereinigten ›Familie‹ die Nachfolger der ›Knochenmenschen‹, der Maori-Ahnen. Anstelle des niedergebrannten Turms entsteht ein symbolträchtig spiralförmiges Zuhause, Hort der multikulturellen Erneuerung nach dem gespaltenen Erbe einer gewaltvollen Vergangenheit. Diese melodramatisch anmutende Handlung wird von einer außerordentlichen Darstellungsvielfalt getragen: Prosaisches verbindet sich mit Lyrischem, objektive Berichterstattung mit subjektivem Bewußtseinsstrom, nicht glossierte Maori-Ausdrücke mit englischer Umgangssprache, realistische Weltdarstellung mit magisch-mythischen Partien. Nach langjähriger erfolgloser Verlagssuche wurde das Buch von einem neuseeländischen Frauenkollektiv (Spiral) veröffentlicht und gewann diverse Preise, einschließlich des *Booker Prize*, löste allerdings auch eine von dem Literaturwissenschaftler und Autor C. K. Stead provozierte Kontroverse um die Authentizität einer ›Achtel-Maori‹ und die prätentiöse Erzählweise aus. Gleichwohl bietet der Roman einen visionären Entwurf der multikulturellen Zukunft Neuseelands, indem er gegenüber polarisierenden Kategorien eines neuseeländischen Selbstverständnisses für das multikulturelle Denken sensibilisiert. Wenn H. trotz der horrenden Gewalt in dem Roman ihrem trockenen Humor Raum gibt und schließlich eine positive Perspektive vermittelt, erlaubt sie sich allerdings in ihrem

narrativen und lyrischen Gesamtwerk selten einen solchen Optimismus.

Literatur: R. Edmond. »No Country for Towers: Reconsidering *The Bone People*.« *Landfall* 186 (1993), 277–290. – O. Heim/A. Zimmerman. »Hu(l)man Medi-(t)ations: Inter-Cultural Explorations in Keri Hulme's *The Windeater/Te Kaihau*.« *Australian and New Zealand Studies in Canada* 8 (1992), 106–135. – M. Williams. »Keri Hulme and Negative Capability.« *Leaving the Highway: Six Contemporary New Zealand Novelists*. Auckland 1990, 84–109. – J. Dale. »*The Bone People*: (Not) Having It Both Ways.« *Landfall* 39.4 (1985), 413–430. – C. K. Stead. »Keri Hulme's *The Bone People* and the Pegasus Award for Maori Literature.« *Ariel* 16.4 (1985), 101–108.

Gordon Collier

Hume, David

Geb. 7. 5. 1711 in Edinburgh;
gest. 25. 8. 1776 ebd.

David Hume ist einer der wichtigsten Denker Großbritanniens: Er repräsentiert nicht nur die (schottische) Aufklärung des 18. Jahrhunderts, sondern liefert auch signifikante Ansätze für die Moderne. Seine anonym erschienene *Treatise of Human Nature* (2 Bde., 1739, dritter Band und *Abstract* 1740; *Ein Traktat über die menschliche Natur*, 1904–06) wurde zunächst so stark abgelehnt bzw. mißachtet, daß er sie umarbeitete und den ersten Band 1748 neu als *Philosophical Essays Concerning Human Understanding* (1758 umbenannt in *An Enquiry Concerning Human Understanding*; *Eine Untersuchung über den menschlichen Verstand*, 1929), den dritten Band als *An Enquiry Concerning the Principles of Morals* (1751; *Eine Untersuchung über die Prinzipien der Moral*, 1929) und den zweiten Band 1757 als *Dissertation on the Passions* (*Über die Affekte*, 1906) veröffentlichte. Mit seinen in diesen Hauptwerken sowie in den *Essays, Moral and Political* (1741–42), den *Political Discourses* (1752; beide teilweise in *Politische und ökonomische Essays*, 1988) und den *Dialogues Concerning Natural Religion* (1779; *Dialoge über natürliche Religion*, 1877) ausgedrückten Ideen steht H. am Anfang der Untersuchungen zum menschlichen Erkenntnisvermögen und Bewußtsein in der Moderne. So sagte er schon 100 Jahre vor Nietzsche, daß der Glaube an eine göttliche Intelligenz nicht auf dem rationalen, sondern dem imaginativen menschlichen Vermögen beruhe und Religion ihren Ursprung in der menschlichen Natur habe. Als Folge wurden seine Werke 1761 von der römisch-katholischen Kirche verboten. Auch Schönheit gründet für ihn nicht im betrachteten Objekt, sondern im Geist des Betrachters. Ebenso fußen alle Gründe, die die Menschen für die Ordnung in der Welt angeben, in einer Analogie zur menschlichen Intelligenz. Wirklichkeitserkenntnis, Verstehen, Imagination und Leidenschaft stehen bei ihm in äußerst enger Beziehung zueinander. Vernunft ist kein absolutes Leitprinzip menschlicher Erkenntnis, sondern selbst Leidenschaften unterworfen, die die Basis für alles Handeln und Erkennen liefern. Dies sind wichtige Ansätze für das Denken, das sich im 19. und 20. Jahrhundert radikal fortsetzte und alle Metaphysik, aber auch die Entwicklung der Weltgeschichte als Produkt des menschlichen Geistes und menschlicher Natur betrachtete. Der Mensch selbst wird zur Quelle allen Rechts, aller Macht und Veränderungen. Wie H.s zu Lebzeiten erfolgreichstes Werk, die *History of England* (6 Bde., 1754–62; *Geschichte von England*, 1767–71), zeigen will, entwickelte sich England durch menschliches Vermögen vom Zustand der Barbarei zur Zivilisation. Alle menschliches Verhalten bestimmenden Werte sind keine absoluten Größen, sondern hängen vollständig von dem besonderen Zustand und der Lage ab, in der sich die Menschen befinden. Ihren Ursprung und ihre Existenz verdanken Werte allein dem Nutzen, der für das Gemeinwesen aus ihnen erwächst. H. will alle Wissens- und Handlungsbereiche des Menschen, wie Logik, Politik, Moral und Philosophie, auf diese soziale Grundlage und auf eine empirisch-wissenschaftliche Theorie der menschlichen Natur stellen. Wegen der zentralen Bedeutung, die die Gesellschaft, ihre Konstitution, Entwicklung und Funktionsfähigkeit, für ihn hat, steht H. im Kontext des 18. Jahrhunderts und der *polite society*, der aufgeklärten Mittelschicht. Menschliches Verhalten ist immer soziales und kulturgeprägtes Verhalten, und allein die Gesellschaft definiert, was als Realität anzuerkennen ist. Erfahrung als Grundlage allen Handelns basiert letztlich nicht auf Wissen über Realität, sondern auf sozial fundiertem Glauben. H. ist damit zugleich fundamental skeptisch und radikal konstruktiv: skeptisch, weil er weiß und zeigt, daß das Wissen nicht so solide und verläßlich ist, wie es die Cartesianer und andere Rationalisten reklamieren; konstruktiv, weil er versucht, eine neue Wissenschaft der menschlichen Natur, einschließlich Mo-

ral und Politik, zu formulieren, die auf einer vertretbaren, d. h. v. a. pragmatischen Grundlage basiert.

Werkausgabe: *The Philosophical Works of David Hume.* Hg. T. H. Green/T. H. Grose. 4 Bde. Aalen 1994 [1874–75].
Literatur: G. Streminger. *David Hume: Sein Leben und sein Werk.* Paderborn 1995 [1994]. – D. F. Norton, Hg. *The Cambridge Companion to Hume.* Cambridge 1993. – A. Flew. *Hume's Philosophy of Belief.* London 1961.

Klaus Peter Müller

Hutcheson, Francis

Geb. 8. 8. 1694 in Drumalig, Ulster;
gest. 1746 in Glasgow

Francis Hutcheson wuchs als Sohn eines schottischen presbyterianischen Geistlichen in Nordirland auf. Nach Besuch einer Dissenter-Akademie und dem Studium der Theologie in Glasgow lehnte er 1717 eine Pfarrstelle zugunsten des Angebots ab, eine neue Akademie in Dublin aufzubauen. Hier fand er Zugang zum Intellektuellenzirkel des führenden Whigs Lord Molesworth, der ihn fortan förderte. Nach ersten Veröffentlichungen – neben Beiträgen im *Dublin Weekly Journal*, die in Gegnerschaft zu Bernard de Mandevilles *The Fable of the Bees* die natürliche Tugendfähigkeit des Menschen und als Basis guter öffentlicher Ordnung das wohlgeordnete Leben ihrer Bürger behaupteten, v. a. *An Inquiry into the Original of our Ideas of Beauty and Virtue* (1725), eine subjektivistische Theorie des Schönen, die zum Ausgangspunkt moderner Ästhetik wurde – folgte er 1729 dem Ruf auf den Lehrstuhl für Moralphilosophie der Universität Glasgow. Didaktisch und rhetorisch äußerst begabt, konnte H. nicht nur viele Studenten für die Hochschule und damit für seine am Vorbild antiker Autoren der Stoa orientierte Philosophie gewinnen, sondern in wöchentlichen Theologieseminaren auch einem nicht akademischen Publikum seine im Gegensatz zu den *zealots* (religiösen Eiferern) vertretenen moderaten calvinistischen Ansichten, z. B. in Fragen der Prädestinationslehre, vermitteln. Wie andere Vertreter des *Scottish Enlightenment* für Universitätsreformen kämpfend, veröffentlichte er neben der Antrittsvorlesung *De naturali hominum Socialitate* (1730) und tagespolitischen Essays v. a. ausgearbeitete Vorlesungen, zumeist in Englisch, welches er als Unterrichtssprache einführte. In seinem po-stum publizierten Hauptwerk *A System of Moral Philosophy* (1755) entwickelt er in Anlehnung an Lockes Empirismus und Shaftesburys Moralphilo-sophie eine antirationalistische Ethik, der zufolge sich die Prinzipien des Handelns aus der Erfah-rung herleiten. Im Zentrum steht dabei der *moral sense*, die Fähigkeit, das moralisch Gute wahr-zunehmen. Dem Menschen, durch Selbstliebe (*self love*) einerseits und Wohlwollen (*benevolence*) an-dererseits zum Handeln motiviert, ermöglicht es der Moralsinn, die Konsequenzen seines Handelns moralisch zu differenzieren und so eine perma-nent tugendhafte Haltung zu erlangen. Mit der Bestimmung des höchsten moralisch Guten als »the greatest happiness for the greatest numbers« gilt H. als früher Utilitarist. Zunächst in Irland und Schottland (z. B. durch David Hume und den *common sense*-Philosophen Thomas Reid) rezi-piert, fand seine Philosophie bald auch in Deutschland (Lessing, Kant), den Niederlanden (Hemsterhuis) sowie Frankreich (Denis Diderots *Encyclopédie*-Artikel »Beau«) Anerkennung. H.s politisches Denken beeinflußte maßgeblich Pro-tagonisten der amerikanischen Unabhängigkeits-bewegung wie Thomas Jefferson und Benjamin Franklin sowie die zeitgenössische Sklavereide-batte. Mittels seines berühmten Schülers Adam Smith hatten seine Überlegungen zur Arbeitstei-lung nachhaltigen Einfluß auf die Entwicklung der Nationalökonomie. Obwohl neuere Untersuchun-gen die Sonderstellung von H.s Werk innerhalb der Schottischen Aufklärung zurecht zugunsten längst vergessener Autoren wie beispielsweise Ge-orge Turnbull etwas relativieren, läßt sich in Ab-wandlung Voltaires bestätigen: »[They] look[ed] to [Hutcheson] for all [their] ideas of civilisaton«!

Werkausgabe: *Collected Works.* Hg. B. Fabian. 7 Bde. Hildesheim 1971.
Literatur: A. Hook/R. B. Sher, Hgg. *The Glasgow Enlight-enment.* East Linton 1995. – W. Leidhold. *Ethik und Politik bei Francis Hutcheson.* Freiburg 1985.

Antje Andrassy

Huxley, Aldous [Leonard]

Geb. 26. 7. 1894 in Godalming, Surrey;
gest. 22. 11. 1963 in Los Angeles

So abwechslungsreich und vielschichtig wie sein Werk war auch Aldous Huxleys Leben. Er wurde in eine Familie hineingeboren, zu deren Ahnen wichtige Vertreter der intellektuellen Elite Englands zählten, wie sein Urgroßvater Thomas Arnold (1795–1842), sein Großvater Thomas Henry Huxley (1825–95) oder sein Großonkel Matthew Arnold (1822–88). H. wurde an der Pri-vatschule Eton (1908–11) und am Balliol College Oxford (Englische Literatur, Philosophie; 1913–16) angemessen ausgebildet. Schon früh mußte er Schicksalsschläge hinnehmen – den Tod seiner Mutter (1908), eine schwere Augenkrankheit (1911) und den Selbstmord seines Bruders Tre-venen (1889–1914). H.s Sehbehinderung erlaubte ihm keinen aktiven Kriegsdienst; während des Zi-vildienstes auf Gut Garsington lernte er 1916 in dem pazifistischen Kreis um Philipp und Lady Ottoline Morrell neben T. S. Eliot, D. H. Lawrence, Katherine Mansfield, Bertrand Russell und Virgi-nia Woolf auch Maria Nys kennen, die er 1919 heiratete, kurz nach der Übernahme einer Stelle als Buch- und Theaterkritiker der Zeitschrift *Athe-naeum*, die es ihm gestattete, die ungeliebte Tätig-keit als Lehrer aufzugeben. H. vertrat immer offe-ner pazifistische Positionen und erregte damit scharfe Kritik; dies gilt noch mehr für die Über-siedlung in die USA (1937). Sein steigendes Inter-esse an der Mystik führte H. zum Kauf einer Ranch am Rande der Mojave-Wüste (1941) – wo er sich dem Studium mystischer Schriften, aber auch der Landwirtschaft widmete – und zur Gründung des *Trabucco-College* (1942), eines spirituellen Zen-trums. Nur wenige Jahre später zog H. in die Berge der Sierra Madre (1947), um sich nach einer lan-gen Europareise 1950 in Los Angeles niederzu-lassen. 1953 scheiterte H.s Antrag auf amerikani-sche Staatsbürgerschaft; in diese Zeit fallen auch seine ersten Experimente mit Drogen zum Zwecke der Selbsttranszendenz. 1955 starb seine Frau Ma-ria, ein Verlust, der H. schwer traf. Nur ein Jahr später aber heiratete er deren Freundin, die 20 Jahre jüngere Laura Archera. 1959 wurde er Gast-professor an der University of California, Santa Barbara, und hielt Vorträge zur Psychoanalyse. 1960 erkrankte er an Zungenkrebs, erholte sich jedoch nach einer Radiumbehandlung zunächst und trat Reisen nach Europa und Indien an. Am Tag des Kennedy-Attentats starb er.

H. bediente sich vieler Genres. Zunächst trat er mit *The Burning Wheel* (1916) als Poet an die Öffentlichkeit. Er publizierte noch eine Reihe wei-terer Gedichte (z. B. *Selected Poems*, 1925; *Orion*, 1943), sein Ruhm gründet indes auf den Romanen. Die frühen, ironisch-satirischen Ideenromane *Crome Yellow* (1921; *Eine Gesellschaft auf dem Lande*, 1977), *Antic Hay* (1923; *Narrenreigen*, 1983) und *Those Barren Leaves* (1925; *Parallelen der Liebe*, 1929) sind von Thomas Love Peacock beeinflußt; arm an Handlung, legen sie das Schwergewicht auf die oftmals essayistischen Monologe der Figuren und weisen in ihrer teils antithetischen Konstellation auf H.s Spätwerk voraus. In dem multiperspektivisch erzählten Roman *Point Counter Point* (1928; *Kontrapunkt des Lebens*, 1930), einem seiner Hauptwerke, zeichnet H. ein satirisch überspitztes Bild der englischen Gesellschaft der 1920er Jahre. Die Figuren sind auch hier antagonistisch ausgerichtet; unfähig zu echter Kommunikation scheitern sie in ihrem Streben nach Harmonie. Auf die Blindheit und Unfreiheit seiner Zeit spielt *Eyeless in Gaza* (1936; *Geblendet in Gaza*, 1953) an. Menschliche Hybris kritisiert H. in *After Many a Summer* (1939; *Nach vielen Sommern*, 1948): Der Earl of Gonister hat sein extrem langes Leben mit der Degeneration zum Affen bezahlt. Mystik, gepaart mit Gesellschaftskritik, steht beim stark vom tibetanischen *Totenbuch* geprägten *Time Must Have a Stop* (1944; *Zeit mu enden*, 1950) im Vordergrund. Den Verwicklungen einer Dreiecksbeziehung widmet sich H. retrospektiv im Kurzroman *The Genius and the Goddess* (1955; *Das Genie und die Göttin*, 1956). – Eine zentrale Stellung im – uvre nehmen utopische Entwürfe ein. Sein Meisterwerk *Brave New World* (1932; *Schöne neue Welt*, 1953) griff H. noch zweimal auf: Im Vorwort der Neuauflage (1946) bedauerte er, die Gefahren der Kernspaltung nicht berücksichtigt zu haben, blieb aber bei seiner Schwerpunktsetzung – ebenso wie in seiner Essaysammlung *Brave New World Revisited* (1958; *Dreiig Jahre danach oder Wiedersehen mit der wackeren neuen Welt*, 1960). 1948 erschien H.s düstere Antiutopie *Ape and Essence* (1948; *Affe und Wesen*, 1951), die in Form eines Drehbuchs einen nachatomaren Teufelsstaat auf dem Gebiet Kaliforniens und dessen barbarische Sitten, vor allem die bestialischen Sexualbräuche, beschreibt. H. bedient sich hier – wie in *After Many a Summer* – des Bildes vom Affen zur Veranschaulichung der menschlichen Degeneration. 1962 veröffentlichte er seinen letzten Roman *Island* (1962; *Eiland*, 1973), in dem er die paradiesische Insel Pala beschreibt, deren Bevölkerung wegen ihrer buddhistischen Tradition und der Moksha-Droge lange von den Problemen westlicher Zivilisation ver

schont blieb, die wegen der riesigen Ölvorkommen letztlich aber doch von den Nachbarstaaten erobert wird. – Daneben interessierte sich H. auch für historische Themen. In *Grey Eminence: A Study in Religion and Politics* (1941; *Die Graue Eminenz: Eine Studie über Religion und Politik*, 1948) zeichnet er den Lebensweg des Père Joseph (1577–1638), des wichtigsten Beraters Richelieus, nach; *The Devils of Loudun* (1952; *Die Teufel von Loudun*, 1955) schildert die fürchterlichen Ereignisse bei Teufelsaustreibungen im Frankreich des 17. Jahrhunderts. – H. verfaßte auch viele Short Stories (z. B. *The Gioconda Smile: A Story*, 1938) und einige Drehbücher (z. B. *Madame Curie*, 1938; *Pride and Prejudice*, 1940; *Jane Eyre*, 1944).

Zeitlebens wandte sich H. in zahlreichen Essays einem breiten Themenspektrum zu. Seine pazifistischen Überzeugungen stellte er in *Ends and Means* (1937; *Ziele und Wege*, 1949) dar; das Plädoyer für Gewaltlosigkeit und die These, der Zweck rechtfertige nicht die Mittel, waren angesichts der dramatischen Ereignisse in Europa sehr provokativ. *The Perennial Philosophy* (1945) faßte H.s Studien zu Religionen zusammen. In *Science, Liberty and Peace* (1946; *Wissenschaft, Freiheit und Frieden*, 1947) warnte er die Wissenschaft vor einer neuerlichen Vereinnahmung durch die Politik. Seine Erfahrungen mit Drogen verarbeitete H. in den Essaysammlungen *The Doors of Perception* (1954; *Die Pforten der Wahrnehmung*, 1954) und *Heaven and Hell* (1956; *Himmel und Hölle*, 1957), die nicht ohne Kritik blieben. Zuletzt betonte er in *Literature and Science* (1963; *Literatur und Wissenschaft*, 1964) nochmals die ihm sehr wichtige Interdependenz von Geistes- und Naturwissenschaften.

Werkausgabe: *The Collected Works*. 26 Bde. London 1969–75.
Literatur: Jerome Meckier, Hg. *Critical Essays on Aldous Huxley*. New York 1996. – Bernfried Nugel, Hg. *Now More Than Ever: Proceedings of the Aldous Huxley Centenary Symposium, Münster 1994*. Frankfurt a.M. 1995.
                                                    Christoph M. Peters

Ihimaera, Witi

Geb. 7. 2. 1944 in Gisborne, Neuseeland

Die moderne englischsprachige Literatur der Māori verdankt ihre Durchsetzung und ihren Bekanntheitsgrad ganz wesentlich Witi Ihimaeras in den frühen 1970er Jahren einsetzendem Wirken als Autor und Herausgeber. Neben persönlichen Schreibmotiven und dem Beginn der Māori-Renaissance dürften seine Diplomatentätigkeit in Australien und den USA wie seine Lehrtätigkeit an der Universität Auckland Beweggründe gewesen sein, Māoriliteratur und -kultur in Englisch und Māori zu fördern. Erheblichen Anteil hieran haben seine Kurzgeschichten und Romane, ein Theaterstück und ein Opernlibretto, die Mitherausgeberschaft von *Into the World of Light* (1982) und die von ihm edierte fünfbändige Textsammlung *Te Ao Mārama* (1992–96) sowie zahlreiche Essays und Sachtexte zur Māorikultur. – Mehrere Phasen der literarischen Entwicklung lassen sich in I.s fiktionaler Gestaltung der Māori-Lebenswelt feststellen, die zugleich Abschnitte in der Biographie des Autors markieren. Thematik und Erzählton der frühen Kurzgeschichten und Romane sind einer ländlichen Vision zuzuordnen, die im nostalgischen Rückblick das Leben einer kulturell intakten, wiewohl politisch und wirtschaftlich unterdrückten Minderheit Neuseelands im Hinterland der größeren Städte schildert. Hierzu rechnen etwa *Pounamu, Pounamu* (1972) und *Tangi* (1973), der erste Erzählband bzw. Roman eines Māoriautors überhaupt. Mit der zunehmenden Politisierung und Urbanisierung seines Volkes wandte er sich in den späten 1970er Jahren der realistischen Schilderung des städtischen Alltagslebens in *The New Net Goes Fishing* (1977) zu, einem Erzählband, dem ein längerer Abschnitt des Schweigens – und wie *The Matriarch* (1986) enthüllt – des historischen Recherchierens folgte. Nun sollte sich wie in dieser umfassenden Studie der Māorigeschichte und -kultur der Ostküste des Landes I.s Interesse in fast allen weiteren Romanen dem Mahana-Klan zuwenden, deren herausragende Mitglieder z.B. in *Bulibasha, King of the Gypsies* (1995), *The Dreamswimmer* (1997) und *The Uncle's Story* (2000) im Mittelpunkt des Geschehens stehen. Lassen sich hier biographische Bezüge zum Autor herstellen, so versucht I. in seinem ersten Theaterstück, *Woman Far Walking* (2000), die Geschichte der Māori seit dem Vertrag von Waitangi (1840) als teils parabelhaftes, teils psychologisches Zweipersonenstück auf die Bühne zu bringen. Eine letzte und für I. ganz entscheidende Phase seines Lebens findet ihren Widerhall in *Nights in the Garden of Spain* (1995), der Geschichte eines sich seiner Homosexualität bewußt werdenden und öffentlich hierzu bekennenden Ehemanns und Vaters. Der enge Bezug dieses hervorragend und z.T. bewegend erzählten Romans zur Person des Autors ist ebenso unübersehbar wie gewollt. Er hat einen maßgeblichen Beitrag zur Homosexuellen-Literatur und -Kultur der Māori wie der Pākeha geleistet und die gesellschaftspolitische Diskussion um die Stellung dieses *new tribe*, des neuen Stammes der *gays* und *lesbians*, in der keineswegs an Stämmen armen Gesellschaft des Landes gefördert.

Literatur: U. Ojinmah. *Witi Ihimaera: A Changing Vision.* Dunedin (Neuseeland) 1993. – M. Williams. »Witi Ihimaera and the Politics of Epic.« *Leaving the Highway.* Auckland 1990, 110–138.

Dieter Riemenschneider

Inchbald, Elizabeth

Geb. 15. 10. 1753 bei Bury St Edmunds, Suffolk; gest. 1. 8. 1821 in London

Elizabeth Inchbald wuchs zusammen mit acht Geschwistern in einer katholischen Familie auf einem Bauernhof in Suffolk auf und erwarb sich in ihrer Jugend ihr Wissen auf autodidaktischem Wege. Ihre Begeisterung für das Theater veranlaßte sie, mit 18 Jahren allein nach London zu ziehen, wo sie wenig später den erheblich älteren Schauspieler Joseph Inchbald ehelichte und sich damit auch Schutz vor den Nachstellungen anderer Männer sicherte. Gleichzeitig begann ihre Karriere als Schauspielerin, Dramatikerin, Romanschriftstellerin und schließlich Literaturkritikerin. Zu ihren frühen Freunden in London gehörten die bekannte Schauspielerin Sarah Siddons und ihr im gleichen Metier tätiger Bruder John Philip Kemble, in den sie sich verliebte, auf dessen Heiratsantrag sie aber vergeblich wartete. Bis zum plötzlichen Tod ihres Mannes im Jahre 1779 zog sie mit Schauspielertruppen durch die Lande, widmete sich dann aber zunehmend dem Schreiben. Im Laufe der Jahre entstanden eine Reihe von Farcen wie etwa *Appearance Is Against Them* (1785) oder *A Mogul Tale* (1788), verschiedene gelungene Komödien wie *I'll Tell You What* (1786), *Such Things Are* (1788) und *Everyone Has His Fault* (1793), zwei wenig beachtete Tragödien und zahlreiche Adaptionen französischer und deutscher Dramen, darunter auch August von Kotzebues *Das Kind der Liebe* (1798), das als *Lovers' Vows* (1798) in Jane Austens *Mansfield Park* (1814) später eine wichtige Rolle spielen sollte.

I. ist heute v. a. aufgrund ihres bereits 1777

begonnenen und zehn Jahre später stark umgestalteten Romans *A Simple Story* (1791; *Eine einfache Geschichte*, 1792) bekannt, ein Werk, das eine Variation der traditionellen Geschichte um ein junges Mädchen und dessen als Mentor fungierenden Liebhaber liefert, mit seinem 16 Jahre umfassenden Zeitsprung in der Mitte des Textes aber auch an Shakespeares *The Winter's Tale* erinnert. Der erste Teil trägt autobiographische Züge, während der zweite die Verbindung von Erziehung und moralischem Verhalten betont. I.s Schriftstellerkolleginnen Anna Laetitia Barbauld und Maria Edgeworth bewunderten an diesem Werk besonders die Dialogführung und die Fähigkeit, Szenen zu entwickeln, während die Freunde Thomas Holcroft und William Godwin sie in der Themengestaltung zu beeinflussen suchten. Die Ideen dieser radikal denkenden Romantiker kommen v.a. im zweiten Roman, *Nature and Art* (1796), zum Vorschein, in dem am Beispiel zweier gegensätzlicher Männer und unter dem Eindruck von Rousseaus *Confessions* und Godwins *Social Justice* die Bedeutung und Auswirkung von Erziehung erläutert wird. – Mit ihren Beiträgen zu den Zeitschriften *The Artist* und *The Edinburgh Review* sowie in ihren Vorworten zur 25 Bände umfassenden Reihe *The British Theatre* (1806–09) trat I. zudem als englische Dramenkritikerin hervor. Trotz der Heiratsanträge von Holcroft und Godwin im Jahre 1793 zog sie es vor, allein zu bleiben. In ihrer zweiten Lebenshälfte wurde sie immer mehr zur gläubigen Katholikin und verbrannte auf Anraten ihres Beichtvaters noch vor ihrem Tod ihre Memoiren.

Werkausgabe: *The Plays*. Hg. P.R. Backscheider. New York/London 1980.
Literatur: R. Manvell. *Elizabeth Inchbald: England's Principal Woman Dramatist and Independent Woman of Letters in 18th Century London*. New York/London 1987. – G. Kelly. *The English Jacobin Novel 1780–1805*. Oxford 1976. 64–83. – W. McKee. *Elizabeth Inchbald, Novelist*. Washington 1935.

Brigitte Glaser

Ireland, David

Geb. 24. 8. 1927 in Lakemba, New South Wales, Australien

Der australische Autor David Ireland ist, darin seinem erzählerischen Werk nicht unähnlich, eine rätselhafte, unnahbare Figur. Bevor seine schriftstellerische Karriere Ende der 1960er Jahre begann, arbeitete er, nach einer dürftigen Schulausbildung, in einer Vielzahl untergeordneter Jobs, im Büro, auf dem Golfplatz und, für längere Zeit, in diversen Funktionen für eine Shell-Raffinerie in der Nähe von Sydney, wo er Erfahrungen sammelte, die er für den Roman *The Unknown Industrial Prisoner* (1971) nutzte. I. ist der kontroverseste Autor des fünften Kontinents. Er hat bislang zehn Romane und das Theaterstück *Image in the Clay* (1964), das er 1974 in den Roman *Burn* verwandelte, veröffentlicht. Als engagierter, dezidiert politischer Erzähler setzt er sich in allen Texten äußerst kritisch mit der australischen Gesellschaft auseinander, ohne freilich die Sympathie für Australien und den Nationalstolz zu verschweigen. Die Konturen seiner durchweg enigmatischen Prosa, die mit diversen Erzähl- und Stilformen experimentiert, sind kaum präzise zu fixieren. Als ein Schlüssel mag der Kommentar dienen, den der Protagonist von *Bloodfather* (1987), David Blood, nach der Lektüre von Sternes *Tristram Shandy* formuliert: »This book was a form, a narrative of a part of a life, in which everything was broken up, partial, fractional, and life isn't smooth, round, flat, straight.« In seinem ersten Roman, *The Chantic Bird* (1968), attackiert ein namenloser adoleszenter Anarchist die Gesellschaft, die er in seiner Verzweiflung für sein brutales Verhalten verantwortlich macht. Lediglich die Zuneigung zu den Geschwistern verleiht diesem sinisteren Werk einen Hoffnungsschimmer. In *The Unknown Industrial Prisoner* weitet sich der Blick zur kritischen Bestandsaufnahme eines kollektiven Lebens, das, fremdbestimmt, die Ausbeutung der Gesellschaft durch ein gnadenlos kapitalistisches System zeigt. Die Rückbezüge auf die Zeit Australiens als Sträflingskolonie etablieren eine bedrückende Analogie. Das ambitionierte *coming of age*, das der australischen Kultur den Stempel aufdrückt, wird als Wunschtraum entlarvt. *The Flesheaters* (1972) fiktionalisiert, wenngleich in seinem Konzept weniger konsistent, die gleiche Problematik. Im Zentrum von I.s bestem Roman, *A Woman of the Future* (1979), steht mit Alethea Hunt eine 18jährige Figur, für deren kreative Intelligenz und visionäre Phantasie in der Gegenwart Australiens kein Platz ist. – Der Wandel von der schonungslosen Attacke zur versöhnlichen Geste, der in I.s Werk zu beobachten ist, kündigt sich in *City of Women* (1981) zaghaft an und setzt sich in *Archimedes and* the Seagle (1984) und in *Bloodfather*, dem Künstlerroman, der als australisches *rewriting* von James Joyces *A Portrait of the Artist as a Young Man* (1916) zu verstehen ist, fort. I.s bislang letzer Roman, *The Chosen* (1997), ist eine Bestandsaufnahme des *Australian man*. Zu Hoffnungsträgern einer prinzipiell gefährdeten Gesellschaft avancieren die Marginalisierten: Halbwahnsinnige, Psychopathen und Künstlerfiguren wie Cornelia Dogwood. Sie ändern indes wenig an I.s fiktionalisierter Welt, die bestimmt wird von der Dehumanisierung durch den Kapitalismus. Daß I.s Personal in einer solchen Welt fragmentiert bleiben muß, liegt auf der Hand.

Literatur: K. Gelder. *Atomic Fiction: The Novels of David Ireland*. St. Lucia, Qsld. 1993. – H. Daniel. *Double Agent: David Ireland and His Work*. Ringwood, Vic. 1982.

Thomas Michael Stein

Isherwood, Christopher [William Bradshaw]

Geb. 26. 8. 1904 in High Lane, Cheshire; gest. 4. 1. 1986 in Santa Monica, Kalifornien

Als Sohn einer alteingesessenen Gutsbesitzerfamilie schloß Christopher Isherwood während seiner Schulzeit Freundschaft mit W. H. Auden und Edward Upward. Mit Auden und Stephen Spender bildete er jene progressive, linksorientierte Schriftstellergruppe, die unter dem Namen *Auden Group* die englische Literatur der 1930er Jahre maßgeblich bestimmte. I.s frühe Prosa zeigt ihn als leidenschaftlichen Kritiker der gesellschaftlichen Verhältnisse (*All the Conspirators*, 1928). Die betonte Zeitzeugenschaft in I.s Werk wird in seinem zweiten technisch anspruchsvollen Experimentalroman, *The Memorial* (1932), explizit. Zur Zeit dieser Veröffentlichung lebt I. bereits in Berlin, wo er 1929 angekommen war, um den überkommen Konventionen seiner sozialen Schicht zu entgehen und wo er bis 1933 blieb. Zeitzeugenschaft wird auch hier sein Hauptanliegen als er die hitzig-morbide Atmosphäre der ausgehenden Weimarer Republik in seinen in den folgenden Jahren erscheinenden *Berlin Stories* (1945) schildert. Was als großer Roman geplant war (»The Lost«) und nicht vollendet wurde, wird bis 1939 in Einzelwerken veröffentlicht: *Mr Norris Changes Trains* (1935; *Mr Norris steigt um*, 1983), *Sally Bowles* (1937) und *Good-bye to Berlin* (1939; *Leb' wohl, Berlin*, 1949). Grenzüberschreitungen prägen das Werk in thematischer Hinsicht. Da ist zum einen die faktologische als Teil einer spirituellen Reise über Ländergrenzen hinweg, zum anderen der Wechsel in einen anderen Kultur- und Sprachraum sowie die neue soziale Erfahrung im Umgang mit proletarischen homosexuellen Partnern: »Berlin meant boys.« Grenzerfahrungen auch in technischer Hinsicht: *Mr Norris Changes Trains* und *Good-bye to Berlin* zeichnen sich durch einen semi-autobiographischen distanzierten Ich-Erzählstil aus (»I am a camera«), mittels dessen sich der Autor in die fiktiven Erzähler William Bradshaw und ›Christopher Isherwood‹ verwandelt. *Good-bye to Berlin* ist I.s bekanntestes Werk und gilt wegen seiner gelungenen Verquickung von (semi-)fiktionalen Figuren und dem Porträt einer sich dem spirituellen Siechtum ergebenen Stadt als einer der eindrucksvollsten politischen Romane des 20. Jahrhunderts. Die aus dem Gesamttext ausgekoppelte und separat veröffentlichte Erzählung *Sally Bowles* erlangte durch die Musicalbearbeitung *Cabaret* (1966) und die Verfilmung mit Liza Minelli (1972) Weltruhm. – Das Heldische und das Reisen als Chiffren der Zeit faszinierten I. aus der Perspektive des neurotischen Helden (»Truly Weak Man«). Heldentum wandelt sich bei I. in eine verdeckte Schwäche, folglich zeichnet er den Mann der Tat – und gemeint ist hier T. E. Lawrence, der Inbegriff des zeitgenössischen Helden – in dem mit Auden zusammen verfassten Theaterstück *The Ascent of F6* (1937) als Helden wider Willen. Thematisch hat I. nach seiner Emigration in die USA 1939 die Sinnsuche über kulturell definierte Grenzen hinweg fortgeführt: seine Homosexualität und die indische Philosophie rücken verstärkt in den Vordergrund der stofflichen Auswahl für seine Bücher.

Literatur: J. J. Berg/Ch. Freeman, Hgg. *The Isherwood Century: Essays on the Life and Work of Christopher Isherwood*. Madison 2000.

Uwe Zagratzki

Ishiguro, Kazuo

Geb. 8. 11. 1954 in Nagasaki, Japan

Kazuo Ishiguro, der im Alter von fünf Jahren mit seinen Eltern und einer Schwester nach England kam, gehört ohne Zweifel zu den bedeutendsten Gegenwartsautoren Großbritanniens. Dies ist besonders erstaunlich, da sich I.s – uvre bislang auf fünf Romane, einige wenige Kurzgeschichten und zwei Vorlagen für Fernsehspiele beschränkt. Die Auszeichnung mit dem *Booker Prize* für *The Remains of the Day* (1989; *Was vom Tage übrig blieb*, 1990) sowie James Ivorys Verfilmung des Romans im Jahre 1993 (mit Sir Anthony Hopkins und Emma Thompson in den tragenden Rollen) halfen I., zu weltweitem Ruhm zu gelangen und sich neben Autoren wie Martin Amis, Graham Swift und Ian McEwan als wichtige literarische Stimme Englands zu etablieren.

Wie McEwan ist auch I. ein Schüler Malcolm Bradburys und Angus Wilsons, deren berühmten Kurs für kreatives Schreiben an der Universität von East Anglia er besuchte, nachdem er zuvor das Studium der Philosophie und Englischen Literatur in Canterbury abgeschlossen hatte. Bereits zu Studienzeiten entstanden einige Kurzgeschichten, die in Stimmung und Inhalt auf den ersten Roman *A Pale View of Hills* (1982; *Damals in Nagasaki*, 1984) verweisen. Der Roman, sein Nachfolger *An Artist of the Floating World* (1986; *Der Maler der flie enden Welt*, 1988) und auch *The Remains of the Day* behandeln eine identische Thematik, nämlich die Schwierigkeit persönlicher Identitätskonstruktion und die Funktion der Erinnerung im Prozeß der Selbstfindung. Große historische Ereignisse wie der Zweite Weltkrieg, Großbritanniens politische Position in der Zeit zwischen den Kriegen sowie die koloniale Vergangenheit Englands bilden eine Art zeitliche Kulisse, vor der die privaten Dramen der Protagonisten erzählt werden. Die persönliche Rückschau der Erzähler ist das zentrale Thema in I.s Werken; die ›Große Geschichte‹ wird zumindest implizit (im Sinne einer postmodern-revisionistischen Auffassung von Historiographie) als nichts anderes als die Summe einer Vielzahl von subjektiven Wahrheiten entlarvt. – I. bedient sich in seinen Romanen des monoperspektivischen Erzählens in der ersten Person. Hierbei versteht er es gekonnt, durch (mal eindeutige, mal weniger eindeutige) Unglaubwürdigkeitsmarkierungen in der Narration seiner Erzähler, sozusagen ›hinter dem Rücken des Erzählers‹, in eine Konversation mit dem Leser zu treten. Durch die unglaubwürdigen Ich-Erzähler entstehen Uneindeutigkeiten und Leerstellen in den Erzählungen, die (im Zusammenspiel mit einer ansonsten einfach gehaltenen, manchmal sogar naiv klingenden Sprache) das

Faszinierende an I.s Büchern ausmachen. – Nachdem sich I. mit *The Unconsoled* (1995; *Die Ungetrösteten*, 1996) an einer in vieler Hinsicht kafkaesk anmutenden Geschichte um einen in Zentraleuropa sich verirrenden Pianisten versucht hatte, ist er mit *When We Were Orphans* (2000; *Als wir Waisen waren*, 2000) zu seinem Lieblingsthema zurückgekehrt. Das Waisenkind Christopher Banks, ein mustergültiger englischer Meisterdetektiv, der in seiner klischeehaften Zeichnung dem Butler Stevens aus *The Remains of the Day* in nichts nachsteht, hat den größten Fall seines Lebens noch aufzuklären. Es ist das rätselhafte Verschwinden seiner Eltern in Shanghai zu Anfang des vergangenen Jahrhunderts. In einem kunstvollen Spiel mit narrativer Unglaubwürdigkeit und den Konventionen des Detektivromans gelingt es I. erneut, das persönliche Drama einer traumatischen Vergangenheit mit großer psychologischer Tiefe auszuleuchten.

Literatur: M. Petry. *Narratives of Memory and Identity: The Novels of Kazuo Ishiguro*. Frankfurt a. M./New York 1999. – K. Wall. »*The Remains of the Day* and Its Challenges to Theories of Unreliable Narration.« *Journal of Narrative Technique* 24.1 (1994), 18–42.

Mike Petry

James I [King of Scotland]

Geb. 1394 in Dunfermline, Schottland;
gest. 20?.2.1437 in Perth, Schottland

Nur ein Werk ist erhalten, das mit einiger Wahrscheinlichkeit dem schottischen König James I zugeschrieben wird, ein Gedicht von 1379 Zeilen, das in einer um 1490 entstandenen Handschrift überliefert ist: *The Kingis Quair* (»Das Buch des Königs«). Bei dem Verfasser des Gedichts handelt es sich um keinen gewöhnlichen Autor, sondern um eine Persönlichkeit von politischem Gewicht. James war um 1406 während einer Seereise nach Frankreich von einem englischen Schiff abgefangen und dem englischen König Henry IV ausgeliefert worden. Bis 1423 wurde er in England festgehalten, offensichtlich als diplomatisches Faustpfand in den Auseinandersetzungen mit Frankreich, dem Bundesgenossen Schottlands, bis er 1423 freikam und kurz darauf Joan of Beaufort, die Schwester des Earl of Somerset heiratete. – Nimmt man die astrologische Datierung im Text ernst, so entstand das Gedicht kurz nach seiner Freilassung und Hochzeit. Seine unkonventionelle Wirkung verdankt es der originellen Verbindung von traditioneller Formensprache und autobiographischer Intimität. Handlungsgerüst, Personal und Versmaß (die 17zeilige *rhyme-royal*-Strophe) weisen den Dichter als aufmerksamen Leser Chaucers und Lydgates aus, der das Vokabular der Traumvision und der Liebesallegorie beherrscht und mit Boethius' *De Consolatione Philosophiae* vertraut ist. Wie Boethius, dessen Schrift ihm die Schlaflosigkeit vertreiben soll, muß der Sprecher sich mit einem blinden Schicksal, der Gefangenschaft, auseinandersetzen; dazu kommt das Leiden des Liebenden, als er, ähnlich wie die beiden Gefangenen in Chaucers »Knight's Tale«, durch das Fenster seines Gefängnisses die Frau erblickt, die ihn von da an nicht mehr zur Ruhe kommen läßt. In einer recht anschaulich beschriebenen, wenn auch inhaltlich konventionellen Vision wird er von Minerva und Fortuna über die Unzuverlässigkeit der Schicksalsgöttin belehrt, deren Rad ihn jedoch zuletzt nach oben trägt, was die Vereinigung mit der geliebten Frau verheißt. Das Gedicht bringt eine Unmittelbarkeit des persönlichen Gefühls zum Ausdruck, wie es innerhalb der Konvention der Liebesallegorie selten ist, und enthält zugleich ein Bekenntnis zur ehelichen Liebe, das ebenfalls im Rahmen der Gattung eine neue Richtung ankündigt. Man kann es mit Recht an den Anfang der mittelschottischen Literatur und ihrer kreativen Rezeption der Dichtung Chaucers stellen.

Werkausgabe: *The Kingis Quair*. Hg. J. Norton – Smith. Oxford 1971.

Dieter Mehl

James, C[yril] L[ionel] R[obert]

Geb. 4. 1. 1901 in Tunapuna, Trinidad; gest. 31. 5. 1989 in London

C.L.R. James gilt nicht nur als der »Vater der modernen karibischen Literatur« (Edward Said), sondern mehr noch als der führende schwarze Intellektuelle seiner Zeit. Als Sportreporter schafft es der Lehrersohn 1932 von Trinidad nach England, wo er sich der panafrikanischen Bewegung anschließt. Aus einer Vortragsreise in die USA 1938 wird ein langjähriger Aufenthalt, der bis zu

seiner Deportation 1953 dauert. Auch seine politische Arbeit auf Trinidad (1958–62) endet durch Ausweisung. Die folgenden Jahrzehnte verbringt J. als politisch engagierter Intellektueller zwischen England, der Karibik, Afrika und den USA.

Mit seinen Ende der 1920er Jahre veröffentlichten Kurzgeschichten »Triumph« und »La Divina Pastora« sowie dem Roman *Minty Alley* (1936) zählt J. zu den zentralen Figuren des *Trinidad Awakening*, einer politisch-literarischen Gruppe, welche die Abkehr von den Maßstäben der Metropole zugunsten der realistischen Darstellung des einfachen Mannes forderte. Das Leben der aus der Unterschicht stammenden Bewohner des Anwesens Minty Alley 2 ist daher auch Thema des gleichnamigen, das Genre des *yard novel* (Hinterhofroman) begründenden Werks. Während die dominante Mrs. Rouse durch Untermieter ihr karges Einkommen aufbessert, um ihren Lebenspartner aushalten zu können, betrügt dieser sie mit einer ihrer Untermieterinnen; und obwohl sie ihn in einer von Theatralik und Pathos geprägten Szene verjagt, bleibt sie – auch nach seiner für sie demütigenden Heirat mit der Rivalin – bis zu seinem Tod auf ihn fixiert. Der Roman ist jedoch mehr als eine mit dem Idiom der Straße angereicherte Milieustudie: In den Auseinandersetzungen mit ihrer Nichte Maisie artikuliert sich auch eine Kritik an der von London gelenkten kolonialen Gesellschaft. Während Mr. Rouse die Fremdbestimmung als gegeben hinnimmt, begehrt Maisie gegen die Aussichtslosigkeit ihrer Existenz auf und wandert schließlich in die USA aus, um der Enge der Insel zu entkommen. Damit endet auch ihre Beziehung zu Mr. Hayes, dem naiven Erzähler. Obwohl die Bewohner im Laufe des Romans zusehends seinen Rat suchen und er die Geschehnisse im Hinterhof mit voyeuristischem Interesse verfolgt, versteht er sich als Angehöriger einer Mittelklasse, die sich an der Metropole orientiert und der eigenen Gesellschaft entfremdet ist, die Mentalität des einfachen Volkes nicht. Mit seiner Vitalität, Emotionalität und der Erduldung alltäglicher Tragödien verkörpert das Volk für J. jedoch das eigentliche Leben. – Die Beschäftigung mit dem Mann auf der Straße bleibt auch nach dem Ende der literarischen Tätigkeit ein zentrales Thema für J. *The Black Jacobins: Toussaint L'Ouverture and the San Domingo Revolution* (1938; *Schwarze Jakobiner*, 1984), ein Klassiker der panafrikanischen Bewegung, schreibt Geschichte aus der Perspektive des Kolonialisierten und markiert den Anfang seiner produktiven Tätigkeit als marxistischer Historiker, politischer Theoretiker und Revolutionär. Von den übrigen Schriften seines umfangreichen Gesamtwerks ist besonders *Beyond a Boundary* (1963) zu erwähnen, ein Buch, das persönliche Erinnerungen mit einer Studie über Cricket verbindet.

Literatur: F. Dhondy. *C.L.R. James: Cricket, the Caribbean and the World Revolution.* London 2001. – S. R. Cudjoe/W. E. Cain, Hgg. *C.L.R. James: His Intellectual Legacies.* Amherst, MA 1995. – H. Paget/ P. Buhle, Hgg. *C.L.R. James' Caribbean.* Durham, NC 1992.

Stefan Potzner

James, P[hyllis] D[orothy] [Baroness James of Holland Park]

Geb. 3. 8. 1920 in Oxford

Die von Kritikern gerne mit dem Ehrentitel »the Queen of Crime« versehene Autorin von Kriminalromanen zählt zu Recht mit Ruth Rendell zu den führenden zeitgenössischen Vertreterinnen dieser Gattung in England. Unter dem bewußt geschlechtsneutral gewählten Namen P. D. James verfaßte sie zuerst mit *Cover Her Face* (1962; *Ein Spiel zuviel*, 1980) einen Roman, der ganz in der Tradition des sogenannten Goldenen Zeitalters des Detektivromans steht und noch eine starke Verbundenheit mit dem – uvre ihrer Vorgängerinnen, namentlich Dorothy L. Sayers und Margery Allingham, aufweist. Die von komplexen Handlungsverläufen geprägten Romane zeichnen sich durch fein getüftelte Rätsel sowie eine Reihe intertextueller Verweise aus, die den Rezipienten zu einem intellektuellen *jeu d'esprit* einladen, an dessen Ende aus einer limitierten Anzahl von gleichermaßen möglichen Verdächtigen der Schuldige ermittelt werden soll. Der Darstellung physischer Gewalt wird in diesen atmosphärisch dichten und sprachlich eleganten Krimis wenig Raum gewährt, wobei sich die formalen Gattungselemente einer detaillierten Darstellung der Charakterdisposition der einzelnen Figuren unterordnen.

Das bislang auf mehr als ein Dutzend Romane angewachsene Krimischaffen von J. gliedert sich in zwei miteinander verwobene Reihen: Im Mittelpunkt der ersten Serie steht der Polizist und Hobbypoet Adam Dalgliesh, der in *Cover Her Face* sein Debüt feiert. In *An Unsuitable Job for a Woman* (1972; *Kein Job für eine Dame*, 1973) nimmt dann die Privatdetektivin Cordelia Gray ihre spannende Ermittlungsarbeit auf, die Einsicht in feministisch relevante Problemstellungen gewährt. So grundlegend verschieden die beiden Detektive in ihrer Charakteranlage auch sind, präsentieren sich doch beide als Werkzeuge der Gerechtigkeit, deren Handeln von strengen moralischen Wertvorstellungen geprägt ist. – In ihrem jüngsten Roman, *Death in Holy Orders* (2001; *Tod an heiliger Stätte*, 2002), greift J. aus ihren früheren Romanen vertraute Elemente wieder auf: Als Schauplatz der Handlung dient in Form eines theologischen Colleges an der Küste East Anglias ein abgeschiedener Ort, an dem sich eine geschlossene Gesellschaft befindet, deren Mitglieder alle über ein mögliches Tatmotiv verfügen. Der zunächst zur Klärung eines mysteriösen Todesfalls gerufene Dalgliesh muß miterleben, wie sich das nicht eben von christlicher Nächstenliebe geleitete Figureninventar schnell dezimiert. Die detaillierten Naturbeschreibungen der schroffen, sturmumtosten Küste East Anglias korrespondieren mit den innerweltlichen Vorgängen der dargestellten Figuren. Neben der Klärung der poetologischen Frage *whodunit?* nimmt hier die Erforschung der psychologischen und soziologischen Motivationen aller Beteiligten breiten Raum ein. – J., die schon in *Innocent Blood* (1980; *Ihres Vaters Haus*, 1982) die Struktur des Kriminalromans völlig aufgegeben hatte, wandte sich mit dem dystopischen Roman *The Children of Man* (1992; *Im Land der leeren Häuser*, 1993) erfolgreich einer neuen Gattung zu. Die im Jahre 1991 ob ihrer bemerkenswerten Tätigkeit im Staatsdienst in den Adelsstand erhobene Autorin erhielt für ihr literarisches Schaffen zahlreiche Preise, darunter den renommierten *Diamond Dagger*.

Literatur: D. Porter. »P.D. James.« *Mystery and Suspense Writers: The Literature of Crime, Detection, and Espionage.* Hg. R. W. Winks/M. Corrigan. New York 1998, 541–557. – R. B. Gidez. *P. D. James.* Boston 1986. – N. Siebenheller. *P. D. James.* New York 1981.

Peter Nover

Jellicoe, Ann

Geb. 15. 7. 1927 in Middlesborough, Yorkshire

Bei der Selbsterneuerung des britischen Theaters und Dramas, die in den 1950er Jahren begann, hat Ann Jellicoe in allen nur denkbaren Rollen mitgewirkt. Sie war Schauspielerin, Regisseurin am Royal Court Theatre und Theaterdirektorin. Sie verfaßte Dramenübersetzungen (Henrik Ibsen, Anton Tschechow) und Spielvorlagen für Kindertheater (*Three Jelliplays*, 1975). In den letzten Jahrzehnten ist sie – wie David Edgar und zuvor schon John Arden – v. a. als Verfechterin des *community theatre* hervorgetreten, mit einer Anleitung (*Community Plays: How to Put Them On*, 1987), aber auch mit eigenen Stücken wie *The Reckoning* (1978, unveröffentlicht), einem Massenspektakel, bei dessen Aufführung mehr als 200 Beteiligte, meist Bürger von Lyme Regis in Devon, ein Kapitel ihrer Lokalgeschichte nachspielten. – Zur radikalen Wegbereiterin des ›Neuen Dramas‹ aber wurde J. durch ihre frühen Stücke. In *The Sport of My Mad Mother* (1958; *Meine Mutter macht Mist mit mir*, 1970) übersetzte sie die explosive Gefühlslage einer neuen Generation in die Dramaturgie eines ›rituellen‹ Theaters, welche das Publikum zunächst verwirrte und von späteren Kritikern ganz irreführend auf Antonin Artauds ›grausames‹ Theatermodell zurückgeführt wurde. J. war vielmehr inspiriert von Mythen wie dem der hinduistischen Göttin Kali, auf die ihr Titel anspielte (»All the World Is the Sport of My Mad Mother Kali«), und von den entsprechenden Mythendeutungen C. G. Jungs und seiner Schüler. Das Stück zeigt eine Gruppe unartikulierter *Teddy boys*, geführt von Greta, die in maskenhaft weißer Schminke die (furchtbare und fruchtbare) Große Mutter repräsentiert. Die z. T. gewaltsamen Rituale der Gang werden im Vorwort gedeutet als »Angst und Wut über die Verstoßung aus dem Mutterleib oder aus dem Stamm«. Das Spiel von der ›Entmannung‹ und der schließlichen Erneuerung, das hier mit einer Geburt auf offener Bühne endet, wurde von J. noch einmal in einem Auftragsstück für die Girl Guides, *The Rising Generation* (1969), variiert: Eine riesige Frauengestalt, geleitet von »God Save The Queen« und der Lautsprecheransage: »Here comes Mother!«, wird auf die Spielfläche gerollt und stimmt den großen Haßgesang auf alles Männliche an (»We hate – men, We eat – men«), bevor die junge Generation mittels eines Raumschiffes ihrem bösen Zauber entfliehen kann. Das bekannteste ihrer Werke aber war zweifellos *The Knack* (1961; *Der gewisse Kniff*, 1964), insbesondere dank Richard Lesters Verfilmung (1965). Hier probieren vier junge Leute – spielerisch und wiederum in rituell skandierten Sprechgesängen (»I've been raped, I've been raped«) – verschiedene Formen der Drohung, Werbung und Herrschaft zwischen den Geschlechtern aus. So liegt J.s Beitrag zum ›Neuen Drama‹ und Theater v. a. in ihrem Versuch, den ›Zorn‹, den die *Angry Young Men* in fast naturalistische Kammerspiele übersetzt hatten, als reines Theaterritual sinnlich werden zu lassen.

Literatur: J. Oliver. »Ann Jellicoe (1927–).« *British Playwrights, 1956–1995: A Research and Production Sourcebook*. Hg. W. W. Demastes. Westport, CT 1996, 220–226.

Gerd Stratmann

Jerome, Jerome K[lapka]

Geb. 2. 5. 1859 in Walsall, Staffordshire;
gest. 14. 6. 1927 in Northampton

Jerome K. Jeromes *Three Men in a Boat – To Say Nothing of the Dog* (1889; *Drei Mann in einem Boot*, 1898) gehört zu jenen sonnigen Büchern, deren übermäßiger Erfolg ihre Erfinder namenlos machen. Nach J.s Tod wurde die Anonymisierung des Urhebers durch mehrere Verfilmungen und zahllose Neuauflagen und Übersetzungen weiter beschleunigt. Zunächst sollte die Beschreibung einer Flußreise, unternommen von drei jungen Männern und einem Hund, mit den Themse-Reiseführern konkurrieren, die in der entstehenden Freizeitkultur florierten. Der Redakteur der Zeitschrift *Home Chimes*, in der das Buch als Serie erschien, sah es anders und entfernte die lästigen informativen Teile. So wurde J. durch das Medium zu einem Humoristen erster Garnitur, eine Art englischer Mark Twain. Seine Bootsfahrt von Kingston nach Oxford gerät zu einer komischen Odyssee, deren fortwährende Abschweifungen und selbstironische Bemerkungen die Welt erobern sollten. Sie ist nostalgisch gefärbt und stellt zugleich eine Parodie auf Nostalgie dar.

J. wuchs in armen Verhältnissen in Walsall und im Londoner East End als Sohn eines erfolglosen Kleinunternehmers und Predigers auf. J. wurde Eisenbahnangestellter, Schauspieler, Journalist und Herausgeber von Zeitschriften wie *The Idler* und *To-day*, mit denen ein neues Lesepublikum der unteren Mittelschichten versorgt wurde. Zu seinen Freunden gehörten H. G. Wells, Israel Zangwill, Arthur Conan Doyle und Rudyard Kipling. Als Essayist widmete er sich Themen wie der Schüchternheit, Katzen, Hunden, der Herstellung von

Liebestrank, der Unentschlossenheit oder dem Mann, der alles in die Hand nehmen will, wie z. B. in *Idle Thoughts of an Idle Fellow* (1886; *Die müigen Gedanken eines Mü igen*, 1893) oder *Sketches in Lavender, Blue and Green* (1897; *Bunte Skizzen*, 1904). Die Essays in der Tradition des *Spectator* und Charles Lambs sind dialogreich und reflektieren entspannt Alltagsphänomene und Charaktere. Ihr Prinzip der Abschweifung wird zur Formel für den Bericht über den (scheiternden) Versuch, einen Roman zu schreiben (*Novel Notes*, 1893), ebenso wie für die weiteren Reisebücher. Im Jahre 1900 schickte J. noch einmal sein Trio auf eine Reise, diesmal mit dem Fahrrad durch Sachsen und den Schwarzwald (*Three Men on the Bummel*; *Drei Männer auf dem Bummel*, 1905). Eine Fahrt zu den Oberammergauer Passionsspielen erzählt J. witzig und mit vielen Seitenhieben auf Deutsche wie Engländer in *Diary of a Pilgrimage* (1892). Auch als Theaterautor (mit etwa zwölf Stücken) reüssierte er; festzuhalten ist das allegorische, religiös inspirierte *The Passing of the Third Floor Back* (1907; *Der Fremde*, 1908). Von seinen 18 Romanen ist *Paul Kelver* (1902) lesenswert wegen seiner autobiographischen Bezüge. Bei aller Leichtigkeit in J.s literarischem Werk ist eine kritische Komponente nicht zu übersehen: So griff er in seiner Autobiographie *My Life and Times* (1926) den Rassismus in den USA an, die er zweimal besuchte, und in einem Artikel das türkische Massaker an den Armeniern. Ebenso setzte J. sich gegen die Deutschenfeindlichkeit in Großbritannien zur Wehr. Im Ersten Weltkrieg war er als Ambulanzfahrer tätig und wurde durch diese Erfahrung zum Kriegsgegner. Spätviktorianische Gelassenheit war den Wirren des 20. Jahrhunderts gewichen – Tatsachen, die bis heute vom Welterfolg einer literarischen Bootsfahrt überschattet werden.

Literatur: J. Lewis. »Introduction.« J. K. Jerome. *Three Men in a Boat/Three Men on a Bummel*. Harmondsworth 1999, vii–xxxi. – J. Connolly. *Jerome K. Jerome: A Critical Biography*. London 1982. – M. A. Wolfensberger. *Jerome K. Jerome: Sein literarisches Werk*. Zürich 1953.

Elmar Schenkel

Jhabvala, Ruth Prawer

Geb. 7. 5. 1927 in Köln

Ruth Prawer Jhabvala, Tochter deutsch-polnischer Juden, ging 1939 mit ihrer Familie nach England, lebte seit ihrer Verheiratung mit einem indischen Architekten 1951 in Delhi, übersiedelte 1976 nach New York und ist so die Verkörperung dessen, was die Kritikerin Yasmine Gooneratne den modernen unbehaust wandernden Schriftsteller genannt hat. – Ihr Leben in den unterschiedlichen Kulturen hat deutliche Spuren in ihren Romanen und Kurzgeschichten hinterlassen, die in rascher Folge erscheinen. Beginnend mit *To Whom She Will* (1955) setzt sich J. mit dem städtischen Leben der indischen Mittelschichten nach der Unabhängigkeit und in einer Welt der zunehmenden Modernisierung auseinander. In *The Nature of Passion* (1956) geht es zudem um Generationenkonflikte, die über die Geschlechterbeziehung ausagiert werden. Indische Tradition und westliche Moderne stehen scheinbar im Widerspruch zueinander. Diese aufgeklärt positive Darstellung wird aber durch einen Diskurs unterlaufen, der – zunächst noch subtil – an den orientalistischen Diskurs der Kolonialzeit erinnert. Das wird besonders deutlich in *Esmond in India* (1958). Die Figur des Esmond ist zwar fragwürdig, aber seine desillusionierte Ablehnung Indiens, die über den Körper seiner Frau verhandelt wird, bleibt unwidersprochen. Sexuelle Differenz wird zur kulturellen Differenz. – In den 1960er Jahren wird J.s Verhältnis zu Indien immer ambivalenter. In vielen der Kurzgeschichten in *An Experience of India* (1966) oder *A Stronger Climate* (1968) treten westliche Figuren ins Zentrum, und Romane wie *A New Dominion* (1972) oder *Heat and Dust* (1975; *Hitze und Staub*, 1991), der mit dem *Booker Prize* ausgezeichnet wurde, sind eher Texte über den Westen als über Indien. Ironisch richten sie sich gegen westliche Heilssucher, die sich in Indien finden und verwirklichen wollen, aber auch gegen die Swamis und deren indische Anhänger. Häufig jedoch legen gerade indische Figuren die Hohlheit dieser Mystiker bloß. *Heat and Dust* gestaltet die westliche Faszination und dekonstruiert gleichzeitig den europäischen Blick. – J.s amerikanische Romane, *In Search of Love and Beauty* (1983), *Three Continents* (1987) oder *Poet and Dancer* (1993), konzentrieren sich auf skurrile bis nahezu autistische Figuren auf der Suche nach Selbstfindung. *Shards of Memory* (1995) vervielfacht, über mehrere Generationen, das Labyrinth von Suchern und vorgeblichen Meistern. Besonders deutsche Juden, deren Leben von Spuren der Vergangenheit durchzogen ist, sind die, z. T. grotesken, Akteure. *East Into Upper East: Plain Tales From New York and Delhi* (1998) verbindet in meisterlichem, ironiegeleitetem Erzählen die beiden Städte durch Liebesgeschichten. – J. ist auch durch Filmskripte und die Mitarbeit beim Merchant/Ivory-Produktionsteam hervorgetreten, das sich seit *Shakespeare Wallah* (1965) besonders auf Literaturverfilmungen spezialisiert hat.

Literatur: Y. Gooneratne. *Silence, Exile, and Cunning: The Fiction of R. P. Jhabvala.* London 1991.

Liselotte Glage

Johnson, B[ryan] S[tanley William]

Geb. 5. 2. 1933 in London;
gest. 13. 11. 1973 ebd.

B. S. Johnson, der mit 39 Jahren in den Freitod ging, trat als Lyriker (*Poems*, 1964; *Poems Two*, 1972), Fernsehautor (z. B. *A Quiet Night*, 1963; *Not Counting the Savages*, 1972) und Verfasser narrativer Texte hervor; sein wichtigster literarischer Beitrag erfolgte zweifelsfrei im Bereich des Romans. Seine erzählerischen Werke thematisieren nicht, *was* als tatsächlich gegeben erzählt werden kann, sondern *wie* und *ob* es erzählbar ist. J. war ein Romancier, der in fiktionaler Form aufzuzeigen suchte, wie literarische Fiktion ›gemacht‹, was sie zu leisten imstande ist und was sie im Leser bewirkt. Erzähltechnisch war er bestrebt, favorisierte Formen narrativer Texte daraufhin zu testen, wie es denn wahrhaftig um den Anspruch, Wirklichkeit zu repräsentieren, bestellt ist. Herkömmliche Romane boten für ihn ›Lügengeschichten‹, die der Zufälligkeit des Lebens nicht gerecht werden; folglich zielte er darauf ab, dem narrativen Diskurs neue, angemessenere Formen zu verleihen. – Sein Romanwerk umfaßt zum einen Arbeiten, die konventionelle Verfahrensweisen, mit denen ›Geschichten‹ erzählt worden sind, aufgreifen und desavouieren: *Travelling People* (1963), *Albert Angelo* (1964; *Albert Angelo*, 1991), *Christie Malry's Own Double Entry* (1973, jedoch 1963 konzipiert; *Christie Malrys doppelte Buchführung*, 1989). *Travelling People* und *Albert Angelo*, beide Späße mit literarischen Konventionen und drucktechnischen Gestaltungsmöglichkeiten nach der Manier von Laurence Sternes *Tristram Shandy* (1759–67, z. B. schwarze Seiten drücken graphisch die Herzattacke und das Ableben einer Figur aus) treibend, parodieren u. a. den pika-

resken Romantypus. *House Mother Normal* (1971; *Endstation: Eine geriatrische Komödie*, 1992) vermittelt dieselbe Sequenz von Begebenheiten in einem Altenheim aus acht unterschiedlichen Blickwinkeln, wobei sich als Folge der verschiedenen Abartigkeiten und Fehleinschätzungen der Betrachter die Ereignisse progressiv abnormaler gestalten. Zum anderen enthält das Werk sogenannte ›personal novels‹ – *Trawl* (1966; *Schleppnetz*, 1992), *The Unfortunates* (1969; *Die Unglücksraben*, 1991), *See the Old Lady Decently* (1975; *Lass die alte Dame anständig*, 1991) –, in denen das Schreiben von Romanen für J. zur psychoanalytischen Therapie wird. In *Trawl* fischt J.s Erzählersurrogat gleichsam mit einem Schleppnetz durch die Erinnerungen an sein bisheriges Leben nach Sinn. *The Unfortunates* besteht aus 27 einzeln gehefteten Teilen, von denen nur der erste und letzte positioniert sind; der Rest ist sozusagen mischbar, wobei die Willkürlichkeit der Form als Metapher für die willkürlichen Operationen des menschlichen Verstandes sowie für die Willkürlichkeit des Lebens zu werten ist. *See the Old Lady Decently* liefert metafiktionale Auseinandersetzung mit dem Romanschreiben und solipsistische Selbstbespiegelung. Das Chaos der Realität ist hier vermittels einer offenkundig chaotischen Montage disparater Materialien wiedergegeben. – J.s narrative Experimente sind nicht unumstritten geblieben. Insbesondere *See the Old Lady Decently* ist exzentrisch eigensinnig und gibt mehr Rätsel auf, als darin gelöst sind. Experiment ist hierin zur Idiosynkrasie getrieben.

Werkausgabe: *Werkausgabe*. Hg. M. Walter/H.Ch. Rohr. 7 Bde. München 1989–93.
Literatur: R. Imhof. »B. S. Johnson.« *Der englische Roman der Gegenwart*. Hg. ders./A. Maack. Tübingen 1987, 187–208.

Rüdiger Imhof

Johnson, Colin
→ Mudrooroo

Johnson, Linton Kwesi

Geb. 24. 8. 1952 in Chapelton, Jamaika

Der studierte Soziologe, Journalist, Bürgerrechtler und politische Aktivist Linton Kwesi Johnson gilt heute gemeinhin als Vater der britischen Dub Poetry. Aus einfachsten Verhältnissen im ländlichen Jamaika stammend, kam J. 1963 nach England, in ein von ethnischen Spannungen geprägtes soziales Klima. Schon früh begann er, sich in der linksradikalen Black Panther-Organisation zu engagieren und veröffentlichte, stark beeinflußt von W.E.B. Dubois, C.L.R. James und Frantz Fanon, seine ersten Gedichte in der gleichnamigen Zeitschrift des Bürgerrechtskollektivs Race Today. Nach anfänglichen Experimenten mit Surrealismus und Rastafarianismus fand J. rasch zu der ihm eigenen, in Großbritannien damals völlig neuartigen poetischen Ausdrucksweise: In einer Mischung aus jamaikanischer Mundart und schwarzer Jugendsprache behandelt er von *Dread Beat and Blood* (1975) an die alltäglichen Erfahrungen der farbigen Arbeiterschicht. Die Texte vermitteln das Lebensgefühl von J.s Generation angesichts der desolaten sozioökonomischen Situation, der verbreiteten rassistischen Gewalt sowie der von seiten der diskriminierenden Behörden und Polizei erlittenen Frustrationen, verhandeln zugleich aber auch die Legitimität von Gegengewalt und rufen zur kollektiven Aktion und Bewußtseinsbildung auf. Hierbei wird immer wieder auch die identitätsstiftende Kraft der karibischen Musikkultur selbst beschworen. Viele seiner Verse sind Widmungsgedichte für Opfer des Rassismus oder Mitstreiter der schwarzen Arbeiterbewegung, andere – besonders in dem nachfolgenden Band *Inglan Is a Bitch* (1980) – wirken wie propagandistische Losungen. Im allgemeinen ist den Gedichtzeilen ein eigener musikalischer Takt oder eine Melodie eingeschrieben, welche – zusammen mit zahlreichen lautmalerischen Passagen – die Texte erst im mündlichen Vortrag zu ihrer vollen poetischen Gestalt kommen lassen. Die grundlegende Affinität der Lyrik zu Formen der karibischen Musik führte 1977 mit dem Album *Dread Beat and Blood* zu dem gelungenen Versuch, den Gedichtvortrag mit jamaikanischer Dub-Musik, einer instrumentalen Variante des Reggae, zu verbinden. J.s Lyrik steht damit nicht nur generell in der Tradition der *oral literature*, sondern folgt insbesondere auch der Praxis der in Jamaika populären Reggae-DJs, die spontan improvisierten Sprechgesang zu den von ihnen aufgelegten Platten vortragen. – Ähnlich einem klassischen Griot wurde J. Ende der 1970er Jahre zum Sprachrohr und Chronisten der schwarzen Bevölkerung Großbritanniens, wirkte aber auch weit über sie hinaus. Seine

Lyrik fand Anerkennung in der internationalen Kritik, gewann zahlreiche Preise und wurde übersetzt; seine Plattenaufnahmen bescherten ihm ein Massenpublikum. Mitte der 1980er Jahre, auf dem Gipfel seiner Popularität, verabschiedete sich J. dann vorerst von den Konzertbühnen und Tonstudios, nicht zuletzt aus Furcht, sein lyrischer Ausdruck könne unter den Erfordernissen des Musikgeschäfts leiden. Sind auch seine nachfolgenden Gedichte in dem Band *Tings an Times* (1991) sowie auf der CD *More Time* (1997) kontemplativer und persönlicher als zuvor (mit ersten Abstechern in die Liebeslyrik), so bleibt die treibende Kraft hinter J.s dichterischem Schaffen seine Sorge um soziale Gerechtigkeit, die Abwehr des modernen Rassismus und eine mögliche Zukunft des Sozialismus.

Werkausgabe: *Mi Revalueshanary Fren.* Harmondsworth 2002 [Auswahlsammlung].
Literatur: Ch. Habekost. *Verbal Riddim: The Politics and Aesthetics of African-Caribbean Dub Poetry.* Amsterdam 1991.

Claus-Ulrich Viol

Johnson, Lionel [Pigot]

Geb. 15. 3. 1867 in Broadstairs, Kent;
gest. 4. 10. 1902 in London

Lionel Johnson gehörte zur kleinen Gruppe der religiösen Dichter des ausgehenden 19. Jahrhunderts, war aber auch als Kritiker, Journalist und Essayist tätig. Nach seiner Ausbildung am Winchester College, wo er von 1884–86 die Schulzeitung *The Wykehamist* herausgab und dieser u. a. durch die Veröffentlichung einiger seiner frühen Gedichte den Charakter einer Literaturzeitschrift verlieh, und am New College Oxford (1886–90) ließ er sich in London nieder und führte ein zurückgezogenes, semi-monastisches Leben. Er war Mitarbeiter der von Aubrey Beardsley herausgegebenen Zeitschrift *The Yellow Book* und lieferte Beiträge für *The Academy, The Pall Mall Gazette* und andere eher konservativ ausgerichtete Magazine sowie für die beiden Ausgaben des *Book of the Rhymers' Club.* 1891 konvertierte er, stark beeinflußt von Kardinal John Henry Newman, zum Römischen Katholizismus und trug sich eine Zeitlang sogar mit dem Gedanken, Priester zu werden. Ungefähr zeitgleich mit der Hinwendung zum Katholizismus begann sein starkes Engagement für die irische Freiheitsbewegung, das ab 1893 häufige Irlandbesuche zur Folge hatte. – Diese beiden zentralen Interessen J.s spiegeln sich auch in seiner Lyrik wider. In seinem Gedichtband *Poems* (1895) äußert sich der religiöse Einfluß in Wendungen, die oft an liturgische Formeln erinnern, und in der Betonung der eigenen Sündhaftigkeit und der Güte Gottes sowie der Bedeutung der spirituellen Ideale des traditionellen Christentums. Der zweite Gedichtband, *Ireland and Other Poems* (1897), reflektiert die Eindrücke, die er während seiner Irlandreisen sammelte, und ist von keltischen Legenden nachhaltig inspiriert. Seine Dichtung ist hochgradig intellektuell – William Butler Yeats nannte sie »marmorean« –, aber dennoch einfach, schmucklos, nahezu asketisch und wirkt mitunter naiv-frömmlerisch. Seine wichtigsten essayistischen Werke sind *The Art of Thomas Hardy* (1894), die postum veröffentlichte Sammlung *Post Liminium: Essays and Critical Papers* (1911, Hg. Thomas Whittemore), die u.a. Arbeiten über Walter Pater, Charlotte Bront , Francis Bacon und William Blake enthält, und die ebenfalls erst nach J.s Tod erschienene Sammlung *Reviews and Critical Papers* (1921, Hg. Robert Shafer). Alle drei Werke weisen J. als bedeutenden Kritiker aus, der zum sogenannten *higher journalism* zu zählen ist und von Louise Imogen Guiney als Englands »one critic of the first rank« seiner Generation bezeichnet wurde. – J.s religiöser Mystizismus und seine Frömmigkeit wurden durch seine physische Gebrechlichkeit noch verstärkt. Seit seiner Studienzeit war er Alkoholiker; hinzu kam eine abnorme Entwicklungshemmung, die sich darin äußerte, daß sich sein Körper mit Ausnahme seines Gehirns nach dem 15. Lebensjahr nicht mehr weiterentwickelte; seine Hände und Füße waren verkrüppelt, und er litt unter Schlaflosigkeit, die er durch lange, einsame Spaziergänge durch das nächtliche London zu kompensieren versuchte. Auf dem letzten dieser Spaziergänge (wohl nicht ganz nüchtern) zog er sich bei einem Sturz in der Fleet Street einen Schädelbruch zu, an dessen Folgen er starb. Kurz vor seinem tödlichen Unfall hatte er noch sein letztes Werk, eine Elegie auf Walter Pater, in den Briefkasten geworfen.

Werkausgabe: *Collected Poems of Lionel Johnson*. Hg. I. Fletcher. New York 1981.
Literatur: A.B. Feldman. »The Art of Lionel Johnson.« *Poet Lore* 57 (1953), 140–159.

Claudia Ottlinger

Johnson, Samuel [Dr. Johnson]

Geb. 18. 9. 1709 in Lichfield, Staffordshire; gest. 13. 12. 1784 in London

Samuel Johnson steht in einem symbolischen Verhältnis zum augusteischen Zeitalter. Schon zu Lebzeiten machte er sich einen Namen als Lexikograph, Essayist, Biograph, Herausgeber und nicht zuletzt als Kritiker. Im Urteil der Nachwelt oszilliert J. zwischen Mythos und Karikatur: Wird er einerseits zu einem der letzten Polyhistoren nach Leibniz geadelt, so erscheint er andererseits als gelehrter Kauz. Das stereotype Bild von ihm als einem skurrilen Gelehrten geht auf James Boswells *Life of Johnson* (1791) zurück. – J. wurde als Sohn des Buchhändlers Michael Johnson und seiner Frau Sarah geboren. Nach eher dürftiger Schulbildung und einem aus Gründen der Armut abgebrochenen Studium in Oxford verdiente sich J. als Tutor und Lehrer seinen Lebensunterhalt in Market Bosworth; zwei Jahre nach der Heirat mit Elizabeth Porter zog J. 1737 nach London und schrieb sein einziges Theaterstück *Irene* (1737). Regelmäßig steuerte er in dieser Zeit Beiträge zu Edward Caves *Gentleman's Magazine* bei. J. veröffentlichte Gedichte und Übersetzungen sowie politische Satiren, aber erst mit dem Erscheinen des *Dictionary of the English Language* (1755; *Neues grammatisch-kritisches Wörterbuch der Englischen Sprache für die Deutschen*, 1783) gelangte er – nicht nur in England – zu Ruhm. Er wurde als Lexikograph zu einer Autorität; mit seinen moralischen Wochenschriften *The Rambler* (1750–52) und *The Idler* (1758–60; *Der Müssiggänger*, 1764) entwickelte er sich zum *Praeceptor Britanniae*. J. galt als Meister der Konversation; zu seinen Freunden zählten Fanny Burney, David Garrick, Richard Savage, Joshua Reynolds, Oliver Goldsmith, Adam Smith und Edmund Burke, die teilweise auch dem einflußreichen Literary Club (gegründet 1764) angehörten. 1755 griff J. in seinem »Letter to Lord Chesterfield« das zeitgenössische Patronagesystem scharf an. Nach dem Tod seiner Frau Elizabeth 1752 lebte er bis zu seinem Lebensende allein. J. unternahm Reisen nach Wales, nach Schottland und zu den Hebriden. In reiferem Alter wurden ihm zahlreiche Ehren zuteil: So verlieh ihm beispielsweise die Royal Academy 1769 den Titel eines Honorarprofessors. Nach einem ersten Schlaganfall 1783 erholte sich J. nicht wieder völlig; er starb im Dezember 1784 in London.

In seiner Erstveröffentlichung, der Verssatire »London« (1738), imitiert J. die dritte Satire Juvenals, um ein zynisches Panorama der englischen Wirklichkeit zu entwerfen. Das Gedicht spiegelt die in dieser Zeit typische Xenophobie Franzosen gegenüber, die als Modenarren und Intriganten gezeichnet werden. In der folgenden Verssatire »The Vanity of Human Wishes« (1749), einer Imitation der zehnten Satire Juvenals, illustriert J. an den Beispielen Karls XII. von Schweden und Kardinal Wolseys, wie töricht sich menschliche Wünsche nach Ruhm und Macht angesichts der existentiellen Wechselfälle des Lebens (*vicissitude*) ausnehmen.

Bilanzierung und kritische Beurteilung von Wertesystemen ist auch das Anliegen von J.s *The Rambler*, den er fast völlig allein zwischen 1750 und 1752 verfaßte. Anknüpfend an Richard Steeles und Joseph Addisons *The Tatler* und *The Spectator*, nutzt J. die periodische Essayistik, um *sub specie aeternitatis* Prinzipien der Lebensführung zu evaluieren. In den 208 Nummern des *Rambler* beurteilt J. in moralistischer Weise Heirat, Erziehung, Bildung, Gelehrsamkeit, Schriftstellertum, Krankheit und Tod. Der Ernsthaftigkeit der Thematik entspricht der Stil, das vielgerügte *Johnsonese*, eine gestelzt wirkende Prosa, konstruiert in extrem verschachtelter Hypotaxe und gespickt mit Latinismen. J. versteht seinen *Rambler* gleichsam als moralisches Repetitorium, um seine Leser zu Selbsterkenntnis und Reue anzuhalten. In generischer Hinsicht setzt J. auf Vielfalt: Neben orientalischer Geschichte (*oriental tale*), Allegorien und Briefen finden sich Figurenbeschreibungen in der Tradition des *character writing*. Alle Essays stehen im Dienste erkenntniskritischer Desillusionierung, die im Sinne Montaignes die Hauptaufgabe der Philosophie erfüllen, das »Sterben-Lernen« vorzubereiten. Zu diesem Zweck entlarvt J. die ›Hoffnungslosigkeit des Hoffens‹ und definiert menschliches Glück als Zustand der Täuschung. Die Beiträge J.s im *Idler* und *Adventurer* (1752–54) sind von vergleichsweise leichterer Natur; die Essays wirken mild satirisch aufgeladen. J. arbeitet mit sprechenden Namen (Dick Misty, Jack Snug), wenn er Schriftsteller und Kritiker mit mildem Spott überzieht. Doch auch *The Idler* ist als Monitorium konzipiert: Die im Titel der Sammlung genannte geistige Trägheit war für J. Inbegriff eines verwirkten Lebens, in der *accedia*-Tradition der Theologie als Formel für »lebendiges Totsein« dechiffrierbar. Mit seiner Essayistik warnte er vor

exakt jener geistigen und physischen Lethargie, unter der er zeitlebens gelitten hatte. – J. schrieb die Essays des *Rambler*, um sich von den Mühen der Lexikographie zu erholen. Es ist aber dieses *Dictionary of the English Language*, dem J. zweifelsfrei seinen Ruhm in Europa verdankt. Als Konkurrenzprojekt zu den kollektiv entstandenen Lexika der italienischen Accademia della Crusca und der französischen Acadèmie Française geplant, knüpfte er in diesem bahnbrechenden Diktionär an Nathan Baileys *Dictionarium Britannicum* (1730) an. Sein in »Plan for a Dictionary of the English Language« (1747) verdeutlichtes Konzept gibt ein historisches Sprachbewußtsein zu erkennen. Seine Methode ist etymologisch geprägt und spiegelt naturgemäß die zahlreichen fehlerhaften Erkenntnisse der Sprachforschung im 18. Jahrhundert. Um eine möglichst naturgetreue Wiedergabe der Sprache zu gewährleisten, präsentiert J. die Lemmata in ihrem originalen Kontext, indem er aus englischer Primärliteratur zitiert. Zu den am meisten zitierten Autoren zählen William Shakespeare, John Milton, Francis Bacon, Thomas Brown, John Dryden, Joseph Addison und Jonathan Swift.

1759 veröffentlichte J. seine philosophische Erzählung *Rasselas: The Prince of Abissinia* (*Die Geschichte von Rasselas, Prinzen von Abessinien: eine morgenländische Erzählung*, 1964). Er hatte die Geschichte nicht zuletzt geschrieben, um die nach dem Tod seiner Mutter anfallenden Bestattungskosten aufbringen zu können. Rasselas und seine Schwester Nekyah, die in der paradoxen Utopie eines »Glücklichen Tals« abgeschieden von dem Elend der Welt aufwachsen, verlassen zusammen mit der Mentorfigur Imlac ihre statisch-ahistorische Heimat, um sich den Herausforderungen der Welt zu stellen. Die ›wirkliche Welt‹ bietet sich den Protagonisten als verwirrender Ort, für den Glückslehren vermeintlich Orientierung verheißen. *Rasselas* setzt das desillusionierende Programm des *Rambler* mit narrativen Mitteln fort; die Erzählung liest sich wie ein großangelegtes *exagium* traditioneller Formeln der Lebensführung: Stoizismus, Hedonismus, Gelehrsamkeit, Wissenschaft, Ruhm werden auf den Prüfstand des Empire zitiert. Johnsons Erzählung, die wie Voltaires *Candide* in den Kontext der europäischen Theodizeedebatte einzubeziehen ist, besticht durch die Prägnanz der Formulierungen und eine modern wirkende Zurückhaltung im Urteil. Der berühmte offene Schluß straft jene Kritiker Lügen, die in J. einen Moralapostel sehen.

Ab 1745 trug sich J. mit dem Gedanken, Shakespeares Werke zu edieren, er realisierte seinen Plan erst 1765. Zwar kann J.s editorische Leistung in bezug auf Kollations- und Emendationstechniken angegriffen werden, aber für die Entstehungszeit muß sie als vorbildlich gelten. Besonders bei seinen Worterklärungen setzte er Maßstäbe und kommentierte schwierige Textstellen bei Shakespeare mit seiner durch die Arbeit am Lexikon gereiften literarischen Kompetenz. In seinem »Preface to Shakespeare« (1765; »Vorwort zum Werk Shakespeares«, 1987) nahm er den Elisabethaner vor jedem Versuch klassizistischer Kritiker in Schutz, die in Shakespeares Dramen Verstöße gegen aristotelische Regelpoetik aufzuspüren trachteten. Für J. besteht Shakespeares unanfechtbare Leistung in seiner Fähigkeit, unmittelbar in die Herzen der Menschen schauen zu können. Shakespeares Dramen, so J., böten keine artifiziellen Helden, sondern ›wirkliche‹ Menschen. Den Versuch, Englands Dichter einem breiten Publikum vorzustellen, setze J. mit seinem *Lives of the English Poets* (1779–81; *Johnsons biographische und critische Nachrichten von einigen englischen Dichtern*, 1781–83) fort. Er stellt hier eine Galerie der aus seiner Sicht wichtigsten englischen Autoren zusammen, zu denen Abraham Cowley, Alexander Pope, John Dryden, John Milton, Joseph Addison und Jonathan Swift zählen. Die Texte, die in der Regel eine Dreierstruktur aufweisen, konzentrieren sich nach der Präsentation von Informationen zur Biographie und nach einer knappen Allgemeincharakterisierung auf die jeweilig wichtigsten Werke, die J. kritisch beschreibt und beurteilt. Bis heute viel zitiert wird seine Aussage zu den *Metaphysical Poets* in seinem »Life of Cowley«, in dem sich auch die berühmte Definition eines *conceits* findet, für J. ein Konglomerat aus den »heterogensten Ideen«, die »mit Gewalt zusammengejocht werden«.

J.s *Journey to the Western Islands of Scotland* (1775; *Eine Reise zu den Westlichen Inseln von Schottland*, 1986) und die *Tour to the Hebrides* (1785; *Dr. Samuel Johnson: Leben und Meinungen; mit dem Tagebuch einer Reise nach den Hebriden*, 1981) repräsentieren die im 18. Jahrhundert so beliebte Gattung der Reiseliteratur. J. ist jedoch weniger an Fakten als an Bräuchen, Sitten und Ideen interessiert. Er versucht, die beobachteten Szenerien in einen größeren Zusammenhang zu rücken, und reflektiert über nationale Identität ebenso wie über die Rolle von Bildung und Erzie-

hung. – J.s Einfluß auf seine Zeit war so groß, daß man in ihm zu Recht eine Repräsentationsfigur des Klassizismus gesehen hat. Die intensive Kenntnis seiner Werke legt jedoch den Verdacht nahe, daß jeder Versuch, ihn eindeutig klassifizieren zu wollen, scheitern muß. Zumal die Stereotypisierungen J.s als ›konservativer Moralapostel‹ oder ›humorloser Laienprediger‹ sind nach aufmerksamer Lektüre seiner Werke nicht länger haltbar.

Werkausgabe: *The Yale Edition of the Works of Samuel Johnson.* Hg. A. T. Hazen/J. H. Middendorf. 16 Bde. New Haven 1958ff.
Literatur: P. Rogers. *The Samuel Johnson Encyclopedia.* Westport, CT/London 1996. – W. J. Bate. *The Achievement of Samuel Johnson.* New York 1970 [1955].

Rudolf Freiburg

Johnston, [William] Denis

Geb. 18. 6. 1901 in Dublin;
gest. 8. 8. 1964 ebd.

Denis Johnston war der ›internationalste‹ aller irischen Dramatiker vor Samuel Beckett. Dem Sohn aus wohlhabendem Bürgerhaus wurde der Schulbesuch in Edinburgh, das Jura-Studium in Cambridge und Harvard ermöglicht. 1926–36 praktizierte er als Rechtsanwalt in Dublin. Gleichzeitig schloß er sich aber auch der *Dublin Drama League* an, die sich um die Vermittlung der zeitgenössischen kontinentalen Dramatik nach Irland bemühte, und machte dort wichtige Erfahrungen als Schauspieler und Regisseur, die seinen eigenen Dramen zugute kamen. Sein erstes Bühnenwerk, *The Old Lady Says No!* (der Titel verweist einerseits auf die traditionelle Emblematisierung Irlands als arme alte Frau, andererseits auf die Ablehnung des Stückes durch Lady Gregory und das Abbey Theatre), wurde 1929 durch das Gate Theatre, die Nachfolge-Institution der *Dublin Drama League*, uraufgeführt. Wie in den meisten weiteren Dramen gestaltet J. hier einen spezifisch irischen Stoff mit den unrealistischen Techniken kontinentaler Avantgarde-Dramatiker. Die Handlung um den 1803 hingerichteten irischen Revolutionär Robert Emmet beginnt als Spiel im Spiel; der Schauspieler, der Emmet spielt, erhält jedoch frühzeitig einen Schlag auf den Kopf, und der Großteil des Stückes reflektiert seine daraus resultierenden surrealen Halluzinationen einschließlich vielfältiger, oft satirisch-witziger Anspielungen auf die irische Gegenwart. *The Moon in the Yellow River* (1931; *Der Mond im gelben Flu* , 1931), J.s international erfolgreichstes Werk, behandelt den Konflikt zwischen technischer Modernisierung und traditionellen Werten im unabhängigen Irland im Stil des von Tschechow geprägten poetischen Realismus. *Blind Man's Buff* (1936, überarbeitet als *Strange Occurrence on Ireland's Eye*, 1956) ist eine eigenwillige irische Version von Ernst Tollers *Die blinde Göttin*. Mit *The Dreaming Dust* (1940) beginnt J.s lebenslange Beschäftigung mit der Biographie Jonathan Swifts, hier dargestellt von einer Gruppe von Schauspielern, von denen jeder eine der sieben Todsünden verkörpert; dies führte schließlich zu dem höchst umstrittenen Prosaband *In Search of Swift* (1959). Das überraschend realistische Spätwerk *The Scythe and the Sunset* (1958) ist teilweise eine Parodie auf Sean O'Caseys *The Plough and the Stars* (1926), bemüht sich aber auch um eine moralische Aufwertung der Aufständischen von 1916. – Ab 1937 wandte sich J. den neuen Massenmedien zu, schrieb für die BBC eine Reihe von Hörspielen, arbeitete als Kriegskorrespondent im Nahen Osten – reflektiert in dem Prosaband *Nine Rivers from Jordan* (1953) und dem originellen Kurzdrama *A Fourth for Bridge* (1948) – und engagierte sich nach dem Krieg für das junge Fernsehen, zunächst bei der BBC, dann in den USA, wo er schließlich als Professor der Theaterwissenschaft eine adäquate Plattform für seine vielfältigen Interessen fand. Sein Hauptwerk bleiben aber seine intellektuell anspruchsvollen Dramen, die in der verwirrenden Vielfalt der Themen, dem satirischen Unterton und der verspielten Brillanz der Umsetzung eher an Tom Stoppard als an J.s irische Zeitgenossen William Butler Yeats und O'Casey erinnern.

Werkausgabe: *The Dramatic Works*. 3 Bde. Gerrards Cross, Bucks. 1977–92.
Literatur: J. Ronsley, Hg. *Denis Johnston: A Retrospective*. Gerrards Cross 1981. – H. Ferrar. *Denis Johnston's Irish Theatre*. Dublin 1973.

Heinz Kosok

Jolley, Elizabeth
Geb. 1923 in Birmingham

Als Tochter eines englischen Vaters und einer österreichischen Mutter wandert Elizabeth Jolley, eine gelernte Krankenschwester, 1959 mit ihrem Ehemann Leonard und drei Kindern nach Australien aus. Diese biographische Konstellation sollte ihr Werk, bislang 14 Romane, drei Erzählbände und eine autobiographisch-essayistische Schrift (*Central Mischief*, 1992), nachhaltig prägen. Viele ihrer Texte thematisieren den Kontrast zwischen Europa und Australien, nahezu alle fiktionalisieren die Situation des Exils. Ihre Figuren sind meist marginalisiert: vereinsamte Jungfern, wurzellose Europäer, um Identität ringende Lesbierinnen. Der figuralen Situation entspricht die topographische: Schauplätze sind entlegene Häuser, Altenheime, Internate, geographische und emotionale Randbezirke also, »edges of exile«. Die Typisierung und Plazierung von J.s Personal könnte den Eindruck nahelegen, ihr Werk sei konventionell. Tatsächlich sind ihre Romane häufig experimenteller, gelegentlich metafiktionaler Natur. *Mr Scobie's Riddle* (1983) ist ein in einem Altenheim angesiedelter polyphoner Text über den makabren Konflikt zwischen dem psychisch terrorisierten Scobie und der dämonischen Matrone Hyacinth Price, dessen fragmentierte Figuren ebenso wie das verweigerte *dénouement* Kernbestandteile des metafiktional inszenierten Diskurses über Kommunikation und Isolation darstellen. J.s Werk ist von schwarzem Humor ebenso geprägt wie von *gothicism*, so *The Sugar Mother* (1988) und *The Orchard Thieves* (1995). Gelegentlich verwendet J. Figuren ihrer Erzählungen wieder (*Foxbaby*, 1984), was ihren Texten den Charakter von komplexen interfiguralen Konstrukten verleiht. In *My Father's Moon* (1989) und *Cabin Fever* (1990) erzählt sie die qualvolle Erinnerungsarbeit von Vera Wright in der Konfrontation mit einer von moralischen Konflikten geprägten Vergangenheit, deren Rekonstruktion freilich nicht zur Selbstheilung, sondern nur zur Linderung des unstillbaren Schmerzes führt. Die emotionale Vereinsamung als Folge erinnerter Vergangenheit, die J.s Figuren häufig melancholische Züge verleiht, ist auch das zentrale Thema von *The Georges' Wife* (1993). – J.s wohl bester Roman, *The Well* (1987), enthält alle Ingredienzen ihrer durchweg kunstvoll komponierten Prosa. Er schildert die von Unheil überschattete, lesbisch konnotierte Beziehung zwischen der körperbehinderten Hester Harper und der pubertierenden Katherine, die Hester in ihr entlegenes Haus aufnimmt. Hin- und hergerissen zwischen Zuneigung und Eifersucht, wird Hester schließlich Opfer ihrer Obsessionen. – Angesichts der beträchtlichen literarischen Leistung überrascht die internationale Reputation J.s nicht. Ihre Popularität in Australien ist immens; ihre Leserschaft in den USA goutiert v. a. den schwarzen Humor ihrer Prosa, und für die Rezeption in ihrer einstigen Heimat England mag Angela Carter sprechen: »In the present efflorescence of Australian fiction, Elizabeth Jolley is one of the most pungently scented, most enigmatic, most magical blossoms.«

Literatur: P. Salzman. *Helplessly Tangled in Female Arms and Legs: Elizabeth Jolley's Fictions.* St. Lucia, Qsld. 1993. – D. Bird/B. Walker, Hgg. *Elizabeth Jolley: New Critical Essays.* North Ryde, NSW 1991.

Thomas Michael Stein

Jones, David [Michael]
Geb. 1. 11. 1895 in Brockley, Kent;
gest. 28. 10. 1974 in Harrow

Tradition und Moderne verbinden sich im Werk von David Jones in idiosynkratischer Weise. Inhaltlich ist seine Dichtung wesentlich durch die Rückbesinnung auf seine walisischen Wurzeln geprägt: Keltische Geschichte und Mythologie stellen neben der römischen Antike, der Bibel und dem Katholizismus, zu dem J. 1921 konvertierte, den größten Einfluß auf sein literarisches Schaffen dar. Formal ist J. Modernist, dessen Dichtung Vers und Prosa sowie lyrische und narrative Elemente verbindet, zahlreiche oft obskure intertextuelle Anspielungen enthält und die akustische und typographische Qualität der Sprache in den Vordergrund rückt. Die besondere visuelle Dimension seiner Dichtung verweist auf J.' zweite Begabung als bildender Künstler. In seinem ersten bedeutenden Werk, dem ›Epos‹ *In Parenthesis* (1937), verarbeitet J. seine Erfahrung des Ersten Weltkriegs, den er als einfacher Soldat im traditionsreichen Regiment der Royal Welch (!) Fusiliers erlebte. Beeinflußt von T. S. Eliots *The Waste Land* (1922), vereinigt J. in diesem Langgedicht die Tradition der Heldenepik mit einer experimentellen Form, die durch den Wechsel von freien Rhythmen und Prosa, von Soldatenjargon und der Diktion heroischer Epik sowie durch eine charakteristische Polyphonie gekennzeichnet ist. Angelehnt an die katholische Liturgie, schildert das Epos die Kriegserfahrung des soldatischen ›Jedermann‹ John Ball und seiner Kameraden vom Introitus, dem Transport an die flandrische Front 1915, bis zum Agnus Dei, ihrer Opferung in der Sommeschlacht 1916.

Bezüge zur Bibel sowie zu walisischen Heldenepen, Malorys Artusdichtung und Shakespeares Königsdramen verdeutlichen, daß es sich hier um bewußt literarische statt um dokumentarische Kriegsdichtung handelt. Dennoch besticht das Werk durch eine Detailfülle, die es zu einem *Ulysses* der Westfront des Ersten Weltkriegs macht (William Blissett). *In Parenthesis* ist eine Re-Mythologisierung des modernen Krieges, die den Krieg als archetypische menschliche Erfahrung darstellt. Formal experimentell ist auch J.' zweite große Dichtung, *The Anathemata* (1952), eine Chronik des christlichen Abendlandes, die bis in die Urgeschichte der Britischen Inseln zurückreicht. Polyphonie und die Häufung arkaner Details, die einen umfangreichen Apparat von Anmerkungen nach sich zieht, bestimmen dieses Werk, das W. H. Auden als bestes englisches Langgedicht des 20. Jahrhunderts lobte. Wesentlich sind für J. der symbolische Gehalt der versammelten Fragmente und die kreative Tätigkeit des Menschen als Schöpfer, die in dem altenglischen Wort ›maker‹ für den Dichter zum Ausdruck kommt. Das Vorwort beschäftigt sich mit der Rolle des Künstlers als eines »sign maker« in der modernen Welt, der Vergangenheit und Gegenwart verbindet. Römische Antike und christliche Heilsgeschichte stehen im Mittelpunkt weiterer Dichtungen, die z. T. postum erschienen: *The Sleeping Lord and Other Fragments* (1974), *The Kensington Mass* (1975) und *The Roman Quarry and Other Sequences* (1981). J.' Essays liegen in *Epoch and Artist* (1959) und *The Dying Gaul* (1978) gesammelt vor.

Literatur: P. Hills, Hg. *David Jones: Artist and Poet.* Aldershot 1997. – E. Ward. *David Jones Mythmaker.* Manchester 1983. – D. Blamires. *David Jones: Artist and Writer.* Manchester 1978 [1971].

Martin Löschnigg

Jonson, Ben
Geb. 11. 6. 1572? in London;
gest. 6. 8. 1637 ebd.

Neben Shakespeare ist Ben Jonson der bedeutendste englische Dramatiker der Renaissance. Als gelehrter Dichter, allerdings ohne jede Weltfremdheit, entwickelte er ein eigenes Profil. Er begründete die Tradition der satirischen Sittenkomödie, die bis ins 18. Jahrhundert lebendig blieb, verstand sich aber immer auch als Lyriker. Er lehnte den ›metaphysischen‹ Stil ab und bemühte sich um Klarheit der Form und des Ausdrucks. Seine Lyrik entwickelte er auf der Grundlage antiker Gattungen wie Epigramm, Epitaph, Epistel und Ode. Seine Rolle in der Genese des Ideals des schlichten Stils (*plain style*) kann nicht überschätzt werden. – J. führte ein wechselvolles Leben, über das Aufzeichnungen seines Freundes William Drummond unterrichten. Als Schauspieler und Theaterautor war er seit 1597 in Diensten von Philip Henslowe. 1598 wurde sein erstes wichtiges Stück, *Every Man in His Humour*, unter Mitwirkung von Shakespeare als Schauspieler aufgeführt. Wegen seiner heftigen Satire eckte J. wiederholt bei den Behörden an und verwickelte sich in eine Fehde mit den Autorenkollegen John Marston und Thomas Dekker. Ein Beitrag zu diesem ›Theaterkrieg‹ ist die satirische Komödie *Poetaster* (1601), die Marston und Dekker angreift. Seine bedeutendsten Stücke entstanden zwischen 1605 und 1614. Diese Lebensphase fand 1616 einen Höhepunkt in der Veröffentlichung seiner Werke in der Folio-Ausgabe, mit der sich J. als Autor ein Denkmal setzte, und in der Gewährung eines Gehalts durch James I, die der Ernennung zum Hofpoeten (*Poet Laureate*) gleichkam. J. erfreute sich der Patronage durch den König. Er schrieb regelmäßig höfische Maskenspiele (*masques*), bei denen er mit dem Architekten Inigo Jones zusammenarbeitete. Eine Neuerung J.s ist die *anti-masque*, ein komisch-groteskes Vorspiel, das den politisch affirmativen, auf Harmonie zielenden Charakter des eigentlichen Spiels um so deutlicher hervortreten läßt. In den ersten drei Dekaden des 17. Jahrhunderts spielte J. eine zentrale Rolle im literarischen Leben Londons. Seine Jünger nannten sich »the sons of Ben«.

J.s Frühphase als Dramatiker ist von seiner Erfindung der *comedy of humours* bestimmt, einer Spielart der *comedy of manners*. Mit dem Begriff *humour* knüpft er an die Theorie der vier Temperamente (Choleriker, Sanguiniker, Melancholiker, Phlegmatiker) an. Er verwendet diese Theorie aber metaphorisch, um die Exzentrizitäten und Affektiertheiten, »the typical manias« (T.S. Eliot) der Menschen im gesellschaftlichen Leben zu charakterisieren. In *Every Man in His Humour* (1598) erscheint das humoralpsychologische Moment lediglich bei zwei Figuren, welche die Modekrankheit der Melancholie kultivieren. Von dieser Komödie gibt es eine Fassung, die in Italien spielt, und eine spätere überarbeitete Fassung, die den

Schauplatz nach England verlegt. J. wandelt die Komödienform von Plautus zu der für ihn charakteristischen Stadtkomödie (*city comedy*) um. Hier geht es um einen Generationenkonflikt, verkörpert in Knowell, der seinen Sohn aus Sorge um dessen Moral bespitzelt. Dabei spielt der Diener Brainworm – in der Tradition der Sklavenfiguren der römischen Komödie und der Lasterfigur (*Vice*) der Moralitäten – als Intrigant und Verwandlungskünstler eine zentrale Rolle. Alle Figuren des Stücks sind durch eine fixe Idee definiert. Die spektakulärste Figur ist Bobadill, ein Feigling, der – in der Nachfolge des antiken *miles gloriosus* – seine soldatische Expertise mit bombastischer Rhetorik und Gestik zur Schau stellt. Perfektioniert ist die figurenbezogene Dramatik J.s in *Every Man out of His Humour* (1599), einem Stück, das sich mit seiner deskriptiven Figurenzeichnung in starkem Maße an die von Theophrast übernommene Form des *character-writing* anlehnt. Die poetologische Grundlage von J.s Charakterisierungskunst ist die Auffassung, daß sich der Mensch durch seine Sprache definiert. In seinem Prosawerk *Timber, or Discoveries* (1640) sagt er: »Language most shewes a man.« Die zweite Innovation von *Every Man out of His Humour* beruht in der Einführung von Kommentarfiguren, die zum einen in der *Induction* auftreten und handlungsextern die ganze Zeit über präsent sind und zum anderen wie der Moralist Macilente und der Lästerer Carlo Buffone handlungsintern die *humour*-Figuren mit Tadel und Spott überziehen. Wenn diese Episierung auch die unmittelbare Dramatik einschränkt, so ist die Satire doch von höchster Qualität. Die satirische Kritik am Höfischen wird in Figuren realisiert, die als Städter (z.B. Fastidius Brisk) oder Landbewohner (z.B. Sogliardo) höfische Verhaltensweisen nachäffen und durch den Erwerb von Attributen des Höflingsstands (Kleidung, Wappen) aufsteigen wollen.

Das heiterste Drama J.s ist *Epicoene, or The Silent Woman* (1609; *Epicoene*, 1799), das auf allen Ebenen der Handlung, der Charakterisierung und der Sprache auf ungemein komische Weise die Opposition zwischen den Geschlechtern aufhebt. Das auffälligste Beispiel dafür ist die Haupthandlung, in der sich die schweigsame und duldsame Epicoene nach der Eheschließung mit Morose als herrschsüchtiger Zankteufel und letztlich als Mann in Frauenkleidern offenbart. Die Dekonstruktion der Geschlechterrollen wird auch in kunstvoll in die Haupthandlung eingeflochtenen

Nebenhandlungen behandelt (etwa anhand der Rollenumkehr im Ehepaar Otter und bei den Collegiate Ladies).

Unter J.s Meisterwerken sind zwei Gaunerkomödien. *Volpone* (1605; *Volpone*, 1912) zeichnet sich neben der Charakterisierungskunst durch große Virtuosität in der Handlungsführung aus. Schauplatz ist Venedig, traditionell ein Ort des Lasters und der Ausschweifung (*dissoluteness*). Volpone stellt sich todkrank, um eine Reihe von Erbschleichern, einen Rechtsanwalt, einen Kaufmann und einen alten Geizhals, zu prellen. Assistiert wird er von Mosca, der in der Tradition des gewitzten Sklaven der antiken Komödie steht. Das Stück macht einen deutlichen Unterschied zwischen den betrogenen Betrügern, die aus Raffgier alle moralischen Prinzipien aufgeben, und dem zentralen Gaunerpaar, das selbst prekärste Situationen mit Bravour zu meistern versteht und Genuß aus der brillanten Durchführung der Täuschungsstrategien bezieht. Volpone sagt: »I glory / More in the cunning purchase of my wealth, / Than in the glad possession.« Volpone ist ein Meister in der Simulation von Krankheiten, während Mosca virtuos die Sprache als Mittel des Betrugs und der Heuchelei manipuliert. Im Fortgang ihrer erfolgreichen Täuschungsaktionen überheben sich die beiden und ihre Partnerschaft zerbricht. Am Ende sehen sie einer drastischen Bestrafung entgegen. Die Analogie der Figuren zu Tieren – Volpone (Fuchs), Mosca (Fliege), Voltore (Geier), Corbaccio (Rabe), Corvino (Krähe) – evoziert die Fabel- und Bestiarientradition. Sie trägt zur Charakterisierung bei, ohne die Figuren zu bloßen allegorischen Personifikationen zu machen. – Brillanter noch ist die Kunst der Handlungsführung und des Dialogs in *The Alchemist* (1610; *Der Alchemist*, 1836), J.s zweiter Gaunerkomödie, in welcher ein Diener unter dem Namen Face während der Abwesenheit seines Herrn von London zusammen mit dem Alchimisten Subtle und der Dirne Doll Common einer Reihe von Klienten in einem groß angelegten Geflecht von Betrugsaktionen Illusionen verkauft. Das Drama ist eine Satire auf die zeitgenössische Faszination durch Astrologie, Alchimie und Quacksalbertum. Aus den Figuren hebt sich Sir Epicure Mammon hervor, der mit Hilfe des Steins der Weisen exorbitante Phantasien von Reichtum und Sinneslust verwirklichen will. Satire auf puritanische Heuchelei, Fanatismus und Opportunismus kommt in den Zwillingsfiguren Ananias und Tribulation

Wholesome zur Geltung. Der Schluß der Komödie verzichtet auf eine drastische Bestrafung der Gaunerfiguren und auf poetische Gerechtigkeit.

Nach der kunstvollen Verbindung von Parallelhandlungen mit der Haupthandlung in den Gaunerkomödien *Volpone* und *The Alchemist* überrascht J. in seinem nächsten Meisterdrama, *Bartholomew Fair* (1614; *Bartholomäusmarkt*, 1912), mit einer andersartigen Innovation. Schauplatz dieses Dramas ist der Jahrmarkt, der in Smithfield am 24. August abgehalten wurde. *Bartholomew Fair* ist keine Gaunerkomödie, obwohl auch hier Betrügereien vorkommen. Das Werk ist eine Art Revuestück, ein bunter Bilderbogen, der in rasch wechselnden Szenen die Schicksale von über 30 Besuchern des Markts mit ihren Illusionen und Obsessionen präsentiert. Die für J. kennzeichnende satirische Darstellungsform findet sich in der Figur des Puritaners Zeal-of-the-Land Busy, aber insgesamt dominiert die Komik. Mehr als früher tritt eine Tendenz zum Realismus hervor. Die ganze Bühnengesellschaft versammelt sich am Schluß bei der Aufführung eines Puppenspiels. Der Puritaner Zeal, wie die wirklichen Puritaner ein Feind des Theaters, unterliegt in der Debatte mit einer Puppenfigur über die Moral der Schauspielkunst. Der Richter Adam Overdo, der auf dem Jahrmarkt nach Monstrositäten (»enormities«) gesucht hat, lädt alle zu sich zum Abendessen ein, ein versöhnlicher Ausklang der Komödie.

Mit *Bartholomew Fair* hatte J. sein dramatisches Innovationspotential ausgeschöpft, wie seine nächste, deutlich schwächere Komödie, *The Devil is an Ass* (1616; *Der dumme Teufel*, 1836), zeigt. Danach widmete er sich Maskenspielen. Erst nach neun Jahren wandte er sich wieder dem eigentlichen Theater zu: *The Staple of News* (1626), *The New Inn* (1629), *The Magnetic Lady* (1631), *A Tale of a Tub* (1633). Aus der Feder von J. stammen auch zwei Tragödien, *Sejanus, His Fall* (1603; *Der Sturz des Sejanus*, 1912) und *Catiline His Conspiracy* (1611). *Sejanus*, vom Machiavellismus und der machiavellistischen Tacitus-Interpretation geprägt, ist ein düsteres Werk, welches das politische Leben als einen Machtkampf darstellt, der von Ehrgeiz und genereller Skrupellosigkeit beherrscht wird. Sieger wird, wer sich besser verstellen und raffinierter täuschen kann. Die ›guten‹ Figuren in dem Drama sind Opfer. Ihnen bleibt nur der hilflose Kommentar des Geschehens. J. verstand sich als didaktischer Dramatiker, der die horazische Forderung von Unterhaltung und Belehrung befolgte, aber seine Begabung als Dramenautor und sein Gespür für Bühnenwirksamkeit führten ihn über die Didaxe hinaus.

Werkausgabe: *Ben Jonson.* Hg. C.H. Herford/E. Simpson. 11 Bde. Oxford 1925–52.
Literatur: R. Cave et al., Hgg. *Ben Jonson and Theatre: Performance, Practice and Theory.* London 1999. – J. Hirsh, Hg. *New Perspectives on Ben Jonson.* Madison, NJ 1997. – N.H. Platz. *Ethik und Rhetorik in Ben Jonsons Dramen.* Heidelberg 1976. – E. Platz-Waury. *Jonsons komische Charaktere.* Nürnberg 1976. – E.B. Partridge. *The Broken Compass: A Study of the Major Comedies of Ben Jonson.* London 1958.

Wolfgang G. Müller

Josipovici, Gabriel

Geb. 8. 10. 1940 in Nizza, Frankreich

Gabriel Josipovici wird in Kreisen britischer Literaturwissenschaftler vornehmlich als Exponent zweier wichtiger Strömungen des britischen Gegenwartsromans gesehen: als Vertreter postmoderner, experimenteller Erzählkunst und als Zugehöriger zur Gruppe der britisch-jüdischen AutorInnen. Im Hinblick auf die radikalen formalen Darstellungsmodi insbesondere seiner frühen Erzählprosa (hier sei besonders die Kurzgeschichte »Mobius the Stripper« von 1972 hervorgehoben) stellt sich das Werk J.s in eine Reihe mit Christine Brooke-Rose bzw. mit B.S. Johnson. Kategorisiert man J.s Werk hingegen als typisch für den jüdischen Roman Großbritanniens, dann ist er in die Phalanx Clive Sinclair, Anita Brookner, Elaine Feinstein, Eva Figes bzw. Harold Pinter und Tom Stoppard einzureihen. Neben einem beachtlichen Korpus von ca. 40 Kurzgeschichten und 14 Romanen umfaßt J.s – uvre auch eine nicht zu vernachlässigende Anzahl von Theaterstücken (18) und Hörspielen (15) sowie (Fernseh-)Filme. – J. wurde 1940 als Sohn jüdischer Eltern rumänisch-ägyptischer Abstammung in Nizza geboren und überlebte den Zweiten Weltkrieg mit seiner Mutter in den französischen Bergen. Nach der Schulzeit in Kairo wanderte er 1956 mit seiner Mutter, der Lyrikerin Sacha Rabinovitch (1910–95), nach England aus, wo er schließlich an der Universität Sussex in Brighton bis 1998 als Professor für Englische und Europäische Literatur tätig war.

J. sieht sich selbst als Modernist und nicht als postmoderner Autor experimentellen Erzählens. Für diese Einschätzung spricht v.a. seine Nähe zu Beckett und Pinter sowie die Tatsache, daß er Situationen der Einsamkeit, der Entfremdung und des Mangels an Kommunikation zu den zentralen Themen seiner Werke macht. Die Kritiker haben allerdings die formalen Komplexitäten seines Werkes weitgehend als zu ›experimentell‹ und hermetisch abgelehnt und sich auch der Herausforderung seiner späteren Romane (ab *Conversations in Another Room*, 1984) nicht gestellt. Neben diesem Roman, der die Konflikte zwischen zwei alten Damen, die in einer Wohnung zusammenleben, schildert, sind vielleicht die Texte *Contre-Jour: A Triptych After Pierre Bonnard* (1986; *Gegenlicht: Ein Triptychon nach Pierre Bonnard*, 2001) und *Now* (1998; *Jetzt*, 2000) die zugänglichsten. – Die hohe Qualität der Prosa J.s dokumentiert sich v.a. auch in den Kurzgeschichten, die z.T. hochsensible Charaktere in Grenzsituationen darstellen und die beschriebenen psychologisch erklärbaren Ambivalenzen in metafiktionale Erzählstrukturen einbinden (etwa »A Changeable Report«, 1982, oder »Fuga«, 1984). J.s dramatisches und narratives – uvre zeichnet sich auch durch wiederholte Einbindung von moderner Kunst in die Erzählungen aus, die in ihrer modernistischen Struktur auf seine Texte wirkt, aber auch thematisch in der Darstellung von halb-historischen Künstlerfiguren aufscheint (Bonnard in *Contre-Jour*; Duchamp in *The Big Glass*, 1991). J.s Werk erfährt nach langjährigem Desinteresse derzeit eine Renaissance.

Literatur: M. Fludernik. *Echoes and Mirrorings: Gabriel Josipovici's Creative – uvre.* Frankfurt a.M. 2000. – D. Pernot. »Biblical, Modern and Postmodern Winding and Unwinding in Gabriel Josipovici's Fiction.« *Germanisch-Romanische Monatsschrift* 49.3 (1999), 351–360. – R. Imhof. »Gabriel Josipovici.« *Der englische Roman der Gegenwart.* Hg. A. Maack/R. Imhof. Tübingen 1993, 245–265. – W. Wolf. »›To understand our distance from understanding‹: Gabriel Josipovicis epistemologisch-metafiktionale Kurzgeschichten als Inszenierungen transzendenter Negativität.« *Anglistik und Englischunterricht* 50 (1993), 131–152.

Monika Fludernik

Joyce, James [Augustine Aloysius]

Geb. 2. 2. 1882 in Dublin;
gest. 13. 1. 1941 in Zürich

James Joyce gilt vielen als der überragende Romancier englischer Sprache im 20. Jahrhundert, und er ist einer der einflußreichsten Klassiker der internationalen Moderne. Der eigenwillige irische Sprachvirtuose und experimentierfreudige Erzählkünstler hat mit vier Prosawerken, die auf seine Heimatstadt als mikrokosmischen Bezugsort rekurrieren, thematisch aber immer weiter ausgreifen, in der Wahl des jeweiligen Erzählkonzepts eine enorme Wandlungsfähigkeit gezeigt. Zumal die wachsende Anspielungsfülle und stilistische Radikalität seiner späteren Romane haben dem Autor eine Aura des Kryptischen verliehen, während er zugleich den Lesern seiner Texte – nicht zuletzt aufgrund der zunehmenden Komplexität – genügend Anreize bietet, die zur Entwirrung eines netzartigen Verweissystems und zum Auskosten der Mehrdeutigkeiten einladen. Ein Ansatz, der J.s Erzählwerk Kontinuität verleiht, ist der schon früh erkennbare spannungsvolle Rückbezug auf sowohl naturalistische wie symbolistische Schreibweisen, der zur Vielschichtigkeit seiner Texte wesentlich beiträgt. In der eigenen Zeit wurden allerdings die eklatanten Tabuverletzungen und die Extravaganz seiner Sprach- und Erzählkunst als Provokation empfunden, die wiederholt auch zu erheblichen Publikationsschwierigkeiten führten. Als maßgeblicher Begründer des Bewußtseinsromans, der das Hauptinteresse ins Innere der Figuren verlagert, hat er einem im 20. Jahrhundert dominanten Erzählkonzept Modelle geliefert und namhafte Autoren wie Virginia Woolf, Samuel Beckett, Vladimir Nabokov oder Salman Rushdie beeinflußt.

J. entstammte einer verarmenden, kinderreichen Kleinbürgerfamilie, die ihm gleichwohl den Besuch der Jesuitenschulen von Clongowes Wood und Belvedere ermöglichte (das Angebot der Priesterlaufbahn schlug er allerdings zugunsten eines Lebens für die Kunst aus). Er studierte Sprachen am University College von Dublin (1898–1902) und ging mit seiner Lebensgefährtin Nora Barnacle 1904 ins freiwillige kontinentaleuropäische Exil, das er hauptsächlich in Triest (1904–14), Zürich (1915–19, 1939–41) und Paris (1920–39) verbrachte. Er blieb Irland, dessen mentale Abhängigkeit von der katholischen Kirche und der

spätkolonialen Herrschaft Großbritanniens er dezidiert ablehnte und dessen kulturelle Wiederbelebung einer bodenständigen Tradition in der Irish Renaissance er mit skeptischer Distanz betrachtete, zeitlebens in einer ausgeprägten Haßliebe verbunden. Er schlug sich mit seiner Familie mühsam als Sprachlehrer durch und mußte sich wegen eines schweren Augenleidens zahlreichen Operationen unterziehen, Umstände, welche die kompromißlose Hingabe an sein literarisches Werk um so bemerkenswerter erscheinen lassen. Trotz mancher Kontakte zur Pariser Kulturszene mit ihrer Ansammlung internationaler Künstler blieb J. im Grunde ein Einzelgänger, der sich auch mit Kommentaren zum Zeitgeschehen zurückhielt. Dem aufmerksamen Leser seiner Werke wird aber der durch liberale Toleranz, säkulare Skepsis und humorvolle Humanität gekennzeichnete Standpunkt des kosmopolitischen Autors nicht entgehen.

In dem Kurzgeschichtenzyklus *Dubliners* (1914; *Dubliner*, 1969) entwirft J. die Porträts von typischen Kleinbürgern, die den paralysierenden »special odour of corruption« des Dubliner Alltags in exemplarischen Situationen repräsentieren: Gefangene der trostlos erscheinenden Umwelt und zumal der erdrückenden Konventionen von Kirche und Staat, in Beruf und Familie frustriert, sind sie unfähig zur Selbstbefreiung, sehnen sich nach dem wirklichen Leben, flüchten sich in den Alkohol, ins leere Gerede oder die Aggressivität und resignieren in geistig-seelischer Totenstarre, was besonders eindrucksvoll in den Geschichten »Eveline« und »The Dead« demonstriert wird. Die nach Kriterien des Figurenalters, der Erweiterung des Personenkreises und der Verschiebung des Fokus vom privaten ins öffentliche Leben in Geschichtengruppen sorgfältig komponierte Struktur der Sammlung geht einher mit einer aussparenden, andeutenden, kommentarlosen Präsentation, welche die Situation des Einzelnen wie der Gesellschaft in aufschlußreichen Details und durchgängigen Ironien bloßlegt (»a style of scrupulous meanness«) und ihnen durch symbolische Verweise und Parallelen allgemeinere Bedeutung verleiht. – In seinem ersten Roman, *A Portrait of the Artist as a Young Man* (1916; *Ein Porträt des Künstlers als junger Mann*, 1972), fiktionalisiert J. auf autobiographischer Grundlage – D. H. Lawrences *Sons and Lovers* (1913) vergleichbar – die Entwicklung des angehenden Künstlers Stephen Dedalus von der Kindheit im Dubliner Mittelstandsmilieu über das Einzelgängertum im Jesuiteninternat, pubertäre Träume und Erfahrungen sowie das Schwanken zwischen religiöser Krise und mustergültiger Selbstdisziplin bis zur Neuorientierung des Studenten, dessen Interesse sich ganz auf das ästhetische Erleben, Denken und Schaffen verlegt und ihn schließlich aus der Enge Irlands mit seinen »Netzen« der Nationalität, Sprache, Religion und Familie aufbrechen läßt, um auf dem Kontinent – mit »silence, exile and cunning« gewappnet – das freie Leben des Künstlers zu suchen. Der Held mit dem symbolträchtigen Namen erleidet das Martyrium der Auseinandersetzung mit der kleinbürgerlich-rückständigen Umwelt und erwacht zum künstlerischen Bewußtsein des Genius, der dem Labyrinth Dublin entflieht, um mit seinem Werk dem moralischen Bewußtsein seines Landes zu dienen. Dieses selbststilisierende Rollenverständnis wird in Ulysses (1922; Ulysses, 1972) ironisiert, wenn der aus Paris zurückgekehrte Held dem projizierten Selbstbildnis kaum nähergekommen ist, so wie bereits im ersten Roman seine Entwicklung wiederholt ironisch pointiert wird, wenn die am Kapitelende erreichten Stadien jeweils im folgenden relativiert werden. Die Textgenese des Romans, von dem Teile einer früheren Fassung unter dem Titel Stephen Hero (1944; Stephen der Held, 1972) erhalten sind, verdeutlicht einen Schaffensprozeß äußerster Verdichtung und stilistischer Feinabstimmung. Der überarbeitete Roman ist von einem dichten Netz von Leitmotiven, Symbolen und Schlüsselwörtern durchzogen, wird unter Verwendung der erlebten Rede perspektivisch erzählt und und spiegelt in der modulierten Sprache die Entwicklung des Helden – vom Geplapper des Kleinkinds bis zum philosophischen Diskurs des Erwachsenen. Die künstlerische Sensibilität des Helden wird nicht zuletzt an seinem wachsenden Sprachverständnis, der Explikation seiner Ästhetik und der Demonstration seiner poetischen Praxis vorgeführt. Zu den Strukturmerkmalen des Romans gehört zudem der für das Frühwerk charakteristische Einsatz von »Epiphanien« (Momenten einer Art spiritueller Manifestation im banalen Alltagsleben), wie hier der Erfahrung seiner Berufung zum Künstler angesichts eines Mädchens am Strand, das ihm in einer ästhetizistisch säkularisierten Marien-Metaphorik als Sinnbild seines neuen Lebens erscheint.

Wahrt J. im Portrait noch eine Balance zwischen narrativer Tradition und Innovation, so beginnt er in seinem monumentalen Hauptwerk *Ulysses* die Gattungskonventionen des Romans mit dem systematischen Einsatz parodistischer und experimenteller Erzählweisen zu entgrenzen. Im Ansatz wiederum realistisch, präsentiert der Roman den Dubliner Alltag des 16. 6. 1904 im Leben von Stephen Dedalus, Leopold und Molly Bloom im minutiösen Stundenprotokoll anhand typischer Stationen (Frühstück, Begräbnisteilnahme, Arbeitsplatz, Mittagspause, Kneipentreff, Klinikbesuch, Bordellaufenthalt, Nachtruhe), die im topographischen Wechsel einen Großteil des Stadtgetriebes einbeziehen und die Hauptfiguren in diverse – meist flüchtige – Interaktionen mit Freunden, Bekannten und Fremden verwickeln. Die Wiedergabe des äußeren Geschehens dient dabei hauptsächlich als Vorlage für die Demonstration der Vorgänge im Bewußtsein der Personen, die vor der Schwelle inhaltlich wie formal kontrollierter Artikulation ablaufen: momentane Wahrnehmungsreflexe, impulsive Reaktionen, halbbewußte Vorstellungen, unwillkürliche Erinnerungen, endlose Assoziationsketten, improvisierte Gedankengänge, die in der neuen Technik des ›inneren Monologs‹ mit seinem Grundmuster der sprunghaft lockeren Folge bruchstückhaft verkürzter Sätze stilisiert vermittelt werden. Die multiperspektivisch eingesetzten Monologe sind thematisch und stilistisch je nach Figur und Situation differenziert. In der Figurenkonstellation verlagert sich J.s Interesse von dem introvertierten Intellektuellen und ambitionierten Künstler Stephen, der als einzelgängerischer Sucher hier immerhin mit Selbstironie ausgestattet ist, auf Bloom, den jüdischen Zeitungsangestellten, einen kurios eigenwilligen und zugleich sehr menschlichen Kleinbürger, der sich mit den Banalitäten des Hier und Jetzt auseinandersetzt, wiederholt auf seine Außenseiterrolle verwiesen wird und viel Lebenserfahrung, Aufgeschlossenheit und Humor beweist, während seine Frau Molly, die ihren Ehefrust in einer Affäre kompensiert, letztlich aber zu ihrem Mann hält, intuitive Spontaneität und elementare Lebensbejahung verkörpert. Im Verlauf des Romans bewegen sich auch Bloom und Stephen aufeinander zu.

J. läßt das für die Hauptfiguren charakteristische Spannungsverhältnis von Entfremdung und Zugehörigkeit mit der Suche Telemachs, den Irrfahrten des Odysseus und der zuhause wartenden Penelope korrespondieren und baut diese homerischen Mythenparallelen zu einem ausgeklügelten System enzyklopädischer Anspielungen (auf Körperorgane, Farben, Künste, Wissenschaften usw.) aus, die jedem Romankapitel sein eigenes Gepräge geben. Dazu gehört eine jeweils auf die Figur und das Geschehen abgestimmte kapitelspezifische Technik, eine kompositorische Tendenz, die zunehmend ausgefallene Stilexperimente nach sich zieht. So muß sich der Leser auf ständig wechselnde Schreibweisen einstellen: die Parodie der historischen Folge englischer Prosastile oder journalistischer Aufmacher, die Adaptation des Groschenromans oder des Katechismus, die Imitation musikalischer Techniken wie Ouvertüre und Fuge, die Interpolation eines phantasmagorischen Traumspiels. J. erweist sich in alledem als der Sprachvirtuose *par excellence*. Er zieht alle Register der Sprache, vom archaischen Wortgut bis zur modischen Redensart, von abstrakter Begrifflichkeit bis zu poetischer Bildlichkeit, von hochsprachlicher Rhetorik bis zu unflätigem Slang und deftigem Dialekt, von flüchtiger Umgangssprache bis zu exakten Fachbezeichnungen, von knappster Formulierung bis zur kompliziertesten Periode. Seine sprachliche Kompetenz läßt sich allerdings nicht nur von der Suche nach dem *mot juste* der verfügbaren Sprache leiten, sondern auch von den vielfältigen Möglichkeiten einer spielerischen Mobilisierung der Sprache. Wort- und Namenmanipulationen, Mehrdeutigkeiten, Mischwortgebilde, groteske Komposita, bizarre Lautmalereien oder hybride Sprachenmischung gehören zu einem alle Schichten des Sprachsystems erfassenden und auf multifunktionale Komik und Suggestivität zielenden Spiel mit der Sprache, das weit über das Wortspiel im engeren Sinne hinaus eine nach der Renaissance verlorengegangene Stiltradition wiederbelebt und erweitert.

Hat man schon im Hinblick auf *Ulysses* gesagt, der eigentliche Held des Romans sei die Sprache, so gilt dies im denkbar radikalsten Sinne für das Spätwerk *Finnegans Wake* (1939; *Finnegans Wehg*, 1993), eine sprachspielerische *tour de force*, die schon auf der elementarsten Ebene des Wort-für-Wort-Verständnisses dem Leser ein beispielloses Textlabyrinth und Super-Puzzle präsentiert. Das schemenhaft herauslesbare Geschehen dreht sich um eine Dubliner Kleinbürgerfamilie, die einen Pub betreibt: Earwicker und seine Frau, die in der frustrierenden Gegenwart keine Zukunftsperspektive mehr entwickeln; die unterschiedlich veranlagten Söhne, die miteinander rivalisieren und gemeinsam gegen den Vater opponieren; die Tochter, die inzestuöse Neigungen des Vaters auf sich

zieht, welche die Mutter argwöhnisch beobachtet, während sie zugleich ihren Mann öffentlich gegen die Gerüchte eines nie konkretisierten Vergehens an zwei Hausmädchen verteidigt. J. unterlegt dem rudimentären Basistext über die archetypische Familie ein Giambattista Vicos Geschichtsphilosophie entlehntes Grundmuster, das die Menschheitsgeschichte in Weltzeitzyklen einteilt und eine infinite Zirkularität suggeriert (entprechend findet der abbrechende Schlußsatz des Romans in dem bruchstückhaft einsetzenden Anfangssatz seine Fortsetzung). – Zur zentralen Thematik des Falls und Aufstiegs, des Werdens und Vergehens gehört Earwickers »Sündenfall«, der mit der titelgebenden Ballade über einen Dubliner Maurer, welcher von der Leiter fällt und, als Scheintoter aufgebahrt, vom Whiskeydunst der Totenfeier wieder zum Leben erweckt wird, verknüpft ist und im universalisierenden Kontext des Romans zahllosen anderen »Fällen« aus Mythologie, Geschichte und Literatur (etwa dem Absturz Satans, Adams, Napoleons, Parnells, Humpty Dumptys) ähnelt. Als »Nachtbuch«-Pendant zum »Tagbuch« *Ulysses* soll *Finnegans Wake* eine dem schlafenden Bewußtsein und der Freudschen Traumarbeit angenäherte Sprache offerieren; und als kulturräumlich und menschheitsgeschichtlich erweiterter Weltalltag soll das Spätwerk eine Art »Über-Sprache« entwickeln. Das Sprachregister wird hier noch stärker in die Alltagskultur von Diskursarten wie Kinderreim, Reklameslogan, Statement, Predigt, Quiz oder Radiosendung ausgedehnt. Anspielungen auf weit über 1000 internationale Lieder tragen zum symphonischen Charakter des mit allen musikalischen Qualitäten der Sprache experimentierenden Textes bei. Polyglottismen aus etwa 60 Fremdsprachen, die als konnotative Ober- oder Untertöne das englische Textsubtrat umspielen, ermöglichen jene Zweit-, Dritt-, Viertbedeutungen, die in die Zehntausende gehen. Aus dieser Grundtendenz zur infiniten sprachspielerischen Vieldeutigkeit ergibt sich zwangsläufig die notorische Crux jeder Interpretation des Romans – der schwer begrenzbare Spielraum verbaler Assoziationen des einzelnen Lesers. Bot J. mit *Ulysses* ein narratives Kompendium der Moderne, so mit *Finnegans Wake* ein die Postmoderne radikal vorwegnehmendes Modell.

Werkausgabe: *Werke.* Hg. K. Reichert/F. Senn. 7 Bde. Frankfurt a. M. 1969–81.
Literatur: W. Füger. *James Joyce: Epoche – Werk – Wirkung.* München 1994. – D. Attridge, Hg. *The Cambridge Companion to James Joyce Studies.* Cambridge 1992. –

H. Kenner. *Ulysses.* Baltimore 1987 [1980]. – Z. Bowen/ J. F. Carens, Hgg. *A Companion to Joyce Studies.* Westpoint, CT 1984. – P. Parrinder. *James Joyce.* Cambridge 1984. – T. Fischer-Seidel, Hg. *James Joyces Ulysses: Neuere deutsche Aufsätze.* Frankfurt a. M. 1977. – R. Ellmann. *James Joyce.* New York 1982 [1959]. – H. Levin. *James. Joyce: A Critical Introduction.* London 1960 [1942].

Eberhard Kreutzer

Kane, Sarah

Geb. 3. 2. 1971 in Essex;
gest. 20. 2. 1999 in London

Das schmale – uvre der Dramatikerin Sarah Kane, die sich Anfang 1999 im Alter von nur 28 Jahren das Leben nahm, gehört zum Kontroversesten, was die skandalträchtige englische Theaterszene der 1990er Jahre hervorgebracht hat. Doch obwohl K.s Stücke mit ihrer schonungslosen Darstellung physischer und psychischer Grausamkeit einem generellen Trend zu einer gewalttätigen Bühnensprache das Wort zu reden scheinen, unterscheidet sich ihr Werk nicht zuletzt in seiner dramatischen und literarischen Breite von dem anderer Dramatiker ihrer Generation: K. wurde von der Popkultur des ausgehenden 20. Jahrhunderts genauso inspiriert wie von biblischen und mythologischen Motiven und so bedeutenden dramatischen Vorbildern wie Samuel Beckett, Harold Pinter, Edward Bond und Dennis Potter. – Nach ihrem Studium in Bristol und Birmingham und einer ersten Skandalinszenierung auf dem Edinburgher Fringe Festival wurde K. mit *Blasted*, 1995 im Royal Court Theatre Upstairs uraufgeführt (*Zerbombt*, 1997), über Nacht zum *enfant terrible.* Dieses programmatische Stück, in dem sie, wie sie selber sagt, Bosnien und Großbritannien »einfach zusammengelegt« hat, antizipiert das zentrale Thema ihres Werks: das menschliche Ringen um Liebe und Verständnis in einer zerstörerischen, kranken Welt. In einem Hotelzimmer in Leeds vergewaltigt der todkranke Journalist Ian, ein zynischer Rassist und Frauenhasser, die junge und offensichtlich unerfahrene Cate. Die körperliche und emotionale Brutalität dieses Mikrokosmos spiegelt den draußen tobenden Bürgerkrieg wider, der in Form eines fanatischen Heckenschützen in das Hotelzimmer hineinbricht. In *Blasted* ist zwischenmenschliche Gewalt eingebettet in ihren größeren Zusammenhang, ist das Persönliche tatsäch-

lich das Politische. – Trotz aller Brutalität illustrieren K.s Stücke immer wieder in beinahe naiver Weise den Triumph der Liebe und der Menschlichkeit: *Blasted* endet mit einem anrührenden Tableau, in dem Cate den inzwischen hilflosen und blinden Ian füttert, dessen »Thank you« das Stück auf einer fast optimistischen Note enden läßt. In *Cleansed*, 1998 uraufgeführt (*Gesäubert*, 1999), das in einem konzentrationslagerähnlichen Campusgelände spielt, in dem jede Form der Liebe, außer käuflicher Heterosexualität, verboten ist, zeigt K. das trotzige Aufbäumen des angeblich Abnormen (Homosexualität, Inzest) gegen die Perversionen der Macht. Selbst die graphische Vierteilungsszene am Ende von *Phaedra's Love* (1996; *Phaidras Liebe*, 1998) gestattet dem gelangweilten, von Menschenverachtung wie Gonorrhö zerfressenen Protagonisten Hippolytus einen Moment der Klarheit und Transzendenz: »If there could have been more moments like this.«

Ein solcher – nur bedingt ironischer – Optimismus im Angesicht der Gewalt ist natürlich problematisch und erklärt die Verunsicherung der konservativen wie liberalen Presse Englands, die *Blasted* gleich nach der ersten Aufführung zum »disgusting feast of filth« abstempelte. Anders als andere Autoren ihrer Generation wurde K. zum Opfer einer offensichtlich organisierten Denunziationskampagne, die selbst Edward Bond zur Verteidigung der Autorin auf den Plan rief. Und während K. in Deutschland seit ihrem Debüt begeistert rezipiert wurde (Peter Zadek inszenierte sowohl *Blasted* als auch *Cleansed* im Schauspielhaus Hamburg), begann die englische Kritik erst nach K.s Selbstmord, ihr Werk zu schätzen. Nachdem ihr letztes Stück, *4.48 Psychosis,* 1999 postum aufgeführt wurde (*4.48 Psychose,* 2001), ehrte das Royal Court Theatre seine wohl eigenwilligste Autorin im Jahr 2001 mit einer Werkschau.

Werkausgaben: *Complete Plays.* London 2001. – *Sämtliche Stücke.* Hg. C. Brocher/N. Tabert. Reinbek 2002. Literatur: D. Rebellato. »Sarah Kane: An Appreciation.« *New Theatre Quarterly* 59 (1999), 280–281. – A. Sierz. »Cool Britannia? ›In-yer-face‹ Writing in the British Theatre Today.« *New Theatre Quarterly* 56 (1998), 324–333. – T. Sellar. »Truth and Dare: Sarah Kane's *Blasted.*« *Theater* 27.1 (1996), 29–34.

Anja Müller-Wood

Kavanagh, Dan
→ Barnes, Julian

Kavanagh, Patrick Joseph

Geb. 21. 10. 1904 in Inniskeen, County
Monaghan; gest. 30. 11. 1967 in Dublin

Patrick Joseph Kavanagh ist eine der interessantesten und zugleich widersprüchlichsten
Stimmen der irischen Literatur nach der *Irish
Renaissance*. In einer für viele irische Literaten
typischen Weise vereinigt er in sich eine leidenschaftliche Liebe zu seinem Land mit einer nicht
minder leidenschaftlichen Kritik an diesem Land.
Entsprechend unterschiedlich hat man ihn beurteilt: Die Skala der Urteile reicht von der Wertschätzung K.s als Wegbereiter der modernen irischen Literatur bis hin zur Ablehnung als provinziellen Widersacher einer innovativen Literaturentwicklung. Leicht gemacht hat es K. weder
Anhängern noch Gegnern. Er folgte nicht dem
Muster vieler irischer Literaten, die das Land voller
Resignation verlassen, sondern wählte eine ganz
besondere Form der inneren Emigration, die Position des kampfesfreudigen Außenseiters. Bis zu
seinem Lebensende fühlte er sich als Außenseiter
und machte diese Haltung zum Ausgangspunkt
seines literarischen wie journalistischen Schaffens.

Als viertes von 10 Kindern eines Kleinfarmers
und Schuhflickers in Mucker, County Monaghan,
wuchs er in der Enge einer festgefügten ländlichen
Gemeinschaft auf und trat zunächst in die Fußstapfen seines Vaters. Als er mit 12 Jahren die
Schule verließ, hatte ihn nichts dazu ermutigt, sich
der Literatur zuzuwenden, doch begann er bereits
in diesem Alter mit den ersten poetischen Versuchen. Sein Leben lang war er um literarische Bildung bemüht, und das von ihm als solches empfundene Bildungsdefizit machte ihn bisweilen ag-
gressiv und ließ ihn gegenüber einem urbanen
Publikum wiederholt in der Pose des ungehobel-
ten Landbewohners auftreten. – Seine scheinbar
triviale ländliche Umgebung wird für ihn zum
Ausgangspunkt erkenntnisreicher Reflexionen.
Unverkennbar ist in diesem Zusammenhang der
Einfluß der keltischen Naturlyrik, die ihm in Form
von oraler Literatur vermittelt wurde. In dem
autobiographischen Roman *The Green Fool* (1938)
trat diese Form der Naturbeschreibung deutlich
hervor, allerdings noch in das versöhnliche Licht
eines ausgleichenden Humors getaucht. Mit dem
Roman *Tarry Flynn* (1948) versuchte er schon
wesentlich ernsthafter und konsequenter, sein eigenes widersprüchliches Wesen zu ergründen. Zugleich feierte er hierin die Bedeutung der kleinen
Dinge: »O the rich beauty of the weeds in the
ditches.« In *Self Portrait* (1964) schließlich gewinnen die Selbstzweifel ein derartiges Ausmaß,
daß er sich nahezu als Versager sieht.

K.s Schaffen läßt sich in deutlich voneinander
unterschiedene Phasen einteilen. 1928–39 waren
die Jahre einer stürmischen Entwicklung v. a. unter
dem Einfluß von Bret Harte und Gertrude Stein.
In dieser Zeit entstanden einige seiner schönsten
Gedichte (*Ploughman and Other Poems*, 1936). Sie
zeichnen sich durch eine lebendige Sprache aus,
die nach magischer Wirkung strebt und sich um
die ursprüngliche Bildwelt des Kindes bemüht.
Neben der vielfach hyperbolischen Ausdrucksweise stehen völlig neue Wortprägungen und mythische Aufladungen. Dahinter leuchtet eine Sensualität auf, die sich gegen die Leibfeindlichkeit des
Katholizismus richtet. 1942 erschien *The Great
Hunger*, ein Versepos in freien Rhythmen, das mit
seiner deutlichen Bezugnahme auf Zeugung und
Geburt nach Erfüllung sinnlicher Phantasien
drängt. – 1939 siedelte K. nach Dublin über, ohne
sich jedoch von Inniskeen zu lösen. Eine Phase
hektischer journalistischer Aktivität begann mit
Arbeiten höchst unterschiedlicher Qualität. Hatte
er unter Eamon de Valera mit einer engherzigen
Zensur zu kämpfen, so ließ er sich andererseits auf
Prozesse ein, die seine Gesundheit ruinierten. 1955
schien Lungenkrebs seinem Schaffen ein Ende zu
setzen, doch er überlebte eine riskante Lungen-
operation. Er empfand dies als ›rebirth‹ und entwickelte neue Kräfte, die zu einer Lyrik von höchster sprachlicher und gedanklicher Vollendung
führten, darunter zahlreiche Gedichte in Sonettform (*Recent Poems*, 1958; *Come Dance with Kitty
Stobling and Other Poems*, 1960; *Collected Poems*,
1964). – K.s Virtuosität der Sprache verlieh der
ansonsten stummen Landbevölkerung Irlands eine
Stimme, und seine unorthodoxe Haltung verschaffte ihr das Gefühl der Freiheit gegenüber den
kanonischen Ansprüchen des Katholizismus.

Literatur: M. Byrne. *Patrick Kavanagh: A Biography*.
Dublin 1998. – D. O'Brien. *Patrick Kavanagh*. Lewisburg, PA 1975. – A. Warner. *Clay Is the Word*. Dublin
1973.

Walter T. Rix

Keatley, Charlotte

Geb. 5. 1. 1960 in London

Charlotte Keatley hat 1987 mit *My Mother Said I Never Should* ein Drama geschrieben, das binnen kurzer Zeit zu einem Welterfolg wurde und mittlerweile in über 17 Ländern inszeniert worden ist. Es folgten weitere Stücke sowie Fernseh- und Hörspiele, sie konnte jedoch bisher nicht an ihren großen Erfolg anknüpfen. K. kommt von der praktischen Theaterarbeit. Neben dem Studium der Theaterwissenschaften in Leeds war sie als Schauspielerin, Regisseurin, Kritikerin und später als Dozentin tätig. Heute leitet sie weltweit *workshops* in kreativem Schreiben. – Wie ungewöhnlich es in den 1980er Jahren noch war, ausschließlich die Lebenswelt von Frauen auf der Bühne darzustellen, verdeutlicht die Tatsache, daß K.s Erfolgsstück zunächst von Theatern durchweg abgelehnt wurde. K. sah sich dem Vorwurf ausgesetzt, daß es im Stück um nichts ginge, da die Handlung ›nur‹ um Frauen kreisen würde. *My Mother Said* ist ein historisches Drama, das das Leben von vier Generationen einer Familie zeigt. Gewöhnliche Frauen und die Alltagsgeschichte im 20. Jahrhundert stehen im Zentrum. *My Mother Said* legt offen, wie sehr die Lebensgestaltung von Frauen nicht nur durch Kriege und gesetzliche Errungenschaften – wie das Wahlrecht oder gleiche Löhne – geprägt worden ist, sondern durch das Verhalten der Mutter und weibliche Rollenvorstellungen der Männer. Das Verhältnis der Generationen untereinander und die Mutter-Tochter-Beziehungen im besonderen sind gekennzeichnet durch Liebe, gleichzeitig aber auch durch Frustration und Wut darüber, daß die Töchter die Erwartungen der Mütter nicht erfüllen. Die Herausforderungen, denen sich die Frauen stellen müssen, wie die Vereinbarkeit von Mutterschaft und Beruf oder die Trennung vom Partner, ähneln sich, aber die Art der Bewältigung von Problemen ändert sich mit der Zeit. – K. hat ihr Drama nicht realistisch konzipiert: Das Stück ist wie ein Puzzle aus verschiedenen Orten und Zeitpunkten zwischen 1923 und 1987 zusammengesetzt. Die Küche, der archetypische Ort der Frau im traditionellen Drama, wird völlig ausgespart. An die Stelle einer linearen Darstellungsweise tritt eine emotionale Chronologie, bei der keine der Zeitebenen dominiert. K. setzt damit die Einsicht um, daß Familiengeschichte ebenso wie wichtige Ereignisse im eigenen Leben nicht chronologisch erinnert werden. Ferner kommentieren Szenen, in denen die Frauen gemeinsam als Kinder an einem zeitlosen Ort außerhalb der Eingriffsmöglichkeiten von Erwachsenen spielen, die Haupthandlung. Als Kinder brechen sie Tabus und sprechen über Themen wie Sexualität, Geschlechterrollen und den Tod ohne die Hemmungen der erwachsenen Frauen. Die Jüngste, Rosie, erweist sich als Hoffnungsträgerin, da sie eine positive Grundeinstellung zum Leben entwickelt. Dies wird möglich, weil sie an die Errungenschaften der Frauen in ihrer Familie anknüpfen kann und aus deren Erfahrungen gelernt hat.

Literatur: G. Cousin. *Women in Dramatic Place and Time*. London 1996. – C. Keatley. »Commentary and Notes.« *My Mother Said I Never Should*. London 1994, iv-lxxix.

Stephanie Kramer

Keats, John

Geb. 31. 10. 1795 in London; gest. 23. 2. 1821 in Rom

»He describes what he sees – I describe what I imagine. Mine is the hardest task.« So kennzeichnet John Keats in einem Brief vom September 1819 seine dichterische Arbeit im Gegensatz zu der seines erfolgreichen Zeitgenossen Lord Byron. Entsprechend gering ist der Umfang seines Werks. Nur drei schmale Bände und insgesamt 54 Gedichte konnte K. veröffentlichen; abgesehen von seinen literarischen Freunden, nahm kaum jemand davon Notiz. Das Buch hätte auch in Timbuktu erscheinen können, meinte ein Freund nach dem Erscheinen von *Poems* (1817). Spätestens seit der viktorianischen Zeit hat sich diese Einschätzung jedoch grundlegend geändert, und K. wird wohl heute von der Literaturkritik überwiegend als der größte romantische Dichter in England angesehen. Auf jeden Fall ist er der am meisten Formbewußte unter den englischen Romantikern. Mit allen Kräften widmete er sich seiner Aufgabe als Dichter und erreichte durch energische Selbstdisziplin in den großen lyrischen Gedichten seiner reifen Periode mit einfachen sprachlichen Mitteln ein unvergleichliches Maß an Eindringlichkeit, formaler Geschlossenheit und poetischer Komplexität.

Sein Leben war sehr kurz, und seine besonderen Lebensumstände erscheinen für einen roman-

tischen Dichter auf den ersten Blick wenig aus-
sichtsreich. Er genoß weder eine akademische Bildung wie Byron, noch konnte er wie Wordsworth
die prägende Nähe zu einer grandiosen Landschaft
erleben. In London wurde er als ältestes von vier
Kindern eines Mietstallbesitzers geboren. Früh
(1804) verlor er durch einen Reitunfall seinen
Vater und sechs Jahre später seine Mutter, die nach
einer gescheiterten zweiten Ehe an Tuberkulose
starb. Um so enger war K.' Verhältnis zu seinen
Geschwistern. Ab 1803 besuchte er eine kleine,
äußerst fortschrittliche Internatsschule in Enfield,
nördlich von London, wo er durch den Schulleiter
und besonders dessen Sohn, den acht Jahre älteren
Charles Cowden Clarke, entscheidende Förderung
und Anregung erfuhr. Sie ermutigten ihn, ihre
Bibliothek zu benutzen, und er wurde zum begeisterten Leser. Er hielt diese wichtige Verbindung
auch später aufrecht, als er 1811 von seinem Vormund bei einem Arzt und Apotheker in dem Dorf
Edmonton, unweit von Enfield, in die Lehre gegeben wurde und ab 1815 seine medizinische Ausbildung am Londoner Guy's Hospital fortsetzte. K.
hatte stets den Ehrgeiz, ›der Welt etwas Gutes zu
tun‹; doch er wurde schon bald mit seiner Arbeit
als Wundarzt unzufrieden und beschloß, Ende
1816, sich lieber ganz der Dichtung zu widmen.
Durch Cowden Clarke hatte er Leigh Hunt kennengelernt, der ihn mit anderen Literaten und
Dichtern, darunter auch Percy Bysshe Shelley und
William Hazlitt, sowie mit Verlegern und Künstlern bekannt machte. Im Mai erschien sein erstes
Gedicht, »O Solitude«, in der Zeitschrift *The Examiner* und im folgenden Jahr der erste Gedichtband, *Poems*.

Trotz des geringen Echos gab K. nicht auf und
schrieb, hauptsächlich auf der Isle of Wight, das
epische Gedicht *Endymion* (1818; *Endymion*,
1897), welches nach seinem Erscheinen von der
literarischen Kritik verheerend rezensiert wurde.
Man lehnte den Dichter als Mitglied einer ›Cockney School of Poetry‹ ab. Im Sommer des gleichen
Jahres unternahm er mit einem Freund eine Berg-
wandertour durch den Lake District und das
schottische Hochland, seit Wordsworth und Scott
die eminent poetischen Landschaften Großbritanniens. Mit einer schweren Halsentzündung, die
dann chronisch wurde, kehrte er nach London
zurück, wo er seinen Bruder Tom bis zu dessen
Tod im Dezember pflegte. In dieser Zeit begann
seine Liebe zu der schönen, ihm aber geistig nicht
ebenbürtigen Fanny Brawne, die zu einer leiden-

schaftlichen, aber nicht sexuellen Beziehung
wurde. Es kam zu einer heimlichen Verlobung,
doch K. war überzeugt, er könne Fanny erst heiraten, wenn er sich als Dichter durchgesetzt hätte.
Im Jahre 1819, seinem *annus mirabilis*, entstanden
seine bedeutendsten Gedichte, darunter die großen Oden, die alle 1820 erschienen. Im Februar
1820 hatte K. einen Blutsturz, für den ausgebildeten Arzt ein untrügliches Zeichen, daß er
unheilbar an Tuberkulose erkrankt war. Auf einer
Reise nach Italien, die seine Gesundheit wiederherstellen sollte, starb er genau ein Jahr später in
Rom und wurde auf dem protestantischen Friedhof beigesetzt. Shelley schrieb ihm noch im gleichen Jahr die Elegie *Adonais*, in der er den frühen
Tod des Dichterfreundes als Folge der feindlichen
Rezeption von *Endymion* erklärt.

Trotz seiner kurzen Schaffenszeit machte K. als
Dichter eine beachtliche Entwicklung durch, die
sich vielleicht am sinnfälligsten in seinen wichtigsten Vorbildern manifestiert: von Spenser und
Hunt bewegte er sich hin zu Milton und Shakespeare. In den frühen Gedichten läßt sich die
dichterische Vollendung meist wenig vorausahnen;
sie wirken häufig vage und uneinheitlich und sind
weithin durch schwärmerische und unkritische
Verzückung gekennzeichnet. Allerdings zeigt das
Naturgedicht »I Stood Tip-Toe« neben dem nar-
kotischen Versenken in die Schönheiten der Natur
auch eine bemerkenswerte Beachtung von sinn-
lich-konkreten, bisweilen üppigen Details. In
»Sleep and Poetry« verleiht K. bereits seinem Gefühl der dichterischen Berufung emphatisch Ausdruck und zeichnet für sich einen Weg der Entwicklung als Dichter vor, der vom einfachen Na-
turleben zur menschlichen Involviertheit führt.
Das dem Vorromantiker Thomas Chatterton gewidmete *Endymion*, welches die mythische Geschichte von dem jungen Schäfer erzählt, in den
sich die Mondgöttin verliebt, wird von K. selbst im
Vorwort als unreifes Jugendwerk bezeichnet; aber
es enthält auch gelungene Passagen und läßt v. a.
die für K. bestimmende Nähe zur antiken Welt,
insbesondere zur griechischen Mythologie, erkennen. K. nennt das Gedicht in einem Brief »a test, a
trial of my Powers of Imagination« (»eine Probe
seiner Einbildungskraft«), und es ist unbestreitbar,
daß er und seine Zeitgenossen längeren Dichtungen, wie *Lamia* (1820; *Lamia*, 1897), *Isabella*
(1820; *Isabella oder Der Basilienstock*, 1897), *The
Eve of St. Agnes* (1820; *St. Agnes Vorabend*, 1897)
und *Hyperion: A Fragment* (1820; *Hyperion*, 1897),

einen höheren Wert beimaßen als heutige Leser und Kritiker, für die das kurze lyrische Gedicht im Mittelpunkt steht. Wenn »On First Looking into Chapman's Homer« (1816) trotz seiner frühen Entstehung viel geschlossener als die längeren Gedichte ist, so geht dies sicher entscheidend auf die Wirkung der Sonettform zurück, die K. nach Wordsworths Beispiel aufgriff. Auch hier vollzieht sich eine Begegnung mit der Antike, vermittelt durch den Shakespeare-Zeitgenossen George Chapman. Nachdem die elisabethanische Homer-Übersetzung im 18. Jahrhundert durch die elegantere Version Popes verdrängt war, konnte die kraftvolle ältere Fassung nun für K. wieder zu einer Entdeckung werden, vergleichbar derjenigen der Neuen Welt durch die spanischen Eroberer. Die Oden, die heute allgemein als K.' bedeutendste Werke angesehen werden, gehen hinsichtlich der Strophenform auf das Sonett zurück (eine Form, die K. in fast siebzig Gedichten mit unterschiedlichen Reimschemata zugrunde legte). Inhaltlich kreisen sie hauptsächlich um die Themen Kunst, Dichtung, Natur, Schönheit und Vergänglichkeit sowie um den Gegensatz von Ideal und Wirklichkeit. »Ode to Psyche« thematisiert im Gewand der klassischen Antike eine Vision von Liebe und Natur. In »Ode to a Nightingale« erweckt der Gesang der Nachtigall, die als ideales Symbol die Bereiche Natur und Dichtung repräsentiert, im Dichter den Wunsch nach Auflösung des eigenen Ich und bewirkt in ihm ein visionäres Erlebnis der Entgrenzung, aus dem er am Ende ernüchtert in die Wirklichkeit zurückkehrt. Auch »Ode on a Grecian Urn«, K.' bekanntestes Gedicht, der ›Hamlet‹ in der englischen Poesie, behandelt das gleiche Grundthema der Diskrepanz von Ideal und erfahrbarer Wirklichkeit und ihre vorübergehende Aufhebung. Umstritten ist besonders die Bedeutung der beiden Schlußzeilen, in welcher Hinsicht Schönheit und Wahrheit als identisch gelten können. Mittelbar geht es ebenfalls in »Ode to Melancholy« um das Thema Schönheit, die mit ihrer unvermeidlichen Vergänglichkeit die wahre, für den Romantiker erstrebenswerte, Melancholie auslöst. »To Autumn«, zwar nicht im Titel als Ode gekennzeichnet, wird generell zu den großen Oden gerechnet und gilt vielen als K.' reifstes Gedicht. Indem es den Herbst als die Jahreszeit der beschaulichen Fruchtbarkeit preist, weist es einen deutlich ruhigeren und weniger leidenschaftlichen Grundtenor auf. In »La Belle Dame sans Merci«, zur gleichen Zeit wie die Oden entstanden, folgt

K., konsequenter als die anderen Romantiker, dem Gattungsmuster der Volksballade. Zugleich behandelt er mit dem Ritter, der durch die Erfahrung und das Verfolgen des unerreichbaren Ideals, hier der idealen Schönheit der Feendame, zerstört wird, ein Thema, das ihm auch sonst am Herzen liegt.

Seine Briefe, die in keiner Weise zur Veröffentlichung vorgesehen waren, sind vornehmlich ein Zeugnis seiner von allen, die ihn kannten, gerühmten sympathischen Wesensart. Außerdem legt K. in der Korrespondenz mit seinen Bekannten, Freunden und Verwandten bei unterschiedlichen Anlässen dar, welche Überzeugungen ihn als Dichter bestimmen. Vor allem betont er, vielleicht noch emphatischer als andere Romantiker, die Bedeutung der Imagination als entscheidende Orientierungsinstanz: Verläßlich und wertvoll ist für K. nur, was die Imagination hervorbringt. Auf Gefühle, nicht auf Gedanken legt er, wie er an verschiedenen Stellen hervorhebt, hauptsächlich Wert. Den Dichter sieht er in erster Linie durch *negative capability* ausgezeichnet, d. h. durch die Fähigkeit, sich für Phänomene und Personen zu öffnen und sie auf sich wirken zu lassen; und er geht sogar so weit, dem »chamäleonhaften Dichter« eine eigene Persönlichkeit abzusprechen. Im Zusammenhang damit betont er die Notwendigkeit einer in ihrer Ausdrucksweise natürlichen und ungekünstelten Dichtung: »Poetry should be great and unobtrusive« (»Dichtung sollte groß und unaufdringlich sein«) – eine Forderung, die er selbst sicher in seinen besten Gedichten beispielhaft erfüllt.

Werkausgaben: *Poetical Works*. Hg. H. W. Garrod. London 1956. – *Letters*. Hg. H. E. Rollins. 2 Bde. Cambridge, MA 1958. – *Complete Poems*. Hg. J. Barnard. Harmondsworth 1973. – *The Poems*. Hg. F. J. Stillinger. London 1978.
Literatur: Ch. Bode. *John Keats: Play On*. Heidelberg 1996. – W. J. Bate. *John Keats*. Cambridge, MA 1963. – E. R. Wasserman. *The Finer Tone: Keats' Major Poems*. Baltimore/London 1983 [1953].

Raimund Borgmeier

Keble, John

Geb. 25. 4. 1792 in Fairford, Gloucestershire; gest. 29. 3. 1866 in Bournemouth, Hampshire

John Keble kann auf doppelte Weise als vergessener Dichter angesehen werden. Zum einen kennt heute kaum noch jemand sein bekanntestes Werk *The Christian Year: Thoughts in Verse for the Sundays and Holydays Throughout the Year* (1827), nachdem diese Sammlung geistlicher Gedichte und Hymnen als Ergänzung zur Bibel bis 1873 140 Auflagen mit über 300.000 Exemplaren erlebt hatte. K.s Kenntnisse in anglikanischen Formen und Liturgien erfordern einen theologisch in der Zeit des 19. Jahrhunderts geschulten Leser. Seine Dichtung wie auch seine als Inhaber der Oxforder Poetik-Professur 1832–41auf lateinisch gehaltenen Vorlesungen *De Poeticæ Vi Medica* (1844; *Lectures on Poetry*, 1912) richten sich an einen eingeweihten Leserkreis. Zum anderen ist K.s Name aus der literaturwissenschaftlichen und ästhetischen Diskussion seit dem späten 19. Jahrhundert fast ganz verschwunden, so daß K. heutzutage vorwiegend als Reformer der anglikanischen Kirche bekannt ist. Dieses Nichteingehen in den literarischen Kanon hängt mit der Verknüpfung von K.s Rollen als Dichter, Priester und Universitätslehrer sowie mit der für die aus der Romantik entsprungene Tradition des Ästhetizismus irritierenden Kombination aus romantischen Ideen und klassizistischen Normen zusammen. Der Ästhetizismus orientierte sich eher an K.s Schüler in der Oxforder Bewegung, J.H. Newman. – In seinen Poetikvorlesungen schließt K. an William Wordsworths Definition von Lyrik als »spontaneous overflow of powerful feelings« an, preist aber zugleich in der klassizistischen Tradition mit Homer, Aeschylus und Vergil die Antike. Byron wird als poetisches Talent gegeißelt, der dieses wegen seiner Träumereien und seines Nihilismus vergeude. Die Poetik-Vorlesungen sind stark normativ; es wird zwischen zwei Klassen von Dichtern unterschieden, nur die erste zeichnet sich durch ihre Originalität aus. Meyer Howard Abrams sieht K. als Vorläufer Freuds, weil er der Dichtung die Kraft zuschreibt, verborgene geistige Emotionen zu heilen, und reflektiert, daß Dichtung immer nur eine verkleidete Form des Selbstausdrucks ist. Diese poetische Katharsis-Funktion der Dichtung entspricht der Funktion des Gebets, das dem Menschen ebenfalls Erleichterung verspricht. Auch in der Dichtung läßt sich im Vorwurf an die fehlende Klarheit bestimmter Bilder ein die Ernsthaftigkeit von K.s Lyrik unterlaufendes Moment von Ambiguität entdecken. K.s scheinbare Modernität wird immer durch ein normatives Element, als Traktat-Ästhetik klassizistische Tradition und anglikanische Prämissen vereinend, unterlaufen. Er schreibt der Imagination des Lesers im Stile der deutschen Frühromantik eine eigene Kraft zu, um letztlich dessen Assoziationen durch eine göttliche Kontrollinstanz wiederum einzugrenzen.

Literatur: R. S. Edgecombe. *Two Poets of the Oxford Movement: John Keble and John Henry Newman.* Madison, NJ 1996. – B. W. Martin. *John Keble: Priest, Professor and Poet.* London 1976. – M.H. Abrams. *The Mirror and the Lamp: Romantic Theory and the Critical Tradition.* New York 1953.

Stephan Jaeger

Kelman, James

Geb. 9. 6. 1946 in Glasgow

James Kelman hat sich mit einer Reihe von Dramen (*Hardie and Baird: and Other Plays*, 1991), kritischen Essays (*Some Recent Attacks: Essays Cultural & Political*, 1992) und v.a. zahlreichen Kurzgeschichten und Romanen als einer der bekanntesten Vertreter der schottischen Gegenwartsliteratur etabliert. Sein Selbstverständnis als Autor ist geprägt durch eine tiefgreifende Skepsis gegenüber dem literarischen Establishment, dem er die Marginalisierung der Kultur der Arbeiterklasse durch eine Kanonisierung des Elitären zum Vorwurf macht. Der ehemalige Busfahrer, Gelegenheitsarbeiter und Schreibschuldozent, der erst als 28jähriger Familienvater ein Philosophiestudium aufnahm, widersetzt sich sowohl einem professionalisierten Literaturbetrieb, der normativ zwischen amateurhaftem *creative writing* und ›großer Literatur‹ unterscheidet, als auch dem Kommerzialisierungszwang der Massenmedien. – K.s Kurzgeschichtensammlungen *Short Tales From the Night Shift* (1978), *Not Not While the Giro* (1983), *Greyhound for Breakfast* (1987; *Windhund zum Frühstück*, 1993), *The Burn* (1991) und *The Good Times* (1998) sind ebenso wie seine Romane durch eine realistische Schreibweise gekennzeichnet, die erfahrungsnah und detailversessen den Alltag der schottischen *working class* porträtiert. Nachdem K. bereits mit seinen ersten drei Romanen *The Busconductor Hines* (1984), *A Chancer* (1985; *Zocker*, 1993) und *A Disaffection* (1989; *Sieben Tage im Leben eines Rebellen*, 1994), der Geschichte des desillusionierten Lehrers Pat Doyle, literarische Achtungserfolge erzielt hatte, gelang ihm 1994 mit *How Late It Was, How Late* endgültig der Durchbruch. Der in Glasgow angesiedelte Roman, der mit dem renommierten *Booker Prize* ausgezeichnet wurde, schildert einige Tage aus dem Leben des arbeitslosen Kleinkriminellen Sammy, der nach einer ausgedehnten Zechtour nicht nur die Erinnerung an die Geschehnisse der vergangenen Tage, sondern auch sein Augenlicht verloren hat. Sammys stark eingeschränkte Wahrnehmung wird narrativ inszeniert durch sprunghafte, assoziative Bewußtseinsdarstellung und eine zirkuläre, repetitive Erzählstruktur. Charakteristisch auch für K.s andere Werke sind neben der ausgeprägten Verwendung von Dialekt und Umgangssprache v. a. der trockene Humor, der die Figuren selbst in ausweglosen Situationen nicht im Stich läßt, und die Beschränkung auf alltägliche Stoffe aus dem Milieu der Arbeiterklasse und unteren Mittelschicht. Letzteres ist durchaus programmatisch zu verstehen, denn K. lehnt als überzeugter Verfechter einer engagierten Literatur – »I've nothing to say to writers who aren't committed. There are no areas at any intellectual level I want to enter into with them.« (*Some Recent Attacks*) – eskapistische *genre fiction* ebenso kategorisch ab wie realitätsferne Höhenkammliteratur.

Literatur: C. Craig. »Resisting Arrest: James Kelman.« *The Scottish Novel Since the Seventies.* Hg. G. Wallace/R. Stevenson. Edinburgh 1993, 99–114.

Roy Sommer

Kempe, Margery

Geb. 1373? in King's Lynn, Norfolk;
gest. 1440? ebd.

Margery Kempe gilt zusammen mit der Mystikerin und Rekluse Julian of Norwich (ca. 1342 bis nach 1416) als eine der ersten Autorinnen Englands und ihr *Book* (verfaßt ab ca. 1436) nicht nur als erste Autobiographie auf Englisch, sondern auch als wichtiger Beitrag zur mittelenglischen religiösen Prosa. – K. wuchs als Tochter eines wohlhabenden, einflußreichen Bürgers in Norfolk auf und heiratete jung John Kempe, mit dem sie 14 Kinder hatte. Nach der Geburt des ersten Kindes geriet sie in eine psychische Krise, in deren Verlauf es zu einer religiösen Bekehrung kam. K. versuchte, sich aus der Rolle der Ehefrau und Mutter zu lösen und eine neue religiöse Identität aufzubauen, die jenseits der allgemein akzeptierten Lebensmodelle von Nonne und Rekluse lag. So reiste sie auf der Suche nach kirchlicher Anerkennung

durch England und erzwang 1413 von ihrem Gatten ein Keuschheitsgelübde. Wegen ihres auffallenden Verhaltens und des beanspruchten Predigeramtes geriet sie häufig mit dem Klerus in Konflikt und im Rahmen der Lollarden-Verfolgungen sogar unter Ketzerverdacht. Sie schildert in ihrem Buch ihre Pilgerreisen nach Rom, Assisi, Santiago de Compostella und ins Heilige Land. – Die frühe Forschung hat K.s Buch vorzugsweise auf die Rolle eines sozio-historischen bzw. religionsgeschichtlichen Dokuments reduziert. V. a. die neuere feministische Forschung hat zu einer Neubewertung von K.s Buch mit Blick auf die Traditionen kontinentaler weiblicher Frömmigkeit geführt. K.s Bericht über ihr Leben wird zumal im Anschluß an die franziskanische Frömmigkeitsbewegung, die Frauen über die Betonung der Menschlichkeit Christi und seines Leidens durch Mitfühlen und Mitleiden eine neue Ausdrucksform ermöglichte, neu verortet, so daß die Autorin z. B. angesichts der ›Gabe der Tränen‹ nicht mehr primär unter psychologischen Bewertungskriterien als Simulantin und störende Hysterikerin erscheint. Im Kontext der spätmittelalterlichen Frömmigkeitsbewegungen erscheint K.s Buch vielmehr als Ausdruck eines schwierigen Balanceakts, den eine illiterate Laienfrau im Sinne der *vita mixta* (W. Hilton) zwischen *vita contemplativa* und *vita activa* gegen alle Widerstände und die Gefahr der Marginalisierung zu vollziehen versucht. – Unter literaturwissenschaftlichen Aspekten steht die Gattung der Autobiographie im Mittelpunkt der Diskussion: K. schreibt am Ende ihres Lebens im Rückblick in der dritten Person als »this creature«, um das Exemplarische ihres Lebens zum Ausdruck zu bringen. Dabei handelt es sich in erster Linie um eine *spiritual autobiography*, in die angesichts einer ausgeprägten Selbstdarstellung auch Elemente der Heiligenlegende einfließen. Mit Blick auf stilistische Merkmale wird das Verhältnis von Narration, Dialog und Vision im Rahmen der Vergegenwärtigung religiösen Erlebens diskutiert. Zentral ist die Frage nach dem Grad der Fiktionalität ihres Berichts, besonders ihrer Pilgerreisen, wie auch die nach der Autorenrolle, da K. trotz ihrer Zugehörigkeit zur bürgerlichen Mittelschicht nach eigener Aussage weder lese- noch schreibfähig ist und sowohl einen Vorleser für die Rezeption der von ihr gewünschten literarischen Modelle (u. a. Birgitta von Schweden) als auch einen Schreiber, dem sie diktieren kann, benötigt. Damit stellt sich die Frage nach dem offenbar klerikalen Schreiber als

Koautor. – Ähnlich wie im Fall der *Revelations* von Julian of Norwich ist K.s Buch in nur wenigen Exemplaren überliefert. Das umfangreiche Werk K.s wurde in seiner Gesamtlänge erst durch den Fund des einzigen Manuskripts 1934 zugänglich. Bis zu diesem Zeitpunkt war das Buch nur in der Kurzfassung eines frühen Quartdrucks (ca. 1501) bekannt.

Literatur: S. J. McEntire. *Margery Kempe: A Book of Essays.* New York 1992.

Gabriele Müller-Oberhäuser

Keneally, Thomas [Michael]

Geb. 7. 10. 1935 in Sydney

An kaum einem zeitgenössischen Romancier scheiden sich die Geister so sehr wie an dem australischen Erfolgsautor Thomas Keneally, dessen vielfach preisgekrönte Romane weltweit hohe Verkaufszahlen erreichen und breite internationale Anerkennung finden, von der akademischen Literaturkritik – v. a. in Australien – aber zunehmend kritisch beurteilt werden. Der im nördlichen New South Wales aufgewachsene K., der in Sydney lebt und dessen irische Abstammung in einigen seiner Werke anklingt, begann seine schriftstellerische Karriere nach verschiedenen Gelegenheitsjobs 1964 mit seinem Roman *The Place at Whitton*. Erst mit seinem dritten Roman, *Bring Larks and Heroes* (1967), gelang ihm der Durchbruch. Wie viele seiner späteren Werke zählen auch seine ersten Erfolgsromane zum Genre des historischen Romans. *Bring Larks and Heroes* und *The Chant of Jimmie Blacksmith* (1972) setzen sich kritisch mit der europäischen Besiedlung Australiens, den Anfängen des Landes als Strafkolonie und der Ausrottung der Aborigines auseinander, ein Thema, dem sich K. in *Flying Hero Class* (1991), einem Thriller über eine Flugzeugentführung, nochmals zuwendet. – Ein weiteres wiederkehrendes Sujet von K.s Romanen, von denen zwei (*The Survivor*, 1969; *A Victim of the Aurora*, 1977) in der Antarktis angesiedelt sind, ist die revisionistische Darstellung von Kriegserfahrungen und Gewalt: Im Zentrum von *Blood Red, Sister Rose* (1974) steht die Rolle Jeanne d'Arcs im Hundertjährigen Krieg, *Gossip from the Forest* (1975) kreist um den Waffenstillstand von Compiègne im November 1918, *Confederates*

(1979) entwirft in epischer Breite ein fiktionalisiertes Bild des amerikanischen Bürgerkriegs, und die Handlung von *The Cut-Rate Kingdom* (1980) spielt zur Zeit des Zweiten Weltkriegs, mit dem sich K. auch in zwei unter dem Pseudonym ›William Coyle‹ verfaßten Romanen beschäftigt hat.

Obgleich K. bereits vorher etwa ein Dutzend erfolgreiche Romane vorgelegt hatte, verhalfen ihm erst sein Roman *Schindler's Ark* (1982; *Schindlers Liste*, 1983), der mit dem *Booker Prize* (für den Werke K.s zuvor schon dreimal nominiert worden waren) ausgezeichnet wurde, und dessen Verfilmung durch Steven Spielberg unter dem Titel *Schindler's List* (1993) zu Weltruhm. In seinem Weltbestseller *Schindler's Ark* schildert K. die Biographie des sudetendeutschen Industriellen Oskar Schindler, der sein Leben aufs Spiel setzte, um die Juden im von den Nazis besetzten polnischen Ghetto in Krakau zu retten, und der dadurch selbst zu einer Legende wurde. Es ist charakteristisch für K.s Erzählkunst, daß seine oft als ›faction‹ bezeichneten Werke historische Fakten mit den Mitteln der Fiktion, aber durchaus mit dokumentarischem Anspruch darstellen, so im Falle von *Towards Asmara* (1989) den Unabhängigkeitskrieg des Volkes von Eritrea gegen die äthiopische Regierung. Abgesehen von *A Dutiful Daughter* (1971) und dem recht experimentellen *Passenger* (1979) sind K.s figuren- und ereignisreiche Romane, die melodramatische Darstellungsverfahren variieren, sehr realistisch und trotz der multiperspektivischen Bewußtseinsdarstellung recht traditionell erzählt. – Der große Erfolg von *Schindler's Ark* hat K.s spätere Werke überschattet. Der historische Roman *The Playmaker* (1987), der von Timberlake Wertenbaker unter dem Titel *Our Country's Good* (1988) mit Erfolg für die Bühne adaptiert wurde, kreist um die Aufführung von George Farquhars Komödie *The Recruiting Officer* (1706) in einer entlegenen australischen Strafkolonie im Jahre 1789 und knüpft thematisch an *Bring Larks and Heroes* an. Hingegen setzen sich die meisten von K.s neueren, mehrsträngig erzählten Romanen – z. B. *A Family Madness* (1985), *Woman of the Inner Sea* (1992) und *A River Town* (1995; *Eine Stadt am Flu* , 1995) – mit der zeitgenössischen australischen Gesellschaft auseinander, betonen aber auch die Kontinuität zwischen Geschichte und Gegenwart, in *Bettany's Book* (2000) etwa zwischen Frauenarbeit im New South Wales der Kolonialzeit und der Tätigkeit von Hilfsorganisationen im heutigen Sudan.

Literatur: P. Pierce. *Australian Melodramas: Thomas Keneally's Fiction.* St. Lucia 1995. – P. Quartermaine. *Thomas Keneally.* London 1991.

Ansgar Nünning

Keynes, John Maynard

Geb. 5. 6. 1883 in Cambridge;
gest. 21. 4. 1946 in London

John Maynard Keynes' Wirkung geht weit über seinen ökonomischen Arbeitsbereich hinaus: Er ist einer der bedeutendsten Nationalökonomen, aber seine einflußreiche Rolle in der Kultur- und Geistesgeschichte des 20. Jahrhunderts wird erst jetzt erschlossen. – K. stammte aus einer bürgerlichen Familie: Sein Vater war Verwaltungsbeamter und Fellow am Pembroke College in Cambridge, seine Mutter gehörte zu den ersten Studentinnen am Newnham College und wurde später Bürgermeisterin von Cambridge. Ehrgeizig und arbeitsorientiert, dabei von bürgerlichen viktorianischen Wertvorstellungen motiviert, vermittelten die Eltern ihren hochbegabten Kindern die Ideale einer Meritokratie. Ihr erster Sohn, K., besuchte von 1897–1902 Eton und studierte am King's College in Cambridge Mathematik. 1906 wurde K. als Beamter im India Office in London eingestellt, um zwei Jahre später als Ökonomiedozent nach Cambridge zurückzukehren. Von hier an entfaltete sich eine beispiellose Karriere, denn K. lehrte, beriet und publizierte nahezu ununterbrochen. – 1919 nahm er für die britische Regierung an der Friedenskonferenz von Versailles teil, und seine kritische Analyse des Friedensvertrags gipfelt in seinem bahnbrechenden Buch *The Economic Consequences of the Peace* (1919; *Die wirtschaftlichen Folgen des Friedensvertrages,* 1920). Hierin weist er nach, daß die hohen Reparationsforderungen der Siegermächte ökonomisch nicht vertretbar waren und kontraproduktive Auswirkungen auf die wirtschaftliche und damit auch kulturelle Situation Europas hatten. Für K. standen immer die Belange der Gesellschaft im Vordergrund; seine Zeit, speziell das produktive Klima politischen, ökonomischen und kulturellen Aufbruchs, empfand er als intellektuell geprägte Weiterentwicklung des überkommenen Viktorianismus. Bei K. offenbart sich der prägende Einfluß der Schriften George Edward Moores, bei denen wie in seinem eigenen Werk das größtmögliche Wohl der Gesellschaft im Mittel-

punkt steht. Den Ökonomen, »who are the trustees, not of civilization, but of the possibility of civilization«, kommt dabei besondere Bedeutung zu. Eingebunden in den *Apostle*-Kreis in Cambridge und Bloomsbury in London um Virginia Woolf, Lytton Strachey, Duncan Grant und Bertrand Russell, engagierte sich K. ebenso stark für Literatur und Kultur. Witzig, charmant, gebildet, dabei oft verletzend und eitel heiratete er nach anfänglich homoerotischen Freundschaften 1925 die Primaballerina Lydia Lopokowa.

In seinem ökonomischen Hauptwerk, *The General Theory of Employment, Interest and Money* (1936; *Allgemeine Theorie der Beschäftigung, des Zinses und des Geldes,* 1936), untersucht K. die theoretischen und praktischen Implikationen der Vollbeschäftigung. Seine Überlegungen zur Schaffung eines neuen Weltwährungssystems (Keynes-Plan) flossen in die Verhandlungen in Bretton Woods ein, die zur Gründung des IWF und der Weltbank führten. 1942 wurde K. für seine Verdienste geadelt.

Werkausgabe: *Collected Writings.* Hg. D. Moggridge. 30 Bde. London 1971–89.
Literatur: R. Skidelsky. *John Maynard Keynes.* 3 Bde. London 1983–2000. – A. Marzola/F. Silva, Hgg. *John Maynard Keynes: Language and Method.* Brookfield 1994.

Thomas Rommel

Kincaid, Jamaica

Geb. 25. 5. 1949 in St. John's, Antigua, Karibik

Jamaica Kincaid gehört zu den besten Stilisten in der anglophonen karibischen Literatur, wobei sich in manchen ihrer Werke die Grenzen zwischen intelligentem Journalismus und ›hoher‹ Literatur verwischen. Ihre Fähigkeit, knapp, pointiert und mit einer manche Leser schockierenden Schärfe zu schreiben, machte sie seit 1976 zu einem der *staff writers* beim renommierten *New Yorker,* wo sie bislang rund 90 Reportagen und Kurzgeschichten veröffentlicht hat. Die Werkstatt ihres Vaters, eines Schreiners, ihre Gespräche mit einer Näherin und der Dorfklatsch in St. John's waren die wichtigsten Informationsquellen für die junge K. Sie kam 1966 in die USA, um dort einen Schulabschluß zu machen und auf das College zu gehen; statt dessen arbeitete sie zunächst als freie Journalistin, bis sie 1983 mit dem Kurzgeschichtenband *At the Bottom of the River* (*Am Grunde des Flusses*,1986) ihr erstes fiktionales Werk veröffentlichte, dessen lakonische Knappheit und bewußte Dunkelheit bei vielen Rezensenten eine Mischung aus Verwunderung, Bewunderung und Unverständnis auslöste. Derek Walcott erkannte hingegen früh K.s. ausgefeilte, der Lyrik nahestehende Sprachgebung. – Wie schon in *At the Bottom of the River* rückt die Autorin in *Annie John* (1985; *Annie John*, 1989) eine schonungslos porträtierte jugendliche Protagonistin, deren Beziehungen zu anderen Mädchen und zu ihren Eltern ins Zentrum ihres Interesses. Vor allem die Ablösung von einer bis zur Pubertät innig geliebten Mutter, die zu einem gehaßten, drachenähnlichen Wesen wird, ist meisterhaft gestaltet. Eine Welt der selbstverständlichen Harmonie zerbricht und der schwierige Weg einer von Entfremdung geprägten Selbstfindung beginnt, der (wie in so vielen karibischen Werken) im Verlassen der Insel endet bzw. erst seinen wirklichen Anfang nimmt. K.s denunziatorische Kraft findet in dem Essayband *A Small Island* (1988; *Nur eine kleine Insel*, 1990) seinen beeindruckenden Niederschlag. K.s Wut richtet sich gleichermaßen gegen die neokoloniale Politik und Mißwirtschaft im eigenen Land, das unübersehbare Erbe des britischen Kolonialismus und die tumben Touristen, die nicht ahnen, wie verhaßt sie den Einheimischen sind. Die fulminante Analyse von Insularität, fehlenden Prioritäten, alltäglicher Korruption und die Evokation einer verführerisch üppigen Natur weisen alle Merkmale eines exemplarischen Vermittlungsdiskurses auf, der für alle am karibischen Raum Interessierten von Interesse sein dürfte. Auch ihre späteren, durchweg autobiographisch geprägten Romane, *Lucy* (1990; *Lucy*, 1991), *The Autobiography of My Mother* (1996; *Die Autobiographie meiner Mutter*, 1996) und *My Brother* (1999; *Mein Bruder*, 1999), zeigen K.s spröden, eleganten und unnachgiebig ehrlichen Zugriff auf karibische Befindlichkeiten, die sie zu einer Autorin von Weltrang gemacht haben.

Literatur: M. Ferguson. *Jamaica Kincaid*. Charlottesville, VA 1994.

Wolfgang Binder

King, Thomas

Geb. 24. 4. 1943 in Sacramento, Kalifornien

Thomas King, nordamerikanischer Schriftsteller teils indianischer Herkunft, ist Autor von Romanen, Kurzgeschichten, Kinderbüchern sowie Fernseh- und Radiodrehbüchern. Er ist in Kanada ansässig und seit 1995 als Literaturprofessor an der Universität von Guelph. Viele seiner Werke verknüpfen scheinbar disparate Elemente, wie etwa nordamerikanische Geschichte, literarische Klassiker und christliche wie indianische Mythen, was Kritiker dazu bewogen hat, sein – uvre der Postmoderne zuzurechnen. Er selbst betont die Verbundenheit seiner Werke mit der oralen Erzähltradition des indianischen *storytelling*. Durch die Beschreibung indigener Weltanschauungen möchte er nicht nur den Wahrheitsanspruch und die dadurch legitimierte Hegemonie christlicher Doktrin und westlicher Repräsentation von Wirklichkeit in Frage stellen, sondern auch auf alternative Konzepte hinweisen. Dementsprechend setzt er sich als Herausgeber der Anthologie indianischer Autoren *All My Relations* (1990) für eine größere Präsenz indigener Literatur und Kultur in Nordamerika ein. Der starke Einfluß dieser Kultur auf K.s Schreiben zeigt sich unter anderem in der Verwendung der Figur des Coyote oder Trickster, der als magisches Wesen aus der indianischen Mythologie in vielen indigenen Geschichten durch seine Fehler neue Entwicklungen auslöst, so z.B. in K.s Kinderbüchern *A Coyote Columbus Story* (1992) und *Coyote Sings to the Moon* (1998) und in seiner Kurzgeschichtensammlung *One Good Story, That One* (1993). Die humorvolle Ironie, die K.s Erzählwerk auszeichnet, sollte jedoch nicht über die politische Tragweite seiner Texte hinwegtäuschen. So zitiert der Titel seines Romans *Green Grass, Running Water* (1993) die Wendung in den Verträgen zwischen kanadischer Regierung und indigenen Stämmen, die den Indianern immerwährende Rechte auf ihr Land versprach. Eingebettet in die Diskussion der historischen Situation und politischen Position der Indianer in Kanada wie auch in den USA ist immer wieder die Frage, was es bedeutet, heute als Indianer zu leben. K. beschreibt daher insbesondere in seinen preisgekrönten Romanen *Medicine River* (1990) und *Green Grass, Running Water* wie auch in *Truth and Bright Water* (1999) das zeitgenössische Alltagsleben von Indianern. Dabei unterwandert er die in den westlichen Kulturen vorherrschenden Stereotype des Indianers und zeigt anstelle einer aussterbenden indianischen Kultur – einem Stereotyp mit gravierenden politischen Implikationen – eine Kultur, die Altes mit Neuem vereinend sich beständig weiterentwickelt. In *Truth and Bright Water* korrigiert der indianische Künstler Monroe Swimmer das dominante Geschichtsbild, indem er vorher übermalte indianische Gestalten wieder in Gemälde und damit in die nordamerikanische Landschaft einfügt. Im Gegenzug bemalt er westliche Machtsymbole wie Kirchen so, daß sie sich in die Natur einblenden und somit unsichtbar werden. Seinen Figuren ähnlich, regt auch K. zum kritischen Nachdenken über die Vergangenheit und Gegenwart indigener Kultur und Gesellschaft an. Er zeigt den Lesern, daß die traditionelle indianische Lebensweise der modernen Gesellschaft etwas bieten kann: »all our relations« – ein Leben in Harmonie zwischen Mensch und Natur.

Literatur: *Canadian Literature* 161–162 (1999) [Sondernummer »On Thomas King«].

Nicola Renger

Kingsley, Charles

Geb. 12. 6. 1819 in Holne, Devon;
gest. 23. 1. 1875 in Eversley, Hampshire

Als Kreuzungspunkt verschiedener historischer Diskurse – Protestantismus, Sozialreform, Nationalismus, Naturwissenschaften, Geschlechterkonstrukte – eröffnet Charles Kingsleys Leben und Werk einen Blick auf die Widersprüche des viktorianischen Englands. Nach dem Studium in London und Cambridge wurde K. 1842 Vikar in Eversley, eine Stellung, die er trotz wechselnder anderer Positionen – Professor für Englische Literatur (London) und für Geschichte (Cambridge), Kaplan von Königin Victoria, Kanonikus von Chester und Westminster – bis zu seinem Lebensende innehatte. 1844 heiratete er Fanny Grenfell; seine Briefe geben seinem sexuellen Begehren für seine Frau in einer für die Zeit ungewöhnlichen Deutlichkeit Ausdruck. 1848 erschien *The Saint's Tragedy*, ein Drama über die Heilige Elisabeth von Ungarn. Als sich im selben Jahr die Auseinandersetzung um die Chartistenbewegung zuspitzte, unterstützte K. aktiv die Sache des Christlichen Sozialismus, mit dem er Ende der 1830er Jahre über die Schriften von Thomas Carlyle und Frederick D.

Maurice in Kontakt gekommen war. Unter dem Pseudonym ›Parson Lot‹ verfaßte er Artikel und Pamphlete, so z. B. »Cheap Clothes and Nasty« (1850). *Yeast: A Problem* (1848 in *Fraser's Magazine*, 1851 als Buch; *Yeast, ein Problem, oder Was Herr Lancelot Smith dachte, sprach und tat*, 1890), sein erster Roman, schildert die Lebensbedingungen der von den Squires ausgebeuteten Landarbeiter, während sich die fiktive Autobiographie *Alton Locke: Tailor and Poet* (1850; *Alton Locke: Schneider und Dichter*, 1891) dem Elend der Schneider in den Londoner *sweat shops* widmet. *Alton Locke* ist auch eine Auseinandersetzung mit den Chartisten, deren politischen Forderungen K. die Vision einer spirituellen Reformierung des Individuums entgegensetzt. In einer Traumsequenz Alton Lockes schrieb K. – neun Jahre vor Charles Darwins *Origin of Species* (1859) – eine Art Evolutionstheorie *avant la lettre*. Auch in *The Water-Babies: A Fairy Tale for a Land-Baby* (1862/63; *Die Wasserkinder*, 1912), K.s bekanntestem Kinderbuch, überlagert sich in einer phantastischen Erzählung die soziale Thematik mit religiösen, didaktischen und naturwissenschaftlichen Diskursen. Mit *Two Years Ago* (1857) widmete sich K. noch einmal der Sozialreform, die in seinem Romanwerk gegenüber historischen Themen allmählich in den Hintergrund rückt. *Hypatia; or, New Foes With an Old Face* (1852–53; *Hypatia oder Neue Feinde mit altem Gesicht*, 1858) ist ein Roman über die Auseinandersetzungen zwischen Christentum und Neoplatonismus im Alexandria des 5. Jahrhunderts. Mit Beginn des Krimkrieges wurde K.s Werk zunehmend nationalistisch: 1855 erscheinen das Traktat *Brave Words for Brave Soldiers and Sailors* sowie *Westward-Ho!* (*Westward Ho!*, 1855), ein Roman, der den Sieg der Engländer über ein zerfallendes spanisches Imperium am Ende des 16. Jahrhunderts feiert. In *Westward-Ho!* ebenso wie in den Vorlesungen *The Roman and the Teuton* (1864) und dem historischen Roman *Hereward the Wake*: »*Last of the English*« (1865 in *Good Words*, 1866 als Buch) entwickelte K. sein Ideal der ›*muscular Christianity*‹, das protestantische, germanisch-englische Männlichkeit gegenüber einem effeminierten romanischen Katholizismus überhöht. Ein Artikel K.s in *Macmillan's Magazine* gegen den Katholizismus löste 1864 eine öffentliche Kontroverse mit John Henry Newman aus, die Newman schließlich mit seiner *Apologia Pro Vita Sua* (1864) beendete. – K. ist außerdem der Verfasser von Kinderbüchern, Gedichten und Balladen, Essays, Predigten und Vorlesungen zu den verschiedensten Themen sowie der Reisebeschreibung *At Last: A Christmas in the West Indies* (1871), die durch eine Reise auf die Westindischen Inseln angeregt wurde und die heute aus postkolonialer Warte kritisch betrachtet wird. 1874 unternahm K. eine sechsmonatige Reise in die Vereinigten Staaten, von deren Strapazen er sich nicht mehr erholte.

Werkausgabe: *The Life and Works of Charles Kingsley*. 19 Bde. London/New York 1901–03.
Literatur: D. Rosen. »The Volcano and the Cathedral: Muscular Christianity and the Origins of Primal Manliness.« *Muscular Christianity: Embodying the Victorian Age*. Hg. D. E. Hall. Cambridge 1994, 17–44. – L. K. Uffelman. *Charles Kingsley*. Boston 1979.

Sabine Schülting

Kingsley, Mary [Henrietta]

Geb. 13. 10. 1862 in London;
gest. 3. 6. 1900 in Kapstadt

»Wenn man dem Urwald verfallen ist, verliert das Leben anderswo seine Farbe.« – Mary Kingsley fühlt sich in fieberverseuchten Sümpfen und den Hütten von Medizinmännern weit mehr zu Hause als in den Londoner Salons der 1890er Jahre. In ihrem ersten Buch, *Travels in West Africa* (1897; *Die grünen Mauern meiner Flüsse: Aufzeichnungen aus Westafrika*, 1989), schildert sie Natur, Eingeborene und Kolonialgesellschaft ebenso detailliert wie humorvoll und betrachtet auch die eigene Erscheinung als *Victorian spinster* mit ironischem Blick – im hochgeschlossenen Seidenkleid vertreibt sie Krokodile mit ihrem Regenschirm, dient bei einer Affenjagd als Lockvogel und bleibt beim Sturz in eine Fallgrube voll spitzer Pflöcke dank ihrer Röcke unverletzt. – Bevor K. als Westafrika-Forscherin ihre Bestimmung fand, verlief ihr Leben unglücklich: Fast ohne Bildung und soziale Kontakte, pflegte sie jahrelang ihre psychisch kranke Mutter, während ihr Vater, ein Bruder des Romanciers Charles Kingsley, als Privatarzt auf Weltreise ging und die Familie vernachlässigte. In seiner Bibliothek hatte sie jedoch Zugang zu zahlreichen Berichten über Afrika und wurde von ihnen inspiriert. Der Tod der Eltern änderte 1892 ihre abhängige Situation: Im Jahr darauf bereiste sie Westafrika vom Nigerdelta bis zur Kongomün-

dung, um Fische für die Sammlung des Britischen Museums zu fangen und zu kaufen. Finanziert wurde die Expedition durch Handel mit lokalen Stämmen, deren religiösen Riten und Anschauungen K.s Hauptinteresse galt. K. teilte zeitgenössische Vorstellungen einer Hierarchie der Rassen und Kulturen, doch ihr ethnologischer Blick war erstaunlich unvoreingenommen: Statt Kannibalismus, Fetischismus oder Polygamie zu skandalisieren, wird deren gesellschaftliche Funktion erklärt. Missionierung und zentrale Verwaltung der Kolonien lehnte sie ab, propagierte aber den Freihandel als Mittel, um die Unabhängigkeit der Stämme zu stärken. 1895 bereiste K. Westafrika erneut wegen ›Fisch und Fetisch‹, fuhr im Kanu auf dem Ogowe durch Gabun und bestieg am Ende der einjährigen Tour als erste weiße Frau den Kamerunberg. – Daheim in England folgte die Forscherin traditionellen weiblichen Rollenvorgaben – sie trat betont zurückhaltend auf, ordnete Reisepläne den Bedürfnissen von Verwandten unter und distanzierte sich mehrfach von der Suffragetten-Bewegung –, war aber zugleich Teil der öffentlichen ›männlichen‹ Sphäre: Der enorme Erfolg ihres ersten Buches zog einen Vortragsmarathon, Zeitungsartikel und eine ausgedehnte Korrespondenz nach sich, die ihre politische und wissenschaftliche Autorität festigten. Zwei weitere Bücher, *West African Studies* (1899) und *The Story of West Africa* (1900), widmete K. Ethnologie und Geschichte Westafrikas. Die vielfältigen Anforderungen zehrten an ihr. Erleichtert verließ sie 1900 England Richtung Südafrika, um Gefangene des Burenkriegs zu pflegen. Was als erste Station einer dritten Forschungsreise geplant war, endete nach zwei Monaten mit ihrem Typhus-Tod im Hospital in Kapstadt. 1901 wurde K. zum Gedenken die Royal African Society gegründet.

Literatur: J. E. Early. »The Spectacle of Science and Self: Mary Kingsley.« *Natural Eloquence: Women Reinscribe Science*. Hg. B. T. Gates/A. B. Shteir. Madison, WI 1997, 215–236. – K. Frank. *A Voyager Out: The Life of Mary Kingsley*. Boston 1986.

Annette Zerpner

Kipling, Rudyard

Geb. 30. 12. 1865 in Bombay;
gest. 18. 1. 1936 in London

Nur wenigen Autoren waren zu Lebzeiten literarischer Erfolg und Popularität in einem Umfang beschieden wie Rudyard Kipling. Seine Bedeutung für die englische Literatur wurde in seiner Heimat mit der William Shakespeares oder Charles Dickens' verglichen und jenseits der Landesgrenzen mit dem ersten Literaturnobelpreis (1907) für einen englischsprachigen Autor gewürdigt. In der zweiten Lebenshälfte traten die Wertschätzungen zunehmend hinter Schmähungen K.s als Vulgärschriftsteller, Imperialist und Jingoist zurück, wodurch er im Alter nahezu in Vergessenheit geriet. Erhitzten sich die Kritiker anfangs an der ästhetischen Bilderstürmerei und ordneten K.s Schaffen aufgrund exotischer Sujetwahl, detailgetreuer Darstellung sowie der Verwendung von Umgangssprache und Dialekt dem in England verpönten Naturalismus zu, so nahmen die Auseinandersetzungen in der Folgezeit die Form eines ideologischen Kreuzzugs an, wodurch das – uvre und die davon nicht ablösbare Person zum umstrittensten Fall der englischen Literaturgeschichte wurden. Die scharfe ideologische Kritik, die K. an die Seite von William Ernest Henley und John Davidson stellte, zielte auf die konservativ-autoritäre Grundhaltung und die pro-imperialistische Parteinahme für das Britische Empire ab. K.s moralisierend-didaktische, auf Disziplin, Ordnung und protestantische Arbeitsethik rekurrierende Initiationsgeschichten, seine bevorzugte Darstellung von Männerwelten sowie die Verherrlichung von Bünden Auserwählter waren Versuche, dem drohenden Niedergang britischer Weltmacht mit einem verbindlichen Wertekanon zu begegnen. Das breite Meinungsspektrum der darauf reagierenden Kiplingkritik mit Vertretern wie Andrew Lang, Max Beerbohm, G. K. Chesterton, T. S. Eliot, Boris Ford, George Orwell, Lionel Trilling und anderen reicht von Sympathie und Aufgeschlossenheit bis hin zur ultimativen Verdammung des Werks und hat über viele Jahre hinweg die um K. entstandene Kontroverse selbst zum Forschungsgegenstand werden lassen. K.s literarische Leistungen, die insbesondere im Aufbruch der englandzentrierten viktorianischen Ästhetik, neuartigen Verbindungsmöglichkeiten von Hoch- und Massenkultur sowie sprachlichen und thematischen Erweiterungen des literarischen Inventars zu sehen sind, werden von einem bis in die Gegenwart fortgeschriebenen Negativbild überlagert, das oft vergessen macht, daß er der Autor einiger der populärsten Gedichte und Prosatexte des 20. Jahrhunderts ist, von denen manche bis zum heutigen Tag in ununterbrochener Folge veröffentlicht werden. Die von K.s Person ausgehende widersprüchliche Faszination, die ihn als Verkörperung der Ideale einer ganzen Epoche ausweist, hat seit der Standardbiographie von Charles E. Carrington (1955) zahlreiche weitere Darstellungen mit wechselnder Schwerpunktsetzung hervorgebracht. Die Extrempositionen zum Werk K.s sind inzwischen einem pluralistischen Forschungsinteresse gewichen, an dem v. a. Bereiche wie Postkolonialismus, Kultur- und Literaturgeschichte, Phantastik und Kinderliteratur teilhaben. K.s facettenreiches Werk, das auf modernistische Entwicklungen vorverweist, hat mehrere Lesergenerationen weit über England hinaus geprägt und Autoren wie H. G. Wells, T. S. Eliot, Jack London, Ernest Hemingway, Bertolt Brecht und Angus Wilson beeinflußt.

Als Sohn einer englischen Kolonialbeamtenfamilie in Bombay geboren, wuchs K. im Spannungsfeld von exotisch-kolonialen Kindheitserfahrungen und rigider *public school*-Ausbildung auf, zu der er eigens nach England geschickt wurde. Die Rückkehr auf den Subkontinent im Jahre 1882 markiert den Beginn seiner journalistischen Tätigkeit für anglo-indische Tageszeitungen in Lahore und Allahabad. Aus dieser biographisch-geographischen Doppelperspektive erwächst ein Großteil des Wirkungspotentials seiner frühen literarischen Texte. Am Anfang standen lyrische Versuche, die sich an der präraffaelitischen Dichtung, Robert Browning und Charles Algernon Swinburne orientierten, jedoch schon bald Gedichten und Kurzgeschichten mit genuin anglo-indischen Themen wichen. In der ersten Gedichtsammlung, *Departmental Ditties* (1886), und dem erzähltechnisch ausgefeilten Kurzgeschichtenband *Plain Tales from the Hills* (1888; *Schlichte Geschichten aus Indien*, 1913) gestaltete K. die Härten des Soldaten- und Beamtendienstes im klimatisch fordernden und kulturell fremden Land. Sein oral-situativer Erzählstil, der an zeitgenössische amerikanische Vorbilder erinnert, und die Erschaffung der narrativen Vermittlerfigur Mrs. Hauksbee zeigen die zunehmende Verschmelzung von literarischer und journalistischer Tätigkeit an. Die Parallelität von Lyrik und Prosatexten erscheint aufgrund thematischer

Gemeinsamkeiten und formaler Kontrastierung als Erweiterung und Gegenbewegung zugleich und bildet ein nie aufgelöstes Spannungsverhältnis in K.s Schreiben. Mit der 1888 in der populären *Indian Railway Series* erfolgten Veröffentlichung zahlreicher Kurzgeschichten – *Soldiers Three; The Story of the Gadsbys: a Story without a Plot; In Black and White (In Schwarz und Weiss,* 1925); *Wee Willie Winkie and Other Child Stories; The Phantom Rickshaw and Other Tales (Die gespenstische Rikscha,* 1954); *Under the Deodars* – erreichte K. ein stetig wachsendes Lesepublikum und begründete seinen Ruf als Schriftsteller des Empire und Poet des Soldatenlebens, was auf eine Karriere im englischen Mutterland hoffen ließ. Der Abschied von Indien und der Eintritt in die literarischen Kreise Londons im Jahr 1889 veränderten K.s Ton und literarisches Selbstverständnis allmählich, obgleich er auch weiterhin von seinen indischen Erfahrungen zehrte, was sich in Kurzgeschichtensammlungen wie *Life's Handicap* (1891) und *Many Inventions* (1893; *Mancherlei neue Geschichten,* 1913) sowie im sehr erfolgreichen Gedichtband *Barrack-Room Ballads and Other Verses* (1892; *Indische Balladen,* 1917) niederschlug. Letzterer enthält so bekannte Texte wie »Mandalay«, »The English Flag« und »The Ballad of East and West«, die sich in ihrer Eingängigkeit und im thematischen Anspruch in den zeitgenössischen imperialistischen Diskurs einfügten oder durch Verkürzungen von ihm vereinnahmt wurden. Zeitgleich unternahm K. mit dem autobiographisch durchsetzten Prosatext *The Light That Failed* (1891; *Das Licht erlosch,* 1925) seinen ersten, wenig erfolgreichen Romanversuch, dem *The Naulahka: A Story of East and West* (1892; *Naulahka, das Staatsglück,* 1900) folgte, eine an gängige Muster des Abenteuerromans anknüpfende literarische Koproduktion mit Wolcott Balestier, dem Bruder seiner Frau Caroline. 1892 siedelte K. mit seiner amerikanischen Frau in die USA nach Brattleboro/Vermont über und entwickelte dort seine anglo-indischen Sujets im Kontext einer idealistischen Empire-Konzeption und in philosophisch-kosmischen Dimensionen weiter. In den *Jungle Books* (1894/95) gestaltet er anhand der exotischen Jungenfigur Mowgli, einem Grenzgänger zwischen Natur- und Menschenwelt, seine Vorstellungen von sozialen und naturgegebenen Riten und Regeln, die über zeitgenössisches darwinistisches Denken hinausgehen und in der zentralen Idee eines allwaltenden ethisch-moralischen Gesetzes ihre Entsprechung

finden. Mit dem Indien-Roman *Kim* (1901), in dem K. die Vielfalt der Ethnien zu erfassen und, unter Beibehaltung des kolonialen *status quo,* idealisierend einen Interessenausgleich zu gestalten versucht, gelangt die indische Thematik zum Abschluß.

Daneben ist K. zu jener Zeit um ein eigenständiges literarisches Amerikabild (*Captains Courageous,* 1897; *Fischerjungs,* 1957), um eine neuartige Gestaltung technologischer Themen (*The Day's Work,* 1898) und das Weiterschreiben seiner Jugend- und Initiationsgeschichten (*Stalky & Co.,* 1899; *Staaks und Genossen: Pennälerstreiche,* 1928) bemüht. Nach der aus familiären Gründen erfolgten Rückkehr nach England sah K. sich um die Jahrhundertwende auf dem Höhepunkt seiner Popularität, die aufgrund seines Engagements für die imperialistischen Zielstellungen des Burenkriegs allerdings bald zurückging. Die in den Jahren seines Seßhaftwerdens auf dem neuerworbenen Landgut *Bateman's* in Sussex veröffentlichten Gedichte (*The Five Nations,* 1903) und Kurzgeschichten – *Traffics and Discoveries,* 1904; *Actions and Reactions,* 1909 (*Spiel und Gegenspiel,* 1913) – zeichnen sich durch die Nutzung militärischer, technischer, medizinischer und psychologischer Sujets sowie durch sprachlich-erzähltechnisches Experimentieren aus. Das literarische Aufgreifen neuer Technologien wie Radio, Kino, Automobil und Flugwesen kontrastiert und korrespondiert mit Kindergeschichten – *Just So Stories for Little Children,* 1902 (*Das kommt davon!,* 1929); *Puck of Pook's Hill,* 1906 (*Puck vom Buchsberg,* 1925) – sowie historisierenden Gedichten und Prosatexten (*Rewards and Fairies,* 1910). Zusammen mit ideeller Ernüchterung und gesundheitlichem Leiden brachte der Tod von K.s einzigem Sohn im Ersten Weltkrieg eine Verfinsterung des literarischen Spätschaffens mit sich. In jener Phase entstehen weitere Sammelbände füllende Kurzgeschichten von großer thematischer Vielfalt – *A Diversity of Creatures* (1917), *Land and Sea Tales for Scouts and Guides* (1923), *Debits and Credits* (1926; *Bilanz,* 1927), *Thy Servant a Dog* (1930; *Wie spricht der Hund?,* 1931), *Limits and Renewals* (1932) – ebenso wie Kriegsreportagen, militärhistorische Studien, Übersetzungsarbeiten und Reiseberichte. Am Ende von K.s schaffensreichem Leben steht die unvollendete Autobiographie *Something of Myself* (*Erinnerungen,* 1938), die postum 1937 erschien.

Werkausgaben: *Ausgewählte Werke*. 10 Bde. Hg. H. Reisiger. Leipzig 1925. – *The Complete Works in Prose and Verse*. Sussex Edition. 35 Bde. London 1937–39. – *The Letters*. Hg. T. Pinney. Iowa City 1990 f. – *Werke*. Hg. G. Haefs. Zürich 1994 f.
Literatur: H. Ricketts. *Rudyard Kipling: A Life*. New York 2000. – Z. T. Sullivan. *Narratives of Empire: The Fictions of Rudyard Kipling*. Cambridge 1993. – A. Parry. *The Poetry of Rudyard Kipling*. London 1992. – H. Orel. *A Kipling Chronology*. Boston 1990. – E. Mertner. *Rudyard Kipling und seine Kritiker*. Darmstadt 1983. – L. Cornell. *Kipling in India*. New York 1966. – J.M.S. Tompkins. *The Art of Rudyard Kipling*. London 1959.

Stefan Welz

Koestler, Arthur

Geb. 5. 9. 1905 in Budapest;
gest. 3. 3. 1983 in London

Der intellektuellen Vielseitigkeit Arthur Koestlers gerecht zu werden, ist nicht einfach: Journalist, Zionist, Kommunist, Anti-Kommunist, Philosoph, Wissenschaftler – um nur einige Stationen seines Lebens zu nennen. Entsprechend umfangreich ist K.s Werk: ca. 30 Titel verschiedener Gattungen mit höchst unterschiedlichen Themen aus Politik, Physik, Biologie, Anthropologie, Psychologie. – K. wurde als Sohn einer jüdischen Kaufmannsfamilie geboren. Er wuchs mehrsprachig erst in Budapest, dann in Wien auf, wohin er mit seinen Eltern 1919 zog. 1922 immatrikulierte er sich an der Technischen Hochschule für Ingenieurwissenschaften, wo er mit zionistischen Studenten in Kontakt kam. 1926 brach er sein Studium ab, um als Verfechter eines westlich orientierten Zionismus nach Palästina zu gehen. Der Versuch, sich dort dauerhaft anzusiedeln, scheiterte jedoch. Ab 1927 war K. für den Medienkonzern Ullstein als Auslandskorrespondent tätig. Zunehmend wandte er sich dem Kommunismus zu und trat Ende 1931 der KPD bei, was seine Entlassung zur Folge hatte. Als er nach ausgedehnten Reisen durch die Sowjetunion 1933 nicht nach Deutschland zurückkehren konnte, wählte er v. a. Paris als Exil. 1936 wurde K. als Kriegsberichterstatter in Malaga verhaftet und verbrachte fast vier Monate in einer Todeszelle der Faschisten in Sevilla. Auf Initiative britischer Parlamentarier wurde er freigelassen. Wieder in Paris, wandte er sich 1938 dann von der KP ab. Im Kampf gegen die Faschisten, durch Stalin vom Kommunismus desillusioniert, so endete ein wichtiger Abschnitt im Leben K.s. Krieg, politische Enttäuschungen, Flüchtlingsschicksal begünstigten den apokalyptischen Unterton, der sich bis 1955 durch die Bücher des politisch engagierten Schriftstellers zieht.

Seine Erfahrungen in Spanien verarbeitete K. in *Menschenopfer unerhört* (1937) – zunächst in deutscher Sprache geschrieben (ab 1940 schrieb K. dann in Englisch) – und in der autobiographischen Schrift *Dialogue with Death* (1942), sein ›Tagebuch‹ aus der Todeszelle in Sevilla. Die beiden Romane *The Gladiators* (1939) und *Darkness at Noon* (1940) sowie die politische Aufsatzsammlung *The Yogi and the Commissar* (1945) sind Auseinandersetzungen mit dem Stalinismus, wobei sich K.s Einstellung zum Kommunismus im Laufe der Jahre veränderte: Einst glühender Anhänger dieser Ideologie, wurde er im Kalten Krieg zum erbitterten Antikommunisten, wie sich in *The Age of Longing* (1951) zeigt. Der 1946 erschienene Roman *Thieves in the Night* verarbeitet seine persönlichen Erfahrungen mit dem Zionismus. Zusammen ergeben K.s autobiographische Schriften nicht nur eine Chronik seines Lebenswegs bis 1940, die die Radikalität der jeweiligen Neuanfänge erkennen läßt, sondern sie vermitteln auch ein lebendiges Bild der 1930er und 1940er Jahre in Europa. Ab 1955 trat K. fast nur noch mit Themen aus der Anthropologie, Biologie, Physik und Psychologie hervor. Obwohl er kein renommierter (da eigentlich gar kein) Wissenschaftler war, schrieb er zahlreiche naturwissenschaftliche Bücher, u. a. *The Sleepwalkers* (1959), *The Act of Creation* (1964), *The Ghost in the Machine* (1967), *Beyond Reductionism* (1969) und *Janus; A Summing Up* (1978), die große Anerkennung fanden, weil ihm eine Symbiose zwischen wissenschaftlichem und literarischem Anspruch gelungen ist, eine Art ›naturwissenschaftlicher Romane‹ gegenüber den ›politischen Romanen‹ des Frühwerks. Beiden Genres gemeinsam ist, daß sie wie gut verständliche Lehrbücher wirken. Ab Mitte der 1970er Jahre wandte sich K. der Parapsychologie zu und beschäftigte sich u. a. mit Telepathie und der möglichen Existenz außerirdischen Lebens. 1983 nahm er sich gemeinsam mit seiner dritten Ehefrau, Cynthia, das Leben.

Literatur: D. Cesarani. *Arthur Koestler: The Homeless Mind*. London 1998. – M. Levene. *Arthur Koestler*. London 1985. – M. A. Sperber, Hg. *Arthur Koestler: A Collection of Critical Essays*. Englewood Cliffs, NJ 1977.

Susanne Gehrig

Kogawa, Joy [Nozomi]

Geb. 6. 6. 1935 in Vancouver

Von jeher multiethnisch geprägt (Natives, Inuit, Franzosen, Briten), verfolgt Kanada als klassisches Einwanderungsland seit den 1970er Jahren auch eine multikulturell ausgerichtete Gesellschaftspolitik. Literarisch spiegelt sich der kanadische Multikulturalismus in einem breiten Spektrum ethnischen Schrifttums wider, das nicht zuletzt dank der Werke von Joy Kogawa auch einen gewichtigen japanischen Anteil aufweist. – Zunächst als Lyrikerin mit den Bänden The Splintered Moon (1968), A Choice of Dreams (1974), Jericho Road (1977) und Six Poems (1978) in Erscheinung getreten, hat K. vor allem das Verdienst, mit ihrem mehrfach preisgekrönten Erstlingsroman Obasan (1981; Obasan, 1993) daran erinnert zu haben, wie eine nicht-indigene Minderheit im Zuge des Zweiten Weltkriegs der Diskriminierung, Enteignung und Vertreibung im kanadischen Vielvölkerstaat ausgesetzt wurde. Das autobiographisch geprägte Werk erzählt die Geschichte Naomi Nakanes, die als Nisei (Angehörige der zweiten, in Kanada geborenen Generation) von der Küste British Columbias nach Alberta deportiert wird, wo sie sich – wie K. und ihre Familie – in den 1940er Jahren auf einer Farm verdingen muß. Erst allmählich beginnt sie, ihr eigenes und das Schicksal ihrer Angehörigen zu verarbeiten; sie befreit sich vom Trauma der Vergangenheit und durchbricht die Mauer des sie umgebenden Vergessens und Schweigens. In diesem von der Lektüre dokumentarischer Texte (Tagebuchnotizen, Regierungsverlautbarungen, Zeitungsberichte) mitinitiierten Selbstfindungsprozeß kommt der Erinnerung zentrale Bedeutung zu. Außerdem läßt K. den von psychischen Verwundungen und Spuren physischer Gewalt gezeichneten weiblichen Körper zur Projektionsfläche persönlicher und historischer Erfahrungen geraten. Der Roman findet seine Fortsetzung in Itsuka (1982), K.s zweitem größeren Erzählwerk. Naomi hat ihren Beruf als Lehrerin im ländlichen Westen aufgegeben und ist nach Toronto übergesiedelt, wo sie in ihrem emotionalen und politischen Engagement für ein Reparationsprogramm zugunsten enteigneter Landsleute porträtiert wird. (1988 werden Kanadas japanischer Bevölkerung 400 Millionen kanadische Dollar als Wiedergutmachung zuerkannt.) K. nimmt sich dann noch einmal der Geschichte ihrer Protagonistin in dem Jugendbuch Naomi's Road (1986) an. – Das schon in Obasan angedeutete Thema des Kindesmißbrauchs steht im Mittelpunkt von K.s vorerst letztem Roman, The Rain Ascends (1995). Die anglikanische Autorin beschreibt aus der Ich-Perspektive Millicent Shelbys, der erwachsenen Tochter eines protestantischen Geistlichen, wie diese entdecken muß, daß sich ihr Vater seit vielen Jahren an den Knaben seiner Gemeinde vergangen hat. Die aus dem Konflikt zwischen der Liebe zum Vater, der Verpflichtung zur Wahrheit und dem Bemühen um Vergebung gespeisten Irritationen Millicents bestimmen das ungemein sensibel gestaltete Geschehen. – Das œuvre der in der Frauenbewegung aktiven und von der feministischen Literaturkritik nachhaltig gewürdigten Autorin wird um die neueren Lyriksammlungen Woman in the Woods (1985) und Song of Lilith (2000) ergänzt.

Literatur: A. Davidson. Writing Against the Silence: Joy Kogawa's Obasan . Toronto 1993. – A.G. Sunahara. The Politics of Racism: The Uprooting of Japanese Canadians During the Second World War. Toronto 1981.

Wolfgang Kloo

Kroetsch, Robert

Geb. 26. 6. 1927 in Heisler, Alberta, Kanada

Robert Kroetsch ist als »Mr. Canadian Postmodern« (Linda Hutcheon) der wichtigste Vertreter postmoderner Literaturtheorie und -praxis in Kanada. Diese Auszeichnung hat sich K. nicht nur mit theoretischen Statements erworben, sondern v.a. durch eine große Zahl von Romanen, Gedichtsequenzen und Essays. Auf einer Farm in der Prärieprovinz Alberta aufgewachsen, versteht K. es vor allem in der Romantrilogie The Words of My Roaring (1966), The Studhorse Man (1969) und Gone Indian (1973) sowie in den Langgedichten Stone Hammer Poems (1975) und Seed Catalogue (1977) die kanadische Prärie als Literaturschauplatz zu etablieren. In seinen Gedichten über dieses ›neugefundene‹ Land benutzt K. in Ermangelung traditioneller literarischer Bezugspunkte eher prosaische Texte wie einen Samenkatalog als grundlegende Erzählmuster. In seinen Romanen zeigt er jedoch auch, daß er sich als Literaturwissenschaftler, der lange Jahre an nordamerikanischen Universitäten gelehrt hat, ebenso intertextueller Verweise auf klassische Modelle wie

Homers *Odyssee* bedienen kann, wenn er etwa in *The Studhorse Man* den letzten Pferdebesamer dem mythisch-irrenden Odysseus gleich mit seinem Deckhengst von Farm zu Farm ziehen läßt. In den auf die Trilogie folgenden Romanen experimentiert K. mit feministischen Erzählperspektiven und postmodernen Erzählstrategien. In *Badlands* (1975) befreit sich die Tochter eines verstorbenen Urzeitforschers aus dem Bann, den ihr Vater immer noch auf sie ausübt, indem sie seine Suche nach Dinosauriern rekonstruiert und als Selbstinszenierung entlarvt. In *What the Crow Said* (1978) spielt sich in einer Prärie-Kleinstadt eine magisch-realistische Handlung ab, in der die Naturgesetze außer Kraft gesetzt werden und Vorgänge wie die Begattung einer jungen Frau durch einen Bienenschwarm als selbstverständlich erscheinen. In dem Romanpaar *Alibi* (1985) und *The Puppeteer* (1992) sind K.s Figuren, vor allem ein sogenannter William William Dorfendorf, der auf der ganzen Welt für den Millionär Jack Deemer Kuriositäten erwirbt, auf der Suche nach ihrer Identität, wie sie von ihnen selbst oder anderen erschrieben wird.

Einen neuen Weg schlägt K. in seinem Erzählwerk mit *The Man from the Creeks* (1998; *Klondike*, 1999) ein, indem er die Geschichte des Yukon-Goldrauschs am Ende des 19. Jahrhunderts aus der Sicht eines Augenzeugen erzählt, der zu jener Zeit ein Kind war und inzwischen weit über hundert Jahre alt ist. Die erzählerische Grundlinie ergibt sich daraus, daß die Mutter des Erzählers die Heldin einer in Kanada weitbekannten Ballade des Dichters und Zeitzeugen Robert Service ist. – Ein ideales Medium findet K. auch in seinen autobiographisch gefärbten Essays, die er in der Sammlung *A Likely Story: The Writing Life* (1995) veröffentlicht hat. In diesen Aufsätzen verbindet er auf gelungene Weise literaturtheoretische Ansätze mit humorvollen und äußerst lesbaren persönlichen Reminiszenzen und Betrachtungen.

Literatur: D. Tiefensee. *The Old Dualities: Deconstructing Robert Kroetsch and His Critics*. Montreal 1994. – S. R. Dorscht. *Women, Reading, Kroetsch: Telling the Difference*. Waterloo, Ont. 1991. – R. Lecker. *Robert Kroetsch*. Boston 1986.

Martin Kuester

Kureishi, Hanif

Geb. 5. 12. 1954 in Bromley, South London

Nach Salman Rushdie gilt Hanif Kureishi inzwischen als der wohl bedeutendste anglo-asiatische Autor der britischen Gegenwartsliteratur. Mit seinen filmischen, narrativen und dramatischen Fiktionen, in deren Zentrum zumeist die komplexen individuellen Erfahrungsverarbeitungen kultureller Hybridität in der postkolonialen Konstellation des multikulturellen London stehen, hat er sich auch international einen Namen gemacht. Als Kind eines indischen Immigranten muslimischen Glaubens und einer englischen Mutter in den sozialen Brennpunkten der südlichen Vororte Londons aufgewachsen, hat K. aufgrund seiner Hautfarbe als *in-between* den alltäglichen Rassismus und die ethnischen Diskriminierungen ebenso früh kennengelernt wie typische Unterschiede in den Lebensmustern und Selbstverwirklichungsträumen der indisch-pakistanischen Immigranten der ersten und zweiten Generation im Spannungsfeld von revisionistischer Fundamentalisierung einerseits und aufstiegsorientierter soziokultureller Assimilation andererseits. Gleichwohl hat er sich stets uneingeschränkt als britischer Staatsbürger und Schriftsteller verstanden, mit den Worten des Erzähler-Protagonisten seines nach wie vor gewichtigsten Erfolgsromans *The Buddha of Suburbia* (1991; *Der Buddha aus der Vorstadt*, 1992): »I am an Englishman born and bred, almost. [ ]a funny kind of Englishman, a new breed as it were, having emerged from two old histories.«

Nach einem Philosophiestudium am Londoner King's College begann K. seine schriftstellerische Karriere zunächst als Dramatiker im Förderungsumfeld des Royal Court Theatre. Der Durchbruch gelang ihm mit den beiden Drehbüchern zu den unter der Regie von Stephen Frears gedrehten, international erfolgreichen Spielfilmproduktionen *My Beautiful Laundrette* (1985; *Mein wunderbarer Waschsalon*, 1991) und *Sammy and Rosie Get Laid* (1988; *Sammy und Rosie tun es*, 1991), die im von sozialen Spannungen und Rassenunruhen ebenso wie vom Thatcherismus geprägten London der 1980er Jahre spielen. Wie seine späteren Erzählwerke zwar von politischer Bewußtheit, nicht aber von politisch-moralischer Korrektheit zeugend, stehen im Mittelpunkt beider Filme überraschende, durch das Spiel des erotischen Begehrens angetriebene und kulturelle Grenzen überschreitende Entwicklungsgeschichten von repräsentativen Individuen. In der filmischen Inszenierung werden zunächst die Figuren als Produkte sich kreuzender Diskurse von *race*, *class* und *gender* durch die Zuschreibung eines Bündels stereotypisierter Merkmale im Horizont kodierter Verhaltenserwartungen definiert, um sodann die Erwartungsklischees durch individuelle Deviationen, Grenzüberschreitungen und interkulturell ausgehandelte plurale Identitätskonstrukte zu unterlaufen und damit neue, plausibel entwickelte Gestaltungsmöglichkeiten auszuloten. – Nicht nur der große Erfolg der filmischen Zusammenarbeit mit Frears, auch die Affinität seines Erzählens zum kinematographischen Medium veranlaßten K., in den 1990er Jahren seine Fiktionen weiterhin im Medium des Films zu gestalten. So verfaßte er die Drehbücher zu Verfilmungen seiner Erzählwerke und zeichnete als Drehbuchautor wie als Regisseur für den in der Kritik freilich umstrittenen Spielfilm *London Kills Me* (1991) verantwortlich.

Daneben tritt mit Beginn der 1990er Jahre eine verstärkte Konzentration auf die Darstellungsmöglichkeiten der Groß- und Kleinformen des Prosaerzählens. Sie schlägt sich in einem vielbeachteten Erzählœuvre nieder, das neben der Kurzgeschichtensammlung *Love in a Blue Time* (1997) inzwischen vier Romane – auf *The Buddha* folgten *The Black Album* (1995), *Intimacy* (1998) und *Gabriel's Gift* (2001) – umfaßt. Unabhängig davon, ob K. das Geschehen wie in *The Buddha* durch die individualisierte Perspektive des Ich-Erzählers Karim Amir in der Form einer fiktiven Autobiographie gestaltet und so Lebensgefühl und Zeitkolorit im London der 1970er Jahre einfängt oder durch die Wahl einer auktorialen Erzählinstanz wie in *The Black Album* den turbulenten Werdegang des jungen Helden Shahid im London der 1980er Jahre zu objektivieren sucht, stets dominieren die Affirmation individueller Gestaltungsspielräume und die lustvolle Exploration rollenhafter Selbstinszenierung sowie die daraus resultierende kreative Neukombination diskursiver Präformationen und Stereotype in interaktiv bestätigten hybriden Identitätsentwürfen über die moralisierende Warnung vor den Gefahren subjektiver Überforderung und diffundierender Identitäten. Bei aller Bejahung der befreienden Dynamik erotischen Begehrens tragen die Romane jedoch auch dafür Sorge, daß diese weder mit blin-

der Konsumorientierung und intellektuellem Hedonismus noch mit dem Verlust des politischen Bewußtseins für fortbestehende Machtasymmetrien und die Gefahren rassischer Diskriminierung bzw. ethnischer Stereotypisierung einhergehen. – Neben seiner Vorliebe für eine komplexe intertextuelle Verortung seiner Figuren und Narrationen in der anspielungsreichen Echokammer eines textuellen Universums, die man zurecht als objektives Korrelat pluraler Identitätskonstruktionen gedeutet hat, sind es vor allem diese Erkundungen der Möglichkeiten und Risiken individuell entworfener und gelebter Hybridität in der lebensweltlichen Konkretion der multikulturellen Metropole, die K.s Fiktionen gerade in den letzten Jahren für theoriegeleitete Kritiker postkolonialer und postmoderner Provenienz zu einem bervorzugten Forschungsfeld haben werden lassen.

Literatur: K. Kaleta. *Hanif Kureishi: Postcolonial Storyteller*. Austin 1998. – *Commonwealth Essays and Studies* 4 (1997) [Sondernummer]. I. Böhner. ›*My Beautiful Laundrette*‹ *und* ›*Sammy and Rosie Get Laid*‹: *Filmische Reflexion von Identitätsprozessen*. Frankfurt 1996.

Meinhard Winkgens

Kyd, Thomas

Getauft 6. 11. 1558 in London,
begraben 15. 8. 1594 ebd.

Thomas Kyd ist neben Christopher Marlowe der herausragende elisabethanische Dramatiker vor Shakespeare. Über sein kurzes Leben ist wenig bekannt. Als Sohn eines Schreibers genoß er eine gute Bildung, besuchte jedoch keine Universität. Um 1585 schrieb er wahrscheinlich für die Theatergruppe The Queen's Company. Um 1591 war er mit Marlowe befreundet und arbeitete mit ihm zusammen. 1593 wurde K. verhaftet und – zunächst der Verleumdung, später des ›Atheismus‹ beschuldigt – gefoltert. Sein Versuch, sich zu rehabilitieren, indem er den inzwischen verstorbenen Marlowe belastete, mißlang offenbar. Er starb wenig später verarmt und in Ungnade. – K.s literarisches Werk wurde zu Lebzeiten im wesentlichen anonym veröffentlicht, was die Frage nach der Autorschaft erschwert und Zuordnungsprobleme geschaffen hat. Obwohl K.s - uvre klein ist, hatte er erheblichen Einfluß auf die Literatur seiner Zeit. Seine von der Dramatik Senecas beeinflußte Rachetragödie *The Spanish Tragedy* (1592;

Die Spanische Tragödie, 1881) gilt als genrebildend. Zugeschrieben wird ihm der sogenannte *Ur-Hamlet*, ein uns nicht überliefertes Drama, das ebenfalls eine Rachethematik hatte und Shakespeare nachweislich als Quelle für seinen *Hamlet* diente. Wichtige Elemente im *Hamlet* finden sich schon in *The Spanish Tragedy*: das Auftreten eines Rache fordernden Geistes, die Verstellungskunst des Rächers und sein Wahnsinn, der (zumindest ansatzweise) auch ›Methode‹ hat, seine Verzögerung der Rache und schließlich die Inszenierung eines Schauspiels zur Überführung der Verbrecher. K. stattet seinen Rächer Hironimo durchaus mit gewissen moralischen Zweifeln hinsichtlich seines Handelns aus, indem er ihn über das biblische *vindicta mihi* nachdenken läßt. Die psychologische Tiefe eines Hamlet hat Hironimo nicht, dennoch ist sein Schmerz über den Mord an seinem Sohn Horatio glaubhaft und anrührend dargestellt. In *The Spanish Tragedy* verbinden sich rhetorische Gestaltungskraft und Bühnenwirksamkeit eindrucksvoll. Frank R. Ardolinos Deutung des Dramas als elaborierte politisch-religiöse Allegorie auf den 1588 mit der Versenkung der Armada errungenen Sieg des protestantischen England über das katholische Spanien wird indes der ästhetischen Qualität und tragischen Dimension des Textes, die seine langandauernde Wirkung begründet haben, nicht gerecht. Das Drama *Soliman and Perseda* (1592?), dessen Handlung die des Stücks im Stück in *The Spanish Tragedy* ist, wird K. lediglich aufgrund interner Evidenz zugeschrieben. Sein Lesedrama *Cornelia* (1594) ist eine Bearbeitung eines Stücks des ›französischen Seneca‹ Robert Garnier.

Werkausgabe: *The Works of Thomas Kyd*. Hg. F.S. Boas. Oxford 1901.
Literatur: F.R. Ardolino. *Apocalypse and Armada in Kyd's Spanish Tragedy* . Kirksville, MO 1995. – P.B. Murray. *Thomas Kyd*. New York 1969. – A. Freeman. *Thomas Kyd: Facts and Problems*. Oxford 1967.

Jens Mittelbach

La Guma, Alex

Geb. 20. 2. 1925 in Kapstadt;
gest. 11. 10. 1985 in Havanna

Schriftsteller, Reporter, Kolumnist und Repräsentant des African National Congress (ANC) in Kuba: Die Biographie Alex La Gumas zeugt von der unauflöslichen Verbindung von Politik und Literatur, die für viele südafrikanische Autoren typisch ist. Das Vorbild des Vaters, Gewerkschaftsfunktionär und Mitglied der Kommunistischen Partei, und die Härte des Lebens in Kapstadts berühmt-berüchtigtem ›Farbigen‹-Ghetto District Six prägten L.s Kindheit und bildeten die Basis seines lebenslangen Kampfes gegen die Apartheid und für soziale Gerechtigkeit. Auch er trat der Kommunistischen Partei bei, formulierte Teile der Freiheitscharta des ANC mit und war einer der 156 Angeklagten in dem spektakulären *treason trial* (Hochverratsprozeß), den die südafrikanische Regierung 1956 gegen Mitglieder des Widerstands anstrengte. Für die Zeitung *New Age* beleuchtete L. in seiner Kolumne »Up My Alley« prägnant und mit Witz das Leben Nicht-Weißer unter der Apartheid. Mit der Reihe »Little Libby«, Episoden aus dem Leben eines ›farbigen‹ Jungen, betätigte er sich als politischer Cartoonist. Sein Widerstand gegen die Apartheid brachte ihm Gefängnisaufenthalte und Hausarreste ein, und seine Werke fielen der südafrikanischen Zensur zum Opfer. 1966 verließ L. Südafrika und lebte mit seiner Familie im englischen Exil, bevor er 1978 als Repräsentant des ANC nach Kuba übersiedelte.

In L.s Werk schlägt sich die Auseinandersetzung mit den menschenverachtenden Praktiken des Apartheidregimes in einer eigentümlichen naturalistisch-symbolischen Ästhetik nieder. Schon in seinem Erstling, *A Walk in the Night* (1962), schildert L. den Zusammenstoß einzelner Bewohner des District Six mit dem Apartheidsystem in einer eindringlichen, die Brutalität und Gewalttätigkeit der Umwelt nachvollziehenden Sprache. In diesem kunstvoll komponierten Roman kreuzen sich in einer einzigen alptraumartigen Nacht die Wege verschiedener Ghetto-Bewohner, und L. enthüllt hinter einer quasi-tragischen Verkettung von Umständen das Apartheidsystem als Ursache von Armut, Gewalt und Tod. Auch sein nächster Roman, *And a Threefold Cord* (1964), zeugt von L.s Anliegen, einer politisch wie literarisch marginalisierten Bevölkerungsgruppe eine Stimme zu verleihen, und zeichnet den Alltag Farbiger in einer aus dem Abfall der weißen Wohlstandsgesellschaft zusammengezimmerten Barackensiedlung. Mit *The Stone Country* (1967), einem Gefängnisroman, der als didaktisch motivierte Allegorie auf die Apartheid zu lesen ist, vertieft L. das Thema der manichäischen Spaltung Südafrikas. *In the Fog of the Seasons' End* (1972; *Im Spätsommernebel*, 1975) ist L.s letzter in Südafrika konzipierter Roman und stellt die Kulmination seiner politischen wie literarischen Vision dar: Die dumpf dahinvegetierenden Figuren seines Frühwerks werden durch zielbewußte Revolutionäre abgelöst. Sein letztes Werk, *Time of the Butcherbird* (1979; *Die Zeit des Würgers*, 1981), deutet ebenfalls die Notwendigkeit bewaffneten Widerstands an, ist jedoch weniger eindringlich als die früheren Romane und von der Distanz des Exilanten zu seiner Heimat geprägt. L.s Vorliebe für extravagante Metaphern und Vergleiche gibt seinem Werk seine besondere Note, und trotz aller realistisch-naturalistischen Düsternis kommen doch in seinen Symbolen – etwa den Bildern eines steil in den Himmel steigenden Vogels oder der im Sonnenlicht spielenden Kinder – ein der Unterdrückung beharrlich trotzender Optimismus und die Hoffnung auf politische Veränderung zum Ausdruck.

Literatur: K. M. Balutansky. *The Novels of Alex La Guma: The Representation of a Political Conflict.* Washington D. C. 1990. – C. Abrahams. *Alex La Guma.* Boston 1985. – A. R. JanMohamed. *Manichean Aesthetics: The Politics of Literature in Colonial Africa.* Amherst 1983, 225–262.

Nicole Cujai

Lamb, Charles

Geb. 10. 2. 1775 in London;
gest. 27. 12. 1834 in Edmonton

Während die Rezeption von Charles Lambs essayistischem Werk heute vornehmlich auf den Bereich der Literaturwissenschaften beschränkt ist, wurden die gemeinsam mit seiner Schwester Mary Lamb (1764–1847) verfaßten *Tales from Shakespeare* (1807; *Shakespeare-Novellen*, 1977) sehr populär. Diese Prosafassungen sollten die Dramen Shakespeares besonders jungen Lesern zugänglich machen und wurden zu einer beliebten Schullektüre. Neben Shakespeare begeisterte sich L. für andere elisabethanische Dramatiker wie Thomas Dekker, John Fletcher und Thomas Heywood, die im 18. Jahrhundert kaum mehr bekannt waren, in der Romantik aber nicht zuletzt durch L.s »Specimens of the English Dramatic Poets Who Lived about the Time of Shakespeare« (1808) und »Characters of Dramatic Writers Contemporary with Shakespeare« (1818) eine Renaissance erlebten. Die Essays, die L. überwiegend zwischen 1820 und 1825 unter dem *nom de plume* Elia im *London Magazine* veröffentlichte, erschienen später gesammelt als *Essays of Elia* (1823) und *The Last Essays of Elia* (1833). Gegenstand dieser Essays sind vorwiegend Alltagserfahrungen, die L. seinem Lesepublikum in familiärem Plauderton nahebringt. Seine Prosa zeichnet sich durch ein großes Maß an Wortwitz und das geschickte Einflechten von Zitaten und Sprichwörtern aus, wobei L. in »Popular Fallacies« (»Weitverbreitete Trugschlüsse«) den Sprichwörtern eine mitunter entlarvende oder komische Interpretation gibt. Besonders wegen der Elia-Essays zählt L. mit William Hazlitt und Leigh Hunt zu den wichtigsten Essayisten des 19. Jahrhunderts. – Für die Viktorianer verband sich mit dem Namen L.s weniger sein literarisches Schaffen denn die Tragik seines Lebens. Wie der Öffentlichkeit erst nach dem Tod seiner geistesgestörten Schwester bekannt wurde, hatte sie 1796 in einem Anfall die eigene Mutter erstochen. Um sie vor dem Leben in einer geschlossenen Anstalt zu bewahren, übernahm L. 21jährig die Verantwortung für seine Schwester. Für ihrer beider finanzielles Auskommen sorgte L. durch seine Arbeit als Buchhalter bei der East India Company in London, eine Stellung, die er bis zur Pensionierung 1825 innehatte. Anders als Samuel Taylor Coleridge, mit dem ihn seit den gemeinsamen Schultagen in Christ's Hospital eine Freundschaft verband, konnte L. also das Schreiben nur nebenberuflich verfolgen. Seine frühesten literarischen Veröffentlichungen sind Sonette, von denen Coleridge vier in seine *Poems on Various Subjects* (1796) aufnahm. L. wurde durch Coleridge mit weiteren Romantikern bekannt und unterhielt mit einigen von ihnen einen Briefwechsel. Southey und Coleridge holten auf diesem Wege sein kritisches Urteil über ihre Werke ein.

Wenngleich L. nicht durch sein lyrisches Werk hervorgetreten ist, verbindet ihn mit der Lyrik der Romantiker der oft ausgeprägt autobiographische Charakter seiner Essays, in die besonders Erfahrungen aus seiner Kindheit eingehen (»Mackery End in Hertfordshire«, »My First Play«). Allerdings gelingt es L. durch die Figur des Elia, der wechselnde Rollen übernimmt, diese Erfahrungen fiktional zu verfremden (»Christ's Hospital Five-and-Thirty Years Ago«). Auffallend moderne Aspekte in L.s Werk sind seine Ablehnung absoluter Wahrheiten – seine Ästhetik des Unbestimmten – und die Überzeugung, daß sich Bedeutung in Texten erst im Zusammenspiel mit dem Leser konstituiert.

Werkausgaben: *The Works*. Hg. W. Macdonald. 12 Bde. London 1903. – *The Works of Charles and Mary Lamb*. Hg. E. V. Lucas. 7 Bde. London 1903–05. Literatur: J. E. Riehl. *That Dangerous Figure: Charles Lamb and the Critics*. Columbia, SC 1998. – W. F. Courtney. *Young Charles Lamb 1775–1802*. London/Basingstoke 1982.

Marie-Luise Egbert

Lamming, George

Geb. 8. 6. 1927 in Saint Michael, Barbados

George Lamming wuchs in der Karibik auf, lebte aber in den 1950–60er Jahren hauptsächlich in England. Das zentrale Thema seiner sechs Romane ist die Auseinandersetzung mit den Folgen der Kolonialgeschichte. Kennzeichnend für seinen Ansatz ist dabei die Parallelisierung von Einzelschicksalen und repräsentativem Sozialpanorama. Der autobiographische Roman *In the Castle of My Skin* (1953) schildert im Wechsel die Kindheit des Ich-Erzählers »G.« und die Entwicklung der noch feudal geprägten Gesellschaft von Barbados in den 1930er Jahren. Die durch den schwarzen Lehrer Slime organisierten Aufstände führen in dieser ersten Zeit der Unabhängigkeitsbewegung zur Entmachtung des britischen Großgrundbesitzers Creighton, entpuppen sich aber letztlich als geschicktes Manöver Slimes, die einfachen Leute um ihr Land zu bringen. Während die neue schwarze Mittelschicht die Grundstücke aufkauft, verläßt der mittlerweile erwachsene Erzähler die Insel, um auf Trinidad eine Stelle als Lehrer anzunehmen – ein erster Schritt, als Intellektueller in einer globalen schwarzen Kultur seinen Platz zu finden. *The Emigrants* (1954; *Mit dem Golfstrom*, 1956) schließt mit den Erfahrungen karibischer Einwanderer in Großbritannien an. In *Of Age and Innocence* (1958) kehrt eine Auswanderergruppe nach San Cristobal, L.s fiktivem karibischen Mikrokosmos, zurück. In dieser Zeit der ersten Unabhängigkeit wird der Mythos der »Tribe Boys und Bandit Kings« – eine Verarbeitung des Aufstands auf St. John 1733 – zum Versuch, durch eine ›neue‹ Geschichte eine nationale Identität zu begründen. *Seasons of Adventure* (1960; *Zeit der Abenteuer*, 1962) thematisiert die auf die Unabhängigkeit folgenden Arbeiteraufstände und den Zusammenbruch der ersten Republik. Durch die »Ceremony of Souls«, L.s Symbol für eine gelungene Auseinandersetzung mit der Vergangenheit, beginnt Fola

die Suche nach ihrem leiblichen Vater. Mit Hilfe eines Malers schafft sie ein Porträt, das die Verquickung europäischer und afrikanischer Einflüsse in der kulturellen Identität der Karibik symbolisiert.

Auch in seinem Essayband *The Pleasures of Exile* (1960) analysiert L. die hybride Kultur der Karibik. Wie in seinen letzten beiden Romanen setzt er sich mit Referenztexten auseinander, die das Bild der Kolonien seit der elisabethanischen Zeit geprägt haben. Vor allem Shakespeares *The Tempest* wird durch die Figuren Prospero und Caliban zum Sinnbild für die Eroberung der Neuen Welt. Der Roman *Water With Berries* (1971) zeigt Caliban, verkörpert durch drei karibische Künstler, im England des 20. Jahrhunderts. Der in Brandstiftung, Vergewaltigung und Mord endende Roman verdeutlicht L.s These, daß ohne eine aktive Auseinandersetzung mit der Vergangenheit das Abhängigkeitsverhältnis gegenüber Prospero nur durch Gewalt gelöst werden kann. *Natives of My Person* (1971) stellt das Zeitalter des Sklavenhandels dar. Durch Verfremdung einer Vielzahl historischer Quellen entwickelt L. eine Allegorie sowohl der Kolonialzeit als auch der heutigen Situation der Karibik. Ein Kapitän und seine Offiziere machen sich auf den Weg, um eine neue Kolonie zu gründen, werden aber bereits auf der Reise von ihrer Vergangenheit eingeholt. Der Wechsel zwischen widersprüchlichen Perspektiven und zunehmenden Rückblicken entrollt verschiedene Versionen der Vorgeschichte. L. zeigt so mögliche Interpretationen des historischen Geschehens auf und reflektiert kritisch die historiographische Darstellung des Kolonialismus.

Literatur: S. M. Nair. *Caliban's Curse: George Lamming and the Revisioning of History*. Ann Arbor, MI 1996. – S. P. Paquet. *The Novels of George Lamming*. London 1982.

Alexandra Haas

Landor, Walter Savage

Geb. 30. 1. 1775 in Warwick;
gest. 17. 9. 1864 in Florenz

Nachdem er zuvor schon Rugby hatte verlassen müssen, wurde Walter Savage Landor mit 19 Jahren auch von Oxford verwiesen, weil er auf einen Mitstudenten und Tory-Anhänger einen Schuß abgefeuert hatte. Der ›verrückte Jakobiner‹ erwies

sich denn auch als zu ungebärdig für einen Advo-
katen und zu rebellisch für die Offizierskarriere.
So war es dem ältesten Sohn wohlhabender Eltern
schon früh möglich, sich ausschließlich dem privaten Studium antiker Literatur, seinen radikalen
politischen Anschauungen, exzentrischen Launen
und der nicht mehr ganz zeitgemäßen Verferti-
gung von Gedichten und Dialogen in lateinischer
Sprache zu widmen. Der selbsterklärte ›aristokratische Republikaner‹ war zugleich ein entschiedener Antidemokrat, dessen vermessener Versuch,
sich durch den Erwerb von Monmouth Abbey in
Wales als moderner Senator zu etablieren, im
Streit mit seinen Pächtern und der lokalen Bevölkerung kläglich scheiterte. Als Konsequenz verließ er 1815 England, um sich bis 1835 in der Nähe
von Florenz niederzulassen, wo er, nach längeren
Stationen in London und Bath, schließlich auch
die letzten Jahre seines Lebens in der Nachbarschaft von Robert Browning verbrachte. – Hier ist
der größte Teil seines fünfbändigen, von Ralph
Waldo Emerson und Algernon Swinburne hochgelobten Prosawerkes *Imaginary Conversations*
(1824–29) entstanden. In diesen formal an Cicero
angelehnten Dialogen konnte er klassischen Themen und Gemeinplätzen wie der Vergänglichkeit
und der epikureischen Lebensführung Ausdruck
verleihen und den politischen Liberalismus oder
Tyrannenmord rechtfertigen. So wenig L. am gesellschaftlichen Substrat politischer Herrschaft interessiert war, so wenig kümmerte ihn die fehlende
Resonanz und der Markterfolg seiner Werke in
einer Gesellschaft, die nicht mehr durch eine homogene aristokratisch-höfische Kultur, sondern
durch ein wechselnden literarischen und historischen Moden folgendes Bürgertum bestimmt war.
So eigensinnig und originell er auch als Persönlichkeit war, die romantische Neigung zu Subjektivität und Originalität teilte er kaum. Während
Romantik und Moderne durch die Inklusion des
Beobachters die situative Authentizität dichterischer Erfahrung wiederzugeben bestrebt sind, ist
für L. der menschliche Erfahrungsraum bereits
vorgegeben und durch allgemeingültige Topoi ab-
gesteckt, für die es nur gilt, eine adäquate Form zu
finden. L. hätte jedoch nicht die Bewunderung
eines Ezra Pound gefunden, zeichnete sein Werk
sich nicht auch durch eine eigene Ästhetik der
Distanz und einen auch die Moderne noch faszinierenden Stilwillen aus. Schon im präzisen Blankvers und der eindringlich kontrollierten Bildersprache des klassizistischen Epos »Gebir« (1798),

dessen orientalistischer Hintergrund z.B. Percy
Shelley fesselte, ist dies erkennbar. Seine apolli-
nisch-entsubjektivierte Ästhetik möchte archetypische Situationen, heroische Entscheidungen oder
existentielle Krisen in einer auf das Wesentliche
verdichteten Momentaufnahme festhalten. Allu-
sionen, eine lateinische Syntax, Archaismen und
elliptische Figuren evozieren den Eindruck einer
komprimierten Artifizialität und Zeitenthoben-
heit. Insbesondere in epigrammatischen Gedichten der Sammlung *The Hellenics* (1847) oder einem Quartett wie »Dirce«(1831) gelingt es L.,
stillebenartige Bilder von ikonisch-statuarischer
Schönheit zu schaffen. Allein diese lohnen auch
heute noch die Lektüre seiner Werke.

Werkausgabe: *The Complete Works*. Hg. T.E. Welby/St.
Wheeler. 16 Bde. London 1927–36.
Literatur: E. Dilworth. *Walter Savage Landor*. New York
1971. – R. Pinsky. *Landor's Poetry*. Chicago/London
1968.

Philipp Wolf

Langland, William

Geb. 1332? in Shipton-under-Wychwood?;
gest. 1400? in London?

Ob es je einen Autor namens William Langland gab, war lange Zeit umstritten. Zu Beginn des
20. Jahrhunderts sprach man von fünf Verfassern,
heute ist man zur ursprünglichen These von W.W.
Skeat zurückgekehrt und spricht von einem Verfasser, welcher der Sohn von Stacy de Rokayle,
einem Landbesitzer aus Shipton-under-Wychwood in Oxfordshire, war. Er erhielt eine geistliche
Erziehung im Kloster zu Great Malvern und war
Akoluth, d.h. er hatte den höchsten Rang der
niederen Weihen. Er lebte in den Malvern Hills
und in London, hatte angeblich eine Frau namens
Kalotte und eine Tochter namens Kitte. Er verdiente seinen Lebensunterhalt, indem er Gebete
für diejenigen las, die ihm einen Unterhalt zukommen ließen. – Seine epische Dichtung *Piers
Plowman* repräsentiert die Stabreimdichtung, wie
sie im 14. Jahrhundert in Westengland populär
war. Die vierhebige Stabreim-Langzeile steht im
Kontrast zu Chaucers höfischer Dichtung, die
meist den fünfhebigen Vers bevorzugte. L.s *Piers
Plowman* ist in über 50 Handschriften überliefert,
die sich in drei Versionen gruppieren lassen: der A-
Text (ca. 1362) umfaßt 11 Passus (oder Kapitel),

der B-Text (ca. 1377–79) besteht aus 20 Passus, und der C-Text (ca. 1385–86 oder 1393–99) enthält 23 Passus. Das Werk besteht aus mehreren Traumvisionen, die gelegentlich von realistischen Einschüben unterbrochen werden. Die Dichtung verbindet zwei epische Grundmotive: 1. Die Visio de Petro Plouhman beschreibt einen gesellschaftlichen Zustand, 2. die Vita (auch Visio) de Dowel, Dobet, Dobest schildert eine dreistufige *scala perfectionis*. Im ersten Teil werden die Hauptlaster der weltlichen wie der geistlichen Stände dargestellt. Piers Plowman, das Vorbild für alle, will eine gerechte Ordnung des Lebens und Arbeitens herstellen, aber er scheitert. Dies bedingt die Suche des Träumers nach Dowel, Dobet und Dobest. Nach langen Diskussionen über den Wert des weltlichen und geistlichen Wissens erkennt er, daß »pacient pouerte«, die in Demut ertragene Armut, Dowel ist; Dobet ist »charite«, die opferbereite Liebe, die im Kreuzestod Christi ihre höchste Erfüllung fand, und Dobest ist die von der Gnade gelenkte verantwortungsbewußte Erfüllung des Zusammenlebens aller Menschen in der Kirche. L. endet sein Werk mit einem nüchternen Blick auf die Realität: Die Kirche liegt im Kampf mit dem Antichrist, und Conscience geht – anstelle des Träumers – auf die Suche nach Piers Plowman. – Die weite Verbreitung der Dichtung zeigt, daß L. die Nöte seiner Zeitgenossen während des Bauernaufstandes (1381) ebenso getroffen hatte wie die vorreformatorischen und reformatorischen Tendenzen des 15. und 16. Jahrhunderts. *Piers Plowman* ist die Dichtung, die in der englischen Literatur- und Geistesgeschichte den Zusammenhang zwischen dem ausgehenden Mittelalter und der beginnenden Neuzeit künstlerisch aufs eindrucksvollste zum Ausdruck bringt.

Literatur: M. Godden. *The Making of Piers Plowman.* London/New York 1990. – J. Lawlor. *Piers Plowman.* London 1962. – W. Erzgräber. *William Langlands Piers Plowman: Eine Interpretation des C-Textes.* Heidelberg 1957.

Willi Erzgräber

Larkin, Philip

Geb. 9. 8. 1922 in Coventry;
gest. 2. 12. 1985 in Hull

Daß Philip Larkin nach Auskunft seiner Biographen in der ersten Lebenshälfte ein schwerer Stotterer war, ginge niemanden etwas an, wenn seine literarische Karriere und sein Arbeitsstil nicht durchaus vergleichbare Eigenheiten aufwiesen. Stotternd nämlich betritt er die Bühne, nimmt mit *Jill* (1946) und *A Girl in Winter* (1947; *Ein Mädchen im Winter*, 1948) zwei Anläufe, um sich wie sein Studienfreund Kingsley Amis als Romancier zu etablieren, verhaspelt sich aber beim dritten Versuch hoffnungslos. Mit dem Manuskript muß er auch den Traum vom Wegerzählen seiner Sprachlosigkeit und dem Entkommen in jenes »wonderful 500-words-a-day on-the-Riviera life that beckons us all like an *ignis fatuus*« begraben; statt dessen entscheidet er sich für die lautlose Kärrnerarbeit des Bibliotheksdienstes, der ihn über die Stationen Leicester und Belfast 1955 als Leiter der Universitätsbibliothek im nordenglischen Hull ankommen läßt, seinem Fast-Zuhause für die folgenden 30 Jahre, das er in »Here« fast liebevoll beschrieben hat.

Gedichte bringt der zeitlebens beruflich eingespannte L. nach Feierabend zu Papier, aber auch hier ist der Zungenschlag zunächst der eines anderen. In *The North Ship* (1945) bevormundet ihn William Butler Yeats, danach hört man Thomas Hardy, bevor sich 1955 mit *The Less Deceived* das scheinbar umgangssprachliche und antipoetische ›Larkinese‹ zu Wort meldet, dem sein Autor eine in der englischen Lyrik der zweiten Hälfte des 20. Jahrhunderts beispiellose Breitenwirkung – von den *Collected Poems* (1988) werden binnen Tagesfrist zehntausend Exemplare abgesetzt – zu verdanken hat. Trotzdem bleibt L. mundfaul, veröffentlicht in großen Zeitabständen noch zwei Sammlungen – *The Whitsun Weddings* (1964) und *High Windows* (1974) – und bringt es damit auf eine durchschnittliche Jahresproduktion von nicht einmal zehn Gedichten. Das liegt daran, daß das kreative Stottern keineswegs ausgestanden ist, nachdem er sein Medium entdeckt hat. Die Arbeitskladden und ihre exemplarischen Transkriptionen in Arnold T. Tolleys *Larkin at Work* (1997) führen vielmehr ein agonales Schreiben vor, das am Anfang des Schaffensprozesses vielleicht gerade über die korrekte Anfangszeile eines späteren Zwei-, Dreiseitentextes verfügt, bevor es ›auswandert‹, und über Tage oder Wochen immer wieder neu an- und einsetzen muß wie ein Kind, das mitten im Satz über seine Konsonanten stolpert. Die Bleistiftspuren bezeugen damit den marathonösen Durchhaltewillen des Autors sowie sein stilsicheres Gespür für die richtige Wendung, denn

Rückkorrekturen gibt es so gut wie keine. Und deshalb steckt in dem typisch larkinesken Understatement: »Once I have said that the poems were written in or near Hull, Yorkshire, with a succession of Royal Sovereign 2B pencils [ ] there seems little to add« in der Tat eine erschöpfende Auskunft.

L. arbeitet nicht nur geographisch an der Peripherie; er schreibt als Außenseiter, der Gemeinsamkeiten mit dem *movement* wiederholt in Abrede gestellt hat, auch gegen zentrale Überzeugungen seiner Zeitgenossen an, weshalb sein Dichtungsbegriff als dezidiert anti-modernistisch, anti-elitär und anti-akademisch zu gelten hat. In seinen eigenen Worten wächst sich das zum Vorwurf eines Jahrhundert-Irrtums aus: »In this century English poetry went off on a loop-line that took it away from the general reader. Several factors caused this. One was the aberration of modernism, that blighted all the arts.« Aus dieser drastischen Diagnose folgt eine literarische Praxis des Anders- und Bessermachens, die zu denken geben muß. Denn L.s Gedichte sind zugänglich, ohne ihre Leserfreundlichkeit mit Komplexitätseinbußen zu bezahlen; sie bedienen sich traditioneller Techniken wie des Reims und haben doch nichts Artifizielles oder gar Manieriertes. Vielmehr glaubt man sich in dramatischen Monologen wie »Toads«, »Church Going« oder »Aubade«, in Momentaufnahmen wie »The Building«, »At Grass« oder »Mr Bleaney« mitten in der Alltagswelt zu befinden, deren Bewohner denn auch kein Blatt vor den Mund nehmen. Gleichwohl erweist sich bei genauerem Hinsehen selbst ein aus lauter Roheiten zusammengesetztes Gedicht wie »The Card-Players« oder das obszöne »Sunny Prestatyn« als so subtiles und ästhetisch feinnerviges Gebilde, daß der Anti-Akademiker L. die Interpreten mit seinen erklärten ›Volkstümlichkeiten‹ in hellen Scharen angezogen hat. Die bissigen Karikaturen der Zunft, die er etwa in »Posterity« und »Naturally the Foundation will Bear Your Expenses« ablieferte, haben dieser Attraktivität genausowenig Abbruch tun können wie die allenfalls hier und da von schwarzem Humor abgepufferte Trostlosigkeit der Larkinschen Weltsicht, die vielleicht in der lyrischen Parabel »Next, Please« am direktesten zum Ausdruck kommt. In Anspielung auf die glücksverheißende Redensart »When my ship comes home   « läßt der Autor hier eine ganze Armada solcher Wunscherfüllungsgaleonen aufkreuzen und – vorbeisegeln. Am Ende müssen sich die erwartungsfrohen Zuschauer ausnahmslos eingestehen: »Only one ship is seeking us, a black- / Sailed unfamiliar, towing at her back / A huge and birdless silence. In her wake / No waters breed or break.«

Der wie immer lakonische Kommentar L.s zur existenziellen Unversöhnlichkeit seines Werks lautet: »Deprivation is for me what daffodils were for Wordsworth.« Und im Schutze dieses Pessimismus, dessen Unheilsgewißheit enttäuschungsresistent macht und die Sensibilität vor emotionalen Zerreißproben schützt, kommt ein eingefleischter Junggeselle – jazzbegeistert, trinkfest und alles andere als prüde – durchaus komfortabel in die Jahre, entfaltet sich aber auch unaufhaltsam ein literarisches Doppelleben, das man – mit einem weiteren Gedichttitel L.s – nur als »Success Story« beschreiben kann. Denn mit quantitativem Minimaleinsatz – drei Gedichtbänden und einer Sammlung von Gelegenheitsarbeiten (*Required Writing*, 1983) – fährt L. den maximalen Ertrag ein. Sein Briefkopf weist schließlich sieben Ehrendoktorate und diverse andere Auszeichnungen auf, in der literarischen Szene genießt er den Status einer nationalen Ikone wie vor ihm allenfalls T. S. Eliot, und noch im August 1984 wird dem schon krebskranken Dichter das Amt des *Poet Laureate* angetragen, auf das er zugunsten von Ted Hughes mit der schonungslosen Begründung verzichtet: »Poetry [ ] left me about seven years ago, since when I have written virtually nothing. Naturally this is a disappointment, but I would sooner write no poems than bad poems.«

So steht am Anfang dieser Biographie die Geburt der Poesie aus dem Sprachfehler und an ihrem Ende die Integrität des Verstummens, eine beredte Geste der Schadensabwendung angesichts dessen, was sich dazwischen ereignet hat. Die Interpreten allerdings sind im Begriff, ihre Schonfrist aufzukündigen und damit die bösen Ahnungen des ›Hermit of Hull‹ zu bestätigen, der einmal notierte: »The reviews [ ] have been far too favourable; very soon somebody will cut me down to size.« Die inzwischen veröffentlichte Korrespondenz und die Biographie von Andrew Motion haben diesen Stimmungsumschwung ungewollterweise ausgelöst. Sie lassen nämlich keinen Zweifel daran, daß es um die *political correctness* des Thatcher-Bewunderers und ›Sexisten‹ L. schlecht bestellt ist, so schlecht sogar, daß der eine oder andere Kritiker vor sittlicher Empörung schier ins Stottern geraten möchte.

Werkausgaben: *Required Writing: Miscellaneous Pieces, 1955–1982.* London 1983. – *Collected Poems.* Hg. A. Thwaite. London 1988. – *Selected Letters.* Hg. A. Thwaite. London 1992. – *Gedichte.* Stuttgart 1988. Literatur: A. T. Tolley. *Larkin at Work: A Study of Larkin's Mode of Composition as Seen in His Workbooks.* Hull 1997. – A. Swarbrick. *Out of Reach: The Poetry of Philip Larkin.* London 1997 [1995]. – A. Motion. *Philip Larkin: A Writer's Life.* London/New York 1993. – St. Regan, Hg. *Philip Larkin.* London 1997 [1992]. – J. Rossen. *Philip Larkin: His Life's Work.* New York 1989.

Ulrich Horstmann

Launko, Okinba
→ Osofisan, Femi

Laurence, Margaret

Geb. 18. 7. 1926 in Neepawa, Manitoba, Kanada; gest. 5. 1. 1987 in Lakefield, Ontario

Margaret Laurence ist eine postkoloniale Autorin par excellence. Ihr Aufenthalt in British Somaliland (1950–52) und Ghana (1952–57) beeinflußte sie so nachhaltig, daß Nuruddin Farah sie als afrikanische Autorin bezeichnete, deren kanadisches Werk vor dem Hintergrund ihrer Afrika-Erfahrungen zu lesen sei. Die Begegnung mit Stammeskulturen und der britischen Kolonialherrschaft löste in L. die Revision ihrer eurozentrischen Sichtweise aus. In ihrem Reisebuch *The Prophet's Camel Bell* (1963) thematisiert sie daher die Begrenztheit ihrer von weißem Paternalismus gelenkten Perspektive. Ihre Übersetzungen mündlicher somalischer Literatur in *A Tree for Poverty* (1954) und ihre »afrikanischen« Werke, der Roman *This Side Jordan* (1960) und die Kurzgeschichtensammlung *The Tomorrow-Tamer* (1963; *Die Stimme von Adamo*, 1969), sind Zeugnis ihrer Öffnung gegenüber Afrika. In Anlehnung an O. Mannonis Studie *Prospero and Caliban: The Psychology of Colonization* (1950) konturiert sie das Psychogramm ihrer britischen Kolonisatorenfiguren in *This Side Jordan* als Resultat persönlicher Entfremdungs- und Ohnmachtsgefühle. L.s politisches Ideal kristallisiert sich in der Entwicklung der beiden Charaktere Johnnie Kestoe und Nathaniel Amegbe. Als einzigem Weißen gelingt es dem jungen Angestellten Kestoe, seine Kolonialmentalität abzulegen, während der Lehrer Amegbe ein für die bevorstehende Unabhängigkeit Ghanas

notwendiges stammesübergreifendes Nationalbewußtsein entwickelt.

Man sollte zwischen L.s afrikanischem und kanadischem – uvre keinen Bruch sehen. Das Thema der Beziehung zwischen Kolonisatoren und Kolonisierten kehrt unter dem veränderten Vorzeichen des Konflikts ihrer zentralen Frauengestalten zwischen Freiheitsstreben und Abhängigkeit in fünf Werken um das fiktive Präriestädtchen Manawaka wieder, in dem sie ihren Geburtsort verewigt hat. L.s zwiespältige Gefühle gegenüber ihren Pioniervorfahren, die zwei Generationen zuvor in den kanadischen Westen eingewandert waren, prägen ihre Frauenfiguren, die als Töchter, Geliebte, Ehefrauen und Mütter um die Behauptung ihrer eigenen Individualität ringen. Die Blindheit des steinernen Engels auf dem Friedhof von Manawaka in *The Stone Angel* (1964; *Der steinerne Engel*, 1965) steht für jene Gefühlsarmut, die als psychologisches Erbe der Pioniergeneration auch die 90jährige Hagar Shipley kennzeichnet. Hagar läßt kurz vor ihrem Tod ihr Leben Revue passieren, wobei Gegenwart und Erinnerungen kunstvoll miteinander verschränkt sind. Immer war sie eine Rebellin, zunächst gegen das rigide puritanische Ethos des Vaters, dann gegen ihren Ehemann Bram Shipley, den sie aus Protest heiratete und vor dem sie nach Vancouver floh, und schließlich gegen ihren Sohn Marvin und dessen Frau Doris, die sie in einem Pflegeheim unterbringen wollen. Als sie auf der Flucht in die Natur der tragischen Lebensgeschichte eines Fremden lauscht, beginnt sie erstmals, Werte wie Emotionalität und Mitgefühl anzuerkennen, die in der Generation ihres Vaters und im eigenen Leben zu kurz gekommen sind.

L. positioniert ihre Heldinnen in Machtstrukturen, in denen sie zwischen Emanzipationswunsch und dem Bedürfnis nach menschlichen Beziehungen hin- und hergerissen sind. Die junge Lehrerin Rachel Cameron in *A Jest of God* (1966) lernt in einer Liebesaffäre mit Nick Kazlik, sich dem destruktiven Einfluß ihrer Mutter und der mit Tod assoziierten Welt Manawakas zu entziehen. Ihre Beziehung zu Nick, in dessen ukrainische Herkunft sie Freiheitsträume hineinphantasiert, ist nur von kurzer Dauer. Ironischerweise treibt der puritanische Gott des Titels seinen Spaß mit ihr, als sich der Embryo der von ihr befürchteten Schwangerschaft als harmlose Geschwulst entpuppt. Rachel nimmt ihr Leben in die eigene Hand und folgt ihrer verheirateten Schwester Stacey MacAindra nach Vancouver, die im Mittelpunkt des dritten Manawaka-Romans *The Fire-Dwellers* (1969) steht. Stacey, die aus ähnlichen Motiven wie Rachel Manawaka verließ, erkennt, daß sie nach 15 Jahren Ehe und als Mutter von vier Kindern nur eine Abhängigkeit gegen eine andere eingetauscht hat. Teile des Romans lesen sich wie die feministische Bestandsaufnahme des Lebens einer Frau, die sich in ihren Rollen als Ehefrau, Mutter und Hausfrau gefangen sieht, gleichzeitig aber schuldig fühlt, diesen Rollen nicht gerecht zu werden. Die feministische Perspektive greift jedoch zu kurz, wie die zentrale Feuerbildlichkeit des Romans unterstreicht, die Staceys inneren Aufruhr auf die künstlichen Reklamefeuer der als Inferno gezeichneten Stadt und die Destruktivität des modernen Lebens bezieht, welche in Form von Katastrophenmeldungen in den Medien bedrohlich ins häusliche Dasein eindringt. Die Stadt ist keine männlich dominierte Welt, da auch Staceys Ehemann Mac ein Opfer ist. Als Versicherungsangestellter wird er vom Firmenchef, einem Jugendbekannten Staceys, der sich für frühere Erniedrigungen rächt, gedemütigt.

Die Geschlossenheit des Folgewerks *A Bird in the House* (1970; *Ein Vogel im Haus*, 1992), eines Romans in Form einer Kurzgeschichtensequenz, wird durch die Ich-Erzählerin Vanessa MacLeod gewährleistet, die in den teils achronologisch arrangierten Geschichten ihre Kindheit und Jugend im Manawaka der 1930er Jahre verarbeitet. Von »The Loons«, einer der eindrucksvollsten Geschichten, und *The Diviners* (1974), dem letzten Roman des Manawaka-Zyklus, läßt sich der Bogen zum kolonialen Thema in L.s Frühwerk schlagen. Beide Werke thematisieren das Verhältnis der weißen Gesellschaft zu den halbindianischen M&tis im kanadischen Westen. Behandelt »The Loons« die ethnische Kluft am Beispiel der elfjährigen Vanessa, deren naive Annäherungsversuche von Piquette Tonnerre, einem M&tis-Mädchen, schroff zurückgewiesen werden, so gestaltet L.s multiperspektivischer und experimentellster Roman *The Diviners* den ethnischen Brückenschlag am Beispiel der Hauptfigur Morag Gunn. Morags Emanzipation von ihrem Mann, einem Englisch-Professor, trägt Züge eines individuellen Entkolonisierungsprozesses, dem die Protagonistin als Künstlerin in ihrem Roman mit dem bezeichnenden Titel »Prospero's Child« Ausdruck verleiht. Ihre Affäre mit Piquettes Bruder Jules »Skinner« Tonnerre, dessen Version von der Niederlage der M&tis

1885 von der offiziellen der dominanten Kultur erheblich differiert, ist als Revision der Geschichte des kanadischen Westens zu verstehen, in der das kulturelle Gedächtnis der besiegten M&tis und von Morags schottischen Vorfahren (der Kolonisatoren) gleichberechtigt nebeneinander stehen. Morags und Jules' gemeinsame Tochter Pique tritt ein doppeltes kulturelles Erbe an, wodurch der Roman jenem öffentlichen Bewußtseinswandel Rechnung trägt, der mit der 1971 proklamierten Multikulturalismuspolitik das ›Ethnische Mosaik‹ zum Leitbild der kanadischen Gesellschaft erhob.

Literatur: J. King. *The Life of Margaret Laurence.* Toronto 1997. – H. Kuester. *The Crafting of Chaos: Narrative Structure in Margaret Laurence's The Stone Angel and The Diviners* . Amsterdam 1994. – P. Morley. *Margaret Laurence.* Boston 1981. – C. Thomas. *The Manawaka World of Margaret Laurence.* Toronto 1976.

Konrad Gro

Lavin, Mary
Geb. 11. 6. 1912 in East Walpole,
Massachusetts; gest. 25. 3. 1996 in Dublin

1921, als Mary Lavin neun Jahre alt war, entschieden sich ihre Eltern, Massachusetts wieder zu verlassen und in die irische Heimat zurückzukehren. Für L. führte diese Wanderung zwischen beiden Welten zu einem verstärkten Verlangen nach Identität, so daß sie sich Irland mit ganzer Seele verschrieb. Demzufolge ist ihr gesamtes Werk gekennzeichnet von einer bekenntnishaften Detailzeichnung irischen Lebens, die durch eingeflochtene Reflexionen und philosophische Distanz eine höhere Aussageebene gewinnt. Ihre Charaktere sind daher eindeutig irisch, zugleich aber auch unverkennbar universell. Mit ihrer gedrängten und pointierten Art zu erzählen macht sie deutlich, daß die irische Kurzgeschichte einen zumindest gleichwertigen Platz neben der englischen und amerikanischen einnimmt. Dabei tritt bei ihr die eigenartige Wechselbeziehung der irischen Kurzgeschichte zwischen Traditionsgebundenheit und Offenheit besonders anschaulich zutage: Merkmale des Erzählstromes der keltischen Gedächtniskultur, darin durchaus vergleichbar mit Sean O'Faolain, verbinden sich mit Einflüssen von Anton Tschechow, Iwan Turgenjew und Nikolaj Ljesskow.

Ihre erste größere Veröffentlichung, *Tales from*

Bective Bridge (1942), machte sie mit einem Schlag bekannt. Es ist eine Sammlung von zehn Geschichten, die alle in ihrem Heimatort Bective am Fluß Boyne angesiedelt sind. Bereits hier verwendete sie ihre für alle späteren Geschichten gültige Technik, die alltäglichen und scheinbar trivialen Requisiten ihrer gewohnten Umgebung zum Allgemeinen zu transzendieren. Es folgten die Sammlungen *The Long Ago and Other Stories* (1944), *The Becker Wives and Other Stories* (1946), *The Shrine and Other Stories* (1977) sowie *A Family Likeness and Other Stories* (1985). Insgesamt sind nicht weniger als 13 Sammelbände mit ihren Geschichten erschienen. Alle Geschichten lassen eine Tendenz zur dichten, atmosphärisch aufgeladenen Charakterstudie erkennen. Sie stellen den Menschen grundsätzlich in eine existentielle Entscheidungssituation, in der er seine Unschuld verlieren muß. Dabei treten weibliche Schicksale in den Vordergrund, offensichtlich auch eine Nachwirkung von L.s Promotion über Jane Austen. Mit einem etwas spröden und kalkuliert realistischen Stil schrieb L. bewußt gegen Sentimentalität an. Das immer wieder thematisierte Spannungsverhältnis von Freiheit und Gefangenschaft verrät dabei eine stille, nicht explizit bekundete Rebellion. – Eher eine Ausnahme innerhalb des Gesamtwerkes bilden die Romane *The House in Clewe Street* (1945), die Darstellung einer jugendlichen Rebellion gegen die Enge einer irischen Kleinstadt, und *Mary O'Grady* (1950), das Porträt eines weiblichen Lebensweges innerhalb einer Dubliner Familie.

Literatur: L. Levenson. *The Four Seasons of Mary Lavin.* Dublin 1998. – A. A. Kelly. *Mary Lavin: Quiet Rebel.* Dublin 1980. – R. Peterson. *Mary Lavin.* Boston 1978. – Z. Bowen. *Mary Lavin.* Lewisburg, PA 1975.

Walter T. Rix

Lawrence, D[avid] H[erbert]

Geb. 11. 9. 1885 in Eastwood, Nottinghamshire;
gest. 2. 3. 1930 in Vence, Frankreich

Unter dem Eindruck der Schriften von F. R. Leavis und seines engagierten Plädoyers, D. H. Lawrences Erzählwerk als die Vollendung der *great tradition* des englischen Romans im 20. Jahrhundert anzusehen, gilt dieser spätestens seit den 1950er Jahren national wie international als herausragender Repräsentant der britischen Literatur der klassischen Moderne. Gleichwohl ist L., dessen umfangreiches – uvre neben den narrativen Fiktionen in den Gattungen Roman, Novelle und Kurzgeschichte, die seinen Ruhm begründen, auch Gedichtsammlungen, Dramen, Reiseberichte und spekulative philosophisch-theoretische Schriften umfaßt, nicht zuletzt wegen der sein Gesamtwerk bestimmenden eigenwilligen philosophischen Anthropologie eines vitalistisch-lebensphilosophischen Existentialismus, die in der Nachfolge Nietzsches eine (pseudo-)radikale Umwertung aller Werte und die Inversion traditioneller abendländischer Werthierarchien propagiert, bis heute umstritten geblieben. Die Auseinandersetzungen um die politisch-moralischen Ambivalenzen seines Primitivismus und um seine oft als pornographisch verurteilte Diskursivierung einer befreiten Sexualität und damit um das Verhältnis von ›Sex und Diskurs‹ (Michel Foucault) ragen dabei heraus. Ebenso zentral sind die Auseinandersetzungen um den naturhaften Essentialismus seiner Geschlechtsmetaphysik des *star-equilibrium* (unter den Vorzeichen von Differenz, Komplementarität, Mangel und sexuellem Begehren), die im feministischen Kontext als eine radikalisierte phallogozentrische Neuinszenierung von seit Jahrhunderten fixierten Geschlechtsrollenstereotypen erscheint. In jüngster Zeit stehen v. a. die Auseinandersetzungen um das Verhältnis seiner lebensphilosophischen Privatmythologie leiblichendlich inkarnierter Individualität zur poststrukturalistischen *différance*-Konzeption im Spannungsfeld von Vorläufertum und Antagonismus im Mittelpunkt literaturwissenschaftlicher Debatten.

Als viertes von fünf Kindern eines Grubenarbeiters und seiner bildungsbeflissenen, leistungs- und aufstiegsorientierten Frau aus der bürgerlichen Mittelschicht wuchs L. unter ärmlichen Verhältnissen in der vom Bergarbeitermilieu geprägten Kleinstadt Eastwood auf, besuchte in Nottingham die High School und absolvierte später auf der Basis eines Stipendiums am dortigen University College ein Lehrerstudium, bevor er von 1908–12 in Croyden als Lehrer tätig war, ein Beruf, den er danach aufgab, um sich ganz auf die Schriftstellerei zu konzentrieren und damit für sich und seine spätere Frau Frieda, geb. von Richthofen, den Lebensunterhalt zu verdienen.

Zwei intensiv erfahrene, tiefgreifende Polaritäten seiner Jugendzeit werden für seinen weiteren Werdegang strukturbildend: Es sind zum einen die unüberbrückbaren klasseninduzierten Mentalitätsgegensätze seiner Eltern, die, nur gelegentlich durch die grenzüberschreitende Kraft ihres erotischen Begehrens füreinander abgemildert, zu dauerhaften innerfamiliären Konflikten führten. Sie stürzten L. in Loyalitätskonflikte zwischen seiner überstarken, ödipalen Bindung an die besitzergreifende Liebe seiner Mutter und seine geheime, verschobene und verdrängte Faszination für die dunkel-unbewußte maskuline Energie seines Vaters. In selbsttherapeutischer Funktion hat er diese Konflikte in seinem autobiographisch geprägten Bildungsroman *Sons and Lovers* (1913; *Söhne und Liebhaber*, 1925) anhand des Werdegangs von Paul Morel literarisch verarbeitet. Später hat er sie in vielen Fiktionen der 1920er Jahre imaginativ auf das erotische Faszinosum projiziert, das sozial inferiore, kulturelle Alterität repräsentierende phallisch-maskuline Männerfiguren auf gesellschaftlich höherstehende Protagonistinnen ausüben, wobei deren Entscheidung gegen die soziale Akzeptanz und für die Außenseiter, wie die von Lady Chatterley für ihren Wildhüter Oliver Mellors in *Lady Chatterley's Lover* (1928; *Lady Chatterley*, 1930), von den Texten als Affirmation des Lebens und regressiver Akt weiblicher Selbstfindung positiv gewertet werden. Da sich in den komplexen Konfigurationen dieser Personenkonstellation klassen- und geschlechtsspezifische Aspekte tiefenstrukturell überlagern und *class*- und *gender*-Hierarchien interferieren, wird das Symbolisierungspotential und damit die Wirkungsmacht verständlich, die diese prototypische Konstellation auf L.s Fiktionen, aber in seiner Nachfolge auch auf andere Autoren wie z.B. John Osborne oder David Storey ausübte. Ebenso strukturbildend wurde im Sinne einer Gleichzeitigkeit des Ungleichzeitigen das in Nottinghamshire topographisch konkret erfahrene kontrast- und konfliktreiche Nebeneinander einer modernen, kapitalistisch-industriellen Zivilisation (Ort des Vaters) mit den idyllisch-traditionalen Lebensweisen und Zeitrhythmen eines ländlich-agrarischen England (Herkunftsort seiner einflußreichen platonischen Jugendliebe Jessie Chambers), das L. etwa im dritten Teil seines Generationenromans *The Rainbow* (1915; *Der Regenbogen*, 1922) anhand des beständigen Oszillierens der Heldin Ursula Brangwen zwischen regressiven Natursehnsüchten und progressiven

Emanzipationswünschen in der modernen städtischen Arbeitswelt literarisch eingefangen hat. Es wird zudem durch die tiefenstrukturelle Opposition von Zivilisationskritik und Lebensaffirmation auch für sein Gesamtwerk konstitutiv, wobei sich eine radikal-fundamentalistisch ansetzende Kritik an den rationalistisch-mechanistischen Allmachtsphantasien des modernen Bewußtseinssubjekts mit einer Orientierung an der ›pantheistischen‹ Weisheit organischer Naturprozesse und eines leiblich inkarnierten Unbewußten verknüpft.

In besonderem Maße schlägt sich dieser Zusammenhang in *Women in Love* (1920; *Liebende Frauen*, 1927), seinem intellektuell anspruchsvollsten und in der Ausgestaltung der für ihn typischen Erzählverfahren, wie der Überlagerung von Erzähler- und Figurenrede in den vielen Passagen erlebter Rede, einer komplexen Natursymbolik und der Versprachlichung tiefenpsychologischer Befindlichkeiten der Figuren, elaboriertesten Roman, nieder. Entstehungsgeschichtlich wie thematisch-motivisch bildet er mit *The Rainbow* eine Einheit und ergänzt dessen diachrone Perspektive einer historischen Rekonstruktion der tiefenstrukturellen Codierungen des Zivilisationsprozesses anhand individueller Erlebenszustände und Verarbeitungsmuster repräsentativer Figuren um die synchron-strukturanalytische Diagnose des zivilisatorischen Verblendungszusammenhangs in der Gegenwart und dem Ausloten kreativ-alternativer Sinnoptionen. In der Konzentration auf die beiden kontrastiv angelegten Entwicklungsverläufe der Liebesbeziehungen zwischen Gudrun Brangwen und Gerald Crich (negativ) und Ursula Brangwen und Rupert Birkin (positiv), deren individueller Mikrokosmos erzählerisch auf die Prägekräfte des soziokulturellen Makrokosmos hin durchsichtig gemacht wird, verbindet *Women in Love* die kritische Negation der todgeweihten Dekadenz des einen Paares mit der Affirmation individueller Kreativität und alternativer Lebensformen des anderen Paares.

Präformieren schon biographisch bezeugte Adoleszenzkonflikte wesentliche Motive und Strukturen seines Erzählwerks, so treffen die engen Wechselbeziehungen von Leben und Werk bei L. erst recht für den Einfluß der leidenschaftlichen Liebesbeziehung zu seiner Frau Frieda zu, die er 1912 als dreifache Mutter und Ehefrau seines Universitätsprofessors kennenlernte und die ihn von da an auf allen wechselvollen Stationen seines unsteten Wanderlebens bis zu seinem frühzeitigen

Tod aufgrund eines langwierigen Lungenleidens begleitete, aber auch für den Einfluß seiner Reisen und längeren Auslandsaufenthalte, die ihn u. a. in die Schweiz, nach Italien, Australien, die USA und Mexiko führten: Weder die narrativen Explorationen des Mysteriums sexueller Erfüllung und die tiefenhermeneutischen Erkundungen des unbewußt-dynamischen Überwältigungsgeschehens erotischen Begehrens noch die vielfältigen Variationen der internationalen Thematik in seinen Fiktionen, wie etwa England-Italien in *The Lost Girl* (1920; *Das verlorene Mädchen*, 1939) oder Europa-Mexiko in *The Plumed Serpent* (1926; *Die gefiederte Schlange*, 1932), sind ohne den engen Bezug zum biographischen Erfahrungssubstrat angemessen erfaßbar. Eingedenk seines Diktums »Never trust the artist, trust the tale« und angesichts einer fragwürdigen Dominanz biographischer Deutungsverfahren in der kritischen L.-Rezeption gilt es freilich mindestens ebensosehr zu betonen, daß erst die kreativ-imaginative Transformation autobiographischer Erfahrungsimpulse in die Spezifika seiner *art-speech* und ihre konstruktive Integration zu dem umfassenden weltanschaulichen Anschauungssystem einer alternativen philosophischen Anthropologie, mit der L. in therapeutischer Absicht Antworten auf ein als krank und dekadent diagnostiziertes Verhängnis der modernen Zivilisation zu geben versucht, seinen literarischen Rang als Romancier und seine kulturkritische Signifikanz als Dichter-Philosoph begründen. So lassen erst die vertiefenden Ausdeutungen der interkulturellen Begegnungen mit fremden Völkern, Kulturen und Religionen im Horizont seiner »spirit of place«-Vorstellungen und die zivilisationskritische Funktionalisierung der fremden Alterität als Symbolisierung ›natürlicher‹ Kulturen und eines fremd gewordenen Eigenen die Erfahrungen der Fremde literarisch fruchtbar werden, initiieren die internationalen Fiktionen und Reiseberichte wie *Twilight in Italy* (1916) oder *Mornings in Mexico* (1927) den konstruktiven Dialog von Eigen- und Fremdbildern und eröffnen L. trotz seines Bekenntnisses »I am English. And my Englishness is my very vision« die Position einer kritischen Distanz zu den Wertparadigmen seines eigenen englischen und abendländischen Kultursystems. Auch zeigt sich, wie insbesondere seine theoretischen Spekulationen in *Psychoanalysis and the Unconscious* (1921) oder *Fantasia of the Unconscious* (1922) nahelegen, daß nicht die Sexualität als transzendentales Signifikat

seiner eigenwilligen philosophischen Anthropologie fungiert, wobei L. normativ zwischen den Manifestationen eigentlicher Sexualität als dem naturhaften Überwältigungsgeschehen des erotischen Begehrens und den Verfallsformen voyeuristischer Augenlust eines narzißtischen *sex in the head* unterscheidet. Vielmehr bildet ein vitalistisch-organizistisch gedeutetes Lebenssubstrat das Sinnzentrum, das in der Gestalt des vom reflexiven Bewußtsein uneinholbaren *true unconscious* dem jeweils leiblich inkarnierten individualisierten Selbst- und Weltverhältnis als sinnhafte Dynamik der Lebensstruktur zugrunde liegt. In dieser biozentrischen Interpretation individueller Existenz werden die Manifestationen eigentlicher Sexualität zu Metaphern für einen durch Mangel und Differenz bestimmten Lebensprozeß, die dem Einzelnen in unmittelbar eigenleiblicher Selbstaffektion seine unlösbare Verwurzelung in endlichen Natur- und Lebensprozessen offenbaren und sein narzißtisches Verlangen nach autonomer Einheit, Ganzheit und Allmacht korrigieren. Einer kranken Zivilisation, die durch das blinde Bemächtigungsstreben eines sich im Zusammenspiel von »mind, will and idea« autonom dünkenden reflexiv-rationalen Bewußtseinssubjekts angetrieben wird, das seine symbiotische Verwurzelung in der lebendigen Natur glaubt verdrängen zu können, um über die rational beherrschte und unterworfene innere wie äußere Natur sich zum Herrscher seines eigenen Schicksals aufzuschwingen, setzt L. somit eine alternative Anthropologie der *life-affirmation* entgegen. Sie konzipiert nicht nur wegweisend die Würde individueller Existenz als die komplexe Balance eines sich selbstreferentiell aussteuernden und verantwortenden organisch-psychischen Systems, sondern läßt auch die Rückgewinnung des Zugangs zur ›Stimme‹ des eigenen *true unconscious* und der expressiv-kreativen Eigenleiberfahrung zur Bedingung der Möglichkeit werden, die Spaltungen und Entzweiungen von Körper und Geist, Natur und Kultur, sinnlicher Erfahrung und abstraktem Denken in der modernen Zivilisation zu überwinden und zur Potentialität eines »spontaneous-creative fullness of being« zurückzufinden.

Werkausgabe: *The Cambridge Edition of the Letters and Works of D. H. Lawrence.* Hg. J. T. Boulton. Cambridge 1979ff.
Literatur: M. Winkgens. »Sex und Diskurs bei D. H. Lawrence: Das Spiel der Signifikanten und das Signifikat naturhafter Leiblichkeit in *St. Mawr.«* *Klassiker und Strö-*

mungen des englischen Romans im 20. Jahrhundert. Hg.
V. Nünning/A. Nünning. Trier 2000, 31–51. – A. Horat-
schek. *Alterität und Stereotyp: Die Funktion des Fremden
in den International Novels von E. M. Forster und D. H.
Lawrence.* Tübingen 1998. – A. Fernihough. *D. H. Law-
rence: Aesthetics and Ideology.* Oxford 1993. – A. Burns.
Nature and Culture in D. H. Lawrence. London 1980. –
S. Sanders. *D. H. Lawrence: The World of the Five Major
Novels.* New York 1974. – F. R. Leavis. *D. H. Lawrence:
Novelist.* Harmondsworth 1955.

Meinhard Winkgens

Lawrence, T[homas] E[dward]

Geb. 17. 8. 1888 in Tremadoc,
Caernarvonshire;
gest. 19. 5. 1935 in Cloudshill, Dorset

Stärker noch als das hinterlassene literarische
Werk wirkt im Falle von T. E. Lawrence seine
Persönlichkeit. L. ist zuallererst eine öffentliche
Person gewesen, in letzter Konsequenz eine Projektionsfläche, auf die der jeweilige Betrachter
seine je eigenen Bedürfnisse abbildete und so zur
Entstehung und Fortdauer eines Mythos der britischen Nachkriegszeit beitrug. L.s widersprüchliches Wesen wurde im Verlauf der letzten Jahrzehnte von zahlreichen Schriftstellern und Künstlern und mittels neuer Medien thematisiert (z. B.
David Leans Verfilmung *Lawrence of Arabia*, 1962).
L. gerät so zur Kunst- und Gegenfigur, aber auch
zum adäquaten Repräsentanten für die Neurosen
einer ganzen Generation. Er hat zu dieser kontroversen Diskussion um seine Person selbst sub-
stantiell beigetragen. Archäologische Ausgrabungen am Euphrat, Spionagetätigkeit für die britische
Regierung, Anführer der arabischen Guerilla im
Kampf gegen die türkischen Besatzer, Befreiung
von Damaskus 1918, ›arabischer‹ Gesandter bei
den Versailler Friedensverhandlungen – das sind
die Stationen eines bewegten, von den durch L.
geschickt bedienten Medien veröffentlichten Lebens. Seine militärischen Einsätze unterschieden
sich nicht unbedingt von denen hunderter anderer
britischer Offiziere, aber im Gegensatz zu ihnen
agierte er im mit romantischen Assoziationen besetzten Arabien und erfüllte damit die Sehnsüchte
einer durch die unbeschreiblichen Grausamkeiten
des Ersten Weltkriegs deformierten Nachkriegsgesellschaft nach erhabenen Gefühlen und sau-
beren Helden. Das seine Popularität begründende

romantische Gefüge seines Lebens hat er im zeitlichen Abstand in seiner Autobiographie *The Seven
Pillars of Wisdom: A Triumph* (*Die sieben Säulen
der Weisheit*, 1936) hervorgehoben. Das Werk erschien 1922 und 1926 in limitierten Privatdrucken,
1927 als gekürzte Fassung *Revolt in the Desert*
(*Aufstand in der Wüste*, 1935) und 1935 erstmalig
und postum in ganzer Länge. Eine langlebige Wirkung erzielte das Werk auf westliche Leser auch im
Hinblick auf die stereotype Darstellung des Orients. Edward Said hat in seiner fundamentalen
Studie *Orientalism* (1978) L.s zweifelhaften Beitrag
zu einer westlichen Konstruktion des Orients kritisch beleuchtet. – L. entzieht sich nach seinen
Arabienabenteuern und einem Ausflug in die Politik (im Kolonialbüro Churchills) seiner öffentlichen Identität. Beredtes Zeugnis seines nicht-öf-
fentlichen Lebens ist die schonungslose Darstellung des schikanösen Militäralltags, in den sich der
Autor unter falschem Namen (H. Ross) und aus
freien Stücken begeben hatte. *The Mint: Notes
made in the RAF Depot between August – December
1922 and at Cadet College in 1925* (1955; *Unter
dem Prägestock*, 1955) durfte auf Wunsch von L.
nicht vor 1950 erscheinen und ist auch in dieser
Hinsicht ein Dokument eines calvinistischen
Schuldkomplexes und nachfolgender an Masochis-
mus grenzender Sühne. Es paßt in das Gesamtbild
dieses ambivalenten Charakters, daß die Übersetzungen seiner Hauptwerke wegen des darin
propagierten ›Tatmenschentums‹ und ihrer
Technikphilosophie im nationalsozialistischen
Deutschland sympathische Aufnahme fanden.

Literatur: M. Asher. *Lawrence: The Uncrowned King of
Arabia.* London 1998.

Uwe Zagratzki

Lawson, Henry [Hertzberg]

Geb. 17. 6. 1867 in Grenfell, New South
Wales, Australien; gest. 2. 9. 1922 in Sydney

Henry Lawson, der wohl berühmteste Schriftsteller Australiens, ist besonders in nationalistisch
gesinnten Kreisen zur Kultfigur stilisiert worden –
als Inbild des australischen Nationalgefühls und
der volksnahen Erzählkunst. L. wurde in der ersten
Hälfte seines Lebens stark von seiner Mutter
Louisa beeinflußt. Während er später seinen Le-

bensunterhalt mit verschiedenen handwerklichen Berufen bestritt, arbeitete er schon bald auch für die Zeitschrift *The Bulletin* und wurde damit zu einer zentralen Figur im literarischen Nationalismus der 1890er Jahre. Sein Werk umfaßt mehrere Gedichtbände und Kurzgeschichtensammlungen neben einer Reihe von weiteren kurzen Prosatexten. Seine Schriften erzählen von der Beschwerlichkeit und Trostlosigkeit des armen Landlebens, vom egalitären, spezifisch australisch-demokratischen Umgangston, vom gewerkschaftlichen Denken, vom sardonischen Humor in Zeiten wirtschaftlicher Depression und von der Sinnlosigkeit menschlichen Strebens nach irdischen Schätzen angesichts des Todes.

L.s erster erfolgreicher Kurzprosaband, *While the Billy Boils* (1896), ein Zyklus von 52 Geschichten und Skizzen, ist bis heute sein bekanntester geblieben, obwohl ihm bis 1913 noch neun weitere Bände folgten. L.s Texte sind stets kurz und knapp und verlassen sich oft auf die Aussagekraft der Auslassung und der einsilbigen Kommentare der Figuren. Die Geschichten schöpfen ihre innere Kraft aus einer unaffektierten Bescheidenheit und ehrlichen Empathie, mit welcher der Autor streiflichtartig kurze Episoden aus dem Leben einfacher Menschen beleuchtet und dabei das eigentlich Schreckliche ausläßt oder nur indirekt andeutet: den Sisyphuskampf der Siedler oder armen Arbeiter, die enttäuschten Hoffnungen in kurzen zwischenmenschlichen Begegnungen, den Tod von scheinbar sinnlosen Kreaturen, die zermürbende Einsamkeit im australischen Busch. Daneben stehen die Stadt- und Reiseskizzen, die von kleinen Betrügereien, von unbefriedigenden Begegnungen und zuweilen auch von humoristischen Streichen berichten: In der Regel wird der einfache Mann zum Opfer der gesellschaftlichen Gegebenheiten, der Naturgewalten oder des Zufalls. So tritt uns eine Schicksalsergebenheit entgegen, die gerade durch einen sporadisch aufflackernden lakonischen Humor die menschliche Schicksalsbelastung als übermächtig erscheinen läßt. Neben Geschichten wie »The Union Buries Its Dead« und »His Father's Mate« stellt »The Bush Undertaker« ein typisches Beispiel für L.s knappe Erzählkunst dar. Es ist ein Appell an die Schlichtheit, Direktheit und Einfachheit in den großen Lebensfragen, gegen Institutionalisierung und Verfremdung elementarer menschlicher Gefühle und Instinkte. L.s berühmteste Kurzgeschichte ist jedoch »The Drover's Wife«, deren Protagonistin stellvertretend für

den trotzigen Mut und die harte Ausdauer stehen kann, die im Zentrum vieler Geschichten L.s zu finden sind und als Paradigma der weißen australischen Siedlungsgeschichte gelten dürfen.

Werkausgabe: *Short Stories and Sketches 1888–1922.* Hg. C. Roderick. Sydney 1972.
Literatur: M. Clark. *Henry Lawson: The Man and the Legend.* Melbourne 1995. – X. Pons. *Out of Eden: Henry Lawson's Life and Works: A Psychoanalytic View.* Sydney 1984. – C. Roderick. *The Real Henry Lawson.* Adelaide 1982.

Rudolf Bader

le Carré, John [David John Moore Cornwell]

Geb. 19. 9. 1931 in Poole, Dorset

John le Carré ist der wohl bekannteste Verfasser realistischer internationaler Spionageromane. L. stützt sich auf eigene Erfahrungen mit der Arbeit für den britischen Geheimdienst, die er während des Studiums in der Schweiz und im diplomatischen Dienst (1959–64) sammeln konnte. Historischer Kontext der meisten Romane sind die polarisierte Welt des Kalten Krieges und die spektakulären Spionageenthüllungen in England. Literarisch stellt sich L. mit seiner kritischen Haltung und seinem Interesse an ethischen Problemen in die Gattungstradition von Joseph Conrad und Graham Greene und gegen die patriotisch heroisierende Richtung von John Buchan und Ian Fleming. Bereits die ersten beiden Romane *Call for the Dead* (1961; *Schatten von Gestern*, 1963) und *A Murder of Quality* (1962; *Ein Mord erster Klasse*, 1966), deren Protagonist George Smiley als Gegenfigur zu Flemings James Bond konzipiert ist, entwickeln die typische Grundkonstellation in L.s Werk, den Antagonismus zwischen Individuum und anonymer Institution. Den Durchbruch zu internationalem Ruhm erzielte er mit *The Spy Who Came In from the Cold* (1963; *Der Spion, der aus der Kälte kam*, 1964), der wie andere Romane auch verfilmt wurde. Smiley ist ebenfalls der Protagonist in L.s Hauptwerk, der *Quest for Karla*-Trilogie – *Tinker, Tailor, Soldier, Spy* (1974; *Dame, König, As, Spion*, 1974), *The Honourable Schoolboy* (1977; *Eine Art Held*, 1977) und *Smiley's People* (1980; *Agent in eigener Sache*, 1980). Die in der Trilogie erzählte Geschichte der Enttarnung eines sowjetischen ›Maulwurfs‹ und des erzwungenen Überlaufens von Smileys Gegner ›Karla‹ schildert einen Prozeß der zunehmenden Unterminierung moralischer Unterschiede zwischen den feindlichen Systemen und der wachsenden Einsicht in die amoralische Verselbständigung der Apparate und deren korrumpierende Auswirkung auf die Individuen.

Seit den 1980er Jahren, besonders nach dem Ende des Kalten Krieges, wendet sich L. neuen Themen zu, wie dem isrealisch-palästinensischen Konflikt in *The Little Drummer Girl* (1983; *Die Libelle*, 1983), der psychischen Zerstörung des Individuums durch Rollenspiel in *A Perfect Spy* (1986; *Ein blendender Spion*, 1986), dem abgekapselten Eigenleben der Geheimdienste nach Fortfall der Konfrontation in *The Russia House* (1989; *Das Ru landhaus*, 1989), dem Kaukasus-Krieg in *Our Game* (1995; *Unser Spiel*, 1995), den politischen Auseinandersetzungen in Zentralamerika in *The Tailor of Panama* (1996; *Der Schneider von Panama*, 1997) und den internationalen Finanzmanipulationen in *Single & Single* (1999; *Single & Single*, 1999). Die Entwicklung der Spionage-Romane – einschließlich *The Constant Gardner* (2001; *Der ewige Gärtner*, 2001) – stellt auch in erzähltheoretischer Hinsicht eine konsequente Steigerung der Komplexität dar: die sich verschärfende Problematisierung – sowohl auf der Ebene der Geschichten als auch auf der des Romans als Ganzes – der Möglichkeit, die Welt mit Hilfe des Erzählens zu verstehen, zu ordnen und zu kontrollieren.

Literatur: E. Jenssen. *Die Narrativik des Geheimen: Erzählplots in den Spionageromanen von John le Carré.* Norderstedt 2000. – L.D. Beene. *John le Carré.* New York 1992. – P. Wolfe. *Corridors of Deceit: The World of John le Carré.* Bowling Green 1987. – T. Barley. *Taking Sides: The Fiction of John le Carré.* Milton Keynes 1986. – P. Lewis. *John le Carré.* New York 1985.

Peter Hühn

Lear, Edward

Geb. 12. 5. 1812 in London;
gest. 29. 1. 1888 in San Remo, Italien

»These are of singular – I may say bingular value«, schreibt Edward Lear in einem seiner zahlreichen Briefe, und seinem prospektiven Schwiegervater erklärt er, das lateinische »sequax« leite sich von »wild ducks« (›wilden Enten‹), nämlich »sea-quacks« ab. Schnell wird bei L. aus einem »coffee-room« ein »coughy-room« (Homophonie) und aus einem Paragraph ein »parrotgraph« (Volksetymologie). Hinter der pseudogriechischen »pharmouse« verbirgt sich ein »farmhouse«, der Leser begegnet seltsamen Wesen wie dem Quangle-Wangle oder dem »Dong with a Luminous Nose« (›Dong mit der Leuchtnase‹), und der weitgereiste Autor steigt in den (grammatikalisch bewußt falsch gesteigerten) »most bestest lodgings« ab.

»Brought up by women – and badly besides – and ill always «, wurde L. als 20. von 21 Kindern geboren. Ab 1827 verdiente er Geld mit pathologischen Schaubildern, avancierte zu dem neben John James Audubon bedeutendsten Vogelzeichner des 19. Jahrhunderts, gab 1846 Queen Victoria Zeichenunterricht und malte insgesamt »etwa 9000 Aquarelle und 300 Ölbilder« (Theo Stemmler). Ab 1831 verfaßte er für die Enkel des 13. Earl of Derby die ersten Nonsens-Verse; in der dritten, 1861 erschienenen überarbeiteten Auflage seines *A Book of Nonsense* wurden diese endlich zum Publikumserfolg. Wegen Kurzsichtigkeit mußte L. 1837 das ornithologische Zeichnen aufgeben und lebte in Rom, auf Korfu und in San Remo, wenn er nicht auf Reisen durch Palästina, Ägypten, Sri Lanka oder die Türkei war. Seinen Unterhalt bestritt er mit Hilfe seiner Landschaftsbilder, wobei er eine Fließbandtechnik erfand, die es ihm durch das sukzessive Auftragen der Farben gestattete, bis zu 60 Aquarelle, die er »tyrants« nannte, gleichzeitig zu produzieren. Das Leben des Autors und Malers war von Einsamkeit und eskapistischen Ortswechseln geprägt: Er litt an Epilepsie (»demon«), Asthma und Depressionen (»morbids«). Über sein Stottern sowie sein Verhältnis zu Frauen wird noch heute spekuliert.

L. ist der wichtigste Verfasser von Limericks, fünfzeiligen, pointenlosen, eine Geschichte erzählenden Nonsens-Gedichten (Reimschema: *aabba*), die er mit Malapropismen, Wortspielen, *Cockney rhyming slang*, *hard words* und Schachtelwörtern wie »borascible« oder »scroobious« spickt. Inhaltlich zeugen die häufig autobiographische Elemente aufweisenden Limericks von der tragischen Seite der Existenz. Immer wieder präsentieren sie Außenseiter, die mit einer übermächtigen Gesellschaft konfrontiert sind und nicht selten genauso in die Welt der Tiere flüchten wie L. in diejenige des Nonsens und der Kinder. L.s Nonsens ist dunkler, absurder und zusammenhangloser als etwa der von Lewis Carroll, da die komischen Elemente nur zu häufig der Verzweiflung, der Angst und dem Schrecken weichen. Viele seiner Texte versah L. mit bildhaften Darstellungen von häufig komischer Inkongruenz. Neben den Limericks verfaßte er literarische Parodien verschiedenster Gattungen, vom Kochbuch über das Märchen und das Alphabet bis hin zum Reisebericht. Auch seine Privatbriefe sind von Nonsens durchsetzt. Völlig zu Recht hat Theo Stemmler L.s Nonsens-Produktion als eine gegen die viktorianische Rigidität und gedankliche Verkrustung gerichtete »methodische Verunsicherung« sowie ein »Aufbegehren gegen gesellschaftliche, gedankliche und sprachliche Normen« bezeichnet. Dabei stellt L. die Welt genauso in Frage wie seine eigene Identität, die er zwischen Namen wie »Oduardo«, »Arly«, »Odoardos Lyar«, »Derry down Derry«, »Adopty Duncle« und dem angeblich dänischen LØR oszillieren läßt. Zu L.s wichtigsten Werken gehören *A Book of Nonsense* (1846), *Nonsense Songs, Stories, Botany, and Alphabets* (1871) sowie *More Nonsense, Pictures, Rhymes, Botany, etc.* (1872).

Werkausgaben: *The Complete Nonsense of Edward Lear.* Hg. H. Jackson. London 1947. – *Edward Lears kompletter Nonsens: Ins Deutsche geschmuggelt von H. M. Enzensberger.* Frankfurt a. M. 1977. – *Sämtliche Limericks.* Hg. Th. Stemmler. Stuttgart 1988. Literatur: P. Levi. *Edward Lear: A Biography.* London 1995. – A. C. Colley. *Edward Lear and the Critics.* Columbia, SC 1993. – W. Tigges, Hg. *Explorations in the Field of Nonsense.* Amsterdam 1987.

Stefan Horlacher

Leavis, F[rank] R[aymond]

Geb. 14. 7. 1895 in Cambridge; gest. 14. 4. 1978 ebd.

Leavis, Q[ueenie] D[orothy]

Geb. 7. 12. 1906 in Edmonton [London]; gest. 17. 3. 1981 in Cambridge

F. R. Leavis ist ohne Zweifel Großbritanniens einflußreichster Literatur- und Kulturkritiker des 20. Jahrhunderts gewesen. Sein Erfolg mag daher rühren, daß er sich sein Leben lang als Außenseiter

betrachtet hat, den die Universität Cambridge, an der er studiert hatte, an der er arbeiten wollte und die nach seiner Vorstellung ein Ort der Verständigung aller Disziplinen über gemeinsame kulturelle Werte sein sollte, nur in untergeordneter Stellung geduldet, aber dadurch eben auch permanent herausgefordert hat. Dies gilt auch für Q. D. Leavis, geb. Roth, die nie eine akademische Stelle bekleidet hat. Beide stammten aus der *lower middle class*; sie waren die ersten in ihren Familien, die ein Universitätsstudium aufnehmen und abschließen konnten – und sie taten dies zu einer Zeit, in der sich das Fach Englisch im Umbruch befand. Grundlegende gesellschaftliche Veränderungen zwischen 1880 und 1920 – Integration bisher ausgeschlossener Bevölkerungsschichten in den politischen Prozeß, ihre angemessene Qualifikation, nachlassende Bindungsfähigkeit religiöser Deutungsmuster, Wertekrisen angesichts von Kriegen und Revolutionen – implizierten neue Anforderungen an das britische Bildungswesen und angemessene Profile für die Ausbildung der LehrerInnen. – Für L. & L. war die Krise der britischen Gesellschaft v. a. Resultat der industriellen Entwicklung (Massenproduktion, -konsum), die sich auch in den Bereichen des kulturellen Lebens durchgesetzt hatte. Ihre Reaktion war von der romantisch-konservativen Kulturkritik, die von Edmund Burke über Samuel Taylor Coleridge zu Matthew Arnold führte, inspiriert: ›Große‹ literarische Werke erinnern daran, was ein ›gutes Leben‹ ausmacht, und verbürgen seine Möglichkeit. Die ›Größe‹ eines literarischen Werkes bestimmt sich daraus, bis zu welchem Grade es dem Autor gelungen ist, existentielle Probleme in einer Sprache zur Darstellung zu bringen, die den Dialog der LeserInnen mit anderen Werken, aber auch mit anderen Disziplinen und untereinander ermöglicht und bereichert. – L. & L. haben ihre Vorstellungen wiederholt, wenn auch an unterschiedlichen Gegenständen, formuliert. Das Herzstück ihrer gemeinsamen Arbeit war die Konzeption und Herausgabe der Zeitschrift *Scrutiny* (1932–53). Die *Scrutineers* waren einzigartig erfolgreich: Sie zeichneten nicht nur eine neue, auf ihren historischen Kontext bezogene Karte der englischen Literatur, sondern formulierten auch Kriterien für die Analyse und Bewertung literarischer Werke, die weithin Anerkennung fanden; sie analysierten zudem auch nicht-literarische Gegenstände (Presse, Reklame) und bereiteten damit den *Cultural Studies* den Weg; sie brachten schließlich eine bis dahin nicht gekannte Ernsthaftigkeit in das Studium der Literatur, die seitdem die Disziplin bestimmt hat.

Literatur: I. MacKillop. *F. R. Leavis: A Life in Criticism.* London 1995. – J. Kramer. »F. R. Leavis (1895–1978).« *Classics in Cultural Criticism.* Bd. 1: *Britain.* Hg. B.-P. Lange. Frankfurt a. M. 1990, 375–402. – M. Winkgens. *Die kulturkritische Verankerung der Literaturkritik bei F. R. Leavis.* Paderborn 1988. – F. Mulhern. *The Moment of Scrutiny* . London 1979.

Jürgen Kramer

LeFanu, [Joseph] Sheridan

Geb. 28. 8. 1814 in Dublin;
gest. 7. 2. 1873 ebd.

Sheridan LeFanu stammte aus einer gutsituierten Familie mit hugenottischer Tradition. 1837 bestand er am Dubliner Trinity College sein juristisches Examen und wurde an den Inns of Court zugelassen, wo er jedoch nie als Anwalt praktizierte. Nach dem Tod seiner Frau (1858) wurde er Besitzer und Verleger des *Dublin University Magazine*, in dem auch seine ersten Erzählungen erschienen. LeF.s Gesamtwerk umfaßt 14 Romane, von denen *Uncle Silas: A Tale of Bartram-Haugh* (1864; *Onkel Silas oder Das verhängnisvolle Erbe*, 1972) der weitaus bekannteste ist. Als gleichrangig gelten mittlerweile *Haunted Lives* (1868) und *Willing to Die* (1873). Unter dem Titel *In a Glass Darkly* (*Carmilla und vier andere unheimliche Geschichten*, 1968) erschienen 1872 Erzählungen geheimnisvollen und übernatürlichen Charakters. Während LeF. in den 60er und 70er Jahren des 19. Jahrhunderts als Bestsellerautor galt, der – nach Henry James – die ideale Lektüre in einem Landhaus für die Zeit nach Mitternacht lieferte, war es bald nach seinem Tod um ihn still geworden. Neben *Uncle Silas* bildete v. a. die Erzählung »Carmilla« aus *In a Glass Darkly* eine Brücke zu seinem Nachruhm, der ihn heute als einen bedeutenden viktorianischen Vertreter der Mystery- und Detektivgeschichte ausweist.

Während die ersten Romane von LeF. sich noch stark am Vorbild von Walter Scott orientierten, geriet später die Aufklärung eines kriminalistischen Geheimnisses in den Mittelpunkt des Plot-Interesses. Seine Auflösung hängt freilich nicht so sehr von der Kombinationsfähigkeit eines Außenstehenden (des Detektivs) ab, sondern ist Kulminations- und Wendepunkt einer unheimlichen Bedrohung, die aus der Perspektive der meist weiblichen Hauptfiguren geschildert wird. Die düsteren Indizien existieren sowohl in der empirischen Realität als auch in der Wahrnehmung der Charaktere, die sich in einem Komplott dämonischer Mächte verstrickt glauben. In *Uncle Silas* kommt die Handlung zwar ganz ohne übersinnliche Elemente aus, doch der ständig zunehmende Terror ist um so unheimlicher, als der Ich-Erzählerin seine Ursachen verschlossen bleiben. LeF. begreift die Verunsicherung des Individuums bereits im psychologischen Sinne als Ergebnis innerer Ängste und Triebkräfte, weshalb dem Blickpunkt des Opfers besondere Bedeutung zukommt. In »Carmilla« ist es die ahnungslos-passive Laura, die vom Liebeswerben der Vampirin Carmilla erzählt. Während Aufdeckung und Zerstörung der tödlichen Freundin konventionell abgehandelt werden, liefern die ersten beiden Drittel eine subtile, von Samuel Taylor Coleridges Gedichtfragment »Christabel« (1816) inspirierte Chronik einer schrecklichen Verzauberung, die deutlich lesbische und sadomasochistische Züge trägt. Die Kraft der Erzählung bezieht sich nicht aus kruden Schockelementen, sondern aus der unmerklichen Verschwisterung von Faszination und Angst, Liebe und Tod. Der dänische Regisseur Carl Theodor Dreyer drehte nach Motiven von »Carmilla« den Film *Vampyr* (1932), Roger Vadim adaptierte die Erzählung in *Et mourir de plaisir* (1960).

Werkausgaben: *Ghost Stories and Mysteries.* Hg. E. F. Bleiler. New York/London 1975. – *The Illustrated J. S. LeFanu: Ghost Stories and Mysteries by a Master Victorian Storyteller.* Hg. M. Cox. Wellingborough/New York 1988. – *Geistergeschichten.* Frankfurt a. M. 1996. Literatur: I. Melada. *Joseph Sheridan LeFanu.* Boston 1987. – M. H. Begnal. *Joseph Sheridan LeFanu.* Lewisburg 1971. – N. Browne. *Sheridan LeFanu.* London 1951.

Johann N. Schmidt

Lehmann, Rosamond [Nina]

Geb. 3. 2. 1901 in Bourne End, Buckinghamshire; gest. 12. 3. 1990 in London

Schreibender *shooting star* des jungen nachviktorianischen England, Vertraute der *Blooms-*

bury Group, feminine Stimme der Zwischenkriegs-
generation, profunde Kennerin der weiblichen
Psyche, Meisterin subtil erzählter Liebesgeschich-
ten – so könnte man Rosamond Lehmann, die am
Beerdigungstag Königin Victorias in die kunst-
sinnige Familie des Publizisten Rudolph Chambers
Lehmann hineingeboren wurde, charakterisieren.
Ihr schriftstellerischer Weg ist von zwei markanten
Ereignissen geprägt: zum einen vom Skandalerfolg
ihres 1927 erschienenen Romandebüts *Dusty Answer* (*Dunkle Antwort*, 1932), das den erotischen
Selbstfindungsprozeß einer jungen Cambridge-
Absolventin einschließlich ihrer leidenschaftlichen
Beziehung zu einer ihrer Mitstudentinnen schil-
dert, zum anderen vom tragischen Tod ihrer Tochter Sally aus L.s zweiter Ehe mit dem Maler Wogan
Philipps, die 1958 jungverheiratet in Jakarta an
Polio starb. In den drei dazwischenliegenden Jahrzehnten war es L. stets gelungen, im Rückgriff auf
ihr eigenes Durchleben privater Schwierigkeiten
sensible Zeitporträts der krisenhaften 1930er-40er
Jahre zu entwerfen. So sind ihrem zweiten Roman
A Note in Music (1930; *Wintermelodie*, 1995), der
um das triste Alltagsleben zweier Ehepaare in der
nordenglischen Provinz kreist, sowohl die Erinnerung an das Fiasko von L.s erster Ehe als auch die
Depression der ersten Nachkriegsjahre eingeschrieben. Mit Olivia Curtis, der Heldin aus *Invitation to the Waltz* (1932; *Aufforderung zum Tanz*,
1938) und *The Weather in the Streets* (1936; *Wind
in den Stra en*, 1990) schuf L. eine zwischen viktorianischer Erziehung und modernem Lebenshunger zerrissene Figur, die zunächst als unsicheres
Mädchen auf ihrem ersten Ball, später als heimliche Geliebte eines verheirateten Aristokraten die
Auswirkungen des Ersten Weltkrieges und die Verlorenheit der Zwischenkriegszeit in London erlebt.
The Ballad and the Source (1944; *Unersättliches
Herz*, 1950), ein als multiperspektivisch erzählte
Parodie viktorianischer *mystery novels* bereits postmodern anmutender Roman über Sibyl Jardine,
eine mit dämonischer Kraft gegen die patriarchale
Ordnung rebellierende Frau, versucht die Disso-
ziationserfahrung des Zweiten Weltkriegs von einer nur scheinbar idyllischen Vergangenheit her zu
deuten. In *The Echoing Grove* (1953; *Der begrabene
Tag*, 1985) wird indessen die private Katastrophe
einer Frau, deren Mann sie mit ihrer jüngeren
Schwester betrügt, als Metapher für die historische
Katastrophe des Orientierungsverlusts nach 1945
verwendet. – Durch den Tod ihrer Tochter schien
L.s künstlerische Existenz vernichtet zu sein. Neun

Jahre danach trat sie jedoch mit dem ›subautobio-
graphischen‹ Text *The Swan in the Evening: Fragments of an Inner Life* (1967; *Der Schwan am
Abend*, 1987) wieder als Autorin in Erscheinung,
die sich hier als eine durch parapsychische Erlebnisse gewandelte Person präsentiert. Der Glaube
an das Übersinnliche prägt auch L.s letzten Roman, *A Sea-Grape Tree* (1976), in dem Rebecca
Landon aus *The Ballad and the Source* der inzwischen verstorbenen Sibyl Jardine noch einmal
begegnet. – Das Werk L.s, die 89jährig als mehr-
fache Groß- und Urgroßmutter sowie als Vize-
präsidentin des College of Psychic Studies starb, ist
in den 1980er Jahren neu aufgelegt und wiederentdeckt worden.

Literatur: J. Simons. *Rosamond Lehmann*. New York
1992. – R. Siegel. *Rosamond Lehmann: A Thirties Writer*.
New York 1989.

Ursula Wiest-Kellner

Lennox, Charlotte

Geb. 1729/30? in Gibraltar oder New York;
gest. 4. 1. 1804 in London

Charlotte Lennox, geb. Ramsay, gehört zu den
ersten englischen Berufsschriftstellerinnen. Mit
wechselndem Erfolg versuchte sie sich als Romanautorin und Übersetzerin, als Dramatikerin und
Shakespearekritikerin, nicht zuletzt als Herausgeberin einer Zeitschrift. Ansehen erwarb sie sich
v. a. durch ihre Romane, die vorrangig Aspekte des
weiblichen Selbstverständnisses und der gesellschaftlichen Rolle der Frau behandeln. Es sind
Erziehungs- und Sittenromane, in deren Mittelpunkt junge, vernunftbegabte, tugendhafte Heldinnen stehen, so in *The Life of Harriot Stuart*
(1750), *The Female Quixote* (1752), *Henrietta*
(1758), *Sophia* (1762) und *Euphemia* (1790).

L. wuchs in Amerika auf, wo ihr Vater als
Offizier stationiert war. Nach seinem Tod wurde
sie im Alter von etwa 15 Jahren mittellos nach
London geschickt, fand dort aber bald Gönne-
rinnen. Die 1747 mit dem phlegmatischen Schotten Alexander Lennox geschlossene Ehe brachte
ihr keine materielle Sicherheit und erwies sich als
glücklos. Von 1748–50 unternahm sie einige vergebliche Versuche, sich als Schauspielerin zu pro-
filieren. Wohl auch aus wirtschaftlicher Notwendigkeit heraus wandte sie sich etwa zu dieser Zeit
dem Romanschreiben zu. Ihr literarischer Erfolg

führte bald zu Kontakten mit anderen Autoren, insbesondere Samuel Richardson und Samuel Johnson. Um ihren Lebensunterhalt zu sichern, öffnete L. von 1761–73 ihr Haus für die Erziehung junger Mädchen. Später verarmte sie, so daß sie schließlich auf die Unterstützung durch den Royal Literary Fund angewiesen war.

L.s erfolgreichster Roman war *The Female Quixote or the Adventures of Arabella* (1752; *Der weibliche Quichotte oder Arabellas Abenteuer*, 1983), eine Cervantes-Adaptation und zugleich eine Parodie auf die heroisch-galanten Romanzen. Henry Fielding betonte, daß das Buch Themen des Alltagslebens wirklichkeitsnah behandelt, und empfahl es als Satire auf die Affektiertheit, Eitelkeit und Borniertheit der Damenwelt. L. – bei der Niederschrift selbst kaum älter als 20 Jahre – thematisiert hier Probleme ihrer Altersgruppe. In Arabella, einer geistig wachen jungen Frau, hat sich als Folge des Aufwachsens in einem entlegenen, gesellschaftsfernen Schloß ebenso wie durch die Lektüre von französischen Romanzen eine wahnhafte Geisteshaltung herausgebildet, die ihr ein unvoreingenommenes Verhältnis zur Erfahrungsrealität verwehrt. Aufgrund fehlender Welt- und Menschenkenntnis hält sie die Romanzen für echte Geschichtsdarstellungen. Indem sie die schimärischen Klischees von erhabener Liebe und heldenhafter Größe auf ihre Umgebung projiziert, mißdeutet sie permanent in grotesker Weise die trivialen Ereignisse des Lebens: Hinter einem Gärtnerburschen etwa, sogar hinter gewöhnlichen Wegelagerern vermutet sie verkleidete Prinzen, die sie entführen wollen. Der Gang der Handlung läßt vermuten, daß L. ursprünglich vorhatte, eine gebildete, humane, welterfahrene Gräfin damit zu betrauen, die ›schöne Träumerin‹ von ihrem Wahn zu befreien. Jedoch setzt sie letztlich einen Geistlichen für diese pädagogische Aufgabe ein. Vermutlich ließ sie sich von Johnson überzeugen, daß – im Sinne des traditionellen männlichen Rollenstereotyps – eher ein Mann als eine Frau den Verstand, die Überzeugungskraft und die Autorität besaß, Arabellas Konversion zu bewirken und den Weg in die Gesellschaft und in eine glückliche Ehe zu öffnen.

Literatur: P. S. Gordon. »The Space of Romance in Lennox's *Female Quixote*.« *Studies in English Literature* 38 (1998), 499–516. – A. Löffler. »Die wahnsinnige Heldin: Charlotte Lennox' *The Female Quixote*.« *Arbeiten aus Anglistik und Amerikanistik* 11 (1986), 63–81.

Arno Löffler

Lessing, Doris [May]

Geb. 22. 10. 1919 in Kermanshah, Persien

Doris Lessing, als Tochter britischer Eltern in Persien geboren, wo der Vater als Bankangestellter arbeitete, wuchs auf einer Farm im südafrikanischen Rhodesien (dem heutigen Simbabwe) auf, wohin die Familie 1924 auswanderte. L. verließ mit 14 Jahren die Schule und arbeitete als Kindermädchen und Sekretärin, bildete sich aber durch intensive und breitgefächerte Lektüre weiter. Von ihrem ersten Mann Frank Wisdom, den sie mit 19 Jahren heiratete und mit dem sie zwei Kinder hatte, ließ sie sich nach vier Jahren Ehe scheiden. Im Lauf ihrer Aktivitäten in den kommunistischen Kreisen Südafrikas lernte sie ihren zweiten Ehemann, den Deutschen Gottfried Lessing, kennen, doch auch diese Ehe, aus der ein Sohn hervorging, wurde nach vier Jahren geschieden. 1949 verließ L. Afrika und zog mit ihrem jüngsten Sohn nach London (ihre Anpassungsschwierigkeiten an England schildert sie in dem Essayband *In Pursuit of the English*, 1960); zu diesem Zeitpunkt hatte sie bereits das Manuskript ihres ersten Romans, *The Grass is Singing* (1950; *Afrikanische Tragödie*, 1953), fertiggestellt, der – von der Kritik hochgelobt – sie mit einem Schlag bekanntmachte. Die Romanpentalogie *Children of Violence* (1952–69; *Kinder der Gewalt*, 1981–84) festigte ihr literarisches Renommee ebenso wie der Roman *The Golden Notebook* (1962; *Das goldene Notizbuch*, 1978), ihr wohl bekanntestes Werk.

Das Frühwerk L.s setzt sich in traditioneller Erzählmanier mit den Konflikten zwischen der schwarzen und der weißen Bevölkerung Afrikas auseinander und trägt unverkennbar autobiographische Züge: So zeichnen die ersten drei Bände der *Children of Violence*-Reihe die Kindheit der Protagonistin Martha Quest in Afrika, ihre gescheiterten Liebesbeziehungen sowie ihre Hinwendung zum Kommunismus nach. Im Gegensatz dazu stellt *The Golden Notebook* ein formales Experiment dar, das die Entwicklung der Hauptfigur Anna Wulf und ihren Kampf gegen einen drohenden psychischen Zusammenbruch in einem komplexen Aufbauschema zur Anschauung bringt. In einem nachträglich geschriebenen Vorwort zu *The Golden Notebook* betont Lessing ihre primär formal-stilistischen Absichten (»my major aim was to shape a book which would make its own comment, a wordless statement: to talk through the way it was shaped«) und widerspricht jenen Auslegungen, die den Roman zu einer ›Trompete für die Frauenbewegung‹ erklärten (»this novel was not a trumpet for Women's Liberation«). Im zweiten Band ihrer Autobiographie, *Walking in the Shade* (1997; *Schritte im Schatten*, 1997), weist sie autobiographische Deutungen des *Golden Notebook* zugunsten der Bedeutung der formalen Gestaltung zurück. Eine komplexe formale Struktur weist auch der von L. als »inner-space fiction« (›Innenraum-Fiktion‹) bezeichnete Roman *Briefing for a Descent into Hell* (1971; *Anweisung für einen Abstieg zur Hölle*, 1981) auf, dessen Protagonist eine Vision harmonischer Ganzheit und Integration erlebt, bei der Umsetzung dieser Vision jedoch scheitert. L.s Auseinandersetzung mit ganzheitlichen Lebenskonzepten ist nicht zuletzt auf ihr Interesse an der Mystik des Islam (Sufismus) zurückzuführen, mit der sie sich seit den 1960er Jahren beschäftigt.

Mit dem fünften Roman der *Children of Violence*-Reihe, *The Four-Gated City* (1969; *Die viertorige Stadt*, 1984), überschreitet L. erstmals die Grenzen des ›realistischen‹ Romans, indem sie Ausbruch und Folgen eines nuklearen Dritten Weltkriegs schildert. Damit stellt dieser Text einen Vorläufer der Romanpentalogie *Canopus in Argos: Archives* (1979–83; *Canopus im Argos: Archive*, 1983–85) dar, deren erster Band, *Shikasta* (1979; *Shikasta*, 1983), Motive aus *The Four-Gated City* aufnimmt. In dieser Reihe (deren fünf Bände jeweils in sich abgeschlossen sind und auch formal eine individuelle Durchgestaltung aufweisen) entwirft L. eine Kosmologie um das galaktische Reich Canopus. Ihre von der Kritik eher negativ aufgenommene Hinwendung zum ›space fiction‹-Genre verteidigte L., indem sie wiederholt auf die Bedeutung des Vorstellungsvermögens für den literarischen Schaffensprozeß hinwies; so z. B. im Vorwort zum dritten Band der *Canopus*-Reihe, *The Sirian Experiments* (1981; *Die sirianischen Versuche*, 1985): »Why is it that writers, who by definition operate by the use of their imagination, are given so little credit for it? We ›make things up‹. This is our trade.« Für einen Eklat sorgte L. mit der Bekanntgabe, die unter dem Namen ›Jane Somers‹ erschienenen Romane *The Diary of a Good Neighbour* (1983; *Das Tagebuch der Jane Somers*, 1984) und *If the Old Could* (1984; *Die Liebesgeschichte der Jane Somers*, 1985), die von mehreren Verlagen – darunter L.s Stammverlag Cape – abgelehnt worden waren, stammten in Wirklichkeit aus ihrer

Feder. L.s Erklärung, sie habe auf diese Weise auf die Schwierigkeiten junger Autoren hinweisen wollen, im literarischen Establishment Fuß zu fassen, provozierte die Entrüstung von Verlegern und Kritikern. In jüngster Zeit belegen L.s Romane *Mara and Dann* (1999; *Mara und Dann*, 2001) und *Ben in the World* (2000; *Ben, in der Welt*, 2000) das anhaltende Interesse der Autorin an phantastisch-utopischen Literaturformen.

Neben mehr als 20 Romanen und zahlreichen Kurzgeschichten schrieb L. Dramen, Gedichte, den von Charlie Adlard illustrierten Comic *Playing the Game* (1995), nichtfiktionale Texte – darunter *African Laughter* (1992; *Rückkehr nach Afrika*, 1992), wo sie vier Besuche in Simbabwe, dem Land ihrer Kindheit, schildert –, autobiographische Bände sowie die Libretti zu Opern von Philip Glass, die auf Romanen aus der *Canopus in Argos*-Reihe basieren. Immer wieder protestiert L., deren Romane oft auf den Begriff ›Ideenroman‹ reduziert und deren literarische Fähigkeiten häufig unterschätzt werden, gegen die Einordnung ihrer Texte in klar abgegrenzte Kategorien und gegen die Vereinnahmung ihrer Person und ihrer Texte durch ideologische Interessen. Auch äußert sie sich wiederholt kritisch gegenüber dem universitären Lehrbetrieb und dem Umstand, daß literarische Texte gegenüber der ›Sekundärliteratur‹ oft ins Hintertreffen geraten, so z. B. im Vorwort zu *The Golden Notebook*: »It is possible for literary students to spend more time reading criticism and criticism of criticism than they spend reading poetry, novels, biography, stories. A great many people regard this state of affairs as quite normal, and not sad and ridiculous.«

Literatur: K. Gerig. *Fragmentarität: Identität und Textualität bei Margaret Atwood, Iris Murdoch und Doris Lessing*. Tübingen 2000. – C. Klein. *Doris Lessing: A Biography*. New York 2000. – E. Maslen. *Doris Lessing*. Plymouth 1994. – K. Fishburn. *The Unexpected Universe of Doris Lessing: A Study in Narrative Technique*. Westport, CT 1985. – H. Kellermann. *Die Weltanschauung im Romanwerk von Doris Lessing*. Frankfurt a. M. 1985. – R. Spiegel. *Doris Lessing: The Problem of Alienation and the Form of the Novel*. Frankfurt a. M. 1980.

Britta Bücher

Lewis, C[live] S[taples]

Geb. 29. 11. 1898 in Belfast;
gest. 22. 11. 1963 in Oxford

Ähnlich wie sein Kollege und Freund J.R.R.
Tolkien ist C.S. Lewis nicht nur als Autor höchst
erfolgreicher phantastischer Romane hervorgetreten, sondern hat auch als Literaturwissenschaftler
und als leidenschaftlicher Verfechter des christlichen Glaubens bleibende Spuren hinterlassen. Der
Sohn eines Belfaster Rechtsanwalts studierte (nach
einem einjährigen Dienst im Ersten Weltkrieg) in
Oxford Klassische Sprachen und Philosophie. Ab
1925 unterrichtete er englische Literatur am dortigen Magdalen College; er erhielt in der Folge
mehrere akademische Ehrungen und wurde 1954
auf den Lehrstuhl für die Literatur des Mittelalters
und der Renaissance in Cambridge berufen. Zu
seinen wichtigsten akademischen Schriften zählen
The Allegory of Love (1936) und *English Literature
in the Sixteenth Century Excluding Drama* (1954).

L. war in einem protestantischen Elternhaus
aufgewachsen, hatte sich als junger Mann aber
vom christlichen Glauben abgewandt. Unter dem
Einfluß seines Oxforder Kollegen Tolkien und weiterer Freunde, aber auch literarischer Werke (u.a.
von George MacDonalds) fand er 1931 zum Christentum zurück, wovon er nicht nur in seiner
Autobiographie *Surprised by Joy: The Shape of my
Early Life* (1955; *Überrascht von Freude: Biographie
der frühen Jahre*, 1968), sondern praktisch in all
seinen Werken Zeugnis ablegt. Zu seinen einflußreichsten apologetischen Schriften, die durch ihre
klare, konkrete Sprache und durch rationale Argumentation bestechen, gehören *The Problem of Pain*
(1940; *Über den Schmerz*, 1954), eine Reihe von
Rundfunkvorträgen aus den 1940er Jahren, gesammelt veröffentlicht unter dem Titel *Mere
Christianity* (1952; *Pardon, ich bin Christ*, 1986)
und der anläßlich des Todes seiner Frau Joy Gres-
ham verfaßte autobiographische Essay *A Grief Observed* (1961; *Über die Trauer*, 1967); moraltheo-
logische Fragen behandelt auf amüsante Weise
seine Sammlung fiktiver Briefe eines Teufels an
seinen Untergebenen, *The Screwtape Letters* (1942;
Dienstanweisungen für einen Unterteufel, 1958). –
L. war von antiken Mythen ebenso fasziniert wie
von neuzeitlichen mythopoetischen Werken. Seine
eigenen Erzähltexte zeichnen sich aus durch ihre
überbordende Phantastik und durch die Verbindung von Mythischem mit spezifisch christlichen

Themen und mit Zeitkritik. Das übergreifende
Thema der Science-fiction-Romantrilogie *Out of
the Silent Planet* (1938; *Jenseits des schweigenden
Sterns*, 1948), *Perelandra* (1943; *Perelandra*, 1957)
und *That Hideous Strength* (1945; *Die böse Macht*,
1954) ist das Streben des modernen Menschen,
sich die Welt (einschließlich des Menschen selbst)
untertan zu machen. Diese Hybris ist für L. die
Konsequenz des biblischen Sündenfalls (der Mythos von Adam und Eva wird in *Perelandra* gleichsam neu inszeniert) und damit letztendlich das
Werk des Teufels. Auch die kollektiv als *Narnia
Chronicles* bezeichnete Serie von Kinderbüchern (7
Bde., 1950–56) transportiert in ihren phantastischen Handlungen christliche Inhalte. Der erste
Band z.B., *The Lion, the Witch and the Wardrobe*
(1950; *Der König von Narnia*, 1957), ist eine Übertragung der christlichen Doktrin von Sündenfall
und Erlösung in eine Abenteuergeschichte: Von
vier Kindern, die durch einen Schrank hindurch in
eine andere Welt gelangen, gerät ein Junge unter
den Einfluß einer verführerischen Hexe. Nur
durch das Selbstopfer des Löwen Aslan (offenkundig eine Christusfigur) kann der Junge erlöst und
das Land vor der Unterjochung bewahrt werden. –
Als reifste Leistung gilt L.' später Fantasy-Roman
Till We Have Faces (1956; *Du selbst bist die Antwort*, 1958), eine Neufassung des antiken Mär-
chens von Amor und Psyche aus moderner psychologischer und religionsphilosophischer Sicht.

Literatur: W. Hooper. *C.S. Lewis: A Companion and
Guide*. London 1996. – D.T. Myers. *C.S. Lewis in Con-
text*. Kent, OH 1994. – C.N. Manlove. *C.S. Lewis: His
Literary Achievement*. Basingstoke 1987.

Dieter Petzold

Lewis, Matthew Gregory

Geb. 9. 7. 1775 in London;
gest. 14. 5. 1818 auf See

Matthew Gregory Lewis' Roman *The Monk*
(1796; *Der Mönch*, 1797/98), ist, wie es scheint,
einer Laune jugendlichen Lebensverdrusses zu verdanken. Der aus wohlhabendem Elternhaus stammende L. hatte auf Drängen seines Vaters und
durch dessen Beziehungen 1794 gerade seine erste
Anstellung als Botschaftsattach&in Den Haag angetreten, als er den ›devil ennui‹ eines unliebsamen
Diplomatenalltags mit Hilfe seiner kreativen Leidenschaft für schauerromantische Literatur zu

überwinden suchte. Das Erstlingswerk, ein sensationeller Erfolg, erzählt die Geschichte des Mönchs Ambrosio, der im Kampf gegen seine Leidenschaften dem Bösen erliegt und nach einer Reihe unsäglicher Greuel seine Seele an den Teufel verkauft. Der unvorhergesehene Ruhm des zunächst anonym publizierten Romans veranlaßte L., inzwischen 21jährig und Parlamentsabgeordneter, die zweite Auflage mit ›M.G. Lewis, M.P.‹ zu unterzeichnen. Erst jetzt setzte eine Welle öffentlicher Entrüstung ein, die dem Werk seine skandalträchtige Rezeptionsgeschichte und dem Autor den Beinamen ›Monk Lewis‹ eintragen sollte.

Erstmals war L. dem gotischen Genre 1792 in Deutschland begegnet. Indem er die in Weimar gesammelten literarischen Impulse mit der bereits existierenden gotischen Tradition seines Heimatlandes verband, erweiterte er die Möglichkeiten der Gattung um den Aspekt des *delightful horror* (mit Lust verbundenes Grauen) im Vergleich zum bloßen *terror* (Schrecken) der früheren Romane. Das Peiniger-Opfer-Verhältnis löst sich nun ebenso aus seiner Schwarz-Weiß-Struktur, wie die Schuldfrage am Ende vielschichtig verbleibt. Im Gegensatz zum bloßen Verbrecher entwirft L. in der Geschichte des Mönchs ein zuweilen – und trotz allen Grauens – bewegendes Psychogramm einer an den starren Normen von Kirche und Gesellschaft scheiternden Persönlichkeit. Denn Ambrosio, Abt eines Kapuzinerklosters im Madrid zur Zeit der Inquisition, ist von seinen Anlagen her gänzlich ein ›Man of Holiness‹. Und während sein allmählicher Fall und die Liste seiner Greuel (Verführung, Inzest, Mutter- und Schwestermord, Teufelspakt) unbeschönigt die möglichen Abgründe der menschlichen Seele offenbaren, stellt L. diese Verirrungen gleichermaßen als durch die repressiven religiösen und moralischen Normen bedingt dar. Ambrosio initiiert folglich in der Geschichte des englischen Schauerromans die Figur des Schurken als archetypische Rebellennatur, deren Schicksal ähnlich dem ihres Vorbilds in Miltons Satan die *benevolentia* einer göttlichen Weltordnung hinterfragt. – L.' Ruhm basiert einzig auf dem Roman *The Monk*. Sein musikalisches Drama *The Castle Spectre* (1797) sowie seine Gedichte und Balladensammlungen sind heute weitgehend unbekannt. – Seine letzten Jahre widmete er der Verwaltung seines Familienbesitzes auf Jamaika sowie einer Abhandlung zur Verbesserung der Lage seiner Sklaven, *The Journal of a West India Proprietor* (1834). Er starb an Gelbfieber während einer Heimreise im Mai 1818, wobei die Umstände seiner Bestattung ganz im Sinne des Todesopfers gotisch anmuten: Sein schnell gezimmerter Sarg hatte nach dem Aufprall auf dem Wasser seine Gewichte verloren und trieb noch lange wie von Geisterhand in Richtung Jamaika zurück.

Literatur: L.F. Peck. *A Life of Matthew G. Lewis*. Cambridge, MA 1961.

Kirsten Hertel

Lewis, [Percy] Wyndham

Geb. 18. 11. 1882 in Amherst, Nova Scotia, Kanada; gest. 7. 3. 1957 in London

Der »schlechteste englische Prosaschriftsteller des Jahrhunderts« (Anthony Quinton) und »größte englische Prosastilist« (T.S. Eliot): Wyndham Lewis ruft widersprüchliche Reaktionen hervor. Bei einem Geist, der stets widerspricht, darf dies nicht verwundern: Der genialisch-produktive Maler-Schriftsteller, Essayist, Kritiker und selbststilisierte »Erzfeind« verspottete, attackierte und verdammte mit wortgewaltiger Polemik. Die strenge Formensprache seiner vortizistischen Bilder und seine harte, disruptiv-rhythmisierte, oft als klinisch-kalt empfundene Prosa sind künstlerisches Postulat eines unbedingt individualistischen Querulanten. – L. war Rugby-Alumnus und 1898–1901 Student der Slade School of Art. Ausgedehnten Europareisen und ersten Aufsehenerregungen als Maler folgte seine bekannteste Periode als Initiator des kurzlebigen, doch einflußreichen Vortizismus. Der erste und vorletzte Band seiner Zeitschrift *Blast* (1914) ist Manifest der spezifisch englischen, abstrahierenden Kunstrichtung: Das grelle ›Monster‹ mit schreiender Typographie postuliert eine klare, präzise, aggressiv-virile, maschinengeprägte Ästhetik, die im wirbelnden Vortex mit ruhendem Kraftpol im Zentrum das Sinnbild einer antifuturistisch entschleunigten, auf den Punkt intensivierten, energiegeladen statischen Dynamik sieht. Der Erste Weltkrieg (L. war Artillerist und *war artist*) beendete die Bewegung, deren stilistische Grundsätze aber in L.' Schaffen nachwirkten. – Die Darstellung des Menschen als Maschine und die hämische Betrachtung mittelloser Möchtegernkünstler wie Otto Kreisler im vortizistischen Künstlerroman *Tarr* (1918; *Tarr*, 1990) wurden L.'scher Standard. Der Angriff auf Mitkünstler auch: *The Apes of God* (1930) ist eine unverhüllte Karikatur der literarischen Moderne von *Bloomsbury* bis Gertrude Stein. L., Autor zahlreicher Essays zu Kunst, Literatur, Philosophie und Politik, verunglimpfte in seiner Zeitschrift *The Enemy* (1927–29) und in *Men Without Art* (1934) mit gehässiger Ironie Freund, Gönner und Feind gleichermaßen. Auch politisch steuerte der Antidemokrat und Antifeminist gegen den liberal-pazifistischen Künstlerkurs seiner Zeit: In *The Art of Being Ruled* (1926) plädiert er für einen autoritären, dem Künstler höchstes Ansehen und eine Apanage zugestehenden Staat als Remedium moderner Mißstände. *Time and Western Man* (1927) ist eine opponierende Auseinandersetzung mit den neuen, das Ich auflösenden Zeitphilosophien von Bergson bis Whitehead sowie mit dem intellekt- und konturverweichlichenden *stream* ›romantischer‹ Bewußtseinsliteratur. Der letzte Spatenstich fürs eigene Grab waren jedoch naiv faschismusnahe Schriften wie *Hitler* (1931). Diese Entgleisung, zu spät revidiert, blieb trotz des später proklamierten Ideals eines *melting-pot*-Internationalismus unverziehen. *Self-Condemned* (1954) heißt dann auch ein Roman, der auf eigene Erfahrungen im selbstverschuldeten ›Exil‹ Toronto (»Momaco«), wo L. 1939–45 strandete, zurückgreift. – Ab 1940 verkündete der frühere Vortizist den Tod abstrakter Kunst; sein Spätwerk, auch die im Jenseits angesiedelte Trilogie *The Human Age* (1928–55), ist entsprechend weniger distanziert-emotionslos. L. schrieb zuletzt aus dem Dunkel heraus: Dem Augenmenschen und Prosamaler hatte ein Gehirntumor die Sehkraft geraubt.

Literatur: P. Edwards. *Wyndham Lewis: Painter and Writer.* Yale 2000. – P. O'Keeffe. *Some Sort of Genius: A Life of Wyndham Lewis.* London 2000.

Meike Kross

Lillo, George

Geb. 3. 2. 1691? in London;
gest. 3. 9. 1739 ebd.

George Lillos Biographie bleibt weitgehend obskur. Geboren wurde er 1691, eventuell auch erst 1693, in der Nähe von Moorgate, London, als Sohn einer Dissenter-Familie mit flämischem Hintergrund väterlicherseits. Auch er war Dissenter und wie sein Vater Goldschmied und Juwelier. Seine Kindheit und Jugend verbrachte er in Moor-

fields; er war belesen in antiken und zeitgenössischen Dramatikern. Henry Fielding attestierte ihm »the Spirit of an old Roman, join'd to the Innocence of a primitive Christian«. – Hatte man sein erstes Bühnenstück, eine pastoral-bukolische, im Stil der populären *Beggar's Opera* (1728) von John Gay gehaltene Balladenoper, *Silvia; or The Country Burial* (1730), noch ausgebuht, so wurde die Inszenierung seines bürgerlichen Dramas *The London Merchant; or, The History of George Barnwell* (*Der Kaufmann von Londen oder Begebenheiten Georg Barnwells*, 1981) im Theater-Royal in der Drury Lane im Sommer 1731 zum unerwarteten und sensationellen Publikumserfolg. Triumphale Folgeinszenierungen brachten das Stück allein zu L.s Lebenszeiten zu 70 Aufführungen. Es war auch nach seinem Tod ein beliebtes Repertoirestück. Im 18. Jahrhundert wurde es traditionell auf Betreiben von Handelskreisen nahestehenden Gesellschaftsleuten an den Weihnachts- und Osterfeiertagen aufgeführt. Basierend auf einer Ballade über den Gesellen George Barnwell, der in die Schlingen der verführerischen Dirne Sarah Millwood gerät, von der er zu Verbrechen und Mord angestiftet wird, stellt L.s Drama auf neuartige Weise die Privatsphäre des Bürgertums in den Vordergrund. Der eigentliche Held des Dramas ist ein Kaufmann. Nicht nur, daß mit der rechtschaffenen und wohlangesehenen Exempelgestalt Thorowgood der Bourgeois programmatisch als der hohen Gattung der Tragödie für würdig empfunden wird, darüber hinaus kann der Kaufmann lange, deklamatorische Lobreden auf seine glorreiche Funktion als globaler und v. a. nationaler Wohltäter halten. In der Tradition der moralischen Wochenschriften von Joseph Addison und Richard Steele wird damit die Person des Handelskaufmanns zum staatstragenden *model of man* nobilitiert. – Spätere Urteile zum Stück sind höchst unterschiedlich. Im Gegensatz zu Charles Lamb, der es polemisch als »an exaltation of trade« und »nauseous sermon« abtat, hatte Goethe 1765 eher vorteilhafte Erinnerungen an den Besuch einer Aufführung: »Beim größten Teil des Stücks gegähnt, aber beim Ende geweint.« Während es in England die nachfolgende Theatergeschichte kaum beeinflußte, wurde es auf dem Kontinent gerade aufgrund seiner empfindsamen Elemente als *tragédie domestique et bourgeoise* rezipiert und gelobt; es begründete die Tradition des bürgerlichen Trauerspiels, die von Diderot, Lessing, Lenz und Schiller fortgeführt wurde. – Weiteren Erfolg hatte L.

mit dem in Blankversen gehaltenen Drama *Guilt Its Own Punishment; or, Fatal Curiosity* (1736), welches unter der Leitung von Fielding aufgeführt wurde, der L. als »the best tragic Poet of his Age« bezeichnete. Es folgte *Marina* (1738), basierend auf Shakespeares *Pericles*; postum wurde das allegorische Maskenspiel *Britannia and Batavia* (1740) veröffentlicht. Am Ende seines Lebens genoß L. seinen Erfolg im Londoner Ortsteil Rotherhithe.

Werkausgabe: *The Dramatic Works*. Hg. J. L. Steffensen. Oxford 1993.
Literatur: W. Seth. *George Lillos Dramen: Der Versuch der »Verbürgerlichung« des englischen Dramas im 18. Jahrhundert*. Essen 1991. – P. Szondi. *Die Theorie des bürgerlichen Trauerspiels im 18. Jahrhundert: Der Kaufmann, der Hausvater und der Hofmeister*. Frankfurt a. M. 1973, 15–90.

Laurenz Volkmann

Lively, Penelope [Margaret]

Geb. 17. 3. 1933 in Kairo

Als Penelope Lively 1980 für den Roman *Treasures of Time* (1979) den *National Book Award for Fiction* verliehen bekam, hatte sie zwei Jahre zuvor bereits *The Road to Lichfield* (1977; *Ein Schritt vom Wege*, 1996) und zahlreiche anspruchsvolle Kinder- und Jugendbücher wie z. B. *Astercote* (1970), *The Driftway* (1972), *Going Back* (1975) und *A Stitch in Time* (1976; *Das Haus mit der Schaukel im Garten*, 1985) veröffentlicht. Nach einer Kindheit in Ägypten war L. zuvor nach England gekommen und hatte in Oxford das Studium der Geschichte absolviert, eine Tatsache, die sich in ihrem literarischen Werk widerspiegelt. Der Obertitel ihres bislang einzigen nicht-fiktionalen Buchs *The Presence of the Past: An Introduction to Landscape History* (1976) (ausgenommen das autobiographische *Oleander, Jacaranda* aus dem Jahre 1994) zeigt an, worum es in nahezu allen Schriften L.s, auch in den hervorragenden Kurzgeschichten (gesammelt als *Nothing Missing But the Samovar and Other Stories*, 1978; *Corruption and Other Stories*, 1984; *Pack of Cards: Stories 1978–86*, 1986; *Beyond the Blue Mountains*, 1997) und den Kinderbüchern, geht: Im Mittelpunkt der Erzählungen steht die Vergangenheit in all ihren Erscheinungsformen – persönliche Erinnerung, kollektive Geschichte, Re-

gional-, Landschafts- und Familiengeschichte usw. – und der Einfluß des Vergangenen auf die Gegenwart. Dies ist auch das Thema in L.s bekanntestem Roman, *Moon Tiger* (1987; *Moon Tiger*, 1994), für den sie im Jahre 1987 mit dem *Booker Prize* ausgezeichnet wurde. Claudia Hampton, eine erfolgreiche Historikerin und die Erzählerin des größten Teils von *Moon Tiger*, läßt auf dem Sterbebett ihre persönliche Vergangenheit noch einmal Revue passieren und knüpft dabei zahlreiche Verbindungen zwischen ihrer Lebensgeschichte und der kollektiven Geschichte, mit der sie sich professionell beschäftigte. Claudia erzählt von der inzestuösen Beziehung mit ihrem Bruder Gordon, dessen dümmlich wirkender späteren Ehefrau Sylvia, ihrer Tochter Lisa, einer Art ›Ersatzsohn‹ namens Laszlo, und sie erzählt von dem im Krieg verstorbenen Soldaten Tom, mit dem sie während ihrer Zeit als Korrespondentin in Ägypten, im Kriegsjahr 1942, eine kurze aber leidenschaftliche Beziehung einging. L. stellt neben die sehr subjektiven Schilderungen ihrer Ich-Erzählerin regelmäßig Passagen, die von neutralen bzw. ›neutralisierenden‹ Erzählstimmen vorgetragen werden. So wird dem Leser die Möglichkeit gegeben, Claudia besser einzuschätzen und auch die anderen Stimmen aus ihrer Vergangenheit zu hören (Gordon, ihre Tochter usw.). Auch Tom bekommt der Leser zu hören, denn Teile seines Kriegstagebuchs beenden den Roman. Es entsteht das Bild einer multiplen Geschichte, die zusammengesetzt ist aus verschiedenen Textsorten und den Berichten vieler Individuen – ganz im Sinne der fortschrittlichen Historikerin Claudia, die an einer Stelle des Romans sagt: »The voice of history, of course, is composite. Many voices; all the voices that have managed to get themselves heard. Some louder than others, naturally.«

L., die im anglo-amerikanischen Raum seit Jahrzehnten eine treue Leserschaft hat, in Deutschland bislang jedoch vergleichsweise unbekannt geblieben ist, hat auch in ihren späteren Büchern nach *Moon Tiger* versucht, die Thematik von Geschichte und dem Einfluß der Geschichte auf die Gegenwart fiktional zu gestalten. Mit großer literarischer Kraft ist ihr dies noch einmal in dem Roman *Passing On* (1989; *Der wilde Garten*, 1995) gelungen, in dem die spannende Geschichte des Geschwisterpaars Edward und Helen Glover erzählt wird. Edward und Helen müssen in der Rückschau auf ihr Leben erkennen, daß ihre Entwicklung von der kürzlich verstorbenen Mutter kontinuierlich und mit Methode unterdrückt wurde. Nun versuchen die beiden, mit ihrem Leben fertig zu werden und die Versäumnisse der Mutter zu begreifen.

Literatur: M. H. Moran. *Penelope Lively.* New York 1993.
Mike Petry

Liyong, Taban lo

Geb. 1939 in Kajo Kaji, Sudan

Gibt es eine spezifisch afrikanische Moderne? Während in den 1960–70er Jahren zahlreiche afrikanische Autoren ›Moderne‹ mit Kolonialismus und ›Verwestlichung‹ gleichsetzten und deshalb vehement ablehnten, trat Taban lo Liyong als *enfant terrible* der neuentstehenden ostafrikanischen Literaturszene provokativ für einen afrikanischen literarischen Modernismus ein, den er in zahlreichen avantgardistischen Texten gegen kulturnationalistisch orientierte Kritiker verteidigte. – Bereits L.s erster Essayband, *The Last Word: Cultural Synthesism* (1969), stand ganz im Zeichen einer modernistischen Neubestimmung ostafrikanischer Literatur. Der nach einem Literatur-Studium in den USA nach Kenia zurückgekehrte Autor beklagte dort die »literarische Dürre« in Ostafrika und forderte einen kreativen Umgang mit den kulturellen Traditionen Afrikas, die unter dem Signum des *cultural synthesism* neue, kreative Verbindungen mit Kulturen und Literaturen aus anderen Teilen der Welt eingehen sollten. Ebenso polemisch wie gewitzt tat L. kulturnationalistische Bestrebungen, die neuen nachkolonialen Gesellschaften Afrikas »zurück zu den Wurzeln« traditioneller afrikanischer Kultur zu führen, ab und trat für eine Literatur ein, die dem »kulturell und rassisch gemischten Menschen der Zukunft« den Weg bahnen sollte.

Mischungen zwischen den unterschiedlichsten literarischen Gattungen und Grenzüberschreitungen aller Art wurden zum herausragenden Merkmal des mitunter als »Tabanic Genre« bezeichneten eigenwilligen Stils von L. In Werken wie *Frantz Fanon's Uneven Ribs* (1971), *Another Nigger Dead* (1972), *Thirteen Offensives Against Our Enemies* (1973) oder *Ballads of Underdevelopment* (1976) verband er Gedichte, Kurzprosa, essayistische Betrachtungen, autobiographische Fragmente und Aphorismen zu hybriden Textgebilden, die den Leser verunsichern und provozieren sollten.

Daß die Ansicht vieler Kritiker, L. sei ein ›verwestlichter‹ Intellektueller, der traditionelle afrikanische Kulturen letztlich als primitiv verachte, an den Grundanliegen seines literarischen Projekts völlig vorbeiging, zeigte L. nicht zuletzt mit seinem Kurzgeschichtenband *The Uniformed Man* (1971) und der Sammlung *Eating Chiefs: Lwo Culture from Lolwe to Malkal Selected, Interpreted and Transmuted by Taban lo Liyong* (1970). In *The Uniformed Man* griff L. mit Geschichten über moderne Lebenswelten auf typische Stilmittel traditioneller mündlicher Erzählkunst zurück: Schier endlose »Nebenerzählungen«, die Erwartungen an eine stringente Kurzgeschichtenhandlung unterlaufen, eröffnen so einen Dialog zwischen afrikanischer Oraltradition und der (post)modernen Infragestellung tradierter literarischer Genres. In *Eating Chiefs* stellte L. eine umfangreiche Sammlung traditioneller ostafrikanischer Mythen, Legenden, Sprichwörter und Dichtungen zusammen, die er zum einen aus der Sicht nachkolonialer Gesellschafts- und Kulturentwicklungen umdeutete, zum anderen jedoch auch für das Verständnis zeitgenössischer afrikanischer Lebenswelten nutzbar zu machen versuchte. – 1975 ging L., dessen wortgewaltige Essays und Vorträge die ostafrikanische Literaturszene maßgeblich mitgeprägt hatten, für einige Jahre nach Papua-Neuguinea, wo er als »literarischer Entwicklungshelfer« tätig zu werden hoffte; danach lebte er längere Zeit im Südsudan, wo es in den 1980er Jahren stiller um ihn wurde. Seit Beginn der 1990er Jahre lehrt L. in Südafrika, wo er eine Reihe neuer Werke wie *Words That Melt a Mountain* (1996), *Homage to Onyame* (1997) und *Carrying Knowledge up a Palm Tree: Poetry* (1997) veröffentlichte.

Literatur: F. Schulze-Engler. *Intellektuelle wider Willen: Literatur, Schriftsteller und Gesellschaft in Ostafrika 1960–1980.* Essen 1992. – P. Nazareth. »Bibliyongraphy, or Six Tabans in Search of an Author.« *The Writing of East and Central Africa.* Hg. G.-D. Killam. London 1984, 159–176.
Frank Schulze-Engler

Lochhead, Liz

Geb. 26. 12. 1947 in Motherwell, Schottland

Liz Lochheads Werk ist im Hinblick auf die Wahl der künstlerischen Ausdrucksformen breit gefächert: Zwar ist sie zunächst als Lyrikerin bekannt geworden, daneben sind aber auch zahlreiche Dramen, Revuen, Hörspiele, Fernsehspiele sowie ein Libretto entstanden. Ferner bearbeitet sie immer wieder kanonische Dramen – darunter Stücke von Molière –, die sie ins Schottische überträgt. Daß L. häufig im Grenzbereich zwischen den Genres arbeitet, wird schnell offensichtlich, wenn man sich die Bände *Dreaming Frankenstein & Collected Poems* (1984), *True Confessions & New Clichés* (1985) und *Bagpipe Muzak* (1991) anschaut: So tritt sie seit 1978 als Performance-Künstlerin mit KollegInnen in Revuen auf (vgl. z. B. »Sugar and Spite« in *True Confessions*), die aus einer Kombination von Monologen, Sketchen, (Rap-)Songs und Gedichten zusammengesetzt sind. Stimmungs- und Niveauwechsel sorgen dafür, daß ein anklagender Tonfall, der feministischem Theater oftmals vorgeworfen wird, nicht die Oberhand gewinnt. – Inhaltlich stand zunächst das Umschreiben von Märchen, Geschichte und Mythen im Mittelpunkt ihrer Arbeit, was sich z. B. in dem Band *The Grimm Sisters* (1981) und den Stücken *Blood and Ice* (1982) über Mary Shelley und *Mary Queen of Scots Got Her Head Chopped Off* (1987) zeigt. L. schildert die Frauenfiguren aus einer weiblichen Perspektive und gesteht ihnen eine starke Persönlichkeit zu. Sie legt die mythische Kraft des Imaginären wie althergebrachte Rollenvorstellungen und Geschlechterzuschreibungen offen. Dabei zeigt sie Brüche und Gemeinsamkeiten auf zwischen den traditionellen Gegensatzpaaren weiblich/männlich, schottisch/englisch und Vergangenheit/Gegenwart, indem sie verdeutlicht, wie diese sich gegenseitig beeinflussen. – Insbesondere in der Lyrik liegt ihr Augenmerk auf dem aus der täglichen Lebenswelt Gegriffenen, über das sie Geschichten erzählt. Sie betrachtet Zwischenmenschliches aus ungewöhnlichen Blickwinkeln, schält es aus der Banalität heraus und zeigt die Bildkraft auf, die dem Allzuvertrauten innewohnt. Im Gegensatz zu den meisten Dramen suggerieren viele ihrer Gedichte die Darstellung eigener Erlebnisse und Gedanken. L. kommentiert diese Wirkung selbst in »A Giveaway«, indem sie den Bekenntnischarakter demontiert: »Oh maybe it is a giveaway but don't / please be naive enough to think I'd mind your knowing what I might invent of what I feel. / Poets don't bare their souls, they bare their skill.« Stilistisch zeichnet sich die Lyrik durch den Gebrauch von Wortspielen aus, die häufig Doppeldeutigkeiten aufscheinen lassen.

In ihren Dramen wird mit Hilfe von Variationen des *doubling* – einer Mehrfachbesetzung von Rollen – auf die Vielgestaltigkeit und den dynamischen Charakter von Identität aufmerksam gemacht. – Bei L. findet nicht nur die Alltags- und Umgangssprache Eingang in ihr Werk, sie hat auch Ausdrucksformen gefunden, die dem Schottischen in der Literatur zu einer neuen Blüte verholfen haben. L. macht sich die Direktheit dieser Sprache nutzbar, die bei ihr aber auch künstlich ist, da verschiedene Epochen und regionale Dialekte häufig nebeneinanderstehen. Durch die so erzeugten Spannungen werden die aufeinanderprallenden Einstellungen und Weltsichten einzelner Figuren hervorgehoben. – In ihrem neuesten Stück *Perfect Days* (1998) wendet L. sich der Gegenwart im heutigen Glasgow zu. In Form einer romantischen Komödie werden verschiedene weibliche Lebensentwürfe kontrastiert. Sie zeigt Freud und Leid von Mutterschaft auf und betont das individuelle Recht auch von Frauen mittleren Alters, ihren Kinderwunsch zu verwirklichen. – In L.s Dramen sind es Metaphern des (Schau-)Spielens und Geschichtenerzählens sowie Anachronismen, die verdeutlichen, daß L. nur eine Version der Vergangenheit zeigt. – Dem Anspruch an sie in ihrer Heimat als literarische ›Miss Scotland‹ begegnet L. mit Humor: »That is enough to depress anybody.«

Literatur: R. Crawford/A. Varty, Hgg. *Liz Lochhead's Voices*. Edinburgh 1993.

Stephanie Kramer

Locke, John

Geb. 29. 8. 1632 in Wrington, Somerset;
gest. 28. 10. 1704 in Oates, Essex

»The great and chief end, therefore, of men uniting into commonwealths, and putting themselves under government, is the preservation of their property« – so lautet die zentrale These der Lockeschen Staatstheorie, die aus der westlichen Welt nicht mehr wegzudenken ist. Zunächst allerdings deutete wenig darauf hin, daß L. zu einem der führenden Vertreter der Aufklärung und der modernen europäischen Philosophie werden sollte. Nach dem Studium der Naturwissenschaften, Medizin und Philosophie in Oxford (1652–58) begann der Anwaltssohn L. seine berufliche Laufbahn 1660 als Tutor am Christ Church, dem er auch als Fellow angehörte, wurde

1665 mit einer diplomatischen Mission auf dem Kontinent betraut und trat 1667 als Arzt und alsbald auch Berater in den Haushalt Lord Ashleys, des späteren 1st Earl of Shaftesbury, ein. 1668 wurde L. zum Mitglied der Royal Society berufen. Die Tätigkeit als Sekretär des von Shaftesbury nach seiner Ernennung zum Lordkanzler ins Leben gerufenen Council of Trade and Plantations gab L. aus Gesundheitsgründen (er litt an Asthma) nach zwei Jahren auf. Von 1675–79 lebte L. in Frankreich, wo er enge Kontakte mit Pierre Gassendi und seiner Schule pflegte. Bei seiner Rückkehr fand er England über der Thronfolgefrage gespalten (*Exclusion Crisis*). Shaftesbury, der führende Kopf der Bewegung, die den Ausschluß des katholischen Bruders von Charles II, James Duke of York, von der Thronfolge betrieb, floh 1682 nach Holland, wohin ihm L. ein Jahr später folgte, nicht ohne Grund, wie das Erscheinen seines Namens auf einer Fahndungsliste der englischen Regierung 1685 beweist, nachdem ihm 1684 auf königliche Anordnung bereits der Fellow-Status in Christ Church entzogen worden war. Erst nach der Glorreichen Revolution kehrte L. im Februar 1689 im Gefolge der Prinzessin Mary zu deren gemeinsamer Krönung mit ihrem Gatten William of Orange als Mary II und William III nach England zurück.

Obwohl L. die letzten 15 Jahre seines Lebens zurückgezogen auf dem Landsitz von Freunden in Essex verbrachte und nur sporadisch öffentliche Funktionen übernahm, spielte er eine wichtige Rolle als geistiger Führer der Whigs und nahm indirekt Einfluß auf wichtige Parlamentsentscheidungen (Pressefreiheit, 1695). In erster Linie widmete er sich jetzt freilich der Formulierung seiner in den Jahren zuvor gereiften philosophischen und politischen Theorien. In rascher Folge erschienen 1689 in Gouda die *Epistola de tolerantia* und noch im selben Jahr in London die englische Übersetzung *A Letter Concerning Toleration* (*Ein Brief über Toleranz*, 1957), 1690 sein erkenntnistheoretisches Hauptwerk *An Essay Concerning Human Understanding* (*Versuch über den menschlichen Verstand*, 1872–74) und *Two Treatises of Government* (*Zwei Abhandlungen über die Regierung*, 1967), 1693 *Some Thoughts Concerning Education* (*Gedanken über Erziehung*, 1910) und schließlich 1695 *The Reasonableness of Christianity* (*Vernünftigkeit des biblischen Christentums*, 1914), mit Ausnahme des *Essay* alle anonym. Mit seinem *Essay*, der ersten in sich geschlossenen Erkenntnistheorie, de-

ren Entstehung in das Jahr 1671 zurückreicht, begründete L. die Philosophie des englischen Empirismus. Ausgangspunkt ist die Kritik der Lehre von den angeborenen Ideen (Ren&Descartes). Die Seele des Menschen, genaugenommen das Bewußtsein, ist ursprünglich vollständig leer, ein unbeschriebenes Blatt (*tabula rasa*), das erst durch Erfahrung beschrieben wird. Alle unsere Begriffe entstammen zwei Arten der Erfahrung: der äußeren Erfahrung (*sensation*), die durch die sinnliche Wahrnehmung der äußeren Welt vermittelt wird und zeitlich vorangeht, und der inneren Erfahrung (*reflection*), die auf Selbstwahrnehmung beruht. Die so entstehenden einfachen Ideen werden durch Assoziation zu komplexen Ideen verbunden. Die wahrnehmbaren Sinnesqualitäten sind subjektiv, bilden aber die einzige Verbindung zur Außenwelt. Durch Abstrahieren werden Allgemeinbegriffe möglich, die aber ebenso wie die Beziehungen zwischen ihnen lediglich Namen sind und denen als solchen in der Außenwelt nichts entspricht (Nominalismus).

Das Problem der Erkennbarkeit natürlicher Normen bildet die Brücke sowohl zu L.s Erziehungslehre und Toleranzidee als auch zu seiner politischen Theorie. L.s Konzept einer kindgerechten individuellen Erziehung, die anstatt auf Zwang auf den Zuwachs an Erfahrung baut und das Vorbild des Erziehers betont, hatte großen Einfluß auf Jean-Jacques Rousseau (*Émile*, 1762). L.s Toleranzbegriff steht den Cambridger Neuplatonikern und den Latitudinariern nahe. In engem Zusammenhang damit steht die These von der Vereinbarkeit der christlichen Offenbarung mit dem durch Vernunft erkennbaren Naturgesetz, die v. a. auf den Deismus wirkte. Für die Masse der Ungebildeten kann eine radikal vereinfachte christliche Glaubenslehre gleichwohl als Anleitung für vernünftiges Handeln dienen. In den beiden *Treatises of Government* stellt L. der Lehre Sir Robert Filmers, der in seiner *Patriarcha* (1648) das Gottesgnadentum der Könige verteidigt und das absolute Herrscherrecht (der Stuarts) aus der väterlichen Autorität Adams abgeleitet hatte, den Staat als prinzipiell kündbaren »*trust*« entgegen. Noch im Naturzustand, der ursprünglich ein Zustand vollkommener Freiheit und Gleichheit ist, kommt es durch die Erfindung des Geldes und damit eines nicht verderblichen Gutes zu der Übereinkunft, daß der Mensch mehr besitzen darf, als er selbst zu verzehren in der Lage ist, wodurch die Anhäufung von Gütern zulässig wird und Eigentumsunterschiede entstehen. Die Menschen produzieren nicht länger für den Eigenbedarf, sondern für den Markt. Da die nun von den Gesetzen der Geldwirtschaft bestimmte Gesellschaft den ungehemmten Besitztrieb begünstigt und es unweigerlich zum Kampf um Güter und nur begrenzt vorhandene Ressourcen kommt, bedarf es zwingend der Schaffung einer übergeordneten Instanz. Der Staat beruht auf der Übereinkunft der Individuen, zum Schutz des Privateigentums eine politische Gewalt zu begründen, auf die sie die wichtigsten ihrer im Naturzustand bestehenden Rechte übertragen (Gesellschaftsvertrag), wobei die stillschweigende Zustimmung genügt. Indem sich die Individuen dem Staat einverleiben, entsteht ein politischer Körper, der sich in der Richtung der stärkeren Kraft bewegt und somit nach dem Konsens der Mehrheit verfährt. Die politischen Gewalten, die sich bei L. noch im wesentlichen auf die Legislative und Exekutive (letztere mit der Föderative nach außen und der Prärogative für den Ausnahmefall) beschränken, sind untereinander auszubalancieren. Verstößt eine davon gegen den Zweck der Staatsgründung, so kommt dies einer Rebellion von oben und dem Bruch des Vertrauensverhältnisses gleich, und die Bürger sind zum Widerstand berechtigt. – Die Behauptung, L. habe die *Treatises* als nachträgliche Verteidigung der Glorious Revolution von 1688 geschrieben, gilt heute durch den Nachweis der bis 1679 zurückreichenden Entstehungsgeschichte als widerlegt. Nichtsdestoweniger reflektiert die Schrift die Grundsätze der konstitutionellen oder ›gemäßigten‹ Monarchie (*moderate monarchy*), die nach der Glorreichen Revolution durch die *Bill of Rights* (1689) zur Durchsetzung kamen.

L.s aus der Arbeit entwickelter Eigentumsbegriff nahm in wesentlichen Punkten den Wirtschaftsliberalismus Adam Smiths vorweg. Einige seiner Formulierungen gingen in die amerikanische Unabhängigkeitserklärung ein. Sein bürgerlich-individualistischer Grundansatz, die für seine Staatslehre maßgebenden Grundsätze der Volkssouveränität, der Gewaltenteilung und des Repräsentativsystems wirkten besonders auf Voltaire und Montesquieu und übten einen nachhaltigen, bis heute fortdauernden Einfluß auf die gesamte bürgerliche Geschichts- und Staatsphilosophie aus.

Werkausgaben: *The Works*. 10 Bde. London 1823. – *The Clarendon Edition of the Works*. Hg. P.H. Nidditch. Oxford 1989.

Literatur: N. Jolley. *Locke: His Philosophical Thought*. Oxford 1999. – V. Chappell, Hg. *Locke*. Oxford 1998. – W. Euchner. *John Locke zur Einführung*. Hamburg 1996. – V. Chappell, Hg. *The Cambridge Companion to Locke*. Cambridge 1994. – C. B. Macpherson. *The Political Theory of Possessive Individualism: Hobbes to Locke*. Oxford 1962.

Heide N. Rohloff

Lodge, David [John]

Geb. 28. 1. 1935 in London

Der englische Romanautor und Literaturprofessor David Lodge ist v. a. als Verfasser von erzähltechnisch anspruchsvollen, preisgekrönten humoristischen Universitätsromanen – allen voran *Small World* (1984; *Schnitzeljagd*, 1985) – und sprachlich brillanten satirischen Sittenbildern der zeitgenössischen Gesellschaft bekannt. Der »Erfinder des akademischen Schelmenromans« (Umberto Eco), der auch für Zeitungen, Fernsehen und Bühne schreibt, war selbst von 1960–87 Professor für moderne englische Literatur an der Universität Birmingham und gilt in seinen anerkannten literaturwissenschaftlichen Schriften als pragmatischer Vermittler (post-)strukturalistischer Theorien und experimenteller Literatur in England. Diese Beschäftigung spiegelt sich in seinen nach wie vor grundsätzlich realistischen Romanen in der zunehmenden Einbeziehung experimenteller postmodernistischer Kompositionsprinzipien, metafiktionaler und autoreflexiver Kommentare, intertextueller Bezüge (von James Joyce und Graham Greene bis Søren Kierkegaard) und intermedialer Darstellungstechniken (aus Film, Fernsehen und Computerwelt). Dank Situationskomik, extensivem Sex und positiver Schlußlösungen bleiben L.s Romane unterhaltsam und lesbar; aufgrund der schematisierten Plotstrukturen stellen sie jedoch vorhersagbare Antworten eines christlich-liberalen Humanisten auf eine radikale anti-humanistische Weltsicht oder auf naturwissenschaftlich mechanistische Erklärungsmodelle dar.

Geprägt von den Nachkriegsjahren und einer katholischen Kindheit, wird L. einerseits zum (inzwischen agnostischen) Chronisten des englischen Katholizismus, v. a. in *The British Museum is Falling Down* (1965; *Adamstag*, 1987) und *How Far Can You Go?* (1980). Gleichzeitig beschreibt er in seinen landeskundlich interessanten *condition-of-England*-Romanen, z. B. in *The Picturegoers* (1960),

Ginger, You're Barmy (1962) und *Out of the Shelter* (1970; *Ins Freie*, 1993), charakteristische Abschnitte des Niedergangs englischer Institutionen, Traditionen und des englischen Selbstwertgefühls – oft im Vergleich zum amerikanischen Kulturraum – in einer Mischung aus Komödienstruktur und ernsthafter Diskussion zentraler Fragen der westlichen Gesellschaft. – Wiederkehrende Themenbereiche sind neben dem Katholizismus die Veränderungen im universitären Leben in *Changing Places* (1975; *Ortswechsel*, 1986), *Small World, Nice Work* (1988; *Saubere Arbeit*, 1992) und *Thinks* (2001; *Denkt*, 2001), die Rolle der Sexualität in einer zunehmend freizügigeren Gesellschaft, das Aufbrechen von Wertmaßstäben und bestehenden Ordnungen, Sinnsuche und Selbstdefinition in einer sich ständig verändernden ›gottlosen‹ Welt. ›Ersatzreligionen‹ wie Hedonismus, Konsum, Sex, Tourismus (*Paradise News*, 1991; *Neueste Paradies Nachrichten*, 1992), alternative Medizin (*Therapy*, 1995; *Therapie*, 1995), die Medien (*Home Truths*, 1999; *Bittere Wahrheiten*, 2000) oder die Kognitionswissenschaften (*Thinks*) führen letztlich zu einer Rückbesinnung auf religiöse und humanistische Werte in einer globalisierten, sinnentleerten Welt.

Literatur: I. Pfandl-Buchegger. *David Lodge als Literaturkritiker, Theoretiker und Romanautor.* Heidelberg 1993. – B. Bergonzi. *David Lodge.* Plymouth 1995.

Ingrid Pfandl-Buchegger

Lodge, Thomas

Geb. 1557/58? in London; gest. 1625 ebd.

Thomas Lodge, Sohn von Sir Thomas Lodge, Bürgermeister der Stadt London im Jahre 1562, absolvierte zunächst ein Studium in Oxford, bevor er 1578 zum Lincoln's Inn (London) wechselte. Zwischen 1586 und 1588 nahm er an einer Kaperfahrt zu den Kanarischen Inseln teil, in den Jahren 1591–93 nach Südamerika. Ein Medizin-Studium schloß er wohl um 1600 bis 1602 in Avignon und Oxford an. Seitdem praktizierte L. als Mediziner, zunächst auf dem Kontinent, wo er nach seiner Konversion zum Katholizismus und speziell nach dem ›Gunpowder Plot‹ (1605) für viele Monate eine zweite Heimat fand, bevor er 1611 endgültig nach England zurückkehrte.

Ein kurzes Pamphlet, *A Defence of Poetry, Music and Stage Plays* (1580), mit dem er auf Stephen Gossons *The School of Abuse* (1579) antwortet, ist L.s erste Veröffentlichung; eine Reihe weiterer primär didaktisch-moralisierender Traktate, horazischer Satiren und Predigten folgen schnell: *An Alarm Against Userers* (1584), *The Lamentable Complaint of Truth over England* (1584), *Catharos* (1591), *The Devil Conjured* (1596) und *Wit's Misery* (1596). Mit seinem in der Tradition Ovids stehenden Versepyllion *Scillae's Metamorphosis* (1589; nachgedruckt als *Glaucus and Scilla*, 1610) wird L. zum Pionier für das in den 1590er Jahren modische erotische Kleinepos. Während der Hochblüte der englischen Sonettkunst veröffentlicht L. einen Sonettzyklus, *Phyllis* (1593), der sich durch eine Reihe kreativer Imitationen von Vorlagen Ronsards und Desportes' auszeichnet. – Die auf seiner ersten Seereise entstandene Prosaromanze *Rosalynde* (1590) ist vor allem bekannt als Quelle für Shakespeares Komödie *As You Like It*, sie ist jedoch zugleich ein wichtiger Beitrag in der Entwicklung des englischen Romans, indem sie die mittelalterliche Pastoraldichtung mit dem rhetorisch durchgeformten Erzähl- und Dialogstil John Lylys, geprägt von geistreichen Antithesen und einer Vielzahl klassischer, insbesondere mythologischer Anspielungen, verknüpft. Drei weitere Prosaromanzen wie auch zwei Dramen L.s sind heute weitgehend vergessen, die Dramen freilich zu Unrecht. Erweist sich das Römerdrama *The Wounds of Civil War* (ca. 1586) in seiner dramatischen Analyse der die römische Republik erschütternden Auseinandersetzungen zwischen Marius und Sulla als ernstzunehmende Warnung des zeitgenössischen Englands vor Zwietracht und Bürgerkrieg, so formuliert das gemeinsam mit Robert Greene in Blankvers und Prosa verfaßte Drama *A Looking Glass for London and England* (gedruckt 1594) seinen moralischen Appell noch deutlicher: Das von einem – nach dem Vorbild von Christopher Marlowes Tamburlaine konzipierten – Tyrannen beherrschte Ninive, ein Sammelbecken der auf allen Ebenen der Gesellschaft herrschenden Laster Unzucht, Wucher, Völlerei, Geiz, Hochmut, Korruption und Gottesverachtung, wird erst im letzten Moment durch eine flammende Rede des – von seinem Wal auf die Bühne gespienen – Propheten Jonas vor dem Zorn Gottes errettet, ein Gnadenerweis, in den sich der Prophet nur widerwillig fügt. – Mit seinem facettenreichen – nahezu alle Gattungen umfassenden – literarischen Werk erscheint L. im Rückblick als einer der letzten englischen Renaissancehumanisten, der es sich zur

Aufgabe gemacht hat, das kulturelle Erbe der Antike der eigenen Zeit zu vermitteln, wie dies auch seine beiden einflußreichen Übersetzungen, *The Famous and Memorable Works of Josephus* (1602) und *The Works of Lucius Annaeus Seneca* (1614), nachdrücklich verdeutlichen.

Werkausgabe: *Complete Works.* 4 Bde. New York 1963 [1883].
Literatur: E. Cuvelier. *Thomas Lodge: Témoin de son temps.* Paris 1984. – J. W. Houppert. »Thomas Lodge.« *The Predecessors of Shakespeare.* Hg. T. P. Logan/D. S. Smith. Lincoln, NE 1973, 153–160.

Uwe Baumann

Lovelace, Earl

Geb. 13. 7. 1935 in Toco, Trinidad

Afrikaner in der Neuen Welt sind nicht versklavt gewesen, hat Earl Lovelace erklärt, denn Sklaverei bedeute, den Mut zum selbstbestimmten Leben aufzugeben und in Passivität zu verfallen. Dagegen bezeuge jede Geste eines eigenen Gestaltungswillens, jede Vision, die über Alltagszwänge hinausweist, wie Menschen sich selbst in akuter Unterdrückung und sozialem Elend ihrer Versklavung widersetzen können. Diesen Nachweis treten L.s Romane, Kurzgeschichten und Bühnenstücke an. Dabei zeichnen sie ein differenziertes und intimes, oft humorvoll pointiertes, immer aber sozialkritisches Bild karibischer Lebenswirklichkeiten, indem sie deren Wandlungen und Brüche in Geschichte und Gegenwart erkunden. – In ländlich-abgeschiedenem Milieu auf Tobago aufgewachsen, kam L. über den Journalismus und weitgehend autodidaktisch zur Literatur und fand bereits bald Anerkennung, die über die Region hinausging. Denn schon die frühen Romane *While Gods Are Falling* (1965) und *The Schoolmaster* (1968) zeigen, wie seine Kunst des Geschichtenerzählens mit scharfer Beobachtungsgabe und Fokussierung auf randständige Gesellschaftsgruppen die großen historischen Entwicklungsprozesse der postkolonialen Welt sichtbar werden läßt und eindringlich nach ihren Konsequenzen fragt.

Dies gilt erst recht für *The Dragon Can't Dance* (1979; *Der Drachentanz*, 1984), einen wegweisenden Klassiker der karibischen Literatur, mit dem L. der internationale Durchbruch gelang. Angesiedelt im Vorstadtslum von Port of Spain, entwirft er ein soziales Panorama Trinidads zur Zeit der Ent-

kolonisierung, um Verlierern wie Gewinnern des Modernisierungsdrucks Stimme und Profil zu geben. Zentraler Handlungs- und Symbolraum ist der trinidadische Karneval, mit dem alljährlich die Erinnerung an die Vergangenheit der Sklaverei und die Kultur des Widerstands neu inszeniert wird, in dem jedoch zunehmend auch neue politische Mächte Einfluß nehmen. Statt eines Taumels allseitiger Vereinigung im Tanz, wovon die Parolen tönen, bietet der Karneval daher für L. die Arena wechselseitiger Konflikte, die entstehen, wenn soziale Rollen auf herkömmliche Masken festgelegt sind und keinen Raum für weitere Visionen lassen. Allerdings zeigen die Episoden und Geschichten, die hier vielstimmig verschränkt werden, zugleich selbst die karnevalisierende Kraft der Tradition, die aus der karibischen Eroberungsgeschichte stammt: Neben dem Standardenglisch nutzt der Text vielfach das trinidadische Kreol und zeigt auch auf diese Weise, daß er der oralen *performance* von Griots und Calypsonians verbunden ist, deren Kunst er konsequent im Medium der Schrift fortführt. – Neben einer Bühnenversion dieses Erfolgsromans (1990) hat L. auch andere Dramen (gesammelt in *Jestina's Calypso and Other Plays*, 1984), Kurzgeschichten (*A Brief Conversion and Other Stories*, 1988) und weitere Romane wie *The Wine of Astonishment* (1982) veröffentlicht. Doch selbst ein so vielschichtiger und historisch weitgespannter Roman wie *Salt* (1996), der am sozialen Gedächtnis der Neuen Welt arbeitet, konnte bislang nicht an dem überragenden Erfolg anknüpfen. Gleichwohl ist L. nicht zuletzt deshalb einer der wichtigsten und populärsten Autoren der anglophonen Karibik, weil er sich – anders als die meisten Vertreter seiner Generation – von vermeintlichen Vorbildern des englischen Kanons kaum beeindruckt oder gar belastet zeigt.

Literatur: K. Ramchand. »Why the Dragon Can't Dance: An Examination of Indian-African Relations in Lovelace's *The Dragon Can't Dance*.« *Journal of West Indian Literature* 2.2 (1988), 1–14.

Tobias Döring

Lowry, [Clarence] Malcolm

Geb. 28. 7. 1909 in Wallasey, Cheshire;
gest. 27. 6. 1957 in Ripe, Sussex

Die Kanadier halten ihn für ihren größten Schriftsteller und widmen ihm ein Periodikum, *Malcolm Lowry Newsletter* (1977 ff.), seit 1984 *Malcolm Lowry Review*; sein englischer Biograph Gordon Bowker nennt ihn »den bedeutendsten Romanautor, den Cambridge je hervorgebracht hat«. Keiner seiner Romane spielt in England, wo er aufwuchs und unter mysteriösen Umständen starb; Hauptschauplatz seiner Werke ist ein Land, in dem er gerade zwei Jahre seines Lebens verbrachte: Mexiko. Ist er, wie viele meinen, ein tragisch-genialer Ein-Buch-Autor, der nach *Under the Volcano* (1947; *Unter dem Vulkan*, 1951) kein Werk mehr abschließen konnte? Oder ist er nicht gerade in dem Fragmentarischen, das erst nach seinem Tod veröffentlicht wurde und das den größeren Teil seines Schaffens umfaßt, der bis in die Gegenwart verkannte, aber, so Bowker, »wichtigste experimentelle Autor unserer Zeit«, der den Kunstbegriff radikal erweiterte und in jedem Menschen einen Dichter sah. Damit begründete er die autobiographische Schreibweise seines Werkes, das er als Kontinuum ansah und zunächst als Trilogie, mit dem *Volcano* als – einzig vollendetem – Mittelstück einer trunkenen Göttlichen Komödie, dann als Septett plante unter dem Titel *The Voyage That Never Ends*. Obwohl die Namen seiner Hauptfiguren wechseln, sind sie allesamt verstrickt in eine dunkle Schuld und ebenso in den schriftstellerischen Prozeß, worin sich auch L. verwoben sah, als sei er selber Fiktion, und die Werke, an denen er oft zeitgleich arbeitete, schrieben ihn selbst.

Zeit seines Lebens war L., der vierte und letzte Sohn eines erfolgreichen Liverpooler Kaufmannes, getrieben von Versagensängsten. Flucht ist sein zentrales Motiv; rastlos sind er und seine Helden unterwegs, wenngleich sich in den fernen, exotischen Ländern v.a. Sprachräume und Seelenlandschaften eröffnen. Nur in der »Bruderschaft des Alkohols«, in der uterusähnlichen Höhle der Cantina, fühlte sich L. für trügerische Augenblicke geborgen. Die katastrophale Persönlichkeitskonstellation wird mit einem hohen Grad an Bewußtheit unnachsichtig und mitunter ironisch analysiert, weshalb manche Rezensenten das Werk L.s,

v.a. den *Volcano* und die meisterhafte Psychiatrie-Erzählung *Lunar Caustic* (1963; *Die letzte Adresse*, 1977), als einen der Trunkenheit abgetrotzten Triumph des Geistes feiern; natürlich ist es mehr. Wie Joyce, mit dem er gewisse Erzähltechniken teilt, war L. ein Mythomane, stets auf der Suche nach Koinzidenzien und geheimnisvollen Zusammenhängen. Am Allerseelentag des Jahres 1936 kamen L. und seine erste Frau, Jan Gabriel, die er drei Jahre zuvor geheiratet hatte, weil sie denselben Namen trug wie die Heldin seines vom väterlichen Freund Conrad Aiken inspirierten Jugend- und Seeromans *Ultramarin* (1933; *Ultramarin*, 1982), nach Mexiko. Die karnevalesken Festlichkeiten zum Tag der Toten vermittelten einen prägenden Eindruck von einem Land, welches drei Kulturen in heiter-melancholischer Gegensätzlichkeit vereint. In Cuernavaca, wohin einst auch der unglückliche Habsburger-Kaiser Maximilian mit seiner Frau geflohen war, mietete das Paar einen Bungalow. L. erkannte, daß diese Landschaft eine großartige Thematik widerspiegelte: die »Stadt des ewigen Frühlings«, der Garten Eden, Schauplatz einer großen, aber schließlich zerstörten Liebe, überragt von der Schönheit der Vulkane Popocat&petl und Ixtacciuhatl, die vor Urzeiten eine Einheit gebildet hatten. Bei seiner Beschäftigung mit der Vergangenheit des Landes stieß L. auf einen gespenstischen Reigen von Betrug und Grausamkeit, dem er bei einem Raubüberfall wiederbegegnete, einem Ereignis, das eine Erzählung initiierte, die sich dann über zehn Fassungen zu *Under the Vulcano* ausweitete. Die Hilflosigkeit der Kreatur gegenüber der barbarischen Gewalt beleuchtete für L. schlagartig die geistige und politische Situation der 1930er und 1940er Jahre. In einer erstaunlich nüchternen Ursachenlehre analysiert er nicht nur das Verhängnis seines Alter ego, des Ex-Konsuls Firmin, sondern, wie er seinem Verleger Jonathan Cape am 2. 1. 1946 in einer einzigartigen Selbstinterpretation seines Romans schrieb, die »allumfassende Trunkenheit der Welt, während des Krieges, [ ] zu allen Zeiten«. Der *Volcano* ist ein Buch der Täuschungen. Seine innere Struktur ähnelt einem Rad, das sich unaufhaltsam auf einen Abgrund zubewegt. Der narrative Zirkel ist offen für ein breites Spektrum von Deutungen. »No se puede vivir sin amar«, schreibt der Konsul mit Goldfarbe an eine Hauswand und weitet derart seine elende Trinkerexistenz zur kosmischen Parabel.

Diese vollendet L. mit Hilfe seiner zweiten

Frau Margerie Bonner im Jahre 1946 und fernab von den zwiespältigen Errungenschaften der Zivilisation in einer Holzhütte vor den Toren Vancouvers. Hier entstehen ferner der unvollendete Roman *October Ferry to Gabriola* (1970; *Oktoberfähre nach Gabriola*, 1981) und Erzählungen, die posthum unter dem Titel *Hear Us O Lord from Heaven Thy Dwelling Place* (1961; *Hör uns, o Herr, der Du im Himmel wohnst*, 1963) erschienen. Gemeinsam ist den Texten der tagebuchähnliche Bewußtseinsstrom, der die existentielle Entfremdung des Menschen und die Macht destruktiver Kräfte reflektiert, eine Thematik, die auch die parallel zum Erzählwerk entstandenen über 500 Gedichte durchzieht. Noch einmal zog es L. nach Mexiko. An den Schauplätzen seiner Dichtung sah er sich jedoch neuerlich von dieser eingeholt. Dem drohenden Selbstverlust entging er, indem er wieder darüber schrieb. In dem 1968 erschienenen Fragment *Dark as the Grave Wherein My Friend is Laid* (*Dunkel wie die Gruft, in der mein Freund begraben liegt*, 1985) versucht L., die Vergangenheit gleichsam ins Grab zu senken und – wenigstens auf dem Papier – der Zukunft ins Auge zu blicken. In *La Mordida* (1996) schildert er die neuerliche Vertreibung aus Mexiko, die seitens der Behörden erfolgte, weil der weltfremde Engländer sich weigerte, die üblichen Bestechungsgelder (spanisch *mordida*) zu bezahlen. Zehn Jahre später wies sich L. selber aus dem Leben. Den tödlichen Trank aus Gin und Tabletten erklärte ein gnädiger Leichenbeschauer zum ›Mißgeschick‹ und sicherte damit dem unheiligen Trinker ein christliches Begräbnis auf dem Dorffriedhof von Ripe. L., der seine Arbeiten mit unzähligen Referenzen an andere Texte, Filme, Sprachen, Klänge und Musikwerke collagierte, regte selbst viele Künstler an – Lyriker, Maler, Hörspiel- und Theaterautoren, etwa Michael Mercer (*Goodnight Disgrace*, 1985) oder Albert Ostermaier (*Zuckersü & Leichenbitter*, 1998) sowie John Huston, der den *Volcano* 1984 verfilmte.

Werkausgaben: *The Collected Poetry*. Hg. K. Scherf. Vancouver 1992. – *Sursum Corda: The Collected Letters*. Hg. S. E. Grace. Bd. 1, London 1995; Bd. 2, Toronto 1997. Literatur: G. Bowker. *Pursued by Furies: A Life of Malcolm Lowry*. Toronto 1993. – A. Höfele. *Malcolm Lowry: Aber der Name des Landes ist Hölle*. München 1988. – H. Hoven. *Malcolm Lowry: Mit Selbstzeugnissen und Bilddokumenten*. Reinbek 1988. – R. Binns. *Malcolm Lowry*. London 1984.

Heribert Hoven

Lydgate, John

Geb. 1371 in Lydgate, Suffolk;
gest. 1449 in Bury St Edmund's, Suffolk

John Lydgate ist einer der produktivsten Dichter des englischen Mittelalters, bedeutend vor allem als Übersetzer und Bearbeiter einflußreicher Texte für seine und die folgende Generation. Der Umfang seines poetischen Werkes beläuft sich auf über 140.000 Verszeilen. Eindrucksvolle Originalität wird man bei ihm wenig finden und kaum etwas von dem lebendigen Witz, dem kreativen Umgang mit der europäischen Tradition und der sprachschöpferischen Vielfalt Chaucers, auf den er sich unentwegt beruft. Er versucht ihn durch überladenen stilistischen Schmuck zu übertreffen, ebenso durch seine beflissene, oft wortreiche Übertragung umfangreicher Werke aus dem Lateinischen und Französischen. – Er verbrachte den größten Teil seines Lebens in der Benediktinerabtei Bury St Edmund's, abgesehen von seiner Studienzeit in Oxford und einigen Jahren im Umfeld des englischen Hofes. Zu seinen frühen Werken gehören allegorische Liebesvisionen in der Nachfolge Chaucers (*The Complaint of the Black Knight, The Temple of Glass*). Im Auftrag des Prince of Wales, des späteren Henry V, verfaßte L. zwischen 1412 und 1420 sein *Troy-Book* in 30.000 Versen auf der Grundlage von Guido della Colonnas weitverbreiteter *Historia destructionis Troiae* (1287), mit dem ausdrücklichen Ziel, den berühmtesten Stoff der klassischen Antike in einer englischen Gesamtfassung vorzulegen, als Beispiel und Vorbild traditionellen Rittertums. L. schmückt nicht nur wortreich die Rhetorik seiner Quelle aus; er fügt zahlreiche Betrachtungen und Klagen über die Unbeständigkeit menschlichen Glücks, das launische Schicksal und die Vergänglichkeit des Ruhms ein und kritisiert seine Vorlage wegen angeblicher Frauenfeindlichkeit, um gleichzeitig gerade diese Tendenz massiv zu unterstreichen. Wenig später verfaßte L. mit *The Siege of Thebes* eine weitere, wesentlich knappere englische Version eines antiken Sagenkreises. Ein besonderer Reiz liegt darin, daß die Geschichte sich als L.s eigener Beitrag zu Chaucers *Canterbury Tales* ausgibt. Als Pilger schließt sich der fiktive Autor dem Zug nach Canterbury an und wird vom Wirt aufgefordert, eine eigene Erzählung beizutragen. Es folgt die Geschichte Thebens von der Gründung durch Cadmus und der Geburt des Ödipus bis zur Zerstörung durch Theseus. Dabei übertrifft er den Umfang der »Knight's Tale«, auf die er anspielt, noch um ein gutes Drittel. So durchsichtig die Fiktion ist, so aufschlußreich ist sie als Beitrag zur Rezeption Chaucers kaum zwei Jahrzehnte nach seinem Tod. – In den folgenden Jahren betätigte L. sich als loyaler Hofdichter der Lancaster-Dynastie, schrieb zahlreiche Gelegenheitswerke, Texte für politische Umzüge (*Mummings*) oder höfische Anlässe. *The Pilgrimage of the Life of Man* (1426–28) ist die Übersetzung von Guillaume Deguilevilles religiöser Allegorie *Pelérinage de la Vie Humaine* (frühes 14. Jahrhundert), deren rund 16.000 Zeilen L. auf fast 25.000 erweiterte. Sein umfangreichstes Werk, *The Fall of Princes*, entstanden zwischen 1431 und 1438, ist die stark erweiterte Fassung einer französischen Prosaversion von Boccaccios *De casibus virorum illustrium*. Das Werk war als eine Form von biographischem Kompendium weit verbreitet. Nach seinem Tod wurde L. in einem Atem mit Chaucer und John Gower genannt; in der späteren Rezeption verblaßte jedoch sein Ruhm.

Werkausgabe: *Poems*. Hg. J. Norton-Smith. Oxford 1966. Literatur: D. Pearsall. *John Lydgate*. London 1970. – W. F. Schirmer. *John Lydgate: Ein Kulturbild aus dem 15. Jahrhundert*. Tübingen 1952.

Dieter Mehl

Lyly, John

Geb. 1554 (oder 1552) in Kent;
gest. 30. 11. 1606 in London

Gegensätze kennzeichnen John Lylys Leben und Werk. So suchte der Enkel des Humanisten William Lily, akademische Gelehrsamkeit (M. A. in Oxford 1575) mit politischem Einfluß zu verbinden. L. war zwar einer der erfolgreichsten Schriftsteller seiner Zeit, doch noch zu Lebzeiten kam er aus der Mode. *Euphues: The Anatomy of Wit* (1578, 30 Auflagen bis 1636) machte L. berühmt. Vor allem der hochartifizielle, nach seinem Titelhelden *euphuism* genannte Stil, der für L.s gesamtes Werk charakteristisch bleiben sollte, fand bald zahlreiche Nachahmer. In einer Art Choreographie der Worte werden Parallelismus und Antithese sowie die Figuren des Isokolon, Parison und Paromoion (gleichlange, ähnlich strukturierte oder klingende Wortgruppen) miteinander verknüpft. Ganze Reihen von Vergleichen, häufig aus

dem Bereich der Natur, bringen das Prinzip der *concordia discors* zum Ausdruck. *Euphues* (›der Wohlbegabte‹) ist eine Moralerzählung, die das Motiv des Verlorenen Sohnes variiert. Der Protagonist kommt aus Athen (Oxford) nach Neapel (London), wo er durch bittere Erfahrung lernt, daß bloße Verstandesbegabung (*wit*) zur Weisheit geläutert werden muß: Er täuscht seinen Freund Philautus, um dessen Geliebte Lucilla für sich zu gewinnen, von der schließlich beide getäuscht werden. Die Fortsetzung, *Euphues and His England* (1580), zeigt ein positiveres Bild der Frau; die Hauptfigur ist jetzt Philautus, der den Weg zur Ehe findet. Ein Vorläufer des englischen Romans ist *Euphues* eher aufgrund seiner sozialen Funktion (z. B. richtet sich der zweite Teil an eine weibliche Leserschaft) als etwa aufgrund der Charakterdarstellung. *Euphues* trägt Züge der akademischen Disputation; L. selbst bezeichnete sein Werk als »Pamphlet«.

Traditionelle Formen der Debatte kennzeichnen auch L.s dramatisches Werk, das von 1583 an entstand, als L. u. a. zusammen mit dem Earl of Oxford, dessen Sekretär er war, Teilhaber des ersten Blackfriars-Theaters wurde, in dem Knabentruppen für ein gebildetes Publikum spielten. Seine ersten Erfolge waren *Campaspe* (um 1584; *Campaspe*, 1890) und *Sapho and Phao* (1584), die beide auch bei Hofe aufgeführt wurden; nach Schließung des Blackfriars-Theaters folgten (mit den Knaben von St. Paul's) *Galathea* (1587), die dem Lob der Königin dienende Komödie *Endimion* (1588) und *Midas* (1590). Aus der gleichen Zeit stammen *Love's Metamorphosis* (gedruckt 1601) und *Mother Bombie* (gedruckt 1594); L.s letztes Stück ist *The Woman in the Moon* (gedruckt 1597). Das Prinzip von Parallele und Kontrast zeigt sich in L.s Komödien nicht nur im Stil, sondern z. B. auch in der Interaktion von Göttern und Menschen und der Spiegelung von Handlungsmustern. Diese Technik macht es schwer, L.s »labyrinth of conceits« (*Sapho and Phao*) auf eindeutige Aussagen festzulegen. Sie bot Anregungen für Shakespeare, der L.s Stil nicht nur persiflierte, sondern auch in unironischer Weise verwandte. Mit der Schließung des Theaters der Children of Paul's um 1590 verlor L. die Hoffnung auf das Hofamt des Master of the Revels. Von seiner literarischen Kunst zeugten zuletzt nur noch die verzweifelt-geistreichen Eingaben bei der Königin, mit denen er versuchte, der Vergessenheit wie der Verschuldung zu entgehen.

Werkausgaben: *The Complete Works of John Lyly*. Hg. R. W. Bond. 3 Bde. Oxford 1902. – *The Plays of John Lyly*. Hg. C. A. Daniel. Lewisburg 1988. Literatur: M. Pincombe. *The Plays of John Lyly: Eros and Eliza*. Manchester 1996. – G. K. Hunter. *John Lyly: The Humanist as Courtier*. London 1962.

Matthias Bauer

Macaulay, Catharine

Geb. 2. 4. 1731 in Wye, Kent;
gest. 22. 6. 1791 in Binfield, Berkshire

Catharine Macaulay war in jeder Hinsicht eine ›Ausnahmefrau‹: Sie meldete sich als politische Pamphletistin zu Wort, schrieb eine in Großbritannien wie in Nordamerika hochgeschätzte Geschichte Englands, verfaßte philosophische Schriften sowie Erziehungswerke und trat für die Rechte von Frauen ein. Gleichzeitig ist sie aber auch ein Symbol des gegen Ende des 18. Jahrhunderts wachsenden Ansehens von Frauen, denn trotz ihrer ›unweiblichen‹ intellektuellen und politischen Tätigkeiten wurde M. als herausragende Persönlichkeit so sehr geschätzt, daß sogar der damalige amerikanische Präsident George Washington stolz darauf war, sie auf seinem Landsitz Mount Vernon zu seinen Gästen zählen zu dürfen. Washingtons Stolz kam nicht von ungefähr, begrüßte er mit M. doch die angesehenste Historikerin seiner Zeit, der es – wie der spätere Präsident Thomas Jefferson meinte – als einziger gelungen war, eine auf radikalen Prinzipien gründende Geschichte Englands zu verfassen, die ein ›Gegengift‹ für die populäre konservative Geschichte David Humes bereitstellte. M. rechtfertigte republikanische Prinzipien aber nicht nur in ihrer *History of England from the Accession of James I to that of the Brunswick Line* (8 Bde., 1763–83), sondern auch in zahlreichen Pamphleten, mit denen sie zu allen bedeutenden politischen Streitfragen ihrer Zeit Stellung nahm. Sie kritisierte das autoritäre Gebaren von Krone und Parlament in den späten 1760er Jahren, rechtfertigte den Widerstand der amerikanischen Kolonien gegenüber dem britischen Mutterland und war eine dezidierte Befürworterin der Französischen Revolution. Dabei geriet sie mehrfach in Opposition zu dem wesentlich gemäßigteren Edmund Burke, der einem Freund anvertraute, daß er aus dem radikalen Lager allein die spitze Feder M.s fürchte.

In ihrer Erziehungsschrift *Letters on Education* (1790) kritisierte M., daß Frauen in der damaligen Gesellschaft ihre ›natural rights‹ verloren hätten, denn sie hatten keinerlei politische Rechte, und Ehefrauen konnten weder Eigentum besitzen noch Verträge schließen oder gegen ihren Mann vor Gericht aussagen. Durch eine adäquate Erziehung junger Frauen wollte M. diesen Zuständen Abhilfe schaffen. Mädchen sollten die gleiche Bildung erhalten wie Jungen und ebenso wie diese zur Unabhängigkeit erzogen werden; zudem sollten sich auch Frauen nicht kritiklos Autoritäten unterwerfen, sondern selbständig urteilen und damit die Voraussetzung für die verantwortliche Ausübung politischer Rechte erlangen. – Daß sogar M.s Erziehungsschrift trotz ihrer radikalen Positionen positiv aufgenommen wurde, liegt u. a. an dem hohen Ansehen, das sie insbesondere durch ihre Geschichtsschreibung erworben hatte. Obgleich ihr Ruf in Großbritannien schwer darunter litt, daß sie in zweiter Ehe mit William Graham einen mittellosen Arztgehilfen geheiratet hatte, der überdies 26 Jahre jünger war als sie, wurden ihre herausragenden intellektuellen Fähigkeiten weiterhin anerkannt. – Langfristiger Ruhm war M. dennoch nicht vergönnt. Sogar ihre Auffassungen über die Rechte der Frau, die Mary Wollstonecraft wenig später weitgehend übernahm, wurden im nachhinein nicht M., sondern Wollstonecraft zugeschrieben. Nach ihrem Tod geriet M. auch deshalb schnell in Vergessenheit, weil Radikale nach der Französischen Revolution in Großbritannien ebenso suspekt erschienen wie intellektuelle Frauen.

Literatur: V. Nünning. *A Revolution in Sentiments, Manners and Moral Opinions: Catharine Macaulay und die politische Kultur des englischen Radikalismus, 1760–1790*. Heidelberg 1998. – B. Hill. *The Republican Virago: The Life and Times of Catharine Macaulay, Historian*. Oxford 1992.

Vera Nünning

Macaulay, [Emilie] Rose

Geb. 1. 8. 1881 in Rugby, Warwickshire;
gest. 30. 10. 1958 in London

In der britischen Romanliteratur der Jahre 1910–58 ist die gebildete, heiter-skeptische, bald spöttelnde, bald zweifelnde, leicht ins Plaudern kommende, gelegentlich ins Dozieren abdriftende Stimme Rose Macaulays eine konstante Größe. Es ist die selbstkritische Stimme eines liberal-intelligenten Englands, das vielerorts 1914 zu Grabe getragen wurde, uns aber in M. noch bis zu weiteren Götterdämmerungen begleiten durfte. – Selten sollten die Schauplätze der Kindheit für das spätere Schaffen einer Autorin so aussagekräftig sein. Die in streng anglikanische Kreise an der renommierten Rugby School hineingeborene M. – beide Eltern des neunköpfigen Clans entstammten Pfarrerfamilien – verbrachte die Jahre 1887–94 turbulent-ungehemmt im italienischen Küstenort Varazze, um dann zurück ins altehrwürdig-zerebrale Oxbridge befördert zu werden. Zeit ihres Lebens bewegte sich die hochaufgeschossene, leicht burschikose, weitgereiste, dem Männlich-Britischen eher mißtrauisch gegenüberstehende, für das Schrullige des Menschen aber stets aufgeschlossene Somerville College-Absolventin moralisch wie geographisch, kirchlich wie weltanschaulich zwischen diesen Polen. – Auch literarisch ist M. Grenzgängerin. Sie schreibt Romane, die auf dem Wege zum Essay oder Reisebericht gerade noch innehalten, bzw. Reiseliteratur, die immer wieder ins Literarische aufbricht. Nach drei eher düsteren Jugendromanen gelingt ihr mit dem philosophierenden *The Lee Shore* (1912) der Durchbruch. Mitten im Ersten Weltkrieg erscheint der mutig pazifistische Roman *Non-Combatants and Others* (1916). Auf *Potterism: A Tragi-farcical Tract* (1920), eine Satire auf die Machenschaften der Regenbogenpresse, folgen die humorvolle, mit dem Viktorianischen und Anglikanischen abrechnende Familienchronik *Told By an Idiot* (1923), *Orphan Island* (1924), ein bissiger, sozialkritischer Beitrag zur Robinsonade, sowie *Crewe Train* (1926; *Irrwege*, 1928), eine Sichtung des Londoner Gesellschaftslebens, in dem die mittlerweile bestsellerträchtige M. verkehrt. Das Zepter des hellsichtigen Satirikers gibt sie aber an den mit größerer Häme und Drastik auftrumpfenden Evelyn Waugh weiter. Statt dessen erscheint mit *They Were Defeated* (1932) ein bemerkenswerter, in archaisierender Sprache gehaltener historischer Roman über die Besiegten des britischen Bürgerkriegs, worauf eine Wende zum Essayistischen folgt. Erst nach dem Zweiten Weltkrieg, in dem sie ihre Bibliothek sowie alle Entwürfe im Londoner *blitz* verliert, charaktertreu aber als Krankenwagenfahrerin arbeitet und auch Portugal bereist, nimmt sie das Erzählen wieder auf. Mit *The World My Wilderness* (1950), halb englisch-modern, halb französisch-existentialistisch, und *The Towers of Trebizond* (1956),

halb Glaubensroman, halb Levant-Reisebericht, legt sie zwei urcharakteristische Werke der literarischen wie weltanschaulichen Spätlese vor. – M. teilt mit der literarischen Moderne manche Position, nicht aber den Formwillen, mit ihrem großen Historiker-Vorfahren das geschichtliche Interesse, nicht aber den Fortschrittsglauben. Immer wieder kreisen ihre Werke um Macht und Ohnmacht der Zivilisation, die sie bereits 1916 als »zerschelltes Schiff, das auf bitteren Fluten einer öden Küste entgegentreibt«, beschrieb.

Literatur: M. Crosland. *Beyond the Lighthouse: English Women Novelists in the Twentieth Century*. London 1981. – C. Babington Smith. *Rose Macaulay: A Biography*. London 1972.

Richard Humphrey

Macaulay, Thomas Babington [Baron of Rothley]

Geb. 25. 10. 1800 in Rothley Temple, Leicestershire; gest. 28. 12. 1859 in London

Thomas Babington Macaulay gehört zweifellos zu den herausragenden Persönlichkeiten der englischsprachigen Historiographiegeschichte, verdient aber auch als Essayist und gelegentlicher Dichter Beachtung. In seinem umfangreichen politischen Engagement prägte M. nachhaltig die Politik der Whig-Partei seiner Zeit wie auch die Wahrnehmung der komplexen politischen Kulturlandschaft der viktorianischen Zeit in der Rezeption des 20. Jahrhunderts. – Aufgewachsen in gutbürgerlicher, evangelikaler Umgebung im Süden Londons (sein Vater Zachary war leidenschaftlicher Kämpfer gegen die Sklaverei), entwickelte M. schon früh ein starkes Interesse an historischen und literarischen Themen. Bereits im Kindesalter schrieb er erste Gedichte und verfaßte ein Geschichtskompendium. – Ab 1818 studierte er am Trinity College in Cambridge und begann, sich bereits durch zahlreiche Essays in wichtigen Zeitschriften, u. a. der *Edinburgh Review*, einen Namen zu machen. Insbesondere seine Artikel zu bedeutenden Persönlichkeiten Englands wie Milton (1825) oder Byron (1831) erregten die Aufmerksamkeit u. a. Lord Lansdownes, durch dessen Einfluß M. 1830 für die Whigs ins Parlament gewählt wurde. Als *Member of Parliament* setzte M. sich leidenschaftlich für die *Reform Bill* (1831/32) ein. 1834 wurde er Mitglied im Supreme Council of India, ein Posten, der zu einem vierjährigen Aufenthalt in Indien führte. Sein Engagement v. a. in rechts- und bildungspolitischen Fragen hinterließ ein bis heute nachwirkendes und sehr widersprüchliches Bild. Während er in ersterem Anliegen wegen seiner liberalen Gesinnung (Pressefreiheit, juristische Gleichstellung der britischen und indischen Bevölkerung) angefeindet wurde, vertrat er in seiner notorischen »Minute on Indian Education« (2. 2. 1835) einen extremen Kulturimperialismus; seine Ablehnung einer ›orientalischen‹ zugunsten einer anglozentrischen Bildungsinitiative in Indien spiegelt seine Überzeugung von der absoluten Überlegenheit europäischer und insbesondere angelsächsischer Kultur. 1838 nach England zurückgekehrt, wurde M. wiederum ins Parlament gewählt, widmete sich nun aber auch verstärkt der Literatur. Neben der Gedichtsammlung *Lays of Ancient Rome* (1842) war es v. a. seine monumentale *History of England* (1848–61; *Die Geschichte Englands seit dem Regierungsantritte Jakobs II.*, 1850–61), der seine Arbeit jener Jahre galt. Durch sie wurde er für lange Zeit zum meistgelesenen und berühmtesten Historiker Großbritanniens. Hatte der Hugenotte Paul Rapin de Thoyras in seiner Geschichte Englands (1724–36) eine Version geliefert, die an den Grundwerten der im Zuge der *Glorious Revolution* von 1688 und den Folgejahren aufgestiegenen Whig-Partei orientiert war, wurde Rapins statische Geschichtskonzeption von David Humes überlegener, weil dynamisch am Fortschritt ausgerichteter *History of England* (1754–62) im Sinne der gegnerischen Torys überholt. Erst M. gelang es nun, Humes progressive Geschichtsphilosophie für die Whig-Seite umzudeuten und fruchtbar zu machen. Diese »Whig Interpretation« der englischen Geschichte bestimmte fortan den Konsens britischer Historiographie bis weit in das 20. Jahrundert hinein

Werkausgabe: *The Works.* 12 Bde. London 1898.
Literatur: J. Clive. *Macaulay: The Shaping of the Historian.* London 1973. – J. Millgate. *Macaulay.* London 1973. – H. Butterfield. *The Whig Interpretation of History.* London 1931.

Klaus Stierstorfer

MacCaig, Norman [Alexander]

Geb. 14. 11. 1910 in Edinburgh;
gest. 23. 1. 1996 ebd.

»[M]y mind observed to me, / or I to it, how ordinary / extraordinary things are or // how extraordinary ordinary / things are, like the nature of the mind / and the process of observing.« Diese Zeilen aus »An Ordinary Day« (*Surroundings*, 1966) enthalten in nuce bereits die zentralen Themen und Charakteristika der Lyrik Norman MacCaigs. Sowohl das genaue Beobachten der Umwelt als auch das Gewahrwerden der Einzigartigkeit vermeintlich trivialer Dinge des Alltags kennzeichnen sein Werk. Die gemachten Beobachtungen, die zu ›snapshots‹, zu lyrischen Momentaufnahmen, verdichtet werden, dienen dabei oftmals nicht nur als Ausgangspunkt für Reflexionen über das menschliche Selbst oder die Rolle des Dichters. Sie sollen darüber hinaus dem Leser eine neue, unverstellte Sicht auf Altbekanntes ermöglichen und dazu ermuntern, hinter die Fassade konventioneller Vorstellungen und stereotyper Bedeutungen zu blicken. M. verstand seine Gedichte als ›celebrations‹, als Feiern des Unprätentiösen und Unspektakulären, wobei ihm seine Weigerung, sich künstlerisch mit tagespolitisch aktuellen Problemen auseinanderzusetzen, häufig harsche Kritik einbrachte. Sein Freund, der Lyriker Hugh MacDiarmid, bezeichnete ihn als dezidiert »apolitical or anti-political«, und M. selbst betonte, daß er das Gros politischer Lyrik als »versified propaganda« ohne jeden künstlerischen Wert rigoros ablehne. Im Zentrum seines Werkes stehen daher nicht so sehr abstrakte gesellschaftliche Fragestellungen als vielmehr allgemein-menschliche Themen wie Tod, Verlust, Liebe und Erinnerung. Als zentraler *locus* seiner Lyrik fungiert hauptsächlich Assynt, eine Gegend im Nordwesten Schottlands, wo M. regelmäßig die Sommermonate verbrachte und die Bilder und Eindrücke sammelte, die er seinen Gedichten zugrunde legte.

Als maßgebliche literarische Einflüsse auf sein Werk gelten John Donne und Wallace Stevens. M.s Fähigkeit, die Umwelt in lyrischen Bildern wahrzunehmen, wurde von ihm, der sich als »sieben-achtel Gäle« bezeichnete, jedoch auf seine gälische Mutter zurückgeführt, die Englisch nur als Fremdsprache beherrschte. Nach seinem Griechisch- und Lateinstudium war M. als Grundschullehrer in

Edinburgh und später als Universitätsdozent im schottischen Stirling tätig. Während des Zweiten Weltkrieges mußte er 93 Tage im Gefängnis verbringen, nachdem er als überzeugter Pazifist den Kriegsdienst verweigert hatte. 1943 erschien mit *Far Cry* sein Erstlingswerk, gefolgt von *The Inward Eye* (1946). Beide stehen noch ganz im Zeichen der surreal-hermetischen Bildlichkeit der *new apocalypse*, einer Gegenbewegung zur sozial engagierten Lyrik der 1930er Jahre. Später distanzierte sich M. aber von seinem Frühwerk als »incomprehensible rubbish« und schloß es aus den *Collected Poems* (1985, erweitert 1990) aus. Es folgte der »long haul towards lucidity« (»weite Weg zur Klarheit«), aus dem 1955 die Sammlung *Riding Lights* hervorging, die sich durch größere formale und bildliche Präzision auszeichnet. Als weiteren wichtigen Wendepunkt in seinem Werk sah M. ferner den Band *Surroundings* an, der erstmals eine freie Versgestaltung aufweist. Obschon M. mit seinen insgesamt 16 Gedichtbänden zu den bekanntesten schottischen Lyrikern des 20. Jahrhunderts zählt und seine Werke zahlreiche Preise erhielten, steht die Rezeption seines – uvres außerhalb Schottlands bislang noch am Anfang, was sich nicht zuletzt auch im Mangel an deutschen Übersetzungen zeigt.

Werkausgabe: *Collected Poems*. London 1990 [1985]. Literatur: I. Murray, Hg. *Scottish Writers Talking*. East Linton 1996. – A. Degott-Reinhardt. *Norman MacCaigs lyrisches Werk*. Frankfurt a. M. 1994.

Jens Zwernemann

MacDiarmid, Hugh [Christopher Murray Grieve]

Geb. 11. 8. 1892 in Langholm, Dumfriesshire; gest. 9. 9. 1978 in Biggar, Lanarkshire

Hugh MacDiarmid, der 1892 als Christopher Murray Grieve geboren wurde und sich 1922 mit der Veröffentlichung seiner ersten Gedichte in Lowland Scots (›Lallans‹) den adäquaten Namen zulegte, tat sich als Journalist, Essayist, Politiker, besonders aber als schottisch-nationalistischer Dichter hervor. Sein Name ist untrennbar mit dem kulturellen und literarischen Aufbruch im Schottland der frühen 1920er Jahre verbunden, seine Herausgebertätigkeit für verschiedene kurzlebige

schottische Zeitschriften (u. a. *Scottish Chapbook*) zwischen 1920 und 1924 markiert gleichsam den Beginn der *Scottish Renaissance*. Für die nächsten 20 Jahre war es M.s Hauptanliegen, der schottischen Literatur einen Platz in Europa zu sichern. Ohne eine Befreiung aus der kulturellen und politischen Umklammerung Englands, ohne ein spirituelles Erwachen, ohne ein Bewußtsein von den linguistischen und kulturellen Potentialen Schottlands war eine Erneuerung der schottischen Literatur und Kultur für M. undenkbar. Das schloß auch ein Ende des romantisch-verfälschenden Robert-Burns-Kults und eine Besinnung auf die Dichtung der mittelalterlichen schottischen *makars* ein. M. glaubte an die suggestive Kraft der Sprache, die nicht nur das Denken bestimmt, sondern qua Semantik und Phonetik auf die psychologische Tiefenstruktur des schottischen Lesers wirkt und in ihm Bilder evoziert, die dem Englischen mit seiner anderen Struktur und kulturellen Tradition nicht gelingen kann. Um diesen Effekt zu erreichen, konstruiert M. ein synthetisches Schottisch. Die Gedichtbände *Sangschaw* (1925) und *Penny Wheep* (1926) stehen dafür exemplarisch; *A Drunk Man Looks at the Thistle* (1926), das als das wichtigste Gedicht in schottischer Sprache im 20. Jahrhundert und ein herausragendes Werk der literarischen Moderne schlechthin gilt, verbindet zudem eine schottische mit einer europäischen und metaphysischen Dimension. *First Hymn to Lenin and Other Poems* (1931), *Scots Unbound and Other Poems* (1932) und *Second Hymn to Lenin and Other Poems* (1935) stehen am Anfang von M.s politischer Dichtung, sie sind aber auch die ersten Sequenzen eines geplanten, nie abgeschlossenen Lyrikprojektes auf autobiographischer Basis. Mit *Stony Limits and Other Poems* (1934) wechselt der Dichter ein weiteres Mal sein künstlerisches Programm (»poetry of fact«).

In seiner Autobiographie *Lucky Poet: A Self-Study in Literature and Political Ideas* (1943) hat er zum zentralen Stellenwert der keltischen Kultur für Schottland Stellung bezogen. In ihr und im wissenschaftlichen Kommunismus sah er eine Grundlage für den Zusammenschluß der keltischen Nationen Europas gegen die englische Vorherrschaft. Doch letzten Endes war sein politisches Interesse ästhetisch begründet.

Werkausgabe: *The Complete Poems: 1920–1976*. Hg. M. Grieve. 2 Bde. London 1978.

Literatur: A. Bold. *MacDiarmid: The Terrible Crystal.* London 1983. – P. H. Scott, Hg. *The Age of MacDiarmid: Hugh MacDiarmid and His Influence on Contemporary Scotland.* Edinburgh 1980. – K. Buthlay. *Hugh MacDiarmid.* Edinburgh 1964.

Uwe Zagratzki

MacDonald, George

Geb. 10. 12. 1824 in Huntly, Grampian;
gest. 18. 9. 1905 in Ashtead, Surrey

Der Schriftsteller, Prediger und Freund so prominenter Viktorianer wie John Ruskin und Lewis Carroll ist erst im letzten Drittel des 20. Jahrhunderts als einer der Väter der englischsprachigen *fantasy fiction* wiederentdeckt worden. George MacDonald hätte diese Renaissance gewiß Genugtuung bereitet, denn seine Märchen lagen ihm am Herzen und flossen ihm leicht aus der Feder, während er die gut 20 realistischen Romane, auf denen sein literarischer Erfolg bei seinen zeitgenössischen Lesern beruhte, eher mit Mühe hervorbrachte. Mit ihrem schottischen Lokalkolorit, ihren Liebeshandlungen und Elementen des Schauerromans und des theologischen Ideenromans trafen sie den Geschmack der Zeit, nicht aber der Nachwelt. – Als M.s erster Fantasy-Roman erschien, war sein Autor kein ganz junger Mann mehr. Hinter ihm lagen eine kalvinistische Erziehung in der schottischen Kleinstadt Huntly, ein naturwissenschaftliches Studium in Aberdeen, ein Theologiestudium in London, die Übernahme einer Pastorenstelle im südenglischen Arundel, die Gründung einer Familie, der Verlust der Pastorenstelle wegen heretischer Ansichten und ein Umzug nach Manchester. Im folgenden lebte M. vorwiegend in London sowie (wegen eines Lungenleidens) in Italien und ernährte seine vielköpfige Familie außer durch sein Schreiben durch verschiedene Lehrtätigkeiten.

Mit *Phantastes: A Faerie Romance for Men and Women* (1858; *Phantastes: Eine märchenhafte Geschichte*, 1982) wußten M.s Zeitgenossen nicht viel anzufangen. Es handelt sich um einen phantastischen Bildungsroman, in dem sich erotische, kunsttheoretische und religiöse Themen überlagern; der Einfluß von Novalis (den M. im Original gelesen hatte) ist unverkennbar. Ein Pendant dazu verfaßte M. erst gegen Ende seines Lebens. *Lilith* (1895; *Lilith*, 1979) ist ebenfalls als Bildungsroman deutbar, wobei nun aber religiöse Themen deutlich

dominieren, aber auch satirische Elemente erkennbar sind. Dazwischen schrieb M. immer wieder Märchen für Kinder – bzw., wie M. selbst beteuerte, »for the childlike«, also für alle, die sich ein kindliches Gemüt bewahrt haben. Eine Sammlung der zunächst versprengt veröffentlichten Märchen erschien 1867 unter dem Titel *Dealings with the Fairies.* Das Thema der persönlichen Reifung, bei der archetypischen Frauengestalten eine Schlüsselfunktion zukommt, steht auch in M.s Märchen und längeren Kinderbüchern im Zentrum. In *At the Back of the North Wind* (1871; *Hinter dem Nordwind*, 1981) ist die geheimnisvolle, vielgestaltige weibliche Verkörperung des Nordwinds und der destruktiven Naturgewalten für die kindliche Hauptfigur zugleich mütterliche Beschützerin, Mentorin und Führerin ins Jenseits; in *The Princess and the Goblin* (1872; *Die Prinzessin und die Kobolde*, 1974) und dem Folgeband *The Princess and Curdie* (1883; *Die Prinzessin und Curdie*, 1997) leitet eine nicht minder geheimnisvollzauberhafte »Großmutter« die beiden Protagonisten, die Prinzessin Irene und den Bergmannssohn Curdie, in ihrem Kampf gegen subversive Kobolde und korrupte Hofschranzen. Wie die meisten Geschichten M.s sind auch diese vielfältig deutbar, als politische und religiöse Parabeln ebenso wie als Gleichnisse der Persönlichkeitsbildung.

Literatur: R. McGillis, Hg. *For the Childlike: George MacDonald's Fantasies for Children.* Metuchen 1992. – W. Raeper. *George MacDonald.* Tring 1987. – R. L. Wolff. *The Golden Key: A Study of the Fiction of George MacDonald.* New Haven 1961.

Dieter Petzold

Mackenzie, Henry

Geb. 26. 8. 1745 in Edinburgh;
gest. 14. 1. 1831 ebd.

Der Romancier, Dramatiker, Versdichter und Herausgeber (und Mitautor) zweier moralischer Wochenschriften war ein weit über die Grenzen Schottlands hinaus einflußreicher Pionier der europäischen Vorromantik. Er bewunderte und förderte die Lyrik von Robert Burns, und sowohl seine schottischen Kunstballaden als auch seine empfindsamen Romane beeinflußten zutiefst Sir Walter Scott, der ihm seit 1814 seine historischen *Waverley*-Romane widmete. – Das klassizismusrenitente Schottland als Wiege der europäischen

Vorromantik pflegte Exzentrizität, Unregelmäßigkeit, Phantastik, ›primitive‹ Literatur, Rebellion wider das englische Establishment und Vernunftzweifel durch die ganze Aufklärungszeit hindurch als Entwurf eigener ›wilder‹ Identität. Hier fiel Shaftesburys Plädoyer für vorrationale Empfindsamkeit (1711) auf besonders fruchtbaren Boden und begründete eine bedeutende Philosophenschule, die »Moral Sense School«, der Francis Hutcheson, Adam Smith, David Hume und Adam Ferguson angehörten. Henry Mackenzies Romanhelden sind typische irrationale *men of feeling*, deren Sensibilität die Grenze zwischen männlichen und weiblichen Stereotypen verwischt. Unangepaßte Originale und Individualisten, Toren in den Augen der Welt, werden sie in tragischer Weise Opfer der Vernunfttyrannei, gegen die M. die Leser mobilisiert. Mitleid mit, nicht Furcht vor ihrem Schicksal bestimmt die tragische Katharsis. Sie ersetzten die komischen Helden und Heldinnen klassizistischer Machart, deren Torheiten am Maßstab allgemeinverbindlicher Vernunft (»[common] sense«) gemessen und durch Preisgabe an die Lächerlichkeit satirisch gegeißelt wurden. Beispielhaft dafür ist Harley, empfindsamer Held von M.s erstem Roman, *The Man of Feeling* (1771; *Der Mann von Gefühl*, 1774), der einflußreichsten aller *sentimental novels*. Harleys mangelnde Weltklugheit und folgliche Betrügbarkeit, sein Mitleid mit Irren und Besuch von Irrenhäusern, sein Beharren auf dem Primat der Liebe vor Stand und Vermögen in der Herzenswahl der reichen Erbin Miss Walton, seine kindlich primitive, unerschütterliche Benevolenz klagen die falsche Ordnung der Welt an, nicht die Torheit des unvernünftigen Menschen, und bereiten die Ideologie der Französischen Revolution vor. Die emotional stark involvierten Leser werden durch Harleys schließlichen Tod an gebrochenem Herzen wider den Ständestaat mobilisiert. Auch die fragmentarische Form des Romans, in Verbindung mit einer Manuskriptfiktion, ordnet ihn der Vorromantik zu. Harley vergleichbar ist die Heldin von M.s Briefroman *Julia de Roubigné* (1777; *Julie von Roubigné*, 1778). Julias Liebe zu Savillon, einem nicht ihrem Stand angehörenden edlen Jüngling, bricht ihr Herz, da ihre Eltern sie in eine vernünftige Standesehe (»marriage of rank and riches«) mit M. de Montauban geben wollen. Vorlage war, einschließlich des Namens und des ›romantischen Dreiecks‹, Rousseaus *Julie, ou La nouvelle Héloïse* (1761), Nachfolge Goethes *Die Leiden des jungen Werthers*

(1774). Der romantische Herzensgeliebte ist ›werter‹ als der Standesgatte; »libert& &galit& fraternit&« erscheinen unausgesprochen als Gegenentwurf zum Ständestaat.

Werkausgabe: *The Works of Henry Mackenzie*. Hg. S. Manning. London 1996.
Literatur: R. Lessenich. *Aspects of English Preromanticism*. Köln/Wien 1989. – M. Gassenmeier. *Der Typus des Man of Feeling: Studien zum sentimentalen Roman des 18. Jahrhunderts in England*. Tübingen 1972. – J. R. Foster. *History of the Pre-Romantic Novel in England*. New York/London 1949. – H. W. Thompson. *A Scottish Man of Feeling: Some Account of Henry Mackenzie*. London/New York 1931.

Rolf Lessenich

MacLaverty, Bernard
Geb. 14. 9. 1942 in Belfast

Es lohne sich nicht, für Irland ein einziges Leben zu opfern, kommentierte Bernard MacLaverty einmal zur Situation in Nordirland. Von dieser Erkenntnis sind die Protagonisten seiner Romane *Lamb* (1980), *Cal* (1983; *Cal*, 1984) und *Grace Notes* (1997; *Annas Lied*, 1999) getrieben. Der Autor selbst bezeichnet *Lamb*, in dem ein junger Geistlicher ein Kind umbringt, um ihm eine trostlose Zukunft zu ersparen, als eine Metapher für die Bereitschaft vieler Iren, aus Patriotismus zu töten. M., der 1974 das terrorgebeutelte Belfast verließ und seitdem in Schottland lebt, beschreibt auch in seinen Kurzgeschichtensammlungen *Secrets and Other Stories* (1977; *Geheimnisse*, 1990), *A Time to Dance and Other Stories* (1982; *Tanzen hat seine Zeit*, 1992), *The Great Profundo* (1987) und *Walking the Dog* (1994; *Mit dem Hund vor der Tür*, 1996) meistens individuelle Lebensausschnitte vor dem Hintergrund der sozialen Strukturen, Alltagsgegebenheiten und Konflikte in Nordirland. Seine detailreichen Beobachtungen von zwischenmenschlichen Beziehungen, Erlebnissen und Gefühlen der Figuren vermitteln in einem schnörkellos realistischen Stil einen subtilen, unsentimentalen Kommentar zur Situation Nordirlands. – Die Balance zwischen Individualität und überwiegend negativ konnotierten Institutionen ist ein wiederkehrendes Thema. So halten etwa in der Titelgeschichte »Walking the Dog« Terroristen einen Mann beim Spaziergang fest, und als es ihnen nicht gelingt, ihn als Katholiken oder Protestanten zu identifizieren, lassen sie ihn frustriert wieder gehen. Oft gelingt M.s Figuren aber nur eine innere Flucht in alternative Welten der Musik, Malerei oder Literatur, die als Metaphern für ihre Situation angelegt sind. Je mehr sie versuchen, sich von dem Konflikt zu lösen, desto stärker ecken sie an dominanten Institutionen an, sei es die katholische Kirche in *Lamb*, die IRA in *Cal* oder die patriarchalische Familie in *Grace Notes*. Diese Institutionen zwingen sie schließlich zu Handlungen, die ihren Grundsätzen widersprechen. Die Kritik hat M. allerdings vorgeworfen, die negativen Kontrastfiguren und Vertreter repressiver Institutionen in *Lamb* und *Cal*, der drakonische Bruder Benedict und der IRA-Führer Skeffington, seien zugunsten der Handlung einseitig negativ konstruiert und dadurch unglaubwürdig. – Besonders M.s Kurzgeschichten zeichnen sich durch Ironie und »stoischen Humor« (Christian J. Ganter) bei der Darstellung trostloser Alltagssituationen aus. Mit dieser Art Humor sowie mit der Thematisierung der katholischen Erziehung, Familienspannungen oder Fluchtbedürfnisse in einer einengenden Gesellschaft steht M. in der Tradition der anglo-irischen Literatur. – M. ist vielfach mit Literaturpreisen gewürdigt worden. Er schrieb selbst die Drehbücher für die erfolgreichen Kinoadaptionen von *Cal* und *Lamb* sowie für die Fernsehverfilmungen einiger seiner Kurzgeschichten. M.s vierter Roman, *The Anatomy School* (2001), ist ein autobiographisch orientierter Entwicklungsroman, der an seine Gymnasialzeit in Belfast während der 1950er Jahre anknüpft.

Literatur: C. J. Ganter. *Hoffnung wider die Hoffnungslosigkeit: Das Irlandbild im Erzählwerk Bernard MacLavertys*. Frankfurt a. M. 1999. – S. Watt. »The Politics of Bernard MacLaverty's *Cal*.« *Eire-Ireland* 28.3 (1993), 130–146.

Franziska Mosthaf

MacLennan, Hugh

Geb. 20. 3. 1907 in Glace Bay, Nova Scotia, Kanada; gest. 7. 11. 1990 in Montreal

Hugh MacLennan ist der erste, auch einem breiten Lesepublikum in den USA und Europa bekannt gewordene kanadische Schriftsteller. Seine Popularität gründet auf einem umfangreichen erzählerischen – œuvre, das nach dem aufsehenerregenden Frühwerk *Barometer Rising* (1941; *Rückkehr zu Penelope*, 1963) die preisgekrönten Romane *Two Solitudes* (1945), *The Precipice* (1948) und *The Watch That Ends the Night* (1959; *Die Nacht der Versöhnung*, 1959) sowie *Each Man's Son* (1951), *Return of the Sphinx* (1967; *Unruhiger Sommer*, 1968) und *Voices in Time* (1980) umfaßt. Außerdem hat sich M. durch die ebenfalls preisgekrönten Bände *Cross Country* (1949) und *Thirty and Three* (1955) einen Namen als bedeutender Essayist gemacht. – Nach dem Studium der klassischen Philologie (Oxford, Princeton) und anfänglichen Mißerfolgen als Lyriker etabliert sich M. gleich mit seinem ersten Roman als ein Autor, der sich zeitgenössischer kanadischer Sujets annimmt und seine Themen in einem klar erkennbaren kanadischen Kontext ansiedelt (man denke auch an die Landschaftsbeschreibungen in *Seven Rivers of Canada*, 1961). In *Barometer Rising* gibt M. ein detailliertes Porträt der Hafenstadt Halifax während des Ersten Weltkriegs mit dem Ziel, das heimische Publikum sich seiner eigenen Lebenswelt und die internationale Leserschaft Kanadas gewahr werden zu lassen. Oberflächlich als Romanze konzipiert, verleiht der allegorische Charakter dem Text zugleich eine gesellschaftliche Dimension. Das Werk markiert eine bedeutende Wende in der kanadischen Erzählliteratur zugunsten einer kulturpolitisch motivierten Traditions- und Mythenbildung, die von M. in seinen frühen Essays auch theoretisch begründet wird. Noch deutlicher kommt diese zeittypische nationalliterarische Ausrichtung in *Two Solitudes* zur Geltung, dessen programmatischer, Rainer Maria Rilke entlehnter Titel auf den folgenreichsten Aspekt der sozialen Entwicklung Kanadas verweist: die Spaltung in einen englisch- und französischsprachigen Bevölkerungsteil. M. plädiert für ein geeintes Kanada, zeigt sich dabei allerdings von der anglo-protestantischen Perspektive des Historikers Donald Creighton und dessen Studie *Dominion of the North* (1944) zu sehr beeinflußt, um der sozialen Wirklichkeit gerecht zu werden und über eine romantisierende Schilderung hinauszukommen, die auch die frankophone Bevölkerung adäquat erfassen bzw. die multikulturelle Wirklichkeit Kanadas berücksichtigen würde. Beide Romane reflektieren ein für M.s gesamtes Werk charakteristisches didaktisches Kunstverständnis, das der Literatur eine moralische Funktion zuerkennt. Zugleich dokumentieren sie M.s Absage an narrative Experimente und belegen seine Vorliebe für realistische Beschreibungskonventionen und auktoriale Erzählpositionen. – M. bleibt dieser Darstellungsweise auch in seinen übrigen Romanen treu, die sich u. a. mit dem puritanischen Alltag in einer Kleinstadt Ontarios, der Lebenswelt einer Bergarbeiterkommune in Cape Breton oder der Stillen Revolution in Quebec befassen. M., der von 1951–81 an der McGill University gelehrt hat, gilt als wichtiger Vorreiter der kanadischen Gegenwartsliteratur. Seine Werke sind in zahlreiche Sprachen übersetzt worden.

Literatur: M. Tierney, Hg. *Hugh MacLennan.* Ottawa 1994. – E. Cameron. *Hugh MacLennan: A Writer's Life.* Toronto 1981. – P. Goetsch, Hg. *Hugh MacLennan.* Toronto 1973.

Wolfgang Kloo

MacNeice, [Frederick] Louis

Geb. 12. 9. 1907 in Belfast;
gest. 3. 9. 1963 in London

Louis MacNeice war in den 1930er Jahren einer der führenden Repräsentanten des Dichterzirkels um W. H. Auden (dem auch Stephen Spender und Cecil Day Lewis angehörten), und wie Auden verknüpft M. in seiner technisch ausgefeilten Lyrik moderne Welterfahrung mit politischem Verantwortungsgefühl. Formal an klassischen Mustern orientiert, verwendet M. häufig lange impressionistische Sequenzen, in denen er konkrete Sinneseindrücke aneinanderreiht, audiovisuelle Wahrnehmungen in den Vordergrund rückt, Assonanzen und interne Reime betont und dabei auf abstrakte Spekulationen weitgehend verzichtet. Obwohl keiner spezifischen Weltanschauung exklusiv verpflichtet, greift M.s Dichtung in den 1930er Jahren oft soziale Mißstände und zeitgenössische politische Anliegen auf; dabei sind seine detailreichen Bilder städtischer Landschaften, sein ausgeprägtes Sensorium für sozialen Pluralismus und das zeittypische Interesse am technologischen Fortschritt besonders charakteristisch. – Nach eigener Einschätzung überwiegen in seiner frühen Lyrik noch individuelle Erfahrungsmomente wie Angst, Einsamkeit und Monotonie; *Autumn Journal* (1939) dagegen ist das poetische Dokument der Bewußtseinslage einer ganzen Epoche: eine Art lyrisch-didaktisches Tagebuch über die scheinbar unvermeidlich auf den Weltkrieg zusteuernde politische und moralische Krise im Herbst 1938 (gleichzeitig der ›Herbst‹ der 1930er Jahre) sowie die intellektuelle und emotionale Reaktion auf diese Krise aus der Sicht des hilflos dem Sog des Zeitgeschehens ausgelieferten Individuums. Spätere Gedichtbände, in denen M. immer häufiger mit mythischen Stoffen und metaphysischen Parabeln experimentiert, reichen an die Aktualität und poetische Dichte von *Autumn Journal* nicht mehr heran, überzeugen aber weiterhin durch sprachliche und gedankliche Prägnanz. – Nach mehreren Jahren als Universitätsdozent in Birmingham und London arbeitet M. 1941–61 für die BBC und verfaßt bis zu seinem Tod neben Gedichten auch zahlreiche Hörspiele (*The Dark Tower*, 1946). Als Lyriker konnte sich M. nur langsam aus dem Schatten Audens befreien; spätestens die postume Publikation seiner gesammelten Gedichte etablierte ihn aber endgültig als eigenständige lyrische Stimme. Zu einem Wandel in der kritischen Wertschätzung von M. hat in letzter Zeit u. a. das Interesse an seinem Werk auf seiten einer jüngeren Generation nordirischer Lyriker beigetragen (Seamus Heaney, Derek Mahon, Paul Muldoon), die M.s zwiespältige Haltung zu Irland – das er als nordirischer Protestant sowohl verabscheute wie als zentralen bewußtseinsprägenden Einfluß anerkannte – als historisch repräsentative Erfahrung kultureller Ambivalenz deuten. M. gilt heute als einer der wichtigsten irischen Dichter des 20. Jahrhunderts.

Werkausgaben: *Collected Poems.* Hg. E. R. Dodds. London 1966. – *Selected Poems.* Hg. M. Longley. London 1988.
Literatur: J. Stallworthy. *Louis MacNeice.* London 1995. – P. McDonald. *Louis MacNeice: The Poet in His Contexts.* Oxford 1991. – E. Longley. *Louis MacNeice: A Study.* London 1988.

Bernhard Klein

Macpherson, James

Geb. 27. 10. 1736 in Ruthven, Invernessshire;
gest. 17. 2. 1796 in Belville, Invernessshire

James Macpherson ist neben Thomas Chatterton der bedeutendste literarische Fälscher des 18. Jahrhunderts. Er gab seine ossianischen Dichtungen als Übersetzungen alter keltischer epischer Gesänge aus. Um seine Dichtungen zu verstehen, sind persönliche und spezifisch schottische Bedingungsfaktoren zu berücksichtigen. Er war ein Bauernsohn, der an den Universitäten von Aberdeen und Edinburgh studierte und sich zum Dichter berufen fühlte. 1758 veröffentlichte er *The Highlander*, eine heroische Versdichtung in sechs Gesängen. M.s frühe Gedichte, die im *Scots Magazine* erschienen, nehmen die elegische Stimmung des Ossian teilweise schon vorweg. Das in der Zeit gewachsene Interesse an gälischer Dichtung und der Einfluß des schottischen Dramatikers John Home mögen M. dazu motiviert haben, 1759 sein erstes Ossian-Fragment, »The Death of Oscar«, vorzulegen. 1760 gab er, ermutigt durch den Rhetorikprofessor Hugh Blair, die *Fragments of Ancient Poetry, Collected in the Highlands of Scotland, and Translated from the Galic or Erse Language* heraus. Diese Texte erregten große Neugier und suggerierten die Existenz eines gälischen Epos. Daraufhin reiste M. durch Schottland und sammelte Material für seine nächste Veröffentlichung, *Fingal, an Ancient Epic Poem* (1762), in der er das von vielen erhoffte schottische Nationalepos – verfaßt von dem blinden Sänger Ossian, dem Sohn von Finn (Fingal), in einer Frühphase der schottischen Geschichte – in seiner Übersetzung präsentierte. In seiner Einleitung behauptete M. die Überlegenheit dieses keltischen Epos gegenüber dem griechischen Epos. Im Jahr darauf brachte er einen weiteren Text heraus, *Temora, an Ancient Epic Poem* (1763). Diese Werke waren eine Sensation, nicht nur in Schottland, sondern in ganz Europa, und wurden bald auch übersetzt. Blair fand in ihnen »all the essential requisites of a true and regular epic«. Seine wärmsten Befürworter hatte M. auf dem Kontinent, u.a. in Schiller und Goethe, der in *Die Leiden des jungen Werther* (1774) ein längeres Stück des Ossian übersetzte und seinen Protagonisten sagen ließ: »Ossian hat in meinem Herzen den Homer verdrängt.« Auf den britischen Inseln gab es sehr bald scharfe Kritiker, allen voran Samuel Johnson, der nicht viel für die Schotten übrig hatte. Die Iren reagierten feindselig, weil sie glaubten, M. habe Helden der irischen Frühgeschichte für die schottische Dichtung usurpiert. Ossian war zum Politikum geworden. Nach M.s Tod wurde eine Kommission eingesetzt, die den Sachverhalt aufklären sollte. Das 1805 vorgelegte Ergebnis war, daß M. gälisches Material über die sagenhaften keltischen Figuren Fingal und Ossian benutzte, aber viel Eigenes hinzufügte. Ein Epos aus dem dritten Jahrhundert oder späterer Zeit fand er jedenfalls nicht. Sicher ist, daß M. ein Manuskript vom Beginn des 16. Jahrhunderts benutzte, das

Book of the Dean of Lismore, das Balladen enthält, die um den irischen Helden Fionn kreisen und in denen mehrfach der greise Ois&an, der Sohn Fionns, als Erzähler auftritt. Unabhängig von der Echtheitsfrage müssen die ossianischen Dichtungen als ein bedeutendes Werk lyrisch-rhythmischer Prosa gelten, das sich in seiner suggestiven archaischen Sprache an die Syntax und den Stil der Balladen und an die Psalmendichtung und das Hohelied der Bibel anlehnt und das mit seiner elegischen und melancholischen Grundstimmung den Nerv der Zeit im Sentimentalismus traf.

Werkausgabe: *The Poems of Ossian*. Hg. M. Laing. Edinburgh 1971 [1805].
Literatur: P.J. deGategno. *James Macpherson*. Boston 1989.

Wolfgang G. Müller

Mahon, Derek

Geb. 23. 11. 1941 in Belfast

Derek Mahons bittere poetische Anklagen gegen eine apathische und geschichtsvergessene Gegenwart haben ihren Ursprung im protestantisch-kleinbürgerlichen Milieu Nordirlands der 1950er Jahre, in dem M. aufwuchs und das er nach eigenem Bekunden als soziale und »kulturelle Wüste« erfahren hat. Für M. ergaben sich erst mit Philip Hobsbaums Lesezirkel *The Group* an der Belfaster Universität in den 1960er Jahren – dem u.a. auch Seamus Heaney angehörte – neue literarische Perspektiven in Nordirland. Wiederkehrende Motive in M.s Lyrik beschreiben die Erfahrung kultureller Entwurzelung und sozialer Verödung. Schon der erste Gedichtband *Night-Crossing* (1968) ist typisch für M.s charakteristisch urbanen Ton, der ihn zum »un«-irischsten Dichter seiner Generation macht: eine elegische Weltläufigkeit, die sich in Momenten metaphysischer Sehnsucht, apokalyptischen Zerfallsszenarien und chiliastischen Zukunftsvisionen artikuliert. Anders als etwa für Heaney spielen ländliche Themen und Motive für M. nur eine untergeordnete Rolle, dagegen konkretisiert sich M.s Bewußtsein für die Gebrochenheit moderner Identität häufig in Bildern städtischer Entfremdung, die den Verlust sozialer und kultureller Zugehörigkeit thematisieren. So karikiert M. beispielsweise im Titelgedicht seines zweiten Bandes, *Lives* (1972), Heaneys *bog poems* und setzt deren Gewißheit, die Gegenwart durch den sinnstiftenden Rückgriff auf die Geschichte erträglicher machen zu können, ein Bild der Vergangenheit als inkohärente Sequenz atomisierter Lebensentwürfe entgegen. – In *The Snow Party* (1975) wendet sich M. deutlicher als zuvor dem politischen Konflikt in seiner nordirischen Heimat zu und stellt mit neuer Dringlichkeit die Frage nach dem Sinn ästhetischer Formschönheit in einer moralisch verarmten, erkalteten Welt. Das abschließende Gedicht des Bandes, »A Disused Shed in Co. Wexford«, ist eine bewegende Elegie über die vergessenen Opfer menschlicher Gewaltherrschaft. *The Hunt by Night* (1982) thematisiert u. a. die Figur des Künstlers als Stifter symbolischer Ordnung, stellt aber auch die Frage nach der ästhetischen Verschleierung von Barbarei und Zerstörung. Trotz inhaltlicher Bedeutungsschwere und tiefgründiger metaphysischer Spekulation beeindruckt M.s Dichtung durch ironische Leichtigkeit im Ton, Präzision in der Formulierung und stilistische Eleganz. Der anspielungsreiche, oft verschlüsselte Rekurs auf Personen, Stoffe und Motive der Weltliteratur ist für M. ebenso charakteristisch wie der Dialog mit anderen, insbesondere visuellen Medien. Die zentralen Anliegen seiner Dichtung finden ihre Fortsetzung in den jüngsten, in Amerika entstandenen Bänden *The Hudson Letter* (1995) und *The Yellow Book* (1997). M. ist auch als erfolgreicher Drehbuchautor, Rezensent und Journalist (*Journalism: Selected Prose*, 1996), Übersetzer (v. a. aus dem Französischen) und Herausgeber zweier Lyrikanthologien hervorgetreten.

Werkausgabe: *Collected Poems*. Oldcastle, Meath 1999. Literatur: »Derek Mahon Special Number.« *Irish University Review* 24.1 (1994). – H. Haughton. »Place and Displacement in the Poetry of Derek Mahon.« *The Chosen Ground: Essays on the Contemporary Poetry of Northern Ireland*. Hg. N. Corcoran. Bridgend, Glam. 1992, 87–122. – S. Deane. *Celtic Revivals*. London 1985, 156–165.

Bernhard Klein

Malory, Sir Thomas

Geb. 1415? in Warwickshire;
gest. 12. 3. 1471 in Monk's Kirby, ebd.

Nur wenige Werke der mittelenglischen Literatur haben sich neben Geoffrey Chaucer über die Jahrhunderte hinweg einer solch großen Popularität erfreut wie Sir Thomas Malorys *Morte Darthur*

(*Die Geschichten von König Artus und den Rittern der Tafelrund*, 1977). Dies zeigt sich u. a. an der Vielzahl der (meist modernisierten) Adaptationen und Nacherzählungen bis hin zum Kinder- und Jugendbuch. Mit dieser umfangreichen Prosafassung des arthurischen Stoffes hat M. am Ausgang des Mittelalters die Artusliteratur des englischen Spätmittelalters in einer einheitlichen Form, die um die Biographie Arthurs angeordnet ist, zusammengefaßt und für die Neuzeit überliefert. – Der Autor ist nach dem heutigen Stand der Forschung höchstwahrscheinlich Sir Thomas Malory of Newbold Revel in Warwickshire. M.s Familie gehörte zum niederen Adel der *gentry*. Nach dem Tod des Vaters 1434 erbt M. den Landbesitz. Seit 1441 ist er Ritter und politisch aktiv, z. B. als Parlamentsmitglied für Warwickshire. Ab 1450 zeichnet sich das Bild eines bewegten Lebens in den turbulenten Zeiten der Rosenkriege ab: M. wird wegen mehrerer Überfälle sowie wegen Körperverletzung, Diebstahl, Erpressung und Vergewaltigung angeklagt (aber nie endgültig verurteilt) und verbringt ab 1452 einige Jahre im Gefängnis. Nach einer Zeit in Freiheit befindet er sich 1469/70 als »a knyght presoner« wieder im Gefängnis, wo er auch sein Werk verfaßt hat, bevor er in Freiheit stirbt. – M.s Prosawerk *Le Morte Darthur* ist in der Tradition der mittelalterlichen, spezifisch englischen Ausgestaltung des Artusstoffes im Grenzbereich zwischen Geschichte und Legende zu sehen, wie sie durch Geoffrey of Monmouth (ca. 1136) in lateinischer Prosa begründet wurde. Dementsprechend ist die gesellschaftliche Bedeutung des *Morte Darthur* im Kontext der mittelalterlichen Konstrukte nationaler Identität und politischer Legitimierung zu suchen. – Zentrale Themen der M.-Forschung sind die Zuordnung von Biographie und Werk, M.s Quellen im Spannungsfeld von französischen Vorlagen (Vulgata-Zyklus) und englischen Artustexten (alliterativer/strophischer *Morte Darthur*), M. s. Verständnis des Rittertums einschließlich der religiösen Dimension (Gralssuche), sein Frauenbild angesichts von Ehebruch (Guinevere, Isolde) und Intrige (›Morgan, die Fee‹) wie seine Distanz zur höfischen Liebe. Das Buch wird v. a. unter dem Aspekt der Entwicklung einer englischen weltlichen Prosa gewürdigt. – Von besonderer Bedeutung ist die komplexe Editionsgeschichte des Werkes, die eng mit seiner Rezeptionsgeschichte verbunden ist. Nachdem M. ca. 1469/70 den *Morte Darthur* abgeschlossen hatte, wurde das Werk schon 1485 von William Caxton gedruckt und in dieser Fassung bis ins 19. Jahrhundert überliefert. Erst 1934 wurde durch den Fund des »Winchester-Manuskripts« (ca. 1470–80), ein detaillierter Vergleich von Druck und Manuskript möglich. Dieser zeigt das Ausmaß der Veränderungen, die Caxton als Herausgeber in der Textpräsentation über eine neue Einteilung in 21 Bücher mit 506 Kapiteln, durch Eingriffe in den Text und das Auslassen der autobiographisch geprägten Kolophone vorgenommen hatte. Mit der kritischen Edition des Winchester-Manuskripts von Eugène Vinaver (1947) sind neue Impulse in die M.-Forschung gekommen, wozu v. a. die Frage nach der Einheit des Werks im Sinne vom M.s Konzeption des »hoole booke« gegenüber Vinavers These von einer Sammlung acht separater Geschichten zählt.

Werkausgaben: Le Morte D'Arthur. Hg. J. Cowen. 2 Bde. Harmondsworth 1969 [Caxton]. – The Works of Sir Thomas Malory. Hg. E. Vinaver. 3 Bde. Oxford 1990 [1947]. – Die Geschichten von König Artus und den Rittern seiner Tafelrunde. Frankfurt a. M. 1977. Literatur: E. Archibald/A.S.G. Edwards, Hgg. A Companion to Malory. Cambridge 1996. – P.J.C. Field. The Life and Times of Sir Thomas Malory. Cambridge 1993.

Gabriele Müller-Oberhäuser

Malouf, David [George Joseph]

Geb. 20. 3. 1934 in Brisbane, Australien

David Malouf, Sohn libanesischer und englischer Eltern, studierte und unterrichtete in den 1950er Jahren an der University of Queensland in Brisbane und ging in den 1960er Jahren für längere Zeit nach England, wo er als Gymnasiallehrer tätig war. Wieder in Australien, war er Anglistik-Dozent an der Universität Sydney (1968–77). Seitdem lebt er abwechselnd in Australien und der Toskana. Für sein literarisches Werk erhielt er zahlreiche Preise und Ehrungen.

In seinem Debütroman *Johnno* (1975) schildert M. unter Verarbeitung autobiographischer Erfahrungen den Werdegang des Erzählers »Dante«, eines 30jährigen Mannes, der als Schüler und Student mit dem verlogenen und rauflustigen wie romantischen und eindrucksvollen Johnno befreundet war. Dantes triste Alltagsexistenz in Brisbane und als Lehrer in Nordengland kontrastiert mit Johnnos Leben an exotischen Orten (dem Kongo, Paris, Athen, dem Hinterland Australiens). Der Erzähler kann weder das rätselhafte Lebensziel Johnnos noch seinen Zerfall bis zum Selbstmord verstehen, begreift schließlich aber doch, daß er auf der Suche nach alternativen Identitäten und der Vielfalt menschlicher Möglichkeiten war. Grundsätzlich interessiert sich M. für die Möglichkeit einer anderen Realität. Er läßt seine Figuren ihr Schicksal im detaillierten Hier und Jetzt erfahren, stattet sie aber mit einer Empfindsamkeit dafür aus, daß dies allein durch die eigene Subjektivität mit Leben erfüllt wird. Diese Anverwandlung der alltäglichen Außenwelt erfolgt kraft der menschlichen Phantasie in der Sprache, dem Denken und Handeln. In dem Roman *Harland's Half Acre* (1984; *Verspieltes Land*, 1989) verwirklicht er die Landschaften seines Lebens in Form eines ›halben Ackers‹ von Gemälden; in *Fly Away Peter* (1982) fixiert Jim Saddler das Wesen einer Sumpfgegend in seinen Beschreibungen. In der autobiographischen Skizzensammlung *12 Edmonstone Street* (1985), die über das Verhältnis zwischen kulturgeographischer Zugehörigkeit und Selbstwahrnehmung reflektiert, werden die Lebensrhythmen von M.s Eltern und Verwandten durch kunstvoll angeordnete Pflegerituale bestimmt. Die Zufallsordnung dieser Welt bildet ein Hauptthema in M.s Erzählwerk: Dazu gehören nicht zuletzt die Zufälligkeiten der Migrantenschicksale. Wo Wahlmöglichkeiten bestehen, spielen Willkür wie Zwanghaftigkeit eine Rolle. In der Novellensammlung *Child's Play, with Eustace and the Prowler* (1982) wählen Figuren Opfer aus, die zugleich an ihrer Opferrolle mitwirken. Der poetisch-meditative Roman *An Imaginary Life* (1978; *Das Wolfskind*, 1987) befaßt sich mit dem an die Peripherie des Römischen Reichs verbannten Dichter Ovid. Aus seiner Welt kultivierter Urbanität herausgerissen, wird Ovid in der Gestalt eines verwilderten, stummen Kindes aus einer Barbarenregion mit unzivilisierter Primitivität konfrontiert. Seiner lateinischen Sprache beraubt, bringt der als Dichter verstummte Ovid dem Kind eine neue Sprache – Gotisch – bei. Dadurch schafft er selber einen Neubeginn und trägt seinen Teil zu einer neuen Phase der Weltgeschichte bei. Die Konstellation zeigt eine deutliche Parallele zur ›antipodischen‹ Tradition Australiens.

M.s Interesse für Ovid wird zugleich von seiner eigenen Dichtkunst genährt. Sein lyrisches Werk ist in folgenden Sammlungen erschienen: *Four Poets* (1962), *Bicycle and Other Poems* (1970; Neuauflage 1979 als *The Year of the Foxes and Other Poems*), *Neighbours in a Thicket* (1974), *Poems 1975–76* (1976), *Selected Poems* (1980), *Wild Lemons* (1980), *First Things Last* (1980) und *Poems 1959–89* (1992). Für M.s Dichtkunst sind die gleichen Merkmale charakteristisch wie für seine Romane und Kurzgeschichten: ein distanziert-urbaner Duktus, eine eindringliche, konkrete Bildlichkeit, die Demonstration des in der Gegenwart fortwirkenden Vergangenen, die Rolle der Sprache als Vermittlungsinstanz zwischen Wandel und Kontinuität, Individuum und Weltganzem. – In seinen Kurzgeschichten steuert M. motivisch und methodisch einen Mittelkurs zwischen seinen Gedichten und seinen Romanen. Von seinen in *Antipodes* (1985; *Südlicher Himmel*, 1999), *Untold Tales* (1999) und *Dream Stuff* (2000) zusammengestellten Erzählungen besitzen die Texte in *Antipodes* die größte thematische Kohärenz. Die Geschichten sind ›antipodisch‹, insofern sie sich zwischen den Welten Europas und Australiens bewegen, um zunächst Generationen und Kulturen aufeinanderprallen zu lassen, dann aber Möglichkeiten der Überwindung solcher Gegensätze anzudeuten: Während die weißen Australier europäisches Erbe auf den fünften Kontinent verpflanzen, sehen sie zwangsläufig Europa von den Antipoden aus mit ganz anderen Augen. Die daraus resultierenden oszillierenden Wechselbeziehungen erlauben Australiern ein neues Identitätspotential. – Wenn historische Determinanten hier ihre Rolle spielen, trifft dies noch mehr für die jüngeren Romane M.s zu. Der mehrfach preisgekrönte Roman *The Great World* (1990; *Die gro e Welt*, 1991) dreht sich um das Schicksal von zwei Soldaten, die während des Zweiten Weltkriegs in einem japanischen Gefangenenlager interniert sind, ihre Werdegang, ihre Konflikte, ihr Verhältnis zu Australien und seinen Mythen. Darüber hinaus wird ein Panorama von 70 Jahren australischer Geschichte entworfen, das Fragen historischer Wahrheit aufwirft. *Remembering Babylon* (1993; *Jenseits von Babylon*, 1996) schildert das Leben eines weißen Jungen, der im 19. Jahrhundert unter die Aborigines gerät und von ihnen aufgezogen wird, danach in die ›Zivilisation‹ der weithin feindseligen europäischen Siedlergemeinschaft gelangt und lernen muß, mit seinem zwiespältigen Bewußtsein zurechtzukommen. Schauplatz von *The Conversations at Curlow Creek* (1996; *Die Nachtwache am Curlow Creek*, 1997) ist ein *Outback*-Gefängnis während einer Nacht im Jahre 1827, in der ein Sträfling vor seiner Hinrichtung wegen der Teilnahme an einem Aufstand verhört wird. Die Gesprächspartner, die die Vergangenheit aufrollen, sind beide Iren, der Offizier jedoch hat ein privilegiertes Leben genossen, während der Sträfling nur Elend gekannt hat. Fragen der Freiheit/Unterdrückung, des Guten/Bösen in einer ungerechten Welt bleiben letztlich ungeklärt, als der Sträfling entkommt und der Offizier verschwindet, wohl um als *bushranger* neu anzufangen. Der legendenumwobenen Geschichte Australiens entsprechend durchsetzt M. seinen Roman mit intertextuellen Anspielungen: Dazu gehört der legendäre Ludwig Leichhardt, der schon Patrick Whites *Voss* (1957) inspirierte, aber auch die sprachliche Textur, die etwa an Volksballaden erinnert (die Haupthandlung knüpft lose an der Historienballade »The Wild Colonial Boy« an). Wie viele zeitgenössische Romanciers Australiens bringt M. die Vergangenheit der Kolonialgeschichte ans Licht. – Neben seinem narrativen und lyrischen Werk hat M. auch ein Theaterstück (*Blood Relations*, 1988) und Opernlibretti verfaßt sowie Anthologien herausgegeben. Seine subtilen, kenntnisreichen Ansichten zur Literatur finden sich in *New Currents in Australian Writing* (1978) und *A Spirit of Play: The Making of Australian Consciousness* (1998).

Literatur: I. Indyk. *David Malouf*. Melbourne 1993. – K. Hansson. *Sheer Edge: Aspects of Identity in David Malouf's Writing*. Lund 1991. – P. Neilsen. *Imagined Lives: A Study of David Malouf*. St. Lucia 1990.

Gordon Collier

Mandeville, Bernard

Geb. 1670 in Rotterdam;
gest. 21. 1. 1733 in London

Über Bernard de Mandeville, den kontroversen Dichter und Gesellschaftskritiker des frühen 18. Jahrhunderts, sind nur wenige biographische Informationen bekannt. Aufgewachsen in Rotterdam als Sohn eines Arztes, studierte er ab 1685 in Leyden Medizin und Philosophie. 1691 promovierte er über Nerven- und Magenleiden, die »hypochondriack and hysterick passions«. Um seine Sprachkenntnisse zu verbessern reiste M. kurze Zeit später nach England; er blieb in London, ließ sich dort als Arzt nieder, verkürzte seinen Namen zu Bernard Mandeville, heiratete 1699, hatte zwei Kinder und wurde Mitglied der Londoner Gesellschaft. M. hatte beruflichen Kontakt zu dem führenden Mediziner seiner Zeit, Sir Hans Sloane; auch seine Freundschaft mit dem Lordkanzler ist mehrfach dokumentiert. Benjamin Franklin, der M. während seines Englandaufenthalts begegnete, war von dessen einnehmendem und unterhaltsamem Wesen höchst angetan. – M.s literarische Texte, die ab 1703 entstanden und in England veröffentlicht wurden, sind mehrheitlich wenig geschliffene Übersetzungen und Nachdichtungen von Fabeln im Stil La Fontaines und Äsops. Er versuchte sich dann an poetisch umgeformten Betrachtungen zu Gesellschaft, Religion und Politik und veröffentlichte 1705 *The Grumbling Hive: or, Knaves Turn'd Honest*, ein holpriges Gedicht in Knittelversen. Aber erst mit der erheblich erweiterten Fassung, zu der er Prosakommentare hinzugefügt hatte und die unter dem Titel *The Fable of the Bees, or Private Vices, Public Benefits* (1724; *Die Bienenfabel, oder Private Laster, öffentliche Vorteile*, 1968) erschien, hatte M. durchschlagenden Erfolg. Der polemische Text löste eine heftige Debatte über die Natur von Mensch und Gesellschaft aus und machte M. zu einer kontroversen Figur des öffentlichen Lebens. Sein Name wurde in einem Atemzug mit Machiavelli genannt, M. selbst als »man-devil« apostrophiert. Die vehemente Reaktion auf dieses Gedicht verdeutlicht, daß M. eine empfindliche Stelle im Selbstverständnis des 18. Jahrhunderts getroffen hatte. Seine Darstellung des Menschen als egoistisch und im Grunde antigesellschaftlich im Hobbesschen Sinne steht in deutlichem Gegensatz zu dem durch Shaftesbury geprägten Bild des Menschen als gesellschaftsfähigem Wesen mit ausgeprägtem Interesse am Wohl des Mitmenschen. Nach M. sind es private Laster, die der Gesellschaft wirtschaftlichen Erfolg garantieren, denn erst wer die Mitmenschen zu übervorteilen versteht, hat Erfolg und trägt zu Prosperität und Stabilität der Gesellschaft bei. Die ausführlichen Erweiterungen, die M. in den folgenden Jahren in neue Auflagen seiner Bienenfabel aufnahm, sind Rechtfertigungen und Ergänzungen in Prosa. Hierbei tritt sein Anliegen zu Tage, das Gedicht als satirische Auseinandersetzung mit dem moralphilosophischen Diskurs der Zeit zu lesen. M. starb 1733 in London; sein heutiger Bekanntheitsgrad gründet sich ausschließlich auf die Bienenfabel.

Literatur: H.-G. Schmitz. *Das Mandeville-Dilemma: Untersuchungen zum Verhältnis von Politik und Moral*. Köln 1997. – M. M. Goldsmith. *Private Vices, Public Benefits: Bernard Mandeville's Social and Political Thought*. Cambridge 1985. – D. H. Monro. *The Ambivalence of Bernard Mandeville*. Oxford 1975.

Thomas Rommel

Mandeville, Sir John

[Fiktiver Autor: England, 14. Jahrhundert]

Eigentlich gehört Sir John Mandeville nicht in ein Autorenlexikon zur englischsprachigen Literatur: Einerseits, weil der angebliche Autor bloße Fiktion ist (der wirkliche läßt sich nicht mit letzter Sicherheit ermitteln), und andererseits, weil das auf dem Kontinent um 1356 entstandene *Les Voyages d'Outre Mer* ursprünglich auf Französisch verfaßt wurde, um bald in viele europäische Sprachen, darunter auch ins Englische, übersetzt zu werden. Fiktiv wie ihr Autor sind auch die Reisen, deren Schilderung wir heute vor allem unter dem Titel *The Travels of Sir John Mandeville* (älteste Handschrift um 1375) kennen. Der Bericht schöpft aus einer Fülle zeitgenössischer Reisebeschreibungen sowie geographischer, historischer und enzyklopädischer Quellen und wurde dem angeblich in St. Albans geborenen englischen Ritter M. zugeschrieben, der im Jahre 1322 in die Ferne gezogen sein und lange in den Diensten des ägyptischen Sultans gestanden haben soll. Das Buch zerfällt in zwei Teile: eine für Pilger gedachte Darstellung des östlichen Mittelmeerraums, vor allem der Heiligen Stätten, und eine Beschreibung der Länder, die östlich davon liegen – bis nach China und zum Reich des Priesterkönigs Johannes. Der Erzähler mischt Fakten und Legenden – so erwähnt er die Kopflosen, die ihre Augen in den Schultern haben – und erhebt nicht selten zu Tatsachen, was andere Autoren auf Hörensagen zurückführen. Dabei bedient er sich ebenso vielfältiger wie raffinierter Strategien der Authentifizierung, etwa, wenn er in plötzlicher Zurückhaltung erklärt, er könne dieses oder jenes nicht bestätigen, da er es nicht mit eigenen Augen gesehen habe. Zudem wechselt er ständig zwischen unterschiedlichen Reflexionsniveaus. Während M. die Legende vom Phönix mit traditioneller christlicher Deutung wiedergibt oder den Fluß aus Edelsteinen, der im Reiche des Priesterkönigs Johannes in ein Meer aus Kieseln mündet, in aller Naivität darstellt, gibt es auch Momente eines quasi-anthropologischen Interesses, so, als er berichtet, bei den Nubiern gelte schwarze Haut als schön und weiße als häßlich. – Erstaunlich ist, daß sich der über lange Passagen hin durchaus phantastische Text bis weit in die Frühe Neuzeit hinein großer Beliebtheit erfreute. Unter den Büchern Leonardos war er die einzige Reisebeschreibung, Kolumbus rezipierte ihn, und der englische Seefahrer Martin Frobisher konsultierte ihn noch im späten 16. Jahrhundert auf der Suche nach der Nordwestpassage. Dem eigenwilligen friaulischen Müller Menocchio schließlich gab M. gedankliche Anstöße, die jenen kurz vor der Wende zum 17. Jahrhundert vor die Inquisition und um sein Leben brachten. – Das heutige Publikum beeindrucken besonders die Methoden der Fiktionalisierung und Authentifizierung in *The Travels of Sir John Mandeville*, die auf den neuzeitlichen Roman vorausweisen und eine realistische Qualität bewirken, die verständlicher macht, warum das scheinbar so mittelalterliche Buch noch in der Renaissance gelesen wurde.

Literatur: S. Greenblatt. *Marvelous Possessions: The Wonder of the New World*. Chicago 1991. – D. R. Howard. »The World of Mandeville's Travels.« *Yearbook of English Studies* 1 (1971), 1–17.

Andrew James Johnston

Mangan, James Clarence

Geb. 1. 5. 1803 in Dublin;
gest. 20. 6. 1849 ebd.

James Clarence Mangan begann nach schulischer Ausbildung mit 15 Jahren als Kopist in einer Anwaltskanzlei, die er dann 1828 in der Hoffnung verließ, nun allein vom Schreiben leben zu können. Stets kränklich wirkend, einsam und von exzentrischer Erscheinung, hielt er sich vorzugsweise in Buchläden auf. Seit 1818 hatte er zahlreiche Verse für lokale Almanache unter verschiedenen Schriftstellernamen verfaßt. Keinem seiner frühen Werke kommt nennenswerte Bedeutung zu; doch M. beweist darin bereits eine beachtliche Geschicklichkeit im Umgang mit Reim, Metrum und Rhythmus. Leider nur ließ ihn seine Abhängigkeit von Opium und Alkohol relativ früh denselben bedauerlichen Weg einschlagen wie der Autor, dem er am meisten gleicht: Edgar Allan Poe. – Von 1834 an schrieb er Beiträge für das *Dublin University Magazine*. Meist handelt es sich dabei um Übertragungen lyrischer Werke aus dem Deutschen, einige als solche gekennzeichnet, andere nicht, die mit Prosakommentaren versehen zu einer *Anthologia Germanica* (1845) zusammengefaßt wurden. Darunter sind Gedichte von Justinus Kerner, Ludwig Tieck und Ferdinand Freiligrath. M. zeigt sich hierin ganz unter dem Einfluß des Sturm und Drang. 1837 folgten seine Übertragungen islamischer Gedichte (»Literae Orientales«). Zudem schuf er seine »Visions« für das *Dublin Penny Journal*, aus dem Gälischen adaptierte Texte. Mit seiner gewohnheitsmäßigen Vorliebe für Mystifikation versah er sie mit Bemerkungen, die implizierten, er sei des Gälischen ebenso mächtig wie des Deutschen. Tatsächlich benutzte er aber Übersetzungen von Eugene O'Curry (1794–1862). Wie im Falle von »Lament for the Princess of Tyrone and Tyrconnell« übertrug er meist nicht den exakten Wortsinn der Originale, sondern deren Stimmung. Seine schauerromantischen Prosaarbeiten mischen autobiographische Phantasien mit psychologischer Selbsterforschung und freier Spekulation, so etwa in »A Sixty Drop Dose of Laudanum« (1839). 1847 begann er im *Dublin University Magazine* seine *Anthologia Hibernia* und nahm mit John O'Daly (1800–78) die Übersetzung von Lyrik aus dem Munster des 18. Jahrhunderts auf (*The Poets and Poetry of Munster*, 1849). In seiner *Autobiography* (1882) zeichnet er ein überzogenes Bild seiner Jugend, und in den letzten Jahren seines Lebens schuf er für *The Irishman* biographische Skizzen von einer Reihe irischer Literaten. M.s Name wird heute vorwiegend im Zusammenhang mit dem bekannten Gedicht »Dark Rosaleen« (1846) genannt. – Was sein gesamtes Schaffen betrifft, so kannte M. eigentlich nur ein Thema: seine eigenen Emotionen, die von Selbstmitleid beherrscht waren. Er geht aus seinen Werken als eine egozentrische, zutiefst gespaltene Persönlichkeit hervor. Die poetische Kraft seiner Werke leidet häufig unter falscher literarischer Diktion. Zudem ist in M.s Falle der Unterschied zwischen literarischer Nachdichtung und eigenem kreativen Bemühen nicht leicht auszumachen. Gleichwohl gilt M. als einer der wichtigsten irischen Lyriker des 19. Jahrhunderts. In seinem Gedicht »To Ireland in the Coming Times« (1893) fordert W. B. Yeats bezeichnenderweise, in einem Atemzug mit Mangan genannt zu werden.

Werkausgaben: *Poems*. Hg. D. J. O'Donoghue. Dublin 1903. – *Prose Writings*. Hg. D. J. O'Donoghue. Dublin 1904. – *The Collected Works*. Hg. J. Chuto. Dublin 1996ff.

Literatur: A. S. Mangan. *James Clarence Mangan: A Biography.* Dublin 1995. – J. Kilroy. *James Clarence Mangan.* Lewisburg, PA 1970.

Rüdiger Imhof

Manhire, Bill [William]

Geb. 27. 12. 1946 in Invercargill, Neuseeland

Bill Manhire, der zu den besten Dichtern seiner Generation in Neuseeland gehört, wurde nach dem Sprachenstudium in Dunedin (Neuseeland) und London Hochschullehrer und war zeitweilig Verlagsleiter. Für sein literarisches Werk ist er vielfach mit Preisen und Ehrungen bedacht worden, zuletzt 1997–99 als erster *Poet Laureate* Neuseelands. Das von ihm an der Victoria University gegründete *creative writing*-Programm übt einen enormen Einfluß auf das literarische Schaffen in Neuseeland aus. – Die Gedichte M.s sind in folgenden Bänden erschienen: *Malady* (1970), *The Elaboration* (1972), *Song Cycle* (1975), *How to Take Off Your Clothes at the Picnic* (1977), *Dawn/Water* (1980), *Good Looks* (1982), *Locating the Beloved and Other Stories* (1983), *Zoetropes: Poems 1972–82* (1984), *The Old Man's Example* (1990), *Milky Way Bar* (1991), *An Amazing Week in New Zealand* (1993), *My Sunshine* (1996), *Sheet Music: Poems 1967–1982* (1996) und *What to Call Your Child* (1999). Anfänglich äußerst kompakt, zunehmend länger und von einer mythisch-erzählenden Dynamik, wirken M.s Gedichte elliptisch, oft rätselhaft und meist spielerisch im besten Sinne. Das Eigenleben der Sprache inspiriert M. zu einfallsreichen Überraschungs- und Verfremdungseffekten, auch in der Demontage von Klischees bzw. Wiederbelebung erstarrter Ausdrucksweisen. Unter dem scheinbar leichten, geruhsamen Duktus seiner Texte kommen immer wieder Tiefen einer ernsthaften Disposition und archetypischen Motivik zum Vorschein. Seine Dichtung zeigt gleichermaßen eine ins Phantastische ausufernde Einbildungskraft und eine ironisch-nostalgische Vorliebe für Alltagsgewohnheiten. Die delikate Musikalität seiner Gedichte läßt dogmatische Standpunkte gar nicht erst aufkommen. – M. hat allmählich den eher persönlichen Grundzug seiner Lyrik um Perspektiven ergänzt, die das ganze Land einbeziehen. Ein weiteres Anzeichen dieser Expansion ist die Experimentierfreude, mit der M. sich der kurzen Erzählprosa zugewandt hat (ohne dabei in ›prosaische‹ Explizitheit zu verfallen). Sein erster Kurzprosaband ist die spielerisch-experimentelle Abenteuergeschichte *The Brain of Katherine Mansfield* (1988). Die Themen seiner oft humoristisch satirischen Kurzprosa in *The New Land: A Picture Book* (1990; ergänzt 1994 als *South Pacific*; weiter ergänzt 1996 als *Songs of My Life*) reichen vom Weltkongreß der Dichter in Malaysia bis zu surrealen Erinnerungen an Besuche der Königin von England in Neuseeland. Obwohl bei M. die realistische Erzählmethode vorherrscht, gibt es in seinem Werk immer wieder Momente, in denen das Geschehen und die Sprache den Boden der Alltagswirklichkeit verlassen und den Leser in ungeahnt wundersame Gedankenwelten entführen. – M. hat seine literaturkritischen Beiträge in *Doubtful Sounds: Essays and Interviews* (2000) gesammelt und über ein Dutzend Lyrik- und Kurzprosaanthologien herausgegeben.

Werkausgabe: *Collected Poems.* Manchester 2001. Literatur: J. Newton. »*The Old Man's Example*: Manhire in the Seventies.« *Opening the Book: New Essays on New Zealand Writing.* Hg. M. Williams/M. Leggott. Auckland 1995, 162–187. – G. Collier. »Gebrauchsanweisungen sorgfältig lesen: Erzähltechnik in der zeitgenössischen Prosa Neuseelands, am Beispiel von ›The Brain of Katherine Mansfield‹.« *Neuseeland im pazifischen Raum.* Hg. W. Kreisel et al. Aachen 1992, 261–278. – D. Barbour. »Writing Through the Margins: Sharon Thesen's and Bill Manhire's Apparently Lyric Poetry.« *Australian and New Zealand Studies in Canada* 4 (1990), 72–87. – H. Lauder. »The Poetry of Bill Manhire.« *Landfall* 37 (1983), 299–309.

Gordon Collier

Manley, Delarivier

Geb. 1663? auf Jersey;
gest. 11. 7. 1724 in London

Delarivier Manley, Verfasserin von Schlüsselromanen und Dramen, galt aufgrund ihres bewegten Privatlebens und ihrer Erotika lange als Skandalautorin, erweckt heute aber als Schreiberin früher fiktionaler Prosa und wegen ihrer Darstellung des weiblichen Begehrens wissenschaftliches Interesse. Von ihrem bigamistischen Vetter in eine Ehe gelockt, fand sie nach der Trennung von ihm Unterschlupf bei der Herzogin von Cleveland, einer Geliebten von Charles II, in deren Haus sie viele der Skandalgeschichten erfuhr, mit denen sie später die Seiten ihrer Schlüsselromane füllte. Nach einem Reisebericht, *A Stage-Coach Journey to Exeter* (1696), versuchte sie sich als Dramatikerin: Die Komödie *The Lost Lover* (1696), *The Royal Mischief* (1696), eine Tragödie, die wegen der ›Wärme‹ ihrer Sprache Anstoß erregte und einen anonymen Spötter zur Satire *The Female Wits* (1696) inspirierte, *Almyna* (1707), nach Motiven aus *1001 Nacht*, und das heroische Drama *Lucius, The First Christian King of Great Britain* (1717) hatten bei der Aufführung jedoch wenig Erfolg. – M. engagierte sich in den politischen Polemiken der Zeit und publizierte eine Reihe von Skandalchroniken über die sexuelle und politische Korruption der Whig-Oligarchie, z. B. *The Secret History of Queen Zarah and the Zarazians* (1705) und *Secret Memoirs and Manners of Several Persons of Quality, of Both Sexes from the New Atalantis* (1709), eine der populärsten Erzählungen der Zeit, die Alexander Pope in *The Rape of the Lock* (1712/14) als Metapher für die Ewigkeit dient (»as long as Atalantis shall be read«), sowie eine Fortsetzung, *Memoirs of Europe, towards the Close of the Eighth Century* (1710). Nach dem Vorbild französischer Liebesromanzen und Aphra Behns Prosaerzählungen enthält *The New Atalantis* erotische Beschreibungen, wurde von den Zeitgenossen aber v. a. als politische Satire gelesen. M. wurde wegen übler Nachrede verhaftet, konnte einer Freiheitsstrafe jedoch entgehen. Als Propagandistin für die Tory-Partei gab sie gemeinsam mit Jonathan Swift die Zeitschrift *The Examiner* (1710–14) heraus. Um einer vom Buchdrucker Edmund Curll in Auftrag gegebenen Skandalbiographie zuvorzukommen, verfaßte sie ihre eigene fiktionalisierte Autobiographie, *The Adventures of Rivella* (1714), auf der das Wissen über ihr Leben größtenteils beruht. Nach dem Dynastiewechsel von den Stuarts zu den Hannoveranern nahm sie Abschied vom politischen Journalismus, schrieb aber weiterhin Liebesromanzen. – Das Urteil der Zeitgenossen über M. ist gefärbt von politischer Parteinahme und persönlichem Zwist: Der konservative Pope zählte sie nicht zu den Tölpeln seiner *Dunciad* (1728/43), doch der Whig-Anhänger Richard Steele verspottete sie im *Tatler* (23. 4. 1709) als Skandalkönigin Sappho, und selbst ihr Mitstreiter Swift machte sich in einem Gedicht lustig über »Corinna«, »half Whore, half Wife; [who] Cuckolds, elopes, and runs in Debt;/ Turns Authr'ress, and is Curll's for Life.« (halb Hure, halb Gattin, [die] betrügt, durchbrennt, sich verschuldet, Autorin wird und Curll lebenslang verfällt).

Literatur: M. Rubik/E. Müller-Zettelmann, Hgg. *Delarivier Manley and Eliza Haywood*. London 2001. – C. Fabricant. »The Shared Worlds of Manley and Swift.« *Pope, Swift and Women Writers*. Hg. D. Mell. Newark 1996, 154–178. – J. Todd. »Life After Sex: The Fictional Autobiography of Delarivier Manley.« *Women's Studies* 15 (1988), 43–55.

Margarete Rubik

Mansfield, Katherine [Kathleen Mansfield Beauchamp]

Geb. 14. 10. 1888 in Wellington, Neuseeland; gest. 9. 1. 1923 in Fontainebleau, Frankreich

Katherine Mansfield ließ nur wenige, die ihr begegneten, gleichgültig. Virginia Woolf, mit der M. eine von Rivalität geprägte Freundschaft verband, verglich sie mit einer wachsamen Katze und notierte nach M.s Tod in ihrem Tagebuch, sie sei auf M.s schriftstellerisches Talent eifersüchtig gewesen wie auf sonst keines. In D. H. Lawrence löste sie ebenfalls ambivalente Gefühle aus, die sich in seinem Porträt der Gudrun in *Women in Love* (1920) niederschlugen. M. war zeitlebens eine unkonventionelle Frau, die verschiedene Masken kultivierte. Ihr Werk weist eine ähnliche Vielfalt an Positionen auf: Neben den humoristisch-satirischen Skizzen deutscher Kurgäste in dem Band *In a German Pension* (1911; *In einer deutschen Pension*, 1982) finden sich modernistische *short stories*, in denen sie Erinnerungen an ihre Kindheit verarbeitet, Kolonialgeschichten, die das rauhe Leben im neuseeländischen Hinterland darstellen (»The Woman at the Store«), sensible Frauenporträts und subtil-ironische Gesellschaftskritik. Mit ihren *short stories* leistete M. einen zentralen Beitrag zur europäischen Moderne und gab entscheidende Impulse für die Weiterentwicklung und Transformation der Gattung: Die dichte, anspielungs- und symbolreiche Beschreibung und die Aufgabe des linearen *plot* zugunsten leitmotivischer assoziativer Verkettung von Episoden erinnern an die filmische Montagetechnik, und M.s poetische Prosa, die vermeintlich unwichtige Details ins Zentrum der Aufmerksamkeit rückt und Sinneseindrücke genau beschreibt, wurde von der Literaturkritik wahlweise als impressionistisch, post-impressionistisch oder symbolistisch beschrieben. Diese Reihung von Adjektiven enthüllt jedoch zugleich ein Problem der M.-Rezeption: Versuche, ihre Geschichten oder ihre Person eindeutig zu verorten, scheitern zumeist. M. entzieht sich einer solchen Klassifizierung, und ihr kurzes, aber bewegtes Leben bot reichlich Stoff, sich mehr mit der Biographie M.s als mit ihrem Werk zu beschäftigen: ein wenig seßhafter Lebensstil an den Rändern der englischen Avantgarde, finanzielle Probleme, sexuelle Affären mit Personen beiderlei Geschlechts, eine Ein-Tages-Ehe, Geschlechtskrankheit, Fehlgeburt und Schwangerschaftsabbruch. Jenseits dieser Auflistung skandalumwitterter Details zeugt M.s Biographie vor allem von ihrem Streben nach Unabhängigkeit und ihrem Wunsch nach Anerkennung.

Die vielseitig begabte M. (sie spielte u. a. Cello) wuchs in einer wohlhabenden Siedlerfamilie in Neuseeland auf. Nach einem Schulaufenthalt am Queen's College in London 1903–06 ertrug M. die Enge der neuseeländischen Kolonialgesellschaft nicht mehr und kehrte 1908 nach London zurück. Während ihrer Schulzeit lernte M. Ida Baker kennen, mit der sie eine lebenslange, wenn auch nie unproblematische Freundschaft verband. 1909 heiratete M. George Bowden, verließ ihn jedoch nach nur einem Tag. 1912 begegnete sie John Middleton Murry, den sie heiratete und mit dem sie verschiedene Zeitschriften herausgab. In dieser Zeit begann auch die spannungsreiche Freundschaft mit D. H. Lawrence und seiner Frau Frieda. 1918 wurde bei M. Tuberkulose diagnostiziert, und ihr war in ihren letzten Lebensjahren ständig bewußt, daß sie gegen die Zeit schrieb: Phasen fieberhafter Produktivität wechselten sich mit Phasen der Resignation und Depression ab. Sie starb schließlich 34jährig während eines Aufenthalts im Gurdjieff-Institut bei Paris.

M.s bissiger Humor und ihre satirische Beobachtungsgabe machen den Reiz der frühen Geschichten aus (In a German Pension). Sie selbst verwarf zwar später ihre Karikaturen deutscher Pensionsgäste als ›unreif‹ und verhinderte Neuauflagen des Werks, jedoch läßt sich schon in diesen Skizzen ablesen, was M. berühmt machen würde: knappe, unkommentierte Dialoge, die vieles andeuten, aber nicht aussprechen. Dieser Sinn für Ironie findet sich auch in M.s späterem Werk in Beschreibungen der Künstlerkreise Londons wieder. So ist »Bliss« (1918), die wohl meistanthologisierte Geschichte M.s, nicht zuletzt wegen der kritisch-distanzierten Analyse der englischen Bohème so erfolgreich. Der Text überzeugt jedoch auch durch die souveräne Handhabung der erlebten Rede zur Bewußtseinswiedergabe. M.s Verwendung von Leitmotiven und die Verdichtung von Symbolen enthüllen hinter der glitzernden Schicht aus geistreicher Unterhaltung und Ästhetizismus zugleich die existenzielle Einsamkeit des einzelnen und die unüberwindliche Kluft zwischen Mann und Frau – ein Thema, das M. gerade auch für die feministische Literaturkritik sehr fruchtbar gemacht hat. In »Prelude« (1918), einer langen Short Story, die unter dem Titel »The Aloe« ursprünglich als Roman geplant war, verarbeitet M. ihre neuseeländische Kindheit und findet zu ihrer charakteristischen Ausdrucksweise. In zwölf Episoden beschreibt M. den Umzug der Familie Burnell aufs Land und führt in Kezia Burnell ihr kindliches Alter ego ein. Zugleich entwickelt sie eine subtile Kritik der Geschlechterrollen und enthüllt die sexuellen Ängste ihrer weiblichen Figuren. M.s Geschichten bestechen nicht zuletzt durch paradoxe antiklimaktische Epiphanien, »glimpses«, in denen Charaktere kurz vor einer Einsicht innehalten und sich weigern, die Realität ihres Lebens zu sehen, so z. B. in der brillanten Geschichte »The Daughters of the Late Colonel« (1920) aus The Garden Party and Other Stories (1922; Das Gartenfest und andere Erzählungen, 1977). »The Fly« (1922), eine von M.s letzten Geschichten, zeugt von M.s Beschäftigung mit dem nahenden Tod und ist zugleich eine düstere Parabel auf die Folgen von Krieg und Gewalt.

Trotz ihres schriftstellerischen Erfolgs blieb M. in Englands Künstlerkreisen eine Außenseiterin und war als colonial nie völlig anerkannt. Die für die Moderne typische Erfahrung der Spaltung des Selbst wurde von M. noch schmerzhafter als Zerrissenheit zwischen zwei Kulturen erlebt. M.s bedeutende Stellung innerhalb der avantgardistischen europäischen Moderne ist heute weitgehend unbestritten. Ihre besondere Situation als colonial hingegen gelangte erst in den letzten Jahren ins Blickfeld und inspiriert heute besonders neuseeländische Autoren in Romanen, Gedichten und Theaterstücken zu einer kreativen Auseinandersetzung mit ihrem Leben und Werk.

Werkausgaben: Collected Stories. London 1956. – Sämtliche Erzählungen. 5 Bde. Frankfurt a. M. 1988.
Literatur: J. F. Kobler. Katherine Mansfield: A Study of Her Shorter Fiction. Boston 1990. – K. Fullbrook. Katherine Mansfield, Brighton 1986. – C. Hanson/A. Gurr. Katherine Mansfield. London 1981.

Nicole Cujai

Marechera, Dambudzo

Geb. 4. 6. 1952 in Rusape, Rhodesien;
gest. 18. 8. 1987 in Harare, Simbabwe

Die Sonderstellung von Dambudzo Marechera innerhalb der afrikanischen Literatur wird durch seine Vorbilder deutlich. Für seine Lyrik werden Allen Ginsberg, Arthur Rimbaud, Christopher Okigbo genannt, für seine Prosa Samuel Beckett, James Joyce, Henry Miller oder Jack Kerouac. M.s Selbstdefinition als »Doppelgänger, wie ihn die afrikanische Literatur noch nie zuvor gesehen hat«, vervollständigt das Bild des unangepaßten Außenseiters. M.s unbürgerlicher Lebensweg paßt zum jugendlichen Rebellen: Aus ärmlichen Verhältnissen kommend, wurde er in seiner Ausbildung gefördert, aber von der University of Rhodesia ebenso wie vom New College in Oxford verwiesen. Nach seiner Rückkehr in das unabhängige Simbabwe überwarf er sich mit dem Regisseur, der *The House of Hunger* (1978; *Haus des Hungers*, 1981) verfilmte, und führte danach das Leben eines Stadtstreichers, eine Erfahrung, die er in einem *Park-Bench Diary* literarisch verarbeitet hat. Der preisgekrönte Erzählband *The House of Hunger* enthält einen Kurzroman und einige Kurzgeschichten. Die Kritik hat zumal den assoziativen, geradezu »pyrotechnisch« explosiven Stil, die Kraft der Bilder, die Emotionalität der sozialen Anklage gerühmt. Als »Haus des Hungers« bezeichnet M. sein Land, seine Stadt, seine *township*, wo die Bewohner physisch, psychisch und sozial ausgehungert werden. M.s Perspektive ist die der Verlierer in der *township*, der Jugendlichen, die nur ein Leben in der Gewalt erfahren und selber nur gewalttätiges Verhalten lernen. In M.s Schilderung gehen reale Beobachtungen, Erinnerungen und Phantasien nahtlos ineinander über und bilden ein Geflecht teils widersprüchlicher Assoziationen. M. nimmt eine grotesk, ja surreal verzerrende Perspektive von ganz unten ein, weil er sich wie eine Kakerlake auf dem Boden und in den Ritzen fremder Häuser herumtreiben muß. Das Vorbild von Kafkas »Die Verwandlung« scheint durch. Auch bei den Inhalten verstößt M. gegen alle Tabus seiner Gesellschaft. Dies gilt besonders für seine Darstellung der körperlichen Liebe, die bei seinen durch Gewalt desorientierten Figuren zu einem inhaltslosen Sexualakt degeneriert, der vor allem der Machtausübung dient. – Die Diskussion über Gewalt und Gesellschaft führt M. in dem Roman *Black Sunlight* (1980) auf abstrakterem Niveau weiter. Im Stil halluzinatorisch, ohne erkennbare Erzählstruktur, theoretisiert er über Anarchie als philosophisches Konzept oder als intellektuelle Haltung. Die postum erschienene Sammlung *Black Insider* (1990) handelt von einer Gruppe Intellektueller, die sich vor einem Krieg in ein verlassenes Universitätsgebäude flüchten und dort über afrikanische Identität diskutieren. Für M. ist diese Debatte um Afrikanität, die ja auch von autokratischen Herrschern wie Joseph Mobutu propagandistisch ausgenutzt wurde, nur eine chauvinistische Verschleierung von Herrschaftsansprüchen, welche die neuen Machthaber von den abgezogenen Kolonialherren übernommen haben. Vor seinem Tod war M. mit *Mindblast* (1984), einer Sammlung von Lyrik, Dramen und Prosatexten, nochmals erfolgreich, diesmal bei den desillusionierten Jugendlichen des gerade unabhängig gewordenen Simbabwe.

Literatur: F. Veit-Wild, Hg. *Emerging Perspectives on Dambudzo Marechera*. Trenton, NJ 2000. – Dies. *Dambudzo Marechera: A Source Book on his Life and Work*. London 1992.

Eckhard Breitinger

Markandaya, Kamala
[Kamala Purnaiya Taylor]

Geb. 2. 5. 1924 in Barain, Bangalore, Indien;
gest. 16. 5. 2004 in London

Kamala Markandaya ist die Große Alte Dame der indo-englischen Literatur, die gerne mit Mulk Raj Anand, Raja Rao und R. K. Narayan, den Gründervätern der indo-englischen Literatur, in eine Reihe gestellt wird. Nach der Kindheit in Südindien und ihrem Studium in Madras lebt sie seit 1948 mit Mann und Tochter in England. Diese Migration und der wachsende Abstand zu Indien haben ihre Romane zunehmend geprägt. Alle sind an der Scheidelinie von Ost und West angesiedelt und verhandeln Konfliktstrukturen, die aus den Prozessen der (De-)Kolonisierung und Modernisierung resultieren. In *Nectar in a Sieve* (1954; *Nektar in einem Sieb*, 1986) wird die Armut der Landbevölkerung durch erste Ansätze der Modernisierung noch verstärkt, ländliche Gemeinschaften zerbrechen, und Familien zerfallen durch den Zwang zur Arbeitsmigration. Gleichzeitig entsteht, wie in dem späteren *Two Virgins* (1973), ein ro-

mantisches Bild von heilender Ländlichkeit. Landflucht ist ein Thema in *A Handful of Rice* (1966;
Eine Handvoll Reis, 1987), wo zugleich der mühse-
lige Überlebenskampf der unteren städtischen
Schichten am Rande der Kriminalität mit der Idee
eines ländlichen Zufluchtsraums kontrastiert wird.
Die Bedeutung solcher Veränderungen stellt
M. am Verhältnis von (indischer) Tradition und
(westlicher) Moderne dar, das insbesondere in den
Romanen mit indischem Schauplatz handlungs-
entscheidend ist. Rukmani in *Nectar in a Sieve* läßt
sich heimlich von einem englischen Arzt behandeln; Dandekar in *A Silence of Desire* (1960) drängt
darauf, daß seine Frau sich von ihrem Swamy löst
und ins Krankenhaus geht. Es ist bemerkenswert,
wie stark bei M. der Konflikt von Tradition und
Moderne über das Geschlechterverhältnis und den
weiblichen Körper ausgetragen wird. Bildung als
Moment der Modernisierung bedeutet auch für
Frauen nicht die Absage an die eigene Tradition,
sondern einen notwendigen Schritt in der Entwicklung Indiens. Saroja in *Two Virgins* ist ein
positives Beispiel, während ihre Schwester dank
ihrer westlich orientierten Schulbildung den Ver-
führungen der Filmindustrie erliegt. Die Ost-
West-Problematik entfaltet ihre Sprengkraft vor
allem in Romanen, deren Schauplatz über Indien
hinausgeht. *Possession* (1963) thematisiert an der
Arroganz einer Engländerin, die einen südindischen Bauernjungen als Künstler entdeckt und
nach Europa mitnimmt, die weiterwirkende Hegemonie des Empire. Aber es gelingt dem Jungen
nach einer schmerzlichen Identitätskrise, sich loszusagen und seinen eigenen Weg in seiner indischen Heimat zu gehen. *The Nowhere Man*
(1972) ist eine luzide Rassismus-Analyse, die bis
heute ihre Gültigkeit behalten hat. – M.s Werke,
die sich deutlich an ein westliches Publikum richten, sind in 17 Sprachen übersetzt. Sie ist eine der
am stärksten von der Kritik beachteten Schriftstellerinnen indischer Herkunft. Sie gehört zu der
Minderheit indo-englischer AutorInnen, die ein
das ländliche Indien einbeziehendes Indienbild
entwerfen; allerdings ist dieses Bild wegen seiner
nostalgischen Tendenz auch wiederholt kritisiert
worden. Seit ihren letzten Romanen, *The Golden
Honeycomb* (1977) und *Pleasure City* (1982), hat
sie nichts mehr veröffentlicht.

Literatur: F. Afzal-Khan. *Cultural Imperialism and the
Indo-English Novel: Genre and Ideology in R. K. Narayan,
Anita Desai, Kamala Markandaya, and Salman Rushdie.*
University Park, PA 1993.

Liselotte Glage

Markham, Robert
→Amis, Kingsley

Marlowe, Christopher
Geb. 26. 2. 1564 in Canterbury;
gest. 30. 5. 1593 in Deptford bei London

Christopher Marlowe, dessen kurzes Leben
von einer Aura des Geheimnisvollen und Skandalösen umgeben ist, gilt als Vater des neuzeitlichen
englischen Dramas. Er kam vermutlich 1587 nach
London, wo er schnell zum Haus-Autor der Lord
Admiral's Men avancierte und wohl noch im selben Jahr mit der Aufführung des ersten Teils seines
zweiteiligen Dramas *Tamburlaine the Great* (ca.
1587/88; *Tamerlan der Gro e*, 1949) seinen ersten
bedeutenden Bühnenerfolg errang. Zu denjenigen
Errungenschaften des elisabethanischen Dramas,
die insbesondere mit M.s Schaffen verbunden
sind, gehören der perfektionierte, durch rhetorischen Glanz und mitreißende Kraft gekennzeichnete Blankvers, die den Zuschauer in den Bann
ziehende spektakuläre Theatralität und der alle
anderen Bühnenfiguren überragende dramatische
Held, der Leidenschaft und Lebensenergie im
Übermaß besitzt, von hochfliegenden Zielen geleitet wird und in seiner anmaßenden Haltung
keine außerhalb seiner eigenen Person liegenden
Grenzen und Gesetze anerkennt.

Die Figur des überlebensgroßen Protagonisten,
der sich durch seine Maßlosigkeit selbst zerstört,
war M. aus den Tragödien Senecas bekannt, wurde
von ihm aber durch die Übernahme von Ideen,
wie Machiavelli sie entwickelt hatte, zum Prototypen des Renaissance-Menschen umgeformt.
Schon hier wird deutlich, daß M.s Werk im Spannungsfeld von kultureller Tradition und neuzeit-
lichem Denken angesiedelt ist. Die kulturelle Tradition wird unter anderem durch die Literatur und
Mythologie der griechischen und römischen Antike repräsentiert, die M. als Absolvent der Universität Cambridge bestens vertraut war. Sie bildet in
seinen Werken nicht nur einen der wichtigsten
Bildspender, sondern hat dem Autor auch als
Stofflieferant gedient. Zwei Texte aus dem Bereich
der antiken Literatur (Ovids *Amores*, das erste
Buch von Lukians *Pharsalia*) hat M. übersetzt,
zwei andere hat er als Vorlagen für eigene Werke
benutzt. *Hero and Leander* (1598), M.s bedeutend-

ster, unvollendet gebliebener Beitrag zur englischen Versdichtung, basiert auf einem erotischen Kleinepos des griechischen Dichters Musaios, während das gemeinsam von M. und Thomas Nashe verfaßte Drama *Dido, Queen of Carthage* (ca. 1586) auf drei Büchern von Vergils *Aeneis* fußt. Im Zentrum dieser Blankvers-Tragödie steht die unglückliche Liebe der mythischen Gründerin Karthagos, die ihren leidenschaftlichen Kampf um Aeneas verliert, weil dieser seine historische Mission, die Gründung Roms, höher einstuft als sein persönliches Glück.

Neben der antiken Literatur und Mythologie gehören mittelalterliches Gedankengut und die englischen *morality plays* zum Fundus der kulturellen Tradition, die in M.s Werken mit dem neuzeitlichen Denken rivalisiert. So tritt dem Konzept des selbstbestimmten Individuums die mittelalterliche Auffassung vom Rad der Fortuna entgegen, auf das der Mensch geflochten ist und von dem er nicht nur auf den Gipfel des Glücks getragen, sondern auch ins Verderben hinuntergezogen wird. Der Einfluß der *morality plays* hat sich vor allem auf der Figurenebene ausgewirkt. Entsprechend ist der Protagonist des Dramas *The Jew of Malta* (ca. 1589; *Der Jude von Malta*, 1831) durch Merkmale geprägt, die an die *Vice*-Figur, das Erzlaster in den Moralitäten, erinnern. Darüber hinaus hat M. die Gestalten des guten und des schlechten Ratgebers und allegorische Figuren wie die sieben Todsünden in den Personenbestand seiner Dramen eingefügt. Dabei hat er das kulturelle Erbe insofern transformiert, als der Widerstreit zwischen den Tugenden und Lastern nicht mehr primär als ein Kampf um den Menschen, sondern als ein Konflikt im Menschen in Erscheinung tritt. Ungeachtet einer solchen Modernisierungstendenz vermitteln M.s Dramen den Eindruck, daß die überkommenen Vorstellungen im Ringen mit dem neuen Denken noch einmal die Oberhand gewinnen; denn in allen Stücken, in denen der oben beschriebene *overreacher* (Harry Levin) im Zentrum steht, geht es letztlich um die höchst aktuelle Frage, ob der Mensch alles ihm Mögliche tun darf, um die Welt nach seinem Bild zu formen.

In *Tamburlaine* ist der titanische *overreacher* dem Mongolenherrscher Timur nachgebildet. M. porträtiert ihn als unwiderstehlichen Eroberer und grausamen Tyrannen, der die Bühne der Welt als skythischer Schäfer betritt und als einer der mächtigsten Herrscher verläßt. Als Verkörperung der machiavellistischen *virtú* ist er als einziger von M.s Helden in der Lage, das Rad der Fortuna selbst zu drehen. Sein Tod erscheint nicht als gerechte Strafe für seine Hybris, die sich in der pathetischen Dynamik seiner Reden spiegelt, sondern als einzige Grenze, die seinem grenzenlosen Drang nach politischer Macht gesetzt ist. Doch degeneriert der zielstrebige Wille zur Macht nach dem Tod seiner geliebten Frau zu einer sinnlosen Orgie der Gewalt. Auf dem Höhepunkt dieser Entwicklung fordert der *overreacher* Gott heraus, indem er die heiligen Schriften des Islam verbrennt. Mit diesem Akt grotesker Selbstüberschätzung gerät Tamburlaine sich noch einmal als Herrscher von eigenen Gnaden. Radikaler als z. B. Shakespeare greift M. mit einem solchen Herrscherbild in die damals virulente Frage nach den Qualifikationen eines Königs ein. Sein Stück vermittelt die brisante Botschaft, daß das Gottesgnadentum für die Legitimation eines Königs belanglos ist und daß das Amt des Herrschers jedem, der es effizient verwaltet, offensteht.

In M.s vermutlich letztem Drama, *The Massacre at Paris* (1593), in dem das Pogrom an den Hugenotten in der Bartholomäus-Nacht des Jahres 1572 auf die Bühne gebracht wird, tritt mit dem Herzog von Guise noch einmal ein von politischem Machtwillen besessener Protagonist auf, doch erreicht diese Dramengestalt nicht die zugleich faszinierende und abschreckende Größe, die Tamburlaine zu eigen ist. Titanen wie der skythische Schäfer sind dagegen Barabas in *The Jew of Malta* und der Gelehrte in *Dr Faustus* (ca. 1592; *Doktor Faustus*, 1964), die das Streben nach der Macht des Geldes bzw. nach der Macht des Wissens verkörpern. Der Jude Barabas erscheint zunächst als Opfer, weil ihm von seinem christlichen Landesherrn, der einen Tribut an die Türken zu zahlen hat, die Hälfte seines Vermögens genommen wird. In dem Bestreben, das Verlorene zurückzugewinnen, verwandelt er sich aber in ein blutrünstiges Monster, dessen Rachedurst schließlich zur Selbstvernichtung führt. Zwar ist das Geschehen um den Juden in eine ethnische und religiöse Konfliktsituation eingebettet, doch schwebt über allem der Geist Machiavellis, dem M. den Prolog des Dramas in den Mund gelegt hat. Das unvermeidliche Scheitern und der zügellose Ehrgeiz sind Merkmale, die den reichen Juden von Malta mit Dr. Faustus verbinden. Der Gelehrte und Magier, dem die versprochene grenzenlose Erweiterung seines Wissens nicht zuteil wird, opfert dem Ehrgeiz das eigene Seelenheil und wird in die Hölle verbracht, nachdem sein Kontrakt mit Mephistophilis abgelaufen ist. Obwohl dieses Ende der protestantischen Orthodoxie entspricht, hat M. dem tradierten Stoff eine neue Note verliehen. Zu nennen ist hier vor allem die innere Zerrissenheit des Gelehrten, dessen gotteslästerliche Überheblichkeit tiefer Verzweiflung weicht. Im Zentrum der seelischen Labilität, in die der Zuschauer durch Fausts Monologe involviert wird, stehen Reue, Erlösung und die Erwartung ewiger Verdammnis. Neu ist auch M.s Sicht des Mephistophilis; denn bei ihm erscheint der Verführer als ein von Gott verstoßener Engel, der an seinem Schicksal leidet und nur dadurch Trost finden kann, daß er andere ins Verderben lockt.

M.s bestes Stück, *Edward the Second* (ca. 1592; *Eduard II.*, 1941), zeichnet sich wie *Dr Faustus* unter anderem durch eine subtile Charakterisierung vor allem des Protagonisten aus. In der dramatischen Struktur ist es allen anderen Stücken von M. überlegen. Es dramatisiert in höchst komprimierter Form mehr als 20 Jahre englischer Geschichte. Außerdem beinhaltet es nicht weniger als drei Tragödien; denn es schildert nicht nur den Fall des Königs, sondern auch – eng mit Edwards Schicksal verknüpft – den Niedergang des Günstlings Pierce Gaveston und den Absturz des Usurpators Roger Mortimer. Edward II, in mancher Hinsicht ein Vorläufer von Shakespeares Richard II, ist ein schwacher König, der bei der Wahrnehmung seiner inneren und äußeren Aufgaben versagt und sich sowohl seine Frau als auch die Barone durch seine homoerotische Beziehung zu seinem Günstling zu Feinden macht. Zu spät begreift er die Würde seines Amtes, und schließlich entsagt er, die Vorzüge einer *vita contemplativa* erkennend, der Welt. In einer der grausigsten Mordszenen der Dramenliteratur, in deren Verlauf ihm ein glühender Spieß in den After gestoßen wird, findet er seinen Tod, der anders als im Fall von *Tamburlaine* als Strafe für seine Sünde zu verstehen ist. Auch im Hinblick auf die Frage nach der Legitimation des Herrschers weicht *Edward the Second* von *Tamburlaine* ab; denn durch den Sturz des Rebellen Mortimer wird verdeutlicht, daß purer Machtwille und effizientes Handeln keine ausreichende Legitimation für einen König sind. Dem entspricht, daß es am Ende des Stückes durch Strafmaßnahmen des rechtmäßigen Nachfolgers zur Wiederherstellung der staatlichen Ordnung kommt.

Das dramatische Werk, das M. in nur sechs Jahren geschaffen hat, ist nicht nur im Hinblick auf die Kunst der Charakterisierung, die dramatische Struktur und die Sprachgestaltung ausgesprochen facettenreich. Hinzu kommt, daß das Überschreiten moralischer und politischer Schranken durch Standpunkte konterkariert wird, die orthodoxem Denken entsprechen, und daß die Selbstbestimmtheit des Renaissance-Menschen zugleich beschworen und als problematisch eingestuft wird. Es sind Interferenzen wie diese, welche die Rezeption von M.s Dramen vor allem in Zeiten des Umbruchs beflügelt haben. Bertolt Brechts Geschichtsdrama *Das Leben Eduards des Zweiten von England* (1923/24) ist hierfür das bekannteste Beispiel.

Werkausgaben: *The Works and Life of Christopher Marlowe*. Hg. R. H. Case. 6 Bde. New York 1961 [1930–33]. – *The Complete Works of Christopher Marlowe*. Hg. F. Bowers. 2 Bde. Cambridge 1981 [1973]. – *The Complete Works of Christopher Marlowe*. Hg. R. Gill. Oxford 1987.
Literatur: R. Sales. *Christopher Marlowe*. Basingstoke 1991. – M. Kelsall. *Christopher Marlowe*. Leiden 1981. – H. Levin. *The Overreacher: A Study of Christopher Marlowe*. London 1954.

Günter Ahrends

Marryat, Frederick

Geb. 10. 7. 1792 in London;
gest. 9. 8. 1848 in Langham, Norfolk

Als Verfasser von Seefahrergeschichten genoß Frederick Marryat zu seinen Lebzeiten – als Englands Stellung als Seemacht ihrem Höhepunkt zustrebte – beträchtlichen Erfolg. Seine Romane waren voller spannender Ereignisse und humorvoll gezeichneter Gestalten; überdies besaßen sie den Nimbus von Authentizität: Schließlich war ihr Autor von seinem 14. Lebensjahr an 24 Jahre lang zur See gefahren und hatte es in der Marine bis zum Rang eines Kapitäns gebracht. So verstand es Captain Marryat (wie er sich gerne nennen ließ), realistische Details mit idealisierenden Charakterporträts zu verbinden. Titel wie *Peter Simple* (1832; *Peter Simpel*, 1835), *Jacob Faithful* (1834; *Jakob Ehrlich*, 1836) oder *Mr Midshipman Easy* (1836; *Mr Midshipman Easy*, 1836) lassen bereits ahnen, daß es in den Romanen meistens um einen seefahrenden Helden geht, der sein abenteuerreiches Leben mit berufstypischen Tugenden wie Tatkraft, Mut und Pflichtbewußtsein meistert.

Bis auf den heutigen Tag bekannt geblieben ist M. v. a. durch zwei Kinderbücher. *Masterman Ready or the Wreck of the Pacific* (1841) ist eine Robinsonade, die unter dem Titel *Sigismund Rüstig* (1891) auch in Deutschland sehr erfolgreich war. Die Titelgestalt ist ein alter Seemann. Nach einem Schiffbruch steht er als einziger der Auswanderer-Familie Seagrave bei und sichert aufgrund seiner praktischen Lebenserfahrung ihr Überleben auf einer unbewohnten Insel. Zugleich dient er dem jugendlichen Protagonisten, dem 14jährigen William, als Vermittler handwerklicher Fertigkeiten und Quelle religiöser und moralischer Grundsätze. – Als ›Klassiker‹ gilt in England auch *The Children of the New Forest* (1848; *Die Kinder des Waldes*, 1878), einer der ersten für Kinder geschriebenen historischen Romane. Die Geschichte beginnt als eine Robinsonade: Im Jahr 1647 verstecken sich die vier verwaisten Kinder eines königstreuen Offiziers im unzugänglichen Dickicht des südenglischen New Forest vor den Truppen der republikanischen Rebellen, wiederum angeleitet und beschützt von einem treuen, lebenserfahrenen Mann aus dem Volke. Später wandelt sich die Geschichte nach dem Vorbild von Sir Walter Scotts *Waverley* (1814) zum Bildungsroman, als sich Edmund, der älteste Sohn, zwischen den Fronten sieht und anerkennen muß, daß auch die Rebellen berechtigte Anliegen haben. M.s politische Botschaften sind oft widersprüchlich, doch sein Eintreten für den Ausgleich zwischen den Klassen und politischen Parteien kann als Beispiel für das viktorianische Streben nach dem sprichwörtlichen ›englischen Kompromiß‹ angesehen werden.

Literatur: L.-J. Parascandola. *»Puzzled Which to Choose«: Conflicting Socio-Political Views in the Works of Captain Frederick Marryat*. New York 1997. – M.-P. Gautier. *Captain Frederick Marryat: L'homme et l'œuvre*. Paris 1973.

Dieter Petzold

Marston, John

Getauft 7. 10. 1576 in Wardington, Oxfordshire; gest. 25. 6. 1634 in London

Der Dichter und Dramatiker John Marston war schon zu Lebzeiten berüchtigt für seinen beißenden Tonfall, den er möglicherweise in der intellektuellen Streitkultur der Inns of Court zu kultivieren begann, jener Juristenschule für die Söhne der aufstrebenden Mittelschicht, die er nach dem Studium in Oxford besuchte. Während die Juristerei als solche ihm nicht am Herzen zu liegen schien (zur Enttäuschung seines Vaters, selbst Anwalt und *reader* im Middle Temple), war das Milieu der Inns dennoch der ideale Nährboden für die für M.s gesamtes Werk charakteristische brutal-obszöne Rhetorik, die in der englischen Literatur der frühen Neuzeit ihresgleichen sucht.

Zunächst bot die Satire, die in den 1590er Jahren ihre Glanzzeit als didaktisch-kathartisches Genre erlebte, M. den geeigneten Rahmen für seine ätzenden Tiraden. In seinem Erstlingswerk, *The Metamorphosis of Pygmalion's Image* (1598), wie auch in *The Scourge of Villany* (1599) war sein Sprachrohr und literarisches *alter ego* die Figur des zynischen Spötters W. Kinsayder. Nachdem diese Gedichte 1599 gemeinsam mit den Werken anderer Satiriker auf Geheiß des Bischofs von London und des Erzbischofs von Canterbury öffentlich verbrannt worden waren, wandte sich M. dem Theater zu. Die offizielle Ächtung scheint Zweifel am moralischen Potential der Satire zu bestätigen, die M. bereits gegenüber *Pygmalion's Image* hegte. Ob M. in diesem erotischen Kleinepos das Ovidsche Modell imitiert oder pervertiert, ist in der Kritik bis heute strittig; da M. jedoch durch die dem Gedicht angeschlossenen Satiren seine Kritik am klassischen Prätext betont, ist zu vermuten, daß er um die Mißverständlichkeit seines Werkes wußte. – In Theaterstücken wie dem Hofdrama *The Malcontent* (1604) lebt der Tonfall angewiderten Entsetzens der frühen Satiren weiter. Zwischen 1599 und 1608 schrieb M. eine Reihe eigenständiger Dramen, zumeist Komödien und Tragikomödien für die Knabenensembles von St. Paul's und dem Blackfriars-Theater. Deren artifiziellen und theatralischen Stil wußte er in innovativen und selbst-reflexiven Bühnenstücken zu verarbeiten, welche die neuere M.-Kritik zu Vergleichen mit dem epischen und expressionistischen Theater inspiriert haben. Was aus heutiger Sicht subversiv erscheinen mag, war für M. selbst allerdings wohl eher Ausdruck der Suche nach einer genuin moralischen Form. Diesem Anspruch schien selbst die Tragödie nicht zu genügen: *Sophonisba* (1606), von Kritikern wie T. S. Eliot für seine stoische Strenge gepriesen, markiert auch das Ende von M.s Karriere als Dramatiker und hinterfragt somit die dramatische Verwertbarkeit der im Stück propagierten Ideale. Das letzte von M. begonnene Drama, *The Insatiate Countess*, wurde 1613 von

William Barksted beendet. 1609 empfing Englands »snarling satirist« die Weihen der Kirche und war bis zu seinem Tod Pfarrer der Gemeinde in Christchurch, Hampshire.

Werkausgaben: *The Plays of John Marston.* Hg. H. Harvey Wood. 3 Bde. Edinburgh 1938. – *The Poems of John Marston.* Hg. A. Davenport. Liverpool 1961. Literatur: T. F. Wharton, Hg. *The Drama of John Marston: Critical Re-Visions.* Cambridge 2000. – M. Scott. *John Marston's Plays: Theme, Structure and Performance.* London 1978. – P. J. Finkelpearl. *John Marston of the Middle Temple.* Cambridge, MA 1969.

Anja Müller-Wood

Martineau, Harriet

Geb. 12. 6. 1802 in Norwich;
gest. 27. 6. 1876 in Ambleside, Cumbria

Harriet Martineau war eine jener Frauen, die im 19. Jahrhundert aus dem bürgerlichen Rollenklischee des *Angel in the House* ausbrachen und als professionelle Autorinnen eine unabhängige Existenz begründeten. Nach dem Bankrott ihres Vaters, eines unitarischen Stoffabrikanten, im Jahre 1827 zog M. nach London, wo sie bald im literarischen Leben Fuß faßte und die Bekanntschaft von Thomas Malthus, George Eliot, Thomas Carlyle und Charles Dickens machte (für dessen Zeitschrift *Household Words* sie Artikel schrieb, bis sie sich mit ihm überwarf); später, als sie sich im Lake District niedergelassen hatte, lernte sie auch Wordsworth kennen. M.s Produktivität als Essayistin, Journalistin, Romanautorin und Reiseschriftstellerin war außerordentlich. Ihre Romane, so der von Charlotte Brontë bewunderte *Deerbrook* (1839), und ihre Reiseberichte, darunter *Society in America* (1837; *Die Gesellschaft und das sociale Leben in Amerika,* 1838), einer der klassischen englischen Amerika-Berichte des 19. Jahrhunderts, erfreuten sich großer Popularität; die *History of England During the Thirty Years' Peace 1816–46* (1849–50; *Geschichte England's während des dreiigjährigen Friedens von 1816 bis 1846,* 1853–54) galt lange als Standardwerk. Die *Biographical Sketches* (1869) und die 1877 posthum veröffentlichte *Autobiography* gewähren noch heute interessante Einblicke in die Welt des viktorianischen England. Ihren literarischen Ruhm verdankt M. jedoch ihren soziologischen, ökonomischen und politischen Werken, v. a. den 1832–34 unter dem Titel *Illustrations of Political Economy (Erläuterungen der Staatswirthschaftslehre durch allgemein verständliche Erzählungen,* 1834) publizierten Erzählungen. In ihnen versucht M., wie schon zuvor in *The Rioters* (1827) und *The Turn-out* (1829), die Erzählkunst für die Popularisierung der *political economy* (Nationalökonomie) zu nutzen, die damals in dem von der Industriellen Revolution ausgelösten gesellschaftlichen Modernisierungsprozeß als Leitwissenschaft eine zentrale Rolle spielte. Jede Erzählung befaßt sich mit einem Teilbereich dieser Disziplin; der theoretische Überbau orientiert sich an David Ricardos *Principles of Political Economy and Taxation* (1817). Vermutlich faszinierte M. an Ricardos Lehre – wie später am Werk Auguste Comtes, das sie 1853 in einer zusammenfassenden Übersetzung unter dem Titel *The Positive Philosophy of Auguste Comte* publizierte – dessen Glaube an unabänderliche soziale und ökonomische Gesetze, der sich unschwer mit M.s ursprünglich religiös geprägtem Determinismus (*necessarianism*) in Einklang bringen ließ. Man täte M. jedoch unrecht, sähe man in ihr nur die beflissene Interpretin eines rigorosen *laissez-faire*-Ökonomismus. Schon in den *Illustrations* mischt sich gelegentlich in das Bestreben, die unerbittlichen Gesetze der Ökonomie zu veranschaulichen, ein in der klassischen Nationalökonomie keineswegs vorgesehenes Mitleid mit den Opfern der Industrialisierung. Als radikale Reformerin setzte sich M. außerdem wiederholt für Benachteiligte und Unterprivilegierte ein und kämpfte für die Rechte von Sklaven, Frauen, Kindern sowie von körperlich und geistig Behinderten (sie selbst war bereits 1816 fast ganz ertaubt). Die Arbeit befreundeter Reformer wie Henry Brougham oder Florence Nightingale unterstützte M. journalistisch; 1843 lehnte sie eine Staatspension ab, um sich ihre Unabhängigkeit zu bewahren.

Literatur: G. Thomas. *Harriet Martineau.* Boston 1985. – V. K. Pichanick. *Harriet Martineau: The Woman and Her Work, 1802–76.* Ann Arbor 1980.

Rudolf Beck

Marvell, Andrew

Geb. 31. 3. 1621 in Winestead, Yorkshire;
gest. 16. 8. 1678 in London

Als Andrew Marvell, in mancher Hinsicht der rätselhafteste unter den großen *Metaphysical Poets,* nach einer durchaus im Licht der Öffentlichkeit stehenden, wenn auch unspektakulären politischen Laufbahn starb, war er den Zeitgenossen allenfalls als mutmaßlicher Autor einiger scharf regierungskritischer Satiren notorisch. Daran änderte sich wenig, nachdem seine angebliche Witwe Mary 1681 seine *Miscellaneous Poems* veröffentlicht hatte; die Publikation stieß offenbar auf geringes Interesse. Dem klassizistischen Geschmack der Restauration muß die kühne und ingeniöse Metaphernkunst dieser Gedichte, obgleich sie sich durchaus mit metrischer Transparenz verträgt, als Ausdruck des ›glücklich überwundenen‹ *false wit* einer vergangenen Ära erschienen sein. Für die Rettung eines unvergleichlichen poetischen Werkes steht die Nachwelt dagegen in der Schuld von ›Mary Marvell‹.

M. wurde als Sohn eines Geistlichen in Yorkshire geboren, studierte in Cambridge und hielt sich während der Auftaktphase des Bürgerkriegs 1642–46 in Holland, Frankreich, Italien und Spanien auf, wohl in der Eigenschaft als Privatlehrer und Begleiter adeliger Reisender auf ihrer Bildungstour. Hier dürfte er die kontinentale Barocklyrik kennengelernt haben, nicht zuletzt die Dichtung der französischen *poètes libertins* wie Théophile de Viau oder Marc Antoine Girard, Sieur de Saint-Amant, deren concettistische Feier der Natur als Rückzugs- und Regenerationsort des reflektierenden Bewußtseins (*Solitude*-Dichtung) seiner eigenen Naturlyrik wesensverwandt ist. Eine entscheidende Wende im Leben des bislang eher royalistisch gesinnten, privaten Studien zugewandten M. kam mit der Hinrichtung von Charles I, die er als schicksalhaften Umschwung der britischen Geschichte begriff. Nach Oliver Cromwells Rückkehr von der ›Befriedung‹ Irlands im Mai 1650 und vor der schottischen Kampagne im Juli desselben Jahres entstand seine »Horatian Ode Upon Cromwell's Return from Ireland«, eines der großen politischen Gedichte in englischer Sprache, das eine vollendete, Horazsche Balance zwischen Trauer um die in Würde untergehende alte Ordnung und beklommener Bewunderung für den Mann der neuen Stunde artikuliert (der Text wurde als politisch inopportun aus fast allen Exemplaren der Folio-Ausgabe von 1681 nachträglich entfernt). Doch M.s Annäherung an die Partei Cromwells vollzog sich in mehreren Phasen. 1650–52 weilte er als Lehrer der Tochter des Hauses in Appleton House, Yorkshire, dem Landsitz des einstigen Befehlshabers der Parlamentsarmee Lord Fairfax, der

sich in dieses ländliche Refugium zurückzog, nachdem er sich als Gegner einer Hinrichtung des Königs und des Kriegs gegen Schottland mit Cromwell überworfen hatte. In Appleton dürften viele der bedeutenden Gedichte M.s entstanden sein, die (in T. S. Eliots Worten) »tough reasonableness« mit »lyric grace« verbinden, den weltlichen mit dem geistlichen Blick auf die Dinge, barocken Concettismus mit einem – durch die Bürgerkriegserfahrung besonders sensibilisierten – lebendigen Naturgefühl. Die Spannweite seiner lyrisch-meditativen Verwandlung der durchaus sinnlich genossenen Natur läßt sich an einer Gegenüberstellung seiner zwei großen Garten-Gedichte erfahren; beide feiern den Garten als Ahnung des Paradieses in einer gefallenen Welt, wobei sie, im Gegensatz zu den französischen Vorbildern, die Natur zum Schutzraum vor den Nachstellungen des Eros erklären. Das schönste englischsprachige Gedicht zum Thema, »The Garden«, führt das betrachtende Ich über die Stufen der leiblichen und geistig-imaginativen zur seelischen Ekstase und verleiht dem scheinbar epikuräisch behandelten Thema eine spirituelle Tiefendimension (analog zur berühmten Liebeseinladung »To His Coy Mistress« mit ihrer Spannung zwischen Hedonismus und Askese; umgekehrt zeichnen M.s geistliche Gedichte die verworfenen Freuden der Welt immer wieder in den leuchtendsten Farben; vgl. »On a Drop of Dew« und »Bermudas«). »Upon Appleton House« ist als Huldigung an Lord Fairfax in der Tradition des *country house poem* mit seinen fast 800 Versen und seinem gemächlichen, dabei hochconcettistischen Fortschreiten vom Haus über den Garten in die offene Landschaft eine Feier geistiger Freiheit im natürlichen Ordnungsraum gesellschaftlicher Gebundenheit und eines der originellsten Gedichte englischer Sprache. M.s ›pastorale‹ Unschuld erhält ihre besondere Leuchtkraft aus der Erfahrung der gefallenen Welt. Gedichte wie »The Nymph Complaining the Death of Her Fawn« oder »The Picture of Little T. C. in a Prospect of Flowers« feiern eine spezifisch weibliche Erotik der Unschuld im Vorfeld oder an der Schwelle der Erfahrung.

Nach dem poetisch höchst fruchtbaren Intermezzo in Appleton House bewegte sich M. zunehmend im Bannkreis Cromwells, zunächst (seit 1653) als Tutor von dessen Mündel William Dutton in Eton, ab 1657, indem er offiziell John Milton in dessen Eigenschaft als Latin Secretary,

d. h. als Propagandist des Commonwealth, unterstützte. Als Parlamentsmitglied seiner Heimatstadt Hull von 1659 bis zu seinem Tod überlebte er nicht nur den politischen Wechsel der Restauration unbeschadet, sondern er verstand es offenbar auch, den bewunderten Milton durch seinen Einfluß vor Verfolgung zu schützen. 1663 begleitete der weltläufige Dichter Lord Carlisle als Gesandtschaftssekretär auf einer längeren Mission nach Rußland, Schweden und Dänemark. In den 1670er Jahren betätigte sich M. als streitbarer Verteidiger verfassungsmäßiger Freiheiten gegen neuerliche Tendenzen zu einem Stuart-Absolutismus im Verein mit staatskirchlichem Rigorismus; und dies nicht nur im Unterhaus, sondern auch im Rahmen einer virtuos und treffsicher gehandhabten Kunst der Prosa- und Verssatire (*The Rehearsal Transprosed*, 1672/73; »Advice to a Painter«, 1679). Ungeachtet aller Zuschreibungsprobleme bei den anonym veröffentlichten Satiren wird M. als wichtigster Verssatiriker der Restauration neben John Dryden erkennbar und die Gattung selbst als dasjenige Medium, das dem *Metaphysical Wit* auch im beginnenden Klassizismus noch ein gewisses Heimatrecht gewährte. – M.s lyrisches Werk mußte freilich noch lange auf seine Rehabilitation warten. Immerhin nahm Francis Turner Palgrave auf Anraten Lord Alfred Tennysons einige seiner bedeutendsten Gedichte 1861 in das *Golden Treasury* auf, die repräsentative Sammlung der viktorianischen Ära. Die eigentliche Wiederentdeckung M.s erfolgte durch die Generation T. S. Eliots. Seitdem genießt seine Lyrik mit epochaler Verspätung in der angelsächsischen Welt ungebrochenes Ansehen.

Werkausgaben: *The Complete Works in Prose and Verse.* Hg. A. B. Grosart. 4 Bde. London 1872–75. – *The Poems and Letters of Andrew Marvell.* Hg. H.M. Margoliouth. 2 Bde. Oxford 1927 [revidierte Ausgabe: Hg. P. Legouis/ E. Duncan-Jones. 2 Bde. Oxford 1971]. Literatur: Th. Healy, Hg. *Andrew Marvell.* London 1998. – J. B. Leishman. *The Art of Marvell's Poetry.* London 1966. – H. E. Toliver. *Marvell's Ironic Vision.* New Haven 1965.

Werner von Koppenfels

Massinger, Philip

Getauft 24. 11. 1583 in Salisbury; begraben 18. 3. 1640 in London

Philip Massinger war ein sehr produktiver Dramatiker. Von etwa 55 Dramen sind 33 überliefert; 18 davon entstanden in Kollaboration mit anderen Autoren, darunter John Fletcher und Thomas Dekker. Zu Lebzeiten erfreute sich M. einer beachtlichen Popularität, und obgleich 1642, kurz nach M.s Tod, die Theaterhäuser geschlossen wurden, geriet er nicht in Vergessenheit. Im 18. Jahrhundert wurde M. besonders geschätzt und sogar an Shakespeare gemessen. Dem modernen Theaterbesucher ist er allerdings kaum bekannt. Lediglich die satirische Komödie *A New Way to Pay Old Debts* (ca.1625; *Eine neue Weise, alte Schulden zu bezahlen,* 1836) wird heute bisweilen noch inszeniert. Diese Tatsache ist zum Teil dem Urteil T. S. Eliots zu verdanken, der M.s Verse »anämisch«, seine Charaktere schwach und seinen Habitus vordergründig moralistisch fand. Neuere Studien sind bemüht, M.s dramatische Kunst differenzierter zu betrachten. Gleichzeitig setzt sich die traditionelle Sicht M.s als eines prinzipientreuen Moralisten fort. M. gehörte zur Gentry und studierte – womöglich aus finanziellen Gründen ohne Abschluß – in Oxford. Ein wahrscheinlich 1613 verfaßter Bittbrief an den Theaterdirektor Philip Henslowe belegt, daß M. – wie die Figur des Welborne in *A New Way to Pay Old Debts* – im Schuldgefängnis saß. In zwei Widmungen beklagt er, daß er aus Geldnot zum Stückeverfassen gezwungen sei. Ihm jedoch Widerwillen gegen das Schreiben für das öffentliche Theater anzulasten, scheint in Anbetracht des dramatischen Schwungs und der lustvoll entwickelten, komplexen Handlungen vieler seiner Stücke unhaltbar. 1625 wurde M. in der Nachfolge Shakespeares und Fletchers erster Dramatiker bei der berühmtesten Schauspieltruppe der Zeit, den King's Men. – Das Genre, in dem M. sich hauptsächlich betätigte, ist die Tragikomödie. Erwähnenswert ist sein vermutlich erstes eigenes Stück *The Maid of Honour* (ca. 1621), ein Drama mit einem romantischen Plot, das häufig als politische Allegorie mißverstanden wird. In *The Renegado* (1624) wendet sich M. einer religiösen Thematik zu, wenn er die Bekehrung der türkischen Prinzessin Donusa zum Christentum sowie die reumütige Rückkehr der Titelfigur, des Piraten Grimaldi, unter das Schild des Glaubens darstellt. Ob sich hier eine Nähe M.s zum Katholizismus spiegelt, ist jedoch fraglich. Gleichwohl verrät die unzweideutige, didaktisch wirkende Lösung dieses Stücks den Wertkonservatismus des Autors. Im Zentrum vieler Stücke stehen bühnenwirksam gestaltete Charakterprüfungen. In der romantischen Komödie *The Great Duke of Florence* (1627; *Der Gro herzog von Florenz*, ca. 1881) geraten die Protagonisten dabei in ein tatsächliches moralisches Dilemma. Die realistischeren Komödien *A New Way to Pay Old Debts* und *The City Madam* (1632; *Die Bürgerfrau als Dame*, 1836) sind M.s bekanntesten Stücke. Sie können als Sozialstudien betrachtet werden, in denen die Konflikte zwischen niederem Adel und aufstrebendem Bürgertum dargestellt werden. In der unter anderem wegen ihrer Metadramatizität beachtenswerten Tragödie *The Roman Actor* (1626, *Der römische Mime*, 1890) erweist sich M. als Skeptiker hinsichtlich der erzieherischen Möglichkeiten des Theaters.

Werkausgaben: *The Plays and Poems of Philip Massinger.* Hg. Ph. Edwards/C. Gibson. 5 Bde. Oxford 1976. Literatur: I. Clark. *The Moral Art of Philip Massinger.* Lewisburg 1993. – M. Garrett, Hg. *Philip Massinger: The Critical Heritage.* London 1991. – D. Adler. *Philip Massinger.* Boston 1987. – D. Howard, Hg. *Philip Massinger: A Critical Reassessment.* Cambridge 1985.

Jens Mittelbach

Maturin, Charles Robert

Geb. 25. 9. 1780? in Dublin;
gest. 30. 10. 1824 ebd.

Charles Robert Maturin ist v. a. aufgrund des Romans *Melmoth the Wanderer* (1820; *Melmoth der Wanderer*, 1822) bekannt, mit dem nach allgemeiner Einschätzung die Tradition der *Gothic novel*, des englischen Schauerromans, einen Höhepunkt erreicht. Zuvor veröffentlichte der anglikanische Geistliche, der seine bescheidenen Bezüge durch literarische Tätigkeit aufzubessern suchte, vier andere Romane und drei Theaterstücke: Der außerordentlich komplex strukturierte, in Süditalien spielende Roman *Fatal Revenge, or The Family of Montorio* (1807), der 1810 eine wohlwollende Besprechung durch Walter Scott erfuhr, handelt von zwei jungen Männern, die von einem rachsüchtigen Mönch durch Vorspiegelungen übernatürlicher Erscheinungen und andere For-

men von Psychoterror dazu gebracht werden, ihren Vater umzubringen. Mit *The Wild Irish Boy* (1808), einem Gesellschaftsroman, wendet sich M. seiner Heimat Irland zu. Interessanter ist indessen *The Milesian Chief* (1812), ein Roman, der die Rebellion eines enterbten und verarmten irischen Fürsten gegen die britischen Besatzer zum Inhalt hat. Die Liebesleidenschaft der einer anglo-irischitalienischen Familie entstammenden jugendlichen Armida Fitzalban zu Connal, dem edlen, wilden Rebellen, spiegelt die Faszination des Anglo-Iren M. durch ein romantisch verklärt wahrgenommenes urtümliches Irentum. *Women, or Pour et Contre* (1818), ein realistischer Gesellschaftsroman, thematisiert Gegensätze zwischen Konfessionen, Nationen und Formen von Weiblichkeit. Von den Theaterstücken konnte *Bertram* (1816) einen Erfolg auf einer Londoner Bühne erringen, der dem Autor die Mißgunst Coleridges eintrug und Byron zur Abfassung von *Manfred* (1817) inspirierte. Auf *Melmoth the Wanderer* folgen noch *The Albigenses* (1824), ein historischer Roman, und *Five Sermons on the Errors of the Roman Catholic Church* (1824).

Das große Thema M.s, von *Fatal Revenge* über *The Milesian Chief* bis zu *Melmoth the Wanderer*, ist zweifellos die menschliche Psyche in Grenzsituationen wie Ekstase, Angst und Verzweiflung. In *Melmoth the Wanderer* hat der Titelheld wie Faust einen Pakt mit dem Teufel geschlossen und irrt wie Ahasver, der Ewige Jude, vergeblich auf der Suche nach Erlösung umher. Um der ewigen Verdammnis zu entgehen, muß Melmoth jemanden finden, der den Pakt von ihm übernimmt. Er führt daher immer wieder Menschen in extreme psychische Bedrängnis, ohne sie jedoch zur Übernahme des Pakts verleiten zu können. In den fünf in das Rahmengeschehen eingelagerten Erzählungen werden unterschiedliche Formen von menschlicher Gequältheit dargestellt, die wie in den vorausgegangenen Romanen vielfach zum Wahnsinn führen; aber auch Momente eines Trostes, wie er etwa aus der gegenseitigen Zuneigung von Familienangehörigen erwächst. Den Konventionen der *Gothic novel* entsprechend kommen alte Gemäuer und unterirdische Gänge zur Sprache, v. a. aber die von der römisch-katholischen Kirche und ihren schlimmsten Agenten, dem Jesuitenorden und der Inquisition, verbreiteten Schrecknisse. Daneben findet sich auch die Schilderung des urtümlichen, rousseauistischen Paradieses einer Indien vorgelagerten Insel, auf der ein Mädchen unschuldig, einsam und glücklich aufwächst, bis Melmoth in ihr Leben eindringt.

Obwohl die Unwahrscheinlichkeiten der Plots und die Melodramatik der Geschehnisse vielfach kritisiert wurden, war die Nachwirkung der Romane M.s, v. a. des *Melmoth*, außerordentlich. In Frankreich bezogen Victor Hugo, Honor&de Balzac und Charles Baudelaire Anregungen von ihm, in England Wilkie Collins, Joseph Sheridan LeFanu und Oscar Wilde, M.s Urgroßneffe. Zusammen mit anderen *Gothic novelists*, etwa Ann Radcliffe, stellte er Erzählverfahren bereit, die von AutorInnen des 19. Jahrhunderts wie den Bront Sisters und Charles Dickens zur psychologischen Charakterisierung verwendet wurden, etwa die personale Erzählperspektive und die Schilderung von Naturphänomenen als veranschaulichende Analogie zur menschlichen Psyche.

Literatur: C. Fierobe. *Charles Robert Maturin (1780–1824): L'homme et l'œuvre*, Lille 1974. – D. Kramer. *Charles Robert Maturin*. New York 1973.

Thomas Kullmann

Maugham, W[illiam] Somerset

Geb. 25. 01. 1874 in Paris;
gest. 16. 12. 1965 bei Nizza

Außergewöhnlicher Erfolg beim Publikum und eine fast ebenso große Vernachlässigung seitens der beruflichen und akademischen Kritiker kennzeichnen W. Somerset Maugham, dessen Wirken von der viktorianischen Epoche bis zur Zeit der Postmoderne reichte, als literarischen Autor. Anläßlich seines 90. Geburtstages konnte er in einem Interview stolz auf 80 Millionen verkaufte Exemplare seiner Bücher verweisen; man hält ihn gelegentlich für den meistgelesenen englischen Romanautor des 20. Jahrhunderts, und seine Stücke waren über zwei Jahrzehnte lang in ununterbrochener Folge in den führenden Londoner Theatern zu sehen. Dennoch ist er den meisten Literaturgeschichten nur eine kurze Notiz wert. Er war ein Schriftsteller von hoher Professionalität, für den Klarheit und Verständlichkeit sowie der Unterhaltungsanspruch seines Publikums entscheidende Bedeutung besaßen.

Trotz seiner persönlichen Zurückhaltung vermochte er von sich zu sagen: »I have put the whole of my life into my books.« M.s Leben bot reichlich Stoff für Geschichten. Als jüngster von vier Söhnen eines Anwalts bei der britischen Botschaft in Paris geboren, verbrachte er die ersten zehn Lebensjahre in Frankreich und kam dann nach dem frühen Tod der Eltern zu seinem Onkel, dem Pfarrer von Whitstable in Kent, und dessen Frau, einer Geborenen von Scheidlen. Die Veränderung wirkte so traumatisch, daß M. bis zu seinem Tod einen Sprachfehler hatte. Das Leben im Pfarrhaus war einsam, die anschließenden Schuljahre in der King's School, Canterbury, empfand er als unglücklich, und er litt immer wieder unter Krankheiten. So brach er trotz guter Leistungen die Schule vorzeitig ab und ging auf Vermittlung seiner Tante für mehr als ein Jahr nach Heidelberg, um Deutsch zu lernen. Hier erhielt er wichtige kulturelle Impulse, u. a. durch die Begegnung mit den Dramen Ibsens, und er beschloß, selbst Stücke zu schreiben. Zurückgekehrt nach England, stellte er in einem Praktikum fest, daß ihm der Beruf eines Steuerberaters nicht zusagte, und ließ sich statt dessen als Student am St. Thomas's Hospital in Südlondon einschreiben, wo er 1897 nach fünf Jahren sein Diplom als Arzt erhielt. Während des Studiums bereitete er sich intensiv auf seine Tätigkeit als Autor vor, indem er systematisch die englische, französische, italienische und lateinische Literatur durcharbeitete. Zugleich schrieb er an seinem ersten Roman, in den er seine Erfahrungen als angehender Arzt einfließen ließ. Nach dessen Publikation im gleichen Jahr gab er die Medizin, die er später als hervorragende Vorbereitung für einen Schriftsteller bezeichnete, sofort auf und widmete sich ganz dem Schreiben. Er lebte ein Jahr in Spanien (später ein Jahr in Paris) und wurde dann in London allmählich als vielversprechender junger Autor bekannt und in literarische Salons eingeladen. Dort lernte er u. a. die hübsche junge Schauspielerin Sue Jones kennen, mit der er acht Jahre ein Verhältnis unterhielt, die ihm aber, als er ihr endlich einen Antrag machte, einen Korb gab. Statt dessen heiratete er 1916 in den USA Syrie Wellcome, mit der er bereits eine Tochter hatte. Während des Ersten Weltkrieges war M. zunächst in einer Rot-Kreuz-Ambulanz tätig, wo er den Amerikaner Gerald Haxton, die männliche Liebe seines Lebens, kennenlernte. Mit ihm als Sekretär und Begleiter unternahm er später viele Reisen in ferne Länder. Ähnlich wie E. M. Forster bewahrte M. jedoch, vielleicht auch aufgrund von Oscar Wildes Schicksal, Stillschweigen über seine homosexuelle Veranlagung. Im Ersten Weltkrieg arbeitete er danach als Geheimagent in der Schweiz und wurde mit einer Geheimmission nach Rußland betraut. Nach der Scheidung im Jahre 1929 lebte M. hauptsächlich in der Villa Mauresque an der französischen Riviera, die er ein Jahr zuvor erworben hatte, und führte dort ein äußerst gastliches Haus: Winston Churchill, Grace Kelly und Ian Fleming waren die berühmtesten unter seinen zahlreichen Gästen. Immer wieder unternahm er ausgedehnte Reisen, und den Zweiten Weltkrieg verbrachte er in den USA. Trotz seines früh eingetretenen Erfolges als Autor arbeitete M. bis fast zu seinem Lebensende jeden Vormittag am Schreibtisch. So kam 1897 bis 1962 sein umfangreiches Lebenswerk von insgesamt 42 Büchern und 27 zu seinen Lebzeiten aufgeführten Stücken zustande.

M.s Schreiben in unterschiedlichen Gattungen und Textsorten, insbesondere sein Schaffen als Bühnenautor sowie als Erzähler und Essayist, schien in jeweils eigenen Bahnen zu verlaufen. Er begann als Romancier, erzielte dann aber nach drei weniger gelungenen Stücken auf dem Gebiet des Dramas den großen Durchbruch. *Lady Frederick* (1907; *Lady Frederick*, o. J.), eine in der Nachfolge von Wilde, Arthur Wing Pinero und Henry Arthur Jones für die spezifischen Theatergegebenheiten der Zeit geschriebene witzige Salonkomödie, in der die viktorianischen Kerninstitutionen Religion, Politik und Ehe satirisch aufs Korn genommen wurden, war ein fulminanter Erfolg. Im nächsten Jahr, M.s *annus mirabilis*, liefen gleichzeitig vier Inszenierungen von M.s Bühnenwerken in Londoner Theatern, ein einzigartiger Rekord, der M. zum gefeierten Dramatiker machte. Bis 1933 schrieb er regelmäßig neue Stücke. Aus heutiger Sicht sind weniger seine Melodramen und Problemstücke, wie *The Explorer* (1908), *East of Suez* (1922) oder *For Services Rendered* (1932; *Für geleistete Dienste*, 1932), als vielmehr die Komödien, wie *Smith* (1909), *The Land of Promise* (1913), *Our Betters* (1917) und *The Constant Wife* (1926; *Finden Sie, da Constance sich richtig verhält?*, 1927), bemerkenswert. – Nach dem Erstlingswerk *Liza of Lambeth* (1897; *Lisa von Lambeth*, 1953), einem naturalistischen Roman über das Leben der Londoner Armen in der Tradition von Maupassant und George Gissing, versuchte sich M. u. a. auf dem Gebiet des historischen Romans. Seine erfolgreichsten Romane waren jedoch die mehr oder weniger stark autobiographisch geprägten Erzähl-

werke *Of Human Bondage* (1915; *Des Menschen Hörigkeit*, 1939), das er selbst für sein bestes Werk hielt, *Cakes and Ale* (1930; *Derbe Kost*, 1952; *Rosie und die Künstler*, 1973) und *The Razor's Edge* (1944; *Auf Messers Schneide*, 1946). Großer Beliebtheit bei den Lesern erfreute sich auch *The Moon and Sixpence* (1919; *Silbermond und Kupfermünze*, 1950), dem die Lebensgeschichte des Malers Gauguin zugrunde liegt; ironischerweise begann M. die Darstellung dieses kompromißlosen Künstlers, der sich unmenschlich und grausam von seiner Familie lossagt, als er selbst gerade geheiratet hatte.

M.s ironische Distanziertheit, mit der er menschliche Schwachheit bloßstellt und Schein und Sein analysiert, kommt besonders in seinen Short Stories zum Tragen, die er in acht einzelnen Bänden publizierte und 1951 in einer drei- (später vier-)bändigen Sammelausgabe herausbrachte. Wie in »Rain«, »The Force of Circumstances« oder »The Door of Opportunity« finden sich hier meist exotische Schauplätze, welche M. von seinen eigenen Reisen vertraut waren, die vergangene Welt des British Empire und der Kolonien. Im Gegensatz zu den Kurzgeschichten von Katherine Mansfield oder Virginia Woolf ist M. der moderne Repräsentant der mündlich erzählten Geschichte mit ausgeprägtem Plot und dramatischer Struktur, welche die Erfahrung des Bühnenautors erkennen läßt. Man hat ihn als englischen Maupassant gewürdigt. M.s Short Stories, welche die Entwicklung der Gattung in England nach dem Zweiten Weltkrieg entscheidend mit beeinflußt haben, sind wohl, literarhistorisch gesehen, seine wichtigsten Werke. Seine autobiographischen Schriften *The Summing Up* (1938; *Rückblick auf mein Leben*, 1948), *Strictly Personal* (1941) und *A Writer's Notebook* (1949; *Aus meinem Notizbuch*, 1954) geben Einblicke, lassen aber auch vieles im Unklaren. M.s Stücke, Romane und Kurzgeschichten sind wiederholt erfolgreich verfilmt worden.

Werkausgaben: *Collected Edition of the Works*. London 1934–50. – *Complete Short Stories*. London 1951.
Literatur: A. Curtis/J. Whitehead, Hgg. *W. Somerset Maugham: The Critical Heritage*. London 1987. – J. Whitehead. *Maugham: A Reappraisal*. London 1987. – F. D. Burt. *W. Somerset Maugham*. Boston 1985. – A. Curtis. *Somerset Maugham*. London 1977.

Raimund Borgmeier

Mayhew, Henry

Geb. 25. 11. 1812 in London;
gest. 25. 7. 1887 ebd.

Henry Mayhew, Sohn eines angesehenen und erfolgreichen Rechtsanwalts, widersetzte sich – wie drei seiner Brüder – dem Wunsch des patriarchalen Vaters, der für alle Söhne den eigenen Beruf vorgesehen hatte, und wurde Journalist und Schriftsteller. Dies führte zu ständigen finanziellen Sorgen, die das Verhältnis zum Vater, aber auch seine 1844 mit Jane Jerrold geschlossene Ehe belasteten. M.s journalistische und literarische Tätigkeit war vielfältig: 1835–39 gab M. den *Figaro in London* heraus, 1850 den *Comic Almanac*, 1841 gehörte er zu den Gründungsmitgliedern von *Punch*; er schrieb für *The Illustrated London*, den *Morning Chronicle* sowie *The Illustrated Times*. Hinzu kommen mit seinem Bruder Augustus verfaßte Romane und Sozialmärchen (*The Greatest Plague in Life*, 1847; *Whom to Marry and How to Get Married*, 1848; *The Image of His Father*, 1848; *The Magic of Kindness*, 1849), ein mit George Cruikshank anläßlich der Great Exhibition verfaßter satirischer Roman (*1851, or, The Adventures of Mr. and Mrs. Sandboys*, 1851; *Achtzehnhunderteinundfünfzig oder der Familie Sandboys Abenteuer auf der Reise zum Glaspalast*, o. J.), didaktische und biographische Literatur (*What to Teach and How to Teach It*, 1842; *Young Benjamin Franklin*, 1861; *The Boyhood of Martin Luther*, 1863) sowie drei Reisebeschreibungen über Deutschland.

Bekannt ist M. aber weniger aufgrund dieser Werke, die sich weitgehend am zeitgenössischen Publikumsgeschmack orientierten, sondern v. a. wegen seiner soziokulturellen Dokumentationen, die aus seiner Tätigkeit für den *Morning Chronicle* hervorgingen. Ausgelöst durch die Choleraepidemie von 1848/49, erschien dort zwischen Oktober 1849 und Dezember 1850 unter dem Titel »Labour and the Poor« eine Artikelserie über die Lage der arbeitenden Armen in England. M. war Korrespondent für London, und sein Bericht über Jacob's Island, Bermondsey, der die Serie einleitete, war der erste von insgesamt 82 Artikeln aus M.s Feder. Ende 1850 überwarf er sich mit den Herausgebern des *Morning Chronicle* und begann ein eigenes, wöchentlich erscheinendes Magazin, *London Labour and the London Poor*, in dem er zwar einen Teil seiner Artikel aus dem *Morning Chronicle* übernahm, das aber grundsätzlich anders an-

gelegt war. Zwischen 1850 und 1856 entstand eine kulturanthropologische Studie des Londoner Straßenvolks, die klassifiziert und wertet, die Armen als das gleichzeitig faszinierende wie bedrohliche Andere des viktorianischen Bürgertums konstruiert und ihnen doch in immer längeren Interviews eine eigene Stimme gibt, die den moralischen Diskurs konterkariert. Von William Thackeray and Douglas Jerrold wurde *London Labour* gefeiert, und es diente Autoren wie Charles Kingsley und G.W.M. Reynolds als Vorlage und Sozialreformern als Argument. Selbst Charles Dickens' Romane *Our Mutual Friend* (1864–65) und *Bleak House* (1852–53) weisen deutliche Parallelen zu M.s Schilderungen auf. 1861 erschien *London Labour and the London Poor* (*Die Armen von London*, 1996) in drei Bänden, am vierten Band über Prostituierte, Bettler und Diebe, der 1862 veröffentlicht wurde, arbeitete M. selbst kaum noch mit. In den 1860er und 1870er Jahren versuchte er, mit *The Criminal Prisons of London* (1862), *London Characters* (1874) und *The Shops and Companies of London* (1865), einer glorifizierenden Darstellung des Handels aus der Perspektive der Londoner Geschäftsleute, an seinen früheren Erfolg anzuknüpfen. Als M. 1887 starb, waren er und sein Werk bereits in Vergessenheit geraten. *London Labour and the London Poor* ist erst seit den 1960er Jahren wiederentdeckt worden und liegt inzwischen in verschiedenen ausgewählten Ausgaben sowie im vierbändigen Nachdruck von 1967 vor.

Literatur: A. Humpherys. *Travels into the Poor Man's Country: The Work of Henry Mayhew*. Athens, GA 1977. – dies. *Henry Mayhew*. Boston 1984. – K. Tetzeli von Rosador. »Henry Mayhews Vielstimmigkeit.« *Henry Mayhew: Die Armen von London*. Hg. ders. Frankfurt a. M. 1996, 361–380.

Sabine Schülting

McCabe, Patrick

Geb. 1955 in Clones, County Monaghan, Irland

Patrick McCabe steht in der langen Tradition der irischen Geschichtenerzähler, der *shanachy*, und vermittelt deren Qualität direkter oraler Wirklichkeitsgestaltung nicht nur hervorragend bei persönlichen Lesungen, sondern auch in seinen Publikationen. Er begann mit Kurzgeschichten, ließ das Kinderbuch *The Adventures of Shay Mouse* (1985) folgen und hat inzwischen sechs Romane, Theaterstücke und Fernsehspiele sowie zusammen mit Neil Jordan ein Drehbuch geschrieben. Schon mit seinem ersten Roman, *Music on Clinton Street* (1986), thematisiert M. den Einfluß der neuen Zeit auf das ländliche Irland und zeigt, wie in seinen bekannteren Werken, das Scheitern menschlicher Versuche, alte mit neuen Werten zu verbinden. *Carn* (1989; *Stadt an der Grenze*, 1997) wählt als Schauplatz einen kleinen Ort nahe der irischen Grenze zu Ulster, der einen Mikrokosmos des Lebens in Irland liefert. Berühmt wurde M. mit *The Butcher Boy* (1992; *Der Schlächterbursche*, 1995), einem preisgekrönten Roman, den der Autor zu dem Drama *Frank Pig Says Hello* (1992) bearbeitete, bevor ihn Neil Jordan verfilmte (1998). Thema ist das provinzielle Irland der 1960er Jahre, in dem Francie Brady als Sohn eines Alkoholikers und einer verzweifelten, dem Wahnsinn nahen und sich schließlich selbst tötenden Mutter aufwächst. Ausgehend von einem authentischen Fall, benutzt M. die Motive des Erwachsenwerdens eines Jugendlichen, des Einflusses der Eltern und des sozialen Umfelds dazu, ein Bild der irischen Gesellschaft zu zeichnen. Francie erwirbt in seinem bornierten, gefühlsarmen Umfeld nicht die Fähigkeiten, die für das Leben in einer widersprüchlichen und sich wandelnden Zeit nötig sind. Gegenüber neuen Tendenzen und erfolgreicheren Figuren entwickelt er nur Angst und Haßgefühle, ein gewalttätiges Ressentiment, das ihn zum Schlächter werden läßt. Ursachen und Formen der Entwicklung und Tradierung von Gewalt in Irland stellt auch *The Dead School* (1995; *Von Hochzeit, Tod und Leben des Schulmeisters Raphael Bell*, 1996) anhand der Lebensgeschichte zweier Generationen irischer Lehrer vor, die völlig verschieden sind, aber beide tragisch scheitern. *Breakfast on Pluto* (1998) zeigt erneut die vielfältigen Probleme heutiger Realität, die enge Verbindung zwischen Individuum und Gesellschaft und die phantastisch erschreckende Projektion von Erinnerungen, Gefühlen und Wünschen auf die Wirklichkeit. Schreiben und Geschichtenerzählen sind Mittel, um in der *Mondo Desperado* (1999; *Phildy Hackballs Universum*, 1999) zu überleben und ihr vielleicht doch noch einen Sinn zu geben. Allerdings sind die *Emerald Germs of Ireland* (2001) immer Keime der Gewalt und Zerstörung. Die Schwierigkeit des Erzählens ist ständiges Thema in diesem vorerst letzten Roman, der wie alle anderen tradi-

tionelle und Pop-Musik als einstimmendes und thematisches Leitmotiv nutzt. – McCabes Stil ist eine ungeheuer reizvolle, Leser sehr emotional ansprechende Mischung von subtiler, aber auch extremer Komik und enormer Grausamkeit, die persönliche Verzweiflung und existentielle Ängste mit harscher Gesellschaftskritik und konsequenter Bloßstellung zerstörerischer Geschichte vereint. Mit dieser Verbindung von Gegensätzen und ganz unterschiedlichen Elementen menschlicher Existenz liefert er trotz aller grotesker Überzeichnungen ein äußerst angemessenes, ja fast realistisches Bild der Gewalt, des Leidens und der Hoffnungen von Menschen am Ende des 20. Jahrhunderts.

Klaus Peter Müller

McEwan, Ian [Russell]

Geb. 21. 6. 1948 in Aldershot, Hampshire

Das Werk Ian McEwans gehört nicht zur bevorzugten Lektüre derjenigen, die mit einem Buch aus der harten, grauen Alltagswirklichkeit fliehen möchten. Er sagt selbst: »Unser gesunder Menschenverstand wirft nur einen ganz engen Lichtkegel auf die Welt, und es ist eine der Aufgaben des Schriftstellers, diesen Kegel zu verbreitern« und »jeden Winkel der menschlichen Erfahrung auszuforschen«. Der Gesellschaft, der Kultur einen Spiegel vorzuhalten, ihre Schattenseiten auszuleuchten, ihre moralische Doppeldeutigkeit bloßzustellen, ihre ängstlich geschützten Sensibilitäten zu attackieren und die Begrenztheiten des Wirklichen mit der Endlosigkeit des Möglichen ins Spiel zu setzen, das zeichnet das Werk von M. aus. – Als debütierendem Jungtalent hat man ihm das Etikett eines literarischen *enfant terrible* angehängt, hat sein Werk als Ausfluß einer Obsession mit dem Makabren und Abseitigen, mit pervertierter Sexualität, mit Gewalt und Tod abgestempelt. Seine ersten beiden Buchveröffentlichungen, die Kurzgeschichtensammlungen *First Love, Last Rites* (1975; *Erste Liebe, letzte Riten*, 1980), für die er 1976 den *Somerset Maugham Award for Fiction* erhielt, und *In Between the Sheets* (1978; *Zwischen den Laken*, 1982), wurden von der Kritik als »brilliant debut«, aber unisono auch als Schocker, als tief beunruhigende und vor nichts zurückschreckende Darstellung des Unmenschlichen, Monströsen, als aus

Alpträumen geborene Phantasmagorien charakterisiert. Das Maß an Beunruhigung, das M. auslöste, fand sein Gegenstück in der Hektik, mit der versucht wurde, in der Biographie des jungen Schriftstellers nach Gründen für diese schwarzen Phantasien zu fahnden. »Er sieht aus wie ein Schulmeister und schreibt wie ein Dämon«, faßte Natascha Walker einmal die Inkongruenz zwischen dem nachdenklichen, freundlichen Erscheinungsbild M.s und seiner haarsträubenden Phantasie zusammen. Diese Bemerkung pointiert aber auch das Mißverständnis, zu dem sein frühes Werk Anlaß zu geben schien: das Mißverständnis nämlich, daß Abartigkeiten im menschlichen Verhalten ein Problem des Schriftstellers und nicht eines der menschlichen Natur und der menschlichen Gesellschaft sind.

Da sein Vater Berufssoldat war, verbrachte M. als Kind einige Jahre in den britischen Garnisonen in Norddeutschland, in Singapur und in Libyen, wurde dann nach England in eine Internatsschule geschickt und studierte schließlich an der University of Sussex englische Literatur. Danach war er der erste Student des von Malcolm Bradbury und Angus Wilson an der University of East Anglia ins Leben gerufenen und später als literarische Talentschmiede berühmt gewordenen Master-Kurses in *Creative Writing*. Die Ehre, die es bedeutet, M. unter ihren Studenten gehabt zu haben, haben beide Universitäten ihm inzwischen mit Ehrendoktorwürden gedankt. Ernsthaften Kritikern war von Anfang an nicht entgangen, daß hier ein ungewöhnliches literarisches Talent herangereift war. Immer wieder wurde von ihnen auf die faszinierende Diskrepanz zwischen dem dargestellten Grauen und der nüchtern, um nicht zu sagen unterkühlt sezierenden Sprache von M.s Geschichten und Romanen hingewiesen. Beides, der unverwandte kalte Blick und die Darstellung des erregend Unvorstellbaren, gehören zu seinem literarischen Programm.

In zunehmendem Maße, von Roman zu Roman sichtbarer, sind aber die Bilder des Horrors und der grotesken Besessenheiten eingebettet in ein Interesse an der Exploration grundlegender menschlicher Probleme, ihrer erkenntnismäßigen und ethischen Dimensionen. Im 1978 veröffentlichten ersten Roman *The Cement Garden* (*Der Zementgarten*, 1982) dominiert noch das Interesse am Erzählen einer schaurigen Welt, die die Kinder sich bauen, nachdem der Vater begraben und die gestorbene Mutter im Keller einzementiert ist. Im

1981 erschienenen *Comfort of Strangers* (*Der Trost von Fremden*, 1983), den ein Rezensent als »fiendish tribute to Thomas Mann's *Death in Venice*« charakterisiert hat, kommt der Schock der mörderisch ritualisierten Sexualität erst am Schluß nach einer längeren Vorbereitung, in der die Beteiligten, ihre Gedanken, Wahrnehmungen und Beziehungen im Mittelpunkt stehen. Sechs Jahre später, mit *The Child in Time* (1987; *Ein Kind zur Zeit*, 1988), einem Roman, der als *Whitbread Novel of the Year* preisgekrönt wurde, ist nach Meinung der Kritiker die Wende vom »purveyor of nasty tales« »to a novelist, unsurpassed for his responsive and responsible humanity« vollzogen. Leiden, Verlust, Trennung und Destabilisierung sind für M. in diesem profunden Roman offenbar unabdingbare Voraussetzungen für die Entfaltung von Menschlichkeit, von Einsicht und von Hoffnung. 1990 folgte mit *The Innocent* (*Unschuldige: Eine Berliner Liebesgeschichte*, 1990) ein Roman, der im Frontstadt-Milieu Berlins in den 1950er Jahren spielt und den Bau eines Abhörtunnels nach Ostberlin als zentralen Handlungsfaden hat. Wie ein Spionageroman angelegt und sein Spannungspotential nutzend, ist dies dennoch kein Ausflug M.s in ein völlig neues Genre. *Black Dogs* von 1992 (*Schwarze Hunde*, 1994) erhielt zurecht überschwengliche Kritiken und wurde von den Rezensenten als philosophischster der Romane M.s gefeiert. Die Leidenschaft, in das Leben anderer Menschen einzudringen, an ihm stellvertretend teilzuhaben, führt den Erzähler in diesem Roman dazu, den Lebensgeschichten seiner Schwiegereltern als Kompensation für den frühen Verlust seiner Eltern nachzuspüren. Sein 1997 erschienener Roman *Enduring Love* (*Liebeswahn*, 1998) demonstriert einmal mehr, mit welchem Geschick M. packende Szenen in seinem Werk einzusetzen versteht. In der Eingangspassage, die eine Beschreibung des Picknicks eines Liebespaares in den Chiltern Hills enthält, wird die Idylle des Sonntagsausflugs jäh unterbrochen von einer Serie atemberaubender Ereignisse, an deren Ende eine zerstörte Beziehung, ein Toter und undefinierbare, aber intensive Schuldgefühle stehen.

M.s Interesse am Menschen ist immer auch ein wissenschaftliches Interesse. Er hat sich in den letzten Jahren verschiedentlich zu einer wachsenden Faszination für naturwissenschaftliche Grenzfragen bekannt. Sein Interesse an Theorien über die Relativität von Raum und Zeit, an Evolutionstheorie und Genetik bestimmt nicht nur in zunehmendem Maße den gedanklichen Gehalt seiner Romane, sondern zeigt auch M. als einen Schriftsteller, dessen Besonderheit in der ungewöhnlichen Verbindung der Mentalität eines Forschers mit einer ungeheuer fruchtbaren Phantasie besteht. Wieviel M. an einem möglichst reichen Leben der Phantasie liegt, hat er in seinen Kinderbüchern demonstriert. 1985 veröffentlichte er *Rose Blanche*, ein für das britische Publikum umgeschriebenes Kinderbuch des italienischen Autors Roberto Innocenti. 1994 folgte dann *Daydreamer* (*Der Tagträumer*, 1995), in dem die wirklichkeitsverändernde Macht der Phantasie, zumal der kindlichen, im Zentrum der Handlung steht.

Obwohl M. dem Ideenroman eine Absage erteilt und sich unmißverständlich zu der politischen Verantwortlichkeit des Schriftstellers geäußert hat – und zwar in dem Sinne, daß es nicht seine Aufgabe sein kann, in literarischen Texten eindeutige politische Präferenzen zu transportieren oder Ideen anschaulich zu vermitteln –, hat er sich doch insbesondere in Arbeiten für das Fernsehen der politischen Realität Großbritanniens kritisch zugewandt: so z. B. in *The Ploughman's Lunch* (1985), einer bissigen Auseinandersetzung mit dem Thatcherismus, aber auch einer scharfsinnigen Satire gegen die Art von mental verkrüppelten Menschen – Politiker, Journalisten, Intellektuelle –, wie sie die heutige Welt in immer größerer Zahl erzeugt. – Schon frühzeitig hatte sich M. neben dem Romanschreiben auf die Übertragung von Literatur in andere Medien konzentriert und in einigen Fällen sogar den visuellen Medien den Vorzug vor den geschriebenen gegeben. 1979 wurde die Verfilmung seiner Kurzgeschichte »Solid Geometry« (1974), für die er das Filmskript verfaßt hatte, von der BBC-Spitze gestoppt, weil diese die Zurschaustellung eines in einem Glas konservierten Penis für unzumutbar für das breite Publikum hielt. 1980 schrieb er das Skript für das Hörspiel *The Imitation Game* (1981), und 1983 führte das London Symphony Orchestra sein Oratorium *Or Shall We Die* auf. 1988 adaptierte M. Timothy Mos *Sour Sweet* (1982) für die Leinwand, und 1993 schrieb er das Skript für *The Good Son*. Einige seiner Romane sind verfilmt worden – hier ist insbesondere *The Innocent* als besonders erfolgreich zu erwähnen. Seine bislang letzten Romane sind *Amsterdam* (1998; *Amsterdam*, 1999), für den M. den *Booker Prize* erhalten hat, und *Atonement* (2001). *Amsterdam* ist neben *Daydreamer* bei weitem M.s

heiterstes Werk, obwohl es mit einem Begräbnis beginnt und mit einem Doppelmord endet.

Literatur: J. Slay, Jr. *Ian McEwan*. New York 1996. – K. Ryan. *Ian McEwan*. Plymouth 1994.

Jürgen Schlaeger

McFall, Frances Elizabeth
→ Grand, Sarah

McGahern, John
Geb. 12. 11. 1934 in Dublin

John McGahern, Sohn eines Polizeibeamten, erhielt seine Schulbildung in Carrick-on-Shannon bei den katholischen Presentation Brothers, war Lehrer in Clontarf (1957–64), später freischaffender Schriftsteller und Universitätsdozent. – Sein erster Roman, *The Barracks* (1963; *Die Polizeikaserne*, 1978), schildert die Monotonie des Lebens in einer Polizeikaserne im Westen Irlands. Das Porträt der krebskranken Frau des Polizisten Reegan ist geprägt von ihrem Leiden und den Erinnerungen an ein erfüllteres Leben vor ihrer Heirat als Krankenschwester in London. Die düstere Stimmung wird durch den schwarzen Humor gemildert. Die Beschränkungen des Kleinstadtlebens beschreibt M. in einem knappen Stil ohne Sentimentalität. Die Charaktere sind gespalten zwischen dem Bedürfnis nach Sicherheit und dem Widerstand gegen die Alltagsroutine. Reegan will aus der Enge seines Lebens als Polizist ausbrechen und einen eigenen Hof kaufen, doch seine Ersparnisse werden durch die Krankheit seiner Frau aufgezehrt. Am Schluß quittiert er dennoch den Dienst, ohne zu wissen, wie es für ihn und seine Kinder weitergehen wird. Dieses Erstlingswerk zeigt den auch später wieder thematisierten Konflikt zwischen der Dominanz der katholischen Kirche und einem latenten Agnostizismus der Charaktere. M.s zweiter Roman, *The Dark* (1965; *Das Dunkle*, 1994), behandelt das Thema der Adoleszenz mit ihren emotionalen Nöten angesichts festgefügter Autoritätsstrukturen. Die Andeutung einer homosexuellen Beziehung veranlaßte den Klerus, den Roman 1965 auf den Index zu setzen. Im gleichen Jahr verlor M. seine Stelle als Lehrer, was zu einer heftigen Kontroverse in der Öffentlichkeit führte. M. ging nach London, lebte danach in

Spanien, den USA, England, bevor er nach Irland zurückkehrte. – Zu M.s Erzählwerk gehören weiterhin die Kurzgeschichtensammlungen *Nightlines* (1970), *Getting Through* (1978, 2000), *High Ground* (1985) sowie die Romane: *The Leavetaking* (1974; *Abschiednehmen*, 1984), *The Pornographer* (1979; *Der Liebhaber*, 1996), *Amongst Women* (1990; *Unter Frauen*, 1991), für die er – wie schon für *The Barracks* – diverse Preise erhielt. Wiederkehrende Themen M.s sind die emotionalen Probleme von Individuen in einer nach strikten Regeln geordneten, provinziellen Gesellschaft. Wiederkehrende Typen sind dominierende Väter (*Amongst Women*, *The Dark*) oder Kleriker (*The Leavetaking*). England ist häufiger Fluchtpunkt für Charaktere, die der Enge ihres Daseins zu entkommen trachten (*High Ground*). Konziser Stil, realistische Wiedergabe des Lokalkolorits und grimmiger Humor sind M.s Markenzeichen. Seine Position als einer der führenden irischen Schriftsteller seiner Generation ist unbestritten und macht ihn zu einem wichtigen Sprachrohr eines aufgeklärten Irlands.

Werkausgabe: *The Collected Stories*. London 2000 [1992].
Literatur: D. Sampson. *Outstaring Nature's Eye: The Fiction of John McGahern*. Washington DC 1993.

Joachim Schwend

McGough, Roger

Geb. 9. 11. 1937 in Liverpool

Obwohl Roger McGough einer der populärsten Lyriker Großbritanniens ist, wird er bislang von der Literaturwissenschaft weitgehend ignoriert, offenbar aufgrund des Unterhaltungsaspekts seiner Gedichte. M.s Fähigkeit, ein großes Publikum anzusprechen, hängt mit seiner Herkunft aus der Pop-Kultur der 1960er Jahre zusammen und seinen Auftritten als *performance*-Künstler auf vielbesuchten Lesetouren. Er trat als Texter und Sänger der Pop-Gruppe *The Scaffold* hervor, die besonders mit »Lily the Pink« berühmt wurde. 1967 erschienen M.s erster Lyrikband *Summer with Monica* sowie die Penguin-Anthologie *The Mersey Sound*, die ihn zusammen mit Adrian Henri und Brian Patten als einen der drei *Liverpool Poets* vorstellte, der wohl größte Verkaufserfolg einer Lyrikanthologie in England überhaupt. Seitdem erschienen neun weitere Gedichtbände, z. B.

After the Merrymaking (1971), *Holiday on Death Row* (1979), *Melting into the Foreground* (1986) und *Defying Gravity* (1992). Daneben hat er Gedichtbände für Kinder wie *Sky in the Pie* (1983) und *Lucky* (1993) veröffentlicht sowie Texte für Theater, Fernsehen und Film geschrieben, z. B. das Skript für den Beatles-Film *The Yellow Submarine* (1960). – M.s Gedichte haben sich stilistisch und thematisch über seine frühe *performance*-Lyrik hinaus weiterentwickelt, ohne den direkten Leser-Appell im Bezug auf Alltagserfahrungen und im Einsatz von Umgangssprache aufzugeben.

Charakteristisch für M. ist der spielerisch-pointenhafte Umgang mit Sprache auch bei ernsten Themen. So werden idiomatische Wendungen verdreht, wie in »Melting into the Foreground«, oder Metaphern wörtlich genommen und ausgesponnen, wie in »Bits of Me« das Bild der Identität als Mehrpersonenhaushalt – mit (selbst-)ironischer Wirkung. Die dadurch erzielte groteske Verfremdung, etwa bei der Darstellung einer scheiternden Liebe als Hausschwamm in »The Rot« oder der einer tödlichen Krankheit als Rosenkrieg in »War of the Roses«, verbindet die Eindringlichkeit des Nachvollzugs durch den Leser mit der Möglichkeit einer Distanzierung. Sprachspielerisch-ironisch und zugleich ernsthaft oder gar anrührend ist auch der Stil der Gedichte über emotionale Familienbeziehungen, etwa zu den Söhnen oder den Eltern in »Bearhugs«, »Just Passing« und »Alphabet Soup« oder über die Todeserfahrung eines Freundes in »Defying Gravity«. Ein typisches Motiv ist ferner die Behandlung des Dichtens im Gedicht, z. B. in »Take a poem, Miss Smith«, »An Apology« oder »The Nearest Forty-two«. Der Rückbezug des Textes auf den Schreibakt thematisiert den künstlerischen Schöpfungsakt und verwischt den Unterschied zwischen Fiktion und Realität. M.s Spiel mit literarischen Konventionen provoziert auch beim Leser eine bewußte Beobachtungshaltung zur künstlerisch geschaffenen Welt wie zum sprachlichen Vermittlungsinstrument. Damit verfolgt M. ähnliche Ziele wie die schwierigen postmodernen Lyriker, erreicht diese aber durch seine spielerisch-unterhaltsamen Techniken auf leichter zugängliche Weise.

Werkausgaben: *The Mersey Sound: Adrian Henry, Roger McGough, Brian Patten*. Harmondsworth 1974 [1967]. – *Selected Poems 1967–1987*. London 1989. – *You at the Back: Selected Poems 1967–1987*. Bd. 2. London 1991. – *Tigerträume: Gedichte*. Heidelberg 1997 [zweisprachig].

Peter Hühn

McGrath, John

Geb. 1. 6. 1935 in Birkenhead, Merseyside;
gest. 22. 1. 2002 in London

Nachdem er über ein Jahrzehnt erfolgreich im
kommerziellen Kulturbetrieb gearbeitet hatte,
widmete sich John McGrath ab 1971 der Verwirklichung eines an regionalen Traditionen und populären Unterhaltungsformen orientierten sozialistischen Gruppentheaters, dessen theoretische
Grundlagen er in zwei Essaysammlungen darlegt
(*A Good Night Out*, 1981; *The Bone Won't Break*,
1990). Im Jahre 1971 gründete er die 7:84 Theatre
Company, die sich zwei Jahre später in eine schottische und eine englische Truppe aufspaltete. In
seinen Dramen analysiert M. aus marxistischer
Perspektive mit einer eindeutig didaktisch-aufklä-
rerischen Zielsetzung soziale, ökonomische und
politische Probleme Schottlands in ihren historischen und internationalen Zusammenhängen.
Sein populärstes Stück, *The Cheviot, the Stag, and
the Black, Black Oil* (1973), thematisiert in der
Form des gälischen *ceilidh* (schottischer Gesell-
schaftstanz) im Wechsel von Spiel, Bericht, Lied
und Tanz, dokumentarischen Formen und revue-
haften Elementen die Geschichte der Highlands
seit 1745. M. behandelt jedoch nicht nur vergan-
genheits- und gegenwartsorientierte Stoffe dieser
ländlichen Region (*The Boom*, 1974; *The Catch*,
1981), sondern er schrieb auch Stücke, die sich an
die Arbeiter in den urbanen Zentren richten und
formal wie thematisch ein anderes Gepräge haben.
In ihnen kontrastiert er die militante Tradition der
Industriegebiete um Glasgow mit ihrer gegenwärtigen Situation und erhebt die Forderung nach
einem unabhängigen, sozialistischen Schottland
(*The Game's a Bogey*, 1974; *Little Red Hen*, 1975).
Trotz aller Sympathie für das intendierte Zielpublikum spart M. nicht mit Kritik an politischem
Fatalismus und Passivität (*Joe's Drum*, 1979), am
Verlust des Klassenbewußtseins sowie an bestimmten kollektiven und individuellen ethischen Einstellungen und Verhaltensweisen (Alkoholismus,
Sexismus, Gewalt). – In Reaktion auf den gesamt-
gesellschaftlichen Umbruch im Zeichen des Thatcherismus schwächte er seine politische Aussage
ab, drängte spezifisch schottische Themen zugunsten übergeordneter politischer und sozialer Fragen zurück und bediente sich vermehrt konventioneller realistischer und naturalistischer Darbie-
tungsformen (*Swings and Roundabouts*, 1980;

Blood Red Roses, 1980). Aus Protest gegen die
Politik des schottischen Arts Council, die auf die
Zerstörung des Konzepts eines kollektiven Gruppentheaters hinauslief, schied er 1988 als künstlerischer Leiter aus der Gruppe aus und konzentrierte sich fortan stärker auf seine vielfältigen
Aktivitäten in Film und Fernsehen, ohne jedoch
den Glauben an das Theater als Forum für intellektuelle Debatten und politisches Engagement zu
verlieren. In den Dramen, die er nach der Trennung von 7:84 Scotland verfaßte, kehrt er wieder
zu konfrontativen, publikumsbezogenen, experimentierfreudigen Spielformen zurück. Inspiriert
von zirzensischen, karnevalesken Traditionen behandelt er in episch ausgreifender Dimension die
englisch-schottischen Beziehungen (*Border War-
fare*, 1989) sowie die Geschichte der schottischen
Arbeiter (*John Brown's Body*, 1990).

Werkausgabe: *Six-pack: Plays for Scotland*. Edinburgh
1996.
Literatur: M. DiCenzo. *The Politics of Alternative Theatre
in Britain, 1968–1990: The Case of 7:84 (Scotland)*. Cambridge 1996. – A. Jäger. *John McGrath und die 7:84
Company Scotland*. Amsterdam 1986.

Raimund Schäffner

McGrath, Patrick

Geb. 7. 2. 1950 in London

Der in New York lebende Patrick McGrath gilt
seit dem Erscheinen seiner Kurzgeschichtensammlung *Blood and Water and Other Tales* (1988; *Wasser und Blut*, 1989) als einer der führenden Vertreter der *neo-gothics*. Diesen Ruf bestätigte er mit
den Romanen *The Grotesque* (1989; *Groteske*,
1990), *Spider* (1990; *Spider*, 1992), *Dr. Haggard's
Disease* (1993; *Dr. Haggards Krankheit*, 1994), *Asylum* (1996; *Stella* 1997) und *Martha Peake* (2000)
sowie seiner Mitherausgeberschaft in *The New
Gothic: A Collection of Contemporary Gothic Fiction*
(1991, mit Bradford Morrow; *The New Gothic:
Neue Schauergeschichten*, 1995) und seinem Beitrag in *Transmutations of Horror in Late-Twentieth
Century Art* (1997). ›Neo‹ in *neo-gothic* meint die
zeitgenössische Erscheinungsform des *gothic*, dessen konstituierende Motive mal eine ironische,
mal eine auf psychologischem Realismus basie-
rende Wiederauflage erfahren. Trotz aller parodistischen Abwandlungen bewahrt M. die Atmosphäre des Unheimlichen durch den Einsatz unzu-

verlässiger Erzähler sowie desaströser Plotverläufe, die scheinbar überkommene Vorstellungen von Schuld und Sühne wieder aufleben lassen. Die moralistischen Denkfiguren Sigmund Freuds kehren wieder: Sexuelles Begehren führt selbst in seiner Erfüllung nicht zur Überwindung innerer und äußerer Widerstände, sondern mündet in übermächtige Schuldgefühle und todbringende Obsessionen.

M.s Hauptinteresse gilt der Porträtierung psychisch angeschlagener Figuren, deren Einbildungskraft und hohe Emotionalität sie nach der plötzlichen Konfrontation mit ihren geheimen Ängsten am Rand des Wahnsinns entlangtaumeln lassen. Gelegentlich wird an M. der gleiche Vorwurf wie seinerzeit an Edgar Allan Poe gerichtet – der eines überladenen Stils, der sich in Form typisch-gotischer Wortschnörkeleien sowie der Vorliebe für bizarre Details, insbesondere der detaillierten Beschreibung physischen Verfalls und nicht gesellschaftlich akzeptierter Praktiken, äußert. Solche Vorwürfe basieren vermutlich auf der leicht mißzuverstehenden Süffisanz, mit der M. das Genre gleichzeitig pflegt und parodiert. Typisch für seine Romane ist die Tendenz zur Hybridisierung seiner von symbolischer Dichte geprägten Variante des *neo-gothic*, das Elemente der *murder mystery* (*The Grotesque* und *Spider*), der psychologischen Fallstudie (*Asylum*) und des metahistorischen Romans (*Martha Peake*) integriert, sowie eine Vorliebe für bestimmte Spielarten der Ich-Erzählsituation. Nach der virtuos ausgespielten autodiegetischen Erzählsituation der ersten drei Romane verlegt er seine narrative Technik auf die eher distanzierende Rahmenerzählung. Die erzählerische Nachahmung psychologisch plausibler Prozesse läßt den Plot zum Puzzle geraten. Wenn M. seinen Lesern die Perspektive des ›Irren‹ aufdrängt, verhindert er durch dessen Wortgewandtheit und scheinbare Rationalität mögliche leserseitige Abwehrreaktionen. Über die in der Ich-Erzählsituation angelegte Perspektivenübernahme und vielschichtige Plots verstrickt er seine Leser in ein Labyrinth aus widersprüchlichen Emotionen. – Es gelingt M., die physischen und psychischen Seiten menschlicher Existenz in ihrer Komik und Häßlichkeit, ihrer Lächerlichkeit und Tragik in seinen Romanen untrennbar zu verknüpfen. Das Scheitern seiner Figuren beinhaltet auf ethisch-moralischer Ebene eine ambivalente Aussage, die von einem unaufgelösten Spannungsverhältnis zwischen der empathieerzeugenden Ich-Perspektive und der damit verbundenen Kritik an der repressiven fiktionalen Umgebung und den Wahnzuständen der Figuren geprägt ist.

Literatur: Ch. Ferguson. »Dr. McGrath's Disease: Radical Pathology in Patrick McGrath's Neo-Gothicism.« *Spectral Readings: Towards a Gothic Geography.* Hg. G. Byron/D. Punter. London 1999, 233–243. – R. Imhof. »Neo-gotische Tendenzen im zeitgenössischen Roman.« *Radikalität und Mä igung: Der englische Roman seit 1960.* Hg. A. Maack/R. Imhof. Darmstadt 1993, 74–94.

Dagmar Sims

McGuinness, Frank

Geb. 29. 7. 1953 in Buncrana,
Country Donegal, Irland

Frank McGuinness, Linguistik-Dozent an diversen Universitäten Irlands, ist unter den zeitgenössischen Dramatikern des Landes der entschieden produktivste, was ihm gelegentlich den Vorwurf der Vielschreiberei eingebracht hat und was dazu geführt haben mag, daß seine originären Werke qualitativ höchst unterschiedlich sind. Es gibt brillante Stücke wie *Observe the Sons of Ulster Marching Towards the Somme* (1985) und *Someone Who'll Watch Over Me* (1992), aber auch weniger überzeugende Stücke wie das konfuse Drama *Innocence* (1986) über das Leben des Malers Caravaggio, das die soziale Rolle des Künstlers auszuloten und den zwangsläufigen Verlust seiner Unschuld aufzuzeigen sucht, oder *Mary and Lizzy* (1989), ein eigenwilliges Phantasie-Stück, das sich dem »Elend der Frauen« widmet und die beiden Titelfiguren in eine verblüffende Verbindung mit Marx und Engels in Manchester bringt, oder *Mutabilitie* (1997), ein Stück, das den elisabethanischen Dichter Edmund Spenser ins Zentrum rückt. – *Factory Girls* (1982) zeigt, wie Frauen in einer Hemdenfabrik in Donegal sich solidarisieren und einen Arbeitskampf organisieren, weil die männlichen Vorgesetzten neue Arbeitsbedingungen einführen wollen. Das Thema des Zueinanderfindens ist neben dem des konfessionellen Konflikts in Nordirland das vielleicht signifikanteste in M.' gesamtem bisherigen – uvre. *Sons of Ulster* beleuchtet den Mythos des nordirischen Unionismus und untersucht die Art und Weise, in der die Erinnerung die Vergangenheit erschafft, welche politische und kulturelle Mythen bereitstellt und damit die Gegenwart und Zukunft bestimmt. Kenneth Pyper, der einzige Überlebende einer Gruppe von Männern aus Ulster, die im Ersten Weltkrieg an der Somme kämpften, wird zerrissen vom Kontrast zwischen Geschichte als Faktum und Geschichte als Mythos. – *Baglady* (1985) bietet den Beckettschen Monolog einer Frau, die ihre leidvolle Vergangenheit mit inzestuöser Mißhandlung ausbreitet und ihre Paranoia und Isolation angesichts gesellschaftlicher Ausgrenzung zum Ausdruck bringt. *Gatherers* (1985) wirft einen bitterbösen Blick auf die katholische Republik Irland. – *Carthaginians* (1988) analysiert die Wirkung der Ereignisse am Bloody Sunday in Derry (Londonderry) im Januar 1972 auf die Bewohner der Stadt, das Karthago Irlands. Das Stück zeichnet eine Entwicklung vom Zustand des Lebendig-Totseins zur Auferstehung und Wiederbelebung, getragen vom Prozeß der Sebstfindung. – *Someone Who'll Watch Over Me* gründet auf den Erfahrungen des nordirischen Journalisten Brian Keenan, der mit anderen 1985 für einige Jahre in Beirut als Geisel festgehalten wurde. Ein Amerikaner, ein Engländer und ein Ire teilen sich eine Zelle. Jeder ist durch seine persönliche Vergangenheit von den anderen beiden isoliert, und das Stück demonstriert die Notwendigkeit des Zueinanderfindens. – M. hat neben weiteren eigenen Dramen auch Adaptionen von Stücken anderer Dramatiker wie Ibsen, Tschechow, García Lorca, Brecht und Sophokles verfaßt.

Werkausgabe: *Plays*. Bd. 1. London 1996.
Literatur: R. Imhof. »Frank McGuinness.« *Irische Dramatiker der Gegenwart*. Hg. J. Achilles/R. Imhof. Darmstadt 1996, 130–44. – A. Roche. *Contemporary Drama*. Dublin 1994, 265–278.

Rüdiger Imhof

Mda, Zakes

Geb. 6. 10. 1948 in Sterkspruit,
Ostkap-Provinz, Südafrika

Die Beendigung der Apartheid 1994 bot Zakes Mda die Gelegenheit, nach 30 Jahren im Exil in sein Heimatland zurückzukehren. Seitdem ist er als Maler, Journalist, Fernsehkritiker, Universitätsprofessor, Herausgeber, Dramatiker, Romancier, Drehbuch- und Jugendbuchautor sowie Filmproduzent Tätigkeiten nachgegangen, deren Vielfalt sowohl die eigene Begabung als auch die Möglichkeiten des neuen Südafrikas verdeutlicht. Die

Breite seiner Interessen und seine Experimentierfreudigkeit weisen ihn als vielversprechenden Vertreter einer *post-apartheid*-Literatur aus und haben ihm entsprechende Anerkennung eingebracht. Zur herausragenden Stellung M.s hat schon seine vielseitige Laufbahn beigetragen. Aufgewachsen in Soweto, lebte er von 1964 an im Exil in Lesotho. Beeinflußt von den Stücken Gibson Kentes und Athol Fugards und beeindruckt vom kulturpolitischen Anspruch der *Black Consciousness*-Bewegung, machte er dort die ersten Theatererfahrungen. In seiner Theaterarbeit, zumal als Direktor des Marotholi Travelling Theatre, setzte er sich für die Verwendung der Bühne zur Veränderung gesellschaftlicher Verhältnisse ein. Die daraus entstandene Theorie des »Entwicklungstheaters« behandelte er in seiner Dissertation (*When People Play People*, 1993). Zu M.s akademischen Erfolgen zählen zudem Gastprofessuren in den USA und Südafrika.

M.s Stücke unterscheiden sich durch Stil, Thematik und Aufführungsgeschichte von denen seiner Zeitgenossen. Die beiden Sammlungen *The Plays of Zakes Mda* (1990) und *And the Girls in their Sunday Dresses* (1993) enthalten Stücke, die sich durch die Eleganz der Sprache und die Präzision des Dialogs auszeichnen und reich an satirischem Witz und intellektueller Auseinandersetzung sind. M. interessiert sich für das Leben einfacher Menschen (die Bewohner von Barackensiedlungen in *Banned*, 1982), thematisiert politische Vorgänge anhand persönlicher Erlebnisse (die Frage des bewaffneten Kampfes in *Joys of War*, 1989) und problematisiert neokoloniale Mißstände (am Beispiel Lesothos in *And the Girls in their Sunday Dresses*, 1988). – Seinen neuerlichen Erfolg als Romanschriftsteller verdankt M. der Originalität seiner Handlungsführung, der die soziale Realität pointierenden satirischen Schärfe und der Strategie ungewöhnlicher Stilmittel. Insbesondere *Ways of Dying* (1997) stellt durch den Einsatz von Stilzügen des magischen Realismus eine Erneuerung des südafrikanischen Romans dar. Der historische Roman *Heart of Redness* (2000) thematisiert den immer wiederkehrenden Konflikt zwischen Tradition und Fortschritt. M. stellt Episoden aus der Geschichte des Xhosa-Stammes im 19. Jahrhundert den Debatten um Fragen der Modernisierung, der Ökologie und der Kultur im heutigen Südafrika gegenüber. Der Roman versucht auf innovative Weise, schwarze Identität im neuen Südafrika über eine Revision afrikanischer Geschichte zu überdenken und gleichzeitig die Romanform durch die bewußte Integration afrikanischen Kulturgutes zu bereichern.

Geoffrey V. Davis

Melville, Pauline

Geb. 1941 in British Guiana [heute Guyana]

Die karibisch-britische Autorin und Schauspielerin Pauline Melville wuchs in der britischen Kolonie Guiana auf, lebt gegenwärtig jedoch vorwiegend in Großbritannien. Als Tochter einer englischen Mutter und eines in Guiana geborenen Vaters beschreibt M. sich selbst als eine hybride Figur mit afrikanischen, indianischen (Arawak-) und europäischen Wurzeln. Ihre karibische Herkunft schlägt sich in den Texten M.s nieder, die um Themen wie Identität, Hybridität und Postkolonialität kreisen. Zunächst war M. mit anthologisierten Gedichten an die Öffentlichkeit getreten. Bekannt wurde sie jedoch erst mit der mehrfach preisgekrönten Kurzgeschichtensammlung *Shape-Shifter* (1990). Es folgten der ähnlich erfolgreiche erste Roman, *The Ventriloquist's Tale* (1997; *Der Bauchredner*, 2000), und eine weitere Geschichtensammlung, *The Migration of Ghosts* (1998). Die Kurzgeschichten sind geographisch und kulturell in so unterschiedlichen Räumen wie Europa, der Karibik, Nord- und Südamerika angesiedelt. Ihre thematischen Angelpunkte sind Migration und Transformation; problematisiert werden gängige Konzepte von Identität, Kultur und Interkulturalität sowie die allen intra- und interkulturellen Begegnungen inhärenten Machtverhältnisse. Die meisten ProtagonistInnen sind proteische Figuren, die sich im alltäglichen, durch Klassen-, Rassen- und Geschlechterkonflikte geprägtem multikulturellen Leben zurechtfinden müssen. Zudem beleuchtet M. die Rolle von Sprache kritisch, wenn sie neben Standardenglisch kreolisierte, karibische Varietäten stellt. In *The Ventriloquist's Tale* zeigt sich erneut, daß M. auf spielerische, ironisch-komische Weise westeuropäische literarische Traditionen mit karibisch-indianischen Mythen und Legenden, realistische mit phantastischen Erzählmodi mischt. Diese Familiensaga ist einer der wenigen detaillierten fiktionalen Berichte über das Leben der Wapisiana-Gemeinschaft im Hinterland Guianas und erzählt die Lebensgeschichte des schottischen Freidenkers Alexander McKinnon

und seiner zwei Wapisiana-Frauen Anfang des 20. Jahrhunderts, die Inzestgeschichte ihrer Kinder Beatrice und Danny, das Schicksal des katholischen Missionars Vater Napier sowie die Liebesgeschichte von Chofy McKinnon und der Engländerin Rosa Ende des 20. Jahrhunderts.

Literatur: G. Rippl. »›I Do Not Take Messages from Dead People‹: Cultural, Linguistic and Personal Boundaries in Pauline Melville's *Shape-Shifter*.« *Borderlands*. Hg. M. Reif-Hülser. Amsterdam 1999, 103–112. – M. Morris. »Cross-Cultural Impersonations: Pauline Melville's *Shape-Shifter*.« *Ariel* 24.1 (1993), 79–89.

Gabriele Rippl

Meredith, George

Geb. 12. 2. 1828 in Portsmouth;
gest. 18. 5. 1909 in Dorking, Surrey

George Meredith ist ein unviktorianisch urviktorianischer Dichter. Als literarischer Grenzwanderer, psychologischer Realist und bildbefrachtet schreibender »Prosa-Browning« (Oscar Wilde) ist er ein gefeierter, mit dem Order of Merit ausgezeichneter Vertreter seiner Epoche, schlendert ihr aber u. a. durch seinen stilisiert-archaischen Schreibstil bewußt hinterher und eilt ihr durch seine vorfreudianische Analyse innerer Charakterwelten sowie seine Sprengung von Sprache und Form in die Moderne voraus. – Das Einzelkind M. übernahm vom geringgeschätzten Vater einen Dünkel und den Mythos einer keltisch-royalen Abstammung, der ihn seine Herkunft zeitlebens verbergen ließ; er verlor seine Mutter mit fünf Jahren. Dieser Hintergrund wird oft mit dem Handlungsrahmen seiner Romane parallel gesetzt: Viele sind im Oberschichten- und Adelsmilieu angesiedelt, oft stehen problematische Vater-Sohn-Beziehungen im Vordergrund. Die komische Bloßstellung egoistischer Überheblichkeiten ist zugleich dichterischer Ausdruck ironischer Selbstdistanz. Zwei Jahre verbrachte M. auf dem Internat der Herrnhuter Brüdergemeine in Neuwied am Rhein, wo sich sein Ideal des Zusammenklangs von Bildung, physischer Aktivität und Naturbewußtsein herausbildete. Nicht das Handwerkszeug eines Juristen, sondern der Schliff zum Künstler wurde M. während seiner Lehrzeit in der Londoner Kanzlei eines jungen Anwalts gegeben, in dessen kultiviertem Kreis der Autor die verwitwete, geistreiche, dichtende Schönheit Mary Nicholls kennenlernte. Die folgende Ehe war unglücklich; Mary türmte mit dem Maler Henry Lamb und ließ M. mit dem gemeinsamen Sohn zurück. Eine zweite Heirat mit Marie Vulliamy war glücklich. M. finanzierte sich mit journalistisch-editorischen Tätigkeiten, war Verlagslektor, Vorleser und Kriegskorrespondent in Italien, bevor er Vollzeitschriftsteller wurde.

Die Lyrik war sein Zuhause, der Roman sein Einkommen. M.s poetisches Schaffen ist in Form und Metrik variantenreich; das thematische Spektrum reicht von den einfach-schwärmerischen Liebesliedern der *Poems* (1851) über das Spiel mit klassischen Mythen wie in »The Day of the Daughter of Hades« zu den politisch-historischen *Odes in Contribution to the Song of French History* (1898). Zentral ist jedoch M.s postromantische, erdnahe Naturlyrik, die »earth with an atmosphere« vermitteln will. *Poems and Lyrics of the Joy of Earth* (1883) sowie *A Reading of Earth* (1888) sind der oft didaktische Ausdruck der spiritualisiert-darwinistischen Philosophie des Wanderers und Naturkenners M.: Das verstehende Akzeptieren der Naturgesetze ermöglicht dem Menschen, selbsterkennend die Benevolenz der Erde zu erfahren; nur die Balance von *blood* (Sinne, Instinkt), *brain* (Intellekt) und *spirit* (Geist) befähigt ihn, im Weltgeist aufzugehen und seine Ichsucht zu überwinden – »The Woods of Westermain« ist poetisches Zeugnis dieser Auffassung. M. sieht die höchste Lyrik dort, »wo der Gedanke das Gefühl umarmt«; wegen gedanklicher Gefühlsumarmungen in Form von scharfsinniger sexueller Metaphorik und der subtilen Schilderung körperlicher Liebe wurde nicht nur der erziehungskritische Roman *The Ordeal of Richard Feverel: A History of Father and Son* (1859; *Richard Feverel: Eine Geschichte von Vater und Sohn*, 1904) aus dem Leihverkehr gezogen, sondern M.s Gedichtzyklus *Modern Love* (1862) in »Modern Lust« umgetauft. Die 50 geschlossen-novellistischen und doch verzahnten Sonette sind in ihrer Ehebruchsthematik ein Seitenhieb gegen den Hymnus viktorianischen Eheidylls à la Elizabeth Barrett-Browning oder Coventry Patmore. Die psychologische Innensicht des zwischen Er und Ich oszillierend erzählenden Ehemannes findet ihr Pendant im erweiternden Unterlaufen der traditionellen Sonettform und des Bildrepertoires herkömmlicher Liebeslyrik.

M.s Prosawerke sind oft Entwicklungsromane, in denen die Hauptfiguren desillusionierende, aber von Fehlverhalten läuternde Prüfungen durchlau-

fen. Der Autor gibt komplexe Einblicke in das Bewußtsein seiner Figuren – in den physisch-mentalen Reifeprozeß des Ich-Erzählers Harry in *The Adventures of Harry Richmond* (1871), in den wirklichkeitsverzerrenden politischen Idealismus von Nevil in *Beauchamp's Career* (1876) oder mitten in das selbstbezogene Herz Sir Willoughby Patternes in *The Egoist: A Comedy in Narrative* (1879; *Der Egoist*, 1905). Wieder hebt M. den moralischen Zeigefinger: Selbstbetrug, Egomanie und Arroganz des Einzelnen stehen auch für die reaktionäre Selbstgefälligkeit seiner Epoche, deren Lächerlichkeit durch das Prisma komischer Ironie aufgedeckt wird. Der Geist des Komischen schwebt durch alle Romane M.s und wird in seinem renommierten Essay *On the Idea of Comedy and the Uses of the Comic Spirit* (1877; *Ein Essay über die Komödie und den Nutzen des komischen Geistes*, 1910) erläutert: Er gedeihe nur in kultivierter, gleichberechtigter, geistreicher Gesellschaft, denn die wahre Komödie sei an den Intellekt gerichtet – sie erzeuge ein gedankenvolles Lachen. Nicht Verachtung sei das Ziel, sondern eine wohlgesinnte, zu Selbsterkenntnis führende Korrektur von Torheiten und Unverstand. Auch die weiblichen Figuren des stets für die Gleichstellung der Geschlechter eintretenden M. sind vor Irrungen nicht gefeit. Ihr finanzieller Unabhängigkeitsdrang läßt Diana Warwick in *Diana of the Crossways* (1885; *Diana vom Kreuzweg*, 1905) ein politisches Geheimnis verraten. Durch die erzähltechnisch bemerkenswerte Perspektivenvielfalt dieses nach einem wirklichen politischen Skandal modellierten Romans liefert M. ein differenziertes Bild der Protagonistin, die, wie die stimmbegabte Emilia in *Emilia in England* (1864) oder die Bauerntochter *Rhoda Fleming* (1865; *Rhoda Fleming*, 1905), nicht dem blaß-ephemeren viktorianischen Ideal entspricht, sondern eine freiheitsliebende, lebendig-sinnliche Natur ist. Wie all seine Protagonistinnen führt M. aber auch Diana in den konventionellen Hafen der Ehe – ihr »Banality, thy name is marriage!« wäre ein ironischer Kommentar. – Bei M. steht Multiperspektivität neben auktorialem Kommentar, Innensicht neben romantischer Aktion, Dialogizität neben philosophisch-aphoristischen Lehrsätzen, archaisch-lyrischer Duktus neben klassenspezifischem Soziolekt. Lyrische Elemente prägen seine Prosa; die hermetische Komplexität seiner Sprache und Metaphern – elliptisch, verschachtelt, intertextuell – ist oft als obskur und überladen kritisiert, vom Autor aber als gewollte

Herausforderung an den Leser gerechtfertigt worden. M., erst spät kommerziell erfolgreich, aber immer von der intellektuellen Elite bewundert, kultivierte im Alter das Image des »Weisen von Box Hill« – fast taub, dafür um so gesprächiger. Dabei ähnelten seine mit lauter, schleppender Stimme vorgetragenen Monologe verblüffend seinem – uvre: Sie waren lang, schnörkelhaft-geschraubt, aber ein geistreiches Feuerwerk an Aphorismen und Metaphern.

Werkausgabe: *Memorial Edition*. 27 Bde. London/New York 1909–11.
Literatur: G. Beer. *Meredith: A Change of Masks*. London 1970. – L. Stevenson. *The Ordeal of George Meredith: A Biography*. New York 1953.

Meike Kross

Middleton, Thomas

Getauft 18. 4. 1580 in London; bestattet
4. 7. 1627 in Newington Butts, Surrey

Thomas Middleton war einer der produktivsten Dramatiker des frühneuzeitlichen England. Alleine oder in Kollaboration verfaßte er ca. 50 Komödien, Tragödien und Tragikomödien sowie eine Reihe von *civic pageants*, festliche Umzüge für öffentliche Anlässe. Wie kaum ein anderer Dramatiker seiner Zeit widmete sich M. in seinem Werk der Welt des aufstrebenden Bürgertums. Seine lebendigen *city comedies* spielen im »Herzen der Stadt London« (*A Chaste Maid in Cheapside*, ca. 1613) und beschreiben mit kühler, distanzierter Ironie eine vorgeblich ehrbare Bürgerschicht, die sich tatsächlich kaum von der zwielichtigen Londoner Unterwelt unterscheidet. Dennoch ist M.s Darstellung der Londoner Bürger niemals überheblich und moralisierend, sondern von echtem Wohlwollen geprägt. Dies läßt vermuten, daß M., als professioneller Dramatiker und Sohn eines wohlhabenden Maurermeisters, sich seiner Zugehörigkeit zu dieser Gesellschaftsschicht durchaus bewußt war. Kleinbürgerliche Gier und Berechnung sind in seinen Stücken oft Zeichen eines unerschütterlichen Überlebenswillens im Labyrinth der »man-devouring city« (*Michaelmas Term*, ca. 1606); männlich-bürgerliche Tugenden, die in der Figur der Moll Cutpurse (*The Roaring Girl*, ca. 1610 zusammen mit Thomas Dekker geschrieben) ihre lebhafteste (weibliche) Inkarnation erfahren. Mit seinen komplexen und realisti-

schen Frauenfiguren erweiterte M. die *city comedy* ganz entscheidend um eine weibliche Perspektive. Obwohl auch er oft auf traditionelle misogyne Klischees zurückgreift, sind seine Darstellungen weiblicher Lebenswelt doch durchaus authentisch, ja sogar mitfühlend.

M.s Komödien verbinden psychologischen Realismus mit farcenhaft-grotesken und allegorischen Elementen. In *A Game at Chess* (1624) stellt M. die zeitgenössischen englisch-spanischen Beziehungen in Form eines Schachspiels dar: Statt der politischen Protagonisten stehen sich Spielfiguren auf der Bühne gegenüber. Berüchtigt wurde diese erfolgreiche Satire wegen ihres politischen Nachspiels: Nachdem der spanische Botschafter bei James I Beschwerde gegen die offensichtlichen Anspielungen auf verschiedene spanische Würdenträger eingelegt hatte, wurde das Stück nach nur neun Aufführungen abgesetzt. – In seinen Tragödien setzt sich M. kritisch mit dem Genre auseinander. *Women Beware Women* (verfaßt um 1625) und *The Changeling* (1622 mit William Rowley geschrieben) bedienen sich der üblichen Konventionen dieser dramatischen Form, um letztlich zu zeigen, daß die Tragödie eine sich im Fluß befindliche frühkapitalistische Welt nicht mehr befriedigend darstellen kann.

Werkausgabe: *The Works of Thomas Middleton*. Hg. A. H. Bullen. London 1885–86, New York 1964.
Literatur: P. Yachnin. *Stage-Wrights: Shakespeare, Jonson, Middleton, and the Making of Theatrical Value*. Philadelphia 1997. – S. Chakravorty. *Society and Politics in the Plays of Thomas Middleton*. Oxford 1996. – M. Heinemann. *Puritanism and Theatre: Thomas Middleton and Opposition Drama under the Early Stuarts*. Cambridge 1980.

Anja Müller-Wood

Mill, John Stuart

Geb. 20. 5. 1806 in Pentonville, London;
gest. 7. 5. 1873 in Avignon, Frankreich

John Stuart Mill wurde von seinem Vater ab dem dritten Lebensjahr einer rigorosen intellektuellen Erziehung unterworfen, die sein logisches Denken trainierte und seinen Reformeifer anlegte. Er trat in die Fußstapfen seines Vaters, indem er Karriere bei der East India Company machte (1823–58) und sich für Jeremy Benthams Utilitarismus einsetzte. Eine Krise (1826–27) wurde durch chronische Überarbeitung und die Erkenntnis ausgelöst, daß er selbst bei all seinem Streben nach Reformen, die das größtmögliche Glück für die größtmögliche Zahl von Menschen zum Ziel hatten, unglücklich bleiben würde. Die Entdeckung seiner Gefühle und die Beschäftigung mit William Wordsworths Naturdichtung führte zu einer Wende, nach der er sich um die komplementäre Ergänzung des logisch-rationalen Denkens durch das poetisch-emotionale bemühte. M. verliebte sich 1831 in die verheiratete Harriet Taylor, die er 20 Jahre später nach dem Tod ihres Mannes ehelichte, und mit der er bis zu ihrem Tode im Jahre 1858 eng zusammenarbeitete. – In *A System of Logic, Ratiocinative and Inductive* (1843; *System der deduktiven und induktiven Logik*, 1849) entwickelte M. die induktive Methode, die von Regelmäßigkeiten in einzelnen Erfahrungen auf allgemeine Gesetze schließt, als empirische Grundlage für die Natur- und die Geisteswissenschaften. Die *Principles of Political Economy* (1848; *Grundsätze der politischen Ökonomie*, 1852) sprachen gegen staatliche Eingriffe und für Laisser-faire in der Wirtschaft. *On Liberty* (1859; *Über die Freiheit*, 1860) verteidigte die individuelle Freiheit gegenüber dem Druck der Masse und der öffentlichen Meinung. M. forderte nicht nur die Meinungs- und Diskussionsfreiheit, sondern auch die freie Wahl individueller Lebensformen jenseits gesellschaftlicher Konventionen. Staatliche Einschränkungen akzeptierte er nur, wenn andere vor Schaden geschützt werden müßten. Er betonte statt dessen den Nutzen individueller Innovation für den Fortschritt der Menschheit. Der Essay »Utilitarianism« (1861; *Der Utilitarismus*, 1976) erweiterte Benthams Ziel der quantitativen Maximierung des Glücks um die Qualität, weshalb geistige Freude körperlichem Lustempfinden vorzuziehen sei. Als Mitglied des Parlamentes (1865–68) trat M. für radikale Wahlrechtsreformen und repräsentative Demokratie ein. *The Subjection of Women* (1869; *Die Hörigkeit der Frau*, 1872) sprach sich für die Gleichheit und Emanzipation der Frau aus. Von der universitären Erziehung erwartete er gemäß seiner »Inaugural Address« (1867; *Rectorats-Rede*, 1869) an der Universität von St. Andrews nicht berufliche Ausbildung, sondern die Bildung des gesamten Menschen und des freien Geistes. Die *Autobiography* (1873; *Selbstbiographie*, 1874) schildert M.s Entwicklung unter dem Einfluß seines Vaters, die Krise und Erweiterung seiner Persönlichkeit und seines Horizontes, und seine Vollendung durch die Ergänzung mit Harriet Taylor zu Repräsentanten des Fortschritts.

Werkausgaben: *Collected Works*. Hg. J. M. Robson et al. 33 Bde. Toronto 1963–80. – *Gesammelte Werke*. Hg. Th. Gomperz. 12 Bde. Leipzig 1869–81.
Literatur: M. Meyer. *Gibbon, Mill und Ruskin: Autobiographie und Intertextualität*. Heidelberg 1998. – J. Skorupski, Hg. *The Cambridge Companion to Mill*. Cambridge 1998. – ders. *John Stuart Mill*. London 1989. – J. C. Wood, Hg. *John Stuart Mill: Critical Assessments*. 4 Bde. London 1987.

Michael Meyer

Milne, A[lan] A[lexander]

Geb. 18. 1. 1882 in London;
gest. 31. 1. 1956 in Hartfield, Sussex

Alan Alexander Milne genoß zu seinen Lebzeiten beträchtliches Ansehen als Dramatiker, Essayist und Journalist; seinen bleibenden Weltruhm verdankt er jedoch nur zwei schmalen Bänden, die gemeinhin der Kinderliteratur zugerechnet werden, obgleich sie vermutlich von Erwachsenen ebenso eifrig wie von Kindern gelesen werden: *Winnie-the-Pooh* (1926; *Pu der Bär*, 1928) und seine Fortsetzung *The House at Pooh Corner* (1928; *Wiedersehen mit Pu*, 1954). Der Sohn des Direktors einer kleinen Internatsschule in London studierte in Cambridge Mathematik und begann danach als freier Journalist zu arbeiten. Mit 24 wurde er in das Redaktionsteam der satirischen Zeitschrift *Punch* aufgenommen. Nach dem Militärdienst als Nachrichtenoffizier reüssierte er in London mit unterhaltsamen Theaterstücken, die heute weitgehend vergessen sind. Zwei Jahre nach der Geburt seines Sohnes schrieb M. ein Gedicht, welches die teils naiv-frommen, teils selbstsüchtigen Gedanken eines kleinen Jungen beim Abendgebet wiedergibt. »Vespers« erwies sich als so erfolgreich, daß M. eine Reihe ähnlicher Gedichte verfaßte, die schließlich gesammelt unter dem Titel *When We Were Very Young* (1924) veröffentlicht wurden. Ein weiterer Band, *Now We Are Six*, erschien 1927. Der außerordentliche Erfolg von M.s Kindergedichten dürfte damit zusammenhängen, daß sie einem zeittypischen Kindheitsbild Ausdruck verleihen. Ähnlich wie in J. M. Barries *Peter Pan* (1904) wird das Kind wegen seiner Naivität belächelt und zugleich wegen seiner Phantasie, seiner Freiheit von Konventionen und seiner ungenierten Ich-Zentriertheit nostalgisch verklärt. – Dieselbe Haltung zum Kindlichen findet sich auch in den Pooh-Büchern. Sie bestehen aus locker miteinander verbundenen Geschichten um den etwa fünfjährigen Jungen Christopher Robin (benannt nach M.s eigenem Sohn) und dessen Stofftiere. Diese sind lebendig und spielen als klar ausgeprägte Charaktere die Hauptrollen in den diversen harmlosen Abenteuern, die sich in einer eng umgrenzten ländlichen Idylle abspielen. Der Junge tritt nur gelegentlich in Erscheinung, als Anführer und Autoritätsperson zwar, doch mit kaum größerem Sachverstand als seine Stofftier-Freunde. Die Titelfigur Winnie-the-Pooh ist ein Teddybär, der zum Belächeln und Identifizieren zugleich einlädt: nicht gerade klug, doch gutmütig und manchmal sogar gewitzt; den kulinarischen Freuden des Lebens zugetan und jedermanns Freund. Auch die anderen Figuren sind humorvoll gezeichnete, liebenswerte Typen: das ängstliche Schweinchen Piglet, der melancholische Esel Eeyore, die pseudo-gelehrte Eule Owl, die ängstliche Mutter Kanga und ihr quirliges Baby Roo und einige mehr. Die feine Ironie, mit der diese Figuren gezeichnet sind, findet ihr Pendant in der nur scheinbar einfachen, in Wirklichkeit höchst raffinierten Sprache und in der geradezu postmodern anmutenden Erzählstruktur, mit deren Hilfe die Grenzen zwischen Phantasie und Wirklichkeit verwischt und damit erst bewußt gemacht werden. Einen großen Anteil an dem Erfolg der Kinderbücher M.s haben die kongenialen Illustrationen von dem *Punch*-Zeichner Ernest H. Shepard.

Literatur: O. Brunken. »Im Zauberwald der Kindheit: Alan Alexander Milnes *Pu der Bär.*« *Klassiker der Kinder- und Jugendliteratur.* Hg. B. Hurrelmann. Frankfurt a. M. 1995, 21–45. – A. Thwaite. *A. A. Milne: His Life.* London 1990.

Dieter Petzold

Milton, John

Geb. 9. 12. 1608 in London;
gest. 8. 11. 1674 ebd.

John Milton ist nach Shakespeare der prominenteste Autor des etablierten Kanons englischer Hochliteratur. Doch während Shakespeare lebendiges Kulturgut geblieben ist, dokumentiert in zahlreichen Bearbeitungen durch die Jahrhunderte

bis zu Adaptionen in der Volkskultur oder postmodernen Gegentexten, hat sich der elitäre Text M.s solcher Dialogizität nur der Hochliteratur geöffnet. Der *poeta doctissimus* M., der Englisch so elegant schrieb wie Latein, Griechisch und Italienisch und des Hebräischen mächtig war, wird heute mehr geschätzt und zitiert als gelesen.

Der als ›Puritaner‹ und ›Cromwellianer‹ bekannte M. wurde als Anglikaner geboren, Sohn eines wohlhabenden Londoner Notars und Privatbankiers. Dies eröffnete ihm, neben standesgemäßer Privaterziehung, den Zugang zu der humanistischen St Paul's School, London, und danach dem Christ's College, Cambridge (den ›Puritaner‹ gescholtenen Nonkonformisten noch lange unzugänglich). Es war diese Kombination, die M. in seiner späthumanistischen Prosaschrift *Of Education* (1644) zum Ideal erhob. Innerhalb der anglikanischen Kirche waren die Miltons allerdings kalvinistische Protestanten der *Low Church*, die der sich später formierenden katholisierenden *High Church* und ihrer Unterstützung des Stuart-Absolutismus fernstanden. Das nährte M.s andauernde Rebellion wider jegliche Form von politischer und religiöser Orthodoxie: Er fühlte sich stets nur seinem Gewissen verpflichtet und der Bibel, die er in Hebräisch und Griechisch las, unter Hinzuziehung rabbinischer wie patristischer Kommentare. Daraus erwuchs seine Opposition wider die absolutistischen Bestrebungen von Charles I, dessen Hinrichtung 1649 er für Oliver Cromwell verteidigte. Das nährte aber auch seine ständige Opposition wider die ähnlich absolutistischen Bestrebungen Cromwells, dessen unbequemer ›Außenminister‹ er war. Hinzu kamen seine theologischen Häresien. Neben seinem Arianismus, der Annahme eines Gottvater nur wesensähnlichen Gottessohnes, war er Arminianer, verfocht also wider Calvins Prädestinationslehre die Willensfreiheit des Menschen, und nahm eine Körperlichkeit der Engel an. M.s Häresien veranlaßten die revolutionären Romantiker, ihn ›wider den Strich‹ zu lesen: so Percy Bysshe Shelley und William Blake (in seinem visionären Epos *Milton*, 1804–08).

Auch wenn M. in seiner Cambridge-Zeit (1625–32) gegen das rigide humanistische Curriculum protestierte, erwarb er doch profunde Kenntnisse antiker klassischer wie moderner Renaissance-Autoren, deren Vorbild er noch zu übertreffen suchte. Er studierte die unterschiedlichen Epenstile Homers und vor allem Vergils und orientierte sich rhetorisch am ›Rad des Vergil‹, der seine Dichterkarriere im bescheidenen Stil (*genus humile*) seiner *Eclogae* begonnen habe, dann in seiner *Georgica* zum mittleren Stil (*genus medium*) aufgestiegen sei, um schließlich in seiner *Aeneis* des hohen Stils (*genus grande vel sublime*) mächtig zu sein. M. wollte auf diesem Weg ein großes Arthur- oder Bibelepos schreiben, zu dem er in Cambridge erste Aufzeichnungen machte. Beides gab es schon mehrfach (Edmund Spenser, Michael Drayton, Guillaume Du Bartas, Giles Fletcher), jedoch ohne den Anspruch eines umfassenden National- bzw. Menschheitsepos. Gleichzeitig aber war der zurückgezogene Dichterlehrling öffentlicher Universitätsredner, beides in der internationalen Gelehrten- wie Diplomatensprache Latein. Gemäß seinem Ideal kombinierter öffentlicher und privater Bildung zog er sich auf den Familiensitz Horton zurück (1632–38), um im Eigenstudium der Klassiker seine schriftstellerischen Fähigkeiten zu steigern. Unter den frühen Gedichten in englischer, lateinischer, griechischer und italienischer Sprache ragt seine Weihnachtshymne »On the Morning of Christ's Nativity« hervor, verfaßt 1629, zur Blütezeit der englischen Barockdichtung der *Metaphysical Poets*, wie die Häufung von kühnen Concetti, Paradoxa, Ellipsen usw. zeigt. Doch zeichnet sich in der Hymne auch schon die Emanzipation von diesem Stil ab. Der barocke *private mode* eines John Donne und George Herbert, die damals noch lebten und sich hohen Ansehens erfreuten, paßte M. ebensowenig wie der *social mode* der konkurrierenden Dichterschule Ben Jonsons und der ›Cavalier Poets‹. M. schlug die Brücke zurück zu den Humanisten und ihrem *public mode*: dem Modus der Gelehrten und Dichter, die zugleich öffentliche Ämter bekleiden und politischen Einfluß nehmen wollten. Nur so ließ sich der zunehmenden Isolation des Stuart-Hofes von James I und Charles I entgegenwirken, die ein entscheidender Faktor des Bürgerkriegsausbruchs 1642 werden sollte.

So pflegte M. Kontakte zum Hof von Whitehall, wie stets entschlossen, Widerstand zu leisten. Dort, wie an anderen englischen Fürstenhöfen, kultivierte man dem *private* und *social mode* entsprechende volksferne, prachtvolle, höfische Maskenspiele (*Stuart Court Masques*), in denen die Höflinge selbst Schauspieler und Zuschauer waren. Von außen holte man nur drei Künstler: einen Textdichter (wie Jonson), einen Bühnenbildner (wie Inigo Jones) und einen Komponisten (wie Henry Lawes). Letzterer mag es gewesen sein, der

M. als Textdichter für zwei Maskenspiele engagierte: *Arcades* (1632) und *Comus* (1634). Darin konterkarierte M. das übliche mythologisch-allegorische Maskenspiel, indem er es christianisierte. Privater Tugendheroismus siegt über höfische Ausgelassenheit und Intrige. Im Vorgriff auf das Epos übte M., noch im *genus medium*, sein Zentralthema ein: den Kampf der himmlischen wider die höllischen Mächte. – Im *genus medium* geschrieben ist auch M.s vielzitierte Pastoralelegie *Lycidas* (1638), Totenklage (*epicede*) auf den Seetod seines College-Gefährten Edward King. Es steht in der bukolischen Tradition von Theokrit, Moschus und Bion. King ist der Schäfer Lycidas, dessen Tod der Sprecher als überlebender Schäfer beklagt. Hier wird die Landbukolik mit Wasserbukolik gemischt, Neptun als Hirte seiner Fischherden, wie auch mit der christlichen Bukolik des guten Hirten (*pastor*) und Kleruskritik. Großgeworden auf demselben Hügel, hüteten beide ihre Schafe; doch nun ist Lycidas tot, treiben seine Gebeine im Reiche Neptuns. Zum geflügelten Wort wurde die Anrufung des Heiligen Michael (Schutzpatron der christlichen Seefahrer auf dem Mont St. Michel der Normandie wie Cornwalls), er möge sich landwärts wenden und um den Toten weinen: »Look homeward, Angel.« Mit der Einblendung des Delphins als Christussymbol erfolgt die Wende von der Klage über den Tod zum Jubel über die Auferstehung: »For Lycidas, your sorrow, is not dead.« Die private Elegie wird zum christlichen Lehrstück, das, wie später *Paradise Lost*, Leiden und Tod einen Sinn zu geben sucht (Theodizee). Auch der für die Renaissance typische Synkretismus sollte später *Paradise Lost* kennzeichnen.

M.s Bemühung um öffentliches Dichterengagement zeigt sich ferner auf seiner ›Grand Tour‹, der Bildungsreise nach Italien (1638–39), die der Horton-Zeit folgte. Er suchte die Großen auf, gerade auch Querdenker und Verfolgte wie Galileo Galilei. Die Zuspitzung der politischen Situation zum Bürgerkrieg rief ihn nach London zurück. Nun, in seiner mittleren Periode (1641–60), trat er mit zahlreichen lateinischen wie englischen Prosaschriften gegen die Königstreuen (›Cavaliers‹, später ›Tories‹) und für die Parlamentarier (›Puritans‹, später ›Whigs‹) ein. Er forderte religiöse Toleranz, Meinungs- und Pressefreiheit, die Herrschaft eines vom Volk gewählten Parlaments, Presbyterialsystem statt monarchietragenden Episkopalsystems. Aus seinem Arminianismus betonte er die Menschenwürde, die auch das Recht auf Ehescheidung einschloß. Mit solchen frührationalistischen Thesen empfahl M. sich Cromwell zunächst nicht, denn Cromwell kopierte in vieler Hinsicht die absolutistischen Praktiken des von ihm entmachteten Charles I: Königspose, Parlamentsauflösung nach Bedarf, politische Verfolgung, Zensur und Bücherverbrennung. Berühmt geworden ist M.s von der Geschichte bestätigte Feststellung in *Areopagitica* (1644; *Areopagitica*, 1851), daß Bücherverbrennung und Mord untrennbar sind. Diese Position erscheint um so kühner, als M. ein Verfechter der Idee eines Gottesstaates in Britannien war, die von Calvins Genfer Theokratie über Martin Butzers *De Regno Christi [in Anglia]* kam und von der Anglo-Israel-Parallele genährt wurde. M. empfahl sich Cromwell erst durch *The Tenure of Kings and Magistrates* und *Eikonoklastes* (1649), die ersten von mehreren Verteidigungsschriften zur Hinrichtung von Charles I im gleichen Jahr. Mit diesem Akt, der die Monarchien Europas erschütterte, wollte Cromwell auch symbolisch die christusanaloge Zweikörpertheorie des Königs als römisch-katholisches Götzenbild entlarven und demonstrieren, daß der König wie der Presbyter lediglich ein vom Volk gewählter und mit dem Volk in einem Vertrag gebundener Verwalter sei (*contractualism*), der im Falle von Vertragsbruch wie jeder andere Staatsbürger von einem weltlichen Gericht (dem Parlament) abgeurteilt werden mußte. Diese Lehre, später von den Whigs der Restaurationszeit wie Shaftesbury und Defoe übernommen, wurde in ganz Europa kontrovers diskutiert. Wenn Cromwell daraufhin M. trotz seiner Renitenz zu seinem Latin Secretary (›Außenminister‹ im Staatsrat) ernannte, so suchte der Isolierte internationale Anerkennung durch M.s Beredsamkeit und Gelehrtenglanz.

M. verfaßte in dieser Phase hauptsächlich theologische und politische Prosa. Eines der wenigen Gedichte ist das Sonett über seine Erblindung. Als mit der Restauration des Königs (Charles II) 1660 das Commonwealth zu Ende ging, war der nunmehr geächtete M. völlig blind. Aber er begann damals auch schon mit der Niederschrift seines im *genus grande* geplanten großen Epos, dessen Stoff und Thema er nun, statt des Nationalepos über König Arthur, umfassender und fundamentaler wählte: ein Menschheitsepos über das im Sündenfall verlorene und durch Christi Erlösungsakt wiedergewonnene Paradies, *Paradise Lost*. Die blutigen Bürgerkriegswirren und Verfolgungen forderten einen theologischen Welt-

entwurf, der unsägliches Leid rechtfertigte. Das erklärt auch die Nähe von *Paradise Lost* zu einigen der großen Prosaschriften, insbesondere *A Treatise on Christian Doctrine* (1658). Daß das Werk dann trotz Ächtung des Autors in der Restaurationszeit publiziert werden durfte, verdankte M. u. a. der Protektion derer, die er selbst gegen Cromwell geschützt hatte, und dem Pardon für die Cromwell-Anhänger, mit dem Charles II die Nation wieder zu einen suchte.

Das Epos, dessen freier Blankvers gegen den Heroic-Couplet-Zwang der Restaurationszeit protestierte, erschien 1667 in 10 Büchern und, revidiert in 12 Büchern, 1674 (*Das verlorene Paradies*, 1855). In dieser Schlußfassung ist jedem Buch ein »Argument« in Prosa vorangestellt, eine Zusammenfassung des epischen Kampfgeschehens und der theologischen Argumentation (lateinisch *arguere* = ›kämpfen‹). Im wörtlichen Sinne von »Argument« schildert das Werk die Entstehung des Bösen (Satans und seines den Himmel nachäffenden Pandämoniums) aus der Todsünde Stolz; Kriegsräte und Kriege des Bösen gegen das Gute; das Opferangebot des Sohnes an Gottvater im Himmel; den freien Willens verschuldeten Fall Adams und Evas aus derselben Todsünde Stolz; die Vertreibung aus dem Paradies; mit einem Ausblick auf den Opfertod Christi und den Endsieg des Guten. Das »Argument« von *Paradise Lost* im übertragenen Sinne ist eine dialektische Theodizee, Rechtfertigung von Sünde, Leiden und Tod (Antithese) als Weg zu höherem Leben (Synthese). Das alles, so betont M., sei ein »higher argument« als die antiker und moderner Epen. Entsprechend ersetzt M. in einem schweren latinisierenden Epenstil den üblichen Bescheidenheits- durch den Überbietungstopos wie auch synkretistisch die heidnisch-epischen Formen und Geschehnisse durch christliche. Der Heilige Geist tritt an die Stelle der Muse, Sinai und Siloah an die Stelle von Parnassus und Helikon, Christus der Retter an die Stelle des »pius Aeneas«, Engel an die Stelle von Götterboten und Orakeln. Nach überkommenem Epenbeginn *medias in res*, dem Sturz der abtrünnigen Engel um Satan und Beelzebub, erzählt der Erzengel Raphael Adam und Eva im Paradies rückblickend die Vorgeschichte: den Krieg der Heerscharen, die Schöpfung, mit einer Warnung vor dem Fall sowie dialogischen Exkursen über Gehorsamspflicht, Willensfreiheit und das neue heliozentrische Weltbild (Bücher 5–8). Später kündet der Erzengel Michael vorausblickend die Vertreibung aus dem »verlorenen Paradies«, die Möglichkeit des Gewinns eines »inneren Paradieses« im Exil und die Rettung des jenseitig »wiedergewonnenen Paradieses« aus Gottes gütiger Providenz (Buch 12). Auch das Leiden des geächteten und erblindeten Seher-Dichters, das Parallelen zum blinden Homer evoziert und zugleich den heidnischen Rückfall der Restaurationszeit (»evil days«) anspricht, gewinnt Sinn im universalen Heilsgeschehen (Anfang Buch 7). M.s Satan, zugleich Widersacher und Helfer Gottes im Heilsgeschehen, hat stets mehr fasziniert als Gott selbst. Ihn mit den romantischen ›Satanisten‹ gnostisch als Freiheitsheld im Kampf gegen die Tyrannei des Weltenschöpfers zu verstehen, ist zum mindesten im Sinne der Dichterintention nicht legitim. Er steht vielmehr in der Tradition tragischer Bühnenhelden der Shakespearezeit, die Furcht und Mitleid zugleich erregen.

Sinnvolles Leiden wie Verfolgung und Blindheit ist zentrales Thema von M.s Spätwerk. Das Kurzepos (Epyllion) *Paradise Regained* erschien, zusammen mit dem Lesedrama *Samson Agonistes*, 1671 (*Das wiedergewonnene Paradies*, 1855; *Simson der Kämpfer*, 1909). Beide Werke bescheiden sich mit je einer einzigen Episode der Heilsgeschichte (Versuchung und Sieg Christi in der Wüste bzw. Samsons im heidnischen Philisterland) und beziehen sich allegorisch auf M. selbst inmitten seiner libertinen ›gottlosen‹ Zeit. Beide Werke verkünden die gleiche Theodizee. Doch während *Paradise Regained* kaum Beachtung fand, gilt *Samson Agonistes* noch immer als Meisterwerk. Der blinde Kämpfer (griechisch *agonistes*) Samson ist, wie Christus in der Wüste und der blinde M., Versuchungen ausgesetzt: Selbstmord, Kollaboration mit dem Bösen, Aufgabe unter Einschüchterung. Schließlich, im 5. Akt des ebenfalls in antike Gattungsform gegossenen christlichen Dramas, erhält ein bangender Chorus durch Botenbericht Kunde von Samsons Tod und Triumph, da dieser mit sterbend erneuerter Jugendkraft die Tempel der Philister zerstörte. Zukunftsweisend war M.s Technik, die wechselnden seelischen Verfassungen Samsons nicht nur zu beschreiben, sondern auszudrücken, eine Technik, die er schon früh in seinen beiden kontrastiven Stimmungsgedichten »L'Allegro« und »Il Penseroso« (verfaßt ca. 1631, gedruckt 1645) eingeübt hatte.

Werkausgaben: *Poetische Werke*. Leipzig 1909. – *The Poems of John Milton*. Hg. J. Carey/A. Fowler. London 1980 [1968]. – *The Complete Prose Works of John Milton*. Hg. D. Bush et al. 8 Bde. New Haven 1953–82. Literatur: B. K. Lewalski. *The Life of John Milton*. Oxford 2000. – W. B. Hunter, Hg. *A Milton Encyclopedia*. 9 Bde. Lewisburg 1978–83. – E. Miner. *The Restoration Mode from Milton to Dryden*. Princeton 1974. – J. T. Shawcross, Hg. *Milton: The Critical Heritage*. 2 Bde. London 1970/72. – M. Fixler. *Milton and the Kingdoms of God*. London 1964. – E.M.W. Tillyard. *Milton*. London 1966 [1930].

Rolf Lessenich

Mistry, Rohinton

Geb. 3. 7. 1952 in Bombay

Rohinton Mistry, aufgewachsen in Bombay und seit 1975 in Toronto lebend, ist – wie Salman Rushdie oder Michael Ondaatje – einer jener ›internationalen‹ Autoren, deren Zuordnung zu einer bestimmten Nationalliteratur nicht mehr ohne weiteres möglich ist. Die meisten Erzählungen M.s und seine beiden Romane spielen jedoch in Bombay und unter den Parsen (den Anhängern der Lehre Zarathustras), also in der Welt, aus welcher der Autor ursprünglich kommt. In M.s erstem, preisgekröntem Roman *Such A Long Journey* (1991; *So eine lange Reise*, 1994) werden – wie schon in dem Erzählzyklus *Tales from Firozsha Baag* (1987; *Das Kaleidoskop des Lebens*, 1999) – Alltag und Lebensschicksale der Bewohner eines Häuserblocks in Bombay geschildert. Die Hauptfigur, der Parse Gustad Noble, muß nicht nur familiäre Schwierigkeiten bewältigen, er wird auch unwissentlich in die korrupten Praktiken der Regierung Indira Gandhis zur Zeit des indisch-pakistanischen Kriegs 1971 verstrickt. Die Skepsis gegenüber den Entwicklungstendenzen der indischen Gesellschaft wird im zentralen Symbol des Romans erkennbar: Die auf Anregung Nobles von einem Straßenmaler mit einem Pantheon der in Indien heimischen Götter und Heiligen aller Religionen bemalte Mauer fällt am Ende des Romans den Bulldozern der Stadtverwaltung zum Opfer und signalisiert damit den Abschied sowohl von der religiösen Vergangenheit Indiens wie auch von dem multiethnischen und multireligiösen Indien der Gründerväter von 1947. Auch *A Fine Balance* (1995; *Das Gleichgewicht der Welt*, 1998) setzt sich mit der jüngeren Geschichte Indiens auseinander. Mit seinem Realismus (das Motto stammt nicht zufällig aus Balzacs *Le Père Goriot*) stellt der Roman ein Pendant zu Rushdies – teilweise dieselben Ereignisse behandelnden – postmodernen *Midnight's Children* (1981) dar. Die Lebenswege der vier Hauptfiguren treffen 1975, im Jahr des von Indira Gandhi verhängten Ausnahmezustandes, bei der 40jährigen Parsin Dina Dalal zusammen, die nach dem Tod ihres Mannes mit Näharbeiten ihre finanzielle Unabhängigkeit zu wahren sucht. Der Schneider Ishvar und sein Neffe Om, die für sie arbeiten, sind der brutalen Repression entflohen, die ihnen als Unberührbaren in ihrem Heimatdorf droht. Maneck ist Student; der Dorfladen seiner Familie im Norden Indiens droht gerade dem wirtschaftlichen Fortschritt zum Opfer zu fallen. Ihrer aller Hoffnungen auf ein besseres Leben werden im politischen Chaos zunichte: nach einer Zwangsräumung muß Dina ihre Unabhängigkeit aufgeben und zu ihrem Bruder ziehen; der beinamputierte Ishvar und der zwangssterilisierte Om werden zu Bettlern; Maneck begeht 1984 in tiefer Depression Selbstmord. Der Romantitel entbehrt angesichts einer brutal pervertierten sozialen Ordnung nicht der bitteren Ironie.

Literatur: J. Dodiya, Hg. *The Fiction of Rohinton Mistry: Critical Studies.* London 1998.

Rudolf Beck

Mitchell, James Leslie
→ Gibbon, Lewis Grassic

Mitchison, Naomi [Mary Margaret]

Geb. 1. 11. 1897 in Edinburgh;
gest. 11. 1. 1999 auf Mull, Strathclyde

Naomi Mitchison entstammte der illustren Intellektuellenfamilie der Haldanes; ihr Vater war John Scott Haldane (1860–1936), Physiologe und Philosoph, ihr Bruder John Burdon Sanderson Haldane, Genetiker und Physiologe sowie Mitglied der Kommunistischen Partei. Beide lehrten in Oxford. N. heiratete 1916 den Juristen Gilbert R. Mitchison, seit 1964 *life peer* und zum Ende der Ära Wilson parlamentarischer Staatssekretär. In einem langen unorthodoxen Leben engagierte sich

M. stets politisch: im *Birth Control Movement* und im Feminismus, aber auch in einer durch Marie Stopes Schrift *Married Love* (1918) inspirierten sexuellen Emanzipation, in der Fabian Society und Labour Party oder von den 1950er Jahren an in der Entwicklungshilfe. Ihr literarisches Schaffen beginnt mit als Gegenwartsanalogie erkennbaren Rekonstruktionen Griechenlands und Spartas, so in *The Conquered* (1923), *When the Bough Breaks* (1924), *Cloud Cuckoo Land* (1925) oder *Black Sparta* (1928). *Corn King and Spring Queen* (1931) verbindet das auf Fruchtbarkeitsrituale ausgerichtete Bewußtsein mit der Erfahrung der unterdrückten Frau. Ihre Werke aus den 1930er Jahren spiegeln die politische Polarisierung wider, so der historische Roman *Blood of the Martyrs* (1938) oder der an D. H. Lawrence orientierte politische Roman *We Have Been Warned* (1935). In den 1930er Jahren gerieten die Mitchisons in das Fahrwasser von George und Margaret Cole, den führenden Köpfen von Labour und Fabian Society, was seitens Naomis zu einem besonderen Interesse für das nachrevolutionäre Rußland führte, das mit den Schauprozessen von 1937 alsbald wieder schwand. Auch wenn ihre politischen Schriften ohne öffentliche Wirkung blieben, sind »Comments on Birth Control« (1930), *Twelve Studies in Soviet Russia* (1933), ihr *Vienna Diary* (1934), *The Moral Basis of Politics* (1938) und ihre Beiträge zur *Mass Observation* (ab 1939) ergiebige Dokumente über den linken, hochbürgerlichen Flügel von Labour. Der Rückzug nach Schottland eröffnete ihr ein neues Betätigungsfeld, u. a. mit dem Roman *The Bull Calves* (1947) zur vernichtenden Niederlage der katholischen Hochland-Clans bei Culloden (1746), einer Reihe von Theaterstücken und dem durchaus lesbaren längeren Gedicht zur Heringsfischerei, »The *Alban* Goes Out«. Ende der 1950er Jahre entdeckte sie für sich Afrika, um sich schließlich intensiv für die Stammesgesellschaft in Botswana zu engagieren (*African Heroes*, 1968). 1962 war ihr erster Beitrag zur Science-fiction erschienen, dann 1975 mit *Solution Three* und 1983 mit *Not By Bread Alone* ihre markanteren Leistungen für das Genre, wobei sie die Unwägbarkeiten genetischer Manipulation wiederum an ihren Feminismus knüpft. Ihre über 80 Buchveröffentlichungen umfassen Kurzgeschichten, Erzählungen für Kinder, Theaterstücke wie Gedichte. Zu erforschen bleibt ihr fast das gesamte Jahrhundert überspannendes Rezensionswerk neben zahllosen journalistischen Arbeiten insbesondere für den

New Statesmen. 1981 akzeptierte sie die Ernennung zum CBE.

Literatur: J. Calder. *The Nine Lives of Naomi Mitchison.* London 1997. – I. Murray. »Human Relations: An Outline of Some Major Themes in Naomi Mitchison's Adult Fiction.« *Studies in Scottish Fiction: Twentieth Century.* Hg. J. Schwend/H. Drescher. Frankfurt a. M. 1990, 243–256.

Fritz-Wilhelm Neumann

Mo, Timothy

Geb. 30. 12. 1950 in Hongkong

Timothy Mo, Sohn eines kantonesischen Vaters und einer englischen Mutter, in England aufgewachsen, hat aufgrund seiner eigenen Erfahrung als Wanderer zwischen den Welten Migration, kulturelle Hybridität und Dekolonisierung zur zentralen Thematik seiner Romane gemacht. Als tiefgründiger und zugleich unterhaltsamer Erzähler, der (post-)moderne Erzählstrategien virtuos beherrscht und einen eleganten Stil schreibt, gewann er auf Anhieb renommierte Auszeichnungen und wird gern in Verbindung gebracht mit anderen britischen Erzählern außereuropäischer Provenienz wie Salman Rushdie, Caryl Phillips und Kazuo Ishiguro. – M.s Romandebüt *The Monkey King* (1978) behandelt die schwierige Identitätsfindung eines westlich erzogenen Halbchinesen. Wendig und pfiffig wie der Affenkönig, eine Tricksterfigur der chinesischen Legende, arbeitet er sich nach der ihm verordneten Einheirat in eine der mächtigsten Dynastien der Kronkolonie hoch, bis er zum Nachfolger seines Schwiegervaters erkoren wird, und entdeckt für sich und seine traditionell chinesisch sozialisierte Frau eine praktikable Kultursymbiose. Während *Monkey King* als erste authentische Insiderdarstellung Hongkongs gilt, beschreibt *Sour Sweet* (1982), M.s populärster (mehrfach verfilmter) Roman, erstmals den Überlebenskampf chinesischer Immigranten in London am Beispiel einer Familie und einer Schlangenkopf-Triade. Bei der Identitätssuche zwischen Bewahrung der gruppenspezifischen Herkunftskultur und der Anpassung an die als abweisend erfahrene individualistische westliche Kultur sind die Frauen flexibler, weil Umorientierung für sie mit Emanzipation von patriarchalen Weiblichkeitskonstrukten einhergeht. *An Insular Possession* (1986), das M. liebste seiner Werke, partizipiert an dem postkolonialen Projekt der Fiktionalisierung revisionistischer Geschichtsschreibung, die sich westlicher Autorität widersetzt. In Form einer experimentellen Collage aus verschiedenen Erzählperspektiven und zahllosen, zum Teil parodistischen Dokumenten bringt diese episch breite Rekonstruktion des ersten Opiumkriegs, in dem England 1842 die Abtretung Hongkongs erzwang, vergessene oder bislang ungehörte Stimmen aus der Geschichte zu Gehör. M.s Fiktionalisierung des Unabhängigkeitskampfes auf Ost-Timor, wo M. nie war, in *The Redundancy of Courage* (1991) hat von maßgeblich Beteiligten wegen ihrer Authentizität höchstes Lob erhalten. Zwar entdeckt der Protagonist und Erzähler während seiner Feuertaufe bei der Guerilla seine nationale Identität, muß aber erkennen, daß er als Chinese marginalisiert bleibt und am Aufbau der Nation nicht mitwirken kann. M.s jüngste Romane, *Brownout on Breadfruit Boulevard* (1995), eine fragmentarische Analyse philippinischer Machtpolitik, und *Renegade or Halo 2* (2000) haben wenig (positive) Beachtung gefunden. So hat dieser hochtalentierte Romancier, der westlichen Lesern fremde Welten so faszinierend nahezubringen weiß, einen kritischen Punkt in seiner schriftstellerischen Laufbahn erreicht. Als ehemaliger Bantamboxer mit langjähriger Presseerfahrung kann sich M., für den das Schreiben nicht alles ist, durchaus auch vorstellen, als Sportjournalist erfolgreich zu arbeiten.

Literatur: E.Y.L. Ho. *Timothy Mo.* Manchester 2001. – J. McLeod. »Interstitial Spaces of Possibility in Timothy Mo's *Sour Sweet.*« *Just Postmodernism.* Hg. S. Earnshaw. Amsterdam 1997, 107–128.

Astrid Swift

Montagu, Lady Mary Wortley

Geb. Mai 1689 in Thorsby, Nottinghamshire; gest. 21. 8. 1762 in Twickenham bei London

»Unjustifiable to the world, – but I think I can justify myself to myself«, so kommentiert Lady Montagu 1712 ihre Entscheidung, sich auf eine heimliche Heirat mit Edward Wortley Montagu einzulassen. Ähnlich unkonventionell wie die brieflichen Heiratsverhandlungen ist ihr Auftreten generell. Sie setzt sich z. B. gegen massiven Widerstand der englischen Ärzteschaft bei ihrer Rückkehr aus der Türkei für die Einführung der dort praktizierten Variolation, einer Vorform der Pockenschutzimpfung, ein und folgt 1739 dem weitaus jüngeren bisexuellen Schriftsteller Francesco Algarotti nach Italien, von wo sie erst 1761 zurückkehrt.

Eher nonkonformistisch ist auch Lady M.s Werk: Die in Swiftscher Manier die pastorale Tradition unterlaufenden *Town Eclogues* (1716) etwa oder die Replik auf die verbalen Angriffe des ehemaligen Freundes Alexander Pope, *Verses Addressed to the Imitator of the First Satire of the Second Book of Horace* (1733), belegen dies ebenso wie ihre Prosaexperimente. Auch die Veröffentlichung feministischer Streitschriften als Herausgeberin des politischen Magazins *The Nonsense of Common Sense* ist außergewöhnlich. In ihrem Hauptwerk *Turkish Embassy Letters* nimmt die Autorin, ähnlich anderen Reiseberichterstatterinnen, zumeist ebenfalls eine von der männlichen Norm abweichende Perspektive ein. So lenken die 52 während Anreise und Aufenthalt in der Türkei an der Seite ihres dort von 1716–18 als Sonderbotschafter tätigen Mannes verfaßten Briefe, anders als jene männlicher Autoren, den Blick jenseits von Berichtsschemata mittels Beschreibung individueller Eindrücke (z. B. dem Badehausbesuch und Gesprächen über arabische Lyrik, Verschleierungsgebot oder den Stellenwert von Schwangerschaft und Alter) auf kulturelle Spezifika der bereisten Länder, um die eigene kulturelle Identität zu hinterfragen. Hingegen differenziert der Text in sozialen, ethnischen und religiösen Belangen meist nicht: So finden sich z. B. wiederholt antisemitische Beschreibungen und rassistische Vergleiche. Darin ganz im Einklang mit zeittypischen Stereotypisierungen, spielte beim Entschluß, die Reisebriefe gegen den Rat Mary Astells erst postum zu veröffentlichen, eher die für sie untypische Angst vor sozialer Sanktionierung ob freizügiger Szenen eine Rolle. Wie der Aufschrei bei der Publikation 1763 zeigt, war diese nicht unberechtigt. Begründet wurde die Ablehnung bis ins 19. Jahrhundert indes damit, daß der Reisebericht nicht mit der Realität übereinstimme. Lob kam hingegen von türkischen Rezipienten und von Schriftstellern wie Tobias Smollett und Voltaire. Trotz bzw. vermutlich wegen vermeintlich skandalöser Inhalte zählte der Text bald zu den populärsten Reiseberichten und besticht auch heute noch aufgrund seiner kulturhistorischen Details.

Werkausgaben: *The Complete Letters*. Hg. R. Halsband. 3 Bde. Oxford 1965–67. – *Essays and Poems and Simplicity, A Comedy*. Hg. R. Halsband/I. Grundy. Oxford 1977. – *Romance Writings*. Hg. I. Grundy. Oxford 1996. Literatur: Ch. Bode, Hg. *West Meets East: Klassiker der britischen Orient-Reiseliteratur*. Heidelberg 1997. – S. Albrecht. *Orienterfahrung und Wandel des Orientbildes vom 18. bis 20. Jahrhundert aus der Perspektive englischer Frauenreiseliteratur*. Hamburg 1987.

Antje Andrassy

Moodie, Susanna [Strickland]

Geb. 6. 12. 1803 in Bungay, Suffolk;
gest. 8. 4. 1885 in Toronto

Von den Schwestern Strickland, die literarisch aktiv waren, ist es Susanna, die Jüngste, die sich als Schriftstellerin am nachhaltigsten etablieren konnte. Susanna hatte sich bereits als Verfasserin von Kinder- und Jugendbüchern, von Skizzen über das Leben in Suffolk, sozialkritischen Schriften und von Gedichten (*Enthusiasm and Other Poems*, 1831) einen Namen gemacht, bevor sie 1832 mit ihrem Mann, John Dunbar Moodie, nach Kanada auswanderte. In der neuen Heimat, an die sie sich nur langsam und unter großen Schwierigkeiten gewöhnte, nahm die Pionierin Moodie ihre literarischen Aktivitäten zunächst mit Beiträgen für Montreals *Literary Garland* wieder auf. Ihren Ruhm aber verdankt M. den autobiographischen Schilderungen ihres entbehrungsreichen Lebens in den kanadischen *backwoods* in *Roughing It in the Bush: or, Life in Canada* (2 Bde., 1852) sowie der Fortsetzung *Life in the Clearings versus the Bush* (1853), das die Jahre ab 1840 beschreibt, als John D. Moodie einen Posten als Sheriff in Belleville (Ontario) erhielt.

Der Grund für das anhaltende Interesse, das *Roughing It in the Bush* im Gegensatz zu vielen anderen Siedlerberichten genießt, liegt v. a. in jener Spannung, die aus der psychischen Zerrissenheit der *gentlewoman* M. in der Wildnis resultiert. Das Schwanken der Autorin zwischen ihrer Verzweiflung über die Härte des Überlebenskampfes und der Abscheu vor der Vulgarität ihrer Umgebung einerseits und der Faszination der kanadischen Natur sowie einer neuen sozialen Freiheit andererseits werden inhaltlich und erzähltechnisch überzeugend vermittelt. *Roughing It in the Bush* ist vornehmlich an eine englische Leserschaft adressiert und soll nicht zuletzt potentiellen Emigranten zur Warnung vor falschen Hoffnungen dienen. Neben der Didaxe finden sich jedoch stark emotionalisierte Beschreibungen subjektiver Eindrücke, Porträts bizarrer Charaktere, Anekdoten, Gedichte und Landschaftsbeschreibungen, die das Erhabene der kanadischen Wildnis betonen. In dieser Heterogenität und bewußten Literarizität zeigt sich auch der markanteste Unterschied zwischen M. und ihrer ebenfalls nach Kanada emigrierten Schwester, Catherine Parr Traill, die sich durch äußerst pragmatische Veröffentlichungen (z. B. *The Canadian Settler's Guide*, 1855) einen Namen machte. Die vom Geist der englischen Romantik geprägte M. verfaßte in Kanada neben den beiden genannten autobiographischen Werken hauptsächlich empfindsame Romane (z. B. *Mark Hurdlestone; or, The Gold Worshipper*, 1853; *Flora Lindsay*, 1854), die allerdings nur ein geringes Echo fanden. Durch *Roughing It in the Bush* sowie das bereits aus einer eindeutig ›kanadischen‹ Perspektive verfaßte *Life in the Clearings* wurde M. inzwischen jedoch zu einem kanadischen Mythos, der von zeitgenössischen AutorInnen – allen voran von Margaret Atwood in ihrem Gedichtzyklus *The Journals of Susanna Moodie* (1970) – wiederholt aufgegriffen und literarisch gestaltet wurde.

Literatur: J. Thurston. *The Work of Words: The Writing of Susanna Strickland Moodie*. Montreal/Kingston 1996. – M. Fowler. *The Embroidered Tent: Five Gentlewomen in Early Canada*. Toronto 1982.

Maria Löschnigg

Moore, George [Augustus]

Geb. 24. 2. 1852 in Ballyglass, County Mayo, Irland; gest. 21. 1. 1933 in London

Nach einer abgebrochenen Schulbildung ging George Moore, ältester Sohn eines katholischen Grundbesitzers und Parlamentsmitglieds, 1873 nach Paris, um Maler zu werden. Bald schon erkannte er sein mangelndes Talent und wandte sich statt dessen der Literatur zu. M. studierte die französische Literatur des 19. Jahrhunderts und begann, selbst zu schreiben – zunächst Gedichte, dann Prosa. Ab etwa 1880 lebte er in London, wo er zum *enfant terrible* der Mayfair Society avan-

cierte, erste Romane verfaßte und zudem als Kunstkritiker tätig war. Der Kontakt zu Edward Martyn und William Butler Yeats führte ihn 1901 nach Dublin. Er unterstützte das *Literary Revival* – insbesondere durch seine Arbeit für das Irish National Theatre – und die *Gaelic League*. Ein Jahrzehnt später kehrte er nach London zurück, wo er den Rest seines Lebens verbrachte.

»Nothing thrives in Ireland but the celibate, the priest, the nun, and the ox«, stellt eine Figur in M.s Erzählung »The Wild Goose« (1903) fest, und diese sarkastische Bestandsaufnahme könnte auch M.s lebenslange Auseinandersetzung mit seiner Heimat überschreiben. Die Behauptung von sexueller Freiheit, intellektueller Unabhängigkeit und künstlerischer Integrität gegenüber klerikaler Autorität, sozialer Ausbeutung und Unterdrückung von Frauen zieht sich durch sein gesamtes Werk. Der durch Zolas Naturalismus beeinflußte Roman *A Mummer's Wife* (1885), der Alkoholismus und Prostitution schildert, wird – wie schon *A Modern Lover* (1883) – aus der einflußreichen Leihbibliothek Mudies verbannt, wogegen M. in seinem Pamphlet »Literature at Nurse, or Circulating Morals« (1885) protestiert. *Esther Waters* (1894; *Esther Waters*, 1976), vielleicht der erfolgreichste Roman M.s, erzählt das Leben eines armen Dienstmädchens und ihres unehelichen Kindes. Mit *A Drama in Muslin* (1886; *Ein Drama in Musselin*, 1978), der Geschichte mehrerer Debütantinnen während der *Land-League*-Bewegung, wendet sich M. der irischen Gesellschaft zu, die er in seinen satirischen Essays *Parnell and His Island* (1887; zunächst 1886 auf Französisch erschienen) scharf kritisiert. Sexuelle Zwänge und religiöse Bigoterie in Irland werden in verschiedenen Sammlungen von Kurzgeschichten fokussiert: *The Untilled Field* (1903; bereits in kürzerer Form 1902 auf Gälisch erschienen), *A Story-Teller's Holiday* (1918), das als Dichterwettstreit zwischen M. und einem irischen Geschichtenerzähler strukturiert ist, sowie *Celibate Lives* (1927). M.s Schreibweise in *The Untilled Field* läßt den Einfluß von Turgenjew und Dostojewski erkennen; *The Lake* (1905), ursprünglich als Kurzgeschichte für *The Untilled Field* geplant, greift auf die *stream-of-consciousness*-Technik von Édouard Dujardin zurück. In diesem Roman über die allmähliche Selbsterkenntnis eines irischen Priesters entwickelt M. eine von ihm als »melodic line« bezeichnete rhythmische Prosa, in der sich Landschaft und individuelles Bewußtsein ineinander verschränken. *The Brook Kerith: A Syrian Story* (1916), ein Roman über das Leben Jesu, sowie *Héloïse and Abelard* (1921) setzen M.s Abkehr vom Naturalismus fort. – Viele von M.s Texten existieren in unterschiedlichen Versionen; Revisionen und Verschiebungen prägen insbesondere auch seine autobiographischen Texte, wie z. B. *Confessions of a Young Man* (1888; *Bekenntnisse eines jungen Mannes*, 1986), *Memoirs of My Dead Life* (1906) und *Hail and Farewell* (3 Bde., 1911-14), in denen M. keine autorisierte Lebensgeschichte entwirft, sondern verschiedene *personae* und Perspektiven gegeneinander ausspielt.

Werkausgabe: *The Ebury Edition of Moore's Works.* 20 Bde. London 1936–38.
Literatur: E. Grubgeld. *George Moore and the Autogenous Self: The Autobiography and Fiction.* Syracuse, NY 1994. – J. Egleson Dunleavy, Hg. *George Moore in Perspective.* Naas 1983. – R. Cave. *A Study of the Novels of George Moore.* Gerrards Cross 1978.

Sabine Schülting

Moore, Thomas

Geb. 28. 5. 1779 in Dublin;
gest. 26. 2. 1852 in Bromham, Wiltshire

Die sorgfältige Erziehung von Thomas Moore, der bürgerlicher Herkunft war, prädestinierte ihn zum Liebling der Gesellschaft, der mit musikalisch-lyrischen Darbietungen seine Zuhörerschaft in den Salons der englischen Aristokratie mitunter zu Tränen rühren konnte. Lange vor dem *Celtic Revival* stehen seine Gedichte und Lieder für eine idyllische Konstruktion des Irlandbildes. Seine *Irish Melodies* (1808–34; *Irländische Melodien*, 1839) machen ihn berühmt und bringen ihm den Platz eines Irischen Nationaldichters ein. Die meiste Zeit seines Lebens verbringt er jedoch in England und nutzt für sein gesellschaftliches Fortkommen konsequent die Beziehungen zur Aristokratie. 1794 besucht er Dublins Trinity College, um in London eine juristische Karriere zu verfolgen. 1803 nimmt er einen Posten auf Bermuda an, den er (mit üblen finanziellen Folgen) einem Stellvertreter überläßt, um nach einem Aufenthalt in Amerika wieder nach London zurückzukehren. Die Sammlung *Epistles, Odes, and Other Poems* (1806) wird von Francis Jeffrey im *Edinburgh Review* wegen ihrer unmoralischen Inhalte verrissen, was aber die Popularität des Bandes und seines Autors eher noch steigert. M.s lange Freundschaft mit Lord Byron führt 1819 dazu, daß ihm Byron seine Memoiren zur postumen Publikation übergibt. Mit Rücksicht auf die Erben läßt M. jedoch zu, daß dieses legendäre Manuskript 1824 verbrannt wird. Sechs Jahre später erscheint seine heute klassische Biographie Byrons (*The Letters and Journals of Lord Byron: With Notices of His Life*, 1830). Neben seiner kunstvollen und performativen Verbindung von Musik und Lyrik werden auch die Satiren des Bandes *The Twopenny Post Bag* (1813) und die Biographien Richard Sheridans (1825) sowie Lord Edward Fitzgeralds (1831) positiv aufgenommen. Das umfangreiche Versepos *Lalla Rookh* (1817; *Lalla Rukh, die mongolische Prinzessin*, 1822), eine ›orientalische Romanze‹, gilt als Hauptwerk M.s, das sich auch auf dem Kontinent schon bald nach Erscheinen größter Beliebtheit erfreut und zu den meistübersetzten Werken seiner Zeit gehört. Die vier durch eine Rahmenhandlung (die Reise Lalla Rookhs durch Indien) verbundenen Geschichten romantisieren und verklären den Orient, lassen sich aber auch mit M.s irischem Patriotismus in Verbindung bringen. Seine *History of Ireland* (1835–46) entpuppt sich jedoch als zu großes Projekt. Joyce und Yeats nannten ihn frech einen Firbolg (einen keltischen, Lehmsäcke schleppenden Ureinwohner), aber zumindest Joyce schätzte an M.s Werk die Einheit von Musikalität und lyrischem Ausdruck und ließ sich von »Oh, ye Dead« aus den immer noch populären *Irish Melodies* zur Schlußgeschichte in *Dubliners* (1913) anregen. Im Vergleich zu den Zeitgenossen Scott, Byron oder Shelley ist M.s literarischer Rang wegen seiner fehlenden emotionalen Tiefe und dem mitunter falschen Patriotismus eher zweitklassig. William Hazlitt schrieb abschätzig: »Mr Moore converts the wild harp of Erin into a musical snuff-box.« Die Vielseitigkeit seiner Talente und besonders seine liebenswerte Persönlichkeit wurden aber nahezu ausnahmslos von ihnen respektiert und bewundert.

Werkausgaben: *Poetische Werke.* 5 Bde. Leipzig 1843. – *The Poetical Works.* Boston 1930.
Literatur: T. de Vere White. *Tom Moore: The Irish Poet.* London 1977.

Susanne Peters

Moorhouse, Frank

Geb. 21. 12. 1938 in Nowra, New South
Wales, Australien

Frank Moorhouse gilt als der bedeutendste
australische Kurzprosaautor der Gegenwart und
hat sich in diversen Organisationen um die rechtliche und soziale Situation australischer Schrift-
steller/innen verdient gemacht. Er war 1956–80 als
Journalist tätig, vorwiegend für das nationale Wochenblatt *The Bulletin*; eine Zusammenstellung
seiner Kolumnen findet sich in dem Band *Days of
Wine and Rage* (1980). Er hat Drehbücher u. a. für
die Verfilmung eigener Geschichten geschrieben
und war beim Fernsehen tätig. Seit der 1990er
Jahren hat er sich ganz dem Schreiben gewidmet.

In den 1960er Jahren, als seine Geschichten zu
erscheinen begannen, war Australien noch recht
prüde und literarisch konservativ, und Texte wie
die von M., die sexueller Offenheit und Erzählex-
perimenten Raum gaben, hatten enorme Publikationsschwierigkeiten. M. gründete daher 1972 mit
Michael Wilding die großformatige *Tabloid Story*,
die unkonventionelle Erzähltexte enthielt und in
Zeitungen und Zeitschriften gratis als Beilage angeboten wurden. Manchmal veröffentlichte M.
auch in Männermagazinen, und der Herausgeber
eines solchen Organs verlegte M.s ersten Kurzprosaband, *Futility and Other Animals* (1969). Mit
dem folgenden Band, *The Americans, Baby* (1972),
konnte M. sich als Repräsentant des Genres etablieren und mit einer Reihe weiterer Bände kon-
solidieren: *The Electrical Experience* (1974), *Conference-ville* (1976), *Tales of Mystery and Romance*
(1977), *The Everlasting Secret Family and Other
Secrets* (1980), *Room Service* (1985), *Forty-Seven-
teen* (1988), *Lateshows* (1990) und *Loose Living*
(1995). Die ersten beiden Bände zeigen schon im
Untertitel das Prinzip des *discontinuous narrative*
an, das für die meisten Sammlungen charakteristisch bleiben sollte, insofern jeweils eine Folge
der Einzeltexte durch wiederkehrende Schauplätze
oder Figuren Berührungspunkte enthält, ohne daß
eine zusammenhängende Geschichte erzählt wird.
Einzelne Bände konzentrieren sich auf bestimmte
Themen, etwa den ›städtischen Stamm‹ driftender
Individuen in *Futility*, die Amerikanisierung der
australischen Gesellschaft samt ihren ambivalenten Folgen in *The Americans, Baby* und *The Electrical Experience* (dort gekoppelt mit dem Stadt-
Land-Gegensatz), den akademischen Tourismus in

Conference-ville und *Room Service*. Das Leben besteht für M. aus Ambiguitäten oder Chaos: Die
rasch sich verändernde, fragmentierte, ›diskontinuierliche‹ Welt läßt sich nur durch die Spontaneität provisorischer Bindungen bewältigen. – Der
Stil von M.s Kurzprosa zeigt den Einfluß von
Donald Barthelmes Experimentalprosa (und ihrer
fragmentarischen Präsentation des ›Drecks‹ der
Alltagskultur) ebenso wie den der eigenen journalistischen Tätigkeit und des amerikanischen
›neuen Journalismus‹ (etwa Tom Wolfes episodisch strukturierte, ironisch pointierte Texte mit
›realistischen‹ Dialogen). Dagegen wirkt der Stil
seiner in den 1990er Jahren entstandenen Romane
eher ausladend und geradezu ›kultiviert‹, ganz im
Sinne der neuen Thematik – der Entwicklung des
Völkerbundes, die in einem Romanzyklus geschildert werden soll. Die ersten beiden Teile der ›*Palais
des Nations*‹-Sequenz, *Grand Days* (1993) und
Dark Palace (2000) beschwören das Fluidum einer
fast vergessenen Ära im Zeichen der Vereinten
Nationen herauf. – M. hat sich in diversen Artikeln
und Interviews kritisch mit dem Gattungsbereich
der Kurzprosa auseinandergesetzt und entsprechende Anthologien herausgegeben.

Werkausgabe: *The Coca Cola Kid*. North Ryde 1985.
Literatur: G. Raines. »The Short Story Cycles of Frank
Moorhouse.« *Australian Literary Studies* 14.4 (1990),
425–435. – D. G. Kinross Smith. »Liberating Acts: Frank
Moorhouse, His Life, His Narratives.« *Southerly* 46.4
(1986), 391–423. – B. Kiernan. »Frank Moorhouse:
A Retrospective.« *Modern Fiction Studies* 27.1 (1981),
73–94. – D. Anderson. »Frank Moorhouse's Discontinui-
ties.« *Southerly* 36 (1976), 26–38.

Gordon Collier

More, Sir Thomas

Geb. 7. 2. 1477 oder 1478 in London;
gest. 6. 7. 1535 ebd.

Thomas More, Englands bedeutendster Humanist, Lordkanzler, Märtyrer und seit 1935 Heiliger
der Katholischen Kirche, verkörpert geradezu exemplarisch die individualisierte Harmonisierung
von *vita activa* und *vita contemplativa*. Als ältester
Sohn des späteren Richters Sir John More durchlief er eine traditionelle, wenngleich hervorragende Ausbildung in der Lateinschule des Nicholas
Holt, im Haushalt des Lordkanzlers John Morton,
und an der Universität Oxford (ca. 1492–1494).

Auf Drängen des Vaters nach London zurückgekehrt, begann er an den Inns of Court eine Juristenausbildung; als Jurist und Richter machte er Karriere, gründete eine Familie und erfreute sich allgemeiner Anerkennung und der Freundschaft von Henry VIII, der ihn 1517 in seinen Dienst nahm, als Sekretär und Diplomaten einsetzte und ihn schließlich 1529 zum Lordkanzler machte. Am 16. 5. 1532, einen Tag nach der Unterwerfung des Klerus, gab M. sein Amt als Lordkanzler auf, zog sich ins Privatleben und an den Schreibtisch zurück; die relative Ruhe währte jedoch nicht lange. Wegen Verweigerung des Eids auf die *Act of Succession* wurde er 1534 inhaftiert und ein Jahr später in einem politischen Schauprozeß als Hochverräter zum Tode verurteilt und enthauptet: »Ich sterbe als des Königs treuer Diener, aber Gottes zuerst,« sollen seine letzten Worte gewesen sein.

Das literarische Werk M.s läßt sich in drei Gruppen einteilen, die mit bestimmten Lebensabschnitten zusammenfallen: Die humanistischen Schriften, sein *Life of John Picus* (ca. 1510), die Lukian-Übersetzungen, seine *Epigrammata* (1518; *Epigramme*, 1983), seine *History of Richard III* (1543, 1547; *Die Geschichte König Richards III.*, 1984) und das Hauptwerk *Utopia* (1516; *Utopia*, 1922), korrespondieren mit dem beruflichen Aufstieg bis in den Dienst des Königs. In die Jahrzehnte des Dienstes für den König fallen kontroverstheologische Schriften wie *A Dialogue Concerning Heresies* (1529) und *The Confutation of Tyndale's Answer* (1532–33). In der Zeit nach dem Rücktritt vom Amt des Lordkanzlers und während der Towerhaft verschiebt sich der Fokus von der Kontroverstheologie, dem Kampf um den rechten Glauben, zu den Meditationen, der Suche nach innerem Gleichgewicht, so in *A Dialogue of Comfort against Tribulation* (1553; *Trostgespräch im Leid*, 1988). Diese Dreiteilung des Werkes marginalisiert freilich wichtige Gemeinsamkeiten, die allesamt in M.s christlichem Humanismus gründen: Die sprachlich elegante, rhetorisch subtile Präsentation der Argumente verdichtet M. mit humanistisch-theologischer *eruditio* in den jeweiligen Hauptwerken zu komplexen, die unterschiedlichen Positionen auslotenden humanistischen Dialogen (*Utopia*, *A Dialogue Concerning Heresies*, *A Dialogue of Comfort against Tribulation*). Insbesondere der *Utopia*, einem schmalen in elegantem Humanistenlatein abgefaßten Buch über die beste Staatsverfassung, verdankt M. seinen literarischen Ruhm. Dem sozialgeschichtliche und moralische Probleme der Staaten Europas am Vorabend der Reformation analysierenden Buch I stellt M. im Bericht des Raphael Hythlodaeus als Korrektiv und Spiegel die Geschichte, Verfassung und Sozialstruktur der Insel Utopia als Buch II gegenüber, wobei ein abschließender wertender Vergleich der Dialogpartner unterbleibt und dieser – konsequent sokratisch – dem humanistisch gebildeten Lesepublikum überlassen wird.

Werkausgabe: *The Yale Edition of the Complete Works.* New Haven, NH 1963ff.
Literatur: J. A. Guy. *Thomas More.* London 2000. – U. Baumann/H. P. Heinrich. *Thomas Morus: Humanistische Schriften.* Darmstadt 1986. – R. Marius. *Thomas More: A Biography.* New York 1984.

Uwe Baumann

Morris, William

Geb. 24. 3. 1834 in Walthamstow, Essex;
gest. 3. 10. 1896 in Hammersmith, London

Als 1896 der Arzt als Todesursache von William Morris feststellte, er habe drei Leben auf einmal gelebt, beschrieb er mit diesen Worten nicht nur M.' Lebensstil, sondern auch seinen Einfluß auf das viktorianische England, der in den Bereichen Literatur, Kunst und Politik umfassend war. – Aus wohlhabenden Verhältnissen stammend, besuchte M. eine Privatschule und studierte in Oxford. Unter dem Einfluß der Schriften John Ruskins setzten sich M. und sein Freund Edward Burne-Jones mit Literatur, Architektur und Kunst auseinander. M. wandte sich von seiner geplanten klerikalen Laufbahn ab, brach dann nach einem Jahr eine Ausbildung zum Architekten ab und begann unter dem Einfluß der Präraffeliten zu malen. Mit Dante Gabriel Rossetti, Burne-Jones und Algernon Charles Swinburne bildete er das Zentrum der zweiten Generation der Präraffeliten. Nach seiner Hochzeit mit Jane Burden (1859) wurde für ihn das nach präraffelitischen Vorstellungen entworfene Red House in Kent gebaut, wo seine beiden Töchter geboren wurden. 1865 zog die Familie nach London zurück (seit 1879 Kelmscott House, Hammersmith), M. pachtete aber ab 1871 Kelmscott Manor in Oxfordshire und pendelte zwischen beiden Wohnorten. 1861 gründete er mit anderen Präraffeliten eine Firma für die Herstellung von Innendekorationen unter dem

Namen Morris, Marshall, Faulkner & Co, die er führte. Man legte großen Wert auf den Zusammenhang zwischen Design und Herstellung, und die Entwürfe wurden nicht bei Handwerkern in Kommission gegeben, sondern von Angestellten und von den Mitgliedern der Firma selbst produziert; zudem wurden alte Herstellungsverfahren wiederbelebt, was zu einer von anderen zeitgenössischen Produkten abweichenden Farbgebung führte und zum Markenzeichen wurde. 1875 übernahm M. die Firma als Hauptinhaber, zahlte einige seiner früheren Partner aus, andere wurden stille Teilhaber. Unter dem neuen Namen Morris & Co wurde die Firma weltbekannt. M.' Ehe war von Affären von Jane Morris mit Rossetti und Wilfrid Scawen Blunt überschattet, und während der 1870er Jahre wurde Georgiana Burne-Jones immer mehr seine geistige Vertraute. M. reiste zweimal nach Island (1871/73) und engagierte sich ab Mitte der 1870er Jahre immer mehr in der Öffentlichkeit. 1877 gründete er mit anderen Präraffaeliten die britische Denkmalschutzorganisation, Society for the Protection of Ancient Buildings (SPAB), er hielt Vorträge über verschiedene Aspekte von Kunst und wurde politisch aktiv. 1883 erfolgte, was er selbst als seine Bekehrung zum Sozialismus bezeichnete. M. trat der Democratic Federation bei und engagierte sich stark in Wort und Schrift. Ende 1884 kam es zur Spaltung der englischen Sozialisten, und M. gründete als alternative Institution die Socialist League. Mit zunehmender Gicht reduzierte M. zu Beginn der 1890er Jahre sein Engagement. Diese scheinbare Distanz zum Sozialismus wurde von Teilen der viktorianischen Öffentlichkeit als Rückkehr zu seiner eigentlichen künstlerischen Berufung von seinen politischen Irrwegen interpretiert, eine Auffassung, die sich durch M.' eigene Äußerungen nicht bestätigen läßt. 1891 gründete M. die Kelmscott Press, seine eigene Druckerei, mit der er die Herausgabe aufwendiger Liebhaber-Editionen alter Werke betrieb. Trotz Krankheit unternahm er 1896 noch eine Reise nach Norwegen und starb im Oktober in Kelmscott House in Hammersmith.

Bei seiner ersten Gedichtsammlung, 1858 unter dem Titel The Defense of Guenevere and other Poems erschienen, handelt es sich um die ersten veröffentlichen Gedichte der Präraffaeliten, die von der Kritik entweder vernachlässigt oder scharf angegriffen wurden. Im Laufe der 1860er Jahre begann M. mit der Arbeit an einem umfangreichen Gedichtwerk, The Earthly Paradise (4 Bde.,

1868/1870), das an die Struktur der Canterbury Tales angelehnt 24 Geschichten alternierend zwischen klassischen und nordischen mythologischen Stoffen im Jahreskreis arrangiert. Die vierbändige Sammlung wurde ein großer Erfolg, begründete M.' Ruf als Dichter und führte zu seiner Nominierung für die renommierte Stelle als Professor of Poetry in Oxford (1877) und für die Nachfolge Tennysons als Poet Laureate (1892), die er jedoch beide zurückwies. – Die mittelalterliche Welt und verschiedene Mythologien sind zentrale Stoffquellen für M.' Werk. Schon in den frühen Lyriksammlungen tritt dabei die nordische Mythologie neben den Artusstoff. Sein ausgeprägtes Interesse an der Mythologie manifestiert sich in zahlreichen Prosaübersetzungen von Sagas aus dem Isländischen (seit 1869), des Beowulf (1895) und in Versübersetzungen der Aeneis (1876) und der Odyssee (1887). Wie in seiner Beschäftigung mit alten Formen des Kunsthandwerkes versucht M. auch in seiner Literatur, alte Formen, Texte und Stoffe wieder aufleben zu lassen und sie weiterzuentwickeln. In diesem Kontext können sowohl sein Versdrama Love is Enough or the Freeing of Pharamond, A Morality (1873), eine in der Form eines vorelisabethanischen Dramas geschriebene Bearbeitung einer Geschichte aus dem walisischen Mabinogion, als auch seine Bearbeitung der isländischen Völsunga-Saga, The Story of Sigurd the Volsung and the Fall of the Niblungs von 1877 (den Stoff hatte er bereits in The Earthly Paradise verwendet und eine Übersetzung der Saga 1870 publiziert), verstanden werden. Beide Texte wurden erst in den 1920er Jahren rezipiert, von seinen Zeitgenossen jedoch abgelehnt. 1877–85 veröffentlichte M. hauptsächlich Sachtexte, Vorträge zur Kunst und zum Kunsthandwerk und in zunehmendem Maße politische Schriften. Drei sozialistische Prosadichtungen erreichten eine weite Verbreitung und Bedeutung: A Dream of John Ball und A King's Lesson (1886/87; Eine königliche Lektion: ein Traum von John Ball, 1904) und News from Nowhere; or, An Epoch of Rest (1890; Kunde von Nirgendwo, 1892/93), alle zunächst in The Commonweal erschienen. In der Utopie News from Nowhere formuliert M. einerseits seine eigenen politischen Vorstellungen, antwortet aber andererseits auch deutlich auf Edward Bellamys Looking Backward (1888), dessen politische Position M. zurückweist. Ab Mitte der 1880er Jahre und bis zu seinem Lebensende entstand eine Reihe umfangreicher Prosatexte. Zunächst in der Völkerwanderungszeit angesiedelt, verlieren seine späteren Werke immer mehr reale historische Referenzen. M. kombiniert hier Züge des nordischen heroischen Epos mit seinen eigenen politischen Ideen innerhalb der Struktur einer Romanze. Nach seinem Tod nahm das Interesse an M.' Literatur sehr schnell ab und wurde erst 1924 durch die von seiner Tochter edierte Werkausgabe und die Feiern und Veröffentlichungen zu seinem 100. Geburtstag wieder neu belebt. Heute ist er in der britischen und internationalen Öffentlichkeit in erster Linie als Designer bekannt.

Werkausgabe: The Collected Works. Hg. M. Morris. 24 Bde. New York/London 1910–15.
Literatur: S. Coote. William Morris: His Life and Work. Stroud 1996. - L. Smith. Victorian Photography, Painting and Poetry: The Enigma of Visibility in Ruskin, Morris and the Pre-Raphaelites. Cambridge 1995. – F. MacCarthy. William Morris: A Life for Our Time. London 1994.

Dörthe Schilken

Morrison, Arthur

Geb. 1. 11. 1863 in Poplar, London;
gest. 4. 12. 1945 in Chalfont St Peter,
Buckinghamshire

Der von Raymond Chandler und Martin Scorsese adaptierte Begriff der *mean streets* geht auf M.s Sammlung ›realistischer‹ East End-Kurzgeschichten zurück (*Tales of Mean Streets*, 1894). M. war im ausgehenden 19. Jahrhundert neben George Gissing, George Moore und Margaret Harkness einer der bedeutendsten und kontrovers diskutierten Autoren sogenannter *slum novels*, die weder die Armut romantisieren noch von aristokratischen Philanthropen bevölkert sind. Als Sohn eines Monteurs in den Londoner Docks geboren, arbeitete M. an seinem sozialen Aufstieg als Journalist (typisiert in Gissings Roman *New Grub Street*), was ihm später den Vorwurf einer fingierten Mittelklasse-Identität eintrug. M. war auch in Walter Besants Volksbildungsheim »The People's Palace« tätig, und in der Nachfolge von Besants *All Sorts and Conditions of Men* (1882) trugen M.s Geschichten vom Straßenstrich (»Lizerunt«) und Straßendieben (*A Child of the Jago*, 1896) dazu bei, soziale Wohnungsbauprojekte zu initiieren. Im sozial und genetisch deterministischen Anti-Sozialismus von Jago muß das korrumpierte Kind Dicky Perrott sterben, um nicht in ungeschminkt brutal erzählten Abgründen zu versinken. Die Mentor-Figur Father Sturt (angelehnt an den berühmten Reformer von Shoreditch, Reverend Arthur Jay) kämpft gegen die soziale Degeneration nicht nur mit der harten Hand einer *Muscular Christianity*, sondern begrüßt auch eugenische Maßnahmen gegen eine unkontrollierte Fortpflanzung der Slumbewohner. – M.s »Jay-go« baute auf Recherchen mit Reverend Jay in Shoreditchs Old Nichol-Slum auf und erscheint in nüchtern-lakonischen Beschreibungen einer gewalttätigen Londoner Unterklasse von Émile Zolas naturalistischer Methode inspiriert. To London Town (1899) verknüpfte Melodrama und Realismus mit einem erweiterten Figureninventar; in The Hole in the Wall (1902) verband der mit Rudyard Kipling befreundete M. die Ästhetik der sogenannten Cockney School mit der Kriminalerzählung, zu der er viele erfolgreiche Short Storys um den Detektiv Martin Hewitt beisteuerte. M., der auch einen Hardyesken Regionalroman verfaßte (*Cunning Murrell*, 1900), bevorzugte sonst kurze Formen, neben der Short Story auch Einakter. Nach der Publikation von Painters of Japan (1911) widmete er sich fast nur noch der Sammlung und Ausstellung japanischer Kunst, die er dem British Museum vermachte, während sein literarischer Ruhm im sozialistischen Realismus und Modernismus verblaßte.

Literatur: R. Calder. »Arthur Morrison: A Commentary with an Annotated Bibliography of Writings about Him.« English Language Teaching Journal 28.3 (1985), 276–297. – W. G. Urlaub. Arthur Morrison und die Cockney School: Slum und Proletariat in der englischen Literatur von 1890–1900. Bonn 1978. – P. Keating. The Working Classes in Victorian Fiction. London 1971.

Eckart Voigts-Virchow

Motion, Andrew

Geb. 26. 10. 1952 in London

Große Auftritte und spektakuläre Effekte sind Andrew Motions Sache nicht, weder in seinem Leben noch in seiner Lyrik. 1952 in London geboren, besuchte er das Radley College und das University College in Oxford und lebt heute mit seiner zweiten Frau und drei Kindern wieder in der britischen Hauptstadt. Sein Studium der englischen Literatur beschloß er mit einer Arbeit über Edward Thomas, den er auch später noch als einen seiner größten Einflüsse nennt. Von 1976–80 unterrichtete er an der University of Hull, wo ihm der dort als Bibliothekar tätige Philip Larkin zum Freund und dichterischen Vorbild wurde. Ein einschneidendes Erlebnis in M.s Leben war der Reitunfall seiner Mutter im Jahre 1970, nach dem sie jahrelang im Koma lag und bis zu ihrem Tod zehn Jahre später das Krankenhaus nicht mehr verlassen konnte. Die Erfahrung dieser Jahre und das Thema des Verlustes finden sich in M.s erstem Gedichtband, *The Pleasure Steamers* (1978), in der Kurzprosa »Skating« und in vielen anderen Texten wieder.

M. sieht sich selbst in einer oft als pastoral bezeichneten und bisweilen als typisch englisch gesehenen dichterischen Traditionslinie, in der außer Larkin und Thomas auch Lyriker wie William Wordsworth, Thomas Hardy und A.E. Housman stehen. Was ihn mit den genannten Dichtern vereint, ist eine Abneigung gegen effektvolles Pathos und emotionalen Überschwang, eine Neigung zur Melancholie sowie eine Aufmerksamkeit für die Subtilitäten des vermeintlich einfachen Lebens und der alltäglichen Sprache. Statt Bekenntnislyrik kultiviert M. eine narrative Dichtung, deren Erzähler sich eher verbergen denn enthüllen und so eine Atmosphäre der Unsicherheit und unverläßlicher Halbwahrheiten erschaffen. Der Titel seines dritten Gedichtbandes nach *The Pleasure Steamers* und *Independence* (1981) lautet dementsprechend auch *Secret Narratives* (1983). 1984 erschien seine preisgekrönte Auswahlsammlung *Dangerous Play*. – Ebenfalls in den 1980er Jahren veröffentlichte M. eine Studie über Edward Thomas (*The Poetry of Edward Thomas*, 1980) sowie eine Biographie Philip Larkins (*Philip Larkin: A Writer's Life*, 1982). Er gab zusammen mit Blake Morrison das kontroverse *Penguin Book of Contemporary British Poetry* (1981) heraus, und er arbeitete als Herausgeber für *Poetry Review* und das Verlagshaus Chatto and Windus. Außerdem schrieb M. eine Biographie von George, Constant und Kit Lambert (*The Lamberts: George, Constant & Kit*, 1986). Danach versuchte er, sich als Romanautor finanzielle Unabhängigkeit zu sichern, hatte aber mit den Romanen *The Pale Companion* (1989) und *Famous for the Creatures* (1991) nur mäßigen Erfolg. – Der stellte sich aber in den 1990er Jahren mit weiteren Gedichtbänden ein: *Natural Causes* (1987), *Love in a Life* (1991), *The Price of Everything* (1994) und *Salt Water* (1997). Außerdem entstanden seither zwei weitere Biographien: über John Keats (*Keats*, 1997) und, teilweise fiktional, über den Giftmörder Thomas Wainewright (*Waine-*

wright the Poisoner: The Confession of Thomas Griffiths Wainewright, 2000). M.s – nicht unumstrittene – Ernennung zum englischen Hofdichter (*Poet Laureate*) im Mai 1999 ist nur die letzte einer Reihe von Ehrungen und Positionen, die ihm im Verlauf der 1990er Jahre zuteil wurden.

Werkausgabe: *Selected Poems 1976–1997*. London 1998.

Franz Meier

Mphahlele, Es'kia [Ezekiel]

Geb. 17. 12. 1919 in Pretoria, Südafrika

Auf Grund der Breite seines – uvres, seiner intellektuellen Fähigkeiten, seines Wirkens im Erziehungswesen und seines Bekenntnisses zu einem afrikanischen Humanismus genießt Es'kia Mphahlele in seinem Heimatland großen Respekt. Er hat sich nicht nur als Autor von Gedichten, Erzählungen und Romanen, sondern auch von literaturkritischen und autobiographischen Schriften einen Namen gemacht. M.s akademischer Werdegang führte ihn zum Beruf des Lehrers, sein literarisches Interesse zur einflußreichen Zeitschrift *Drum* (in den 1950er Jahren die erste Anlaufstelle für schwarze Literaten), wo er Literatur-Redakteur wurde. Da er ein nach Rassen getrenntes Bildungssystem ablehnte, ging M. 1957 ins Exil. Er unterrichtete in Nigeria, bereiste ganz Afrika im Auftrag des Kongresses für Kulturelle Freiheit, übersiedelte in die USA, um schließlich eine Professur in Sambia zu übernehmen. Besonders seinen Erfahrungen in West-Afrika verdankt er sein Interesse für die afrikanische Diaspora und sein Engagement für die afrikanische Kultur. Dem Wanderleben des Exils setzte er ein Ende, als er 1977, weit früher als die meisten anderen Exilanten, den umstrittenen – in *Afrika My Music* (1984) erläuterten – Entschluß faßte, nach Südafrika zurückzukehren: Sein Motiv war die Suche nach Gemeinschaft in einem kulturellen Milieu, in dem seine Arbeit relevant sein könnte.

Seine literarische Laufbahn begann M. mit Kurzgeschichten über das Leben in den schwarzen Vorstädten unter der Apartheid. Auf den ersten Erzählband *Man Must Live* (1946) folgten die Sammlungen *The Living and Dead* (1961) und *In Corner B* (1967). Über Südafrika hinaus bekannt wurde er aber erst mit der Autobiographie *Down*

Second Avenue (1959; Pretoria, Zweite Avenue, 1961), die zu einem Schlüsselwerk avancierte. Hier werden in einprägsamen Szenen das ländliche Leben, die Misere der *townships*, die Stationen des eigenen Bildungswegs und die Arbeit bei *Drum* bis zum Aufbruch nach Nigeria geschildert. Anhand des eigenen Werdegangs berichtet M. glaubhaft und schonungslos wie nie zuvor über das Leben der Schwarzen in Südafrika, das Leid, aber auch die Widerstandskraft der Menschen. M.s einflußreichstes Werk ist *The African Image* (1962), ein wegweisender, polemischer Versuch, anhand der Werke schwarzer und weißer afrikanischer Autoren das politische und literarische Bild afrikanischer Menschen zu erfassen. Bemerkenswert ist auch M.s kritische Stellungnahme zur damals vorherrschenden Philosophie der N&gritude, deren Übertragung auf südafrikanische Verhältnisse er ablehnte. Im stark autobiographischen, aber formal mißlungenen Roman *The Wanderers* (1971) schildert M. am Lebensweg des Lehrers Timi Tabane die Qual des Exils und den eigenen Prozeß der Selbsterkenntnis. Das Werk, das zeitweilig in seiner Heimat verboten war, gilt als Zusammenfassung der Ideen M.s zum Erziehungswesen, zum nachkolonialen Afrika sowie zur Philosophie eines afrikanischen Humanismus.

Literatur: P. N. Thuynsma, Hg. *Footprints Along the Way: A Tribute to Es'kia Mphahlele*. Braamfontein 1989. – N. C. Manganyi. *Exiles and Homecomings: A Biography of Es'kia Mphahlele*. Johannesburg 1983.

Geoffrey V. Davis

Mudrooroo, auch Narogin, Mudrooroo [Johnson, Colin]

Geb. 21. 8. 1938 in Cuballin, Narrogin, West-Australien

Der bis 1988 als Colin Johnson und seither als Mudrooroo bekannte Schriftsteller und Literaturkritiker galt lange als herausragender Repräsentant der englischsprachigen schwarzaustralischen Literaturszene. Romane und Kurzgeschichten, Dichtung, Drama, Biographie und Autobiographie sowie kritische und herausgeberische Arbeiten belegen die Vielseitigkeit dieses bisher produktivsten Vertreters einer literarischen Entwicklung, zu deren Gründerfiguren M. mit seinem Roman *Wildcat*

Falling (1965) selbst zählt. Zum Klassiker avanciert, erfuhr der Roman mehrere Neuauflagen, eine Bühnenaufführung (1992), eine Fortsetzung mit *Wildcat Screaming* (1992) und zumal nach seiner Verfilmung als *Doin Wildcat: A Novel Koori Script* (1988) auch Beachtung in der Kritik. – Geht es hier um die Problematik eines aus dem Gefängnis entlassenen, jungen städtischen Aborigine, so rückt M. in den folgenden Romanen die Auseinandersetzung der Aborigines mit den weißen Kolonisatoren zu Beginn des 19. Jahrhunderts ins Zentrum. In diesen Texten – z. B. *Doctor Wooreddy's Prescription for Enduring the Ending of the World* (1983) – distanziert er sich zudem vom Realismus des europäisch-historischen Romans, unterwandert ihn mit mündlichen Darbietungsweisen, Einflechtungen oral überlieferter Legenden und Mythen und – etwa in *Master of the Ghost Dreaming* (1991; *Flug in die Traumzeit*, 1999) – mit intertextuellen Bezügen zur importierten angelsächsischen Literaturtradition. Noch nicht abgeschlossen erscheint die *Master of the Ghost Dreaming Series* mit deren nunmehr vierten Buch, *The Promised Land* (2000). – Die Anlage mehrerer in Bezug zueinander gesetzter Werke verweist auf ein Gestaltungsprinzip, dessen sich auch M.s Lyrik bedient. Einzelgedichte, oft über einen längeren Zeitraum und aus unterschiedlichen Anlässen entstanden, werden zu Zyklen gebunden: erstmalig in *The Song Circle of Jacky* (1986), später in *Dalwurra: The Black Bittern* (1988) oder in *Pacific Highway Boo-Blooz* (1996). Zentrales Anliegen dieser Gedichtsequenzen, die sich der traditionell-oralen Form der Liedfolge bedienen, bilden des Dichters Ausformulierungen von ›Aboriginalität‹ sowohl in ihren Aussagen wie ihrer formalen Gestaltung. »Aboriginality,« so definiert M. in der ersten seiner bisher drei kritischen Gesamtdarstellungen, *Writing from the Fringe: A Study of Modern Aboriginal Literature in Australia* (1990), »[is] a way of building a contemporary Aboriginal culture, a radical re-education of Aborigines by Aborigines and at the direction of Aborigines«. Als deren formale und sprachliche Kennzeichen gelten die Mischung oder gar Mißachtung europäischer Gattungsformen und der schöpferische Einsatz eines gesprochenen Aborigine-Englisch. M. kehrt immer wieder zu derartigen Überlegungen einer spezifischen Aborigine-Ästhetik zurück, die in dem sozio-politischen und kulturellen Kontext der Aborigines gründet. Seit 1996 allerdings sah er sich zunehmend der Kritik aufgrund des inzwischen erhärteten Verdachts ausgesetzt, daß er gar nicht – wie behauptet – zum westaustralischen Volk der Nyoongar gehört. Wie nachhaltig dieser kontroverse Umstand die bislang unbestrittenen literarischen Verdienste M.s relativieren wird, ist noch nicht abzusehen.

Literatur: G. Griffiths. »The Myth of Authenticity: Representation, Discourse and Social Practice.« *De-scribing Empire: Post-colonialism and Textuality*. Hg. C. Tiffin/A. Lawson. London 1994, 70–85. – A. Shoemaker. *Mudrooroo: A Critical Study*. Pymble, NSW 1993.

Dieter Riemenschneider

Muldoon, Paul

Geb. 20. 6. 1951 in Eglish, County Armah, Nordirland

Leichtigkeit im Ton, Treffsicherheit in der Stillage, virtuose Sprachbehandlung und schillernder Wortwitz sind so auffällige Merkmale von Paul Muldoons Lyrik, daß sein Dichterkollege Michael Longley den Satz prägte, M. könne »Hund auf Katze reimen und damit ungestraft davonkommen«. Viele von M.s Gedichten handeln vom Zeichencharakter der Wirklichkeit und von der Unmöglichkeit, sprachlichen Sinn dauerhaft zu fixieren; dennoch bleiben seine Bilder, Situationen und Figuren immer einer gegenständlichen Welt verpflichtet. Zu M.s charakteristischen Überraschungseffekten gehören unerwartete Sinnverwandtschaften auf der Ebene von Klang, Form oder Etymologie, semantische Kongruenzen in scheinbar unvereinbaren (historischen, intellektuellen, situativen) Kontexten oder verbale Tricks wie Wortspiel, Ambiguität und waghalsige Bilder. Obwohl sich M. gelegentlich dem Vorwurf ausgesetzt sieht, Bilderrätsel statt Gedichte zu verfassen und somit Dichtung nur als sinnentleertes Sprachspiel zu betreiben, verführen ihn seine postmoderne Sensibilität für das Verhältnis von Wort, Realität und Wahrnehmung, sein Blick für das Absurde und ein oft zynischer Realismus nie dazu, die Welt als bloße Zufälligkeit auszulegen. – M. wächst als Katholik in der Grafschaft Armagh, Nordirland, als Sohn einer Lehrerin und eines Pilz- und Gemüsezüchters auf, und der Sprach- und Bilderreichtum seiner Kindheit prägen seine Dichtung ebenso wie sein breit gefächertes kulturhistorisches Wissen, sein tiefgründiger Humor und eine spielerische Gelehrsamkeit. Die Differenz zwischen ländlicher Herkunft und späterem kosmopolitischen Werdegang konkretisiert sich an einem Privat-Wort wie »quoof« (Titel seines vierten Gedichtbands, 1983), das in der Familie Muldoon für Wärmflasche stand und nun als poetisches Zeichen für die widersprüchliche Erfahrung von Identität, Geborgenheit und sozialer Abgrenzung dient. M. ist im engeren Sinne kein politischer Dichter, aber die nordirischen *Troubles* finden Eingang in viele seiner Texte – am deutlichsten im fünften Band *Meeting the British* (1987), der in dem langen dialogischen Gedicht »7, Middagh Street« kulminiert, einer Meditation über das Verhältnis von Kunst und Wirklichkeit vor dem Hintergrund von Krieg und Zerstörung. – Vermutlich beeinflußt von M.s Übersiedlung nach Amerika im Jahre 1987, handeln neuere Gedichte häufig von irisch-amerikanischen Passagen; so auch das lange narrative Titelgedicht seines sechsten Bands, *Madoc* (1990), ein ironischer Kommentar über abendländische Philosophie und gleichzeitig ein spekulatives Gedankenexperiment, in dem M. einen von Coleridge und Southey 1794 in Neuengland geplanten (aber nie in die Tat umgesetzten) utopischen Gesellschaftsentwurf als historische Möglichkeit imaginiert. M.s Interesse an den Ausdrucksmöglichkeiten unterschiedlicher Genres zeigt sich an seinen jüngsten Ausflügen in die Oper (zwei Libretti: *Shining Brow*, 1993; *Bandanna*, 1999) und in der Modernisierung archaischer Erzählformen, etwa dem Gaunerzyklus der Winnebago Indianer (»The More a Man Has the More a Man Wants«, 1983) oder der irischen Pilgerreise (»Immram«, 1980). Der jüngste Band *Hay* (1998) festigt weiter M.s Ruf als einer der wichtigsten irischen Dichter seiner Generation.

Literatur: C. Wills. *Reading Paul Muldoon*. Newcastle upon Tyne 1998.

Bernhard Klein

Munro, Alice

Geb. 10. 7. 1931 in Wingham, Ontario, Kanada

»I think the most attractive kind of writing of all is just the single story. It satisfies me the way nothing else does. [ ] It took me a long time to reconcile myself to being a short story writer.« Dies erklärte Alice Munro anläßlich der Veröffentlichung ihrer fünften Short-Story-Sammlung, *The*

Moons of Jupiter (1982, *Die Jupitermonde*, 1987), die in Kanada Geschichte schrieb, weil der Verkauf der Taschenbuchrechte damals der höchste Preis war, der jemals für ein kanadisches Erzählwerk gezahlt worden war. Zu diesem Aufschließen der Short Story zum Roman auch bei der allgemeinen Leserschaft hat M. in Kanada wie international maßgeblich beigetragen. Überspitzt läßt sich behaupten, daß M. nur Kurzgeschichten schreibt, schreiben kann und will. Bekannt für eine meist langwierige Arbeitsweise mit höchstem ästhetischen Anspruch, ist M. im Vergleich etwa mit Margaret Atwood nicht besonders produktiv oder vielseitig, hat jedoch in der ihrer Lebens- und Literaturkonzeption gemäßen Gattung eine Meisterschaft erreicht, die sich in ihren zunehmend gefeierten Short-Story-Sammlungen manifestiert, darunter *Dance of the Happy Shades* (1968); *Who Do You Think You Are?* (1977, in den USA und England unter dem Titel *The Beggar Maid: Stories of Flo and Rose*; *Das Bettlermädchen. Geschichten von Flo und Rose*, 1981); *The Progress of Love* (1985; *Der Mond über der Eisbahn: Liebesgeschichten*, 1989). Nach Atwood ist M. die international prominenteste zeitgenössische Schriftstellerin Kanadas.

M. wuchs auf einer Farm im ländlichen Südwesten Ontarios auf und studierte Anglistik an der University of Western Ontario, bevor sie Jim Munro heiratete und an die kanadische Westküste übersiedelte. In Victoria betrieb sie mit ihrem Mann den Laden Munro's Books und widmete sich zunehmend dem Schreiben. Mit ihrer zweiten Buchveröffentlichung, dem Kurzgeschichtenzyklus *Lives of Girls and Women* (1971; *Kleine Aussichten*, 1983), gelang M. der internationale Durchbruch. Nach der Trennung von ihrem Mann (1973) kehrte M. in den heimatlichen Südwesten Ontarios zurück, eine Region, die sie zum »Munro Country« gemacht hat: Wie die Autorinnen des amerikanischen Südens (Eudora Welty, Flannery O'Connor, Carson McCullers), von denen sie beeinflußt wurde, ist sie eine ›Regionalschriftstellerin‹ und bleibt dies auch bei zunehmender Internationalisierung ihrer Schauplätze in ihren späteren Werken *Friend of My Youth* (1990; *Glaubst du, es war Liebe?*, 1991), *Open Secrets* (1994; *Offene Geheimnisse*, 1996) und *The Love of a Good Woman* (1998; *Die Liebe einer Frau*, 2000).

M. schreibt eine Art ›photographischen‹ Hyperrealismus (»not real but true«), mit Nähe zu metafiktionalen und postmodernistischen Konzeptionsweisen. Ihre Affinität zur Kurz- bzw. Zyklusform korreliert mit ihrer Ästhetik: Durch zeitliche Verschränkungen, die Gegenüberstellung diskrepanter Interpretationsansätze, die Hervorhebung von Erklärungslücken und die Aufschiebung von Sinnfestlegungen verdeutlicht M. die Punktualität, Unabgeschlossenheit, Veränderlichkeit und letztlich unergründbare Tiefe intensiver menschlicher Erfahrung. Ihre virtuos komponierten und stilistisch ausgefeilten Erzählungen zentrieren sich meist um weibliche Hauptcharaktere in verschiedenen Konstellationen und Entwicklungsprozessen (bereits 1972 erklärte M. ihre »grundsätzliche Sympathie« mit der Frauenbewegung), um das alltägliche Leben – auch in einem eigentümlichen Zauber – aufleuchten zu lassen. Nach eigener Aussage zielt die Erzählerin auf jene »shifts of emphasis that throw the story line open to question, the disarrangements which demand new judgements and solutions, and throw the windows open on [ ] unforgettable scenery«.

Literatur: R. M. Nischik. »›Pen Photographs‹: Zum Phänomen des (kanadischen) Kurzgeschichtenzyklus.« *Deutsche Vierteljahrsschrift für Literaturwissenschaft und Geistesgeschichte* 66 (1992), 192–204. – M. Redekop. *Mothers and Other Clowns: The Stories of Alice Munro*. London 1992. – C. A. Howells. »Alice Munro's Art of Indeterminacy.« *Modes of Narrative*. Hg. R. M. Nischik/ B. Korte. Würzburg 1990, 141–152. – W. R. Martin. *Alice Munro: Paradox and Parallel*. Edmonton 1987.

Reingard M. Nischik

Murdoch, [Dame Jean] Iris

Geb. 15. 7. 1915 in Dublin;
gest. 8. 2. 1999 in Oxford

Wenn man heutzutage von einem erkennbaren *Murdochland* spricht – analog zu Graham Greenes *Greeneland* –, oder wenn *Murdochian* ein ähnlich eingeführtes Epithet geworden ist wie *Dickensian* oder *Swiftian*, so wird damit angedeutet, daß Iris Murdochs Roman-œuvre über fast 40 Jahre hinweg – von ihrem Erstling *Under the Net* (1954; *Unter dem Netz*, 1957) bis zu ihrem letzten Roman *Jackson's Dilemma* (1995) – eine erstaunliche thematische wie formale Konstanz aufgewiesen hat. Zwar sind ihre Texte im Laufe der Zeit immer episch breiter und damit umfangreicher geworden – knappe 200 Seiten in den 1950er Jahren bis gut

500 Seiten in den 1980er Jahren. Dieser Umstand verdankt sich ihrer wachsenden Neigung, eine stets größer werdende Zahl von Handlungssträngen parallel- wie querlaufen zu lassen. Dennoch scheint ihr gewaltiges – uvre von 26 Romanen Marcel Prousts Diktum zu bestätigen, wonach jeder Autor letztendlich immer nur ein- und denselben Roman schreibe. Einige Kritiker haben M. sogar vorgeworfen, daß sie ihre Texte nach einem feststehenden Texterzeugungsmodell generiere, in das sie nur je nach Lage ein paar Transformationsbefehle eingeben müsse, um einen neuen Roman mit fast denselben Figurentypen und deren Problemen zu produzieren. Doch selbst wenn die Vorstellung eines generativen Parcours von der konstanten Tiefenstruktur hin zur lediglich variierenden Oberflächenstruktur allzu mechanistisch erscheint, so ist nicht von der Hand zu weisen, daß eine Autorin, die gelernte Philosophin ist – M. lehrte bis Mitte der 1960er Jahre Philosophie in Oxford und hat im Laufe ihrer Schriftstellerkarriere immer wieder philosophische Schriften verfaßt –, ihre Romantexte gleichsam von unten nach oben konzipiert, d. h. daß sie bei abstrakten philosophischen Begrifflichkeiten beginnt und diese sodann in Akten narrativer Verkörperung anhand von fiktiven menschlichen Akteuren sowie deren Handlungen in einem imaginierten Wirklichkeitskorrelat konkretisiert. Dies schließt einen durchaus beabsichtigten Didaktizismus ein, indem sie das ethische Anliegen, das sie mit ihren Texten propagieren will, wie folgt formuliert: »The importance of not assuming that one has got individuals and situations ›taped‹.« (»Die Wichtigkeit, nicht anzunehmen, daß man Individuen oder Situationen durchschaut hat.«) In der Tat knüpfen ihre Romane aufgrund dieser philosophischen Fundierung an die aufklärerische Tradition des Philosophierens in und mit dem Roman an, die Philosophen wie Voltaire, Diderot, Montesquieu oder Rousseau im 18. Jahrhundert begonnen haben.

Die semantische Leitopposition, die allen von M.s Romanen zugrunde liegt, wird gebildet durch die gegenläufigen Konzepte von *necessity* und *contingency*. Notwendigkeit bezeichnet dabei alle jene Wirklichkeitskonstruktionen, die in essentialistischer Weise menschliche Charaktermerkmale und Verhaltensweisen als unabänderlich gegeben ausweisen, und zwar im Sinne der Selbstfestlegung von Subjekten hinsichtlich des eigenen Ich sowie als Fremdfestlegung anderer Subjekte, die beide einen Erwartbarkeitsrahmen des jeweiligen Verhaltens fixieren, etwa in folgender Art: In einer Situation X reagieren Ego oder Alter in der Weise Y. Kontingenz dagegen bedeutet die von der Systemerwartung abweichende Unvorhersagbarkeit und damit Zufälligkeit des Verhaltens. Die Notwendigkeit sieht M. im wesentlichen repräsentiert durch zwei philosophische Richtungen, nämlich den linguistischen Empirismus und den Existentialismus, wobei die eine eher die konventionelle, alltagssprachlich verbürgte Solidität der Welt akzentuiert, die andere hingegen die heroische, einem Akt der bewußten Wahl sich verdankende Variante der Wirklichkeitsfestlegung darstellt. Mit den Aporien letzterer Richtung hat sie sich bereits in ihrer ein Jahr vor ihrem ersten Roman erschienenen Sartre-Monographie (*Sartre: Romantic Rationalist*, 1953) auseinandergesetzt.

Auf der Ebene der narrativen Realisierung dieser Programmatik in den Romanen schließen sich somit für die Akteure die typisierende Selbstbeschreibung und vereinnahmende Einschätzung der Menschen, die ihnen nahestehen, zum Bild einer stabilen Welt zusammen, in der das eigene Ich, der Andere sowie sämtliche Begleitumstände weitestgehend den eigenen Intentionen verfügbar sind. Der Verlauf der Handlung besteht nun darin, die vermeintliche Stabilität dieser Welt zu erschüttern, zumal jede Intention den Keim ihres Scheiterns in sich birgt. Die hauptsächlichen Realisationsfelder solcher Intentionen sind künstlerische bzw. intellektuelle Ambitionen oder hohe moralische Ansprüche an sich selbst sowie, bezogen auf den Anderen als Liebesobjekt, die implizite Annahme von dessen Verfügbarkeit. In allen Romanen stellt sich daher in krisenhaften Situationen eine Art Epiphanieerlebnis der Protagonisten ein, als dessen Folge sie buchstäblich ent-täuscht werden: Der Künstler etwa, der den großen Roman schreiben will, scheitert an seinem Unvermögen, und der untadelige *gentleman* an seiner Neigung zu unsauberen Liebesaffären. Beide stellen also mit ihrer Rollenzuweisung an sich selbst zu hohe Anforderungen an das eigene Ich, dessen wahrer Identität gegenüber sie auf eigentümliche Weise blind sind. Ähnlich verhält es sich mit den Rollenetikettierungen und Definitionsversuchen des begehrten Anderen, etwa wenn eine für grenzenlos dumm und gutmütig gehaltene Geliebte sehr wohl erkennt, wie rücksichtslos mit ihr umgegangen wird, und die Beziehung kurzerhand beendet. Das Scheitern manifestiert sich mithin als das Unerwartete, welches sich den Intentionen entzieht und das seinen Sitz hat in der jeglicher Typisierung sich widersetzenden menschlichen Identität, die sich als kontingente Größe erweist. Der Handlungsverlauf aller Romane M.s ist somit vorgegeben, indem die Akteure aus der Egozentrik und Realitätsblindheit ihrer Lebensmuster und Typisierungen, die sie sich selbst, andere und die Welt schlechthin inadäquat wahrnehmen läßt, über das Scheitern und die Einsicht in dessen Gründe zu einer neuen, ›offenen‹ Weltsicht gelangen, welche die Enge ihrer Notwendigkeitssetzungen sprengt. Der Plot, das syntagmatische Ablaufschema, erweist sich damit als doppelt geprägt: Auf der einen Seite präsentiert es sich als *plot of thought* (»Charakterhandlung«), indem mit dem »unselfing of the self« (»der Entselbstung des Selbst«) eine intellektuelle oder moralische Entwicklung vollzogen wird, auf der anderen als *romantic plot* (»Liebeshandlung«), indem die Entwicklung einer oder mehrerer Liebesbeziehungen von den Anfängen über etliche Wirrungen, Mißverständnisse oder andere Liebschaften bis hin zur schließlichen Vollendung verfolgt wird. Beide sequentiellen Ordnungsschemata durchdringen einander aufgrund des doppelten Lernziels für die Protagonisten (sowie ihnen folgend, für den Rezipienten), nämlich der Ich-Erkenntnis und der Du-Respektierung. Dieses invariante Geschichtssubstrat kann nun, und hier liegt dessen Innovationspotential, in einer großen Zahl von Geschichten unterschiedlichster Art erzählt werden, wobei die Realisationsformen einen pikaresken Künstlerroman wie *Under the Net*, einen Liebesroman wie *The Sea, the Sea* (1978; *Das Meer, das Meer*, 1981), einen Kriminalroman wie *The Nice and the Good* (1968; *Lauter feine Leute*, 1968), eine *gothic novel* wie *The Unicorn* (1963), einen historischen Roman wie *The Red and the Green* (1965) oder eine Hamlet-Stilisierung wie *The Black Prince* (1973; *Der schwarze Prinz*, 1975) umfassen können.

M. ist von der Kritik wiederholt vorgeworfen worden, sie weiche zu stark von den Normalitätsannahmen des realistischen Romans ab, und in der Tat überwiegen im Verhalten ihrer Charaktere Bizarrerien wie verrückte Liebschaften, perverse Leidenschaften, Gewaltausbrüche, lebensgefährliche Risiken, perfide Intrigen usw. Dies ist jedoch erzählerisch konsequent angesichts des oben erwähnten didaktischen Ziels, die scheinbar so stabile Normalität in ihrer subjektiven Scheinhaftigkeit ansichtig zu machen, oder wie sie es formu-

liert hat, »to pierce the veil of selfish consciousness and join the world as it really is« (»den Schleier der Selbstbezogenheit zerreißen und die Welt so nehmen, wie sie wirklich ist«).

Die Sequenz scheiternder Lebensmuster und das abschließende Konversionserlebnis werden in den Romanen M.s häufig aus der begrenzten Perspektive eines Ich-Erzählers wiedergegeben. Die insgesamt typischere Realisationsform ist jedoch die personale Erzählweise, in der das komplizierte Durcheinander sich kreuzender Liebes- und Lebensgeschichten anhand verschiedener Reflektorfiguren in episodischer Weise wiedergegeben wird. Die blinde Ich-Befangenheit von Lebensentwürfen wird so nicht nur im handlungsmäßigen Vollzug, nämlich als Scheitern, sichtbar, sondern sie wird auch erzählerisch motiviert, indem durch die ständigen Perspektivenwechsel die parallele Alterität völlig divergenter Intentionen anschaulich gemacht werden kann, welche die Illusionshaftigkeit des jeweiligen Ich-Schemas sichtbar werden lassen.

Literatur: J. Bayley. *Iris: A Memoir of Iris Murdoch*. London 1998. – H. Bloom, Hg. *Iris Murdoch*. New York 1986. – P. J. Conradi. *Iris Murdoch: The Saint and the Artist*. London 1986. – A. S. Byatt. *Iris Murdoch*. London 1976.

Erhard Reckwitz

Murray, Les[lie] [Allan]

Geb. 17. 10. 1938 in Nabiac, New South Wales, Australien

Les Murray verbrachte seine Kindheit und Jugend auf der väterlichen Farm in einem abgelegenen ländlichen Distrikt im Norden von New South Wales. Sein Studium an der Universität Sydney beendete er 1960 ohne Abschluß, aber mit praktischen Erfahrungen als Herausgeber der Universitätszeitung *Honi Soit* sowie der hochschulinternen Literaturzeitschriften *Hermes* und *Arna*. 1963 trat er eine Stellung als Übersetzer wissenschaftlicher und technischer Fachliteratur an der Australian National University an. 1965 nahm er an der British Commonwealth Arts Festival Conference in Cardiff teil. 1967 gab er seine Übersetzertätigkeit auf und bereiste über ein Jahr lang England und den Kontinent. Zurück in Australien, nahm er sein Studium wieder auf und holte 1969 seinen Abschluß nach. Seit 1971 widmet er sich ganz dem Schreiben, wobei er seither mehr als 20 Lyrikbände, mehrere Essaysammlungen und vielbeachtete Anthologien vorgelegt hat. Von 1973 bis 1979 gab M. die Zeitschrift *Poetry Australia* heraus. Von 1976 bis 1991 war er als literarischer Berater für den Verlag Angus and Robertson tätig. 1990 wurde er Herausgeber der Zeitschrift *Quadrant*. M. gilt als die prominenteste literarische Figur Australiens. Seine internationale Reputation zeigt sich nicht nur in der Vielzahl der ihm verliehenen Preise und Ehrungen, z. B. der Ehrendoktorwürde der Universitäten von New England und New South Wales, der Aufnahme in den *Order of Australia* (1998), der Verleihung mehrerer *National Book Council Awards* und des *Australian National Poetry Award*, sondern auch darin, daß einige seiner Gedichtbände in Großbritannien und den USA veröffentlicht und ins Spanische, Italienische, Niederländische, Dänische, Schwedische, Norwegische sowie ins Deutsche übersetzt wurden (z. B. *Made in Australia*, 1994; *Fredy Neptune*, 2004). Trotz seiner internationalen Anerkennung hat M. die Verbindung zu seiner ländlichen Heimat, der er seine poetische Inspiration verdankt, nie abreißen lassen. Während seiner beruflichen Tätigkeit in Sydney pendelte er regelmäßig zwischen seinem Wohnort und seiner Farm in der Nähe des Hauses seiner Kindheit hin und her. 1986 zog er sich ganz aus Sydney nach Bunyah zurück. 1995 erhielt M. den europäischen Petrarka-Preis, 1998 die *Queen's Gold Medal for Poetry*.

M.s – uvre umfaßt die folgenden Gedichtbände: *The Ilex Tree* (1965 zusammen mit Geoffrey Lehmann) wurde mit dem *Grace Leven Prize for Poetry* ausgezeichnet; *The Weatherboard Cathedral* (1969); für Teile von *Poems Against Economics* (1972) wurde M. mit dem *Captain Cook Bicentenary Literary Competition Prize* geehrt; *Lunch & Counter Lunch* (1974); *Selected Poems: The Vernacular Republic* (1976); *Ethnic Radio* (1978); *The Boys Who Stole the Funeral* (1980, 1989, 1991) erhielt den *Grace Leven Prize for Poetry 1980*; *The Vernacular Republic: Poems 1961–1981* (1982); *Equanimities* (1982); *The People's Otherworld* (1983) gewann den *New South Wales Premier's Award*, den *Canada-Australia Literary Award*, den *Christopher Brennan Award* und die *Australian Literature Society's Gold Medal*; *Selected Poems* (1986); *The Daylight Moon* (1987, 1988); *The Idyll Wheel: Cycle of a Year at Bunyah, New South Wales, April 1986 – April 1987* (1989); *Dog Fox Field* (1990) wurde erneut mit dem *Grace Leven Prize for*

Poetry ausgezeichnet; *The Rabbiter's Bounty* (1991); *Translations from the Natural World* (1992, 1994) erhielt den *New South Wales Premier's Literary Award*, den *NBC Banjo Award*, den *Victorian Premier's Literary Award*; *Subhuman Redneck Poems* (1996) wurde mit dem *T. S. Eliot Prize for Poetry* ausgezeichnet; *Fredy Neptune* (1998) gewann den *Queensland Premier's Prize for Poetry*; *Conscious and Verbal* (1999) und *Learning Human: Selected Poems* (2000). M. ist Herausgeber der *Anthology of Australian Religious Poetry* (1986, 1991), *The New Oxford Book of Australian Verse* (1986, 1991, 1996) und *Fivefathers* (1994), einer Sammlung mit Gedichten von fünf australischen Klassikern. M.s literatur- und gesellschaftskritische Prosa findet sich in *The Peasant Mandarin* (1978), *Persistence in Folly* (1984), *Blocks and Tackles* (1990), *The Paperbark Tree* (1992), *A Working Forest* (1997) und *The Quality of Sprawl: Thoughts About Australia* (1999). Ein wichtiger Kommentar zu seinem eigenen Schaffen ist der Beitrag, »The Human Hair-Thread«, der 1977 in der Zeitschrift *Meanjin* erschien.

M.s Gedichte und kritische Schriften durchzieht als Leitthema der Konflikt zwischen einer europäischen, urbanen Zivilisation mit ihren fragwürdigen Normen und den Werten eines ursprünglichen von indigenen Traditionen geprägten ländlichen Australien, für das er eine fast religiöse Verehrung hegt. *The Ilex Tree* schildert Erfahrungen zweier jugendlicher Sänger in einer arkadischen Umgebung. Eingeflochten sind persönliche Erlebnisse des Autors, Episoden aus der Geschichte seiner Vorfahren und Ereignisse aus dem Leben einfacher Menschen, für die M. eine besondere Sympathie empfindet. *The Weatherboard Cathedral* verweist mit seinem widersprüchlichen Titel auf das Hauptanliegen M.s, das Bewußtsein für die Einmaligkeit, ja Heiligkeit der unberührten Natur und die durch sie vermittelten spirituellen Werte zu wecken. Diese Einstellung verbindet ihn mit den »Jindyworobaks«, einer Bewegung aus den 1930er-40er Jahren, die eine genuin australische Nationalliteratur aus der Synthese von anglo-europäischen und aboriginalen Denk-, Sprech- und Formtraditionen zu erschaffen versuchte. In »Evening Alone at Bunyah«, »Blood« und »An Absolutely Ordinary Rainbow« kritisiert M. den Einbruch einer materialistischen Zivilisation, die diese natürliche Idylle zerstört. Die *Poems Against Economics* bestehen aus drei Sequenzen, deren erste preisgekrönt, deren letzte wegen ihrer oft unverständlichen Anspielungen auf keltische, afrikanische und arische Mythen als zu obskur kritisiert wurde. *Lunch & Counter Lunch* ist, obwohl reich an sprachlichen Innovationen, in einer einfacheren Diktion gehalten und beweist M.s Fähigkeit zur Gesellschaftssatire. In einigen Gedichten erfaßt M. den lakonischen Sprechstil und das Idiom der Bewohner des ländlichen Australien. *Ethnic Radio* spiegelt u. a. den Einfluß des Gaelischen, der sich auch anderswo bemerkbar macht. Der wohl wichtigste Text des Bandes ist jedoch »The Buladelah-Taree Holiday Song Cycle«, eine Sequenz von 13 Gedichten im Stil des von dem Anthropologen R. M. Berndt übersetzten »The Moon-Bone Song« aus einer der Ureinwohnersprachen des östlichen Arnhem Lands, in der M. eine bemerkenswerte Verschmelzung von uralter aboriginaler Land- und moderner weißaustralischer Stadtkultur gelingt. In ihr zeigt sich M. als Erbe der von den Jindyworobaks vertretenen Ansicht, daß die Australier europäischer Abkunft die gleiche Affinität zu ihrer Umwelt entwickeln sollten wie die Ureinwohner. *The Boys Who Stole the Funeral*, ein aus 140 Sonetten bestehender Versroman, erzählt die Geschichte zweier Jugendlicher, die den Leichnam eines Veteranen aus dem Ersten Weltkrieg von einem Friedhof in Sydney stehlen, um ihn an seinem Geburtsort weitab der Großstadt zu beerdigen. Mit *Fredy Neptune* hat M. einen weiteren Versroman vorgelegt, in dem ein Reisender die wichtigsten Zivilisationsexzesse des 20. Jahrhunderts durchlebt. *The People's Otherworld* kontrastiert Episoden aus dem Stadtleben mit solchen aus der Begegnung mit der Natur. *The Daylight Moon* setzt der Folklore des Murray-Distrikts ein Denkmal, befaßt sich jedoch auch polemisch mit politischen und religiösen Fragen. *Dog Fox Field* verknüpft Klagen über Australiens Verbrechen an den Ureinwohnern mit Geschichten für Kinder. Auch aus den nachfolgenden Gedichtbänden spricht die Überzeugung des Autors, daß die moderne australische Gesellschaft geistig verarmt, wenn sie die Werte leugnet oder zerstört, die Natur und diejenigen repräsentieren, die im Einklang mit ihr leben. M. ist derjenige Gegenwartsdichter Australiens, der am überzeugendsten europäisches Denken und aboriginale Spiritualität literarisch verbunden hat.

Werkausgaben: *Collected Poems*. Port Melbourne 1994 [1976]. – *Ein ganz gewöhnlicher Regenbogen*. München 1996 [Auswahl].
Literatur: L. Hergenhan/B. C. Ross, Hgg. *The Poetry of Les Murray: Critical Essays. Australian Literary Studies* 20/2 (2001) [Sondernummer]. – St. Matthews. *Les Murray*. Carlton 2001. – P. Kane. »Les Murray and Poetry's Otherworld.« *Australian Poetry: Romanticism and Negativity*. Cambridge 1996, 185–202. – L. Bourke. A Vivid State: *Les Murray and Australian Poetry*. Kensington, NSW 1992. – P. Kane. »Les Murray: Relegation and Convergence«. *International Literature in English: Essays on the Major Writers*. Hg. R. Ross. New York 1991, 437–446.

Horst Prießnitz

Naipaul, V[idiadhar] S[urajprasad]

Geb. 17. 8. 1932 in Chaguanas, Trinidad

V. S. Naipaul ist für sein Schaffen vielfach ausgezeichnet worden. Nach dem *Booker Prize* (1971) wurden ihm 2001 der Nobelpreis und 2002 der Friedenspreis des Deutschen Buchhandels verliehen; Königin Elizabeth II schlug ihn 1990 zum Ritter. Er lebt in Wiltshire, England. Sir Vidia, der Trinidader und Weltbürger, gehört zu den bedeutendsten lebenden Autoren der postkolonialen anglophonen Welt. Als der Kolumbianer Gabriel García Márquez den Literaturnobelpreis erhielt, verwies er, der sich als karibischer Autor versteht, spontan auf das ihm ebenbürtig (und preiswürdig) erscheinende umfangreiche Werk seines Kollegen N. Das œuvre N.s kann in zwei große Kategorien eingeteilt werden, in belletristische Prosa (Kurzgeschichten und Romane) und in Reiseliteratur, *travelogues*. Sein essayistisches Werk ist wesentlich weniger umfangreich, hat ihm jedoch gerade in der karibischen Region nachhaltige Kritik eingebracht, die sich, weniger virulent, auch gegen sein Werk insgesamt richtete. Der damalige Premierminister von Trinidad und Tobago, Eric Williams, hatte bei N. einen Essayband über die Karibik in Auftrag gegeben, was in *The Middle Passage* (1962; *Auf der Sklavenroute: Meine Reise nach Westindien*, 1999) münden sollte. Im Titelessay stellte N. die Frage: »How can the history of this West Indian futility be told?« Und beantwortete sie u. a. folgendermaßen: »The history of the islands can never be told satisfactorily. Brutality is not the only difficulty. History is built around achievement and creation; and nothing was created in the West Indies.« N. wurde vor allem von karibischen Kritikern, einem Teil seiner Schriftstellerkollegen und vom linken Literaturestablishment in den USA und in Europa schlicht des Verrats an der eigenen

Herkunft und Kultur bezichtigt und als Knecht der Kolonialherren gebrandmarkt. Erst in den 1980er Jahren wurde dieses Negativbild von einer differenzierteren Beurteilung abgelöst.

N. hatte vor allem in den ersten zwanzig Jahren seines Schaffens mit einer Mischung aus Humor und Satire sowie *local color* karibische Mentalität, Gesellschaft, Politik, die Mimikry in der Nachahmung der Kolonialherren wie die zwangsläufigen Fehlschläge in der Bemühung um Eigenständigkeit gegeißelt. In seinen auf Trinidad angesiedelten Romanen *The Mystic Masseur* (1957; *Der mystische Masseur*, 1984) und *The Suffrage of Elvira* (1958) scheitern seine Charaktere an den Umständen, in denen sie leben und arbeiten, gegen die sie aber auch nichts unternehmen. In *The Mimic Men* (1967), einem seiner unerbittlichsten fiktionalen Texte, erzählt der alte Ralph Singh seine Lebensgeschichte als gescheiterter, kolonialer Politiker, der keine Prinzipien außer seinem eigenen Wohlergehen kennt, im Spannungsfeld zwischen England und der Karibik orientierungslos hin und her pendelt und erst in der literarischen Verarbeitung seiner Lebenserfahrung zu sinnvollem Tun findet. Auch in dem Roman *Guerillas* (1975; *Guerillas*, 1989), der auf einer nicht genannten, aber unschwer als Trinidad auszumachenden Insel spielt, setzt er sich kritisch mit radikalisierten Formen eines Dritte-Welt-Bewußtseins auseinander, wobei vor allem in der Figur des hysterischen Psychopathen und Schwarzen Moslems Jimmy Ahmed das Ausleben eines zunächst puerilen, dann mörderischen Machtstrebens veranschaulicht wird. Der Text bezieht sich auf einen Aufstand in Port of Spain, der 1974 das ganze Land erschütterte. Fraglos N.s größter Roman ist *A House for Mr Biswas* (1961; *Ein Haus für Mr. Biswas*, 1981), in dem in epischer Breite Teile seiner Familiengeschichte verarbeitet sind. Es ist ein Roman des Scheiterns eines unbehausten Menschen und zugleich seines Triumphs in der ausdauernden Selbstbehauptung, was den Welterfolg jenseits aller karibischen Partikularismen erklären mag. Der westindische Inder Mohun Biswas, ein kleiner Schildermaler und Journalist, wehrt sich sein ganzes Leben lang gegen gesellschaftlich sanktionierte Normen, wie sie vor allem die Familie seiner Frau, die Tulsi-Sippe, vorlebt. Als Teil seiner Emanzipation verfolgt er fast wahnhaft sein Ziel, ein eigenes Haus zu besitzen. N.s unbestechlicher Blick macht absurd wirkende Reste indischer Kastenordnung aus; vor allem das abgefeimte, geldgierige Matriarchat der

Sippe, das die Hackordnung festlegt, erfährt eine satirische Behandlung. Als Biswas im Alter von 46 Jahren stirbt, hinterläßt er – Anlaß großen Stolzes für den Protagonisten – ein absurd baufälliges Haus, aber auch zwei Kinder, die dank Stipendien studieren werden. Der an Charles Dickens erinnernde Roman ist in der Tradition des sozialkritischen Realismus verfaßt; er stellt das beeindruckende Fresko karibischer Lebenswelt eines freiheitlich-individualistischen Idealen nahestehenden Autors dar.

An Area of Darkness (1964; *Land der Finsternis*, 1997) war der erste kritische Reisebericht N.s, der wie im Falle von *India: A Wounded Civilization* (1977; *Indien, eine verwundete Kultur*, 1978) und *Among the Believers: An Islamic Journey* (1981; *Eine islamische Reise: Unter den Gläubigen*, 1982) Proteste in den bereisten Ländern auslöste. Mit seinem Afrikaroman *A Bend in the River* (1979; *An der Biegung des gro en Flusses*, 1980) bezieht er einen weiteren Bereich der ›Dritten Welt‹ in sein literarisches Schaffen ein. Der Roman schildert durch die Erfahrungen eines Inders aus Ostafrika die Entwicklungsprobleme eines neuen zentralafrikanischen Staates zwischen Revolution und Gegenrevolution, öffentlichem und privatem Leben, einheimischer Tradition und moderner Welt und verdeutlicht die Ausbreitung von Korruption und Repression. Für N.s Sach- und Erzählprosa gilt gleichermaßen, daß die hervorragende Dialogführung, die enthüllenden Pausen und Nuancen der Stimmführung der Sprechenden berücksichtigt, zu seinen unverwechselbaren Stärken gehört. Dialog und auktoriale Kommentare sind beide fragmentarisch, z. T. lakonisch, und lassen so den Lesern Raum zur Ausdeutung. Der Einfluß Ernest Hemingways (zumal seiner ›Eisbergtheorie‹) und William Faulkners sowie der englischen Roman-Klassiker des 19. Jahrhunderts sind unverkennbar. In *A Turn in the South* (1989, *In den alten Sklavenstaaten: Eine Reise*, 1990) schildert der Autor Reiseeindrücke in den ehemals von der Sklaverei geprägten Südstaaten der USA. Die Macht der Geschichte und die Rassenbeziehungen stehen dabei im Mittelpunkt seines Interesses. N. gelingen erstaunliche Porträts von Angehörigen eines Volkes, das entweder seine Macht verlor oder sie nie besaß. N. wertet die *rednecks*, die weiße, meist ländliche Unterschicht, auf und erkennt ihre Ästhetik an, wie überhaupt seit Mitte der 1980er Jahre N.s Werke eine zuvor nicht feststellbare Wärme und Humanität enthalten. Die weithin geglückte Balance von Distanz und einfühlsamer Öffnung machen dieses Werk zu einem seiner besten. In den letzten Jahren hat N. vermehrt Texte autobiographischer Natur veröffentlicht. Auch das als Roman deklarierte Buch *An Enigma of Arrival* (1987; *Das Rätsel der Ankunft*, 1993) war deutlicher als sonst autobiographisch geprägt: Der prekäre Versuch, im ländlichen, von Verfallssymptomen gekennzeichneten England heimisch zu werden, gibt Anlaß zu Retrospektiven, die Stationen seines Werdegangs vom spätkolonialen Trinidad über die multiethnische Metropole London bis zur Niederlassung in Wiltshire als eine Folge fragwürdig-mehrdeutiger »Ankünfte« nachzuzeichnen. In *Prologue to an Autobiography* (1983; *Prolog zu einer Autobiographie*, 1984) gibt er zum ersten Mal unverschlüsselt einen Einblick in sein Leben bis in die 1960er Jahre und behandelt die Tragik seines 1953 verstorbenen Vaters Seepersad. In dem 1999 widerstrebend publizierten umfangreichen Briefwechsel mit seinem Vater, *Letters Between a Father and Son*, der nur drei Jahre dauerte, entsteht das anrührende Porträt eines Vaters, der in provinzieller Enge gefangen bleibt, und eines Sohns, der in Oxford und London versucht, sich zu bilden und als Schriftsteller Fuß zu fassen. Zugleich kann das Werk als eine wichtige Quelle zu *A House for Mr Biswas* gelesen werden.

Die Produktivität N.s ist ungebrochen. In dem zuletzt erschienenen Roman *Half a Life* (2001; *Ein halbes Leben*, 2001) zeigen die Schauplätze (Indien, London, Ost-Afrika), wie der Werdegang des Anti-Helden Willie Chandran, N.s Fixationen auf: Versuche der Rebellion, Ablehnung der vom Kolonisator und der eigenen Brahmanenkaste erwarteten Ausbildung, Rebellion des Sohnes gegen seinen Vater, Unwissenheit, Fremdheit, wo immer er sich aufhält, das omnipräsente Gefühl der Schande, des Versagens, und dann doch Beweise erstaunlichen Muts. Als Willie sich nach 18 Jahren von seiner Frau Ana und ihrem Anwesen in einem fiktiven portugiesischen Ost-Afrika (einer Mischung aus Angola und Kenia) trennt, gesteht er sich ein, kein wirkliches Eigenleben gelebt zu haben, und verhält sich gleichzeitig grausam seiner Frau gegenüber, die ihn in London aus einem Leben als Drifter in der (pseudo-)literarischen Bohème der 1930er Jahre gerettet und ihn in die Freuden der Sexualität eingeführt hat. Die Komplexität der menschlichen Existenz, zumal des *colonial*, wird von N. mit einer gewissen altersbedingten Abgeklärtheit und nicht ohne Humor gestaltet.

Literatur: C. B. Joshi. *V. S. Naipaul: The Voice of Exile*. Neu-Delhi 1994. – R. Nixon. *London Calling: V. S. Naipaul, Postcolonial Mandarin*. Oxford 1992. – S. R. Cudjoe. *V. S. Naipaul: A Materialist Reading*. Amherst, MA, 1988. – A. Boxhill. *V. S. Naipaul's Fiction: In Quest of the Enemy*. Fredericton 1983. – R. D. Hamner, Hg. *Critical Perspectives on V. S. Naipaul*. Washington, D. C., 1979. – M. Thorpe. *V. S. Naipaul*. London 1976.

Wolfgang Binder

Narayan, R[asipuram] K[rishnaswami]

Geb. 10. 10. 1906 in Madras, Indien; gest. 13. 5. 2001 ebd.

14 Romane, sechs Kurzgeschichtensammlungen, moderne Fassungen indischer Mythen sowie der beiden Nationalepen *Ramayana* und *Mahabharata*, ein Novellenband und zahlreiche Essays belegen eindrucksvoll, welch wichtigen Beitrag R. K. Narayan zur Etablierung und Entwicklung der modernen indo-englischen Prosaliteratur geleistet hat, wobei Umfang und Kontinuität seines Werkes auf seinen Anfang der 1930er Jahre gefaßten Entschluß zurückzuführen sein dürften, sich ganz dem Schreiben zu widmen. In Zeitungen und Zeitschriften veröffentlichte Kurzprosa und journalistische Reportagen gründen auf genauer Beobachtung – einem wesentlichen Stilmerkmal der seit 1935 veröffentlichten Romane des Autors. Sie schildern facettenreich das Schicksal von Menschen der städtischen Mittelschicht in der fiktiven südindischen Stadt Malgudi über einen Zeitraum von mehr als einem halben Jahrhundert. Selten, und dann zumeist nur temporär, bricht eine Figur mit ihrer lokalen oder gesellschaftlichen Herkunft, was ihrem Autor verschiedentlich den Vorwurf künstlerischer Begrenztheit und der Ausklammerung wesentlicher Aspekte der gesellschaftlichen Wirklichkeit eingetragen hat. Doch N.s Erzählungen lassen sich nicht als einseitige oder gar oberflächliche Gestaltungen eines schmalen regionalen Ausschnitts der indischen Gegenwart einstufen, sondern erwachsen in Thematik und Erzählhaltung der im Hinduismus wurzelnden Weltsicht des Autors: Angesichts einer unabänderlich festgefügten gesellschaftlichen wie kulturell-religiösen Ordnung muß jeglicher Versuch des Menschen scheitern, sie nach eigenen Vorstellungen auszurichten. So kennzeichnet den Handlungsablauf aller Ro-

mane N.s – von *Swami and Friends* (1935) bis *The World of Nagaraj* (1990) – das Schema Ordnung-Störung-Wiederherstellung der Ordnung. Wiewohl stets realistisch erzählt, unterliegt den vergeblichen Bemühungen ihrer Protagonisten keine tragische, sondern eine ironische Vision, die in der hinduistischen Weltsicht des Lebens als Spiel, *lila*, wurzelt. Haltung und Ton kennzeichnet ironische Distanz zu den Motiven und dem ›falschen‹ Handeln der Figuren, die allerdings nie verdammt werden. Meist wandeln sie sich zu gereiften Persönlichkeiten, die sich letztlich der unumstößlichen Ordnung fügen. In den frühen Werken läuft dieser Prozeß innerhalb einer Familie ab: Ein Kind, ein junger Mann, ein Ehemann und Vater akzeptieren nach mancherlei Irrungen die von ihnen erwarteten Familienrollen. Die literarisch bedeutsamen Romane der 1950er-60er Jahre – *The Financial Expert* (1952; *Gold vom Himmel*, 1955) oder *The Guide* (1958; *Der Fremdenführer*, 1960) – führen ihre Hauptakteure zur Einsicht in moralisch und sozial rechtes Handeln oder enden mit der Bestrafung anmaßender und uneinsichtiger Einzelgänger wie *The Man-Eater of Malgudi* (1961; *Der Menschenfresser von Malgudi*, 1967). – Von diesem durchgängigen Schema, dem in *The Man-Eater of Malgudi* auch eine mythologische Erzählung unterlegt ist, weichen nur die späteren Werke ab. Zum ersten Mal behauptet eine (zudem noch weibliche) Figur ihre individuelle Unabhängigkeit in *The Painter of Signs* (1976; *Der Schildermaler*, 1979), während die Titelfigur in *The World of Nagaraj* (1990) als fiktional gestalteter Autor N. und seine Geschichte als Metageschichte über das Schreiben gelesen werden kann. Hier schließt sich der Kreis von N.s Erzählungen über die Welt der Kindheit Swamis zu Beginn des 20. Jahrhunderts bis zu dessen Ende in der nahezu selbstreflexiven Figur des Schriftstellers.

Literatur: C.N. Srinath, Hg. *R. K. Narayan: An Anthology of Recent Criticism*. Neu-Delhi 2000. – A. Hariprasanna. *The World of Malgudi: A Study of R. K. Narayan's Novels*. Neu-Delhi 1994. – M. K. Naik. *The Ironic Vision: A Study of the Fiction of R. K. Narayan*. Neu-Delhi 1983.

Dieter Riemenschneider

Narogin, Mudrooroo

→ Mudrooroo

Nashe, Thomas

Geb. November 1567 in Lowestoft, Suffolk;
gest. 1601 in London

Thomas Nashe, als ›Jung-Juvenal‹ oder der ›Englische Aretino‹ von seinen Zeitgenossen eingeschätzt, sah sich – wie seine Freunde Robert Greene und Christopher Marlowe – nach einem Studium in Cambridge als *university wit*, d. h. als studierter Literat ohne Aussicht auf ein geistliches Amt oder höfisches Patronat, in der Rolle des Unterhaltungsschriftstellers auf den Londoner Markt der 1590er Jahre verschlagen. Wendig und wortgewandt verdiente er sich seine Sporen als streitbarer Satiriker in einer spektakulären Pamphletfehde in der Rolle eines Verteidigers der Staatskirche gegen den brillanten puritanischen Lästerer Martin Marprelate (u. a. mit *An Almond for a Parrot*, 1590). In späteren Streitschriften trat er als Pedantenschreck gegen den Cambridger Gelehrten Gabriel Harvey an (u. a. mit *Have With You to Saffron Walden*, 1596). N.s Markenzeichen ist eine parodistische Exuberanz des Stils, wobei ihm das jeweilige Thema oft nur als Vorwand zum Genuß der eigenen Wortlust dient. – In der Zeit zwischen den beiden großen Pasquilladen schrieb er seine ansprechendsten Werke: *Pierce Penniless His Supplication to the Devil* (1592), eine komisch-beredte Klage, die seine Persona, der durch die Schuld einer geistlos geldgierigen Welt bettelarme Literat, an den Teufel richtet und dazu verwendet, die Sünden der Gesellschaft in kräftigen Anekdoten zu geißeln; ferner die Komödie *Summer's Last Will and Testament* (1600), ein allegorisches Jahreszeitenspiel, das aus dem rhythmischen Wechsel von Vergänglichkeitsgefühl (es entstand während einer Pestepedemie 1592) und der Feier des flüchtigen Augenblicks lebt und einige der schönsten elisabethanischen Lieder enthält; schließlich ein Erzählexperiment mit pikaresken und burlesken Elementen, *The Unfortunate Traveller* (1594; *Der unglückliche Reisende*, 1970). Dieses Unicum der Shakespearezeit, Schwankbuch, Schelmenroman, Reisebericht und Chronik in einem, führt seinen pfiffigen und respektlosen Helden Jack Wilton, Pagen am Hof von Henry VIII, kreuz und quer durch Frankreich, England und Deutschland, und am Ende – durchaus klimaktisch – in das Sündenbabel Italien. Indem es die Klischees der zeitgenössischen *grand tour* zugleich aufruft und parodiert, untergräbt das Werk iro-

nisch seinen Anspruch auf Realitätsnähe und moralischen Status. – Mit Marlowe zusammen verfaßte N. eine Dido-Tragödie, mit Ben Jonson die
(leider nicht erhaltene) satirische Komödie *The Isle
of Dogs* (1597), die die Zensurbehörde auf den
Plan rief und N. zur Flucht nach Great Yarmouth
in Suffolk veranlaßte. Aus Dankbarkeit für ein Asyl
in Notzeiten verfaßte er sein letztes (erhaltenes)
Werk, *Nashe's Lenten Stuff* (1599), eine scherzhafte
Chronik der Fischerstadt mit einem burlesken
Preis des Räucherherings. – Da seiner Pikareske
offenbar nur mäßiger Erfolg beschieden war und
die Aktualität seiner pamphletistischen Schriften
rasch verblaßte, blieb N. bis zur Wiederentdek-
kung des elisabethanischen ›Umfelds‹ zu den großen Autoren der Shakespeare-Zeit durch die Viktorianer ein selten gelesener Autor. Seit der großen
Ausgabe R. B. McKerrows wird sein informativer
und stilistischer Reiz wieder stärker gewürdigt.

Werkausgaben: *The Works.* Hg. R. B. McKerrow. 5 Bde.
Oxford 1958 [1904–10]. – *Selected Writings.*
Hg. S. Wells. London 1964.
Literatur: S. S. Hilliard. *The Singularity of Thomas Nashe.*
Lincoln, NE 1986. – G. R. Hibbard. *Thomas Nashe.*
London 1962.

Werner von Koppenfels

Nesbit, Edith

Geb. 15. 8. 1858 in London;
gest. 4. 5. 1924 in Jesson St Mary, Kent

Edith Nesbits Kinderbücher verkörpern den
langen, beinah sorglosen Nachmittag der edwardianischen Zeit vor dem Ausbruch des Ersten
Weltkrieges. Sie verbindet in ihnen realistische
Psychologie mit Humor und Phantastik. Da sie die
Kinderliteratur anderer Autoren sehr gut kannte,
sind ihre Werke zugleich eine Fundgrube intertextueller Bezüge und Parodien auf das Genre, das
nicht zuletzt durch N.s Produktivität nach der
viktorianischen nun eine zweite Blütezeit erlebte.
Während N.s Gespenster- und Horrorgeschichten
häufig anthologisiert werden, sind ihre Romane
(etwa *Daphne in Fitzroy Street*, 1909) und oft
sentimentalen Gedichte (z. B. *Many Voices*, 1922)
dagegen in Vergessenheit geraten.
    N. wuchs im ländlich-vorstädtischen London
auf, lebte nach dem frühen Tod des Vaters (1862)
mit der Familie in Frankreich und Deutschland,
von wo sie 1871 zurückkehrte (siehe ihre Reminis-

zenzen in *Long Ago When I Was Young*, 1966). 1877
heiratete sie den Sozialisten Hubert Bland und
wurde Mitglied der Fabian Society. Zum Freundeskreis der unkonventionellen Frau gehörten George
Bernard Shaw, H. G. Wells und Alexander Kro-
potkin. Lange Zeit mußte sie mit dem Schreiben
und Malen von Postkarten für die wachsende Familie aufkommen. Nach Hubert Blands Tod 1914
heiratete sie im Jahre 1917 Thomas Terry Tucker,
mit dem sie ihre letzten Jahre in Kent verbrachte.
    1899 gelang ihr der Durchbruch mit *The Story
of the Treasure Seekers* (*Die Schatzsucher*, 1948).
Die Bastable-Kinder, deren Gruppendynamik mit
viel Witz gezeichnet ist, erleben eine Serie von
Abenteuern bei ihrem Versuch, der verarmten Familie Wohlstand zu verschaffen. In der Fortsetzung
The Wouldbegoods (1901; *Der Klub der Guten Taten*, 1997) möchten sie gute Taten verrichten, treten dabei jedoch in alle möglichen Fettnäpfchen.
Geschickt setzt N. den Ältesten, Oswald, als Ich-
Erzähler ein, der nur selten sein Inkognito lüftet.
Ihren realistischen Büchern, zu denen *The Railway
Children* (1906; *Die Eisenbahnkinder*, 1960) zählt,
stellte sie bald Geschichten an die Seite, in denen
phantastische Elemente in die Wirklichkeit ein-
brechen. In der Trilogie *Five Children and It* (1902;
Psammy sorgt für Abenteuer, 1972), *The Phoenix
and the Carpet* (1904; *Der Phoenix und der Teppich*,
1962) und *The Story of the Amulet* (1906; *Geheimnisvolle Reisen mit Psammy*, 1974) folgt die Magie,
die ein wunscherfüllender prähistorischer Sand-
gnom, der Psammead, ausübt, klaren Regeln –
etwa, daß Verwandlungen bei Sonnenuntergang
wieder enden. N. nutzt hier Motive wie die Zeitreise nach Babylon oder in die Zukunft, um Gesellschaftskritik zu üben. In ihren späteren phantastischen Kinderbüchern gerät die Magie zunehmend außer Kontrolle. In *The Enchanted Castle*
(1907; *Das verzauberte Schlo*, 1958) gibt es einen
Ring, der unsichtbar machen, aber auch die Sicht-
barkeit vervielfachen kann. Steinerne Monstren
und Statuen werden lebendig, und eine Gruppe
von zusammengebastelten Besenmenschen entkommt dem magischen Experiment und dringt in
die Wirklichkeit ein. Kinderspiel und Alptraum
treffen sich hier in einer Art, die an E.T.A. Hoffmann erinnert. Ein ähnliches, fast postmodern
anmutendes Spiel zwischen Magie und Wirklichkeit, Zeichen und Bezeichnetem führt N. in *The
Magic City* (1910; *Die verzauberte Stadt*, 1981) wie
auch in den Erzählungen von *The Magic World*
(1912) und *Nine Unlikely Tales* (1901) vor. Hier

gewinnt das Imaginäre ein oft gefährliches Eigenleben. In *Wings and the Child, or the Building of Magic Cities* (1913) weist N. auf die pädagogische Bedeutung von Phantasie hin und gibt Anleitungen für den Bau magischer Spielzeugstädte. In N.s Werk finden sich Einflüsse von Hans Christian Andersens Märchen ebenso wie von Rudyard Kiplings Kinderbüchern. Ihre Bücher wiederum beeinflußten C. S. Lewis und Edward Eager. N. stellte fest, daß es ihr leicht fiel, Kinderbücher zu schreiben, weil sie ihre eigene Kindheit in sich zu erwecken wußte.

Literatur: J. Briggs. *A Woman of Passion: The Life of Edith Nesbit 1858–1924*. London 1987. – S. Prickett. *Victorian Fantasy*. Hassocks 1979, 198–239.

Elmar Schenkel

Newman, John Henry

Geb. 21. 2. 1801 in London;
gest. 11. 8. 1890 in Edgbaston, Birmingham

John Henry Newman gehört zu den prägenden Figuren in der englischen Kulturgeschichte des 19. Jahrhunderts. Seine stilistisch geschliffene Prosa, religiösen Dichtungen und rhetorisch brillanten Traktate begründen sein hohes Ansehen als Autor, das ihm jedoch auch als mitreißender Prediger, geschickter Kirchenpolitiker und Theologe gebührt. – In liberal-gemäßigter anglikanischer Tradition in London aufgewachsen und in der Privatschule calvinistisch beeinflußt, wurde er 1816 in das Trinity College, Oxford aufgenommen. Nach seinem B. A. wurde er Fellow am Oriel College (1822) und rückte dort unter dem freundschaftlichen Einfluß seiner Kollegen Edward Hawkins, Richard Whately und später, nach seiner Priesterweihe (1825), Richard Hurrell Froude, John Keble und Edward Bouverie Pusey von evangelikalen Positionen ab. N. wurde selbst zu einem Vorkämpfer des *Oxford Movement*, dessen Auftakt N. in Kebles Predigt »On National Apostacy« (1833) sah. Die von Keble beschworene transrationale, apostolisch überlieferte Grundlage der Kirche hatte N. in seinem wohl berühmtesten Gedicht »Lead, Kindly Light« (1865 von John Bacchus Dykes vertont) im selben Jahr als intime, übernatürlich-göttliche Führung im privaten Glaubensleben vorgestellt. Die fortan bis 1841 erscheinenden *Tracts for the Times*, viele davon aus N.s Feder, legten die Grundpositionen dieser in-

neranglikanischen Bewegung dar, bis N. schließlich im »Tract 90« den 39 anglikanischen Glaubensartikeln eine Interpretation gab, die seiner Auffassung der *via media* zwischen protestantischer und römisch-katholischer Tradition entsprach, von vielen Zeitgenossen jedoch als antiprotestantisch verstanden wurde. Mit N.s folgendem Austritt aus dem *Oxford Movement* beginnt eine Ereignisreihe, die zu seiner Niederlegung des anglikanischen Priesteramtes, seiner Konversion (1845) zum Katholizismus und seiner Weihe zum katholischen Priester (1846) führte. – Beginnend in Birmingham, beschäftigte er sich nun im Auftrag des Papstes mit dem Aufbau des Oratoriums in England, wurde aber 1854 zum Präsidenten der neugegründeten katholischen Universität in Dublin gewählt. Im administrativen Sinne wenig erfolgreich, waren seine unter dem Titel *The Idea of a University* (1873; *Vom Wesen der Universität*, 1960) gesammelten, theoretischen Stellungnahmen ein wichtiges Manifest einer liberalen Bildungskonzeption. Seine Aufspaltung in formelle, nicht-utilitaristische Bildung (besonders »Discourse V. Knowledge Its Own End«) zum Gentleman einerseits und den religiös geoffenbarten Inhalten andererseits prägt auch sein rhetorisch-stilistisches Literaturverständnis, das von den Inhalten der (protestantischen) englischsprachigen Klassiker losgelöst zu sehen ist. – Als Entgegnung auf Charles Kingsleys öffentliche Vorwürfe schrieb N. dann 1864 sein wohl bekanntestes Werk, die *Apologia Pro Vita Sua* (*Die Geschichte meiner religiösen Psyche*, 1913), eine der großen viktorianischen Autobiographien. In ihr gibt N. Rechenschaft über sein Leben und seine Glaubensentscheidungen. Akribisch analysiert er, wie sich die große Wende seiner Konversion anbahnt, und befindet sich damit zumindest in struktureller Parallele zu John Stuart Mills ebenso berühmter *Autobiography* (1873). Das Buch rehabilitierte ihn in weiten Kreisen der Gesellschaft. 1879 zum Kardinal ernannt, lebte N. fortan zurückgezogen in Edgbaston bis zu seinem Tode, ein Ereignis, das er 1865 bereits in christlich-mythologischer Ausformung in seinem Gedicht »The Dream of Gerontius« (1900 vertont von Edward Elgar) antizipiert hatte.

Werkausgaben: *The Works of Cardinal John Henry Newman*. 42 Bde. London 1874–1921. – *The Works of Cardinal John Henry Newman*. Birmingham 2000ff. Literatur: I. T. Ker. *The Achievement of John Henry Newman*. London 1990. – ders. *John Henry Newman: A Biography*. Oxford 1988.

Klaus Stierstorfer

Ngugi wa Thiong'o, [James]

Geb. 5. 1. 1938 in Kamiriithu, Kenia

Seit den späten 1970er Jahren ist der Name von Ngugi wa Thiong'o untrennbar mit der Debatte um das Englische als Literatursprache in Afrika verknüpft. Nachdem N. in den 1960er und frühen 1970er Jahren eine Reihe vielbeachteter englischsprachiger Romane veröffentlicht hatte und rasch zum bekanntesten Schriftsteller Ostafrikas avanciert war, wandte er sich Ende der 1970er Jahre vom Englischen als Literatursprache ab und veröffentlichte spätere Werke in seiner Muttersprache Gikuyu; darüber hinaus verfaßte er die Streitschrift *Decolonising the Mind: The Politics of Language in African Literature* (1986) sowie zahlreiche Essays, in denen er sich vehement für eine Abkehr von der »afrosächsischen« Literatur und eine Hinwendung zu den afrikanischen »Nationalsprachen« einsetzt.

Der in einem kleinen Dorf im kenianischen Hochland geborene und aufgewachsene N. erlebt als Jugendlicher in den 1950er Jahren den Aufstand der Mau-Mau-Bewegung gegen die britische Kolonialherrschaft mit, eine Erfahrung, die sein literarisches Werk nachhaltig prägen sollte. Die allgegenwärtige politische Gewalt, der bürgerkriegsähnliche Konflikt zwischen »Loyalisten« und »Freiheitskämpfern« und die Hoffnungen auf einen grundlegenden gesellschaftlichen Wandel stehen im Mittelpunkt der frühen, unter dem Namen James Ngugi veröffentlichten Romane. *Weep Not, Child* (1964; *Abschied von der Nacht*, 1969) ist der erste Roman, der diese traumatische Phase kenianischer Geschichte aus afrikanischer Perspektive schildert und dem weitverbreiteten kolonialen Zerrbild der Mau-Mau-Bewegung als Rückfall in barbarische Stammesriten ein historisch und politisch differenzierteres Bild der antikolonialen Bewegung in Kenia entgegenstellt. In *A Grain of Wheat* (1967; *Preis der Wahrheit*, 1971), dem aufgrund seiner komplexen Erzählstruktur und der subtilen psychologischen Gestaltung der Hauptfiguren literarisch bedeutendsten Roman N.s, wird ein Bogen vom Freiheitskampf der 1950er Jahre in die nachkoloniale Gegenwart der 1960er Jahre gespannt. Am Vorabend der Unabhängigkeit Kenias versuchen die Protagonisten des Romans mit dem Erbe der politischen Gewalt fertig zu werden, in die sie in ihrem Dorf auf die eine oder andere Weise alle verstrickt waren; der Heroismus der Freiheitskämpfer wird dabei ebenso hinterfragt wie die Überheblichkeit der weißen Kolonialadministratoren und der afrikanischen »Loyalisten«. Der politische Rausch der Unabhängigkeitsfeiern, bei denen Mugo, der problematische »Held« des Romans, wegen seiner Zivilcourage während der Kolonialzeit als »schwarzer Moses« glorifiziert wird, macht allgemeiner Ernüchterung Platz, als sich herausstellt, daß Mugo einen prominenten Mau-Mau-Führer an die Kolonialbehörden verraten hat. Die kollektive Selbstbejubelung wird von einem individuellen Selbstfindungsprozeß abgelöst, bei dem sich die verschiedenen Protagonisten des Romans auf schmerzhafte Weise mit ihrer Vergangenheit auseinandersetzen und ihre Rolle im nachkolonialen Kenia neu bestimmen müssen. – In den späten 1960er und frühen 1970er Jahren entwickelt sich N. zu einem engagierten Kritiker der nachkolonialen Gesellschaft in Kenia. Er distanziert sich von den christlichen Wertvorstellungen, die sich in seinem Erstlingswerk *The River Between* (1965; *Der Flu dazwischen*, 1970) finden, legt seinen christlichen Vornamen ab und wendet sich in vielen seiner Essays – eine erste Sammlung erscheint 1972 unter dem Titel *Homecoming* – gegen soziale Ungerechtigkeit und die seiner Ansicht nach andauernde ökonomische sowie kulturelle Abhängigkeit Kenias von den westlichen Industrienationen. Der ironisch-kritische Blick, den N. in der Kurzgeschichtensammlung *Secret Lives* (1975; *Verborgene Schicksale*, 1977) auf eine von Geld- und Karrierestreben geprägte Gesellschaft wirft, der die Ideale der antikolonialen Bewegungen längst abhanden gekommen sind, wird in den späten 1970er Jahren von einer immer stärker marxistisch inspirierten Vision eines sozialistischen Afrika verdrängt. Bereits im gemeinsam mit Micere Mugo verfaßten Theaterstück *The Trial of Dedan Kimathi* (1976) wird die Mau-Mau-Bewegung zu einem revolutionären Arbeiter- und Bauernbündnis überhöht; in *Petals of Blood* (1977; *Land der flammenden Blüten*, 1980) formuliert N. schließlich die soziale Utopie eines »neuen Jerusalem«, das sich endgültig von Kapitalismus und neokolonialer Abhängigkeit befreien soll. Die Rahmenhandlung des Romans kreist um den Mord an vier prominenten Geschäftsleuten, den ein aus Nairobi in die neuentstandene Industriestadt Ilmorog entsandter Kriminalbeamter aufklären soll; tatsächlich steht aber die Geschichte des tiefgreifenden sozialen und kulturellen Wandels im Mittelpunkt, der aus dem einstmals verschlafenen Dörfchen Ilmorog eine moderne Industriestadt gemacht hat und neue soziale Gegensätze aufeinanderprallen läßt. Der pessimistischen Perspektive des Lehrers Munira, der diese Konflikte aus dem Blickwinkel der biblischen Apokalypse wahrnimmt und als eine Art wirrer Prophet den baldigen Untergang der »Hure Babylon« predigt, steht der Zukunftsglaube des jungen Gewerkschaftsführers Karega entgegen, der zur revolutionären Symbolfigur eines »neuen Kenia« wird, in dem die Ideale der Mau-Mau-Bewegung schließlich doch noch verwirklicht werden sollen.

1977 beteiligt sich N. an einem Theaterprojekt in seinem Heimatort, bei dem im Rahmen eines Alphabetisierungsprogramms ein Theaterstück in seiner Muttersprache erarbeitet werden soll. *Ngaahika Ndeenda* (1980; englisch *I Will Marry When I Want*, 1982) ist überaus erfolgreich, wird aber wegen seiner radikalen Kritik an der kenianischen Regierung schon nach wenigen Aufführungen verboten. N. wird kurz darauf verhaftet und ein Jahr lang interniert; seine Gefängniserfahrungen legt er in *Detained: A Writer's Prison Diary* (1981; *Kaltgestellt: Gefängnistagebuch*, 1991) nieder. Nach seiner Freilassung geht N. – zunächst nach England, später in die USA – ins Exil und wendet sich öffentlich vom Englischen als Literatursprache ab, läßt jedoch seine nun in Gikuyu verfaßten Werke ins Englische übersetzen. Der während seines Gefängnisaufenthalts konzipierte Roman *Caitaani Mutharaba-Ini* (1980; englisch *Devil on the Cross*, 1982; *Der gekreuzigte Teufel*, 1988) schildert das zeitgenössische Kenia in allegorischer Form als Tummelplatz von Dieben und Räubern, die das einfache Volk ausplündern, schließlich aber von einer Koalition der Aufrechten verjagt werden; weder das allzu einfache ideologische Strickmuster noch die überaus derbe Satire und die agitpropartige Gestaltung der oft hölzern wirkenden Protagonisten halten einem Vergleich mit früheren Werken stand. Ähnliches gilt für den Roman *Matigari Ma Njiruungi* (1986; englisch *Matigari*, 1989; *Matigari*, 1991), der einen mythologisch überhöhten Freiheitskämpfer der Mau-Mau-Bewegung in das Kenia der 1980er Jahre zurückkehren läßt. Trotz eindrucksvoller sozialkritischer Schilderungen städtischer Armut läßt sich das hier vermittelte Idealbild des bewaffneten Kampfes gegen einen ausländisch dominierten Kapitalismus nur schwer mit der sozialen Realität Kenias in Einklang bringen, wo sich seit Ende der 1980er Jahre eine zivilgesellschaftlich orientierte Oppositionsbewegung für einen Demokratisierungsprozeß einsetzt.

Literatur: O. Lovesey. *Ngugi wa Thiong'o*. New York 2000. – S. Gikandi. *Ngugi wa Thiong'o*. Cambridge 2000. – P. Williams. *Ngugi wa Thiong'o*. Manchester 1999. – D. Cook/M. Okenimpke. *Ngugi wa Thiong'o: An Exploration of His Writings*. London 1997 [1983]

Frank Schulze-Engler

Nichols, Grace

Geb. 18. 1. 1950 in Georgetown, British Guiana [heute Guyana]

Kritiker betrachten Grace Nichols gerne als weibliches Gegenstück zu Kamau Brathwaite wegen ihrer Bemühungen um eine lyrische Aufarbeitung der karibischen Geschichte aus der Sichtweise der schwarzen Frau. Darüber hinaus will N. in ihrer Lyrik für Erwachsene wie für Kinder fiktionale Vorbilder erschaffen, welche die europäischen Normen in Frage stellen und für schwarze Leser neu definieren. Dafür bedient sie sich der Sprache, Rhythmen, Mythen und Legenden ihrer karibischen Heimat Guyana, die sie auch als Schauplatz ihres einzigen Romans für Erwachsene, *Whole of a Morning Sky* (1986; *Morgenhimmel*, 1995), gewählt hat. – N. studierte in Georgetown Kommunikationswissenschaften und arbeitete als Lehrerin und Journalistin. In dieser Zeit entstanden ihre ersten Gedichte und Kurzgeschichten. 1977 emigrierte sie mit ihrem Lebensgefährten, dem Dichter John Agard, nach Großbritannien. Sie begann, ihre Gedichte als Performanzlyrik vorzutragen und schließlich in einem ersten, preisgekrönten Band, *I Is a Long Memoried Woman* (1983), zu veröffentlichen. Diese ungereimten Gedichte erarbeiten eine alternative Geschichte der Karibik, die auf den verschiedensten Überlebensstrategien von Frauen in den Kolonien aufbaut. Die ›long-memoried woman‹ ist die archetypische karibische Frauengestalt, die in unterschiedlichen Verkörperungen in den Gedichten auftritt, in der Diaspora als Repräsentantin der afrikanischen Karibik die Oberhand behält und ein neues, zukunftweisendes Selbstbewußtsein entwickelt: »the power to be what I am / a woman charting my own futures«. Darauf verweist auch der Epilog, der sie weiter über den Ozean schickt und damit auf N.' eigene

Migration rekurriert, die vor allem in *The Fat Black Woman's Poems* (1984) thematisiert wird. Hier ist die Protagonistin eine fette schwarze Frau, die gegen das Bild der schlanken Europäerin ankämpft: »Beauty / is a fat black woman.« Sie ist sinnlich und selbstbewußt, und ihr Humor und ihre Lebensfreude verhindern jegliche Typisierung als Opfer. Dagegen wird sie als revisionistische Ikone für schwarze Frauen der Diaspora skizziert. N. definiert die Schönheit an sich neu: Dazu bedient sie sich der Landschaft und Mythologie der Karibik, aber auch der Kontraste Londons. *Lazy Thoughts of a Lazy Woman* (1989) nimmt dieses Projekt auf und rebelliert gegen Schönheitsideale (rasierte Achselhöhlen, Sonnenbräune usw.). N. schimpft über die Überbewertung von Hausarbeit und schreibt offen über Menstruation und Geschlechtsorgane. Auch in diesem Band ist sie feministisch engagiert: Sie attackiert »Too Much Male White Power« und betont wieder die Komplexität und Schönheit der schwarzen Frau. *Sunris* (1996) enthält unter anderem einen Zyklus von rund 20 Gedichten mit diesem Titel, der in Form und Struktur stark vom Calypso bestimmt wird und die Ausgelassenheit des karibischen Karnevals feiert, auf der anderen Seite aber auch auf die Schrecken der Kolonialisierung eingeht. N.s zentrales Anliegen, der Karibik eine lyrische Stimme zu verleihen, setzt sich auch in ihren zahlreichen Kindergedichten fort, die sie zum Teil mit John Agard geschrieben und veröffentlicht hat.

Literatur: G. Webhofer. *Identity in the Poetry of Grace Nichols and Lorna Goodison.* Lewiston, NY 1996.

Susanne Reichl

Noonuccal, Oodgeroo [Walker, Kath; geb. Kathleen Jean Mary Ruska]

Geb. 3. 11. 1920 auf Stradbroke Island, Australien; gest. 16. 9. 1993 ebd.

Mit ihrem Gedichtband *We Are Going* (1964) betrat Kath Walker, die sich seit 1988 aus Protest gegen Australiens ›Zweihundertjahrfeier‹ Oodgeroo Noonuccal nannte, als erste Aborigine-Autorin die Bühne der schwarzaustralischen Literatur. Ihr Buch, so hoffte sie, »möge von den Menschen zu Herzen genommen werden und andere Aborigines ermutigen, ebenfalls zur Feder zu greifen«. Die in wenigen Tagen verkaufte Auflage von 500 Exemplaren sowie fünf Nachdrucke im gleichen Jahr erhöhten den Bekanntheitsgrad einer Frau, die sich bereits seit Jahren für die Rechte der Aborigines eingesetzt hatte und im Verlauf ihres weiteren Lebens eine der führenden und hochgeehrten Vertreterinnen der Bürgerrechtsbewegung werden sollte. Jedes einzelne dieser frühen Gedichte, von »Aboriginal Charter of Rights« bis »A Song of Hope«, belegt das politische Engagement O.s, die die Zerstörung der eigenen Kultur, den Verlust der Selbstachtung und die Machtanmaßung der Weißen gleichermaßen beklagt, wie sie Hoffnung auf Verständnis, Wiedergewinnung der eigenen Identität und ein friedliches Miteinander aller Australier zum Ausdruck bringt. In einfacher Sprache abgefaßt, oft in balladenhafte Erzählform gekleidet, stieß *We Are Going* trotz großen Leseranklangs auch auf herablassende weiße kritische Stimmen, die von politisch-propagandistischen wie unbeholfen-poetischen Versen sprachen. O.s Stil wandelte sich in den folgenden Gedichtveröffentlichungen, nahm an kritischer Schärfe zu, widmete sich der Wiederbelebung kultureller Vorstellungen der Aborigines und der eigenen Sprache; eine Entwicklung, die im übrigen den politisch-literarischen Wandel einer zunächst um Assimilation bemühten ersten Schriftstellergeneration zur jüngeren und radikaleren wiederspiegelt. – Gedichten, die mit einigen Prosatexten in der Gesamtausgabe *My People: A Kath Walker Collection* (1970) zusammengeführt wurden, folgte in den 1970er Jahren O.s zunehmende Hinwendung zur Prosa. *Stradbroke Dreamtime* (1972) umfaßt Kindheitserinnerungen und »Stories from the Old and New Dreamtime«, wobei die letzteren in *Father Sky and Mother Earth* (1981), *The Rainbow Serpent* (1988) oder *Australian Legends and Landscapes* (1990) neu erzählt werden, um vor allem junge Leser anzusprechen. Dies steht im Zusammenhang mit ihrem Engagement: Auf Stradbroke Island war sie bis zu ihrem Tode für das kulturelle und umweltpädagogische Zentrum Moongalba tätig, das sie für Aborigine- und weiße Kinder eingerichtet hatte. – Die breite Rezeption und vielfache Ehrung der Autorin belegen, daß die Kritik seither akzeptiert hat, O.s literarische Leistung im politisch-kulturellen Gesamtkontext zu würdigen und bezeugen zudem, daß gerade ihr Werk Anlaß bot, als universal verstandene literarische Maßstäbe kritisch zu hinterfragen.

Literatur: A. Grassby. *Oodgeroo Noonuccal: Poet, Painter and Elder of Her People*. South Melbourne 1991.

Dieter Riemenschneider

Nye, Robert

Geb. 15. 3. 1939 in London

Als vielfach ausgezeichneter Romancier arbeitet Robert Nye seit 1961 als freiberuflicher Schriftsteller, Feuilletonjournalist insbesondere für Lyrik (*Scotsman*, *Times*) oder als Mitautor der *Penguin Modern Stories 6* (1970), doch vornehmlich versteht er sich als Lyriker, der bisher eher von kleinen Verlagen gedruckt wird. Aus seinen *Collected Poems* (1995) sticht das ironisch-narrative wie metapoetische Gedicht »Henry James« hervor; inzwischen hat N. ein umfangreiches Werk für Kinder hervorgebracht und sich als Herausgeber von Lyrik bei Faber und Carcanet einen Namen gemacht, so mit einer *Selection of the Poems of Laura Riding* (1994), der einstmaligen amerikanischen Partnerin und ›Muse‹ von Robert Graves. Bekanntlich lebte auch der Dichter Graves von seinen Einkünften aus höchst unterhaltsamen historischen Romanen. N.s Romanschaffen baut dabei im wesentlichen auf die Aufarbeitung literarisch tradierter Persönlichkeiten auf: *Tales I Told My Mother* (1970), *Falstaff* (1976), *Merlin* (1978), *Faust* (1980), *The Voyage of the Destiny* (1982), *The Memoirs of Lord Byron* (1989), *The Life and Death of My Lord Gilles de Rais* (1990) oder die beiden in besonderem Maße Wissen und Widerspruch des Lesers fordernden *Mrs Shakespeare: The Complete Works* (1993) und *The Late Mr Shakespeare* (1998). Trotz einer beachtlichen Rekonstruktionsleistung gegenüber der literarischen und allgemeinen Geschichte oder dem Mythisch-Imaginären und dem Spiel mit den Epochenstilen bezieht sich N. stets auf das Lebensgefühl der Jetztzeit: In Falstaffs Bewußtsein spiegelt sich ein perspektivloses Leben, das zur Verzweiflung an der eigenen Physis führt: »here, [ ] though England's nearly gone to the dogs for ever, and nothing is what it used to be, save only my belly and my phallus, and even the latter may be a shade«. Als Bestseller brachte dieser Roman in zweiter Auflage 1983 für N. den Durchbruch. Doch ob sich N. noch weiterentwickeln kann, sei dahingestellt. Auch die fiktiven Memoiren Byrons enthalten Sätze, die schon in *Falstaff* gestanden haben und sich in *The Late Mr Shakespeare* wiederfinden werden: »A month ago I would have taken ten minutes out from my labours with my pen to belabour her a little with my penis. Now I merely record her wistful passage thorough my chamber, and pass back quickly to the story of my days«, so N.s metasexuelle Poetik oder metapoetische Sexualität. Der Leser meint, N. inszeniere kongeniale Figuren der (Literatur-)Geschichte. *The Late Mr Shakespeare* reicht weder an *Falstaff* noch an *The Life and Death of My Lord Gilles de Rais* heran, letzteres eine beklemmende Pathologie des Bösen, die an Kategorien wie Erbsünde anknüpft. Gemessen an Philip Larkin und seinen Schülern fehlt dem konservativ wirkenden Duktus des Lyrikers N. die Subtilität und technisch-sprachliche Perfektion. So liegt seine Stärke eher in Entwürfen des Phantastisch-Imaginären wie in *Doubtfire*, seinem Erstlingsroman (1967), und in seinen Beiträgen zur Kinderliteratur.

Literatur: B. Neumeier. »Die Lust am Intertext: Robert Nyes Roman *Falstaff*.« *Shakespeare-Jahrbuch West* (1988), 150–162.

Fritz-Wilhelm Neumann

O'Brien, Edna

Geb. 15. 12. 1930 in Tuamgraney, County Clare, Irland

Edna O'Brien, die im ländlichen Westen Irlands aufwuchs und nach dem Pharmazie-Studium in Dublin 1958 mit ihrem Mann, dem Schriftsteller Ernest Gébler, nach England übersiedelte, ist die wohl bekannteste irische Autorin der Gegenwart. Ihre Reputation gründet in erster Linie auf Kurzgeschichten und Romanen. Sie hat ferner Drehbücher, Theaterstücke, zwei biographische Studien zu James Joyce und die Irland-Bücher *Mother Ireland* (1976; *Mein Irland*, 1996) und *Vanishing Ireland* (1986) verfaßt. Ihr narratives Werk dokumentiert eine aufreibend-fortwährende Suche nach Liebe. Doch erfüllte Liebe erscheint als unerreichbares Paradies, denn O'B.s weibliche Hauptgestalten werden unablässig vom Leben betrogen, und so richtet sich ihre Suche auch auf Möglichkeiten der Zuflucht und Abgeschiedenheit. O'B. erforscht die Komplexität des weiblichen Ichs, während sie zugleich das Zusammenspiel von Illusion und Realität beleuchtet. Sie ist die Autorin, die im wesentlichen immer wieder die gleiche Geschichte der jungen armen katholischen Irin erzählt, die das bigott-provinzielle Landleben aufgibt, um im ›Neon-Märchenland‹ Dublins oder der Illusionswelt Londons nach Freiheit, Romantik und Glück zu suchen, jedoch rasch erfahren muß, wie Leben und Liebe sie verwunden: so in der frühen »Country Girls«-Trilogie *The Country Girls* (1960; *Die Fünfzehnjährigen*, 1961), *The Lonely Girl* (1962; *Das Mädchen mit den grünen Augen*, 1972) und *Girls in Their Married Bliss* (1964; *Mädchen im Eheglück*, 1969), einem ironisch betitelten Werk über die Ehe, die alles andere als Glückseligkeit bringt. – *Casualities of Peace* (1966; *Plötzlich im schönsten Frieden*, 1999), ein weiterer Roman über eine an der Liebe zerbrochene Frau, exemplifiziert O'B.s gelegentliche kompositorische Schematik und stereotype Figurenzeichnung (Männer ausnahmslos als Schweinehunde, Frauen als schuldlose Opfer). In *The Love Object* (1968; *Das Liebesobjekt*, 1983) unterhält die 30jährige Martha eine Affäre mit einem verheirateten Anwalt, der sie zum Objekt seiner Begierde degradiert. *A Pagan Place* (1970) bietet einen tagebuchähnlichen Strom von Eindrücken und Erfahrungen aus dem harschen Leben der Erzählerin und bereitet erzähltechnisch die an Joyce erinnernde Bewußtseinsstromtechnik von *Night* (1972; *In langen Nächten*, 1998) vor – die Nachtgedanken einer typischen O'B.-Heldin.

O'B.s bislang letzten drei Romane, *House of Splendid Isolation* (1994; *Das einsame Haus*, 1996), *Down by the River* (1996; *Am Fluss*, 1999) und *Wild Decembers* (1999; *Das rauhe Land*, 2001), verraten eine thematische Neuorientierung in ihrem Schaffen und demonstrieren zugleich die erlangte stilistisch-formale Meisterschaft. Als Trilogie gedacht, versuchen sie eine Bestandsaufnahme der sozio-politischen Gegebenheiten Irlands in der zweiten Hälfte des 20. Jahrhunderts. Das erste Werk beschreibt das Verhältnis eines IRA-Terroristen und der Frau, deren Haus er requiriert; das zweite handelt davon, daß ein Vater seine Tochter sexuell mißhandelt und schwängert, und thematisiert die irische Einstellung zur außerehelichen Schwangerschaft; das dritte verarbeitet den Fall einer Nachbarfehde, die durch eine Liebesbeziehung verkompliziert ist. Ob aber die Trilogie tatsächlich eine verläßliche Bestandsaufnahme liefert, ob der politische Konflikt Irlands dadurch zu lösen ist, daß alle Parteien aus ihrer »splendid isolation« heraustreten, das sei dahingestellt.

Literatur: R. Imhof. *The Modern Irish Novel.* Dublin 2002. – G. Eckley. *Edna O'Brien.* Lewisburg, PA 1974.

Rüdiger Imhof

O'Brien, Flann [eigentlich Brian O'Nolan]

Geb. 5. 10. 1911 in Strabane, County Tyrone, Irland; gest. 1. 4. 1966 in Dublin

Flann O'Brien reiht sich nahtlos in die illustre Schar irischer Satiriker in der Tradition von Jonathan Swift ein. Zugleich ist er als innovativer, experimentierender Romancier anzusehen. Nach studentischen Schreibversuchen wie dem Entwurf eines Dubliner ›Decameron‹ auf Altirisch begann er um 1937 neben seiner Tätigkeit im öffentlichen Dienst (der Stadtplanung) die Arbeit an dem ersten und bekanntesten Roman, *At Swim-Two-Birds* (1939; *Im Schwimmen-Zwei-Vögel*, 1989). Dessen literarisch ambitionierter Protagonist setzt seine eigenwillige Romantheorie, wonach das gesamte Korpus existenter Literatur von anspruchsvollen Autoren geplündert werden darf, in die Tat um und verfaßt ein Werk, das einen Autor zeigt, wie er einen Roman schreibt, in welchem sich die Charaktere gegen ihren Schöpfer auflehnen, ihn in einen komatösen Zustand versetzen und ein Eigenleben führen. Das Resultat ist ein parodistisches Symposium von fiktionalen Vertextungsstrategien und stilistischen Konventionen, die einer Vielzahl unterschiedlicher narrativer Gattungen entlehnt und zu einem originellen ›Roman im Roman‹-Konstrukt verwoben sind, das als Metafiktion zu gelten hat, weil es die betreffenden kompositionellen Schemata auf ihre Validität hin prüft und die Bedingungen der Möglichkeit reflektiert, fiktionale Werke zu erschaffen. Der spielerische Umgang mit Formen des literarischen Diskurses dient dem Ziel, das Verfahren bloßzulegen. – Nachdem O'B. zusammen mit seinem Freund Niall Sheridan über ein Jahr hinweg eine fingierte, höchst amüsante Kontroverse in der *Irish Times* geführt hatte, wurde ihm eine regelmäßige Glosse angeboten. Am 4. 10. 1940 erschien der erste *Cruiskeen Lawn* (Volle Krug)-Artikel; vom zweiten an signierte O'B. mit »Myles na gCopaleen« (Myles der Ponys). Mit krankheitsbedingten Unterbrechungen verfaßte er über nahezu 26 Jahre seine Beiträge, in denen sich Myles zum *miles gloriosus* der Satire entwickelte, dem keine Sache heilig ist.

Zugleich schrieb er an zwei weiteren Romanen. Das gälisch verfaßte Werk *An Béal Bocht* (1941; englisch *The Poor Mouth*, 1973; *Irischer Lebenslauf*, 1992) ist eine bissige Kritik an Auswüchsen des *Gaelic Revival* sowie am romantisch verbrämten Abbey Theatre-Image der irischen Landbevölkerung. *The Third Policeman* (1967; *Der dritte Polizist*, 1975) thematisiert die Absurdität menschlichen Lebens, Denkens und Handelns auf drei Erzählebenen. Auf der ersten wird in Anlehnung an die irischen *otherworld stories* die *post-mortem*-Reise der Hauptfigur durch die surreale, phantastische Hölle einer ›Polizisten‹-Welt geschildert; auf der zweiten wird das absurde Gedankengebäude des fiktiven Philosophen de Selby entworfen; auf der dritten führen sich de Selbys Kritiker in Fußnoten gegenseitig *ad absurdum*. *The Hard Life* (1961; *Das harte Leben*, 1966) und *The Dalkey Archive* (1964; *Aus Dalkeys Archiven*, 1979) reichen nicht an die Qualität der vorangegangenen Romane heran. O'B. schrieb auch für das Theater und das Fernsehen. Bei seinem Tode – für einen Satiriker ironischerweise am ›April Fool's Day‹ – hinterließ er das Fragment eines weiteren Romans, *Slattery's Sago Saga*.

Literatur: A. Cronin. *No Laughing Matter: The Life and Times of Flann O'Brien*. London 1989. – R. Imhof, Hg. *Alive Alive O! Flann O'Brien's At Swim-Two-Birds*. Dublin 1985. – A. Clissmann. *Flann O'Brien*. Dublin 1975.

Rüdiger Imhof

O'Casey, Sean [eigentlich John Casey]

Geb. 30. 3. 1880 in Dublin;
gest. 18. 9. 1964 in Torquay, Devon

Wenngleich von der Literaturkritik und dem allgemeinen Lesepublikum unterschätzt, bietet Sean O'Caseys sechsbändige Autobiographie einen Königsweg zu Leben und Werk des irischen Dramatikers. In dem Bewußtsein vom experimentellen Charakter seiner Lebensgeschichte, die in der eher ungewöhnlichen Er-Form verfaßt ist und besonders in den ersten Bänden Joyces Sprachexperimente imitiert, betonte O'C. immer wieder, wie dieses Werk ein Panorama der privaten Umstände und zugleich der öffentlichen Dimension der gelebten und erinnerten Zeiten darstellen sollte. Allein nach dem Umfang der porträtierten Lebens-

zeit umfaßt O'C.s Autobiographie eine ungewöhnliche Fülle biographischen Materials: Im einzelnen werden die verschiedenen Lebensphasen wie folgt abgedeckt: die Jahre 1880–92 in *I Knock at the Door* (1939; *Ich klopfe an*, 1957), 1891/92–1900/03 in *Pictures in the Hallway* (1942; *Bilder in der Vorhalle*, 1959), 1903–16 in *Drums under the Windows* (1945; *Trommeln unter dem Fenster*, 1967), 1917–26 in *Inishfallen, Fare Thee Well* (1949; *Irland, leb wohl!*, 1968), 1926–34 in *Rose and Crown* (1952; *Rose und Krone*, 1962) und 1935–52/53 in *Sunset and Evening Star* (1954; *Dämmerung und Abendstern*, 1963). Der Bogen reicht somit von der Geburt bis ins hohe Alter der autobiographischen Persona, die sich im Verlauf des dargelegten Lebens Johnny Cassidy, Irish Jack Cassidy, Sean O'Casside, Sean O'Cathasaigh, Sean O'Casey nennt und damit verschiedene Stationen der Entwicklung signalisiert. Kindheit und Jugend des Autobiographen in den Slum-Vierteln von Nord-Dublin sind von Armut und Krankheit geprägt. In einer turbulenten Epoche der irischen Geschichte wird er, der sich seinen Unterhalt als junger, ungelernter Arbeiter verdienen muß, Augenzeuge des großen Streiks und der Aussperrungen von 1913 sowie des Osteraufstandes von 1916 und des anschließenden Anglo-Irischen Krieges und Bürgerkrieges. Er macht sein Debüt als Dramatiker am Abbey Theatre und verläßt Irland 1926. Nach Heirat und Gründung einer Familie verbringt er die zweite Hälfte seines Lebens ab 1938 in Südwestengland. Diese äußeren Stationen werden von verschiedenen Phasen der geistigen Entwicklung begleitet: Als Protestant unter Katholiken ist der junge Johnny Cassidy von Anfang an ein Außenseiter. Für ihn sind die Konflikte zwischen den protestantischen und den katholischen, den unionistischen und den nationalistischen Lagern ganz besonders brisant, wenn er wie Joyces autobiographischer Held Stephen Dedalus die politischen Normen der Erwachsenenwelt, ihre Diskussionen und die Tragweite von Idolfiguren wie Wolfe Tone oder Charles Stewart Parnell noch nicht begreifen kann. Im weiteren Verlauf aber werden ebensolche Leitfiguren wie auch Shakespeare, Dion Boucicault, Charles Darwin, George Bernard Shaw und Karl Marx zu Stationen seiner geistigen Autobiographie. Für O'C., den Autodidakten und Vielleser, stellt ferner sein Engagement in verschiedenen nationalistischen und gewerkschaftlichen Organisationen einen wichtigen Bildungsfaktor dar. Die Arbeit in solchen Verbänden führt zur Enttäuschung des Idealisten. Durch Intrigen, Eitelkeiten und den Kleinmut der offiziellen Funktionsträger und Kunstkritiker im Irish Free State desillusioniert und vom heimischen Theaterpublikum angefeindet, begibt sich O'C. 1926 ins freiwillige Exil (wie Joyce vor und Beckett nach ihm). Das tieferliegende Motiv ist hierbei das Bemühen um persönliche Unabhängigkeit des Denkens und eigenverantwortliche Lebensgestaltung. Dieser Drang wird durch die früh erfahrenen sozialen Ungerechtigkeiten verstärkt. In der zweiten Hälfte von O'C.s Leben wird die Verachtung jeglicher Form von »awethority« fast zur Besessenheit, denn in dem Diktat von Autoritäten sieht O'C. eine Verkörperung der allgemein lebensfeindlichen Kräfte. Aus dieser biographisch-psychologischen Motivlage ist O'C.s – vor allem im Spätwerk deutlich zutage tretendes – Konzept des ›Kommunismus‹ zu erklären, das primär als Philanthropie, als Aufruf zu Brüderlichkeit und menschlicher Solidarität und als ständiger Kampf gegen Armut, Krankheit und Krieg zu verstehen ist.

O'C.s dramatisches – uvre spiegelt die Schritte der biographischen Entwicklung exakt wider. Im Zentrum seiner ersten Phase steht die ›Dubliner Trilogie‹: The Shadow of a Gunman (1923; Der Rebell, der keiner war, 1954), Juno and the Paycock (1924; Juno und der Pfau, 1950), The Plough and the Stars (1926; Der Pflug und die Sterne, 1931). Hier behandelt O'C. das Schicksal der kleinen Leute in den Dubliner tenements (Mietskasernen), die vor dem Hintergrund der politischen Ereignisse zwischen 1916 und 1923 zum Spielball der Geschichte werden. Die realistische Darstellungsweise wird verstärkt durch das Lokalkolorit, das sich aus der Verwendung eines stilisierten Dubliner Dialekts ergibt; die Form ist die der Tragikomödie und Groteske. – Mit The Silver Tassie (1929; Der Preispokal, 1952) vollzieht O'C. den Wandel vom Realismus zur expressionistischen und symbolisch-allegorischen Darstellungsweise in seinen späteren Werken. In diesem Antikriegsdrama wird die psychologisch-naturalistische Kohärenz zugunsten der Form des Stationendramas über das Leiden eines irischen Weltkriegsveteranen aufgegeben. Rezeptionsgeschichtlich ist The Silver Tassie neben der Dubliner Trilogie O'C.s bedeutsamstes und nachhaltigstes Stück, was die spektakuläre Inszenierung von Peter Zadek (Der Pott, 1967) oder die Bearbeitung als Oper von Mark-Anthony Turnage (2000) belegen. – Ab 1940 etwa

gab O'C. seinen Stücken immer mehr eine propagandistische Ausrichtung im Sinne seines ›Kommunismus‹. Die ideologische Befrachtung des Spätwerks ist jedoch nie so stark, daß nicht Raum für farcenhafte Elemente oder lyrisch-musikalisch-melodramatische Einlagen wäre. In seinen letzten Stücken kehrt O'C. zu einer irlandspezifischen Thematik zurück und schreibt gegen den Provinzialismus und lähmenden Einfluß der katholischen Kirche im jungen irischen Staat an, denen er die Feier des Lebensprinzips gegenüberstellt – besonders wirkungsvoll etwa in Cock-a-Doodle Dandy (1949; Kikeriki, 1960). Gemessen am Umfang seines Werkes ist O'C.s Einfluß relativ gering geblieben. Als die bedeutendsten Autoren in seiner Nachfolge sind Brendan Behan und Brian Friel zu nennen; Beckett schätzte O'C. vor allem als Meister der Farce.

Werkausgaben: Autobiographies. 2 Bde. London 1963. – The Complete Plays. Hg. D. Krause. 5 Bde. London 1984. – Collected Plays. London 1994. – Stücke. Hg. W. Schuch. 2 Bde. Berlin 1978.
Literatur: B. Schrank. Sean O'Casey: A Research and Production Sourcebook. Westport, CT 1996. – M. Kenneally. Portraying the Self: Sean O'Casey and the Art of Autobiography. Gerrards Cross 1988. – H. Kosok. O'Casey the Dramatist. Gerrards Cross 1985.

Werner Huber

O'Connor, Frank [eigentlich Michael O'Donovan]

Geb. 17. 9. 1903 in Cork;
gest. 10. 3. 1966 in Dublin

Als Frank O'Connor geboren wurde, war Irland fester Bestandteil des britischen Staatsverbandes; als er starb, war das Land geteilt, der Süden besaß seit vier Jahrzehnten die Unabhängigkeit, und seit dem Austritt aus dem Commonwealth und der Ausrufung der Republik (1949) waren die letzten politischen Bindungen an Großbritannien gekappt. Zu dieser Entwicklung hat O'C. in erheblichem Maße beigetragen. Während sein Vater noch in der britischen Armee des Ersten Weltkriegs gedient hatte, schloß er sich den irischen Aufständischen an, die für die Unabhängigkeit des Landes und im anschließenden Bürgerkrieg gegen den Kompromiß-Vertrag mit Großbritannien und die Abtrennung des Nordens kämpften. Die desillusionierenden Erfahrungen aus dem Guerillakrieg waren lebensprägend und schlugen sich vor allem in seinem Kurzgeschichtenwerk nieder.

Die Titelgeschichte der Sammlung *Guests of the Nation* (1931) über drei naive Aufständische, denen zwei britische Geiseln zur Bewachung übergeben werden, mit denen sie Freundschaft schließen, deren Erschießung sie aber nicht verhindern können, wurde paradigmatisch für seine spätere, Humanität und Toleranz postulierende Einstellung. Der fanatische Nationalismus, der hier ironisch in Frage gestellt wird, diente O'C. als Zielscheibe für massive Angriffe, die ihn zum Enfant terrible der literarischen Szene im Irland der 1930er-40er Jahre machten. Der frühe Freistaat, geprägt durch religiöse Intoleranz, Fremdenfeindlichkeit und Moralzensur, reagierte mit Verboten für mehrere seiner Werke, so daß er als Schriftsteller nur durch den Verkauf seiner Kurzgeschichten an amerikanische Zeitschriften überleben konnte. 1951 emigrierte er für ein Jahrzehnt in die USA, wo aus Universitätsvorlesungen seine literaturwissenschaftlichen Schriften entstanden, darunter *The Lonely Voice* (1962), eine der einflußreichsten Studien zur modernen Kurzgeschichte, die O'C. als Literaturform der »submerged population groups«, der unterdrückten und marginalisierten Minderheiten (»Landstreicher, Künstler, Idealisten, Träumer und exkommunizierte Priester«) definierte. Die Entwicklung einer irischen Identität im unabhängigen Staat wurde von O'C.s Übersetzungen aus dem Gälischen, u. a. *The Midnight Court* (1945), *Kings, Lords, & Commons* (1959) und *A Golden Treasury of Irish Poetry 600–1200* (1959, mit David Greene), maßgeblich beeinflußt; zusammen mit seiner irischen Literaturgeschichte *The Backward Look* (postum 1967) festigten sie das Bewußtsein der in einer langen, zweisprachigen Literaturtradition verkörperten nationalen Eigenständigkeit. Am stärksten jedoch wirkten seine vielen Kurzgeschichten, mit denen O'C., in den Worten von W. B. Yeats, das gleiche für Irland tat, was Tschechow für Rußland geleistet hatte. Durch die Übersetzung in zahlreiche Sprachen hat O'C. damit auch, vielleicht mehr als jeder andere Autor, das internationale Bild Irlands im 20. Jahrhundert geprägt.

Werkausgabe: Collected Stories. Hg. R. Ellmann. New York 1981. – *Gesammelte Erzählungen.* 6 Bde. Zürich 1975–76.

Literatur: J. Matthews. *Voices: A Life of Frank O'Connor.* Dublin 1983.- M. Wohlgelernter. *Frank O'Connor: An Introduction.* New York 1977. – M. Sheehy, Hg. *Michael/ Frank: Studies on Frank O'Connor.* Dublin 1969.

Heinz Kosok

O'Faolain, Sean [eigentlich John Whelan]

Geb. 22. 2. 1900 in Cork;
gest. 20. 4. 1981 in Dublin

Sean O'Faolain gilt vielen als einer der bedeutendsten und einflußreichsten irischen Literaten des 20. Jahrhunderts, nicht zuletzt aufgrund der richtungsweisenden Tätigkeit als Herausgeber des literarischen Journals *The Bell* (1940–46), in dem er viele angehende Schriftsteller förderte und in dessen Leitartikeln er das repressive kulturelle, religiöse Klima und den Anti-Intellektualismus im Irland der Zeit anprangerte. O'F. versuchte sich auf zahlreichen literarischen Gebieten, wobei er stets sein gesellschaftspolitisches Engagement bewies. Dies gilt auch für seine Biographien politischer Persönlichkeiten wie Eamon de Valera (1933) oder Constance Markievicz (1934), die er dazu verwendet, den politischen Führungsstil vom Standpunkt pragmatischer, verfassungsmäßiger Prinzipien zu kritisieren. *The Irish* (1948) liefert die Analyse der nationalcharakterlichen Eigenschaften seiner Landsleute und vereint viele seiner Ideen über Tradition, Kultur und die Situation des modernen Intellektuellen in Irland. Seine Autobiographie *Vive Moi* (1964) beschreibt seine Jugend und prägende Begegnung mit nationalistischem Idealismus sowie die elektrisierende Wirkung, welche die Hinrichtungen nach dem Osteraufstand 1916 auf ihn hatten.

Die drei Romane *A Nest of Simple Folk* (1934; *Ein Nest voll kleiner Leute,* 1966), *Bird Alone* (1936; *Der Einzelgänger,* 1963) und *Come Back to Erin* (1940; *Erste und letzte Liebe,* 1951) analysieren die Zwangslage couragierter Individuen, die hin- und hergerissen sind zwischen den revolutionären Hoffnungen ihrer Jugend und den eher konservativen Impulsen der nachrevolutionären bürgerlichen Gesellschaft Irlands. So hegt in *Come Back to Erin* ein romantischer Amerikaner irischer Abstammung eine idealistische Vorstellung von Irland, bis er nach Eintreffen auf der ›grünen‹ Insel eine niederschmetternde Desillusionierung erfährt. *And Again?* (1979), O'F.s später Roman, thematisiert die Beziehung zwischen Zeit, Schicksal und freiem Willen.

Seine Kurzgeschichtenbände haben O'F. die vielleicht größte Bewunderung eingebracht. *Midsummer Night Madness* (1932) gründet auf seiner ursprünglichen Begeisterung für und späteren Enttäuschung über nationalistisch-revolutionäre Aktivitäten im Irland der »Troubles«. *A Purse of Coppers* (1937) entwirft die freudlosen irischen Lebensumstände der 1930er Jahre. *Teresa and Other Stories* (1947) läßt eine distanzierte Einstellung zu Irland erkennen, während die Bände *I Remember, I Remember* (1948), *The Heat of the Sun* (1966), *The Talking Trees* (1971) und *Foreign Affairs* (1976) den Blick auf eine Fülle verschiedener menschlicher Erfahrungen richten und Themen wie Zeit und Wandel bzw. die Unbeständigkeit der Jugend und des Alters aufgreifen. O'F. ließ stets eine kosmopolitische, unsentimentale Einstellung zu den aufgezeigten Mißständen und Verfehlungen erkennen und verstand es, Zorn und Mißbilligung mit Witz und Ironie zu mildern. – O'F. verfaßte außerdem eine kritische Studie über den modernen Roman, *The Vanishing Hero* (1956), und legte seine Vorstellung über die Textform der Kurzgeschichte in *The Short Story* (1948) dar. Schließlich stammen von ihm noch die beiden Reisebücher *A Summer in Italy* (1949) und *South to Sicily* (1953).

Werkausgabe: *The Collected Stories.* London 1980.
Literatur: M. Harmon. *Sean O'Faolain: A Critical Introduction.* Notre Dame, IN 1966. – M. Harmon. *Sean O'Faolain: A Life.* London 1994.

Rüdiger Imhof

O'Sullivan, [Sir] Vincent

Geb. 28. 9. 1937 in Auckland, Neuseeland

Vincent O'Sullivan hat über einen längeren Zeitraum vielfältige literarische Aktivitäten entwickelt, und zwar nicht nur kreative, sondern auch herausgeberische, die für die Weiterentwicklung des literarischen Lebens in Neuseeland von großer Bedeutung sind. Zu nennen sind hier v. a.: *An Anthology of Twentieth Century New Zealand Poetry* (1970, 1976, 1987) und *The Oxford Book of New Zealand Short Stories* (1992). Auch die eigene literarische Produktion ist ausgesprochen vielseitig. Zunächst ist O'S. vorwiegend als Lyriker und

Autor von Kurzgeschichten hervorgetreten, dann kamen in den 1980er Jahren Dramen wie etwa *Shuriken* (1983; *Shuriken*, 1992) dazu. Im vergangenen Jahrzehnt hat er sich immer mehr für längere Erzählformen interessiert. Ein Beispiel dafür stellt der anspruchsvoll angelegte Roman *Let the River Stand* (1993) dar, ein Werk, in dem alltäglichen Aspekten der (neuseeländischen) Geschichte bei wechselnden Schauplätzen und Erzählperspektiven mit stark filmischem Charakter eine tragisch-mythische Dimension zuwächst. O'S.s Werk ist mehrfach preisgekrönt worden. Der Weltliteratur verbunden und verpflichtet, sieht sich O'S. in Neuseeland kulturell dadurch benachteiligt, daß er von der europäischen Kultur abgeschnitten ist. Ein Hang zu trockener Ironie und zu beißendem Spott kommt hierbei oft zum Zuge. So haben viele seiner frühen lyrischen Werke einen spannungsvollen Bezugsrahmen, der Anspielungen auf klassisches Bildungsgut wie die griechische Mythologie auch strukturell einbindet. O'S.s starke satirische Ader findet in den Gedichtsammlungen *Butcher and Co.* (1977) und *The Butcher Papers* (1982) Ausdruck. *Brother Jonathan, Brother Kafka* (1979) kontrastiert pointenreich zwei Weltbilder: Den Gewißheiten des aufklärerischen 18. Jahrhunderts wird die Existenzangst des 20. Jahrhunderts durch zwei repräsentative Figuren gegenübergestellt. – O'S. ist ein Kosmopolit und Kulturreisender, der von unterwegs viel mit ›nach Hause‹ bringt und in seinem Werk verwertet, wobei das ›Exotische‹ gerade vom implizierten Kontrast zum Allzu-Vertrauten lebt. Er gehört sicherlich zu den scharfsinnigsten Beobachtern und Kommentatoren der neuseeländischen Kultur. Ganz nüchtern schätzt er das eigene Schaffen ein. Mit der Postmoderne stimmt er darin überein, daß man eigene Regeln aufstellen kann. Das Ästhetische, nicht das Ideologische sei das Entscheidende. Das nach Oscar Wilde klingende Credo, das O'S. im Theaterstück *Jones and Jones* (1989) Katherine Mansfield in den Mund legt, ist auch der Leitspruch des Autors: »Die Berufung des Künstlers besteht darin, die Wahrheit zu sagen, so wie es nur der geborene Lügner kann.« – In der Gedichtsammlung *Seeing You Asked* (1998) werden Dichter und Denker von Paul Valéry über Georg Trakl bis Ludwig Wittgenstein und Erwin Schrödinger direkt angesprochen. Dabei täuscht der umgangssprachlich plaudernde Ton des eher unlyrischen Ichs über die metaphysische Tragweite der einbezogenen Themen hinweg. Immer wieder führt das zufällig beobachtete Detail überraschend zum tiefsinnigen Aperçu.

Werkausgaben: *Palms and Minarets: Selected Stories.* Wellington 1992. – *Lucky Table.* Wellington 2001. Literatur: C. Price. »Angels in the Architecture.« *Landfall* 202 (2001), 192–195. – D. Dowling. »The Poetry of Vincent O'Sullivan.« *Landfall* 140 (1981), 435–443. – G. Cusack. »Vincent O'Sullivan's Prose.« *Landfall* 140 (1981), 444–452.

Peter H. Marsden

Okara, Gabriel [Imomotimi Gbaingbain]

Geb. 24. 4. 1921 in Bumoundi, Nigeria; gest. 2000

Gabriel Okara gehört zur Pioniergeneration der afrikanischen Schriftsteller der 1950er Jahre. Seine Gedichte wurden in der ersten Ausgabe der Zeitschrift *Black Orpheus* 1957 veröffentlicht. Dennoch unterscheidet sich O. in wesentlichen Punkten seiner Biographie und seines – uvres von seinen Schriftstellerkollegen, die fast ausnahmslos im Umfeld der Universität Ibadan arbeiteten. O. war gelernter Buchbinder, dann Rundfunk- und Zeitungsjournalist. Während des Bürgerkriegs 1967–70 leitete er den Informationsdienst des nach Unabhängigkeit strebenden Biafra und war gemeinsam mit Chinua Achebe einer der führenden Köpfe des *Biafra Arts Movement*.

In O.s Lyriksammlung *The Fisherman's Invocation* (1978) werden seine kulturelle und literarische Herkunft aus der Niger-Delta-Region offenkundig. O. schildert die Geburtswehen der neuen Nation Nigeria aus der Minoritätenperspektive eines Angehörigen des Ijaw-Volkes, er schöpft aus der Folklore- und Fabel-Tradition seiner Heimat und bezieht sich – wie schon im Titelgedicht seines Lyrikbandes – auf die spezifische Befindlichkeit der Deltabewohner sowie ihre Empfindlichkeit gegenüber den Hegemoniebestrebungen der benachbarten Igbo und Yoruba. In Tanure Ojaide, dem Delta-Lyriker der 1990er Jahre, hat O. einen Nachfolger gefunden. Die Bildhaftigkeit von O.s Lyrik ist mit der von Dylan Thomas, W. B. Yeats oder G. M. Hopkins verglichen worden. Sein an der Idiomatik und Expressivität seiner Muttersprache Ijaw orientierter Stil verweist jedoch eher auf eine Parallelität zwischen den walisischen oder gälischen Autoren in englischer Sprache und dem Ijaw-Autor als auf eine bewußte Imitation des lyrischen Stils.

O.s Roman *The Voice* (1964; *Die Stimme*, 1975) unterstreicht seine Sonderstellung innerhalb der nigerianischen Literatur. Wie Achebes *No Longer at Ease* (1960) beschreibt O. die Rückkehr seines Helden Okolo voller Modernisierungsideale in seinen Heimatort Amatu. Während Achebe die Form der realistisch-sozialen Erzählung wählt, schreibt O. einen in Form und Sprache lyrischen Text. *The Voice* ist für seine Zeit ein sehr moderner Roman, in dem die narrative Kontinuität aufgebrochen wird, während die Struktur durch die einheitliche Perspektive der Erzählerfigur konsistent bleibt. Okolo (Ijaw für die ›Stimme‹) begibt sich auf eine Quest-Reise nach dem Sinn des ›Es‹, also eine philosophische Suche nach dem Sinn der Dinge und auch der traditionellen kulturellen Praktiken. *The Voice* stellt sich somit als ein Vorläufer der typischen postkolonialen/postmodernen Erzählweise eines Ben Okri, Syl Cheney-Coker oder Kojo Laing dar. In ähnlicher Weise experimentiert O. auch mit der Sprache: Ijaw-Satzbaumuster wie auch wörtliche Übersetzungen von Ijaw-Sprachbildern und -Redewendungen ergeben ein unidiomatisches Englisch, das sich aber durch eine starke ethnische und regionale Eigentümlichkeit auszeichnet. Achebes Postulat einer Anpassung des Englischen an die Bedürfnisse afrikanischer Autoren und Leser erfährt bei O. eine radikale Umsetzung: Indem er die direkte Ausdrucksweise des Ijaw in englische Worte faßt, verdrängt er die »taktische Verschlagenheit, das Gewundene« des Englischen. O.s Sprachexperiment ähnelt der Ethnisierung des Englischen, wie sie der Yoruba Amos Tutuola anhand traditioneller Stoffe betrieben hat. O. nutzt jedoch das ethnisch-regionale Timbre, um aktuelle Stoffe und Themen zu behandeln. Dieser Ansatz ist von den jüngeren Lyrikern aus Ost- und West-Nigeria, aber auch aus dem Niger-Delta seit 1990 verstärkt aufgenommen worden.

Literatur: R. Frazer. *West African Poetry: A Critical History.* Cambridge 1986, 188–199.

Eckhard Breitinger

Okigbo, Christopher [Ifeanyichukwu]

Geb. 16. 8. 1932 in Ojoto, Nigeria;
gest. Herbst 1967 bei Nsukka, Nigeria

Trotz seines frühen Todes hat Christopher Okigbo die Entwicklung der modernen afrikanischen Literatur durch seine Lyrik und seine Vermittlertätigkeit nachhaltig beeinflußt. Er gehörte zum Kreis der Künstler und Intellektuellen, die sich im *Mbari Club* in Ibadan zur Zeit des ›kulturellen Nationalismus‹ gegen die frankophone *Négritude* formierten. O.s Gedichte erschienen in der einflußreichen Zeitschrift *Black Orpheus,* und als Mitherausgeber der Zeitschrift *Transition* und Repräsentant der Cambridge University Press in Afrika hat er für die junge afrikanische Literatur und ihre Autoren ein Forum mit einem Netzwerk geschaffen. Bei der wegweisenden ›First Conference of African Writers of English Expression‹ in Kampala, Uganda, hat er 1962 mit seinem Vortrag »What is African Literature?« eine Grundsatzdebatte angestoßen. Die Abgrenzung gegenüber der *Négritude* eines Leopold Senghor, die Erörterung der Wechselbeziehungen zwischen den Literaturen in afrikanischen Sprachen und denjenigen in den europäischen Kolonialsprachen und die Einforderung ihrer Gleichwertigkeit mit den Literaturen des Westens/Nordens haben seitdem als Leitthemen die Literaturdebatte bestimmt. Mit der Sezession Biafras ist O. in seine ostnigerianische Heimat zurückgekehrt und auf seiten der Biafra-Armee gefallen.

Die frühen »Poems: Four Canzones« (entstanden 1957–61) lassen O.s Kompositionsprinzipien erkennen. Als praktizierender Jazz-Musiker und Liebhaber moderner klassischer Musik überträgt er Elemente der musikalischen Formensprache in die Lyrik, gliedert seine Gedichte in Sätze, setzt Leitmotive ein, spielt mit Variationen und Reprisen. Auch die postum in *Labyrinths – Path of Thunder* (1971) veröffentlichten Gedichte sind ursprünglich als Einzelkompositionen 1963–67 entstanden, dann aber von O. selbst noch zu einem Zyklus zusammengefaßt worden. *Labyrinths* kreist in den vier Sequenzen »Heavensgate«, »Limits«, »Silences«, »Distances« um »die immerwährende Suche des Menschen nach Erfüllung« und folgt damit den klassischen Modellen von Gilgamesch und Odysseus (O. war Altphilologe) und den Kulturheroen der westlichen Moderne wie dem Fi-

scherkönig in T. S. Eliots *The Waste Land* (1922). Diese Anlehnung an Konzepte der Moderne, das individualistische lyrische Menschenbild O.s und die stilistischen Affinitäten zu Eliot, W. B. Yeats und Ezra Pound haben wesentlich zu der Reputation O.s im Westen beigetragen. Der zweite Teil der Sammlung, *Path of Thunder,* sollte ursprünglich separat veröffentlicht werden, mit dem Untertitel *Poems Prophesying War.* Hier hat O. der Stimme der individualistischen Dichter-Persona in *Labyrinths* eine kollektive Stimme gegenübergestellt. Die meist 1966 geschriebenen sechs Gedichte setzen sich mit den ethnischen Spannungen in der jungen Nation Nigeria auseinander und beschwören die Ideale des »cultural nationalism«, des *Biafra Arts Movement* und deren wachsende Bedrohung durch die politische Praxis der ethnischen und militärischen Führer. O.s lyrischer Stil der symbolischen Verschlüsselung, der Andeutungen und Analogien hat ihm den Ruf eines ›schwierigen‹ Autors eingetragen, seine Lebenspraxis als Verlagsleiter, Literaturagent, Organisator und schließlich als Offizier zeigen uns dagegen einen pragmatischen und zupackenden Tatmenschen.

Werkausgabe: *Collected Poems.* London 1986.
Literatur: R. Frazer. »The Achievement of Christopher Okigbo.« *West African Poetry: A Critical History.* Cambridge 1986, 104–137. – D. I. Nwoga, Hg. *Critical Perspectives on Christopher Okigbo.* Washington, D. C. 1984. – D. Okafor. *Nationalism in Okigbo's Poetry.* Enugu, Nigeria 1980.

Eckhard Breitinger

Okri, Ben

Geb. 15. 3. 1959 in Minna, Nigeria

Ben Okri, Romancier, Lyriker und Kurzgeschichtenautor, ist der wohl produktivste unter den westafrikanischen Schriftstellern der jüngeren Generation. O. wuchs in Nigeria und England auf und lebt seit 1978 in England. Er studierte Literatur an der University of Essex, war Lyrik-Redakteur des Magazins *West Africa,* Mitarbeiter der BBC und gastierte in den Creative Arts am Trinity College, Cambridge. – O. schrieb seinen ersten Roman, *Flowers and Shadows* (1980), im Alter von 18–19 Jahren. Darin setzt er sich mit den Auswirkungen der Korruption in der nigerianischen Gesellschaft auseinander. Es folgte *The Landscapes Within* (1981), ein Roman über die Situation des

Künstlers in einer solchen Gesellschaft. Mit den Erzählbänden *Incidents at the Shrine* (1986) und *Stars of the New Curfew* (1988) wechselte O. zum Genre der Kurzgeschichte. Doch erst mit dem preisgekrönten Roman *The Famished Road* (1991; *Die hungrige Stra e*, 1994) gelang ihm der internationale Durchbruch. Das Werk bildet mit *Songs of Enchantment* (1993) und *Infinite Riches* (1998) eine Trilogie. Mit *Dangerous Love* (1996; *Verfängliche Liebe*, 1996) legte O. einen weiteren Künstlerroman vor, mit *An African Elegy* (1992; *Afrikanische Elegie*, 1999) eine Lyrik-Sequenz und mit *Birds of Heaven* (1996; *Vögel des Himmels – Wege der Freiheit*, 1999) eine essayistisch-aphoristische Sammlung.

In seiner Erzählprosa experimentiert O. mit nicht-realistischen Darstellungsformen, wobei er Grundzüge der auf Amos Tutuola zurückgehenden Tradition phantastischen Erzählens in Afrika mit Tendenzen des internationalen Magischen Realismus verbindet. Die Kurzgeschichtenbände etwa verbinden Elemente der mündlichen Erzähltradition Westafrikas, in der realistische und fabulöse Darstellung ineinander übergehen. In *The Famished Road* verwendet O. die aus dem Yoruba-Mythos hergeleitete Vorstellung vom *abiku* (»spirit child«), das als mehrfach geborenes Kind zwischen dem Diesseits und dem Jenseits pendelt, um ein surreales Bild der zeitgenössischen nigerianischen Gesellschaft zu entwerfen. Seine Romane oszillieren zwischen der realen Welt und der Welt der Geister, ohne daß dies die Ernsthaftigkeit, mit der er den politisch-sozialen Verfall im nachkolonialen Nigeria bloßstellt, beeinträchtigt: Die Phantastik seiner erzählerischen Einfälle bleibt fest verankert in den konkreten sozialen Verhältnissen und historischen Ereignissen. Wiederkehrende Hauptthemen in seinem Werk sind die Brutalität einer korrumpierten Gesellschaft und die Schrecken des nigerianischen Bürgerkriegs, Phänomene, die er – wie Ayi Kwei Armah vor ihm – in drastischen Bildern (Krankheit, Elend, Schmutz) zur Anschauung bringt.

Literatur: A. Quayson. »Ben Okri.« *African Writers*. Hg. C. B. Cox. 2 Bde. New York 1997, 599–607.

Peter Simatei

Oliphant, Margaret

Geb. 4. 4. 1828 in Wallyford, Schottland;
gest. 25. 6. 1897 in Windsor

Von Margaret Oliphants ereignisreichem und schwierigem Leben legt die bewegende, Fragment gebliebene und 1899 postum veröffentlichte Autobiographie Zeugnis ab. Bereits im Alter von 31 Jahren war sie Witwe und ernährte mit ihrer schriftstellerischen Arbeit nicht nur ihre eigenen Kinder, die sie alle überlebte, sondern unterstützte darüber hinaus ihre beiden erfolglosen Brüder. O. war eine außerordentlich produktive Schriftstellerin, zu deren Werk u. a. eine Reihe von Biographien, wie *Queen Victoria* (1900) und *Sheridan* (1883), zwei Literaturgeschichten und viele journalistische Arbeiten gehören. O., die für den Verlag Blackwood als Herausgeberin und insbesondere als Literaturkritikerin für *Blackwood's Edinburgh Magazine* tätig war, schrieb mit *Annals of a Publishing House* (1897) die Geschichte des Verlagshauses. Populär war sie v. a. als Verfasserin zahlreicher Erzählungen und von mehr als 90 Romanen. Sie geriet im 20. Jahrhundert zunächst weitgehend in Vergessenheit, bevor in den letzten Jahrzehnten einzelne Romane und eine Reihe ihrer Short stories wieder veröffentlicht wurden und auch auf literaturwissenschaftliches Interesse stießen. – Das Erzählwerk ist teilweise von ihrem schottischen Hintergrund beeinflußt. Spannungsreiche Geistergeschichten wie »The Secret Chamber« (1876), »The Open Door« (1882) und »The Library Window« (1896) weisen schottische Schauplätze auf. Dagegen entwirft O. in »The Land of Darkness« (1887) in dystopischer Manier ein Bild der Hölle als moderne Großstadt. – Die Kurzgeschichte »The Executor« (1861), die beiden längeren Erzählungen »The Rector« (1863) und »The Doctor's Family« (1863) und die vier Romane *Salem Chapel* (1863), *The Perpetual Curate* (1864), *Miss Marjoribanks* (1866) und *Phoebe, Junior* (1876) bilden zusammen die sogenannten *Chronicles of Carlingford*. In dieser Verknüpfung mehrerer Texte, denen der Schauplatz und auch einzelne Figuren gemeinsam sind, zu einer Serie ist O. mit dem Zeitgenossen Anthony Trollope vergleichbar. Auf dessen Barsetshire-Romane, die mit *The Last Chronicle of Barset* ihren Abschluß finden, spielt O. mit dem Untertitel von *Phoebe, Junior: A Last Chronicle of Carlingford* an. Sie entfaltet hier in oft satirisch-komischem Ton das Leben des

Bürgertums in der fiktiven englischen Provinzstadt Carlingford. *Miss Marjoribanks* ist heute ihr bekanntester Roman, dessen eigenwillige und eigensinnige Hauptfigur Lucilla Marjoribanks an Jane Austens Emma Woodhouse erinnert. O. nimmt hier zeitgenössische gesellschaftliche Konventionen ironisch-kritisch in den Blick und zeigt in den Schicksalen einzelner Figuren die negativen Auswirkungen einer materialistischen Lebensanschauung auf. Insbesondere wendet sich der Roman – wenn er auch konventionell mit der Heirat der Heldin endet – gegen das Weiblichkeitsideal der viktorianischen Zeit, das Frauen nur in geringem Maß gesellschaftliche Handlungsspielräume erlaubte. Formal gehört er in die Tradition des weiblichen Bildungsromans, der auch spätere Werke wie *Hester* (1883) und *Kirsteen* (1890) zugerechnet werden.

Literatur: E. Jay. *Mrs Oliphant: A Fiction to Herself*. Oxford 1995. – D. J. Trela, Hg. *Margaret Oliphant: Critical Essays on a Gentle Subversive*. Selinsgrove/London 1995.

Eva-Maria Orth

Ondaatje, Michael

Geb. 12. 9. 1943 in Colombo, Ceylon [heute Sri Lanka]

Michael Ondaatje ist neben Margaret Atwood der wohl bekannteste Vertreter zeitgenössischer kanadischer Literatur und genießt spätestens seit der oscarprämierten Verfilmung (1996) seines Romans *The English Patient* internationalen Ruhm. Der jüngste Sohn einer singhalesisch-tamilisch-holländischen Familie, der auf Ceylon und in England aufwuchs und 1962 zum Studium nach Kanada ging, ist auch literarisch ein Grenzgänger. O. hat zahlreiche Gedichtbände und Prosatexte geschrieben sowie Dokumentarfilme gedreht. Er lebt in Toronto und hat eine Professur an der York University.

Schon als Student veröffentlicht O. die ersten Gedichte. 1967, drei Jahre nach seiner Heirat mit der Künstlerin Kim Jones, erscheint der Lyrikband *The Dainty Monsters*. In dem Erstlingswerk, das sich durch die für O. typische elliptische, stark rhythmische Sprache sowie eine surreal-exotische, vielfach dem Tier- und Pflanzenreich entnommene und stets ambivalente Bildlichkeit auszeichnet, verfremdet O. Vertrautes und läßt Alltägliches

in neuem Licht erscheinen. Durch Brüche und Paradoxien gelingt es ihm, Gegensätze auszuloten, ohne sie gänzlich aufzuheben. Bis ins Detail findet sich die unauflösliche Verquickung von Schönheit und Gewalt, welche auch O.s spätere Werke durchzieht. Während O. in *Dainty Monsters* noch ganz in der Tradition der Moderne auf Gestalten der klassischen Antike zurückgreift, wendet er sich in den folgenden, stärker experimentellen Texten neueren Quellen zu. *The man with seven toes* (1969), eine Sequenz aus 34 kurzen, bildgewaltigen Prosagedichten, basiert auf einem Gemäldezyklus von Sidney Nolan über die Erfahrungen einer schiffbrüchigen weißen Frau im australischen Busch. Aus diesen Bildern und den Fragmenten der Legende konstruiert O. eine ironisch gebrochene, mehrstimmige »Dokumentation« der Begebenheit und zeigt so die der Mythenbildung zugrunde liegenden Prozesse auf. *The Collected Works of Billy the Kid* (1970; *Die gesammelten Werke von Billy the Kid*, 1997), eine Collage aus Gedichten, Prosastücken, Balladen, Photographien, authentischen und fingierten Zitaten und fiktiven Zeitungsberichten erzählt aus verschiedenen Perspektiven vom Leben und Sterben des berühmt-berüchtigten William Bonney (1859–81). Dabei betont O. insbesondere die Lücken und Leerstellen der zahlreichen Geschichten, die sich um eine der schillerndsten kulturellen Ikonen des Wilden Westens ranken. Im Gegensatz zu Billy the Kid ist der Jazzmusiker Buddy Bolden, dem O. mit *Coming Through Slaughter* (1976; *Buddy Boldens Blues*, 1995) ein Denkmal setzt, eine beinahe vergessene Legende. O. verwebt hier Fakten und Fiktion zu einem vielschichtigen und evokativen Künstlerporträt. Vor dem Hintergrund der Jazzmetropole New Orleans um die Wende vom 19. zum 20. Jahrhundert kartographiert er die psychologische und emotionale Landschaft eines genialkreativen, doch letztendlich selbstzerstörerischen Musikers, der als Verkörperung des modernen Künstlers – und somit auch als ein ›Spiegelbild‹ O.s – gelten kann.

Die in den 1970er Jahren entstandenen Gedichte O.s zeigen neben wachsender Selbstreflexivität des Dichters, der im Schreiben den eigenen Schaffensprozeß und das Verhältnis von Realität und Kunst auslotet, auch eine Hinwendung zu privaten Themen. So verarbeitet er zum Beispiel in *Rat Jelly* (1973) mit dem elegischen »Letters and Other Worlds« den Tod seines Vaters und beschäftigt sich mit der Gedichtreihe »Pig Glass«, die in die

Sammlung *There's a Trick with a Knife I'm Learning to Do* (1979) Eingang findet, verstärkt mit seiner Familiengeschichte. Diese bildet die Grundlage von *Running in the Family* (1982; *Es liegt in der Familie*, 1992), einem Rückblick auf die spannungsreiche Ehe seiner Eltern und das Ceylon der 1920er-40er Jahre. Das stilistisch hybride, magisch-realistische Prosawerk, das Dokumentation, Reisebericht, *prose poem*, Gedichte und Photographien mischt, spielt nicht nur mit Genrekategorien und Erzählkonventionen, sondern verwischt die Grenze zwischen Fakt und Fiktion und spiegelt so ein neues Verständnis von (auto)biographischem Schreiben als schöpferische Rekonstruktion. Wie in keinem anderen Text macht O. hier deutlich, daß es immer mehr als nur eine Wahrheit gibt und keine Geschichte jemals wirklich abgeschlossen ist. In *Secular Love* (1984) stehen ebenfalls ganz persönliche Erfahrungen im Mittelpunkt. Trauer und Schuldgefühle im Zusammenhang mit dem Scheitern seiner Ehe, aber auch die Euphorie einer neuen Liebe (zu der Amerikanerin Linda Spalding) prägen Bilder und Sprache; der Ton bleibt der einer kontrollierten Distanz. In der Sequenz »Tin Roof« evoziert O. mit der pazifischen Westküste erstmals eine spezifisch kanadische Landschaft. Der Roman *In the Skin of a Lion* (1987; *In der Haut eines Löwen*, 1990) erzählt von Toronto in den 1920er Jahren und den südeuropäischen Immigranten, welche die Stadt aufgebaut haben. Durchsetzt mit intertextuellen Anspielungen und leitmotivisch wiederkehrenden Bildern des Wandels gibt dieses postmodernste Werk O.s den von der offiziellen Historiographie Ausgeschlossenen eine Stimme und identifiziert die kanadische Identität als multikulturell-pluralistisch. Geschichtsschreibung ist auch eines der zentralen Themen des mit dem *Booker Prize* ausgezeichneten Bestsellers *The English Patient* (1992; *Der Englische Patient*, 1993). Eine verlassene Villa in Italien gegen Ende des Zweiten Weltkriegs bildet den Hintergrund für ein Netz aus verschiedenen Erzählsträngen, die Zeit und Raum durchkreuzen und aus unterschiedlichen Perspektiven die Macht des geschriebenen und gesprochenen Wortes beleuchten. Die kanadische Krankenschwester Hana, der Spion Caravaggio, der indische Minensucher Kip und die bis zur Unkenntlichkeit entstellte Titelfigur sind eine Schicksalsgemeinschaft, deren Zusammenkunft individuelle Erinnerungen freisetzt und die Frage nach der eigenen Identität aufwirft.

In seinen neueren Werken wendet O. sich wieder seinem Geburtsland zu, was zu einer verstärkten Rezeption im Rahmen des postkolonialen Diskurses führt. Die vignettenartigen, suggestiven Gedichte in *Handwriting* (1998; *Handschrift*, 2001), einer lyrischen Hommage an die alte Heimat, umreißen die wechselvolle Geschichte und die jahrhundertealten Traditionen des kulturell heterogenen Inselstaates. Mit dem formal geradlinigsten Roman *Anil's Ghost* (2000; *Anils Geist*, 2000) fokussiert O. die jüngste Vergangenheit Sri Lankas, den Bürgerkrieg, und liefert – politisch entschiedener als bisher – ein eindeutiges Plädoyer für Menschlichkeit und Mitgefühl. Zugleich thematisiert der Text die Doppelperspektive der auf ihr Heimatland zurückblickenden Emigrantin, durch die O. die Problematik des ›westlichen‹ Blickes auf den ›Osten‹ aufzeigt und die Komplexität einer jeden Wirklichkeitskonzeption unterstreicht.

Literatur: E. Jewinski. *Michael Ondaatje: Express Yourself Beautifully.* Toronto 1994. – D. Barbour. *Michael Ondaatje.* New York 1993. – S. Solecki, Hg. *Spider Blues: Essays on Michael Ondaatje.* Montreal 1985.

Susanne Hilf

Orton, Joe [John Kingsley]

Geb. 1. 1. 1933 in Leicester; gest. 9. 8. 1967 in London

Joe Orton erlangte notorische Berühmtheit durch seinen gewaltsamen Tod. Sein älterer Lebenspartner Kenneth Halliwell, der als Mentor im Schatten seiner Berühmtheit stand, erschlug ihn mit einem Hammer und beging anschließend Selbstmord. Seither besteht die Tendenz, O.s Stücke mit ihrem makabren Witz und ihrer respektlosen Decouvrierung sexueller Normen in unmittelbaren Zusammenhang zu seiner Biographie zu bringen. Dieses Schicksal teilt er mit Oscar Wilde, und so ist es auch kein Zufall, daß er der »Oscar Wilde des Wohlfahrtsstaates« genannt wurde. – In einfachen Verhältnissen geboren, verließ O. die Schule als 16jähriger und studierte drei Jahre an der Royal Academy of Dramatic Art. Auf den Rat und unter Mithilfe von Halliwell schrieb er zwei Romane, *Between Us Girls* (entstanden 1957) und *Head to Toe* (beide postum veröffentlicht), die ihre schalkhafte Bosheit in Stilmanierismen nach Art von Ronald Firbank kleideten. O.s Haß auf Autoritäten wird nicht zuletzt auf ein Gerichtsurteil zurückgeführt, das ihn ins Gefängnis schickte, nachdem er die Umschläge von Büchern aus der Leihbibliothek verunstaltet hatte. Einer langen Zeit persönlicher Entbehrungen folgte eine Phase künstlerischer wie kommerzieller Erfolge, die freilich nur vier Jahre währte. Der Aufstieg O.s fiel in eine Ära vorsichtiger Liberalisierung, als die ärgsten Pressionen gegen Homosexualität abgebaut wurden und die Theaterzensur vor ihrer endgültigen Abschaffung letzte Nachhutgefechte führte. Die tabuüberschreitende Farce erwies sich dabei als wirksames Genre, um verlogene Moralvorstellungen und Affektiertheit zu entlarven. Doch auch wenn O. unverkennbar ein Dramatiker der 1960er Jahre ist, als gegenkulturelle Strömungen in die *mainstream*-Kultur Eingang fanden, enthalten seine Stücke genug, um mehr als nur historisches Interesse zu beanspruchen.

Ist O. in der für die BBC verfaßten Burleske *The Ruffian on the Stairs* (1963) noch von Harold Pinters »comedies of menace« (»Komödien der Bedrohung«) beeinflußt, gelingt in *Entertaining Mr Sloane* (1964; *Seid nett zu Mr. Sloane*, 1964) und *Loot* (1965; *Die Beute*, 1966) eine groteske Gegenüberstellung von sozialer Kontrolle und anarchischer Provokation, Heuchelei und Laszivität, Bigotterie und Werteverfall. Formal schlägt sich der Konflikt in einer epigrammatischen Sprache nieder, hinter deren affektierten Platitüden Chaos und Gewalt aufscheinen. Damit verweist O. auf den generellen Widerspruch zwischen gesellschaftlichem Schein und einer pervertierten Realität, die auf diesem Schein aufbaut. Freilich ist dies ein Widerspruch, den O. nicht moralisierend auflöst, sondern mit befreiendem Gelächter quittiert. Sein letztes Stück, *What the Butler Saw* (1969; *Was der Butler sah*, 1970), ist ein Meisterwerk moderner Farce, das alle Register des Wahnsinns und polymorpher Sexualität zieht, um die Instabilität scheinbar gefestigter Beziehungen aufzudecken. Am Ende sind die Figuren buchstäblich entkleidet wie auch ihrer sozialen Hüllen entledigt. Ein kurz vor seinem Tod fertiggestelltes Filmskript für einen Beatles-Film, *Up Against It*, blieb unrealisiert. Inszenierungen noch zu seinen Lebzeiten litten nach O.s Auffassung darunter, daß ihr anarchischer Geist mit Klamauk verwechselt wurde, während gerade die konsequente Zerstörung von Ordnungen ein Höchstmaß an Disziplin und Genauigkeit erfordere. – Die unverkennbare Eigenart von O.s dramatischer Schreibweise hat sich in dem mittlerweile fest etablierten Begriff ›ortonesque‹ niedergeschlagen. John Lahrs aufsehenerregende Biographie von O., *Prick Up Your Ears* (1978; *Halt die Ohren steif*, 1987), bildete die Grundlage zu Arthur Bennetts Drehbuch für den gleichnamigen Film von Stephen Frears (1987).

Werkausgaben: *The Complete Plays*. London 1998 [1976]. – *The Orton Diaries*. London 1987. Literatur: M. Charney. *Joe Orton*. London/New York 1984. – C.W.E. Bigsby. *Joe Orton*. London/New York 1982. – J. Lahr. *Prick Up Your Ears: The Biography of Joe Orton*. London/New York 1978.

Johann N. Schmidt

Orwell, George [Eric Arthur Blair]

Geb. 25. 6. 1903 in Motihari, Indien; gest. 21. 1. 1950 in London

Wie kaum ein anderer unter den britischen Autoren des 20. Jahrhunderts verdankt George Orwell seine weltweite, weitgehend postume Rezeption nicht primär ästhetischen Qualitäten. Sie war vielmehr stets von zeitgeschichtlichen und politischen Interessen geleitet. Solch starke Kontextbezogenheit begründet die langanhaltende Zitierbarkeit des Werks von O. wie auch die bald nach O.s Tod einsetzende Kanonisierung zweier seiner Bücher. Wenige Autoren können so festgefügte Assoziationen aufrufen wie das Adjektiv »Orwellian«; wenige Zitate der modernen Literatur sind in die Umgangssprache eingegangen wie »Some animals are more equal than others« und andere aus *Animal Farm* (1945; *Farm der Tiere*, 1946). Motive aus O.s letztem Roman, *Nineteen Eighty-Four* (1949; *Neunzehnhundertvierundachtzig*, 1950) flottieren, allmählich abgelöst von Autor und Werk, frei in globalen Medien der Massenkommunikation wie etwa »Big Brother«.

Um die Schnittpunkte von O.s Biographie mit den epochalen Krisen der ersten Hälfte des 20. Jahrhunderts kristallisierte sich sein schriftstellerisches Engagement. Einer von ihnen lag schon in O.s erster beruflicher Tätigkeit (nach dem Besuch einer Privatschule und Etons) als Angehöriger des indischen Polizeidienstes im britischen Empire. Einige Essays und ein späterer Roman über die

moralischen Sackgassen der britischen Kolonialherrschaft, *Burmese Days* (1934; *Tage in Burma*,
1982), gestalten die Perspektive eines von ihr zunehmend Desillusionierten. Dieser Phase folgte
die Distanzierung O.s vom sozialen Milieu seiner
Herkunft im prekär sozial verankerten anglo-indischen Bürgertum durch seine teilnehmende Beobachtung am Leben der durch die Weltwirtschaftskrise Entwurzelten. Das Buch *Down and
Out in Paris and London* (1933; *Erledigt in Paris
und London*, 1978) schildert des Autors Erfahrungen als Tellerwäscher in einem Pariser Hotel und
als Obdachloser in englischen Nachtasylen. Ein
weiterer Erkundungsversuch, dessen literarischer
Ertrag als *The Road to Wigan Pier* (1937; *Der Weg
nach Wigan Pier*, 1982) vom Left Book Club veröffentlicht wurde, führte O. in die krisengeschüt-
telten alten Industriegebiete des englischen Nord-
westens. Die zwiespältige soziale und politische
Position des Autors zwischen Identifikation mit
den Opfern der Klassengesellschaft und bürgerlicher Deklassierungsangst fand während des spanischen Bürgerkriegs im Kampf gegen den europäischen Faschismus einen vorübergehenden utopischen Horizont. *Homage to Catalonia* (1938;
Mein Katalonien, 1964), das Buch über O.s spon-
tane Mitwirkung in den linken, nicht an die kom-
munistische Partei gebundenen Milizen der Spanischen Republik, hebt im Scheitern des Widerstands v. a. die Konflikte auf der republikanischen
Seite hervor. Der Gegensatz zu den autoritären
Systemen des Stalinismus und Faschismus kennzeichnete auch die publizistischen Arbeiten O.s
während des Zweiten Weltkrieges sowie die späten
Antiutopien *Animal Farm* und *Nineteen Eighty-
Four*. Wurde das frühere Werk erst mit Verzögerung publiziert, so traf der letzte Roman O.s sofort
den Nerv des Kalten Krieges und wurde oft verein-
fachend für den westlichen Status quo beansprucht. Dem kam entgegen, daß die zeitgeschichtlichen Kontexte, von denen sich O. als bewußt politischer, dem Sozialismus zwiespältig verpflichteter Schriftsteller durchaus nicht lösen
wollte, in seinem Werk einen Prozeß immer stär-
kerer Abstraktion durchliefen. So reflektierten die
späten Antiutopien etwa bedrohliche Tendenzen in
durchaus unterschiedlichen gesellschaftlichen Systemen.

Die Wirklichkeit, in die sich O. unter Einsatz
von Gesundheit und Leben einmischte, war in
ihrer literarischen Repräsentation von den in seinem Werk verwendeten Genres geprägt. Nach ju-

venilen Versuchen in patriotisch getönter Lyrik
legte sich O. bald auf eine Prosa fest, welche die
zeitgenössische Realität in den tradierten Bahnen
der naturalistischen Tradition einfangen wollte
oder in einer neuen Form des dokumentarischen
Schreibstils, in dem sich teilnehmende auktoriale
Beobachtung und essayistische Reflexion verban-
den. Dies gilt schon für die frühen Essays über das
subjektive Erlebnis britischer Kolonialherrschaft in
Indien (»A Hanging«, »Shooting an Elephant«)
sowie für die Romane der 1930er Jahre wie *A
Clergyman's Daughter* (1934; *Eine Pfarrerstochter*,
1983), *Keep the Aspidistra Flying* (1936; *Die Won-
nen der Aspidistra*, 1983) und *Coming Up for Air*
(1939; *Das verschüttete Leben*, 1953), aber auch für
die ungleich wirkungsvolleren dokumentarischen
Bücher. Der Übergang von deren persuasiven Strategien zu O.s politischer Publizistik während des
Zweiten Weltkriegs war fließend. In diesen kleineren Schriften stand oftmals die hellsichtige, zuweilen überscharfe Analyse der eigenen sozialen
Position im Zentrum, so in den Beiträgen für die
Zeitschriften *Tribune* und *Partisan Review*, aber
auch in dem Rückblick O.s auf seine privilegierte,
dennoch von Minderwertigkeitsgefühlen begleitete
Schullaufbahn auf einer kleinen Privatschule. Thematisch eröffnete O. Felder der britischen Populärkultur von der trivialen Massenliteratur bis zu
Postkarten für eine nuancierte kulturkritische Reflexion.

Unter den von O. weiterentwickelten literari-
schen Genres wurde schließlich die antiutopische
Phantastik für seine Wirkung bestimmend. *Animal
Farm* lebte anfangs in der Lagermentalität des
Kalten Krieges zwischen den großen Lagern einseitig von seiner satirischen Ausrichtung gegen die
Sowjetunion unter Stalin. Dagegen ließ *Nineteen
Eighty-Four* ein breiteres Spektrum der Rückübersetzung in Staatswesen zu, in denen eine syste-
matisierte Überwachung des Individuums drohte.
Andere Züge der Zukunftsvision dieses Buches, so
v. a. das Motiv von materieller Knappheit, erschienen bald altmodisch gegenüber Aldous Huxleys
hedonistischem Muster der Antiutopie. Mag die
thematische Tragfähigkeit von O.s Werk gerade
aufgrund seiner starken Gebundenheit an die politischen und sozialen Kontexte seiner Entstehungszeit begrenzt sein, so steht es doch aus dem gleichen Grund modellhaft für die Ausweitung des
literarischen Kanons auf adressaten- und zweck-
bezogene literarische Formen. Ein Teil der neueren
Orwellkritik formuliert diese Umakzentuierung.

Werkausgabe: *The Complete Works*. Hg. P. Davison. 20 Bde. London 1998. Literatur: J. Meyers. *Orwell: Wintry Conscience of a Generation*. New York 2000. – P. Davison. *George Orwell: A Literary Life*. Harmondsworth 1996. – J. Rodden. *The Politics of Literary Reputation: The Making and Claiming of St. George Orwell*. Oxford 1989. – B.-P. Lange. *George Orwell: 1984*. München 1982. – B. Crick. *George Orwell: A Life*. Harmondsworth 1992 [1980].

Bernd-Peter Lange

Osborne, Dorothy

Geb. 1627; gest. 7. 2. 1694/95

Dorothy Osborne ist bis heute durch ihre *Letters to Sir William Temple* (1652–54) bekannt. Die Tochter des Gouverneurs von Guernsey hatte den talentierten Essayisten, geschickten Diplomaten und Förderer Swifts 1648 kennengelernt. Widerstände aus beiden Familien verzögerten ihre Heirat (1654).Während der englischen Bürgerkriege, die zu nachhaltigen gesellschaftlichen, politischen und religiösen Umbrüchen führten, gehörten die beiden Familien verschiedenen Seiten an: Die Osbornes kämpften auf der Seite von Charles I, die Temples auf der Seite von Cromwell; außerdem hatte O.s Vater auf eine lukrativere Heirat seiner Tochter gehofft, die zur Tilgung der kriegsbedingten Familienschulden hätte beitragen können. Die privaten Briefe wurden der Öffentlichkeit erst bekannt, als T. P. Courtenay 1836 einige von ihnen als Anhang seiner *Memoirs of the Life, Works and Correspondence of Sir William Temple* publizierte. Die Verfasserin präsentiert ein intimes, authentisches Bild des Alltags und der Sitten des Landadels während der turbulenten Zeit, die bei ihr melancholische Stimmungen und Reflektionen auslösen. Sie läßt ihren zukünftigen Gatten ihre Ansichten über Liebe, Ehe und die Pflichten einer Tochter und Ehefrau wissen und liefert das lebendige Selbstporträt einer jungen, unabhängigen Frau voller Esprit. Der von ihr gewählte einfache, ungekünstelte Schreibstil – »All letters methinks should be free and easy as one's discourse, not studied, as an oration« – wird wenig später in England zur Erneuerung der Prosaliteratur beitragen. Literaturwissenschaftlich von Interesse sind die Briefe O.s auch, weil sie eine Einsicht in die Lesegewohnheiten der gebildeteren Schichten, zumal der Frauen des 17. Jahrhunderts, liefern. Neben Ovid und Shakespeare werden wiederholt die damals beliebten französischen Romanzen von Madeleine de Scud&ry und Gauthier de Costes de La Calprenède genannt, die auch O. schätzte. Virginia Woolf hat in ihrem Essay über O. in *The Common Reader* (»Second Series«, 1932) darauf hingewiesen, daß diese begabte junge Frau im 19. Jahrhundert anstelle von Briefen Romane geschrieben hätte. Zu ihren Lebzeiten, als man von Frauen Zurückhaltung erwartete und das Schreiben von Büchern als unweibliche Tätigkeit abgelehnt wurden, konnten Frauen ihre Ansichten immerhin in Briefen äußern, ohne sich der Kritik und Lächerlichkeit auszusetzen.

Literatur: K. Parker. »Introduction.« Dorothy Osborne. *Letters to Sir William Temple*. London 1987, 1–36.

Gabriele Rippl

Osborne, John

Geb. 12. 12. 1929 in London; gest. 24. 12. 1994 in Clunton, Shropshire

Als sich am 8. Mai 1956 im Royal Court Theatre in London der Vorhang für John Osbornes *Look Back in Anger* (*Blick zurück im Zorn*, 1958) öffnete, sollte für die englische Theatergeschichte eine neue Phase anbrechen. Das *new wave theatre* wirkte durch seine radikale Abwehr von traditionellen Wertwelten und seine Enttabuisierung sozialer Vorurteile als Ventil einer neuen Generation. Den Erfolg verdankte O. allerdings wesentlich seinem Gönner Kenneth Tynan, der in seiner *Observer*-Besprechung das Stück als bestes »young play« des Jahrzehnts bejubelte. Für den Erfolg waren aber auch andere Einflüsse ausschlaggebend: Nach dem Zweiten Weltkrieg stagnierte die soziale Entwicklung nicht zuletzt wegen der neu einsetzenden Entkolonisierung. Der *Education Act* (Erziehungsgesetz, 1944) brachte durch Zugangserleichterungen zahlreiche junge Menschen an die Universitäten. Im Theater wurde das überlieferte *drawing-room play* durch das *kitchen-sink play* abgelöst. Durch die breite Brecht-Rezeption (Werkausgaben und Aufführungen des Berliner Ensembles) wurde das Londoner Publikum mit Theaterneuerungen vertraut gemacht. Aufgrund dieser Faktoren wurde O. von einem Tag auf den anderen bekannt. Die nachfolgenden Jahrzehnte sind durch seinen sinkenden Bedeutungsgrad gekennzeichnet. In seiner Autobiographie *A Better Class of Person: An Autobiography 1929–1956* (1981) bezeichnete er diesen 8. Mai als »the one unforgettable feast in my calendar«. Das personenarme Stück, in dessen Zentrum der Prototyp des zornigen jungen Mannes, Jimmy Porter, steht, zeichnet sich durch eine beeindruckende Sprachgewalt aus, mit der der Protagonist seine Ehefrau Alison und deren Freundin Helena sowie seinen eigenen Freund Cliff zermürbt. Die sozialen und politischen Wortattacken begründeten ein fast grenzenloses Selbstbewußtsein der Jungen gegenüber dem Establishment, das schließlich in die Protesthaltung der 1968er Generation einmündete und die *Second Wave* im Theaterschaffen einleitete.

Mit der stereotypen Protesthaltung, mit der sich auch andere zeitgenössische Dramatiker wie John Arden, Arnold Wesker, Ann Jellicoe, Edward Bond, Joe Orton usw. solidarisierten, hatte O. seine literarische Identität gefunden. Wie sehr er sich allerdings von diesem Klischee, das er selber nie umzusetzen imstande war, zu befreien suchte, zeigt sein letztes nennenswertes Drama *Déjàvu* (1992; *Déjàvu*, 1995), in dem er die Resignation des saturierten Jimmy Porter in seiner kleinbürgerlichen Welt und mit erlahmter Rhetorik vorführt. In seinen frühen Stücken greift er verschiedene soziale Mißstände an. Mit *The Entertainer* (1957; *Der Entertainer*, 1958), in dem er an die fadenscheinige Welt der *Music Hall* anknüpft, beschreibt er den Untergang des alternden Schaustellers Billy Rice, der an der Sein-Schein-Problematik der Gesellschaft scheitert. In die Zeit vor dem Weltkrieg führt *The World of Paul Slickey* (1959). Ohne großen Erfolg blieben die *Plays for England* (1962) mit den zwei Stücken *The Blood of the Bambergs* und *Under Plain Cover*. Mit seinem Protagonisten Bill Maitland in *Inadmissible Evidence* (1964; *Richter in eigener Sache*, 1968) verurteilt er die Wirtschaftswelt wegen ihrer Verlogenheit und ihrer doppelten Moral. Ohne nennenswerten Nachhall blieben *Time Present* (1968; *Zeit in der Gegenwart*, 1970) und *The Hotel in Amsterdam* (1968; *Das Hotel in Amsterdam*, 1970), in denen nun auch die Arbeiterklasse von Schwächeanfällen und psychosomatischen Krämpfen heimgesucht wird. Die Stimmung der Tatenlosigkeit und Melancholie überwiegt in seinen letzten sozialkritischen Stücken *A Sense of Detachment* (1972), *The End of Me Old Cigar* (1975; *Mein alter Zigarrenstummel*, 1977), *Watch It Come Down* (1975) und *Try a Little Tenderness* (1978).

In diesen gesellschaftskritischen Rahmen werden auch seine historischen Dramen eingepaßt, in denen er auf Themen und Gestalten der englischen und kontinentaleuropäischen Geschichte zurückgreift. Mit widerhallender Durchschlagskraft stellt er in *Luther* (1961; *Luther*, 1963) den deutschen Reformator in das Geflecht persönlicher und politischer Entscheidungszwänge, aus denen er sich nur durch sein entschlossenes Glaubensbekenntnis zu befreien vermag. Indem er auf die Biographie von Erik H. Erikson, *Young Man Luther: A Study in Psychoanalysis and History* (1958) zurückgreift, kann er dem Konflikt von kirchlicher Macht und persönlicher Glaubensfreiheit neue Perspektiven hinzufügen. In demselben Jahr vergegenwärtigt er in *A Subject of Scandal and Concern* (1961) die Gewissensqualen des jungen Lehrers George Jacob Holyoake, der sich in der ersten Hälfte des 19. Jahrhunderts an die Spitze der Arbeiterbewegung in Cheltenham setzte. Der Verfall des österreichisch-ungarischen Reiches vor dem Ersten Weltkrieg spiegelt sich in *A Patriot for Me* (1965; *Ein Patriot für mich*, 1968) v. a. in der Hauptgestalt des der Spionage verdächtigten Leutnants Alfred Redl. Dasselbe Thema, nun angewandt auf den Untergang des British Empire, steht im Mittelpunkt des dramatisch überzeugenden Stücks *West of Suez* (1971; *Westlich von Suez*, 1975), in dem der moralische Anspruch des Imperialismus unter neuen weltpolitischen Bedingungen entlarvt wird. Dieser Kontrast zwischen Vergangenheit und Gegenwart in der indischen Geschichte um 1900 beherrscht auch die Auseinandersetzungen in dem Fernsehspiel *The Gift of Friendship* (1972). Zu dieser dramatischen Gattung gehören *The Right Prospectus* (1970) und *Very Like a Whale* (1970).

O. griff auch zu anderen medialen Formen; so lieferte er z. B. 1963 das Skript zu dem Film *Tom Jones*. Mit *A Bond Honoured* (1966) erschloß er Lope de Vega und mit *Hedda Gabler* (1972) Henrik Ibsen für die englische Bühne. Seine Adaption *A Place Calling Itself Rome* (1973) geht auf Shakespeares *Coriolanus* und seine Bühnenfassung *The Picture of Dorian Gray* (1973; *Das Bildnis des Dorian Gray*, 1975) auf den gleichnamigen Ideenroman von Oscar Wilde zurück. In zahlreichen essayistischen Schriften, von denen insbesondere »They Call It Cricket« (1957) und »Letter to My Fellow Countrymen« (1961) hervorzuheben sind, greift er die Heuchelei der bürgerlichen Schicht Englands an. Wenn man von der rhetorischen Kraft einiger seiner Dramenfiguren absieht, kann man O. nicht zu den innovativen Vertretern des englischen Theaters rechnen. Wohl aber verdient er seinen Platz in der Theatergeschichte als Sprachrohr der aufbegehrenden jungen Generation gegenüber dem kraftlosen Establishment im England der Nachkriegszeit.

Werkausgabe: *Plays.* 3 Bde. London 1993ff. Literatur: P. Denison. *John Osborne: A Casebook.* New York 1997. – H. Goldstone. *Coping with Vulnerability: The Achievement of John Osborne.* Lanham 1982. – A. Carter. *John Osborne.* Edinburgh 1973. – H. Ferrar. *John Osborne.* New York/London 1973. – J. R. Taylor. *Anger and After: A Guide to the New British Drama.* London 1969.

Rüdiger Ahrens

Osofisan, [Baba] Femi [Adyemi]

Geb. 16. 6. 1946 in Eruwon, Nigeria

Femi Osofisan gehört neben Wole Soyinka zu den produktivsten Dramatikern Nigerias. Bei den meisten seiner 30 Theaterstücke hat er selbst Regie geführt. Unter dem Pseudonym Okinba Launko hat er mehrere Lyrikbände publiziert, war maßgeblich an der Gründung des *Guardian* beteiligt und hat als Kolumnist den Geist des Widerstands gegen die Militärregime wachgehalten. Seit 1998 ist er als Direktor des National Theatre mit der Aufgabe betraut, diese heruntergewirtschaftete Institution wiederzubeleben. – In seinen frühen Stücken *Another Raft* (1988) und *No More the Wasted Breed* (1982) setzt er sich kritisch mit seinen Vorgängern Wole Soyinka und J. P. Clark Bekederemo auseinander. In *Who is Afraid of Solari?* (1978) bearbeitet er Gogols *Revisor*, in *Midnight Hotel* (1986) Ernest-Aym& Feydeaus *Hotel Paradis*, in *Tegonni* (1994) Sophokles' *Antigone*. Neben dem Repertoire des nigerianischen und des europäischen Theaters bekennt sich O. zu drei wesentlichen Einflüssen: der *Négritude*-Bewegung, die er beim Studium in Dakar kennenlernte und ablehnte, dem Marxismus, wie er ihn an der Sorbonne 1968 antraf, und vor allem dem epischen Theater von Brecht. In der Brecht-Tradition befaßt er sich gesellschaftskritisch mit den historisch gewachsenen Strukturen Nigerias. In seiner Dissertation hat O. die Aufgabe des Dramatikers dahingehend definiert, daß er keine Visionen von konfliktfreien traditionellen Gesellschaften beschwören dürfe, sondern bei seinem Publikum Zweifel

an den offiziellen Geschichtsversionen schüren und den Geist des Widerstandes fördern müsse. Dieser Theaterkonzeption als Diskurs mit dem Publikum, als Dialog mit der literarischen Tradition, mit den gesellschaftlichen Entwürfen und der politischen Propaganda, entspringen die Grundzüge von O.s Theaterarbeit: seine Absage an ein realistisches Illusionstheater, das Experimentieren mit der theatralen Form, das Aufbrechen des Erzählflusses, die Verfremdung des Bühnengeschehens, die Betonung des Spielcharakters, das Spiel-im-Spiel. Immer wieder greift O. den Stoff einer Bauernrevolte im Königreich Oyo Ende des 18. Jahrhunderts und seine modernen Wiederbelebungen auf. Anders als Soyinkas mythopoetische Analyse der Yoruba-Geschichte in *A Dance of the Forests* (1963) und *Death and the King's Horseman* (1975) stellt O. in seiner Geschichtsdarstellung die Klassenanalyse und ihre Bedeutung für die Gegenwart in den Vordergrund. Seine Lehrstücke *Red is the Freedom Road* (1982), *The Chattering and the Song* (1977) und vor allem *Morountodun* (1982) belegen O.s Auffassung, daß er »in Wirklichkeit über Gowon geschrieben« habe, dessen Regierung im Sumpf der Korruption versank, aber auch gegen das allgemeine Ohnmachtsgefühl gegenüber einem korrupten Regime. *Morountodun* handelt, wie auch *Esu and the Vagabond Minstrels* (1991), von einer Theatertruppe, die ein historisches Stück aufführen will. O. bringt damit eine Diskussion der Bühnenakteure in Gang und lädt das Publikum ein, sich an der Erörterung des Stücks und seiner Bedeutung zu beteiligen. Die historischen Ereignisse nachzuspielen heißt, die Relativität historischer Wahrheit und das Gewicht einer interessegeleiteten Geschichtsinterpretation zu verstehen. O.s Ziel ist es, ein aufgeklärtes Volkstheater zu schaffen, das sein Publikum in seiner Urteilsfähigkeit ernst nimmt.

Literatur: S. V. Dugga. *Creolisations of Nigerian Theatre.* Bayreuth 2002. – S. Richards. *Ancient Songs Set Ablaze: The Theatre of Femi Osofisan.* Washington D. C. 1996. – O. Obafemi. *Contemporary Nigerian Theatre.* Bayreuth 1996. – M. P. Awodiya, Hg. *The Drama of Femi Osofisan.* Ibadan 1995.

Eckhard Breitinger

Osundare, Niyi

Geb. 16. 7. 1946 in Ikere-Ekiti, Nigeria

In der zweiten Generation nigerianischer Lyriker nimmt Niyi Osundare einen Spitzenplatz ein. Wie seine Dichterkollegen Tanure Ojaide aus dem Niger-Delta, Obiora Udechukwu und Ezenwa Ohaeto aus dem Igbo-Osten des Landes oder Odia Ofeimum aus O.s eigener Yoruba-Region im Westen orientierte er sich zunächst ideologisch an den radikalen Marxisten aus Ile-Ife, und wie diese stellt er sich gegen die angeblich elitäre, kryptisch metaphorische Lyrik der Vorgängergeneration, die modernistisch orientierte Dichtung von Wole Soyinka oder Christopher Okigbo. Auch O. favorisiert einen deutlich regional-ethnischen Ton in seinen Gedichten, indem er auf die tradionellen Formen der autochthonen Oralliteratur zurückgreift. Diese Aufwertung alter literarischer Traditionen resultiert nicht aus nostalgischen oder folkloristischen Sehnsüchten, sondern basiert auf einer politischen Motivation. O. und seine Lyrikergeneration reklamieren für den zeitgenössischen Dichter Nigerias die Rolle des Kritikers und Kommentators, die einst die Preis- und Hofsänger innehatten: Der Dichter soll wieder Stimme und Anwalt des Volkes sein.

O.s erste Gedichtsammlung, *Songs of the Market Place* (1983), verdeutlicht dieses neue Selbstverständnis. O. lehnt sich in Thematik und Diktion an den Stil des traditionellen Stadtausrufers (*town-crier*) an, der im öffentlichen Raum des Marktplatzes Politisches bekanntmacht und kommentiert, aber nichts Persönliches verkündet. *Village Voices* (1984) stellt traditionelle dörfliche Lebensformen gegen die kulturelle und soziale Desorientierung im modernen städtischen Leben. Besonders das Gedicht »Akintunde Come Home« thematisiert die wachsende soziale Kluft zwischen der urbanisierten jungen Generation in den »monster cities« und denjenigen, die verarmt und ohne Hoffnung in den Dörfern zurückbleiben. O.s Augenmerk gilt jedoch primär nicht dem Verlust kultureller Traditionen, sondern dem des sozialen Zusammenhalts. *The Eye of the Earth* (1986) setzt die Kritik der Modernisierung in Nigeria fort, diesmal im Bereich der Wirtschaft (Übergang von der Subsistenzwirtschaft zum Casino-Kapitalismus). Alle drei Gedichtsammlungen verbinden einen rational-materialistischen Ansatz der Kritik mit einer Stil- und Formensprache, die das kulturelle Erbe von O.s Yoruba-Heimat reflektiert. Er nutzt – in kritischer, teils satirischer Intention – die Formelsprache der *Oriki*-Preisdichtung, spielt mit den prophetischen Qualitäten der *Ifa Divination Chants* der Orakelpriester aus Ile-Ife und verweist auf die epischen *Injala*-Jägerdichtungen. Daraus entwickelt er ein synkretistisches poetisches Idiom, das moderne politische, wirtschaftliche und soziale Themen in die stiltraditionelle Oralliteratur gießt. Er macht so moderne Argumentationsmuster einem tradionsverhafteten Publikum zugänglich. – Der Lyrikband *Waiting Laughters* (1990), steckt die Rahmenbedingungen einer wünschbaren sozialen Entwicklung ab: Der Geist afrikanischer Kommunalität muß sich der Modernisierung öffnen, ohne dem räuberischen Individualismus/Egoismus zu verfallen, wie er sich in Nigeria nach dem Öl-Boom entwickelt hat.

Literatur: Ch. Bodunde. *Oral Traditions and Aesthetetic Transfer.* Bayreuth 2001. – E. Ohaeto. *Contemporary Nigerian Poetry and the Poetics of Orality.* Bayreuth 1998.

Eckhard Breitinger

Owen, Wilfred

Geb. 18. 3. 1893 in Oswestry, Shropshire; gest. 4. 11. 1918 am Sambre-Oise-Kanal bei Ors, Frankreich

»Above all I am not concerned with Poetry. My subject is War, and the pity of War. The Poetry is in the pity« (»V. a. aber geht es mir nicht um Dichtung. Mein Thema ist der Krieg und das [Mit]leid, das dieser bewirkt. Die Dichtung ist im Mitleiden enthalten«). Wilfred Owens Sätze aus dem Vorwort zu einer Sammlung seiner Kriegsgedichte, die durch den Tod des Dichters kurz vor dem Waffenstillstand verhindert wurde, sind bezeichnend für das ambivalente Rollenverständnis O.s als Soldat und Dichter im Ersten Weltkrieg. Entgegen der vorherrschenden Meinung wurde O. freilich nicht erst durch den Krieg zum Dichter, doch gab ihm dieser ein Thema, das die Loslösung von romantischen und symbolistischen Vorbildern beschleunigte und eine ›Modernisierung‹ seiner Lyrik bewirkte. Aus wenig begütertem Hause stammend, verdingte sich der sensible junge O. zunächst als Gemeindehelfer, dann als Sprachlehrer in Frankreich. 1915 meldete sich O. freiwillig und kam im Januar 1917 als Infanterieleutnant an die Somme. Seine Erfahrung der Front beschrieb er in Briefen an die Mutter, der er besonders nahe stand. Nervlich zerrüttet, gelangte er im Juni 1917 ins Sanatorium von Craiglockhart bei Edinburgh, wo es zur entscheidenden Begegnung mit Siegfried Sassoon kam. Dieser ermutigte den jüngeren O., seiner Kriegserfahrung dichterischen Ausdruck zu geben. Die für Sassoons Kriegslyrik kennzeichnende bittere Satire bleibt bei O. jedoch auf einzelne Gedichte beschränkt, so z. B. auf »Dulce et Decorum Est«, das der Glorifizierung des Heldentodes durch die patriotische Propaganda die drastische Schilderung eines Giftgasopfers entgegenhält. Wesentlich für O.s Dichtung ist vielmehr die Empathie mit der Passion der zu Christusfiguren stilisierten Soldaten. Diesem »Mit-Leiden« entspringt eine Verbundenheit, die allein dem Opfer der Soldaten angemessen ist und die dem Verhältnis von Offizier und Mannschaften deutliche homoerotische Züge verleiht, so z. B. in »Greater Love« und »Apologia Pro Poemate Meo«. O.s Kriegsgedichte, vertont in Benjamin Brittens *War Requiem* (1962), entstehen bis zum neuerlichen Fronteinsatz im Herbst 1918. »Anthem for Doomed Youth«, »Exposure«, »Futility«, »Spring Offensive« und andere sind Elegien auf die ›verlorene Generation‹ der in den Schützengräben geopferten Jugend Europas. »Disabled«, »Mental Cases«, »A Terre« und »Insensibility« thematisieren die verheerenden Auswirkungen des Krieges auf die Psyche der Überlebenden. »Strange Meeting«, O.s am häufigsten anthologisiertes Gedicht, gestaltet anhand einer Vision, in der der Sprecher den getöteten Gegner als sein *alter ego* erkennt, eine Überwindung der Feindschaft. Bevorzugtes Stilmittel O.s ist der Halbreim, der die Diskrepanz zwischen einer konventionellen poetischen Form und dem Chaos des Krieges effektvoll vermittelt.

Werkausgaben: *The Complete Poems and Fragments.* Hg. J. Stallworthy. 2 Bde. London 1983. – *Gedichte.* Heidelberg 1993.
Literatur: D. Hibberd. *Owen the Poet.* London 1986. – J. Stallworthy. *Wilfred Owen.* London 1977.

Martin Löschnigg

p'Bitek, Okot

Geb. 1931 in Gulu, Uganda;
gest. 19. 7. 1982 in Kampala, Uganda

Schon zu Lebzeiten galt der bekannteste Autor Ugandas vielen Kritikern als Inbegriff einer »traditionalistischen« Richtung innerhalb der afrikanischen Literatur, die sich vor allem auf die kulturellen Traditionen und die reichhaltige orale Dichtung Afrikas bezieht. Tatsächlich verbirgt sich hinter dem bis heute weitverbreiteten Bild Okot p'Biteks als Volksdichter jedoch nicht nur eine spannungsreiche Biographie, sondern auch ein vielschichtiges literarisches Werk, das gerade wegen seiner Ambivalenzen und Widersprüche einen bedeutenden Beitrag zur ostafrikanischen Literatur darstellt. – Nach Schulbesuch und Lehrerstudium in Uganda kam p'B. 1958 als Mitglied der ugandischen Fußball-Nationalmannschaft nach England, wo er zunächst Pädagogik und Jura studierte; später wandte er sich der Ethnologie zu und schloß 1964 sein Studium in Oxford mit einer Arbeit über die Oralliteratur der nordugandischen Acholi ab. Nach seiner Rückkehr nach Afrika war p'B. unter anderem als Ethnologe an den Universitäten Nairobi und Ile-Ife (Nigeria) sowie als Literatur-Professor an der ugandischen Makerere-Universität in Kampala tätig.

Das bedeutendste Werk p'B.s, *Song of Lawino* (1966; *Lawinos Lied*, 1972), ist ein an die oralen Traditionen der Acholi anknüpfendes satirisches Langgedicht, mit dem er den – seiner Ansicht nach allzu »europäisierten« – Lebensstil der neuen schwarzen Mittelklasse im nachkolonialen Afrika aufs Korn nimmt und für eine Rückkehr zu den kulturellen Wurzeln Afrikas plädiert. Der scheinbar naive Blick Lawinos, einer einfachen Frau vom Land, die ihrem Mann Ocol in die Stadt folgt und der dortigen Lebenswelt fassungslos gegenübersteht, erweist sich als zielsicheres Instrument einer satirischen Gesellschaftskritik, die der entfremdeten Perspektive Ocols ein harmonisches Bild traditioneller Kultur entgegensetzt und am Ende mit der »Heimkehr« Ocols in sein Dorf eine utopische Vision wiedergewonnener kultureller Authentizität inszeniert. Bereits in *Song of Ocol* (1970; *Otschols Lied*, 1977) ist für diese utopische Vision einer »afrikanischen Kulturrevolution« jedoch kein Platz mehr; die Antwort von Lawinos Ehemann entlarvt diesen als rücksichtslosen Machtpolitiker, der die traditionelle Kultur Afrikas verachtet und sein Heil ausschließlich in der Verwestlichung Afrikas sucht. In *Two Songs* (1971) werden die Grenzen der von p'B. entwickelten ›Song‹-Form sichtbar: »Song of Prisoner« entwirft ein gänzlich desillusioniertes, stellenweise geradezu zynisches Bild einer von Korruption und politischer Gewalt geprägten nachkolonialen Gesellschaftswirklichkeit; die in

Lawino so erfolgreiche Verküpfung der Bilder- und Formensprache traditioneller oraler Dichtung mit dem neuen Medium der englischsprachigen Literatur gelingt hier nicht mehr. Der von p'B. lange angekündigte »Song of Soldier«, der sich mit der Militärdiktatur Idi Amins in Uganda auseinandersetzen sollte, wurde nie fertiggestellt; ein nur wenige Seiten umfassendes Fragment erschien in dem postum veröffentlichten Band *Artist the Ruler* (1986).

In den 1970er Jahren blieb p'B. in seinen Essays und literaturkritischen Schriften dem Ideal einer afrikanischen Kulturrevolution treu, mit der er die von ihm als unerträglich empfundene Kluft zwischen einer westlich gebildeten Mittelschicht und der Bevölkerungsmehrheit zu überwinden hoffte; als Schriftsteller vermochte er dieses Ideal jedoch nicht mehr umzusetzen. Er widmete die letzten Jahre seines Lebens der Sammlung, Dokumentation und Übersetzung traditioneller Oralkultur aus Ostafrika, die er in Publikationen wie *The Horn of My Love* (1974), *Hare and Hornbill* (1978) und *Acholi Proverbs* (1985) einem breiteren Lesepublikum zugänglich machte.

Literatur: J. Ramazani. *Hybrid Muse: Postcolonial Poetry in English*. Chicago 2001. – M. Wanambisi. *Thought and Technique in the Poetry of Okot p'Bitek*. New York 1984. – G. Heron. *The Poetry of Okot p'Bitek*. London 1976.

Frank Schulze-Engler

Pater, Walter [Horatio]

Geb. 4. 8. 1839 in London;
gest. 30. 7. 1894 in Oxford

Der Schriftsteller, Literatur-, Kunst- und Kulturtheoretiker Walter Pater erhielt seine Ausbildung an der King's School, Canterbury, und am Queen's College, Oxford. Dort wurde er 1864 Classical Fellow am Brasenose College. P.s universitätspolitischen Vorstellungen, seine unter Atheismusverdacht stehenden Ideen und Homosexualitätsvorwürfe waren dafür verantwortlich, daß seine Bewerbungen auf bessere Posten innerhalb der Universität Oxford erfolglos blieben. Seit 1869 lebte er mit seinen beiden unverheirateten Schwestern Hester und Clara zunächst in Oxford, ab 1885 in London, bevor er 1893 zurück nach Oxford zog. Bekannt wurde er durch sein Werk *Studies in the History of the Renaissance* (1873; *Die Renaissance: Studien in Kunst und Poesie*, 1902),

das Essays über Johann Joachim Winckelmann, den damals vernachlässigten Sandro Botticelli und seine gefeierte Auseinandersetzung mit »Mona Lisa« im Leonardo da Vinci-Essay enthält. P.s Ausführungen zu diesem Gemälde Leonardos (dessen Kunst er als die »art of going deep« bezeichnet) demonstrieren seine kulturarchäologischen Interessen, der Winckelmann-Essay seine hegelianische Geschichtsvorstellung: Geschichte ist konzipiert als eine Geschichte des zu sich selbst kommenden Geistes, die Entfaltung von Innerlichkeit und Individualität ist wichtigstes Prinzip. Dieser Band wurde zwar von Kritikern als unwissenschaftlich, morbide und hedonistisch abgelehnt, hatte jedoch auf die damaligen Studenten großen Einfluß und wurde von Oscar Wilde als »holy writ of beauty« bezeichnet. Der Name P. steht heute für die Verkörperung des Lebensgefühls um 1900, für Ästhetizismus und Dekadenz. Die Orientierung des Lebens an einer absolut gesetzten Kunst (»the love of art for its own sake«) läßt dieser eine »Erlösungsfunktion« (Iser 1960) zukommen, welche den Menschen durch die Erfahrung augenblicklicher Intensität und Ekstase Vergänglichkeit und Tod vergessen läßt. Seine an das Muster des Bildungsromans angelehnte fiktionale Biographie *Marius the Epicurean* (1885; *Marius der Epikureer*, 1908), die zur Zeit Marc Aurels spielt, enthält autobiographische Elemente und galt lange als Inbegriff stilistischer Eleganz. P. reflektiert in diesem Werk seine Reaktionen auf Paganismus, das Christentum und auf Rom, das er 1882 besucht hatte. Auch seine *Imaginary Portraits* (1887; *Imaginäre Porträts*, 1946) – das erste, »The Child in the House«, erschien bereits 1878 im *Macmillan's Magazine*) – setzen sich mit Vergangenheit und Tod auseinander. Mit *Appreciations: With an Essay on Style* (1889) wurde P. einer weiteren Öffentlichkeit als Literaturkritiker endgültig bekannt; sein berühmter Stil-Essay betont, daß Stil nicht Dekor, sondern das Ausdrucksmittel für das Innerste, die Visionen des Subjekts ist. 1893 erscheint sein Hauptwerk der Spätphase, *Plato and Platonism*, 1896 postum sein unvollendeter Roman *Gaston de Latour*, der erneut P.s Beschäftigung mit Schönheit, Vergangenheit und Tod aufzeigt.

Werkausgabe: *The Works*. 8 Bde. London 1900.
Literatur: L. Brake/I. Small, Hgg. *Pater in the 1990s*. London/Greensboro, NC 1991. – G. Monsman. *Walter Pater*. Boston 1977. – W. Iser. *Walter Pater*. Tübingen 1960.

Gabriele Rippl

Patmore, Coventry [Kersey Dighton]

Geb. 23. 7. 1823 in Woodford, Essex;
gest. 26. 11. 1896 in Lymington, Hampshire

Des Werk weniger Autoren hat in so kurzer Zeit solche Umwertungen erfahren wie das von Coventry Patmore. Seinen Zeitgenossen in Großbritannien und den USA war P. einer der populärsten Dichter aus dem Umkreis der Präraffaeliten; dann wurde er – noch zu Lebzeiten – vergessen. Das Urteil des 20. Jahrhunderts fiel vernichtend aus: Nun galt er als Reaktionär, als Frauenfeind und als handwerklich schlechter Poet obendrein. Der Titel seines Hauptwerkes, des zwischen 1854 und 1863 erschienenen Gedichtzyklus *The Angel in the House*, wurde zum Stenogramm einer Rollenzuweisung, die Frauen einerseits als engelgleich (und damit gewissermaßen als unmenschlich) ansieht, sie andererseits aber auf die Privatsphäre des Haushalts reduziert und ihnen damit eine gesellschaftliche Existenz abspricht. Dieser Doppelvorwurf ist nicht von der Hand zu weisen; P.s Frauenbild ist idealisierend, sein Lob des Ehelebens in *The Angel in the House* so enthusiastisch und unproblematisch wie es seine insgesamt drei Ehen vermuten lassen. Dies darf aber nicht das Ende der Beschäftigung mit P. sein: Zum einen lassen sich vergleichbare Tendenzen bei fast allen viktorianischen Dichtern und selbst Dichterinnen beobachten; kein Autor und keine Autorin kann sich vollständig von den Wertstrukturen ihrer Zeit freimachen, wie kritisch der Schreibimpuls auch sein mag. Zum anderen schreibt P. schon in seinem frühen Zyklus viel differenzierter, als es der Titel signalisiert, und seine geistige Unabhängigkeit stellt er besonders in den späteren literatur- und kulturkritischen Schriften unter Beweis. Folgerichtig setzt am Ende des 20. Jahrhunderts eine Neubewertung der Dichtung P.s ein, die bereits Anzeichen einer vollständigen Revision zeigt. Hinzu kommt, daß der Vorwurf mangelnden handwerklichen Vermögens kaum noch erhoben wird: Die viktorianischen Dichter (und Leser) legten so großen Wert auf formale und rhetorische Sauberkeit oder Abenteuerlust, daß mittelmäßige Verseschmiede es nie zur Position P.s gebracht hätten. *The Angel in the House* mit den Teilen *The Betrothal* (1854), *The Espousals* (1856), *Faithful for Ever* (1860) und *The Victories of Love* (1863), v. a. aber die in den 1870ern erschienen, heute kaum noch bekannten Gedichtsammlungen bis hin zu *Amelia* (1878) zeigen ihn als prosodisch außerordentlich kompetenten Lyriker, der auch als Theoretiker der Metrik hervorgetreten ist. Nicht umsonst pflegte er im Alter, nach seiner Konversion zum Katholizismus, eine freundschaftliche, dichterisch-professionelle Korrespondenz mit Gerard Manley Hopkins, einem weiteren Autor hochkomplexer Lyrik.

Werkausgabe: *The Poems*. Hg. F. Page. London 1949. Literatur: B. F. Fisher, Hg. *In Memoriam Coventry Patmore*. Themenheft von *Victorian Poetry* 34.4 (1996). – J. C. Reid. *The Mind and Art of Coventry Patmore*. London 1957.

Peter Paul Schnierer

Paton, Alan

Geb. 11. 1. 1903 in Pietermaritzburg, Natal;
gest. 12. 4. 1988 in Lintrose, Natal, Südafrika

Alan Patons erster Roman, *Cry, the Beloved Country* (1948; *Denn sie sollen getröstet werden*, 1950), machte den Autor mit einem Schlag berühmt und brachte der Weltöffentlichkeit zum Bewußtsein, daß Südafrika eine beachtenswerte Literatur, aber auch ein enormes politisches Problempotential hatte. Die bald forcierte Apartheidpolitik führte zu Protestaktionen der schwarzen Bevölkerungsmehrheit, und P., der jahrelang ein Jugendgefängnis für schwarze Delinquenten leitete, kannte als liberaler Humanist die verheerenden sozialen Folgen der südafrikanischen Rassenpolitik. Einer der schwarzen Protagonisten bringt dies geradezu biblisch-prophetisch im Roman zum Ausdruck: »I see only one hope for our country, and that is when white men and black men, desiring neither power nor money, but desiring only the good of their country, come together to work for it [   ]. [But] I have one great fear in my heart, that one day when they [the Whites] are turned to loving, they will find we [the Blacks] are turned to hating.« Dieser christlich-liberale Versöhnungsappell, mitsamt der Warnung, ist die Botschaft, die den Roman durchzieht. Die Helden, die sie verkörpern, sind zwei alte Männer – der schwarze Geistliche Stephen Kumalo und der Nataler Zuckerbaron James Jarvis: Kumalos Sohn Absalom, der in Johannesburg kriminell geworden ist, hat Jarvis' Sohn Arthur bei einem Einbruch erschossen und wird zum Tode verurteilt. Erschüttert von der Katastrophe ihres beidseitigen Verlusts, aber auch aufgrund von Jarvis' zunehmender Einsicht in den Zusammenhang von weißem Reichtum und schwarzer Verelendung, reichen die beiden Väter einander die Hand, und fortan unterstützt Jarvis die mittellose Gemeinde Kumalos. Der gemeinhin als klassisches südafrikanisches Beispiel realistischen Erzählens angesehene Roman offenbart hier seine letztlich unrealistische, binäre Tiefenstruktur: Dem Sündenbabel Johannesburg, das vom Geist des Materialismus geprägt ist, wird die agrarische Zuckerrohrregion Natals entgegengesetzt, in der die alten Hierarchien und Stammesstrukturen noch intakt sind, und folgerichtig findet die versöhnliche ›Heilung‹ des in Johannesburg begangenen Unrechts auf Jarvis' Farm statt, und zwar erst nachdem Kumalo den Weißen unterwürfig um Vergebung gebeten hat. Der Gut-Böse-Konflikt entlang der Trennungslinie von Land und Stadt sowie dessen Aufhebung durch die Rückkehr zu ländlichen Sitten, aber auch die völlige Individualisierung der gesellschaftlichen Problematik überdecken aufgrund ihrer Mythenstruktur das, was den Roman so faszinierend macht: seine genaue Beobachtung der Situation des detribalisierten Stadtproletariats in Johannesburg, die aus der erzählerischen Perspektive des völlig ahnungslosen Landpfarrers Kumalo als ein geradezu danteskes Inferno erscheint. Die soziale Defektanalyse bleibt jedoch für die Romanstruktur folgenlos, weil die narrative Behebung des Defekts dessen ökonomisch-gesellschaftliche Ursachen negiert: den Umstand, daß eine ausbeuterische, frühkapitalistische Wirtschaftsstruktur wie die Südafrikas mit seinem Goldbergbau an möglichst billigen Arbeitskräften interessiert ist. Die Schwarzen in den Großstadtslums sind nicht verarmt, weil sie durch schieren Materialismus dorthin verlockt worden sind; sie wurden vielmehr in den ländlichen Regionen systematisch jeder Lebensgrundlage beraubt, damit sie ein Reservoir billigster Arbeitskräfte bildeten, das dann dem Produktionsprozeß einverleibt werden konnte. Mit der Rückkehr zu einer utopisch verklärten ländlichen Vergangenheit lassen sich die gegebenen materiellen Verhältnisse allenfalls in der Imagination ändern, denn die geschaffenen Realitäten bleiben damit unverändert, und daß die schwarze Bevölkerungsmehrheit Südafrikas nicht bereit war, die Weißen solange zu lieben, bis diese bereit waren, sie zurückzulieben – dafür hat die nachfolgende Geschichte Zeugnis abgelegt.

Literatur: P. F. Alexander. *Alan Paton*. Kapstadt 1994. – E. Lehmann. »Katastrophe oder Versöhnung: Beobachtungen zum südafrikanischen Gegenwartsroman.« *Current Themes in Contemporary South African Literature*. Hg. ders./E. Reckwitz. Essen 1989, 9–25. – E. Callan. *Alan Paton*. Boston 1982.

Erhard Reckwitz

Paulin, Tom
[Thomas Neilson]

Geb. 25. 1. 1949 in Leeds

Lust an der öffentlichen Polemik und Kompromißlosigkeit im ästhetischen und politischen Urteil haben dem irischen Lyriker Tom Paulin den Ruf eines scharfzüngigen Kritikers eingetragen. Dem breiteren Publikum ist er auch eher durch seine regelmäßigen Auftritte in der BBC-Sendung *Late Review* denn als produktiver Schriftsteller bekannt. In England geboren, aber in Belfast als Sohn eines protestantischen Schulleiters aufgewachsen, setzt sich P. in zahlreichen Gedichten und Essays (sowie in einigen mäßig geglückten Dramen) mit dem kulturellen Erbe des nordirischen Protestantismus auseinander. Als entschiedener Gegner der Unionisten, denen er ein selektives historisches Bewußtsein, geistige Unbeweglichkeit und Rückständigkeit im politischen Denken vorwirft, aber inspiriert von der rhetorischen Brillanz und intellektuellen Ruhelosigkeit des Presbyterianismus, ist es P.s Ziel, etwa in seinem dritten Gedichtband *Liberty Tree* (1983), in einer Mischung aus bitterem Sarkasmus und emphatischer Anteilnahme die republikanische Tradition wieder in das historische Gedächtnis der Ulster-Protestanten einzuschreiben. Zentraler Bezugspunkt in der irischen Geschichte ist für P. der von den Idealen der Französischen Revolution getragene Aufstand der *United Irishmen* (1798); poetischen Ausdruck findet diese politische Orientierung z. B. im langen Gedicht »The Book of Juniper« (1983), in dem P. symbolisch den Wacholderstrauch als irisches Äquivalent des revolutionären Baums der Freiheit entwirft. – Auch folgende Gedichtbände, thematisch keineswegs auf Irland beschränkt, gipfeln in langen, assoziativen und anspielungsreichen Gedichten, etwa im impressionistischen, aus Fragmenten zusammengesetzten Titelgedicht des jüngsten Bandes, *The Wind Dog* (1999). Bilder einer wüsten, spirituell ausgetrockneten und belagerten Landschaft sind für P.s lyrisches Werk ebenso charakteristisch wie der weite historische Bezugsrahmen und die dezidierte politische Parteinahme für Freiheit und Kreativität. – P.s kritische Essays (zuletzt gesammelt in *Writing to the Moment*, 1996), seine jüngste wissenschaftliche Abhandlung über William Hazlitt (*The Day-Star of Liberty*, 1998) und seine Anthologie *The Faber Book of Political Verse* (1986) fügen sich in das Gesamtbild einer politischen Ästhetik. Eine weitere Anthologie, *The Faber Book of Vernacular Verse* (1990), ist Zeichen von P.s Interesse am Verhältnis von Sprache und kultureller Identität. In dem einflußreichen Pamphlet »A New Look at the Language Question« (1983), verfaßt für die nordirische Field Day Theatre Company (zu deren Direktoren P. gehört), spricht er sich für die Verwendung des Hiberno-Englischen als eigenständige Schriftsprache aus; in seiner Lyrik hat P. versucht, dieses Programm konsequent umzusetzen. Die Meinungen über die Qualität von P.s Dichtung sind geteilt, und die teils polemischen, teils provokativen Positionen, die P. in seinen Essays und seiner politischen Lyrik bezieht, sind nicht ohne Widerspruch geblieben.

Literatur: E. Longley. »Tom Paulin: Wild Irish Critic.« *Poetry and Posterity*. Highgreen 2000, 224–234. – Bernard O'Donoghue. »Involved Imagining: Tom Paulin.« *The Chosen Ground: Essays on the Contemporary Poetry of Northern Ireland*. Hg. N. Corcoran. Bridgend 1992, 171–188.

Bernhard Klein

Peacock, Thomas Love

Geb. 18. 10. 1785 in Weymouth; gest. 23. 1. 1866 in Lower Halliford, Middlesex

In Literaturgeschichten der englischen Romantik erscheint Thomas Love Peacock oft als Außenseiter, obwohl er als Freund und Mentor maßgeblichen Einfluß auf Percy Shelley ausübte und mit satirischen Romanen und als Literaturkritiker einen unverwechselbaren Beitrag zur Literatur seiner Epoche lieferte. P., der mit 15 Jahren seine Schulzeit beenden mußte und zunächst als Schreiber arbeitete, während er sich im Selbststudium weiterbildete, versuchte sich anfangs als Verfasser von Versdichtungen, die sich an klassizistische Vorbilder anlehnten (z. B. *The Philosophy of Melancholy*, 1812). 1812 lernte er in London den sieben Jahre jüngeren Shelley und dessen religiös und politisch radikal gesinnte Freunde kennen. Als Kenner der antiken, italienischen und französischen Literatur lenkte P. Shelleys Augenmerk auf die Kultur des europäischen Südens sowie auf Satiriker wie Lukian oder Petronius, deren Werk gerade in einer Zeit rapiden gesellschaftlichen Wandels und tiefgreifender sozialer und politischer Spannungen inspirierend wirkte. – Das Klima der permanenten, vielstimmigen Diskussion, das sowohl in Shelleys Freundeskreis wie überhaupt im England des frühen 19. Jahrhunderts herrschte, spiegelt sich auch in P.s fünf satirischen ›Konversations‹-Romanen wider, die von Kritikern manchmal als menippeische Satiren bezeichnet werden, weil in ihnen nicht Charaktere, sondern Figuren mit unterschiedlichen Meinungen aufeinanderprallen. So trifft z. B. in *Headlong Hall* (1816) der *deteriorationist* Escot, der vom Niedergang der Menschheit überzeugt ist, auf den *perfectabilian* Foster, der an ihre Höherentwicklung glaubt, und auf den *status-quo-ite* Jenkinson, der nicht daran zweifelt, daß sich nie etwas ändern wird. Weitere Exzentriker wie der Phrenologe Cranium, der Landschaftsgärtner Milestone und die Kritiker Gall und Treacle ergänzen das Personal; die Handlung – nach dem Muster romantischer Liebesgeschichten konstruiert – ist von sekundärer Bedeutung. In *Nightmare Abbey* (1818; *Nachtmahr-Abtei*, 1989) setzt sich P. (wie schon 1817 in *Melincourt*) mit der romantischen Literatur auseinander; die Protagonisten – der idealistische Weltveränderer Scythrop, der transzendentale Metaphysiker Flosky und der desillusionierte Cypress – sind einseitig karikierende Porträts von Shelley, Coleridge und Byron. Die Kritik an der zeitgenössischen Literatur setzt P. in dem Aufsatz »The Four Ages of Poetry« (1820) fort, in dem er den Verlust der öffentlich-politischen Funktion der Literatur im Werk der älteren romantischen Autoren beklagt und die Entwürdigung der Poesie zu einem gesellschaftlich irrelevanten Zeitvertreib satirisch attackiert. Später, als P. bereits in Diensten der *East India Company* stand (wo er die Bekanntschaft von Jeremy Bentham sowie von James und John Stuart Mill machte), setzt er sich in *Crotchet Castle* (1831) noch einmal mit den Entwicklungstendenzen seiner Epoche auseinander, indem er die *laissez-faire*-Doktrin der *political economy* (Nationalökonomie) unter die Lupe nimmt, während er im Spätwerk *Gryll Grange* (1861) seine Figuren die Frage nach einer sinnvollen Lebensführung in einer Welt, die sich der Dynamik eines ziellosen Fortschritts verschrieben hat, diskutieren läßt.

Werkausgabe: *The Works.* Hg. H.F.B. Brett-Smith/ C. E. Jones. 10 Bde. New York 1924–39. Literatur: J. Mulvihill. *Thomas Love Peacock.* Boston 1987. – M. Butler. *Peacock Displayed: A Satirist in His Context.* London 1979.

Rudolf Beck

Peake, Mervyn [Laurence]

Geb. 9. 7. 1911 in Kuling, China; gest. 17. 11. 1968 in Burcot, Oxfordshire

In der englischen Romanlandschaft nach dem Zweiten Weltkrieg nimmt sich die ursprünglich auf vier Bände angelegte, unvollendete *Gormenghast*-Trilogie – *Titus Groan* (1946; *Der junge Titus*, 1982), *Gormenghast* (1950; *Im Schlo* , 1983), *Titus Alone* (1959; *Der letzte Lord Groan*, 1983) – des Zeichners und Schriftstellers Mervyn Peake aus wie ein Fremdkörper. Der Text, der zeitweise Kultstatus hatte, zeugt von einer geradezu unerschöpflichen, detailbesessenen Erfindungsgabe und einer Erzählvitalität, wie sie in der englischen Literatur sonst wohl nur noch bei Charles Dickens vorkommt. Der episch breite, zahllose *subplots* einschließende Erzählgestus verwendet Elemente des gotischen Romans, der *fantasy literature*, des Bildungsromans und schlägt in dem schon fragmentarischen dritten Band über Science-fiction bzw. negative Utopie den Bogen ins 21. Jahrhundert. Geschildert wird der Zusammenstoß zwischen dem Beharrungsvermögen des Überlieferten und dem Recht des Neuen auf individuelle Entfaltung. Schloß Gormenghast ist der klaustrophobische Alptraum eines Traditionsgebäudes, das sich durch petrifizierte, unverständliche, aber einander gegenseitig begründende Vorschriften stabilisiert und jede Veränderung als Häresie verfolgt. Skurrile Figuren wie der uralte Sourdust sorgen für die buchstäbliche Befolgung der Überlieferung, die bei besonderen Anlässen ihren Höhepunkt erreicht; hier werden die Einwohner des Schlosses nahezu vollständig vom sinnleeren Ritual aufgesogen. Titus Groan, der 77. Earl of Gormenghast, dessen Lebensgeschichte der Roman erzählt, versucht sich der Determination durch die Vergangenheit zu entziehen, sich von seiner Aufgabe als Erbe und Hüter der Tradition zu befreien und zu einer eigenen Individualität zu finden. – P., der u. a.

Samuel T. Coleridges *Ancient Mariner* (1943), Grimms Märchen (1946) und Lewis Carrolls *Alice in Wonderland* (1954) illustriert hat, bedient sich einer Technik radikaler Visualisierung, die jeder toten Metapher ihren früheren Bildgehalt zurückgibt. So bilden im »Room of Roots«, der ursprünglich mit Erde gefüllt war, die sieben Hauptwurzeln der Tradition mit ihren Verzweigungen ein nun in der Luft hängendes, undurchdringliches Geflecht. Die unüberschaubare Architektur des Schlosses verkörpert die geronnene Zeit und die Exzentrik seiner Bewohner. Von gigantischer Ausdehnung und in seiner Gänze unerkennbar, dominiert es als eigentlicher Akteur die ersten beiden Bände – ein riesiger Organismus, der atmet, seufzt, schwitzt und über seine »steinernen Arterien« vergeblich dem eigenen Verfall Einhalt zu gebieten versucht. P.s Gegenentwurf zu den nostalgisch eingefärbten berühmten Landsitzen der englischen Literatur des 20. Jahrhunderts (H. G. Wells' *Bladesover*, E. M. Forsters *Howards End*, Evelyn Waughs *Brideshead*) ist ein unvergeßliches Bild versteinerter Verhältnisse.

Literatur: J. L. Sanders. »›The Passions in the Clay‹: Mervyn Peake's Titus Stories.« *Voices for the Future.* Bd. 3. Hg. Th. D. Clareson/Th. L. Wymer. Bowling Green 1984, 75–105. – C. N. Manlove. *Modern Fantasy: Five Studies.* Cambridge, MA 1975. – J. Batchelor. *Mervyn Peake: A Biographical and Critical Exploration.* London 1974.

Christoph Schöneich

Pepys, Samuel

Geb. 23. 2. 1633 in London; gest. 26. 5. 1703 ebd.

Samuel Pepys verdankt seinen beträchtlichen Nachruhm seiner Rolle beim Aufbau einer modernen, effizienten Marineverwaltung, seiner Theaterleidenschaft, v. a. aber auch seinem Tagebuch, das er von 1659–69 führte und das nicht nur einen für seine Zeit ungewöhnlichen, ungehinderten Einblick in seine komplexe Persönlichkeit gewährt, sondern auch seine erstaunliche Karriere vom Faktotum eines adligen Verwandten zum Berater des Königs und obersten Marineverwalter sowie Präsident der Royal Society und Mitglied des Parlaments dokumentiert. Aus der Sicht eines intimen Kenners der Hauptakteure seiner Zeit läßt er uns an Kabalen und Intrigen, an den großen politischen Ereignissen wie an seinem Alltag teilhaben.

– Geboren als fünftes von insgesamt zehn Kindern eines Londoner Schneiders mit festen puritanischen Lebensgrundsätzen, wurde der junge P. wohl auch mit Blick auf seine einflußreiche und wohlhabende Verwandtschaft zur Schule geschickt. Nach einem kurzen Aufenthalt an der Free School in Huntingdon, der Schule, die auch Oliver Cromwell besucht hatte, wird er 1644 in die St. Paul's School in London aufgenommen. 1650 bemüht sich sein Vater für ihn um ein Stipendium der Londoner Mercer's Company zum Studium in Cambridge. Im Juli 1650 beginnt P. an der Trinity Hall in Cambridge zu studieren, wechselt aber kurz darauf ins Magdalen College. Er bleibt in Cambridge bis 1654, als ihm sein Cousin, der einflußreiche Sir Edward Montague, Mitglied in Cromwells Staatsrat und Bevollmächtigter für die Staatsfinanzen sowie General-at-Sea, eine Stelle als Faktotum anbietet. Obwohl die Bezahlung schlecht ist, heiratet P. im darauffolgenden Jahr Elizabeth St. Michael, die mittellose Tochter eines hugenottischen Immigranten. Die Verbindung zu Sir Edward Montague, der nach der Restauration für seine Verdienste um die Wiederherstellung der Monarchie zum Earl of Sandwich erhoben wird, sollte entscheidenden Einfluß auf P.' Karriere im Naval Office haben. Zuerst in untergeordneter Stellung erntet P. nach der Rückkehr der Stuarts auf den Thron mit Sandwich die Früchte seines Engagements. Er wird zum »Clerk of the Acts« – einem von vier hochrangigen Marinebeamten – ernannt. Dieses Amt brachte nicht nur ein besseres Gehalt und gewachsenes Ansehen mit sich, sondern auch die Möglichkeit, sich in der damals üblichen Weise durch Vorteilsnahme der unterschiedlichsten Art persönlich zu bereichern. P. hat dazu auch nie eine Chance ausgelassen, obwohl er in der für ihn typischen Doppelmoral im Tagebuch immer wieder korruptes Verhalten seiner Kollegen in der Marineverwaltung geißelt.

Das Tagebuch beginnt er in dem Augenblick seines Lebens, in dem seine Ambitionen Gestalt annehmen und er durch seine Nähe zu Sandwich unmittelbar am epochemachenden Ereignis der Restauration teilnehmen darf. Im Tagebuch notiert er auch seine häufigen Theaterbesuche, die er sich selbst dann gönnt, wenn er sie sich eigentlich nicht leisten kann. In einer Welt, in der persönliche Beziehungen entscheidend sind und Professionalität bei der Übernahme und Ausübung eines öffentlichen Amtes meist eine untergeordnete Rolle spielt, erarbeitet sich der statusmäßig wenig abgesicherte P. durch professionelles Herangehen und durch die Entfaltung erstaunlicher sozialer Tugenden eine Reputation, die ihn schließlich zum Berater des Königs und zum obersten Beamten in der Marineverwaltung aufsteigen läßt. Er ist damit ein gutes Beispiel eines bürgerlichen Aufsteigers, der Leistungsbereitschaft und Bildungsdrang in sozialen Aufstieg umsetzt. All dies ist im Tagebuch genau und mit erstaunlicher Direktheit beschrieben. Es ist P.s' einzigartige Stellung als jemand, der zur Welt des Handels ebenso engen Kontakt hat wie zu der des Hofes, die sein Tagebuch zu einem herausragenden sozialgeschichtlichen Dokument macht. Seine Bedürfnisse nach Repräsentation seines gewachsenen Wohlstandes und Ansehens werden dort ebenso ausgebreitet wie sein erstaunliches Geschick im Einschätzen der jeweiligen politischen Lage und der Hauptakteure in ihr. Privates und öffentliches Leben werden mit gleicher Offenheit dargestellt. Häuslicher Streit, seine endlosen Affären, sein außerordentlich geschicktes Parieren von Anfeindungen und Anschuldigungen, sein Geschäftssinn, seine plastische Darstellung der Pest und des großen Feuers von London – all dies verdichtet sich nicht nur zu einem komplexen Bild einer hochinteressanten, aber auch höchst widersprüchlichen Persönlichkeit, sondern auch zu einer historischen und gesellschaftlichen Fallstudie von hohem Authentizitätswert. – P. hat sein Tagebuch in Stenographie abgefaßt, um es vor unbefugten Augen zu schützen. Passagen, in denen er über seine sexuellen Abenteuer berichtet, sind zusätzlich durch ein Kauderwelsch von Latein, Französisch und Spanisch getarnt. In seinem Testament hat er das Tagebuch sowie seine umfangreiche Bibliothek seinem College vermacht. Das Tagebuchmanuskript, das erst seit 1983 vollständig verfügbar ist, ist erst im 19. Jahrhundert transkribiert und in Auszügen publiziert worden. Das Interesse galt damals dem ›öffentlichen P.‹, nicht den privaten und aus dem Blickwinkel der Viktorianer anrüchigen Episoden.

Werkausgaben: *Letters and the Second Diary.* Hg. R. G. Howard. London 1932. – *The Letters of Samuel Pepys and His Family Circle.* Hg. H. T. Heath. Oxford 1955. – *The Diary.* Hg. R. Latham/S. Matthews. 11 Bde. London 1983.

Literatur: V. Brome. *The Other Pepys.* London 1992. – R. Ollard. *Pepys: A Biography.* London 1999 [1974].

Jürgen Schlaeger

Percy, Thomas

Geb. 13. 4. 1729 in Bridgnorth, Shropshire;
gest. 30. 9. 1811 in Dromore, Irland

Der literarische Antiquar und anglikanische
Bischof Thomas Percy war ein Pionier der europäischen Vorromantik. Er studierte in Oxford, als
Robert Lowth seine für diese Bewegung bahnbrechenden Vorlesungen über die schönen Unregelmäßigkeiten der althebräischen Bibelpoesie
hielt. Der liberale englische Klassizismus, der im
Unterschied zum französischen seit Anbeginn
(John Dryden) mehr Imagination gefordert hatte,
führte in Großbritannien schnell zu einer Neubewertung unaugusteischer »primitiver und orientalischer Volkspoesien«. Seit 1761 veröffentlichte P.
Übertragungen altchinesischer, althebräischer, altspanischer und altisländischer Dichtung. Der
Fund einer zum Feueranzünden benutzten alten
Handschrift von 191 Texten, erst 1867–68 als
Percy-Folio herausgegeben, wurde Grundlage seines bedeutendsten Werkes, Reliques of Ancient
English Poetry (1765). Sie enthielt mittelalterliche
Romanzen, Volksballaden sowie Straßenballaden.
Eine Auswahl daraus ergänzte P. durch Texte, die
Freunde wie Thomas Warton aus anderen Manuskripten oder aus mündlicher Überlieferung beisteuerten oder wie William Shenstone als Kunstballaden nachdichteten. Im Unterschied zu späteren Balladenherausgebern (etwa Joseph Ritson)
ging es P. mehr um einen literarischen Beitrag zum
»ballad revival«, das Joseph Addison schon 1711
mit seiner Kritik der Chevy-Chase-Ballade eingeläutet hatte, als um philologische Genauigkeit.
Typisch für die englische Vorromantik war P.s
Glättung von Metrum und Erzählaufbau, während
er die Liedhaftigkeit und Dialektizität sowie die
düstere Schicksalhaftigkeit der Balladen betonte.
Er ergänzte fehlende Strophen in Englisch oder
Scots und formte pasticheartig Fragmente zu
neuen Balladen um. Samuel Johnson, der P.s Projekt zuerst unterstützte, merkte zu spät, daß er ein
Werk gefördert hatte, welches die eigene klassizistische Ästhetik untergrub. Zusammen mit den
vorangestellten Essays, etwa über mittelalterliche
Minnesänger, förderte P.s Werk den romantischen
Primitivismus mit seiner Betonung des Bodenständigen, Schicksalhaften, Nicht-Imitativen,
Spontanen, Bardischen, Volkstümlichen und Liedhaften. So untermalten etwa die Robin-Hood-Balladen die Überlegenheit des Eigenen (Angelsach-

sen) über das importierte Feine und Fremde (Normannen). Nach William Blake und Robert Burns
zeigten sich noch William Wordsworths und Samuel Taylor Coleridges Lyrical Ballads (1798) mit
ihrem Programm einer einfachen Dichtungssprache (wider augusteische Diktion) P. verpflichtet. In
Schottland folgte Sir Walter Scott P.s Vorbild mit
seiner vergleichbaren Sammlung schottischer
Volksballaden und Kunstballaden. In Deutschland
war es v.a. Johann Gottfried Herder, dessen
Sammlung Stimmen der Völker in Liedern
(1778–79) im Gefolge P.s den romantischen Primitivismus förderte, zusammen mit der Vorstellung des Volkslieds als Ausdruck nationaler Identität.

Werkausgaben: Percy's Reliques of Ancient English Poetry.
3 Bde. Hg. H. B. Wheatley. London 1876–77. – The Percy
Letters. Hg. D. N. Smith/C. Brooks. 9 Bde. Baton Rouge/
New Haven 1944–88.
Literatur: R. Lessenich. Dichtungsgeschmack und althebräische Bibelpoesie im 18. Jahrhundert. Köln/Graz 1967.
– A. B. Friedman. The Ballad Revival. Chicago 1961. –
H. Marwell. Thomas Percy: Studien zur Entstehungsgeschichte seiner Werke. Göttingen 1934.

Rolf Lessenich

Phillips, Caryl

Geb. 13. 3. 1958 in Basseterre,
St. Kitts & Nevis, Karibik

Das Werk des in England aufgewachsenen Autors Caryl Phillips kreist um die Themen der
kulturellen und geographischen Entwurzelung.
Migration und Exil prägen das Leben seiner Protagonisten. Während sich seine Dramen mit der
Situation der black community in Großbritannien
beschäftigen, beleuchten seine ersten beiden Romane, The Final Passage (1985; Abschied von der
Tropeninsel, 1988) und A State of Independence
(1986), die jüngere karibische Migrationsgeschichte. Mit dem folgenden Roman, Higher
Ground (1989; Auf festem Grund, 1997), erweitert
Ph. das thematische Spektrum. Die drei Abschnitte
des Buches handeln von einem afrikanischen Kollaborateur in einem Sklavenhandels-Fort, einem
afroamerikanischen Strafgefangenen in den USA
der 1970er Jahre und der Begegnung einer polnischen Jüdin mit einem karibischen Immigranten
im englischen Exil. Diese sich thematisch reflektierenden und ergänzenden Geschichten bilden ein

Mosaik der Geschichte der afro-karibischen Diaspora. Während *Higher Ground* Parallelen über Zeit und Raum aufzeigt, konstatiert *Cambridge* (1991; *Emily und Cambridge*, 1996) unüberwindliche Grenzen trotz räumlicher Nähe. Auf einer karibischen Zuckerrohrplantage kreuzen sich die Wege der Engländerin Emily und des Sklaven Cambridge. Obwohl die Handlungsstränge räumlich und thematisch eng verbunden sind, erkennen die beiden Protagonisten im jeweils anderen nur das Fremde. Auch der folgende Roman, *Crossing the River* (1993; *Jenseits des Flusses*, 1995), macht deutlich, daß Ph.' Bild interkultureller Begegnungen äußerst ambivalent ist. Er zeichnet an den Eckpunkten des ehemaligen Sklavenhandels-Dreiecks die Geschichte der schwarzen Diaspora nach, die damit beginnt, daß ein afrikanischer Vater im 18. Jahrhundert seine drei Kinder in die Sklaverei verkaufen muß. Von diesen Kindern handeln die Teile des Romans: Nash Williams wird im 19. Jahrhundert von einem Plantagenbesitzer freigelassen und kehrt nach Afrika zurück, die ehemalige Sklavin Martha schließt sich einem Siedlertreck in die Nordstaaten an, und Travis, afroamerikanischer Ehemann der weißen Britin Joyce, fällt im Zweiten Weltkrieg. Unterbrochen werden die Erzählungen durch das Logbuch des Sklavenhändlers Hamilton, der 1752 die drei Kinder zusammen mit Hunderten anderer Sklaven in die Neue Welt verschifft. Im Epilog lauscht der afrikanische Vater diesen Stimmen der Diaspora. Sie verbinden sich zu einem jazz-ähnlichen Chorus, der den Roman in einem für Ph. ansonsten untypisch positiven Schlußgesang enden läßt.

Daß Ph. seine Sujets nicht ausschließlich aus der ›schwarzen‹ Geschichte entlehnt, wird mit seinem Roman *The Nature of Blood* (1997; *Blut und Asche*, 2000), deutlich. Ph. verbindet die Geschichte einer jüdischen Familie im Dritten Reich mit der Entstehung des ersten jüdischen Gettos im Italien des 15. Jahrhunderts sowie den Erlebnissen des schwarzen Heerführers Othello. Die verschiedenen Handlungen stehen nicht mehr abgegrenzt nebeneinander, sondern werden ineinander verwoben. Der Text rückt aber auch hier Individuen in den Mittelpunkt, sie sind die Fixpunkte seiner fragmentierten fiktiven Welt. Indem er seinen Figuren eine Stimme verleiht, erhalten die Romane – im Gegensatz zu den oft zynischen Beobachtungen seiner Reisebeschreibungen in *The European Tribe* (1987) und *The Atlantic Sound* (2000) – trotz der beschriebenen historischen Schrecken einen optimistischen Ausblick. Weiße Flecken auf der historiographischen Landkarte werden durch eine individualisierte, fiktive Realität ersetzt.

Literatur: B. Ledent. *Caryl Phillips*. Manchester 2002.

Alexandra Haas

Pilcher, Rosamunde

Geb. 22. 9. 1924 in Lelant, Cornwall

Rosamunde Pilcher ist eine Bestsellerautorin, deren Werke niemand gelesen haben will, obwohl doch zumindest ihr autobiographischer Roman *The Shell Seekers* (1987; *Die Muschelsucher*, 1990) keineswegs trivial ist. In einer für das Genre untypischen Weise bewegt er sich zwischen der 1983 einsetzenden Haupthandlung und der unmittelbar vor und während des Zweiten Weltkriegs spielenden Vorgeschichte und verbindet die Schicksale der Figuren mit dem historischen Hintergrund. Wie so oft in bürgerlicher Erzählliteratur geht es um eine Erbschaft, die in diesem Fall kein Gutshof oder ähnliches ist, sondern ein Gemälde, das dessen Schöpfer, der Vater der 68jährigen Heldin Penelope Keeling, dieser hinterlassen hat. Ihre drei Kinder repräsentieren die Wertvorstellungen der nachfolgenden Generation und sehen in dem Erbstück nicht das Kunstwerk, mit dem sich Traditionen und persönliche Erinnerungen verbinden, sondern einen materiellen Wert, auf den sie Anspruch zu haben glauben. Penelope vermacht es schließlich der Öffentlichkeit und läßt einen anderen Teil ihres Erbes einem jüngeren Paar zugute kommen, das von ihr gewissermaßen ›an Enkels statt‹ angenommen wird.

Wie ihre Heldin Penelope leistete die als Sekretärin ausgebildete P. (geb. Scott) Dienst im Women's Royal Naval Service (1943–46). Mit ihrem Ehemann Graham Hope Pilcher hat sie vier Kinder. Ab 1949 schrieb sie unter dem Namen Jane Fraser für den Romanzen-Verlag Mills and Boon, in den folgenden Jahren auch unter ihrem bürgerlichen Namen. Erst in fortgeschrittenem Alter gelang ihr mit *The Shell Seekers* ein Welterfolg. Unter ihren weiteren Werken ragt v. a. *September* (1990; *September*, 1991) heraus, das geschickt die Milieus von schottischem Adel, glamouröser Geschäftswelt und schlichtem Bürgertum mischt. Ein Ball wird zum Anlaß einer Reunion und zum Katalysator der dramatischen Zuspitzung von lange gewachsenen Spannungen und Familienkrisen. Ein durchschnittlicheres Beispiel für P.s – uvre ist *Wild Mountain Thyme* (1978; *Wilder Thymian*, 1993), eine Dreiecksgeschichte, in der die Boutiqueverkäuferin Victoria sich zwischen einem unreifen Künstler und einem sympathischen schottischamerikanischen Geschäftsmann entscheiden muß. Die meisten von P.s Werken sind als triviale Romanzen zu bezeichnen, die jeweils ein ganzes Geflecht von Beziehungen zwischen Familienangehörigen verschiedener Generationen schildern, ohne jedoch auf ein junges Liebespaar zu verzichten. Wie in *The Shell Seekers* dominiert häufig die Großmutterperspektive, die mit der der Enkelgeneration übereinstimmt, während die mittlere Generation am wenigsten in der Lage ist, ihr Leben zu ordnen. Als Schauplätze dienen P. hauptsächlich die traditionell als romantisch empfundenen Randregionen der Britischen Insel, Cornwall und Schottland. Die genreüblichen konservativen Wertvorstellungen werden durch ein leicht modernisiertes Milieu kaschiert. Seit ihrem Erscheinen gehören P.s Romane, deren Verfilmungen als Fernsehsendungen zu hoher Popularität gelangten, zu den erfolgreichsten ihrer Art.

Literatur: S.-W. Jones. »*The Shell Seekers* and Working Women Readers' Search for Serenity.« *Women: A Cultural Review* 10.3 (1999), 326–340. – E. Späth. »Das Konzept der Familie in den Erfolgsromanen Rosamunde Pilchers, *The Shell Seekers* und *September*.« *Unterhaltungsliteratur der achtziger und neunziger Jahre.* Hg. D. Petzold/E. Späth. Erlangen 1998, 229–255.

Eberhard Späth

Pinter, Harold
Geb. 10. 10. 1930 in London

Harold Pinter ist einer der erfolgreichsten Dramatiker des englischen Gegenwartstheaters, dessen Werk zunächst in den Kontext des Theaters des Absurden gestellt wurde, in dieser Kategorie aber nie aufging und schnell auch nach anderen Kriterien, etwa als realistische Darstellung der Wirklichkeit, symbolische Präsentation menschlicher Grundsituationen oder als gattungsbezogene Reflexion der Möglichkeiten und Grenzen von Drama und Sprache, interpretiert wurde. Das dramatische – uvre läßt sich grob in drei Gruppen einteilen, die eine gewisse Entwicklung widerspiegeln, sich aber auch überlappen und wesentliche Gemeinsamkeiten in formaler und thematischer Hinsicht aufweisen: a) Dramen, in denen eine konkrete physische Bedrohung aus der Außenwelt in einen bewohnten und Sicherheit versprechenden Innenraum eindringt; b) Dramen, in denen Bedrohung und Verunsicherung weniger von außen als vielmehr von innen (psychisch) durch Sprache, Erinnerung und Imagination entsteht; c) Dramen, die deutlich politisch intendiert sind und damit einen konkreten Bezug zur Lebenswirklichkeit der Rezipienten haben. – In den Stücken der 1990er zeigt sich deutlicher als früher, daß sich bei P. diese Themen eng miteinander verbinden und er für ihre Darstellung im wesentlichen dieselben dramatischen Formen verwendet. Es gibt damit nur an der Oberfläche eine erstaunliche Entwicklung vom absurden zum politischen Drama bei P., während seine Werke in ihren Grundcharakteristika deutliche Gemeinsamkeiten aufweisen. Schon der relativ früh verwendete Begriff ›pinteresk‹ verweist auf solch grundlegende Charakteristiken und auf P.s Leistung, durch Dialoge, die alle Nuancen alltäglicher Sprache reproduzieren, die Schwierigkeiten und Vielschichtigkeiten menschlicher Kommunikation aufzuzeigen. ›Pinteresk‹ bezeichnet eine Sprachverwendung, in der sich Alltags- und Umgangssprache, Satz- und Gedankenteile, Sprach-, Denk- und Handlungsklischees, Wiederholungen, Pausen und Andeutungen so verdichten, daß aus scheinbar gewöhnlicher Prosa Dichtung wird, die ebensoviel impliziert wie sie direkt ausdrückt, die zeigt, wie Sprache als Maske, Waffe oder Ausflucht gebraucht wird, und die bei aller Vieldeutigkeit trotzdem individuelle Charaktere offenlegt. Das Gesagte (der Text) klingt wie normale Alltagssprache, gleichzeitig ist aber darin so viel Wichtiges impliziert (ein Subtext), daß sich eine für P. spezifische Mischung von realistischer und künstlerisch stilisierter Sprachverwendung ergibt. Die Interpretation der Stücke erfordert in hohem Maß die aktive Beteiligung der Rezipienten beim Vergleich zwischen Gesagtem und Gemeintem, zwischen Sprache und Handlung, Teil und Ganzem. Mit dem formalen Element des Pinteresken verbindet sich untrennbar der wesentliche inhaltliche Aspekt der Bedrohung: Wo nie alles klar ausgesprochen wird, bleibt immer Raum für weitere Möglichkeiten, das Nichtgesagte kann Positives wie Negatives implizieren, und alles zur Sprache Gebrachte kann durch weitere Worte oder Handlungen wieder geleugnet oder verändert werden. Neben dem Charakteristikum des Pinteresken eignet sich daher die von Irving Wardle 1958 für das Frühwerk verwendete

Bezeichnung ›comedy of menace‹ (›Komödie der Bedrohung‹) für alle Werke P. s., wenn man ›Komödie‹ nicht als bloße Unterhaltung versteht, sondern als Gattung, die Komik, Witz und typische Alltagssituationen zur Darstellung und Kritik von Gesellschaft benutzt. P. geht spielerisch und kreativ mit dieser Tradition der Sittenkomödie (comedy of manners) um und verbindet sie mit modernen Themen wie existentielle Unsicherheit und Bedrohung. Der Kampf um Positionen in menschlicher Gemeinschaft und die Ängste des Individuums in der modernen Welt sind die wesentlichen Inhalte seiner Stücke, wobei es aufschlußreiche Veränderungen bzw. Nuancierungen in den drei genannten Werkgruppen gibt. Mit der ständigen Gefahr einer Bedrohung (von außen durch Individuen und politische Kräfte oder durch den Menschen selbst, durch Gefühle, Ängste, Bedürfnisse, aber auch die Unwägbarkeiten der Realität und Sprache) ist bei P. immer Mehrdeutigkeit verbunden. Damit werden in seinem Werk grundsätzlich menschliche Erkenntnis und Selbstgewißheit, die Realität und Alltagswelt sowie deren Wahrnehmung in Frage gestellt. Aber P. endet nicht in postmoderner Offenheit, was am besten zu erkennen ist, wenn man die politischen Dramen, die deutliche Wertungen beinhalten, mit den anderen vergleicht und dabei die gerade genannten Gemeinsamkeiten feststellt. – P. gilt inzwischen als moderner Klassiker, und diese Einschätzung verweist auf die große Wirkung seiner Dramen ebenso wie auf ihre Darstellung von aktuellen, andauernden Problemen der Moderne. Hauptthemen sind individuelle und gesellschaftliche Identität, das Verhältnis von Sprache zu Wirklichkeit und Wahrheit, die Bedeutung von Erinnerung und Imagination, die Relation von Bewußtsein und Unbewußtem, das Problem der grundsätzlichen Möglichkeit von Erkenntnis sowie existentielle Ängste und alle Versuche, Angst und Unsicherheit zu vermeiden und in menschlicher Gemeinschaft eine akzeptable, befriedigende Rolle einzunehmen. Dabei betont P. auch in seinen politischen Werken die besondere Bedeutung des Individuums, das mit allen Mängeln und Schwächen immer im Zentrum seiner Werke steht.

Seine Laufbahn begann P. 1949 als Schauspieler, und er tritt weiterhin gelegentlich auf der Bühne, im Fernsehen oder Film auf. Dort arbeitet er auch als Regisseur, und er hat mehr als 20, z. T. sehr erfolgreiche Drehbücher verfaßt. Zunächst schrieb er Gedichte und kurze Prosatexte, bevor

1957 seine ersten Kurzdramen, The Room (Das Zimmer, 1969) und The Dumb Waiter (Der stumme Diener, 1959), 1958 das erste abendfüllende Stück, The Birthday Party (Die Geburtstagsfeier, 1959), und 1960 sein großer Durchbruch The Caretaker (Der Hausmeister, 1960) erschienen. Danach verfaßte P. kürzere Texte für Bühne, Hörfunk und Fernsehen. 1965 erschien sein nächster großer Erfolg, The Homecoming (Die Heimkehr, 1965). Schon innerhalb dieser ersten Werkgruppe verlagert sich die allen Stücken gemeinsame Bedrohung von einer undefinierbaren, unverstehbaren, widersprüchlichen Außenwelt immer mehr in die Figuren selbst. The Homecoming deutet dies schon im Titel an. Während in dem Stück The Birthday Party die Bedrohung noch deutlich von außen kommt, liegt sie hier in der Familie selbst und in all den immanenten Ambiguitäten, die nie aufgelöst werden. ›Geburtstagsfeier‹ und ›Heimkehr‹ sind im Grunde Ereignisse, die die Geburt, Rückkehr und Anerkennung der menschlichen Grundbefangenheit in Triebhaftigkeit und Lebensangst markieren, ohne daß dies wirklich ein Grund zum Feiern wäre. P.s Dramen sind nie Feiern menschlicher Leistungen, sondern immer Dokumente des Scheiterns und existentieller Probleme. So stellen schon alle frühen Stücke heraus, wodurch eine positive menschliche Gemeinschaft unmöglich gemacht wird, und präsentieren die unheimliche, oft nicht klar ausgesprochene Bedrohung durch andere Menschen, die Unsicherheit der individuellen Situation, die Unwilligkeit und Unfähigkeit der Menschen, sich klar auszusprechen. – Mit den Dramen Landscape und Silence (1969; Landschaft und Schweigen, 1970) wird die Bedeutung von Erinnerung und Imagination, die bisher eher im Hintergrund stand, hervorgehoben und direkt thematisiert. Old Times (1971; Alte Zeiten, 1972) etwa macht deutlich, wie sehr die Vergangenheit von menschlichen Gefühlen abhängig ist und wie vergangenes Erleben nachträglich rekonstruiert bzw. nach eigenen Vorstellungen umgestaltet wird; die objektive Darstellung der Vergangenheit erscheint unmöglich. Betrayal (1978; Betrogen, 1978) weist jedoch darauf hin, daß es trotz aller Subjektivität objektive Sachverhalte gibt, die zum Scheitern von Beziehungen führen und dazu, daß man nicht nur andere, sondern auch sich selbst betrügt. Die Kurzdramentrilogie Other Places (1982; An anderen Orten, 1988) setzt P.s Auseinandersetzung mit der Vergangenheit, ihrer Erinnerung und Imaginierung, ihrem ständigen Einfluß

auf die Gegenwart und menschlichen Möglichkeiten mit ihr umzugehen, fort. – P.s explizit
politische Stücke (*Precisely*, 1983, *Genau*, 1991;
One for the Road, 1984, *Noch einen letzten*, 1991;
Mountain Language, 1988, *Berg-Sprache*, 1998;
Party Time, 1991; *The New World Order*, 1991)
unterscheiden sich von den anderen v. a. dadurch,
daß Rollen und ihre Bewertungen, gut und böse,
deutlicher erkennbar sind und daß den weiterhin
keine expliziten politischen Aussagen machenden
Texten durch Sub- und Kontexte die relevanten
politischen Bedeutungen nahegelegt werden, so
etwa durch die Publikation von *Precisely* in einem
Band für Frieden und gegen Atomwaffen und die
Kontextualisierung von *One for the Road* durch P.s
Engagement gegen Folter. P.s Dramen weisen insgesamt eine besonders aufschlußreiche Relation
zwischen dem eigentlichem Text, dem damit verbundenen implizierten Subtext und dem außerhalb liegenden Kontext auf, wobei in den politischen Werken Dramenformen und -inhalte nicht
wesentlich anders sind, die lebensweltbezogenen
Sub- und Kontexte aber direkter politisch mit den
textinternen Zeichen verbunden werden können. –
Von den neuesten Stücken zeigen besonders
Moonlight (1993; *Mondlicht*, 2000) und *Ashes to
Ashes* (1996; *Asche zu Asche*, 2000) die Fortsetzung,
Erweiterung und Verbindung der bisherigen Themen miteinander. Beide handeln wieder von Erinnerung und der Schwierigkeit, Vergangenheit und
Gegenwart, persönliche Identität und individuelles
Handeln in Sprache zu fassen, geschweige denn zu
erklären. Wahrheit ist und bleibt problematisch,
aber es wird deutlich, daß eine mit subjektiver
Phantasie und persönlicher Bedürfnisbefriedigung
gleichgesetzte Realität Leben zerstört und daß Erinnerung als Flucht vor der Realität zwar eine
subjektive, nicht aber eine gesellschaftliche Hilfe
sein kann. Die Stücke sind weiterhin mehrschichtig und vieldeutig, so daß etwa das letzte sowohl
eine Erinnerung an ein Konzentrationslager, die
Darstellung einer akuten Situation in einem solchen Lager oder aber auch, wie P. es selbst sieht,
eine Präsentation gegenwärtiger Vorstellungen
über Menschengeschichte und der Wirkungen solcher Konzepte auf den menschlichen Geist und das
Selbstverständnis der Gegenwart ist. Indem P. von
Beginn an zeigt, daß alles in der Welt von der
Wahrnehmung abhängig und dementsprechend
veränderlich ist, machen seine Werke auf die Bedeutung des Geistes aufmerksam und enthalten
damit eine besondere Form der Mimesis, nämlich

die Nachahmung menschlicher Verstehenspro-
zesse. Auf diese Weise führen die komplexen und
nicht leicht zu verstehenden Dramen die Rezipienten zu grundlegender Gesellschafts- und Selbsterkenntnis, zu umfassender Reflexion über Realität
und alle Probleme ihrer Darstellung und Bewertung. 2005 erhielt Pinter den Nobelpreis.

Werkausgaben: *Plays*. 4 Bde. London 1996–98. – *Collec-
ted Screenplays*. 3 Bde. London 2000.
Literatur: P. Raby, Hg. *The Cambridge Companion to
Harold Pinter*. Cambridge 2001. – K. P. Müller. *Wert-
strukturen und Wertewandel im englischen Drama der
Gegenwart*. Trier 2000. – M. Billington. *The Life and
Work of Harold Pinter*. London 1996. – S. H. Merritt.
*Pinter in Play: Critical Strategies and the Plays of Harold
Pinter*. London 1990.

Klaus Peter Müller

Plaatje, Sol[omon] T[shekisho]

Geb. 9. 10. 1876 in Podisetlhogo, Oranje
Freistaat, Südafrika;
gest. 19. 6. 1932 in Johannesburg

Sol Plaatje, Politiker, Historiker, Journalist,
Übersetzer und Sozialarbeiter, ist zweifelsohne
eine der interessantesten Gestalten der südafrikanischen Literatur. Ohne nennenswerte Schulbildung beherrschte er mindestens neun Sprachen
(darunter auch Deutsch), wurde Herausgeber der
ersten Zeitung in Setswana (*Koranta ea Becoana*),
übersetzte mehrere Stücke Shakespeares und
wurde 1912 Gründungsmitglied des South African
Native National Congress (später African National
Congress). In seinem Leben und Werk repräsentiert er auf bemerkenswert symbiotische Weise
zugleich den politischen Aktivisten und den literarischen Wegbereiter.

Das erst 1969 entdeckte *Boer War Diary*
(1973), neu herausgegeben als *Mafeking Diary: A
Black Man's View of a White Man's War* (1990),
enthält Eintragungen von Oktober 1899 bis März
1900 über P.s Erfahrungen als Gerichtsdolmet-
scher während der Belagerung von Mafeking im
Burenkrieg. Aus der (damals ungewöhnlichen)
Sicht eines Schwarzen berichtet der 23jährige P.
mit unbeschwertem Humor über die bisher kaum
registrierte Beteiligung der Schwarzen am »Krieg
der Weißen«. *Native Life in South Africa* (1916)
wird zu Recht als eines der wichtigsten politischen
Werke Südafrikas angesehen. Es ist eine leiden-

schaftliche Anklage gegen die Auswirkungen des *Natives' Land Act* von 1913, den P. wegen seines Zieles, die schwarze Mehrheit in Reservate auf nur sieben Prozent des Landes einzupferchen, als »tyrannischen Erlaß« anprangerte. P. hatte große Teile Südafrikas bereist, um das Schicksal enteigneter Landbesitzer zu dokumentieren und vor der Schaffung einer landlosen Bauernbevölkerung zu warnen. Einerseits eine einzigartige Schilderung des damaligen Südafrika, diente das Buch gleichzeitig als Waffe im politischen Kampf um die Aufhebung des Gesetzes. Als Mitglied einer Delegation des South African Native National Congress begab sich P. nach England, um bei der britischen Regierung gegen die Gesetzgebung zu protestieren und die Unterstützung der britischen Öffentlichkeit zu gewinnen. P.s Roman *Mhudi* – der erste eines schwarzen Südafrikaners – entstand 1917–20, wurde aber erst 1930 von einem Missionsverlag veröffentlicht. Er nimmt die Thematik der Enteignung zum Teil wieder auf, indem er Parallelen zwischen der Geschichte der Barolong (P.s Stamm) im 19. Jahrhundert und deren Unterdrückung in der Gegenwart von 1917 herstellt. P. schildert, wie es den Buren um 1830 nur durch eine Allianz mit den Barolong gelang, die Matabele zu besiegen, weist aber gleichzeitig durch eine Prophezeiung Mzilikazis auf das Verhängnisvolle einer solchen Verbindung mit den künftigen Kolonisatoren hin. P. verbindet den Versuch einer Revision der verzerrt überlieferten vorkolonialen Geschichte seines Volkes aus schwarzer Sicht mit der Darstellung einer Liebesgeschichte, die in der Hoffnung verkörpernden Titelfigur eine Heldin von großer Ausstrahlung präsentiert. Interessant ist der Roman auch durch seine bemerkenswerte Erkundung der Verbindungen zwischen der mündlichen Überlieferung Afrikas und der P. sehr vertrauten literarischen Tradition von Shakespeare und John Bunyan.

Werkausgabe: *Selected Writings*. Hg. B. Willan. Johannesburg 1996.
Literatur: B. Willan. *Sol Plaatje: South African Nationalist, 1876–1932*. London 1984.

Geoffrey V. Davis

Plomer, William [Charles Franklyn]

Geb. 10. 12. 1903 in Pietersburg, Transvaal, Südafrika;
gest. 21. 9. 1973 in Lewes, East Sussex

In seiner Jugend ständig zwischen Südafrika und England pendelnd und nach 1926 permanent außerhalb seines Geburtslandes lebend, hat sich William Plomer zeitlebens als »doubly displaced person« betrachtet, mit der Folge »doubly involved, doubly detached« zu sein: Einerseits gehört er, zumal als symbolistischer Dichter, zum Kanon der englischen Moderne, andererseits ist er mit seinem frühen Roman *Turbot Wolfe* (1926; *Turbot Wolfe: Eine politische Liebesgeschichte aus Südafrika*, 1993) als richtungsweisender Erneuerer der südafrikanischen Literatur in die Geschichte eingegangen: Zusammen mit Roy Campbell und Laurens van der Post gründet er 1926 die avantgardistische Kulturzeitschrift *Voorslag* (»Peitschenhieb«), die Südafrika aus seiner kulturellen wie moralischen Lethargie – mit ihrer Verbindung von ästhetischem Traditionalismus und Rassismus – aufschrecken sollte. Obwohl ihr Projekt nach kurzer Zeit scheiterte und alle drei wenig später Südafrika verließen, weil ihr liberal-humanistischer Appell ihnen massive Anfeindungen und zumal den Vorwurf der Negrophilie einbrachte, so ist ihr Therapieversuch rückblickend ebenso mutig wie bewundernswert: Um die kranke südafrikanische Gesellschaft zu heilen, bedarf es – so der programmatische Eröffnungstitel »Why Voorslag?« der Zeitschrift – einer kräftigen Dosis europäischamerikanischer Moderne: Zu den – meist von den Herausgebern verfaßten – Beiträgen gehören Übersetzungen von Baudelaire, Artikel über Cézanne, Dostojewski, T. S. Eliot, Whitman, Gauguin, Essays über die Psychologie des Rassismus, bitterböse Invektiven gegen den kolonialen Provinzialismus Südafrikas. P. steuert zudem die Fortsetzungssatire »Portraits in the Nude« bei, die Prosaskizzen von Typen und Situationen aus dem südafrikanischen Alltagsleben bietet. Die Kritik richtet sich gegen den Rassismus, die Bigotterie und den kruden Materialismus einer kolonialen Gesellschaft, die ihr psychologisches Ventil in privat ausgelebten Perversionen findet. – Ähnlich ist die Thematik seines Romans angelegt: Der Titelheld und Ich-Erzähler, der an einem unheilbaren Fieber leidet, hat auf dem Totenbett halluzinatorische Erinnerungen an einen rassistischen Zwischenfall, was dem Roman eine normale Realitätswahrnehmungen übersteigende »gothic quality« verleiht. Dabei geht es um ein altes südafrikanisches Tabuthema, nämlich die »miscegenation«, d. h. die erotische Anziehungskraft über die Rassenschranken hinweg: Wolfe begehrt eine Zulu-Frau, und eine andere Romanheldin, Mabel van der Horst, möchte einen Schwarzen heiraten. Auch wenn diese Absichten nicht verwirklicht werden, sind sie doch eingebettet in die von diesen Figuren gehegten Visionen einer gemischtrassigen, egalitären Gesellschaft. Ihr Scheitern offenbart letztlich das Unvermögen des liberalen Humanismus, grundlegend die Verhältnisse zu ändern, weil er lediglich auf die interpersonelle Ebene abzielt und ein Sensorium für die tieferliegenden sozialen wie materiellen Bedingungsfaktoren einer Rassengesellschaft vermissen läßt. Der exaltierte psychische Zustand des Ich-Erzählers wird narrativ umgesetzt in eine parataktische Sequenz von Szenen, denen jede kausale oder temporale Logik abgeht und deren Syntax von Wiederholungen, Kontinuitätsabbrüchen und Satzanhäufungen gekennzeichnet ist. Der Roman verursachte also Furore in zweierlei Hinsicht: einmal wegen seiner für Südafrika provokativ-experimentellen Modernität, sodann wegen der gesellschaftlichen Relevanz, die in der (vielzitierten) Aussage einer Figur pointiert wird: »there is no native question. It isn't a question. It's an answer.« Südafrikas Probleme resultieren aus den immer schon gegebenen Antworten des Rassismus: Dies so eindeutig und so früh formuliert zu haben, ist das bleibende Verdienst P. s.

Literatur: E. Reckwitz. »Mentality, Systems Theory and Literary Avantgarde: The Relevance of *Voorslag*.« *Constructing South African Literary History*. Hg. E. Lehmann et al. Essen 2000, 87–98. – P. F. Alexander. *William Plomer*. Oxford 1990. – G. Haresnape. »William Plomer.« *South African English Literature*. Hg. M. Chapman u.a. Johannesburg 1992, 113–123.

Erhard Reckwitz

Poliakoff, Stephen

Geb. 14. 12. 1952 in London

Die jüdische Familie Stephen Poliakoffs mußte 1924 vor dem Antisemitismus der Revolution aus Rußland nach England fliehen. Der wohlhabende Mittelklasse-Hintergrund seiner Familie erlaubte

P. den Besuch der renommierten Westminster School in London und später den Beginn eines Geschichtsstudiums am King's College in Cambridge, das er allerdings nach zwei Jahren ohne Abschluß abbrach. Noch in der Schulzeit schrieb er *Granny* (1969), das in seiner ehemaligen Londoner Schule aufgeführt wurde. Londoner Kritiker sahen das Stück und stellten einen Kontakt zum Royal Court Theatre her, der in eine kurze Workshop-Zusammenarbeit P.s mit der alternativen Theatergruppe *Portable Theatre* (u. a. David Hare, Howard Brenton) mündet, aus der das Skandalstück *Lay-By* (1971) hervorging. P. ging aber schnell und bestimmt seinen eigenen Weg weiter, und neue Stücke folgten rasch. P. s. Durchbruch als etablierter Gegenwartsdramatiker gelang ihm zunächst mit *Hitting Town* (1975) und dann endgültig mit *City Sugar* (1976; *City Sugar*, 1976), welches P. den begehrten Nachwuchspreis des *Evening Standard* einbrachte und ihn im Alter von 24 Jahren zum ersten Hausschreiber am National Theatre machte.

Zentrale Themen im dramatischen Frühwerk P.s sind die Frustration und Desorientierung seiner überwiegend jugendlichen Protagonisten sowie eine an John Osborne, Edward Bond und Antonin Artauds ›Theater der Grausamkeit‹ geschulte, in den 1960er-70er Jahren im englischen Gegenwartsdrama omnipräsente Darstellung von Gewalt, die bei P. allerdings weniger physischer als psychisch-emotionaler Natur ist. Diese Gewalt bringt ein atmosphärisch dichtes und visuell und taktil spürbares Theater hervor. Zentrale Bilder und Anliegen seiner Dramen sind dabei die gesichtslos-indifferente Großstadt, die Erfahrungswelt Jugendlicher in diesen urbanen Wüsten, die welterzeugenden Kräfte moderner Massenmedien oder die zeitgenössische Pop-Kultur. *Strawberry Fields* (1977; *Strawberry Fields*, 1977) behandelt das Motiv der Orientierungslosigkeit Jugendlicher aus deutlich politischerer Perspektive. Hier nimmt P. das in den 1970er Jahren in England manifeste Problem des Rechtsradikalismus auf und interpretiert die Sehnsucht nach charismatischen Führerpersönlichkeiten als fehlgeleitete, neo-romantische Suche nach Absolutheit. – Seit den 1980er Jahren hat P. Abschied vom Thema des großstädtischen Jugendlichen genommen, seine Stücke bleiben aber einer Ästhetik kultureller Imagination verpflichtet: Dramen wie *Favourite Nights* (1981), *Coming in to Land* (1986; *Land in Sicht*, 1989), *Playing with Trains* (1989) oder *Sienna Red* (1992) reflektieren die Kreativität und Imagination des Individuums, die von zerstörerischen systemischen und sozialen Zwängen bedroht wird. In den 1990er Jahren erzählt *Sweet Panic* (1995) von einer ebenso bewegenden wie verstörenden Beziehung zwischen einer Psychotherapeutin und ihrer Patientin. *Talk of the City* (1998) geht der Frage nach, warum die BBC nicht auf die Judenverfolgung in Deutschland aufmerksam gemacht hat. – Neben der Arbeit als Theaterautor und als Regisseur seiner Dramen hat P. wichtige Drehbücher für das Fernsehen und für den Film vorgelegt, aus deren Gesamtheit *Bloody Kids* (1980) unter der Regie von Stephen Frears und, unter eigener Regie, *Hidden City* (1987), *Close My Eyes* (1991) und der Dreiteiler *Shooting the Past* (1999) herausragen. P.s Stücke haben sämtliche große Bühnen Englands erreicht und sind vielfach auch international aufgeführt worden. Dennoch ist ihm bislang der ganz große Wurf nicht zuletzt deshalb kaum gelungen, weil sich seine Dramen nicht nur gängigen Ordnungsmustern wie ›sozialem Realismus‹ oder ›politischem Theater‹ entziehen, sondern auch eine zuweilen befremdend heterogene, stilistisch idiosynkratische Mischung aus gesellschaftlichem Engagement und subjektiver Vision und Phantasie bieten.

Werkausgabe: *Plays*. 3 Bde. London 1989–98.
Literatur: M. Middeke. *Stephen Poliakoff: Drama und Dramaturgie in der abstrakten Gesellschaft*. Paderborn 1994. – M. Raab. *»The Music Hall is Dying«: Die Thematisierung der Unterhaltungsindustrie im englischen Gegenwartsdrama*. Tübingen 1989.

Martin Middeke

Pope, Alexander

Geb. 21. 5. 1688 in London;
gest. 30. 5. 1744 in Twickenham bei London

Als überragende Gestalt der klassizistischen Dichtung Englands ist Alexander Pope gleichsam deren Synonym. Die Biographie des im Revolutionsjahr 1688 Geborenen steht unter einem ironischen Vorzeichen, denn der repräsentativste Dichter des nachrevolutionären England gehörte als katholischer Kaufmannssohn zu einer in ihren bürgerlichen Rechten eingeschränkten Minderheit, welcher der Besuch der höheren Bildungsstätten versagt war. Durch die Zeitumstände gezwungen, als Autodidakt eine umfassende Bildung zu er-

werben, wurde P. gleichwohl zum vollendeten Interpreten des kulturellen und gesellschaftlichen Selbstverständnisses Englands im Aufklärungszeitalter.

Der frühreife, aber durch körperliche Mißbildung (einen Buckel) belastete P. gab schon in jugendlichem Alter seinen literarischen Ehrgeiz zu erkennen, der sich in Versübersetzungen antiker und Nachahmungen englischer Dichter ankündigte. Das hochgespannte, auf öffentliche Anerkennung drängende Selbstbewußtsein P.s artikulierte sich unmißverständlich in dem 1711 veröffentlichten, aber weiter zurückzudatierenden *Essay on Criticism* (*Versuch über die Kritik*, 1745). Dieses literaturkritische Manifest steht in der Tradition des poetologische Probleme behandelnden Versessays und erhält seine besondere Signatur durch P.s ungewöhnlich brillante Handhabung des zu epigrammatischer Prägnanz genutzten *heroic couplet*; das von P. im Laufe seiner Karriere in erstaunlicher Variationsbreite eingesetzte lange Reimpaar sollte seine Domäne bleiben. Als *An Essay on Criticism* erschien, war P. bereits auf dem Weg zur *rota Vergilii*; mit den 1709 in Jacob Tonsons *Poetical Miscellanies* veröffentlichten *Pastorals* tat er den ersten Schritt, um in Nachfolge des lateinischen Vorbildes die Trias von bukolischer, georgischer und epischer Dichtung planmäßig zu verwirklichen. Obwohl es sich bei den *Pastorals* um sein eigentliches Erstlingswerk handelt, belegen die im Jahreszeitenrhythmus angeordneten Gedichte P.s ungewöhnlich früh ausgebildete technische Virtuosität.

Zwar bedeuteten die *Pastorals* P.s Approbation als Dichter durch die englische Öffentlichkeit, doch konnte er mit diesem eleganten Entree noch nicht in die geistigen Auseinandersetzungen der Zeit eingreifen. In die gesellschaftlichen und weltanschaulichen Diskurse der Epoche schaltete er sich erst im Zuge der weiteren Realisierung der von Vergil vorgegebenen Gattungsmuster ein. Mit *Windsor Forest* (1713; *Der Wald bei Windsor*, 1778), seinem Pendant zu Vergils *Georgica*, erhob P. öffentlich-politische Ansprüche im Medium der Landschaftsdichtung. Dieses strukturell komplexe und in der Stringenz seiner literarischen Ausführung meisterhafte Werk ist von der Literaturgeschichtsschreibung lange unterschätzt worden; das politische Manifest zugunsten des emblematisch und mythologisch verbrämten Hauses Stuart und der von den Tories erreichten Beendigung des Spanischen Erbfolgekrieges ist dank seiner poeti-

schen Sublimierung eine Dichtung auf weltlite-
rarischem Niveau. In *Windsor Forest* wird intellektuell transparente Naturbeschreibung durch
Analogiebildung großen Stils zum Resonanzboden
für propagandistische Aussageimpulse. Von der
antiken Vorstellung der *concordia discors* ausgehend, kennzeichnet P. die Landschaft um Windsor
als eine durch harmonische Vielfalt geprägte Kon-
trastharmonie, in der sich kosmische Gesetze widerspiegeln. Von Windsor Forest als Anschauungs-
modell solcher universellen Ordnung geht somit
zugleich der Anspruch der Naturgemäßheit seiner
politischen Ordnung aus; als Königssitz Mikrokosmos Englands, verkörpert es mit seinem länd-
lich-aristokratischen Ambiente in idealtypischer
Weise das politische Selbstverständnis des erstark-
ten Toryismus. An einheimische topographische
Dichtungen wie insbesondere Sir John Denhams
Cooper's Hill (1642) anknüpfend, zeichnet sich
Windsor Forest diesen gegenüber durch die nahtlose Verschränkung von Naturbeschreibung, historischen Reminiszenzen und aktualisierender
politischer Reflexion aus.

P.s parteipolitisches Engagement in *Windsor
Forest* bedeutete auch insofern einen Wendepunkt,
als er sich nun den Tories annäherte. Seine Mitgliedschaft in dem Literaten und Politiker dieser
Richtung anziehenden Scriblerus Club, dem neben
Jonathan Swift auch John Gay und John Arbuthnot angehörten, bestätigte P.s Neuorientierung auf
politisch-gesellschaftlichem Parkett.

P.s letzter Schritt zur Einlösung der *rota Vergilii*
erfolgte unter der Antike gegenüber erheblich veränderten kulturellen Rahmenbedingungen für die
Produktion von Epen. An die Stelle des traditionellen Epos, dem das Fundament einer mythisch-
heroischen Weltsicht entzogen worden war, traten
Werke, welche die Verschiebung der gesellschaftlichen und intellektuellen Ausgangslage signalisier-
ten. Mit *The Rape of the Lock* (1712 in vorläufiger,
1714 in endgültiger Fassung mit fünf statt zwei
Gesängen erschienen; *Herrn Alexander Popens
Lockenraub, ein scherzhaftes Heldengedicht*, 1744)
demonstrierte P. seine perfekte Beherrschung der
epischen Manier in zeitgemäßem Gewand. In diesem komischen Epos, das in Nicolas Boileaus *Le
Lutrin* (1674/83) seinen wichtigsten Vorläufer besitzt, rückt der Raub einer Haarlocke eines jungen
Mädchens der Oberschicht ins Zentrum eines brillanten Gemäldes der Londoner Gesellschaft. Die
Mittelpunktstellung dieser an sich unbedeutenden,
aber an den Raub der Helena erinnernden Bege-

benheit ist Indiz für den – durchaus komplexen –
Aussagewillen des Autors, der das gesamte technische und motivliche Repertoire der herkömmlichen Heldendichtung für seine Gestaltungsinten-
tionen konsequent nutzbar macht. P.s literarischer
Hebel dafür ist die ingeniös gehandhabte diminutive Methode, die überlegte Reduzierung der epischen Dimensionen, mit deren Hilfe er die um
elegante Trivialitäten kreisende Existenz der oberen Klassen witzig-ironisch beleuchtet. So werden
aus Waffen Kosmetika, an die Stelle der Ahnentafel
eines berühmten Geschlechts tritt die Genealogie
einer Haarnadel, und der homerische Schild wird
durch Belindas Petticoat ersetzt. Indem durchgehend eitle Nichtigkeiten mit epischen Reminiszenzen versehen werden, wird deutlich, daß die
Lebensführung der zeitgenössischen aristokratischen Gesellschaft eben nicht mehr heroischen
Maßstäben entsprach. Doch diese sanfte, nie ver-
letzende Kritik stellt nur die eine Seite der Medaille
dar. Denn das Diminutive ist nicht nur das Unbedeutende, sondern zumindest ebensosehr das
Reizvolle, Exquisite und Kokette – gerade der feminine Einschlag von *The Rape of the Lock* trägt dazu
bei, eine Salonatmosphäre von rokokohafter Eleganz zu beschwören. Die epische Verbrämung des
Trivialen schmeichelte also zugleich einer Gesellschaft, die selbst in der Kultivierung des Unbedeutenden faszinierte. Durch P.s geistreiche, Zustimmung und Kritik in schillerndem Gleichgewicht haltende Auseinandersetzung mit epischen
Wertmaßstäben wurde die Gattung des komischen
Epos zum adäquaten Medium für die Beleuchtung
der zeitgenössischen Wirklichkeit. *The Rape of the
Lock* ist mit Dresdner Porzellan und einem Menu-
ett verglichen worden; in seiner kaum übertreffba-
ren Einheit der Tonart, seiner grazilen Korrektheit
und seiner beschwingten Leichtigkeit stellt es vielleicht das künstlerisch vollendetste Werk des englischen Klassizismus dar.

Daß das heroische Epos nach zeitgerechter
Adaptierung verlangte, unterstrichen P.s Übersetzungen der *Ilias* (1715–20) und der *Odyssee*
(1725–26). Diese mittels Subskription auch finanziell erfolgreichen Werke waren zwar eher Um-
dichtungen Homers als philologisch verläßliche
Übertragungen, aber indem er die kraftvolle und
rauhe Sprache Homers in die elegante und gesellschaftlich akzeptable Diktion zeitgenössischen Stil-
empfindens verwandelte, baute P. Barrieren für die
Rezeption des kulturell Archaischen ab und sicherte dem antiken Epiker das Interesse der gebildeten Öffentlichkeit Englands.

In der Folgezeit profilierte sich P. immer stärker als öffentliche Instanz. Mit seinen geschliffenen Versen trat er auch als Satiriker an die Spitze zeitgenössischer Autoren. In *The Dunciad* (1728–29; *Die Dunciade*, 1778), seiner ersten Satire, deren erzählerische Achse die Erhebung des Publizisten und Dramatikers Lewis Theobald auf den Thron der Dummköpfe bildet, steht persönliche Abrechnung mit der im zeitgenössischen Sprachgebrauch als Grub Street bezeichneten Zunft der sich rasch ausbreitenden Lohnschreiber im Vordergrund, die das literarische Niveau nach Auffassung P.s und seiner elitären Freunde herabdrückten. Literarische Polemik weitete sich in der späteren und endgültigen Fassung der *Dunciad* (1742–43) zu einer allgemeineren Auseinandersetzung mit kultureller und politischer Dekadenz aus; der inzwischen zur Opposition gehörende P. schließt seine von aggressivem Einfallsreichtum sprudelnde Dichtung mit einer beklemmenden apokalyptischen Vision allumfassenden Niedergangs während der Walpole-Ära.

Demgegenüber zeichnen sich die *Imitations of Horace* (1733–38; *Satiren und Episteln nach dem Horaz*, 1778) durch größere Affinität zu klassischer Zucht aus. In diesen Episteln, Epoden und Satiren von Horaz nachschaffenden Gedichten, die mit ihrer Beifügung der lateinischen Originale P.s rollenmäßige Anlehnung an seine Vorlage, aber auch deren selbständige Weiterverarbeitung erkennbar machen, trat P. in horazische Fußstapfen, um sich als Anwalt öffentlicher Belange zu legitimieren. P. läßt sich in den ihn auch von Verleumdungsklagen abschirmenden Horaz-Imitationen zu einer kultivierten, witzig-urbanen Selbstaussprache anregen, die mit dem Ausweis der eigenen Lebensführung zugleich bestrebt ist, die Berechtigung zur satirischen Betrachtung der Umwelt zu erbringen. Die erste Satire des zweiten Buches stellt die exemplarische Apologie des Genres dar, in der sich P. mittels stilisierender Mimikry von Horaz als streitbarer Satiriker inszeniert. Um unüberhörbare Kritik an politisch-gesellschaftlichen Mißständen üben zu können, gesellt er der weltmännisch-vornehmen Tonart von Horaz die pathetisch-deklamatorische Strenge Juvenals bei, der die alternative Ausprägungsmöglichkeit der römischen Verssatire verkörperte. Zu dem satirischen Spätwerk P.s gehören ebenfalls *An Epistle to Dr Arbuthnot* (1735) und der Epilog zu den Satiren.

Satirischen Einschlag weisen durchweg auch die im gleichen Zeitraum entstandenen moral-philosophischen Dichtungen auf. P., der sich seit Ende der 1720er Jahre zum Moralisten berufen fühlte, plante ein großes ethisches Werk, das vielbeschworene *opus magnum*, zur umfassenden Darlegung einer pragmatisch-aufklärerisch verstandenen Morallehre. *An Essay on Man* (1733–34; *Versuch über den Menschen*, 1778) ist das wichtigste Zeugnis dieser nur fragmentarisch verwirklichten schriftstellerischen Intentionen. Dieses als Pendant zu Lukrez' *De rerum natura* konzipierte und Anregungen von P.s konservativem aristokratischem Freund Lord Bolingbroke aufnehmende philosophische Lehrgedicht wirft die Frage nach der Stellung des Menschen in der universellen Seinsordnung auf. P.s Antwort darauf ist ein bedingter Optimismus; der *Essay on Man*, der, wie sein lateinisches Bezugswerk, Mikrokosmos und Makrokosmos einer einheitlichen Deutung zugänglich macht, möchte dem Menschen die Überzeugung vermitteln, an einer vernünftig eingerichteten Welt teilzuhaben. Deren hierarchische Struktur zeichnet dem Menschen auch als Gesellschaftswesen die toryistischer Weltanschauung entsprechende Bestimmung vor, sich in die herkömmliche soziale Rangordnung einzufügen. P.s vergleichsweise optimistische Bilanzierung der menschlichen Angelegenheiten wird dadurch erleichtert, daß er dem Theodizee-Problem, der die Epoche beschäftigenden Frage nach dem Ursprung des Bösen, die Brisanz nimmt, indem er die menschliche Erkenntnisfähigkeit auf die Wahrnehmung der insgesamt sinnvoll geordneten sichtbaren Welt beschränkt. Durch den Verzicht auf Einsicht in die letzten Dinge und die Konzentration auf die natürlichen Gesetze erhält P.s Lehrgedicht zumindest teilweise deistischen Anstrich. Die zuversichtliche, am Ende der ersten Epistel verkündete und den gesamten *Essay* haltungsmäßig begleitende Maxime »Whatever IS, IS RIGHT« geht mit einer ausgesprochen realistischen Einschätzung der Möglichkeiten des Menschen einher, der dazu aufgerufen wird, falschem Stolz zu entsagen. P.s Anthropologie in poetischem Gewand erreicht einen Höhepunkt in der Beschreibung der mittleren Lage des Menschen zu Beginn der zweiten Epistel; das stenogrammartige Stakkato der heroischen Reimpaare, die mit ihrer kontrastiv-bipolaren Tendenz den Dualismus der menschlichen Natur transparent machen, läßt ein in seiner rhetorischen Dichte nicht übertreffbares Glanzstück rationalistischer Dichtung entstehen. Mit dem *Essay on Man* schrieb P. europäische

Literaturgeschichte und gab der für die Aufklärung charakteristischen Gattung des philosophischen Lehrgedichts das Gepräge.

Die vier *Epistles to Several Persons* (1731–35), auch unter dem Titel *Moral Essays* bekannt, umrahmen illustrativ das moralistische Zentralwerk, den *Essay on Man*. Sie setzen die psychologisch-didaktische Analyse menschlichen Verhaltens fort und leuchten einzelne Positionen z. T. weiter aus. Die zuerst erschienene und an Lord Burlington, den Wegbereiter des palladianischen Baustils, gerichtete Epistel *Of False Taste* veranschaulicht P.s Rolle als *arbiter elegantiarum*, der damit auch ein öffentliches Anliegen im Sinne der Bekräftigung kultureller Wertmaßstäbe verfocht, die ihm in der Walpole-Ära oft genug bedroht erschienen. Mit seinem kunstvollen Miniaturgarten in Twickenham gehörte P. auch zu den prominenteren Figuren der weit über England hinaus folgenreichen Landschaftsgartenbewegung.

Der größte englische Dichter des 18. Jahrhunderts ist rezeptionsmäßig lange ein Opfer des romantischen Literaturparadigmas gewesen, das sich im 19. Jahrhundert durchsetzte und einen kongenialen Zugang zu seinen Werken verwehrte. Erst im Laufe des 20. Jahrhunderts hat P. eine seiner Bedeutung angemessene wissenschaftliche Würdigung erfahren.

Werkausgabe: *The Twickenham Edition of the Poems of Alexander Pope*. Hg. J. Butt et al. 10 Bde. London 1939–67 [Index 1969].
Literatur: M. Mack. *Alexander Pope: A Life*. New Haven 1985. – ders./J.A. Winn, Hgg. *Pope: Recent Essays by Several Hands*. Brighton 1980. – H.-J. Müllenbrock/E. Späth. *Literatur des 18. Jahrhunderts*. Düsseldorf 1977. – I.R.F. Gordon. *A Preface to Pope*. London 1993 [1976]. – P. Rogers. *An Introduction to Pope*. London 1975. – H.-J. Müllenbrock. *Whigs kontra Tories: Studien zum Einflu der Politik auf die englische Literatur des frühen 18. Jahrhunderts*. Heidelberg 1974. – M. Mack, Hg. *Essential Articles for the Study of Alexander Pope*. Hamden, CT 1968.

Heinz-Joachim Müllenbrock

Potter, Dennis [Christopher George]

Geb. 17. 5. 1935 in Joyford Hill, Gloucestershire;
gest. 7. 6. 1994 in Ross-on-Wye, Herefordshire

Dennis Potter ist einer der weltweit wichtigsten Dramatiker im und für das Medium Fernsehen, profiliert besonders durch eine Trilogie mehrteiliger intertextueller Meta-Musicals: *Pennies from Heaven* (Fernsehspiel 1978, Film 1981), *The Singing Detective* (1986) und *Lipstick on Your Collar* (1993). In kontroversen Dekonstruktionen männlicher Gefühls- und Erinnerungswelten verknüpft er eine postmoderne Ästhetik der Illusionsbrechung mit Kultur- und Medienkritik an dem vorherrschenden Fernsehrealismus sowie an dem von ihm als elitär empfundenen Kunstverständnis der Avantgarde. Nach einer harschen Schelte der TV-Kommerzialisierung (James McTaggart Lecture, 1993) und seiner öffentlichen Inszenierung des eigenen Lebensabschieds in einem BBC-Interview (*Seeing the Blossom*, 1994), bei dem er sein Krebsgeschwür nach dem australischen Medien-Mogul Murdoch »Rupert« taufte, zwang er die Fernsehsender Channel 4 und BBC für seine postum produzierten Zwillingsserien *Karaoke/Cold Lazarus* (1996) durch eine Nachlaßverfügung zur Zusammenarbeit. – In seinem Hauptwerk *The Singing Detective* zeichnet P. voller autobiographischer Ironien den analytischen Heilungsprozeß des Krimiautors Philip E. Marlow nach, der von einer schweren Hautkrankheit als Aussätziger gezeichnet und an sein Krankenhausbett gefesselt ist. P. kontrastiert auf mehreren komplex verwobenen Fiktionsebenen die äußere Statik des Protagonisten mit seiner bewegten Phantasie. Typische Komponenten von P.s Ästhetik sind neben dieser an Freudschen Mustern orientierten Erinnerungsdramatik – *Casanova* (1971), *Schmoedipus* (1974), *Double Dare* (1976), *Brimstone & Treacle* (Fernsehspiel 1976, Film 1982) – auch Verfremdungseffekte wie direkte Publikumsansprache in *Follow the Yellow Brick Road* (1972) oder Erwachsene in Kinderrollen in *Blue Remembered Hills* (1979), die Zersplitterung des erzählerischen Kontinuums, metafiktionales Spiel sowie die Anknüpfung an populäre Genres wie Musical, Science-fiction, Krankenhaus-Soap, Spionageerzählung (*Traitor*, 1971), Western (*Where the Buffalo Roam*, 1966), Märchen und Phantastik (*Alice*, 1965; *Dreamchild*,

1985). Viele seiner Szenarien psychischer und körperlicher Deformation sind dennoch durch Akzente einer religiös-humanistischen Sinnstiftung gekennzeichnet wie *Son of Man* (1969), *Joe's Ark* (1974) und *Where Adam Stood* (1976). – P. wurde als Sohn eines Bergmanns im ländlichen Rückzugsgebiet des Forest of Dean geboren, was den Oxford-Stipendiaten als *angry young man* zunächst zur Auseinandersetzung mit der britischen Klassenproblematik (*Nigel Barton Plays*, 1965) und in die Politik (TV-Dokumentationen, erfolglose Unterhaus-Kandidatur für Labour 1964) führte. Seine schwere Haut- und Lähmungserkrankung intensivierte die Hinwendung zum Fernsehen als Comedy-Autor und Kritiker. P.s metafiktionale Romane (*Hide and Seek*, 1973; *Blackeyes*, 1987; *Ticket to Ride*, 1986), seine Bühnenwerke und -adaptionen (*Sufficient Carbohydrate*, 1983), Filmdrehbücher und Regiearbeiten (z. B. *Gorky Park*, 1983; *Track 29*, 1988) und Adaptionen anderer Autoren (z. B. Thomas Hardy, F. Scott Fitzgerald, Christabel Bielenberg) fallen meist gegenüber den TV-Hauptwerken ab.

Literatur: V. Gras/J. R. Cook, Hgg. *The Passion of Dennis Potter: International Collected Essays*. Basingstoke/New York 2000. – H. Carpenter. *Dennis Potter: A Biography*. London 1998. – J. R. Cook. *Dennis Potter: A Life on Screen*. Manchester 1998 [1995]. – G. Creeber. *Dennis Potter: Between Two Worlds. A Critical Reassessment*. Basingstoke 1998. – E. Voigts-Virchow. *Männerphantasien: Gebrochene Wirklichkeitsillusion im Drama von Dennis Potter*. Trier 1995.

Eckart Voigts-Virchow

Powell, Anthony

Geb. 21. 12. 1905 in Westminster, London;
gest. 28. 3. 2000 in Frome, Somerset

Mit seinem literarischen – uvre, aber auch als Kritiker, Herausgeber und Redakteur stellt Anthony Powell, von der Kritik wiederholt als ›Lion of Literature‹ bezeichnet, eine zentrale Erscheinung der modernen englischen Literatur dar. Als Sproß einer angesehenen Offiziersfamilie walisischer Herkunft, die über eine lange militärische Tradition verfügt, entwickelte er ein nahezu chronistisches Empfinden für die großen politischen und geistigen Strömungen seiner Zeit. In Lebensführung und Welthaltung war er ein Kind seiner elitären sozialen Herkunft, was ihm wiederholt den Vorwurf eingebracht hat, die Welt aus einer verengten Tory-Perspektive zu betrachten. Tatsächlich ließ er jedoch eine aus übersensibilisierter Ästhetik resultierende Gebrochenheit erkennen, die ihn beständig nach der Brüchigkeit der von ihm geschilderten Welt fragen ließ. Hinter dem mit zahlreichen Orden und Ehrungen ausgezeichneten Soldaten und Repräsentanten der Oberschicht verbirgt sich der distanzierte Melancholiker.

Im Zentrum seines Werkes steht die Auseinandersetzung mit dem Niedergang Englands. Diese Beschäftigung mit dem Schwinden englischer Macht und Größe geht jedoch konsequent über eine Selbstreflexion hinaus. Der Weg Englands wird vielmehr zur Metapher, so daß die Darstellung Züge einer Kritik der europäischen Kulturentwicklung gewinnt, die sich in ihrer Tendenz eng mit Oswald Spenglers *Untergang des Abendlandes* (1918/22) berührt. Fakten und Fiktion gehen dabei eine eigenartige, für seinen Stil kennzeichnende Wechselbeziehung ein: »Often, of course, no model exists to ›identify‹; invention is total; yet naturally even invention too must be undertaken in relation to the observed, or inwardly understood, manner in which human beings behave«, vermerkt er dazu in dem ersten Band seiner vierbändigen Autobiographie *To Keep the Ball Rolling* (*Infants of the Spring*, 1976; *Messengers of Day*, 1978; *Faces in My Time*, 1980; *The Strangers All Are Gone*, 1982). Die Verkleidung einer universellen Aussage mit englischen Spezifika im Stil der *novel of manners* hat dazu geführt, daß P. bislang in Deutschland kaum rezipiert wurde.

Nach dem Besuch von Eton und Balliol College, Oxford, arbeitete er 1926–35 für den Londoner Verlag Duckworth und verfaßte 1936 Drehbücher für Warner Brothers England. Das zwanglose, bohemienhafte Leben im literarischen und sozialen Fluidum Londons prägte ihn, ähnlich wie auch Evelyn Waugh und Henry Green, derart, daß es von nun an zum literarischen Gestaltungsmedium wird. Sein erster Roman *Afternoon Men* (1931) porträtiert das sinnentleerte Leben im damaligen London. Die zumeist jungen und genußsüchtigen Angehörigen der Mittelschicht sind nicht ohne Ambitionen, verfügen aber nicht über die Fähigkeit, Ziele zu erreichen. Der Titel des Romans ist in programmatischer Absicht Robert Burtons *The Anatomy of Melancholy* (1621) entnommen. Die Technik verweist bereits auf die kommenden Romane: Ironie, Satire und Komik vermischen sich mit einem äußerst detailreichen Bild Londons und werden durch ein weitverzweigtes Gefüge sozialer Beziehungen zusammengehalten. In diesem nur schwer durchschaubaren Labyrinth blitzen an einigen Punkten grundsätzliche Erkenntnisse auf, die einer Erleuchtung gleichkommen. Die bis zum Zweiten Weltkrieg folgenden Romane, *Venusberg* (1932), *From a View to a Death* (1933), *Agents and Patients* (1936) und *What's Become of Waring?* (1939), verfeinern bei ähnlichem Sujet die Technik in zunehmendem Maße.

Das Zwischenspiel des Weltkriegs erweist sich literarisch als höchst fruchtbar. P. dient 1939–41 in einer walisischen Infanterieeinheit, wird dann zum militärischen Geheimdienst überstellt und fungiert schließlich als Verbindungsoffizier zum Kriegsministerium sowie zu den Stäben der Alliierten. Die Erfahrungen dieser Zeit verbinden sich mit dem Bild Londons und münden ein in das monumentale, 12bändige Werk *A Dance to the Music of Time* (1951–75; *Tanz zur Zeitmusik*, 1966 [Übersetzung der ersten drei Bände]), das aus den Bänden *A Question of Upbringing* (1951; *Eine Frage der Erziehung*, 1985), *A Buyer's Market* (1953; *Tendenz steigend*, 1986), *The Acceptance World* (1955; *Die neuen Herren*, 1987), *At Lady Molly's* (1957; *Lady Molly's Menagerie*, 1961), *Casanova's Chinese Restaurant* (1960), *The Kindly Ones* (1962), *The Valley of Bones* (1964), *The Soldier's Art* (1966), *The Military Philosophers* (1968), *Books Do Furnish a Room* (1971), *Temporary Kings* (1973), *Hearing Secret Harmonies* (1975) besteht. Über einen Zeitraum von etwa 70 Jahren und mit einem Pandämonium von mehr als 300 Figuren entfaltet der Zyklus ein Kolossalgemälde Englands, das zugleich ein Abbild der Entwicklung Europas ist. Verarbeitet wird die europäische Bildungstradition unter Verwendung der Techniken Marcel Prousts und der Gedanken Friedrich Nietzsches. Melancholische Desillusionierung prägt die Aussage. Im Sinne von Nietzsches ›Ring der ewigen Wiederkehr‹ endet der letzte Band mit dem Anfang des ersten: Die Welt ist jenseits von Besserung und Fortschritt. – Nach dem Weltkrieg tritt P. in die Redaktion des *Times Literary Supplement* ein. 1952–58 zeichnet er für den literarischen Teil von *Punch* verantwortlich. Mehr als 50 Jahre rezensiert er außerdem für den *Daily Telegraph* (*Under Review*, 1991). Daneben ist er als Herausgeber tätig (u. a. *John Aubrey and His Friends*, 1948; *Brief Lives and Other Selected Writings by John Aubrey*, 1949). *O, How the Wheel Becomes It!* (1983) und *The*

Fisher King (1986) knüpfen an die Vorkriegsromane an, erreichen aber nicht mehr die Höhe von *A Dance*.

Literatur: R. Bader. *Anthony Powell's Music of Time as a Cyclic Novel of Generations.* Bern 1980. – H. Spurling. *Invitation to the Dance: A Handbook to Anthony Powell's Dance to the Music of Time.* Boston 1978. – J. Tucker. *The Novels of Anthony Powell.* London/New York 1976. – N. Brennan. *Anthony Powell.* New York 1974. – R. K. Morris. *The Novels by Anthony Powell.* Pittsburgh 1968. – B. Bergonzi. *Anthony Powell.* London 1971 [1962].

Walter T. Rix

Powys, John Cowper

Geb. 8. 10. 1872 in Shirley, Derbyshire;
gest. 17. 6. 1963 in Blaenau-Ffestiniog, Wales

Powys, Theodore Francis

Geb. 20. 12. 1875 in Shirley, Derbyshire;
gest. 27. 11. 1953 in Sturminster Newton, Dorset

John Cowper Powys und Theodore Francis Powys gelten zusammen mit Llewelyn Powys als ›die schreibenden Brüder‹ der elf Powys-Geschwister. Nach Abschluß seines Studiums in Cambridge (1891–1894) unterrichtete J.C.P an Mädchenschulen in Hove, Sussex, heiratete 1896 Margaret Alice Lyon (seit den 1920er Jahren lebte er jedoch mit der Amerikanerin Phyllis Playter zusammen) und hielt ab 1898/99 Vorträge über Literatur und Philosophie für die Oxford University Extension Authority. Ab 1904 unternahm der als exzentrisch geltende J.C.P. (er bezeichnete sich selbst als *actor-priest*) ausgedehnte und erfolgreiche Vortragsreisen durch die USA, wo er von 1910–28 zeitweise und von 1928/29–34 permanent lebte. 1936 zog er nach Corwen, Nordwales, und 1955 nach Blaenau-Ffestiniog. – J.C.P.' Leben war von körperlicher Krankheit (Magengeschwüre), Aberglauben und psychischen Problemen wie Ängsten und einer unverdrängten, »bis ins hohe Alter hinein anhaltende[n] Besessenheit von sadistischen Wunschvorstellungen« (Gero Reimann) geprägt. Dies schlägt sich in seinem von ›vorweltlichen‹ Privatmythologien, Gefühlsintensität, sexuellen Verirrungen, kindlicher Naivität sowie einer episch uferlosen Sprache‹ geprägten Werk nieder. Seine intensive Beschäftigung mit Natur, Landschaft, Körperlichkeit und Sexualität sowie seine übersensiblen, sich im Widerstreit mit der Gesellschaft befindlichen Protagonisten verbinden J.C.P. mit Thomas Hardy, D. H. Lawrence und John Fowles. Als »ungemein sinnliche Rebellion gegen die Konventionen der Alltagswelt« (Reimann) hinterfragen J.C.P.' Texte die Trennung von Körper und Geist genauso wie die zunehmende Mechanisierung ihrer Zeit. Sie bieten Einblicke in ein animistisches ›Multiversum‹, skizzieren ein dezentriertes, in einen vielschichtigen Kosmos eingewobenes Subjekt, präsentieren Obsessionen und Ängste genauso wie erdverbundene mystisch-sinnliche Naturerfahrungen, Fluten des Kosmischen, Übernatürlichen und Vorweltlichen, des Magischen, Mythischen und Geschlechtlichen. Bei J.C.P., der ähnlich wie Lawrence und Fowles seine Romane als Propaganda für seine Philosophie ansah, existieren »keine festen Grenzen zwischen Mensch und Tier, nicht einmal zwischen dem Unbelebten und dem Belebten« (Reimann). J.C.P.' Aussage »Ausdruck ist alles, was ich suche, das Schreiben ist für mich keine Mühe, vielmehr etwas ganz Natürliches, es ist zwanghaft und bereitet mir stets unbändige Lust« läßt erkennen, warum seine Texte dem Leser stellenweise suggerieren, er habe »die Bewußtseinstextur des Neolithikums gedruckt vor Augen« (Elmar Schenkel), und warum sie von solch einer erfrischenden ›Ungleichzeitigkeit‹ geprägt sind, daß sie von Kritikern dem Spätviktorianismus genauso zugeschlagen werden wie der Moderne und der Postmoderne. Doch der »Titan von Blaenau-Ffestiniog« (George Steiner), der Schamane und Prophet einer »subversiven und rebellischen Literatur des Chaos« (Reimann), hat sich aufgrund der eingeschränkten Zugänglichkeit seiner Werke – Kritikpunkte sind seine »Wortmanie«, seine »wenig unterhaltsame Erzählweise« sowie ein »Mangel an Stil- und Formwillen« (Henning Ahrens) – noch immer nicht in der Literaturgeschichte etabliert. Zu J.C.P.' wichtigsten Veröffentlichungen zählen die Romane *Wolf Solent* (1929; *Wolf Solent*, 1930/57), *A Glastonbury Romance* (1932), *Weymouth Sands* (1934; *Der Strand von Weymouth*, 1999), *Owen Glendower* (1940) und der im Wales des fünften Jahrhunderts spielende *Porius* (1951). Hinzu kommen Gedicht- und Aufsatzbände, Kurzgeschichten und lebensphilosophische Schriften, eine *Autobiography* (1934) sowie Studien zu *Dostoievsky* (1946) und *Rabelais* (1948).

Völlig anders verhält es sich mit J.C.P.s jüngerem Bruder T.F.P.: Dieser studierte nicht und entschloß sich zu einem monotonen Leben als Eremit. Nach kurzen Erfahrungen mit der Landwirtschaft lebte er von einer finanziellen Zuwendung seines Vaters, heiratete 1905 Violet Bodds und verbrachte die Jahre von 1904–40 in East Chaldon, Dorset. T.F.P. verließ diesen Ort kaum und soll sich manchmal vor seinen Besuchern durch ein Fenster auf der Rückseite seines Hauses in Sicherheit gebracht haben. Seine Erzählungen zeichnen sich durch einen idiosynkratischen, knappen Stil, einen grotesken Humor und einen satirisch-ironischen Charakter aus. Sie spielen meist in einem dörflichen, das menschliche Leben generell symbolisierenden Mikrokosmos und weisen Typen und Karikaturen auf. Zu T.F.P.' Veröffentlichungen zählen neben dem religiösen Werk *An Interpretation of Genesis* (1907) v. a. die Erzählbände und Romane *The Left Leg* (1923), *Mr Tasker's Gods* (1925), *Fables* (1929) und *Unclay* (1931), wobei sein wohl reifstes Werk, *Mr Weston's Good Wine* (1927; *Mister Westons guter Wein*, 1969), an eine als »moderner psychologisch-realistischer Roman geschriebene Synthese aus mittelalterlichem allegorisch-mystischem Spiel, Legende und Märchen« (Martin Wierschin) erinnert.

Literatur: H. Ahrens. *John Cowper Powys' Elementalismus*. Frankfurt a. M. 1997. – M. Buning. *T. F. Powys: A Modern Allegorist*. Amsterdam 1986. – G. Reimann. »Romancier, Kritiker, Philosoph, Magier und Scharlatan: Über John Cowper Powys (1872–1963).« *Die Horen: Zeitschrift für Literatur, Kunst und Kritik* 30.1 (1985), 124–132. – E. Schenkel. *Natur und Subjekt im Werk von John Cowper Powys*. Frankfurt a. M. 1983. – J. L. Mitchell. *T. F. Powys*. Minneapolis 1982. – *Akzente* 28.2 (1981), 100–146. – B. Humfrey, Hg. *Recollections of the Powys Brothers*. London 1980.

Stefan Horlacher

Pratchett, Terry

Geb. 28. 4. 1948 in Beaconsfield, Buckinghamshire

Bereits als Teenager begann Terry Pratchett zu schreiben und publizieren (»The Hades Business«, 1963), doch erst seit 1987 ist er hauptberuflich Schriftsteller. Mittlerweile ist er mit fast 40 Romanen nicht nur einer der produktivsten, sondern unbestritten der bestverkaufende Autor Großbritanniens. Er zeichnet einem hartnäckig kolportierten Gerücht zufolge für ein Prozent aller im Vereinigten Königreich verkauften Bücher allein verantwortlich, wobei ihm das Kunststück gelungen ist, gleich in drei traditionell marginalisierten und von ihm beliebig kombinierten Genres, der Science-fiction, der Fantasy- und der Kinder- und Jugendliteratur – *The Bromeliad* (1989–90; *Nomen-Trilogie*, 1993), *The Johnny-Maxwell-Trilogy* (1992–96) – ein Massenpublikum zu erobern.

Über zwei Dutzend dieser Romane sind auf der *Discworld* angesiedelt, einer fiktionalen Welt, bei deren Konzeption – die Welt wird von vier Elefanten gestützt, die ihrerseits auf dem Rücken einer endlos durch das All schwimmenden riesigen Schildkröte stehen – diverse Schöpfungsmythen Pate gestanden haben. Ursprünglich wurde die Reihe als »Gegengift« (Terry Pratchett) gegen eine von Tolkien-Epigonen beherrschte Fantasy-Literatur konzipiert, und tatsächlich ist das parodistische Moment in frühen Texten wie *The Colour of Magic* (1983; *Die Farben der Magie*, 1985) und *The Light Fantastic* (1986; *Das Licht der Phantasie*, 1989) besonders ausgeprägt. In der Folge hat P. über Genre-Romane hinaus zahlreiche weitere inner- wie außerliterarische Referenzsysteme erschlossen und die Reihe zu einer umfassenden Gesellschaftssatire ausgebaut. Intertextualität ist dabei nicht nur formales Merkmal, sondern wird wiederholt selbst thematisch. Die prägende Kraft menschlicher Überzeugungen, Vorstellungen und Glaubenssysteme – literarische Motive und Handlungsmuster eingeschlossen – ist eins von P.s großen Themen: So treibt etwa die ›narrative Kausalität‹ Aschenputtels in *Witches Abroad* (1991; *Total verhext*, 1994) den Text gegen den Widerstand der Figuren unaufhaltsam auf eine Hochzeit zu. Ein zweites wiederkehrendes Thema ist die Machtproblematik. In der politisch-satirischen *City Watch*-Sequenz (u. a. *Guards! Guards!*, 1989; *Wachen! Wachen!*, 1991, und *Men at Arms*, 1993; *Helle Barden*, 1996) wird die Frage nach der Legitimation politischer Macht aufgeworfen, die in jüngeren Texten der Gruppe (*Jingo*, 1997; *Fliegende Fetzen*, 1999, und *The Fifth Elephant*, 1999; *Der fünfte Elefant*, 2000) um die grundsätzlichere Frage nach der Grenze zwischen Gut und Böse erweitert wird. Auch in der stärker psychologisierenden *Witches*-Reihe um die Hexe Granny Weatherwax, P.s differenzierteste Figur, ist diese Tendenz erkennbar. Die Heldin, die sich statt der Magie lieber der von ihr ›headology‹ genannten Kunst bedient, menschliche Realitätskonstruktionen – Aberglauben, Vorurteile, Wünsche – für ihre Zwecke zu instrumentalisieren, wird zunehmend gefährlich

nahe an diese Grenze geführt (*Carpe Jugulum*, 1998; *Ruhig Blut*, 2000). In P.s bislang vollendetstem Roman, der Religionssatire *Small Gods* (1992; *Echt göttlich*, 1995), werden seine Leitthemen kombiniert und in das Zentrum der Handlung um einen Novizen und seinen mangels weiterer Gläubiger machtlos gewordenen Gott gerückt. – Gemeinsames Merkmal aller Texte – darunter weitere *Discworld*-Romane mit anderem Personal und *Good Omens* (1990; *Ein gutes Omen*, 1991), eine Koproduktion mit dem Fantasy-/Horror-Autor und Comic-Künstler Neil Gaiman – ist ihre Komik, die v. a. auf Wortwitz, Charakterzeichnung und dem *timing* der szenischen Darstellung beruht. Doch gewinnt P. der Neukontextualisierung realweltlicher Phänomene nicht nur komische Effekte ab, sondern erreicht durch die Kontrastierung fiktionaler Welten mit der uns umgebenden Realität satirische Schärfe und gedankliche Tiefe.

Literatur: A. M. Butler et al., Hgg. *Terry Pratchett: Guilty of Literature*. Reading 2000.

Jan Schnitker

Priestley, J[ohn] B[oynton]

Geb. 13. 9. 1894 in Bradford, Yorkshire;
gest. 14. 8. 1984 in Alveston, Warwickshire

J. B. Priestley war derart produktiv, daß ihm jede Kurzdarstellung Unrecht tut; dennoch sei sie gewagt. Schon als Lehrling im Wollhandel begann er zu schreiben, setzte dies nach der Kriegsteilnahme (1914–19) an der Universität Cambridge fort und begann 1922 eine *free-lance*-Karriere in London. Zunächst schrieb er neben Rezensionen v. a. Essays – und wuchs rasch zu einem der letzten großen Vertreter jener vormals so bedeutenden, zwischen den Weltkriegen dann langsam auslaufenden Gattung. Viele dieser anregenden, Stimmungsbilder, Eindrücke, Gedanken vermittelnden Stücke genossen große Beliebtheit, z. B. »On Doing Nothing« (1923), »The Berkshire Beasts« (1924) oder »T'match« (1927). Zugleich wurde er ein geachteter Literaturkritiker – und blieb es; frühen Studien wie *The English Comic Characters* (1925) folgten z. B. die theoretisch wichtige Schrift *The Art of the Dramatist* (1957) und u. a. sein eigenwilliges, aber faszinierendes Panorama der abendländischen Literatur: *Literature and Western Man* (1960; *Der Europäer und seine Literatur*, 1961). – Ab 1927 veröffentlichte P. dem Realismus verpflichtete Romane. Mit *The Good Companions* (1929; *Die guten Gefährten*, 1947) erfolgte der Durchbruch zu nationaler Bekanntheit und bald zu Weltruhm. Diese ausführliche, pikareske Geschichte einer kleinen Varieté&truppe, die mit vielen Abenteuern, Triumphen und Enttäuschungen durch England reist, gewann ungezählte Herzen; Gasthäuser und Geschenkartikel wurden danach benannt, und es gab eine Dramatisierung (1931) sowie Verfilmungen (zuerst 1933). Im nächsten Jahr erschien, schon im Schatten der Weltwirtschaftskrise, der London-Roman *Angel Pavement* (*Engelgasse*, 1931), ein eher düsteres, die Schicksale einer kleinen Handelsfirma und ihrer Angestellten darstellendes Pendant zum voraufgegangenen komischen Epos. Nie wieder erreichte P. als Romancier solche Erfolge. Unter den späteren Romanen ragen besonders heraus *Bright Day* (1946; *Heller Tag*, 1946), eine in manchem autobiographische, u.a. C.G. Jung hinreißende Evozierung der Welt vor 1914, sodann *Festival at Farbridge* (1951; *Das gro e Fest*, 1952), ein vom *Festival of Britain* angeregtes, breit humoristisches, oft satirisches Portrait Englands um die Mitte des 20. Jahrhunderts, sowie eine wie die *Good Companions* im Variet& milieu, jedoch (wie *Bright Day*) vor 1914 spielende, weit grimmigere Geschichte: *Lost Empires* (1965; *Der Illusionist*, 1966). Erzähltechnisch ist der interessanteste Roman *Daylight on Saturday* (1943), in welchem multiperspektivisch und vielfach in erlebter Rede die Welt einer Flugzeugfabrik im Zweiten Weltkrieg ersteht.

Experimente kennzeichnen indessen stärker P.s Dramen. Häufig sind diese konzeptuell von den Serialismus und nicht-chronologische Zeitkonzepte vorführenden Spekulationen von Peter D. Ouspensky und J.W. Dunne beeinflußt – so u.a. die sogenannten drei *Time Plays*: sein dramatischer Erstling, *Dangerous Corner* (1932; *Wenn*, 1946), sodann *Time and the Conways* (1937; *Die Zeit und die Conways*, 1964) und *I Have Been Here Before* (1937; *Hier bin ich schon einmal gewesen*, 1948), alle drei später für das Fernsehen adaptiert. Diese Theorien schlugen sich auch in der vielbeachteten Studie *Man and Time* (1964) nieder. Andere Stücke sind sowohl gedanklich als auch dramentechnisch wichtig, besonders *Johnson Over Jordan* (1939), das dem deutschen Expressionismus am nächsten stehende englische Theaterstück

der Zwischenkriegszeit, während *Eden End* (1934), die klarste und überzeugendste Übertragung von Anton Tschechows Dramaturgie darstellt; zu nennen sind ferner *Music at Night* (1938), eine Umsetzung der Jungschen Psychologie, die im dritten Akt gewagt das kollektive Unbewußte darstellt, sowie *Ever Since Paradise* (1939/47; *Seit Adam und Eva*, 1964), ein metadramatisches Kammerstück über die Beziehungen zwischen den Geschlechtern. Daran fügte sich 1952 *Dragon's Mouth* (*Drachenmaul*, 1960) – zusammen mit seiner dritten Frau, Jacquetta Hawkes geschrieben – ein dramatischer Dialog und P.s markantestes Plädoyer für das weibliche Prinzip; denn er war von Anfang an (wie George Bernard Shaw) ein Feminist im älteren Sinne, und er war von Anfang an Sozialist der liberalen Art – nicht rot, sondern, wie er selber sagte, *pink* (rosa). Während seine gelungenste Komödie, *When We Are Married* (1938; *Man mü te verheiratet sein*, 1985), die Mittelschicht um 1912 freundlich-ironisch schildert, ist sein wohl bekanntestes Stück, *An Inspector Calls* (1945; *Ein Inspektor kommt*, 1947), ein aufwühlender Appell an das soziale Gewissen; hier wird das Detektivstück zum Sozialdrama ausgebaut. Der soziale Aspekt fehlt auch bei seinen populärgeschichtlichen Werken wie z.B. *Victoria's Heyday* (1972) nicht. Noch stärker kommt er jedoch in *English Journey* (1934; *Englische Reise*, 1934) zum Ausdruck, wo die desolate Situation speziell des industriellen Nordens drastisch hervortritt. Im Auftrag einer Fernsehgesellschaft führte Beryl Bainbridge die gleiche Reise 50 Jahre später nochmals durch und publizierte das – gleichfalls desolate – Ergebnis ebenfalls unter dem Titel *English Journey* (1984). Das soziale Engagement färbte auch (neben Hunderten von Zeitungsartikeln und Pamphleten) P.s berühmte »Postscripts«, jene kurzen Radioansprachen nach den Sonntagabendnachrichten der BBC, mit denen er, Churchill ergänzend, die Nation im Sommer und Herbst 1940 zum Durchhalten ermunterte. Von der Jahrhundertmitte an drifteten seine Empfindungen und die der englischen Gesellschaft, für die er rund 30 Jahre als Exponent gelten konnte, langsam aber unaufhaltsam auseinander, er schrieb weiter, jedoch für eine Minderheit. Auf lange Sicht wird von seinen kaum zählbaren, teilweise für den Moment geschriebenen Werken (auch Kurzgeschichten und Autobiographien, besonders *Margin Released* (1962; *Ich hatte Zeit*, 1963) viel Solides und Gültiges bleiben.

Werkausgaben: *Theater*. Wien 1964. – *Ironische Spiegelbilder*. München 1959 [Essays].

Literatur: H. M. Klein. *J. B. Priestley's Fiction*. Frankfurt a. M. 2002. – H. M. Klein. *J. B. Priestley's Plays*. London 1988. – J. Atkins. *J. B. Priestley*. London 1981. – A. A. DeVitis/A. E. Kalson. *J. B. Priestley*. Boston 1980.

Holger Klein

Purdy, Al[fred Wellington]

Geb. 30. 12. 1918 in Wooler, Ontario;
gest. 21. 4. 2000 in Sidney, British Columbia, Kanada

»[A] plain man inhabited by towering intuitions«: So charakterisierte Dennis Lee jenen Dichter, der eine ganze Generation kanadischer Lyriker entscheidend beeinflußte – und dies, obwohl der Schulabbrecher und Gelegenheitsarbeiter Al Purdy erst spät zu eigenem Ausdruck fand. Sein Durchbruch mit *Poems for All the Annettes* (1962) und *The Cariboo Horses* (1965) fiel jedoch in die Zeit eines immensen Aufschwungs der kanadischen Literatur, zu dessen Leitfiguren P. bald zählte. Seine anekdotischen und ›direkten‹ Gedichte sind im Ton derb bis zart, ironisch bis feierlich. Hinter der umgangssprachlichen Diktion und der bisweilen drastischen Komik treten eine besondere Sensibilität und eine umfassende, autodidaktisch erworbene Bildung hervor. Oft stellen P.s ausgedehnte Reisen durch Europa, Asien, Lateinamerika und die kanadische Arktis den thematischen Hintergrund seiner Gedichte dar, so z. B. in *North of Summer: Poems from Baffin Island* (1967). Der Nabel von P.s Welt aber ist das Gebiet um Roblin Lake im südlichen Ontario, dessen loyalistische Siedlertradition P. z. B. in »Wilderness Gothic« (*Wild Grape Wine*, 1968) und *In Search of Owen Roblin* (1974) behandelt. Kennzeichnend für P.s Lyrik ist die Transzendierung der lokalen Szenerie hin zu historischen Räumen und Orten, ein Verfahren, das eine Kontinuität von Vergangenheit und Gegenwart impliziert: »the past turned inside out / protrudes slightly into the present« (»Temporizing in the Eternal City« in *Sex & Death*, 1973). Plötzliche Übergänge vom Hier und Jetzt zum Damals und Dort eröffnen den Blick auf die hinter der Alltagsrealität verborgenen Mysterien der Welt, denen das Interesse des Dichters gilt. Dieses Interesse erklärt die Bedeutung von Orten und Landschaften für P.s Dichtung, denn sie vermitteln – anders als Menschen – ein Gefühl des Bleibenden: »some lost kind of coherence / I've never found in people« (»The Darkness« in *The Stone Bird*, 1981). Hierin erweist sich P. als spezifisch ›kanadischer‹ Dichter, für den in der endlosen Weite Kanadas das Erhabene und Geheimnisvolle der Welt in besonderer Weise zutage tritt. Seine Auseinandersetzung mit der (Vor-)Geschichte des kanadischen Raumes ließ die Elegie zur bevorzugten Form seiner Dichtung werden (»Elegy for a Grandfather« in *New Poems*, 1986; »Remains of an Indian Village«, 1962; »The Country North of Belleville«, 1965). Exemplarisch zeigt dies P.s »Lament for the Dorsets« (1968), ein Gedicht auf ein ausgestorbenes Inuit-Volk. Die Kontinuität von Vergangenheit und Gegenwart wird am Beispiel einer Elfenbeinschnitzerei deutlich, deren Geschichte und kultische Funktion durch die Kraft der Imagination zu erschließen sind. P. veröffentlichte über 40 Gedichtbände.

Werkausgabe: *Beyond Remembering: The Collected Poems*. Madeira Park, BC 2000.
Literatur: S. Solecki. *The Last Canadian Poet: An Essay on Al Purdy*. Toronto 1999. – L.-K. MacKendrick. »Al Purdy and His Works«. *Canadian Writers and Their Works*. Hg. R. Lecker et al. Toronto 1990, 135–190.

Martin Löschnigg

Pym, Barbara [Mary Crampton]

Geb. 6. 6. 1913 in Oswestry, Shropshire;
gest. 11. 1. 1980 in Oxford

Barbara Pym studierte Englisch am St. Hilda's College in Oxford, war im Zweiten Weltkrieg im Women's Royal Naval Service (WRNS) tätig und arbeitete von 1946–74 für das International African Institute, wo sie u. a. Assistant Editor für die anthropologische Zeitschrift des Instituts war. P. hat zwar auch Kurzgeschichten und Hörspiele verfaßt, bekannt geworden ist sie jedoch durch ihre Gesellschaftsromane, in denen sie Beziehungsstrukturen und Interaktionsmuster in einer konservativen englischen Mittelschicht darstellt. – 1934 begann sie mit der Arbeit an ihrem ersten, 1950 veröffentlichten Roman (*Some Tame Gazelle*), dessen Figuren z. T. ihrem Freundes- und Bekanntenkreis nachempfunden sind. Die Figuren in P.s Romanen sind häufig AkademikerInnen, v. a. AnthropologInnen und Geistliche der anglikanischen Kirche. Bei den ProtagonistInnen ihrer Romane handelt es sich zumeist um intelligente Frauen mittleren Alters, die entweder unverheiratet sind oder in einer wenig befriedigenden Ehe leben und die ihre Umgebung ebenso wie sich selbst mit scharfer Beobachtungsgabe und aus ironischer Distanz betrachten. Dadurch eröffnet sich ein Blick auf soziale Interaktionen und insbesondere auf Beziehungen zwischen den Geschlechtern, der oft gleichermaßen durch Komik wie durch Melancholie geprägt ist. Sowohl in der weitgehenden Beschränkung auf den privaten Bereich und v. a. auf die Heirats- und Ehethematik als auch in der Gestaltung von Dialogen, in denen Figuren sich durch ihr sprachliches Verhalten oft unfreiwillig selbst entlarven, erinnern P.s Werke an die Romane Jane Austens, mit denen sie in der Forschung oft verglichen werden. Anders als Austens Romane enden sie jedoch nicht mit dem Erreichen einer erfüllenden Liebesbeziehung durch die weiblichen Hauptfiguren; statt dessen sehen die ›vortrefflichen Frauen‹ in P.s Werken, auf die der Titel ihres vielleicht bekanntesten Romans (*Excellent Women*, 1952; *Vortreffliche Frauen*, 1988) Bezug nimmt, sich gezwungen, sich mit der Rolle der nützlichen Helferin ihrer Umgebung zu begnügen. – Nachdem P. zwischen 1950 und 1961 bereits sechs Romane veröffentlicht hatte, wurden die beiden nachfolgenden Romane von verschiedenen Verlegern als nicht zeitgemäß abgelehnt. Erst 1977, als im Rahmen einer Umfrage des *Times Literary Supplement* Philip Larkin und Lord David Cecil unabhängig voneinander P. zur am stärksten unterbewerteten englischen Autorin des 20. Jahrhunderts erklärten, erwachte neues Interesse an der weitgehend in Vergessenheit geratenen Schriftstellerin. Im selben Jahr wurde – nach 16jähriger Publikationspause – ein neuer Roman P.s veröffentlicht: *Quartet in Autumn* (*Quartett im Herbst*, 1991). Auch seitens der Literaturwissenschaft kam nun wieder Interesse an P. auf. In ihren letzten Lebensjahren sowie postum erschienen noch sechs weitere Romane P.s sowie einige Kurzgeschichten und ihre Tagebücher und Briefe (*A Very Private Eye*, 1984).

Literatur: O. J. Allen. *Barbara Pym: Writing a Life*. Metuchen, NJ/London 1994. – K. A. Ackley. *The Novels of Barbara Pym*. New York/London 1989. – J. Rossen, Hg. *Independent Women: The Function of Gender in the Novels of Barbara Pym*. Brighton 1988.

Marion Gymnich

Quarles, Francis

Getauft 8. 5. 1592 in Romford, Essex;
gest. 8. 9. 1644 in Terling, Essex, oder London

Francis Quarles war einer der erfolgreichsten englischen Dichter des 17. Jahrhunderts. *Emblems* (1635), erweitert als *Emblems and Hieroglyphics* (1639), blieb mit ca. 60 Ausgaben ein Bestseller bis ins 19. Jahrhundert. Andere Werke, zunächst fast ebenso populär, z. B. die viel zu langen Bibelparaphrasen und Meditationen der *Divine Poems* (1630), die Romanze *Argalus and Parthenia* (1629), die Epigramme der *Divine Fancies* (1632) und die Aphorismen des *Enchiridion* (1640), wurden seit Anbruch des Klassizismus um 1700 kaum noch gelesen. Q. rügte als loyaler Anhänger des Königs und der Church of England Puritaner und Katholiken, aber auch den autoritären anglikanischen Erzbischof Laud. Richard Baxter erklärte Q.' Erfolg 1681 treffend durch die Mischung von »competent wit with piety«, doch Anthony Woods falsche Charakterisierung Q.s als »old puritanical poet« (ca. 1692) schädigte seinen literarischen Ruf. Coleridges Bemerkung, »Quarles' Emblems how much under-rated!«, markiert den Beginn der Neuwertung durch Romantiker und Viktorianer.

Q. stammte aus einer angesehenen Familie der Landaristokratie, die um 1250 das Dorf Quarles in Norfolk bewohnt hatte. Er wuchs im *manor house* Stewards in Romford (Essex) auf und erhielt die Ausbildung eines Gentleman am Christ's College, Cambridge, in Lincoln's Inn und 1613 als Ehrenbegleiter der Prinzessin Elisabeth und ihres Mannes, des pfälzischen Kurfürsten, auf der triumphalen Reise nach Heidelberg. 1626 ging er mit dem Erzbischof von Armagh, James Ussher, für einige Jahre als Sekretär nach Irland. Q.' Hauptwerk, *Emblems*, entstand um 1632–34. Zwei Jesuiten-Emblembücher aus Antwerpen, die sein Freund Edward Benlowes von der *grand tour* mitgebracht hatte, gaben den Anstoß, *Pia Desideria* (1624) von Herman Hugo und *Typus Mundi* (1627). Mit einigen Anpassungen etablierte Q. im protestantischen England die katholischen Barockembleme, in denen die Abenteuer des Amor Divinus (der göttlichen Liebe) und der Seele durch die attraktiven Kindergestalten flämischer Stecher dargestellt werden. Q. betont, der Leser solle hier nicht gegenständliche Bilder, sondern allegorische Hinweise auf geistliche Wahrheiten sehen. Diese Embleme stellen eine meditative Erweiterung des dreiteiligen Renaissance-Emblems dar, das durch Bild, Motto und Epigramm humanistische Lebensweisheit nahelegt. Q.s Buch überlebt als Leitfaden christlicher Lebenspraxis und wird zum Kern der viktorianischen Erneuerung der Emblematik und zur Inspiration für Autoren wie Thomas Carlyle, John Ruskin, George Eliot, Charles Dickens, Robert Browning und Emily Dickinson.

Werkausgabe: *The Complete Works of Francis Quarles*. Hg. A. B. Grosart. 3 Bde. Edinburgh 1880–81 [teilweise überholt].
Literatur: K. J. Höltgen. *Francis Quarles*. Tübingen 1978.
Karl Josef Höltgen

Radcliffe, Ann

Geb. 9. 7. 1764 in London;
gest. 7. 2. 1823 ebd.

Ann Radcliffe ist nach Clara Reeve die einflußreichste Vertreterin des Schauerromans (*gothic novel*) der Terror-Schule. In einem Artikel (postum 1826) beschrieb R. den seelenerweiternden Terror als eine Quelle des Sublimen oder Erhabenen im Sinne von Edmund Burkes theoretischer Schrift (1757), kontrastiv zum seelenverengenden Horror. Das Sublime (Longinus) bezeichnet das Unfaßbare, Grenzenlose, Nicht-Reproduzierbare als vorromantischen Gegenentwurf wider das klassizistische Ideal der Begrenzung und Überschaubarkeit. – Schon Reeves Schauerroman *The Champion of Virtue* (1777) zeigt, daß es einer Frau nicht anstand, mit der gleichen Kühnheit wie der Gattungsbegründer Horace Walpole in *The Castle of Otranto* (1765) alle wohletablierten literarischen Konventionen zu brechen. Das Tabu hatte sich noch verstärkt, als R. 1789, im Jahr des Ausbruchs der Französischen Revolution, ihren ersten Schauerroman veröffentlichte, *The Castles of Athlin and Dunbayne*. Ihre beiden damals wie später meistgelesenen Romane, *The Mysteries of Udolpho* (1794; *Udolphos Geheimnisse*, 1795) und *The Italian* (1797; *Die Italienerin*, 1797–99), erschienen im Strudel des Revolutionsgeschehens, dessen Auswirkungen R. 1794 bei einer Rheinreise aufzeichnete. So war R. bemüht, in Machart und Moral aller ihrer sechs Schauerromane Vernunftbindung und Ständestaattreue zu zeigen. Nur war ihr Kompromiß anders als Reeves. Zum einen stellte R. zwar Walpoles romanüberragenden Spannungsbogen und seine Handlungsverknüp-

fung nach dem anti-klassizistischen Prinzip der größtmöglichen Unwahrscheinlichkeit wieder her. Zum anderen jedoch nahm sie sogar Reeves domestiziertes »Gothic« zurück, indem sie alle (scheinbar) übernatürlichen Geschehnisse schließlich natürlich erklärte und so den Weg des Schauerromans in den Kriminalroman weiterbahnte. Hinzu kommt, Reeve entsprechend, ihr Didaktizismus im konservativ ständestaatlichen Sinne. Ihre empfindsamen Heldinnen (Emily St Aubert, Ellena Rosalba) und Helden (Valancourt, Vivaldi) werden erst verheiratet, nachdem die Enthüllung ihrer wahren Herkunft sie als gleichen Standes erwiesen hat. Reine Liebesehe ohne Vernunftkontrolle, wie propagiert im empfindsamen Roman, gefährdete den Ständestaat und wurde mit der egalitären Sexualpolitik der Französischen Revolution in Verbindung gebracht. Dies erklärt auch die Erziehung und Entwicklung von R.s Heldinnen, die lernen müssen, den Exzeß ihrer romantischen Sensibilität durch ein wenig Vernunft (»sense«) zu mäßigen. (Jane Austen, die in ihrem Roman *Sense and Sensibility* [1811] wider die Romantik eine Balance von Impuls und Restriktion forderte, parodierte in *Northanger Abbey* [1797/1818] *Udolpho* als den bekanntesten Schauerroman ihrer Zeit.) – Die Vermischung von epischer Erzählung, dramatischem Geschehen und lyrischer Gestimmtheit mit Gedichteinlagen in R.s Romanen zeigt ebenso ihre Entgrenzung und Verschmelzung rationaler Kategorien wie ihr Bemühen um Sublimität. Dazu gehören (neben der Häufung finsterer Schlösser und Klöster, geheimer Inquisitionskerker, undurchdringlicher Wälder, unterirdischer Gänge und Höhlen) die zahlreichen, oft zitierten Beschreibungen wildzerklüfteter unkultivierter Berglandschaften (Alpen, Apennin, Pyrenäen) – lauter idealtypische romantische Phantasiekonstrukte.

Werkausgaben: *Novels, with Memoir by W. Scott*. Edinburgh 1824. – *The Poetical Works*. London 1934.
Literatur: E. J. Clery. *The Rise of Supernatural Fiction 1762–1800*. Cambridge 1995. – M. Butler. *Jane Austen and the War of Ideas*. Oxford 1975. – G. Dischner. *Ursprünge der Rheinromantik in England*. Frankfurt a. M. 1972. – D. P. Varma. *The Gothic Flame*. London 1957.
Rolf Lessenich

Raine, Craig [Anthony]

Geb. 3. 12. 1944 in Shildon, Durham

Mit dem Lyriker Craig Raine verlangte die Postmoderne – clever, forsch, streitbar, ikonoklastisch – Einlaß in die britischen Musentempel. Nicht jeder war indes geneigt, den Eindringling willkommen zu heißen, geschweige denn, mit ansehen zu müssen, wie er bald in die Rolle von Kustos und Türsteher schlüpfte. Als Sohn eines Kirmesboxers aus dem englischen Nordosten war R. nicht gerade für die holden Haine prädestiniert. Er studierte aber in Oxford Anglistik, wurde 1971–79 Dozent an drei verschiedenen Oxforder Colleges, heiratete 1972 in die Pasternak-Familie ein, fand bald zur literarischen Vorhut um Ian McEwan, Julian Barnes, Martin Amis und James Fenton, wurde nach Anfangserfolgen 1981 *poetry editor* bei Faber und Faber – die Schlüsselstelle hatte einst T. S. Eliot inne – und wirkt inzwischen nicht nur als gefürchteter Rezensent und gefragter *pundit*, sondern auch als *Fellow* am traditionsreichen New College in Oxford, wo sein Haus seit 1999 auch als Pasternak-Museum fungiert. Mit dem steilen Aufstieg geht ein stark autobiographisch geprägtes Werk einher, dessen Sujets und Sprachgewohnheiten alles andere als konsensfähig sind. – Furore machten R.s frühe Lyrik-Sammlungen *The Onion, Memory* (1978) und insbesondere *A Martian Sends a Postcard Home* (1979). Die frappierende, (post)moderne Metaphorik der Gedichte läßt das Lesen zu einem gebannten Puzzeln und die Lebenswelt zu einem Hort der versteinerten Geheimnisse werden. Die Lyrik wird zu einem Spiel der Ver- und Enthüllungen, zu einer Neuverzauberung der Prosa der Verhältnisse, wobei Metapher und Gleichnis häufig eine Vermenschlichung der Materie oder Renaturalisierung der Technik nahelegen. Der von James Fenton als »Martian poetry«, später auch »metaphor poetry« bezeichnete Stil machte in den lyrisch tristen 1980er Jahren nicht zuletzt deshalb Schule, weil R. bei Faber in einflußreichster Stellung war. Zwischen den Sammlungen *Rich* (1984) und *Clay: Whereabouts Unknown* (1996) ragt v. a. *History: The Home Movie* (1994), der seltene Fall einer als Folge von 88 Gedichten konzipierten, dem eigenen, kontrastreichen anglo-russischen Clan gewidmeten Familienchronik, heraus. Der Zyklus bewegt sich gattungsgetreu im Rahmen einer vom Weltgeschehen tangierten Familienzeit, die grelle Schlaglichter auf das vergangene Jahrhundert wirft. Aufstand, Krieg, Lager, Boxkampf, Behörden- und Latrinengänge, Mißhandlungen, Vergewaltigung, Selbstmord, Onanie changieren in düsterer Folge. Funkelnde Metaphern leuchten wie Sumpflilien in einem Morast an Registervermengungen. Auch in R.s jüngstem Werk, der z. T. metapoetischen, in (halb)gereimten Zweizeilern gehaltenen Elegie *À la recherche du temps perdu* (ursprünglich: *The Way It Was*, 1999) auf die an Aids gestorbene Lyrikerin Kitty Mrosovsky, mit der R. ein offen geschildertes, oft schmuddelig-ungelenk daherkommendes Verhältnis hatte, gehen Erinnern und Erotik eine für viele die Grenzen des guten Geschmacks weit überschreitende Synthese ein. So dürfte es noch dauern, bis dieser widerborstige Bilderstürmer zu den Penaten gezählt wird, zumal zu seinen Demontagen von so namhaften Schriftstellern wie Joseph Brodsky oder Elias Canetti einem am ehesten der Satz Joyce Carys einfällt, wonach die Arroganz zwar ein guter Brustschutz, aber ein schlechtes Fahrrad sei.

Werkausgabe: *Collected Poems: 1978–1999*. London 2000.

Richard Humphrey

Raleigh [oder Ralegh], Sir Walter

Geb. 1552 in Hayes Barton, Devon; gest. 29. 10. 1618 in London

Sir Walter Raleigh (Ralegh), Sohn eines Landedelmannes aus Devonshire, Aufsteiger, Höfling, Kriegsmann, Entdecker und Kolonisator – ein Draufgänger, der sich mächtige Freunde und Feinde machte – war nicht zuletzt ein Förderer von hochtalentierten Autoren wie Christopher Marlowe und Edmund Spenser, und selbst ein Autor vielfältiger Werke, die er in seinen (nicht immer freiwilligen) Mußezeiten verfaßte. Nach seinen Studien in Oxford kämpfte er für die Hugenotten in Frankreich, gegen die Rebellen in Irland, und gegen die Spanier in den Niederlanden. Bei seiner Rückkehr stieg er rasch zu einem Günstling von Elizabeth auf, die ihn mit Ämtern und Ehren überhäufte. R. leitete 1584–87 drei Expeditionen nach Virginia, das er nach der ›Jungfräulichen Königin‹ benannte und zu kolonisieren begann; er unternahm 1595 eine Entdeckungsfahrt nach Guayana, die nicht den erhofften Goldsegen, dafür aber einen farbenfrohen Expeditionsbericht zeitigte, und nahm 1596–97 an Kaperfahrten nach Cadiz und auf die Azoren teil. Hochfahrend, mit einer Neigung zu Prunk und Extravaganz, in der Politik ein unermüdlicher Spanienhasser, in religiösen Dingen ein Skeptiker, der Freigeister wie Marlowe um sich versammelte, war er in seiner höfischen Karriere denkbar gefährdet und schließlich dazu bestimmt, seinen Zeitgenossen als Anschauungsobjekt für den Topos vom Rad der Fortuna zu dienen.

Einen ersten Vorgeschmack monarchischer Ungunst erhielt er, als ihn die – von ihm allzu galant umworbene – Königin 1592 im Tower gefangensetzte, weil er eine ihrer Hofdamen verführt und heimlich geheiratet hatte. Aus dieser Bußzeit im Kerker stammt das große, nur bruchstückhaft erhaltene Huldigungsgedicht an die Monarchin »The Ocean to Cynthia«. Nach der Thronbesteigung von James I wurde der mittlerweile zum Gouverneur von Jersey bestellte R. von seinen Feinden angeschwärzt. Dem neuen König als Freidenker und Feind seiner Befriedungspolitik suspekt, wurde er unter der absurden Anklage, ein Agent Spaniens zu sein, in einem Hochverratsprozeß zum Tod verurteilt und mit seiner Familie 13 Jahre lang im Tower gefangengehalten. Hier entstand seine *History of the World* (1614), eine skeptische Geschichtsdeutung, die Gottes Gericht über die verruchten Herrscher als Leitidee verfolgt, mit der Schöpfung beginnt und im 2. Jahrhundert v. Chr. abbricht. Im Jahre 1616 wurde R. erlaubt, zu seiner Rehabilitierung und zur Füllung der Staatskasse erneut eine Expedition nach Guayana zu unternehmen, unter dem ausdrücklichen Verbot feindlicher Handlungen gegen die Spanier. Das Unternehmen war in allen drei Punkten ein Fiasko. Nach seiner Rückkehr wurde R. ohne weiteren Prozeß, und aufgrund des alten Urteils, enthauptet. Unter diesen Umständen gab es nicht, wie bei angesehenen *gentlemen poets* üblich, eine postume Sammlung seiner Gedichte, von denen viele verlorengegangen sein dürften und deren Kanon bis heute umstritten ist. (Die erste, unzuverlässige Ausgabe erschien 1751.) In den etwa drei Dutzend Texten, die als authentisch gelten und die meist in einem ausdrucksstarken *plain style* gehalten sind, dominiert der moralische Ton und die Thematik der Desillusion (»The Nymph's Reply to the Shepherd«; »The Lie«; »The Passionate Man's Pilgrimage«).

Werkausgaben: *The Works*. 8 Bde. Oxford 1829/New York 1965. – *The Poems*. Hg. A. Latham. London 1951 [1929].
Literatur: St. Greenblatt. *Sir Walter Ralegh: The Renaissance Man and His Roles*. New Haven 1973. – E. A. Strathmann. *Sir Walter Ralegh: A Study in Elizabethan Skepticism*. New York 1951.

Werner von Koppenfels

Rao, Raja

Geb. 5. 1. 1908 [amtlich: 21. 11. 1909]
in Hassan, Indien

Raja Raos literarisches Werk – fünf Romane, drei Erzählbände und ein Dutzend Essays – kann sich mit der Produktivität von R. K. Narayan und Mulk Raj Anand, den Mitbegründern des modernen indo-englischen Romans, nicht messen, doch daß es wesentlich zu dessen Profilierung beigetragen hat, bedarf keiner Frage. In *Kanthapura* (1938) schildert eine alte Frau rückblickend und im Stil einer mündlichen Erzählerin die schicksalhafte Verstrickung ihres südindischen Dorfes in Gandhis politisch-sozialreformerisches Programm zu Beginn der 1930er Jahre. R. zieht traditionelle Darbietungsweisen wie *sthala-purana*, *bhajan* und *harikatha* heran, die dem aktuell-realistischen Geschehen eine mythische Dimension verleihen. Es gelingt ihm zudem mit der Transformierung seiner Muttersprache Kannada in ein literarisches indisches Englisch, »in einer fremden Sprache die eigene Welt zu vermitteln«. Ein zweiter gewichtiger Beitrag R.s liegt in der – seitens der Kritik teils heftig umstrittenen – literarischen Leistung von *The Serpent and the Rope* (1960), *The Cat and Shakespeare* (1965) und *The Chessmaster and His Moves* (1988). Alle drei Werke verbindet die spirituelle Suche ihrer Protagonisten nach der Verwirklichung des Selbst, nach Erkenntnis der Wahrheit im Sinne der Philosophie der Vedanta. Die innere Handlung erhält Vorrang vor äußerem Geschehen, modern-selbstreflexiver wie indisch-philosophischer Diskurs dominieren die Einlassungen der Hauptfiguren in unterschiedliche ›Schulen‹ der Vedanta. Zugleich stellen die Romane die Frage nach dem Sinn des Erkenntnisgewinns für die Lebensbewältigung des modernen Inders. – R.s philosophische Problematik wurzelt in seinem südindisch-brahmanischen Erbe, das – wie *The Serpent and the Rope* besonders eindringlich veranschaulicht – durch seinen Frankreichaufenthalt in den

1930er Jahren spürbar angeregt, hier auf dem Hintergrund der West-Ost-Dichotomie verhandelt wird. Der Schauplatz in den folgenden Romanen liegt dagegen in Südindien, wo R. nach seiner Rückkehr 1939–43 in verschiedenen Ashrams lebte und die entscheidende Begegnung mit seinem Guru erfuhr. Ob dem Autor die nun bald einsetzende fiktionale Bearbeitung seines philosophischen Themas in Form eines ›metaphysischen Romans‹ gelungen ist, hat die Kritik in zwei streitende Lager gespalten. Indische Kritiker haben immer wieder herausgestellt, daß R.s Werke gerade wegen ihrer thematischen und formalen Merkmale indischer Sensibilität wie literarischer Tradition weit überzeugender Ausdruck verliehen haben, als dies anderen indo-englischen Romanen gelingt. Für viele westliche Kritiker scheitert der Autor dagegen als Romancier, da seine ausufernden, heterogenen Darbietungen (Verschachtelungen von Geschichten, Briefe, Tagebuchnotizen, ausführliche spekulative Monologe und Dialoge), die nahezu obsessive Beschäftigung der Protagonisten mit ihrer philosophischen Problematik und ihre Neigung zu einem verbosen Stil den simpelsten Anforderungen der Romanform zuwiderlaufen. Die eher negative Rezeption hat R.s Stellung als zentraler Gründerfigur des indo-englischen Romans jedoch kaum Abbruch getan, denn daß seine Werke thematische und erzähltechnische Akzente sui generis gesetzt haben, ist unbestritten.

Literatur: E. Dey. *The Novels of Raja Rao: The Theme of Quest.* Neu-Delhi 1992. – P. Sharrad. *Raja Rao and Cultural Tradition.* Neu-Delhi 1987. – M.K. Naik. *Raja Rao.* New York 1972.

Dieter Riemenschneider

Rattigan, Sir Terence

Geb. 10. 6. 1911 in London;
gest. 30. 11. 1977 in Hamilton, Bermuda

Das Schaffen Terence Rattigans war zugleich von dem Streben nach kommerziellem Erfolg wie dem nach Anerkennung als ernsthafter Dramatiker bestimmt. Aus dieser Spannung erhält das Werk R.s sein Profil; R. verbarg die Stücke, die er schreiben wollte, hinter solchen, von denen er annahm, daß sein Publikum sie akzeptieren würde. Als *professional playwright* bediente er sich der dramatischen Ausdrucksformen seiner Zeit,

schrieb aber auch für die neu entstehenden Medien Film und Fernsehen. Seinen Stücken liegt, auch wenn er gelegentlich mit dessen Konventionen ›spielt‹, die Struktur des realistischen *well-made play* zugrunde. R.s zentrales Konzept der »power of implication« überwindet jedoch jede bloße Stereotypik des Genres und präfiguriert das Pintersche Drama: » what *not* to have your actor say, and how best to have them *not* say it«; aus ihm ergibt sich zugleich R.s Psychologisierung des *well-made play*. Aus der klassischen Dreierkonstellation einer Frau zwischen zwei Männern – zentrale Beispiele sind *Flare Path* (1942), *The Browning Version* (1948) und *The Deep Blue Sea* (1952; *Lockende Tiefe*, 1957) – entwickelt R. angesichts unvereinbarer emotionaler Bedürfnisse eine Inkompatibilität der Geschlechter, die zu emotionaler Repression, Obsessivität, sexueller Dominanz/Abhängigkeit sowie psychischer und sozialer Vereinsamung führt. – Ihre entscheidende Ambiguität erfährt diese Problemkonstellation durch R.s Homosexualität, die gelegentlich als ein Grund für die R.-Renaissance seit den 1980er Jahren verstanden wird. Daß R. zuvor, seit der Mitte der 1950er Jahre, in Vergessenheit geraten war, läßt sich durch seinen Wertkonservatismus erklären, der mit der Aufbruchsstimmung im englischen Theater nach 1956 ebenso unvereinbar war wie seine Konzeption der Funktion des Theaters in der Gesellschaft. R.s Konstruktion einer metonymischen Repräsentantin des intendierten Publikums (»Aunt Edna«) wurde aufgrund ihrer *low brow*-Ideologie Zielscheibe aller Systemveränderer. Auch R.s Differenzierung zwischen einem »play of ideas« und seinem »play of character and situation« wurde von seinen Dramatikerkollegen einhellig als unhaltbar abqualifiziert. Das Insistieren auf der narrativen Aussagestruktur eines Dramas, die dem Bedürfnis des Menschen, die Welt in Form von Geschichten erzählt zu bekommen, Rechnung trägt, mutet freilich modern an. Zwar steht eine akademische Rezeption R.s noch aus, seine Problemstücke der 1940er und 1950er Jahre sind jedoch fester Bestandteil des Repertoires der englischen Bühnen geworden.

Werkausgaben: *The Collected Plays.* 4 Bde. London 1953–78. – *Plays.* 2 Bde. London 1981/85.
Literatur: M. Darlow. *Terence Rattigan: The Man in His Work.* London 2000. – B.A. Young. *The Rattigan Version: Sir Terence Rattigan and the Theatre of Character.* London 1986. – S. Rusinko. *Terence Rattigan.* Boston 1983.

Gottfried Krieger

Ravenhill, Mark

Geb. 1966 in Haywards Heath, West Sussex

Im letzten Jahrzehnt des 20. Jahrhunderts traten so viele neue Dramatikerinnen und Dramatiker in Großbritannien und Irland in Erscheinung, daß man begann, von einer neuen Schule zu sprechen, dem *in-yer-face theatre* (etwa: In-die-Fresse-Theater). Tatsächlich haben Autor(inn)en wie Sarah Kane, Patrick Marber, Martin McDonagh und Mark O'Rowe mehr als nur ihr Alter und ihr Medium gemeinsam: Ihre Dramen sind gewalttätig bis hin zur Karikatur, anti-ästhetisch, tabulos und von bitterer Komik. Im Werk Mark Ravenhills finden sich diese Tendenzen gebündelt und – wenn es irgend geht – noch einmal verstärkt und überzeichnet. Sein bekanntestes Stück signalisiert bereits im Titel seine Thematik und Wirkungsintention, und dieser Titel, *Shopping and Fucking* (1996; *Shoppen und Ficken*, 1998), wurde selbst von R.s eigenem Verlag nur in Andeutung auf den Buchumschlag gedruckt. Man würde aber R. und seinen Zeitgenossen nicht gerecht, wollte man sie auf den Skandal oder bestenfalls die Bilderstürmerei reduzieren. Die mit *Shopping and Fucking* benannten Tätigkeiten umreißen die Welt des Stückes, und diese Welt setzt R. einer erbarmungslosen Kritik aus. In diesem Sinne sind seine Texte sogar als Nachfahren der mittelalterlichen Moralitätenspiele aufzufassen: Sie zeigen die Verderbtheit der Welt in all ihren privaten Facetten, und sie demonstrieren gleichzeitig die Unhaltbarkeit dieses Zustandes. R. vermag nicht mehr die christlichen Antworten der Vorgängerstücke zu geben, was im Zusammenhang der Literatur des späten 20. Jahrhunderts allerdings kaum verwunderlich ist. Zu kritisieren ist allenfalls, daß die stilisierte Geste des zynischen Vorführens, die in kurzen, ansatzlos präsentierten Szenen ihren formalen Ausdruck findet, auf Dauer nicht durchzuhalten ist. Auch das extremste Schocktheater kann nicht der Normalisierungsfalle entgehen: Das Publikum generiert immer Sinnzusammenhänge und Sympathien, und damit wird noch aus dem widerwärtigsten Bilderbogen ein Passionsspiel, das seinerseits eben aufgrund der sich permanent überbietenden Rhetorik und Bildlichkeit eintönig zu werden droht. R. hat diese Gefahr gesehen und versucht, ihr durch medientheoretische Verankerung (*Faust (Faust is Dead)*, 1997; *Faust ist tot*, 2000), literarische Bezüge (*Handbag*, 1998; *Das*

Baby oder wie wichtig es ist, jemand zu sein, 1999) und eine behutsame Rückkehr zum charakterbetonenden Gesellschaftsdrama (*Some Explicit Polaroids*, 1999; *Gestochen scharfe Polaroids*, 2000) Rechnung zu tragen.

Werkausgabe: *Plays: One*. London 2001.
Literatur: M. Raab. *Erfahrungsräume: Das englische Drama der neunziger Jahre*. Trier 1999.

Peter Paul Schnierer

Reade, Charles

Geb. 8. 6. 1814 in Ipsden, Oxfordshire;
gest. 11. 4. 1884 in London

»Mad Charles« Reade, so ein Spitzname seiner Kommilitonen, war ein viktorianischer Exzentriker, der Gäste durch freilaufende Antilopen in seiner Londoner Wohnung verunsicherte und den eine psychoanalytische Studie als Sadomasochisten stilisiert (Wayne Burns). Anthony Trollope und Algernon Swinburne erkannten in dem heute als Dickens-Epigone und Sensationsromancier fast vergessenen R. genialische Züge, und sowohl Henry James als auch George Orwell schätzten ihn höher als George Eliot. – Geboren als elftes Kind eines wenig betuchten Kleinadeligen, mußte sich R. das verhaßte Theologie-Studium in Oxford durch ein Stipendium verdienen. Er wurde Fellow und Vizepräsident des Magdalen College, lehnte jedoch das zölibatäre Leben des Theologie-Dons ab. R., der auch Medizin und Jura studierte, versuchte daneben mit geringem Erfolg, als Geigenhändler seine Benthamistischen Freihandelsideale und eine fortschrittsgläubige Modernität in die Praxis umzusetzen. – Die literarische Karriere des Theaterliebhabers begann als Dramatiker und Adapteur konventioneller Melodramen, teilweise in Koautorschaft, z. B. mit Tom Taylor (*Masks and Faces*, 1852) und Dion Boucicault (*Foul Play*, 1868). R.s Schreibsystem basierte auf Bearbeitungen sowie extensiven Recherchen aus Zeitschriften und anderen Publikationen, gesammelt in seinen berühmten *notecards* und *notebooks* voller Sensationsdarstellungen. Dies ließ ihn gerade gegenüber George Eliots mikroskopischen Charakterstudien lange Zeit als oberflächlichen Faktenhuber erscheinen, als Karikatur eines positivistischen Wortschmieds oder als Prototyp einer sensationsheischenden, industrialisierten Literaturmaschine für idealisierende Vulgärepen voller megalomaner

Rhetorik. – Am bekanntesten blieb der historische Roman *The Cloister and the Hearth* (1861; *Gerard und Margaret: Die Chronik vom abenteuerlichen Schicksal der Eltern des Erasmus von Rotterdam*, 1951), der nach der Autobiographie von Erasmus die unglückliche außereheliche Beziehung von dessen Eltern Gerard und Margaret modelliert, deren Ehe in Holland (»hearth«) durch das zölibatäre italienische Mönchsleben (»cloister«) verhindert wird. Der Handlungs- und Detailreichtum dieses gegen die Carlylesche Heldenkonzeptionen gerichteten Sittenbilds mittelalterlicher Durchschnittsmenschen verbindet es mit einer Serie von reformistischen Attacken auf viktorianische Mißstände, wie etwa im Strafvollzug (*It Is Never Too Late to Mend*, 1856), in der Psychiatrie (*Hard Cash*, 1863; *Hart Geld*, 1864) und in bezug auf den Arbeitskampf (*Put Yourself in His Place*, 1870). Diese Texte sind typischer für R. und wurden von ihm selbst als nüchterne Romanzen (»matter-of-fact romances«) bezeichnet: Darüber hinaus weist die Offenheit von R.s Geschlechterkonstellationen auf Thomas Hardy voraus. Neben den häufig androgynen, transvestistischen Frauenfiguren (*Peg Woffington*, 1852; *Christie Johnstone*, 1853; *The Wandering Heir*, 1872) ist das von Dickens nur zögernd verteidigte Eifersuchts- und Bigamieszenario von *Griffith Gaunt* (1866) oder das erhebliche Verständnis für die illegitime Beziehung eines Lebemanns zu einer Prostituierten in *A Terrible Temptation* (1871) zu nennen. R.s allerorten anzutreffender, männlich-genialer Held (»resourceful hero«) ist eine Wunschgestalt, die bereits Zeitgenossen wie Bret Harte zu beißenden Parodien herausforderte.

Werkausgaben: *The Works*. 16 Bde. New York 1870ff. – *The Works*. London 1895–96. – Literatur: E. E. Smith. *Charles Reade*. Boston 1976. – W. Burns. *Charles Reade: A Study in Victorian Authorship*. New York 1961. – M. Elwin. *Charles Reade: A Biography*. London 1931.

Eckart Voigts-Virchow

Reaney, James

Geb. 1. 9. 1926 in South Easthope bei Stratford, Ontario, Kanada

Die Vielfalt seiner Werke und eine lange Karriere machen James Reaney zu einer bedeutenden Figur im kanadischen Theater. In seinen frühen Bühnenstücken verarbeitete R., der aus dem ländlichen Südwesten Ontarios stammt und seit 1960 eine Anglistik-Professur an der University of Western Ontario innehat, Aspekte seiner Biographie für poetische und dramatische Zwecke und entwarf durch bildhafte Sprache Skizzen seiner Heimatregion. Hier sind bereits Grundmuster erkennbar, die in R.s Werken wiederkehren: die Umsetzung von Mythen in einfache theatralische Symbole, improvisatorische Elemente, die Verbindung von Melodrama und ironischer Komödie. Im Sinne seines Lehrers Northrop Frye und dessen mythopoetischer Schule haben R.s Dramen das Gewöhnliche und Vertraute zum Gegenstand. *Sticks and Stones* (1973) exemplifiziert dies in der Kombination von Dichtung und Prosa, Spiel und Ritual, Vergangenheit, Gegenwart und Zukunft. Ort und Zeit wechseln, die Zuschauer werden in die Jahre 1884 und 1947 versetzt und finden sich auf einem Bauernhof, in einer Kirche, einem Gerichtshof oder auf einer Landstraße wieder. Das Stück ist der erste Teil einer Trilogie mit dem Titel *The Donnellys*, die die Lebensgeschichte einer mit großen Hoffnungen nach Ontario emigrierten irischen Familie mit sieben Söhnen und einer Tochter spiegelt. Sie basiert auf einer historischen Collage der beliebten Volkslegende über das Massaker von 1880, bei dem vier Mitglieder der Familie Donnelly – Vater, Mutter und zwei Söhne – sowie eine Nichte getötet wurden. Zuvor hatte John Donnelly 1857 bei einem Holzfällertreffen Pat Farl wegen dessen höhnischer Äußerungen ermordet und dafür eine siebenjährige Gefängnisstrafe verbüßt. Obgleich ein Augenzeuge des Massakers einige der Mörder identifizierte und in zwei Prozessen Verdächtige ausgemacht wurden, ist niemand verurteilt worden. Bis heute gelten die Donnellys als Muster einer Familie, die dem Schicksal in die Augen schaut und sich Vorurteilen und Unterdrückung widersetzt. In dramaturgischer Hinsicht markiert *Sticks and Stones* eine Besonderheit im kanadischen Drama. Alle Personen sind stets auf der Bühne und werden symbolisch evoziert: die sieben Söhne durch weiße Hemden an einer Leine, horizontale Landstraßen durch Leitern, die Donnellys selbst durch solide Steine und deren Feinde durch knorrige Stöcke. In diesem Stück werden die Jahre von 1844–67 behandelt, in *The St. Nicholas Hotel* (1974) die Zeit von 1867 bis 1879, in *Handcuffs* (1975) schließlich das, was vor und nach dem Massaker geschah, und die anschließenden Prozesse.

R.s Gesamtwerk, zu dem auch diverse Gedichtbände gehören, läßt sich in drei Phasen unterteilen. Die erste ist durch seinen Instinkt für die Elemente des Spiels gekennzeichnet, was sich nicht zuletzt in einer Reihe von Stücken für Kinder manifestiert: Kinder lernen durch phantasievolles Spielen, Erwachsene entdecken im Spiel die Dinge neu. Der zweiten Phase ist die Donnelly-Trilogie zuzuordnen, deren großer Erfolg R. in der dritten Phase zur Bearbeitung weiterer Geschichten aus dem 19. Jahrhundert veranlaßte. In der Kritik wird allerdings betont, daß R.s Werke in dieser Phase den Erfolg der Donnelly-Trilogie nicht erreichen.

Literatur: P. Keeney. »James Reaney: Theatermacher.« *Das englisch-kanadische Drama.* Hg. A.-R. Glaap. Düsseldorf 1992, 151–160. – S. Dragland, Hg. *Approaches to the Work of James Reaney.* Toronto 1983. – R.G. Woodman. *James Reaney.* Toronto 1971.

Albert-Reiner Glaap

Reeve, Clara

Geb. 23. 1. 1729 in Ipswich, Suffolk;
gest. 3. 12. 1807 ebd.

Clara Reeve ist heute nur noch bekannt als Autorin des nach Horace Walpoles *The Castle of Otranto* (1765) nächsten bekannten Schauerromans (*gothic novel*), *The Champion of Virtue* (1777), umbenannt in *The Old English Baron* (1778; *Der alte englische Baron,* 1789). Der enorme Erfolg dieses Werks in seiner Zeit, wie zuvor auch der ähnliche Erfolg von Walpoles Schauerroman, erklärt sich aus der fortschreitenden Ermüdung am Vernunftkult der Aufklärung und dem dazugehörenden Regelkanon klassizistischer Romankunst (Henry Fielding). – R. entstammte einer alteingesessenen anglikanischen Pfarrersfamilie. Ihr Entschluß, als unverheiratete Frau ihren Lebensunterhalt mit der Feder zu verdienen, verbindet sie mit der Pfarrerstochter Jane Austen. Mit Austen hat R. auch ihren Wertkonservativismus und ihr bescheiden ereignisarmes Leben gemein. Doch R.s ebenfalls wenig umfangreiches – uvre erbrachte kein einziges wirkliches Meisterwerk und außer *The Old English Baron* keinen weiteren Erfolg. Ihre Lyriksammlung (1769) eignet sich nur für Liebhaber der Vorromantik. Ihre fünf weiteren Romane (1783–99) leiden unter dem Primat ihres Didaktizismus, der »domestic virtues« propagiert. R.s erziehungstheoretische Schrift *Plans for Education* (1792) und ihr romankritischer Dialog *The Progress of Romance* (1785) finden dagegen noch einige Beachtung. Dieser Dialog und das Vorwort zur zweiten Ausgabe ihres Schauerromans zeigen eine wohlreflektierte Absicht zur Schaffung eines Mixtum compositum zwischen alter Romanze (»an heroic fable, which treats of fabulous persons and things«) und neuem Roman (»a picture of real life and manners«). R. wollte durch Konzessionen an beide konträren Geschmäcker ein möglichst breites Lesepublikum erreichen. Die Zeit beider Romanhandlungen ist das von der Vorromantik ästhetisch wiederentdeckte ›finstere‹ und ›gotische‹ Mittelalter. R. übernahm Walpoles bewährtes Handlungsmuster (einschließlich der Figurenkonstellation), das sie allerdings durch Vereinfachung im Sinne der klassizistischen Klarheitsregel und durch Reduktion des übergreifenden Spannungsbogens auf die erste Hälfte des kurzen Romans transparent gestaltete. Der Leser erlebt in empfindsamer Distanzverkürzung zum Geschehen den Niedergang einer Schloßusurpation, eingeleitet durch die Erscheinung des Geistes des ermordeten rechtmäßigen Besitzers und einen Traum des empfindsamen Erben Edmund, dessen tugendhafte Beharrlichkeit, unterstützt durch seinen Beichtvater, belohnt wird durch Wiedererlangung seines Eigentums und eine glückliche Heirat mit der schönen Emma, Tochter seines edlen Ziehvaters, des alten englischen Barons Fitz-Owen. Die Domestizierung des Phantastischen und des Traumschöpfungscharakters von Walpoles Roman vollzieht sich auf allen Ebenen. Einer Autorin waren im Bruch von Konventionen Grenzen auferlegt (»female Gothic«), wollte sie nicht wie später Mary Shelley als Revolutionärin geächtet werden. Dies mag auch erklären, warum im Titel des zuerst (wie im Falle Walpoles) als Manuskriptfiktion erschienenen Romans die empfindsame Romantradition Samuel Richardsons angesprochen ist, als deren Abkömmling der Schauerroman gilt.

Literatur: E. J. Clery. *Women's Gothic: From Clara Reeve to Mary Shelley.* Plymouth 2000. – J. Spencer. *The Rise of the Woman Novelist.* Oxford 1986.

Rolf Lessenich

Rendell, Ruth [Barbara]

Geb. 17. 2. 1930 in London

Seit fast vier Jahrzehnten, seit dem Erscheinen ihres ersten Kriminalromans 1964 (*From Doon with Death*; *Alles Liebe vom Tod*, 1998), erfreut sich Ruth Rendell der Anerkennung durch die Kritik und einer riesigen Fan-Gemeinde. Geboren in London und aufgewachsen in Essex, verheiratet und Mutter eines Sohnes, schreibt R. neben Kurzgeschichten drei unterschiedliche Typen von Kriminalromanen: die Wexford-Reihe, Psychokrimis (häufig nicht ganz zutreffend als »chiller/killers« bezeichnet) und Romane unter dem Pseudonym Barbara Vine. Im Zentrum der mehr als 50 Romane stehen dabei – ungeachtet der thematischen und konzeptionellen Unterschiedlichkeit – der Antagonismus von Gut und Böse, die psychologischen und emotionalen Abgründe der menschlichen Natur, die komplexen Beziehungen zwischen Eltern und Kindern sowie die Beziehungen zwischen Ehepartnern. Die Wexford-Reihe ermöglicht den wohl besten Einblick in die spezifischen Qualitäten der Kriminalromane R. s. Die Protagonisten, Chief Inspector Reginald Wexford und Inspector Burden von der Kingsmarkham Police Force, sind dabei die wesentlichen Sympathieträger, deren nicht immer in ruhigen Bahnen verlaufendes Privatleben Korrektivfunktion übernimmt: Die Verbrechen und die Verbrechensaufklärung werden von R. überzeugend und höchst wirkungsvoll mit der genauen Schilderung des eher provinziellen Lebens in der Kleinstadt Kingsmarkham verknüpft. Im Zentrum der Handlung von *No More Dying Then* (1971; *Schuld verjährt nicht*, 1996) steht zwar die Entführung eines kleinen Jungen, aber wenigstens genauso bedeutsam ist die psychologische Entwicklung des gerade verwitweten Burden. Er erscheint in diesem Roman als zerrissene, gefühlsbetonte, nicht besonders liebenswerte, aber äußerst realistische Figur, was R. primär durch die einfühlsame Schilderung des Konflikts zwischen seinen puritanischen Prinzipien und seiner unterdrückten Sexualität, die er in einer Affäre mit der Mutter des entführten Jungen auslebt, erreicht. Ähnlich überzeugend ist die psychologische Analyse des Mutter-Sohn-Verhältnisses in *The Veiled One* (1988; *Die Verschleierte*, 1989) wie auch die Erklärung der Motive, die zu den von Wexford schließlich aufgeklärten Morden führten. Die Leiche einer Jurastudentin aus Bonn, eine terroristische Entführung, deren dann bald wieder in die Freiheit entlassenes Opfer auch Dora Wexford wird, und eine weitere Mädchenleiche halten Wexford und Burden in *Road Rage* (1997; *Wer Zwietracht sät*, 1998) in Atem, bevor Wexford nach der Auflösung eine erschreckend deprimierende Bilanz zieht: drei Tote, zwei Mörder, ein Fall für den Psychotherapeuten, radikale Umweltschützer, denen langjährige Freiheitsstrafen drohen – und für den zentralen Konflikt, den Bau einer Umgehungsstraße, scheint eine Lösung fast schwieriger als zuvor. – Der Entwicklung und detailreichen Ausgestaltung ihrer Charaktere in ihrem komplexen sozialen Umfeld gilt die besondere Aufmerksamkeit R. s. Dies gilt in noch stärkerem Maße für R.s Psycho-Krimis, in denen insbesondere die labile Psyche der Täter(innen) beklemmend eindrucksvoll enthüllt wird (*A Demon in My View*, 1976; *Dämon hinter Spitzenstores*, 1986, und *A Judgement in Stone*, 1977; *Urteil in Stein*, 1992). Weniger erschreckend, jedoch ebenfalls gespeist von der »tragic vision« R.s, sind die Romane unter dem Pseudonym Barbara Vine: *A Fatal Inversion* (1987; *Es scheint die Sonne noch so schön*, 1989) und *No Night Is Too Long* (1994; *Keine Nacht dir zu lang*, 1995).

Literatur: J. S. Bakerman. »Ruth Rendell.« *Ten Women of Mystery*. Hg. E. F. Bargainnier. Orono 1981, 124–149.

Uwe Baumann

Reynolds, Sir Joshua

Geb. 16. 7. 1723 in Plympton, Devon;
gest. 23. 2. 1792 in London

Als der wohl bekannteste Porträtist der Londoner Rokokogesellschaft gehörte Joshua Reynolds mit William Hogarth und Thomas Gainsborough zu den Hauptbegründern der *English school*. Sein eigenwilliger Stil, der durch eine Kombination antiker Figurensprache mit Maltechniken des flämischen Barock und der italienischen Hochrenaissance die Bandbreite der georgianischen Porträtkunst erheblich erweiterte, machte ihn in den 1750ern zu einem etablierten Londoner Künstler, der durch seine vielseitigen Interessen auch bald zu einem gefragten Intellektuellen avancierte; in seinem 1764 mit Dr. Johnson gegründeten Literary Club verkehrten u. a. Edmund Burke, Edward Gibbon, Oliver Goldsmith, James Boswell und Richard Sheridan. 1768 wurde R. zum Präsidenten der neu gegründeten Royal Academy ernannt, in der er bis zu seinem Tod als Lehrmeister und praktizierender Maler stilbildenden Einfluß besaß. Seine wichtigste ästhetische Schrift, die *Discourses on Art* (1769–90; *Academische Reden über das Stadium der Malerey*, 1781), entstand aus 15 zunächst als didaktische Einführungen für das Akademiepublikum konzipierten Vorlesungen, die sich aber bald zu eigenständigen Abhandlungen über die Kunst entwickelten und R. als Ästhetiker bekanntmachten (erst einzeln publiziert, ab 1778 in verschiedenen Sammeleditionen, 1797 als posthume Gesamtausgabe). – Eine der einflußreichsten in den *Discourses* vertretenen Thesen ist die Definition des Schönen als einer »central form«, die sich das Künstler-Genie erarbeitet, indem es die empirische Wirklichkeit zwar sorgfältig abbildet, aber ihre Extreme glättet und dabei die Natur gleichsam ›verbessert‹. Demnach stellt die ›zentrale Form‹ eine idealisierte Wirklichkeit dar, soll aber dennoch nicht auf subjektgenerierter ›Romantisierung‹, sondern auf einem streng empirischen ›Mittelmaß‹ basieren, also letztlich an die sinnliche Wahrnehmung der Natur rückgebunden bleiben. In dieser Denkfigur zeigt sich R.' Versuch, zwischen neoplatonischem Einheitsdenken (Shaftesbury) und kontingenzorientiertem Empirismus (Hume) zu vermitteln, was immer wieder zu argumentativen Brüchen führt und die *Discourses* zwischen radikal relativistischen (das Schöne als historisch variable Modeerscheinung) und universalistischen Aussagen (das Schöne als überhistorische Idee) oszillieren läßt. Daß R. nie zu einer Auflösung dieser Widersprüche gelangt, sondern sie in der Schwebe hält, macht ihn modern, hat aber seine ästhetikgeschichtliche Einordnung erschwert. Dies dürfte wohl auch der Grund dafür sein, daß man R. unter Hervorhebung einzelner seiner Vorlesungen sowohl als Vertreter einer aufklärerischen Abbildungsästhetik wie auch als Vorreiter einer romantischen Theorie der Einbildungskraft klassifiziert hat. Es liegt jedoch näher, R.' Alternieren zwischen diesen Paradigmen damit zu erklären, daß sein begriffliches Instrumentarium ihn daran hinderte, seine für die neoklassizistische Zeit nur schwer denkbare radikale Kontingenzorientierung zu Ende zu denken und mit seinem latenten Neoplatonismus in Einklang zu bringen, so daß er schließlich beide Positionen unaufgelöst nebeneinander bestehen ließ.

Literatur: G. Leypoldt. »A Neoclassical Dilemma in Sir Joshua Reynolds's Reflections on Art.« *British Journal of*

Aesthetics 39.4 (1999), 330–349. – L. Lipking. *The Ordering of the Arts in Eighteenth-Century England.* Princeton 1970.

Günter Leypoldt

Rhys, Jean [Ella Gwendolen Rees Williams]

Geb. 24. 8. 1890 in Roseau, Dominica, Karibik; gest. 14. 5. 1979 in Exeter

Schon während ihrer Kindheit auf der Antilleninsel Dominica erfuhr Jean Rhys, Tochter eines walisischen Arztes und einer karibischen Kreolin, Isolation und Orientierungslosigkeit: Die Lebensfreude der afro-karibischen Bevölkerung bewunderte sie als Außenstehende, und für den väterlichen Teil ihrer Familie verkörperte sie als weiße Kreolin das Fremde. 1907 ging sie nach England und kehrte nur noch einmal (1936) nach Dominica zurück, verspürte in Europa jedoch Sehnsucht nach dem Ambiente ihrer tropischen Heimat. Der Tod des Vaters und der finanzielle Ruin der Familie setzten ihrer in London begonnenen Ausbildung zur Schauspielerin ein Ende. R. begann zu schreiben, als ihre erste Ehe mit dem Journalisten Jean Lenglet zu scheitern drohte, und wurde darin von Ford Madox Ford bestärkt, mit dem sie 1922 in Paris eine kurze Affäre hatte (vgl. dessen Vorwort zu ihrer frühen Kurzgeschichtensammlung *The Left Bank*, 1927).

R.' erster Roman, *Postures* (1928, neu aufgelegt in den USA als *Quartet*, 1969), fiktionalisiert die Affäre mit Ford und ihre eigene Situation während der Inhaftierung ihres Mannes 1923. Marya Zelli ist der Prototyp der R.schen Heldin: Attraktiv, verletzlich und voller selbstzerstörerischer Tendenzen bleibt sie eine Außenseiterin, die sich in finanzielle, sexuelle und psychische Abhängigkeiten verstrickt. Es folgen die Romane *After Leaving Mr Mackenzie* (1930), *Voyage in the Dark* (1934) und *Good Morning Midnight* (1939), die dieses Thema weiter ausloten. Bemerkenswert ist vor allem der letztgenannte Roman, eine brillante Darstellung des psychischen Orientierungsverlusts der Heldin Sasha Jensen, deren wachsende Verzweiflung R. mit einer Form der *stream of consciousness*-Technik darstellt: Eine unzuverlässige und in sich gebrochene Erzählstimme sowie der fragmentarische und elliptische Stil bringen den Grad der Selbstentfremdung der Protagonistin, der bis in die Persönlichkeitsspaltung führt, meisterlich zum Ausdruck. So ungewöhnlich das Buch thematisch, erzählerisch und stilistisch auch ist, so wenig Erfolg war ihm beschieden, und R. zog sich 1939 aus dem literarischen Leben zurück.

Mit ihrem Spätwerk *Wide Sargasso Sea* (1966; *Sargasso-Meer*, 1980) schrieb R. Charlotte Bront s Klassiker *Jane Eyre* (1847) aus postkolonialer Perspektive fort. Sie erzählt die Geschichte der als geistesgestört eingesperrten ersten Frau Rochesters, die ähnlich der Autorin aus einer verarmten kreolischen Familie stammt. Die Heldin leidet unter der doppelten Diskriminierung durch die Engländer und die nach der Sklavenbefreiung haßerfüllten Schwarzen. In Rochester scheint die Rettung aus der Isolation zu liegen, er begreift jedoch die ihm fremde exotische Welt der Karibik nicht, während Antoinette sich in der für sie kalten englischen Umgebung nicht zurechtfindet. In ihrer Wahrnehmung verwischen sich zunehmend die Grenzen zwischen Realität, Wahnsinn und Vision. Den Rettungsversuch der Eingesperrten aus den von ihr gezündeten Flammen, der es Rochester in *Jane Eyre* ermöglicht, sich Janes moralisch würdig zu erweisen, dichtet R. zu einem Akt der Auflehnung Antoinettes um, der nur im Tod zur Befreiung führen kann.

Literatur: S. V. Sternlicht. *Jean Rhys.* New York 1997. – C. Angier. *Jean Rhys: Life and Work.* London 1985.

Constanze Krings

Richardson, Dorothy [Miller]

Geb. 17. 5. 1873 in Abingdon, Berkshire; gest. 17. 6. 1957 in Beckenham, Kent

Obgleich ihr Werk zu Lebzeiten auf erhebliches Interesse stieß, findet Dorothy Richardson nur langsam wieder die Anerkennung, die ihr eigentlich zusteht. Dies ist v. a. ein Verdienst der feministischen Literaturwissenschaft, die in R. eine der bedeutendsten Begründerinnen weiblichen Schreibens erkennt und hervorhebt, daß ihr Schaffen die modernistischen Experimente ihrer deutlich bekannteren Zeitgenossen James Joyce und Virginia Woolf in mancher Hinsicht antizipiert. Ähnlich

wie die Werke von Joyce und Woolf stellt auch das Hauptwerk R.s, der 13bändige Romanzyklus *Pilgrimage* (1915–46), keine leicht zugängliche Lektüre dar. Ohne Ordnungsgebung einer Erzählerfigur, allein aus der Perspektive einer einzelnen Figur heraus, zeichnet der Zyklus in einer Reihe detaillierter Momentaufnahmen die Hauptstationen des Lebens der Protagonistin Miriam Henderson von ihrem 17. Lebensjahr bis in ihre Mittdreißiger nach. Im Vordergrund steht dabei nie das äußere Geschehen, sondern die stimmungsbetonte, oft von sinnstiftenden Erinnerungen begleitete Wahrnehmung und Reflexion der Umwelt. »There's more space within than without« lautet R.s eigenes Motto für diese Darstellungsweise, und dies ist um so wichtiger, als sich die Protagonistin durch eine besondere Sensibilität und Reflexivität sowohl in ihrer eigenen Identitätsfindung als auch in ihren Beziehungen auszeichnet. Obgleich die episodische Gesamtstruktur des Werkes sich einer oberflächlichen Zusammenfassung entzieht, strebt der Lebens- und Erkenntnisweg der Protagonistin – ähnlich wie im Werk Marcel Prousts – letztlich der Selbstverwirklichung als Schriftstellerin entgegen. *Pilgrimage* wird damit zu einem wichtigen Vertreter des modernen weiblichen Bildungs- bzw. Künstlerromans. Aufgrund der Vielzahl enger Parallelen zum Leben R.s (Bankrott des Vaters, Selbstmord der Mutter, Tätigkeit als Lehrerin in Deutschland, Arbeit in einer Zahnarztpraxis usw.) wird der Text zwar vielfach als biographischer Schlüsselroman gelesen, doch hoben schon zeitgenössische Kritiker die größere Bedeutung der stilistischen Innovationen hervor. Bezeichnenderweise wurde der für die Epoche charakteristische Begriff des Bewußtseinsstroms erstmals im Rahmen einer Besprechung von *Pilgrimage* auf ein literarisches Werk übertragen (fand aber bei R. selbst keine Gegenliebe). In neuerer Zeit sind gerade R.s Wahl und Vermittlung von Bewußtseinsinhalten sowie ihre innovative Raumdarstellung auf starkes Interesse gestoßen. – Aufgrund des monumentalen Charakters von *Pilgrimage* fanden R.s Kurzgeschichten, die erst 1989 unter dem Titel *Journey to Paradise* in einer Sammlung publiziert wurden, bisher nicht die ihnen gebührende Beachtung. Dabei haben diese Geschichten mit ihrer radikal subjektiven Darstellungstechnik, der Wahl ihrer Protagonisten (z. B. Kleinkinder, Sterbende, Kranke) und ihrem Verzicht auf jegliche Handlungslogik zu der modernistischen Umorientierung der Gattung beigetragen.

Literatur: D. Stamm. *A Pathway to Reality: Visual and Aural Concepts in Dorothy Richardson's Pilgrimage* . Tübingen 2000. – E. Kilian. *Momente innerweltlicher Transzendenz: Die Augenblickserfahrung in Dorothy Richardsons Romanzyklus Pilgrimage und ihr ideengeschichtlicher Kontext.* Tübingen 1997. – E. Bronfen. *Der literarische Raum: Eine Untersuchung am Beispiel von Dorothy M. Richardsons Romanzyklus Pilgrimage* . Tübingen 1986. – G. Fromm. *Dorothy Richardson: A Biography.* Athens, GA 1994 [1977].

Sabine Buchholz/Manfred Jahn

Richardson, Ethel Florence Lindsay

→ Richardson, Henry Handel

Richardson, Henry Handel [eigentlich Ethel Florence Lindsay Richardson]

Geb. 3. 1. 1870 in Melbourne;
gest. 20. 3. 1946 in Fairlight, Sussex

Ethel Florence Lindsay Richardson publizierte unter ihrem Pseudonym, um – erfolgreich – die Kritiker ihrer Zeit vorzuführen, die behaupteten, die literarischen Werke von Männern und Frauen seien leicht voneinander zu unterscheiden. R.s Erzählwerk wird vor diesem Hintergrund häufig auf die faktengetreue historische Darstellung des australischen Goldrausches in ihrer Trilogie *The Fortunes of Richard Mahony* (1930) reduziert. Dabei wird leicht übersehen, daß sich die Trilogie – als *great Australian novel* dieser Zeit – und ihr Schreiben insgesamt durch stilistische Komplexität und eine deutlich philosophische Ausrichtung auszeichnen.

Die Vielschichtigkeit von R.s Werk steht in engem Zusammenhang mit dem Hintergrund Europas, wo die Autorin nach ihrer Kindheit in Melbourne von ihrem 18. Lebensjahr an lebte. R. gab nach drei Jahren ihr Klavier-Studium in Leipzig auf, auch weil sie sich nach der Heirat mit einem englischen Germanistik-Professor 1903 in England niederließ. R. wandte sich noch in Leipzig dem Schreiben zu, zunächst in Form von Artikeln und Übersetzungen skandinavischer Literatur. Ihr erster Roman, *Maurice Guest* (1908; *Maurice*

Guest, 1912), gibt die von Musik und Philosophie bestimmte Atmosphäre im Leipzig des Fin de siècle in einem von Naturalismus und Impressionismus geprägten Stil wieder. Mit dem Musikstudenten Maurice zeichnet R. ihr erstes Porträt der zumeist scheiternden Künstlerfiguren ihrer Romane, die in das Geschehen ein Element der Suche nach Verstehen und Ausdruck einbringen. Dies stellt das übergreifende philosophische Anliegen der Werke dar, die das Gedankengut von – insbesondere deutschen – Denkern der Moderne wie Nietzsche oder Schopenhauer aufgreifen. Der Aspekt der Suche findet sein Gegenstück in der Thematik der Bildung, denn alle Romane R.s können als Bildungs- und Entwicklungsromane gelten, gerade auch der in Australien spielende zweite Roman, *The Getting of Wisdom* (1910), der die Reifung der Protagonistin Laura während ihrer Internatszeit schildert. Der thematische Schwerpunkt der Bildung ergänzt den vorherrschenden Naturalismus in inhaltlicher und narrativer Hinsicht durch eine Betonung psychologischer Entwicklungen, so daß insbesondere das Hauptwerk *The Fortunes of Richard Mahony* passagenweise an der Technik des *stream of consciousness* orientiert ist. Die australische Trilogie bringt so Ambivalenz und Unbestimmtheit als entscheidende Qualitäten von R.s Werk am klarsten zum Ausdruck: Die Suche löst sich nie im Finden auf. Die Spannung bleibt bestehen – zwischen Naturalismus und ›psychologischem Stil‹, zwischen 19. Jahrhundert und Moderne, zwischen Europa und Australien.

Literatur: C. Pratt. *Resisting Fiction: The Novels of Henry Handel Richardson.* St. Lucia, Qusld. 1999. – D. Green. *Henry Handel Richardson and Her Fiction.* Sydney 1986.

Sigrun Meinig

Richardson, Samuel

Getauft 19. 8. 1689 in Mackworth,
Derbyshire; gest. 4. 7. 1761 in London

Während des 18. Jahrhunderts war Samuel Richardson wohl Europas berühmtester und einflußreichster Romanautor. Er gilt, neben Daniel Defoe, als Vater des englischen Romans, und es ist auf ihn zurückzuführen, daß die Form des Briefromans sich im 18. Jahrhundert besonderer Beliebtheit erfreute. Indem R. den sentimentalen Roman mit der eingehenden Darstellung von Gefühlen und individuellem Bewußtsein entschei-

dend prägte, ist er sowohl als ein wichtiger Vorläufer der Romantik anzusehen als auch des modernen Bewußtseinsromans, wie man ihn bei
Henry James, Virginia Woolf oder Marcel Proust
findet.

R.s Lebenslauf gab zu derart großen Erwartungen wenig Anlaß, und auch sein Charakter
entsprach in keiner Weise der Vorstellung eines
Künstlergenies. Zunächst Handwerker und Geschäftsmann, angetrieben vom protestantischen
Arbeitsethos, kam er erst spät und scheinbar zufällig zum literarischen Schreiben. Da sein Vater, ein
Schreiner, aufgrund politischer Verfolgung oder
wegen geschäftlicher Schwierigkeiten London verlassen mußte, erblickte R. in Derbyshire das Licht
der Welt. Er wäre gern anglikanischer Geistlicher
geworden; aber für die notwendige Ausbildung (er
war eines von neun Kindern) fehlte das Geld. So
erhielt er nur eine mäßige Schulbildung und ging
1706 zu dem Drucker John Wilde in London in die
Lehre, weil er meinte, so seinen Lesehunger am
besten stillen zu können. Nach den üblichen sieben Lehrjahren arbeitete R. zielstrebig als Geselle
und machte sich 1721 selbständig. Er heiratete die
Tochter seines Meisters, mit der er fünf Söhne und
eine Tochter hatte, die alle früh starben. Nach dem
Tode seiner ersten Frau heiratete er 1733 Elizabeth
Leake, die Tochter eines Druckerkollegen und
Schwester eines Buchhändlers; von den fünf Mädchen und einem Jungen, die er mit ihr hatte,
überlebten vier Mädchen. Durch seinen einzigartigen Fleiß und Geschäftssinn war R. sehr erfolgreich, und sein Betrieb wuchs ständig. Wenn er
gelegentlich selbst zur Feder griff, so geschah es
überwiegend aus praktischen Gründen, indem er
für die unterschiedlichen Texte und Bücher, die er
herausbrachte, Indizes, Vorwörter oder Widmungen beitrug. Auch die erste Schrift von ihm, ein
langes Pamphlet mit dem Titel *The Apprentice's
Vade Mecum: or, Young Man's Pocket-Companion*
(1733), das zu Fleiß, Nüchternheit und selbstloser
Pflichterfüllung anhielt, ist derart zweckgerichtet.

In seinen Selbstzeugnissen, wie sie R.s erste
Biographin, Anna Laetitia Barbauld, als Einleitung
ihrer sechsbändigen Ausgabe der Briefe (1804)
zusammengestellt hat, lassen sich freilich doch
schon früh Anzeichen für seine erzählerische Begabung und die Nähe zu seinem späteren Lesepublikum beobachten. So erinnert sich R., wie ihn die
Schulkameraden mit Spitznamen wie ›Serious‹
und ›Gravity‹ bedachten und sich von ihm Geschichten erzählen ließen, die natürlich alle, wie er

betont, eine nützliche Moral vermittelten. Frauen
waren stets R.s bevorzugter Umgang. Aufgrund
seiner schüchternen Veranlagung fühlte er sich
mehr zum weiblichen Geschlecht als zu gleichaltri-
gen Jungen hingezogen, und junge Frauen aus der
Nachbarschaft ließen sich von ihm bei der Näh-
arbeit vorlesen. Besonders stolz machte ihn, daß
einige ihm so großes Vertrauen schenkten, ihn an
ihren Liebesgeheimnissen teilnehmen zu lassen: Er
durfte ihre Liebesbriefe lesen und verfaßte für sie
Antwortbriefe. Von frühester Jugend an war R. ein
begeisterter Briefschreiber. Schon als Elfjähriger
griff er, wie er sagt, spontan zur Feder und stellte
in einem anonymen Brief eine heuchlerische
Witwe wegen ihrer Klatsch- und Streitsucht zur
Rede. Dabei ahmte er geschickt den Stil einer
älteren Person nach, wurde aber entdeckt, da seine
Handschrift bekannt war. R.s Affinität zu Frauen,
die später den wichtigsten Teil seines Lesepublikums ausmachten, wurde noch dadurch verstärkt,
daß er, wie es bei Frauen im 18. Jahrhundert die
Regel war, keine formale Bildung erhielt. Mit den
kleinen und großen Problemen des Lebens war er
jedoch, wie sie, durch leidvolle Erfahrung vertraut;
im Zusammenhang mit seiner schon früh angegriffenen Gesundheit erwähnt er z. B., daß er einmal in einem Zeitraum von zwei Jahren elf Todes-
fälle in seiner näheren Umgebung zu beklagen
hatte.

Erst nachdem R., Geschäftsmann mit guten
Verbindungen in literarischen Kreisen und als geschickter Stilist bekannt, bereits 50 Jahre alt war,
begann seine eigentliche Laufbahn als literarischer
Autor. Zwei befreundete Buchhändler schlugen
ihm vor, einen Briefsteller, d. h. eine Sammlung
von Musterbriefen, zu verfassen. Im Vergleich zu
anderen Briefstellern der Zeit ist das Werk deutlich
didaktischer ausgerichtet, wie der vollständige Titel zum Ausdruck bringt: *Letters Written to and for
Particular Friends, on the Most Important Occasions: Directing Not Only the Requisite Style and
Forms to Be Observed in Writing Familiar Letters;
But How to Think and Act Justly and Prudently in
the Common Concerns of Human Life* (1741). Während der Arbeit an den Musterbriefen kam R. der
Einfall, in dieser Form eine zusammenhängende
Geschichte zu erzählen; er unterbrach das Werk
und schrieb in zwei Monaten von November 1739
bis Januar 1740 seinen ersten Roman. *Pamela: Or,
Virtue Rewarded. In a Series of Familiar Letters
from a Beautiful Young Damsel, To her Parents*
(1740; *Pamela oder die belohnte Tugend*, 1743)

erschien noch im gleichen Jahr und wurde ein gewaltiger Erfolg. Die Geschichte von der schönen jungen Tochter frommer und ehrlicher, aber verarmter Leute, die von ihrer Herrin gefördert wird, nach deren plötzlichem Tod sich jedoch der Verführungskünste und finsteren Absichten ihres jungen Herrn erwehren muß, bis er am Ende durch ihre Tugend überzeugt wird und sie heiratet, geht nach R.s späteren Angaben auf eine wahre Geschichte zurück, welche er mehr als zwei Jahrzehnte vorher gehört hatte. In der zweibändigen Erstausgabe tritt R. ohne Namensnennung als Herausgeber authentischer Briefe auf; so betont er den Realismus des Werks, der, neben der moralischen Ausrichtung, die frühen Leser und besonders die Leserinnen begeisterte. R. nutzte den Erfolg und fügte zwei Folgebände mit Briefen, die Pamela nach ihrer Eheschließung mit Personen von Stand wechselt, bei der revidierten Ausgabe 1741 hinzu. Doch nicht alle Zeitgenossen waren überzeugt. Henry Fielding war über die, wie er meinte, scheinheilige Heldin, die ihre Tugend erst zum Höchstgebot vermarktet, empört und wurde mit seinen parodistischen und satirischen Gegenentwürfen *Shamela* (1741) und *Joseph Andrews* (1742) selbst zum Romancier, der seitdem gern von Literarhistorikern mit R. verglichen wird. – An seinem nächsten Roman arbeitete R. etwa fünf Jahre: *Clarissa: Or, the History of a Young Lady* (1747 f.; *Die Geschichte der Clarissa, eines vornehmen Frauenzimmers*, 1748–51) erschien in sieben Bänden und wurde nach allgemeinem Urteil sein Meisterwerk. Zwar sind die Grundelemente die gleichen wie in dem Erstlingsroman – Konflikte zwischen Mann und Frau reflektieren gegensätzliche gesellschaftliche Werte und führen zu intensiven Gefühlen, die, vorgeblich zu moraldidaktischen Zwecken, ausschließlich in Briefen dargestellt werden –, aber das Muster ist ungleich komplexer. R., der seine eigenen Texte beständig revidierte, versuchte offensichtlich die Schwächen von *Pamela* zu vermeiden. Während dort eine einzige Briefschreiberin dominiert, sind an den 537 Briefen von *Clarissa* über 20 Korrespondenten beteiligt, in der Hauptsache die tugendhaften jungen Damen Clarissa Harlowe und ihre Freundin Anna Howe sowie die jungen Lebemänner Lovelace und Belford. Statt des glücklichen Endes als Ausdruck poetischer Gerechtigkeit setzte R. hier (allen Bitten seiner Fans zum Trotz) einen tragischen Ausgang: Clarissa, die sich Lovelace anvertraut hat, um ihrer despotischen Familie und der

Zwangsehe mit dem widerlichen Holmes zu entkommen, wird von dem gewissenlosen Libertin unter Drogeneinfluß entehrt und stirbt an ihrem Kummer. In der leidenden Protagonistin sah die bürgerliche Mittelschicht die Vertreterin ihres Moralkodex im Gegensatz zur verantwortungslosen Aristokratie. Wieder gibt die – von Fielding in *Shamela* parodierte – Briefform R. die Möglichkeit großer Unmittelbarkeit der Darstellung; im Vorwort spricht er von »*instantaneous* Descriptions and Reflections«, und in einem Brief nennt er seine innovative Schreibweise »writing to the moment«. Besonders die Gefühle der Romanfiguren kommen differenziert zur Geltung. Lovelace spricht für den Autor, indem er *correspondence* mit bezeichnender Etymologie als »writing from the heart« erklärt. Wenngleich R. sich mehr als ein Jahr lang bemühte, den Text zu kürzen, entstand doch einer der längsten Romane der englischen Literatur. Dr. Samuel Johnson, der zeitgenössische Literaturpapst, der eine hohe Meinung von R. hatte und ihm eine von vier Fremdnummern seines *Rambler* überließ (»Advice to Unmarried Ladies«, Nr. 97), meinte in einer gern zitierten Bemerkung, wer R. um der Story willen lesen wolle, müsse sich vor Verärgerung aufhängen, man müsse ihn um der Gefühle willen lesen und die Story nur als Anlaß dafür betrachten.

Nachdem R. in *Pamela* mit Mr. B. und in *Clarissa* mit Lovelace eine negative oder sogar skrupellose männliche Hauptfigur dargestellt hatte, entschloß er sich in seinem dritten und letzten Roman, das Porträt eines uneingeschränkt guten Mannes zu zeichnen. Er wollte damit auch ein Gegenbild zu dem von ihm sehr mißbilligten *Tom Jones* (1749) seines Rivalen Fielding entstehen lassen. *The History of Sir Charles Grandison* erschien 1753–54 in sieben Bänden. Die Briefform, derer R. sich wieder bediente, wäre undenkbar ohne die Briefkultur bzw. den Briefkult der Zeit. Am aktivsten beim Briefeschreiben ist freilich nicht der Titelheld, der erst spät mit Pauken und Trompeten auf den Plan tritt, als er die schöne Harriet Byron mutig aus der Gewalt eines aristokratischen Entführers befreit, sondern diese junge Dame selbst, die er am Ende zur Frau bekommt. R. hatte nicht nur Schwierigkeiten mit der fiktional wenig ergiebigen Musterhaftigkeit des Helden; er fand auch die Darstellung weiblicher Qualitäten erklärtermaßen viel interessanter und kongenialer. *Grandison* war mit einiger Berechtigung weniger populär als die Vorgänger, was R.s Ruhm und Erfolg jedoch wenig beeinträchtigte. 1754 wurde er zum Meister der Buchhändler- und Verleger-Innung gewählt, und noch zwei Jahre vor seinem Tode hatte er entscheidenden Anteil an der wegweisenden Schrift *Conjectures on Original Composition* (1759) von Edward Young. Mit 71 Jahren starb er an einem Schlaganfall.

Werkausgaben: *Novels*. London 1902. – *Novels*. Oxford 1929–31. – *Selected Letters*. Hg. J Carroll. Oxford 1964. Literatur: E.B. Brophy. *Samuel Richardson*. Boston 1987. – T.C.D. Eaves/B.D. Kimpel. *Samuel Richardson: A Biography*. Oxford 1971. – A.D. McKillop. *Samuel Richardson: Printer and Novelist*. Hamden, CT/London 1936.

Raimund Borgmeier

Richler, Mordecai

Geb. 27. 1. 1931 in Montreal;
gest. 4. 7. 2001 ebd.

Die Suche nach Werten in einer unsicheren und skeptischen Welt, Konflikte zwischen ethnischen Gruppen und zwischen den Generationen sowie die sozialen und sexuellen Ambitionen von Privilegierten wie Unterprivilegierten sind die Themen in Mordecai Richlers Romanen. Ihr Schauplatz präsentiert häufig jenes Milieu, dem der Autor selbst – wie einige seiner Protagonisten – den Rücken kehrte: das jüdische Viertel rund um Montreals St. Urbain Street. Als Enkel ostjüdischer Einwanderer nach orthodoxer Tradition erzogen, verließ R. 1954 Kanada und lebte als Drehbuchautor und Journalist in London. Im selben Jahr erschien sein erster Roman, *The Acrobats* (*Die Akrobaten*, 1955). Es folgten *Son of a Smaller Hero* (1955; *Sohn eines kleineren Helden*, 1963), *A Choice of Enemies* (1957; *Der Boden trägt mich nicht mehr*, 1958) und *The Apprenticeship of Duddy Kravitz* (1959), die zum kanadischen Klassiker gewordene Geschichte eines skrupellosen Aufsteigers. *St. Urbain's Horseman* (1971; *Der Traum des Jakob Hersh*, 1980) enthält in der Figur des Exilanten Jake Hersh und den zahlreichen Rückblenden auf eine Kindheit im restriktiven Milieu von St. Urbain Street deutlich autobiographische Züge. Seinen Identitätsverlust im Londoner Exil kompensiert Jake durch die Vision einer mythischen Rächer- und Erlöserfigur, jenes im Titel angesprochenen Reiters. Ein Jahr nach Erscheinen des Romans kehrte R. nach Montreal zurück. Nach *Joshua Then and Now* (1980; *Joshua damals und jetzt*, 1981) ver-

öffentlichte R. mit der satirischen ›Familiensaga‹ *Solomon Gursky Was Here* (1989; *Solomon Gursky war hier*, 1992) seinen thematisch und erzähltechnisch ambitioniertesten Roman. Zahlreiche ineinander verwobene Handlungsstränge und ein weitgehendes Aufbrechen der Chronologie kennzeichnen dieses Werk, das eine parodistische Revision der kanadischen Geschichte aus jüdischer Perspektive unternimmt und kanadische Mythen wie z.B. Franklins Suche nach der Nordwestpassage unterminiert. Der letzte Roman des Autors, *Barney's Version* (1997; *Wie Barney es sieht*, 2000), ist die fiktionale Autobiographie einer amoralischen Figur, die nicht zuletzt die Frage nach Wahrheit und Erfindung in einer Lebensgeschichte aufwirft.

R., der neben seiner Tätigkeit als Romancier, Drehbuchautor und Journalist auch Kinderbücher und Kurzgeschichten schrieb, war ein Autor, der die Kontroverse liebte. Seine respektlose Darstellung besonders auch der eigenen Glaubens- und Kulturgemeinschaft brachte ihm sogar den Vorwurf des Antisemitismus ein. R. war als Satiriker ein Moralist, dessen Sympathie den Verlierern und Außenseitern der modernen Großstadtgesellschaft gehörte. Seine durch schwarzen Humor, farcenhafte Elemente und mitunter grotesk übersteigerte Charaktere gekennzeichneten Romane attackieren moralische, soziale und kulturelle Anmaßung und Intoleranz. Wie mit seinem Erzählwerk wurde R. auch mit zahlreichen kritischen Essays zu einem zunehmend bitteren Kommentator der politischen, sozialen und kulturellen Szenerie Kanadas. In dem Band *Oh Canada! Oh Quebec: Requiem for a Divided Country* (1992) setzte er sich ausführlich und provokativ-kritisch mit dem frankokanadischen Separatismus auseinander.

Literatur: *Perspectives on Mordecai Richler*. Hg. M. Darling. Toronto 1986. – A.E. Davidson. *Mordecai Richler*. New York 1983. – V.J. Ramraj. *Mordecai Richler*. Boston 1983.

Martin Löschnigg

Rochester, John Wilmot, Second Earl of

Geb. 1. 4. 1647 in Ditchley, Oxfordshire;
gest. 26. 7. 1680 in Woodstock, Oxfordshire

John Wilmot, Earl of Rochester, Libertin, Dichter und Satiriker, war einer der markantesten

Vertreter aristokratischen Weltverständnisses der Restaurationszeit. Nach dem Studium in Oxford und der traditionellen *grand tour* auf den Kontinent erwarb er sich erste Meriten im Seekrieg mit Holland (1664–67) und avancierte bald zum Star der höfischen Zirkel um Charles II. R. machte aber auch durch Trunkenheit, sexuelle Ausschweifungen und skandalöse Eskapaden von sich reden, wurde mehrfach vom Hof verbannt und sogar ins Gefängnis geworfen, aber wegen seines Esprits, seiner stilvollen Selbstinszenierung und brillanten Konversationskunst vom König immer wieder begnadigt. Geschwächt durch seinen ruinösen Lebenswandel, starb der atheistische Lebemann bereits mit 33 Jahren, bekehrte sich aber auf dem Totenbett noch zum christlichen Glauben. – Mit seinem Leben und Werk verkörpert R. das höfische Milieu des beginnenden Klassizismus und den materialistischen Sensualismus der frühen Aufklärung. Vieles erscheint widersprüchlich und paradox. Von Michel de Montaigne und Thomas Hobbes beeinflußt, vertrat er einen radikalen Skeptizismus, der die Vernunftbegabtheit des Menschen anzweifelt und statt dessen seine Triebhaftigkeit und Wolfsnatur betont. Bei allem Zynismus blieb er der bewunderte *wit*, der mit geschliffener Rhetorik, intellektueller Schärfe und formvollendeten Manieren die Gesellschaft in seinen Bann schlug und zeitgenössischen Dramatikern (wie George Etherege und Aphra Behn) als Modell für den libertinistischen *rake-hero* ihrer Komödien diente.

R. setzte das zur Schau gestellte aristokratische Ethos ebenso brillant in seiner Dichtung um. Sein schmales, aber vielseitiges – uvre umfaßt skurrile Schmähgedichte, dramatische Prologe und Epiloge, Übersetzungen und vor allem grimmig-spöttische, an Horaz und Juvenal ausgerichtete Verssatiren. Mit beißender Offenheit und einem obszönen, bisweilen fast pornographischen Sarkasmus, aber im witzigen konversationalen Ton, verlacht sein hedonistischer Gedichtsprecher gesellschaftliche Laster und eitles Schaugehabe, wie etwa in »A Ramble in St. James's Park« (1672) oder »Tunbridge Wells« (1674). R. zeigt dabei eine zwiespältige Haltung zum weiblichen Geschlecht, einerseits chauvinistische Verachtung der Frau als bloßes Sexualobjekt, andererseits aber auch tief empfundene Zuneigung. Meisterhaft in ihrem hintersinnigen Witz sind R.s philosophische Satiren, die den eitlen Stolz des Menschen auf seine Vernunft aufs Korn nehmen. In »A Satyr Against

Reason and Mankind« (1675), seinem bekanntesten Gedicht, präferiert sein Sprecher ironisch die Instinkthaftigkeit der Tiere vor dem selbstsüchtigen Materialismus seiner Mitmenschen; in »Upon Nothing« (1675) nützt er die Tradition der komischen Lobrede zum paradoxen Spiel mit dem begrifflichen Gegensatz von Etwas und Nichts. Die ironische Weltsicht, sprachliche Ausgefeiltheit und formale Perfektion von R.s Versen hat neoklassizistische Satiriker wie Alexander Pope oder Jonathan Swift stark beeinflußt.

Werkausgaben: *The Complete Poems*. Hg. D. M. Vieth. New Haven/London 1968. – *The Letters*. Hg. J. Treglown. Oxford 1980. – *The Poems*. Hg. K. Walker. Oxford 1984.
Literatur: E. Burns, Hg. *Reading Rochester*. New York 1995. – M. Thormählen. *Rochester: The Poems in Context*. Cambridge 1993.

Dieter A. Berger

Rosenberg, Isaac

Geb. 25. 11. 1890 in Bristol;
gest. 1. 4. 1918 bei Arras, Frankreich

Unter den englischen Dichtern des Ersten Weltkriegs ist Isaac Rosenberg in vieler Hinsicht ›untypisch‹: Anders als Rupert Brooke, Edmund Blunden, Siegfried Sassoon oder Robert Graves entstammte R. nicht der begüterten oberen Mittelschicht, sondern wuchs als Sohn russisch-jüdischer Emigranten in Armut im Londoner East End auf. Im Krieg diente er nicht als Offizier, sondern als gemeiner Soldat. Seine Lyrik ist in vieler Hinsicht moderner als die der anderen *War Poets* und macht den lange vernachlässigten R. heute für viele – nach Wilfred Owen – zum interessantesten englischen Dichter dieses Krieges. Dazu kommt, daß R. auch bildender Künstler war, dessen Talent sich schon früh offenbarte. Diese Doppelbegabung, die er mit seinem Vorbild William Blake teilte, wird im stark bildhaften Stil seiner Gedichte sichtbar. »Scriptural and sculptural« (»biblisch und plastisch«) – mit diesen Begriffen faßte Sassoon im Vorwort zur ersten Werkausgabe 1937 Thematik und Form der Dichtung R.s zusammen, in der er eine geglückte Synthese jüdischer und englischer Kultur sah. Ermutigt von Edward Marsh, dem Patron jener *Georgian Poets*, deren Traditionalismus R.s Werk so fern ist, veröffentlichte R. 1911/12 im Selbstverlag zwei Gedichtbände und das Versdrama *Moses* (1916). Ein zweites, 1918 an der Front verfaßtes Versdrama (*The Unicorn*) blieb Fragment. Bei Kriegsausbruch hielt sich R. in Südafrika auf, nach seiner Rückkehr 1915 meldete er sich freiwillig, um durch den Sold die verarmte Familie zu unterstützen. Nur ein geringer Teil seiner Gedichte und Fragmente handelt vom Krieg, doch gründet R.s Nachruhm hauptsächlich auf 1916–17 entstandenen Kriegsgedichten wie »Returning, We Hear the Larks«, »Louse Hunting«, »Dead Man's Dump« und »Break of Day in the Trenches«, das 1916 in Harriet Monroes *Poetry Magazine* veröffentlicht wurde. Mohnblume und Ratte wirken in diesem Gedicht – und über das Gedicht hinaus – als Embleme des Krieges 1914–18: Das Rot der Blume versinnbildlicht das Blut der Gefallenen, die Ratte erscheint als Grenzgänger zwischen den feindlichen Linien dem Stellungskrieg besser angepaßt als der Mensch, die ›Krone der Schöpfung‹. R. erkannte wie seine Dichterkollegen die Bestialisierung des Menschen im Grabenkrieg sowie die Kluft zwischen Bildern vom Heldentod und der Realität der industrialisierten Massenvernichtung (»Dead Man's Dump«). Im Gegensatz zum engagierten Ton eines Owen oder Sassoon klingen R.s Gedichte jedoch distanziert, fast kühl. Zugleich aber nehmen sie verstärkt allegorische Züge an (»Daughters of War«) und gestalten apokalyptische Visionen. Eines der letzten Gedichte, »The Destruction of Jerusalem by the Babylonian Hordes«, zeichnet ein Bild des Krieges als einer archetypischen menschlichen Erfahrung.

Werkausgabe: *The Collected Works*. Hg. I. Parsons. London 1979.
Literatur: J. Cohen. *Journey to the Trenches: The Life of Isaac Rosenberg*. London 1975. – J.M. Wilson. *Isaac Rosenberg: Poet and Painter*. London 1975.

Martin Löschnigg

Ross, [James] Sinclair

Geb. 22. 01. 1908 bei Prince Albert, Saskatchewan; gest. 29. 02. 1996 in Vancouver

In Kanadas nordwestlicher Prärie unter dem Einfluß der literaturbegeisterten, geschiedenen Mutter aufgewachsen, wird Sinclair Ross mit 16 Bankangestellter und zieht 1933 nach Winnipeg. Bis zu seiner Teilnahme am Zweiten Weltkrieg veröffentlicht R. nicht nur zehn Kurzgeschichten, sondern mit *As For Me and My House* (1941) auch

seinen ersten Roman, der bis heute als Inbegriff der kanadischen Prärieliteratur gilt. Repräsentativ für den Großteil seines – uvres spiegelt die sparsam-rhythmische Prosa dieses Werkes die karge, von Staub und Dürre geprägte Landschaft der Prärie während der Zeit der Depression wider. In ihr siedelt R. die Themen Einsamkeit und Entfremdung, das Gefühl des Eingeschlossenseins sowie den Kampf des Künstlers um Selbstentfaltung und Anerkennung an. Skizziert der Text einerseits die unerfüllten malerischen Ambitionen des an seinem Amt zweifelnden Pfarrers Philip Bentley, so entwirft er andererseits das Selbstporträt der erzählenden Ehefrau, Mrs. Bentley, die in einem Akt kreativer Lebensbewältigung ihre Frustration über das Dasein in diesem ironischerweise »Horizon« genannten Ort geistiger Leere und Engstirnigkeit in ihrem Tagebuch aufzeichnet. Mit seinem sozialen wie psychologischen Realismus, der zeitlosen Geschlechterproblematik und aufmerksames Lesen einfordernden Erzähltechnik zählt der Roman zu den *Canadian Classics*, wie Robert Kroetsch in seinem Nachwort (1989) untermauert: »Mrs. Bentley, one might argue, writes the beginning of contemporary Canadian fiction. [...] In the enigmas of her confessions and concealments, of her telling and not telling, [she] speaks some of the illusive truths not only of our culture and psyche but of contemporary art itself.« – Bis zu seiner Pensionierung als Bankangestellter (1968) lebt R. in Montreal, dann zwölf Jahre in Südeuropa. In sein Werk fließen vermehrt urbane Themen ein, wie die Stadtflucht und spirituelle Erneuerung eines jungen Montrealers durch das Farmleben in Saskatchewan in *The Well* (1958). Dagegen widersteht der aufstrebende Klarinettist in *Whir of Gold* (1970) den kriminellen Verlockungen der Großstadt dank der Erinnerungen an die intakte ländliche Heimat. *Sawbones Memorial* (1974), R.' letzter Roman, knüpft am Erstlingswerk an: Doc Hunter, zentrale Figur der Präriegemeinde »Upward«, offenbart sein lebenslanges Ungenügen am vorgetäuschten Rollendasein während der Feier seines 75. Geburtstages, die mit seiner Verabschiedung in den Ruhestand zusammenfällt und der Gemeinde kurzzeitig die oberflächliche Balance raubt. – R.' Kurzgeschichten in *The Lamp at Noon and Other Stories* (1968) und *The Race and Other Stories* (1982) sind als Reflexe regional-kanadischer Lebenswirklichkeit vielfach anthologisiert worden, wie etwa »The Painted Door« (1939; 1984 verfilmt). Eine Revision von R.' – uvre, insbesondere der als sentimental kritisierten mittleren Schaffensperiode, wurde in den 1990er Jahren durch das Bekanntwerden seiner intensiv gelebten Homosexualität eingeleitet.

Literatur: J. Moss, Hg. *From the Heart of the Heartland: The Fiction of Sinclair Ross*. Ottawa 1992. – D. Stouck, Hg. *Sinclair Ross's As For Me and My House : Five Decades of Criticism*. Toronto 1991.

Markus Müller

Rossetti, Christina [Georgina]

Geb. 5. 12. 1830 in London;
gest. 29. 12. 1894 ebd.

Als Alfred Tennyson 1892 verstarb, gehörte Christina Rossetti zu den meistdiskutierten Anwärtern auf seine Nachfolge als *Poet Laureate*. Daß die Wahl nicht auf sie fiel, mag an ihrem Geschlecht gelegen haben, vielleicht aber auch an dem religiösen Gehalt vieler ihrer Gedichte, der auch dazu beitrug, daß ihr zu ihren Lebzeiten sehr populäres Werk in den Jahrzehnten nach ihrem Tod in Vergessenheit geriet. Erst in den letzten Jahrzehnten des 20. Jahrhunderts wurde R.s Gedichten wieder größere Aufmerksamkeit zuteil; insbesondere erregten sie die Aufmerksamkeit feministischer Literaturkritik, da sie die Stellung von Frauen in einer patriarchalischen Gesellschaft in vielfacher Weise thematisieren. – R. selbst, die unverheiratet blieb und zeit ihres Lebens in ihrem Elternhaus bzw. in häuslicher Gemeinschaft mit Verwandten lebte, akzeptierte die traditionelle Verteilung der Rollen von Männern und Frauen. Von wenigen Ausnahmen abgesehen, nimmt sie in ihrem lyrischen und erzählerischen Werk nicht zu aktuellen Themen Stellung, sondern befaßt sich mit Grundfragen der Existenz, mit Leben und Tod, mit den divergierenden Ansprüchen der Welt und der Ewigkeit sowie der Eitelkeit alles Irdischen. Thematische Schwerpunkte sind unerfüllte und unerfüllbare Lebenshoffnungen (so in »The Lowest Room«, 1856) sowie die Liebe, die nicht erwidert wird (»›No, Thank You, John‹«, 1860; »Jessie Cameron«, 1864) bzw. wegen der Treulosigkeit oder des Todes eines Partners unerfüllt bleibt oder ein Ende findet (»Song: When I am dead, my dearest«, 1848; »Remember me when I am gone away«, 1849; »Wife to Husband«, 1861).

Mehrfach wird die Geschichte eines Dreiecksverhältnisses, bei dem eine beteiligte Person leer ausgehen muß, erzählt (»‹Look on this picture and on this›«, 1856; »Maude Clare«, 1858; »Maggie A Lady«, 1865), gelegentlich in Verbindung mit dem Thema illegitimer Mutterschaft (»Cousin Kate«, 1859), mit dem R. als Mitarbeiterin in einem Heim für ›gefallene Frauen‹ vertraut war. Weniger oft schildert ein Gedicht die erfüllte Sehnsucht nach Liebe, so in »Maiden-Song« (1863).

R.s Gedichte sind wie die von Robert Browning und Tennyson in der Regel keine Ergüsse eines Dichter-Ich, sondern erzählen Geschichten, die in einer historischen oder mythischen Vergangenheit oder einer zeitlosen Welt zwischen Personen in recht unterschiedlichen Lebensumständen spielen. Eine Klage über die »vanity of vanities, desire« etwa wird im Gedichttitel »Sœur Louise de la Mis&ricorde (1674)« (1877), einer ehemaligen Geliebten Ludwigs XIV., die in ein Kloster eintritt, in den Mund gelegt. In anderen Gedichten werden religiöse Themen in allegorischer Form zur Sprache gebracht, so in »An Apple-Gathering« (1857) und dem langen Erzählgedicht »The Prince's Progress« (1865), in dem die selbstverschuldeten Umstände, die die Ankunft des Prinzen bei seiner Braut verzögern, die Versuchungen der Welt abbilden, die der Vorbereitung der Seele auf das ewige Leben im Weg stehen. Oft greift R. auf die alte Konvention der ›lesbaren Natur‹ zurück: Detaillierte und farbige Naturschilderungen erhalten eine Funktion als Veranschaulichung der Glorie Gottes (»›To what purpose is this waste‹«, 1853), der Verirrungen der menschlichen Seele (»An Old-World Thicket«, 1879) oder der Eitelkeiten der Welt (»Freaks of Fashion«, 1879). – Nur wenige Gedichte R.s sind eindeutig autobiographisch, auch wenn die vielfach anzutreffende resignative Stimmung und das wiederkehrende Thema der »hope deferred« zweifellos Bezüge zu R.s Lebenssituation aufweisen. Einen persönlichen Charakter haben indessen Gedichte, in denen die Sprecherin ähnlich wie John Donne oder George Herbert in einen unmittelbaren Dialog mit Gott tritt, so in der 28teiligen Sonettsequenz »Later Life: A Double Sonnet of Sonnets« (1880). Die Frömmigkeit R.s ist in starkem Maße vom Oxford Movement und den anglo-katholischen Riten geprägt; der kirchliche Festkalender spielte für sie eine wichtige Rolle. Charakteristisch ist »A Christmas Carol: In the bleak mid-winter« (1871), das in der Vertonung durch Gustav Holst in den Kanon englischer

Weihnachtslieder eingegangen ist und so unter R.s Gedichten wohl die weiteste Verbreitung gefunden hat. R.s religiöse Schriften, so eine Abhandlung über kirchliche Festtage und ein Kommentar zur Offenbarung des Johannes, sind hingegen vergessen.

Eine besonders nachhaltige Wirkung hatte R. als Dichterin für Kinder; sie leistete einen entscheidenden Beitrag zur viktorianischen Blüte der Kinderliteratur. »Goblin Market« (1859), das Titelgedicht der ersten Buchveröffentlichung R.s von 1862, ist auch von Erwachsenen gelesen worden; der implizite Leser ist jedoch eindeutig ein Kind: Die Geschichte der Begegnung der Schwestern Laura und Lizzie mit den kleinen Kobolden, die exotische Früchte feilzubieten haben und mit ungeahnten Gaumenfreuden locken, illustriert in einer für Kinder verständlichen Weise das Verhältnis von sinnlicher Versuchung sowie anschließender Reue und Erlösung. Anhand von Genüssen des Essens und Trinkens kann R. leidenschaftliches Begehren konkreter und eindrücklicher schildern als in Gedichten über die Liebesleidenschaft Erwachsener. Für kleine Kinder gedacht ist die Sammlung *Sing-Song* (1872), deren Gedichte sich durch ihre vielfältigen rhythmischen und strophischen Strukturen sowie ihre einfache Diktion auszeichnen und in humoristischer, aber auch nachdenklicher Weise von Tieren, Jahreszeiten oder der Liebe zu Kindern handeln und allgemeinen Lebensweisheiten Ausdruck geben. Nicht ganz so erfolgreich war die Erzählung *Speaking Likenesses* (1874), die das Motiv der Traumvision aus Lewis Carrolls *Alice*-Büchern übernimmt, ihm aber eine moralisierende Wendung gibt.

R.s lyrisches Werk zeichnet sich durchweg durch formale, v. a. metrische Virtuosität und Experimentierfreude aus. Neben strophischen, ›sangbaren‹ Gedichten finden sich Nachahmungen älterer Formen wie der Ballade und v. a. des Sonetts. Ihr Formbewußtsein zeigt sich etwa in der Sonettsequenz »Monna Innominata« (1880), das die unerfüllte Liebe einer Frau zu einem Mann thematisiert, in Imitation von Dante und Petrarca, die ihre unerfüllte Liebe zu Beatrice bzw. Laura in Sonettzyklen zum Ausdruck brachten. – R.s Prosaerzählungen sind weniger bedeutend; bemerkenswert ist indessen »The Lost Titian« (1855), das von einem Meisterwerk Tizians handelt, das infolge der Eifersucht eines Malerkollegen verlorenging und sinnbildlich für jenes Ideal stehen kann, nach dem viele Menschen in unterschiedlichen Bereichen vergeblich streben.

Werkausgaben: *The Complete Poems*. Hg. R. W. Crump. 3 Bde. Baton Rouge/London 1979–90. – *Poetry and Prose*. Hg. J. H. Reynolds/J. Marsh. London 1994. Literatur: M. Arseneau et al., Hgg. *The Culture of Christina Rossetti: Female Poetics and Victorian Contexts*. Athens, OH 1999. – Sh. Smulders. *Christina Rossetti Revisited*. New York/London 1996. – A. H. Harrison. *Christina Rossetti in Context*. Chapel Hill 1988.

Thomas Kullmann

Rossetti, Dante Gabriel

Geb. 12. 5. 1828 in London;
gest. 9. 4. 1882 in Birchington-on-Sea, Kent

Dante Gabriel Rossetti ist der Sohn des italienischen Dichters, Dante-Exegeten und späteren Professors für Italienisch am Londoner King's College Gabriele Rossetti und dessen Frau Frances Polidori, deren Vater Gaetano ebenfalls Italiener sowie Dichter, Übersetzer und Lexikograph war. In Anbetracht dieses künstlerisch und intellektuell stimulierenden Familienhintergrunds war es nicht verwunderlich, daß R. bereits im zarten Alter von 13 Jahren den Entschluß faßte, Künstler zu werden. Seine Ausbildung erfolgte in erster Linie durch die Mutter, die vor ihrer Hochzeit als Hauslehrerin gearbeitet hatte, und durch einen Schulbesuch von 1836–41. Danach studierte er auf wechselnden Kunstschulen Malerei, u. a. ab 1846 an der Royal Academy of Art in London. Aufgrund seiner starken Aversion gegen die starren Formen und Regeln des Akademiebetriebs gründete er 1848 eine künstlerische Bewegung, die er programmatisch *Pre-Raphaelite Brotherhood* nannte und zu der außer ihm noch sein Bruder William Michael sowie William Holman Hunt, John Everett Millais, Thomas Woolner, Frederick George Stephens und James Collinson gehörten. Wie der Name suggeriert, hielt diese siebenköpfige Gruppe von Malern und Literaten die klassizistische Formkunst der mit dem italienischen Maler Raffael (1483–1520) beginnenden Epoche für degeneriert und revoltierte gegen die im Banne der Raffael-Schule stehende zeitgenössische englische Akademiekunst und deren rigide, jegliche künstlerische Individualität unterdrückende Darstellungsregeln. Sie fühlten sich der Malerei der Vor-Renaissance verpflichtet, in der sie ihre Forderungen nach stilistischer Reinheit, inhaltlicher Klarheit, unmittelbarer Frische und intensiver Ausgestaltung konkreter naturalistischer Details exemplarisch verwirklicht sahen.

Die Präraffaeliten setzten sich vehement für eine engere Verbindung der einzelnen Künste untereinander ein, besonders von Malerei und Dichtung, weil sie erkannt hatten, daß eine nicht unbeträchtliche Anzahl jener Prinzipien, die ihrer Ansicht nach für die Malerei grundlegend waren, auch auf die Dichtung anzuwenden war. Das Wechselspiel von gemaltem Bild und dichterischem Text war für sie von essentieller Bedeutung. So schrieb R. eine Reihe von Gedichten zu seinen Bildern und schuf umgekehrt Illustrationen zu einigen seiner Gedichte. In literarischer Hinsicht knüpften er und seine Streitgenossen an Keats und Tennyson an, v.a. in der Betonung von ästhetischer Schönheit, oft in Verbindung mit mittelalterlichen Sujets, archaischem Vokabular und thematischer Melancholie. Daraus entstand ein prononcierter Schönheitskult, der gegen die häßlichen Erscheinungsformen der modernen Realität rebellierte und einen nachhaltigen Einfluß auf den Ästhetizismus und das Fin de siècle ausübte. Der lyrische und bildnerische Schönheitskult war durch eine ungelöste Spannung von Sinnlichkeit und Spiritualität, von Leidenschaft und Entsagung, von erotisch-körperlichen und ideell-mystischen Elementen gekennzeichnet. Die Funktion von Kunst bestand darin, intensive Augenblickserfahrungen durch die Form zu verewigen. So definierte R. das Sonett als »a moment's monument« und machte es zu dem von ihm bevorzugten lyrischen Subgenre. Die Propagierung der neuen Kunstauffassung geschah mit Hilfe einer Zeitschrift, *The Germ*, die 1850 (allerdings nur in wenigen Nummern) erschien, und mit tatkräftiger Unterstützung des anerkannten zeitgenössischen Kritikers John Ruskin in einem Artikel in der *Times*.

Zu Lebzeiten veröffentlichte R. zwei Gedichtbände: *Poems* (1870) und *Ballads and Sonnets* (1881), in dem sein aus 101 Sonetten bestehender Zyklus *The House of Life* (*Das Haus des Lebens*, 1960) erstmals vollständig erschien. Außerdem widmete er sich der Übersetzung von Gedichten von Dante und anderen italienischen Klassikern, die 1861 unter dem Titel *The Early Italian Poets* erschienen und von Ezra Pound hochgelobt wurden. Hinter den *Poems* verbirgt sich ein Großteil der persönlichen Tragödie R.s. Da seine finanzielle Situation es nicht eher zuließ, heiratete er erst 1860 nach einer neunjährigen und konfliktreichen Verlobungszeit seine erste Muse, Elizabeth Eleanor Siddall, die Modell für einige seiner berühmtesten

Gemälde gestanden hatte. Seine Leidenschaft für »Lizzie«, wie er sie nannte, hatte sich inzwischen aber abgekühlt, und er hatte eine Geliebte, Fanny Hughes. Nur zwei Jahre nach der Hochzeit starb Elizabeth, die an Tuberkulose und Melancholie litt und mehrere Fehlgeburten hinter sich hatte, an einer Überdosis Laudanum; ihr Tod war ein offensichtlicher Selbstmord. Von Schuldgefühlen geplagt, begrub R. mit ihr das Manuskript seines ersten, fast fertigen Gedichtbandes und wickelte es in ihre langen, rostroten Haare ein. Erst 1869, während seiner Beziehung zu Jane Morris, die durch deren Ehemann William geduldet wurde, ließ er das Manuskript exhumieren. Die Veröffentlichung war sowohl in finanzieller wie auch kritischer Hinsicht ein voller Erfolg, zog aber eine neidmotivierte Attacke von Robert Buchanan in »The Fleshly School of Poetry« (1871) nach sich, in der dieser R. vorwarf, seine Kunst sei ästhetisch minderwertig und unmoralisch. Der als Antwort von R. in der Zeitschrift *The Athenaeum* veröffentlichte Essay »The Stealthy School of Criticism« wies diese Vorwürfe souverän zurück, doch R. litt außerordentlich unter der anhaltenden Wirkung dieser Kritik. Von Depressionen geplagt, zog er sich aus der Welt zurück, verfiel dem Alkohol und der Droge Chloral. Nach einem mißglückten Selbstmordversuch war er eine Zeitlang teilweise gelähmt; zudem litt er unter Verfolgungswahn. In seinen letzten Lebenswochen, die er im Landhaus eines Freundes in Birchington verbrachte, pflegte ihn seine Schwester Christina. Von seinem Bruder William Michael wurden postum seine *Works* und *Letters* veröffentlicht.

Werkausgaben: *The Works of Dante Gabriel Rossetti*. Hg. W.M. Rossetti. Hildesheim 1972 [1911]. – *Gedichte und Balladen*. Heidelberg 1960 [Auswahl].
Literatur: J. Rees. *The Poetry of Dante Gabriel Rossetti: Modes of Self-Expression*. Cambridge 1981. – L. Hönnighausen. *Präraphaeliten und Fin de Siècle*. München 1971. – G.H. Fleming. *Rossetti and the Pre-Raphaelite Brotherhood*. London 1966.

Claudia Ottlinger

Rowe, Nicholas

Geb. 20. 6. 1674 in Little Barford, Bedfordshire; gest. 6. 12. 1718 in London

Nicholas Rowes Tragödien gehören zu den erfolgreichsten Bühnenwerken des 18. Jahrhunderts.

Der überzeugte Whig und liberale Patriot hatte ein feines Gespür für die Bedingungen eines prosperierenden Theatermarktes wie für das Bedürfnis einer sich ausdifferenzierenden Mittelschicht nach normativer Orientierung und emotionalem Ausdruck. Zwar schließen seine beiden ersten Stücke, *The Ambitious Stepmother* (1700; *Die ehrsüchtige Stiefmutter*, 1773) und *Tamerlane* (1701/2), mit ihren orientalischen Schauplätzen und hoheitlichen Protagonisten noch an das heroische Drama der Restauration an, doch treten wirkungsästhetische Elemente wie Furcht oder *admiratio*, moralische Tugenden wie Heldenmut oder Rache und eine metaphysische Kategorie wie Fatum hinter das Pathos von Rührung und Mitleid zurück. R.s Menschenbild ist nicht mehr durch die unversöhnliche Anthropologie eines Thomas Hobbes gekennzeichnet, sondern durch »Good Nature« und korrespondiert damit viel besser mit einer auf Kommunikation und Austausch angewiesenen bürgerlichen Gesellschaft. Die Figur Tamerlanes, ein unverhohlenes Lobporträt von William III, verkörpert exemplarisch Werte wie Großmut, Toleranz und Mäßigung und sucht auch dann noch den Dialog mit dem rücksichtslosen Egomanen Bajazet (eine Karikatur Ludwigs XIV.), als der versucht, ihn zu erstechen. Aber erst in seinen »she-tragedies«, *The Fair Penitent* (1703; *Die büende Schöne*, 1782) und dem späteren Erfolgsstück *Jane Shore* (1714; *Jane Shore*, 1774), verlagert sich der dramatische Schwerpunkt vom Exotisch-Öffentlichen zum Bürgerlich-Privaten. Die in elaboriertem Blankvers und nur noch gelegentlich in *heroic couplets* verfaßten Stücke sollen den Zuschauern die Identifikation mit ihresgleichen ermöglichen und mithin die emotionale Anteilnahme wie moralische Läuterung befördern. Sowohl Calista aus *The Fair Penitent* als auch die Titelheldin von *Jane Shore* lassen sich von dem aristokratischen Libertin Lothario bzw. von Edward IV verführen, obwohl die eine mit Altamont verlobt und die andere mit einem Londoner Kaufmann verheiratet ist. »Schuld«, heißt es in *The Fair Penitent*, »ist die Quelle allen Leids«, und so gehen Calista und v. a. Jane durch ein Tal der Tränen, bis in ihrer Sterbestunde den Bußfertigen schließlich aber doch noch Vergebung zuteil wird. Allerdings steht das Ungemach, das die überwiegend passiven bürgerlichen Protagonistinnen, Freunde und Väter erfahren müssen, in einem auffälligen Mißverhältnis zu ihrem anfänglichen Vergehen. Die Zuschauer werden so sehr von Mitleid ergriffen, daß

dieses sich zu verselbständigen scheint; Rührung konterkariert die moralische Intention der Stücke und läßt eine Entwicklung der Charaktere kaum zu.

Zeitgenossen schildern den am Middle Temple ausgebildeten Juristen, der auch diverse Regierungsämter bekleidete, als überaus joviale und gesellige Persönlichkeit. R., so sein Freund Alexander Pope, »lachte den ganzen Tag«. Wenn das in einem gewissen Gegensatz zum tragischen Pathos seiner Werke stehen sollte, dann spricht es um so mehr für das handwerkliche Können eines Theatermannes, der die dramatische Illusionsbildung bis zur Perfektion beherrschte. Sein Publikum pflegte der verhungernden, durch Londons Straßen irrenden Jane regelmäßig Brot zuzuwerfen. Der *Poet Laureate* (1715), welcher sich nicht zuletzt auch Verdienste durch die Herausgabe einer ersten kritischen Gesamtausgabe Shakespeares erworben hat, wurde in der Westminster Abbey neben Chaucer beigesetzt.

Werkausgabe: *The Works of Nicholas Rowe Esq.* 2 Bde. London 1792.
Literatur: A. Jenkins. *Nicholas Rowe*. Boston 1977. – L. C. Burns. *Pity and Tears: The Tragedies of Nicholas Rowe*. Salzburg 1974.

Philipp Wolf

Rowling, J[oanne] K[athleen]

Geb. 31. 7. 1966 in Chipping Sodbury, Gloucestershire

1997 ersteigerte der Verlag Scholastic für $105.000 die amerikanischen Rechte an einem Manuskript – eine Summe, die bis dato noch nie für ein Kinderbuch bezahlt worden war. Das Buch – *Harry Potter and the Philosopher's Stone* (1997; *Harry Potter und der Stein der Weisen*, 1998) –, erster Teil einer auf sieben Bände angelegten Jugendbuchreihe, sollte, zusammen mit seinen Nachfolgebänden – *Harry Potter and the Chamber of Secrets* (1998; *Harry Potter und die Kammer des Schreckens*, 1999); *Harry Potter and the Prisoner of Azkaban* (1999; *Harry Potter und der Gefangene von Askaban*, 1999); *Harry Potter and the Goblet of Fire* (2000; *Harry Potter und der Feuerkelch*, 2000); *Harry Potter and the Order of the Phoenix* (2002) – nicht nur die Lizenzgebühren wieder einspielen, sondern auch auf Jahre auf internationalen Bestsellerlisten verbleiben und seine Autorin zu einer der reichsten Frau Großbritanniens machen. – Der kometenhafte Aufstieg der *Harry-Potter*-Serie liefert auch die Basis für die mythische Verklärung der Autorin J.K. Rowling – deren Vornamen aus Angst, männliche Leser abzuschrecken, nicht auf dem Buchdeckel erscheinen durften –, die ihr Erstlingswerk als alleinerziehende Sozialhilfeempfängerin schrieb. – Die einzelnen Bände der *Harry-Potter*-Serie, die ihr Personal der Internatsgeschichte, ihr Weltbild, insbesondere den vorherrschenden Gut-Böse-Dualismus, der *fantasy*-Literatur und viele der handlungstreibenden Elemente dem Detektivroman entnehmen, schildern den Konflikt zwischen dem heranwachsenden Harry, der mit elf Jahren entdeckt, daß er ein Zauberer ist, und dem Erzbösewicht Voldemort, der Harrys Eltern ermordet hat. Ein besonderer Reiz für das Schulkinder-Lesepublikum liegt wohl in der Verschränkung von nachvollziehbarem Alltag und phantastischem Geschehen. Aufgrund des zunehmenden Alters des Protagonisten und somit auch des intendierten Lesepublikums zeichnen sich die einzelnen Bände der Serie, von denen jeder ein Schuljahr auf der Zauberschule Hogwarts umfaßt, nicht nur durch zunehmenden Umfang, sondern auch eine Zunahme an Komplexität des Plots und der Bedrohung des Protagonisten durch seinen Erzfeind aus. – Nicht nur beim intendierten jugendlichen Lesepublikum, von denen viele wieder neu an das Lesen herangeführt wurden, sondern auch bei Erwachsenen, für die die Bände mit ›seriösem‹ Einband herausgegeben werden, hat die *Harry-Potter*-Reihe weltweit einen phänomenalen Erfolg erzielt, der die Verfilmung des ersten Bandes (2001) zu einem viel beachteten Medienereignis gemacht hat.

Literatur: P. Nel. *J.K. Rowling's Harry Potter Novels* . London 2002. – P. Bürvenich. *Der Zauber des Harry Potter: Analyse eines literarischen Welterfolgs*. Frankfurt a.M. 2001.

Klaudia Seibel

Roy, Arundhati

Geb. 24. 11. 1961 in Shillong, Assam, Indien

Der Welterfolg von Arundhati Roys einzigem Roman liest sich wie ein modernes Märchen: Entdeckung einer unbekannten Autorin über Nacht, Vorschuß in siebenstelliger Höhe, Rechteverkauf in 18 Länder, *Booker-Prize* – und dies innerhalb weniger Monate. Seither wurde *The God of Small Things* (1997; *Der Gott der kleinen Dinge*, 1997) in ca. 40 Sprachen übersetzt und in über vier Millionen Exemplaren verkauft. R.s Buch läßt sich zumindest teilweise als literarische Verarbeitung der eigenen Biographie lesen. So sind Parallelen zwischen der Geschichte der geschiedenen jungen Frau und ihren Zwillingskindern in einem südindischen Ort und R.s eigenem Familienhintergrund ebensowenig zu übersehen wie Auswirkungen ihrer Ausbildung als Architektur-Designerin und Erfahrungen als Fernsehfilmproduzentin auf die Gestaltung der Erzählung. Schließlich nimmt R.s Engagement für die *Dalit* (Kastenlosen) und die Erhaltung einer lebenswerten Umwelt in *The God of Small Things* auch in ihrem persönlichen Leben einen wichtigen Platz ein, wie sich an ihrem Protest gegen die Nuklear- und Wirtschaftspolitik Indiens, dem finanziellen Einsatz für die *Dalit* ihres Heimatstaates Kerala und ihren Essays *The End of Imagination* (1998; *Das Ende der Illusion*, 1999) und *The Greater Common Good* (1999) ablesen läßt. – Neben der autobiographischen Authentizität des Romans und seinem Erfolg als Bestseller hat die literaturkritische Rezeption, die sich seiner aktuellen Thematik, dem komplexen Aufbau der Erzählung, dem Erzählton und der außergewöhnlichen sprachlichen Gestaltung zugewandt hat, wesentlich Anteil an seinem Bekanntheitsgrad. Die Rückkehr einer jungen Frau in ihren südindischen Heimatort nach langjährigem »Exil« schafft die Rahmenhandlung für ein mehr als 20 Jahre zurückliegendes Geschehen um eine Familie, in der patriarchalische Dominanz und weibliche Unterwerfung, syrisch-christliche Religiosität und anglophile Kultur, Kastenbewußtsein und Geschlechterrollenverteilung ein Koordinatengeflecht bilden, in das eine geschiedene Frau mit ihren siebenjährigen Zwillingen hineingerät und eine Liebesbeziehung zu einem Kastenlosen aufnimmt. Ein so unverzeihlicher Verstoß gegen eine normative Moral und geschichtliche Tradition, in der die »Liebesgesetze« bestimmen, »wer geliebt werden darf, und wie. Und wie sehr«, führt zur Bestrafung und Katastrophe: Der Liebhaber wird ermordet, seine Geliebte aus der Familie verstoßen. Die Trennung der Zwillinge läßt sie den totalen Verlust aller nahestehenden Menschen erfahren. Erst mit der Rückkehr der Schwester zum geistig gestörten Bruder erweist sich, daß die Liebe zueinander trotz aller Brutalität überlebt hat und Zuflucht bietet. –

R. sprach einmal von der »im Hinterhalt liegenden« Geschichte, deren »sprunghafte« Wiedergabe sie auf ihre Designertätigkeit zurückführt, während Rückblenden, Vorausschau, Schnitte und das Überblenden unterschiedlicher Zeitebenen der Filmtechnik entlehnt sind. Der sich oft kindlich-unschuldig gebende Erzählton verdeckt nicht R.s Stilwillen mit seinem effektiven Einsatz rhetorischer Mittel: durchgängige Wiederholung von Worten, elliptischen Sätzen und längeren Passagen in stets neuen Erzählzusammenhängen; ungewöhnliche Vergleiche und Metaphern, Neologismen, Wortspiele und Lautmalerei. Aus ihnen schälen sich strukturierende Motive und Symbole heraus, welche die alltäglichen »kleinen Dinge« des Lebens hervorheben und zugleich die Fragilität wie Brutalität der Welt aufdecken. Die besondere Leistung von *The God of Small Things* liegt in der Fusion von sozialkritischem Impetus und ästhetisch-literarischer Gestaltung.

Literatur: J. Mullaney. *Arundhati Roy's The God of Small Things*. London 2002. - R. K. Dhawan, Hg. *Arundhati Roy: The Novelist Extraordinary*. Neu-Delhi 1999.

Dieter Riemenschneider

Rushdie, Salman

Geb. 19. 6. 1947 in Bombay

Salman Rushdie ist der bedeutendste Autor der indischen Diaspora, einer der Hauptrepräsentanten der postkolonialen Literaturen und seit der ›Rushdie-Affaire‹ ein Schriftsteller im Blickpunkt der Weltöffentlichkeit. Gleichgültig ob man sein Erzählwerk der anglophonen Literatur Indiens, der ›asiatischen‹ Minoritätenliteratur Großbritanniens oder einer sich abzeichnenden neuen Weltliteratur transnationaler Migranten zuordnet, R. hat auf jeden Fall eine nachhaltige Wirkung ausgeübt. Der Autor von *Midnight's Children* (1981; *Mitternachtskinder*, 1985) bricht mit der Dominanz realistischer Erzählkonventionen im indischen Roman, indem er dieses Konzept der Phantastik öffnet, archaisch-indigene Erzählverfahren der mündlichen Tradition mit spielerisch-metaliterarischen Methoden der internationalen Postmoderne verbindet und eine der komplexen Breite seines Indienbildes entsprechend registerreiche Sprache verwendet. R. hat mit seiner experimentierfreudigen Erzählkunst zugleich dem englischen Roman richtungweisende Impulse gegeben und nach

Autoren wie V. S. Naipaul die Minderheitenliteratur der Immigranten aus der Dritten Welt in Großbritannien konsolidiert. Schließlich reiht er sich in die Schar der internationalen Autoren ein, die vom Magischen Realismus eines Gabriel García Márquez bis zur grotesken zeitgeschichtlichen Satire eines Günter Grass ihre elementare Fabulierlust immer auch mit dezidierter Gesellschaftskritik verbinden.

R. wuchs als Kind in einer gutsituierten, liberalen muslimischen Familie im weltoffenen Bombay auf, erhielt als Jugendlicher in England eine privilegierte Erziehung (Privatschule von Rugby, Geschichtsstudium in Cambridge) und arbeitete als Texter in einer Werbefirma, bevor er als freier Schriftsteller leben konnte. Sein in Europa vielfach preisgekröntes, in Asien mehrfach verbotenes Erzählwerk umfaßt mehrere Romane und Kurzgeschichten. Mit dem Roman *The Satanic Verses* (1988; *Die satanischen Verse*, 1989) löste er eine spektakuläre Kontroverse aus: Ein Großteil der orthodox islamischen Welt reagierte mit fanatischer Militanz auf die »blasphemische« Infragestellung der sakrosankten Koranüberlieferung und die »Verunglimpfung« des Propheten, während die sich pluralistisch verstehende, weithin säkularisierte westliche Welt im Namen der freien Meinungsäußerung ihre Betroffenheit darüber zum Ausdruck brachte. Die Verkündung der *fatwa* durch den Ajatollah Chomeini, die R. zum Tode verurteilte und Attentätern ein hohes Kopfgeld versprach, zwang R. zum Untertauchen. Auch nach der offiziellen Abschwächung des Urteils durch den Iran kann der – inzwischen in den USA lebende – Autor sich nicht frei bewegen.

Abgesehen von seinem Debütroman *Grimus* (1975), dessen phantastischer Erzählduktus abstrakt bleibt, ist für R.s Romanwerk ein Grundkonzept charakteristisch, das realistische und phantastische Tendenzen so miteinander verbindet, daß der Bezug zum zeitgeschichtlichen Alltag nicht verlorengeht. Die wiederkehrende Thematik der nationalen, sozialen und psychologischen Probleme postkolonialer Identität zielt auf kollektive Relevanz, wird aber anhand der Lebenswege von abgehobenen oder ausgegrenzten Individuen und deren Familien dargestellt, die im konkreten Hier und Jetzt kontextualisiert sind. R.s literarisch bedeutsamster (mit dem superlativen »Booker of Bookers« ausgezeichneter) Roman ist *Midnight's Children*, der im Rahmen der Chronik einer muslimischen Familie und der Lebensgeschichte des

Ich-Erzählers Saleem Sinai ein realistisch pralles wie fabulös phantastisches, zugleich ironisch eingefärbtes Bild des Subkontinents entwirft. Saleem gehört zu den »Mitternachtskindern«, die – in der Stunde von Indiens Unabhängigkeit geboren – die neue Nation verkörpern, aber die historische Herausforderung der Entwicklung einer Vielvölkerdemokratie angesichts der konfliktreichen Heterogenität der Sprachen, Religionen, Rassen und Klassen nicht wahrzunehmen vermögen. Als artifizielle Staatsgründungen auf dem Boden des multikulturellen Subkontinents bleiben Indien, Pakistan und Bangladesch halb wirkliche, halb fiktionale Gebilde, die im fortwährenden Prozeß des »reinventing« Geschichte machen und Saleem mit seinen lückenhaften Erinnerungen ein Modell für das Geschichte nachschaffende Geschichtenerzählen bieten. Sein Leben ist entsprechend eng und auf oft fatale Weise mit markanten zeitgeschichtlichen Ereignissen verknüpft: vom Bombayer Amtssprachenstreit über einen der Indisch-Pakistanischen Kriege und den pakistanischen Bürgerkrieg bis zur Notstandsperiode unter Indira Gandhi. Saleem richtet sich in seinem – dem eigenen Verfall abgetrotzten – Lebensbericht letztlich an seinen Sohn, der eine illusionslosere Generation repräsentiert. Er selbst vertritt das Prinzip der toleranten, imaginativen Überwindung von Gegensätzen und bemüht sich darum, dem »vielköpfigen Monster« Indien Stimme zu verleihen, indem er eine bunte Mischung autochthoner Typen und Milieus, Situationen und Schicksale einbezieht. R. läßt sich bei der Darstellung indischer Denkweisen zum Spiel mit charakteristischen Motiven inspirieren, die der immer wieder überbordenden Erzählung zugleich ein strukturelles Grundgerüst geben. Ein ingeniös eingesetzter Motivkomplex dieser Art bezieht sich auf die Normen des Sehens/Gesehenwerdens/Unsichtbar-Bleibens, mit dem das Leitmotiv des »perforated sheet« assoziiert ist: Ausgehend von den praktischen Implikationen der kodifizierten Verhüllung des weiblichen Körpers, wird dies zum Sinnbild der fragmentarischen Manifestation jeglicher Ganzheitlichkeit, ob diese nun die persönliche Identität, die nationale Einheit, die historische Kontinuität oder die narrative Kohärenz betrifft. Ein Hauptreiz des Romans geht von R.s sprachlicher Virtuosität und beziehungsreicher Intertextualität aus. Er verwendet eine vom metaliterarischen Diskurs bis zum spontanen Zuhörer- bzw. Leserappell variationsreich modulierte, bald assoziativ abschweifende, bald sprachspielerisch aufblitzende Erzählersprache, bezieht eine auf diverse indische Sprechweisen hin stilisierte Figurenrede ein und bringt eine Fülle – oft parodistischer – Anspielungen auf europäische und orientalische Literatur- und Medientraditionen an, die von der englischen Satire und sozialkritischen Erzählkunst bis zur selbstreflexiven Postmoderne, vom Mythenpersonal der Sanskrit-Epen und dem im Erzählrahmen invertierten Schema von *Tausendundeine Nacht* bis zum mündlichen Erzählmodus der volkstümlichen Straßenunterhalter und den populären, melodramatischen Bombay Movies reichen.

R. gibt in *Midnight's Children* der Phantastik seiner Erzählung, gerade wo sie mit realistisch dokumentierter Zeitgeschichte einhergeht, angesichts der eskalierenden Fehlentwicklung wie der Abspaltung und inneren Aufspaltung Pakistans oder dem Bankrott indischer Politik in der Notstandsphase zunehmend grotesk-apokalyptische Züge, eine Tendenz, die er in *Shame* (1983; *Scham und Schande*, 1985) insofern weitertreibt, als er dort ein Bild von Pakistan unter Zia ul Haq entwirft, das einerseits schon mit der Detailtreue eines politischen Schlüsselromans ausgemalt wird, andererseits auf quasi allegorische Weise farcenhaft-satirische Verzerrungseffekte einbezieht und das Geschehen nach der Manier des Schauerromans in einer explosiven Horrorvision kulminieren läßt.

In *The Satanic Verses* verlegt R. die Haupthandlung in die multikulturelle britische Metropole. Anhand zweier muslimischer Inder aus Bombay, des in seinem Anpassungseifer frustrierten Saladin Chamcha und des in seinem Glauben paranoid verunsicherten Filmstars Gibreel Farishta, sowie des »unsichtbaren«, aber vielköpfigen Einwanderergettos im London der Thatcher-Ära werden die Identitätskonflikte und komplexen Veränderungen, die Wanderer zwischen den Kulturen an sich erfahren, in grotesken Metamorphosen versinnbildlicht. Das komplementäre Hauptfigurenpaar entwickelt sich entsprechend unterschiedlich: Der diabolisierte Saladin findet zu einem Neuanfang in Indien zurück, während Gibreel in seiner engelhaften Selbststilisierung zu Tode kommt – ein im Vergleich zu den destruktiven Schlüssen der vorangegangenen Romane zweiseitiges Ende. Alternierend mit dem Hauptstrang der Erzählung sind die als separate Geschichten eingelegten Träume Gibreels von dem Propheten Mahound, der in Arabien eine neue Religion zu etablieren versucht, von einem fanatischen Imam, der im englischen Exil gegen sein verwestlichtes Heimatland intrigiert, oder von einem visionären Mädchen, das sein indisches Dorf auf wundersamer Pilgerreise nach Mekka zu bringen verspricht, alles Varianten der zentralen Migrationsthematik. R. setzt sich mit der konfliktreichen Situation der asiatischen Einwanderer in England, dem Wahrheitsanspruch und der Gut-Böse-Polarisierung des islamischen Fundamentalismus dem Prinzip des Wandels und Fragen existentieller, sozialer und psychologischer Bedeutung auseinander, die er vom Standpunkt säkulärer Skepsis, historischer Differenzierung und toleranter Humanität sowie mit einem ausgeprägten Sinn für Ironien und Ambivalenzen beleuchtet. Wenn R. sich in dem Roman zum Anwalt der marginalisierten ethnischen Minoritäten in England macht, indem er für die durch England »Verwandelten« die Rolle der nun England »Verwandelnden« beansprucht, so hat ihn die aggressive Ablehnung aus den Reihen der ihm am nächsten stehenden Gruppe besonders verbittert.

Auf die Rushdie-Affäre reagierte der Autor unter anderem mit *Haroun and the Sea of Stories* (1990; *Haroun und das Meer der Geschichten*, 1991), einer dem eigenen Sohn gewidmeten und zugleich an erwachsene Leser gerichteten Erzählung, die in der Mischung von orientalischem Märchen und Science-fiction nicht zuletzt eine Parabel auf das elementare Erzählbedürfnis und die repressive Bedrohung der freien Meinungsäußerung anbringt. Mit *The Moor's Last Sigh* (1995; *Des Mauren letzter Seufzer*, 1996) kehrt R. zur Fiktionalisierung des Subkontinents zurück. Er entwirft diesmal anhand der Chronik einer Familie mit katholischen und jüdischen Zweigen, künstlerisch-liberalen wie skrupellos-materialistischen Mitgliedern ein auf Bombay und den Südwesten des Landes konzentriertes Jahrhundertbild, das über die Notstandsphase hinaus bis zum militant repressiven Auftreten einer fundamentalistischen Hindu-Partei fortgeführt wird.

In seinen beiden neuesten Romanen, *The Ground Beneath Her Feet* (1999; *Der Boden unter ihren Fü en*, 1999) und *Fury* (2001; *Wut*, 2002), greift R. erneut die Problematik der indischen Migrantenschicksale auf, verbindet sie aber mit der erstmals zentralen Liebesthematik und verlegt den Hauptschauplatz in die USA. Im ersten Fall geht es um den Werdegang und die zwischenmenschlichen Beziehungen eines als Halbgötter verehrten (dem Orpheus-und-Euridike-Mythos nachgebildeten) Rockstar-Paares und des befreundeten Erzählers, eines Pressephotographen. Im Gefolge der Stationen Bombay-London-USA wird zugleich die aus dem »schiefen Blickwinkel« des Immigranten in Alternativversionen erfahrene Zeitgeschichte einbezogen. Im zweiten Fall präsentiert R. einen aus Bombay stammenden Cambridge-Dozenten und populären Fernsehstar, der in einer furiosen Anwandlung seine Familie und die Karriere im kleingeistigen England verläßt, um in New York unterzutauchen, wo er in einer infernalischen Umwelt jedoch zutiefst verunsichert wird, bis er in der Beziehung zu einer Inderin eine neue Lebensperspektive gewinnt. R. verarbeitet hier offensichtlich – wie in vielen seiner Werke – auch autobiographische Erfahrungen, die in wiederkehrenden Schauplätzen und Figuren dem Gesamtwerk zudem einen inneren Zusammenhang geben. Wenn sich die thematischen Akzente in den neueren Romanen verschieben, bleibt die fulminante Sprach- und Erzählkunst R.s hervorstechende Qualität als Romancier, wiewohl etwa bei *The Ground Beneath Her Feet* auch ein Hang zur verbosen Verselbständigung der Sprache und zur Stereotypisierung der amerikanischen Szene kritisiert worden sind.

Über sein Romanwerk hinaus hat R. die thematisch verwandte Kurzgeschichtensammlung *East, West* (1994; *Osten, Westen*, 1995), die politischen Reisenotizen *The Jaguar Smile: A Nicaraguan Journey* (1987), die literatur- und kulturkritische Prosasammlung *Imaginary Homelands: Essays and Criticism 1981–1991* (1991; *Heimatländer der Phantasie*, 1992), die Filmanalyse »*The Wizard of Oz*« (1992) und die zusammen mit Elizabeth West (seiner dritten Frau) als Herausgeber betreute Prosa-Anthologie *The Vintage Book of Indian Writing 1947–1997* (1997) veröffentlicht sowie die Fernsehdokumentation *The Riddle of Midnight* (1987) über das Indien 40 Jahre nach der Unabhängigkeit produziert. (R.s Interesse für das Medium Film spiegelt sich in den sein Erzählwerk durchziehenden Filmmotiven und -techniken.) Zu seinen verstreuten journalistischen Beiträgen gehört auch jener 1982 in der *Times* erschienene Artikel, der mit dem vielzitierten Bonmot »The Empire Writes Back« im Titel den Aufbruch der postkolonialen Literaturen von der weltliterarischen Peripherie gegen die etablierten Literaturzentren Europas und der USA kennzeichnet, eine Entwicklung, zu der R. selber einen maßgeblichen Beitrag geleistet hat.

Literatur: B. Hirsch. *Geschichte und Geschichten: Zum Verhältnis von Historizität, Historiographie und Narrativität in den Romanen Salman Rushdies*. Heidelberg 2001. – M. K. Booker, Hg. *Critical Essays on Salman Rushdie*. New York 1999. – D. Grant. *Salman Rushdie*. Plymouth 1999. – C. Cundy. *Salman Rushdie*. Manchester 1996. – M. D. Fletcher, Hg. *Reading Rushdie: Perspectives on the Fiction of Salman Rushdie*. Amsterdam 1994. – J. Harrison: *Salman Rushdie*. New York 1992. – T. Brennan: *Salman Rushdie and the Third World: Myths of the Nation*. London 1989.

Eberhard Kreutzer

Ruskin, John

Geb. 8. 2. 1819 in London;
gest. 20. 1. 1900 in Coniston, Cumbria

John Ruskin war der einzige Sohn einer streng protestantischen Mutter und eines an Literatur und Kunst interessierten Weinhändlers. R. verstand sich als prophetischer Seher und Lehrer, der über eine besondere visuelle Sensibilität und visionäre Einsicht verfügte: »To see is poetry, prophecy, and religion, – all in one.« R. war vielseitig interessiert und verknüpfte Betrachtungen über Natur, Kunst, Architektur, Literatur, Mythen, Gesellschaft, Wirtschaft, Moral und Religion. Seine monumentale Kunstkritik *Modern Painters* in fünf Bänden (1843–60) ordnete bildende Kunst in das Bezugsfeld von Natur, Gesellschaft und Gott ein. R. legte wie die Präraffaeliten, die er gegen ihre Kritiker verteidigte, besonderes Augenmerk auf die Verbindung naturgetreuer Darstellung mit symbolisch-moralischer Bedeutung. R. beschrieb wortmalerisch das Sichtbare der Bilder und deutete den visionären Gehalt der Kunstwerke. Seine christliche Ästhetik begreift Schönheit als Geschenk Gottes, das sich in der Natur manifestiere, die William Turner in seinen Landschaftsgemälden im Gegensatz zu den alten Meistern wahrheitsgetreu abbilde. R. verurteilte die Tradition der Renaissance, in der die Maler ihre eigene schöpferische Fertigkeit statt der Schöpfung Gottes in den Vordergrund rückten. Turners mythologische Bilder verstand R. als Repräsentation und Gegenbild des zeitgenössischen Chaos einer niedergehenden Kultur ohne Gott.

Auf Reisen in die Normandie und nach Norditalien wandte sich R. der Architektur zu. Er beurteilte Architektur nicht nur nach Form und Funktion, sondern verstand sie auch als Ausdruck ihrer Kulturepoche. In *The Stones of Venice* (1851–53; *Steine von Venedig*, 1903), das William Morris stark beeinflußte, beschrieb R. den Wandel der Baustile in bezug auf den Aufstieg, Höhepunkt und Fall Venedigs. R. zufolge lassen die frühen byzantinischen Kirchen das Aufblühen christlicher Kultur erkennen. In gotischen Bauwerken kommen die integre Gesellschaft und vorbildliche Arbeit zum Ausdruck, in der sich – im Gegensatz zur entfremdenden Massenproduktion – Glaube, Handwerk, Kunst, Architektur und selbstbestimmte Tätigkeit verbinden. Der Niedergang Venedigs zeichne sich in den Renaissance-Bauten ab, bedingt durch die Trennung der moralisch-religiösen Kultur vom öffentlich-staatlichen Handeln, worin R. eine Parallele zum zeitgenössischen England erkannte. – 1854 wurde R. von Euphemia Gray nach sechsjähriger, nicht vollzogener Ehe geschieden. R. verliebte sich unglücklich 1858 in das Mädchen Rose La Touche, dem er vergeblich 1866 einen Heiratsantrag machte. Eine weltanschauliche Krise endete 1858 mit R.s Abkehr vom strengen Protestantismus, die sein Verständnis für katholische Kunst erweiterte und seine Aufmerksamkeit auf die Kritik gesellschaftlichen Handelns lenkte. Er erhielt Anerkennung als Autorität der Kunstkritik durch eine Professur für die schönen Künste in Oxford (1870–79, 1883–84), wo er 1836–42 studiert hatte.

Mit »*Unto This Last*«: *Four Essays on the First Principles of Political Economy* (1862; *Diesem Letzten: Vier Abhandlungen über die ersten Grundsätze der Volkswirtschaft*, 1902) wandte er sich seiner umstrittenen Kritik von Gesellschaft und Wirtschaft zu. R.s kulturkritische Essays nehmen den fundamentalen Widerspruch zwischen dem christlichen Glauben der Gesellschaft und ihrer Vergötterung des kapitalistischen Marktes ins Visier. R. stellte den Wert einer Volkswirtschaftstheorie in Frage, welche christliche Moral und soziale Beziehungen außer acht ließ und Selbstsucht zur zentralen Tugend erhob. Er konstatierte eklatante Mängel einer Gesellschaft, in der Menschen ihre Grundbedürfnisse nach Nahrung, Kleidung und Unterkunft nicht befriedigen können. R. setzte der seiner Ansicht nach herrschenden Anarchie und dem ruinösen Wettbewerb öffentliche Regulierung und Kooperation entgegen. Er forderte die Erweiterung der öffentlichen Aufgaben auf die Fürsorge für Alte und Schwache, die schulische Erziehung und berufspraktische Bildung für jeden, die Qualifizierung und Beschäftigung von Arbeitslosen. Er frappierte die Leser mit Thesen über feste Löhne, die Distribution des Überflusses und das Konsumverhalten: »As consumption is the end and aim of production, so life is the end and aim of consumption.« Der Konsument sollte zu fairen Preisen solche Produkte kaufen, die unter menschlichen Bedingungen und zu angemessenen Löhnen hergestellt wurden und ihm wie anderen wirklich nützten. Nicht Reichtum, sondern das Leben selbst stand für R. im Mittelpunkt: »THERE IS NO WEALTH BUT LIFE.« Er forderte eine moralische Wende gemäß eines christlich-konservativen Gesellschaftsmodells, das er in seiner paternalistischen und hierarchischen Gemeinschaft der *St. George's Guild* modellhaft verwirklicht sah, einer Kooperative mit Schwerpunkt auf moralischer und ästhetischer Erziehung, Landwirtschaft und Handwerkskunst. In der auf zwei Vorträge zurückgehenden Schrift *Sesame and Lilies* (1865; *Sesam und Lilien*, 1900), die im 19. Jahrhundert R.s populärstes Werk war und von der allein zu Lebzeiten des Autors 160.000 Exemplare gedruckt wurden, stellt R. Reflexionen zum Wert der Lektüre guter Bücher an und erörtert Fragen zur sozialen Rolle der Frau und zur Mädchenerziehung. – Zwischen 1871 und 1884 publizierte R. eine Serie öffentlicher Briefe unter dem Titel *Fors Clavigera*, die vieles, was ihn gerade bewegte, zum Ausdruck brachte: persönliche und gesellschaftliche Überlegungen, Prinzipien und Ereignisse der Gilde, moralische Reflexionen und Appelle, Ideen über Religionen und Mythen. – Seit 1878 litt R. immer wieder unter Anfällen geistiger Umnachtung. Er wandte sich zunehmend der Betrachtung von Natur und Umwelt und dem Rückblick auf sein eigenes Leben zu. R.s Interesse galt nun nicht nur der Bewahrung von Kulturschätzen, sondern auch der Natur, deren biologische, ästhetische, und moralisch-mythologische Bedeutungen er erforschte. Sein Vortrag *The Storm-Cloud of the Nineteenth Century* (1884) sah ökologische und atmosphärische Veränderungen durch den moralischen Niedergang des Zeitalters bedingt. Zwischen 1885 und 1889 arbeitete er an seiner unvollendeten Autobiographie *Praeterita* (*Praeterita*, 1903), die er als Fortsetzungsreihe veröffentlichte. Seine Lebensgeschichte ist eine episodische Serie visueller und visionärer Offenbarungen, die christlich und romantisch geprägt sind. R. weicht von der Chronologie seines Lebens immer wieder durch Assoziationen, Abschweifungen und Revisionen ab, wodurch ein komplexes, widersprüchliches und fließendes Selbstporträt entsteht.

Werkausgabe: *The Works of John Ruskin*. Hg. E. T. Cook/ A. Wedderburn. 39 Bde. London/New York 1903–12. Literatur: T. Hilton. *John Ruskin: The Later Years.* New Haven 2000. – M. Meyer. *Gibbon, Mill und Ruskin: Autobiographie und Intertextualität.* Heidelberg 1998. – G. P. Landow. »Ruskin«. *Victorian Thinkers.* Hg. K. Thomas. Oxford 1993, 103–194. – P. L. Sawyer. *Ruskin's Poetic Argument: The Design of the Major Works.* Ithaca/ London 1985.

Michael Meyer

Russell, [Lord] Bertrand [Arthur Williams]

Geb. 18. 5. 1872 in Trelleck, Monmouthshire;
gest. 2. 2. 1970 in Penrhyndeudraeth,
Nordwales

»Wenn man meint, Gewißheit erlangt zu haben, liegt man fast gewiß falsch. Das gehört zu den wenigen Sachen, die man mit Gewißheit behaupten kann.« Die elegante, streitbare Skepsis steht für den Mann. In der Person des wegweisenden Philosophen, unverzichtbaren Mathematikers, unerschrockenen Agnostikers, couragierten Kriegsgegners, aufgeklärten Sozialreformers, begabten Essayisten und begnadeten Autobiographen Lord Bertrand Russell, dessen gestochen luzide, die gute Sache mit Elan verfechtende Prosa ihm 1950 zur Blütezeit der *littérature engagée* den Literaturnobelpreis einträgt, gehen Philosophie, Schriftstellerei und Politik eine ertragreiche, für das 20. Jahrhundert symptomatische Symbiose ein. – Für R. bewohnt die Philosophie das spekulative Niemandsland zwischen den festen Positionen der Naturwissenschaften und den Dogmen der Theologie: »Science is what we know, philosophy is what we don't know.« R.s daraus abgeleiteter ›logical atomism‹, wonach jedem Gegenstand nur durch eine rigorose, seine nichtreduzierbaren Grundkonstituenten (»logical atoms«) bloßlegende Analyse beizukommen ist, macht ihn mit George Moore und Ludwig Wittgenstein zu den Vätern der *Analytical Philosophy*. Logik, Sprachskepsis, Argwohn und undogmatischer Pluralismus geben den Grundtenor eines mathematischen, epistemologischen und bedeutungstheoretischen – uvres an, in dem trotz intensiven Wissenwollens das Nichtwissen(können) oft zum Wissensgrund wird. Reduziert R.s Erstlingswerk *The Principles of Mathematics* (1903) die Mathematik auf die Logik, so zeigt sein letztes Hauptwerk, *Human Knowledge: Its Scope and Limits* (1948; *Das menschliche Wissen*, 1952), dem menschlichen Wissen seine Schranken auf. Über R.s philosophischen Werdegang gibt das erhellende philosophie- und sozialgeschichtliche Monumentalwerk *History of Western Philosophy* (1945; *Philosophie des Abendlandes*, 1950) reichlich Aufschluß, er wird in *My Philosophical Development* (1959; *Philosophie: Die Entwicklung meines Denkens*, 1973) faszinierend nachgezeichnet. – Das literarische Korrelat der Skepsis ist der Essay. R. steht in der großen Tradition des Genres, wie sie von Michel de Montaigne über Francis Bacon und William Hazlitt bis Matthew Arnold führt. Stupende Bildung paart sich mit klassischer Eloquenz: R.s Stil ist logisch deduktiv, pointiert, aphoristisch, metaphernreich. Sein Geist schlägt Schneisen durch Gedankengestrüpp, vermag allerdings auch, auf einer Glatze Locken zu drehen. Ersteres läßt sich anhand von *An Outline of Philosophy* (1927; *Mensch und Welt: Grundri der Philosophie*, 1930), letzteres anhand von »›Useless‹ Knowledge« (1935) studieren. R.s zahlreiche Essay-Bände zur Erziehung, zum Lebensglück, zum Christentum, zur Moral, zur modernen Wissenschaft und zur Macht gehörten jahrzehntelang auf die Regale des *thinking man* (die *thinking woman* meldete gelegentlich Bedenken an). – Das politisch-soziale Korrelat der Skepsis ist R.s radikaler Liberalismus. Der Sprößling aus großem Hause, dessen Großvater 1832 die wegweisende Wahlrechtsreform durchsetzte, der mit vier Jahren Verwaiste, der cambridgenah privat erzogen wurde, der Cambridge-Absolvent, der am Trinity College zu den elitären *Apostles* gehörte und dort mit 23 Fellow für Philosophie wurde, der Intimus von Alfred North Whitehead, Moore, Wittgenstein, John Maynard Keynes, Albert Einstein und Max Born, dessen Korrespondenz sich wie ein Baedeker der philosophischen Moderne liest, stand stets auf Kriegsfuß mit dem britischen Establishment. Als Pazifist im Ersten Weltkrieg interniert, als Fellow daraufhin entlassen und somit zum Broterwerb durch die Feder verdammt, als Schulleiter auch in den Roaring Twenties verpönt, als freizügig Liebender wiederholt skandalumwittert, als Peer mitunter ein Ishmael im Oberhaus, kam R. als Atomkriegsgegner noch mit 89 ins Gefängnis. Wenngleich anderer philosophischer Provenienz, war R. quasi der englische Jean-Paul Sartre, der britische *homme de bonne volonté*, das Gewissen einer vom Siegen eingelullten, vom

Common sense gezügelten, vom Puritanismus verprüdeten Nation. Die zu verschiedenen Epochen geschriebene, mit vielfältigen Exkursen versehene *Autobiography* (1967–69; *Autobiographie*, 1971) dokumentiert eine der essentiellen Odysseen des 20. Jahrhunderts. Es ist der Lebensweg eines kosmisch Einsamen, der sich am Leuchtturm der Ratio orientiert, eine olympische Aussichtskanzel auf das Jahrhundert der Extreme und der Fanatismen, teils Grabgesang auf, teils Ode an die bedrohte Menschheit. Wenn den Problemen der Welt beizukommen wäre, so R., dann durch dreierlei: Intelligenz, Geduld, Eloquenz. Es sind Eigenschaften, die sein Werk in höchstem Maße auszeichnen.

Werkausgabe: *The Collected Papers*. Hg. K. Blackwell. London 1983.
Literatur: A. D. Irvine. *Bertrand Russell: Critical Assessments*. 4 Bde. London 1998. – R. W. Clark. *The Life of Bertrand Russell*. London 1975.

Richard Humphrey

Russell, Willy [William Martin]
Geb. 23. 8. 1947 in Whiston bei Liverpool

Seit den frühen 1970er Jahren ist Willy Russell mit Hör- und Fernsehspielen, abendfüllenden Theaterstücken und einem Musical (*Blood Brothers*, 1983) hervorgetreten. Bis heute liegen mehr als zwölf Stücke vor, deren Schauplatz meist in und um Liverpool angesiedelt ist und deren Figuren überwiegend der Arbeiterklasse entstammen. So wie R. diese darstellt, ist sie ihrer Vitalität verlustig gegangen, hat sich durch die Errungenschaften des Wohlfahrtsstaates den Schneid abkaufen lassen. Aber in jedem seiner Stücke gibt es Figuren, die sich mit dieser Situation nicht abfinden wollen. Die Konflikte entstehen meist aus dem Wunsch dieser einzelnen, aus den Zwängen einer kollektiv vorgegebenen Identität auszubrechen und endlich ein Quentchen Freiheit und Selbstbestimmung zu gewinnen. Eine Chance dazu eröffnet u. a. der Bildungsweg. Darum spielen Schule und Bildung in R.s Stücken eine große Rolle. Sein bislang größter Erfolg, *Educating Rita* (1980; *Bildung für Rita*, 1982), ist zugleich ein hinreißendes Plädoyer für die Wahrnehmung von Bildungsangeboten. Angeödet von ihrem Beruf als Friseuse und enttäuscht von ihrer Ehe mit einem bierversessenen Elektriker, der sie zu einer Schwangerschaft nötigen möchte, wird Rita von einem unbändigen Bildungshunger erfaßt und setzt ihre bisherige Existenz radikal aufs Spiel, um verspätet in der Open University noch einen akademischen Grad und damit zugleich ein Stück von der Freiheit in der Lebensgestaltung zu erwerben, die sie dem Bürgertum zuschreibt. – Auch der eher instinktgesteuerte Ausbruch aus der Umklammerung durch die eigenen *mates* (Kumpel) wird gelegentlich thematisiert. *Stags and Hens* (1978; *Hirsche und Hennen*, 1991) ist die bitterböse, aber umwerfend komische Abrechnung mit dem Brauch der *stag*- und *hen-parties* (JunggesellInnenabende), die – so wie sie hier dargestellt werden – auf nichts als stupide Besäufnisse und sexuelle Abenteuer hinauslaufen. Wie es der Zufall will, haben sich Linda und Dave mit ihren jeweiligen *mates* dasselbe Tanzlokal als Vergnügungsstätte ausgesucht. Schauplatz des Stücks sind die Damen- und Herren-Toiletten. Dave ist schon zu Beginn sternhagelvoll, so daß er bis zum Schluß über und neben der Kloschüssel hängt und gar nichts mehr wahrnimmt. Linda wird es schließlich zu viel: Sie zertrümmert ein Toilettenfenster, steigt aus und macht sich mit einem alten Freund, der es inzwischen im Showgeschäft zu etwas gebracht hat, auf und davon. Scheiternde und erfolgreiche Ausbrüche aus beengenden Verhältnissen sind ein ständiges Motiv, wobei R. stets offen läßt, ob die Flucht auf Dauer gelingt. Im Grunde transportieren R.s Stücke eine einfache und einleuchtende Botschaft: Möglichst viele Menschen sollen ein möglichst erfülltes Leben führen. In *Shirley Valentine* (1986) wird der Protagonistin, einer Frau und Mutter in einem Arbeiterhaushalt, plötzlich klar, daß sie nicht genug aus ihrem Leben gemacht hat, und so beschließt sie, von ihrer Griechenlandreise nicht wieder nach Hause zurückzukehren.

Einige von R.s Stücken konnten weltweite Erfolge verbuchen, die durch Verfilmungen (*Educating Rita*, 1983; *Shirley Valentine*, 1989) noch verstärkt wurden. Trotzdem wird ihnen die gelegentlich zu hörende Bezeichnung ›Erfolgsstücke‹ nicht ganz gerecht. R.s Kritik am britischen Klassendenken, sein offensives Eintreten für das Recht auf Bildung, sein unbequemes Pochen auf die Pflicht des einzelnen zur Emanzipation von unnötigen Zwängen und Konventionen sowie die häufig damit einhergehende Entlarvung des *working class*-Milieus als bedrückend und steril geben seinen Stücken einen humanen, aufklärerischen Impetus,

der die bloß virtuose Beherrschung des dramatischen Handwerks weit übersteigt. Freilich ist die Wirksamkeit seiner Stücke erkauft mit einer gewissen Konventionalität im Formalen. Seine Dramen verleugnen auch nirgends ihren realistischen Anspruch. Das Credo des Autors ist vielmehr immer gewesen, dem Publikum verständliche und zu Herzen gehende Geschichten zu erzählen.

Werkausgaben: *Shirley Valentine & One for the Road*. London 1988. – *Plays: 1*. London 1996.
Literatur: J. Gill. *Willy Russell and His Plays*. Birkenhead 1992.

Günther Jarfe

Sackville-West, Vita [Victoria Mary]

Geb. 9. 3. 1892 auf Knole, Sevenoaks;
gest. 2. 6. 1962 auf Sissinghurst, Cranbrook

»I'm not 1913, but 1470; and not modern« – für die immens produktive, zu ihrer Zeit sehr erfolgreiche Romanschriftstellerin, Lyrikerin, Biographin, Essayistin, Dramatikerin, Verfasserin von Reisebüchern und Gartenartikeln Vita Sackville-West, deren literarisches – uvre heutzutage fast von ihrem schillernden Privatleben und ihrer Gartengestaltung auf Schloß Sissinghurst in den Schatten gestellt wird, ist diese Selbstbeschreibung sowohl treffend wie nicht treffend. S.-W. ist keine Vertreterin der klassischen Moderne. Mit der Aura vergangener Jahrhunderte durchwirktes blaues Blut prägte die Persönlichkeit der Autorin und ist die Lebensader ihrer Werke und Figuren. S.-W., einzige Tochter des dritten Baron Sackville und seiner Cousine Victoria, wuchs auf dem seit Elizabeth I in Familienbesitz befindlichen Schloß Knole auf (*Knole and the Sackvilles*, 1922). Ihr, der als Frau das Erbe des geliebten Anwesens verwehrt blieb, wurden Adelssitz und Adelswelt zum Fluidum ihres Romanschaffens. Der Bestseller *The Edwardians* (1930; *Schlo Chevron*, 1931) entwirft ein Gesellschaftsbild der spätviktorianischen Aristokratie, deren ästhetisch-grazile Largesse in der Figur Sebastians, Erbe des an Knole angelehnten Chevron, einerseits romantisiert, andererseits als moralisch scheinheiliger Hedonismus kritisiert wird. Geht es hier um den Widerstreit zwischen Tradition und Moderne, verschreiben sich S.-W.s lyrische Hauptwerke ganz dem zeitlos Immerwährenden der Natur. *The Land* (1926) besingt in 2400 Versen wortgewaltig-hymnisch in bewußt archaisierender Sprache die kentische Landschaft im Zyklus der Jahreszeiten. In *The Garden* (1946) sind äußere Naturbeschreibungen zugleich innere Landschaftsbilder des Älterwerdens. Frühe, in Konstantinopel verfaßte Gedichte finden sich in *Poems of West and East* (1917), Naturskizzen von Knole in *Orchard and Vineyard* (1921). – S.-W. rezipierte zwar die Lyrik eines T. S. Eliot und übersetzte Rilkes Gedichte, zeigte eigene modernistische Ansätze aber eher in ihrer Prosa. Die enge Beziehung zu Virginia Woolf beeinflußte *All Passion Spent* (1931; *Erloschenes Feuer*, 1948) und die Novelle *Seducers in Ecuador* (1924): Sie sind formal stringenter und ziehen die Fokussierung des Augenblicks einer Spannungserzeugung vor. Die charismatische S.-W., groß, dunkel, schlank, stilsicher, freiheits- und einsamkeitsliebend, hatte zahlreiche leidenschaftliche, meist gleichgeschlechtliche Affären, denen ihre glückliche Ehe mit dem homosexuellen Diplomaten und Schriftsteller Harold Nicholson (sie hatten 2 Söhne) stets standhielt. Die Differenz und Synthese von Verliebtsein und Lieben sowie die Problematik unkonventioneller Beziehungen sind Thema von *Family History* (1932; *Eine Frau von vierzig Jahren*, 1950) und *No Signposts in the Sea* (1961; *Weg ohne Weiser*, 1963). Viel rezipiert waren S.-W.s Biographien von *Aphra Behn* (1927), *St Joan of Arc* (1936) oder ihrer Großmutter, der Zigeunertänzerin *Pepita* (1937; *Die Tänzerin und die Lady*, 1938), Reisebücher wie *Passenger to Teheran* (1926; *Eine Frau unterwegs nach Teheran*, 1993) oder *Twelve Days: An Account of a Journey Across the Bakhtiari Mountains of South-western Persia* (1928; *Zwölf Tage in den Bakhtiari-Bergen*, 1990) sowie ihre im *Observer* (1946–61) und *New Statesman* (1938–41) veröffentlichten, u. a. in *In Your Garden* (1951) gesammelten Gartenartikel. S.-W., preisgekrönte Bestsellerautorin, litt unter der Zweitrangigkeit ihrer Werke. Doch Virginia Woolf schrieb ihr mit *Orlando* (1928), dieser über Zeit- und Geschlechtergrenzen hinweg bis in die Moderne wandelnden Figur, ein dauerndes Denkmal.

Literatur: V. Glendinning. *Vita: The Life of V. Sackville-West.* London 1983.

Meike Kross

Sahgal, Nayantara

Geb. 10. 5. 1927 in Allahabad, Indien

»Ich bin Romanschriftstellerin und politische Journalistin. Meine Romane haben einen politischen Hintergrund und eine politische Atmosphäre.« So beschreibt Nayantara Sahgal ihre »Poetik des Engagements«. Als Nichte Nehrus wurde S. aus nächster Nähe Zeugin der spät- und nachkolonialen Entwicklung Indiens. Die dramatische Umbruchsphase hatte prägenden Einfluß auf ihr Schreiben, in dem die Befreiung aus traditionellen Machtverhältnissen sowie das Streben nach Eigenständigkeit wesentliche Themen sind. Das in den USA absolvierte Geschichtsstudium verschaffte ihr zugleich die für ihre zeitgeschichtlichen Kommentare nötige Distanz. S. veröffentlichte acht Romane, zwei autobiographische Werke sowie politische Schriften und journalistische Beiträge in indischen, britischen und amerikanischen Zeitungen.

S. tendiert in ihren Romanen dazu, zeitgeschichtliche Veränderungen mit Entwicklungen im privaten Bereich korrespondieren zu lassen; so etwa in *A Time to Be Happy* (1958), wo der Unabhängigkeitskampf Indiens in der Loslösung Mayas von ihrem Ehemann und in ihrer Identitätssuche eine Entsprechung findet. Eng verflochten mit S.s politischer Thematik ist das zweite Anliegen: die Gleichberechtigung und Selbstbestimmung der Frau. Aufgrund ihrer Kritik an der traditionellen Unterdrückung indischer Frauen wird S. oft mit Autorinnen wie Kamala Markandaya oder Shashi Deshpande verglichen, wobei S. sich auf die wohlhabende, anglisierte Oberschicht Indiens konzentriert. Besondere Anerkennung erhielt S.s vierter Roman, *The Day in Shadow* (1971): Er schildert eine unglückliche Ehe, in der die Protagonistin, Simrit, sich gegen ihr Image als Lustobjekt zur Wehr setzt. Sie reicht die Scheidung ein, erlangt jedoch keine Freiheit, da sie aufgrund finanziell ungünstiger Vertragsbindungen weiter dem Mißbrauch durch ihren Mann ausgesetzt ist. Simrit findet in einer liberalen Beziehung die Kraft, sich gegen die Konventionen ihrer Gesellschaft zu behaupten. *Rich Like Us* (1985) und *Plans for Departure* (1985) erweitern die Perspektive, indem sie im Rückblick auf die Kolonialzeit die Interaktion indischer und europäischer Figuren thematisieren. Besondere Erwähnung verdient die subtile Ironie, mit der S. in *Rich Like Us* die

Autoritätsverhältnisse des kolonialen Indiens der Willkür Indira Gandhis gegenüberstellt. S.s letzter Roman, *Mistaken Identity* (1988), enthält ihren gewagtesten Vorstoß in Richtung der weiblichen Emanzipation, da hier die Ehefrau eines Rajas mit ihrem kommunistischen Geliebten flüchtet.

Literatur: J. Jain. *Nayantara Sahgal.* Neu-Delhi 1994 [1978].

Vera Alexander

Sargeson, Frank [eigentlich Norris Frank Davey]

Geb. 23. 3. 1903 in Hamilton, Neuseeland; gest. 1. 3. 1982 in Auckland, Neuseeland

In einem offenen Brief an die Zeitschrift *Landfall* zollten 16 neuseeländische Schriftstellerinnen und Schriftsteller ihrem älteren Kollegen Frank Sargeson anläßlich seines 50. Geburtstags Tribut. Sie erinnerten an die Aufbruchsstimmung der Zeit, als die Veröffentlichung von S.s Geschichten in angesehenen britischen und amerikanischen Organen das literarische Schaffen in Neuseeland in einem neuen Licht erscheinen ließ: »our manners and behaviour formed just as good a basis for enduring literature as those of any other country«. – Mit Erzählbänden wie *Conversation with My Uncle, and Other Sketches* (1936) und *A Man and His Wife* (1940) hatte sich der aus bürgerlichen Verhältnissen stammende Rechtsanwalt bereits in den 1930er-40er Jahren als wichtigster Kurzgeschichtenerzähler Neuseelands nach Katherine Mansfield etabliert und mit ihr dafür gesorgt, daß die neuseeländische Literatur Weltgeltung erlangte. Anders als die Texte seiner literarischen Vorgängerin sind S.s Geschichten hinsichtlich des Schauplatzes, der Figuren und deren Sprache durchweg erkennbar neuseeländisch. Insofern hat S. Ähnliches für die Erzählprosa wie sein Landsmann Allen Curnow für die Lyrik geleistet. Auch für die spätere Entwicklung einer Nationalliteratur ist S. von eminenter Bedeutung. Er hat ganz entscheidend zum erstarkenden kulturellen Selbstbewußtsein einer noch jungen Nation beigetragen. Daß er u.a. mit Janet Frame eine später äußerst erfolgreiche Autorin ganz wesentlich förderte, deren Werk sich in Ansatz, Thematik und Stil von seinem eigenen grundsätzlich unterschied, unter-

streicht den Wirkungsgrad seiner Funktion als literarischer Katalysator. Der Einfluß Hemingways und Sherwood Andersons auf S. ist zwar nicht zu leugnen, aber die Parameter seiner Texte sind eindeutig lokalen Verhältnissen angepaßt. S. hat dem Kolonialvolk regelrecht aufs Maul geschaut. Immer wieder wird ihm von seinen Landsleuten bescheinigt, er habe mit bewundernswerter Genauigkeit den charakteristischen Sprechrhythmus, die lapidare Lakonik der »ordinary New Zealanders« aufs Papier gebannt. Der männlichen, wohlgemerkt. Denn S.s Welt ist fast ausschließlich eine Männerwelt, was sicherlich im Zusammenhang mit der unterdrückten Homosexualität des Autors zu sehen ist. Die Perspektive seiner Figuren bzw. Ich-Erzähler ist oft eine sehr begrenzte, gehören sie doch zu den »kleinen« Leuten: Fabrik- und Landarbeiter oder Angestellte, die mit ihren Alltagsproblemen, besonders vor dem Hintergrund der Weltwirtschaftskrise, zu kämpfen haben. Nichts konnte weiter entfernt sein von der fiktionalen Welt einer Katherine Mansfield. – Nach einer eher atypischen Phase in den 1960er Jahren, in der er mit einem etwas elaborierten Stil Figuren aus der Mittelschicht – etwa in *Memoirs of a Peon* (1965) – darstellte, fand S. im letzten Jahrzehnt seines Lebens zum unverwechselbaren ursprünglichen Erzählstil zurück, in dem er auch seine Memoiren verfaßte: *Once Is Enough* (1973), *More Than Enough* (1975) und *Never Enough* (1977).

Werkausgabe: *The Stories of Frank Sargeson.* Auckland 1982.
Literatur: M. King. *Frank Sargeson.* Auckland 1995. – *Islands* 21 (1977) [Sondernummer]. – W. Rhodes. *Frank Sargeson.* New York 1969.

Peter H. Marsden

Saro-Wiwa, Ken

Geb. 10. 10. 1941 in Bori, Nigeria; gest. 10. 11. 1995 in Port Harcourt, Nigeria

Im Herbst 1995 wurde Ken Saro-Wiwa für kurze Zeit zu einem der bekanntesten Autoren der Welt, obwohl außerhalb Westafrikas praktisch niemand seine Werke gelesen hatte. Die damals regierende Militärdiktatur in Nigeria machte dem engagierten Naturschützer und Sprecher des Ogoni-Volkes im Niger-Delta, der seit Jahren gegen die katastrophalen Folgen der Erdölförderung in seiner Heimatregion protestierte, den Prozeß und ließ ihn – zusammen mit acht seiner Mitstreiter – trotz weltweiter Proteste hinrichten. S. war jedoch nicht nur eine engagierte Leitfigur der Demokratiebewegung in Nigeria, sondern auch einer der populärsten Autoren des Landes. Als Dichter, Romanschriftsteller, Essayist und Theaterautor, vor allem jedoch als Autor und Produzent von *Basi and Company*, einer beliebten *soap opera*, nahm er – oft mit humorvoller Ironie, gelegentlich aber auch als bitterer Satiriker – gravierende Mißstände in der zeitgenössischen nigerianischen Gesellschaft aufs Korn. – S. verfaßte seine ersten Theaterstücke bereits während des Studiums im Nigeria der 1960er Jahre. Nachdem er zunächst als Lehrer, später als Berufspolitiker tätig war (einige Jahre gehörte er sogar der nigerianischen Regierung an), gründete er 1973 einen eigenen Verlag, Saros International, der im folgenden Jahrzehnt in Afrika sehr bekannt wurde. In den 1980er und frühen 1990er Jahren veröffentlichte S. in rascher Folge zahlreiche eigene Werke: Kurzgeschichten- und Gedichtbände wie *Songs in a Time of War* (1985), *A Forest of Flowers* (1987) und *Adaku and Other Stories* (1989); einen vielbeachteten Roman in *pidgin English* über den Biafra-Krieg in den 1960er Jahren, *Sozaboy: A Novel in Rotten English* (1985); politische Satiren wie *Prisoners of Jebs* (1988) und *Pita Dumbrok's Prison* (1991); zeitgeschichtliche Essays und Analysen, darunter *Similia: Essays on Anomic Nigeria* (1991) und *Genocide in Nigeria: The Ogoni Tragedy* (1992); sowie viele Werke aus dem Umfeld der *Basi and Company*-Serie, von denen manche auch als Kinderbücher erschienen. S., der in einem seiner Essays von Nigeria als einem »schlafenden Elefanten« spricht, den es mit einem »literarischen Vorschlaghammer« zu wecken gelte, setzt sich in vielen seiner Werke nicht nur mit den politischen Machthabern seines Landes auseinander, sondern nimmt auch die Alltagskultur der ›kleinen Leute‹ kritisch ins Visier. So prangert er beispielsweise in seinem radikalen Antikriegsroman *Sozaboy* neben den einflußreichen Kriegstreibern und -gewinnlern auf beiden Seiten des nigerianischen Bürgerkriegs auch die Borniertheit der einfachen Menschen an, die sich willig in den Krieg führen lassen und nichts aus ihren Erfahrungen lernen. Auch die Geschichten in *Basi and Company: A Modern African Folktale* (1987) entwerfen bei aller Komik, mit der die Hauptfiguren aus dem großstädtischen Milieu von Lagos gezeichnet sind, ein ernüchterndes Bild der nigerianischen Gesellschaft der 1980er Jahre: Die be-

trogenen Betrüger, gescheiterten Bauernfänger und Gelegenheitsschwindler, die wider alle Vernunft fest daran glauben, durch windige Geschäfte endlich steinreich zu werden, erweisen sich als Vertreter genau jener weitverbreiteten *culture of cheating*, die S. in seinen Essays und politischen Satiren als eine der Grundursachen für den sozialen, wirtschaftlichen und politischen Niedergang Nigerias seit der Unabhängigkeit ansah.

Literatur: C. McLuckie/A. McPhail, Hgg. *Ken Saro-Wiwa: Writer and Political Activist.* Boulder, CO 2000. – A. Na'Allah, Hg. *Ogoni's Agonies: Ken Saro-Wiwa and the Crisis in Nigeria.* Trenton, NJ 1999. – O. Okome, Hg. *Before I Am Hanged: Ken Saro-Wiwa, Literature, Politics, and Dissent.* Trenton, NJ 1999.

Frank Schulze-Engler

Sassoon, Siegfried [Loraine]

Geb. 8. 9. 1886 in Weirleigh, Kent; gest. 1. 9. 1967 in Heytesbury, Wiltshire

»I see them in foul dug-outs, gnawed by rats, / And in the ruined trenches, lashed with rain« (1917, »Dreamers«: »Ich sehe sie in dreckigen Unterständen, angefressen von Ratten / Und in den zerstörten Schützengräben, durchpeitscht von Regen«) – derartige Beschreibungen der schockierenden Wirklichkeit des Ersten Weltkriegs begründeten Siegfried Sassoons Ruf als *war poet*. Begonnen hatte er allerdings als Verfasser romantischer Naturlyrik im Stil von John Keats und Alfred Lord Tennyson. S. wuchs in einer wohlhabenden Künstlerfamilie auf, die Kontakte zu Londoner Intellektuellenzirkeln pflegte. Schon früh förderten Edmund Gosse, Edward Marsh und Robert Ross S.s literarische Ambitionen. Ein Studium in Cambridge brach S. vorzeitig ab, um auf dem Land zu leben, pastorale Gedichte zu schreiben und der Fuchsjagd nachzugehen. Bei Ausbruch des Ersten Weltkriegs meldete er sich als Freiwilliger. Doch statt Heldentum und künstlerischer Eingebung erwarteten S. Grauen und Sinnlosigkeit der Materialschlachten an der Westfront. Hier entstanden die eindrucksvollen Werke, die noch heute als paradigmatisch für die englische Kriegserfahrung gelten. Anhand der in *The Old Huntsman* (1917) vereinten Gedichte läßt sich S.s Entwicklung vom Georgianer zum bitteren Kriegskritiker nachvollziehen. 1917 kehrte S. verwundet nach London zurück, wo er im Kreis der Pazifisten um Bertrand Russell den Entschluß faßte, mit einem Aufruf (»A Soldier's Declaration«) öffentlich gegen den Krieg Stellung zu beziehen. S. wurde daraufhin nicht, wie erwartet, vor einem Kriegsgericht abgeurteilt, sondern dank der Intervention seines Freundes Robert Graves als *shell-shocked* in die Nervenheilanstalt Craiglockart bei Edinburgh eingewiesen. Hier traf er auf den Psychoanalytiker W.H.R. Rivers, der ihm zu einem väterlichen Freund wurde, und auf Wilfried Owen, den ebenfalls kriegstraumatisierten jungen Dichter. In der Abgeschiedenheit Craiglockarts entstand ein bedeutender Teil des Gedichtbandes *Counter-Attack* (1918). S.s Kriegslyrik zeichnet sich durch wirkungsvolle Authentizität in der Beschreibung des Fronterlebnisses aus. Grauen, Leid, Tod, Trauer, aber auch Freundschaft und Aufopferungsbereitschaft unter Kameraden sind die Themen. Zugleich erheben S.s Gedichte bittere Anklage gegen die Selbstgefälligkeit der Zivilgesellschaft, gegen Propaganda und die Ästhetisierung des Krieges. In satirischen, oft epigrammatisch-kurzen Wendungen werden Kriegsgewinnler, Klerus und der militärische Stab bloßgestellt.

Erst Mitte der 1920er Jahre wandte sich S. der Prosa zu. In den folgenden zwei Jahrzehnten war er damit beschäftigt, den Untergang der alten Vorkriegswelt und seine Erlebnisse im Ersten Weltkrieg in Form von autobiographisch geprägten Romanen wieder und wieder literarisch zu evozieren. In der Romantrilogie *The Complete Memoirs of George Sherston* (1928–36) liegt der Akzent auf S.s *outdoor self*, dem Leben eines naiven und naturverbundenen Landedelmanns. Seine Erfahrungen als Dichter reflektierte S. in einem zweiten Romanzyklus, dessen Schlußpunkt *Siegfried's Journey: 1916–1920* (1945; *Vom Krieg zum Frieden*, 1947) darstellt. Bis zuletzt blieb das Kriegserlebnis für S. Fokus der Erinnerung und des künstlerischen Ausdrucks.

Literatur: J. M. Wilson. *Siegfried Sassoon: The Making of a War Poet: A Biography (1886–1918)*. London 1998. – P. Moeyes. *Siegfried Sassoon: Scorched Glory*. Basingstoke 1997.

Astrid Erll

Sayers, Dorothy L[eigh]

Geb. 13. 6. 1893 in Oxford;
gest. 17. 12. 1957 in Witham, Essex

Dorothy L. Sayers, heute v. a. als Verfasserin von Detektivromanen bekannt, war eine vielseitige Schriftstellerin und eine konservative Intellektuelle von nicht unbeträchtlichem Einfluß. Als Einzelkind in einer anglikanischen Pfarrersfamilie aufgewachsen, gelang es ihr, trotz gesundheitlicher Probleme ein Studium an der Universität ihrer Heimatstadt zu absolvieren, wo sie zu den ersten weiblichen Graduierten gehörte. 1938 wurde sie als erste Frau Präsidentin der Modern Language Association. Nach Tätigkeiten als Lehrerin, Lektorin und Werbetexterin konnte sie sich dank des Erfolgs ihrer ab 1923 veröffentlichten Detektivromane ausschließlich schriftstellerischen Aktivitäten widmen. Ihr außerehelich geborenes Kind gab sie zu Pflegeeltern; 1926 heiratete sie – allerdings nicht den Vater ihres Kindes.

Ihr populärstes Geschöpf, Lord Peter Wimsey, gehört zu den hochgebildeten, vornehmen Detektiven der sogenannten ›klassischen‹ Periode des Detektivromans und zeichnet sich im Vergleich zu anderen Heldenfiguren der Gattung durch eine zwar fast parodistisch wirkende, im Grunde aber unironische Charakterisierung aus, die ihn zugleich als Klischee- und Modellaristokraten erscheinen läßt. Seine Beziehung zu der Schriftstellerin Harriet Vane, die er in *Strong Poison* (1930; *Starkes Gift*, 1979) vor einer Verurteilung wegen Mordes rettet, wird von S. in *Gaudy Night* (1935; *Aufruhr in Oxford*, 1937) zu einem partnerschaftlichen Verhältnis entwickelt. Dieses in einem Oxforder Frauencollege spielende Werk bindet in die Detektionshandlung gleichermaßen gesellschaftliche Anliegen und wunschtraumhafte Vorstellungen ein. Der bei den meisten von S.' Detektivromanen gegebene Charakter eines Rätselspiels – besonders ausgeprägt in *Have His Carcase* (1932; *Mein Hobby: Mord*, 1964) – tritt in *Gaudy Night* zurück, so daß dieses Werk bereits die um 1970 feststellbare ›Entfesselung‹ des Detektivromans vorwegnimmt.

Von S.' dramatischen Dichtungen, die zumeist christliche Themen behandeln, fand v. a. die Hörspielserie *The Man Born to Be King: A Play-Cycle on the Life of Our Lord and Saviour, Jesus Christ* (1943; *Zum König geboren*, 1949) Beachtung. Angeregt durch Kontakte zur Gruppe der Inklings um

C. S. Lewis und insbesondere durch Charles Williams, übersetzte S. Dante, dessen Epos als *The Comedy of Dante Alighieri, the Florentine* ab 1949 erschien und in Zusammenarbeit mit Barbara Reynolds fertiggestellt wurde. S.' Essays, deren wohl wichtigste unter dem Titel *Unpopular Opinions* (1946; *In die Wirklichkeit entlassen: Unpopuläre Ansichten*, 1993) erschienen, kreisen um das Thema ›Englishness‹. In ihnen setzt die Autorin sich für die Tradition englischer Kultur und speziell für die anglikanische Religion ein. Während des Krieges unterstützte sie vehement die Politik Churchills und verteidigte die von diesem angeordneten Bombenangriffe auf zivile Ziele in Deutschland.

Literatur: *inklings. Jahrbuch für Literatur und Ästhetik: Dorothy Leigh Sayers (1893–1957)*. Bd. 12. Hg. D. Petzold/C. Rendel. Moers 1994. – B. Reynolds. *Dorothy L. Sayers: Her Life and Soul*. London 1993.

Eberhard Späth

Schreiner, Olive

Geb. 24. 3. 1855 in Wittebergen, Lesotho,
Südafrika; gest. 11. 12. 1920 in Kapstadt

The Story of an African Farm (1883; *Geschichte einer afrikanischen Farm*, 1998) gilt allgemein als der erste Roman in englischer Sprache, der in Südafrika von einer Südafrikanerin verfaßt wurde. Olive Schreiner, Tochter eines deutschen Missionars und einer englischen Mutter, wuchs unter schwierigen materiellen Bedingungen auf und war schon früh gezwungen, ihren Lebensunterhalt als Privatlehrerin auf einsamen Farmen in der Halbwüste der Karoo zu verdienen, und genau eine solche Farm bildet den Schauplatz ihres ersten und berühmtesten Romans. Mit dieser Hinwendung zur begrenzten häuslichen Sphäre der bereits in der afrikaanssprachigen Literatur etablierten Tradition der Farmhauspastorale erteilt sie dem Genre eine Absage, das bisher die englischsprachige Literatur über Afrika dominierte: dem Abenteuerroman im Stile eines Rider Haggard, der im wesentlichen das Verlangen einer europäischen Leserschaft nach Exotik stillte. Sie will nicht »von den wilden Löwen und anderen Gefahren« schreiben, sondern vom alltäglichen Leben in Südafrika, wozu der Autor »die grelle Farbe aus seinem Pinsel entfernen und ihn in die grauen Pigmente um ihn herum tauchen muß«. Anders als in der afrikaan-

sen Farmhauspastorale, wo die Farm als ein utopischer Hort des Friedens, der Fülle und des Beheimatetseins dargestellt wird, geraten damit die weniger erfreulichen Aspekte des Farmlebens in den Blick: die Schäbigkeit der Gebäude, die spärliche Vegetation, die Dürre, die Ausbeutung der Farmarbeiter oder die Zwietracht der Bewohner untereinander. Die Menschen auf der Farm werden von dem ständigen Wunsch getrieben, die Farm auf der Suche nach einem besseren Ort zu verlassen, um dann jedoch zu ihr zurückzukehren und die anderwärts erlittenen seelischen wie körperlichen Blessuren zu kurieren. Sch.s Roman ist deshalb als die Allegorie von der letztlichen Unbehaustheit des kolonialen Siedlers verstanden worden, der ständig mit dem Bewußtsein leben muß, in doppelter Hinsicht deplaziert zu sein, indem er einerseits fern vom Mutterland lebt und andererseits immer der unerwünschte Eroberer seiner neuen Heimat bleibt. Entgegen der Selbstverpflichtung der Autorin zum Realismus setzt sich ihre Schreibweise deutlich von der Tradition des auktorial erzählten realistischen Romans ab, indem sie eine Vielzahl diskontinuierlicher und inkompatibler Repräsentationsmodi kombiniert: Allegorie, Parabel, Lyrik, Mystik, Farce oder Satire wechseln einander ab mit im konventionellen Sinne realistischen Passagen – ein formales Analogon zu der Disparatheit einer kolonialen Gesellschaft, die sich einer vereinheitlichenden Sicht widersetzt. Die interessanteste Romanfigur ist Lyndall, nach Maßstäben der viktorianischen Tradition eine ›gefallene Frau‹, in der sozial weniger rigide stratifizierten kolonialen Umwelt jedoch eine Frau, die ihre Außenseiterrolle im Sinne eines neuen Frauenbildes umzudeuten versteht: Nachdem sie von vielen Männern ›kolonisiert‹ wurde, findet sie in ihrer Liebe zu Waldo eine von Macht- und Dominanzverhältnissen freie Beziehung.

Dieses feministische Anliegen hat Sch., die während längerer Aufenthalte in England mit englischen Suffragetten Kontakt hatte, in ihrer Streitschrift *Women and Labour* (1911) sowie in ihrem Romanfragment *From Man to Man* (1926) propagiert. Die Essaysammlung *Thoughts on South Africa* (1923) enthält eine frühe Auseinandersetzung mit der südafrikanischen Rassenproblematik, während ihr allegorischer Roman *Trooper Peter Halket of Mashonaland* (1897) eine didaktisierende Kritik gegenüber der Brutalität darstellt, mit der der britische Imperialismus, vertreten durch Cecil Rhodes, die Rebellion der Shona und Ndebele niederschlug – eine Kritik, die sie später im Buren-krieg auch die Partei der Burenstaaten einnehmen ließ. Alle diese Aktivitäten runden sich zum Bild einer ungewöhnlichen Frau, die den engen Horizont ihrer Zeit wie des Ortes, an dem sie lebte, bei weitem übersteigt.

Literatur: J.A. Berman. *The Healing Imagination of Olive Schreiner: Beyond South African Colonialism.* Cambridge, MA 1989. – C. Clayton, Hg. *Olive Schreiner.* Johannesburg 1983. – M. van Wyk Smith/D. Maclennan, Hg. *Olive Schreiner and After.* Kapstadt 1983.

Erhard Reckwitz

Scott, Paul

Geb. 25. 3. 1920 in London;
gest. 1. 3. 1978 ebd.

Nicht zuletzt die Überschrift »Author of ›The Raj Quartet‹« in seiner Todesanzeige in *The Times* vom 3. März 1978 zeigt, daß Paul Scott v. a. durch seine in Indien spielende Roman-Tetralogie (1966–74) bekannt wurde. Dabei hat er schon nach seiner Lehre als Buchhalter Mitte der 1930er Jahre zu schreiben begonnen und sowohl während des Krieges (S. war von 1940–46 hauptsächlich in Indien und Malaya stationiert) als auch danach zahlreiche Gedichte, ein Drama, zwei Hörspiele, Essays und acht Romane verfaßt. Viele der Romane, z. B. *Johnnie Sahib* (1952), *The Alien Sky* (1953), *The Mark of the Warrior* (1959) und *The Chinese Love Pavilion* (1960; *Der chinesische Liebespavillon,* 1965), spielen im südasiatischen Raum der 1940er Jahre und weisen in bezug auf Motive und Darstellungsverfahren auf das *Raj Quartet* voraus. Thematisch geht es um Krisen im Selbstverständnis von vornehmlich männlichen Protagonisten zu Kriegs- und Nachkriegszeiten sowie um konfliktreiche Begegnungen von Menschen verschiedener Generationen, Klassen, Kulturen und Religionen. Daneben schrieb S. auch experimentell erzählte Romane wie *The Bender* (1963; *Tee und Gin,* 1964) und insbesondere *The Corrida at San Feliu* (1964; *Corrida in San Feliu,* 1967), der sich aus fragmentarischen Schriftstücken eines fiktiven Romanschriftstellers zusammensetzt, die nach seinem Unfalltod gefunden werden und anhand derer dem Leser die Rekonstruktion der Geschichte überlassen bleibt.

Als S.s Meisterwerk wird jedoch sein aus den Bänden *The Jewel in the Crown* (1966; *Das Juwel in der Krone,* 1985), *The Day of the Scorpion* (1968; *Der Skorpion,* 1986), *The Towers of Silence* (1971; *Die Türme des Schweigens,* 1987) und *A Division of the Spoils* (1974; *Die Verteilung der Beute,* 1988) bestehendes, multiperspektivisch erzähltes *Raj Quartet* angesehen, dessen erfolgreiche Verfilmung als Fernsehserie ihm 1984 zu weltweiter Beachtung verhalf. Auf fast 2000 Seiten liefert S. eine revisionistische Darstellung des Niedergangs der britischen Kolonialherrschaft (*raj*) in Indien kurz vor dessen Unabhängigkeit 1947, indem er die politischen Konflikte in ihren Auswirkungen auf die private Sphäre eines breiten Spektrums von über dreihundert Figuren zeigt. Durch die Kontrastierung heterogener Sichtweisen, die an Lawrence Durrells *Alexandria Quartet* (1957–60) erinnert, werden die interkulturellen Begegnungen von Indern und Engländern perspektivisch gebrochen dargestellt und die Vielfalt und Relativität geschlechts-, klassen- und kulturspezifischer Wirklichkeitserfahrung literarisch inszeniert. Dazu trägt auch ein metaphern-, metonymie- und symbolreicher Stil bei. Die im Mittelpunkt des Geschehens stehende Vergewaltigung einer jungen Engländerin durch eine Gruppe angeblich indischer Jugendlicher, die Gegenstand immer neuer Versionen ist, symbolisiert metonymisch die Unterdrückung Indiens durch die Kolonialmacht England.

Durch die Unvereinbarkeit der Perspektiven wird im *Raj Quartet* die Vorstellung *einer* anglo-indischen Geschichte unterminiert und eine kritische Haltung gegenüber dem Britischen Empire zum Ausdruck gebracht. Damit steht S. Autoren wie E. M. Forster, J. G. Farrell und Ruth Prawer Jhabvala nahe. Da seine Tetralogie größtenteils inhaltlich-reduktiven Betrachtungen unterzogen wurde, sah er sich jedoch immer wieder dem auch von Salman Rushdie geäußerten Vorwurf ausgesetzt, er gebe sich einer nostalgischen Verklärung des Empiregedankens hin. Lesungen in Indien und Amerika, eine Gastprofessur an der University of Tulsa in Oklahoma 1976 und die Verleihung des *Booker Prize* im Jahre 1977 für seinen letzten Roman *Staying On* (1976; *Nachspiel,* 1989), eine Art Koda zum *Raj Quartet,* brachten S. allerdings eine – wenn auch späte – Anerkennung seines literarischen Schaffens.

Literatur: P. Childs. *Paul Scott's Raj Quartet : History and Division.* Victoria, BC 1998. – F. S. Weinbaum. *Paul Scott: A Critical Study.* Austin 1992. – H. Spurling. *Paul Scott: A Life.* London 1990.

Carola Surkamp

Scott, Sir Walter

Geb. 15. 8. 1771 in Edinburgh;
gest. 21. 9. 1832 in Abbotsford, Borders

Sir Walter Scott gehört zu den einflußreichsten Schriftstellern aller Zeiten. Mit der Veröffentlichung von *Waverley, or, 'Tis Sixty Years Since* im Jahre 1814 (*Waverley oder so war's vor 60 Jahren,* 1828) begründete er eine neue Gattung, den historischen Roman, der – national wie international gesehen – unter den von S. ausgehenden Anstößen einen beispiellosen Siegeszug antrat. – S.s Weg zum historischen Romancier verlief zwar nicht geradlinig, aber doch ohne eigentliche Umwege im Sinne sachfremder Experimente. Begabung und antiquarische Interessen zeichneten bald seine literarische Bestimmung in Richtung eines intensiven Kontakts mit der Geschichte vor, der bei dem aus dem schottischen Grenzgebiet stammenden S. noch auf der unmittelbaren Verbundenheit mit der volkstümlichen Überlieferung beruhte. Schon in früher Jugend machte er die in Dokumenten verschiedenster Art verfügbare Geschichte seiner schottischen Heimat zu seinem persönlichen Besitz. Im kulturell anregenden Edinburgh des ausgehenden 18. Jahrhunderts aufwachsend, kam der als Jurist ausgebildete und tätige, aber seine literarischen Neigungen lebende S. in enge Berührung mit zwei geistesgeschichtlichen Strömungen, die seiner epochemachenden Behandlung der Vergangenheit wesentliche Impulse gaben. Ein wichtiger intellektueller Katalysator für S.s Verarbeitung von Geschichte wurde die durch Namen wie Adam Ferguson, William Robertson, Dugald Stewart und Adam Smith repräsentierte schottische Aufklärungshistorie, deren Bestrebungen sich darauf richteten, Gesetzmäßigkeiten gesellschaftlicher Entwicklung vom Naturzustand des Menschen bis zu dessen gegenwärtiger Organisation in den fortgeschrittenen Ländern aufzudecken. S., dem als historischer Romancier zu lange das in seiner Einseitigkeit irreführende Etikett des Romantikers angeheftet worden ist, teilte das empirisch-realistische Interesse der schottischen Aufklärer, deren bedingten Fortschrittsstandpunkt er bejahte; der geistige Austausch mit ihnen schuf die Grundlage dafür, daß S.s von nostalgischen Zügen nicht ganz freiem retrospektiven Patriotismus eine rationalistische Abgeklärtheit ausgleichend an die Seite treten konnte.

Den anderen Pol im Spektrum zeitgenössischer Strömungen bildete die besonders durch Henry Mackenzie vermittelte deutsche Romantik, unter deren Einfluß S. u. a. Gottfried August Bürgers *Lenore* (1773) und Johann Wolfgang von Goethes *Götz von Berlichingen* (1773) übersetzte; dieses Interesse fand seinen Niederschlag auch in S.s durch Thomas Percys *Reliques of Ancient English Poetry* (1765) angeregter Sammlung *Minstrelsy of the Scottish Border* (1802–03). Die Hinwendung der Romantik zu dem lange vernachlässigten Mittelalter beflügelte S.s phantasiebestimmte Erschließung vergangener Epochen. Nachdem er als Sammler, Herausgeber und Bearbeiter von Balladen an das zeitgenössische Publikum herangetreten war, veröffentlichte er eigene Verserzählungen, die von *The Lay of the Last Minstrel* (1805; *Der letzte Minstrel,* 1820) über *Marmion* (1808) und *The Lady of the Lake* (1810; *Die Jungfrau vom See,* 1819) bis zu *Rokeby* (1813; *Burg Rokeby,* 1822) reichen. Aufgrund dieser damals zumeist sehr erfolgreichen Werke wäre S. als Dichter ein ehrenvoller Platz in den regionalen Annalen der Literatur sicher gewesen; literarhistorisch sind sie aber v. a. aufschlußreiche Indikatoren für S.s Werdegang zum Romancier. Wie die metrischen Romanzen über die zu knappe Balladenform hinausdrängten, um vergangene Kontexte lebendig werden zu lassen, so waren die Verserzählungen ihrerseits kaum mehr imstande, eine dem Zeitgeschmack entsprechende breitere Ausgestaltung des Geschichtlich-Umständlichen zu leisten. Die spätestens in den achtziger Jahren des 18. Jahrhunderts einsetzende und rasch zunehmende Reihe historisierender Vorläuferromane, ein Barometer sich wandelnden Leserinteresses, belegt, daß das Publikum offenbar nach einer extensiveren Darstellung geschichtlicher Gegenstände verlangte.

Den unter medialen Aspekten folgerichtigen Schritt zum Prosaroman und damit in die Weltliteratur tat S. erst 1814 mit dem (anonymen) Erscheinen von *Waverley.* S.s Erstling, von der Kritik begeistert aufgenommen, entfaltet sogleich das innovatorische Potential der neuen Gattung. In der Anlage der Fabel konventionell, rückt der Roman trotz der nominellen Mittelpunktstellung des träumerisch gestimmten und phantasiebegabten Edward Waverley nicht dessen romanzenhafte Züge aufweisenden persönlichen Lebensweg ins Zentrum, der freilich in seinem desillusionierenden Verlauf thematische Relevanz besitzt, sondern wählt über Waverleys Verstrickung in den Jakobitenaufstand von 1745/46 die Scharfeinstellung auf die politisch-sozialen Eigenarten des damaligen Schottland. Besonders in dem fremdartig-bizarren Raum des schottischen Hochlandes mit seinen gesellschaftlichen Anachronismen stand S. gewissermaßen eine soziologische Experimentierbühne zur Verfügung, auf der eine entwicklungsgeschichtliche Etappe seines Landes dramatisiert werden konnte. In dem Zusammenwirken der einzelnen Strukturelemente dokumentiert sich S.s literarische Intention, sich die Vergangenheit erinnernd anzueignen, um ihre Einverleibung in das Gegenwartsbewußtsein zu erreichen. Die Wahl des geschichtlichen Zeitraums – einerseits schon abgeschlossene Vergangenheit, andererseits noch Vorgeschichte der Gegenwart – verschafft ihm sowohl in historiographischer als auch in darstellungsästhetischer Hinsicht die gewünschte Realitätsgrundlage. Insbesondere ermöglicht die Entscheidung für die sogenannte mittlere Vergangenheit S. den Gebrauch des schottischen Dialekts, in dem sich das historisch Autochthone artikuliert und der wesentliches Verdienst daran hat, das der Gattung aufgetragene Problem der Vermittlung geschichtlicher Wirklichkeit auf glückliche Weise zu lösen. Das Vorherrschen der szenischen Darstellungsmethode mit ihrem hohen Anteil an Dialogen unterstreicht die Tendenz zu einer ebenso authentischen wie imaginativ eindringlichen Wiedergabe der Vergangenheit. Der neuartigen Konzentration auf den Objektbereich der Geschichte, das eigentliche Interessenzentrum dieses Romans, entspricht die Konzeption eines mittleren im Sinne eines neutralen Helden, der, zugleich Repräsentant des Lesers, v. a. die Aufgabe erfüllt, mit beiden kämpfenden Lagern in Verbindung zu treten, um einen erlebnismäßigen Nachvollzug des historischen Konflikts zu gestatten. Unentbehrliche Mosaiksteine zum Aufbau der geschichtlichen, durch das Lokalkolorit atmosphärisch beglaubigten Welt sind die zahlreichen, sozial belangvollen, aus dem Volk stammenden und meist komischen Typencharaktere, die die Schwerpunktverlagerung auf den gesellschaftlichen Raum im Sinne breiter sozialer Streuung bekräftigen. Zur Erstellung des gesellschaftlichen Kosmos trägt sogar die ausführlich beschriebene und Spuren der Geschichte bewahrende Landschaft bei, die zum Resonanzboden für die Schwingungen gesellschaftlicher Mentalität wird. S., der als Erzähler in Personalunion mit dem Historiographen eine durch dokumentarische Verweise gestützte Rheto-

rik des Damals und Heute betreibt, die den Eigencharakter der vergangenen Welt verbürgt, kann sein leitendes, auf die Vermittlung von Geschichte gerichtetes Interesse nicht zuletzt deshalb so erfolgreich umsetzen, weil er in klarer Realisierung der natürlichen Domäne der Gattung Roman den Schwerpunkt eindeutig auf die Schilderung des privaten Lebensbereiches legt, der von den großen geschichtlichen Vorgängen tangiert wird. Dementsprechend sind die bedeutenden historischen Persönlichkeiten, vom Standpunkt der Fabel gesehen, nur als Nebenfiguren angelegt. Dadurch vermeidet S. sowohl eine romantisch-monumentale Darstellungsweise, wie sie später von Thomas Carlyle bevorzugt wird, als auch eine psychologisch-nivellierende Behandlung, wie sie später von William Makepeace Thackeray praktiziert wird. Innerhalb der durch den Wahrheitsanspruch der Historie vorgegebenen Grenzen kann S. so den Freiraum produktiv werden lassen, den er für seine Phantasie gewonnen hat. *Waverley* als erster historischer Roman zeichnet sich durch die gattungsadäquate Harmonisierung von *fact* und *fiction* aus, wobei S. das neue Genre im Unterschied zur traditionellen aristotelischen Antithetik von Literatur und Geschichtsschreibung in ein komplementäres Verhältnis zur Historiographie rückt. – In *Waverley* verfügte S. Imagination und Sachverstand zu einem nahtlosen Ganzen. Durch seine mühelose, in Habitus und Mentalität eingegangene Vertrautheit mit dem Schottland der jüngeren Geschichte gelang ihm eine überzeugende Fiktionalisierung der Vergangenheit. S.s entscheidende Neuerung, sein Beitrag zur Weltliteratur, besteht darin, als erster Autor den Menschen in seinem zeitgenössischen Denken, Fühlen und Handeln beschrieben zu haben. So beschwor er in *Waverley* in historistischer Vergegenwärtigung vergangener Lebensformen auf der anschaulichen Grundlage der breiten Gestaltung der Clangesellschaft den heroischen Opfermut der patriarchalisch organisierten Hochländer herauf, für den Evan Dhus Vorschlag, anstatt seines zum Tode verurteilten Häuptlings Fergus MacIvor hingerichtet zu werden, das bewegendste Beispiel liefert.

Das über die strukturellen Eigenarten *Waverleys* Ausgesagte gilt trotz gewisser Modifikationen auch für die übrigen der nach ihrem stofflichen Zentrum bezeichneten schottischen Romane. Gerade die besten Werke dieser Gruppe profitieren in ähnlicher Weise von einer durch die Wahl der mittleren Distanz begünstigten Realitätsgrundlage, die auch durch die behutsame Integrierung des Übernatürlichen nicht in Frage gestellt wird. S.s vielleicht größter und bei seinen Landsleuten bis heute besonders populärer Roman ist *The Heart of Midlothian* (1818; *Das Herz von Midlothian*, 1826), der in die *Porteous Riots* des Jahres 1736 einblendet, die als historisches Ferment für den weiteren Verlauf der Handlung wirken. Diese ist auf das Bauernmädchen Jeanie Deans abgestellt, eine höchst aktive Protagonistin, deren beschwerlicher Weg zur Rettung ihrer des Kindesmordes angeklagten Schwester in einer durch den Herzog von Argyle vermittelten Audienz bei Königin Caroline in London kulminiert. In der Mission der durch altkalvinistische Sittlichkeit und korporative Bindungen geprägten Heldin veranschaulicht S. eine entwicklungsgeschichtliche Etappe Schottlands.

Zu den eindrucksvollsten der schottischen Romane gehört *Old Mortality* (1816; *Die Presbyterianer*, 1845), der die blutigen Kämpfe zwischen Covenanters und royalistischen Truppen aus England gegen Ende der Restaurationszeit schildert. Eine Affinität zu *Waverley* weist *Rob Roy* (1818; *Robin der Rothe*, 1828) auf. Dieser in den Jakobitenaufstand von 1715 führende Roman sondiert am Beispiel der Hauptfigur Francis Osbaldistone und seiner Familie althergebrachte gesellschaftliche Ansprüche im Wandel der Zeit. Die thematische Konstanz der schottischen Romane ist in dem in mannigfachen Erscheinungsformen auftretenden Konflikt zwischen Tradition und Fortschritt zu suchen, der – wie bereits von Samuel Taylor Coleridge betont – ein beständiges Dilemma der gesellschaftlichen Existenz des Menschen verkörpert. Wie *Guy Mannering, or the Astrologer* (1815; *Guy Mannering oder: Der Sterndeuter*, 1828) belegt, konnten diese Romane unter Hintanstellung der großen Historie auch zu der ausführliche soziale Tableaus – in diesem Fall der schottischen Tieflande – entwerfenden Darstellungsweise der *novel of manners* tendieren.

Zwar ist eine künstlerische Entwicklung im Werk S.s nicht erkennbar, doch schlug dieser mit der Veröffentlichung von *Ivanhoe* (1819; *Ivanhoe*, 1827) noch ein neues Kapitel als historischer Romancier auf. Unter dem Aspekt literarischer Wertung ist ein deutliches Qualitätsgefälle von den schottischen zu den sogenannten, die Tudorepoche einschließenden Mittelalterromanen zu registrieren, die S.s Beliebtheit noch steigerten. Wie *Ivanhoe*, S.s populärster, die englische Geschichte des späten 12. Jahrhunderts behandelnder und in seiner panoramischen Farbigkeit beeindruckender Roman, exemplarisch zeigt, hatte diese Interessenausweitung eine Einengung des literarischen Gestaltungsspielraums zur Folge. Aufgrund der Fremdheit von Zeitraum und Stoff war der seiner persönlichen Wissens- und Anschauungsbasis beraubte S. nicht länger imstande, Einblick in die privaten Lebensverhältnisse in ihrer historischen Konkretisierung mittels umgangssprachlicher und mentalitätsgetreuer Schilderung zu geben. Dadurch verschiebt sich das Gewicht von diesem bisher zentralen Bereich auf die politischen Vorgänge, die ohne Anspruch auf geschichtliche Akkuratesse geschilderten, im Sinne des Volksempfindens nacherzählten Kämpfe zwischen Angelsachsen und Normannen. Den veränderten Vermittlungsbedingungen entsprechend konzentriert sich die Darstellung sehr stark auf spektakuläre äußere Geschehnisse wie das Turnier von Ashbyde-la-Zouche. In *Ivanhoe* überwiegt eindeutig die Tendenz, das Theatralisch-Romanzenhafte als das Geschichtliche auszugeben. Die anderen Romane dieser Werkgruppe setzen im allgemeinen die mehr auf ornamentale Wirkung abzielende Behandlung der Geschichte fort und dürfen zu einem guten Teil als *pageants* großen Stils bezeichnet werden. Obwohl Romane wie *Kenilworth* (1821; *Kenilworth*, 1821) oder *The Fortunes of Nigel* (1822; *Nigels Schicksale*, 1867) das Publikum durch ihre gekonnte Veranschaulichung des äußeren Glanzes der Historie lange gefesselt haben und obwohl die stattliche Porträtgalerie der Könige und Fürsten in das kulturelle Gedächtnis eingegangen ist, hat der Bilderbuchcharakter dieser Werke S.s literarisches Ansehen auf die Dauer eher belastet.

Die *Waverley Novels* gehören zu den größten Erfolgen, welche die Literaturgeschichte zu verzeichnen hat. Der historische Roman des 19. Jahrhunderts ist nicht nur in England, sondern weit darüber hinaus den von S. ausgehenden Anstößen verpflichtet. Auf dem europäischen Kontinent bezeugen Autoren wie Honoré de Balzac, Alfred de Vigny, Prosper Mérimée und Victor Hugo in Frankreich, Alessandro Manzoni in Italien, Puschkin und Tolstoi in Rußland, Adalbert Stifter und Theodor Fontane im deutschen Sprachraum die Fruchtbarkeit des S.schen Impulses; in Nordamerika wurden James Fenimore Coopers Lederstrumpf-Romane zum Resonanzboden S. s.

Werkausgaben: *Poetical Works*. Hg. J. L. Robertson. London 1894. – *The Waverley Novels*. Hg. A. Lang.

48 Bde. London 1892–94. – *The Oxford Scott.* 24 Bde. London 1912–28. – *The Letters.* Hg. H.J.C. Grierson. 12 Bde. London 1932–37.
Literatur: J. Sutherland. *The Life of Sir Walter Scott: A Critical Biography.* Oxford 1995. – H.-J. Müllenbrock. »Die Entstehung des Scottschen historischen Romans als Problem der Literaturgeschichtsschreibung.« *Anglia* 99.3–4 (1981), 355–378. – H.-J. Müllenbrock. *Der historische Roman des 19. Jahrhunderts.* Heidelberg 1980. – E. Johnson. *Sir Walter Scott: The Great Unknown.* 2 Bde. New York 1970. – G. Lukács. *Der historische Roman.* Neuwied/Berlin 1965 [1955]. – J.G. Lockhart. *Memoirs of the Life of Sir Walter Scott, Bart.* 7 Bde. Edinburgh 1837–38.

Heinz-Joachim Müllenbrock

Self, Will

Geb. 1961 in London

Will Selfs Ruf als das *enfant terrible* des aktuellen englischen Kulturbetriebs schlechthin beruht zum einen auf seinem provokativen öffentlichen Auftreten – so spritzte er sich etwa als Wahlkampfberichterstatter des *Observer* 1997 im Flugzeug von John Major Heroin – und zum anderen auf seinem äußerst kontrovers beurteilten Werk, das er selbst als ›dreckigen magischen Realismus‹ bezeichnet und das neben Romanen und Kurzgeschichten auch die in *Junk Mail* (1995) gesammelten journalistischen Arbeiten umfaßt. Bereits S.s kürzere Prosawerke – die Novellen *Cock & Bull* (1992; *Cock & Bull*, 1994) und *The Sweet Smell of Psychosis* (1996) sowie die Kurzgeschichten in den Bänden *The Quantity Theory of Insanity* (1991; *Die Quantitätstheorie des Irrsinns*, 1999), *Grey Area* (1994; *Das Ende der Beziehung*, 1999) und *Tough, Tough Toys for Tough, Tough Boys* (1998) – sind durch S.s literarische Obsession mit Sex, Drogen, Psychosen und Todesvisionen gekennzeichnet. Darüber hinaus macht sich in diesen Werken und v. a. in den drei Romanen *My Idea of Fun* (1993; *Spaß*, 1997), *Great Apes* (1997; *Die schöne Welt der Affen*, 1998) und *How the Dead Live* (2000; *Wie Tote leben*, 2002) die sprachliche Virtuosität, die Vernachlässigung traditioneller Vorstellungen von Plot und Figurencharakterisierung sowie die typisch postmoderne Vermischung von Handlungsebenen und von phantastischen und realen Elementen bemerkbar, die den Autor in die Erzähltradition von Thomas Pynchon, Vladimir Nabokov und v. a. Martin Amis, J.G. Ballard und William Burroughs stellen.

Alle drei Romane S.s präsentieren virtuelle Realitäten, die eine kohärente ›Auflösung‹ im Rahmen konventioneller Erzählmuster unterlaufen. In dem faustischen Bildungsroman *My Idea of Fun* entwickelt der Ich-Erzähler Ian in seinem Kopf ein perverses Spiegelbild der Realität, in dem er aus ›Spaß‹ nicht nur Stadtstreicher, sondern auch seine Frau auf bestialische Weise ermordet – oder auch nicht: Die Entscheidung über die ›Faktizität‹ von Ians Bericht bleibt am Ende explizit dem Leser überlassen. Auch das Wirklichkeitsmodell von *How the Dead Live* entsteht in der auseinanderdriftenden Psyche der sterbenden Protagonistin Lily Bloom, die nach ihrem Tod ein neues Leben führt, bis sie als die Junkietocher ihrer eigenen Junkietocher wiedergeboren wird. In *Great Apes*, einer utopischen Satire in der Tradition Jonathan Swifts und S.s gelungenster Symbiose aus Phantastik und Zeitkritik, wacht der Künstler Simon Dykes eines Morgens in einer von Schimpansen bevölkerten Welt auf, die ansonsten aber in allen Punkten seine ehemalige menschliche Realität widerspiegelt. Im Verlauf des Romans akzeptiert Dykes die Schimpansenrealität als ›echte‹ Realität, wobei das Spannungsverhältnis zwischen der anfänglichen Vorstellung Simons, daß er eigentlich ein Mensch sei, und der nachfolgenden Akzeptanz seiner Schimpansennatur allerdings nie aufgelöst wird, wodurch auch für den Leser nicht klar wird, welche der Realitäten ontologisch zu privilegieren ist. Die irritierende Inkompatibilität von Menschen- und Affenrealität verbindet S. dabei mit beißender Gesellschaftssatire, die neben der tiefgreifenden Verunsicherung seiner Leser bezüglich der scheinbar stabilen Fundamente der menschlichen Existenz das auffälligste Merkmal aller fiktionalen Werke S.s darstellt.

Literatur: B. Zerweck. *Die Synthese aus Realismus und Experiment: Der englische Roman der 1980er und 1990er Jahre aus erzähltheoretischer und kulturwissenschaftlicher Sicht.* Trier 2001, 179–197. – S. Baker. *The Postmodern Animal.* London 2000.

Bruno Zerweck

Selvon, Sam[uel Dickson]

Geb. 20. 5. 1923 in San Fernando, Trinidad; gest. 16. 4. 1994 in Port of Spain, Trinidad

Mit dem Tod Samuel Selvons verlor die anglophone karibische Literatur eine ihrer Vaterfiguren.

Die zu Klassikern avancierten Romane seiner ›Moses-Trilogie‹, *The Lonely Londoners* (1956), *Moses Ascending* (1975) und *Moses Migrating* (1983), machen die Erfahrungen des Exils zum zentralen Thema. S. selbst wanderte 1950 nach London aus und ließ sich 1978 in Calgary (Kanada) nieder. Als Erzähler war er ein Pionier im Einsatz kreolisierender Sprachgebung, die er virtuos beherrschte. Viele Kritiker sahen in ihm, reichlich verkürzt, einen Humoristen oder einen ›folk poet‹. In Wirklichkeit war S. ein Chronist des Landproletariats und der Arbeiterschicht Trinidads, dem eine humanistische tragische Weltsicht näher lag als die bloße Erzeugung von Komik. In seinem Erstlingsroman *A Brighter Sun* (1952) und in *Turn Again Tiger* (1958) stellt er den jungen Tiger, der indischer Abstammung ist, in eine komplexe ländliche Welt Trinidads, deren traditionelle Strukturen verstädtern und sich unter dem Einfluß vor allem der USA aufzulösen beginnen. Die Figur des Moses Alloetta in S.s Trilogie gehört zu den unvergeßlichen Figuren der karibischen Literatur. Dank seiner Fabulierkünste ist Moses eine Führerfigur innerhalb seiner Gruppe von mittellosen Neuankömmlingen in der britischen Metropole. Seine Träume von einem Erfolg als Schriftsteller erfüllen sich nicht, wohl aber wird er der Besitzer eines baufälligen Hauses, das er teilweise und folgenreich an Anhänger der *Black Power*-Bewegung und illegale südasiatische Einwanderer vermietet. Insgesamt sorgt die Differenz zwischen Erwartungshaltungen und wirklichem Leben für Ironien in S.s Texten. Die Emigrantenexistenz von Moses erscheint zunehmend brüchig; anfänglich befreiendes Gelächter wird zum bitteren Selbstschutz. In *Moses Migrating* rechnet S. mit seinem pikaresken Helden ab, der weder bei einem Besuch in Trinidad, wo er sich als Vertreter Großbritanniens fühlt, noch in London rechtschaffen-bürgerlich und mit sich im reinen zu leben imstande ist. Die Kritik hat sich besonders intensiv mit S.s brillanter dialogischer und narrativer Sprachführung sowie der literarischen Umsetzung von Motiven der Volkskultur befaßt.

Literatur: R. Salick. *The Novels of Samuel Selvon*. London 2001. – *Critical Perspectives on Sam Selvon*. Hg. S. Nastra. Washington, DC 1988.

Wolfgang Binder

Senior, Olive

Geb. 23. 12. 1943 in Troy, Jamaika

Als Schriftstellerin konnte Olive Senior sich nicht vorstellen, in Jamaika ihren Lebensunterhalt zu verdienen, daher schlug sie die Laufbahn der Journalistin ein. Schon als Schülerin schrieb sie für die Zeitung *The Daily Gleaner* und arbeitete nach dem Publizistik-Studium in Ottawa jahrelang als Herausgeberin diverser Zeitschriften, u. a. des *Jamaica Journal*, der Publikation des Institute of Jamaica. Bekannt wurde sie im Sachbuchbereich vor allem durch ihr Handbuch *An A-Z of Jamaican Heritage* (1983) sowie *Working Miracles: Women's Lives in the English-Speaking Caribbean* (1991), der Aufarbeitung eines universitären Forschungsprojekts zur Lebenssituation von Frauen in der Karibik. – Gleich mit der Veröffentlichung ihres ersten Buches, *Summer Lightning and Other Stories* (1986), für das sie den erstmals vergebenen *Commonwealth Writers Prize* erhielt, wurde sie international bekannt. Im Mittelpunkt dieser Geschichten stehen fast immer Kinder in unsicheren Lebensumständen, die sich ungeliebt und nicht verstanden fühlen, sich unklar sind über ihre Identität und ihren Status. Selbst auf dem Lande aufgewachsen, mit einer Verwandtschaft aus sowohl ärmeren wie auch etablierteren Schichten, versteht es S., sich in ihre Charaktere hineinzuversetzen und Themen zu entwickeln, die für die Region typisch sind: das Gemeinschaftsgefühl, aber auch die heuchlerischen, engstirnigen Neigungen der Landbevölkerung. Zur Authentizität ihres Gesellschaftsbilds trägt auch die von S. verwandte Sprache bei, die – in der Figurenrede wie im Erzählstil – von der Sprache der gebildeten Jamaikaner bis zum Kreol der einfachen Leute reicht. S. schafft es zugleich auch, Leser aus anderen Kulturkreisen mit ihren Geschichten um Figuren, die sich vereinsamt und ausgestoßen fühlen, anzusprechen. In S.s zweitem Prosaband, *The Arrival of the Snake-Woman and Other Stories* (1989), spielen städtische Einflüsse eine größere Rolle, und die Protagonisten entstammen öfter der Mittelschicht, dazu kommt verstärkt die Kritik an der Spaltung der Gesellschaft entlang von Einkommensgrenzen und Hautschattierungen. In der Titelgeschichte greift S. ein Thema auf, das lange ignoriert wurde: die Ressentiments innerhalb der jamaikanischen Gesellschaft gegenüber andersartigen, nicht den gängigen Normen entsprechenden Menschen, hier der indischen Frau eines Farmers afrikanischer Herkunft. (Eine Auswahl aus diesen beiden Bänden erschien auf Deutsch unter dem Titel *Das Erscheinen der Schlangenfrau*, 1996). Seit 1991 lebt S. als freie Schriftstellerin in Toronto, nimmt in Kanada und in den USA Gastprofessuren wahr, schreibt weiterhin Kurzgeschichten, die auf Jamaika spielen, zuletzt gesammelt in *The Discerner of Hearts* (1995), und greift stärker noch als in ihren früheren Werken Elemente des mündlichen Erzählens auf. – Neben ihren Prosatexten hat S. von Anfang an auch Gedichte geschrieben, publiziert in den Bänden *Talking of Trees* (1983) und *Gardening in the Tropics* (1994). In ihrer Lyrik wählt S. oft die Form der Ballade, um auf komprimierte Weise von Phänomenen der karibischen Natur (Hurrikane, Früchte usw.) oder afrikanischen Gottheiten in der Neuen Welt zu sprechen. S. verkörpert eine postkoloniale Autorin, die zwar überall in der Welt zuhause ist, mit ihrem literarischen Schaffen jedoch fest in ihrer jamaikanischen Heimat verwurzelt bleibt.

Literatur: A. Donnel. »The Short Fiction of Olive Senior.« *Caribbean Women Writers*. Hg. M. Cond&T. Lonsdale. New York 1999, 117–143. – »Olive Senior.« *Caribbean Women Writers*. Hg. H. Bloom. Philadelphia 1997, 150–163.

Marlies Glaser

Serote, Mongane Wally

Geb. 8.5. 1944 in Sophiatown, Johannesburg

Am Werdegang Wally Serotes läßt sich die Interaktion von Literatur und Politik in Südafrika exemplarisch verfolgen. Als Lyriker, Erzähler und Romanautor hat er das Leben der Schwarzen unter der Apartheid und deren Widerstand gegen das System literarisch erfaßt und dokumentiert. Als politischer Aktivist hat er die Unterdrückung am eigenen Leib erfahren, den Widerstand im Untergrund und Exil mitgestaltet und im Parlament des befreiten Südafrika einen leitenden Posten erlangt. Sein politisches Leben hat jedoch zu keiner Einschränkung seiner Schriftstellerei geführt. In der schwarzen Vorstadt Alexandra nördlich von Johannesburg aufgewachsen, arbeitete S. zunächst als Journalist, kam aufgrund seiner politischen Aktivitäten 1969 für neun Monate ohne Prozeß in Einzelhaft, studierte dann an der Columbia Uni-

versity (New York) und wählte schließlich das Exil in Botswana. Obwohl er in seiner Jugend Anhänger der *Black Consciousness*-Bewegung war – den Gedichtband *Behold Mama, Flowers* (1978) widmete er dem Andenken des ermordeten Steve Biko –, wurde er später Mitglied des African National Congress und arbeitete seit 1986 in dessen Londoner Kulturabteilung. Als einer der ersten Remigranten kehrte er 1990 nach Südafrika zurück. Bei den Wahlen von 1994 errang er ein Mandat; und seitdem ist er als Vorsitzender des Parlamentsausschusses für Kunst und Kultur tätig.

Literarisch gehört S. – wie Oswald Mtshali und James Matthews – einer Generation junger Dichter an, die, Anfang der 1970er Jahre, nachdem die meisten älteren Autoren längst ins Exil gegangen waren, mit ihrer im Geiste des ›Schwarzen Bewußtseins‹ verfaßten Lyrik eine Neuorientierung, gar eine Wiederbelebung der schwarzen Literatur einläutete. S., der allgemein als der bedeutendste dieser Gruppe angesehen wird, verfaßte vor allem Großstadtlyrik. Seine Gedichte waren der Ausdruck des Lebens der schwarzen Arbeiter in den Vorstädten Johannesburgs, die nicht mehr nach den ländlichen Sitten ihrer Stämme lebten, sondern eine neue Stadtkultur entwickelt hatten und ihre eigene Stimme erhalten sollten. S.s Lyrik artikuliert die Würde des Schwarzen angesichts der Unterdrückung, eine Selbstbehauptung schwarzen Wesens inmitten trostloser Lebensbedingungen am Rande der Kriminalität und unter dem erniedrigenden Druck der Apartheid. Schon sein erster, preisgekrönter Lyrikband, *Yakhal'inkomo* (1972), machte ihn bekannt. Mehrere Gedichtbände folgten, darunter *Tsetlo* (1974), *No Baby Must Weep* (1975), der S.s Vorliebe für Lyrik epischen Umfangs ankündigt, und – im Exil – *The Night Keeps Winking* (1982). Auch der preisgekrönte Band *Third World Express* (1992) präsentiert ein Langgedicht. – Die beiden Romane S.s sind aufschlußreiche Zeitdokumente, etwas lose strukturierte fiktionale Darstellungen des Befreiungskampfes in Südafrika: *To Every Birth its Blood* (1981) behandelt den Schüleraufstand von 1976 in Soweto; *Gods of Our Time* (1999) die Ereignisse der letzten Apartheid-Jahre vor 1990. In der Metapher der Geburt, die den ersten Roman beschließt, und in dem im zweiten Roman entworfenen Bild der Befreiungskämpfer, die sich selbst als Götter bezeichnen, deren Zeit genutzt werden muß, um eine bessere Welt zu schaffen, artikulieren beide Werke die Hoffnung auf eine bessere Gesellschaft.

Geoffrey V. Davis

Seth, Vikram

Geb. 20. 6. 1952 in Kalkutta

Unter den indo-englischen Autoren der Gegenwart ist Vikram Seth einer der vielseitigsten und erfolgreichsten. Neben einem Reisebericht über Sinkiang und Tibet und mehreren Gedichtbänden veröffentlichte er drei fiktionale Werke, die Bestseller wurden: den Versroman *The Golden Gate* (1986) sowie die Prosaromane *A Suitable Boy* (1993; *Eine gute Partie*, 1995) und *An Equal Music* (1999; *Verwandte Stimmen*, 2000). Bei *The Golden Gate* handelt es sich um ein kühnes formales Experiment: In 590 14zeiligen Strophen erzählt S. in gereimten jambischen Tetrametern von einer Yuppie-Gruppe aus San Francisco. Sein Vorbild für den ›Roman in Versen‹ ist Puschkins *Evgenij Onegin* (1825–33), dessen ›Onegin-Strophe‹ er übernimmt. Auch inhaltlich lehnt er sich an Puschkin an: Wie in *Evgenij Onegin* leiden die Figuren in *The Golden Gate* an Langeweile und Desillusionierung und beklagen verpaßte Lebenschancen. Wie Puschkin das russische Alltagsleben der gehobenen Mittelschicht realistisch schildert, so liefert S. eine panoramische Darstellung der Welt der *young urban professionals* Kaliforniens. – In dem schon im Umfang monumentalen Roman *A Suitable Boy* präsentiert S. ein Panorama der Gesellschaft Indiens in der Zeit kurz nach der Unabhängigkeit 1947. Er schildert die Geschicke von vier Familien sowie weiteren Personen in einer Handlung, die sich um die Suche einer begüterten Witwe nach einem geeigneten Ehemann für ihre Tochter rankt. Das sich über ein Jahr (1951/52) erstreckende Geschehen gibt S. Gelegenheit, zahlreiche Aspekte indischen Lebens zur Darstellung zu bringen: das Kastenwesen, den hinduistischen Festkalender, die Gegensätze von Stadt und Land, von traditioneller und moderner Industrie sowie von europäisch-britischen und bodenständig-indischen Gewohnheiten, die Konflikte zwischen Hindus und Muslimen und schließlich die musikalische und literarische Überlieferung Indiens. Formal lehnt sich *A Suitable Boy* an große europäische Romane des 19. Jahrhunderts an, aber auch an bengalische Erzählkonventionen. – Wiederum ganz anders geartet ist

An Equal Music, die Ich-Erzählung eines englischen Violinisten und Mitglieds eines Streichquartetts, der ein Liebesverhältnis mit einer verheirateten Pianistin eingeht, einer Freundin aus den Tagen seines Musikstudiums in Wien. Der Umstand, daß die Pianistin ihr Gehör fast verloren hat, gibt dem Geschehen eine tragische Note. In minutiösen Schilderungen des Musikeralltags bei Proben, Konzerten und der Repertoiresondierung unternimmt S. den Versuch, das Erlebnis von Musik in Worte zu fassen. Analysiert wird zudem die Psyche des sensiblen Musikers, der die Musik und seine Violine über alles liebt, sich anderen Menschen gegenüber jedoch oft egoistisch und rücksichtslos verhält. – Am Beispiel von S. zeigt sich die Problematik der Kategorisierung eines Autors als ›indo-englisch‹: Für S., der in England zur Schule ging und in Kalifornien studierte, scheint seine indische Herkunft bei der Abfassung von *The Golden Gate* und *An Equal Music* keine Rolle gespielt zu haben; das kalifornische und das englische Milieu werden ebenso überzeugend geschildert wie das indische in *A Suitable Boy*.

Literatur: S. A. Agarwalla. *Vikram Seth's ›A Suitable Boy* : *Search for an Indian Identity.* Neu-Delhi 1995. – M. Perloff. »Homeward Ho! Silicon Valley Pushkin.« *American Poetry Review.* (November/Dezember 1986), 37–46.

Thomas Kullmann

Shadwell, Thomas

Geb. 1642? in Norfolk;
gest. 19./20?. 11. 1692 in London

Vielen Lesern ist Thomas Shadwell nur als Fußnote zu John Drydens *MacFlecknoe* (1682) bekannt. In dieser meisterhaften Satire tritt Sh. als würdiger Thronfolger im Reich des Stumpfsinns auf – eine Karikatur, die Sh.s Bild in der englischen Literaturgeschichte nachhaltig geprägt hat, auch wenn sie durch die Lektüre seiner Komödien widerlegt wird. Ausgangspunkt der Auseinandersetzung zwischen Sh. und Dryden war eine Debatte über die Komödie, die von Sh. favorisierte Gattung, zu der 13 seiner 18 Stücke gehören. Während Dryden für eine *comedy of wit* plädierte, für elegante und gewagte Wortgefechte junger Liebespaare, berief sich Sh. auf Ben Jonson und dessen *comedy of humours*, die satirische Bloßstellung von Charakteren, die von einer mechanischen Gewohnheit oder fixen Idee beherrscht werden. – In der Praxis machte Sh. dem von Dryden favorisierten Komödientyp allerdings einige Konzessionen, nicht zuletzt wegen dessen Popularität beim Publikum. In *The Virtuoso* (1676) stellt er gleich zwei Libertins auf die Bühne, die geschliffene Repliken mit den Heldinnen austauschen, während sie en passant die sexuellen Bedürfnisse der heuchlerischen Lady Gimcrack befriedigen. Im Vordergrund stehen allerdings auch hier die *humour*-Charaktere: der Möchtegern-Esprit Sir Samuel Hearty, der von seiner eigenen Eloquenz berauschte Sir Formal Trifle, der misanthropische Masochist Snarl, der den Sittenverfall geißelt, während er sich selbst von Prostituierten geißeln läßt, und die Titelfigur Sir Nicholas Gimcrack, ein auf diversen Gebieten dilettierender Naturwissenschaftler, der eine Karikatur des Chemikers Robert Boyle und anderer Mitglieder der Royal Society darstellt. Sir Nicholas gibt bereitwillig zu, daß seine Experimente auf keinerlei praktischen Nutzen zielen (und hat mit diesem schönen Bekenntnis zur Grundlagenforschung im nachhinein gegen seinen Autor recht behalten). – Sh.s Sympathien für die Whigs verbannten ihn 1681–88 von der Bühne, bescherten ihm aber nach dem Machtwechsel von 1688 das Amt des Hofdichters, das ausgerechnet sein alter Kontrahent Dryden abtreten mußte. Bis zu seinem Tode schrieb Sh. fünf weitere Komödien, darunter den Publikumserfolg *The Squire of Alsatia* (1688). Dieses Stück ist ebenso von sozialgeschichtlichem wie von literarhistorischem Interesse. Es stellt das Gaunermilieu des Whitefriars-Viertels inklusive seines Soziolekts dar, und es nimmt Tendenzen der empfindsamen Komödie des 18. Jahrhunderts vorweg: das gegenseitige Verständnis in der Beziehung zwischen den Generationen, das Plädoyer für eine liberale Erziehung und das Vertrauen auf die moralische Reform des Libertin – all dies sind Merkmale, die dem optimistischen und versöhnlichen Menschenbild des neuen Komödientyps entsprechen. Ebenfalls hervorzuheben ist *Bury-Fair* (1689), Sh.s vielleicht bestes Stück, das einen Jahrmarkt provinzieller Eitelkeiten darstellt und verschiedene Konzeptionen des vieldiskutierten Begriffs *wit* behandelt, der bereits zwei Jahrzehnte zuvor Sh.s und Drydens Debatte über die Komödie beherrscht hatte.

Werkausgabe: *The Complete Works*. Hg. M. Summers. 5 Bde. London 1927.

Literatur: J. B. Slagle, Hg. *Thomas Shadwell Reconsider'd: Essays in Criticism*. Sondernummer von *Restoration* 20.2 (1996). – M. Alssid. *Thomas Shadwell*. New York 1967.

Burkhard Niederhoff

Shaffer, Peter [Levine]

Geb. 15. 5. 1926 in Liverpool

Peter Shaffer hat sich wie sein Zwillingsbruder Anthony Shaffer als Dramatiker profiliert. Firmierten die ersten Publikationen noch unter gemeinsamer Verfasserschaft (*The Woman in the Wardrobe*, 1951; *How Doth the Little Crocodile?*, 1952; *Withered Murder*, 1955; alle unter dem Pseudonym ›Peter Antony‹), so ging später jeder der Brüder literarisch eigene Wege. Sh. studierte in Cambridge Geschichte, bevor er in New York zunächst Gelegenheitsjobs annahm und dann für die New York Public Library arbeitete. 1954 kehrte er nach London zurück, wo er Skripte für Radio und Fernsehen verfaßte. 1958 wurde Sh.s erstes Drama, *Five Finger Exercise*, ein Bühnenerfolg. Es folgten u. a. *The Royal Hunt of the Sun* (1964; *Die königliche Jagd auf die Sonne*, 1967), *Black Comedy* (1965; *Komödie im Dunkeln*, 1997), *The Battle of Shrivings* (1970) sowie die Welterfolge *Equus* (1973; *Equus*, 1998) und *Amadeus* (1979; *Amadeus*, 1987). Beide Dramen wurden verfilmt (*Equus*, 1977), aber nur *Amadeus* (1984) erwies sich als ein kommerzieller Erfolg: Der Film wurde 1985 mit acht Oscars ausgezeichnet. Sh.s bislang letztes Stück, *The Gift of the Gorgon* (1992), ist ein selbstreferentielles *well-made play* mit antiken Dramenelementen und einer wohl weniger ernsthaft gemeinten Warnung an Literaturwissenschaftler, Dramatiker seien nicht dazu da, deren Lebensunterhalt zu finanzieren (»Contrary to what is believed in colleges [ ] playwrights do not exist to provide Professors of Drama with livelihoods«), konnte aber nicht mehr an die vorherigen Erfolge des Dramatikers anknüpfen.

Sh.s Dramen leben von ihrer Form-Inhalt-Dialektik. Durch die epische Anlage mancher Stücke wird einerseits eine Distanzierung des Rezipienten erwirkt, die andererseits aber durch eine Vermittlerfigur abgefangen wird. Übergreifende Themen und wiederkehrende Figurenkonstellationen strukturieren die sonst sehr diversifizierten Dramen kohärent vor. Neben der Suche nach einem Gott oder einem Absoluten, das die menschliche Existenz transzendiert und zugleich trägt, drehen sich Sh.s Stücke immer wieder um Mythos, Religion und Realität, um Rachsucht und Habgier auf der einen Seite, die mit Güte, Verständnis und Verzeihen auf der anderen kontrastiert werden. Dionysisch angelegte Charaktere werden mit apollinischen konfrontiert, und häufig ist es ein älterer Mann, der in einem Jüngeren ein *alter ego* sowie seine eigenen ungelebten Möglichkeiten entdeckt. Beste Illustration dieser Konstellationen ist das Drama *Equus*. Der von seiner Arbeit und seiner Ehe desillusionierte Psychiater Dr. Martin Dysart trifft auf den psychisch gestörten Jungen Alan Strang, der sechs Pferden mit einem Hufkratzer die Augen ausgestochen hat. Durch die Vermittlerfunktion des Arztes werden die Zuschauer Zeugen einer Psychotherapie, die nicht nur den Jungen, sondern auch Dysart selbst mit Ereignissen aus der Vergangenheit konfrontiert, die kathartische Wirkungen zeitigen. Das Wilde, Ungezähmte des Jungen wird vom Älteren idealisiert, die Krankheit nicht als Leiden am Sein, sondern als Geschenk der Götter verstanden. Mit der Unterstützung von Hesther Salomon, einer Richterin, schafft es der Psychiater, die Motivation Alans für die schreckliche Tat aufzudecken und ihn zu heilen. Dysart selbst aber sucht weiterhin verklärt nach dem Sitz der ›wahren‹ Götter als Ort ungehemmter und von der Zivilisation nicht gebändigter Ekstase. Seine eigenen ungelebten Möglichkeiten, die immer wieder mit der Antike allgemein und mit Griechenland als der Wiege der abendländischen Zivilisation im besonderen assoziiert werden, bleiben am Ende des Dramas zwar bestehen, werden aber in einer paradoxen Formulierung mit einer letztlich positiven Konnotation versehen: »I need [ ] a way of seeing in the dark.« Die in die Rolle des Psychiaters gedrängten Zuschauer können in dem Arzt nur noch einen Patienten sehen, der an einer typisch modernen Sinnkrise zu zerbrechen droht, aber dennoch kein hoffnungsloser Fall ist: Er kann immer noch an die Macht der Sprache und an die Heilkraft der Erinnerung glauben und gilt somit – nach Sigmund Freuds Definition der Psychoanalyse als *talking cure* – als heilbar.

In ihrem Geschichtsbewußtsein schlagen Sh.s Dramen eine Brücke von der Antike über das Mittelalter (die Eroberung Perus durch Pizarro in *The Royal Hunt of the Sun*) bis hin zur Neuzeit (die Psychoanalyse in *Equus*, Anspielungen auf den Holocaust in *Five Finger Exercise*). Parallel zu der historischen Linie finden sich immer wieder Einbrüche einer anderen Welt oder einer anderen Wirklichkeit, die auf die potentielle Brüchigkeit der normalen Alltagswelt aufmerksam machen: In *The Gift of the Gorgon* ist es die Göttin Athena, die überraschend in die moderne Spielhandlung eingreift; in *Amadeus* erfährt der Komponist Salieri endlich die von ihm stets ersehnte Gottespräsenz in der Musik seines Rivalen Mozart; in *Yonadab* (1985; *Jonadab*, 1988) setzt sich der Autor mittels bewußt eingesetzter Intertextualität direkt mit der Gottessuche auf dem Hintergrund des Alten Testaments auseinander, nach Sh. »one of the few unavoidable texts in the world«. – Auch in seinen Komödien setzt Sh. nicht auf einfache *slapstick*-Elemente, sondern spielt mit einem im Subtext verankerten Verweispotential. In *Black Comedy* etwa werden die Lichtverhältnisse umgekehrt: Die Charaktere auf der Bühne können nur etwas ›sehen‹, wenn das Licht aus ist, während sie blind auf der Bühne herumstolpern, wenn diese hell erleuchtet ist. Durch die Verkehrung von Gewohntem – Brechts V-Effekt – gelingt es Sh., selbst einer konventionellen Boulevardkomödie wie *Black Comedy* noch Tiefe zu verleihen.

Werkausgaben: *Three Plays: Equus/Shrivings/Five Finger Exercise*. Harmondsworth 1976. – *Four Plays: The Private Ear/The Public Eye/White Liars/Black Comedy*. Harmondsworth 1981. – *Lettice and Lovage and Yonadab*. Harmondsworth 1989.
Literatur: S. Bach. *Grenzsituationen in den Dramen Peter Shaffers*. Frankfurt a. M./New York 1992. – C. J. Gianakaris. *Peter Shaffer*. Basingstoke 1992. – ders., Hg. *Peter Shaffer: A Casebook*. New York 1991. – P. Iking. *Strukturen gestörter Kommunikation in den Dramen Peter Shaffers*. Essen 1989. – V. Cooke/M. Page, Hgg. *File on Shaffer*. London/New York 1987. – D. A. Klein. *Peter and Anthony Shaffer: A Reference Guide*. Boston 1982.

Susanne Bach

Shaftesbury, 3rd Earl of [Anthony Ashley Cooper]

Geb. 26. 2. 1671 in London;
gest. 15. 2. 1713 in Neapel

Shaftesburys Ruf als wichtiger Philosoph der englischen Aufklärung resultiert z. T. gerade aus seinem Bruch mit den philosophischen Gepflogenheiten seiner Zeit. Zunächst als Schüler von John Locke und unter dem Einfluß der Cambridge Platonists entwickelte Sh. einen essayistischen, genre-vermischenden Stil, der die systematische Erschließung metaphysischer oder erkenntnistheoretischer Probleme zugunsten spontan wirkender Reflexionen über Kunst und Moral, Politik und Geschichte mit dem erklärten Ziel vermied, in für den gebildeten Laien verständlicher Form den lebenspraktischen wie moralbildenden Nutzen der Philosophie wiederzugewinnen. – In seiner 1699 anonym publizierten *Inquiry Concerning Virtue and Merit* sprach Sh. erstmals von einem »natural moral sense«, der in jedem Menschen angelegt sei, und prägte damit einen Begriff, der in der Weiterentwicklung durch Francis Hutcheson und David Hume zum Schlagwort für eine Moralphilosophie avancierte, die als Gegenentwurf zu Thomas Hobbes' ethischem Pessimismus und Lockes Konzept des Bewußtseins als *tabula rasa* verstanden werden kann. Sh. begreift den ›Moralsinn‹ als ein vorbegriffliches und vorreflexives ›Gefühl‹ für Harmonie, das strukturelle Ähnlichkeit mit dem ästhetischen Geschmackssinn aufweist. Wie die schöne Form, so sei auch sittliches Handeln durch eine sinnlich erfaßbare formale Stimmigkeit und Ganzheitlichkeit charakterisiert und demnach nicht (wie bei Hobbes) durch Egoismus und die Zwänge des Überlebenskampfes, sondern durch einen die Einheit des Kosmos reflektierenden menschlichen Drang zur Harmonie und Ordnung motiviert. In den dritten Miszellen seiner für das 18. Jahrhundert einflußreichen Sammlung von Einzelschriften, *Characteristicks of Men, Manners, Opinions, Times* (1711; *Charakteristicks, oder Schilderungen von Menschen, Sitten, Meynungen und Zeiten*, 1768), bringt Sh. sein neoplatonisches Einheitsdenken am prägnantesten auf den Punkt: »what is beautiful is harmonious and proportionable, what is harmonious and proportionable is true, and what is at once both beautiful and true is, of consequence, agreeable and good«. – Sh.s Annahme, der Moralsinn sei nicht ein Resultat von Religiosität, sondern deren Voraussetzung, führte ihn zu der Äußerung, auch Atheisten seien zu einer ›schönen Seele‹ fähig (*Letter Concerning Enthusiasm*, 1708; *Ein Brief über den Enthusiasmus*, 1909), eine Aussage, die ihm scharfe Kritik zeitgenössischer Theologen einbrachte, obgleich er von den radikaleren deistischen Ideen seiner Zeit Abstand nahm. Sh.s Trennung zwischen Moral und Religion legte den Grundstein für die in der europäischen Romantik schrittweise vollzogene Wende zur Autonomie des Subjekts, und seine Ausführungen zum Genie waren v. a. in Deutschland (Goethe, Schiller und Herder) und Frankreich (Voltaire und Rousseau) sehr einflußreich. Die in dem 1710 veröffentlichten Essay *Soliloquy, or Advice to an Author* enthaltene Definition des Künstlers als ein im ›enthusiastischen‹ Rausch originär schaffender »Second Maker« und »just Prometheus under Jove« wurde zu einem Gemeinplatz ästhetischer Schriften des 18. Jahrhunderts.

Werkausgabe: *Standard Edition: Sämtliche Werke, ausgewählte Briefe und nachgelassene Schriften*. Hg. G. Hemmerich et al. Stuttgart 1981 f. [in englischer Sprache mit deutscher Übersetzung].
Literatur: L. E. Klein. *Shaftesbury and the Culture of Politeness*. Cambridge 1994. – St. Grean. *Shaftesbury's Philosophy of Religion and Ethics*. Athens, OH 1967.

Günter Leypoldt

Shakespeare, William

Geb. 23?. 4. 1564, in Stratford-upon-Avon, Warwickshire;
gest. 23. 4. 1616 ebd.

Dem Bildnis William Shakespeares gegenüber findet sich in der ersten (Fast-)Gesamtausgabe seiner Dramen ein von Ben Jonson verfaßtes Widmungsgedicht an den Leser, das mit der Aufforderung schließt: »Reader, looke / Not on his Picture, but his Booke«. Der Verweis auf das Buch hat Symbolgehalt. Die *First Folio Edition* von 1623, herausgegeben von seinen Schauspielerkollegen John Heminge und Henry Condell, besiegelt Sh.s Übergang vom Theater zur Literatur, von der Flüchtigkeit der Aufführung zur Permanenz der Schrift. Erst im Medium des Buches kann sich die in einer weiteren Widmung Jonsons erhobene Behauptung erfüllen, Sh. sei »not of an age, but for all time«; wobei seine Überlebensfähigkeit allerdings davon abhängt, daß er immer wieder neu vom Theater zurückerobert wird. Zur Entstehungszeit der Dramen waren diese ausschließlich für die Bühne bestimmt. Der Druck – häufig Raubdruck – erfolgreicher Stücke war demgegenüber die oftmals unerwünschte ›Zweitauswertung‹. Wer auf literarischen Lorbeer aus war, betätigte sich in anderen Gattungen, wie z. B. Sh. es mit *Venus and Adonis* und *The Rape of Lucrece* tat – Versepen, die hohe Auflagen erzielten und zu seiner Reputation bei den Gebildeten vermutlich mehr beitrugen als die Dramen. Das Drama rangierte tiefer in der Gattungshierarchie. Produziert und rezipiert wurde es nicht in einer subventionierten Kultureinrichtung, sondern einem rein kommerziellen Unterhaltungsbetrieb, vergleichbar dem Kino unserer Tage. Von Puritanern verteufelt, war das Theater in anrüchigen Randbezirken der Hauptstadt angesiedelt, nahe den blutrünstigen Spektakeln der Bärenhatzen und den Bordellen. Zugleich jedoch genoß es die Protektion des Hochadels und sogar der Krone selbst. Ab 1603, dem Jahr der Thronbesteigung von James I, durfte Sh.s Schauspieltruppe unter dem Namen »The King's Men« firmieren. Die Beliebtheit des Theaters erstreckte sich quer durch alle Schichten: Um 1600 verfügt die etwa 200.000 Einwohner zählende Stadt London über sieben *playhouses* mit einer geschätzten Kapazität von 15.000 Plätzen.

Der Gemischtheit des Publikums entspricht eine Gemischtheit des dramatischen Stils, der sich weder von klassisch-antiken Vorbildern noch aus der einheimischen Tradition der mittelalterlichen Mysterienspiele und Moralitäten einseitig ableiten läßt, sondern aus beiden ein Drittes bildet, eine offene, multiperspektivische Dramaturgie eigenen Gepräges. Die Regelpoetik der Aristoteliker (in England: Sir Philip Sidney) mit ihren drei Einheiten und ihren Ziemlichkeitsvorschriften hat in ihr keine Geltung: Orts- und Zeitgrenzen werden auf kulissenloser Bühne imaginativ übersprungen; das flexible Medium des Blankverses wechselt mit Prosa und komplexen lyrischen Strukturen; das hohe Pathos der Leidenschaften bricht sich an sarkastischer Nüchternheit; der König trifft auf den Clown (exemplarisch: Lear und der Narr), der Prinz auf den Totengräber (Hamlet), der mutige Kämpfer auf den hedonistischen Anti-Helden (Prince Hal und Falstaff in *Henry IV.I*), und erst in solchem Widerspiel, in der vielstimmigen Orchestrierung erschließen sich Sh.s dramatische Entwürfe. Sein Theater ist und begreift sich als Welttheater. Nichts anderes verkündet der Name der 1599 errichteten Spielstätte seiner Truppe: Globe Theatre. Doch wäre es eine drastische Reduktion der auf dieser Bühne inszenierten Welten, sie in jenes im wesentlichen mittelalterliche Ordnungsgefüge einzupassen, welches 1944 von E.M.W. Tillyard als *Elizabethan World Picture* in Umlauf gebracht wurde. Sh.s Drama erweist nicht die Geltung, sondern die Geltungsschwächen dieses statischen, feudalistisch-theozentrischen Systems. Gerade aus den Umbrüchen, den Legitimationskrisen der Frühen Neuzeit speist sich seine Dynamik. Exemplarisch bündelt es die Spannungen einer wahrhaft dramatisch in Bewegung geratenen ›Schwellenzeit‹ und wird damit zur Signatur jener historischen Weichenstellungen am Beginn der Moderne, deren Wirkungen bis heute prägend geblieben sind. Unmittelbar anschaulich wird dies dadurch, daß Sh.s Welttheater auch und gerade ein Theater neuer Innenwelten ist. Seine *dramatis personae* erreichen einen zuvor schlechterdings unbekannten, kaum in Ansätzen erahnbaren Grad der Individualisierung und Psychologisierung. Hamlet zumal, dessen ›Charakter‹ gleichsam einen Komplexitätsüberschuß aufweist, den die Dramenhandlung gar nicht mehr zu bewältigen vermag, wird zur prototypischen Gestalt neuzeitlicher Subjektivität. Und indem diese sich selbst entdeckt, wird sie sich auch schon problematisch. Die bildungshumanistische Zuversicht der Renaissance kehrt sich um in radikalen Zweifel. Der Mensch, das Wunderwerk der Schöpfung, wird für Hamlet zur »quintessence of dust«.

Angesichts seiner Werke ist Sh.s Biographie enttäuschend unspektakulär. Eine Autorpersönlichkeit, aus deren Lebenszeugnissen der schöpferische Reichtum und die tiefgründige Menschen- und Welterkundung der Stücke erklärlich würde, geben die Quellen nicht her. Nur der äußere Lebenslauf läßt sich einigermaßen nachzeichnen; die ›innere‹ Biographie ist eine einzige Leerstelle und bietet somit reichlich Platz für Spekulationen. Wie Sh. von seinem Geburtsort Stratford-upon-Avon nach London und zur Bühne gelangte, ist ungewiß. Feststeht, daß er am 26. April 1564 in Stratford getauft wurde und demnach wenige Tage zuvor geboren worden sein muß. Williams Vater John Sh., Handschuhmacher von Beruf, war ein Vertreter des aufstrebenden gewerbetreibenden Bürgertums, lange Jahre Mitglied im Rat der Stadt Stratford und schließlich sogar Bürgermeister und Friedensrichter, ehe seine erfolgreiche Laufbahn 1577 plötzlich abbricht – ob allein aufgrund finanzieller Probleme oder auch weil seine mutmaßlichen katholischen Überzeugungen ihn in Schwierigkeiten brachten, ist unklar. Daß der Knabe William die Stratforder Lateinschule besuchte, gilt als ausgemacht, wenngleich es nicht erwiesen ist. Urkundlich belegt ist die Heirat des 18jährigen mit der acht Jahre älteren Anne Hathaway und die sechs Monate später erfolgende Geburt einer Tochter. 1585 kommen Zwillinge zur Welt. Danach bleibt die Ehe kinderlos. Die sieben Jahre zwischen der Geburt der Zwillinge und der ersten Erwähnung von Sh.s Bühnentätigkeit in

London 1592 firmieren in der Forschung als »the lost years«. Viel Zuspruch – allerdings ebensoviel Skepsis – erfährt neuerdings die These, Sh. habe diese Jahre in Diensten der Hoghtons zugebracht, einer katholischen Adelsfamilie in Lancashire. Die faszinierende Hypothese, durch die der angehende Dramatiker mitten hineingerät in die geheime Welt der gegenreformatorischen Missionen und Komplotte, gründet letztlich auf einer einzigen, unbewiesenen Annahme: daß William Shakespeare identisch sei mit jenem William Shakeshafte, den Alexander Hoghton 1581 testamentarisch der Fürsorge seines Halbbruders Thomas anempfiehlt. Schon viel eindeutiger bezieht sich eine Anspielung in einem dem Dramatiker Robert Greene zugeschriebenen Pamphlet von 1592 auf Sh. Darin warnt Greene seine Schriftstellerkollegen vor der Konkurrenz eines Schauspielers, der sich anmaße, genauso gut Blankverse schreiben zu können wie sie selbst, und der meine, er sei »the onely Shake-scene« im ganzen Land. Bei aller Unsicherheit der Werkchronologie darf angenommen werden, daß um diese Zeit bereits zumindest die dreiteilige Dramatisierung der Rosenkriege, *Henry VI* (um 1590–92; *König Heinrich der Sechste*), sowie die auf Seneca-Rhetorik und blutige Schaueffekte setzende Römertragödie *Titus Andronicus* (um 1593–94; *Titus Andronicus*) entstanden waren, vielleicht auch schon die an Plautus' *Menaechmi* angelehnte *Comedy of Errors* (1594; *Komödie der Irrungen*). Die ersten und einzigen seiner Werke aber, die Sh. selbst unter seinem Namen publizierte, sind bezeichnenderweise keine Theaterstücke, sondern die Versepen *Venus and Adonis* (1593; *Venus und Adonis*) und *The Rape of Lucrece* (1594; *Die Schändung der Lucretia*), entstanden, als die Pest die monatelange Schließung der Theater erzwang. Beide sind einem jungen Aristokraten gewidmet, Henry Wriothesley, 3rd Earl of Southampton. Da die zweite Widmung nach Auffassung mancher Interpreten einen vertraulicheren Ton anschlägt, schloß man auf freundschaftliche Beziehungen zwischen dem Dichter und seinem Patron, was dazu führte, in ihm den geheimnisvollen »Mr. W. H.« zu erblicken, dem die unautorisierte Ausgabe von Sh.s *Sonnets* (1609; *Sonette*) gewidmet ist, und folglich auch den jungen Mann, der in diesen Sonetten in platonisch-petrarkistischer Überhöhung gepriesen wird. Am Ende einer hundertjährigen Blüte des englischen Sonetts bildet Sh.s 154 Gedichte umfassender Sonettzyklus einen krönenden Abschluß, der in seiner reizvollen Ab-

wandlung der Gattungskonventionen zugleich deren Überlebtheit andeutet. In immer neue Perspektiven gerückt, bilden die zerstörerische Macht der Zeit und die Liebe als deren Gegenkraft das thematische Zentrum der Gedichte. Doch deren Adressat ist statt der üblicherweise gepriesenen Dame ein schwärmerisch verehrter Jüngling, und die Gefühlsumschwünge dieser Beziehung werden durch die Einführung weiterer Figuren dramatisch kompliziert, eines Dichterrivalen und einer untreuen Geliebten, jener »Dark Lady«, um deren ›Realidentität‹ sich ebenfalls endlose Spekulationen ranken.

1595 wird Sh. im Zusammenhang mit einer Aufführung bei Hofe als Mitglied der führenden Schauspieltruppe, der Lord Chamberlain's Men, namentlich genannt; ein sicheres Zeichen seines beruflichen Erfolgs, der es ihm gestattet, 1596 ein Familienwappen und damit Anrecht auf den Titel *gentleman* zu erwerben. Seinen literarischen Ruf bestätigt das Lob seiner Verserzählungen, seiner »sugred [zuckersüßen] Sonnets« und seiner Komödien und Tragödien »among the English the most excellent in both kinds« in Francis Meres' *Palladis Tamia* (1598).

Breiteren Raum nimmt in Sh.s dramatischem œuvre der 1590er Jahre aber das im Titel der *First Folio* angeführte dritte dramatische Genre ein: die *histories*, Dramatisierungen der englischen Geschichte auf der Quellengrundlage der Chroniken von Raphael Holinshed (1587) und Edward Hall (1548), aus denen Sh. den ›Tudor Mythos‹ übernimmt. Dieser unterstellt den Ereignissen zwischen der Absetzung von Richard II (1394) und dem Ende der (angeblichen) Schreckensherrschaft von Richard III (1485), die Sh. in zwei Tetralogien darstellt, ein heilsgeschichtliches Verlaufsmuster von Sünde, Buße und letztendlicher Erlösung durch den ersten Monarchen aus dem Hause Tudor, Henry VII. Dieses staatstragende Konstrukt nutzt Sh. allerdings zur Hinterfragung der Legitimation von Herrschaft, die an einer Galerie höchst unterschiedlicher Königsgestalten das Verhältnis von Rolle und Person, Auftrag und Eignung des Herrschers reflektiert und die Einheit der Nation als stets prekäre darstellt. – Von den *histories* durch die stärkere Konzentration auf die tragischen Protagonisten unterschieden, verhandeln auch die auf Plutarch basierenden Römerdramen Fragen aktueller politischer Relevanz am historischen Exempel, wobei hier besonders deutlich die perspektivische Offenheit von Sh.s Dramaturgie sich zeigt, die weder Brutus in *Julius Caesar* (1599; *Julius Caesar*), noch die Titelhelden in *Antony and Cleopatra* (ca. 1608; *Antonius und Cleopatra*) oder *Coriolanus* (ca. 1608; *Coriolanus*) eindeutig ins Recht setzt oder verurteilt.

Sh.s Komödien – anders als die satirischen Komödien Ben Jonsons – begeben sich in romantisch entrückte Spielwelten, wenngleich die neuere Forschung auch in ihnen den Abdruck der politisch-ideologischen Formationen der Epoche entdeckt hat. Ihr Thema sind die am Ende stets glücklich gelösten Liebesverwicklungen junger Paare, bei denen häufig die (von *boy actors* gespielten) Frauen handlungsbestimmend Initiative ergreifen und in männlicher Verkleidung ein doppelbödiges Spiel mit Geschlechteridentitäten eröffnen: *As You Like It* (ca. 1599; *Wie es euch gefällt*), *Twelfth Night* (1602; *Was Ihr wollt*), *The Two Gentlemen of Verona* (ca. 1593; *Die beiden Veroneser*), *The Merchant of Venice* (ca. 1598; *Der Kaufmann von Venedig*). Was geschieht, wenn das Schicksal die Liebenden im Stich läßt, zeigt *Romeo and Juliet* (1595; *Romeo und Julia*). Der Einbruch des Tragischen in eine heitere Komödienwelt ist hier ganz zufallsbestimmt.

Anders bei den seit A.C. Bradley (1904) so genannten ›großen Tragödien‹: *Hamlet* (1600–01; *Hamlet*), *Othello* (1602–03; *Othello*), *King Lear* (1605–06; *König Lear*) und *Macbeth* (1605–06; *Macbeth*). Hier ist tragisches Scheitern in der Individualität des Helden selbst angelegt, und sein Untergang legt die Zerbrechlichkeit einer ganzen Weltordnung offen. Zwar ist deren christlicher Horizont noch gewärtig, doch handlungsbestimmend ausagiert werden Konflikte, deren Ursachen und Wirkungen im Diesseits liegen. Der göttliche Eingriff bleibt im entscheidenden Augenblick aus: z. B. wenn Cordelia in *King Lear* gegen jede poetische Gerechtigkeit nicht gerettet wird. Harmoniebedürftigere Zeiten konnten Derartiges nicht dulden und schrieben Sh.s trostloses Ende beschönigend um (Nahum Tate, *Lear*, 1681). Die Moderne entdeckt gerade in solcher Illusionslosigkeit Sh. als ›unseren Zeitgenossen‹ (Jan Kott). Biographisch wurde die Wendung zum Tragischen und der etwa gleichzeitige Übergang von den heiteren zu den *dark comedies* und Problemstücken – *Troilus and Cressida* (1601–02; *Troilus und Cressida*), *Measure for Measure* (1603–04; *Ma für Ma*) – als Beleg für eine zunehmend melancholisch-pessimistische Gemütsverfassung des Dichters gedeutet und demgegenüber die Werke der letzten Schaffensphase als

Ausdruck versöhnlicher Altersweisheit (eines freilich erst 45jährigen). Tatsächlich erschließt sich Sh. mit den Romanzen *Pericles* (1610; *Perikles*), *Cymbeline* (1611; *Cymbeline*), *The Winter's Tale* (1611; *Das Wintermärchen*) und *The Tempest* (1611; *Der Sturm*) nochmals ein neues, zur Tragikomödie tendierendes Genre, das durch märchenhaft-phantastische Handlungsverwicklungen und Anklänge an die barocke *court masque* gekennzeichnet ist. Einer populären Deutung zufolge zelebriert Sh. in Prospero, der am Ende von *The Tempest* der Magie entsagt, seinen eigenen Abschied vom Theater. Noch bis 1613 ist seine häufige Anwesenheit in London belegt. Danach scheint er sich nach Stratford zurückgezogen zu haben, wo er 52jährig im April 1616 verstarb. Seine Grabinschrift beschwört die Nachwelt, ihn in Frieden ruhen zu lassen, und verflucht »the man yt [that] moves my bones«. Während diese Drohung die Unversehrtheit des Grabes bis heute gesichert hat, kann davon, daß Sh. in Frieden ruht, in einem übertragenen Sinn kaum die Rede sein: Nach wie vor wird seine, auch von der Filmindustrie gestützte, kulturelle Präsenz im englischen Sprachraum von keinem anderen Autor auch nur annähernd erreicht. Weit über das Englische hinaus ist seine weltliterarische Geltung unangefochten. In Deutschland, wo er im 18. Jahrhundert entscheidend zur Herausbildung einer eigenen Nationalliteratur beitrug, ist er der meistgespielte Dramatiker. Und angesichts jährlich etwa 5000 neuer Veröffentlichungen zu Sh. paßt Goethes Stoßseufzer noch immer: »Shakespeare und kein Ende«.

Werkausgaben: *The New Arden Shakespeare*. Hg. U. Ellis-Fermor et al. London 1951–82. – *The New Cambridge Shakespeare*. Hg. P. Brockbank et al. Cambridge 1984. – *The Norton Shakespeare*. Hg. St. Greenblatt. New York 1997. – *The Oxford Shakespeare: The Complete Works*. Hg. St. Wells/G. Taylor. Oxford 1998. – *Dramatische Werke*. Übers. A. W. Schlegel/L. Tieck. 12 Bde. Berlin 1839/41.
Literatur: M. de Grazia/St. Wells. *The Cambridge Companion to Shakespeare*. Cambridge 2001. – I. Schabert, Hg. *Shakespeare-Handbuch*. Stuttgart 2000 [1972].

Andreas Höfele

Shaw, George Bernard

Geb. 26. 7. 1856 in Dublin; gest. 2. 11. 1950
in Ayot St Lawrence, Hertfordshire

Als George Bernard Shaw 1876 Irland verließ, um in London seinen künstlerischen Ambitionen nachzugehen, deutete zunächst nichts darauf hin, daß der in ärmlichen Verhältnissen aufgewachsene Sohn protestantischer, anglo-irischer Eltern sich nach entbehrungsreichen Jahren nicht nur zum Wegbereiter des modernen britischen Dramas, sondern zu einem der bedeutendsten Dramatiker der Weltliteratur entwickeln sollte. In London studierte der entwurzelte Außenseiter die großen Sozialphilosophen und Naturwissenschaftler der Zeit und verkehrte in den Clubs des radikalen, säkuraristischen Milieus. Seine politische Heimat fand er schließlich in der 1884 gegründeten Fabian Society, einer Vereinigung bürgerlicher Intellektueller, für die er zahlreiche Manifeste und Traktate verfaßte und 1889 die *Fabian Essays in Socialism* herausgab, die ein evolutionäres, reformistisches Sozialismusmodell begründeten. Sh. war kein originärer, systematisch denkender Theoretiker, sondern bediente sich eklektisch im theoretischen Arsenal unterschiedlicher Traditionen und ordnete seine Ausführungen immer wieder taktischen Erwägungen unter. Inkonsistenzen und Widersprüche sind die zwangsläufige Folge, was die an ein breites Publikum gerichteten Bände *The Intelligent Woman's Guide to Socialism and Capitalism* (1928) und *Everybody's Political What's What* (1943) demonstrieren.

Seine literarische Laufbahn begann Sh. als Verfasser von fünf Romanen, die den Einfluß marxistischer Denkansätze offenbaren und ansatzweise die Themen und Figurenkonstellationen seiner Dramen vorwegnehmen. Seit Mitte der 1880er Jahre machte er sich als Musik-, Kunst- und Theaterkritiker einen Namen, dessen aggressiv-polemische, geistreiche Artikel bewußt gegen die vorherrschenden ästhetischen und moralisch-ethischen Konventionen verstießen. Als Musikkritiker führte er Richard Wagner in England ein, in seinen Theaterkritiken rechnete er unnachsichtig mit dem eskapistischen, sensationalistischen Illusionstheater und dem Ästhetizismus des *l'art pour l'art* ab. Wie Schiller und Brecht begriff Sh. das Theater als eine Stätte der Aufklärung und der Beschäftigung mit zeitgeschichtlichen, weltanschaulichen und ethischen Fragestellungen. Den eigentlichen

Ausgangspunkt seiner dramatischen Tätigkeit bildete die Auseinandersetzung mit Ibsen (*The Quintessence of Ibsenism*, 1891; *Ein Ibsenbrevier*, 1908), unter dessen Einfluß er das bürgerliche Problemstück in Richtung des literarisch anspruchsvollen, gesellschaftskritischen Ideen- und Diskussionsdramas weiterentwickelte, in dem die intellektuelle Auseinandersetzung das Bühnengeschehen zunehmend dominiert und die Handlung zurückdrängt. Es geht ihm in erster Linie darum, die kulturellen Normen, moralischen Konventionen, sozialen und politischen Ideale sowie Einrichtungen der bürgerlichen Gesellschaft als lebensverneinend zu entlarven und zu zerstören. Seine Figuren sind keine psychologisch ausgeleuchteten, individualisierten Gestalten, sondern sie personifizieren grundlegende Einstellungen zur Wirklichkeit, Ideologien, Denk- und Verhaltensweisen, gesellschaftliche Gruppen, politische Institutionen, historische Formationen und evolutionäre Kräfte. Dramentechnisch sind Sh.s Stücke nicht revolutionär. Analog zur fabianischen Strategie der *permeation* erneuerte er das Drama von innen heraus, indem er Figuren, Situationen und Themen des herkömmlichen Dramas übernahm und sie zugleich verwandelte und umfunktionalisierte.

Die ersten sechs Stücke erschienen 1898 unter dem Sammeltitel *Plays: Pleasant and Unpleasant* im Druck. Besonderes Interesse beanspruchen *Widowers' Houses* (1892; *Die Häuser des Herrn Sartorius*, 1946) und *Mrs Warren's Profession* (1902; *Frau Warrens Gewerbe*, 1906), in denen der Einfluß der naturalistischen Milieutheorie und der marxistischen Geschichtsauffassung am stärksten spürbar ist. Sie prangern soziale Mißstände an, legen sie aber nicht dem einzelnen, sondern dem kapitalistischen Gesellschaftssystem zur Last. Während in *Widowers' Houses* die determinierende Wirkung sozialer Strukturen und Mechanismen allmächtig erscheint, geht Sh. in *Mrs Warren's Profession* über den sozial engagierten, aber letztlich pessimistischen Naturalismus hinaus, indem er die schöpferische Kraft des menschlichen Willens hervorhebt. Dieses voluntaristische Element verkörpert Vivie Warren, die erste Ausprägung der Shawschen Heldengestalten, die sich von gesellschaftlichen und moralischen Traditionen und Konventionen lösen und zum Träger der Hoffnung auf eine bessere Zukunft werden. Um ihre Selbstachtung und moralische Integrität zu bewahren, entsagt Vivie, die darüber hinaus den neuen Frauentyp der emanzipierten *new woman* repräsentiert, dem

Ethos des Profits und predigt das puritanische Evangelium der Arbeit, das den Verzicht auf Kunst, Schönheit, Liebe und Sinnlichkeit einschließt. Auf die *Plays Pleasant*, die romantisch-sentimentalen Patriotismus, militärisches Heldentum und die Institution der Ehe kritisch hinterfragen, folgten *Three Plays for Puritans* (1901). Herauszuheben ist vor allem das Geschichtsdrama *Caesar and Cleopatra* (1899; *Caesar und Cleopatra*, 1904), in dem Sh. voller Witz und Komik erstmals seine philosophische Geschichtsdeutung entwickelt. Wie schon in *Arms and the Man* (1894; *Helden*, 1903) bringt er auch hier einen neuen Typ des antiromantischen männlichen (Anti-)Helden auf die Bühne. Seinem Caesar fehlt jeglicher heldenhafter Nimbus; er ist ein unheroischer, realistischer, mit gesundem Menschenverstand ausgestatteter, utilitaristisch gesinnter Mann der Tat.

Der Aufschwung des Imperialismus, die ihn begleitende chauvinistische Euphorie, der Burenkrieg, die Unfähigkeit der Politik, die sozialen Probleme zu lösen, und die Apathie der Massen führten um die Jahrhundertwende dazu, daß Sh. sein ursprüngliches Vertrauen in die Vernunft und den Fortschritt verlor. Bereits in *The Perfect Wagnerite* (1898; *Ein Wagnerbrevier*, 1908) manifestiert sich diese tiefgründige politische Ernüchterung, die sich dann in *Man and Superman* (1905; *Mensch und Übermensch*, 1907) und in *Major Barbara* (1905; *Major Barbara*, 1909) in einer pointierten Kritik an der Demokratie und am Parlamentarismus äußert. *Major Barbara* handelt vom Verhältnis zwischen ökonomischer Macht, Politik, Religion, Kultur und Moral. Der dämonische, machiavellistische Waffenproduzent Andrew Undershaft, dessen »gospel of money and gunpowder« auf einem materialistischen Realismus basiert, artikuliert unverhohlen seine Verachtung für die bürgerlich-parlamentarische Demokratie und die christliche Religion. Gleichzeitig singt er ein Loblied auf die positive Kraft der Zerstörung und die Gewalt als einzig wirksames Mittel der gesellschaftlichen Umwälzung. Im Verlauf der Handlung bekehrt er seine Tochter Barbara und ihren Verlobten, den humanistischen Gelehrten Cusins, zu einer realistischen Einstellung gegenüber der Gesellschaft. Die Titelheldin erlangt eine schmerzliche Einsicht in den Zusammenhang zwischen Religion und sozialem Elend, und Cusins gibt seine idealistische Position auf in der Hoffnung, ökonomische und politische Macht ließen sich im Interesse einer sozialen Veränderung instrumen-

talisieren und mit aufklärerischen ethischen Normen in Einklang bringen.

Der Erste Weltkrieg verschärfte Sh.s politische Desillusionierung weiter. Ein Jahr nach seinem populärsten Stück, *Pygmalion* (1914; *Pygmalion*, 1913; vertont als Musical *My Fair Lady*, 1956), erschien das Pamphlet *Common Sense About the War* (1914), in dem er die englischen Politiker einer Mitschuld am Ausbruch des Krieges bezichtigt und für einen Verhandlungsfrieden plädiert. Von allen Seiten angefeindet, begann er mit der Arbeit an *Heartbreak House* (1920; *Haus Herzenstod*, 1920), das im Stil Tschechows den Verfall der europäischen Zivilisation und Kultur beklagt. Verzweiflung, Resignation, Orientierungs- und Ziellosigkeit kennzeichnen die Figuren und ihre Dialoge. Das apokalyptische Ende des symbolisch dichten Dramas demonstriert, daß eine friedliche Umgestaltung der Gesellschaft nicht möglich ist, dem Aufbau einer neuen Gesellschaft vielmehr die grundlegende Zerstörung der alten Ordnung vorausgehen muß.

Parallel zu seiner Demokratie- und Parlamentarismuskritik entwickelte Sh. eine evolutionistische *Life Force*-Philosophie, die in der Tradition Arthur Schopenhauers, Thomas Carlyles, Friedrich Nietzsches, Henri Bergsons, Jean de Lamarcks und Samuel Butlers d. J. die Voraussetzungen und Möglichkeiten der Veränderung des Menschen ergründet und im Willen des Einzelnen den maßgeblichen Faktor gesellschaftlichen und geschichtlichen Fortschritts erkennt. Diese vitalistische Geschichtsphilosophie skizziert er erstmals zusammenhängend in *Man and Superman*, bevor er sie in dem metabiologischen Pentateuch *Back to Methuselah* (1922; *Zurück zu Methusalem*, 1923) am systematischsten darlegt und in *Saint Joan* (1923; *Die heilige Johanna*, 1924) abschließend inszeniert. *Saint Joan* ist Sh.s letztes bedeutendes Werk, ein Höhepunkt sowohl hinsichtlich des philosophischen Gehalts als auch der dramatischen Technik. Die Titelheldin dieses Geschichtsdramas ist eine Inkarnation der *Life Force*, eine revolutionäre Agentin der sozialen und geschichtlichen Evolution, die ihrem individuellen Gewissen folgend aus innerer Freiheit und im Namen höherer Zwecke mit den kirchlichen und weltlichen Mächten in Konflikt gerät, indem sie die katholische Kirche und die Feudalaristokratie mit den anachronistischen Konzepten des Protestantismus und des Nationalstaates konfrontiert. Charakteristisch für die Gestaltung des Konflikts ist, daß Sh.

auf eine Schwarz-Weiß-Zeichnung verzichtet, die Gegenspieler Johannas also keineswegs verteufelt.

In Sh.s Alterswerk dominieren politische Parabeln, Parodien, Bühnensatiren, offene Tendenzdramen, die angereichert mit allegorischen und karikierenden Zügen und grotesken Übertreibungen die politische Demokratie, die Monarchie und den Kapitalismus angreifen und konkrete sozial- und zeitgeschichtliche Probleme behandeln: *The Apple Cart* (1929), *Too True to Be Good* (1932; *Zu wahr, um schön zu sein*, 2000), *On the Rocks* (1933), *Geneva* (1938), *In Good King Charles's Golden Days* (1939; *Die goldenen Tage des guten Königs Karl*, 1991).

Werkausgaben: *Collected Works*. 37 Bde. London 1931–50. – *The Bodley Head Bernard Shaw: Collected Plays with their Prefaces*. Hg. D. Laurence. 7 Bde. London 1970–74. – *Gesammelte Stücke in Einzelausgaben*. 14 Bde. Frankfurt a. M. 1990–2000. Literatur: C. Innes, Hg. *The Cambridge Companion to George Bernard Shaw*. Cambridge 1998. – M. Holroyd. *George Bernad Shaw*. 4 Bde. London 1988–92. – K. Otten/G. Rohmann, Hgg. *George Bernard Shaw*. Darmstadt 1978.

Raimund Schäffner

Shelley, Mary [Wollstonecraft]

Geb. 30. 8. 1797 in London;
gest. 1. 2. 1851 ebd.

Mary Shelley, Tochter des Menschenrechtsphilosophen William Godwin und der Frauenrechtsphilosophin Mary Wollstonecraft, beide als *Radicals* oder *Jacobins* eingestufte Philosophen und Romanciers, reiste 1816 als Geliebte des damals noch verheirateten Dichters Percy Bysshe Shelley an den Genfer See zu Lord Byron. In dessen Villa Diodati entstand im Rahmen eines stimmungsvollen Schauerroman-Wettbewerbs *Frankenstein, or, The Modern Prometheus* (1818; *Frankenstein oder der moderne Prometheus*, 1912). Nach dem Skandal ihrer Ehe infolge des Selbstmords von Percy Bysshe Shelleys erster Gattin mußten Sh. und Percy Bysshe Shelley 1818 England verlassen. In Italien verkehrten sie in den ›radikalen‹ Kreisen der politisch und moralisch exilierten Engländer, besonders in Pisa, bis Percy Bysshe Shelley 1822 vor Viareggio ertrank. Zurück in England, veröffentlichte Sh. zur Aufbesserung ihres demütigen-

den Witwenunterhalts (durch ihren adligen konservativen Schwiegervater Sir Timothy Shelley) weitere Romane, Dramen, Gedichte, Erzählungen, Biographien, historische Studien, Reiseberichte (etwa ihrer späteren Rheinreise von 1844) und Zeitschriftenartikel. Als sie 1839 *The Poetical Works of Percy Bysshe Shelley* in vier Bänden herausgab, war sie dementsprechend bis zur Faktenfälschung hin bemüht, Percys (wie ihren eigenen) Radikalismus herunterzuspielen. Mary heiratete nie wieder und starb als erschöpfte und enttäuschte Revolutionärin. Dieser Byron-nahe romantische Desillusionismus (»negative Romanticism«) kommt schon in der Untergangsvision eines anderen, heute wieder gelesenen Romans zum Ausdruck, *The Last Man* (1826; *Verney, der letzte Mensch*, 1982).

Die Deutungen von *Frankenstein* gehen ins Uferlose. Im Licht der anderen Sh.-Materialien gesichert sind jedoch nur Lesarten, die den Roman an den »Radikalismus« ihrer Eltern binden, die aus bibelunabhängiger Vernunftargumentation die Änderung der Wurzeln (»radices«) der Gesellschaft mit friedlichen Mitteln gefordert hatten: Abschaffung des Stände- und Privilegienstaates, Abschaffung von Eigentum und Ehe. Eine egalitäre Gesellschaft bedürfe keiner Regierung und Gesetze mehr. Der wissens- und machthungrige Victor Frankenstein, moderner Tyrannenprometheus an Stelle des antiken Befreierprometheus, steht für die Schöpferwillkür von Gott und Paterfamilias. Sein monströses Geschöpf ist von Natur gut, doch genetische wie soziale Ungleichheit machen es mit Notwendigkeit böse, wie die hungernden Massen der Französischen Revolution. In einer für die *gothic novel* typischen Schachtelerzählung aus den Perspektiven empfindsamer Ich-Erzähler (Kapitän Walton, Frankenstein, Monster), die den ganzen Horror des Geschehens erleben oder retrospektiv wiedererleben, liest man die Geschichte der Schöpfung, der schrittweisen Korruption durch Leiden, der kulminierenden Untaten, Verfolgung, und des schließlichen Freitodes von Frankensteins Monster, Opfer mehr denn Täter. Typisch ist, daß Frankenstein als Verfolger seines Geschöpfes (und verhaßten Doppelgängers) am Horror des Wiedererlebens stirbt. Sh.s Anti-Prometheanismus, der sich von den Prometheusbildern ihres Gatten und Byrons unterscheidet, kann als Kritik der Frauenrechtlerin am männlichen Wissenschaftsprivileg gelesen werden, an Herrschaftswissen als weiterer Quelle sozialer Ungleichheit.

Werkausgaben: *The Novels and Selected Works of Mary Shelley.* Hg. N. Crook. 8 Bde. London 1996. – *The Letters.* Hg. B. Bennett. 3 Bde. Baltimore 1980–88. Literatur: M. Seymour. *Mary Shelley.* London 2000.

Rolf Lessenich

Shelley, Percy Bysshe

Geb. 4. 8. 1792 in Field Place bei Horsham, Sussex;
gest. 8. 7. 1822 im Golf von La Spezia, Italien

Percy Bysshe Shelley gehört zu den bedeutendsten Dichtern der englischen Hochromantik, aber anders als sein Zeitgenosse John Keats, dessen Rang als Lyriker nie in Zweifel gezogen wurde, oder als Lord Byron, der schon zu Lebzeiten, nicht zuletzt durch Goethes Bewunderung, zur mythischen Figur wurde und weltliterarische Bedeutung gewann, blieb Sh. während seiner gesamten literarischen Laufbahn und in seinem Nachleben eine umstrittene Dichterpersönlichkeit. Vielen seiner Zeitgenossen erschien er als Außenseiter und Feind der Gesellschaft, weil er ein Leben führte, das gesellschaftliche Konventionen und Moralvorstellungen durchbrach, und weil er in seinem politischen Radikalismus etablierte Mächte und Werte wie das Christentum, die staatliche Autorität, den Ehestand und den Handel angriff, da sie seiner Meinung nach dem wahren Wesen des Menschen, der Freiheit und dem Fortschritt im Wege standen. Sein kurzes Leben war gekennzeichnet von Zusammenstößen mit der Gesellschaft, deren Normen er verachtete. Wegen seiner atheistischen Schrift *The Necessity of Atheism* (1811) wurde er von der Universität Oxford gewiesen, und es kam zu einem Bruch mit seinem Vater, was ihn in finanzielle Not brachte. Mit 19 Jahren ›rettete‹ er die 16jährige Harriet Westbrook aus ihrem Internat und heiratete sie in Edinburgh. Drei Jahre später fand er die ›ideale‹ Frau in Mary Godwin, Tochter des von ihm verehrten radikalen politischen Philosophen William Godwin (*Enquiry Concerning Political Justice,* 1793) und der ebenso radikalen Feministin Mary Wollstonecraft (*A Vindication of the Rights of Woman,* 1792). Denkwürdig war der Aufenthalt von Sh., Mary Godwin und Byron und dessen Geliebter Claire Clairemont am Genfer See im Sommer 1816, der für die Beteiligten auch literarisch sehr fruchtbar war. Mary schrieb während dieser Zeit ihren Schauerroman

Frankenstein (1818), Byron arbeitete an Canto 3 von *Childe Harold's Pilgrimage* (1816), und Sh. verfaßte neuartige philosophische Gedichte (z. B. »Hymn to Intellectual Beauty«). Sh. pflegte auch während seiner letzten Jahre in Italien intensive Freundschaften mit Dichterkollegen wie Byron, Keats und Leigh Hunt.

Sh.s Werk läßt sich in vier Phasen einteilen. In seiner Frühphase (1810–13) geht er von der Schauerromantik der Romane *Zastrozzi* (1810) und *St Irvyne* (1811) und der Gedichtfolge *Original Poetry; by Victor and Cazire* (1810) zum Radikalismus über, der sich politisch-philosophisch in Pamphleten wie *The Necessity of Atheism* und *An Address to the Irish People* (1812) und dichterisch in *Queen Mab* (1813; *Feenkönigin,* 1878) dokumentiert, einer ins Kosmische reichenden Vision, in deren Zentrum die von Empörung getragene Verurteilung der Tyrannei, des Kriegs, des Handels, der Ehe und der Religion steht. Für die Zukunft hofft Sh. auf eine freie Gesellschaft, in der Liebe, Brüderlichkeit, Frauenemanzipation und Freiheit von den Fesseln der Religion herrschen.

In Sh.s zweiter Schaffensphase (1814–17) zeigt sich ein neues psychologisches Interesse am dichterischen Ich in dem kleinen Blankversepos *Alastor* (1816), das wie viele Gedichte Sh.s die Form der Vision aufweist. Das Schicksal des Dichters wird hier im Bild einer Wanderung dargestellt, die ihn von seinem entfremdeten Zuhause (»alienated home«) durch Arabien und Persien bis nach Kaschmir führt, wo ihm im Traum das verschleierte Mädchen (»a veiléd maid«), die Idealgestalt der Dichterin, erscheint. In einem zauberhaften Tal im indischen Kaukasus hat er später eine flüchtige Begegnung mit dem Idealbild seiner selbst (Doppelgängermotiv), das sich ihm aber sofort wieder entzieht. Im Thema der rastlosen Suche nach dem in der Realität nicht erreichbaren Ideal und in poetischen Qualitäten wie der halluzinatorischen Bildfolge und suggestiven, synästhetischen Vorstellungsverknüpfungen zeigt sich Sh. schon auf der Höhe seines Könnens. Die geistige Schönheit, in *Alastor* nur im Traumbild erahnt, wird in »Hymn to Intellectual Beauty« und »Mont Blanc«, zwei Gedichten, die von William Wordsworths Immortality-Ode und »Tintern Abbey« beeinflußt sind, direkter beschworen. Das erste Gedicht spricht, Wordsworth vergleichbar, von der ekstatischen Naturerfahrung der Kindheit; das zweite drückt das charakteristisch romantische Gefühl der Einheit mit der Natur aus und feiert die

Macht, welche die eisige, entrückte Schönheit des Alpenbergs über Natur und Betrachter besitzt, wenn auch in den Schlußzeilen skeptische Töne nicht zu überhören sind. Die bedeutendste politische Dichtung aus Sh.s zweiter Schaffensperiode ist das Versepos *Laon and Cythna* (1817), das 1818 unter Tilgung des anstößigen Themas der Geschwisterliebe und einiger massiver atheistischer Passagen mit dem neuen Titel *The Revolt of Islam* erschien. Das in Spenser-Strophen abgefaßte Gedicht ist Sh.s – in den Orient versetzte – Auseinandersetzung mit der Französischen Revolution, deren politische Ideale seiner Ansicht nach pervertiert worden waren. Sh. stellt eine Revolution dar, die sich auf wirkliche egalitäre Prinzipien gründet und weitgehend gewaltlos durchgeführt wird. Das Werk veranschaulicht in der Figur Laons die politisch-revolutionäre Wirksamkeit, die Sh. der Dichtung zuerkannte. Die Figur der revolutionären Feministin Cythna ist von beträchtlichem historischen Interesse.

In seiner dritten Phase (1818–20), die mit seiner Übersiedelung nach Italien einsetzte, assimilierte Sh. platonische Vorstellungen wie das Konzept des *furor poeticus*. Er übernahm auch Platons Auffassung von den zwei Seinsweisen, der idealen und der realen, und ordnete diesen zwei Kunstformen zu: die prophetische Kunst, die das Ideal offenbart, und die realistische Kunst, die das Tatsächliche nachahmt. Zu letzterer gehören sein Versdrama *The Cenci* (1819; *Die Cenci*, 1837), das die Themen von patriarchalischer Gewalt und Inzest behandelt, das Dialoggedicht *Julian and Maddalo* (1824) und das in leidenschaftlicher Rhetorik formulierte politische Gedicht *The Masque of Anarchy* (1832; *Die Maske der Anarchie*, 1985), eine Antwort auf das Peterloo-Massaker in Manchester aus dem Jahre 1819. Zu den prophetisch-idealistischen Dichtungen gehört Sh.s Hauptwerk *Prometheus Unbound* (1820; *Der entfesselte Prometheus*, 1876), ein lyrisches Lesedrama in vier Akten, das Prometheus als einen Retter der Menschheit von der Versklavung darstellt. Der letzte Akt des Dramas entwirft ein neues Weltzeitalter, in dem die Menschen und alle Wesen des Universums in Freiheit, Frieden, Liebe und Gleichheit zusammenleben. – In dieser Phase entstanden auch viele von Sh.s besten Gedichten: das narrative Sonett »Ozymandias« (1818), das am Beispiel der Überreste einer Statue die Nichtigkeit königlicher Macht ausdrückt; die »Lines Written among the Euganean Hills« (1819), in denen der Dichter in der

Einswerdung mit der Landschaft des Appenins und des Meeres von verzweifelter Trauer zur Hoffnung auf Freiheit und Glückseligkeit für die gesamte Menschheit gelangt; die »Stanzas Written in Dejection, near Naples« (1820), in denen sich die ans Selbstmitleid reichende persönliche Klage des Dichters wirkungsvoll mit der intensiven Empfindung der Naturschönheit verbindet; das berühmte Gedicht an eine Lerche (»To a Skylark«, 1820), welches das ätherische Wesen des Vogels und seinen Jubelgesang in einer Folge von ineinander übergehenden, disparaten Vergleichen und synästhetischen Metaphern einfängt; und der kunstvolle Rollenmonolog »The Cloud« (1820), in dem die Wolke des Titels ihr paradoxes Wesen als ewiges Sein im ständigen Wandel definiert. – Die große »Ode to the West Wind« (1820), ein Gedicht aus Terzinen, die zu fünf sonettartigen Abschnitten geordnet sind, stellt in den ersten drei Teilen eine grandiose Apostrophe an den Westwind dar, der, zugleich Zerstörer und Erhalter (»destroyer and preserver«), als genau erfaßtes Naturphänomen und mythisches Wesen angesprochen wird. In die ekstatische Anrede dringt im vierten Teil die Sehnsucht nach der Vereinigung mit der Naturkraft ein (»Oh, lift me as a wave, a leaf, a cloud!«) und die Klage über das Verwundetsein des Ichs (»I fall upon the thorns of life! I bleed!«). Im letzten Teil wird der Wind leidenschaftlich zur Identifikation mit dem Ich aufgefordert (»Be thou, Spirit fierce, / My spirit! Be thou me«) und – im Bild der äolischen Harfe und der Trompete – zur Gewährung der Inspiration: »Make me thy lyre«, »Be through my lips / The trumpet of a phophecy«. Die hier geäußerte Hoffnung auf einen neuen Menschheitsfrühling ist auch politisch zu sehen. Rein politische Oden sind die ekstatischen Visionen in »To Liberty« und »To Naples«. Sh. verfaßte auch kürzere politische Gedichte wie das agitatorische Lied »Song to the Men of England« (1819), das mit Thomas Hoods *The Song of the Shirt* (1843) vergleichbar ist.

In seiner vierten und letzten Schaffensphase (1821/22) verfaßte Sh., in relativer Ruhe in Pisa lebend, mit der Prosaschrift *The Defence of Poetry* (1821; *Verteidigung der Poesie*, 1968) eine auf seine Dichtungen zugeschnittene Poetik. So ist das Bild des Dichters als eine Nachtigall, die durch ihren Gesang in der Dunkelheit ihre Einsamkeit aufhellt und die Hörer unwillkürlich bewegt, eine Paraphrase der achten Strophe von »To a Skylark«. Auf den in seiner Dichtung vielfach thematisierten

Vorgang der Inspiration wendet Sh. in *The Defence* das Bild der äolischen Harfe und das der verglimmenden Kohle an, die vom Wind zum Klingen bzw. Glühen gebracht werden. Der Dichter ist für Sh. ein Prophet, die Imagination eine moralische, gesellschaftsverändernde Kraft, und die Dichtung verkündet eine auf die Schönheit und Wahrheit gegründete Seinsordnung der Welt. Die berühmte Definition der Dichter als »The unacknowledged legislators of the world« am Schluß der Schrift knüpft an Sir Philip Sidneys *A Defence of Poetry* (1595) an. – Die letzten großen lyrischen Werke Sh.s haben Vermächtnischarakter. Das der 19jährigen Emilia Viviani gewidmete und vielfach biographisch als Liebesgedicht gedeutete Werk *Epipsychidion* (1821) ist Sh.s letzte Feier der idealen Schönheit der weiblichen Seele und ein hymnisches Bekenntnis zur freien Liebe, die Sh. als die höchste Möglichkeit des Menschlichen ansieht. Mit *Adonais* (1821), einer in Spenser-Strophen geschriebenen Totenklage auf Keats, reiht sich Sh. in die große Tradition der englischen Elegie ein. *Adonais* steht zwischen John Miltons *Lycidas* (1638) und Alfred Lord Tennysons *In Memoriam* (1850). In dem als Pastoralelegie konzipierten Gedicht trauert das ganze Universum um den Schäfer Adonais. Unter den Klagenden finden sich auch Sh.s Dichterkollegen im Hirtengewand, wobei sich Sh. nicht scheut, auch sich selbst, »a pardlike Spirit beautiful and swift«, mit einzubeziehen. In Strophe 39 endet die Trauer. Adonais lebt, in die Weltseele entrückt, als Manifestation des ewigen Ideals. Sh. starb im Juli 1822 bei einem Bootsunfall, den die letzte Strophe von *Adonais* - »my spirit's bark is driven, / Far from shore« – gleichsam vorausahnt. In seinen letzten Lebensmonaten, als Sh. in der einsamen Bucht von Lerici lebte, entstanden das von der Kritik hochgeschätzte, Fragment gebliebene visionäre Gedicht *The Triumph of Life* (1824), in dem Rousseau eine zentrale Rolle spielt, und eine Reihe schöner kurzer lyrischer Gedichte wie »When the lamp is shattered« und »Lines Written in the Bay of Lerici«.

Im 19. Jahrhundert wurde Sh. von den Spätromantikern und Präraffaeliten wegen der reinen lyrischen Intensität seiner Dichtung, wegen seiner Humanität und seiner visionären Kraft bewundert, aber er wurde auch als schwacher, wirklichkeitsfremder, ätherischer Dichter abgelehnt, z. B. von Matthew Arnold. Am Beginn des 20. Jahrhunderts lieferte William Butler Yeats in dem Aufsatz *The Philosophy of Shelley's Poetry* (1900) eine Apotheose des Dichters als eines Sehers, der die Menschen durch die Vision der geistigen Schönheit (»intellectual beauty«) zum Guten führen könne. Seit den 1920er Jahren kam es zu einem starken Ansehensverlust Sh. s. Namentlich die *New Critics* griffen ihn v. a. aus ästhetischen Gründen an. Sie bemängelten extreme Subjektivität und Sentimentalität sowie Vagheit der Metaphorik und vermißten Qualitäten wie Paradoxie, Ironie und Ambiguität. Die größte Verunglimpfung entstammt der Feder von Aldous Huxley, der eine Figur seines Romans *Point Counter Point* (1928) Sh. als eine »Mischung aus einer Fee und einer weißen Schnecke« bezeichnen läßt. Ungefähr seit den 1940er Jahren begann das Pendel zurückzuschlagen: Sh.s Lyrismus, die visionäre Kraft seiner Dichtung und seine Metaphorik fanden beredte Fürsprecher.

Für die Rehabilitierung des Dichters in den letzten Jahrzehnten gibt es gute Gründe: Was die *New Critics* als substanzlose Emotionalität und Selbstmitleid Sh.s mißverstanden, stellt in Wahrheit einen radikalen Endpunkt in dem Prozeß der Subjektivierung und Emotionalisierung dar, der in der englischen Dichtung seit der Vor- und Frühromantik stattfand. Die Unmittelbarkeit und Intensität des Gefühlsausdrucks ist in einigen von Sh.s Gedichten ins nicht überbietbare Extrem gesteigert, etwa in den emotionalen Asyndeta von »The Indian Serenade« – »I die! I faint! I fail!« – und *Epipsychidion* – »I pant, I sink, I tremble, I expire!« In Übereinstimmung mit dem emotionalen Charakter seiner Dichtung hat Sh. die klanglichen Möglichkeiten der Sprache in höchstem Maße genutzt und damit die Wortmusik der anglo-amerikanischen Spätromantiker (Tennyson, Edgar Allan Poe, Sidney Lanier) und die Klangexperimente der Symbolisten vorbereitet. Man hat auch zunehmend die Leistung von Sh.s Bildersprache erkannt, die synthetisierende Funktion seiner Metaphern, in der sich die Kraft der Imagination mehr als in jedem anderen Formelement bekundet. Dichtungsgeschichtliche Bedeutung kommt Sh. auch aufgrund der visionären Intensität seiner Werke zu, durch die er zwischen William Blake und Yeats steht. Sh. muß auch als einer der herausragenden politischen Lyriker der Romantik gelten, dessen menschheitsemanzipatorisches Pathos unübertroffen bleibt.

Werkausgabe: *Shelley's Poetry and Prose: Authoritative Text, Criticism.* Hg. D. H. Reiman/S. Powers. New York

1977. – *Ausgewählte Werke: Dichtung und Prosa.* Hanau/
Leipzig 1985.
Literatur: S. Haines. *Shelley's Poetry: The Divided Self.*
Houndmills 1997. – J. Chernaik. *The Lyrics of Shelley.*
Cleveland 1972. – D. H. Reiman. *Percy Bysshe Shelley.*
New York 1990 [1969].

Wolfgang G. Müller

Sheridan, Richard Brinsley

Geb. 30. 10. 1751 in Dublin;
gest. 7. 7. 1816 in London

Richard Brinsley Sheridan, Dramatiker und
Politiker irischer Herkunft, zählt zu den führenden
Vertretern der englischen Komödie, wobei seine
Stücke das Bindeglied in der historischen Entwicklung der Gesellschaftskomödie zwischen dem
Ende des 17. Jahrhunderts und der Erneuerung
der Gattung durch Oscar Wilde im 19. Jahrhundert darstellen. Als scharfer Kritiker der zum mo-
ralisch-empfindsamen Rührstück verkommenen
sentimental comedy läutete Sh. zusammen mit seinem Dramatikerkollegen Oliver Goldsmith in den
1770er Jahren erfolgreich die Renaissance der
comedy of manners ein. Geleitet von dem Bestreben, der Komik wieder zu ihrem Recht zu
verhelfen, stellen Sh.s Dramen jedoch eine Abkehr
von der hedonistischen Sinnlichkeit und der libertinistischen Philosophie der Restaurationskomödie dar und weisen eine klare Verbundenheit mit
den Werten der Empfindsamkeit auf. – Sh.s späterer Lebensweg wurde von elterlicher Seite her
vorgezeichnet; sein Vater, Thomas Sheridan, war
Schauspieler, Theatermanager und Autor, seine
Mutter, Frances Chamberlaine, machte sich als
Verfasserin von Romanen und Bühnenstücken einen Namen. Nach dem Besuch der Privatschule
von Harrow zog er im Jahr 1770 zu seinen Eltern
nach Bath, wo der Vater Rhetorik unterrichtete. In
diesem berühmten Treffpunkt der feinen Gesellschaft lernte er seine spätere Frau, die ebenso
attraktive wie begabte Sängerin Elizabeth Linley,
kennen. Die an melodramatischen Elementen reiche Liebesbeziehung der beiden schließt die Flucht
nach Frankreich vor einem stürmischen Verehrer
der jungen Dame ein, mit dem sich Sh. zwei
Duelle lieferte. Eine 1773 begonnene Juristenausbildung am Middle Temple (London) brach Sh.
nach kürzester Zeit ab, heiratete Miss Linley und

siedelte sich in London an. Hier wandte sich der
zeitlebens von finanziellen Nöten geplagte Sh.
zwecks Sicherung des Einkommens dem gewinn-
versprechenden Theater zu.

Schauplatz seiner ersten Komödie, *The Rivals*
(1775; *Die Nebenbuhler*, 1826), deren Premiere im
Covent Garden Theatre zunächst zum Mißerfolg
geriet, die in überarbeiteter Form jedoch bald die
Gunst des Publikums gewann, ist Bath. Aufgrund
der schwungvollen Handlungsführung und der
brillanten Dialoggestaltung zählt diese das Thema
von Sein und Schein behandelnde Liebeskomödie
zu Recht zu den Klassikern der Gattung. Anhand
der mit einem sprechenden Namen bedachten
reichen Erbin Lydia Languish, die sich gerne als
dahinschmachtende Heldin eines empfindsamen
Romans sieht, verspottet Sh. die zeitgenössischen
literarischen Konventionen und gibt den vorherrschenden Gefühlskult der Lächerlichkeit preis.
Darüber hinaus besticht das Stück durch kunstvoll
gestalteten Wortwitz und präsentiert mit Mrs.
Malaprop, der Tante Lydias, eine Figur, deren fatale Vorliebe für schwierige Fremdwörter, welche
sie gemeinhin verwechselt, für komische Situationen sorgt. Auf Kritik an ihren sprachlichen
Fehlleistungen reagiert Mrs. Malaprop verständli-
cherweise entrüstet, demonstriert jedoch zugleich
die berechtigte Grundlage derselben: »There, Sir!
an attack upon my language! what do you think of
that? – an aspersion upon my parts of speech! was
ever such a brute! Sure if I reprehend any thing in
this world, it is the use of my oracular tongue, and
a nice derangement of epitaphs!« Diese in die
Geschichte der englischen Sprache eingegangenen
Wortverwechslungen werden noch heute als ›Malapropismus‹ (*malapropism*) bezeichnet. – Ange-
spornt durch den Erfolg seines ersten Theaterstücks, verfaßte Sh. im gleichen Jahr die Farce *St
Patrick's Day: or, The Scheming Lieutenant* (1775;
*Der St. Patricks-Tag, oder der Plan machende Lieu-
tenant*, 1828) sowie das als komische Oper deklarierte Singspiel *The Duenna* (1775; *Die Duenna*,
1828), zu dem sein Schwiegervater, der Komponist
Thomas Linley, und dessen Sohn die Musik beisteuerten. Im darauffolgenden Jahr übernahm Sh.
zusammen mit Thomas Linley und dem Arzt
James Ford die Anteile von David Garrick am
Drury Lane Theatre und wurde dessen Nachfolger
als Manager. Dort fanden im Jahr 1777 die Pre-
mieren seiner nächsten Dramen statt. Auf die Van-
brugh-Adaptation *A Trip to Scarborough* (*Ein Ausflug nach Scarborough*, 1828) folgte das zu den

großen Komödien der englischen Literatur zählende Stück *The School for Scandal* (1777; *Die Lästerschule*, 1782). Die komplex geführte Handlung speist sich aus zwei unvollendeten Entwürfen, die Sh. ingeniös miteinander verknüpfte. Der Titel nimmt Bezug auf einen Klub, dessen Mitglieder Rufmord und Klatsch zur hohen Kunst erhoben haben. Vermittels einer kontrastiv angelegten Figurengestaltung wird das Treiben einer auf Lügen, Betrug und Verstellung aufgebauten Gesellschaft dargestellt. Dem gutmütigen Taugenichts Charles steht sein geldgieriger und heuchlerischer Bruder Joseph Surface gegenüber, dessen Rhetorik von Sentenzen und zartfühlenden Aussagen geprägt ist. Zeigt sich Sh.s Stück auch in der Dialogführung der Restaurationskomödie verpflichtet, so weist das dem Gebot der poetischen Gerechtigkeit folgende Ende, in welchem sich der listige Fallensteller in der eigenen Schlinge verfängt und wahre Herzensgüte belohnt wird, auf eine modifizierte Komödienkonzeption hin, die ein positives Menschenbild propagiert. Das Metadrama *The Critic, or A Tragedy Rehearsed* (1779; *Der Kritiker oder Die Probe eines Trauerspiels*, 1828), eine Farce, in der Sh. die gängige Theaterpraxis und Geistesarmut der zeitgenössischen Tragödienschreiber verhöhnt, sollte für längere Zeit sein letztes Stück sein. Mit der 1799 unter dem Titel *Pizarro* (*Pizarro*, 1800) aufgeführten Bearbeitung eines Dramas von August von Kotzebue vergingen fast 20 Jahre bis zu seinem nächsten großen Publikumserfolg. Auf dem Höhepunkt seines literarischen Ruhms beschloß Sh., sich der Politik zuzuwenden, und ging neben der Leitung des Drury Lane Theatre parlamentarischen Pflichten als Abgeordneter nach. Im Verlauf seiner bewegten politischen Karriere, die von 1780–1812 währte, hielt er für die Whigs einen Sitz im Unterhaus, hatte verschiedene höhere Ämter inne, fungierte als Berater des Prince of Wales und glänzte als politischer Redner. Der Brand des Drury Lane Theatre 1809 bedeutete Sh.s finanziellen Ruin. Nach dem Ende seiner politischen Tätigkeit verbrachte der Verfasser brillanter Komödien die trostlosen letzten Jahre seines Lebens desillusioniert.

Werkausgaben: *The Plays and Poems*. Hg. R. Crompton Rhodes. Oxford 1928. – *The Dramatic Works*. Hg. C. Price. 2 Bde. London 1973. – *The Letters*. Hg. C. Price. 3 Bde. Oxford 1966. Literatur: L. Kelly. *Richard Brinsley Sheridan: A Life*. London 1997. – S. Ayling. *A Portrait of Sheridan*. London 1985. – J. Morwood. *The Life and Works of Richard Brinsley Sheridan*. Edinburgh 1985. – M.S. Auburn. *Sheridan's Comedies: Their Contexts and Achievements*. Lincoln 1977.

Peter Nover

Shields, Carol [geb. Warner]

Geb. 2. 6. 1935 in Oak Park, Illinois, USA; gest. 16. 7. 2003 in Victoria, B.C. (Kanada)

Carol Shields stammt aus den USA, wo auch einige ihrer Romane spielen, doch lebt sie seit ihrer Heirat 1957 in Kanada. Neben ihrer schriftstellerischen Tätigkeit und der Erziehung ihrer fünf Kinder hat sie an verschiedenen Universitäten gelehrt, bevor sie im Jahr 2000 an die Westküste übersiedelte. Sh. gehört seit den 1990er Jahren auch auf internationaler Ebene zu den wichtigsten Autorinnen Kanadas. Neben zwei Monographien über Susanna Moodie (1977) und Jane Austen (2001) erstreckt sich ihr Werk von Gedichten über Kurzgeschichten und Romanen bis hin zu Dramen. Den größten, auch internationalen Erfolg hat sie zweifelsohne mit ihrer Erzählprosa, deren Höhepunkt der Roman *The Stone Diaries* bildet, der mit den höchsten nordamerikanischen Preisen ausgezeichnet worden ist.

Die Romane *The Box Garden* (1977) und *The Republic of Love* (1992; *Die süße Tyrannei der Liebe*, 1993) sind insofern typisch für Sh.' Erzählwerk, als sie auf eine oft hintergründige Weise (die nur auf den ersten Blick als oberflächlich mißverstanden werden kann) das alltägliche Leben unauffälliger Charaktere darstellen. Sh. versteht es dabei, in den zugrunde gelegten Situationen den Stoff für anregende und unterhaltsame, aber auch innovative und anspruchsvolle Erzählungen zu finden. Das Spektrum ihrer Romane reicht von der wohl stärker autobiographisch beeinflußten, humorvollen Studie des Lebens in einem Akademikerhaushalt (*Small Ceremonies*, 1976) über die Szenen einer Ehe, die in den parallel konstruierten Romanen *Happenstance* (1980) und *A Fairly Conventional Woman* (1982) jeweils aus der Sicht von Ehemann und -frau (zusammen *Sie und Er – Er und Sie: Der Roman einer ganz normalen Ehe*, 1993) geschildert werden, bis zu *Swann: A Mystery* (1987, *Mary Swann*, 1993), einer Mischung aus Universitäts- und Kriminalroman. Dem Experiment einer fiktionalen Autobiographie in *The*

Stone Diaries (1993; *Das Tagebuch der Daisy Good-will*, 1995) folgt die Lebensschilderung eines Gar-tenarchitekten und Konstrukteurs von Labyrin-then in *Larry's Party* (1997; *Alles über Larry*, 1999). – In ihren Kurzgeschichten, die in diversen Sam-melbänden erschienen sind (*Various Miracles*, 1985; *The Orange Fish*, 1989; *Dressing Up for the Carnival*, 2000) beschreibt Sh. einerseits auch wie-der das Faszinosum alltäglicher Figuren, ver-schreibt sich allerdings hier noch stärker als in den Romanen dem Experiment mit narrativen, zum Teil auch minimalistischen Formen. – Sh.' Dra-men sind im Gegensatz dazu eher traditionelle Komödien, in denen die Gesellschaft des späten 20. Jahrhunderts ironisch gespiegelt wird. Mehrere dieser Stücke sind in Zusammenarbeit mit an-deren Schriftstellern entstanden. Diese Art der künstlerischen Kooperation pflegt Sh. auch in dem Briefroman *A Celibate Season* (1991), den sie mit Blanche Howard verfaßt hat.

Literatur: V. Laschinger. *Fictitious Politics – Factual Prose: Amerikanische Literatur, politische Praxis und der neorea-listische Roman.* Frankfurt a. M. 2000. – *Room of One's Own* 13.1–2 (1989) [Sondernummer].

Martin Kuester

Sidhwa, Bapsi

Geb. 11. 8. 1938 in Karachi, Britisch-Indien [heute Pakistan]

Jeder der vier Romane Bapsi Sidhwas, der wohl wichtigsten englischsprachigen Schriftstellerin Pa-kistans, spiegelt folgende Neigung wider: »to see the strong element of humor even in tragedies.« Trotz der mitunter extremen Gewaltdarstellung, in der S. ihre Kindheitserinnerungen an die *Partition*, die blutige Teilung des Subkontinents in Pakistan und Indien (1947), verarbeitet, ist der Tenor ihres Werks heiter. S. wächst als Mitglied der winzigen religiösen Minderheit der Parsen (Zoroastrier) in Lahore auf. Nach ihrem Studium und ihrer ersten Ehe in Bombay kehrt sie nach Lahore zurück, wo sie zum zweiten Mal heiratet und, da Bridge und Kaffeekränzchen ihr Leben als Ehefrau nicht aus-zufüllen vermögen, zu schreiben beginnt.

Ihr Roman *The Crow Eaters* (1978 im Selbst-verlag publiziert), eine sich über drei Genera-tionen erstreckende Familienchronik, ist eine lie-bevolle Hommage an ihre Heimatstadt Lahore, insbesondere deren parsische Gemeinde. Das Werk erinnert in seiner lockeren Struktur und über-mütigen Komik an Dickens' *Pickwick Papers* (1837). S.s Anliegen, auf Gewalt gegen Frauen aufmerksam zu machen – sie ist als Frauenrecht-lerin aktiv und war auch Beraterin der pakistani-schen Premierministerin Benazir Bhutto –, findet in dem 1983 erschienenen Roman *The Bride* sei-nen Ausdruck. Er beschreibt, unter Verwendung von Elementen der amerikanischen *captivity nar-rative* (Gefangenschaftserzählung), die Geschichte einer jungen Muslimin, die von ihrem Vater in dessen Stamm im Karakorum-Hochgebirge ver-heiratet wird und die ihrem brutalen Gemahl und dessen Clan zu entfliehen versucht. *The Bride* ist auch S.s erster Versuch, das Trauma der *Partition* narrativ aufzuarbeiten. Doch erst mit ihrem drit-ten und wichtigsten Werk *Ice-Candy-Man* (1988; *Ice Candy Man*, 1990), das in Amerika den Titel *Cracking India* trägt, gelingt es S., die ethnische Gewalt dieser Zeit angemessen darzustellen. Der halbautobiographische Roman ist aus der Sicht eines kleinen Parsenmädchens, das in Lahore lebt und an Kinderlähmung leidet, erzählt. Als Parsin keiner der sich gegenseitig massakrierenden Reli-gionsgruppen zugehörig, kann S. so den Wandel vom toleranten Idyll zum Blutbad objektiv beob-achten. Das vielfach preisgekrönte Buch wurde 1998 unter dem Titel *Earth* verfilmt. Mit ihrem vierten Roman, der die Geschichte der Parsi-Fami-lie aus ihrem Debütroman weiterverfolgt, kehrt S. wieder zu der konventionelleren Erzählweise des früheren Werks zurück. *An American Brat* (1993) beschreibt den Weg einer jungen Pakistanerin in den USA im Kontext der pakistanischen Diaspora. Die Schwierigkeit, S. einzuordnen, hat sich seit ihrer Übersiedlung nach Nordamerika, wo sie an zahlreichen Universitäten gelehrt hat, noch ver-schärft. So könnte man *An American Brat* ebenso-gut der anglophonen pakistanischen Literatur wie der asiatisch-amerikanischen Literatur zurechnen.

Werkausgabe: *Bapsi Sidhwa Omnibus.* Karachi 2001. *Literatur: A. Hai.* »Border Work, Border Trouble: Post-colonial Feminism and the Ayah in Bapsi Sidhwa's Crak-king India.« *Modern Fiction Studies* 46 (2000), 379–426. – J. Didur. »Cracking the Nation: Gender, Minorities, and Agency in Bapsi Sidhwa's *Cracking India*.« *ARIEL* 29 (1998), 43–64. – R. K. Dhawan/N. Kapadia, Hgg. *The Novels of Bapsi Sidhwa.* Neu-Delhi 1996.

Hans-Georg Erney

Sidney, [Sir]Philip

Geb. 30. 11. 1554 in Penshurst, Kent;
gest. 17. 10. 1586 in Arnheim, Niederlande

Philip Sidney – Höfling, Diplomat, Soldat, Dichter und Literaturkritiker – starb im Alter von nur 31 Jahren in den Niederlanden an den Folgen einer Schußwunde, die er sich auf dem Schlachtfeld zugezogen hatte. Sein byronischer Heldentod löste in England eine Hysterie aus und machte ihn postum zu einem der meistgelesenen Autoren. Befaßt man sich heute zum Beispiel mit *Astrophel and Stella*, so vermutet man kaum, daß hier ein Mann zu uns spricht, der seine Dichtkunst selbst immer als eine »ungewollte Berufung« bezeichnete, der er sich nur widmete, um mit seinen frustrierten Erwartungen bei Hofe fertig zu werden. Nie hat er versucht, seine literarischen Arbeiten zu publizieren, und sie waren, sieht man von einigen wenigen Miszellen ab, nur für einen sehr erlauchten Leserkreis, der sich im wesentlichen um seine Schwester Lady Pembroke scharte, bestimmt.

Dabei war S.s Herkunft im Hinblick auf eine politische Karriere vielversprechend. Sein Taufpate war Philip II. von Spanien, was im nachhinein an dramatischer Ironie kaum zu überbieten ist, wenn man bedenkt, daß S. im Kampf gegen seinen Namensgeber fiel. S.s aristokratisches Selbstverständnis gründete sich vornehmlich auf seine Abstammung mütterlicherseits. Mary Sidneys Brüder Robert, Graf von Leicester, und Ambrose, Graf von Warwick, gehörten zu den einflußreichsten Männern Englands und besaßen märchenhafte Reichtümer. Leicester war der engste Berater der Königin und wohl der einzige, den Elizabeth I jemals ernsthaft erwog zu heiraten. Die meiste Zeit seines Lebens war er ohne direkten Stammhalter, so daß der älteste Sohn seiner Schwester Mary in der direkten Erbfolge stand. S. wurde somit als potentieller Earl of Leicester gehandelt, was ihm besonders im Umgang mit europäischen Prinzen und Adligen zum Vorteil gereichte und die Tatsache, daß er selbst keinen Titel hatte, zumindest teilweise wettmachte. Erst 1583 wurde er zum Ritter geschlagen.

Wahrscheinlich waren S.s Sprachkenntnisse dafür verantwortlich, daß die Königin ihn 1572 im Gefolge des Grafen von Lincoln auf eine diplomatische Mission auf den Kontinent schickte. S. blieb drei Jahre und bereiste Frankreich, Deutschland, Österreich und Norditalien, wo er zeitweilig bei verschiedenen Gelehrten studierte. Es ist verlockend anzunehmen, daß hier der Grundstein für seinen Sonettzyklus *Astrophel and Stella* gelegt wurde, der ihm postum das Epithet ›englischer Petrarca‹ einbrachte. 1575 kehrte S. nach London zurück und begann in den folgenden Jahren, da ihn die Königin nicht mit wichtigen Aufgaben betraute, mit der Abfassung seiner Prosaromanze, der seiner Schwester gewidmeten *Arcadia* (1590, 1593; *Arcadia der Gräfin von Pembrock*, 1629). Der Titel läßt eine pastorale Idylle oder zumindest eine arkadische Romanze erwarten, aber das Werk ist viel zu heterogen – schon wegen des ständigen Wechsels von Prosa- und Verspassagen – um sich auf eine Gattungsbezeichnung festlegen zu lassen. Die Hauptakteure sind keine Schäfer, sondern vielmehr Aristokraten, die es nach Arkadien verschlagen hat. Trotz der immensen Länge der *Arcadia* ist die Haupthandlung schnell erzählt: Die Prinzen Pyrocles und Musidorus haben auf wundersame Weise einen Schiffbruch überlebt und sich nach Arkadien retten können. Dort erfahren sie von der Schönheit der Königstöchter Pamela und Philoclea und beschließen, sich den jungen Damen als Schäfer und Dienstmädchen verkleidet zu nähern. Zwangsläufig ergeben sich, vor allem was die Prinzen in Frauengestalt betrifft, all die typischen Verwicklungen und absurden Situationen einer Shakespeare-Komödie. Angereichert wird die *Arcadia* durch Nebenhandlungen, von denen beispielsweise die Geschichte um den blinden paphlagonischen König und seine beiden Söhne Shakespeare als Vorlage für die Handlung um Gloucester in *King Lear* diente. S. vollendete wohl eine erste Version, die als *Old Arcadia* in die Literaturgeschichte einging, 1580. Erst 1583 begann er diese thematisch und stilistisch zur sogenannten *New Arcadia* zu überarbeiten. Diese Version ist Fragment geblieben und wurde in postumen Editionen durch die entsprechenden Passagen aus der *Old Arcadia* ergänzt. Mehr noch als in der ersten Fassung diskutiert S. in der *New Arcadia* die großen ethischen Fragen: das rechte Verhältnis zwischen *vita contemplativa* und *vita activa*, die Kontrolle der Leidenschaft durch die Vernunft, die Verwerflichkeit des Atheismus, das Leben nach dem Tod, das Problem des Selbstmords, die Verpflichtung des Herrschers zur Gerechtigkeit und die des Volkes zum Gehorsam. Bis ins 18. Jahrhundert hinein blieb S.s *Arcadia* einer der meistgelesenen Prosatexte in englischer Sprache. Erst Samuel Richardsons *Pamela* (1740–41) – ironischerweise war der Titel von S. inspiriert – lief dem Buch den Rang ab.

Unterbrochen wurde die Arbeit an der *Arcadia* durch die Abfassung der literaturtheoretischen Abhandlung *The Defence of Poesy* (1595), in der S. seine poetologische Konzeption offenlegt und gleichsam ein klares Bild der literarischen Haltung seiner Zeit zeichnet. Sein Essay richtet sich gegen die traditionelle Auffassung, daß die Dichtung Zeitverschwendung und »die Mutter aller Lügen« sei und so den Leser zur Unmoral erziehe. S. entkräftet diese Vorwürfe, indem er behauptet, daß Dichtung in früheren Zeiten die vornehmlichste Quelle der Bildung des Menschen gewesen sei, daß sie einen moralischen Einfluß auf das kulturelle Leben ausübe und daß der Dichter zu allen Zeiten geschätzt worden sei. Im aristotelischen Sinne definiert er Kunst als Nachahmung (Mimesis). Dichtung ist ein »sprechendes Bild«, das ganz im horazischen Sinne darauf abzielt, zu belehren und zu erbauen. Aber der Dichter kopiert nicht nur bloß das, was existiert (ein Vorwurf, der auf Platon zurückgeht), sondern ist ein zweiter Schöpfer, der eine zweite Natur hervorbringt, indem er das Ideal imitiert und zeigt, was sein könnte und sein sollte. Folglich ist der Dichter der erste unter den Künstlern. *The Defence of Poesy* propagiert die Erhabenheit und den großen sozialen und moralischen Wert der Dichtung und verteidigt sie damit gegen puritanische Verunglimpfungen. Bis heute ist sie eine oft zitierte literaturtheoretische Abhandlung der englischen Renaissance.

Die Reputation von S. als Pionier der goldenen Ära elisabethanischer Dichtung gründet sich allerdings hauptsächlich auf seinen Sonettzyklus *Astrophel and Stella* (1591; *Astrophel und Stella*, 1938), der aus 108 Sonetten und 11 Gesängen besteht. S. verwendet im Unterschied zu der von Surrey begründeten und von Shakespeare etablierten Form des englischen Sonetts (drei Quartette und Couplet) das auf Petrarca zurückgehende italienische Modell (Oktave und Sextett). Den im Englischen üblichen jambischen Pentameter ersetzt er zeitweise durch den um eine Hebung längeren Alexandriner. Der Zyklus läßt sich wegen seines zweifelsfrei autobiographischen Substrats mit einiger Gewißheit datieren. Schon zeitgenössische Leser setzten Stella mit Penelope Rich und Astrophel mit Sidney gleich. Penelope war die älteste Tochter des Grafen von Essex, und als sie 13 war, hatte ihr Vater auf dem Totenbett quasi ihre Verlobung mit dem damals 22jährigen S. bekanntgegeben. Aber Philip und Penelope verloren sich aus den Augen und trafen sich erst fünf Jahre später bei Hofe wieder. 1581 heiratete Penelope Robert, Lord Rich, und erst danach scheint Sidney an ihr Gefallen gefunden zu haben. Den Sonettzyklus verfaßte er höchstwahrscheinlich 1582. Die alte Auffassung allerdings, daß Astrophel und Stella uneingeschränkt mit S. und Penelope gleichzusetzen sind, wird heute in ihrer Absolutheit von kaum einem Literaturwissenschaftler mehr getragen. Es ist zwar unbestritten, daß Lady Rich Eingang in den Sonettzyklus gefunden hat – s. verarbeitet eine ganze Reihe autobiographischer Details und spielt beispielsweise wiederholt mit Penelopes Nachnamen »Rich« –, aber die autobiographischen Elemente werden stilisierend der Fiktion und den petrarkistischen Konventionen untergeordnet. Astrophel ist der zweifelnde, leicht aggressive Liebende, Stella hingegen die goldhaarige, schwarzäugige, unnahbare und letzten Endes unerreichbare Schöne. Hoffnung und Abwesenheit, frustrierte Sehnsüchte, die bestenfalls durch das Verfassen poetischer Adressen zeitweise gelindert werden, die Schöne mit dem Herz aus Eis, die erbarmungslos der Belagerung widersteht und ihren Verehrer dennoch zum Werben um sie ermutigt, all das sind die Ingredienzen, auf denen sowohl die Struktur als auch die Wirkung von S.s Sonetten gründet. Wichtiger noch für den Erfolg ist die Tatsache, daß der Zyklus passagenweise durchaus erheiternd anmutet, denn S. lädt seine Leser ein, sein Vergnügen an der Merkwürdigkeit und der Komplexität der menschlichen Liebe zu teilen. Wir lachen mit S. und wir lachen über – oder haben Mitleid mit – Astrophel. Stella allerdings ist wie alle Angebeteten in der petrarkistischen Dichtung reduziert auf einen lockeren Katalog von Charakteristika, der seine idealtypische Ausprägung in dem von S. wiederholt aufgerufenen Topos der Schönheitsbeschreibung findet. Stella ist nur als Reflektion im Bewußtsein Astrophels präsent; sie ist ein bloßes Produkt des Verlangens ihres liebenden Dichters, der sich, ganz in der petrarkistischen Tradition, selbst in Szene setzt und seine Sehnsüchte und frustrierten Erwartungen zur Schau stellt. Er spielt die aktive Rolle; seine Geliebte bleibt stumm und ikonenhaft. – Der Einfluß von *Astrophel and Stella* auf die elisabethanische Sonettdichtung kann kaum unterschätzt werden. Das Werk löste eine Sonettbegeisterung aus, der wir die großen Sonettzyklen der englischen Renaissance zu verdanken haben und die ihre Kulmination in Samuel Daniels *Delia* (S.s Erstausgabe angefügt), Edmund Spensers *Amoretti* (1595) und natürlich Shakespeares *Sonnets* (1609) fand.

In seinen letzten Jahren wandte sich S. neben der sporadischen Überarbeitung der *Arcadia* hauptsächlich öffentlichen Aufgaben zu. 1585 folgte er seinem Onkel Leicester an der Spitze eines englischen Heeres nach Holland, um die Niederländer in ihrer Revolte gegen die Spanier zu unterstützen, und fiel dort ein Jahr später.

Werkausgabe: *A Critical Edition of the Major Works*. Hg. K. Duncan-Jones. Oxford 1989.
Literatur: A. Stewart. *Philip Sidney: A Double Life*. London 2000. – K. Duncan-Jones. *Sir Philip Sidney: Courtier Poet*. London 1991.

Frank Pointner

Sillitoe, Alan

Geb. 4. 3. 1928 in Nottingham

Als *angry young man* wollte sich Alan Sillitoe nicht verstanden wissen, sondern als Autor gelten, der authentisch von Menschen aus der Arbeiterschicht erzählt. Gleichwohl spürt man in frühen Veröffentlichungen die Grundstimmung jener Generation junger britischer Schriftsteller, deren Erstlingswerke in den 1950er Jahren unter dieser Etikettierung bekannt wurden. Viele seiner frühen Geschichten siedelt S. im Nottinghamer Alltag derer an, die darauf angewiesen sind, ihren Lebensunterhalt in der Fabrik zu verdienen. Dabei dominiert die Perspektive des proletarischen Individuums den Blickwinkel, von dem aus die Erzählwelt vermittelt wird. – S. hat selbst die wesentlichen Stationen einer Biographie durchlaufen, wie sie typisch waren, wenn man im britischen Arbeitermilieu der ersten Hälfte des 20. Jahrhunderts aufwuchs. Er kommt als zweites von fünf Kindern zur Welt. Die siebenköpfige Familie ist arm, sie lebt in beengten Verhältnissen, leidlich versorgt vom Sozialetat der staatlichen Fürsorge, seit der Vater den Arbeitsplatz in der Gerberei verloren hat. Mit 14 verläßt S. die Schule und verdingt sich als ungelernter Arbeiter einige Jahre lang in der Industrie. Nach dem Militärdienst, den S. ab 1946 als Funker in Westmalaysia ableistet, muß er, zurück in England, wegen Tuberkulose für 18 Monate ins Lungensanatorium. Die auferzwungene Genesungszeit nutzt er, um das an Bildung aufzu-

holen, was er durch den Schulabbruch versäumt zu haben glaubt. Jetzt entstehen die ersten Kurzgeschichten, von denen er einige in seine späteren Romane einarbeitet. Auch versucht sich S. an Gedichten. 1960 erscheinen sie in der Sammlung *The Rats and Other Poems*, 1968 folgt der Gedichtband *Shaman and Other Poems*, eine Auswahl wird 1984 unter dem Titel *Sun Before Departure: Poems 1974–1982* aufgelegt. Der Lyrik bleibt S. treu; darüber hinaus schreibt er Theaterstücke, Essays und Reiseberichte. Für seine Kinderbücher ersinnt er die Figur des Marmalade Jim.

Literarische Meriten erntete S. v. a. mit Romanen und Kurzgeschichten. Der Debütband *Saturday Night and Sunday Morning* (1958; *Samstagnacht und Sonntagmorgen*, 1961), in Teilen entstanden aus neun Kurzgeschichten aus der Schublade, ist zugleich Karriereschub für S. Die von Alkoholexzessen, Schlägereien und sexuellen Eskapaden durchzogene Geschichte des gegen soziale Zwänge aufbegehrenden Drehers Arthur Seaton, die 1960 auch verfilmt wurde, macht S. zum gefeierten Autor der Arbeiterliteratur. Nicht minder großen Beifall unter Kritikern wie Lesern findet der Band *The Loneliness of the Long Distance Runner* (1959; *Die Einsamkeit des Langstreckenläufers*, 1967). In der Titelgeschichte – ebenfalls verfilmt (1962) – artikuliert der jugendliche Rebell diesmal Widerstand durch Verweigerung. Der 17jährige Gefängnisinsasse Smith verliert willentlich den Wettkampf, der dem mißliebigen Anstaltsleiter so viel bedeutet. In vielen Veröffentlichungen, die auf S.s Erfolgsbände folgen, bleibt Nottingham Aktionsfeld, Ausgangs- oder emotionaler Bezugspunkt der Handlungsträger. So schildert S. in *Key to the Door* (1961; *Schlüssel zur Tür*, 1966) eingehend die Arbeiterviertel der Stadt. Frank Dawey begibt sich in *The Death of William Posters* (1965; *Der Tod des William Posters*, 1969) von Nottingham aus auf Wanderschaft und Identitätssuche. In diesem ersten Band einer Trilogie erwacht S.s Interesse an der Auseinandersetzung mit den bürgerlichen Schichten; im letzten Teil, *The Flame of Life* (1974), haben die Protagonisten Frank und Albert sie für sich erschlossen. Diese neuen Charaktere von S. sind keine Arbeiter mit Klassenbewußtsein mehr, wofür S.s frühe Hauptfiguren einstanden. Als Bildungsbürger und intellektuelle Querdenker garantieren ihnen materielle Güter die Sicherheit eines komfortablen, bequemen Lebens. Auch in S.s neueren Arbeiten, wie den Kurzgeschichten der 1997 erschienenen Sammlung *Alligator Play-*

ground, haben Vertreter des Mittelstands mit ihren Sichtweisen und Anstrengungen zur Lebensbewältigung die Arbeiterschicht abgelöst.

Literatur: P. Hitchcock. *Working-Class Fiction in Theory and Practice: A Reading of Alan Sillitoe.* Ann Arbor 1989. – St. S. Atherton. *Alan Sillitoe: A Critical Assessment.* London 1979.

Wolfgang Gehring

Sinclair, Andrew [Annandale]

Geb. 21. 1. 1935 in London

Andrew Sinclair studierte Geschichte am Trinity College Cambridge, war Gründungsmitglied des Churchill College Cambridge, ebendort Director of Historical Studies, danach Lecturer in American History am University College London, von den 1960er Jahren an auch im Filmgeschäft tätig und in Venedig und Cannes mit der Verfilmung von Dylan Thomas' *Under the Milkwood* erfolgreich. 1967 wurde die Studie *The Better Half: The Emancipation of the American Woman* (1965) mit dem Somerset Maugham Award ausgezeichnet; kürzlich erschien mit *Arts and Cultures: The History of the 50 Years of the Arts Council of Great Britain* (1995) der erste Versuch, eine Analyse britischer Kulturpolitik vorzulegen. Eine breite Leserschaft hat auch seine Aufarbeitung der Spionagetätigkeit englischer Linksintellektueller vor und während des Zweiten Weltkrieges in *The Red and the Blue: Intelligence, Treason and the Universities* (1986) gefunden. Doch neben einer Kunstgeschichte dieser Epoche und der Herausgabe einer Anthologie zur Lyrik des Zweiten Weltkriegs und weiterer historischer Studien wie etwa *The Other Victoria: The Princess Royal and the Great Game of Europe* (1981) zur preußischen Prinzessin und Tochter Königin Victorias oder *Prohibition: The Era of Excess* (1962, Dissertation) und einer Reihe von Biographien von Filmregisseuren wie John Ford und Sam Spiegel oder Literaten wie Dylan Thomas und Jack London stellen die historischen Romane *The Raker* (1964), v. a. aber die Trilogie bzw. das von alttestamentarischen Figurenkonzeptionen ausgehende »Triptychon« *Gog* (1967), *Magog* (1972) und *King Ludd* (1988) sein literarisches, in apokalyptisches Denken mündendes Hauptwerk dar. Der Erstling *The Breaking of*

Bumbo (1959), eine schwarze Satire auf das England während der Suezkrise, bescherte ihm einen Achtungserfolg, der Cambridge-Roman *My Friend Judas* (1959), der allerdings hinter die bekannteren Werke von Kingsley Amis und John Wain zurückfällt, wurde zum Bestseller und von S. auch für die Bühne adaptiert. Einen genaueren Blick sollte der Leser auf seine pseudohistorische, von gotischen und anderen, des öfteren sexuellen Obsessionen durchzogene England-Trilogie werfen. Die Suche nach nationaler wie persönlicher Identität im Rahmen von keltischer Mythologie und der zeitgenössischen »What's Wrong with England«-Diskussion, quasi im Stil von James Joyce und John Cowper Powys, vermischt sich auch in *King Ludd* noch mit der politischen Vision im Zeitalter neuer Technologie: »That ancient design is the prophecy of the history of the British people and the Luddites who are doomed endlessly to revolt and fail, from their own inner contradictions.«

Literatur: A. Nünning. »Exploring Everyman's Search for his National Past: Andrew Sinclair's *Gog* as an Echochamber of England's Cultural History and a Self-conscious Reflection upon Englishness.« *Anglistik und Englischunterricht* 46/47 (1992), 263–288. – P. Wolfe. »England's Greatest Tourist and Tourist Attraction: Andrew Sinclair's *Gog, Magog* (1967, 1972).« *Old Lines, New Forces: Essays on the Contemporary British Novel, 1960–1970.* Hg. R. K. Morris. Rutherford/London 1976, 151–180.

Fritz-Wilhelm Neumann

Sinclair, Iain

Geb. 11. 6. 1943 in Cardiff, Wales

Nach seinem Studium am Trinity College Dublin und der London School of Film Technique ist Iain Sinclair zunächst als Dokumentarfilmer tätig, bevor er sich als freischaffender Journalist, Verleger, Buchhändler und Autor der Literatur zuwendet. Sein hochkomplexes, diverse Gattungen und Genres hybridisierendes literarisches Werk, das sowohl Lyrik als auch Prosa sowie zwei Bühnenstücke umfaßt, wird von einem Motivkomplex um seine Wahlheimat London dominiert, der ein Bild der Metropole als psychogeographische Matrix und eigenständige Entität zeichnet. So präsentiert *Lud Heat* (1975), eine Mischung aus Prosa und Lyrik und gleichzeitig S.s wohl bekanntestes Werk, ein von psychischen ›Kraftlinien‹ durchzogenes London, deren Knotenpunkte von sich alt-ägyptischer Formensprache bedienenden Bauten markiert werden – ein Themenkomplex, der von Peter Ackroyd in seinem Roman *Hawksmoor* (1985) aufgegriffen wird. Diese Knotenpunkte fungieren als eine Art geographischer Sammelplatz von unmittelbar in ihrer Nähe frei gewordenen psychischen Energien, so daß der von den sogenannten *Ratcliffe Highway Murders* über die Morde von Jack the Ripper im Jahre 1888 bis hin zu den Morden der Gebrüder Kray in den 1960er Jahren gespannte Bogen von Ereignissen als ein Teil der sich selbst perpetuierenden Geschichte des Schauplatzes erscheint. Insofern verkennt eine etwaige Kategorisierung S.s als ›topographical poet‹ das Anliegen der Texte, die Metropole nicht als bloße Summe ihrer topographischen Eigenheiten, sondern als komplexes Palimpsest aus historischen ›Fakten‹, literarischer Fiktion und Volksmythologie zu zeigen.

Charakteristisch für das Werk S.s ist die Verknüpfung literarischer Techniken mit Markierungen nicht-fiktionaler Textsorten sowie die Verarbeitung transmedialer Elemente. So lassen die angefügte Bibliographie, der umfangreiche Index und die Photographien von Marc Atkins, mit dem S. in verschiedenen Publikationen zusammenarbeitet, in *Lights out for the Territory* (1997) den Text zunächst als Dokumentation erscheinen. Im Kontrast hierzu sind jedoch die neun Kapitel, die thematisch durch das Motiv der Wanderung lose miteinander verknüpft sind, durch die collagenhafte Aneinanderreihung von an Kameraeinstellungen oder *frames* erinnernden Momentaufnahmen geprägt, welche die Topographie der Wanderung, literarische und nicht-literarische Repräsentationen Londons, historische Personen und Ereignisse und auch Figuren aus anderen Texten S.s zeigen. Die daraus resultierende Schwierigkeit, den Text gattungstheoretisch angemessen zu verorten, wird durch den Umstand illustriert, daß er u.a. als Roman, als Dokumentartext und sogar als Reiseliteratur klassifiziert worden ist. *Slow Chocolate Autopsy* (1997), von Dave McKean illustriert, löst klassische literarische Schemata in noch stärkerem Maße auf und mischt Elemente des Romans mit dem Medium der Photographie und des Comics. – Neben zahlreichen Veröffentlichungen eigener Lyrik ist S. als Herausgeber diverser Anthologien, z.B. *Conductors of Chaos* (1996), bemüht, junger Lyrik abseits des *mainstream* zu mehr Profil zu verhelfen.

Literatur: J. Wolfreys. »The Hauntological Example: The City as The Haunt of Writing in the Texts of Iain Sinclair.« *Deconstruction: Derrida*. Hg. J. Wolfreys. London/ New York 1998, 138–158.

Folkert Degenring

Sinclair, May

Geb. 24. 8. 1863 in Rock Ferry, Cheshire;
gest. 14. 11. 1946 in Aylesbury,
Buckinghamshire

»There is nothing like thought to keep you from thinking« legt May Sinclair der Figur Gwenda in *The Three Sisters* (1914) in den Mund, und dies könnte auch als Motto für ihr eigenes Leben gelten. Auf eine tragische Familiensituation reagierte sie mit dem Rückzug in eine Welt des Geistes und erschloß sich im Selbststudium Sprachen, Literatur und Philosophie. Die persönlich äußerst zurückhaltende S. hielt sich und andere Familienmitglieder, allen voran ihre strenge, fanatisch protestantische Mutter, mit Übersetzungsarbeiten über Wasser. Ihre unorthodoxe Haltung zur Metaphysik war ein ständiger Streitpunkt und bewirkte auch die Entfremdung von einem potentiellen Ehepartner. Emotionale und sexuelle Unerfülltheit sowie deren kreative Sublimation wurden zu zentralen Themen in S.s Werk; besonders aufschlußreich sind hier der autobiographische Roman *Mary Oliver: A Life* (1919) und das in extrem reduziertem Stil verfaßte *The Life and Death of Harriett Frean* (1922).

S. publizierte Lyrik (unter dem Pseudonym Julian S.), Kurzgeschichten – oft mit übersinnlichen Elementen – sowie philosophische Schriften und Literaturkritik, u.a. zu den Schwestern Bront . Der Durchbruch gelang mit dem traditionellen Roman *The Divine Fire* (1904), der Züge der *gothic romance* trägt. S. wurde zu einer festen Größe im Londoner Geistesleben. Sie warb für die Psychoanalyse, betrieb die Erneuerung des philosophischen Idealismus durch eine Verbindung mit indischer Metaphysik, kämpfte für das Frauenwahlrecht und förderte eine neue Generation von Literaten, so etwa Ezra Pound, T.S. Eliot, H.D. und Charlotte Mew. S. propagierte den Imagismus und beteiligte sich an modernistischen Formexperimenten wie z.B. mit dem Versroman *The Dark Night* (1924). Sie wirkte mit an der Entwicklung der Darstellung des *stream of consciousness* (Bewußtseinsstrom) im Roman, wobei sie diesen psychologischen Begriff in einer Rezension von Dorothy Richardsons *Pilgrimage* 1918 erstmals auf die Literatur bezog. In der ihr eigenen, u. a. von Henry James beeinflußten Variante des psychologischen Realismus erzählt S. Geschichten von Individuen, Paaren und Familien, die um Themen wie religiösen Zweifel, Opfermut und Formen komplexer Intersubjektivität kreisen.

In *New Woman*-Romanen wie *Kitty Tailleur* (1908) kritisiert S. spätviktorianische Sittenstrenge und die brutale Unterdrückung v. a. weiblicher Entfaltungsmöglichkeiten. Der Erste Weltkrieg als entscheidende Zäsur löste bei S. zunächst erregte Aufbruchstimmung, dann Ernüchterung aus. Eine Reihe von teils propagandistischen Romanen wie *The Tree of Heaven* (1917) setzen sich mit den psychologischen Folgen des Krieges auseinander. In späteren Romanen wie *Arnold Waterlow: A Life* (1924) und *The Rector of Wyck* (1925) befaßt sich S. einfühlsam mit männlicher Subjektivität, übt aber auch mit trockener, feiner Ironie Kritik an patriarchalischen Würdenträgern. Die letzten Lebensjahre verbrachte S. in geistiger Umnachtung, und es wurde um die bemerkenswerte Literatin seltsam still. Man sollte sie wieder lesen, doch fehlt eine kritische Werkausgabe.

Literatur: S. Raitt. *May Sinclair: A Modern Victorian.* Oxford 2000. – H. D. Zegger. *May Sinclair.* Boston 1976. – T.E.M. Boll. *Miss May Sinclair: Novelist. A Biographical and Critical Introduction.* Rutherford/Madison 1973.

Ina Habermann

Sitwell, Edith

Geb. 7. 9. 1887 in Scarborough, North Yorkshire; gest. 9. 12. 1964 in London

Die phantasiebegabte Tochter eines unnahbaren Vaters und einer gesellschaftsorientierten Mutter verbrachte die ersten 27 Jahre ihres Lebens auf dem elterlichen Landsitz Renishaw Hall in Derbyshire und wurde aufgrund ihres unkonventionellen Verhaltens und ihres wenig attraktiven Äußeren von ihren Eltern stets als unerfreuliches, mißratenes Anhängsel betrachtet. Noch in ihrer kurz vor ihrem Tod entstandenen Autobiographie *Taken Care of* (1965; *Mein exzentrisches Leben,* 1989) schildert Edith Sitwell mit unverhaltener Emotionalität, wie man der Pubertierenden orthopädisches Gerät anlegte, um eine ›damenhafte‹ Hal-

tung zu erzwingen. Unsicherheit ihrem Körper und ihrer Weiblichkeit gegenüber bestimmten das weitere Leben von S., die sich häufig zu Homosexuellen hingezogen fühlte und deren Dichtungstheorie auf einer Kausalverbindung von körperlicher Konstitution des Kunstschaffenden und Art und Güte des Kunstprodukts beruhte: S. vertrat die Ansicht, die (angebliche) Minderwertigkeit weiblicher Dichtung sei aus der physischen Fragilität der Frau zu erklären. S.s Haltung ihren Geschlechtsgenossinnen gegenüber war also stets ambivalent, obwohl ihre Vita geradezu als Paradebeispiel weiblicher Selbstbestimmung gelten kann: Trotz des beträchtlichen Familienvermögens erhielt sich S. selbst, blieb ledig und war in Lebensführung, Kleidung und Gebaren bewußt unkonventionell. Uneingeschränkte Zuneigung hegte sie zu ihren Brüdern Osbert (1892–1969) und Sacheverell (1897–1988), mit denen sie im London der 1920er Jahre einen einflußreichen Zirkel bildete. Die Sitwell-Geschwister wurden zu einem Zentrum des intellektuellen und künstlerischen Lebens und ihre originellen *tea parties* zur (oft karikierten) Institution. Virginia Woolf, T. S. Eliot, Aldous Huxley und Dylan Thomas sind nur einige der Künstler, die bei den Sitwells verkehrten, gemeinsame Lesungen bestritten, Beiträge zu S.s Lyrikzeitschriften und -anthologien verfaßten und (teils aktiven) Anteil an den berühmt gewordenen Kampagnen gegen aufsässige Kritiker und unliebsame Dichterkollegen nahmen. Zwar verlieh sich S. den Anstrich einer radikalen Avantgardistin, doch treffen die Attribute ›innovativ‹ und ›experimentell‹ nur auf ein einziges Werk S.s zu, auf ihren von William Walton vertonten Gedichtzyklus »Façade« (1923), der von der hinter einem Vorhang verborgenen Lyrikerin unter Zuhilfenahme eines Megaphons vorgetragen wurde und beim Premierenpublikum eher Belustigung als Bewunderung hervorrief. Mit dem Modernismus T. S. Eliots teilt S. Elitarismus und Ästhetizismus, die Abkehr von naturalistischer Wirklichkeitserfassung, die kreative Umwertung des Mythos und die Orientierung an internationalen Strömungen; allerdings ist der alogisch-atemporale Textaufbau bei S. weniger als dichterischer Ausdruck der Zerrissenheit der Moderne, denn als auf Stimmungsevokation ausgerichtete Bewußtseinsmimesis zu verstehen. Wie in S.s dichtungstheoretischen Publikationen dargelegt (»Some Notes on My Own Poetry«, 1935), wird ihre Lyrik vorrangig von einer aufwendigen lautlichen Formgebung bestimmt.

Parallel dazu erschließt sich der eigentliche ›Inhalt‹ in Form suggestiver Bilder. Die bis zum Naturmystizismus gesteigerte, verklärte Erinnerung an den Park des elterlichen Herrschaftshauses, Kindheit und Vergänglichkeit, Liebe, Leid und Tod finden sich im gesamten – uvre der Dichterin, wobei die von Kritikern besonders geschätzte Jugendlyrik (*Bucolic Comedies*, 1923; *The Sleeping Beauty*, 1924) während des Zweiten Weltkriegs von einer die historischen Ereignisse zur Menschheitsapokalypse steigernden visionären Dichtung (*Street Songs*, 1942; »Poems of the Atomic Age«, 1947/48) abgelöst wird. Auch die an Jonathan Swifts Vita angelehnte Handlung von S.s einzigem Roman, *I Live Under a Black Sun* (1937; *Ich lebe unter einer schwarzen Sonne*, 1950), beschreibt Archetypisches; ähnlich wie in ihren fiktionalisierenden Biographien *Alexander Pope* (1930), *Victoria of England* (1936; *Queen Victoria*, 1986) und *The Queens and the Hive* (1962) stehen dort impressionistische Passagen, klarsichtige psychologische Analysen und satirische Porträts der fehlenden Ausgestaltung der Erzählerposition, der mangelhaften Verknüpfung der Erzählstränge und der auf Einzeleffekte beschränkten und insgesamt losen Strukturierung gegenüber. Im Alter wurden S. zahlreiche Ehrungen wie etwa der *Doctor h. c.* der Universität Oxford oder der Adelstitel einer *Dame of the British Empire* zuteil; 1994/95 veranstaltete die National Portrait Gallery eine Ausstellung zu den Sitwells; eine angemessene literaturwissenschaftliche Würdigung dieser berühmten Exzentrikerin steht noch aus.

Werkausgaben: *Collected Poems.* London 1965. – *The Early Unpublished Poems.* Hg. G. W. Morton/K. P. Helgeson. New York 1994. – *Gedichte.* Hg. W. Vordtriede. Frankfurt a. M. 1964.
Literatur: W. Steiner. *The Visionary Cosmos: Peter Russel's and Edith Sitwell's Poetry and Poetic Theory.* Salzburg 1996. – V. Glendinning. *Edith Sitwell: A Unicorn among Lions.* London 1981.

Eva Müller-Zettelmann

Skelton, John

Geb. 1460 in Diss, Norfolk?;
gest. 21. 6. 1529 in London

»So where to rank old Skelton?« problematisierte Robert Graves den Fall John Skeltons, der sich den üblichen Kategorien entzieht und zu sehr der mittelalterlichen Gedankenwelt verpflichtet erscheint, um in einem Atemzug mit Thomas Wyatt, dem Earl of Surrey oder Edmund Spenser genannt zu werden. Und doch bewegte sich dieser »größte unbekannte Dichter Englands« (G. Walker) in Schicksalsjahren der englischen Geschichte als proteischer Dichter und Satiriker im engsten Umfeld der beiden ersten Tudorkönige und galt dem großen Humanisten Erasmus von Rotterdam als »einzigartiges Licht und Zierde britischer Gelehrsamkeit«. Allerdings mißtraute der überzeugte Katholik S. zutiefst den Neuerungen humanistischen Denkens und den Zeichen einer sich rasant wandelnden Zeit. – Die Fakten zu seiner Biographie sind spärlich: S. studierte in Oxford, Cambridge und Louvain und machte sich einen Namen u. a. als Übersetzer antiker Autoren. Um 1496 trat er in die Dienste von Henry VII und verblieb bis 1501 als Erzieher des Prinzen am Hof. 1498 zum Priester geweiht, zog er sich 1502–12 in seine Gemeinde nach Diss, Norfolk, zurück, fand sich aber danach wieder bei Hofe als *orator regius* und enger Berater des Königs.

S.s Ruf beruht auch heute noch vornehmlich auf seinen scharfzüngigen Satiren. Bereits »The Bowge of Court« (1499) ist eine kaum verhüllte, virulente Attacke auf die Korruption bei Hofe. Aber auch religiöse Unsitten (»Philip Sparrow«, ein komisch-religiöses Requiem für einen Sperling, ca. 1505) und einfache Leute (»The Tunning of Elinor Rumming«, eine humorvoll-derbe Kneipengroteske, ca. 1521) entgehen seiner satirischen Geißel nicht. Mit seinem Moralitätenspiel *Magnyficence* (ca. 1516) – Hofsatire und Fürstenspiegel zugleich – richtet S. die Spitze erstmals und später mit »Speak, Parrot«, »Colin Clout« und »Why Came Ye Not To Court« (verfaßt 1521/22) erneut gegen den ausschweifenden Lebensstil, unstillbaren Ehrgeiz und unersättlichen Machthunger seines größten Gegners: Kardinal Wolsey, wichtigster Berater von Henry VIII und Lordkanzler Englands, dessen Sturz S. aber nicht mehr erlebt. S.s große Popularität verblaßte rasch nach seinem Tod. Vor allem das von ihm geprägte und nach ihm benannte Metrum der *Skeltonics* – rasante, gelegentlich holprig anmutende und oft stark alliterierende Zwei- und Dreiheber, zusammengehalten von einer sich auf bis zu 14 Zeilen erstreckenden Reimhäufung – brachte ihm den Spott späterer Zeiten ein. Erst das 20. Jahrhundert zeitigte Ansätze einer neuen Wertschätzung seiner Dichtkunst, in der auch nach Jahrhunderten der geißelnde Humor eines tiefsinnigen, gebildeten und begnadeten Satirikers noch seine Wirkung entfaltet.

Werkausgabe: *The Complete English Poems.* Hg. J. Scattergood. New Haven 1983.
Literatur: G. Walker. *John Skelton and the Politics of the 1520s.* Cambridge 1988. – A.S.G. Edwards, Hg. *Skelton: The Crticital Heritage.* London 1981. – M. Pollet/J. Warrington. *John Skelton: Poet of Tudor England.* London 1971.

Renate Schruff

Smiles, Samuel

Geb. 23. 12. 1812 in Haddington bei Edinburgh; gest. 16. 4. 1904 in London

1859 erschienen drei Werke noch wenig bekannter Autoren, die bald als Meilensteine der viktorianischen Mentalität dastehen sollten: Charles Darwins genesissubversives *On the Origin of Species*, Edward FitzGeralds pessimistisch-hedonistisches *Rubáiyát of Omar Khayyám* und Samuel Smiles' *Self-Help* (*Die Selbsthülfe in Lebensbildern und Charakterzügen*, 1866). Darwin sollte das Weltanschauliche, Fitzgerald das Metaphysische, S. hingegen das Lebensweltlich-Kommerzielle der Epoche prägen. – S. ist der Prototyp des Selfmademan der Zeit, mit dem feinen Unterschied, daß er diesen Status erreichte, indem er den Lebenswandel anderer Selfmademen anschaulich beschrieb. Als eines von elf Kindern verlor er 1832 den Vater, absolvierte im gleichen Jahr ein Edinburgher Medizinstudium, orientierte sich in den bewegten 1830er Jahren eher an der Journalistik, zog in die Wollhandelsmetropole Leeds, war 1838–42 Herausgeber der progressiven *Leeds Times*, wirkte in den von *railway mania* geprägten Jahren 1845–66 in den oberen Etagen der Eisenbahnverwaltung und schrieb 1857 eine Biographie des Bahnpioniers George Stephenson, um nach dem Welterfolg von *Self-Help* ganz seinen publizistischen Talenten zu frönen. – *Self-Help* ist besser als sein Ruf, differenzierter als sein Titel. Zwar lautet S.s von unzähligen Fallbeispielen gestützte These: Nicht Begabung, Intelligenz, Geburt, Zufall seien die Garanten des Erfolgs, sondern Fleiß, Ausdauer, Unentwegtheit. Romantischen Genie- und Kontingenzvorstellungen wird eine Abfuhr erteilt; das »kreative Vegetieren« (Friedrich Schlegel) figuriert nicht in S.s Vorstellungswelt. *Repos*

ailleurs! Für S. ist Genie auch dann Fleiß, wenn es nicht der Fleiß eines Genies ist. Auf Beobachtenkönnen, Willenskraft, Energie, *pluck* (Mumm), Entscheidungsfreude komme es an. Vision des Traktats ist eine von unten rekrutierende Leistungsgesellschaft, die der Staat nicht fördert, sondern lediglich nicht hemmt. (John Stuart Mills ebenfalls 1859 erschienenes *On Liberty* klingt nach.) Daß S. die zu pflegenden Eigenschaften als urbritisch und empirebeflügelnd ansieht, rundet das Bild einer urviktorianischen Schrift ab. Warum sie unlängst eine neoliberale Renaissance erfuhr, bedarf keiner Erläuterung. – Nur: Ganz für neoliberale Zwecke ist S. nicht einzunehmen. Nicht der hartherzige Industriezar, sondern der erfolgreichbarmherzige Gentleman ist sein Erziehungsziel. Insofern arbeitet er unbewußt dem Untergang des Unternehmergeists, den er nur beflügeln wollte, vor. – Hatte S. seinen Acker einmal gefunden, so pflügte er ihn mit adäquater Beharrlichkeit. Themen, die in *Self-Help* angerissen waren, wurden in *Character* (1871; *Der Charakter*, 1874), *Thrift* (1875; *Die Sparsamkeit*, 1876), *Duty* (1880; *Die Pflicht*, 1880) und *Life and Labour* (1887; *Leben und Arbeit*, 1889) bandfüllend ausgeweitet. Allen gemeinsam ist der klare, teils spruchreif-aphoristische, teils in geschwungenen Perioden daherkommende Stil des begabten, seine Zeit erfassenden Journalisten. *Self-Help*, das Evangelium des Sitzfleisches, das Vademekum des Noch-nicht-Arrivierten, ist am Puls einer Epoche, die erst 1870 ein Erziehungswesen institutionalisierte. Im Jahrhundert des Autodidakten ist der Ausdauernde König. Inwieweit dies ein Lebenselixier darstellt oder nur Laudanum verabreicht, mag dahingestellt bleiben.

Literatur: A. Briggs. »Samuel Smiles and the Gospel of Work.« *Victorian People: A Reassessment of Persons and Themes 1851–67.* Chicago 1972, 116–139. – T.B. Green. *The Life and Works of Dr. Samuel Smiles.* London 1904.

Richard Humphrey

Smith, Adam

Getauft 5. 6. 1723 in Kirkcaldy, Schottland; gest. 17. 7. 1790 in Edinburgh

Der Ruhm des Schotten Adam Smith, der bis heute als Vater der klassischen Nationalökonomie gilt, gründet sich auf ein einziges großes Werk: *An Inquiry Into the Nature and Causes of the Wealth of Nations* (1776; *Untersuchung der Natur und Ur-*

sachen von Nationalreichtümern, 3 Bde. 1776–92).
Dabei wird verkannt, daß S. in erster Linie Sozialphilosoph war und seine im engeren Sinne ökonomische Theorie nur einen Ausschnitt einer weitaus umfassenderen Deutung gesellschaftlicher und
wirtschaftlicher Prozesse bildet. – S., der bereits im
Alter von 14 Jahren das Studium an der Universität
Glasgow, dem geistigen Zentrum der schottischen
Aufklärung, begann und in der Rekordzeit von
drei Jahren abschloß, wurde in seiner Entwicklung
von seinem Lehrer Francis Hutcheson und später
von David Hume tief geprägt. Sechs anschließende
Jahre in der dumpfen Atmosphäre von Oxford
(Balliol College) waren notgedrungen hauptsächlich privaten Studien gewidmet. 1751 wurde S. als
Professor für Logik nach Glasgow berufen, wechselte aber ein Jahr später auf die renommiertere
Professur für Moralphilosphie (bis 1763). In dieser
überaus fruchtbaren Zeit entstand *The Theory of
Moral Sentiments* (1759; *Theorie der ethischen Gefühle*, 1926). Die Kernfrage, wie der Mensch, dessen Natur egoistisch ist, gleichwohl die Fähigkeit
zu sittlichen Urteilen ausbilden kann, beantwortete S. unter Verweis auf die selbstregulierende
Kraft der Vernunft und unsere Fähigkeit zur Sympathie. Der Dualismus von *passions* und *reason/
sympathy* setzt die Menschen ebenso zueinander in
Konkurrenz, wie er sie mit der Fähigkeit ausstattet,
Institutionen zu schaffen, die den vernichtenden
Kampf mildern und sogar zum Wohle aller wenden können. Dies geschieht durch die unüberhörbare Stimme eines »inner man«, der die Rolle
des unparteiischen Beobachters spielt. Die gleiche
Instanz erscheint als »invisible hand« auch in S.s
Hauptwerk *The Wealth of Nations*, an dem er
während eines längeren Intermezzos auf dem Kontinent als Tutor des jungen Duke of Buccleuch
(1764–66) zu arbeiten begann und das er in Kirkcaldy vollendete. Der Wohlstand der Nation geht
aus der Arbeit aller hervor, deren treibende Kraft
das Selbstinteresse (*self interest*), der natürliche
Drang des Menschen, seine Lage zu verbessern
und sich Annehmlichkeiten zu verschaffen, ist. Der
Wohlstand wächst vermöge der Steigerung der
Produktivkräfte durch fortschreitende Arbeitstei-
lung, die ihrerseits der natürlichen Neigung zum
Tausch, d. h. zum Handel, entspringt. In dem erreichten vierten und letzten Stadium gesellschaftlicher Entwicklung, in dem die Akkumulation von
Kapital (*stock*) gegeben ist und der Wettbewerb
dominiert, wird der Marktpreis zwar kurzfristig
von Angebot und Nachfrage bestimmt, pendelt

sich aber durch die Wechselwirkungen der verschiedenen Selbstinteressen längerfristig wie von
unsichtbarer Hand stets auf den ›natürlichen‹ Preis
(*natural price*) ein, der den drei Kostenfaktoren
Lohn (*wages*), Grundrente (*rent*) und Kapitalge-
winn (*profit*) entspricht. Der gleiche Mechanismus
sorgt für die Verteilung des Volkseinkommens auf
die Arbeiter, die Grundeigentümer und die Unter-
nehmer, wobei die ausgleichende Dynamik der
Interessen durch weitere Arbeitsteilung zu Wirt-
schaftswachstum und steigendem Wohlstand
führt. Der Wettbewerb erweist sich somit als ein
Schutzmechanismus, der zum Wohl des Ganzen
wirkt. Dies geschieht am besten durch eine liberale
Wirtschaftsverfassung, in der der Staat zwar die
Rahmenbedingungen setzt und Rechtssicherheit
garantiert, sich aber weiterer Eingriffe enthält. So
ist die politische Sicherung der marktwirtschaft-
lichen Ordnung, jenes »system of natural liberty
and perfect justice«, die Antwort auf die Bedürfnisse der Civil Society. S.'s Glauben an die selbstregulierende Kraft kompetitiver Märkte zum
Wohle aller wurde durch die Folgen des Industriekapitalismus freilich schon wenig später ad absurdum geführt.

Werkausgabe: *The Glasgow Edition of the Works and
Correspondence*. 7 Bde. Oxford 1976–87.
Literatur: A. Fitzgibbons. *Adam Smith's System of Liberty,
Wealth, and Virtue: The Moral and Political Foundations
of The Wealth of Nations* . Oxford 1995. – J. Z. Muller.
Adam Smith in His Time and Ours. Princeton 1995.
                                                    Heide N. Rohloff

Smith, Charlotte

Geb. 4. 5. 1749 in London;
gest. 28. 10. 1806 in Tilford

Nach dem frühen Tod der Mutter und erneuter
Heirat des Vaters wird Charlotte Turner 1765 mit
Benjamin Smith verheiratet, von dem sie sich 1787
nach vielen demütigenden Jahren trennt. Wirtschaftliche Probleme paaren sich mit persönlichen
Schicksalsschlägen; nur sechs ihrer zwölf Kinder
überleben sie. Gezwungen, den Lebensunterhalt
ihrer großen Familie mit Schreiben zu verdienen,
wagt sie die Veröffentlichung ihrer Werke. S. bevorzugt Poesie, muß aber erkennen, daß Prosa
mehr einbringt, obwohl sie auch nach zehn erfolgreichen Romanen ums Überleben kämpft. – 1784
veröffentlicht sie ihre *Elegiac Sonnets and Other*

Poems, durch die sie als erste ›romantische‹ englische Schriftstellerin gilt, die auch William Wordsworth beeinflußte. S.s oft depressive Stimmung korreliert mit dem *setting*, den Downs rund um Sussex. Diese Landschaft ihrer Kindheit gibt ihrem letzten Gedichtband den Namen: *Beachy Head* (1807). – In ihrer Prosa besticht S. durch meist exakte, von Sir Walter Scott gelobte Naturbeschreibungen, die für den Roman der Zeit innovativ sind, weil sie das Wesen der Charaktere widerspiegeln und atmosphärische Wirkung erzielen. Die ersten Romane, *Emmeline* (1788), *Ethelinde* (1789) und *Celestina* (1791), kreisen um die romantische Liebe mit teilweise unkonventionellen Facetten, die Kritik von Mary Wollstonecraft ernten. Unabhängige, hartgeprüfte Heldinnen legen biographische Parallelen zu S. nahe. Obwohl spannende Abenteuerromane mit manch romantischem Versatzstück, sind S.s Werke keine Schauerromane. Sie bezieht v. a. in späteren Werken als Sozialkritikerin und politische Kommentatorin Stellung. Große Landhäuser fungieren als Metapher für England, so Rayland Hall in ihrem bekanntesten und vielleicht besten Roman, *The Old Manor House* (1793), der Jane Austen und die Entwicklung des englischen Romans beeinflußte. Gesellschaftskritik wird in den Porträts von Mrs. Rayland und General Tracy ebenso laut wie im Exkurs über den im amerikanischen Unabhängigkeitskrieg gegen die Kolonisten kämpfenden Helden. Die vernachlässigte Nebenhandlung weitet S. zu dem schwachen Folgeband *The Wanderings of Warwick* (1794) aus. – Auch die politischen Romane *Desmond* (1792), *The Banished Man* (1794) oder *The Young Philosopher* (1798) sind – als Zugeständnis an den Geschmack der *middle class* – nicht frei von Abenteuerromantik. S. verbindet wirtschaftliche Notwendigkeit mit der Instruktion eines vornehmlich weiblichen Publikums über politische und soziale Themen. *Desmond*, ein historischer Briefroman, spielt zur Zeit der Französischen Revolution. Der Held, ein gemäßigter Republikaner, entstammt der empfindsamen Tradition. S.s prorevolutionäre Einstellung schwächt sich bereits vor der Heirat ihrer Tochter Augusta mit einem adeligen französischen Emigranten ab. Enttäuscht vom französischen Demokratie-Experiment, schlägt sie nach 1793 konservativere Töne an. Am Ende ihrer Karriere schreibt sie Kinderbücher. Die ihr zugeschriebene Komödie *What Is She?* erlebte 1799 nur fünf Aufführungen. – Eindrucksvoll spiegelt ihr Romanwerk den politischen und kulturellen Umbruch ihrer Zeit. Lange fast vergessen, erlebt S. in den letzten Jahren eine Renaissance auch als Beiträgerin zur weiblichen literarischen Tradition, wenngleich ihre Romane nicht als Meilensteine feministischer Literatur gelten.

Literatur: L. Fletcher. *Charlotte Smith: A Critical Biography*. London/New York 1998. – C. L. Fry. *Charlotte Smith*. New York 1996.

Elke Mettinger-Schartmann

Smith, Michael

Geb. 14. 9. 1954 in Kingston, Jamaika;
gest. 17. 8. 1983 in Stony Hill, Jamaika

Dub Poetry – unter diesem Stichwort wird Michael Smith meist subsumiert. Weltbekannt wurde er erst durch die Art seines Sterbens: Noch vor seinem 30. Geburtstag wurde er durch Steinwürfe auf offener Straße erschlagen, nachdem er tags zuvor bei einer politischen Versammlung durch kritische Redebeiträge aufgefallen war. Dieser frühe, tragische Tod überschattet die Rezeption seiner Gedichte, deren bekanntestes, »Mi Cyaan Believe It«, auch seiner LP (1982) den Namen gab. S. wuchs in den Armenvierteln von Kingston auf und erhielt seine Ausbildung hauptsächlich – wie er selbst sagte – auf der Straße. Er besuchte allerdings auch mehrere Schulen und absolvierte die Jamaica School of Drama.

Schon S.s erstes Gedicht über das rassistische Regime im damaligen Rhodesien zeigte unmißverständlich seine kritische politische Haltung: das Engagement für die Unterdrückten der Welt, mit denen er sich als Nachkomme afrikanischer Sklaven identifizierte. Diese Einstellung teilt S. mit anderen Vertretern der *Dub Poetry* wie Mutabaruka, Oku Onuora oder dem in England lebenden Linton Kwesi Johnson. Charakteristisch für diese Art von Dichtung ist der Rhythmus, der in der populären jamaikanischen Musik, dem Reggae, seine Wurzeln hat. Gleichzeitig ist dieser Sprachrhythmus stark beeinflußt vom Kreol, der auf dem Englischen basierenden, aber mit Elementen afrikanischer Sprachen durchsetzten Sprache der Mehrheit der Jamaikaner. Der Ausdruck *Dub* steht für die Version der Musik auf der Rückseite von Reggae-Singles, auf der Baß und Schlagzeug ohne Gesang aufgezeichnet sind, also nur der Rhythmus des Musikstücks übrigbleibt. *Dub Poetry* heißt aber nicht, daß Gedichte zur Reggaemusik gelesen würden, die Sprache selbst übernimmt den Rhythmus der Musik, dazu werden auch Äußerungen in Alltagssituationen wie Zurufe von Straßenverkäufern und -passanten, erregte Predigtpartien und Gemeindeausbrüche in einer Art Recyclingtechnik aufgegriffen. Die Art des Vortrags, die *performance*, ist wichtiger Bestandteil dieser Gedichte, so daß die gedruckten Versionen allein kaum einen authentischen Eindruck vermitteln, eigentlich könnten nur Film- oder allenfalls Tonaufzeichnungen dieser Dichtung gerecht werden. S. wurde nach zahlreichen Auftritten in der Karibik und seinem Auftritt bei der ersten internationalen Buchmesse *For Radical Black and Third World Books* 1982 in London international bekannt. Seine Gedichte entstanden nicht spontan, er arbeitete stundenlang mit einem Aufnahmegerät, um seine Texte zu perfektionieren und seine Auftritte bis ins Detail zu proben. Als Dichter fühlte er sich verantwortlich dafür, das Bewußtsein seiner Zuhörer zu schärfen, zur Befreiung aufzurufen und nicht zum Spielball elitärer Intellektueller zu werden, sondern der Mehrheit der Bevölkerung bei ihrem Lebenskampf beizustehen.

Werkausgabe: *It a Come: Collected Poems.* London 1986. Literatur: M. Morris. »Mikey Smith.«; »Dub Poetry.« *Is English We Speaking and Other Essays.* Hg. M. Morris. Kingston 1999, 30–35; 36–44. – C. Cooper. »Words Unbroken by the Beat: The Performance Poetry of Jean Binta Breeze and Michael Smith.« *Noises in the Blood: Orality, Gender and the Vulgar Body of Jamaican Popular Culture.* Hg. C. Cooper. London 1993, 68–86. – Ch. Habekost. *Verbal Riddim: The Politics and Aesthetics of African-Caribbean Dub Poetry.* Amsterdam 1991.

Marlies Glaser

Smith, Stevie [Florence Margaret]

Geb. 20. 9. 1902 in Kingston-upon-Hull; gest. 7. 3. 1971 in Ashburton, Devon

Daß Stevie Smith es in den 1960er Jahren im Zuge des Lyrikbooms durch ihre publikumswirksamen Dichterlesungen zu großer Popularität brachte und sogar von der Pop-Generation gefeiert wurde, hat wohl niemanden mehr überrascht als die Autorin selbst, deren unscheinbares Äußeres und unmodische Kleidung in merkwür-

digem Kontrast zu ihrer exzentrischen Lyrik und ihren performativen Qualitäten standen. So unspektakulär das ereignisarme Leben dieser Außenseiterin war, so skurril sind ihre experimentellen, autobiographisch geprägten Romane und ihr idiosynkratischer lyrischer Stil. Vom dritten Lebensjahr bis zu ihrem Tod wohnte S. in demselben Haus in einem Vorort im Norden Londons, wo sie mit ihrer Tante, die sie liebe- und respektvoll ›die Löwin aus Hull‹ nannte, bis zu deren Tod 1968 ein zurückgezogenes Leben führte. Ihre Tätigkeit als Sekretärin eines Verlegers, die sie seit den 1920er Jahren 30 Jahre lang ausübte, diente primär dem Broterwerb; ihre eigentliche Energie floß in ihre schriftstellerische Arbeit.

Bekannt wurde S. schon durch ihren ersten Roman, *Novel on Yellow Paper or Work It Out for Yourself* (1936), dessen Besonderheiten bereits durch den programmatischen Untertitel angedeutet werden und der aktive Mitarbeit vom Leser verlangt. S.s ungewöhnliche Erzählweise zeichnet sich dadurch aus, daß sie sich aus einem Dialog zwischen der redseligen Ich-Erzählerin Pompey Casmilus, die Schreiben als Konversation versteht, und dem immer wieder angeredeten Leser entfaltet. Dadurch entsteht der Eindruck einer sprechenden Stimme, ausgeprägter Spontaneität und einer starken Subjektivierung des Erzählten, das in Form einer Sequenz von ständig neuen Assoziationen der Erzählerin vermittelt wird. An die Stelle einer linearen Handlung tritt in S.s Romanen die permanente Digression, die nicht mehr als Abschweifung, sondern als konstitutives Darstellungsverfahren zu verstehen ist. – S.s lyrisches –uvre, das acht Gedichtsammlungen umfaßt, ist keiner der Schulen und Gruppen der Lyrik der Moderne zuzuordnen. Unberührt von den Umwälzungen modernistischer Dichtung, entwickelte sie ihren individualistischen lyrischen Stil und blieb ihren thematischen, formalen und stilistischen Präferenzen über 30 Jahre hinweg treu. Die für ihre Lyrik kennzeichnenden Themen und Stilelemente sind bereits in *A Good Time Was Had by All* (1937), S.s erstem Gedichtband, voll ausgebildet und wandeln sich kaum bis zu *Scorpion and Other Poems* (1972), ihrer letzten, postum erschienenen Lyriksammlung. Viele ihrer Gedichte kreisen um Gedanken an Selbstmord und Tod, der als willkommener Erlöser gepriesen wird; daneben zählen Kindheitsprobleme, Liebe, Mißverstehen, Einsamkeit und religiöse Fragen zu den wiederkehrenden Themen. Die Eigentümlichkeit von S.s

Lyrik, deren Grundprinzip die Inkongruenz ist, liegt jedoch weniger in der Thematik als in dem für das Groteske konstitutiven Spannungsverhältnis von komischer Darstellungsform und grauenerregendem Inhalt. Ein ähnlicher Kontrast charakterisiert auch S.s Federzeichnungen, die ein wesentlicher Bestandteil ihrer Gedichtbände sind. Der Rückgriff auf Märchenelemente, die Anleihen bei der Nonsense-Dichtung sowie die oftmals Komik erzeugende Verwendung von Metren, Strophen- und Gattungsformen aus der Volksdichtung verleihen ihren nur scheinbar leichtverständlichen Gedichten einerseits den Eindruck von heiterer Verspieltheit, andererseits erhalten sie durch den Kontrast mit der dominant ernsten Thematik oft einen tragikomischen und melancholischen Charakter. Ein eindrucksvolles Bild der Isolation und des Mißverstehens vermittelt ihr meistzitiertes Gedicht »Not Waving But Drowning«, in dem die Hilferufe eines Ertrinkenden falsch gedeutet werden. – S.s Bemerkung, ihre Gedichte seien ›Klang-Vehikel‹, verweist auf deren ausgeprägt musikalischen Charakter, den sie bei ihren zahlreichen Lesungen dadurch hervorhob, daß sie ihre Texte oft singend rezitierte. Attribute wie ›fröhlich-makaber‹ bzw. ›janusköpfig‹ deuten die Ambivalenz ihrer unkonventionellen Lyrik an, die S. den Ruf einer ›poetischen Nonkonformistin sui generis‹ eingetragen hat. Daß seit den 1980er Jahren neben einer Gesamtausgabe ihrer Lyrik auch ihre beiden weiteren Romane, *Over The Frontier* (1938) und *The Holiday* (1949), und ihre *Uncollected Writings* auf dem Markt sind, ist ein Zeichen für S.s gegenwärtige Popularität.

Werkausgaben: *The Collected Poems*. Hg. J. MacGibbon. London 1975. – *Stevie Smith: A Selection*. Hg. H. Lee. London 1983.
Literatur: D. Frerichs. *Autor, Text und Kontext in Stevie Smiths Lyrik der 1930er Jahre*. Bochum 2000. – A. Nünning. »›Great Wits Jump‹: Die literarische Inszenierung von Erzählillusion als vernachlässigte Entwicklungslinie des englischen Romans von Laurence Sterne bis Stevie Smith.« *Lineages of the Novel: Essays in Honour of Raimund Borgmeier*. Hg. B. Reitz/E. Voigts-Virchow. Trier 2000, 67–91. – S. V. Sternlicht, Hg. *In Search of Stevie Smith*. Syracuse, NY 1991. – ders. *Stevie Smith*. Boston 1990. – F. Spalding. *Stevie Smith*. London 1988. – J. Barbera/W. McBrien. *Stevie: A Biography of Stevie Smith*. London 1985.

Ansgar Nünning

Smith, Zadie

Geb. 1975 in London

Zadie Smith ist gegenwärtig zweifellos *der* Shooting-Star der britischen Literaturszene: Ihr im Jahr 2000 erschienenes Romandebüt *White Teeth* (*Zähne zeigen*, 2001) wurde erwartungsgemäß (die Verleger hatten sich schon vor Abschluß des Manuskripts mit einem ungewöhnlich hohen Vorschuß, die Rede ist von 250.000 Pfund, die Rechte an den ersten beiden Romanen der bis dato völlig unbekannten Studentin der Literaturwissenschaft gesichert) ein Bestseller, der mittlerweile nicht nur in mehrere Sprachen übersetzt wurde, sondern auch zahlreiche Preise gewann. – Der von Salman Rushdie zu Recht als »an astonishingly assured début« gelobte Roman, der demnächst von der BBC in mehreren Teilen verfilmt werden soll, verwebt die Geschichten der drei jamaikanisch-britischen, bangladeschischen bzw. jüdischen Familien Jones, Iqbal und Chalfen zu einem transkulturellen *patchwork*, das über ethnische und klassenspezifische Grenzen hinweg Verbindungen zwischen den Generationen schafft. Im Mittelpunkt der Handlung stehen die beiden ungleichen Freunde Archie Jones und Samad Iqbal, die sich während des Zweiten Weltkriegs als Soldaten in der britischen Armee kennenlernen und nach Kriegsende als Nachbarn im Londoner Stadtteil Willesden leben. Der Engländer Archie heiratet die Anglo-Jamaikanerin Clara, deren ethnische Herkunft allerdings für ihr Selbstverständnis ebenso wie für das ihrer Tochter Irie nur von untergeordneter Bedeutung ist. Anstatt die in vielen Migrationsromanen zentrale Frage nach der eigenen kulturellen Identität ins Zentrum zu rücken, stellt *White Teeth* konsequent die zweite Generation im »Happy Multicultural Land« Großbritannien und den von ihr vorangetriebenen Prozeß der kulturellen Hybridisierung in den Mittelpunkt. Nicht nur die Figurenkonstellation und -charakterisierung, sondern auch die multiperspektivische Romanstruktur und die ironischen Erzählerkommentare tragen dazu bei, essentialistische Vorstellungen von *Englishness* und übertriebene *ethnic correctness* ad absurdum zu führen. In der transkulturellen Gegenwart ist die ethnische Herkunft weder prädestinierend, wie die gegenläufige Entwicklung von Samads Söhnen Millat und Magid zum Fundamentalisten bzw. ›Engländer‹ zeigt, noch läßt sich die Fiktion ethnischer Reinheit aufrechterhalten. – Trotz der multikulturellen Thematik ihres Romans und der zahlreichen autobiographischen Bezüge läßt sich S., die wie ihre Figur Irie Jones die Tochter einer Jamaikanerin und eines Engländers ist, nicht auf die ihr in Interviews häufig zugeschriebene Rolle als »a spokesperson for race, youth, women« (*The Guardian*, 11. 12. 2000) reduzieren. Ihre Kurzgeschichte »I'm the only one« (in *Speaking With the Angel*, Hg. Nick Hornby, 2001), deren Protagonist ein 14jähriger kanadischer Junge ist, macht deutlich, daß S. sich weder auf den Bereich der ethnischen Minderheitenliteratur noch auf *women's literature* festlegen lassen will. S. ließ ihrem Debütroman zwei weitere folgen: *The Autograph Man* (2002) und *On Beauty* (2005).

Literatur: C. Squires. *Zadie Smith's White Teeth : A Reader's Guide*. New York 2002. – R. Sommer. *Fictions of Migration: Ein Beitrag zur Theorie und Gattungstypologie des zeitgenössischen interkulturellen Romans in Gro britannien*. Trier 2001, 182–189.

Roy Sommer

Smollett, Tobias [George]

Getauft 19. 3. 1721 in Cardross, Dumbartonshire; gest. 17. 9. 1771 in Livorno

Wie bereits Daniel Defoe, so gehört auch Tobias Smollett aufgrund der zunehmenden Kommerzialisierung der Literatur zu der im 18. Jahrhundert sich konstituierenden Gruppe der Berufsliteraten. In nur weniger als drei Jahrzehnten schreibt er eine 2600 Quarto-Seiten umfassende Geschichte Englands (1757/58), einen vielbeachteten Reisebericht über Frankreich und Italien (*Travels through France and Italy*, 1766), neoklassizistische Verssatiren, medizinische Abhandlungen wie auch einflußreiche Übersetzungen (z.B. *Don Quijote*). Frühe Ambitionen, sich mit dem Drama *The Regicide* als Tragödienautor in London zu etablieren, schlagen fehl und führen dazu, daß sich S. zunehmend der Prosa und der Gattung des komischen Romans zuwendet.

Mit seinem als fiktive Autobiographie konzipierten Erstlingsroman *The Adventures of Roderick Random* (1748; *Die Abenteuer Roderick Randoms*, 1755) vermag S. auf Anhieb einen Erfolg zu erzielen, der zuletzt auch darin begründet liegt, daß er bei der Schilderung der diversen Abenteuer seines Protagonisten sowohl auf seine eigenen Erlebnisse als Schiffsarzt als auch auf seine Erfahrungen bei der Schlacht von Cartagena (im englischspanischen Krieg von 1740/41) zurückgreifen kann. Im Unterschied zu Henry Fieldings humoristischem Weltverständnis entwirft S. hier das düstere Panorama einer maliziösen Welt, die nach dem Gesetz des *homo homini lupus* nur von Betrügern, Prostituierten und Verbrechern beherrscht wird. Die nach einer lockeren Episodenstruktur aneinandergereihten Kapitel folgen dabei den Rotationen des Schicksalsrades und zeigen Randoms planloses Oszillieren zwischen Armut und Reichtum, zwischen Zuversicht und Enttäuschung, bald an Bord eines Schiffes mißhandelt und von Exkrementen übergossen, bald düpiert und ausgeplündert von Hochstaplern und Parasiten. Dieser dem pikaresken Erzählkonzept entlehnten Vorstellung von der Welt als einem von Sadisten bevölkerten Inferno steht jedoch bei S. die Tatsache gegenüber, daß Roderick in jeder noch so verzweifelten Lage positive Personen an seiner Seite weiß. Die in ihnen verkörperten Tugenden der selbstlosen Hingabe, der Generosität und des Mitleids geben dem Roman bereits früh eine verhalten empfindsame Tendenz, die sich im letzten Teil, in der Liebe des Protagonisten zu Narcissa, schließlich durchzusetzen scheint. Wie sehr der pikareske Anti-Held Züge einer sentimentalen Figur angenommen hat, zeigt nicht nur die Flut der Tränen, die der nach Schottland zurückgekehrte Roderick bei der Wiederbegegnung mit seinem für tot geglaubten Vater vergießt; auch die Tatsache, daß er im Umgang mit einer reumütigen Prostituierten auf Vergeltung verzichtet und ihre Notlage lindern hilft, beweist, wie weit sich S. von den moralischen Positionen des Klassizismus entfernt hat. – Die in *Roderick Random* erfolgreich erprobte Kombination von Schelmen-, Reise- und Liebesroman läßt sich auch in den 1751 publizierten *Adventures of Peregrine Pickle* (*Begebenheiten des Peregrin Pickle*, 1753) wiederfinden. Doch die Geschichte des mit Esprit und Skrupellosigkeit seine Mitmenschen düpierenden Schurken, dem nach etlichen Glücksumschwüngen unvermittelt eine Erbschaft zufällt, die es ihm ermöglicht, eine lange umworbene Frau zu ehelichen und sich aufs Land zurückzuziehen – diese aus der distanzierenden Sicht eines auktorialen Erzählers referierte Geschichte vermochte den inzwischen veränderten Publikumsgeschmack nicht mehr zu treffen. Insbesondere die harschen *ad hominem*-Satiren auf Fielding, David Garrick und Mark Akenside mußte S. in der zweiten Auflage (1758) entschärfen.

Von den *Adventures of Ferdinand Count Fath-om* (1753; *Graf Ferdinand Fathom*, 1799) abge-sehen, sieht sich S. unter dem wachsenden Druck seiner finanziellen Schwierigkeiten gezwungen, sich zunächst vom Genre des Romans abzuwen-den. Zeitweise die Existenz eines Grub-Street-Au-tors fristend, produziert der von Gläubigern be-drängte S. eine Flut von Essays und Kritiken, was nicht nur seine Reputation, sondern auch seine durch die Schwindsucht geschwächte körperliche Konstitution nachhaltig beeinträchtigen sollte. Vom Tod seines einzigen Kindes überdies gezeich-net (1763) und der Invektiven seiner literarischen Widersacher überdrüssig, begibt sich S. in Beglei-tung seiner Gattin, der Kreolin Anne Lassells, auf ausgedehnte Reisen. Eine Schottland-Reise inspi-riert S. zu seinem letzten, bereits in Livorno ver-faßten und nur drei Monate vor seinem Tod ver-öffentlichten Roman, *The Expedition of Humphry Clinker* (1771; *Humphry Klinkers Reisen*, 1772). Auf die seit Samuel Richardson zur literarischen Modegattung avancierte *epistolary novel* (Brief-roman) zurückgreifend, gestaltet S. die handlungs-betonte Geschichte um den kauzigen Waliser Matthew Bramble als einen Reisebericht in Brief-form. Im Gegensatz jedoch zu Richardson, der sein innovatives Romankonzept in *Pamela* (1740) nur aus der begrenzten Perspektive einer einzigen empfindsamen Briefschreiberin entwickelt, be-müht sich S. um eine facettenreiche Multiperspek-tivität, indem er die Kutschenreise und das damit verbundene Panorama quer durch England aus der Sicht fünf heterogener Verfasser reflektieren läßt. Als eine Vermittlungsinstanz inmitten der divergenten Realitätsauffassungen stellt S. jedoch die ausgleichende Wahrnehmung des gebildeten Jeremy Melford, der oft aus der amüsierten Di-stanz eines *raisonneur* die Chronologie der Er-eignisse wiederherstellt und die perspektivische Zersplitterung der erzählten Welt erneut bündelt. Seine Darstellung der Idiosynkrasien seiner Mit-reisenden, v.a. die des donquijotesken Sonderlings Captain Lismahago und des skurrilen Methodi-stenpredigers Humphry Clinker, zeigt, wie fern ihm das neo-klassizistische Exponieren des von der Norm Abweichenden liegt. Statt dessen insistieren Jeremy wie auch Bramble auf der Akzeptanz des Originellen. Insbesondere die Schottland-Reise verweist auf die (teilweise) literaturgeschichtliche Verortung des Romans in der Strömung der Emp-findsamkeit: Nicht nur das Pittoreske der Land-schaft um Loch Lomond, auch die Erhabenheit der Highlands lösen sowohl in Bramble als auch in Jeremy eine unerwartete romantische Naturbegei-sterung aus, die bei letzterem noch durch die Euphorie für Ossian zu einem (zeitlich begren-zten) Enthusiasmus gesteigert wird. Die Tatsache, daß S.s Annäherungen an den sentimentalen Ro-man der Romantik jedoch partiell bleiben und seine Liebe für skatologische Details eher an Jona-than Swift und die satirische Tradition des 18. Jahrhunderts erinnert, macht den stets als epigonal eingestuften S. zu einer irritierend janusköpfigen Gestalt der englischen Literatur- und Geistesge-schichte.

Werkausgabe: *The Works of Tobias Smollett.* Hg. J.C. Beasley. 12 Bde. Athens, GA 1988ff. Literatur: R.D. Spector. *Tobias Smollett.* Boston 1989. – G.S. Rousseau/P.G. Bouc é Hgg. *Tobias Smollett: Bicen-tennial Essays Presented to Lewis M. Knapp.* New York 1971. – L.M. Knapp. *Tobias Smollett.* New York 1963.
Norbert Lennartz

Snow, C[harles] P[ercy]

Geb. 15.10.1905 in Leicester;
gest. 1.7.1980 in London

Leben und Werk von C.P. Snow (seit 1964 Baron Snow of Leicester) lassen sich aus dem Spannungsfeld von Literatur und Naturwissen-schaft verstehen. Aus der unteren Mittelschicht der englischen Provinz stammend, eröffnete ihm trotz früher literarischer Ambitionen nur eine wissen-schaftliche Karriere den sozialen Aufstieg. So war er von 1927 bis Mitte der 1930er Jahre als Forscher in Cambridge tätig, dem damaligen Zentrum der wissenschaftlichen Welt, wo ein ungebrochener Wissenschaftsoptimismus herrschte, dem auch S. sich nicht entziehen konnte. Nach seinem Wechsel in den *civil service* war er im Zweiten Weltkrieg als leitender Koordinator für den Kriegseinsatz bri-tischer Wissenschaftler verantwortlich und hatte Einblick etwa in die Arbeiten zur Entwicklung einer britischen Atombombe. Seit 1944 war er zudem als Vorstandsmitglied Chef des gesamten technischen Personals des britischen Elektrokon-zerns English Electric Company.

Nach einem 1933 anonym veröffentlichten Sci-ence-fiction-Roman, der bereits den Gegensatz von Literatur und Naturwissenschaft thematisiert, bildet *The Search* (1934) in der Abwendung des Protagonisten von der Wissenschaft und seiner

Hinwendung zur Literatur S.s eigene Entwicklung nach und nimmt Themen und Motive seines Hauptwerks, der elfbändigen Reihe *Strangers and Brothers* (1940–70; *Fremde und Brüder*, 1948–70) vorweg. In traditioneller Erzählweise zeichnet S. anhand der Entwicklung des Protagonisten Lewis Eliot über dessen Aufstieg im *civil service* und seinen Umgang in wissenschaftlichen, literarischen, politischen und wirtschaftlichen Kreisen ein breites Panorama der britischen Gesellschaft vom Ersten Weltkrieg bis in die späten 1960er Jahre, wobei er sich als Meister der Analyse menschlicher Konflikte und Handlungsmotive erweist. Dabei ist Lewis Eliot, wie S. 1905 geboren, über weite Strecken auf S.s eigene Überzeugungen festgelegt; trotz des Verzichts auf offenes Moralisieren tritt die Position der bürgerlichen Vernunft, ja bisweilen des langweiligen Gutmenschentums, allzu deutlich hervor. Der vielleicht beste Roman der Reihe und ein geeigneter Einstieg in S.s Werk ist *The Masters* (1951; *Die Lehrer*, 1952), der den Wahlkampf des Biologen Crawford und des Literaturwissenschaftlers Jago um den Posten des Collegevorstands beschreibt. S. schrieb aber auch kultur- und politikwissenschaftliche Bücher, etwa *Science and Government* (1961; *Politik hinter verschlossenen Türen*, 1962), eine Vortragsreihe über die sinnvolle Einbindung von Wissenschaftlern in Politik und Verwaltung. – Von besonderer Bedeutung ist *The Two Cultures* (1959; *Die zwei Kulturen*, 1967), in dem S. die Spaltung zwischen einer traditionellen geisteswissenschaftlichen und einer progressiven naturwissenschaftlichen Kultur konstatiert, die einander – mit gefährlichen Folgen für Politik und Kultur – nicht verstehen und gegenseitig geringschätzen: eine bei aller Vereinfachung heute mehr denn je gültige Diagnose, die noch immer kontrovers diskutiert wird. Denn obwohl S. in den 1960er Jahren vielen Kritikern als größter Vertreter des englischen Gegenwartsromans galt, sind seine kultur- und wissenschaftspolitischen Schriften heute bekannter als seine Romane.

Literatur: J. Halperin. *Charles Percy Snow: An Oral Biography*. Brighton 1983. – D. Shusterman. *C. P. Snow*. Boston 1991 [1975].

Jens Martin Gurr

Southey, Robert

Geb. 12. 8. 1774 in Bristol, Gloucestershire;
gest. 21. 3. 1843 in Keswick, Cumberland

Robert Southey ist insbesondere als dritter der *Lake Poets* – neben Wordsworth und Coleridge – bekannt, der in seiner Jugendzeit stark mit den Jakobinern und der Französischen Revolution sympathisierte, sich dann jedoch den Konservativen zuwandte und 1813 zum *Poet Laureate* ernannt wurde. S. richtete sich mit seiner Familie zunehmend im Alltagsleben Englands ein, ähnlich funktionalisiert ist auch seine Dichtung. Seine Sprache wirkt oft eher handwerklich denn visionär oder innovativ. Seine Prosa ist vorwiegend aus inhaltlichen Gründen gelesen worden, gerade wegen ihrer Sozialkritik am aufkommenden Industrialismus; anders als bei Stilisten wie Thomas Carlyle ist sie jedoch heute weitgehend vergessen. Die *Letters from England by Don Manuel Alvarez Espriella* (1807; *England und die Engländer*, 1818) wurden z. B. für ihren Inhalt und die Einsichten in die Gegenwart Englands gepriesen. S.s Ästhetik geht kaum über ein reines Repräsentationsmodell hinaus: Lyrik vermittelt den sprachlichen Zugang zu inneren Gefühlen bzw. repräsentiert diese. Noch 1997 ist in der schmalen und vorwiegend literaturkritischen Forschung zu S. eine Monographie (Christopher J. P. Smith) fast ausschließlich damit beschäftigt, S.s dichterische Leistung gegenüber insbesondere Wordsworth aufzuwerten; zu unterschiedlichen literaturtheoretischen Blickwinkeln lädt S.s Werk kaum ein.

S. bewegte sich mit Lyrik, Reiseberichten, historischen, literarhistorischen und politischen Schriften sowie Übersetzungen in zahlreichen Gattungen, doch sein poetisches Hauptproduktionsfeld waren die Versepen, in denen er ferne Kulturen mit gegenwärtigen Zuständen zu verbinden suchte. In *Madoc* (1805) lebt der Held in zwei Welten, Amerika und Wales, wobei die Kritik S. immer wieder vorwirft, gegenwärtige und ferne Welt poetisch nicht vereinigen zu können. Für die Vermittlung der Utopie mit Moral und pragmatischem Leben fehlen ihm letztlich die sprachlichen Mittel. Er erscheint mehr als ein Vorläufer des Viktorianischen Zeitalters denn als Romantiker. S.s Helden und Figuren sind stark typisiert; z. B. repräsentiert der Titelheld im Hindu-Epos *The Curse of Kehama* (1810) als Nachbildung Napoleons das Böse, während die Heldinnen in der

Regel gut, tugendhaft sowie in Einklang mit Natur und Gott, gemäß einer Art Universalmoral und -religion, agieren. S.s Direktheit und Ernsthaftigkeit führen auch in Byrons *Vision of Judgement* (1821) zum parodistischen Porträt. S.s Schriften waren am erfolgreichsten, wenn er Geschichte fiktionalisierte, wie sich in seinem bekanntesten Werk, *The Life of Nelson* (2 Bde., 1813; *Nelsons Leben*, 1837), zeigt, in dem er den Mythos eines imperialen Helden erschafft.

Werkausgabe: *The Poetical Works of Robert Southey Collected by Himself.* 10 Bde. London 1837–38. Literatur: Ch.J.P. Smith. *A Quest for Home: Reading Robert Southey.* Liverpool 1997. – M. Storey. *Robert Southey: A Life.* Oxford/New York 1997. – K. Curry. *Southey.* London/Boston 1975.

Stephan Jaeger

Soyinka, [Akinwande Olu] Wole

Geb. 13. 7. 1934 bei Abeokuta, Nigeria

Seit den 1960er Jahren hat Wole Soyinka, der bekannteste Autor Nigerias, der 1986 als erster schwarzafrikanischer Schriftsteller den Literatur-Nobelpreis erhielt, die moderne afrikanische Literatur maßgeblich mitgeprägt. – S. wuchs in einer einflußreichen Yoruba-Familie in Westnigeria auf, absolvierte in Ibadan und Leeds ein Studium der englischen Sprache und Literatur und arbeitete einige Jahre in London als Schauspieler, bevor er 1960 nach Nigeria zurückkehrte, wo er an verschiedenen Universitäten lehrte und als Theaterproduzent tätig war. Nach dem ersten Militärputsch von 1966 setzte sich S. für eine gesamtnigerianische Reformbewegung ein, die den Ausbruch eines Bürgerkrieges verhindern sollte; während des Biafra-Krieges wurde er 1967–69 wegen seines radikalen friedenspolitischen Engagements fast zwei Jahre lang inhaftiert. S. lehrte lange Jahre an der nigerianischen Universität Ife, mußte das Land aufgrund seines Eintretens für Menschenrechte und demokratischen Wandel aber mehrfach verlassen, zuletzt 1997 während der Endphase der Militärdiktatur unter General Abacha.

Obwohl S. wie kaum ein anderer afrikanischer Autor immer wieder als streitbarer Intellektueller Einfluß auf die politischen Geschicke seines Heimatlandes genommen hat, entziehen sich die meisten seiner Werke aufgrund ihrer thematischen und sprachlichen Komplexität herkömmlichen Kategorien ›politisch engagierter‹ Kunst. Im Mittelpunkt seines umfangreichen literarischen Schaffens, das neben zahlreichen Theaterstücken mehrere Romane und autobiographische Schriften, Gedichte sowie Essays und literaturtheoretische Abhandlungen umfaßt, steht die Auseinandersetzung mit einer spezifisch afrikanischen Moderne, die S. zum einen aus den kulturellen Traditionen Afrikas heraus begreifbar zu machen versucht, zum anderen selbstbewußt mit kulturellen und literarischen Traditionen Europas von der griechischen Antike über Shakespeare bis zum epischen Theater Brechts konfrontiert. In zahlreichen literatur- und kulturtheoretischen Schriften – neben *Myth, Literature and the African World* (1976) ist hier vor allem die Aufsatzsammlung *Art, Dialogue and Outrage: Essays on Literature and Culture* (1988) zu nennen – hat S. diese Programmatik begründet und gegen kulturnationalistisch inspirierte Traditionalismen, aber auch gegen einen doktrinären Dritte-Welt-Marxismus abgegrenzt. – Bereits in seinen frühen Stücken findet sich eine Synthese von ritueller Symbolik und gegenwartsbezogener Gesellschaftskritik, die irritierte Literaturkritiker gelegentlich dazu verleitet hat, S. einen kulturellen »Traditionalismus« und eine »mythologische« Weltsicht zu unterstellen. Tatsächlich steht die traditionelle Kosmologie der Yoruba z. B. in *A Dance of the Forests* (1960) jedoch keineswegs für eine kulturelle ›Rückbesinnung‹ etwa im Sinne der im frankophonen Afrika in den 1950er-60er Jahren einflußreichen *Négritude*-Bewegung, die S. als romantisierende Verklärung afrikanischer Geschichte und Kultur vehement ablehnte. Die Geister, Götter und Ahnen, die in S.s anläßlich der Unabhängigkeit Nigerias uraufgeführtem Stück den Ton angeben, eröffnen den Blick auf eine von Gewalt und Machtmißbrauch geprägte afrikanische Geschichte, die einen langen Schatten auf die sich ankündigende nachkoloniale Gegenwart wirft; das zeitgenössische Afrika scheint hier auf dem besten Wege, die Fehler der Vergangenheit zu wiederholen, und kulturelle Traditionen vermögen angesichts einer ungewissen Zukunft keinen festen Halt mehr zu bieten, sondern werden in die intensive Selbstreflexion der Protagonisten mit einbezogen. Eine zentrale Bezugsfigur in S.s ›mythopoetischem‹ Blick auf das moderne Afrika ist der Yoruba Gott Ogun, der als traditioneller Schutzpatron der Jagd, der Kriegskunst und des Schmiedehandwerks schöpferische und zerstörerische

Kräfte in sich vereint. ›Oguneske‹ Figuren, die sich durch lebenspralle Sinnlichkeit, Sprachwitz und eine rücksichtslose Egozentrik auszeichnen, finden sich in vielen Stücken S.s; der gerissene alternde Stammesherrscher Baroka, der in *The Lion and the Jewel* (1959; *Der Löwe und die Perle*, 1973) im Wettbewerb um die Hand der Dorfschönheit Sidi die Oberhand über seinen jungen, westlich gebildeten Rivalen Lakunle behält, gehört ebenso hierher wie der verschlagene religiöse Scharlatan Bruder Jero in *The Trials of Brother Jero* (1960), dem es immer wieder gelingt, aus der Leichtgläubigkeit seiner Anhänger Kapital zu schlagen, der geschäftstüchtige Professor in *The Road* (1965), der philosophische Reflexionen über Leben und Sterben auf der Straße mit einem florierenden Ersatzteilhandel verbindet, oder der mafiöse Geschäftsmann Sidibe in *From Zia, With Love* (1992), der sich im politischen Dschungel einer korrupten Militärdiktatur als skrupelloser Überlebenskünstler erweist.

Eine teils ironisch-satirische, teils zynisch-desillusionierte Kritik der nachkolonialen Gesellschaft Nigerias steht im Mittelpunkt der beiden Romane S.s. *The Interpreters* (1965; *Die Ausleger*, 1983) behandelt das Schicksal einer Gruppe junger Intellektueller, die zu Beginn der 1960er Jahre nach Nigeria zurückkehren, um nach dem Ende des Kolonialismus am Aufbau einer neuen Gesellschaft mitzuwirken, aber schon bald feststellen müssen, daß in ihrem von Korruption und Machtmißbrauch geprägten Heimatland kein Platz mehr für ihre Ideale zu sein scheint. Überwiegen in *The Interpreters* noch die ironischen Porträts eines afrikanischen Spießbürgertums, das seine neugewonnenen Privilegien um jeden Preis zu verteidigen versucht und sich dabei hinter einer konservativen Fassade britisch-kolonialer Wohlanständigkeit verschanzt, zeichnet *Season of Anomy* (1973; *Zeit der Gesetzlosigkeit*, 1977) ein stellenweise geradezu apokalyptisches Bild einer vom Bürgerkriegsterror zerrissenen Nation. S. hatte sich bereits in seinem Gefängnistagebuch *The Man Died* (1972; *Der Mann ist tot*, 1979) intensiv mit den Pogromen im islamisch geprägten Norden Nigerias befaßt, denen vor Ausbruch des Biafra-Krieges tausende ostnigerianische Ibos zum Opfer fielen; in *Season of Anomy* porträtiert S. dieses traumatische Kapitel nigerianischer Zeitgeschichte als einen sorgfältig geplanten, politisch motivierten Massenmord, mit dem ein »Kartell« aus Agrarunternehmern, traditionellen Herrschern und Militärs seine Herrschaft

aufrechtzuerhalten versucht. Mit der sozialistisch inspirierten Reform-Gemeinde von Aiy&ró stellt S. den Machenschaften des »Kartells« einen utopischen Gemeinschaftsentwurf gegenüber, der traditionelle religiöse Rituale mit der bewußten Teilhabe an der modernen Welt verbindet, ohne jedoch den Ausbruch der politisch inszenierten Gewalt verhindern zu können. – In späteren Prosawerken wendet sich S. verstärkt autobiographischen Themen zu: In *Aké: The Years of Childhood* (1981; *Aké: Eine Kindheit*, 1986) entwirft er ein Porträt des Künstlers als Kind und zeichnet die kulturellen Traditionen der Yoruba nach, die sein späteres Werk so nachhaltig prägen sollten; in *Ìsarà: A Voyage Around »Essay«* (1989; *Ìsarà: eine Reise rund um den Vater*, 1994) beschäftigt er sich mit dem Leben seines Vaters, der sich als junger Lehrer zusammen mit anderen Protagonisten einer sich herausbildenden afrikanischen Mittelklasse in den 1930er Jahren für einen sozialen und kulturellen Wandel einsetzt und dabei mit engstirnigen afrikanischen Traditionalisten und anmaßenden europäischen Kolonialadministratoren in Konflikt gerät; und in *Ibadan: The Penkelemes Years* (1994) schildert er seine Lehr- und Wanderjahre in London und Paris sowie die legendären Anfänge seiner Theaterarbeit im Nigeria der frühen 1960er Jahre.

Zum umfangreichen Werk S.s gehören auch mehrere Gedichtbände. Während manche der frühen Gedichte in *Idanre and Other Poems* (1967) und *A Shuttle in the Crypt* (1972) mit ihrer dichten, teilweise geradezu privaten Symbolik bis an die Grenze der sprachlichen Kommunikationsmöglichkeiten gehen, wendet sich S. in *Ogun Abibiman* (1976), einem auf dem Hintergrund des Befreiungskrieges in Rhodesien entstandenen Langgedicht, historisch-politischen Themen zu. Die mit der Synthese von Ogun und Chaka, dem legendären südafrikanischen Zulu-General, beschworene panafrikanische Befreiungsvision hebt vor allem auf den Kampf gegen Kolonialismus und Rassismus ab und übergeht die autoritären Züge der Gewaltherrschaft Chakas. In späteren Gedichten, z. B. in *Mandela's Earth and Other Poems* (1989), setzt sich S. jedoch nicht nur mit dem Apartheid-Regime in Südafrika, sondern auch mit der »Kultur der Gewalt« in verschiedenen nachkolonialen Gesellschaften Afrikas und der Notwendigkeit eines demokratischen Wandels auseinander. – In den 1980er-90er Jahren wurde S. – nicht zuletzt in Folge seiner Medienpräsenz als Literatur-Nobelpreisträger – zu einem der bekanntesten Intellektuellen Afrikas, dessen öffentliches Engagement gegen die Militärdiktatur in Nigeria und für eine demokratische Erneuerung des nachkolonialen Afrika auch in seinen Theaterstücken zum Ausdruck kommt. Bereits in der Brechts *Dreigroschenoper* nachempfundenen *Opera Wonyosi* (1977) und in *Requiem for a Futurologist* (1983) spielen sozial- und gesellschaftskritische Themen eine zentrale Rolle; in Stücken wie *From Zia, With Love* und *The Beatification of Area Boy* (1995) erweist sich S. vollends als kompromißloser Kritiker autoritärer Gesellschaftsverhältnisse, der sich allerdings nicht pädagogisch-belehrend an sein Publikum wendet, sondern eine sinnlich-opulente Form des Theaters entwickelt, die sich grotesker Komik und politischer Satire ebenso bedient wie ritueller Tänze oder zeitgenössischer Rap-Musik. Der in der Literaturkritik gelegentlich formulierte Vorwurf, S. zeichne ein allzu pessimistisches Bild des zeitgenössischen Afrika und lasse klare Lösungsperspektiven für die von ihm benannten Probleme vermissen, kann so kaum überzeugen: S.s zähes Festhalten an zivilgesellschaftlichen Normen und seine hartnäckige Weigerung, Korruption, Militärdiktatur und politische Gewalt als afrikanische Normalität hinzunehmen, entspringen weder zynischer Resignation noch politischem Fatalismus, sondern der beharrlichen Hoffnung auf einen demokratischen Neuanfang in Afrika, einer Hoffnung, die auch in S.s politischen Streitschriften der 1990er Jahre wie *The Open Sore of a Continent: A Personal Narrative of the Nigerian Crisis* (1996) und *The Burden of Memory: The Muse of Forgiveness* (1999) zum Ausdruck kommt.

Werkausgaben: *Collected Plays*. 2 Bde. Oxford 1973–74. – *Plays*. 2 Bde. London 1998–99. – *Stücke*. Berlin 1987. Literatur: B. Jeyifo, Hg. *Perspectives on Wole Soyinka: Freedom and Complexity*. Jackson 2001. – D. Wright. *Wole Soyinka Revisited*. New York 1993. – E. D. Jones. *The Writing of Wole Soyinka*. London 1988. – J. Gibbs. *Wole Soyinka*. Basingstoke 1986.

Frank Schulze-Engler

Spark, [Dame] Muriel [Sarah]

Geb. 1. 2. 1918 in Edinburgh

Muriel Spark gehört zu der Generation von Autor(inne)n, die wie William Golding, Doris Lessing und Iris Murdoch nach 1950 und einer Phase der Dominanz realistischen Erzählens in Großbritannien zu publizieren beginnen. Wie diese stellt sie ethische und philosophisch-religiöse Fragen in den Mittelpunkt und entwickelt experimentellere Erzählweisen. Nach Gedichten, Kurzgeschichten und biographischen Arbeiten erschien 1957 ihr erster Roman, *The Comforters* (*Die Tröster*, 1963). Sie hat über 20 Romane, zahlreiche Kurzgeschichten, ein Bühnenstück, Hörspiele und einige Kindergeschichten veröffentlicht. – S. wuchs in Edinburgh auf, lebte von 1937–44 in Südrhodesien, dann in London, wo sie für die *black propaganda*, nach Kriegsende als Journalistin und Herausgeberin arbeitete. 1954 trat sie zum Katholizismus über, der ihr laut »My Conversion« (1961) und ihrer Autobiographie, *Curriculum Vitae* (1992; *Curriculum Vitae*, 1994), den Weg zur Romanform ebnete.

S.s Werk ist durchzogen von Einbrüchen des Unerwarteten, Unerklärlichen und oft Schrecklichen; es geht um das Wesen von Gut und Böse, um das Transzendente unter der Oberfläche und Grundfragen des Glaubens. Die oft skurrilen, intriganten Figuren spiegeln in satirischer Überzeichnung die Absurdität des Menschlichen und die Vielfalt der Möglichkeiten in einer gottgeordneten Welt. Einbrüche des Übernatürlichen sowie das Fehlen rationaler und psychologischer Erklärungen sind fiktionale Zeichen für deren Unzulänglichkeit. Referenzen auf den politischen, soziokulturellen Hintergrund sind selten, weshalb S. auch als Jane Austens »surreale« Nachfahrin bezeichnet wurde. Zentrales Thema ist ferner die Gefahr der Fehldeutung ethischer Ideale. Ihr wohl erfolgreichster Roman, *The Prime of Miss Jean Brodie* (1961; *Die Blütezeit der Miss Jean Brodie*, 1983), zeigt die Schattenseite einer charismatischen Pädagogin, die meint, gottgleich Ziel und Ausgang allen Tuns zu kennen und darum in das Handeln ihrer Schülerinnen eingreifen zu dürfen. Der Erweiterung des Realitätskonzeptes dient auch die Überschneidung von Fiktion und dargestellter Wirklichkeit. Dazu heißt es in *Loitering with Intent* (1981; *Vorsätzliches Herumlungern*, 1982), daß »die Wahrheit seltsamer als die Fiktion« sei. Diese Überlappung wird auch auf formaler Ebene umgesetzt, wenn in *The Comforters* die Hauptfigur das in der Erzählerrede Dargestellte noch einmal identisch mit dem inneren Ohr aufnimmt, so daß es der Lesende noch einmal liest. Der fiktionale Zweifel an der rationalen Erklärbarkeit der Welt führt zu einer Anlehnung an die analytische Struktur der Detektivgeschichte. In *The Driver's Seat* (1970; *Töte mich*, 1990) sucht die Hauptfigur auf einer Reise ihren Mörder und erzwingt so ihr Schicksal. Mit für S. stiltypischen Rückblenden und Vorgriffen wird die Finalität dieses Genres unterlaufen und die Dialektik von Vorherbestimmtheit und freiem Willen ironisch gespiegelt. Erzählen aus einer zugleich involvierten und distanzierten Perspektive, unverwechselbarer Ton und stilistische Brillanz lakonisch-witziger Pointiertheit haben S. das anhaltende Interesse von Publikum und Kritik gesichert.

Werkausgaben: *Collected Poems I*. London 1967. – *The Complete Short Stories*. London 2001.
Literatur: B. Cheyette. *Muriel Spark*. Tavistock 2000. – J. Hynes, Hg. *Critical Essays on Muriel Spark*. New York 1992. – R. Whittaker. *The Faith and Fiction of Muriel Spark*. London 1982.

Aglaja Frodl

Spencer, Herbert

Geb. 27. 4. 1820 in Derby;
gest. 8. 12. 1903 in Brighton

Herbert Spencer wurde zum Verfasser eines großen evolutionistischen Systementwurfs, obwohl der Sozialphilosoph von seiner formalen Ausbildung her Autodidakt war. Neben der eigenen Lektüre prägte ihn v. a. der Privatunterricht des Vaters, eines religiösen Dissenters und Anhängers radikaler politischer Ideen. S. arbeitete zunächst als Eisenbahningenieur und Journalist, bevor er sich schließlich als freier Schriftsteller seinen wissenschaftlichen Studien widmete. Bereits sein erstes erfolgreiches Buch, *Social Statics* (1851), begründete S.s Ruf als Verteidiger der Freiheitsrechte des Individuums und eines extremen Laissez-faire-Liberalismus. Entscheidend für sein Lebenswerk sollte indes der Evolutionsgedanke werden, den er schon 1852 in »The Development Hypothesis« aufgriff. Dabei spielt das als »natural selection« bekannte Selektionsprinzip Charles Darwins, das ab der fünften Auflage des *Origin of Species* (1869) mit dem aus S.s *Principles of Biology* (1864-67) entlehnten Terminus »survival of the fittest« bezeichnet wurde, in S.s Theorie eine geringere Rolle als der Lamarcksche Mechanismus der Vererbung erworbener Eigenschaften. Im Gegensatz zu Darwin ging S. von der Annahme eines universal gültigen Entwicklungsgesetzes aus. So

unternimmt er in seinem zehnbändigen Werk *A System of Synthetic Philosophy* (1862-93; *System der synthetischen Philosophie*, 1875-1901) den ambitionierten Versuch, mit Hilfe des Evolutionsprinzips die Natur- und Sozialwissenschaften empirisch zu fundieren, methodisch zu vereinheitlichen und in eine systematische Gesamtschau zu integrieren. Nach S.s Überzeugung wird alle Entwicklung von einer letztendlich nicht erklärbaren Kraft (*First Principles*, 1862) angetrieben und ist in ihrer Tendenz durch den Übergang von relativ unstrukturierter Homogenität zu relativ strukturierter Heterogenität charakterisiert. Nicht nur im biologischen Artenwandel, dem Reifeprozeß der Organismen sowie in der psychischen Entwicklung und Sozialisation jedes Individuums verläuft die Evolution von einfachen zu komplexen Organisationsstufen. Auch im Vorgang der Ausdifferenzierung von Gesellschaften und Kulturen manifestiert sich der universelle Trend zum Fortschritt. Nun mag dieser zwar eine evolutionäre Notwendigkeit sein, deren Verwirklichung bedarf aber der freien Ausübung menschlicher Fähigkeiten, damit schließlich die Kumulierung vieler Einzelleistungen den Langzeiteffekt progressiver Zivilisierung hervorbringt. Unabdingbare Voraussetzung für Eigeninitiative und Selbstaktivierung ist allerdings der konsequente Verzicht des Staates auf die Einschränkung individueller Freiheitsräume. Auf der historischen Entwicklungsskala ist es die moderne Industriegesellschaft, die dem freien Spiel der Einzelinteressen und dem individuellen Glücksstreben die größten Entfaltungsmöglichkeiten bietet, zugleich aber auch die Freiheitsrechte aller sichert. – Zumal in den USA traf S.s evolutionärer Optimismus die kollektive Bewußtseinslage einer Nation, die ihre eigene Identität durch Individualismus und Fortschrittsgläubigkeit geradezu definiert. Durch die Popularisierung seiner Ideen wurde S. indes auch zu einem Vordenker des Sozialdarwinismus. So gilt er vielen als Apologet eines erbarmungslosen Konkurrenzkapitalismus, der sozialen Ungleichheit sowie als ideologischer Wegbereiter des Kolonialismus. Sein historischer Rang als einer der führenden Intellektuellen der viktorianischen Ära ist heute ebenso unumstritten wie seine Pionierleistungen auf dem Gebiet von Soziologie (*The Principles of Sociology*, 1876-96; *Die Principien der Sociologie*, 1875) und Psychologie (*The Principles of Psychology*, 1855; *Die Principien der Psychologie*, 1882). Andererseits gilt seine Evolutionsphilosophie als eine zwar beeindrukkende, aber auch zeitgebundene und wegen ihrer Generalisierungen fragwürdige Synthese von Liberalismus, Fortschrittsmetaphysik, Ethik und Wissenschaftspositivismus.

Literatur: St. Andreski, Hg. *Herbert Spencer: Structure, Function and Evolution.* London 1971. - J.D.Y. Peel. *Herbert Spencer: The Evolution of a Sociologist.* London 1971. – D. Duncan. *The Life and Letters of Herbert Spencer.* London 1908.

Hermann Josef Schnackertz

Spender, [Sir] Stephen [Harold]

Geb. 28. 2. 1909 in London; gest. 16. 7. 1995 ebd.

In den 1930er Jahren galt Stephen Spender neben seinem Freund W. H. Auden als stärkste Begabung der politisch linksorientierten, von Roy Campbell als *MacSpaunday* apostrophierten Dichtergruppe (Louis MacNeice, S., Auden, Cecil Day Lewis). Inzwischen ist sein Stern gesunken. Die meisten Literarhistoriker knüpfen an Randall Jarrells Urteil an, der 1955 erklärte, S. sei so charmant um das Wohlwollen der Leser bemüht, daß es fast einen Mangel an Takt bedeute, auf seine fehlerhafte Technik hinzuweisen. Auch seine Prosa findet in den Augen prominenter Kritiker selten Gnade. Evelyn Waugh urteilt über die sozialgeschichtlich aufschlußreiche Autobiographie *World Within World* (1951): » [...] to see him fumbling with our rich and delicate language is to experience all the horror of seeing a Sèvres vase in the hands of a chimpanzee.« Doch solche Urteile greifen zumindest im Falle des Frühwerks zu kurz. Anthony Thwaite sieht S.s Überleben als Lyriker gerade wegen seiner defizienten Metrik, seiner »stumbling eloquence«, gesichert. Ein Vergleich mit dem virtuosen Auden etwa kann durchaus zu S.s Gunsten ausschlagen, wenn man seine Lyrik an dem für John Keats entscheidenden Kriterium der *intensity* mißt. Anders als der Denkspieler Auden ist S. Gefühlslyriker und damit selten der Versuchung ausgesetzt, sein Können zur Schau zu stellen. Zu seinen besten Gedichten gehören Anthologiestücke wie »The Express« und »The Landscape Near an Acrodrome« (beide 1932), Liebesgedichte wie »Your body is stars whose million glitter here« (1931) und »The Double Shame« (1939) sowie die Elegie »A Stopwatch and an Ordnance Map«

(1937), die in Samuel Barbers Vertonung zu einem Klassiker moderner Chormusik wurde. Kein Zweifel besteht an S.s Bedeutung als Seismograph der Irrungen und Wirrungen junger englischer Linksintellektueller der 1930er Jahre. Als Literaturkritiker wurde er zum Chronisten seiner Dichtergeneration, zum gerngesehenen Gast zahlloser PEN- und UNESCO-Konferenzen.

Werkausgabe: *Collected Poems 1928–1985.* London 1985.
Literatur: H. David. *Stephen Spender: A Portrait with a Background.* London 1992. – A. K. Weatherhead. *Stephen Spender and the Thirties.* Lewisburg, PA 1975.

Michael Hanke

Spenser, Edmund

Geb. 1552? in London; gest. 13. 1. 1599 ebd.

Edmund Spenser ist v. a. als Verfasser des Epos *The Faerie Queene* (1590, 1596; *Die Feenkönigin,* 1854 [Teilübersetzung]) bekannt. Bereits seine vorausgehenden kleineren Dichtungen machten ihn in den Augen seiner Zeitgenossen jedoch zu einem der bedeutendsten Dichter Englands. Aus vergleichsweise einfachen Verhältnissen stammend, konnte S. mit Hilfe von Stipendien durch den Besuch der Merchant Taylor's School in London und der Pembroke Hall in Cambridge ein Höchstmaß an Bildung im Sinn des Bildungsideals der Renaissance erwerben. In der neueren Kritik gilt seine pastorale Dichtung *The Shepheardes Calendar* (1579), deren 12 ›Eklogen‹ mit den Monatsnamen überschrieben sind, vielfach als Beginn der Blüte der englischen Renaissance-Literatur, die ihren Höhepunkt mit den Dramen Shakespeares fand. Wie in Vergils *Bucolica* dient die Schäferwelt als Einkleidung für Reflexionen über die Liebe, die Politik (in S.s Fall v. a. die anglikanische Kirchenpolitik) und das goldene Zeitalter. Das alltägliche Leben der Schäfer kommt dabei durchaus auch zur Geltung, anders als bei Vergil und seinen italienischen und spanischen Nachahmern. Insbesondere aber ist *The Shepheardes Calendar* ein sprachliches Kunstwerk: Die Eklogen sind rhetorisch durchstrukturiert, S. experimentiert mit verschiedenen Metren und bemüht sich, u. a. durch die bewußte Verwendung von sprachlichen Archaismen, um die Schaffung einer englischen Literatursprache.

Auch in anderen Gedichten bedient sich S. der pastoralen Motivik, so in *Daphnaida* (1590) und in *Colin Clout Comes Home Again* (1595). In beiden Gedichten dient der Hintergrund der Schäferwelt als Einkleidung für Geschehnisse in der Welt des Adels bzw. Hofes. Mit der Schäferin Daphne, um die der Schäfer Alcyon in der *Daphnaida* klagt, ist eine im Alter von 19 Jahren verstorbene, reiche Frau aus S.s Bekanntschaft gemeint; und *Colin Clout Comes Home Again* handelt von der Reise S.s nach England und seiner Rückkehr nach Irland in den Jahren 1589–91. S. war im Jahr 1580 als Sekretär von Lord Arthur Grey, dem *governor general* Irlands, nach Irland übergesiedelt, wo er einen Landsitz erwarb.

In anderen Dichtungen greift S. auf volkssprachliche Vorbilder aus Frankreich und Italien zurück, so in den im Band *Complaints* (1591) abgedruckten Gedichten: S. übersetzt Joaquin du Bellays *Antiquitez de Rome* und andere Dichtungen du Bellays und Petrarcas; er imitiert du Bellay in seinem Gedicht *The Ruines of Time*, in dem er die Klage über den Untergang der römisch-britischen Stadt Verulamium mit der Klage über den Tod des Earl of Leicester verbindet. In *The Teares of the Muses* läßt S. die neun Musen um den seiner Ansicht nach unbefriedigenden Zustand der Literatur und der Künste klagen.

Mit seinem Sonettzyklus *Amoretti* (1595; *Sonette* 1816), den er zusammen mit einem *Epithalamion* veröffentlichte, schließt sich S. einer literarischen Mode an. Konkretes Vorbild war Sir Philip Sidney, der in *Astrophel and Stella* (1591) wie Petrarca seiner Liebe zu einer ebenso tugendhaften wie unerreichbaren Dame in Sonetten Ausdruck gab. Die 89 Sonette der *Amoretti* schildern die Geschichte von S.s Liebe zu Elizabeth Boyle, die er 1594 heiratete. Am Anfang weist die Geliebte den Sprecher zurück, der sich in konventioneller Weise über ihre Grausamkeit beklagt; dann jedoch erhört sie ihn. Das *Epithalamion*, das den Ablauf des Hochzeitstags schildert, interpretiert die Zeremonie der Eheschließung als Ausdruck der kosmischen Harmonie. Wie Petrarca preist S. die Schönheit seiner Geliebten und analysiert seinen eigenen Zustand in kunstvoll gestalteten Bildern; wie bei Sidney verkörpert die Schönheit der Geliebten die Gnade des Himmels und die Harmonie der natürlichen Weltordnung. Da S. anders als Petrarca und Sidney seine Geliebte am Ende heiratet, kann sich in den Sonetten ähnlich wie in Shakespeares Komödien das von neuplatonischen Konzepten geprägte ›elisabethanische Weltbild‹ in einer auf gegenseitiger Liebe gegründeten ehelichen Verbindung ausdrücken.

Ganz der Darstellung einer platonischen bzw. neuplatonischen Liebeskonzeption dienen die *Fowre Hymnes* (1596), die der ›Liebe‹, der ›Schönheit‹, der ›himmlischen Liebe‹ und der ›himmlischen Schönheit‹ gewidmet sind. Wie bei Platon kann die erotische Liebe zu einer Erkenntnis kosmischer Zusammenhänge führen, zumal die verschiedenen Elemente neuplatonischer Vorstellungen entsprechend durch Liebe in Harmonie miteinander zusammengehalten werden. Körperliche Schönheit geht immer auch mit geistiger Schönheit einher, und die Liebe zur Schönheit führt zu einer moralischen Vervollkommnung. Dem Preis irdischer Liebe und Schönheit setzt S. in den zwei letzten Hymnen eine Darstellung der durch Christus verkörperten himmlischen Liebe und in der kosmischen Ordnung zum Ausdruck kommenden himmlischen Schönheit entgegen; auch diese christlichen Hymnen sind durch platonische Begrifflichkeit geprägt.

Mit *The Faerie Queene* stellt sich S. in die Tradition der antiken Epen Homers und Vergils, aber auch der italienischen Epen Ariosts und Tassos. Vorlage für den erzählerischen Rahmen ist der mittelalterliche arthurische Sagenkreis. Gloriana, die Feenkönigin, sendet sechs Ritter zu Abenteuern aus, die jeweils eine bestimmte Tugend verkörpern und ihr auf ihrer jeweiligen *quest* zum Sieg verhelfen. Die sechs Bücher sind jeweils in 12 *cantos* zu je ca. 50 neunzeiligen Strophen unterteilt. Die gereimte ›Spenser-Strophe‹ ist eine Weiterentwicklung der von italienischen Ependichtern gewählten Vermaße.

Die ersten drei Bücher, die den Tugenden »Holiness«, »Temperance« und »Chastity« gewidmet sind, können als Einheit verstanden werden. Im ersten Buch erringt der ›Rotkreuzritter‹, der später mit St. Georg, dem englischen Nationalheiligen identifiziert wird, einen Sieg gegen die Feinde der durch Una verkörperten wahren Kirche; im zweiten Buch erringt Sir Guyon einen Sieg gegen verschiedene Formen des Übermaßes wie die Wut, die Gier und die Völlerei und zerstört am Ende den ›Garten der Lüste‹. Im dritten Buch verkörpert Britomart, ein weiblicher Ritter, die Keuschheit. Standhaft sucht sie nach dem Ritter Artegall. Gleichzeitig wird von zwei anderen jungen Frauen, Belphoebe und Amoret, erzählt, die für unterschiedliche Aspekte weiblicher Vollkommenheit stehen und exzessive, aber vollkommen ehrenwerte Liebesleidenschaften auf sich ziehen. Die drei Bücher geben mit Hilfe des Motivinventars von Ritterromanzen drei Wertesystemen Ausdruck, die in der Kultur der Renaissance miteinander konkurrierten: der christlichen Tradition, der aristotelischen Wertschätzung des guten Mittelmaßes und der auf Vernunft gegründeten Lebensführung sowie einem platonischen Streben nach einer im transzendenten Bereich liegenden Vollkommenheit. Die Anordnung der Bücher weist darauf hin, wie S. sich eine Harmonisierung dieser Wertsysteme vorstellte: Der christliche Glaube bildet die notwendige Grundlage für weitere ethische Überlegungen; er wird ergänzt durch eine weltliche Vernunft. Eine weitere Stufe der Initiation führt dann zu einer Kultivierung der ›Keuschheit‹, nicht im Sinne einer Negation, sondern einer Sublimation der Leidenschaftlichkeit. – Die Bücher IV bis VI, die der ›Freundschaft‹, der ›Gerechtigkeit‹ und der ›Höfischkeit‹ gewidmet sind, nehmen in stärkerem Maße auf aktuelle Ereignisse Bezug; so werden das Zerwürfnis der Königin mit Sir Walter Raleigh, die Hinrichtung Maria Stuarts und die Niederschlagung irischer Aufstände in allegorischer Form zur Sprache gebracht. Moderne Kritiker sehen in Buch V den Versuch einer Rechtfertigung der brutalen Unterdrückungspolitik Lord Greys in Irland, einer Politik, die S. unterstützte, wie sein Prosatraktat *A View of the Present State of Ireland* (1633, entstanden ca. 1596) deutlich macht. Buch VI rühmt die Tugend der Höfischkeit, die paradoxerweise – ähnlich wie bei Shakespeare – am ehesten außerhalb eines Hofes anzutreffen ist, während am Hof selbst zahlreiche Feinde höfischer Tugenden besiegt werden müssen. – Im Jahr 1609 erschien eine Neuauflage der sechs Bücher der *Faerie Queene*, ergänzt um zwei *cantos*, vorgeblich Teile eines unvollendeten siebten Buches. Diese »Mutability Cantos« schildern den nach konstanten Regeln erfolgenden ständigen Wechsel als Grundbedingung irdischer und kosmischer Existenz. Ob die *Faerie Queene* in der uns vorliegenden Form tatsächlich unvollendet ist, ist umstritten.

Die ostentative Absicht des Dichters der *Faerie Queene* liegt in der Glorifizierung von Königin Elizabeth, als deren Verkörperung die Feenkönigin erscheint. Daneben kann das Gedicht auch als ›britisches Nationalepos‹ gelten. Das Feenreich und dessen Ritter stehen in einer Parallele zu England bzw. den britischen Inseln. S. greift im dritten Buch die von Geoffrey of Monmouth erzählte legendäre britische Geschichte auf; bei ihm erscheint der Tudor-König Henry VII als derje-

nige, der die mit König Arthur untergegangene britische Herrschaft wieder aufrichtet und die Briten vom Joch der Fremdherrschaft befreit.

Der in der Westminster Abbey neben Chaucer beigesetzte S. wurde von seinen Zeitgenossen als ›England's arch-poet‹ gefeiert. Er wurde bereits im 18. Jahrhundert zum Gegenstand literaturkritischer Untersuchungen und übte erheblichen Einfluß auf die englische Dichtung der Romantik aus. Lord Byron, Percy B. Shelley und John Keats verwendeten die ›Spenser-Strophe‹; Keats' Konzept von Schönheit geht maßgeblich auf S.s (neu-)platonische Vorstellungen zurück.

Werkausgaben: *The Faerie Queene.* Hg. A. C. Hamilton. London 1977. – *The Yale Edition of the Shorter Poems of Edmund Spenser.* Hg. W. A. Oram et al. New Haven 1989.
Literatur: H. Tonkin. *The Faerie Queene.* London 1989. – W. Nelson. *The Poetry of Edmund Spenser.* New York 1963. – R. Ellrodt. *Neoplatonism in the Poetry of Spenser.* Genf 1960.

Thomas Kullmann

Stead, C[hristian] K[arlson]

Geb. 17. 10. 1932 in Auckland, Neuseeland

C. K. Stead ist Lyriker, Erzähler, Romancier, Literaturwissenschaftler und Literaturkritiker. Früh schon hat er sich auf der relativ schmalen Basis einiger weniger Gedichte und Kurzgeschichten, die von einem größeren Publikum bewundert und in viele Anthologien aufgenommen wurden, einen Namen als Autor gemacht. »Pictures in an Undersea Gallery« (1958) wurde per Leservotum zum beliebtesten Gedicht gewählt, das jemals in der Zeitschrift *Landfall* abgedruckt wurde. Mit seinen Romanen *Smith's Dream* (1972), *The Death of the Body* (1986), *The End of the Century at the End of the World* (1992) und *The Singing Whakapapa* (1994) hat er viel Erfolg gehabt. Diese Werke haben meist metafiktionalen Charakter; wie seine Lyrik stecken sie voller Wortspiele und anderer *jeux d'esprit*, gleichzeitig weisen sie aber oft nur leicht verkleidete autobiographische Züge auf. – In seiner Funktion als Literaturkritiker hat St. wahrscheinlich die größte Wirkung erzielt, nicht zuletzt wegen seiner Streitbarkeit und seiner Tendenz, durch scharfzüngig-pointierte Polemik die Leserschaft zu polarisieren. Er ist als Kritiker zwar sehr bekannt, aber nicht sonderlich beliebt; er argumentiert gern kontrovers und erzeugt dadurch wiederum Kontroversen. Er selbst sieht sich als jemanden, der sich nicht scheut, mißliebige Wahrheiten, etwa im Rahmen der Feminismusdebatte oder bei der Frage der Maori-Rechte, direkt auszusprechen. Als warnender Rufer in der kulturellen Wüste beklagt er beispielsweise, daß Kriterien der politischen Korrektheit bzw. der ethnischen Herkunft statt Gesichtspunkte der ästhetischen Qualität längst über den Erfolg literarischer Werke entscheiden. Dies zeigte sich etwa bei seinen Vorbehalten gegenüber der Verleihung eines Maori-Literaturpreises an Keri Hulme. Bei anderen Anlässen hat St. eine mögliche Schuld des weißen Mannes an der Zerstörung indigener Kultur weit von sich gewiesen. – Sich selbst betrachtet St. als »Internationalisten« und lehnt alle Versuche, die neuseeländische Kultur von der restlichen, vor allem angelsächsischen Welt abzunabeln, entschieden ab. Wo andere Authentizität und Wurzeln sehen, wittert er eine Verkümmerung zum Provinziellen: »The time has come to stop apologising for our European culture, as if it was something that compromised a true local identity.« Mit seiner ursprünglich in England als Dissertation verfaßten literaturwissenschaftlichen Studie der klassischen Moderne, *The New Poetic* (1964), hat St. außerdem ein international höchst erfolgreiches Standardwerk veröffentlicht.

Werkausgabe: *Answering to the Language: Essays on Modern Writers*. Auckland 1989. – *Straw into Gold: Poems New and Selected*. Auckland 1997.
Literatur: M. Williams. *Leaving the Highway: Six Contemporary New Zealand Novelists*. Auckland 1990. – M. Fee. »Why C. K. Stead Didn't Like Keri Hulme's *the bone people*: Who Can Write as Other?« *Australian and New Zealand Studies in Canada* 1 (1989), 11–32.

Peter H. Marsden

Stead, Christina [Ellen]

Geb. 17. 7. 1902 in Rockdale, New South Wales, Australien; gest. 31. 3. 1983 in Sydney

Christina Stead verlebte ihre Kindheit und Jugend in Sydney, wo sie Lehrerin wurde, bevor sie im Jahre 1928 aus Fernweh ihre Heimatstadt verließ. Den Rest ihres Lebens verbrachte sie, mit dem Schriftsteller William Blake verheiratet, in verschiedenen Ländern, bevor sie 1974 wieder nach

Australien zurückkehrte. St.s Werk läßt sich als Ganzes in keine Kategorie zwängen, weder in eine eindeutige literarische Tradition noch in eine politische Ideologie, denn jeder ihrer 12 Romane und jede ihrer zahlreichen Kurzgeschichten erproben neue Erzählstrategien und Perspektiven. Ihre psychologische Tiefe sowie ihr Interesse an extremen Konstellationen, die oft bis ins Groteske reichen, stehen neben ihrer Experimentierlust, ihrer kraftvollen Sprache und ihrem feinen Sinn für ausdrucksstarke Szenen. Die Schauplätze ihrer Handlungen reichen von Sydneys Slums über internationale Bank- und Geschäftshäuser und amerikanische Mittelklassen-Vorstädte bis hin zum depressiven Nordengland und zu kontinentaleuropäischen Mikrokosmen.

Aus diesem vielfältig schillernden Werk ragen drei Romane besonders heraus: Der umfangreiche, in jeder Hinsicht ausladende Roman *House of All Nations* (1938) leuchtet ein weites Beziehungsgeflecht von Personen aus, die mit einer Pariser Privatbank in Verbindung stehen, wobei nicht gespart wird an detaillierten Betrachtungen menschlichen Sozialverhaltens. Neben Darstellungen von privaten Obsessionen bringt der Roman auch Konfrontationen zwischen traditionellem und modernem Geschäftsgebaren. *The Man Who Loved Children* (1940) gilt als St.s Meisterwerk. Der in Amerika angesiedelte Roman stellt das Soziogramm einer großen Familie dar, in der das Dreiecksverhältnis zwischen der übergroßen Vaterfigur, der lebensuntüchtigen und überstrapazierten Mutter und der pubertierenden ältesten Tochter das Grundmuster liefert. Dabei werden alle Nuancen der Pensonenkonstellation mit ihren Verschiebungen minutiös durchleuchtet und schonungslos offengelegt. Alles und jedes wird in endlosen Diskussionen erörtert und insbesondere vom Vater zerredet und mit hoher Autorität beurteilt, bis die Töchter den Ausbruch aus dieser einengenden Atmosphäre schafft. *For Love Alone* (1944) schließlich stellt St.s eigenen Schritt von Australien nach Europa ins Zentrum der Handlung. Die junge Protagonistin fühlt sich im kolonialen Provinzialismus Sydneys eingeengt und folgt ihrem Lehrer und Liebhaber nach London, wo sie sich in ihrer emotionalen, intellektuellen und sozialen Entwicklung von ihren australischen Projektionen emanzipiert und ihren Weg in zunehmendem Maße selbst bestimmt. Die exakte Zweiteilung des in Sydney und London spielenden Romans lädt ein zu einem Vergleich von St.s Innen- wie Außensicht der Gesellschaft in Australien und England. Der Roman hat auch eine philosophische Dimension, indem er in Anlehnung an den französischen Symbolismus ontologische Fragen aufwirft. Diese Dimension ist vielleicht das markanteste Gemeinsame der meisten längeren Werke dieser komplexen internationalen Autorin.

Literatur: C. Williams. *Christina Stead: A Life of Letters*. Melbourne 1989. – D. Brydon. *Christina Stead*. Basingstoke/London 1987. – R. Bader. »Christina Stead and the Bildungsroman.« *World Literature Written in English* 23 (1984), 31–39. – R. G. Geering. *Christina Stead*. Sydney 1979 [1969].

Rudolf Bader

Steele, Sir Richard

Geb. 12. 3. 1672 in Dublin;
gest. 1. 9. 1729 in Camarthen, Wales

Richard Steele war ein Moralist, der seinem Publikum auf unterhaltsame Weise ins Gewissen redete. Daß er selbst die Grundsätze, die er propagierte, immer respektiert hätte, kann man nicht behaupten. Wenn er das Schuldenmachen anprangerte, wußte er aus eigener Erfahrung, wogegen er schrieb. Auch seine Polemik gegen das Duell ging auf ein persönliches Erlebnis zurück: Im Jahre 1700 hatte der junge Offizier einen Kollegen in einem Zweikampf verwundet. Es gehört zu den sympathischen Zügen St.s, daß er aus diesen Widersprüchen kein Geheimnis machte: Sein Lebenswandel, so St. über sich selbst, sei bestenfalls als entschuldbar zu bezeichnen. – Dieses Eingeständnis stammt aus der Schlußnummer des *Tatler* (1709–11; *Der Schwätzer*, 1756), einer dreimal wöchentlich erscheinenden Zeitschrift, in der St. und sein enger Freund Joseph Addison ebenso wie später im *Spectator* (1711–14; *Der Zuschauer*, 1739–43) kurze Essays über unterschiedlichste Themen veröffentlichten: die Beerdigung des Schauspielers Betterton, das Wörtchen *that*, Reifröcke, Miltons Epos *Paradise Lost*, die Aufsässigkeit der Bediensteten – so reihen sich die Themen in bunter Folge aneinander. Auch der Tonfall wechselt. Neben satirischen, humoristischen und reflexiven finden sich auch empfindsame Essays. So beschreibt St. im *Tatler* Nr. 181 die lustvolle Melancholie, mit der er an verstorbene Freunde denkt, und erinnert sich daran, wie er als Vierjähriger mit einem Spielzeug an den Sarg seines

aufgebahrten Vaters klopfte und von seiner weinenden Mutter in die Arme geschlossen wurde. Angesichts der empfindsamen und moralischen Tendenzen in St.s Essays ist es nicht erstaunlich, daß er gegen die libertinistischen Komödien der Restaurationszeit zu Felde zog. Über Sir George Ethereges *The Man of Mode* (1676) fällte er im *Spectator* Nr. 65 ein vernichtendes Urteil, und zwar indem er den Protagonisten des Stücks, den vielbewunderten Dorimant, einer rein moralischen Kritik unterzog. Anders als Dorimant sind die Helden in St.s vier empfindsamen Komödien zur Reue fähig. Oder sie haben wie Bevil in *The Conscious Lovers* (1722) einen so untadeligen Charakter, daß zur Reue überhaupt kein Anlaß besteht. Auch das Verhältnis zwischen den Generationen ist in diesem Stück sehr viel versöhnlicher als in den Komödien der Restaurationszeit, in denen Liebende ihre Väter oder Vormunde ohne Zögern austricksen und der Lächerlichkeit preisgeben. Erwähnenswert ist auch das Streitgespräch, in dem der Kaufmann Sealand den Standesdünkel eines Landadeligen verspottet und ein Plädoyer für seinen eigenen Beruf gibt. Hier offenbaren sich die politischen Sympathien St.s, der in den heftigen politischen Kontroversen des frühen 18. Jahrhunderts für die Whigs zur Feder griff. Dies kostete ihn 1710 seine Anstellung als Autor des Regierungsorgans *The Gazette* und 1714 seinen Sitz im Unterhaus, doch die Thronbesteigung von George I noch im gleichen Jahr und der damit verbundene Machtwechsel zu den Whigs trugen ihm lukrative Ämter und Ehren ein, darunter die Intendanz des Theaters an der Drury Lane. George I schlug ihn zum Ritter und bedankte sich für die Widmung von *The Conscious Lovers* mit dem königlichen Geschenk von 500 Pfund.

Werkausgaben: *The Spectator*. Hg. D. Bond. 5 Bde. Oxford 1965. – *The Plays*. Hg. S. Kenny. Oxford 1971. – *The Tatler*. Hg. D. Bond. 3 Bde. Oxford 1987. Literatur: R. Dammers. *Richard Steele*. Boston 1982. – S. Kenny. »Richard Steele and the ›Patterns of Genteel Comedy‹.« *Modern Philology* 70 (1972), 22–37.

Burkhard Niederhoff

Stephens, James

Geb. 2. 2. 1882? in Dublin?;
gest. 26. 12. 1950 in London

Mit *The Crock of Gold* (1912; *Der goldene Hort*, 1985) erreichte James Stephens jene Popularität, die seinem Freund und Weggefährten James Joyce und dessen Erstlingswerken zu etwa der gleichen Zeit zunächst versagt blieb. Der Roman zählt mit *The Charwoman's Daughter* (1912) und *The Demi-Gods* (1914; *Unter Irlands Himmeln*, 1986) zu der Gruppe der frühen Romane, die sich durch ein Experimentieren mit heterogenen Erzählstilen (Realismus, Märchen, Fantasy) auszeichnen. Die Romane thematisieren jeweils die Geschichte eines jungen Mädchens als *rite de passage*, als sexuelles Erwachen, und sind somit als politische Allegorien für das erwachende Nationalbewußtsein des irischen Volkes kurz vor dem Osteraufstand von 1916 zu lesen. Die allgemeineren kultur- und gesellschaftskritischen Themen wie ›(Lebens-)Hunger‹ und ›Krieg der Geschlechter‹ leiten sich von Blake, Nietzsche und der Theosophie Madame Blavatskys her. Den frühen Romanen stehen (zum Teil stark psychologisierende) Bearbeitungen und Adaptationen von Stoffen aus diversen Sagenkreisen der irischen Mythologie und Folklore gegenüber: *Irish Fairy Tales* (1920; *Fionn der Held*, 1936), *Deirdre* (1923; *Deirdre*, 1985), *In the Land of Youth* (1924; *Maeves Fest*, 1987). Besonders im Hinblick auf den Fantasy-Aspekt und die teilweise respektlose Behandlung von Gestalten der irischen Mythologie und Folklore begründete St. eine Traditionslinie innerhalb der modernen irischen Erzählliteratur, die Autoren wie Joyce, Eimar O'Duffy, Austin Clarke, Mervyn Wall und vor allem Flann O'Brien einschließt. – Obwohl St.' frühe Lebensumstände im Dunkeln liegen, sind seine Werke durch die zeitige Erfahrung von Armut und Elend in den Dubliner Slums nachhaltig beeinflußt – wie auch durch intensive Kontakte mit nationalistischen Kreisen und dem literarischen Establishment (William Butler Yeats, Lady Gregory, George Russell/AE, George Moore). Nach kürzeren Aufenthalten in Paris hatte St. 1915–24 eine Art Direktorenstelle an der irischen Nationalgalerie inne. In *The Insurrection in Dublin* (1916) gibt er einen packenden Augenzeugenbericht (in Tagebuchform verbunden mit einem politischen Essay) über die Ereignisse in der Woche des Osteraufstands von 1916. Nach 1925 läßt sich St. in London nieder. Dem Stereotyp von der Oralität irischer Tradition entsprechend setzt St. seine kreative Energie zwischen 1937 und 1950 vorwiegend in Radiogesprächen für die BBC um. Sein nicht geringes lyrisches – uvre ist vorwiegend durch spätromantisch-viktorianische Vorbilder und pastorale und mystische Themen geprägt. Beachtenswert ist allerdings die Sammlung *Reincarnations* (1918), eine Reihe von freien Übersetzungen und Bearbeitungen irischer Gedichte aus dem 17. und 18. Jahrhundert, in denen St. den Dichtern der untergegangenen gälischen Tradition eine frische und geradezu moderne Stimme verleiht.

Werkausgabe: *Collected Poems*. London 1954 [1926]. – *Uncollected Prose*. Hg. P. McFate. 2 Bde. London 1983. Literatur: W. Huber. *James Stephens' frühe Romane: Rezeption – Text – Intention*. Frankfurt a.M. 1982. – P. McFate. *The Writings of James Stephens*. London 1979. – A. Martin. *James Stephens: A Critical Study*. Dublin 1977.

Werner Huber

Sterne, Laurence

Geb. 24. 11. 1713 in Clonmel, Irland;
gest. 18. 3. 1768 in London

Bereits zu Lebzeiten von den Londoner und Pariser Salons als exzentrischer Wort-Virtuose gefeiert, erlebte Laurence Sterne im 20. Jahrhundert eine beispiellose Auferstehung – als gleichsam versprengter Pionier der Moderne oder gar der Postmoderne. Kritiker entdeckten in ihm einen Meister radikaler Subjektivierung und Dekonstruktion; Autoren wie Nietzsche und James Joyce, Salman Rushdie und Milan Kundera sahen sich tief in seiner Schuld. Dabei hatte dieser anglikanische Provinz-Geistliche, wie die orthodoxen Interpreten ständig und erbittert wiederholen, mit seinem *Tristram Shandy* an eher konservative Traditionen seiner Zeit angeknüpft. Er hatte gelernt von den *anatomies* und ihrer Kunst des ›*learned wit*‹ (d.h. des parodistischen Umgangs mit pedantischen Wissenssystemen), von den Swiftschen Satiren, der mockheroischen Komik des Cervantes, der saftigfrivolen Rhetorik eines Rabelais. All dies ließ ihn in den Augen der Zeitgenossen offenbar als ein besonders originelles Kind seiner Zeit erscheinen. Dabei war sein Leben kaum exzeptionell zu nennen. Als Sohn eines verarmten Berufssoldaten hatte er eine nomadische Kindheit und eine einsame Internatszeit erlebt, die ihn den Eltern völlig entfremdete. In Cambridge hatte er Theologie studiert (dank eines Stipendiums, welches einst von seinem Urgroßvater, dem Bischof von York, gestiftet worden war). Als ihn die ersten beiden Bände des *Tristram Shandy* 1759 über Nacht berühmt machten, war er schon seit mehr als zwei Jahrzehnten Landpfarrer in Yorkshire, freilich ein Pfarrer mit dem »Hang zur Ausschweifung«, wie ein Vetter mit Blick auf eine Kette amouröser Seitensprünge vermerkte. Der literarische Erfolg versetzte St. endlich in die Lage, 1762 mit seiner Familie nach Toulouse in den Süden zu ziehen, auf der Flucht vor dem »Hurensohn« – so nennt Tristram, der (in Buch VII) ebenfalls nach Frankreich flieht, den Tod. St. hatte fast sein ganzes Leben an Lungentuberkulose gelitten, an der er, nach zeitweiliger Erholung und weiteren Reisen zwischen England und dem Kontinent, im März 1768 schließlich starb. Die genannten Elemente seiner Biographie, die theologische Karriere ebenso wie die Versuchungen des Fleisches, die militärischen Diskurse und die Begegnung mit der »anderen«, nämlich romanischen Kultur sowie schließlich auch der Umgang mit Krankheit und stetiger Todesgefahr findet der Leser als teilweise radikal verfremdete Leitmotive in seinen beiden Romanen wieder.

Life and Opinions of Tristram Shandy, Gentleman (1759–67; *Leben und Meinungen des Tristram Shandy*, 1999) verspricht eine Autobiographie, die dann aber ironisch zum Scheitern gebracht wird. In dem Versuch, sein eigenes Leben nicht nur zu berichten, sondern obendrein zu erklären, verstrickt sich Tristram zunehmend in seinen ›Digressionen‹ und zwanghaften ›Assoziationen‹ (beides Schlüsselwörter des Textes). Um seine hindernisreiche Geburt und Taufe zu erklären, bedarf es zahlreicher Rückblenden zur Zeugung, zur Karriere der Hebamme, zum Ehevertrag seiner Eltern, zu den skurrilen Theorien seines Vaters, aber auch allgemeiner Exkurse über Embryos, Nasen, Namen, Geburtszangen, Flüche und Knoten usw. Kein Wunder, daß Tristram erst nach vier Bänden geboren ist und daß das abrupte Ende des Romans gar früher als sein Anfang liegt. Dieses Spiel mit der Chronologie, und mit der Zeit überhaupt, ist Aspekt einer beinahe vollkommenen Psychologisierung. Nicht nur John Lockes *Essay Concerning Human Understanding* (den Walter Shandy ständig zitiert), auch St.s Roman entpuppt sich als »a history-book of what passes in a man's own mind« (Bd. II, Kap.2). Schauplatz ist nicht Shandy Hall oder Südfrankreich, sondern Tristrams Bewußtsein. In dieser Innenwelt aber verlieren die sogenannten Gesetze der Realität ihre Geltung, sowohl die physikalischen als auch die sozialen. Hier sprengen die »wilden Fluten« der Begierde, der Phantasie und der sexuellen Neugier die »Schleusen des Gehirns« (VIII, 5), werden Millionen von »schwimmenden« Gedanken beim leisesten Windhauch der Leidenschaften vom Kurs abgetrieben (III, 9). Die sprichwörtlichen Charaktere der Shandy-Welt erleiden und genießen diese monadische, irrationale Subjektivität. Der Vater Walter, besessen von seinen spitzfindigen Theorien, sieht seine Pläne immer wieder von der Realität widerlegt bzw. überholt – Tristram wächst schneller als das Erziehungsprogramm, welches er für ihn verfaßt – und fühlt sich von seinem ein wenig begriffsstutzigen, aber ebenso besessenen Bruder, »meinem Onkel Toby«, regelmäßig mißverstanden. Dieser nämlich denkt allein in den Kategorien seines geliebten Kriegshandwerkes, an dessen Ausübung ihn aber eine geheimnisvolle Wunde hindert. Auf seinem kleinen Modell-Schlachtfeld spielt er mit Korporal Trim die gleichzeitigen Kriege Europas nach, bis das Geschick mit dem Frieden von Utrecht auch dem ein Ende setzt und ihn in seinen fatalen Liebesfeldzug gegen die Witwe Wadman treibt.

Naturgemäß wirkt sich eine solche totale Subjektivierung auch auf das Erzählen selber, auf den Umgang mit dem Leser aus. Nicht nur, daß Tristram durch seine zwanghaften Einfälle immer wieder in Digressionen verschlagen wird; er bringt auch den Leser und v.a. die Leserin (»Pray, Madam «) dazu, mit scheinbar unschuldigen Wörtern (wie »button-hole«, »nose«, »candle«, »sealing-wax« usw.) Heikelstes zu assoziieren. Zwar mag er beteuern: »For by the word *Nose* - I declare, by that word I mean a Nose, and nothing more or less.« (III, 31), kann aber natürlich nicht verhindern, daß die eingeschobene Geschichte von der gewaltigen Nase des Slawkenbergius (Bd. IV) eben doch in einer zweiten, obszönen Bedeutung gelesen wird – im Gegenteil, er drängt dem Leser diese Bedeutung geradezu auf. Wiederum wird hier ein eher beiläufiger Nebengedanke Lockes (von den möglichen ›Unvollkommenheiten‹ der Sprache) fast freudianisch radikalisiert. Wörter, so wird durchgehend demonstriert, sind nicht fest genug, ein und dieselbe Idee verläßlich zu umschreiben; jederzeit können sie sich durch die irrationalen, häufig sexuellen Assoziationen des Erzählers (oder Lesers) »erhitzen« (wie durch Reibung, will Tristrams Metapher sagen). Die kaum verborgenen Subtexte handeln übrigens nur selten von den Freuden der Sexualität, häufiger von ihren Alpträumen – die Angst vor der Impotenz und der Kastration ist in dieser Gesellschaft verwundeter oder bejahrter Männer (einschließlich des versagenden Bullen im allerletzten Kapitel) nie ganz fern. Dennoch wird der Leser nicht einfach mit einer Welt des Scheiterns, der Isolation und Verletztheit konfrontiert. Es fehlt nicht an Kompensationen. Das *hobby-horse* mag ein Sklaventreiber sein, aber es ist auch eine Quelle unerschöpflicher Genüsse. Als Uncle Toby das Projekt seines Modellkrieges im Garten in Angriff nimmt, tut er es mit fast erotischen Gefühlen: »Noch nie war ein Liebhaber zu seiner Geliebten mit mehr Feuer und Ungeduld geeilt, als Toby sich beeilte, um sich dieses Glücks im geheimen zu erfreuen.« (II, 5) Beide Brüder können in ihren selbstgeschaffenen Spiel-Räumen wenigstens zeitweise souverän und im Einklang mit sich selbst agieren. Und in manchen kostbaren Sekunden gelingt sogar die – dann meist sprachlose – Kommunikation: im Tanz, in einer Geste oder Berührung, in einem Blick. Die Witwe Wadman weiß das wohl und bringt den Onkel unter einem Vorwand dazu, ihr tief ins Auge zu blicken: »Es war ein Auge voll leiser Winke und sanfter Responsen   es flüsterte milde wie der letzte Hauch einer Heiligen: ›Könnt Ihr wirklich so ohne alle Pflege leben, Hauptmann Shandy, so allein, ohne einen Busen, Euer Haupt zu betten?‹ Es war ein Auge   Jedenfalls tat es seine Wirkung.« (VIII, 25) Auch Korporal Trim beherrscht diese nonverbale Kunst der Kommunikation. Sein berühmter Hut, den er schwer wie eine Erdscholle zu Boden fallen läßt, sagt über den Tod des Bobby Shandy mehr als Walters gelehrter Monolog: »Nichts hätte das Gefühl der Sterblichkeit (dessen Urbild und Vorläufer der Hut gleichsam war) besser ausdrücken können. Das Auge des Korporals blickte auf ihn wie auf einen Leichnam, und Susannah brach in eine Flut von Tränen aus.« (V, 7) Hier beginnt man auch Tristrams scheinbar exzentrische Erzählweise zu verstehen, mit ihren zahllosen Interjektionen, Ausrufezeichen, verschieden langen Gedankenstrichen, typographischen Spielereien. Sie ist »performativ« (Manfred Pfister); die Sprachhandlung, die implizierte Gestik und Mimik, die Dramatisierung sind häufig bedeutsamer

als die semantische Ebene. Tristram, der ja eher sein Inneres als eine äußere Handlung ›erzählt‹, enthüllt sich in der dialogischen Aktion. So sind es gerade die Digressionen, die scheinbaren Abschweifungen, die dem Buch »Wärme« verleihen: »Nehmen Sie sie z. B. aus diesem Buch heraus, so können Sie gleich das ganze Buch mitnehmen. Ein einziger kalter Winter wird dann auf jeder Seite liegen. Erstatten Sie sie dem Autor zurück – und schon tritt er wie der Bräutigam hervor« (I, 22). Die Sprache ist bezeichnend. Gerade in den *non-sequiturs* der Digressionen konstituiert sich das Subjekt Tristram in seiner Spontaneität, seiner widersprüchlichen Lebendigkeit, seiner quasi-erotischen Anziehung. Freilich scheint die spektakuläre Intertextualität des *Tristram Shandy* diese These von der Individualisierung der Charaktere zuweilen in Frage zu stellen. Als Walter vom Tod seines Sohnes Bobby erfährt, läßt er jegliche individuelle Emotion von einer Masse fremder Gedanken und Texte ersticken: »Philosophie hat für alles einen schönen Satz, für den Tod aber einen ganzen Vorrat davon; das Unglück war nur, daß sie sich alle auf einmal in meines Vaters Kopf stürzten   Er nahm sie, wie sie kamen.« (V, 3) Nach einer halben Stunde hat Walter seinen toten Sohn völlig vergessen. In zahlreichen Szenen sieht man so die Brüder zu Marionetten reduziert, die nur noch von den Regeln bestimmter Texte (spekulativer oder militärischer) bewegt werden; in dieser Welt der sich multiplizierenden Diskurse droht auch das Subjekt seinen Status als einzig verbliebene Realität zu verlieren. Noch in einem anderen Punkt findet die Postmoderne St.s Roman merkwürdig vertraut. Seine besondere Synthese von Melancholie und Heiterkeit erinnert an eine ähnliche Zweideutigkeit des ausgehenden 20. Jahrhunderts, eine Mischung von skeptischer Nostalgie (über den Verlust so vieler dekonstruierter Gewißheiten) und karnevalesker Lockerung (weil wir in der Welt der Masken und Diskurse neue Freiheit gewinnen). Was, wenn wir nie einen weißen Bären gesehen haben – im Diskurs sind wir frei, ein intensives, subtiles oder sogar sündiges Verhältnis mit einem weißen Bären zu beginnen, wie uns Walter Shandy demonstriert: »EIN WEISSER BÄR! Sehr gut. Habe ich je einen gesehen? Sollte ich jemals einen gesehen haben?   wenn ich je einen weißen Bären sehen sollte, was würde ich sagen? Wenn ich niemals einen weißen Bären sehen sollte, was dann? Ist der weiße Bär sehenswert? Ist keine Sünde dabei? Ist er besser als ein schwarzer Bär?« (V, 43)

St.s zweites (und letztes) Werk, im Grenzbereich zwischen Reisebericht und Roman angesiedelt, blieb konventioneller. In *A Sentimental Journey through France and Italy, by Mr. Yorick* (1768; *Yoricks empfindsame Reise durch Frankreich und Italien*, 1993) folgt der Erzähler der Chronologie der Reise und dosiert sowohl Digressionen als auch Frivolitäten sehr viel sparsamer. Das Buch wirkt damit eleganter und geschliffener als der *Tristram Shandy*, liest sich heute aber vielleicht ein wenig ›dekadent‹. Eine ungemein verfeinerte Empfindungskunst verbindet sich mit den selbstironischen Plaudereien Yoricks und seinen latent erotischen Interessen zu einer unverwechselbaren Mischung: »Ist das Herz noch warm genug, das tränennasse Tüchlein am Busen trocknen zu lassen?« Die Erzählung ist episodisch, greift scheinbar triviale Begegnungen heraus – die Geste eines Bettlers, die ihn beschämt, die Klage eines Pilgers um einen toten Esel, ein ländliches Fest – Begegnungen, die ihm Einblicke in die französische Wesensart und in die menschliche Psyche überhaupt eröffnen. Höhepunkte bleiben aber die angedeutet amourösen Episoden, die Yorick gemeinsam mit seinem Diener LaFleur besteht und auskostet. Doch geht es hier nicht annähernd so handfest zu wie in Shandy Hall. Häufig schwelgt der Erzähler in zartesten Gefühlsschwingungen, in Situationen, da noch nichts gesagt ist, aber das beiderseitige Erröten, die winzigen Gebärden, die verstohlenen Blickkontakte und Berührungen den Dialog längst eröffnet haben. Manche dieser ›sentimentalen‹ Momente erscheinen geradezu inszeniert, so daß die vorbehaltlose und gefühlsselige Identifizierung der Zeitgenossen heute eher erstaunt. Was die heutigen Leser fasziniert, ist die Selbstironie, mit der der reisende Engländer seine nationale Identität, seinen Narrenstatus und selbst die eigene Leidenschaft für kostbare Tränen und für Mädchen aus dem Volke (Grisetten, Handschuhmacherinnen, Zimmermädchen) betrachtet. – St.s ›empfindsame‹ Reise (so die eigens für die Übersetzung geprägte deutsche Neuschöpfung) wurde zum Vorbild einer neuen Gattung von Reiseberichten und löste eine europäische Mode aus.

Werkausgaben: *The Complete Works and Life of Laurence Sterne.* Hg. W. L. Cross. 12 Bde. New York 1904. – *The Florida Edition.* Hg. M. New et al. 3 Bde. Gainsville 1978.
Literatur: M. Pfister. *Laurence Sterne.* Tavistock 2000. – A. H. Cash. *Laurence Sterne: The Later Years.* London 1986. – M. Loveridge. *Laurence Sterne and the Argument*

About Design. London 1982. – A. H. Cash. *Laurence Sterne: The Early and Middle Years.* London 1975. – A. H. Cash/J. M. Stedmond, Hgg. *The Winged Skull.* London 1971.

Gerd Stratmann

Stevenson, Robert Louis

Geb. 13. 11. 1850 in Edinburgh;
gest. 3. 12. 1894 auf Upolu, Samoa

In seiner Jugend gerierte sich Robert Louis Stevenson gern als Bohemien und Bürgerschreck. Auch später hatte er für das Respektable und Konventionelle nur wenig übrig. 1880 heiratete St. gegen den Willen seiner Eltern und Freunde eine Amerikanerin, die geschieden, Mutter zweier Kinder und zehn Jahre älter als er selbst war. Während seiner letzten Lebensjahre auf Samoa protestierte er unerschrocken gegen die Politik der dort herrschenden Kolonialmächte, sehr zum Mißfallen des britischen Außenministeriums. – Vom puritanischen Christentum seiner tiefgläubigen Eltern blieb bei St. nur die Ethik übrig. Der Agnostiker blieb zeit seines Lebens ein Gewissensmensch, der sein Tun und Lassen einer rigorosen moralischen Prüfung unterzog – wobei er allerdings die Normen seiner Moral neu definierte. Er verwarf die puritanische Fixierung auf Negationen und Verbote, insbesondere die Ächtung der Sexualität: Die wahre Ethik stelle das Handeln, nicht das Vermeiden in den Vordergrund. Auch die Erzählungen St.s behandeln häufig ethische Probleme: einen Loyalitätskonflikt, ein moralisches Dilemma, eine kasuistische Rechtfertigung. Selbst in dem für jugendliche Leser bestimmten Abenteuerroman *Treasure Island* (1883; *Die Schatzinsel*, 1897) tauchen solche Probleme auf. In einer charakteristischen Szene durchsuchen Jim Hawkins und seine Mutter die Seemannstruhe eines Piraten, der ihnen Geld schuldet. Währenddessen befinden sich die Gefährten des Piraten im Anmarsch, die es ebenfalls auf die Truhe abgesehen haben. In dieser lebensgefährlichen Situation zeigt Jims Mutter einen dubiosen moralischen Ehrgeiz. Obwohl die Zeit drängt, beharrt sie darauf, den ihr zustehenden Betrag auf Heller und Pfennig abzuzählen. Sie riskiert ihr Leben und das ihres Sohns, nur um den Piraten ihre Rechtschaffenheit zu demonstrieren. In engem Zusammenhang mit St.s Hang zu ethischen Problemen und Paradoxa steht seine Vorliebe für gemischte und gespaltene Charaktere. *The Strange Case of Dr Jekyll and Mr Hyde* (1886; *Der seltsame Fall des Dr. Jekyll und Mr. Hyde*, 1889) ist das bekannteste, aber keineswegs das einzige Beispiel. – In seinen zahlreichen literaturkritischen Essays kritisiert St. den Realismus, dem sich viele Autoren seiner Zeit, v. a. die französischen, verschrieben hatten. Gegenüber dem moralischen Defätismus, der sich aus dem Determinismus eines Zola ableiten läßt, hält der Moralist St. an dem Prinzip der persönlichen Verantwortung fest. Der Detailhäufung, die mit der minutiösen Darstellung eines bestimmten Milieus verbunden ist, stellt er das künstlerische Prinzip der Selektion entgegen. Seine eigenen erzählerischen Texte halten Abstand zur zeitgenössischen Alltagswirklichkeit. St. schreibt Abenteuergeschichten, die auf entlegenen Inseln spielen, historische Romane, die in vergangenen Jahrhunderten angesiedelt sind, oder allegorische Erzählungen, die um moralisch-psychologische Probleme kreisen und der Spezifika eines bestimmten Milieus nicht bedürfen. Dies bedeutet aber nicht, daß St. eskapistische Schönfärberei betreibt. Die Abkehr vom zeitgenössischen Alltag führt nicht in sonnige Paradiese, sondern in dunkle und problematische Welten. Dies gilt besonders für den späten, in der Südsee spielenden Roman *The Ebb-Tide* (1894; *Die Ebbe*, 1998). In der Anfangsszene des Romans malen sich drei gescheiterte Existenzen, die am Strand von Tahiti herumlungern und dort frieren, ihre Rückkehr nach England in rosigen Farben aus. Das ist die genaue Umkehrung des Eskapismus gewöhnlicher Abenteuerromane des 19. Jahrhunderts. Während es die Helden und Leser dieser Texte aus der bourgeoisen Welt Europas auf exotische Inseln zieht, gehen die Sehnsüchte der drei Männer, die sich dort befinden, in die entgegengesetzte Richtung. – Die Art und Weise, wie St. in *The Ebb-Tide* die Konventionen des Abenteuerromans auf den Kopf stellt, dokumentiert seine Bereitschaft zum literarischen Experiment. Diese Bereitschaft zeigt sich auch darin, wie er mit unterschiedlichen Erzählern und Perspektiven operiert. Die Perspektivenstruktur von *Dr Jekyll and Mr Hyde* z. B. gleicht einem System konzentrischer Kreise, die um das zentrale Geheimnis angeordnet sind. Die Erzählung nähert sich diesem Geheimnis von außen nach innen; sie beginnt mit dem Bericht eines unwissenden Augenzeugen und führt uns erst ganz am Schluß, mit einer Ich-Erzählung Jekylls, ins Zentrum des rätselhaften Geschehens. Ein weiteres

Perspektivenexperiment ist der Roman *The Master of Ballantrae* (1888–89; *Der Junker von Ballantrae*, 1924), in dem mehrere unglaubwürdige Erzähler die Geschichte eines Bruderkonfliktes beleuchten (oder auch verdunkeln). Dieser Roman problematisiert neben der Glaubwürdigkeit der narrativen Rede auch deren pragmatischen Aspekt: Es geht nicht nur um das, was eine Erzählung sagt, sondern ebenso um das, was sie tut. Eine Figur des Romans ermordet ihren Feind mit einer Erzählung, eine andere Figur provoziert ihren Zuhörer mit einer Erzählung zu einem Mordversuch. Die Folgen dieser Provokation zeigen noch einmal St.s Vorliebe für moralisch-psychologische Paradoxien: Das Verhältnis zwischen Zuhörer und Erzähler ist nie besser als nach dem Versuch des einen, den anderen zu ermorden.

Werkausgaben: *The Works of Robert Louis Stevenson:* *Tusitala Edition.* 35 Bde. London 1923–24. – *The Letters.* Hg. B. Booth/E. Mehew. 8 Bde. New Haven, CT 1994–95. – *Werke.* 12 Bde. Zürich 1979.
Literatur: B. Niederhoff. *Erzähler und Perspektive bei Robert Louis Stevenson.* Würzburg 1994. – J. Calder. *Robert Louis Stevenson: A Life Study.* New York 1980. – E. M. Eigner. *Robert Louis Stevenson and Romantic Tradition.* Princeton, NJ 1966.

Burkhard Niederhoff

Stoker, Bram [= Abraham]

Geb. 8. 11. 1847 in Dublin;
gest. 20. 4. 1912 in London

Nach einer von Krankheit gekennzeichneten Kindheit in Dublin sah Bram Stoker während seines Studiums am Trinity College am 28. 8. 1867 den berühmten Schauspieler Henry Irving am Theatre Royal in Dublin auf der Bühne und war vom Theater wie von der Schauspielkunst Irvings tief beeindruckt. Nach mehreren Begegnungen ermutigte Irving im Jahre 1878 den als Staatsbeamter arbeitenden St. nicht nur zu einer Karriere als Schriftsteller, sondern trug ihm auch den Managerposten seines erst kurz zuvor übernommenen Lyceum Theater in London an – eine Partnerschaft, die 27 Jahre andauerte.

St.s literarisches Werk entstand praktisch in der Freizeit vom Theater: Sein erster Roman, die Romanze *The Snake's Pass* (1890), zentriert sich um den Kampf innerer Leidenschaften und

Träume mit gesellschaftlichen Normvorstellungen, ein Thema, das insbesondere St.s Meisterwerk *Dracula* (1897; *Dracula*, 1908) charakterisiert. Obgleich *Dracula* am Ende der Tradition von Schauer- und Vampirliteratur der Romantik und des 19. Jahrhunderts steht, wurde der Roman zu einem ihrer größten Klassiker überhaupt. Vor dem mythisch-historischen Hintergrund transsilvanischer Legenden von Vampiren und der Geschichte des Wallachenprinzen Vlad Tepes, die St. in der British Library und in der Bibliothek von Whitby studierte, gibt St. einen faszinierenden Kommentar zur spätviktorianischen Gesellschaft ab. Zur Diskussion stehen solche zeitgenössischen Zentraldiskurse wie Fortschrittsoptimismus, Technologiegläubigkeit und die Angst vor dem Fremden, vor Degeneration und Dekadenz. Der Roman verhandelt explizit die reaktionären Entartungsthesen Max Nordaus und Cesare Lombrosos abstrus-positivistische Theorien über die Physiognomie und Psychopathologie des Kriminellen. St. rekurriert zudem dezidiert auf die *New-Woman*-Bewegung zum Ende des 19. Jahrhunderts, wobei die dargestellte Vampir-Weiblichkeit sowohl Züge der männermordenden Femme fatale als auch der Prostituierten aufweist. Das Motiv des Vampirismus selbst offenbart in seinen offenkundig sexuellen Konnotationen die Angst vor sich ausbreitenden Geschlechtskrankheiten – eine Feststellung, die durch St.s Syphilistod eine zusätzliche ironische Spitze erhält. In der künstlerisch ausgesprochen eindrucksvollen, multiperspektivischen Anlage des Romans kommt der weiblichen Protagonistin Mina Harker die symbolische Aufgabe zu, das Chaos einzelner Handlungsfragmente, das z. B. aus Tagebucheinträgen, Phonographentranskripten und Zeitungsartikeln besteht, in eine stabile Ordnung zu überführen. Diese ironische Selbstreflexivität der Erzählsituation, das bisweilen durchaus parodistisch übersteigerte, intertextuelle Spiel mit zahllosen Bibelzitaten und die Spannungen, die zwischen den letztlich unabschließbaren Chronologisierungsversuchen des Geschehens und dem vordergründigen Sieg über Dracula bestehenbleiben, machen auf eine Instabilität des Textes aufmerksam, die darauf verweist, daß St. in Antizipation von Sigmund Freud weiß, daß der Sieg der Rationalität über das menschliche Unbewußte durch Verdrängung immer nur ein Pyrrhussieg sein kann. Einerseits entlarvt diese Einsicht die Bemühungen der Vampirjäger nicht selten als Heuchelei und Bigotterie, andererseits markiert das melodramatische Pathos, mit dem St. zuweilen vorgeht, ohne Zweifel auch einen der letzten Rettungsversuche des viktorianischen Wertesystems. – Wie die *Dracula*-Rezeption seit einem Jahrhundert sowohl durch den Film, das Fernsehen, den Tourismus als auch zunehmend durch eine seriöse wissenschaftliche Beschäftigung mit dem Roman jenseits der Trivialliteraturthematik zeigt, sind St.s Roman und sein Protagonist längst selbst zu Mythen geworden. In *Dracula* schafft St. eine psychologische, atmosphärische und v.a. ästhetisch-erzähltechnische Dichte, die er danach in weiteren Schauer- und Abenteuerromanen wie *The Mystery of the Sea: A Novel* (1902), *The Jewel of the Seven Stars* (1903; *Die sieben Finger des Todes*, 1981), *The Lady of the Shroud* (1909; *Das Geheimnis des schimmernden Sarges*, 1982) und *The Lair of the White Worm* (1911; *Das Schloß der Schlange*, 1981) nie wieder erreicht.

Literatur: W. Greenslade. *Degeneration, Culture and the Novel: 1880–1940*. Cambridge 1994. – D. Glover. »Bram Stoker and the Crisis of the Liberal Subject.« *New Literary History* 23.4 (1992), 983–1002. – C. Craft. »›Kiss Me With Those Red Lips‹: Gender and Inversion in Bram Stoker's *Dracula*.« *Speaking of Gender*. Hg. E. Showalter. New York/London 1989, 216–242. – M.-L. Carter, Hg. *Dracula : The Vampire and the Critics*. Ann Arbor/London 1988. – B. Dijkstra. *Idols of Perversity: Fantasies of Feminine Evil in Fin de Siècle Culture*. Oxford 1986.

Martin Middeke

Stoppard, Tom

Geb. 3. 7. 1937 in Zlin, Tschechien

Tom Stoppard, als Tomas Straussler geboren, gehört zu den herausragenden Gestalten des britischen Nachkriegsdramas, das er durch eine eigenwillige, ebenso bühnenwirksame wie intellektuell stimulierende Mischung aus Wortwitz, Situationskomik und hohem philosophischen Anspruch wesentlich mitgeprägt hat. Das von ihm formulierte Programm »to end up by contriving the perfect marriage between the play of ideas and farce or perhaps even high comedy« hat er in einer Weise umgesetzt, die ihn sowohl zu einem der meistgespielten als auch im akademischen Bereich am intensivsten diskutierten britischen Gegenwartsdramatiker gemacht hat, dessen Stellenwert 1997 auch durch die Erhebung in den Adelsstand (Sir Tom) gewürdigt wurde.

Nach einer unruhigen Kindheit, die St. in der Tschechoslowakei, Singapur, Indien und den USA verbrachte, bis die Familie in seinem neunten Lebensjahr nach England umsiedelte, betätigte sich St. zunächst als Journalist und Drehbuchautor (z. B. *Shakespeare in Love*, 1998). 1966 gelang der Durchbruch als Dramatiker mit *Rosencrantz and Guildenstern Are Dead* (*Rosenkranz und Güldenstern*, 1967); St.s eigene Verfilmung wurde 1990 bei den Filmfestspielen von Venedig ausgezeichnet. Die Verbindung von Samuel Becketts *Waiting for Godot* mit Shakespeares *Hamlet* (die beiden Nebenfiguren werden bei St. zu Protagonisten) ist bereits von der für viele seiner Stücke charakteristischen Verknüpfung von Intertextualität und Metadrama geprägt. Die Äußerung der gegenüber Hamlet stärker ins thematische Zentrum gerückten Schauspielerfigur, »every exit [is] an entrance somewhere else«, verweist auf die in der zweiten Hälfte des 20. Jahrhunderts zunehmend an Bedeutung gewinnende Erkenntnis der Verstrickung des Menschen in eine Vielzahl von Sinnsystemen und kulturellen Konstrukten, die die Möglichkeit der Überschreitung des (im weitesten Sinn) Textuellen in Richtung einer letztgültigen Realität radikal in Zweifel zieht. Die Selbstthematisierung des Theaters und die Frage nach dem Verhältnis von Leben und Kunst bzw. Fakt und Fiktion prägen auch spätere Stücke wie *The Real Thing* (1982; *Das einzig Wahre*, 1983) und *Travesties* (1974, *Travesties*; 1976), dessen Einarbeitung von *The Importance of Being Earnest* Berührungspunkte zwischen St. und Oscar Wilde erkennen läßt: Wildes berühmtes Diktum »life imitates art« könnte das Motto für St.s Demonstration der Abhängigkeit der Realitätswahrnehmung von vorgängigen kulturellen Mustern abgeben. *Rosencrantz and Guildenstern Are Dead* zeigt außerdem bereits St.s Vorliebe dafür, weit Auseinanderliegendes und scheinbar Inkompatibles so zu verbinden, daß überraschende Analogien sichtbar werden, etwa zwischen Philosophie und turnerischer Akrobatik in *Jumpers* (1972; *Akrobaten*, 1973) oder Spionage und Quantenphysik in *Hapgood* (1988). Die Einarbeitung wissenschaftlicher Theorien und die Auseinandersetzung mit philosophischen Fragestellungen wie auch die zahlreichen Verfremdungen des von dem Glauben an eine rational ergründbare Wirklichkeit geleiteten Kriminalgenres – *The Real Inspector Hound* (1968), *After Magritte* (1970), *Jumpers* – sind von der Vorstellung bestimmt, daß »the act of observing« die Realität determiniere (*Hapgood*), und von der hiermit verbundenen Frage nach den Konsequenzen der standortgebundenen Perspektivität einer jeglichen Realitätssicht. Seien es nun die persönliche Befangenheit der Theaterkritiker (*Hound*), die Hypothesen von Polizei und Zeugen (*Magritte*) oder die durch literarische Muster gefilterte Konstruktion der eigenen Biographie (*Travesties*) – immer wieder geht es um die hermeneutische Einsicht in die konstitutive Funktion des jeweiligen Vorverständnisses. Der Relativität der Standpunkte trägt auch die Handlungsverlauf und Replikenwechsel bestimmende, von St. auf die Formel »firstly, A; secondly minus A« gebrachte Methode Rechnung, die er wie folgt illustriert: »that particular cube which on one side says for example: ›All Italians are voluble‹ and on the next side says, ›That is a naïve generalisation‹; and then, ›No. It's not. Behind generalisations there must be some sort of basis.‹« – Wenn die Stücke demnach an die Stelle klar faßbarer Gesamtaussagen St. zufolge »a sort of infinite leapfrog« setzen, dann resultiert hieraus dennoch kein beliebiger Relativismus. So nähert sich etwa die in *Travesties* vorgeführte Bocksprunglogik einerseits der in Derridas *différance*-Begriff kulminierenden Einsicht in die Unmöglichkeit der Festschreibung von Bedeutung; andererseits verweist die um moralisch-politische Fragestellungen kreisende Konfrontation von Ästhetizismus und Totalitarismus auf einen jenseits des intellektuellen Spiels liegenden Bereich absoluter Werte, der auch die im engeren Sinne politischen Stücke wie *Dirty Linen* (1976; *Schmutzige Wäsche*, 1977), *Every Good Boy Deserves Favour* (1978; *Hurtig geht es durch Flei* , 1981), *Professional Foul* (1978; *Gegen die Spielregeln*, 1979) und *Night and Day* (1978) prägt.

Von den später entstandenen Stücken ist v. a. *Arcadia* (1993; *Arkadien*, 1993) zu nennen, das einen neuen Höhepunkt in St.s Schaffen darstellt. Darin setzt er sich wiederum mit dem Problem der je unterschiedlichen Prämissen folgenden Konstruktion von Wirklichkeit auseinander, diesmal im Spannungsfeld von erkennbarer Ordnung und Gesetzmäßigkeit einerseits und Unvorhersagbarkeit und Irregularität bzw. Chaos andererseits. Erneut werden ganz unterschiedliche Sphären menschlicher Aktivität zueinander in Beziehung gesetzt: Gartenbau und Literatur (klassische Formstrenge vs. romantische Wildheit), Physik und Mathematik (Newtons Weltbild vs. Chaostheorie und Thermodynamik) und nicht zuletzt Sexualität (eheliche Liebe vs. illegitime Beziehungen) als die

»attraction Newton left out«. Durch das Alternieren zwischen zwei Zeitebenen (1809 und Gegenwart) kann St. überdies (wie schon in *Travesties*) auf die bei der (Re)Konstruktion von Vergangenheit (v. a. die Ereignisse um Lord Byron, der am Rand der Vergangenheitshandlung agiert, selbst aber nie auftritt) wirksamen vorurteils- und interessegeleiteten Strategien aufmerksam machen und zugleich demonstrieren, wie irrig die Vorstellungen von der Linearität der Zeit und der stetigen Verbesserung der menschlichen Erkenntnisfähigkeiten sind. Das Stück kann insofern auch als Beitrag zur ›Zwei Kulturen‹-Debatte verstanden werden, als hier durch die Verdeutlichung der immer nur bedingten Geltung aller Versuche, eine letztlich unbestimmbar bleibende ›Realität an sich‹ zu fassen (siehe die Auseinandersetzung mit der Quantenmechanik in *Hapgood*), einem von einseitiger (Natur-)Wissenschaftshörigkeit geprägten Weltbild und einem allzu naiven Erkenntnisoptimismus ihre Grenzen aufgezeigt werden.

Alles in allem könnte man das für St. charakteristische Nebeneinander von ›Spiel und Politik‹ (Neumeier), von Erkenntniskritik und Wertkonservatismus auf die Formel ›Perspektivismus ohne Relativismus‹ bringen. Verengt man die ›Postmoderne‹ nicht platt auf eine spielerische *anything goes*-Beliebigkeit, sondern versteht sie wesentlich auch als Auseinandersetzung mit dem Dilemma zwischen der Einsicht in die Pluralität und Relativität vormals als fest gedachter Größen wie ›Wirklichkeit‹ und ›Wahrheit‹ einerseits und der Unhintergehbarkeit ethischer Orientierungen andererseits, dann kann St. als geradezu paradigmatischer postmoderner Autor gelten.

Werkausgabe: *Plays.* 5 Bde. London 1996ff.
Literatur: J. Hunter. *Tom Stoppard.* London 2000. – D. Mader. *Wirklichkeitsillusion und Wirklichkeitserkenntnis: Eine themen- und strukturanalytische Untersuchung ausgewählter gro er Bühnendramen Tom Stoppards.* Heidelberg 2000. – B. Blüggel. *Tom Stoppard: Metadrama und Postmoderne.* Frankfurt a. M. 1992. – A. Jenkins. *The Theatre of Tom Stoppard.* Cambridge 1990. – B. Neumeier. *Spiel und Politik: Aspekte der Komik bei Tom Stoppard.* München 1986.

Stefan Glomb

Storey, David [Malcolm]

Geb. 13. 7. 1933 in Wakefield

Im Essay »Journey Through a Tunnel« (1963) gibt David Storey über die Verwerfungen Auskunft, zu denen ein Leben zwischen den Anforderungen eines Kunststudiums und den Verpflichtungen eines Rugby-Profis führt. St. hat als Sohn einer Bergarbeiterfamilie, der auf das Gymnasium ging und später in einer Reihe Gelegenheitsjobs sowie als Lehrer arbeitete, zahlreiche biographische Spannungen erlebt. So teilt er mit den *Angry Young Men* die Nöte der gesellschaftlich undefiniert zwischen Arbeitern und Akademikern stehenden *scholarship boys*, seine literarische Verarbeitung sozialer Heimatlosigkeit überschreitet aber die Grenzen der für diese Autorengruppe typischen literarischen Realistik. St.s Romane um Kindheit und Jugend im Arbeitermilieu des englischen Nordens erfassen genau Lebensbedingungen und Emotionen, Rituale und Sprachlosigkeit der Arbeiterschicht. Folgt *This Sporting Life* (1960) mit seinen Szenen aus dem Leben eines Rugby-Profis noch den Konventionen naturalistischer Wirklichkeitswiedergabe, bemüht *Radcliffe* (1963; *Leonard Radcliffe*, 1965) eine allegorische Darstellung, um die Entfremdung von Körper und Geist unter dem Einfluß gymnasialer Erziehung herauszuarbeiten. Das Meisterwerk *Saville* (1976), das den *Booker Prize* erhielt, zeichnet historisch genau das Aufwachsen eines Arbeiterkindes bis zu seinem Aufbruch nach London nach; zugleich vermittelt es das Bild einer familiären Gemeinschaft, die ohne Worte weise ist. Mögen viele der erzählenden Werke St.s heute schon veraltet erscheinen, wird *Saville* als großer Roman Bestand haben, der die Darstellung eines wortkargen Alltags nutzt, um Weltwissen und Gefühlstiefe einfacher Menschen ein Denkmal zu setzen. – Als Bühnenautor setzt St. seine Themen in innovative literarische Formen um. Neben eher konventionellen Werken wie *In Celebration* (1969; *Zur Feier des Tages*, 1972), das den Schmerz dreier Aufsteiger-Söhne über ihre Entfremdung von den Eltern vornehmlich im Dialog auf die Bühne bringt, vertrauen die bemerkenswerten Werke St.s auf die Aussagekraft der visuellen Erfahrungen des Theaterpublikums. In *The Contractor* (1970; *Das Festzelt*, 1970) begleiten Auf- und Abbau eines Festzelts bedeutungsstark die reduzierte Kommunikation zwischen Vater und Sohn. *Home* (1970; *Heim*, 1971) nutzt weiße Anstaltsmöblierung – und nicht die wirren Reden der Figuren – zur Definition verstörter menschlicher Existenz. *The Changing Room* (1972; *Die Umkleidekabine*, 1973) fordert dazu auf, hinter den belanglosen Reden der Sportler nach der Bedeutung männlicher Nacktheit zu suchen. Allgemein gelingt es diesen handlungsarmen Stükken, präzise gezeichnete Episoden zu Symbolen zu machen, und so weitet sich auch die aufs Minimum beschränkte Kommunikation zwischen den Figuren zu Andeutungen, die wahre Einsichten ohne Worte vermitteln. Als Bühnenautor hat St. sein ideales Medium gefunden; den nicht selten schwerfälligen narrativen Experimenten sind die Dramen, die die Gründe für entfremdetes Dasein auf die Bühne bringen, überlegen.

Literatur: H. Liebman. *The Dramatic Art of David Storey.* Westport, CT 1996. – W. Hutchings, Hg. *David Storey: A Casebook.* New York 1992.

Stephan Kohl

Stow, Randolph
Geb. 28. 1. 1935 in Geraldton, Westaustralien

Randolph Stow besuchte die University of Western Australia in Perth, unterrichtete englische Literatur an Universitäten in Adelaide, Perth und Leeds, bereiste die USA und arbeitete später als Anthropologe in Neuguinea. Seit 1966 lebt er in Großbritannien. St. hat Romane, ein Kinderbuch, Lyrik und Opernlibretti veröffentlicht und zahlreiche australische Literaturpreise erhalten. – Seine frühen naturalistischen Romane, *A Haunted Land* (1956; *Wir sind erst achtzehn, doch alt wie Berge*, 1957) und *The Bystander* (1957), stehen in der Tradition von Patrick Whites *The Tree of Man* (1955) und glorifizieren das harte Leben von Pionieren und Farmern in Westaustralien, denen es gelingt, ihr europäisches Erbe auf dem jungen australischen Kontinent zu bewahren. Bereits in diesen Werken beginnt sich St.s Interesse an der religiösen Dimension des Lebens (hier: dem Taoismus) abzuzeichnen. Sein nächster Roman, *The Merry-Go-Round in the Sea* (1965), dagegen ist ein Stadtroman, der autobiographische Aufzeichnungen St.s über seine Kindheit miteinbezieht. Die Handlung erstreckt sich über die Jahre 1941–49, in denen das Leben des jungen Rob Coram vom Zweiten Weltkrieg überschattet wird. Beeinflußt von den negativen Kriegserfahrungen seines Vet-

ters Rick, erkennt Rob, daß Australien als ein »anglo-keltisches Vakuum in der Südsee« in einer gefährlich exponierten Position ist und sich nicht länger auf seine Verbindungen zum Mutterland Großbritannien verlassen kann. Das Werk zelebriert den in den 1950er-60er Jahren für Australier einschneidenden ›Abschied von Europa‹ und ist bislang in Australien St.s beliebtester Roman geblieben. St. löst sich hier über weite Strecken von der naturalistischen Erzählweise und favorisiert symbolisch-mythische Ordnungselemente (wie im Titelmotiv des Karussells). Eine ähnliche Technik hatte er bereits in den Romanen *To the Islands* (1958, revidiert 1981; *Zu jenen Inseln*, 1959) und *Tourmaline* (1963) erprobt, denen mythisch-religiöse Substrukturen zugrundeliegen: Toten-Mythen der Aborigines bzw. der Taoismus. In diese Reihe gehört ebenfalls St.s späterer Roman *Visitants* (1979), in dem er den verhängnisvollen Einfluß der Kolonialpolitik auf den Cargo-Kult Neuguineas darstellt. – In den Romanen aus seiner britischen Schaffensperiode wendet sich St. schließlich der europäischen literarischen Tradition zu: In dem anspruchsvollen Kriminalroman *The Suburb of Hell* (1984) – seinem bislang letzten Werk – verarbeitet St. strukturelle und inhaltliche Elemente aus mittelalterlichen Moralitäten und in *The Girl Green as Elderflower* (1980) mittelalterliche englische Chroniken. Vor allem St.s späte Romane sind vielschichtig und verlangen vom Leser ein beträchtliches Maß an religiösem, historischem und literarischem Wissen. Vielleicht deshalb – und wegen seiner Auswanderung nach Großbritannien – wird der späte St. von australischen Kritikern oft vernachlässigt.

Literatur: A. J. Hassall. *Strange Country: A Study of Randolph Stow.* St. Lucia 1986. – H. Prießnitz. »Probleme einer kolonialen Existenz als Themen im Romanwerk von Randolph Stow.« *Arbeiten aus Anglistik und Amerikanistik* 11.1 (1986), 41–62.

Marion Spies

Strachey, [Giles] Lytton
Geb. 1. 3. 1880 in London;
gest. 21. 1. 1932 in Hungerford

Lytton Strachey ist ein Neuerer biographischen Schreibens, dessen literarisch-ästhetischer Anspruch und subtile Unterminierung viktorianischer Moralvorstellungen von der eigenen Biographie widergespiegelt und dessen Beleuchtung gerade skurriler Idiosynkrasien seiner Biographierten von den eigenen Biographen ertragreich übernommen wird. St., hochaufgeschossen, schlacksig-dünn mit endlosen Beinen, ›spinnenartig‹ langen Fingern, hoher Stimme und schrillem Lachen, war schon als elftes Kind einer lebhafttumultösen Familie der *upper-middle class* von intellektueller Stärke und physischer Schwäche. Prägend waren sein Studium der Geschichte am Trinity College Cambridge und dort seine Mitgliedschaft im elitären Kreis der *Apostles*. Sein »entsetzliches Äußeres« suchte St. durch exzentrisches Auftreten und Affären mit Männern seines sportlich-wohlgestalteten Ideals zu kompensieren; St.s witzige, oft anzügliche, ironisch-bissige Wortgewandtheit – auch für sein Schreiben typisch – machte ihn zur zentralen Figur und neben Virginia Woolf zum bedeutendsten Literaten *Bloomsburys*. – Nachdem St. nicht als Fellow des Trinity College angenommen wurde, schrieb er Artikel und Kritiken u. a. für den *Spectator* und profilierte sich mit *Landmarks in French Literature* (1912) als Kenner der den eigenen Stil prägenden französischen Literaten. Durchschlagender Erfolg kam mit *Eminent Victorians* (1918; *Macht und Frömmigkeit*, 1937). Die vier scheinbar konventionell gewandeten Lebensabrisse sind in ihrer entmythologisierenden Betrachtung des Überheblichen, Falschen und Lächerlichen viktorianischer Ikonen eine sinnbildliche Attacke gegen die Glaubenssätze ihrer Epoche: Die Entthronung Cardinal Mannings zum intriganten Karrieristen, des Erziehungsreformers Dr. Arnold zum letztlich reaktionär-arroganten Moralapostel, Florence Nightingales zur verdienstvollen, aber verhärteten Rechthaberin und General Gordons zum messianischen Imperialisten waren Tiefschläge gegen Kirche, Frömmelei, Armee, Bildungswesen und die Politik von Victorias England. Weit wohlwollender behandelte St. die Königin selbst. *Queen Victoria* (1921; *Queen Victoria*, 1925), eine romantisch romanhafte Lebenskavalkade von der hitzköpfigen Jungkönigin bis zur beliebten, aber ihrer Zeit entrückten Altersmonarchin, illustriert markant die später oft kopierte Stracheyeske Darreichung genau recherchierter Fakten als spannungsreiche, mit geschliffenem Sprachwitz erzählte Geschichte. Noch kühner überschritt St. die Grenzen der Historiographie mit *Elizabeth and Essex: A Tragic History* (1928; *Elisabeth und Essex: Eine tragische Historie*, 1929), indem er das komplex-amouröse Verhältnis der alternden *virgin queen* zu ihrem jungen, bald in jeder Hinsicht kopflosen Günstling Graf Essex unter Zuhilfenahme Freudscher Psychoanalyse und von Gestaltungselementen des elisabethanischen Dramas darbot. – St. verfaßte ebenso unterhaltsame, rhetorisch prägnante Essays und weitere kurze Lebensbilder, versammelt u. a. in *Books and Characters: French & English* (1922), *Portraits in Miniature* (1931) und *Characters and Commentaries* (1933). *Lytton Strachey by Himself: A Self Portrait*, erschien 1971 postum. St. starb in seinem Haus ›Ham Spray‹ an Magenkrebs. Dort hatte er mit der Malerin Dora Carrington zusammengelebt, die sich nach seinem Tod erschoß.

Literatur: M. Holroyd. *Lytton Strachey*. London 1994.

Meike Kross

Suckling, Sir John

Geb. 10. 2. 1609 in Whitton, Middlesex;
gest. 1641 in Paris

Unter den *cavalier poets* am Hofe von Charles I steht Sir John Suckling wie kaum ein anderer für die von den *Metaphysicals* sich unterscheidende Auffassung der Literatur als frivoles Spiel. Im Gegensatz zu Thomas Carew, der seinen erotischen Gedichten noch einen politisch relevanten Subtext zu unterlegen vermag, artikuliert sich in S.s Werk die misogyne und libertinistische Weltsicht eines Höflings, der in vielerlei Hinsicht das zynisch-nihilistische Lebensgefühl der Restaurationszeit vorwegnimmt. Wenngleich ein Anthonis van Dyck zugeschriebenes Porträt S. als einen melancholischen Literaten inszeniert, der seine Bewunderung für Shakespeares *Hamlet* bekundet, so schildert das spärliche biographische Quellenmaterial ihn vornehmlich als einen Hasardeur, der seine Studien in Cambridge vorzeitig aufgibt, um sich in den Londoner Juristenkreisen der Literatur und dem Glücksspiel zu widmen. Durch das väterliche Erbe unabhängig, verbringt er seine Zeit in der Manier der müßiggängerischen Höflinge: Seine Teilnahme an kriegerischen oder diplomatischen Missionen wie auch seine Astrologie-Studienpläne an der Universität Leiden (1631) stellen hierbei nur andere Facetten seines pflichtentbundenen Lebens dar. Die eigentümliche Kapriziosität seines kurzen Lebens spiegelt sich literarisch wider in dem extrem desillusionistischen und amoralischen Ton seiner Dichtung, in der alle tradierten Wertevorgaben und Dekorumsregeln außer Kraft gesetzt werden. Hierbei stellt das Syphilis-Leiden seines Dichterfreundes Carew, das S. mit obszönem Spott beschreibt, nur *ein* Element dar im literarischen und kulturellen Paradigmenwechsel, wie er sich im Verlauf des 17. Jahrhunderts, vor allem in der Thematisierung der Liebe, vollzieht; George Etherege und John Wilmot Rochester in ihren zynisch lasziven Gedichten vorwegnehmend, reduziert S. die Liebe – jenes ehemalige barocke *mixtum compositum* aus Erotik und Theologie – auf den physischen Geschlechtsakt. Übersättigt und desillusioniert von der Qualität der genitalischen Lust wendet sich der Sprecher sogar von der Liebe ab, da er – in pornographischer Abwandlung der Vanitas-Klage – in den Frauen nur lebendige Leichname zu sehen vermag, in die bereits jetzt die Maden zwei Löcher gefressen haben. Schließlich geht S. in seiner Misogynie so weit, daß er den angewiderten männlichen Sprecher in der herablassenden Pose eines überdrüssigen Don Juan seiner Angebeteten zur Enthaltsamkeit raten läßt.

Ein weiteres Symptom dieser nicht nur literarischen Dekadenzstimmung am Hofe von Charles I zeigt sich auch in S. s geradezu ästhetizistischem Engagement in den gegen Schottland geführten Bishops' Wars: Wie ein Kostümbildner in einem opulenten Maskenspiel stattet S. eine Kavallerie von 100 Reitern mit extravaganten Uniformen aus, als sei der Krieg nur ein choreographiertes Theaterspektakel. Das unabwendbare Scheitern dieser Feldzüge bereitet diesen letzten ›dekadenten‹ Inszenierungen von Ritterlichkeit und der Existenz der *cavalier poets* ein jähes Ende: Noch vor der Abdankung des Königs flieht S. nach Paris, wo er – wie vermutet wird – in Armut und Verzweiflung Selbstmord begeht.

Werkausgabe: *The Works of Sir John Suckling: The Non-Dramatic Works*. Hg. T. Clayton. Oxford 1971.
Literatur: C. M. Gibson. »›'Tis Not the Meat, but 'tis the Appetite‹: The Destruction of Woman in the Poetry of Sir John Suckling.« *Explorations in Renaissance Culture* (1994), 41–59. – Ch. L. Squier. *Sir John Suckling*. Boston 1978.

Norbert Lennartz

Surrey, Henry Howard, Earl of

Geb. 1517?, in Kenninghall?, Norfolk; gest. 19. 1. 1547 in London

Als Sohn des Herzogs von Norfolk, als glänzender Hofmann (wenn auch von unruhigem Temperament), als militärischer Führer, Diplomat und Dichter entspricht Surrey, wie sein älterer Freund und poetischer Vorläufer Sir Thomas Wyatt, dem Renaissanceideal einer Einheit von Aristokratie, kühner Tatkraft und umfassender, ausdrucksfähiger Bildung. S. begleitete Henry VIII 1532–33 nach Frankreich und stand später in hoher Gunst, solange seine Cousine Catherine Howard als fünfte Gemahlin des Monarchen Königin von England war. 1544 wurde er Heerführer der englischen Truppen auf dem Kontinent und befehligte später die Garnison in Boulogne. Nachdem er sich in den französischen Kriegen ausgezeichnet hatte, nutzte eine mißgünstige Hofpartei seine Niederlage bei St. Etienne 1546, um seine Ablösung, Heimberufung und Verurteilung in einem wenig rechtsstaatlichen Hochverratsprozeß zu betreiben; dieser brachte ihn, kaum 30jährig, aufs Schafott.

Als Dichter entwickelte S. die von Wyatt in England eingeführte Sonettform weiter und etablierte dabei jenes Muster aus drei kreuzweise gereimten Quartetten mit abschließendem Paarreim (abab cdcd efef gg), das die vorherrschende elisabethanische Sonettform werden sollte, weil es der relativen Reimarmut der englischen Sprache entgegenkam. Seine Petrarca-Nachdichtungen zeigen metrische Harmonie und stilistische Kompetenz, gelegentlich auch – wie in »The Soote Season«, seiner Version von Petrarcas Frühlingsklage »Zefiro torna« – eine spezifisch englische Frische der Naturdarstellung. »Sardanapalus«, eine schneidende Anklage des degenerierten Herrschers, die sich als verdeckte Anspielung auf Henry VIII lesen läßt, erweist seine Gabe, das Sonett als satirisches Medium einzusetzen, während seine Nachdichtungen von Horaz und Martial das moralistische Genre mit hoher Stilsicherheit benützen, um dem höfischen Opportunismus ein humanistisches Ethos entgegenzusetzen. In seiner Übertragung des zweiten und vierten Buches der *Aeneis* führt S. den reimlosen Zehnsilber (*blank verse*) als Pendant des lateinischen Hexameters in die englische Dichtung ein – im Hinblick auf die Shakespearezeit eine Erfindung mit unabsehbaren

Folgen. Seine pionierhafte poetische Vielfalt zeigt sich nicht zuletzt an den Versen, die er 1537 während einer kurzen Gefangenschaft in Windsor schrieb, um sich seine glückliche Kindheit am selben Ort in Erinnerung zu rufen, und in seiner großen Elegie auf Wyatt (1542), die den Vorgänger als größten Dichter seit Chaucer und als von grundauf integren Menschen feiert. – S.s Gedichte wurden zusammen mit denen Wyatts und anderer Hofdichter (*Courtly Makers*) 1557 postum in *Tottel's Miscellany* veröffentlicht, wobei der Verleger S. den ersten Platz zuwies, da ihm seine Eleganz und metrische Korrektheit als Modell für die nachfolgende Dichtergeneration galt.

Werkausgabe: *The Poems*. Hg. F. M. Padelford. New York 1966 [1914]. Literatur: C. W. Jentoft. *Sir Thomas Wyatt and Henry Howard, Earl of Surrey: A Reference Guide*. Boston 1980. – E. Casady. *Henry Howard, Earl of Surrey*. New York 1938.

Werner von Koppenfels

Swift, Graham [Colin]

Geb. 4. 5. 1949 in London

Mit sechs Romanen und der Kurzgeschichtensammlung *Learning to Swim and Other Stories* (1982) gilt Graham Swift inzwischen als ›Klassiker der englischen Gegenwartsliteratur‹. Seine Werke wurden in über 20 Sprachen übersetzt. – Pessimismus, Melancholie, Bizarrerie und Groteske sind Beschreibungsformeln, mit denen Kritiker S.s Romandebüt *The Sweet Shop Owner* (1980; *Ein ernstes Leben*, 1986) charakterisierten. S. erzählt hier vom letzten Tag im Leben des Willy Chapman, der die Tragikomödien des typischen Alltags der Kriegs- und Nachkriegszeit Revue passieren läßt. Der gesamte Roman präsentiert eine Galerie scheiternder Existenzen, die der bitteren Wahrheit ihres trostlosen Lebens durch Träume und Illusionen – oder wie Willy durch die Etablierung des ›heilen‹ Mikrokosmos Süßwarenladen – zu begegnen versuchen. In *Shuttlecock* (1981; *Alias Federball*, 1983) führt S. den Leser in die kafkaesk wirkende Welt des Protagonisten Prentis ein, der als Archivassistent in einer Polizeidienststelle für die Verwaltung ungeklärter zurückliegender Verbrechen zuständig ist. Als ein für S. typischer ›Charakter im Status der Krise‹ offenbart Prentis die Physiognomie eines unterdrückten Machtmenschen, dessen latent vorhandener Sadismus bei der Begegnung mit Autoritäten in Demutshaltung umschlägt. Prentis stellt bei seinen Recherchen fest, daß sein Vater, anders als dieser es selbst in seiner Autobiographie *Shuttlecock* behauptet hatte, nicht ›Kriegsheld‹, sondern ›Verräter‹ gewesen sein könnte. Endgültig wird diese Frage für den Leser jedoch am Ende des Buches nicht geklärt. Die Suche des Protagonisten nach ›Wahrheit‹ und ›Identität‹ wird in postmodern wirkender Weise als absurde Odyssee und paradoxe *quest* gestaltet. S., der zwischen den einzelnen Erzählebenen seines Textes wechselt, entwertet klare Antworten zu Placebos, mit denen man die durch Erkenntnisschocks ausgelösten Traumata nicht zu heilen vermag.

S.s bislang erfolgreichster Roman, *Waterland* (1983; *Wasserland*, 1984), spielt in der Wasserlandschaft der Fens, die die komplexen Vorgänge von Werden und Vergehen symbolisieren. Geschichte und Geschichten sind das dominante Thema dieses von der Kritik als ›historiographische Metafiktion‹ hochgelobten Romans. Persönliche Geschichte wird zum Bestandteil der Allgemeingeschichte, wenn S. die Eheprobleme seines Protagonisten aus der Vergangenheit heraus erklärt und die als traumatisch empfundene Gegenwart durch zurückliegende Episoden wie den Tod Freddy Parrs, die Abtreibung eines unerwünschten Kindes sowie den Selbstmord des grotesk anmutenden Bruders Dick verständlich macht. In essayistischen Kommentaren definiert der Geschichtslehrer Crick den Menschen als »geschichtenerzählendes Wesen« und entlarvt verbindliche historische Wahrheiten als bloße ›Versionen‹. Er demontiert das epistemologische Koordinatensystem des »Hier und Jetzt« und setzt Geschichte – in diesem Aspekt an Hayden Whites Geschichtstheorie erinnernd – mit Fiktion gleich. Das in der Echokammer dieses Romans nachhallende »why, why, why« signalisiert die Rolle der Historie als fragwürdige Instanz von Tröstungen und Erklärungen. Auch die in die historische Erzählebene eingestreuten ›Geschichten‹ der Atkinsons und Cricks tragen dazu bei, Wahrheit und Wirklichkeit zu mystifizieren. S. greift zu diesem Zweck auf eine Vielzahl literarischer Genres zurück, die von der Romanze über den viktorianischen Schauerroman bis hin zum Roman des Magischen Realismus reichen. Wirklichkeit wird in *Waterland* durch Konstruktionen ersetzt, vermeintlich sichere Wertekataloge im Anschluß an Jean-François Lyotards Theorie von den *grands récits* storniert. – Um

Welterkenntnis als Weltkonstruktion dreht sich auch *Out of this World* (1988). Am Beispiel des ehemaligen Kriegsphotographen Harry Beech analysiert S. den konstruktiven Charakter des Bildjournalismus im 20. Jahrhundert und zeigt, wie photographisches Material zu visuellen Klischees gerinnen kann. Dabei ahmt der Roman die ästhetischen Grundbedingungen seines Sujets auch formal nach, indem S. gleichsam in einer Serie verbaler Momentaufnahmen die Familiengeschichte dreier Generationen präsentiert. Aus den Perspektiven wechselnder Erzähler – hauptsächlich Harry Beeches und seiner Tochter Sophie – ergibt sich eine Familiengeschichte, die deutlich tragische Züge aufweist. Als Gipfel einer bizarren Entfremdung, die das familiäre Leben durch das *simulacrum* des photographischen Abbildes ersetzt, entpuppt sich der Moment, als Beech das Bombenattentat auf seinen Vater photographisch dokumentiert, anstatt sich um seine schwangere Tochter Sophie zu kümmern, die durch dieses Erlebnis traumatisiert wird.

Trauma und literarische Aufarbeitung zum Zwecke der Eigentherapie des Erzählers bilden auch das Thema in S.s Roman *Ever After* (1991; *Von jenem Tag an*, 1995), in dem in Form zweier Parallelbiographien die Existenzen von Bill Unwin, einem unglücklichen Universitätsprofessor und Witwer einer berühmten Schauspielerin, und Matthew Pearce, einem viktorianischen Anhänger darwinistischer Lehren, präsentiert werden. *Ever After* ist ein hochgradig intertextuell aufgeladener Roman, der v. a. *Hamlet* als Prätext nutzt. S., für den die ›Mitteilung einer Merkwürdigkeit‹ das Gesetz des Erzählens bildet, beginnt seinen Roman mit dem Bericht des Selbstmordes von Bill Unwins Vater. In einer postmodernen *quest* versucht Bill die ›Wahrheit‹ des Geschehens herauszufinden, stößt aber nur auf immer neue Versionen und Möglichkeiten. Generisch angesiedelt zwischen Universitätsroman, Romanze, Biographie und Essay, diskutiert *Ever After* die Paradoxie von Glück und Täuschung, von Wirklichkeit und Imitation, von Tod und Verlust. – Daß das »Komische dort ist, wo der Tod ist«, beschreibt auch das Wesen von S.s bislang jüngstem Roman *Last Orders* (1996; *Letzte Runde*, 1997). Die ›Merkwürdigkeit‹ besteht bei dieser Geschichte darin, daß Ray, Vic, Lenny und Vince die Asche ihres verstorbenen Freundes Jack Dodd ins Meer streuen wollen. Die Anwesenheit des toten Freundes relativiert die Alltagswelt und sorgt für durchaus humorvolle Situationen,

die überdies durch den Einsatz von Cockney unterstrichen werden. Der Leser ist gezwungen, sich aus der Vielzahl der Einzelbemerkungen ein Gesamtbild zu konstruieren, das die vielfältigen tragikomischen sozialen Verflechtungen der Protagonisten offenbart. *Last Orders*, das S. selbst als ›komischen Roman‹ bezeichnet, ist aber auch eine großangelegte Elegie, in der eine verlorene Welt rekonstruiert wird. Es ist bislang S.s ›menschlichster‹ Roman.

Literatur: S. Mecklenburg. *Martin Amis und Graham Swift: Erfolg durch bodenlosen Moralismus im zeitgenössischen britischen Roman.* Heidelberg 2000. – A. Nünning. *Von historischer Fiktion zu historiographischer Metafiktion.* Bd. 2. Trier 1995, 267–282, 318–330.

Rudolf Freiburg

Swift, Jonathan

Geb. 30. 11. 1667 in Dublin;
gest. 19. 10. 1745 ebd.

Jonathan Swift ist ein Autor, der seine Leser zu polarisieren pflegt, im Laufe der Wirkungsgeschichte ebenso heftig angegriffen wie mitfühlend verteidigt. Selten wurden Leben und Werk eines Mannes genauer unter die Lupe genommen, und selten waren die Urteile über Leben und Werk mehr von Mutmaßungen bestimmt. Die Zahl der Publikationen ist inzwischen auch für den Fachgelehrten kaum noch überschaubar, und doch lautet das Adjektiv, das S. am genauesten beschreibt, nach 250 Jahren immer noch ›rätselhaft‹. S. pflegte Vexierspiel und Mystifikation in seinem persönlichen Habitus, und die Denkfiguren, zu denen er am häufigsten Zuflucht nahm, sind Unbestimmtheit, Ironie und Paradox. – Die Lebensgeschichte S.s läßt sich als irisches Leben bezeichnen, das durch englische Episoden unterbrochen wurde. In Irland, dem »Land der Sklaven und Sümpfe«, fühlte sich der anglophile Sohn englischstämmiger Eltern zeitlebens als Verbannter, der bis zu seiner Ernennung zum Dechanten von St. Patrick in Dublin 1713 vergeblich auf eine Karriere in der anglikanischen Kirche hoffte. Gleichwohl wurde der ›exilierte‹ S. den Iren seit seinem Einsatz für die konstitutionelle Freiheit ihres Landes in der Kontroverse um das Woodsche Patent (»A Letter to the Whole People of Ireland«, 1724) der ›hibernische Patriot‹. Der englische Vizekönig dieser Jahre, John Lord Carteret, soll auf die Frage, wie er

Irland habe regieren können, geantwortet haben: »I pleased Dr. Swift«, und in seiner Wiedergabe des lateinischen Epitaphs faßte William Butler Yeats die aus irischer Sicht grundlegende Lebensleistung S.s zusammen: »He served human liberty.« – Nach der Ausbildung an der Kilkenny Grammar School wechselte S. 1682 zum Studium an das Trinity College in Dublin. Dessen scholastisch geprägtes Curriculum veranlaßte ihn, seine akademischen Pflichten zu vernachlässigen, so daß er 1686 den Grad eines Bachelor of Arts nur *speciali gratia* erwarb. Mit dem Ausbruch des Bürgerkriegs floh S. 1689 vor den Unruhen nach England. Dort trat er als Sekretär in die Dienste des Diplomaten Sir William Temple, der zwar zurückgezogen auf seinem Landsitz Moor Park in Surrey lebte, aber nach wie vor dem seit 1688 regierenden Wilhelm von Oranien als Ratgeber zur Verfügung stand. S. diente Sir William mit Unterbrechungen bis zu Temples Tod im Januar 1699. Diese Zeit ermöglichte ihm nicht nur, seinen literarischen Neigungen – Poesie, Geschichte, Reiseliteratur – nachzugehen, sie lehrte ihn auch den furchtlosen Umgang mit den Granden von Kirche und Staat sowie den Größen der Literatur (*The Examiner*, 1710–11; *The Conduct of the Allies*, 1711; »The Windsor Prophecy«, 1711; »A Satirical Elegy on the Death of a late Famous General«, 1722; »On Poetry: A Rapsody,« 1733). In Moor Park begegnete S. der jungen Esther Johnson, seiner Stella (1681–1728). Er wurde Stellas Lehrer, später ihr Mentor und Freund. Ob er bei aller Liebe, die die Beziehung auch ausgezeichnet hat (*Journal to Stella*, 1710–13; *Tagebuch in Briefen an Stella*, 1866/67), mit ihr verheiratet war, ist ungeklärt. Sicher ist, daß S. dieser »wahrsten, tugendhaftesten und wertvollsten Freundin« seines Lebens (»On the Death of Mrs. Johnson«, 1728) in empfindsamen Geburtstagsgedichten (»Stella's Birthday«, 1727) ein bleibendes Denkmal gesetzt hat. – In die Zeit auf Moor Park fiel auch die Entscheidung für den Priesterberuf (1694/95). Obwohl diese Entscheidung ebensosehr im Bedürfnis nach materieller Absicherung durch eine kirchliche Pfründe verwurzelt ist wie im Motiv der Berufung, ist unbestritten, daß S. seine Aufgaben als Priester zeitlebens ernst nahm. Er versammelte seinen Haushalt regelmäßig zum Gebet und predigte seiner Gemeinde die Grundsätze eines einfachen, vernunftbestimmten und karitativen Christentums (»A Letter to a Young Gentleman, Lately Enter'd into Holy Orders«, 1720). Theologische Kontro-

versen waren ihm ein Greuel, und als Amtsträger sah er seine Aufgabe darin, die Institution der *Established Church* zu stärken (*Thoughts on Religion*, 1765). Diese Position erklärt S.s Bemühungen um die Abschaffung von Kirchensteuern in den Jahren 1707–09 ebenso wie seine Intoleranz gegenüber Katholizismus und Dissentertum. – Nicht zuletzt brachen während der Zeit auf Moor Park die ersten Symptome der M&nièreschen Krankheit bei S. aus, die Schwerhörigkeit und Drehschwindel hervorruft und ihn zeitlebens in Intervallen heimsuchte. Diese Krankheit ist auch die Ursache für die geistige Umnachtung S.s, die ihn drei Jahre vor seinem Tode in die Obhut einer *Lunacy Commission* überstellte.

Obwohl S. in seinem Leben also viele Rollen spielte, hat keine ihn so ausgefüllt wie die des Satirikers. In seinem vielleicht bekanntesten Gedicht (*Verses on the Death of Dr. Swift*, 1731), dessen La Rochefoucauld entlehnte egoistische Psychologie *Gulliver's Travels* (1726; *Des Capitains Lemuel Gulliver Reisen*, 1727) in mancher Hinsicht komplementiert, ließ er den Sprecher des »Rose-Tavern-Monologs« diese Eigencharakteristik vortragen: »PERHAPS I may allow, the Dean / Had too much Satyr in his Vein; / And seem'd determin'd not to starve it, / Because no Age could more deserve it« (Z. 455–58). – Als Satiriker war S. von einer aggressiven Intention literarischen Sprechens bestimmt, die nie dem Laster im Individuum, immer aber dem lasterhaften Individuum galt; auch war S. von dem Wunsch besessen, die, mit denen er stritt, in größtmögliches Unrecht zu setzen, »die Welt zu quälen, nicht zu unterhalten«. Als Schwester der Peitho ist S.s Satire eine Spielart der Überredung; ihr Ziel ist nie ästhetisches Wohlgefallen, sondern mehr noch als die Erweckung von Reformabsichten die von Scham- und Schuldgefühlen. – S. begegnete dem Ideologieverdacht, dem alle Satiriker ausgesetzt sind, mit einer Strategie, die die personifizierten Torheiten und Laster sich selbst ans Messer liefern ließ. Statt seine Narren und Schurken mit der ideologischen Keule des Satirikers zu ›erledigen‹, ließ er sie sich selbst den Prozeß machen, sich selbst geistig und/oder moralisch ›vernichten‹. Keine Satire setzt diesen ›Freitod‹ anschaulicher in Szene als die *Predictions for the Year 1708* (1708; *Wundersames Prognosticon oder Prophezeiung Was in diesem 1708 Jahr geschehen soll*, 1708), in denen S. unter dem Pseudonym Bickerstaff den Astrologen Partridge (»Irgendetwas wird irgendwann irgendwo schon passieren«) mit der eigenen Methode zu Tode reimte. – Diese Jiu-Jitsu-Technik, des Gegners Waffen gegen ihn selbst zu wenden, ist bereits in den frühesten Satiren ausgebildet, so etwa in *The Battle of the Books* (1704; *Die Schlacht zwischen den alten und modernen Büchern*, 1967), mit der S. seinem Patron, der sich in einer Streitfrage der *Querelle des Anciens et des Modernes* kompromittiert hatte, zu Hilfe eilte und in der er die Kritik des ›antiken‹ Sir William Temple an der modernen Fortschrittsgläubigkeit ins Bild setzte. An ihrem Ende sind die *moderni* gebrandmarkt als von Natur aus aggressive Habenichtse, die vom Geist, der stets verneint, getrieben werden und deren Taten, entgegen ihrem Anspruch, für das Wohl der Menschheit belanglos sind. – Noch schonungsloser ist das mit *The Battle of the Books* veröffentlichte *A Tale of a Tub* (1704; *Ein Tonnenmärchen*, 1967), das in etwa drei gleichgewichtige Teile zerfällt, Vorspann (A), religiöse Allegorie (B) und Exkurse (C), die durch den ›Erzähler‹, einen modernen Gossenliteraten, zusammengehalten werden. Die religiöse Allegorie beschreibt die Geschichte der christlichen Religion als Chronik fortschreitenden Ungehorsams gegenüber dem Vermächtnis ihres Stifters, hermeneutische Kasuistik und Irrationalität der Transsubstantiationslehre auf seiten des Katholizismus etwa sowie den sich auf innere Erleuchtung berufenden ›Wahn-sinn‹ der Schwarmgeisterei, wie ihn zahlreiche postreformatorische Religionsgemeinschaften in England vorlebten. Präliminarien und Exkurse, S.s ›kreativer‹ Ausdruck für die moderne Unfähigkeit, zur Sache zu sprechen, spinnen neben der religiösen Allegorie eine zweite ›Geschichte‹, deren Themen denen der Parabel korrespondieren. Sie propagieren neuzeitliche Alternativen wie Solipsismus und Innovationssucht, Negation und Destruktion, Inversion der Werte und Anderssein um jeden Preis. Als ›fertiges‹ Buch ist *A Tale of a Tub* eine *creatio ex nihilo*, bei der ein ›Un‹-buch aus Nichts entsteht, dessen ›Schöpfer‹ in den (Un-)Tiefen seiner Seiten verschwindet. S. pariert den Anspruch von Grub Street, Bücher *schreiben* zu können, mit dem paradoxen Gegen-›Beweis‹, daß in Grub Street bestenfalls Bücher *gemacht* werden, Bücher als physische Gegenstände. Nicht nur kommt *A Tale of a Tub*, Sinnbild ohne Schlüssel und Geschichte ohne Sinn, ans Ende, weil alles gesagt *ist*, sondern weil es nie etwas zu sagen *gab*. – Mit *Gulliver's Travels* vollendete S. das satirische Programm, das er in *A Tale of a Tub* begonnen hatte. Wenn *A Tale of a Tub* seine Anatomie der

»zahlreichen und groben Verderbtheit in Religion und Gelehrsamkeit« darstellt, ist *Gulliver's Travels* S.s satirische Vivisektion menschlicher Triebkräfte, die nach seinem Urteil die Geschichte neuzeitlicher Politik (Bücher I und II) und Wissenschaft (Buch III) geleitet haben. Während dreier Reisen läßt S. (s)einen allegorischen Repräsentanten, den *homme moyen* Gulliver, ausgestattet mit Neugier und Bildungshunger, im Buche der Geschichte lesen. In der Geschichte begegnet Gulliver dem Menschen und seinen Werken. An den Werken ›erfährt‹ er den geistigen und moralischen Zustand des Menschen, das Gefälle von menschlichem Anspruch und geschichtlicher Leistung. Allein die Geschichte lehrt Gulliver-Jedermann nichts. Erst sein Herr im Land der Pferde (Buch IV) setzt Gulliver ›ein Licht auf‹. Die Bücher I-III bilden im Gesamtplan also eine Einheit; Buch IV steht für sich. Die Bücher I-III liefern das Anschauungsmaterial für das satirische Urteil zur Irrationalität des Menschen (Buch IV). – Wie Gullivers ›Fall‹ am Ende vor Augen führt, nutzen die Menschen aus Hochmut ihre Möglichkeiten nicht, ja sie erheben sogar Maßstäbe zur Richtschnur ihres Handelns, die ihrer Natur nicht angemessen sind. Wer wie die orthodoxe Anthropologie den Menschen für ein vernünftiges Geschöpf hält, erweist ihm keinen Gefallen, mißt ihn außerhalb der Voraussetzungen, unter denen er angetreten und nach denen sein Handeln zu beurteilen ist. Wie sich an Gullivers ›Fall‹ herausstellt, ist Gulliver, nicht S., ›verrückt‹ nach Vernunft, und so bleibt bei *Gulliver's Travels*, wie in *A Tale of a Tub*, ein Rest von Unbehagen, das ausdrücklich nicht in der strukturellen Unfähigkeit des Paradoxons gründet, Stellung zu beziehen. Schließlich führen in beiden Werken ›Ver-rückte‹ das große Wort, Erzähler, die nicht ›recht bei Trost‹, ja von allem ›guten Geist‹ verlassen sind. Der Normenkollaps scheint vollkommen. Wo steht S.?

Diese Frage bleibt auch in den aufwühlenden skatologischen Gedichten der 1730er Jahre, vorab in den aufeinander bezogenen, Innenwelt wie Außensicht vermittelnden »A Beautiful Young Nymph Going to Bed« (1734) und »The Lady's Dressing Room« (1732), ebenso unbeantwortet wie in der eschatologischen (Schreckens-)Vision von »On the Day of Judgement« (ca. 1731), in der ein indifferenter Weltenlenker das Jüngste Gericht ausfallen läßt, weil die Menschheit kein Urteil verdient, und *last but not least* in der Satire, die alle analytischen Fähigkeiten paralysiert, *A Modest*

Proposal (1729; *Bescheidener Vorschlag*, 1967), mit der S. sein letztes Wort zur irischen Frage verkündete. *A Modest Proposal* ist ein nach der klassischen Gerichtsrede komponierter ›ökonomischer‹ Traktat, der die ausbeuterische englische Wirtschaftspolitik gegenüber Irland in gleicher Weise auf die Anklagebank setzte wie die irische Lethargie angesichts des eigenen Schicksals. Im ökonometrischen Kalkül des Sprechers erscheint das merkantilistische Prinzip, »People are the riches of a nation«, das zwischen Rohstoff und Produktionsmittel scheidet, aufgehoben und das irische Volk aufgerufen, die einzige ihm verbleibende Aussicht auf (Über)leben im Tod der eigenen Kinder zu suchen. – Bekanntlich vertreten Paradoxa keine Positionen; sie beziehen nie Stellung, und sie sind niemandem verpflichtet. Ihre einzige Funktion ist zu schockieren, zu verwirren und zu überraschen; herrschende Meinungen und Normen in Frage zu stellen und zu weiterem Nachdenken aufzufordern. So gesehen bleibt der Dechant von St. Patrick ein Autor für jede und alle Zeit.

Werkausgaben: *The Prose Works*. Hg. H. Davis. 16 Bde. Oxford 1939–68. – *The Poems*. Hg. H. Williams. 3 Bde. Oxford 1966 [1958]. – *The Correspondence*. Hg. D. Woolley. 4 Bde. Frankfurt a. M. 1999 f. – *Ausgewählte Werke*. Hg. A. Schlösser. 3 Bde. Berlin/Weimar 1967. Literatur: H. J. Real/H. J. Vienken. *Jonathan Swift, Gulliver's Travels*. München 1984. – Ph. Harth. *Swift and Anglican Rationalism: The Religious Background of A Tale of a Tub*. Chicago/London 1969. – I. Ehrenpreis. *Swift: The Man, His Works, and the Age*. 3 Bde. London/Cambridge, MA 1962–83.

Hermann J. Real

Swinburne, Algernon Charles

Geb. 5. 4. 1837 in London;
gest. 10. 4. 1909 in Putney, London

Über kaum einen Dichter des 19. Jahrhunderts gehen die zeitgenössischen und die späteren Meinungen so auseinander wie über Algernon Charles Swinburne. Allein die plakative Verunglimpfung des Dichters als »Mr. Swineborn« (Herr Schweinegeboren) in *Punch* (10. 11. 1866) illustriert anschaulich den Konflikt des Viktorianers mit den moralischen und literarischen Standards seiner Zeitgenossen. S., der aufgrund seiner kühnen prosodischen Innovationen und der revolutionären Freizügigkeit, mit der er den Körper, die Sinne und abweichende sexuelle Ausrichtungen ins Zentrum seiner Werke stellte, zum *enfant terrible* seiner Zeit wurde, gilt zahlreichen Kritikern heutzutage aus denselben Gründen als einer der bedeutendsten Lyriker der zweiten Hälfte des 19. Jahrhunderts. Eine Erklärung für S.s poetisch und moralisch radikale Haltungen ist in seiner Biographie zu suchen. Der Dichter verbrachte seine Kindheit auf der Isle of Wight und auf dem Landsitz seines Großvaters in Northumberland. Dort entdeckte er seine lebenslange Vorliebe für das Meer, die deutlich in seinen späten Gedichten zutage tritt. Da S. einer wohlhabenden aristokratischen Familie entstammte, konnte er sich auch nach einem 1860 aus ungeklärten Gründen abgebrochenen Studium in Eton und am Balliol College Oxford ungehindert seiner literarischen Karriere widmen und seinen Neigungen zum Sadomasochismus nachgehen. S.s exzessive Lebensführung beschäftigte Kritiker über die Maßen. Sein umfangreiches, aus Lyrik, Dramen, Briefen, dem postum erschienenen Romanfragment *Lesbia Brandon* (1952) und zahlreichen Studien zur Literaturkritik bestehendes Werk wurde darüber als bloßer Ausdruck seiner skandalösen Tendenzen oder als monotone, mit manierierten Kunst- und Stilmitteln überladene Imitation seiner Vorbilder wahrgenommen. Erst nach dem Ersten Weltkrieg wurde S. als führender viktorianischer Kritiker gewürdigt, der die englische Literatur dem Einfluß der französischen Symbolisten öffnete, und als wichtiger Vertreter des Präraffaelismus und Ästhetizismus anerkannt, der sich in seinen Schriften gegen die didaktische und moralische Zweckbindung der Kunst wandte und somit Vorbild für spätere Dichter wurde.

S.s erstes großes Werk, das Drama *Atalanta in Calydon* (1865; *Atalanta in Calydon*, 1877), ist ein Versuch, die griechische Tragödie bzw. den Hellenismus seiner Zeitgenossen wie Matthew Arnold nachzuahmen. Es besticht durch hohe metrische Virtuosität und beweist umfassende (im Selbststudium erworbene) Kenntnisse literarischer Traditionen wie der griechischen Mythologie, des elisabethanischen Dramas und biblischer Texte. Doch erst in Oxford begegnete S. den bedeutendsten prägenden Einflüssen auf sein Leben und Werk. So traf er 1857 William Morris, Edward Burne-Jones und Dante Gabriel Rossetti, mit dem ihn eine lebenslange Freundschaft verband, schloß sich ihnen an und nahm den präraphaelitischen Mediävalismus und Ästhetizismus in sein Repertoire auf. Außerdem lernte er ein Jahr später Richard Monckton Milnes (den späteren Lord Houghton) kennen, der ihn mit den Werken des Marquis de Sade vertraut machte – eine Lektüre, die bei S. auf fruchtbaren Boden fiel. Diese literarischen Einflüsse verarbeitete S. in den 1866, 1878 und 1889 erschienenen Gedichtsammlungen *Poems and Ballads* (*Gedichte und Balladen*, 1910), deren erster Band einen literarischen Skandal auslöste. Die erotisch-sadistischen Motive, der unverhüllte Paganismus und die hemmungslose Sinnlichkeit dieses Bands zementierten einerseits seinen Ruf als blasphemisch-obszöner, subversiver Rebell, wurden andererseits jedoch als revolutionäre Auflehnung gegen die puritanisch geprägten gesellschaftlichen Konventionen und gegen die gängigen Anstandsauffassungen von der jungen Generation begeistert gefeiert. S.s radikaler Republikanismus und Antitheismus, die sich unter Einfluß seines Tutors John Nichol, seines französischen Dichterkollegen Victor Hugo und des im englischen Exil lebenden Giuseppe Mazzini, dem er 1867 begegnete, beständig verstärkten, kommen in den in Italien verfaßten *Songs Before Sunrise* (1871; *Lieder vor Sonnenaufgang*, 1912) zum Ausdruck, in denen er den Katholizismus verdammt, das Italien des Risorgimento feiert und die Freiheit und Autonomie eines jeden Menschen beschwört. Der zweite Band der *Poems and Ballads*, weniger sinnlich als der erste, wurde mit seiner Dichtung der Erinnerung und des Bedauerns, mit seinen die poetische Tradition würdigenden Texten und mit Gedichten, die das Familienglück in den Mittelpunkt rücken, zum Erfolg bei Kritikern und Publikum.

Auch als Literaturkritiker, dessen Hauptinteresse den Dramatikern der Renaissance galt, veröffentlichte S. zahlreiche erfolgreiche und deutlich von persönlichen Vorlieben gefärbte Studien wie die Monographie über *William Blake* (1868), *A Study of Shakespeare* (1880) und *Essays and Studies* (1875). Seine nach dem Vorbild Shakespeares verfaßte Maria-Stuart-Trilogie, *Chastelard* (1865; *Chastelard*, 1873), *Bothwell* (1874) und *Mary Stuart* (1881), etablierte ihn hingegen nicht, wie erhofft, als erfolgreichen Dramatiker. S.s unglückliche Liebe zu seiner Kusine Mary Gordon trug Mitte der 1870er Jahre dazu bei, daß er seine Neigungen immer selbstzerstörerischer ohne Rücksicht auf seine Gesundheit auslebte, bis er 1877 nach wiederholten Alkoholexzessen und vermutlich epileptischen Anfällen einen völligen Zusammenbruch erlitt. Erst dem Rechtsanwalt und Literaturkritiker Theodor Watts Dunton gelang es, S.s Verfall aufzuhalten. Unter seinem Einfluß wandelte sich S. vom Provokateur zu einem an bürgerliche Normen angepaßten Gentleman, der sogar von Königin Victoria für das Amt des *Poet Laureate* (Hofdichter) in Erwägung gezogen wurde. Eine Fülle an Gedichten, vom romantischen Epos über sentimentale Kindergedichte bis hin zu Texten, für die eine neuartige Verbundenheit mit der Natur kennzeichnend ist, entstand in dieser Zeit. Doch abgesehen von seinem letzten Erfolg, der Verserzählung »Tristram of Lyonesse« (1882), einer originellen Neufassung der Tristan-Sage, und der Tragödie *Mario Faliero* (1885), verfaßte S. seine bedeutendsten Werke in der ersten Lebenshälfte.

Werkausgabe: *The Complete Works*. Bonchurch Edition. Hg. E. Gosse/T. J. Wise. 20 Bde. London 1925-27. Literatur: R. Rooksby. *A. C. Swinburne: A Poet's Life*. Aldershot 1997. - C. Enzensberger. *Viktorianische Lyrik: Tennyson und Swinburne in der Geschichte der Entfremdung*. München 1969. - T. E. Welby. *A Study of Swinburne*. New York 1926.

Silke Binias

Symons, Arthur
Geb. 28. 2. 1865 in Milford Haven, Wales; gest. 22. 1. 1945 in Wittersham, Kent

Obwohl die poetischen und literaturkritischen Werke von Arthur Symons zu den am häufigsten anthologisierten Texten des englischen Fin de siècle gehören, sind sie kaum rezipiert worden. Das umfangreiche lyrische, erzählerische, dramatische und literaturtheoretische Werk des ungeheuer produktiven Dichters, Journalisten, Herausgebers, Reiseautors und Übersetzers ist schon zu Beginn des 20. Jahrhunderts und damit lange vor seinem Tod fast gänzlich in Vergessenheit geraten. – Im Alter von 21 Jahren veröffentlichte der Pfarrerssohn bereits seine erste Monographie über den von ihm zutiefst verehrten Viktorianer Robert Browning (*Introduction to the Study of Browning*, 1886), dessen poetischer Stil in S.' frühen Gedichten, die er unter dem Titel *Days and Nights* (1889) publizierte, deutliche Spuren hinterließ. Gänzlich andere Einflüsse lassen sich in den darauffolgenden zwei Gedichtbänden *Silhouettes*

(1892) und *London Nights* (1895) erkennen, in denen seine bemerkenswertesten impressionistischen und ästhetizistischen Texte zu finden sind. Zum einen hatte S. zu Beginn der 1890er bei seinen Aufenthalten in Paris die Bekanntschaft von so berühmten Dichtern wie Stéphane Mallarmé, Paul Verlaine und Joris-Karl Huysmans machen dürfen. Zum anderen hatte er seinen Lebensmittelpunkt nach London verlagert, um sich mit seinen neuen Freunden vom *Rhymers' Club* in das Nachtleben der englischen Hauptstadt zu stürzen, wo er die Inspirationen für seine erotischen und urbanen Gedichte fand. So wurde er zum intimen Kenner der Londoner Music Halls, deren décor und Tänzerinnen er zum Thema seiner lyrischen Texte machte. Die bei seinen Streifzügen durch die Metropole gewonnenen Eindrücke schrieb er in seine von Charles Baudelaire und James Whistler geprägte Stadtdichtung dieser frühen Schaffensphase ein. Seine Begeisterung für das lasterhafte Leben der Londoner Bohemiens wich jedoch bereits in der Mitte der *Yellow Decade* immer stärker werdenden Zweifeln an dem von seinem Lehrer Walter Pater propagierten Ideal eines flammengleichen Lebens voller ekstatischer Momente. Während viele seiner Wegbegleiter nach ihrem frühen Tod als *tragic generation* in die Literaturgeschichte eingingen, wandte sich S., drei Jahre nachdem er mit der Veröffentlichung seines Artikels »The Decadent Movement in English Literature« (1893) zum Doyen der britischen Dekadenzbewegung aufgestiegen war, vom epikureischen Credo seiner Zeitgenossen ab und beschäftigte sich fortan mit dem europäischen Symbolismus, dem er 1899 eine von T.S. Eliot gelobte Monographie (*The Symbolist Movement in Literature*) widmete. Auch seine Dichtung stand nun unter gänzlich anderen Vorzeichen. In den Bänden *Amoris Victima* (1897), *Images of Good and Evil* (1899) und *The Fool of the World* (1906) besang der geläuterte S. in romantisch anmutenden Texten seine Rückbesinnung auf seine religiösen Wurzeln und seine Liebe zur Natur. Doch trotz dieser frühzeitigen Kehrtwende in seinem Leben und Schaffen erlitt der Autor im Jahre 1908 in Italien einen physischen und psychischen Zusammenbruch, von dem er sich nie wieder ganz erholte. In der Folgezeit publizierte S. lediglich bereits erschienene Texte oder literaturkritische Artikel, deren Qualität seinen geistigen Verfall widerspiegeln. Dennoch sollte S. mit seinem herausragenden Frühwerk als einer der bedeutendsten Vertreter spätviktorianischer Dich-

tung und Prosa sowie als wichtiger Wegbereiter der Moderne in England gewürdigt werden.

Werkausgabe: *The Collected Works.* 9 Bde. London 1924. Literatur: K. Beckson. *Arthur Symons: A Life.* Oxford 1987. – J.M. Munro. *Arthur Symons.* New York 1969.

Petra Pointner

Synge, John Millington

Geb. 16. 4. 1871 in Rathfarnham bei Dublin;
gest. 24. 3. 1909 in Dublin

John Millington Synge ist einer der führenden irischen Dramatiker des 20. Jahrhunderts. Er studierte zunächst in Dublin Musiktheorie, ging dann 1893 nach Deutschland, um Vorlesungen über Musik zu hören, zog jedoch ein Jahr später nach Paris und nahm an der Sorbonne das Romanistik-Studium auf. Er arbeitete als Literaturkritiker und machte 1896 die Bekanntschaft des Dichters W.B. Yeats, der ihn zu einem Aufenthalt auf den entlegenen Aran-Inseln an Irlands Westküste anregte (1898–1902) und seine Begeisterung für die Irische Renaissance weckte. Die Eindrücke von einer quasi-archaischen Lebenswelt, die er dort sammelte, gingen in den frühen Einakter *Riders to the Sea* ein. S.s Dramen entstanden innerhalb von nur sieben Jahren (1903–10) und umfassen sechs Stücke, von denen das letzte, *Deirdre of the Sorrows* (1910), unrevidiert blieb.

Das Hauptereignis seines ersten Stücks, *In the Shadow of the Glen* (1903; *Die Nebelschlucht*, 1935), ist der vorgetäuschte Tod eines alternden Ehemanns, der seine junge Frau und ihren Liebhaber in eine Falle lockt. Bereits in diesem Stück benutzt S. eine Sprache, die er als Nachahmung der Sprache irischer Bauern versteht und die – in stilisierter Form ihre eigene Poesie entfaltend – für sein gesamtes dramatisches Werk charakteristisch ist. In seinem zweiten Stück, *Riders to the Sea* (1904; *Reiter ans Meer*, 1961) schildert S. das Leben der Fischer auf den Aran-Inseln. Die Männer leben in dem Bewußtsein, bald sterben zu müssen, während ihren Familien nur die Trauer bleibt. Doch die Männer sind nicht davon abzubringen, sich immer wieder den Herausforderungen des Meeres zu stellen. Ihr Fatalismus läßt keinen Raum für den Einfluß der Kirche. Nur das Meer scheint aktiv zu sein; die Männer erscheinen als bloße Opfer. Die langen Regieanweisungen des Stücks verraten seine Nähe zum Naturalismus. Die wenigen erwähnten Gegenstände zeigen die Armut der Insulaner. Auf den baumlosen Inseln sind ein paar Bretter eine Kostbarkeit und ein paar fehlende Nägel führen zu Problemen. Die kärglichen Besitztümer sind oft Souvenirs von seltenen Besuchen auf dem Festland oder Erinnerungsstücke an ertrunkene Familienmitglieder. Trotzdem empfinden die Insulaner ihre Existenz nicht als sinnlos, weil sie ihnen erlaubt, in Selbstachtung zu leben und zu sterben.

The Well of the Saints (1905; *Die Quelle der Heiligen*, 1906) ist ein Schwank und erzählt die Erlebnisse zweier blinder Bettler, die so lange zufrieden leben, bis ihnen am heiligen Brunnen die Möglichkeit gegeben wird, das Augenlicht wiederzuerhalten. Dadurch wird ihnen die Illusion genommen, stattliche, schöne Menschen zu sein, was sie in eine Identitätskrise stürzt, bis ihr Augenlicht wieder erlischt und sie sich eine neue illusorische Identität aufbauen. Als ihnen nochmals das Augenlicht geschenkt werden soll, laufen sie in Panik davon. – In *The Tinker's Wedding* (1909; *Kesselflickers Hochzeit*, 1964) macht S. eine Gemeinschaft zum Thema, die aufgrund ihrer sozialen Ausgrenzung Züge einer ursprünglichen Identität bewahrt hat. Vor allem haben diese ›Zigeuner‹ wenig Respekt vor der kirchlichen Autorität. Dies wird deutlich, als eine junge Frau den Wunsch äußert, durch einen Priester getraut zu werden, und dies in ihrer Gruppe auf Unverständnis stößt, da man nicht glauben will, daß Gesetze und Rituale zu einer besseren Ehe führen. Letztlich scheitert das Vorhaben an der Geldgier des Priesters. Wie sehr sich die *tinkers* durch das Verhalten des Priesters in ihrer Ehre verletzt fühlen, zeigt sich darin, daß sie ihn daraufhin fast umbringen. Das Stück ist als Satire auf den irischen Klerus verstanden worden.

The Playboy of the Western World (1907; *Der Held der westlichen Welt*, 1967) handelt von dem jungen Bauern Christy Mahon, der glaubt, seinen tyrannischen Vater im Streit erschlagen zu haben, und in einem entlegenen Dorf Zuflucht sucht. Besonders von den jungen Frauen wird er dort bereitwillig aufgenommen. Im Grunde ein schüchterner Junge, wird er von seinen Zuhörerinnen zum Helden gemacht. Indem sie ihm die Worte in den Mund legen, erfinden sie seine Geschichte neu. Zwar entfernt sie sich von der Wahrheit, wird aber als Geschichte dadurch immer besser. Wie der Protagonist macht auch seine Verlobte Pegeen eine Transformation durch. Christys »poet's talking«

setzt in ihr, die wegen ihrer scharfen Zunge gefürchtet ist, Glücksgefühl und Zärtlichkeit frei. Das ganze Dorf blüht auf und wird von nie gekannter Lebensfreude erfaßt. Dann aber erscheint der verletzte, aber keineswegs tote Vater Christys und verprügelt seinen Sohn. Dieser verliert dadurch mit einem Schlag sein Prestige und wird von den Bewohnern gedemütigt. Daran ändert sich auch nichts, als Christy in einem weiteren Kampf seinen Vater erneut erschlägt. Am Ende befreit ihn sein immer noch vitaler Vater, und sie verlassen gemeinsam das Dorf.

S.s letztes Stück, *Deirdre of the Sorrows* (1910), nimmt eine Liebesgeschichte aus der irischen Mythologie auf. Nach einer kurzen Phase des Glücks werden Deirdre und ihr Geliebter Naisi von dem alten König, Deirdres Ehemann, durch Verrat in eine Falle gelockt. Auch in ihrer unvollendeten Form gilt diese Tragödie als der Höhepunkt von S.s Sprachkunst.

Wie Yeats und Lady Gregory entdeckt S. im irischen Westen, in sozial isolierten Gemeinschaften des Landes und in seinen Mythen verschüttete Züge einer genuin irischen Identität. S. zeigt, wie diese archaischen Gemeinschaften durchaus Ordnung und Würde haben. Dies ist insofern wichtig, als die Iren seit dem 16. Jahrhundert in der englischen Literatur traditionellerweise als Säufer, Maulhelden oder halb-tierische Bauern dargestellt werden. Als Mitbegründer des irischen Nationaltheaters, des *Abbey Theatre*, leitet S. aus der Rückbesinnung auf das vor-britische Irland die Verpflichtung ab, anders als frühere irische Dramatiker nicht für die Londoner Bühnen, sondern für das irische Theater und über irische Themen zu arbeiten. Während diese irische Identität bei Yeats und Lady Gregory potentiell emanzipatorische Züge trägt, wird sie bei S. durchaus ambig dargestellt. Dies wird auch in den frühen Aufführungen des *Playboy of the Western World* in Irland und den USA so empfunden, die zu Unruhen führen. Heute wird dieses Stück auch als Satire auf die Haltung der irischen Gesellschaft gegenüber den Dichtern der *Irish Renaissance* verstanden. Durch seine Aktivität gelingt es Christy, die Dorfgemeinschaft aus ihrer dumpfen Angst zu befreien und ihr ein neues Lebensgefühl zu vermitteln, und sie macht ihn zu ihrem Helden. Doch sie läßt ihn fallen, als seine Geschichte ihr nicht mehr schmeichelt, und ihm bleibt nur die Rolle des Außenseiters.

Werkausgaben: *Collected Works*. Hg. R. Skelton. 4 Bde. Oxford 1962–68. – *Complete Plays*. Hg. T. R. Henn. London 1981. Literatur: E. Benson. *J.M. Synge*. London 1982. – N. Grene. *Synge: A Critical Study of the Plays*. London 1975.

Viktor Link

Tennant, Emma

Geb. 20. 10. 1937 in London

Emma Tennant, die einen Teil ihrer Kindheit in einer Art schottischem Märchenschloß verbracht hat, ist nur schwer in den zeitgenössischen *mainstream* einzuordnen. Nach einer abenteuerlichen Karriere durch diverse Bildungsinstitutionen, denen sie als Autodidaktin entkommt, betritt T. die Londoner Szene zunächst ganz traditionell ihrer Herkunft entsprechend als Debütantin. Bis heute befaßt sie sich – etwa im autobiographischen *Girlitude* (1999) oder in der phantastischen Erzählung *Wild Nights* (1979) – mit ihrem eigenen Hintergrund. Den geographischen Kontrapunkt zum märchenhaften schottischen Schloß bildet die Londoner *society*, die sie von ihrem Erstlingsroman *The Colour of Rain* (1963) an immer wieder aufs Korn nimmt. Höchst ironisch werden die Probleme der »young marrieds« an Schauplätzen wie Harrods oder bei obligatorischen Abendeinladungen vorgeführt.

In den 1970ern wendet sie gesellschaftliche Szenarios weiter ins Satirisch-Phantastische (z. B. *The Time of the Crack*, 1973, eine apokalyptische London-Phantasie). Es folgen ab Mitte der 1970er *rewritings* ›männlicher‹ kanonisierter Texte. Ähnlich wie Angela Carter und Sara Maitland spielt T. mit bekannten Mythen und Handlungselementen und erschafft alte Konstellationen neu: *The Bad Sister* (1978) bezieht sich auf James Hoggs *Confessions of a Justified Sinner* (1824), *Queen of Stones* (1982) auf Sigmund Freuds *Dora* (1905) und William Goldings *The Lord of the Flies* (1954), *Two Women of London: The Strange Case of Ms Jekyll and Mrs Hyde* (1989) auf Robert Louis Stevensons *Dr Jekyll and Mr Hyde* (1886), *Faustine* (1992) auf den Faust-Stoff. In *Two Women of London* etwa wird die Doppelgängerfigur Jekyll/Hyde verweiblicht (nicht aber verharmlost): Die unattraktive, alleinerziehende, einkommenschwache Mrs Hyde tritt neben die schöne, erfolgreiche, von Männern

verehrte Eliza Jekyll. Mörderische Energien wenden sich gegen eine Männergesellschaft, die Frauen physisch wie psychisch Gewalt antut. Als eine von deren Ursachen wird in *Queen of Stones* die männliche Psychoanalyse kritisiert. Hier zeigt sich auch auf der sprachlichen Ebene das Anliegen von T.s *écriture féminine*: Bei aller postmodernen Freude an Zitatspielen legt T. besonderen Wert auf die minutiöse Beschreibung von Wahrnehmung, wodurch scheinbar banale Alltagsszenarios (etwa eine Gruppe von Mädchen, die sich im Nebel verläuft) plötzlich ins Phantastisch-Bizarre enthoben werden. Wen wundern dann noch die plötzlich aufbrechenden Leidenschaften, die die netten Mädchen zu mörderischen Wilden werden lassen. Häufig setzt T. Übertreibung als Mittel ein, um die Leserschaft zu fesseln und ihr dann (einen didaktisch verkleideten) »gem of truth« zu präsentieren. – Nach dieser postmodernen Phase betreibt T. in den 1990ern eine andere Art des *rewriting* und produziert mehrere Fortsetzungen zu Romanen Jane Austens, etwa *Pemberley* (1993; *Pemberley*, 1996) und *An Unequal Marriage* (1994; *Die Erben von Pemberley*, 1997), die inhaltlich wie stilistisch *Pride and Prejudice* (1813) weiterschreiben. Trotz dieses scheinbar enormen Sprungs knüpft T. dabei an ihre früheren Texte an, denn das Vergnügen an weiblich geprägter sozialer Interaktion bleibt bestehen.

Literatur: C. Anderson. »Listening to the Women Talk.« *The Scottish Novel Since the Seventies*. Hg. G. Wallace/R. Stevenson. Edinburgh 1993, 170–186. – J. Haffenden. »Emma Tennant.« *Novelists in Interview*. London 1985, 281–304.

Susanne Schmid

Tennyson, Alfred [Lord]

Geb. 6. 8. 1809 in Somersby, Lincolnshire; gest. 6. 10. 1892 in Aldworth, Surrey

Alfred Tennyson war im viktorianischen England eine nationale Institution: 1850 wird er nach William Wordsworths Tod *Poet Laureate*; er ist, v. a. aufgrund des im selben Jahr publizierten langen Gedichts *In Memoriam A.H.H.* (*In Memoriam*, 1899), der Lieblingsdichter der Königin; 1883 wird er in den erblichen Adelsstand erhoben und 1892 mit größerem Prunk in Westminster Abbey bestattet als je ein Literat vor oder nach ihm. Seine Popularität bei den Viktorianern hat indessen seiner späteren Reputation geschadet: Im 20. Jahrhundert gilt T. aufgrund seiner realitätsfernen Stoffe, seines (vermeintlichen) Desinteresses an sozialen und politischen Fragen und seiner konservativen und imperialistischen Ansichten vielfach als Inbegriff einer verachteten großbürgerlichen Kultur. In der Tat vermittelt sein umfangreiches dichterisches Werk einen umfassenden Einblick in die Komplexität der bürgerlichen Gedankenwelt und die in dieser Welt verhandelten weltanschaulichen und gesellschaftlichen Diskurse.

Bereits die frühen Gedichte des Pfarrerssohns, der von 1827–31 in Cambridge studierte, zeugen von T.s weitgespannten Interessen ebenso wie von seiner Tendenz, imaginativ in fremde, nur literarisch vermittelte Welten auszubrechen; zu diesen Gedichten gehören »The Ganges«, »Timbuctoo« (das 1829 einen Preis gewann), »Recollections of the Arabian Nights« und »The Sea-fairies«, eine Variation des Sirenenmotivs aus der Odyssee. Deren Titelheld bricht in dem neben Homer auch von Dante inspirierten, 1833 verfaßten Gedicht »Ulysses« nach seiner Rückkehr nach Ithaka in neue unbekannte Welten auf. Dieser in *blank verse* (dem bereits von William Shakespeare und John Milton verwandten ungereimten jambischen Sprechvers) gehaltene Monolog ist ein Beispiel für den schon von Zeitgenossen gerühmten *ventriloquism* (Bauchrednerei), mit dem der 24jährige Dichter die unstillbare Lebensgier des alternden und welterfahrenen griechischen Helden zum Ausdruck zu bringen vermag. Wie sein Zeitgenosse Robert Browning wird T. immer wieder dichterische Monologe verfassen, die historischen, mythologischen oder frei imaginierten Personen in den Mund gelegt sind; charakteristische Beispiele sind »Oenone«, »St Simeon Stylites«, »Tithonus«. Gelegentlich, so im Fall von »Locksley Hall«, wird ein solcher Monolog von Kritikern des 20. Jahrhunderts als autobiographisch mißverstanden. Zeitgenössische Rezensenten erkannten hingegen, daß die Klagen des jungen Mannes in »Locksley Hall« (dessen Lebensumstände von denen T.s erheblich abweichen) über die verschmähte Liebe zu seiner Kusine und die Ungerechtigkeit sozialer Konventionen kein individuelles Schicksal spiegeln, sondern das Geschichtsbewußtsein und das Ungenügen an der Gegenwart wiedergeben, die die europäische Welt der 1830er Jahre kennzeichnen. 1886 wird T. »Locksley Hall Sixty Years After« verfassen, eine Fortsetzung, in der der nunmehr

80jährige Sprecher des ersten Gedichts seinem Enkel die Verderbnis der nunmehr erreichten Zeit auseinandersetzt.

»Ulysses« und »Locksley Hall« wurden 1842 in dem Band *Poems* veröffentlicht, der T. die Anerkennung der Kritik brachte und 1845 eine staatliche Pension eintrug, die ihn unmittelbarer finanzieller Sorgen enthob. Andere Gedichte des Bandes wie »The Gardener's Daughter« und »Edwin Morris«, die von Begegnungen von Künstlern mit Angehörigen des ›einfachen Volks‹ handeln, hat T. unter dem Titel »English Idyls« zusammengefaßt; mit dieser Gattungsbezeichnung stellt sich T. in die Tradition der Idyllen (›kleine Bilder‹ bzw. ›Kleinepen‹) Theokrits. In anderen Gedichten greift T. die Tradition der Balladenform auf, so in »The Lady of Shalott«, das von einer Dame handelt, die zurückgezogen lebt und die Welt nur durch einen Spiegel wahrnimmt, bis sie trotz eines über ihr lastenden Fluches den Ausflug in die reale Welt wagt, dabei aber umkommt. Die Geschichte läßt sich als Veranschaulichung des Gegensatzes von Kunst und Leben deuten, den T. bereits in »The Palace of Art« thematisiert hatte. Angesiedelt ist das Geschehen in der fiktiven Welt des arthurischen Sagenkreises, der T. Stoff für viele weitere Gedichte geben wird, v. a. für die monumentalen *Idylls of the King* (1859–85). Wie andere ›arthurische‹ Gedichte T.s diente »The Lady of Shalott« als Thema für Maler der präraphaelitischen Tradition, so für ein berühmtes Gemälde von John William Waterhouse. – In dem Kleinepos *The Princess* (1847) geht es um ein in der viktorianischen Zeit vieldiskutiertes Thema: die Erziehung und Bildung von Frauen und die jeweiligen Rollen von Frauen und Männern in der Gesellschaft. Erzählt wird aus einer fiktiven mittelalterlichen Welt, in der sich eine Prinzessin mit gleichgesinnten jungen Frauen in eine abgeschiedene Region zurückzieht und dort eine Universität für Frauen gründet. Ein junger mit der Prinzessin verlobter Prinz dringt mit Freunden in diese Frauenwelt ein und bringt diese in Unordnung; nach einer Reihe abenteuerlicher Vorgänge heiraten Prinz und Prinzessin und erfüllen viktorianischem Verständnis entsprechend ihre jeweiligen von der Natur vorgegebenen gleichwertigen, aber unterschiedlichen Geschlechterrollen.

Einen autobiographischen Ausgangspunkt, den plötzlichen Tod von T.s Freund Arthur H. Hallam im Jahr 1833, hat die bei seinen Zeitgenossen vielleicht bekannteste Dichtung T.s, *In*

Memoriam A.H.H. Der Anspruch dieses Gedichts, der thematisch an die Tradition der englischen Elegie von Milton bis Shelley anknüpft, geht jedoch weit über den ursprünglichen Anlaß hinaus: In knapp 3000 in vierzeiligen Strophen angeordneten Versen stellt T. umfangreiche Betrachtungen über Leben, Tod und Ewigkeit, Liebe und Erkenntnis, Sinn und Sinnlosigkeit des Lebens sowie Gerechtigkeit und Unrecht in der Natur an. Viele Zeitgenossen, die wie T. unter dem Eindruck naturwissenschaftlicher Erkenntnisse und sozialer Unruhen an den christlichen Glaubenslehren zu zweifeln begannen, sahen in *In Memoriam* einen Ausdruck ihrer eigenen existentiellen Ungewißheit. – Als das formal und inhaltlich ehrgeizigste Gedicht T.s ist *Maud: A Monodrama* (1855; *Maud*, 1891) anzusehen. Es handelt sich um eine Serie dramatischer Monologe eines Sprechers, der als Erbe einer alten Familie seine Kusine Maud liebt, die sich jedoch nach anfänglicher Erwiderung der Liebe unter dem Einfluß ihres Bruders, der sich einen reicheren Mann als Schwager wünscht, wieder von ihrem Vetter abwendet. Der verzweifelte Sprecher tötet den Bruder in einem Duell und wird wahnsinnig, bis ihm die Aussicht auf einen heldenhaften Einsatz für das Vaterland im Krimkrieg einen neuen Lebensinhalt gibt. Die stark wechselnden Stimmungen des Sprechers, die Sehnsucht, Träumereien, Angst, Wut, Euphorie, Resignation, Verzweiflung und Wahnsinn umfassen, finden in sehr verschiedenen metrischen Formen einen adäquaten sprachlichen Ausdruck. In dem liebeskranken und verzweifelnden Gedichtsprecher schafft T. (der seit 1850 glücklich mit Emily Sellwood verheiratet war) eine *persona*, die wie der Sprecher von »Locksley Hall« Stimmungen Ausdruck gibt, die sich auf die Zeitumstände in einem allgemeinen Sinn zurückführen lassen. So illustriert die Kriegsbegeisterung des Sprechers offensichtlich die Haltung einer Gesellschaft, die durch ein destruktives Engagement wie den Krimkrieg das Fehlen positiver, gemeinsamer Ziele zu kompensieren sucht.

Als weiteres Hauptwerk T.s sind die zwölfteiligen *Idylls of the King* (1859–85; *Königsidyllen*, 1885?) anzusehen, die Geschichten des arthurischen Sagenkreises in flüssig zu lesenden, der Umgangssprache angelehnten *blank verse* nacherzählen. Die 1859 publizierten ersten vier Teile (*Enid, Vivien, Elaine* und *Guinevere*) geben, wie die Überschriften bereits anzeigen, die Geschehnisse aus den Perspektiven der beteiligten Frauenfiguren

wieder. T. läßt ritterliche Aktivitäten wie Zweikämpfe und Turniere weitgehend außer acht und konzentriert sich ganz auf die persönliche Ebene, die Thematik von Liebe und Eheleben. Die vier Heldinnen verkörpern vier von T. und seinen Leserinnen und Lesern wohl als zeitlos angesehene Frauentypen: Die dem viktorianischen Ideal entsprechende Enid ist die treue, erfindungsreiche Ehefrau, die ihrem Mann Geraint trotz dessen kleinlichem Mißtrauen bedingungslos zur Seite steht; Vivien verkörpert das Gegenteil, die *femme fatale*, die den klugen, aber vertrauensseligen Merlin umgarnt, dessen Geheimnis auskundschaftet und dieses dann skrupellos für eigene Zwecke ausnutzt; Elaine wiederum geht an ihrer unerwiderten Liebe zu dem ebenso unerreichbaren wie unwürdigen Ritter Lancelot zugrunde; Guinevere schließlich macht Arthurs Projekt eines idealen Hoflebens durch ihren Ehebruch mit Lancelot zunichte, bereut und büßt ihre Verfehlung jedoch in angemessener Weise. In den Jahren 1869, 1871/72 und schließlich 1885 ergänzte T. diese Dichtungen durch weitere *Idylls*, die andere Teile der Arthursage wie die Gralssuche und die Niederlage Arthurs gegen Modred und seine Entrückung zum Inhalt haben. T. wollte das vollständige zwölfteilige, der Erinnerung an Prinz Albert gewidmete Werk als Allegorie der durch Arthur verkörperten idealen menschlichen Seele in Auseinandersetzung mit den Versuchungen der sinnlichen Welt verstanden wissen.

Unter den Werken der zweiten Lebenshälfte T.s verdienen daneben v. a. die 1864 publizierten, auch als »Idylls of the Hearth« bezeichneten Erzählgedichte Erwähnung, so die bei Zeitgenossen T.s außerordentlich populäre Dichtung »Enoch Arden«, die von einem einfachen, anständigen Seemann handelt, der eine Familie gründet und vorbildlich für diese sorgt, dann jedoch zu einer längeren Fahrt aufbricht. Als er nach zehn Jahren noch nicht zurückgekehrt ist, entschließt sich seine Frau Annie, Enochs früheren Rivalen Philip zu heiraten. Enoch, der nach einem Schiffbruch auf einer Südseeinsel gestrandet war, kehrt erst danach zurück und verzichtet aus Liebe zu seiner Frau und seinen Kindern darauf, sich zu erkennen zu geben. Andere Spätwerke zeigen T. als Patrioten und Imperialisten, der etwa in »The Defense of Lucknow« (1879) das heldenhafte Ausharren der Engländer in einer von einer Übermacht von Aufständischen belagerten Festung während der indischen *Mutiny* von 1857 feiert. Vielfach als schlechthin vollendet gepriesen wurde das Todesgedicht »Crossing the Bar« (1889), das unter bewußter Verwendung ›heidnischer‹ Bildlichkeit einer christlichen Jenseitshoffnung Ausdruck gibt.

Werkausgaben: *The Poems*. Hg. C. Ricks. 3 Bde. Harlow 1987 [1969]. – *Enoch Arden und andere Dichtungen*. Leipzig 1925. Literatur: W. D. Shaw. *Alfred Lord Tennyson: The Poet in an Age of Theory*. New York 1996. – A. Sinfield. *Alfred Tennyson*. Oxford 1986. – C. Ricks. *Tennyson*. London 1991 [1972].

Thomas Kullmann

Thackeray, William Makepeace

Geb. 18. 7. 1811 in Kalkutta;
gest. 24. 12. 1863 in London

Nichts deutet im Werdegang von William Makepeace Thackeray darauf hin, daß er zu einem der großen viktorianischen Romanautoren werden sollte. Emotionale Verarmung bedrohte ihn sowohl im frühen Kindesalter, als er, das Schicksal der in anglo-indischen Kolonien geborenen Söhne teilend, von der Mutter getrennt wurde (der Vater war schon früh gestorben), um in England die Schule zu besuchen, als auch nach wenigen Ehejahren, deren Glück der Ausbruch einer Geisteskrankheit seiner Frau beendete. Intellektuelle Unterforderung kennzeichnete seine Schulzeit: *Public school* (Charterhouse) und Universität (Trinity College Cambridge) empfand Th. keineswegs als anregend und fördernd. Finanzielle Not schließlich, teils durch eine indische Bankenkrise, teils durch Th.s Müßiggang und Spielleidenschaft herbeigeführt, ließ keine Muße für geduldiges Arbeiten am Werk. Th. übernahm ab 1833 journalistische Arbeiten in London und veröffentlichte bald in den angesehenen Periodika *Fraser's Magazine* (seit 1835) und *Punch* (seit 1842). Diese Arbeiten machten Th. zum beliebten Autor, und mit *Vanity Fair, or, A Novel Without a Hero* (1848; *Jahrmarkt der Eitelkeit: Ein Roman ohne Held*, 1849) wurde er zu einer berühmten öffentlichen Persönlichkeit. Obwohl ihm ein Familienleben versagt blieb und kräftezehrende Krankheiten die zweite Lebenshälfte überschatteten, schätzte sich Th. wegen seiner schriftstellerischen Erfolge, seines sehr guten Verhältnisses zu den geliebten Töchtern, eines reichen gesellschaftlichen Lebens und zahlreicher Vortrags- und Erholungsreisen als zufrieden ein.

Die aus Geldnot eingeschlagene schriftstellerische Karriere begann mit humoristischer Kurzprosa, die ihren Effekt aus der Wahl exzentrischer Erzählperspektiven gewinnt. Die Leserschaft schätzte Th.s Technik, aus der Sicht beschränkter Figuren wie der des Bediensteten James Yellowplush, des Gesellschaftslöwen George Savage Fitz-Boodle und des Künstlers Michael Angelo Titmarsh die zeitgenössische Gesellschaft karikiert darzustellen. In *Fraser's Magazine* veröffentlichte Th. »The Yellowplush Papers« (1837/38), später Bestandteil von *The Yellowplush Correspondence* (1852; *Die Memoiren des Mr. C. J. Yellowplush, ehedem Lakai in vielen vornehmen Familien*, 1958), die das Treiben der ›besseren Gesellschaft‹ aus der Sicht der Dienerschaft analysieren. In jener Zeit entstand auch Reiseprosa wie die (wenig bemerkenswerten) Impressionen des Reisenden M. A. Titmarsh in *The Paris Sketch Book* (1840) und *The Irish Sketch Book* (1843; *Irländische Zustände, geschildert von M. A. Titmarsh*, 1845). Die 53teilige *Punch*-Serie »The Snobs of England, by One of Themselves« (1846/47) wurde in überarbeiteter Form zu *The Book of Snobs* (1848; *Die Snobs: Humoristische Bilder aus Alt-England*, 1851); diese Texte ließen die konservative Gesellschaft Londons auf Distanz zu Th. gehen, da er hier über eine Reihe satirischer Porträts den Abstand zwischen viktorianischer Moral und sozialer Praxis allzu offenkundig machte. In den Jahren 1859–62 bewies der späte Th. noch einmal als Herausgeber des sich gut verkaufenden *Cornhill Magazine* seine glückliche journalistische Hand. – Als ersten (kommerziell wenig erfolgreichen) Roman legte Th. *The Luck of Barry Lyndon: A Romance of the Last Century* (1844; *Die Memoiren des Junkers Barry Lyndon*, 1953) vor, der auf der Grundlage einer Gaunerbiographie und vor dem Hintergrund anti-irischer Propaganda in der Ich-Form von den Taten eines militärischen und amourösen irischen Abenteurers berichtet. Dabei breitet dieser Kriminelle seine Erfolge so selbstgefällig aus, daß aus der Sprache dummer Eitelkeit auf die Verantwortungslosigkeit und moralische Verderbtheit dieses Mannes (und der Iren überhaupt) geschlossen werden muß.

Th., der auch über beträchtliches Talent als Zeichner verfügte und die meisten seiner Veröffentlichungen selbst illustrierte, hatte sich als Autor stets gegenüber Charles Dickens zu definieren.

Er übernahm die von Dickens geschaffenen Publikationsformen der Zeitschriftenserie und des in monatlichen Folgen erscheinenden Fortsetzungsromans. Inhaltlich aber setzte er Dickens' oft phantastischen und melodramatischen Handlungen eine – wechselnd in satirischem, ironischem oder parodistischem Ton gehaltene – realistische Bestandsaufnahme des Lebens, oft unter Verzicht auf Handlungsreichtum, entgegen. Fremd war Th. Dickens' engagiertes Eintreten für radikale soziale Reformen: Th.s Erzähler treten nicht als überzeugte Künder der Wahrheit auf; vielmehr sind sie sich der Subjektivität ihrer Sicht der Dinge bewußt und erheben keinen Anspruch auf verbindliche moralische Autorität. Th.s skeptische Erzähler bringen ihre Figuren immer wieder in durchaus Dickenssche heldisch-romanhafte Posen, nur um sie dann aber durch die Handlung auf die menschliche Ebene finanzieller Motive, unglücklicher Verstrickungen und körperlicher und charakterlicher Unzulänglichkeiten zurückzuführen.

Mit *Vanity Fair* – zuerst 1847/48 als 19teilige Serie veröffentlicht – legte Th. den ersten Roman unter eigenem Namen vor. Detailreich und historisch genau zeichnet dieser Text ein Panorama der jüngeren Vergangenheit, zugleich aber stellt er in der erfundenen Handlung zwei für die viktorianische Gegenwart typische Lebensoptionen einander gegenüber: Die bloß in materiellen Kategorien kalkulierende Becky Sharp wird vermögend, aber nicht glücklich; Amelia Sedley, der mangelnde Intelligenz und ein weiches Herz alle Strategien des Aufstiegs unmöglich machen, endet arm, aber nicht ohne Chance auf Glück. Bei welcher der beiden Frauengestalten die Sympathie des Erzählers liegt, bleibt unentschieden; als Kritiker wie Bewunderer seiner Gestalten zugleich kann er ihnen nicht überlegen sein. Die letzte Folge des Romans zieht denn auch – unerhört für einen viktorianischen Roman – kein Resümee durch eine Konstellation, die ›poetische Gerechtigkeit‹ ins Werk setzte; vielmehr endet die Handlung unentschieden an einem Punkt vorübergehender Ruhe. Zuvor hat der Erzähler und »Manager of the Performance« die Handlung in Parallelen und Gegensätzen sowie in den Kontexten von Gefühl und gesellschaftlichen Rahmenbedingungen arrangiert, so daß über ein dichtes Muster von Verweisen das Treiben der Figuren aus der Erzählung hinaus ins allgemein Gültige weist und auch die Leserschaft mit einschließt. Mit *Vanity Fair* läßt Th. die auf moralischen Sicherheiten bestehende Welt des viktorianischen Romans hinter sich: Daß die Wahrheit nicht so einfach ist, wie die Moralisten behaupten, ist Ergebnis jeder genauen Lektüre dieses Romans.

Th.s nächster, 1848–50 in 24 Folgen erschienener, autobiographisch gefärbter Bildungsroman *The History of Pendennis: His Fortunes and Misfortunes, His Friends and His Greatest Enemy* (1848–50; *Die Geschichte von Arthur Pendennis, seinen Freuden und Leiden, seinen Freunden und seinem grö ten Feind*, 1849–51) vernachlässigt Handlungsentwicklung zugunsten von Figurenzeichnung und Ausbreitung eines Gesellschaftspanoramas. Nur die abgeklärte Reife der Erzählerfigur hält die Fülle vornehmlich Londoner Szenen zusammen, indem sie die erinnerte Welt um die Pole ›häusliche Tugend‹ und ›weltliche Versuchung‹ gliedert, zwischen denen sich der Held bei seiner doppelten Entwicklung zum Romanautor und Gentleman entscheiden muß. Die Qualitäten seines Vorbilds, Henry Fieldings *Tom Jones* (1749), erreicht der Roman seiner ästhetischen Konventionalität wegen keineswegs; dennoch ist *Pendennis* anderen zeitgenössischen Bildungsromanen durch seine intensive Auseinandersetzung mit der Frage überlegen, wie der Künstler aus der Erfahrung der Wirklichkeit Wahrheit gewinnen kann und welchen Anspruch die Gesellschaft auf diese künstlerische Erkenntnisleistung hat.

Den Zwängen serieller Veröffentlichungsformen entzog sich Th. mit dem Werk *The History of Henry Esmond, Esq., a Colonel in the Service of Her Majesty Q. Anne, Written by Himself* (1852; *Geschichte des Heinrich Esmond: Von ihm selbst geschrieben*, 1852). In diesem nach den Konventionen der Autobiographie geschriebenen historischen Bildungsroman muß sich der Held zwischen zwei Frauen, Beatrix und Rachel, entscheiden, die in schematischer Gegensätzlichkeit Kälte und (leider völlig unerotische) Herzenswärme verkörpern. Obwohl Esmonds Lebensweg mit großer historischer Sorgfalt im für die viktorianische Zeit schon so fernen 18. Jahrhundert angesiedelt wird, betont der Roman das zeitlose private Dilemma des Helden. Die Wahl einer solchen Mischform aus historischem Roman und einer auf das allgemein Menschliche abhebenden Erzählung soll auf die Wandelbarkeit auch der scheinbar ›ewigen‹ moralischen Grundsätze aufmerksam machen. Wer einem allen gepredigten Verbindlichkeiten gegenüber skeptischen Erzähler, der die eigene Subjektivität durch seine Erfahrung von geschichtlicher Relativität begründet, gerne folgt, wird zu *Henry Esmond* greifen und hier nicht nur mit dem Porträt einer faszinierenden Frauenfigur, der tragischen Beatrix, belohnt, sondern auch mit einer als prozeßhaft begriffenen geschichtsabhängigen Wertewelt und entsprechenden Reflexionen über den wahren Gentleman. Von seiner Fortführung der Familiengeschichte der Esmonds, *The Virginians: A Tale of the Last Century* (1857–59; *Die Virginier: Eine Geschichte aus dem vergangenen Jahrhundert*, 1953), einem formal nur locker organisierten Roman, hielt Th. selbst wenig. Der moralische Grundkonflikt ist hier in das Amerika der Revolutionszeit mit seiner Opposition von amerikanischer Unschuld und europäischer Verderbtheit transportiert.

In den späten Romanen *The Newcomes: Memoirs of a Most Respectable Family* (1853–55; *Die Newcomes: Geschichte einer sehr achtbaren Familie*, 1854–56) und *The Virginians* kultiviert Th. sein vom damaligen Publikum geschätztes Talent, wenig Handlung mit zahlreichen Reflexionen zu verknüpfen. *The Newcomes*, wieder zuerst als 23teiliger Fortsetzungsroman veröffentlicht, reflektiert in der Gestalt des Clive Newcome Th.s Auffassung von Kunst und in der Gestalt des Erzählers die Gründe für die menschliche Vorliebe für die Vergangenheit. Solche Überlegungen werden an einer Familiengeschichte festgemacht, in der soziale Mobilität und das Streben nach Reichtum jede historische Identität gefährden. Egoismus ersetzt die alten gesellschaftlichen Tugenden, Geld die Familienehre, und die Gegenwart ist durch Heuchelei und Herzlosigkeit gekennzeichnet. Unter diesen Umständen kann nur ein ironisches *happy ending*, angesiedelt im Bereich der Fabel, gelingen. Unvergessen bleibt in diesem Panorama die Figur des Colonel Newcome, der demonstriert, daß man in einer materialistisch orientierten Gesellschaft zwar als Gentleman leben kann, dabei aber Opfer dieser Gesellschaft wird; ebenso bleibt in Erinnerung die zwiespältig angelegte Ethel Newcome, die materiellen Wohlstand für sich zwar erstrebt, im Prinzip aber verachtet.

Wie die meisten Romanautoren des englischen 19. Jahrhunderts war Th. Moralist; im Zusammenhang mit der viktorianischen Suche nach Definitionen wahrer Männlichkeit wollte er ein der Gegenwart gerecht werdendes Konzept des Gentleman entwickeln. Im Gegensatz zu den Konventionen seiner Zeit zeichnet die Mehrzahl seiner Texte aber kein eindeutiges Bild von Gut und Böse;

eher sind sie als Experimente der Wahrnehmung angelegt, die den Leser mit unterschiedlichen moralischen Sichtweisen konfrontieren und zu einer eigenen Stellungnahme herausfordern. Zu diesem neuartigen Vorgehen befähigte Th. sein früh im Journalismus eingeübter kritischer Blick auf die Gesellschaft seiner Zeit, der ihm die Einsicht vermittelte, daß Standpunkte immer nur relativ gültig sind. Diese distanzierte Sicht der unübersichtlichen Verhältnisse in der Gesellschaft und ihrer Geschichte stößt – und hier liegt der unvergleichliche Unterhaltungswert Th.s – nicht zu den großen ethischen Fragen vor, sondern konzentriert sich auf die Beschreibung der Oberfläche, des Verhaltens von Charakteren. Charakterzeichnung erweist sich damit als heuristisches Verfahren zur Annäherung an moralische Maßstäbe.

Nicht alles, was Th. schrieb, hat überdauert. Die frühen Arbeiten bleiben thematisch und geschmacklich zu zeitbezogen, um heute noch wichtig zu sein; *The Virginians* fehlt innerer Zusammenhalt und künstlerische Struktur. Erinnert aber werden *Vanity Fair* und *Pendennis* ihres relativierenden Erzählers und ihrer skeptischen Zeichnung gemischter Figuren wegen; zugleich führen diese Texte den historischen Roman auf eine Ebene, die diese Gattung zum Zeugen gegen den allgemeinen Gültigkeitsanspruch der viktorianischen Moral macht. Th. teilt freilich mit vielen heute vergessenen AutorInnen des englischen 19. Jahrhunderts das Schicksal radikal veränderter literarischer Maßstäbe. So war *The Newcomes* zu seiner Zeit Th.s populärster Roman; unter dem Einfluß einer auf ökonomischer Formung des Stoffes bestehenden formalistischen Literaturkritik wird dieser Text aber heute als abschreckendes Beispiel für viktorianische Exkursfreude abgewertet. Wer jedoch ein wenig Geduld mitbringt, wird *The Newcomes* als beziehungsreiches und faszinierendes soziales, moralisches und emotionales Porträt des englischen 19. Jahrhunderts lesen.

Werkausgaben: *The Oxford Thackeray*. Hg. G. Saintsbury. 17 Bde. London 1908. – *The [Garland] Thackeray Edition*. Hg. P. Shillingsburg. New York, 1989–96, dann Ann Arbor 1996ff. [erste textkritische Ausgabe]. Literatur: D. J. Taylor. *Thackeray*. London 1999. – R. A. Colby. *Thackeray's Canvass of Humanity: An Author and His Public*. Columbus 1979. – J. P. Rawlins. *Thackeray's Novels: A Fiction That is True*. Berkeley 1974. – G. N. Ray. *Thackeray*. 2 Bde. London 1955/58.

Stephan Kohl

Tharoor, Shashi

Geb. 9. 3. 1956 in London

Shashi Tharoor gehört mit Amitav Ghosh und Vikram Chandra zur wachsenden Zahl in Nordamerika ansässiger Autoren der indischen Diaspora und zu einer Generation von Romanciers, die im Gefolge von Salman Rushdie postmoderne und einheimisch traditionelle Erzählweisen kombinieren, um die Konflikte des (nach)kolonialen Subkontinents darzustellen. Im kosmopolitischen Milieu der gehobenen Mittelschicht in Indien aufgewachsen, übernahm Th. nach dem Jurastudium in den USA einen Posten bei der UNO. – Nachdem er sich mit journalistischen Beiträgen und Kurzgeschichten in Indien einen Namen gemacht hatte, gelang ihm mit seinem ersten, mehrfach preisgekrönten Roman, *The Great Indian Novel* (1989; *Der gro e Roman Indiens*, 1995), der internationale Durchbruch. Th. zeichnet dort die Geschichte Indiens im 20. Jahrhundert nach (zumal Gandhis Befreiungsbewegung und die Rivalitäten der nationalen Parteien), indem er sie zugleich und oft einfallsreich mit der als Nationalmythos allgegenwärtigen Haupthandlung des Sanskrit-Epos *Mahabharata* (um eine verheerende Fehde führender Geschlechter) korrespondieren läßt. Als Erzähler verwendet er die Figur eines *elder statesman*, der mit Engagement und Skepsis die Geschichte »betrogener Erwartungen« erzählt. Die Adaptation der Vorlage verdeutlicht die Übertragbarkeit archetypischer Figuren und Vorgänge wie auch literarischer Verfahren (etwa des Rahmens von Erzähler und Schreiber oder der Mischung von Prosa und Verspartien) in einer postmodernen Erzählung, die der Demonstration pluraler Wahrheit dient, eine zirkulare Grundstruktur aufweist, selbstreflexive Kommentare einbezieht und eine Vielfalt intertextueller Bezüge auf die anglo-indische wie indo-englische Literatur anbringt. Obwohl die historische und literarische Anspielungsfülle dem außerindischen Leser den Zugang zu Th.s Roman erschwert, machen die satirische Tendenz und stilistische Brillanz des Autors die Lektüre zum Vergnügen. – In seinem zweiten Roman, *Show Business* (1991), entwirft Th. ein satirisches Porträt ›Bollywoods‹, der populären Bombayer Traumfabrik, als Spiegel der indischen Gesellschaft. In *Riot* (2001; *Aufruhr*, 2002) rückt er von der satirischen Tendenz der früheren Romane ab und präsentiert in der Kompilation diverser Textsegmente (Tagebuch, Brief, Zeitungsartikel, Interview usw.) multiperspektivisch und stilistisch vielstimmig die Liebesgeschichte einer Amerikanerin, die als Entwicklungshelferin in Indien inmitten interreligiöser Turbulenzen ermordet wird. Daneben hat Th. in der Essaysequenz *India: From Midnight to the Millennium* (1997; *Indien*, 2000) ein Bild der neuen Nation nach zeitgeschichtlichen, sozialen, religiösen und regionalen Gesichtspunkten entworfen.

Literatur: E. Kreutzer. »›To strike familiar chords while playing an unfamiliar tune‹: Shashi Tharoors *The Great Indian Novel.*« *Zum Begriff der Imagination in Dichtung und Dichtungstheorie.* Hg. M. Beyer. Trier 1998, 318–333. – *Littcrit* 16.1–2 (1990) [Sondernummer].

Eberhard Kreutzer

Thomas, D[onald] M[ichael]

Geb. 27. 1. 1935 in Redruth, Cornwall

Wenn D. M. Thomas Liebe und Tod zur »Zwillingsobsession« seines zwischen Dichten und Erzählen oszillierenden Schreibens erklärt, so meint er damit v. a. das Begriffspaar Eros und Thanatos des späteren Freud, das sich in Th.' Werken in drastischen Sexualitätsphantasien und Todesszenarien manifestiert. Hiervon zeugen bereits die Verstexte des zunächst als Dichter bekannt gewordenen Literaturdozenten Th., der seit den 1960er Jahren erotisch-phantastische Gedichte, Science-fiction-Lyrik und mythisch-historische Gedichte in zahlreichen Bänden veröffentlicht hat. Libido und Tod verbinden sich auf besonders eindringliche Weise in Th.' umstrittenem Romanerfolg *The White Hotel* (1981; *Das wei e Hotel*, 1983), in dem die surreal-pornographischen Traumbilder einer vermeintlich hysterischen Freud-Patientin in Wien um 1920 auf die erschütternden Ereignisse des historischen Massakers von Babi Yar, der Ermordung ukrainischer Juden durch die Nazis im Jahre 1941, vorausweisen. *The White Hotel* ist nicht nur deshalb als experimentelle historische Fiktion zu bezeichnen, weil neben historischen Augenzeugenberichten auch Freud als Romanfigur auftritt, sondern auch angesichts des gelungenen künstlerischen Wagnisses, die Psychoanalyse und den Holocaust als einschneidende Entwicklungen des 20. Jahrhunderts aufeinander zu beziehen, da in

The White Hotel die Traumdeutung eine Vorahnung des Albtraums der Geschichte ist.

An den Erfolg seines dritten Romans haben Th.' folgende Bücher bisher nicht heranzureichen vermocht, was auch an der Tendenz des Autors zur Wiederholung bereits verwendeter Themen und Vermittlungsformen liegt. Dies zeigt sich z. B. in Th.' ›Russischem Quintett‹ (*Ararat*, 1983; *Swallow*, 1984; *Sphinx*, 1986; *Summit*, 1987; *Lying Together*, 1990), das – wie schon sein erster Roman *The Flute-Player* (1979) – seine Faszination für die russische Literatur ausdrückt, mit der er sich als Übersetzer von Alexander Puschkin und Anna Achmatova sowie als Biograph von Alexander Solschenizyn (*A Century in His Life*, 1998) gut auskennt. Inspiriert von Puschkins Erzählfragment *Ägyptische Nächte* (1835) ist das metafiktionale und von Th. bis ins Farcenhafte variierte Thema aller fünf Romane die Kunst improvisierter Dichtung: In nahezu infinitem Regreß werden Geschichten ineinander verschachtelt, in illusionsstörender Weise erzähllogische Ebenen durchbrochen. Auch in seinen späteren Romanen treibt Th. immer wieder ein provokant-phantasiereiches Spiel mit Fakt und Fiktion, in *Flying in to Love* (1992) über die Kennedy-Ermordung, in *Pictures at an Exhibition* (1993) erneut über den Holocaust und in *Eating Pavlova* (1994) wiederum über Freud. Seine beiden jüngsten Romane *Lady with a Laptop* (1996), eine Satire über New Age-Tourismus und kreatives Schreiben, und *Charlotte* (2000), ein vielschichtiges *rewrite* des Endes von Charlotte Bront s *Jane Eyre*, sind ebenfalls assoziationsreiche Variationen der von Th. bevorzugten Themen, der Verschränkung von Lust/Tod, Phantasie/Realität und Poesie/Narration.

Werkausgabe: *The Puberty Tree: New and Selected Poems*. Newcastle/Tyne 1992.
Literatur: B. Nicol. *D. M. Thomas*. Tavistock 2001. – R. Wetzsteon. »D. M. Thomas.« *British Writers: Supplement IV*. Hg. G. Stade/C. Howard. New York 1997, 479–497.

Christoph Henke

Thomas, Dylan [Marlais]

Geb. 27. 10. 1914 in Swansea, Wales;
gest. 9. 11. 1953 in New York

Alles war früh bei Dylan Thomas: erster Erfolg mit 19, Ehe mit 22, internationaler Ruhm mit 32 und Tod mit 39 Jahren. Sein Versuch, ein Bohemienleben zwischen Wales und London bzw. Vortragsreisen in den USA zu führen, endete in Koma und Alkoholvergiftung. Stets in Geldnöten, arbeitete Th. als Reporter, Hörspiel-, Drehbuchschreiber und Vortragskünstler. Entscheidend prägte ihn das Erlebnis des Zweiten Weltkrieges in London; seine Gedichte, Prosa und dramatischen Arbeiten lassen sich in die Zeit vor und nach dem Krieg einteilen. Mit *Eighteen Poems* (1934) erregte er das Aufsehen von Edith Sitwell und wurde als Surrealist eingeschätzt. In Wirklichkeit folgten die frühen Gedichte einer strengen metaphorischen Logik, die immer wieder das Hauptthema der frühen Gedichte umkreiste: die dialektische Einheit von Leben oder Sexualität und Tod. Th. hatte seine Bilder bei William Blake gefunden. Er hatte sich ein eigenes Wörterbuch mit klangvollen und mehrdeutigen Bildern angelegt und entwickelte ein Gedicht aus vielen Vorfassungen, die er in kleinen Notizbüchern sammelte. Die metaphorische Verschlüsselung seiner Texte erlaubte Th., Metaphysisches, Psychologisches und Masturbatorisches frei zu mischen, ohne daß sein Publikum Anstoß nahm. Doch die zunehmende Überfüllung mit Bildern und Klängen hatte auch ihren Preis: Schon 1935 klagte er in einem Brief an Pamela Johnson über die Künstlichkeit dieser Schreibweise, bezeichnete sich als Wortverdreher statt Dichter. Den Abschluß dieser Phase lieferte er mit einer furiosen Selbstparodie (zugleich komischheroischer Autobiographie) namens »Altarwise by Owl-Light« (1936). Zugleich trat mit Ehe, Vaterschaft und Todeserfahrungen die soziale Realität in sein Schreiben ein. Er begann, für Presse, Radio und Film zu arbeiten. Die Bilderflut ordnete sich zunehmend zu Szenen, Landschaften und Handlungen. Die Rhythmen und Strophen wurden offener und freier, die Kritiker ordneten Th. jetzt einem Neuromantizismus zu: *Country Sleep* (1952) enthält Gedichte, die sich so lesen lassen. Doch der naturalistische Tenor von Geburt, Kopulation und Tod blieb ohne religiösen Ausweg. Stand Th. in den 1930er Jahren gegen die politische Lyrik der Auden-Gruppe, geriet er jetzt in Gegensatz zu T. S. Eliot und seinen religiösen Quartetten. Sein Publikum lag eher bei der Jugend, seine Position in der Rebellion und Boheme, obwohl diese immer mehr durch die Medien fixiert wurde. Einem breiteren Publikum wurde er auch durch das Hörspiel *Under Milk Wood* (1953; *Unter dem Milchwald*, 1954) bekannt, das ein walisisches

Dorf liebevoll mit Karikaturen zu Wort kommen läßt. Seine surrealistischen Kurzgeschichten in *The Map of Love* (1939) und das Romanfragment *Adventures in the Skin Trade* (1955) zeigen weitere humoristische Entwicklungsmöglichkeiten auf, die durch den frühen Tod abgebrochen wurden. Heute finden sich von Th. eine handvoll Gedichte in fast allen Anthologien. Trotz vieler Freundschaften blieb er eher ein Außenseiter unter den britischen Lyrikern. In Deutschland machten ihn die kongenialen Übersetzungen von Erich Fried bekannt.

Werkausgaben: *Collected Poems*. London 1977. – *Collected Letters*. Hg. P. Ferris. London 1985. – *The Prose Writing*. Hg. L. Peach. Basingstoke/Totowa 1988. – *The Broadcasts*. Hg. R. Maud. London 1991. – *The Complete Screenplays*. Hg. J. Ackerman. New York 1997. – *Gesammelte Gedichte*. Hg. K. Martens. München 1991ff. Literatur: J. A. Davies. *A Reference Companion to Dylan Thomas*. Westport, CT 1998. – E. Reckwitz. *The Fused Vision: Dylan Thomas' Poetik der Simultaneität*. Essen 1989. – P. Ferris. *Dylan Thomas: Biography*. London 2000 [1977].

Wolfgang Karrer

Thomas, [Philip] Edward

Geb. 3. 3. 1878 in Lambeth;
gest. 9. 4. 1917 in Arras, Frankreich

Edward Thomas gehört zu jenen leisen Stimmen Britanniens, die im Ausland weitgehend ungehört verhallen. Es ist dies ein Schicksal, das er mit Wordsworth und Anthony Trollope teilt. Offenbar gibt es eine Spielart von *Englishness*, die zu unspektakulär daherkommt, um die Phantasie der Kontinentaleuropäer oder der Amerikaner in Bewegung zu setzen. Es fehlt die Übereinstimmung mit einem Englandbild und Resonanzboden, der durch den Barden Shakespeare, den Kolonialisten Defoe, die aufreizend provozierenden Dandies Byron und Wilde oder den anrührenden London-Darsteller Dickens geprägt wurde. Und in der Tat: Th. setzt in Leben und Werk jene durch Wordsworth begründete romantische Tradition des Wanderer-Dichters fort, der unablässig britische Landschaften und Kulturen durchstreift, die Stadt meidet. Aber wo Wordsworth auf der Suche nach Glück und Sinn noch fündig, in epiphanischen Erlebnissen einer pantheistisch und moralisch gedeuteten Alterität gewahr wurde, die durch diese Sinngebung ihre Andersheit verlor, verdunkelt sich

bei Th. der idyllische Moment häufig zur Heimat des Todes. Th. ist als biographisches und poetisches Subjekt ein ruheloser Wanderer, ein modern-zerrissenes Individuum, dessen Tod auf einem Feld bei Arras Katastrophe und Erlösung zugleich ist. Seiner Karriere haftet etwas Mythisches an: Der schlecht bezahlte, von Selbstzweifeln geplagte Verfasser von kaum verkäuflichen *country books*, ein in London aufgewachsener Waliser, schleppte sich und seine Familie recht und schlecht mit Auftragsarbeiten (Rezensionen, topographische Werke, *country books*, die alle viel zu poetisch und unpragmatisch ausfielen) durch, bis er 1915 plötzlich den Beschluß faßte, noch im fortgeschrittenen Alter Soldat zu werden und gleichzeitig, zumeist während seiner Ausbildungszeit, merkwürdig bewegende Landdichtung zu schreiben. Im Rückblick erkennt man, wie seine Prosaarbeiten als Inkubationszeit zu verstehen sind, an deren Ende plötzlich der fertige Dichter hervortritt. *Beautiful Wales* (1905), *The Heart of England* (1906) und *The South Country* (1909) lassen sich mit dem verniedlichenden deutschen Ausdruck poetische Heimatbücher nur unzutreffend beschreiben. Lose komponiert und ohne jede dramatische Spannung, einzig durch das Subjekt des wandernden, beobachtenden und meditierenden Ichs zusammengehalten, enthalten sie gleichwohl jene prägnanten Episoden, Bilder und Wahrnehmungen über das Heumachen, idyllische Landsitze, quasi-mystische Erfahrungen und illusionskritische Reflexionen, die später in die Dichtung eingegangen sind. Entscheidend: Th., der als spätromantischer Ästhet und Symbolist beginnt, entledigt sich unter dem Einfluß von Robert Frost seiner poetisierenden Attitüde und pflegt einen ›einfachen‹, leisen, unprätentiösen, realitätsbezogenen, auf die natürliche Umwelt (Nesseln, Eule, Rüben, Landleute, am Himmel spielende Kiebitze usw.) gerichteten Stil, der die Fähigkeit besitzt, auf kleinem Raum in unaufdringlicher Weise große Themen wie Natur und Kultur (»The Owl«), Vergänglichkeit und Kunst (»The Tale«), romantische Illusion und die Schönheit des Wirklichen (»Sedge-Warblers«), Todessehnsucht (»Lights Out«), Selbstdarstellung der Dichtkunst (»Ambition«), Kulturarbeit (Pflügen), Liebe und Tod als natürlichen Zyklus (»As the Team's Head-brass«) abzuhandeln. Für die zeitgenössische Kritik wie für die englischen Dichter zählt der ›Little Englander‹ Th. schon lange zu den großen Vertretern einer englischen poetischen Tradition, die mit

Wordsworth einsetzte. Er schreibt moderne, illusionslose Pastoralen.

Literatur: J. Barker, Hg. *The Art of Edward Thomas.* Bridgend 1987. – S. Smith. *Edward Thomas.* London 1986. – H. U. Seeber. *Moderne Pastoraldichtung in England.* Frankfurt a. M. 1979.

Hans Ulrich Seeber

Thomas, R[onald] S[tuart]

Geb. 29. 3. 1913 in Cardiff;
gest. 25. 9. 2000 in Pentrefelin, Gwynedd

Das Oxymoron, das dem umstrittenen Terminus *Anglo-Welsh* zugrundeliegt, kennzeichnet R. S. Thomas in besonderer Weise: Einsprachig in Wales aufgewachsen, schrieb er seine Gedichte ausschließlich in Englisch, obwohl er diese Muttersprache ablehnte; für seine Prosa und das gesprochene Wort wählte er Walisisch, eine ›Fremdsprache‹, die er sich erst als Erwachsener aneignete, die er aber zu seiner ihm eigentlich zustehenden Muttersprache und kulturellen Heimat erkor. Obwohl dieser Konflikt sein ganzes Leben prägte, war er dennoch kein Postmoderner, wenn sein Werk auch die gesamte zweite Hälfte des 20. Jahrhunderts begleitet. Sein erster Gedichtband, *The Stones of the Field,* erschien 1946, sein letzter, *No Truce with the Furies,* 1995. Dazwischen liegen 25 weitere Gedichtbände, eine große Zahl von Essays sowie Rezensionen, Einleitungen zu Anthologien, Natur- und Landschaftsbeschreibungen (*The Mountains,* 1968), autobiographische Schriften (*Neb,* 1985; *Blwyddyn yn Llyn,* 1990), Interviews und Lesungen seiner Werke auf Tonträgern. Th. erhielt diverse Literaturpreise; dennoch gibt es in Deutschland Übersetzungen seiner Lyrik bislang nur in Auswahl (*Das helle Feld,* 1995; *Laubbaum Sprache,* 1998).

Die außergewöhnliche Qualität seines dichterischen Werks – Th. gilt als einer der wichtigsten Lyriker des 20. Jahrhunderts – ist in Großbritannien weitgehend unbestritten. An der Person allerdings scheiden sich die Geister. Der Pazifist und Priester Th., der nach dem Studium der Altphilologie in Bangor und dem Besuch des Theological College St. Michael's in Llandaff der Church of Wales in abgelegenen walisischen Landgemeinden von 1937–78 diente, war nicht ohne weiteres in Einklang zu bringen mit dem walisischen Nationalisten Th., der einen langen und entschlossenen, in der Wahl seiner sprachlichen Mittel durchaus nicht zurückhaltenden Kampf für die walisische Sprache und Kultur und damit gegen alles Englische in Wales führte. Ein großer Teil seiner Gedichte und Essays v. a. in seiner mittleren Schaffensperiode bezieht Stellung in dieser Auseinandersetzung. Die großen Themen, die in den ersten Gedichtbänden vorherrschen, sind die Natur (Th. war passionierter Ornithologe) und der Mensch, meist der Bauer, der dem kargen Land und dem Wetter seinen Lebensunterhalt abtrotzt. Dafür schuf Th. die Figur des Iago Prytherch, die fern von jeder Ökoromantik den Gegenpol, aber auch das *alter ego* des lyrischen Ich darstellt. In den 1970er Jahren tritt die Auseinandersetzung mit der modernen Naturwissenschaft und Technik (»the machine«), deren dehumanisierenden Einfluß Th. anprangert, in den Vordergrund. Das dominierende Thema aber, das schon in den frühen Gedichten aufscheint und seit den 1970er Jahren den wichtigsten Platz einnimmt, ist der Versuch eines Dialogs zwischen Mensch und Gott. Glaubensgewißheit gibt es für das lyrische Ich aber nicht, der *deus absconditus* schweigt. Dem Suchenden muß das Warten und Beten genug sein: »the meaning is in the waiting«. – Th. ist durchaus treffend als moderner *Metaphysical Poet* bezeichnet worden, aber seine kurzen Gedichte, die meist auf einer Druckseite Platz haben und deren Sprache präzise, fast kühl, sparsam nur das Notwendige festhält, tragen ihre Gelehrsamkeit nicht vor sich her. Dabei sind sie von der walisischen Dichtungstradition, Geschichte und Mythologie vom Mittelalter bis zur Gegenwart ebenso geprägt wie von der englischen Tradition, die von George Herbert über William Blake, William Wordsworth, William Butler Yeats und Thomas Hardy bis zu Ted Hughes reicht. Hinzu kommt die Vertrautheit mit europäischer Philosophie und Theologie, von Dionysius Areopagita bis zu Immanuel Kant, Søren Kierkegaard oder Paul Tillich. Die Ehe mit der Malerin Mildred E. Eldridge (1940–91) hat sicherlich bei Th. den Sinn für das Sichtbare geschärft, wenn er auch die Realität des Unsichtbaren, sei es der Imagination, sei es des Göttlichen, immer wieder in Sprache zu fassen versucht hat.

Werkausgaben: *Selected Prose.* Hg. S. Anstey. Bridgend 1995 [1983]. – *Collected Poems 1945–1990.* London 1993 [Auswahl]. – *Autobiographies.* Hg. J. W. Davies. London 1997.

Literatur: J. Wintle. *Furious Interiors: Wales, R. S. Thomas and God*. London 1996. – W. V. Davis, Hg. *Miraculous Simplicity: Essays on R. S. Thomas*. Fayetteville 1993. – S. Volk. *Grenzpfähle der Wirklichkeit: Approaches to the Poetry of R. S. Thomas*. Frankfurt a. M. 1985. – A. E. Dyson. *Yeats, Eliot and R. S. Thomas: Riding the Echo*. London 1981. – W. M. Merchant. *R. S. Thomas*. Cardiff 1979.

Sabine Volk-Birke

Thomson, James

Geb. 11. 9. 1700 in Ednam, Roxburghshire; gest. 27. 8. 1748 in Richmond

James Thomsons Ruhm begann mit dem Blankversgedicht *The Seasons*, veröffentlicht in Teilen ab 1726, gesammelt 1730 und grundlegend überarbeitet 1744 (*Die Jahres-Zeiten*, 1745). Aufgelockert durch Vignetten, die den Menschen in der Natur darstellen, ist *The Seasons* ein Panoptikum philosophischen, naturwissenschaftlichen und soziokulturellen Gedankenguts des 18. Jahrhunderts. Aufgrund der detaillierten und teilweise subjektivierten Naturbeschreibung gilt Th. als wichtiger Wegbereiter der Romantik. Seine Begeisterung für die Naturwissenschaften und seine enge Anbindung an Vergil und Milton zeichnen ihn aber auch als typischen Vertreter von Empirismus und Klassizismus aus. *The Seasons* wurde eines der populärsten englischsprachigen Gedichte und der Schotte Th. eine wichtige Figur der Londoner Literatenszene. Th. verteidigt in seinen Werken die moralisch-politische Funktion des Dichters und betont die Tugenden einer *vita activa*. In den Tragödien *Agamemnon* (1738; *Agamemnon*, 1756) und *Tancred and Sigismunda* (1745; *Tancred und Sigismunda*, 1756) sowie in den patriotischen Gedichten *Britannia* (1729) und *Liberty* (1735–36) machte Th. sich zum Sprecher der Whig-Opposition. In Folge fiel die Tragödie *Edward and Eleonora* (1739; *Eduard und Eleonora*, 1756) der Walpoleschen Zensur zum Opfer. Durch den didaktischen Schwerpunkt und eine eklatante Handlungsarmut wirken Th.s Tragödien schwerfällig; fast jedes seiner Stücke mußte nach der ersten Aufführung von Freunden, z. B. Alexander Pope, umgeschrieben werden. Das frühe Stück *Sophonisba* (1730; *Sophonisba*, 1756) ist v. a. durch die oft parodierte Zeile »Oh Sophonisba, Sophonisba oh!« in Erinnerung geblieben. *Coriolanus* (1749; *Coriolan*, 1756) wurde erst nach Th.s Tod zur

Tilgung seiner Schulden aufgeführt. Th.s Ode »Rule Britannia«, das patriotische Finale von *Alfred, a Masque* (1740), wurde zur zweiten Nationalhymne Großbritanniens. Trotz Th.s wiederholten Versuchen, selbst ein tugendhaftes Leben zu führen, insbesondere während der vergeblichen Werbung um Elizabeth Young, wird immer wieder von Trinkgelagen, Schulden, persönlicher Nachlässigkeit und besonders von ausgeprägter Faulheit berichtet. Schon in den 1730ern beginnt Th. *The Castle of Indolence* (1748), ein Gedicht in Nachahmung Edmund Spensers, in dem er seine eigene Trägheit und die seiner Freunde parodiert. In Canto I beschreibt er das luxuriöse Leben in einem verzauberten Schloß, dessen Insassen schließlich jedoch am Nichtstun zugrunde gehen. Erlöst werden sie in Canto II durch den *Knight of Arts and Industry* (Ritter der Künste und des Fleißes), unterstützt von einem Dichter. Auch hier wird die soziale Verantwortung von Kunst und die Rolle der Tugend betont, aber schon Zeitgenossen waren sich einig, daß Canto I der dichterisch überlegene Teil ist. Wenige Wochen nach der Veröffentlichung des *Castle of Indolence* starb Th., von seinen Freunden sehr betrauert.

Werkausgaben: *The Seasons*. Hg. J. Sambrook. Oxford 1981. – *Liberty; The Castle of Indolence, and Other Poems*. Hg. J. Sambrook. Oxford 1986. – *The Plays of James Thomson, 1700–1748: A Critical Edition*. Hg. J. C. Greene. 2 Bde. New York 1987. Literatur: R. Terry, Hg. *James Thomson: Essays for the Tercentenary*. Liverpool 2000. – J. Sambrook. *James Thomson, 1700–1748: A Life*. Oxford 1991. – R. Cohen. *The Unfolding of The Seasons*. London 1970.

Stefanie Lethbridge

Thomson, James [B. V.]

Geb. 23. 11. 1834 in Port Glasgow, Schottland; gest. 3. 6. 1882 in London

Als sich der Waisenhauszögling und *army schoolmaster* James Thomson mit den ersten Gedichten zu Wort meldete, muß ihm längst klar gewesen sein, daß der Name, den er sich machen wollte, schon an den Autor der *Seasons* vergeben war. Deshalb legte er sich Pseudonyme wie Bysshe Vanolis, Sigvat oder Crepusculus zu, bevor er die ihm bis heute beschiedene Schattenexistenz annahm. – Verdüstert wird Th.s Leben dabei nicht nur von einem Quartalstrinkertum, das schon

1862 für seine unehrenhafte Entlassung aus der Armee gesorgt hatte und ihn am Ende zu dem brieflichen Eingeständnis nötigte: »For myself and others I am much better dead than alive.« Auch das Rampenlicht der offiziellen Literaturszene war für den sozial marginalisierten Schotten, der in anrüchigen Freidenkermagazinen wie Charles Bradlaughs *National Reformer* publizieren mußte, fast unerreichbar. Erst zu Beginn der 1880er Jahre kam es zu zwei Buchpublikationen, dem Gedichtband *The City of Dreadful Night and Other Poems* (1880) sowie den *Essays and Phantasies* (1881), deren bescheidener Erfolg die Dynamik der Selbstzerstörung aber nicht mehr außer Kraft setzen konnte.

»One is very free with no name to lose«, hatte sich Th. in »Bumble, Bumbledon, Bumbleism«, einer schonungslosen Abrechnung mit dem viktorianischen Philistertum, eingestanden und hinzugesetzt: »One is freer still, with such a name that cannot possibly be lost for a worse; and between us, we possess both these happy freedoms.« Dem erstaunlichen Entschluß, mit den Pfunden dieser Mitgift zu wuchern, verdankt sich sein weiterhin in der Dunkelkammer zwischengelagertes Werk. Es umfaßt Satiren von Swiftscher Bissigkeit wie »Christmas Eve in Upper Circles« (1866) oder »Proposals for the Speedy Extinction of Evil and Misery« (1871), kultur- und literaturkritische Arbeiten, in denen Th. leidenschaftlich gegen die fade Unanstößigkeit des Marktgängigen, die ›Gemüsebeete‹ der Schöngeisterei, zu Felde zieht, (Erst-)Übersetzugen von Novalis, Th&ophile Gautier, Heinrich Heine, Giacomo Leopardi, eine Handvoll Erzählungen und Phantasien. Im Mittelpunkt aber stehen zweifellos die lyrischen Arbeiten, von denen lediglich »In the Room« (1872), ein verdinglichter Nachruf auf eine jener schäbigen möblierten Existenzen, wie sie auch Th. führte, und »The City of Dreadful Night« (1874) den Sprung in die Epochenanthologien geschafft haben. Selbst hier noch geschmäcklerisch zum »superb period-piece« (*Oxford Anthology*) herabgestuft, handelt es sich bei der »City« in Wirklichkeit um das bedeutendste Melancholiegedicht der englischen Literatur, das in 21 Gesängen und einem Proem den Moloch Großstadt verödet und ›umnachtet‹ und so in einen begehbaren Erfahrungsraum verwandelt. Dort, zwischen maroden Stilleben, Schattengestalten und Unheilsgeschichten, ist der Leser so unterwegs wie der ausgeschriebene Th. keine zehn Jahre später in London: als Unbe-

hauster und Stadtstreicher. Und in dieser Kunstwelt begegnet ihm auf Schritt und Tritt jene Renitenz und Resistenz gegenüber dem Prinzip Hoffnung, aus der heraus Th. schrieb und die ihn im 19. Jahrhundert ebenso zur Unperson machen mußte wie einen Arthur Schopenhauer, Philipp Mainländer oder Leopardi, ohne daß die Rezeptionsgeschichte auch in diesem Fall in die Revision gegangen wäre. – Th.s letzte Worte im Londoner University Hospital sollen Ohrenzeugen zufolge »unprintable« gewesen sein; auf seinem verwitterten Stein auf dem Friedhof in Highgate findet sich kein Epitaph. Trotzdem hat er wie sein schwarzgalliger Gesinnungsgenosse Robert Burton einen Nachruf in eigener Sache aufgesetzt und an exponierter Stelle in der ›Nachstadt‹ angeschlagen: »What never has been, yet may have its when;/ The thing which has been, never is again.« Oder auf gut deutsch: Was niemals war, dem schlägt vielleicht die Stunde,/ doch was vorüber, geht nicht nochmals vor die Hunde.

Werkausgaben: *Poems and Some Letters.* Hg. A. Ridler. Carbondale 1963. – *The Speedy Extinction of Evil and Misery: Selected Prose.* Hg. W. D. Schäfer. Berkeley 1967. – *Nachstadt und andere lichtscheue Schriften.* Zürich 1992.
Literatur: T. Leonard. *Places of the Mind: The Life and Work of James Thomson (B. V.).* London 1993. – G. Heinemann. *An All-Disastrous Fight : Empörung und Resignation im Werk James Thomsons (B. V.).* Frankfurt a. M. 1991.

Ulrich Horstmann

Thorpe, Adam
Geb. 1956 in Paris

Adam Thorpe, der seine ersten Jahre in Beirut, Kalkutta und Kamerun verbrachte, bevor seine Familie nach England zog, hatte bereits einige erfolgreiche Gedichtbände veröffentlicht (*Mornings in the Baltic*, 1988; *Meeting Montaigne*, 1990), als er mit seinem ersten Roman *Ulverton* (1992), der fiktiven Geschichte eines englischen Dorfes in zwölf höchst unterschiedlichen Erzählungen, sowohl bei der Literaturkritik als auch beim Publikum international einen großen Erfolg erzielte. 1995 folgte der Roman *Still*, in dem der gescheiterte Filmregisseur Ricky Thornby sich auf die Suche nach seinen Wurzeln macht, um daraus seinen großen Film zu drehen, der jedoch, ähnlich avantgardistisch wie Derek Jarmans *Blue*, nur aus Text, also dem Roman, besteht. In *Pieces of Light* kehrte Th. dann schließlich 1998 nach Ulverton zurück, wo der Protagonist Hugh Arkwright, ein Theaterregisseur, der sich der Wiederbelebung elisabethanischer Schauspielkunst verschrieben hat, im Hause seines exzentrischen verstorbenen Onkels mit Erinnerungen an seine Kindheit in Afrika und mit Entdeckungen über das Schicksal seiner dort verschollenen Mutter konfrontiert wird. Der jüngste Roman Th.s, *1921* (2001), ist die Geschichte des jungen Autors Joseph Munrow, der fest entschlossen ist, den ersten großen Roman über den Ersten Weltkrieg zu schreiben, ohne diesen jedoch selbst erlebt zu haben – ein Mangel, der ihm erhebliche künstlerische Probleme bereitet. – Sprachlich sind Th.s Romane sowohl die Romane eines Lyrikers als auch die eines Schauspielers; die metaphorische Dichte und Genauigkeit auf der einen Seite beweisen das ebenso wie die kunstvolle Stimmenimitation auf der anderen Seite. Stimmenimitation, Pastiche-Technik und die originalgetreue Wiedergabe historischen oder fremden Sprachgebrauchs tauchen in allen Werken Th.s auf, so daß sie zu seinem literarischen Markenzeichen geworden sind, das insbesondere *Ulverton* und den Kurzgeschichten in der Sammlung *Shifts* (2001) einen besonderen Reiz verleiht. Bei Th. kommen nie gehörte, unterdrückte Stimmen zu Wort – Landarbeiter, Müllmänner, Dienstmädchen, Sekretärinnen –, mit großer Kunstfertigkeit orchestriert und arrangiert von einem Autor, der stilistische Ebenen, Blickwinkel und Erzähltempo virtuos zu kontrollieren versteht. – Insbesondere in den beiden ersten Romanen zeigt sich Th. als postmoderner Autor. In der Tradition der historiographischen Metafiktion behandelt *Ulverton* viele epistemologische und methodologische Probleme der modernen Geschichtsschreibung und stellt das Dorf Ulverton als eine Echokammer vor, in der Erzählungen, Mythen, aber auch materielle Objekte, die von Geschichte zu Geschichte wieder auftauchen, unablässigen Widerhall erzeugen und sich gegenseitig befruchten. Geschichte, insbesondere die des 20. Jahrhunderts, erscheint bei Th. entweder als Palimpsest, auf dem sich Erfahrungen, Erinnerungen und auch literarische Vorbilder überlagern, oder als archäologische Ausgrabungsstätte, als historische Kloake, aus der seine Protagonisten Objekte hervorholen, die noch Seiten zuvor achtlos weggeworfen wurden, jetzt aber neue, mitunter wundersame Bedeutung erlangen, wie der Zigarrenstummel des sterbenden Verlaine, den der Erzähler der Kurzgeschichte »Debauch-

ery« aus *Shifts* einem Pariser Clochard abkauft, um ihn als größtes Abenteuer seines Lebens zu Ende zu rauchen. – Ironisch gebrochene Nostalgie und ein schmerzliches Verlustempfinden sind Gefühle, die sämtliche Romane beherrschen. Die großen historischen Sünden und die großen literarischen Errungenschaften des 20. Jahrhunderts faszinieren den Erzähler Th. und ziehen ihn immer wieder in ihren Bann. Wie Joseph Munrow scheint er beinahe daran zu leiden, ein Nachgeborener, ein Nicht-Dabeigewesener zu sein, dem als Aufgabe nur noch bleibt, die Schlachtfelder der Vergangenheit zu sichten.

Literatur: S. Hagenauer. »Adam Thorpe.« »*Do you consider yourself a postmodern author?*« *Interviews with Contemporary English Writers.* Hg. R. Freiburg/J. Schnitker. Münster 1999, 219–234. – A. Nünning. *Von historischer Fiktion zu historiographischer Metafiktion.* Bd. 2. Trier 1995, 349–358.

Sabine Hagenauer

Tolkien, J[ohn] R[onald] R[euel]

Geb. 3. 1. 1892 in Bloemfontein, Südafrika; gest. 2. 9. 1973 in Bournemouth

Die Aufgabe eines Künstlers, so J.R.R. Tolkien, bestehe darin, als *sub-creator* eine Sekundärwelt zu schaffen, die es erlaubt, im Vertrauten das Wunderbare zu sehen und so Wahrheiten über die Primärwelt zu erkennen. In seinem literarischen Werk gelang es T., der als Begründer der modernen *fantasy*-Literatur gilt, mit dem Kosmos von Mittelerde eine solche Welt zu beschreiben, die durch ihre Geschlossenheit zu überzeugen weiß. Insbesondere sein bekanntester und bereits zweimal verfilmter (1978 und 2001ff.) Roman, *The Lord of the Rings* (1954–55; *Der Herr der Ringe,* 1969 und 2000), der in T.s fiktionaler Chronologie am spätesten angesiedelt ist, erzielt erzählerische Tiefe v.a. durch die intertextuellen Verweise auf eine mythische Vergangenheit der erzählten Welt und die Durchkonstruiertheit der in ihr gesprochenen Sprachen.

Obwohl T. sich bereits zu seiner Schulzeit für reale und fiktive Sprachen begeisterte, ist es das Erlebnis der Somme-Offensive, das T. dazu veranlaßte, 1917 im Lazarett mit dem Entwurf einer ›Mythologie für England‹ zu beginnen, die den Kern dessen bildet, was postum als *The Silmaril-*

lion (1977; *Das Silmarillion,* 1978) veröffentlicht wurde, und damit seinen erfundenen Sprachen eine plausible Sprachgeschichte zu geben. Nach dem Krieg und zweijähriger Mitarbeit am *New English Dictionary* führte ihn seine akademische Laufbahn von Oxford zum Aufbau der englischen Fakultät nach Leeds, wo er mit E. V. Gordon *Sir Gawain and the Green Knight* (1925) edierte, und wieder zurück nach Oxford, wo er 1925 eine Professur für Altenglisch antrat und in den ›Inklings‹, zu denen u. a. C. S. Lewis und Charles Williams zählten, Zuhörer und Kritiker für seine Geschichten fand. Die Veröffentlichung des als Kinderbuch konzipierten *The Hobbit* (1937; *Der kleine Hobbit,* 1974) machte T. schlagartig berühmt, und nur auf das Drängen des Verlegers hin – der *The Silmarillion* ablehnte – schrieb er 1937–49 *The Lord of the Rings,* das zugleich Fortsetzung und Integration von *The Hobbit* in den im *Silmarillion* angelegten Kosmos bildet. – T.s Mittelerde-Erzählungen, zu denen auch eine Vielzahl von Fragmenten und Skizzen gehört, die T.s Sohn Christopher als *History of Middle-Earth* (1983ff.) herausgibt, weisen, neben dem Schauplatz, verschiedene Gemeinsamkeiten auf: Sie schildern eine mit mythischen Wesen bevölkerte Welt von deren Erschaffung an, die durch einen ausgeprägten Gut-Böse-Dualismus gekennzeichnet ist. Die mit Motiven und Erzählformen aus nordischen Sagen durchzogenen Erzählungen greifen Themen auf, die durch T.s Katholizismus geprägt, jedoch nie allegorisch zu verstehen sind, wie den Fall durch Überheblichkeit und die korrumpierende Wirkung der Macht. Die elaborierteste Darstellung erfolgt in *The Lord of the Rings,* das durch die Strukturierung des Personals und die Anlage der Handlung die Notwendigkeit der individuellen Entscheidung auch der physisch kleinsten Mitglieder der phantastischen Gesellschaft – der Hobbits – vor Augen führt: In zwei Handlungssträngen wird neben der Rückkehr und Einsetzung des siegreichen Königs auch die *quest* der ›kleinen‹ Hobbits erzählt, die durch ihren Leidensweg den Sieg des Königs ermöglichen. Diese ›Eukatastrophe‹ ist kennzeichnend für die meisten Mittelerde-Erzählungen und verbindet diese mit Werken wie *Farmer Giles of Ham* (1949; *Die Geschichte vom Bauern Giles und dem Drachen,* 1974), *Smith of Wootton Major* (1967; *Der Schmied von Gro holzingen,* 1975) und »Leaf by Niggle« (1945; »Blatt von Tüftler«, 1975), das in fiktionaler Form T.s in »On Fairy-Stories« (1938/1945; »Über Märchen«, 1982) dargelegte christliche Poetik in-

szeniert. – Bereits Ende der 1960er Jahre avancierte *The Lord of the Rings* – als Allegorie gegen den Kalten Krieg mißverstanden – zum Kultbuch der alternativen Bewegung. Durch die Popularität von T.s Werken etablierte sich nicht nur die *fantasy*-Literatur als eigenständiges Genre, sie bewirkte auch neue Formen der Auseinandersetzung mit fiktionalen Themen (insbesondere das Rollenspiel).

Werkausgaben: *The Letters.* Hg. H. Carpenter. London 1981. – *Briefe.* Stuttgart 1991.
Literatur: C. Moseley. *J.R.R. Tolkien.* Plymouth 1997. – B. Rosebury. *Tolkien: A Critical Assessment.* New York 1994. – D. Petzold. *J.R.R. Tolkien: Fantasy literature als Wunscherfüllung und Weltdeutung.* Heidelberg 1980. – H. Carpenter. *J.R.R. Tolkien.* London 1977. – R. West, Hg. *Tolkien Criticism: An Annotated Checklist.* Kent, OH 1981 [1970].

Klaudia Seibel

Tomlinson, [Alfred] Charles

Geb. 8. 1. 1927 in Stoke-on-Trent, Staffordshire

Charles Tomlinson ist der bedeutendste modernistische englische Lyriker der Nachkriegszeit. Daneben ist er als Maler und Zeichner sowie Gedichtübersetzer hervorgetreten. Beruflich lehrte er 1956–92 englische Literatur an der Universität Bristol. Im Gegensatz zu den Dichtern des *Movement* orientiert T. sich an internationalen Richtungen wie dem französischen Symbolismus und der amerikanischen Moderne (Wallace Stevens, Marianne Moore, William Carlos Williams), die er mit Bezügen zu englischen Autoren verknüpft (Wordsworths und G. M. Hopkins' Naturdichtung, John Ruskins Kunsttheorie). Zu T.s wichtigsten Werken gehören *The Necklace* (1955), *Seeing is Believing* (1958), *A Peopled Landscape* (1963), *American Scenes and Other Poems* (1966), *The Way of a World* (1969), *Written on Water* (1972), *The Way In and Other Poems* (1974), *The Shaft* (1978), *The Return* (1987) und *The Door in the Wall* (1992). Sein Hauptinteresse, wie schon manche der Titel (etwa *Seeing is Believing*) andeuten, gilt der sinnlichen Wahrnehmung, speziell von außermenschlichen Dingen und der Natur, die er im Medium der Sprache unter Reflexion der Erfahrungs- und Vermittlungsbedingungen wiederzugeben sucht. Als Sujets fungieren meist konkrete Gegenstände oder Vorgänge, wie das Schälen eines Apfels, der Anblick zweier Tassen auf einem spiegelnden Tisch oder das Schwimmen in einem herbstlichen See. Die Gedichte erkunden die Welt jenseits menschlicher und subjektiver Denk- und Deutungsschemata in der Art, daß sie die Prozesse der Begegnung mit der außermenschlichen Welt minuziös nachzeichnen, um diese in ihrer Andersartigkeit und Fremdheit erlebbar zu machen. Da die Darstellungen letztlich nicht gänzlich ohne menschliche Kategorien auskommen, bemüht sich T. wenigstens um Selbstzurücknahme und um unvoreingenommene Sensibilität für die Welt außerhalb des Bewußtseins und thematisiert hierbei die Bedingungen menschlicher Wahrnehmung im Wechselspiel zwischen Ding und Bewußtsein. Im Streben nach Relativierung des ich-bezogenen Standpunktes und nach Bescheidenheit gegenüber der Welt besitzt dieses Projekt auch eine ethische Komponente. In diesem Sinne behandelt T. z.B. die Zerstörung gewachsener Lebensformen und den willensbetonten Aktivismus von Täter-Gestalten (Danton, Prometheus). Durch die Reflexion der Wahrnehmungs- und Darstellungsmodalitäten werden die Texte vielfach selbstreferentiell, besonders die zahlreichen Gedichte über Maler und andere Künstler (z.B. Constable, C&zanne, van Gogh, Vermeer, Schumann, Schönberg), in denen sich die Perzeptionsthematik mit T.s Interesse an bildnerischer Kunst (und auch Musik) verbindet. In der sprachlich-poetischen Form seiner Gedichte bedient T. sich häufig modernistischer Elemente (wie freier Rhythmen und unpoetischer Diktion).

Werkausgaben: *Collected Poems*. Oxford 1987. – *Gedichte*. Heidelberg 1994. – *Selected Poems 1955–1997*. Oxford 1997.
Literatur: M. Kirkham. *Passionate Intellect: The Poetry of Charles Tomlinson*. Liverpool 1999. – M. Meyer. *Struktur, Funktion und Vermittlung der Wahrnehmung in Charles Tomlinsons Lyrik*. Frankfurt a.M. 1990. – B. John. *The World as Event: The Poetry of Charles Tomlinson*. Montreal 1989. – H. Weber. *Wahrnehmung und Realisation: Untersuchungen zu Gedichten von Charles Tomlinson*. Heidelberg 1983.

Peter Hühn

Tourneur, Cyril

Geb. 1575?; gest. 28. 2. 1626 in Kinsale, Irland

Cyril Tourneur, von dessen Leben wir so gut wie keine Details kennen, wurde in eine Zeit geboren, in der das »Golden Age« von Elizabeth I am hellsten strahlte; als er aber zur Jahrhundertwende Gedichte zu schreiben begann (*The Transformed Metamorphosis*, 1600), war England in Endzeitstimmung. Elizabeths nachlassende Kräfte, die ungesicherte Thronfolge und aufziehende religiöse Konflikte begünstigten einen literarischen Wandel, für den T.s schmales Werk beispielhaft steht: Seine Texte, allen voran die beiden Dramen *The Atheist's Tragedy, or, The Honest Man's Revenge* (1611) und *The Revenger's Tragedy* (Autorschaft umstritten, 1607), sind paradigmatische Produkte der jakobäischen Zeit, die mit der Thronbesteigung von James I (1603) ihren Anfang nahm und fast zeitgleich mit T.s Tod endete.

Besonders *The Revenger's Tragedy* definiert geradezu die vorherrschenden Themen der jakobäischen Dramatik: den Pessimismus, die Paralyse, die Zweifel an der Unverbrüchlichkeit des christlichen Heilsversprechens, aber auch die Sexualisierung der Gesellschaft, die Ästhetisierung des Schreckens und die Lust an überzeichneter Gewalt. Das Stück stellt den Kulminations- und Endpunkt eines ganzen Genres dar, der Rachetragödie, deren Spannbreite von Thomas Kyds *The Spanish Tragedy* (1587?) bis zu Shakespeares *Hamlet* (1601?) reicht. In T.s Tragödie heißt der Rächer nur mehr »Vindice«, und seine Rache ist umfassend und abstrakt zugleich: Er reißt einen ganzen Hofstaat in den Tod, und die Methoden, die er dabei anwendet, reichen vom Sadistischen bis zum Choreographischen, vom Festnageln an der Zunge bis zum achtfachen Erstechen in einem Totentanz, den man mittelalterlich nennen könnte, wenn Gott in dieser Tragödie noch eine Rolle spielte. *The Revenger's Tragedy* ragt selbst unter den düsteren Dramen des frühen 17. Jahrhunderts heraus; kein Dramatiker der späten Shakespearezeit hat so intensiv, ja monoman das Korrupte, Verkommene und Verfaulende einer ganzen Gesellschaft porträtiert, das im Untergang alles mit sich reißt: »[T]here's gunpowder i' th' court, / Wildfire at midnight«. Noch heute läßt sich die Effektivität des Stückes auf der Bühne beobachten; sie erklärt sich freilich nicht allein aus T.s schnörkelloser Handlungsführung, sondern auch aus grotesker, stellenweise nekrophiler Komik und vor allem aus der Sprache des Dichters. In *The Revenger's Tragedy* finden sich in fast jeder Szene Passagen, deren sprachliche Intensität zu den größten dichterischen Leistungen der Shakespearezeit gehört. T.s andere Werke verblassen vor diesem Drama; wenn es in Wirklichkeit, wie heute die Mehrzahl der Kritiker annimmt, von Thomas Middleton verfaßt worden sein sollte, bleibt T. nur der Status eines zweitrangigen Stückeschreibers. Aber auch in Middletons Werk gibt es nichts, was der *visio malefica* dieser letzten großen Rachetragödie ebenbürtig wäre.

Werkausgaben: *The Works of Cyril Tourneur.* Hg. A. Nicoll. London 1929. – *The Plays of Cyril Tourneur.* Hg. G. Parfitt. Cambridge 1978.
Literatur: M. White. *Middleton and Tourneur.* Basingstoke, Hants. 1992. – G. Salgado. »Introduction«, *Three Jacobean Tragedies.* Harmondsworth 1965, 11–38.

Peter Paul Schnierer

Townsend, Sue
Geb. 2. 4. 1946 in Leicester

Eine beengte Sozialwohnung sei es gewesen, die Kinder quengelig, denn es war kein Geld für Sonntagsvergnügungen übrig; sie immer in Sorge darüber, wie man sich als alleinerziehende Mutter mit verschiedenen Halbtagsjobs weiter über Wasser hält: Ihre Lebensumstände von damals, in den 1970er Jahren, vergißt Sue Townsend in keinem der Interviews zu erwähnen, die sie britischen Medien gewährt. Auch daß sie nicht wählerisch sein konnte und annahm, was der Arbeitsmarkt für Ungelernte gerade bot, betont sie als wichtigen Teil ihrer Biographie: die Tätigkeiten im Jugendclub, in der Altenfürsorge oder hinter dem Kaffeetresen eines Restaurants. Alles Erfahrungen, die T. für hilfreich hält, wenn man als Schriftstellerin reüssieren möchte. Autorin werden, daran arbeitet T. in den entbehrungsreichen Lebensphasen und feilt bereits an den Tagebucheintragungen des Adrian Mole. Die Abgeschiedenheit der heimischen Schreibstube, wo ihr erstes, prompt mit einem Literaturpreis gewürdigtes Werk entstand, das Theaterstück *The Womberang* (1979), hat sie derweil verlassen und sich einem Workshop des Phoenix Arts Centre in Leicester angeschlossen. Im Kreise anderer Schriftsteller-Novizen nimmt der Held Adrian Mole langsam Gestalt an. Auf positive Reaktionen muß T. nicht lange warten. Das noch unfertige Skript, selbstbewußt von ihr nach London geschickt, überzeugt die Hörspielredaktion von Radio 4. Die Ausstrahlung der Produktion bringt T. den ersehnten Verlagsvertrag ein. *The Secret Diary of Adrian Mole, aged 13³⁄₄* (1982; *Das geheime Tagebuch des Adrian Mole, 13³⁄₄ Jahre alt,* 1984) sorgt für Anerkennung und finanziellen Erfolg. Die tragikkomischen Tagebucheintragungen des von Pickeln, Ungeliebtheitsgefühlen und Weltschmerz geplagten Teenagers, der hier wie in den Folgebänden *The Growing Pains of Adrian Mole* (1984) und *True Confessions of Adrian Albert Mole, Margaret Hilda Roberts and Susan Lilian Townsend* (1989) vergeblich darauf hofft, als Intellektueller entdeckt zu werden, machen T. zum unangefochtenen Belletristikstar des britischen Buchmarktes der 1980er Jahre.

Inzwischen ist T. etablierte Bestsellerautorin mit Millionenauflagen; sie schreibt Spielvorlagen für Radio und Theater. Die Verfilmungen ihrer Geschichten sind *Prime-Time*-Ereignisse des britischen Fernsehens. Ungebrochen ist Adrians Popularität auch nach dem siebten Band der Mole-Reihe. Mittlerweile 30³⁄₄ Jahre alt, sind ihm in *The Cappuccino Years* (1999; *Die Cappuccino-Jahre,* 2000) Alltagsfrustrationen und melancholische Schübe allzu vertraute Erfahrungen geblieben, der intellektuelle Durchbruch nach dem Scheitern als Romanautor ist in weite Ferne gerückt. Mit ähnlich pointiert subtilem Witz einschließlich der zielgenau plazierten Seitenhiebe auf die britische Politik und Alltagskultur erzählt T. in der Satire *The Queen and I* (1992; *Die Queen und Ich,* 1993) wiederum von sympathischen Versagern mit hohem Identifikationspotential. Die Königsfamilie selbst muß sich nach der erzwungenen Abdankung inmitten anderer Sozialhilfeempfänger durchs leidlich alimentierte Leben schlagen. Was die *Royals* mit Vertretern und Nutznießern des *New Labour*-regierten Sozialstaats erleben, formt sich zu facettenreichen Ansichten eines nüchternen britischen Alltagsbildes, frei von Beschönigungsversuchen der *spin doctors.* – Eine intensive literaturkritische Beschäftigung mit T.s Texten steht noch aus.

Wolfgang Gehring

Tremain, Rose

Geb. 2. 8. 1943 in London

Bereits 1983 zu einer der »Twenty Best of Young British Novelists« gewählt, wurde Rose Tremain erst mit der Veröffentlichung ihres Romans *Restoration* (1989; *Des Königs Narr*, 1991) einem internationalen Publikum bekannt. – Nach einem Studium an der Sorbonne und der Universität von East Anglia arbeitete T. zunächst als Grundschullehrerin und im Verlagswesen. Der Veröffentlichung eines Sachbuchs über die angloamerikanische Frauenrechtsbewegung und einer Biographie über Stalin folgte 1976 ihr erster Roman, *Sadler's Birthday*. Seitdem hat T. neben acht weiteren Romanen, einem Kinderbuch und drei Kurzgeschichtensammlungen auch Dramen, zahlreiche Hörspiele und Fernsehdrehbücher verfaßt. – T.s Prosa steht in der Tradition realistischen Erzählens und zeichnet sich v. a. durch ihre sensible und äußerst komplexe Figurengestaltung aus. In ihren Kurzgeschichten und Romanen beleuchtet T. wiederholt die Probleme des Erwachsenwerdens und setzt sich mit der Frage auseinander, inwieweit Menschen das eigene Schicksal steuern können bzw. inwieweit sie dem Zufall ausgeliefert sind. Ihre Romane *Letter to Sister Benedicta* (1978) und *The Cupboard* (1981) brachten T. den Ruf einer Chronistin von Verzweiflung und Einsamkeit ein, da sie dort alte oder gescheiterte Menschen darstellt, die auf ein sinnentleertes, emotional unausgefülltes Leben zurückblicken. Eine Erweiterung ihres Themen- und Formenspektrums kündigt sich in *The Swimming Pool Season* (1985) an und setzt sich in den historischen Romanen fort: *Restoration*, eine Kombination aus Entwicklungs- und historischem Roman, verfolgt die Persönlichkeitsentwicklung des ungestüm-sympathischen Ich-Erzählers Robert Merivel in der englischen Restaurationszeit. Der Medizinstudent Merivel lernt sowohl das hedonistische Leben am Hof von Charles II kennen, das seinen Wissensdurst und seine Fähigkeiten zu ersticken droht, als auch die asketische, altruistische Lebensführung einer Quäkergemeinde, die Geisteskranke pflegt und ihm dabei hilft, seine Berufung als Arzt wiederzufinden. Durch die Kontrastierung dieser beiden Pole der Restaurationsgesellschaft entsteht eine gelungene Synopse der Epoche. *Restoration* bildete die Vorlage für den gleichnamigen, oscarprämierten Film (1996). In ihrem zweiten historischen Roman, *Music and Silence* (1999; *Melodie der Stille*, 2000), unternimmt T. eine vielstimmige Rekonstruktion der ersten Hälfte des 17. Jahrhunderts, indem sie Berührungspunkte, Parallelen und gegenläufige Tendenzen im Leben einer Reihe von Protagonisten akzentuiert, unter ihnen König Christian IV. von Dänemark. Die einzelnen Handlungsstränge werden durch die Beziehungsgeflechte der Figuren untereinander sowie durch ein dichtes Netz von Motiven und Themen kunstvoll miteinander verknüpft, wobei sich im Leben der nach Herkunft, Alter und Nationalität unterschiedlichen Figuren die Erfahrungen von Glücksmomenten und Krisen, Hoffnung und Verzweiflung, Ordnung und Chaos wiederholen. – Der 1992 erschienene Gegenwartsroman *Sacred Country* (*Die Umwandlung*, 1994) widmet sich dem Phänomen der Transsexualität und erzählt den Lebensweg von Mary bzw. Martin Ward, die im Alter von sechs Jahren erkennt, daß sie im ›falschen‹ Körper lebt. Der Weg bis zu ihrer Geschlechtsumwandlung 20 Jahre später wird von Ausgrenzungserfahrungen, Liebesentzug, Orientierungsproblemen und Verlustängsten bestimmt. In *The Way I Found Her* (1997; *Wie ich sie fand*, 1997) kombiniert T. Merkmale des Entwicklungs- und Detektivromans, um in Anlehnung an Fjodor Dostojewskis *Schuld und Sühne* (1866) die Frage nach individueller Schuld und der Übernahme von Verantwortung dafür neu zu stellen. – Obwohl T. mit zahlreichen Literaturpreisen ausgezeichnet worden ist, hat die Literaturwissenschaft ihren Werken bisher wenig Aufmerksamkeit geschenkt.

Susanne Spekat

Trevor, William [eigentlich William Trevor Cox]

Geb. 24. 5. 1928 in Mitchelstown, County Cork, Irland

Nach einigen Jahren als Bildhauer, während derer er sein Einkommen durch eine Tätigkeit als Lehrer aufbesserte, begann William Trevor seine literarische Karriere mit dem wenig Aufsehen erregenden Roman *A Standard of Behaviour* (1958). Heute kann er auf ein beachtlich umfangreiches Kurzgeschichtenwerk und 15 Romane zurückblicken. Bereits sein erster Roman, v. a. jedoch die beiden folgenden, *The Old Boys* (1964; *Alther-rentag*, 1975) und *The Boarding House* (1965; *Mister Birds Vermächtnis*, 2000), weisen die thematischen und gestalterischen Charakteristika seines gesamten narrativen Schaffens auf, das aufgrund der dargestellten Schauplätze nahezu ausgewogen in irische und englische Werke gegliedert ist. Meist handelt es sich um ›schwarze Komödien‹, die das Wesen des menschlichen Bösen erforschen. Seine fiktionalen Welten bevölkern Kinder, alte Menschen, alleinstehende Männer und Frauen mittleren Alters, unglücklich Verheiratete, sexuell Perverse, mehr oder weniger Irrsinnige und nicht zuletzt Exzentriker, die, auf eine etablierte Gesellschaft losgelassen, heilloses Durcheinander stiften. Die bunte Schar von T.s üblen Charakteren umfaßt den Kindesbelästiger Basil Jaraby (*The Old Boys*), den ehebrecherischen Septimus Tuam in *The Love Department* (1966), den erpresserischen Jungen Timothy Gedge in *The Children of Dynmouth* (1976; *Die Kinder von Dynmouth*, 1997), den Heiratsschwindler Francis Tyte in *Other People's Worlds* (1980) und den sexuellen Psychopathen Mr. Hilditch in *Felicia's Journey* (1994; *Felicias Reise*, 1997). Zu den komischen Käuzen zählen Figuren wie der liebeskranke Mr. Obd und der Eisenbahn-Enthusiast Mr. Scribbin in *The Boarding House*, Lady Dolores Bourhardie in *The Love Department*, die Titelheldinnen in *Mrs. Eckdorf in O'Neill's Hotel* (1969) und *Miss Gomez and the Brethren* (1971; *Miss Gomez und die frommen Brüder*, 2000) sowie die Kindesentführerin und Kleptomanin Pettie mit ihrem pessimistischen Freund Albert in *Death in Summer* (1998; *Tod im Sommer*, 1999). – Im dritten Kurzgeschichtenband, *Angels at the Ritz* (1975), greift T. zum ersten Mal die Thematik der politischen Unruhen in Nordirland auf. Ausgiebiger nimmt er sich, gestützt auf die literarische ›Herrenhaus‹-Tradition (*big house novel*), dieses Themenkomplexes in *Fools of Fortune* (1983; *Toren des Glücks*, 1985) und *The Silence in the Garden* (1988) an, um die turbulenten historisch-politischen Erfahrungen seines Vaterlandes einzufangen. *Two Lives* (1991) belegt deutlich die Produktivität des Schriftstellers T.; denn das Werk besteht aus zwei kompletten Erzählungen von Romanlänge: *Reading Turgenev* (*Turgenjews Schatten*, 1993) und *My House in Umbria* (*Mein Haus in Umbrien*, 1993), die T. bei seinem offenkundigen Einfallsreichtum als ein Buch anbieten kann, wo manch ein anderer Autor daraus zwei getrennte gemacht hätte. Der Titel des ersten

Teils signalisiert den durch seine außerordentliche Einfühlsamkeit an Turgenjew erinnernden Erzählstil des gesamten Textes.

Werkausgabe: *The Collected Stories of William Trevor*. London 1992.
Literatur: R. Imhof. *The Modern Irish Novel*. Dublin 2002. – K. Morrison. *William Trevor*. New York 1993. – G. A. Schirmer. *William Trevor: A Study of His Fiction*. London 1990.

Rüdiger Imhof

Trollope, Anthony

Geb. 24. 4. 1815 in London;
gest. 6. 12. 1882 ebd.

Der Sohn der Schriftstellerin Frances Trollope schildert in der postum veröffentlichten *Autobiography* (1883), die sonst wenig Privates preisgibt und sich v. a. der beruflichen Laufbahn und literarischen Fragen widmet, eine unglückliche Kindheit und Jugend. Bis zu seinem 26. Lebensjahr beschreibt Anthony Trollope sich als »poor, friendless and joyless«. 1834 trat T. in den Postdienst ein, wo er nach zunächst schwierigen Anfängen eine beachtliche Karriere machte, die ihn auf ausgedehnte Reisen nach Ägypten und in die Karibik führte. Hieraus entstand das erste Reisebuch, *The West Indies and the Spanish Main* (1859), dem eine Reihe weiterer folgten, darunter *North America* (1862; *Nord-Amerika*, 1862). Er lebte lange Zeit in Irland, das ihm zur zweiten Heimat wurde und Schauplatz einiger seiner Romane ist, z. B. von *Castle Richmond* (1860; *Schlo Richmond*, 1863). Obgleich er die überwiegende Zeit seines Lebens nur nebenberuflich als Schriftsteller tätig war, war er ein außerordentlich produktiver Autor. Er verfaßte neben der Reiseliteratur Biographien – darunter *Thackeray* (1879; *William M. Thackeray*, 1880) –, eine Vielzahl journalistischer Arbeiten und zahlreiche Kurzgeschichten wie *Tales of All Countries* (1861, 1863), v. a. aber ein Romanœuvre, das nicht weniger als 47 Werke umfaßt. 1867 wurde er, der selbst ein regelmäßiger Beiträger verschiedener Zeitschriften war, in denen auch ein großer Teil der Romane zunächst in Fortsetzungsform erschien, für einige Jahre Herausgeber des *Saint Pauls Magazine* und gab seine Tätigkeit in der Postverwaltung auf.

Nach ersten erfolglosen schriftstellerischen Versuchen – den ›irischen‹ Romanen *The Macder-*

mots of Ballycloran (1847), *The Kellys and the O'Kellys* (1848) und einem historischen Roman, der zur Zeit der französischen Revolution angesiedelt ist, *La Vendée* (1850; *Eine Liebe in Frankreich*, 1998) – bedeutete *The Warden* (1855; *Septimus Harding, Vorsteher des Spitals zu Barchester*, 1984), der erste von T.s sogenannten Barsetshire-Romanen, den Durchbruch. Hierauf folgten *Barchester Towers* (1857), *Doctor Thorne* (1858; *Doktor Thorne*, 1860), *Framley Parsonage* (1861; *Das Pfarrhaus Framley*, 1864) und *The Small House at Allington* (1864). *The Last Chronicle of Barset* (1867) führt abschließend Themen und Figuren der Reihe zusammen. Den Barsetshire-Romanen ist als Schauplatz die gleichnamige fiktive Grafschaft um die Domstadt Barchester gemeinsam. T. entfaltet ein facettenreiches Gesellschaftsleben, in dessen Zentrum – oftmals satirisch-komisch gezeichnet – Vertreter des Klerus, der Aristokratie und des aufstrebenden Bürgertums ihre Konflikte austragen.

Eine weitere Romanserie besteht aus *Can You Forgive Her?* (1864), *Phineas Finn* (1869), *The Eustace Diamonds* (1873), *Phineas Redux* (1874), *The Prime Minister* (1876; *Der Premierminister*, 1991) und *The Duke's Children* (1880). Diese Werke, die nach einer Hauptfigur als Palliser-Romane bezeichnet werden, sind auch als T.s ›politische‹ Romane bekannt. Das ausgeprägte politische Interesse des Autors belegt die Kandidatur für einen Unterhaussitz 1868, die allerdings erfolglos war. Die Hauptfiguren dieser Romane, die gleichwohl in den einzelnen Werken nicht immer im Mittelpunkt des Interesses stehen und bereits in *The Small House at Allington*, einem Roman der Barsetshire-Serie, eingeführt wurden – Lady Glencora, Plantagenet Palliser und der alte Duke of Omnium –, nennt T. selbst »the best work of my life«. In der psychologisch komplexen und realistischen Gestaltung seiner Figuren wird oftmals T.s besondere Leistung ausgemacht, die sich v. a. in den Romanfolgen entfaltet, da diese eine ausführliche Entwicklung der Charaktere erlauben.

In den beiden Romanserien zeigt sich in exemplarischer Weise T.s Hang zu Detailreichtum und zur erzählerischen Breite. Während die Romane in einer frühen Rezeptionsphase in struktureller Hinsicht als formlos galten, hat die spätere Kritik gerade die Konstruktion mehrsträngiger Plots hervorgehoben. Solche parallel verlaufende Handlungsstränge mit einer Vielzahl von Schauplätzen und Charakteren sind über die Barsetshire- und Palliser-Romane hinaus für die Mehrzahl der Werke charakteristisch. Dieses Kompositionsprinzip läßt immer wieder komplexe soziale Mikrokosmen entstehen, deren Mechanismen und Konventionen bei aller herkömmlichen Erzählweise – Liebesgeschichten sind wesentlicher Bestandteil von T.s Romanen – stets einer kritischen, gelegentlich sogar pessimistischen, Sicht unterzogen werden. Die kontrastierend angelegten Handlungsstränge lassen vielstimmige Welten entstehen, die überwiegend im viktorianischen England angesiedelt sind. Abgesehen von den ›irischen‹ Romanen weisen neben den Kurzgeschichten nur wenige der kürzeren Werke andere Schauplätze auf. T. veranschaulicht zeittypische soziale Entwicklungen und Spannungen seiner Zeit in differenzierter Weise. Im Vordergrund steht stets die persönliche Erfahrung häufig an die Grenzen sozialer Konventionen stoßender Charaktere. Da auch den scheiternden Figuren nicht die Sympathie versagt wird, kommt moralischen Konflikten mehr Aufmerksamkeit zu als ihren Lösungen. Besonderes Interesse gehört dabei gewöhnlich den Frauenfiguren, deren beschränkte Handlungsspielräume immer wieder ein Thema der Romane sind. Bei T.s bevorzugter auktorialer Erzählweise sind die Erzähler nicht als Sprachrohr des Autors zu verstehen, denn ihre Werturteile werden nicht selten durch die Sympathielenkung unterlaufen.

Die Beschreibung seiner äußerst disziplinierten Arbeitsweise in der Autobiographie trug T. den Vorwurf des mechanischen Arbeitens ein. Einzelne Romane verfaßte er in wenigen Monaten (*Doctor Thorne*, zu T.s Lebzeiten sein auflagenstärkster Roman, innerhalb eines halben Jahres), die kürzeren Romane manchmal in wenigen Wochen (*An Eye for an Eye*, 1879; *Auge um Auge*, 2000). Daß T. mit seinen Talenten allzu verschwenderisch umgegangen sei, ist ein Topos der Kritiker. So stellte bereits Henry James fest, T. habe die Qualität der Quantität geopfert und zuviel veröffentlicht (*Partial Portraits*, 1888). Das Romanœuvre weist gleichwohl zu großen Teilen eine erstaunliche Homogenität auf, so daß die Kritiker sich nie auf eine Rangfolge der Werke einigen konnten. Zu Lebzeiten ein äußerst populärer Autor, hat T. heute noch eine beachtliche Leserschaft. Davon zeugen Werkausgaben und Neueditionen v. a. der letzten zwei Jahrzehnte. Selbst von den Zeitgenossen weitgehend unbeachtete Werke sind heute erhältlich. Allerdings sind nur wenige der Romane ins Deutsche übersetzt.

Werkausgaben: *The Oxford Trollope*. Hg. M. Sadleir/F. Page. London 1948–54. – *The Complete Short Stories*. Hg. B. Breyer. London 1990–91 [1979]. – *The Trollope Society Edition of the Works*. London 1989ff. Literatur: A. Sanders. *Anthony Trollope*. Plymouth 1998. – N. J. Hall, Hg. *The Trollope Critics*. London/Basingstoke 1981.

Eva-Maria Orth

Tutuola, Amos

Geb. 1920 in Abeokuta, Nigeria;
gest. 8. 6. 1997 in Ibadan

Amos Tutuolas Roman *The Palm-Wine Drinkard* (1952; *Der Palmweintrinker*, 1955) war eine literarische Sensation. Britische Autoren und Kritiker wie Dylan Thomas und V. S. Pritchard priesen die phantastische Erzählung, fasziniert vom Einfallsreichtum, der Bildhaftigkeit, der unkonventionellen Schreibweise T.s, der nur als Handwerker (Schmied, Lagerist) tätig gewesen war. In der nigerianischen Kritik ist T.s gesamtes Werk hingegen auf heftige Kritik gestoßen, weil sein eigenwilliges Englisch nur die Vorurteile von der Primitivität der Afrikaner bestätige und dem Ruf Nigerias schade. Die Rezeption T.s blieb dauerhaft zwiespältig. Als 1973 eine amerikanische Bibliothek anbot, T.s Manuskripte für ihre Autographensammlung zu erwerben, ging ein Aufschrei durch die intellektuelle Öffentlichkeit Nigerias: Der neoimperialistische Ausverkauf nationaler Kulturgüter wurde beschworen. Noch 1995, als das Royal Court Theatre (London) eine von T. und Bode Sowande erarbeitete Bühnenversion von *My Life in the Bush of Ghosts* als Festivalbeitrag auswählte, wurden heftige Proteste gegen das »Primitivismus«-Image laut.

T. hat in seinen Erzählungen – auf *The Palm-Wine Drinkard* folgten *My Life in the Bush of Ghosts* (1954; *Mein Leben im Busch der Geister*, 1991), *The Brave African Huntress* (1958), *The Witch-Herbalist of the Remote Town* (1981), *The Wild Hunter in the Bush of Ghosts* (1982, 1989) und *Pauper, Brawler, and Slanderer* (1987) – Motive aus der Yoruba-Mythologie und der oralen Erzähltradition aufgegriffen, die Episodenstruktur der *extended folktale* genutzt und mit eigenwilligen Wortschöpfungen (wie »television-handed ghostess«) modernistische Verfremdungseffekte erzielt. Als 40 Jahre später T.s Landsmann Ben Okri ähnliche Erzähltechniken in *The Famished Road*

(1991) verwendete, stand die Kritik sofort mit dem lobenden Etikett »afrikanischer magischer Realismus« bereit. Zu T.s Zeiten war dieser Terminus noch nicht erfunden, aber die wunderbare Reise des Palmweintrinkers durch mythische Landschaften, auf der er sich vom parasitären Säufer zum Kulturheros mausert, oder die Questreise des Helden von *The Bush of Ghosts*, die Abenteuer der *African Huntress*, die sich gegen Männerkonkurrenz durchsetzt, weisen die wesentlichen Merkmale des Magischen Realismus auf. Die zahlreichen Mutproben von T.s Helden können sozialpsychologisch als Initiationsriten gedeutet werden, die den Übergang der Macht von einer Generation auf die nächste symbolisieren. Wenn der Trinker den Herrscher der »roten Stadt« stürzt, die »unwiederbringliche Himmelsstadt« zerstört oder an den etablierten Herrschaftsstrukturen vorbei zum König gewählt wird, kann das mytho-historisch gedeutet werden als Indiz für einen realen politischen Machtwechsel durch Invasion von außen oder durch eine soziale Revolution. T.s Sprachgebrauch ist originell. Er übersetzt idiomatische Yoruba-Redewendungen in unidiomatisches Englisch, mißachtet Grundregeln der Grammatik und schafft so ein ethnisiertes Idiom des *Yorubanglish*, das die linguistische und kulturelle Spezifik seines Volkes zum Ausdruck bringt.

Literatur: A. Quayson. *Strategic Transformations in Nigerian Writing*. Oxford 1997. – R. Priebe. *Myth, Realism and the West African Writer*. Trenton 1988. – B. Lindfors, Hg. *Critical Perspectives on Amos Tutuola*. Washington D. C. 1975.

Eckhard Breitinger

Tuwhare, Hone

Geb. 21. 10. 1922 in Kaikohe, Northland,
Neuseeland

Hone Tuwhare ist der renommierteste anglophone Lyriker aus dem Volk der Maori. Aus dem Stamm der Ngapuhi, wuchs er als Sohn eines Maori-Redners und -Erzählers hauptsächlich in Auckland auf. Bis zu seinem neunten Lebensjahr blieb Maori für ihn die Sprache des Alltags. Während seiner Ausbildung zum Kesselschmied bei der Eisenbahn in Otahuhu begann er auf Anregung des Dichters R.A.K. Mason zu schreiben. Er war Mitglied der Kommunistischen Partei (bis zum Ungarn-Aufstand von 1956) und darüber hinaus gewerkschaftlich engagiert. Seine erste Gedicht-sammlung, *No Ordinary Sun* (1964, überarbeitet 1977), erlebte zehn Auflagen und ist so einer der meistgelesenen Lyrikbände überhaupt in Neusee-land. Auf der Südinsel, wo T. seit den späten 1960er Jahren in einem Küstenort von South Otago lebt, lernte er den führenden Maori-Maler Ralph Hotere kennen, der fortan seine Gedicht-bände illustrierte. Das für die politische Richtung einiger wichtiger Gedichte maßgebliche persön-liche Erlebnis T.s war seine Teilnahme am *Land March*, einem von Maori und Pakeha (Weißen) 1975 veranstalteten Protestmarsch durch ganz Neuseeland, der sich gegen die historische Ent-eignung des Maori-Volkes richtete. T. hat sich nicht zuletzt kulturpolitisch für die Belange der Maori eingesetzt. Dazu gehörte 1973 die Organisa-tion des ersten Kongresses von Maori-Künstlern und -Schriftstellern (*Te Kaha*). Er hat zahlreiche Ehrungen erfahren, war an akademischen Institu-tionen und als Gastschriftsteller (mehrfach auch in Deutschland) tätig und war – nach Bill Manhire – der zweite *Te Mata Poet Laureate* (1999–2001).

Die früheren Gedichte T.s erschienen in *Come Rain Hail* (1970), *Sap-Wood & Milk* (1972) und *Something Nothing* (1973). Charakteristisch für T.s Lyrik sind die schlichte Gefühlstiefe, die gelassene Ironie und die verhaltene Wut gegenüber dem der Maori-Bevölkerung zugefügten Unrecht sowie die Gewandtheit im Umgang mit diversen poetischen Techniken (klassisch-hieratische Diktion, Umset-zung rhetorischer Schemata der oralen Maori-Tradition, humorvolle Derbheit der neuseeländi-schen Umgangssprache). In weiteren Sammlun-gen, besonders in *Making a Fist of It: Poems & Short Stories* (1978), *Year of the Dog: Poems New and Selected* (1982) und *Mihi: Collected Poems* (1987), entwickelte T. eine Form des lockeren Gesprächsgedichts, das ausgedehnte erzählerische Passagen mit intimen, elegischen Augenblicksim-pressionen verknüpft. Zu den typischen Merkma-len von T.s Dichtung gehören nicht nur die be-scheidene Direktheit der Sprechhaltung, die Vor-liebe für Naturbilder und die Integration von Maori-Wörtern und -Wendungen, sondern auch ein dichtes Netz ausgeprägt lokaler Anspielungen, die der Leserschaft außerhalb Neuseelands Ver-ständnisschwierigkeiten bereiten. Die existentiel-len und kulturellen Interessen sowohl der Arbei-terklasse als auch der ländlichen und stark ur-banisierten Maori vertritt T. mit beharrlichem En-gagement in seiner Dichtung sowie in einzelnen,

z. T. noch nicht gesammelten Kurzgeschichten und Kurzdramen, u. a. in dem Stück *In the Wilderness Without a Hat* (1985), das eine höchst originelle und private Behandlung gegenwärtiger Stammes-probleme darstellt, sowie in den Lyrik und Prosa vereinenden Bänden *Short Back & Sideways* (1992) und *Shape-Shifter* (1997) und dem Gedichtband *Piggy Back Moon* (2001).

Werkausgabe: *Deep River Talk: Collected Poems*. Hono-lulu 1993.
Literatur: J. Hunt. *Hone Tuwhare: A Biography*. Auckland 1998. – I. Sharp. »When a Poem Kicks: Tuwhare's *River Talk*.« *Landfall* 191 (1996), 50–61. – B. Gadd. »Hone Tuwhare in His Poetry.« *Landfall* 149 (1984), 83–89. – I. Glienke. »No Ordinary Rain: The Poetry of Hone Tuwhare.« *Voices from Distant Lands: Poetry in the Com-monwealth*. Hg. K. Groß/W. Klooß. Würzburg 1983, 160–171.

Gordon Collier

Unsworth, Barry [Forster]

Geb. 10. 8. 1930 in Durham

Barry Unsworths frühe Romane, darunter seine literarische Premiere *The Partnership* (1966), verschafften ihm zwar Anerkennung, aber noch keinen durchschlagenden Erfolg. *Pascali's Island* (1980; *Pascalis Insel*, 1988), die von dem unzuver-lässigen Erzähler Pascali erzählte Geschichte der jungtürkischen Revolution im Jahre 1908, war U.s erster Schritt auf dem Weg zum internationalen Durchbruch. Dieser ist nach *Stone Virgin* (1985; *Die Madonna*, 1986) und dem von der Kritik meist unterschätzten Roman *Sugar and Rum* (1988) mit *Sacred Hunger* (1992; *Das Sklavenschiff*, 1994) end-gültig vollzogen. Trotz beachtlicher Konkurrenz gilt U. heute als einer der besten historischen Romanciers; nicht von ungefähr wurde *Sacred Hunger* mit dem *Booker Prize* ausgezeichnet. – U.s elegant konstruierte historische Zeitreisen mit denkwürdigen, schillernden Figuren erstrecken sich über mehrere Epochen und Jahrhunderte: das mittelalterliche York (*Morality Play*, 1995; *Die Masken der Wahrheit*, 1997), das Renaissance-Ve-nedig (*Stone Virgin*), England zur Zeit des Empire (*Sugar and Rum*, *Sacred Hunger*) oder das Osma-nische Reich an der Schwelle des 20. Jahrhunderts (*Pascali's Island*, *The Rage of the Vulture*, 1982). U.s mit A. S. Byatt vergleichbare Faszination für die Vergangenheit verkommt jedoch nie zum pan-oramischen, antiquarischen Selbstzweck, sondern der Rekurs auf die Geschichte dient der Erforschung universeller Themen, der Suche von Figuren nach ihrer Identität und der – freilich begrenzten – Einsicht in historische Abläufe, die bei U. nicht unabdingbar, sondern vielmehr von Menschenhand bestimmt sind. Im Zentrum steht dabei die Verquickung von Vergangenheit und Gegenwart, die subtile Parallelen zwischen früheren Epochen und der Jetztzeit gestattet. In *Stone Virgin* und in *Sugar and Rum* verknüpft U. mehrere Zeitebenen, um die Gegenwart als Resultat der Vergangenheit aufscheinen zu lassen; und in *Sacred Hunger* mit seiner an Joseph Conrad gemahnenden moralischen Ambivalenz impliziert die Kritik am profitorientierten Sklavenhandel des 18. Jahrhunderts Korrespondenzen zur materialistischen Denkweise der 1980er Jahre. U.s Erzählweise zeichnet sich durch (post)moderne Verfahren aus: eine multiperspektivische, um Objektivierung bemühte Sicht; dazu inter- und intratextuelle Verweise oder metahistorische und metafiktionale Elemente, die den Illusionscharakter des Textes entlarven und die Verbindung von Geschichte und Wahrheit neu deuten. In *After Hannibal* (1997; *Ein Haus in Umbrien*, 2000) entfaltet U. sein schon in *Pascali's Island* angedeutetes komisches Talent; er kehrt jedoch mit *Losing Nelson* (1999), einem historischen Roman über den Umgang mit geschichtemachenden Figuren, zu seinem eigentlichen Terrain zurück. U.s Platz in der englischen Gegenwartsliteratur ist ambivalent: Einerseits ist seine literarische Leistung unumstritten; andererseits scheint er jedoch trotz aller Erfolge ein eher marginales Dasein im Kreis der führenden englischen Schriftsteller zu fristen.

Literatur: A. Nünning. »Die Synthese aus Tradition und Innovation im englischen Roman der 1980er und 1990er Jahre: Die Rückkehr zum Erzählen bei Graham Swift, Kazuo Ishiguro und Barry Unsworth.« *Klassiker und Strömungen des englischen Romans im 20. Jahrhundert.* Hg. V. Nünning/A. Nünning. Trier 2000, 189–219. – A. Nünning. *Von historischer Fiktion zu historiographischer Metafiktion.* Bd. 2. Trier 1995, 64–84, 290–299. – P. Kemp. *Barry Unsworth.* London 1993.

Bernd Lenz

Usk, Thomas

Geb. in London; gest. 4. 3. 1388 ebd.

Thomas Usk gehört zu den tragischen Gestalten der englischen Literaturgeschichte. Der in den wechselvollen Londoner Parteikämpfen 1384 durch Verrat zum *under-sheriff* von Middlesex aufgestiegene Schreiber fiel nach kurzem Glück der gegnerischen Rache zum Opfer und verlor Amt und Leben. Seiner 1385 entstandenen Prosaschrift *The Testament of Love* erging es nicht viel besser als ihrem Verfasser: Nur in einem schlechten elisabethanischen Druck erhalten, wurde sie lange Zeit Chaucer zugeschrieben. Als aber die Wissenschaft über ein aus den Kapitelanfängen gebildetes Akrostichon die wahre Identität des Autors aufdeckte, meinte man, das literarische Werk des gescheiterten Parvenüs ebenso verdammen zu müssen wie die Umstände seiner Karriere. U.s in der Tradition der *De consolatione philosophiae* des Boethius stehende Mischung aus persönlicher Rechtfertigung, moralisch-didaktischer Allegorie und scholastischem Traktat über die Willensfreiheit wurden intellektuelle Minderwertigkeit und exzessive Abhängigkeit von Chaucers Boethius-Übersetzung bescheinigt. Dies ist besonders ungerecht, weil U. durch sein überschwengliches Lob Chaucers als Begründer eben des Chaucer-Kultes gelten muß, aus dem sich auch die Verachtung der modernen Urteile speist. Erst die jüngere Forschung hat ein differenzierteres Bild von U.s Leistung entworfen. Daß der philosophische Autodidakt U. trotz Bezugnahme auf Anselm von Canterbury einem Gegenstand nicht gewachsen war, der auch gebildetere mittelalterliche Geister in mehr oder weniger offen eingestandene Aporien stürzen konnte, braucht sein literarisches Ansehen nicht zu schmälern, und die angeblichen Chaucer-Plagiate entpuppen sich oft genug als originale Abweichungen an Stellen, an denen sich Chaucer allzu eng an Vorlagen und Kommentare hält. So liegen U.s Stärken auch nicht im Philosophischen, sondern im eigentlich Literarischen. Faszinierend an U.s Dialog mit der allegorischen Figur ›Love‹, die ihm erläutert, wie er die Perle ›Margaret‹ – ein Symbol göttlicher Gnade, Liebe, Wahrheit und Erlösung – erlangen könne, sind die ungemein persönliche Färbung des Werkes, die bis dahin unerreichte Eleganz und Lebendigkeit spätmittelenglischer Prosa, die immer wieder überraschenden Kunstgriffe, mit denen U. Traditionen und Topoi für sein apologetisches Programm umdeutet. U. steht eine beeindruckende Vielfalt an Ausdrucksmöglichkeiten zur Verfügung: Schwelgen die autobiographischen Passagen in unverhüllter Dramatik, muten die eingestreuten Naturschilderungen geradezu lyrisch an. Es entsteht eine das ganze Werk durchziehende Spannung zwischen U.s Ringen um seine Subjektivität und den überkommenen allegorischen und scholastischen Diskursen, in denen er sich ausdrückt. *The Testament of Love* liest sich als das bewegende Zeugnis eines aussichtslosen Kampfes um Anerkennung in einer Welt, deren übermächtige politische Strukturen, soziale Hierarchien, kulturelle Traditionen, philosophische Systeme und literarische Formen einem U. keinen Raum für eine eigenständige Rolle ließen.

Literatur: A. Galloway. »Private Selves and the Intellectual Marketplace in Late Fourteenth-Century England: The Case of the Two Usks«. *New Literary History* 28 (1997), 291–318. – P. Strohm. »Politics and Poetics: Usk and Chaucer in the 1380s«. *Literary Practice and Social Change in Britain, 1380–1530.* Hg. L. Patterson. Berkeley, CA 1990, 83–112.

Andrew James Johnston

van Herk, Aritha

Geb. 26. 5. 1954 in Wetaskiwin, Alberta, Kanada

Die Weite der Prärie hat Aritha van Herk entscheidend geprägt. Kartographisches Vermessen im Verbund mit Reiseeindrücken ist die erkenntnisleitende Grundmetapher ihres Schreibens. Dies gilt insbesondere für die Grenzerfahrung des hohen Nordens und der Polarwüste. Damit wird die Landkarte zum Sinnbild der intellektuellen Verortung und zum Symbol für die Phantasie. Der ausgeprägte Hang zur Intertextualität erfährt zusätzlich, zwischen holländischem Erbe und britischen Fliehkräften, eine eigene postkoloniale Aufladung. Die Zentralgestalten ihrer Romane sind durchweg weiblich, mit Anleihen bei der europäischen Tradition des Pikaresken. Der männliche *picaro* wird in der Pose der heiteren Rebellion zur energiegeladenen *picara* umgewandelt. Mit dem Rekurs auf unterschiedlichste Mythologien – vorrangig das Alte Testament – gelingt häufig eine unaufdringliche Vielschichtigkeit. Obwohl in der Abfolge – Judith, J.L. (= Ja l), Arachne, Dorcas (=Tabitha) – die Auffälligkeit in der Namengebung

zurückgenommen wird, können sich dabei postmoderne Selbstbezüglichkeit des Erzählens und feministisches Engagement geringfügig konterkarieren.

Das markanteste Formexperiment stellt *Places Far from Ellesmere* (1990) dar. Die Anlehnung an das Autobiographische und die Präsentation in der zweiten Person verbinden sich, zusammen mit dem geographischen Gestus zu dem, was die Autorin »geograficotione« nennt. Weil die städtische Kultur männlich dominiert ist, fliehen sie die Heldinnen durchgängig in ihrer Unstetigkeit. In *Judith* (1978) kehrt die Heldin aufs Land zurück, bewirtschaftet quasi im Alleingang eine Farm und hält sich in einer Bar eine Horde über die Stränge schlagender Männer vom Leibe. Verkleidet verdingt sich in *The Tent Peg* (1981; *Mackenzies Koch*, 1999) J.L. als Koch und begleitet eine Bodenschätze erkundende Expedition in den Yukon mit ihren Strapazen und Gefahren (Zeltlager, Konfrontation mit Bärin). In *No Fixed Address: An Amorous Journey* (1986; *Adresse unbekannt: Eine liederliche Reise*, 1987) erkundet Arachne als Handlungsreisende für weibliche Unterwäsche in einem Mercedes kanadaweit den weiblichen Spielraum in einer reinen Männerwelt. Im Spinnenmythos wird die Kraft der weiblichen Kreativität versammelt, und uneingeschränkte Vitalität sprengt die realistischen Grenzen der mehrdimensionalen Figur. Das Kreatürliche, in erster Linie der Bär, dient v. H. als Chiffre für eine kulturbedingte Kluft, die es zu überwinden gilt. Der Bär ist aber auch eine Hommage an Marian Engel, in deren Tradition weiblichen Schreibens sich v.H. ausdrücklich stellt. Die in Kurierdiensten weitgereiste Dorcas setzt in *Restlessness* (1998) Calgary ein literarisches Denkmal, weil sie ausgerechnet hier ihrem Leben von einem angeheuerten Tötungsexperten ein Ende setzen lassen will, wobei dieser in Umkehrung der Scheherazade-Situation mit einfühlsamen Gesprächen, in trauter Zweisamkeit, den Akt schier endlos hinauszuschieben versteht. Maßstäbe hat v.H. auch in ihren Essaybänden *In Visible Ink* (1991) und *A Frozen Tongue* (1992) gesetzt bzw. in ihrer Wissenschaftsprosa, wo sie Kreatives und Analytisches eindrucksvoll miteinander verbindet.

Literatur: D. Jones. »The Spider and the Rose.« *World Literature Written in English* 27.1 (1987), 39–56.

Peter Stummer

Vanbrugh, Sir John

Geb. Januar 1664 in London;
gest. 26. 3. 1726 ebd.

Sir John Vanbrughs literarischer Ruhm beruht
auf zwei Komödien, deren Uraufführungen nur
sechs Monate auseinanderlagen: *The Relapse*
(1696; *Der Rückfall, oder die Tugend in Gefahr*,
1750) und *The Provoked Wife* (1697; *Die gereizte
Ehefrau*, 1898). *The Relapse*, das erste Stück des
jungen Offiziers, stellt eine Fortsetzung von Colley
Cibbers *Love's Last Shift* (1696) dar. *Love's Last
Shift* ist ein frühes Beispiel für die moralischen
und empfindsamen Tendenzen, die in der Komödie des 18. Jahrhunderts eine wichtige Rolle spielen sollten: Ein Libertin bereut seine Sünden und
kehrt unter Tränen in die Arme der schmählich
verlassenen und betrogenen Ehefrau zurück. V.
blieb ungerührt: In seiner Fortsetzung zeitigt die
erste sich bietende Gelegenheit den Rückfall in die
alten ehebrecherischen Gewohnheiten. *The Relapse*
ist von unbestrittener literarhistorischer Bedeutung; in Literaturgeschichten figuriert das Stück
als Rückzugsgefecht der Restaurationskomödie gegen den Vormarsch der Empfindsamkeit. Doch V.s
Meisterwerk ist sicherlich *The Provoked Wife*, eine
Komödie, die gleichermaßen durch Sprachwitz,
Figurenzeichnung und die thematisch aufschlußreiche Kontrastierung verschiedener Handlungen
überzeugt. Eine dieser Handlungen führt Lady
Brute, die von ihrem Mann nur Grobheiten erfährt, an den Rand des Ehebruchs. Dagegen steht
am Ende der zweiten Handlung eine Eheschließung, wobei die Liebenden die Argumente gegen
die Ehe, die das Beispiel der Brutes liefert, durchaus reflektieren. V. verzichtet darauf, die zerrüttete
Beziehung der Brutes durch eine Versöhnung oder
Trennung zu reparieren; das Problem der gescheiterten Ehe bleibt ungelöst. – V. brachte neun weitere Stücke auf die Bühne. Dabei handelt es sich
um Bearbeitungen oder Übersetzungen früherer
Dramen, zumeist französischer Komödien. Daneben widmete er sich seiner zweiten Begabung, der
Architektur. Er baute Schlösser, darunter Blenheim
Palace als Landsitz für den Herzog von Marlborough, und das Queen's Theatre in London, an
dem er auch eine Zeitlang mit seinem Freund
William Congreve als Manager tätig war, allerdings
ohne finanziellen Erfolg. – Das letzte Wort in dem
Dialog über Moral und Konzeption der Komödie,
der 1696 mit *Love's Last Shift* und *The Relapse*

begonnen hatte, behielt Colley Cibber. Er überarbeitete und vollendete das Komödienfragment *A
Journey to London*, das V. bei seinem Tode zurück-
gelassen hatte, und brachte es 1728 zur Uraufführung. Für die unglückliche Ehe, um die es auch
in diesem Stück geht, wählt Cibber die gleiche
Lösung wie in *Love's Last Shift*: Er läßt die zer-
strittenen Partner in einer tränenreichen Versöh-
nungsszene wieder zueinanderfinden.

Werkausgaben: *The Complete Works*. Hg. B. Dobree/
G. Webb. 4 Bde. London 1927–28. – *Four Comedies*.
Hg. M. Cordner. London 1989.
Literatur: K. Downes. *Sir John Vanbrugh: A Biography*.
London 1987. – G. Berkowitz. *Sir John Vanbrugh and the
End of Restoration Comedy*. Amsterdam 1981.
                                        Burkhard Niederhoff

Vassanji, M[oyez] G[ulamhussein]

Geb. 1950 in Nairobi, Kenia

M. G. Vassanji gehört zu den zeitgenössischen
Autoren, die nationalliterarische Kategorien sprengen. Er verkörpert insofern den potenzierten Migranten zwischen den Kulturen, als er einer indischen Familie entstammt, die sich vor Generationen in Ostafrika niedergelassen hatte, und
seinerseits 1970 zunächst in die USA, wo er Naturwissenschaften studierte, und dann nach Kanada
ausgewandert ist, wo er an der University of Toronto Physik unterrichtete, bis er sich ganz dem
Schreiben widmen konnte. Seine Erzählprosa beschäftigt sich mit der eigenen ethnischen Gruppe
v. a. in seiner Herkunftsregion, sodann in seiner
neuen Heimat. Als Autor, der sowohl der ostafrikanischen als auch der kanadischen Literatur
zugeordnet wird, repräsentiert er in beiderlei Hinsicht die Stimme einer asiatischen Minorität und
als Kanadier zudem die einer doppelten Diaspora.

Bereits mit seinem ersten Roman, *The Gunny
Sack* (1989; *Das Erbe der Muscheln*, 1990), gelang
V. der internationale Durchbruch. Der Erzähler
Salim vermittelt anhand der Chronik seiner in-
dischen Großfamilie, die seit dem ausgehenden 19.
Jahrhundert in Ostafrika ansässig ist, eine Vor-
stellung von den Möglichkeiten und Grenzen der
Annäherung zwischen den Indern und den an-
deren Gruppen (Afrikanern diverser Gebiete, Bri-
ten, Deutschen) im zeitgeschichtlichen Kontext

von der Kolonialzeit bis zu den nachkolonialen Krisenjahren. Das Titelmotiv des Jutesacks mit den familiären Erinnerungsstücken versinnbildlicht dabei als quasi-magisches Reservoir das fragmentarische Sammelsurium einer solchen Geschichte (im doppelten Sinne von Historie und Erzählung). Das Werk ist als afrikanisches Pendant zu Salman Rushdies *Midnight's Children* (1981) gesehen worden, die Berührungspunkte liegen aber eher in der thematischen und strukturellen Konzeption als in dem (bei V. traditionell realistischen) Erzählstil. *The Book of Secrets* (1994) ist in der Wahl der Thematik, der kulturräumlichen, zeitgeschichtlichen Fokussierung und der Form der Familienchronik ähnlich angelegt, entwirft aber ein komplexeres Bild der kolonialen Prinzipien und Praktiken, der komplizierten Beziehungen zwischen den sich letztlich fremd bleibenden Gruppen und der Migrationswege, die sie zusammenführen und wieder auseinanderbringen, wobei V. den halb distanzierten Erzähler die Subjektivität seines Geschichtsbilds reflektieren läßt. – Zwischen den beiden Afrika-Romanen liegt V.s Kanada-Roman *No New Land* (1991), in dem er anhand der Erfahrungen einer indischen Familie von Ostafrika-Flüchtlingen im Torontoer Immigranten-Viertel die Identitätsprobleme einer ›sichtbaren Minorität‹ und zumal den teils latenten, teils brutal sich entladenden Rassismus einer weißen Mehrheit vor Augen führt. Der Exodus der von Idi Amin aus Uganda vertriebenen Inder ist als Ausgangs- oder Schlußpunkt eine Bezugskonstante in V.s Texten, so auch in dem Kurzgeschichtenband *Uhuru Street* (1991), der den Schauplatz Afrika wieder stärker ins Blickfeld rückt: Schon der Titel der mit autobiographischen Motiven durchsetzten Sammlung verweist auf die ›Unabhängigkeitsstraße‹ in Dar-es Salaam, wo V. aufgewachsen ist. In seinem neuesten Roman, *Amrika* (2000), verlegt V. den Schauplatz in die USA, um aus der Sicht eines aus Ostafrika eingewanderten Inders ein drei Dekaden umspannendes, desillusionierendes Bild des Zeitgeschehens und Lebensstils im akademisch-mittelständischen Milieu zwischen Boston und Kalifornien zu entwerfen.

Literatur: D. Wright. »Ethnic Voices: M. G. Vassanji's *The Gunny Sack.*« *New Directions in African Fiction.* New York 1997, 123–139.

Eberhard Kreutzer

Vaughan, Henry

Geb. 17. 4. 1622 in Newton-by-Usk, Wales;
gest. 23. 4. 1695 ebd.

Aus einer alten walisischen Familie stammend, studierte Henry Vaughan zusammen mit seinem Zwillingsbruder Thomas (dessen hermetisch-philosophische Interessen er teilte) in Oxford. Anschließend ging er zum Jurastudium nach London und schrieb wenig bedeutsame Gedichte in der Nachfolge John Donnes und anderer Dichter der Zeit, vor allem Liebesgedichte an die Adresse seiner späteren Frau Catherine Wise. Es ist nicht bekannt, wo er Medizin studierte, doch er praktizierte in seinen reiferen Jahren als Arzt am Ufer jenes Flusses, den seine Sammlung weltlicher Gedichte von 1651, *Olor Iscanus* (›Schwan des Usk‹) im Titel beschwört. Als überzeugte Royalisten nahmen die V.-Brüder an zwei Schlachten des Bürgerkriegs teil, die mit Niederlagen des Königs endeten. Der Krieg und sein Ausgang ließen für die leidenschaftlichen Anhänger der alten politischen und kirchlichen Ordnung eine Welt zusammenbrechen. Hier dürften die Ursachen für die geistliche Wendung V.s liegen, die ihn zu einem Mystiker eigener Prägung und zu einem der bedeutendsten *Metaphysical Poets* werden ließ.

Seine wichtigste Sammlung, *Silex Scintillans* (1650, 2. Teil 1655), trägt den emblematischen Titel »Funkenschlagender Kieselstein« und meint damit die Öffnung des eigenen, ›versteinten‹ Herzens für das Feuer göttlicher Liebe: »Gewisse göttliche Strahlen brechen, wenn sie in Not ist, aus der Seele wie Feuerfunken aus dem geschlagenen Stein.« In seinem Vorwort zur zweiten Ausgabe eifert der Dichter gegen die seelengefährdenden weltlichen Poeten und bekennt sich zu George Herbert, der den »üblen übervollen Strom« ihrer Frivolitäten in geistliche Gefilde umgeleitet habe. Im Geiste Herberts, der V. s. Originalität eher freisetzt als einschränkt, behandelt der ›silurische‹ (walisische) Dichter, wie er sich selbst nennt, die Kontrastthemen einer tödlichen Gottesferne und ihrer Überwindung in ekstatischer Einheit mit der Natur und dem unschuldigen Ich der eigenen Kindheit. Mit seiner spirituellen Deutung von Naturwelt und Kindheitserfahrung führt V. eine neue Motivik und Tonlage, die eine gewisse Nähe zur hermetischen Spekulation seines Bruders verrät, in die geistliche Lyrik der Zeit ein. Obgleich seine Dichtung insgesamt von ungleicher Qualität ist –

die zahlreichen Prosaübersetzungen religiöser Werke bleiben ohnehin Lektüre für Spezialisten –, gehören vollendete Gedichte wie »The Retreat«, »The Waterfall«, »The Night« oder »The World« zu den unvergeßlichen Texten englischer Sprache.

Werkausgaben: *The Works.* Hg. L. C. Martin. 2 Bde. Oxford 1957 [1914]. – *The Complete Poems.* Hg. A. Rudrum. Harmondsworth 1976. Literatur: A. Rudrum. *Henry Vaughan.* Cardiff 1981. – E. C. Pettet. *Of Paradise and Light.* Cambridge 1960.

Werner von Koppenfels

Vera, Yvonne

Geb. 19. 9. 1964 in Bulawayo, Rhodesien [heute Simbabwe]; gest. 7. 4. 2005 in Toronto

Yvonne Vera ist die international bekannteste Autorin Simbabwes und eine der kreativsten und profiliertesten SchriftstellerInnen des afrikanischen Kontinents. In Rhodesien aufgewachsen, absolvierte sie in Toronto das Studium der Anglistik, Kunstgeschichte und Filmwissenschaft und leitet heute die Nationalgalerie in ihrem Heimatort. Nach einer Kurzgeschichtensammlung, *Why Don't You Carve Other Animals* (1992; *Seelen im Exil,* 1997), hat sie fünf Romane veröffentlicht. Den zum Schweigen gebrachten Frauen Simbabwes ihre Stimme wiederzugeben, ist eine zentrale, die Thematik ihrer Texte bestimmende Schreibmotivation. V.s Stil ist als lyrische Prosa zu bezeichnen. Sie verwebt in ihren Texten diverse Erzählerstimmen und Zeitebenen zu komplexen Strukturen, in denen sich Realität wie Identität erst herausbilden. Zugleich rücken Inhalt und Geschehen zugunsten der Sprache in den Hintergrund. Die Autorin schafft eine metaphorische, nahezu lyrische Diktion, die in der anglophonen Literatur ihrer Region einzigartig ist und Vergleiche mit Autoren wie Ben Okri und Michael Ondaatje nahegelegt hat. Dabei ist die englische Sprache für V. kein Instrument der Unterdrückung mehr, sondern ein schöpferisch zu nutzendes Medium geistiger Unabhängigkeit und ihre innovative Aneignung ein subversiver postkolonialer Akt. Die Autorin sucht nach einem genuinen Ausdruck für ihre sich wandelnde Welt und gibt den einstmals Kolonisierten die Macht über die Sprache und damit über ihr Schicksal zurück.

Ihr erster Roman, *Nehanda* (1993; *Nehanda,* 2000), erzählt von der Titelheldin, die den ersten Aufstand der Bevölkerung gegen die englische Kolonialmacht im Jahre 1897/98 anführte. V. will darin das vorkoloniale Bewußtsein ihres Volkes erforschen, ihm eine komplexere Identität als die geben, die ihm von den Kolonisatoren zugestanden wurde. Die Suche nach der Selbstfindung und nach einer Verortung der Identität steht auch in V.s zweitem Roman, *Without a Name* (1994; *Eine Frau ohne Namen,* 1997), im Mittelpunkt. Dessen vordergründige Handlung spielt während des Unabhängigkeitskampfes im Jahre 1977, und wie das Land sucht auch die Protagonistin Mazvita einen (Neu-)Anfang. Dies führt sie vom Land in die Stadt und in mehrere Beziehungen; sie findet auch ein gewisses Maß an Freiheit, jedoch keine Autonomie, und scheitert schließlich an ihren eigenen Ansprüchen. Nicht der endgültige Erfolg der Suche interessiert V., sondern die Geltendmachung des Anspruchs auf Selbsterkundung und Selbstverwirklichung. Der preisgekrönte Roman *Under the Tongue* (1996) ist das erste afrikanische Werk, das den sexuellen Mißbrauch in einer Familie thematisiert. Hier zeigt V. die Verflechtungen sozialer und familiärer Gewalt, von Abhängigkeit und Verdrängung auf. Die Autorin zollt ihren Figuren Respekt; die poetische Suggestionskraft ihres Erzählens gibt ihnen die Möglichkeit, ihren eigenen Raum zu schaffen und die Autorität über ihr Leben zurückzuerobern.

Literatur: P. Ludicke. »Writing from the Inside-Out, Reading from the Outside-In: A Review of Yvonne Vera's *Nehanda* and *Without A Name.«* *Contemporary African Fiction.* Hg. D. Wright. Bayreuth 1997, 67–73.

Katrin Berndt

Vine, Barbara
→ Rendell, Ruth

wa Thiong'o, Ngugi
→ Ngugi wa Thiong'o

Wain, John [Barrington]

Geb. 14. 3. 1925 in Stoke-on-Trent,
Staffordshire; gest. 24. 5. 1994 in Oxford

John Wain studierte englische Literatur in Oxford (M. A., 1950), arbeitete bis 1954 als Dozent an der Universität Reading und danach als freischaffender Publizist u. a. für die BBC; 1973 erfolgte seine Ernennung zum Professor of Poetry in Oxford. – W. wurde aufgrund seines Erstlingsromans *Hurry On Down* (1953; *Hurry On Down*, 1982) den sogenannten *Angry Young Men* zugeordnet, einer Gruppe sozialkritischer Autoren der 1950er Jahre. Der pikareske Antiheld Charles Lumley wird zum paradigmatischen Rebell der Epoche und späterer Romane W.s, dessen Prosawerk insgesamt 13 Romane und 3 Kurzgeschichtenbände umfaßt, dazu eine Vielzahl kritischer Schriften. – W.s Anliegen richtet sich gegen eine Einengung individueller Entfaltungsmöglichkeiten durch eine hierarchisch gegliederte Gesellschaft. Der Konflikt zwischen Individuum und gesellschaftlichen Zwängen findet z. B. seinen Ausdruck in dem Vater-Sohn-Konflikt in *Strike the Father Dead* (1962; *Jeremy und der Jazz*, 1964) sowie in *The Smaller Sky* (1967; *Der kleinere Himmel*, 1968), in dem der Wissenschaftler Arthur Geary vor Familie und Arbeitswelt in den Londoner Bahnhof Paddington flüchtet. Er wird ein Opfer der Medien, der Repräsentanten des nivellierenden Systems. – Ein zweiter Schwerpunkt in W.s Schaffen ist die Originalität der Provinz im Gegensatz zur Nivellierung durch die Metropole, z. B. in *A Winter in the Hills* (1970), in dem W. die sprachliche und kulturelle Eigenständigkeit von Wales mit der ökonomischen Dominanz Londons kontrastiert. Die Trilogie *Where the Rivers Meet* (1988), *Comedies* (1990) und *Hungry Generations* (1994) schildert die Lebensgeschichte eines Oxforder Universitätsdozenten zwischen den 1930er und 1950er Jahren. W. erstellt ein Panorama der Stadt und konfrontiert die Welt der Industrie mit der der Universität. – In seiner dem *Movement* zugeordneten frühen Dichtung folgt W. einem ähnlich sozialkritischen Ansatz. Seine Gedichtbände *Mixed Feelings* (1951) und *A Word Carved On a Sill* (1956) sind durch strenges Metrum geprägt, das sich in *Wildtrack* (1965) verliert. *Feng* (1975) bearbeitet den Hamlet-Stoff und verdeutlicht die Bedrohung des Individuums angesichts gesellschaftlicher Hierarchien. – W.s Literaturkritik steht in der Tradition Matthew Arnolds:

Literaturkritik ist Kritik an der Gesellschaft. W. publizierte mehrere Anthologien kritischer Essays, eine sich an den interessierten Laien wendende Studie zu Shakespeare, *The Living World of Shakespeare* (1964), seine Vorlesungen als Professor of Poetry, *Professing Poetry* (1977), sowie eine Biographie Dr. Johnsons, *Samuel Johnson* (1974). – W.s Werk ist stark geprägt vom Selbstverständnis des *homme des lettres* des 18. Jahrhunderts. Seine tiefe Einbindung in die englische Literatur in ihrer Gesamtheit zeigt sich in der ausgeprägten Intertextualität seines Schaffens. Er war kein Innovator, sondern blieb den literarischen Traditionen des 18. und 19. Jahrhunderts verhaftet.

Literatur: St. Zug. *Tradition und Innovation: Perspektiven der Literaturkritik John Wains*. Berlin 1988. – J. Schwend. *John Wain: Schriftsteller und Kritiker*. Heidelberg 1984.

Joachim Schwend

Walcott, Derek

Geb. 23. 1. 1930 in Castries, St. Lucia, Karibik

Derek Walcott kommt aus einem künstlerisch talentierten Elternhaus afrikanisch-europäischer Abstammung. Aufgrund der Muttersprache Englisch und der Zugehörigkeit zur methodistischen Kirche nahm die Familie im mehrheitlich frankophonen, katholischen St. Lucia eine Randposition ein. W. und sein Zwillingsbruder Roderick wurden indirekt, aber nachhaltig von ihrem früh verstorbenen Vater geprägt, der Gedichte geschrieben und gemalt hatte; ihre Mutter inszenierte als Lehrerin an der lokalen Methodistenschule Shakespeare-Stücke. Stark beeinflußt wurde W. zudem von einem Freund des Vaters, dem Maler Harold Simmons, und seine Ambitionen als Maler hat W. nie ganz aufgegeben, obwohl er ein eher amateurhaft begabter Aquarell-Maler geblieben ist. Daß seine literarische Begabung ungleich größer war, zeichnete sich früh ab: Schon mit 18 Jahren veröffentlichte W. seinen ersten Gedichtband, *25 Poems* (1948), zwei Jahre später kamen drei Stücke in St. Lucia zur Aufführung, die teilweise von der BBC übertragen wurden. W. studierte Englisch, Französisch und Latein am University College of the West Indies in Jamaika (1950–54), unterrichtete an höheren Schulen in Grenada, St. Lucia und Jamaika und war als Mitarbeiter bei diversen Zeitschriften, u. a. als Feuilletonist des *Trinidad Guardian*, tätig. Während seiner Jahre in Trinidad war er hauptsächlich als Gründungsleiter des Trinidad Theatre Workshop in Port-of-Spain beschäftigt (1959–76). W. übersiedelte 1981 in die USA, wo er mehrere Gastprofessuren wahrnahm und v. a. in Boston lebte. Heute verbringt er den größten Teil seiner Zeit wieder in St. Lucia, wo er mithilfe des Nobelpreis-Geldes ein Kulturzentrum gegründet hat. Der Preis, der ihn endgültig weltweit bekanntmachte, wurde ihm 1992 verliehen; seine bei dem Anlaß gehaltene Rede, die eine Standortbestimmung des karibischen Autors formuliert, erschien unter dem Titel *The Antilles: Fragments of Epic Memory* im gleichen Jahr.

W. ist geprägt von den insularen karibischen Kulturen mit ihren charakteristisch multiethnischen Ursprüngen und den damit verknüpften Dilemmata gemischter Abstammung, ungewisser Herkunft und gekappter Wurzeln. Die Plantagenkulturen der Karibik, die auf der Arbeitskraft der aus Afrika verschleppten Sklaven und später aus Südasien angeworbenen Vertragsarbeiter gründeten, waren bruchstückhaft verkürzt und weit verstreut, charakterisiert durch das, was W. als ›Amnesie‹ oder Abwesenheit historischer Kontinuität und cartesianischer Linearität bezeichnet. Künstlerische Kreativität – schon nach quantitativer Produktivität ein Phänomen erst in jüngerer Zeit – entfaltete sich im Kontext importierter europäischer Traditionen, die in der merkantilistischen Welt vor Ort keinen adäquaten Nährboden fanden. Die Distanz zwischen den formenden und deformierenden Kulturen der kolonialen Zentren und der Natur der Karibik als eines Archipels von ›Nationen‹, die kaum miteinander kommunizieren konnten, brachte W. dazu, die Grundsituation des karibischen Menschen als die eines Crusoe oder ›Schiffbrüchigen‹ bzw. ›Ausgesetzten‹ zu betrachten, der in einer Welt ohne historischen Rückhalt die psychische Krise der Anomie erlebt. Die Titel zweier Gedichtbände, *The Castaway* (1965) und *The Gulf* (1969), deuten W.s Auffassung ebenso an wie die des wegweisenden Essays »The Figure of Crusoe« (1965), der zusammen mit anderen wichtigen Überlegungen zur Kunst, Dichtung, Kultur, zum Drama, zur Geschichte und Gesellschaft in der Sammlung *What the Twilight Says* (1998) nachgedruckt ist. Die negative Ausgangslage enthält aber ein Entdeckungs- und Erfindungspotential, das die Kreativität und das Identitätsverständnis des Dichters zur Entfaltung kommen läßt. Für W. ist die ›Neue Welt‹ die Welt Adams und neuer ›grüner‹ Anfänge. ›Identität‹ ist für W. allerdings nicht vorrangig eine Frage der Ethnizität oder Rasse im Sinne des psychotischen Zustands, den Frantz Fanon in dem kolonialismusbedingten Minderwertigkeits- bzw. Überlegenheitskomplex verortet. Anders als Theoretiker und Autoren in der Tradition der *négritude*, welche die ›Herrschaftssprache‹ Englisch verwandten, um eine afrikanische Tradition – in Afrika oder in der Neuen Welt – zum Ausdruck zu bringen, akzeptiert W. sein ›Mulatten‹-Erbe und bringt die gesamte westliche Tradition durch Anverwandlung in den karibischen Kontext. Seine Essays »The Muse of History«(1976) und »What the Twilight Says« (1970) formulieren diese Position besonders schlüssig, und sein Drama *Pantomime* (1980), das die Konstellation des Crusoe/Friday-Mythos umkehrt, demonstriert, wie unterschiedliche Rassen eine koexistentielle Basis finden können. Mythos ist wichtiger als Geschichte, die moralische und universale Imagination wichtiger als politische und partikuläre Ideologie. Die Landschaft, gerade in der Verbindung von Meer und Inseln, stellt die zentrale, strukturbildende Sinnbildlichkeit seiner Gedichte und vieler seiner Stücke dar. Mit der unerschöpflichen Gabe, der Natur immer wieder neue Metaphern abzugewinnen, verknüpft er das Lokale mit dem Universalen, das Menschliche mit dem Natürlichen, wie in der meisterhaften (4000 Zeilen langen) autobiographischen Gedichtsequenz *Another Life* (1973), in der er anhand seiner Kindheitserinnerungen und eindringlicher Reflexionen die Wurzeln seiner künstlerischen Erfahrung und die einer Künstlergeneration, die sich der Erkundung der karibischen Heimat widmete, sondiert und die aufreibenden Zwänge, die ihn zur Übersiedlung aus der Karibik in die USA trieben, erörtert. Die Episodenstruktur der Sequenz, die zwischen der Ich- und Er-Form alterniert, reflektiert Gestaltungsprinzipien des Dramatikers W. In *Another Life* bezieht W. sich wie häufig in seiner Dichtung auf andere Autoren, sieht sich als Teil einer internationalen Gemeinschaft von engagierten Künstlern, die sich politischer Unterdrückung und kultureller Ideologie widersetzen, und verwendet die Vorstellung vom Schreiben als einer Schatzkammer der Metaphorik, die selbst auf das Wirken der Natur, der Landschaft oder der Erinnerung angewandt werden kann.

Der Drang zur Unmittelbarkeit des Ausdrucks, der sich in W.s passionierter Malerei niederschlägt, zeigt sich auch in seinem unermüdlichen Engagement als Leiter des Trinidad Theatre Workshop, der eine maßgebliche Rolle in der Entfaltung und Förderung des karibischen Dramas spielte und durch Theatertourneen dafür sorgte, daß es einem internationalen Publikum nahegebracht wurde. Viele seiner Stücke wurden für diese Truppe geschrieben, und sie offerieren ein gemischtes Figuren-Ensemble aus der Folklore, kreolischer Sprache und Mündlichkeit, Musik und Tanz. W.s beachtlichsten Werke in dieser Hinsicht sind *Dream on Monkey Mountain* (1970; *Der Traum auf dem Affenberg*, 1993), *Ti-Jean and His Brothers* (1970) und die Rastafari-Satire *O Babylon!* (1978). Das letztgenannte Stück ist ein Musical, wie auch *The Joker of Seville* (1978), eine Adaptation des klassischen spanischen Dramas von Tirso de Molina. Eine radikalere Adaptation ist die Kombination karibischer Szenerie und klassisch-antiker Mythologie in der Bühnenversion *The Odyssey* (1993). Viele seiner Stücke gehen dem Verhältnis zwischen ethnischer Identität und politischer Macht nach, insbesondere *The Haitian Trilogy* (2002), welche die früheren Stücke *Henri Christophe* (1950), *Drums and Colours* (1958) und *The Haitian Earth* (1984) zusammenführt.

W. vertritt eher eine konservative Moderne als eine radikal-experimentelle Avantgarde. Seine frühesten Verse zeigen den Einfluß von W. B. Yeats, Thomas Hardy und den *Metaphysical Poets*; es gibt oft einen auf Alfred Tennyson zurückverweisenden Grundton und eine deutliche Affinität mit Dichtern wie Saint John Perse, die das Postulat einer der Erfahrung der Neuen Welt gerecht werdenden Poetik artikuliert haben. Gleichgültig ob er sich vorgegebener metrischer Muster oder des Freiverses bedient, W. erweist sich als ein Meister der Verskunst, der von vorbildlichen Dichtern der westlichen Tradition viel gelernt hat. Er besitzt ein ausgeprägtes Bewußtsein von der (auch politisch) verantwortungsvollen Rolle des Dichters, Zeugnis abzulegen von der Natur des Menschen und der Universalität der Kultur, und es ist bezeichnend, daß er zu seinen engsten Freunden gleichgesinnte Lyriker wie Seamus Heaney (Nordirland), Edouard Glissant (Martinique) und den – inzwischen verstorbenen – Joseph Brodsky (UdSSR/USA) zählt. W.s Stil ist gewöhnlich inkantatorisch und hat einen leicht melancholischen Zug trotz seines immer wieder aufblitzenden Witzes und Humors. In den Sammlungen seiner mittleren Schaffensphase, während der er mehr Zeit in den USA verbrachte und sich mit dem Fehlschlag der Begründung eines Nationaltheaters in der anglo-

phonen Karibik abfinden mußte, konnte man ihn gegen Versuche schwarzer Nationalisten, die Volkskultur eines anti-kolonialen Analphabetentums zu glorifizieren, Stellung beziehen sehen. Von daher erklärt sich der gereizt-verärgerte Ton und die direktere Sprechweise in *Sea Grapes* (1976) und anderen Gedichten der 1970er Jahre, eine Tendenz, die sich freilich schon in einer so frühen Sammlung wie *In a Green Night: Poems 1948–1960* (1962) angekündigt hatte. Den Höhepunkt des Bandes *The Star-Apple Kingdom* (1980; *Das Königreich des Sternapfels*, 1989) bildet die elfteilige Sequenz »The Schooner *Flight*«, die autobiographische Züge in einer Erzählung über die Seefahrt eines Mulatten durch die Karibik integriert. Die Gedichte der Sammlung setzen sich mit politischer Korruption ebenso wie mit dem Wesen menschlicher Grausamkeit und Überlebensfähigkeit auseinander. Viele der Gedichte in *The Fortunate Traveller* (1981) und *The Arkansas Testament* (1987) gehen auf kulturelle Parallelen und Kontraste ein (Norden und Süden, Europa und die Neue Welt, Schwarze und Juden, insulare Karibik und kontinentale USA, Römisches Reich und Nazi-Deutschland, ›hier‹ und ›anderswo‹), und alle versuchen, die verhängnisvolle Spaltung der Identität (die ›Erbsünde‹), die durch das falsche Bewußtsein einer Rassenidentität verursacht worden ist, zu heilen. W. definiert die eigene Persönlichkeit aufs neue in der liebevollen Erkundung karibischer Landschaften, wie etwa in den 54 eklogenartigen Gedichten der Sequenz *Midsummer* (1984; *Mittsommer*, 2001) und in *The Bounty* (1997). W.s Rückkehr in die Karibik und die wiederaufgenommene Malerei finden ihren Niederschlag in der – selber illustrierten – ›Quest-Erzählung‹ *Tiepolo's Hound* (2000), die zwei Lebensberichte miteinander verschränkt: über den Werdegang des karibischen Malers Camille Pisarro und die Suche des Dichters nach dem Gemälde eines venezianischen Malers. Wieder werden die Karibik und Europa nebeneinandergestellt, wie auch in *Omeros* (1990; *Omeros*, 1995), einem Gedicht epischen Ausmaßes, das als der Höhepunkt in W.s Schaffen angesehen werden kann. In diesem Werk, dessen Versform (*terza rima*) und spirituelle Sensibilität dem Beispiel Dantes verpflichtet sind, rückt W. Figuren ins Zentrum, die den unglückseligen Liebenden und Kriegern des Kampfes um Troja nachgebildet sind und einen Archipel bewohnen, der als das Neue-Welt-Pendant zur Aegeis in Homers Griechenland erscheint. In einem poetischen Duktus unerschöpflicher lyrischer Dynamik voller Witz, Metaphorik und Sensualität verwendet *Omeros* das epische Konzept des Reisens, um die vielen Gesichter der karibischen Kultur – historisch, ethnisch, mythisch – zur Anschauung zu bringen. Das Gedicht vereinigt verschiedene Kulturtraditionen (afro-karibische Volkskultur, anglo-irischer Kolonialismus, griechische und danteske Epik) in seiner Intertextualität und repräsentiert zugleich W.s subtilsten Versuch, literarische Expressivität mit den Rhythmen und Modulationen kreolischer Mündlichkeit zu verschmelzen.

Werkausgaben: *Collected Poems 1948–1984*. London 1986. – *Erzählungen von den Inseln: Gedichte*. München 1993 [Auswahl]. – *What the Twilight Says: Essays*. New York 1998.
Literatur: P. Breslin. *Nobody's Nation: Reading Derek Walcott*. Chicago 2001. – P. Burnett. *Derek Walcott: Politics and Poetics*. Gainesville, FL 2000. – B. King. *Derek Walcott: A Caribbean Life*. Oxford 2000. – J. Thieme. *Derek Walcott*. Manchester 1999. – B. King. *Derek Walcott and West Indian Drama: Not Only a Playwright but a Company*. *The Trinidad Theatre Workshop 1959–1993*. Oxford 1997. – R. D. Hamner. *Epic of the Dispossessed: Derek Walcott's Omeros*. Columbia, MO 1997. – Ders., Hg.. *Critical Perspectives on Derek Walcott*. Washington, D.C. 1993. – R. Terada. *Derek Walcott's Poetry: American Mimicry*. Boston 1992.

Gordon Collier

Walker, Kath
→ Noonuccal, Oodgeroo

Wallace, [Richard Horatio] Edgar
Geb. 1. 4. 1875 in Greenwich, England;
gest. 10. 2. 1932 in Hollywood

E. A. Poe rühmte an der Kurzgeschichte, daß man sie »at one sitting« lesen könne; von Edgar Wallace läßt sich mit nur geringer Übertreibung sagen, daß er ganze Romane »at one sitting« schrieb. Die daraus resultierenden Mängel in Handlungsführung und Charakterisierung veranlaßten Kritiker seiner über 170 Bücher mitunter, W.s Erfindungsreichtum zu unterschätzen. Dieser verwendet meist keine Serienhelden und auch nicht die hochgebildeten Amateurdetektive, die im englischen Detektivroman vor dem Zweiten Welt-

krieg häufig als Protagonisten auftreten. Statt dessen finden wir bei ihm Polizisten, deren Fähigkeiten das Maß des Glaubhaften selten überschreiten. Einige seiner Schurken weisen eine Tendenz zum Monströsen auf (so in *The Angel of Terror*, 1922; *Der Engel des Schreckens*, 1931), wohingegen andere seiner Verbrecher sogar mit sympathischen Zügen versehen sind, wie etwa in *The Joker* (1926; *Der Joker*, 1931) und *The Ringer* (1926 Theaterstück, 1927 Romanfassung; *Der Hexer*, 1927). W. greift in seinen Thrillern zwar auf die traditionellen wirkungsästhetischen Rezepte melodramatischer Gattungen zurück, indem er *action* und Sentimentalität, Kampf für den Sieg des Guten und die Rettung der verfolgten Unschuld verbindet; er riskiert es jedoch entgegen den Gepflogenheiten damaliger Kriminalliteratur, gelegentlich die Grenzen des Phantastischen zu streifen (siehe etwa *The Fellowship of the Frog*, 1923; *Der Frosch mit der Maske*, 1930).

Hauptfigur der in Afrika spielenden Erzählungen W.s, deren erster Band, *Sanders of the River*, 1911 erschien (*Sanders vom Strom*, 1929), ist der unscheinbare Bezirksamtmann Sanders; zu ihrem Inventar gehören außerdem der weltfremde Leutnant Bones und der schwarze Häuptling Bosambo, der an der langen Leine von Sanders wirken darf. Die Problematik des Kolonialismus spart W. aus; sein Afrika ist ein von einem benevolenten Despoten geschickt regiertes Lilliput, dessen kindliche, aber keineswegs harmlose Bewohner einer festen Hand bedürfen und vom Leser aus humoristischer Distanz beobachtet werden können. – In seinen späteren Lebensjahren betätigte sich W. mit Erfolg als Dramatiker; er starb, als er in Hollywood das Drehbuch für den Film *King Kong* zu schreiben beabsichtigte.

Als uneheliches Kind zweier Schauspieler geboren und zur Adoption freigegeben, wurde er von einer Londoner Fischhändlerfamilie aufgezogen. Nach dem Besuch der Grundschule trat W. als 18jähriger in die Armee ein, die ihn in Südafrika stationierte. Während des Burenkriegs von 1899 wurde er Korrespondent, doch entließ ihn sein Arbeitgeber, die *Daily Mail*, als er sich wegen einiger seiner Berichte mit Schadensersatzforderungen konfrontiert sah. W., der zweimal verheiratet war und fünf Kinder hatte, hing einem Lebensstil an, für den selbst seine hohen Einkünfte nicht ausreichten. In England schwand seine Popularität nach dem Zweiten Weltkrieg; in der Bundesrepublik Deutschland erreichte sie in der Nachkriegszeit ein erstaunliches Ausmaß. Adenauer zählte W. zu seinen Lieblingsautoren und besaß von diesem mehr Werke als von jedem anderen Schriftsteller; bildungsbürgerlichen Mißmut über W. repräsentiert dagegen die Feststellung des marxistischen Philosophen Ernst Bloch, es sei besonders leicht, von W. nicht gefesselt zu sein. Die Verfilmungen der Thriller W.s füllten die Kinos der 1960er Jahre und gehören bis heute zum Standardrepertoire deutscher Fernsehsender.

Literatur: J. P. Becker. »Edgar Wallace: Versuch einer Ehrenrettung.« *Sherlock Holmes & Co.: Essays zur englischen und amerikanischen Detektivliteratur.* München 1975, 15–27. – M. Lane. *Edgar Wallace: The Biography of a Phenomenon.* London 1964 [1937].

Eberhard Späth

Waller, Edmund

Geb. 3. 3. 1606 in Coleshill, Hertfordshire;
gest. 21. 10. 1687 in London

Edmund Waller war – wie nicht wenige seiner Zeitgenossen – ein Royalist, der nach der Niederlage der Monarchie seinen Frieden mit dem Regime Cromwells schloß, um nach der Restauration erneut königliche Gunst zu genießen. Er erhielt seine umfassende Bildung in Eton und Cambridge, wurde durch Erbschaft wohlhabender Landbesitzer in Buckinghamshire und war von 1621 an Parlamentsmitglied, bis er nach einem Versuch, die City of London für den König zu mobilisieren (»Waller's Plot«), 1643 aus dem Unterhaus ausgeschlossen wurde. Nach einer Haft im Tower wurde er nach Frankreich ausgewiesen, konnte aber 1651 zurückkehren und sogar ein öffentliches Amt bekleiden; 1661 wurde er erneut Parlamentsabgeordneter und blieb es bis zu seinem Tode.

W., der wie John Dryden sowohl Cromwell als auch Charles II seine Aufwartung machte, war in seiner Dichtung ähnlich auf Ausgleich bedacht. Sein Stil und seine Metrik eleganter Transparenz und Symmetrie galten im anbrechenden Zeitalter des Klassizismus als beispielhafte Befreiung von barockem Schwulst und genossen höchstes Ansehen. Wenn W. nicht geschrieben hätte, so Dryden 1691, »könnte keiner von uns schreiben«. W. befreit den Zehnsilbler mit Paarreim (*heroic couplet*), den Standardvers der Restauration und des 18. Jahrhunderts, von aller Sprunghaftigkeit und Rauheit, gliedert ihn durch Parallelismus und An-

tithese und bevorzugt eine gehobene, latinisierende Diktion sowie Epitheta, die nach ihrer Angemessenheit und nicht nach ihrem Überraschungseffekt gewählt sind. Das Ergebnis ist eine hochzivilisierte Dichtung, die nach den Wirren der Bürgerkriegsära die allgemeine Sehnsucht nach Ordnung und Klarheit in der Struktur ihrer wohlkomponierten und vielfach überarbeiteten Ausgaben zwischen 1645 und 1685 ausdrückt. Die Tonlage ist eher öffentlich als intim, wie bei dem Panegyriker so vieler unterschiedlicher Herrscher nicht anders zu erwarten. Die spätere Nachwelt schätzt ihn freilich wegen anderer Texte – einer Handvoll Anthologiestücke wie die liebenswürdigen erotischen Gedichte »Go, Lovely Rose« und »On a Girdle« oder die erstaunliche Todesmeditation »Of the Last Verses in the Book«.

Werkausgabe: *The Poems.* Hg. G. Thorn-Drury. 2 Bde. London 1905.
Literatur: W. L. Chernaik. *The Poetry of Limitation: A Study of Edmund Waller.* New Haven 1968. – A. W. Allison. *Toward an Augustan Poetic: Edmund Waller's »Reform« of English Poetry.* Lexington, KE 1962.

Werner von Koppenfels

Walpole, Horace [Horatio]

Geb. 24. 9. 1717 in London;
gest. 2. 3. 1797 ebd.

Horace Walpole wurde lange Zeit erinnert als Erfinder einer neuen literarischen Gattung und als Besitzer von Strawberry Hill – in den Augen vieler Zeitgenossen die architektonische Inkarnation des Neugotischen schlechthin. Erst in jüngster Zeit ist ihm durch die Veröffentlichung seiner umfangreichen Korrespondenz auch der verdiente Platz eines der größten Briefschreibers seiner Zeit zugewachsen. – Geboren als dritter überlebender Sohn des einflußreichen Politikers und späteren langjährigen Premierministers Sir Robert Walpole, war er aufgrund des Rangs und des Reichtums seiner Familie für eine politische Karriere prädestiniert. Dies entsprach aber nicht seinen persönlichen Neigungen. Nach Eton besuchte er das King's College in Cambridge und brach zusammen mit seinem engsten Freund Thomas Gray zur großen Bildungsreise nach Frankreich und Italien auf. Sein Vater nutzte seinen Einfluß und verschaffte ihm ab 1741 eine Sinekure im Exchequer, die ihm zeitlebens ein beträchtliches Einkommen sicherte. 1747 publizierte W. sein erstes Buch, die *Aedes Walpolianae*, eine Beschreibung der Gemäldesammlung im väterlichen Stammsitz Houghton. Im selben Jahr mietete er Strawberry Hill (das er zwei Jahre später erwarb) und begann, es in neugotischem Stil umzubauen und zu erweitern. Er gründete auch das sogenannte Strawberry Committee, das im wesentlichen aus ihm selbst, Richard Bentley und John Chute bestand. Strawberry Hill wurde danach zu einem beliebten Wallfahrtsort für diejenigen, die dieses stilprägende Gebäude und sein neugotisches Interieur selbst in Augenschein nehmen wollten.

1751 begann W., seine *Memoirs* zu schreiben, die er bis 1791 fortführte. Strawberry Hill wurde zum Treffpunkt vieler Literaten und Künstler seiner Zeit. W. etablierte dort auch eine private Druckpresse, mit der er Bücher und Broschüren bis 1789 druckte, darunter auch seinen eigenen *Catalogue of the Royal and Noble Authors of England* in zwei Bänden (1758), *Anecdotes of Painting in England* in fünf Bänden (1762–80) und *The Mysterious Mother*, eine Tragödie (1768). Am Heiligen Abend 1764 veröffentlichte er anonym *The Castle of Otranto* (*Schlo Otranto*, 1768), einen Schauerroman, der zum Muster einer neuen literarischen Gattung wurde. Im nun nicht mehr anonymen Vorwort zur zweiten Auflage erläutert W. die Motive und das Programm dieser neuen Gattung. Er charakterisiert sie als den Versuch, Roman- und Romanzentradition zu verschmelzen und damit sowohl die imaginationshemmende Wirkung der Einschränkung auf die Erfahrungswelt und das Alltagsleben, wie sie der Roman bis dahin praktiziert hatte, zu überwinden als auch die Unwahrscheinlichkeit der Romanzen zu vermeiden. Er schafft dies, indem er das Geschehen zwar in eine ferne, exotische Vergangenheit verlegt, die sich nicht an der Alltagswelt des Lesers messen lassen muß, aber eine psychologische Plausibilität liefert, mit der W. auf das labyrinthische Innere der Angstphantasien seiner Leser zielte und diese in Bann schlug. Das alptraumhafte Geschehen und die gotische Dunkelheit und Verwinkeltheit der Kulisse, in der es sich abspielt, entwickelten eine unwiderstehliche Anziehungskraft auf eine Kultur, die in zunehmendem Maße dem gleißenden Licht der Aufklärung und ihrem Rationalisierungsdiktat zu entrinnen suchte. 1768 veröffentlichte W. seine *Historic Doubts on the Life and Reign of King Richard III* und zog sich aus dem Parlament zurück, in dem er 27 Jahre, ohne jemals aktiv in das Geschehen einzugreifen, einen von seiner Familie beherrschten Wahlkreis in Cornwall vertreten hatte. Stets zu satirischen Bemerkungen und scharfsinniger Kritik aufgelegt, wurde ihm 1777 zur Last gelegt, er habe wesentlich zu Thomas Chattertons Selbstmord beigetragen – ein unberechtigter Vorwurf, wie sich später erweisen sollte. 1791 erbte er von seinem Neffen als vierter Earl of Orford den Titel seines Vaters.

Werkausgaben: *The Works of Horatio Walpole, Earl of Orford*. 5 Bde. London 1798. – *The Letters*. Hg. P. Cunningham. 9 Bde. London 1857–59. Literatur: B. Fothergill. *The Strawberry Hill Set: Horace Walpole and His Circle*. London 1983. – W.H. Smith, Hg. *Horace Walpole: Writer, Politician, and Connoisseur*. New Haven 1967.

Jürgen Schlaeger

Walton, Izaak

Geb. 9. 8. 1593 in Stafford;
gest. 15. 12. 1683 in Winchester

Der Biograph Izaak Walton, bekannt vor allem als Autor des von Gedichten durchsetzten literarischen Prosatraktats *The Compleat Angler*, gehörte als Tuchmacher einer jener Londoner Handwerkergilden mit humanistischen Bildungsbestrebungen an, deren Ansehen Karrieren bis zum Königshof ermöglichten. So lernte W. nicht nur Theologen und Dichter wie John Donne kennen, sondern auch den Hof selbst. In den Bürgerkriegswirren der Zeit von Charles I und der Cromwell-Herrschaft 1642–59 war er ein Verfechter des Königtums (*cavalier*) sowie des katholisierenden Flügels der anglikanischen Kirche (»Anglican High Church«). – *The Compleat Angler* (1653, 1655, 1676; *Der vollkommene Angler*, 1958) wurde als Buch über die Binnenfischerei ein populärer Klassiker der englischen Literatur, wegen seiner Eleganz wie seiner reflektierten Begeisterung für Freizeitsport und Traditionen. Piscator (ein Fischer und Persona des Autors) erörtert mit Auceps (einem Vogler), Venator (einem Jäger) und Wirtsleuten am Flüßchen Lea bei London die Vorzüge des Anglersports in pastoral-sokratischen Dialogen. Dieses friedliche Bild verkennt jedoch die damalige politische Brisanz, als die Königstreuen die Zensur der Cromwellzeit unterlaufen mußten. Die nicht im kontinentalen Exil weilten, zogen sich auf die ländlichen Adelshöfe Englands zurück, wo sie in geselliger Isolation und anti-puritanischer Attitüde Künste und Traditionen pflegten. Wie die freizügige, theologieverachtende Erotik der königstreuen Dichter (*cavalier poets*) politische Chiffre war, so auch die musische und alle Kriegsgefahren ignorierende Sorglosigkeit von W.s Anglerbuch, die im vielzitierten Anglerlied verdichtet zum Ausdruck kommt. W.s Geringschätzung von »business and money and care« verhöhnte die Geschäftsmentalität der bürgerlichen Puritaner, und sein Aufruf zum sorglosen Angeln auch bei Regen (und Warten auf ein besseres Morgen) fügte sich in die beliebte Naturmetaphorik der königstreuen Literatur. Das Chaos der Cromwellzeit bestärkte die Königstreuen in ihrer Gewißheit, daß die alte Ordnung sich selbst wiederherstellen werde. W.s Lobgedicht auf die Rückkehr von Charles II 1660 ist im Stil pastoraler Eklogen geschrieben, die sich traditionell für politisch allegorische Lesarten anboten und auch *The Compleat Angler* mitprägten.

W.s Biographien der königstreuen Barockdichter Donne (1640) und George Herbert (1670) sowie der anglikanischen Theologen Richard Hooker (1665) und Robert Sanderson (1678) sind ebenfalls mehr um mondäne Eleganz als um wissenschaftliche Genauigkeit bemüht. Bedenkt man, daß W. gründliches Quellenstudium betrieb, wird auch dies als politisches Programm lesbar. Die Verbindung literarischer Topoi mit charakteristischen Anekdoten sowie das Bemühen um Werkeinheit und Lesbarkeit auf Kosten von Detailtreue antizipieren um Jahrzehnte die Verachtung der Tories Jonathan Swift und Alexander Pope für whiggistische Gelehrsamkeits-Pedanterie.

Literatur: J. H. Anderson. *Biographical Truth: The Representation of Historical Persons in Tudor-Stuart Writing*. New Haven 1984. – E. Miner. *The Cavalier Mode from Jonson to Cotton*. Princeton 1971. – J. R. Cooper. *The Art of the Compleat Angler*. Durham, NC 1968.

Rolf Lessenich

Ward, Mrs. Humphry [Mary Augusta Ward]

Geb. 11. 6. 1851 in Hobart, Tasmanien;
gest. 24. 3. 1920 in London

Als Nichte des Dichters Matthew Arnold in Tasmanien geboren, wuchs Mrs. Humphry Ward in einer bürgerlich-gelehrten Atmosphäre auf, die durch die ernsthafte Suche nach dem richtigen Glauben geprägt war. Daß ihr Vater zum Katholizismus konvertierte, aber später temporär zur anglikanischen Kirche zurückkehrte, dürfte ein Grund für W.s lebenslanges Interesse an religiösen Fragen sein, das sich auch in ihren Werken niederschlug. 1872 heiratete sie den Gelehrten Humphry Ward, mit dem sie 1881 nach London zog, wo sie für die *Pall Mall Gazette* und andere Zeitschriften schrieb. Auch nach Beginn ihrer schriftstellerischen Karriere setzte sich W., die für ihre philanthropischen Einstellungen bekannt war, für soziale Verbesserungen ein und war u. a. für die Gründung der Invalid Children's School 1899 verantwortlich.

Das umfangreiche – uvre dieser produktiven und angesehenen Autorin umfaßt neben 25 recht didaktischen Romanen auch nichtfiktionale Schriften und eine zweibändige Autobiographie. Das Erscheinen ihres ersten großen Romans, *Robert Elsmere* (1888), der mit einem Verkauf von über 230.000 Exemplaren im ersten Jahr in England und Amerika zu einem der erfolgreichsten Bestseller des 19. Jahrhunderts avancierte, wurde von Henry James als »ein bedeutsames öffentliches Ereignis« bezeichnet, denn die von dem Buch aufgeworfenen Fragen entfalteten eine außerordentliche Breitenwirkung. Vor dem Hintergrund der verschiedenen religiösen Strömungen im viktorianischen England zeichnet *Robert Elsmere* das Bild eines von Glaubenszweifeln geplagten anglikanischen Geistlichen, dessen Ehe mit seiner dogmatisch ›evangelikalen‹ Frau Catherine durch seine Hinwendung zu sozialen Aufgaben harten Belastungen ausgesetzt wird. Obgleich die Geschichte des Robert Elsmere das populärste Werk der Autorin war, halten viele Kritiker *Helbeck of Bannisdale* (1898) für ausgereifter, weil die weltanschaulichen Kontroversen darin in stärkerem Maße in das fiktionale Geschehen integriert sind. Dabei wird der Akzent von der abstrakten Erörterung religiöser Streitfragen auf die daraus resultierenden privaten Schicksale und Konflikte zwischen den Figuren verlagert. Im Mittelpunkt des Romans, dessen Figurenkonstellation und Handlungsverlauf eine spiegelbildliche Umkehrung von *Robert Elsmere* darstellen, steht die tragische Liebesbeziehung zwischen dem tiefgläubigen Titelhelden, einem 36jährigen aristokratischen Katholiken, und der 16 Jahre jüngeren Laura Fountain, die aus ihrem Agnostizismus kein Hehl macht.

Während in *Robert Elsmere* das Bemühen um Aussöhnung religiöser Gegensätze dominiert, ist der tragische Ausgang von *Helbeck of Bannisdale* Resultat der differenziert dargestellten Inkompatibilität der Liebenden, zwischen denen tiefgreifende Differenzen in Glaubensfragen und völlig unterschiedliche Erziehungen unüberwindbare Hindernisse bilden. – W.s gelungenste Romane, zu denen noch *Marcella* (1894) gehört, zeichnen sich durch jene typisch viktorianische Mischung aus Ernsthaftigkeit, moralischer Sentimentalität und didaktischer Zielsetzung aus, auf der auch ihre Bedeutung als kulturhistorische Dokumente beruht. Ihr Einsatz gegen das Wahlrecht für Frauen, der in der Gründung der Women's Anti Suffrage League 1908 und ihrem Roman *Delia Blanchflower* (1914) Ausdruck fand, trug dazu bei, daß ihre als sehr konservativ geltenden Romane im 20. Jahrhundert in Vergessenheit gerieten.

Werkausgabe: *The Writings of Mrs. Humphry Ward.* 16 Bde. Boston/New York 1912. Literatur: J. Sutherland. *Mrs. Humphry Ward: Eminent Victorian, Pre-Eminent Edwardian.* Oxford 1990. – A. M. Bindslev. *Mrs. Humphry Ward: A Study in Late-Victorian Feminine Consciousness and Creative Expression.* Stockholm 1985.

Ansgar Nünning

Warner, Marina
Geb. 9. 11. 1946 in London

Marina Warner genießt einen Ruf als Kulturhistorikerin, die sowohl die Entstehung und Tradierung von Mythen als auch ihre Wirksamkeit in der Gegenwart untersucht. Feministisch orientiert sind ihre Studien zu Frauenbildern und zum Märchen. W.s Interesse an Kultur- und Literaturgeschichte, Mythen und Geschlechtsstereotypen kennzeichnet auch ihr fiktionales Werk, das Romane, Kurzgeschichten, Kinderbücher, Opernlibretti sowie Fernsehdrehbücher umfaßt. – W.s Romane beschäftigen sich wiederholt mit dem Wesen historischer Erkenntnis: Die Einsicht, daß jegliche Vergangenheitsdarstellung konstrukthaft und interessegeleitet ist, verbindet *In A Dark Wood* (1977), *The Skating Party* (1982), *The Lost Father* (1988; *Der verlorene Vater*, 1990) und *Indigo: Or, Mapping the Waters* (1992; *Indigo oder die Vermessung der Wasser*, 1994). Die beiden letztgenannten Werke tragen zudem autobiographische Züge:

Während W. in *The Lost Father* der Familiengeschichte ihrer aus Süditalien stammenden Mutter nachspürt, erforscht sie in *Indigo* die koloniale Vergangenheit ihrer Vorfahren väterlicherseits. In *The Lost Father* versucht die Erzählerin Anna, die Umstände zu klären, unter denen ihr Großvater als junger Mann an einem Duell teilnahm. Dabei wird sie mit derart fragmentarischen und noch dazu widersprüchlichen Versionen der Vergangenheit konfrontiert, daß sie ihr Ziel, die ›Wahrheit‹ zu ergründen und aus der heterogenen Überlieferung eine homogene Erzählung zu fertigen, aufgeben muß. Veranschaulicht die Vielstimmigkeit der Vergangenheit in *The Lost Father* die Grenzen historischer Erkenntnisfähigkeit, so wird Vielstimmigkeit in *Indigo* aufgewertet zum Korrektiv einer einseitigen historischen Überlieferung, die ausschließlich die Sichtweise der Sieger tradiert: Der auf zwei Zeitebenen angesiedelte Roman verfolgt die Familiengeschichte der Everards, die eng mit der Geschichte der Kolonisation verbunden ist, seit Kit Everard im Jahr 1619 eine Kolonie auf der Karibikinsel Liamuiga gründete. W. schreibt die Geschichte dieser kolonialen Expansion um, indem sie die Überlieferung der Kolonisatoren um die Perspektive der unterdrückten und ausgebeuteten Inselbewohner ergänzt. Zu diesem Zweck bedient sie sich William Shakespeares *The Tempest*: In ihrer revisionistischen Bearbeitung des Dramas, das die Sichtweise der Kolonisatoren repräsentiert, gibt W. denjenigen eine Stimme, die dort stumm oder ausgegrenzt sind. Die von Shakespeare als Hexe charakterisierte Inselbewohnerin Sycorax wertet W. auf zu einer Repräsentantin der autarken karibischen Kultur, und für die Shakespearesche Figur des mißgestalteten, triebverhaftet-primitiven Caliban imaginiert sie das Schicksal von Dulé, einem Adoptivsohn von Sycorax, der einen Aufstand gegen die Kolonisatoren anführt. Die Überlieferung der Sieger reduziert beide Figuren zu abstoßenden Außenseitern, um ihre Auslöschung bzw. Versklavung zu rechtfertigen. Wie sich die in der Vergangenheit etablierten Unrechtsverhältnisse fortsetzen, veranschaulicht die im 20. Jahrhundert angesiedelte Handlungsebene: Entwurzelung, Identitätsverlust und Ausgrenzung prägen die Gegenwartserfahrungen der ehemaligen Kolonialvölker, während neo-kolonialistische Wirtschaftsbeziehungen die frühere Ausbeutung der indigenen Ressourcen weiterführen. – Für W.s Erfolg bei Publikum und Kritik mitverantwortlich ist die lyrische Qualität ihrer Sprache, die in *Indigo* u. a.

in einer intensiven Farbmetaphorik zum Ausdruck kommt.

Literatur: E. Kilian. »Visitations from the Past: The Fiction of Marina Warner.« *Anglistik & Englischunterricht* 60 (1997), 55–69. – B. Korte. »Kulturwissenschaft *in* der Literaturwissenschaft: Am Beispiel von Marina Warners Roman *Indigo*.« *Anglia* 114 (1996), 425–445.

Susanne Spekat

Waterhouse, Keith

Geb. 6. 2. 1929 in Leeds

»Wer bin ich? Ist es Donnerstag oder Sonntag, bin ich Journalist, an den anderen Tagen Schriftsteller, Dramatiker oder was gerade ansteht.« So schildert Keith Waterhouse in seiner Biographie *Streets Ahead* (1995) seine vielseitige Arbeit, die in der Nachrichtenredaktion einer Yorkshire-Abendzeitung begann. Daß der *Daily Mirror* seine Bewerbung für die gleiche Arbeit ablehnt, hält den Sohn eines Ladenbesitzers in Leeds nicht davon ab, die Unterlagen auf dem Rückweg an die Kulturredaktion weiterzureichen und sich so Eintritt in die Fleet Street zu verschaffen, das Zentrum des englischen Journalismus. Bemüht, am finanziellen Auf- und geistigen Umschwung der späten 1950er teilzuhaben, betätigt sich W. gleichzeitig als Schriftsteller und hat mit seinem zweiten Roman, *Billy Liar* (1959; *Billy, der Lügner*, 1964), durchschlagenden Erfolg. Ein Jahr später setzt er den Roman in Kooperation mit dem Dramatiker Willis Hall für die Bühne um, weitere Adaptionen folgen. Die Zusammenarbeit mit Hall besteht fort und führt in die Genres Revue und Musical, aber auch zu Arbeiten für Fernsehen und Kino. Dabei ist das Bemühen der *Angry Young Men* wie des Free British Cinema, ein realistisches Bild des Menschen in der Gegenwart zu entwerfen, auch bei W. aufzuspüren. Einen Höhepunkt findet es schließlich in *Jeffrey Bernard Is Unwell* (1989), dem Porträt eines bekannten englischen Journalisten, nach W. ein Theaterstück »über den Versuch, mit dem Leben fertig zu werden«. Hier betreten zahlreiche Personen die Bühne, um dem Zuschauer Gespräche zu präsentieren, die der Protagonist vor seinem inneren Auge Revue passieren läßt. – An den eigenen Interessen orientiert, verfaßt W. Sachbücher wie *The Theory and Practice of Travel* (1989), aber auch Kolumnen zu mannigfachen Themen, doch selten zu solchen, über die man in Kneipen spricht, denn

»wer daran interessiert ist, soll sich ein Bier kaufen, keine Zeitung«. *English, Our English: And How To Sing It* (1991), eine praktische Grammatik für Engländer, offenbart ebenso W.s Interesse für Sprache wie einige Kolumnen, in denen ein fiktiver Verein falsch gesetzte Apostrophe verfolgt, welche die englische Grammatik systematisch vernichten. Immer wieder entlarvt die oft derbe Sprache in seinen Werken regionale und soziale Zugehörigkeit. Die Sprechenden, die häufig durch ihre Naivität und Kindlichkeit Sympathie gewinnen, sind meist (un)gewollte Außenseiter einer bürgerlichen Gesellschaft, die sie zugleich ironisch spiegeln. Entlarvt *Bimbo* (1990) die Doppelbödigkeit einer Gesellschaft, die sich Sexsymbole schafft und finanziell sowie emotional ausbeutet, aber verachtet, versucht der Antiheld Billy Liar im gleichnamigen Roman täglich, ein neues Leben zu beginnen, scheitert aber an seiner Unfähigkeit, seine Traumwelt aufzugeben und sich mit Problemen auseinanderzusetzen. Nicht nur in an die Milieudarstellung der *kitchen-sink*-Dramen erinnernden Arbeiten erscheint der Lebenszusammenhang der Figuren, für den W. wiederholt den eigenen familiären Hintergrund oder persönliche Erlebnisse verarbeitet, als besonders zerbrechlich. So wirft der Roman *Good Grief* (1997) einen zynischen Blick auf Positionsgerangel und Schnellebigkeit des Journalismus in einer Gesellschaft, in der Freundschaften nur aus Kalkulation geschlossen werden und in der der Verlust eines Menschen als Konventionen folgende Farce zelebriert wird. Die Gesellschaft zu verbessern scheint W. dabei nicht anzustreben, aber er präsentiert ihre Eigensinnigkeit dem Gelächter und widersetzt sich – wie auch privat – ihren ungeschriebenen Regeln.

Literatur: A. H. Gardiner. *Keith Waterhouse, Billy Liar*. London 1987. – D. C. Eade. *Contemporary Yorkshire Novelists: A Study of Some Themes in the Work of Stan Barstow, John Braine, David Storey and Keith Waterhouse*. Leeds 1969.

Annegret Stegmann

Waugh, Evelyn [Arthur St. John]

Geb. 28. 10. 1903 in London;
gest. 10. 4. 1966 in Taunton, Somerset

Evelyn Waugh, zweiter Sohn des Verlegers Arthur Waugh und jüngerer Bruder des populären

Schriftstellers Alec Waugh, war einer der ungewöhnlichsten Autoren des 20. Jahrhunderts, ein gesellschaftlicher und literarischer Außenseiter, dessen Leben und Werk gleichermaßen überschwengliche Bewunderung wie schockierte Ablehnung auslöste. Viele sehen in ihm einen der brillantesten Schriftsteller und größten Satiriker seiner Zeit, während andere ihn für einen verbitterten Romantiker, reaktionären Zyniker, arroganten Dandy oder verhinderten Aristokraten halten, der in seinen Werken den Verlust eines traditionellen Wertesystems beklagte und einer elitären, aristokratischen Gesellschaftsordnung nachtrauerte. W. nennt man gern in einem Atemzug mit seinem lebenslangen Freund Graham Greene, da beide zum Katholizismus konvertierten und religiöse Themen behandelten. W.s Konversion (1930) wird in ihren Auswirkungen auf seine Schriften indes leicht überbewertet, zumal gerade katholische Kritiker manche seiner späteren Werke als anti-katholisch einstufen.

Seine zumeist glückliche Jugend bis zum Ende seines Geschichtsstudiums am Oxforder Hertford College (1924) schildert W. in seiner Autobiographie *A Little Learning* (1964). Die fünf folgenden Jahre bezeichnet er hingegen als die schrecklichsten seines Lebens: Seine Arbeit als Lehrer führt zu einem (halbherzigen) Selbstmordversuch, und seine Frau Evelyn (!) verläßt ihn 1929 nach nur einjähriger Ehe. Nach der Annullierung seiner ersten Ehe (1936) heiratet W. Laura Herbert, hat mit 34 Jahren erstmals einen festen Wohnsitz und schon bald – obwohl er Kinder als störend empfindet – drei Söhne und drei Töchter. Nach Kriegsende zieht er sich aufs Land zurück, um sich als exzentrischer Gutsbesitzer von der für ihn unerträglich gewordenen modernen Welt abzuschotten.

Persönlichen Enttäuschungen der 1920er Jahre stehen erste literarische Erfolge gegenüber. Sein Buch über den Maler-Dichter Dante Gabriel Rossetti (*Rossetti: His Life and Works*, 1928) wird positiv aufgenommen, und sein erster Roman *Decline and Fall* (1928; *Auf der schiefen Ebene*, 1953) macht ihn über Nacht berühmt. Wie auch in *Vile Bodies* (1930; *Aber das Fleisch ist schwach*, 1959) karikiert W. hier die gehobene Londoner Gesellschaft der *Roaring Twenties*, deren *Bright Young Things* sich sinnlosen, ausschweifenden Vergnügungen hingeben, um ihre innere Leere und Orientierungslosigkeit zu überwinden. Mit *A Handful of Dust* (1934; *Eine Handvoll Staub*, 1936), das als

sein bestes frühes Werk gilt, kann sich W. endgültig als Romancier etablieren. Inmitten einer Fülle von komischen Situationen behandelt er darin ein ernstes Thema, die Fragwürdigkeit menschlicher Existenz in einer Gesellschaft ohne Religion. Bis in die ersten Kriegsjahre hinein folgen bissige, gesellschaftskritische Werke über den Kolonialismus (*Black Mischief*, 1932; *Schwarzes Unheil*, 1938), die Sensationsgier der Boulevardpresse (*Scoop*, 1938; *Die gro e Meldung*, 1953) und den Patriotismus der Churchill-Ära (*Put Out More Flags*, 1942; *Mit Glanz und Gloria*, 1987). Charakteristika der Satiren W.s, denen die englische Literatur wesentliche Impulse verdankt, sind novellenhafte Knappheit, farcenhafte, teils makabre Elemente, ein ökonomisch-distanzierter Stil und geschliffene Dialoge sowie exzentrische Typen in komischen, oft burlesken Situationen. Pointierte Porträts exzentrischer Vertreter einer dekadenten Gesellschaft zeichnet W. auch in seinen Kurzgeschichten, die in den Sammelbänden *Mr. Loveday's Little Outing* (1936; *Kleiner Abendspaziergang*, 1959) und *Work Suspended* (1942) erscheinen. – Von 1926 an ist W. zudem als Journalist und Kriegsberichterstatter tätig und unternimmt ausgedehnte Reisen nach Afrika, in den Nahen Osten, nach Süd- und Mittelamerika sowie Italien, Ungarn und Mexiko. Seine vielfältigen Eindrücke und Erfahrungen spiegeln sich nicht nur in Artikeln, sondern auch in eigenständigen Reiseberichten wie *Remote People* (1931) und *Waugh in Abyssinia* (1936), die sich teils in gekürzter Fassung in der Sammlung *When the Going Was Good* (1946; *Als das Reisen noch schön war*, 1949) wiederfinden. 1935 erscheint *Edmund Campion* (*Saat im Sturm*, 1938), seine preisgekrönte Biographie über den elisabethanischen Jesuiten und Märtyrer.

W.s Nachkriegsromane gelten als ernsthaft und ambitioniert, die Figuren sind mit psychologischer Tiefe gezeichnet. Sein Meisterwerk *Brideshead Revisited* (1945; *Wiedersehen mit Brideshead*, 1947) bringt ihm Weltruhm und Einladungen nach Amerika ein und wird 1981 als TV-Serie verfilmt. Im Mittelpunkt des autobiographisch geprägten Romans steht die katholische Adelsfamilie Marchmain, auf deren Niedergang der Ich-Erzähler Charles Ryder, der sich der unbeschwerten Tage mit seinem Freund Lord Sebastian in Oxford, Brideshead und Venedig erinnert, gegen Kriegsende zurückblickt. Mit *The Loved One: An Anglo-American Tragedy* (1948; *Tod in Hollywood*, 1950) knüpft W. an seine bissigen Vorkriegssatiren an.

Die makabre Schilderung der Beerdigungsriten auf dem Luxusfriedhof »Flüsternde Haine« prangert den Infantilismus der amerikanischen Gesellschaft an, den W. auf seinen Vortragsreisen kennengelernt hatte. Dem historischen Roman *Helena* (1950) folgt die Trilogie *Sword of Honour* (1965; *Ohne Furcht und Tadel*, 1979), in deren Bänden *Men at Arms* (1952), *Officers and Gentlemen* (1955) und *Unconditional Surrender* (1961) er seine Kriegserfahrungen als Offizier bei den Marinelandungstruppen und Kommandotrupps auf Kreta und in Jugoslawien verarbeitet. – In seinen letzten Jahren flüchtet sich W. immer mehr in eine vergangene Welt und kehrt zu seinen literarischen Wurzeln zurück. Er beginnt seine Autobiographie, schreibt die Reiseberichte *The Holy Places* (1952) und *Tourist in Africa* (1960) sowie eine Biographie über seinen Freund, den Theologen und Bibelübersetzer Ronald Knox (*The Life of the Right Reverend Ronald Knox*, 1959). W.s private Situation spiegelt sich in der bizarren Erzählung *The Ordeal of Gilbert Pinfold* (1957; *Gilbert Pinfolds Höllenfahrt*, 1957), in der ein heruntergekommener, alkoholkranker und lebensmüder Katholik von Halluzinationen und Selbstzweifeln gequält wird. Seine Tagebücher (*Diaries*, 1976) und Briefe bestätigen dieses Selbstporträt. Zutiefst enttäuscht über das Zweite Vatikanische Konzil, durch das er die Gesellschaft endgültig ihre traditionellen Werte über Bord werfen sah, stirbt er verbittert mit nur 62 Jahren.

Werkausgaben: *The Letters*. Hg. M. Amory. Harmondsworth 1995 [1980]. – *The Essays, Articles and Reviews*. Hg. D. Gallagher. London 1983. – *The Complete Short Stories and Selected Drawings*. Hg. A. P. Slater. London 1998.
Literatur: D. L. Patey. *The Life of Evelyn Waugh: A Critical Biography*. Oxford 1998. – P. A. Doyle. *A Reader's Companion to the Novels and Short Stories of Evelyn Waugh*. Norman, OK 1988.

Friedrich-K. Unterweg

Webster, John

Geb. 1579/1580? in London;
gest. 1625–34? ebd.?

Trotz der Tatsache, daß John Webster eine der zentralen Figuren des jakobäischen Dramas in England ist und seine beiden Meisterwerke, *The White Devil* (1612; *Der weiße Teufel*, 1880) und *The Duchess of Malfi* (1614; *Die Herzogin von Amalfi*, 1858), neben Shakespeare zu den bis heute meistgespielten Dramen der Zeit überhaupt zu zählen sind, ist W.s Leben weitgehend obskur. Der Sohn eines wohlhabenden Londoner Wagenbauers begann seine Karriere am Theater Anfang des 17. Jahrhunderts in der Zusammenarbeit mit dem Theaterbesitzer und Geschäftsmann Philip Henslowe. *Caesar's Fall or The Two Shapes* (1602) und *Sir Thomas Wyatt* (1602) sind von Henslowe finanzierte Gemeinschaftsarbeiten, die W. in Verbindung mit anderen Autoren wie Thomas Middleton und Thomas Dekker zeigen. Zusammen mit Dekker verfaßte W. in den Jahren 1604 und 1605 *Westward Ho* und *Northward Ho*, satirische Komödien, die W.s Sinn für das Selbstreflexiv-Theatralische bereits erkennen lassen. Nach der Heirat mit Sara Pensiall und der Geburt eines Sohnes (1606) bleibt die Autorschaft W.s bei vielen Werken der folgenden Jahre ungeklärt, zumal im Falle eines 1985 entdeckten Manuskripts eines Dramenfragments mit dem Titel *The Duke of Florence*. – Das in diesem Text erkennbare Muster der Intrigen- und Rachetragödie wird in *The White Devil* zum zentralen Strukturelement. Die destruktive Kraft, die das Stück ausstrahlt, ist vor allem der Darstellung rücksichts- wie hemmungsloser Leidenschaften und eines ungebändigten Willens zur Macht im Handeln der Figuren zuzuschreiben. Diese sind von keinerlei Konventionalität oder sozialem Verantwortungsgefühl aufzuhalten, vielmehr wird jede religiöse, politische oder gar psychologisch-ethische Verpflichtung selbstdestruktiv in ein diabolisches, fast nihilistisches Faß ohne Boden umfassender Korruption und alptraumhafter Begierden gestürzt, an dem der Verfall der gesamten (post-elisabethanischen) Gesellschaft versinnbildlicht wird. – In *The Duchess of Malfi* präsentiert W. eine der größten tragischen Heldinnen der dramatischen Weltliteratur überhaupt. W. gelingt eine straffe dramatische Struktur, eine lebendige, mitreißende Sprache und eine tiefgehende Psychologisierung, in der die Charaktere trotz aller Verwerflichkeit ihres Handelns nicht vollends die Lesersympathie verlieren. – In den folgenden Jahren werden die Rachetragödie *The Devil's Law-Case* (ca. 1619–22) und die mit William Rowley verfaßte, am Vorbild John Fletchers geschulte, Tragikomödie *A Cure for a Cuckold* (ca. 1624–1625) uraufgeführt, beide Dramen sind gleichwohl längst nicht auf der ästhetischen Höhe von *The White Devil* oder *The Duchess of Malfi*.

W.s Mitarbeit bzw. Anteil an weiteren Dramen bleibt wegen der überwiegend unklaren Textlage jedoch ebenso der Spekulation preisgegeben wie das unbekannte Datum von W.s Tod. Die beiden großen Dramen W.s werden freilich wegen ihrer sprachlich-formalen Meisterschaft, ihrer emotionalen Intensität in der Darbietung abgründiger Angst, und nicht zuletzt wegen ihres verstörend negativen Bildes einer chaotischen Welt weiterhin ihren exponierten Platz in der englischen Literaturgeschichte behalten.

Werkausgaben: *The Complete Works of John Webster.* Hg. F.L. Lucas. 4 Bde. London 1927.
Literatur: Ch.-R. Forker. *Skull Beneath the Skin: The Achievement of John Webster.* Carbonville 1986. – J. Dollimore. *Radical Tragedy: Religion, Ideology and Power in the Drama of Shakespeare and His Contemporaries.* London 1984. – L. Bliss. *The World's Perspective: John Webster and the Jacobean Drama.* New Brunswick 1983.

Martin Middeke

Wedde, Ian

Geb. 17. 10. 1946 in Blenheim, Neuseeland

Ian Wedde ist ein Schriftsteller, der in den Gattungsbereichen der Lyrik und des Romans Bedeutendes geleistet hat und der in Aufsatzform sowie durch seine berufliche Tätigkeit als Museumsdirektor unter Beweis gestellt hat, daß er im Verbalen wie im Visuellen ein Vordenker ist. Seine Aufsätze – gesammelt in dem Band *How to Be Nowhere* (1995) – sind eine Fundgrube faszinierender Ideen und Konzepte. Er hat viel mit der Planung und Organisation von Ausstellungen bildender Kunst zu tun gehabt, und auch in seinen literarischen Werken spielt das Optische oft eine wichtige, wenn nicht tragende Rolle. Formal-stilistisch steht W.s Lyrik in der Tradition der amerikanischen Moderne, vertreten etwa durch William Carlos Williams, der einen wichtigen Einfluß darstellt: *Earthly: Sonnets for Carlos* (1975). W. hat eine offenkundige Vorliebe für längere Gedichte, in denen meist ein kritischer Geist herrscht. Der Autor sieht seine Aufgabe primär als die eines Fragenden und Nachforschenden: »I think I seldom tell; I enquire.«

Bei seinen lyrischen Befragungen geht W. durchaus pietätlos vor. Das Gedicht »Castaly« (1980) fängt mit einer Kombination aus Visuellem

und Verbalem, nämlich mit der schematischen Abbildung eines durch eingezeichnete Linien in ›Filetstücke‹ portionierten Wals an. Nicht zu übersehen ist dabei, daß ein unverhältnismäßig großer Anteil des Wals den Eigentümern der Walfanggesellschaft vorbehalten bleibt, während die 20 Mann starke Crew ein Viertel der Beute unter sich aufteilen muß. In seinem Roman *Symmes Hole* (1986) greift W. in Anlehnung an Herman Melvilles *Moby-Dick* (1851) und unter Einfluß von Thomas Pynchon die gleiche Thematik als postmoderne-postkoloniale Allegorie auf. In »Pathway to the Sea« (1975) verleiht W. einem großangelegten Protest gegen die Errichtung einer Schmelzhütte an einer landschaftlich besonders attraktiven Küstenstelle der Südinsel seine literarische Stimme, wobei die verwendete Sprache, die sich sehr kritisch mit den abenteuerlichen Entsorgungsmethoden der Wirtschaft auseinandersetzt, in ihrer Drastik alles andere als »poetisch« im herkömmlichen Sinne ist.

Maßgeblichen Einfluß auf die Wahrnehmung literaturgeschichtlicher Entwicklungen hat W. als Mitherausgeber des *Penguin Book of New Zealand Verse* (1985) genommen. Damit erweiterte er die Bandbreite und den Horizont des ein Vierteljahrhundert früher erschienenen Vorgängerwerks von Allen Curnow zum Teil durch eigenwillige Auswahlentscheidungen. In einer programmatischen Einleitung betont W., das, was man die »neuseeländische Lyrik« nennt, sei kein nationaler Zustand, sondern ein Prozeß. Dieser hänge teilweise auch mit der Entwicklung zusammen, im Verlaufe derer die englische Sprache sich allmählich in dem entfernten neuen Land heimisch gemacht hat, so daß sie jetzt dort für eigene Zwecke benutzt werden kann. Dies beinhaltet selbstverständlich auch, daß Werke der Maori, deren Kultur und Sprache schon lange vor der Kolonialisierung in Aotearoa (wie sie ihre Heimat nennen) heimisch war, in einer solchen Anthologie erhöhte Berücksichtigung finden sollten, was auch geschehen ist. – 2001 ist W. nach längerer Abstinenz noch einmal dichterisch tätig geworden: In *The Commonplace Odes* gelingt ihm eine neue Synthese von Privatem und Öffentlichem, Alltäglichem und Philosophischem, die er in eher klassische Verse faßt.

Werkausgaben: *Driving into the Storm: Selected Poems.* Auckland 1987. – *How to Be Nowhere: Essays and Texts 1971–1994.* Wellington 1995.
Literatur: M. Williams. *Leaving the Highway: Six*

Contemporary New Zealand Novelists. Auckland 1990. –
M. Williams. »Wedde at 39.« *Landfall* 153 (1985), 66–74.

Peter H. Marsden

Weldon, Fay

Geb. 22. 9. 1931 in Alvechurch,
Worcestershire

Mit über 20 Romanen, sechs Kurzgeschichtenbänden, zahlreichen Dramen, Fernsehspielen und
Hörspielen sowie drei Kinderbüchern und einigen
nicht-fiktionalen Werken (darunter eine Biographie von Rebecca West) zählt Fay Weldon, die in
dritter Ehe mit dem Dichter Nick Fox verheiratet
ist und vier Söhne hat, zu den produktivsten
britischen Autorinnen der Gegenwart. Aufgewachsen ist W. in Neuseeland, in einem nach der
Scheidung ihrer Eltern ausschließlich aus Frauen
(ihrer Mutter, Großmutter und Schwester) bestehenden Haushalt. Nach einem Studium der
Wirtschaftswissenschaften und Psychologie in St.
Andrews (Schottland) arbeitete sie u. a. als Werbetexterin – eine berufliche Erfahrung, die vielleicht
jene knappe und pointierte Sprache mitgeprägt
hat, die für W. charakteristisch ist. 1967 veröffentlichte sie ihren Erstlingsroman *The Fat Woman's
Joke*, in dem sich bereits deutlich der inhaltliche
Fokus und der generelle Tenor abzeichnen, die
auch für ihre späteren Werke bis hin zu ihrem
neuesten Roman *Rhode Island Blues* (2001) kennzeichnend sind: Feministisch relevante Themen
wie die Beziehung zwischen Müttern und Töchtern, weibliche Sexualität und der weibliche Körper, Schwangerschaft, Abtreibung, zwischengeschlechtliche Beziehungen, Beziehungen zwischen
Frauen, weibliche Berufstätigkeit und weibliche
Identität werden in W.s Werken aus einem feministischen und sozialkritischen Blickwinkel, mit satirischer Schärfe und oft mit sehr viel (schwarzem)
Humor dargestellt. Bei weiblichen wie auch bei
männlichen Figuren betont W. vielfach das Exemplarische des jeweiligen Weiblichkeits- oder Männ-
lichkeitsentwurfs, was sich in einer Tendenz zur
Typisierung der Figuren niederschlägt. Divergie-
rende weibliche Rollenmuster und Geschlechtsstereotypen werden zumeist entweder durch Kontrastfiguren repräsentiert (so etwa durch die naive
Kindfrau Liffey und die ›Hexe‹ Mabs in *Puffball*,
1980; *Das Haus auf dem Lande*, 1984) oder von
einer Figur im Laufe verschiedener Lebensphasen

verwirklicht (*Praxis*, 1978; *Die Decke des Glücks*,
1983). In *Splitting* (1995; *Spaltungen*, 1996) werden unterschiedliche Rollen und Stereotypen hingegen durch die diskrepanten Teilpersönlichkeiten
der unter multipler Persönlichkeitsspaltung leidenden Protagonistin evoziert. Wenn sich die dargestellten gegensätzlichen Weiblichkeitsentwürfe
im Handlungsverlauf als gleichermaßen unzulänglich erweisen, dann unterminiert dies einseitige
Weiblichkeitsvorstellungen und stereotype Rol-
lenzuweisungen. Dies trifft auch auf *The Life and
Loves of a She-Devil* (1983; *Die Teufelin*, 1987) zu,
der zweimal verfilmt wurde und zu W.s Popularität beigetragen hat. W.s Werke stehen zwar deutlich in der Tradition realistischen Erzählens, mitunter machen sie aber auch Anleihen bei der
Science Fiction (z. B. *The Cloning of Joanna May*,
1989; *Die Klone der Joanna May*, 1992; *Rules of Life*,
1987), weisen phantastische Züge auf oder experimentieren mit der erzählerischen Vermittlung,
etwa durch unzuverlässiges Erzählen (z. B. *Life
Force*, 1992; *Die Kraft der Liebe*, 1992). Eine intensivere Beschäftigung mit W.s (kommerziell sehr
erfolgreichen) Werken seitens der Literaturwissenschaft hat erst in den letzten Jahren eingesetzt.

Literatur: L. Faulks. *Fay Weldon*. London 1998. –
R. Barreca, Hg. *Fay Weldon's Wicked Fictions*. Hanover,
NH 1994.

Marion Gymnich

Wells, H[erbert] G[eorg]

Geb. 21. 9. 1866 in Bromley, Kent;
gest. 13. 8. 1946 in London

Der als Schriftsteller überaus produktive H. G.
Wells entstammte ärmlichen kleinbürgerlichen
Verhältnissen, die sein Schaffen prägten. Sein Vater
war ein erfolgloser Ladeninhaber; die Mutter sicherte als Hausdame in einem Herrenhaus den
Lebensunterhalt. W. brach Lehrjahre bei einem
Tuchhändler, einem Drogisten und wieder bei einem Tuchhändler frustriert ab und bildete sich
durch umfangreiche Lektüre selbständig weiter.
1883 kam er an einer *grammar school* als Schüler
und Hilfslehrer unter und war in den Naturwissenschaften so erfolgreich, daß er ein Stipendium für das spätere Royal College of Science in
South Kensington bekam (1884–87). Zu seinen
Lehrern zählte Thomas Henry Huxley, ein engagierter Verteidiger der Darwinschen Evolutions-

theorie. W. verließ das College zunächst ohne Abschluß, erlangte aber nach weiteren Jahren als Schullehrer 1890 einen *Bachelor of Science* in Zoologie (erst mit 78 Jahren erwarb er auch einen naturwissenschaftlichen Doktortitel). Neben einer Anstellung am University Tutorial College in London arbeitete er als Wissenschaftsjournalist und entschied sich Mitte der 1890er Jahre für eine hauptberufliche Laufbahn als Schriftsteller. – An fiktionaler Literatur verfaßte W. zuerst Kurzgeschichten. Er gilt als wichtiger britischer Vertreter des Genres Ende des 19. und Anfang des 20. Jahrhunderts. Seine bekannteste Geschichte, »The Country of the Blind« (1904; »Das Land der Blinden«, 1976), ironisiert im Szenario einer verlorenen Zivilisation das Sprichwort, im Land der Blinden sei der Einäugige König.

Noch in den 1890er Jahren veröffentlichte W. auch seine ersten Science-fiction-Romane, die heute der bekannteste Teil seines – uvres sind, nicht zuletzt dank vieler Verfilmungen und anderer Adaptionen. W. selbst bezeichnete sie als »wissenschaftliche Romanzen«, im Gegensatz zu realistischen, im Hier und Jetzt angesiedelten Romanen im engeren Sinn. Auch die phantastischen Ereignisse von W.s *scientific romances* sind jedoch stets aus dem aktuellen Stand der Naturwissenschaften extrapoliert, nehmen ihren Ausgang von alltäglichen Situationen und kommentieren zeitgenössische gesellschaftliche Entwicklungen. *The Time Machine* (1895; *Die Zeitmaschine*, 1904) basiert auf einer aktuellen Diskussion um die vierte Dimension und entwirft ein Bild negativer Evolution. Ein Zeitreisender stößt mit einer selbstkonstruierten Maschine (einem Novum in der Tradition der imaginären Zeitreise) in eine ferne Zukunft vor, in der sich aus den sozialen Klassen des späten 19. Jahrhunderts zwei verschiedene Spezies entwickelt haben: Den aus der Arbeiterklasse hervorgegangenen Morlocks dienen die dekadent-ästhetischen Eloi als Nahrungsquelle. In noch fernerer Zukunft erlebt der Zeitreisende das endgültige Verschwinden der Menschheit und den Wärmetod der Erde. Andere frühe Romanzen weisen die ethischen Grenzen wissenschaftlichen Strebens auf. In *The Island of Doctor Moreau* (1896; *Doktor Moreaus Insel*, 1904) macht sich ein Wissenschaftler zum Gott und versucht die Evolution zu beschleunigen, indem er Tiere durch Vivisektion in menschenähnliche Geschöpfe verwandelt. In *The Invisible Man* (1897; *Der Unsichtbare*, 1911) entdeckt ein Chemiker eine Substanz, die ihn un-

sichtbar macht. Sein Wissen verleiht ihm Macht, stößt ihn aber in völlige soziale Isolation, und der groteske Außenseiter wird schließlich anarchisch-kriminell. Joseph Conrad bewunderte den Roman und widmete W. 1907 seinen Anarchisten-Roman *The Secret Agent. The War of the Worlds* (1898; *Der Krieg der Welten*, 1901) schildert eine brutale Invasion Englands durch wissenschaftlich-emotionslose Marsianer, über die W. die Fortschrittsgläubigkeit, aber auch den Imperialismus seiner Zeit kritisiert. Eine amerikanische Hörspieladaption von Orson Welles löste 1938 eine Massenpanik aus. In *The First Men in the Moon* (1901; *Die ersten Menschen im Mond*, 1905) töten insektenähnliche Mondbewohner den Wissenschaftler Cavor aus Angst vor weiteren Besuchen kriegerischer und besitzergreifender Erdlinge. Auch in nichtfiktionalen Werken (*Anticipations*, 1901; *Mankind in the Making*, 1903; *A Modern Utopia*, 1905) spekulierte W. bereits Anfang des 20. Jahrhunderts über die zukünftige Entwicklung der menschlichen Spezies und Gesellschaft.

W.s fiktionale Prosa hatte ein zweites Standbein mit tragikomischen, realistischen Gesellschaftsromanen, die im Kleinbürgermilieu angesiedelt sind und autobiographische Erfahrungen verarbeiten. *Love and Mr. Lewisham* (1900) rekurriert auf W.s Jahre als Hilfslehrer und Student. *Kipps* (1905; *Kipps*, 1982) schildert das Schicksal eines Tuchhändlergehilfen, dem überraschend ein Erbe zufällt, der den sozialen Aufstieg aber nicht schafft, weil er das in höheren Kreisen geforderte Verhalten nicht erlernt. *Tono-Bungay* (1909; *Der Traum*, 1927) beschreibt aus Sicht eines Wissenschaftlers den gesellschaftlichen Aufstieg und Fall seines Onkels, des Apothekers Ponderevo, der durch ein wirkungsloses Tonikum zu großem Wohlstand kommt, dann aber im kapitalistischen System scheitert. In *The History of Mr. Polly* (1910; *Mr. Polly steigt aus*, 1993) kann sich ein Ladeninhaber erst aus seiner trostlosen Existenz befreien, als ein Feuer sein Geschäft zerstört und es ihm ermöglicht, ein Leben jenseits gesellschaftlicher Zwänge zu führen. Ein Skandalerfolg wurde *Ann Veronica* (1909), in dem sich im Kontext der *New Woman*-Bewegung eine Frau das Recht nimmt, gegen alle Konventionen mit dem Mann zu leben, den sie liebt. Das Recht auf freie Liebe beanspruchte W. auch für sich selbst; er verließ seine erste Frau und hatte während seiner zweiten Ehe mehrere Liebschaften, u. a. mit der Autorin Rebecca West.

W.s Romane waren bis etwa 1910 populär, lösten bei den Kritikern aber gespaltene Reaktionen aus. Heftige Kritik traf Ws. Romanschaffen ab den 1920er Jahren, das auf Kosten künstlerischer Strukturiertheit zunehmend zum Vehikel für seine sozialen und politischen Prophezeiungen wurde. Mit Henry James, einem langjährigen Freund, entzweite sich W. 1915 in einem Streit über die Funktion des Romans als Kunst um ihrer selbst willen bzw., wie W. glaubte, als nützliche Kunst zur Verbreitung von Ideen. Die Modernisten sahen in W. einen technisch konservativen und inhaltlich zu materialistischen Romancier (Virginia Woolf, »Modern Fiction«, 1925). – Außer in thesenhaften Romanen verbreitete W. seine Gedanken in zahlreichen Traktaten und Sachbüchern. Besonders wichtig war ihm seine Mission für eine bessere Zukunft der Menschheit, etwa in einem Weltstaat unter der Führung sozial verantwortlicher Industrieller. Der Erste Weltkrieg, während dessen er im Propagandaministerium tätig war, war für W. einerseits der Krieg, der alle künftigen Kriege beenden würde (*The War That Will End War*, 1914), andererseits ein Krieg, der Patriotismus erforderte (so der Roman *Mr. Britling Sees It Through*, 1916). Der Weltverbesserung widmete sich W. nach dem Krieg in einem großen Projekt der Massenerziehung durch Sachbücher wie *The Outline of History* (1920) und *The Science of Life* (1930, mit Julian Huxley). Während des Zweiten Weltkriegs war W. an der Formulierung einer Erklärung der Menschenrechte beteiligt; dieser Krieg löste bei ihm aber einen tiefen Pessimismus aus, der eines seiner letzten Bücher prägt, *Mind at the End of Its Tether* (1945; *Der Geist am Ende seiner Möglichkeiten*, 1946). Das 1934 erschienene *Experiment in Autobiography* vermittelt Einblicke in W.s heterogenes, aber immer engagiertes Denken, das er aufgrund seines streitbaren Temperaments nie institutionell verankern konnte; aus der sozialistischen Fabian Society z. B. trat W. 1908 nach nur 6 Jahren wieder aus, ohne sich aber von sozialistischen Prinzipien zu verabschieden.

Werkausgaben: *The Works of H. G. Wells*. Atlantic Edition. 28 Bde. London 1924–27. – *The Works of H. G. Wells*. Essex Edition. 24 Bde. London 1926/27. Literatur: J. Hammond. *A Preface to H. G. Wells*. Harlow 2001. – P. Parrinder. *Shadows of the Future: H. G. Wells, Science Fiction, and Prophecy*. Syracuse 1995. – M. Coren. *The Invisible Man: The Life and Liberties of H. G. Wells*. New York 1993.

Barbara Korte

Welsh, Irvine

Geb. 27. 9. 1958 in Leith, Schottland

Wenn sich der Protagonist Mark Renton in der Verfilmung von Irvine Welshs Bestseller *Trainspotting* (1993; *Trainspotting*, 1996) ein Kondom überzieht, von dem im Buch nicht die Rede ist, dann bedeutet dieser kleine Handgriff bereits eine Abmilderung des Schockpotentials der Werke W.s: Offenbar befand man den ungeschützten Geschlechtsverkehr des möglicherweise Aidsinfizierten für jugendgefährdend. Der Griff zum Kondom läuft jedoch der nihilistischen Weltsicht der drogenabhängigen Protagonisten zuwider, in der die Zukunft stets nur bis zum nächsten Schuß reicht. Ohnehin eignen sich W.s Charaktere – neben Drogenabhängigen auch Vergewaltiger und rassistische Mörder – nie zum Vorbild. Sie sind Aussätzige einer Gesellschaftsordnung, mit der sie nichts als Verachtung verbindet. – W. kennt dieses Milieu aus eigener Erfahrung. 1958 in Leith bei Edinburgh geboren, wuchs er im heruntergekommenen Arbeitervorort Muirhouse auf. Mit 16 Jahren verließ er die Schule, um sich als DJ und Punkmusiker in London durchs Leben zu schlagen, bevor er schließlich ein Informatikstudium in Edinburgh absolvierte. 1993 wurde sein Romandebüt *Trainspotting* ein durchschlagender Erfolg, welcher durch die Verfilmung noch vergrößert wurde. Es folgten in kurzem Abstand die Romane *Marabou Stork Nightmares* (1995), *Filth* (1998; *Drecksau*, 1999) und *Glue* (2001), zwei Bände mit Kurzgeschichten – *The Acid House* (1994; *The Acid House*, 1999) und *Ecstasy: Three Tales of Chemical Romance* (1996; *Ecstasy: Drei Geschichten mit chemischen Zusätzen*, 1997) – sowie zwei Dramen (*Headstate*, 1996, und *You'll Have Had Your Hole*, 1998).

Dabei ist W. mehr als nur ein über Sex und Technomusik schreibender Vertreter der Designer-Drogengeneration. Seine Prosa, die sich vom sozialen Realismus in *Trainspotting* über surrealistische Versuche in *The Acid House* zu einem typographisch unkonventionellen, experimentellen Realismus in *Marabou Stork Nightmares* und *Filth* entwickelt, bietet anschauliche Studien vielfältiger Identitätskrisen. So spiegelt in *Trainspotting* das Aufbrechen der einheitlichen Erzählperspektive in ein Kaleidoskop von Stimmen die inkohärente Wirklichkeitserfahrung Drogenabhängiger wider. Auch der Sadismus des Polizisten Robertson in

Filth und die vielen Protagonisten eigene, teils skatophile Obsession mit Körperflüssigkeiten offenbaren gestörte Identitäten: Allein negativ in der Erniedrigung anderer und im Ekel vor sich selbst läßt sich das eigene Ich bestimmen. Allgemeiner lassen sich die stets männlichen Identitätskrisen als Ausdruck eines ambivalenten Nationalgefühls verstehen: Zwar verhilft W. dem schottischen Idiom international zu literarischem Erfolg, zugleich jedoch demontieren seine erfolglosen Fußballprofis, Drogenabhängige, Alkoholiker und Transvestiten spezifisch schottische Männlichkeitsphantasmen. Vor dem Hintergrund eines wiedererstarkten Nationalstolzes in Zeiten der *devolution* erscheint sein Werk somit schonungslos skeptisch.

Literatur: G. Nieragden. »›*Cynical Young Men*‹ – ein neues Paradigma für den Roman der 1990er Jahre (?): Christopher Brookmyre, Nick Hornby, Irvine Welsh.« *Klassiker und Strömungen des englischen Romans im 20. Jahrhundert.* Hg. V. Nünning/A. Nünning. Trier 2000, 221–241. – A. Freeman. »Ghosts in Sunny Leith: Irvine Welsh's Trainspotting.« *Studies in Scottish Fiction: 1945 to the Present.* Hg. S. Hagemann. Frankfurt a.M. 1996, 251–262.

Ralf Hertel

Wendt, Albert

Geb. 27. 10. 1939 in Apia, West-Samoa

Daß wir die Menschen und Kulturen Ozeaniens nicht mehr aus der Perspektive von Margaret Mead, Somerset Maugham und James Michener sehen müssen, haben wir vor allem einem Samoaner zu verdanken: Albert Wendt hat sich in den letzten 30 Jahren als einer der produktivsten Schriftsteller des Pazifik und als ebenso engagierter wie erfolgreicher Förderer und Vermittler pazifischer Literaturen erwiesen. Als Mitglied der *Aiga* (Großfamilie) Sa-Tuaopepe geboren, kehrte er nach Schul- und Universitätsausbildung in Neuseeland (1953–65) in seine Heimat zurück, um am Samoa College zu unterrichten. Nach Lehrtätigkeiten in West-Samoa und Fiji ist er seit 1988 Professor für neuseeländische und pazifische Literaturen an der Universität Auckland. W.s Erzählwerk umfaßt die fünf Romane *Sons for the Return Home* (1973), *Pouliuli* (1977), *Leaves of the Banyan Tree* (1979; *Die Blätter des Banyanbaumes*, 1998), *Ola* (1991) und *Black Rainbow* (1992) und die beiden Kurzgeschichtensammlungen *Flying Fox in*

a Freedom Tree (1974) und *The Birth and Death of the Miracle Man* (1986). Sein lyrisches Werk besteht aus den drei Gedichtbänden: *Inside Us the Dead* (1976), *Shaman of Visions* (1984) und *Photographs* (1995). Außerdem hat er zwei maßgebliche Anthologien pazifischer Literatur herausgegeben: *Lali* (1980) und *Nuanua* (1995).

Drei Ideenkomplexe bestimmen auf vielfältig variierte Weise W.s Werk: »Unsere Toten«, so schreibt er in einem Essay, »sind in unsere Seelen verwoben wie die hypnotische Musik von Knochenflöten«; d.h. die Menschen können ihren Herkunftskulturen nicht entkommen, ob sie ihnen Selbstbewußtsein, Kraft und Weisheit geben oder aber sie blind gegen alles machen, was außerhalb ihrer selbst liegt, ob sie zur Völkerverständigung beitragen oder aber zum Rassismus verleiten. Diese Ambivalenz der Herkunftskulturen können nur diejenigen produktiv nutzen, die sie ebenso bejahen wie negieren und so zu ihrem Erhalt und ihrer Entwicklung beitragen. Die Aufgabe der SchriftstellerInnen bei der Befragung, Stärkung und Transformation der Kulturen liegt darin, »die Leere« – die Notwendigkeit des kollektiven Sich-Selbst-Erklärens – auf verschiedene Art und Weise wahrzunehmen und zur Darstellung zu bringen. In seinen Romanen lotet W. diese Fragestellungen anhand verschiedener Themen aus: In *Sons for the Return Home* werden am Schicksal einer samoanischen Familie in Neuseeland die unterschiedlichen Lebensweisen, Wertvorstellungen und der aus diesen Konflikten rührende Rassismus verdeutlicht. (Dabei zeigt W. den Rassismus der Neuseeländer gegenüber Nichtweißen ebenso wie der Samoaner gegenüber den Maori.) *Pouliuli* (Finsternis) entwirft das Bild eines König Lear ähnlichen Familienoberhauptes, das am Ende seines Lebens die Hohlheit und Brüchigkeit all der Normen und Werte erkennt (und bloßstellt), für die er sich sein Leben lang eingesetzt hat. *Leaves of the Banyan Tree* schildert den Aufstieg und Verfall einer Familie über drei Generationen. W.s Texte begeistern durch den innovativen Sprachgebrauch, die polyphonen Erzählstimmen, die intertextuellen Bezüge sowie die spielerische Selbstreferentialität und -reflexivität.

Literatur: J.P. Durix. »Albert Wendt: To Snare the Void and Give It Word.« *International Literature in English: Essays on the Major Writers.* Hg. R.L. Ross. New York 1991, 63–73.

Jürgen Kramer

Wertenbaker, Timberlake

Geb. 1951? in den USA

Timberlake Wertenbaker, die wenig Privates preisgibt, ist gebürtige Amerikanerin und wuchs im Baskenland auf. Nach dem Studium arbeitete sie zunächst als Journalistin und ging später als Sprachenlehrerin nach Griechenland. Sie hat Dramen von Pierre Marivaux, Jean Anouilh und Maurice Maeterlinck sowie von Sophokles und Euripides ins Englische übersetzt. Ihr Leben im Baskenland, wo die Sprache systematisch unterdrückt wurde, hat sie bewogen, in vielen ihrer Dramen der Bedeutung der Sprache für die Selbstfindung des Individuums nachzugehen. Wenn dabei oft Frauen im Mittelpunkt stehen, dann deswegen, weil Frauen sowohl im privaten wie im öffentlichen Bereich der Gewalt ausgesetzt waren und kein Mitspracherecht hatten. Der zeitliche Bogen ihrer Dramen spannt sich von der Antike über das 18. und 19. bis ins 20. Jahrhundert. In *The Love of the Nightingale* (1988) greift W. auf den Philomele-Mythos zurück und läßt ihn zu einem zeitlosen Bild verdrängter Wahrheiten werden. Die vergewaltigte Philomele tritt nicht als Opfer, sondern als Kämpferin auf, die mittels des Wortes ihre Würde behauptet und ihren Peiniger lächerlich macht, worauf er ihr die Zunge herausschneidet. Der Kampf zwischen Mann und Frau wird zunächst als Kampf zwischen Gewalt und Geist dargestellt, bis dann Gewalt nur noch Gegengewalt erzeugt, als Philomele Tereus' Sohn tötet. Auch in *The Grace of Mary Traverse* (1985) und in *New Anatomies* (1984) zeigen die Protagonistinnen den Mut, in der einen oder anderen Form aus den patriarchalischen Konventionen ihrer Zeit auszubrechen, aber es gelingt ihnen jeweils nicht, für sich und ihre nächste Umgebung ein privates Glück aufzubauen. Schuld daran sind zum einen die sexuelle Gewalttätigkeit und die politisch-gesellschaftliche Macht der Männer, zum anderen aber auch der Mangel an Weltklugheit, Menschenkenntnis und Selbstachtung bei den Frauen, Werten, die im Erziehungsprogramm für Mädchen im 18. und 19. Jahrhundert keine Rolle spielten. In *The Break of Day* (1995) leiden die modernen Frauen der 1990er Jahre nicht mehr an der Gewalt der Männer, sondern an ihrem eigenen falsch verstandenen Emanzipationsstreben. – Das Interesse an den konstruktiven und destruktiven Einflüssen von Sprache weitet sich bei W. zur Frage nach der Bedeutung der Kunst im öffentlichen und privaten Leben. In *Our Country's Good* (1988) stellt W. den zivilisierenden und humanisierenden Einfluß von Literatur auf eine Gruppe englischer Strafgefangener dar, die man 1788–89 nach Australien deportierte. Diese finden durch das Proben eines Theaterstücks neue Perspektiven und ein neues Selbstwert- und Verantwortungsgefühl. *Three Birds Alighting on a Field* (1991) und *After Darwin* (1998) spüren der Gefährdung der Kunst im ausgehenden 20. Jahrhundert nach, wo nur noch der Marktwert und persönliche Eitelkeiten der Künstler zählen.

In allen ihren Dramen ist W. um Realitätsnähe und korrekte Wiedergabe des Zeitgeists bemüht, ohne sich dadurch formal einengen zu lassen. Sie bedient sich der Moralitäten- und *music hall*-Traditionen ebenso wie moderner Verfremdungs- und Montagetechniken. W. stellt eine fragmentierte Welt dar, der ein tragfähiges Menschenbild und ein gültiger Wertekanon fehlen. Ihre Dramen sind ein Plädoyer für mehr Idealismus und mehr Menschlichkeit und Toleranz gegenüber Unterprivilegierten und gesellschaftlichen Außenseitern. Der Werteverlust ist bei ihr nicht ein Phänomen des 20. Jahrhunderts, sondern zieht sich durch alle Jahrhunderte, weswegen ihre historischen Gestalten ähnlich zerrissen wirken wie die modernen.

Werkausgabe: *Plays 1*. London 1996.
Literatur: M. Ritchie. »Almost ›better to be nobody‹: Feminist Subjectivity, the Thatcher Years, and Timberlake Wertenbaker's *The Grace of Mary Traverse*.« *Modern Drama* 39 (1996), 404–420. – D. I. Rabey. »Defining Difference: Timberlake Wertenbaker's Drama of Language, Dispossession and Discovery.« *Modern Drama* 33 (1990), 518–528.

Ria Blaicher

Wesker, Arnold

Geb. 24. 5. 1932 in Stepney, East London

Um Arnold Wesker, einen der führenden Autoren des britischen Nachkriegsdramas, ist es spätestens seit Anfang der 1980er Jahre bemerkenswert still geworden; und dies obwohl sein konstitutiver Beitrag für die Renaissance des *New British Drama* auch aus der historischen Distanz unbestreitbar ist, sein sozial- und kulturpolitisches Engagement im Rahmen des Centre 42 ihn zu einer öffentlich bekannten Figur werden ließ, er frühe Theatererfolge feierte und bis in die 1990er Jahre mit neuen Dramen aufwarten konnte. Fragt man nach den Gründen, so ist neben der unverkennbaren Animosität, mit der die ›bürgerliche‹ Londoner Theaterkritik seinen Werdegang begleitete, auf die vermeintliche Unzeitgemäßheit seiner sozialistisch-humanistischen Leitideen, aber auch auf ihre Unvereinbarkeit mit einer sich entwickelnden postmodernen Befindlichkeit hinzuweisen.

Als Sohn ostjüdischer Eltern unter den ärmlichen Bedingungen des Londoner East End aufgewachsen und nur mit einer bescheidenen Schulbildung versehen, arbeitete W. nach 1948 fast zehn Jahre lang in verschiedenen handwerklichen Gelegenheitsberufen, unterbrochen nur durch einen zweijährigen Militärdienst in der *RAF* und den Besuch der London School of Film Technique, bevor ihm Ende der 1950er Jahre mit den stark autobiographisch eingefärbten Dramen *The Kitchen* (1959; *Die Küche*, 1964), *Chicken Soup With Barley* (1958), *Roots* (1959) und *I'm Talking About Jerusalem* (1960), die letzten drei auch als *Wesker Trilogy* (*Die Trilogie*, 1967) berühmt geworden, der Durchbruch als Dramatiker gelang. Diese frühen Stücke, nimmt man noch die wenig später uraufgeführten *Chips With Everything* (1962; *Bratkartoffeln, nichts als Bratkartoffeln*, 1969) und *Their Very Own and Golden City* (1965; *Goldene Städte*, 1965) hinzu, bilden bis heute den Nukleus, auf dem sein Renommee beruht. Sie sind auch alle aus der engen Förderpartnerschaft mit der English Stage Company und dem Royal Court Theatre, der Keimzelle des *New British Drama*, entstanden. Gemeinsam ist den frühen Dramen neben ihrer mimetisch-realistischen Orientierung in erster Linie die problemorientierte Auseinandersetzung mit aktuellen kultur- und sozialpolitischen Aspekten der inhumanen kapitalistischen britischen Klassengesellschaft sowie ihre konsequente kritische Analyse aus der Perspektive eines humanistisch-individualistisch verstandenen Konzepts des Sozialismus, das seine weltanschauliche Fundierung weniger einem wissenschaftlichen Marxismus als den moralisch-idealistischen Wertüberzeugungen in der Tradition einer radikalen Kulturkritik britischer Provenienz verdankt. Die Botschaft seiner frühen Dramen korreliert mit W.s kräftezehrendem Engagement für das Centre 42, das er von 1961 bis zu dessen unrühmlichem Ende 1970 als künstlerischer Direktor leitete. Dessen primäres sozialemanzipatorisches Ziel bestand darin, der Arbeiterklasse die schönen Künste und ihre kulturelle Funktion der kultivierenden Verfeinerung und Vervielfältigung der Optionen eines geglückten Lebens näherzubringen, um damit sowohl die soziale Exklusivität der Kunst und ihrer Rezeption in der Klassengesellschaft zu überwinden als auch ein Gegengewicht zu der Kommerzialisierung der Kulturindustrie zu errichten. In *Their Very Own and Golden City*, von vielen Kritikern als sein gedanklich anspruchsvollstes und künstlerisch aufgrund der gelungenen Verwendung epischer und filmischer Techniken innovativstes Drama gewertet, verarbeitet und reflektiert W. seine Erfahrungen mit dem Centre 42, die er auch in der Essaysammlung *Fears of Fragmentation* (1970) kritisch kommentiert hat, anhand des Lebenswegs des jungen Architekten Andrew Cobham und seiner idealistischen Freunde im Spannungsfeld von Realität und Utopie, den politischen Sachzwängen einer kapitalistischen Klassengesellschaft und den von der Schönheit der Kathedrale von Durham inspirierten utopischen Idealen auf dramatisch komplexe Weise in der alternierenden szenischen Sequenz von Gegenwart und Zukunft (*flash forward*) bzw. Gegenwart und Vergangenheit (*flash back*). So wie hier der familiär-soziale Mikrokosmos exemplarisch auf den gesellschaftlichen Makrokosmos, seine Strukturen und Gesetzmäßigkeiten verweist, so liegt auch allen anderen frühen Dramen die indizierende Äquivalenz von Mikro- und Makrokosmos als tiefenstrukturelles Bauprinzip zugrunde. In der dramatischen Form entspricht dieser Intention insbesondere eine Gattungsmischung aus Milieustudie und Modelldrama, wie sie W. sowohl in *The Kitchen* als auch in *Chips With Everything* in der integrativen Verknüpfung von naturalistischer Detailkonkretion und modellhaft verallgemeinernder Aussage erfolgreich realisiert hat. Dagegen stößt W. in den nicht durch die konstruktive Verbindung von Milieustudie und Modelldrama gestalteten Stücken seiner Trilogie, die in der episodisch eingefangenen szenischen Struktur der Entwicklung des familiären Mikrokosmos einer klassenbewußten jüdischen Arbeiterfamilie die übergreifenden historischen Prozesse größerer Zeit- und Geschichtsräume spiegeln, an die Grenzen des mimetisch ausgerichteten Realismus des Illusionsdramas; denn dieses sieht sich, weil es die illusionsdurchbrechenden Strategien der Episierung scheut, aus Gründen der expositorischen Informationsvergabe zu einer dramatisch unbefriedigenden und sozialpsychologisch ungenügend motivierten ›redseligen‹ Überexplizitheit der Figurensprache gezwungen.

Mit seinen nach 1965 verfaßten Dramen, beginnend mit dem symbolisch überfrachteten *The Four Seasons* (1965), das ähnlich wie *The Friends* (1970) eher der Exploration privat-allgemeinmenschlicher Phänomene wie der unerfüllten Liebe und der Todesthematik dient, konnte W. nicht mehr an seine früheren Erfolge anknüpfen und stieß bei Publikum und Kritik auf eher geringe bzw. überwiegend kritische Resonanz. Dies gilt für Stücke wie *The Journalists* (1973; *Journalisten*, 1981) und *The Wedding Feast* (1974), die an vertraute Themen und Aussageweisen anknüpfen, ebenso wie für dem dramatischen Formexperiment verpflichtete Stücke wie *Caritas* (1980) oder den unter dem Titel *One-Woman Plays* (1989) zusammengefaßten Zyklus weiblicher Monodramen. – Von dieser negativen Rezeptionstendenz allein auszunehmen sind die beiden der literarischen Auseinandersetzung mit dem jüdischen Erbe gewidmeten Dramen *The Old Ones* (1972) und zumal seine als kritische Alternative zu Shakespeare konzipierte Adaptation von *The Merchant of Venice*, die zunächst unter dem Titel *The Merchant*, später dann als *Shylock* (1975) aufgeführt wurde. Darin gelingt W. bei fast vollständiger Übernahme von Plot und Motiven seines Prätextes durch die konsequente Historisierung der realistisch gezeichneten Lebensbedingungen der Juden im *Ghetto Nuovo* der venezianischen Republik und die Demythologisierung der stereotypen Bildstruktur des jüdischen Wucherers eine überzeugende Widerlegung des der Shakespeareschen Komödie inhärenten Antisemitismus. Durch die parallel zur Historisierung erfolgende gleichzeitige Aktualisierung des Geschehens, d.h. der anachronistischen Rückprojektion historisch späterer Bewußtseins- und Empfindungsstrukturen in die Verhaltensmotivation der drei befreundeten Außenseiterprotagonisten Shylock, Antonio und Portia wird das geschichtliche Verhängnis antisemitischer Projektionen auf dramatisch wie intellektuell anspruchsvolle Weise durchschaubar gemacht. Zugleich wird dem latenten Antisemitismus der Vorlage ein aufklärerisches Plädoyer für die geschichtsverändernde Kraft vernunftbestimmter individueller Außenseiter entgegengestellt.

Werkausgaben: *Gesammelte Stücke*. Frankfurt a.M. 1969. – *Plays*. 2 Bde. London 2001.

Literatur: M. Winkgens. »Historisierung und Aktualisierung in Arnold Weskers Shakespeare-Bearbeitung *The Merchant*.« *Literatur in Wissenschaft und Unterricht* 19.4 (1986), 301–322. – K. Lindemann/V. Lindemann. *Arnold Wesker*. München 1985. – M. Winkgens. »Struktur und Botschaft bei Arnold Wesker: Eine Deutung der Form-Inhalt-Kohärenz in *The Kitchen*.« *Anglistik und Englischunterricht* 7 (1979), 39–59. – G. Leeming/S. Trussler. *The Plays of Arnold Wesker: An Assessment*. London 1971.

Meinhard Winkgens

Wesley, John

Geb. 17. 6. 1703 in Epworth, Lincolnshire;
gest. 2. 3. 1791 in London

Wesley, Charles

Geb. 18. 12. 1707 in Epworth, Lincolnshire;
gest. 29. 3. 1788 in London

Die als Prediger, Tagebuchautoren und Kirchenhymnendichter bekannten Begründer der Methodistenbewegung, John und Charles Wesley, waren Söhne des Pfarrers von Epworth, Samuel Wesley. Der Vater war vom Nonkonformismus in die anglikanische Kirche gewechselt und hatte sich als Literat einen Namen gemacht. Der Hang zu Nonkonformismus und Dichtkunst prägte auch seine Söhne. In Oxford, wo sie Theologie studierten, bildeten sie 1729 den Kern einer Gruppe, die in Reaktion gegen die Vernunftbetontheit des anglikanischen Klerus religiöse Innerlichkeit wiederbeleben wollte und als »Holy Club« oder »Methodists« verspottet wurde. 1730 kam das für die Methodistenbewegung typische praktische Sozialengagement für Arme hinzu. 1735 folgten sie, nunmehr beide ordiniert, einer Einladung nach Savannah, Georgia, von wo die in den späteren USA starke Methodistenbewegung ausging. Dort lernte J.W. Hussiten (»Moravians«) kennen und besuchte, 1737 zurück in London, deren Gemeinden. In einem Tagebucheintrag für 1738 beschrieb J.W. eine Bekehrungserfahrung, mit der seine schrittweise Entfremdung von der anglikanischen Kirche begann. Nach einem Besuch J.W.s bei der hussitischen Brüdergemeinde in Herrnhut (Graf Zinzendorf), ebenfalls 1738, begannen die beiden Brüder eine umfangreiche Predigtmission in mehreren englischen Städten, für die J.W. (unter Übergehung des Bischofs von London) später zahlreiche eigene Prediger ordinierte. Da man ihnen wegen ihres Enthusiasmus die Kirchen verweigerte, nahm J. W. Zuflucht zur Reise- und Feldpredigt. Ch. W. wollte schließlich J. W.s Entfremdung von der etablierten Kirche nicht mitvollziehen.

Die Predigt des Klassizismus war eine literarische Gattung, die Regeln der antiken Rede zu gehorchen hatte (»ars concionandi«). Sie als Feldpredigt zu halten, widersprach der Dekorumsregel. Der klare Stil und Aufbau der Predigten von J. und Ch. W. folgte dagegen dem Vorbild der großen Prediger des Klassizismus, insbesondere John Tillotson, in Wahrung eines vernunftkontrollierten Enthusiasmus. Dies stand im Gegensatz zu George Whitefield, Mitstreiter der W.s, dessen Predigten wegen ihrer enthusiastischen Exzesse bekannt waren und der zahlreiche klassizistische Satiren hervorrief, so z. B. William Hogarths Kupferstich *Enthusiasm Delineated* (1761) und Richard Graves' komischen Roman *The Spiritual Quixote* (1773). Auch die noch immer populären Hymnen der W.s, besonders die von Ch. W., erweisen in ihrer schlichten Volkssprache und Innerlichkeit die Methodistenbewegung als Teil der Vorromantik. Viele, so das Weihnachtslied »Hark! the herald Angels sing« (später vertont von Mendelssohn-Bartholdy), sind eingegangen in das anglikanische Kirchengesangbuch (*English Hymnal*).

Werkausgaben: *The Poetical Works of John and Charles Wesley.* Hg. G. Osborn. 13 Bde. London 1868–72. – *The Works of John Wesley.* 14 Bde. London 1872. – *Sermons of Charles Wesley.* Hg. S. Wesley. London 1816. – *The Journal of Charles Wesley.* Hg. T. Jackson. 2 Bde. London 1849.
Literatur: H. Ertl. »*Dignity in Simplicity*«: *Studien zur Prosaliteratur des englischen Methodismus im 18. Jahrhundert.* Tübingen 1988. – R. Lessenich. *Elements of Pulpit Oratory in Eighteenth-Century England 1660–1800.* Köln/Wien 1972. – R. A. Knox. *Enthusiasm.* Oxford 1950.

Rolf Lessenich

West, [Dame] Rebecca

Geb. 21. 12. 1892 in London;
gest. 15. 3. 1983 ebd.

Nicht nur hohe Produktivität, sondern thematische und formale Vielfalt zeichnen das Schaffen von Cicily Isabel Fairfield aus, die sich nach einer kurzen Bühnenlaufbahn den Namen der Protagonistin aus Henrik Ibsens *Rosmersholm* zum Künstlernamen wählte. W.s gesellschafts- und frauen-politisches Engagement, ihre Intellektualität, die geographische und historische Reichweite ihres Erkenntnisstrebens sowie ihre Formulierungsgabe und Meinungsintensität, mit denen sie sieben Jahrzehnte lang wirkte, machen sie zu einer bedeutenden Analytikerin des 20. Jahrhunderts. – W. wuchs in London und Edinburgh als dritte Tochter einer schottischen Pianistin und eines anglo-irischen Armeeoffiziers und Journalisten auf, der die Familie 1901 verließ. 1912 traf W. auf den Schriftsteller H. G. Wells, mit dem sie bis 1923 eine Beziehung unterhielt; 1914 wurde ihr gemeinsamer Sohn Anthony geboren; 1930 heiratete sie den Bankier Henry Maxwell Andrews. – Als junge Journalistin setzte sich W. ab 1911 für soziale Gerechtigkeit und Ziele der Frauenbewegung ein und machte sich als scharfzüngige Literaturkritikerin einen Namen. Ihrer Studie zu *Henry James* (1916) folgte 1918 ihr erster Roman, *The Return of the Soldier*, der aus weiblicher Perspektive die psychischen Belastungen der Soldaten im Ersten Weltkrieg beleuchtet. In ihrem literaturtheoretischen Essay »The Strange Necessity« (1928) vermittelt W. ihr Verständnis von Kunst als wesentlichem Weg zu Erkenntnis und Wahrheit, als einem der Naturwissenschaft überlegenen Mittel, das Welt- und Lebensganze zu erfassen. Der Reisebericht *Black Lamb and Grey Falcon* (1941), der auf W.s Jugoslawienbesuchen von 1936 und 1937 basiert, wird zu einer europäischen Zivilisationskritik, indem er persönliche Reiseeindrücke mit der politischen und ideellen Geschichte der Balkanregion verknüpft. Nach dem Zweiten Weltkrieg nahm W. als Beobachterin an Verräter- und Kriegsverbrecherprozessen teil und diskutierte die moralischen Implikationen der Bindung des Individuums an die Nation. In *The Meaning of Treason* (1947) und dessen späteren Bearbeitungen entwickelt W. Typologien von Nazi-Kollaborateuren, Atomspionen und pro-kommunistischen Agenten, wobei sich ihre ablehnende Haltung gegenüber den Angeklagten über die Jahre verstärkt. In drei Essays aus *A Train of Powder* (1955; Teilübersetzung: *Gewächshaus mit Alpenveilchen*, 1995), die sich mit den Nürnberger Prozessen und den Folgejahren beschäftigen, kommt W.s Skepsis gegenüber den Entwicklungen im Deutschland der Nachkriegszeit zum Ausdruck. – Im Zentrum der Romane *The Judge* (1922), *Harriet Hume* (1929), *The Fountain Overflows* (1957; *Der Brunnen flie t über*, 1958) und *The Birds Fall Down* (1966; *Die Zwielichtigen*, 1967) stehen aktive, jüngere Frauen, über deren familiäre und partnerschaftliche Positionen immer auch Konzepte weiblicher Identität verhandelt werden. *The Thinking Reed* (1936) setzt sich sozialkritisch mit Reichtum und wirtschaftlicher Macht auseinander. Die meisten Romane eint ein besonderes Interesse für die Zeit vor dem Ersten Weltkrieg, der auch W.s letztes Werk, *1900* (1982), gewidmet ist.

Literatur: C. E. Rollyson. *Rebecca West: A Saga of the Century*. London 1995. – V. Glendinning. *Rebecca West: A Life*. London 1987. – H. Orel. *The Literary Achievement of Rebecca West*. Basingstoke 1986. – M. F. Deakin. *Rebecca West*. Boston 1980.

Claudia Sternberg

White, Patrick [Victor Martindale]

Geb. 28. 5. 1912 in London;
gest. 30. 9. 1990 in Sydney

Als Sohn eines australischen Großgrundbesitzers der vierten Siedlergeneration wuchs Patrick White in Sydney auf und ging wegen seiner Asthma-Anfälle als Internatsschüler im ländlichen Moss Vale mit 13 Jahren nach England, wo er das Cheltenham College (Gloucester) besuchte. Nach einer Zwischenzeit als *jackeroo* (ungelernter Arbeiter) auf Schaffarmen seiner Verwandtschaft und ersten Versuchen als Erzähler kehrte W. nach England zurück, um 1929–31 moderne Sprachen am King's College in Cambridge zu studieren. In den 1930er Jahren lebte er in London, verkehrte mit Künstlern wie Francis Bacon und Henry Moore, frönte seiner Theaterleidenschaft und schrieb Stücke. Aus dieser Zeit stammen auch die von W. B. Yeats beeinflußten Gedichte der Sammlung *The Ploughman and Other Poems* (1935). W. bereiste mehrmals Deutschland und Frankreich sowie kurz vor Ausbruch des Zweiten Weltkriegs die USA, wo sein erster Roman, *Happy Valley* (1939), erschien, der in der für den Australienmythos untypischen Kälte der Snowy Mountains spielt. Dort schrieb er auch den Roman *The Living and the Dead* (1941), der auf seinen Erfahrungen im gefühlsarmen England basiert. Während des Krieges war W. als Offizier im Nachrichtendienst der britischen Luftwaffe in Nordafrika und Griechenland stationiert. In der Wüste studierte er Berichte über die ersten Erforschungen des australischen Binnenlandes, dachte über den Größenwahn Hit-

lers nach und befreundete sich mit Manoly Lascaris, der W. nach Australien begleitete und bis zu dessen Tod sein Lebensgefährte blieb. Das Paar wohnte zunächst in Castle Hill (einem Sydneyer Vorort, der als ›Sarsaparilla‹ in Erzählungen, Stükken und Romanen W.s wiederkehrt) und widmeten sich der Landwirtschaft. Später zogen sie von dem zunehmend verstädterten Castle Hill an den Centennial Park in der Innenstadt. W. erhielt 1973 als erster Australier den Literatur-Nobelpreis für ›eine episch-psychologische Erzählkunst, die der Literatur einen neuen Kontinent erschlossen hat‹. Im Jahr zuvor hatte W. gegen den Bau eines Sportstadiums in einer historischen Parklandschaft demonstriert und angefangen, sich (kultur)politisch zu engagieren. Mit dem Nobelpreis-Geld stiftete er den *Patrick White Prize* für angehende Schriftsteller. Er trat entschieden für eine neue australische Verfassung und die republikanische Unabhängigkeit ein und nahm 1988 am Protestmarsch gegen die rassistische Verlogenheit der 200-Jahr-Feier teil. Dieses Auftreten W.s als Persönlichkeit des öffentlichen Lebens löste eine lange Phase der Zurückgezogenheit ab, während der er Australien gegenüber höchst zwiespältige Gefühle der Entfremdung wie der Zugehörigkeit empfunden hatte.

Dieser Kampf mit der eigenen australischen Identität kam vorwiegend in seinen Werken zum Ausdruck und besaß eine konkrete sozialpolitische Dimension, die aber im Rahmen seiner dynamischen Leitideen vom allgemein Menschlichen blieb. Wenn dem Nobelpreisträger attestiert wird, daß er einen ›neuen Kontinent‹ literarisch ans Licht der Welt gebracht hat, übersieht man, daß es eine ganze Reihe hervorragender australischer Schriftsteller vor ihm gab. Im übrigen ist der Kontinent, der von W. ins Blickfeld gerückt wird, nicht zuletzt einer der Wüstenlandschaften und der Unverwüstlichkeit der menschlichen Psyche. Obgleich W. – nach zögerlicher Anerkennung seines Werks – inzwischen weithin als Australiens größter Schriftsteller gilt, ist er durchaus eine umstrittene Figur geblieben: zum einen, weil er sich deutlich von der nationalistisch getönten Tradition eines trocken-farblosen Realismus in den Künsten absetzte; zum anderen, weil er mit seinem metaphysisch-psychologischen Realismus dem postmodernen Literaturverständnis nicht gerade entgegenkam. Der verbissen kultivierten Gleichmacherei des australischen Temperaments fiel es schwer, die Unbehagen stiftende kreative Radikalität W.s zu ertragen, geschweige denn, sie in ihrem ganzen Ausmaß zu begreifen. W.s Werke schöpfen in ihrer Psychologie und Erzählstruktur aus elementaren Gegensätzen: Intellekt vs. Intuition, Künstlertum vs. Kleinbürgertum, individuelle Freiheit vs. soziale Normierung, das beharrliche Nachleben der Toten gegenüber dem geistigen Tod der Lebenden und zudem – wie in *The Tree of Man* (1955; *Zur Ruhe kam der Baum des Menschen nie*, 1957) – das Ungewöhnliche hinter dem Gewöhnlichen. Daß W. – mit seinem scharfen Blick für satirisches Potential und seinem akribischen Sinn für Aufrichtigkeit einerseits und für Verlogenheit und Selbsttäuschung andererseits – das Gewöhnliche des menschlichen Lebens so genau schildert, ehe er überhaupt zum verborgenen Transzendentalen gelangt, bezeugt die Tatsache, daß er auf seine Art ein Realist ersten Grades ist. Sein wohl bekanntester Roman, *Voss* (1957; *Voss*, 1958), ist ebenso wie *The Tree of Man* panoramisch-geschichtlich verankert: In beiden Romanen nimmt die australische Landschaft der Vergangenheit eine zentrale Rolle ein. *The Tree of Man* erzählt die Lebensgeschichte von Stan und Amy Parker, schlichten, wortkargen Figuren, die um die Wende vom 19. zum 20. Jahrhundert dem Busch eine eigene pastorale Existenz abtrotzen und poetische Augenblicke der Erleuchtung erleben. *Voss* stellt den Drang eines deutschen (Ludwig Leichhardt nachgebildeten) Forschers zur Selbstverwirklichung durch Selbstzerstörung in der Pionierzeit Australiens dar. Der selbstherrliche Glaube der Titelfigur an die Machbarkeit seiner Vorhaben führt ihn im Verlauf seiner qualvollen Durchquerung des Kontinents zunächst zu seiner Liebe zu der in der ›Zivilisation‹ wartenden Laura Trevelyan (eine der wunderbarsten Liebesgeschichten der Weltliteratur, die sich ganz auf die leidenschaftliche, den Aborigine-Praktiken ähnelnde telepathische Kommunikation der beiden Wahlverwandten konzentriert) und schließlich zur Demut vor der äußeren urtümlichen wie der inneren Landschaft von Geist und Psyche.

Die mittlere Schaffensperiode W.s erreichte ihren Höhepunkt in *Riders in the Chariot* (1961; *Die im feurigen Wagen*, 1969), einem Roman, in dem er seine tiefe Sympathie für das Leiden der Juden unter der Nazi-Herrschaft bekundet und das spießbürgerliche Leben in den australischen Vorstädten der Nachkriegszeit bloßstellt. Die treibende Kraft der glatten Oberflächlichkeit dieses Lebens kann nur dadurch bewahrt werden, daß der Emigrant Himmelfarb, ein in einer Glühlampenfabrik arbeitender jüdischer Intellektueller, aus Spott ans Kreuz geschlagen wird. Himmelfarb und drei weitere Visionäre erfahren eben wegen ihres Außenseitertums eine Art Erlösung (so hat auch W. selbst seinen eigenen Platz in der australischen Gesellschaft empfunden). Wenn biblische, mythische und sogar kabbalistische Momente den symbolischen Grundstock dieser moralischen Allegorie bilden, sind es im nächsten Roman, *The Solid Mandala* (1966; *Die ungleichen Brüder*, 1978), die alchemistisch-tiefenpsychologischen Theorien C. G. Jungs.

Die besten Romane W.s sind nach eigener Einschätzung *The Aunt's Story* (1948), *The Solid Mandala* und *The Twyborn Affair* (1979; *Die Twyborn-Affäre*, 1986), drei Werke, die seine ehrgeizigsten Studien zur menschlichen Identität (besonders im Sinne des Psychischen und des Sexuellen) darstellen. *The Aunt's Story* zelebriert anhand der Odyssee von Theodora Goodman die Befreiung des menschlichen Geistes durch die Kreativität und ist erzähltechnisch das komplexeste von W.s Werken. Im Gegensatz dazu scheint *The Solid Mandala* der strukturell einfachste Roman zu sein, bedient er sich doch des gleichen knapp sezierenden Erzählstils und selbstentlarvenden Dialogs wie die Geschichten der Sammlung *The Burnt Ones* (1964; *Die Verbrannten*, 1982): Ebenso wie in diesen Geschichten spielen fundamentale Gegensätze eine dominante Rolle, wiederum (wie in *Riders* und in vielen der Kurzgeschichten wie »Clay« oder »Down at the Dump«) ist das bloßgestellte geistige Klima der dumpfe Konformismus der Vorstadt, welche die Erwartungen und kreativen Bestrebungen der ungleichen Zwillinge Arthur (ein ungezügelter, intuitiv begabter, optimistisch eingestellter ›Geistesgestörter‹) und Waldo (ein gehemmter, die Vernunft verherrlichender, destruktiv zynischer Genauigkeitsfanatiker) im Keime erstickt. Nicht von ungefähr läßt sich dieser Roman als Selbstporträt der beiden voneinander abhängigen, weiblichen/männlichen Seiten der Psyche des Autors verstehen.

Der Künstler, der mit seinem sezierenden Auge ›tötet‹, um zu kreieren, ist Thema des nächsten Romans, *The Vivisector* (1970; *Der Maler*, 1972). Die Flucht W.s von der Peripherie ins Zentrum Sydneys liegt kurz vor dieser Schilderung der kultivierten Großstadt. – Das rücksichtslose Leben der 86jährigen Elizabeth Hunter wird in *The Eye of the Storm* (1973; *Im Auge des Sturms*, 1974) durch eindringliche Rückblicke von ihrem Sterbebett aus resümiert. Nach der Rettung vor einem Orkan scheint für die alte Frau, die ihr haßerfülltes Dasein als eine Art Puzzle erfahren hat, ein Moment des Friedens auf. Eine ›postkoloniale‹ Thematik behandelt der Roman *A Fringe of Leaves* (1976; *Der Lendenschurz*, 1982): Er verarbeitet das tatsächliche Schicksal von Mrs. Eliza Fraser, die 1836 Schiffbruch erlitt, unter Aborigines überlebte und von einem Sträfling gerettet wurde, um schließlich nackt wie Eva wieder in der Zivilisation aufzutauchen. Darauf folgte die kühl-phantasmagorische Auslotung der sexuell gespaltenen Persönlichkeit von Eudoxia/Eddie/Eadith Twyborn (›zweifach geboren‹) in *The Twyborn Affair* (1979; *Die Twyborn-Affäre*, 1986). Hinter der meisterhaften Schilderung von lesbischen, homosexuellen, heterosexuellen und bisexuellen Neigungen verbirgt sich der psychische Werdegang des zutiefst gespaltenen Autors, der sein Leben lang aus diesen Identitätsbrüchen reichhaltige Erkenntnisse hervorbrachte. In seinem letzten Roman, *Memoirs of Many in One* (1986; *Dolly Formosa und die Auserwählten: Die Memoiren der Alex Xenophon Demirijian Gray*, 1988), sowie in den Geschichten und Novellen der Sammlungen *The Cockatoos* (1974) und *Three Uneasy Pieces* (1987) wird diese Thematik weiter verfolgt und verfeinert.

In ihrem Spiel mit der Rätselhaftigkeit des menschlichen Wesens berühren sich W.s Autobiographie *Flaws in the Glass: A Self-Portrait* (1981; *Risse im Spiegel: Ein Selbstporträt*, 1994) aufs engste mit seinen Romanen, versteckt sie doch ebensoviel, wie sie preisgibt. Von seinen Stücken wurden *The Ham Funeral* (1961), *The Season at Sarsaparilla* (1962), *A Cheery Soul* (1963) und *Night on Bald Mountain* (1964) in dem Band *Four Plays* (1965) gesammelt. Alle seinen Bühnenwerke behandeln mit Prägnanz und dramentechnischer Stilsicherheit im kleineren Rahmen solche Themen wie Askese und Sinnlichkeit, Sein und Schein im politischen Leben und im kleinstädtischen Alltag und zeigen wie seine narrativen und autobiographischen Werke W.s Begabung für die Gesellschaftskomödie, die auch vor farcenhaften Zügen und entfesselter Derbheit nicht zurückschreckt. War W.s erste Liebe die Bühne, so geht er doch vornehmlich als Romancier in die Literaturgeschichte ein – in der Tradition des psychologisch-realistischen Romans ist er Fjodor Dostojewski und William Faulkner ebenbürtig. Kein englischsprachiger Schriftsteller des 20. Jahrhunderts ent-

wickelte – unter Einbeziehung archetypisch-symbolischer Züge – einen so eigentümlichen Erzählstil, um die für das menschliche Dasein charakteristischen Konflikte in ihrer ganzen Komplexität zu fiktionalisieren.

Literatur: G. Collier. *The Rocks and Sticks of Words: Style, Discourse and Narrative Structure in the Fiction of Patrick White*. Amsterdam 1992. – D. Marr. *Patrick White: A Life*. London 1991. – C. Bliss. *Patrick White's Fiction: The Paradox of Fortunate Failure*. London 1986. – K. Hansson. *The Warped Universe: A Study of Imagery and Structure in Seven Novels by Patrick White*. Malmö 1984. – B. Kiernan. *Patrick White*. London 1980. – R. Shepherd/K. Singh, Hgg. *Patrick White: A Critical Symposium*. Adelaide 1978. – G. A. Wilkes, Hg. *Ten Essays on Patrick White*. Sydney 1973.

Gordon Collier

Wiebe, Rudy

Geb. 4. 10. 1934 in Speedwell bei Battleford, Saskatchewan, Kanada

Als Sohn russisch-mennonitischer Einwanderer wuchs Rudy Wiebe unter einfachsten Lebensbedingungen im ländlichen Saskatchewan auf. Zu Hause wurde *Plautdietsch*, in der Kirche Hochdeutsch gesprochen, erst im Schulalter lernte W. Englisch. Später lebte der Romancier in Edmonton, wo er 1967–92 eine Professur für *creative writing* an der University of Alberta innehatte. In dieser Zeit entstehen die großen, z. T. preisgekrönten Romane *The Blue Montains of China* (1970), *The Temptations of Big Bear* (1973), *The Scorched-Wood People* (1977), *My Lovely Enemy* (1983), dann auch *A Discovery of Strangers* (1994) und in Zusammenarbeit mit Yvonne Johnson *Stolen Life: The Journey of a Cree Woman* (1998), eine narrative Rekonstruktion des Lebens der Ur-Urenkelin des Cree-Häuptlings Big Bear. – Das œuvre W.s ist von dessen enger Verwurzelung in der Prärieregion, der Verarbeitung historischer Sujets, einem auffälligen Faible für die literarische Porträtierung ethnischer und religiöser Minderheiten sowie der imaginativen Erschließung des kanadischen Nordens gekennzeichnet.

Während in den frühen Romanen *Peace Shall Destroy Many* (1962), *First and Vital Candle* (1966) und *The Blue Mountains of China* religiöse Fragen und W.s kritische Auseinandersetzung mit seinem mennonitischen Erbe im Zentrum stehen, wendet sich der Autor in der Folge der indigenen Geschichte des kanadischen Westens (Indianer, M&tis) zu und etabliert sich als einer der bedeutendsten Gegenwartsschriftsteller dieser Region. Dabei bemüht er sich um die Revision eines von der britischen Eroberungs- und Besiedlungsgeschichte geprägten Kulturverständnisses. Mittels akribischer Recherchen verknüpft W. in seinen episch angelegten Geschichtsromanen Fakten und Fiktion, läßt die Vergangenheit in der eigenen Erzählung als Alternative zum vorherrschenden Geschichtsbild neu entstehen. Diese thematische Ausrichtung auf die marginalisierten Bevölkerungsgruppen des kanadischen Westens – später auch des Nordens – wird formal durch eine Vermittlungstechnik ergänzt, die sich einer multiperspektivischen Sichtweise und eines polyphonen Erzählverfahrens bedient, das monologisch-dominante Diskursformen immer wieder in Frage stellt, zugleich selbst-reflexiv angelegt ist, ohne jedoch postmoderner Unverbindlichkeit das Wort zu reden. Im Sinne einer poetologischen Positionsbestimmung äußert sich W. zu diesem narratologischen Verfahren in »Where Is the Voice Coming From?« (1971), der Titelgeschichte des gleichnamigen Kurzgeschichtenbandes (1974). Gleichwohl ist dem Romancier sein Bemühen, der autochthonen Bevölkerung Kanadas ihre Stimme(n) (zurück)zugeben, wiederholt als unrechtmäßige Aneignung fremder Kulturtraditionen angelastet worden. – Neben den Erzählbänden The Mad Trapper (1980), The Angel of the Tar Sands and Other Stories (1982), Playing Dead (1989) und River of Stone (1995) gehört auch das Drama Far As the Eye Can See (1979) zum Werk W.s, der zudem als Herausgeber von Anthologien und Rundfunkessays hervorgetreten ist.

Literatur: P. van Toorn. Rudy Wiebe and the Historicity of the Word. Edmonton 1995. – W. J. Keith. Epic Fiction: The Art of Rudy Wiebe. Edmonton 1981. – Ders., Hg. A Voice in the Land: Essays By and About Rudy Wiebe. Edmonton 1981.

Wolfgang Kloo

Wilde, Oscar

Geb. 16. 10. 1854 in Dublin;
gest. 30. 11. 1900 in Paris

»The first duty in life is to be as artificial as possible. What the second duty is no one has as yet discovered.« Lebensphilosophie und Kunstprogramm Oscar Wildes finden in einem Aphorismus wie diesem ihren prägnantesten Ausdruck. Als Zeitgenosse Nietzsches macht W. das Bonmot zum Medium einer Umwertung aller Werte: duty, ein Kernbegriff viktorianischer Ethik, wird – respektlos zweckentfremdet – für einen ungeniert amoralischen Ästhetizismus vereinnahmt. Daß dies auf so spielerisch-unterhaltsame Weise geschieht, führt leicht dazu, die Tragweite derartiger Äußerungen zu unterschätzen. Doch wenn W. in einem berühmten Diktum behauptet, das Leben imitiere die Kunst weit mehr als die Kunst das Leben (»The Decay of Lying«, 1891), so erwächst diese paradoxe Umkehrung der aristotelischen Mimesis ganz folgerichtig aus der Einsicht in eine Krise der Repräsentation ausgangs des 19. Jahrhunderts, die W. scharfsichtig wie kaum ein zweiter diagnostiziert hat. Seine Antwort, das Programm einer sich selbst reflektierenden, metatextuellen Literatur (»The Critic as Artist«, 1891) nimmt Positionen der Moderne und sogar Postmoderne vorweg und ist in W.s besten Arbeiten (z. B. The Importance of Being Earnest, 1895; Bunbury, oder: Die Bedeutung ernst zu sein, 1930) künstlerisch umgesetzt. Mit seinen bewußt auf Effekt kalkulierten Kabinettstückchen wirbt W. um die Gunst eines bürgerlichen Publikums, dessen moralische und ästhetische Normen er ständig desavouiert. Dieser Balanceakt »zwischen Provokation und Anpassung« (Kohl 1980) ist bestimmend für Leben und Werk dieses Autors und findet am Zenith einer glänzenden Laufbahn mit der Enthüllung und Aburteilung von W.s Homosexualität sein jähes Ende.

Geboren wird W. 1854 in großbürgerlichen Verhältnissen. Der Vater ist ein berühmter Arzt, der für seine Verdienste geadelt wird, allerdings auch ein notorischer Schwerenöter; die Mutter eine bekannte Literatin, die einen Salon unterhält und unter dem Pseudonym ›Speranza‹ für die irische Unabhängigkeit schreibt. Nach standesgemäßer Privatschulerziehung nimmt W. 1871 das Studium der klassischen Philologie auf, zunächst am Trinity College, Dublin. Drei Jahre später wechselt er nach Oxford, wo er nicht nur als Gräzist und brillanter Redner, sondern auch bereits als exzentrischer Dandy und Ästhet auf sich aufmerksam macht. Die Grundlagen seines Schönheitskults bezieht er von akademischen Lehrern wie John Ruskin und v. a. Walter Pater, dessen Studies in the History of the Renaissance er als »the holy writ of beauty« preist. Anders als seine Mentoren kultiviert W. seinen Ästhetizismus auch im äußeren Habitus: Sein Kostüm – Samtjacke, Lilie oder Sonnenblume am Revers, Kniehosen und Seidenstrümpfe – wird zum Markenzeichen. Zwar gewinnt er bereits als Student mit seinem Erzählgedicht »Ravenna« den angesehenen Newdigate Prize for Poetry (1878), doch beruht seine frühe Zelebrität weit weniger auf tatsächlichen literarischen Leistungen (den epigonalen *Poems*, 1881, oder dem schwerfälligen Melodram *Vera; or the Nihilists*, 1880) als auf seiner bewußt exaltierten Selbstinszenierung, die ihn zu einer Lieblingszielscheibe der Karikaturisten und zum Vorbild einer Opernfigur, Bunthorne, in Gilbert und Sullivans *Patience* (1881) macht. Gewissermaßen als der ›echte Bunthorne‹ begibt sich W. 1881–82 auf eine von dem New Yorker Produzenten der Oper organisierte Vorlesungstournee durch 125 amerikanische Städte. Die Einnahmen ermöglichen ihm einen längeren Aufenthalt in Paris, wo er mit führenden Vertretern der literarischen und künstlerischen Avantgarde wie Paul Verlaine, Emile Zola und Edgar Dégas zusammentrifft. 1884 heiratet er Constance Lloyd, die hübsche, aber eher unbedarfte Tochter eines irischen Anwalts. Aus der Ehe gehen zwei Söhne hervor (1885 und 1886). Um seinen aufwendigen Hausstand zu finanzieren, übernimmt er zeitweise die Herausgeberschaft der Zeitschrift *Woman's World*. Neben einem zweiten erfolglosen Drama (*The Duchess of Padua*, 1883) und einer Reihe von Kunstmärchen (*The Happy Prince and Other Tales*, 1888; *Der glückliche Prinz und andere Märchen*, 1928) entstehen bis Ende der 1880er Jahre vorwiegend literarische Gelegenheitsarbeiten.

Erst der Erfolg von *The Picture of Dorian Gray* (1890; *Das Bildnis des Dorian Gray*, 1907) macht W. von solchem Broterwerb unabhängig. Der Roman um den schönen jungen Mann, der auf der Suche nach einem ›Neuen Hedonismus‹ seine Seele und schließlich auf höchst melodramatische Weise sein Leben verliert, bündelt die Elemente des ästhetischen Lebensprogramms zu einer prägnanten Parabel. Er ist so etwas wie das literarische Vermächtnis der englischen *Décadence* und jener spätviktorianischen Subkultur, zu deren Bezeichnung das noch junge Medizinerwort ›homosexuell‹ sich eben erst einzubürgern begann. Und das, obwohl der Roman Homosexualität nicht eigentlich thematisiert, sondern eher durch Aussparung suggeriert. Die zeitgenössische Kritik machte sich trotzdem ihren Reim – genau wie fünf Jahre später die Justiz. W., der vermutlich seit 1886 sexuelle

Beziehungen zu Männern unterhielt, traf 1891 auf seine *grande passion*, den jungen Lord Alfred Douglas, genannt ›Bosie‹. W.s Ehe bestand offiziell weiter, doch die Beziehung zu ›Bosie‹ bildete in den nun folgenden Jahren seiner größten Erfolge seinen eigentlichen Lebensmittelpunkt.

Anfang 1892 brachte *Lady Windermere's Fan* (*Lady Windermeres Fächer*, 1902) W. den Durchbruch als Dramatiker. In Aufbau und Personenkonstellation folgt das Stück gängigen Mustern der französischen Gesellschaftskomödie und des einheimischen *problem play* (Arthur W. Pinero), garniert diese aber mit dem unverwechselbaren W.schen *wit* des Dandys Lord Darlington (»I can resist everything except temptation.«). Auf eine ähnliche Mischung setzt W. in zwei weiteren Salonkomödien, *A Woman of No Importance* (1893; *Eine Frau ohne Bedeutung*, 1902) und *An Ideal Husband* (1895; *Ein idealer Gatte*, 1903). Daneben experimentiert er aber auch in völlig anderem Stil: Das auf Französisch verfaßte Versdrama *Salomé* (1896; *Salome*, 1903), eine stark erotisierte Version des biblischen Stoffes, die 1905 von Richard Strauss zur Oper vertont wurde, frönt einem an Maurice Maeterlinck gemahnenden Symbolismus. Die geplante Londoner Aufführung, mit Sarah Bernhardt in der Titelrolle, scheiterte am Verbot des Zensors. Mit den berühmten Illustrationen Aubrey Beardsleys versehen, erschien das Stück 1893 in englischer Übersetzung.

W.s unbestrittenes Meisterwerk und ein triumphaler Lacherfolg bei der Premiere im Februar 1895 ist *The Importance of Being Earnest*, »A Trivial Comedy for Serious People«. Von der Unentschlossenheit der drei früheren Komödien ist hier nichts mehr zu spüren. Anstatt die dramatischen und gesellschaftlichen Konventionen seiner Zeit zu erfüllen, führt W. sie parodierend vor. In einer halsbrecherisch virtuosen Verwechslungskomödie erschafft er eine gänzlich von (männlichen wie weiblichen) Dandies beherrschte Kunstwelt, in die Prätentionen viktorianischen Ernstes zum Spielball frivoler Sprachartistik werden. Zum Lebensglück, so die Grundidee des Stücks, kann nur Ernst verhelfen – und zwar in doppelter Ausfertigung, denn beide Heldinnen, Cecily und Gwendoline, haben es sich in den Kopf gesetzt, nur einen Mann dieses Namens lieben zu können. Alles in diesem Stück ist spiegelglatte Oberfläche. Genüßlich zelebriert W. den Sieg der Ästhetik über die Ethik, der – stets eleganten – Form über den Inhalt, der Wörter über die Bedeutung. Nur wenige Tage nach der Premiere schlägt die Realität, über die die Komödie so mühelos triumphiert, gnadenlos zurück. Bosies Vater, der Marquess of Queensberry, dem die Beziehung seines Sohnes zu W. schon lange ein Dorn im Auge ist, schickt diesem eine Karte, auf der er ihn als ›Somdomiten‹ (sic!) beschimpft. Kaum weniger fanatisch als sein Vater, stachelt Bosie W. an, den Marquess wegen Verleumdung zu verklagen. »In Deinem haßerfüllten Krieg gegen Deinen Vater war ich Euch beiden Schild und Waffe zugleich«, schreibt W. später in *De Profundis* (1905; *De Profundis*, 1905). Der Prozeß endet mit Queensberrys Freispruch. Dafür wird Wilde nun selber angeklagt und aufgrund der Aussagen von Zeugen aus dem Strichermilieu wegen Sodomie zu zwei Jahren Gefängnis verurteilt. Der Prozeß kommt einer öffentlichen Hinrichtung gleich. W. wird zur Unperson. Seine Bücher verschwinden aus den Regalen. Seine Stücke werden abgesetzt. Der Untergang ihres brillanten Wortführers beendet die kurze Blüte der englischen *Décadence*. W.s Jünger gehen auf Distanz; manche fliehen sogar außer Landes. Nach Verbüßung der vollen zwei Jahre kommt W. frei. Geschieden, krank, bankrott, geächtet, nimmt er den Namen des ruhelosen Wanderers Melmoth aus Charles Maturins Schauerroman an. Noch im Gefängnis vollendet er die rührselige »Ballad of Reading Gaol« (1898; »Die Ballade vom Zuchthaus zu Reading«, 1903) und die große Lebensbilanz und Abrechnung mit dem Geliebten (*De Profundis* 1905). Danach entsteht nichts mehr. Am 30. November 1900 verstirbt W., der sich am Vorabend noch katholisch hat taufen lassen, in einem offiziell als zehntklassig eingestuften Pariser Hotel an Enzephalitis.

Er habe, so W. zu Andr&Gide, nur sein Talent in sein Werk gesteckt, sein Genie hingegen in sein Leben. Unwiederbringlich ist der Teil dieses Lebens, in dem W.s Genie nach Auffassung seiner Zeitgenossen am vollkommensten zur Geltung kam: seine Konversation. Einer, der es wissen mußte, Max Beerbohm, hielt ihn in dieser Disziplin für den unerreichten Großmeister: »Oscar was the greatest of them all – the most spontaneous and yet the most polished.«

Werkausgaben: *Collected Edition of the Works of Oscar Wilde.* Hg. Robert Ross. 15 Bde. London 1969 [1908]. – *Oscar Wilde.* Hg. I. Murray. Oxford 1989. – *Complete Works.* Hg. M. Holland. London 1994.
Literatur: P. Raby, Hg. *The Cambridge Companion to Oscar Wilde.* Cambridge 1997. – R. Ellmann. *Oscar*

Wilde. London 1987. – N. Kohl. *Oscar Wilde: Das literarische Werk zwischen Provokation und Anpassung.* Heidelberg 1980.

Andreas Höfele

Wilding, Michael
Geb. 5. 1. 1942 in Worcester

Michael Wilding, der seit Mitte der 1960er Jahre in Australien lebende, rührige Schriftsteller, Herausgeber, Literaturkritiker und zeitweilige Verlagsleiter, beschäftigt sich vorrangig mit dem Gattungsbereich der *short fiction* und den politischen, sozialen Verhältnissen in Australien. Beide Aspekte haben ihren Niederschlag gefunden in weit über 100 Geschichten, in Sammlungen wie *Aspects of the Dying Process* (1973) und *We Took Their Orders and Are Dead: An Anti-War Anthology* (1971). 1978 folgte *The Tabloid Story Pocket Book*, eine Auswahl von Kurzerzählungen aus 19 Ausgaben der von W. edierten Zeitschrift *The Tabloid*. Daneben erschienen eigene Romane (u.a. *Living Together*, 1974; *Pacific Highway*, 1982), deren diskontinuierliche Erzählweise sie ebenfalls in die Nähe von *short fiction* rückt. Wiederholt setzt sich W. hier kreativ-experimentell, oder wie in seinem Memoirenband *Wildest Dreams* (1998) in kritischer Praxis, mit dem Verhältnis von Literatur und Politik auseinander. Sein Denken ist einmal auf seinen Herkunftshintergrund (die Arbeiterklasse der englischen *midlands*) zurückzuführen, sodann mit seinem Werdegang (Studium in Oxford, Professur an der Universität Sydney) verknüpft. Angesichts der Herausforderungen der 1970er Jahre erschien ihm jedenfalls ein autonomes Literaturverständnis unhaltbar. Seine Kurzprosa und Romane thematisieren und ästhetisieren den Zusammenhang von Kunst und Wirklichkeit auf neue Weise, wobei die narrativen Gattungsbezeichnungen selbst zur Disposition stehen. Der Versuch, die Wirklichkeit adäquat wiederzugeben, trotzt der Einsicht in die Unmöglichkeit dieses Unterfangens und schlägt sich formal nieder im Prinzip der Collage von Momentaufnahmen, einer episodenhaften Struktur und dem abrupten Wechsel zwischen faktisch referentiellen und fiktionalen Passagen. Figuren fungieren reduktiv als Rollenträger und Repräsentanten der Sydneyer Bohème in den 1970er-80er Jahren: Schriftsteller, Verleger, Intellektuelle und Künstler. Das Geschehen setzt sich zusammen aus

Reflexionen des Erzählers und endlosen Gesprächen bei Alkohol und Joints über kreatives Schaffen, öffentliche Anerkennung, wirtschaftliches Überleben und wechselnde Partnerbeziehungen. W.s Menschen verbindet zwar der Widerstand gegen heuchlerische Moral, Konsumideologie, reaktionäre Politik und Kontrollmechanismen des bürgerlichen Establishments, doch nonkonformistisches Verhalten, bissige Verbalattacken des Erzählers sowie witzig-scharfzüngige Dialoge verdecken gleichermaßen Entfremdung, Isolation und Paranoia wie sie die unzureichende Wirklichkeit und Versehrtheit des einzelnen offenlegen. Postmoderner Stilisierung entzieht sich W.s Werk durch deutlich artikulierte gesellschaftskritische Positionen und unterscheidet sich darin von Frank Moorhouse, dem neben W. wichtigsten Initiator des *new writing* in Australien, mit dem sich eine jüngere Generation vom vorherrschenden realistischen oder mytho-realistischen Erzählen abwendet.

Literatur: I. Syson. »Michael Wilding's Three Centres of Value.« *Australian Literary Studies* 18.3 (1998), 269–279. – B. C. Ross. »Paradise, Politics and Fiction: The Writing of Michael Wilding.« *Meanjin* 45.1 (1986), 19–27.

Dieter Riemenschneider

Williams, Nigel

Geb. 20. 1. 1948 in Cheadle, Cheshire

Nigel Williams, Sohn eines Direktors einer Grammar School, wandte sich nach einem Studium in Oxford der Bühne zu. Seine ersten Stücke wurden vom Royal Court Theatre in London aufgeführt, darunter sein erstes abendfüllendes Drama *Class Enemy* (1978; *Klassenfeind*, 1981), das auch international erfolgreich war. Mit seinem zweiten abendfüllenden Drama, *Line 'em* (1980), konnte er dann zum National Theatre überwechseln. Seine Dramen sind frei von der ideologischen Orientierung vieler englischer Stücke dieser Zeit; sie sind jedoch gekennzeichnet durch ein besonderes Interesse an den Problemen Jugendlicher in der heutigen Gesellschaft. So spielt *Class Enemy* in einer Schulklasse von Halbwüchsigen, die vom Haß auf die Schule und die Gesellschaft geprägt sind und die kaum noch ein Lehrer zu unterrichten wagt. Sie warten dennoch auf einen Lehrer, der ihnen »knowledge«, wirkliches Wissen, vermittelt. Wie die Hauptfiguren in Samuel Becketts

Waiting for Godot verbringen sie die Wartezeit mit Spielen, und auch hier bleibt es am Schluß offen, ob ihr Warten von Erfolg gekrönt sein wird. Im Mittelpunkt des Fernsehstücks *Breaking Up* (1986 auf BBC 2) steht ein Junge an der Schwelle zur Pubertät, der angesichts der Ehekrise seiner Eltern und der Distanz zwischen den Bildungsmöglichkeiten der Schule und der einfachen Herkunft seiner Eltern seine eigene Identität suchen muß. Andere Dramen von W. stellen die Probleme von jungen Erwachsenen in den Mittelpunkt, die ihre Identität noch nicht gefunden haben. So spielt *Line 'em* in einer Gruppe von Streikposten, die sich auf eine Konfrontation mit dem Militär vorbereiten. Der junge Foreman spottet über die Amateurhaftigkeit ihrer Vorbereitungen und über ihre sozialistischen Ideale; als es dann aber zur Konfrontation kommt, bewirkt er eine Solidarisierung der Streikenden. Foreman ist ein in W.' Dramen häufiger Charakter: ein junger Mann, der zunächst von totaler Negativität geprägt ist und diese Negativität in langen Reden zum Ausdruck bringt, der aber dennoch nach einer echten Bindung sucht. Vergleichbare Charaktere sind Iron in *Class Enemy* und Tony in *My Brother's Keeper?* (1985). All diese Stücke sind von starkem menschlichen Engagement getragen und verzichten auf Experimente mit der dramatischen Form.

In den 1980er und 1990er Jahren hat sich W. dem Roman, insbesondere dem Thriller, zugewandt. Während die Protagonisten und Ich-Erzähler von W.' frühen komischen Romanen *My Life Closed Twice* (1977) und *Jack be Nimble* (1980) mit ihrer unkonventionellen Grundhaltung, humorvollen Erzählweise und ausgeprägten Fabulierlust an die Antihelden aus den Romanen der *Angry Young Men* erinnern, heben sich seine zur historiographischen Metafiktion gezählten Romane *Star Turn* (1985) und *Witchcraft* (1987) durch ihre ernste Thematik, die Gestaltung des Doppelgängermotivs sowie die experimentelle Zeit- und Erzählstruktur von diesen neopikaresken Vorläufern ab. *Stalking Fiona* (1997; *Chefsache*, 1998) erzählt die Handlung aus der Perspektive des Opfers, einer jungen Frau, die sicher ist, daß einer ihrer drei Arbeitskollegen sie vergewaltigt hat und töten will, und die die Identität des Mannes, der sie bedroht, erst am Schluß aufdeckt. *The Wimbledon Poisoner* (1990; *MitGift*, 1992) erzählt die Thriller-Handlung dagegen aus der Perspektive des Täters, eines beruflich und privat frustrierten Rechtsanwalts, der es sich in den Kopf gesetzt hat, seine Frau zu ermorden. Während *Stalking Fiona* seine Effekte aus einer raffinierten Steigerung der Spannung und aus einer Darbietung von Phantasien der Gewalt und der Sexualität bezieht, läßt *The Wimbledon Poisoner* seinen Protagonisten immer wieder andere Menschen anstelle seiner Frau umbringen und lebt – wie der Film *The Ladykillers* (1955) – vom schwarzen Humor. Auch wenn diese Romane gut erzählt sind, hat sich W. mit diesen späteren Werken aus der Liga, der seine frühen Dramen und Romane noch angehörten, verabschiedet.

Literatur: A. Nünning. *Von historischer Fiktion zu historiographischer Metafiktion*. Bd. 2. Trier 1995. 205–210, 299–306. – B. Reitz. *The Stamp of Humanity: Individuum, Identität, Gesellschaft und die Entwicklung des englischen Dramas nach 1956*. Trier 1993, 622–631.

Ulrich Broich

Williams, Raymond [Henry]

Geb. 31. 8. 1921 in Llanfihangel Crocorney, Wales; gest. 26. 1. 1988 in Cambridge

»Was uns von Ideen- und allgemeiner Gesellschaftsgeschichte vermittelt wurde, ist anders – wirkt anders –, wenn wir diese Romane gelesen haben.« Dieser Satz von Raymond Williams zur Tradition des britischen Romans von Charles Dickens über Thomas Hardy bis D. H. Lawrence gilt unvermindert für das eigene Werk. Denn der walisische Literatur- und Gesellschaftskritiker, dessen imposant-facettenreiches – uvre ihn als den wohl bedeutendsten britischen Kulturwissenschaftler erkennen läßt, bezeichnete sich zeitlebens als »writer« und widmete nach eigener Aussage überproportional viel Zeit der Ausarbeitung eines beharrlich »gegen die tradierten Formen« angeschriebenen, die sonnenabgewandte Seite der Geschichte beleuchtenden, im Windschatten seiner Kulturkritik lange wenig beachteten Romanschaffens, dem aber allmählich die gebührende Würdigung zuteil wird. – Der in den geschichtsträchtigen Grenzgebieten an den Black Mountains aufgewachsene W., ein Stellwärtersohn, der es nach Cambridge brachte, dort *lecturer* und Professor wurde, um in den 1960–80er Jahren zu den *luminati* eines brillierenden Fachbereichs Anglistik zu gehören, hatte ein profundes Interesse an dem Gewordensein gesellschaftlicher Strukturen, zumal

an dem für die Moderne charakteristischen Aufbrechen der Schere zwischen Herkunft und Zukunft. Der W.'sche Roman ist das geduldige Nachzeichnen dieser Entwicklung, in dem auch das Nachzeichnen nachgezeichnet wird. Die allesamt im walisischen Grenzgebiet beheimateten Werke sind dadurch gekennzeichnet, daß sie diesen Boden – geographisch wie zeitlich – verlassen, um die sozio-ökonomischen Bezüge darzustellen, die dem Vertrautheitsschwund der Moderne zugrunde liegen. W.' Meisterwerk, die aus *Border Country* (1960), *Second Generation* (1964) und *The Fight for Manod* (1979) bestehende »Border-Trilogie«, ist eine der bewegendsten, sozialgeschichtlich ertragreichsten Familienchroniken des 20. Jahrhunderts. Für das Verständnis des modernen Wales ist es genauso unentbehrlich wie im Falle Schottlands Grassic Gibbons *A Scots Quair* (1932–34). *The Volunteers* (1978), ein packender Gewerkschaftsroman, *Loyalties* (1985), in dem es um die Positionen der Linken zwischen Franco und Thatcher geht, sowie eine unvollendete, Jahrtausende umspannende Trilogie *People of the Black Mountains* (postum 1989/90) runden ein Werk ab, das auch manchen *full-time writer* beschämen würde. – W. ist ein Schriftsteller der leisen Töne. Dem ruhigen, von prägnant-lakonischen Dialogen geprägten Erzähl- und Ereignisfluß seiner Romane ist das Sensationelle fremd. Ihr Thema ist vielmehr das Ungeheure der sozialen Entwicklung, die leise über alles hinweg rollt. Wie Hardy hat W. ein Auge für die Formen und Deformationen der Arbeit, wie Lawrence für die Arten und Unarten des menschlichen Miteinanders. Schlüsselbegriff seiner Romane wie seiner Gesellschaftsanalyse ist indes *knowable community*. Sein Opus ist getragen vom stillen Pathos des Abschieds von der Gemeinschaft, die zugunsten weniger durchschaubarer Gefüge aufgeopfert wird. – Der hagere, arbeitsame, unermüdlich engagierte, viel konsultierte, viel kommentierende W., fesselnder *lecturer* – er las fast ohne Notizen –, gelegentlich unzugänglicher *supervisor*, Habitu& der Protestbewegungen, Leit- und Streitfigur der britischen Linken, war neben Dylan Thomas, R. S. Thomas und Gwynfor Evans der wohl bemerkenswerteste Waliser des 20. Jahrhunderts, neben Richard Hughes und Emyr Humphreys Wales' bedeutendster Romancier.

Literatur: F. Inglis. *Raymond Williams*. London 1995. – R. Williams. *Politics and Letters: Interviews with New Left Review*. London 1979.

Richard Humphrey

Williamson, David

Geb. 24. 2. 1942 in Melbourne

Bemerkenswert an dem Verfasser von mehr als zwei Dutzend Theaterstücken, mehr als einem Dutzend Drehbüchern und zahlreichen Fernsehspielen ist sein Maschinenbaustudium, das ihn Thermodynamik an einem Polytechnikum unterrichten ließ, bevor er Schauspieler in der La Mama-Truppe in Melbourne wurde und anfing, für dieses Theater zu schreiben. David Williamson ist Australiens bekanntester und meistgespielter Dramatiker. Er hat nicht nur die kulturelle Entwicklung des Landes durch seine Mitwirkung im Australia Council und in der Australian Writers' Guild beeinflußt, sondern sich auch wiederholt polemisch in die öffentlichen Kulturdebatten eingemischt. Entsprechend spiegeln seine Stücke das wider, was seine Landsleute gerade bewegt – ein charakteristischer Aktualitätsbezug journalistischer Tendenz. Die zum Einsatz kommende Plurimedialität und das häufige ad spectatores-Sprechen verleihen den meist als Zweiakter konzipierten Stücken Theaterwirksamkeit und Tempo und aktivieren die innere Beteiligung der Zuschauer. W. sieht sich als Satiriker, der die eklatanten Torheiten seiner Gesellschaft entlarvt; konsequenterweise sperrt er sich gegen postmoderne Moden wie bemühte politische Korrektheit. So werden die anfänglich sozialkritischen Töne gegenüber der Brutalität von Polizisten in *The Removalists* (1971) und der politischen Orientierungslosigkeit von Aufsteigern in *Don's Party* (1971) zunehmend leiser. *Emerald City* (1987) beschäftigt sich mit Kunst und Kommerz, *Brilliant Lies* (1993) behandelt das Thema der sexuellen Belästigung, und *Dead White Males* (1995) greift mit kunstvollen Shakespeare-Bezügen in die Kanon-Debatte ein. Mit beträchtlichem Geschick thematisiert *Heretic* (1996) die Kultur-vs.-Genetik-Debatte und mischt sich in die Anthropologiekritik ein, die Derek Freeman mit seinen Enthüllungsbüchern über Margaret Mead ausgelöst hat.

Money & Friends (1991) kann für W.s Verfahren als typisch angesehen werden. Nahe an der telegenen Seifenoper, bezieht sich die Kritik sozialer Mißstände auf den plötzlichen Zusammenbruch der Grundstückspreise Ende der 1980er Jahre. Die Botschaft des mittelständischen Humanismus ist witzig verpackt. W. hat auf Vorhaltungen reagiert und seine oft etwas dümmlichen Frauengestalten, die nur ihren Sex-Appeal vermarkten, durch die Zentralfigur einer selbstbewußten, hochgebildeten Akademikerin ersetzt, die unterbezahlt – im Gegensatz zu anderen schwerreichen »Freunden« – nicht nur Freundschaft und Geld in der Not zu verbinden weiß, sondern die auch für die Gleichberechtigung der Geschlechter eintritt, indem sie sich ganz offen 20 Jahre jüngere Liebhaber leistet. Ein Objekt der Satire ist der vorherrschende Biologismus und die behauptete Allmacht der Gene (zumal in der herkömmlich umgekehrten Konstellation). Wie der Autor zwischen Farce und ernster Gesellschaftskomödie hin und her pendelt, zeigen erneut die zusammen veröffentlichten Stücke *Corporate Vibes* und *Face to Face* (1999).

Werkausgabe: *Collected Plays*. Sydney 1986.
Literatur: P. Stummer. »David Williamson: Zeitgeist-Reflector on the Australian Stage.« *Twentieth-Century Theatre and Drama in English*. Hg. J. Kamm. Trier 1999, 849–860. – B. Kiernan. *David Williamson: A Writer's Career*. Sydney 1995 [1990]. – O. Zuber-Skerritt, Hg. *David Williamson*. Amsterdam 1988.

Peter Stummer

Williamson, Henry

Geb. 1. 12. 1895 in London;
gest. 13. 08. 1977 ebd.

Überzeugter Kriegsgegner und Faschist, aufmerksamer Chronist seines Zeitalters und Verfasser idyllischer Naturdichtungen, vom Lesepublikum geliebt und von der Literaturkritik weitgehend ignoriert – sowohl Henry Williamsons Persönlichkeit als auch seine Werke und deren Rezeption ergeben ein höchst ambivalentes und vielschichtiges Bild. – Zwei Erlebnisse prägten W.s Weltanschauung und literarisches Schaffen: Die Erfahrung des Ersten Weltkriegs, in dem er vier Jahre lang als Soldat diente, ließ ihn zum Pazifisten werden. Desillusioniert und verfolgt von Erinnerungen an den Stellungskrieg, stieß W. nach seiner Entlassung aus dem Feld auf Richard Jefferies' *The Story of My Heart* (1883). Die romantisch-mystische Schrift bedeutete für W. eine Offenbarung, »a revelation of total truth«. W. entschied sich für ein Leben auf dem Lande, siedelte nach Devon um und verfaßte den gedanklich und stilistisch von Jefferies beeinflußten Roman *The Beautiful Years* (1921; *Die schönen Jahre*, 1938), der den Auftakt zu der autobiographisch geprägten Tetralogie *The Flax of Dream* (1921–28) bildet. Damit begann eine ebenso produktive wie erfolgreiche Schriftstellerkarriere. W. veröffentlichte über 50 Bücher, zahlreiche Kurzgeschichten und Essays. Den größten Beifall fanden zunächst seine Natur- und Tiergeschichten, wie *The Peregrine's Saga* (1923), *The Old Stag* (1926) oder *Salar the Salmon* (1935; *Salar, der Lachs*, 1936). Zum literarischen Durchbruch verhalf W. der Roman *Tarka the Otter* (1927; *Tarka, der Otter*, 1929), der 1928 den *Hawthornden Prize* gewann und 1977 verfilmt wurde. Daneben kehrt in W.s Schriften die obsessive Beschäftigung mit dem traumatischen Kriegserlebnis immer wieder: *The Wet Flanders Plain* (1929) ist Essay, Reisebericht und Hommage an die Gefallenen in einem. In dem mit William Kermodes Linolschnitten illustrierten Roman *The Patriot's Progress* (1930) entwirft W. eine ironisch-bittere, von surrealistischen Elementen durchzogene Jedermann-Geschichte des archetypischen englischen Soldaten. W.s *magnus opus* stellt der 15bändige Romanzyklus *A Chronicle of Ancient Sunlight* (1951–69) dar. Die zwischen Fiktion und Autobiographie angesiedelte Lebensgeschichte des Schriftstellers Philipp Maddison vereinigt stimmungsvolle, detailreiche Beschreibungen des Landlebens und einfühlsame Kindheitsdarstellungen mit eindrücklichen Schilderungen des Grauens und der Sinnlosigkeit des Ersten Weltkriegs sowie der mikroskopisch genauen Beobachtung sozialgeschichtlicher Umbrüche und Entwicklungen vom ausgehenden 19. Jahrhundert bis Anfang der 1950er Jahre. – Die geringe Beachtung, die W. seitens der Literaturkritik erhalten hat, beruht wohl auf einer Kombination politischer und ästhetischer Gründe. W.s Begeisterung für Nazi-Deutschland in den 1930ern und der Eintritt in die faschistische Partei Sir Oswald Mosleys überschatten seine literarischen Errungenschaften. Daneben zeichnet sich die Mehrzahl seiner Werke durch eine stark traditionellen Mustern verhaftete Erzählweise aus, die als überkommen wirken mag. Nichtsdestoweniger erfreuen sich W.s Romane bis heute einer breiten Leserschaft.

Literatur: A. Williamson. *Henry Williamson: Tarka and the Last Romantic.* Stroud 1995. – D. Farson. *Henry Williamson: A Portrait.* London 1986. – J. M. Murry. *The Novels of Henry Williamson.* London 1986 [1959].

Astrid Erll

Wilson, [Sir] Angus [Frank Johnstone-]

Geb. 11. 8. 1913 in Bexhill, Sussex;
gest. 31. 5. 1991 in Bury, Suffolk

Angus Wilson zählt zu den bedeutendsten britischen Romanautoren der 1950er bis 1970er Jahre; sein weit in das vorige Jahrhundert zurückspiegelndes Bild vom Leben der englischen Mittelklasse ist häufig satirisch intoniert und psychologisch lotend zugleich. Eine Lebenskrise bewegte W., der Bibliothekar am Britischen Museum war, 1946 zum Schreiben von Kurzgeschichten. Auch seine frühen Romane handeln von schweren persönlichen Krisen. Im Erstlingsroman *Hemlock and After* (1952) endet der Konflikt eines liberalen Schriftstellers – für die damalige Zeit riskant mit der auch das weitere Werk durchziehenden Thematik der Homosexualität verknüpft – noch in Resignation und Freitod, wie überhaupt in W.s Romanen das Ideal einer *vita activa* stets nur partiell verwirklicht werden kann. So vermag in seinem erfolgreichsten Werk, *Anglo-Saxon Attitudes* (1956; *Späte Entdeckungen*, 1957), ein Mediävistik-Professor sein auf Unehrlichkeit und Verdrängung gestelltes Leben beruflich neu zu regeln, während die Familie, in Lebenslügen gefangen, das Herzstück einer viel weiteren skurrilen Welt von *Englishness* symbolisiert. – Seit den 1960er Jahren bemühte sich W., sein Verwurzeltsein in realistischen Erzähltraditionen des 19. Jahrhunderts mit nun als produktiv verstandenen Potentialen modernistischen Schreibens im Bereich von Perspektivierung und Allegorisierung in Einklang zu bringen. Dies führte zu einer Romankunst, die auf ironische Multiperspektivik, Stilimitationen und parodistische Verfremdungen setzt. In *No Laughing Matter* (1967; *Kein Grund zum Lachen*, 1969), einer ironischen Absage an den Typus der Galsworthyschen Familiensaga, gründen W.s Neuerungen auf einem konsequent eingelösten Verständnis von Figur und Handlung als psychologisches, soziales und ästhetisch dem Drama nachempfundenes Rollenspiel, wobei die erzählte Welt gewissermaßen auf die Bühne eines England-in-der-Welt-Theaters gestellt erscheint. – Kunstvolle Intertextualität und Theatralik stehen in den späten Romanen im Dienste dichten Allegorisierens. *As If By Magic* (1973; *Wie durch Magie*, 1975) verortet England vielsagend in einer grotesk-widersprüchlichen postkolonialen Welt, während *Setting the*

World on Fire (1980; *Brüchiges Eis*, 1982) eine Art künstlerisch-philosophisches Fazit darstellt: Das Leben für die Kunst und die Kunst zu leben werden hier mit Wanderung auf dünnem Eis assoziiert – eine beunruhigende Erkenntnis, zu der bereits der Protagonist seines ersten Romans gelangt war. – Thematischen Kontinuitäten stehen beachtliche formale Experimente zur Seite. Konventionell im Erzählerverhalten führten W.s Anstrengungen, die theatralisch-performativen Quellen von Mimesis für seine Kunst neu zu erschließen, zu Romanen modernistisch anmutender Komplexität. Deren Offenheit ist auch Ausdruck des skeptischen liberalen Humanismus ihres Autors, der sich als Moralist ohne didaktisierendes Anliegen verstand, denn »everything in me is enjoyment of what I disapprove.«

Literatur: P. Conradi. *Angus Wilson*. Plymouth 1997. – M. Drabble. *Angus Wilson: A Biography*. London 1995. – P. Faulkner. *Angus Wilson: Mimic and Moralist*. London 1980.

Hans Jochen Sander

Winterson, Jeanette

Geb. 27. 8. 1959 in Manchester

Jeanette Wintersons autobiographisch geprägter, experimenteller und überaus humorvoller erster Roman *Oranges Are Not the Only Fruit* (1985; *Orangen sind nicht die einzige Frucht*, 1993) verschaffte der jungen Autorin mit der Verleihung des *Whitbread Award* internationale Anerkennung. Viele der Themen und narrativen Strategien, die die verfremdende Perspektive ihrer Texte auf das Verhältnis von männlich und weiblich, Fakt und Fiktion sowie Vergangenheit und Zukunft prägen sollten, sind in *Oranges* bereits angelegt: die Erforschung der sexuellen Identität, die Konfrontation unterschiedlicher Weltsichten, die Erneuerung einer Sprache des Gefühls, die nahtlose Mischung realistischer Erzählstränge mit Märchenelementen und phantastischen Motiven und die damit verbundene Erweiterung der Grenzen realistischer Referenzialität sowie die Infragestellung historiographischer Zuverlässigkeit durch selbstreflexive und metanarrative Tendenzen. *Oranges* wurde 1990 von der BBC nach einem von W. angefertigten Drehbuch erfolgreich für das Fernsehen adaptiert. *The Passion* (1987; *Verlangen*, 1988), geo-

graphisch und metaphorisch im Venedig des 18. Jahrhunderts verortet, konzertiert über die alternierenden Erzählstimmen des napoleonischen Kriegsopfers Henri und der bisexuellen und ebenso spiel- wie lebensgewandten Villanelle eine psychoanalytische und historiographische Auseinandersetzung mit der fluiden Grenze zwischen romantischer Leidenschaft und Gewalt. Mit der wiederholten Phrase »what you risk reveals what you value« und der Metaphorisierung von Karten und Territorien knüpft *Written on the Body* (1992; *Auf den Körper geschrieben*, 1992) thematisch an *The Passion* an und besticht v. a. durch die nach einer Sprache der Liebe jenseits von Klischees tastende Erzählstimme, der nicht eindeutig ein Geschlecht zugeschrieben werden kann. In *Sexing the Cherry* (1989; *Das Geschlecht der Kirsche*, 1993) betonen die Charakterzeichnung der beiden sowohl im 17. als auch im 20. Jahrhundert auftretenden Hauptfiguren, die textimmanente Problematisierung konventioneller Vorstellungen von Zeit und Raum sowie die wiederholte Funktionalisierung von Märchenelementen die generative Kraft der Imagination. Die in dem weitgehend metafiktionalen Text *Art and Lies* (1994; *Kunst und Lügen*, 1995) erzielte Verflechtung von humorvoller Sozialkritik und poetischer Verführung traf aufgrund ihres (gerade in Hinblick auf W.s emphatisches Kunstverständnis) didaktischen Charakters auf eine gegenüber den anderen Texten weniger enthusiastische Rezeption.

In der Betonung des historischen Konstruktcharakters von Selbst und Welt weist W.s Fiktion deutlich postmodernistische Tendenzen auf, doch in *Art Objects: Essays on Ecstasy and Effrontery* (1995) situiert W. ihre Arbeit in der modernistischen Tradition Gertrude Steins und Virginia Woolfs. Insbesondere macht sie sich deren Funktionalisierung realistischer und biographistischer Schreibweisen zu eigen und verweigert sich mimetischen Gleichsetzungen von Leben und Kunst. Daraus leitet sie auch ihre gänzlich ›un-postmoderne‹ Insistenz auf der strikten Teilung von hoher Kunst und populärer Kultur ab, auf deren Basis sie gegen ein mit dem Postmodernismus assoziiertes Gefühl der Indifferenz und gegen den Verlust von Imagination und Leidenschaft anzuschreiben sucht. Auszüge auch aus den neueren Publikationen *Gut Symmetries* (1997; *Das Schwesteruniversum*, 1997) und *The PowerBook* (2000; *Das Power-Book*, 2001) sowie Informationen etwa zu den Filmprojekten der Autorin können auf ihrer

Webseite www.jeanettewinterson.com eingesehen werden.

Literatur: H. Grice/T. Woods, Hgg. *I'm telling you stories : Jeanette Winterson and the Politics of Reading.* Amsterdam 1998. – U. K. Heise. »Jeanette Winterson.« *British Writers: Supplement IV.* Hg. G. Stade/C. Howard. New York 1997, 541–559. – C. L. Burns. »Fantastic Language: Jeanette Winterson's Recovery of the Postmodern Word.« *Contemporary Literature* 37.2 (1996), 278–306.

Antje Kley

Winton, Tim

Geb. 4. 8. 1960 in Scarborough, Westaustralien

Tim Winton erhält seine Ausbildung in Perth, Albany und am WA Institute of Technology. Da bereits seine frühen Werke erfolgreich sind, ist er seit 1982 hauptberuflich als Schriftsteller tätig. W. verbringt zwei Jahre in Irland, Frankreich und Griechenland, bevor er 1989 nach Australien zurückkehrt. Heute lebt er mit seiner Familie in Westaustralien. Seit seinen ersten Romanen der frühen 1980er Jahre hat er für sein Erzählwerk (Romane, Kurzgeschichten, Jugendbücher) zahlreiche Preise erhalten.

W.s Werk demonstriert eine Abkehr von der jahrzehntelang in Australien favorisierten realistischen Erzählweise. Seine drei Kurzgeschichtenbände – *Scission and Other Stories* (1985), *Minimum of Two* (1987) und *Blood and Water* (1993) – beleuchten zwischenmenschliche Beziehungen, die meist in Einsamkeit oder mit dem Tod enden. Dies ist auch ein Thema in einigen seiner Romane, etwa in *Cloudstreet* (1991; *Das Haus an der Cloudstreet*, 1998). Der Schauplatz der Handlung ist vielfach eine Kleinstadt in Westaustralien; die handelnden Personen sind einfache Menschen, die das, was sie tun, nicht logisch durchdenken. Häufig ist der Protagonist ein junger Mann, der versucht, zu sich selbst zu finden, ohne sich allzu sehr den Zwängen der Gesellschaft zu beugen, so in *An Open Swimmer* (1982), *That Eye, The Sky* (1986) und *Blueback* (1997). Im Mittelpunkt anderer Romane stehen problematische Ehen, die oft in die Brüche gehen, wie in *The Riders* (1994; *Getrieben*, 1996). Selbst alte, vorgeblich weise Figuren, die immer wieder auftauchen, entpuppen sich in der Regel als schlechte Ratgeber, wie in *Shallows* (1984). W.s Protagonisten sind verzweifelt Suchende, die viel-

fach mehrere ›Heilswege‹ ausprobieren, darunter Religion oder fanatischen Umweltschutz (*Shallows*), und am Ende mit ihrer Suche nach dem Sinn des Lebens kaum vorangekommen sind. In dieser Hinsicht sind W.s Romane eher pessimistisch; intensiv lebensbejahend jedoch sind sie in der eindringlichen Darstellung menschlicher Emotionen, denen deutlich der Vorzug gegenüber einer verstandesmäßigen Lebensführung gegeben wird. Dies wird vor allem in *Cloudstreet* deutlich, der Geschichte zweier Familien in einer Kleinstadt, in deren Mittelpunkt Fish Lamb steht, ein Held, dessen Name schon andeutet, daß er als eine zeitgenössische Verkörperung Christi verstanden werden kann. Doch wie das Ende von W.s Werken, so sind auch mögliche Interpretationen offen; dies entspricht W.s Wirklichkeitsverständnis: Die Welt, so wie wir sie im Alltag wahrnehmen, ist von etwas Übernatürlich-Mystischem umgeben, das allmählich in unsere Pseudo-Realität eindringt und sie ersetzt. Diese Veränderung wird oft durch die Metapher des Erwachsenwerdens ausgedrückt; so in dem glänzend geschriebenen Roman *That Eye, The Sky* (verfilmt 1995), in dem mystische Geschehnisse das Familienleben des zwölfjährigen Erzählers Ort Flack völlig aus dem Gleichgewicht bringen. W.s meisterhafte Erzähltechnik, seine spannenden Geschichten und liebenswert-verschrobenen Figuren lassen verständlich werden, daß W. zur Zeit als einer der besten australischen Erzähler gilt.

Literatur: M. McGirr. *Tim Winton: The Writer and His Work.* South Yarra, W. A. 1999. – A. Taylor. »What Can Be Read, and What Can Only Be Seen in Tim Winton's Fiction.« *Australian Literary Studies* 17.4 (1996), 323–331.

Marion Spies

Wodehouse, P[elham] G[renville]

Geb. 15. 10. 1881 in Guildford, Surrey; gest. 14. 2. 1975 in Long Island, NY

George Orwell sagte von P. G. Wodehouse, dieser sei aufgrund seines langen Lebens im Ausland und seiner Erfolge geistig nie über die Zeit vor dem Ersten Weltkrieg hinausgelangt. Tatsächlich ist W.s Blick auf die zum imaginären Paradies stilisierte britische *upper class* ein nostalgischsehnsuchtsvoller, wenn auch ironisch-amüsierter.

Als Sohn eines Kolonialbeamten wurde W. von Verwandten in England erzogen; Geldmangel verhinderte das nach dem Besuch der *public school* von Dulwich geplante Studium in Oxford. W. mußte zwei Jahre lang seinen Lebensunterhalt als Bankangestellter verdienen, ehe er als Schriftsteller zu Erfolg gelangte. Für Londoner und New Yorker Bühnen verfaßte er Texte zu *musical comedies*. In den Jahren nach dem Ersten Weltkrieg schuf er, überwiegend in den USA lebend, die meisten jener Charaktere, die seine humoristischen Romane zu Bestsellern machten. 1926 wurde er Mitglied der Royal Society of Literature, 1939 Ehrendoktor der Universität Oxford. Da er bei Kriegsausbruch in Frankreich lebte, wurde er 1940 von der deutschen Besatzungsmacht interniert. Fünf Sendungen, in denen er 1941 im Berliner Rundfunk über seine Gefangenschaft berichtete, hatten zur Folge, daß man ihn in England mit dem nach Kriegsende gehängten William Joyce (›Lord Haw-Haw‹) verglich, der für die Nazis englischsprachige Radiosendungen produzierte. W. witzelt jedoch über sein Lagerleben im gleichen Jargon, den seine Romanhelden pflegen und den er in den meisten seiner autobiographischen Äußerungen kultiviert. Ab 1947 lebte er in den USA; Großbritannien, das er aus Furcht vor einer Strafverfolgung nicht wieder betrat, erhob ihn wenige Wochen vor seinem Tode in den Ritterstand, womit er nominell in jene Welt aufstieg, in die sich seine schriftstellerische Phantasie so oft begeben hatte.

Der Hauptrepräsentant dieser Welt, Bertram Wooster, besitzt die Mentalität eines Pennälers; ein anderer, Lord Emsworth, ist von liebenswürdiger Senilität. Zur komischen Figur reduziert wird der Faschist Spode, der heimlich den Beruf eines Designers von Damenunterwäsche (*The Code of the Woosters*, 1938; *Alter Adel rostet nicht*, 1986) ausübt. Er gehört, wie Richter oder Polizisten, zu den männlichen Angstmachern der Wooster-Welt, neben denen es auch weibliche gibt, die häufig den Status einer Tante besitzen (vgl. *Aunts Aren't Gentlemen*, 1974; *Fünf vor zwölf, Jeeves!*, 1981). Jüngere Frauen können Bertram Wooster sowohl durch emanzipiertes Verhalten als auch dadurch in Panik versetzen, daß sie ihn heiraten wollen. Im ersten Fall fühlt er sich hilflos, weil die Dame sich nicht ihrem vermeintlichen Code gemäß verhält, im zweiten deshalb, weil sein eigener Code es verlangt, die Wünsche einer Dame zu respektieren. Der ritterliche Gentleman wäre im frühen 20. Jahrhundert der geborene Verlierer, hätte er nicht in

seinem Butler Jeeves einen Superman an der Seite, der ihm seine geistige Überlegenheit zur Verfügung stellt und, anders als der traditionelle schlaue Diener der Literatur, seinen Arbeitgeber nur in einem vertretbaren Maß ausnützt und gelegentliche Meinungsverschiedenheiten mit diesem als taktvoller Sieger beendet.

Literatur: B. Phelps. *P. G. Wodehouse: Man and Myth*. London 1992. – F. Donaldson. *P. G. Wodehouse: A Biography*. London 1982.

Eberhard Späth

Wollstonecraft, Mary

Geb. 27. 4. 1759 in Hoxton bei London;
gest. 10. 9. 1797 in London

Daß Mary Wollstonecraft zu einer Ikone der Frauenbewegung werden würde, hätte sie vermutlich selbst überrascht; denn obgleich sie um die Verwirklichung ihrer Ansichten hart kämpfte, war ihr zu Lebzeiten nur geringer Erfolg beschieden. Dennoch kam der spätere Ruhm als bedeutende Feministin insofern nicht von ungefähr, als sich die Auflehnung gegen die zu ihrer Zeit vorherrschende eklatante Benachteiligung von Frauen wie ein roter Faden durch W.s Leben und Werk zieht. Wie schon eine kurze Skizze einiger wesentlicher Ereignisse ihres Lebens zeigt, war W.s Entwicklung von Entschlossenheit und dem Aufbegehren gegen ihr uneinsichtige Konventionen geprägt. Als ihre Schwester Elizabeth nach der Geburt ihres ersten Kindes unter Depressionen litt und es bei ihrem Ehemann nicht mehr auszuhalten glaubte, floh W. kurzerhand mit ihr nach London. Da sie mit ihrer Freundin Fanny Blood und ihren Schwestern zusammenleben wollte, gründete sie eine Schule, die sie dann wenig später dem Ruin überließ, um während der Geburt von Fannys Kind bei ihrer Freundin in Lissabon zu sein. Als die berühmte romantische Maler Henry Fuseli, der sich erst auf einen Flirt mit ihr eingelassen hatte, sie nicht bei sich und seiner Ehefrau wohnen lassen wollte, brach sie ihre Zelte in London ab und ging im Dezember 1792, inmitten der Schrecken der Französischen Revolution, nach Paris. Vollends glücklich lebte sie dort eine Zeitlang unverheiratet mit dem Amerikaner Gilbert Imlay zusammen, von dem sie 1793 eine Tochter bekam. Als Imlay nachhaltig unter Beweis gestellt hatte, daß er sich nicht mehr für sie interessierte, stürzte sie sich von einer

Londoner Brücke in die Themse, wurde aber von einigen Fischern halbtot geborgen. Schließlich heiratete sie mit William Godwin einen Philosophen, der ebenso wie sie selbst prinzipiell gegen die Institution der Ehe eingestellt war; beide hielten es jedoch für wichtiger, daß ihre gemeinsame Tochter Mary, die später Percy B. Shelley heiratete und als Autorin von *Frankenstein* bekannt wurde, nicht wegen unehelicher Geburt gesellschaftliche Nachteile zu erleiden habe.

Bis kurz vor ihrem Tod im Alter von 38 Jahren – sie starb elf Tage nach der Geburt von Mary – lehnte sich W. gegen verschiedene Formen der Diskriminierung auf, wobei sie die Benachteiligung der Frau gegen Ende ihres Lebens immer mehr beschäftigte. Aufgrund des finanziellen Ruins des Vaters mußte W., die wie viele andere Frauen aus der Mittelschicht eine recht dürftige Bildung erhalten hatte, selbst für ihren Lebensunterhalt aufkommen. Dabei lernte sie den scharfen Gegensatz zwischen der Rolle einer Frau aus besseren Verhältnissen, für die sie erzogen war, und den verschiedenen gesellschaftlich anerkannten Verdienstmöglichkeiten, die allgemein als erniedrigend empfunden wurden, am eigenen Leibe kennen: Sie war als Lehrerin tätig und arbeitete in verhaßter Abhängigkeit als Begleiterin einer reichen Witwe und als Gouvernante, bevor sie die Möglichkeit bekam, ihr Geld als Autorin zu verdienen. Aus der auf ihr erstes, relativ konventionelles Erziehungswerk *Thoughts on the Education of Daughters* (1787) folgenden fruchtbaren Zusammenarbeit mit dem radikalen Verleger Joseph Johnson gingen neben zwei Kinderbüchern viele Gelegenheitsarbeiten, Übersetzungen und Rezensionen hervor, die ebenso zur Erweiterung von W.s Horizont beitrugen wie die Kontakte zu führenden Intellektuellen und Radikalen ihrer Zeit.

Im Dezember 1790 betrat W. eine für Frauen damals sehr ungewöhnliche Bühne, indem sie Edmund Burkes *Reflections on the Revolution of France* (1790) scharf kritisierte. In ihrer Flugschrift *A Vindication of the Rights of Men* (1790; *Verteidigung der Menschenrechte*, 1996) trat W. zudem dezidiert für die Abschaffung der Privilegien der oberen Schichten, die Eröffnung von Aufstiegsmöglichkeiten für begabte Mitglieder der Unterschichten und die politische Gleichstellung aller Bürger ein. In ihrem wohl wichtigsten Werk, *A Vindication of the Rights of Woman* (1792; *Eine Verteidigung der Rechte der Frau*, 1989), schlug W. bahnbrechende Änderungen der Mädchenerzie-

hung vor, um eine grundlegende Veränderung der gesellschaftlichen Stellung von Frauen zu erreichen. Dabei schloß sie insofern an vorherrschende Auffassungen von der gesellschaftlichen Bedeutung von Frauen an, als sie auf die wichtige Funktion verwies, die Mütter durch die Erziehung der Kinder (und künftiger Staatsbürger) erfüllten. Die rechtliche, gesellschaftliche und politische Diskriminierung entsprach W. zufolge zwar den zeitgenössischen Eigenschaften von Frauen, die sie als eitel, dumm, tyrannisch und verantwortungslos charakterisierte; diese negativen Merkmale führte sie aber allein auf deren mangelhafte Erziehung und Sozialisation zurück: Durch die einseitige Betonung von Sensibilität und Gefühl und die fast gänzliche Mißachtung kognitiver Fähigkeiten würden Frauen zur Abhängigkeit erzogen, so daß sie zu verantwortungsbewußtem moralischen Verhalten unfähig seien. Um beide Geschlechter zu gleichberechtigten Partnern zu machen, sprach sich W. daher für Koedukation aus. Obgleich W. ihre Erziehungsvorschläge und ihre Gedanken über die Benachteiligung von Frauen weitgehend von der von ihr sehr bewunderten Radikalen Catharine Macaulay übernahm, ging die *Vindication* insofern ansatzweise über Macaulays Vorschläge hinaus, als W. auch politische Rechte für Frauen erwähnte, deren Interessen im Parlament vertreten sein sollten.

W.s Schrift, die mit ihrem Plädoyer für eine verbesserte Erziehung ein weitverbreitetes Thema aufgriff, wurde trotz der unzusammenhängenden, von Wiederholungen geprägten Argumentation zunächst ebenso positiv aufgenommen wie ihr Reisebericht *Letters Written during a Short Residence in Sweden, Norway, and Denmark* (1796; *Reisebriefe aus Südskandinavien*, 1796). Daß die streitbare Autorin bereits kurze Zeit später zum Schreckbild ehrbarer Bürger wurde, ist teils auf den konservativen Umschwung zurückzuführen, der kurz nach der Französischen Revolution das politische und soziale Klima in Großbritannien bestimmte, teils aber auch auf den Versuch Godwins, seiner Frau ein literarisches Denkmal zu setzen. In seiner Biographie *Memoirs of the Author of A Vindication of the Rights of Woman* (1798; *Erinnerungen an Mary Wollstonecraft*, 1799) schilderte Godwin W.s Beziehungen zu Fuseli, Imlay und ihm selbst sowie ihren Selbstmordversuch in einer für damalige Verhältnisse außergewöhnlich freizügigen Weise; er verschwieg nicht einmal ihr uneheliches erstes Kind. Dies schadete dem Ansehen W.s, die daraufhin als Hure abgestempelt wurde; ihr postum veröffentlichtes, teilweise autobiographisches Romanfragment *The Wrongs of Woman; or, Maria* (1798; *Das Unrecht an den Frauen oder Maria: Ein Fragment*, 1993) trug ebenfalls dazu bei, daß ihre Schriften bis zum Ende des 19. Jahrhunderts nur von Sozialreformern und Radikalen zur Kenntnis genommen wurden. Es sollte daher fast zwei Jahrhunderte dauern, bis W. zu einer Ikone der britischen und amerikanischen Frauenbewegung wurde.

Werkausgabe: *The Works*. Hg. J. Todd/M. Butler. 7 Bde. London 1989.
Literatur: J. Todd. *Mary Wollstonecraft: A Revolutionary Life*. London 2000. – M. J. Falco, Hg. *Feminist Interpretations of Mary Wollstonecraft*. University Park, PA 1996. – G. Kelly. *Revolutionary Feminism: The Mind and Career of Mary Wollstonecraft*. New York 1992. – C. Tomalin. *The Life and Death of Mary Wollstonecraft*. London 1992. – J. Lorch. *Mary Wollstonecraft*. Oxford 1990.

Vera Nünning

Woolf, Virginia

Geb. 25. 1. 1882 in London;
gest. 28. 3. 1941 in Rodmell, Sussex

Angesichts von Virginia Woolfs heute unumstrittener Bedeutung ist es kaum mehr nachvollziehbar, daß sie nach ihrem Tod eine Zeitlang viel weniger bekannt war als James Joyce, mit dem sie dieselben Lebensdaten (1882–1941) teilt. Die Renaissance, die W. seit den 1970er Jahren erfuhr, hängt z. T. damit zusammen, daß ihr Werk für die *Gender Studies* besonders interessant ist. W. ist jedoch weit darüber hinaus bedeutsam als modernistische Erzählerin von Weltrang, daneben als Literaturkritikerin und Essayistin sowie allgemein als Kritikerin und Überwinderin viktorianischen Schreibens und Denkens, mit dem sie gleichwohl in mancherlei Hinsicht verbunden bleibt.

W. wird als drittes Kind des Literaten Leslie Stephen und dessen zweiter Frau Julia Duckworth in eine wohlhabende Familie der oberen Mittelschicht geboren. Trotz der aufgeklärten, agnostischen Intellektualität des Vaters ist das Leben der Stephens von den traditionellen patriarchalischen Geschlechterrollen des Viktorianismus bestimmt, deren Abwehr in W.s Werk eine große Rolle spielt. Virginia leidet unter dem zunehmend tyrannischen Vater, lernt aber auch in ihrer aufopferungsvollen Mutter eine Rolle kennen, zu der sie später

auf Distanz gehen wird. Nach deren frühem Tod (1895) erleidet W. einen Nervenzusammenbruch und ist – wie ihre Schwester Vanessa – über Jahre inzestuösen Attacken ihrer Halbbrüder George und Gerald ausgesetzt. Im Todesjahr ihres Vaters (1904) begeht sie einen ersten Selbstmordversuch. Als Folge weiterer Nervenprobleme wird W. wiederholt in eine Heilanstalt eingeliefert, wo sie Objekt psychiatrischer Zwangsnormalisierungsversuche wird. Seit 1905 eröffnen sich ihr jedoch neue Perspektiven als Mitglied der *Bloomsbury Group*, einer avantgardistischen Intellektuellen-Vereinigung von Wissenschaftlern, Literaten, Kunstkritikern und Künstlern (u. a. dem Maler und Organisator der postimpressionistischen Londoner Ausstellung von 1910, Roger Fry). Die freidenkerische und auch sexuell freizügige *Bloomsbury Group* trägt entscheidend zu W.s Emanzipation vom prüden Viktorianismus bei (was sich u. a. in einer lesbischen Beziehung zu Vita Sackville-West manifestiert), bietet ihr – wie auch viele Reisen ins europäische Ausland – intellektuelle Anregungen und legt im Kontakt mit der Malerei einen Grund für ihren ›impressionistischen‹ Erzählstil. Seit 1905 ist W. auch in der Öffentlichkeit tätig: anfangs in der Erwachsenenbildung, seit 1914 als Mitglied der sozialistischen Fabian Society, ferner als Streiterin für die Frauenemanzipation, seit 1915 als Romanautorin und ab 1917 als Mitarbeiterin der Hogarth Press, eines Privatverlags, den Leonard Woolf, ihr 1912 geheirateter Mann, leitet und in dem W. selbst mehrere Kurzgeschichten veröffentlicht. Trotz ihrer Erfolge als Autorin, anregender Kontakte mit zeitgenössischen Größen (z. B. mit Sigmund Freud 1939) und öffentlicher Ehrungen (1939 wird ihr das Ehrendoktorat der Universität Liverpool angeboten, das sie jedoch im Einklang mit ihren in *Three Guineas* propagierten Grundsätzen ablehnt) bleibt W.s Allgemeinzustand weiterhin labil. Der Ausbruch des Zweiten Weltkriegs, die Furcht vor einer deutschen Invasion und das Bombardement Londons, durch das auch ihr Haus schwer beschädigt wird, verstärken ihre Depressionen, so daß sie schließlich angesichts eines befürchteten neuerlichen Nervenzusammenbruchs im südenglischen Fluß Ouse Selbstmord begeht.

W. hinterließ neben ihrem fiktionalen Werk ein umfangreiches nicht-fiktionales Œuvre, das wie bei kaum einem anderen englischen Modernisten zusätzliche Einblicke in Weltsicht und Ästhetik einer Autorenpersönlichkeit erlaubt. Es umfaßt neben autobiographischen Schriften (*A Writ-*

er's *Diary*, 1953, sowie einer sechsbändigen Briefsammlung) und einer Biographie (*Roger Fry: A Biography*, 1940) zahlreiche Rezensionen, Essays und v. a. zwei Monographien, die z. T. ähnliche Themen behandeln und maßgeblich W.s Ruf als Feministin begründet haben: *A Room of One's Own* (1929; *Ein Zimmer für sich allein*, 1978) und *Three Guineas* (1938; *Drei Guineen*, 1978). Ausgehend von der Frage nach der Beziehung zwischen Frausein und literarischer Produktion, kritisiert W. in *A Room of One's Own* die patriarchalische Gesellschaftsordnung, besonders wegen der mangelnden weiblichen Bildungschancen und der allgemein schlechten Entfaltungsmöglichkeiten weiblicher Tätigkeit außerhalb von Heim und Familie, und wirft dieser Ordnung insgesamt die Verursachung von Ungerechtigkeit, Krieg und Unterdrückung vor, aber auch eine Usurpation der Sprache, die diese zu einem problematischen Instrument für weibliches Schreiben macht. Diese Kritik wird durch konstruktive, z. T. utopische Alternativen ergänzt. Hierzu zählen der im Titel geforderte Freiraum für Frauen innerhalb des Hauses, die Beleuchtung einer minoritären, aber doch für künftige Generationen hoffnungsstiftenden Tradition weiblichen Schreibens und die Vorstellung eines neuen Ideals der Modellierung von Geschlechterrollen: Dabei distanziert sich W. ebenso von einem aggressiven Feminismus wie von typisch männlichen Stereotypen und propagiert statt dessen eine Androgynität, in der die positiven Seiten beider Geschlechter zu einer Synthese gelangen. Diese synthesebildende Mißachtung traditioneller Differenzierungen manifestiert sich auch in der Form des Werkes: Wie schon zuvor z. B. in ihrem Essay »Mr Bennett and Mrs Brown« (1924), wo zur Erläuterung moderner Charakterdarstellung eine fiktive, ähnlich schon einmal in einer Kurzgeschichte (»An Unwritten Novel«, 1921) verwendete Szene in einem Eisenbahnabteil dient, vereint W. hier den rationalen, üblicherweise von einer eindeutigen Sprecherinstanz ausgehenden Diskurs des Essays mit fiktionalen Elementen, z. B. auch der Imaginierung einer fiktiven Schwester Shakespeares und der Vermittlung über eine widersprüchliche, dezentrierte Instanz (Mary Beton, Mary Seton, Mary Carmichael). Diese Inszenierungen einer Art *écriture féminine*, zu der auch ein zum Teil assoziativer Sprachgebrauch gehört, setzen sich in *Three Guineas* fort. Erneut dient hier eine quasi-fiktive Vermittlung (Antworten einer weiblichen Gestalt auf

diverse Bittbriefe) als Rahmen für eine Abrechnung mit dem Patriarchat, diesmal politisch akzentuiert unter dem Eindruck des Spanischen Bürgerkriegs und des Faschismus in Italien und Deutschland. In diesen aktuellen Entwicklungen sieht W. eine Radikalisierung patriarchalischer Mechanismen, die auch in England und seinen Institutionen spürbar sind. Bei aller Schärfe der Kritik fordert W. – so dokumentieren auch ihre übrigen Schriften – allerdings nie revolutionären Umsturz, sondern vertraut auf reformerische Meliorisierung. Ihre Mäßigung bezieht sich auch – hierin sowohl von Joyce als auch D. H. Lawrence unterschieden – auf die literarische Darstellung des Sexuellen. In diesem Beachten von *decency*, aber auch in ihrem Ästhetizismus und Elitarismus zeigt sie noch unterschwellig Affinitäten zum späten 19. Jahrhundert. Massiv vom Viktorianismus und dem Realismus des 19. Jahrhunderts weicht sie dagegen in ihrer Wirklichkeitsauffassung und Epistemologie ab: Statt des Glaubens an eine objektive Realität, die sich in klar lesbaren äußeren Erscheinungen manifestiert, betont sie, direkt oder indirekt beeinflußt von Freud und Henri Bergson, die inneren Wirklichkeiten. Ihr skeptischer Subjektivismus geht einher mit einem prononcierten Atheismus. Charakteristischerweise für W.s spannungsreiches Weltbild schließt dieser jedoch einen latenten Transzendentalismus nicht aus, demzufolge es jenseits der Welt der Erscheinungen und Einzelschicksale ein verborgenes Muster gebe (»behind the cottonwool is hidden a pattern«, »A Sketch of the Past«, 1939). Die Welt ist zwar oberflächlich nicht so geordnet und klar erkennbar, wie es die Realisten glaubten (»Life is not a series of gig lamps symmetrically arranged«, »Modern Fiction«, 1919), doch ist sie diaphan, besitzt eine ›Wattestruktur‹, durch die eine höhere Wirklichkeit durchscheinen kann (»some real thing behind appearances«, »A Sketch of the Past«). Dies geschieht v. a. in privilegierten, epiphanischen Seinsmomenten (»Moments of Being«, wie W. diese meist von Unscheinbarem ausgelösten Erlebnisse in einem Kurzgeschichtentitel von 1944 nennt), besonders im Kontakt mit anderen Menschen, den Schönheiten der Welt und der Kunst. Die fehlende statische ›Symmetrie‹ der Oberflächenrealität wird auch durch den steten Fluß der Zeit bewirkt, ein für W. zentrales Thema. Dieses Zeitempfinden korreliert mit ihrem Bewußtsein, in eine neue Epoche hineinzuwachsen, deren Schwelle sie in »Mr Bennett and Mrs

Brown« im Jahr 1910, dem Todesjahr von Edward VII, ansetzt. Diese neue Welt und W.s subjektivistische und dabei doch allgemeinen Sinnfragen sich öffnende Weltsicht erfordern eine neue Ästhetik und innovative künstlerische Darstellungsmittel, die sich von der Fixierung der Realisten und ›Edwardianer‹ auf materialistisch-empirische Details unterscheiden. Programmatisch ist hier W.s in »Modern Fiction« an ihre Zeitgenossen, die ›Georgianer‹, gerichtetes Plädoyer für die modernistische Bewußtseinsmimesis sowie ihre Ablehnung realistischer, an einem äußeren Plot orientierter Erzählkonventionen. All dies konvergiert in einem Aufruf zum erzählerischen Experiment: »no experiment, even of the wildest – is forbidden«.

In W.s erstem Roman, *The Voyage Out* (1915; *Die Fahrt hinaus*, 1989), ist hiervon allerdings noch wenig zu spüren. Dieser Bildungsroman schildert meist in auktorialer Erzählmanier die Entwicklung der jungen, lebens- und liebesunerfahrenen Rachel Vinrace. Auf einer Schiffsreise von London nach Südamerika und dort in der fiktiven britischen Kolonie Santa Marina gelangt sie, geleitet von ihrer älteren, erfahrenen Freundin Helen, sowohl zu einer größeren Selbständigkeit und Tiefe im Denken (und vollzieht damit eine ›Ausfahrt‹ bzw. – auch religiöse – Emanzipation vom Viktorianismus) als auch zur Erfahrung in Liebesdingen. Allerdings kommt es zu keinem *happy ending*, da Rachel vor ihrer geplanten Hochzeit an einer mysteriösen Krankheit stirbt. In einer negativen Epiphanie muß ihr Verlobter die Allgegenwart des Leidens erkennen. Statt eines wenig überzeugenden religiösen Trostes bleiben am Ende in für W. paradigmatischer Weise die ästhetische Perzeption (hier: der Natur) und die menschliche Gemeinschaft (hier: der Hotelgäste) als Reste von Positivität. – Die Wendung zum experimentellen modernistischen Erzählen vollzieht W. zuerst in der Short Story (in der fast ganz aus einem inneren Monolog bestehenden Geschichte »The Mark on the Wall« von 1917), in der Gattung des Romans erst in ihrem nach *The Voyage Out* und *Night and Day* (1919; *Nacht und Tag*, 1981) dritten Roman, *Jacob's Room* (1922; *Jacobs Raum*, 1981). Der Diskurs von *Jacob's Room* ist auffallend fragmentarisch, in inkohärent wirkende und häufig mit *camera-eye*-Technik erzählte Segmente zersplittert, die Momentaufnahmen aus der fiktiven Biographie des Jacob Flanders bieten. In ihrer Opazität und Ordnungslosigkeit bilden diese ein Korrelat zur Opazität des menschlichen Charakters und einer chaotischen Wirklichkeit. Wie so oft bei W. endet auch diese Geschichte unglücklich: mit einer Vignette von Jacobs Zimmer, in dem alles so geblieben ist wie bei seinem Auszug in die Schlachtfelder des Ersten Weltkriegs, in dem er, wie man erschließen muß, gefallen ist.

Auch der nächste Roman, *Mrs Dalloway* (1925; *Eine Frau von fünfzig Jahren*, 1928; *Mrs Dalloway*, 1977), weicht stark vom traditionellen, plotzentrierten Erzählen ab, und auch hier spielt der Erste Weltkrieg eine Rolle: als Ursache für den *shell shock* des Septimus Warren Smith, der schließlich seinen Psychiatern durch einen selbstmörderischen Sprung aus dem Fenster entflieht. Der Roman ist in zwei Stränge geteilt, die thematisch, motivisch und durch Schaltstellen verbunden sind (u. a. durch das Schlagen von Big Ben, das die Zeitthematik des ursprünglich *The Hours* betitelten Textes unterstreicht). Die Haupthandlung beschreibt dabei – ähnlich wie auch Joyces *Ulysses* – einen Tag in einem Großstadtleben: hier im Londoner Alltag der Mrs Dalloway, Ehefrau eines Parlamentariers, die am Abend eine Party geben will, eine ›Opfergabe‹, die sie im Rahmen einer säkularen Ethik ihren Gästen ›darbringen‹ will. Im Gegensatz zur durch den Selbstmord geschlossenen Nebenhandlung um Septimus bleibt die Haupthandlung offen: Sie endet dort, wo ein realistischer Roman erst eigentlich einsetzen würde, nämlich mit der epiphanischen – die Möglichkeit einer künftigen Ehebruchsverwicklung allenfalls andeutenden – Wiederbegegnung (der zweiten an diesem Tag) zwischen Mrs Dalloway und ihrer Jugendliebe Peter Walsh.

Der folgende, dreiteilige Roman, *To the Lighthouse* (1927; *Die Fahrt zum Leuchtturm*, 1931), gehört neben *Mrs Dalloway* mit Recht zu den berühmtesten Erzählwerken W. s. Wieder ist die äußere Handlung auf ein Minimum reduziert: Teil I beschreibt einen ereignislosen Ferientag vor dem Ersten Weltkrieg, den die zehnköpfige Familie des Philosophieprofessors Mr Ramsay und deren Gäste auf einer Hebrideninsel verbringen. Teil II, »Time Passes«, schildert, meist in impressionistischen Naturbildern, das Verstreichen der Zeit bis zum Ende des Kriegs, wobei der Tod der Mrs Ramsay buchstäblich nur in Klammern erwähnt wird. Teil III beinhaltet im wesentlichen die Erfüllung eines Kindheitswunsches eines Ramsay-Sohnes zehn Jahre nach Teil I: die titelgebende Fahrt zum Leuchtturm, auf der sich Spannungen zwischen den Kindern und ihrem patriarchalischen

Vater lösen, während parallel dazu die Malerin und ehemalige Freundin Mrs Ramsays, Lily Briscoe, endlich ein Gemälde vollenden kann. Wieder erzählt W. hier innen- und multiperspektivisch, wobei sie thematisch neben der metaästhetischen Frage nach den Möglichkeiten der Wirklichkeitsdarstellung erneut die Komplexe ›leidvolles Bewußtsein der Vergänglichkeit und Augenblickshaftigkeit von Glück‹ und Probleme der Geschlechterrollen und zwischenmenschlicher Kommunikation behandelt.

W.s sechster Roman, *Orlando* (1928; *Orlando: Die Geschichte eines Lebens*, 1929; *Orlando: Eine Biographie*, 1961), ist wie der übernächste, in dem W. ihre perspektivischen Experimente durch ein Erzählen aus der Sicht eines Hundes erweitert (*Flush: A Biography*, 1933; *Flush: Die Geschichte eines berühmten Hundes*, 1934), eine phantastische Biographie: das vom elisabethanischen Zeitalter bis in die Gegenwart reichende Leben einer adeligen Figur, die im Laufe der Geschichte mit wechselnden Geschlechterrollen konfrontiert wird und – als Verkörperung von W.s Androgynitätsideal – das Geschlecht zu wechseln vermag. Mit *The Waves* (1931; *Die Wellen*, 1959) kehrt W. wieder zu ›ernsthaftem‹ Experimentieren zurück. Der Roman, ein poetisch-evokatives Erzählwerk, vermittelt die parallelen Viten von sechs Figuren in stilisierten, durch Naturschilderungen gegliederten Bewußtseinsströmen. Dabei erinnert die konsequent verwendete Multiperspektivität aufgrund der engen Motivverknüpfungen der einzelnen Perspektiven an musikalische Polyphonie. W.s vorletzter Roman, *The Years* (1937; *Die Jahre*, 1954), ist die erneut in einzelnen, nichtteleologisch wirkenden Szenen erzählte Geschichte einer Londoner Familie, der Pargiters. Wiederum ist die äußere Handlung marginal, vielmehr geht es um eine mentalitäts- und sozialhistorische Darstellung der Veränderungen der englischen Gesellschaft zwischen 1880 und der Gegenwart. W.s letzter, postum publizierter Roman, *Between the Acts* (1941; *Zwischen den Akten*, 1963), spielt wie schon *Mrs Dalloway* an einem einzigen Tag, hier des Jahres 1939. Im Landgut Pointz Hall der Familie Oliver wird ein traditionelles Dorffest gefeiert. Dessen Höhepunkt ist die Aufführung eines *pageant*: eines Bilderbogens der englischen Geschichte, bei dem zum letzten Mal bei W. mit dem Viktorianismus abgerechnet wird. Das Kapitel der Gegenwart illustriert die experimentierende Spielleiterin Miss La Trobe, eine *mise en abyme* W.s, durch einen Spie-

gel, den sie den Zuschauern vorhält. Angesichts des heraufziehenden Zweiten Weltkriegs erscheint die ländliche Festgesellschaft hier quasi als ›Zwischenakt‹ in der Geschichte. Es ist eine Welt, die im nächsten Akt versinken wird – einem Akt, in dem W. selbst jedoch nicht mehr mitspielen wollte.

Werkausgaben: *The Works of Virginia Woolf*. Uniform Edition. 28 Bde. London 1929ff. – *The Complete Shorter Fiction*. Hg. S. Dick. London 1985. – *Collected Essays*. 4 Bde. Hg. L. Woolf. London 1966–67. – *The Letters*. Hg. N. Nicolson. 6 Bde. London 1975–80. – *The Diary*. Hg. A.O. Bell. 5 Bde. London 1977–84. – *Gesammelte Werke*. Hg. K. Reichert. Frankfurt a.M. 1989ff.
Literatur: S. Roe/S. Sellers, Hgg. *The Cambridge Companion to Virginia Woolf*. Cambridge 2000. – E. McNees, Hg. *Virginia Woolf: Critical Assessments*. 4 Bde. Mountfield 1994. – D.F. Gillespie, Hg. *The Multiple Muses of Virginia Woolf*. Columbia 1993. – V. Nünning/A. Nünning. *Virginia Woolf zur Einführung*. Hamburg 1991. – V. Nünning. *Die Ästhetik Virginia Woolfs*. Frankfurt a.M. 1990. – W. Erzgräber. *Virginia Woolf: Eine Einführung*. Tübingen 1993 [1982].

Werner Wolf

Wordsworth, Dorothy

Geb. 25. 12. 1771 in Cockermouth, Cumberland;
gest. 25. 1. 1855 in Rydal Mount, Cumberland

Könnte Dorothy Wordsworth ins Leben zurückkehren und hätte ihre Deutschkenntnisse, die immerhin zur Lektüre von Lessing reichten, nicht vergessen, würde sie sich sicher wundern, ihren Namen in einem Lexikon englischer Autoren zu finden. Zu ihren Lebzeiten wurde – außer einigen wenigen Gedichten, die ihr Bruder mit dem Zusatz »by my sister« in seine eigenen Bände aufnahm – keine einzige Zeile von ihr gedruckt, und als Freunde sie im Jahre 1810 drängten, ihre Darstellung einer dörflichen Tragödie zu veröffentlichen, erklärte sie unumwunden, sie verabscheue den Gedanken, sich als Autorin zu etablieren. Dabei trauten ihr andere in ihrer Umgebung das durchaus zu. Der mit den W.s bekannte Thomas De Quincey z.B. sah den Stempel der Originalität auf allem, was sie von sich gab, und meinte, wenn sie, statt sich um ihre Neffen und Nichten zu kümmern, sich ernsthaft dem Schreiben gewidmet hätte, dann hätte sie durchaus das Talent dazu gehabt. Doch sie, die mit sechs Jahren ihre Mutter verlor, fünf Jahre später den Vater, und bei verschiedenen Verwandten leben mußte, entschied sich für Familie und Häuslichkeit. Ähnlich wie ihre Zeitgenossin Jane Austen, mit der sie vergleichbare Bildungsvoraussetzungen (Besuch einer Internatsschule in Hipperholme bei Halifax und häusliche Förderung) gemeinsam hatte, lebte sie das Leben einer unverheirateten Verwandten. Schon 1792 stand es für sie fest, daß sie zu ihrem Bruder, dem späteren großen Dichter, gehörte, den sie als ihren ersten und teuersten Freund bezeichnete (»William, my earliest and my dearest Male Friend«). Ihm und später seiner Familie diente sie mit allen Kräften: Sie führte den Haushalt, nähte und flickte, nagelte und tapezierte und war sich nicht einmal zum Kohletragen zu schade. Auch er teilte mit ihr sein Leben, so sehr, daß verschiedentlich, bei der Reise nach Deutschland im Winter 1798–99 und später in Grasmere im Lake District, Gerüchte aufkamen, die Verbindung sei noch viel intimer. De Quincey bestreitet dies jedoch entschieden und verweist auf das sexuell wenig attraktive Äußere von W., die bis zum Greisenalter sehr hager war und früh alle Zähne verlor. Vor allem war W. für den Bruder ein permanenter Partner zum Gedankenaustausch, woran zeitweise auch Coleridge beteiligt war, der von ›drei Personen mit einer Seele‹ sprach. Der Dichter William W. erkennt diese Nähe in seiner Dichtung an. Sein erstes publiziertes Gedicht ist W. gewidmet, und als »Emma« oder »Emmeline« wird die Schwester immer wieder in den poetischen Texten genannt. Besonders in »Tintern Abbey« und in The Prelude (XIV, 231–275) apostrophiert er ihre Nähe zur Natur als vorbildlich. Ihre Journals halten die Erfahrungen und Eindrücke fest, die sie in Alfoxden 1797–98 und später in Grasmere ab 1799 vor allem bei Spaziergängen und Wanderungen hatte, nicht zuletzt auf den Reisen, die sie mit William unternahm: 1798–99 nach Deutschland, 1802 während des Friedens von Amiens nach Frankreich und nach den Napoleonischen Kriegen 1820 auf dem Kontinent. Die »Recollections«, die aus einer 1803 mit William und Coleridge unternommenen Schottland-Reise hervorgehen, sind ihre ehrgeizigste Schrift. Zudem sind viele Briefe von ihr erhalten. Stets beeindruckt W. durch einen sehr konkreten, lebendigen, stellenweise lyrisch anmutenden Prosastil, der in letzter Zeit besonders von der feministischen Literaturkritik gewürdigt wird. Einige Gedichte, wie »Address to a Child« oder »The Mother's Return«, die man nur nach einigem Suchen in kanonrevisionistischen Anthologien fin-

det, schrieb sie hauptsächlich für die Kinder im Haushalt ihres Bruders. Schreiben konnte W. sogar noch, als sie während der letzten zwei Jahrzehnte ihres Lebens an einer alzheimerartigen Krankheit litt und von den Angehörigen, die sie vorher selbstlos umsorgt hatte, nun ebenso liebevoll gepflegt wurde.

Werkausgaben: Journals. 2 Bde. London 1941. – Letters of Dorothy Wordsworth: A Selection. Oxford 1985. Literatur: P. Woof. »Dorothy Wordsworth, Journals.« Companion to Romanticism. Hg. D. Wu. London 1998, 157–190. - R. Gittings/J. Manton. Dorothy Wordsworth. Oxford 1985.

Raimund Borgmeier

Wordsworth, William
Geb. 7. 4. 1770 in Cockermouth, Cumberland;
gest. 23. 4. 1850 in Rydal Mount, Cumberland

Auch wenn zu seinen Lebzeiten Scott und Byron größere Anerkennung erfuhren, ist William Wordsworth doch als der entscheidende Pionier und Repräsentant der Romantik in England anzusehen. In seinen Gedichten und theoretischen Ausführungen wurden dem relativ zahlreichen an Dichtung interessierten Lesepublikum der Zeit zum ersten Mal romantische Grundvorstellungen vom Künstler und seinem Werk, von der Natur und der Bedeutung gesellschaftlicher Randgruppen, insbesondere Kindern, intensiv präsentiert. Und entsprechend diesen Vorstellungen findet man eine sehr enge Verbindung von literarischem Schaffen und Leben: »He wrote as he lived, and he lived as he wrote«, stellt W.s erster Biograph zutreffend fest. – W. wurde als zweites von fünf Kindern eines als Gutsverwalter amtierenden Rechtsanwalts im nordenglischen Lake District geboren. Er verlebte, wie er selbst meinte, eine glückliche Kindheit, obwohl er schon mit acht Jahren seine Mutter und fünf Jahre später seinen Vater verlor. In der Hawkshead Grammar School, unweit Cockermouth, erhielt er eine gute Erziehung, wurde von einem jungen Lehrer mit der englischen Dichtung des 18. Jahrhunderts vertraut gemacht und hatte v. a. ausgiebig Gelegenheit, die eindrucksvolle Berglandschaft seiner Heimat kennen und lieben zu lernen und im Zusammenhang damit seine dichterische Berufung zu entdecken und zu entwickeln. Das Universitätsstudium am St. John's College in Cambridge nahm er wenig ernst. Anstelle des akademischen Pensums studierte er moderne Fremdsprachen, insbesondere Italienisch, und las, was ihn interessierte. Statt sich auf die Prüfungen vorzubereiten, unternahm er in den letzten großen Ferien mit einem walisischen Freund eine ausgedehnte Wandertour durch die Alpen. Auch nach dem B.A.-Examen, das er Januar 1791 mit mäßigem Erfolg ablegte, zeigte er keine Neigung, einen regulären Beruf anzustreben. Er besuchte London und Wales, kehrte kurz nach Cambridge zurück und ging dann für ein Jahr nach Frankreich, angeblich, um Französisch zu lernen. Während dieser Zeit vertieften sich seine Sympathien für die Französische Revolution, er schloß Freundschaft mit Michel Beaupuy, einem jungen Aristokraten, der die Revolution unterstützte. Mit Annette Vallon, einer Arzttochter aus Bois, hatte er eine Liebesbeziehung. Doch seine Mittellosigkeit und der zwischen England und Frankreich ausbrechende Krieg standen einer Ehe mit ihr, die ihm eine Tochter, Caroline, schenkte, im Wege. Die Bewunderung für die französische Republik erfuhr durch die weiteren politischen Ereignisse eine schmerzliche Enttäuschung und wandelte sich ins Gegenteil.

W.s erste Gedichte, »An Evening Walk« und »Descriptive Sketches«, welche Wanderungen durch den Lake District und durch die Alpen in *heroic couplets* darstellen, erschienen 1793. Nachdem W. 1795 durch das Vermächtnis eines Freundes, den er vorher gepflegt hatte, eine bescheidene wirtschaftliche Unabhängigkeit erhielt, ließ er sich mit seiner Schwester Dorothy, der er »An Evening Walk« gewidmet hatte und die ihm zeit seines Lebens innig verbunden war, in Racedown, Dorset, und später in Alfoxden, Somerset, nieder. Hier erlebte er eine enge Freundschaft mit dem in der Nähe wohnenden Coleridge, die zur Entstehung der 1798 mit Coleridge gemeinsam veröffentlichten *Lyrical Ballads* führte. Diese Sammlung, insbesondere in der erweiterten, nun von W. allein verantworteten zweiten Auflage mit einem eigenen »Preface« (1800), bedeutete eine Wendemarke in der englischen Dichtung. Die zusätzlichen Gedichte hatte W. während eines mehrmonatigen Deutschlandaufenthaltes – die deutsche Romantik galt als führend – geschrieben, als er den strengen Winter 1798/99 mit seiner Schwester v.a. in Goslar verbrachte. Der Titel der Sammlung macht, neben der Bedeutung des Gefühls (*Lyrical*), die Wertschätzung deutlich, welche die Romantiker der Gattung Ballade entgegenbrachten. Balladen wa-

ren für sie echte, nicht durch künstliche Konventionen verfälschte Volksdichtung. So steht programmatisch am Anfang der Erstauflage Coleridges »Ancient Mariner«, die Geschichte des alten Seemanns, der sich frevelhaft an der Natur versündigt. In W.s Ballade »Lucy Gray« findet man ein Kind im Mittelpunkt, und in dem balladenartigen Gedicht »We are Seven« geht es um kindliche Weltsicht, das Unvermögen des Kindes, den Tod zu verstehen. Einen Angehörigen einer anderen gesellschaftlichen Randgruppe, einen alten Schäfer im Lake District, behandelt das lange, ›pastorale‹ Gedicht »Michael«, dem W. in der Zweitauflage die prononcierte Schlußposition gibt. An den Anfang stellt er jetzt »Expostulation and Reply«, das die dichterische Kreativität zum Gegenstand hat: Nicht Bücher gäben dem Dichter die notwendige Inspiration, er könne nicht durch willentliche Anstrengung etwas hervorbringen, sondern er müsse sich ›in weiser Passivität‹ für die Kräfte der Natur öffnen. Das Verhältnis des Dichters (bzw. des Menschen) zur Natur in seinen verschiedenen Entwicklungsstadien wird auch in dem reflektiven Gedicht »Tintern Abbey« dargestellt, das W. während einer Wanderung durch das Wye-Tal im walisischen Grenzland verfaßte und als Abschluß der Erstausgabe wählte. In den sogenannten »Lucy Poems« über ein einfaches, naturnahes Mädchen, dem der Dichter in Liebe zugetan ist, kommt W. seinem Ideal der schlichten, ungekünstelten Sprache besonders nahe. Im »Preface«, welches die Neuheit der Gedichte einem an klassische Normen gewöhnten Publikum zu erklären versuchte, findet W. einprägsame Formeln für das romantische Dichtungsverständnis. Für ihn ist der Dichter nicht ein speziell geschulter Wortkünstler, sondern einfach »a man speaking to men«, freilich ein Mensch, der mit besonderer Empfindsamkeit begabt ist, und durch seine Dichtung andere an seinen Erfahrungen teilhaben lassen kann. Gute Dichtung habe wesentlich mit Gefühl zu tun und wird von W. als »spontaneous overflow of powerful feelings« definiert; zugleich auch, da es sich um Sekundäremotionen handelt, als »emotion recollected in tranquillity«. Die Gegenstände, mit denen sich W.s Dichtung vorzugsweise befaßt, werden als »incidents and situations from common life« oder als »humble and rustic life« wiedergegeben, und die anzustrebende Sprache ist nach W. nicht eine literarische Sondersprache oder *poetic diction*, vielmehr »a selection of language really used by men«.

Aus Deutschland zurückgekehrt, verbrachte W. mit Dorothy sein weiteres Leben, abgesehen von mehr oder weniger kurzen Unterbrechungen und immer wieder unternommenen ausgedehnten Reisen, in und bei Grasmere im Lake District; 1799–1808 in Dove Cottage, bis 1811 in Allen Bank, dann im Pfarrhaus von Grasmere und schließlich ab 1813 in Rydal Mount. Francis Jeffrey, feindlicher Kritiker der einflußreichen *Edinburgh Review*, prägte deshalb für W., Coleridge und Robert Southey die Bezeichnung *Lake Poets* (der Begriff ›*Romanticism*‹ wurde erst in der viktorianischen Zeit gebraucht). 1802 heiratete W. Mary Hutchinson, die seit der frühen Schulzeit mit ihm und auch mit Dorothy befreundet war und seine Dichtung bewunderte, und hatte mit ihr fünf Kinder, von denen zwei früh starben.

Die frühen Jahre des neuen Jahrhunderts waren W.s produktivste Zeit, und einige seiner letzten Gedichte erschienen in *Poems, in Two Volumes* (1807). Dazu gehört »To the Cuckoo«, eines der herausragenden romantischen Vogelgedichte, in denen Vögel gepriesen werden, weil sie sich über die Sphäre der körperlichen Begrenztheit erheben und so die Kraft des Geistes und der Phantasie repräsentieren können. In »Resolution and Independence« dient dem Dichter ein behinderter alter Mann, den er auf seiner Wanderung beim Sammeln von Blutegeln trifft, durch seine im Titel angesprochenen Eigenschaften als Vorbild. In den liedhaften Gedichten »I Wandered Lonely as a Cloud« und »The Solitary Reaper« geht es um Begegnungen mit der Natur bzw. einem naturnahen Menschen; beide setzen W.s poetische Formel von »emotion recollected in tranquillity« erkennbar um. Die sogenannte »Immortality Ode«, das meistdiskutierte Gedicht W.s, feiert das Kind, weil es mit dem pränatal erfahrenen Urgrund menschlicher Existenz in einer unmittelbaren Verbindung steht, die beim Erwachsenen verschüttet ist. Beachtung verdienen auch einige in der Form an Milton orientierte Sonette: »Composed upon Westminster Bridge« preist die Metropole überraschenderweise wegen ihrer Verbundenheit mit der Natur; »It Is a Beauteous Evening« betont, ähnlich wie »Tintern Abbey« und die »Immortality Ode«, die begnadeten Fähigkeiten des Kindes; und »The World Is Too Much with Us« hat die Entfremdung des Menschen von der Natur durch die Betriebsamkeit der Welt zum Thema. Während dieser Zeit schloß W. auch die Arbeit an der ersten Fassung des *Prelude* (1850; *Präludium oder Das*

Reifen eines Dichtergeistes: Ein autobiographisches Gedicht, 1974) ab, das erst postum, drei Monate nach seinem Tod, veröffentlicht wurde. Im Mittelpunkt dieser 14 Bücher langen, eposhaften Dichtung in Blankversen stehen keine Heroen aus mythischer Vorzeit. W. stellt in der ersten Person seine eigene Entwicklung als Dichter dar, wobei er sich auf prägende Erlebnisse, »spots of time«, konzentriert. Der Titel und der Untertitel, *Or, Growth of a Poet's Mind*, stammen von Dorothy Wordsworth, während der Dichter selbst stets von »the poem of my own life« sprach. In dieser Dichtung, die als Vorspiel für ein noch größeres Werk geplant war, kommen auf der Basis des eigenen Lebenslaufs alle Vorstellungen W.s über die kreative Sensibilität des Dichters und sein Verhältnis zur Natur zum Tragen.

W. betätigte sich auch weiterhin als fleißiger Schreiber, und einige seiner später verfaßten Gedichte, wie etwa die Sonette »Mutability« (1822) oder »Scorn Not the Sonnet« (1827), sind ebenfalls als literarische Kunstwerke bemerkenswert. Doch seine eigentlich kreative Phase war nach 1807 zu Ende. Eine Ernennung zum Distributor of Stamps für Westmorland 1813 sicherte seinen Lebensunterhalt, bis ihm 1842 eine Pension ausgesetzt wurde. W.s allgemeine Anerkennung als großer Dichter erfolgte erst relativ spät. 1838 erhielt er die juristische Ehrendoktorwürde der Universität Durham und 1839 die von Oxford. 1842 veröffentlichte W. sein einziges Drama, die wenig bedeutende Blankvers-Tragödie *The Borderers* (*Die Grenzgänger*, 1992), die bereits in Dorset entstanden war. 1843 wurde er als Nachfolger seines Freundes Southey zum *Poet Laureate* ernannt. Während der viktorianischen Epoche erreichte die Verehrung für diesen bedeutenden Dichter, der durch den sittlichen Ernst seiner Botschaft und die intendierte Einfachheit seiner Sprache leicht zum Gegenstand von Spott und Parodien wurde, ihren Höhepunkt. Heute ist die Kritik neben der literarhistorischen Position W.s nicht zuletzt an den Spannungen und Widersprüchen in seinem Werk interessiert.

Werkausgaben: *The Poetical Works*. Hg. E. de Selincourt/ H. Darbishire. 5 Bde. Oxford 1940–49. – *Selected Poems and Prefaces*. Hg. J. Stillinger. Boston 1965. – *The Letters of William and Dorothy Wordsworth*. 5 Bde. Oxford 1967–88.
Literatur: A. Gardiner. *The Poetry of William Wordsworth*. Harmondsworth 1990. – S. Gill. *William Wordsworth: A Life*. Oxford 1989. – F. B. Pinion.

A Wordsworth Companion. London 1984. – J. Purkis:
A Preface to Wordsworth. London 1970. – G. Hartmann.
Wordsworth's Poetry: 1787–1814. New Haven 1964. –
J. Danby. *The Simple Wordsworth.* London 1960. –
F. W. Bateson. *Wordsworth: A Reinterpretation.* London
1956. – J. Jones. *The Egotistical Sublime.* London 1954.

Raimund Borgmeier

Wright, Judith [Arundel]

Geb. 31. 5. 1915 in Armidale, New South
Wales, Australien; gest. 26. 6. 2000
in Canberra

Als Tochter einer Großgrundbesitzerfamilie,
deren Wurzeln bis zur Besiedlung des Hunter Val-
ley-Distrikts um 1820 zurückgehen, wuchs Judith
Wright auf dem heimischen Besitz in Wallamumbi
bei Armidale auf, wo sie ihr Interesse an Natur und
Landschaft entwickelte, das viele ihrer Gedichte,
Kinderbücher, Erzählungen und politisch engagierten Essays prägt. Ihre Ausbildung erhielt sie an
der New England Girls School und später an der
Universität Sydney, wo sie Philosophie, Englische
Literatur, Geschichte und Psychologie studierte.
1937–38 besuchte sie England und den Kontinent,
bevor sie sich in Sydney niederließ. Bei Eintritt
Japans in den Zweiten Weltkrieg kehrte sie nach
Wallamumbi zurück, um wegen des kriegsbedingten Männermangels auf dem Familienbesitz aus-
zuhelfen. Diese Phase führte sie zu einer intensiven
Wiederbegegnung mit der Natur, zur Reflexion
über die eigene Berufung und zu ihrer ersten
kreativen Schaffensperiode. Die Themen ihrer zunächst sporadisch in verschiedenen Zeitschriften
veröffentlichten Gedichte bezog sie aus Erzählungen von Bekannten über die Frühgeschichte der
Kolonie sowie aus Tagebüchern ihres Großvaters.
1944–48 war sie an der University of Queensland
tätig, wo sie nicht nur die Zeitschrift *Meanjin* mit
auf den Weg brachte, sondern auch den Schriftsteller und Philosophen J. P. McKinney kennenlernte und heiratete. Der Gedichtband *The Moving
Image* (1946) machte sie mit einem Schlag bekannt. Er wurde wegen seiner lyrischen Qualitäten, technischen Brillanz und emotionalen Ehrlichkeit als bahnbrechende Leistung gefeiert. Auch
wenn sie mit den in rascher Folge erscheinenden
weiteren Lyrikbänden nicht immer auf ein gleichermaßen enthusiastisches Echo stieß, etablierte
sie mit *Woman to Man* (1949, 1967), *The Gateway*
(1953), *The Two Fires* (1955), *Birds* (1962, 1967),

Five Senses (1963), *City Sunrise* (1964), *The Other
Half* (1966), *Alive: Poems 1971–72* (1973), *Fourth
Quarter and Other Poems* (1976) und *Phantom
Dwelling* (1985) ihren Ruf als eine der heraus-
ragendsten Lyrikerinnen des fünften Kontinents
(s. *Made in Australia.* Hg. G. Triesch/R. Kraus-
mann. Sydney 1994).

W. hat sich nicht nur als Lyrikerin, sondern
auch als Autorin von Kurzgeschichten, z. B. *The
Nature of Love (1966),* Kinderbüchern, z. B. *Going
on Talking: Tales of a Great Aunt* (1998), als Herausgeberin mehrerer Anthologien, z. B. *A Book of
Australian Verse* (1956), zweier Sammlungen mit
Gedichten von John Shaw Neilson (1963, 1970),
als Verfasserin von Monographien über William
Baylebridge (1955), Charles Harpur (1963, 1977)
und Henry Lawson (1967) sowie als Literaturkritikerin mit dem Essayband *Because I Was In-
vited* (1975) und der wegweisenden Studie *Preoccupations in Australian Poetry* (1965) einen Namen
gemacht. Ihre Familiengeschichte hat sie in *The
Generations of Men* (1959, 1975) und dem Folgeband *The Cry for the Dead* (1981) aufgearbeitet.
Ihr politisches Engagement als Anwältin der Ureinwohner und Naturschützerin, das sie auch in
vielen Vorträgen an den Tag legte, spiegelt sich vor
allem in *The Coral Battleground* (1977), *We Call for
a Treaty* (1985) sowie *Born of the Conquerors:
Selected Essays* (1991).

Ihre zahlreichen Ehrungen dokumentieren die
öffentliche Anerkennung, die ihrem Schaffen zuteil
wurde. Sie umfassen den *Grace Leven Prize for
Poetry,* den sie 1949 und 1972 erhielt, die Ehrendoktorwürde der University of Queensland sowie
vier weiterer Universitäten für ihre Verdienste um
die Literatur Australiens, den *Britannica-Australia
Award* (1964), die Ernennung zum *Creative Arts
Fellow* der Australian National University (1970),
den *Robert Frost Memorial Award* (1976), den
Christopher Brennan Award (1975) und den *World
Prize for Poetry* (1984). 1992 wurde sie als erste
Australierin mit der *Queen's Gold Medal for Poetry*
geehrt.

W. läßt sich nicht als Naturlyrikerin verein-
nahmen, obwohl Natur und Landschaft eine zentrale Stellung in ihrem Schaffen einnehmen. Die
Natur ist z. B. das auslösende Moment vieler ihrer
metaphysischen Reflexionen über den Menschen
und seine Bestimmung. In ihr versucht sie auch,
eine jenseits der sinnlichen Erfahrung liegende
letzte Wirklichkeit faßbar zu machen. In *The Gateway* und den späteren Gedichtbänden sind es vor-

nehmlich Reisende, die Zeugnis von ihrer Pilgerfahrt zu dieser Realität ablegen. Das Studium der Natur und der Philosophie hat W.s Sicht der Welt als einer interdependenten Gemeinschaft und Einheit von Mensch, Tier und Pflanze sowie Körper und Seele maßgeblich mitbestimmt. Die Natur, die weder domestiziert noch als dekoratives Beiwerk oder Objekt schwärmerischer Bewunderung romantisiert wird, ist ergiebigste Quelle der lyrischen Bildlichkeit.

Die Mottos vieler Gedichte und die intertextuellen Referenzen verweisen auf W.s spirituelle Wurzeln, die antike Philosophie (Platon, Heraklit), die sie im Kontakt mit McKinney vertieft kennenlernte, und die englische Romantik. Ihr Verständnis des Dichters als eines schöpferischen Interpreten der Welt erinnert an Shelley. Ihre Auffassung, daß Dichtung emotionale Kommunikation von sittlichen Werten ist, hat romantische Ursprünge. Dem postmodernen Spiel mit Texten hat sich W. verweigert. Dennoch ist sie mit einer Vielzahl von Formen und Techniken von der lyrischen Volksliedstrophe über epische Gedichte, Blankversstrophen oder freie Rhythmen bis hin zu japanischen Kurzformen wie Tanka und Haiku neue Wege gegangen.

Der Zwiespalt zwischen dem Gefühl, in einem neuen Land heimisch geworden zu sein, und der Tatsache, zu seinen europäischen Kolonisatoren zu gehören, hat W. hellhörig für die ungelösten Spannungen in Geschichte und Gegenwart Australiens gemacht. Die anfängliche Hoffnung, die neue Welt werde sich für die utopische statt der entgegengesetzten Entwicklungsmöglichkeit entscheiden, weicht späterer Skepsis und konkreter Gesellschaftskritik. Obwohl sie keine lauten Proteste verfaßt hat, war W.s Engagement gegen den Vietnamkrieg und Australiens Beteiligung unüberhörbar. Besonders vehement hat sie sich auch für den Schutz der Umwelt, des Lebensraums der Ureinwohner, und deren Rechte und Gleichberechtigung eingesetzt.

Werkausgaben: Collected Poems 1942–1985. North Ride 1994. – Schweigen zwischen Wort und Wort. Berlin 1990 [Auswahl].
Literatur: P. Kane. »Judith Wright and Silence.« Australian Poetry: Romanticism and Negativity. Cambridge 1996, 156–169. – S. Walker. Flame and Shadow: A Study of Judith Wright's Poetry. St. Lucia, Qld. 1991. – F. Zwicky. »Another Side of Paradise: A. D. Hope and Judith Wright.« Southerly 48.1 (1988), 3–21. – A. D. Hope. Judith Wright. Melbourne 1975.

Horst Prie nitz

Wroth, Mary [Sidney], Lady

Geb. 18. 10. 1586 oder 1587; gest. 1652?

Aufgewachsen ist Mary Sidney, Lady Wroth, in Penshurst, dem Familiensitz der Sidneys, besungen von Ben Jonson als Hort der Musen. Daß ihr Onkel, Sir Philip Sidney, schon bald nach seinem Tod zur Lichtgestalt der elisabethanischen Dichtung stilisiert wird, ist W.s kulturelles Kapital, als sie sich am jakobäischen Hof in einem Zirkel junger Aristokratinnen um Königin Anne zu positionieren sucht. Seit 1613, nachdem die Woge der Sonettdichtung im Gefolge von Sidney verebbt und die petrarkistische Tradition durch Shakespeare infrage gestellt worden war, zirkulieren W.s eigene Sonette, deren Sprechsituation durch den Rollentausch gekennzeichnet ist: Pamphilia schreibt an Amphilanthus (»the lover of two«); er ist das Inbild der Unbeständigkeit; sie spricht die neuplatonische Sprache erleuchteter Liebe. Dahinter steckt nicht das ehrgeizige Motiv der Dichterin, der, da alles schon gesagt ist, nur noch die Überwindung der Tradition in der Parodie bleibt. Zwar weist W. auf die Verspätung ihrer Dichtung hin, doch dient die Auseinandersetzung mit der vorgefundenen Form mehr der Suche nach einer neuen, unabhängigen Existenzweise der liebenden Frau. So bittet Pamphilia im letzten Sonett des vierteiligen Zyklus ihre Muse, jenen »discourse of Venus« zu verlassen, der zu Beginn in einer an Petrarca erinnernden Traumvision in das Ich eingebrochen war. Indes läßt sich W.s Auseinandersetzung mit der Tradition auch eine politische Botschaft entnehmen: Zur Buße für ihre irreverente, zweiflerische Darstellung des Liebesgottes bewegt, schwingt sich Pamphilia in der Mitte der Sequenz zu einer »crown of sonnets« auf. 14 Gedichte werden in einer Corona, zugleich Lorbeerkranz der Dichterin und Herrscherlob, kunstvoll miteinander verflochten. Am emphatischsten spricht Pamphilia hier die visionäre Sprache der italienischen Neuplatoniker, fällt jedoch schließlich auf ihre vorherigen Zweifel zurück. Daß diese exaltierte Sprache der Liebe große Ähnlichkeit mit dem Stil in Jonsons höfischen Maskenspielen hat und letztlich dieses Ritual als leer entlarvt, verlangt nach einer politisch-allegorischen Lesart. Der 83 Sonette und 20 Lieder umfassende Zyklus *Pamphilia to Amphilanthus* wird 1621 zusammen mit dem ersten Teil von W.s Pastoralroman *The Coun-*

tess of Montgomery's Urania veröffentlicht, einem Werk, in dem sich W. ebenfalls mit der vorgefundenen Form auseinandersetzt, um die bestehende Gesellschafts- und Geschlechterordnung zu durchdenken. Die satirischen Anspielungen auf die Konventionen der *romance* erinnern an Thomas Skeltons *Don Quijote*-Übersetzung (1620). W.s Zeitgenossen lasen die *Urania* als Schlüsselroman. Ihre Satire der Hofgesellschaft muß so skandalös gewirkt haben, daß das Werk der Zensur zum Opfer fiel. Nach dem Verbot schreibt W. unbeirrt weiter und verschärft die Kritik an der jakobäischen Gesellschaft im Bild einer neuen, anti-dynastischen Konzeption von Herrschaft. Der zweite Teil der *Urania* wurde erst 1999 – im Zuge der in den 1970er Jahren einsetzenden feministischen Kanonrevision – veröffentlicht.

Werkausgabe: *The Poems of Lady Mary Wroth*. Hg. J. A. Roberts. Baton Rouge, LA 1983. Literatur: N. J. Miller. *Changing the Subject: Mary Wroth and the Figurations of Gender in Early Modern England*. Lexington 1996. – A. M. Haselkorn/Betty S. Travitsky, Hgg. *The Renaissance Englishwoman in Print: Counterbalancing the Canon*. Amherst, NH 1990.

Saskia Schabio

Wyatt, Sir Thomas

Geb. 1503 auf Allingham Castle, Kent;
gest. 11. 10. 1542 in Sherborne, Dorset

Gemeinsam mit Henry Howard, Earl of Surrey, gilt Sir Thomas Wyatt als Hauptvertreter des für die englische Renaissance neuen Typs des höfischen Dichters. Ein großer Teil von W.s Lyrik entstand seit etwa 1520/21 als Medium der Kommunikation innerhalb des ritualisierten, höfischen *game of love*; das Eintönige und Stereotype in Thematik und Wortschatz, in der Haltung des liebenden Sprechers und der Beschreibung der angesprochenen Dame läßt sich so erklären, andererseits jedoch auch die oft gerühmte dramatische Qualität der Gedichte. Die überwiegende Mehrheit der Liebesgedichte W.s ist im *plain style* verfaßt, und dieser stilistischen Überwindung der Konvention korrespondiert die inhaltliche Distanzierung von den stereotypen Verhaltensmustern des *game of love*, die sich nicht selten zu Zorn und Empörung über die vorgeschriebenen Rollenmuster steigert. Insbesondere auf die Unaufrichtigkeit und Oberflächlichkeit der Beziehung und auf die

entwürdigende Rolle des Liebhabers konzentriert W. seinen Zorn (Nr. IV, VIII, XCVI der *Complete Poems*, 1981), erweitert sein demonstratives ›Nein‹ jedoch um Analysen der moralischen und psychologischen Implikationen der höfischen Liebessituation (XCIII, LXXXIV, XCIV), wodurch die Gedichte meditative Qualität gewinnen. – Ähnlich differenziert diskutiert W. in seinen Verssatiren die Grundbedingungen des Hoflebens: Dominiert in CXLIX noch die Hofkritik, so gelingt es ihm in CL und CLI – durch geschickten Wechsel der jeweiligen Perspektive und die Etablierung voneinander unabhängiger fiktionaler Stimmen – die Argumente der humanistischen Debatte um den Dienst bei Hofe einander gegenüberzustellen. W.s metrische Psalmenparaphrasen (CLII), insbesondere in der subtilen – von seiner Vorlage Pietro Aretino deutlich abweichenden – Charakterisierung König Davids als von sexueller Gier getriebenem Herrscher, verweisen auf das lasterhafte Hofleben im allgemeinen und konkret auf Henry VIII und seine Ehe- und Religionspolitik. – W. schrieb insgesamt 30 Sonette, deren Aufbau und Reimschemata weitgehend der italienischen Form entsprechen; in der Konzeption des Sextetts zeichnet sich aber bereits die Tendenz ab, das Sonett mit einem Reimpaar (*couplet*) zu beenden. Das Reimschema (zumeist: abba abba cdc cdd) orientiert sich am unmittelbaren Vorbild Petrarca, von dessen *Canzoniere* (1470) W. sich sowohl zu Übersetzungen als auch zu freien Imitationen anregen ließ (XI, XII). – Der ausgeprägten Individualität in der Sprache, dem schmucklosen, rauhen Stil und der häufig unregelmäßigen Metrik, dem kritischen Verhältnis zu den höfischen Konventionen entspricht W.s abwechslungsreiches, öffentliches Leben als Höfling, königlicher Gesandter (1527, 1537–40), High Marshall von Calais (1528–30) und Sheriff von Kent (1536–37). Mehrfach sah W. sich mit Anklagen konfrontiert: es gelang ihm jedoch immer bereits nach kurzer Zeit, die Gunst des Königs zurückzugewinnen, sei es durch entwaffnende Ehrlichkeit oder durch den Beweis seiner Unschuld.

W. ist – im Unterschied zu Surrey – der eigentliche Pionier der henrizianischen Dichter: Die Imitation des petrarkistischen Sonetts, die Transformation petrarkistischer Metaphorik in den *plain style* und die Einbeziehung moralischer Erwägungen in die Darstellung vorgeprägter höfischer Muster geben der Geschichte des Sonetts in England die Richtung vor, die in den großen Sonettzyklen der späten 1580er-90er Jahre ihren Höhepunkt finden sollte. Eine erste größere Sammlung seiner Gedichte erschien in *Tottel's Miscellany* (1557), manche seiner Manuskripte wurden aber erst im 20. Jahrhundert gedruckt.

Werkausgabe: *The Complete Poems.* Hg. R. A. Rebholz. New Haven 1981. Literatur: C. W. Jentoft. *Sir Thomas Wyatt and Henry Howard, Earl of Surrey: A Reference Guide.* Boston 1980. – P. Thomson. *Wyatt: The Critical Heritage.* London 1974. – R. Southall. *The Courtly Maker: An Essay on the Poetry of Wyatt and His Contemporaries.* New York 1964.

Uwe Baumann

Wycherley, William

Geb. März/April 1640 oder 1641 in Clive bei Shrewsbury;
gest. 31. 12. 1715 oder 1. 1. 1716 in London

William Wycherley gehört neben George Etherege zur ersten Autorengeneration der Restaurationskomödie. Ihre Stücke sind – anders als die ein Vierteljahrhundert später entstandenen Komödien eines William Congreve oder George Farquhar – noch frei von Einflüssen des Sentimentalismus. Der Viktorianer Thomas B. Macaulay hat angesichts der Derbheiten und Anzüglichkeiten bei W. indigniert festgestellt, daß diese Phase der Literatur eine Schande für die englische Sprache und den nationalen Charakter sei, und nur wenig später nannte William Archer W.s *The Country Wife* (1675; *Die Unschuld vom Lande*, 1972) »the most bestial play in all literature«. – W., Sproß eines Gutsbesitzers in Shropshire, kam bereits als 15jähriger nach Frankreich, wo er nicht nur mit der feinen Gesellschaft, sondern auch den Komödien von Molière vertraut gemacht wurde. Plot-Elemente seiner bekanntesten Stücke zeigen den direkten Einfluß des Vorbilds. Nach erfolglosen Versuchen eines Studiums in Oxford und einer juristischen Ausbildung im Inner Temple verkehrte er mit Adeligen, deren Lebensideal in der Verfolgung eines vergnüglichen Lebenswandels bestand. Sein erstes Stück, *Love in a Wood, or, St. James's Park* (1671), brachte ihm das Wohlwollen der Duchess of Cleveland, der Mätresse des Königs, ein. 1679 heiratete er heimlich die verwitwete Countess of Drogheda, was den Entzug der Gunst von König Charles II zur Folge hatte, der W. als Tutor für seinen Sohn gewinnen wollte. Nach dem Tod der Frau und einem Aufenthalt im Schuld-

gefängnis, aus dem ihn James II durch Gewährung einer Rente befreite, folgte eine letzte kreative Phase. Sie war den *Miscellany Poems* (1704) gewidmet, die der von ihm bewunderte junge Alexander Pope bearbeitete. Elf Tage vor seinem Tod ging W. eine zweite Ehe ein.

Im Zentrum von W.s Schaffen stehen die beiden Stücke *The Country Wife* und *The Plain Dealer* (1676), die jeweils im Drury Lane Theatre aufgeführt wurden. Besonders *The Country Wife* gleicht einer Anthologie zentraler Merkmale der Restaurationskomödie. Mit dem Libertin Horner, der sich öffentlich als impotent ausgibt, um nicht den Argwohn der rivalisierenden Ehemänner herauszufordern, tritt ein »truewit« (geistvoller Charakter) auf, dem es vordergründig um sexuelle Erfüllung geht, der sich aber v. a. den Betrug der allzu Leichtgläubigen und Tumben zur Lebensaufgabe macht. Aus Empörung über das moralisch zweifelhafte Gerücht hat man meist den illusionslosen Skeptiker übersehen, dessen Rollenspiel eine souveräne Beherrschung der Affekte vorsieht. Er selbst bezeichnet sich als »a Machiavel in Love«, dazu berufen, Heuchelei als Verstoß gegen natürliche Impulse zu entlarven. Seine Opfer sind naive Landfrauen bzw. die ›tugendhaften‹ Frauen um Lady Fidget, deren öffentliche Prüderie ihre Geilheit im privaten Bereich verdeckt, sowie die aufgeblasenen Ehegatten, die als »witless« (geistlose Figuren) zu Recht Hörner aufgesetzt bekommen. Der vergeblich um geistvolle Konversation ringende »witwoud« (der es nicht zum »truewit« schafft) und das »gay couple« (lebenslustige Paar) vervollständigen die Konfiguration des Dramas, in der die Oppositionen der Restaurationskomödie idealtypisch austariert sind: Aufrichtigkeit vs. Heuchelei und Affektiertheit, intelligente Beherrschung des gesellschaftlichen Kodex vs. blindem Intrigenopportunismus, Vertrauen vs. Eifersucht. Hinter den sexuellen Anspielungen etwa in der berühmten »china scene« (Porzellanszene) und einer auch für Maßstäbe der Restaurationszeit ungewöhnlichen Offenheit verbirgt sich eine Moral, die ganz ohne Moralisierungen auskommt. – *The Plain Dealer* fällt wegen unglaubwürdiger Situationen und Inkonsequenzen in der Charakterzeichnung dagegen ab. Von John Dryden und John Dennis zwar hoch gepriesen, durfte diese Komödie im 18. Jahrhundert nur in entschärfter Fassung aufgeführt werden. Da W. den Beinamen »Manly« trug, wollte man den Haupthelden, einen rauhbeinigen Schiffskapitän gleichen Namens, als Selbstbildnis verstehen. Doch dessen Menschenverachtung widerspricht dem brillanten Witz des Autors, der sich eher in der Figur des »Freeman«, eines Mannes mit ungezwungener Geisteshaltung, wiederfindet.

Werkausgaben: *The Complete Works.* Hg. M. Summers. 4 Bde. New York 1964 [1924]. – *The Plays.* Hg. A. Friedman. Oxford/New York 1979. Literatur: J. Thompson. *Language in Wycherley's Plays.* Alabama 1984. – B. E. McCarthy. *William Wycherley: A Biography.* Athens, OH 1979. – R. A. Zimbardo. *Wycherley's Drama.* New Haven 1965.

Johann N. Schmidt

Yeats, W[illiam] B[utler]

Geb. 13. 6. 1865 in Dublin;
gest. 28. 1. 1939 in Cap Martin, Frankreich

W. B. Yeats gehört zu den überragenden englischsprachigen Dichtern des 20. Jahhrhunderts. Primär als Lyriker, aber auch als Dramatiker hat er weit über Irland und die eigene Zeit hinaus einen nachhaltigen Einfluß ausgeübt, während sein erzählerisches und essayistisches Werk weniger Beachtung gefunden hat. Die Komplexität seines literarischen Schaffens hängt aufs engste mit einer ausgeprägten Widersprüchlichkeit zusammen. Y. war ein Traditionalist, der sich halb ironisch als »letzten Romantiker« bezeichnete, aber doch auch einen unverwechselbar eigenen Weg ging und dabei der englischsprachigen Moderne wichtige Impulse geben konnte. Er umgab sich einerseits früh mit der Aura des elitären Ästheten und esoterischen Exzentrikers, bewahrte sich andererseits aber bis ins hohe Alter einen spontanen Sinn für die vitalen Bedürfnisse des Menschen. Er erwies sich als ein enorm wandlungsfähiger Autor, der sich schwer literarhistorisch klassifizieren läßt und markante Schaffensphasen durchläuft, aber doch auch eine beträchtliche Kontinuität der poetischen Motive und Methoden entwickelt. Dazu gehören die wiederkehrende Thematik spannungsvoller Dualismen wie Ich und Welt, Leben und Tod, Körper und Seele, Imagination und Realität, Gegenwart und Vergangenheit ebenso wie der Rückgriff auf zentrale Bilder und Symbole (etwa Baum, Vogel, Turm, Meer, Haus), die in nuancen- und kontrastreicher Mehrschichtigkeit einbezogen und von suggestiven Klangmustern getragen werden. Für Y. gab häufig das eigene Leben mit seinen

leidenschaftlich ausgetragenen Konflikten entscheidende Anstöße, die er allerdings mithilfe antithetischer Sprecherrollen nach einer ausgeklügelten »Masken«-Doktrin verarbeitete, um die autobiographische Sphäre zu entgrenzen. Ähnlich war er ein der heimischen, zumal ländlichen Umwelt verbundener Visionär, deren besonderer mythisch-magischer Tradition er zugleich eine universale Dimension verlieh. Er trat als zeitkritischer und auch apokalyptisch mahnender Kommentator auf, der gleichwohl aus metaphysischer Überzeugung eine letztlich affirmative Weltanschauung vertrat. In seinem Schaffensprozeß bemühte er sich mit konstruktiver Akribie, stilistischer Subtilität, ironischen Manövern und komplexen Strukturen in oft zahlreichen, langjährigen Überarbeitungen um die perfekte Komposition seiner Texte, die nicht selten eine volkstümlich eingängige Einfachheit erreichten.

Y. entstammt einer anglo-irischen, protestantischen Familie mit künstlerischen Ambitionen und wuchs in Dublin, London und im ländlichen Westen Irlands auf. Er kam früh zur Schriftstellerei (sein erstes Buch veröffentlichte er mit 21 Jahren) und gehörte zu Zirkeln ›dekadenter‹ Poeten und zu Geheimbünden okkultistischer Adepten im London der ›Nineties‹, bevor er sich ganz Irland und der Neubelebung seiner autochthonen Tradition zuwandte. Die unerfüllt bleibende Liebe zu der irischen Nationalistin Maud Gonne hatte nicht nur einen nachhaltigen Einfluß auf seine Dichtung, sondern motivierte ihn auch zu langjährigen Aktivitäten in der literarischen Bewegung der *Irish Renaissance*, darunter der Leitung des 1904 mit Lady Gregory und John Millington Synge gegründeten Abbey Theatre, der zentralen Stätte des neuen irischen Dramas. Über die Theaterarbeit hinaus war er in diverse kulturpolitische Kontroversen verwickelt, die ihn gegen das Dubliner Philistertum Stellung beziehen ließen. 1917 heiratete er die Engländerin Georgie Hyde-Rees, deren ›automatisches Schreiben‹ ihn zum Entwurf seines visionären »Systems« inspirierte und so seiner Dichtung einen festeren Bezugsrahmen gab. Die Übernahme eines Senatorenamts im irischen Freistaat (1922) und die Verleihung des Literaturnobelpreises (1923) konsolidierten seine prominente Stellung im kulturellen Leben Irlands und seinen internationalen Status als Autor. Als patriotisch und konservativ eingestellte Persönlichkeit setzte er sich für die Unabhängigkeit Irlands und den Aufbau der neuen Nation ein, rückte

Anfang der 1930er Jahre allerdings auch zeitweilig in die Nähe der irischen Faschisten. Die konformistisch-materialistische Entwicklung der westlichen Zivilisation betrachtete er mit großer Skepsis, während er in der zugleich spirituellen und sensuellen Kultur der Landaristokratie und des Bauerntums in Irland eine über die eigene Nation hinaus wegweisende Alternative sah.

Y. hat mit seinem literarischen Werk den bedeutendsten Beitrag zur *Irish Renaissance* geliefert, aber selbst in dem öffentlichsten Teil seines Werks nie den unverwechselbar persönlichen Ansatz aufgegeben und bei allem Engagement immer den Primat der künstlerischen Perfektion betont. Dies gilt insbesondere für seine Lyrik, die man auch nach solchen Kriterien in drei Schaffensphasen einteilt. Das Frühwerk steht im Zeichen des ästhetizistischen Jahrhundertendes mit seiner wehmütig-weltflüchtigen Grundstimmung und seiner Kultivierung der Kunst um der Kunst willen. Y. tendiert hier zu einem lebensfremden Idealismus in träumerisch vagen Projektionen, die aus mystischen wie mythischen Quellen eine zwielichtige Atmosphäre heraufbeschwören. Die elaborierten Texte sind bis zur Sinnverdunkelung formal angereichert, verwenden allerdings auch folkloristische Grundmuster. Sie sollen das Geheimnisvolle und Unergründliche des »verborgenen Lebens« offenbaren, in einer Transzendierung der Wahrnehmungswirklichkeit, die nur in Andeutungen zu vermitteln ist. Schon in *The Wanderings of Oisin* (1889), einer Erzählung um irische Mythen- und Sagengestalten, wendet er sich der gälischen Tradition zu, die in den Sammlungen *The Rose* (1893) und *The Wind Among the Reeds* (1899) weiterverfolgt wird. Die Titelsymbolik in *The Rose* wird dabei in vieldeutigen Konnotationen und strukturbildender Konsistenz auf die Privatsphäre (die Rose als Sinnbild der durch Maud Gonne verkörperten weiblichen Schönheit), die okkulte Tradition (die *rosa mystica* als Chiffre für spirituelle Perfektion) oder Irland (die Rose als verbreitete Metapher für das Land) bezogen. Die autobiographischen Erfahrungen, zumal seiner unglücklichen Liebe, hat Y. in *The Wind Among the Reeds* und den folgenden Bänden oft in der Projektion von Männerfiguren, die verschiedene Seiten seiner selbst verkörpern, dargestellt. Charakteristisch für das Frühwerk sind Gedichte wie »The Lake Isle of Innisfree«, »The Sorrow of Love«, »The Two Trees« oder »The Song of Wandering Aengus«.

In der mittleren Schaffensphase, die vornehmlich mit der Sammlung *Responsibilities* (1914) einsetzt, verlagert Y. die Thematik und ändert den Stil seiner Gedichte. In deutlicher Abwendung vom Frühwerk erkennt Y. nun eine Hauptfunktion der Dichtung in der »Kritik des Lebens«, indem er sich mit der konkreten Umwelt seines Landes in einer turbulenten Übergangszeit auseinandersetzt. Die neue Verantwortlichkeit gilt gleichermaßen dem Erbe der Vorfahren, dem aktuellen Zustand der Gesellschaft und der eigenen Person als Mensch und Künstler. Ein entsprechender Stilwandel zielt gegenüber der artifiziellen Tendenz des Frühwerks auf eine neue Unmittelbarkeit und Einfachheit in offener persönlichen Aussagen, unverblümt kritischen Zeitkommentaren und prosaischen Sprechweisen. Die gleichzeitige Theaterarbeit legt den verstärkten Einsatz dramatischer Techniken nahe: die Form des Dialog-Gedichts, die Strategie ironischer Kontrastierung, ein erweitertes Repertoire von Sprecherrollen. Bedeutende Sammlungen der Zeit sind *The Wild Swans at Coole* (1919) und *Michael Robartes and the Dancer* (1921). In diese Phase gehören Gedichte wie die über Robert Gregory oder »Easter 1916«.

Im Spätwerk der seit den 1920er Jahren entstandenen Gedichte erreicht Y. den Höhepunkt seines lyrischen Schaffens. Das gilt zumal für die Bände *The Tower* (1928; *Der Turm*, 1958) und *The Winding Stair and Other Poems* (1933), die nicht nur eine ungebrochene Alterskreativität zeigen, sondern auch die eigenwillige Modernität eines bemerkenswert wandlungsfähigen Autors. Die Thematik der eigenen Entwicklung, des Umbruchs in Irland und des Weltgeschehens strukturiert er nun mithilfe des in der Prosaschrift *A Vision* (1925, revidiert 1937) entwickelten Systems menschheitsgeschichtlicher Zyklen und universaler Persönlichkeitstypen. Er schöpft dabei aus dem archetypischen Bilderreservoir des kollektiven Unbewußten und sieht das Ich wie die Welt von dynamischen Grundmustern konträrer bzw. komplementärer Art geprägt. Dies betrifft auch das Selbstverständnis des Künstlers, der zur Wesensvervollständigung sein maskenhaftes »Anti-Selbst« benötigt. Die beiden Gedichtbände sind entsprechend nicht nur in sich strukturiert, sondern korrespondieren auch miteinander, insofern der Band mit der Turm-Symbolik auf eine männliche, politische Welt, Bilder des Verfalls und der Sterilität sowie einen bitteren Grundton zielt, während der Band mit der Wendeltreppen-Symbolik auf eine weibliche, künstlerische Welt, Bilder der Regeneration und Sinnlichkeit sowie eine affirmative Grundstimmung abhebt. Diese Phase repräsentieren die besonders komplexen Byzanz-Gedichte, die weitergeführten Coole-Park-Gedichte, die Sequenz »Meditations in Time of Civil War«, »Among School Children«, »Lapis Lazuli« und – als eine Art testamentarisches Credo – »Under Ben Bulben«.

Die Dramen von Y. sind primär poetische Stücke, deren Bühnenwirksamkeit von den imaginativen thematischen Entwürfen und der stilisierten Sprache des Lyrikers abhängt. In der poetischen Erneuerung des Dramas liegt zugleich – über das *Irish Dramatic Movement* hinaus – ihr Verdienst für das englischsprachige Theater der Zeit. Wiederkehrende Merkmale seines dramatischen Schaffens sind die Bevorzugung irischer Schauplätze und historischer oder mythisch entrückter Zeiträume; die Betonung des inneren gegenüber dem äußeren Geschehen und die Einbeziehung einer die Alltagsrealität erfassenden übernatürlichen Macht, die emotionsgeladene Lebenssituationen und elementare Existenzprobleme ins Spiel bringt; eine Vorliebe für die kompakte Kurzform des Einakters; die metrische oder metaphorische Stilisierung der Figurenrede; die aussparend andeutende Reduktion der Bühnenmittel. In den früheren Dramen tendiert Y. dazu, von der Realität auszugehen, um den Bereich des Unwirklichen eindringen zu lassen. So präsentiert er in *The Countess Cathleen* (1892, 1919; *Die Gräfin Cathleen*, 1972) eine Titelheldin, die ihre Seele an Dämonen verkauft, um ihr Volk aus der Hungersnot und vor dem Teufel zu retten, und in *Cathleen ni Houlihan* (1902; *Cathleen ni Houlihan*, 1972) eine Titelheldin, die als Personifikation Irlands zur Rebellion gegen die Fremdherrschaft aufruft. In den seit 1914 entstandenen, vom japanischen No-Theater beeinflußten Stücken siedelt Y. das – meist ritualisierte – Geschehen von vorneherein im Bereich des Imaginären an und nähert sich eher umgekehrt der vertrauten Realität. Das gilt etwa für *At the Hawk's Well* (1916; *An der Falkenquelle*, 1972), das erste einer Reihe von Stücken über den sagenumwobenen Cuchulain, der sich hier von der ewiges Leben verleihenden Quelle ablenken läßt und dem Schicksal eines fluchbeladenen Heldentums folgt. Auch in seinem dramatischen Werk blieb Irland und seine autochthone Tradition die maßgebliche Inspirationsquelle von Y.

Werkausgaben: *The Collected Works*. Hg. R. J. Finneran/ G. M. Harper. London 1989 ff. – *Werke*. Hg. W. Vordtriede. 6 Bde. Neuwied 1970–73.
Literatur: R. F. Forster: *W. B. Yeats. A Life.* 2 Bde. Oxford 1997/2003. – E. Timm. *W. B. Yeats.* Darmstadt 1987. – D. Donoghue. *Yeats.* London 1976 [1970]. – H. Bloom. *Yeats.* New York 1970. – T. R. Henn. *The Lonely Tower: Studies in the Poetry of W. B. Yeats.* London 1965 [1950]. – R. Ellmann. *The Identity of Yeats.* New York 1964. – J. Unterecker. *A Reader's Guide to W. B. Yeats.* New York 1963.

Eberhard Kreutzer

Yonge, Charlotte [Mary]

Geb. 11. 8. 1823 in Otterborne, Hampshire; gest. 24. 3. 1901 ebd.

Die literarische Karriere der ungeheuer produktiven Charlotte Yonge begann mit Erzählungen über die Kinder des imaginären Ortes Langley, die im *Magazine for the Young* veröffentlicht wurden und im Jahre 1850 zum ersten Mal als Sammlung erschienen. Dieser Erfolg ermutigte die Autorin sowohl dazu, ihr eigenes Kindermagazin *The Monthly Packet* (1851–99) zu gründen, als auch ihren ersten großen Erfolgsroman, *The Heir of Redclyffe* (1853; *Der Erbe von Redclyffe*, 1860), zu schreiben. Der ehrenhafte Protagonist Guy Morville wird von seinem Cousin Philip verleumdet und daraufhin von seiner Adoptivfamilie verstoßen. Dennoch pflegt er Philip später aufopferungsvoll, als dieser erkrankt. Während Philip gesundet, fällt der selbstlose Guy der schweren Krankheit zum Opfer und setzt seinen Cousin sogar zu seinem Erben ein. Die literarische Darstellung christlicher Tugenden wie Selbstlosigkeit ist Dreh- und Angelpunkt des Gesamtwerkes der zutiefst religiösen, von der Oxford-Bewegung beeinflußten Autorin. Unter ihren insgesamt etwa 160 Büchern findet sich eine große Anzahl an historischen Romanen, von denen die meisten aber heute in Vergessenheit geraten sind, da ihre viktorianische Geschichtsdarstellung aus heutiger Sicht hoffnungslos veraltet wirkt. Eine der wenigen Ausnahmen bildet *The Little Duke* (1854), Y.s erster historischer Roman, der im Frankreich des zehnten Jahrhunderts spielt. Richard, die Titelfigur, wird bereits als kleiner Junge der Herzog der Normandie. An den Hof des Königs entführt, wird er vom Prinzen Lothaire gequält. Doch Richard entkommt und hält später Lothaire selbst als Geisel, behandelt ihn aber immer freundlich. So macht er aus seinem Peiniger einen besseren Menschen. Besondere Bedeutung kommt Y. dafür zu, daß sie die Familiengeschichte als neues Genre nicht nur in der Kinderliteratur etablierte. Ihre erste, *The Daisy Chain*, erschien zunächst als Serie in ihrer Kinderzeitschrift und 1856 in Buchform. Die Handlung dreht sich um das Schicksal der großen Familie May und erfuhr mehrere Fortsetzungen. Die lebhafte Beschreibung viktorianischen Familienlebens und die robuste, realistische Darstellung kindlicher Charaktere gilt bis heute als die größte Stärke der Autorin, die den Ort ihrer Kindheit niemals verließ und nie heiratete. Ihr vielleicht reifstes Werk, *The Pillars of the House* (1873), ist eine weitere Familiengeschichte; danach stellte Y. ihre literarische Produktion fast vollständig ein. Sie wurde zum wichtigen Vorbild für Louisa M. Alcott und Edith Nesbit und damit zu einer zentralen Wegbereiterin für die moderne Kinderliteratur, die das Lesevergnügen der Kinder der moralischen Erziehung voranstellt, auch wenn sich große Teile ihres Werkes nicht eindeutig als Kinderbücher klassifizieren lassen.

Literatur: B. Dennis. *Charlotte Yonge (1823–1901), Novelist of the Oxford Movement: A Literature of Victorian Culture and Society*. Lewiston 1992. – C. Sandbach-Dahlström. *Be good sweet maid: Charlotte Yonge's Domestic Fiction. A Study in Dogmatic Purpose and Fictional Form*. Stockholm 1984.

Susanne Rauter

Young, Edward

Getauft 3. 7. 1683 in Upham, Hampshire;
gest. 5. 4. 1765 in Welwyn, Hertfordshire

Nur selten klaffen die Biographie eines Autors und das von der literaturgeschichtlichen Überlieferung erzeugte Bild so kraß auseinander wie bei Edward Young. Das Forschungsinteresse an Y. ist so gut wie vollständig erloschen. In englischen Literaturgeschichten nimmt er heute nur noch einen Höflichkeitsplatz als Autor der melancholisch-meditativen *Nachtgedanken* ein, und dieses kanonisierte, aber selten gelesene Werk produziert bestenfalls ein verfälschtes Phantombild seines Verfassers. Tatsächlich war Y. eine ungewöhnlich vielseitige, wandlungsfähige, gesellige Persönlichkeit von starker Ausstrahlung, und sein Leben war alles andere als trostlos und eintönig. Er machte zunächst den üblichen Bildungsweg eines Jünglings aus gutem bürgerlichen Hause durch (sein Vater war zuletzt Dean of Salisbury): *public school* und Studium in Oxford (All Souls'), das er nach dem Bachelor in Civil Law (1714) mit dem Doktorgrad (1719) abschloß, danach Tutor in verschiedenen Adelshäusern. Y.s prominentester Patron und unerschütterlicher Bewunderer war der eher berüchtigte Duke of Wharton, dem er seine Tragödie *Revenge* (1721) widmete. Frucht seiner Erfahrungen mit der aristokratischen Gesellschaft sind die sieben Satiren *The Universal Passion* (einzeln 1725–27, gesammelt 1728). Im Alter von nahezu 50 Jahren trat Y. in den Dienst der Kirche ein und wurde wenig später für ein Huldigungsgedicht an den König mit dem Amt eines königlichen Hofkaplans (1728) belohnt. Eine von seinem College 1730 gestiftete Pfründe sicherte später Y.s Lebensabend, wurde aber wohl nur zeitweilig wahrgenommen. Y.s allem Anschein nach sehr glückliche Ehe mit der verwitweten Tochter des Earl of Lichfield währte nur zehn Jahre. Der Tod einer geliebten Stieftochter, des Schwiegersohns und schließlich auch seiner Ehefrau (1741) bildeten den Anlaß für Y.s berühmtestes Werk, *The Complaint, or Night Thoughts on Life, Death and Immortality* (1742–45; *Klagen oder Nachtgedanken über Leben, Tod und Unsterblichkeit*, 1760/61), das alsbald in ganz Europa als Aufbruch in eine neue Ära der Dichtung gefeiert wurde. Seine Samuel Richardson gewidmete dichtungstheoretische Schrift *Conjectures on Original Composition* (1759) wurde zu einem Manifest der Frühen Romantik und rief v. a. in Deutschland ein enthusiastisches Echo hervor. Das aus 9 Teilen (*Nights*) und etwa 10.000 Blankversen bestehende Gedicht *Night Thoughts* beklagt vor dem Hintergrund des selbst erlittenen Verlustes die Vergänglichkeit des Lebens und meditiert schmerzvoll-düster über Mensch, Welt, Gesellschaft, Moral und Tugend, Gott und Unsterblichkeit. Wie sein Vorbild John Milton wollte Y. eine große Kosmologie schaffen, welche die ganze *chain of being* umfaßt. Vers, Diktion und Rhetorik folgen überwiegend noch klassizistischer Manier, und auch vieles an Y.s Gedankenwelt ist noch der aufklärerisch-klassizistischen Tradition verhaftet. Was als neu und revolutionär empfunden wurde, sind die melancholisch-schwermütige Grundstimmung, die Bilder von Nacht, Grab und Tod, der streckenweise kraftvoll-feierliche Psalmen- und Hymnenstil sowie der v. a. im ersten Teil überzeugende Ausdruck tiefer Gefühle.

Y.s Leben ähnelte über Jahrzehnte dem eines Hofdichters, der vor Schmeicheleien nicht zurückscheute und so gut wie stets großzügige Gönner fand, sich aber auch mit der Geringschätzung mancher Zeitgenossen abfinden mußte. Noch einmal wurde ihm in seinen späten Jahren außerordentliche Gunst zuteil, als er 1761 zum *clerk of the closet* der Prinzessinwitwe von Wales avancierte. – Y.s literarisches Schaffen ist auch für seine Zeit ungewöhnlich reich und umspannt eine breite Palette von Formen. Unvergessen sind nur die *Night Thoughts* geblieben. Bei aller Uneinheitlichkeit des Werkes korrespondieren doch beträchtliche Teile der *Night Thoughts* auf das glücklichste mit den poetologischen Anschauungen der *Conjectures*. Beide Werke sind auf ihrem Gebiet Zeugnisse des Übergangs, die der Romantik den Weg bereiten halfen.

Werkausgabe: *The Complete Works: Poetry and Prose of the Rev. Edward Young*. Hg. J. Nichols. Hildesheim 1968 [1854].
Literatur: H. Forster. *Edward Young*. Alburgh 1986.

Heide N. Rohloff

Literaturgeschichten und Nachschlagewerke

Bennett, Bruce/Strauss, Jennifer, Hgg. *The Oxford Literary History of Australia*. Oxford: OUP 1998.

Benson, Eugene/Conolly, L. W., Hgg. *Encyclopedia of Post-Colonial Literatures in English*. 2 Bde. London: Routledge 1994.

Benson, Eugene/Toye, William, Hgg. *The Oxford Companion to Canadian Literature*. Toronto: OUP ²1997.

Borgmeier, Raimund, Hg. *Die englische Literatur in Text und Darstellung*. 10 Bde. Stuttgart: Reclam 1982–86.

Bruccoli, Matthew et al., Hgg. *Dictionary of Literary Biography*. Detroit: Gale 1978ff. [bisher über 200 Bde.]

Carpenter, Humphrey/Prichard, Mari. *The Oxford Companion to Children's Literature*. Oxford: OUP 1984.

Carter, Ronald/McRae, John. *The Routledge History of Literature in English*. London: Routledge ²2001.

Cox, C. Brian, Hg. *African Writers*. 2 Bde. New York: Scribners 1997.

Cox, Michael, Hg. *The Oxford Chronology of English Literature*. 2 Bde. Oxford: OUP 2002.

Coyle, Martin et al., Hgg. *Encyclopedia of Literature and Criticism*. London: Routledge 1990.

Craig, Cairns, Hg. *The History of Scottish Literature*. 4 Bde. Aberdeen: Aberdeen UP 1987–89.

Dance, Daryl Cumber, Hg. *Fifty Caribbean Writers: A Bio-Bibliographical Sourcebook*. Westport, CT: Greenwood Press 1986.

Drabble, Margaret, Hg. *The Oxford Companion to English Literature*. New Edition. Oxford ⁶2000.

Evans, Patrick. *The Penguin History of New Zealand Literature*. Auckland: Penguin 1990.

Fabian, Bernhard, Hg. *Die englische Literatur*. 2 Bde. München: dtv 1991.

Ford, Boris, Hg. *The New Pelican Guide to English Literature*. 9 Bde. Harmondsworth ²1995.

Herbert, Rosemary, Hg. *The Oxford Companion to Crime and Mystery Writing*. Oxford: OUP 1999.

Hergenhan, Laurie/Bennett, Bruce, Hgg. *The Penguin New Literary History of Australian Literature*. Ringwood, Vict.: Penguin 1988.

Hogan, Robert, Hg. *Dictionary of Irish Literature*. 2 Bde. London: Aldwych Press ²1996.

Imhof, Rüdiger. *A Short History of Irish Literature*. Stuttgart: Klett 2002.

Jansohn, Christa, Hg. *Companion to the New Literatures in English*. Berlin: Schmidt 2002.

Jeffares, A. Norman, Hg. *Macmillan History of Literature*. London: Macmillan 1982ff.

Jens, Walter, Hg. *Kindlers Neues Literatur Lexikon*. 22 Bde. München: Kindler 1988–92, 1998.

Karrer, Wolfgang/Kreutzer, Eberhard. *Daten der englischen und amerikanischen Literatur von 1700 bis 1890*. München: dtv ²1983.

Karrer, Wolfgang/Kreutzer, Eberhard. *Werke der englischen und amerikanischen Literatur von 1890 bis zur Gegenwart*. München: dtv ⁴1989.

Killam, G. D./Rowe, Ruth, Hgg. *The Companion to African Literatures*. Bloomington: Indiana UP 2000.

King, Bruce, Hg. *Introduction to West Indian Literature*. London ²1995.

Kosok, Heinz. *Geschichte der anglo-irischen Literatur*. Berlin: Schmidt 1990.

Lambdin, Laura Cooner/Lambdin, Robert Thomas, Hgg. *A Companion to Old and Middle English Literature*. Westport, CT: Greenwood Press 2002.

Löschnigg, Maria/Löschnigg, Martin. *Kurze Geschichte der kanadischen Literatur*. Stuttgart: Klett 2001.

Mehrotra, Arvind Krishna. *The Illustrated History of Indian Literature in English*. Neu-Delhi: OUP 2000.

Nelson, Emmanuel S., Hg. *Writers of the Indian Diaspora: A Bio-Bibliographical Sourcebook*. Westport, CT: Greenwood Press 1993.

Nünning, Ansgar, Hg. *Eine andere Geschichte der englischen Literatur: Epochen, Gattungen und Teilgebiete im Überblick*. Trier: WVT ²1998.

Ousby, Ian, Hg. *The Cambridge Guide to Literature in English*. Cambridge: CUP ²1993.

Robinson, Roger/Wattie, Nelson, Hgg. *The Oxford Companion to New Zealand Literature*. Melbourne: OUP 1998.

Sage, Lorna, Hg. *The Cambridge Guide to Women's Writing in English*. Cambridge: CUP 1999.

Sanders, Andrew. *The Short Oxford Histoy of English Literature*. Oxford: OUP 1994.

Schabert, Ina. *Englische Literaturgeschichte: Eine neue Darstellung aus der Sicht der Geschlechterforschung*. Stuttgart: Kröner 1997.

Seeber, Hans Ulrich, Hg. *Englische Literaturge-schichte*. Stuttgart/Weimar: Metzler ³1999.

Standop, Ewald/Mertner, Edgar. *Englische Litera-turgeschichte*. Heidelberg: Quelle & Meyer ⁵1992.

Stringer, Jenny/Sutherland, John, Hgg. *The Oxford Companion to Twentieth-Century Literature in English*. Oxford: OUP 1996.

Sturm, Terry, Hg. *The Oxford History of New Zealand Literature in English*. Auckland: OUP 1991.

Thies, Henning, Hg. *Hauptwerke der englischen Literatur: Einzeldarstellungen und Interpretatio-nen*. 2 Bde. München: Kindler 1995.

Watson, Victor, Hg. *The Cambridge Guide to Chil-dren's Books in English*. Cambridge: CUP 2001.

Welch, Robert, Hg. *The Oxford Companion to Irish Literature*. Oxford: Clarendon 1996.

Wilde, William H. et al., Hgg. *The Oxford Com-panion to Australian Literature*. Melbourne: OUP ²1994.

Mitarbeiterinnen und Mitarbeiter

Ahrends, Günter (Bochum): Christopher Marlowe

Ahrens, Rüdiger (Würzburg): Yasmine Gooneratne; John Osborne

Alexander, Vera (Saarbrücken): Nayantara Sahgal

Allrath, Gaby (Gie en): Pat Barker; Vera Brittain; Eva Figes; Alan Hollinghurst

Andrassy, Antje (München): Francis Hutcheson; Lady Mary Wortley Montagu

Bach, Susanne (Mannheim): Michael Frayn; Peter Shaffer

Bader, Rudolf (Bern): Martin Boyd; Joseph Furphy; Henry Lawson; Christina Stead

Bauer, Matthias (Saarbrücken): John Lyly

Baumann, Uwe (Bonn): Francis Beaumont; Charlotte Bront ; Michael Drayton; Sir Thomas Elyot; John Fletcher; John Ford; Thomas Lodge; Sir Thomas More; Ruth Rendell; Sir Thomas Wyatt

Beck, Rudolf (Augsburg): Harriet Martineau; Rohinton Mistry; Thomas Love Peacock

Berensmeyer, Ingo (Siegen): Eavan Boland

Berger, Dieter A. (Regensburg): Sir George Etherege; Henry Fielding; James Hogg; John Wilmot, Second Earl of Rochester

Berndt, Katrin (Leipzig): Yvonne Vera

Berns, Ute (Konstanz): Thomas Lovell Beddoes

Binder, Wolfgang (Erlangen): Michael Anthony; Lorna Goodison; Jamaica Kincaid; V. S. Naipaul; Sam Selvon

Binias, Silke (Duisburg): Algernon Charles Swinburne

Blaicher, Ria (Erlangen): Robert Bolt; Timberlake Wertenbaker

Böhnke, Dietmar (Leipzig): Alasdair Gray

Bonacker, Maren (Gie en): Daphne DuMaurier

Borgmeier, Raimund (Gie en): John Keats; W. Somerset Maugham; Samuel Richardson; Dorothy Wordsworth; William Wordsworth

Breitinger, Eckhard (Bayreuth): Chinua Achebe; Ayi Kwei Armah; John Pepper Clark Bekederemo; Syl Cheney-Coker; Cyprian Ekwensi; Dambudzo Marechera; Gabriel Okara; Christopher Okigbo; Femi Osofisan; Niyi Osundare; Amos Tutuola

Broich, Ulrich (München): Christopher Hampton; Nigel Williams

Bücher, Britta (Bonn): Doris Lessing

Buchholz, Sabine (Köln): Dorothy Richardson

Collier, Gordon (Gie en): Murray Bail; Austin Clarke; Helen Garner; Keri Hulme; David Malouf; Bill Manhire; Frank Moorhouse; Hone Tuwhare; Derek Walcott; Patrick White

Cujai, Nicole (Freiburg): Nadine Gordimer; Alex LaGuma; Katherine Mansfield

Davis, Geoffrey V. (Aachen): Athol Fugard; Bessie Head; Chenjerai Hove; Zakes Mda; Es'kia Mphahlele; Sol T. Plaatje; Mongane Wally Serote

Degenring, Folkert (Mannheim): Iain Banks; Iain Sinclair

Döring, Tobias (Berlin): Joyce Cary; Wilson Harris; Earl Lovelace

Egbert, Marie-Luise (Chemnitz): Penelope Fitzgerald; Charles Lamb

Erll, Astrid (Gie en): Siegfried Sassoon; Henry Williamson

Erney, Hans Georg (Atlanta): Bapsi Sidhwa

Erzgräber, Willi (Freiburg) : Geoffrey Chaucer; Thomas Hardy; Gerard Manley Hopkins; William Langland

Feuchert, Sascha (Gie en): Agatha Christie; Arthur Conan Doyle

Fischer-Seidel, Therese (Düsseldorf): Matthew Arnold; Samuel Beckett; E. M. Forster

Fludernik, Monika (Freiburg): Sunetra Gupta; Gabriel Josipovici

Foltinek, Herbert (Wien): Charles Dickens; Susan Ferrier

Freiburg, Rudolf (Erlangen): Joseph Addison; Samuel Johnson; Graham Swift

Frodl, Aglaja (London): Muriel Spark

Gassenmeier, Michael (Duisburg): Edmund Burke

Gehrig, Susanne (Neustadt): Arthur Koestler

Gehring, Wolfgang (Würzburg): Alan Sillitoe; Sue Townsend

Glaap, Albert-Reiner (Düsseldorf): Alan Ayckbourn; James Reaney

Glage, Liselotte (Hannover): Shashi Deshpande; Ruth Prawer Jhabvala; Kamala Markandaya

Glaser, Brigitte (Eichstätt): John Evelyn; Elizabeth Inchbald

Glaser, Marlies (Frankfurt/M.): Dionne Brand; Erna Brodber; Olive Senior; Michael Smith

Glomb, Stefan (Mannheim): Tom Stoppard

Grabes, Herbert (Gie en): John Bale

Gro , Konrad (Kiel): Frederick Philip Grove; Margaret Laurence

Gurr, Jens Martin (Duisburg): C. P. Snow

Gymnich, Marion (Köln): Anne Bront ; Brigid Brophy; Barbara Pym; Fay Weldon

Haas, Alexandra (Bonn): Fred D'Aguiar; George Lamming; Caryl Phillips

Habermann, Ina (Erlangen): Elizabeth Bowen; Elizabeth Cary; May Sinclair

Hagenauer, Sabine (Erlangen): Adam Thorpe

Hanke, Michael (Fulda): George Barker; Roy Campbell; Christopher Fry; Stephen Spender

Heinen, Sandra (Gie en): Anna Laetitia Barbauld; Elizabeth Barrett Browning; Eliza Haywood

Henke, Christoph (Augsburg): Julian Barnes; D. M. Thomas

Hertel, Kirsten (Heidelberg): Arnold Bennett; Matthew Gregory Lewis

Hertel, Ralf (Berlin): Irvine Welsh

Herzogenrath, Bernd (Köln): J. G. Ballard

Hilf, Susanne (Bonn): Romesh Gunesekera; Michael Ondaatje

Himberg, Kay (Berlin): Lawrence Durrell

Höfele, Andreas (München): Max Beerbohm; William Shakespeare; Oscar Wilde

Hollm, Jan (Landau): Edward Bulwer-Lytton

Höltgen, Karl Josef (Erlangen): Francis Quarles

Horatschek, Anna-M. (Kiel): Peter Ackroyd; Howard Barker

Horlacher, Stefan (Mannheim): John Fowles; Edward Lear; John Cowper Powys & Theodore Francis Powys

Horstmann, Ulrich (Gie en): Robert Burton; Ted Hughes; Philip Larkin; James Thomson [B. V.]

Hoven, Heribert (München): Malcolm Lowry

Huber, Werner (Chemnitz): Brendan Behan; Sean O'Casey; James Stephens

Hühn, Peter (Hamburg): Robert Graves; Tony Harrison; John Le Carr& Roger McGough; Charles Tomlinson

Humphrey, Richard (Zittau): John Arden; Rupert Brooke; Charles Causley; William Cobbett; Robert Crawford; Roald Dahl; J. G. Farrell; John Galsworthy; John Galt; Richard Hughes; Rose Macaulay; Craig Raine; Lord Bertrand Russell; Samuel Smiles; Raymond Williams

Imhof, Rüdiger (Wuppertal): John Banville; Roddy Doyle; Aidan Higgins; B. S. Johnson; James Clarence Mangan; Frank McGuinness; Edna O'Brien; Flann O'Brien; Sean O'Faolain; William Trevor

Irmscher, Christoph (Baltimore): Timothy Findley

Jaeger, Stephan (Madison): John Clare; John Keble; Robert Southey

Jahn, Manfred (Köln): Dorothy Richardson

Jarfe, Günther (Passau): W. H. Auden; Willy Russell

Johnston, Andrew James (Berlin): Sir John Mandeville; Thomas Usk

Jung, Sandro (Chester): John Dyer

Karrer, Wolfgang (Osnabrück): Dylan Thomas

Kienzle, Ursula Dora (München): Vikram Chandra; Upamanyu Chatterjee

Klein, Bernhard (Dortmund): Louis MacNeice; Derek Mahon; Paul Muldoon; Tom Paulin

Klein, Holger Michael (Salzburg): J. B. Priestley

Kley, Antje (Kiel): Jeanette Winterson

Kloo , Wolfgang (Trier): Joy Kogawa; Hugh MacLennan; Rudy Wiebe

Kohl, Stephan (Würzburg): David Storey; William Makepeace Thackeray

Koppenfels, Werner von (München): Samuel Butler d. Ä.; Thomas Chatterton; William Cowper; Richard Crashaw; Robert Herrick; Geoffrey Hill; Andrew Marvell; Thomas Nashe; Sir Walter Raleigh; Henry Howard, Earl of Surrey; Henry Vaughan; Edmund Waller

Korte, Barbara (Tübingen): Sir Henry Rider Haggard; H. G. Wells

Kosok, Heinz (Wuppertal): William Carleton; Denis Johnston; Frank O'Connor

Kotte, Christina (Freiburg): Robertson Davies

Kramer, Jürgen (Dortmund): Joseph Conrad; F. R. Leavis & Q. D. Leavis; Albert Wendt

Kramer, Stephanie (Berlin): Charlotte Keatley; Liz Lochhead

Kreutzer, Eberhard (Bonn): Neil Bissoondath; Kamau Brathwaite; Lewis Carroll; Amitav Ghosh; James Joyce; Salman Rushdie; Shashi Tharoor; M. G. Vassanji; W. B. Yeats

Krewani, Angela (Siegen): Malcolm Bradbury; Angela Carter

Krieger, Gottfried (Köln): No l Coward; Harley Granville-Barker; Simon Gray; Sir Terence Rattigan

Krings, Constanze (Aachen): Ford Madox Ford; Jean Rhys

Kross, Meike (Dresden): Wyndham Lewis; George Meredith; Vita Sackville-West; Lytton Strachey

Kuester, Martin (Marburg): George Bowering; Robert Kroetsch; Carol Shields

Kullmann, Thomas (Göttingen): Emily Bront ; Maurice Gee; Raphael Holinshed; Charles Robert Maturin; Christina Rossetti; Vikram Seth; Edmund Spenser; Alfred Tennyson

Lange, Bernd-Peter (Magdeburg): George Orwell

Lengeler, Rainer (Bonn): Robert Browning
Lennartz, Norbert (Bonn): Thomas Carew; Ernest Dowson; Tobias Smollett; Sir John Suckling
Lenz, Bernd (Passau): Wilkie Collins; Len Deighton; Barry Unsworth
Lessenich, Rolf (Bonn): William Blake; Lord Byron; Daniel Defoe; John Dryden; Oliver Goldsmith; Henry Mackenzie; John Milton; Thomas Percy; Ann Radcliffe; Clara Reeve; Mary Shelley; Izaak Walton; John Wesley & Charles Wesley
Lethbridge, Stefanie (Tübingen): James Thomson
Leypoldt, Günter (Tübingen): George Berkeley; Sir Joshua Reynolds; Third Earl of Shaftesbury
Link, Viktor (Braunschweig): Samuel Taylor Coleridge; Thom Gunn; John Millington Synge
Löffler, Arno (Erlangen): Sir Thomas Browne; Charlotte Lennox
Löschnigg, Maria (Graz): Edward Bond; Mavis Gallant; Susanna Moodie
Löschnigg, Martin (Graz): David Jones; Wilfred Owen; Al Purdy; Mordecai Richler; Isaac Rosenberg
Mader, Doris (Graz): Caryl Churchill
Marsden, Peter H. (Aachen): James K. Baxter; Allen Curnow; Vincent O'Sullivan; Frank Sargeson; C. K. Stead; Ian Wedde
Mehl, Dieter (Bonn): Gavin Douglas; William Dunbar; Gawain-Dichter; Robert Henryson; James I; John Lydgate
Meier, Franz (Regensburg): Basil Bunting; Thomas De Quincey; Andrew Motion
Meier, Nicole (Bonn): Alfred; Thomas ↑ccleve
Meinig, Sigrun (Mannheim): P↑' ↑rey; Rodney Hall; Janette Turner ↑ Henry Handel Richardson
Mergenthal, Silvia (Kon↑ ↑z): Mary Brunton; Robert Fergusson
Mettinger-Schartmann, Elke (Wien): Charlotte Smith
Meyer, Michael (Bamberg): Buchi Emecheta; Edward Gibbon; John Stuart Mill; John Ruskin
Middeke, Martin (Augsburg): Christine Brooke-Rose; Samuel Butler d. J.; Thomas Carlyle; Stephen Poliakoff; Bram Stoker; John Webster
Mittelbach, Jens (Jena): Thomas Kyd; Philip Massinger
Mosthaf, Franziska (Köln): Bernard MacLaverty
Müllenbrock, Heinz-Joachim (Göttingen): Alexander Pope; Sir Walter Scott
Müller, Klaus Peter (Mainz): David Hare; David Hume; Patrick McCabe; Harold Pinter
Müller, Markus (Trier): Sinclair Ross

Müller, Wolfgang G. (Jena): Jane Austen; Robert Burns; William Collins; John Donne; Thomas Stearns Eliot; Thomas Gray; George Herbert; Ben Jonson; James Macpherson; Percy Bysshe Shelley
Müller-Oberhäuser, Gabriele (Münster): Marjory Kempe; Sir Thomas Malory
Müller-Wood, Anja (Trier): George Chapman; Sarah Kane; John Marston; Thomas Middleton
Müller-Zettelmann, Eva (Wien): Robert Blair; John Davidson; Carol Ann Duffy; Dame Edith Sitwell
Neumann, Fritz-Wilhelm (Erfurt): Sir William Davenant; Joseph Hall; Naomi Mitchison; Robert Nye; Andrew Sinclair
Niederhoff, Burkhard (Bonn): Susanna Centlivre; Colley Cibber; William Congreve; Abraham Cowley; Thomas Shadwell; Sir Richard Steele; Robert Louis Stevenson; Sir John Vanbrugh
Nieragden, Göran (Köln): Kingsley Amis; Douglas Dunn
Nischik, Reingard M. (Konstanz): Margaret Atwood; Alice Munro
Nover, Peter (Bonn): Anthony Burgess; Ian Fleming; P. D. James; Richard Brinsley Sheridan
Nünning, Ansgar (Gie en): Aphra Behn; Thomas Keneally; Stevie Smith; Mrs. Humphry Ward
Nünning, Vera (Heidelberg): Aphra Behn; Sarah Fielding; Tibor Fischer; Catharine Macaulay; Mary Wollstonecraft
Orth, Eva-Maria (Jena): Margaret Oliphant; Anthony Trollope
Ottlinger, Claudia (Bochum): Lionel Johnson; Dante Gabriel Rossetti
Peters, Christoph (Düsseldorf): Aldous Huxley
Peters, Susanne (Düsseldorf): Thomas Moore
Petry, Mike (Aachen): Kazuo Ishiguro; Penelope Lively
Petzold, Dieter (Erlangen): R. M. Ballantyne; Enid Blyton; Thomas Hughes; C. S. Lewis; George MacDonald; Frederick Marryat; A. A. Milne
Pfandl-Buchegger, Ingrid (Graz): David Lodge
Pointner, Frank (Duisburg): Philip Sidney
Pointner, Petra (Duisburg): Arthur Symons
Potzner, Stefan (Erlangen): C.L.R. James
Prie nitz, Horst (Wuppertal): A. D. Hope; Les Murray; Judith Wright
Rauter, Susanne (Bonn): J. M. Barrie; Ivy Compton-Burnett; Charlotte Yonge
Real, Hermann J. (Münster): Jonathan Swift
Reckwitz, Erhard (Essen): Breyten Breytenbach;

Andr&Brink; J. M. Coetzee; Iris Murdoch; Alan Paton; William Plomer; Olive Schreiner

Reichl, Susanne (Wien): Amit Chaudhuri; Grace Nichols

Renger, Nicola (Braunschweig): Thomas King

Riemenschneider, Dieter (Auckland): Mulk Raj Anand; Jack Davis; Anita Desai; G. V. Desani; Alan Duff; Patricia Grace; Witi Ihimaera; Mudrooroo; R. K. Narayan; Oodgeroo Noonuccal; Raja Rao; Arundhati Roy; Michael Wilding

Rippl, Gabriele (Konstanz): A. S. Byatt; Margaret Cavendish; Pauline Melville; Dorothy Osborne; Walter Pater

Rix, Walter (Kiel): Brian Friel; Patrick Kavanagh; Mary Lavin; Anthony Powell

Roggendorf, Simone (Heidelberg): Richard Cumberland

Rohloff, Heide N. (Hannover): Jeremy Bentham; Thomas Hobbes; John Locke; Adam Smith; Edward Young

Rommel, Thomas (Bremen): John Maynard Keynes; Bernard Mandeville

Rubik, Margarete (Wien): Delarivier Manley

Sander, Hans Jochen (Jena): William Golding; Angus Wilson

Schabio, Saskia (Stuttgart): Lady Mary Wroth

Schäffner, Raimund (Heidelberg): Howard Brenton; David Edgar; Trevor Griffiths; John McGrath; George Bernard Shaw

Scheiding, Oliver (Tübingen): James Beattie; William Godwin

Schenkel, Elmar (Leipzig): Bruce Chatwin; G. K. Chesterton; Jerome K. Jerome; Edith Nesbit

Schilken, Dörthe (Oxford): William Morris

Schlaeger, Jürgen (Berlin): William Beckford; Richard Hakluyt; Seamus Heaney; Ian McEwan; Samuel Pepys; Horace Walpole

Schmid, Susanne (Frankfurt/M.): Barbara Cartland; Emma Tennant

Schmidt, Johann N. (Hamburg): John Cleland; Sheridan LeFanu; Joe Orton; William Wycherley

Schmitz, Götz (Bonn): John Gower

Schnackertz, Hermann Josef (Eichstätt): Charles Darwin; Herbert Spencer

Schneider, Ralf (Tübingen): Mary Elizabeth Braddon; Sarah Grand

Schnierer, Peter Paul (Heidelberg): Arthur Hugh Clough; Edward FitzGerald; Robert Greene; A. E. Housman; Coventry Patmore; Mark Ravenhill; Cyril Tourneur

Schnitker, Jan (Erlangen): Francis Bacon; Terry Pratchett

Schöneich, Christoph (Heidelberg): John Braine; Graham Greene; Mervyn Peake

Schruff, Renate (Bonn): Thomas Heywood; John Skelton

Schülting, Sabine (Erfurt): Elizabeth Gaskell; George Gissing; Charles Kingsley; Henry Mayhew; George Moore

Schulze-Engler, Frank (Frankfurt/M.): Taban lo Liyong; Ngugi wa Thiong'o; Okot p'Bitek; Ken Saro-Wiwa; Wole Soyinka

Schwend, Joachim (Leipzig): George Douglas Brown; John McGahern; John Wain

Seeber, Hans Ulrich (Stuttgart): George Eliot; Edward Thomas

Seibel, Klaudia (Gie en): J. K. Rowling; J.R.R. Tolkien

Seibel, Ralph M. (Wetzlar): Ken Follett

Simatei, Peter (München): Ben Okri

Simonis, Annette (Köln): Samuel Daniel

Simonis, Linda (Köln): William Hazlitt

Sims, Dagmar (Gie en): Stephen Fry; Patrick McGrath

Sommer, Roy (Gie en): James Kelman; Zadie Smith

Späth, Eberhard (Erlangen): John Bunyan; Rosamunde Pilcher; Dorothy L. Sayers; Edgar Wallace; P. G. Wodehouse

Spekat, Susanne (Köln): Rose Tremain; Marina Warner

Spies, Marion (Wuppertal): Janet Frame; Randolph Stow; Tim Winton

Starck, Kathleen (Leipzig): Sarah Daniels; Pam Gems

Stegmann, Annegret (Heidelberg): Keith Waterhouse

Stein, Mark (München): David Dabydeen; Tsitsi Dangarembga

Stein, Thomas Michael (Mainz): David Ireland; Elizabeth Jolley

Sternberg, Claudia (Tübingen): Anita Brookner; Radclyffe Hall; Rebecca West

Stierstorfer, Klaus (Düsseldorf): Thomas Babbington Macaulay; John Henry Newman

Stock, Angela (Münster): John Betjeman; George Farquhar

Strasen, Sven (Aachen): Douglas Adams

Stratmann, Gerd (Bochum): James Boswell; John Gay; Ann Jellicoe; Laurence Sterne

Stummer, Peter (München): Nuruddin Farah; Aritha van Herk; David Williamson

Surkamp, Carola (Gie en): Paul Scott

Swift, Astrid (Trier): Frances Burney; Maria Edgeworth; Timothy Mo

Thielmann, Pia (Eckersdorf): Ama Ata Aidoo
Thies, Henning (Dortmund): Roger Ascham; Philip Dormer Stanhope, Fourth Earl of Chesterfield; George Crabbe
Unterweg, Friedrich-K. (Düsseldorf): Evelyn Waugh
Viol, Claus-Ulrich (Bochum): Linton Kwesi Johnson
Voigts-Virchow, Eckart (Gie en): Benjamin Disraeli; Arthur Morrison; Dennis Potter; Charles Reade
Volk-Birke, Sabine (Halle/Saale): R. S. Thomas
Volkmann, Laurenz (Würzburg): Thomas Dekker; Thomas Deloney; George Lillo
Weber, Alexander (Gie en): Nick Hornby
Welz, Stefan (Leipzig): John Berger; Rudyard Kipling

Wiest-Kellner, Ursula (München): Maureen Duffy; Rosamond Lehmann
Winkgens, Meinhard (Mannheim): Hanif Kureishi; D. H. Lawrence; Arnold Wesker
Wolf, Philipp (Gie en): Donald Davie; Walter Savage Landor; Nicholas Rowe
Wolf, Werner (Graz): Virginia Woolf
Zacharasiewicz, Waldemar (Wien): Jack Hodgins
Zagratzki, Uwe (Oldenburg): Lewis Grassic Gibbon; Christopher Isherwood; T. E. Lawrence; Hugh MacDiarmid
Zerpner, Annette (Berlin): Mary Kingsley
Zerweck, Bruno (Köln): Martin Amis; Will Self
Zwernemann, Jens (Heidelberg): Margaret Drabble; Norman MacCaig
Zwierlein, Anne-Julia (Bamberg): Thomas Campion

Personenregister

Printed in the United States
By Bookmasters